ISBN 978-7-113-15340-3

9 787113 153403 >

定 价：350.00 元
（上、下册含光盘）

铁路工程施工安全技术规程

（上册）

铁路工程技术标准所　编

中国铁道出版社

2012年·北京

内 容 简 介

本书收录了铁路工程基本作业施工安全技术规程，铁路路基工程施工安全技术规程，铁路桥涵工程施工安全技术规程，铁路隧道工程施工安全技术规程，铁路轨道工程施工安全技术规程，铁路通信、信号、电力、电力牵引供电工程施工安全技术规程，同时收集了规程中引用的有关标准的相关内容，可供相关人员参考。

图书在版编目（CIP）数据

铁路工程施工安全技术规程（全2册）/铁路工程技术标准所编．—北京：中国铁道出版社，2012．12
ISBN 978-7-113-15340-3

Ⅰ．①铁… Ⅱ．①铁… Ⅲ．①铁路施工—安全技术—技术操作规程 Ⅳ．①U215．8-65

中国版本图书馆CIP数据核字（2012）第221252号

书　　名： 铁路工程施工安全技术规程（上册）
作　　者： 铁路工程技术标准所

策　　划： 江新锡　　　**编辑部电话：** 01051873018
责任编辑： 江新锡　曹艳芳
编辑助理： 王　健　张卫晓
封面设计： 郑春鹏
责任校对： 王　杰
责任印制： 郭向伟

出版发行： 中国铁道出版社（100054，北京市西城区右安门西街8号）
网　　址： http://www.51eds.com
印　　刷： 中煤绿州制图印刷厂北京分厂
版　　次： 2012年12月第1版　　2012年12月第1次印刷
开　　本： 787 mm×1 092 mm　1/16　**印张：** 91　**字数：** 2310千
书　　号： ISBN 978-7-113-15340-3
定　　价： 350.00（全2册，含光盘）

总 目 录

（上册）

（下册）

中华人民共和国行业标准

铁建设〔2009〕181 号

铁路工程基本作业施工安全技术规程

Safety Constructional Regulations on Basic Work for Railway Engineering

TB 10301—2009

2009-09-24 发布 **2009-09-24 实施**

中华人民共和国铁道部 发布

前　　言

本规程是根据铁道部《关于印发〈2008年铁路工程建设标准编制计划〉的通知》(铁建设函〔2007〕1374号)的要求,为适应大规模高标准铁路建设安全生产的需要,全面落实质量、安全、工期、投资效益、环境保护、技术创新"六位一体"的建设管理要求,进一步规范铁路工程施工安全管理和施工作业行为,在《铁路工程施工安全技术规程》(TB 10401—2003)基础上修订而成的。

本规程编制过程中进行了专题调研,系统分析了铁路工程基本作业施工中的安全管理现状、典型事故类型和有效预防措施,全面总结了以往施工安全的成熟做法和成功经验,认真汲取了近期安全事故的深刻教训,学习借鉴了国外有关施工安全的先进理念和管理方法,并广泛征求了有关方面的意见。本规程从技术、管理两个方面,并按管理层、技术层、作业层等三个层次,分别规定了建设、勘察设计、监理、施工等建设各方的工作内容与操作要求,具有系统性、针对性和可操作性,突出了对铁路工程基本作业施工安全的控制和指导作用。

本规程共分19章,主要内容包括:总则、基本规定、劳动安全卫生、施工用电、施工现场防火、材料储运、危险物品、施工机械、锅炉及压力容器、混凝土与砌体工程、起重吊装作业、高处作业、拆除工程、特殊场所作业、季节性施工、高原地区施工、临时工程和过渡工程、房屋建筑及其他、静态验收和联调联试。

本次修订的主要内容有:

1. 纳入了近几年来国家和铁道部有关法律、法规和技术标准等对安全生产工作的新要求。

2. 规定了建设各方管理层、技术层和作业层的详细工作内容及具体操作要求。

3. 明确了施工现场危险源和危害因素辨识与管理、风险管理、专项施工方案和应急预案编制、应急演练等方面的内容。

4. 提出了施工安全管理检查表、施工安全技术检查表及施工安全作业检查表,促进安全管理标准化。

5. 采用了作业层易于理解和接受的直观简图,细化和有效落实安全操作要求。

6. 强调了安全教育培训工作,特别明确了施工单位各类人员的安全教育培训时间。

7. 增加了职业病防治、传染病、流行病防治、鼠疫病防治等劳动安全卫生的相关内容。

8. 针对不同用途施工机械的特点分别对动力与电气装置、土石方机械设备、桩工及水工机械设备、混凝土机械设备、起重机械的使用做了安全规定。

9. 增加了危险物品、锅炉及压力容器、起重吊装作业、拆除工程、特殊场所作业及高原地区施工的安全内容。

10. 对原规程中材料储运、施工用电、混凝土与砌体工程、高处作业、季节性施工等内容进行了补充和修订。

11. 增加了临时工程和过渡工程的内容,对临时建筑、临时道路、临时栈桥、码头和营业线的过渡工程做了安全规定。

12. 增加了车站、维修基地、运输调度的房屋建筑和无站台柱雨棚、客运服务系统等施工安全内容。

13. 增加了静态验收、联调联试过程中的有关安全内容。

本规程全部条文均为强制性条文,必须严格执行。

在执行本规程过程中,希望各单位结合工程实践,认真总结经验,积累资料。如发现需要修改和补充之处,请及时将意见和有关资料寄交中铁九局集团有限公司(辽宁省沈阳市沈河区敬宾街3-1号,邮政编码:110013),并抄送铁道部经济规划研究院(北京市海淀区羊坊店路甲8号,邮政编码:100038),供今后修订时参考。

本规程由铁道部建设管理司负责解释。

本规程主编单位:中铁九局集团有限公司。

本规程参编单位:中铁二局集团有限公司、中铁建工集团有限公司。

本规程主要起草人:张宏健、周文明、张超生、张润文、刘东跃、于建军、刘福东、刘喜贵、刘晨光、夏志华、张艳娇、金毓红、任世杰、阴　涛、彭　凯、程　滨、马广富、龙明飞、王德仓、尹韶哲、高建彬、陈淑民。

目　次

1 总 则

1.0.1 为贯彻“安全第一，预防为主，综合治理”的安全生产方针，体现以人为本的理念，落实质量、安全、工期、投资效益、环境保护、技术创新“六位一体”的铁路建设管理要求，规范铁路工程施工安全管理和施工作业行为，保障人身、设备、设施及行车安全，预防事故发生，制定本规程。

1.0.2 本规程适用于新建、改建铁路工程施工。

1.0.3 铁路工程施工应建立健全质量、环境、职业健康安全管理体系，对施工安全管理、施工安全技术、施工安全作业进行全过程、全方位管理与控制。

1.0.4 铁路工程施工应严格按设计文件进行，全面贯彻设计意图，达到设计要求的安全使用功能，保障铁路运营安全。

1.0.5 建设、勘察设计、施工和监理单位等建设各方应坚持“管生产必须管安全”的原则，设置安全管理机构，配备安全管理人员，制定安全生产规章制度，落实安全生产责任制。

1.0.6 建设各方人员必须熟悉和遵守有关安全生产法律法规和本规程的规定，经培训合格方准上岗。特种作业人员必须经专业培训并考核合格后持证上岗。

1.0.7 建设各方必须采用合格的机械设备、仪器仪表、材料和安全防护用品等。

1.0.8 施工组织设计应包含安全保障措施。危险性较大的工程应编制专项施工方案，并按有关规定经审批后实施。

1.0.9 建设各方应根据工程特点和施工环境进行危险源辨识，对重大危险源应编制应急预案，成立应急组织，配备应急物资，并按规定组织培训和演练。

1.0.10 安全生产费用应及时足额拨付并专项管理使用。

1.0.11 铁路工程施工必须遵守国家有关劳动保护的法规，积极改善施工条件，降低作业人员劳动强度，按规定配备劳动保护和安全防护等用品。

1.0.12 同一工点有多个单位同时施工或不同专业交叉作业时，应共同拟定现场安全技术措施，做好协调，共同执行。

1.0.13 施工过程中应及时掌握气象、水文和地质灾害等相关信息，做好防范和应急工作。

1.0.14 建设各方应按规定进行安全生产检查，对事故隐患必须及时采取整改措施。

1.0.15 铁路工程施工中采用新技术、新工艺、新设备、新材料时，必须制定相应的安全技术措施，并对有关施工人员进行安全生产教育培训。

1.0.16 联调联试应纳入施工组织设计，保证必要的人员、机具及测试仪器的配备，并必须严格做到试车不施工，施工不试车。

1.0.17 营业线施工及有可能影响营业线运行安全的施工，必须严格执行现行国家及铁路有关安全生产的规定。

1.0.18 铁路工程基本作业施工安全除应符合本规程外，尚应符合国家现行有关标准的规定。

2 基本规定

2.1 一般规定

2.1.1 建设各方必须按照现行有关安全生产法律法规的规定，结合工程实际和项目特点，明确施工安全责任，制定施工安全措施，加强施工安全管理，有效预防事故发生。

2.1.2 建设单位施工安全工作应符合下列规定：

1 制定建设项目施工安全措施，对勘察设计、施工、监理等单位提出施工安全管理要求，并督促、检查实施情况，保证建设项目施工安全。

2 及时调查核实施工中反馈的安全隐患信息，并制定和采取相应的防范措施。

3 组织对重大风险、重大危险源或技术复杂工程的施工方案及营业线施工过渡方案进行会审。

4 及时拨付相关的安全措施费用并监督使用。

5 发生施工安全事故后，应按规定及时启动应急预案、上报事故情况、参与事故调查处理。

2.1.3 勘察设计单位施工安全工作应符合下列规定：

1 对勘察设计质量负责，勘察设计要把消除安全隐患放在首位，从设计上规避安全风险，防止因勘察工作错误或设计不合理造成施工安全事故发生。

2 对涉及施工安全的重点部位和环节应在设计文件中注明，并提出防范施工安全事故的指导意见。根据营业线施工情况，提出营业线施工过渡方案，提出保证营业线施工期间安全运营的措施和施工注意事项。对施工过程中发现影响结构安全和施工安全的设计内容应及时进行变更处理。

3 依据勘察成果提供施工现场及毗邻区域内既有设备情况，提供地下管、线、电缆等隐蔽设施的准确位置以及气象、水文和地质灾害等资料。

4 提出改善安全作业环境和保障施工安全的措施，并按规定将相关费用纳入工程概算。

2.1.4 施工单位施工安全工作应符合下列规定：

1 按照设计施工，严格执行有关安全技术标准，将安全技术措施纳入施工组织设计和施工方案，并在施工前向作业人员进行安全技术交底。

2 对施工现场安全生产进行监督检查，制止违章作业，排查、报告和清除现场安全隐患。

3 保证安全生产费用的足额投入，合同约定或专门规定的安全作业环境和施工安全措施费用不得挪作他用。

4 发现施工现场情况与设计文件不符并影响施工安全时，应立即向有关单位报告，并及时采取安全防范措施。

5 发现重大安全隐患或发生安全事故后，立即启动应急预案，采取有效措施防止事故扩大，并按规定上报事故情况。

2.1.5 监理单位施工安全工作应符合下列规定：

1 施工安全监理工作应与工程质量、工期和投资控制等同步实施，对施工安全承担监理责任。

2 配备满足施工现场管理要求的安全监理人员和设备。

3 将施工安全监理工作内容纳入监理规划并编入监理实施细则。

4 按照监理实施细则对建设项目实施安全监理。发现施工安全事故隐患应要求施工单位限时整改；情况严重的或有重大事故隐患不及时整改的应立即要求停工整改，并向建设单位报告。

2.2 施工安全管理

2.2.1 建设各方应按图 2.2.1 的规定做好施工安全管理工作。

工作内容	建设单位	勘察设计单位	施工单位	监理单位
安全管理组织机构	成立安全管理组织机构	成立现场施工配合机构	组建施工现场项目安全管理机构	组建监理现场管理机构
安全资源配置	保证安全费用投入，配置相应安全资源	将安全费用纳入概算，配置相应安全资源	制定安全费用使用计划，专款专用，配置相应安全资源	督促施工单位落实安全费用投入，配置相应安全资源
安全管理制度	编制安全管理办法及安全文明标准工地规划，建立相应的安全管理制度	建立相应的设计安全管理制度	编制项目相应的施工安全管理制度	编制监理安全管理规划及细则，建立相应的安全管理监理制度
安全管理目标	研究决定本项目的安全控制和管理目标	细化分解安全控制和管理目标	细化分解安全控制和管理目标	细化分解安全控制和管理目标
安全教育培训	根据本项目特点和安全控制重点，编制培训教材，组织培训	对设计总体和相关设计人员进行培训	三类人员具有行业主管部门或铁道部颁发的安全培训考试合格证，对作业人员进行培训	对总监、监理工程师等进行培训
专项施工方案	组织审查	参加核查，提出意见或建议	编制专项方案，落实修改意见，并组织实施	总监审核
安全技术交底	组织重大方案的安全交底，检查施工单位的安全交底情况	参加重大方案安全交底	进行安全交底，并保持交底记录	参加重大方案的安全交底，检查施工单位的安全交底情况
应急预案	编制相应的应急预案，组织审查各方预案	编制相应的应急预案	编制相应的应急预案	编制应急预案，并审查施工单位的预案
营业线施工	审查并上报审批施工计划，根据施工等级现场把关	根据营业线施工情况，提出营业线施工过渡方案，以及在施工期间保证安全运营的措施和施工注意事项	提报施工计划，包括：施工方案设计、施工组织设计、施工安全协议书等基本内容。根据计划组织实施	制定监理细则，审查施工计划，监督施工单位按设计标准和有关规范、规定施工，及时防范施工中的安全隐患
安全检查	定期检查重点抽查	配合检查	自检并接受检查	现场巡查旁站监理
处理反馈信息	核实、督促采取防范措施	处理施工反馈的有关问题	反映和处理相关问题	核实和督促处理

图 2.2.1 施工安全管理工作框图

2.2.2 建设各方应制定计划，对施工安全管理工作进行检查，并符合下列规定：

1 建设各方应根据各自安全职责定期进行自查。

2 建设单位在开工前应组织检查，施工过程中应进行抽查。

2.2.3 施工安全管理工作检查应按表 2.2.3 如实填写检查记录。

表 2.2.3 施工安全管理检查表

项目(工程)名称			
建设单位		项目负责人	
勘察设计单位		项目负责人	
监理单位		总监理工程师	
施工单位		项目负责人	
序号	检查项目	检查情况	
1	安全管理组织机构		
2	安全资源配置		
3	安全管理制度		
4	安全管理目标		
5	安全教育培训		
6	专项施工方案		
7	安全技术交底		
8	应急预案		
检查单位:		被检查单位:	
负责人:(签名)		负责人:(签名)	
日　期:　年　月　日		日　期:　年　月　日	

2.2.4 对检查中发现的不符合规定的情况,应按表 2.2.4 签发安全检查整改通知单,限期整改,并跟踪验证。

表 2.2.4 安全检查整改通知单

项目(工程)名称	
存在的问题及整改要求: 限　年　月　日前整改完成 检查方: 检查人:(签名) 日　期:	受检方: 接收人:(签名) 日　期:
整改措施: 受检方负责人:(签名)	计划完成日期:　年　月　日
验证结果: 验证人:(签名)	验证日期:　年　月　日

2.3 施工安全技术

2.3.1 施工单位应结合危险源辨识,制定相应的安全技术措施,并纳入施工组织设计和专项施工方案。

2.3.2 施工单位应制定逐级安全技术交底制度并严格实施,如图 2.3.2 所示。安全技术交底应采用书面形式,并保存签认记录。

2.3.3　安全防护设施应实行验收制度,并按规定进行验收。

2.3.4　建设各方应加强对有关技术文件中安全技术措施执行情况的检查,督促有关单位、作业班组或作业人员落实安全技术措施。

2.3.5　建设各方应加强对有关单位基础性安全技术管理工作的检查,并按表2.3.5如实填写检查记录。

2.3.6　对检查中发现的不符合规定的情况,应按表2.2.4签发安全检查整改通知单,限期整改,并跟踪验证。

图2.3.2　安全技术交底

表2.3.5　施工安全技术检查表

项目(工程)名称			
施工单位		项目负责人	
序号	主要检查内容及要求		检查情况
1	设计文件	设计文件齐全	
		设计文件现场核对	
2	安全技术标准	安全标准齐全、有效	
3	实施性施工组织设计	包含相应的安全技术措施	
		编制、审批程序符合要求	
4	专项施工方案	高坡、陡坡土石方开挖工程,模板工程,起重吊装和钢结构安装工程,脚手架工程,拆除、爆破工程,高空作业,营业线施工,联调联试等编制专项施工方案	
		编制、审批程序符合要求	
5	作业指导书	包含相应的安全操作要求	
		编制、审批程序符合要求	
6	安全技术交底	编制各级施工安全技术交底文件并按规定交底	
		交底记录签认齐全	
7	施工日志	施工安全情况记载真实完整	
8	机械设备	制定操作规程和维修保养计划	
		设备检验、鉴定记录	
		建立管理台账	
9	施工安全协议	签订相关施工安全协议	
10	安全生产培训	按规定对管理人员和作业人员进行培训、考核并有记录 特种作业人员持证上岗	
11	安全检查	制定安全检查计划	
		检查、整改记录齐全	
12	大型临时工程	编制设计、施工方案	
		检查验收	
检查单位:		被检查单位:	
负责人:(签名)		负责人:(签名)	
日　期:　年　月　日		日　期:　年　月　日	

2.4　施工安全作业

2.4.1　班组负责人在每天开工前，应进行班前安全讲话，向作业人员强调安全注意事项，如图2.4.1所示。

2.4.2　进入现场的所有人员，必须按规定配备和使用防护用品。

2.4.3　作业班组每班应按本规程各章节中“施工作业安全检查表”内容进行检查，并如实记录。

2.4.4　建设各方应根据项目的具体情况对施工作业进行抽查，并如实记录。

2.4.5　对检查中发现的不符合规定的情况，应按表2.2.4签发安全检查整改通知单，限期整改，并跟踪验证。

2.4.6　发现安全隐患和发生安全事故后，作业人员必须立即向现场负责人报告，并及时采取相应的安全措施。

图 2.4.1　班前安全讲话

2.5　人员培训

2.5.1　建设各方应建立健全安全生产教育培训制度，制订培训计划，对参建人员进行有针对性的培训，如图2.5.1所示。未经培训或培训不合格者不得上岗。

2.5.2　参与工程施工的项目负责人和专职安全管理人员应经专门的安全培训，考核合格后方可任职。

2.5.3　特种作业人员必须经过专门的安全作业培训，考试合格并取得操作证后，方可持证上岗。

2.5.4　施工单位对管理人员和施工作业人员安全生产教育培训情况应有记录，培训时间应符合下列规定：

1　项目负责人每年不得少于30学时。

2　专职安全生产管理人员每年不得少于40学时。

3　其他管理人员和技术人员每年不得少于20学时。

4　作业人员每年不得少于15学时。

5　特种作业人员取得岗位操作证后，每年仍须接受有针对性的安全生产培训，时间不得少于20学时。

6　新进场和换岗作业人员，在上岗前安全生产培训时间不得少于20学时。

图 2.5.1　安全生产教育培训

2.5.5　参与营业线施工的人员，其安全生产教育培训尚应符合铁路营业线施工安全管理办法的有关规定。

3 劳动安全卫生

3.1 一般规定

3.1.1 建设各方应创造符合国家职业卫生标准和卫生要求的工作环境和条件。

3.1.2 建设各方应建立劳动安全卫生管理制度,定期为参建人员体检。

3.1.3 生产区、辅助生产区和办公生活区应根据作业内容、季节、环境等采取相应的措施,预防和控制职业病、传染病、流行病以及中毒等事故的发生。

3.1.4 发现劳动安全卫生事故隐患时应按规定及时报告。

3.2 职业病防治

3.2.1 参建人员应进行职业卫生培训,正确使用职业病防护设备和个人防护用品。

3.2.2 对从事接触职业病危害作业的人员,应组织上岗前、在岗期间和离岗时的体检。

3.2.3 产生职业病危害的工作岗位,应在其醒目位置设置警示标识和警示说明,并公布有关职业病防治的规章制度、操作规程、应急救援措施和危害因素检测结果。

3.2.4 作业场所应符合下列职业卫生要求:

1 职业病危害因素的强度或者浓度符合国家职业卫生标准。

2 具有与职业病危害防护相适应的设施。

3 生产布局合理,符合有害与无害作业分开的原则。

4 设备、工具、用具等设施符合保护劳动者生理、心理健康的要求。

5 符合法律、法规和当地卫生行政主管部门的其他要求。

3.2.5 对施工中有职业病危害的作业,应当采取下列措施:

1 制定职业病防治计划和实施方案。

2 建立、健全职业卫生管理制度和操作规程。

3 建立职业卫生档案和健康监护档案。

4 建立职业病危害因素监测及评价制度。

5 制定职业病危害事故应急救援预案,并进行演练。

3.2.6 职业病防治应按照表3.2.6进行安全检查,并认真填写检查记录表。对检查中发现的不符合规定的情况,应按表2.2.4签发安全检查整改通知单,限期整改,并跟踪验证。

表3.2.6 职业病防治安全检查表

项目(工程)名称			
施工地点			
序号	检查内容	对应条文号	检查情况
1	工作环境和作业条件	3.1.1	
2	劳动安全卫生管理制度	3.1.2	
3	定期健康检查	3.1.2	

续上表

项目(工程)名称			
施工地点			
序号	检查内容	对应条文号	检查情况
4	生产、生活和办公区域的防病措施	3.1.3	
5	职业卫生培训	3.2.1	
6	岗前、岗间和离岗时的职业健康检查	3.2.2	
7	设置警示标识、警示说明	3.2.3	
8	公布规章制度、操作规程、应急救援措施、职业危害因素监测结果	3.2.3	
9	作业场所的职业卫生要求	3.2.4	
10	职业病危害作业的管理措施	3.2.5	

检查方：　　　　　　　　受检方：
检查人：(签名)　　　　　接收人：(签名)
日　期：　年　月　日　　日　期：　年　月　日

3.3 传染病、流行病防治

3.3.1 开工前,参建各方应进行卫生调查,并采取必要的卫生防疫措施。

3.3.2 定期对参建人员体检,并视情况及时接种疫苗。

3.3.3 开展预防传染病、流行病的卫生教育,组织力量消除鼠、蚊、蝇等病媒昆虫。

3.3.4 在传染病、流行病暴发期应提前采取防疫措施,控制其发生。

3.3.5 保证饮用水符合国家规定的卫生标准。

3.3.6 生产区、辅助生产区、办公生活区应经常打扫清理。

3.3.7 炊管人员应经体检合格并持健康证上岗。

3.3.8 对传染病的患者,应早发现,早隔离,早诊治。对患者物品及工作、生活场所应进行消毒、灭菌处理。

3.3.9 处理疫情的人员以及在生产、生活中接触病原体的其他人员,应根据国家规定采取有效的防护措施和医疗保健措施。

3.3.10 传染病、流行病暴发时,应采取下列紧急措施切断传播途径:

1 限制、停止人群聚集的活动。

2 根据情况合理安排施工生产。

3 封闭被传染病病原体污染的公共饮用水源。

3.3.11 传染病、流行病疫情按规定上报。

3.3.12 公共食堂应符合相关卫生要求,防止发生食物中毒。

3.3.13 传染病、流行病防治应按照表3.3.13进行安全检查,并认真填写检查记录表。对检查中发现的不符合规定的情况,应按表2.2.4签发安全检查整改通知单,限期整改,并跟踪验证。

表 3.3.13　传染病、流行病防治安全检查表

项目(工程)名称			
施工地点			
序号	检查内容	对应条文号	检查情况
1	工作环境和作业条件	3.1.1	
2	生产、生活和办公区域的防病措施	3.1.3	
3	开工前的卫生调查及防疫措施	3.3.1	
4	定期体检、疫苗接种	3.3.2	
5	预防传染病卫生教育、灭蚊、灭虫、灭鼠	3.3.3	
6	预防传染病、流行病的措施	3.3.4	
7	饮用水检验	3.3.5	
8	生产、生活、办公场所的清扫	3.3.6	
9	炊管人员的健康证	3.3.7	
10	传染病患者的隔离、诊治	3.3.8	
11	对患者工作场所及物品的灭菌处理	3.3.8	
12	处理疫情人员的消毒处理	3.3.9	
13	传染病、流行病暴发时切断传播途径的紧急措施	3.3.10	
14	疫情报告	3.3.11	
15	食堂卫生	3.3.12	

检查方：　　　　受检方：

检查人：(签名)　　　　接收人：(签名)

日　期：　年　月　日　　　　日　期：　年　月　日

4 施工用电

4.1 一般规定

4.1.1 施工用电应采用电源中性点直接接地的380/220 V三相五线制低压电力系统,并必须符合下列规定:

1 采用三级配电系统。

2 采用TN—S接零保护系统。

3 采用二级保护系统。

4.1.2 当采用10 kV及以上高压电力系统时,应执行《铁路隧道工程施工安全技术规程》(TB 10304—2009)有关规定。

4.1.3 施工用电设备数量在5台及以上,或用电设备容量在50 kW及以上时,应编制施工用电施工组织设计,经技术负责人批准后实施。施工用电设备数量在5台以下,或用电设备容量在50 kW以下时,应制定安全用电和电气防火措施。

4.1.4 施工现场应由专业技术人员建立用电安全技术档案,定期对电力系统进行检查、量测。

4.1.5 施工电源及高低压配电装置应设专职人员负责运行与维护。

4.1.6 施工现场应对电工和用电人员进行安全用电教育培训和技术交底。电工必须持证上岗。

4.1.7 保护零线应由工作接地线、发电机中性点处、配电室、总配电箱、电源侧零线或总漏电保护器电源侧零线处引出,接地电阻值不应大于10 Ω。

4.1.8 电气设备的金属外壳必须与保护零线连接。低压电器设备和器材的绝缘电阻严禁小于0.5 MΩ。

4.1.9 自备发电机组电源应与外电线路电源联锁,严禁并列运行供电。发电机组应设置短路保护和过载保护。

4.1.10 架空线路、电缆线路必须有短路保护和过载保护。

4.1.11 施工用电设施安装后,必须经过验收合格,方可投入使用。

4.1.12 电气设备或线路发生火情时,应首先切断电源,在未切断电源之前,严禁使身体接触导线或电气设备,严禁用水进行灭火,如图4.1.12所示。

图4.1.12　电气设备严禁用水灭火

4.1.13 发生人身触电时,应立即切断电源,方可对触电者做紧急救护。严禁在未切断电源之前与触电者直接接触。

4.1.14 电气装置遇跳闸时,应查明原因排除故障后,方可再行合闸,严禁强行合闸。

4.1.15 施工现场电动建筑机械或手持式电动工具的电源连接线,必须按其容量选用无接头的铜芯橡皮护套软电缆。其中绿黄双色线在任何情况下只可用作保护零线或重复接地线。

4.1.16 施工升降机、钢管脚手架等金属设施在相邻建(构)筑物的防雷装置的保护范围以外时,应按表 4.1.16 规定的高度设置防雷装置。

表 4.1.16 施工现场需安装防雷装置的机械设备及高架设施高度规定

地区年平均雷雨日(d)	机械设备及高架设施高度(m)
≤15	≥50
>15~40	≥32
>40~90	≥20
>90 及雷害特别严重地区	≥12

4.1.17 雷雨季节前,避雷装置应进行一次预防性试验,并应量测接地电阻。雷电后,应对阀型避雷器的瓷瓶、连接线和地线进行检查,确保完好无损。

4.1.18 施工用电应按照表 4.1.18 进行安全检查,并认真填写检查记录表。对检查中发现的不符合规定的情况,应按表 2.2.4 签发安全检查整改通知单,限期整改,并跟踪验证。

表 4.1.18 施工用电安全检查表

<table>
<tr><td colspan="2">项目(工程)名称</td><td colspan="2"></td></tr>
<tr><td colspan="2">施工地点</td><td colspan="2"></td></tr>
<tr><td>序号</td><td>检查内容</td><td>对应条文号</td><td>检查情况</td></tr>
<tr><td>1</td><td>三相五线制电压系统</td><td>4.1.1</td><td></td></tr>
<tr><td>2</td><td>施工用电的三级配电系统</td><td>4.1.1</td><td></td></tr>
<tr><td>3</td><td>施工用电接零保护系统</td><td>4.1.1</td><td></td></tr>
<tr><td>4</td><td>施工用电的二级保护系统</td><td>4.1.1</td><td></td></tr>
<tr><td>5</td><td>10 kV 及以上高压电力系统</td><td>4.1.2</td><td></td></tr>
<tr><td>6</td><td>施工用电的专项施工组织设计及用电安全方案</td><td>4.1.3</td><td></td></tr>
<tr><td>7</td><td>用电安全技术档案</td><td>4.1.4</td><td></td></tr>
<tr><td>8</td><td>施工电源及配电装置专人负责制</td><td>4.1.5</td><td></td></tr>
<tr><td>9</td><td>培训和技术交底</td><td>4.1.6</td><td></td></tr>
<tr><td>10</td><td>保护零线及接地电阻</td><td>4.1.7</td><td></td></tr>
<tr><td>11</td><td>电气设备的零线连接及绝缘电阻</td><td>4.1.8</td><td></td></tr>
<tr><td>12</td><td>自备发电机的安全用电</td><td>4.1.9</td><td></td></tr>
<tr><td>13</td><td>短路和过载保护</td><td>4.1.10</td><td></td></tr>
<tr><td>14</td><td>用电设施的验收</td><td>4.1.11</td><td></td></tr>
<tr><td>15</td><td>电气设备或线路发生火情时的处理</td><td>4.1.12</td><td></td></tr>
<tr><td>16</td><td>发生人身触电事故的处理</td><td>4.1.13</td><td></td></tr>
<tr><td>17</td><td>电气装置跳闸时的处理</td><td>4.1.14</td><td></td></tr>
<tr><td>18</td><td>施工现场电源线的要求</td><td>4.1.15</td><td></td></tr>
<tr><td>19</td><td>防雷装置的设置</td><td>4.1.16</td><td></td></tr>
<tr><td>20</td><td>避雷装置的试验及雷电后的检查</td><td>4.1.17</td><td></td></tr>
<tr><td colspan="3">检查方:
检查人:(签名)
日 期: 年 月 日</td><td>受检方:
接收人:(签名)
日 期: 年 月 日</td></tr>
</table>

4.2 配电线路

4.2.1 施工用电架空线路应符合下列规定：

1 应采用绝缘导线。

2 应设横担和绝缘子，并架设在电杆上。

3 导线截面应满足计算负荷、线路末端电压偏移和机械强度要求。

4.2.2 电杆埋设应牢固，回填土应夯实。

4.2.3 不得在外电架空线路正下方搭设作业棚、建造生活设施或堆放构件、材料及其他杂物等，如图4.2.3所示。

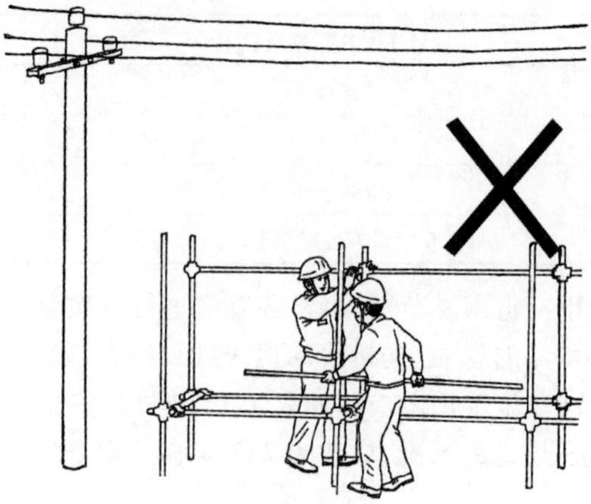

图4.2.3 不得在外电架空线路正下方搭设作业棚

4.2.4 与外电架空线路的安全距离应符合下列规定：

1 在架空线路一侧施工时，在建工程应与架空线路边缘之间保持安全操作距离，其值应符合表4.2.4—1的规定。

表4.2.4—1 在建工程（含脚手架）的外侧边缘与外电架空线路边线之间的安全距离

外电线路电压等级（kV）	<1	1～10	35～110	220	330～500
最小安全操作距离（m）	4.0	6.0	8.0	10	15

2 施工现场的机动车道与外电架空线路交叉时，架空线路的最低点与路面的最小垂直距离应符合表4.2.4—2的规定。

表4.2.4—2 施工现场的机动车道与外电架空线路交叉时垂直距离

外电线路电压等级（kV）	<1	1～10	35
最小垂直距离（m）	4.0	7.0	7.0

3 起重机的任何部位或被吊物边缘与10 kV以下的架空线路边缘最小水平距离不得小于2.0 m。

4 防护设施与外电线路之间的安全距离应符合表4.2.4—3的规定。

表4.2.4—3 防护设施与外电线路之间的安全距离

外电线路电压等级（kV）	≤10	35	110	220	330	500
最小安全距离（m）	1.7	2.0	2.5	4.0	5.0	6.0

4.2.5 施工用电缆线路应符合下列规定：

1 不应沿地面明设，当必需明设时应加设防护管。

2 直接埋地敷设时应覆盖硬质保护层。

3 穿越建筑物、铁路、道路等易受损伤的场所时，应加设防护管。

4.2.6 电缆架空敷设时，应沿墙或电杆做绝缘固定，最大弧垂处距地面不得小于2.0 m。

4.2.7 施工现场低压供电线路的干线和分支线的终端,沿线每 1 km 处的保护零线以及配电室或总配电箱的保护零线应作重复接地。重复接地的接地电阻值不应大于 10 Ω。

4.2.8 竖井、垂直孔洞内的电缆线路应分段固定。

4.2.9 电源导线严禁直接绑扎在金属架上。

4.2.10 在跨越铁路、公路、河流、电力线路的挡距内,架空线不应有接头。

4.2.11 施工用电应按照表 4.2.11 进行安全检查,并认真填写检查记录表。对检查中发现的不符合规定的情况,应按表 2.2.4 签发安全检查整改通知单,限期整改,并跟踪验证。

表 4.2.11 配电线路安全检查表

项目(工程)名称			
施工地点			
序号	检查内容	对应条文号	检查情况
1	施工用电架空线路	4.2.1	
2	电杆埋设	4.2.2	
3	架空线路下的要求	4.2.3	
4	架空线路的安全距离	4.2.4	
5	电缆线路的防护	4.2.5	
6	架空电缆与地面的距离	4.2.6	
7	重复接地及接地电阻值	4.2.7	
8	垂直孔洞内电缆线路的固定	4.2.8	
9	架空线路的接头设置	4.2.10	
检查方: 检查人:(签名) 日 期: 年 月 日			受检方: 接收人:(签名) 日 期: 年 月 日

4.3 配电室、配电箱及开关箱

4.3.1 配电室应单独设立,并设有操作、维护通道,保持整洁、畅通,严禁堆放杂物。

4.3.2 配电柜应符合下列规定:

1 两端应做接地(接零)。

2 名称、用途、分路应做标记。

3 严禁直接挂接临时用电设备。

4 配电柜或线路维修时应挂停电标志牌,如图 4.3.2 所示。停、送电必须由专人负责,停止作业时应断电上锁。

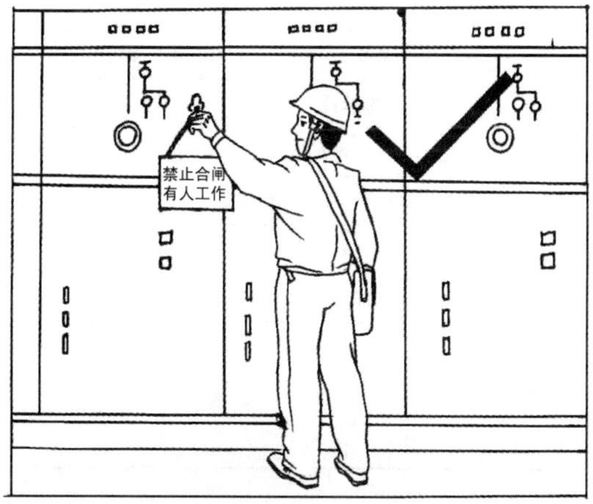

图 4.3.2 配电柜应严格管理

4.3.3 总配电箱应靠近电源区域,分配电箱应设在用电设备相对集中的区域,与开关箱的距离严禁大于 30 m,开关箱应靠近用电设备,与用电设备水平距离不宜大于 3 m。

4.3.4 当动力配电与照明配电必需合置在同一箱内时,应分路设置。

4.3.5　配电箱、开关箱应采用厚度为1.2～2.0 mm的铁板或阻燃绝缘材料制作，应能防雨、防尘。配电箱、开关箱应装设端正、牢固。

4.3.6　配电箱、开关箱应装设在干燥、通风、无外来物体撞击的场所，其周围应有足够2人同时工作的空间和通道。

4.3.7　配电箱必须分设N线端子板和PE线端子板。总配电箱应设总隔离开关、分隔离开关、漏电保护器等电气设备。分配电箱应设总隔离开关、分隔离开关。开关箱应设隔离开关、漏电保护器，实行“一机一闸一漏”制，严禁设置分路开关。

4.3.8　配电箱电力容量在15 kW及以上的电源开关严禁采用瓷底胶木刀型开关。4.5 kW及以上的电动机严禁用刀型开关直接启动。刀型开关应采用静触头接电源，动触头接载荷，严禁倒接线。

4.3.9　配电箱、开关箱应有名称、用途、分路标记，有锁，有防雨措施，严禁放置杂物，并由专人负责定期进行检查、维修。

4.3.10　对配电箱、开关箱进行维修、检查时，必须将其前一级电源断开，严禁带电作业。

4.3.11　每台用电设备必须设各自专用的开关箱，严禁用同一个开关箱直接控制两台及以上用电设备。

4.3.12　漏电保护器应符合现行国家标准《漏电电流动作保护器》(GB 6829)的规定。

4.3.13　施工用电应按照表4.3.13进行安全检查，并认真填写检查记录表。对检查中发现的不符合规定的情况，应按表2.2.4签发安全检查整改通知单，限期整改，并跟踪验证。

表4.3.13　配电室、配电箱及开关箱安全检查表

项目(工程)名称			
施工地点			
序号	检查内容	对应条文号	检查情况
1	配电室的要求	4.3.1	
2	配电柜的要求	4.3.2	
3	总配电箱的设置位置	4.3.3	
4	动力与照明线路同箱时的设置	4.3.4	
5	配电箱、开关箱材料	4.3.5	
6	配电箱、开关箱的设置位置	4.3.6	
7	端子板、隔离开关及漏电保护器的设置	4.3.7	
8	电源开关的选择	4.3.8	
9	配电箱、开关箱的标记	4.3.9	
10	对配电箱、开关箱断电维修	4.3.10	
11	一机一开关的要求	4.3.11	
12	漏电保护器的要求	4.3.12	
检查方： 检查人：(签名) 日　期：　年　月　日		受检方： 接收人：(签名) 日　期：　年　月　日	

4.4 照　明

4.4.1 施工现场的光照度应能满足相关作业的需要。

4.4.2 施工照明供电电压应符合下列规定：

1 一般场所应为 220 V。

2 行灯电压不得大于 36 V。

3 高温、有导电粉尘、狭窄场所以及隧道作业地段，不得大于 36 V。

4 潮湿和易触及照明线路场所，不得大于 24 V。

5 特别潮湿场所、导电良好的地面、锅炉或金属容器内，不得大于 12 V。

4.4.3 潮湿场所应选用密闭式或防水式照明器具；有爆炸和火灾危险的场所，按危险等级选用防爆型照明器具。

4.4.4 施工照明使用的 220 V 碘钨灯应固定安装，其高度不得低于 3 m，距易燃物不得小于 0.5 m，且不得直接照射易燃物，不得使用简易碘钨灯作为照明灯具。

4.4.5 夜间可能影响行人、车船、飞行器等安全通行的施工部位或设施、设备，必须设置警戒照明。

4.4.6 施工照明应按照表 4.4.6 进行安全检查，并认真填写检查记录表。对检查中发现的不符合规定的情况，应按表 2.2.4 签发安全检查整改通知单，限期整改，并跟踪验证。

表 4.4.6 照明安全检查表

项目(工程)名称			
施工地点			
序号	检查内容	对应条文号	检查情况
1	施工现场照度要求	4.4.1	
2	一般场所施工照明供电电压	4.4.2	
3	行灯施工照明供电电压	4.4.2	
4	高温、狭窄、隧道施工照明供电电压	4.4.2	
5	潮湿和易触及照明线路场所施工照明供电电压	4.4.2	
6	特别潮湿、导电良好的地面、锅炉或金属容器内施工照明供电电压	4.4.2	
7	照明器具选择	4.4.3	
8	碘钨灯的使用	4.4.4	
9	夜间警戒照明设置	4.4.5	
检查方： 检查人：(签名) 日　期：　年　月　日		受检方： 接收人：(签名) 日　期：　年　月　日	

5　施工现场防火

5.1　一般规定

5.1.1　施工单位应建立施工消防管理制度、防火安全责任制、动火审批制度和易燃易爆物品的管理办法。

5.1.2　施工现场应制定火灾应急预案,并进行预案演练。

5.1.3　施工现场应划分防火责任区,应根据现场需要合理配备灭火器材。

5.1.4　各类灭火器材、消火栓及水带应经常检查和维护保养。

5.1.5　施工现场发生火灾险情时,应立即启动应急预案,及时向当地消防部门报警,并清理通道,为消防灭火做好准备。

5.2　办公生活区防火

5.2.1　施工现场房屋的建筑构件和建筑材料的防火性能必须符合国家现行标准的要求。

5.2.2　施工现场房屋内装修、装饰应选用不燃、难燃的合格材料。

5.2.3　电器取暖设备无人监控时应断电。

5.2.4　采用火炉取暖时,火炉应与易燃品隔离,并设负责人及值班人员。

5.2.5　应设消防通道,室外宽4 m,室内宽0.9 m,并保持畅通。

5.2.6　施工现场办公生活区防火应按照表5.2.6进行安全检查,并认真填写检查记录表。对检查中发现的不符合规定的情况,应按表2.2.4签发安全检查整改通知单,限期整改,并跟踪验证。

表5.2.6　办公生活区防火安全检查表

项目(工程)名称			
施工地点			
序号	检查内容	对应条文号	检查情况
1	施工消防管理制度	5.1.1	
2	防火安全责任制	5.1.1	
3	动火审批制度	5.1.1	
4	易燃易爆品管理办法	5.1.1	
5	火灾应急预案及演练	5.1.2	
6	防火责任区划分及灭火器材配备	5.1.3	
7	灭火器材的养护	5.1.4	
8	发生火灾时的处理	5.1.5	
9	房屋的构件及建材的防火性能	5.2.1	
10	装修、装饰材料的选择	5.2.2	

续上表

项目(工程)名称			
施工地点			
序号	检查内容	对应条文号	检查情况
11	电取暖设备的管理	5.2.3	
12	火炉取暖的管理	5.2.4	
13	消防通道的设置	5.2.5	
检查方: 检查人:(签名) 日　期:　年　月　日		受检方: 接收人:(签名) 日　期:　年　月　日	

5.3 生产、辅助生产区防火

5.3.1 施工现场应明确划分禁火区,并设置明显警示标志。

5.3.2 现场应在明显易取处设置灭火器、水桶、沙箱、锹、耙等防火专用工具,并有防雨、防冻措施,同时指定专人维护、管理、定期更新,保证状态完好。

5.3.3 在仓库、油库、配电室、木工作业场所、焊割现场及存放易燃、易爆物品场所等地点严禁动用明火,并设置明显的“禁止烟火”标志。上述场所及重要机械设备处应配备相应的消防灭火器材。

5.3.4 焊、割作业开始前,应将作业现场下方和周围的易燃物清理干净。当无法达到要求必须作业时,应采取浇湿、隔离等安全措施。作业结束时,应认真检查现场,在确认无余热引起燃烧危险时,方可离开。

5.3.5 焊、割作业严禁与涂漆、喷漆、脱漆、木工等易燃操作同时、同部位上下交叉作业。

5.3.6 焊、割作业结束或离开操作现场时,必须切断电源、气源。赤热的焊嘴、焊钳以及焊条头等,禁止放在易燃、易爆物品和可燃物上。

5.3.7 喷漆、涂漆的场所应有良好的通风,防止油漆挥发气体浓度达到极限,引起火灾或爆炸。

5.3.8 电气设备和线路应经常检查,发现可能引起火花、短路、发热和绝缘损坏等情况时,必须立即修理。

5.3.9 在易燃、易爆环境中,应采用防爆的电器设备,严禁进行产生火花的施工和带电作业。

5.3.10 野外动火作业,应遵守护林防火的有关规定。

5.3.11 熬制焊锡、绝缘胶、硫磺、石蜡及沥青防腐剂时,应选择空旷场地,并远离易燃、易爆物品且应避开地下管线。

5.3.12 生产、辅助生产区防火应按照表 5.3.12 进行安全检查,并认真填写检查记录表。对检查中发现的不符合规定的情况,应按表 2.2.4 签发安全检查整改通知单,限期整改,并跟踪验证。

表 5.3.12　生产、辅助生产区防火安全检查表

项目(工程)名称			
施工地点			
序号	检查内容	对应条文号	检查情况
1	施工消防管理制度	5.1.1	
2	防火安全责任制	5.1.1	
3	动火审批制度	5.1.1	
4	易燃易爆品管理办法	5.1.1	
5	火灾应急预案及演练	5.1.2	
6	防火责任区划分及灭火器材配备	5.1.3	
7	灭火器材的养护	5.1.4	
8	发生火灾时的处理	5.1.5	
9	禁火区设置及警示标志	5.3.1	
10	灭火器材的设置及维护	5.3.2	
11	易燃易爆场所的禁火标志及消防灭火器材	5.3.3	
12	机械设备的消防灭火器材	5.3.3	
13	焊、割作业防火	5.3.4	
14	焊、割作业与易燃操作的禁忌	5.3.5	
15	焊、割作业结束离场时的防火处理	5.3.6	
16	喷漆、涂漆场所的通风	5.3.7	
17	电气设备及电线路的检查	5.3.8	
18	易燃、易爆环境中电气设备的选择	5.3.9	
19	野外动火	5.3.10	
20	熬制作业防火	5.3.11	
检查方： 检查人：(签名) 日　期：　年　月　日			受检方： 接收人：(签名) 日　期：　年　月　日

6 材料储运

6.1 材料储存

6.1.1 各种材料应按品种、规格、型号堆码整齐、稳妥。金属材料、木料及构配件等的底部应按规定加设垫块,并应符合下列规定:

1 易于滑滚的材料堆放时必须捆绑牢固,高度不得超过 2 m。

2 片石堆放高度不得超过 1 m,条石、块石堆放高度严禁超过 1.5 m,砖块堆放高度不得超过 2 m,并应平置堆放,互相压叠。

3 人工堆放袋装材料时,高度不得超过 1.5 m。

4 堆放钢板及钢杆件时,高度不得超过 1 m,每层应用垫木隔开。

5 存放压缩气瓶时,应立放于无油、干燥、通风良好、无日光直射的室内。

6.1.2 铁路封闭区域内一般不应存放材料,确需临时存放时,应放置在栅栏(墙)边,严禁侵入规定的铁路限界。

6.1.3 营业线施工存放在线路外侧的钢轨,轨枕,组装的道岔,供电、通信、信号的电杆,未安装完的电缆箱盒等半成品,必须放置平稳,严禁侵入规定的铁路限界,必要时应采取加固措施。

6.1.4 靠近线路存放的材料,严禁侵入规定的铁路限界。道砟、片石、砂子等材料每次卸车后,施工负责人应组织人员全面检查存放情况,不符合规定或存放不稳固的应立即清理。

6.1.5 在桥梁及站台风雨棚等高处存放材料时,必须对其结构、承载力、稳定性进行检算,确保结构安全。

6.1.6 材料储存应按表 6.1.6 进行安全检查,并认真填写检查记录表。对检查中发现的不符合规定的情况,应按表 2.2.4 签发安全检查整改通知单,限期整改,并跟踪验证。

表 6.1.6 材料储存安全检查表

项目(工程)名称			
施工地点			
序号	检查内容	对应条文号	检查情况
1	易于滑滚材料的存放	6.1.1	
2	石料、砖块的存放	6.1.1	
3	袋装材料的人工存放	6.1.1	
4	钢材的存放	6.1.1	
5	压缩气瓶的存放	6.1.1	
6	铁路封闭区域存放材料	6.1.2	
7	营业线施工线路外侧存放材料	6.1.3	
8	靠近线路存放材料	6.1.4	
9	站台、风雨棚等处存放材料	6.1.5	
检查方: 检查人:(签名) 日 期: 年 月 日			受检方: 接收人:(签名) 日 期: 年 月 日

6.2 材料装卸与运输

6.2.1 装卸、搬运作业应符合下列规定：

1 装卸、搬运作业场地应平坦，跳板应坚固牢靠，跳板坡度不得大于1∶3，并有防滑措施。

2 作业前应对物料种类、性质、质量、装运地点及安全注意事项进行交底。

3 装卸、搬运危险品必须符合国家现行的有关易燃、易爆、有害物品管理规定，并按现行行业标准《汽车危险货物运输、装卸作业规程》(JT 3145)操作，轻搬轻放。在装卸、搬运有毒和腐蚀性物品时，应采取可靠的防护措施。

6.2.2 大型构件的装卸应符合下列规定：

1 大型构件的装卸应制定专项安全技术措施，并由专人指挥。

2 吊装作业必须符合本规程第11.3节的规定。

3 吊车装卸时，停留起吊设备的场地应平整、坚固，避开沟渠、坑洞或松软土质。吊车撑脚的支垫应保证起吊时车身平稳，吊车前后轮应固定牢靠。拖车、平板车应制动，前后轮应塞楔牢固。

4 在成堆的构件中起吊时，应防止相邻构件倒塌或翻滚，对未起吊构件必须捆牢。

5 装车时，构件重心应放在车厢中心位置处，并将构件绑扎牢固，支垫平稳。

6.2.3 当使用轻型小车装运材料时，前后两车宜保持2 m以上间距，上下坡道时宜保持10 m以上间距。

6.2.4 大型物件和重型机械设备的运输，必须符合运输管理部门的有关规定。

6.2.5 使用轨道平车运输大型构件应符合下列规定：

1 轨道铺设应平直、圆顺，轨距应在允许误差之内。

2 长钢轨运输时，当轨道曲线半径在500 m以下时，应限速45 km/h；当曲线半径在300 m以下及侧向通过道岔时，应限速25 km/h。

3 应检查确认平车的转向托盘或转盘、制动器状态完好，构件支撑牢固。

4 应设专人押运，严禁溜放。

6.2.6 使用平板拖车运输大型构件应符合下列规定：

1 在运输前，应对运输线路的等级、坡度、曲线半径、路面完整情况，沿途公路桥梁、涵洞的承载能力，桥涵高度、宽度等进行全面检查，必要时应采取加固措施。

2 运输超限构件必须向有关部门申报，经批准后，在指定的线路上行驶。牵引车上应悬挂安全警示标志，超高部件应设专人看护，并配有适当的备用工具。

3 速度不宜大于5 km/h。简支梁的运输，除在横向加斜撑防止倾覆外，平板车上的搁置点必须设有转盘。

4 除一名主驾驶员外，应指派一名副驾驶员，协助瞭望行车线路周围障碍物的情况，发现问题应停车处理。

5 重车下坡时应避免急刹车。驶向转弯或险要地段时，应降低车速，鸣笛示警。

6 在暴风雪、雷雨、大雾天及泥泞的硬滑路面上不得运输。在较好天气运输时，遇长大陡坡，必须提前采取措施。

6.2.7 在水上运输大型构件应符合下列规定：

1 驳船装卸运输大型构件时，应符合航运部门的有关规定，船长必须事先熟悉运输航道和所运构件的特点，非船员不得掌舵开航。

2 装运构件时,应根据驳船的载运能力装载,不准超载。如构件重量不够,则应用重物压仓,以提高船舶稳定性。

3 构件吊装入船后,应绑扎牢固,支垫平稳。驳船使用拖轮牵引转弯时应减速,并不得与其他建筑物碰撞。

4 拖轮牵引构件时,应事先了解航线经过处的水深、流速、障碍物等情况,并制定拖轮牵引方案。当使用多艘拖轮牵引时,应配备对讲机或移动电话等通信器材,并统一指挥。

5 大型预制构件在水运中,应根据构件的高度确定其露出水面的高度,并不应小于0.5 m。

6 当需临时封闭航道时,应经航运监督部门批准,并派出监护船只跟踪监护。在深水航道行船时,船上作业人员应备救生设备。遇有雨雪、大风天气时,人在船上走动应防滑。

7 拖轮拖运构件时,应随时检查牵引索和大型构件的可靠性和稳定性。发现有异常现象时,应及时采取措施。

6.2.8 材料的装卸与运输应按表6.2.8进行安全检查,并认真填写检查记录表。对检查中发现的不符合规定的情况,应按表2.2.4签发安全检查整改通知单,限期整改,并跟踪验证。

表6.2.8 材料装卸与运输安全检查表

项目(工程)名称			
施工地点			
序号	检查内容	对应条文号	检查情况
1	装卸、搬运作业场地及跳板	6.2.1	
2	作业前的安全交底	6.2.1	
3	易燃易爆品装卸、搬运	6.2.1	
4	大型构件装卸的专项安全技术措施	6.2.2	
5	大型构件吊装作业	6.2.2	
6	大型构件吊车装卸	6.2.2	
7	大型构件装车	6.2.2	
8	轻型小车运输材料	6.2.3	
9	大型构件和重型机械设备的运输	6.2.4	
10	轨道平车运输大型构件的线路	6.2.5	
11	轨道平车运输长钢轨	6.2.5	
12	轨道平车的转向、制动装置	6.2.5	
13	轨道平车运输大型构件押运及溜放	6.2.5	
14	平板拖车运输大型构件路况的检查加固	6.2.6	
15	简支梁平板拖车运输时的速度及加固措施	6.2.6	
16	平板拖车运输大型构件驾驶人员配置	6.2.6	
17	平板拖车运输大型构件险要地段的处理	6.2.6	
18	平板拖车运输大型构件特殊路面的处理	6.2.6	
19	水上运输大型构件的航运要求	6.2.7	
20	水上运输大型构件的装载	6.2.7	

续上表

<table>
<tr><td colspan="2">项目(工程)名称</td><td colspan="2"></td></tr>
<tr><td colspan="2">施工地点</td><td colspan="2"></td></tr>
<tr><th>序号</th><th>检查内容</th><th>对应条文号</th><th>检查情况</th></tr>
<tr><td>21</td><td>水上运输大型构件拖轮牵引</td><td>6.2.7</td><td></td></tr>
<tr><td>22</td><td>大型预制构件水中运输</td><td>6.2.7</td><td></td></tr>
<tr><td>23</td><td>拖轮运输大型构件时牵引索的检查、维护</td><td>6.2.7</td><td></td></tr>
<tr><td colspan="3">检查方:
检查人:(签名)
日　期:　年　月　日</td><td>受检方:
接收人:(签名)
日　期:　年　月　日</td></tr>
</table>

7 危险物品

7.1 化学物品

7.1.1 储存、运输、使用危险化学品的人员,必须接受有关法律、法规、规章和安全知识、专业技术、职业卫生防护、应急救援知识的培训,并经考核合格,方可上岗作业。

7.1.2 危险化学品使用单位应制定事故应急救援预案,配备应急救援人员和必要的应急救援器材、设备,并定期组织演练。

7.1.3 根据危险化学品的种类、特性,在库房等作业场所应设置相应的监测、通风、防晒、调温、防火、防爆、泄压、防毒、中和、防潮、防雷、防静电、防腐、防渗漏、防护围堤或者隔离操作等安全设施、设备,并按照国家标准和国家有关规定进行维护、保养,确保符合安全运行要求。

7.1.4 危险化学品储存应符合下列规定:

1 储存危险化学品的仓库及场所应设专人管理,管理人员必须配备可靠的个人安全防护用品。

2 储存的危险化学品应有明显的标志,标志应符合有关规定。同一区域储存两种或两种以上不同级别的危险品时,应按最高等级危险物品的性能标志。

3 危险化学品按性能分区、分类、分库储存。各类危险化学品不得与禁忌物料混合储存。

4 储存危险化学品的建筑物、区域内严禁吸烟和使用明火。

5 危险化学品储存应符合危险化学品分类、分项、容器类型、储存方式和消防的要求。储存量及储存规定应按表 7.1.4 确定。

表 7.1.4 储存量及储存规定

储存要求 \ 储存类别	露天储存	隔离储存	隔开储存	分离储存
平均单位面积储存(t/m^2)	1.0 ~ 1.5	0.5	0.7	0.7
单一储存区最大储量(t)	2 000 ~ 2 400	200 ~ 300	200 ~ 300	400 ~ 600
垛距限制(m)	2	0.3 ~ 0.5	0.3 ~ 0.5	0.3 ~ 0.5
通道宽度(m)	4 ~ 6	1 ~ 2	1 ~ 2	5
墙距宽度(m)	2	0.3 ~ 0.5	0.3 ~ 0.5	0.3 ~ 0.5
与禁忌品距离(m)	10	严禁同库储存	严禁同库储存	7 ~ 10

7.1.5 危险化学品入库后应采取适当的养护措施。在储存期内,定期检查,发现其品质变化、包装破损、渗漏、稳定剂短缺等,应及时处理。

7.1.6 危险化学品出入库,必须进行核查登记,检验物品质量、数量、包装情况、有无泄漏。当物品性质不清时不得入库。

7.1.7 对剧毒化学品的流向、储存量和用途必须如实记录,防止剧毒化学品被盗、丢失或者误用;发现剧毒化学品被盗、丢失或者误用时,必须立即向当地公安部门报告。

7.1.8 剧毒化学品以及储存数量构成重大危险源的其他危险化学品必须在专用仓库内单独存放,实行双人收发、双人保管制度。

7.1.9 运输、装卸、搬运及使用危险化学品时,应根据危险化学品的危险特性,按有关规定执行,采取安全防护措施,做到轻装、轻卸。严禁摔、碰、撞、击、拖拉、倾倒和滚动。严禁用同一车辆运输互为禁忌的物品。

7.1.10 装卸及使用对人身有毒害及腐蚀性的物品时,操作人员应根据危险性,穿戴相应的防护用品。

7.1.11 修补、换装、清扫、装卸易燃、易爆危险化学品时,应使用不产生火花的铜制、合金制或其他工具。

7.1.12 根据危险化学品特性和仓库条件,必须配置相应的消防设备、设施和消防器材。并配备经过培训的专职或兼职消防人员。

7.1.13 处置废弃的危险化学品,应按照《固体废弃物污染环境防治法》和国家有关规定执行。

7.1.14 化学物品的管理、储存、搬运、使用应按表7.1.14进行安全检查,并认真填写检查记录表。对检查中发现的不符合规定的情况,应按表2.2.4签发安全检查整改通知单,限期整改,并跟踪验证。

表7.1.14 化学物品安全检查表

项目(工程)名称			
施工地点			
序号	检查内容	对应条文号	检查情况
1	接触危险化学品人员的培训	7.1.1	
2	应急预案及应急救援设备	7.1.2	
3	危险化学品库房及作业场所的安全设施	7.1.3	
4	危险化学品库房管理及个人防护用品	7.1.4	
5	危险化学品的储存标识	7.1.4	
6	危险化学品的储存	7.1.4	
7	危险化学品储存区域禁烟、禁火	7.1.4	
8	危险化学品存量及储存规定	7.1.4	
9	危险化学品入库后的管理	7.1.5	
10	危险化学品出、入库制度	7.1.6	
11	剧毒化学品流向的管理	7.1.7	
12	剧毒化学品及构成重大危险源的化学品的管理	7.1.8	
13	危险化学品的搬、运	7.1.9	
14	装卸腐蚀性物品的防护	7.1.10	
15	处置危险物品时的工具	7.1.11	
16	仓库的消防设施及消防人员	7.1.12	
17	处置废弃危险化学品	7.1.13	
检查方: 检查人:(签名) 日　期:　年　月　日		受检方: 接收人:(签名) 日　期:　年　月　日	

7.2 爆破器材

7.2.1 爆破作业施工单位应具有爆破施工企业资质证书,并取得爆炸物品的购买、存储、运输和爆破作业许可证,未经许可不得从事爆破作业。

7.2.2 施工现场应建立爆破器材安全管理制度、岗位安全责任制度,制订安全防范措施和事故应急预案。

7.2.3 爆破作业人员必须参加培训,经考核并取得有关部门颁发的相应类别和作业范围、级别的安全作业证,持证上岗。

7.2.4 爆破器材运输应符合下列规定:

1 不得用翻斗车、自卸汽车、拖车、自行车、摩托车和畜力车运输爆破器材,如图7.2.4所示。

2 专用汽车运输爆破器材时,严禁在人口稠密区、重要设施等附近停留。

3 人工搬运爆破器材时,不得一人同时携带雷管和炸药;雷管和炸药应分别放在专用背包或木箱内。

4 手推车运输爆破器材时,载重量不得超过300 kg,运输过程中应采取防滑、防摩擦和防止产生火花等安全措施。

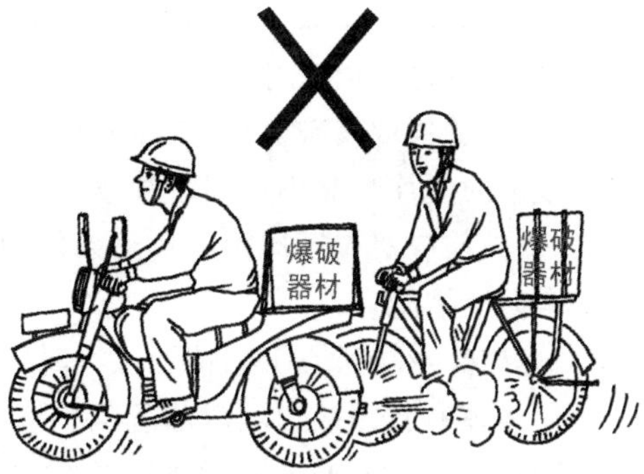

图7.2.4 严禁用自行车、摩托车等运输爆破器材

7.2.5 爆破器材装卸应符合下列规定:

1 有专人在场监督。

2 设置警卫,无关人员不得在场。

3 爆破器材和其他货物不应混装。

4 雷管等起爆器材,不得与炸药在同时同地进行装卸。

5 遇暴风雨或雷雨时,不得装卸爆破器材。

6 装卸爆破器材的地点,应远离人口稠密区。

7 装卸搬运应轻拿、轻放,码平、卡牢、捆紧,不得摩擦、撞击、抛掷、翻滚、侧置及倒置爆破器材。

8 雷管或硝化甘油类炸药分层装载时不得超过二层。

7.2.6 爆破器材应储存在专用的爆破器材库,库房管理应符合下列规定:

1 爆破器材应码放整齐、稳固,不得倾斜。

2 进入库区不得带烟火及其他引火物。

3 进入库区不应穿带钉鞋和易产生静电衣服,不得使用能产生火花的工具开启炸药、雷管箱。

4 库区的消防、通信设备、警报和防雷装置应定期检查。

5 库区应昼夜警卫。

7.2.7 小型爆破器材库的最大储存量不应超过一个月的用量,并应符合表7.2.7的规定。

表 7.2.7　小型爆破器材库的最大储存量

爆破器材名称	单位	最大储存量
硝铵类炸药	kg	3 000
硝化甘油炸药	kg	500
雷管	发	20 000
导火索	m	30 000
导爆索	m	30 000
塑料导爆管	m	60 000

7.2.8　爆破器材使用应符合下列规定：

1　爆破工领取爆破器材，应根据当班作业量提出申请，经批准后由两人以上共同领取。性能相抵触的爆炸物品不得同时领取。

2　爆破前应对爆区周围的自然条件和环境状况进行调查，了解危及安全的因素，采取必要的安全防范措施。

3　爆破作业场所有下列情形之一时，不应进行爆破作业：

1）岩体有冒顶或边坡滑落危险；

2）作业通道不安全或堵塞；

3）支护规格不符合支护说明书的规定或工作面支护损坏；

4）距工作面 20 m 以内的风流中瓦斯含量达到或超过 1% 或有瓦斯突出征兆；

5）危险区边界未设警戒。

4　爆破器材在使用过程中，必须严格落实使用追踪制度，每一环节责任人必须签认。

5　爆破作业必须由专人统一指挥，划定安全区，布设警戒岗哨，设置警戒标识，爆破作业结束时，必须确认安全后，方可解除警戒。

6　从炸药进入现场开始，应划定装运警戒区，警戒区内严禁烟火。

7　填塞作业应避免夹扁、挤压和拉扯导爆管、导爆索，并应保护雷管引出线。

8　检查人员发现哑炮及其他险情，应及时上报或处理；处理前应在现场设立警告标志，并采取相应的安全措施，无关人员不得接近。

9　施工现场每天剩余爆炸物品必须当日清点、登记退库。

7.2.9　爆炸物品的管理、储存、搬运、使用应按表 7.2.9 进行安全检查，并认真填写检查记录表。对检查中发现的不符合规定的情况，应按表 2.2.4 签发安全检查整改通知单，限期整改，并跟踪验证。

表 7.2.9　爆破器材安全检查表

项目(工程)名称			
施工地点			
序号	检查内容	对应条文号	检查情况
1	爆破资质证书	7.2.1	
2	管理制度、岗位职责、应急预案、防范措施	7.2.2	
3	人员培训、持证上岗	7.2.3	
4	爆破器材运输	7.2.4	
5	爆破器材装卸	7.2.5	

续上表

项目(工程)名称			
施工地点			
序号	检查内容	对应条文号	检查情况
6	爆破器材储存	7.2.6	
7	小型爆破器材库最大储存量	7.2.7	
8	爆破器材的领取	7.2.8	
9	爆破前自然条件、环境状况调查	7.2.8	
10	爆破器材的使用跟踪制度	7.2.8	
11	爆破作业警戒区管理	7.2.8	
12	填塞作业	7.2.8	
13	哑炮及其他险情的处理	7.2.8	
14	爆炸物品的清点、退库	7.2.8	

检查方： 受检方：

检查人：(签名) 接收人：(签名)

日 期： 年 月 日 日 期： 年 月 日

8 施工机械

8.1 一般规定

8.1.1 施工单位应设置机械设备管理部门及管理人员,建立健全各项管理制度,制定安全技术操作规程,建立安全技术档案。

8.1.2 操作人员应体检合格,无妨碍作业的疾病和生理缺陷,并应经过专业培训、考核合格后上岗。起重机械操作人员、场内车辆驾驶员等特种作业人员应持证上岗,如图8.1.2所示。

图8.1.2 特种作业人员应持证上岗

8.1.3 施工机械进入作业地点后,应向操作人员进行施工任务和安全技术交底。操作人员应熟悉作业环境和施工条件,听从指挥,遵守现场安全规定。

8.1.4 操作人员在操作过程中应注意机械工况,不得擅自离开工作岗位。严禁无关人员进入工作区域或操作室内。

8.1.5 操作人员应遵守机械有关保养规定,及时进行各级保养工作,保持机械的完好状态。

8.1.6 实行多班作业的机械操作人员应严格执行交接班制度。

8.1.7 操作人员和配合作业人员必须正确佩戴和使用劳动防护用品。

8.1.8 施工机械必须按照出厂使用说明书规定进行操作,严禁超载作业或任意扩大使用范围。

8.1.9 对于造桥机、架桥机、TBM、盾构机等大型专用设备,使用单位必须根据产品说明书的要求,制定安全技术操作规程。

8.1.10 施工机械上的安全防护装置及监测、指示、仪表等自动报警、信号装置,应齐全完好和有效。

8.1.11 施工机械不得带病运转。运转中严禁接触转动部位,发现不正常时应停机检查,排除故障后方可使用。

8.1.12 新的机械、经过大修或技术改造后的机械,应进行测试和试运转,满足要求后方可使用。

8.1.13 施工现场应为机械作业提供道路、水电、停放场所等必备的条件,并消除妨碍作业的不安全因素。夜间作业应设置照明,其光照度应能满足作业的需要。

8.1.14 机械设备作业前,应确认施工场地电线、电缆、管道、坑道等明、暗设置物的地点及走向,并设置警示标志。在铁路营业线附近作业前,必须按规定与铁路既有设备产权单位签订施工安全协议,明确双方的安全责任,由设备产权单位派人现场监护,施工单位用人力挖探沟确定设置物的具体位置及走向,勘查无误后,方可作业。

8.1.15 机械设备在架空输电线路附近作业时,应按本规程第4.2.4条的规定留出安全距离。

8.1.16 机械集中停放的场所,应设专人看管,并应设置消防器材和工具;大型内燃机械应配备灭火器;机房、操作室及机械四周不得堆放易燃、易爆品。

8.1.17 挖掘机、起重机、打桩机、架桥机等机械的作业区域,应采取安全防护措施并设立警示标志。

8.1.18 在机械产生对人体有害的气体、液体、尘埃、渣滓、放射性射线、振动、噪声等场所,必须配置"三废"处理装置和相应的安全保护设施,并将有害物控制在规定的限度内。

8.1.19 施工机械的使用应符合国家现行《建筑机械使用安全技术规程》(JGJ 33)的要求。

8.1.20 施工机械设备的技术管理应按表8.1.20进行安全检查,并认真填写检查记录表。对检查中发现的不符合规定的情况,应按表2.2.4签发安全检查整改通知单,限期整改,并跟踪验证。

表8.1.20 施工机械使用安全检查表

项目(工程)名称			
施工地点			
序号	检查内容	对应条文号	检查情况
1	施工机械的管理制度、操作规程及技术档案	8.1.1	
2	人员培训及持证上岗	8.1.2	
3	安全交底、操作人员熟悉环境	8.1.3	
4	操作人员不得擅自离岗	8.1.4	
5	机械保养	8.1.5	
6	交接班制度	8.1.6	
7	劳动防护用品的使用	8.1.7	
8	大型专用设备的操作技术规程	8.1.9	
9	报警、信号装置	8.1.10	
10	机械运转不正常时的处置	8.1.11	
11	新机、大修、技术改造后机械的使用	8.1.12	
12	现场机械作业条件	8.1.13	
13	作业前现场设置物的调查	8.1.14	
14	营业线附近作业铁路设备的防护	8.1.14	
15	架空线路的安全距离	8.1.15	
16	机械停放场所的要求	8.1.16	
17	作业区的防护设施及警示标志	8.1.17	
18	"三废"处理装置及安全防护设施	8.1.18	
检查方: 检查人:(签名) 日 期: 年 月 日			受检方: 接收人:(签名) 日 期: 年 月 日

8.2　动力与电气装置

8.2.1　室内的动力与电气装置,固定式应安装在符合规定的基础上,移动式安装时应处于水平状态,放置稳固;并应保持良好的通风,周围应设宽度至少1 m的通道,排气管必须引出室外,与易燃、易爆物品保持安全距离。室外使用的动力与电气装置应搭设机棚。

8.2.2　动力与电气装置的使用应符合下列规定:

1　冷却系统的水质应保持洁净,并符合相关技术要求。

2　动力与电气装置用电应采用保护接零,并符合本规程第4.1节的规定。

3　动力与电气装置的额定工作电压必须与电源电压等级相符。

8.2.3　内燃机的使用应符合下列规定:

1　作业中内燃机温度过高时,应怠速运转降温,不应立即停机。当冷却水沸腾需要开启水箱盖时,操作人员应戴手套,面部必须避开水箱盖口,严禁用冷水注入水箱或泼浇内燃机体强制降温。

2　内燃机运行中出现异声、异味、水温急剧上升及机油压力急剧下降等情况时,应立即停机检查并排除故障。

3　停机前应卸去荷载,进行中速运转。待温度降低后再关闭油门,停止运转。装有涡轮增压器的内燃机,作业后应怠速运转5～10 min,方可停机。有减压装置的内燃机,不得使用减压杆进行熄火停机。排气管向上的内燃机,停机后应在排气管口上加盖。

8.2.4　发电机的使用应符合下列规定:

1　作业前应对传动部分、输出线路进行检查,保证连接可靠、绝缘良好、仪表齐全有效。

2　发电机开始运转后,应视为全部电气设备已带电。

8.2.5　电动机的使用应符合下列规定:

1　根据设备需要装设保护装置。

2　每台电动机设单独的操作开关。

3　在正常运行中,不得突然进行反向运转。

4　在作业中遇停电时,应立即切断电源,将启动开关置于停止位置。

8.2.6　空气压缩机的使用应符合下列规定:

1　作业区应保持清洁和干燥。

2　储气罐和输气管路按有关规定定期作水压试验。压力表和安全阀按规定周期进行校验。

3　输气胶管应保持畅通,不得扭曲。开启送气阀前,应将输气管道连接牢固,并通知现场有关人员后方可送气。

4　运行中发现下列情况之一时应立即停机检查,找出原因并排除故障后,方可继续作业:

1)漏水、漏气、漏电或冷却水突然中断;

2)压力表、温度表、水流表指示超过规定;

3)排气压力突然升高,排气阀、安全阀失效;

4)机械有异声或电动机电刷发生强烈火花。

5　作业中,储气罐内压力不得大于设计额定压力,安全阀应灵敏有效,进气阀、排气阀、轴承及各部件应无异声或过热现象。

6　运转中,因缺水而使气缸过热停机时,应待气缸自然降温至60 ℃以下时,方可加水。

7 当电动空气压缩机运转中突然停电时,应立即切断电源。再次启动时必须在无载荷状态下进行。

8.2.7 动力与电气装置使用按表8.2.7进行安全检查,并认真填写检查记录表。对检查中发现的不符合规定的情况,应按表2.2.4签发安全检查整改通知单,限期整改,并跟踪验证。

表8.2.7 动力与电气装置安全检查表

项目(工程)名称			
施工地点			
项目	检查内容	对应条文号	检查情况
1	动力与电气装置安装	8.2.1	
2	动力与电气装置使用环境	8.2.1	
3	动力与电气装置使用	8.2.2	
4	内燃机使用	8.2.3	
5	发电机使用	8.2.4	
6	电动机使用	8.2.5	
7	空气压缩机使用	8.2.6	
检查方: 检查人:(签名) 日　期:　年　月　日		受检方: 接收人:(签名) 日　期:　年　月　日	

8.3 土石方机械设备

8.3.1 作业前应检查土石方机械的照明、信号、报警装置、铰接部位、液压系统,符合要求后方可作业。

8.3.2 土石方机械保养或检修时,除检查内燃机运行状态外,必须将内燃机熄火,并将液压系统卸荷,铲斗落地。如图8.3.2所示。

图8.3.2 机械检修时必须熄火并将液压系统卸荷、铲斗落地

8.3.3 挖掘机的使用应符合下列规定:

1 作业时应待机身停稳后挖土,当铲斗未离开工作面时不得回转、行走。

2 挖掘岩石时应先进行爆破,挖掘悬崖时应采取防护措施,作业面不得留有伞沿及松动的大块石。

3 当发现挖掘力突然变化时应停机检查,严禁在未查明原因前擅自调整分配阀压力。

4 作业后,挖掘机不应停放在高边坡附近,应将铲斗收回平放在地面上,所有操纵杆置于中位,关闭操纵室。

8.3.4 装载机的使用应符合下列规定:

1 装载机不得在倾斜度超过产品说明书规定的场地作业,不得搭载其他人员,严禁铲斗载人。

2　铲装作业时严禁超载。

3　在向自卸汽车装料时，铲斗不得在汽车驾驶室上方越过，如图 8.3.4 所示。

4　装载机转向架未锁定时，严禁站在前后车架之间进行检修保养。

图 8.3.4　铲斗不得在汽车驾驶室上方越过

8.3.5　推土机的使用应符合下列规定：

1　不得用推土机进行碾碎石块作业。

2　推土机行驶时，履带或刀片的支架上严禁站人。

3　推树时，树干不得倒向推土机及高空架设物。严禁推带有钢筋的建(构)筑物和与地基基础连接的混凝土桩等。

4　作业完毕后应将推土机开到平坦安全的地方，落下铲刀，有松土器的应将松土器落下。

8.3.6　平地机的使用应符合下列规定：

1　不平度较大的地面作业时，应先用推土机推平，再用平地机整平。

2　平地机作业区应无树根、石块等障碍物。对于土质坚实的地面，应先用松土器翻松。

3　刮刀的回转与铲土角的调整以及向机外倾斜，都必须在停机时进行。

4　行驶时应将刮刀和松土器升到最高位置，并将刮刀斜放，刮刀两端不得超出后轮外侧。行驶速度不得大于 20 km/h。

5　作业后应停放在平坦、安全的地方，将刮刀落地，拉上制动器。

8.3.7　压路机的使用应符合下列规定：

1　压路机碾压的工作面应平整，工作地段的横、纵坡不应超过压路机的设计能力。

2　不得用牵引法强制启动，也不得用压路机拖拉任何机械或物件。

3　在新建道路上进行碾压时，应从中间向两侧碾压。碾压时，距路基边缘不应少于 0.5 m。

4　碾压傍山道路时，应由里侧向外侧碾压，距路基边缘不应少于 1 m。

5　作业后应将压路机停放在平坦坚实的场地并制动，不得停放在斜坡上。

8.3.8　土石方机械使用应按表 8.3.8 进行安全检查，并认真填写检查记录表。对检查中发现的不符合规定的情况，应按表 2.2.4 签发安全检查整改通知单，限期整改，并跟踪验证。

表 8.3.8　土石方机械使用安全检查表

项目(工程)名称			
施工地点			
序号	检查内容	对应条文号	检查情况
1	机械作业前检查	8.3.1	
2	机械保养检修时状态	8.3.2	
3	挖掘机使用	8.3.3	
4	装载机使用	8.3.4	
5	推土机使用	8.3.5	

续上表

项目(工程)名称			
施工地点			
序号	检查内容	对应条文号	检查情况
6	平地机使用	8.3.6	
7	压路机使用	8.3.7	
检查方： 检查人：(签名) 日　期：　年　月　日			受检方： 接收人：(签名) 日　期：　年　月　日

8.4 桩工与水工机械设备

8.4.1 桩工机械的使用应符合下列规定：

1 桩机的作业场地应整平压实，地基承载力应满足相应设备的技术要求。

2 在基坑和围堰内打桩，应配置足够的排水设备。

3 作业前应检查并确认各传动机构、齿轮箱、防护罩、吊具、钢丝绳、制动器等均处于良好状态，各部件连接牢固。

4 遇有雷雨、大雾和六级以上大风等恶劣天气时，应停止一切作业。当风力超过七级或有风暴警报时，应将桩机顺风向停置，并应增加缆风绳，或将桩机立柱提前放倒。

8.4.2 离心水泵的使用应符合下列规定：

1 水泵放置地点应坚实，安装应牢固平稳，并设防雨设施。多级水泵的高压软管接头和转弯处应牢固可靠。

2 电动机与水泵的连接同心，联轴节的螺栓紧固，联轴节的转动部分有防护装置，泵的周围无障碍物。

3 管路支架牢固，密封可靠，泵体、泵轴、填料和压盖严密，吸水管底阀无堵塞和漏水。

4 排气阀通畅，进、出水管接头严密，泵轴与泵体之间不漏水。

8.4.3 潜水泵的使用应符合下列规定：

1 水管捆扎牢固；

2 放气、放水、注油等螺塞均旋紧；

3 叶轮和进水节加设滤网，滤网外无杂物；

4 电缆及绕组绝缘良好；

5 潜水泵在放入水中或提出水面时，应先切断电源，提拉专用绳索，严禁提拉电缆或出水管。

8.4.4 深井泵的使用应符合下列规定：

1 底座基础螺栓紧固；

2 轴向间隙符合要求，调节螺栓的保险螺母旋紧；

3 填料压盖旋紧并经过润滑；

4 电动机轴承润滑；

5 电动机转子和止退机构灵活、有效；

6 不得在无水情况下空转；

7 水泵的一、二级叶轮应浸入水位以下至少 1 m。

8.4.5 泥浆泵的使用应符合下列规定：

1 各连接部位牢固；

2 电动机旋转方向正确；

3 离合器灵活可靠；

4 管路密封可靠，底阀灵活有效；

5 运转中，出现异声或水量、压力不正常或有明显高温时，应停泵检查。

8.4.6 桩工与水工机械设备使用应按表 8.4.6 进行安全检查，并认真填写检查记录表。对检查中发现的不符合规定的情况，应按表 2.2.4 签发安全检查整改通知单，限期整改，并跟踪验证。

表 8.4.6 桩工与水工械使用安全检查表

项目(工程)名称			
施工地点			
编号	检查内容	对应条文号	检查情况
1	桩工机械的使用	8.4.1	
2	恶劣天气时桩工机械的处置	8.4.1	
3	离心水泵的使用	8.4.2	
4	潜水泵的使用	8.4.3	
5	深井泵的使用	8.4.4	
6	泥浆泵的使用	8.4.5	
检查方： 检查人：(签名) 日 期： 年 月 日			受检方： 接收人：(签名) 日 期： 年 月 日

8.5 混凝土机械设备

8.5.1 混凝土搅拌机械的使用应符合下列规定：

1 由专业人员按出厂说明书的规定进行安装，并在专业技术人员的指导下进行调试，经验收合格后，方可使用。

2 应空载启动，不得超载作业。

3 作业前，应对搅拌仓、提升斗、制动器、输送带等进行检查，确保状态良好。

4 作业过程中，在储料区内和提升斗下，严禁任何人停留或通过；当必须在料斗下作业时，应将料斗提升后用铁链或插销锁住。

5 搅拌机械运行过程中，应确保检查孔等处防护有效。

6 作业后，进入搅拌仓内进行清理、维修等作业时，必须先切断电源，锁好开关箱，挂上禁止合闸标牌，并设专人监护。

7 搅拌机械在场内移动或远距离运输时，应将进料斗用保险铁链或插销锁住。

8.5.2 混凝土搅拌运输车的使用应符合下列规定：

1 搅拌筒、滑槽、机架缓冲件应无裂痕和损伤；滑槽止动器应无松弛和损坏；搅拌叶片磨损不应超限。

2 运输前，排料槽应锁止在“行驶”位置上，不得自由摆动。

3 在不平路面或转弯处应降低车速，并暂停搅拌筒旋转。

4 作业后，进入搅拌筒内进行清理、维修等作业时，必须先取下内燃机电门钥匙，并在筒外设专人监护。

8.5.3 混凝土输送泵的使用应符合下列规定：

1 混凝土输送泵应安放在平整、坚实的地面上，周围不得有障碍物，工作时应使机身保持水平和稳定，轮胎应楔紧。

2 管道的敷设应符合下列规定：

1）水平泵送管道应减少弯曲；

2）垂直泵送管道不应直接装接在泵的输出口上，应设置水平过渡管节；

3）敷设向下倾斜的管道时，应在泵的输出口上加装一段水平管，其长度不应小于倾斜管高差的5倍。当倾斜管的倾斜度较大时，应在其上端装设排气活阀；

4）管道应支承固定，在管道和固定物之间应设置木垫作缓冲，不应直接与钢筋或模板相连，管道与管道间应连接牢靠、密封，不得漏浆。不应将已磨损管道装在后端高压区；

5）管道出口端前方严禁站人。

8.5.4 混凝土泵车的使用应符合下列规定：

1 泵车就位地点应平坦坚实，周围无障碍物，上方无架空输电线路，泵车不得停放在斜坡上。

2 布料杆所用配管和软管应按出厂说明书的规定选用，不应使用超过规定直径的配管，装接的软管上应加设防脱安全带。严禁用布料杆起吊或拖拉物件。

3 布料杆处于伸出状态时，不应移动车身。

4 清洗管道时，管道出口端前方严禁站人。

8.5.5 混凝土机械设备使用应按表8.5.5进行安全检查，并认真填写检查记录表。对检查中发现的不符合规定的情况，应按表2.2.4签发安全检查整改通知单，限期整改，并跟踪验证。

表8.5.5 混凝土机械使用安全检查表

项目(工程)名称			
施工地点			
序号	检查内容	对应条文号	检查情况
1	混凝土搅拌机械的使用	8.5.1	
2	混凝土搅拌运输车的使用	8.5.2	
3	混凝土输送泵的安放	8.5.3	
4	混凝土输送泵管道的敷设	8.5.3	
5	混凝土泵车的使用	8.5.4	
检查方： 检查人：(签名) 日　期：　年　月　日			受检方： 接收人：(签名) 日　期：　年　月　日

8.6　起重机械

8.6.1　起重机械使用前必须持有监督检验机构出具的验收检验报告，经验收检验合格并注册登记后方可投入使用。《特种设备安全监察条例》规定的施工起重机械，在验收前应经过有相应资质的检验检测机构监督检验合格。

8.6.2　起重机械的安装、拆卸，必须由具备相应资质的单位进行。

8.6.3　起重机械应定期进行检验。在检验期内遇有下列情况之一时，应按验收检验的要求重新进行检验：

1　发生设备事故。

2　设备大修后。

3　遇可能影响起重机械安全技术性能的自然灾害。

4　停止使用1年以上。

8.6.4　起重机械的传动性能和控制性能必须安全可靠，并在紧急情况下能安全停车。

8.6.5　起重机械应按相关规定装设安全防护装置。使用中应及时检查、维修，保持正常工作性能，不应对安全装置任意改造。

8.6.6　起重机械使用应按表8.6.6进行安全检查，并认真填写检查记录表。对检查中发现的不符合规定的情况，应按表2.2.4签发安全检查整改通知单，限期整改，并跟踪验证。

表8.6.6　起重机械使用安全检查表

项目（工程）名称			
施工地点			
序号	检查内容	对应条文号	检查情况
1	监督检验机构的验收检查合格报告	8.6.1	
2	检验检测机构的监督检验合格报告	8.6.1	
3	安装拆卸单位的资质	8.6.2	
4	起重机械的定期检验	8.6.3	
5	重新检验的情况	8.6.3	
6	性能检查	8.6.4	
7	安全防护装置	8.6.5	
检查方： 检查人：（签名） 日　期：　年　月　日			受检方： 接收人：（签名） 日　期：　年　月　日

9 锅炉及压力容器

9.1 一般规定

9.1.1 锅炉及压力容器的使用与管理应符合下列规定：

1 凡使用国家规定《蒸汽锅炉安全技术监察规程》、《热水锅炉安全技术监察规程》和《有机热载体锅炉安全技术监察规程》适用范围内的锅炉及《压力容器安全技术监察规程》规定范围内的压力容器，在投入使用前或投入使用后30 d内，必须办理使用登记，领取《特种设备使用登记证》，并将登记标志置于该特种设备的显著位置。

2 锅炉及压力容器安全状况发生变化、长期停用、移装或过户、重大修理改造前，使用单位应向所属地技术监督部门办理告知手续。

3 锅炉及压力容器超过安全技术规程规定的使用年限时，使用单位应及时予以报废，并向原登记的特种设备安全监督管理部门办理注销。

9.1.2 操作人员应经考核合格持证上岗，严格执行锅炉及压力容器安全运行的各项制度及安全操作规程，做好运行值班记录和交接班记录。

9.1.3 必须由具备相应资质的单位承担锅炉及压力容器的安装、改造与维修，并由所属地特种设备检验部门检验。

9.1.4 锅炉及压力容器应进行定期检验和运行检验，并应在有效期内运行。投入运行前及受压元件经重大修理或改造后应进行检验。

9.1.5 锅炉及压力容器的水质应符合现行国家《低压锅炉水质》(GB 1576)标准的规定，不应以化学清洗代替正常的水处理工作。

9.1.6 锅炉及压力容器安全阀、压力表、温度表等安全附件的校验和维护应符合国家计量部门的规定。

9.2 锅 炉

9.2.1 锅炉运行时，严禁保护装置与联锁装置任意退出停用。

9.2.2 锅炉使用单位应制定突然停电时的操作方法和流程，并使操作人员掌握。

9.2.3 蒸汽锅炉运行中，遇有下列情况之一时应立即停炉：

1 锅炉水位低于水位表最低可见边缘。

2 不断加大给水及采取其他措施，但水位仍继续下降。

3 锅炉水位超过最高可见水位(满水)，经放水仍不能见到水位。

4 给水泵全部失效或给水系统故障，不能向锅炉进水。

5 水位表或安全阀全部失效。

6 设置在汽空间的压力表全部失效。

7 锅炉元件损坏且危及运行人员安全。

8 燃烧设备损坏、炉墙倒坍或锅炉构架被烧红等严重威胁锅炉安全运行。

9 锅炉运行中发现受压元件泄漏、炉膛严重结焦、受热面金属超温又无法恢复正常。

10 其他异常情况危及锅炉安全运行。

9.2.4 热水锅炉运行中，遇有下列情况之一时应立即停炉：

1 因水循环不良造成锅水汽化，或锅炉出口热水温度上升到与出水压力下相应饱和温度的差小于 20 ℃(铸铁锅炉 40 ℃)。

2　锅水温度急剧上升失去控制。

3　循环泵或给水泵全部失效。

4　压力表或安全阀全部失效。

5　锅炉元件损坏、危及运行人员安全。

6　补给水泵不断给锅炉补水,锅炉压力仍然继续下降。

7　燃烧设备损坏,炉墙倒坍或锅炉构架被烧红等,严重威胁锅炉安全运行。

8　其他异常运行情况,且超过安全运行允许范围。

9.2.5　检修人员进入锅炉内作业时,应符合下列规定:

1　进入锅筒(锅壳)内部作业前,必须有能指出隔断位置、强度足够的金属堵板,将连接其他运行锅炉的蒸汽、给水、排污等管道全部可靠地隔开,且必须将锅筒(锅壳)上的人孔和集箱上的手孔打开,使空气对流一定时间。

2　进入烟道或燃烧室作业前,必须进行通风,并将与总烟道或其他运行锅炉烟道相连的烟道闸门关闭严密。

3　用油或气体作燃料的锅炉,应可靠地隔断油气的来源。

4　在锅筒(锅壳)和潮湿的烟道内作业而使用电灯照明时,照明电压不得超过 24 V;在比较干燥的烟道内,应有安全措施,照明电压不得超过 36 V。严禁明火照明。

5　在锅筒(锅壳)内进行作业时,锅炉外面应设专人监护。

9.2.6　锅炉房应符合下列规定:

1　锅炉房应单独建造,并符合消防和环境保护的有关要求。

2　露天布置的锅炉房应采用阻燃材料建造,并应有可靠的防火、防毒、防风、防冻措施。

3　锅炉房应建立、健全各项规章制度。

4　锅炉房应有锅炉及附属设备的运行记录,交接班记录,水处理设备运行及水质化验记录,设备检修保养记录,上级领导、专业管理人员和安全技术人员对锅炉房的检查记录,事故记录等。

9.2.7　锅炉使用应按表 9.2.7 进行安全检查,并认真填写检查记录表。对检查中发现的不符合规定的情况,应按表 2.2.4 签发安全检查整改通知单,限期整改,并跟踪验证。

表 9.2.7　锅炉使用安全检查表

项目(工程)名称			
施工地点			
序号	检查内容	对应条文号	检查情况
1	锅炉定期检验报告	9.1.1	
2	锅炉管理登记手续	9.1.1	
3	安全教育培训、人员持证上岗	9.1.2	
4	管理制度、安全操作规程	9.1.2	
5	运行记录和交接班制度	9.1.2	
6	锅炉的安装、改造、维修	9.1.3	

续上表

项目(工程)名称			
施工地点			
序号	检查内容	对应条文号	检查情况
7	锅炉的检验	9.1.4	
8	水质检验	9.1.5	
9	安全附件校验维护	9.1.6	
10	锅炉的保护与联锁装置	9.2.1	
11	突然停电时锅炉的使用	9.2.2	
12	蒸汽锅炉	9.2.3	
13	热水锅炉	9.2.4	
14	锅炉检修	9.2.5	
15	锅炉房	9.2.6	
检查方: 检查人:(签名) 日　期:　年　月　日			受检方: 接收人:(签名) 日　期:　年　月　日

9.3 压力容器

9.3.1 压力容器的使用应符合下列规定:

1 使用单位应制定操作规程。

2 安全阀、爆破片、紧急切断装置、压力表、测温表等附件及检测装置的使用与管理应符合国家现行标准《压力容器安全技术监察规程》的规定。

3 压力容器发生下列异常情况之一时,操作人员应立即采取紧急措施。

1)压力容器压力超过规定值,采取措施后仍未得到有效控制;

2)压力容器的主要受压元件发生裂缝、鼓包、变形、泄漏等危及安全的情况;

3)安全附件失效;

4)其他异常情况。

4 压力容器内部有压力时不得进行任何修理。

9.3.2 气瓶的使用应符合下列规定:

1 使用前应对钢印标记、颜色标记及安全状况进行检查,不符合规定的不得使用。

2 气瓶的防振和安全防护装置应齐全、有效、完好。气瓶装卸、搬迁过程中应轻拿轻放,严禁抛掷、振荡。气瓶应分类存放,并远离火源,严禁露天存放。

3 移动作业时,应采用专用小车搬运;乙炔瓶和氧气瓶放在同一小车上搬运时,必须用阻燃的隔板隔开。

4 气瓶严禁敲击、碰撞,严禁在瓶体上引弧,严禁将乙炔瓶放置在电绝缘体上使用。

5 仪表应定期校验,每只氧气瓶、乙炔瓶的减压器上应装一把焊接火钳,胶管应无漏气现象，严禁用明火烘烤解冻。

6　作业过程中，乙炔瓶必须直立放置，氧气瓶和乙炔瓶间必须保证5 m以上距离，气瓶与明火间必须保证10 m以上防火距离。图9.3.2所示，气瓶与气瓶及明火间未保持安全距离。火钳点火时不得对人，发生回火时必须先关闭乙炔阀，再关闭氧气阀。

7　气瓶阀出口处必须配置专用的减压器和回火防止器。减压器指示的放气压力严禁大于0.15 MPa。气体流量较大时，应采用多只乙炔瓶汇流供气。

8　乙炔瓶使用过程中，开闭乙炔瓶瓶阀的专用扳手应始终装在阀上。暂时中断使用时，必须关闭焊、割工具的阀门和乙炔瓶阀，严禁手持点燃的焊、割工具调节减压器或开闭乙炔瓶阀。

9　使用过程中，发现泄漏应及时处理，严禁在泄漏的情况下继续使用。

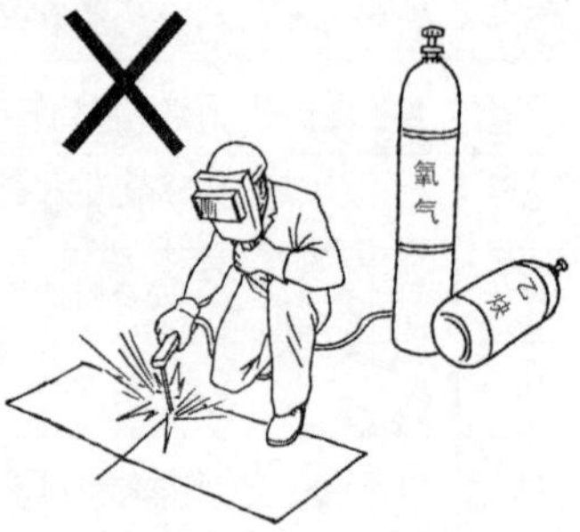

图9.3.2　气瓶与气瓶及明火间未保持安全距离

10　乙炔瓶内气体必须保证有不低于0.05 MPa的剩余压力，严禁用尽。

11　气瓶的使用单位严禁自行对瓶阀、易熔合金塞等附件进行修理或更换，严禁对气瓶体和底座进行焊接修理。

9.3.3　压力容器使用应按表9.3.3进行安全检查，并认真填写检查记录表。对检查中发现的不符合规定的情况，应按表2.2.4签发安全检查整改通知单，限期整改，并跟踪验证。

表9.3.3　压力容器使用安全检查表

项目(工程)名称			
施工地点			
序号	检查内容	对应条文号	检查情况
1	压力容器定期检验报告	9.1.1	
2	压力容器管理登记手续	9.1.1	
3	安全教育培训、人员持证上岗	9.1.2	
4	管理制度、安全操作规程	9.1.2	
5	运行记录和交接班制度	9.1.2	
6	压力容器的安装、改造、维修	9.1.3	
7	压力容器的检验	9.1.4	
8	水质检验	9.1.5	
9	安全附件校验维护	9.1.6	
10	压力容器的使用	9.3.1	
11	气瓶的使用	9.3.2	
检查方： 检查人：(签名) 日　期：　年　月　日			受检方： 接收人：(签名) 日　期：　年　月　日

10 混凝土与砌体工程

10.1 模板、支(拱)架

10.1.1 模板、支(拱)架施工应考虑下列主要危险源、危害因素:

1 地基承载力不足和不均匀沉降。

2 模板、支(拱)架的强度、刚度和稳定性不足。

3 模板安装时支撑不牢固造成倾倒伤害。

4 模板、支(拱)架拆除时混凝土强度不足。

5 模板、支(拱)架安装、拆除时高处坠落。

10.1.2 模板、支(拱)架施工前应制定安全施工技术措施。工具式模板工程(滑模、爬模、大模板等)及危险性较大的支(拱)架应编制专项施工方案,施工前应向作业人员进行交底。

10.1.3 模板、支(拱)架的地基必须符合承载力和沉降要求,并应采取防、排水和防冻融措施。位于河道中的支架还应有防洪水和漂流物冲击的措施。

10.1.4 模板、支(拱)架应具有足够的强度、刚度和稳定性,并能承受新浇混凝土的重力、侧压力和施工期间可能产生的各项荷载。

10.1.5 模板、支(拱)架的构件强度安全系数严禁小于1.3,稳定性系数严禁小于1.5。

10.1.6 作业人员登高必须走专用斜道或爬梯,不得利用模板支撑和脚手架上下攀登。

10.1.7 模板、支(拱)架安装后、使用中、拆除前及遇异常天气时,应对其进行检查和维护,当发现沉落、变形、跑模等情况时,必须立即停止施工,并经整修加固安全后方可复工。

10.1.8 模板安装应符合下列规定:

1 不得将手脚伸入模板缝内和模板底端;模板安装支撑稳固前,不得松手或摘钩。

2 模板安装时,四周应设斜支撑撑牢或加设缆风绳,背带间距、拉结螺栓(拉杆)设置必须经检算并具有一定安全储备,不得随意变更或减少。

3 模板的支撑系统应自成体系,严禁与脚手架连接。

10.1.9 支(拱)架搭设应符合下列规定:

1 搭设前应清除搭设范围内地上与地下的障碍物、电缆、管线。

2 支(拱)架的构件应连接稳固,并应设置足够数量的纵、横、斜向支撑和水平拉杆,确保支(拱)架的整体稳定性。

10.1.10 模板、支(拱)架拆除应符合下列规定:

1 拆除时混凝土强度应符合规定的要求。

2 模板、支(拱)架的拆除必须设立警戒区,非作业人员严禁进入。

3 模板、支(拱)架的拆除顺序应按施工方案执行。方案中未规定者,应执行先支后拆、后支先拆、先拆非承重模板、后拆承重模板、自上而下、分层分段拆除的顺序和原则。

4 拆除人员应使用稳固的登高工具,保持自身平衡,防止失稳坠落。严禁使用吊车吊拆未松动的模板。

5 拆除过程中,对有倾倒危险的模板、支(拱)架应进行临时支撑加固。

6 作业时料具、构件应传递,严禁抛掷。

7 拆下的模板、构件严禁堆放在支架上,应及时向下传递运出,临时堆放的位置、高度、地点不得影响通行和作业安全。

10.1.11 模板、支(拱)架施工作业应按表10.1.11进行安全检查,并认真填写检查记录表。对检查中发现的不符合规定的情况,应按表2.2.4签发安全检查整改通知单,限期整改,并跟踪验证。

表10.1.11 模板、支(拱)架施工作业安全检查表

项目(工程)名称			
施工地点			
序号	检查内容	对应条文号	检查情况
1	危险因素辨识	10.1.1	
2	专项施工方案、安全技术交底	10.1.2	
3	地基承载力及防护措施	10.1.3	
4	强度、刚度、稳定性	10.1.4	
5	安全系数	10.1.5	
6	登高要求	10.1.6	
7	检查和维护	10.1.7	
8	模板安装	10.1.8	
9	支(拱)架搭设	10.1.9	
10	拆除支架时混凝土强度要求	10.1.10	
11	模板、支(拱)架拆除警戒区设置	10.1.10	
12	模板、支(拱)架拆除方案	10.1.10	
13	模板、支(拱)架拆除作业	10.1.10	
检查方: 检查人:(签名) 日 期: 年 月 日			受检方: 接收人:(签名) 日 期: 年 月 日

10.2 钢 筋

10.2.1 钢筋施工应考虑下列主要危险源、危害因素:

1 钢筋加工机械引起机械伤害和触电。

2 钢筋冷拉作业时钢筋末端甩动和弹起伤人。

3 焊接作业时引燃可燃物。

4 闪光焊时强光伤眼。

5 高处作业时攀爬钢筋骨架。

10.2.2 电焊工必须持证上岗,作业时按规定佩戴护目镜、面罩、绝缘手套、绝缘鞋、鞋盖等防护用品。

10.2.3 钢筋加工应符合下列规定:

1 钢筋冷拉调直机或绞磨必须采用地锚固定,卷扬机应设防钢丝绳跳槽装置,卷筒上至少保留3圈以上保险绳,卷扬机和绞磨必须有良好的制动装置。调直场地两侧应设置防护遮拦,卷扬机前后应设防止钢筋回弹的防护挡板。调直至末端时,应采取防止钢筋甩动和弹起伤人的措施。

2 钢筋切料机断料时,机械未达到正常转速时不得切料。严禁将双手分在刀片两侧俯身送料。断短料时,手和切刀之间距离应保持15 cm以上,当手握端小于40 cm时,应采用套管或夹具将钢筋短头压住或夹牢。如图10.2.3所示。被切断钢筋直径不得超过切断机规定的容许值。切断机刀片应无破损,安装应牢固无松动。

3 钢筋弯曲机使用前应检查工作台、柱、盘,安装稳固方可启动。弯曲钢筋旋转半径范围内和机身无固定销的一侧严禁站人。被弯钢筋直径不得超过弯曲机规定的允许值。人工弯曲钢筋时,应检查扳口方正,操作时扳子应放平、压牢,防止滑脱。

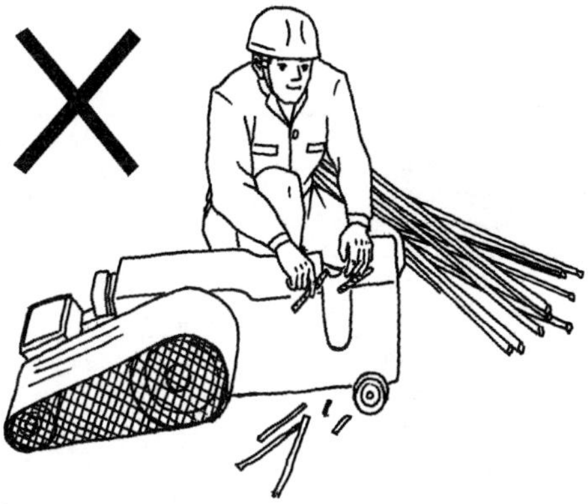

图10.2.3 机械切断短小钢筋时应使用夹具

10.2.4 钢筋焊接应符合下列规定:

1 钢筋焊接场地应干燥无可燃物,施焊时的防火距离应符合有关规定。焊机应有可靠的漏电保护和接零保护。焊钳连接导线应绝缘良好无破损。

2 雨天不得进行室外焊接作业。

3 闪光焊时,焊机上应安装遮光围屏,焊接长钢筋时应设钢筋托架,闪光范围内不得有人员停留。

4 室内进行电弧焊时,必须设置有效的通风除尘设施,操作者应佩戴防尘口罩。

5 钢筋焊接的防火应符合本规程第5.3节的规定。

10.2.5 钢筋运输应符合下列规定:

1 人力抬运钢筋时应动作一致,起落、上下坡道、拐弯时应互相呼应。跨越铁路线路和道口时,必须设防护员防护,统一指挥。竖向运输钢筋时,应搭设运料斜道。

2 吊运钢筋骨架时,不得碰撞脚手架、模板及支(拱)架,骨架下方严禁站人,骨架到达作业面上方1 m时,方可扶正就位并在支撑牢固后摘钩。

3 严禁刮碰脚手架、模板、支(拱)架。不得在钢筋骨架上直接敷设电线、电缆。

10.2.6 钢筋绑扎应符合下列规定:

1 绑扎钢筋骨架前,应检查模板、支(拱)架、脚手架确认稳固后方可进行绑扎施工。

2 绑扎深基础钢筋时,应设置上下通道,搬运传递钢筋时不得抛掷。

3 在2 m以上的高处绑扎钢筋时,不得在模板上集中堆料,严禁直接攀爬钢筋骨架上下。钢筋骨架应支撑牢固,保证稳定。

10.2.7 钢筋施工应按表10.2.7进行安全检查,并认真填写检查记录表。对检查中发现的不符合规定的情况,应按表2.2.4签发安全检查整改通知单,限期整改,并跟踪验证。

表 10.2.7　钢筋施工作业安全检查表

项目(工程)名称			
施工地点			
序号	检查内容	对应条文号	检查情况
1	危险源辨识	10.2.1	
2	电焊工持证上岗	10.2.2	
3	劳动防护用品	10.2.2	
4	钢筋调直作业	10.2.3	
5	钢筋切断作业	10.2.3	
6	钢筋弯曲作业	10.2.3	
7	钢筋焊接防火	10.2.4	
8	钢筋焊接用电	10.2.4	
9	闪光焊	10.2.4	
10	电弧焊	10.2.4	
11	人力运输钢筋	10.2.5	
12	吊运钢筋骨架	10.2.5	
13	钢筋绑扎	10.2.6	
检查方： 检查人：(签名) 日　期：　年　月　日			受检方： 接收人：(签名) 日　期：　年　月　日

10.3　混 凝 土

10.3.1　混凝土施工应考虑下列主要危险源、危害因素：

1　混凝土搅拌运输机械操作不当引起伤害。

2　振捣机械用电不当引起触电。

3　混凝土施工高处作业引发坠落。

4　混凝土洒水养生误将水喷到电线或电气设备上引发触电。

10.3.2　混凝土搅拌、运输机械的使用应符合本规程第 8.5 节的规定。

10.3.3　混凝土浇注与养护作业应符合下列规定：

1　振捣器或振动器应安装漏电保护器；电源线规格应符合设备要求，确保绝缘无破损，接头连接牢固；保护零线应符合要求。

2　检修或作业停止时，必须切断电源，严禁用电缆线、软管拖拉或吊挂振捣器或振动器。

3　作业人员应佩戴相应的防护用品。

4　混凝土振动台应安装在牢固的基础上，地角螺栓应连接牢固。装置振动器的构件模板应坚固牢靠。

5　振捣器不得在初凝混凝土、脚手架和干硬的地面上试振。

6　混凝土浇注过程中应对模板、支(拱)架、钢筋骨架的失稳、变形进行检查，发现异常情况时，必须立即停止作业，并整修加固合格。

7　洒水养护时，作业人员应避让混凝土构筑物顶面的障碍物和孔洞，拉移水管时不得倒退行走,严禁向输电线路及电器设施上喷水。

10.3.4 混凝土施工应按表10.3.4进行安全检查,并认真填写检查记录表。对检查中发现的不符合规定的情况,应按表2.2.4签发安全检查整改通知单,限期整改,并跟踪验证。

表10.3.4 混凝土施工作业安全检查表

项目(工程)名称			
施工地点			
序号	检查内容	对应条文号	检查情况
1	危险源辨识	10.3.1	
2	混凝土搅拌机械的安装调试	8.5.1	
3	搅拌机械作业的防护	8.5.1	
4	搅拌仓的清理维修	8.5.1	
5	搅拌机械移动或运输	8.5.1	
6	混凝土搅拌运输车的使用	8.5.2	
7	混凝土输送泵的安放	8.5.3	
8	混凝土输送泵管道敷设	8.5.3	
9	混凝土泵车就位	8.5.4	
10	混凝土泵车布料杆使用	8.5.4	
11	施工用电	10.3.3	
12	防护用品	10.3.3	
13	振捣器使用	10.3.3	
14	模板、支(拱)架、钢筋骨架检查	10.3.3	
15	洒水养护	10.3.3	
检查方: 检查人:(签名) 日 期: 年 月 日			受检方: 接收人:(签名) 日 期: 年 月 日

10.4 预 应 力

10.4.1 预应力施工应考虑下列主要危险源、危害因素:

1 预应力张拉高处、悬空作业时发生坠落。

2 施加预应力时混凝土强度不足。

3 预应力筋、锚具、夹具和连接器性能损伤引发夹片或预应力筋飞出伤人。

4 油泵管路爆裂引起喷溅伤人。

10.4.2 预应力张拉悬空作业时,应搭设张拉设备和操作人员作业的脚手架或操作平台。雨天张拉时,应搭设防雨棚。

10.4.3 混凝土应达到规定的强度和弹性模量值后,方可施加预应力。

10.4.4 预应力筋、锚具、夹具和连接器应具有可靠的锚固性能、足够的承载能力,需敲击才能松开的夹具,必须保证不影响预应力筋的锚固、不危及操作人员的安全。

10.4.5　张拉区应设明显的警示标志,严禁非操作人员进入。

10.4.6　张拉区两端必须设置防护挡板,且应高出最上一组张拉钢筋 0.5 m,挡板应宽出张拉端两侧各不小于 1 m。

10.4.7　张拉人员必须在张拉端侧面作业。张拉时,千斤顶后面严禁站人,不得踩踏高压油管。油泵工作时,严禁操作人员离岗。

10.4.8　张拉千斤顶张拉吨位不得小于设计张拉力的 1.2 倍。

10.4.9　施加预应力时,预应力筋、锚具和千斤顶应位于同一轴线上。

10.4.10　预应力张拉控制应力和张拉程序应符合设计要求。预应力张拉控制应力均不得超过设计规定的最大张拉控制应力。

10.4.11　张拉过程中发现油泵、千斤顶、锚夹具等有异常时,应立即停止作业,并查明原因进行检修,需要时在复工前应对油泵和千斤顶重新标定。张拉后,严禁撞击锚具、钢束。

10.4.12　注浆时应调整好安全阀;关闭阀门时,作业人员应站在侧面,并应穿防护服、戴护目镜。

10.4.13　预应力施工应按表 10.4.13 进行安全检查,并认真填写检查记录表。对检查中发现的不符合规定的情况,应按表 2.2.4 签发安全检查整改通知单,限期整改,并跟踪验证。

表 10.4.13　预应力施工作业安全检查表

项目(工程)名称			
施工地点			
序号	检查内容	对应条文号	检查情况
1	危险源辨识	10.4.1	
2	预应张拉悬空作业	10.4.2	
3	张拉时混凝土的强度、弹性模量	10.4.3	
4	预应力筋、锚具、夹具和连接器	10.4.4	
5	张拉区警示标志	10.4.5	
6	张拉区防护挡板	10.4.6	
7	张拉作业人员站位	10.4.7	
8	千斤顶张拉吨位	10.4.8	
9	预应力筋、锚具和千斤顶应位于同一轴线上	10.4.9	
10	预应力张拉控制应力和张拉程序	10.4.10	
11	张拉机具异常时的处理	10.4.11	
12	注浆作业	10.4.12	
检查方: 检查人:(签名) 日　期:　年　月　日		受检方: 接收人:(签名) 日　期:　年　月　日	

10.5　砌　　体

10.5.1　砌体施工应考虑下列主要危险源、危害因素:

1　碎石作业时石块飞溅伤人。

2 高处坠落。

3 落石打击。

4 基坑坍塌。

10.5.2 砌体工程基础开挖、砌筑作业，必须按标准规定佩戴安全帽。碎石作业必须按标准规定佩戴安全帽、护目镜。

10.5.3 砌体挡护工程基础开挖作业应根据土质及地下水情况制定相应的安全技术措施。

10.5.4 铁路营业线砌体挡护工程基础开挖作业，应按营业线施工有关规定执行。当基础开挖影响路基稳定时，必须采取加固防护措施。

10.5.5 在离地面 2 m 及以上的高处或高边坡坡面上从事砌筑、撬石、运料等作业时，必须搭设脚手架作业平台并设防护网防护，作业人员应系安全带。

10.5.6 挡护工程砌筑时，应先做好排水，经常检查基坑边坡稳定情况。高出地面时，人员严禁靠近墙脚或坡脚。砌筑锥体或坡面时，严禁采用自上而下自由滚落的方式运送石料。

10.5.7 人力抬运石料应捆绑牢固，平稳放落。

10.5.8 砌体砌筑时，不得将手、脚伸入石缝中或石块底部。

10.5.9 砌体坡面砌筑时，应预先清除上方不稳固石块等物料。

10.5.10 砌体工程施工应按表 10.5.10 进行安全检查，并认真填写检查记录表。对检查中发现的不符合规定的情况，应按表 2.2.4 签发安全检查整改通知单，限期整改，并跟踪验证。

表 10.5.10 砌体工程施工作业安全检查表

项目(工程)名称			
施工地点			
序号	检查内容	对应条文号	检查情况
1	危险源的辨识	10.5.1	
2	劳动防护	10.5.2	
3	基础开挖	10.5.3	
4	营业线附近作业	10.5.4	
5	高处、高边坡作业防护	10.5.5	
6	挡护工程砌筑	10.5.6	
7	人力运输石料	10.5.7	
8	不得将手、脚伸入石缝中或石块底部	10.5.8	
9	坡面砌筑作业	10.5.9	
检查方： 检查人：(签名) 日　期：　年　月　日		受检方： 接收人：(签名) 日　期：　年　月　日	

11　起重吊装作业

11.1　一般规定

11.1.1　施工单位应根据工程特点和作业环境,对危险性较大、环境复杂的吊装作业编制安全专项施工方案。

11.1.2　参加起重吊装的作业人员必须经过专业培训,特种作业人员必须考核合格,持证上岗。

11.1.3　起重机械使用前必须经检查确认符合要求及进行试吊后,方可使用。

11.2　索具设备

11.2.1　钢丝绳及钢丝绳夹的使用应符合下列规定:

1　钢丝绳应无死弯、不起油,在任何一个断面内的断丝数量不得超过此断面总根数的5%,当接头采用插接时,插接长度不得小于钢丝绳直径的20倍,总长度不得短于300 mm。

2　接头采用钢丝绳夹连接时应有足够的绳夹数量,并紧固牢靠。

3　钢丝绳表面磨损或锈蚀的折减系数应按表11.2.1—1的规定确定。

表11.2.1—1　钢丝绳表面磨损或锈蚀的折减系数

钢丝绳表面磨损或锈蚀量(%)	10	15	20	25	30~40	>40
折减系数(%)	85	75	70	60	50	报废

注:钢丝绳表面磨损或锈蚀量以每根钢丝绳的直径计算。

4　钢丝绳断丝的更换标准应按表11.2.1—2的规定确定。

表11.2.1—2　钢丝绳断丝的更换标准

钢丝绳的股数及丝数	6×19=114 加麻芯一根		6×37=222 加麻芯一根		6×61=366 加麻芯一根		18×19=342 加麻芯一根	
钢丝绳结构形式	交叉绞丝	顺向绞丝	交叉绞丝	顺向绞丝	交叉绞丝	顺向绞丝	交叉绞丝	顺向绞丝
每扭节距中不准超过的断丝数	12	6	22	11	36	18	36	18

5　起重吊装钢丝绳的安全系数应按表11.2.1—3的规定确定。

表11.2.1—3　起重吊装钢丝绳的安全系数

用　途	安全系数	用途	安全系数
缆风绳	3	吊索(无弯曲时)	6~7
手动起重设备	4.5	捆绑吊索	8
机动起重设备	5	载人升降机	14

6 机械用钢丝绳应符合现行国家标准《重要用途钢丝绳》(GB 8918)的规定。

7 起重机用钢丝绳的检验和报废应符合现行国家标准《起重机用钢丝绳检验和报废实用规范》(GB/T 5972)的规定。

8 架空索道用钢丝绳的检验和报废应符合现行国家标准《架空索道用钢丝绳检验和报废规范》(GB 9075)的规定。

9 钢丝绳的绳端采用钢丝绳夹固定时,应符合现行国家标准《钢丝绳夹》(GB/T 5976)的规定。

11.2.2 吊钩的使用应符合下列规定:

1 吊钩的表面不应有裂纹。

2 钩号为006~5的吊钩应检查开口度,其余钩号的吊钩应检查测量长度,其值严禁超过使用前实际尺寸的10%。

3 吊钩磨损后的危险截面实际高度严禁小于基本尺寸的95%。

4 吊钩吊柄腐蚀后的直径严禁小于基本尺寸的95%。

5 吊钩的螺纹不得腐蚀。

6 吊钩的缺陷严禁焊补,如图11.2.2所示。

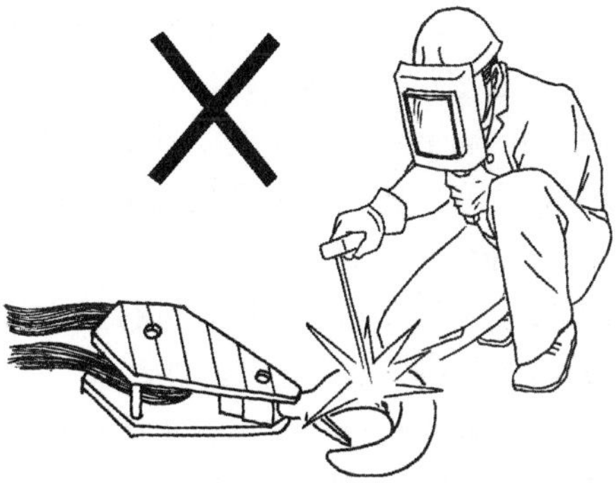

图11.2.2 严禁焊补吊钩缺陷

7 吊钩应进行经常性检查和定期检查。经常性检查可由操作人员执行,其周期应按表11.2.2—1的规定确定。定期检查周期应按表11.2.2—2的规定确定。

表11.2.2—1 经常性检查周期

机构工作级别	≤M5	M6~M7	M8
检查周期(d)	30	7~30	1~7

表11.2.2—2 定期检查周期

机构工作级别	≤M6	M7~M8
检查周期	一年	每季

注:表中M5~M8是按现行国家标准《起重机设计规范》(GB/T 3811)规定的机构工作级别。

11.2.3 起重用索具设备应按表11.3.15进行安全检查,并认真填写检查记录表。对检查中发现的不符合规定的情况,应按本规程第2.2.4条的规定办理。

11.3 吊装作业

11.3.1 吊装作业前,应对起重机械的制动器、吊钩、钢丝绳和安全装置进行检查,发现性能不正常时,应在操作前排除。

11.3.2 吊装作业中,当重物吊起、转向、走行、接近人员、重物下落时,必须鸣铃示警。吊装物上严禁站人,如图11.3.2所示。

11.3.3 遇六级及以上强风时必须停止露天吊装作业。

11.3.4 钢筋、型钢、管材等细长和多根物件吊装时,必须捆扎牢固,多点起吊。

11.3.5　严禁在超过起重机械容许荷载、荷载不明和斜拉重物的情况下起吊。

11.3.6　起重指挥应由安全技术培训合格的专职人员担任，无指挥或信号不清时严禁起吊。

11.3.7　电动起重机械作业突然断电时，应将所有的控制器手柄扳回零位；在重新工作前，应检查起重机械动作是否正常。

11.3.8　对电动起重机械进行维护保养时，应切断主电源、加锁并挂上标志牌。

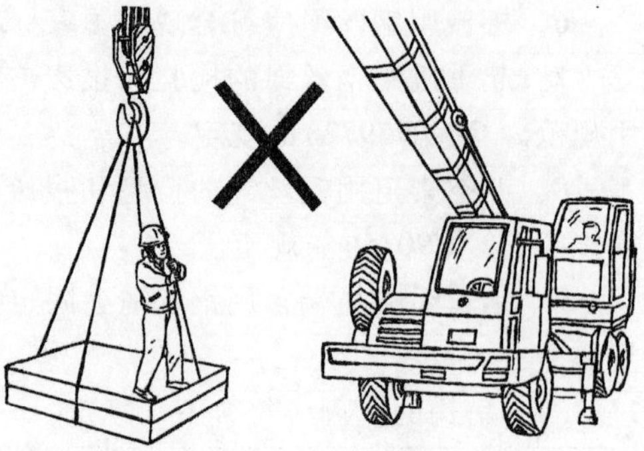

图 11.3.2　吊装物上严禁站人

11.3.9　在轨道上工作的起重机械，当作业结束时，应将起重机械与轨道锁定。

11.3.10　起重机械在作业中停机时，必须先将重物落地，不应将重物悬在空中停机。

11.3.11　当吊钩处于工作位置最低点时，钢丝绳在卷筒上的缠绕，除固定绳尾的圈数外，必须不少于 2 圈。

11.3.12　利用非标起重设备进行起重吊装作业时，施工单位应制定安装、拆除、吊装作业的安全技术操作规程及安全管理制度，并对作业人员进行安全技术培训后方可上岗作业。

11.3.13　起重机械严禁越过无防护措施的外电架空线路作业。在外电架空线路附近吊装时，应符合本规程第 4.2.4 条的规定。

11.3.14　在电气化铁路上使用架桥机、起重机等设备作业当距接触网带电部分小于 2 m 进行作业时，接触网必须停电。

11.3.15　起重吊装作业应按表 11.3.15 进行安全检查，并认真填写检查记录表。对检查中发现的不符合规定的情况，应按表 2.2.4 签发安全检查整改通知单，限期整改，并跟踪验证。

表 11.3.15　起重吊装施工作业安全检查表

项目(工程)名称			
施工地点			
序号	检查内容	对应条文号	检查情况
1	安全专项施工方案	11.1.1	
2	人员培训及持证上岗	11.1.2	
3	机械调试及检修	11.1.3	
4	钢丝绳及钢丝绳夹具使用	11.2.1	
5	吊钩使用	11.2.2	
6	作业前机械、设备检查	11.3.1	
7	强风天气	11.3.3	
8	细长多根物件吊装	11.3.4	
9	起重指挥	11.3.6	
10	突然断电时的处理	11.3.7	
11	电动起重机械维护保养	11.3.8	
12	轨道上工作的起重机械结束作业时的锁定	11.3.9	

续上表

项目(工程)名称			
施工地点			
序号	检查内容	对应条文号	检查情况
13	空中停机时重物处理	11.3.10	
14	钢丝绳剩余量	11.3.11	
15	非标起重设备	11.3.12	
16	外电架空线路旁作业	11.3.13	
17	电气化铁路上作业	11.3.14	
检查方： 检查人：(签名) 日　期：　年　月　日			受检方： 接收人：(签名) 日　期：　年　月　日

12 高处作业

12.1 一般规定

12.1.1 高处作业必须编制安全技术措施，工艺复杂、危险性较大的工程应编制安全专项施工方案。

12.1.2 高处作业人员必须定期进行体检。

12.1.3 高处作业人员必须经过专业技术培训，特殊工种人员必须持证上岗。施工前，应逐级进行安全技术教育及交底，落实所有安全技术措施。

12.1.4 高处作业所需的安全防护用品及防护设施、标志、工具、仪表、电器设施，必须在施工前进行检查或试验合格，方可投入使用；作业人员必须正确佩戴和使用防护用品。

12.1.5 高处作业必须系安全带，安全带应挂在牢固的物件上，严禁在一个物件上拴挂多根安全带或一根安全带上拴多个人。

12.1.6 作业人员必须从专用的通道或爬梯上下，严禁攀登脚手架，如图 12.1.6 所示。攀登的用具、结构构造必须牢固可靠。

图 12.1.6　严禁攀登脚手架

12.1.7 高处作业所用的物料、机具、工具等，必须堆平放稳，不得妨碍通行和装卸。对有可能坠落的物件必须先行撤除或加以固定。

12.1.8 对进行高处作业的高耸建筑物、构筑物等，应按规定设置避雷设施；遇有六级及以上强风、暴雨、浓雾等恶劣天气，严禁进行室外攀登与悬空作业。暴风雪及台风暴雨前后，应对高处作业安全设施逐一检查，发现异常立即采取加固措施。

12.1.9 雨雪天气进行高处作业时，必须采取可靠的防滑、防寒、防冻措施，及时清除水、雪、冰、霜。

12.1.10 临时拆除或变动安全防护设施时，必须经施工负责人批准，并采取相应可靠的安全措施，作业后应立即组织恢复。

12.1.11 防护设施搭设与拆除时，应设警戒区，并派专人监护。拆除时应自上而下，严禁上下同时拆除。

12.1.12 立体交叉作业时，不得在同一竖直方向上下同时操作。下层作业的位置，必须处于依上层高度确定的可能坠落半径范围之外。不符合以上条件必需作业时，应设置安全防护层。

12.1.13 上方施工可能坠落的物件及处于起重臂回转范围内的通道，在其受影响的范围内，必须搭设顶部能防止穿透的防护廊。

12.1.14 跨越公路、铁路行车线、居民区、架空电线路施工前，必须采取可靠防护措施。

12.1.15 高处作业应按表 12.1.15 进行安全检查，并认真填写检查记录表。对检查中发现的不符合规定的情况，应按表 2.2.4 签发安全检查整改通知单，限期整改，并跟踪验证。

表 12.1.15 高处作业安全检查表

项目(工程)名称			
施工地点			
序号	检查内容	对应条文号	检查情况
1	安全技术措施、专项施工方案	12.1.1	
2	作业人员体检	12.1.2	
3	培训、交底、持证上岗	12.1.3	
4	安全防护用品、防护设施使用前检查	12.1.4	
5	安全带使用	12.1.5	
6	专用梯道	12.1.6	
7	物料、机具、工具放置	12.1.7	
8	避雷设施	12.1.8	
9	恶劣气候作业	12.1.8	
10	雨雪天气作业	12.1.9	
11	临时拆除或变动安全防护设施	12.1.10	
12	防护设施搭设与拆除	12.1.11	
13	立体交叉作业时防护	12.1.12	
14	通道防护	12.1.13	
15	跨越公路、铁路行车线、居民区、架空电线路施工的防护	12.1.14	
检查方： 检查人：(签名) 日 期： 年 月 日		受检方： 接收人：(签名) 日 期： 年 月 日	

12.2 临边作业

12.2.1 临边作业的防护措施应符合下列规定：

1 基坑周边、墩台顶、桥面周边等，必须设置防护栏杆。

2 施工电梯、脚手爬梯与建筑物通道的两侧边，必须设置防护栏杆。

3 各种垂直运输接料平台口、作业平台应设置安全门或活动防护栏杆。

4 施工现场通道附近的各类洞口与坑槽等处以及公路、乡道、村路边施工的基坑等，除设置防护设施外，夜间应设置警示灯。

12.2.2 临边防护栏杆杆件的规格及连接，应保证稳固可靠。

12.2.3 临边防护栏杆的搭设应符合下列规定：

1 防护栏杆应由上、下两道横杆及立柱组成，上杆离下平面高度为 1.0～1.2 m，下杆离下平面高度为 0.5～0.6 m。坡度较大的作业面，防护栏杆高度应为 1.5 m，并加挂安全立网或在栏杆下边设置严密固定的高度不小于 18 cm 的挡脚板。除经设计计算外，横杆长度大于2 m时，必须加设栏杆立柱。

2 防护栏杆立柱应固定牢靠。

12.2.4 临边作业应按表 12.2.4 进行安全检查，并认真填写检查记录表。对检查中发现的不符合规定的情况,应按表 2.2.4 签发安全检查整改通知单,限期整改,并跟踪验证。

表 12.2.4 临边作业安全检查表

项目(工程)名称			
施工地点			
序号	检查内容	对应条文号	检查情况
1	临边作业防护栏杆设置部位	12.2.1	
2	洞口、道路边基坑的防护	12.2.1	
3	栏杆的规格及连接	12.2.2	
4	防护栏杆搭设	12.2.3	
5	防护栏杆立柱	12.2.3	
检查方: 检查人:(签名) 日 期: 年 月 日			受检方: 接收人:(签名) 日 期: 年 月 日

12.3 悬空作业

12.3.1 悬空作业所用的索具、脚手板、吊篮、吊笼、平台等设施,必须进行安全技术检算,并验收合格。

12.3.2 悬空吊装构件时,作业人员必须站在操作平台上操作,严禁在构件上站人。

12.3.3 悬空作业人员必须正确佩戴和使用个人劳动防护用品。

12.3.4 悬空作业应按表 12.3.4 进行安全检查,并认真填写检查记录表。对检查中发现的不符合规定的情况,应按表 2.2.4 签发安全检查整改通知单,限期整改,并跟踪验证。

表 12.3.4 悬空作业安全检查表

项目(工程)名称			
施工地点			
序号	检查内容	对应条文号	检查情况
1	悬空作业设施的安全技术检算	12.3.1	
2	悬空作业设施验收	12.3.1	
3	悬空作业人员站位	12.3.2	
4	佩戴使用劳动防护用品	12.3.3	
检查方: 检查人:(签名) 日 期: 年 月 日			受检方: 接收人:(签名) 日 期: 年 月 日

12.4 操作平台

12.4.1 移动式操作平台应符合下列规定:

1 操作平台应具有足够的强度、刚度和稳定性,并应标明容许荷载值,使用过程中严禁超过容许荷载。

2 操作平台四周必须按本规程第 12.2 节要求设置防护栏杆,并应设置登高扶梯。

3 作业人员在平台顶面上操作时,不得跨到防护栏杆外侧。

4 移动操作平台时,必须待作业人员离开平台后进行。

12.4.2 悬挑及悬挂式钢平台应符合下列规定:

1 钢平台的支撑点与拉结点必须设置在建筑物上。

2 钢平台安装时,钢丝绳应采用专用的挂钩挂牢。钢平台外口应略高于内口。

3 钢平台使用时,应设专人进行日常检查,发现问题及时处理。

12.4.3 操作平台应按表 12.4.3 进行安全检查,并认真填写检查记录表。对检查中发现的不符合规定的情况,应按表 2.2.4 签发安全检查整改通知单,限期整改,并跟踪验证。

表 12.4.3 操作平台安全检查表

项目(工程)名称			
施工地点			
序号	检查内容	对应条文号	检查情况
1	移动式操作平台强度、刚度稳定性要求	12.4.1	
2	移动式操作平台防护栏杆设置	12.4.1	
3	移动操作平台要求	12.4.1	
4	悬挑及悬挂式钢平台支撑点与拉结点设置	12.4.2	
5	悬挑及悬挂式钢平台安装	12.4.2	
6	悬挑及悬挂式钢平台日常检查	12.4.2	
检查方: 检查人:(签名) 日 期: 年 月 日			受检方: 接收人:(签名) 日 期: 年 月 日

12.5 脚 手 架

12.5.1 脚手架施工前应根据构筑物的特点和施工工艺进行设计,编制安全技术措施。危险性较大的脚手架工程应编制专项施工方案。施工前应向作业人员进行交底。

12.5.2 脚手架的地基必须满足承载力和沉降要求,并应采取防、排水和防冻融措施。位于河道中的脚手架还应有防洪水和漂流物冲击的措施。

12.5.3 脚手架应具有足够的强度、刚度和稳定性,能承受施工期间可能产生的各项荷载。

12.5.4 脚手架的材料及配件应符合下列规定:

1 对脚手架杆件的要求:

1)木脚手架立杆、纵向水平杆、斜撑、剪刀撑、连墙件应选用剥皮杉、落叶松木杆,横向水平杆应选用杉木、落叶松、柞木、水曲柳。不得使用折裂、扭裂、虫蛀、纵向严重裂缝以及腐朽的木杆。立杆有效部分的小头直径不得小于 70 mm,纵向水平杆有效部分的小头直径不得小于 80 mm;

2)钢管材质应符合 Q235—A 级标准,不得使用有明显变形、裂纹、严重锈蚀的材料;

3)同一脚手架中,不同材质、规格的材料不得混用,如图 12.5.4 所示。

2 对脚手架绑扎材料及配件的要求:

1) 镀锌钢丝或回火钢丝严禁有锈蚀和损伤，且严禁重复使用；

2) 扣件应与钢管管径相配合，并符合国家现行标准的规定。

3 对脚手架上脚手板的要求：

1) 木脚手板材质不得低于国家Ⅱ等材标准的杉木和松木，厚度不得小于 50 mm，两端应用镀锌钢丝扎紧，且不得使用腐朽、劈裂的木板；

2) 金属脚手板，单块重量不应大于 30 kg，性能应符合使用要求，表面应有防滑构造。

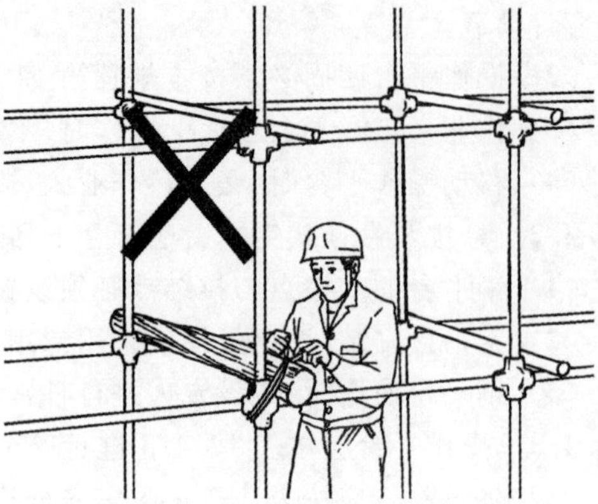

图 12.5.4　同一脚手架中不得混用不同材质及规格材料

12.5.5 脚手架构造要求应符合下列规定：

1 单、双排脚手架的立杆纵距及水平杆步距不应大于2.1 m，立杆横距不应大于 1.6 m。

2 沿脚手架外侧应设置剪刀撑，并随脚手架同步搭设和拆除。

3 双排扣件式钢管脚手架高度超过 24 m 时，应设置横向斜撑。

4 门式钢管脚手架的顶层门架上部、连墙件设置层、防护棚设置处必须设置水平架。

5 碗扣式脚手架安装时应将碗扣螺栓旋面与限位销顶紧、连牢，形成框架结构。同层碗扣接头应位于同一水平面内。

6 脚手板必须按脚手架宽度铺满、铺稳，脚手板与脚手架之间必须绑扎牢固，不得虚搭。脚手板与模板或构筑物的间隙不应大于 20 cm，作业层脚手板的下方必须设置防护层。

7 作业层外侧，应按规定设置防护栏杆和挡脚板。

12.5.6 脚手架施工应按表 12.5.6 进行安全检查，并认真填写检查记录表。对检查中发现的不符合规定的情况，应按表 2.2.4 签发安全检查整改通知单，限期整改，并跟踪验证。

表 12.5.6　脚手架施工作业安全检查表

项目(工程)名称			
施工地点			
序号	检查内容	对应条文号	检查情况
1	安全技术措施、专项施工方案及安全技术交底	12.5.1	
2	地基承载力及防护措施	12.5.2	
3	强度、刚度、稳定性要求	12.5.3	
4	脚手架杆件材质要求	12.5.4	
5	脚手架绑扎材料及配件	12.5.4	
6	脚手板的要求	12.5.4	
7	脚手架杆距要求	12.5.5	
8	剪刀撑设置	12.5.5	
9	钢管脚手架横向斜撑设置	12.5.5	

续上表

项目(工程)名称			
施工地点			
序号	检查内容	对应条文号	检查情况
10	门式钢管脚手架的构造要求	12.5.5	
11	碗扣式脚手架的构造要求	12.5.5	
12	脚手板的设置	12.5.5	

检查方：　　　　　　　　　　　　　　受检方：

检查人：(签名)　　　　　　　　　　　接收人：(签名)

日　期：　年　月　日　　　　　　　　日　期：　年　月　日

13 拆除工程

13.1 一般规定

13.1.1 建设单位应向施工单位提供拆除工程的有关图纸和资料以及涉及区域的地上、地下建筑设施分布资料。

13.1.2 施工单位应全面掌握拆除工程的图纸和资料,进行现场勘察,必须编制安全专项施工方案、制定事故应急预案。

13.1.3 拆除工程施工准备应符合下列规定:

1 建设单位应负责做好影响拆除工程安全施工的各种管线的切断、迁移工作。

2 施工单位在拆除施工前,应检查各类管线情况,确认全部切断后方可施工。

3 拆除施工现场周围、进出口应设置围挡、警示标志,非作业人员不得进入拆除施工现场,并采取相应的防止扬尘措施。

4 建设单位应按属地有关部门的规定确定固体废弃物处置地点。施工单位应将拆除的固体废弃物运至指定地点。

13.1.4 拆除工程施工中当发现不明物体时应立即停止施工,采取相应措施保护现场,并及时向建设单位及有关部门报告。

13.1.5 严禁立体交叉作业,如图 13.1.5 所示。

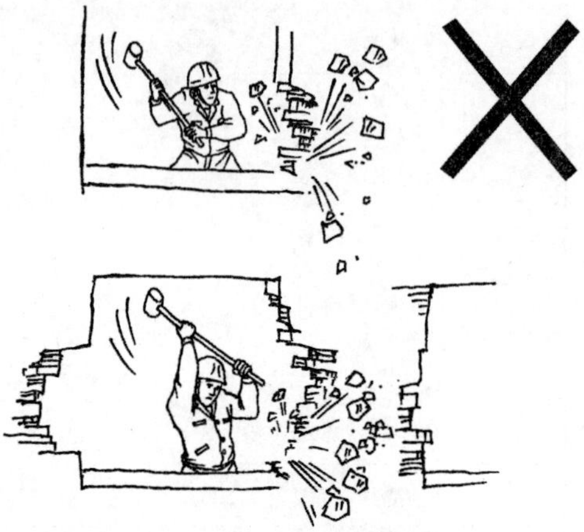

图 13.1.5 严禁立体交叉拆除作业

13.2 人工拆除

13.2.1 人工拆除作业应从上至下,逐层拆除,分段进行,如图 13.2.1 所示。

图 13.2.1 人工拆除作业应从上至下逐层拆除

13.2.2 拆除施工时作业人员应站在稳定的结构或脚手架上操作，已拆除的构件应放置在安全场所，严禁从高处随意抛掷。

13.2.3 拆除施工时上部已拆除构件及其他物品应适时组织定位卸放，上下应设专人监护，并应统一指挥，互相联系。

13.2.4 用大锤、钢钎凿除混凝土作业时，作业人员应互相保持安全距离，不得聚集和上下同时作业。

13.2.5 人工拆除施工应按表13.2.5进行安全检查，并认真填写检查记录表。对检查中发现的不符合规定的情况，应按表2.2.4签发安全检查整改通知单，限期整改，并跟踪验证。

表13.2.5 人工拆除作业安全检查表

项目(工程)名称			
施工地点			
序号	检查内容	对应条文号	检查情况
1	图纸和资料	13.1.1	
2	专项施工方案和应急预案	13.1.2	
3	管线的切断和迁移	13.1.3	
4	设置围挡及警示标志	13.1.3	
5	固体废弃物处置	13.1.3	
6	不明物体处置	13.1.4	
7	人工拆除施工顺序	13.2.1	
8	作业人员的站位	13.2.2	
9	拆除构件的卸放	13.2.3	
10	作业人员的分布	13.2.4	
检查方： 检查人：(签名) 日　期：　年　月　日			受检方： 接收人：(签名) 日　期：　年　月　日

13.3 机械拆除

13.3.1 人力配合机械拆除建筑物时，应从上至下，逐层分段进行。

13.3.2 高处拆除作业时，配合的作业人员及机械设备严禁接近建筑物的边缘进行作业。

13.3.3 拆除施工应按照安全专项施工方案进行，严禁扩大机械设备的使用范围。

13.3.4 机械拆除施工应按表13.3.4进行安全检查，并认真填写检查记录表。对检查中发现的不符合规定的情况，应按表2.2.4签发安全检查整改通知单，限期整改，并跟踪验证。

表 13.3.4　机械拆除作业安全检查表

项目(工程)名称			
施工地点			
序号	检查内容	对应条文号	检查情况
1	图纸和资料	13.1.1	
2	专项施工方案和应急预案	13.1.2	
3	管线的切断和迁移	13.1.3	
4	设置围挡及警示标志	13.1.3	
5	固体废弃物处置	13.1.3	
6	不明物体处置	13.1.4	
7	机械拆除施工顺序	13.3.1	
8	机械和作业人员的站位	13.3.2	
检查方： 检查人：(签名) 日　期：　年　月　日			受检方： 接收人：(签名) 日　期：　年　月　日

13.4　爆破拆除

13.4.1　爆破拆除施工应根据周围环境、作业条件、拆除对象、建(构)筑物类别、爆破规模，按照现行国家标准《爆破安全规程》(GB 6722)确定的等级，采取相应的安全技术措施。

13.4.2　爆破拆除施工前应作出安全评估及编制安全专项施工方案，并经有关部门审核批准后，方可实施。

13.4.3　从事爆破拆除工程的施工单位应具有爆破施工企业资质证书，并取得工程所在地法定部门核发的《爆炸物品使用许可证》，承担相应等级的爆破拆除工程。爆破拆除设计人员应具有承担爆破拆除作业范围和相应级别的爆破工程技术人员作业证。从事爆破拆除施工的作业人员应持证上岗。

13.4.4　爆破器材的购买、运输、储存、使用应符合本规程第7.2节的有关规定。

13.4.5　爆破拆除作业时的警戒、信号、爆后检查、处理等相关要求，应符合现行国家标准《爆破安全规程》(GB 6722)的规定。

13.4.6　在营业线附近进行爆破作业时，应先申请办理爆破作业单位许可证。对危及行车安全的爆破作业，应申请封锁施工方案。在方案未审批前，严禁进行爆破拆除作业。

13.4.7　爆破危险区内有两个及以上单位进行爆破拆除作业时，应由建设单位统一指挥。各施工单位应建立起爆掩体，并采用远距离起爆。

13.4.8　同一区段的二次爆破，应采用一次点火或远距离起爆。

13.4.9　爆破拆除施工应按表13.4.9进行安全检查，并认真填写检查记录表。对检查中发现的不符合规定的情况，应按表2.2.4签发安全检查整改通知单，限期整改，并跟踪验证。

表 13.4.9 爆破拆除作业安全检查表

项目(工程)名称			
施工地点			
序号	检查内容	对应条文号	检查情况
1	图纸和资料	13.1.1	
2	爆破安全技术措施	13.4.1	
3	爆破专项施工方案	13.4.2	
4	爆破施工企业资质	13.4.3	
5	持证上岗	13.4.3	
6	管线的切断和迁移	13.1.3	
7	设置围挡及警示标志	13.1.3	
8	固体废弃物处置	13.1.3	
9	不明物体处置	13.1.4	
10	爆破器材的购买、运输、储存、使用	13.4.4	
11	爆破拆除作业的警戒、信号、爆后检查、处理	13.4.5	
12	营业线附近爆破作业	13.4.6	
13	两个以上单位同时作业的安全要求	13.4.7	
14	二次爆破作业	13.4.8	
检查方： 检查人：(签名) 日　期：　年　月　日		受检方： 接收人：(签名) 日　期：　年　月　日	

13.5 静力破碎

13.5.1 采用具有腐蚀性的静力破碎剂作业时，灌浆人员必须佩戴防护手套和防护眼镜。孔内注入破碎剂后，作业人员应保持安全距离，严禁在注孔区域行走。

13.5.2 静力破碎剂严禁与其他材料混放。

13.5.3 在相邻的两孔，严禁钻孔与孔内注入破碎剂同步施工。

13.5.4 静力破碎当发生异常情况时，必须停止作业，查清原因并采取相应措施确保安全后，方可继续施工。

13.5.5 静力破碎施工应按表 13.5.5 进行安全检查，并认真填写检查记录表。对检查中发现的不符合规定的情况，应按表 2.2.4 签发安全检查整改通知单，限期整改，并跟踪验证。

表 13.5.5 静力破碎作业安全检查表

项目(工程)名称			
施工地点			
序号	检查内容	对应条文号	检查情况
1	图纸和资料	13.1.1	
2	专项施工方案和应急预案	13.1.2	

续上表

项目(工程)名称			
施工地点			
序号	检查内容	对应条文号	检查情况
3	管线的切断和迁移	13.1.3	
4	设置围挡及警示标志	13.1.3	
5	固体废弃物处置	13.1.3	
6	不明物体处置	13.1.4	
7	作业人员的防护	13.5.1	
8	破碎剂的存放	13.5.2	
9	相邻的两孔之间,严禁钻孔与注入破碎剂同步进行施工	13.5.3	
10	异常情况的处理	13.5.4	
检查方: 检查人:(签名) 日　期:　年　月　日			受检方: 接收人:(签名) 日　期:　年　月　日

14 特殊场所作业

14.1 一般规定

14.1.1 施工单位在建设项目施工前,必须检查确认施工作业过程与环境中存在的对作业人员健康的职业危害因素及其危害程度,制定职业危害防治实施方案和应急预案,健全管理制度和操作规程,对作业人员进行安全技术交底。

14.1.2 特殊场所作业应符合下列规定:

1 职业危害因素的强度或浓度等级应符合国家职业卫生标准。

2 应具有与职业危害程度相适应的防护设施。

3 生产布局应符合有害与无害作业分开的原则。

4 应具有配套的更衣间、洗浴间等卫生设施。

5 设备、工具、用具等设施应符合保护作业人员生理、心理健康的要求。

14.1.3 施工单位必须为作业人员提供符合标准的防护用品。

14.1.4 作业人员肌体处于疲劳、贫血、饥饿和营养不良状态时,应暂时停止接触存在职业危害的作业。

14.1.5 对可能发生急性职业损伤的有毒、有害作业场所,施工单位应设置报警装置,配置现场急救用品、冲洗设备、应急撤离通道和必要的排除险情区域。

14.1.6 施工单位对职业危害防护设备、应急救援设施和职业危害防护用品,应进行经常性的维护、检测、修理,确保其使用状态安全可靠,不得擅自停用或拆除。

14.1.7 施工单位不应将产生职业危害的作业转移给不具备职业危害防护条件的单位和个人,后者也不应接受产生职业危害的作业。

14.1.8 施工单位应定期组织职业健康检查,并不应安排有职业禁忌症的人员从事其禁忌的作业。

14.2 生产性粉尘场所作业

14.2.1 生产性粉尘作业场所应限制、抑制扬尘和粉尘的产生与扩散。

14.2.2 生产性粉尘作业场所应采用通风除尘设备,改善空气环境,降低粉尘浓度。

14.2.3 施工单位必须定期检测作业场所的粉尘浓度,采取措施,减少作业人员吸入粉尘的机会。

14.2.4 防生产性粉尘综合管理应符合下列规定:

1 采用风钻挖掘地面或清扫施工现场时,应先喷雾或洒水。

2 拆除建(构)筑物时,应洒水、隔离,并在规定期限内清除所有废弃物。运送散装物料、建筑垃圾和渣土时,应采用密闭覆盖措施,严禁高空抛掷、扬撒。

3 清理车辆、设备和物料的尘埃时,不得使用空气压缩机,作业场所内应设置车辆清洗设施以及配套的排水、泥浆沉淀设施,运输车辆应在除泥、冲洗干净后,方可驶出施工现场。

14.2.5 生产性粉尘场所作业应按表14.2.5进行安全检查,并认真填写检查记录表。对检查中发现的不符合规定的情况,应按表2.2.4签发安全检查整改通知单,限期整改,并跟踪验证。

表 14.2.5 生产性粉尘场所作业安全检查表

项目(工程)名称			
施工地点			
序号	检查内容	对应条文号	检查情况
1	职业危害防治实施方案	14.1.1	
2	应急预案及演练	14.1.1	
3	管理制度、操作规程	14.1.1	
4	安全技术交底	14.1.1	
5	作业场所的安全防护设施	14.1.2	
6	作业人员的防护用品	14.1.3	
7	设置报警装置、冲洗设备	14.1.5	
8	防护设施、防护用品检查维护	14.1.6	
9	健康体检记录	14.1.8	
10	限制粉尘产生扩散的措施	14.2.1	
11	通风除尘设备	14.2.2	
12	粉尘浓度检测	14.2.3	
13	风钻挖掘地面或清扫施工现场作业	14.2.4	
14	拆除作业、运装散料防尘措施	14.2.4	
15	车辆、设备和物料的尘埃处理	14.2.4	
16	车辆清洗、排水、泥浆沉淀设施	14.2.4	
检查方: 检查人:(签名) 日　期:　年　月　日			受检方: 接收人:(签名) 日　期:　年　月　日

14.3 生产性毒物场所作业

14.3.1 运输、储存毒物时,必须采取密闭的工艺设备、装置,防止跑、冒、滴、漏。毒物危害比较严重的场所,必须根据国家现行有关标准规定,设置有毒气体浓度报警仪或有毒气体检测仪。

14.3.2 使用有毒物品时,应设置黄色区域警戒线、警示标志和警示说明(包括危害种类、后果、预防及应急救援措施)。高毒作业场所应设置红色区域警戒线、警示标志和警示说明,并设置通信报警设备。

14.3.3 生产性毒物场所应采用自然通风或机械通风装置,降低毒物浓度。

14.3.4 生产性毒物场所作业人员必须正确佩戴和使用防护服装、防毒面罩、呼吸器等防护用品,并不应超时作业。

14.3.5 生产性毒物场所作业人员严禁在作业场所饮食、吸烟,同时应保持个人卫生,班后应淋浴,工作服与便服应隔开存放,并定期清洗。

14.3.6 生产性毒物场所作业应按表14.3.6进行安全检查,并认真填写检查记录表。对检查中发现的不符合规定的情况,应按表2.2.4签发安全检查整改通知单,限期整改,并跟踪验证。

表14.3.6 生产性毒物场所作业安全检查表

项目(工程)名称			
施工地点			
序号	检查内容	对应条文号	检查情况
1	职业危害防治实施方案	14.1.1	
2	应急预案及演练	14.1.1	
3	管理制度、操作规程	14.1.1	
4	安全技术交底	14.1.1	
5	作业场所的安全防护设施	14.1.2	
6	作业人员的防护用品	14.1.3	
7	生产性毒物的运输、储存	14.3.1	
8	防护设施、防护用品检查维护	14.1.6	
9	健康体检记录	14.1.8	
10	警戒和警示标志等	14.3.2	
11	通风装置	14.3.3	
12	防护用品	14.3.4	
13	严禁在作业场所饮食、吸烟	14.3.5	
检查方: 检查人:(签名) 日 期: 年 月 日			受检方: 接收人:(签名) 日 期: 年 月 日

14.4 噪声场所作业

14.4.1 噪声作业场所应采取设置消声器、隔声罩、隔振垫等吸声、隔声、隔振、阻尼措施,消除或减少噪声传播。

14.4.2 施工单位应加强对高噪声设备的日常保养和维护,减少噪声污染。

14.4.3 必须定期检查督促噪声场所作业人员正确佩戴和使用耳塞、耳罩、防声帽等听力防护用品,并不应超时、超强作业。

14.4.4 噪声作业场所操作人员接触噪声时间及相应的噪声限值应符合国家现行有关标准的规定。

14.4.5 噪声场所作业应按表14.4.5进行安全检查,并认真填写检查记录表。对检查中发现的不符合规定的情况,应按表2.2.4签发安全检查整改通知单,限期整改,并跟踪验证。

表 14.4.5 噪声场所作业安全检查表

项目(工程)名称			
施工地点			
序号	检查内容	对应条文号	检查情况
1	职业危害防治实施方案	14.1.1	
2	应急预案及演练	14.1.1	
3	管理制度、操作规程	14.1.1	
4	安全技术交底	14.1.1	
5	健康体检记录	14.1.8	
6	作业场所的噪声防护设施	14.1.2	
7	防护设施设置、维护	14.4.1	
8	高噪声设备保养、维护	14.4.2	
9	防护用品使用	14.4.3	
10	噪声限值及作业时间	14.4.4	
检查方： 检查人：(签名) 日 期： 年 月 日			受检方： 接收人：(签名) 日 期： 年 月 日

14.5 辐射场所作业

14.5.1 紫外线辐射场所作业应符合下列规定：

1 必须采取屏蔽或增大距辐射源距离的措施。

2 电焊作业人员必须按规定正确佩戴和使用防护面罩、护目镜、口罩、绝缘鞋和防护服等，不应卷袖或穿短袖衣服。非作业人员不应在电焊作业场所逗留观望。

14.5.2 放射线场所作业应符合下列规定：

1 必须对放射源进行屏蔽防护。放射工作人员、公众个人接触放射线的时间、距离、剂量限值必须控制在现行国家标准《放射卫生防护基本标准》(GB 4792)规定的范围内。

2 应采取封闭隔离措施，防止放射源扩散，并清除污染，保持卫生整洁。

14.5.3 辐射场所作业应按表 14.5.3 进行安全检查，并认真填写检查记录表。对检查中发现的不符合规定的情况，应按表 2.2.4 签发安全检查整改通知单，限期整改，并跟踪验证。

表 14.5.3 辐射场所作业安全检查表

项目(工程)名称			
施工地点			
序号	检查内容	对应条文号	检查情况
1	职业危害防治实施方案	14.1.1	
2	应急预案及演练	14.1.1	
3	管理制度、操作规程	14.1.1	
4	安全技术交底	14.1.1	

续上表

项目(工程)名称			
施工地点			
序号	检查内容	对应条文号	检查情况
5	作业场所的安全防护设施	14.1.2	
6	作业人员的防护用品	14.1.3	
7	设置报警装置,配置现场急救用品、应急撤离通道和必要的泄险区	14.1.5	
8	防护设施、防护用品检查维护	14.1.6	
9	健康体检记录	14.1.8	
10	紫外线辐射的防护	14.5.1	
11	放射线辐射的防护	14.5.2	
检查方: 检查人:(签名) 日 期: 年 月 日		受检方: 接收人:(签名) 日 期: 年 月 日	

14.6 高温环境作业

14.6.1 高温环境作业应调整作业时间,加强作业场所通风、淋水、降温,露天作业应设置间休凉棚。

14.6.2 高温环境作业应在高温设备上覆盖隔热材料,减少辐射热。

14.6.3 高温环境作业人员应正确佩戴和使用防护鞋、帽、手套和防护服等。

14.6.4 施工单位应为高温环境作业人员提供清凉饮料,配备消暑药品。

14.6.5 高温作业场所综合温度上限值应按表 14.6.5 的规定确定。

表 14.6.5 高温作业场所综合温度上限值

体力劳动强度指数	夏季通风室外计算温度分区	
	<30 ℃地区	≥30 ℃地区
≤15	31	32
>15~20	30	31
>20~25	29	30
>25	28	29

14.6.6 高温环境作业应按表 14.6.6 进行安全检查,并认真填写检查记录表。对检查中发现的不符合规定的情况,应按表 2.2.4 签发安全检查整改通知单,限期整改,并跟踪验证。

表 14.6.6　高温环境作业安全检查表

项目(工程)名称			
施工地点			
序号	检查内容	对应条文号	检查情况
1	职业危害防治实施方案	14.1.1	
2	应急预案及演练	14.1.1	
3	管理制度、操作规程	14.1.1	
4	安全技术交底	14.1.1	
5	作业场所的安全防护设施	14.1.2	
6	作业人员的防护用品	14.1.3	
7	防护设施、防护用品检查维护	14.1.6	
8	健康体检记录	14.1.8	
9	作业时间及降温措施	14.6.1	
10	高温设备防护	14.6.2	
11	防暑降温措施	14.6.4	
检查方： 检查人：(签名) 日　期：　年　月　日			受检方： 接收人：(签名) 日　期：　年　月　日

14.7　瓦斯环境作业

14.7.1　含瓦斯地段开工前必须对施工作业及管理人员进行安全技术培训。爆破、供电、瓦斯检测等特种作业人员必须持证上岗。

14.7.2　含瓦斯地段应建立专门机构进行通风、防突、防爆及瓦斯检测工作，设置消防设施，配备瓦斯检测报警仪器。

14.7.3　含瓦斯地段使用的机电设备应采用防爆型，必须经外观、防爆性能、操作性能检查合格后方可投入使用。

14.7.4　瓦斯作业区内严禁携带明火进入，并不得存放各种油类。

14.7.5　瓦斯环境作业应按表 14.7.5 进行安全检查，并认真填写检查记录表。对检查中发现的不符合规定的情况，应按表 2.2.4 签发安全检查整改通知单，限期整改，并跟踪验证。

表 14.7.5　瓦斯环境作业安全检查表

项目(工程)名称			
施工地点			
序号	检查内容	对应条文号	检查情况
1	职业危害防治实施方案	14.1.1	
2	应急预案及演练	14.1.1	
3	管理制度、操作规程	14.1.1	
4	安全技术交底	14.1.1	
5	作业场所的安全防护设施	14.1.2	
6	作业人员的防护用品	14.1.3	

续上表

项目(工程)名称			
施工地点			
序号	检查内容	对应条文号	检查情况
7	设置报警装置,配置现场急救用品、应急撤离通道和必要的泄险区	14.1.5	
8	防护设施、防护用品检查维护	14.1.6	
9	持证上岗	14.7.1	
10	机电设备选型及检查	14.7.3	
11	禁忌物品携带与存放	14.7.4	

检查方: 受检方:

检查人:(签名) 接收人:(签名)

日 期: 年 月 日 日 期: 年 月 日

15　季节性施工

15.1　一般规定

15.1.1　施工单位应根据施工所在地,季节性变化规律,水文地质情况,结合建设项目施工特点,编制季节性施工方案和突发事件应急预案。

15.1.2　施工单位在汛期、台风季节应成立防洪抢险组织机构,建立值班制度,及时掌握气象情况,采取施工防范措施。

15.1.3　施工单位应按照季节性施工方案的要求,配备充足的物资、设备、器材及劳动防护用品等。

15.1.4　施工单位对所有从事季节性施工人员应进行季节性施工安全教育与培训。

15.2　雨季施工

15.2.1　雨季施工前,施工单位应做好防洪排涝准备,组织防洪物资、设备、防护用品进场。

15.2.2　雨季施工前,施工单位应对施工场地、在建工程、材料堆放场、设备存放场、运输便道等的防洪设施进行检查、加固,疏通排水沟渠。对有可能被洪水淹没的临时房屋、设备、物资应采取搬迁措施。

15.2.3　雨季施工时,作业场所的脚手架、跳板、桥梁、墩台等作业面应采取防滑措施;场内机动车辆行驶时应减速防滑,靠近基坑边缘卸料时应设置止挡。

15.2.4　强风、大雨前后,施工单位应对临时房屋等工程设施进行检查,发现滑坡、坍方、倾斜、变形、漏雨等危险情况时,必须及时组织抢修、防护和加固。

15.2.5　暴雨前后,施工单位必须对钢塔架、大型设备、高大脚手架、支(拱)架等的避雷装置与机电设备进行检查、测试和整修,应使其不受潮、不漏电、接地电阻值符合国家现行《施工现场临时用电安全技术规范》(JGJ 46)的规定。

15.2.6　雷雨天气,严禁从事露天钢结构、钢脚手架、钢支(拱)架、钢模板等的安装、拆除及焊接作业。

15.2.7　雷雨天气,作业人员不应在大树、施工机械下停留,不应靠近电线杆、铁塔、架空线路以及避雷装置接地导线。

15.2.8　雨期施工应按表15.2.8进行安全检查,并认真填写检查记录表。对检查中发现的不符合规定的情况,应按表2.2.4签发安全检查整改通知单,限期整改,并跟踪验证。

表15.2.8　雨期施工安全检查表

项目(工程)名称			
施工地点			
序号	检查内容	对应条文号	检查情况
1	季节性施工方案	15.1.1	
2	应急预案	15.1.1	

续上表

项目(工程)名称			
施工地点			
序号	检查内容	对应条文号	检查情况
3	防洪抢险组织机构	15.1.2	
4	安全教育和培训	15.1.4	
5	防洪物资准备	15.2.1	
6	防洪设施检查、加固	15.2.2	
7	临时房屋、设备、物资搬迁	15.2.2	
8	施工现场防滑措施	15.2.3	
9	地质灾害预防	15.2.4	
10	避雷装置、机电设备检查	15.2.5	
11	雷雨天作业人员避雷要求	15.2.7	
检查方： 检查人：(签名) 日　期：　年　月　日			受检方： 接收人：(签名) 日　期：　年　月　日

15.3 冬期施工

15.3.1 冬期施工期间，应做好在建工程的防寒工作。

15.3.2 冬期施工前，应对使用的设备、机具、防护设施进行检修、保养与防寒，更换设备防冻剂和冬期用油，消除事故隐患。入冬前必须将停用设备内的存水放净。

15.3.3 冬期施工的一切取暖设施应符合防火和防煤气中毒要求；对采取蓄热法浇注混凝土的现场应有防火措施。

15.3.4 冬期施工应采取防滑、防冻措施。霜雪过后，应及时清扫施工现场道路及作业面上的积雪、浮冰；在高处进行焊接、安装、绑扎施工时，应采取可靠的防滑措施。

15.3.5 冬期施工使用的储气罐、氧气瓶、乙炔瓶、连接胶管发生冻结时，严禁使用明火烘烤或用金属器具敲击气阀。

15.3.6 在江河冰面上通行时，事先应调查冰层厚度及承载能力；冰面承载力不够地段严禁通行。

15.3.7 冬期施工应按表15.3.7进行安全检查，并认真填写检查记录表。对检查中发现的不符合规定的情况，应按表2.2.4签发安全检查整改通知单，限期整改，并跟踪验证。

表15.3.7　冬期施工安全检查表

项目(工程)名称			
施工地点			
序号	检查内容	对应条文号	检查情况
1	季节性施工方案	15.1.1	
2	应急预案	15.1.1	

续上表

项目(工程)名称			
施工地点			
序号	检查内容	对应条文号	检查情况
3	冬季施工物资准备	15.1.3	
4	安全教育和培训	15.1.4	
5	在建工程防寒	15.3.1	
6	机具、设备、防护设施的检修、保养、防寒	15.3.2	
7	防煤气中毒、防火措施	15.3.3	
8	防滑、防冻措施	15.3.4	
9	储气罐、氧气瓶等使用	15.3.5	
10	冰面通行	15.3.6	
检查方： 检查人：(签名) 日　期：　年　月　日			受检方： 接收人：(签名) 日　期：　年　月　日

15.4　台风预防

15.4.1　台风来临前，应加强预报预警，及时记录掌握气象变化情况，确保防护稳妥、管理有序。

15.4.2　台风来临前，施工使用的机具、材料、设备等应转移至安全场所；水上作业的船舶、浮吊等应回港避风、锚定。

15.4.3　台风到来期间，应停止一切户外施工和室内大型集体活动，切断室外电源。台风过境地区，施工人员必须转移到安全地带，并避开易引发洪水、山体滑坡、泥石流等灾害处所和台风经过的危险区域。

15.4.4　台风前后，应对驻地房屋、工地、料库(场)、在建的高大建筑物、危险设备、搅拌站、脚手架、临时设施、电杆塔架、排水设施等进行检查、加固、疏通或迁移。

15.4.5　台风期间，严禁在河、湖、海的路堤或桥上行走，不得在强风影响区域开车运行。

15.4.6　台风期间施工应按表15.4.6进行安全检查，并认真填写检查记录表。对检查中发现的不符合规定的情况，应按表2.2.4签发安全检查整改通知单，限期整改，并跟踪验证。

表15.4.6　台风预防施工安全检查表

项目(工程)名称			
施工地点			
序号	检查内容	对应条文号	检查情况
1	季节性施工方案	15.1.1	
2	应急预案	15.1.1	
3	防洪抢险组织机构	15.1.2	
4	防洪物资准备	15.1.3	

续上表

项目(工程)名称			
施工地点			
序号	检查内容	对应条文号	检查情况
5	安全教育和培训	15.1.4	
6	台风预报	15.4.1	
7	机具、材料、设备转移	15.4.2	
8	人员转移	15.4.3	
9	高大建筑物、危险设备等检查加固	15.4.4	
10	台风期间行走、开车要求	15.4.5	
检查方： 检查人：(签名) 日　期：　年　月　日		受检方： 接收人：(签名) 日　期：　年　月　日	

16 高原地区施工

16.1 一般规定

16.1.1 高原地区施工期间建设各方应设立医疗机构，执行国家卫生防疫、劳动卫生和医疗保障的有关规定，制定切实可行的医疗卫生保障制度，确保高原地区工作人员的劳动能力和身体健康。

16.1.2 施工单位应编制高原地区专项施工方案，并制定相应的应急预案。

16.1.3 施工单位应及时掌握气象情况，科学合理安排施工。

16.2 临时工程

16.2.1 生活区、料库(场)、设备存放场等，应选择在地质条件较好的低含冰量冻土分布地段及基岩出露、避风的平缓阳坡处所，且应避开热融可能滑坍的冰锥、冻胀丘、高含冰量的冻土和湖塘等不良地段。

16.2.2 临时工程不应修建在草场、牧场、野生动物栖息地，以及迁徙通道附近、自然保护区核心地区和植被覆盖良好的处所。

16.2.3 平整场地应坚持宁填勿挖的原则，不应随意铲除植被、碾压便道以外的冻土和草地，严禁施工机械驶入非便道的富冰、饱冰冻土地段。

16.2.4 修建临时工程时不得切断、阻拦地表水和地下水径流的排放；临时工程附近不应形成新的积水洼地。

16.2.5 临时房屋应架设在架空通风基础或碎石垫层加通风管基础上。

16.2.6 临时房屋应有防风、保暖、防雷击的功能。

16.2.7 高原施工临时工程应按表16.2.7进行安全检查，并认真填写检查记录表。对检查中发现的不符合规定的情况，应按表2.2.4签发安全检查整改通知单，限期整改，并跟踪验证。

表 16.2.7 高原施工临时工程安全检查表

项目(工程)名称			
施工地点			
序号	检查内容	对应条文号	检查情况
1	医疗机构	16.1.1	
2	专项施工方案	16.1.2	
3	气象情况的掌握	16.1.3	
4	临时工程选址	16.2.1,16.2.2	
5	临时工程平整场地	16.2.3	
6	临时房屋基础	16.2.5	
7	临时房屋功能要求	16.2.6	
检查方： 检查人：(签名) 日　期：　年　月　日			受检方： 接收人：(签名) 日　期：　年　月　日

16.3　高原缺氧防治

16.3.1　对参加高原地区施工的所有人员应进行体检，严禁安排不适应高原环境的人员进场。进入高原前应将身体调整到最佳状态，避免感冒发烧。

16.3.2　患有明显的心、肺、脑、肝、肾等疾病者和严重贫血、高血压和视网膜疾病者以及孕妇等，不宜进入高海拔地区。

16.3.3　初入高原，应遵循海拔由低到高逐步适应的原则，进行一周以上时间的适应性锻炼、观察、调理、治疗，并应多饮水、静养、缓动、慢行，避免吸烟饮酒，严禁暴饮暴食、剧烈运动。

16.3.4　施工单位应完善作业层、项目经理部、地方合作医院等三级医疗卫生机构，配备必要的医疗器械和药品，对工作人员进行工作前、工作中与工作后身体健康检查，及早发现病情，及早治疗。

16.3.5　医疗机构应建立健全工作人员的健康档案，定期检查，保障工作人员的健康，做好高原病防治工作。

16.3.6　高原地区施工必须建立运用供氧系统，施工现场应建立氧疗室，宿舍应设置富氧仓，作业人员应随身携带供氧器，定时吸氧。

16.3.7　高原地区施工应合理安排作业时间，在海拔 4 000 m 以上时，野外作业不宜超过 6 h/d，隧道内作业不宜超过 4 h/d，劳动强度宜在中等以下。

16.3.8　高原缺氧防治应按表 16.3.8 进行安全检查，并认真填写检查记录表。对检查中发现的不符合规定的情况，应按表 2.2.4 签发安全检查整改通知单，限期整改，并跟踪验证。

表 16.3.8　高原缺氧防治安全检查表

项目(工程)名称			
施工地点			
序号	检查内容	对应条文号	检查情况
1	医疗机构	16.1.1	
2	专项施工方案	16.1.2	
3	气象情况的掌握	16.1.3	
4	人员选择及高原适应	16.3.1～16.3.3	
5	医疗机械、药品	16.3.4	
6	人员健康档案	16.3.5	
7	供氧系统及设施	16.3.6	
8	作息时间及劳动强度	16.3.7	
检查方： 检查人：(签名) 日　期：　年　月　日		受检方： 接收人：(签名) 日　期：　年　月　日	

17 临时工程和过渡工程

17.1 一般规定

17.1.1 工程开工前应对地形、地物、地貌、工程地质、水文地质、气象、水电供应、交通运输、施工环境及地下隐蔽物等做好调查,对施工现场和临时、过渡工程进行合理规划和布置。

17.1.2 地处洪水、雷电、强风、滑坡、泥石流等自然地质灾害影响区域内的临时工程的选址应进行勘察和安全评估。

17.1.3 生产、生活污水应按规定排放,不符合排放标准的应进行处理。生活垃圾应弃置在垃圾池或垃圾箱内,并定期清运、填埋。

17.1.4 位于城市居住区及居民集中区的临时工程和过渡工程场地、道路等应采取抑尘措施。

17.2 施工现场布置

17.2.1 生产区、辅助生产区、办公生活区应合理划分区域,并采取隔离措施。

17.2.2 施工现场应在醒目位置设置工程概况牌、管理人员名单及监督电话牌、消防保卫牌、安全生产牌、文明施工牌和施工现场平面布置图等"五牌一图",并按有关规定设置安全警示标志。

17.2.3 施工现场布置应满足消防要求。易燃和可燃材料存放场所应依据消防要求配备消防器材。消防器材应有专人管理,定期检验。

17.2.4 临时油库设置应符合国家有关消防规定。库区应封闭管理,配足消防设备并设专人看守。严禁在库区存放其他易燃易爆品,如图 17.2.4 所示。

图 17.2.4 油库区严禁存放易燃易爆品

17.2.5 爆破器材库必须符合防爆、防雷、防潮、防火、防鼠和防盗等要求,并应有良好的通风和防爆照明设备。库房距厂矿、村镇、人口稠密处、交通要道及其他建筑物的安全距离,必须符合现行国家标准《爆破安全规程》(GB 6722)的有关规定。

17.2.6 对环境有污染的材料和机具设备应设置在远离人员居住的空旷地点,并采取相应的防污染措施。

17.2.7 施工现场布置应按照表 17.2.7 进行安全检查,并认真填写检查记录表。对检查中发现的不符合规定的情况,应按表 2.2.4 签发安全检查整改通知单,限期整改,并跟踪验证。

表 17.2.7 施工现场布置安全检查表

项目(工程)名称			
施工地点			
序号	检查内容	对应条文号	检查情况
1	环境调查及规划	17.1.1	
2	选址勘察和安全评估	17.1.2	
3	污水、垃圾处理	17.1.3	
4	抑尘措施	17.1.4	
5	区域划分与隔离	17.2.1	
6	“五牌一图”设置	17.2.2	
7	现场消防	17.2.3	
8	临时油库设置	17.2.4	
9	爆破器材库管理	17.2.5	
10	有污染的材料、机具设备设置	17.2.6	
检查方： 检查人：(签名) 日 期： 年 月 日			受检方： 接收人：(签名) 日 期： 年 月 日

17.3 临时建筑

17.3.1 临时建筑设置应符合下列规定：

1 避开可能发生洪水、泥石流、滑坡、坍方、落石的地段。

2 在取、弃土场影响范围外。

3 与高压线路、通信线路和高大树木保持一定的安全距离。

4 距离露天爆破区 1 700 m 以外。

5 临时建筑之间的距离符合相关规定。

17.3.2 变配电所、空气压缩机房、发电机房、锅炉房、油库、爆破器材库等危险性较大场所，应封闭管理并设置安全警示标志，非工作人员未经批准不得入内。

17.3.3 临时建筑应满足结构安全、消防、环保、卫生等有关要求。

17.3.4 临时建筑使用前，应按规定进行检查验收，验收不合格者严禁投入使用。

17.3.5 临时建筑应按照表 17.3.5 进行检查，并认真填写检查记录表。对检查中发现的不符合规定的情况，应按表 2.2.4 签发安全检查整改通知单，限期整改，并跟踪验证。

表 17.3.5 临时建筑安全检查表

项目(工程)名称			
施工地点			
序号	检查内容	对应条文号	检查情况
1	环境调查及规划	17.1.1	
2	选址勘察和安全评估	17.1.2	

续上表

项目(工程)名称			
施工地点			
序号	检查内容	对应条文号	检查情况
3	污水、垃圾处理	17.1.3	
4	抑尘措施	17.1.4	
5	临时建筑设置	17.3.1	
6	危险性较大场所管理	17.3.2	
7	安全、消防、环保、卫生要求	17.3.3	
8	检查验收	17.3.4	
检查方: 检查人:(签名) 日　期:　年　月　日			受检方: 接收人:(签名) 日　期:　年　月　日

17.4 临时道路和铁路便线

17.4.1 临时道路、铁路便线应根据使用功能、环境条件设计,并按规定进行审批。利用既有道路时应根据运输荷载等条件进行检算。

17.4.2 临时道路、铁路便线应按设计进行施工,满足变形和稳定性要求。

17.4.3 临时道路、铁路便线应按规定设置安全警示标志,并由专人养护维修,保持畅通。

17.4.4 临时道路与既有铁路必需平面交叉时,应按规定办理审批手续、设置铁路道口、进行防护。有高度限制要求时,应设置限高架。

17.4.5 临时道路靠近既有铁路时,应在靠线铁路一侧设置防护设施,并在道路设置出入口栏门。出入口栏门应有专人看守,车辆及大型施工机械进入应实行监护、许可制度,未经许可严禁进入;不施工时应封闭。

17.4.6 临时道路靠近高路堑、深基坑时应设置防护设施及安全警示标志。

17.4.7 行人、车辆频繁通过的临时道路交叉路口应悬挂安全警示标志。

17.4.8 铁路便线应符合下列规定:

1 便线线间距不得小于4.0 m。钢轨外侧1.5 m内不得堆放超过轨面的物件。当有货物站台时,应符合铁道部有关规定。

2 临时道口应设警告牌(灯)和防护桩;车辆、人员通行繁忙的道口,应派专人看守,并设栏杆。

3 严禁超速行车。

4 运输大型物件时,必须派人随车监护,发现问题及时检查处理。

5 由营业线引出的便线应设置安全线。

6 汛期应加强巡道。

17.4.9 临时道路应按照表17.4.9进行安全检查,并认真填写检查记录表。对检查中发现的不符合规定的情况,应按表2.2.4签发安全检查整改通知单,限期整改,并跟踪验证。

表 17.4.9　临时道路和铁路便线安全检查表

项目(工程)名称			
施工地点			
序号	检查内容	对应条文号	检查情况
1	环境调查及规划	17.1.1	
2	选址勘察和安全评估	17.1.2	
3	抑尘措施	17.1.4	
4	临时道路、铁路便线设计	17.4.1	
5	临时道路、铁路便线施工	17.4.2	
6	临时道路、铁路便线安全警示标志与维护	17.4.3	
7	铁路道口设置与防护	17.4.4	
8	靠近既有线的防护	17.4.5	
9	靠近高路堑、深基坑的防护与安全警示标志	17.4.6	
10	行人、车辆频繁的交叉路口安全警示标志	17.4.7	
11	铁路便线限界及站台设置	17.4.8	
12	铁路便线道口警示与防护	17.4.8	
13	铁路便线行车	17.4.8	
14	大型构件运输	17.4.8	
15	铁路便线安全线设置	17.4.8	
16	汛期巡守	17.4.8	
检查方： 检查人：(签名) 日　期：　年　月　日			受检方： 接收人：(签名) 日　期：　年　月　日

17.5　临时栈桥和临时码头

17.5.1　临时栈桥、码头应根据运输荷载和水文条件进行设计。栈桥的梁底高程不应小于设计的施工水位，并应有抗洪水、流冰及其他漂浮物的能力。码头位置应选在水域开阔、地质较好、水流平稳、水深无淤积的地段。

17.5.2　临时栈桥、码头应按设计施工，并配备和设置相应的安全防护设施。

17.5.3　临时栈桥、码头应按规定设置安全警示标志，并进行养护维修。

17.5.4　通过临时栈桥的电线、电缆应绝缘良好，并固定牢靠。

17.5.5　临时栈桥、码头应按照表 17.5.5 进行安全检查，并认真填写检查记录表。对检查中发现的不符合规定的情况，应按表 2.2.4 签发安全检查整改通知单，限期整改，并跟踪验证。

表 17.5.5　临时栈桥和临时码头安全检查表

项目(工程)名称			
施工地点			
序号	检查内容	对应条文号	检查情况
1	环境调查及规划	17.1.1	
2	选址勘察和安全评估	17.1.2	
3	临时栈桥、码头设计	17.5.1	
4	临时栈桥、码头施工	17.5.2	
5	临时栈桥、码头安全警示标志	17.5.3	
6	过桥电缆	17.5.4	
检查方： 检查人:(签名) 日　期:　年　月　日			受检方： 接收人:(签名) 日　期:　年　月　日

17.6　过渡工程

17.6.1　过渡工程必须按照批准的施工组织设计、施工方案和施工计划进行施工,保证行车安全,减少对铁路运输的影响。

17.6.2　建设单位应将过渡工程按正式工程组织建设,并组织行车组织、设备管理、设计、监理等部门和单位,对施工单位编制的施工过渡方案进行审查,批准后组织实施。

17.6.3　勘察设计单位对过渡工程应按照正式工程进行勘察设计,提出指导性施工过渡方案和保证安全运营的具体措施,减少线路换边拨接次数,合理选择便线的曲线半径以及其他技术标准。

17.6.4　设计审查部门对过渡工程应按照正式工程进行审查。

17.6.5　监理单位对过渡工程应按正式工程实施监理,督促施工单位严格按照批准的施工过渡方案进行施工,并参与过渡工程竣工验收。

17.6.6　施工单位对过渡工程应按正式工程组织施工。对既有设备布置进行现场核对,根据设计文件和审查后的指导性施工过渡方案编制施工过渡方案,并严格按照设计文件和批准的施工过渡方案进行施工。

17.6.7　行车组织部门和设备管理单位应参加指导性施工过渡方案和施工过渡方案的审查工作,做好现场配合,全过程对换边拨接地段施工进行指导监督。

17.6.8　工程质量安全监督机构要加强对过渡工程的监督,检查施工过渡方案,对实施过程和竣工验收工作实施监督。

17.6.9　营业线站场改造工程中,所接入或移动的道岔必须按信号过渡工程设计、施工,并将道岔表示纳入车站联锁后,方可开放相应的进出站信号,减少对铁路运输的影响,确保行车安全。

17.6.10　站场停电施工中,转辙机及道岔安装装置未安装前,由工务(或线路施工单位)负责拨道、钉固,车务负责钩锁,安装后由车务负责摇动道岔。

17.6.11　增设临时引导电话时应由施工单位安装,保证行车安全。

17.6.12　过渡工程的竣工验收应按照正式工程组织。过渡工程应提前进行验收(拢口拨接地段除外),对不能预先组织机车轧道的过渡工程,应由施工领导小组成员单位联合检查,确认达到《工程施工质量验收标准》要求,验收合格后方可开通。

17.6.13 未经验收或验收不合格的,不得交付运营单位。

17.6.14 过渡工程的开通速度和运行速度由施工单位依据设计和施工资料提出申请,经运营单位审查后确定。

17.6.15 验收合格的过渡工程,由运营单位(维管单位)维护,开通后 24 h 内,施工单位协助运营单位进行维护。

17.6.16 施工单位对过渡工程的施工质量负责,运营单位对过渡工程的设备维护质量负责。

17.6.17 过渡工程应按照表 17.6.17 进行安全检查,并认真填写检查记录表。对检查中发现的不符合规定的情况,应按表 2.2.4 签发安全检查整改通知单,限期整改,并跟踪验证。

表 17.6.17 过渡工程安全检查表

项目(工程)名称			
施工地点			
序号	检查内容	对应条文号	检查情况
1	环境调查及规划	17.1.1	
2	防洪、防雷及地质灾害预防	17.1.2	
3	防尘处理	17.1.4	
4	施工组织设计、施工方案、施工计划的审查和批准	17.6.1~17.6.2	
5	过渡工程勘察设计	17.6.3	
6	过渡工程审查	17.6.4	
7	过渡工程监理	17.6.5	
8	过渡工程施工	17.6.6	
9	行车组织部门和设备管理单位对过渡方案的审查及监督	17.6.7	
10	工程质量、安全监督机构对过渡工程的检查监督	17.6.8	
11	站场改造中的信号过渡工程	17.6.9	
12	站场停电施工中各部门的配合	17.6.10	
13	临时引导电话设置	17.6.11	
14	过渡工程竣工验收	17.6.12~17.6.13	
15	过渡工程开通和运行速度确定	17.6.14	
16	过渡工程维护	17.6.15~17.6.16	
检查方: 检查人:(签名) 日　期:　年　月　日			受检方: 接收人:(签名) 日　期:　年　月　日

18　房屋建筑及其他工程

18.0.1　车站、维修基地、运输调度的房屋建筑和无站台柱雨棚、客运服务系统等工程施工除应符合国家现行有关标准的规定外，尚应符合本章的规定。

18.0.2　施工中应考虑下列主要危险源、危害因素：

1　施工现场开挖深度超过 5 m（含 5 m）或地下室 3 层及以上，或地质条件和周围环境及地下管线极其复杂的基坑，发生的坍塌、高处坠落及物体打击；

2　水平混凝土构件模板支撑系统高度超 8 m，或跨度超18 m，施工总荷载大于 10 kN/m^2，或集中线荷载大于 15 kN/m 的高大模板工程以及各类工具式模板工程，发生的模板失稳倒塌；

3　高处作业、垂直运输等因脚手架、机械设备、防护设施、防护用品缺陷，发生的高处坠落，机械事故；

4　营业线施工及有可能影响营业线运行安全的施工。

18.0.3　对危险性较大的深基坑工程、模板工程及支撑体系、起重吊装及安装拆卸工程、脚手架工程、拆除及爆破工程等应编制专项施工方案。专项施工方案编制、审批应符合相关规定。

18.0.4　房屋建筑、无站台柱雨棚和客运服务系统等施工现场应实行封闭管理。营业线施工区域应完全隔离，进出站通道必须搭设防护棚。

18.0.5　脚手架应基础坚实、连接牢靠，具有足够的强度、刚度及稳定性。严禁侵入铁路建筑限界。与电力线路保持安全距离，必要时采取相应的隔离措施。

18.0.6　铁路封闭区域内不应存放施工用材料、机具，确需临时存放时，严禁侵入铁路建筑限界。

18.0.7　基坑施工应符合下列规定：

1　基坑开挖前应熟悉有关设计文件、工程地质报告，收集并核实地下管线、构筑物等的有关资料和埋设位置，施工中采取相应防护措施；

2　基坑开挖过程中应对支护结构的位移和应力、邻近建筑物的沉降与位移、地下水位变化、基底隆起等进行系统监测，及时分析并采取可靠措施；

3　基坑作业区必须设置护栏及安全警示标志。

18.0.8　满堂支架应符合下列规定：

1　满堂支架搭设完成后必须履行验收程序，使用前应按规定进行预压，严禁超载使用；

2　满堂支架使用过程中，应设专人对支架和基础进行观测，发现异常时，应立即采取措施；

3　满堂支架在承重期间，不得随意拆除任何受力杆件。支架拆除应遵循先支后拆、后支先拆的顺序，严禁强拉硬拽。

18.0.9　楼梯口、电梯井口、预留洞口、通道口与尚未安装栏杆的阳台周边、无外架防护的层面周边、框架工程楼层周边、上下跑道及斜道的两侧边、卸料平台的侧边应按规定进行防护。

18.0.10　高空焊接作业点必须有接火和灭火措施，并设专人监护。

18.0.11　吊装作业必须按规定使用吊索具，吊索具应经常检查，发现隐患立即更换。作业区域下方必须设警戒区，指派专人监护。

18.0.12　装饰装修高处作业应符合下列规定：

1 高大空间装饰作业应采用工具式作业平台或满堂脚手架,作业区下方严禁人员停留或穿行;

2 候车大厅、售票厅等大空间屋面施工,作业点下方应设置水平兜网和隔离区;

3 吊顶内作业人员不得直接在龙骨和吊顶板上行走。

18.0.13 无站台柱雨棚施工必须与通电的接触网保持安全距离并进行隔离防护。

18.0.14 无站台柱雨棚施工过程中应定期对结构变形进行监测,发现异常应及时采取相应措施。

18.0.15 客运服务系统的大型显示屏、灯箱等安装应符合下列规定:

1 安装场地应设置安全警戒区,严禁无关人员进入;

2 吊装和就位时应做好防护,避免屏体、箱体损伤;

3 安装完成后应对各个紧固部位进行检查,确认安装牢固。

18.0.16 运输调度、客运服务系统、消防控制、变配电、给排水、通风空调、网络管理等设备用房的温度、湿度、洁净度、通风量应符合环境保护、劳动卫生的相关标准及设备正常运行的相关要求。

18.0.17 房屋建筑及其他工程施工应按表18.0.17进行检查,并认真填写检查记录表。对检查中发现的不符合规定的情况,应按表2.2.4签发安全检查整改通知单,限期整改,并跟踪验证。

表18.0.17 房屋建筑及其他工程作业安全检查表

项目(工程)名称			
施工地点			
序号	检查内容	对应条文号	检查情况
1	主要危险源、危害因素排查	18.0.2	
2	专项施工方案编制、审批	18.0.3	
3	施工现场封闭管理	18.0.4	
4	脚手架搭设及与接触网隔离	18.0.5	
5	存放施工用材料、机具	18.0.6	
6	基坑施工	18.0.7	
7	满堂支架	18.0.8	
8	高空焊接作业	18.0.10	
9	吊装作业	18.0.11	
10	高处作业	18.0.12	
11	与接触网距离及防护	18.0.13	
12	无站台柱雨棚结构变形监测	18.0.14	
13	客服系统安装	18.0.15	
14	设备用房环保和劳动卫生	18.0.16	
检查方: 检查人:签名) 日 期: 年 月 日			受检方: 接收人:(签名) 日 期: 年 月 日

19　静态验收和联调联试

19.1　静态验收

19.1.1　建设单位或铁路局应编制静态验收实施方案。相关单位根据静态验收实施方案确定的验收程序、验收内容、计划安排等做好配合。

19.1.2　静态验收期间进入现场的有关人员应进行安全技术培训。

19.1.3　轨行车辆使用与行车管理,应执行相关规定。各类工程应达到轨行车辆安全运行条件。

19.1.4　静态验收期间施工单位必须整改施工时,应避免与验收作业交叉进行。杜绝无计划、无方案、无安全设施的交叉作业。

19.1.5　静态验收期间因应确认路基排水设施与桥涵、隧道、站场等排水设施的系统性、完整性。

19.1.6　对影响联调联试和行车安全的工程质量问题,必须在联调联试前整改和复验完毕。

19.1.7　静态验收应按照表19.1.7进行安全检查,并认真填写检查记录表。对检查中发现的不符合规定的情况,应按表2.2.4签发安全检查整改通知单,限期整改,并跟踪验证。

表19.1.7　静态验收安全检查表

项目(工程)名称			
施工地点			
序号	检查内容	对应条文号	检查情况
1	实施方案编制	19.1.1	
2	人员培训	19.1.2	
3	轨行车辆使用管理	19.1.3	
4	交叉作业	19.1.4	
5	排水设施的系统性、完整性确认	19.1.5	
6	静态验收问题整改	19.1.6	
检查方: 检查人:(签名) 日　期:　年　月　日			受检方: 接收人:(签名) 日　期:　年　月　日

19.2　联调联试

19.2.1　建设单位应编制联调联试施工组织设计,明确占轨计划安排,设置专人进行调度指挥,并制定应急预案等。

19.2.2　各单位应按照批准的试验大纲和计划,制定实施方案及各项安全措施,配备必要的人员、机具及测试仪器。

19.2.3　联调联试期间所有上道作业人员必须按规定进行培训,合格后方可上岗。

19.2.4　联调联试期间所使用的施工机械和工程车等应状态良好,必须由具备规定资格的人员操作,并派专人指挥、专人防护。

19.2.5　联调联试期间必须做好施工现场与试验现场的空间隔离,做到施工不行车,行车不施工。试车前施工机具、材料、人员必须撤离到安全地带。

19.2.6 试车前必须按规定对线路和设备进行全面检查,确认达到试验条件。试车期间应保证线路、试验设备等状态良好。

19.2.7 试验列车必须状态良好,人员配置齐全。

19.2.8 试验列车必须严格按照有关制度进行行车管理。在安全评估的前提下按规定的速度阶梯逐步提速,并遵守有关限速的规定。

19.2.9 试车期间应做好线路两侧、道口、车站等处的安全防护。

19.2.10 试验区段内,根据试验计划必须上锁道岔的钥匙由车站值班员统一保管。任何单位改变道岔进路时,必须联系车站配合开锁,使用完毕必须复位加锁。任何情况下没有调度命令不得私自使用手摇把。

19.2.11 更换钢轨、夹板及道岔主要部件时,应设好临时回流线。

19.2.12 测试棚及仪器设备应设专人看护,并做好安全用电和防火等工作。

19.2.13 测量仪器设备的安装应符合下列规定:

1 在轨道电路区段,工具、材料等严禁短路轨道电路。

2 传感器安装完毕后,应确认各紧固件、防松卡安装正确、齐全、牢固。

3 测量仪器设备严禁影响线路上其他设备、设施的正常使用。

19.2.14 轨道结构及扣件动力性能试验设备的安装应符合下列规定:

1 测试用电缆、仪器应安装正确、牢固可靠、防护良好。

2 轨道的扣件螺栓应达到规定扭矩。

19.2.15 弓网受流性能测量传感器的安装应符合下列规定:

1 高处作业人员应使用专门用具传递工具、零件和材料,上下交叉作业应采取防护措施。

2 工具、材料严禁侵入铁路建筑限界。

3 零件应安装牢固,不应临时固定。

4 车顶上作业时应采取防滑措施,地面应设安全防护员。

19.2.16 联调联试期间的通信、信号、电力、电力牵引供电等设备应状态良好,并不得随意断开或停用。

19.2.17 供电系统及其配电装置停送电时,应按有关规定办理停送电申请手续。

19.2.18 联调联试应按照表19.2.18进行安全检查,并认真填写检查记录表。对检查中发现的不符合规定的情况,应按表2.2.4签发安全检查整改通知单,限期整改,并跟踪验证。

表19.2.18 联调联试安全检查表

项目(工程)名称			
施工地点			
序号	检查内容	对应条文号	检查情况
1	施工组织设计编制内容	19.2.1	
2	实施方案、安全措施及人员设备配置	19.2.2	
3	作业人员培训	19.2.3	
4	施工机械和工程车管理	19.2.4	
5	试验现场管理	19.2.5	
6	试验线路条件确认	19.2.6	
7	试验列车状态	19.2.7	

续上表

项目(工程)名称			
施工地点			
序号	检查内容	对应条文号	检查情况
8	试验列车行车管理	19.2.8	
9	线路、道口、车站等的安全防护	19.2.9	
10	道岔管理	19.2.10	
11	临时回流线设置	19.2.11	
12	测试棚及仪器设备安全管理	19.2.12	
13	测量仪器设备安装	19.2.13	
14	性能试验设备安装	19.2.14	
15	弓网受流性能测量传感器安装	19.2.15	
16	“四电”设备管理	19.2.16	
17	停送电管理	19.2.17	

检查方： 受检方：

检查人：(签名) 接收人：(签名)

日　期：　年　月　日 日　期：　年　月　日

本规程用词说明

执行本规程条文时,对于要求严格程度的用词说明如下,以便在执行中区别对待。

(1)表示很严格,非这样做不可的用词:

正面词采用“必须”;

反面词采用“严禁”。

(2)表示严格,在正常情况均应这样做的用词:

正面词采用“应”;

反面词采用“不应”或“不得”。

《铁路工程基本作业施工安全技术规程》
条 文 说 明

本条文说明系对重点条文的编制依据、存在问题,以及在执行中应注意的事项等予以说明。为减少篇幅,只列条文号,未抄录原条文。

1.0.1 本规程是为适应铁路建设安全生产管理需要,体现近年来新的工程结构、系统设备及其相应工艺方法、工序过程等的特点,控制工程施工中的不安全行为和状态,预防事故发生,在《铁路工程施工安全技术规程》(TB 10401—2003)基础上修订而成的。本规程贯彻落实了现行安全生产法律、法规的规定,与有关管理规章进行了全面对接,与相关技术标准进行了充分协调,对铁路工程基本作业中的安全管理和施工作业行为提出了明确的要求,是建设各方必须严格执行的强制性标准。

1.0.5 依据现行法律法规的规定,建设、勘察设计、施工、监理及其他参与铁路工程建设的单位都应依法承担安全生产责任,必须建立安全生产保障体系,健全安全生产责任制,并积极采用先进的技术和方法,加强和改进安全生产管理,保证铁路工程施工安全。

1.0.6 相关人员的安全教育培训应符合本规程第 2.5 节的规定。培训及考核情况应保持记录,必要时,应由上级部门或建设、监理单位检查其执行情况。特种作业是指容易发生人员伤亡事故,对操作者本人、他人及周围设施的安全可能造成重大危害的作业。直接从事特种作业的人员称为特种作业人员。特种作业人员在现行国家标准《特种作业人员安全技术考核管理规则》(GB 5306)中有明确的规定。

1.0.8 专项施工方案是以技术复杂或危险性较大的单项施工项目或其中的某一个分部、分项工程为对象进行编制,用以指导其施工全过程并重点考虑施工方法、机械设备利用、劳动力和材料安排、安全生产保证措施的具体文件。根据《铁路建设工程安全生产管理办法》(铁建设〔2006〕179 号)第三十八条规定:施工单位应对达到一定规模的危险性较大工程编制专项施工方案,进行安全检算,经单位技术负责人,总监理工程师审核后实施,必要时应组织专家论证,并由施工单位专职安全生产管理人员进行现场监督。对铁路桥涵工程中需要编制专项施工方案的,本规程均有明确规定。没有明确规定的,应视工程的危险程度确定是否需要编制专项施工方案。

1.0.9 应急预案的编制应参照现行行业标准《生产经营单位安全生产事故应急预案编制导则》(AQ/T 9002)的要求进行编制。

1.0.10 财政部文件《高危行业企业安全生产费用财务管理办法》(财企〔2006〕478 号)规定,铁路工程安全措施费按工程造价的 1.5% 提取,主要用于完善、改造和维护安全防护设备、设施支出,配备必要的应急救援器材、设备和现场作业人员安全防护用品支出,安全生产检查与评价支出,重大危险源、重大事故隐患的评估、整改、监控支出,安全技能培训及进行应急救援演练支出和其他与安全生产直接相关的支出。安全生产费用要按照“企业提取、政府监管、确保需要、规范使用”的原则进行财务管理。

1.0.11 《中华人民共和国安全生产法》规定:生产经营单位必须为从业人员提供符合国家标准或者行业标准的劳动防护用品,并监督、教育从业人员按照使用规则佩戴、使用。

1.0.12 同一工点多个单位同时施工,不同工种交叉施工作业时现场安全技术措施应由建设单位或由施工领导小组指定的主体施工单位组织编制。

1.0.17 营业线施工及有可能影响营业线运行安全的施工,涉及部门多、对运输干扰大、安全风险高、后果极其严重,必须高度重视施工安全管理工作。条文中提出的必须严格执行的现行国家及铁路有关安全生产规定包括:安全生产法、建设工程安全生产管理条例、铁路运输安全保护条例、铁路技术管理规程、铁路建设工程安全生产管理办法、铁路营业线施工安全管理办法、铁路工务安全规则、铁路线路维修规则、铁路路基大维修规则、铁路桥隧建筑物大维修规则、改建既有线和增建第二线铁路工程施工技术暂行规定、本施工安全技术规程等。

2.1.2 建设单位应建立健全有关安全生产组织机构、管理制度和办法,并明确各职能部门和管理人员的安全职责。在发包工程时应结合投标单位安全生产事故情况和施工管理水平,合理选择承包队伍;及时向施工、监理单位提供工程地质、管线的有关资料,并按国家有关安全生产费用的规定对费用专项列支;作好勘察设计、监理、施工的协调管理工作,加强对风险的监控,督促检查施工现场安全生产工作,发现隐患及时处理,不得拖延,确保工程施工安全。

2.1.3 勘察设计单位应建立健全安全生产保证体系和规章制度,保证承担勘察设计任务时的安全。按国家有关设计标准,提供施工现场工程地质和管线资料,并对设计的结构安全和提供的勘察资料准确性负责;对不良地质和特殊岩土地质及其他风险,提出保证施工生产安全的措施和方法;对勘察设计中未考虑到的问题及时提出变更措施。

2.1.4 施工单位应建立健全安全生产管理机构、保障体系和规章制度。制定并落实各项安全生产措施和专项施工方案,按规定配备相应资质和数量的项目负责人和专职安全管理人员;加强员工安全教育培训,保证特种作业人员持证上岗,为作业人员提供防护用品、工伤保险和意外伤害保险;按规定设置警示标志;对施工现场进行监督检查,督促作业人员遵守技术标准和安全操作规程,及时制止并纠正违反施工安全规定的行为;发现事故隐患,立即采取处理措施,并按规定进行报告。

2.1.5 监理单位应配备有相应安全生产管理经验的专职安全监理人员。审查施工单位安全专项施工方案、相关人员从业资格、设备配备是否满足施工要求;监督检查施工现场安全管理,发现事故隐患应及时协调处理,并向建设单位报告。

2.3.3 安全设施的验收应由施工单位主管生产的负责人或施工现场负责人组织安全、技术等有关人员进行。验收标准应符合专项施工方案、安全措施、安全技术交底的要求。

2.3.4 有关技术文件指施工招投标文件及说明、施工图纸、施工组织设计、安全专项施工方案、施工安全措施、施工安全技术交底等。

2.4.1 班前安全讲话应重点强调有针对性的安全注意事项,并应做好记录。

2.5.1 安全培训作为安全生产管理的一项重要内容,必须得到进一步加强,对项目安全培训的时间、内容和培训师资等规定十分必要,以此促进安全意识和安全知识的进一步提高,确保安全生产。

2.5.2 根据安全生产法规定,生产经营单位的项目负责人、专职安全生产管理人员应接受相关行政管理部门的培训,考试合格并取得相应的安全任职资格证后方可上岗。

2.5.3 根据《中华人民共和国安全生产法》和有关特种作业人员管理办法的规定,特种作业人员必须经具备特种作业培训资格的机构培训考核合格后,取得特种作业资格证后方可上岗作业,特种作业资格证有效期为6年,每两年复审一次。

3.1.3 职业禁忌症是指某些疾病(或某种生理缺陷)的患者如从事某种职业便会因职业性危害因素而使病情加重或易于发生事故,这些人不适合参加某种作业。如血液疾病是接触苯作业的禁忌症,肺结核是接触硅尘作业的禁忌症。视力减退对于机车乘务员;恐高症、高血压对于电力工、架子工;高血压、心脏病对于巡道工、调车人员等均属职业禁忌症。

3.2.2 职业病是指企业、事业单位和个体经济组织的劳动者在职业活动中,因接触粉尘、放射性物质和其他有毒、有害物质等因素而引起的疾病。

3.2.5 国家公布的职业病主要分以下10类:

1 尘肺;

2 职业放射性疾病;

3 职业中毒;

4 物理因素所致职业病;

5 生物因素所致职业病;

6 职业皮肤病;

7 职业性眼病;

8 职业性耳鼻喉口腔疾病;

9 职业性肿瘤;

10 其他职业病。

具体见卫生部、劳动和社会保障部《关于印发《职业病目录》的通知》(卫法监发〔2002〕108号)。

3.3.1 传染病按照传播途径不同,可分为四大类:呼吸道传染病、消化道传染病、血液传染病和体表传染病。

4.1.1 本条规定了施工临时用电系统中的三项基本安全技术原则,是施工现场用电的主要安全技术依据,也是保障用电安全、防止触电和电器火灾事故的主要技术措施。

三级配电是指:第一级总配电箱,第二级分配电箱,第三级开关箱。

TN—S接零保护系统是指施工临时用电实行"三相五线制",即供电系统设三条相线、一条工作零线(N线)、一条保护零线(PE线),且PE线按规定接地。

二级保护系统是指应在总配电箱和开关箱内设置漏电保护。

4.1.3 触电及电气火灾发生的几率与用电设备数量、种类、分布和计算负荷大小有关,对于用电设备数量较多(5台及以上)、用电设备总容量较大(50 kW及以上)的施工现场,为规范临时用电工程、加强用电管理、实现安全用电,按照现行行业标准《施工现场临时用电安全技术规范》(JGJ 46)规定,应编制施工临时用电施工组织设计。其中,计算的依据是用电设备的容量、类别、分组、运行规律等,并应绘制配电装置布置图。

安全用电和电气防火措施应包含技术和管理两方面的内容,并且与临时用电施工组织设计一样,严格履行相同的编制、审核、批准程序。

4.1.4 按照现行行业标准《施工现场临时用电安全技术规范》(JGJ 46)规定,用电安全技术档案应包括下列内容:

(1)用电组织设计的全部资料;

(2)修改用电组织设计的资料;

(3)用电技术交底资料;

(4)用电工程检查验收表;

(5)电气设备的试、检验凭单和调试记录;

(6)接地电阻、绝缘电阻和漏电保护器漏电动作参数测定记录表;

(7)定期检(复)查表;

(8)电工安装、巡检、维修、拆除工作记录。

4.1.7 中性点是指三相电源作 Y 连接时的公共连接端。

中性线是指由中性点引出的导线。

工作零线是指中性点接地时,由中性点引出,并作为电源线的导线,工作时提供电流通路。

保护零线是指中性点接地时,由中性点或中性线引出,不作为电源线,仅用作连接电气设备外漏可导电部分的导线,工作时仅提供漏电流通路。

施工现场内所有防雷装置的冲击接地电阻值不得大于 30 Ω。

4.1.16 按照现行国家标准《建筑物防雷设计规范》(GB 50057)和《塔式起重机安全规程》(GB 5144)规定,结合全国各地年平均雷暴日数分布规律和施工现场机械设备高度,综合规定施工现场防止直击雷装置的设置和要求。相邻建筑物、构筑物等设施的防雷装置接闪器的保护范围是指按滚球法确定的保护范围。

4.2.1 架空线导线截面的选择应满足下列要求:

(1)导线中的计算负荷电流不大于其长期连续负荷允许载流量。

(2)线路末端电压偏移不大于其额定电压的5%。

(3)三相四线制线路的 N 线和 PE 线截面不小于相线截面的50%,单相线路的零线截面与相线截面相同。

(4)按机械强度要求,绝缘铜线截面不小于 10 mm^2;绝缘铝线截面不小 16 mm^2。

(5)在跨越铁路、公路、河流、电力线路档内,绝缘铜线截面不小于 16 mm^2。绝缘铝线截面不小于 25 mm^2。

4.2.6 架空电缆严禁沿脚手架、树木等敷设。

4.3.1 配电室的设置及布置应符合现行行业标准《施工现场临时用电安全技术规范》(JGJ 46—2005)第 6.1.1 ~6.1.4 条的规定。

4.3.2 配电柜应符合现行行业标准《施工现场临时用电安全技术规范》(JGJ 46—2005)中第 6.1.5 ~6.1.8 条的规定

4.3.3 ~4.3.9 配电箱及开关箱的设置、安装应符合现行行业标准《施工现场临时用电安全技术规范》(JGJ 46—2005)中第 8.1 节的规定。

4.4.2 行灯是活动的用以行动照明的灯具,经常手持使用,行灯应防触电、防爆、防火,并符合下列要求:

(1)灯体与手柄应坚固、绝缘良好,手柄应耐热、耐潮湿。

(2)灯头与灯体结合牢固,灯头无开关。

(3)灯泡外部有金属保护网。

(4)金属网、反光罩、悬吊挂钩固定在灯具的绝缘部位上。

4.4.4 照明装置的安装与使用应符合现行行业标准《施工现场临时用电安全技术规范》(JGJ 46—2005)第 10.3 节的规定。

5.1.3 施工现场灭火器材配备应符合现行国家标准《建筑灭火器配置设计规范》(GB 50140)的规定,其他消防重点区域,如:油库、木工作业区、仓库等,也应设置消防器材。现场的消防器材应按“五五”配置，即：五个水桶、五把锹、五个沙箱、五个灭火器、五个防火钩。

5.1.4 各类消防器材应定期检查及时更新。

5.2.1～5.2.2 施工现场房屋的建筑构件、建筑材料及装饰材料的防火性能必须符合现行国家标准《建筑设计防火规范》(GBJ 16)第五章“民用建筑”、第七章“建筑构造”的有关的规定。

5.3.2 防火专用工具应“五五配置”，灭火器应按不同的种类在有效期内使用，超期或失效时应及时更新。

6.1.2 《铁路技术管理规程》规定直线地段建筑接近限界：距线路中心 1 400 mm 时，高度不得超过钢轨顶面 25 mm；距线路中心 1 500～1 725 mm 时，高度不得超过钢轨顶面 200 mm；距线路中心 1 725～1 875 mm 时，高度不得超过钢轨顶面 350 mm；距线路中心 1 875～2 400 mm 时，高度不得超过钢轨顶面1 100 mm。

6.1.3 钢轨放在轨道电路引入线外时，应采取防连电措施。

6.1.4 钢轨组在线路上放置时应符合现行《铁路工务安全规则》的规定。

6.1.6 在桥梁及站台风雨棚等处放置材料时，人员、物料、机械不能放置在一侧，防止偏载和荷载过重超过结构物的承载力。铁路施工中曾有类似情况发生，造成重大安全事故。

6.2.5 长钢轨运输的曲线半径和限速规定应符合现行《铁路工务安全规则》的规定。

7.2.1 本条爆破器材即民用爆炸物品，是非军用的下列爆炸物品：

(1)爆破器材，包括：各类炸药、雷管、导火索、非电导索系统、起爆药和爆破剂；

(2)黑火药、烟火剂、民用信号弹和烟花爆竹；

(3)公安部认为需要管理的其他爆炸物品。

国家对民用爆炸物品的生产、销售、购买、运输和爆破作业实行许可证制度。未经许可，任何单位或者个人不得生产、销售、购买、运输民用爆炸物品，不得从事爆破作业。

7.2.3 爆破作业人员应经国家有关部门培训、取得“爆破员”证后，方可持证上岗。

7.2.4 在施工现场外部运输爆破器材，应向运达地公安机关申领“爆炸物品运输证”在有效期内按指定路线运输。运输的车辆应符合国家爆破器材运输安全的技术要求，性能可靠、良好。汽车运输时应符合现行国家标准《爆破安全规程》(GB 6722)的规定。

7.2.6 储存爆破器材应报主管部门批准，并报请当地公安机关同意，方可建库。建库后经验收合格、取得“爆破器材储存许可证”后，方可储存爆破器材。

7.2.7 爆破器材宜单一品种专库存放，若受条件限制同库储存不同品种爆破器材应符合现行国家标准《爆破安全规程》(GB 6722—2003)第 7.4.1.5 条的规定。

8.1.1 随着铁路建设规模的增大，技术等级的提高，技术含量的增加，建设周期的缩短，施工单位增加了大量的机械设备，施工单位应设置专门的机械设备管理部门，配备专职人员，制定单位内部的各项机械设备使用安全管理制度，制定机械设备使用过程中的安全操作规程，建立机械设备的安全技术档案。

8.1.2 施工机械设备的操作人员，经身体健康检查合格，无生理缺陷，无职业禁忌症，并按国家相关规定经专业培训，考核合格后持证上岗。起重机械、场内车辆的操作人员为特种作业人员，必须按国家规定经专业培训考核合格，由国家指定的主管部门发证后持操作证上岗。

8.1.3 本条是指进入施工现场的机械设备，在作业前，必须由安全技术人员向操作者进行安全技术交底，进行安全教育培训考试。对营业线施工的机械设备的操作人员进行防护、监护、监控、“一机一人”防护等营业线施工有关卡控制度的安全培训，防止操作人员违章施工，造成行车事故。操作人员在掌握安全技术交底内容，了解作业环境，熟悉施工条件后，按照现场的统一指挥进行作业。

8.1.4 施工现场作业过程中,机械设备操作人员不能擅自离岗,不准无证人员代替操作,也不准其他人进入驾驶室内。

8.1.5 本条规定的各级保养工作主要内容如下:

(1)一级保养:操作人员(司机)每天对机械设备进行检查、紧固、注油等例行维修保养。

(2)二级保养:修理工每月(或每季)一次对机械设备总成件的检查维修。

(3)三级保养:修理厂对机械设备的发动机、变速箱、后桥、传动部分进行分解检查修理,达到出厂技术要求。

(4)水平运输机械应按出厂技术说明书中规定的里程进行各级保养。

(5)对于一些装有免维护配件的机械设备,要严格按出厂技术说明书中的要求进行配件更换。

8.1.6 本条是指多名操作人员倒班操作一台施工机械作业时,交接班的操作人员要共同对施工机械进行检查验收,确认状态良好,方可签认交接。

8.1.8 机械的作业能力和使用范围是有一定限度的,超过限度就会造成事故,本条说明需要按照出厂说明书的规定使用机械。

8.1.10 机械上的安全防护装置,能及时预报机械的安全状态,防止发生事故,保证机械设备的安全生产,因此需要保持完好有效。

8.1.11 本条是要求机械设备的操作人员、管理人员、施工现场负责人要及时发现带病运转的施工机械设备,及时修理,防止因机械设备故障引发安全事故。

8.1.12 新机、经过大修或技术改造的机械,需要经过测试,验证性能和适用性;由于新装配的零部件表面配合程度较差,需要经过磨合,以达到装配表面的良好接触,防止在未经磨合前即满负荷使用,引起黏附磨损而造成事故。

8.1.13 施工现场要结合临时设施、临时道路、过渡工程等综合考虑施工机械设备的进场、停放、使用、转场、退场问题。并考虑依据工期要求进行夜间作业的必备条件。

8.1.14 本条是在铁路线路安全保护区内作业的相关要求。在铁路线路安全保护区内作业除应严格执行《铁路营业线施工安全管理办法》(铁办〔2008〕190 号)的规定,同时还应执行各施工现场建设单位对该规定的细化办法。施工单位应根据以上要求,制定施工机械设备进入铁路线路安全保护区内施工的安全措施,控制每一个环节,防止出现管理漏洞,按规定实行“一机一人”防护制度。租用的施工机械同自有的施工机械一样进行管理。

在施工机械进入铁路线路安全保护区内作业前,施工单位必须按规定对操作人员进行进场安全教育培训考核,安全教育培训应有针对性;应按规定与设备主管单位签定安全协议;应通知设备主管单位派员到场监护。施工单位派出防护员、施工机械现场监控员、现场施工负责人,配合设备主管单位的现场监护员共同进行现场安全管理及施工。设备主管单位派出的现场监护员未到场时任何人不准进行作业。

8.1.16~8.1.18 这三条是对机械放置场所,特别是易发生危险的场所需要具备条件的要求,和对危害人体及保护环境的具体保护措施所提出的要求。“三废”是指废水、废气、废渣(液)。

8.1.19 施工单位应在执行现行行业标准《建筑机械使用安全技术规程》(JGJ 33)基础之上,不断完善对施工机械的安全使用管理。

8.2.1 室内的动力与电气装置是指因施工工期较长,安装在室内的发电机、空气压缩机等机械。对于工期较短或因施工条件所限只能在施工工地临时设置的发电机、空气压缩机等,应搭设临时机棚,防止雨、雪、风及沙尘,便于操作人员的操作及维护。

8.2.2 保护接零是将接地的中性线(零线)与非带电的结构、外壳和设备相连接,当绝缘损坏时,由于中性线电阻很小,短路电流很大,会使电气线路中的保护开关、保险器和熔断器动作,切断电源,从而避免人身触电事故。

8.2.3

1 当内燃机温度过高使冷却水沸腾时,开盖时要避免烫伤,如果用冷水注入水箱或泼浇机体,能使高温的水箱和机体因骤冷而产生裂缝。

2 异响、异味、水温骤升、油压骤降等都是反映内燃机发生故障的现象,需要检查排除后才能继续使用,否则将使故障加剧而造成事故。

3 停机前要中速空运转,目的是降低机温,以防高温部件因骤冷而受损。

8.2.6 储气罐作为压力容器要执行国家有关压力容器定期试验的规定。输气管输送的压缩空气如直接吹向人体,会造成人身伤害事故,需要注意输气管路的联接,防止压缩空气外泄伤人。储气罐上的安全阀是限制储气罐内的压力不超过规定值的安全保护装置,要求灵敏有效。当缺水造成气罐过热时,如立即注入冷水,高温的气缸体因骤冷收缩,容易产生裂缝而导致损坏。

8.3.1 本条要求机械设备的操作者,按照机械设备的操作要求,在作业前对所操作的施工机械设备做例行检查和试运转,确认机械设备正常后再进行作业。

8.3.3 在机身未停稳时挖土,或铲斗未离开工作面就回转,都会造成斗臂侧向受力而扭坏;机械回转时采用反转来制动,就会因惯性造成的冲击力而使转向机构受损。

挖掘机的铲斗是按一定的圆弧运动的,在悬崖下挖土,如出现伞沿及松动的大石块时会有塌方的危险,所以要求立即处理。

造成挖掘力突然变化有多种原因,如果不检查原因而依靠调整分配阀的压力来恢复挖掘力,不仅不能消除造成挖掘力突变的故障,反而会因增大液压泵的负荷而造成过热。

8.3.5 履带式推土机碾碎石块时,碎料很容易挤满行走机构,堵塞在驱动轮、引导轮和履带板之间,造成转动困难而损坏机件。

8.3.6 平地机结构不同于汽车,机身长的特点决定了不便于快速行驶。下坡时如空挡滑行,滑行速度将失去控制,从而酿成事故。

8.3.7 新建道路路基松软,初次碾压时路面沉陷量较大,采用中间向两侧碾压的程序,可以防止边坡坍陷的危险。

碾压傍山道路采用由里侧向外侧的程序,可以保持道路的外侧略高于内侧的安全要求。

8.5.1 本条的第1~6款,是指0.5 m^3 以上的自动计量固定式搅拌机,第7款是指移动式滚筒搅拌机。

对于新建、规模较大、混凝土工程量较大的工程按相关要求应设固定式搅拌站,对于工程量较小的附属工程、维修工程,为便于移动作业可采用移动式搅拌机。

8.5.2 混凝土搅拌运输车在作业及运输过程中,除执行本条规定外,还应执行现行行业标准《建筑机械使用安全技术规程》(JGJ 33)的有关规定及国家有关道路运输管理规定,遵守道路交通有关法律、法规,驾驶人员及车辆的各种证件、牌照齐全有效。

8.5.3 混凝土泵能将混凝土通过水平和垂直管道,连续不断地泵送到浇灌地点。因此,泵机具有较大的动力以产生较高的输送压力,在安装时要达到本条要求。

输送管道尽可能是直线,以减少混凝土在管道中通过的阻力。但向下倾斜或垂直管道又需要一定阻力来缓冲和排气。泵送混凝土通过管道时会产生冲击振动,因此,对管道的布置和固定,要遵照本条规定去做。

8.5.4 泵车能作360°回转,泵送距离较远,作业范围较大。因此,泵车的水平和稳定性,需要达到本条的规定。

布料杆全部伸出时,泵车的稳定性减小,不能再移动,更不能用布料杆起吊或拖拉物件,否则将造成事故。

8.6.1 起重机械在使用前,必须按国家质量技术监督局《特种设备注册登记与使用管理规则》(质技监局锅发〔2001〕57号)、国家质量监督检查检疫总局《起重机械监督检验规程》(国质检锅〔2002〕296号)的规定进行检验并登记后方可投入使用。

8.6.2 本条是指起重机械的安装、拆卸单位,必须按《特种设备质量监督与安全监察规定》(国家质量技术监督局令第13号)及《建筑起重机械安全监督管理规定》(建设部令第166号)规定取得相应资质。严禁无资质的施工单位对起重机械进行安装、拆卸。

9.1.1 本条是指使用锅炉及压力容器应该按相关规定办理的有关手续。施工单位在现场使用的锅炉主要是指用于混凝土蒸汽养生,冬季临时设施取暖的锅炉。使用单位租赁的锅炉,由产权单位向使用地登记机关办理使用登记证,交使用单位随设备使用。严禁使用无制造许可证单位制造的锅炉。

9.1.2 本条中操作人员是指:从事锅炉运行操作、锅炉水处理作业的操作人员;从事压力容器操作的人员。

9.1.4 本条所说的定期检查应由有相应资质的检验部门进行。

9.2.1 保护装置与联锁装置是指:《蒸汽锅炉安全技术监察规程》、《热水锅炉安全技术监察规程》规定的保护装置与联锁装置。主要有:锅炉的超温报警和联锁装置,超压力报警和联锁装置,点火程序和熄火保护装置,低水位联锁保护装置等。

9.2.2 本条是指运行中的锅炉在突然停电时应采取措施从而保证锅炉能够安全地停止运行或经切换备用电源后继续安全运行。有备用电源的,可以直接切换备用电源。备用发电机做备用电源的,应立即启动发电,切换到发电机电源。无备用电源的,应采取措施切断燃料供给,立即停炉,防止发生锅炉安全事故。

9.2.3~9.2.4 参照现行行业标准《蒸汽锅炉安全技术监察规程》的规定。

9.2.5 本条参照现行行业标准《蒸汽锅炉安全技术监察规程》、《热水锅炉安全技术监察规程》关于检修人员进入锅炉内进行检修作业保证安全的规定。

9.2.6 本条参照现行行业标准《蒸汽锅炉安全技术监察规程》、《热水锅炉安全技术监察规程》对锅炉房的规定。在施工现场进行混凝土蒸汽养生临时使用的锅炉,应搭设防寒棚,便于司炉工操作。防寒棚应用防火材料搭设。

9.3.1 本条是指简单压力容器使用的规定。目前施工单位在施工现场使用的压力容器基本上为简单压力容器。按照现行行业标准《简单压力容器安全技术监察规程》的相关规定,简单压力容器不需要办理使用登记手续,不需要按《压力容器定期检验规则》进行定期检验,使用单位负责简单压力容器使用的安全管理。

按照现行行业标准《压力容器安全技术监察规程》要求,以下压力容器使用要按规定办理使用登记手续:

(1)最高工作压力(P_W)大于等于0.1 MPa(不含液体静压力);

(2)内直径(指其最大尺寸)大于等于0.15 m,且容积(V)大于等于0.25 m^3;

(3)盛装介质为气体、液化气体或最高工作温度高于等于标准沸点液体；

(4)与移动压缩机一体的非独立的容积小于等于 0.15 m^3 的储罐、锅炉房内的分气缸等。

10.1.1　模板、支(拱)架关键性的安全技术问题是确保其强度、刚度和稳定性,应按本条确定的主要危险源、危害因素进行安全验算,采取防护加固措施。

10.1.2　大模板、滑模、爬模等模板及承重支撑体系危险性较大,应根据《建设工程安全生产管理条例》(国务院令第 393 号)、《危险性较大的分部分项工程安全管理办法》(建质〔2009〕87 号)、《铁路建设工程安全生产管理办法》(铁建设〔2006〕179 号)的要求编制专项施工方案,其他支撑荷载不大的小型模板、支(拱)架只需制定安全技术措施。

10.1.3　模板、支(拱)架的地基承载力必须符合《建筑地基基础设计规范》(GB 5007)的要求,并应采取相应的防护措施。

10.1.5　模板、支(拱)架安全系数在充分考虑高速铁路大跨度、重荷载需要的前提下,认真吸取了桥梁和支架垮塌事故教训,参考了《客运专线铁路桥涵施工技术指南》(TZ 213)的相关规定确定。

10.1.6　直接攀爬模板、脚手架易发生坠落事故,因此,要求登高作业人员必须走专门搭设的斜道或爬梯。

10.1.7　为了及时消除模板、支(拱)架施工关键环节中的不安全隐患,防止模板、支(拱)架倾倒、崩裂、垮塌事故,必须对其搭设后、使用中、拆除前及异常天气情况下进行检查维护。

10.1.8　本条第 2 款:为了防止模板倾倒、崩塌,防护加固设施必须严格按照设计规定设置,不得随意减少或变更。

10.1.9　本条第 2 款:满堂支(拱)架的支撑设置应符合下列规定:支(拱)架四边与中间每隔 4 排立杆应设置一道竖向剪刀撑,由底到顶连续设置;高于 4 m 的支(拱)架,其两端与中间每隔 4 排立杆从顶层开始向下每隔两步设置一道水平剪刀撑。

10.1.10　本条第 1 款:规定模板、支(拱)架拆除时,混凝土达到的强度标准值应符合说明表 10.1.10 的规定。

说明表 10.1.10　拆除底模时所需混凝土强度

结构类型	结构跨度(m)	达到混凝土设计强度的百分率(%)
板、拱	≤2	50
	2 - 8	75
	>8	100
梁	≤8	75
	>8	100
悬臂梁(板)	≤2	75
	>2	100

10.2.1　确定钢筋施工过程中的主要危险源和危害因素,旨在强化安全关键点的管理与控制,预防惯性事故的发生。

10.2.2　电焊工作业专业性强、危险性大,因此必须经过专业安全培训、考试合格、持证上岗,作业中应按照规定使用防护用品。

10.2.4　钢筋焊接安全重点应做好防触电、防锰尘、防射线和防火工作。焊接过程中应严格执行防火安全距离,即:两气瓶间距离不小于 5 m,气瓶与明火间距离不小于 10 m。

10.2.5 为了防止钢筋绑扎过程中钢筋骨架倾倒伤人,要求高度 2 m 及以上的钢筋骨架绑扎前应对钢筋骨架进行支撑拉结,作业脚手架不得与钢筋骨架搭接。

10.3.3 本条第 2 款:规定严禁用电缆线拖拉或吊挂振动器,旨在防止扯断或损坏电缆线造成触电事故。

10.4.2 预应力张拉悬空作业时,搭设的脚手架作业层或操作平台周围外立面应采取硬围护措施,并应保证防护严密。

10.4.3 为了防止施加预应力时混凝土发生断裂或达不到预应力效果并减少徐变,本条规定混凝土必须达到规定的强度和弹性模量值后,方可施加预应力。

10.4.8 参照现行行业标准《铁路混凝土工程施工技术指南》(TZ 210)制定。

10.4.9 本条规定参照现行行业标准《铁路混凝土工程施工技术指南》(TZ 210)制定,预应力筋、锚具和千斤顶位于同一轴线上,旨在防止施加预应力时造成卡阻或偏斜现象。

10.4.11 锚具、夹具受到撞击后易发生松脱,为了防止锚具松脱伤人,制定本条规定。

10.5.3 本条规定应采取的安全技术措施包括:放坡开挖、支护加固开挖和降水开挖等措施。

11.1.1 依据铁道部《铁路建设工程安全生产管理办法》(铁建设〔2006〕179 号)的规定,对危险性较大的起重吊装作业应编制专项施工方案,进行安全检算,经技术负责人签字,总监理工程师审核后实施,并由施工单位专职安全生产管理人员进行现场监督。

11.1.2 本条是指起重吊装作业的有关人员,如起重机械操作作业、起重机械指挥作业、起重机械司索作业等,属于特种作业范围,必须经国家指定部门进行培训考核合格,持证上岗。

11.2.1 钢丝绳及钢丝绳夹除符合本条规定外,在使用中因用途的不同还应符合机械用钢丝绳、起重机用钢丝绳、架空索道用钢丝绳等相关用途钢丝绳国家现行标准的规定。

11.3.4 施工现场此类吊装作业较多,为了保证作业安全,必须按本条要求进行吊装作业。

11.3.6 本条的起重指挥作业人员是特种作业人员,必须经国家指定部门培训考核合格,持证上岗。

11.3.12 本条的"非标起重设备"是指利用导梁及卷扬机牵引轨道小车、利用拐脚门架提升及落梁的起重设备、浮托纵移法架设钢梁及浮运法架设钢梁的浮托支撑等体系、无支架拱桥吊装作业的滑索、桥梁转体施工竖转设施(索塔结构及分配梁、反力梁及转向架、后锚梁和地锚索及地锚、压塔索及背索、扣索及锚索)、公铁两用架桥机、提梁机等大型起重吊装设备。

非标设备验收时,供货商应提供以下文件:设计文件、产品质量合格证明、重要部位的材料出厂合格证、使用维护说明书、安全使用手册、安装技术文件、相关性能检测报告、试拼装记录、重要焊缝的焊接试验记录和检测报告、第三方检测报告、型式试验报告等。

11.3.14 本条参照《电气化铁路有关人员电气安全规则》(铁道部(79)铁机字 654 号)制定。

12.1.1 本条参照铁道部《铁路建设工程安全技术生产管理办法》(铁建设〔2006〕179 号)制定。按照现行国家标准《高处作业分级》(GB 3608),高处作业是指凡在坠落高度基准面 2 m 及以上有可能坠落的高处进行的作业。

12.1.2 本条主要是考虑高处作业人员的职业禁忌症,通过定期体检,发现不适合高处作业的人员,不应安排进行高处作业,以保证高处作业人员的安全。

12.1.3 高处作业主要包括登高架设、高处安装、维修、拆除等作业。

12.1.5 本条是强调高处作业时作业人员使用安全带的要求。安全带要拴挂牢固,高挂低用,一带一人。

12.1.7 本条是对高处作业面上堆放物料的规定，尤其是跨越铁路、公路施工的桥梁工程架梁时，梁面上的物料必须堆放牢固，防止掉落。

12.1.8 本条中的高耸构筑物主要是指烟囱、桥墩、塔柱、施工支架、索塔和两山间的钢管拱支撑等。

12.1.10 防护设施设置后不允许随便拆除，确实因施工需要暂时拆除以进行其他作业时，应待其他作业完成后再恢复原样的，拆除前必须经施工负责人同意，并由施工负责人安排专人负责组织恢复。

12.1.14 本条要求的防护措施主要是指设置防落物安全网、防砸板、防电板、防护网等。

12.2.1～12.2.3 临边作业是指施工现场作业面沿无围护设施或其围护设施高度低于800 mm的高处作业。

12.3.1 悬空作业是指无立足点或无牢靠立足点的条件下进行的高处作业。

12.5.1 按照铁道部《铁路建设工程安全生产管理办法》（铁建设〔2006〕179 号）规定危险性较大的脚手架工程，应编制专项施工方案，进行安全检算，经技术负责人签字，总监理工程师审核后实施，并由施工单位专职安全生产管理人员进行现场监督。

12.5.2 本条强调脚手架地基必须满足承载力和沉降要求，为了保证脚手架搭设后使用中的安全，对于地基承载力不能满足脚手架安全使用要求的，必须对地基进行处理。

12.5.3 脚手架搭设前要进行强度、刚度、稳定性检算，防止荷载过大造成脚手架倾倒事故。

13.1.1 本条参照现行行业标准《建筑拆除工程安全技术规范》（JGJ 147）的规定。

13.1.2 按照铁道部《铁路建设工程安全生产管理办法》（铁建设〔2006〕179 号）的规定，拆除工程是危险性较大工程，应编制专项施工方案，进行安全检算，经技术负责人签字，总监理工程师审核后实施，并由施工单位专职安全生产管理人员进行现场监督。

13.4.1 本条参照现行行业标准《建筑拆除工程安全技术规范》（JGJ 147）的规定。

13.4.2 按照铁道部《铁路建设工程安全生产管理办法》（铁建设〔2006〕179 号）的规定爆破拆除施工应编制专项施工方案，进行安全检算，经技术负责人签字，总监理工程师审核后实施，并由施工单位专职安全生产管理人员进行现场监督。相关爆破施工手续不完备时不准进行爆破施工。

13.4.6 本条作业应按铁道部《铁路营业线施工安全管理办法》（铁办〔2008〕190 号）及有关规定执行。

13.5.1 本条强调了作业人员加强劳动防护，防止静力破碎剂的化学腐蚀作用对人体的危害。

13.5.2 本条对静力破碎剂存放的规定，主要是防止静力破碎剂腐蚀其他物品。

13.5.3 本条主要是防止交叉作业时操作不慎造成腐蚀或伤害。

13.5.4 作业人员在作业前应了解和掌握破碎剂的性能、作用、对人体及其他物品的危害，作业中应注意的事项，并进行安全技术交底后，由专业人员进行指导作业。

14.1.1 本条规定的职业危害因素应按下列范围确定：

（1）生产性粉尘包括：含游离的二氧化硅粉尘、水泥尘（硅酸盐）、石棉尘、木屑尘、电焊烟尘、金属粉尘、砂石、灰土等。

主要受危害的工种包括：石工、掘进工、风钻工、炮工、出渣工、喷砂工、浇筑工、玻璃打磨工、混凝土（砂浆）搅拌机司机、水泥上料工、材料试验工、刨机工、电（气）焊工、金属打磨工、除锈工、砂轮磨锯工等。

(2)生产性毒物包括:铅尘(烟或物)苯及其同系物蒸汽、锰烟尘、乙炔、一氧化碳、二氧化碳、硫化氢、二硫化碳、沼气、氮氧化物气体、氡、聚氯乙烯、水泥、沙土扬尘等。

主要受危害的工种包括:电(气)焊工、喷漆工、涂刷工、放炮工以及深基坑施工、隧道凿岩工、水下施工、冬期暖棚施工等。

(3)噪声振动包括:固体振动、金属摩擦、构件碰撞、不平衡旋转零件撞击、气体压力变化引起的气体扰动,磁场脉冲、磁场收缩引起的电器部件振动,交通运输等过程产生的噪声等。

噪声的声源主要包括:推土机、挖掘机、装载机、压路机、打桩机、打夯机、钻孔机、凿岩机、混凝土搅拌机、振捣器、电锯、吊车、升降机、气压机、电动机、碎石机、砂轮机、钢筋加工机械、木工加工机械、风镐、运送材料的卡车等。

(4)辐射包括:紫外线辐射、红外线辐射、激光辐射、放射线(x 射线、γ 射线)辐射。

1)紫外线辐射源包括:电焊、氧气乙炔气焊、氩弧焊、等离子焊、夏季强烈日光等。主要受害工种为焊接工、夏季露天工。

2)红外线辐射源包括:生产环境中的炽热物体、强光源、金属焊接、太阳光等。主要受害工种为焊接工、夏季露天工。

3)激光辐射源包括:激光测距仪、激光垂准仪、激光标线仪、复合激光焊机、激光切割机。主要受害工种为激光仪器操作工。

4)放射线辐射源包括:工业探伤仪、焊缝质量检测仪、地基密度检测仪、地下或隧道施工中氡子体等。主要受害工种为工业探伤工、焊缝检验员、地基密度检测员、地下或隧道施工人员。

(5)异常气象条件包括:高温作业、低温作业、高压作业、低压作业。

本条规定的职业危害程度应按说明表 14.1.1—1 ~ 14.1.1—5 确定:

说明表 14.1.1—1　生产性粉尘作业危害程度分级(GB 5817)

生产粉尘中游离二氧化碳含量	工人接尘时间肺总通气量(L/(日·人))	生产性粉尘浓度超标倍数							
		0	-1	-2	-4	-8	-16	-32	-64
≤10%	-4 000								
	-6 000								
	>6 000	0	I		II		III		IV
>10% -40%	-4 000								
	-6 000								
	>6 000								
>40% -70%	-4 000								
	-6 000								
	>6 000								
>70%	-4 000								
	-6 000								
	>6 000								

说明表 14.1.1—2　职业性接触毒物危害程度分级(GB 5044)

指　标		分　级			
		Ⅰ (极度危害)	Ⅱ (高度危害)	Ⅲ (中度危害)	Ⅳ (轻度危害)
急性中毒	吸入 LC_{50}^{M} (mg/m^3) 经皮 LD_{50} (mg/kg) 经口 LD_{50} (mg/kg)	<200 <100 <25	200 - 100 - 25 -	2 000 - 500 - 500 -	>20 000 >2 500 >5 000
急性中毒发病状况		生产中易发生中毒,后果严重	生产中可发生中毒,愈后良好	偶尔可发生中毒	迄今未见急性中毒,但有急性影响
慢性中毒患病状况		患病率高(≥5%)	患病率较高(<5%)或症状发生率高(≥20%)	偶有中毒病例发生或症状发生率较高(≥10%)	无慢性中毒而有慢性影响
慢性中毒后果		脱离接触后继续进展或不能治愈	脱离接触后,可基本治愈	脱离接触后可恢复,不致严重后果	脱离接触后,自行恢复,无不良后果
致癌性		人体致癌物	可疑人体致癌物	实验动物致癌物	无致癌性
最高容许浓度(mg/m^3)		<0.1	0.1 -	1.0 -	>10

说明表 14.1.1—3　工业企业噪声卫生标准新建、扩建、改建企业,参照表

每个工作日接触噪声时间(h)	允许噪声[dB(A)]
8	85
4	88
2	91
1	94
最高不得超过 115	

说明表 14.1.1—4　现有企业暂时达不到标准,参照表

每个工作日接触噪声时间(h)	允许噪声[dB(A)]
8	90
4	93
2	96
1	99
最高不得超过 115	

说明表 14.1.1—5　接触电离辐射危害程度分级(GB 4972)

年有效剂量当量(msv)	3～15	15～30	30～50	50～100	>100
级别	0	1	2	3	4

14.1.2　本条规定参照《中华人民共和国职业病防治法》(中华人民共和国主席令第 60 号)制定。

14.1.6　为了确保职业危害防护设备、设施、用品的有效性,应设专人经常检查维护,并确保正常开启使用。

14.2.2　通风除尘设备规格应根据现场除尘量大小进行设计。

14.3.3 机械通风装置应能够将毒物浓度降低到合格标准。

14.3.5 为了防止病从口入,本条规定严禁在毒物作业场所饮食、吸烟。

14.5.1 非作业人员不应在电焊作业场所逗留观望,旨在防止放射线直接照射伤害眼睛。

14.6.3 强调作业人员佩戴的防护鞋、帽、手套和防护服等应具备隔热、防暑功能。

14.6.4 强调清凉饮料是指防暑糖、茶等,且必须以实物或饮料形式发放到作业人员,不得以现金形式支付。

14.7.1 对施工作业及管理人员的安全技术培训内容必须具有较强的专业针对性和操作性。

14.7.2 瓦斯地段设置的通风及检测等设备必须设置专人检查维护,确保其使用状态安全可靠。

15.2.1～15.2.4 参照《中华人民共和国防汛条例》制定。

15.2.5 本条所指大型设备包括:塔式起重机、龙门架、外用施工电梯、龙门吊、搅拌站用储料罐、空压机用储气罐、汽车吊、履带吊、打桩机等。

15.2.6 雷雨天气不得进行钢结构的安装、拆除及焊接作业是为了防止人员滑落和触电事故。

15.2.7 不应在列举出的危险部位停留和避雨是为了防止发生雷击事故。

15.3.1 本条规定的在建工程防寒工作应包括材料加热、建筑物保温等防寒工作。

15.3.2～15.3.6 参照现行行业标准《建筑工程冬期施工规程》(JGJ 104)制定。

15.4.1 本条规定是为了及时、准确地掌握天气变化情况,有针对性地采取防范措施,减少台风造成的损失。

15.4.2 本条规定是为了确保施工机具、材料、设备、水上作业船舶等不被台风卷走,避免造成重大损失。

15.4.3 本条规定是结合已发生的台风经验,为确保台风期间人身安全而制定。

15.4.4 对各类临时建筑物设施进行检查加固、迁移,是为了防止其受到台风侵袭和破坏。

15.4.5 本条规定是为了防止人员、车辆被台风卷入水中。

16.1.1 参照《青藏铁路施工新技术》(青藏铁路施工新技术编委会)制定。

16.1.2 高原施工单位必须充分考虑施工所处的海拔等级和施工条件,编制高原地区专项施工方案和应急预案时,重点突出医疗保障,确保作业人员的身体健康和施工安全。

16.2.1～16.2.6 参照《青藏铁路施工新技术》(青藏铁路施工新技术编委会)制定。

16.3.1 患有感冒发烧疾病的人员进入高原地区将引起一系列严重后果,因此本条要求参加高原地区施工的所有人员必须进行体检,防止感冒患者带病进入高原地区施工。

16.3.2 施工单位应掌握施工人员的身体状况,防止患有本条规定的禁忌病患者进入高原地区。

16.3.3 参照《青藏铁路施工新技术》(青藏铁路施工新技术编委会)制定,本条涉及的海拔高度等级、高原定义表述如下:

高原概念:海拔高度在 3 000 m 以上的地区或处所称为高原。海拔等级划分应符合说明表 16.3.3 的规定。

说明表 16.3.3 海拔划分标准

海拔等级	海拔高度(m)	适应性
高海拔	1 500～3 500	大多数人可以适应
超高海拔	3 500～5 500	个体差异决定是否适应
极高海拔	5 500 以上	无法完全适应

16.3.5 为了及时分析、掌握高原病患者的发病原因和病情变化过程,对症治疗,必须建立健康档案,定期进行健康体检。

16.3.6 为了给施工人员及时补充氧气,必须因地制宜地建立供氧系统、氧疗室,配备携带式供氧器等,防止因缺氧造成高原反应加重。

16.3.7 高原施工必须严格遵守本条规定的作业时间,减少或杜绝因超时间作业引起的身体病变。

17.2.2 施工现场五牌一图参照《铁路建设项目现场管理规范》(TB 10441—2008)第3.1.2条规定。

17.4.1 铁路便线是指工程量较小,为维护短期通车而修建的临时铁路,通常在达到预期使用后即拆除或废弃。一般修筑在工程艰巨、短期内难以修通或发生严重障碍的铁路正线建筑物附近,供临时通车或运送施工料具之用。

17.4.4 临时铁路道口的设置、审批应符合施工所在铁路局(或铁路管理单位)的规定,设置必要的防护及报警设施并设专人进行看守。

17.4.5 在铁路保护区内的临时道路没有营业线隔离栅栏时,应设置与营业线隔开的防护设施。

17.6.1 施工过渡是指在增建双线、新线引入、线路、桥梁或站场技术改造、电气化工程等施工中,为使行车设备由原来的状态转到新建状态而建设的临时行车设施的施工或转换过程中的施工,是为保证铁路运输而进行的施工。主要涉及工务、桥梁、信号、电力牵引、供电等专业。

17.6.2 不能因为过渡工程是临时设施而减少施工管理,在施工过程中要按照正式工程的管理程序进行管理,组织施工检查、计价、验收交接。保证过渡工程的安全。

17.6.3 设计单位要进行充分的调查分析,在保证运输组织需要的条件下,结合新建工程的施工提出施工过渡方案。

17.6.6 施工单位应细化勘察设计单位提出的指导性施工过渡方案,在充分调查、核对既有设备的基础上,制定实施性的施工过渡方案。在施工过程中必须按照设计要求和验收标准进行过渡工程施工,保证质量,确保行车安全。

17.6.7 行车组织部门和设备管理单位应积极配合施工单位,提供设备和地下管线设施的准确位置,提供正确的既有设备图纸,提供方便条件,并对过渡工程的施工进行指导和监督,按规定对过渡工程进行验收交接。

18.0.1 本条所指应符合国家现行有关标准的规定,主要包括:《建筑机械使用安全技术规程》(JGJ 33—2001);《建筑施工高处作业安全技术规范》(JGJ 80—1991);《建筑施工安全检查标准》(JGJ 59—99);《建筑施工扣件式钢管脚手架安全技术规范》(附条文说明)(2002版)(JGJ 130—2001);《建筑施工碗扣式脚手架安全技术规范》(JGJ 166—2008);《建筑施工门式钢管脚手架安全技术规范》(JGJ 128—2000);《施工现场临时用电安全技术规范》(JGJ 46—2005);《铁路建设工程安全生产管理办法》(铁建设〔2006〕179号);《铁路营业线施工及安全管理办法》(铁办〔2007〕186号)。

18.0.3 本条相关内容参见《危险性较大的分部分项工程安全管理办法》(建质〔2009〕87号)。

19.2 客运专线联调联试是指完成静态验收之后,采用试验列车和检测列车对客运专线各系统的工作状态、性能、功能及系统间匹配关系进行综合测试、调整和优化使客运专线整体系统达到设计要求。

客运专线铁路涉及牵引供电、列车、通信信号、运营调度、客运服务、养护维护、信息化及站前基础设施等系统,各系统之间既有硬件联系,又有软件衔接,是一项庞大的系统工程。高速铁路建设普遍采用系统集成模式,联调联试及试运行是对高速铁路各系统接口匹配关系、整体运行性能、安全性及环境保护等进行全面试验评估和运行考验,是对系统集成效果的全面检验。联调联试及试运行既是高速铁路系统集成必不可少的重要环节,也是高速铁路建设的关键技术之一。

联调联试是实现整体系统集成的重要举措。客运专线铁路的各系统、设备之间既各自独立又相互依存、相互制约,在时间、空间、物理以及功能等方面上存在着许多需要互相衔接的接口。联调联试即系统间的综合联调,将所有的已测试好的系统均开动,使它们正常运行,并从轮轨关系、弓网关系、机电耦合、列车控制等方面,检测、调试、优化各系统间的接口功能,使整体系统的功能达到最优,满足运输要求。通过联调联试,经由大系统到子系统的多次反馈与调整方可认定子系统功能结构的完整性与合理性。

联调联试是实现移动设备与固定设备的最佳整体匹配。从客运专线铁路运行而言,线路工程是基础,列车和供电是关键,通信信号与网络是运行和安全的保障,三者是不可分割的整体。从动态观点上来看,三者又可分为移动设备与固定设备之间的有机结合,联调就是在系统目标协调下寻求移动设备与固定设备之间的最佳整体匹配。任何庞大而复杂的系统都需要在设计、制定技术规范、制造、安装(或施工)及测试的各个阶段特别注意各系统之间的界面。各子系统与其他的界面必须进行检查和验证所需功能的兼容性。

列车的安全性、舒适性及平稳性是通过线路与列车的最佳匹配来实现的,联调联试的任务就是寻求二者之间的匹配。

联调联试实现对系统基于可靠性理论的安全分析。在客运专线铁路正式运营之前,通过联调联试,检验列车在轨道上运行的安全性、平稳性、舒适性;检验牵引供电及电力系统的安全性、稳定性,评价其设计参数和设备选型的合理性;验证通信信号系统的功能性、安全性;验证线路、桥梁、路基、路桥过渡段等工务工程的基本设计参数、定型图和减振降噪措施的合理性;模拟设备故障,应对突发性事故,并进行人员疏散、应急救援、抢险维修等方面的演练。因此,联调联试对于实现客运专线铁路整体安全性是十分必要的。

联调联试为运营提供成熟可靠的技术系统。系统联调联试结果可作为京津城际铁路工程验收的依据之一。通过系统联调联试和试运行,全面综合检验客运专线线路、车站、通信、信号、供电、列车、调度指挥、客运服务等设施和设备以及行车组织方式等,能否满足列车高速、高效、高密、安全、平稳、方便的运营要求,为开通运营和进一步优化设备配置、提高设备性能、制定科学合理的运输组织方案,提供技术支持。通过检验京津城际铁路各系统、各专业应对各种非正常行车的能力,特别是设备故障条件下的调度指挥调整能力,提高应急救援和指挥的水平,尽可能将影响和损失降低到最小。

联调联试及试运行方案与大纲是开展联调联试及试运行工作的重要文件,是必不可少的。编制联调联试方案与大纲应在充分调研的基础上,了解客运专线站前站后工程资料,熟悉线路设备,并进行现场实际踏勘,明确联调联试目的、内容,试验区段、试验列车、速度,安全评判标准,测点及测试方法,数据处理方法,以及现场组织机构与分工,确保对全线各系统功能、系统间的配合进行比较充分的调试和检验,以便对各系统的功能、性能和整体系统的运行安全性、平稳性、舒适性进行评价。试运行方案包括列车运行时分测试、行车指挥试验与测试、设备故障处理模拟试验、突发性事故应急处理模拟试验和按图行车等内容,进行实际运营操练,验证整体系统能力。

中华人民共和国行业标准

铁建设〔2009〕181 号

铁路路基工程施工安全技术规程

Safety Constructional Regulations for Railway Subgrade Engineering

TB 10302—2009

2009-09-24 发布　　　　2009-09-24 实施

中华人民共和国铁道部　发布

前　言

本规程是根据铁道部《关于印发〈2008年铁路工程建设标准编制计划〉的通知》(铁建设函〔2007〕1374号)的要求,为适应大规模高标准铁路建设安全生产的需要,全面落实质量、安全、工期、投资效益、环境保护、技术创新“六位一体”的建设管理要求,进一步规范铁路路基工程施工安全管理和施工作业行为,在《铁路工程施工安全技术规程》(TB 10401—2003)基础上修订而成的。

本规程编制过程中,认真贯彻了国家有关安全生产的法律法规,借鉴了国内外有关施工安全的先进理念和方法,在深入开展专题调研的基础上,系统分析了铁路路基工程施工中的安全管理现状和典型事故案例,全面总结了铁路路基工程施工安全的经验和教训,并广泛征求了有关方面的意见。本规程从技术、管理两个方面,并按管理层、技术层、作业层等三个层次,规范了建设、勘察设计、施工、监理单位等建设各方的工作内容与技术要求,体现了系统性、针对性和可操作性,突出了对铁路路基工程施工安全的控制和指导作用,建设各方必须严格执行。

本规程共分10章,主要内容包括总则、基本规定、地基处理、路堤、路堑、过渡段、特殊路基、支挡防护及防排水工程、营业线路基施工、相关工程施工等。

本次修订的主要内容有:

1. 纳入了近几年来国家和铁道部有关法律、法规和技术标准等对安全生产工作的新要求。

2. 规定了建设各方管理层、技术层和作业层的详细工作内容及具体操作要求。

3. 明确了施工现场危险源和危害因素辨识与管理、风险管理、专项施工方案编制、应急预案编制与演练等方面的内容。

4. 提出了施工安全管理检查表、施工安全技术检查表及施工安全作业检查表,促进安全管理标准化。

5. 采用了作业层易于理解和接受的直观简图,细化和有效落实安全操作要求。

6. 强调了安全教育培训工作,特别明确了施工单位各类人员的安全教育培训时间。

7. 增加了路基施工中采用“四新”技术涉及到的安全要求。

8. 规定了地基处理的相关安全技术要求。

9. 增加了机械作业方面的操作安全规定。

10. 增加了防排水工程相关的安全规定。

11. 制定了取、弃土场相关的安全规定。

12. 完善了营业线路基施工的相关安全规定。

本规程为全文强制性标准,必须严格执行。

在执行本规程过程中,希望各单位结合工程实践,认真总结经验,积累资料。如发现需要修改和补充之处,请及时将意见和有关资料寄交中铁二十一局集团有限公司(兰州市和平路63号,邮政编码:730000),并抄送铁道部经济规划研究院(北京市海淀区羊坊店路甲8号,邮政编码:100038),供今后修订时参考。

本规程由铁道部建设管理司负责解释。

本规程主编单位:中铁二十一局集团有限公司。

本规程参编单位:中铁四局集团有限公司。

本规程主要起草人:王泽泉、魏存兰、周诗广、邓国荣、卫永毅、黄庆华、赵进忠、王继红、赵彦旭、尤　英、朱全泉、牛保金、万国平。

目　　次

1 总　　则

1.0.1 为贯彻“安全第一,预防为主,综合治理”的安全生产方针,体现以人为本的理念,落实质量、安全、工期、投资效益、环境保护、技术创新“六位一体”的铁路建设管理要求,规范铁路工程施工安全管理和施工作业行为,保障人身、设备、设施及行车安全,预防事故发生,制定本规程。

1.0.2 本规程适用于新建、改建铁路路基工程施工。

1.0.3 铁路路基工程施工应建立健全质量、环境、职业健康安全管理体系,对施工安全管理、施工安全技术、施工安全作业进行全过程、全方位管理与控制。

1.0.4 铁路路基工程施工应严格按设计文件进行,全面贯彻设计意图,达到设计要求的安全使用功能,保障铁路运营安全。

1.0.5 建设、勘察设计、施工和监理单位等建设各方应坚持“管生产必须管安全”的原则,设置安全管理机构,配备安全管理人员,制定安全生产规章制度,落实安全生产责任制。

1.0.6 建设各方人员必须熟悉和遵守有关安全生产法律法规和本规程的规定,经培训合格方准上岗。特种作业人员必须经专业培训并考核合格后持证上岗。

1.0.7 建设各方必须采用合格的机械设备、仪器仪表、材料和安全防护用品等。

1.0.8 施工组织设计应包含安全保障措施。危险性较大的工程应编制专项施工方案,并按有关规定经审批后实施。

1.0.9 建设各方应根据工程特点和施工环境进行危险源辨识,对重大危险源应编制应急预案,成立应急组织,配备应急物资,并按规定组织培训和演练。

1.0.10 安全生产费用应及时足额拨付并专项管理使用。

1.0.11 铁路路基工程施工必须遵守国家有关劳动保护的法规,积极改善施工条件,降低作业人员劳动强度,按规定配备劳动保护和安全防护等用品。

1.0.12 同一工点有多个单位同时施工或不同专业交叉作业时,应共同拟定现场安全技术措施,做好协调,共同执行。

1.0.13 施工过程中应及时掌握气象、水文和地质灾害等相关信息,做好防范和应急工作。

1.0.14 建设各方应按规定进行安全生产检查,对事故隐患必须及时采取整改措施。

1.0.15 铁路路基工程施工中采用新技术、新工艺、新设备、新材料时,必须制定相应的安全技术措施,并对有关施工人员进行安全生产教育培训。

1.0.16 联调联试应纳入施工组织设计,保证必要的人员、机具及测试仪器的配备,并必须严格做到试车不施工,施工不试车。

1.0.17 营业线施工及有可能影响营业线运行安全的施工,必须严格执行现行国家及铁路有关安全生产的规定。

1.0.18 本规程应与《铁路工程基本作业施工安全技术规程》(TB 10301—2009)配套使用。

1.0.19 铁路工程路基工程施工安全除应符合本规程外,尚应符合国家现行有关标准的规定。

2 基本规定

2.0.1　建设各方应按《铁路工程基本作业施工安全技术规程》(TB 10301—2009)第2.1节的规定,结合工程实际和项目特点,明确施工安全责任,制定施工安全措施,加强施工安全管理,有效预防事故发生。

2.0.2　建设各方应按《铁路工程基本作业施工安全技术规程》TB(10301—2009)第2.2节的规定做好施工安全管理工作。施工安全管理工作应按表2.0.2进行检查并做好记录。

表2.0.2　施工安全管理检查表

<table>
<tr><td colspan="2">项目(工程)名称</td><td colspan="3"></td></tr>
<tr><td colspan="2">建设单位</td><td></td><td>项目负责人</td><td></td></tr>
<tr><td colspan="2">勘察设计单位</td><td></td><td>项目负责人</td><td></td></tr>
<tr><td colspan="2">监理单位</td><td></td><td>总监理工程师</td><td></td></tr>
<tr><td colspan="2">施工单位</td><td></td><td>项目负责人</td><td></td></tr>
<tr><td>序号</td><td colspan="2">检查项目</td><td colspan="2">检查情况</td></tr>
<tr><td>1</td><td colspan="2">安全管理组织机构</td><td colspan="2"></td></tr>
<tr><td>2</td><td colspan="2">安全资源配置</td><td colspan="2"></td></tr>
<tr><td>3</td><td colspan="2">安全管理制度</td><td colspan="2"></td></tr>
<tr><td>4</td><td colspan="2">安全管理目标</td><td colspan="2"></td></tr>
<tr><td>5</td><td colspan="2">安全教育培训</td><td colspan="2"></td></tr>
<tr><td>6</td><td colspan="2">专项施工方案</td><td colspan="2"></td></tr>
<tr><td>7</td><td colspan="2">安全技术交底</td><td colspan="2"></td></tr>
<tr><td>8</td><td colspan="2">风险管理</td><td colspan="2"></td></tr>
<tr><td>9</td><td colspan="2">应急救援预案</td><td colspan="2"></td></tr>
<tr><td colspan="3">检查单位:</td><td colspan="2">被检查单位:</td></tr>
<tr><td colspan="3">负责人(签名):</td><td colspan="2">负责人(签名):</td></tr>
<tr><td colspan="3">日　期:　年　月　日</td><td colspan="2">日　期:　年　月　日</td></tr>
</table>

2.0.3　建设各方应按《铁路工程基本作业施工安全技术规程》(TB 10301—2009)第2.3节的规定做好施工安全技术工作。施工安全技术工作应按表2.0.3进行检查并做好记录。

表 2.0.3　施工安全技术检查表

<table>
<tr><td colspan="2">项目(工程)名称</td><td colspan="3"></td></tr>
<tr><td colspan="2">施工单位</td><td></td><td>项目负责人</td><td></td></tr>
<tr><td>序号</td><td colspan="3">主要检查内容及要求</td><td>检查情况</td></tr>
<tr><td rowspan="2">1</td><td rowspan="2">设计文件</td><td colspan="2">设计文件齐全</td><td></td></tr>
<tr><td colspan="2">设计文件现场核对</td><td></td></tr>
<tr><td>2</td><td>安全技术标准</td><td colspan="2">安全标准齐全、有效</td><td></td></tr>
<tr><td rowspan="2">3</td><td rowspan="2">实施性施工组织设计</td><td colspan="2">包含相应的安全技术措施</td><td></td></tr>
<tr><td colspan="2">编制、审批程序符合要求</td><td></td></tr>
<tr><td rowspan="5">4</td><td rowspan="5">专项施工方案</td><td colspan="2">软弱路基、陡坡路基和危及既有建(构)筑物及交通的填筑等工程</td><td rowspan="4"></td></tr>
<tr><td colspan="2">高边坡、不良地质、周边环境复杂等路堑工程及爆破施工</td></tr>
<tr><td colspan="2">锚杆(索)、桩板墙、抗滑桩、不良地段支护等工程</td></tr>
<tr><td colspan="2">风沙地区、滑坡崩塌地段、高原地区等路基施工，营业线施工</td></tr>
<tr><td colspan="2">编制、审批程序符合要求</td><td></td></tr>
<tr><td rowspan="2">5</td><td rowspan="2">机械设备</td><td colspan="2">制定操作规程和维修保养计划、检验、鉴定</td><td></td></tr>
<tr><td colspan="2">建立管理台账</td><td></td></tr>
<tr><td rowspan="2">6</td><td rowspan="2">安全生产培训</td><td colspan="2">按规定对管理人员和作业人员进行培训、考核并有记录</td><td></td></tr>
<tr><td colspan="2">特种作业人员持证上岗</td><td></td></tr>
<tr><td>7</td><td>施工安全协议</td><td colspan="2">签订相关施工安全协议</td><td></td></tr>
<tr><td rowspan="2">8</td><td rowspan="2">作业指导书</td><td colspan="2">包含相应的安全操作要求</td><td></td></tr>
<tr><td colspan="2">编制、审批程序符合要求</td><td></td></tr>
<tr><td rowspan="2">9</td><td rowspan="2">安全技术交底</td><td colspan="2">编制各级施工安全技术交底文件并按规定交底</td><td></td></tr>
<tr><td colspan="2">交底记录签认齐全</td><td></td></tr>
<tr><td rowspan="2">10</td><td rowspan="2">安全检查</td><td colspan="2">制定安全检查计划</td><td></td></tr>
<tr><td colspan="2">检查、整改记录齐全</td><td></td></tr>
<tr><td>11</td><td>施工日志</td><td colspan="2">施工安全情况记载真实完整</td><td></td></tr>
<tr><td rowspan="2">12</td><td rowspan="2">大型临时工程及过渡工程</td><td colspan="2">编制设计、施工方案</td><td></td></tr>
<tr><td colspan="2">检查验收</td><td></td></tr>
<tr><td colspan="3">检查单位：</td><td colspan="2">被检查单位：</td></tr>
<tr><td colspan="3">负责人：(签名)</td><td colspan="2">负责人：(签名)</td></tr>
<tr><td colspan="3">日　期：　年　月　日</td><td colspan="2">日　期：　年　月　日</td></tr>
</table>

2.0.4　作业班组每班应按本规程各章节中“施工作业安全检查表”进行检查并做好记录。

2.0.5　对安全检查中发现的不符合规定的情况，应按表2.0.5签发整改通知单，限期整改，并跟踪验证。

表2.0.5　安全检查整改通知单

<table>
<tr><td>项目(工程)名称</td><td></td></tr>
<tr><td colspan="2">存在问题及整改要求：
限　年　月　日前整改完成
检查方：　受检方：
检查人(签名)：　接收人(签名)：
日　期：　日　期：</td></tr>
<tr><td colspan="2">整改措施：
受检方负责人(签名)：　计划完成日期：　年　月　日</td></tr>
<tr><td colspan="2">验证结果：
验证人(签名)：　验证日期：　年　月　日</td></tr>
</table>

2.0.6　建设各方应按《铁路工程基本作业施工安全技术规程》(TB 10301—2009)第2.5节的规定对参建人员进行有针对性的培训，未经培训或培训不合格者不得上岗。

2.0.7　作业班组负责人在每天开工前，应进行班前安全讲话，向作业人员强调安全注意事项。

2.0.8　进入施工现场的所有人员，必须按规定佩戴相应的劳动保护用品。

3 地基处理

3.1 一般规定

3.1.1 地基处理工程应结合现场环境、施工方法、机械设备等情况进行危险源辨识和风险评估,制定应急预案并采取相应的安全措施。

3.1.2 地基处理应考虑下列主要危险源、危害因素:

1 机械作业时倾覆;

2 施工影响毗邻的既有建(构)筑物和设备、管线;

3 机械现场组装和操作、机械作业用电及防雷;

4 大风等恶劣气候条件下人员和机械安全;

5 施工噪声、排放泥浆等环境因素。

3.1.3 施工现场应按规定设置防护设施和安全警示标志,并由专人管理,如图3.1.3所示。

图3.1.3 施工现场应设安全警示标志和专人管理

3.1.4 机械设备的管理与防护除应符合《铁路工程基本作业施工安全技术规程》(TB 10301—2009)第8章的规定外,尚应符合下列规定:

1 机械进场前,应调查行驶道路和作业现场的情况,了解影响范围内既有建(构)筑物和设备的分布,探明地下和空中的管线并制定相应的安全措施。

2 作业场地及行走范围应保持平整并满足相应的承载力等要求。

3 机械系统的能力应与施工要求相匹配,现场装配应由专业人员负责。作业时应严格按照操作规程操作。

4 大型机械作业或多机配合作业时,应设专人统一协调指挥。

5 作业人员登高检查或维修时应系安全带并防止坠物伤人。

6 大雾、暴雨、大风等气候条件下应提前对现场机械采取防护措施。情况特别恶劣时应停止作业。

3.1.5 施工用电和高耸设备防雷应符合《铁路工程基本作业施工安全技术规程》(TB 10301—2009)第4章的规定。

3.1.6 施工前应做好临时防、排水系统。

3.1.7 使用有腐蚀性、有害的材料或掺和剂时,作业人员应按规定佩戴防护用品。

3.1.8 施工时产生的噪声应符合现行《建筑施工场界噪声标准》(GB 12523)的有关规定,对有可能造成其他环境污染的施工应进行相应的处理。

3.1.9 地基处理时,应对影响范围内的既有建(构)筑物和设备进行监测,发现异常及时采取措施。

3.2　原地面处理和换填

3.2.1　严禁火烧杂草、树木等。砍伐树木时应设置防护和警示标志，严禁在山坡上重叠伐树作业，如图 3.2.1 所示。

3.2.2　清除淤泥或处理空穴时，应查明地质情况，采取保证人员和机械安全的防护措施。

3.2.3　换填施工时，应符合下列规定：

1　清淤作业应防止人员陷入，软土地段机械作业应考虑地基承载力能否满足机械作业要求，不能满足应采取必要的安全措施。

2　开挖、运输装卸、填筑碾压应符合本规程第 4 章、第 5 章的相关规定。

3　重锤夯实时，应符合本规程第 3.1.4 条的规定。

4　接触灰土的作业人员，应佩戴口罩和手套等防护用品并在上风口作业。

图 3.2.1　严禁重叠伐树和烧荒

3.2.4　原地面处理和换填施工作业应按表 3.2.4 进行检查，并认真填写检查记录表。对检查中发现的不符合规定的情况，应按表 2.0.5 签发安全检查整改通知单，限期整改，并跟踪验证。

表 3.2.4　原地面处理和换填施工作业安全检查表

项目(工程)名称				
施工地点				
序号	检查项目		对应条文号	检查情况
1	班前安全讲话		2.0.7	
2	劳动保护用品佩戴		2.0.8	
3	现场安全防护		3.1.3	
4	临时防、排水系统		3.1.6	
5	伐树作业		3.2.1	
6	清淤		3.2.2	
7	处理空穴			
8	换填	软弱区人员和机械作业安全	3.2.3	
		挖、装、卸、碾压作业		
		夯实作业		
		灰土作业		
检查方： 检查人：(签名) 年　月　日			受检方： 接收人：(签名) 年　月　日	

3.3　强夯和强夯置换

3.3.1　强夯机械的性能应满足施工的要求，并根据计算结果设置必要的辅助门架或采取其他稳固措施。

3.3.2　施工防护应符合下列规定：

1　施工现场应封闭管理并按规定设置安全警示标志，由专人负责统一指挥。

2　当强夯施工产生的振动对临近建(构)筑物和设备产生影响时，应设置相应的监测点，必要时应挖设防振沟。

3　应在吊锤机械驾驶室前不影响司机视线的情况下设防护网，司机应佩戴防护镜，防止弹石。

3.3.3　强夯施工时应符合下列规定：

1　夯机的作业场地应平整，门架底座与夯机触地部位应保持水平，当下沉超过 100 mm 时，应重新垫高并保持稳定。

2　施工前应检查机械各部位的状态、钢丝绳的完好情况并先试夯。

3　起吊夯锤速度应均匀，夯锤或挂钩不得碰吊臂，并在适当位置挂轮胎等进行防护。严禁锤上站人随锤提升。

表 3.3.5　强夯和强夯置换施工作业安全检查表

<table>
<tr><td colspan="3">项目(工程)名称</td><td colspan="2"></td></tr>
<tr><td colspan="3">施工地点</td><td colspan="2"></td></tr>
<tr><td>序号</td><td colspan="2">检查项目</td><td>对应条文号</td><td>检查情况</td></tr>
<tr><td>1</td><td colspan="2">班前安全讲话</td><td>2.0.7</td><td></td></tr>
<tr><td>2</td><td colspan="2">劳动保护用品佩戴</td><td>2.0.8</td><td></td></tr>
<tr><td>3</td><td colspan="2">强夯机械选用</td><td>3.3.1</td><td></td></tr>
<tr><td>4</td><td colspan="2">现场安全防护</td><td>3.1.3,3.3.2</td><td></td></tr>
<tr><td>5</td><td colspan="2">机械设备管理与防护</td><td>3.1.4</td><td></td></tr>
<tr><td>6</td><td colspan="2">施工用电和防雷</td><td>3.1.5</td><td></td></tr>
<tr><td>7</td><td colspan="2">临时防、排水系统</td><td>3.1.6</td><td></td></tr>
<tr><td>8</td><td colspan="2">噪声控制</td><td>3.1.8</td><td></td></tr>
<tr><td>9</td><td colspan="2">影响范围监测</td><td>3.1.9</td><td></td></tr>
<tr><td rowspan="5">10</td><td rowspan="5">强夯作业</td><td>作业场地平整</td><td rowspan="5">3.3.3</td><td></td></tr>
<tr><td>吊锤、钢丝绳检查</td><td></td></tr>
<tr><td>起吊作业</td><td></td></tr>
<tr><td>取、挂锤作业</td><td></td></tr>
<tr><td>夯锤放置</td><td></td></tr>
<tr><td rowspan="2">11</td><td rowspan="2">变换夯位</td><td>行走路线处理</td><td>3.1.4</td><td></td></tr>
<tr><td>稳定性检查</td><td>3.3.4</td><td></td></tr>
<tr><td colspan="5">检查方：　　　　　　　　受检方：
检查人：(签名)　　　　　接收人：(签名)
年　月　日　　　　　　　年　月　日</td></tr>
</table>

4 夯锤下落后，应在吊钩降至夯锤吊环附近时，操作人员方可下坑挂钩。

5 在夯锤起吊及下落过程中，填筑及清土人员，应撤离至安全地点。

6 作业完成后，夯锤应放实在地面。

3.3.4 变换夯位后，应重新检查门架支腿，然后再将锤提升 100 ~ 300 mm，检查整机的稳定性，确认可靠后方可作业。

3.3.5 强夯和强夯置换施工作业应按表 3.3.5 进行检查，并认真填写检查记录表。对检查中发现的不符合规定的情况，应按表 2.0.5 签发安全检查整改通知单，限期整改，并跟踪验证。

3.4 钢筋混凝土打(压)入桩

3.4.1 桩身强度达到设计强度时方可运输。桩的堆放场地应平整、坚实并有防止桩滚动的措施。吊运作业应符合《铁路工程基本作业施工安全技术规程》(TB 10301—2009)第 11 章的规定。

3.4.2 机械作业时，安全防护人员必须距桩锤中心 5 m 以外监视，发现异常及时预警并采取相应的措施。

3.4.3 打入桩作业应符合下列规定：

1 作业前应检查所有紧固螺栓，不得在松动及缺件情况下启动。

2 严禁吊桩、吊锤、回转与行走等动作同时进行。

3 插桩时，应及时校正桩的垂直度。桩进土较深时，严禁用打桩机行走或回转动作来纠正桩的倾斜度。

4 桩锤、桩帽和桩应在同一轴线上，不得偏心打桩。

5 作业后，应将桩锤放至最低处并垫实。

3.4.4 振动沉桩作业应符合下列规定：

1 悬挂振动桩锤的起重机，其吊钩上必须有防松脱的保护装置。

2 作业前，应检查振动桩锤减震器与连接螺栓的紧固性，禁止在螺栓松动或缺失状态下启动。

3 振动沉桩收紧钢丝绳加压时，应随桩沉入深度随时调整离合器，防止桩架抬起而发生事故。

4 作业中，如发现液压管破损、液压操作箱失灵时，应立即采取措施，防止桩从夹持器中脱落。

5 作业后，应将振动桩锤放至最低处并垫实。

3.4.5 静力压桩作业应符合下列规定：

1 作业前，应对紧固螺栓进行检查，在其未拧紧前不得启动。

2 起重机的起重臂下，严禁站人。

3 压桩过程中，应保持桩的垂直度，如遇地下障碍物使桩产生倾斜时，应先将桩拔起，待地下障碍物清除后，重新插桩。

4 当桩在压入过程中，夹持机构与桩侧出现打滑时，不得任意提高液压缸压力强行操作，应查明原因，排除故障后方可继续进行。

5 当压桩引起周围土体隆起影响桩机行走时，应将隆土平实，不得强行通过。

3.4.6 沉桩过程中，有下列情况应暂停作业，经处理后再行施工：

1 贯入度突变。

2 桩身发生倾斜、位移或有异常回弹。

3 桩顶或桩身出现裂缝或破碎。

3.4.7 钢筋混凝土打(压)入桩施工作业应按表3.4.7进行检查,并认真填写检查记录表。对检查中发现的不符合规定的情况,应按表2.0.5签发安全检查整改通知单,限期整改,并跟踪验证。

表3.4.7 钢筋混凝土打(压)入桩施工作业安全检查表

<table>
<tr><td colspan="3">项目(工程)名称</td><td colspan="2"></td></tr>
<tr><td colspan="3">施工地点</td><td colspan="2"></td></tr>
<tr><td>序号</td><td colspan="2">检查项目</td><td>对应条文号</td><td>检查情况</td></tr>
<tr><td>1</td><td colspan="2">班前安全讲话</td><td>2.0.7</td><td></td></tr>
<tr><td>2</td><td colspan="2">劳动保护用品佩戴</td><td>2.0.8</td><td></td></tr>
<tr><td>3</td><td colspan="2">现场安全防护</td><td>3.1.3</td><td></td></tr>
<tr><td>4</td><td colspan="2">机械设备管理与防护</td><td>3.1.4</td><td></td></tr>
<tr><td>5</td><td colspan="2">施工用电和防雷</td><td>3.1.5</td><td></td></tr>
<tr><td>6</td><td colspan="2">临时防、排水系统</td><td>3.1.6</td><td></td></tr>
<tr><td>7</td><td colspan="2">噪声控制</td><td>3.1.8</td><td></td></tr>
<tr><td>8</td><td colspan="2">影响范围监测</td><td>3.1.9</td><td></td></tr>
<tr><td>9</td><td colspan="2">预制桩堆放</td><td rowspan="2">3.4.1</td><td></td></tr>
<tr><td>10</td><td colspan="2">预制桩吊运</td><td></td></tr>
<tr><td>11</td><td colspan="2">安全员监护</td><td>3.4.2</td><td></td></tr>
<tr><td rowspan="5">12</td><td rowspan="5">打入桩作业</td><td>作业前检查</td><td rowspan="5">3.4.3</td><td></td></tr>
<tr><td>吊桩、吊锤与行走</td><td></td></tr>
<tr><td>插桩</td><td></td></tr>
<tr><td>锤击沉桩</td><td></td></tr>
<tr><td>作业后桩锤置放</td><td></td></tr>
<tr><td rowspan="5">13</td><td rowspan="5">振动沉桩</td><td>吊钩保护装置</td><td rowspan="5">3.4.4</td><td></td></tr>
<tr><td>作业前检查</td><td></td></tr>
<tr><td>沉桩作业</td><td></td></tr>
<tr><td>应急处理</td><td></td></tr>
<tr><td>作业后桩锤置放</td><td></td></tr>
<tr><td rowspan="5">14</td><td rowspan="5">静力压桩</td><td>作业前检查</td><td rowspan="5">3.4.5</td><td></td></tr>
<tr><td>禁起重臂下站人</td><td></td></tr>
<tr><td>压桩遇阻</td><td></td></tr>
<tr><td>夹持打滑</td><td></td></tr>
<tr><td>隆土处理</td><td></td></tr>
<tr><td rowspan="3">15</td><td rowspan="3">故障处理</td><td>贯入度突变</td><td rowspan="3">3.4.6</td><td></td></tr>
<tr><td>桩倾斜、位移,回弹异常</td><td></td></tr>
<tr><td>桩裂或破碎</td><td></td></tr>
<tr><td colspan="3">检查方:
检查人:(签名)
年 月 日</td><td colspan="2">受检方:
接收人:(签名)
年 月 日</td></tr>
</table>

3.5 混凝土灌注桩

3.5.1 作业场地应平整、坚实。钻机安装时,机架应垫平,并设置必要的缆风绳及地锚等以保持钻机稳固。

3.5.2 钻机成孔作业时应符合下列规定:

1 作业前,应检查各部位情况,确认一切正常后方可启动。

2 钻进中,应随时观察钻机的运转情况,当发生异响、钻机摇晃异常等情况时,应立即停机检查,排除故障后方可继续施钻。

3 提钻、下钻时,应轻提轻放,严禁钻杆在旋转时提升。

4 高压胶管下,禁止站人。

5 改变钻杆回转方向时,应先停钻后改变钻向。

3.5.3 钢筋笼吊装及混凝土灌注应符合《铁路工程基本作业施工安全技术规程》(TB 10301—2009)第10章、第11章的相关规定。

3.5.4 泥浆池应设防护栏和警示标志,废浆、废渣处理应符合环保要求。

3.5.5 成孔后应及时灌注。未及时灌注的孔应加盖保护并设警示标志,如图3.5.5所示。

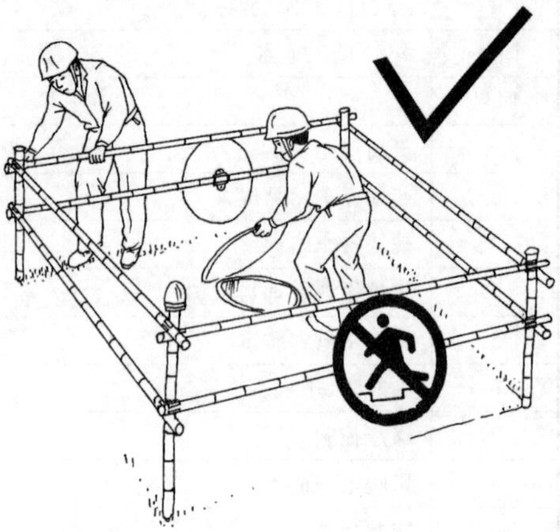

图3.5.5 成孔应加盖并设警示标志

3.5.6 混凝土灌注桩施工作业应按表3.5.6进行检查,并认真填写检查记录表。对检查中发现的不符合规定的情况,应按表2.0.5签发安全检查整改通知单,限期整改,并跟踪验证。

表3.5.6 混凝土灌注桩施工作业安全检查表

项目(工程)名称			
施工地点			
序号	检查项目	对应条文号	检查情况
1	班前安全讲话	2.0.7	
2	劳动保护用品佩戴	2.0.8	
3	现场安全防护	3.1.3	
4	机械设备管理与防护	3.1.4	
5	施工用电和防雷	3.1.5	
6	临时防、排水系统	3.1.6	
7	噪声控制	3.1.8	
8	影响范围监测	3.1.9	
9	场地平实	3.5.1	
10	钻机安装	3.5.1	

续上表

<table>
<tr><td colspan="3">项目(工程)名称</td><td colspan="2"></td></tr>
<tr><td colspan="3">施工地点</td><td colspan="2"></td></tr>
<tr><td>序号</td><td colspan="2">检查项目</td><td>对应条文号</td><td>检查情况</td></tr>
<tr><td rowspan="7">11</td><td rowspan="7">钻孔</td><td>作业前检查</td><td rowspan="7">3.5.2</td><td></td></tr>
<tr><td>钻进观察、应急处理</td><td></td></tr>
<tr><td>提钻、下钻</td><td></td></tr>
<tr><td>高压管下禁止站人</td><td></td></tr>
<tr><td>改变转向</td><td></td></tr>
<tr><td>稳定性观察</td><td></td></tr>
<tr><td>卡孔处理</td><td></td></tr>
<tr><td>12</td><td colspan="2">泥浆池防护</td><td>3.5.4</td><td></td></tr>
<tr><td>13</td><td colspan="2">废浆、废渣处理</td><td>3.5.4</td><td></td></tr>
<tr><td>14</td><td colspan="2">钢筋笼吊装及混凝土灌注</td><td>3.5.3</td><td></td></tr>
<tr><td>15</td><td colspan="2">成孔防护</td><td>3.5.5</td><td></td></tr>
<tr><td colspan="5">检查方：　　　　　　　　　　　　　　　　受检方：
检查人：(签名)　　　　　　　　　　　　　接收人：(签名)
年　月　日　　　　　　　　　　　　　　　　年　月　日</td></tr>
</table>

3.6 砂桩、碎石桩

3.6.1 应根据所选用机械的操作规程和场地等情况采取相应的安全措施。

3.6.2 砂桩、碎石桩施工前,应评估对临近的既有建(构)筑物的影响,并选用相应的施工工艺。以挤密作用为主的桩施工时,应从逐渐远离既有建(构)筑物及设备方向顺序进行施工。

3.6.3 锤击法沉管作业时,加料与锤击压实应采取相应的安全措施并符合本规程第3.4.3条的规定。

3.6.4 采用振动法施工时,重复压拔管与加料、挤压作业应协调一致,加料时应暂停振动并符合本规程第3.4.4条的规定。

3.6.5 砂桩、碎石桩施工作业应按表3.6.5进行检查,并认真填写检查记录表。对检查中发现的不符合规定的情况,应按表2.0.5签发安全检查整改通知单,限期整改,并跟踪验证。

表3.6.5 砂桩、碎石桩施工作业安全检查表

<table>
<tr><td colspan="2">项目(工程)名称</td><td colspan="2"></td></tr>
<tr><td colspan="2">施工地点</td><td colspan="2"></td></tr>
<tr><td>序号</td><td>检查项目</td><td>对应条文号</td><td>检查情况</td></tr>
<tr><td>1</td><td>班前安全讲话</td><td>2.0.7</td><td></td></tr>
<tr><td>2</td><td>劳动保护用品佩戴</td><td>2.0.8</td><td></td></tr>
<tr><td>3</td><td>现场安全防护</td><td>3.1.3</td><td></td></tr>
<tr><td>4</td><td>机械设备管理与防护</td><td>3.1.4,3.6.1</td><td></td></tr>
</table>

续上表

项目(工程)名称			
施工地点			
序号	检查项目	对应条文号	检查情况
5	施工用电和防雷	3.1.5	
6	临时防、排水系统	3.1.6	
7	噪声控制	3.1.8	
8	影响范围监测	3.1.9	
9	施工工艺	3.6.2	
10	锤击沉管	3.6.3	
11	振动法施工	3.6.4	
检查方: 检查人:(签名) 年 月 日		受检方: 接收人:(签名) 年 月 日	

3.7 挤 密 桩

3.7.1 施工前应评估挤密作业对影响范围内的既有建(构)筑物和设备的影响,并根据评估结果采取挖防振沟或选用适宜的施工方法。

3.7.2 采用振动法或锤击法沉管作业时,应符合本规程第3.4节的规定。

3.7.3 挤密作业应从逐渐远离既有建(构)筑物及设备方向顺序施工。

3.7.4 成孔后应及时填料,成排施工时应间隔进行。

3.7.5 挤密桩施工作业应按表3.7.5进行检查,并认真填写检查记录表。对检查中发现的不符合规定的情况,应按表2.0.5签发安全检查整改通知单,限期整改,并跟踪验证。

表3.7.5 挤密桩施工作业安全检查表

项目(工程)名称			
施工地点			
序号	检查项目	对应条文号	检查情况
1	班前安全讲话	2.0.7	
2	劳动保护用品佩戴	2.0.8	
3	现场安全防护	3.1.3	
4	机械设备管理与防护	3.1.4,3.7.1	
5	施工用电和防雷	3.1.5	
6	临时防、排水系统	3.1.6	
7	噪声控制	3.1.8	
8	影响范围监测	3.1.9,3.7.2	
9	挤密顺序	3.7.3	
10	回填及成排施工	3.7.4	
检查方: 检查人:(签名) 年 月 日		受检方: 接收人:(签名) 年 月 日	

3.8 水泥粉煤灰碎石桩(CFG 桩)

3.8.1 机械进场前,应对作业场地进行平实,其承载力应满足机械作业要求。

3.8.2 钻孔作业应符合下列规定:

1 钻机就位后应调整钻杆垂直并对准桩位中心。

2 启动前应检查各部位连接情况。

3 启动后应作空运转试验,检查仪表、温度、制动等各项正常后,方可作业。

4 钻进中如机架出现异常的摇晃、移动、偏斜或发出异常响声时,应立即停钻,经处理后方可继续施钻。

5 改变钻杆回转方向时应待钻杆完全停转后再进行。

6 严禁直接用手清除螺旋片中的泥土。

7 发现紧固螺栓松动时应立即停机,紧固后方可继续作业。

3.8.3 采用振动法作业时应符合本规程第3.4节的规定。

3.8.4 灌注作业应符合下列规定:

1 应由专人负责输送泵和钻机的配合,并随时检查连接软管及接头情况。

2 应在钻杆芯管充满混合料后,方可开始提管,严禁先提管后泵料。

3 应控制提管速度与泵料速度相协调,并连续灌注成桩。

3.8.5 机械移位时应根据行走装置的操作规程,由专人指挥,协调行动,防止机械倾覆。移位后应再次对机械各部位进行检查。

3.8.6 成桩区严禁大型机械进入,开挖及清土作业应采用小型机械,不得扰动桩间土。

3.8.7 截桩机处理桩头时应防止锯片伤人。

3.8.8 CFG 桩施工作业应按表3.8.8进行检查,并认真填写检查记录表。对检查中发现的不符合规定的情况,应按表2.0.5签发安全检查整改通知单,限期整改,并跟踪验证。

表 3.8.8 CFG 桩施工作业安全检查表

项目(工程)名称			
施工地点			
序号	检查项目	对应条文号	检查情况
1	班前安全讲话	2.0.7	
2	劳动保护用品佩戴	2.0.8	
3	现场安全防护	3.1.3	
4	机械设备管理与防护	3.1.4	
5	施工用电和防雷	3.1.5	
6	临时防、排水系统	3.1.6	
7	噪声控制	3.1.8	
8	影响范围监测	3.1.9	
9	场地平实	3.8.1	
10	钻孔作业	3.8.2	
11	振动法成孔作业	3.8.3	
12	灌注	3.8.4	
13	机械移位	3.8.5	
14	开挖及清土	3.8.6	
15	桩头处理	3.8.7	
检查方: 检查人:(签名) 年 月 日		受检方: 接收人:(签名) 年 月 日	

3.9 柱锤冲扩桩

3.9.1 施工机械应有自动脱钩装置,作业前应检查钢丝绳及卡扣等情况。

3.9.2 柱锤装配时应连接牢固。施工时柱锤应对准桩位并保持垂直。

3.9.3 柱锤在升降过程中禁止作业人员向孔内填料。

3.9.4 柱锤冲扩桩施工作业应按表3.9.4进行检查,并认真填写检查记录表。对检查中发现的不符合规定的情况,应按表2.0.5签发安全检查整改通知单,限期整改,并跟踪验证。

表3.9.4 柱锤冲扩桩施工作业安全检查表

项目(工程)名称			
施工地点			
序号	检查项目	对应条文号	检查情况
1	班前安全讲话	2.0.7	
2	劳动保护用品佩戴	2.0.8	
3	现场安全防护	3.1.3	
4	机械设备管理与防护	3.1.4	
5	施工用电和防雷	3.1.5	
6	临时防、排水系统	3.1.6	
7	噪声控制	3.1.8	
8	影响范围监测	3.1.9	
9	施工装置和检查	3.9.1	
10	柱锤装配和对位	3.9.2	
11	填料作业	3.9.3	
检查方: 检查人:(签名) 年 月 日		受检方: 接收人:(签名) 年 月 日	

3.10 高压旋喷桩

3.10.1 应根据所选用机械的操作规程和场地情况采取相应的安全措施。

3.10.2 高压喷射注浆时,应符合下列规定:

1 注浆前,应检查高压设备和管路系统,密封圈必须完好,各管道和喷嘴内不得有杂物。

2 作业时应控制空压机、高压水泵、送浆泵的压力和提管喷浆速度。

3 喷射过程中出现压力突变时,应停工查明原因并采取相应措施。

4 近地面喷射时,应控制压力和流量,防止伤人。

5 清洗机具时,喷头严禁对人。

3.10.3 高压旋喷桩施工作业应按表3.10.3进行检查,并认真填写检查记录表。对检查中发现的不符合规定的情况,应按表2.0.5签发安全检查整改通知单,限期整改,并跟踪验证。

表 3.10.3 高压旋喷桩施工作业安全检查表

<table>
<tr><td colspan="3">项目(工程)名称</td><td colspan="2"></td></tr>
<tr><td colspan="3">施工地点</td><td colspan="2"></td></tr>
<tr><td>序号</td><td colspan="2">检查项目</td><td>对应条文号</td><td>检查情况</td></tr>
<tr><td>1</td><td colspan="2">班前安全讲话</td><td>2.0.7</td><td></td></tr>
<tr><td>2</td><td colspan="2">劳动保护用品佩戴</td><td>2.0.8</td><td></td></tr>
<tr><td>3</td><td colspan="2">现场安全防护</td><td>3.1.3</td><td></td></tr>
<tr><td>4</td><td colspan="2">机械设备管理与防护</td><td>3.1.4,3.10.1</td><td></td></tr>
<tr><td>5</td><td colspan="2">施工用电和防雷</td><td>3.1.5</td><td></td></tr>
<tr><td>6</td><td colspan="2">临时防、排水系统</td><td>3.1.6</td><td></td></tr>
<tr><td>7</td><td colspan="2">噪声控制</td><td>3.1.8</td><td></td></tr>
<tr><td>8</td><td colspan="2">影响范围监测</td><td>3.1.9</td><td></td></tr>
<tr><td rowspan="5">9</td><td rowspan="5">高压注浆</td><td>注浆前检查</td><td rowspan="5">3.10.2</td><td></td></tr>
<tr><td>作业时系统控制</td><td></td></tr>
<tr><td>喷射时观察</td><td></td></tr>
<tr><td>近地面喷射</td><td></td></tr>
<tr><td>清洗机具</td><td></td></tr>
<tr><td colspan="5">检查方:　　　　受检方:
检查人:(签名)　　　　接收人:(签名)
年　月　日　　　　年　月　日</td></tr>
</table>

3.11 粉(浆)体喷射搅拌桩

3.11.1 粉(浆)体喷射搅拌桩施工应符合环境保护方面的规定。

3.11.2 粉体喷射搅拌作业时应符合下列规定:

1 作业人员应按规定佩戴口罩和防护镜等防护用品。

2 应在孔口设喷料防护装置,当喷嘴提升近地面时,应减压喷粉,当距地面 50 cm 时应停止喷粉。

3 清洗机具时,喷头严禁对人。

3.11.3 浆体喷射搅拌作业时应符合下列规定:

1 喷嘴提升近地面时,应控制压力和流量。

2 作业时的废浆、废渣应及时处理。

3 清洗机具时,喷头严禁对人。

3.11.4 粉(浆)体喷射搅拌桩施工作业应按表 3.11.4 进行检查,并认真填写检查记录表。对检查中发现的不符合规定的情况,应按表 2.0.5 签发安全检查整改通知单,限期整改,并跟踪验证。

表 3.11.4 粉(浆)体喷射搅拌桩施工作业安全检查表

项目(工程)名称				
施工地点				
序号	检查项目		对应条文号	检查情况
1	班前安全讲话		2.0.7	
2	劳动保护用品佩戴		2.0.8,3.11.2	
3	现场安全防护		3.1.3	
4	机械设备管理与防护		3.1.4	
5	施工用电和防雷		3.1.5	
6	临时防、排水系统		3.1.6	
7	噪声控制		3.1.8	
8	影响范围监测		3.1.9	
9	环境保护		3.11.1	
10	粉体喷射搅拌	人员防护	3.11.2	
		近孔口作业		
		清洗机具		
11	浆体喷射搅拌	近地面作业	3.11.3	
		废浆回收		
		清洗机具		
检查方: 检查人:(签名) 年 月 日			受检方: 接收人:(签名) 年 月 日	

3.12 袋装砂井

3.12.1 袋装砂井施工采用锤击打入法、振动贯入法和静力压入法沉管时,应符合本规程第3.4节的规定。

3.12.2 套管起吊后应对准井位。锤击作业应先轻后重。

3.12.3 砂袋投入套管时,严禁发生扭结、断裂等问题。

3.12.4 振动拔管时,应先启动激振器后提升套管并连续缓慢提升,中途不得放松吊绳。

3.12.5 袋装砂井施工作业应按表3.12.5进行检查,并认真填写检查记录表。对检查中发现的不符合规定的情况,应按表2.0.5签发安全检查整改通知单,限期整改,并跟踪验证。

表 3.12.5 袋装砂井施工作业安全检查表

项目(工程)名称			
施工地点			
序号	检查项目	对应条文号	检查情况
1	班前安全讲话	2.0.7	
2	劳动保护用品佩戴	2.0.8	
3	现场安全防护	3.1.3	
4	机械设备管理与防护	3.1.4	
5	施工用电和防雷	3.1.5	
6	临时防、排水系统	3.1.6	
7	噪声控制	3.1.8	
8	影响范围监测	3.1.9	
9	机械操作	3.12.1	
10	套管起吊	3.12.2	
11	砂袋投入	3.12.3	
12	振动拔管	3.12.4	
检查方： 检查人：(签名) 年 月 日		受检方： 接收人：(签名) 年 月 日	

3.13 塑料排水板

3.13.1 塑料排水板施工机械应与作业场地的承载力相适应，导架高度、打设能力应满足打设深度要求。

3.13.2 打设塑料板应采用套管式打设，并提前做好周边排水设施。

3.13.3 打设塑料排水板时严禁出现断裂、扭结和撕裂滤膜等问题。

3.13.4 塑料排水板施工作业应按表 3.13.4 进行检查，并认真填写检查记录表。对检查中发现的不符合规定的情况，应按表 2.0.5 签发安全检查整改通知单，限期整改，并跟踪验证。

表 3.13.4 塑料排水板施工作业安全检查表

项目(工程)名称			
施工地点			
序号	检查项目	对应条文号	检查情况
1	班前安全讲话	2.0.7	
2	劳动保护用品佩戴	2.0.8	
3	现场安全防护	3.1.3	
4	机械设备管理与防护	3.1.4	
5	施工用电和防雷	3.1.5	
6	临时防、排水系统	3.1.6	
7	噪声控制	3.1.8	
8	影响范围监测	3.1.9	
9	施工机械	3.13.1	
10	打设方式	3.13.2	
11	排水板打设	3.13.3	
检查方： 检查人：(签名) 年 月 日		受检方： 接收人：(签名) 年 月 日	

3.14　堆载预压和真空预压

3.14.1　施工前应做好周边排水设施。

3.14.2　堆载体的装、运、卸应符合本规程第5.4节的规定并不得破坏竖向排水体以及埋设的其他装置。

3.14.3　堆载预压施工应分期、分级堆载并满足沉降速率。预压期间应随时检查,发现异常应采取相应的措施。

3.14.4　真空预压作业应符合下列规定:

1　管路中应设止回阀和截门。

2　薄膜热粘时严禁有热穿及热粘不紧等问题。

3　过滤管周围必须填实,严禁架空漏填。

4　密封沟回填应避免回填料直接撞击密封膜,防止被击破漏气。

5　真空预压前应检查真空泵各部位、连接管以及仪表的完好情况。

6　预压期间应随时检查预压情况,发现异常应采取相应措施。

3.14.5　堆载预压和真空预压施工作业应按表3.14.5进行检查,并认真填写检查记录表。对检查中发现的不符合规定的情况,应按表2.0.5签发安全检查整改通知单,限期整改,并跟踪验证。

表3.14.5　堆载预压和真空预压施工作业安全检查表

项目(工程)名称				
施工地点				
序号	检查项目		对应条文号	检查情况
1	班前安全讲话		2.0.7	
2	劳动保护用品佩戴		2.0.8	
3	现场安全防护		3.1.3	
4	机械设备管理与防护		3.1.4	
5	施工用电和防雷		3.1.5	
6	临时防、排水系统		3.1.6,3.14.1	
7	噪声控制		3.1.8	
8	影响范围监测		3.1.9	
9	堆载体的装、运、卸		3.14.2	
10	堆载作业		3.14.3	
11	真空预压	管路要求	3.14.4	
		薄膜热粘		
		过滤管填埋		
		密封沟回填		
		抽真空前检查		
		预压期间检查		
检查方: 检查人:(签名) 年　月　日			受检方: 接收人:(签名) 年　月　日	

4 路　堤

4.1 一般规定

4.1.1 路堤施工应考虑下列主要危险源、危害因素：

1 复杂环境条件下的软弱路基、陡坡路基和危及既有建(构)筑物及交通的路堤填筑工程；

2 影响施工的水；

3 人机混合作业；

4 深取土场(坑)。

4.1.2 复杂环境条件下的软弱路基、陡坡路基和危及既有建(构)筑物及交通的路堤填筑等工程应编制专项施工方案。

4.1.3 混凝土、改良土、级配碎石、沥青等路基用料生产时应符合下列规定：

1 拌和站设置应符合《铁路工程基本作业施工安全技术规程》(TB 10301—2009)第17章的相关规定。

2 搅拌筒启动前应盖好仓盖。机械运转中，严禁将手伸入料斗或搅拌筒内探摸。严禁从提升斗下通过。

3 沥青拌和时，严禁在溢流管周围逗留或从溢管下通过。

4 设备维修时，必须关掉电源开关，挂维修警示牌。

5 接触石灰以及有腐蚀性添加剂的人员应按规定穿戴防护用品。

4.1.4 路堤施工应先做好临时防、排水系统；基底、坡脚及影响路基稳定的范围内不得积水浸泡。傍山修筑路堤时，应防止地表、地下水渗入路堤结构各部位。

4.1.5 填筑地面横坡陡于1∶2.5和池塘、软土等复杂路堤，必须进行沉降和位移观测，控制填筑速率，发现异常，应立即停工处理。

4.1.6 在不稳定的地面斜坡及易于倾塌滑动的斜坡上施工时，人行道离填方坡脚线不得小于5 m，并应设警示标志。

图4.1.7　多机作业应设专人指挥

4.1.7 机械设备的管理与防护应符合本规程第3.1.4条的规定。多机在同一作业面作业时，应设专人指挥，明确指挥信号，相互间保持安全距离，如图4.1.7所示。

4.1.8 配合机械作业的清底、摊铺、平整、修坡等人员，应在机械回转半径以外工作。

4.2　填筑作业

4.2.1　运输车辆装、运、卸作业应符合本规程第 5.4 节的相关规定。

4.2.2　采用机械填筑时，在填筑作业区边缘应设置明显的安全标志。

4.2.3　车辆严禁在走行中卸土，卸土下方不得有作业人员。

4.2.4　推土机作业应符合下列规定：

1　上下坡道的坡度不得超过机械自身允许坡度。

2　多机相邻作业时，前后距离应大于 8.0 m，左右距离应大于 2 m。

3　在高边坡、陡坡、高坎上作业时，必须设专人指挥、防护。

4.2.5　平地机作业应符合下列规定：

1　作业时应与路堤边缘保持一定的安全距离。

2　作业时，应将刮刀下降到接近地面，起步后再下降铲刀铲土。

3　刮土、平整等各类铲刮作业应低速行驶。

4.2.6　碾压作业应符合下列规定：

1　压路机必须在前后、左右无障碍物和人员时方可启动。

2　两台以上压路机同场作业时，前后间距不得小于 3 m。

3　压路机距边缘距离及其停放应符合《铁路工程基本作业施工安全技术规程》（TB 10301—2009）第 8.3.7 条的相关规定。

4.2.7　振动冲击夯作业时应控制夯机前进速度，防止倾覆伤人。

4.2.8　雨季填筑时应严格按设计控制路基填层面和表面路拱横坡坡度，避免路基积水引起下陷。严禁在雨天进行非渗水土的填筑施工。

4.2.9　填筑作业应按表 4.2.9 进行检查，并认真填写检查记录表。对检查中发现的不符合规定的情况，应按表 2.0.5 签发安全检查整改通知单，限期整改，并跟踪验证。

表 4.2.9　填筑施工作业安全检查表

项目（工程）名称				
施工地点				
序号	检查项目		对应条文号	检查情况
1	班前安全讲话		2.0.7	
2	劳动保护用品佩戴		2.0.8	
3	复杂路基填筑监测		4.1.5	
4	人工配合作业		4.1.8	
5	现场安全防护	人行道及警示标志设置	4.1.6	
		临时防、排水系统	4.1.4	
		机械设备管理与防护	4.1.7	
		作业边缘安全标志设置	4.2.2	
6	装运卸作业		4.2.1，4.2.3	
7	推土机作业	上下坡道行驶	4.2.4	
		相互间安全距离		
		危险段作业防护		

续上表

<table>
<tr><td colspan="3">项目(工程)名称</td><td colspan="2"></td></tr>
<tr><td colspan="3">施工地点</td><td colspan="2"></td></tr>
<tr><td>序号</td><td colspan="2">检查项目</td><td>对应条文号</td><td>检查情况</td></tr>
<tr><td rowspan="3">8</td><td rowspan="3">平地机作业</td><td>边缘距离</td><td>4.2.5</td><td></td></tr>
<tr><td>刮刀控制</td><td rowspan="2"></td><td></td></tr>
<tr><td>作业行驶</td><td></td></tr>
<tr><td rowspan="4">9</td><td rowspan="4">碾压作业</td><td>启动时周围环境</td><td rowspan="4">4.2.6</td><td rowspan="4"></td></tr>
<tr><td>相互间安全距离</td></tr>
<tr><td>边缘距离</td></tr>
<tr><td>停放位置</td></tr>
<tr><td>10</td><td>振动夯作业</td><td>前进速度控制</td><td>4.2.7</td><td></td></tr>
<tr><td>11</td><td colspan="2">雨季作业</td><td>4.2.8</td><td></td></tr>
<tr><td colspan="5">检查方：　　　　　　　　　　　　　　　　受检方：
检查人：(签名)　　　　　　　　　　　　　接收人：(签名)
年　月　日　　　　　　　　　　　　　　　年　月　日</td></tr>
</table>

4.3 取 土 场(坑)

4.3.1 取土场(坑)的边坡、深度等应符合设计要求，不得危及周边建(构)筑物等既有设施的安全。

4.3.2 取土场底应平顺并设有临时向外的排水设施，防止积水浸泡坡脚，造成边坡坍塌。

4.3.3 取土场(坑)边周围应设置必要的警示标志和安全防护设施。取土应自上而下进行并保证边坡的稳定，严禁掏底取土。

4.3.4 取土后的裸露面应及时整治，取土场边坡不得超出设计坡率，并应采取防护措施，避免产生泥石流等次生灾害。

4.3.5 取土场(坑)应按表4.3.5进行检查，并认真填写检查记录表。对检查中发现的不符合规定的情况，应按表2.0.5签发安全检查整改通知单，限期整改，并跟踪验证。

表4.3.5　取土场(坑)施工作业安全检查表

<table>
<tr><td colspan="2">项目(工程)名称</td><td colspan="2"></td></tr>
<tr><td colspan="2">施工地点</td><td colspan="2"></td></tr>
<tr><td>序号</td><td>检查项目</td><td>对应条文号</td><td>检查情况</td></tr>
<tr><td>1</td><td>班前安全讲话</td><td>2.0.7</td><td></td></tr>
<tr><td>2</td><td>劳动保护用品佩戴</td><td>2.0.8</td><td></td></tr>
<tr><td>3</td><td>取土场设置</td><td>4.3.1</td><td></td></tr>
<tr><td>4</td><td>防、排水</td><td>4.3.2</td><td></td></tr>
<tr><td>5</td><td>取土时的防护</td><td>4.3.3</td><td></td></tr>
<tr><td>6</td><td>取土后的整治及防护</td><td>4.3.4</td><td></td></tr>
<tr><td colspan="4">检查方：　　　　　　　　　　　　　　　　受检方：
检查人：(签名)　　　　　　　　　　　　　接收人：(签名)
年　月　日　　　　　　　　　　　　　　　年　月　日</td></tr>
</table>

5 路　　堑

5.1 一般规定

5.1.1 路堑施工应考虑下列主要危险源、危害因素：

1 高边坡、不良地质、周边环境复杂路堑工程；

2 施工影响范围内的既有建(构)筑物、设备、管线等；

3 毗邻和施工范围内的既有交通设施；

4 影响施工的水；

5 危岩和坡面坡顶危石；

6 爆破器材的运输、储存、使用、销毁等及爆破施工；

7 弃土作业。

5.1.2 高边坡、不良地质段、周边环境复杂、爆破施工等路堑工程应编制专项施工方案。

5.1.3 机械设备的管理与防护应符合本规程第 3.1.4 条的相关规定。

5.1.4 路堑工程施工期间，应由专人对施工影响范围内的情况进行监测、巡查，发现异常应立即停工，撤离机具和人员，并及时采取安全措施。

5.1.5 路堑开挖前，应先做好引、截、排水和防渗设施。施工中如遇地下水涌出，应先排水，后开挖；每级边坡开挖后应及时施作坡面防护和排水设施。

5.1.6 开挖高陡边坡、崩塌、落石和岩堆地段路堑，应先清理危石，修建拦截设施，并设警示标志和专人防护。

5.1.7 高处作业应符合《铁路工程基本作业施工安全技术规程》(TB 10301—2009)第 12 章的相关规定。清理危石、刷坡应自上而下进行，严禁上下重叠作业。

5.2 开挖作业

5.2.1 开挖应自上而下进行，严禁掏底开挖，如图 5.2.1 所示。

5.2.2 路堑施工应分段分层开挖、支护。作业面应相互错开，严禁上下重叠作业。

5.2.3 在岩石走向、倾向不利于边坡及施工安全的地段，应顺层或加固后开挖，并采取减弱施工振动的措施。

5.2.4 滑坡地段开挖应符合本规程第 7.4 节的规定。

5.2.5 多台机械在同一作业面作业时，应符合本规程第 4.1.7 条的规定。

5.2.6 挖掘机作业应符合下列规定：

1 起动后，铲斗内、管杆、履带和机棚上严禁站人，如图 5.2.6 所示。

2 上下坡道的坡度不得超过机械自身允许坡度。

3 挖掘时停留地面必须平坦稳固，并应制动履带，轮胎式挖掘机应顶好支腿；车身方向应与挖掘工作面延伸方向一致。

4 履带式挖掘机距工作面边缘距离应大于 1.0 m。

5 作业时，最大开挖高度和深度不得超过机械本身性能的规定。

6 在高陡工作面上挖掘夹有石块的土方时，应将较大的石块和杂物清除。严禁用铲斗碰砸悬空土石。

图 5.2.1　严禁掏底开挖

图 5.2.6　履带和机棚上严禁站人

5.2.7　严禁在松动危石下方作业。多人相邻挖土时，相互距离不得小于 3 m，禁止面对面开挖作业。

5.2.8　严禁在松动危石下方、滑坡体范围内停留和停放机具。

5.2.9　开挖作业应按表 5.2.9 进行检查，并认真填写检查记录表。对检查中发现的不符合规定的情况，应按表 2.0.5 签发安全检查整改通知单，限期整改，并跟踪验证。

表 5.2.9　开挖施工作业安全检查表

项目(工程)名称				
施工地点				
序号	检查项目		对应条文号	检查情况
1	班前安全讲话		2.0.7	
2	劳动保护用品佩戴		2.0.8	
3	现场安全防护	机械设备管理与防护	5.1.3,5.2.5	
		现场围挡、警示		
		监测、巡查	5.1.4	
		引、截、防、排水设施施作	5.1.5	
		危险段清理危石、修建拦截设施	5.1.6,5.1.7	
4	开挖方法及程序		5.2.1～5.2.4	
5	挖掘机作业	上下坡道行驶	5.2.6	
		工作时的稳固情况		
		开挖高度、深度		
		距边缘安全距离		
		挖掘操作		
6	人工作业	作业位置	5.2.7	
		多人间距离		
7	停留和停放机具环境		5.2.8	

检查方：　　　　受检方：

检查人：(签名)　　　　接收人：(签名)

年　月　日　　　　年　月　日

5.3 爆破施工

5.3.1 爆破器材的采购、运输(搬运)、贮存、使用、销毁等应符合国家现行规定和《铁路工程基本作业施工安全技术规程》(TB 10301—2009)第7.2节的规定。

5.3.2 爆破施工应编制专项施工方案并符合下列规定:

1 岩石边坡坡率为1∶0.1~1∶0.75的路堑,必须采用光面或预裂爆破,并应符合现行《铁路路堑边坡光面(预裂)爆破技术规程》(TB 10122)的规定。

2 城市、风景名胜区及重要工程设施附近的路堑爆破应采用控制爆破技术。

5.3.3 爆破作业应成立爆破指挥机构,设专人指挥,建立畅通的通讯网络。

5.3.4 作业人员禁止穿戴易引起静电的衣物及携带手机等物品。应由专人对杂散电流进行测试,不符合规定时应采取相应的措施。

5.3.5 钻眼作业应符合下列规定:

1 钻眼机械支架应稳固。钻眼时,应避免凿穿残留炮孔,严禁在残眼上钻孔。

2 钻眼与装药在同一分区不得平行作业。

5.3.6 起爆前防护应符合下列规定:

1 应在经设计计算的安全距离以外设置警示标志和必要围挡,安排警戒人员,约定预警、起爆、解除警戒信号,防止无关人员进入。

2 对影响范围内的既有建(构)筑物和设施,以及不能撤离的施工机具等应有可靠的防护措施。

3 对爆体应采取必要的减振、覆盖防护措施。

5.3.7 爆破后应对影响范围内的边坡、既有设施等进行检查,清理危石,确认其安全性。

5.3.8 爆破施工作业应按表5.3.8进行检查,并认真填写检查记录表。对检查中发现的不符合规定的情况,应按表2.0.5签发安全检查整改通知单,限期整改,并跟踪验证。

表5.3.8 爆破施工作业安全检查表

项目(工程)名称				
施工地点				
序号	检查项目		对应条文号	检查情况
1	班前安全讲话		2.0.7	
2	劳动保护用品佩戴		2.0.8	
3	爆破器材管理、使用		5.3.1	
4	爆破施工	编制专项方案	5.3.2	
		边坡坡率为1∶0.1~1∶0.75的路堑		
		城市、风景名胜区及重要工程设施附近爆破		
5	指挥机构		5.3.3	
6	作业人员穿戴及杂散电流测试		5.3.4	
7	钻眼作业	钻眼	5.3.5	
		钻眼与装药		
8	起爆前防护		5.3.6	
9	爆后检查、处理		5.3.7	

检查方: 受检方:

检查人:(签名) 接收人:(签名)

年 月 日 年 月 日

5.4 装运和弃土

5.4.1 挖掘机向运输车辆卸土石时,应符合下列规定:

1 应降低铲斗,减小卸落高度,防止偏载或砸坏车厢。

2 铲斗回转范围内,严禁人员停留或通过,如图 5.4.1 所示。

5.4.2 装载机向运输车辆卸土石时,应符合下列规定:

1 铲斗动作应缓慢,前翻及回位不得碰撞车厢。

2 在边坡、濠沟、凹坑装卸时,轮胎离边缘距离应大于 1.5 m。

3 在大于 3°的坡面上,不得前倾卸料。

5.4.3 运输车辆不得超载,严禁人料混载,如图 5.4.3 所示。

图 5.4.1 铲斗回转半径内严禁站人

图 5.4.3 严禁人料混装

5.4.4 运输车辆卸料时,应符合下列规定:

1 在陡坡、高坡、坑边处卸料时,应设专人指挥。

2 停卸地面必须平整坚实,与边缘保持一定的安全距离。

3 自卸车卸料时,应防止刮断电线和伤及人员。

5.4.5 弃土场及弃土作业应符合下列规定:

1 应对弃土场的情况进行核查,并严格按设计位置弃土,不得超量堆弃。

2 应在弃土堆坡脚拦渣坝或支挡结构施工完成后方可弃土。

3 不得在路堑上方弃土,严禁在不良地质体上、不稳定斜坡上和膨胀土(岩)、黄土等特殊岩土堑顶上方弃土。

4 弃土场应及时做好防排水设施,严禁在岩溶漏斗、暗河口等位置和铁路上游的沟槽内弃土,避免堵塞水流通道。

5 应采取措施保证弃土堆自身的稳定,不得影响铁路工程和运营的安全,并防止产生泥石流等次生灾害。

5.4.6 装运和弃土作业应按表 5.4.6 进行检查,并认真填写检查记录表。对检查中发现的不符合规定的情况,应按表 2.0.5 签发安全检查整改通知单,限期整改,并跟踪验证。

表 5.4.6　装运和弃土施工作业安全检查表

项目(工程)名称				
施工地点				
序号	检查项目		对应条文号	检查情况
1	班前安全讲话		2.0.7	
2	劳动保护用品佩戴		2.0.8	
3	机械设备管理与防护		5.1.3,5.2.5	
4	挖掘机装卸	装载操作	5.4.1	
		周围人员防护		
5	装载机装卸	装载操作	5.4.2	
		离边缘距离		
		坡面卸料		
6	车辆运卸	载运情况	5.4.3	
		坡、坑边指挥防护	5.4.4	
		倾卸位置		
		上方、四周电缆线和人员防护		
7	弃土场及弃土	弃土场设置	5.4.5	
		先挡后弃		
		特殊地点弃土		
		防排水及避免堵塞水流通道		
		弃土堆稳定		

检查方：　　　　　　　　　　　　　　　　受检方：

检查人：(签名)　　　　　　　　　　　　　接收人：(签名)

年　月　日　　　　　　　　　　　　　　　年　月　日

6 过 渡 段

6.0.1 过渡段施工前,应根据现场情况采取相应的防排水措施。过渡段坡脚两侧、路堤底部的纵横向防排水设施应符合设计要求。

6.0.2 应优先安排软土地基地段过渡段路堤的填筑。

6.0.3 过渡段施工应按设计要求进行沉降观测。

6.0.4 路堤与桥台过渡段施工应符合下列规定:

1 路堤应与桥台锥体和相邻路堤同步填筑。

2 台后2 m范围外,大型机械能碾压到的部位,其填筑应符合本规程第4章的有关规定。

3 台后2 m范围内以及大型机械碾压不到的部位,应用小型压实机械碾压。

4 过渡段桥台背后回填料表面应按设计要求采取措施防止地表水渗入。

6.0.5 路堤与横向结构物过渡段施工应符合下列规定:

1 横向结构物两端的过渡段应对称填筑,并与相邻路堤同步施工。

2 涵洞顶部两端大型机械能碾压到的部位,其填筑施工应符合本规程第4章的有关规定。靠近横向结构物的部位,应平行横向结构物进行横向碾压。大型机械碾压时,不得影响结构物的稳定。

3 横向结构物的顶部填土厚度小于1 m时,不得采用大型振动压路机进行碾压,以免影响结构物的稳定和结构安全。

6.0.6 路堤与路堑过渡段施工应符合下列规定:

1 施工前,应平整地基表面,碾压密实,并应挖除堤堑交界坡面的表层松土,按设计要求做成台阶状。

2 过渡段的填筑施工应与相邻路堤同步进行。

3 大型机械能碾压到的部位,其施工应符合本规程第4章的有关规定。靠近堤堑结合处,应沿堑坡边缘进行横行碾压。

4 大型机械碾压不到的部位,应采用小型压实机械分层碾压。

6.0.7 过渡段路堤两侧的防护砌体施工应在地基和路堤变形稳定后进行并符合本规程第8.8节的有关规定。

6.0.8 过渡段路基施工作业应按表6.0.8进行检查,并认真填写检查记录表。对检查中发现的不符合规定的情况,应按表2.0.5签发安全检查整改通知单,限期整改,并跟踪验证。

表6.0.8 过渡段路基施工作业安全检查表

项目(工程)名称			
施工地点			
序号	检查项目	对应条文号	检查情况
1	班前安全讲话	2.0.7	
2	劳动保护用品佩戴	2.0.8	
3	防排水设施	6.0.1	
4	软土地基地段施工	6.0.2	
5	沉降观测	6.0.3	

续上表

项目(工程)名称：

施工地点：

序号	检查项目		对应条文号	检查情况
6	路桥过渡段	路堤、锥体、相邻路堤填筑	6.0.4	
		台后 2 m 外		
		台后 2 m 内		
		防地下水渗入		
7	路堤与横向物过渡段	填筑顺序	6.0.5	
		靠近横向物部位碾压		
		横向结构物顶部碾压		
8	路堤与路堑过渡段	前期处理	6.0.6	
		填筑顺序		
		碾压		
9	防护砌体施工		6.0.7	

检查方：　　　　　　　　　　　　受检方：

检查人：(签名)　　　　　　　　　接收人：(签名)

年　月　日　　　　　　　　　　　年　月　日

7 特殊路基

7.1 一般规定

7.1.1 特殊路基施工应考虑下列主要危险源、危害因素：

1 施工影响范围内的既有建(构)筑物、设备、管线等；

2 毗邻和施工范围内的既有交通设施；

3 影响施工的水；

4 岩溶及坑洞；

5 风沙地区、高原及冻土地区施工；

6 滑坡、崩塌、岩堆地段、泥沼地段、泥石流地区施工；

7 弃土；

8 特殊场所作业、季节性施工。

7.1.2 滑坡、崩塌、岩堆地段，风沙、高原地区路基施工应编制专项施工方案。

7.1.3 特殊路基施工应重视环境保护、水土保持工作，减少对天然植被和山体的破坏，防止诱发次生灾害。

7.1.4 特殊场所作业和季节性施工应符合《铁路工程基本作业施工安全技术规程》(TB 10301—2009)第14、15章的相关规定。

7.2 特殊土地区路基

7.2.1 软土地区的路基应提前安排施工，施工中严格控制填筑速率并按设计要求设置观测点。

7.2.2 膨胀土(岩)地段路基施工应符合下列规定：

1 应集中力量，连续快速施工，分段完成，雨天禁止施工。

2 必须及时做好天沟、侧沟和排水沟的砌筑，并应随挖随砌，严防渗漏。

3 路堤施工除应符合本规程第4章的规定外，低路堤、低洼地段基底，应防止和排除地表积水；路堤坡脚应采取排水措施，防止受水浸泡。

4 路堑施工除应符合本规程第5章的规定外，路堑开挖必须自上而下进行，开挖面应随时保持不小于4%的排水坡，严禁积水。

5 设有支护结构的边坡应紧跟开挖砌筑。

6 边坡防护应紧跟开挖工序进行，减少暴露时间。坡面有地下水出露时应作引排处理。

7 当岩质较硬需要爆破时，应控制药量，采取措施减少振动。

8 路堑高侧山坡不应设置弃土堆。弃土堆距边坡顶的距离不应小于10 m。

7.2.3 黄土路基施工应符合下列规定：

1 应避开雨天集中力量快速施工，施工前应先做好地面排水设施。边坡坡脚不得受水浸泡、冲刷。

2 黄土陷穴、坑洞处理时，应检查坑洞内情况，并对存在的有害气体通风排除。对流向陷穴附近的地面水应采取拦、截、引、排等措施。

3 黄土路堤施工应采用重型压路机及时碾压并符合本规程第4章的规定。

4　路堑施工必须自上而下进行,应按边坡平台的高度分级开挖、分级排水、防护,并保持坡面平顺,不得放缓设计坡度。

5　弃土堆应远离边坡边缘,避免影响边坡稳定,路堑边坡上方不得弃土。

7.2.4　冻土地区施工应符合下列规定:

1　及时做好排水设施。施工便道距路堤坡脚或堑顶不应少于 20 m。

2　各种车辆和机械不得沿路堤坡脚与排水沟之间行驶。

3　富冰、饱冰冻土或含土冰层地段路堤施工,必须保持路基与周围冻土处于冻结状态。

4　冻土路堑开挖时,应防止阳面冻土因受热融化而坍塌。

5　高原地区施工尚应符合《铁路工程基本作业施工安全技术规程》(TB 10301—2009)第 16 章的相关规定。

7.2.5　盐渍土路基施工应符合下列规定:

1　盐渍土路堤严禁雨季取土填筑。

2　路基的坡面防护应配合开挖和填筑及时进行,防止表层土松涨、溶失、风蚀。

7.2.6　特殊土地区路基施工应按表 7.2.6 进行检查,并认真填写检查记录表。对检查中发现的不符合规定的情况,应按表 2.0.5 签发安全检查整改通知单,限期整改,并跟踪验证。

表 7.2.6　特殊土地区路基施工作业安全检查表

项目(工程)名称				
施工地点				
序号	检查项目		对应条文号	检查情况
1	班前安全讲话		2.0.7	
2	劳动保护用品佩戴		2.0.8	
3	环境保护、水土保持		7.1.3	
4	软土	施工时机	7.2.1	
		填筑速率		
		沉降及位移观测		
5	膨胀土	施工时机	7.2.2	
		防排水设施		
		路堤施工、坡脚防水		
		路堑施工		
		支护结构施作		
		边坡防护施作		
		爆破作业		
		弃土堆设置		

续上表

<table>
<tr><td colspan="3">项目(工程)名称</td><td colspan="2"></td></tr>
<tr><td colspan="3">施工地点</td><td colspan="2"></td></tr>
<tr><td>序号</td><td colspan="2">检查项目</td><td>对应条文号</td><td>检查情况</td></tr>
<tr><td rowspan="5">6</td><td rowspan="5">黄土</td><td>施工时机、防排水</td><td rowspan="5">7.2.3</td><td></td></tr>
<tr><td>陷穴、坑洞处理</td><td></td></tr>
<tr><td>路堤施工</td><td></td></tr>
<tr><td>路堑施工</td><td></td></tr>
<tr><td>弃土</td><td></td></tr>
<tr><td rowspan="5">7</td><td rowspan="5">冻土</td><td>排水设施及便道</td><td rowspan="5">7.2.4</td><td></td></tr>
<tr><td>机械行驶</td><td></td></tr>
<tr><td>路堤施工</td><td></td></tr>
<tr><td>路堑施工</td><td></td></tr>
<tr><td>高原地区施工</td><td></td></tr>
<tr><td rowspan="2">8</td><td rowspan="2">盐渍土</td><td>路堤填筑</td><td rowspan="2">7.2.5</td><td></td></tr>
<tr><td>坡面防护</td><td></td></tr>
<tr><td colspan="5">检查方：　　　　　　　　　　　　受检方：
检查人：(签名)　　　　　　　　　　接收人：(签名)
年　月　日　　　　　　　　　　　　年　月　日</td></tr>
</table>

7.3 风沙地区路基

7.3.1 风沙地区路基施工应详细调查现场情况,了解相关信息,并应和气象等部门保持畅通的联系。

7.3.2 风沙地区的临时生产、生活设施应进行必要的加固,并应制定生活用水、临时用电的安全措施。

7.3.3 作业人员应按规定配备风镜、口罩等防护用品。人员外出时不应少于2人同行,大风天气禁止外出。

7.3.4 风沙地区的临时道路应设固定道路标志,人行道坡度不应陡于1∶3。

7.3.5 在路基两侧同时作业时,迎风侧和背风侧的施工应相互错开。

7.3.6 开挖沙层应自上而下进行,严禁直立开挖或掏空挖沙。

7.3.7 严禁在挖方坡脚下休息和存放机具。

7.3.8 取土坑、弃土堆应设在路基背风一侧。

7.3.9 大风来临前,应保持机械设备的最小迎风面正对风向。高耸机械应采取拆卸或其他防风措施。对精密仪器等应采取覆盖、包裹等措施。

7.3.10 风沙地区路基施工应按表7.3.10进行检查,并认真填写检查记录表。对检查中发现的不符合规定的情况,应按表2.0.5签发安全检查整改通知单,限期整改,并跟踪验证。

表 7.3.10　风沙地区路基施工作业安全检查表

项目(工程)名称			
施工地点			
序号	检查项目	对应条文号	检查情况
1	班前安全讲话	2.0.7	
2	劳动保护用品佩戴	2.0.8	
3	环境保护、水土保持	7.1.3	
4	现场调查	7.3.1	
5	了解气象信息	7.3.1	
6	临时设施加固	7.3.2	
7	人员防护	7.3.3	
8	临时道路设置	7.3.4	
9	两侧施工	7.3.5	
10	沙层开挖	7.3.6	
11	人员休息、机具停放	7.3.7	
12	取、弃土	7.3.8	
13	风前防范	7.3.9	
检查方： 检查人：(签名) 年　月　日		受检方： 接收人：(签名) 年　月　日	

7.4　滑坡地段路基

7.4.1　设计单位应提供详尽的地质资料，并提出有针对性的安全施工监测方案。

7.4.2　施工单位应核查滑坡影响范围并设安全警示标志，根据现场情况设置围挡等防护设施。施工期间应由专人负责滑坡体的监测。

7.4.3　严禁在滑坡影响范围设置临时生产、生活设施，停放机械，堆放机具等。

7.4.4　施工前应先做好截、排水设施，并随开挖随铺砌。对施工用水严格管理，防止渗入滑坡体内。

7.4.5　在滑坡体上开挖路堑和修筑抗滑支挡结构时，应符合下列规定：

1　应分段跳槽开挖，严禁大段拉槽开挖，并随挖、随砌、随填并夯实。

2　开挖与砌筑时应加强支撑和临时锚固，并随时监测其受力状态。

3　抗滑桩、锚杆(索)施工应从两端逐步向滑坡主轴方向进行。

4　采用抗滑桩挡土墙共同支挡时，应先作抗滑桩后作挡土墙。

7.4.6　采取减重、加载措施时，开挖和填筑应按设计进行。施工应符合下列规定：

1　减重应自上而下开挖，开挖面应立即整平压实。

2　弃土应堆置在滑坡区以外或设计指定的阻滑区域。

3　加载的填土和减重的弃土，不得堵塞滑坡体下部的渗、排水口。

7.4.7 应避免在冰雪融化期开挖滑坡体,雨后不得立即施工,禁止夜间施工。

7.4.8 滑坡地段路基施工应按表7.4.8进行检查,并认真填写检查记录表。对检查中发现的不符合规定的情况,应按表2.0.5签发安全检查整改通知单,限期整改,并跟踪验证。

表7.4.8 滑坡地段路基施工作业安全检查表

项目(工程)名称				
施工地点				
序号	检查项目		对应条文号	检查情况
1	班前安全讲话		2.0.7	
2	劳动保护用品佩戴		2.0.8	
3	环境保护、水土保持		7.1.3	
4	设计要求		7.4.1	
5	核查情况		7.4.2	
6	现场安全防护、监测			
7	临时设施及机具停放		7.4.3	
8	截、排水设施		7.4.4	
9	路堑及支挡	开挖	7.4.5	
		支撑及监测		
		施工顺序		
		抗滑支挡施工		
10	减重及加载	减重开挖	7.4.6	
		弃土作业		
		填土、弃土		
11	特殊时期施工		7.4.7	

检查方: 受检方:

检查人:(签名) 接收人:(签名)

年 月 日 年 月 日

7.5 危岩、落石、岩堆与崩塌地段路基

7.5.1 危岩、落石、岩堆与崩塌地段路基施工前,应对影响范围进行评估,并对既有的建(构)筑物和交通设施等采取相应的安全防护或迁移措施。

7.5.2 施工期间应设观测点,由专人监测和巡查,发现异常应立即停工,人机撤离,评估危险程度后采取相应的措施。

7.5.3 危岩、落石、岩堆与崩塌影响范围内严禁搭盖临时房屋、堆放机具。

7.5.4 刷坡时应明确清刷范围,并设置围挡和警示标志。

7.5.5 施工前应先清理危岩、危石或对其采取加固措施,并根据现场情况修建拦截建筑物等防护设施。各项防治工程应及时配套完成。

7.5.6 爆破开挖时应采取控制爆破技术,并加强现场防护及爆破后的检查。

7.5.7 危岩、落石、岩堆与崩塌地段路基施工应按表7.5.7进行检查,并认真填写检查记录表。对检查中发现的不符合规定的情况,应按表2.0.5签发安全检查整改通知单,限期整改,

并跟踪验证。

表 7.5.7　危岩、落石、岩堆与崩塌地段路基施工作业安全检查表

项目(工程)名称			
施工地点			
序号	检查项目	对应条文号	检查情况
1	班前安全讲话	2.0.7	
2	劳动保护用品佩戴	2.0.8	
3	影响范围评估及防护	7.5.1	
4	施工监测	7.5.2	
5	建临时房屋、停放机具	7.5.3	
6	刷坡	7.5.4	
7	清理危岩及防治工程施作	7.5.5	
8	爆破作业	7.5.6	
检查方： 检查人：(签名) 年　月　日		受检方： 接收人：(签名) 年　月　日	

7.6　岩溶及其他坑洞地段路基

7.6.1　岩溶及其他坑洞地区前施工应核查洞穴的位置和分布情况，设置明显的警示标志和防护设施，防止人员、机械设备误入。

7.6.2　施工前应探明洞内情况，洞内有害气体和物质未排除前禁止作业人员进入。对不稳定的洞穴应采取临时支撑等安全措施。

7.6.3　对路基稳定有影响的岩溶水、地面水应先进行疏导、引排。

7.6.4　注浆处理时，应随时观测注浆压力和周边情况，发现异常及时采取相应措施。

7.6.5　岩溶及其他坑洞地段路基施工应按表 7.6.5 进行检查，并认真填写检查记录表。对检查中发现的不符合规定的情况，应按表 2.0.5 签发安全检查整改通知单，限期整改，并跟踪验证。

表 7.6.5　岩溶及其他坑洞地段路基施工作业安全检查表

项目(工程)名称			
施工地点			
序号	检查项目	对应条文号	检查情况
1	班前安全讲话	2.0.7	
2	劳动保护用品佩戴	2.0.8	
3	核查地质情况	7.6.1	
4	设警示标志及防护设施	7.6.1	
5	排有害物质及设临时支撑	7.6.2	
6	岩溶水、地面水处理	7.6.3	
7	注浆处理	7.6.4	
检查方： 检查人：(签名) 年　月　日		受检方： 接收人：(签名) 年　月　日	

7.7 泥石流地区路基

7.7.1 泥石流地区施工应结合设计认真评估泥石流的危害程度，核实泥石流形成区、流动区和堆积区，并制定安全防护措施。
7.7.2 应与气象、国土资源等部门保持畅通联系。人员驻地、生产设施等临时工程必须避开泥石流影响区。
7.7.3 施工期间应设专人巡查，发现异常及时预警并采取相应措施。
7.7.4 取土和弃土应避开泥石流影响区，防止诱发人工泥石流。
7.7.5 泥石流地区路基施工应按表7.7.5进行检查，并认真填写检查记录表。对检查中发现的不符合规定的情况，应按表2.0.5签发安全检查整改通知单，限期整改，并跟踪验证。

表7.7.5 泥石流地区路基施工作业安全检查表

项目(工程)名称				
施工地点				
序号	检查项目		对应条文号	检查情况
1	班前安全讲话		2.0.7	
2	劳动保护用品佩戴		2.0.8	
3	环境保护、水土保持		7.1.3	
4	季节性施工		7.1.4	
5	泥石流区	核查情况，制定措施	7.7.1	
		了解信息	7.7.2	
		人员住地、设施位置		
		巡查、预警	7.7.3	
		取、弃土	7.7.4	
检查方： 检查人：(签名) 年 月 日			受检方： 接收人：(签名) 年 月 日	

7.8 雪害地区路基

7.8.1 雪害地区设置的防护栅栏、沟、堤、导风板等防雪设施，应构筑稳固并在雪害季节前完成。
7.8.2 在可能发生雪崩地段施工时，应编制应急预案并由专人对雪体进行严密监视。
7.8.3 雪害地区路基施工应按表7.8.3进行检查，并认真填写检查记录表。对检查中发现的不符合规定的情况，应按表2.0.5签发安全检查整改通知单，限期整改，并跟踪验证。

表 7.8.3　雪害地区路基施工作业安全检查表

<table>
<tr><td colspan="3">项目(工程)名称</td><td colspan="2"></td></tr>
<tr><td colspan="3">施工地点</td><td colspan="2"></td></tr>
<tr><td>序号</td><td colspan="2">检查项目</td><td>对应条文号</td><td>检查情况</td></tr>
<tr><td>1</td><td colspan="2">班前安全讲话</td><td>2.0.7</td><td></td></tr>
<tr><td>2</td><td colspan="2">劳动保护用品佩戴</td><td>2.0.8</td><td></td></tr>
<tr><td>3</td><td colspan="2">环境保护、水土保持</td><td>7.1.3</td><td></td></tr>
<tr><td>4</td><td colspan="2">季节性施工</td><td>7.1.4</td><td></td></tr>
<tr><td>5</td><td colspan="2">防雪设施施工</td><td>7.8.1</td><td></td></tr>
<tr><td rowspan="2">6</td><td rowspan="2">雪崩
地段施工</td><td>编制应急预案</td><td rowspan="2">7.8.2</td><td rowspan="2"></td></tr>
<tr><td>专人监视</td></tr>
<tr><td colspan="5">检查方：　　　　　　　　　　　　　　受检方：
检查人：(签名)　　　　　　　　　　　接收人：(签名)
年　月　日　　　　　　　　　　　　　年　月　日</td></tr>
</table>

8 支挡防护及防排水工程

8.1 一般规定

8.1.1 路基支挡防护及防排水工程施工应考虑下列主要危险源、危害因素：

1 锚杆(索)、桩板墙、抗滑桩工程；

2 施工影响范围内的既有建(构)筑物、设备、管线等；

3 毗邻和施工范围内的既有交通设施；影响施工的水；

4 危岩和危石；

5 较深基础开挖。

8.1.2 锚杆(索)、抗滑桩、桩板墙及不良地质段支挡防护工程施工应编制专项施工方案。

8.1.3 施工现场应按规定设围挡和警示标志等防护设施。机械设备的管理与防护应符合本规程第3.1.4条的规定。

8.1.4 施工前对影响施工安全的危岩、危石应予清除或采取必要的防护措施。

8.1.5 脚手架应经施工设计后搭设，其平台应用锚杆固定在岩壁上，并应符合《铁路工程基本作业施工安全技术规程》(TB 10301—2009)第12.5节的相关规定，验收后方可使用。

8.1.6 支挡防护施工时应由专人进行监测，发现异常，立即停工，撤离人员，采取安全措施后方可复工。

8.1.7 支挡结构施工前，应做好截、排水及防渗设施。支撑渗沟开挖深度超过1.5 m时，应加设支撑。

8.1.8 砌筑挡土墙时，严禁上下重叠作业。

8.1.9 施工用电、吊装作业、材料堆放、混凝土与砌体(模板)作业应符合《铁路工程基本作业施工安全技术规程》(TB 10301—2009)的相关规定。

8.1.10 高处作业应符合《铁路工程基本作业施工安全技术规程》(TB 10301—2009)第12章的相关规定。

8.2 重力式挡土墙

8.2.1 挡土墙明挖基础施工应符合下列规定：

1 当基础开挖较深或边坡稳定性较差时，应分段、跳槽开挖，并采取临时支护措施。

2 临时弃土或堆放材料距坑边的距离不应小于2 m，机械行驶不得影响施工安全。

3 基坑应随基础施工分层回填夯实，顶面做成向外不小于4%的排水坡。

8.2.2 墙身施工应符合下列规定：

1 墙面应平顺整齐，墙顶排水及防渗设施应及时施作。

2 泄水孔应在砌筑墙身时留置，必须保持排水通畅。

3 墙背拆模时，应在墙背侧设置必要的临时支撑。

8.2.3 挖孔桩基础施工应符合本规程第8.5节的规定。

8.2.4 钻孔桩基础施工应符合本规程第3.5节的相关规定。

8.2.5 重力式挡土墙施工应按表8.2.5进行检查，并认真填写检查记录表。对检查中发现的不符合规定的情况，应按表2.0.5签发安全检查整改通知单，限期整改，并跟踪验证。

表 8.2.5　重力式挡土墙施工作业安全检查表

<table>
<tr><td colspan="3">项目(工程)名称</td><td colspan="2"></td></tr>
<tr><td colspan="3">施工地点</td><td colspan="2"></td></tr>
<tr><td>序号</td><td colspan="2">检查项目</td><td>对应条文号</td><td>检查情况</td></tr>
<tr><td>1</td><td colspan="2">班前安全讲话</td><td>2.0.7</td><td></td></tr>
<tr><td>2</td><td colspan="2">劳动保护用品佩戴</td><td>2.0.8</td><td></td></tr>
<tr><td>3</td><td colspan="2">现场安全防护</td><td rowspan="2">8.1.3</td><td></td></tr>
<tr><td>4</td><td colspan="2">机械设备管理与防护</td><td></td></tr>
<tr><td>5</td><td colspan="2">清理危石</td><td>8.1.4</td><td></td></tr>
<tr><td>6</td><td colspan="2">截、排水、防渗设施</td><td>8.1.7</td><td></td></tr>
<tr><td>7</td><td colspan="2">施工用电</td><td rowspan="2">8.1.9</td><td></td></tr>
<tr><td>8</td><td colspan="2">混凝土、砌体(模板)</td><td></td></tr>
<tr><td rowspan="3">9</td><td rowspan="3">明挖
基础</td><td>开挖</td><td rowspan="3">8.2.1</td><td></td></tr>
<tr><td>施工防护</td><td></td></tr>
<tr><td>基坑施工</td><td></td></tr>
<tr><td rowspan="3">10</td><td rowspan="3">墙身
施工</td><td>墙面及墙顶防排水</td><td rowspan="3">8.2.2</td><td></td></tr>
<tr><td>泄水孔设置</td><td></td></tr>
<tr><td>墙背拆模</td><td></td></tr>
<tr><td>11</td><td colspan="2">挖孔桩基础施工</td><td>8.2.3</td><td></td></tr>
<tr><td>12</td><td colspan="2">钻孔桩基础施工</td><td>8.2.4</td><td></td></tr>
<tr><td colspan="5">检查方：　　　　　　　　　　　　　　　　受检方：
检查人:(签名)　　　　　　　　　　　　　　接收人:(签名)
年　月　日　　　　　　　　　　　　　　　　年　月　日</td></tr>
</table>

8.3　悬臂式和扶臂式挡土墙

8.3.1　凸榫必须按照设计尺寸及位置开挖,并与墙底混凝土一同浇筑。

8.3.2　每段墙的底板、面板和肋的钢筋应一次绑扎。

8.3.3　墙体必须达到设计强度的 70% 以上时方可进行墙背填土,并分层填筑、碾压密实。墙背反滤层应随填土同步施工。

8.3.4　悬臂式和扶臂式挡土墙施工应按表 8.3.4 进行检查,并认真填写检查记录表。对检查中发现的不符合规定的情况,应按表 2.0.5 签发安全检查整改通知单,限期整改,并跟踪验证。

表 8.3.4 悬臂式和扶臂式挡土墙施工作业安全检查表

项目(工程)名称			
施工地点			
序号	检查项目	对应条文号	检查情况
1	班前安全讲话	2.0.7	
2	劳动保护用品佩戴	2.0.8	
3	现场安全防护	8.1.3	
4	机械设备管理与防护		
5	清理危石	8.1.4	
6	施工监测	8.1.6	
7	截、排水、防渗设施	8.1.7	
8	高处作业	8.1.10	
9	凸榫施工	8.3.1	
10	钢筋绑扎	8.3.2	
11	墙背施工	8.3.3	
检查方: 检查人:(签名) 年 月 日		受检方: 接收人:(签名) 年 月 日	

8.4 预应力锚杆(索)

8.4.1 锚杆(索)挡土墙边坡应跳槽开挖,分层、分级自上而下进行,严禁重叠作业。

8.4.2 钻孔施工应符合下列规定:

1 施工机具应布置在安全地带。

2 施钻时严禁重叠作业;当水钻可能影响边坡或山体稳定时,应采用干钻。

3 吹孔时作业人员应站在孔的侧面,以防吹出的泥水、砂土、小石子伤人。

8.4.3 对不稳定的坡面应随挖随安设锚杆(索),并及时灌注。

8.4.4 灌浆时,禁止罐体放空,防止砂浆喷出伤人;处理管路堵塞前应消除罐内压力,注浆管嘴严禁对人。

8.4.5 张拉时除应符合《铁路工程基本作业施工安全技术规程》(TB 10301—2009)第 10.4 节的相关规定外,尚应符合下列规定:

1 张拉设备必须配套,张拉前应对设备及锚索进行全面检查,并固定牢靠。

2 孔内砂浆强度未达到规定强度时,不得进行张拉。

8.4.6 不得在锚杆(索)端部悬挂重物。

8.4.7 预应力锚杆(索)施工应按表 8.4.7 进行检查,并认真填写检查记录表。对检查中发现的不符合规定的情况,应按表 2.0.5 签发安全检查整改通知单,限期整改,并跟踪验证。

表 8.4.7　预应力锚杆(索)施工作业安全检查表

项目(工程)名称			
施工地点			
序号	检查项目	对应条文号	检查情况
1	班前安全讲话	2.0.7	
2	劳动保护用品佩戴	2.0.8	
3	现场安全防护	8.1.3	
4	机械设备管理与防护		
5	清理危石	8.1.4	
6	脚手架搭设	8.1.5	
7	施工监测	8.1.6	
8	截、排水、防渗设施	8.1.7	
9	材料堆放	8.1.9	
10	施工用电		
11	吊装作业		
12	高处作业	8.1.10	
13	边坡开挖	8.4.1	
14	钻孔作业	8.4.2	
15	不稳定坡面锚杆安设	8.4.3	
16	灌浆作业	8.4.4	
17	张拉作业	8.4.5	
18	禁止锚杆(索)挂物	8.4.6	
检查方: 检查人:(签名) 年　月　日			受检方: 接收人:(签名) 年　月　日

8.5　抗 滑 桩

8.5.1　施工前应核查地质资料,制定防止流沙、管涌、有害气体等危及施工安全的预防措施。

8.5.2　抗滑桩作业前应做好下列工作:

1　应编制井下作业和撤出人员的应急预案,并进行演练。

2　设置对滑坡变形、移动的观测标桩,安排专人监测。

3　整平孔口地面并设置地表截排水、防渗设施和防止坠物的护栏,加筑不低于0.3 m高的锁口并加盖。

4　雨季施工时,孔口应搭设雨棚,做好锁口。

8.5.3　安全防护应符合下列规定:

1　孔上设专人负责安全监护。对影响范围设置必要的围挡和警示标志。

2　孔内应设置爬梯,不得使用麻绳或尼龙绳吊挂,禁止人员脚踏井壁凸缘、攀扶钢筋上下。

3 孔内用电应符合《铁路工程基本作业施工安全技术规程》(TB 10301—2009)第 4 章的相关规定,电缆必须有防磨损、防潮等措施。

4 作业人员下孔前必须检测井下有害气体,浓度超标或开挖深度超过10 m时,应向井下送风。

5 挖出的土石应及时运离孔口。机动车的通行不得对井壁的安全造成影响。

8.5.4 开挖及支护作业应符合下列规定:

1 应分节开挖,按设计要求紧贴围岩浇筑混凝土护壁,浇筑前应清除孔壁上的松动土石。

2 不得在土层变化处和滑动面处分节。

3 滑动面处的护壁应予加强,承受较大推力的护壁和锁口的混凝土中应增加钢筋。

4 开挖应在上一节护壁混凝土拆模后进行。

5 在围岩松软、破碎和有滑动面的节段,应在护壁内顺滑动方向设置临时横撑加强支护,并经常观察其受力情况,及时进行加固。当发现横撑变形、破损而失效时,孔下作业人员必须立即撤离。

6 开挖桩群应从两端向滑坡主轴方向隔桩开挖,桩体混凝土浇筑1 d后方可开挖邻桩。

7 爆破应采取减振措施并符合现行《爆破安全规程》(GB 6722)的相关规定。

8.5.5 钢筋笼绑扎、吊装除应符合《铁路工程基本作业施工安全技术规程》(TB 10301—2009)第 11 章的相关规定外,尚应符合下列规定:

1 起吊钢筋笼入孔前,应清理孔口附近的杂物、工具等,起吊过程中钢筋笼不得碰、挂电缆和其他机具;钢筋笼倒伏范围内禁止站人。

2 孔内搭接钢筋时,接头不得设在土石分界和滑动面处;钢筋应自下而上顺序绑扎,绑扎时应加设脚手板并系好安全带,不得攀扶钢箍上下。

8.5.6 灌注混凝土必须连续进行。

8.5.7 抗滑桩施工应按表 8.5.7 进行检查,并认真填写检查记录表。对检查中发现的不符合规定的情况,应按表 2.0.5 签发安全检查整改通知单,限期整改,并跟踪验证。

表 8.5.7 抗滑桩施工作业安全检查表

项目(工程)名称			
施工地点			
序号	检查项目	对应条文号	检查情况
1	班前安全讲话	2.0.7	
2	劳动保护用品佩戴	2.0.8	
3	现场安全防护	8.1.3	
4	机械设备管理与防护		
5	清理危石	8.1.4	
6	截、排水、防渗设施	8.1.7	
7	材料堆放	8.1.9	
8	施工用电		
9	混凝土施工及吊装		
10	现场核查	8.5.1	

续上表

<table>
<tr><td colspan="3">项目(工程)名称</td><td colspan="2"></td></tr>
<tr><td colspan="3">施工地点</td><td colspan="2"></td></tr>
<tr><td>序号</td><td colspan="2">检查项目</td><td>对应条文号</td><td>检查情况</td></tr>
<tr><td rowspan="3">11</td><td rowspan="3">施工前</td><td>编制预案并演练</td><td rowspan="3">8.5.2</td><td></td></tr>
<tr><td>设观测点</td><td></td></tr>
<tr><td>孔口防护</td><td></td></tr>
<tr><td rowspan="5">12</td><td rowspan="5">安全
防护</td><td>围挡及警示标志</td><td rowspan="5">8.5.3</td><td></td></tr>
<tr><td>人员上下设施</td><td></td></tr>
<tr><td>施工用电</td><td></td></tr>
<tr><td>气体监测</td><td></td></tr>
<tr><td>孔口、井壁安全</td><td></td></tr>
<tr><td rowspan="7">13</td><td rowspan="7">开挖
及支
护</td><td>分节开挖</td><td rowspan="7">8.5.4</td><td></td></tr>
<tr><td>护壁</td><td></td></tr>
<tr><td>支撑设置</td><td></td></tr>
<tr><td>开挖时机</td><td></td></tr>
<tr><td>临时横撑及观察</td><td></td></tr>
<tr><td>桩群开挖</td><td></td></tr>
<tr><td>孔内爆破</td><td></td></tr>
<tr><td>14</td><td colspan="2">钢筋笼作业</td><td>8.5.5</td><td></td></tr>
<tr><td>15</td><td colspan="2">灌注混凝土</td><td>8.5.6</td><td></td></tr>
<tr><td colspan="5">检查方：　　　　　　　　　　　　受检方：
检查人：(签名)　　　　　　　　　　接收人：(签名)
年　月　日　　　　　　　　　　　　年　月　日</td></tr>
</table>

8.6 土 钉 墙

8.6.1 作业面开挖应自上而下分层进行，每层开挖的最大高度应与土体的自稳能力相适应，以保持边坡稳定。

8.6.2 土钉施工应符合下列规定：

1 应选用对坡面扰动较小的施工机具和施工方法，在开挖中应防止上部和上下层连接处局部失稳。

2 注浆式土钉的钻孔、安装、灌浆应符合本规程第8.4节的规定。

3 在土层中钻孔时，严禁向孔内灌水，防止塌孔、缩孔。

8.6.3 墙面喷射混凝土应符合本规程第8.8节的规定。

8.6.4 土钉墙施工应按表8.6.4进行检查，并认真填写检查记录表。对检查中发现的不符合规定的情况，应按表2.0.5签发安全检查整改通知单，限期整改，并跟踪验证。

表 8.6.4 土钉墙施工作业安全检查表

项目(工程)名称			
施工地点			
序号	检查项目	对应条文号	检查情况
1	班前安全讲话	2.0.7	
2	劳动保护用品佩戴	2.0.8	
3	现场安全防护	8.1.3	
4	机械设备管理与防护		
5	清理危石	8.1.4	
6	脚手架搭设	8.1.5	
7	施工监测	8.1.6	
8	截、排水、防渗设施	8.1.7	
9	施工用电	8.1.9	
10	高处作业	8.1.10	
11	作业面开挖	8.6.1	
12	土钉施工	8.6.2	
13	喷射混凝土	8.6.3	
检查方： 检查人：(签名) 年 月 日		受检方： 接收人：(签名) 年 月 日	

8.7 桩板式挡土墙

8.7.1 桩身施工应符合本规程第8.2节的规定。

8.7.2 桩身混凝土达到设计强度后方可进行桩间土体开挖、挡土板安装及墙背填土作业。滑坡地段桩间土体应间隔开挖。

8.7.3 当桩间为土钉墙或喷锚支护时，桩间土体应分层开挖、分层加固；当锚固桩上部设有多排锚杆(索)时，应待上一排锚杆(索)施工完成后，方可开挖下一层的桩前土体。

8.7.4 当锚固桩上端加设锚杆(索)时，应符合本规程第8.4节的规定。

8.7.5 桩板式挡土墙施工应按表8.7.5进行检查，并认真填写检查记录表。对检查中发现的不符合规定的情况，应按表2.0.5签发安全检查整改通知单，限期整改，并跟踪验证。

表 8.7.5 桩板式挡土墙施工作业安全检查表

项目(工程)名称			
施工地点			
序号	检查项目	对应条文号	检查情况
1	班前安全讲话	2.0.7	
2	劳动保护用品佩戴	2.0.8	
3	现场安全防护	8.1.3	
4	机械设备管理与防护		

续上表

项目(工程)名称			
施工地点			
序号	检查项目	对应条文号	检查情况
5	清理危石	8.1.4	
6	脚手架搭设	8.1.5	
7	施工监测	8.1.6	
8	截、排水、防渗设施	8.1.7	
9	施工用电	8.1.9	
10	吊装作业		
11	混凝土(模板)		
12	高处作业	8.1.10	
13	桩身施工	8.7.1	
14	挡土板安装、墙背填土	8.7.2	
15	桩间土体、桩前土体开挖	8.7.3	
16	锚杆(索)作业	8.7.4	
检查方： 检查人：(签名) 年 月 日		受检方： 接收人：(签名) 年 月 日	

8.8 锚喷及防护工程

8.8.1 坡面挂网、喷护作业时，应设置脚手架，不得攀扶锚杆头上下。

8.8.2 操作人员应按规定穿戴防护面具等防护用品。

8.8.3 锚杆施工应符合本规程第8.4节的规定。

8.8.4 喷射混凝土应符合下列规定：

1 机械设备应布置在安全地带。

2 施工中喷嘴前方严禁站人，作业人员应站在已喷射过的支护面一侧。

3 处理堵管时，作业人员应紧握喷嘴，防止管道甩动伤人；当管道中有压力时，不得拆卸管接头。

4 供风、供水、供料软管不得随地拖拉和折弯。

8.8.5 路基防护工程应符合下列规定：

1 应在稳定的路基和坡体上施工，所用的砂浆、混凝土应采用机械拌和。

2 路堑开挖后应及时防护。软土、松软土地基的防护工程应在沉降稳定后进行。

3 在设有支挡结构物及排水设施地段，应先行施作后再进行防护工程施工。

4 膨胀土、湿陷性黄土、粉土等特殊路基边坡，不得采用浆砌片石全封闭坡面护坡。

5 防护设施应与坡面密贴结合。

8.8.6 锚喷支护及防护工程施工应按表8.8.6进行检查，并认真填写检查记录表。对检查中发现的不符合规定的情况，应按表2.0.5签发安全检查整改通知单，限期整改，并跟踪验证。

表 8.8.6 锚喷及防护工程施工作业安全检查表

项目(工程)名称				
施工地点				
序号	检查项目		对应条文号	检查情况
1	班前安全讲话		2.0.7	
2	劳动保护用品佩戴		2.0.8,8.8.2	
3	现场安全防护		8.1.3	
4	机械设备管理与防护			
5	清理危石		8.1.4	
6	脚手架搭设		8.1.5,8.8.1	
7	截、排水、防渗设施		8.1.7	
8	施工用电		8.1.9	
9	材料堆放			
10	高处作业		8.1.10	
11	锚杆施工		8.8.3	
12	喷射混凝土	设备布置	8.8.4	
		施工人员站位		
		处理堵管		
13	路基防护工程	施工环境	8.8.5	
		施工材料		
		开挖防护		
		支挡及排水施作		
		特殊土边坡		
		防护设施与坡面		
检查方: 检查人:(签名) 年 月 日			受检方: 接收人:(签名) 年 月 日	

8.9 防排水工程

8.9.1 路基防排水工程是铁路工程的重要组成部分,对铁路的运营安全有重大影响,建设各方必须高度重视。

8.9.2 施工前应对施工图进行审核,编制防排水工程专项作业指导书,明确施工技术标准和施工操作程序。

8.9.3 防排水工程的基础应稳定,沟渠边坡必须平整,所用的砂浆、混凝土应采用机械拌和。

8.9.4 排水沟采用混凝土预制构件砌筑时,砌缝砂浆应饱满,沟身不漏水,沟身两侧应回填密实。

8.9.5 渗沟的开挖应自下游向上游进行,应随挖随支撑并迅速回填,防止造成坍塌;支撑渗沟应间隔开挖。

8.9.6 边坡平台截水沟必须引入相邻排水设施,天沟不应向路堑侧沟排水。湿陷性黄土、砂性土以及填土等可能发生不均匀沉降地段的天沟、排水沟应采取防渗和保证基底稳定的措施。

8.9.7 防排水设施应沟底平整、排水畅通,无冲刷和阻水现象。

8.9.8 施工期间应做好防排水工程的成品保护。雨季应加大防排水工程的检查频次,发现隐患及时整改。

8.9.9 防排水工程施工应按表8.9.9进行检查,并认真填写检查记录表。对检查中发现的不符合规定的情况,应按表2.0.5签发安全检查整改通知单,限期整改,并跟踪验证。

表8.9.9 防排水工程施工作业安全检查表

项目(工程)名称			
施工地点			
序号	检查项目	对应条文号	检查情况
1	班前安全讲话	2.0.7	
2	劳动保护用品佩戴	2.0.8	
3	现场安全防护	8.1.3	
4	机械设备管理与防护		
5	清理危石	8.1.4	
6	施工用电	8.1.9	
7	材料堆放		
8	高处作业	8.1.10	
9	专项作业指导书编制	8.9.2	
10	砂浆、混凝土生产	8.9.3	
11	防排水工程基础		
12	排水沟砌筑	8.9.4	
13	渗沟的开挖、支撑	8.9.5	
14	截水平台、天沟、排水沟	8.9.6	
15	排水系统	8.9.7	
16	成品保护、雨季检查	8.9.8	
检查方: 检查人:(签名) 年 月 日		受检方: 接收人:(签名) 年 月 日	

9 营业线路基施工

9.1 一般规定

9.1.1 营业线路基施工必须严格执行现行《铁路运输安全保护条例》、《铁路技术管理规程》、《铁路营业线施工安全管理办法》、《铁路工务安全规则》、《铁路路基大维修规则》、《改建既有线和增建第二线铁路工程施工技术暂行规定》等的有关规定。

9.1.2 营业线路基施工应考虑下列主要危险源、危害因素：

1 地下、地上管线及行车设备；材料堆码；

2 临时工程及道口；

3 机械作业；爆破作业；

4 慢行施工、封锁施工。

9.1.3 营业线路基施工必须根据铁路机车车辆限界和建筑接近限界，制定施工临时行车限界。

9.1.4 营业线路基施工应编制专项施工方案，并经建设、监理、设备单位共同审批后方可施工。施工单位应与设备管理单位和行车组织单位分别签订施工安全协议，明确双方的安全责任和义务。

9.1.5 施工前，施工单位应与设备管理单位共同探明施工影响范围内的道路、既有建(构)筑物和设备、地下和空中管线等情况，并采取防护措施。设备迁改或施工影响设备安全时，必须在设备管理单位的监护下作业。

9.1.6 施工期间，施工单位及设备管理单位应在营业线影响范围内设观测点，对路基变形、防护加固设备及线路几何尺寸进行监测直至稳定。发现问题，双方共同及时采取措施。

9.1.7 临时工程和过渡工程施工、施工用电应符合《铁路工程基本作业安全施工技术规程》(TB 10301—2009)第4章、17章的相关规定。

9.1.8 临时道口设置应符合下列规定：

1 必须按铁道部现行《设置或拓宽铁路道口人行过道审批办法》办理相关审批及验收手续，严禁擅自设置。

2 电气化区段应设限高架。

3 必须由经培训和考核合格的正式职工负责看守。

4 使用完毕必须及时拆除。

9.1.9 施工中的临时设施、材料、机具等严禁侵入临时行车限界。材料应堆码整齐，稳固牢靠，并派人看守。

9.1.10 营业线20 m范围内严禁存放油料及其他易燃易爆品。

9.1.11 封锁线路及慢行施工时，施工单位应按规定申报施工计划，未经审批严禁施工。

9.1.12 营业线路基施工应按规定设置施工安全防护，经验收后方可施工。

9.1.13 影响营业线行车的路基爆破作业必须在线路封锁时间内进行，应采用控制爆破技术，并设防护网、排架或棚架等防护。

9.1.14 爆破后必须立即清理限界内的土、石，抢修线路。经施工、设备管理及监理单位三方联合确认达到列车放行条件后方可开通。

9.1.15 营业线路基施工中破坏原有排水系统时应先建后断，所有的排水系统必须保持排水畅通,防止渗漏。

9.1.16 高处作业应符合《铁路工程基本作业施工安全技术规程》(TB 10301—2009)第 12 章的相关规定,并满足营业线安全防护。

9.1.17 机械设备管理的使用及防护除符合《铁路工程基本作业施工安全技术规程》(TB10301—2009)第 8 章的相关规定外,尚应符合下列规定:

1 大型机械实行"一机一人"防护。

2 营业线限界两侧 15 m 范围内,应在铁路限界外设置刚性防护隔离设施。

3 在营业线限界 10 m 范围内施工时,严禁机械原地掉头。邻线来车时,施工机械必须停止作业。

4 必须做好接触网支柱、信号机等行车设备的防护。

5 机械停止作业后应及时撤离现场,严禁在营业线附近停放。

9.1.18 施工防护标志、警示灯等不得影响铁路行车信号。

9.1.19 夜间施工应有足够的照明及防护设施,照明灯光不应影响行车瞭望。机械车辆在夜间作业时,应防止灯光干扰行车信号。

9.1.20 雨、雪、大风天气施工时,应采取防止大型机械滑溜、侧翻至行车限界内的安全措施。

9.1.21 营业线路基施工完毕,必须及时验收交接,未经验收合格的工程,严禁开通使用。

9.2 路堤帮宽

9.2.1 路堤帮宽前应调查列车运行情况、既有排水、加固防护设施、路基病害及既有路基填料种类等情况。

9.2.2 拆除既有路堤防护设施时除符合《铁路工程基本作业施工安全技术规程》(TB 10301—2009)第 13 章的相关规定外,尚应符合下列规定:

1 拆除植被防护坡面时,应随挖台阶高度挖除植被,不得全坡面一次挖除。当班开挖应当班回填,保持边坡稳定。

2 拆除片石护坡、拱架防护坡面时,应随填筑进度自下而上拆除。拆除原路基边坡防护应与填筑同步进行。

9.2.3 路堤帮宽除符合本规程第 3 章、4 章的相关规定外,尚应符合下列规定:

1 应随时监测营业线路基稳定情况,防止既有路基失稳。

2 挖除路肩影响道床稳定时,应设置挡砟墙、挡板等防护设施,防止道床边坡溜塌。

3 弃土不得阻塞河道和营业线路基排水设施,并应符合国家环保规定。

9.2.4 帮宽完成后,应立即恢复线路标志及相关设施。

9.2.5 路堤帮宽施工作业应按表 9.2.5 进行检查,并认真填写检查记录表。对检查中发现的不符合规定的情况,应按表 2.0.5 签发安全检查整改通知单,限期整改,并跟踪验证。

表 9.2.5 路堤帮宽施工作业安全检查表

项目(工程)名称			
施工地点			
序号	检查项目	对应条文号	检查情况
1	班前安全讲话	2.0.7	

续上表

<table>
<tr><td colspan="3">项目(工程)名称</td><td colspan="2"></td></tr>
<tr><td colspan="3">施工地点</td><td colspan="2"></td></tr>
<tr><td>序号</td><td colspan="2">检查项目</td><td>对应条文号</td><td>检查情况</td></tr>
<tr><td>2</td><td colspan="2">劳动保护用品佩戴</td><td>2.0.8</td><td></td></tr>
<tr><td>3</td><td colspan="2">既有设施、设备防护(迁改、监测)</td><td>9.1.5,9.1.6</td><td></td></tr>
<tr><td>4</td><td colspan="2">防、排水系统</td><td>9.1.15</td><td></td></tr>
<tr><td>5</td><td colspan="2">防护标志、警示灯</td><td>9.1.18</td><td></td></tr>
<tr><td>6</td><td colspan="2">施工用电</td><td rowspan="2">9.1.7</td><td></td></tr>
<tr><td>7</td><td colspan="2">临时工程</td><td></td></tr>
<tr><td rowspan="2">8</td><td rowspan="2">临时道口</td><td>设施</td><td rowspan="2">9.1.8</td><td rowspan="2"></td></tr>
<tr><td>人员资质及管理</td></tr>
<tr><td rowspan="3">9</td><td rowspan="3">材料堆放</td><td>堆放位置</td><td>9.1.9</td><td rowspan="3"></td></tr>
<tr><td>稳固情况</td><td rowspan="2">9.1.10</td></tr>
<tr><td>看守情况</td></tr>
<tr><td rowspan="5">10</td><td rowspan="5">机械使用及防护</td><td>跟机防护</td><td rowspan="5">9.1.17
9.1.9</td><td rowspan="5"></td></tr>
<tr><td>隔离(限界)防护</td></tr>
<tr><td>机械操作</td></tr>
<tr><td>夜间作业</td></tr>
<tr><td>机械停放</td></tr>
<tr><td>11</td><td colspan="2">线路封锁及慢行施工</td><td>9.1.1,9.1.3
9.1.11,9.1.12</td><td></td></tr>
<tr><td rowspan="2">12</td><td rowspan="2">既有防护设施拆除</td><td>坡面植被拆除</td><td rowspan="2">9.2.2</td><td rowspan="2"></td></tr>
<tr><td>片石、拱架护坡拆除</td></tr>
<tr><td rowspan="4">13</td><td rowspan="4">填筑</td><td>既有路基监测</td><td rowspan="4">9.2.3</td><td rowspan="4"></td></tr>
<tr><td>地基处理</td></tr>
<tr><td>挖除既有路肩</td></tr>
<tr><td>弃土</td></tr>
<tr><td>14</td><td colspan="2">线路标志及相关设施恢复</td><td>9.2.4</td><td></td></tr>
<tr><td>15</td><td colspan="2">验收</td><td>9.1.21</td><td></td></tr>
<tr><td colspan="3">检查方:
检查人:(签名)
年　月　日</td><td colspan="2">受检方:
接收人:(签名)
年　月　日</td></tr>
</table>

9.3 路堑拓宽

9.3.1 路堑拓宽时,应在营业线一侧设置防护设施,严禁材料、机具侵限。

9.3.2 拆除既有挡护、防护设施应保证既有路堑边坡稳定,必要时设置临时支撑进行加固或防护,并随开挖进度应自上而下分层、分段拆除,严禁一拆到底。

9.3.3 路堑拓宽应按照横断面自上而下进行,防止因开挖不当,引起边坡不稳或坍塌。

9.3.4 路堑拓宽时应随时观测坡面稳定情况,有裂缝、危石和塌方迹象时应及时采取措施。

9.3.5 弃土不得阻塞既有排水设施,不得影响既有路基安全稳定及运营安全。

9.3.6 路堑拓宽施工作业应按表9.3.6进行检查,并认真填写检查记录表。对检查中发现的不符合规定的情况,应按表2.0.5签发安全检查整改通知单,限期整改,并跟踪验证。

表9.3.6 路堑拓宽施工作业安全检查表

<table>
<tr><td colspan="3">项目(工程)名称</td><td colspan="2"></td></tr>
<tr><td colspan="3">施工地点</td><td colspan="2"></td></tr>
<tr><td>序号</td><td colspan="2">检查项目</td><td>对应条文号</td><td>检查情况</td></tr>
<tr><td>1</td><td colspan="2">班前安全讲话</td><td>2.0.7</td><td></td></tr>
<tr><td>2</td><td colspan="2">劳动保护用品佩戴</td><td>2.0.8</td><td></td></tr>
<tr><td>3</td><td colspan="2">既有设施、设备防护(迁改、监测)</td><td>9.1.5,9.1.6</td><td></td></tr>
<tr><td>4</td><td colspan="2">防、排水系统</td><td>9.1.15</td><td></td></tr>
<tr><td>5</td><td colspan="2">防护标志、警示灯</td><td>9.1.18</td><td></td></tr>
<tr><td>6</td><td colspan="2">临时用电</td><td rowspan="2">9.1.7</td><td></td></tr>
<tr><td>7</td><td colspan="2">临时工程</td><td></td></tr>
<tr><td rowspan="2">8</td><td rowspan="2">临时道口</td><td>设施</td><td rowspan="2">9.1.8</td><td rowspan="2"></td></tr>
<tr><td>人员资质及看管</td></tr>
<tr><td rowspan="3">9</td><td rowspan="3">材料堆放</td><td>堆放位置</td><td rowspan="3">9.1.9,9.1.10</td><td rowspan="3"></td></tr>
<tr><td>稳固情况</td></tr>
<tr><td>看守情况</td></tr>
<tr><td rowspan="5">10</td><td rowspan="5">机械使用及防护</td><td>跟机防护</td><td rowspan="5">9.1.17</td><td rowspan="5"></td></tr>
<tr><td>隔离(限界)防护</td></tr>
<tr><td>机械操作</td></tr>
<tr><td>夜间作业</td></tr>
<tr><td>机械停放</td></tr>
<tr><td>11</td><td colspan="2">线路封锁及慢行施工</td><td>9.1.1,9.1.3
9.1.11,9.1.12</td><td></td></tr>
<tr><td rowspan="4">12</td><td rowspan="4">拓宽开挖</td><td>防护设施设置</td><td>9.3.1</td><td rowspan="4"></td></tr>
<tr><td>拆除既有防护设施</td><td>9.3.2</td></tr>
<tr><td>开挖方法</td><td>9.3.3</td></tr>
<tr><td>路堑监测</td><td>9.3.4</td></tr>
<tr><td>13</td><td colspan="2">弃土</td><td>9.3.5</td><td></td></tr>
<tr><td>14</td><td colspan="2">验收</td><td>9.1.21</td><td></td></tr>
<tr><td colspan="3">检查方:
检查人:(签名)
年 月 日</td><td colspan="2">受检方:
接收人:(签名)
年 月 日</td></tr>
</table>

9.4 路基加固

9.4.1 路基加固应在线路封锁或慢行条件下进行,并按规定做好安全防护。

9.4.2 采用注浆、挤密桩等方法加固路基时,应随时监测影响范围内路基及行车设备、周边建(构)筑物的变化,发现异常,及时采取措施。

9.4.3 营业线路基翻浆冒泥、冻害整治挖除换填时,应封锁线路。

9.4.4 开挖影响既有路基稳定时,应采取支撑措施,并随开挖、随填筑。

9.4.5 路基加固施工作业应按表 9.4.5 进行检查,并认真填写检查记录表。对检查中发现的不符合规定的情况,应按表 2.0.5 签发安全检查整改通知单,限期整改,并跟踪验证。

表 9.4.5 路基加固施工作业安全检查表

<table>
<tr><td colspan="3">项目(工程)名称</td><td colspan="2"></td></tr>
<tr><td colspan="3">施工地点</td><td colspan="2"></td></tr>
<tr><td>序号</td><td colspan="2">检查项目</td><td>对应条文号</td><td>检查情况</td></tr>
<tr><td>1</td><td colspan="2">班前安全讲话</td><td>2.0.7</td><td></td></tr>
<tr><td>2</td><td colspan="2">劳动保护用品佩戴</td><td>2.0.8</td><td></td></tr>
<tr><td>3</td><td colspan="2">既有设施、设备防护(迁改、监测)</td><td>9.1.5,9.1.6</td><td></td></tr>
<tr><td>4</td><td colspan="2">防、排水系统</td><td>9.1.15</td><td></td></tr>
<tr><td>5</td><td colspan="2">防护标志、警示灯</td><td>9.1.18</td><td></td></tr>
<tr><td>6</td><td colspan="2">临时用电</td><td>9.1.7</td><td></td></tr>
<tr><td>7</td><td colspan="2">临时工程</td><td>9.1.7</td><td></td></tr>
<tr><td rowspan="2">8</td><td rowspan="2">临时道口</td><td>设施</td><td rowspan="2">9.1.8</td><td rowspan="2"></td></tr>
<tr><td>人员资质及看管</td></tr>
<tr><td rowspan="3">9</td><td rowspan="3">材料堆放</td><td>堆放位置</td><td rowspan="3">9.1.9,9.1.10</td><td rowspan="3"></td></tr>
<tr><td>稳固情况</td></tr>
<tr><td>看守情况</td></tr>
<tr><td rowspan="5">10</td><td rowspan="5">机械使用及防护</td><td>跟机防护</td><td rowspan="5">9.1.17</td><td rowspan="5"></td></tr>
<tr><td>隔离(限界)防护</td></tr>
<tr><td>机械操作</td></tr>
<tr><td>夜间作业</td></tr>
<tr><td>机械停放</td></tr>
<tr><td>11</td><td colspan="2">线路封锁及慢行施工</td><td>9.1.1,9.1.3
9.1.11,9.1.12</td><td></td></tr>
<tr><td rowspan="2">12</td><td rowspan="2">注浆、挤密桩加固</td><td>施工作业条件</td><td>9.4.1</td><td rowspan="2"></td></tr>
<tr><td>监测</td><td>9.1.6,9.4.2</td></tr>
<tr><td>13</td><td colspan="2">路基病害整治</td><td>9.4.3</td><td></td></tr>
<tr><td>14</td><td colspan="2">影响既有路基稳定的开挖</td><td>9.4.4</td><td></td></tr>
<tr><td>15</td><td colspan="2">验收</td><td>9.1.21</td><td></td></tr>
<tr><td colspan="3">检查方:
检查人:(签名)
年 月 日</td><td colspan="2">受检方:
接收人:(签名)
年 月 日</td></tr>
</table>

10　相关工程施工

10.0.1　相关工程施工应制定安全技术措施并报相关单位核备,需配合时应向所涉及单位进行安全技术交底或提前通报。

10.0.2　新建铁路修筑于路基上的电缆槽、接触网支柱基础、声屏障基础、预埋管线、综合接地等工程应与路基同步施工,并不得损坏、危及路基本体及边坡防护、防排水设施的稳固与安全。

10.0.3　防护栅栏、挡风墙等设施的吊装、埋设作业应根据现场情况和所用机械,制定安全措施,支柱埋设须稳固。检查台阶、检查梯、栏杆等附属设施施工不得影响路基稳定和后期运营安全。

10.0.4　建设各方应按本规程及相关专业的规定,制定检查计划,并进行安全检查。

本规程用词说明

执行本规程条文时,对于要求严格程度的用词说明如下,以便在执行中区别对待。

(1)表示很严格,非这样做不可的用词:

正面词采用“必须”;

反面词采用“严禁”。

(2)表示严格,在正常情况均应这样做的用词:

正面词采用“应”;

反面词采用“不应”或“不得”。

《铁路路基工程施工安全技术规程》
条 文 说 明

本条文说明系对重点条文的编制依据,存在的问题以及在执行中应注意的事项等予以说明。为了减少篇幅,只列条文号,未抄录原条文。

1.0.1 本规程是为适应铁路建设安全生产管理需要,体现近年来新的工程结构、系统设备及其相应工艺方法、工序过程等的特点,控制工程施工中的不安全行为和状态,预防事故发生,在《铁路工程施工安全技术规程》(TB 10401—2003)基础上修订而成的。本规程贯彻落实了现行安全生产法律法规的规定,与有关管理规章进行了全面对接,与相关技术标准进行了充分协调,对铁路路基工程施工中的安全管理和施工作业行为提出了明确的要求,是建设各方必须严格执行的强制性标准。

1.0.5 依据现行法律法规的规定,建设、勘察设计、施工、监理及其他参与铁路工程建设的单位都应依法承担安全生产责任,必须建立安全生产保障体系,健全安全生产责任制,并积极采用先进的技术和方法,加强和改进安全生产管理,保证铁路工程施工安全。

1.0.6 相关人员的安全教育培训应符合《铁路工程基本作业施工安全技术规程》(TB 10301—2009)第2章的规定。培训及考核情况应保持记录,必要时,应由上级部门或建设、监理单位检查其执行情况。

1.0.8 专项施工方案是以技术复杂或危险性较大的单项施工项目或其中的某一个分部、分项工程为对象进行编制,用以指导其施工全过程并重点考虑施工方法、机械设备利用、劳动力和材料安排、安全生产保证措施的具体文件。根据《铁路建设工程安全生产管理办法》(铁建设〔2006〕179号)第三十八条规定:施工单位应对达到一定规模的危险性较大工程编制专项施工方案,进行安全检算,经单位技术负责人,总监理工程师审核后实施,必要时应组织专家论证,并由施工单位专职安全生产管理人员进行现场监督。对铁路路基工程中需要编制专项施工方案的,本规程均有明确规定。没有明确规定的,应视工程的危险程度确定是否需要编制专项施工方案。

1.0.9 在《生产经营单位安全生产事故应急预案编制导则》(AQ/T 9002—2006)中,对预案的编制和管理均有详细的规定,在施工前,还应编制现场处置方案、组织演练等要求。

对于铁路路基工程,参建各方都应根据各自的职责,编制应急预案。如建设单位的主要职责是协调,当接到发现重大安全隐患的报告后,应协调各方立即采取有效的措施,防止事态扩大。对于设计单位,当接到报告后,应立即配合各方分析原因,提出有关技术措施。

各方的应急预案应相互衔接,并应通过联合演练等形式不断完善预案内容。还应和地方应急主管部门、当地消防、医疗等部门建立联系,必要时,应邀请其加入演练。

施工单位还应配备必要的应急物资等。

1.0.17 营业线施工及有可能影响营业线运行安全的施工,涉及部门多、对运输干扰大、安全风险高、后果极其严重,必须高度重视施工安全管理工作。条文中提出的必须严格执行的现行国家及铁路有关安全生产及施工安全规定包括：安全生产法、建设工程安全生产管理条例、铁路运输安全保护条例、铁路技术管理规程、铁路建设工程安全生产管理办法、铁路营业线施工安全管理办法、铁路工务安全规则、铁路路基大维修规则、改建既有线和增建第二线铁路工程施工技术暂行规定、本施工安全技术规程等。

1.0.18 《铁路工程基本作业施工安全技术规程》(TB 10301)对铁路各专业施工应共同遵守的安全技术要求进行了规定，如临时工程和过渡工程、高处作业、施工用电、机械设备等方面的要求。在使用本规程时，应熟悉其相关内容，本规程不再重复规定或引用。对涉及到其他专业的相关施工，应符合其相应规程的要求。

2.0.1 在《铁路工程基本作业施工安全技术规程》(TB 10301—2009)第2章中对铁路工程施工中，参建各方及其管理、技术、作业等层面的安全技术工作进行了规定。

3.1.2 地基处理可参照下表，制定相应的对策和安全措施。

序号	项　目	主要对策及安全措施
1	人员防护	1. 对接触有害材料的人员配发和使用防护用品； 2. 维修机械等高处作业时系安全带； 3. 采取围挡、警示标志防止非作业人员进入现场
2	既有建(构)筑物和设备防护	1. 施工前进行详细的调查； 2. 采取标识及防护措施； 3. 在设备管理单位的配合下拆迁或作业； 4. 采取监测措施
3	机械行驶及操作	1. 制定安全操作规程； 2. 探明机械行驶路线情况； 3. 对承载力、半径、限高、距输电线的距离等不满足要求的采取相应措施，大型机械跟机防护； 4. 配备专业操作人员，作业时设专人防护； 5. 制定临时用电和防雷措施； 6. 对作业及行走范围地面处理，防倾覆
4	其他	防止环境污染、特殊环境施工安全……等

注："其他"指具体的处理方法使用的原材料、机械以及现场情况涉及的具体安全措施。

3.1.3 《铁路工程基本作业施工安全技术规程》(TB 10301—2009)第17章中，对施工现场布置有相应的规定。

3.1.4 由于地基处理所用机械，都是多种设备组合而成，如钻机、空压机、发电机、泵机等，所以应有专人在现场协调指挥。另外由于作业时噪声较大，应提前约定信号和配备指挥旗等。

3.1.5 施工现场的钻机、桩机等高耸设备在相临建(构)筑物的防雷装置的保护范围之外时，应按下表的规定设置防雷装置。

地区年平均雷暴日(d)	机械设备高度(m)
≤15	≥50
>15，<40	≥32
≥40，<90	≥20
≥90及雷害特别严重地区	≥12

避雷针(接闪器)和引线接地应符合相关规定。各地年平均雷暴日可向当地气象部门查询。

大型机械作业时,应确保临时用电安全。必须按照规定接地,在作业及走行时,对电缆实施必要的防护。接用外电时,应按照《铁路工程基本作业施工安全技术规程》(TB 10301—2009)中和机械操作书的要求处理。

3.1.9 地基处理成桩或强夯时,对周边既有建(构)筑物影响较大,除进行必要的防护外,还应在作业时对其观测,以防破坏。若发现裂缝、下沉、凸起等问题时,应立即停工,待查清原因和采取措施后方可复工。

3.3.2 根据有关强夯振动测试结果(夯击能由 680 ~ 6 250 kN · m),距夯击点最小安全距离为 15 m。

3.4.3 根据《建筑机械使用安全技术规程》(JGJ 33—2001)第 7.1.9 条,桩进土 3 m 以上时,严禁用打桩机行走或转动来纠正桩的倾斜度。

3.14.3 如果加载速率过快,会引起地基中剪应力超过其抗剪强度,造成较大的侧向挤出,水平位移明显加大,继而发生整体剪切破坏。

4.1.1 路堤施工可参照下表,制定相应的对策和安全措施。

序号	项　　目	主要对策及措施
1	复杂环境条件下的软弱路基、陡坡路基和危及既有建(构)筑物及交通的路堤填筑工程	1. 编制、审查并报批专项施工方案; 2. 施工前进行安全技术交底; 3. 每天作业前开展班前安全讲话
2	施工影响范围内的既有建(构)筑物、设备设施、管线等	1. 施工前进行详细调查; 2. 迁改或采取围挡、警示等进行防护; 3. 必要时设专人监护
3	毗邻或施工范围内的交通运输	1. 申请交通管制或迁移道路; 2. 设置围挡措施和警示标志; 3. 设专人指挥、警戒
4	施工范围内的雨、水	1. 施工前做好防排水设施; 2. 施工中采取临时排水措施; 3. 施工过程中检查防排水设施; 4. 及时疏导积水
5	人机混合作业	1. 操作人员持证上岗; 2. 安全操作规程交底; 3. 机械回转半径以外作业; 4. 专人指挥; 5. 危险区域设警示标志或专人防护
6	地面横坡陡于 1:2.5 和池塘、软土等复杂路堤填筑作业	1. 控制填筑速率; 2. 路堤沉降和位移观测
7	深取土坑	1. 坑边设安全防护措施和警示标志; 2. 边坡坡率按设计要求执行; 3. 采取临时排水措施; 4. 取土后进行土地整治

4.1.2 “复杂环境条件下”是指在城市、厂矿区、居民聚居区、交通干道、风景名胜区、重要工程设施、高压线、地下洞库、通信管线、水油气管道、化工管道等附近。

4.1.5 在《铁路路基设计规范》(TB 10001—2005)第7.1.2条和条文说明中,均对横坡陡于1:2.5的地基处理提出了要求和说明。因为陡坡地段填方容易坍塌,产生这种现象主要是由于水渗入填方基底面,降低其摩擦力,增大了填土下滑力所致。一般在设计中均对此有解决方案,但在施工中,还应加强观测,以防不测。

根据《铁路特殊路基设计规范》(TB 10035—2006)第3.4.1条:软土路基上填筑路堤时,应在边坡坡脚外设置边桩,在路堤中心线地面上设置沉降观测设备,进行水平位移和沉降观测,控制填土速率,测定地基沉降值。观测方法可采用沉降板、水位杯和边桩等。

4.1.6 “5 m”是沿用了原《铁路工程施工安全技术规程》(TB 10401.1—2003)第3.2.1条的规定。

4.1.7 “多机”是指同类型的或不同类型的施工机械。

4.2.2 在填土区边缘应设置明显的安全标志,主要是警示驾驶员,防止驾驶的机械车辆倾覆。

安全标志一般是指有带醒目颜色的标杆等。

4.2.4 本条的主要数据引用了《建筑机械使用安全技术规程》(JGJ 33)中的规定。

4.3.3 指深度超过2 m需采取临边防护的取土场(坑)。

5.1.1 路堑施工可参照说明表5.1.1,制定相应的对策和安全措施。

说明表 5.1.1

序号	项　目	主要对策及措施
1	高边坡、不良地质、周边环境复杂等路堑工程	1. 制定、审查并报批专项施工方案; 2. 施工前进行安全技术交底; 3. 每天作业前开展班前安全讲话
2	施工影响范围内的既有建(构)筑物、设备设施、管线等	1. 施工前进行详细的调查、探测; 2. 迁改或采取围挡、警示等进行防护; 3. 必要时设专人监护
3	毗邻或施工范围内的交通运输	1. 申请交通管制或迁改道路; 2. 设置围挡措施和警示标志; 3. 设专人指挥、警戒
4	影响施工的雨、水	1. 施工前做好引、截、防、排水设施; 2. 施工中采取临时排水措施; 3. 施工过程中检查防排水设施; 4. 及时疏导积水
5	危岩和坡面坡顶危石	1. 检查、监测及判定; 2. 施工作业前清理,并采取警戒、监护、使用个人防护用品等高处安全防护措施; 3. 制定应急处置措施
6	高陡边坡、深路堑开挖作业	1. 机械操作人员持证上岗; 2. 开挖方法、工序及操作规程交底; 3. 专人指挥、防护; 4. 过程检查纠正

续上表

序号	项目		主要对策及措施
7	爆破作业	非专业作业人员	1. 编制、审核、报批爆破设计(说明)书和专项施工方案； 2. 作业人员持证上岗； 3. 安全技术交底、班前安全讲话； 4. 爆破器材运输、储存、使用、销毁执行国家现行规定； 5. 爆破器材使用前检验； 6. 炮孔钻凿、装药、填塞、网路敷设完验收； 7. 起爆前采取警戒、防护措施； 8. 正确起爆； 9. 由原装药人采取措施处理盲炮； 10. 等待时间过后进行爆后安全检查
		爆破器材及其运输、储存、使用、销毁	
		钻眼作业	
		装药作业	
		填塞作业	
		起爆和爆后检查	
		盲炮	
8	弃土作业		1. 操作人员持证上岗； 2. 安全操作规程交底； 3. 危险区域设警示标志或专人防护； 4. 弃土堆按设计设置及堆弃； 5. 保持弃土堆自身稳定； 6. 弃土堆采取防排水措施； 7. 弃土堆坡脚挡护

5.1.4 监测人员的位置应在落石、滑坡体危险区域之外。

"发现异常"是指出现山体滑动、崩塌迹象危及施工安全时,一是通过观测数据,经综合评估确认;二是通过直接观察。及时采取措施包括启动应急预案。

5.2.2 本条是指能采用机械开挖的土质、软弱松散岩质路堑,参照了《铁路路基施工规范》(TB 10202—2002)中的第5.1.3条和第5.1.5条。

施工作业面不仅指开挖工作作业面,还包括开挖与装运作业面。

5.2.3 岩层走向、倾向不利于边坡稳定及施工安全的地段,是指软石和强风化岩,可通过实地勘察、查对设计资料及有关经验数据,做出定性判断。

5.2.6 参照了建设部现行的《建筑机械使用安全技术规程》(JGJ 33)对挖掘机作业的规定。

5.3.1 "爆破器材"是工业炸药、起爆器材和器具的统称。起爆器材是用来引爆炸药的器材,如工业雷管、各种起爆材料以及起爆器具。

国家现行规定是指国家现行的《爆破安全规程》和《民用爆炸物品安全管理条例》等。

5.3.2 路堑岩石边坡坡率在1:0.1～1:0.75的,必须采用光面或预裂爆破,依据的是《铁路路堑边坡光面(预裂)爆破技术规程》(TB 10122—2008)中的规定。

为了防止爆破引起破坏和人员伤害,故在城市、风景名胜区及重要工程设施附近应采用控制爆破技术,以便控制爆破效果,减轻振动和减小飞石距离。本条依据是国家现行的《民用爆炸物品安全管理条例》。

5.3.6 本条中的内容在《爆破安全规程》、《民用爆炸物品安全管理条例》和《铁路路堑边坡光面(预裂)爆破技术规程》(TB 10122—2008)中都有相关的规定。

安全警戒范围应按设计计算出的每种有害效应安全距离中的最大值来确定,爆破有害效应包括爆破地震、冲击波、个别飞石、毒气和爆破噪声等。

警戒标志包括警示牌、路障等。警戒人员包括流动人员和岗哨,并应持有警戒旗、哨笛或便携式扩音器,佩戴袖标。

5.4.2 规定大于1.5 m和3°,主要是为了防止装载机翻车,数据引用了建设部现行的《建筑机械使用安全技术规程》(JGJ 33)对装载机的规定。

7.1.1 风沙地区、滑坡、崩塌岩堆地段、高原地区等特殊环境路基工程可参照说明表7.1.1,制定相应的对策和安全措施。

说明表 7.1.1

序号	项目	主要对策及措施
1	施工影响范围内的既有建(构)筑物、设备设施、管线等	1. 施工前进行详细的调查、探测; 2. 迁改或采取围挡、警示等进行防护; 3. 必要时设专人监护
2	施工范围内的交通运输道路	1. 申请交通管制; 2. 迁改道路; 3. 设置围挡措施和警示标志; 4. 设专人指挥、警戒
3	影响施工的水	1. 施工前做好引、截、防、排水设施; 2. 施工中采取临时排水措施; 3. 施工过程中检查防排水设施; 4. 及时疏导积水
4	岩溶及坑洞	1. 核查位置及分布; 2. 设置明显警示标志; 3. 排除洞内有害气体、物质; 4. 制定应急处置措施
5	风沙地区	1. 制定、审查并报批专项施工方案; 2. 施工便道设明显、固定标志; 3. 外出不少于2人;十级大风禁止人员外出; 4. 禁止在挖方坡脚休息
6	高原及冻土地区	1. 制定、审查并报批专项施工方案; 2. 人员上场前体检,适应性训练; 3. 后勤医疗保障; 4. 人员、设施防冻
7	滑坡、崩塌岩堆地段	1. 制定、审查并报批专项施工方案; 2. 滑坡体范围设置警示; 3. 监测滑坡体; 4. 夜间禁止施工
8	泥沼地段	探明具体情况,警示
9	泥石流地区	巡查、预警
10	弃土堆	1. 按设计设置及堆弃; 2. 保持弃土堆自身稳定; 3. 采取防排水措施; 4. 坡脚防护

7.1.3 特殊地段路基工程应加强截排水、隔水措施,排水设施应完整、系统通畅,并与桥涵、站场排水和其他水利系统相衔接。

7.2.2

8 “弃土堆距边坡顶的距离”依据《客货共线铁路路基施工技术指南》(TZ 202—2008)第8.2.3条第3款制定。

7.2.4

1 依据《客货共线铁路路基施工技术指南》(TZ 202—2008)第8.5.1条第4款制定。

7.3

工地生产、生活房屋宜集中设置在有防风条件的地方。

8.1.1 支挡防护及防排水工程可参照说明表8.1.1,制定相应的对策和安全措施。

说明表 8.1.1

序号	项　目	主要对策及措施
1	锚杆(索)、桩板墙、抗滑桩	1. 编制、审查并报批专项施工方案; 2. 施工前进行安全技术交底; 3. 每天作业前开展班前安全讲话
2	施工影响范围内的既有建(构)筑物、设备设施、管线等	1. 施工前进行详细的调查、探测; 2. 迁改或采取围挡、警示等进行防护; 3. 必要时设专人监护
3	施工范围内的交通运输道路	1. 申请交通管制; 2. 迁改道路; 3. 设置围挡措施和警示标志; 4. 设专人指挥、警戒
4	影响施工的雨、水	1. 施工前做好引、截、防、排水设施; 2. 施工中采取临时排水措施; 3. 施工过程中检查防排水设施; 4. 及时疏导积水
5	危岩和坡面坡顶危石、松散石块	1. 检查、检测及判定; 2. 施工作业前清理; 3. 制定应急处置措施
6	较深基础开挖	随挖随砌筑,及时灌注混凝土
7	钻孔	1.搭设牢固的作业平台; 2. 禁重叠作业; 3. 吹孔时人员不得正对孔口
8	挖孔桩	1. 设置围栏; 2. 监测滑坡体; 3. 设置软爬梯; 4. 使用安全电压; 5. 及时送风; 6. 防止钢筋笼倒伏伤人; 7. 清理孔口杂物; 8. 孔口加盖
9	弃土堆	1. 按设计设置及堆弃; 2. 保持弃土堆自身稳定; 3. 采取防排水措施; 4. 坡脚防护

8.1.6 边坡施工监测可参考说明表 8.1.6。

说明表 8.1.6

名称	方 法	仪 器
施工期巡视检查	定期进行边坡的巡视检查工作,检查内容包括边坡是否出现裂缝,以及裂缝的变化情况(裂缝的深度及宽度)、是否出现掉渣或掉块现象,坡表有无隆起或下陷,排、截水沟是否通畅,渗水量及水质是否正常等,并做好巡视记录	
边坡外部变形监测	在边坡重点部位,布置变形观测墩,施工期的变形观测应结合永久观测进行。通过大地测量法监测边坡变形情况,包括平面变形测量和高程变形测量	有条件的宜采用较为先进的全球定位(GPS)变形测量系统
表面裂缝监测	主要监测断层、裂隙和层面的变化情况,通过在边坡裂缝表面安装埋设监测仪器,来反映边坡裂缝的开合情况	
深层变形监测	通过在边坡内部深层安装埋设监测仪器,来反映边坡内部变形情况	主要采用测斜仪、多点位移计、滑动测微计等
支护效应监测	主要是对锚杆、锚索应力监测,通过在典型部位锚杆、锚索上安装监测仪器,对锚杆、锚索的应力进行监测,反应锚杆及锚索的支护情况及支护效果	主要采用锚杆应力计及锚索测力计进行监测
爆破振动及声波测试	在边坡开挖过程中,由于爆破震动影响,有可能造成边坡失稳,通过爆破振动监测及声波测试以控制爆破规模	爆破振动测试记录仪、声波仪等
边坡渗流监测	通过对地下水位和渗流量的变化情况来判断边坡的稳定状态	渗压计及测压管等

边坡的变形数据的处理分析,是边坡监测数据管理系统中一个重要内容,用于对边坡未来的状况进行预报、预警,并对边坡的稳定现状进行科学的评价,预测可能出现的边坡破坏,应做好边坡施工安全监测成果的整理、反馈工作,以指导施工。

8.4

(1)设置专职安全检查人员,随时检查安全隐患,发现问题及时解决。

(2)锚杆(索)造孔采用潜孔锤风动钻进时,应采取必要的除尘措施。开孔时,对孔口松动岩块应进行清除,以避免冲击钻进时岩体掉块伤人。

(3)钢铰线通过特制的放料支架下料,防其弹力将人员弹伤,往孔内安装锚索时,应由专人统一协调指挥。

(4)锚杆(索)张拉时,在千斤顶伸长端设置警戒线,以防张拉时出现异常伤人。

(5)锚杆(索)施工时,高压风管、高压油管的接头应连接牢固;造孔、张拉机械的传动与转动部分均需设置完备的防护罩。

8.6.1 在未完成上层作业面的土钉与喷射混凝土前,不得进行下一层的开挖。

8.6.2 根据《土层锚杆设计与施工规范》(CECS 22)第 4.2.2 条 钻孔机具:钻孔机具的选择必须满足土层锚杆钻孔的要求。坚硬黏性土和不易塌孔的土层宜选用地质钻机、螺旋钻机或土锚专用钻机;饱和黏性土与易塌孔的土层宜选用带护壁套管的土锚专用钻机。

9.1.2 营业线路基施工可参考说明表 9.1.2,制定相应的对策及安全措施。

说明表 9.1.2

<table>
<tr><th>序号</th><th colspan="2">项　目</th><th>主要对策及安全防范措施</th></tr>
<tr><td>1</td><td colspan="2">施工技术</td><td>1. 设计方案充分考虑行车及行车设备安全;
2. 编制专项施工方案;
3. 加强影响范围的监测;
4. 严格按规定的工法、工序作业</td></tr>
<tr><td>2</td><td colspan="2">建设各方协调、配合</td><td>1. 提前申报施工计划;
2. 签订安全协议;
3. 提前向相关单位交底;
4. 交叉作业时,共同制定措施,建设和主体单位协调;
5. 认真履行各方职责</td></tr>
<tr><td rowspan="4">3</td><td rowspan="4">现场人员管理</td><td>防护人员不足</td><td rowspan="4">1. 安排足够的安全管理(防护)人员;
2. 根据《铁路营业线施工安全管理办法》(铁办〔2008〕190 号)第 60、61 条培训和考核;
3. 安排正式职工担任联络员、防护员、爆破员、带班人员等;
4. 禁止劳务工单独上道和单独使用作业车辆和设备
5. 加强现场管理、设置围挡
6. 来车前停工、迅速清理现场</td></tr>
<tr><td>素质不高</td></tr>
<tr><td>(作业和闲杂人员)违规上道</td></tr>
<tr><td>违规作业</td></tr>
<tr><td rowspan="5">4</td><td rowspan="5">现场防护</td><td>未配防护用品</td><td rowspan="5">1. 配备需要的防护用品;
2. 培训作业人员正确使用;
3. 配通信设备、信号旗等,约定信号方式;
4. 合理站位(间距、视线);
5. 经常检查防护设施并验收,按规定监测</td></tr>
<tr><td>防护员站位不符合规定</td></tr>
<tr><td>联络不通畅</td></tr>
<tr><td>标志设置、维护不当</td></tr>
<tr><td>未对影响范围监测</td></tr>
<tr><td>5</td><td colspan="2">地下管线及行车设备防护</td><td>1. 核对位置,必要时探测;
2. 签订安全协议;
3. 迁改或设置防护,设警示标志;
4. 设备管理单位监护施工;
5. 先人工探挖一定深度,后机械开挖</td></tr>
<tr><td rowspan="3">6</td><td rowspan="3">材料堆码</td><td>位置侵限</td><td rowspan="3">1. 加强管理,按规定堆码并验收;
2. 派人看守</td></tr>
<tr><td>超高、失稳</td></tr>
<tr><td>无人看守</td></tr>
<tr><td>7</td><td colspan="2">临时道路</td><td>1. 按设计或施工方案施工并验收;
2. 在危险部位设防护或派人看守</td></tr>
<tr><td rowspan="3">8</td><td rowspan="3">临时道口</td><td>未经审批、验收</td><td rowspan="3">1. 按照铁道部现行《设置或拓宽铁路道口人行过道审批办法》执行;
2. 加强检查</td></tr>
<tr><td>未配相关设备</td></tr>
<tr><td>管理不善</td></tr>
<tr><td rowspan="3">9</td><td rowspan="3">机械作业</td><td>倾覆、冲入限界</td><td rowspan="3">1. 提前调查行驶路线,评估其承载力、转弯半径、限高等要求,采取必要加固、加宽等措施;
2. 临近营业有线临时道路设刚性防护桩;</td></tr>
<tr><td>违规掉头</td></tr>
<tr><td>擅自过轨</td></tr>
</table>

续上表

序号	项目			主要对策及安全防范措施
9	机械作业	挂断空中电缆		3. 跟机防护、禁违规掉头和乱停放； 4. 机械过轨前报告并设防护； 5. 列车来临前停止作业、熄灭灯光
		灯光影响行车		
		违规作业和停放		
10	爆破作业	擅自爆破		1. 制定爆破(设计)方案,按规定审批； 2. 根据要求设置防护、警示标志、围挡并验收； 3. 提前通知相关单位和人员； 4. 爆破后对影响范围详细检查； 5. 爆破后立即清理,抢通线路
		缺防护		
		相关人员未到位		
		留有隐患		
		未及时清理		
11	封锁施工	擅自或提前进场		1. 提前申报施工计划； 2. 在不影响行车情况下做好相关准备； 3. 提前通知相关人员到位； 4. 安排车站联络员和现场安全防护人员,配备通讯设备、约定联络信号、合理站位； 5. 按《铁路技术规程》设置移动停车信号； 6. 对防护设施验收； 7. 不足 6.5 m 的临线来车前停工； 8. 开通前及时清理现场,各方验收
		准备不足		
		相关人员未到		
		防护人员	数量不足	
			联系不畅	
			站位不符合规定	
		移动停车信号	显示和位置不符合规定	
		危及邻线行车		
		开通前未验收		
12	慢行施工	移动减速信号显示和位置不符合规定		1. 按《铁路技术规程》设置移动减速信号； 2. 安排车站联络员和现场防护员； 3. 设置围挡、警示标志并验收； 4. 禁用干扰行车的信号； 5. 来车前停止作业(含不足 6.5 m 的临线)； 6. 收工前检查
		施工影响行车		
13	特殊季节、环境施工			1. 大雨雪、汛期前提前检查,做好相关准备； 2. 夜间设围挡、足够照明,不得与行车信号混淆； 3. 施工期间加强监测
14	应急处理	报告、反应不及时		1. 制定或完善应急预案； 2. 强化建设各方应急预案的衔接； 3. 提前配备相应的应急资源； 4. 通过现场联合演练完善应急响应
		协调不力		
		处理不当		

9.1.4 营业线路基施工,施工单位应与设备管理单位和行车组织单位分别签订施工安全协议书。安全协议书应由施工单位上报铁路局主管业务处和安全监察室审查。经审查同意后,施工单位应报建设单位、监理单位备案。未签订施工安全协议未经审查的严禁施工。

《铁路营业线施工安全管理办法》(铁办〔2008〕190 号)第 17 条规定:施工安全协议由施工单位与设备管理单位和行车组织单位按施工项目分别签订。施工安全协议书的基本内容应包括:①工程概况(施工项目、作业内容、地点和时间、影响范围);②施工责任地段和期限;③双方所遵循的技术标准、规程和规范;④安全防护内容、措施及专业结合部安全分工(根据工点、专业实际情况，由双方制定具体条款）；⑤双方安全责任、权利和义务（包括共同安全职责和双方各自安全职责）；⑥违约责任和经济赔偿办法（包括发生铁路交通责任事故时双方所承担的法律责任）；⑦安全监督和基建、更新改造项目配合费用；⑧法律法规规定的其他内容。未签订施工安全协议的不予审批施工方案，严禁施工。

9.1.8　施工期间需设置临时道口时，应依照铁道部《设置或拓宽铁路道口人行过道审批办法》（铁道部令第20号）办理相关的行政审批手续。施工单位在临时道口设置期间应设人看守，并按规定日期拆除。

施工单位在施工中必须保证道口（含临时道口）设备符合标准，并按铁路道口管理有关规定进行管理。对因双线工程造成道口不符合要求的，要修改道口设计，达到道口标准后方可启用，严防道口事故。

9.1.19　据调查，在营业线路基夜间施工中曾经遇到运土汽车倒车，尾灯使列车司机误认为是紧急停车信号，导致列车停车。为防止此类情况发生特制定本条规定。

中华人民共和国行业标准

铁建设〔2009〕181号

铁路桥涵工程施工安全技术规程

Safety Constructional Regulations for Railway Bridge and Culvert Engineering

TB 10303—2009

2009-09-24 发布 **2009-09-24 实施**

中华人民共和国铁道部 发布

前　言

本规程是根据铁道部《关于印发〈2008年铁路工程建设标准编制计划〉的通知》(铁建设函〔2007〕1374号)的要求,为适应大规模高标准铁路建设安全生产的需要,全面落实质量、安全、工期、投资效益、环境保护、技术创新"六位一体"的建设管理要求,进一步规范铁路桥涵工程施工安全管理和施工作业行为,在《铁路工程施工安全技术规程》(TB 10401—2003)基础上修订而成的。

本规程编制过程中,认真贯彻了国家有关安全生产的法律法规,借鉴了国内外有关施工安全的先进理念和方法,在深入开展专题调研的基础上,系统分析了铁路桥涵工程施工中的安全管理现状和典型事故案例,全面总结了铁路桥涵工程施工安全的经验和教训,并广泛征求了有关方面的意见。本规程从技术、管理两个方面,并按管理层、技术层、作业层三个层次,规范了建设、勘察设计、施工、监理单位等建设各方的工作内容与技术要求,体现了系统性、针对性和可操作性,突出了对铁路桥涵工程施工安全的控制和指导作用,建设各方必须严格执行。

本规程共分14章,主要内容包括:总则,基本规定,基础,墩台,预应力混凝土简支箱梁预制及运架,预应力混凝土简支T梁预制及运架,桥位制梁,桥梁支座安装,钢梁架设,拱桥,桥梁转体,涵洞、渡槽、倒虹吸,营业线桥涵施工,桥面系及附属设施。

本次修订的主要内容有:

1. 纳入了近几年来国家和铁道部有关法律、法规和技术标准等对安全生产工作的新要求。

2. 规定了建设各方管理层、技术层和作业层的详细工作内容及具体操作要求。

3. 明确了施工现场危险源和危害因素辨识与管理、风险管理、专项施工方案和应急预案编制、应急演练等方面的内容。

4. 提出了施工安全管理检查表、施工安全技术检查表及施工安全作业检查表,促进安全管理标准化。

5. 采用了作业层易于理解和接受的直观简图,细化和有效落实安全操作要求。

6. 强调了安全教育培训工作,特别明确了施工单位各类人员的安全教育培训时间。

7. 增加了施工便桥、运梁便道、栈桥、水上施工、潜水作业等的内容。

8. 对基础施工强调了地下管线和地下构筑物调查、基坑变形监测、防护措施等。

9. 对墩台施工强调了脚手架、模板支撑系统的受力检算及其自身的可靠连接等。

10. 补充了预制预应力混凝土简支箱梁制造、运输、架设的内容。

11. 纳入了各类不同方法现浇施工预应力混凝土简支箱的内容。

12. 完善了连续梁、连续刚构、斜腿刚构、钢梁及新型结构拱桥等的内容。

13. 增加了营业线桥涵施工的有关安全和技术管理要求。

本规程全部条文均为强制性条文,必须严格执行。

在执行本规程过程中,希望各单位结合工程实践,认真总结经验,积累资料。如发现需要修改和补充之处,请及时将意见和有关资料寄交中铁十局集团有限公司(山东省济南市车站街167号,邮政编码:250001),并抄送铁道部经济规划研究院(北京市海淀区羊坊店路甲8号,邮政编码:100038),供今后修订时参考。

本规程由铁道部建设管理司负责解释。

本规程主编单位:中铁十局集团有限公司

本规程参编单位:中铁三局集团有限公司

本规程主要起草人:王爱平、张维超、薛吉岗、孙延琳、刘志坚、张炳林、朱鹏飞、朱明跃、杨基好、朱俊山、田玉兵、张永立、林定权、覃继华、刘若群、肖家安、张　丛、王吉磊、张　超、王世远、姚　伟、田　猛、王福光、郭延国、程　岗、张文方、张汪钊、程　刚、张云昭、胡新贵、闫小普。

目　　次

1 总 则

1.0.1 为贯彻“安全第一,预防为主,综合治理”的安全生产方针,体现以人为本的理念,落实质量、安全、工期、投资效益、环境保护、技术创新“六位一体”的铁路建设管理要求,规范铁路工程施工安全管理和施工作业行为,保障人身、设备、设施及行车安全,预防事故发生,制定本规程。

1.0.2 本规程适用于新建、改建铁路桥涵工程施工。

1.0.3 铁路桥涵工程施工应建立健全质量、环境、职业健康安全管理体系,对施工安全管理、施工安全技术、施工安全作业进行全过程、全方位管理与控制。

1.0.4 铁路桥涵工程施工应严格按设计文件进行,全面贯彻设计意图,达到设计要求的安全使用功能,保障铁路运营安全。

1.0.5 建设、勘察设计、施工和监理单位等建设各方应坚持“管生产必须管安全”的原则,设置安全管理机构,配备安全管理人员,制定安全生产规章制度,落实安全生产责任制。

1.0.6 建设各方人员必须熟悉和遵守有关安全生产法律法规和本规程的规定,经培训合格方准上岗。特种作业人员必须经专业培训并考核合格后持证上岗。

1.0.7 建设各方必须采用合格的机械设备、仪器仪表、材料和安全防护用品等。

1.0.8 施工组织设计应包含安全保障措施。危险性较大的工程应编制专项施工方案,并按有关规定经审批后实施。

1.0.9 建设各方应根据工程特点和施工环境进行危险源辨识,对重大危险源应编制应急预案,成立应急组织,配备应急物资,并按规定组织培训和演练。

1.0.10 安全生产费用应及时足额拨付并专项管理使用。

1.0.11 铁路桥涵工程施工必须遵守国家有关劳动保护的法规,积极改善施工条件,降低作业人员劳动强度,按规定配备劳动保护和安全防护等用品。

1.0.12 同一工点有多个单位同时施工或不同专业交叉作业时,应共同拟订现场安全技术措施,做好协调,共同执行。

1.0.13 施工过程中应及时掌握气象、水文和地质灾害等相关信息,做好防范和应急工作。

1.0.14 建设各方应按规定进行安全生产检查,对事故隐患必须及时采取整改措施。

1.0.15 铁路桥涵工程施工中采用新技术、新工艺、新设备、新材料时,必须制定相应的安全技术措施,并对有关施工人员进行安全生产教育培训。

1.0.16 联调联试应纳入施工组织设计,保证必要的人员、机具及测试仪器的配备,并必须严格做到试车不施工、施工不试车。

1.0.17 营业线施工及有可能影响营业线运行安全的施工,必须严格执行现行国家及铁路有关安全生产的规定。

1.0.18 本规程应与《铁路工程基本作业施工安全技术规程》(TB 10301)配套使用。

1.0.19 铁路桥涵工程施工安全除应符合本规程外,尚应符合国家现行有关标准的规定。

2 基本规定

2.1 一般规定

2.1.1 建设各方应按《铁路工程基本作业施工安全技术规程》(TB 10301—2009)第2.1节的规定,结合工程实际和项目特点,明确施工安全责任,制定施工安全措施,加强施工安全管理,有效预防事故发生。

2.1.2 建设各方应按《铁路工程基本作业施工安全技术规程》(TB 10301—2009)第2.2节的规定做好施工安全管理工作。施工安全管理工作应按表2.1.2进行检查并作好记录。

表 2.1.2 施工安全管理检查表

<table>
<tr><td colspan="2">项目(工程)名称</td><td colspan="3"></td></tr>
<tr><td colspan="2">建设单位</td><td></td><td>项目负责人</td><td></td></tr>
<tr><td colspan="2">勘察设计单位</td><td></td><td>项目负责人</td><td></td></tr>
<tr><td colspan="2">监理单位</td><td></td><td>总监理工程师</td><td></td></tr>
<tr><td colspan="2">施工单位</td><td></td><td>项目负责人</td><td></td></tr>
<tr><td>序号</td><td colspan="2">检查项目</td><td colspan="2">检查情况</td></tr>
<tr><td>1</td><td colspan="2">安全管理组织机构</td><td colspan="2"></td></tr>
<tr><td>2</td><td colspan="2">安全资源配置</td><td colspan="2"></td></tr>
<tr><td>3</td><td colspan="2">安全管理制度</td><td colspan="2"></td></tr>
<tr><td>4</td><td colspan="2">安全管理目标</td><td colspan="2"></td></tr>
<tr><td>5</td><td colspan="2">安全教育培训</td><td colspan="2"></td></tr>
<tr><td>6</td><td colspan="2">专项施工方案</td><td colspan="2"></td></tr>
<tr><td>7</td><td colspan="2">安全技术交底</td><td colspan="2"></td></tr>
<tr><td>8</td><td colspan="2">风险管理</td><td colspan="2"></td></tr>
<tr><td>9</td><td colspan="2">应急救援预案</td><td colspan="2"></td></tr>
<tr><td>10</td><td colspan="2"></td><td colspan="2"></td></tr>
<tr><td colspan="3">检查单位:</td><td colspan="2">被检查单位:</td></tr>
<tr><td colspan="3">负责人(签名):</td><td colspan="2">负责人(签名):</td></tr>
<tr><td colspan="3">日 期: 年 月 日</td><td colspan="2">日 期: 年 月 日</td></tr>
</table>

2.1.3 建设各方应按《铁路工程基本作业施工安全技术规程》(TB 10301—2009)第2.3节的规定做好施工安全技术工作。施工安全技术工作应按表2.1.3进行检查并作好记录。

表 2.1.3 施工安全技术检查表

项目(工程)名称			
施工单位		项目负责人	
序号	检查内容及要求		检查情况
1	设计文件	设计文件齐全	
		设计文件现场核对	
2	安全技术标准	安全标准齐全、有效	
3	实施性施工组织设计	包含相应的安全技术措施	
		编制、审批程序符合要求	
4	专项施工方案	双壁钢围堰、吊箱围堰、深基坑、挖孔桩、沉井、高大模板、爬模、翻模、箱梁搬(提)运架设备安装和箱梁运架、T梁运架、高压输电线路下运架梁、桥位制梁、钢梁架设、拱桥、桥梁转体、水上施工、跨越道路和营业线桥涵施工等应编制专项施工方案	
		编制、审批程序符合要求	
5	作业指导书	包含相应的安全操作要求	
		编制、审批程序符合要求	
6	安全技术交底	编制各级施工安全技术交底文件并按规定交底	
		交底记录签认齐全	
7	施工日志	施工安全情况记载真实完整	
8	机械设备	制定操作规程和维修保养计划	
		设备检验、鉴定记录	
		建立管理台账	
9	施工安全协议	签订相关施工安全协议	
10	安全生产培训	按规定对管理人员和作业人员进行培训、考核并有记录	
		特种作业人员持证上岗	
11	安全检查	制定安全检查计划	
		检查、整改记录齐全	
12	大型临时工程及过渡工程	编制设计、施工方案	
		检查验收	

2.1.4 作业班组每班应按本规程各章节中"施工作业安全检查表"进行检查并作好记录。

2.1.5 对安全检查中发现的不符合规定的情况,应按表2.1.5签发整改通知单,限期整改,并跟踪验证。

表 2.1.5 安全检查整改通知单

项目(工程)名称	
存在问题及整改要求: 限 年 月 日前整改完成 检查方: 受检方: 检查人(签名): 接收人(签名): 日 期: 日 期:	

续上表

项目(工程)名称	
整改措施： 受检方负责人(签名)：　　　　计划完成日期：　年　月　日	
验证结果： 验证人(签名)：　　　　验证日期：　年　月　日	

2.1.6　建设各方应按《铁路工程基本作业施工安全技术规程》(TB 10301—2009)第 2.5 节的规定对参建人员进行有针对性的培训,未经培训或培训不合格者不得上岗。

2.1.7　作业班组负责人在每天开工前,应进行班前安全讲话,向作业人员强调安全注意事项。

2.1.8　进入施工现场的所有人员,必须按规定佩戴相应的劳动防护用品。

2.2　水上施工

2.2.1　水上施工应符合国家关于海上和内河交通方面的有关规定。

2.2.2　施工单位应按照河道、航道的相关管理规定,编制跨河道专项施工方案,报监理和建设单位审查批准。建设单位负责组织办理在河道、航道内施工的各项手续。

2.2.3　在通航河道上施工影响通航安全时,应向所在地的海事管理机构提出施工作业通航安全审核申请,取得"水上水下施工作业许可证",并办理准予发布航行警告、航行通告的相关手续。

2.2.4　水上施工用船舶应取得经海事管理机构认可的船舶检验机构依法检验并持有合格的船舶检验证书,经海事管理机构依法登记并持有船舶登记证书。

2.2.5　施工用船舶应配备符合国务院交通主管部门规定的掌握水上交通安全技能的船员,并经海事管理机构考试合格,取得相应的适任证书或者其他适任证件。

2.2.6　水上施工应按照海事管理机构的意见,设置必要的安全作业区或警戒区,设置有关标志或配备警戒船。作业船舶或警戒船上应配备有效的通信设备,专人警戒应在指定的频道上收听。

2.2.7　施工单位应制定防汛安全专项预案并进行演练,并指定专人 24 小时值班。

2.2.8　栈桥、施工平台等施工区域应布置禁航信号标志,临时航道应设助航标志等。

2.2.9　施工使用的各种船只,应按相关规定设置航运标志,并配备救生、消防及靠绑设备。

2.2.10　水上施工应设专用救生船,并派人值班。

2.2.11　船上在夜间应有照明设备,没有照明设备的船只,应备有防风灯及电池灯具。

2.2.12　用船只接送施工人员时,应由船员确定人数,不得超员,乘船人员必须遵守乘船规则,穿着救生衣,服从船员和安全员指挥。船头、船尾、船帮上人员不得站立和骑坐。驾驶人员不得私自操作。船上应备足够的救生设备。遇有雨雪、大风天气时,应设置防滑设施。

2.2.13　船只必须按规定吨位装卸,不得偏载。装载的料具符合安全规定。船到位后,靠稳拴好,搭好跳板后,方可卸料。运料船之间的空隙,应铺脚手板或挂安全网,防止人员落水。

2.2.14　水上运输大型构件应符合下列规定:

1 驳船装卸、运输时，应考虑河道限宽、限高要求，符合航运部门的有关规定，船长必须事先熟悉运输航道和所运构件的特点。

2 装运构件时，应根据驳船的载运能力装载，不准超载，并均匀布载。大型构件放落到船仓，如构件重量不够，则应用重物压仓，以提高船只稳定性。

3 构件吊装入船后，应绑扎牢固，支垫平稳。驳船使用拖轮牵引转弯时，应减速，防止离心力作用将人或重物甩入江河或导致船舶发生倾覆，并不得与其他建筑物碰撞而发生沉船事故。拖轮拖运构件时，应随时检查牵引索和大型构件的可靠性和稳定性，发现有异常现象时，应及时采取处理措施。

4 拖轮牵引构件时，应事先了解航线经过处的水深、流速、障碍物等情况，并制定拖轮牵引方案。如使用多只拖轮牵引时，应配备对讲机或移动电话等通讯器材，并有统一的指挥机构。

5 大型预制构件在水运中，应计算构件的稳定性及露出水面的高度，并不应小于浪高加0.5 m。

2.2.15 应定时与当地气象、水文站联系。当遇6级以上大风或暴雨时，应停止工作，并检查加固水面上的船只和锚缆等设施。如确有需要继续作业时，应采取有效措施。

2.2.16 应制定渡船载人、载重及风级、雾天航行等安全规定。

2.2.17 遗留在航道内的碍航物，施工单位应在规定期限内完成清除工作。

2.2.18 水上施工作业应按表2.2.18进行检查，并认真填写检查记录表。对检查中发现的不符合规定的情况，应按表2.1.5签发安全检查整改通知单，限期整改，并跟踪验证。

表2.2.18 水上施工作业安全检查表

项目(工程)名称				
施工地点				
序号	检查项目		对应条文号	检查情况
1	班前安全讲话		2.1.7	
2	劳动保护用品佩戴		2.1.8	
3	专项施工方案		2.2.2	
4	施工手续办理		2.2.3	
5	施工用船舶及船上安全设施		2.2.4~2.2.6,2.2.9~2.2.11, 2.2.13,2.2.16	
6	安全作业区(或警戒区)		2.2.6	
7	防汛预案及演练		2.2.7	
8	船只运送人员		2.2.12	
9	水上运输大型构件	运输构件的高度、宽度	2.2.14	
		驳船载运能力	2.2.14	
		构件的稳定性	2.2.14,2.2.14	
		航道调查	2.2.14	
		构件出水高度	2.2.14	
		拖船牵引稳定性	2.2.14,2.2.14	

续上表

项目(工程)名称			
施工地点			
序号	检查项目	对应条文号	检查情况
10	防风防雨	2.2.15	
11	碍航物清理	2.2.17	
检查方： 检查人(签名)： 年　月　日			受检方： 接收人(签名)： 年　月　日

2.3　潜水作业

2.3.1　潜水作业前潜水员应掌握下潜任务、下潜环境、工作部位、水深、流速、流向等，对潜水员进行技术交底，并执行有关的安全操作规定。

2.3.2　潜水及加压前应对潜水设备进行检查，确认良好后方可进行作业。

2.3.3　供给潜水员呼吸用的气源纯度，必须符合国家有关规定。

2.3.4　潜水作业点的水面上不得进行起吊作业或有船只通过；在 2 000 m半径内不得进行爆破作业，在200 m半径内不得有抛锚、振动打桩、锤击打桩、空气幕沉井下沉、电击鱼类等作业，在 2 000 m 半径内不得进行爆破作业。

2.3.5　水面有超过 4 级浪时，不得进行潜水作业。

2.3.6　通风式重潜水作业应符合下列规定：

1　潜水员下潜或上升时，供气软管、信号绳、下潜导绳应分开。

2　潜水员不得在杂乱杆件档内穿越；不得穿越隔梁进入其他井孔。

3　检查或排除机动船推进器上的绞缠物时，应派专人在机房内看守。

4　水下作业面高低悬殊较大时，供气软管和信号绳应适量收紧。

5　信号绳和供气软管放出、收回的速度，应与潜水员下潜或上升的速度保持一致。

2.3.7　轻潜水作业应符合下列规定：

1　潜水时间应根据潜水深度计算确定。

2　深潜水时应配备潜水医生及必要的潜水减压设备。

2.3.8　流速大于 1 m/s时进行潜水作业应符合下列规定：

1　潜水员的头盔面罩应加防护罩，压铅、潜水鞋、下潜导绳的坠砣应加重，供气软管、信号绳应作拉力试验。

2　潜水工作船应抛锚在潜水作业点上游。

3　下潜员应使用安全带，套在下潜导绳上下潜或上升；在水底，不得抛开导向绳，应减少用气量，行走时应面向上游。

2.3.9　夜间潜水作业时，除潜水工作船、潜水平台应有照明外，还应安装照明度较大的灯具，照在潜水点的水面上。

2.3.10　炎热环境潜水作业时，潜水前应将储气筒充满压缩空气，储气筒上面应安装冷水管降温，待压缩空气冷却后再使用或用冷气泵供气；在沉井或管柱内潜水，应有通风设备。

2.3.11 寒冷环境潜水作业应符合下列规定：

1 潜水前供气管路应用压缩空气吹通几分钟，接头部位用棉垫包裹。

2 水面有浮冰时，供气软管、信号绳与断冰接触处应有防止磨损或割断的措施。

3 潜水梯的横撑、潜水员行走的路面或厚冰上，应有防滑的措施。

2.3.12 在水库中潜水作业时应派专人看守闸门点，在潜水员未出水之前，不得开启闸门。

2.3.13 在沉井、围堰内潜水作业应符合下列规定：

1 井内水位应高于沉井外的水位，多孔沉井各孔内的水位应一致。

2 井内壁不得有钢筋、扒钉头、铁钉头等外露；严禁潜水员穿越邻孔。

3 井内吸泥清基，吸泥机和高压射水枪的闸阀应派人看守，由潜水电话员指挥。

4 潜水员用手扶持吸泥机作业时，应制定安全防护措施，严禁用手和脚去探摸吸泥机头部或骑在吸泥机弯头上。

2.3.14 水下起吊作业应符合下列规定：

1 作业前应熟悉被起吊物件的结构、沉没原因，并制定打捞方案。

2 在起吊时，潜水员应将沉没物件拴牢，待潜水员上升出水后，方可起吊出水。

3 打捞沉船、钢结构、圆筒等物件时，严禁潜水员在沉船、钢架、圆筒内穿行。

4 潜水员不得在悬浮水中的物体上工作，不得从悬空物件和锚链下穿越。

2.3.15 水下焊接或切割作业应符合下列规定：

1 潜水员应熟练掌握焊接及切割技术和作业要领。

2 电焊钳、割刀把、电缆等必须绝缘，头盔外面和领盘应涂一层绝缘漆或包裹一层薄橡皮。

3 电路在水面部分应安装自动接触器或闸刀开关，由电话员看管。

2.3.16 水下爆破作业应符合下列规定：

1 潜水员应熟悉爆破器材的性能、操作技术和安全规定。

2 同一起爆中，不得使用不同型号的雷管。

3 引爆导线与电源之间，应安装闸刀开关，由专人看管。

4 炸药包密封后，潜水员应将炸药包随身带入水下，不得用绳传递。

5 发生“瞎炮”时应切断电源，15 min后再下潜取出。

2.3.17 潜水作业应按表 2.3.17 进行检查，并认真填写检查记录表。对检查中发现的不符合规定的情况，应按表 2.1.5 签发安全检查整改通知单，限期整改，并跟踪验证。

表 2.3.17 潜水作业安全检查表

项目(工程)名称			
施工地点			
序号	检查项目	对应条文号	检查情况
1	技术交底	2.3.1	
2	潜水设备检查	2.3.2	
3	气源纯度	2.3.3	
4	作业环境	2.3.4	
5	水面浪级	2.3.5	
6	通风式重潜水作业	2.3.6	

续上表

项目(工程)名称			
施工地点			
序号	检查项目	对应条文号	检查情况
7	轻潜水作业	2.3.7	
8	流速大于 1 m/s 时的潜水作业	2.3.8	
9	夜间潜水作业	2.3.9	
10	炎热环境潜水作业	2.3.10	
11	寒冷环境潜水作业	2.3.11	
12	水库中潜水作业	2.3.12	
13	围堰、沉井内潜水作业	2.3.13	
14	水下起吊作业	2.3.14	
15	水下焊接或切割作业	2.3.15	
16	水下爆破作业	2.3.16	
检查方： 检查人(签名)： 年　月　日			受检方： 接收人(签名)： 年　月　日

2.4　跨越道路施工

2.4.1　跨越道路施工前，施工单位应编制跨越道路专项施工方案，报监理和建设单位审查批准。建设单位组织联系道路主管部门、公安机关交通管理部门协商办理施工或封锁道路的相关手续。

2.4.2　跨越道路施工应符合以下规定：

1　应根据道路交通的实际需要设置施工标志、路栏、锥形交通路标等安全设施，夜间应有反光或施工警告灯光信号，必要时应使用信号或派旗手管制交通。行车道前方应设置限位门架，禁止超高、超宽车辆通行，支架支墩应设置防撞墩加以保护。

2　对未中断交通的施工作业道路，施工单位应当协助当地公安机关交通管理部门作好交通安全监督检查，维护道路交通秩序。

3　跨越公路架设桥梁时，梁体落位前，应封锁该行车道交通，落位稳定后恢复交通。

4　应采取防护棚等防坠落设施，以防止落物伤及行人和车辆。

5　施工作业完毕，施工单位应当迅速清除道路上的障碍物，消除安全隐患，经道路主管部门和公安机关交通管理部门验收合格，符合通行要求后，方可恢复通行。

2.4.3　跨越道路施工作业应按表 2.4.3 进行检查，并认真填写检查记录表。对检查中发现的不符合规定的情况，应按表 2.1.5 签发安全检查整改通知单，限期整改，并跟踪验证。

表 2.4.3 跨越道路施工作业安全检查表

<table>
<tr><td colspan="2">项目(工程)名称</td><td colspan="2"></td></tr>
<tr><td colspan="2">施工地点</td><td colspan="2"></td></tr>
<tr><td>序号</td><td>检查项目</td><td>对应条文号</td><td>检查情况</td></tr>
<tr><td>1</td><td>班前安全讲话</td><td>2.1.7</td><td></td></tr>
<tr><td>2</td><td>劳动保护用品佩戴</td><td>2.1.8</td><td></td></tr>
<tr><td>3</td><td>专项施工方案</td><td>2.4.1</td><td></td></tr>
<tr><td>4</td><td>施工手续办理</td><td>2.4.1</td><td></td></tr>
<tr><td>5</td><td>施工警示标志</td><td>2.4.2</td><td></td></tr>
<tr><td>6</td><td>夜间施工警示设施</td><td>2.4.2</td><td></td></tr>
<tr><td>7</td><td>防撞设施</td><td>2.4.2</td><td></td></tr>
<tr><td>8</td><td>交通安全指挥(疏导)</td><td>2.4.2</td><td></td></tr>
<tr><td>9</td><td>跨道路架设桥梁</td><td>2.4.2</td><td></td></tr>
<tr><td>10</td><td>防坠物设施</td><td>2.4.2</td><td></td></tr>
<tr><td>11</td><td>障碍物清除</td><td>2.4.2</td><td></td></tr>
<tr><td colspan="4">检查方：
检查人(签名)：
年 月 日
受检方：
接收人(签名)：
年 月 日</td></tr>
</table>

3 基　　础

3.1　一般规定

3.1.1　基础施工作业过程中应考虑下列主要危险源、危害因素：

1　地下管线、地下构筑物等调查不明，盲目施工。

2　机械设备未按规定进行检查验收。

3　危险处所未按规定设置防护设施和警示标志。

4　围堰施工时，对其变形、渗水和冲刷等情况不进行监测或发现问题处理不及时。

5　钢板桩吊环焊接质量不合格。

6　双壁钢围堰的尺寸、强度、刚度、稳定性和锚碇方法不能满足施工要求。

7　基坑开挖未按规定进行放坡。

8　基坑支护变形检查、处理不及时。

9　基坑降水影响周边建筑物，观测处理不及时。

10　打桩机或钻机基底不坚固。

11　挖孔桩护壁施工不及时。

12　承台施工时平台及支撑系统搭设、连接不牢固。

13　违规拆除沉井垫木。

14　违规进行爆破作业。

15　作业人员不按规定佩戴劳动防护用品。

16　施工现场违章用电。

17　水上施工无救生和消防等设施，无防汛措施。

3.1.2　双壁钢围堰、吊箱围堰、深基坑、挖孔桩及沉井施工前，应编制专项施工方案。

3.1.3　基础工程开工前，必须调查探明作业区内地下管线、地下构筑物及地面以上通讯、电力线路等，有碍施工时，应先进行加固防护或改移。

3.1.4　机械设备等在施工前应经检查验收合格后方可使用。

3.1.5　基坑、挖井、沉井、泥浆池、挖孔桩、浇筑后的钻孔桩四周必须设置护栏及明显的警示标志，夜间应悬挂示警红灯，非工作人员不得入内。钻、挖孔桩停止施工时，孔口应加盖防护，如图 3.1.5 所示。

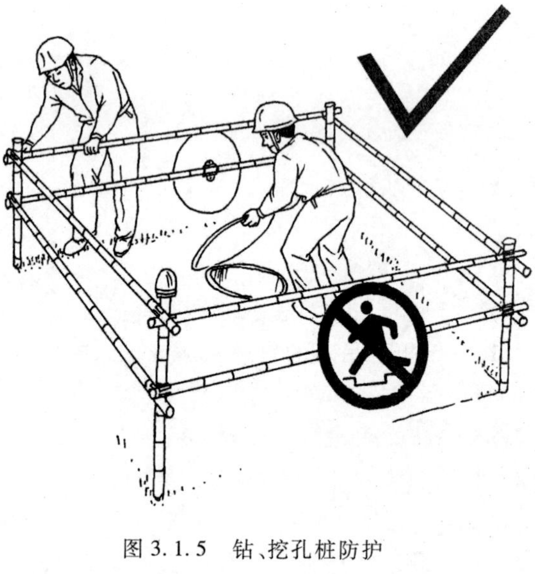

图 3.1.5　钻、挖孔桩防护

3.1.6　基坑及围堰施工，应根据水文、地质条件、机械设备能力等因素选择适当的支护方案。

3.1.7　在不稳定的土或砂土中采用吸泥、吹砂等方法下沉围堰或沉井时，应备有向围堰（沉井）内补水的设备，保持围堰（沉井）内外水压平衡，防止翻砂。吸泥器应均匀移动作业，防止吸泥过深，造成结构下沉偏斜。

3.1.8　深水钢围堰、水上作业平台施工，当遇到大风、暴雨等恶劣天气时，应停止施工作业并采取有效的应对措施。

3.1.9 桥涵地基处理应符合《铁路路基工程施工安全技术规程》(TB 10302—2009)有关规定的要求。

3.1.10 桥涵基础施工中的起重吊装、施工用电、现场防火、危险物品管理、季节性施工、钢筋、模板和混凝土施工等应符合《铁路工程基本作业施工安全技术规程》(TB 10301—2009)的相关规定。

3.2 围　　堰

3.2.1 围堰应经设计检算,围堰结构应能承受水、土和外来的压力,并防水严密。

3.2.2 围堰顶高出施工期间可能出现的最高水位的高度,应根据水文、地质及施工需要等实际情况确定。

3.2.3 围堰施工过程中,应加强对其变形、渗水和冲刷情况的监测,发现异常应及时处理。

(Ⅰ)土、石围堰

3.2.4 土、石围堰填筑宽度应满足承受水压力和流水冲刷的要求。围堰外侧迎水面应采取防冲刷措施。

3.2.5 围堰填筑内侧坡脚与基坑开挖边缘距离应根据河床土质和基坑深度而定,且不得小于1.0 m。

3.2.6 当河床横坡较大时,应在围堰外侧打设防滑桩,在桩内侧放入竹笆后堆码土袋围堰。

3.2.7 采用吸泥船吹砂筑岛,作业区内严禁其他船舶和无关人员进入。不得在承载吸泥管道的浮筒上行走。

3.2.8 钢筋笼卵(片)石围堰,钢筋笼下水时应打桩固牢。

(Ⅱ)钢板桩围堰

3.2.9 水中插打钢板桩,必须有安全可靠的打桩船或工作平台,四周设安全防护。

3.2.10 吊桩时吊点位置不得低于桩顶以下1/3桩长处。

3.2.11 钢板桩组拼插打,应沿桩长设置横向夹板,确保组拼钢板桩刚度,夹板间距视具体情况确定,严禁将吊具拴在钢板桩夹具上或捆在钢板桩上进行吊装。

3.2.12 钢板桩吊环的直径和焊接长度应通过计算确定。施工时必须确保吊环的焊接质量,并必须进行试吊方可正式起吊。

3.2.13 起吊钢板桩时,应拴好溜绳;吊起钢板桩未就位前,桩位附近不得站人。

3.2.14 桩帽(垫)与钢板桩连接牢固,初始阶段应轻打贯入,桩帽(垫)变形时,应及时更换。

3.2.15 钢板桩插进锁口后,因锁口阻力不能插放到位而需桩锤压插时,应控制桩锤下落行程,防止桩锤随钢板桩突然下滑。

3.2.16 拔桩时应符合下列规定:

1 拔桩前应向围堰内灌水,使围堰内外水位基本相等,从下游开始,向上游依次进行。

2 拔桩设备应有超载限制器,严禁超载硬拔。

3 钢板桩顶层围檩不得一次性预先拆除,应拆除一组拔一组。

4　拔桩前应拴好溜绳。拔桩作业,机械作业范围及桩位附近不得站人。

(Ⅲ)双壁钢围堰

3.2.17　双壁钢围堰应进行专门设计,围堰的尺寸、强度、刚度及结构稳定性、锚碇方法等应满足设计及施工要求。

3.2.18　在壁板或隔板内焊接钢围堰时,应采用机械通风,舱内的空气温度不得超过 25 ℃,二氧化碳等有害气体的浓度含量不得超过 1.0% 。

3.2.19　在浮船或浮箱上组装钢围堰时,四周应设置缆风绳,并下锚固定,在锚碇线路上应设浮标。船锚在施放时,位置应准确,并要采取措施,防止下锚时锚链(绳)缠绕或刮伤人。浮船及浮箱上,应备有足够数量的救生及防火设备。

3.2.20　当双壁钢围堰使用两台以上吊车或吊船起吊时,其吊点、吊具及围堰加固应进行设计。应先试吊,起吊时应设专人统一指挥。

3.2.21　双壁钢围堰在浮运前应对定位船、导向船上的马口、系缆桩、复式滑车组、绞车、固定座、钢丝绳、连接设备、起吊塔架、水上供电、通讯以及导向船压舱等进行全面检查,确认合格后,方可使用。

3.2.22　双壁钢围堰浮运前,应与气象、水文站(台)联系,掌握天气和水文情况,并向海事部门办好封锁航道手续。浮运时,应选择风小、正常流速、无雨的白天进行。

3.2.23　双壁钢围堰浮运过程中,应有救生船并配备救生、消防及通讯设施设备;围堰到位下锚时,应防止锚链(绳)缠绕或刮伤人。围堰着床前,应根据水位的涨落情况,随时调整锚缆的受力状态。锚碇系统应派专人负责检查。

3.2.24　双壁钢围堰接高下沉加载时,应对称均匀加载,采取缆风绳加固等措施,防止围堰倾斜。围堰顶应高出施工期间可能出现的最高水位,有涨潮或风浪时应适当加高。

3.2.25　双壁钢围堰内取土下沉时,抓泥斗不得碰撞钢围堰侧壁。钢围堰落床尚未稳定前,应防止往来船舶、飘流物等碰撞导向船、浮标和锚索等。

3.2.26　需要水下爆破时,应符合本规程第 2.3.16 条和现行国家标准《爆破安全规程》(GB 6722)的有关规定。

3.2.27　水下切割拆除双壁钢围堰时,应符合本规程第 2.10 节的有关规定。当围堰切割成上、下两节时,在连接构件处,应装倒插连接装置,并加设支撑。在吊卸时,起吊绳不得反弹。

(Ⅳ)吊 箱 围 堰

3.2.28　吊箱围堰应进行专门设计,其强度、刚度及吊装方法应满足施工要求,并作好抗浮力和防漏水设计。围堰的支撑体系应满足吊装整体吊箱围堰和浇筑封底混凝土整体受力的需要。围堰的底板结构应满足浇筑水下封底混凝土和抽水浇筑承台混凝土时的受力需要。

3.2.29　在船上组装、整体浮运吊装应符合本规程第 3.2.19 条 ~ 第 3.2.23 条的有关规定。

3.2.30　在平台上组装时,底板、侧板应连接牢固,并有可靠的防漏水措施。采用多吊点同步吊放、整体下落时,应使各吊杆受力均匀。对吊点的受力焊缝应进行探伤检查。

3.2.31　封底混凝土应采用多导管对称浇筑,厚度应均匀。抽水过程中应加强观测,若有异常,及时处理。采用水密板封底时结构接缝应满足水密要求,并采取措施防止吊箱上浮。

3.2.32 在单壁钢吊箱内抽水时，应及时设置内支撑，保证围堰结构的稳定。

3.2.33 水下拆除钢吊箱时，应符合本规程第2.10节的有关规定。

3.2.34 围堰施工作业应按表3.2.34进行检查，并认真填写检查记录表。对检查中发现的不符合规定的情况，应按表2.1.5签发安全检查整改通知单，限期整改，并跟踪验证。

表3.2.34 围堰施工作业安全检查表

项目(工程)名称				
施工地点				
序号	检查项目		对应条文号	检查情况
1	班前安全讲话		2.1.7	
2	劳动保护用品佩戴		2.1.8	
3	施工调查		3.1.3	
4	机械设备验收		3.1.4	
5	围堰观测		3.2.3	
6	土、石围堰	围堰设计	3.2.1,3.2.2	
		围堰填筑宽度	3.2.4	
		迎水面防冲刷措施	3.2.4	
		围堰填筑内侧坡脚与基坑开挖边缘距离	3.2.5	
		河床横坡较大时的围堰防护	3.2.6	
		吸泥船吹砂筑岛	3.2.7	
		钢筋笼卵(片)石围堰	3.2.8	
7	钢板桩围堰	水中插打钢板桩	3.2.10	
		吊桩吊点位置	3.2.10	
		钢板桩组拼插打	3.2.11	
		钢板桩吊环	3.2.12	
		钢板桩起吊	3.2.13	
		桩帽(垫)	3.2.14	
		桩锤压插钢板桩	3.2.15	
		拔桩	3.2.16	
8	双壁钢围堰	专项施工方案	3.1.2	
		围堰设计	3.2.17	
		钢围堰焊接通风	3.2.18	
		围堰组装用浮船(浮箱)	3.2.19	
		双机起吊钢围堰	3.2.20	
		浮运前准备工作	3.2.21,3.2.22	

续上表

项目(工程)名称				
施工地点				
序号	检查项目		对应条文号	检查情况9
8	双壁钢围堰	浮运围堰	3.2.23	
		围堰下沉和接高	3.2.23,3.2.24,3.2.25	
		水下爆破	3.2.26	
		水下拆除围堰	3.2.27	
9	吊箱围堰	专项施工方案	3.1.2	
		围堰设计	3.2.28	
		船上组装围堰及围堰浮运、吊装	3.2.29	
		平台上组装围堰	3.2.30	
		围堰封底	3.2.31	
		单壁钢吊箱内抽水	3.2.32	
		水下拆除钢吊箱	3.2.33	
10	水上施工		2.2.1 ~ 2.2.17	
11	潜水作业		2.3.1 ~ 2.3.16	
12	起重吊装		3.1.10	
13	施工用电		3.1.10	
14	现场防火		3.1.10	
15	危险物品管理		3.1.10	
16	防风		3.1.8,3.1.10	
17	季节性施工		3.1.10	

检查方：　　　　　　　　　　　　受检方：

检查人(签名)：　　　　　　　　　　接收人(签名)：

年　月　日　　　　　　　　　　　　年　月　日

3.3 明挖基础

3.3.1 深基坑施工应对支护结构的位移和应力、邻近建筑物的沉降与位移、地下水位变化、基底隆起等项目开展系统的监测,及时进行分析并采取可靠措施,预防基坑安全事故的发生。

(Ⅰ)放 坡 开 挖

3.3.2 基坑开挖对邻近建(构)筑物或临时设施有影响时,应采取安全防护措施。

3.3.3 基坑顶面四周应开挖排水沟,防止地表水流入基坑。

3.3.4 开挖基坑应视地质和水文情况、基坑深度按规定坡度分层进行。严禁采用局部开挖深坑,从底层向四周掏土的方法施工。

3.3.5 基坑顶有动载时,坑口边缘与动载间的安全距离应根据基坑深度、坡度、地质和水文条件及动载大小等情况确定,且均不应小于 1.0 m。弃土堆坡脚与坑口边缘的距离不得影响基坑边坡的稳定。

3.3.6 在土石松动地层或在粉、细砂层中开挖基坑时，应先做好安全防护设施；软基开挖必须进行支护。当基坑开挖需要爆破时，应执行现行国家标准《爆破安全规程》(GB 6722)的规定。

3.3.7 采用垂直运输出土时，应每班检查吊斗绳索、挂钩、机具等是否完好牢固。装土或卸土后必须将斗门关好，斗门扣件应有防脱措施。吊斗升降时，坑内作业人员应躲离吊斗升降移动范围以外。吊斗不使用时，应及时摘下，不得悬挂。

3.3.8 基坑开挖时，应观测坡面稳定情况。当发现坑沿顶面出现裂缝、坑壁松塌或遇涌水、涌砂时，应立即停止施工，加固处理后方可继续施工。

3.3.9 采用天然冻结法开挖基坑时，必须根据地质、水文、气象等实际情况，制定施工安全技术措施。开挖时应分层冻结，逐层开挖，严禁破坏周边冻结层，并且应在冻融前完成基础工程施工。

(Ⅱ)支 护 开 挖

3.3.10 当基坑边坡不能自稳并受地下水影响，或因条件限制不能放坡时，必须对坑壁进行支护加固后开挖。

3.3.11 挡板护壁施工应符合下列规定：

1 基坑每层开挖深度应根据地质情况确定，并应边挖边支。

2 支撑结构应随时检查，发现变形，及时加固或更换。支撑拆除时应自下而上，待下层支撑拆除并回填土后，再拆除上层支撑。

3 用吊斗出土，应有防护措施，吊斗不得碰撞支撑。

3.3.12 排桩支护施工应符合下列规定：

1 排桩支护结构应进行设计检算，并按设计施工，严格遵守“先支撑后开挖”的原则。

2 钢支撑的连接必须牢固、顺直；钢支撑端头与冠梁或腰梁的连接应能满足支撑端头局部稳定和传递支撑力的要求，支撑端面与支撑轴线不垂直时，应采取构造措施承受支撑与冠梁或腰梁之间的剪力；拉锚应作抗拔试验，确保锚固稳定可靠。

3 当地下水位高于基坑底面时，应先行降水或在排桩外围施工隔水帷幕后再开挖基坑。

3.3.13 锚喷支护施工应符合下列规定：

1 喷射混凝土作业前应检查现场环境、管路、接头、压力表及安全阀。作业过程中应设专人指挥，专人操作喷射设备。严禁喷射过程中碾压、踩踏管路。

2 根据土质与渗水情况，每次下挖后应及时喷护，对无水或少水坑壁，喷射顺序应由下而上，但对渗水的坑壁应由上而下。喷射混凝土终凝 2 h后，应进行湿润养护。

3 喷射混凝土时，喷嘴不得面对有人方向。喷射机发生故障时，应先停风、水后再处理。

4 锚杆施工所用的钢材、锚具、砂浆等材料和钻孔、张拉、注浆设备等均应按国家有关规定进行检验。

5 锚杆施工前应进行现场拉拔试验、锚杆群锚效果试验等，以判明锚杆能否满足设计要求的性能。

6 锚杆锚固段的强度达到设计要求后方可进行张拉，锚杆锁定应按设计要求进行，锚杆的张拉顺序应考虑对临近锚杆的影响。

（Ⅲ）基坑降、排水

3.3.14　基坑防水和降、排水施工应进行方案设计。

3.3.15　基坑降、排水时，对周边的建（构）筑物应加强观测，必要时采取防范措施。

3.3.16　在降、排水过程中，当出现大量涌砂、涌水、坑壁坍塌等情况时，应停止抽水，采取加固措施。

3.3.17　拆除多层井点应自底层开始逐层向上进行，在下层井点拆除中，上部各层井点应继续抽水。

3.3.18　在地下水位较高，基坑降、排水措施效果不佳时，应考虑在基坑围护结构外围设置隔水帷幕。

3.3.19　明挖基础施工作业应按表3.3.19进行检查，并认真填写检查记录表。对检查中发现的不符合规定的情况，应按表2.1.5签发安全检查整改通知单，限期整改，并跟踪验证。

表3.3.19　明挖基础施工作业安全检查表

项目（工程）名称				
施工地点				
序号	检查项目		对应条文号	检查情况
1	班前安全讲话		2.1.7	
2	劳动保护用品佩戴		2.1.8	
3	施工调查		3.1.3	
4	机械设备验收		3.1.4	
5	基坑护栏及警示设施		3.1.5	
6	深基坑专项施工方案		3.1.2	
7	深基坑施工监测		3.3.1	
8	开挖方案选择		3.3.10	
9	放坡开挖	对邻近建（构）筑物、设施等的影响	3.3.2	
		地面排水	3.3.3	
		开挖方法	3.3.4	
		坑顶安全距离	3.3.5	
		特殊地层及软基开挖	3.3.6	
		爆破作业	3.3.6	
		垂直出土	3.3.7	
		边坡安全监测	3.3.8	
		冻结法施工	3.3.9	
10	挡板护壁	分层开挖深度	3.3.11	
		支护及时性	3.3.11	
		支撑结构	3.3.11	
		支撑结构拆除	3.3.11	
		吊斗出土	3.3.11	

续上表

<table>
<tr><td colspan="3">项目(工程)名称</td><td colspan="2"></td></tr>
<tr><td colspan="3">施工地点</td><td colspan="2"></td></tr>
<tr><td>序号</td><td colspan="2">检查项目</td><td>对应条文号</td><td>检查情况</td></tr>
<tr><td rowspan="6">11</td><td rowspan="6">排桩支护</td><td>设计检算</td><td>3.3.12</td><td></td></tr>
<tr><td>支撑和开挖顺序</td><td>3.3.12</td><td></td></tr>
<tr><td>钢支撑连接</td><td>3.3.12</td><td></td></tr>
<tr><td>钢支撑端头与冠梁或腰梁的连接</td><td>3.3.12</td><td></td></tr>
<tr><td>拉锚系统</td><td>3.3.12</td><td></td></tr>
<tr><td>基坑降水或隔水</td><td>3.3.12</td><td></td></tr>
<tr><td rowspan="2">12</td><td rowspan="2">锚喷支护</td><td>喷射混凝土施工</td><td>3.3.13</td><td></td></tr>
<tr><td>锚杆施工</td><td>3.3.13</td><td></td></tr>
<tr><td rowspan="5">13</td><td rowspan="5">基坑降、排水</td><td>降水方案设计</td><td>3.3.14</td><td></td></tr>
<tr><td>周边建(构)筑物观测</td><td>3.3.15</td><td></td></tr>
<tr><td>异常情况处理</td><td>3.3.16</td><td></td></tr>
<tr><td>多层井点拆除</td><td>3.3.17</td><td></td></tr>
<tr><td>隔水帷幕</td><td>3.3.18</td><td></td></tr>
<tr><td>14</td><td colspan="2">施工用电</td><td>3.1.10</td><td></td></tr>
<tr><td>15</td><td colspan="2">现场防火</td><td>3.1.10</td><td></td></tr>
<tr><td>16</td><td colspan="2">危险物品管理</td><td>3.1.10</td><td></td></tr>
<tr><td>17</td><td colspan="2">季节性施工</td><td>3.1.10</td><td></td></tr>
<tr><td colspan="5">检查方：
检查人(签名)：
年 月 日
受检方：
接收人(签名)：
年 月 日</td></tr>
</table>

3.4 沉 桩

(Ⅰ)锤 击 沉 桩

3.4.1 锤击沉桩应考虑对邻近建(构)筑物和周边土体的影响,对其沉降和位移应进行观测,发现异常时应停止沉桩并研究处理。

3.4.2 打桩机的移动轨道应铺设平顺、轨距正确,轨道钉牢,钢轨端部应设止轮器。

3.4.3 有潮汐的水域,应采用固定平台或专用打桩船。水上打桩平台应与打桩机底座连接牢固。当采用专用打桩船沉桩时,桩架与船体的连接和船体的锚碇应牢固。当其他船舶通过施工区,船行波影响打桩船稳定性时,应暂停沉桩。

3.4.4 桩的吊点应符合设计要求。吊桩时应在桩上拴好溜绳,不得与桩锤或桩机碰撞。

3.4.5 在起吊桩或桩锤时,作业人员不得在吊钩下或桩架龙门口停留。

3.4.6 接长钢筋混凝土管桩时,严禁把手伸入桩头和法兰螺栓孔中。

3.4.7 管桩打好后,应随即将桩口盖好。

3.4.8 在沉桩过程中,遇地基沉陷、桩机倾斜、吊具损坏,必须立即停止施工,采取措施。

3.4.9 打桩机在工作时,严禁进行任何维修。严禁桩锤在悬挂状态下进行检查维修。

3.4.10　打桩机移动时，机体应平稳，桩锤应放在机架的最低位置。采用滚杠滑移打桩机时，工作人员不得在打桩机架内操作。

（Ⅱ）振 动 沉 桩

3.4.11　振动打桩机与桩帽及桩的连接螺栓，应上满拧紧。每振动一次必须进行检查，若有松动，应予处理。

3.4.12　用起重机具悬吊振动锤沉桩时，其吊钩上方应有防松脱的保护装置，并应控制吊钩下降速度与沉桩速度一致，保持桩身稳定。

3.4.13　在沉桩过程中，遇有桩倾斜、回跳，打桩机有异声及其他异常情况时，应立即停振，查明原因处理后方可继续施工。

3.4.14　振动下沉过程中，严禁进行机械保养维修。

3.4.15　桩机停止作业后，应立即切断动力源。

（Ⅲ）静 压 沉 桩

3.4.16　压桩前，应根据压桩地区的水文、地质情况正确估算压桩阻力，选用适当的压桩设备。

3.4.17　桩的吊点应符合设计要求。吊桩时应在桩上栓好溜绳，不得碰撞桩机。

3.4.18　在起吊桩或压桩时，作业人员不得在吊钩或桩架下停留。

3.4.19　压桩过程中，应保持桩机压梁中轴线与桩中轴线在同一直线上。发生桩身倾斜应立即停止加压，查明原因处理后方可继续施工。

3.4.20　压桩机严禁超负荷运行。当压桩阻力超过压桩机能力时，应立即停止施工，避免发生断桩或倒架事故。

（Ⅳ）射水辅助沉桩

3.4.21　采用高压射水辅助沉桩施工时，应防止沉桩急剧下沉，造成桩身和桩架倾斜。射水沉桩时，应待桩身入土达到稳定时再射水。

3.4.22　采用高压水泵等辅助沉桩措施，高压水泵的压力表、安全阀、水泵、输水管道及水压大小应符合安全要求。高压射水辅助沉桩，应根据地质情况，采用相应水压。

3.4.23　靠近既有桥梁部位的基桩，不得采用射水辅助沉桩。

3.4.24　在地势低洼处采用辅助射水沉桩时，应有排水设施，保持排水正常。施工中严禁射水管口对人、设备和设施。

3.4.25　沉桩施工作业应按表 3.4.25 进行检查，并认真填写检查记录表。对检查中发现的不符合规定的情况，应按表 2.1.5 签发安全检查整改通知单，限期整改，并跟踪验证。

表 3.4.25　沉桩施工作业安全检查表

项目（工程）名称			
施工地点			
序号	检查项目	对应条文号	检查情况
1	班前安全讲话	2.1.7	
2	劳动保护用品佩戴	2.1.8	

续上表

项目(工程)名称				
施工地点				
序号	检查项目		对应条文号	检查情况
3	施工调查		3.1.3	
4	机械设备验收		3.1.4	
5	水上平台施工		3.1.8	
6	锤击沉桩	邻近建(构)筑物观测	3.4.1	
		桩机移动轨道	3.4.2	
		水上打桩平台	3.4.3	
		打桩船	3.4.3	
		吊桩	3.4.4	
		作业人员站立位置	3.4.5	
		管桩接长	3.4.6	
		管桩桩口防护	3.4.7	
		异常情况处理	3.4.8	
		设备维修	3.4.9	
		桩机移动	3.4.10	
7	振动沉桩	桩机、桩帽及桩的连接	3.4.11	
		起重机悬吊振动桩锤沉桩	3.4.12	
		异常情况处理	3.4.13	
		设备维修	3.4.14	
		停止作业后工作	3.4.15	
8	静压沉桩	设备选用	3.4.16	
		吊桩	3.4.17	
		作业人员站立位置	3.4.18	
		压桩	3.4.19,3.4.20	
		异常情况处理	3.4.19,3.4.20	
9	射水辅助沉桩	射水时机	3.4.21	
		射水压力	3.4.22	
		高压水泵	3.4.22	
		靠近既有桥梁施工	3.4.23	
		排水设施	3.4.24	
		射水管口	3.4.24	
10	水上施工		2.2.1~2.2.17	
11	起重吊装		3.1.10	
12	施工用电		3.1.10	
13	现场防火		3.1.10	
14	危险物品管理		3.1.10	

续上表

项目(工程)名称			
施工地点			
序号	检查项目	对应条文号	检查情况
15	防风	3.1.10	
16	季节性施工	3.1.10	
检查方： 检查人(签名)： 年 月 日		受检方： 接收人(签名)： 年 月 日	

3.5 钻孔桩

3.5.1 钻机的施工场地及走行道路应平坦坚实,满足钻机正常工作和移动的要求。

3.5.2 钻机安装时,机架应垫平,保持稳定,不得产生位移或沉陷,钻架顶端应用缆风绳对称张拉,地锚应牢固。

3.5.3 钻孔时,钻速不得过快或骤然变速,孔内弃土不得堆积在钻孔周围。

3.5.4 停钻后,钻头应提出孔外安全放置。

3.5.5 在高压线或营业线附近施工,应有防触电和防设备倾覆措施。

(Ⅰ)冲击钻机造孔

3.5.6 钻机、钻具和吊钻头的钢丝绳应配置适当,使用时应有专人检查维修。吊钻头用的钢丝绳无死弯、无断丝,如图3.5.6所示,安全系数不应小于12;钢丝绳松弛度应适宜,并制动良好;钢丝绳卡数量与钢丝绳直径相匹配。

图3.5.6 钢丝绳应无死弯、无断丝

3.5.7 冲孔时,非作业人员不得进入冲击区域范围内。当检测钻孔或吊泥浆出孔时,钻头应放置在安全位置。

3.5.8 提升钻头到接近护筒底缘时,应减速平稳提升。

(Ⅱ)旋转钻机造孔

3.5.9 钻进时,高压胶管下不得站人。水龙头与胶管连接处应用双夹卡住。钻机旋转时,不得提升钻杆。加接钻杆时,连接螺栓严禁用普通螺栓代替。

3.5.10 钻机移动时,不得挤压电缆线和风水管路。

3.5.11 潜水钻机钻孔时,每完成一根钻孔桩后应检查一次电机的密封状况。钻进速度应根据地质变化加以控制,以保证安全运转。

（Ⅲ）套管钻机造孔

3.5.12 在钻孔作业中高压软管不得与机架接触。导管加接时，机体应支垫平稳，不得下沉歪斜。

3.5.13 开挖时，当冲抓钻头脱离皇冠后，上导向环应快速放绳，防止钢丝绳被折断。制动装置应安全可靠。

3.5.14 清孔使用的高压水或高压风的管路接头应连接牢固，并能承受水、风压力。

（Ⅳ）旋挖钻机造孔

3.5.15 钻孔作业过程中，应观察主机所在地面和支腿支承处地面变化情况，发现下沉现象应及时停机处理。因故停机时间较长时，应将套管口保险钩挂牢。

3.5.16 发生卡钻时，不得强提，应查明原因，尽快处理。

3.5.17 发生卡钻、掉钻时，严禁人员进入没有护筒或其他防护设施的钻孔内。必须进入有防护设施的钻孔时，应确认钻孔内无有害气体和备齐防毒、防溺、防埋等安全设施后，方可进入，并应有专人负责现场指挥。

3.5.18 旋挖钻机场内转移前，应预先对转移线路进行检查，根据转移路线状况，采取相应的防护措施。转移时应有专人指挥。

（Ⅴ）岩溶地质条件下钻孔

3.5.19 岩溶地质区域应按设计要求对不良地质进行处理，必要时应增加地质勘探。应通过物检、取芯或连通试验来检测处理效果，达到规定要求后方可开钻。

3.5.20 钻孔前，制定专项安全措施，备足钻孔泥浆及填充材料等应急物资。

3.5.21 施工时，禁止抽取岩溶地质条件地区的地下水。

（Ⅵ）钢筋笼、混凝土

3.5.22 钢筋笼吊装前，应采取措施防止其产生过大变形。

3.5.23 钢筋笼孔口连接时，孔内钢筋笼应固定牢靠，钢筋连接人员与起重操作人员应协调一致。

3.5.24 水下浇筑混凝土应符合下列规定：

1 水下浇筑混凝土时，应搭设浇筑工作平台，并设井口防护，确保施工操作人员安全。

2 拆卸导管时，应在导管完全松开后，方可起吊移开；采用人工抬运导管时，应有防滑措施。

（Ⅶ）深水钻孔桩固定平台

3.5.25 应根据桥位处水文、地质、气候条件和施工荷载进行专项设计，并设置防撞设施。

3.5.26 平台钢管桩之间及顶部纵横梁之间的连接系应焊接牢固，形成整体。平台顶面应满铺防滑钢板，并应有防火、救生等安全设施，四周应设置防护栏杆和防护网。

3.5.27 平台高度应高出施工期间可能出现的最高水位（包括浪高）1.5 m以上。

3.5.28 夜间施工时应设置灯光照明，照明灯光应避免强光直射江面，影响船舶驾驶人员的瞭望。临时航道设置助航标志，与施工无关的船只严禁进入作业区。

3.5.29　对平台钢管桩的冲刷深度应进行观测，必要时对桩基采取防冲刷措施。

3.5.30　钻孔桩施工作业应按表3.5.30进行检查，并认真填写检查记录表。对检查中发现的不符合规定的情况，应按表2.1.5签发安全检查整改通知单，限期整改，并跟踪验证。

表3.5.30　钻孔桩施工作业安全检查表

<table>
<tr><td colspan="3">项目(工程)名称</td><td colspan="2"></td></tr>
<tr><td colspan="3">施工地点</td><td colspan="2"></td></tr>
<tr><td>序号</td><td colspan="2">检查项目</td><td>对应条文号</td><td>检查情况</td></tr>
<tr><td>1</td><td colspan="2">班前安全讲话</td><td>2.1.7</td><td></td></tr>
<tr><td>2</td><td colspan="2">劳动保护用品佩戴</td><td>2.1.8</td><td></td></tr>
<tr><td>3</td><td colspan="2">施工调查</td><td>3.1.3</td><td></td></tr>
<tr><td>4</td><td colspan="2">机械设备验收</td><td>3.1.4</td><td></td></tr>
<tr><td>5</td><td colspan="2">泥浆池护栏及警示设施</td><td>3.1.5</td><td></td></tr>
<tr><td>6</td><td colspan="2">桩口加盖防护</td><td>3.1.5</td><td></td></tr>
<tr><td>7</td><td colspan="2">钻机工作场地和走行道路</td><td>3.5.1</td><td></td></tr>
<tr><td>8</td><td colspan="2">钻机安装和固定</td><td>3.5.2</td><td></td></tr>
<tr><td>9</td><td colspan="2">钻速控制</td><td>3.5.3</td><td></td></tr>
<tr><td>10</td><td colspan="2">弃渣处理</td><td>3.5.3</td><td></td></tr>
<tr><td>11</td><td colspan="2">停钻后钻头位置</td><td>3.5.4</td><td></td></tr>
<tr><td>12</td><td colspan="2">高压线或营业线附近施工</td><td>3.5.5</td><td></td></tr>
<tr><td rowspan="3">13</td><td rowspan="3">冲击钻机造孔</td><td>钢丝绳</td><td>3.5.6</td><td></td></tr>
<tr><td>作业人员站立位置</td><td>3.5.7</td><td></td></tr>
<tr><td>钻头提升</td><td>3.5.8</td><td></td></tr>
<tr><td rowspan="6">14</td><td rowspan="6">旋转钻机造孔</td><td>作业人员站立位置</td><td>3.5.9</td><td></td></tr>
<tr><td>水龙头与胶管的连接</td><td>3.5.9</td><td></td></tr>
<tr><td>钻杆提升</td><td>3.5.9</td><td></td></tr>
<tr><td>接长钻杆</td><td>3.5.9</td><td></td></tr>
<tr><td>钻机移动</td><td>3.5.10</td><td></td></tr>
<tr><td>潜水钻机钻孔</td><td>3.5.11</td><td></td></tr>
<tr><td rowspan="4">15</td><td rowspan="4">套管钻机造孔</td><td>高压软管与机架位置</td><td>3.5.12</td><td></td></tr>
<tr><td>导管加接</td><td>3.5.12</td><td></td></tr>
<tr><td>冲抓造孔</td><td>3.5.13</td><td></td></tr>
<tr><td>清孔</td><td>3.5.14</td><td></td></tr>
<tr><td rowspan="3">16</td><td rowspan="3">旋挖钻机造孔</td><td>地面下沉观测</td><td>3.5.15</td><td></td></tr>
<tr><td>卡钻、掉钻处理</td><td>3.5.16,3.5.17</td><td></td></tr>
<tr><td>钻机场内转移</td><td>3.5.18</td><td></td></tr>
<tr><td rowspan="3">17</td><td rowspan="3">岩溶地质条件下钻孔</td><td>岩溶地质处理</td><td>3.5.19</td><td></td></tr>
<tr><td>专项安全措施及应急物资</td><td>3.5.20</td><td></td></tr>
<tr><td>地下水抽取</td><td>3.5.21</td><td></td></tr>
</table>

续上表

<table>
<tr><td colspan="3">项目(工程)名称</td><td colspan="2"></td></tr>
<tr><td colspan="3">施工地点</td><td colspan="2"></td></tr>
<tr><td>序号</td><td colspan="2">检查项目</td><td>对应条文号</td><td>检查情况</td></tr>
<tr><td rowspan="3">18</td><td rowspan="3">钢筋笼、混凝土</td><td>钢筋笼吊装</td><td>3.5.22</td><td></td></tr>
<tr><td>钢筋笼连接</td><td>3.5.23</td><td></td></tr>
<tr><td>水下浇筑混凝土</td><td>3.5.24</td><td></td></tr>
<tr><td rowspan="6">19</td><td rowspan="6">深水钻孔桩固定平台</td><td>深水施工平台设计</td><td>3.5.25</td><td></td></tr>
<tr><td>平台钢管桩连接加固</td><td>3.5.26</td><td></td></tr>
<tr><td>平台顶面安全设施</td><td>3.5.26</td><td></td></tr>
<tr><td>平台高度</td><td>3.5.27</td><td></td></tr>
<tr><td>夜间施工</td><td>3.5.28</td><td></td></tr>
<tr><td>平台钢管桩冲刷防护</td><td>3.5.29</td><td></td></tr>
<tr><td>20</td><td colspan="2">水上施工</td><td>2.2.1～2.2.17</td><td></td></tr>
<tr><td>21</td><td colspan="2">起重吊装</td><td>3.1.10</td><td></td></tr>
<tr><td>22</td><td colspan="2">施工用电</td><td>3.1.10</td><td></td></tr>
<tr><td>23</td><td colspan="2">现场防火</td><td>3.1.10</td><td></td></tr>
<tr><td>24</td><td colspan="2">防风</td><td>3.1.8,3.1.10</td><td></td></tr>
<tr><td>25</td><td colspan="2">季节性施工</td><td>3.1.10</td><td></td></tr>
<tr><td colspan="5">检查方：　　　　　　　　　　　　　　　　受检方：
检查人(签名)：　　　　　　　　　　　　　接收人(签名)：
年　月　日　　　　　　　　　　　　　　　年　月　日</td></tr>
</table>

3.6 挖孔桩(挖井)

3.6.1 设计为非人工挖孔成孔的桩基础，未经设计、监理和建设单位同意，严禁采用人工挖孔施工。

3.6.2 孔口围圈应高出地面 0.3 m以上，并设防护栏。夜间作业时应悬挂示警红灯。

3.6.3 孔内作业人员必须戴好安全帽，挂好安全绳，穿好绝缘胶鞋，人员上下不得携带任何工具和材料。孔内必须设置应急软梯。

3.6.4 孔内作业时，孔口必须有专人看守，随时与孔内人员保持联系，并随时注意护壁变化及孔底施工情况，发现异常时，应立即协助孔内人员撤出。

3.6.5 绞车、绞绳、吊斗、卷扬机等机具必须经常检查维修。孔内应设置护盖等防止物体坠落的设施。孔内照明应采用低压行灯。起吊设备必须有限位器和防脱钩装置。

3.6.6 护壁施工应符合设计要求。当采用混凝土护壁时，应随挖随护，每一循环进尺不得超过 1 m，开挖后必须随即施作钢筋混凝土护壁。护壁经验收合格且在混凝土强度达到 2.5 MPa后，方可继续下挖。

3.6.7 弃渣应及时运走，不得堆在孔口周围。

3.6.8 桩孔内岩石需要爆破时应采用小直径浅孔微差爆破，严格控制装药量，孔口应加防护盖，以防止石渣飞出。一孔进行爆破，邻近孔的作业人员应撤离至安全地带。

3.6.9 孔内通风及排水应符合下列规定：

1 空气污染超过现行的《大气环境质量标准》（GBHZ—1—82）规定的空气污染三级标准浓度值时，如没有安全可靠的措施不得采取人工挖孔作业。

2 应经常检查有害气体浓度，二氧化碳含量超过 0.1%、其他有害气体超过允许浓度或孔深超过 10 m时，均应采用机械通风措施。

3 爆破后要迅速排烟，及时清除松动石块、土块。

4 孔内积水应及时抽排。

3.6.10 挖井施工应符合下列规定：

1 井口防护应符合本规程第 3.6.2 条的规定。

2 垂直提升出土，应符合本规程第 3.3.7 条的规定。

3 采用钢筋混凝土围圈护壁时，顶层应一次整体浇筑，向下应根据地质情况，控制开挖高度、长度，并随挖随浇筑护壁混凝土。

4 井壁应设置上下井筒的爬梯等安全设施。

5 井外机械开挖时，机械至坑边应有必要的安全距离，防止挤压损坏围圈。

6 井内机械开挖时，作业人员不得站在机械作业半径范围以内。

3.6.11 挖孔桩（挖井）施工作业应按表 3.6.11 进行检查，并认真填写检查记录表。对检查中发现的不符合规定的情况，应按表 2.1.5 签发安全检查整改通知单，限期整改，并跟踪验证。

表 3.6.11 挖孔桩（挖井）施工作业安全检查表

<table>
<tr><td colspan="3">项目（工程）名称</td><td colspan="2"></td></tr>
<tr><td colspan="3">施工地点</td><td colspan="2"></td></tr>
<tr><td>序号</td><td colspan="2">检查项目</td><td>对应条文号</td><td>检查情况</td></tr>
<tr><td>1</td><td colspan="2">班前安全讲话</td><td>2.1.7</td><td></td></tr>
<tr><td>2</td><td colspan="2">劳动保护用品佩戴</td><td>2.1.8</td><td></td></tr>
<tr><td>3</td><td colspan="2">施工调查</td><td>3.1.3</td><td></td></tr>
<tr><td>4</td><td colspan="2">设备验收</td><td>3.1.4</td><td></td></tr>
<tr><td>5</td><td colspan="2">专项施工方案</td><td>3.1.2</td><td></td></tr>
<tr><td rowspan="4">6</td><td rowspan="4">孔口防护</td><td>孔口围圈高度</td><td>3.6.2</td><td></td></tr>
<tr><td>孔口警示设施</td><td>3.6.2</td><td></td></tr>
<tr><td>孔口专人看守</td><td>3.6.4</td><td></td></tr>
<tr><td>桩口加盖防护</td><td>3.1.5</td><td></td></tr>
<tr><td>7</td><td colspan="2">施工机具、起吊设备</td><td>3.6.5</td><td></td></tr>
<tr><td>8</td><td colspan="2">孔内防坠落设施</td><td>3.6.5</td><td></td></tr>
<tr><td>9</td><td colspan="2">孔内照明</td><td>3.6.5</td><td></td></tr>
<tr><td>10</td><td colspan="2">护壁施工</td><td>3.6.6</td><td></td></tr>
<tr><td>11</td><td colspan="2">弃渣堆放</td><td>3.6.7</td><td></td></tr>
<tr><td>12</td><td colspan="2">孔内爆破</td><td>3.6.8</td><td></td></tr>
<tr><td>13</td><td colspan="2">孔内通风</td><td>3.6.9</td><td></td></tr>
</table>

续上表

项目(工程)名称			
施工地点			
序号	检查项目	对应条文号	检查情况
14	孔内排水	3.6.9	
15	挖井	3.6.10	
16	钢筋笼、混凝土	3.5.22～3.5.24	
17	起重吊装	3.1.10	
18	施工用电	3.1.10	
19	现场防火	3.1.10	
20	危险物品管理	3.1.10	
21	季节性施工	3.1.10	
检查方： 检查人(签名)： 年 月 日		受检方： 接收人(签名)： 年 月 日	

3.7 承　　台

3.7.1 修筑承台的围堰应符合本规程第3.2节的有关规定；基坑开挖应符合本规程第3.3节的有关规定。

3.7.2 搭设的操作平台及支撑系统应连接牢固，并能承受所有施工人员、机具和用料的重量。

3.7.3 在围堰内除土、吸泥或抽水时，应经常检查围堰稳定情况及围堰内冲刷情况，并有防止围堰倾斜的措施。

3.7.4 凿除超灌桩头混凝土应符合下列规定：

1 凿除应自上而下顺序进行。

2 两人作业时，应相互呼应、协调配合，多人作业时应设专人指挥。

3 使用风动工具必须严格按操作规程进行作业，并佩戴防护用品。

4 手工凿除时，大锤必须安装牢固，扶钎人应使用夹具，不得徒手扶钎，使锤人不得戴手套，不得与扶钎人面对面操作。

5 应及时清除拆除的碎块。

3.7.5 高承台结构中，当承台及墩身混凝土浇筑完成后，应将承台顶面以上的钢结构切除，不得危及通航船只的安全及造成洪水期漂浮物堆积。

3.7.6 承台施工作业应按表3.7.6进行检查，并认真填写检查记录表。对检查中发现的不符合规定的情况，应按表2.1.5签发安全检查整改通知单，限期整改，并跟踪验证。

表 3.7.6　承台施工作业安全检查表

<table>
<tr><td colspan="2">项目(工程)名称</td><td colspan="3"></td></tr>
<tr><td colspan="2">施工地点</td><td colspan="3"></td></tr>
<tr><td>序号</td><td colspan="2">检查项目</td><td>对应条文号</td><td>检查情况</td></tr>
<tr><td>1</td><td colspan="2">班前安全讲话</td><td>2.1.7</td><td></td></tr>
<tr><td>2</td><td colspan="2">劳动保护用品佩戴</td><td>2.1.8</td><td></td></tr>
<tr><td>3</td><td colspan="2">施工调查</td><td>3.1.3</td><td></td></tr>
<tr><td>4</td><td colspan="2">设备验收</td><td>3.1.4</td><td></td></tr>
<tr><td>5</td><td colspan="2">围堰</td><td>3.7.1</td><td></td></tr>
<tr><td>6</td><td colspan="2">基坑开挖</td><td>3.7.1</td><td></td></tr>
<tr><td>7</td><td colspan="2">基坑护栏及警示设施</td><td>3.1.5</td><td></td></tr>
<tr><td>8</td><td colspan="2">操作平台及支撑系统</td><td>3.7.2</td><td></td></tr>
<tr><td>9</td><td colspan="2">围堰内除土、吸泥或抽水</td><td>3.1.7,3.7.3</td><td></td></tr>
<tr><td rowspan="5">10</td><td rowspan="5">凿除超灌桩头混凝土</td><td>凿除顺序</td><td>3.7.4</td><td></td></tr>
<tr><td>作业指挥和配合</td><td>3.7.4</td><td></td></tr>
<tr><td>风动工具使用</td><td>3.7.4</td><td></td></tr>
<tr><td>手工凿除作业</td><td>3.7.4</td><td></td></tr>
<tr><td>碎块清理</td><td>3.7.4</td><td></td></tr>
<tr><td>11</td><td colspan="2">钢筋施工</td><td>3.1.10</td><td></td></tr>
<tr><td>12</td><td colspan="2">模板施工</td><td>3.1.10</td><td></td></tr>
<tr><td>13</td><td colspan="2">混凝土施工</td><td>3.1.10</td><td></td></tr>
<tr><td>14</td><td colspan="2">起重吊装</td><td>3.1.10</td><td></td></tr>
<tr><td>15</td><td colspan="2">施工用电</td><td>3.1.10</td><td></td></tr>
<tr><td>16</td><td colspan="2">现场防火</td><td>3.1.10</td><td></td></tr>
<tr><td>17</td><td colspan="2">防风</td><td>3.1.10</td><td></td></tr>
<tr><td>18</td><td colspan="2">季节性施工</td><td>3.1.10</td><td></td></tr>
<tr><td colspan="3">检查方：
检查人(签名)：
年　月　日</td><td colspan="2">受检方：
接收人(签名)：
年　月　日</td></tr>
</table>

3.8　沉　　井

(Ⅰ)筑岛沉井

3.8.1　筑岛围堰应牢固,其地基承载力应满足设计要求,防止冲刷造成塌陷。

3.8.2　制造底节沉井时,脚手架平台应搭设牢固,模板支撑应牢固。

3.8.3　拆除沉井垫木应符合下列规定:

1　混凝土强度应能满足设计规定的沉井抽垫受力的要求。

2　拆除垫木应分区、依次、对称、同步地进行。拆除垫木后,应随即用砂土回填捣实,拆除垫木时应防止沉井偏斜。

3　定位支垫处垫木,应最后同时抽出。

4 拆除沉井模板及垫木时,应派专人在沉井外观察和指挥。

3.8.4 沉井下沉时,不得先挖沉井外圈土,应在刃脚处均匀掘进,保持沉井均衡下沉。在沉井刃脚或井内横隔墙附近开挖时,不得有人停留。

3.8.5 井下操作人员必须配齐安全防护用品。井内要有充足的安全照明设施。沉井各室均应悬挂钢梯及安全绳。涌水、涌砂量大时,井内施工人员应及时撤离。

3.8.6 井上搭设的抽水机台座(架)必须安装牢靠。电路应使用防水胶线,防止漏电。

3.8.7 沉井顶面应设安全防护围拦。井顶上的机具应设防护挡板。

3.8.8 用吊斗出土时,斗梁与吊勾应封绑牢固,并应经检查斗梁、斗门等磨损情况,损伤部位应更换或加固。吊斗升降时,井顶指挥人员应通知井下人员暂时避开。

3.8.9 采用空气幕下沉沉井时,空压机储气罐等应由专人操作。储气罐放置地点应通风,严禁日光暴晒和高温烘烤。

(Ⅱ)浮 式 沉 井

3.8.10 浮式沉井在下水前,底节应作水密性试验,其余各节应进行水密性检查,合格后方可下水。

3.8.11 浮式沉井的气筒应按压力容器的安全监察规程检查,合格后方准使用;沉井的临时性井底应作水密性检查。

3.8.12 浮式沉井下水前,应制定下水方案。当采用起吊下水时,应对起重设备合理配置,使其受力均匀;当河岸有适合坡度,采用滑移、牵引等措施下水时,下滑速度应缓慢,沉井后侧应始终以溜绳控制,严防倾覆及损伤。

3.8.13 船上(或支架平台上)制造完成的浮式沉井,下水应在水面波浪较小时进行,当有船只驶过时,应暂缓入水。

3.8.14 导向船、定位船连接时,不得发生剧烈碰撞,汛期应经常检查锚碇系统。

3.8.15 浮式沉井在悬浮状态下的接高和下沉应符合下列规定:

1 沉井在悬浮状态下的施工各阶段,应随时观测沉井的稳定性和出水高度。

2 接高时,必须均匀对称加载,沉井顶面应高出施工时水位 1.5 m以上。

3 应随时观测墩位处河床冲刷情况,必要时采取防护措施。

4 带气筒的浮式沉井,气筒应加强防护。

5 临时性井底的浮式沉井及浮式双壁沉井,应控制各灌水隔舱的水头差。

6 浮式沉井定位落床前,应考虑潮水涨落的影响。沉井落床后,应采取措施,使其尽快下沉,并使沉井达到保持稳定的深度。冲刷严重时,应及时采取防护措施。

(Ⅲ)沉井封底、填充

3.8.16 需要进行水下作业清理基底时,应按本规程第 2.10 节的有关规定执行。

3.8.17 采用水下混凝土封底时,除应符合本规程第 3.5.24 条的有关规定外,固定导管和料斗的井架应搭设牢固,料斗应采用吊车悬吊或其他措施加固,防止料斗倾覆。

3.8.18 安装、拆卸导管或漏斗过程中,应有专人指挥。

3.8.19 沉井施工作业应按表 3.8.19 进行检查,并认真填写检查记录表。对检查中发现的不符合规定的情况,应按表 2.1.5 签发安全检查整改通知单,限期整改,并跟踪验证。

表 3.8.19　沉井施工作业安全检查表

项目(工程)名称				
施工地点				
序号	检查项目		对应条文号	检查情况
1	班前安全讲话		2.1.7	
2	劳动保护用品佩戴		2.1.8	
3	施工调查		3.1.3	
4	机械设备验收		3.1.4	
5	护栏及警示设施		3.1.5,3.8.7	
6	专项施工方案		3.1.2	
7	筑岛沉井	筑岛围堰	3.8.1	
		底节沉井制造	3.8.2	
		拆除沉井垫木	3.8.3	
		沉井下沉	3.8.4	
		井内照明	3.8.5	
		井内应急设施及措施	3.8.5	
		井上抽水机台座	3.8.6	
		井上机具防护挡板	3.8.7	
		吊斗出土	3.8.8	
		空气幕下沉沉井	3.8.9	
8	浮式沉井	沉井下水前检查	3.8.10,3.8.11	
		起吊下水	3.8.12	
		滑移或牵引下水	3.8.12	
		船上(或支架平台上)制造的沉井下水	3.8.13	
		导向船、定位船连接	3.8.14	
		沉井悬浮状态观测	3.8.15	
		接高时加载顺序	3.8.15	
		沉井高出水面高度	3.8.15	
		河床冲刷观测及防护	3.8.15	
		灌水隔舱水头差	3.8.15	
		沉井定位落床	3.8.15	
9	沉井封底及填充	水下清理基底	3.8.16	
		水下混凝土封底	3.8.17	
		安装、拆卸导管	3.8.18	
10	水上施工		2.2.1~2.2.17	
11	潜水作业		2.3.1~2.3.16	
12	混凝土施工		3.1.10	
13	起重吊装		3.1.10	
14	施工用电		3.1.10	

续上表

项目(工程)名称			
施工地点			
序号	检查项目	对应条文号	检查情况
15	现场防火	3.1.10	
16	防风	3.1.10	
17	季节性施工	3.1.10	

检查方：　　　　　　　　　　　　　　　　　　　受检方：
检查人(签名)：　　　　　　　　　　　　　　　　接收人(签名)：
年　月　日　　　　　　　　　　　　　　　　　　年　月　日

4 墩 台

4.1 一般规定

4.1.1 墩台施工作业过程中应考虑下列主要危险源、危害因素：

1 塔吊基础不牢固；塔吊未与桥墩进行可靠连接。

2 施工电梯超载运行。

3 墩(台)身钢筋安装无可靠的固定措施。

4 混凝土施工时模板支撑不牢固。

5 脚手架、工作平台搭设不牢固。

6 高处作业时上下重叠施工，未按规定设置防护棚等安全防护设施。

7 模板及脚手架拆除顺序及措施不当。

8 起重吊装违规操作。

9 作业人员不按规定佩戴劳动防护用品。

10 高墩模板爬升体系未设置保险装置。

4.1.2 高大模板、爬模、翻模施工前，应编制专项施工方案。

4.1.3 墩台施工模板应有足够的强度、刚度和稳定性，能承受施工过程中可能产生的各项荷载。

4.1.4 墩(台)身混凝土施工应加强对模板支撑系统和变形的检查。

4.1.5 墩身钢筋安装应搭设支架临时加固，防止钢筋骨架倾覆。

4.1.6 脚手架、工作平台应搭设牢固，不得与模板及其支撑体系连接。平台、步梯应设围栏，周边应张挂密目安全网。

4.1.7 墩台施工靠近既有道路时应采取可靠的安全防护措施，确保过往行人和车辆的安全。

4.1.8 当墩台位于陡坡处时，应按设计要求及时施工边坡支护及排水工程。

4.1.9 隧道或路堑的弃渣，严禁倾倒在墩台一侧，以免造成偏压。

4.1.10 桥涵墩台施工中的起重吊装、施工用电、现场防火、高处作业、危险物品、季节性施工、钢筋、模板和混凝土施工等应符合《铁路工程基本作业施工安全技术规程》(TB 10301—2009)的相关规定。

4.2 施工脚手架、电梯和塔吊

(Ⅰ)脚 手 架

4.2.1 脚手架搭设前应进行受力检算。脚手架的地基应坚实，满足承载力的要求，四周排水应通畅。

4.2.2 当脚手架搭设较高或风力较大时，应增设缆风绳并锚固牢靠，必要时与桥墩拉接。

4.2.3 搭拆脚手架时，施工区域应设警戒标志。严禁将模板支架、缆风绳、混凝土输送泵管等固定在脚手架上或悬挂在塔吊设备上。

4.2.4 在脚手架使用期间，严禁松动或拆除任何受力杆件。作业平台上不得超载，四周设安全网，脚手板搁置必须牢固平整，不得有空头板。

(Ⅱ)施 工 电 梯

4.2.5 施工电梯的安装、拆除和检验应符合《电梯制作与安装安全规范》(GB 7588)、《电梯安装验收规范》(GB 10060)等有关规定。

4.2.6 施工电梯应与墩身或基础连接牢固。每安装一个标准节,必须按照要求安装限位器。

4.2.7 电梯运行时,人员及物品不得露出安全栏外;施工电梯严禁超载。

(Ⅲ)施 工 塔 吊

4.2.8 塔吊的安装、拆除和检验应符合《塔式起重机安全规程》(GB 5144)等有关规定。

4.2.9 塔吊基础应满足塔吊抗倾翻稳定性的要求,四周应排水通畅。

4.2.10 塔吊与桥墩之间的固定连接应牢固可靠。

4.2.11 风力在4级及以上时,不得进行塔身升降作业。在作业中风力突然增大达到4级时,必须立即停止作业,并紧固上、下塔身各连接螺栓。

4.2.12 当同一施工地点有两台以上塔吊时,应保持两机间任何接近部位(包括吊重物)距离不小于2 m。

4.2.13 提升重物时严禁自由下降。

4.2.14 作业中,当停电或电压下降时,应立即将控制器扳到零位,并切断电源。操作人员临时离开操纵室时,必须切断电源。

4.2.15 停机时,应断开电源总开关,并打开高空指示灯。

4.3 墩 台 施 工

(Ⅰ)大块模板施工

4.3.1 大块模板支撑系统应经检算,并有一定的安全储备。

4.3.2 模板采用分段连接整体吊装时,应连接牢固。起吊安装过程中,应拴溜绳,不得碰撞模板和脚手架。

4.3.3 模板拆除应遵循“自上而下、分节分块、先挂后拆”的原则进行。

(Ⅱ)高墩爬模施工

4.3.4 高墩爬模应有足够的强度、刚度和稳定性。

4.3.5 爬模自身脚手架平台、接料平台、吊挂脚手架及安全网应安装牢固。

4.3.6 爬升体系应设保险装置。架体提升时,工作人员不能站在爬升的模板或爬架上。

4.3.7 提升设备在提升前应全面检查。用液压千斤顶作为提升设备时,除了纠偏需要外,千斤顶应同步进行作业。

4.3.8 模板组装完毕经检验合格后方可浇筑混凝土。

4.3.9 浇筑混凝土时,应避免振捣器接触模板、对拉螺栓、钢筋或空心支撑。

4.3.10 混凝土浇筑后,强度达2.5 MPa以上方可拆模。

4.3.11 爬模的接料平台、脚手平台、拆模吊篮的荷载应均匀,不得超载。

(Ⅲ)高墩翻模施工

4.3.12 工作平台应和模板连为一体,提升时,吊机应分节分块提升并安装牢固。

4.3.13　翻模分节分块的重量，应小于吊机的额定起重量。

4.3.14　模板吊装时应缓慢提升和移动，严禁作业人员攀附在模板上或者模板侧的工作平台上。

4.3.15　墩台施工作业应按表 4.3.15 进行检查，并认真填写检查记录表。对检查中发现的不符合规定的情况，应按表 2.1.5 签发安全检查整改通知单，限期整改，并跟踪验证。

表 4.3.15　墩台施工作业安全检查表

项目(工程)名称				
施工地点				
序号	检查项目		对应条文号	检查情况
1	班前安全讲话		2.1.7	
2	劳动保护用品佩戴		2.1.8	
3	专项施工方案		4.1.2	
4	模板强度、刚度和稳定性		4.1.3	
5	模板支撑系统和变形情况检查		4.1.4	
6	墩身钢筋临时支架		4.1.5	
7	靠近既有道路施工		4.1.7	
8	陡坡处施工		4.1.8	
9	墩台偏压		4.1.9	
10	脚手架和施工平台		4.1.6，4.2.1～4.2.4	
11	施工电梯		4.2.5～4.2.7	
12	施工塔吊	塔吊安装	4.2.8	
		塔吊基础	4.2.9	
		塔吊与桥墩的连接	4.2.10	
		塔吊防风	4.2.11	
		两台塔吊安全距离	4.2.12	
		塔吊作业	4.2.13～4.2.15	
13	大块模板施工	模板支撑系统	4.3.1	
		模板整体吊装	4.3.2	
		模板拆除	4.3.3	
14	高墩爬模施工	爬模设计	4.3.4	
		附属设备及安全防护	4.3.5，4.3.11	
		爬升体系	4.3.6	
		提升设备	4.3.7	
		混凝土浇筑	4.3.8～4.3.10	

续上表

<table>
<tr><td colspan="2">项目(工程)名称</td><td colspan="3"></td></tr>
<tr><td colspan="2">施工地点</td><td colspan="3"></td></tr>
<tr><td>序号</td><td colspan="2">检查项目</td><td>对应条文号</td><td>检查情况</td></tr>
<tr><td rowspan="2">15</td><td rowspan="2">高墩翻模施工</td><td>翻模设计</td><td>4.3.12,4.3.13</td><td></td></tr>
<tr><td>翻模吊装</td><td>4.3.14</td><td></td></tr>
<tr><td>16</td><td colspan="2">模板、钢筋、混凝土施工</td><td>4.1.10</td><td></td></tr>
<tr><td>17</td><td colspan="2">起重吊装</td><td>4.1.10</td><td></td></tr>
<tr><td>18</td><td colspan="2">施工用电</td><td>4.1.10</td><td></td></tr>
<tr><td>19</td><td colspan="2">高处作业</td><td>4.1.10</td><td></td></tr>
<tr><td>20</td><td colspan="2">现场防火</td><td>4.1.10</td><td></td></tr>
<tr><td>21</td><td colspan="2">防风</td><td>4.1.10</td><td></td></tr>
<tr><td>22</td><td colspan="2">季节性施工</td><td>4.1.10</td><td></td></tr>
<tr><td colspan="3">检查方:
检查人(签名):
年 月 日</td><td colspan="2">受检方:
接收人(签名):
年 月 日</td></tr>
</table>

5 预应力混凝土简支箱梁预制及运架

5.1 一般规定

5.1.1 预应力混凝土简支箱梁预制及运架施工作业过程中应考虑下列主要危险源、危害因素：

1 制、存梁台座地基承载力不足，周边排水系统不畅。

2 两台吊机起吊重物时指挥不统一，起落和横移不同步。

3 制梁模板安装支撑、连接不牢。

4 特种设备操作人员无证上岗。

5 蒸汽锅炉使用过程中，压力表和安全阀未按规定进行定期校验。

6 预应力张拉未设防护屏障，张拉后撞击锚具、钢绞线束。

7 钢绞线开盘及下料操作防护不当，弹出伤人。

8 箱梁搬(提)、运、架设备未按规定进行定期检查。

9 箱梁搬(提)、运、架设备违章作业。

10 喂梁时运梁车超速运行。

11 架梁作业，架桥机限位装置失灵。

12 运架设备通过的便道、桥涵、路基承载力不足且无加固措施，如图5.1.1所示。

13 起落梁时千斤顶的位置不符合设计要求，起落不同步。

14 架梁作业无防风措施；雨季施工无防雷击措施；冬季施工无防滑措施。

15 跨越公路、河道施工时无防护措施。

16 施工现场违章用电。

17 高处作业人员不按规定佩戴劳动防护用品；酒后或疲劳作业。

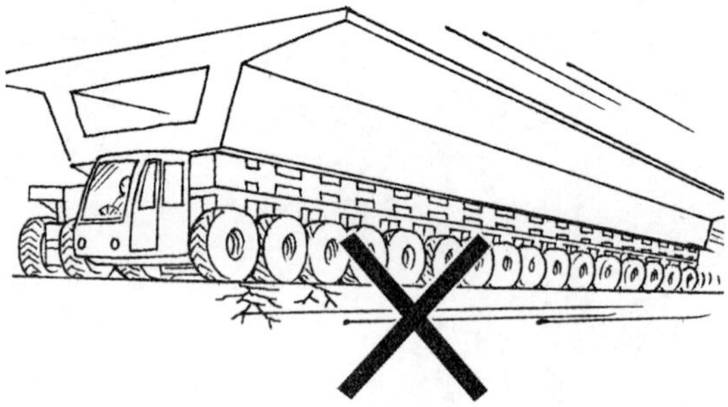

图5.1.1 运架设备通行道路承载力不足

5.1.2 箱梁搬(提)运架设备安装和箱梁运、架作业，应编制专项施工方案。

5.1.3 箱梁搬(提)运架设备的设计、制造、改造、安装、调试和使用应遵守《特种设备安全监察条例》(国务院令第373号)、《起重机设计规范》(GB/T 3811)等的规定。工地安装完成后，应按照现行国家标准《起重机试验规范和程序》(GB 5905)进行载荷试验，并经当地主管部门验收合格后方可投入使用。

5.1.4 应定期对箱梁搬(提)运架设备进行检查，重要部件(如轮、吊杆、吊钩等)应进行探伤检查。设备发生故障应由专业人员维修处理。

5.1.5 对箱梁搬(提)运架等大型设备，应建立设备技术档案，内容包括：

1 设计文件、制造单位产品质量合格证书、使用维护说明等文件及安装技术资料。

2 设备定期检验和定期自行检查的记录。

3 设备的日常使用情况记录。

4 设备及其安全附件、安全保护装置、测量调控装置及有关附属仪器仪表的日常保养记录。

5 设备运行故障和事故记录。

5.1.6 箱梁搬(提)运架设备必须有自锁、互锁、联锁保护装置,防止误操作。

5.1.7 架梁前,施工单位应根据各自架桥机的特点,制定架桥机安全操作规程及维修保养制度。架梁作业除应符合本规程的规定外,尚应符合《铁路架桥机架梁暂行规程》(铁建设〔2006〕181 号)的有关规定。

5.1.8 箱梁预制施工中的锅炉、钢筋、模板、混凝土和预应力施工,箱梁运架施工中的起重吊装、施工用电、现场防火、高处作业、季节性施工等除应符合本规程的规定外,尚应符合《铁路工程基本作业施工安全技术规程》(TB 10301—2009)的相关规定。

5.2 预应力混凝土简支箱梁预制

(Ⅰ)制、存梁台座

5.2.1 制、存梁台座地基应有足够的承载力,必要时应进行地基处理。台座应有足够的强度、刚度和稳定性。

5.2.2 先张梁张拉台座应能满足直线和折线配筋的工艺要求,张拉横梁受力后的最大挠度不得大于 2 mm。锚板受力中心应与预应力筋合力中心一致。抗倾覆安全系数不小于 1.5,抗滑移系数不小于 1.3。

5.2.3 制、存梁台座四周应设有良好的排水系统,防止积水浸泡台座发生不均匀沉降或冻胀。

(Ⅱ)后张法制梁

5.2.4 钢筋骨架和箱梁内模采用龙门吊整体吊装时应配备专用的吊具,多吊点均衡起吊。

5.2.5 在起吊钢筋骨架前,吊点周围用架立钢筋加强,梁端部底腹板钢筋、顶板钢筋接触网支柱预埋件等部位及钢筋交叉处均应采用点焊加强。起吊前派专人检查吊点铁链、钢丝绳。

5.2.6 采用两台吊机同时起吊钢筋骨架时,应统一指挥,同步起落和横移,使两台吊机各自分担的起重量不超过其容许的负荷能力。

5.2.7 钢模板翼模外侧应适当加宽,用于布置人行道和栏杆;两端应设供施工人员上下的扶梯;端模应设栏杆。

5.2.8 模板安装时侧模、底模、端模应支撑、连接牢固。模板的横移、顶升、下降应同步。

5.2.9 混凝土浇筑过程中,应经常检查模板,发现螺栓和支撑松动时,及时紧固。禁止振捣棒触碰波纹管或胶管。

5.2.10 拆除内模时应缓慢匀速进行,内模内不准站人。采用卷扬机牵引安装和拆除时,要遵守卷扬机操作规程。

5.2.11 端模和侧模拆除过程中,应将已拆下的模板支撑固定好,防止倒塌伤人。

5.2.12 抽拔胶管时,应清除卷扬机工作区域内障碍物。梁端附近严禁站人,防止胶管回弹伤人。制孔胶管应经常检查,禁止使用受损伤的胶管。

5.2.13 采用蒸汽养护时,应遵循以下规定:

1 锅炉房的设计、安装应符合《锅炉房设计规范》(GB 50041)的有关规定。

2 锅炉应安装在单独建造的锅炉房内,与生产生活用房的距离应符合《建筑设计防火规范》(GB 50016—2006)的有关规定。

3　锅炉房的司炉工和水处理工应持证上岗。

4　新安装或检修后的锅炉，自检合格后，报当地主管部门检查批准后，方可点火运行。

5　使用过程中，要定期对压力表等计量器具和安全阀进行校验。对其他设备部件进行监视和检查。

6　锅炉用水应符合《工业锅炉水质标准》(GB 1576)的规定。所使用的燃煤应符合锅炉的要求。

5.2.14　钢绞线在开盘后应检查外观，及时纠正钢绞线乱盘和扭结。钢绞线下料时应使用砂轮机切割，并配置专门防护架，防止下料过程中钢绞线紊乱弹出伤人。

5.2.15　高压油管使用前应作耐压试验，不合格的不得使用。油压泵上的安全阀，应调至最大工作油压下能自动打开的状态。

5.2.16　油压表安装应紧密满扣，油泵与千斤顶之间采用的高压油管连同油路的各部接头均须完整紧密，油路畅通，在额定工作油压下不得漏油。

5.2.17　张拉应设置张拉专用工作平台，平台应有防护屏障。

5.2.18　张拉区域设置明显的警示标志，禁止非工作人员进入。张拉时，千斤顶后面和油管接头部位附近不得站人，也不得踩踏高压油管。

5.2.19　张拉时发现张拉设备运转异常，应立即停机检查维修。

5.2.20　锚外钢绞线应采用砂轮片切割，切割后的预应力筋的外露长度不得小于 30 mm，切割时不得伤害锚具。张拉后严禁撞击锚具、钢束。

5.2.21　管道压浆前，应调整好安全阀；关闭阀门时，作业人员应站在侧面，并戴防护眼镜。

(Ⅲ)先张法制梁

5.2.22　张拉中使用的工具和锚具，在使用前应作外观检验和探伤检测，已有裂伤者严禁使用。折线配筋的先张梁，应对转辙器作外观和探伤检查。

5.2.23　浇筑混凝土时，振捣器不得撞击钢绞线。

5.2.24　张拉预应力时，应采取防护网、防护墙等安全防护措施，操作人员应站在千斤顶的两侧。

5.2.25　放松预应力筋时，应符合下列规定：

1　梁体混凝土的强度、弹性模量和龄期应达到设计要求。

2　当采用楔块放松预应力筋时，应控制楔块同步缓慢滑出。

3　采用超顶法放松预应力筋时应符合下列规定：

1)各台千斤顶必须配接单独油路。

2)同步顶开千斤顶，顶开的最大间隙不得大于 2 mm，以能松动自锁螺母或插垫为度。先顶开的千斤顶应保压持荷，直至全部千斤顶顶开。同步放松自锁螺母或插垫后，再同步放松各千斤顶，直到预应力筋全部放松为止。

5.2.26　先张梁施工除应符合上述规定外，尚应符合本规程第 5.2.4 条～第 5.2.21 条有关规定。

5.2.27　箱梁预制施工作业应按表 5.2.27 进行检查，并认真填写检查记录表。对检查中发现的不符合规定的情况，应按表 2.1.5 签发安全检查整改通知单，限期整改，并跟踪验证。

表 5.2.27　箱梁预制施工作业安全检查表

项目(工程)名称			
施工地点			
序号	检查项目	对应条文号	检查情况
1	班前安全讲话	2.1.7	
2	劳动保护用品佩戴	2.1.8	
3	制、存梁台座：台座设计	5.2.1	
	先张梁张拉台座	5.2.2	
	台座排水系统	5.2.3	
4	后张法制梁：钢筋骨架和内模吊具	5.2.4	
	钢筋骨架吊装	5.2.5	
	双机起吊钢筋骨架	5.2.6	
	安全防护设施	5.2.7	
	模板安装	5.2.8	
	混凝土浇筑	5.2.9	
	内模拆除	5.2.10	
	端模、侧模拆除	5.2.11	
	抽拔胶管	5.2.12	
	钢绞线下料	5.2.14	
	高压油管、油压泵	5.2.15	
	油压表	5.2.16	
	专用张拉平台	5.2.17	
	预应力张拉	5.2.18,5.2.19	
	锚外钢绞线切割	5.2.20	
	管道压浆	5.2.21	
5	蒸汽养护：锅炉房设计、安装	5.2.13	
	锅炉	5.2.13	
	专业人员	5.2.13	
	主管部门审批	5.2.13	
	锅炉房使用	5.2.13	
	锅炉用水、用煤	5.2.13	
6	先张法制梁：工具、锚具	5.2.22	
	混凝土浇筑	5.2.23	
	张拉防护	5.2.24	
	预应力筋放张	5.2.25	
	其他	5.2.26	
7	钢筋施工	5.1.8	
8	模板施工	5.1.8	

续上表

项目(工程)名称			
施工地点			
序号	检查项目	对应条文号	检查情况
9	混凝土施工	5.1.8	
10	预应力施工	5.1.8	
11	施工用电	5.1.8	
12	起重吊装	5.1.8	
13	现场防火	5.1.8	
14	防风	5.1.8	
15	季节性施工	5.1.8	
检查方： 检查人(签名)： 年 月 日		受检方： 接收人(签名)： 年 月 日	

5.3 场内移梁和箱梁存放

5.3.1 箱梁的吊点位置和运输支点的位置应符合设计要求。吊装过程中应采用整体提升装置,保证各吊点的受力均衡。

5.3.2 后张梁在初张拉后移梁时,梁上严禁堆放其他重物,终张拉后的装车吊运必须在管道压浆达到规定强度后进行。

5.3.3 移梁设备的走行道路(轨道)应根据负载接地比压进行专门设计、检算,对不能满足承载力要求的地基进行加固处理。走行道路(轨道)的宽度、平整度、坡度、曲线半径等应符合移梁设备性能要求。走行道路(轨道)应经常检查维护。

5.3.4 搬(提)梁机移梁应符合下列要求：

1 移梁前,应对搬(提)梁机进行检查调试,确保设备运转正常,并清除起重工作范围内和走行限界内的障碍物。

2 梁体起吊前应检查吊具连接是否可靠,调整各个吊杆,使其受力均匀后方可起吊。

3 起吊梁体时,应在顶板下缘吊孔处垫以钢垫板,垫板应与梁顶板底密贴。升降系统提升箱梁应缓慢、匀速进行。梁体吊离台座100~150 mm后,搬(提)梁机应停车制动,检查吊杆螺栓是否紧固,起升制动是否可靠,确认良好后方可继续作业。

4 大雨、大雪、大雾或风力超过6级,气温低于设计容许范围时,搬(提)梁机应停止作业。台风来临或风力达到10级以上时,应将搬(提)梁机可靠锚碇。

5 停止作业时,应将起吊物卸下,吊钩升至规定高度。大、小车停到规定位置,并锚碇运行机构。制动器要保持在工作状态,操纵杆放在空档。关闭所有操作按钮并切断电源,锁住所有操作室及电控柜,并关门上锁。

5.3.5 移梁台车移梁应符合下列要求：

1 移梁前,应对移梁台车进行检查调试,确保台车系统运转正常;清除走行限界内的障碍物。

2 移梁过程中,起梁千斤顶应设置防回油保险装置,两端移梁台车走行应保持同步;4支点不平整量不大于 2 mm,每个支点的实际反力与 4 个支点的反力平均值相差不应超过 10% 。

5.3.6 箱梁存放应满足以下要求:

1 箱梁存放时,存梁支点距梁端的距离应符合设计要求。

2 存梁台座同端支点顶面相对高差不超过 2 mm。

3 双层存梁时,下层箱梁应已完成终张拉。

5.3.7 场内移梁和箱梁存放施工作业应按表 5.3.7 进行检查,并认真填写检查记录表。对检查中发现的不符合规定的情况,应按表 2.1.5 签发安全检查整改通知单,限期整改,并跟踪验证。

表 5.3.7 场内移梁和箱梁存放施工作业安全检查表

<table>
<tr><td colspan="3">项目(工程)名称</td><td colspan="2"></td></tr>
<tr><td colspan="3">施工地点</td><td colspan="2"></td></tr>
<tr><td>序号</td><td colspan="2">检查项目</td><td>对应条文号</td><td>检查情况</td></tr>
<tr><td>1</td><td colspan="2">班前安全讲话</td><td>2.1.7</td><td></td></tr>
<tr><td rowspan="5">2</td><td rowspan="5">搬(提)梁设备</td><td>搬(提)梁设备安装专项施工方案</td><td>5.1.2</td><td></td></tr>
<tr><td>搬(提)梁设备设计、制造、改造、安装、调试和使用</td><td>5.1.3</td><td></td></tr>
<tr><td>搬(提)梁设备检查</td><td>5.1.4</td><td></td></tr>
<tr><td>搬(提)梁设备技术档案</td><td>5.1.5</td><td></td></tr>
<tr><td>搬(提)梁设备自锁、互锁、联锁保护装置</td><td>5.1.6</td><td></td></tr>
<tr><td>3</td><td colspan="2">箱梁吊点和运输支点位置</td><td>5.3.1</td><td></td></tr>
<tr><td>4</td><td colspan="2">后张梁移梁条件</td><td>5.3.2</td><td></td></tr>
<tr><td>5</td><td colspan="2">移梁设备走行道路(轨道)</td><td>5.3.3</td><td></td></tr>
<tr><td rowspan="5">6</td><td rowspan="5">搬(提)梁机移梁</td><td>设备状况</td><td>5.3.4</td><td></td></tr>
<tr><td>吊具、吊杆</td><td>5.3.4</td><td></td></tr>
<tr><td>梁体起吊</td><td>5.3.4</td><td></td></tr>
<tr><td>防风</td><td>5.3.4</td><td></td></tr>
<tr><td>设备停机要求</td><td>5.3.4</td><td></td></tr>
<tr><td rowspan="2">7</td><td rowspan="2">移梁台车移梁</td><td>台车安全状态</td><td>5.3.5</td><td></td></tr>
<tr><td>台车移梁</td><td>5.3.5</td><td></td></tr>
<tr><td rowspan="3">8</td><td rowspan="3">箱梁存放</td><td>存梁支点距梁端距离</td><td>5.3.6</td><td></td></tr>
<tr><td>存梁台座同端支点顶面相对高差</td><td>5.3.6</td><td></td></tr>
<tr><td>双层存梁</td><td>5.3.6</td><td></td></tr>
<tr><td>9</td><td colspan="2">起重吊装</td><td>5.1.8</td><td></td></tr>
<tr><td>10</td><td colspan="2">施工用电</td><td>5.1.8</td><td></td></tr>
<tr><td>11</td><td colspan="2">现场防火</td><td>5.1.8</td><td></td></tr>
<tr><td>12</td><td colspan="2">防风</td><td>5.1.8</td><td></td></tr>
<tr><td>13</td><td colspan="2">季节性施工</td><td>5.1.8</td><td></td></tr>
<tr><td colspan="4">检查方:
检查人(签名):
年 月 日</td><td>受检方:
接收人(签名):
年 月 日</td></tr>
</table>

5.4 运架设备安装和转场

5.4.1 运架设备通过铁路运输时,应符合铁道部现行《铁路超限货物运输规则》、《铁路货物装载加固规则》;通过公路运输时,应符合交通部门大件货物运输的有关规定。

5.4.2 运架设备安装场地应平整、坚实,四周无影响拼装、拆除的障碍物。拼装场地四周挂设警示牌,闲杂人员不得入内。临时支墩及其基础应经设计检算,确保其安全、稳定。

5.4.3 架桥机工地安装完成后,应按照现行国家标准《起重机试验规范和程序》(GB 5905)进行载荷试验。自检合格后,经当地主管部门验收合格后方可投入使用。

5.4.4 架桥机转场作业应符合下列规定:

1 转场前,应勘察转场线路,根据走行线路状况,采取相应的安全措施。

2 小解体、驮运转场时,确认起重小车在规定位置,转运托架与主梁和运梁车固定牢固,低速行驶并设置监视人员。

3 运梁车进入或退出架桥机腹腔时,应设专人观察运梁车与架桥机之间的距离。

4 架桥机与运梁车连接牢靠,检查并确认各部件摆放到指定位置。

5 架桥机由运梁车载运到位,必须确认架桥机前后支腿和临时支撑稳固后才可将运梁车上的升降托架下降,退出运梁车。

5.4.5 运梁车载运架桥机调头,场地的空间、承载力和平整度必须满足要求,调头过程中架桥机工作区域无障碍物。

5.4.6 架桥机通过隧道应符合下列规定:

1 后支腿折叠到指定位置,检查轮廓尺寸满足隧道净空要求并锁定。

2 运梁车载运架桥机在隧道内应沿确定的走行线低速行驶,专人观察安全距离。

5.4.7 运架设备安装和转场施工作业应按表5.4.7进行检查,并认真填写检查记录表。对检查中发现的不符合规定的情况,应按表2.1.5签发安全检查整改通知单,限期整改,并跟踪验证。

表5.4.7 运架设备安装和转场施工作业安全检查表

项目(工程)名称				
施工地点				
序号	检查项目		对应条文号	检查情况
1	班前安全讲话		2.1.7	
2	劳动保护用品佩戴		2.1.8	
3	运架设备安装专项施工方案		5.1.2	
4	运架设备技术档案		5.1.5	
5	运架设备运输		5.4.1	
6	运架设备安装场地、临时支墩		5.4.2	
7	架桥机试验及验收		5.4.3	
8	架桥机转场	转场线路	5.4.4	
		小解体驮运转场	5.4.4	
		运梁车进入、退出架桥机	5.4.4,5.4.4	
		架桥机和运梁车的连接	5.4.4	

续上表

项目(工程)名称			
施工地点			
序号	检查项目	对应条文号	检查情况
9	运梁车载运架桥机调头	5.4.5	
10	架桥机通过隧道	5.4.6	
11	施工用电	5.1.8	
12	起重吊装	5.1.8	
13	高处作业	5.1.8	
14	现场防火	5.1.8	
15	防风	5.1.8	
16	季节性施工	5.1.8	
检查方： 检查人(签名)： 年 月 日			受检方： 接收人(签名)： 年 月 日

5.5 预应力混凝土简支箱梁运架

5.5.1 运架设备通过的便道应进行专门的勘察设计，通过的桥涵、路基，特别是高填方及桥头路基，其承载力经检算合格后方可通过，必要时应采取加强措施。

5.5.2 运架设备所经过路线的净空、坡度和转弯半径必须满足设备的性能要求。

5.5.3 装梁、架梁过程中应采取“四点起吊，三点平衡”的方式，避免梁体受扭。

5.5.4 运梁车重载在已架好的梁上通过时，应通过检算确认。

5.5.5 运、架梁作业人员应符合下列规定：

1 架桥机、运梁车司操人员应经过技能培训，同时应取得相关部门颁发的操作证件持证上岗。

2 所有运、架梁作业人员均应经过安全培训，熟悉运、架梁工艺过程。

3 运梁作业时，每班至少配备两名设备操作人员，以及一名指挥引导员和一名瞭望看护员，同时应明确各自岗位责任。

4 架梁作业时，每班应配备四名设备操作人员、一名指挥员(过孔作业指挥)、两名设备运行监护员和一名司机，同时应明确各自岗位责任。

(Ⅰ)装、运梁

5.5.6 运梁车装梁运输前，应对设备整机各部位进行检查，包括主结构、悬挂、行走轮胎的状态，机电液压、驮梁小车、各结构的连接情况以及燃润料油量油位，并作好记录。同时调整好运梁车架及驮梁小车的位置，插好驮梁小车定位销。

5.5.7 装梁时，搬(提)梁机应低位运行，距运梁车 3 m左右处应停车制动，调整梁体高出运梁车顶面 300 mm左右后，平稳对位落梁。箱梁各支点对位应符合设计要求，保持梁体支点位于同一平面，同一端支点相对高差不得超过 2 mm，纵向偏差为≤10 mm，横向偏差为≤5 mm。如发现偏差超标，需重新调整对位。

5.5.8 装梁完毕,应全面检查运梁车及箱梁的支垫情况,确认装载平衡、设备各液压管线及接头无任何渗漏后,方可启动运行。

5.5.9 运梁前,应派专人负责对运梁车经过的道路和已架桥梁进行检查,确定运输线路上无障碍物,用白线划出运梁通道上的中心线及边线,运梁车必须严格按照规定路线行驶。

5.5.10 运梁路面遇有冰雪或路面湿滑时,应采取防滑措施。

5.5.11 运梁车重载运行时应匀速前进,严禁突然加速或急刹车,走行速度必须严格控制5 km/h以内。运梁车通过曲线、坡道地段,运行速度应控制在 3 km/h以内。

5.5.12 运梁时应设专人在运梁车前方引导和观察路面情况,发现异常,立即停车。

5.5.13 运梁车接近架桥机时应一度停车,检查净空、侧面间隙等能否满足安全运行要求。通过架桥机支腿时,行车速度应严格控制在 3 m/min以内。禁止运梁车碰撞架桥机的任何部位。

5.5.14 运梁车发动机处于启动状态时,禁止操作司机离开驾驶室。

5.5.15 运梁车停车对位后应做好以下工作:

1 打好止轮器。

2 支撑好运梁车前后支腿,连接好运梁车与架桥机的电源接口。

3 拖拉运梁前,确认驮梁小车上的定向销已拔出。

4 严禁人员在前司机室内停留,卸载作业应由遥控器操作。

5.5.16 施工现场风力超过 6 级时应停止装、运梁作业。

(Ⅱ)箱 梁 架 设

5.5.17 架桥机架梁作业时,抗倾覆稳定系数不得小于 1.3;过孔时,起重小车应位于对稳定最有利的位置,抗倾覆稳定系数不得小于 1.5。

5.5.18 施工现场风力超过 6 级时应停止架梁作业,风力超过 10 级时应将架桥机可靠锚碇。气温低于 -20 ℃时,应停止架梁作业。

5.5.19 架桥机在高压输电线路下作业时,安全距离不能达到国家有关规定要求的,应编制专项施工方案,并按规定对架桥机和施工人员采取防护措施,架桥机应按规定进行接地。

5.5.20 架桥机每日作业前,应对卷扬机、吊点、吊具、钢丝绳及绳卡等部位进行检查,发现问题及时处理。

5.5.21 每架 2 孔梁后,应对吊梁小车上所有紧固件及连接件等部位进行检查。每架梁约 100 孔后,应对架桥机主梁结构件连接螺栓、支腿、横梁等部位的连接螺栓及轴销进行检查。

5.5.22 架桥机在墩台上或已架设的箱梁顶面上,左右两支腿的高差不应大于设计规定值,两支腿顶升必须同步。支腿作用在箱梁顶面上时,应支撑在腹板中心线上,偏移较大时,应对箱梁顶板进行检算。

5.5.23 操作架桥机时,禁止连续起停,以避免架桥机纵向晃动过大。

5.5.24 架梁作业时,施工现场应设防护,严禁非作业人员进入作业区。作业人员应佩戴安全防护用品,必要时在墩台拴挂安全网。水上架梁时,还应配备救生圈、救生衣等防护用品。监理人员负责监督检查。

5.5.25 落梁作业应符合下列要求:

1 拖运箱梁接近落梁位置时,走行速度应限制在 1 m/min以内,严禁箱梁冲撞支腿。

2 落梁时应有专人监视落梁速度和位置,坡道落梁时应增派监护人员加强防护。

3 落梁就位时,应注意观察起重小车卷扬机钢丝绳的运行情况。墩顶临时支承用的千斤顶的型号及位置必须符合工艺设计要求。4 个临时支承应受力均匀,各支承反力间误差范围应小于 5% 。顶、落梁千斤顶应同步起落。

4 箱梁就位后,箱梁支座的位置应符合设计要求,梁底与支座必须密合。

5.5.26 架桥机过孔前应进行一次全面检查,确保各部件处于完好状态。纵移过孔作业、曲线架梁架桥机横移时,2 台起重小车应退回到机臂尾部。

5.5.27 箱梁运架施工作业应按表 5.5.27 进行检查,并认真填写检查记录表。对检查中发现的不符合规定的情况,应按表 2.1.5 签发安全检查整改通知单,限期整改,并跟踪验证。

表 5.5.27 箱梁运架施工作业安全检查表

<table>
<tr><td colspan="3">项目(工程)名称</td><td colspan="2"></td></tr>
<tr><td colspan="3">施工地点</td><td colspan="2"></td></tr>
<tr><td>序号</td><td colspan="2">检查项目</td><td>对应条文号</td><td>检查情况</td></tr>
<tr><td>1</td><td colspan="2">班前安全讲话</td><td>2.1.7</td><td></td></tr>
<tr><td>2</td><td colspan="2">劳动保护用品佩戴</td><td>2.1.8</td><td></td></tr>
<tr><td>3</td><td colspan="2">运架施工专项施工方案</td><td>5.1.2</td><td></td></tr>
<tr><td>4</td><td colspan="2">运架设备的检查、维修保养</td><td>5.1.4</td><td></td></tr>
<tr><td>5</td><td colspan="2">运架设备自锁、互锁、联锁装置</td><td>5.1.6</td><td></td></tr>
<tr><td>6</td><td colspan="2">架桥机安全操作规程</td><td>5.1.7</td><td></td></tr>
<tr><td>7</td><td colspan="2">运架梁线路</td><td>5.5.1,5.5.2</td><td></td></tr>
<tr><td>8</td><td colspan="2">梁体起吊方式</td><td>5.5.3</td><td></td></tr>
<tr><td>9</td><td colspan="2">运梁车运梁通过已架梁</td><td>5.5.4</td><td></td></tr>
<tr><td>10</td><td colspan="2">作业人员</td><td>5.5.5</td><td></td></tr>
<tr><td rowspan="9">11</td><td rowspan="9">装、运梁</td><td>设备状况</td><td>5.5.6</td><td></td></tr>
<tr><td>装梁</td><td>5.5.7</td><td></td></tr>
<tr><td>装梁后检查</td><td>5.5.8</td><td></td></tr>
<tr><td>运梁线路</td><td>5.5.9,5.5.10</td><td></td></tr>
<tr><td>运梁车运梁走行速度</td><td>5.5.11</td><td></td></tr>
<tr><td>运梁过程指挥</td><td>5.5.12</td><td></td></tr>
<tr><td>喂梁</td><td>5.5.13</td><td></td></tr>
<tr><td>停车对位</td><td>5.5.15</td><td></td></tr>
<tr><td>防风</td><td>5.5.16</td><td></td></tr>
<tr><td rowspan="8">12</td><td rowspan="8">架梁</td><td>架桥机稳定性</td><td>5.5.17</td><td></td></tr>
<tr><td>作业环境条件</td><td>5.5.18,5.5.19</td><td></td></tr>
<tr><td>架桥机检查</td><td>5.5.20,5.5.21</td><td></td></tr>
<tr><td>架桥机支腿</td><td>5.5.22</td><td></td></tr>
<tr><td>架桥机运行</td><td>5.5.23</td><td></td></tr>
<tr><td>现场及人员防护</td><td>5.5.24</td><td></td></tr>
<tr><td>落梁</td><td>5.5.25</td><td></td></tr>
<tr><td>架桥机过孔</td><td>5.5.26</td><td></td></tr>
</table>

续上表

项目(工程)名称			
施工地点			
序号	检查项目	对应条文号	检查情况
13	起重吊装	5.1.8	
14	施工用电	5.1.8	
15	现场防火	5.1.8	
16	防风	5.1.8,5.5.18	
17	季节性施工	5.1.8,5.5.18	

检查方：　　　　　　　　　　　　　　　　受检方：

检查人(签名)：　　　　　　　　　　　　接收人(签名)：

年　月　日　　　　　　　　　　　　　　年　月　日

6 预应力混凝土简支 T 梁预制及运架

6.1 一般规定

6.1.1 预应力混凝土简支 T 梁施工作业过程中应考虑下列主要危险源、危害因素：

1 架梁设备不按操作规程安装、使用。

2 起落梁时，梁体两侧无支护措施，如图 6.1.1 所示。

3 使用千斤顶起落梁时违章操作。

4 两台吊机吊梁时，指挥不统一，起落不同步。

5 梁体存放时支垫不牢固。

6 架梁作业区未按规定设置防护设施。

7 架梁时，墩台未安装吊篮、步板、梯子等安全防护设施。

8 架梁前线路未压道，桥头未加固。

9 架梁线路不按规定进行检查维护。

10 架桥机主机对位后，未采取可靠的制动措施。

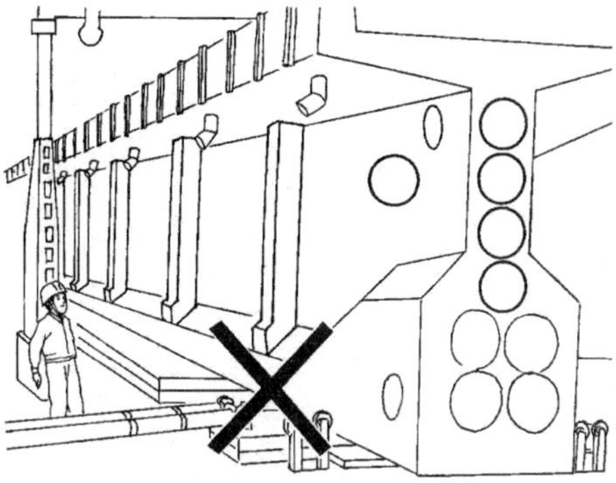

图 6.1.1 梁体两侧无支护措施

11 下坡道架梁时运梁车没有可靠的防溜措施。

12 架桥机过孔前，梁片未按规定进行横向连接。

13 横向连接、湿接缝施工无可靠的工作平台或吊篮。

14 高处作业人员不按规定佩戴劳动防护用品；酒后或疲劳作业。

15 跨越公路、河道施工时无防护措施；水上施工无防护和救生措施。

16 架梁作业无防风措施；雨季施工无防雷击措施；冬季施工无防滑措施。

6.1.2 T 梁运、架施工前，应编制专项施工方案。

6.1.3 架梁设备的设计、制造、改造、安装、调试和使用应符合本规程第 5.1.3 条的要求。

6.1.4 T 梁架设除应符合本章规定外，尚应符合《铁路架桥机架梁暂行规程》（铁建设〔2006〕181 号）的有关规定。

6.1.5 T 梁预制施工中的钢筋、模板、混凝土和预应力施工，T 梁运架施工中的起重吊装、施工用电、现场防火、高处作业、季节性施工等除应符合本规程的规定外，尚应符合《铁路工程基本作业施工安全技术规程》（TB 10301—2009）的相关规定。

6.2 预应力混凝土简支 T 梁预制

6.2.1 制、存梁台座符合本规程第 5.2.1 条～第 5.2.3 条的有关规定。

6.2.2 桥梁预制应符合本规程第 5.2.4 条～第 5.2.26 条的有关规定。

6.2.3 顶落梁前梁体两侧均应支护，千斤顶安放位置应保证梁顶起后不会歪斜。顶梁部位应在规定的允许悬臂长度范围内，持力点置于梁端重心线上。基础应牢固可靠。梁体与千斤顶之间应垫以石棉板。顶梁过程中，不允许超过千斤顶有效行程的 80％ 。

6.2.4 千斤顶顶落梁时，应边顶边垫、边落边撤保险支点，使梁的脱空距离保持在 20 mm以内。两端交替进行，严禁两端同起同落。

6.2.5 横移梁的滑道应设在距梁端允许悬臂长度范围内，滑道应与梁纵轴线垂直。

6.2.6 滑梁时,梁体混凝土面与滑道之间必须安装移梁装置,严禁将梁直接在滑道上滑行。移动梁体时两端应同步,并派专人检查,支撑松动时,应停止牵引,及时加固。

6.2.7 如采用一台吊车吊梁时,应保证吊点位置上部配备起吊扁担。如采用两台吊车吊梁时,两端应统一指挥,同时起吊落位。梁体上下翼缘应设护铁。

6.2.8 梁片存放时应支垫牢固,不得偏斜,防止梁体倾覆。

6.2.9 双层存放时,上下层梁的支垫位置应在同一垂直面上。

6.2.10 T梁预制施工作业应按表6.2.10进行检查,并认真填写检查记录表。对检查中发现的不符合规定的情况,应按表2.1.5签发安全检查整改通知单,限期整改,并跟踪验证。

表6.2.10 T梁预制施工作业安全检查表

项目(工程)名称			
施工地点			
序号	检查项目	对应条文号	检查情况
1	班前安全讲话	2.1.7	
2	劳动保护用品佩戴	2.1.8	
3	制、存梁台座	6.2.1	
4	先、后张法制梁	6.2.2	
5	顶落梁	6.2.3,6.2.4	
6	横移梁滑道	6.2.5	
7	滑移梁	6.2.6	
8	吊移梁	6.2.7	
9	存梁	6.2.8,6.2.9	
10	钢筋施工	6.1.5	
11	模板施工	6.1.5	
12	混凝土施工	6.1.5	
13	预应力施工	6.1.5	
14	施工用电	6.1.5	
15	起重吊装	6.1.5	
16	现场防火	6.1.5	
17	防风	6.1.5	
18	季节性施工	6.1.5	
检查方: 检查人(签名): 年 月 日			受检方: 接收人(签名): 年 月 日

6.3 预应力混凝土简支T梁运架

6.3.1 T梁安装顺序、多片梁之间的连接、湿接缝的浇筑及横向预应力筋施工应符合设计要求。

6.3.2 架梁作业区域应设置明显警示标志及必要的安全防护设施，安排专人进行防护，非架梁人员不得进入架梁作业区。

6.3.3 架梁时应提前安装墩台吊篮、步板和上下梯子等安全防护设施。

6.3.4 第一片梁架设应安排在白天进行，以便检查机械运转情况。夜间架梁作业应有足够的照明。

6.3.5 梁体两端就位落梁后，及时用临时支架撑好梁体两侧，防止梁体侧倾。

6.3.6 架梁期间应安排专人负责架桥机运行线路、运梁线路及龙门吊机走行轨道的检查、加固和维修。

6.3.7 施工现场风力超过 6 级时应停止架梁作业。

（Ⅰ）架桥机架梁

6.3.8 架桥机运输、组装、解体应符合下列规定：

1 架桥机运输、组装、解体应按本规程第 5.4 节的有关规定执行。

2 架桥机组装线路的长度、坡度、曲线半径应满足架桥机组装要求，线路应整修加固。

3 换装龙门吊机组装时，两支柱应与水平面垂直，支撑基面应在同一高程。支柱基底必须整平夯实，基底承载力应满足受力要求。组立完成后应进行空载试运转检查。

6.3.9 T 梁的运输和装卸应符合下列规定：

1 通过铁路运营线运输 T 梁应符合铁道部现行《铁路货物装载加固规则》、《铁路超限货物运输规则》对装运桥梁的特别规定。必须按照批准的铁路运输计划组织运输，运输前必须经铁路相关部门列检、货检合格。

2 通过工程线运输 T 梁应派人随车监护，出现支撑松动，应停车加固。运梁车接近到位时，走行速度不得大于 5 km/h。运梁车到位后，应制动锁定。

3 梁片起吊装车运输时，两端的高差不得大于 30 cm。梁片两端应支撑牢固。T 梁跨装两个平板时，必须安装运梁转向架。

6.3.10 T 梁架设应符合下列规定：

1 架梁前应对线路特别是桥头线路进行压道，严禁使用已组装的架桥机进行压道。当压道出现路基下沉严重时，应对线路进行加固。在暴雨或久雨后，应重新压道，方可继续架梁作业。

2 架梁作业时，对侵入架桥机设计限界的障碍物应提前排除。通过隧道应低速运行，并派专人观察，发现问题及时处理。

3 应加强架梁线路的养护维修，不良地段，应降低架桥机运行速度并派人监护。接近桥位时，架桥机应减速至 0.5 km/h，距离桥头 100 m处应一度停车，检查制动系统良好后方可继续前进，并设专人监护对位。主机正确对位后，应立即采取可靠的制动措施。

4 下坡道架梁时，运梁车应有可靠的防溜措施，架桥机后方安装脱轨器。

5 机动平车运梁前，应进行制动试验，确认制动状态良好。接近主机时，应有专人指挥，速度应降至 0.5 km/h以下，严禁冲撞。对位后，立即放置制动铁鞋。

6 架桥机出梁即将到位时，严禁梁片撞击前端支柱。

7 架梁时架桥机制动系统应保持规定风压。

8 墩台顶移梁时应在梁两端采取可靠支撑措施，梁面应有3 t以上的手拉葫芦作安全保护。千斤顶落梁时,两端交替进行,严禁两端同起同落。

9　架桥机过孔前,梁片应进行横隔板焊接,并按设计要求张拉预应力筋以保证架桥机过孔安全。

10　梁面预铺砟带应均匀,不得偏重。

11　梁面预铺轨排应按架梁线路中线铺设。线路轨距、水平、方向、轨道结构强度等参数必须满足架桥机架梁要求。

12　拨道对位前应计算拨道量,不得因线路拨道使梁或桥台托盘产生裂纹或受到损伤。当前后轮组拨道量不适当时,架桥机应退回重新拨道,不得强行横拉落梁就位。

(Ⅱ)龙门吊机架梁

6.3.11　龙门吊机走行轨道地基应坚实、稳固、无沉陷,软弱地基应进行加固处理,轨距、水平、接头、坡度应符合龙门吊机走行要求。

6.3.12　龙门吊机拼装时,应设置缆风绳稳固支撑塔架。天车走行轨道的两端应设止轮器。

6.3.13　龙门吊机走行时,同一吊机的两支腿应同步,停止走行时应采取双向制动措施。暂停使用时,应切断电源,并拉好缆风绳,安放止轮器。

6.3.14　龙门吊机吊梁时,应先将梁略吊离地面,经检查一切正常后,方可再次提升。两台龙门吊机吊梁升降、横移均应同步。梁体就位并支护稳妥后,方可松钩。

6.3.15　同跨T梁落位后,应及时进行横隔板焊接。

6.3.16　龙门吊机拆除时,应切断电源,将龙门架底部垫实,在龙门架支腿上拉好缆风绳。拆除的杆件、螺栓、材料等应吊放下落,严禁抛掷。

(Ⅲ)横　向　连　接

6.3.17　横隔板焊接、横向张拉、压浆、湿接缝施工时,应安设安全可靠的吊篮或工作平台,并有足够的作业空间。

6.3.18　横隔板焊接质量必须符合设计要求,桥面应有消防设施。

6.3.19　湿接缝混凝土强度和弹性模量达到设计要求后方可张拉预应力筋。张拉作业平台应设置防护网,张拉和孔道压浆作业应符合本规程第5.2节的有关规定。

6.3.20　桥下应设置安全防护人员,当桥上作业时,严禁人员和车辆进入危险区域,如图6.3.20所示。

图6.3.20　严禁人员和车辆进入架梁作业区域

6.3.21　T梁运架施工作业应按表6.3.21进行检查,并认真填写检查记录表。对检查中发现的不符合规定的情况,应按表2.1.5签发安全检查整改通知单,限期整改,并跟踪验证。

表 6.3.21　T 梁运架施工作业安全检查表

项目(工程)名称				
施工地点				
序号	检查项目		对应条文号	检查情况
1	班前安全讲话		2.1.7	
2	劳动保护用品佩戴		2.1.8	
3	运架施工专项施工方案		6.1.2	
4	架梁作业区域安全防护设施		6.3.2	
5	墩台安全防护设施		6.3.3	
6	夜间架梁		6.3.4	
7	架桥机运行线路、运梁线路等的检查		6.3.6	
8	架桥机架梁	架桥机运输、组装、解体	6.3.8	
		铁路营业线运梁	6.3.9	
		工程线运梁	6.3.9	
		梁片装卸	6.3.9	
		桥头线路压道	6.3.10	
		架桥机净空	6.3.10	
		架梁线路养护	6.3.10	
		架桥机对位	6.3.10	
		下坡道架梁	6.3.10	
		机动平车运梁	6.3.10	
		架桥机制动系统	6.3.10	
		顶落梁、墩顶移梁	6.3.10	
		梁体支撑	6.3.5	
		架桥机过孔	6.3.10	
		梁面预铺道砟、轨排	6.3.10,6.3.10	
		拨道对位	6.3.10	
9	龙门吊机架梁	吊机走行道路	6.3.11	
		吊机拼装	6.3.12	
		吊机走行	6.3.13	
		吊梁	6.3.14	
		梁体支撑	6.3.5	
		吊机拆除	6.3.16	
10	横向连接	连接及时性	6.3.10,6.3.15	
		吊篮或作业平台	6.3.17	
		横隔板焊接	6.3.18	
		横向预应力施工	6.3.19	
		施工防护措施	6.3.20	
11	起重吊装、施工用电、现场防火、季节性施工、防风		6.1.5,6.3.7	

检查方：　　　　　　　　　　　　　　　　受检方：

检查人(签名)：　　　　　　　　　　　　　接收人(签名)：

年　月　日　　　　　　　　　　　　　　　年　月　日

7 桥位制梁

7.1 一般规定

7.1.1 桥位制梁施工作业过程中应考虑下列主要危险源、危害因素：

1 大型非标设备的设计、制造、验收等不符合要求。

2 支架的强度、刚度、稳定性和基础承载力不足，排水不畅。

3 支架搭设完毕后未进行验收；未进行支架预压或预压荷载不能满足设计要求。

4 挂篮拼装和拆除不符合设计要求。

5 挂篮锚固不牢。

6 挂篮移位无限位装置。

7 悬臂吊机节段梁拼装后锚固不牢。

8 移动悬臂吊机无制动装置。

9 多点顶推、集中顶推时控制手段不统一。

10 移动模架拼装过程中支腿横向连接不及时。

11 移动模架过孔时违章操作。

12 移动模架部件焊缝开裂未及时发现处理。

13 移动支架前移没有可靠的限位和制动装置。

14 斜腿刚构拼装时，地锚固定不牢。

15 预应力张拉未设防护屏障。

16 桥位制梁作业无防风措施；雨季施工无防雷击措施。

17 水上施工无防护和救生措施。

18 跨越公路、铁路施工时无防护措施。

19 施工现场违章用电。

20 高处作业人员不按规定佩戴劳动防护用品；酒后或疲劳作业。

7.1.2 桥位制梁前，应编制专项施工方案。

7.1.3 挂篮、移动模架、移动支架等大型非标设备的设计、制造、使用应符合下列规定：

1 必须由有相应资质的厂家进行设计、制造。

2 设备设计、制造厂家应制定明确的非标设备研制方案和验收大纲，由设备制造单位组织相关专家审定。设备的制造过程验收和出厂验收应由设备制造单位依据验收大纲进行。

3 设备进场时应对各构件规格、型号、尺寸和数量进行认真核对，检查构件有无缺损、表面有无损坏和锈蚀、配件和专用工具是否齐备等，并作好记录。

4 设备的安装和安装后的检查、调试均应由设备制造厂家派出专业技术人员全程跟踪指导。

5 非标设备正式投入使用前应进行载荷试验。

7.1.4 在风力达到6级以上时，应停止桥位制梁作业。

7.1.5 跨越公路、通航河道作业时，应事先与当地行政主管部门联系，商定有关施工期间的安全事项，并发布公告，按有关规定设置安全防护设施和警示标志。

7.1.6 桥位制梁施工中的起重吊装、施工用电、现场防火、高处作业、季节性施工等应符合

《铁路工程基本作业施工安全技术规程》(TB 10301—2009)的相关规定。钢筋、模板、混凝土和预应力施工除应符合《铁路工程基本作业施工安全技术规程》(TB 10301—2009)的相关规定外,尚应符合本规程第5.2节的有关规定。

7.2 支架法制梁

7.2.1 支架所用材料应为钢结构,其设计、施工、验收应符合国家有关规定要求。

7.2.2 支架结构应具有足够的强度、刚度和稳定性,杆件应力安全系数应大于1.3,稳定性安全系数应大于1.5。

7.2.3 支架基础必须具有足够的承载力,不得出现不均匀沉降,并作好地面的纵向和横向排水处理。软土地基应采取地基加固措施,冻土地基上应采取防胀融措施。

7.2.4 支架应严格按照设计搭设,设置足够的斜撑、剪力撑、缆风绳和落架设施,应有施工平台、栏杆、梯子、安全网等防护设施。

7.2.5 支架安装完毕后,应对其垂直度、落架设施、部件连接、地锚、缆风绳等进行全面检查。

7.2.6 支架应采用不小于1.1倍施工总荷载的荷载进行预压。预压应分级加载,分级卸载,以消除支架的非弹性变形,并检验支架的稳定性。采用砂袋预压应注意防雨。

7.2.7 梁体混凝土浇筑过程中,应设专人对支架和基础进行观察和观测,发现较大变形时,应立即采取措施。

7.2.8 梁体承重模板支架拆除应符合下列规定:

1 梁体已按设计要求张拉完成。

2 梁底模及支架卸载顺序,应严格按照从梁体挠度最大处的支架节点开始,逐步卸落相邻节点。当达到一定卸落量后,支架方可拆除。

3 模板及支架拆除应遵循“先支后拆,后支先拆”的顺序,严禁强拉硬拽。

4 支架在承重期间,不得随意拆除任何受力杆件。

7.2.9 支架法制梁施工作业应按表7.2.9进行检查,并认真填写检查记录表。对检查中发现的不符合规定的情况,应按表2.1.5签发安全检查整改通知单,限期整改,并跟踪验证。

表7.2.9 支架法制梁施工作业安全检查表

项目(工程)名称			
施工地点			
序号	检查项目	对应条文号	检查情况
1	班前安全讲话	2.1.7	
2	劳动保护用品佩戴	2.1.8	
3	专项施工方案	7.1.2	
4	跨越道路、河道施工	7.1.5,2.4.1,2.4.2	
5	支架设计	7.2.1~7.2.3	
6	支架搭设	7.2.4	
7	支架检查	7.2.5	
8	支架预压	7.2.6	

续上表

项目(工程)名称			
施工地点			
序号	检查项目	对应条文号	检查情况
9	钢筋施工	7.1.6	
10	模板施工	7.1.6	
11	混凝土施工	7.1.6	
12	预应力施工	7.1.6	
13	支架监测	7.2.7	
14	支架拆除	7.2.8	
15	起重吊装	7.1.6	
16	施工用电	7.1.6	
17	现场防火	7.1.6	
18	防风	7.1.4,7.1.6	
19	季节性施工	7.1.6	
检查方: 检查人(签名): 年 月 日		受检方: 接收人(签名): 年 月 日	

7.3 连续梁、连续刚构挂篮悬臂浇筑

7.3.1 挂篮设计除应符合强度、刚度和稳定性要求外,尚应符合以下规定:

1 挂篮总重量的变化不应超过设计重量的10%。

2 梁段混凝土浇筑及走行时的抗倾覆安全系数、自锚固系统的安全系数,均不应小于2.0。

3 挂篮底模悬吊系统使用精轧螺纹钢筋作吊杆时应采取防护措施。

7.3.2 墩顶0号块托架施工时,应对各部件的焊接质量进行重点检查。

7.3.3 挂篮拼装和拆除应符合下列规定:

1 挂篮杆件及使用的机具设备(如千斤顶、滑道、手拉葫芦、钢丝绳等),应进行检查,不合格的严禁使用。

2 挂篮拼装应对称进行,构件及时稳固,连为一体,防止倾倒伤人。

3 挂篮作业平台应挂安全网,四周设围栏,上下应有专用扶梯。

4 如需在挂篮上增加设施(如防雨棚、防寒棚、立井架等)时,必须对挂篮的整体稳定性进行检算,不得损害挂篮结构及改变其受力形式。

5 挂篮拼装过程中,严禁随意对螺栓孔进行切割扩孔,确需扩孔时,必须征得挂篮设计单位同意。严禁在精轧螺纹钢筋吊杆上进行电焊、搭火,所有精轧螺纹钢筋吊杆必须使用双螺母锁紧。

6 挂篮现场组拼后,应全面检查安装质量,并进行载荷试验,以测定挂篮变形量,消除非弹性变形。预压过程中如发现局部位置变形过大,应立即停止加载,及时查找原因,采取补救

措施。

7 挂篮拆除应按要求顺序对称拆除。

7.3.4 悬臂浇筑应符合下列规定：

1 混凝土浇筑前，应对挂篮的锚固系统、吊挂系统和限位装置等进行全面检查。

2 梁段应对称浇筑，不平衡重不得大于设计容许值。

3 合龙段、体系转换施工应按设计等有关规定的要求执行。

7.3.5 横向预应力张拉应设吊篮工作平台。

7.3.6 挂篮移位应符合下列规定：

1 滑道应铺设平顺，并按要求做好锚固。

2 挂篮行走前检查走行系统、吊挂系统、模板系统。

3 墩两侧挂篮应对称移位，尾部设制动装置，移动速度应控制在 0.1 m/min以内。挂篮移动到位后应及时锚固，前吊杆、后锚杆的锚固力应调试均匀，前端限位装置应设置牢固。

4 遇有雷雨、大风、大雾等恶劣天气时，严禁移动挂篮。

7.3.7 拆除临时支座时，除符合高处作业的安全要求外，还应符合下列规定：

1 设置环墩工作平台及安全爬梯。

2 作业人员应站在上风处操作，并应佩戴护目镜、口罩等安全防护用品。

3 桥下应有人员警戒，严禁人、车、船等通过警戒区。

7.3.8 跨越电气化营业线铁路施工时，必须制定挂篮防电安全方案并由专业防电公司实施。

7.3.9 挂篮悬臂施工过程中，应加强对滑道、主桁节点、锚固、吊挂和模板等系统的日常检查，并注意不平衡力矩的控制，确保施工安全。

7.3.10 挂篮悬臂浇筑施工作业应按表 7.3.10 进行检查，并认真填写检查记录表。对检查中发现的不符合规定的情况，应按表 2.1.5 签发安全检查整改通知单，限期整改，并跟踪验证。

表 7.3.10 挂篮悬臂浇筑施工作业安全检查表

项目(工程)名称				
施工地点				
序号	检查项目		对应条文号	检查情况
1	班前安全讲话		2.1.7	
2	劳动保护用品佩戴		2.1.8	
3	专项施工方案		7.1.2	
4	挂篮设计、制造		7.1.3,7.3.1	
5	跨越道路、河道施工		7.1.5,2.4.1,2.4.2	
6	0 号块托架		7.3.2	
7	挂篮拼装和拆除	杆件及机具检查	7.3.3	
		拼装顺序	7.3.3	
		挂篮安全防护设施	7.3.3	
		挂篮上增加设施	7.3.3	
		挂篮改造	7.3.3	
		拼装后检查及载荷试验	7.3.3	
		挂篮拆除	7.3.3	

续上表

项目(工程)名称				
施工地点				
序号	检查项目		对应条文号	检查情况
8	悬臂浇筑	挂篮检查	7.3.4	
		浇筑顺序	7.3.4	
		合龙和体系转换	7.3.4	
9	挂篮移位	移位滑道	7.3.6	
		挂篮检查	7.3.6	
		挂篮移位	7.3.6	
		恶劣天气	7.3.6	
10	临时支座拆除		7.3.7	
11	跨越营业线施工		7.3.8	
12	设备日常检查		7.3.9	
13	钢筋施工		7.1.6	
14	模板施工		7.1.6	
15	混凝土施工		7.1.6	
16	预应力施工		7.1.6	
17	起重吊装		7.1.6	
18	施工用电		7.1.6	
19	现场防火		7.1.6	
20	高处作业		7.1.6	
21	防风		7.1.4,7.1.6	
22	季节性施工		7.1.6	
检查方： 检查人(签名)： 年　月　日			受检方： 接收人(签名)： 年　月　日	

7.4　连续梁、连续刚构悬臂拼装

7.4.1　应按设计要求将墩顶梁段与桥墩临时锚固。

7.4.2　梁段预制及运输应符合下列规定：

1　梁段预制及存梁台座应符合本规程第5.2节的有关规定。

2　起吊梁段的吊环应符合设计要求。如设计无要求，应进行计算确定。

3　梁段运输起吊前应进行全面检查，如吊环部位有无损伤、结合面有无突出外露物、梁段上有无放置物件等。

4　梁段装车、装船运输时，应使梁、车(船)的重心相吻合，并安放平稳。支承点的位置与吊点位置一致，梁段与车(船)体应拉紧固定。

7.4.3　悬臂吊机拼装节段梁应符合下列规定：

1　吊机的重量、支承位置及锚固方式等，应征得设计单位的同意。

2 吊机走行和进行悬拼时的抗倾覆稳定系数不得小于1.5。

3 吊机就位后,应重点对其位置及锚固状态进行检查,并进行起吊试验。

4 同一T构上的两台吊机走行速度应相等、同步,距桥墩中心距离偏差按设计要求控制。滑道应铺设平顺,并设限位器。

5 同一T构上的梁段应对称拼装。起吊时,在梁段吊离车(船)20 cm左右停止提升,检查起重设备的工作状态,确认其状态正常后,继续提升,撤走运输车(船)。在接近安装部位时,不得碰撞已安装的梁段和其他作业设施。

6 节段正式就位,按设计要求张拉预应力束后,吊机起重吊钩才能松钩。

7.4.4 移动支架悬臂拼装节段梁应符合下列规定:

1 移动支架在台后拼装时,路基应平整、坚实。搭设临时支架时,应安全、可靠。

2 移梁小车、起重小车、液压系统及电控等部件,走行系统的限位和制动装置,应安全可靠。

3 移动支架拼装完成后,按不同工况进行试运转和起吊试验,合格后方可投入使用。

4 移动支架抗倾覆稳定系数不得小于1.5。移位时,起重或移梁小车应退至指定位置。

5 天气突然变化影响作业安全、卷扬机电机过热或其他机械设备出现故障时,应暂停吊运作业,并采取相应的应急避险措施。

7.4.5 采用吊架法施工合龙段时,两端的连接装置应牢固可靠,吊架应进行全封闭防护。

7.4.6 连续梁、连续刚构悬臂拼装施工作业应按表7.4.6进行检查,并认真填写检查记录表。对检查中发现的不符合规定的情况,应按表2.1.5签发安全检查整改通知单,限期整改,并跟踪验证。

表7.4.6 连续梁、连续刚构悬臂拼装施工作业安全检查表

项目(工程)名称				
施工地点				
序号	检查项目		对应条文号	检查情况
1	班前安全讲话		2.1.7	
2	劳动保护用品佩戴		2.1.8	
3	专项施工方案		7.1.2	
4	跨越道路、河道施工		7.1.5,2.4.1,2.4.2	
5	墩梁的临时锚固		7.4.1	
6	梁段预制		7.4.2	
7	梁段起吊及运输	吊环	7.4.2	
		起吊前检查	7.4.2	
		梁段装车及运输	7.4.2	
8	悬臂吊机拼装梁段	悬臂吊机设计、制造	7.1.2,7.4.3	
		吊机走行	7.4.3	
		梁段拼装	7.4.3	

续上表

项目(工程)名称				
施工地点				
序号	检查项目		对应条文号	检查情况
9	移动支架悬拼梁段	移动支架设计、制造	7.1.2,7.4.4	
		移动支架拼装	7.4.4	
		移动支架部件检查	7.4.4	
		移动支架试运转和试吊	7.4.4	
		移动支架移位	7.4.4	
		异常情况处理	7.4.4	
10	合龙段施工		7.4.5	
11	钢筋施工		7.1.6	
12	模板施工		7.1.6	
13	混凝土施工		7.1.6	
14	预应力施工		7.1.6	
15	起重吊装		7.1.6	
16	施工用电		7.1.6	
17	现场防火		7.1.6	
18	高处作业		7.1.6	
19	防风		7.1.4,7.1.6	
20	季节性施工		7.1.6	
检查方: 检查人(签名): 年 月 日			受检方: 接收人(签名): 年 月 日	

7.5 连续梁顶推

7.5.1 顶推设施和设备应符合下列规定:

1 制梁台座基础应稳固,并有防、排水设施。

2 顶推设备的能力应不小于计算顶推力的2倍。顶推施工所用的机具设备、材料(如拉锚器、工具锚、连接件、油压千斤顶、高压油泵、油管、压力表及滑动装置)使用前,应全面检查,必要时应作试验。

3 当线路下坡坡度大于1.5%,顶推时要附加制动装置。

4 导梁的强度、刚度和稳定性以及与主梁的连接应进行施工检算,满足安全的要求。

5 临时墩应有专项的设计方案。各联主梁顶推作业完成并落位到正式支座上以后,方可将临时墩拆除。

7.5.2 主梁最大悬臂状态下允许的挠度值及顶推各阶段的墩顶反力和顶推力,应换算为油压表读数和允许的墩顶位移值。

7.5.3 墩顶应有足够的空间更换滑道、安装支座,并应验算其在偏压情况下的结构安全度。顶推引起的墩顶位移值,不得超过允许的位移值。

7.5.4 台座和墩顶应设有导向装置和保险千斤顶,梁体在顶推过程中不得产生偏移和倾斜。

7.5.5 多点顶推、集中顶推动力应有统一的控制手段,同一墩台及各墩的顶推设备应同步启动和同步纵向运行。采用多点顶推,助顶的顶推力应保持恒定不变。

7.5.6 在顶推梁体时,应及时对导梁、桥墩、临时墩、滑道、梁体位置等进行观测。当出现下列现象时应暂停顶推:

1 梁段偏离较大;

2 导梁杆件变形、螺栓松动,导梁与梁体连接有松动和变形;

3 未压浆的预应力筋锚具松动;

4 牵引拉杆变形;

5 桥墩(临时墩)变形超过计算值;

6 滑道有移动;

7 需要倒顶时。

7.5.7 高处作业应设围栏和安全网,滑道应保持清洁。在墩台顶的下滑道边,应设置工作平台、栏杆、上下梯子、人行走道等防护设施。

7.5.8 上下桥墩和在梁上作业时,应配好扶梯,拴好安全带并配备必需的劳保用品。使用的料具设备等应吊运传递,不得向下抛掷,如图 7.5.8 所示。

7.5.9 落梁应符合下列规定:

1 拆除临时预应力筋,按照设计文件规定的顺序张拉后期预应力筋。

2 拆除墩台上的滑动装置和落梁时,应按照设计规定的顺序进行,同一墩台的千斤顶应同步运行。顶落梁时,应有保险设施。

3 落梁完毕,当拆除千斤顶及其他设备时,都应事先用绳拴好,用吊机吊出,在起吊时应避免撞击梁体。

图 7.5.8　不得向下抛掷料具设备

7.5.10 连续梁顶推施工作业应按表 7.5.10 进行检查,并认真填写检查记录表。对检查中发现的不符合规定的情况,应按表 2.1.5 签发安全检查整改通知单,限期整改,并跟踪验证。

表 7.5.10　连续梁顶推施工作业安全检查表

<table>
<tr><td colspan="2">项目(工程)名称</td><td colspan="4"></td></tr>
<tr><td colspan="2">施工地点</td><td colspan="4"></td></tr>
<tr><td>序号</td><td colspan="2">检查项目</td><td>对应条文号</td><td>检查情况</td></tr>
<tr><td>1</td><td colspan="2">班前安全讲话</td><td>2.1.7</td><td></td></tr>
<tr><td>2</td><td colspan="2">劳动保护用品佩戴</td><td>2.1.8</td><td></td></tr>
<tr><td>3</td><td colspan="2">专项施工方案</td><td>7.1.2</td><td></td></tr>
<tr><td>4</td><td colspan="2">跨越道路、河道施工</td><td>7.1.5,2.4.1,2.4.2</td><td></td></tr>
<tr><td rowspan="3">5</td><td rowspan="3">顶推设备和设施</td><td>制梁台座</td><td>7.5.1</td><td></td></tr>
<tr><td>顶推设备检查</td><td>7.5.1</td><td></td></tr>
<tr><td>下坡顶推制动装置</td><td>7.5.1</td><td></td></tr>
</table>

续上表

项目(工程)名称				
施工地点				
序号	检查项目		对应条文号	检查情况
5	顶推设备和设施	导梁	7.5.1	
		临时墩	7.5.1	
6	墩顶空间		7.5.3	
7	墩顶位移		7.5.3	
8	顶推导向装置及方向控制		7.5.4	
9	多点顶推		7.5.5	
10	顶推过程监测		7.5.6	
11	现场安全防护设施		7.5.7,7.5.8	
12	落梁		7.5.9	
13	钢筋施工		7.1.6	
14	模板施工		7.1.6	
15	混凝土施工		7.1.6	
16	预应力施工		7.1.6	
17	起重吊装		7.1.6	
18	施工用电		7.1.6	
19	现场防火		7.1.6	
20	高处作业		7.1.6	
21	防风		7.1.4,7.1.6	
22	季节性施工		7.1.6	
检查方： 检查人(签名)： 年　月　日				受检方： 接收人(签名)： 年　月　日

7.6　移动模架制梁

7.6.1　移动模架设计抗倾覆稳定系数不得小于1.5。

7.6.2　移动模架上部两侧应设置人行道和栏杆,在两个端头须增加栏杆,并挂好安全网。

7.6.3　移动模架应有风速仪、避雷针等装置,以及防风锚碇设施。

7.6.4　风力大于6级时,不得进行移动模架施工作业,所有支腿均应处于锚固和锁定状态,外模板应闭合。

7.6.5　移动模架的拼装应符合下列规定:

1　移动模架进场后,应清点、检查所有部件,对重点部位焊缝进行无损探伤检测,对发现的问题应联系制造厂家处理。

2　移动模架拼装应有制造厂家技术人员现场指导。

3　拼装场地地基承载力应符合拼装要求;临时支墩应有足够的强度、刚度和稳定性。

4　应对桥墩或桩基承台的受力进行检算,必要时采取加强措施。

5 模架拼装过程中，支腿、主梁、横联应及时连接，防止整体失稳。

6 摩擦型高强螺栓严禁重复使用。

7 拼装完成后必须对电路、液压系统的运行情况进行检查。

8 上行式模架后支腿应置于已浇筑梁段腹板中心线上，支承面积应满足模架设计要求，防止箱梁局部受压损坏。拼装完成后，应全面检查各挂架紧固件连接情况。

9 下行式模架安装前，应对固定主支腿的精轧螺纹钢筋、夹具及连接器进行外观检查，并作力学试验，合格后方可使用。安装时按设计要求张拉，双帽紧固，其使用次数应不超过设计规定。

7.6.6 移动模架预压应符合下列规定：

1 每套移动模架首次拼装后应采用不小于1.2倍的施工总荷载进行预压。检验合格后，由制造厂家和使用单位共同签认。

2 每次重新拼装后应采用不小于1.1倍的施工总荷载进行预压。

3 预压应依据荷载分布等情况分级加载，禁止在某部位集中堆载。每级加载完成后，都必须对焊缝和螺栓连接处等逐一进行检查，对关键部位进行应力和变形监测。卸载应分级进行。

7.6.7 移动模架过孔应符合下列规定：

1 梁体初张拉完成后方可进行。

2 过孔前要对移动模架的上下、左右、前后各处进行详细的检查，若有影响移动模架横移及前移的障碍物，要进行清理或拆除。

3 过孔前及过孔完成后，应检查受力构件的焊缝质量，发现裂纹，及时补焊。

4 模架打开过孔前应确认电路、油路运行正常，且所有影响移位的约束已经解除。

5 模架横向开启及合龙过程中，左右两侧模架、同侧移动模架前后端均应保持同步。

6 纵移到最后1 m时，应按点动按钮前进。

7 移动模架应有可靠的纵向过孔限位装置。

8 移动模架过孔后应及时将外模系统合龙，模架就位。

7.6.8 上行式移动模架过孔除应符合本规程第7.6.7条的规定外，尚应符合下列规定：

1 辅助支腿已锚固到桥墩台上。

2 起吊小车移到主梁尾部，并锁定。吊杆已解除，外模系统脱模且横向开启到位。

3 移动模架主梁后支腿走行装置落到桥面轨道上，前支腿支撑在桥墩上。辅助支腿沿前导梁吊挂移动时应防止偏位。

4 主机中心线应与箱梁中心线重合，超出验收要求时，应通过辅助支腿的横移油缸和主梁后支腿调整主机横向位置。

5 纵向移位速度应小于设计移位速度。

7.6.9 下行式模架过孔除应符合本规程第7.6.7条的规定外，尚应符合下列规定：

1 主支腿吊挂前行到位，辅助支腿横行连接拆除；外模系统横向开启，后支腿、中支腿、前辅助支腿支撑牢固。

2 主梁及导梁各接头的连接螺栓连接牢固。

3 移位台车上的勾挂油缸及纵横移油缸处于正常状态。

4 移位台车上的勾板与墩旁托架勾挂可靠。

5 墩旁托架纵移时，应采取措施，防止因接头错台而出现的卡滞现象。

7.6.10　移动模架的拆解应符合下列规定:

1　移动模架拆除应在不带电的状态下进行。

2　移动模架拆除应对称进行,防止整体结构失衡失稳。

3　拆除主梁等连接设备前,应采取增设缆风绳、临时支撑等措施,防止倾覆。

4　拆下的构件应堆放稳定,防止倾翻伤人。

7.6.11　混凝土浇筑应符合本规程第5.2节的有关规定。浇筑顺序应由前端向后端进行,左右两侧腹板及翼缘混凝土对称下料,以保证主梁结构受力均匀、变形一致。

7.6.12　移动模架施工时,应设置防护区并设立明显警示标志。

7.6.13　移动模架制梁施工作业应按表7.6.13进行检查,并认真填写检查记录表。对检查中发现的不符合规定的情况,应按表2.1.5签发安全检查整改通知单,限期整改,并跟踪验证。

表7.6.13　移动模架制梁施工作业安全检查表

项目(工程)名称				
施工地点				
序号	检查项目		对应条文号	检查情况
1	班前安全讲话		2.1.7	
2	劳动保护用品佩戴		2.1.8	
3	专项施工方案		7.1.2	
4	移动模架设计、制造		7.1.3,7.6.1	
5	跨越道路、河道施工		7.1.5,2.4.1,2.4.2	
6	安全防护设施		7.6.2,7.6.12	
7	移动模架拼装	部件检查	7.6.5,7.6.5	
		厂家指导人员	7.6.5	
		拼装场地及临时支墩	7.6.5	
		桥墩和基础承载能力校核	7.6.5	
		拼装	7.6.5	
8	移动模架预压	分级加载	7.6.6	
		总加载量	7.6.6	
		加载过程检查	7.6.6	
		卸载	7.6.6	
		重新拼装后预压	7.6.6	
9	上行式移动模架过孔	过孔条件	7.6.7	
		过孔前检查	7.6.7,7.6.8	
		过孔	7.6.7,7.6.8	
10	下行式移动模架过孔	过孔条件	7.6.7	
		过孔前检查	7.6.7	
		过孔	7.6.7,7.6.9	
11	移动模架拆解		7.6.10	
12	钢筋施工		7.1.6	

续上表

项目(工程)名称			
施工地点			
序号	检查项目	对应条文号	检查情况
13	模板施工	7.1.6	
14	混凝土施工	7.1.6	
15	预应力施工	7.1.6	
16	起重吊装	7.1.6	
17	施工用电	7.1.6	
18	现场防火	7.1.6	
19	高处作业	7.1.6	
20	防雷	7.6.3	
21	防风	7.1.4,7.1.6,7.6.3,7.6.4	
22	季节性施工	7.1.6	
检查方： 检查人(签名)： 年 月 日		受检方： 接收人(签名)： 年 月 日	

7.7 移动支架制架简支箱梁

7.7.1 梁段预制、存放、预应力张拉应符合本规程第5.2节和第5.3节的有关规定。

7.7.2 移动支架桁架拼装应符合本规程第9.2节的有关规定。

7.7.3 移动支架前移时,应符合下列要求:

1 卷扬机、定滑轮、动滑轮、墩旁托架的锚固应牢固。

2 滚轮箱导向轮、后支点小车走行轨道位置应正确。

3 两台前移卷扬机应同型号,走行时保持平稳、同步。

4 下托梁打开或闭合时,升、降高度应一致。

5 支架纵移过程中,每个滚轮箱锚固点应固定专人观察,前方墩上应有仪器测控,发现偏移及时纠正。

6 支架抗倾覆稳定系数应大于1.5。

7.7.4 采用轨道运输梁节时,运输轨道要平直,不得有三角坑。运输轨道应经常维护和保养。

7.7.5 采用轮胎式运输车运输梁节时,道路的纵横坡度、平整度、承载力和转弯半径必须满足运输要求。

7.7.6 运梁平车、起重小车、电动或液压卷扬机和支架走行的限位和制动装置应安全可靠。

7.7.7 梁段的组拼应符合以下规定:

1 桁吊与梁段的吊环应对正,不得斜吊。

2 移梁小车走行应慢速、平稳,刹车装置可靠。

3 调整梁段高度的螺旋千斤顶应与纵梁固定在一起。

4 梁段调位时,应按照先纵向、再横向、后竖向的次序进行,统一指挥,动作协调,以免梁段歪斜、倾倒。

7.7.8　当梁段湿接头施工时,应从梁孔两端向中间对称浇筑混凝土。

7.7.9　当梁段干接头施工时,应搭设牢固涂胶脚手架。连接剂的涂刷必须在梁段调整就位并稳定后进行。

7.7.10　预应力张拉过程中,伴随梁段起拱应及时调低支撑丝杆的高度或放松吊杆,以减少支架的上托力。

7.7.11　移动支架上应设稳固铺脚手板、防护栏杆,下托梁上应绑挂安全网。

7.7.12　移动支架施工区域应有明显警示标志,禁止非施工人员和车辆通行或逗留。

7.7.13　移动支架制架简支箱梁施工作业应按表 7.7.13 进行检查,并认真填写检查记录表。对检查中发现的不符合规定的情况,应按表 2.1.5 签发安全检查整改通知单,限期整改,并跟踪验证。

表 7.7.13　移动支架制架简支箱梁施工作业安全检查表

项目(工程)名称			
施工地点			
序号	检查项目	对应条文号	检查情况
1	班前安全讲话	2.1.7	
2	劳动保护用品佩戴	2.1.8	
3	专项施工方案	7.1.2	
4	移动支架设计、制造	7.1.3,7.7.2,7.7.3	
5	跨越道路、河道施工	7.1.5,2.4.1,2.4.2	
6	安全防护设施	7.7.11,7.7.12	
7	梁段预制	7.7.1	
8	梁段存放	7.7.1	
9	移动支架前移	7.7.3	
10	轨道运输梁段	7.7.4	
11	轮胎式运输车运输梁段	7.7.5	
12	机具限位和制动装置	7.7.6	
13	梁段组拼	7.7.7	
14	湿接头施工	7.7.8	
15	干接头施工	7.7.9	
16	预应力张拉	7.7.10,7.1.5	
17	钢筋施工	7.1.6	
18	模板施工	7.1.6	
19	混凝土施工	7.1.6	
20	预应力施工	7.1.6	
21	起重吊装	7.1.6	
22	施工用电	7.1.6	
23	现场防火	7.1.6	

续上表

项目(工程)名称			
施工地点			
序号	检查项目	对应条文号	检查情况
24	高处作业	7.1.6	
25	防风	7.1.4,7.1.6	
26	季节性施工	7.1.6	
检查方： 检查人(签名)： 年 月 日		受检方： 接收人(签名)： 年 月 日	

7.8 斜腿刚构

7.8.1 钢斜腿施工应符合下列规定：

1 斜腿杆件吊装应按计算位置拴吊具,杆件与吊具间应加防护垫。

2 斜腿拼装前应搭设脚手架,安装栏杆和安全网。

3 水平拼装时,支架应设在坚固的基础上。

4 斜腿斜拼时固定用的控制缆索绳,或采用竖拼(水平拼)后旋转就位用的控制滑车组的地锚,应满足受力要求。

5 斜腿竖直拼装时,每一定位面应设定位销钉。已拼好的杆件应与塔架或桥墩临时连接。

6 斜腿拼装使用的工具、冲钉、螺栓均应装在工具箱(袋)内。打冲钉时,里外应互相照应。每个框架单元拼装时,按设计装好定量的冲钉和螺栓后,方可松开吊钩。

7 斜腿竖转时,应按斜腿长度、重量、刚度确定吊点位置,拴好溜绳,吊钩应封钩。

8 斜腿拼装与旋转下放作业应规定统一信号,设专人统一指挥。桥下车船及行人不得通行,并设安全防护。

7.8.2 斜腿刚构钢箱梁施工应符合下列规定：

1 薄壁箱形构件需要翻转时,严禁构件一端着地拖拉翻转。

2 箱梁整体吊装时,压载重量不得超过吊重的10%。试吊时,在梁段吊离工作台20 cm左右时,应停吊检查。确认正常后,方可正式吊装。整体吊装中间梁段时,两端应同步吊装,并保持梁体的平衡和稳定。

3 梁体悬臂拼装工作吊篮和其他施工设施,应安装牢固可靠,悬臂两端严禁超载。

4 梁段悬拼起吊应平稳,吊钩(一个吊点时)应在梁段重心处,尾部应拴溜绳以控制其摆动。吊运到位后,应将溜绳拉紧,待梁段不摆动时再徐徐下落。梁段对接时,应先控制有10 cm以内的间距,再在梁体内设倒链滑车,帮助拉紧对接。

5 在箱梁上通过吊机或吊机立于箱梁上架设边孔桥梁时,应事先进行检算(考虑偏载的影响)。必要时应采取结构局部加固措施或施工临时加固措施。

7.8.3 预应力混凝土斜腿刚构桥施工应符合下列规定：

1 采用支架法施工时,应符合本规程第7.2节的有关规定。

2 采用无支架施工时,在斜腿施工完毕后,应将斜腿固定,形成稳定结构。梁部T构施工应符合本规程第 7.3 节和第 7.4 节的有关规定。

3 斜腿和梁部采用钢拱架施工时,应在斜腿与中跨梁部形成门式刚构和预施应力全部完成后,方可拆除拱架。用砂箱或楔子松动拆除拱架时,应按设计顺序进行。在拆除工程中,应统一指挥,不得在拱架上下同时作业或用机械强拽拱架。

7.8.4 斜腿刚构施工作业应按表 7.8.4 进行检查,并认真填写检查记录表。对检查中发现的不符合规定的情况,应按表 2.1.5 签发安全检查整改通知单,限期整改,并跟踪验证。

表 7.8.4 斜腿刚构施工作业安全检查表

项目(工程)名称				
施工地点				
序号	检查项目		对应条文号	检查情况
1	班前安全讲话		2.1.7	
2	劳动保护用品佩戴		2.1.8	
3	专项施工方案		7.1.2	
4	跨越道路、河道施工		7.1.5,2.4.1,2.4.2	
5	钢斜腿施工	杆件吊装	7.8.1	
		安全防护设施	7.8.1	
		斜腿拼装	7.8.1	
		斜腿竖转	7.8.1	
		作业指挥	7.8.1	
6	钢箱梁施工	构件翻转	7.8.2	
		整体吊装	7.8.2	
		悬臂拼装	7.8.2	
7	预应力混凝土斜腿刚构施工	支架法施工	7.8.3	
		无支架施工	7.8.3	
		钢拱架施工	7.8.3	
8	钢筋施工		7.1.6	
9	模板施工		7.1.6	
10	混凝土施工		7.1.6	
11	预应力施工		7.1.6	
12	起重吊装		7.1.6	
13	施工用电		7.1.6	
14	现场防火		7.1.6	
15	高处作业		7.1.6	
16	防风		7.1.4,7.1.6,7.8.1	
17	季节性施工		7.1.6	
检查方: 检查人(签名): 年 月 日				受检方: 接收人(签名): 年 月 日

8 桥梁支座安装

8.0.1 桥梁支座安装作业过程中应考虑下列主要危险源、危害因素：

1 墩顶未设置栏杆、步梯等安全防护设施。

2 支座在墩顶存放时固定不牢。

3 选用的千斤顶不符合施工要求。

4 顶落梁时违规操作。

5 施工现场违章用电。

6 高处作业人员不按规定佩戴劳动防护用品；酒后或疲劳作业。

7 支座安装无防风措施；冬季无防滑措施。

8.0.2 支座安装前，墩顶及支座锚栓孔中的积雪、冰冻、积水和其他杂物应清理干净，并采取必要的防滑措施。支座在墩顶存放时，要固定牢固。

8.0.3 吊运支座时，墩顶作业人员应待支座稳定后再扶正就位。人工抬运支座时，应协调一致，防止挤压手脚。

8.0.4 简支梁梁体吊装架设前，应先将支座安装在预制梁的底部。上支座板与梁底预埋钢板间不得有空隙。箱梁支座下的灌浆强度达到 20 MPa后，拧紧下支座板锚栓，并拆除各支座上、下连接钢板及螺栓，再拆除临时千斤顶。

8.0.5 顶落梁所用的油压千斤顶均须附有球形支撑垫、保险圈、升程限孔。共同作用的多台千斤顶应选用同一类型，并用油管并联。油压千斤顶、油泵、油管、压力表等在使用前应分别进行试验。

8.0.6 使用千斤顶顶梁安放支座时，应及时落梁到支座，严禁长时间用千斤顶支承梁体。

8.0.7 顶落梁时，应有保险设施，随着活塞起落及时安放或撤除。两端支点不得同时起落。施顶或纵横移时，应缓慢平稳，各道工序应派专人检查，统一指挥。

8.0.8 连续梁进行体系转换前，必须对支座进行检查。

8.0.9 桥梁支座安装施工中的起重吊装、施工用电、现场防火、高处作业、季节性施工等应符合《铁路工程基本作业施工安全技术规程》(TB 10301—2009)的相关规定。

8.0.10 桥梁支座安装施工作业应按表 8.0.10 进行检查，并认真填写检查记录表。对检查中发现的不符合规定的情况，应按表 2.1.5 签发安全检查整改通知单，限期整改，并跟踪验证。

表 8.0.10 桥梁支座安装施工作业安全检查表

项目(工程)名称			
施工地点			
序号	检查项目	对应条文号	检查情况
1	班前安全讲话	2.1.7	
2	劳动保护用品佩戴	2.1.8	
3	墩顶及支座锚栓孔杂物清理	8.0.2	
4	吊运支座	8.0.3	
5	人工抬运支座	8.0.3	

续上表

项目(工程)名称			
施工地点			
序号	检查项目	对应条文号	检查情况
6	预制梁支座安装	8.0.4	
7	顶落梁千斤顶	8.0.5	
8	千斤顶顶落梁	8.0.6,8.0.7	
9	连续梁体系转换前支座检查	8.0.8	
10	起重吊装	8.0.9	
11	施工用电	8.0.9	
12	现场防火	8.0.9	
13	高处作业	8.0.9	
14	防风	8.0.9	
15	季节性施工	8.0.9	
检查方: 检查人(签名): 年 月 日			受检方: 接收人(签名): 年 月 日

9 钢梁架设

9.1 一般规定

9.1.1 钢梁架设施工作业过程中应考虑下列主要危险源、危害因素：

1 钢梁杆件运输、存放和安装过程中不正确使用吊具、杆件捆扎不牢固、不平衡起吊、偏载或超载装运、存放支垫不牢固。

2 支架的强度、刚度、稳定性和基础承载力不足。

3 临时设施等未按要求设置栏杆、安全梯、安全网、脚手板等安全防护设施。

4 作业料具摆放杂乱、随意；上下抛掷传递工具。

5 高处作业人员不按规定佩戴劳动防护用品；酒后或疲劳作业。

6 钢梁纵移滑道、导梁、临时墩等施工临时设施未经设计检算或未按规定进行验收。

7 浮船(船组)载重能力或稳定性不足、连接不牢固，未按规定进行检查验收。

8 浮船(船组)、吊船未可靠锚碇。

9 船上承载支架强度、刚度和稳定性不足，支架、船体、钢梁之间连接不牢固或偏载。

10 悬臂拼装钢梁时平衡梁设计、安装不符合要求。

11 钢梁自身强度不足，悬臂长度超出规定或悬臂端超载。

12 悬臂孔和通航孔未按规定设置安全防护设施。

13 吊机违规冒进或移动后不按规定进行锚固和全面检查。

14 梁上运输车辆走行速度过快或制动、止轮设备性能不足。

15 钢梁涂装材料贮存仓库及施工现场未按规定配备消防器材。

16 跨越公路、铁路施工时无防护措施。

17 水上施工无防护和救生措施。

9.1.2 钢梁架设前，应编制专项施工方案。

9.1.3 钢梁杆件(节段)的运输应符合下列规定：

1 运输和安装应正确使用吊具。装运杆件时，应捆扎牢固，不得偏载和超重。

2 施工现场的运输轨道纵坡不得大于2‰，安全标志应设置完备。

9.1.4 杆件应分类存放，临时支垫要牢稳。横梁、纵梁多片排列存放时，应用螺栓彼此连接牢固，并设支撑。

9.1.5 预拼场地应平坦宽敞，路面坚实，具有良好的排水系统。预拼台座应平整、坚实，不得产生不均匀下沉。

9.1.6 拼装钢梁的各种电动机械的动力电缆和照明线路应绝缘良好。手持电动工具电源处应加装漏电保护器。

9.1.7 需要起吊的钢梁杆件应标明重心；吊具与杆件拐角接触处，应用胶皮垫好。

9.1.8 钢梁架设过程中应有防雷、防滑、防高强螺栓摩擦面污染措施。钢梁桥面应配备足够的消防器材，不得采用明火取暖。

9.1.9 在风力达到5级时，不得进行架梁作业。在风力达到4级时，不得进行涂装作业。

9.1.10 钢梁架设施工中的起重吊装、施工用电、现场防火、危险物品管理、高处作业、季节性施工等应符合《铁路工程基本作业施工安全技术规程》(TB 10301—2009)的相关规定。

9.2 支架拼装钢梁

9.2.1 支架搭设、拆除应符合本规程第7.2节的有关规定。

9.2.2 作业用的料具应放置稳妥,小型工具、材料应随时放入工具袋,上下传递工具时严禁抛掷。

9.2.3 杆件拼装对孔时,应用冲钉和拼装撬棍的尖端探孔,严禁使用其他物件和手指探孔。

9.2.4 应迅速将主桁拼成闭合三角形,并随即安装纵横连接系。

9.2.5 拼装杆件时,作业人员不得在水平连接系上行走。如必须行走时,应双手扶杆件骑行通过。

9.2.6 拼装钢梁及紧固高强螺栓时应挂设有栏杆的操作平台,操作平台搭设应牢固,脚手板应固定,并应有防冻防滑措施。

9.2.7 支架拼装钢梁施工作业应按表9.2.7进行检查,并认真填写检查记录表。对检查中发现的不符合规定的情况,应按表2.1.5签发安全检查整改通知单,限期整改,并跟踪验证。

表9.2.7 支架拼装钢梁施工作业安全检查表

项目(工程)名称			
施工地点			
序号	检查项目	对应条文号	检查情况
1	班前安全讲话	2.1.7	
2	劳动保护用品佩戴	2.1.8	
3	专项施工方案	9.1.2	
4	钢梁杆件(节段)运输	9.1.3	
5	钢梁杆件(节段)存放	9.1.4	
6	预拼场地	9.1.5	
7	杆件起吊	9.1.7	
8	支架搭设	9.2.1	
9	料具放置	9.2.2	
10	杆件拼装	9.2.3,9.2.4	
11	作业人员行走	9.2.5	
12	安全防护设施	9.2.6	
13	起重吊装	9.1.10	
14	施工用电	9.1.6,9.1.10	
15	现场防火	9.1.8,9.1.10	
16	高处作业	9.1.10	

续上表

项目(工程)名称			
施工地点			
序号	检查项目	对应条文号	检查情况
17	防雷	9.1.8	
18	防风	9.1.9,9.1.10	
19	季节性施工	9.1.10	
检查方: 检查人(签名): 年 月 日		受检方: 接收人(签名): 年 月 日	

9.3 纵移法架设钢梁

9.3.1 应根据工程具体情况,合理地设置滑道、导梁、临时墩,检算各工况下钢梁及纵移设施的受力情况。

9.3.2 钢梁纵移滑道应符合下列规定:

1 下滑道铺设应平顺,支承应牢固,接头不应有错牙,端部应设置限位装置。

2 上滑道应具有导向功能。

9.3.3 应进行钢梁纵移牵引力的计算,配备牵引(顶推)动力系统,纵移前应试运行。

9.3.4 钢梁纵移作业应符合下列规定:

1 钢梁纵移前,必须全面检查,确认符合架设要求。

2 在钢梁纵移中,必须统一指挥,信号明确,令行禁止,操作准确、协调。

3 钢梁纵移应缓慢平稳,速度应控制在 1 m/min以内;纵移过程中应设专人对纵移设施、设备进行检查,发现异常时,立即处理。

4 钢梁纵移到位后,前后支挡稳固。及时转换支承,落梁。

9.3.5 钢梁纵移时,抗倾覆安全系数应大于 1.3。在纵移过程中,应加强钢梁中线和挠度及支墩顶位移的观测。

9.3.6 纵移法架设钢梁施工作业应按表 9.3.6 进行检查,并认真填写检查记录表。对检查中发现的不符合规定的情况,应按表 2.1.5 签发安全检查整改通知单,限期整改,并跟踪验证。

表 9.3.6 纵移法架设钢梁施工作业安全检查表

项目(工程)名称			
施工地点			
序号	检查项目	对应条文号	检查情况
1	班前安全讲话	2.1.7	
2	劳动保护用品佩戴	2.1.8	
3	专项施工方案	9.1.2	
4	钢梁杆件(节段)运输	9.1.3	
5	钢梁杆件(节段)存放	9.1.4	

续上表

项目(工程)名称				
施工地点				
序号	检查项目		对应条文号	检查情况
6	预拼场地		9.1.5	
7	杆件起吊		9.1.7	
8	纵移滑道		9.3.2	
9	纵移牵引(顶推)动力系统		9.3.3	
10	纵移作业	纵移前检查	9.3.4	
		作业指挥	9.3.4	
		纵移	9.3.4,9.3.5	
11	起重吊装		9.1.10	
12	施工用电		9.1.6,9.1.10	
13	现场防火		9.1.8,9.1.10	
14	高处作业		9.1.10	
15	防雷		9.1.8	
16	防风		9.1.9,9.1.10	
17	季节性施工		9.1.10	

检查方：　　　　　　　　　　受检方：

检查人(签名)：　　　　　　　　接收人(签名)：

年　月　日　　　　　　　　　　年　月　日

9.4　浮运法架设钢梁

9.4.1　拼装钢梁支撑体系、滑道体系、纵移动力体系应符合本规程第9.3节的有关规定。

9.4.2　钢梁装船码头应具有足够的承载、抗冲刷能力，应设置双侧工作平台和防撞设施及安全标志。

9.4.3　钢梁装船应符合下列规定：

1　装船前，应清除河道内的障碍物。应进行浮船抽、灌水试验及隔离舱的水压试验。

2　船上承载支架应进行检算，满足浮运要求，支架与船体应牢固连接。

3　钢梁装船时，必须做到钢梁4个支点同时受力，保证浮船平衡。

4　钢梁装船后，必须与支架捆扎牢固。

9.4.4　浮运作业应符合下列规定：

1　浮船必须设有可靠的锚碇设施，并应符合本规程第9.4.3条的有关规定。

2　浮运架梁应结合水流、风力和载重及时调节压舱水量，保持船组稳定。

3　必须设专人监控浮船的水面以上船弦高度和水平、支架及其与钢梁的连接状态，发现异常，及时处理。

4　浮运到位后，浮船必须锚碇牢固，方可转换支承。

5　转换支承时，必须使两端每个支点同时受力，保证船舶、钢梁稳定。转换支承后，必须支垫牢固。

6 浮运船当采用缆索、绞车或拖轮牵引时,缆索、绞车、水中锚碇、岸边地垄等牵引设施应固定牢固。

9.4.5 当采用拖拉纵移浮运法架设钢梁时,尚应符合以下规定:

1 卷扬机、钢丝绳、地垄等方向控制系统使用前必须全面检查,确认状态良好。

2 当利用浮箱或船组浮托时,应计算确定浮箱(货船)的数量、排列和连接方式。

3 在浮拖纵移过程中,必须对钢梁中线、水平进行不间断观测。当钢梁前端中心偏离或水平高差超过计算允许值时,应停止前进,进行纠偏,方向控制系统同步收放锚缆。

4 抽水升船托梁时,钢梁两下弦杆必须同时受力,保证浮船平衡。

9.4.6 浮运法架设钢梁施工作业应按表9.4.6进行检查,并认真填写检查记录表。对检查中发现的不符合规定的情况,应按表2.1.5签发安全检查整改通知单,限期整改,并跟踪验证。

表9.4.6 浮运法架设钢梁施工作业安全检查表

项目(工程)名称				
施工地点				
序号	检查项目		对应条文号	检查情况
1	班前安全讲话		2.1.7	
2	劳动保护用品佩戴		2.1.8	
3	专项施工方案		9.1.2	
4	钢梁杆件(节段)运输		9.1.3	
5	钢梁杆件(节段)存放		9.1.4	
6	预拼场地		9.1.5	
7	杆件起吊		9.1.7	
8	纵移滑道		9.4.1	
9	纵移牵引(顶推)动力系统		9.4.1	
10	钢梁装船码头		9.4.2	
11	钢梁装船	河道检查	9.4.3	
		浮船检查	9.4.3	
		船上支架检查	9.4.3	
		钢梁平衡性	9.4.3	
		钢梁固定	9.4.3	
12	浮运作业	浮船	9.4.4	
		浮船锚碇	9.4.4	
		转换支承	9.4.4	
		牵引设施	9.4.4	
13	浮拖纵移	方向控制系统	9.4.5	
		浮箱或船组	9.4.5	
		方向控制	9.4.5	
		升船托梁	9.4.5	
14	水上施工	2.2.1~2.2.17		

续上表

项目(工程)名称			
施工地点			
序号	检查项目	对应条文号	检查情况
15	起重吊装	9.1.10	
16	施工用电	9.1.6,9.1.10	
17	现场防火	9.1.8,9.1.10	
18	高处作业	9.1.10	
19	防雷	9.1.8	
20	防风	9.1.9,9.1.10	
21	季节性施工	9.1.10	
检查方： 检查人(签名)： 年　月　日		受检方： 接收人(签名)： 年　月　日	

9.5　悬臂拼装钢梁

9.5.1　平衡梁施工应符合下列规定：

1　平衡梁的抗倾覆稳定系数应大于1.3。

2　当不能安装下平联时，应检算下弦杆的压杆稳定性。

3　平衡梁与悬拼钢梁的临时连接在不受力的状态下方可拆除。

9.5.2　吊机悬臂拼装钢梁应符合本规程第9.2节的有关规定外，尚应符合下列规定：

1　应进行钢梁最大悬臂状态下的内力检算。

2　在悬臂孔的钢梁下面，必须挂设串联安全网，其每侧宽度应超出钢梁下弦杆外缘各4 m。如主桁两侧有公路托架时，其宽度应超出公路托架外端每侧不小于2 m，长度应与桥墩相接。安全网应拉紧，与钢梁底面保持较小距离，承载后网底不得触及地面或水面。

3　桥上应配备救生、消防器材和通信设备。水上施工设专用救生船和救生设备，施工人员穿好救生衣。救生船应停在距作业最近的地点，船上人员不得擅自离开。

4　吊机移动前，必须检查各节点的连接、走行道路，确认符合要求后，方可移动；移动中应收紧电缆；到位后，应前支后锚，装好止轮器。

5　吊机每次移位后必须全面检查其性能，并经试运转，确认安全并检查签认后，方可正常使用。

6　主桁或其他部位的杆件按设计要求安装足够的冲钉、螺栓后，吊机方可松钩。

7　主桁高强螺栓终拧不得落后两个节间，上、下平联、横向连接系不得落后3个节间。

8　钢梁悬拼到最大悬臂阶段时，应严格清理多余的物件，并由专人检查，严禁超载，保证抗倾覆稳定系数大于1.3。

9　大跨度钢桁梁全悬臂拼装，当接近前方桥墩，悬臂端出现较大振动时，应安设消振装置，防止发生共振。

10　钢梁上临时运输轨道中间应密铺脚手板，轨道两侧各铺设1.2 m宽人行道，适当设置避车台。在上弦平面沿梁中线铺设1.5 m宽人行道，每架一个节间，铺一个节间。脚手板应满铺钉牢,不得有探头板。纵、横向人行道均应设置栏杆和踢脚板。

11 桥上轨道运输车辆行走速度不得超过 5 km/h,并有良好的制动、止轮设施。

12 钢梁纵横移时,偏移侧的千斤顶工作,另一侧作为保险。千斤顶应统一类型、规格,且并联,每桁千斤顶要保持同步,操作应缓慢进行。

13 体系转换调整支点反力时,并联的油压千斤顶应统一类型、规格,支垫平稳;在起卸顶时,应对称、平衡起落,并加垫、卸垫。

9.5.3 吊船悬臂拼装钢梁除应符合本规程第 9.5.2 条的有关规定外,尚应符合下列规定:

1 吊船必须有可靠的锚碇设备和防止漂流物碰撞的防护设施。

2 抛锚的工作人员,必须穿好救生衣,站在安全位置。抛锚时,锚链滚滑范围内不得站人。抛锚就位后应保持船体稳定。

3 吊船锚碇牢固并设防护后,方可吊装。

4 吊船在移位时,不得吊重。

9.5.4 悬臂拼装钢梁的临时支墩和托架应符合下列规定:

1 悬臂拼装钢梁的临时支墩和托架的强度、刚度和承载力必须满足要求,必要时应进行静载压力试验。使用托架时,应对墩身进行检算。水中支墩应具有足够的抗冲刷能力。

2 临时支墩和托架的顶部布置应按设计施工。油压千斤顶位置应安放正确、稳妥,上下支承面应平整、均匀受力。应安装工作平台、栏杆、扶梯等防护设施。

3 必须设有防撞设施和警示标志。

4 承载时,必须有专人进行沉降、位移监测。

9.5.5 吊索架施工应符合下列规定:

1 上下塔架及塔架顶部应做好安全工作(包括随时拉好缆绳,安装止轮器、上下塔架步梯及顶部脚手架平台、栏杆等)。钢梁上弦运输道之间及运输道与上弦杆之间,均应挂满安全网。

2 全悬臂拼装采用吊索设备时,吊索锚头与吊索应等强。

3 吊索张拉前,须顶高塔架,使塔架走行轮脱空。

4 吊索架起顶时,应按规定的程序进行。底座下除安放并联的油压千斤顶外,还应安放保险支座。起顶过程中,两桁高程应进行监控。在吊索张拉时,吊索架与钢梁连接件必须按设计要求上足钉、栓,在使用过程中严禁抽换。在吊索张拉过程中,悬臂安装工作应暂停。不得碰撞张拉后的吊索。

5 吊索架行走位移时,应保持梁上吊机行走前后吊索的曲度一致,使吊索设备平稳向前移动。行走过程中,应随时调整锚梁小车至吊索架的距离,使其大致相等。行走系统应安设制动装置。

9.5.6 跨中合龙应符合下列规定:

1 跨中合龙时,两端墩顶应设置顶落梁和纵横移设备。油压千斤顶、油泵、油管、压力表等,在使用前均应分别进行校验。使用时应采取保险措施。

2 跨中合龙铰处脚手架应有栏杆、梯步、安全网等设施。

3 需调整钢梁平面、立面时,顶、落钢梁应有专人负责统一指挥,缓慢、平稳进行,严禁两端支点同时起落;调整后,必须支垫牢靠。

4 体系转换调整支点反力时,并联的油压千斤顶应支垫平稳;在起卸顶时,应对称、平衡起落,并加垫、卸垫。

9.5.7 悬臂拼装钢梁施工作业应按表9.5.7行检查,并认真填写检查记录表。对检查中发现的不符合规定的情况,应按表2.1.5签发安全检查整改通知单,限期整改,并跟踪验证。

表9.5.7 悬臂拼装钢梁施工作业安全检查表

<table>
<tr><td colspan="2">项目(工程)名称</td><td colspan="3"></td></tr>
<tr><td colspan="2">施工地点</td><td colspan="3"></td></tr>
<tr><td>序号</td><td colspan="2">检查项目</td><td>对应条文号</td><td>检查情况</td></tr>
<tr><td>1</td><td colspan="2">班前安全讲话</td><td>2.1.7</td><td></td></tr>
<tr><td>2</td><td colspan="2">劳动保护用品佩戴</td><td>2.1.8</td><td></td></tr>
<tr><td>3</td><td colspan="2">专项施工方案</td><td>9.1.2</td><td></td></tr>
<tr><td>4</td><td colspan="2">钢梁杆件(节段)运输</td><td>9.1.3</td><td></td></tr>
<tr><td>5</td><td colspan="2">钢梁杆件(节段)存放</td><td>9.1.4</td><td></td></tr>
<tr><td>6</td><td colspan="2">预拼场地</td><td>9.1.5</td><td></td></tr>
<tr><td>7</td><td colspan="2">杆件起吊</td><td>9.1.7</td><td></td></tr>
<tr><td>8</td><td colspan="2">平衡梁</td><td>9.5.1</td><td></td></tr>
<tr><td rowspan="5">9</td><td rowspan="5">吊机悬臂拼装钢梁</td><td>安全网挂设</td><td>9.5.2</td><td></td></tr>
<tr><td>救生措施</td><td>9.5.2</td><td></td></tr>
<tr><td>悬臂拼装</td><td>9.5.2</td><td></td></tr>
<tr><td>桥上运输</td><td>9.5.2</td><td></td></tr>
<tr><td>体系转换</td><td>9.5.2</td><td></td></tr>
<tr><td>10</td><td colspan="2">吊船悬臂拼装钢梁</td><td>9.5.3</td><td></td></tr>
<tr><td rowspan="5">11</td><td rowspan="5">临时支墩和托架</td><td>支墩和托架设计</td><td>9.5.4</td><td></td></tr>
<tr><td>千斤顶布置</td><td>9.5.4</td><td></td></tr>
<tr><td>墩顶防护设施</td><td>9.5.4</td><td></td></tr>
<tr><td>防撞设施和警示标志</td><td>9.5.4</td><td></td></tr>
<tr><td>测量监控</td><td>9.5.4</td><td></td></tr>
<tr><td rowspan="3">12</td><td rowspan="3">吊索架</td><td>安全防护设施</td><td>9.5.5</td><td></td></tr>
<tr><td>吊索张拉</td><td>9.5.5</td><td></td></tr>
<tr><td>吊索架行走</td><td>9.5.5</td><td></td></tr>
<tr><td>13</td><td colspan="2">跨中合龙</td><td>9.5.6</td><td></td></tr>
<tr><td>14</td><td colspan="2">起重吊装</td><td>9.1.10</td><td></td></tr>
<tr><td>15</td><td colspan="2">施工用电</td><td>9.1.6,9.1.10</td><td></td></tr>
<tr><td>16</td><td colspan="2">现场防火</td><td>9.1.8,9.1.10</td><td></td></tr>
<tr><td>17</td><td colspan="2">高处作业</td><td>9.1.10</td><td></td></tr>
<tr><td>18</td><td colspan="2">防雷</td><td>9.1.8</td><td></td></tr>
<tr><td>19</td><td colspan="2">防风</td><td>9.1.9,9.1.10</td><td></td></tr>
<tr><td>20</td><td colspan="2">季节性施工</td><td>9.1.10</td><td></td></tr>
<tr><td colspan="4">检查方:
检查人(签名):
年 月 日</td><td>受检方:
接收人(签名):
年 月 日</td></tr>
</table>

9.6 结合梁架设

9.6.1 结合梁(钢板梁或开口钢箱梁)吊装和拼接应符合下列规定:

1 钢梁吊装前,应对临时支架和钢梁结构本身在不同受力状态下的强度、刚度及稳定性进行检算。

2 钢梁节段在运输和吊装过程中,应采用专用吊具,钢梁不得扭转、翘曲和侧倾。钢梁整体吊装就位时,应轻吊轻放,支垫平稳,防止碰撞。

3 节段采用高强度螺栓拼接时,应符合本规程第9.2节的有关规定。

4 节段采用焊接时,应设立防风设施。箱形梁内采用CO_2气体保护焊时,应使用通风防护安全设施。

9.6.2 结合梁纵移架设时,应符合本规程第9.3节的有关规定。

9.6.3 连续结合梁桥面板应按设计要求的顺序分段浇筑正、负弯矩区段混凝土,顶、落梁时混凝土强度及龄期应符合设计要求。

9.6.4 结合梁架设施工作业应按表9.6.4进行检查,并认真填写检查记录表。对检查中发现的不符合规定的情况,应按表2.1.5签发安全检查整改通知单,限期整改,并跟踪验证。

表9.6.4 结合梁架设施工作业安全检查表

项目(工程)名称			
施工地点			
序号	检查项目	对应条文号	检查情况
1	班前安全讲话	2.1.7	
2	劳动保护用品佩戴	2.1.8	
3	专项施工方案	9.1.2	
4	钢梁节段吊装	9.6.1	
5	高强螺栓连接	9.6.1	
6	焊接连接	9.6.1	
7	结合梁纵移架设	9.6.2	
8	连续结合梁桥面板施工	9.6.3	
9	起重吊装	9.1.10	
10	施工用电	9.1.6,9.1.10	
11	现场防火	9.1.8,9.1.10	
12	高处作业	9.1.10	
13	防雷	9.1.8	
14	防风	9.1.9,9.1.10	
15	季节性施工	9.1.10	
检查方: 检查人(签名): 年 月 日		受检方: 接收人(签名): 年 月 日	

9.7 钢梁涂装

9.7.1 涂装材料贮存时应保持通风、干燥，防止日光直接照射。仓库及施工现场应配备消防器材。

9.7.2 喷砂除锈的工作场地附近，应安装防护设施和“禁止通行”的警示牌。

9.7.3 涂装作业使用的空压机、砂箱、吊篮等必须安放牢固。

9.7.4 作业人员应配备足够的劳动保护用品；作业中严禁吸烟、携带易燃易爆危险品，如图9.7.4所示。

9.7.5 钢梁涂装使用的脚手架和上、下步梯均应牢固可靠。

9.7.6 钢梁涂装施工作业应按表9.7.6进行检查，并认真填写检查记录表。对检查中发现的不符合规定的情况，应按表2.1.5签发安全检查整改通知单，限期整改，并跟踪验证。

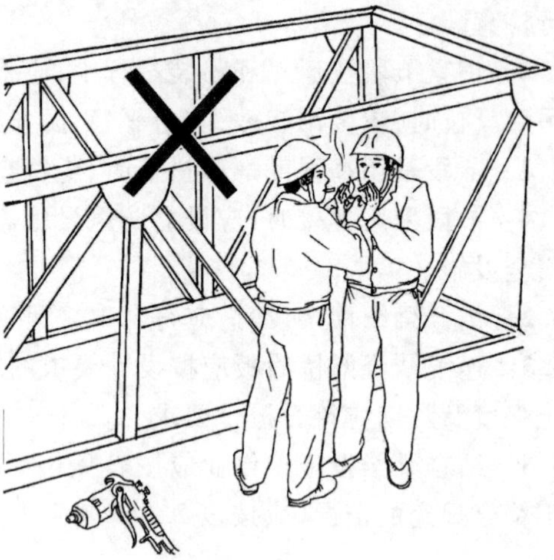

图9.7.4 作业中严禁吸烟、携带易燃易爆危险品

表9.7.6 钢梁涂装施工作业安全检查表

项目(工程)名称			
施工地点			
序号	检查项目	对应条文号	检查情况
1	班前安全讲话	2.1.7	
2	劳动保护用品佩戴	2.1.8	
3	涂装材料贮存	9.7.1	
4	现场防护、警示设施	9.7.2	
5	设备安装固定	9.7.3	
6	施工用电	9.1.6,9.1.10	
7	现场防火	9.1.8,9.1.10,9.7.4	
8	危险物品管理	9.1.10,9.7.4	
9	防雷	9.1.8	
10	防风	9.1.9,9.1.10	
11	季节性施工	9.1.10	
检查方： 检查人(签名)： 年 月 日		受检方： 接收人(签名)： 年 月 日	

10 拱　桥

10.1 一般规定

10.1.1 拱桥施工作业过程中应考虑下列主要危险源、危害因素：

1 缆索吊未按规定进行验收。

2 使用缆索吊运送施工人员。

3 缆索吊操作人员无证上岗。

4 不按规定对缆索吊系统进行检查、维护。

5 支架、拱架的强度、刚度、稳定性和基础承载力不足。

6 吊装拱肋前不按规定进行试吊。

7 拱段起吊时未捆扎牢固或不平衡起吊、超载起吊。

8 拱肋吊装时无统一指挥。

9 拱肋及横撑安装时作业料具随手抛掷。

10 两层或多层上下交叉作业。

11 吊杆张拉时锚头未连接牢固即松除吊钩或张拉顺序不当。

12 高处作业人员不按规定佩戴劳动防护用品；酒后或疲劳作业。

13 支架、拱架、墩顶、作业平台等未按规定设置安全防护设施。

14 跨越公路、铁路施工时无防护措施。

15 水上施工无防护和救生措施。

10.1.2 拱桥施工前，应编制专项施工方案。

10.1.3 拱桥支架应经专门设计，具有足够的强度、刚度和稳定性，支架基础应有足够的承载力。支架应有可靠的落架装置，必要时应作预压试验。

10.1.4 跨越道路的拱桥施工应符合本规程第2.11节的有关规定。

10.1.5 拱桥施工中的起重吊装、施工用电、现场防火、高处作业、季节性施工和钢筋、模板、混凝土施工等应符合《铁路工程基本作业施工安全技术规程》(TB 10301—2009)的相关规定。

10.2 缆索吊

10.2.1 缆索吊应进行专门设计。

10.2.2 缆索吊应设垂直起吊和水平运输限位装置。

10.2.3 塔架构件、起重机具等进场前，应进行检验验收，符合设计要求后方可使用。

10.2.4 安装时应按设计要求进行。缆索跨越公路、铁路等既有障碍物时，应搭设架空支架，并拉好支架风缆。

10.2.5 安装完成后，应进行静、动载试验。试验合格后，方可使用。

10.2.6 牵引卷扬机启动应缓慢，行进速度应平稳，起重卷扬机要协调配合。起重作业人员应等吊运构件到位稳定后，方准进行作业。

10.2.7 除正常检修和维护保养外，严禁使用缆索吊运送人员上下班或进行其他作业。

10.2.8 严禁在制动不良的情况下起吊作业；严禁斜拉、斜吊和超载起吊。

10.2.9 滑轮和索道系统如有冰雪时，应采取措施碾除索道和滑轮上的冰雪。

10.2.10　吊物悬空时,严禁起重司机离开操作台。

10.2.11　塔架及风缆、缆索系统、锚碇系统、起重装置等应经常检查维护,确保使用安全。

10.2.12　缆索吊施工作业应按表10.2.12进行检查,并认真填写检查记录表。对检查中发现的不符合规定的情况,应按表2.1.5签发安全检查整改通知单,限期整改,并跟踪验证。

表10.2.12　缆索吊施工作业安全检查表

项目(工程)名称			
施工地点			
序号	检查项目	对应条文号	检查情况
1	班前安全讲话	2.1.7	
2	劳动保护用品佩戴	2.1.8	
3	缆索吊设计	10.2.1	
4	限位装置	10.2.2	
5	构件、机具进场验收	10.2.3	
6	缆索吊安装	10.2.4	
7	安装后检验	10.2.5	
8	缆索吊作业	10.2.6~10.2.10	
9	日常维护	10.2.11	
10	起重吊装	10.1.5	
11	高处作业	10.1.5	
12	施工用电	10.1.5	
13	防风	10.1.5	
14	季节性施工	10.1.5,10.2.9	
检查方: 检查人(签名): 年　月　日			受检方: 接收人(签名): 年　月　日

10.3　钢筋混凝土拱桥

(Ⅰ)现浇钢筋混凝土拱桥

10.3.1　拱圈混凝土浇筑时,应按设计要求的加载顺序对称进行。应随时观测拱架的变形,根据变形情况调整浇筑顺序或临时局部加载。

10.3.2　当拱部混凝土达到设计要求的卸架强度时,应按设计顺序依次拆除拱架,各片拱架应同时卸落,对称、少量、多次、逐步完成。

10.3.3　卸落拱架采用砂筒(箱)时,砂子应匀净干燥,并应预压达到设计要求,泄砂孔及砂筒(箱)与活塞之间的外露面应封闭严密。采用木楔时,应采用热油浸制硬木。

（Ⅱ）装配式混凝土拱桥

10.3.4 拱节采用卧式浇筑时，翻转起吊应检算拱节的强度。

10.3.5 拱节堆放时，地面上及两层间的支点应在同一垂直线上，临时支垫应牢固。

10.3.6 节点支架拼装拱节应符合下列规定：

1 拱肋吊装按照设计要求顺序进行。当设计无要求时，应从拱脚到拱顶、两侧对称进行。

2 拱节拼装时，与已安装拱节连接牢固并设置支撑等安全措施后，方可摘除起重吊钩。

3 拱肋湿接头混凝土强度达到100%后，方可拆除拱肋支架。

10.3.7 无支架拼装拱节应符合下列规定：

1 索塔应锚固牢固，塔顶应设风缆固定；索卡应按规定安装紧固。

2 分段吊装拱肋时，除顶段外，其余每段拱肋均应设置临时风缆，每对风缆与拱肋轴线水平投影的夹角不得小于50°；上下游风缆长度不得相差过大，与水平面夹角应选择适当。

3 合龙时的松索调整，应按对称、均匀松卸的顺序进行。

10.3.8 钢筋混凝土拱桥施工作业应按表10.3.8进行检查，并认真填写检查记录表。对检查中发现的不符合规定的情况，应按表2.1.5签发安全检查整改通知单，限期整改，并跟踪验证。

表10.3.8 钢筋混凝土拱桥施工作业安全检查表

项目（工程）名称				
施工地点				
序号	检查项目		对应条文号	检查情况
1	班前安全讲话		2.1.7	
2	劳动保护用品佩戴		2.1.8	
3	专项施工方案		10.1.2	
4	跨越道路施工		10.1.4	
5	支架设计		10.1.3	
6	现浇施工	拱圈浇筑	10.3.1	
		拱架拆除	10.3.2,10.3.3	
7	装配施工	拱节浇筑	10.3.4	
		拱节堆放	10.3.5	
		节点支架拼装拱节	10.3.6	
		无支架拼装拱节	10.3.7	
8	钢筋施工		10.1.5	
9	模板施工		10.1.5	
10	混凝土施工		10.1.5	
11	起重吊装		10.1.5	
12	施工用电		10.1.5	
13	高处作业		10.1.5	
14	防风		10.1.5	
15	季节性施工		10.1.5	
检查方： 检查人（签名）： 年 月 日			受检方： 接收人（签名）： 年 月 日	

10.4 钢筋混凝土系杆拱桥

10.4.1 钢筋混凝土系梁和拱肋支架施工应符合下列规定：

1 系梁采用支架法桥位浇筑时，应符合本规程第7.2节的有关规定外，支架设计尚应考虑拱部混凝土重量及施工荷载。

2 拱肋支架采用节点支架时，支架间应增加纵、横向连接。

3 系梁按设计要求张拉部分预应力束后，方可搭设梁上拱肋支架。

10.4.2 现浇混凝土拱肋及横撑、斜撑混凝土施工应符合下列规定：

1 拱肋模板应与支架连接固定，支撑牢稳；拱肋两侧应设置操作平台及人员上下步梯。

2 当采用混凝土输送泵浇筑时，泵送管道应固定在单独的支架上，不得直接与模板相连。

3 拱肋混凝土浇筑顺序应按设计要求进行，保证两拱肋两端同步、对称浇筑。混凝土浇筑过程中，应随时观测拱架和模板的变形，必要时，根据变形情况调整浇筑顺序或临时局部加载。

4 拱肋、横撑、斜撑混凝土强度达到100%后，方可按设计要求的顺序拆除拱肋支架。

10.4.3 吊杆张拉应符合下列规定：

1 拱肋顶面应设置步梯和栏杆。雨、雪天施工，应有防滑措施。

2 吊杆初张拉、终张拉必须按设计程序进行。

10.4.4 系梁支架必须在吊杆张拉后方可拆除，拆除应按设计顺序进行。设计没有规定的，应从跨中向两侧进行。

10.4.5 钢筋混凝土系杆拱桥施工作业应按表10.4.5进行检查，并认真填写检查记录表。对检查中发现的不符合规定的情况，应按表2.1.5签发安全检查整改通知单，限期整改，并跟踪验证。

表10.4.5　钢筋混凝土系杆拱桥施工作业安全检查表

项目(工程)名称			
施工地点			
序号	检查项目	对应条文号	检查情况
1	班前安全讲话	2.1.7	
2	劳动保护用品佩戴	2.1.8	
3	专项施工方案	10.1.2	
4	跨越道路施工	10.1.4	
5	系梁支架	10.4.1,10.4.4	
6	拱肋支架	10.4.1	
7	拱肋、横撑混凝土浇筑	10.4.2,10.1.5	
8	吊杆张拉	10.4.3	
9	钢筋施工	10.1.5	
10	模板施工	10.1.5	
11	起重吊装	10.1.5	
12	施工用电	10.1.5	

续上表

项目(工程)名称			
施工地点			
序号	检查项目	对应条文号	检查情况
13	防风	10.1.5	
14	季节性施工	10.1.5	
检查方: 检查人(签名): 年 月 日			受检方: 接收人(签名): 年 月 日

10.5 钢管混凝土系杆拱桥

10.5.1 混凝土系梁支架施工应符合本规程第 10.4.1 条和第 10.4.4 条的有关规定,拱肋支架施工应符合本规程第 10.4.1 条的有关规定。

10.5.2 拱肋及风撑安装应符合下列规定:

1 拱肋节段运输时,应用弧形垫木抄实,侧面和前后用钢丝绳、撑木等固定在运输车上,防止倾倒和滑落。

2 工地组拼拱肋节段时,应设必要的临时支撑,节段重量应在吊机的额定起吊能力内。

3 拱肋采用节点立柱拼装方式时,柱底应与梁顶固结,柱顶设操作平台,柱间设纵、横向连接系,确保支架的稳定和抗风能力。

4 拱肋采用满堂式支架拼装方式时,应保证侧向稳定,支架上应铺设人行走道和操作平台,挂设安全网。

5 汽车吊机桥面吊装拱节时,站位应位于系梁的横隔板或纵向腹板处,提升钢管拱肋不得碰撞支架。拱肋每吊装一节,应迅速临时连接,两拱肋对称吊装后,及时安装横撑,以增加横向稳定性。

6 连接焊缝探伤检测合格后,方可拆除拱肋支架。

10.5.3 钢管内混凝土压注应符合下列规定:

1 混凝土输送泵应性能良好,满足混凝土压注的要求;每端至少备用 1 台。

2 混凝土压注顺序应按设计要求执行,专人检查混凝土到达位置,并且相互通报,保证两端对称进行,直至压注完成。

3 压注时应严格控制泵压和泵速。混凝土顶升时,泵管口处要采取防护措施,防止混凝土冲出伤人。压注完毕后,应及时关闭倒流截止阀。

10.5.4 吊杆张拉应符合本规程第 10.4.3 条的规定。

10.5.5 钢管混凝土系杆拱桥施工作业应按表 10.5.5 进行检查,并认真填写检查记录表。对检查中发现的不符合规定的情况,应按表 2.1.5 签发安全检查整改通知单,限期整改,并跟踪验证。

表 10.5.5 钢管混凝土系杆拱桥施工作业安全检查表

<table>
<tr><td colspan="3">项目(工程)名称</td><td colspan="2"></td></tr>
<tr><td colspan="3">施工地点</td><td colspan="2"></td></tr>
<tr><td>序号</td><td colspan="2">检查项目</td><td>对应条文号</td><td>检查情况</td></tr>
<tr><td>1</td><td colspan="2">班前安全讲话</td><td>2.1.7</td><td></td></tr>
<tr><td>2</td><td colspan="2">劳动保护用品佩戴</td><td>2.1.8</td><td></td></tr>
<tr><td>3</td><td colspan="2">专项施工方案</td><td>10.1.2</td><td></td></tr>
<tr><td>4</td><td colspan="2">跨越道路施工</td><td>10.1.4</td><td></td></tr>
<tr><td>5</td><td colspan="2">系梁支架</td><td>10.5.1</td><td></td></tr>
<tr><td>6</td><td colspan="2">拱肋支架</td><td>10.5.1</td><td></td></tr>
<tr><td rowspan="3">7</td><td rowspan="3">拱肋及风撑安装</td><td>拱肋节段运输</td><td>10.5.2</td><td></td></tr>
<tr><td>拱肋拼装及风撑安装</td><td>10.5.2</td><td></td></tr>
<tr><td>拱肋支架拆除</td><td>10.5.2</td><td></td></tr>
<tr><td rowspan="3">8</td><td rowspan="3">钢管内混凝土压注</td><td>泵送设备</td><td>10.5.3</td><td></td></tr>
<tr><td>压注顺序</td><td>10.5.3</td><td></td></tr>
<tr><td>混凝土压注</td><td>10.5.3</td><td></td></tr>
<tr><td>9</td><td colspan="2">吊杆张拉</td><td>10.5.4</td><td></td></tr>
<tr><td>10</td><td colspan="2">钢筋施工</td><td>10.1.5</td><td></td></tr>
<tr><td>11</td><td colspan="2">模板施工</td><td>10.1.5</td><td></td></tr>
<tr><td>12</td><td colspan="2">混凝土施工</td><td>10.1.5</td><td></td></tr>
<tr><td>13</td><td colspan="2">起重吊装</td><td>10.1.5</td><td></td></tr>
<tr><td>14</td><td colspan="2">施工用电</td><td>10.1.5</td><td></td></tr>
<tr><td>15</td><td colspan="2">高处作业</td><td>10.1.5</td><td></td></tr>
<tr><td>16</td><td colspan="2">防风</td><td>10.1.5</td><td></td></tr>
<tr><td>17</td><td colspan="2">季节性施工</td><td>10.1.5</td><td></td></tr>
<tr><td colspan="4">检查方:
检查人(签名):
年 月 日</td><td>受检方:
接收人(签名):
年 月 日</td></tr>
</table>

10.6 钢箱系杆拱桥

10.6.1 钢箱系梁架设和钢箱拱肋拼装支架应符合下列规定:

1 钢箱系梁架设时,应符合本规程第 9.6 节的有关规定。

2 搭设梁上钢箱拱肋支架时,钢箱系梁支架不得拆除。

10.6.2 钢箱拱肋节段拼接、风撑安装应符合下列规定:

1 钢箱拱肋节段拼接、风撑安装,应符合本规程第 10.5.2 条的有关规定。

2 现场用电的安全设施应完备、齐全,并建立严格的安全管理制度。

3 桥上必须设置消防、通讯设施,并保证处于良好状态。

4 桥上作业人员,必须穿戴绝缘鞋和手套。

10.6.3 钢箱系杆拱桥施工作业应按表 10.6.3 进行检查，并认真填写检查记录表。对检查中发现的不符合规定的情况，应按表 2.1.5 签发安全检查整改通知单，限期整改，并跟踪验证。

表 10.6.3　钢箱系杆拱桥施工作业安全检查表

项目(工程)名称			
施工地点			
序号	检查项目	对应条文号	检查情况
1	班前安全讲话	2.1.7	
2	劳动保护用品佩戴	2.1.8	
3	专项施工方案	10.1.2	
4	跨越道路施工	10.1.4	
5	系梁支架	10.6.1	
6	拱肋支架	10.6.1	
7	拱肋及风撑安装	10.6.2	
8	起重吊装	10.1.5	
9	施工用电	10.1.5	
10	高处作业	10.1.5	
11	防风	10.1.5	
12	季节性施工	10.1.5	
检查方： 检查人(签名)： 年　月　日		受检方： 接收人(签名)： 年　月　日	

10.7　钢桁架拱桥

10.7.1　有支架架设钢桁架拱桥应符合下列规定：

1　钢箱系梁架设时，应符合本规程第 9.7.1 条、第 10.4.1 条和第 10.4.4 条的有关规定。

2　桁架拱拼装时，应设置节点立柱，支承立柱的钢箱梁部位应增焊横隔板和加劲板。钢桁架拱跨中的高支架，应验算抗横向脉动风速的稳定，满足整体抗风稳定性要求。

10.7.2　悬臂拼装钢桁架拱桥应符合本规程第 9.5 节的有关规定外，尚应符合下列规定：

1　爬坡式吊机移动前，牵引吊机爬坡的滑车组和钢丝绳状况应良好，传力节点板固定可靠。移动时，左右同步。前行到位后，前支后锚牢固，变坡机构的销轴穿好。非工作状态时应收拢吊钩，臂杆与钢梁固定。

2　上下弦杆平面两侧应设置防护栏杆，栏杆应与弦杆卡固。

3　拼装钢梁上平联时，应在两桁上弦节点处加设临时连接杆件和钢丝绳，拴结安全带，作业人员沿上平联杆件骑行作业。

4　各墩顶应设有防护栏杆、网栅等防护设施，布置好走道及梯子。

10.7.3　钢桁架拱桥施工作业应按表 10.7.3 进行检查，并认真填写检查记录表。对检查中发现的不符合规定的情况，应按表 2.1.5 签发安全检查整改通知单，限期整改，并跟踪验证。

表 10.7.3　钢桁架拱桥施工作业安全检查表

项目(工程)名称			
施工地点			
序号	检查项目	对应条文号	检查情况
1	班前安全讲话	2.1.7	
2	劳动保护用品佩戴	2.1.8	
3	专项施工方案	10.1.2	
4	跨越道路施工	10.1.4	
5	有支架架设钢桁架拱桥	10.7.1	
6	悬臂拼装钢桁架拱桥	10.7.2	
7	起重吊装	10.1.5	
8	施工用电	10.1.5	
9	高处作业	10.1.5	
10	防风	10.1.5	
11	季节性施工	10.1.5	

检查方：　　受检方：

检查人(签名)：　　接收人(签名)：

年　月　日　　年　月　日

11 桥梁转体

11.1 一般规定

11.1.1 桥梁转体施工作业过程中应考虑下列主要危险源、危害因素：

1 转体锚固体系锚固力不足。

2 转动体系、锚固体系和动力体系在施工期间未按规定进行检查维护。

3 竖转场地、设施及设备未进行试运转。

4 转体时转动速度不均衡，转动过程中监控不力。

5 未按规定设置必要的安全防护设施。

6 未对相关人员进行施工前培训。

7 跨越公路、铁路施工时无防护措施。

8 施工现场违章用电。

11.1.2 桥梁转体施工前，应编制专项施工方案。

11.1.3 转体施工前必须与当地气象部门进行联系，掌握施工期间的天气情况，天气恶劣影响正常施工时不得进行转体施工。

11.1.4 桥梁转体的转动体系、锚固体系、动力体系等应进行专门设计。

11.1.5 施工期间，转动体系、锚固体系、动力体系等应经常检查，确保使用安全。

11.1.6 桥梁转体施工中的起重吊装、施工用电、现场防火、高处作业、季节性施工和钢筋、模板、混凝土、预应力施工等应符合《铁路工程基本作业施工安全技术规程》(TB 10301—2009)的相关规定。

11.2 竖向转体

11.2.1 竖转场地、设施及设备应符合下列规定：

1 墩台前应有适合预制拱圈或拼装钢管拱肋和竖转所需的地形和场地。地基应坚固不沉陷。

2 竖转的临时设施(索塔结构及分配梁、反力梁及转向架、后锚梁和地锚索及地锚、压塔索及背索、扣索及锚索)应符合设计要求，未经检查验收，严禁进行竖转。

3 竖转铰应进行设计计算，转动灵活，设有水平限位装置。

4 索塔与拱座固结，压塔索及背索与索塔纵向连接牢固，设置上下步梯、塔顶工作平台、栏杆、踢脚板等。

5 竖转起吊设备应采用液压连续提升千斤顶。使用前，千斤顶、油泵、控制柜必须试运行。

11.2.2 竖转应符合下列规定：

1 竖转前，拱上杂物须清除，多余约束须解除。

2 提升拱肋脱离胎架后，静置 24 h，对拱肋焊缝、索塔系统、提升系统、锚固系统进行全面检查，确认符合要求后，方可进行正式竖转。

3 扣索同步提升，速度均匀、可控。

4 在竖转中不间断地观测吊塔顶部位移、检测后锚索与扣索的索力差，控制在允许范围以内。对索塔、地锚、轴铰等设施、设备设专人检查，保证正常施工。

11.2.3 合龙应符合下列规定:

1 在竖转前,应在拱肋前端安装合龙工作吊篮。

2 合龙后,锁定扣索和锚索,及时封拱铰,形成稳定结构。

11.2.4 竖转设施拆除应符合下列规定:

1 封铰混凝土强度达到设计要求后,方可放松扣索。

2 放松扣索、后锚索时,必须对称、均衡、分级进行。

11.2.5 桥梁竖向转体施工作业应按表 11.2.5 进行检查,并认真填写检查记录表。对检查中发现的不符合规定的情况,应按表 2.1.5 签发安全检查整改通知单,限期整改,并跟踪验证。

表 11.2.5 桥梁竖向转体施工作业安全检查表

项目(工程)名称				
施工地点				
序号	检查项目		对应条文号	检查情况
1	班前安全讲话		2.1.7	
2	劳动保护用品佩戴		2.1.8	
3	专项施工方案		11.1.2	
4	天气情况		11.1.3	
5	转动体系设计及检查		11.1.4,11.1.5	
6	锚固体系设计及检查		11.1.4,11.1.5	
7	动力体系设计及检查		11.1.4,11.1.5	
8	竖转场地		11.2.1	
9	竖转设施、设备		11.2.1	
10	竖转	拱肋试转	11.2.2	
		扣索提升	11.2.2	
		过程控制	11.2.2	
11	竖转合龙		11.2.3	
12	竖转设施拆除		11.2.4	
13	钢筋		11.1.6	
14	模板施工		11.1.6	
15	混凝土施工		11.1.6	
16	起重吊装		11.1.6	
17	施工用电		11.1.6	
18	高处作业		11.1.6	
19	防风		11.1.6	
20	季节性施工		11.1.6	

检查方: 受检方:

检查人(签名): 接收人(签名):

年 月 日 年 月 日

11.3 有平衡重平面转体

11.3.1 有平衡重平面转体的设施、设备应符合下列规定：

1 转动体系必须平衡可靠，抗倾覆安全系数应大于1.5，四周的保险支腿应有良好的保险和稳定作用。钢制球铰下球缺与上球冠之间的滑动垫层在承受转体全部重量后，在牵引力作用下应能绕定位轴转动自如。

2 扣索和后锚索应锚固可靠。

3 转动铰低于水面应设围堰保护，低于地表面要在基坑周围砌护墙，围堰和基坑周围应设护栏，禁止非转体人员入内。

11.3.2 有平衡重平转应符合下列规定：

1 张拉扣索脱离支架，调平衡重，拆除上、下转盘间的临时支垫，转动体系座落在球铰上，形成自平衡体系。静置24 h，确认各部无异常变形后，方可试转，验证转动体的平衡与稳定。

2 平转前，拱肋上多余物料应清理干净。拱肋上铺设防滑软梯和栏杆，挂设安全网。

3 在平转过程中，两台千斤顶应同步牵引，角速度不得大于0.5°/min，严禁猛拉、骤停。

4 平转时，跟踪观测塔顶位移、拱肋标高，对塔架、保险撑脚等设专人检查。

5 设专人清除下转盘滑道上的障碍物。设专人作好限位准备，防止超转。

11.3.3 合龙应符合本规程第11.2.3条的有关规定。合龙后，及时施工合龙段，浇筑球铰处混凝土。

11.3.4 有平衡重平面转体施工作业应按表11.3.4进行检查，并认真填写检查记录表。对检查中发现的不符合规定的情况，应按表2.1.5签发安全检查整改通知单，限期整改，并跟踪验证。

表11.3.4 有平衡重平面转体施工作业安全检查表

<table>
<tr><td colspan="3">项目(工程)名称</td><td colspan="2"></td></tr>
<tr><td colspan="3">施工地点</td><td colspan="2"></td></tr>
<tr><td>序号</td><td colspan="2">检查项目</td><td>对应条文号</td><td>检查情况</td></tr>
<tr><td>1</td><td colspan="2">班前安全讲话</td><td>2.1.7</td><td></td></tr>
<tr><td>2</td><td colspan="2">劳动保护用品佩戴</td><td>2.1.8</td><td></td></tr>
<tr><td>3</td><td colspan="2">专项施工方案</td><td>11.1.2</td><td></td></tr>
<tr><td>4</td><td colspan="2">天气情况</td><td>11.1.3</td><td></td></tr>
<tr><td>5</td><td colspan="2">转动体系设计及检查</td><td>11.1.4,11.1.5</td><td></td></tr>
<tr><td>6</td><td colspan="2">锚固体系设计及检查</td><td>11.1.4,11.1.5</td><td></td></tr>
<tr><td>7</td><td colspan="2">动力体系设计及检查</td><td>11.1.4,11.1.5</td><td></td></tr>
<tr><td>8</td><td colspan="2">设施、设备</td><td>11.3.1</td><td></td></tr>
<tr><td rowspan="3">9</td><td rowspan="3">平转</td><td>试转</td><td>11.3.2</td><td></td></tr>
<tr><td>拱肋上的安全防护设施</td><td>11.3.2</td><td></td></tr>
<tr><td>转动过程控制</td><td>11.3.2</td><td></td></tr>
<tr><td>10</td><td colspan="2">合龙</td><td>11.3.4</td><td></td></tr>
<tr><td>11</td><td colspan="2">钢筋施工</td><td>11.1.6</td><td></td></tr>
</table>

续上表

项目(工程)名称			
施工地点			
序号	检查项目	对应条文号	检查情况
12	模板施工	11.1.6	
13	混凝土施工	11.1.6	
14	起重吊装	11.1.6	
15	施工用电	11.1.6	
16	高处作业	11.1.6	
17	防风	11.1.6	
18	季节性施工	11.1.6	
检查方： 检查人(签名)： 年 月 日		受检方： 接收人(签名)： 年 月 日	

11.4 无平衡重平面转体

11.4.1 无平衡重平面转体的设施、设备应符合下列规定：

1 无平衡重平面转体的锚固体系的抗剪强度、抗滑稳定性应达到设计要求。

2 锚碇系统两方向的平撑及尾索应形成三角稳定体。

3 转动体系应灵活自如,安全可靠。

4 位控体系应能控制转动体的转动速度和位置。

11.4.2 无平衡重平转应符合下列规定：

1 扣索应锚固可靠,张拉扣索,拱圈(肋)脱架并对称拴扣风缆,静置 24 h,检查各部位(件)满足设计要求后方可卸架转体。

2 梁体在转动时,应对称、同步、均匀、慢速,保持转体稳定。

3 尾索、扣索张拉应按设计张拉力分级对称,均衡加力。

4 临近就位时,应控制转速。就位后应对称收紧风缆,微调、合龙。

11.4.3 合龙卸扣时应对称、均衡、分级进行。

11.4.4 无平衡重平面转体施工作业应按表 11.4.4 进行检查,并认真填写检查记录表。对检查中发现的不符合规定的情况,应按表 2.1.5 签发安全检查整改通知单,限期整改,并跟踪验证。

表 11.4.4 无平衡重平面转体施工作业安全检查表

项目(工程)名称			
施工地点			
序号	检查项目	对应条文号	检查情况
1	班前安全讲话	2.1.7	
2	劳动保护用品佩戴	2.1.8	
3	专项施工方案	11.1.2	

续上表

<table>
<tr><td colspan="3">项目(工程)名称</td><td colspan="2"></td></tr>
<tr><td colspan="3">施工地点</td><td colspan="2"></td></tr>
<tr><td>序号</td><td colspan="2">检查项目</td><td>对应条文号</td><td>检查情况</td></tr>
<tr><td>4</td><td colspan="2">天气情况</td><td>11.1.3</td><td></td></tr>
<tr><td>5</td><td colspan="2">转动体系设计及检查</td><td>11.1.4,11.1.5</td><td></td></tr>
<tr><td>6</td><td colspan="2">锚固体系设计及检查</td><td>11.1.4,11.1.5</td><td></td></tr>
<tr><td>7</td><td colspan="2">动力体系设计及检查</td><td>11.1.4,11.1.5</td><td></td></tr>
<tr><td>8</td><td colspan="2">设施、设备</td><td>11.4.1</td><td></td></tr>
<tr><td rowspan="2">9</td><td rowspan="2">平转</td><td>平转前准备</td><td>11.4.2.1</td><td></td></tr>
<tr><td>转动过程控制</td><td>11.4.2</td><td></td></tr>
<tr><td>10</td><td colspan="2">合龙</td><td>11.4.3</td><td></td></tr>
<tr><td>11</td><td colspan="2">钢筋施工</td><td>11.1.6</td><td></td></tr>
<tr><td>12</td><td colspan="2">模板施工</td><td>11.1.6</td><td></td></tr>
<tr><td>13</td><td colspan="2">混凝土施工</td><td>11.1.6</td><td></td></tr>
<tr><td>14</td><td colspan="2">起重吊装</td><td>11.1.6</td><td></td></tr>
<tr><td>15</td><td colspan="2">施工用电</td><td>11.1.6</td><td></td></tr>
<tr><td>16</td><td colspan="2">高处作业</td><td>11.1.6</td><td></td></tr>
<tr><td>17</td><td colspan="2">防风</td><td>11.1.6</td><td></td></tr>
<tr><td>18</td><td colspan="2">季节性施工</td><td>11.1.6</td><td></td></tr>
<tr><td colspan="5">检查方:　　　　　　　　　　　　　　　　受检方:
检查人(签名):　　　　　　　　　　　　　接收人(签名):
年　月　日　　　　　　　　　　　　　　　年　月　日</td></tr>
</table>

12　涵洞、渡槽、倒虹吸

12.1　一般规定

12.1.1　涵洞、渡槽、倒虹吸施工作业过程中应考虑下列主要危险源、危害因素：

1　基坑开挖不按规定放坡。

2　挡板支撑不符合规定要求。

3　起重吊装作业违规操作。

4　支架搭设、模板固定不牢固。

5　倒虹吸管竖井上口未加盖，下口无防护栏。

6　跨越公路、铁路施工时无防护措施。

7　高处作业人员不按规定佩戴劳动防护用品；酒后或疲劳作业。

12.1.2　涵洞、渡槽、倒虹吸施工中的施工用电、现场防火、高处作业、季节性施工和钢筋、模板、混凝土施工等应符合《铁路工程基本作业施工安全技术规程》（TB 10301—2009）的相关规定。

12.1.3　涵洞、渡槽、倒虹吸施工作业应按表 12.1.3 进行检查，并认真填写检查记录表。对检查中发现的不符合规定的情况，应按表 2.1.5 签发安全检查整改通知单，限期整改，并跟踪验证。

表 12.1.3　涵洞、渡槽、倒虹吸施工作业安全检查表

项目（工程）名称				
施工地点				
序号	检查项目		对应条文号	检查情况
1	班前安全讲话		2.1.7	
2	劳动保护用品佩戴		2.1.8	
3	涵洞	基坑开挖	12.2.1	
		预制构件堆放、装卸、运输	12.2.2	
		支架、拱架、模板安装	12.2.3	
		脚手架平台及栏杆等安全防护设施	12.2.3	
		过渡段填筑	12.2.4	
4	渡槽	预制渡槽梁起吊、架设	12.3.1	
		现浇渡槽施工	12.3.2	
		施工防护措施	12.3.3	
		跨越营业线施工	12.3.3	
5	倒虹吸		12.4.1，12.4.2	
6	钢筋施工		12.1.2	
7	模板施工		12.1.2	

续上表

项目(工程)名称			
施工地点			
序号	检查项目	对应条文号	检查情况
8	混凝土施工	12.1.2	
9	起重吊装	12.1.2	
10	施工用电	12.1.2	
11	现场防火	12.1.2	
12	危险物品管理	12.1.2	
13	防风	12.1.2	
14	季节性施工	12.1.2	
检查方： 检查人(签名)： 年 月 日		受检方： 接收人(签名)： 年 月 日	

12.2 涵　洞

12.2.1 涵洞基坑开挖应符合本规程第3.3节的有关规定。

12.2.2 预制圆管、盖板、拱圈等预制件在堆放、移动、装卸、运输中,应防止碰撞。吊机吊装作业时,吊点应正确,人工辅助作业时,应注意安全。

12.2.3 拱圈、盖板就位浇筑时,拱架、支撑、模板应安装牢固,并应搭设脚手架平台和栏杆进行防护。

12.2.4 过渡段填筑应从涵洞两侧水平分层对称填筑压实。通行大型机械时,涵洞顶填土厚度应通过检算确定。

12.3 渡　槽

12.3.1 预制的渡槽梁在起吊、架设时,应防止与墩台及已架设的渡槽梁发生碰撞。

12.3.2 就地浇筑渡槽时,支架、模板、施工平台应安装牢固,并对受力杆件进行检算检查。通道及平台周围应设防护。

12.3.3 渡槽施工时,其下有人、车通行时,应采取防护措施。跨越营业线施工时,应符合本规程第14章的有关规定。

12.4 倒 虹 吸

12.4.1 管节接头及进出口砌缝应严密不漏水,填土覆盖前应作通水试验。

12.4.2 倒虹吸管进出口竖井完工后,上口应及时加盖,下口应设栅栏,以免人畜掉入。

13 营业线桥涵施工

13.1 一般规定

13.1.1 营业线桥涵施工必须严格执行现行《铁路运输安全保护条例》、《铁路技术管理规程》、《铁路营业线施工安全管理办法》、《铁路工务安全规则》、《铁路桥隧建筑物大维修规则》、《改建既有线和增建第二线铁路工程施工技术暂行规定》等有关规定。

13.1.2 营业线桥涵施工应考虑下列主要危险源、危害因素:

1 施工前未按规定办理相关手续;施工未列入铁路部门施工计划。

2 施工人员未按规定进行教育培训。

3 施工前未进行地下管线等的探测。

4 上道作业时无专人防护;来车时不按规定下道避车。

5 防护员、驻站联络员违反工作制度。

6 机械设备、材料等侵入限界。

7 在电气化区段施工时未按规定停电作业。

8 在自动闭塞区段施工时工具、设备未采取绝缘措施。

9 对无缝线路加固时未进行应力放散。

10 线路封锁施工时,不按批准的项目施工或超前准备、超范围施工。

11 慢行条件下施工时,无防护人员值班。

12 顶进挖土时违反规定要求,造成路基坍塌。

13 线路加固时,支点深度不够。

14 营业线改建桥涵施工时,未对既有桥墩台采取防护加固措施。

15 营业线增建二线桥涵施工时,未采取合理措施,影响营业线桥涵和路基稳定。

16 跨线桥施工时设备安全系数不足。

13.1.3 营业线桥涵施工前必须编制专项施工方案。

13.1.4 营业线施工方案必须经铁路相关部门审批,施工单位与设备管理单位和行车组织部门签订施工安全协议和配合协议,铁路运输部门纳入月度施工计划后,方可组织施工。影响行车安全的施工,必须在设备管理单位监护下进行。

13.1.5 营业线上施工影响原运输区段限界的,必须根据机车车辆限界,制定施工临时限界并按规定上报铁路相关部门审批。施工中搭设的脚手架、堆放的工程材料或机具设备等,严禁侵入施工临时限界,如图 13.1.5 所示。

13.1.6 主要管理人员必须经过铁路施工专业培训,经考试合格后方可任职。驻站联络员及工地防护员必须经过铁路施工安全培训,考试合格后持证上岗。

13.1.7 施工前,施工单位和设备管理单位应现场划定地下管线位置范围。在设备管理单位监护人员监护下,对管线进行探测,挖探沟确定其准确位置。地下管线探挖不得使用机械,对已暴露的管线必须采取保护措施。

13.1.8 凡涉及到营业线施工必须按规定设置防护。驻站联络员与工地防护员必须严格执行“呼唤、应答”和“预报、确报、复诵”制度。

13.1.9 营业线桥涵施工中,施工单位和设备管理单位应监视与保持线路、桥涵等建筑物处于完好状态,发现异常必须立即停工处理。

13.1.10 所有施工人员上道作业,必须按规定着装,及时按规定下道避车。应加强对机具设备和物资材料的管理,不得侵限,并应设专人看守。

13.1.11 安全保护区内的施工应纳入营业线施工管理,机械设备必须设专人监护,防止侵限。打桩机、旋挖钻、吊机等高大机械设备必须采取防倾覆措施。

图 13.1.5 施工料具严禁侵入限界

13.1.12 在电气化区段,作业人员及其携带的物件与接触网带电部分的距离必须保持在 2 m 以上,不足 2 m时,应在接触网停电后作业。在距接触网带电部分 2 ~4 m 的范围内施工时,接触网可不停电,但须有设备管理单位的有关人员在场监护。在接触网支柱及接触网带电部分 5 m范围以内的金属结构上均须装设接地线。

13.1.13 在自动闭塞区段施工时,应保持轨道线路绝缘良好。工具、设备应采取绝缘措施,防止轨道电路短路。

13.1.14 当对无缝线路加固时,必须进行应力放散。

13.1.15 在设有防护网区段施工,如需临时拆除防护栅栏,必须设专人 24 h看守,闲杂人员不得进入防护栅栏内,如图 13.1.15 所示。

13.1.16 线路封锁施工应符合下列规定:

1 按批准的线路加固方案做好各项准备工作,确认信号设备、机具、材料齐全完好,防护设施和人员到位。严格按批准的施工项目施工,严禁超前准备和超范围施工。

2 严格落实要点登记手续,行车调度发布命令后方可施工。

3 开通前,应进行安全质量检查,确认线路设备状态达到开通条件,及时办理销点手续。

4 开通后,应安排专人巡查整修线路,保持线路处于良好状态。

图 13.1.15 闲杂人员不得进入防护栅栏内

13.1.17 慢行条件下,应安排防护人员昼夜值班,配齐防护用品,规范上岗接车;设置测速仪,发现列车超速时,应迅速报告有关部门,并作好记录。

13.1.18 营业线桥涵施工中的起重吊装、施工用电、现场防火、高处作业、季节性施工和钢筋、模板、混凝土、预应力施工等除应符合本规程的规定外,尚应符合《铁路工程基本作业施工安全技术规程》(TB 10301—2009)的相关规定。

13.2　框架桥顶进

（Ⅰ）工作坑及顶进后背

13.2.1　顶进工作坑靠近路基一侧的坡顶距路基坡脚不得小于1.5 m。一般应避开汛期施工，需要汛期施工时，对受工作坑影响的路基边坡应进行防护加固，并做好防洪安全设施。

13.2.2　工作坑开挖必须按规定进行放坡，分层下挖，不得任意放陡坡度，禁止掏底挖土。坑壁需要支护的，按设计进行支护。机具、材料、弃土等应堆放在基坑顶部周边安全距离以外。

13.2.3　顶进后背应进行设计计算，后背梁、后背墙必须有足够的强度、刚度和稳定性。

（Ⅱ）纵横抬梁加固线路

13.2.4　纵横梁应按布置方式、计算跨度等进行受力检算，必须具有足够的强度、刚度及稳定性。加固范围应向框架桥两侧延伸与桥高等长的距离。框架两侧线路在架空纵梁端部还应采用桩基进行承托和防护，避免土体坍塌。

13.2.5　纵横梁应连接牢固，横梁底部道砟应捣固密实，纵梁端部应用短枕木支垫牢固。穿插横抬梁及安装连接构件时应防止轨道电路短路。

13.2.6　扣轨应用扣轨卡紧固，并向两端延伸桥高的1.5倍；与枕木固定的U形螺栓不得超过轨面高度。

13.2.7　连接构件及支垫垫木等应派专人检查，发现松动应及时紧固。

13.2.8　顶进前应对横抬梁采取前顶后拉等措施，防止顶进时线路横移。

（Ⅲ）铁路便梁加固线路

13.2.9　便梁加固长度必须满足箱体两侧安全坡的要求。

13.2.10　便梁铁路运输和装卸时，必须按照铁路部门批准的施工计划进行；电气化区段采用机械装卸便梁时，应申请接触网停电；人工装卸时，枕木垛应搭设稳固，滑轨应有足够的强度和刚度。

13.2.11　便梁组装应严格按确定的便梁定位线和组装程序进行，不得侵限；轨下应绝缘良好。

13.2.12　挖孔桩支点必须有足够的深度，满足承载力及稳定性要求。护壁结构应考虑地质状况、列车活载和振动的影响。挖孔桩孔口不得侵限且应采取防止雨水灌入和人员、物体坠落的措施。

（Ⅳ）顶 进 施 工

13.2.13　顶进土体难以确保稳定，易于坍塌时，需在顶进前对土体进行注浆固化。注浆作业应进行试验，确定注浆参数，控制线路隆起，并及时整修线路。

13.2.14　地下水位高于框架桥基础底面1 m时，应采取降水措施，严禁带水顶进。降水作业应控制线路下沉，并及时整修线路。

13.2.15　顶进设备应配套检验，合格后方可安装。每次顶进前应检查液压系统、传力柱安装和后背变化情况，发现问题及时纠正。顶进过程中，当液压系统发生故障时，严禁在工作状态下检查和调整。

13.2.16　传力柱支承面要密贴，方向应与顶力轴线一致，一般4～8 m加横梁一道，以保持顶柱的稳定。顶进时安排专人密切观察传力柱的变化,如有拱起、弯曲等变形应立即停止顶进,进行调整。为防止传力柱崩出伤人,应采用填土压重等措施,传力柱上方严禁站人。

13.2.17 顶进作业应保持地下水位在基底 1 m以下,严禁带水顶进。应避免在雨季施工,无法避开雨季施工时,应有防洪、排水及线路抢修措施。

13.2.18 挖土机械铲斗不得碰撞线路加固设施和桥涵主体结构。人工清理开挖工作面时,挖土机械应退出开挖面。严禁人、机同时开挖。

13.2.19 需拆除的支点桩应采用机械破碎或静态爆破。

13.2.20 顶进挖土时,应派专人监护,发现异常情况时,作业人员及机械立即撤离危险区域,并视线路情况设置防护信号。

13.2.21 顶进挖土作业必须符合下列规定:

1 必须坚持"勤挖快顶"原则。

2 严禁掏洞取土或逆坡挖土。

3 列车通过时严禁挖土。

4 顶进设备发生故障时不得挖土。

5 顶进暂停期内不得挖土。

6 没有防范措施,雨天不得挖土。

13.2.22 桥体顶入路基后,应 24 h连续顶进。当列车通过时,施工人员及机械必须撤离挖土工作面。顶进过程中,应配备足够抢修人员和料具等。

13.2.23 当采用中继间法或顶拉法施工时,节间缝隙应采取封闭措施,以免土石等掉落伤人。

13.2.24 顶进就位后,框架桥边墙外侧应采用注浆或其他措施填充和固化顶进过程中扰动的路基,必要时尚应进行物探,以检测加固效果。

13.2.25 框架桥顶进施工作业应按表 13.2.25 进行检查,并认真填写检查记录表。对检查中发现的不符合规定的情况,应按表 2.1.5 签发安全检查整改通知单,限期整改,并跟踪验证。

表 13.2.25 框架桥顶进施工作业安全检查表

项目(工程)名称			
施工地点			
序号	检查项目	对应条文号	检查情况
1	班前安全讲话	2.1.7	
2	劳动保护用品佩戴	2.1.8	
3	专项施工方案	13.1.3,13.1.4	
4	施工安全协议和配合协议签订	13.1.4	
5	铁路部门月度施工计划	13.1.4	
6	设备管理单位现场监护	13.1.4	
7	施工临时限界及审批情况	13.1.5	
8	相关人员上岗资格	13.1.6	
9	地下管线位置的现场确认	13.1.7	
10	现场防护	13.1.8	
11	施工影响监测	13.1.9	
12	施工人员着装	13.1.10	

续上表

项目(工程)名称				
施工地点				
序号	检查项目		对应条文号	检查情况
13	施工人员下道避车		13.1.10	
14	机具设备和物资材料管理		13.1.10,13.1.5	
15	安全保护区内施工		13.1.11	
16	电气化区段施工		13.1.12	
17	自动闭塞区段施工		13.1.13	
18	无缝线路加固		13.1.14	
19	临时拆除防护网		13.1.15	
20	线路封锁施工		13.1.16	
21	慢行施工		13.1.17	
22	工作坑及顶进后背	工作坑顶距路基坡脚距离	13.2.1	
		既有路基边坡加固	13.2.1	
		工作坑开挖	13.2.2	
		顶进后背设计	13.2.3	
23	纵横抬梁加固线路	加固方案设计	13.2.4	
		纵横梁穿插及连接	13.2.5	
		扣轨	13.2.6	
		日常检查	13.2.7	
		横抬梁加固	13.2.8	
24	铁路便梁加固线路	加固长度	13.2.9	
		便梁运输和装卸	13.2.10	
		便梁组装	13.2.11	
		挖孔桩和护壁	13.2.12	
25	顶进施工	顶进土体加固	13.2.13	
		降水	13.2.14	
		顶进设备	13.2.15	
		传力柱	13.2.16	
		雨季施工措施	13.2.17	
		机械挖土	13.2.18	
		支点桩拆除	13.2.19	
		顶进过程监控	13.2.20	
		挖土作业	13.2.21,13.2.22	
		中继间法或顶拉法施工	13.2.23	
		顶进后边墙外侧路基加固	13.2.24	
26	模板、钢筋、混凝土施工		13.1.18	
27	起重吊装、施工用电、防火、防风、高处作业		13.1.18	

续上表

项目(工程)名称			
施工地点			
序号	检查项目	对应条文号	检查情况
28	危险物品管理	13.1.18	
29	季节性施工	13.1.18	
检查方： 检查人(签名)： 年　月　日			受检方： 接收人(签名)： 年　月　日

13.3 营业线改建桥涵

13.3.1 新建墩台应符合下列规定：

1 施工时，应对既有墩台采取防护措施，不得影响既有墩台的安全。

2 旧桥墩采用爆破拆除时，应制定安全措施；人工凿除混凝土时，施工人员必须戴护目镜，如图13.3.1所示。

3 采用便梁加固线路时，临时支墩应安全可靠。施工过程中，应加强对便梁支墩的防护。

图 13.3.1　人工凿除混凝土时必须戴护目镜

13.3.2 桥墩台顶帽加高或落低时，应符合下列规定：

1 在作业处搭设脚手平台，安装栏杆和上下梯子。

2 顶梁时严禁两端同时施顶；同一端使用的两个千斤顶，其规格、型号、起落速度应一致，保持梁体平衡；千斤顶使用前应经过检验；每次升降顶程不得超过 10 cm。

3 顶梁时应设置垫木等保险装置，随顶随支；用木楔支垫时，不得使桥梁受力不均。

13.3.3 桥梁横移时，滑道应按设计布置，桥梁两端采用相同型号的动力设备，同步滑移，协调一致。

13.3.4 换梁后，应及时恢复线路，确保行车安全。

13.3.5 小桥涵改建成框架桥应符合下列规定：

1 框架桥应采用顶进施工，对梁体采取便于拉出的支顶方案，边顶边拆，确保加固线路的安全稳定性。

2 既有桥涵混凝土应采用机械破碎、静态爆破或控制微裂爆破拆除。

13.3.6 营业线改建桥涵施工作业应按表 13.3.6 进行检查，并认真填写检查记录表。对检查中发现的不符合规定的情况，应按表 2.1.5 签发安全检查整改通知单，限期整改，并跟踪验证。

表 13.3.6　营业线改建桥涵施工作业安全检查表

<table>
<tr><td colspan="2">项目(工程)名称</td><td colspan="4"></td></tr>
<tr><td colspan="2">施工地点</td><td colspan="4"></td></tr>
<tr><td>序号</td><td colspan="3">检查项目</td><td>对应条文号</td><td>检查情况</td></tr>
<tr><td>1</td><td colspan="3">班前安全讲话</td><td>2.1.7</td><td></td></tr>
<tr><td>2</td><td colspan="3">劳动保护用品佩戴</td><td>2.1.8</td><td></td></tr>
<tr><td>3</td><td colspan="3">专项施工方案</td><td>13.1.3,13.1.4</td><td></td></tr>
<tr><td>4</td><td colspan="3">施工安全协议和配合协议签订</td><td>13.1.4</td><td></td></tr>
<tr><td>5</td><td colspan="3">铁路部门月度施工计划</td><td>13.1.4</td><td></td></tr>
<tr><td>6</td><td colspan="3">设备管理单位现场监护</td><td>13.1.4</td><td></td></tr>
<tr><td>7</td><td colspan="3">施工临时限界及审批情况</td><td>13.1.5</td><td></td></tr>
<tr><td>8</td><td colspan="3">相关人员上岗资格</td><td>13.1.6</td><td></td></tr>
<tr><td>9</td><td colspan="3">地下管线位置的现场确认</td><td>13.1.7</td><td></td></tr>
<tr><td>10</td><td colspan="3">现场防护</td><td>13.1.8</td><td></td></tr>
<tr><td>11</td><td colspan="3">施工影响监测</td><td>13.1.9</td><td></td></tr>
<tr><td>12</td><td colspan="3">施工人员着装</td><td>13.1.10</td><td></td></tr>
<tr><td>13</td><td colspan="3">施工人员下道避车</td><td>13.1.10</td><td></td></tr>
<tr><td>14</td><td colspan="3">机具设备和物资材料管理</td><td>13.1.10,13.1.5</td><td></td></tr>
<tr><td>15</td><td colspan="3">安全保护区内施工</td><td>13.1.11</td><td></td></tr>
<tr><td>16</td><td colspan="3">电气化区段施工</td><td>13.1.12</td><td></td></tr>
<tr><td>17</td><td colspan="3">自动闭塞区段施工</td><td>13.1.13</td><td></td></tr>
<tr><td>18</td><td colspan="3">无缝线路加固</td><td>13.1.14</td><td></td></tr>
<tr><td>19</td><td colspan="3">临时拆除防护网</td><td>13.1.15</td><td></td></tr>
<tr><td>20</td><td colspan="3">线路封锁施工</td><td>13.1.16</td><td></td></tr>
<tr><td>21</td><td colspan="3">慢行施工</td><td>13.1.17</td><td></td></tr>
<tr><td rowspan="3">22</td><td rowspan="3">新建墩台</td><td colspan="2">既有墩台防护</td><td>13.3.1</td><td></td></tr>
<tr><td colspan="2">旧墩台拆除</td><td>13.3.1</td><td></td></tr>
<tr><td colspan="2">便梁加固线路</td><td>13.3.1</td><td></td></tr>
<tr><td rowspan="2">23</td><td rowspan="2">既有墩台加高(落低)</td><td colspan="2">工作平台</td><td>13.3.2</td><td></td></tr>
<tr><td colspan="2">顶落梁</td><td>13.3.2</td><td></td></tr>
<tr><td>24</td><td colspan="3">桥梁横移</td><td>13.3.3</td><td></td></tr>
<tr><td>25</td><td colspan="3">线路恢复</td><td>13.3.4</td><td></td></tr>
<tr><td rowspan="2">26</td><td rowspan="2">小桥涵改建成框架桥</td><td colspan="2">框架桥顶进</td><td>13.3.5</td><td></td></tr>
<tr><td colspan="2">既有桥涵拆除</td><td>13.3.5</td><td></td></tr>
<tr><td>27</td><td colspan="3">模板、钢筋、混凝土施工</td><td>13.1.18</td><td></td></tr>
<tr><td>28</td><td colspan="3">起重吊装、施工用电、防火、防风、高处作业</td><td>13.1.18</td><td></td></tr>
<tr><td>29</td><td colspan="3">危险物品管理</td><td>13.1.18</td><td></td></tr>
<tr><td>30</td><td colspan="3">季节性施工</td><td>13.1.18</td><td></td></tr>
<tr><td colspan="4">检查方：
检查人(签名)：
年　月　日</td><td colspan="2">受检方：
接收人(签名)：
年　月　日</td></tr>
</table>

13.4 营业线增建二线桥涵

13.4.1 对影响营业线桥涵基础和路基稳定的施工,应先进行护坡桩的施工,后施工主体工程。

13.4.2 沉入桩基础的打桩顺序应从营业线一侧开始,逐排向外打,并随时观测营业线路及桥涵的变化,且不应采用射水或振动法施工。

13.4.3 沉井基础施工应控制超挖量,并随时观测井内挖出的土壤情况及既有路基或周围地面有无沉降或裂缝现象。当地质为细砂、粉砂时,严禁抽水下沉。

13.4.4 钻(挖)孔桩基础施工应考虑列车振动影响,加强防坍孔措施。泥浆池应远离路基坡脚,避免泥浆浸泡路基。

13.4.5 脚手架、支架应符合安全规定,靠近铁路一侧不得侵限,且必须设置围护设施。

13.4.6 吊装、拆除墩台模板时,不得侵限。严禁在营业线轨道或桥梁上拴系牵引绳索。

13.4.7 排水涵接长施工,应有防洪涝应急措施。

13.4.8 交通涵接长施工,应联系交通部门采取疏导交通措施。设置夜间交通防护设施。

13.4.9 架梁时,所选方案不应影响营业线行车。

13.4.10 营业线增建二线桥涵施工作业应按表13.4.10进行检查,并认真填写检查记录表。对检查中发现的不符合规定的情况,应按表2.1.5签发安全检查整改通知单,限期整改,并跟踪验证。

表13.4.10 营业线增建二线桥涵施工作业安全检查表

项目(工程)名称			
施工地点			
序号	检查项目	对应条文号	检查情况
1	班前安全讲话	2.1.7	
2	劳动保护用品佩戴	2.1.8	
3	专项施工方案	13.1.3,13.1.4	
4	施工安全协议和配合协议签订	13.1.4	
5	铁路部门月度施工计划	13.1.4	
6	设备管理单位现场监护	13.1.4	
7	施工临时限界及审批情况	13.1.5	
8	相关人员上岗资格	13.1.6	
9	地下管线位置的现场确认	13.1.7	
10	现场防护	13.1.8	
11	施工影响监测	13.1.9	
12	施工人员着装	13.1.10	
13	施工人员下道避车	13.1.10	
14	机具设备和物资材料管理	13.1.10,13.1.5	
15	安全保护区内施工	13.1.11	
16	电气化区段施工	13.1.12	

续上表

项目(工程)名称			
施工地点			
序号	检查项目	对应条文号	检查情况
17	自动闭塞区段施工	13.1.13	
18	无缝线路加固	13.1.14	
19	临时拆除防护网	13.1.15	
20	线路封锁施工	13.1.16	
21	慢行施工	13.1.17	
22	既有桥涵、路基防护	13.4.1	
23	沉入桩施工	13.4.2	
24	沉井施工	13.4.3	
25	钻(挖)孔桩施工	13.4.4	
26	脚手架、支架等施工设施围护	13.4.5	
27	安全限界	13.4.5,13.4.6	
28	涵洞接长	13.4.7,13.4.8	
29	架梁方案	13.4.9	
30	模板、钢筋、混凝土施工	13.1.18	
31	起重吊装、施工用电、防火、防风、高处作业	13.1.18	
32	危险物品管理	13.1.18	
33	季节性施工	13.1.18	
检查方： 检查人(签名)： 年 月 日		受检方： 接收人(签名)： 年 月 日	

13.5 跨线桥施工

13.5.1 靠近营业线的墩台施工按本规程第13.4节有关规定办理。

13.5.2 跨线悬臂挂篮、悬臂拼装设备及支架设计的安全系数应比一般情况大20%。

13.5.3 跨线架设桥梁和设备过孔，应封锁线路。电气化区段，当梁底与接触网承力索距离不足2 m时，应停电作业。当梁底高出接触网承力索2 m以上时，在保证安全的基础上，应编制专项施工方案，经审批后可不停电作业。

13.5.4 吊装、架梁时，起重机和架桥机应定位准确，起重能力应满足作业半径、吊重等安全要求，起重索具安全系数应符合现行《铁路架桥机架梁暂行规程》的规定。

13.5.5 已经吊装就位的构件、桥梁应摆放稳固。稳定性较差、迎风面积较大的梁、构件，在封锁时间内不能做永久固定时，必须增加临时支撑，使其稳固或将其捆绑牢固，防止梁或构件滚翻或跌落。

13.5.6 铁路局同意不封锁施工的跨线作业，施工时应在车站行车室进行施工登记，派驻驻站员，现场设防护，利用列车间隔进行。在电力牵引铁路上方进行施工时，应设置静电屏蔽防护和安装接地防护装置。必要时,在施工范围内,可将承力索和回流线加设绝缘套管。混凝土养生时,养生用水不得泄流。

13.5.7 跨线桥施工期间,必须在铁路上方设置围挡。

13.5.8 跨线桥施工作业应按表13.5.8进行检查,并认真填写检查记录表。对检查中发现的不符合规定的情况,应按表2.1.5签发安全检查整改通知单,限期整改,并跟踪验证。

表13.5.8 跨线桥施工作业安全检查表

项目(工程)名称			
施工地点			
序号	检查项目	对应条文号	检查情况
1	班前安全讲话	2.1.7	
2	劳动保护用品佩戴	2.1.8	
3	专项施工方案	13.1.3,13.1.4	
4	施工安全协议和配合协议签订	13.1.4	
5	铁路部门月度施工计划	13.1.4	
6	设备管理单位现场监护	13.1.4	
7	施工临时限界及审批情况	13.1.5	
8	相关人员上岗资格	13.1.6	
9	地下管线位置的现场确认	13.1.7	
10	现场防护	13.1.8	
11	施工影响监测	13.1.9	
12	施工人员着装	13.1.10	
13	施工人员下道避车	13.1.10	
14	机具设备和物资材料管理	13.1.10,13.1.5	
15	安全保护区内施工	13.1.11	
16	电气化区段施工	13.1.12,13.5.3	
17	自动闭塞区段施工	13.1.13	
18	无缝线路加固	13.1.14	
19	临时拆除防护网	13.1.15	
20	线路封锁施工	13.1.16,13.5.3	
21	慢行施工	13.1.17	
22	靠近营业线墩台施工	13.5.1	
23	跨线挂篮、悬拼设备、支架等设备安全系数	13.5.2	
24	起重机、架桥机	13.5.4	
25	就位桥梁等构件的稳定性	13.5.5	
26	不封锁施工	13.5.6	
27	安全防护围挡	13.5.7	
28	模板、钢筋、混凝土施工	13.1.18	
29	起重吊装、施工用电、防火、防风、高处作业	13.1.18	

续上表

项目(工程)名称			
施工地点			
序号	检查项目	对应条文号	检查情况
30	危险物品管理	13.1.18	
31	季节性施工	13.1.18	

检查方：　　　　　　　　　　受检方：

检查人(签名)：　　　　　　　　接收人(签名)：

年　月　日　　　　　　　　　　年　月　日

14 桥面系及附属工程

14.1 一般规定

14.1.1 桥面系及附属工程施工作业过程中应考虑下列主要危险源、危害因素：

1 桥面未设防护栏杆。

2 围栏、吊篮、人行道和避车台支架等安装不牢固。

3 未按规定设置防坠物设施；无防风措施。

4 有工程列车通过的桥上施工时无专人防护。

5 砌体施工时石料放置不稳；人员违规操作。

14.1.2 桥面系及附属工程施工中的起重吊装、施工用电、现场防火、高处作业、季节性施工和钢筋、模板、混凝土、砌体工程施工等应符合《铁路工程基本作业施工安全技术规程》(TB 10301—2009)的相关规定。

14.1.3 桥面系及附属工程施工作业应按表14.1.3进行检查，并认真填写检查记录表。对检查中发现的不符合规定的情况，应按表2.1.5签发安全检查整改通知单，限期整改，并跟踪验证。

表14.1.3 桥面系及附属工程施工作业安全检查表

项目(工程)名称				
施工地点				
序号	检查项目		对应条文号	检查情况
1	班前安全讲话		2.1.7	
2	劳动保护用品佩戴		2.1.8	
3	桥面系	桥面防护栏杆	14.2.1	
		围栏、吊篮、人行道和避车台支架	14.2.2	
		明桥面施工	14.2.3	
		人行道板安装	14.2.4	
		桥面检查梯	14.2.4	
		声屏障施工	14.2.5	
		遮板施工	14.2.6	
		有工程列车通行的桥上作业	14.2.7	
		作业区人员控制	14.2.8	
4	附属工程	人工抬运石料	14.3.1,14.3.2	
		砌体施工	14.1.2,14.3.2,14.3.4	
		小吊机吊运石料	14.3.3	
5	钢筋施工		13.1.18	

续上表

项目(工程)名称			
施工地点			
序号	检查项目	对应条文号	检查情况
6	模板施工	13.1.18	
7	混凝土施工	13.1.18	
8	砌体施工	13.1.18	
9	起重吊装	13.1.18	
10	施工用电	14.1.2	
11	现场防火	14.1.2	
12	高处作业	14.1.2	
13	危险物品管理	14.1.2	
14	防风	14.1.2	
15	季节性施工	14.1.2	
检查方: 检查人(签名): 年 月 日		受检方: 接收人(签名): 年 月 日	

14.2 桥 面 系

14.2.1 桥面铺设前,两侧应设防护栏杆。

14.2.2 围栏、吊篮、人行道和避车台支架的安装,应采用跨度不大于 2 m的挂钩脚手架,脚手板固定在脚手架上。

14.2.3 明桥面施工期间,桥下严禁人员及机械设备停留或通过,确需通过的,应在桥下增设防护棚架。

14.2.4 人行道板安装时,正反两面应放置正确,安装牢固。桥面的检查梯孔口盖板,应随时盖好。

14.2.5 声屏障施工应符合下列规定:

1 单元板存放、运输及装卸过程中,应保证板正立,使用临时支架应保证单元板不受损伤。装卸时各吊点或支点应受力均匀,各吊点或支点应位于同一平面。

2 安装时应有防风、防坠落措施,桥下应设防护。

14.2.6 遮板施工时,桥下应设防护。遮板吊装就位并与预埋钢筋焊接牢固后,方可松除吊钩。

14.2.7 在有工程列车通过的桥上安装作业时,应安排专人防护,加强人员、材料、机具管理,及时下道避车,防止侵限。

14.2.8 施工期间,桥头应封闭或派人看守,禁止闲杂人员上桥。

14.3 附属工程

14.3.1 砌筑片石锥体护坡时,严禁将片石从上面往下翻滚,如图 14.3.1 所示。

14.3.2 砌筑采用人工抬石就位时,应捆绑牢固,动作一致,缓慢下放。砌块应用撬棍拨移,不得将手脚伸入拼砌面,如图 14.3.2 所示。

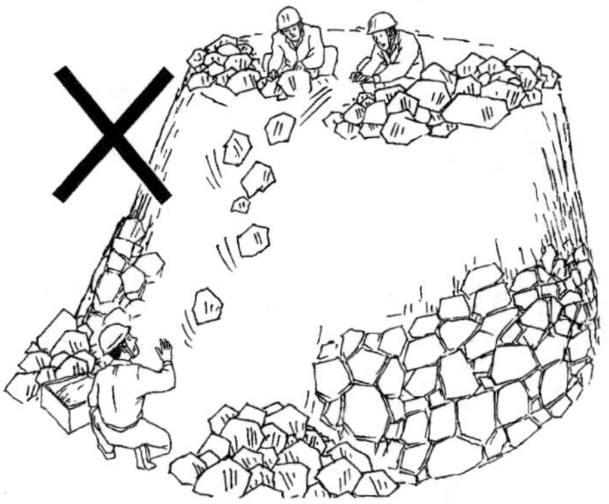

图 14.3.1 严禁将片石从上面往下翻滚

图 14.3.2 不得将手脚伸入拼砌面

14.3.3 采用小吊机吊送石料至砌筑面时,小吊机机座应固定牢靠。石料吊送到砌筑面时,施工人员应避让。

14.3.4 砌筑桥台护坡时,应采用马凳及跳板等配合施工,马凳应摆放牢靠。

本规程用词说明

执行本规程条文时,对于要求严格程度的用词说明如下,以便在执行中区别对待。

(1)表示很严格,非这样做不可的用词:

正面词采用"必须";

反面词采用"严禁"。

(2)表示严格,在正常情况均应这样做的用词:

正面词采用"应";

反面词采用"不应"或"不得"。

《铁路桥涵工程施工安全技术规程》
条文说明

本条文说明系对重点条文的编制依据、存在问题,以及在执行中应注意的事项等予以说明。为减少篇幅,只列条文号,未抄录原条文。

1.0.1 本规程是为适应铁路建设安全生产管理需要,体现近年来新的工程结构、系统设备及其相应工艺方法、工序过程等的特点,控制工程施工中的不安全行为和状态,预防事故发生,在《铁路工程施工安全技术规程》(TB 10401—2003)的基础上修订而成的。本规程贯彻落实了现行安全生产法律法规的规定,与有关管理规章进行了全面对接,与相关技术标准进行了充分协调,对铁路桥涵工程施工中的安全管理和施工作业行为提出了明确的要求,是建设各方必须严格执行的强制性标准。

1.0.5 依据现行法律法规的规定,建设、勘察设计、施工、监理等建设各方都应依法承担安全生产责任,必须建立安全生产保障体系,健全安全生产责任制,并积极采用先进的技术和方法,加强和改进安全生产管理,保证铁路工程施工安全。

1.0.6 相关人员的安全教育培训应符合本规程第2.5节的规定。培训及考核情况应保持记录,必要时,应由上级部门或建设、监理单位检查其执行情况。特种作业是指容易发生人员伤亡事故,对操作者本人、他人及周围设施的安全可能造成重大危害的作业。直接从事特种作业的人员称为特种作业人员。特种作业人员在现行国家标准《特种作业人员安全技术考核管理规则》(GB5306)中有明确的规定。

1.0.8 专项施工方案是以技术复杂或危险性较大的单项施工项目或其中的某一个分部、分项工程为对象进行编制,用以指导其施工全过程并重点考虑施工方法、机械设备利用、劳动力和材料安排、安全生产保证措施的具体文件。《铁路建设工程安全生产管理办法》(铁建设〔2006〕179号)第三十八条规定:施工单位应对达到一定规模的危险性较大工程编制专项施工方案,进行安全检算,经单位技术负责人、总监理工程师审核后实施,必要时应组织专家论证,并由施工单位专职安全生产管理人员进行现场监督。对铁路桥涵工程中需要编制专项施工方案的,本规程均有明确规定。没有明确规定的,应视工程的危险程度确定是否需要编制专项施工方案。

1.0.9 施工单位在施工前应对现场存在的危险源进行辨识,对重大危险源应制定安全事故应急救援预案。

1.0.17 营业线施工及有可能影响营业线运行安全的施工,涉及部门多、对运输干扰大、安全风险高、后果极其严重,必须高度重视施工安全管理工作。条文中提出的必须严格执行的现行国家及铁路有关安全生产及施工安全规定包括:《安全生产法》、《建设工程安全生产管理条例》、《铁路运输安全保护条例》、《铁路技术管理规程》、《铁路建设工程安全生产管理办法》、《铁路营业线施工安全管理办法》、《铁路工务安全规则》、《铁路桥隧建筑物大维修规则》、《改建既有线和增建第二线铁路工程施工技术暂行规定》、本施工安全技术规程等。

1.0.18　铁路桥涵施工中涉及的基本作业，如施工用电、高处作业、危险物品管理、季节性施工及钢筋、模板、混凝土工程等，必须符合《铁路工程基本作业施工安全技术规程》的相关规定。本规程有特殊规定的，亦应遵照执行。

2.2.3　本条依据《中华人民共和国水上水下施工作业通航安全管理规定》（中华人民共和国交通部令，1999 年第 4 号）制定。

2.2.8　布置航标时，应符合下列规定：

沿海助航标志：《中国海区水上助航标志》（GB 4696—84）、《中国海区水上助航标志的主要外形尺寸》（GB 4697—84）。

内河助航标：《内河助航标志》（GB 5863—86）《内河助航标志的主要外形尺寸》（GB 5864—86）。

2.2.17　根据《中华人民共和国水上水下施工作业通航安全管理规定》，施工作业者有责任清除其遗留在施工作业水域的碍航物体。

2.4.2　安全设施的具体设置内容应符合《道路交通标志和标线》（GB 5768—1999）的要求，并依据“道路施工安全设施设置示例”进行布置。

3.2.7　吹砂筑岛的吸泥管道一般由浮筒承载浮于水面，每只浮筒都有一定距离，作业人员在浮筒上跨越行走易发生落水事故。

3.2.8　可采用每个钢筋笼一根桩，将笼套在桩上，向笼内填石固定。

3.2.10　钢板桩吊点采用不低于 1/3 桩长的要求，一是钢板桩便于进入打桩架，二是避免钢板桩弯曲变形。

3.2.15　钢板桩锁口虽然经过修整和试插，但因已打入的钢板桩由于锤击可能会产生扭曲变形，经过试插的钢板桩不一定能顺利插入，用桩锤重压可能会产生克服局部阻力后突然下滑，如事先不采取控制措施，可能会出现安全事故。

3.2.16　拔桩前向围堰内灌水，可利用堰内水压力抵消堰外压力，使桩壁与水下混凝土脱离。亦可略加锤击或加高压射水使钢板桩与混凝土脱离。

3.2.18　二氧化碳的浓度要求参照《车间空气中二氧化碳卫生标准》（GB16201—1996）进行了修订。

3.2.20　大中型围堰吊装时一般重量较大，使用多台起吊设备同时起吊的，其吊点、吊具及围堰加固必须事先进行设计计算，保证各环节有足够的安全储备，并应进行试吊，确保安全后方可正式起吊。为保证起吊平衡及围堰周边设施安全，应有专人指挥吊装作业。

3.2.22　双壁钢围堰浮运时易受风力、风向、水流速度等因素的影响，恶劣的天气和水文情况对围堰浮运过程中的稳定性和安全性不利，因此，应尽量掌握可靠的环境信息，选择有利时机进行浮运。

3.2.23　锚碇系统是钢围堰在水中悬浮时固定其位置的重要设施，对围堰施工成败起着非常重要的作用。在导向船组就位，锚全部抛完后，应及时逐步地绞紧所有锚缆，使其受力均匀。日常应派专人负责锚缆的检查和养护，根据水位的涨落及时调整锚缆的受力，使锚碇系统始终处于良好的受力状态。

3.2.31　钢吊箱围堰水下封底时，应用多根导管同时按规定的顺序灌注混凝土，保证灌注质量和数量。应根据封底面积和每根导管的作用半径（混凝土流动半径）来确定平面上布设导管的数量和位置。

3.3.1　基坑工程是岩土工程、结构工程、施工技术等学科相互交叉的科学技术，是多种因素相互影响的系统工程,是理论上尚待发展的综合性技术,其设计计算理论尚不够成熟,影响基坑工程工作条件的不利因素也较多。深基坑工程,尤其是处于较差地质条件中的深基坑工程,其风险性更大,影响因素众多且多变,时刻掌握基坑工程各方面的动态极为重要。因此,基坑工程监测是基坑工程尤其是深基坑工程施工中必不可少的工作内容,监测项目的种类和监测频率,可根据具体情况和有关要求确定。监测工作必须定人、定点、定时地进行,系统地、有始有终地观测并随时进行分析,以便及时指导基坑工程的施工。

3.3.5 基坑顶有动载时,坑口边缘与动载间的最小安全距离系引用《铁路工程施工安全技术规程(上册)》(TB 10401.1—2003)第4.2.1条的有关规定。实际施工中应按本条的规定进行综合计算后确定。

3.3.9 在严寒地区,采用冻结法开挖基坑,必须掌握气温变化情况,采取安全技术措施,使施工获得快速、安全和经济效益。

3.3.14 基坑工程施工应高度重视对水的治理。统计表明,70%以上的基坑工程事故是水害引发的,包括地下水、地面水、暴雨、管道渗漏及原土中含水量过高等因素。基坑工程的防水和降、排水是事关基坑工程成败的大事,必须十分重视。防水、降水和排水措施均有一定的适用条件,采用两种或两种以上方法配合进行治水的,尚应充分考虑各种措施间的相互影响,根据基坑所处的地质、地下水和气候等条件认真进行基坑治水方案设计,确保不因水害引发基坑工程事故。

3.5.6 采用冲击钻孔时,连接钨金套的千斤绳,使用前应作拉力试验。钢丝绳与钻头连接所用的钢丝绳卡应按规定上齐拧紧,施工中应经常检查、紧固。吊钻头的钢丝绳(包括千斤绳)在任何一个断面内断丝总数超过该断面总根数的5%时,均应更换。

3.5.11 潜水钻机在潮湿环境作业,电动机绝缘电阻降低,漏电的可能性增大,存在不安全隐患。本条是引用《公路工程施工安全技术规程》(JTJ 076—95)中第6.2.6.4条。

3.5.20 溶蚀地层的成孔,不管是否有填充、填充物是否充盈等,都必须准备足够的黏土、片石(或碎石)、袋装水泥、钢护筒等固壁、护壁材料,以备出现事故苗头时,能有足够的措施给予补救。

3.6.9 考虑到挖孔桩内空间较小,作业人员劳动强度较大,为保证作业人员的健康,孔内二氧化碳的浓度要求参照《室内空气中二氧化碳卫生标准》(GB/T 17094—1997)进行了修订。孔深超过10 m时应设通风设备,系引用《铁路桥涵施工规范》(TB 10203—2002)第5.3.4条中的规定。

3.8.3 沉井体积较大,井内施工人员不易察觉沉井的倾斜,拆除沉井垫木,确保沉井初始下沉不产生过大倾斜,井外人员的指挥是必要的。

3.8.4 在沉井刃脚或井内横隔墙附近开挖时,不得有人停留,防止沉井可能突然下沉造成伤害事故。

4.1.9 本条主要是防止路基、隧道弃渣等堆积在墩台旁,造成其偏载、移位等。

4.3.3 先挂后拆是指吊机的吊钩挂住模板并稍微持力后再进行拆除。

5.1.5 箱梁搬(提)运架设备技术档案是记载设备从购入到使用直至报废全过程的技术资料,是做好设备安全和技术管理工作不可缺少的基础材料和科学依据。设备技术档案管理工作需要施工单位各部门人员密切配合,及时提供相关的记录和资料,保证设备技术档案的完整性、真实性和可参考性。

5.2.4 本条要求是为提高钢筋骨架和内模整体提升时的稳定性,以及防止钢筋骨架产生过大的变形。

5.2.5 钢筋骨架整体吊装前宜先进行试吊。

5.2.13 制梁场蒸养锅炉的使用尚应遵守国家《特种设备安全监察条例》的有关规定。

5.3.3 移梁设备和梁体的自重均较大,对梁场内移梁道路的承载力要求很高。承载力不足或平整度、坡度等不能满足要求的移梁道路将影响移梁设备的工作状态,增大制动时的危险性,甚至损坏移梁设备液压及走行等系统。因此,必须对移梁道路进行专门设计,必要时应进行地基加固处理,同时应确保平整度、坡度等线路指标满足移梁设备工作需要。

5.3.4 制梁场场内移梁设备主要有搬梁机、提梁机和移梁台车。搬梁机是指单台设备即可将预制箱梁提升、搬运的移梁机械。提梁机是指采用两台设备提升、搬运预制箱梁的移梁机械,亦称移梁用龙门吊。移梁台车是指在无侧模约束条件下采用4台千斤顶起升箱梁脱离底模,将箱梁驼运至存梁台座的移梁机械,由车架、行走系统、起升系统等部分组成。

5.5.1 运架设备运行过程中对路基的荷载远大于运营荷载,为保证箱梁在运架过程中安全通过便道、桥涵、路基,特别是高填方及桥头路基,需要对上述结构物的承载能力进行检算。

5.5.3 "四点起吊"是指箱梁两端各设置两个吊装孔,共四个吊装孔,起吊时实现四点起吊。"三点平衡"是指通过不同的钢丝绳缠绕方式,使搬(提)梁机的两台起重机其中一台形成单吊点结构,另一台形成双吊点结构,使吊具受力均衡,同时避免箱梁在吊装过程中受到扭转。

除搬(提)梁机外,移梁台车和运梁车在作场内移梁和运梁作业时,也应利用液压联动装置的合理设计做到"四点起升(支承),三点平衡"。

5.5.17 本条参照《铁路架桥机架梁暂行规程》(铁建设〔2006〕181号)第7.1.4条制定。

6.3.10 压道是防止桥头和运梁线路质量不良或各种隐患酿成安全事故的主要措施。通过压道将架桥机"大轴重"通过或将作业地段的路基、道床等碾压密实,防止作业过程发生偏沉或局部下沉,影响架桥机安全或增加起动时的阻力。有关压道的技术要求参见《铁路架桥机架梁暂行规程》(铁建设〔2006〕181号)第6.2节的有关规定。

6.3.14 龙门吊机架梁时,应先落梁片固定端,后落活动端,待支座到位后,梁身才不会滑动。同时要在两端支撑牢固后,方可松钩。过去曾发生过落梁时两端支撑未撑牢就松钩,导致梁体翻落河中的重大事故。

7.1.3 非标设备是指没有制定国家标准或行业标准以用来规定制造方法的设备。通常按订单生产,一般根据客户对设备提出的性能参数、外形尺寸、重量、功能等技术要求进行设计和制造。非标设备的验收时,应提供以下文件:设计文件、产品质量合格证明、重要部位的材料出厂合格证、使用维护说明书、安全使用手册、安装技术文件、相关性能检测报告、试拼装记录、重要焊缝的焊接试验记录和检测报告、第三方检测报告、型式试验报告等。

7.2.1 本规程所述支架,是指满堂脚手架和梁柱式支架等支承竖向施工荷载的承力结构。包括了相关标准、规范所指的膺架。

7.2.3 支架基础排水不畅会导致地基不均匀沉降,甚至造成局部塌陷,破坏支架的整体稳定,因此对支架基础的的排水设施应予以特别重视。

7.2.6 施工总荷载是指作用于支架上的梁体、模板及施工机具、人员等全部重量之和。

7.2.8 梁底模及支架从挠度最大处开始卸载是为了使梁体受力逐步达到成桥后的受力状态,避免最后卸载挠度最大处时在梁体内产生应力突变,使梁体受到破坏。设计对卸载顺序有特殊要求的应遵照设计要求进行卸载,无要求的应按本条要求进行卸载。

7.3.1 本条第1、2款参照《铁路桥涵施工规范》(TB 10203—2002)制定。挂篮悬吊吊杆(精轧螺纹钢)在使用中易发生松丝,而施工检查人员不易发现,可能造成较大安全事故,故挂篮悬吊系统应避免使用吊杆。挂篮前后吊带要用整体钢板进行切割,使用前吊带、活动铰、销均应进行探伤检测。

7.3.3 挂篮应按设计工况使用。超出设计工况范围使用挂篮的(如增加荷载等情况),必须对挂篮的整体稳定性进行检算,并且严禁损害挂篮结构及改变其受力形式。

7.3.4 在悬臂浇筑时,挂篮应按设计要求及时锚固,并考虑足够的抗倾覆稳定系数。后锚粗钢筋应分两次进行张拉,每次张拉完后用不同颜色油漆进行标志,严防漏拉影响构件安全。

7.5.1 导梁是顶推工艺的重要设备,导梁设置在主梁前端,可为等截面(钢桁梁)或变截面钢板梁,导梁结构必须经过设计计算。导梁的控制内力是导梁与主梁连接的最大正、负弯矩和最大支点反力。较长的导梁可减少主梁的负弯矩,但过长的导梁也会导致导梁与主梁连接处负弯矩和支反力的相应增加。合理的导梁长度应该是箱梁的最大悬臂负弯矩与箱梁顶推完毕时等跨连续梁的支点负弯矩基本接近,因此最好用变刚度导梁,在构造上应采取措施减少非弹性变形。

7.5.2 顶推施工中,主梁在最大悬臂状态下产生的挠度值,应由设计计算确定,以便施工时进行严格控制。顶推时墩顶的反力和顶推力,也应由设计给出,并换算为千斤顶油压表的读数,以便进行控制。顶推施工时应认真进行监测,控制有关挠度值和位移变化情况,并与设计比较,如发现超越设计值时,应及时分析原因,研究措施进行处理。

7.5.4 为了控制梁体在顶推过程中的中线始终处于规范范围内,横向导向装置是必须设置的,尤其在曲线上顶推,横向导向装置更加重要。顶推时,应作好横向偏差观测,主要观测主梁和永久墩的弹性横向位移。

7.6.4 移动模架施工作业是指移动模架预压、过孔和梁体混凝土浇筑、预应力张拉等全部施工作业。

7.6.5 移动模架进场要进行验收,包括零部件的数量、外观质量、结构尺寸。厂家要提供使用说明书、安全操作规程、产品合格证、材质书、出厂试拼合格证、设备清单、竣工资料,对焊缝进行无损探伤检测。

移动模架开始拼装前必须对地基进行处理,并对拼装场地进行夯实。地基处理参照《建筑地基处理技术规范》(JGJ 79—2002)。临时支墩的强度、刚度、稳定性均应进行检算,必须满足移动模架施工荷载要求。

7.6.6 移动模架预压的目的是消除移动模架拼装的非弹性变形,检验移动模架主梁的实际抗弯能力,测算出施工荷载时的弹性变形,根据箱梁张拉后的上拱度再计算出移动模架底模的预拱度,同时检查各部位连接的强度和稳定性。

7.6.7 移动模架横向开启及合龙过程左右两侧模架要基本保持同步,同侧前后端必须保持同步,不得使主梁弯曲。移动模架纵移过程中左右两侧模架要同步前行,以免模架吊挂和走行系统受扭。模架走行到位后应及时合龙外模板,确保模架系统稳定。

7.6.8 上行式移动模架过孔前应确认:下导梁前支腿和后支腿已经锚固到桥墩台上;跨内小车移到主梁尾部,前导梁小车移到前导梁根部;模板张开位置及悬挂系统等能够顺利过墩,地面、墩侧及桥面无障碍物。

7.7.2 移动支架制架梁是采用可在桥墩上纵向移动的支架和模板,在其上逐跨拼装混凝土桥梁预制件或现浇梁体混凝土,并逐跨施加预应力的施工方法。

9.2.4 钢梁拼装时,应尽快将主桁杆件拼装成闭合的三角形,形成稳定的几何体系,并尽快安装纵横连接系，保证钢梁结构的空间稳定。同时，主桁杆件拼装时，应左右两侧对称进行，防止偏载的不利影响。

9.4.3 钢梁纵移装船时，钢梁从岸上移出，随着钢梁拖出长度的增加，作用于浮船的荷载逐渐增大，浮船将逐渐下沉，此时钢梁将呈倾斜状态，这对浮运系统的稳定将十分不利。因此，随着钢梁的逐步拖出，应逐渐排出浮船压舱水，使浮船的吃水深度保持不变。施工时应根据钢梁的重量和浮拖的速度来决定排水量并配备适当能力的抽水机。

9.4.4 由于施工季节、水文变化、河床断面、两岸地形以及机具设备等的限制，对浮运方法的选择要十分重视，应进行认真的调查研究，选择一种或几种方法配合使用。

9.5.1 悬臂法架设钢梁是在桥位上不用临时脚手架支撑，而是将杆件依次悬拼至另一墩（台）上。为了平衡悬拼出去的钢梁重量，必须在悬拼第一孔前拼装一段平衡梁，平衡梁拼装一般在满堂脚手支架上进行。

9.5.2 悬拼一孔中不设临时支墩的称为全悬臂拼装，若在桥孔中设置一个或一个以上临时支墩的叫半悬臂拼装。对于多孔钢梁的悬臂拼装，第一孔钢梁多采用半悬臂拼装。

吊机松钩条件当设计有规定时，按设计要求执行。若设计无规定，则主桁杆件应上足50%冲钉、30%螺栓，吊机方可松钩，并立即补足50%螺栓；其他杆件上足30%冲钉、30%螺栓，吊机方可松钩。

9.5.3 吊船拼装钢梁应在水位平稳、无大风大浪的情况下使用，并按本条要求将吊船可靠锚碇，使吊船在稳定状态下拼装杆件。吊装杆件就位并上足冲钉和螺栓后，应立即脱钩，是为防止吊船摇摆时吊钩牵动钢梁，使钢梁承受额外的附加力。

9.5.4 托架是为避免钢梁超过安装应力或过多的加固杆件，在悬拼安装的前方墩台一侧设置的临时钢架。当钢梁悬臂拼装到托架顶部时，可将梁端支承在托架上，以减小悬臂长度，改善悬臂时的受力状态和减小挠度。托架通常用可拆装式杆件拼成，其长度应根据施工要求确定。托架受力时，墩身产生较大的弯矩，这个弯矩使桥墩的另一侧产生较大的拉应力。该最大拉应力值应控制在桥墩不出现裂纹的允许范围内，否则应对桥墩作特殊处理，如施加预应力等。

9.5.5 在悬臂拼装钢梁时，随着悬臂长度的增大，悬臂孔支座附近的杆件应力和悬臂端挠度也逐渐增大。吊索架的作用就是，当钢梁拼装到一定长度时，在下锚箱张拉吊索或起顶塔架，将钢梁悬出部分向上提拉，借助吊索的斜拉力，减小杆件应力和梁端挠度，使之安全地拼装到下一桥墩上。

10.3.2 为了保证拱圈（或拱上建筑已完成的整个上部结构）逐渐均匀地降落，以便使拱架所支承的桥跨结构重量逐渐转移给拱圈自身来承担，因此拱架不能突然拆除，而应该按照一定的卸架程序进行，设计有卸架程序要求的，应遵照执行。多孔连续钢筋混凝土拱桥施工时，还应考虑相邻孔间的影响。若桥墩设计容许承受单孔施工荷载，可以单孔卸架，否则应多孔同时卸架，以避免桥墩不能承受单向推力而产生过大的位移，甚至引起严重的施工事故。

11.3.2 静置24 h期间，应检查扣点、扣索、背索、拱肋混凝土或钢管拱肋焊缝、临时竖转铰，测量交界墩的垂直度，拱肋、1/4 L、1/2 L、3/4 L处的标高，读取交界墩和上转盘的应力，确认各部无异常变形后方可试转，验证转动体的平衡与稳定。

11.4.1 锚固体系由交界墩、平撑梁（桥面板、台背交换梁、圬工撑梁）、交界墩顶的锚梁、尾锚碇及尾索、对称于桥轴线的两斜锚碇及斜拉索等组成。

12.1.1 本章所指涵洞包括：框架涵、盖板涵、圆管涵、拱涵等。

13.1.4 施工作业必须纳入月度施工计划，并在车站办理封锁或慢行手续。施工作业占用既有线时间长、规模大、技术复杂,必须纳入施工方案的施工,需要设置移动停车信号防护,线路开通后放行列车需限制列车运行速度。

13.1.6 “主要管理人员”是指:经理、副经理、领工员、技术员、安全员、质检员、带工人员等。施工负责人应具备与所负责的施工项目和施工等级相应的职务、组织协调能力、现场经验和理论水平以及处理突发事件的应急应变能力。非运营单位的施工项目经理、副经理,安全、技术、质量等主要负责人必须经铁道部或铁路局营业线施工安全的培训。未经培训或培训不合格的人员不得担任上述工作。施工单位的安全员、防护员、带班人员和工班长必须经过铁路局有关部门或单位培训,未经培训或培训不合格的人员不得担任上述工作。

13.1.8 驻站联络员和工地防护员必须由施工单位正式职工担任,经培训合格,持证上岗。实习生、临时工、劳务工不得担任驻站联络员和工地防护员。

“规定”是指《铁路管理技术规程》和《铁路工务安全规则》。

13.1.10 施工作业人员上道作业必须按规定着装,必须熟悉列车运行速度、密度和各种信号显示方法,并注意瞭望,及时下道避车。

13.2.4 顶进施工中,线路容易移动,路基容易塌方。为保证行车安全,在顶进作业前,必须对线路进行加固,并作好防护及必要的应急措施,同时应考虑桥身顶进中可能发生的高程变化。

13.2.24 桥涵顶进时,两侧路基土体会有不同程度的坍塌,施工过程中对路基坍方处进行了回填处理。但进入雨季后,两侧路基将产生下沉而影响行车安全,因此规定桥体顶进就位后,桥体两侧路基应采取注浆或其他措施填充和加固顶进过程中受到扰动的路基,必要时应进行物探,以检测加固效果。桥体两侧路基注浆加固时,一般压力为2~3 MPa,注浆过满会将线路轨道拱起危机行车,因此注浆加固时应对线路变化进行监测,线路发生变化时立即停止注浆。

中华人民共和国行业标准

铁建设〔2009〕181号

铁路隧道工程施工安全技术规程

Safety Constructional Regulations for Railway Tunnel Engineering

TB 10304—2009

2009-09-24 发布　　　　2009-09-24 实施

中华人民共和国铁道部　发布

前　言

本规程是根据铁道部《关于印发〈2008 年铁路工程建设标准编制计划〉的通知》(铁建设函〔2007〕1374 号)的要求,为适应大规模高标准铁路建设安全生产的需要,全面落实质量、安全、工期、投资效益、环境保护、技术创新"六位一体"的建设管理要求,进一步规范铁路隧道工程施工安全管理和施工作业行为,在《铁路工程施工安全技术规程》(TB 10401—2003)基础上修订而成的。

本规程编制过程中,认真贯彻了国家有关安全生产的法律法规,借鉴了国内外有关施工安全的先进理念和方法,在深入开展专题调研的基础上,系统分析了铁路隧道工程施工中的安全管理现状和典型事故案例,全面总结了铁路隧道工程施工安全的经验和教训,并广泛征求了有关方面的意见。本规程从技术、管理两个方面,并按管理层、技术层、作业层等三个层次,规范了建设、勘察设计、施工、监理单位等建设各方的工作内容与技术要求,体现了系统性、针对性和可操作性,突出了对铁路隧道工程施工安全的控制和指导作用,建设各方必须严格执行。

本规程共分 16 章,主要内容包括:总则,基本规定,洞口工程,超前地质预报,洞身开挖,装渣与运输,支护与加固,衬砌,监控量测,施工排水,通风、防尘与风水电供应,不良地质和特殊岩土地段隧道,斜井与竖井,全断面岩石掘进机(TBM)施工,盾构施工,逃生及救援等。

本次修订的主要内容有:

1. 纳入了近几年来国家和铁道部有关法律、法规和技术标准等对安全生产工作的新要求。

2. 规定了建设各方管理层、技术层和作业层的详细工作内容及具体操作要求。

3. 明确了施工现场危险源和危害因素辨识与管理、风险管理、专项施工方案编制、应急预案编制与演练等方面的内容。

4. 提出了施工安全管理检查表、施工安全技术检查表及施工安全作业检查表,促进安全管理标准化。

5. 采用了作业层易于理解和接受的直观简图,细化和有效落实安全操作要求。

6. 强调了安全教育培训工作,特别明确了施工单位各类人员的安全教育培训时间。

7. 突出了不良地质和特殊岩土地段隧道施工、全断面岩石掘进机(TBM)施工、盾构施工等的安全技术内容。

8. 增加了隧道工程进出洞人员动态的管理要求。

9. 增加了隧道施工典型风险的应急救援措施,对应急救援组织机构、物资配备和应急培训与演练进行了规定。

10. 增加了隧道施工中建立有线联络系统和长大隧道可视监控系统的规定。

本规程全部条文均为强制性条文,必须严格执行。

在执行本规程过程中,希望各单位结合工程实践,认真总结经验,积累资料。如发现需要修改和补充之处,请及时将意见和有关资料寄交中铁二局集团有限公司(四川省成都市通锦路 16 号,邮政编码:610031),并抄送铁道部经济规划研究院(北京市海淀区羊坊店路甲 8 号,邮编:100038)。

本规程由铁道部建设管理司负责解释。

本规程主编单位:中铁二局集团有限公司。

本规程主要起草人:卿三惠、刘仁智、倪光斌、陈朝全、钟友江、李朝辉、谢思东、钟　山、王　平、李福华、杨家松、钱蔷薇、唐坤全、魏庆阳、刘沪宁、吴正宇、易良成、王崇绪、辜文凯。

目　　次

1 总 则

1.0.1 为贯彻“安全第一,预防为主,综合治理”的安全生产方针,体现以人为本的理念,落实质量、安全、工期、投资效益、环境保护、技术创新“六位一体”的铁路建设管理要求,规范铁路隧道工程施工安全管理和施工作业行为,保障人身、设备、设施及行车安全,预防事故发生,制定本规程。

1.0.2 本规程适用于新建、改建铁路隧道工程施工。

1.0.3 铁路隧道工程施工应建立健全质量、环境、职业健康安全管理体系,对施工安全管理、施工安全技术、施工安全作业进行全过程、全方位管理与控制。

1.0.4 铁路隧道工程施工应严格按设计文件进行,全面贯彻设计意图,达到设计要求的安全使用功能,保障铁路运营安全。

1.0.5 建设、勘察设计、施工和监理单位等建设各方应坚持“管生产必须管安全”的原则,设置安全管理机构,配备安全管理人员,制定安全生产规章制度,落实安全生产责任制。

1.0.6 建设各方人员必须熟悉和遵守有关安全生产法律法规和本规程的规定,经培训合格方准上岗。特种作业人员必须经专业培训并考核合格后持证上岗。

1.0.7 建设各方必须采用合格的机械设备、仪器仪表、材料和安全防护用品等。

1.0.8 施工组织设计应包含安全保障措施。危险性较大的工程应编制专项施工方案,并按有关规定经审批后实施。

1.0.9 建设各方应根据工程特点和施工环境进行危险源辨识,对重大危险源应编制应急预案,成立应急组织,配备应急物资,并按规定组织培训和演练。

1.0.10 安全生产费用应及时足额拨付并专项管理使用。

1.0.11 铁路隧道工程施工必须遵守国家有关劳动保护的法规,积极改善施工条件,降低作业人员劳动强度,按规定配备劳动保护和安全防护等用品。

1.0.12 同一工点有多个单位同时施工或不同专业交叉作业时,应共同拟定现场安全技术措施,做好协调,共同执行。

1.0.13 施工过程中应及时掌握气象、水文和地质灾害等相关信息,做好防范和应急工作。

1.0.14 建设各方应按规定进行安全生产检查,对事故隐患必须及时采取整改措施。

1.0.15 铁路隧道工程施工中采用新技术、新工艺、新设备、新材料时,必须制定相应的安全技术措施,并对有关施工人员进行安全生产教育培训。

1.0.16 联调联试纳入施工组织设计,保证必要的人员、机具及测试仪器的配备,并必须严格做到试车不施工,施工不试车。

1.0.17 营业线施工及有可能影响营业线运行安全的施工,必须严格执行现行国家及铁路有关安全生产的规定。

1.0.18 本规程应与《铁路工程基本作业施工安全技术规程》(TB 10301)配套使用。

1.0.19 铁路隧道工程施工安全除应符合本规程外,尚应符合国家现行有关标准的规定。

2 基本规定

2.1 一般规定

2.1.1 建设各方应按《铁路工程基本作业施工安全技术规程》(TB 10301—2009)第2.1节的规定,结合工程实际和项目特点,明确施工安全责任,制定施工安全措施,加强施工安全管理,有效预防事故发生。

2.1.2 建设各方应按《铁路工程基本作业施工安全技术规程》(TB 10301—2009)第2.2节的规定做好施工安全管理工作。施工安全管理工作应按表2.1.2进行检查并做好记录。

表2.1.2 施工安全管理检查表

<table>
<tr><td colspan="2">项目(工程)名称</td><td colspan="2"></td></tr>
<tr><td colspan="2">建设单位</td><td>项目负责人</td><td></td></tr>
<tr><td colspan="2">勘察设计单位</td><td>项目负责人</td><td></td></tr>
<tr><td colspan="2">监理单位</td><td>总监理工程师</td><td></td></tr>
<tr><td colspan="2">施工单位</td><td>项目负责人</td><td></td></tr>
<tr><td>序号</td><td>检查项目</td><td colspan="2">检查情况</td></tr>
<tr><td>1</td><td>安全管理组织机构</td><td colspan="2"></td></tr>
<tr><td>2</td><td>安全资源配置</td><td colspan="2"></td></tr>
<tr><td>3</td><td>安全管理制度</td><td colspan="2"></td></tr>
<tr><td>4</td><td>安全管理目标</td><td colspan="2"></td></tr>
<tr><td>5</td><td>安全教育培训</td><td colspan="2"></td></tr>
<tr><td>6</td><td>专项施工方案</td><td colspan="2"></td></tr>
<tr><td>7</td><td>安全技术交底</td><td colspan="2"></td></tr>
<tr><td>8</td><td>风险管理</td><td colspan="2"></td></tr>
<tr><td>9</td><td>应急救援预案</td><td colspan="2"></td></tr>
<tr><td colspan="2">检查单位:</td><td colspan="2">被检查单位:</td></tr>
<tr><td colspan="2">负责人(签名):</td><td colspan="2">负责人(签名):</td></tr>
<tr><td colspan="2">日　期:　年　月　日</td><td colspan="2">日　期:　年　月　日</td></tr>
</table>

2.1.3 建设各方应按《铁路工程基本作业施工安全技术规程》(TB 10301—2009)第2.3节的规定做好施工安全技术工作。施工安全技术工作应按表2.1.3进行检查并做好记录。

表 2.1.3 施工安全技术检查表

项目(工程)名称			
施工单位		项目负责人	
序号	主要检查内容及要求		检查情况
1	设计文件	设计文件齐全	
		设计文件现场核对	
2	安全技术标准	安全标准齐全、有效	
3	实施性施工组织设计	包含相应的安全技术措施	
		编制、审批程序符合要求	
4	专项施工方案	隧道开挖、超前地质预报、监控量测、不良地质和特殊岩土等施工必须编制专项施工方案	
		编制、审批程序符合要求	
5	机械设备	制定操作规程和维修保养计划	
		设备检验、鉴定记录	
		建立管理台账	
6	安全生产培训	按规定对管理人员和作业人员进行培训、考核并有记录	
		特种作业人员持证上岗	
7	施工安全协议	签订相关施工安全协议	
8	作业指导书	包含相应的安全操作要求	
		编制、审批程序符合要求	
9	安全技术交底	编制各级施工安全技术交底文件并按规定交底	
		交底记录签认齐全	
10	安全检查	制定安全检查计划	
		检查、整改记录齐全	
11	施工日志	施工安全情况记载真实完整	
12	大型临时工程及过渡工程	编制设计、施工方案	
		检查验收	
检查单位：		被检查单位：	
负责人(签名)：		负责人(签名)：	
日　期：　年　月　日		日　期：　年　月　日	

2.1.4 作业班组每班应按本规程各章节中“施工作业安全检查表”内容进行检查并做好记录。

2.1.5 对安全检查中发现的不符合规定的情况,应按表 2.1.5 签发整改通知单,限期整改,并跟踪验证。

2.1.6 建设各方应按《铁路工程基本作业施工安全技术规程》(TB 10301—2009)第 2.5 节的规定对参建人员进行有针对性的培训,未经培训或培训不合格者不得上岗。

2.1.7 作业班组负责人在每班开工前,应进行班前安全讲话,向作业人员强调安全注意事项。

2.1.8 进入施工现场的所有人员,必须按规定佩戴相应的劳动防护用品。

2.1.9 隧道洞口应设专人值班,建立隧道进出人员动态管理制度。

2.1.10 隧道施工应建立有线通信联络系统,长、特长及高风险隧道施工还应建立可视监控系统,并定期维护,保证洞内外信息及时传达。

表 2.1.5　安全检查整改通知单

项目(工程)名称	
存在问题及整改要求: 限　年　月　日前整改完成 检查方:　受检方: 检查人(签名):　接收人(签名): 日　期:　日　期:	
整改措施: 受检方负责人(签名):　计划完成日期:　年　月　日	
验证结果: 验证人(签名):　验证日期:　年　月　日	

2.1.11　隧道施工中,应在一侧设置宽度不小于0.7 m的安全通道,用警示牌、安全标识等明示其位置,并设置必要的应急照明,安全通道上严禁放置任何障碍物。

2.1.12　隧道内施工应制定防火责任制,并配备消防器材。

2.1.13　高压水池应根据所需水压选择适宜高度,水池应牢固可靠、无渗漏,且不应设在洞顶正上方。

2.1.14　弃渣场不应设置在堵塞河流、污染环境、毁坏农田的地段,严禁将弃渣场设在对周围环境造成影响的地方。

2.1.15　隧道施工应对设计文件中涉及施工安全的内容进行核对,并将结果及存在的问题报送建设、勘察设计、监理等相关单位,建设单位应督促勘察设计单位对存在的问题及时提出完善措施。重点核对下列内容:

　1　穿过不良地质和特殊岩土地段的设计方案;

　2　地下管线和相邻建(构)筑物;

　3　施工对环境可能造成影响的预防措施;

　4　隧道与辅助坑道的洞口位置及边、仰坡的稳定程度;

　5　弃渣场位置、安全防护措施和环境保护要求。

2.1.16　隧道施工高处作业和临时用电应遵守《铁路工程基本作业施工安全技术规程》(TB 10301)的有关规定。

2.2　隧道施工机械

2.2.1　隧道施工机械应根据隧道长度、断面大小、地质条件、施工方法等因素合理配置,并做到安全可靠,节能环保。

2.2.2　施工机械作业场所应有必要的照明,光照度不得小于50 lx。

2.2.3　混凝土拌和设备、运输设备、混凝土喷射机、混凝土输送泵、通风机、抽水机等施工机械设备应有备用设备。备用机械设备应始终处于良好状态。

2.2.4 严禁汽油机械进洞,如图 2.2.4 所示。洞内使用柴油机械应安装废气净化装置或掺入柴油净化添加剂。

2.2.5 隧道施工机械还应遵守《铁路工程基本作业施工安全技术规程》(TB 10301)的有关规定。

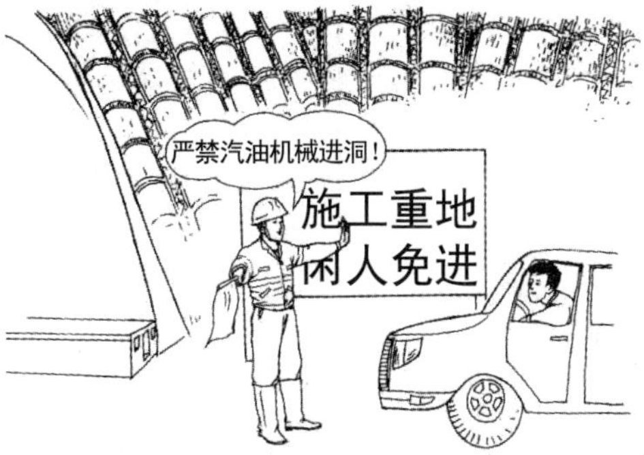

图 2.2.4 严禁汽油机械进洞

2.3 风险管理

2.3.1 隧道施工应将风险评估与管理贯穿于隧道设计和施工全过程。建设、勘察设计、施工和监理单位应根据工程地质、施工环境和条件对隧道工程实施动态、有效的风险控制和跟踪处理。

2.3.2 建设单位应制订风险评估和风险管理工作实施办法;督导勘察设计单位和施工单位分别在设计阶段和施工阶段开展风险评估工作;对高度和极高的风险等级进行审查,必要时委托相关专业机构进行风险监测;检查、监督、协调和处理评估工作中的有关问题。

2.3.3 勘察设计单位应在设计阶段开展风险评估工作,将评估结果纳入设计文件,向施工单位进行有关风险的技术交底和资料交接,参与施工期间的风险评估,并根据风险监测结果提出风险处理意见。

2.3.4 施工单位应对施工阶段的风险进行评估,根据评估结果提出相应的处理措施并报建设单位批准后实施。在施工期间对风险实时监测,定期反馈,根据风险监测结果,调整风险处理措施。

2.3.5 监理单位应参与制订和监督施工阶段风险评估与管理工作,并检查风险处理措施的落实情况。

2.3.6 在隧道施工中,应通过风险计划、风险识别、风险评估、风险处理和风险监测等程序积极进行风险管理。其基本流程示意图如图 2.3.6 所示。

2.3.7 施工中,施工单位应在设计阶段风险评估的基础上,结合环境和地质条件、施工工艺、设备、施工水平、经验和工程特点等,对新出现的风险进行识别,提出风险处理措施供建设单位决策,对已识别的风险进行监测。

2.3.8 施工单位应在施工现场公示识别的风险,其内容包括风险描述、监测方案、应急措施和责任等。

2.3.9 施工过程中风险的监测包括施工监测、工况和环境巡视、工作面状态描述、风险处置过程和发展趋势等内容;施工单位在施工过程中应将地质超前预报、监控量测纳入施工的重要工序,按照设计要求编制施工监测的实施方案,对工程自身结构及环境风险进行全面监测;提前识别和预测地质风险因素,保证施工安全。

2.3.10 施工中,参建单位应建立风险的预警、响应及信息报送机制。施工单位应根据实时监测数据、工况、环境巡视和工作面异常状态等确定预警级别,形成异常状况报告;对可能发生重大突发风险事件的预警状态,施工单位应立即启动相关预案,组织处理,并报建设、勘察设计和监理单位。

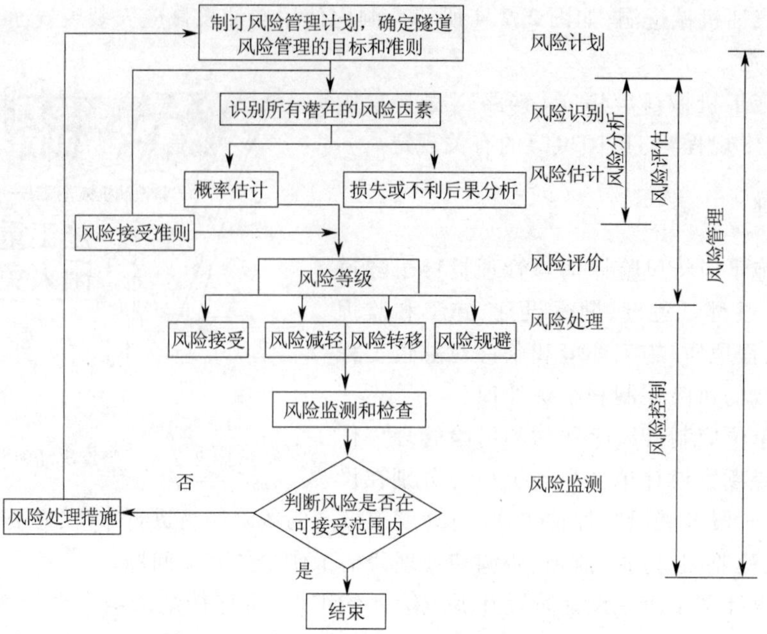

图 2.3.6　风险评估与管理基本流程图

3 洞口工程

3.1 一般规定

3.1.1 洞口工程施工作业应考虑下列主要危险源、危害因素：

1 对边、仰坡坍塌、地表下沉、地基承载力不足、工作面崩塌、偏压、滑坡等情况未及时处理或加强防护；

2 洞口各项工程与洞口相邻工程、临时工程的统筹安排不当；

3 土石方开挖违反作业顺序要求；

4 施工机具失稳及安全性能缺失、下降；

5 高处作业台(支)架失稳、安全防护失效；

6 爆破方式方法不当、防护措施不足、违规处理火工产品。

3.1.2 隧道洞口施工前应核对施工图与现场实际地质、毗邻建(构)筑物情况,当设计与实际情况不符时,施工单位必须及时上报,并按变更设计处理。

3.1.3 洞口各项工程应与洞口相邻工程、临时工程统筹安排,及早完成。施工时还应采取下列措施：

1 洞口的截、排水系统应与路基排水系统顺接,不得冲刷路基坡面、桥台锥体和农田房舍；

2 施工道路的引入和施工场地的平整应减少对原地貌的破坏和对洞口岩体稳定的影响。

3.1.4 洞口工程爆破应符合下列规定：

1 洞口石质边、仰坡的开挖应采用预留光爆层法或预裂爆破法,严禁采用深眼大爆破或集中药包爆破开挖；

2 洞口邻近建(构)筑物时,开挖爆破应采用控制爆破技术,并监测振动速度,其值应符合现行国家标准《爆破安全规程》(GB 6722)的有关规定。

3.1.5 洞口施工过程应按规定进行监控量测工作。

3.1.6 洞口工程施工时应采取相应措施,加强对周围建(构)筑物、既有线、洞口附近交通道路的防护。

3.1.7 隧道进洞前必须完成洞口工程。

3.2 洞口工程开挖及防护

3.2.1 洞口开挖及支护前,应先清理洞口上方及侧方可能滑坍的表土、灌木及山坡危石等,疏通流水沟渠,排除积水。

3.2.2 洞口边、仰坡上方的天沟应及时施作。对土质天沟应随挖随砌,不使水冲刷坡面。

3.2.3 洞口土石方开挖必须按设计要求进行边、仰坡放线,自上而下分层开挖,分层支护。严禁掏底开挖或上下重叠开挖,如图 3.2.3 所示。

3.2.4 洞门端墙处土石方开挖应结合地层稳定程度、施工季节和隧道施工方法进行。

3.2.5 洞口开挖的土石方应避免因弃渣堵塞造成排水不畅、过大土压力引起山坡坍塌和对桥梁墩台的偏压,以及对其他建筑物的危害,并不应影响交通运输安全。

3.2.6 处于陡峭、高边坡的洞口应增设安全棚、安全栅栏或安全网,危险段应采取加固措施。

3.2.7　挖掘机、风动钻机等常用施工机械及机具在操作和使用时，应检查和观察其安全性能和安全状态。

3.2.8　当采用大管棚、抗滑桩、注浆、地表锚杆等措施进行洞口地层加固时，应符合下列规定：

1　管棚施工时应遵守钢管吊装和使用时的起吊安全规程，并严格按钻机操作程序进行作业；

2　抗滑桩施工采用打桩机作业时，应采取措施加固和稳定重型机械；采用人工挖孔作业时，应设置人员上下升降设备、通风设备并采取防护措施，防止坠物伤人；

3　注浆作业时，应加强对注浆软管和接头的完好性和可靠性检查，施工人员应有完善的保护用具，堵管处理应采取先减压再处理的措施；

图3.2.3　严禁掏底开挖

4　地表锚杆作业时应采取措施防止卡钻，注浆人员要佩戴防护用具；

5　施工脚手架和作业平台应搭设牢固，设扶手栏杆，并应有安全检算。

3.2.9　洞口开挖作业区应设置防护栏杆、防护网及人员专用上下通道。在高于2 m的边坡上作业时必须符合国家现行《建筑施工高处作业安全技术规范》(JGJ 80)的规定。

3.2.10　洞口开挖及防护作业应按表3.2.10进行检查，并认真填写检查记录表。对检查中发现的不符合规定的情况，应按表2.1.5签发整改通知单，限期整改，并跟踪验证。

表3.2.10　洞口开挖及防护作业安全检查表

项目(工程)名称			
施工地点			
序号	检查项目	对应条文号	检查情况
1	班前安全讲话	2.1.7	
2	劳动保护用品佩戴	2.1.8	
3	爆破作业	3.1.4	
4	洞口地表及危石处理	3.2.1	
5	天沟施作	3.2.2	
6	洞口边、仰坡土石方开挖	3.2.3	
7	洞门端墙处土石方开挖	3.2.4	
8	洞口土石方堆弃	3.2.5	
9	洞口危险段防护	3.2.6	
10	施工机具	3.2.7	
11	地层加固	3.2.8	
12	脚手架、工作平台	3.2.9	
检查方： 检查人(签名)： 年　月　日		被检查方： 接收人(签名)： 年　月　日	

3.3 明　　洞

3.3.1 明洞应避开雨天施工，当确需在雨天施工时，应制定严密的施工方案和防护措施，同时应加强对山体稳定情况的监测、检查。

3.3.2 明洞开挖前，应采取洞顶及四周的防水、排水措施，防止地面水冲刷导致边、仰坡落石和坍方。

3.3.3 明洞土石方开挖应符合下列规定：

1 根据地形、地质条件，边仰坡稳定程度和采用的施工方法，确定全段或分段开挖及边仰坡的坡度，开挖时应按自上而下的顺序进行；

2 石质地段开挖，应控制爆破炸药用量，减小爆破振动的影响，开挖后应立即进行边坡防护；

3 在松软地层开挖边、仰坡时，应随挖随支护；

4 开挖的土石不应堆弃在危害边坡及其他建筑物的地点。

3.3.4 明洞的基础应设置在稳固的地基上。

3.3.5 明洞衬砌施作应符合下列规定：

1 模板及支(拱)架的强度、刚度和稳定性必须进行检算；

2 模板及支架安装必须稳固牢靠，模板及支架与脚手架之间不得相互连接；

3 脚手架和工作平台应搭设牢固，并设有扶手、栏杆；

4 衬砌钢筋安装时应设临时支撑；

5 衬砌端头挡板应安设牢固，支撑稳固，并有防止模板移动的措施；

6 起重吊装作业时应符合起重吊装安全规定。

3.3.6 明洞防水施工应符合下列规定：

1 涂抹热沥青时，作业人员应佩戴防护口罩、手套、安全带等防护用具；

2 卷材铺设时应严格遵守作业程序，不应上下同时作业。

3.3.7 明洞回填应在防水层完成，且衬砌达到设计强度的70%后进行。

3.3.8 明洞施工作业应按表3.3.8进行检查，并认真填写检查记录表。对检查中发现的不符合规定的情况，应按本规程表2.1.5签发整改通知单，限期整改，并跟踪验证。

表3.3.8 明洞作业安全检查表

项目(工程)名称			
施工地点			
序号	检查项目	对应条文号	检查情况
1	班前安全讲话	2.1.7	
2	劳动保护用品佩戴	2.1.8	
3	雨天施工的安全及防护措施	3.3.1	
4	洞顶及四周的防、排水措施	3.3.2	
5	土石方开挖	3.3.3	

续上表

项目(工程)名称				
施工地点				
序号	检查项目		对应条文号	检查情况
6	明洞衬砌安全措施	模板及支架安全性能检算及验收	3.3.5	
7		模板及支架的安装稳固性		
8		脚手架、工作平台的安全防护		
9		衬砌钢筋临时支撑		
10		端头挡头板加固		
11		起重吊装作业		
12	明洞防水施工		3.3.6	
13	明洞回填		3.3.7	
检查方: 检查人(签名): 年　月　日			被检查方: 接收人(签名): 年　月　日	

3.4　洞　　门

3.4.1　洞门应避开雨天和严寒季节施工,并应及早完成。

3.4.2　洞门基础必须置于稳固的地基上,当地基承载力不能满足要求时,必须结合具体条件采取加固措施。

3.4.3　洞门施工的脚手架不应妨碍车辆通行,还应符合第3.3.5条的有关安全规定。

3.4.4　洞门完工后,其周围边、仰坡受破坏处应及时处理。

3.4.5　洞门施工作业应按表3.4.5进行检查,并认真填写检查记录表。对检查中发现的不符合规定的情况,应按本规程表2.1.5签发整改通知单,限期整改,并跟踪验证。

表3.4.5　洞门作业安全检查表

项目(工程)名称				
施工地点				
序号	检查项目		对应条文号	检查情况
1	班前安全讲话		2.1.7	
2	劳动保护用品佩戴		2.1.8	
3	特殊季节施工		3.4.1	
4	洞门基础加固		3.4.2	
5	洞门施工安全措施	模板及支架安全性能检算及验收	3.4.3	
6		模板及支架的安装稳固性		
7		脚手架、工作平台		
8		起重吊装作业		
9	洞门周围边、仰坡受破坏处的处理		3.4.4	
检查方: 检查人(签名): 年　月　日			被检查方: 接收人(签名): 年　月　日	

4 超前地质预报

4.0.1 超前地质预报作业应考虑下列主要危险源、危害因素：

1 工作面坍塌；

2 找顶不彻底；

3 高处作业台(支)架失稳、安全防护失效；

4 突泥、突水。

4.0.2 超前地质预报工作必须纳入现场施工组织统一管理，并应编制超前地质预报的安全保障措施。

4.0.3 对于地质复杂和较复杂的隧道工程，应由建设单位组织统一招标，选择有经验的队伍承担超前地质预报；对于地质中等复杂和简单的隧道工程，由施工单位自行承担超前地质预报。

4.0.4 对位于区域地质条件复杂的隧道，应根据区域地质勘测资料，选择以钻探法为主，结合物探法、地质调查法的多种不同原理的预测预报方法，并对所测得的资料进行综合分析，达到相互补充、相互印证，提高预报准确率。

4.0.5 超前地质预报人员必须经过隧道施工安全教育培训，并掌握安全操作技术和安全生产的基本知识。

4.0.6 特殊地层及存在高地温、地应力问题的隧道进行地质预报时，应符合下列要求：

1 对含可燃气体、有害气体、放射性物质等特殊地层的隧道及存在高地温、地应力等地质问题的深埋隧道，应按国家现行有关标准的规定进行分析判断；

2 对含瓦斯和天然气的隧道，应遵守国家现行《煤矿安全规程》和《铁路瓦斯隧道技术规范》(TB 10120)等的有关规定；

3 进行隧道地质预报时，必须先监测有害气体浓度，超标时应加强通风，浓度符合卫生标准要求后方可进入工作面。

4.0.7 隧道通过煤系地层、金属和非金属矿区中的采空区时，应查明废弃矿巷与隧道的空间关系，分析评价其危险程度及对隧道的影响程度。

4.0.8 地质预报工作必须在隧道找顶作业结束后(高地应力区隧道应待工作面支护完成后)进行，开始工作前应观察操作空间上方、周围有无安全隐患，特别是钻探开挖工作面附近是否还有危石存在，确保预报人员的安全。

4.0.9 超前地质预报当使用作业台架、高空升降车等设备时，设备应安设牢固，操作人员应遵守高处作业的有关规定。

4.0.10 采用钻探法预报时，钻孔作业应符合下列规定：

1 应编制钻孔作业指导书，开钻前应进行安全技术交底；

2 应采用电机驱动的钻机，施工用电应由持证上岗的电工负责；

3 孔口管必须安设牢固；

4 钻机使用的高压风、高压水的各种连接部件应采用符合要求的高压配件，管路连接应安设牢固并经常检查；

5 钻孔时，钻机前方应安设挡板，除操作人员外其他人员禁止进入工作区域。

4.0.11 在可能发生突水、突泥的地段，进行超前钻探时应符合下列规定：

1 在斜井和反坡地段施工，当其处于富水区时，超前钻探作业应做好钻孔突涌水处治方案，确保人员与设备的安全；

2 必须安装孔口安全装置，并将孔口固定牢固，装上控制闸阀，进行耐压试验，达到要求后，方可钻进施工；

3 当地下水压力大于一定数值时，应在孔口管上焊接法兰盘，并用锚杆将法兰盘固定在岩壁上；

4 对软弱破碎带地层，应设置止浆墙；

5 钻探过程中发现岩壁松软、掉块或钻孔中的水压、水量突然增大，以及有顶钻等异状时，必须停止钻进，立即上报处理，并派人监测水情；

6 当发现情况危急时，必须立即撤出人员，然后采取措施进行处理。

4.0.12 采用钻探法预报时，严禁在残孔内加深炮孔进行探测。

4.0.13 采用地震波反射法预报时，使用的炸药量不得大于75 g。炸药和雷管必须由持有爆破证的专人领取和操作，非专业人员严禁从事爆破作业。

4.0.14 超前地质预报作业应按表4.0.14进行检查，并认真填写检查记录表。对检查中发现的不符合规定的情况，应按本规程表2.1.5签发整改通知单，限期整改，并跟踪验证。

表4.0.14 超前地质预报作业安全检查表

项目(工程)名称			
施工地点			
序号	检查项目	对应条文号	检查情况
1	班前安全讲话	2.1.7	
2	劳动保护用品佩戴	2.1.8	
3	作业环境	4.0.8	
4	高空作业	4.0.9	
5	设备及设施	4.0.10	
6	突泥突水预防	4.0.11	
7	加深炮孔探测	4.0.12	
8	爆破法探测	4.0.13	
检查方： 检查人(签名)： 年 月 日		被检查方： 接收人(签名)： 年 月 日	

5 洞身开挖

5.1 一般规定

5.1.1 隧道洞身开挖作业应考虑下列主要危险源、危害因素：

1 开挖方法选择不当；

2 开挖循环进尺过大，支护不及时；

3 找顶不彻底；

4 开挖作业台架防护措施不到位；

5 爆破作业时无安全防护，爆破作业违章操作，如图 5.1.1 所示。

图 5.1.1 爆破作业时无安全防护

5.1.2 隧道开挖前，施工单位应编制开挖专项技术方案，方案应包括开挖方法、工艺流程、安全技术措施等内容。

5.1.3 隧道开挖方法应根据其地质条件、断面大小、施工装备、工期等条件的变化，在施工过程中进行适宜的调整。

5.1.4 钻爆开挖应采用光面爆破或预裂爆破技术，控制循环进尺，减少对围岩的扰动，并不应对初期支护、衬砌结构和施工设备造成损伤。

5.1.5 两座平行的隧道开挖时，其两个同向开挖工作面应保持合理的纵向距离；间距小的隧道，必须采取措施防止后行洞开挖对先行洞产生不良影响。

5.1.6 隧道双向开挖接近贯通面时，两端施工应加强联系与统一指挥，当隧道两个开挖工作面距离接近15 m时，必须采取一端掘进另一端停止作业并撤走人员和机具的措施，同时在安全距离处设置禁止入内的警示标志。

5.1.7 隧道采用钻爆法开挖必须进行钻爆设计，钻爆设计应考虑爆破振动和噪声对周围环境的影响，应采取减小振动和降低噪声的技术措施。

5.1.8 隧道采用机械开挖时，应根据其断面和作业环境合理选择机型，划定安全作业区域，并设置警示标志，非作业人员不得入内。

5.1.9 隧道采用人工开挖时，作业人员应保持必要的安全操作距离，并设专人指挥。

5.1.10 隧道开挖使用的作业台架应进行强度、刚度和稳定性检算，经验收合格后方可使用，台架四周必须设置安全防护栏杆。

5.1.11 隧道找顶必须在通风后进行，并有专人指挥，照明应有充足的光照度；找顶后必须进行安全确认，合格后其他作业人员方可进入开挖工作面作业，如图 5.1.11 所示。

5.1.12 隧道在开挖下一循环作业前，必须对照设计检查初期支护施作情况，确保施工作业环境安全。

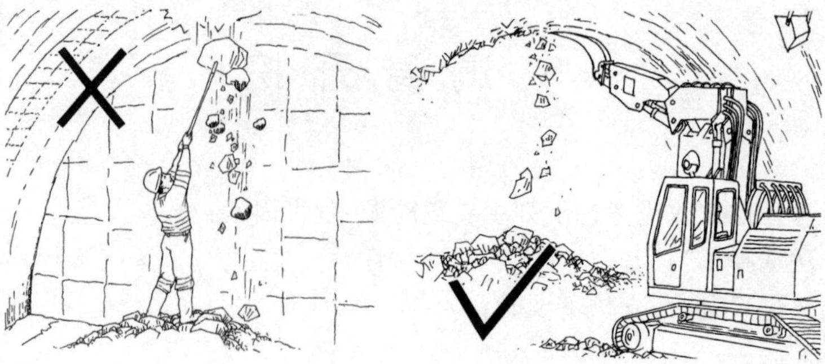

图 5.1.11　找顶作业

5.2　全断面法开挖

5.2.1　采用全断面法开挖隧道时，应控制一次同时起爆的炸药量，减少爆破振动对围岩的影响。

5.2.2　在地质条件较差地段采用全断面法开挖隧道时，必须对围岩进行超前支护或预加固，并控制循环进尺。

5.2.3　当隧道地质条件发生变化时，必须根据情况及时变换适宜的开挖方法。

5.2.4　隧道开挖爆破后应先采用机械进行找顶，然后用人工找顶。

5.2.5　全断面法开挖作业除应按本规程表 5.2.5 进行安全检查外，对采用钻爆方式的还应按本规程表 5.5.4 进行安全检查，并认真填写检查记录表。对检查中发现的不符合规定的情况，应按本规程表 2.1.5 签发整改通知单，限期整改，并跟踪验证。

表 5.2.5　全断面法开挖作业安全检查表

项目(工程)名称			
施工地点			
序号	检查项目	对应条文号	检查情况
1	班前安全讲话	2.1.7	
2	作业人员防护用品佩戴情况	2.1.8	
3	开挖作业平台安全防护措施	5.1.10	
4	现场开挖循环进尺、炸药用量	5.2.1	
5	地质条件较差时，对围岩进行超前支护或预加固	5.2.2	
6	地质条件变化后开挖方法及时变换	5.2.3	
7	爆破后机械找顶	5.2.4	
8	两并行隧道开挖工作面之间的距离及防护措施	5.1.5	
9	隧道贯通前的安全措施	5.1.6	
检查方： 检查人(签名)： 年　月　日		被检查方： 接收人(签名)： 年　月　日	

5.3 台阶法开挖

5.3.1 采用台阶法开挖隧道时,应根据围岩条件,合理确定台阶长度和高度。围岩稳定性较差时,台阶长度应控制在一倍洞径。

5.3.2 当围岩地质较差、开挖工作面不稳定时,应采用短进尺或上下台阶错开开挖或预留核心土措施,必要时采用喷射混凝土或玻璃纤维锚杆对开挖工作面进行加固。

5.3.3 台阶上部开挖循环进尺应根据围岩地质条件和初期支护钢架间距合理确定,并不得超过 1.5 m。

5.3.4 当围岩地质较差、变形较大时,上部断面开挖后应立即施作锁脚锚管(杆)、扩大拱脚、临时仰拱等措施,控制围岩及初期支护变形量。

5.3.5 台阶下部断面一次开挖长度应与上部断面相同,不得超过1.5 m。

5.3.6 台阶下部开挖后,必须及时喷射混凝土进行封闭;当设有钢架时,必须及时安装下部钢架并喷射混凝土,严禁拱脚长时间悬空。

5.3.7 仰拱开挖应控制一次开挖长度,开挖后应立即施作初期支护,封闭成环。

5.3.8 台阶法开挖作业除应按表 5.3.8 进行安全检查外,对采用钻爆方式的还应按本规程表 5.5.4 进行安全检查,并认真填写检查记录表。对检查中发现的不符合规定的情况,应按本规程表 2.1.5 签发整改通知单,限期整改,并跟踪验证。

表 5.3.8 台阶法开挖作业安全检查表

项目(工程)名称			
施工地点			
序号	检查项目	对应条文号	检查情况
1	班前安全讲话	2.1.7	
2	作业人员防护用品佩戴情况	2.1.8	
3	现场台阶长度和高度	5.3.1	
4	地质条件较差、工作面不稳定时,开挖进尺调整和采取加固措施	5.3.2	
5	现场开挖循环进尺控制	5.2.3	
6	控制围岩及初期支护变形的措施	5.3.4	
7	下台阶一次开挖长度	5.3.5	
8	下半断面开挖后初期支护及时施做	5.3.6	
9	仰拱一次开挖长度及封闭	5.3.7	
10	开挖作业平台安全防护措施	5.1.10	
11	爆破后找顶	5.1.11	
检查方: 检查人(签名): 年 月 日		被检查方: 接收人(签名): 年 月 日	

5.4　分部法开挖

5.4.1　采用分部法开挖隧道时，应选用机械开挖、人工配合的方式，特殊情况采用弱爆破开挖时，必须严格控制炸药用量。

5.4.2　采用分部法开挖隧道时，应根据地质条件、隧道断面等情况合理进行分部，开挖进尺应控制在1.0 m以内。

5.4.3　分部开挖的各部，开挖后应及时进行初期支护及临时支护，并尽早封闭成环。

5.4.4　采用分部法开挖，各部钢架基脚处应施做锁脚锚管（杆）或采用扩大拱脚等措施，减少拱脚下沉量。

5.4.5　采用中隔壁法、交叉中隔壁法开挖隧道时，同层左、右两侧沿纵向应错开一定距离，错开距离应控制在 10 ~ 15 m范围内，同侧上、下层开挖工作面相距应保持 3 ~ 5 m。

5.4.6　采用双侧壁导坑法开挖隧道时，应符合下列规定：

1　侧壁导坑形状应近似椭圆形，导坑宽度不应大于 0.3 倍隧道宽度；

2　侧壁导坑、中槽部位开挖应采用短台阶，台阶长度 3 ~ 5 m，必要时应预留核心土；

3　侧壁导坑开挖应超前中槽部位 10 ~ 15 m。

5.4.7　采用分部法开挖的临时支护应根据监控量测结果逐段拆除，每段拆除长度不得大于 15 m。

5.4.8　分部法开挖作业除应按表 5.4.8 进行安全检查外，对采用钻爆方式的还应按本规程表 5.5.4 进行检查，并认真填写检查记录表。对检查中发现的不符合规定的情况，应按本规程表 2.1.5 签发整改通知单，限期整改，并跟踪验证。

表 5.4.8　分部法开挖作业安全检查表

<table>
<tr><td colspan="3">项目（工程）名称</td><td colspan="2"></td></tr>
<tr><td colspan="3">施工地点</td><td colspan="2"></td></tr>
<tr><td>序号</td><td colspan="2">检查项目</td><td>对应条文号</td><td>检查情况</td></tr>
<tr><td>1</td><td colspan="2">班前安全讲话</td><td>2.1.7</td><td></td></tr>
<tr><td>2</td><td colspan="2">作业人员防护用品佩戴情况</td><td>2.1.8</td><td></td></tr>
<tr><td>3</td><td colspan="2">开挖作业平台安全防护措施</td><td>5.1.10</td><td></td></tr>
<tr><td>4</td><td colspan="2">选择的开挖方式</td><td>5.4.1</td><td></td></tr>
<tr><td>5</td><td colspan="2">现场各分部的合理划分，循环进尺控制</td><td>5.4.2</td><td></td></tr>
<tr><td>6</td><td colspan="2">开挖后及时施做初期支护，封闭成环</td><td>5.4.3</td><td></td></tr>
<tr><td>7</td><td colspan="2">控制围岩及初期支护变形的措施</td><td>5.4.4</td><td></td></tr>
<tr><td>8</td><td colspan="2">中隔壁法、交叉中隔壁法开挖时，各部工作面错开距离</td><td>5.4.5</td><td></td></tr>
<tr><td>9</td><td rowspan="3">双侧壁导坑法</td><td>侧壁导坑形状</td><td rowspan="3">5.4.6</td><td></td></tr>
<tr><td>10</td><td>台阶长度，预留核心土</td><td></td></tr>
<tr><td>11</td><td>侧壁导坑超前中槽长度</td><td></td></tr>
<tr><td>12</td><td colspan="2">临时支护逐段拆除长度</td><td>5.4.7</td><td></td></tr>
<tr><td>13</td><td colspan="2">爆破后找顶</td><td>5.1.11</td><td></td></tr>
<tr><td colspan="4">检查方：
检查人（签名）：
年　月　日</td><td>被检查方：
接收人（签名）：
年　月　日</td></tr>
</table>

5.5 钻爆作业

5.5.1 钻孔作业应符合下列规定：

1 钻孔前，必须由专人对开挖作业面安全状况和作业人员安全防护进行检查，及时消除各种安全隐患；

2 钻孔作业过程中，必须采用湿式钻孔；严禁在残孔中继续钻孔，如图 5.5.1 所示；

3 钻孔作业中应注意观察开挖工作面有无异常漏水、气体喷出、围岩变化等情况；

4 凿岩台车工作前，必须检查泵、空压机等，使其处于正常状态；应检查管路与接头无漏油、漏水和漏气现象，并确认各部操作杆、控制装置及仪表处于正常状态；

5 凿岩台车行走前，操作司机应查看凿岩台车周围，确认前后左右无人及障碍物后，按照引导人员的指示信号操作；行走时要平稳，避免紧急操作发生意外事故；

6 凿岩台车钻孔完成后应停放在安全场所；

图 5.5.1 严禁在残孔中钻孔

7 在围岩地质复杂地段，应对凿岩台车重要部位采取加固措施和设置特殊的防护装置。

5.5.2 装药作业应符合下列规定：

1 装药作业前，应对钻孔情况逐一检查，并检查开挖工作面的安全状况；

2 装药时应使用木质炮棍装药，严禁火种；无关人员与机具等应撤至安全地点，作业人员禁止穿戴化纤衣物；

3 使用电雷管时，装药前电灯及电线路应撤离开挖工作面，装药时应用投光灯、矿灯照明，开挖工作面不得有杂散电流；

4 严禁装药与钻孔平行作业，如图 5.5.2 所示；

5 装药作业完成后，必须及时清理现场、清点火工产品数量，剩余的炸药和雷管必须由领取炸药、雷管的人员退回库房。

5.5.3 爆破作业除应符合现行国家标准《爆破安全规程》(GB 6722)有关规定外，还应符合下列规定：

1 洞内爆破作业前，施工单位必须确定指挥人员、警戒人员、起爆人员，并确保统一指挥；

2 洞内爆破作业时，指挥人员应指挥所有人员、设备撤离至安全地点；警戒人员负责警戒工作，设置警示标志；

图 5.5.2 严禁装药与钻孔平行作业

3 爆破时，爆破工应随身携带带有绝缘装置的手电筒；

4 洞内爆破后必须经充分通风排烟,15 min后安全检查人员方可进入开挖工作面,主要检查有无盲炮、有无残余炸药及雷管、顶板及两帮有无松动的岩块、支护有无变形或开裂等;当发现盲炮、残余炸药及雷管时,必须由原爆破人员按规定处理。

5.5.4 隧道钻爆作业应按表 5.5.4 进行检查,并认真填写检查记录表。对检查中发现的不符合规定的情况,应按本规程表 2.1.5 签发整改通知单,限期整改,并跟踪验证。

表 5.5.4 隧道钻爆作业安全检查表

<table>
<tr><td colspan="3">项目(工程)名称</td><td colspan="2"></td></tr>
<tr><td colspan="3">施工地点</td><td colspan="2"></td></tr>
<tr><td>序号</td><td colspan="2">检查项目</td><td>对应条文号</td><td>检查情况</td></tr>
<tr><td>1</td><td colspan="2">班前安全讲话</td><td>2.1.7</td><td></td></tr>
<tr><td>2</td><td colspan="2">作业人员防护用品佩戴情况</td><td>2.1.8</td><td></td></tr>
<tr><td>3</td><td rowspan="4">开挖工作面安全状态</td><td>工作面光照度</td><td rowspan="10">5.5.1</td><td></td></tr>
<tr><td>4</td><td>通风、降尘效果</td><td></td></tr>
<tr><td>5</td><td>道路状况</td><td></td></tr>
<tr><td>6</td><td>有害气体监测情况</td><td></td></tr>
<tr><td>7</td><td colspan="2">湿式钻孔,严禁在残孔中继续钻孔</td><td></td></tr>
<tr><td>8</td><td colspan="2">开挖工作面地质素描</td><td></td></tr>
<tr><td>9</td><td rowspan="4">台车钻孔</td><td>凿岩台车工作前的机况检查</td><td></td></tr>
<tr><td>10</td><td>凿岩台车行走安全</td><td></td></tr>
<tr><td>11</td><td>凿岩台车停放场所</td><td></td></tr>
<tr><td>12</td><td>凿岩台车重要部位防护</td><td></td></tr>
<tr><td>13</td><td rowspan="5">药装作业</td><td>作业场所安全状态</td><td rowspan="5">5.5.2</td><td></td></tr>
<tr><td>14</td><td>作业人员不得带火源,不得穿化纤衣物,炮棍材质</td><td></td></tr>
<tr><td>15</td><td>采用电起爆时,杂散电流、漏泄电流的测定情况</td><td></td></tr>
<tr><td>16</td><td>严禁装药与钻孔平行作业</td><td></td></tr>
<tr><td>17</td><td>装药完成后对火工产品清点处理</td><td></td></tr>
<tr><td>18</td><td rowspan="4">爆破作业</td><td>爆破作业人员配置</td><td rowspan="4">5.5.3</td><td></td></tr>
<tr><td>19</td><td>人员撤离、警戒工作</td><td></td></tr>
<tr><td>20</td><td>爆破后通风、降尘情况</td><td></td></tr>
<tr><td>21</td><td>爆破后开挖工作面找顶情况</td><td></td></tr>
<tr><td colspan="4">检查方:
检查人(签名):
年 月 日</td><td>被检查方:
接收人(签名):
年 月 日</td></tr>
</table>

6 装渣与运输

6.1 装渣与卸渣

6.1.1 隧道内装渣与卸渣作业应考虑下列主要危险源、危害因素：

1 围岩失稳坍塌；

2 洞内照明光照度不足；

3 找顶不彻底；

4 作业区域机械、车辆对人的伤害；

5 卸渣车辆溜车、倾翻、挂碰；

6 粉尘及有害气体含量超标。

6.1.2 隧道爆破后应及时进行通风、照明、找顶和初喷混凝土等工作，确认工作面安全及通风、照明满足要求后，方可进行装渣作业。

6.1.3 装渣作业应规定作业区域，严禁非作业人员进入。

6.1.4 装渣与卸渣作业应有专人指挥，作业场地的照明应满足作业人员安全操作的需要。

6.1.5 装渣作业应遵守下列规定：

1 装渣机械作业时，其回转范围内不得有人通过，如图6.1.5所示；

2 装渣过程中，应注意观察开挖面围岩的稳定情况，发现松动岩石或有塌方征兆时，必须先处理再装渣；

3 装渣时发现渣堆中有残留的炸药、雷管应立即处理；

4 向运渣车辆中装渣时，应避免偏载、超载；

5 用扒渣机装渣时，若遇岩块卡堵，严禁用手直接搬动岩块，身体任何部位不得接触传送带；

图6.1.5 装渣机械作业回转范围内不得有人

6 机械装渣的辅助人员，应随时观察装渣和运输机械的运行情况，防止挤碰。

6.1.6 卸渣作业应遵守下列规定：

1 卸渣场应按设计进行施工，满足安全作业及环境保护要求；

2 有轨运输卸渣场线路应设安全线并设置1%～3%的上坡道，卸渣码头应搭设牢固，并设有挂钩、栏杆及车挡防止溜车装置；

3 电瓶车牵引梭式矿车或渣车卸渣时，必须用铁楔将车轮两个方向楔紧，不得采用石渣或木条代替铁楔；

4 自卸汽车卸渣时，必须将车辆停稳制动，不得边卸渣边行驶；不得在坑洼、松软、倾斜的地面卸渣；卸渣后应及时使车厢复位，严禁举升车厢行驶。

6.1.7 装渣与卸渣作业应按表6.1.7进行检查，并认真填写检查记录表。对检查中发现的不符合规定的情况，应按本规程表2.1.5签发整改通知单，限期整改，并跟踪验证。

表 6.1.7　装渣与卸渣作业安全检查表

项目(工程)名称			
施工地点			
序号	检查项目	对应条文号	检查情况
1	班前安全讲话	2.1.7	
2	劳动保护用品佩戴	2.1.8	
3	作业前环境	6.1.2	
4	作业区域防护	6.1.3	
5	配备专人指挥	6.1.4	
6	作业场所照明亮度	6.1.4	
7	装渣作业	6.1.5	
8	卸渣作业	6.1.6	
检查方： 检查人(签名)： 年　月　日		被检查方： 接收人(签名)： 年　月　日	

6.2　运　　输

6.2.1　运输作业应考虑下列危险源、危害因素：

1　运输计划制订不当，车辆管理混乱；

2　隧道运输最小行车限界不能满足，或临时设施、支撑侵入限界；

3　警示标志、联络信号设置不当，或有缺陷；

4　进出洞人员不走人行道，不遵守有关安全规定，如图 6.2.1 所示；

5　运输线路不按规定设置和养护；

6　车辆装载不合理，超限、超载、偏载、捆扎不牢，人货混装；

7　车辆运行时发生碰撞、擦剐、挤压等车辆伤害事故；

8　载人列车缺乏安全保证措施，车未停稳上、下人员。

图 6.2.1　进出洞人员应遵守有关安全规定

6.2.2　施工单位应根据施工安排编制运输计划，制定运输管理规定，加强运输调度，确保工程运输安全。

6.2.3　隧道施工运输路线的空间必须满足最小行车限界要求，并根据不同的运输方式，在洞口、台架、设备、设施等位置设置信号和标志予以警示。

6.2.4　运输车辆不准超载、超宽和超高运输，不得人货混装。车辆行驶中应随时观察线路有无障碍和洞内其他设施、设备、临时支撑等有无侵入限界情况。

6.2.5 进出隧道人员必须走人行道，不得与机械抢道，如图6.2.5所示。严禁扒车、追车或强行搭车。

6.2.6 运输线路或道路应保持平整、畅通，并设专人按标准规定的要求进行维修和养护。线路或道路两侧的废渣和杂物应随时清除。

图6.2.5 进出隧道人员必须走人行道

6.2.7 有轨运输作业应遵守下列规定：

1 必须按设计图进行轨道铺设，严格控制好轨距、线间距和线形；

2 车辆装载应符合规定要求，机动车牵引不得超载；

3 车辆行驶时，应与信号、指挥人员协调配合和加强信号联络；

4 列车连接必须良好，机车摘挂后调车、编组和停留时，应有防溜车措施；

5 两组列车在同方向行驶时，其间隔距离不得小于100 m；

6 机动车牵引的列车，在洞内施工地段、视线不良的弯道、通过道岔和平交道等处，其行驶速度不得大于10 km/h，其他地段在采取有效的安全措施后，行驶速度不得大于20 km/h；

7 车辆运行时应加强瞭望，严禁在行驶中进行摘挂作业；

8 载人列车必须制定保证安全的措施，列车行驶中和尚未停稳前严禁人员上下。

6.2.8 有轨运输作业中，电瓶车的使用应遵守下列规定：

1 电瓶车司机必须经过专业培训和考核，并持证上岗，严禁无证驾驶；

2 电瓶车作业前，必须对车辆的制动器、喇叭、灯光、连接装置等进行安全检查，确认完好后方可行车；

3 电瓶车司机必须服从信号指挥，当信号不明确时不得擅自行车；

4 电瓶车作业结束后，必须将机车制动，切断电源，拔出启动钥匙；停车位置应位于水平场地上，不得已需要停在倾斜地面时，必须采取可靠的防溜车措施；

5 电瓶车牵引碴车的车辆编组应根据线路坡度、轨道状态、载重量等因素设计，确保电瓶车的安全制动距离；

6 电瓶车的充电管理应设立专门的充电班组，并按标准规定的要求布置充电房和配置充电人员。

6.2.9 无轨运输作业应遵守下列规定：

1 施工机械安全装置必须齐全有效，使用前及作业过程中应加强检查，按规定要求进行维修保养，保持机械状况良好与运输安全；

2 施工机械应采用带净化装置的柴油机械，严禁汽油机械进洞；

3 机械操作人员必须持证上岗，严格执行安全操作规程，严禁违章操作；

4 施工作业地段的行车速度不得大于15 km/h，成洞地段不得大于25 km/h；

5 隧道洞口、平交道口、狭窄的施工场地应设置慢行标志，必要时设专人指挥交通；

6 车辆接近或通过洞口、台架下、施工作业地段以及前方有障碍物时，司机必须减速瞭望并鸣笛示警；

7　在隧道内倒车或转向必须开灯鸣笛或有专人指挥。

6.2.10　有轨运输作业应按表 6.2.10 进行检查，并认真填写检查记录表。对检查中发现的不符合规定的情况，应按本规程表 2.1.5 签发整改通知单，限期整改，并跟踪验证。

表 6.2.10　有轨运输作业安全检查表

<table>
<tr><td colspan="3">项目(工程)名称</td><td colspan="2"></td></tr>
<tr><td colspan="3">施工地点</td><td colspan="2"></td></tr>
<tr><td>序号</td><td colspan="2">检查项目</td><td>对应条文号</td><td>检查情况</td></tr>
<tr><td>1</td><td colspan="2">班前安全讲话</td><td>2.1.7</td><td></td></tr>
<tr><td>2</td><td colspan="2">劳动保护用品佩戴</td><td>2.1.8</td><td></td></tr>
<tr><td>3</td><td colspan="2">运输计划及车辆管理</td><td>6.2.2</td><td></td></tr>
<tr><td>4</td><td colspan="2">行车限界及警示标志</td><td>6.2.3</td><td></td></tr>
<tr><td>5</td><td colspan="2">车辆装载</td><td>6.2.4</td><td></td></tr>
<tr><td>6</td><td colspan="2">进出隧道人员行走路线</td><td>6.2.5</td><td></td></tr>
<tr><td>7</td><td colspan="2">运输线路</td><td>6.2.6</td><td></td></tr>
<tr><td>8</td><td rowspan="4">有轨运输作业</td><td>指挥及信号联络</td><td rowspan="4">6.2.7</td><td></td></tr>
<tr><td>9</td><td>车辆防溜车</td><td></td></tr>
<tr><td>10</td><td>车辆限速行驶</td><td></td></tr>
<tr><td>11</td><td>载人列车</td><td></td></tr>
<tr><td>12</td><td rowspan="2">电瓶车</td><td>电瓶车使用</td><td rowspan="2">6.2.8</td><td rowspan="2"></td></tr>
<tr><td>13</td><td>电瓶车充电</td></tr>
<tr><td colspan="4">检查方：
检查人(签名)：
年　月　日</td><td>被检查方：
接收人(签名)：
年　月　日</td></tr>
</table>

6.2.11　无轨运输作业应按表 6.2.11 进行检查，并认真填写检查记录表。对检查中发现的不符合规定的情况，应按本规程表 2.1.5 签发整改通知单，限期整改，并跟踪验证。

表 6.2.11　无轨运输作业安全检查表

<table>
<tr><td colspan="2">项目(工程)名称</td><td colspan="2"></td></tr>
<tr><td colspan="2">施工地点</td><td colspan="2"></td></tr>
<tr><td>序号</td><td>检查项目</td><td>对应条文号</td><td>检查情况</td></tr>
<tr><td>1</td><td>班前安全讲话</td><td>2.1.7</td><td></td></tr>
<tr><td>2</td><td>劳动保护用品佩戴</td><td>2.1.8</td><td></td></tr>
<tr><td>3</td><td>运输计划及车辆管理</td><td>6.2.2</td><td></td></tr>
<tr><td>4</td><td>行车限界及警示标识(灯)</td><td>6.2.3</td><td></td></tr>
<tr><td>5</td><td>车辆装载</td><td>6.2.4</td><td></td></tr>
<tr><td>6</td><td>进出洞人员行走路线</td><td>6.2.5</td><td></td></tr>
<tr><td>7</td><td>道路养护</td><td>6.2.6</td><td></td></tr>
</table>

续上表

<table>
<tr><td colspan="3">项目(工程)名称</td><td colspan="2"></td></tr>
<tr><td colspan="3">施工地点</td><td colspan="2"></td></tr>
<tr><td>序号</td><td colspan="2">检查项目</td><td>对应条文号</td><td>检查情况</td></tr>
<tr><td>8</td><td rowspan="7">无轨运输作业</td><td>施工机械</td><td rowspan="7">6.2.9</td><td></td></tr>
<tr><td>9</td><td>内燃机械尾气净化</td><td></td></tr>
<tr><td>10</td><td>作业人员持证</td><td></td></tr>
<tr><td>11</td><td>操作规程执行</td><td></td></tr>
<tr><td>12</td><td>车辆限速行驶</td><td></td></tr>
<tr><td>13</td><td>危险场所警示标志</td><td></td></tr>
<tr><td>14</td><td>危险场所专人指挥</td><td></td></tr>
<tr><td colspan="5">检查方：　　　　　　　　　　　　　　　　被检查方：
检查人(签名)：　　　　　　　　　　　　　接收人(签名)：
年　月　日　　　　　　　　　　　　　　　　年　月　日</td></tr>
</table>

7　支护与加固

7.1　一般规定

7.1.1　支护与加固作业应考虑下列主要危险源、危害因素：

1　临时用电不符合要求、工作面光照度不足；

2　找顶不彻底；

3　围岩变形超限失稳、上一循环支护强度不足、工作面坍塌；

4　高空作业台(支)架失稳、安全防护失效；

5　施工机具失稳及安全性能缺失、下降。

7.1.2　隧道支护施工作业面用电应符合临时用电的要求，其照明应满足安全作业的需要。

7.1.3　隧道支护每项工序施工前均应对作业面进行检查，清除松动的岩石和喷射混凝土块，如图7.1.3所示。

7.1.4　隧道支护必须按初喷→架设钢架(钢筋网)、复喷→锚杆的程序施工。在爆破、找顶后，应立即初喷混凝土封闭围岩。

7.1.5　隧道支护施工质量必须达到有关标准规定的要求。超前支护应在完成开挖工作面的加固后进行，每循环之间应有足够的搭接长度与初期支护有效连接。

7.1.6　施工作业台(支)架应按要求设计、检算与审核；台架应牢固可靠，四周应设置安全栏杆、安全网和上下工作梯，经验收合格后方可使用。

7.1.7　特殊地质条件的隧道，应根据具体地质情况采取超前支护、预加固处理方案和安全保障措施。

图7.1.3　作业面检查

7.1.8　监理单位应重点检查下列工作：

1　施工作业台(支)架与的设计、检算与审核程序；

2　各类作业台架使用前的验收程序；

3　审批超前支护和初期支护的施工方案；

4　锚杆数量与施工质量(砂浆饱满度、抗拔力)；

5　验收喷混凝土厚度、强度，钢筋网及钢架垂直度、间距；

6　管棚、超前小导管、超前锚杆的施工质量；

7　预注浆加固围岩与止水的效果。

7.1.9　施工单位应按设计和工艺流程施工，负责各工序的安全检查，每次支护作业均应进行安全检查。

7.2　管棚和超前小导管

7.2.1　管棚和小导管施工前应检验作业台(支)架安全性能，施工过程中应保持稳定。

7.2.2 管棚和小导管施工前应检查钻机、注浆机及配套设备、风水管等施工机具的安全性能，施工过程中应确保钻机稳定牢靠，注浆管接头及高压风水管连接牢固。

7.2.3 管棚和小导管施工过程中应指定专人负责对开挖工作面进行安全观测。

7.2.4 管棚和小导管施工中应按作业程序和技术要求进行钻进、安装、注浆作业。

7.2.5 管棚作业换钻杆及超前小导管作业顶进钢管时，应防止钻杆、钢管掉落伤人。

7.2.6 管棚作业起吊钻杆及其他物件时，应指定专人指挥，统一口令，起吊范围内任何人不得进入。

7.2.7 在水压较高的隧道进行管棚钻孔作业时，应选择适合较高水压的钻孔设备，钻孔设备应采取防突水突泥冲出的反推或拴锚措施；应安装满足水压要求的带止水阀门的孔口管，孔口管应安装牢固；作业时作业人员不应站立在孔口正面，且应远离孔口。

7.2.8 进行管棚施工时应记录钻机钻进的各项技术参数，观察钻渣排出和孔内出水的情况，并与超前地质预报的结果核对。出现异常时，应及时报告并进行处理。

7.2.9 管棚和小导管在运输时应根据运输机械、洞内临时存放场地大小、各类作业台架腹下净空限界确定运输长度和重量。

7.2.10 管棚和小导管在作业平台上临时存放时，应根据平台设计荷载及安全性能检算结果确定存放数量和高度，同时应有防止其滚落、滑下的防护措施。在洞内空地堆放时除应采取防止其滚落的措施外，还应设置醒目的安全警示标志。

7.2.11 管棚和超前小导管施工作业应按表 7.2.11 进行检查，并认真填写检查记录表。对检查中发现的不符合规定的情况，应按本规程表 2.1.5 签发安全检查整改通知单，限期整改，并跟踪验证。

表 7.2.11 管棚和超前小导管作业安全检查表

项目(工程)名称			
施工地点			
序号	检查项目	对应条文号	检查情况
1	班前安全讲话	2.1.7	
2	劳动保护用品佩戴	2.1.8	
3	施工照明	7.1.2	
4	作业面危石清除	7.1.3	
5	作业前初喷支护	7.1.4	
6	超前支护与初期支护连结	7.1.5	
7	作业台架	7.1.6	
8	施工机具	7.2.2	
9	专人安全观测	7.2.3	
10	作业程序	7.2.4	
11	换管及顶进作业	7.2.5	

续上表

项目(工程)名称			
施工地点			
序号	检查项目	对应条文号	检查情况
12	管棚起吊作业	7.2.6	
13	特殊情况下隧道管棚作业	7.2.7	
14	管棚作业过程的观察和记录	7.2.8	
15	管棚及小导管的运输	7.2.9	
16	管棚及小导管的存放	7.2.10	
检查方： 检查人(签名)： 年 月 日		被检查方： 接收人(签名)： 年 月 日	

7.3 预 注 浆

7.3.1 预注浆必须安装流量计和压力表,严禁注浆压力超过注浆管和止浆设施的最大额定值。注浆管接头应连接牢固,防止爆管伤人。

7.3.2 预注浆过程中应安排专人对其影响范围内的围岩和结构进行观察和量测,防止因注浆压力过大而引起围岩失稳和结构损坏。

7.3.3 采用预注浆加固围岩或止水,每循环结束后应采取超前探孔或取芯等手段检查注浆效果,达到要求后方可进入下道工序施工。

7.3.4 帷幕注浆应有单项设计,明确注浆孔布置、注浆顺序、注浆方式、注浆压力、注浆量等参数,并应检算止浆墙或止水岩盘的抗压能力。进行帷幕注浆前,应对后方已开挖地段一定范围内采取锚喷或混凝土加固措施,并检查止浆墙或止水岩盘及已开挖段的抗渗情况。

7.3.5 预注浆作业应按表 7.3.5 进行检查,并认真填写检查记录表。对检查中发现的不符合规定的情况,应按本规程表 2.1.5 签发整改通知单,限期整改,并跟踪验证。

表 7.3.5 预注浆作业安全检查记录表

项目(工程)名称			
施工地点			
序号	检查项目	对应条文号	检查情况
1	班前安全检查	2.1.7	
2	劳动保护用品佩戴	2.1.8	
3	作业台架	7.1.6	
4	注浆压力、注浆管接头	7.3.1	
5	作业过程安全观测	7.3.2	
6	帷幕注浆	7.3.4	
检查方： 检查人(签名)： 年 月 日		被检查方： 接收人(签名)： 年 月 日	

7.4 喷射混凝土

7.4.1 喷射混凝土作业前应清除工作面松动的岩石,确认作业区无塌方、落石等危险源存在。

7.4.2 喷射混凝土作业人员应佩戴防尘口罩、防护眼镜等防护用具,如图 7.4.2 所示。并避免直接接触液体速凝剂,不慎接触后应立即用清水冲洗。

图 7.4.2 作业人员应佩戴防护用具

7.4.3 非施工人员不得进入正在进行喷射混凝土的作业区,施工中喷嘴前严禁站人。

7.4.4 喷射混凝土作业中如发生输料管路堵塞或爆裂时,必须依次停止投料、送水和供风。

7.4.5 喷射混凝土施工中应经常检查输料管、接头的使用情况,当有磨损、击穿或松脱时应及时处理。

7.4.6 在有水地段喷射混凝土前应对渗漏水进行处理,应将分散的渗水集中引出,严禁采用防水布或铁皮等遮盖材料大面积引水,造成喷射混凝土与岩面分离。喷射混凝土中采用特殊添加材料在有水地段直接作业时,应先进行试验,满足要求后方可推广使用。

7.4.7 喷射混凝土作业应按表 7.4.7 进行检查,并认真填写检查记录表。对检查中发现的不符合规定的情况,应按本规程表 2.1.5 签发整改通知单,限期整改,并跟踪验证。

表 7.4.7 喷射混凝土作业安全检查记录表

项目(工程)名称			
施工地点			
序号	检查项目	对应条文号	检查情况
1	班前安全讲话	2.1.7	
2	劳动保护用品佩戴	2.1.8	
3	作业台架安全性能	7.1.6	
4	临时用电及照明	7.1.2	
5	工作面安全状态确认	7.4.1	
6	作业区安全防护	7.4.3	
7	输料管堵塞或爆管处理	7.4.4	
8	输料管路的经常性检查	7.4.5	
9	有水地段作业	7.4.6	
检查方: 检查人(签名): 年 月 日		被检查方: 接收人(签名): 年 月 日	

7.5 锚　杆

7.5.1　锚杆的设置应沿隧道轮廓法线方向,倾斜岩层应与岩面或围岩主要节理面垂直。锚杆施工时应根据锚杆设置及围岩实际情况及时调整锚孔角度及采用合适的钻杆和钻进方法。

7.5.2　锚孔钻进作业时,应保持钻机及作业平台稳定牢靠,除钻机操作人员外还应安排至少一人协助作业,作业人员应佩戴安全带、安全帽、防护眼罩等防护用品。

7.5.3　锚杆的类型、规格和质量必须符合国家现行标准的规定,中空锚杆的性能指标应符合《中空锚杆技术条件》(TB/T 3209)的规定。隧道拱部不应采用从杆体中空孔进浆的普通中空锚杆。各种锚杆必须上垫板、带螺帽,垫板与锚杆间不应采用焊接连接;垫板应紧贴孔口混凝土,并随时检查锚杆头的变形情况,及时紧固垫板螺帽。

7.5.4　在围岩破碎、自稳时间短、地应力较大地段,应采用早强砂浆锚杆或早强中空注浆锚杆,亦可采取增加锚杆数量、选用高强锚杆、加大锚杆长度和直径、加大钻孔直径、提高粘结材料的粘结性能等措施。

7.5.5　全长粘结型锚杆应抽查锚杆的砂浆饱满度;预应力锚杆应抽查预应力施加情况。

7.5.6　锚杆安设后不得随意敲击,其端部在锚固材料终凝前不得悬挂重物。

7.5.7　锚杆施工作业应按表 7.5.7 进行检查,并认真填写检查记录表。对检查中发现的不符合规定的情况,应按本规程表 2.1.5 签发整改通知单,限期整改,并跟踪验证。

表 7.5.7　锚杆作业安全检查表

项目(工程)名称			
施工地点			
序号	检查项目	对应条文号	检查情况
1	班前安全讲话	2.1.7	
2	劳动保护用品佩戴	2.1.8	
3	作业台架安全性能	7.1.6	
4	锚杆的设置及调整	7.5.1	
5	锚杆钻进	7.5.2	
6	各型锚杆共同注意事项	7.5.3	
7	特殊地层加固锚杆施工	7.5.4	
8	锚杆饱满度或预应力	7.5.5	
9	锚杆安设后的状态	7.5.6	
检查方: 检查人(签名): 年　月　日		被检查方: 接收人(签名): 年　月　日	

7.6 钢　架

7.6.1　型钢钢架应采用冷弯工艺加工,严禁采取气割、烧割等损伤母材的弯制办法;格栅钢架应采用胎膜焊接;所有部件连接应焊接牢固;加工的成品经验收合格方可使用。

7.6.2　隧道内搬运钢架应装载牢固,固定可靠,防止发生碰撞和掉落。

7.6.3 钢架提升设备应有足够能力,埋设吊点应牢固。架设钢架时应采取防护措施,不得利用装载机作为钢架安装作业平台,如图 7.6.3 所示。

图 7.6.3 不得用装载机作钢架安装作业平台

7.6.4 钢架节段及钢架之间应及时连接牢固,防止倾倒,钢架背后的空隙必须用喷射混凝土充填密实,严禁背后填充片石等其他材料;钢架安装完成后应及时施作锁脚锚杆(管),并与之连接牢固,钢架底脚严禁悬空或置于虚渣上。

7.6.5 采用分部法开挖的隧道,下部开挖后钢架应及时接长、落底,严禁钢架底脚悬空以及两侧同时开挖接长,且应根据围岩情况控制开挖长度,底脚应增设锁脚锚杆(管)。

7.6.6 钢架的垂直度必须控制,不符合要求的钢架应返工重做。

7.6.7 当钢架侵入限界需要更换时,应采取逐榀更换、先立新钢架后拆除废钢架的方法,严禁先拆废钢架后立新钢架或同时更换相邻的多榀钢架。

7.6.8 钢架施工作业应按表 7.6.8 进行检查,并认真填写检查记录表。对检查中发现的不符合规定的情况,应按本规程表 2.1.5 签发整改通知单,限期整改,并跟踪验证。

表 7.6.8 钢架作业安全检查表

项目(工程)名称			
施工地点			
序号	检查项目	对应条文号	检查情况
1	班前安全讲话	2.1.7	
2	劳动保护用品佩戴	2.1.8	
3	台架安全性能	7.1.6	
4	钢架制作	7.6.1	
5	钢架搬运	7.6.2	
6	钢架提升	7.6.3	
7	钢架连接及安装	7.6.4	
8	钢架接长	7.6.5	
9	钢架的垂直度	7.6.6	
10	钢架更换处理	7.6.7	

检查方: 被检查方:

检查人(签名): 接收人(签名):

年 月 日 年 月 日

8 衬　砌

8.1　一般规定

8.1.1　衬砌作业应考虑下列主要危险源、危害因素：

1　临时用电不符合要求，作业面光照度不足；

2　衬砌时机选择不当、与开挖工作面距离过长；

3　高处作业台(支)架失稳、安全防护失效；

4　施工机具安全性能缺失或下降；

5　电线路短路，防水板施工引发的火灾及有毒、有害气体。

8.1.2　衬砌施工作业面用电应符合临时用电的要求，其照明应满足安全作业的需要。

8.1.3　一般地段隧道施作衬砌应在围岩和初期支护变形稳定后进行；在浅埋、偏压、围岩松散破碎等特殊地段和洞口段应尽早施作衬砌。

8.1.4　在软弱、破碎、高地应力、大变形的围岩地段，仰拱应随开挖及时施作，尽快形成封闭环，并超前于墙拱衬砌。同时应合理确定与开挖和衬砌作业面的距离。

8.1.5　衬砌作业台架下预留通行作业人员、施工车辆以及安设风、水、电线路或管道的净空，应满足洞内车辆和人员安全通行的要求。

8.1.6　衬砌作业台架应有足够的强度、刚度和稳定性，衬砌台车、台架组装调试完成应经验收合格方可投入使用。

8.1.7　衬砌作业台架、仰拱施工栈桥的移动，应有专人指挥，慢速移位，工作区严禁非作业人员和车辆通行、停留；非作业人员、设备、材料、工器具等应撤离到安全地点。

8.1.8　衬砌作业台架、作业平台四周应设置安全栏杆、密闭式安全网、人员上下工作梯，衬砌台车及防水板施工作业台架还应配置灭火器，经验收合格方可投入使用。

8.1.9　衬砌作业台架、作业平台上的各类用电设备应有绝缘保护装置，电线路还应符合洞内临时用电要求。

8.1.10　运输机械应按规定线路及限行速度行驶，过往台架、栈桥时应加强瞭望，倒车作业应有专人指挥，驻停时应有制动措施及安全警示标志。

8.1.11　每项衬砌作业完毕后应及时清理作业场地、消除安全隐患，保持作业场地清爽、通行无碍。

8.2　衬砌台车

8.2.1　衬砌台车应具有出厂合格证和产品说明书。

8.2.2　衬砌台车的组装、拆卸应在洞外宽敞、平坦、坚实的场地上进行；当条件限制，必须在洞内组装、拆卸时，应选在围岩条件较好和洞身较宽阔的地段进行。

8.2.3　埋设衬砌台车各类吊点、吊具应牢固可靠；组装、拆卸的吊装作业应符合起重作业要求。

8.2.4　衬砌台车组装完毕后，应由专业人员检查台车各部件连接情况，确保各部件连接牢固可靠，支撑系统、驱动系统应经调试合格后方可投入使用。

8.2.5　衬砌台车就位后，应按规定设置防溜车装置，按设计高程及中线调整台车支撑系统，液压支撑应有锁定装置。

8.2.6 使用衬砌台车进行混凝土作业时应安排专人检查台车支撑系统安全性能。

8.2.7 衬砌台车施工作业应按表8.2.7进行检查,并认真填写检查记录表。对检查中发现的不符合规定的情况,应按本规程表2.1.5签发整改通知单,限期整改,并跟踪验证。

表8.2.7 衬砌台车施工作业安全检查表

项目(工程)名称			
施工地点			
序号	检查项目	对应条文号	检查情况
1	班前安全讲话	2.1.7	
2	劳动保护用品佩戴	2.1.8	
3	工作面照明	8.1.2	
4	设备绝缘	8.1.9	
5	台车安全性能	8.1.6	
6	台车移动	8.1.7	
7	衬砌台车安全防护设施	8.1.8	
8	台车组装、拆卸作业环境	8.2.2	
9	台车吊装及拆卸作业	8.2.3	
10	台车安全性能测试	8.2.4	
11	台车就位后的状态	8.2.5	
12	台车支撑系统安全性能	8.2.6	
检查方: 检查人(签名): 年 月 日		被检查方: 接收人(签名): 年 月 日	

8.3 防水板

8.3.1 防水板的临时存放点应设置消防器材及防火安全警示标志,并有专人负责看管和发放。

8.3.2 防水板铺设地段应配备足够数量的消防器材。

8.3.3 防水板施工时严禁吸烟,钢筋焊接作业时,应设临时阻燃挡板防止机械损伤和电火花灼伤防水板。

8.3.4 防水板作业面的照明灯具严禁烘烤防水板。其防水板间距离不得小于50 cm。

8.3.5 防水板作业时应指定专人观察作业安全状态。

8.3.6 防水板施工作业应按表8.3.6进行检查,并认真填写检查记录表。对检查中发现的不符合规定的情况,应按本规程表2.1.5签发整改通知单,限期整改,并跟踪验证。

表8.3.6 防水板作业安全检查表

项目(工程)名称			
施工地点			
序号	检查项目	对应条文号	检查情况
1	班前安全讲话	2.1.7	

续上表

项目(工程)名称			
施工地点			
序号	检查项目	对应条文号	检查情况
2	劳动保护用品佩戴	2.1.8	
3	工作面照明	8.1.2	
4	设备绝缘	8.1.9	
5	作业台架安全性能及状态	8.1.6	
6	作业台架安全防护设施	8.1.8	
7	防水板临时存放	8.3.1	
8	防水板作业面消防器材配备	8.3.2	
9	防水板的保护设施	8.3.3	
10	防水板与照明灯具的距离	8.3.4	
11	安全观测人员	8.3.5	
检查方： 检查人(签名)： 年　月　日		被检查方： 接收人(签名)： 年　月　日	

8.4 钢　　筋

8.4.1 从事钢筋加工和焊(连)接的操作人员必须经考试合格,持证上岗。

8.4.2 隧道内运输钢筋应根据各类作业台架腹下净空、洞内设施情况进行装载并捆绑牢固,固定可靠,防止发生碰撞和掉落。

8.4.3 为安装钢筋搭设的临时作业平台应满足本规程第8.1.6、8.1.8、8.1.9条的安全要求。

8.4.4 衬砌钢筋安装过程中应采取临时支撑等防倾倒措施,临时支撑应牢固可靠并有醒目的安全警示标志,作业人员与过往机械不得踩踏、碰撞。

8.4.5 钢筋施工作业应按表8.4.5进行检查,并认真填写检查记录表。对检查中发现的不符合规定的情况,应按本规程表2.1.5签发整改通知单,限期整改,并跟踪验证。

表8.4.5　钢筋作业安全检查记录表

项目(工程)名称			
施工地点			
序号	检查项目	对应条文号	检查情况
1	班前安全讲话	2.1.7	
2	劳动保护用品佩戴	2.1.8	
3	工作面照明	8.1.2	
4	设备绝缘	8.1.9	
5	洞内运输钢筋	8.4.2	
6	作业支架及平台	8.4.3	
7	钢筋安装	8.4.4	
检查方： 检查人(签名)： 年　月　日		被检查方： 接收人(签名)： 年　月　日	

8.5 混凝土浇筑

8.5.1 泵送混凝土管道安设及连接应符合规定，施工过程中应经常检查其连接的可靠性、安全性及管道的稳定性。

8.5.2 泵送混凝土管道堵塞时，应及时停止泵送并逐节检查确定堵塞部位。堵管处理应按操作程序进行，不得违规作业。

8.5.3 衬砌混凝土浇筑时必须控制浇筑速度，浇筑压力不得过高，并保证两侧基本对称浇筑。

8.5.4 衬砌台车端头挡板与防水板、台车间接触面应紧密，挡板支撑应稳固。混凝土浇筑过程中应安排专人检查挡板及支撑的安全状况。

8.5.5 混凝土浇筑过程中应有专人检查台车受力状况，当台车出现变形等异常情况时，作业人员应及时撤离作业平台，隐患消除后方可恢复作业。

8.5.6 仰拱应分段一次整体浇筑，并根据围岩情况严格限制一次施工长度；工作区应有专人监护，并设警示标志。

8.5.7 仰拱施工应配备有足够的强度、刚度和稳定性的栈桥等架空设施。仰拱施工栈桥基础应稳固，桥面应进行防侧滑处理，栈桥两侧应设限速警示标志，通过速度不得超过 5 km/h。

8.5.8 混凝土浇筑作业应按表 8.5.8 进行检查，并认真填写检查记录表。对检查中发现的不符合规定的情况，应按本规程表 2.1.5 签发整改通知单，限期整改，并跟踪验证。

表 8.5.8 混凝土浇筑作业安全检查表

项目(工程)名称			
施工地点			
序号	检查项目	对应条文号	检查情况
1	班前安全讲话	2.1.7	
2	劳动保护用品佩戴	2.1.8	
3	工作面照明	8.1.2	
4	设备绝缘	8.1.9	
5	混凝土输送管的安设及连接	8.5.1	
6	混凝土输送管堵塞处理	8.5.2	
7	混凝土浇筑	8.5.3	
8	台车挡头板安装及加固	8.5.4	
9	台车受力变形观测及处理	8.5.5	
10	单次仰拱作业的长度	8.5.6	
11	仰拱栈桥及警示标志	8.5.7	
检查方： 检查人(签名)： 年 月 日		被检查方： 接收人(签名)： 年 月 日	

9　监控量测

9.1　一般规定

9.1.1　监控量测作业应考虑下列主要危险源、危害因素：

1　监控量测方案不合理，元器件损坏，采集数据失真；

2　监控量测工作面未找顶、支护不及时，照明光照度不足；

3　作业平台防护不到位，个人防护用品未按规定佩戴；

4　富水和岩溶隧道安装量测仪器或钻孔作业时，出现突水、突泥等异常情况；

5　施工安全性评价等级不准。

9.1.2　设计单位应根据隧道工程地质条件、环境条件、断面大小、施工方法和安全要求进行监控量测设计，在开工前向施工单位做好技术交底，提供与本工程监测项目相关的技术参数，科学指导现场施工的监控量测工作。

9.1.3　在工程项目开工前，施工单位必须成立监控量测小组，建立质量保证体系。在施工过程中应将监控量测纳入正常的施工组织管理并在监控量测工作实施前编制实施方案。

9.1.4　监理单位应审查施工单位监控量测资质，对隧道监控量测实施过程进行监理和审核监控量测成果等。

9.1.5　当施工安全性评价超过Ⅱ级管理时，建设单位、勘察设计单位必须尽快明确有针对性的施工措施，确保施工安全。

9.1.6　对工程地质和环境条件特别复杂的隧道，建设单位应选择具有专业资质的第三方进行监控量测或复核工作。第三方应建立监控量测安全管理体系。

9.1.7　监控量测人员必须经过隧道施工安全教育培训，掌握安全操作技术和安全生产基本知识。

9.1.8　监控量测实施单位应配备安全员，在隧道监控量测过程中应设有安全岗哨。

9.1.9　监控量测作业区域照明的光照度必须满足数据采集和作业人员安全操作的需要。

9.1.10　隧道施工过程中要妥善保护监控量测的元器件，并有显著的安全标识。在岩爆地段埋设量测元器件，必须对岩爆妥善处理后进行。

9.1.11　隧道内观察应在开挖工作面和已施工地段分别进行。开挖工作面应在每次开挖后进行观察和绘制地质素描图、进行数码照相，详细填写地质情况记录表，并与勘查设计资料对比，隧道内已施工地段应随时观察记录喷射混凝土、锚杆、钢架等的工作状态。

9.1.12　隧道观察重点应为洞口段和浅埋洞身段。洞外地表观察应记录地表开裂与变形、洞口边坡与仰坡稳定状态等情况，同时应对地面建(构)筑物进行观察。

9.1.13　隧道穿过浅埋地段时，必须作好控制爆破设计和地表监控量测设计，并加强地表下沉观测和地面爆破振动观测。

9.1.14　隧道开挖工作面的地质素描以及支护状态、地表影响范围内建(构)筑物的描述，应每掘进循环记录1次，必要时，对地表影响范围内的建(构)筑物的描述频率应加大。

9.1.15　监控量测使用的作业台架、高空升降车、升降梯等必须安设牢固，作业时操作人员必须系安全带。

9.1.16　埋设多点锚杆位移器、锚杆应力计时，操作人员必须遵守机械设备操作安全的有关规定，开钻前必须进行安全技术交底。

9.1.17 在富水区隧道安装量测仪器或进行钻孔时,发现岩壁松软、掉块或钻孔中的水压、水量突然增大,以及有顶钻等异常情况时,必须停止钻进,立即上报有关部门,并派人监测水情。当发现情况危急时,必须立即撤出所有受水威胁区域的人员,然后采取措施进行处理。

9.1.18 监控量测作业应按表9.1.18进行检查,并认真填写检查记录表。对检查中发现的不符合规定的情况,应按本规程表2.1.5签发整改通知单,限期整改,并跟踪验证。

表9.1.18 监控量测作业安全检查表

项目(工程)名称			
施工地点			
序号	检查项目	对应条文号	检查情况
1	班前安全讲话	2.1.7	
2	劳动保护用品佩戴	2.1.8	
3	安全岗哨	9.1.8	
4	作业环境照明	9.1.9	
5	元器件标识和保护	9.1.10	
6	开挖工作面观察	9.1.11	
7	洞外地表观察	9.1.12	
8	穿过浅埋地段观测	9.1.13	
9	影响建(构)筑物描述	9.1.14	
10	高处作业防护	9.1.15	
11	钻孔设备操作	9.1.16	
12	异常情况处理	9.1.17	
检查方: 检查人(签名): 年 月 日		被检查方: 接收人(签名): 年 月 日	

9.2 施工安全性评价

9.2.1 监控量测信息反馈应根据监控量测数据分析结果,对施工安全性进行评价,并提出相应的工程对策与建议。

9.2.2 隧道施工过程中应进行监控量测数据的实时分析和阶段分析。每天根据监测数据及时进行分析,发现安全隐患应分析原因并提交异常报告,原则上按周、月递交分析报告,但特殊情况下必须紧急报告。监测实施单位应及时将量测数据和分析结果反馈给设计和监理单位,并迅速处理。

9.2.3 根据量测结果,必须按施工安全评价流程图(图9.2.3)开展工作。

9.2.4 根据位移控制基准,施工安全性评价可按表9.2.4分为三个管理等级。

表9.2.4 施工安全性评价位移管理等级

管理等级	距开挖面1*B*	距开挖面2*B*
Ⅲ	$U < U_{1B}/3$	$U < U_{2B}/3$
Ⅱ	$U_{1B}/3 \leq U \leq 2U_{1B}/3$	$U_{2B}/3 \leq U \leq 2U_{2B}/3$
Ⅰ	$U > 2U_{1B}/3$	$U > 2U_{2B}/3$

注:表中*B*为隧道开挖宽度,*U*为实测位移值。

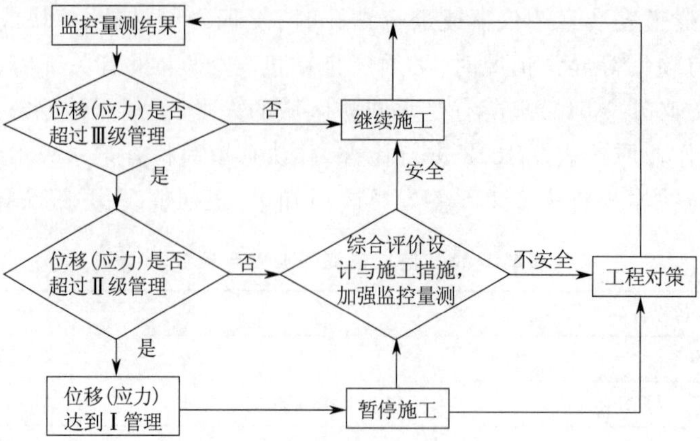

图 9.2.3　施工安全评价流程图

9.2.5　根据施工安全性评价确定的管理等级,可按表 9.2.5 采取相应的工程对策措施。

表 9.2.5　施工安全性评价级别与相应的对策措施

管理等级	应对措施
Ⅲ	正常施工
Ⅱ	综合评价设计、施工措施,加强监控量测,必要时采取相应的工程对策
Ⅰ	暂停施工,采取相应的工程对策

9.2.6　位移控制基准应根据测点距开挖面的距离,由初期支护极限相对位移按表 9.2.6 的要求确定。

表 9.2.6　位移控制基准

类别	距开挖面 1*B*	距开挖面 2*B*	距开挖面较远
允许值	65% U_0	90% U_0	100% U_0

注:表中 *B* 为隧道开挖宽度,U_0 为极限相对位移值,由设计给定或参照《铁路隧道监控量测技术规程》第 4.5.2 条选择。

9.2.7　地表沉降控制基准应根据地层稳定性、周围建(构)筑物的安全要求分别确定,取两者最小值。

9.2.8　当出现变形加速、应力或应变急剧增大并接近控制基准值,以及通过观察发现结构开裂与渗漏水异常、钢架压屈等情况时,必须在确保安全的前提下迅速实施结构加固和补强措施,必要时可暂停施工。

10 施 工 排 水

10.1 一般规定

10.1.1 施工排水作业应考虑下列主要危险源、危害因素：

1 富水软弱围岩、岩溶隧道突水、突泥；

2 排水设备不足或损坏，排水能力不够；

3 膨胀岩、土质地层、围岩松软地段，施工用水浸泡地基；

4 洞口地表水渗漏及冲刷边仰坡；

5 有水地段电缆线破损漏电；

6 施工排出的水质不符合标准，污染环境。

10.1.2 隧道施工应做好排水工作，防止涌水淹没洞室，危及人员、设备和环境安全，影响施工质量和进度。

10.1.3 隧道施工前必须根据设计提供的工程及水文地质资料，结合现场实际情况，进行分析研究，预计可能出现的地下水情况，估计水量，制订排水方案。

10.1.4 施工前应对地表水进行处理并及早修建洞口防排水设施，防止地表水渗漏及冲刷边仰坡危及结构和施工安全。

10.1.5 洞内施工排水沟应经常清理，保持畅通，防止淤塞。

10.1.6 洞内反坡排水应采用机械排水，并应符合下列规定：

1 排水方式应根据距离、坡度、水量和设备情况布置管路，一次或分段接力排出洞外；

2 集水坑容积应按排水量合理确定，其位置应减少施工干扰；

3 配备抽水机的功率应大于排水量的20%以上，并应有备用台数。

10.1.7 在膨胀岩、土质地层、围岩松软地段，应铺砌水沟或用管槽排水，洞内施工用水应加强管理，严格控制。

10.1.8 对富水软弱破碎围岩、岩溶等有突涌水风险的隧道，必须进行防突涌水专项设计，编制专项安全技术方案，并符合本规程第12.3节的有关规定办理。

10.1.9 隧道内有水地段的高压电线必须按有关要求铺设，照明必须采用安全电压及防水灯头和灯罩。施工现场电线、电缆使用过程中应经常检查，确保绝缘良好。

10.1.10 隧道施工排水，应重视环境保护，经过处理符合现行国家标准《污水综合排放标准》(GB 8978)的规定后方可排放。

10.1.11 施工排水作业应按表10.1.11进行检查，并认真填写检查记录表。对检查中发现的不符合规定的情况，应按本规程表2.1.5签发整改通知单，限期整改，并跟踪验证。

表10.1.11 施工排水作业安全检查表

项目(工程)名称			
施工地点			
序号	检查项目	对应条文号	检查情况
1	班前安全讲话	2.1.7	
2	劳动保护用品佩戴	2.1.8	
3	洞口防排水系统	10.1.4	

续上表

项目(工程)名称			
施工地点			
序号	检查项目	对应条文号	检查情况
4	洞内排水沟畅通	10.1.5	
5	反坡排水抽水设备、集水坑、管线	10.1.6	
6	不良地段排水	10.1.7	
7	有水地段用电管理	10.1.9	
8	施工废水综合排放	10.1.10	
检查方: 检查人(签名): 年　月　日		被检查方: 接收人(签名): 年　月　日	

10.2　斜井和竖井排水

10.2.1　斜井、竖井施工时,必须有完善的排水设施并保证抽、排水设备的完好。

10.2.2　斜井掘进排水,应采用边掘边排的方法。当遇到涌水量较大的含水层、断层或裂隙涌水时,应采取分段截排水的措施。

10.2.3　竖井的排水方案应根据水文地质资料、井身深度及各施工阶段井身涌水量大小等因素确定。竖井井壁渗水影响施工时,应采取措施处理,固结地层后再进行开挖。

10.2.4　斜井、竖井的井底应设排水泵站,采用相应扬程的抽水机将围岩裂隙水和施工污水经管路排出井外。排水泵站设置应符合下列规定:

1　应设在铺设排水管的井身附近,并应与主变电所毗邻;

2　洞室应能满足水泵、排水管、起重设备安装及运输要求;

3　地面高程应高出通道入口处井底车场底板高程 0.5 m,地面应向吸水池一侧设 1% 的下坡;

4　泵站应留有增加水泵的余地,必要时,应辅以局部堵水、综合治理或选择潜水泵排水等其他防治水措施;

5　水文地质条件复杂、有突然涌水淹井危险的坑道,在泵站通往井底车场的通道中应设置防水密闭门;

6　竖井井下排水泵站应设两个出口,一个通往井底车场,另一个用倾斜的管子道与井身连接;连接处应高出泵站地面 7 m以上;管子道的倾角应采用 25°~35°,并应设人行台阶;管子道的净空应保证安设排水管后仍能通过水泵或电动机,其高度不得小于 2 m;管子道与井身连接处应设 2 m左右缓坡段,并以3% ~5% 的坡度倾向斜井或竖井。

10.2.5　井下排水泵站水仓的设置应符合下列规定:

1　由两条独立、互不渗漏的坑道组成,水仓容积应根据涌水量情况确定;

2　分段排水时,腰泵站水仓容积按应泵站 10~15 min排水能力设计;

3　入口应设在井底车场排水沟的最低处,入口前必须设置沉淀池,沉淀池的容积应根据水质情况确定;

4　吸水池应采用直接与水仓相连接的形式,连接处应设控制闸阀。

10.2.6 斜井、竖井井下排水泵站的水泵及排水管,应根据隧道设计涌水量、水质和扬程等因素确定,并符合下列要求:

1 各排水泵站的水泵应选用一种型号;

2 确定水泵扬程时,应考虑排水管淤积所增加的阻力,将计算的管道损失增加70%;

3 工作泵和排水管的能力,应能在20 h内排出24 h的隧道设计涌水量;

4 应设有备用的水泵及排水管;

5 工作和备用的水泵及排水管的总能力应能在20 h内排出24 h的隧道最大涌水量;

6 备用水泵的配备能力不应小于工作水泵的总能力;

7 当水泵设有止回阀或底阀时,应进行停泵水锤压力计算;当水锤压力值大于管道试验压力时,应采取消除水锤的措施;

8 泵站中每台水泵均应能向2条排水管输水,每条排水管上应设置放空管及放水闸阀。

10.2.7 排水管的管材应根据水压、水质和敷设条件确定,并应符合下列要求:

1 排水管沿斜井敷设,当压力大于1 MPa时,不应采用铸铁管;

2 排水管沿竖井敷设时,应选用无缝钢管或焊接钢管;

3 涌水的pH值小于5时,排水设备应采取防腐蚀措施。

11　通风、防尘与风水电供应

11.1　通风与防尘

11.1.1　通风与防尘作业应考虑下列主要危险源、危害因素：

1　供风量不足，通风不畅；

2　隧道内一氧化碳、二氧化碳、瓦斯等有毒有害气体超标；

3　粉尘超标；

4　通风系统破坏。

11.1.2　隧道施工独头掘进长度超过150 m时，必须采用机械通风。

11.1.3　隧道施工通风应纳入工序管理，成立专门的通风班组，由专人负责管理。通风方案应经过专项审查，经监理单位审批后实施。

11.1.4　隧道施工应保证对每一作业人员供应新鲜空气不小于3 m^3/min，采用内燃机械作业时，供风量不应小于3 m^3/(min·kW)。

11.1.5　隧道施工通风的风速，全断面开挖时不应小于0.15 m/s，在分部开挖的坑道中不应小于0.25 m/s。

11.1.6　隧道施工环境必须符合国家有关规定，并应满足下列卫生及安全标准的要求：

1　空气中氧气含量按体积计不得低于 20%。

2　粉尘容许浓度，每立方米空气中含有 10% 以上的游离二氧化硅的粉尘不得大于2 mg。每立方米空气中含有 10% 以下的游离二氧化硅的矿物性粉尘不得大于4 mg。

3　常见有害气体容许浓度

1)一氧化碳容许浓度不得大于30 mg/m^3，在特殊情况下，施工人员必须进入开挖工作面时，浓度可为100 mg/m^3，但工作时间不得大于30 min；

2)二氧化碳按体积计不得大于 0.5%；

3)氮氧化物(换算成 NO_2)浓度应在5 mg/m^3以下。

4　隧道内气温不得高于 28 ℃。

5　隧道内噪声不得大于 90 dB。

11.1.7　长及特长隧道施工应有备用通风机和备用电源，保证应急通风的需要。

11.1.8　通风机、通风管安装与使用应符合下列要求：

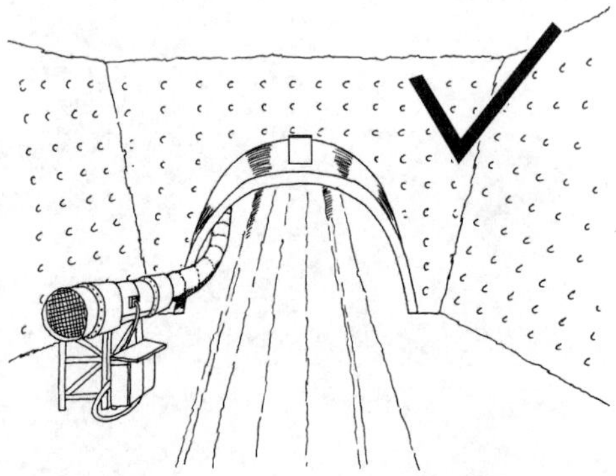

图 11.1.8　通风管安装

1　通风机控制系统应装有保险装置，当发生故障时应自动停机；

2　通风管沿线应每隔 50～100 m设立警示标志或色灯；人员严禁在风管的进出口停留；

3　通风管安装作业台架应稳定牢固，经验收合格后方可使用，如图 11.1.8 所示。

11.1.9　隧道施工应采取综合防尘措施，并配备专用检测设备及仪器，按规定时间测定粉尘和有害气体浓度。

11.1.10　隧道施工人员应配备防尘口罩、耳塞等个人劳动保护用品。洞内作业人员应定期体检,保障健康。

11.1.11 通风与防尘作业应按表11.1.11进行检查,并认真填写检查记录表。对检查中发现的不符合规定的情况,应按本规程表2.1.5签发整改通知单,限期整改,并跟踪验证。

表11.1.11 通风与防尘作业安全检查表

项目(工程)名称			
施工地点			
序号	检查项目	对应条文号	检查情况
1	班前安全讲话	2.1.7	
2	劳动保护用品佩戴	2.1.8	
3	风量	11.1.4	
4	风速	11.1.5	
5	作业环境卫生标准	11.1.6	
6	备用风机及备用电源	11.1.7	
7	通风机保险装置	11.1.8	
8	安全警示标志(灯)	11.1.8	
9	作业台架	11.1.8	
10	防尘和有害气体检测	11.1.9	
检查方: 检查人(签名): 年　月　日		受检方: 接收人(签名): 年　月　日	

11.2 供　风

11.2.1 供风作业应考虑下列主要危险源、危害因素:

1 空压机附件失效;

2 供风管管材不合格,供风管使用中有破损、漏风。

11.2.2 空压机站应有防水、降温和保温设施,并按规定配备消防器材;距离居民区较近时应有防噪声、防振动的措施。

11.2.3 空压机的使用、维修应符合下列规定:

1 储气罐、安全阀、压力表应按规定进行检验;

2 使用前应检查空压机的安全状况,确认完好后方可投入使用;使用过程中应经常检查维护,确保安全运转;

3 操作人员应经专业培训并持证上岗,并遵守安全操作规程;

4 必须执行交接班制度,并作好交接班记录,值班人员不得随意离岗;

5 运转过程中不得随意松动、拆卸任何管路附件和接头,防止设备内部带压的气液混合体溢出伤人;

6 检修或维护时必须停机、切断电源并排尽压缩空气,同时将配电箱锁闭并悬挂"严禁合闸"警示牌,防止意外启动导致人员及设备的损伤。

11.2.4　供风管安装应符合下列规定:

1　供风管的材质及耐风压等级应满足相应要求,不得采用伪劣或不合格管材;

2　供风管安装前应进行检查,当有裂纹、创伤、凹陷等现象时不得使用,管内不得留有残余物和其他脏物;

3　洞内供风管应敷设在电缆、电线路的相对一侧,不得妨碍运输和影响侧沟施工;风管网路中应分段设控制闸阀,以利于控制和检修;

4　供风管应敷设平顺,接头严密,不漏风。软管与钢风管的连接必须牢固可靠,风管拆卸必须在空压机停机或关闭闸阀后进行。

11.2.5　供风系统使用过程中应设专人负责检查和维护,对漏风管路及闸阀等应及时进行修复或更换。

11.2.6　供风作业应按表11.2.6进行检查,并认真填写检查记录表。对检查中发现的不符合规定的情况,应按本规程表2.1.5签发安全检查整改通知单,限期整改,并跟踪验证。

表11.2.6　供风作业安全检查表

项目(工程)名称			
施工地点			
序号	检查项目	对应条文号	检查情况
1	班前安全讲话	2.1.7	
2	劳动保护用品佩戴	2.1.8	
3	空压机站防护措施	11.2.2	
4	空压机附件	11.2.3	
5	空压机安全状况		
6	持证上岗		
7	交接班记录		
8	空压机运行		
9	空压机维修		
10	供风系统维护	11.2.4	
检查方: 检查人(签名): 年　月　日		被检查方: 接收人(签名): 年　月　日	

11.3　供　　水

11.3.1　供水作业应考虑下列主要危险源、危害因素:

1　水质不符合标准;

2　蓄水池不牢固,无防护棚和防护栏或损坏;

3　抽水机电机绝缘失效,电缆线漏电;

4　供水管道有裂纹或闸阀失效。

11.3.2　隧道工程用水使用前应经过水质鉴定,并符合施工用水水质要求。

11.3.3 蓄水池不得设于隧道正上方,水池基础应置于坚实地基上;蓄水池顶部必须设防护棚,四周应设防护栏,并有明显的安全警示标志,防止人员坠入。

11.3.4 机械抽水应有专人负责,当抽水机房设在河边时,应有防洪措施。水池与机房之间应保持通信联系。

11.3.5 抽水机电机的绝缘阻值应符合要求,机体应有可靠的接地接零保护。

11.3.6 供水管道在安装前应进行检查,有裂纹、损伤等现象时不得使用,管内不得留有残余物。

11.3.7 供水管道布置应符合下列规定:

1 供水管路应敷设平顺,接头严密,不漏水;

2 洞内管道应铺设在电缆、电线路的相对一侧,不得妨碍运输和通行;

3 寒冷地区冬期施工时,应采取防冻措施,防止供水管道冻裂。

11.3.8 供水系统应设专人负责检查维护,对漏水管路及闸阀应及时修复或更换,对水源含泥沙较多的高压水池应定期清洗。

11.3.9 供水作业应按表11.3.9进行检查,并认真填写检查记录表。对检查中发现的不符合规定的情况,应按本规程表2.1.5签发整改通知单,限期整改,并跟踪验证。

表11.3.9 供水作业安全检查表

项目(工程)名称			
施工地点			
序号	检查项目	对应条文号	检查情况
1	班前安全讲话	2.1.7	
2	劳动保护用品佩戴	2.1.8	
3	水质	11.3.1	
4	水池防护	11.3.3	
5	抽水管理	11.3.4	
6	电机防护	11.3.5	
7	供水管道检查	11.3.6	
8	供水系统维护	11.3.8	
检查方: 检查人(签名): 年 月 日		被检查方: 接收人(签名): 年 月 日	

11.4 供 电

11.4.1 供电作业应考虑下列主要危险源、危害因素:

1 作业地段照明未使用安全电压,隧道施工照明不足;

2 高压输电线路距人行道安全距离不够;

3 电缆线破损或线头裸露;

4　电工作业人员防护不当。

11.4.2　隧道供电电压应符合下列要求：

1　供电线路应采用 380 V/220 V 三相五线系统；

2　照明电压：作业地段不得大于 36 V，成洞地段可采用 220 V；

3　低压线路末端的电压降不得大于 10%。

11.4.3　隧道内供电线路布置和安装应符合下列规定：

1　成洞地段固定的电线路，应用绝缘良好的塑料绝缘导线架设；施工地段的临时电线路应采用橡套电缆，并应挂设在临时支架上；竖井、斜井应使用铠装电缆；

2　照明和动力电线路安装在同一侧时，必须分层架设；电线悬挂高度应为：电压380 V时不小于2.5 m，10 kV时不小于 3.5 m；

3　涌水隧道的电动排水设备，以及斜井、竖井内的电气装置应采用双回路输电，并有可靠的切换装置；

4　36 V 低压变压器应设在安全、干燥处，机壳接地，输电线路长度不得大于100 m；

5　动力干线上的每一分支线，必须装设开关及保险装置。严禁在动力线路上加挂照明设施。

11.4.4　在隧道内设置 10 kV变电站，应符合下列要求：

1　变电站应设置在干燥的避车洞或不使用的横通道内，变压器与周围及上下洞壁的最小距离不得小于 300 mm；

2　变电站周围必须装设防护遮栏和警示灯，悬挂"止步，高压危险"或"禁止攀登，高压危险"等安全警示牌；

3　变电站应采用井下高压配电装置或相同电压等级的油开关柜，不应使用跌落式熔断器。低压应采用成套组合电器或带有空气断路器的低压配电盘。

11.4.5　隧道施工照明应符合下列规定：

1　隧道内照明的光照度应充足、均匀，不得有闪烁；

2　采用普通光源照明时，其光照度应满足表 11.4.5 的要求；不安全因素较大的地段应加大光照度；

表 11.4.5　隧道施工照明要求

施工作业地段	最小光照度(lx)	施工作业地段	最小光照度(lx)
开挖工作面	50	运输通道	15
其他作业地段	30	成洞地段	10

3　洞内主要交通道路、抽水机站等重要场所，应有安全照明；

4　隧道施工照明应采用防水、防尘灯具。

11.4.6　隧道施工用电应按设计要求设置双电源或自备电源。自备发电机组与外电线路必须电源联锁，严禁并列运行。

11.4.7　隧道施工用电尚应符合《铁路工程基本作业施工安全技术规程》(TB 10301—2009)第 4 章的规定。

11.4.8　供电作业应按表 11.4.8 进行检查，并认真填写检查记录表。对检查中发现的不符合规定的情况，应按本规程表 2.1.5 签发整改通知单，限期整改，并跟踪验证。

表 11.4.8 供电作业安全检查表

<table>
<tr><td colspan="2">项目（工程）名称</td><td colspan="2"></td></tr>
<tr><td colspan="2">施工地点</td><td colspan="2"></td></tr>
<tr><td>序号</td><td>检查项目</td><td>对应条文号</td><td>检查情况</td></tr>
<tr><td>1</td><td>班前安全讲话</td><td>2.1.7</td><td></td></tr>
<tr><td>2</td><td>劳动保护用品佩戴</td><td>2.1.8</td><td></td></tr>
<tr><td>3</td><td>供电电压</td><td>11.4.2</td><td></td></tr>
<tr><td>4</td><td>洞内线路设置</td><td>11.4.3</td><td></td></tr>
<tr><td>5</td><td>洞内变电站</td><td>11.4.4</td><td></td></tr>
<tr><td>6</td><td>隧道施工照明</td><td>11.4.5</td><td></td></tr>
<tr><td>7</td><td>自备电与外电联锁</td><td>11.4.6</td><td></td></tr>
<tr><td colspan="3">检查方：
检查人（签名）：
年 月 日</td><td>被检查方：
接收人（签名）：
年 月 日</td></tr>
</table>

12　不良地质和特殊岩土地段隧道

12.1　一般规定

12.1.1　不良地质和特殊岩土地质隧道施工作业应考虑下列主要危险源、危害因素：

1　专项施工技术方案不合理、开挖方法选择不当；

2　超前地质预测、预报工作不到位，分析判断不准确；

3　初期支护施做不及时，支护强度不足；

4　量测数据失真，信息反馈不及时；

5　瓦斯隧道施工机械设备、检测仪器未按规定配备，瓦斯浓度检测工作不到位，通风效果差。

12.1.2　隧道施工前必须根据设计提供的工程地质及水文地质资料，结合现场实际情况进行分析研究，制定专项施工技术方案。

12.1.3　隧道施工前必须针对不同风险源制订完善的应急预案，并定期组织演练，施工中应有足够的抢险、急救物资储备。

12.1.4　隧道施工时，应根据具体情况制定地质预测、预报方案并组织实施，并根据地质预测、预报的结果及时调整隧道施工方案。

12.1.5　隧道施工时，应加强监控量测。当发现围岩和支护体系变形速率异常时，应立即采取有效措施，情况严重时应将全部人员撤离危险区域。

12.1.6　每道施工工序作业前，应由当班安全员用班前安全讲话的形式，将作业风险和安全措施告知所有作业人员，并按安全措施执行。

12.2　岩　溶

12.2.1　隧道通过岩溶地区时，应根据设计图结合施工现场情况，采用综合超前地质预报，探明溶洞的分布范围、类型、规模、发育程度和填充物、地下水的情况（有无长期补给来源、雨季水量有无增长等）以及岩层的稳定程度等。

12.2.2　岩溶隧道的施工应按"以疏为主、堵排结合、因地制宜、综合治理"的原则，制定安全可靠的施工方案，采取相应的预防措施，防止发生突发性涌水、涌沙和泥石流灾害。

12.2.3　当隧道溶洞与地表水存在水力联系时，溶洞处理和施工应选择在旱季进行。

12.2.4　岩溶地区隧道开挖应符合下列要求：

1　施工前，应了解隧道区域范围内地表水、出水地点的情况，有条件时采取地表注浆等措施对地表进行必要的处理；

2　开挖前，应根据溶洞的大小、填充情况与隧道的相对位置等具体情况，采取相应的安全技术措施；当在溶洞充填体中掘进时，应提前注浆加固；

3　钻孔作业前，必须超前钻孔探测，进一步查明开挖工作面前方一定范围内情况；

4　爆破开挖时，应严格控制开挖进尺，采取多打孔、打浅孔、小药量爆破，确保隧道开挖稳步推进；

5　当隧道只有一侧遇到溶洞时，应先开挖该侧，待支护完成后再开挖另一侧；

6　施工中必须检查溶洞顶板，及时处理危石。当溶洞较大较高时，应进行安全施工防护。

12.2.5 溶洞处理应根据设计文件要求，结合现场实际情况，采取下列引排水、填堵、跨越、绕行等措施：

1 当溶洞有水流时，在查明水源流向及其与隧道位置关系后，应采用钻孔排水降压方式处理；排水降压应留有足够厚度的隔水岩盘，确保安全；

2 对已停止发育、跨径较小、无水的溶洞，应根据其与隧道相交的位置及充填情况，采用混凝土、浆砌片石等材料封堵；拱顶以上的空溶洞应采用喷锚支护加固，或加设护拱并对空腔回填处理；

3 当溶洞较大较深时，可根据实际情况采用跨越方式处理；

4 当溶洞较大较深，短期处理难度很大时，可采用迂回导坑绕过溶洞区，继续进行隧道施工，在不影响正常施工的情况下再处理溶洞。

12.2.6 岩溶地区隧道的初期支护和二次衬砌应根据溶洞情况予以加强。二次衬砌施工前，应重点检查拱部、底板、侧边墙一定范围内是否存在有害空洞，并采取措施处理。

12.2.7 岩溶隧道施工除应按有关工序规定项目进行安全检查外，还应按表12.2.7规定的项目进行检查，并认真填写检查记录表。对检查中发现的不符合规定的情况，应按本规程表2.1.5签发整改通知单，限期整改，并跟踪验证。

表12.2.7 岩溶隧道作业安全检查表

<table>
<tr><td colspan="3">项目(工程)名称</td><td colspan="2"></td></tr>
<tr><td colspan="3">施工地点</td><td colspan="2"></td></tr>
<tr><td>序号</td><td colspan="2">检查项目</td><td>对应条文号</td><td>检查情况</td></tr>
<tr><td>1</td><td colspan="2">班前安全讲话</td><td>2.1.7</td><td></td></tr>
<tr><td>2</td><td colspan="2">作业人员防护用品佩戴情况</td><td>2.1.8</td><td></td></tr>
<tr><td>3</td><td colspan="2">综合超前地质预测、预报落实情况</td><td>12.2.1</td><td></td></tr>
<tr><td>4</td><td colspan="2">施工前对围岩预加固及地表的处理、加固处理效果验证情况</td><td>12.2.2</td><td></td></tr>
<tr><td>5</td><td colspan="2">岩溶地段施工季节选择的合理性</td><td>12.2.3</td><td></td></tr>
<tr><td>6</td><td rowspan="6">岩溶隧道开挖、支护</td><td>岩溶地段地表水处理、地表加固</td><td rowspan="6">12.2.4</td><td></td></tr>
<tr><td>7</td><td>岩溶地段开挖安全技术措施</td><td></td></tr>
<tr><td>8</td><td>每次开挖循环前钻孔探水落实情况</td><td></td></tr>
<tr><td>9</td><td>开挖循环进尺、炸药用量</td><td></td></tr>
<tr><td>10</td><td>半洞半岩的开挖方法</td><td></td></tr>
<tr><td>11</td><td>溶洞顶板及周围的安全检查和安全防护</td><td></td></tr>
<tr><td>12</td><td colspan="2">溶洞处理方法</td><td>12.2.5</td><td></td></tr>
<tr><td>13</td><td colspan="2">衬砌前拱部、底板、侧边墙一定范围内是否存在有害空洞的检查及处理情况</td><td>12.2.6</td><td></td></tr>
<tr><td colspan="5">检查方：　　　　　　　　　　　　　　　　　　被检查方：
检查人(签名)：　　　　　　　　　　　　　　　接收人(签名)：
　　　　年　月　日　　　　　　　　　　　　　　　　年　月　日</td></tr>
</table>

12.3 富水软弱破碎围岩

12.3.1 隧道施工前，必须根据地质条件、埋深及地下水情况，选用地表注浆、超前帷幕注浆、降低地下水位等技术措施进行处理，评估达到要求后方可开挖。

12.3.2 隧道施工过程中，一旦发现浑水、携带泥沙、顶钻、高压喷水、水量突然增大等异常情况，应立即停止施工，分析原因，采取措施进行处理。

12.3.3 隧道施工时应按设计及时施作初期支护，加强初期支护的强度，尽早闭合成环。

12.3.4 建立有效的监控体系，及时埋设监控量测点，并取得基准值，按要求开展监控量测；及时根据量测结果，评价支护的可靠性和围岩的稳定性，调整支护参数，确保施工安全。

12.3.5 衬砌背后的排水盲管（沟）必须顺畅地连接到隧道排水沟，防止地下水在衬砌背后积聚对其形成压力。

12.3.6 富水软弱破碎围岩隧道施工除应按有关工序规定的项目进行安全检查外，还应按表12.3.6规定的项目进行检查，并认真填写检查记录表。对检查中发现的不符合规定的情况，应按本规程表2.1.5签发整改通知单，限期整改，并跟踪验证。

表 12.3.6 富水软弱破碎围岩隧道作业安全检查表

项目（工程）名称			
施工地点			
序号	检查项目	对应条文号	检查情况
1	班前安全讲话	2.1.7	
2	作业人员防护用品佩戴情况	2.1.8	
3	施工前对围岩预加固及地表的处理、加固处理效果验证情况	12.3.1	
4	钻孔过程中，出现异常情况的处理	12.3.2	
5	初期支护及时施作、尽早封闭成环情况	12.3.3	
6	监控量测开展及指导设计与施工情况	12.3.4	
7	地下水防排处理情况	12.3.5	
检查方： 检查人（签名）： 年 月 日		被检查方： 接收人（签名）： 年 月 日	

12.4 风积沙和含水砂层

12.4.1 隧道通过含水砂层时，应将防水工作放在首位，可采用注浆、冻结等方法止水、固结。

12.4.2 风积沙和含水砂层隧道的开挖应符合下列规定：

1 风积沙隧道开挖应遵循“先加固、后开挖”的原则；含水砂层隧道开挖应遵循“先治水、后开挖”的原则；

2 风积沙和含水砂层隧道根据其断面大小，应采用交叉中隔壁法、中隔壁法或台阶法开挖，并应控制一次循环进尺长度；

3 开挖时应及时监测拱部支护的实际下沉量，当预留变形量过大或不足时，应及时调整。

12.4.3 风积沙和含水砂层隧道的支护应符合下列规定：

1 可采用注浆方法固结砂层，以插板作超前支护；

2 支护应及时，边挖边喷射混凝土封闭，遇缝必堵，严防砂粒从支护缝隙中漏出。

12.4.4 含水砂层开挖地段，应采用排水管或其他设施将水引至已二次衬砌地段排出洞外。排水时，应采取过滤措施，防止砂粒被排走引起坍塌。

12.4.5 风积沙和含水砂层隧道的二次衬砌应及早施作。

12.4.6 风积沙和含水砂层隧道施工除应按有关工序规定的项目进行安全检查外，还应按表12.4.6规定的项目进行检查，并认真填写检查记录表。对检查中发现的不符合规定的情况，应按本规程表2.1.5签发整改通知单，限期整改，并跟踪验证。

表12.4.6 风积沙和含水砂层隧道作业安全检查表

项目(工程)名称				
施工地点				
序号	检查项目		对应条文号	检查情况
1	班前安全讲话		2.1.7	
2	作业人员防护用品佩戴情况		2.1.8	
3	含水砂层隧道防水工作		12.4.1	
4	开挖	施工前的加固和治水	12.4.2	
5		隧道开挖方法选择		
6		监控量测及信息反馈		
7	初期支护施作的及时性		12.4.3	
8	防排水处理情况		12.4.4	
9	二次衬砌施作的及时性		12.4.5	
检查方： 检查人(签名)： 年 月 日			被检查方： 接收人(签名)： 年 月 日	

12.5 瓦 斯

12.5.1 瓦斯隧道施工前，必须编制实施性施工组织设计和应急救援预案，其主要内容应包括施工通风设计、预防瓦斯突出的措施和揭煤方法。

12.5.2 瓦斯隧道应建立专门机构进行通风、防突、防爆及瓦斯检测工作，设置消防设施。

12.5.3 瓦斯隧道开工前，必须对施工作业人员及管理人员进行安全技术培训。爆破工、电工、瓦斯检测人员等必须持证上岗。

12.5.4 瓦斯隧道的施工单位应建立救护队伍。救护装备和救护车辆不得用于救护以外的工作。

12.5.5 瓦斯隧道施工作业应符合下列规定：

1 当爆破作业面附近20 m以内风流中瓦斯浓度达到1%时，必须停止钻孔作业；当瓦斯浓度达到1.5%时，必须停止一切作业，撤出工作人员，切断电源，采取措施进行处理；

2　电动机附近 20 m以内风流中瓦斯浓度达到 1.5% 时,必须停止运转,撤出人员,切断电源进行处理;

3　当瓦斯积聚大于 0.5 m^3,浓度大于 2% 时,附近 20 m内必须停止工作,撤出人员,切断电源进行处理;

4　因瓦斯浓度超过规定的允许值而切断电源的电气设备,必须在瓦斯浓度降到 1% 以下时,方可启动机器;使用瓦斯自动检测报警断电装置的开挖工作面,必须人工复电;

5　低瓦斯工区任意处瓦斯浓度超过 0.5% 时,应加强通风监测;

6　开挖后应及时进行喷锚支护,封闭围岩、堵塞岩隙,防止瓦斯继续逸出。

12.5.6　瓦斯工区钻爆作业应符合下列规定:

1　应采用光面爆破技术避免瓦斯积聚;必须采用湿式钻孔。

2　应执行"一炮三检制"和"三人连锁爆破制"。

3　瓦斯工区爆破作业必须使用煤矿许用炸药,并符合下列规定:

1)低瓦斯工区岩层掘进,应使用安全等级不低于一级的煤矿许用炸药;

2)低瓦斯工区揭煤和煤层、半煤层掘进,应使用安全等级不低于二级的煤矿许用炸药;

3)高瓦斯工区爆破,应使用安全等级不低于三级的煤矿许用炸药;

4)有煤与瓦斯突出危险的地段爆破,应使用安全等级不低于三级的煤矿许用含水炸药;

5)禁止使用黑火药和冻结、半冻结的硝化甘油类炸药,同一工作面不应使用两种不同品种的炸药。

4　瓦斯工区爆破应使用煤矿许用瞬发电雷管或煤矿许用毫秒延期电雷管,并应使用防爆型发爆器起爆。严禁使用火雷管,使用煤矿许用毫秒延期电雷管时,最后一段的延期时间不得超过 130 ms。

5　瓦斯工区爆破必须使用炮泥填塞炮孔,填塞材料应用黏土或不燃性材料。炮孔的装药及填塞应符合下列要求:

1)装药前应清除炮孔内的煤(岩)粉;

2)炮孔深度小于 0.6 m时,不应装药爆破;特殊情况下,必须采取安全措施并满封炮泥;

3)炮孔深度为 0.6～1 m时,封泥长度不应小于炮孔长度的 1/2;炮孔深度大于 1 m时,封泥长度不应小于 0.5 m;炮孔深度大于 2.5 m时,封泥长度不应小于 1 m;光面爆破时,周边炮孔应用炮泥封实,且封泥长度不小于 0.3 m;

4)工作面有 2 个或 2 个以上自由面时,最小抵抗线在煤层中不得小于 0.5 m,在岩层中不得小于 0.3 m;浅眼装药爆破大岩块时,最小抵抗线和封泥长度均不得小于 0.3 m;

5)炮孔用水炮泥封堵时,水炮泥外剩余的炮孔部分应用黏土炮泥封实,其长度不小于 0.3 m。

6　装药前应进行检查,有下列情况之一时不应装药爆破:

1)炮孔内发现异状、温度骤高骤低、有显著瓦斯逸出、煤岩松动等;

2)在距爆破地点 20 m内堆放的机具设备、石渣、材料等堵塞坑道断面 1/3 以上;

3)工作面风量不足。

7　爆破前,爆破母线必须扭结成短路,并包覆绝缘层。起爆前,由经过专门培训的爆破工由爆破工作面向起爆站依次进行连接。

12.5.7 防治煤与瓦斯突出应符合下列规定：

1 接近突出煤层前，必须对设计标示的各突出煤层位置进行超前探测，标定各突出煤层准确位置，掌握其赋存情况及瓦斯状况。

2 施工时，至少选用下列5种方法中的2种对突出危险性进行预测，并相互验证：

1）瓦斯压力法；

2）综合指标法；

3）钻屑指标法；

4）钻孔瓦斯涌出初速度法；

5）“R”指标法。

3 应根据地质情况、煤与瓦斯赋存情况、隧道施工方法等选用钻孔排放、抽放、水力冲孔、金属骨架等措施。防突措施实施后，必须进行效果检验。

12.5.8 石门揭煤应符合下列规定：

1 参加揭煤施工人员必须佩戴自救器；

2 在有瓦斯突出的煤层揭煤，爆破时所有人员必须撤到洞外；

3 应加强通风管理，开挖面应有足够的新鲜空气；

4 当瓦斯压力为0.6~1.0 MPa时，可采用振动爆破法；

5 揭煤前应清理洞口和通风机房周围50 m范围内一切火源。

12.5.9 煤层段掘进与支护衬砌应符合下列规定：

1 应控制循环进尺，在全煤层中掘进必须采用电煤钻钻孔，应少钻孔、少装药；

2 在半煤半岩地层中掘进应在岩石炮眼中装药，煤层需爆破时，必须采用松动爆破；

3 在软弱破碎岩层或煤层中掘进，应采用超前支护或预压浆，防止坍塌或瓦斯突出；

4 爆破后应及时进行喷锚支护和施作二次衬砌，封闭围岩，减少瓦斯积聚；

5 仰拱应及早施工，保证拱、墙、仰拱衬砌能形成闭合整体；

6 煤系地层设防段的二次衬砌应预留注浆孔，二次衬砌完成后应及时注浆，充填空隙、减少瓦斯积聚。

12.5.10 瓦斯隧道施工通风应符合下列规定：

1 瓦斯隧道的施工组织设计中，应编制全隧道和各工区的施工通风设计，并考虑各工区贯通后的风流调整和防爆要求。隧道施工的任何作业面不应存在通风盲区。

2 瓦斯隧道通风设施应保持完好。调节、迁移、拆除通风设施的工作，应由通风管理人员担任。

3 瓦斯隧道各开挖工作面必须独立通风，严禁任何2个工作面之间串联通风。

4 瓦斯隧道通风遇有下列情况之一时，应制订处理措施：

1）主要风机停转；

2）通风系统遭受破坏；

3）开挖工作面停风；

4）打开封闭区。

5 洞内供风量应通过计算确定，且每人供风景不得小于4 m^3/min。

6 瓦斯隧道的主风机应有2条独立的供电线路，并装设风电闭锁装置。

7 必须配置一套同等性能的备用通风机，并经常保持良好的使用状态。

8 应采用抗静电、阻燃的通风管。

9 临时停工地段不得停风,停风时应切断电源并设置栅栏与警告牌,人员不得进入。

10 隧道贯通后,应继续加强通风,防止瓦斯局部积聚。

12.5.11 瓦斯隧道施工必须建立瓦斯检测制度,并遵循下列规定:

1 必须设立专职检查员。

2 安全总监、安全监察工程师进入隧道,必须携带便携式甲烷检测报警仪或便携式光学甲烷检测仪,瓦斯检查员进入隧道,必须携带便携式光学甲烷检测仪。

3 所有工作面及通风效果不良地段都应纳入检查范围,并检查到顶部。

4 瓦斯浓度检查频次应符合下列规定:

1)低瓦斯工区每班至少检查 2 次;

2)高瓦斯工区每班必须至少检查 3 次;

3)有煤与瓦斯突出危险的施工作业地段,瓦斯突出较大、变化异常的作业地段,应设专人经常检查;

4)长期停工后重新复工的作业面、隧道塌方后开始处理前必须进行检查。

5 瓦斯检查员必须执行瓦斯巡回检查制度,建立检查台账,并执行日报制度;瓦斯日报必须报送队长和技术主管审阅,并通报通风班长。瓦斯浓度达到或超过规定时,瓦斯检查员有权责令现场人员停止工作,并撤到安全地点。

6 安全主管部门应定期对瓦斯工区的瓦斯检测工作进行检查。

7 检测瓦斯用的仪器、设备必须定期进行调试、校验,发现问题应及时处理。凡经大修的仪器,必须经计量检定合格后方可使用。

12.5.12 瓦斯隧道照明与电气信号设备应符合下列规定:

1 低瓦斯隧道不应大于 220 V,高瓦斯隧道和瓦斯突出隧道不应大于 110 V;

2 输电线路不得使用裸线和绝缘不良的导线;

3 高瓦斯隧道和煤与瓦斯突出隧道,照明电器应使用防爆型,开关应设在进风道或洞口;

4 矿灯充电房应离洞口 50 m以外;

5 瓦斯隧道内的电气信号,除信号集中闭塞外,应能同时发声和发光;

6 竖井、斜井主要井口绞车的信号装置应直接接在供电线路上,不应分接其他负荷;

7 隧道内的电话线路严禁利用大地作回路。

12.5.13 隧道内非瓦斯工区和低瓦斯工区的电气设备与作业机械可使用非防爆型,其行走机械严禁驶入高瓦斯工区和瓦斯突出工区。高瓦斯工区和瓦斯突出工区的电气设备与作业机械必须使用防爆型。

12.5.14 瓦斯隧道防火应符合下列规定:

1 洞口 20 m范围内严禁火源;

2 洞内严禁产生高温和发生火花的作业,洞内不得进行电焊、气焊、喷灯焊等作业,确需用焊时必须有相应的安全措施;

3 洞内严禁使用可燃性材料搭设临时操作间和休息室,暖风道、压入式通风的风洞必须用不燃性材料砌筑,并应至少装设 2 道防火门;

4 在有自燃倾向的煤层中施工时,必须事先制订专项的安全措施,预防煤层自燃;

5 瓦斯工区必须在洞外设置消防水池和消防用砂,水池中应经常保持不少于 200 m^3储水量,并保持一定的水压;

6 瓦斯工区内必须设置消防管路系统,并每隔 100 m设置一个阀门,作业区内设置灭火

器及消防设施,并保持良好状态;

7 洞内发生火灾时,应根据火灾的性质、灾区通风和瓦斯状况,立即采用一切可能的方法直接灭火;

8 当洞内火灾不能直接扑灭时,必须封闭火区,直到经过取样分析,确认火灾已经熄灭后方可启封;启封火区应逐段恢复通风;当测出风流中含一氧化碳或有其他复燃征兆时,必须立即停止向火区送风,并重新封闭火区;

9 启封火区和火区初期恢复通风的工作必须由专业的救护队负责进行,火区内风流所经过的巷道内的人员必须全部撤出;

10 启封火区完毕后 3 d 内,每班由救护队检查通风工作,并测定水温、气温和空气成分,确认火灾完全熄灭,通风等情况良好,方可恢复施工。

12.5.15 瓦斯隧道救护工作应符合下列规定:

1 瓦斯隧道应备有急救和抢救设备,并指定专人保管,经常保持其良好状态,急救和抢救设备不得挪用;

2 高瓦斯和瓦斯突出工区应配备救护队,在事故发生时非救护队成员不得进洞抢救;

3 救护队必须在统一指挥下开展抢救工作,严禁个人单独行动;

4 事故处理救护基地,应设在安全区附近新鲜风流中的安全地带。

12.5.16 瓦斯工区进洞人员应遵守下列安全规定:

1 进入瓦斯隧道的人员必须在洞口登记,并接受安全检查;

2 严禁穿着易产生静电的服装进入瓦斯工区;

3 进入瓦斯突出工区的作业人员必须携带个人自救器。

12.5.17 瓦斯隧道施工除应按有关工序规定的项目进行安全检查外,还应按表 12.5.17 规定的项目进行检查,并认真填写检查记录表。对检查中发现的不符合规定的情况,应按本规程表 2.1.5 签发整改通知单,限期整改,并跟踪验证。

表 12.5.17 瓦斯隧道作业安全检查表

项目(工程)名称			
施工地点			
序号	检查项目	对应条文号	检查情况
1	班前安全讲话	2.1.7	
2	劳动防护用品佩戴情况	2.1.8	
3	消防设施设置情况	12.5.2	
4	特种作业人员持证上岗	12.5.3	
5	瓦斯救护队伍、救护设备	12.5.4	
6	湿式钻孔	12.5.6	
7	“一炮三检制”和“三人连锁爆破制”执行情况		
8	炸药使用		
9	雷管使用		
10	炮孔堵塞		
11	装药前,作业环境		

续上表

项目(工程)名称			
施工地点			
序号	检查项目	对应条文号	检查情况
12	瓦斯防突安全措施	12.5.7	
13	石门揭煤	12.5.8	
14	煤层段掘进进尺、钻孔、装药	12.5.9	
15	煤层段初期支护、二次衬砌		
16	预留注浆孔及注浆		
17	通风	12.5.10	
18	瓦斯检测制度、专职检查员	12.5.11	
19	瓦斯检测频次		
20	瓦斯检测结果及处理		
21	瓦斯检测仪器及设备的调试、检验和鉴定		
22	照明和电气信号设备	12.5.12	
23	高瓦斯、瓦斯突出工区防爆	12.5.13	
24	瓦斯隧道防火措施	12.5.14	
25	瓦斯隧道进洞人员管理	12.5.16	
检查方： 检查人(签名)： 年　月　日			被检查方： 接收人(签名)： 年　月　日

12.6　岩　　爆

12.6.1　对可能发生岩爆的隧道施工中,应对开挖工作面前方的围岩特性、水文地质情况等进行预测、预报。

12.6.2　中等以上岩爆隧道,应选择以机械作业为主的施工方案,采用凿岩台车钻孔,用机械手喷射混凝土。

12.6.3　岩爆隧道应根据岩爆强度大小进行分级,并针对岩爆级别分别采取下列安全技术措施:

1　中等岩爆地段,应在隧道开挖断面轮廓线外10～15 cm范围的边墙及拱部,钻设注水孔,并向孔内灌高压水,软化围岩,加快围岩内部的应力释放;

2　强烈岩爆地段,应采用即时受力锚杆,同时挂设钢筋网或柔性防护网,防止岩爆落石。应在开挖工作面上钻应力释放孔或掘进小导洞,使岩层中的高地应力部分释放,再进行隧道的开挖;应采用超前锚杆预支护,锁定开挖面前方的围岩。

12.6.4　岩爆隧道的施工应符合下列规定:

1　开挖循环进尺应根据岩爆地段的具体情况控制,并不应过大;

2　采用光面爆破或预裂爆破技术,使隧道周壁圆顺,降低岩爆发生的强度;

3　采用机械手进行网喷纤维混凝土;

4 在拱部及边墙布置预防岩爆的短锚杆,锚杆长度为 2 m左右,间距为 0.5 ~ 1.0 m,挂网喷射纤维混凝土。

12.6.5 隧道施工中,一旦发生岩爆,应立即采取下列处理措施:

1 应停机待避,待检查确认安全后进行开挖工作面的观察记录,如岩爆的位置、强度、类型、数量以及山鸣等;

2 增设摩擦式锚杆(不能替代系统锚杆),锚杆应装垫板;

3 及时增喷纤维混凝土,厚度为 5 ~ 8 cm;

4 施工机械重要部位应加装防护钢板,避免岩爆弹射出的岩块伤及作业人员和砸坏施工设备。

12.6.6 岩爆隧道施工除应按有关工序规定的项目进行安全检查外,还应按表 12.6.6 规定的项目进行检查,并认真填写检查记录表。对检查中发现的不符合规定的情况,应按本规程表 2.1.5 签发整改通知单,限期整改,并跟踪验证。

表 12.6.6 岩爆隧道作业安全检查表

项目(工程)名称			
施工地点			
序号	检查项目	对应条文号	检查情况
1	班前安全讲话	2.1.7	
2	作业人员防护用品佩戴情况	2.1.8	
3	岩爆预测、预报工作落实情况	12.6.1	
4	中等以上岩爆以机械施工为主	12.6.2	
5	中等以上岩爆控制和减小岩爆强度的技术措施落实情况	12.6.3	
6	开挖进尺控制情况	12.6.4	
7	采用光面爆破技术、爆破轮廓圆顺控制		
8	初期支护加强措施落实情况		
9	岩爆发生后的处理措施	12.6.5	
检查方: 检查人(签名): 年 月 日		被检查方: 接收人(签名): 年 月 日	

12.7 膨胀性和挤压性围岩

12.7.1 膨胀性和挤压性围岩隧道断面可采用圆形断面或椭圆形断面。

12.7.2 膨胀性围岩浅埋地段,对于地表低洼集水处,应先采取充填黏土隔水,并形成流水坡等措施处理,快速排走地表水。

12.7.3 膨胀性和挤压性围岩隧道开挖应符合下列规定:

1 应采用机械、人工等非爆破开挖方式,减少对围岩的扰动;

2 采用钻爆法开挖时,应控制开挖循环进尺和炸药用量、同时应确保开挖断面轮廓圆顺;

3 开挖后应及时进行支护,封闭暴露的岩体,施作临时仰拱或横撑,支护应尽早封闭成环。

12.7.4 膨胀性和挤压性围岩隧道支护应符合下列规定:

1 根据具体情况加大 20 ~ 30 cm的预留变形量,避免因侵入限界而造成初期支护的拆除;

2 初期支护应做到"先放后抗、先柔后刚",并可分层施作、逐层加强;

3 膨胀性围岩隧道开挖后应尽快初喷混凝土封闭岩面,控制含水量发生大的变化;

4 应加强初期支护,采用喷纤维混凝土、长锚杆和钢架组合的支护结构。初期支护应与围岩密贴,保证初期支护与围岩同步受力和变形。

12.7.5 膨胀性和挤压性围岩隧道施工时,应控制施工用水,加强施工用水管理,防止岩面被水浸泡。

12.7.6 膨胀性和挤压性围岩隧道施工除应按有关工序规定的项目进行安全检查外,还应按表 12.7.6 规定的项目进行检查,并认真填写检查记录表。对检查中发现的不符合规定的情况,应按本规程表 2.1.5 签发整改通知单,限期整改,并跟踪验证。

表 12.7.6 膨胀性和挤压性围岩隧道作业安全检查表

项目(工程)名称			
施工地点			
序号	检查项目	对应条文号	检查情况
1	班前安全讲话	2.1.7	
2	作业人员防护用品佩戴情况	2.1.8	
3	隧道断面形式选择	12.7.1	
4	地表水的处理情况和效果	12.7.2	
5	优先选用机械或人工开挖方式	12.7.3	
6	钻爆法开挖的炸药用量、开挖进尺控制情况		
7	适当加大预留变形量	12.7.4	
8	开挖后立即初喷混凝土封闭岩面		
9	初期支护强度、施作及时性、尽快成环要求		
10	施工用水管理情况	12.7.5	
检查方: 检查人(签名): 年 月 日		被检查方: 接收人(签名): 年 月 日	

12.8 黄　　土

12.8.1 黄土隧道洞口及地表水处理应符合下列规定:

1 进洞前应按设计做好洞顶、洞门及洞口的防排水系统,排水沟应进行铺砌,防止地表水下渗;

2 洞门施工应在雨季前完成;

3 对地表冲沟、陷穴、裂缝等应采取回填夯实、填土反压、改变地表水径流等措施,将水排至隧道范围以外;洞口浅埋段地表冲沟、陷穴、裂缝等,除应采用上述方法处理外,还应用砂浆

抹面,避免水下渗影响结构安全;

4 根据情况采用井点降水等措施将地下水位降至隧道仰拱底部以下 1.5 m,确保施工顺利进行。

12.8.2 黄土隧道的开挖应符合下列规定:

1 黄土隧道应采用机械和人工配合的开挖方式,不应采用钻爆开挖方式;

2 根据隧道断面、地质情况应采用台阶法或分部法开挖;

3 在半岩半土层的隧道爆破时应对拱脚进行加固,同时控制炸药用量,减小爆破对围岩和拱部初期支护的扰动,防止塌方和掉拱;

4 墙脚、拱脚等隅角处应预留 30 cm用人工开挖,严禁超挖;

5 根据不同围岩级别,开挖循环进尺应控制在 0.5～1.5 m;

6 湿陷性黄土隧道基底可采用树根桩、灰土挤密桩、注浆、换填等处理措施;

7 施工中当发现突水、异常变形等不安全因素时,应暂停开挖,加强临时支护,调整施工方案。

12.8.3 黄土隧道初期支护、二次衬砌施工应符合下列规定:

1 施工中要特别注意观察垂直节理,必要时应采取措施,防止塌方事故发生;

2 开挖后应立即对隧道周壁及开挖工作面进行喷射混凝土封闭,并及时施作锚杆、钢筋网及钢架;

3 应在拱脚设置测点,监测拱脚下沉的状态,并在钢架基脚或分部开挖基脚等处设置注浆锁脚锚杆(管),以及设置垫板或采用大拱脚,控制钢架沉降和塌方事故的发生;

4 锚杆施工应采用煤矿螺旋钻成孔;锚杆应采用药包式或早强砂浆式,各种锚杆必须设置垫板;

5 临时支护应根据监控量测情况拆除,一次拆除长度不得大于 15 m。

12.8.4 黄土隧道施工防排水应符合下列规定:

1 地层含水量大时,上、下台阶开挖工作面附近应开挖横向水沟,并采用管、槽将水引至隧道中部纵向排水沟排出洞外,避免浸泡拱脚;

2 应控制施工用水,初期支护喷混凝土和二次衬砌混凝土均应采用喷雾器喷雾养护取代洒水养护,避免混凝土泌水浸泡黄土隧道基底。

12.8.5 黄土隧道施工除应按有关工序规定的项目进行安全检查外,还应按表 12.8.5 规定的项目进行检查,并认真填写检查记录表。对检查中发现的不符合规定的情况,应按本规程表 2.1.5 签发整改通知单,限期整改,并跟踪验证。

表 12.8.5　黄土隧道作业安全检查表

项目(工程)名称			
施工地点			
序号	检查项目	对应条文号	检查情况
1	班前安全讲话	2.1.7	
2	作业人员防护用品佩戴情况	2.1.8	
3	洞口排水系统修筑、地表水处理情况	12.8.1	
4	雨季前做好洞门		
5	降低地下水位措施落实情况		

续上表

项目(工程)名称			
施工地点			
序号	检查项目	对应条文号	检查情况
6	隧道选用机械开挖方式	12.8.2	
7	半岩半土地层隧道爆破开挖拱脚加固措施、爆破药量控制		
8	开挖循环进尺控制		
9	隧道基底处理措施及效果		
10	初期支护强度、施作的及时性	12.8.3	
11	基脚处的锚管(杆)施做情况		
12	临时支护一次拆除长度		
13	洞内排水及施工用水管理	12.8.4	
检查方: 检查人(签名): 年　月　日			被检查方: 接收人(签名): 年　月　日

12.9　高原冻土

12.9.1　高原冻土隧道洞口段,应根据季节温度的变化进行保温施工,并宜安排在非冻季节施工。

12.9.2　洞口边、仰坡的开挖应遵循“快开挖、快防护”的原则,力求缩短边、仰坡的暴露时间。

12.9.3　温暖季节,为避免冻融,洞身施工应采取空气调节措施,降低洞内环境温度。开挖爆破后,应尽快用喷混凝土封闭围岩表面,控制围岩表层融化。

12.9.4　高原冻土隧道施工,应加快模筑混凝土衬砌速度,确保模筑混凝土衬砌紧跟开挖工作面。

12.9.5　高原冻土隧道施工中,应采取有效的防排水措施,防止高寒隧道冻胀破坏。

12.9.6　在隧道施工时,必须根据高原的实际情况,采取合理的通风及供氧方式,选择合适的通风及供氧设备,保证隧道施工人员的健康与安全。

12.9.7　高原冻土隧道施工除应按有关工序规定的项目进行安全检查外,还应按表12.9.7规定的项目进行检查,并认真填写检查记录表。对检查中发现的不符合规定的情况,应按本规程表2.1.5签发整改通知单,限期整改,并跟踪验证。

表12.9.7　高原冻土隧道作业安全检查表

项目(工程)名称			
施工地点			
序号	检查内容	对应条文号	检查情况
1	班前安全讲话	2.1.7	
2	作业人员防护用品佩戴情况	2.1.8	
3	保温施工措施落实情况	12.9.1	

续上表

项目(工程)名称			
施工地点			
序号	检查内容	对应条文号	检查情况
4	洞口施工遵循“快开挖、快防护”原则落实情况	12.9.2	
5	隧道开挖后及时初喷混凝土封闭岩面	12.9.3	
6	二次衬砌施作的及时性	12.9.4	
7	洞内防排水施作情况	12.9.5	
8	隧道通风效果、供氧保证	12.9.6	

检查方：　　　　　　　　被检查方：

检查人(签名)：　　　　　　　　接收人(签名)：

年　月　日　　　　　　　　年　月　日

13　斜井与竖井

13.1　一般规定

13.1.1　斜井、竖井施工作业应考虑下列主要危险源、危害因素：

1　斜井、竖井与正洞连接处的专项施工技术方案不合理；

2　富水长大斜井、竖井的抽排水专项技术方案不合理，抽排水设备配置不足；

3　斜井无轨运输道路坡度过大，运输车辆超速、超载、超限；

4　斜井有轨运输轨道养护不到位、调度指挥不当，运输车辆超速、超载、超限；

5　竖井提升系统信号和制动失灵、调度指挥不当、运行过程中发生机械故障等。

13.1.2　斜井、竖井井口周边的截水、排水系统和防冲刷设施应在开挖前妥善规划，尽早完成。斜井洞门、竖井锁口圈应及早施作。

13.1.3　斜井、竖井的边仰坡开挖不应采用大开挖、大爆破，开挖坡面应及时进行防护，坡面有危石时应进行清除或防护。

13.1.4　斜井、竖井与正洞连接处的施工必须编制专项施工方案，有针对性地制定安全技术措施，按程序报批后方可进行。

13.1.5　斜井、竖井与正洞连接处在开挖前应检查围岩稳定情况，必要时采取超前预加固措施。开挖后，应及时支护和监控量测，围岩差时应及早施作二次衬砌。

13.1.6　斜井、竖井废弃时应按要求做好排水、加固，并采取安全防护措施。

13.2　斜　　井

13.2.1　斜井施工应根据斜井出水量进行抽排水设计，配置满足抽排水需要的各种设施和设备。长大斜井应制定专项抽排水设计方案及应急预案，方案应经有关单位评审。

13.2.2　长大斜井应配备双电源和双管路，并保证在系统电源断电后立即切换到备用电源上。

13.2.3　隧道运输应建立统一的运输调度管理制度，并由专人负责。在斜井与正洞交叉口处应设专人指挥，并设置反光警示镜及限速标志。

13.2.4　斜井施工应加强施工照明和施工通风管理，保证洞内视线和通风效果良好。

13.2.5　斜井掘进应符合下列规定：

1　斜井安装初期支护钢架时，必须按设计要求进行，并在安装过程中采取专门稳固钢架的措施；

2　各种作业平台必须配有制动装置，就位后应进一步采取加固措施，防止作业过程中顺坡溜滑。

13.2.6　斜井无轨运输道路应符合下列规定：

1　长及特长隧道综合坡率不应大于 10%，并应每隔一定距离设长度不小于 30 m的平坡段；

2　单车道的斜井，每隔一定距离应设置一处会车道，其长度应满足安全行车要求；

3　斜井内运输道路必须硬化，并采取防滑措施。

13.2.7　斜井无轨运输车辆必须限速行驶，进洞重车不得大于8 km/h，轻车不得大于15 km/h；出洞爬坡不得大于 20 km/h。

13.2.8 斜井无轨运输,洞内、外应设各种安全设施和警示标志,并应符合下列规定:

1 洞外距离洞口一定位置应设限高标志。洞内各种作业平台必须满足最小行车限界要求,并设置明显的警示标志;

2 在洞内的集水坑、变压器、紧急避险处应设置防撞隔离栏和闪光红灯警示标志;

3 洞内通道一侧每隔一定距离应设置一处防撞安全岛,安全岛内应设有废轮胎防撞墙,作为车辆制动失灵时的安全应对措施。

13.2.9 斜井运输车辆投入使用前应进行检查,符合要求方可进洞作业;施工作业中,项目部安全主管部门每月应进行不少于1次的抽查;驾驶员应每天对车辆进行自检,确保车况良好。

13.2.10 斜井采用有轨运输时,井口必须设置挡车器,并设专人管理;斜井长度超过100 m时,应在井口下20 m和接近井底60 m处设置第二道挡车器;长大斜井应每隔100 m和接近井底时在轨道上设置防溜车装置。

13.2.11 斜井有轨运输时井身每隔30~50 m应设置躲避洞,井底停车场应设避车洞,井底附近的固定设备应设置在专用洞室内。

13.2.12 斜井口、井下及卷扬机之间应有联络信号。提升、下降与停留应有明确的色灯和音响等信号规定。

13.2.13 斜井中牵引运输速度不得大于5 m/s,接近洞口与井底时不得大于2 m/s,升降加速度不得大于0.5 m/s。

13.2.14 斜井提升设备必须装设下列保险装置:

1 防止过卷装置,当提升容器超过正常卸载位置0.5 m时,必须能自动断电,并能使保险闸发生作用;

2 防止过速装置,当提升速度超过最大速度15%时,必须能自动断电,并能使保险闸发生作用;

3 当提升速度超过3 m/s时,必须装设限速器,保证提升容器到达终端停止位置前的速度不大于2 m/s;

4 提升卷扬机必须装设深度指示器、开始减速时能自动示警的警铃及司机不需离座即能操纵的常用闸和保险闸。

13.2.15 斜井施工使用的钢丝绳应符合下列规定:

1 提升用的钢丝绳必须每天检查1次,每隔6个月检验1次;

2 钢丝绳的安全系数和检验要求可参照《起重机安全规程》的规定;

3 钢丝绳的钢丝有变黑、锈皮、点蚀麻坑等损伤时,不得用作升降人员。钢丝绳锈蚀严重,点蚀麻坑形成沟纹,外层钢丝松动时,必须更换。

13.2.16 斜井施工中严禁人员乘坐斗车、矿车。当斜井的垂直深度超过50 m时,应配备运送人员的车辆,其使用应遵守下列规定:

1 运送人员的车辆必须有顶盖,并装有可靠的防坠器;当断绳时能自动发生作用,同时也能用手操纵;

2 运送人员的列车必须设车长跟随,车长坐在行车前方的最前排座位上,手动防溜车装置必须装在车长座位处;

3 每班运送人员前,必须检查车辆的连接装置、保险链及防坠器;运送人员前,应先放一次空车,检查斜井轨道和卷扬机的安全状况;

4　运送人员的车辆不得超过定员,乘车人员及携带的工具不得超出车厢;

5　运送人员的车辆中必须装有向卷扬机司机发送紧急信号的装置。

13.2.17　斜井施工除按应有关工序规定的项目进行安全检查外,还应按表13.2.17规定的项目进行检查,并认真填写检查记录表。对检查中发现的不符合规定的情况,应按本规程表2.1.5签发整改通知单,限期整改,并跟踪验证。

表13.2.17　斜井作业安全检查表

<table>
<tr><td colspan="3">项目(工程)名称</td><td colspan="2"></td></tr>
<tr><td colspan="3">施工地点</td><td colspan="2"></td></tr>
<tr><td>序号</td><td colspan="2">检查项目</td><td>对应条文号</td><td>检查情况</td></tr>
<tr><td>1</td><td colspan="2">班前安全讲话</td><td>2.1.7</td><td></td></tr>
<tr><td>2</td><td colspan="2">作业人员防护用品佩戴情况</td><td>2.1.8</td><td></td></tr>
<tr><td>3</td><td colspan="2">井口排水、防冲刷设施、斜井洞门施工</td><td>13.1.2</td><td></td></tr>
<tr><td>4</td><td colspan="2">边、仰坡开挖及防护加固</td><td>13.1.3</td><td></td></tr>
<tr><td>5</td><td colspan="2">与正洞连接处施工</td><td>13.1.4</td><td></td></tr>
<tr><td>6</td><td colspan="2">抽排水设备、设施</td><td>13.2.1</td><td></td></tr>
<tr><td>7</td><td colspan="2">长大斜井双电源配置</td><td>13.2.2</td><td></td></tr>
<tr><td>8</td><td colspan="2">洞内运输调车管理制度</td><td>13.2.3</td><td></td></tr>
<tr><td>9</td><td colspan="2">斜井施工照明、通风</td><td>13.2.4</td><td></td></tr>
<tr><td>10</td><td rowspan="3">斜井掘进</td><td>支护钢架安装</td><td rowspan="2">13.2.5</td><td></td></tr>
<tr><td>11</td><td>作业平台制动及防溜</td><td></td></tr>
<tr><td>12</td><td>围岩预加固、二次衬砌</td><td>13.1.5</td><td></td></tr>
<tr><td>13</td><td rowspan="3">无轨运输道路</td><td>道路坡度、平坡段设置</td><td rowspan="3">13.2.6</td><td></td></tr>
<tr><td>14</td><td>会车道设置</td><td></td></tr>
<tr><td>15</td><td>路面硬化、防滑措施</td><td></td></tr>
<tr><td>16</td><td colspan="2">运输车辆限速行驶</td><td>13.2.7</td><td></td></tr>
<tr><td>17</td><td rowspan="3">安全警示和安全设施</td><td>限高、净空及标识</td><td rowspan="3">13.2.8</td><td></td></tr>
<tr><td>18</td><td>洞内设施防撞及标识</td><td></td></tr>
<tr><td>19</td><td>洞内安全设施设置</td><td></td></tr>
<tr><td>20</td><td colspan="2">运输车辆管理制度及落实</td><td>13.2.9</td><td></td></tr>
<tr><td>21</td><td colspan="2">斜井有轨运输挡车器设置</td><td>13.2.10</td><td></td></tr>
<tr><td>22</td><td colspan="2">洞身及井底躲避洞设置</td><td>13.2.11</td><td></td></tr>
<tr><td>23</td><td colspan="2">联络信号设置</td><td>13.2.12</td><td></td></tr>
<tr><td>24</td><td colspan="2">斜井有轨运输牵引速度限制</td><td>13.2.13</td><td></td></tr>
<tr><td>25</td><td colspan="2">斜井提升设备保险装置设置</td><td>13.2.14</td><td></td></tr>
<tr><td>26</td><td colspan="2">钢丝绳安全检查及维护</td><td>13.2.15</td><td></td></tr>
<tr><td>27</td><td colspan="2">运送人员车辆的安全</td><td>13.2.16</td><td></td></tr>
<tr><td>28</td><td colspan="2">废弃斜井安全处理</td><td>13.1.6</td><td></td></tr>
<tr><td colspan="5">检查方:　　　　　　　　　　　　　　被检查方:
检查人(签名):　　　　　　　　　　　　接收人(签名):
　　　　年　月　日　　　　　　　　　　　　　　年　月　日</td></tr>
</table>

13.3 竖　井

13.3.1 竖井井口及井架应符合下列规定：

1 井口的锁口圈应配置井盖，只有在升降人员和物料进出时，井盖方可打开；

2 井口应设防雨设施，通向井口的轨道应设阻车器；

3 井口周围应设置安全栅栏和安全门，安全栅栏的高度不应小于 1.2 m；

4 井口、井底、绞车房和工作吊盘间均应有联络信号，并有专人负责，必要时应装设直通电话；

5 竖井井架天轮棚必须安装避雷针，井架脚必须安装接地线。

13.3.2 竖井掘进应符合下列规定：

1 竖井钻孔结束后，应将钻孔机具提升出井外，防止爆破损坏钻孔机具；

2 每次爆破后，应有专人清除危石和掉落在井圈上的石渣，并检查初期支护和临时支撑有无受损，清理完后方可正常工作；

3 当工作面附近或未衬砌地段发现落石、支撑发响、大量涌水时，施工人员应立即撤出井外，并报告处理。

13.3.3 竖井提升机械的使用应符合下列规定：

1 提升机械安装完毕后必须经具有专业资质的检测机构验收合格，并出具安全检验合格证书，方可投入使用；

2 提升机械不得超负荷运行，并应有深度指示器和防止过卷、过速等保险装置，以及限速器和松绳信号等；

3 工作吊盘的载重量不得超过吊盘的设计载重能力；

4 提升用的钢丝绳和各种悬挂使用的钩、链、环、螺栓等连接装置，应具有规定的安全系数，使用前应检验合格后方可安装。使用中应定期检查、维修和更换。

13.3.4 竖井采用吊桶升降人员和物料时应遵守下列规定：

1 吊桶必须沿钢丝绳轨道升降，保证吊桶不碰撞岩壁；

2 运送人员及物料的速度不得超过有关规定；

3 提升钢丝绳应与吊桶连接牢固，不得自动脱钩；

4 吊桶上方必须设置保护伞；

5 不得在吊桶边缘上坐立，乘坐人员身体的任何部位不得超出桶沿；

6 吊桶不准超载，装有物料的吊桶不得乘人。

13.3.5 竖井采用罐笼升降人员和物料时，应遵守下列规定：

1 罐顶应设置可打开的铁盖或铁门，罐底必须满铺钢板，并不得有孔；

2 罐笼一次容纳人数和最大载重量应明确规定，并在井口公布；

3 罐笼升降速度不得大于 3 m/s，加速度不得大于 0.25 m/s^2；

4 罐笼、钢丝绳、卷扬机各部及其连接处，必须设专人检查，发现钢丝绳有损，罐道和罐耳间磨损度超过规定等，必须立即更换；

5 升降人员或物料的单绳提升罐笼必须设置可靠的防坠器；

6 罐笼升降作业时，其下方不得停留人员。

13.3.6 竖井防排水应符合下列规定：

1 竖井建井期间，如果裂隙水较发育，影响作业人员安全，应采用周边帷幕注浆止水；在有少

量裂隙水时,应随竖井的施工开挖在井底设集水坑,采用小型抽水机将水抽入吊桶排至井外;

2　竖井使用期间,正洞裂隙水及施工废水应排入井底水仓,由井底抽水机排出。

13.3.7　竖井施工除应按有关工序规定的项目进行安全检查外,还应按表13.3.7规定的项目进行检查,并认真填写检查记录表。对检查中发现的不符合规定的情况,应按本规程表2.1.5签发整改通知单,限期整改,并跟踪验证。

表13.3.7　竖井作业安全检查表

项目(工程)名称				
施工地点				
序号	检查项目		对应条文号	检查情况
1	班前安全讲话		2.1.7	
2	劳动保护用品佩戴情况		2.1.8	
3	井口排水、防冲刷设施,锁口圈施做		13.1.2	
4	边、仰坡开挖及防护加固		13.1.3	
5	与正洞连接处施工安全措施		13.1.4	
6	竖井井口及井架	井口配置井盖	13.3.1	
7		井口防雨设施、轨道阻车器		
8		安全栅栏设置		
9		联络信号		
10		井架避雷设施		
11	竖井掘进	爆破前,施工机具撤离	13.3.2	
12		爆破后,井口、井内安全检查		
13		异常情况时的人员撤离		
14		围岩预加固、二次衬砌	13.1.5	
15	竖井提升机械使用	检测机构验收合格	13.3.3	
16		深度指示器、保护装置		
17		工作吊盘载重能力		
18		钢丝绳及连接装置检查、维护		
19	采用吊桶提升	保证吊桶不碰井壁的措施	13.3.4	
20		提升速度限制		
21		吊桶连接		
22		吊桶上方设置保护伞		
23		人员、材料不得超出桶沿		
24		人员、材料不得混乘		
25	采用罐笼提升	罐顶铁盖或铁门、罐底钢板设置	13.3.5	
26		人数和最大载重量提示牌		
27		升降速度限制		
28		钢丝绳安全检查及维护		
29		单绳提升罐笼防坠器设置		
30		升降作业时,安全警戒		

续上表

<table>
<tr><td colspan="3">项目(工程)名称</td><td colspan="2"></td></tr>
<tr><td colspan="3">施工地点</td><td colspan="2"></td></tr>
<tr><td>序号</td><td colspan="2">检查项目</td><td>对应条文号</td><td>检查情况</td></tr>
<tr><td>31</td><td rowspan="2">竖井防排水</td><td>竖井建井期间的防排水措施</td><td rowspan="2">13.3.6</td><td></td></tr>
<tr><td>32</td><td>竖井使用期间的防排水措施</td><td></td></tr>
<tr><td>33</td><td colspan="2">竖井废弃时的安全处理措施</td><td>13.1.6</td><td></td></tr>
<tr><td colspan="5">检查方：　　　　　　　　　　被检查方：
检查人(签名)：　　　　　　　接收人(签名)：
年　月　日　　　　　　　　　年　月　日</td></tr>
</table>

14　全断面岩石掘进机(TBM)施工

14.1　一般规定

14.1.1　全断面岩石掘进机(TBM)施工作业应考虑下列主要危险源、危害因素：

1　吊装作业钢丝绳断裂、吊钩脱落、限位器失灵；

2　机械设备运行和维护中作业人员防护不当；

3　通过软弱围岩、岩爆、小岩溶、膨胀岩、高瓦斯等特殊地段；

4　刀具、刀盘、主轴承等失效；

5　施工运输指挥不当、信号和制动失灵、超速、超载及机械故障等；

6　未配备消防器材或消防器材失效。

14.1.2　施工单位应建立健全安全生产保障体系和规章制度，对施工人员进行安全教育和培训。TBM作业人员必须经过专业培训考核合格并取得相应操作证后持证上岗。

14.1.3　TBM在特殊地质条件下施工前，建设单位应组织专家评审施工方案，施工单位应编制安全事故应急救援预案，并经建设单位审批。

14.1.4　TBM施工各工序作业前，应编制安全作业规程和作业指导书，关键工序还应编制专项安全技术措施，经监理单位审批后实施。施工前，应对作业人员进行安全技术交底。

14.1.5　TBM施工中应建立健全机械设备管理制度，定期对设备进行安全检查、维护。

14.1.6　TBM施工的隧道应开展超前地质预报，判断围岩类别、岩性、稳定性、整体性、抗压强度等，通过超前地质预报工作达到快速补充和检验地质资料的目的，避免漏报重大地质灾害点(段)。

14.1.7　TBM施工中应结合工程施工环境、地质和水文条件编制完善的施工监控量测方案。当出现变形异常情况必须加强监测频率，建设单位应选择具有专业资质的第三方进行量测复核工作。

14.2　施工准备

14.2.1　TBM预备洞、步进洞与出发洞的施工应按照本规程第5章和第7章的规定执行。

14.2.2　TBM设备组装场地应进行硬化处理，场地表面平整度和强度应满足TBM组装和步进的要求。

14.2.3　应根据TBM设备部件的最大重量和尺寸，确定吊装设备的型号和结构。吊装设备必须选择符合安全要求并具备相应资质的专业厂家生产的产品。门吊(或桥吊)组装完成后，必须进行试运行，并由当地质量技术监督部门进行质量验收，合格后方可启用。

14.2.4　TBM及后配套大件起吊前，应对吊具和钢丝绳进行验算校核。吊装作业应由专人负责指挥。吊装作业时，各大型部件应选择合理的吊点吊运，吊装应平稳，严禁起吊速度过快和吊件长时间在空中停留。

14.2.5　TBM组装完成后，必须对各项系统进行空载调试，然后再进行整机空载调试。

14.2.6　TBM步进过程中各个移动部位应有专人观察，并及时和指挥人员沟通，由步进操作人员根据具体情况控制。

14.2.7　TBM后配套设备选型应满足隧道长度、转弯半径、坡度、列车编组荷载等指标的安全要求。

14.2.8 隧道内各个后配套系统应布置合理,机车运输系统、人行系统、配套管线在隧道断面上布置应保持相应的安全间距,严禁发生交叉。

14.2.9 TBM 施工准备作业应按表 14.2.9 进行安全检查,并认真填写检查记录表。对检查中发现的不符合规定的情况,应按本规程表 2.1.5 签发整改通知单,限期整改,并跟踪验证。

表 14.2.9 TBM 施工准备作业安全检查表

项目(工程)名称			
施工地点			
序号	检查项目	对应条文号	检查情况
1	班前安全讲话	2.1.7	
2	劳动保护用品佩戴	2.1.8	
3	洞室施工	14.2.1	
4	组装场地	14.2.2	
5	吊装设备试运行	14.2.3	
6	吊装作业	14.2.4	
7	设备调试	14.2.5	
8	步进指挥	14.2.6	
9	后配套设备	14.2.7	
10	后配套布置	14.2.8	
检查方: 检查人(签名): 年 月 日		被检查方: 接收人(签名): 年 月 日	

14.3 掘 进

14.3.1 护盾式 TBM 始发时始发台必须牢固可靠,开敞式 TBM 应确保撑靴撑紧始发洞壁。

14.3.2 TBM 应在起始段 50~100 m进行试掘进。始发掘进时,应以低速度、低推力进行试掘进,在了解设备对岩石的适应性,掌握 TBM 的作业规律后再适当提高掘进速度。

14.3.3 TBM 掘进前应进行超前地质预测、预报。掘进时必须根据隧道的地质条件,选择合理的掘进参数或掘进模式。

14.3.4 TBM 启动、掘进和停机等必须按照 TBM 操作手册的程序操作。

14.3.5 TBM 运行前,应发出警告信号,确认所有人员远离危险区域后方可按操作顺序开机启动。

14.3.6 TBM 掘进过程中,应加强巡视,确保设备运转良好;应检查开挖面支护、仰拱块铺设、管片安装、渣车到位、皮带输送机正常、作业人员到位等情况,确保掘进正常。

14.3.7 开敞式 TBM 在撑靴回缩之前,后支腿与洞底必须接触。TBM 在重新撑紧期间,内机架的移动区域内不得有人。在后配套系统拖拉期间,拖拉油缸区域和后配套位移区域内不得有人。

14.3.8　对 TBM 设备进行保养和检修时应符合下列规定：

1　TBM 及后配套设备的保养和检修工作应在机器停止操作时进行；

2　液压系统维修前，必须关闭相关阀门并降压，必须防止液压油缸的缩回和液压马达的意外运行；

3　电气系统维修前，必须断开电气设备的开关，并防止意外重启；

4　对空气和供水系统进行维修作业时，应关闭相应阀门并降压；

5　刀盘、支撑等旋转部件区域维修作业前，应停止设备运行；

6　现场应配备完善的消防设备，使用明火、电焊进行维修作业时，应有专人监控，附近不应有可燃物；当不能避开可燃物时，必须使用阻燃物覆盖。

14.3.9　TBM 掘进作业应按表 14.3.9 进行检查，并认真填写检查记录表。对检查中发现的不符合规定的情况，应按本规程表 2.1.5 签发整改通知单，限期整改，并跟踪验证。

表 14.3.9　TBM 掘进作业安全检查表

项目（工程）名称			
施工地点			
序号	检查项目	对应条文号	检查情况
1	班前安全讲话	2.1.7	
2	劳动保护用品佩戴	2.1.8	
3	始发台或撑靴情况	14.3.1	
4	试掘进	14.3.2	
5	掘进参数	14.3.3	
6	掘进机操作	14.3.4	
7	运行前检查	14.3.5	
8	掘进过程	14.3.6	
9	复位过程检查	14.3.7	
10	保养和检修	14.3.8	
检查方： 检查人（签名）： 年　月　日		被检查方： 接收人（签名）： 年　月　日	

14.4　支护与衬砌

14.4.1　开敞式 TBM 应根据围岩条件选择合理的初期支护，初期支护应及时施工，并按有关标准要求进行监控量测。

14.4.2　开敞式 TBM 支护过程中，锚杆钻机、钢拱架拼装器、喷射机械手等设备回转半径下严禁站人，设备抓举材料时必须牢固可靠。

14.4.3　开敞式 TBM 支护和衬砌施工应满足本规程第 7 章和第 8 章有关规定的要求。

14.4.4　护盾式 TBM 拼装管片时，拼装范围内不得有人和障碍物。管片（仰拱块）拼装完成后，必须及时对管片(仰拱块)背后进行充填豆砾石，并注入砂浆对豆砾石进行固结，达到管片后孔隙填充密实。

14.4.5 支护和衬砌作业应指定专人进行管片拼装操作。技术人员必须对支护和衬砌作业全程监护，确保安全。

14.4.6 TBM 支护与衬砌作业应按表 14.4.6 进行检查，并认真填写检查记录表。对检查中发现的不符合规定的情况，应按本规程表 2.1.5 签发安全检查整改通知单，限期整改，并跟踪验证。

表 14.4.6 TBM 支护与衬砌作业安全检查表

项目(工程)名称			
施工地点			
序号	检查项目	对应条文号	检查情况
1	班前安全讲话	2.1.7	
2	劳动保护用品佩戴	2.1.8	
3	TBM 支护和衬砌	14.4.3	
4	TBM 支护设备	14.4.2	
5	TBM 安全检查	14.4.4	
6	专职作业人员	14.4.5	
检查方： 检查人(签名)： 年 月 日		被检查方： 接收人(签名)： 年 月 日	

14.5 到达掘进

14.5.1 TBM 到达掘进前，必须制定到达掘进施工方案，进行安全技术交底。

14.5.2 TBM 到达掘进的最后 20 m应根据围岩的地质情况确定合理的掘进参数，减小推力，降低推进速度，并及时支护或回填注浆。

14.5.3 双护盾 TBM 到达段拼装管片后，应设置管片纵向拉紧装置。

14.5.4 TBM 到达掘进，应增加监测的频次，及时通过监控量测掌握贯通面及附近围岩的变形和地表沉降的情况。

14.5.5 隧道贯通前，应做好出洞场地、洞口段的加固。贯通面前方区域应设置安全警戒，禁止人员入内。

14.5.6 隧道贯通时应保持洞内外联络畅通。

14.5.7 TBM 到达掘进作业应按表 14.5.7 进行检查，并认真填写检查记录表。对检查中发现的不符合规定的情况，应按本规程表 2.1.5 签发整改通知单，限期整改，并跟踪验证。

表 14.5.7 TBM 到达掘进作业安全检查表

项目(工程)名称			
施工地点			
序号	检查项目	对应条文号	检查情况
1	班前安全讲话	2.1.7	
2	劳动保护用品佩戴	2.1.8	
3	到达掘进参数设置	14.5.2	
4	管片纵向拉紧装置	14.5.3	
5	贯通面和围岩情况	14.5.4	
6	洞口加固	14.5.5	
7	贯通面安全警戒	14.5.5	
8	洞内外联络	14.5.7	
检查方： 检查人(签名)： 年 月 日		被检查方： 接收人(签名)： 年 月 日	

14.6 拆 卸

14.6.1 TBM 的拆卸方式应根据实际情况确定,采取洞内拆卸或洞外拆卸并按正确的拆卸顺序进行。

14.6.2 洞内拆卸时,拆卸洞室应选择在围岩稳定,整体性较好的位置,尺寸应满足洞内吊装的工作条件,拆卸洞的施工应按照本规程第 5 章和第 7 章的规定执行。

14.6.3 洞内、洞外设备拆卸场地的地基应夯实、表面平整,强度应达到设备吊装时承载力的要求,并必须在 TBM 贯通前完工。

14.6.4 TBM 设备的拆卸应按制造厂商的要求进行,并应满足本规程第 14.3.8 条有关规定的要求。

14.6.5 TBM 设备各部件的吊装作业应满足本规程第 14.2.3、14.2.4 条规定的要求。

14.6.6 TBM 拆卸作业应按表 14.6.6 进行检查,并认真填写检查记录表。对检查中发现的不符合规定的情况,应按本规程表 2.1.5 签发安全检查整改通知单,限期整改,并跟踪验证。

表 14.6.6 TBM 拆卸作业安全检查表

项目(工程)名称			
施工地点			
序号	检查项目	对应条文号	检查情况
1	班前安全讲话	2.1.7	
2	劳动保护用品佩戴	2.1.8	
3	拆卸方式和顺序	14.6.1	
4	拆卸洞室施工	14.6.2	
5	拆卸场地	14.6.3	
6	拆卸作业	14.6.4	
7	吊装	14.6.5	
检查方： 检查人(签名)： 年 月 日		被检查方： 接收人(签名)： 年 月 日	

14.7 特殊地质条件下施工

14.7.1 隧道施工前必须根据设计提供的工程地质及水文地质资料，结合现场实际情况进行分析研究，制定完整的施工技术方案和应急预案。TBM 施工进入特殊地质地段前，必须详细查明和分析工程的地质状况和隧道周围环境，对特殊地质条件下的施工制定相应可靠的施工技术措施。

14.7.2 隧道施工时，应根据具体情况制定地质预测、预报方案，并按根据地质预测、预报的结果及时调整施工方案；还必须加强监控量测工作，并及时反馈量测结果。

14.7.3 TBM 在软弱围岩中掘进时，应按照下列要求进行作业：

1 应减缓掘进速度，必要时应先停机进行加固支护处理，再进行掘进；

2 应根据围岩坍塌的不同程度，采取不同的合理的支护方式；

3 开敞式 TBM 在软弱围岩中掘进，撑靴压力不应太高，刀盘扭矩不应过大，换步时，撑靴的支撑位置应错开钢拱架及洞壁的破碎部位，当洞壁没有适合撑靴的位置或围岩强度太低时，必须对洞壁撑靴处进行加固处理；

4 对富水软弱破碎围岩应采取加强排水的技术措施；

5 双护盾式 TBM 通过软弱围岩时，应减少刀盘喷水、降低刀盘转速和推力、减少单位时间内出渣量、不停机快速通过，防止塌方；还应安装重型管片、及时填充豆砾石并注浆，待通过后再进行固结注浆。

14.7.4 隧道施工中可能发生岩爆时，应遵循“以防为主，防治结合”的原则，对开挖面前方的围岩特性、水文地质情况等进行预测、预报。当发现有强烈岩爆存在的可能时，应及时研究施工对策措施。

14.7.5 TBM 能通过的小岩溶地段，应按下列要求进行作业：

1 隧道通过岩溶地区时，施工前应根据设计图、施工现场情况和超前地质预报，判断溶洞的状况，及时正确地制定施工方案；

2 在掘进过程中，应通过控制掘进参数控制掘进方向，减缓掘进速度，使刀盘受力均匀。

14.7.6 TBM 通过膨胀岩地段，应按下列要求进行作业：

1 开敞式 TBM 施工时，应采用弹性软式透水管将水归入沟槽，引至洞内水沟；初期支护应采用喷射混凝土、钢筋网、锚杆、钢架等，必要时可采取钢筋纤维混凝土或加设钢筋网；

2 膨胀岩隧道的衬砌应在围岩变形基本稳定，变形速度小于 0.5 mm/d后施作，在衬砌混凝土强度达到设计强度的 100% 时，方可拆模；

3 护盾式 TBM 通过膨胀岩地段时，应迅速通过，减少停机时间，必要时，可使用扩孔刀具加大开挖直径，减少被卡住危险。

14.7.7 TBM 通过高瓦斯地段时，应在其上配备瓦斯探测设备。当瓦斯超过一定浓度时，应停止主机作业，强制执行二次通风系统工作等保护程序。

14.7.8 TBM 在特殊地质条件下作业应按表 14.7.8 进行检查，并认真填写检查记录表。对检查中发现的不符合规定的情况，应按本规程表 2.1.5 签发整改通知单，限期整改，并跟踪验证。

表 14.7.8　TBM 在特殊地质条件下作业安全检查表

项目(工程)名称				
施工地点				
序号	检查项目		对应条文号	检查情况
1	班前安全讲话		2.1.7	
2	劳动保护用品佩戴		2.1.8	
3	软弱围岩掘进	掘进速度	14.7.3	
		支护方式		
		撑靴压力和位置		
		排水设施		
		掘进通过		
4	岩爆地段掘进		14.7.4	
5	岩溶地段掘进		14.7.5	
6	膨胀岩地段掘进		14.7.6	
7	高瓦斯地段掘进		14.7.7	
检查方： 检查人(签名)： 年　月　日			被检查方： 接收人(签名)： 年　月　日	

14.8　施工运输

14.8.1　TBM 施工运输应制定安全操作规程，运输操作人员应经专业培训考核合格并取得特种作业操作证后持证上岗。

14.8.2　机车牵引能力应满足隧道最大纵坡和运输重量的要求。

14.8.3　机车行驶时应符合下列规定：

1　加强线路信号管理，确保信号准确无误；

2　开车前，必须前后检查，各类物件必须放置稳妥，捆绑安全，运输不得超载、超宽和超长；

3　机车在启动和行驶过程中，必须启动警铃、电喇叭等警示装置，同时，应注意机车行驶中的动态；

4　应限制机车行驶速度，机车通过道岔时行驶速度不得超过 5 km/h，通过其他洞段时行驶速度不得超过 15 km/h，机车在进入和离开后配套台车时应鸣笛，且减速慢行；

5　扳道员应保证扳道过程中不出差错；

6　应派专人负责养护轨道，轨道必须平顺，钢轨与轨枕间必须固定牢靠；轨枕和轨距拉杆必须符合安装规定；

7　机车在行驶中严禁司机、调车员将身体任何部位伸出限界外；

8　机车长距离运输会车时，应按照轻车避让重车的原则，保证重载列车运行畅通。

14.8.4　采用皮带输送机出渣时应符合下列规定：

1　皮带输送机输送能力应满足 TBM 最大生产能力；

2　皮带输送机机架应坚固，平、正、直；

3 必须按皮带输送机的使用与保养规程定期对皮带输送机的电器、机械、液压系统进行检查、保养与维修；

4 应设专人检查皮带的跑偏情况并及时调整；

5 应按照技术要求设置出渣、转渣装载装置；

6 启动皮带输送机前，应发出声光警示，空载启动后，应检查各部位的运转和皮带的松弛度，如无异常，在达到额定转速后，方可均匀装料；

7 严禁皮带输送机在运转中进行修理和调整，作业人员不得从皮带输送机下面穿过或跨越皮带；

8 皮带两侧应加设挡板或栅栏等防护装置，运料中应及时清除皮带上的粘连物；

9 停机后要关闭电源。

14.8.5 TBM施工运输还应满足本规程第6章有关规定的要求。

14.8.6 TBM施工运输作业应按表14.8.6进行检查，并认真填写检查记录表。对检查中发现的不符合规定的情况，应按本规程表2.1.5签发整改通知单，限期整改，并跟踪验证。

表14.8.6 TBM施工运输作业安全检查表

项目(工程)名称			
施工地点			
序号	检查项目	对应条文号	检查情况
1	班前安全讲话	2.1.7	
2	劳动保护用品佩戴	2.1.8	
3	运输安全规程和人员培训	14.8.1	
4	机车牵引能力	14.8.2	
5	机车行驶	14.8.3	
6	皮带运输	14.8.4	
检查方： 检查人(签名)： 年 月 日		被检查方： 接收人(签名)： 年 月 日	

15 盾构施工

15.1 一般规定

15.1.1 盾构施工作业应考虑下列主要危险源、危害因素：

1 吊装作业钢丝绳断裂、吊钩脱落、限位器失灵；

2 始发或接收盾构工作井端头地层未加固；

3 掘进参数选择错误，开挖面失稳，地表下沉；

4 通过浅覆土地层、小净距、小半径曲线、大坡度、江河及下穿既有建(构)筑物、地下管线、障碍物等特殊地段；

5 刀具、刀盘、主轴承等失效；

6 带压换刀；

7 施工运输指挥不当、信号和制动失灵、超速、超载及机械故障等；

8 未配备消防器材或消防器材失效。

15.1.2 盾构施工前，应对地层、地下管线、地下及地面建(构)筑物及障碍物进行详细调查。

15.1.3 施工单位应建立健全安全生产保障体系和规章制度，对施工人员进行安全教育和培训。盾构作业人员必须经过专业培训考核合格并取得相应操作证后持证上岗。

15.1.4 盾构施工各工序作业前，应编制安全作业规程和作业指导书，关键工序还应编制专项安全技术措施，经监理单位审批后实施。施工前，应对作业人员进行安全技术交底。

15.1.5 盾构在特殊地段施工前，建设单位应组织专家评审施工方案。施工单位应编制安全事故应急救援预案，并经建设单位审批。

15.1.6 盾构施工中应建立健全机械设备管理制度，定期对设备进行安全检查、维护。

15.1.7 盾构施工中应结合工程施工环境、地质和水文条件编制完善的施工监控量测方案。当出现变形异常情况必须加强监测频率。建设单位应选择具有专业资质的第三方进行量测复核工作。

15.1.8 盾构设备大件吊装作业必须由具有资质的专业队伍实施。

15.2 施工准备

15.2.1 盾构施工前，应根据工程的水文地质条件、盾构类型、工作井围护形式、周围环境等因素，对盾构工作井端头地基进行合理加固。掘进前，应检测加固体的强度、抗渗性能，合格后方可始发掘进。

15.2.2 盾构设备吊装应符合下列规定：

1 应根据盾构设备部件的最大重量和尺寸选用吊装设备，吊装设备必须选择符合安全要求并具备相应资质的专业厂家生产的产品；

2 起吊前，应确定合理的吊装方式，对吊具和钢丝绳的强度、地基吊装承载力、盾构工作井结构、地下管线等应进行验算校核，并根据验算结果采取相应的加固措施；

3 吊装作业时，各大型部件应选择合理的吊点吊运，吊装应平稳，严禁起吊速度过快和吊件长时间在空中停留；

4 吊装作业应由专人负责指挥。

15.2.3 盾构组装完成后,必须对各项系统进行空载调试,然后再进行整机空载调试。

15.2.4 盾构后配套设备选型应满足隧道长度、转弯半径、坡度、列车编组荷载等指标的安全要求。

15.2.5 隧道内各个后配套系统必须布置合理,机车运输系统、人行系统、配套管线在隧道断面上布置必须保持必要安全间距,严禁发生交叉。机车车辆距隧道壁、人行通道栏杆及隧道内其他设施不得小于 20 cm,人行走道宽度不得小于 70 cm。

15.2.6 盾构施工准备作业应按表 15.2.6 进行检查,并认真填写检查记录表。对检查中发现的不符合规定的情况,应按本规程表 2.1.5 签发安全检查整改通知单,限期整改,并跟踪验证。

表 15.2.6 盾构施工准备作业安全检查表

项目(工程)名称			
施工地点			
序号	检查项目	对应条文号	检查情况
1	班前安全讲话	2.1.7	
2	劳动保护用品佩戴	2.1.8	
3	工作井端头加固	15.2.1	
4	吊装作业	15.2.2	
5	设备调试	15.2.3	
6	后配套设备	15.2.4	
7	后配套布置	15.2.5	
检查方: 检查人(签名): 年 月 日		被检查方: 接收人(签名): 年 月 日	

15.3 始　　发

15.3.1 盾构始发前必须验算盾构反力架及其支撑的刚度和强度,反力架必须牢固的支撑在始发井结构上。盾构反力架的整体倾斜度应与盾构基座的安装坡度一致。

15.3.2 盾构始发前必须对刀盘不能直接破除的洞门围护结构进行拆除。拆除前应确认始发工作井端头地基加固与止水效果良好。拆除时,应将洞门围护结构分成多个小块,从上往下逐个依次拆除,拆除作业应迅速连续。

15.3.3 洞门围护结构拆除后,盾构刀盘应及时靠上开挖面。

15.3.4 盾构始发时必须在洞口安装密封装置,并确保密封止水效果。盾尾通过洞口后,应立即进行二次补充注浆,尽早稳定洞口。

15.3.5 盾构始发时必须采取措施防止盾构扭转和稳定始发基座。

15.3.6 盾构始发时,千斤顶顶进应均匀,防止反力架受力不均而倾覆。

15.3.7 负环脱出盾尾后,应立即对管片环向进行加固防止变形。

15.3.8 盾构始发作业应按表 15.3.8 进行检查,并认真填写检查记录表。对检查中发现的不符合规定的情况，应按本规程表 2.1.5 签发整改通知单，限期整改，并跟踪验证。

表 15.3.8　盾构始发作业安全检查表

项目(工程)名称			
施工地点			
序号	检查项目	对应条文号	检查情况
1	班前安全讲话	2.1.7	
2	劳动保护用品佩戴	2.1.8	
3	反力架与基座可靠度	15.3.1	
4	洞口围护桩破除	15.3.2	
5	开挖面稳定措施	15.3.3	
6	洞口止水密封装置	15.3.4	
7	盾构防扭措施	15.3.5	
8	千斤顶顶进速度	15.3.6	
9	负环加固	15.3.7	
检查方： 检查人(签名)： 年　月　日			被检查方： 接收人(签名)： 年　月　日

15.4　掘　　进

15.4.1　盾构应在起始段 50～100 m 进行试掘进，掌握盾构掘进的适应性能和施工规律。

15.4.2　盾构掘进应根据不同的地质情况、施工监测结果、试掘进经验等因素选用合适的掘进参数。

15.4.3　土压平衡盾构掘进时，应使开挖土体充满土仓，排土量与开挖量相平衡。

15.4.4　泥水平衡盾构掘进时，应保持泥浆压力与开挖面的水土压力相平衡及排土量与开挖量相平衡。

15.4.5　复合盾构应根据地质条件和周边环境条件选择适当的掘进模式掘进。当复合盾构采用土压平衡模式掘进时，应按本规程第 15.4.3 条规定执行。掘进模式的转换采用局部气压模式(半敞开模式)作为过渡模式，并在地质条件较好的地层中完成。

15.4.6　土压平衡和复合盾构改良开挖土体流塑状态时，应采取合适的添加剂，保证开挖面的稳定。掘进过程中，应采取措施防止螺旋输送机发生喷涌。

15.4.7　盾构掘进时应控制姿态，推进轴线应与隧道轴线保持一致，减少纠偏。实施纠偏应逐环、少量纠偏，严禁过量纠偏扰动周围地层。应防止盾构长时间停机。

15.4.8　盾构壁后注浆应符合下列规定：

1　应根据工程地质条件、地表沉降状态、环境要求和设备情况等选择注浆方式和注浆参数；

2　同步注浆和即时注浆必须与盾构掘进同步进行，同步注浆的注浆速度应根据注浆量和掘进速度确定；

3 注浆压力应根据地质条件、注浆方式、管片强度、设备性能、浆液特征和隧道埋深等综合因素确定；

4 同步注浆和即时注浆的注浆填充系数应根据地层条件、施工状态和环境要求确定；

5 根据隧道稳定状态和环境保护要求，可进行二次补强注浆，二次补强注浆的注浆量和注浆速度应根据环境条件和沉降监测结果等确定；

6 应根据注浆要求进行注浆材料的试验和选择，可按地质条件、隧道条件和工程环境合理选用注浆材料。

15.4.9 盾构掘进过程中，应及时检查刀具和刀盘，发现过度磨损必须及时更换刀具和维修刀盘。

15.4.10 盾构刀具检查和更换地点应选择在地质条件好、地层较稳定的地段进行。在不稳定的地层更换刀具时，必须采取地层加固或气压等措施，开挖面稳定后方可进仓作业。带压进仓换刀作业必须符合气压作业相关标准的规定。

15.4.11 在盾构掘进过程中需要对刀盘进行维修时，应对刀盘前方土体采取可靠的加固措施或施作竖井。

15.4.12 对盾构设备进行维修时应符合下列规定：

1 盾构及后配套设备的保养和检修工作应在机器停止操作时进行；

2 液压系统进行维修作业前，必须关闭相关阀门并降压，必须防止液压油缸的缩回和液压电动机的意外运转；

3 电气系统维修前，必须将系统关闭，并防止意外重启；

4 对空气和供水系统进行维修作业时，应关闭相应阀门并降压；

5 在刀盘、拼装机等旋转设备部件区域进行维修作业前，设备必须停止运转；

6 现场应配备完善的消防设备，使用明火、电焊进行维修作业时，应有专人监控，附近不应有可燃物；当不能避开可燃物时，必须使用阻燃物覆盖。

15.4.13 盾构掘进作业应按表15.4.13进行检查，并认真填写检查记录表。对检查中发现的不符合规定的情况，应按本规程表2.1.5签发整改通知单，限期整改，并跟踪验证。

表15.4.13 盾构掘进作业安全检查表

项目(工程)名称			
施工地点			
序号	检查项目	对应条文号	检查情况
1	班前安全讲话	2.1.7	
2	劳动保护用品佩戴	2.1.8	
3	试掘进	15.4.1	
4	掘进参数设置	15.4.2	
5	土压平衡模式	15.4.3	
6	泥水平衡模式	15.4.4	
7	复合盾构掘进模式	15.4.5	
8	渣土改良	15.4.6	
9	盾构姿态及纠偏	15.4.7	

续上表

项目(工程)名称			
施工地点			
序号	检查项目	对应条文号	检查情况
10	壁后注浆	15.4.8	
11	刀具和刀盘检查	15.4.9	
12	更换刀具	15.4.10	
13	地下维修刀盘的加固	15.4.11	
14	设备保养和检修	15.4.12	
检查方： 检查人(签名)： 年 月 日		被检查方： 接收人(签名)： 年 月 日	

15.5 管片制作及拼装

15.5.1 管片制作应符合相关安全规定，在预制场内使用行车转运管片，吊具应安全可靠，管片应放置稳当。

15.5.2 管片贮存场地必须坚实平整。每层管片之间应正确设置垫木，堆码高度应经计算确定，防止管片倒塌。

15.5.3 管片拼装中，应指定专门的拼装作业人员，技术人员必须对拼装作业进行全程监控，确保拼装安全。

15.5.4 管片拼装时，举重臂与管片连接必须使用专用保险销子并拧紧，管片拼装和吊运范围内不得有人和障碍物。每块管片拼装完成后，相应区域的千斤顶应及时伸出固定管片。

15.5.5 管片制作及拼装作业应按表15.5.5进行检查，并认真填写检查记录表。对检查中发现的不符合规定的情况，应按本规程表2.1.5签发整改通知单，限期整改，并跟踪验证。

表15.5.5 管片制作及拼装作业安全检查表

项目(工程)名称			
施工地点			
序号	检查项目	对应条文号	检查情况
1	班前安全讲话	2.1.7	
2	劳动保护用品佩戴	2.1.8	
3	管片转运	15.5.1	
4	管片堆放	15.5.2	
5	管片拼装人员	15.5.3	
6	管片拼装过程	15.5.4	
检查方： 检查人(签名)： 年 月 日		被检查方： 接收人(签名)： 年 月 日	

15.6 接　　收

15.6.1 盾构到达前应拆除洞门围护结构，拆除前应确认接收工作井端头地基加固与止水效果良好，拆除时应控制凿除深度。

15.6.2 盾构到达前，必须在洞口安装密封装置，并确保密封止水效果。

15.6.3 盾构距到达接收工作井 15 m内，应调整掘进速度、开挖压力等参数，减少推力、降低推进速度和刀盘转速，控制出土量并监视土仓内压力。

15.6.4 隧道贯通前 10 环管片应设置管片纵向拉紧装置。贯通后，应快速顶推并迅速拼装管片。

15.6.5 隧道贯通前 10 环管片应加强同步注浆和即时注浆，盾尾通过洞口后，应及时密封管片环与洞门间隙，确保密封止水效果。

15.6.6 盾构接收作业应按表 15.6.6 进行检查，并认真填写检查记录表。对检查中发现的不符合规定的情况，应按本规程表 2.1.5 签发整改通知单，限期整改，并跟踪验证。

表 15.6.6　盾构接收作业安全检查表

项目(工程)名称			
施工地点			
序号	检查项目	对应条文号	检查情况
1	班前安全讲话	2.1.7	
2	劳动保护用品佩戴	2.1.8	
3	端头加固效果	15.6.1	
4	洞口止水密封装置	15.6.2	
5	到达掘进参数	15.6.3	
6	贯通控制	15.6.4	
检查方： 检查人(签名)： 年　月　日		被检查方： 接收人(签名)： 年　月　日	

15.7 过站、调头及解体

15.7.1 盾构过站、调头及解体时应确保过站、调头的托架或小车有足够的强度和刚度。

15.7.2 盾构过站、调头应由专人指挥，专人观察盾构转向或移动状态。应控制好盾构调头速度，并随时观察托架或小车是否有变形、焊缝开裂等情况。

15.7.3 在举升盾构机前，应保证液压千斤顶可靠，千斤顶举升应保持同步，举升平稳。

15.7.4 牵引平移盾构应缓慢平稳，工作范围严禁人员进入，钢丝绳应安全可靠。

15.7.5 盾构解体前，必须关闭各个系统，并对液压空气和供水系统释放压力。

15.7.6 盾构解体时，各个部件应支撑牢固。高处作业应有可靠的安全保护措施。

15.7.7 盾构过站、调头及解体作业应按表 15.7.7 进行检查，并认真填写检查记录表。对检查中发现的不符合规定的情况，应按本规程表 2.1.5 签发整改通知单，限期整改，并跟踪验证。

表 15.7.7 盾构过站、调头及解体作业安全检查表

项目(工程)名称			
施工地点			
序号	检查项目	对应条文号	检查情况
1	班前安全讲话	2.1.7	
2	劳动保护用品佩戴	2.1.8	
3	托架或小车强度和刚度	15.7.1	
4	指挥人员	15.7.2	
5	盾构举升	15.7.3	
6	盾构牵引	15.7.4	
7	解体系统关闭	15.7.5	
8	支撑和防护	15.7.6	
检查方： 检查人(签名)： 年 月 日		被检查方： 接收人(签名)： 年 月 日	

15.8 洞门、联络通道施工

15.8.1 洞口负环拆除前,应对洞口采取二次注浆等措施,确保洞口周围土体强度和止水性能。

15.8.2 联络通道施工应符合下列规定:

1 施工前,必须对联络通道开挖范围及上方地层进行有效的加固;

2 拆除联络通道交叉口管片前,必须对管片壁后土体和联络通道处管片进行加固;

3 隧道内施工平台在断面布置上应与机车运输系统保持必要安全间距,严禁发生交叉;

4 联络通道的施工应按本规程第5章和第7章的规定执行。

15.8.3 洞门、联络通道施工作业应按表15.8.3进行检查,并认真填写检查记录表。对检查中发现的不符合规定的情况,应按本规程表2.1.5签发整改通知单,限期整改,并跟踪验证。

表 15.8.3 洞门、联络通道作业安全检查表

项目(工程)名称			
施工地点			
序号	检查项目	对应条文号	检查情况
1	班前安全讲话	2.1.7	
2	劳动保护用品佩戴	2.1.8	
3	洞口管片加固措施	15.6.5	
4	洞门施工安全措施	15.8.1	
5	联络通道施工安全措施	15.8.2	
检查方： 检查人(签名)： 年 月 日		被检查方： 接收人(签名)： 年 月 日	

15.9 特殊地段施工

15.9.1 盾构在特殊地质条件和施工环境条件下掘进时,应制定完善的监控量测方案,加密监控量测点和提高量测频率,并应根据反馈的监控量测结果及时调整掘进参数。

15.9.2 盾构在浅覆土地段掘进前,应根据地质、水文条件与施工环境等判定其对环境的安全影响,并根据实际情况采取地基加固、设置抗浮板或加盖板等处理措施。

15.9.3 相邻净距小的隧道施工前,应采取加固隧道间土体、对先建隧道管片壁后注浆、先建隧道内支设钢支撑等辅助措施,控制地层和隧道结构变形。后建隧道施工时,应控制掘进速度、土仓压力、出渣量、注浆压力等,减少对先建隧道的影响。

15.9.4 小半径曲线段隧道施工时,应制定防止盾构后配套台车和编组列车脱轨或倾覆的措施。

15.9.5 盾构下穿或近距离通过既有建(构)筑物、地下管线前,应符合下列规定:

1 应对该地段进行详细调查并评估施工对既有建(构)筑物、地下管线安全的影响;

2 应根据实际情况对受盾构掘进影响的既有建(构)筑物、地下管线的地基或基础进行加固处理;

3 应控制掘进参数,减少施工对既有建(构)筑物、地下管线的影响;

4 应加强既有建(构)筑物的沉降、倾斜观测。当发现有沉降、倾斜趋势时,应及时加固处理。

15.9.6 大坡度地段施工时,机车和盾构后配套台车必须制定防溜措施。

15.9.7 江河地段盾构施工应符合下列规定:

1 应详细查明工程地质和水文地质条件和河床状况,设定适当的开挖面压力,加强开挖面管理与掘进参数控制,防止冒浆和地层坍塌;

2 应采用快凝早强注浆材料,加强壁后同步注浆和二次注浆;

3 下穿江河前,应对盾构密封系统进行全面检查和处理;

4 长距离下穿江河时,应根据地层条件预测刀具和盾尾密封的磨损,制定更换方案;

5 应采取措施防止对堤岸的影响。

15.9.8 盾构特殊地段作业应按表15.9.8进行检查,并认真填写检查记录表。对检查中发现的不符合规定的情况,应按本规程表2.1.5签发整改通知单,限期整改,并跟踪验证。

表15.9.8 盾构在特殊地段作业安全检查表

项目(工程)名称			
施工地点			
序号	检查项目	对应条文号	检查情况
1	班前安全讲话	2.1.7	
2	劳动保护用品佩戴	2.1.8	
3	浅覆土地层加固	15.9.2	
4	小净距隧道掘进	15.9.3	
5	小半径曲线段掘进	15.9.4	
6	下穿或通过建(构)筑物、地下管线	15.9.5	

续上表

项目(工程)名称			
施工地点			
序号	检查项目	对应条文号	检查情况
7	大坡度段掘进	15.9.6	
8	江河地段掘进	15.9.7	
检查方： 检查人(签名)： 年　月　日		被检查方： 接收人(签名)： 年　月　日	

15.10　施工运输

15.10.1　盾构施工运输应制定安全操作规程,运输操作人员应经专业培训考核合格并取得特种作业操作证后持证上岗。

15.10.2　机车应经特种设备检测机构验收合格后方可投入使用。

15.10.3　皮带输送机机架应坚固,平、正、直。启动皮带输送机前,应发出声光警示。空载启动后,应检查各部位的运转和皮带的松弛度,如无异常,在达到额定转速后,方可均匀装料。应设专人检查皮带的跑偏情况并及时调整。

15.10.4　机车行驶时应符合下列规定:

1　机车必须有完整的安全装置,司机在开车前必须检查连接器、制动器及部件的完好性;

2　机车行驶速度不得大于 10 km/h;经过转弯处或接近岔道时,应限速 5 km/h;在靠近工作面 100 m距离内应限速 3 km/h,并打铃警示;车尾接近盾构机台车时,限速 3 km/h并减速慢行;下坡时应带制动;

3　机车在启动和行驶过程中,必须启动警铃、电喇叭等警示装置,同时,应注意机车行驶中的动态;

4　开车前应前后检查,各类物件必须放置稳妥,捆绑安全,运输不得超载、超宽和超长;

5　轨道养护应有专人负责,轨道必须平顺,钢轨与轨枕间必须固定牢靠,轨枕和轨距拉杆必须符合安装规定。

15.10.5　工作竖井内必须规定垂直运输的作业范围,在该范围内严禁任何非作业人员进入。

15.10.6　钢丝绳、吊带等吊具应定期检查、更换。

15.10.7　盾构施工运输还应满足本规程第 6 章有关规定的要求。

15.10.8　盾构施工运输作业应按表 15.10.8 进行检查,并认真填写检查记录表。对检查中发现的不符合规定的情况,应按本规程表 2.1.5 签发整改通知单,限期整改,并跟踪验证。

表 15.10.8　盾构施工运输作业安全检查表

项目(工程)名称			
施工地点			
序号	检查项目	对应条文号	检查情况
1	班前安全讲话	2.1.7	
2	劳动保护用品佩戴	2.1.8	

续上表

项目(工程)名称			
施工地点			
序号	检查项目	对应条文号	检查情况
3	运输人员持证上岗	15.10.1	
4	行车安全检测	15.10.2	
5	输送皮带	15.10.3	
6	运输机车行驶	15.10.4	
7	垂直运输作业防护	15.10.5	
8	钢丝绳、吊带、吊具等	15.10.6	

检查方：　　　　　　　　　　被检查方：

检查人(签名)：　　　　　　　接收人(签名)：

年　月　日　　　　　　　　　年　月　日

16 逃生及救援

16.1 一般规定

16.1.1 隧道施工前,对下列可能发生重大安全事故的风险,必须进行危险源辨识和安全风险评估,并制定针对性的措施或应急预案:

1 瓦斯隧道、有突涌水风险的隧道,必须进行瓦斯防爆、防突及防突涌水的专项设计,制定专项施工安全技术方案及应急救援预案;

2 隧道内火灾、坍塌等风险,应制定应急救援预案;

3 其他自然灾害(大雨、强风、雪、雷、地震和海啸)可能造成安全事故的风险,应制定应急处理措施。

16.1.2 应急救援预案应包括下列内容:

1 简述工程概况;

2 预测、辨识和评估紧急情况或事故灾害及其后果对内、外部造成破坏的可能性及严重程度;

3 规定应急救援各方组织的详细职责;

4 明确应急救援行动的指挥和协调;

5 应急救援资源配置要求;

6 建立分级响应机制;

7 制定具体详细的紧急情况或事故灾害发生时保护生命、财产和环境安全的应急措施。

16.1.3 参建各方必须建立应急组织机构及预警、指挥系统,指定专门的管理部门和人员负责应急救援预案管理工作。

16.1.4 应与附近医院、消防队,临近施工队伍及其他救援组织建立正式的互助协议,并做好相应的安排,确保在应急救援中及时得到外部救援力量和资源的援助。

16.1.5 隧道施工中必须配备必要的救援物资和设备器材,并设专人管理,对配备的应急救援机械设备、监测仪器、堵漏和清洗消毒材料、交通工具、个体防护设备、医疗设备和药品、生活保障物资等,应进行定期检查、维护和更新,确保应急救援物资和设备能随时投入使用。

16.1.6 隧道施工必须事先规划逃生路线,并在隧道适当位置设置避难、急救场所,避难处应准备足够数量的逃生设备、救护器械和生活保障品等。

16.1.7 隧道内交通道路及开挖作业等重要场所必须设置安全应急照明和应急逃生标志,应急照明应有备用电源并保证光照度符合要求。

16.1.8 隧道施工期间各施工作业面必须安装警报装置,警报装置的设置应符合下列规定:

1 设置警报设备的场所,应有应急照明,并在停电时能够识别;

2 使用电源的警报设备应配备备用电源;

3 警报设备应采用手动警报设备、自动警报设备、旋转灯、广播设备用的扩音器及其他警报设备,组合使用,互为备用,保证其性能可靠。

16.1.9 隧道施工期间通信系统必须保证畅通,必要时应采用远程监控系统,及时掌握现场情况。同时应满足下列要求:

1 必须在现场各应急组织相关部门、洞口值班室、开挖工作面及其他必要的地方设置通信设备；

2 使用带电源的通话装置应配备备用电源，保证停电时不影响使用；

3 通信设备应采用洞内有线电话，并保证其性能可靠。

16.1.10 根据现场实际情况，必须定期组织应急预案的桌面演练或模拟演练。演练前应结合施工环境改变和以往演练的情况制订计划，演练后应及时评审，并不断改进和完善应急救援体系。

16.1.11 隧道内所有施工作业人员必须经过应急救援培训。应急救援培训应包括下列内容：

1 了解潜在危险的性质和对健康的危害；

2 熟悉应急救援程序；

3 掌握必要的自救及互救知识；

4 了解预先指定的主要及备用逃生路线、集合地点及各种避难急救场所位置；

5 了解各种警报含义，掌握警报设备、通信装置、避难器具等的使用方法。

16.2 应急救援

16.2.1 当隧道施工中发生险情时，应迅速作出判断，确定相应的响应级别，并按响应级别启动应急救援程序，同时根据下列各项要求，迅速开展事故的侦测、警戒、疏散、人员救助、工程抢险等有关应急救援工作。

1 值班人员和安全负责人应立即通过警报装置通知隧道内所有作业人员紧急撤离；

2 现场最高管理者应负责指挥疏散撤离，各级调度人员应坚守岗位，保持通信畅通，及时反馈人员撤离及险情出现情况等信息；

3 应及时上报地方政府或相关救助部门，请求紧急救援，做好相关配合工作；

4 现场应采取安全警戒线或隔离措施，防止其他人员进入危险区域，避免灾害损失的扩大；

5 进行事故原因分析，收集事故物证，调查引发事故的具体原因和相关责任人；

6 制定相应的预防措施和工程处理措施，上报建设、设计、监理和相关单位，按批复的方案对事故进行处理。

16.2.2 隧道灾害事故处理和救援应按图16.2.2所示的工作程序进行。

16.2.3 隧道内发生瓦斯燃烧、中毒、爆炸险情后，应采取下列措施：

1 立即切断洞内所有施工及照明线路电源；

2 立即停止施工，作业人员全部撤出，同时清点施工人数，确认人员伤亡情况；

3 立即报告应急抢险领导小组，并及时上报相关单位；

4 派专人封锁现场，防止无关人员进入危险区域；

5 应急抢险救援指挥组织人员现场勘察，立即对遇险、受伤人员组织急救；

6 非救护队成员不得进洞抢救，救护队在执行任务前，必须了解事故性质，并制定侦察工作的安全措施，方可进入事故区进行侦察，救护队必须在统一指挥下开展抢救工作，严禁个人单独行动；

7 可供临时处置的供氧呼吸机、清洗器具、急救箱、担架等医药卫生设备及时到位；

8 救助受困人员至安全地带、撤离施工设备；

9 事故处理救护基地，应设在安全区附近新鲜风流中的安全地带，对受伤的人员进行临

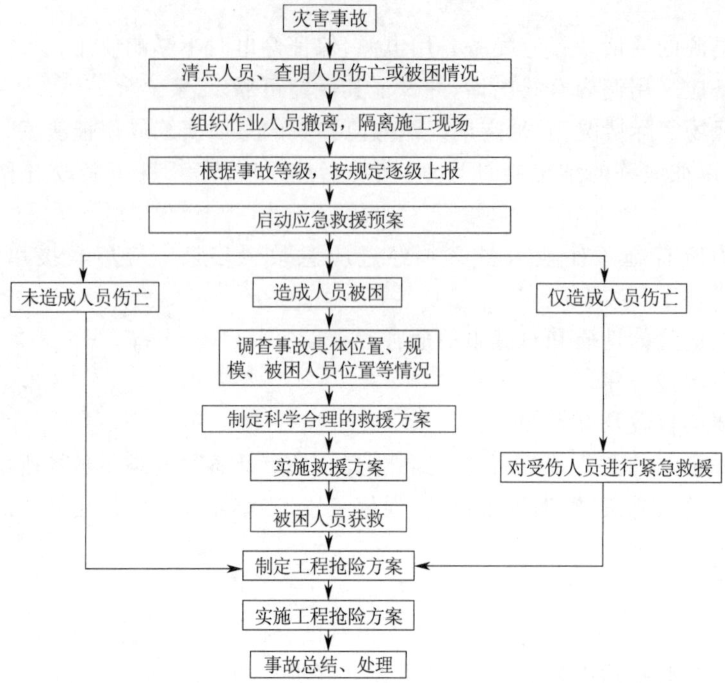

图 16.2.2　隧道灾害事故处理和救援工作程序

时处治，防止伤势恶化；

10　应立即与当地医疗单位联系，将受伤人员就近转送医院治疗；

11　事故调查及处理。

16.2.4　隧道内发生突涌水险情后应采取下列措施：

1　突然遇到大面积渗漏水时，应即令工人停止工作，撤至安全地点，同时应对出水部位、水量大小、变化规律、水的浑浊程度等进行观测记录，采取必要的防护措施，并上报监理；

2　在爆破作业后突然发生特大涌水，当洞内设有防水闸门时，作业人员应立即启动报警系统，关闭防水闸门，按既定的逃生路线进行洞内人员和机械设备的撤离，并利用防水闸门处安设的大功率抽水机对突涌水段进行抽排水；当洞内未设防水闸门时，作业人员应按既定的逃生路线立即撤出；

3　在开挖作业过程中发生特大突涌水，开挖工作面人员应立即沿逃生路线迅速向洞外或避难所撤离，同时启动报警系统，发出警报信号，迅速切断电源，启动应急照明，当涌水量较大时，人员可利用事先准备的救生圈、皮划艇等进行逃生；

4　及时上报相关单位；

5　对遇险、受伤人员组织急救；

6　突涌水保持稳定后，利用大功率抽水设备进行排水；

7　在涌水量及水压降低后进行机械设备的急救；

8　采取必要的措施对突涌水进行封堵及事故处理。

16.2.5　当隧道发生塌方时应采取下列措施：

1　立即停止施工，作业人员全部撤出，同时清点施工人数；

2　必须按事故分级规定迅速向上级有关单位报告，并立即启动施工单位的应急预案实施救援；

3 组织无关人员撤离事故现场；

4 当隧道塌方造成人员被困时，参建各方必须在调查清楚塌方发生的部位、规模、被困人员避难位置等具体情况基础上，制定科学合理的救援方案，防止二次灾害发生，可选择从联络通道、隧道另一端、隧道侧面、洞顶等处快速开挖一个断面合适的小导洞，将被困人员尽快救出；

5 在开挖救援小导洞的同时，应利用高压风管等现有条件继续与洞内被困人员保持联系，并向洞内供风、供氧、供应食物及药品等；

6 被困人员救出后应由专业医护人员进行救治；

7 事故调查及处理。

16.2.6 当隧道内发生火灾时应采取下列措施：

1 及时启动报警系统；

2 起火初期，当火势不大，未对人与环境造成较大威胁时，应运用平时培训演练的技能，就近采用灭火器、水管等消防器材，尽可能地在第一时间将火扑灭；

3 当火势失去控制时，应判明方向，迅速判断危险地点和安全地点，组织作业人员按逃生路线向洞外或附近避难所撤离；

4 及时上报相关单位；

5 对遇险、受伤人员组织急救；

6 事故调查及处理。

16.2.7 在可能发生自然灾害的地区施工时，应有计划地采取下列相应的措施：

1 随时收集气象和地质资料。

2 可能发生自然灾害时，应立即停止施工，对施工现场进行警戒检查并采取防护措施。

3 在警报解除后，应确认无危险源方可进行作业。

4 为防止大雨造成的灾害，隧道施工应注意下列事项：

1)当洞口地质地形可能因降雨引发泥石流时，应采取加固措施；

2)机械设备应尽早向安全场所转移或进行拆除，防止水淹、倾倒；

3)可能发生漫水、沉陷或垮塌的地方，应进行加固处理，并设警示标志。

5 在遇强风、暴风时，对各种大型机械应采取防止倾倒及滑跑措施，对临时设备、脚手架等应采取保护措施。

6 在跨冬季作业时，为了防止雪灾，施工时应注意下列事项：

1)施工设施不应设在可能发生雪崩的地点；

2)必须对相关道路和施工用地进行除雪，保护车辆及人员安全，防止临时设施倒塌；

3)对道路、水路等，必须设置警示标志。

7 为防止雷击造成的灾害，应设置雷电报警器和避雷针。当有雷击危险时，隧道洞内外应立即停止爆破作业，作业人员应退避到安全场所。

8 为防止地震和海啸造成的灾害，应关注预报信息，加强避灾演练。地震发生时，应迅速组织作业人员退避到安全场所。

本规程用词说明

执行本规程条文时,对于要求严格程度的用词说明如下,以便在执行中区别对待。

(1)表示很严格,非这样做不可的用词:

正面词采用“必须”;

反面词采用“严禁”。

(2)表示严格,在正常情况均应这样做的用词:

正面词采用“应”;

反面词采用“不应”或“不得”。

《铁路隧道工程施工安全技术规程》条文说明

本条文说明系对重点条文的编制依据、存在问题,以及在执行中应注意的事项等予以说明。为减少篇幅,只列条文号,未抄录原条文。

1.0.1 本规程是为适应铁路建设安全生产管理需要,体现近年来新的工程结构、系统设备及其相应工艺方法、工序过程等的特点,控制工程施工中的不安全行为和状态,预防事故发生,在《铁路工程施工安全技术规程》(TB 10401—2003)基础上修订而成的。本规程贯彻落实了现行安全生产法律法规的规定,与有关管理规章进行了全面对接,与相关技术标准进行了充分协调,对铁路隧道工程施工中的安全管理和施工作业行为提出了明确的要求,是建设各方必须严格执行的强制性标准。

1.0.5 依据现行法律法规的规定,建设、勘察设计、施工、监理及其他参与铁路工程建设的单位都应依法承担安全生产责任,必须建立安全生产保障体系,健全安全生产责任制,并积极采用先进的技术和方法,加强和改进安全生产管理,保证铁路工程施工安全。

1.0.6 相关人员的安全教育培训应符合《铁路工程基本作业施工安全技术规程》(TB 10301—2009)第2.5节的规定。培训及考核情况应保持记录,必要时,应由上级部门或建设、监理单位检查其执行情况。特种作业是指容易发生人员伤亡事故,对操作者本人、他人及周围设施的安全可能造成重大危害的作业。直接从事特种作业的人员称为特种作业人员。特种作业人员在现行国家标准《特种作业人员安全技术考核管理规则》GB 5306 中有明确的规定。

1.0.7 专项施工方案是以技术复杂或危险性较大的单项施工项目或其中的某一个分部、分项工程为对象进行编制,用以指导其施工全过程并重点考虑施工方法、机械设备利用、劳动力和材料安排、安全生产保证措施的具体文件。根据《铁路建设工程安全生产管理办法》(铁建设〔2006〕179号)第三十八条规定:施工单位应对达到一定规模的危险性较大工程编制专项施工方案,进行安全检算,经单位技术负责人,总监理工程师审核后实施,必要时应组织专家论证,并由施工单位专职安全生产管理人员进行现场监督。对铁路隧道工程中均需要编制专项施工方案。

1.0.9 据统计分析,隧道施工中主要易发生坍塌、瓦斯爆炸、岩爆、突水突泥、触电、民用爆炸物品爆炸、物体打击、机械伤害、高处坠落、火灾和中毒等的安全生产事故,而瓦斯爆炸、坍塌、突水突泥、岩爆和大变形等事故和危险因素对隧道施工的威胁极大,可能造成经济损失大和人员伤亡数量多,因此编制应急救援预案尽量减少事故发生后的损失非常必要。

1.0.10 安全费用主要用于完善、改造和维护安全防护设备、设施支出,配备必要的应急救援器材、设备和现场作业人员安全防护物品支出,安全生产检查与评价支出,重大危险源、重大事故隐患的评估、整改、监控支出,安全技能培训及进行应急救援演练支出和其他与安全生产直接相关的支出。

1.0.11 隧道施工场地狭窄,加强通风、防尘、照明、防有害气体、防缺氧、防辐射等措施,对作业人员的作业条件改善和人身安全极为重要。根据隧道施工情况,应定期对作业人员进行健康检查,并归入档案进行管理。

1.0.17 营业线施工及有可能影响营业线运行安全的施工,涉及部门多、对运输干扰大、安全风险高、后果极其严重,必须高度重视施工安全管理工作。条文中提出的必须严格执行的现行国家及铁路有关安全生产及施工安全规定包括:安全生产法、建设工程安全生产管理条例、铁路运输安全保护条例、铁路技术管理规程、铁路建设工程安全生产管理办法、铁路营业线施工安全管理办法、铁路工务安全规则、铁路桥隧建筑物大维修规则、改建既有线和增建第二线铁路工程施工技术暂行规定、本施工安全技术规程等。

2.1.1 建设单位在隧道工程发包任务应结合承包单位安全生产事故情况和施工管理水平,合理选择承包队伍;自身应建立健全有关安全生产组织机构、管理制度和办法,并明确各职能部门和管理人员的安全职责;及时向施工、监理单位提供工程地质、管线的有关资料,并按铁道部有关安全措施费的规定对费用专项列支、实报实销;作好勘察设计、监理、施工的协调管理工作,加强对风险隧道监控,督促检查施工现场安全生产工作,发现隐患,及时处理,不得拖延,确保隧道工程施工安全。

2.1.2 建设各方应按《铁路工程基本作业施工安全技术规程》(TB 10301—2009)第2.2节施工安全管理工作框图中规定的安全管理组织机构、安全资源配置、安全管理制度、安全培训教育、专项施工方案、安全技术交底、风险管理、应急预案、营业线施工、安全检查和处理反馈信息等工作内容,制定检查计划,组织自查,在开工前,建设单位应对安全工作的情况组织检查,合格后方可允许开工,施工过程中应组织相关人员定期不定期检查。检查项目应根据施工安全管理工作框图主要内容、不同的施工项目和施工阶段,确定具体检查项目,因此,本检查表未明确具体检查项目,可根据实际情况增加或减少。检查情况应详细描述各检查项目事实情况,根据具体检查情况,确定书面检查整改通知的内容。

2.1.3 本条应按《铁路工程基本作业施工安全技术规程》(TB 10301—2009)第2.3节的有关内容做好对隧道施工安全技术管理工作。

危险源辨识应在开工前结合相应工序、使用的施工方法、机械设备从人、机、料、法、环境各个环节综合考虑,并针对存在的危险因素在编制施工组织设计和专项施工方案时制定相应的安全技术措施。

安全技术交底应由项目、作业队、班组、作业人员逐级交底,使用作业人员熟知各工序施工的具体要求和注意事项,确保施工安全。

各类安全防护设施设置完成后,应组织相关人员进行验收,验收合格后方可使用,对验收不合格的防护设施,必须经整改完成,并重新验收合格后方可投入使用。

施工安全技术检查表主要检查安全技术中经常涉及的设计文件、安全技术标准、实施性施工组织设计、专项施工方案、作业指导书、安全技术交底、施工日志、机械设备、施工安全协议、安全生产培训、安全检查及大型临时工程及过渡工程等,对其相应的制度、台账、记录、内容等,建设各方应加强检查。

2.1.4 本规程对各工序施工中,均制定了相应的施工作业安全检查表,每班开工前,均应进行检查合格后,方可施工。

2.1.5 结合具体的检查情况,应在存在问题及整改要求中明确具体项目,存在问题部位、具体问题描述、整改要求等。整改措施由受检方根据存在问题制定针对的处理措施,并由检查方进行验证,验证方式可以采取现场验证、照片、电子信息等能准确反映问题得到处理的有效途径和方式。

2.1.6 安全培训作为安全生产管理的一项重要内容,必须得到加强,尤其目前施工单位多采用劳务工形式,劳务工的安全知识较少,因此对项目安全培训的时间、内容等规定十分必要,以此促进安全意识的进一步提高,确保安全生产。

2.1.7 人的不安全行为是事故的主要因素,加强作业人员安全意识教育,是确保安全生产的主要途径,班前讲话可以让员工了解当班作业中存在的主要危险因素和注意事项,对减少施工作业中人的不安全行为能起到很好的作用。根据国外隧道施工安全管理的经验,外来人员进入隧道之前,必须由项目部组织对其进行15分钟左右的安全培训,将进入隧道的有关安全注意事项和应急知识,隧道施工工程概况及施工进展等情况告知,防止意外事故的发生。

2.1.9 洞口设专人值班,随时掌握洞内施工人员情况,检查进出隧道人员防护用品的正确使用,严禁违禁物品携带进洞。进洞人员一律穿戴具有明显标志的工装。动态管理制度应对进出洞人员实行登记、监控管理。

2.1.11 本条参照国外隧道施工安全规定,要求在洞内设置安全通道,安全通道距离参考国外施工安全规程对洞内运输人行道宽度不小于0.7 m的规定。在洞内所设安全通道,要尽可能设置绳索、防护栏等划定界限,最好是与机械的走行区分开。

2.1.15 隧道开工前,需对设计文件开展详细核对,本节只要求在核对设计文件时,对不良地质和特殊岩土地段的设计方案、地下管线、施工环境的预防措施、洞口位置及弃砟场位置等涉及施工安全的设计文件提出进行重点核对。

2.2.2 原《铁路工程施工安全技术规程》对隧道作业场所照明度要求不小于30 lx,国外隧道施工作业场所的照明要求70 lx。为改善隧道施工作业环境,确保作业场所的充分照明,结合我国目前的施工条件,本规程规定作业场所照明度为50 lx以上。

2.3.1 参照《铁路隧道风险评估与管理暂行规定》(铁建设〔2007〕200号)第3.1.2条。

2.3.2~2.3.5 参照《铁路隧道风险评估与管理暂行规定》第5.1.5条~第5.1.8条。

2.3.6 参照《铁路隧道风险评估与管理暂行规定》(铁建设〔2007〕200号)第3.1.6条。

2.3.7~2.3.10 参照《铁路隧道风险评估与管理暂行规定》(铁建设〔2007〕200号)第5.5.2条。

3.1.3 洞口各项工程是指进洞之前需完成的洞口土石方及与其相连的洞门和挡护墙、洞口排水系统等。相邻工程指洞口附近与隧道施工互有影响的工程,如洞口附近的桥涵及路基支挡建筑物等。故应通盘考虑、妥善安排,及早完成,以减少干扰,保证安全。

3.1.4 过去很多隧道为了争取早日进洞,洞口工程施工采用大爆破而发生边、仰坡剥落、坠石、坍塌甚至滑坡,对隧道施工安全及建成后的行车安全造成较大威胁,故作本条规定。

3.1.6 紧临道路施工时可设挡墙、防护网、挡板防护等相应防护措施;爆破作业时应对重要结构物进行覆盖,特别是紧临既有线进行爆破作业时需满足既有线行车要求并严格按运营单位批准的天窗作业时间进行作业,同时还应搭设防护栏并安设双层防护网,严防飞石击打既有线沿线设施。

3.1.7 隧道施工周期较长,人员、机械进出洞频繁,为确保人员、机械进出洞安全及避免与洞内施工干扰,影响工期而规定的本条。

3.2.1~3.2.3 主要是为保证边、仰坡稳定,防止坍方,堵塞通道而规定的。

3.2.4 按本条规定,如洞口位于稳定性差的地层,洞门施工在雨季,施工方法采用先拱后墙法时,则开挖洞门端墙处的土石方,可先挖至起拱线,并做好必要的支护工程,再挖下部。

3.2.9　《铁路工程基本作业施工安全技术规程》(TB 10301)规定了高处作业施工的安全防护要求。对临边、洞口、攀登、悬空、操作平台及交叉等项高处作业,以及各类洞、坑、槽等工程的应按照该规程的规定组织施工。

3.4.1　由于严寒季节洞门施工需按照冬季施工规则办理,既增加了工作量,效率又低,不如在严寒季节前施工方便(在南方温暖地区可不需受此限制);洞口地质条件通常又都较复杂,特别是不良地质地段,在雨天进行洞口施工不易保证安全,故本条规定洞门应避开雨天和严寒季节施工。

3.4.2　洞门牢固、稳定才能保证洞口安全,当洞门基底地质条件不符合设计要求时,则应加深或加宽或采取夯填碎石,打基桩或压浆等加固处理措施,或与勘察设计单位会同处置。

3.4.4　主要是为保证雨水不浸入坡面土体以防仰、边坡失稳坍塌,危及洞口安全而规定。

4.0.2　超前地质预报是一种科学的施工管理手段,也是确保工程施工安全与质量的重要环节,因此将它纳入现场施工组织,有利于施工科学化管理。在具体实施时,必须做到地质预报在先,施工根据预报成果确定施工方案。

超前地质预报的安全保障措施,应包括超前预报如何保障施工的安全措施、进行预报中如何保障操作人员与仪器设备安全的措施等。

4.0.3～4.0.4　超前地质预报应根据说明表4.0.3进行地质复杂程度分级和确定预报方案。对地质复杂和较复杂的铁路隧道工程,应选择有专业资质的超前预报队伍承担。因为他们无论从预报经验还是预报方法上都比较丰富与成熟,同时预报手段也较齐全,对提高预报的准确率、保证施工安全有利。

隧道超前地质预报应按下表进行地质复杂程度分级,确定重点预报地段,并遵守动态设计原则,根据实际预报中掌握的地质情况,及时调整隧道区段的地质复杂程度分级、预报方法和技术要求等。

说明表4.0.3　地质复杂程度分级表

影响因素 \ 复杂程度分级		复杂	较复杂	中等复杂	简单
地质复杂程度(含物探异常)	岩溶发育程度	强烈发育,以大型暗河、廊道、较大规模溶洞、竖井和落水洞为主,地下洞穴系统基本形成	中等发育,沿断层、层面、不整合面等有显著溶蚀,中小型串珠状溶穴发育,地下洞穴系统未形成,有小型暗河或集中径流	弱发育,沿裂隙、层面溶蚀扩大为岩溶化裂隙或小型洞穴,裂隙连通性差,少见集中径流,常有裂隙水流	微弱发育,以裂隙状岩溶或溶孔为主,裂隙不连通,裂隙透水性差
	突水突泥程度	特大型突水(突水量 > 100 000 m^3/d)、大型涌突水(突水量10 000～100 000 m^3/d)、突泥,高压水	较大型突水(突水量1 000～10 000 m^3/d)、突泥	中型突水(突水量100～1 000 m^3/d)、突泥	小型突水(突水量 < 100 m^3/d)、涌突水可能性极小
	断层稳定程度	大型断层破碎带、自稳能力差、富水,可能引起大型失稳坍塌	中型断层带,软弱,中～弱富水,可能引起中型坍塌	中小型断层,弱富水,可能引起小规模坍塌	中小型断层,无水,掉块

续上表

影响因素＼复杂程度分级		复杂	较复杂	中等复杂	简单
地质复杂程度（含物探异常）	地应力影响程度	极高应力（R_c/σ_{max} < 4），开挖过程中硬质岩时有岩爆发生，有岩块弹出；软质岩岩芯常有饼化现象，岩体有剥离，位移极为显著	高地应力（R_c/σ_{max} = 4～7），开挖过程中硬质岩可能出现岩爆，岩体有剥离和掉块现象；软质岩岩芯时有饼化现象，岩体位移显著	—	—
	瓦斯影响程度	瓦斯突出：瓦斯压力 $P \geqslant 0.74$ MPa，瓦斯放散初速度 $\Delta P \geqslant 10$，煤的坚固性系数 $f \leqslant 0.5$，煤的破坏类型为Ⅲ类及以上	高瓦斯全工区的瓦斯涌出量≥0.5 m^3/min	低瓦斯全工区的瓦斯涌出量＜0.5 m^3/min	无
地质因素对隧道施工影响程度		危及施工安全，可能造成重大安全事故	存在安全隐患	可能存在安全问题	局部可能存在安全问题
诱发环境问题的程度		可能造成重大环境灾害	施工、防治不当，可能诱发一般环境问题	特殊情况下可能出现一般环境问题	无

注：R_c 为岩石单轴饱和抗压强度（MPa）；σ_{max}为最大地应力（MPa）。

由于超前地质预报技术的发展水平的限制，目前尚无一种方法能解决所有的工程地质预报问题的方法，同时预报环境受到的干扰因素太多，不同的物探方法对环境的要求也不尽相同，因此要求对位于区域地质条件复杂的隧道选用多种不同原理的方法，并对测得的资料进行综合分析、达到相互补充和相互印证，提高预报的准确率。

超前地质预报强调多种方法相互补充、相互印证，这并非要求所有的隧道工程项目都这样操作。对地质条件复杂和比较复杂的高风险隧道工程，为提高预报的准确率，避免预报盲区、杜绝灾害性事故的发生，根据地质复杂程度分级确定预报方法是非常必要的，在常规性预报的基础上再进行精细预报，可提高预报的准确率；而对地质中等复杂和简单的隧道工程可仅由施工单位采取一两种常规方法承担超前预防。

4.0.5 进入隧道施工的所有人员都必须进行安全教育，并要求熟练掌握相关安全操作规程，超前地质预报人员也不例外，在开展预报工作前对他们进行安全教育是十分必要的。

4.0.7 隧道通过煤系地层、金属和非金属矿区的采空区时，为防止透水淹井事故发生，必须仔细查明废弃矿巷与隧道的空间关系，为进一步有效处理提供决策依据。施工中可采取地质分析法、物探法、钻探法相结合进行综合预报，并要求采取精细预报，避免预报盲区。

4.0.11 对突（涌）水（泥）的高风险隧道工程，超前地质钻孔预报是必须进行的项目。这一工作通常由施工单位自己完成，但在操作的过程中必须作好防突涌水（泥）预案，防止超前钻孔过程中因揭露高压大流量地下水（泥）发生安全事故，要保证在逼近异常带进行超前钻孔时，如一旦发现异常情况能完全做到操作可控，并能进一步采取有效措施处理。

在高压富水区实施超前钻孔时，为防止钻孔过程中揭穿高压水伤人，除在孔口牢固设置安全装置外，还必须设置安全挡板，以防止突（涌）水（泥）发生时意外伤人，同时规定除操作人员外的其他人员不得进入危险区且操作人员应工作在钻机的侧向。

超前钻孔过程中发现有顶钻现象，常是一种比较危险的信号，通常预示前方可能有高压水（或压力瓦斯）存在，因此要做好钻孔过程记录，当发现该异常信号时必须停止钻孔并立即报告，以便及时采取措施处理。

4.0.12　加深炮孔法预报是比较容易接受的钻探法预报，使用比较灵活且快速，其预报面积较大，比较受欢迎，但严禁在炮孔的残孔内钻孔，防止存在盲炮而诱发安全事故。

4.0.13　地震波反射法预报必须使用火工产品才能实现信号的采集，这就要求超前地质预报实施单位应具备爆炸物品的使用资质，操作人员要持有爆破员证；当预报单位或个人不具备资质时，必须与工程施工单位签订协议，由施工单位具备资质的爆破人员协助完成该项工作，但爆炸物品的使用和管理必须统一由施工单位负责，使用必须遵守施工单位的相关制度和国家现行《爆破安全规程》的有关规定。

5.1.3　与隧道地质条件、断面大小等条件相适应的开挖方法，在很大程度上决定了隧道开挖的安全。调查表明，由于开挖方法选择不当，造成隧道塌方发生安全事故现象比较普遍。

5.1.4　采用光面爆破或预裂爆破目的是减少超欠挖，同时减轻对围岩的扰动，有利于充分发挥围岩的自承能力；控制循环进尺，可减少一次同时爆破药量，也可减轻对围岩的扰动。当围岩完整时，在隧道拱部采用光面爆破的效果较好，而在侧壁采用预裂爆破的效果较好。

5.1.5　大多数两座并行隧道，线间距在 30 ~ 50 m之间，开挖爆破所产生的振动对相邻隧道有较大的影响，所以两洞开挖面应保持合理的纵向距离。

5.1.6　隧道双向开挖接近贯通面时，隧道两个开挖工作面接近15 m距离是根据隧道爆破时，一般情况下爆破力的影响范围。对于土质或岩层破碎的隧道，还应适当加大预留贯通的安全距离。

5.1.7　开挖前，进行钻爆设计是开挖质量和安全的技术保证。同时，随着大量隧道工程的修建，特别是紧邻构筑物的隧道，爆破对环境的不良影响也在增加，甚至造成安全事故。

5.1.8　洞内施工场地狭窄，视线较差，为避免机械伤人，作此条规定。

5.1.9　采用人工开挖，一般是在地质条件差，容易掉块、塌方的地层中，而且作业人员较集中，为保证在紧急情况下人员的迅速撤离，作业人员应保持必要的安全操作距离，作业时必须设专人指挥。

5.1.10　隧道开挖过程中，开挖台架的强度、稳定性不够和四周未进行安全防护是导致作业人员高处坠落和被物体打击的主要原因，故作此规定。

5.1.12　对于围岩地质条件较好的地层施工中，初期支护如果存在侥幸心理，不严格按设计施作，有可能埋下了事故隐患而导致安全事故。

5.2.1　隧道采用全断面开挖，爆破用药量较大，所产生的振动也较大，所以应控制一次同时起爆的炸药量和循环进尺，降低爆破震动对围岩的影响和确保开挖工作面的稳定。

5.2.2　在隧道地质条件较差的情况下，一般应采用台阶法或分部法开挖，但因各种原因，需采用全断面开挖时，应对围岩进行超前支护或预加固，如采用玻璃纤维锚杆等技术手段，并需控制循环进尺。

5.2.3　在施工中，由全断面法转换成其他开挖方法，在施工组织、施工进度、施工效率等方面都会受到一定程度的影响,施工单位往往抱有侥幸心理,结果造成隧道塌方甚至发生安全事故,因此一旦隧道地质条件发生变化,应及时采取措施或变换成与之适宜的开挖方法。

5.2.4 全断面法开挖,其开挖高度较大,爆破后人工找顶比较困难,且找顶人员容易暴露在刚开挖未初支的岩面下,存在较大安全隐患。因此一般先采用挖掘机等设备将失稳岩块清除,然后再由人工找顶。

5.3.1 隧道采用台阶法开挖,推荐采用短台阶或微台阶,主要是为了让初期支护尽快封闭成环,尽量减少上部初期支护和围岩的变形;同时便于上部断面使用挖掘机配合翻渣,减少人工翻渣量,加快施工进度。

5.3.2 在地质条件相对较差的情况下,采用短进尺或上下台阶错开开挖或预留核心土措施是台阶法开挖中经常采用的技术措施,有效地降低了开挖工作面坍滑,从而避免了安全事故的发生。

5.3.3 开挖循环进尺过大,容易引起隧道拱部塌方造成安全事故,这也是隧道塌方最常见的原因。

5.3.5 施工经验表明,台阶下部开挖时一次开挖长度过长,造成上台阶初期支护大量下沉,严重时甚至导致初期支护的钢架掉落、作业人员被困洞内的重大安全事故。

5.3.6~5.3.7 本规定主要目的是要求及时施作初期支护,特别强调的是开挖后立即初喷混凝土封闭岩面,充分发挥围岩自承力,禁止上部钢架长时间悬空,是由于钢架长时间悬空安全威胁很大。

5.4.1 采用分部法开挖的隧道,一般地质都较差或软弱,所以应优先选用机械或人工开挖方式,减少开挖对围岩的扰动。

5.4.2 分部法开挖,是将大断面开挖转化成小断面开挖,减小了开挖跨度,有利于施工安全。合理确定各部的尺寸,确保各部结构受力合理非常关键,应高度重视。开挖循环进尺过大,容易引起隧道拱部塌方造成安全事故。

5.4.3 采用分部法开挖,不仅要及时进行初期支护、封闭成环,而且整个断面也要求尽快成环,以改善整个初期支护结构的受力状况。

5.4.6 侧壁导坑形状应近似椭圆形,有利于结构更好受力。台阶长度、预留核心土都是采用侧壁导坑法开挖重点关注的问题,否则会产生施工干扰,影响施工质量甚至发生坍塌事故。

5.4.7 采用分部法开挖的隧道,有大量的临时支护需要拆除,临时支护拆除过程中,初期支护受力体系将发生转换,为安全起见,必须通过监控量测来指导临时支护的拆除时间、一次能够拆除的长度等。

5.5.1 严禁在残眼中继续钻眼,主要是防止引起残眼中残余炸药的爆炸。开挖工作面如有异常漏水、气体喷出、浆液颜色地化等情况,说明开挖面前方岩层的地质条件有变化,在未采取相应技术手段进行检测和工程措施进行处理前,不得继续施工,防止安全事故发生。

5.5.2 火工品易受高温、震动及火花的影响,导致引爆发生安全事故,所以禁止装药与钻孔作业同时进行,这一点在施工中必须严格执行,不得抱有侥幸。火工品的领用、管理、清点、退还必须有专人全过程负责,防止火工品的意外流失。

5.5.3 参照《爆破安全规程》(GB 6722),本条要求爆破作业必须设立统一的指挥系统,明确职责和分工,做到相互协调一致,避免安全事故的发生。

6.1.2 隧道开挖爆破后,应及时进行通风、照明、找顶、初喷等工作;在装渣作业开始之前,必须确认工作面稳定,排除未爆的炸药和雷管,确认没有安全隐患后,方可进行装渣作业。

6.1.3 隧道装渣作业空间狭小,应挂牌给予警示,严禁与装渣作业无关的人员进入,并安排安全人员进行监督。如因其他作业不得已进入工作面时,必须采取暂时中断装渣作业等措施。

6.1.4 洞内装渣以及夜间卸渣作业时,装渣机及运输车辆和作业场所必须保证足够的照明亮度。如果照明亮度不够,视线不清,可能导致装渣运输机械运行过程中发生挤碰,甚至危及人员安全。

6.1.5 本条主要针对机械装渣过程中,对可能引发安全事故的行为进行规定,要求装渣运输人员必须遵守机械设备安全操作规程,防止事故发生。

6.1.6 卸渣场应结合当地自然环境、运输条件、弃渣利用等综合因素进行设计,并严格按要求施工,卸渣场应作好挡墙护坡、排水系统、绿化覆盖等配套作业;卸渣场路面应坚实、平整,卸渣地段应设置一定距离的上坡道及挡车装置,满足运输及卸渣安全作业要求。有轨及无轨运输卸渣作业时应分别遵守相应的安全操作规程。

6.2.2 运输作业时,要根据施工安排制订出安全合理的运输计划,并编制安全运输作业的车辆运行管理规定,告知有关人员,进行全员管理。隧道施工有轨运输应设总调度台,统一协调安排运输设备;每列车均设调车员,负责单列车行驶中的协调指挥。隧道无轨运输作业时,洞内道路的规划要考虑运输车辆的种类、台数、车辆限界和对道路、退让场所、转向地点的设置,确保交通运输安全。

6.2.3 隧道作业空间有限,洞内有衬砌台架、机械设备、通风及风水电配管等重要设施和设备,一旦被装渣运输车辆等碰撞,就有可能造成事故,因此在洞口和台架、重要设施和设备的附近必须用夜光涂料和红灯易见标志表示。

6.2.6 运输线路或道路必须经常进行维修和养护,保证长期正常使用,为了保证运输过程中的安全和文明施工,线路或道路两侧的岩渣和杂物应随时清除。

在对轨道进行检查维护中,一旦发现轨道变形、位移,轨枕塌陷,道岔和调车设施的磨损变形等异常情况,必须及时处理,以确保轨道运输的安全畅通。

6.2.7 本条关于有轨运输作业安全规定,主要针对线路标准和机动车牵引运输的安全技术要求。轨道铺设质量的好坏直接关系到有轨运输出渣的工效及运输安全,必须设立轨道班组,按规范正确布置轨道。轨道铺设应尽可能做到直线平直、曲线圆顺、道床稳固。有轨运输线路铺设标准和要求应符合下列要求:

(1)钢轨类型:应为 38 ~43 kg/m。

(2)道岔型号:不小于 6 号的道岔,并安装转辙器。

(3)轨枕:间距不应大于 0.7 m。

(4)道床:厚度不应小于 20 cm。

(5)有轨运输设单道时,每间隔 300 m 应设一个会车道。

6.2.9 采用无轨运输,要求洞内的内燃机械必须安装废气净化装置和消音设备,还可采取在燃油中加入"燃油添加剂"的方法,以促进柴油燃烧更为充分,从而降低内燃设备尾气排放的油烟浓度,同时需加强施工通风管理,确保洞内空气质量满足卫生标准要求。

隧道无轨运输配套设备种类及数量较多,施工机械及车辆出入隧道频繁,加之洞内运输空间受限、照明亮度不足、空气质量较差等原因,容易引发运输安全事故。因此,必须加强施工机械运输调度管理,制定车辆管理办法,严格履行车辆的进场检验制度,加强机械设备的日常安全检查和维修保养,坚持定人定机与持证上岗,严格执行机械设备操作规程,严禁违章操作、违章指挥和违反劳动纪律,严禁酒后驾车与疲劳驾驶,严禁车辆设备带病运行。

隧道施工使用的运输车辆,灯光、制动、转向等安全装置必须齐全有效,并应根据需要安装倒车警报器等安全装置。隧道内安全通道、人行通道、作业地点、限速区间、临时停车地点、避车地点、转向场所等不安全因素较大的地方,应设置能使操作司机及作业人员明确识别的标识或标灯。

施工车辆严禁超过规定速度行驶,隧道内严禁超车,交会车时两车间的安全距离应大于50 cm,同向行驶的车辆,前后两车间的距离应大于20 m,洞内能见度较差时应加大距离。

7.2.2 钻机失稳时,作业人员有可能突然失去重心向前倾扑跌倒从而造成人身伤害;高压风管接头脱落时接头会因管内高压风压力作用作无规则的运动,而接头处的金属管箍在巨大的惯性作用下会对作业人员造成致命伤害,也会对作业机械或设备造成毁灭性的破坏。

7.2.3 超前管棚本身所起的安全作用:由于管棚支护是超前施作的,管棚在前方开挖工作面和后方初期支护的支持下形成的梁效应可以防止围岩松弛、减少地表沉降、拱顶下沉,同时在洞口时可以有效降低滑坡和塌方的危险,是复杂条件下进洞的好办法。也可以提高开挖工作面的稳定性。管棚支护注浆后,使管棚和围岩形成整体,有效断面扩大、土压均匀、提高围岩的自承能力。因此该条文此处所指工作面为洞内施工作业面,同时也适用洞口施工。

7.2.4 注浆作业需特别注意的是:超前小导管注浆需饱满,注浆过程中作业人员不得正对管口,注浆过程随时观察注浆压力的变化,有异常情况时应立即查明原因并采取技术措施处理,处理完毕后方可重新作业。

7.4.4 此处还应注意一点:当掺入钢钎维拌和时要防止纤维结团、纤维产生弯曲或折断,拌和机因超负荷而停止运转、出料口堵塞。在处理过程中应严格按操作规程排除故障,不得违章操作导致事故发生。

7.5.3 普通中空锚杆用于拱部或锚孔向上倾斜、尤其是仰角 >30°时,砂浆应通过另外设置的进浆管注入锚孔,注浆过程仍严格遵循从锚孔口向孔底注浆,锚孔内的砂浆自下而上充盈,空气由锚孔底经中空锚杆体的中空内孔排出,中空锚杆体兼排气用,待出现回浆后,方可停止注浆。

这种注浆工艺,不仅可以排净锚孔内的空气确保砂浆密实,施工时,还可以通过回浆检查判断锚杆注浆是否饱满。

7.6.5 采用分部开挖的隧道一般而言围岩情况都比较差,钢架在悬空时全靠与之相连的径向锚杆与岩体间的摩擦力作用保持悬空状态。钢架底脚长时间悬空会导致钢架在围岩变形作用下沉落,一旦沉落量超过警戒值,围岩及钢架就会完全失稳导致塌方,危及作业人员的安全。

8.1.4 仰拱与掌子面的距离:Ⅲ级围岩不得超过 90 m,Ⅳ级围岩不得超过 50 m,Ⅴ级及以上围岩不得超过 40 m。

8.1.8 具体安全防护设置必须满足《铁路工程基本作业施工安全技术规程》(TB 10301—2009)要求。

8.3.1~8.3.4 防水板材料为化学易燃物质,在施工中因施工防护不当造成防水板燃烧引发安全事故的事例较多,因此在此节将其作为重点防护内容特别指出。

8.4.4 钢筋作业特别是在安设墙腰及拱部钢筋时必须搭设作业平台并设支撑保证钢筋不倾伏或倒塌,造成安全事故。

8.5.3 如果混凝土浇筑速度过快,则模板所受侧压力在短时间内剧增,坍落度过大,会增加模板的侧压力,并且模板所承受的压力在短时间内无法靠混凝土自身凝固成形消除。以上两种情况均可能使台车模板变形及横向液压系统失控,两侧不对称灌注会使衬砌台车左右支承系统不平衡导致台车失稳,以上情形均可能造成安全事故。

8.5.6 仰拱分段长度应根据围岩情况及仰拱栈桥长度而定,本条文不作具体长度规定。在施工时仰拱不得分幅浇筑。

8.5.7 仰拱作业与洞内其他工序运输作业发生冲突时,运输车辆在经过栈桥时,仰拱作业人员应及时避让。

9.1.2 施工监控量测不但是铁路隧道设计文件的重要组成内容之一,而且它是隧道按新奥法施工必须进行的光面爆破、锚喷支护、施工量测等三大组成内容之一。施工监控量测是确保隧道施工按信息化科学管理的重要手段,对铁路隧道施工安全与质量控制起到了非常重要的作用,并取得了明显的技术经济效益。由于施工单位对不同条件的量测要求与控制标准掌握得较少、不够全面,因此设计单位在施工前必须进行详细的技术交底,让施工单位充分理解,有利于施工过程的控制,更好地为工程服务。

9.1.3 施工单位在工程项目开工前必须成立监控量测小组,建立相应的质量管理保证体系,与此同时项目部还应成立监控量测小组领导机构,原则上施工单位现场第一负责人为组长、总工程师、安全总监、监控量测小组的负责人等为副组长的领导机构,有利于工作进行。

施工监控量测必须在施工前根据施工组织的总体安排编制详细的实施方案,包括实施大纲和实施细则,经过监理、建设单位(或业主)批准后执行。在实施过程中做到量测仪器设备安装要及时、数据采集要及时且真实可靠、监控量测信息反馈于施工和设计要及时。

监控量测必须纳入施工组织的正常管理,在施工组织设计中必须列入施工进度计划中,把它当成一个关键工序来对待。施工现场应按设计技术文件的要求,及时提供工作面,创造条件保证监控量测埋设工作顺利进行,同时监控量测工作要尽量减少对施工的干扰。

特别强调量测仪器与设备的安装必须按设计的技术要求进行及时安装,现场尽可能采集到更多的初始读数,它对掌握围岩及结构的最初动态是非常必要的,对分析围岩后期最终位移及应力预测至关重要。

9.1.4 施工单位应具备专业资质,在开工前必须向监理单位报送;在施工过程中应保持人员相对稳定,特殊情况下换人应取得监理或业主的同意。监理人应有相应的监控量测经验,不但要在过程中实施有效监理,同时对施工单位报送的相关报告与成果要及时审查和处理,以及向建设单位及时汇报或提出建议。

9.1.5 工程安全性评价是确保施工安全的重要环节,是施工组织的重要内容之一,因此施工监控量实施细则中必须结合施工组织设计的总体要求,在工程开工前对工程的安全性进行评价。施工过程中通过量测分析,进行安全性评价管理等级分析,将评价成果及时报告设计、建设单位、监理,与此同时向相关单位提交完整的量测原始数据。设计单位与建设单位必须尽快明确有针对性的处理措施,在没有具体措施之前,不应盲目继续施工。

9.1.6 监控量测属于专业化比较强的工作,当工程的地质条件和周边环境比较复杂时,建设单位选择具有专业资质的第三方进行施工量测复核,确保量测成果的客观公正性,并达到相与对比、相与印证,有利于施工科学合理决策。

具备专业资质的第三方他们不但工程经验丰富、理论研究水平高、学术交流活动多,而且量测手段多、数据处理方法科学,在复杂地质与工程周边环境条件下,他们比一般的施工单位有更多的优势,建设单位在工程投标前应优先考虑。

9.1.11 隧道内已经施工洞段主要观察喷射混凝土是否有开裂、剥落松动、喷层表面渗水等现象;锚杆主要观察有无松动、垫板松动脱落等现象;拱架主要观察有无扭曲变形、拱架后面是否有空洞、喷混凝土是否覆盖拱架等现象；二次衬砌混凝土主要观察有无开裂、渗水，下沉等现象。

地面观察应对其地面裂缝观察及其发展、渗水、变形观察和记录，同时对建（构）筑物的状况也要进行观察和记录。

9.1.13 铁路隧道位于浅埋段施工时，当地面有建（构）筑物时，必须进行控制爆破设计，并进行爆破振动监测，实测振动速度（或加速度）必须满足建（构）筑物的安全控制标准的要求。地面沉降观测要合理布置观测点，观测点必须有效地完全覆盖影响范围，并主要靠近建（构）筑物布置。在掘进过程中随时加强观测频次，发现地表控制沉降基准累计接近安全性评价管理等级时，必须制定相应对策，并及时上报监理、设计和建设单位。

9.1.14 地质素描工作对判断围岩的稳定和预测掌子面前方的地质情况是十分重要的工作。要做好这一工作，量测单位必须配置经验丰富的地质工程师并配置数码相机，同时要求结合现场保存必要的岩石标本，并在现场选择具有代表性的样品作相关力学试验，为施工阶段围岩的分级、优化设计提供科学的数据。

9.1.16 特殊情况隧道的选择项目若涉及到钻孔安装量测仪器，如多点位移计、锚杆应力计等，尤其是多点位移计。其钻孔不但深而且还要取岩芯或进行孔内成像，特别是拱顶孔的施工，因安装精度要求较高，其施工难度较大，这对机械操作手提出了较高的要求，因此对操作者来说既要技术高，又要熟练操作，才能确保设备人员的安全。

9.1.17 富水区施工可能存在安装隐患，原则上应该先进行地下水处理后再掘进，但施工过程中超前预报未及时发现或施工过程中爆破松动圈未影响到安全岩层，在进行量测仪器钻孔（孔深超过安全岩层）时，若发现钻孔内水压、水量突然增大，以及有顶钻现象时，可能预示着有产生突涌水的可能，因此钻孔过程中必须加强观察和记录，发现险情必须及时报告，同时组织相关人员撤离危险区。

9.2.2 监控量测数据分析分为实时分析和阶段分析，都以报告的形式反馈信息。实时分析是指每天根据监控量测数据，分析施工对结构和周边环境的影响，发现安全隐患及时采取措施；阶段分析系指经过一个阶段后，根据大量的监控量测数据及相关资料等进行的综合分析，总结施工对周围地层影响的一般规律，指导下一阶段施工。实时分析一般采用日报表形式；阶段分析一般采取周报、月报形式，或根据工程施工需要不定期进行，提出指导施工和优化设计的建议。

监控量测小组一般以周报（特殊情况要形成日报）的形式提交监测成果，包括书面报告和电子版。当出现异常现象时，应及时反馈，以便采取相应的对策。现场监控量测工作停止后，应在一个月内编写出该工程的施工监控量测总结报告。

监控量测信息反馈程序应贯穿于施工的全过程，不但要保证将监测原始数据和分析结果及时反馈给设计和监理单位，而且要保证信息反馈传递渠道畅通，并保证信息反馈的及时和有效性，同时还起到相互印证的目的，又减少了错误分析的几率。

9.2.3 监控量测信息反馈应根据监控量测数据分析结果，对施工安全性进行评价。其目的是根据安全性评价的结果，按照施工安全评价流程图程序及时决策并采取工程应对措施。当工程需要变更设计时，设计单位应按相关规定及时予以变更。

9.2.4～9.2.6 监控量测的基准包括隧道内位移、地表沉降、爆破振动等。基准值应该根据隧道施工安全、隧道结构的长期稳定性，以及周围建（构）筑物特点和重要性等因素制定。本规程位移基准值的规定引用了《铁路隧道监控量测技术规程》（TB 10121—2007）表 4.5.3 位移控制基准和表4.5.4位移管理等级的成果资料。施工安全性评价可参考《铁路隧道监控量测技术规程》确定位移管理等级。

9.2.7 本规程对地表沉降基准控制要求可参考《铁路隧道监控量测技术规程》(TB 10121—2007)中条文说明表4.5.5中内容确定,或由设计给定。

9.2.8 当安全性评价超过Ⅱ级管理,现场又出现变形加速、应力或应变接近控制基准,观察发现结构有开裂、渗漏水异常,钢架压屈等情况,必须在确保安全的情况下尽快先采取加固和补强等有效措施;若安全评价达到Ⅰ级管理时必须立即暂停施工观察,待对策措施批准后才恢复施工。

10.1.2 隧道施工,特别是富水地区,首先要完善排水设施,反坡排水要根据隧道设计涌水量配备足够的抽排水设备,防止涌水淹没洞室,开挖前必须做超前探水,确定不会产生大涌水时才能向前开挖。

10.1.7 膨胀岩、土质地层、围岩松软地段,为防止围岩遇化软化,应铺砌水沟或用管槽排水,严格控制施工用水。

10.1.8 突涌水的风险等级,可参考《铁路隧道风险评估与管理暂行规定》(铁建设〔2007〕200号)。

10.1.10 隧道防排水施工,尤其是注浆堵水施工中要注意注浆材料的选用,严禁使用有毒和污染环境的材料,作为防水层的各种材料在长期使用中也不允许有毒物质滤出。

10.2.2 当斜井掘进遇到涌水量较大的含水层、断层或裂隙涌水时,除应增加掘进工作面排水设备能力外,还应对涌水量大的局部地段,采取分段截排水的措施,弄清涌水来源和水量大小,设法截住涌水,防止下流。如在涌水地点下部凿小容量水窝,设置潜水泵或喷射泵,将水直接排出井身或排至上方临时水仓。这样可以大大改善工作面的施工条件,保证不间断地快速施工。但分段不应过多,以免造成井内布置杂乱,干扰施工。

10.2.3 竖井凿井期间排水方案影响因素较多,施工时可依据其排水特点灵活处理。凿井期间排水的特点有以下几个方面,可供参考。

由于井身穿过的岩层含水量不同,工作面涌水量变化较大。同时因工作面积水流经爆破后的石渣,故含泥砂较多。

随井身工作面掘进,排水设备的扬程需逐渐增加,且由于放炮工作停止一段排水时间,设备的排水能力要大于正常工作面涌水量。

竖井排水时往往湿度及淋水均较大,故排水设备不能用普通型的电气设备,而应选用防潮电机。

鉴于以上诸多原因,竖井凿井期间排水的方法也较多,常用的有吊泵一段排水,卧泵排水,气压泵、吊泵或卧泵两段排水,吊泵串联排水等,采用何种方法应因地制宜确定。

根据经验数据,当井身涌水量大于50 m^3/h时,应采用注浆堵水。

10.2.4 排水泵站设在井身附近可减小管子道长度,便于排水管以最短的距离敷设至井口外。泵站与变电所联合布置可便于施工和管理。水泵沿洞室纵向单排布置可减小洞室跨度,管道布置简单方便操作和管理。

一般情况,隧道位置应避免穿越工程地质、水文地质条件复杂的地层,但由于客观地形、地质的复杂性和目前勘探技术水平和手段的限制,所取得的资料不能完全符合实际的情况还是经常发生的。不可预见的变化,特别是突然涌水造成的水患在铁路隧道施工中屡见不鲜。水文地质是一个比较复杂的问题,情况不同涌水量差异很大。条文中对留有增加水泵的余地和设置防水密闭门难以作出具体规定，只能作原则规定，以使在工程设计和施工中对水患问题不至于忽视。

对管道净空高度的规定，主要是考虑当井下发生突然涌水或事故时，便于增援和外运排水设备。管道与井身连接处规定设缓坡段和坡度是为了方便工作人员进出泵站和渗积水经斜、竖井流入井底水窝，而不至于顺管道流入泵站。

10.2.5 为了沉淀隧道施工时地层涌水中的泥砂、杂质，贮藏隧道开挖涌水以及当泵站发生意外事故短时间停机不致造成水害，井下应设置一定容积的水仓。水仓主要用来贮水，但对调节水量也有很大的作用。规定水仓设置两条坑道的目的是互为备用，当一条清淤时，另一条能正常工作。水仓容积标准基本是按1.5～2 h设计涌水量确定的，现场应根据具体情况修正。

斜、竖井施工时，腰泵站主要起转水作用，水仓容积不需过大，规定按泵站10～15 min排水能力设计是根据现场施工经验。确定腰泵站水仓容积应考虑以下几方面的因素：

(1)保证水泵工作时的良好水力条件，防止吸入空气，吸水管入口处应在最低水位以下0.5～1 m，泵的吸入口与池底的距离一般为吸水管径的1.3～1.5倍。

(2)保证水泵启动所需的瞬时流量，避免水泵启动过于频繁。

规定水仓入口应设在井底车场排水沟的最低处，目的是使隧道涌水能全部顺利地汇集流入水仓。施工经验证明水仓入口前设置一定容积的沉淀池，能起到预沉淀的作用，对水泵叶轮和管道配件有保护作用，可减少磨损和堵塞。

井下排水泵站属临时工程，水泵吸水池洞室宜简不宜繁，基本能满足水泵正常工作的水力条件即可，这样不仅能减少工程量，而且洞室结构简单，适合铁路隧道施工的实际情况。

10.2.6 在水泵的选用上，大小悬殊的配泵或泵型选型不当，往往使水泵不能在最佳工况点运转，以致增加能耗；另外，型号过多会给管理和维修带来很多不便，故规定选用同一种型号。

工程施工中地层涌水量计算不可能很准确，为了排水安全，增加备用泵是既简单而又有效的措施，条文规定备用水泵的能力不应小于工作水泵的总能力，参照煤炭系统规定增加了30%。

停泵水锤是指水泵机组因突然停电或事故时，造成开阀停车，会产生水锤，水锤会引起管道振动和噪声，产生瞬间的巨大冲击力，严重时将引起管道和阀门破坏，所以规定应进行停泵水锤压力计算。

规定每台水泵应能向两条排水管输水，目的是为了能保证排水的安全性和可靠性，即当其中一条管道检修或发生故障时，不致影响正常排水。每条排水管上设置放空管的目的是为了在检修管道时能将水放空排入水仓。

10.2.7 无缝钢管、焊接钢管与铸铁管比较，具有壁薄、质轻、便于施工等优点。排水管道在竖井中安装比在斜井中条件困难，所以规定竖井中排水管应选用无缝钢管或焊接钢管。

当隧道涌水的pH值小于5时，属酸性水，排水泵应选用性能良好的耐酸泵；管道防酸有下列措施，应根据具体情况选用：

(1)采用硬聚乙烯管和玻璃钢管，压力可达1.7 MPa，这种管材目前生产较少，且价格较贵，不宜采用；

(2)采用无缝钢管内衬塑料管；

(3)采用钢管内衬水泥砂浆。

11.1.2 当隧道独头掘进小于150 m时，一般采用自然通风；大于150 m时，施工通风必须采用机械通风，通风方式可采用压入式、吸出式或混合式，并应根据坑道长度、断面大小、施工方法及设备条件等综合确定。

11.1.3 隧道施工通风的目的是供给洞内足够的新鲜空气,并冲淡、排除有害气体和降低粉尘浓度,以改善劳动条件,保障作业人员身体健康。因此,长大隧道的施工通风方案必须经过专项设计与审查,施工通风必须纳入重要工序管理,施工过程中加强通风效果检测,确保洞内空气质量符合职业健康标准的要求。

11.1.4~11.1.5 洞内通风的风量及风速按每人每分钟供应 3 m^3 的新鲜空气,是保证作业人员身体健康必要的规定。洞内采用内燃设备进行作业时,平均按每1 kW供应风量 3 m^3/min,就可以达到稀释其浓度的要求。

11.1.6 条文中提出的隧道在整个施工过程中,作业环境的安全卫生标准,为强制执行的标准。勘察设计和施工中若发现存在硫化氢、一氧化碳等有毒有害气体的隧道,必须严格执行国家有关规定,配备相应的监测与检测仪器进行检查,并根据浓度大小实施动态监测和实时检测。

11.1.7 对于长大隧道施工,必须设置备用通风机和备用电源,防止因通风机故障或停电造成通风机停机,导致洞内有毒有害气体和粉尘超过规定标准,危及到洞内作业人员的人身安全。

11.1.9~11.1.10 隧道施工综合防尘措施主要包括以下内容:①加强通风;②采用湿式凿岩;③采用湿喷混凝土喷射工艺,并优先选用机械手喷射;④放炮后及时进行喷雾洒水;⑤运输通道洒水,防止粉尘飞散;⑥在洞内适当的位置安装集尘装置;⑦佩戴好个人防护用品。

开挖工作面、喷射混凝土地段、混凝土搅拌场等凡有矽尘的作业场所,粉尘浓度每月至少应测定一次,洞内空气每月至少应取样分析一次。

11.2.3 空压机的储气罐属压力容器,安全阀的作用是确保储气罐气压不得超过限定值,压力表是正确反映系统风压的指示计,必须定期进行检验,以确保安全可靠。空压机使用前应检查安全防护装置及附件是否齐全,检查电源是否正常、润滑油是否符合要求,设备启动后检查机油压力、气压、电压、电流及温度等是否正常,有无漏油、漏电、漏气等现象,确认无误后方可正常使用。对空压机使用及检修维护过程中,可能发生人身及设备安全事故的行为进行明文规定,强调必须遵守空压机使用及维修操作规程,避免发生人身伤害事故。

11.2.4 高压钢风管及软管必须采用正规厂家的合格产品,满足相应风压要求,高压胶风管还必须耐油,不得使用伪劣及不合格产品。高压软管与钢管连接必须牢固可靠,钢管的外径与软管的内径必须匹配,并应采取有效措施防止风管连接处脱落,避免发生人身伤害事故。

11.3.2 凡不含有害矿物质、没有污染、无臭味的天然水均可作施工用水,但仍应做好水质化验工作。生活用水的水质必须符合国家饮用水标准。

11.3.3 蓄水池应避免设于隧道顶部上方,是为了防止水池水渗漏或溢出冲刷坡面,危及洞内和洞口施工安全。蓄水池设防护棚(栏)是为了防止人员坠入,避免发生溺水事故。

11.3.7 在寒冷地区施工,隧道供水管道及设施应注意埋设深度和保温措施,以利防冻。常用保温材料有沥青玻璃棉、矿渣棉、石棉瓦等;为防止保温材料受潮还应有防潮措施,如采用沥青玻璃布包裹或水泥砂浆涂抹等。

11.4.2 本条依据现行的《施工现场临时用电安全技术规范》(JGJ 46—2005)的规定,对于施工现场临时用电工程专用的电源中性点直接接地的220 V/380 V低压电力系统应采用三相五线供电,三相五线供电系统必须采用TN-S接零保护系统。

11.4.5 本条借鉴了国外隧道施工的相关规定,针对隧道施工照明标准较以往作了较大的修订,说明表11.4.5为隧道施工照明标准修订前后对照表。

说明表 11.4.5 隧道施工照明标准修订对照表

施工作业地段	原照明标准(lx)	修订后照明标准(lx)
开挖工作面	30	50
其他作业地段	10	30
运输巷道	6	15
成洞地段	4	10

12.1.2 本条文强调两点:一是认真熟悉设计文件,理解设计意图,因为勘察设计文件并不能完全与现场实际情况相符合,因此必须将设计资料与现场实际结合起来分析研究。二是在施工前必须制定安全、可行的施工技术及安全技术方案。以往遇到不良地质或特殊岩土隧道时,个别单位只凭借一些类似工程经验,结果往往出现了施工受阻,甚至发生了大的塌方。

12.1.3 完善的应急预案是不良地质和特殊岩土隧道施工必要组成部分,通过制订应急预案,并对参与施工管理、作业的人员进行培训和组织演练,提高人员自救、互救能力,一旦发生重大安全事故,尽可能减少人员伤亡,将事故损失降到最小。

12.1.4 采用现代先进的施工技术、施工设备,是不良地质地段和特殊岩土隧道施工安全的关键,其中超前地质预测、预报技术在隧道施工越来越被广泛应用,而且预报的准确程度也在不断提高,必须进一步推广使用。

12.1.5 在不良地质和特殊岩土隧道施工中,监控量测工作格外重要,隧道在发生大的塌方之前总是有一定的先兆,表现在围岩的变形上突然增大,或者是应力的突然变化,而这些变化只能通过量测才能掌握,而量测的结果与施工技术措施之间又存在内在的联系。因此,必须开展监控量测工作并做到信息的快速反馈,实现动态设计、动态施工。

12.1.6 实践证明,每道工序作业前,坚持班前安全交底,将作业风险和安全措施告知所有作业人员,提高作业人员的安全意识,是确保安全生产最为有效的制度之一,但也有些单位不能很好坚持或者只是流于形式,所以这项制度必须切实加强。

12.2.1 当隧道通过岩溶地区时,一般设计上只简单提供溶洞的里程和大概的规模及类型,更为详细的情况必须在隧道的开挖或超前预报中才能逐渐掌握。

12.2.4 本条是在岩溶隧道开挖施工中应遵循的,是经过实践证明对保证岩溶隧道开挖施工安全行之有效的一些措施和方法。

12.2.5 本条是根据以前施工岩溶隧道的经验以及近几年来使用先进施工方法相结合列出的几种处理岩溶方法。

12.2.6 采用新奥法原理施工,当遇到岩溶地质时,其支护和衬砌应予加强:一是尽早施作喷锚支护,二是喷锚支护应尽快受力,三是增加钢架支撑,四是衬砌加厚或加钢筋、增大混凝土强度等级,这些都是为了保证施工质量和施工安全而提出的。

12.3.1 地下水对软弱破碎围岩隧道施工影响很大,是造成塌方的主要因素之一。许多隧道的施工总结,强调了必须对地下水进行处理,才能保证施工安全。对富水软弱破碎围岩应根据实际情况采取措施处理后才能开挖施工。

12.3.2 由于目前的超前地质预测、预报手段还不能保证完全准确,预测、预报的判译也往往有多解性,在施工过程中,很可能会出现一些异常现象,这时应该立即停止施工,必须认真分析原因,采取措施进行处理,确保施工安全。

12.3.3 本条强调富水软弱破碎围岩开挖后初期支护要及时施作,加强初期支护的强度,防止隧道塌方和初期支护发生大的变形。

12.3.4　对富水软弱破碎围岩必须做好监控量测，量测的主要内容有拱顶下沉和净空变形，必要时还应对钢架内力进行量测。量测数据经分析处理与必要的计算，反馈于施工，用于判断围岩和支护体系是否稳定，支护参数和施工方法是否合理。

12.3.5　富水软弱破碎围岩隧道施工必须做好防排水，一是防止因排水不畅对衬砌结构形成水压，影响结构安全，二是确保隧道在运营过程中不会因大量渗漏水而产生病害。

12.4.1　砂层的稳定是靠其颗粒的重量和颗粒间的摩擦力来维持的，当砂层中含有地下水且超过一定限制度流沙时，其内摩擦角就会减少，砂体就容易坍塌。隧道通过风积沙和含水砂层施工时，必须先治水，以减少砂层的含水量防止砂粒流失。

12.4.2　本条是风积沙和含水砂层隧道开挖工序的施工操作要求以及开挖方法。这些内容都是从近来一些工点的施工实践和教训中总结出来的。

12.4.3　对于风积沙和含水砂层，因其颗粒间有较大的孔隙率，所以采用注浆固结砂层是最为有效的途径。

12.4.4　含水砂层隧道必须特别要做好排水工作，防止水渗透到砂层造成对隧道不利的影响，如结构下沉或开裂等。

12.5.1　瓦斯隧道的类型根据隧道内各施工工区的最高级确定，分为低瓦斯隧道、高瓦斯隧道和瓦斯突出隧道三种。根据不同类型，编制施工组织设计，在施工机械和施工方法上区别对待，确保施工安全。

12.5.5　本条规定了瓦斯隧道施工在不同情况下应停止施工，撤出施工人员，并采取有效措施进行处理；低瓦斯工区洞内任意处瓦斯浓度超过0.5%时，应加强通风监测，查明原因，采取处理措施，如果浓度继续上升到应许浓度，必须停止作业，撤出人员。

12.5.6　采用光面爆破，使隧道开挖轮廓圆顺，尽量避免瓦斯积聚。湿式钻孔，也在一定程度上溶解瓦斯气体，降低瓦斯浓度，同时降低粉尘含量，有利于施工安全。

“一炮三检制”是根据煤规制定，即在装药前、放炮前、放炮后认真检查放炮地点附近瓦斯，瓦斯超过1%不得放炮。条文规定的目的，主要是加强放炮前防止瓦斯漏检、避免瓦斯超限的条件下放炮的主要措施。

“三人连锁放炮制”是放炮前放炮员将警戒牌交给爆破指挥员，派警戒人员进行警戒，完成警戒后，指挥员把自己的放炮命令牌交给瓦斯检查员，经检查瓦斯浓度符合要求后，再将放炮牌交给放炮员。这项措施主要防止放炮混乱，放炮警戒不严或不落实造成放炮伤人事故。

参照《爆破安全规程》对不同的瓦斯等级和煤层与岩层进行了分别规定。

秒或半秒级雷管各段的间隔时间为1 s或0.5 s，在有瓦斯爆炸危险的工作面使用时，当前段爆炸瓦斯浓度已形成较高，下段炸药才爆炸，就容易引爆瓦斯。况且雷管内的延期药在燃烧，从雷管的排气孔喷出火焰或高温气体是引爆瓦斯的危险因素，因而严禁使用。毫秒雷管则不然，只要最后一段的延期时间不大于130 ms，爆炸过程中瓦斯浓度尚未达到1%时，各段毫秒雷管就已爆炸完毕，故比较安全。

12.5.7　在距设计煤层位置15～20 m的工作面打超前探孔1个，初探煤层位置；在煤层位置100 m的工作面上部及左右部打超前探孔3个，并取岩(煤)芯，分析煤层厚度、倾角、走向及与隧道的关系，并分析煤层顶、底板岩性；掌握并收集探孔施工过程中的瓦斯动力现象。

施工时，应在距煤层垂距5 m处的工作面钻瓦斯测压孔，或在距煤层垂距3 m外的工作面进行突出危险性预测。对于石门揭煤宜采用综合指标法或钻屑指标法，对于煤巷掘进宜采用钻孔瓦斯逸出速度法或钻屑指标法。

钻孔排放瓦斯技术简单,施工难度小,设备投入少,时间短,安全性高,而铁路隧道是小范围穿过煤层,以钻孔排放瓦斯较为适合。

12.5.8 为防止因揭煤而引起瓦斯和煤突出,本条从安全管理和技术上进行规定。

12.5.9 对煤层段的开挖、支护、衬砌等工序涉及施工安全方面的问题进行了规定。因为二次衬砌混凝土浇筑后,因混凝土收缩和自重,在防水隔离层与二衬间出现空隙,形成瓦斯聚集,要求二次衬砌混凝土达到强度后及时压浆充填,封闭瓦斯不同于非瓦斯地段,全隧道完成后再压浆。

12.5.10 瓦斯隧道因有易燃易爆的气态甲烷从煤层或岩缝中溢出,施工通风的好坏,直接关系到作业人员的人身安全,因此,必须根据瓦斯绝对涌出量编制通风设计。

施工实践证明,只有成立专门的隧道施工通风管理,才能保证通风效果,也才能保证瓦斯隧道的施工安全。

瓦斯隧道需要的风量,必须按照爆破排烟、同时工作的最多人数以及瓦斯绝对涌出量等分别计算,并按允许风速进行检验。采用其中的最大值。

12.5.11 瓦斯检测是指导瓦斯隧道施工、保证施工安全的必要措施。本条是参照《铁路瓦斯隧道技术规范》制定。

12.5.13 高瓦斯工区和瓦斯突出工区的电气设备与作业机械必须使用防爆型,是为了防止电器设备和作业机械工作时产生火花引爆瓦斯。

12.5.15 为了保证在事故发生后,遇险人员能够得到及时、有效的救护,并保证救护人员自身的安全。

12.5.16 本条对进入瓦斯隧道所有人员安全管理方面进行了规定,这是借鉴了近年来瓦斯隧道施工中一些好的做法,应积极推广。

12.6.1 目前对岩爆隧道预测、预报主要采用:超前探孔为主,辅以电磁波、地震波、钻速测试等手段;开挖面及其附近的观察预报;采用工程地质类比法进行宏观预报。岩爆隧道根据岩爆强度大小分为:弱岩爆、中等岩爆、强烈岩爆三个等级。

12.6.2 本条规定的目的是为了在中等以上岩爆隧道,尽量减少人工作业,从而减少岩爆对人的直接伤害。

12.6.3 本条针对岩爆级别,采取相应的对策措施,以有效地降低岩爆的强烈程度,从而提高施工的安全性。对于各种强烈岩爆,近年来,除采用向开挖面进行洒水和钻孔注水外,还采用了很多更为有效的措施。

12.6.4 本条指出了岩爆地质隧道施工的基本原则,即“短进尺、多循环、强支护”,这是近几年来在实践中形成的经验,必须遵守。

岩爆隧道不应采用长进尺,因为长进尺开挖,爆破后出渣时间长,不利于及时支护,另外,暴露出来的开挖面较大,更容易引起较大范围内的应力重分布,从而导致强烈的岩爆发生,对施工安全不利。强支护的目的主要是锁定围岩的表面部分,防止正面、边墙、拱部的岩石向外弹射,限制岩爆的大规模发生。

12.6.5 本条规定了岩爆发生时应采取的措施,这是岩爆隧道施工中的经验总结。

12.7.1 膨胀性和挤压性围岩隧道开挖后,初期支护和二次衬砌结构承受的地应力较大,圆形断面或椭圆形断面更有利于隧道结构的受力。

12.7.3 本条是根据挤压性围岩、膨胀岩的特性而制定的,开挖中采取这些措施,可以减少对围岩的扰动、控制围岩的变形,提高施工的安全性。

12.7.4 这些措施是以新奥法原理为指导,以维护隧道稳定为目的,针对大变形特点所采取的特殊支护措施,效果很好。

12.8.1 本条强调了黄土隧道施工前,应做好洞口排水系统和地表水的处理,防止雨水渗入隧道增加施工难度和发生坍塌事故。

12.8.2 墙脚、拱脚严禁超挖是为了防止因墙、拱脚原状土被破坏,造成支护下沉。黄土隧道软弱地基处理方法比较多,施工中应根据实际情况选择树根桩、土灰挤密桩、注浆、换填等处理措施。

12.8.3 黄土隧道围岩垂直节理的存在是导致隧道拱顶坍塌的关键因素,节理在坑道顶部时,极容易产生"塌顶";如果位于侧壁,则极易出现侧壁掉土、片帮,施工中处理不当,常会引起较大的坍塌。当洞身黄土含水量较大时,钻杆钻机施钻困难,煤电钻电机易烧坏,施工中一般采用煤矿螺旋钻。

12.8.4 黄土隧道施工,施工防排水非常重要,本条各款都是黄土隧道施工中防排水方面必须注意的问题,否则容易造成异常沉降。

13.1.2 斜井、竖井口是施工的重要通道,坑道口的截水、排水系统和防冲刷设施、斜井洞门、竖井锁口圈,均应尽快及早建成,以保证正洞施工的安全顺利进行。

13.1.3 采用大爆破开挖,容易破坏洞口边仰坡的稳定,造成大规模的塌方,安全隐患很大,所以斜井、竖井的边、仰坡开挖严禁采用大爆破。

13.1.4 斜井、竖井与正洞结合部的施工,施工安全风险极高,必须编制专项施工技术方案,确保施工安全。

13.1.5 结合部开挖因存在二次扰动,如围岩地质条件较差,必须进行加固,二次衬砌应及时施作,否则容易在结合部开挖中造成塌方甚至安全事故。

13.1.6 斜井、竖井废弃时应按要求做好排水、加固和安全防护措施,否则可能会给正线隧道的运营造成不利的影响,甚至发生安全事故。

13.2.1 斜井一般是反坡施工,因此隧道施工排水系统非常重要,必须根据斜井出水量大小进行抽排水设计,配置满足需要的抽排水资源。长大斜井应制定专项抽排水设计方案及应急预案。

13.2.3 洞内场地狭窄、视线较差、斜井与正洞交叉处光照度较差,容易发生安全事故,所以洞内运输应建立统一的洞内运输调车管理制度,并由专人负责。在斜井与正洞交叉口处应设专人指挥,并设置反光警示镜及限速标志。

13.2.5 斜井一般坡度较大,初期支护的钢架安装时必然有一定的倾斜角度,所以必须采取专门稳固钢架的措施,防止钢架倒塌发生安全事故。同时各种平台也必须配有制动装置,防止作业过程中顺坡溜滑。

13.2.6 本条是对斜井采用无轨运输道路有关安全问题进行规定。

13.2.7 对斜井无轨运输速度进行限制,防止速度过快引起安全事故。

13.2.8 本条主要对斜井洞内、洞外适当位置应设置各种警示标志和安全设施进行规定。

13.2.9 本条对运输作业车辆管理方面进行规定,防止车辆带病作业引起安全事故。

13.2.14 这些规定是在结合以往多年施工经验教训的基础上,吸收《煤矿安全规程》的有关规定提出的。

13.3.1 本条借鉴了地铁施工的经验,有利于确保竖井提升系统的安全。

13.3.6 本条对竖井建井期间和使用期间的防排水进行了规定。

14.1.3 TBM在特殊地段施工与在一般地段施工不同,其掘进难度大、控制沉降要求严、安全风险高,因此必须编制、审查专项施工方案和应急救援预案。

14.1.5 TBM设备的保养与维修必须坚持"预防为主、状态检测、强制保养、按需维修、养修并重"的原则,并应由专业人员进行保养和维修。

14.1.6 监控量测方案除包括在一般情况下的方案外,还应包括可能因变形引发安全事故时应采取的方案,以便满足对突发异常变形或抢险等对监控量测的需要。

14.2.2 TBM组装分为洞内组装和洞外组装两种方式。

14.2.4 以原设计吊装位置为准,确认其重量,用大于负荷的起吊工具及在安全范围内起吊设备,确保安全,万无一失。吊装作业时,确保各大型部件选择合理的吊点,以正确的方式进行吊装,并缓慢、准确地将部件组装到设备上。

14.2.5 必须确保设备的各项性能指标完全符合TBM技术要求,确认各设备安装无误的前提条件下,方可开始TBM的步进。

14.3.2 TBM始发进入起始段施工,一般根据TBM的长度、现场及地层条件将起始段定为50~100 m,起始段掘进是掌握、了解TBM性能及施工规律的过程。

14.3.3 双护盾TBM施工有双护盾和单护盾掘进模式,应正确选择掘进模式。

14.3.8 由于TBM设备上附有大量的油料,因此动火时,必须加强消防管理,配备足够的手提干式灭火器,关键部分必须有专用的消防设施。

14.4.1 开敞式TBM施工初期支护包括喷混凝土、挂网、锚杆、钢架等形式。

14.4.3 开敞式TBM二次衬砌时,首先进行隧道底板及仰拱浇筑。

14.5.1 到达掘进是指TBM到达贯通面之前50 m范围内的掘进。

14.5.3 为防止管片在失去后盾管片支撑或推力后产生松弛导致管片环缝张开,必须设置管片纵向拉紧装置。

14.7.1 本条所列特殊地质条件施工应遵循的规定,与一般地质条件相比,要求的是更加严格的控制,更加周密的计划。

14.8.1 施工进料应采用有轨运输,出渣运输可根据隧道的长度、掘进能力、掘进速度选择有轨运输和皮带机运输方式。

15.1.2 为了防止设计资料与实际工况条件不符,施工前应进行工程环境的调查与实地踏勘。

15.1.5 盾构在特殊地段施工与在一般地段施工不同,其掘进难度大、控制沉降要求严、安全风险高,因此必须编制、审查专项施工方案和应急救援预案。

15.1.6 盾构设备的保养与维修必须坚持"预防为主、状态检测、强制保养、按需维修、养修并重"的原则,并应由专业人员进行保养和维修。

15.1.7 监控量测方案除包括在一般情况下的方案外,还应包括可能因变形引发安全事故时应采取的方案,以便满足对突发异常变形或抢险等对监控量测的需要。

15.2.1 加强端头土体加固防止盾构始发引起端头地层发生过大变形、坍陷、涌沙或涌水。

15.2.3 盾构是集机、电、液、控为一体的复杂大型设备,若在掘进中发生问题,处理十分困难且易导致地层坍塌。因此,在现场组装后,必须首先对各个系统进行空载调试,使其满足设计功能要求。然后,必须进行整机联动调试,使得盾构处于正常状态,以确保盾构始发掘进的安全进行。

15.2.4 盾构后配套设备包括运输设备、电力设备、通风设备、照明设备、壁后注浆设备、泥水处理设备与设施。采用泥水平衡盾构时,管道运输系统应满足出渣和掘进速度的要求。

15.3.1 始发反力架及其支撑强度、刚度和必须满足盾构始发推力的要求。盾构反力架的整体倾斜度应与盾构基座的安装坡度一致,以防止反力架偏心受力。

15.3.2~15.3.3 洞门围护结构破除要连续作业,尽量缩短施工时间,破除后盾构刀盘及时靠上开挖面,尽量缩短开挖面暴露的时间,防止开挖面失稳。

15.3.4 由于洞口与盾构存在建筑空隙,易造成泥水流失,从而引起地表沉降,因此,须在洞口安装密封装置。

15.3.5 盾构始发时,由于盾构周围无摩擦力,盾构易扭转,应加强盾构姿态的测量,如发现盾构有较大转角,可以采用大刀盘正反转的措施进行调整。

15.4.1 盾构始发进入起始段施工是掌握、摸索、了解、验证盾构适应能及施工规律的过程。

15.4.3 适当保持土仓压力平衡的目的是控制地表变形和确保开挖面的稳定。

15.4.4 适当保持泥水仓内压力平衡的目的是控制地表变形和确保开挖面的稳定。

15.4.6 根据盾构穿越的地层条件,可有选择地向土仓内适当注入泥浆或水、泡沫剂、聚合物等材料,以改良仓内土质,使其保持开挖面的稳定。

15.4.7 严格控制盾构姿态,减少由于纠偏造成的地层扰动。由于盾构自重大,长时间停机可能会造成盾构下沉。

15.4.9 及时检查刀盘,防止刀盘过度磨损失去掘进功能而报废。

15.5.2 管片堆码高度需要结合存放场地的地基承载力、管片出模强度和管片承压强度等相关因素验算后确定。

15.6.1 确保接收工作井端头地基加固效果和洞门密封效果,并控制围护结构破除过程,防止盾构到达掘进扰动引起端头地层发生过大变形、坍陷、涌沙或涌水。

15.6.3 为防止由于盾构推力过大以及盾构切口正面土体挤压而损坏工作井洞门结构,必须控制掘进参数和出土量。

15.6.4 隧道贯通后,迅速拼装成环并注浆,防止洞口水土流失。

15.7.1 避免在移动过程中托架或小车受损破坏。

15.7.3 由于盾构重量大、体积大,因此应加强牵引和顶推的安全管理。

15.9.2 由于覆土荷载减小,盾构抗浮能力降低,必须加强抗浮措施。

15.9.3 后续隧道的施工与先行隧道相互影响,会产生结构变形、地表下沉等不良现象,因此,必须采取控制措施。

15.9.5 如果通过调整盾构掘进参数和注浆参数不能满足对地面建(构)筑物的保护要求,可对建(构)筑物的基础或结构进行加固或托换。

16.1.1 瓦斯隧道、有突涌水风险的隧道,应有专项设计和安全技术方案,所有隧道施工均应有防止洞内火灾、坍塌的应急处理措施,尤其是地处其他自然灾害(大雨、强风、雪、雷、地震和海啸)威胁的隧道,应急处理措施应纳入施工组织设计管理。

16.1.2 隧道工程概况中应说明施工中的危险源,以及事故发生后的影响和救援时可利用的周边交通、重要设施、目标、场所等情况。

16.1.3 避灾组织机构及预警、指挥系统,负责指挥及协调工作,包括组织应急预案演练;组织抢险队参与救护伤亡,实施抢救方案;组织联系医院、消防等,说明详细事故地点、事故情况,组织医护人员救治伤员,作好事故善后处理;组织人员做好事故现场和抢救现场的安全保卫工作;负责抢救机具、设备、材料的调运,及时配备救援所需的设备、材料;负责搜集事故物证、痕迹,协助事故调查、分析。

16.1.5 根据风险情况配备应急物资,包括救护设备(化学氧自救器、灭火器、自动苏生器、急救箱、高温防护服、担架、防毒面具、防烟眼镜、联络绳、救生圈、皮划艇),仪表及化验用品(火源探测仪、瓦斯检测仪、风表、气体流量计、水位探测仪),应急器材(应急型防爆矿灯、铁锹、洋镐、撬棍、消防铲、信号喇叭、消毒、急救物品),圆木、枕木、沙袋、格栅钢架、锚杆和钢筋网及喷射混凝土材料等,配备临时发电机、电焊机、挖掘机、装载机、抽水机、注浆泵、运输车、指挥车等应急设备。

16.1.6 长大隧道施工,应设计逃生通道;所有隧道施工均应事先规划逃生路线,加强演练。

16.2.4 在爆破作业后突然发生涌(突)水。如果此时发生涌水,因为爆破作业时人已经撤离到离掌子面至少 200 m距离以外,设备至少离掌子面 80 m。因此,在此种情况下发生涌(突)水,对人身安全及设备财产安全的威胁相对较小,人在事故发生后有充足的逃生时间。此时如果洞内设有防水闸门,则作业人员立即关闭防水闸门,按既定的逃生路线进行洞内人员和机械设备的撤离,并采用防水闸门处安设的大功率抽水机进行涌(突)水段抽排水,在涌水量及水压降低后再对防水闸门内机械设备的撤离及对涌(突)水进行封堵;如果洞内还没设防水闸门,则作业人员按既定的逃生路线立即撤出隧洞内,在保证抢险人员自身安全的前提下尽可能撤出机械设备。在开挖作业过程中发生涌(突)水。开挖工作面人员沿逃生路线迅速向洞外撤离,同时启动报警系统,发出警报信号,如果涌水量较大,人员可利用救生圈、皮划艇等进行逃生。待人员撤离至防水闸门以外,迅速关闭防水闸门,继续向洞外撤离。并根据发生险情的情况,及时上报地方政府或相关救助部门,请求紧急救援,做好相关配合工作。

16.2.6 发生火灾时,若初期灭火或警报、避难等措施稍有延误,就可能引发二次灾害,因此迅速准确的报警是极其重要的,施工现场应加强演练,进行初期灭火和报警、联络、避难、救护的培训,以便火灾发生时能及早发现,及早控制。

中华人民共和国行业标准

铁建设〔2009〕181 号

铁路轨道工程施工安全技术规程

Safety Constructional Regulations for Railway Track Engineering

TB 10305—2009

2009-09-24 发布 **2009-09-24 实施**

中华人民共和国铁道部 发布

前　言

本规程是根据铁道部《关于印发〈2008 年铁路工程建设标准编制计划〉的通知》(铁建设函〔2007〕1374 号)的要求,为适应大规模高标准铁路建设安全生产的需要,全面落实质量、安全、工期、投资效益、环境保护、技术创新"六位一体"的建设管理要求,进一步规范铁路轨道工程施工安全管理和施工作业行为,在《铁路工程施工安全技术规程》(TB 10401—2003)基础上修订而成的。

本规程编制过程中,认真贯彻了国家有关安全生产的法律法规,借鉴了国内外有关施工安全的先进理念和方法,在深入开展专题调研的基础上,系统分析了铁路轨道工程施工中的安全管理现状和典型事故案例,全面总结了铁路轨道工程施工安全的经验和教训,并广泛征求了有关方面的意见。本规程从技术、管理两个方面,并按管理层、技术层、作业层等三个层次,规范了建设、勘察设计、施工、监理单位等建设各方的工作内容与技术要求,体现了系统性、针对性和可操作性,突出了对铁路轨道工程施工安全的控制和指导作用,建设各方必须严格执行。

本规程共分 11 章,主要内容包括:总则,基本规定,轨道材料的堆放、装卸和搬运,有砟道床施工,无砟道床施工,无缝线路铺设,有缝线路铺设,道岔铺设,工程运输,营业线轨道施工,相关工程。

本规程修订的主要内容:

1. 纳入了近几年来国家和铁道部有关法律、法规和技术标准等对安全生产工作的新要求。

2. 规定了建设各方管理层、技术层和作业层的详细工作内容及具体操作要求。

3. 明确了施工现场危险源和危害因素辨识与管理、风险管理、专项施工方案编制、应急预案编制与演练等方面的内容。

4. 提出了施工安全管理检查表、施工安全技术检查表及施工安全作业检查表,促进安全管理标准化。

5. 采用了作业层易于理解和接受的直观简图,细化和有效落实安全操作要求。

6. 强调了安全教育培训工作,特别明确了施工单位各类人员的安全教育培训时间。

7. 对轨道工程近几年采用的新技术、新工艺、新设备、新材料进行了系统调研,并纳入到规程相应章节。

8. 增加了安全管理方面的内容;增加了轨道工程施工建设各方职责、铺轨基地设置及人员管理要求;部分章节单独设置了机械设备使用一节。

9. 按轨道工程分部、分项工程及施工特点重新划分了各章节,结合近几年采用的"四新"技术,增加了无砟道床施工、无缝线路铺设、道岔铺设等内容。

10. 轨道材料的堆放、装卸和搬运章节中增加了长钢轨吊装及存放、双块式轨枕吊装及存放、轨道板吊装及存放、道岔吊装及存放等安全技术内容。

11. 营业线轨道铺设章节按改建营业线和增建二线铺轨分别进行了编制,同时结合铁道部营业线施工安全方面最新的规定进行了修订。

12. 工程运输章节增加了营业线工程运输内容。

本规程全部条文均为强制性条文,必须严格执行。

在执行本规程过程中,希望各单位结合工程实践,认真总结经验,积累资料。如发现需要修改和补充之处,请及时将意见及有关资料寄交中铁一局集团有限公司(陕西省西安市雁塔路北段1号,邮政编码:710054),并抄送铁道部经济规划研究院(北京市海淀区羊坊店路甲8号,邮政编码:100038),供今后修订时参考。

本规程由铁道部建设管理司负责解释。

本规程主编单位:中铁一局集团有限公司。

本规程参编单位:中铁二局集团有限公司、中铁二十三局集团有限公司。

本规程主要起草人:李永鹏、孙柏辉、杨宏伟、曹德志、韩连军、吉世明、张玉唯、王海霞、崔　毅、贺　庆、李育朝、简广勇、王　伟、宁善佑、妙宏刚、丁彦斌、汪　朋、吴正新、巫广宁、陈　杰、龚成光、徐振龙。

目　　次

1 总 则

1.0.1 为贯彻执行“安全第一、预防为主、综合治理”的安全生产方针，体现以人为本的理念，落实质量、安全、工期、投资效益、环境保护、技术创新“六位一体”的铁路建设管理要求，规范铁路轨道工程施工安全管理和施工作业行为，保障人身、设备、设施及行车安全，预防事故发生，制定本规程。

1.0.2 本规程适用于新建、改建铁路轨道工程施工。

1.0.3 铁路轨道工程施工应建立健全质量、环境、职业健康安全管理体系，对施工安全管理、施工安全技术、施工安全作业进行全过程、全方位管理与控制。

1.0.4 铁路轨道工程施工应严格按设计文件进行，全面贯彻设计意图，达到设计要求的安全使用功能，保障铁路运营安全。

1.0.5 建设、勘察设计、监理、施工等建设各方应坚持“管生产必须管安全”的原则，设置安全生产管理机构，配备安全管理人员，制定安全生产规章制度，落实安全生产责任制。

1.0.6 建设各方人员必须熟悉和遵守有关安全生产的法律法规和本规程的规定，经培训合格方准上岗。特种作业人员必须经专业培训并考核合格后持证上岗。

1.0.7 建设各方必须采用合格的机械设备、仪器仪表、材料和安全防护用品等。

1.0.8 施工组织设计应包含安全保障措施。危险性较大的施工作业应编制专项施工方案，并按有关规定经审批后实施。

1.0.9 建设各方应根据工程特点和施工环境进行危险源辨识，对重大危险源编制应急预案，成立应急组织，配备应急物资，并按规定组织培训和演练。

1.0.10 安全生产费用应及时足额拨付并专项管理使用。

1.0.11 铁路轨道工程施工必须遵守国家有关劳动保护的法规，积极改善施工条件，降低作业人员劳动强度，并按规定配备劳动保护和安全防护等用品。

1.0.12 同一工点有多个单位同时施工或不同专业交叉作业时，应共同拟定现场的安全技术措施，做好协调，共同执行。

1.0.13 施工过程中应及时掌握气象、水文和地质灾害等相关信息，做好防范和应急工作。

1.0.14 建设各方应按规定进行安全生产检查，对事故隐患必须及时采取整改措施。

1.0.15 铁路轨道工程施工中采用新技术、新工艺、新设备、新材料时，必须制定相应的安全技术措施，并对有关施工人员进行安全生产教育培训。

1.0.16 联调联试应纳入施工组织设计，保证必要的人员、机具及测试仪器的配备，并必须严格做到试车不施工，施工不试车。

1.0.17 营业线施工及有可能影响营业线运行安全的施工，必须严格执行现行国家及铁路有关安全生产的规定。

1.0.18 本规程应与《铁路工程基本作业施工安全技术规程》(TB 10301)配套使用。

1.0.19 铁路轨道工程施工安全除应符合本规程外，尚应符合国家现行有关标准的规定。

2 基本规定

2.0.1 建设各方应按《铁路工程基本作业施工安全技术规程》(TB 10301—2009)第2.1节的规定,结合工程实际和项目特点,明确施工安全责任,制定施工安全措施,加强施工安全管理,有效预防事故发生。

2.0.2 建设各方应按《铁路工程基本作业施工安全技术规程》(TB 10301—2009)第2.2节的规定做好施工安全管理工作。施工安全管理工作应按表2.0.2进行检查并做好记录。

表 2.0.2　施工安全管理检查表

项目(工程)名称			
建设单位		项目负责人	
勘察设计单位		项目负责人	
监理单位		总监理工程师	
施工单位		项目负责人	
序号	检查项目	检查情况	
1	安全管理组织机构		
2	安全资源配置		
3	安全管理制度		
4	安全管理目标		
5	安全教育培训		
6	专项施工方案		
7	安全技术交底		
8	应急预案		
检查单位:		被检查单位:	
负责人:(签名)		负责人:(签名)	
日期:　年　月　日		日期:　年　月　日	

2.0.3 建设各方应按《铁路工程基本作业施工安全技术规程》(TB 10301—2009)第2.3节的规定做好施工安全技术工作。施工安全技术工作应按表2.0.3进行检查并做好记录。

表 2.0.3 施工安全技术检查表

项目(工程)名称			
施工单位		项目负责人	
序号	主要检查内容及要求		检查情况
1	设计文件	设计文件齐全	
		设计文件现场核对	
2	安全技术标准	安全标准齐全、有效	
3	实施性施工组织设计	包含相应的安全技术措施	
		编制、审批程序符合要求	
4	专项施工方案	营业线施工、工程运输等应编制专项施工方案	
		编制、审批程序符合要求	
5	机械设备	制定操作规程和维修保养计划	
		设备检验、鉴定记录	
		建立管理台账	
6	安全生产培训	按规定对管理人员和作业人员进行培训、考核并有记录	
		特种作业人员持证上岗	
7	施工安全协议	签订相关施工安全协议	
8	作业指导书	包含相应的安全操作要求	
		编制、审批程序符合要求	
9	安全技术交底	编制各级施工安全技术交底文件并按规定交底	
		交底记录签认齐全	
10	安全检查	制定安全检查计划	
		检查、整改记录齐全	
11	施工日志	施工安全情况记载真实完整	
12	大型临时工程及过渡工程	编制设计、施工方案	
		检查验收	
检查单位:			被检查单位:
负责人:(签名)			负责人:(签名)
日期: 年 月 日			日期: 年 月 日

2.0.4 作业班组每班应按本规程各章节中“施工作业安全检查表”进行检查并做好记录。

2.0.5 对安全检查中发现的不符合的情况,应按表 2.0.5 签发整改通知单,限期整改,并跟踪验证。

表 2.0.5　安全检查整改通知单

<table>
<tr><td>项目(工程)名称</td><td></td></tr>
<tr><td colspan="2">存在问题及整改要求：

限　年　月　日前整改完成

检查方：　　　　　　受检方：
检查人：(签名)　　　接收人：(签名)
日期：　　　　　　　日期：</td></tr>
<tr><td colspan="2">整改措施：

受检方负责人：(签名)　　　计划完成日期：　年　月　日</td></tr>
<tr><td colspan="2">验证结果：

验证人：(签名)　　　验证日期：　年　月　日</td></tr>
</table>

2.0.6　建设各方应按《铁路工程基本作业施工安全技术规程》(TB 10301—2009)第 2.5 节的规定对参建人员进行有针对性的培训,未经培训或培训不合格者不得上岗。

2.0.7　作业班组负责人在每天开工前,应进行班前安全讲话,向作业人员强调安全注意事项。

2.0.8　进入施工现场的所有人员,必须按规定佩戴相应的劳动防护用品。

3 轨道材料的存放、装卸和搬运

3.1 一般规定

3.1.1 轨道材料的存放、装卸和搬运作业应考虑下列主要危险源、危害因素：

1 轨料存放场地不平实，承载力不够。

2 轨料存放重心偏移或倾斜、层数超限、支点间距不合理、侵入限界。

3 钢轨卸车撬棍作业方法不当、滑轨安放不稳、下方站人。

4 轨料吊装时轨料捆扎不牢、挂钩不稳、重心偏斜、下方站人。

5 吊装钢丝绳搭接不符合要求、损伤超标，吊具、构架磨损、脱焊、锈蚀严重。

6 群吊底座混凝土基础埋深不够、尺寸不合理。

7 轨料搬运时超限、超载、偏载、捆扎不牢，运输道路不符合规定。

8 客货混装，车未停稳上、下人。

3.1.2 对所储存的物资要分类、分规格、分厂家存放，对可能危害人身健康安全和环境的物资必须单独存放，明显标识。

3.1.3 轨料应按指定的场地堆码稳固，下重上轻、摆放整齐，避免重心偏移或倾斜，严禁侵入限界。

3.1.4 轨料的堆放、装卸和搬运应组织足够的劳力，选用适当的工具，由专人统一指挥进行，夜间装卸料应有照明。

3.1.5 轨料装车不得超限、超载和偏载，并应捆绑牢固。铁路运输时，要严格按照铁路装载加固方案规定装载加固。

3.1.6 运送散装轨料应按要求加固；运送跨装轨料必须按加固方案捆绑和支挡，跨装车辆间的提钩杆应绑牢，车钩钩头应加装防伸缩夹具，防止轨料串动。

3.1.7 料车运行中发现装载不良，必须立即停车整理加固。未经整理加固，严禁继续运行。

3.1.8 轨料卸车时，施工人员在列车未停稳前，不应打开车门及做其他影响安全的准备工作。开车门时，车上人员应离开车门附近，车下人员不应站在车门下面。车辆如需移动，应事先与车上施工人员取得联系，并检查线路上有无障碍物。

3.1.9 不应客货混装，车未停稳前随车装卸人员严禁上下车。在装卸车的过程中，任何人不得钻车、扒车，不得在车下坐、卧和休息，如图3.1.9所示。装卸车时，料车应停稳并做好防溜。

图3.1.9 装卸车过程中不得钻车及在车下坐卧

3.1.10 除风动卸砟车外，运输及装载设备运行中，严禁装卸轨料。

3.1.11 所卸轨料，应摆放平稳。当工程列车上所装料具需在途中先卸一部分时，卸后车上剩余料具不得偏载。

3.1.12 吊装钢轨、轨枕、轨道板、道岔及道岔轨排等作业应符合下列规定：

1 起重作业应严格按照《建筑机械使用安全技术规程》(JGJ 33—2001)和《建筑安装

工人安全技术操作规程》规定的要求执行。

2　吊装作业机械司机必须服从指挥。吊装前仔细检查钢丝绳,并确认绑扎牢固后方可起吊,起吊时下层作业人员必须保持在安全距离以外。

3　吊装作业时,要经常检查钢丝绳、吊钩、夹具、吊架等的安全状况,吊臂下严禁站人。

3.1.13　轨料运输道路应符合下列规定:

1　运输道路应平整、压实,满足轨料运输要求,上道出入口坡度不应太大,运输时避免轨料相互碰伤或滑落。

2　运输车辆上下过渡区域内应做好顺坡。

3　对轨料运输的临时轨道线路应经常检查、维护,确保不发生移位和变形。

3.2　铺轨基地设置

3.2.1　铺轨基地的各项设施和布置应符合下列规定:

1　基地联络线的坡度和曲线半径,应根据地形、运量和作业方法确定,并按有关规定设置安全设施。

2　基地布置应根据地形和生产方式,使调车作业顺向,材料堆置合理,取送方便,并应使各种起重吊运机械移动距离最短。

3　基地内应设置消防车通道,并保持畅通。

4　相邻料堆间,应根据作业需要,留有不小于0.5 m的距离。场内堆置物与轨道及走行线间应留有安全距离。

5　基地内主要通道上的单开道岔不得小于9号。

6　基地内线路平、纵断面应符合下列要求:

1)采用轨排法施工时,轨排组装线应为直线;

2)装卸线应设在直线上,坡度不得大于1.5‰,困难条件下,坡度不得大于2.5‰,作业时应有防止车辆溜逸措施;

3)有长轨列车通过的线路曲线半径不得小于300 m,设置反向曲线地段夹直线长度应符合相关技术要求,确保列车运行安全。

3.2.2　基地内轨道标准、股道布置、线路平纵断面和建筑限界,应满足大型机械和机车车辆的作业、停放、进出及检修要求。

3.2.3　在布置轨排场时应确保轨料卸车、储存,轨排钉联、装车、调车作业和列车编组等相互间不干扰,卸料不侵限,拼装作业不零乱,轨排钉联井然有序,行车组织方便安全。

3.2.4　基地基底处理应满足轨料、设备等荷载对地基承载力的要求。

3.2.5　轨排钉联生产线两旁及装卸线两侧的料具堆码整齐,不影响取送车作业和司机对位的视线。线路两侧轨料堆放不得侵限。

3.2.6　轨节场内的硫磺仓库和锚固车间距木枕堆放区不得小于50 m,并应有防火措施。

3.2.7　易燃易爆品仓库的布置应符合防火、防爆安全距离要求,库区应设置围栏,使用中应配足消防设备,库内物品不得与其他物品混放,并建立严格的进出库制度,由专人管理。

3.2.8　起重设备和各种轨道车辆,应有防溜设施,走行线尽头应设车挡和警示标志,如图3.2.8所示。

3.2.9　基地范围及施工现场应有良好的排水系统,并应符合环保、水保要求。作业场所的温度、噪声、空气质量等应符合国家规定标准。

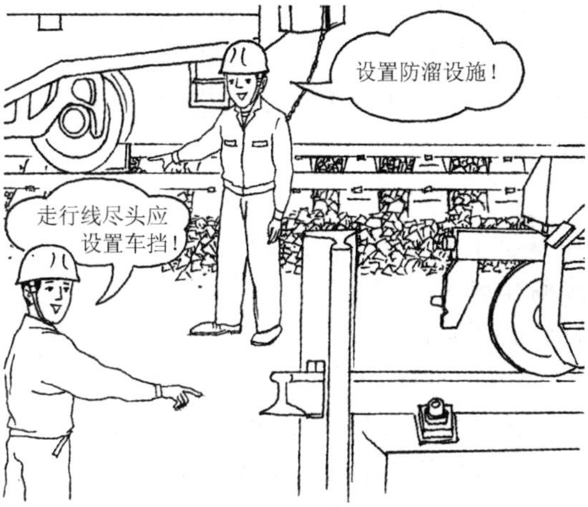

图 3.2.8 起重设备和各种轨道车辆防溜设施

3.2.10 铺轨基地设置应按表 3.2.10 进行检查，并认真填写检查记录表。对检查中发现的不符合规定的情况，应按表 2.0.5 签发安全检查整改通知单，限期整改，并跟踪验证。

表 3.2.10 铺轨基地设置安全检查表

项目(工程)名称			
施工地点			
序号	检查项目	对应条文号	检查情况
1	铺轨基地各项设施和布置	3.2.1	
2	基地内轨道标准、限界等	3.2.2	
3	轨排生产场布置	3.2.3	
4	铺轨基地基底处理	3.2.4	
5	轨排钉联线两侧轨料堆放	3.2.5	
6	硫磺仓库和锚固间设置	3.2.6	
7	易燃易爆品仓库设置	3.2.7	
8	防遛、车挡及警示标志设置	3.2.8	
9	基地防排水、环保及水保	3.2.9	
检查方： 检查人：(签名) 年 月 日			受检方： 接收人：(签名) 年 月 日

3.3 轨料存放

3.3.1 材料堆码基底应平实，承载力符合要求。轨料底层应架空，并有良好的排水系统。

3.3.2 钢轨整理后应分类垛码，并符合下列规定：

1 钢轨起吊应缓起、轻落，并保持钢轨基本平直。

2 支垫应采用硬杂木或钢轨，与各层钢轨垂直放置，间距5～7.5 m，上下层同位。

3 钢轨采用正放或扣放堆码时，应符合下列要求：

1)基底及各层之间支垫平稳;

2)向上每层收台尺寸不应小于一个轨底宽度;

3)在行车线两侧堆码时,应有临时支挡和捆绑措施。

4　百米钢轨存放台位应防止下沉。

3.3.3　钢轨连接件存放应符合下列规定:

1　鱼尾板应分层交互码垛在垫木上,堆放整齐。

2　鱼尾螺栓及弹簧垫圈存放时应就原包装堆垛,堆码整齐。

3.3.4　铁垫板存放时应就原捆堆垛,散块时可用分层反扣堆垛,堆码整齐,并以两排为一行互相靠近,以防倒塌。

3.3.5　道钉存放时应就原包装堆垛或装箱存放,堆码整齐。

3.3.6　轨距杆存放时可用分层交互压码堆垛,堆码整齐。

3.3.7　扣配件存放时应就原包装堆垛,堆码整齐。

3.3.8　橡胶或塑料垫板存放应符合下列规定:

1　应存入库房内,避免阳光直射和雨雪浸淋,并远离热源,与易燃品、氧化剂、强酸溶剂的物品不能共储。

2　堆码存放,应根据制品的形状和特点采取适当的堆码方法,但不应过高,防止压损。

3.3.9　轨道板存放应符合下列规定:

1　Ⅰ型轨道板存放应符合下列规定:

1)存放轨道板的地基应平整,并进行加固处理,防止发生不均匀沉降。

2)轨道板的存放,原则上应采用横向竖立状态放置,并采取防倾倒措施,相邻轨道板间用木块或橡胶垫块隔离,并用连接装置连接起吊螺母处。

3)临时(不大于7天)平放时,堆放层数不超过4层,层间用两根垫木分开放置,垫木应上、下对齐,支点位置在起吊螺母处。垫木可用50 mm×50 mm方木。

2　Ⅱ型轨道板及道岔板现场存放符合下列规定:

1)集中存放时,存放场地要平整并进行硬化处理,硬化地面混凝土强度不小于7.5 MPa,并不应有下沉变形。

2)存放时轨道板面朝上并保持水平。轨道板与地面及每层间可用20 cm×20 cm方木在指定部位支垫。存放层数不得超过10层。

3)沿线存放时,地基应平整密实,下面用方木在指定部位支垫。存放层数不得超过4层。

3.3.10　轨枕存放应符合下列规定:

1　预应力混凝土枕堆码应符合下列规定:

1)存放地面应找平压实,支垫稳固,必要时可铺设木枕或用浆砌片石、混凝土等砌筑支垫平台。

2)堆码高度不得超过14层,上下保持同位,如图3.3.10所示。

3)每层间在承轨槽处用小方木等支垫,支垫物顶面高出挡肩或螺旋道钉顶面20 mm。

图3.3.10　轨枕存放

2　木枕存放应符合下列规定:

1）人工堆码木枕不得超过10层。机械堆码木枕不得超过30层，每隔5～7层应设置垂直方向的支垫木枕，以利机械吊装。

2）木枕堆放区应有防火设施，并与生活区分开。

3 短轨枕（支承块）存放基底应平实，堆码层数不得超过10层，向上每层收台宽度不得小于轨枕长度的1/4。

4 双块式轨枕存放应符合下列规定：

1）Ⅰ型双块式轨枕存放应水平放置（枕面向上），堆放时以5根枕为一层，每组不超过6层，并捆绑为一体，堆码层数不得超过12层。

2）Ⅱ型双块式轨枕存放应水平放置（枕面向上），堆放时以5根枕为一层，每组不超过5层，并捆绑为一体，堆码层数不得超过15层。

5 岔枕应分组存放，按岔枕编号顺序堆码，长枕在下、短枕在上，每层岔枕间以两块垫木隔开，上下层垫木应对正，堆码层数不得超过4层。

3.3.11 普通道岔存放应符合下列规定：

1 长大轨件应存放在坚实、平整且排水良好的地面上，轨件和地面间应铺垫木，木垫的高度、数量视轨件重量而定，支垫间距应为5～7.5 m，高度不小于140 mm。

2 存放尖轨与基本轨组件、可动心轨组件、长轨件的码垛层数不得多于4层，每层用木质垫块垫实垫平，垫块应按高度方向垂直设置。

3 存放装箱零件，箱体码放不得超过2层。

4 产品零部件的堆码应整齐、安全稳固，易于检查及搬运。

5 道岔的尖轨必须用铁皮包裹、防止损伤。

3.3.12 大号码道岔存放应符合下列规定：

1 如需堆码，堆码层数不得超过规定，每层构件间应设垫木，支点位置正确。尖轨与基本轨组装件、可动心轨辙叉组装件不应堆码存放。

2 转辙器尖轨与基本轨组件并排一起存放，垫木数量7～10根，垫木规格为1 500 mm×220 mm×220 mm。

3 可动心轨辙叉存放时垫木数量为5～8根。垫木规格为1 500 mm×220 mm×220 mm。

4 导曲线钢轨按长度依次按层存放，同长度的并排存放在一层。垫木数量为5～8根，垫木规格2 000 mm×220 mm×220 mm。

5 垫板及紧固件按道岔专用包装箱分两排一层存放。

6 道岔轨排应分组存放，大件在下、小件在上，轨面应进行保护。

3.3.13 道砟材料存放场地应处理，堆砟不应过高，避免装卸设备在砟堆上作业发生倾覆。

3.3.14 板式无砟轨道水泥乳化沥青砂浆存放应符合下列规定：

1 水泥乳化沥青砂浆的原材料应按品种、生产厂家分别存放，不同品种、不同厂家的原材料不应混装、混堆。

2 乳化沥青、干料、减水剂等应遮光储存，避免阳光直射。

3.3.15 无砟轨道凸形挡台填充聚氨酯树脂（CPU）的存放应符合下列规定：

1 凸台树脂应以A、B双组分配套供应，分别封装在铁桶或塑料桶中，包装桶外应有明显的标识。

2 运输时，应轻装、轻卸，严禁摔、碰撞、拖拉、倾倒和滚动。原材料应按化工品相关要求，储存在通风、干燥、防晒、防污、防潮、防火无污染的环境中，远离热源。

3.3.16 轨料存放施工作业应按表3.3.16进行检查,并认真填写检查记录表。对检查中发现的不符合规定的情况,应按表2.0.5签发安全检查整改通知单,限期整改,并跟踪验证。

表3.3.16 轨料存放施工作业安全检查表

项目(工程)名称			
施工地点			
序号	检查项目	对应条文号	检查情况
1	班前安全讲话	2.0.7	
2	劳动保护用品佩戴	2.0.8	
3	轨料存放场地	3.3.1	
4	轨料存放总的要求	3.1.2,3.1.3	
5	钢轨垛码	3.3.2	
6	钢轨连接件存放	3.3.3	
7	铁垫板存放	3.3.4	
8	道钉存放	3.3.5	
9	轨距杆存放	3.3.6	
10	扣配件存放	3.3.7	
11	橡胶或塑料垫板存放	3.3.8	
12	轨道板存放	3.3.9	
13	轨枕存放	3.3.10	
14	普通道岔存放	3.3.11	
15	大号码道岔存放	3.3.12	
16	道砟存放	3.3.13	
17	水泥乳化沥青砂浆存放	3.3.14	
18	填充聚氨酯树脂(CPU)存放	3.3.15	
检查方: 检查人:(签名) 年 月 日			受检方: 接收人:(签名) 年 月 日

3.4 钢轨装卸、搬运

3.4.1 要分规格、品种装卸,每捆要考虑吊装上限,要平衡吊装,防止倾斜、跌落,搬运时要加固牢靠,不能窜动、挤伤。

3.4.2 使用一台起重设备装卸钢轨时,应配专用吊轨扁担。

3.4.3 人力装卸钢轨时,应使用钢轨夹抬装抬卸或沿溜杠用绳拉装卸作业。装入车内的钢轨保证一端对齐,以便加固捆绑。

3.4.4 钢轨装卸、搬运应由专人统一指挥,动作一致,作业人员必须使用轨钳、拉轨钩绳、翻轨器等工具,严禁直接用手搬运或放在肩上扛运,在装卸、搬运过程中不应抛掷,避免危及作业人员安全。

3.4.5 采用滑行方法装卸钢轨时,应符合下列要求:

1 滑行轨安放稳固,坡度适当。

2 装卸长 12.5 m 钢轨用滑行轨不少于 2 根,长 25 m 钢轨用滑行轨不少于 4 根。

3 拉轨人员走行的道路平整无障碍,并由专人统一指挥,速度一致。

4 每次卸下一根钢轨后,及时搬开,以免互相碰撞,弹跳伤人。

5 抬运钢轨的跳板应符合安全使用规定。

3.4.6 百米轨及长钢轨装卸应符合下列规定:

1 机车以 3 ~5 km/h 速度对位,并做好防溜措施。

2 卸车人员检查起吊设备、吊具状态,准备卸车工具,确认无误后开始卸车作业。

3 解除首层锁定,先用活动扳手将横向拉杆拆卸掉,再卸除锁定装置。拆卸钢轨支撑架时要注意周围是否有人和设备,切不可随手乱扔。

4 摘挂钢轨夹子时,要确认无误后方可进行起吊作业。

5 钢轨在起吊过程中应步调一致,钢轨下严禁站人、穿行,如图 3.4.6 所示。

图 3.4.6 起吊钢轨下严禁站人或穿行

6 钢轨在起吊、滑行过程中应防止摆动失控撞伤作业人员。

7 群吊底座的混凝土基础强度应足够,其埋深及结构尺寸应结合不同的地基合理设计,并经过检算。

8 长钢轨起吊装车时,各龙门吊要动作同步、缓起轻落、保持长轨平稳,严禁斜拉、斜吊。

9 长钢轨吊装龙门吊应集中联控,同步起落、横移。

10 长钢轨装车前,应检查固定门吊技术性能、钢丝绳磨损程度、夹轨钳是否灵活、有无损伤。

11 长钢轨吊起移动应平缓运动,注意前后配合,快慢一致,操作人员应面向前进方向跟随后行。

12 工作完毕,电动葫芦、吊钩、吊具应停放于指定位置。

3.4.7 钢轨装卸、搬运施工作业应按表 3.4.7 进行检查,并认真填写检查记录表。对检查中发现的不符合规定的情况,应按表 2.0.5 签发安全检查整改通知单,限期整改,并跟踪验证。

表 3.4.7　钢轨装卸、搬运施工作业安全检查表

项目(工程)名称			
施工地点			
序号	检查项目	对应条文号	检查情况
1	班前安全讲话	2.0.7	
2	劳动保护用品佩戴	2.0.8	
3	装载加固要求	3.1.5,3.1.6,3.1.7	
4	起重设备装卸钢轨	3.4.1,3.4.2,3.1.12	
5	人力装卸钢轨	3.4.3,3.4.4	
6	滑行方法装卸钢轨	3.4.5	
7	百米轨及长钢轨装卸	3.4.6	
8	装卸车要求	3.1.8,3.1.9,3.1.10,3.1.11	
9	运输道路要求	3.1.13	
10	起重机械使用	3.9.1	
11	单轨车、小平车使用	3.9.2	
12	重型轨道车的使用	3.9.3	
13	轻型轨道车的使用	3.9.4	
14	水平运输机械使用	3.9.5	
检查方: 检查人:(签名) 年　月　日			受检方: 接收人:(签名) 年　月　日

3.5　轨枕及扣配件装卸、搬运

3.5.1　轨枕公路运输应使用带有固定架的车辆,运输车应与轨枕尺寸相适应,装车层数不多于6层,装车后应绑扎牢固,严防运输途中发生位移。

3.5.2　轨枕铁路运输应按铁路部门批准的装车方案进行装车。

3.5.3　装车时,每摞轨枕之间塞两块三角楔木,防止轨枕运输过程中碰撞、损坏。

3.5.4　扛运轨枕应符合下列规定:

1　抬运混凝土枕应4人一根;桥枕、岔枕等应增加扛抬人员。

2　抬运轨枕时,挂枕应牢靠,抬运应平稳,放置时步调应一致。

3　单人扛运木枕应有固定人员搭肩。到达指定地点放置时,应先将木枕一端着地,使木枕竖立,然后放下,不应耸肩摔掷,避免碰撞他人。

3.5.5　轨枕卸车时,严禁碰、撞、摔、扭,避免危及设备及人身安全。

3.5.6　扣配件装卸搬运过程中不应抛掷,避免伤人。

3.5.7　轨枕及扣配件装卸、搬运施工作业应按表3.5.7进行检查,并认真填写检查记录表。对检查中发现的不符合规定的情况,应按表2.0.5签发安全检查整改通知单,限期整改,并跟踪验证。

表 3.5.7 轨枕及扣配件装卸、搬运施工作业安全检查表

项目(工程)名称			
施工地点			
序号	检查项目	对应条文号	检查情况
1	班前安全讲话	2.0.7	
2	劳动保护用品佩戴	2.0.8	
3	装载加固要求	3.1.5,3.1.6,3.1.7	
4	轨枕公路运输	3.5.1	
5	轨枕铁路运输	3.5.2	
6	轨枕装车	3.5.3	
7	扛运轨枕	3.5.4	
8	轨枕卸车	3.5.5	
9	扣配件装卸、搬运	3.5.6	
10	吊装要求	3.1.12	
11	装卸车要求	3.1.8,3.1.9,3.1.10,3.1.11	
12	运输道路要求	3.1.13	
13	起重机械使用	3.9.1	
14	单轨车、小平车使用	3.9.2	
15	重型轨道车的使用	3.9.3	
16	轻型轨道车的使用	3.9.4	
17	水平运输机械使用	3.9.5	
检查方: 检查人:(签名) 年 月 日			受检方: 接收人:(签名) 年 月 日

3.6 轨道板装卸、运输

3.6.1 轨道板吊装前应仔细检查钢丝绳及吊架有无损伤。

3.6.2 采用龙门吊装卸轨道板,应利用轨道板上的起吊装置水平起吊,轻起轻落,严禁碰、撞、摔,避免轨道板跌落伤人。

3.6.3 轨道板装车应采用方木垫块衬垫,在轨道板设计支撑点处提前支垫,轨道板下落时严禁将手脚伸入轨道板底下。

3.6.4 轨道板装车层数应根据设备能力确定,但不得超过4层。

3.6.5 轨道板运输平车四周应加设轨道板固定装置,吊装完成后,上紧加固螺栓及加固装置。

3.6.6 轨道板运输前应确认装车平稳,捆绑牢固,严禁三点支撑,严防冲击。

3.6.7 运输时应避免轨道板相互碰伤或窜动,跌落车下发生事故。

3.6.8 轨道板装卸、搬运施工作业应按表3.6.8进行检查,并认真填写检查记录表。对检查中发现的不符合规定的情况,应按表2.0.5签发安全检查整改通知单,限期整改,并跟踪验证。

表 3.6.8　轨道板装卸、搬运施工作业安全检查表

项目(工程)名称				
施工地点				
序号	检查项目		对应条文号	检查情况
1	班前安全讲话		2.0.7	
2	劳动保护用品佩戴		2.0.8	
3	装载加固要求		3.1.5,3.1.6,3.1.7	
4	轨道板吊装	吊具检查	3.6.1	
		吊装作业	3.6.2	
5	轨道板装车		3.6.3,3.6.4,3.6.5,3.6.6	
6	轨道板运输		3.6.7	
7	吊装要求		3.1.12	
8	装卸车要求		3.1.8,3.1.9,3.1.10,3.1.11	
9	运输道路要求		3.1.13	
10	起重机械使用		3.9.1	
11	水平运输机械使用		3.9.5	
检查方： 检查人：(签名) 年　月　日			受检方： 接收人：(签名) 年　月　日	

3.7　道砟装卸、运输

3.7.1　道砟装卸作业时，施工负责人应用音响信号进行指挥。

3.7.2　分段卸砟时，车上道砟应左右侧匀称下卸，防止卸后车辆偏载脱线。

3.7.3　装卸道砟时，施工人员不得站、坐于车帮上和两头端板上，严禁站、坐在两车之间，如图3.7.3所示。

图 3.7.3　装卸道砟严禁站、坐在两车之间

3.7.4 装卸完的道砟列车应将车门关牢,插好插销,清理好轨面和轮缘槽。经施工负责人检查确认符合要求后,可将列车拉出装卸道砟地点停车,确认无脱线后,方可开车。

3.7.5 道砟装卸、运输施工作业应按表3.7.5进行检查,并认真填写检查记录表。对检查中发现的不符合规定的情况,应按表2.0.5签发安全检查整改通知单,限期整改,并跟踪验证。

表3.7.5 道砟装卸、运输施工作业安全检查表

项目(工程)名称			
施工地点			
序号	检查项目	对应条文号	检查情况
1	班前安全讲话	2.0.7	
2	劳动保护用品佩戴	2.0.8	
3	道砟装卸指挥	3.7.1	
4	分段卸砟	3.7.2	
5	装卸道砟作业人员要求	3.7.3	
6	卸砟后作业要求	3.7.4	
7	装卸车要求	3.1.8,3.1.9,3.1.11	
8	运输道路要求	3.1.13	
9	单轨车、小平车使用	3.9.2	
10	重型轨道车的使用	3.9.3	
11	轻型轨道车的使用	3.9.4	
12	水平运输机械使用	3.9.5	
检查方: 检查人:(签名) 年 月 日		受检方: 接收人:(签名) 年 月 日	

3.8 道岔装卸、运输

3.8.1 道岔装卸应符合下列规定:

1 道岔装卸应使用专用吊具,使用前应进行检查,保证钢轨件吊运过程中不形成塑性变形或扭转变形。

2 岔枕、道岔组件及箱装零配件起吊时绳索的吊点应布置在工件重心的两侧,禁止单点起吊长大组件,防止道岔部件变形。

3 道岔尖轨与基本轨组装件、可动心轨辙叉组装件、长度大于15 m的配轨,严禁人工直接从车辆上推下卸货;严禁人工用撬棍起撬移动长大钢轨件。

4 道岔尖轨与基本轨组装件、可动心轨辙叉组装件、长度大于15 m,小于25 m的钢轨件,装卸作业时应采用起重机械和专用吊具,吊点间距允许最大值为6 m。

5 尖轨与基本轨组装件、可动心轨辙叉组装件必须整体装卸车。

6 岔枕装卸、运输时严禁碰、撞、摔、掷。严禁用撬棍插入岔枕预埋套管内撬拨岔枕。混凝土岔枕应使用起重机械装卸,并采取措施防止岔枕互相碰撞。

7 长度大于30 m的单件,起吊时应使用吊装扁担梁和柔性吊带,绳索的吊点布置须根据工件重心和长度计算确定，吊装扁担梁吊点布置间距不大于 5 m。

8　普速道岔使用大型起重机械装卸有困难时，可采用人工滑杠卸车，但必须控制好工件的下滑速度，不应过快。滑杠下端必须放置缓冲垫物，避免道岔部件弹跳伤人。操作人员应听从统一指挥，动作一致，避免撬棍飞出伤人。

3.8.2　道岔运输应符合下列规定：

1　采用轨排方式运输道岔时，长度超过 30 m 的轨排应设置专用的运输架。

2　道岔运输前应预先确定行驶路线、速度、限界等控制要求。汽车运输路线需提前考察、测算，对小半径曲线地段进行拓宽，对路基软弱地段进行加固。

3　尖轨与基本轨组装件、可动心轨辙叉组装件、配轨、轨排应采用不致使其产生塑性变形的运输方式，并采用专用夹具将其固定在运输车上。

4　转辙器部分尖轨、基本轨、铁垫板组件，发运前，须采用夹具将尖轨固定于基本轨上。装卡夹具或捆扎固定点不得少于 8 处：尖轨牵引点附近、尖轨断面 35 ~ 50 mm、尖轨70 mm断面处必须装卡夹具，其余可垫胶垫采用铁丝捆扎，然后整体发运。

5　可动心轨辙叉在发运前，须将可动心轨拨至直股开通方向，用楔形木块楔紧可动心轨，在二动以后用铁丝捆扎，保证心轨在运输过程中不发生移动，然后整体发运。

6　转辙器尖轨和基本轨组件、可动心轨辙叉组件，工件悬出车辆长度不得大于 1.8 m；装车时，工件应摆放平整，工件之间应坚实平整。

7　尖轨与基本轨组件、可动心轨组件、长轨件，装车多层码垛，码垛层数不得多于 4 层，每层用木质垫块垫实垫平，垫块应按高度方向垂直设置。

8　岔枕采用平板车或专用车辆运输，多层码垛时，每层应用木质垫块垫实垫平，组装有铁垫板的岔枕，层间垫块的高度应高于铁垫板，避免岔枕滑落。

9　装车横垫木支距大于 8 m 时，应有防止变形的措施。

10　道岔转换设备应采用专用包装箱包装运输。

11　装运道岔组件的平板车应设固定装置，并用木板垫平，木楔子打紧，避免运行过程中产生滑移、窜动危及行车安全。

12　运输过程中应堆码整齐、安全稳固，对加固部位进行封焊时，确保焊接质量。

13　轨道平车要设置侧向防滑装置，对装车的道岔部件都必须进行捆绑固定。

14　道岔装车时防止偏载，岔枕不得超限，各种配件箱要放置平稳，并按有关规定进行捆扎加固，保证运输途中不发生任何意外。

3.8.3　道岔装卸、运输施工作业应按表 3.8.3 进行检查，并认真填写检查记录表。对检查中发现的不符合规定的情况，应按表 2.0.5 签发安全检查整改通知单，限期整改，并跟踪验证。

表 3.8.3　道岔装卸、运输施工作业安全检查表

项目(工程)名称			
施工地点			
序号	检查项目	对应条文号	检查情况
1	班前安全讲话	2.0.7	
2	劳动保护用品佩戴	2.0.8	
3	装载加固要求	3.1.5,3.1.6,3.1.7	

续上表

项目(工程)名称			
施工地点			
序号	检查项目	对应条文号	检查情况
4	道岔装卸	3.8.1	
5	道岔运输	3.8.2	
6	装卸车要求	3.1.8,3.1.9,3.1.10,3.1.11	
7	运输道路要求	3.1.13	
8	起重机械使用	3.9.1	
9	单轨车、小平车使用	3.9.2	
10	重型轨道车的使用	3.9.3	
11	轻型轨道车的使用	3.9.4	
12	水平运输机械使用	3.9.5	
检查方: 检查人:(签名) 年 月 日			受检方: 接收人:(签名) 年 月 日

3.9 机械设备的使用

3.9.1 起重机械使用除应符合《铁路工程基本作业施工安全技术规程》(TB 10301—2009)的有关规定外,还应符合下列规定:

1 各种装卸、搬运轨料的机械操作人员必须持有操作合格证。操作时应配有固定吊装指挥人员。

2 起重指挥应由技术培训合格专职人员担任。作业前,应对起重机械设备、现场施工环境、行驶道路、架空电线及其他建筑物和吊重情况进行了解,确定吊装方法。

3 各类起重设备操作,必须符合各起重设备的使用说明和有关规定。严禁违章起吊。

4 被吊物品必须捆扎牢固,起吊点应符合要求,禁止斜拉拖拽物体。

5 起重设备吊重应保持垂直起吊,不得斜吊或拖拉。起、落、旋转均应平稳。旋转时应有专人拉缆绳,旋转中不得起落扒杆或升降吊重物。

6 严禁吊运的货物从人头上方通过或停留,应使吊物沿吊运安全通道移动。任何吊重物上严禁载人,起吊操作范围内不应有人。

7 起吊重物时,不得在重物上堆放或悬挂零星物件。

8 使用轨行起重设备,必须上全钢轨卡,打好支腿后,方可操作。

9 起吊作业地点上空遇有高压线时,起重设备扒杆顶端与高压线间的安全距离为:当高压线为10 kV时不得小于2 m;35 kV时不得小于4 m。

10 起重设备操作地点的地面应坚实平整,起吊前应先试吊,确认安全稳妥后,方可正式操作。

11 轨料吊装遇有六级及以上大风时,应停止操作。

12 工间休息或收工后,吊装的轨料严禁呈悬空状态。

13 使用磁吊装卸时,磁板接触轨料后,方可启动磁铁电源。卸载时,应待轨料接触卸货地点后，方可消磁卸钩；配合装卸的施工人员不应携带任何铁器。停止装卸时，磁板必须落地，并切断电源。

14 同一设备不得同时开动三个及以上的机构同时运转。

15 起重机的变幅指示器、力矩限制以及各种行程限位开关等安全保护装置，应齐全完整，灵敏可靠，不得用限位装置代替操纵机构进行停机。

16 起重吊装物件时，不应忽快忽慢和突然制动。非重力下降式起重机，不应带荷自由下落。

17 吊装钢轨时应按警示铃，要确认吊装人员远离作业区。

18 吊装作业操作人员应经常检查钢丝绳的磨损、锈蚀情况，凡不符合使用规定者应立即更换。对吊架连接部位、焊接点经常进行检查，连接松动或脱焊的未经修复不应使用。

19 起重机要做到“十不吊”：

1）指挥信号不明确和违章指挥不吊。

2）超载不吊。

3）工件或吊物捆绑不牢不吊。

4）吊物上有人不吊。

5）安全装置不齐全，不完好，动作不灵敏或有失效者不吊。

6）工件埋在地下或与地面建筑物。设备有钩挂时不吊。

7）光线隐暗视线不清不吊。

8）有棱角吊物无防护切割隔离保护措施不吊。

9）斜拉歪拽工件不吊。

10）有脱落或洒落危险不吊。

20 轨料吊装收工前，起重设备的吊具、挂钩等应拴牢，并不得侵入限界。电动起重设备应切断电源。各类起重设备均应制动和锁死，做好防溜措施。

3.9.2 单轨车、小平车等非机动轻型车辆的使用应符合下列规定：

1 单轨车、小平车等非机动轻型车辆应放置在固定的安全地点并加锁，使用前应进行检查，确认状态良好后方可使用。

2 使用单轨车、小平车等非机动轻型车辆时，必须取得车站值班员对使用时间的认可，并作好登记签认。

3 使用单轨车或小平车时，必须按铁道部现行《铁路技术管理规程》和《铁路工务安全规则》设置施工安全防护。

4 使用单轨车应有专人负责，同时应配有足够的随车人员，以便来车时能及时撤到限界以外。在双线地段应在外股钢轨行走。

5 使用小平车应符合下列要求：

1）必须由经过安全培训、经施工负责人指定的专人负责使用。

2）配有足够的随车人员，以便来车时能及时将小平车撤到限界以外。

3）小平车具备制动装置及两个以上的止轮器。

4）使用负责人随带音响信号、信号旗、信号灯等。

5）走行时限速 5 km/h。

6）任何时候操作人员不应手离小平车，不应在车前拖拉行走，如图 3.9.2—1 所示。

图 3.9.2—1　小平车不得拖拉行走

7)数辆小平车同向运行时,两车间距离不小于 20 m。

8)在陡于 6‰的下坡道上,不应运送轨料。

6　小平车应按下列要求进行防护:

1)应派防护人员在车辆前后各 800 m 处显示停车手信号旗,随车移动。如瞭望条件不良时,应增设中间防护员。

2)不能在认可时间内撤出线路时,应在车辆前后各800 m处放置响墩,并以停车手信号防护。

3)跟随列车后面运行时,应与列车保持不小于 500 m 的距离。在长大坡道区间,不应续发小平车。

4)在站内使用装载较重的小平车时,在前后各 50 m 处显示停车手信号,随车移动。

7　单轨车和小平车上严禁载人,如图 3.9.2—2 所示。

图 3.9.2—2　小平车严禁载人示意图

3.9.3　重型轨道车的使用应符合下列规定:

1　重型轨道车必须由经过考试合格、持有轨道车驾驶证的人员驾驶。

2　重型轨道车的运行按列车办理。

3　使用重型轨道车时,使用单位必须按规定编报运输申请计划,纳入行车调度日班计划。

4　轨道车出乘时,车上必须配备通信信号设备、安全防护用品、主要工具和备件等。出乘前,应确认车辆制动及信号等设备状态良好。

5　在营业线上运行的重型轨道车除安装无线列车调度电话外,还应根据需要加装机车信号和运行监控装置。

6　轨道车不应超限、超载和偏载。发车前由司机严格检查,当发现装载不良时应整理牢固,符合装载要求后方可发车。

7　轨道车的牵引重量及速度应按运输部门的规定办理。

8　重型轨道车与拖车连挂时,不应跨区间连续推进运行。区间推进运行时,应有调车人员领车。运行过程中严禁超速运行。

9　两组重型轨道车连挂运行时,制动形式必须相同,并将功率大的或重载车编在前面。

10　运送施工等人员时,拖车必须有端板、侧板,并有专人负责安全。施工负责人并应做到:

1)对搭乘人员进行安全教育。

2)运行中人员不应站立或坐在端板、侧板及连接处。

3)监督乘车人员待车停稳后方可上下,确认有关人员上下完毕,方可通知司机开车。

11　在电气化区段使用的轨道车,其轴距小于 5 m 时,不应单独行驶在交叉渡线上。

3.9.4　轻型轨道车的使用应符合下列规定:

1　轻型轨道车必须由经过考试合格、持有轨道车驾驶证的人员驾驶。

2　使用轻型轨道车时,必须取得车站值班员对使用时间的承认,填写轻型车辆使用书。在区间用电话联系时,双方分别填写使用书,并应在使用时间内撤出。

3　轻型轨道车出乘时,车上必须配备通信信号设备、安全防护用品、主要工具和备件等。出乘前,应确认车辆制动及信号等设备状态良好。

4　轻型轨道车运行时,应用展开的红色信号旗进行防护。在复线区段,当遇邻线来车,应暂将红色信号旗卷收,等车过后再行显示。

5　轻型轨道车应有拆装式安全栏杆或扶手,并应稳固可靠。

6　轻型轨道车在连挂拖车时不应推进运行,并不应与重型轨道车连挂。运行过程中严禁超速运行,侧向过岔速度不得超过 15 km/h。

7　在区间施工作业,应派防护人员在车辆前后各 800 m 处显示停车手信号,随车移动。当瞭望条件不良时,应增派中间防护员。

8　轻型轨道车不应在繁忙和快速线路上使用,因特殊需要时必须由运输部门审查批准。

9　轻型轨道车不应停放在站内线路上过夜,特殊情况下经车站值班员同意时,应加锁稳妥停放。

10　轻型轨道车撤出线路后不应侵入限界,使用完毕后存放在固定地点并加锁。

3.9.5　水平运输机械使用应符合《铁路工程基本作业施工安全技术规程》(TB 10301—2009)有关规定。

4 有砟道床施工

4.1 一般规定

4.1.1 有砟道床施工应考虑下列主要危险源、危害因素：

1 道砟临时存放侵入限界。

2 道砟卸车发生偏载。

3 运砟车超速行驶。

4 立交桥上铺砟道砟下落到桥下。

5 风动卸砟车卸砟超速，卸砟车门堵塞，堆砟坡脚及高度不符合要求，提前开车，开底门卸砟时超卸石砟导致自身掉道。

6 大型养路机械区间停留未设置防溜措施，作业轨温超限，桥上、隧道内动力稳定时加载值超限。

4.1.2 道砟装卸应选用适当的工具，并设专人统一指挥。

4.1.3 道砟临时存放不得侵入轨道限界。

4.1.4 道砟卸车过程中应避免偏载，防止车辆脱线。

4.1.5 运砟车辆从便道进入路基的上道口不可转弯过急，进入路基后车辆行驶速度不超过15 km/h，不得突然加速或急刹车。

4.1.6 运砟车倒车卸砟退出时，必须由专人指挥。

4.2 铺轨前铺砟

4.2.1 使用摊铺机摊摊铺道砟时，除应严格按照摊铺机安全操作规程作业外，还应符合下列规定：

1 摊铺机两侧应设专人观测传感仪工作状况，发现大的误差应及时调整，严重时应鸣笛中止工作，及时排除故障。

2 施工过程中出现紧急状况时，司机应按下紧急制动按钮，并及时通知维修人员检查。

3 操作司机离开机械前，必须关闭发动机。

4.2.2 人工铺砟应符合下列规定：

1 运砟汽车及施工机械在防护人员发出来车警告信号时，应立即停止作业，待汽车及施工机械通过后，方能继续施工。

2 在立交桥上铺砟应作好防护，并注意桥下行车情况。

3 桥头备砟时，其厚度应使砟面高出桥头挡砟墙顶不小于5 cm，并做好顺坡。

4 施工中使用的四齿耙、拉耙子等工具应妥善保管，不使用时应尖部朝下集中放置。

5 道砟整平、压实施工过程中使用的机械设备应统一指挥。

6 人工铺砟应平整，不得出现反超高。

4.2.3 铺轨前铺砟施工作业应按表4.2.3进行检查，并认真填写检查记录表。对检查中发现的不符合规定的情况，应按表2.0.5签发安全检查整改通知单，限期整改，并跟踪验证。

表 4.2.3 铺轨前铺砟施工作业安全检查表

项目(工程)名称			
施工地点			
序号	检查项目	对应条文号	检查情况
1	班前安全讲话	2.0.7	
2	劳动保护用品佩戴	2.0.8	
3	道砟装卸应专人统一指挥	4.1.2	
4	道砟临时存放	4.1.3	
5	道砟卸车	4.1.4	
6	运砟车行驶	4.1.5,4.1.6	
7	摊铺机摊铺道砟	4.2.1	
8	人工铺砟	4.2.2	
9	装载机使用	4.4.1	
10	道砟摊铺机使用	4.4.2	
检查方: 检查人:(签名) 年 月 日			受检方: 接收人:(签名) 年 月 日

4.3 上砟整道

4.3.1 风动卸砟车卸砟应符合下列规定:

1 装砟前检查风动卸砟车风动闸是否灵活,中门、边门是否能够完全打开。

2 到卸砟地点应一度停车,将风打足,作好卸车准备。

3 卸砟速度应控制在 3~5 km/h。

4 卸砟车卸砟必须均匀,砟车外侧风门可比内侧风门先打开且稍大一些。

5 风动道砟车风压不足 0.4 MPa 时,应用手制动装置配合操作。

6 卸砟列车装车时,严禁将粒径大于 10 cm 的道砟、泥土和冰雪装入。

7 所卸道砟坡脚与轨面水平等高处距钢轨头部作用边不得小于 810 mm,向线路一侧的边坡不得陡于 1:1, 双线间堆码高度不得超过轨面 300 mm。

8 下列情况不应卸砟:

1) 未到达卸车地点;

2) 未确认卸车信号;

3) 道口、明桥面或影响道岔信号和导管扳动的地段;

4) 夜间和无照明的隧道;

5) 邻线来车时;

6) 列车转移走行途中。

9 卸完道砟的列车在下列情况不应开车:

1) 未清理好线路;

2) 车门未关好;

3) 车内余砟偏载未匀平;

4）施工负责人未给车长信号，车长不应给司机开车信号。

4.3.2 人工上砟整道应符合下列规定：

1 道砟的装卸作业应符合下列规定：

1）施工负责人应使用音响信号进行指挥；

2）分段卸砟时，应防止卸车后车辆偏载脱线；

3）装卸道砟时，人员不应站、坐在两车之间。

2 每个道砟车应指定一名组长，负责指挥开关车门、卸砟、检查和清道等工作。

3 人工起道时，起道机应稳固地安放在道砟上，不应歪斜；起道机松扣下落时，手脚不得放在钢轨下；起道机用完后，不得留在道心内或钢轨旁。

4 小型机械捣固应符合下列规定：

1）不得超速运行；

2）每台捣固机应有专人负责，备有起镐摇把，并有应急下道措施；

3）捣固机不得载人或超载工具；

4）捣固机配属的轻型车辆下道后，应稳妥地停放在限界以外，并加锁。

4.3.3 大型养路机械铺砟整道应符合下列规定：

1 大型养路机械施工运行、调车作业、长途挂运等作业安全技术应符合铁道部现行《大型养路机械使用管理规则》相关规定。

2 施工前应对线路进行检查，掌握施工地段的线路设备状态，熟悉线路坡度、曲线、道口、桥梁、隧道及信号设备等位置及状态，制定相应的安全措施。

3 在双线的一侧线路作业时严禁侵限，并在两端设置防护。

4 清筛机械车组在作业中应随时注意位移观测桩、曲线桩、信号及其附属设备等障碍物。

5 捣固机械车组在混凝土桥面作业时，必须事先拆除影响捣固的护轨，并应测定轨枕底的道砟厚度，厚度不足 150 mm 时，不应进行捣固；曲线上外股超高设置较大时，应分次作业，每次起道超高增加值不得大于 30 mm，以防作业车掉道。

6 捣固作业结束前，应按不大于 2‰的坡度顺坡，一般不在圆曲线上顺坡。严禁在缓和曲线上顺坡结束作业。

7 配砟整形机械车在电气化区段作业，接近接触网支柱时，应停车收回侧犁，通过后再作业；当道心内有障碍物时，应及时停车提起中心犁。

8 配砟车在线间距不足 4.2 m 的双线区段作业时，禁止使用邻线侧的侧犁。

9 清筛机与配砟整形车在收放工作装置时，应选择线路比较平直的地段进行，在复线地段要与防护员联系，当确认邻线无列车通过时方准收起和放下工作装置。

10 每层道床起道、捣固作业后，应进行 1 至 2 次动力稳定作业，稳定车在路基上工作速度一般为 0.6 ~ 0.9 km/h，由下层至上层速度逐层降低。从路基向桥上进行动力稳定时，应在上桥前 30 m 范围内把加载值逐渐降低 50%，并在下桥后 30 m 范围内再把加载值逐渐提高到原来的数值。隧道中采用在桥上同样的方法处理。稳定车在桥上进行动力稳定应避开桥梁自振频率，工作速度不得低于 1 km/h，在桥上不得起振、停振。

11 各机养机械车均应配备复轨器、无线通信设施及符合有关行车规定的备品、防护信号用品。

12 各机械车在封锁区间独自作业时，续行间隔不少于300 m，严格控制运行速度不大于

40 km/h，两机间应设专人防护，并做好随时停车准备，在区间停留时，应设置防溜设施。

13　各机械车在遇到不能作业的道口、道岔和桥梁时，应收起机械有碍安全的作业装置，通过后再作业。

14　各机械车进站作业必须按车站信号显示进行，站内编解、摘挂作业必须按车站调车作业办法办理。

15　大型养路机械在无缝线路地段施工时，高温季节应先进行应力放散。如果未进行应力放散，施工负责人及各车司机长要了解该地段的实际锁定轨温，并注意随时测量轨温，严禁超温作业。

16　无缝线路地段的作业轨温条件：

1）一次起道量小于等于 30 mm，一次拨道量小于等于10 mm时，作业轨温不得超过实际锁定轨温 ±20 ℃；

2）一次起道量在 31 ~50 mm 时，一次拨道量在 11 ~20 mm时，作业轨温不得超过实际锁定轨温 -20 ℃ ~ +15 ℃；

3）在高温季节作业时，作业中机组人员应监视线路状况，发现胀轨迹象应立即停止作业。

17　在无缝线路地段施工时，机组应采取紧密流水作业方法，以便及时稳定线路。作业中一旦发现线路胀轨迹象，应立即停止作业，妥善处理之后再安全退出胀轨现场。

4.3.4　上砟整道施工作业应按表 4.3.4 进行检查，并认真填写检查记录表。对检查中发现的不符合规定的情况，应按表 2.0.5 签发安全检查整改通知单，限期整改，并跟踪验证。

表 4.3.4　上砟整道施工作业安全检查表

项目（工程）名称			
施工地点			
序号	检查项目	对应条文号	检查情况
1	班前安全讲话	2.0.7	
2	劳动保护用品佩戴	2.0.8	
3	道砟装卸应专人统一指挥	4.1.2	
4	道砟临时存放	4.1.3	
5	道砟卸车	4.1.4	
6	风动卸砟车卸砟	4.3.1	
7	人工上砟整道	4.3.2	
8	大型养路机械铺砟整道	4.3.3	
9	装载机使用	4.4.1，4.4.2	
10	大型养路机械使用	4.4.3	
11	清筛机使用	4.4.4	
检查方： 检查人：（签名） 年　月　日			受检方： 接收人：（签名） 年　月　日

4.4 机械设备的使用

4.4.1 装载机使用除应符合《铁路工程基本作业施工安全技术规程》（TB 10301—2009）的有关规定外，还应符合下列规定：

1 装载机行驶时，应收回铲斗，铲斗离地面约 400 ~ 500 mm。在行驶过程中注意是否有路障或高压线等。除规定的驾驶人员外，不准搭乘其他人员，严禁铲斗载人。

2 装载机行驶时，避免突然换向行驶，铲斗带负荷升起行驶时，不准急转弯和急刹车。

3 装载机在公路上行驶时必须遵守交通规则，谨慎驾驶，下坡禁止空挡溜放。

4 在倾斜坡地如果发动机熄火，应把铲斗放在地上，并制动，将各操作杆置于中位，再启动发动机。

5 在向运砟车辆装载时，禁止铲斗在运砟车辆驾驶室上空越过。如汽车驾驶室顶无防护板，装砟时汽车驾驶室内不准有人。

6 向运砟车辆装载时应尽量降低铲斗，减小卸落高度，防止偏载、超载和砸坏车箱。

7 作业后，应将装载机停放在安全场地，将铲斗平放地面，所有操作杆直于中位，并制动锁定。

4.4.2 道砟摊铺机的使用应符合下列规定：

1 摊铺机操作人员必须经过专门的技术培训。

2 摊铺机只能在操作台上操作。

3 制动和转向系统操作前要经过检查，不应带故障操作。设备所有保护罩必须安装到位。

4 在下坡路上不应松开离合器，在下坡前应将挡位挂到要求位置，在行进过程中不应再移动挡位。

5 离开操作台前，必须实行手制动，当摊铺机处于液压驱动时，操纵杆始终处于“0”位位置。

6 熨平板的通道要大于它的全部实际操作宽度。

7 装备有液化气加热装置的摊铺机，在工作结束后，燃烧器和加热器熄灭时，必须立即关闭气阀，防止火灾。

8 在无保护的电器元件上工作时，为了避免柴油机突然启动，必须切断与电瓶或起动机的连接接头。

9 液压管路或蓄能器维修前，应提前释放液压系统压力。

10 维护或修理时，必须防止摊铺机移动，可运动部件（如熨平板和料斗等）必须可靠固定。

11 吊装摊铺机时，必须在设备专用吊点位置起吊。

4.4.3 大型养路机械使用应符合下列规定：

1 大型养路机械的操作者必须经考试合格，并持有大型养路机械司机证方准进行操作，副司机只有在正司机的指导下方能驾驶运行。

2 作业前，操作人员应按照操作说明书的规定做好各项准备工作，特别是做好设备的保养及失效零部件的更换，使设备始终处于良好的工作状态。

3 大型养路机械运行前，各车司机长应对本车的制动系统、折角塞门、气锁、安全绳、油位等有关部位进行全面检查，并应试风试闸，确认正常后方可运行。

4　作业时，要根据线路实际情况选择作业方法，机组人员随时观察各部分的工作情况及各种仪表的显示状态，发现异常立即停机处理。

5　大型养路机械工作装置收起和放下时，一定要按岗位分工各负其责，同时要做好车上与车下人员的协调，避免碰伤手脚。在连接或分解清筛机的导槽及链节时要统一指挥，相互照应，防止人身伤害。

6　捣固车作业中，数据输入要正确，下镐位置要准确，避免镐头挤碰轨枕或钢轨。

7　使用激光发射器时，严禁目视激光，也不准在激光准直光束中穿行。

8　配砟整形车工作时，要注意线路上的固定装置及障碍物。遇有妨碍作业的物体时，应及时收拢侧犁。

9　禁止非机组人员扳动机械设备，机组人员离开机械时，一定要拧紧手闸、锁好车门。

4.4.4　清筛机在作业中，一定要严格遵守各道工序启动与停机的照序，即启动时先接通污土带和振动筛后，再开始挖掘；停机时则反之。当作业中突然停机时，应先用人力清除污土带上的污土与道砟，严禁满负荷启动机器。

5 无砟道床施工

5.1 一般规定

5.1.1 无砟道床施工作业应考虑下列主要危险源、危害因素：

1 基础面凿毛碎片飞溅伤人。

2 钢筋加工、钢筋焊接触电伤害。

3 混凝土输送泵管爆裂。

4 模板倒运时超载、偏载、捆扎不牢，发生滑落或侧翻。

5 工具轨临时存放、倒运及安装过程中砸伤作业人员。

6 工具轨、轨枕吊装作业伤害。

7 轨枕固定架降落过程中用手试探球形凹槽耦合情况。

8 组合式轨道排架吊运前支承块与挂篮连接螺栓松动，吊点间距设置不合理，运行过程中下方有作业人员。

9 物流运输过程中发生行车事故。

10 轨道板吊装作业伤害。

11 轨道板铺放和对位时压伤手脚，调整时未同步起升，发生侧斜。

12 水泥沥青砂浆灌注时泵管对人、泵管爆裂。

5.1.2 无砟道床钢筋加工、绑扎、焊接以及混凝土浇筑作业安全技术应符合《铁路工程基本作业施工安全技术规程》（TB 10301—2009）有关规定。

5.1.3 在使用以电为动力的设备时应遵守安全用电操作规程。

5.1.4 无砟道床施工前应将施工地段的水沟盖板盖牢，并清理人行道。

5.1.5 清扫基层表面时应洒水防尘。用高压水冲洗基底时，应由上坡向下坡方向进行，高压水喷头不得对人。

5.1.6 基础面凿毛人员应佩戴护目镜、手套等安全防护用品，凿毛作业面周围不得站人，避免混凝土碎块飞溅伤人。

5.1.7 工地倒运模板时应进行临时捆绑，不应超载，避免模板运输途中滑落。拆除和安装模板过程中，应避免模板倾倒伤人。

5.1.8 运输车辆严禁人、料混装，车辆行驶速度不应过快。为确保运输车就位良好和安全进出，应派专人指挥。平交道口和狭窄的施工场地，设置“缓行”标志，必要时安排人员指挥交通。

5.1.9 道床板施工区域内各种车辆应限速行驶，并严禁掉头、超车及会车。

5.1.10 夜间或隧道内施工时，应加强照明设施，不得把灯具挂在竖起的钢筋上或其他金属构件上，导线应架空。隧道口配备防护人员，并与洞内人员保持联络，非施工人员，严禁进入隧道。

5.1.11 长大隧道内或夜间施工时，应在物流通道上作出明显通道宽度限界反光标志，防止发生意外。

5.1.12 跨公路或铁路的立交桥应有安全防护措施。

5.1.13 无砟道床施工废弃物应收集处理，尤其是在桥面清理中，防止各类物品坠落。严禁向桥下和伸缩缝内倾倒、堆积废物。

5.2 枕式无砟道床

5.2.1 弹性支承块套靴应在基地安装好后运往工地，安装地点应有良好的通风和防火措施。

5.2.2 吊装钢轨、轨枕等作业安全应符合本规程第 3.1.12 条有关规定。

5.2.3 “工具轨架轨法”施工无砟道床应符合下列规定：

1 工具轨应精心保护，采用平板拖车运至现场，分层码放整齐。工具轨施工倒运采用起重运输车或龙门吊。吊装应采用专用吊具作业。运输中工具轨堆码不得超过 3 层，且应梯形堆码，层与层之间用方木垫平，并绑扎牢固。

2 工具轨卸车时应避免摔跌、撞击、滚落伤人，如图 5.2.3 所示。

图 5.2.3 工具轨卸车时严禁滚落伤人

3 钢轨支撑架应有足够的强度、刚度和稳定性，满足施工工艺要求。

4 翻动钢轨时，应使用翻轨器，施工人员要站在安全地带。

5 工具轨装卸、搬运必须使用轨钳、拉钩挂绳、翻轨器和撬棍等工具，严禁直接用手搬运或放在肩上扛运，在装卸、搬运过程中不得抛掷，吊轨作业严禁斜拉斜吊。

6 防止吊起工具轨时出现失控而左右摆动。

7 工具轨采用地面滚筒往前倒运时，施工人员动作应协调，垫滚筒时应防止钢轨倾斜或滑落，行进过程双脚不应伸入轨底，倒运到指定地点后，落滚筒时严禁压机突然卸载。

8 悬挂轨枕应由两人同步操作，扣件和螺栓应配齐拧紧，确认稳妥后方可进行下一轨枕的悬挂作业；所用撬棍、扳手等不应随地乱放。

9 工具轨、模板及散件周转箱装运时，要摆放整齐并采取固定措施，防止发生滑落损伤事故。

10 采用公铁两用起重运输车拆除、倒运、安装工具轨时，作业人员不应进入起重机作业半径内作业。

5.2.4 “轨枕振动嵌入法”施工无砟道床应符合下列规定：

1 轨枕固定架降落过程中，不得用手试探球形凹槽耦合位置，应观察降落过程，用塞尺触探是否耦合，使其就位。

2 横梁、固定架、钢模板轨道、支脚及散件周转箱装运时，要摆放整齐并采取固定措施，防止发生滑落损伤事故。

5.2.5 “组合式轨道排架法”施工无砟道床应符合下列规定：

1 起重机走行轨道应安设稳固，支垫间距、轨距符合要求。使用前应检查走行系统是否正常，电器制动系统是否可靠，吊架的吊点灵活程度及有效吊点的均匀分布情况等方面指标。

2 在移动式组装平台上组装组合式轨道排架轨枕时，应确保轨枕与挂篮紧密连接，螺栓扭矩符合要求。

3 组合式轨道排架起吊前，应检查吊点间距是否合理、挂钩是否牢靠。门式起重机吊运组合式轨道排架运行过程中，下方不得站人，轨道排架下降对位过程中，辅助人员应站在侧旁进行辅助对位。

5.2.6 上扣件时每两人之间要间隔3根轨枕的距离，且人要站在扳手的一侧，防止相互碰伤。

5.2.7 道床混凝土未达到设计强度75%之前，严禁在道床上行车和碰撞轨道部件。

5.2.8 大型施工机械行进过程中，应加强瞭望，施工人员在其前方作业应有一定安全距离。

5.2.9 物流组织和运输应符合下列规定：

1 隧道内运送轨料、支撑架、轨枕和混凝土时，行车速度不得大于10 km/h，人推车辆速度不得大于5 km/h；当利用已建成的轨道运送轨料时，应有防溜措施。

2 模板、散件周转箱运送至指定施工地点时，应存放在两线间的空地上，防止阻塞交通和被损坏。

3 Ⅱ线道床板施工时，如有混凝土洒落在Ⅰ线轨道上，应在混凝土初凝前及时清除。

4 Ⅱ线道床板施工时，Ⅰ线临时运输轨应考虑轨道运输设备的避让长度，以保证混凝土物流的畅通。

5 当场内沿线物流设备发生机械故障时，应及时处理；若处理时间较长时，应将故障设备拖至物流区域外，恢复物流通道的畅通。

6 作业人员不得在物流通道上休息，不得将施工机具、物料等堆放在物流通道上，作业过程中要注意避让来往车辆。

5.2.10 枕式无砟道床施工作业应按表5.2.10进行检查，并认真填写检查记录表。对检查中发现的不符合规定的情况，应按表2.0.5签发安全检查整改通知单，限期整改，并跟踪验证。

表 5.2.10 枕式无砟道床施工作业安全检查表

项目（工程）名称				
施工地点				
序号	检查项目		对应条文号	检查情况
1	班前安全讲话		2.0.7	
2	劳动保护用品佩戴		2.0.8	
3	基底处理	基底凿毛	5.1.6	
		基底清理	5.1.5	

续上表

项目（工程）名称			
施工地点			
序号	检查项目	对应条文号	检查情况
4	钢筋加工、绑扎、焊接以及混凝土浇筑	5.1.2	
5	模板倒运	5.1.7	
6	弹性轨枕套靴安装	5.2.1	
7	吊装钢轨、轨枕及模板等	5.2.2	
8	“工具轨架轨法”施工	5.2.3	
9	“轨枕振动嵌入法”施工	5.2.4	
10	“组合式轨道排架法”施工	5.2.5	
11	上扣件	5.2.6	
12	工地物流运输	5.1.7~5.1.11，5.2.7，5.2.9	
13	废弃物处理	5.1.13	
14	轮胎式跨双线可变跨龙门吊操作	5.4.1，5.2.8	
15	轨排粗调机操作	5.4.2，5.2.8	
16	混凝土浇筑机操作	5.4.3，5.2.8	
17	混凝土巡回车操作	5.4.4，5.2.8	
18	混凝土捣固机操作	5.4.5，5.2.8	
19	轨枕铺设机操作	5.4.6，5.2.8	
20	轨枕装配车操作	5.4.7，5.2.8	
21	拆卸车操作	5.4.8，5.2.8	
22	施工循环车操作	5.4.9，5.2.8	
23	钢筋加工及焊接设备操作	5.4.12	
24	混凝土机械设备操作	5.4.13	
25	安全用电	5.1.3	
检查方： 检查人：（签名） 年　月　日			受检方： 接收人：（签名） 年　月　日

5.3　板式无砟道床

5.3.1　吊装钢轨、轨道板、模板等作业安全应符合本规程第3.1.12条有关规定。

5.3.2　施工现场临时存放的土工布、塑料膜和硬泡沫塑料板应有防火隔离措施。土工布、塑料膜和硬泡沫塑料板铺设后，应隔离热源，避免明火、钢筋焊接火花等灼烧发生火灾。

5.3.3 轨道板铺设应符合下列规定：

1 轨道板铺设前，应预先在混凝土底座上对称摆放一定厚度的支撑垫木，保证精调装置安装空间。

2 加强铺板区域内的监控，无关作业人员不得靠近装吊区域。

3 起吊轨道板前应对吊具进行认真检查，禁止“带病”使用。吊板时，应正确选择吊物的重心，保证吊物平稳。

4 提升轨道板时，应详细检查提升机构及锁闭装置是否灵活、完好。

5 铺放对位过程中，施工人员应扶稳轨道板使其缓慢下落，同时避免手脚伸入轨道板底及相邻轨道板板缝之间，以免磕碰和压伤。

6 轨道板下落，调整支点应使用木棍，在指挥负责人确认施工人员的手、脚位于轨道板底部以外后，方可落板到位。

7 轨道板精调后及垫层砂浆未达到规定的强度前，禁止人员或车辆在板上通过。

5.3.4 精调装置应对称布置，安装应牢固、支撑稳定，调整轨道板时应均衡施力，确保轨道板平行上升或下降。

5.3.5 水泥乳化沥青砂浆拌制应符合下列规定：

1 在砂浆拌制前，应提前对砂浆拌制车所经过道路路面、弯道、两侧及上部的障碍物、安全隐患等进行调查，为砂浆拌制施工做好准备。

2 在砂浆拌制时，砂浆拌制车停放处的应设防护人员进行巡视，引导过往车辆、施工机械慢速通过砂浆拌制车。

3 砂浆拌制车若停放在坡道上作业时，应在车轮下设置防溜装置。作业完毕后应停放在平坡处。

4 当砂浆中转仓采用汽车吊运送时，所选用汽车吊的安全系数应满足有关规定的要求。

5 中转仓采用吊车运送时，在挂、取钢丝绳的作业中，应防止钢丝绳落入中转仓内损伤搅拌叶片。

6 中转仓的搅拌电机及开关应有防水装置，以防止水进入。

7 中转仓的动力线在作业前应进行检查，发现动力线的绝缘层老化或破损，应立即进行更换。

8 在给砂浆拌制车装干粉料时，作业人员应配有防尘保护和高空作业保护的用具。

5.3.6 水泥乳化沥青砂浆灌注时灌注管不得对人，远距离灌注避免爆管。

5.3.7 凸形挡台周围填充树脂灌注施工应避开明火，隔离热源。

5.3.8 乳化沥青废弃物、水泥乳化沥青砂浆废弃物及洗涤用水需进行处理后合理排放。

5.3.9 充填式垫板树脂注入的压力应严格控制在 0.15 MPa 以下的压力，并缓慢注入。

5.3.10 水泥乳化沥青砂浆、填充树脂制备及灌注人员应佩戴防护手套及防护靴，搅拌机操作人员还应戴防护目镜。

5.3.11 板式无砟道床施工作业应按表 5.3.11 进行检查，并认真填写检查记录表。对检查中发现的不符合规定的情况，应按表 2.0.5 签发安全检查整改通知单，限期整改，并跟踪验证。

表 5.3.11　板式无砟道床施工作业安全检查表

<table>
<tr><td colspan="3">项目（工程）名称</td><td colspan="2"></td></tr>
<tr><td colspan="3">施工地点</td><td colspan="2"></td></tr>
<tr><td>序号</td><td colspan="2">检查项目</td><td>对应条文号</td><td>检查情况</td></tr>
<tr><td>1</td><td colspan="2">班前安全讲话</td><td>2.0.7</td><td></td></tr>
<tr><td>2</td><td colspan="2">劳动保护用品佩戴</td><td>2.0.8，5.3.10</td><td></td></tr>
<tr><td rowspan="2">3</td><td rowspan="2">基底处理</td><td>基底凿毛</td><td>5.1.6</td><td></td></tr>
<tr><td>基底清理</td><td>5.1.5</td><td></td></tr>
<tr><td>4</td><td colspan="2">钢筋加工、绑扎、焊接以及混凝土浇筑</td><td>5.1.2</td><td></td></tr>
<tr><td>5</td><td colspan="2">吊装钢轨、轨道板、模板等作业</td><td>5.3.1</td><td></td></tr>
<tr><td>6</td><td colspan="2">土工布、塑料膜和硬泡沫塑料板防火</td><td>5.3.2</td><td></td></tr>
<tr><td>7</td><td colspan="2">轨道板铺设</td><td>5.3.3</td><td></td></tr>
<tr><td>8</td><td colspan="2">轨道板精调</td><td>5.3.4</td><td></td></tr>
<tr><td>9</td><td colspan="2">水泥乳化沥青砂浆拌制</td><td>5.3.5</td><td></td></tr>
<tr><td>10</td><td colspan="2">水泥乳化沥青砂浆灌注</td><td>5.3.6</td><td></td></tr>
<tr><td>11</td><td colspan="2">凸型挡台填充树脂灌注</td><td>5.3.7</td><td></td></tr>
<tr><td>12</td><td colspan="2">废物处理</td><td>5.3.8，5.1.13</td><td></td></tr>
<tr><td>13</td><td colspan="2">充填式垫板树脂注入</td><td>5.3.9</td><td></td></tr>
<tr><td>14</td><td colspan="2">工地物流运输</td><td>5.1.7～5.1.11</td><td></td></tr>
<tr><td>15</td><td colspan="2">运板车操作</td><td>5.4.10</td><td></td></tr>
<tr><td>16</td><td colspan="2">水泥乳化沥青砂浆拌制车操作</td><td>5.4.11</td><td></td></tr>
<tr><td>17</td><td colspan="2">钢筋加工及焊接设备操作</td><td>5.4.12</td><td></td></tr>
<tr><td>18</td><td colspan="2">混凝土机械设备操作</td><td>5.4.13</td><td></td></tr>
<tr><td>19</td><td colspan="2">安全用电</td><td>5.1.3</td><td></td></tr>
<tr><td colspan="4">检查方：
检查人：（签名）
年　月　日</td><td>受检方：
接收人：（签名）
年　月　日</td></tr>
</table>

5.4　机械设备的使用

5.4.1　轮胎式跨双线可变跨龙门吊操作除应符合本规程第 3.9.1 条有关规定外，尚应符合下列规定：

1　工作之前应先做空载运行，以检查机构、发动机等有无异常声音和异常现象，并检查制动功能是否正常，不得带病作业。吊装作业不得超负荷运行，不得斜吊提升作业。

2　起吊和运行时应确保运行空间没有障碍物。

3　不得触摸正在旋转的滑轮、运动中的钢丝绳、正在升降或受力的吊钩和吊具。

4　在离开操作室之前，先将主控室电源切断，然后再切断发动机电源，锁好所有门窗，做好防风防溜措施。

5　定期检查制动器和限位开关，检查钢丝绳、载荷限制器和操作按钮面板工作正常，吊具和钢丝绳有无裂纹、损伤现象。

6 风力达6级及以上时，应停止吊装作业，切断电源，并楔块稳固轮胎，以防发生意外。

5.4.2 轨排粗调机操作应符合下列规定：

1 机组在运行、作业和维修时，必须随时注意运行动态和人身安全。操作人员离机前，柴油机必须停机，并按有关规定进行防护。

2 作业时，操作人员要确认各工序都做好准备后方可操作设备。

3 作业前应检查遥控装置、电气系统和机械部分，确认工作正常。

4 对夹轨装置进行调整，使其与钢轨密贴。

5 利用电气控制系统，对整个粗调机组进行初始化，确认粗调机两支腿已升起，整机组全部落在轨排上面，方可松开夹轨钳，进行转场。

6 过高低轨时，不得直接通过，应将左右两立柱伸出，轮子着地，把整个主车架撑起悬空，利用两立柱轮子走行，过完高低轨后，粗调机下落至待调轨排上。

5.4.3 混凝土浇筑机操作应符合下列规定：

1 检查各部螺栓应紧固，管道接头应紧固密封，防护装置应齐全可靠。

2 检查模板底部走行槽是否垫牢，如发现未垫实，必须垫实。

3 起动浇筑机后，应仔细检查输送装置和搅拌装置运转情况，发现异常立即停机。

4 应随时监视各种仪表和指示灯，发现异常应及时调整和处理。

5 作业时不应取下搅拌斗格网或乱动其他安全装置。

5.4.4 混凝土巡回车操作应符合下列规定：

1 每次作业前对整机进行机械、电气、液压等日常检查；检查油、水、润滑良好。

2 按照正确的程序启动设备。

3 设备进行各项动作前，须按电笛提示作业人员注意。

4 设备行驶在轨道上时注意运行区域内的停留人员。

5 料斗作业完成后将料门合闭并恢复到水平位置。

6 如遇紧急情况，应及时按压设备上各部的紧急停止按钮，使设备的动作停止。

5.4.5 混凝土捣固机操作除应符合本规程第5.4.4条有关规定外，尚应符合下列规定：

1 设备操作者不仅要考虑操纵设备安全、准确地行驶在轨道上，而且还必须控制设备上相关部件的操作。

2 必须按照实际的施工情况调整振动框架的振动位置，注意振动框架的升降有100 mm的延时行程。

5.4.6 轨枕铺设机操作除应符合本规程第5.4.4条有关规定外，尚应符合下列规定：

1 定期检查并调整横梁吊具和固定框架吊具，使其同步带受力均匀。

2 在进行横梁吊放和轨枕振入作业时，必须缓速慢行，避免机械碰撞。

5.4.7 轨枕装配车操作除应符合本规程第5.4.4条有关规定外，尚应符合下列规定：

1 严格遵守液压吊安全操作规程及起重机械相关安全标准，使用正确的方式操作液压吊。

2 禁止装载单元反向接近安装单元和拆卸单元。

5.4.8 拆卸车操作除应符合本规程第5.4.4条有关规定外，尚应符合下列规定：

1 吊具在横梁和固定架的拆卸作业中应垂直起升，避免碰撞，造成人员和设备的损伤。

2　禁止使用限位开关和接近开关作为停车手段。

5.4.9　施工循环车操作除应符合本规程第5.4.4条有关规定外，在进行回收作业时，严禁超载、危险摆放等违章行为。

5.4.10　运板车操作应符合下列规定：

1　运板车操作司机应经培训、考试合格后上岗。

2　严格按照使用说明书的开、关机程序操作设备。当出现紧急情况时，按下急停按钮。

3　操纵控制室只允许由一位司机操作，不允许两人同时操作，以免机器动作冲突。

4　加注柴油时，发动机应熄火。

5　当运输车未启动时，禁止使用方向盘转向。

6　运输车在行驶过程中，注意观察液压主回路压力表值，过高时，应查明原因后方可行驶。严禁在行驶过程中使用换挡旋钮进行变速。

7　驾驶运板车后退和拐弯时，必须有人指引。夜间行驶和施工时应开启前后大灯照明。

5.4.11　水泥乳化沥青砂浆拌制车操作应符合下列规定：

1　水泥乳化沥青砂浆拌制车的驾驶员应取得相应的驾驶执照。砂浆拌制操作人员应经培训、考试合格后上岗。

2　操作设备前，必须确认机油、柴油、液压油等油液和冷却水加注到规定位置。

3　设备运行前，必须确认走行机构、起升机构等运动部件的制动装置处于可使用状态。

4　柴油机加注柴油时，柴油机必须熄火，并确保在安全范围内无任何明火。

5　砂浆拌制车使用完毕，操作人员离开设备前应完成下列操作：

1）关闭操纵台的总开关和电源。

2）熄灭柴油机组，取出钥匙。

3）关闭司机室的门窗。

6　砂浆拌制车不使用时应采取防溜措施，防止车辆溜动。

5.4.12　钢筋加工及焊接设备的使用应符合《铁路工程基本作业施工安全技术规程》（TB 10301—2009）的有关规定。

5.4.13　混凝土机械设备的使用应符合《铁路工程基本作业施工安全技术规程》（TB 10301—2009）的有关规定。

6 无缝线路铺设

6.1 一般规定

6.1.1 无缝线路铺设作业应考虑下列主要危险源、危害因素：

1 基地焊轨使用以电为动力的设备绝缘性能不好，发生触电。

2 落锤试验机未设防护网、卷扬机钢丝绳磨损、锈蚀严重，落锤试验过程中人员未站在安全地带。

3 高温焊头、推瘤下来的焊渣等灼烫。

4 长钢轨存放支点间距不合理、存放层数过高发生倾倒。

5 长钢轨运输前固定装置未锁死，散装料未加固。

6 长钢轨运输车防溜措施不到位。

7 长钢轨运输车运行速度超限，对位时速度超限，前方未安放铁鞋和止轮器。

8 牵引长钢轨牵引卡未卡牢。

9 氧气瓶、乙炔（或液化石油气）瓶同车运输，使用时安全距离不足。

10 移动焊轨作业车未设置止轮器。

11 铝热焊坩埚破裂，钢水飞溅或泄漏灼烫。

12 无缝线路应力放散锁定撞轨时撞块飞出。

13 高于实际锁定轨温 20 ℃以上时进行无缝线路轨道整理，发生胀轨跑道。

6.1.2 操作人员应严格执行焊接设备的操作规程，并按型式检验确定的作业参数操作。

6.1.3 垫滚筒时为防止钢轨倾斜或滑落，应在钢轨两侧用两台压机同时打起钢轨，落钢轨时严禁压机突然卸载。

6.1.4 平板车在线路上停放必须打好止轮器，防止溜车。

6.1.5 钢轨焊接各工位应配备足够数量的防火器材，加强防火教育。

6.1.6 施工现场禁火区域内的动火作业，必须执行动火前审批制度。

6.1.7 焊接后的废弃物应集中堆放，统一清理。

6.1.8 使用以电为动力的设备时应遵守安全用电操作规程。

6.2 基地钢轨焊接

6.2.1 起重设备吊起钢轨时走行范围内严禁站人。当使用一台起重设备起吊钢轨时，应配有专用扁担，保持钢轨稳定。

6.2.2 翻动钢轨时，应使用翻轨器，施工人员应站在安全地带。

6.2.3 钢轨焊接所用的工具、仪器、设备应处于完好状态，焊接作业中应严格遵守其安全操作规程，非操作人员不应在作业区域内。

6.2.4 落锤试验机周围应安设安全防护网进行隔离，落锤试验机卷扬机钢丝绳应经常检查避免锤头意外跌落伤人。落锤试验过程中人员应站在安全线以外。

6.2.5 钢轨焊接过程中必须有值班电工在场，每工班焊轨作业结束后应断开电源。

6.2.6 焊后接头粗磨作业应符合下列规定：

1 作业时，应站在作业区的绝缘地板上，并检查手提砂轮机的接地装置是否完好。

2 砂轮侧面与防护内壁的间隙不小于 20～30 mm。

3　长钢轨在运行中，禁止作业，作业人员应站在长钢轨两侧。

4　打磨时应隔离打磨产生的火花。

6.2.7　焊后接头正火喷风应符合下列规定：

1　作业前应检查线圈连接铜排与中频变压器的连接螺栓是否牢固，发现问题及时解决。

2　作业中应严格按照"先通水后通电，先断电再断水"的步骤进行操作。

3　空压机工作过程中应注意加强巡检，须注意压力调解装置的工作状况、安全阀的工作状况和储汽缸压力的变化情况，如有异常应立即关机。

4　作业完成后应将感应线圈放于安全位置，关闭电源，中频设备关机后仍应让冷却水继续工作 20 min。

6.2.8　焊后接头四向调直应符合下列规定：

1　作业前应确认钢轨调直作业区表面温度低于 400 ℃，并检查机电液系统工作状态是否正常、调直机走行限位装置工作是否可靠。

2　设备在通电或工作状态，严禁攀爬设备或对设备进行检修。

3　作业时应检查垫块的状况，发现裂纹或压馈现象应立即更换垫块。

6.2.9　细磨应符合本规程第 6.2.6 条有关规定，在高工作台位上打磨作业时，两人应动作协调。

6.2.10　钢轨焊接、冷却、打磨、正火、调直、探伤等各工序温度测量必须使用钢轨测温仪检测，不得用手触摸检测。

6.2.11　长钢轨吊装应符合本规程第 3.4.6 条规定，其存放应符合下列规定：

1　长钢轨存放台要平整、稳固，各层钢轨之间支垫跨距为 5 ~ 7.5 m，上下对齐，与各层钢轨垂直放置。

2　长钢轨放置应整齐、平直、稳固，堆放层数根据基底承载能力确定。

6.2.12　基地钢轨焊接施工作业应按表 6.2.12 进行检查，并认真填写检查记录表。对检查中发现的不符合规定的情况，应按表 2.0.5 签发安全检查整改通知单，限期整改，并跟踪验证。

表 6.2.12　基地钢轨焊接施工作业安全检查表

项目（工程）名称			
施工地点			
序号	检查项目	对应条文号	检查情况
1	班前安全讲话	2.0.7	
2	劳动保护用品佩戴	2.0.8	
3	安全用电	6.1.8, 6.2.5	
4	操作人员应执行操作规程	6.1.2	
5	吊装钢轨	6.2.1	
6	翻轨	6.2.2	
7	钢轨焊接	6.2.3, 6.1.7	

续上表

项目(工程)名称			
施工地点			
序号	检查项目	对应条文号	检查情况
8	落锤试验	6.2.4	
9	焊后接头粗磨	6.2.6	
10	焊后接头正火、喷风	6.2.7	
11	焊后接头四向调直	6.2.8	
12	焊后接头细磨	6.2.9	
13	轨温测量	6.2.10	
14	长钢轨吊装	6.2.11	
15	锯轨机操作	6.7.1	
16	闪光接触焊焊轨机操作	6.7.2	
17	打磨机操作	6.7.3	
18	正火机床操作	6.7.4	
19	空压机操作	6.7.5	
检查方： 检查人：(签名) 年 月 日			受检方： 接收人：(签名) 年 月 日

6.3 长钢轨铺设

6.3.1 长钢轨运输应按超长货物组织运输，并制定安全措施。在运输中要建立运行监护、停车检查制度。

6.3.2 长钢轨列车出发前，必须确认长钢轨锁定，各部均不得超出车辆限界，运输途中应随时注意观察长钢轨运输状态，防止长钢轨窜动。

6.3.3 铺轨列车在施工地段运行限速 5 km/h，在接近已铺长钢轨轨头 10 m 处应一度停车，以 0.5 km/h 速度对位。对位时，要在钢轨上划出停车标记，并派专人安放铁鞋和止轮器。

6.3.4 线路纵坡较大时，铺轨列车必须做好防溜措施(在坡道下方安放两对以上止轮器，防止溜车)。

6.3.5 拨、串钢轨时，应由专人指挥，施工人员应动作一致。

6.3.6 牵引长钢轨时，必须卡牢牵引卡，并设专人防护，施工人员不得站在牵引钢丝绳两侧；轨头送入推送机构时，位置要准确，拖拉要平稳。

6.3.7 单枕连续铺设法应符合下列规定：

1 按枕轨运输列车技术要求装载长钢轨和轨枕。长钢轨装车完毕后要保证其锁定牢固，轨枕装车时严禁发生碰损、装偏、倾斜、漏垫支垫物等现象。

2 机车推送铺轨列车进场时，运枕龙门吊应在铺轨机上锁定牢固。

3 轨枕转运应分层进行，避免各运输平车之间由于载重悬殊产生车面高差。

4　拖卸长钢轨时,每次只允许解开所拖卸的长钢轨的锁紧装置。

5　在钢轨端部脱开车体或各工作机构时,一切人员与钢轨端部要保持一定的距离,防止钢轨端部反弹伤人。

6　长钢轨间用临时连接器连接,就位应准确,摆放胶垫应在长钢轨入槽前放置好,避免操作人员手被压伤。

7　长钢轨就位后,应对称安装部分扣件,保证铺轨机组安全通过。

8　在工作中,所有无关人员必须远离移动的机构。

6.3.8　工具轨换铺法应符合下列规定:

1　对卸轨地段内妨碍卸轨的设备及材料等,应提前清理,并预留好卸轨的位置。

2　长钢轨轨头内侧面距线路钢轨轨头外侧面应不小于600 mm,并不得高于待换轨轨面25 mm,轨端不得相对,应错开放置。

3　长轨列车到达卸轨点后,应根据地面卸轨起点准确对位。已卸长轨应拨顺,不得侵入限界。

4　长钢轨卸车后应采取支护措施,防止长钢轨胀缩导致侵限,危及行车安全。

5　确认线路封锁后,拆除工具轨扣件,每节工具轨应至少保留中间一处扣件及接头处扣件不松动,待施工列车通过后,换轨作业车临近前及时松开拆下,确保施工列车及换轨工具车的安全。

6　换轨车换铺长钢轨,换铺时换轨车行进速度不得大于5 km/h。

7　对已换铺的线路应及时进行全面检查,补齐或更换不合格扣配件、整修线路。

8　换铺作业过程中,应加强对既有设备的防护,避免碰撞、挤压破坏既有设施。

6.3.9　纵向推送法应符合下列规定:

1　轨头送入推送机构时,位置要准确,推送要平稳。

2　防翻器安装位置应准确,并设专人看管,不得将手、脚放到轨底或直接用手处理推送运行中的支撑滚筒。

3　长轨拨移和翻轨时,应协同动作,统一指挥,手脚不得放在长轨下,翻轨时,翻轨器应安装正确,以免撬杠伤人。

4　长钢轨就位后,对称安装部分扣件,保证长钢轨放送车安全通过。

6.3.10　拖拉法应符合下列规定:

1　拖拉长钢轨时,必须卡牢牵引卡,并设专人保护,施工人员不应站在牵引钢丝绳两侧。

2　长钢轨拖拉牵引车应匀速行进,不应忽快忽慢,拖拉应平稳,牵引速度和允许通过的最小曲线半径不应超过设计值。

3　拖拉长轨条落入到承轨槽时,施工人员的手脚不应放于支撑滚筒及钢轨下面。

6.3.11　必须对铺好的线路进行检查,确认符合要求后,施工机械方可通行。

6.3.12　长钢轨铺设施工作业应按表6.3.12进行检查,并认真填写检查记录表。对检查中发现的不符合规定的情况,应按表2.0.5签发安全检查整改通知单,限期整改,并跟踪验证。

表 6.3.12 长钢轨铺设施工作业安全检查表

项目(工程)名称				
施工地点				
序号	检查项目		对应条文号	检查情况
1	班前安全讲话		2.0.7	
2	劳动保护用品佩戴		2.0.8	
3	长钢轨运输		6.3.1~6.3.4	
4	拨串长钢轨		6.3.5	
5	牵引长钢轨		6.3.6	
6	长钢轨铺设	单枕连续铺设法	6.3.7,6.3.8	
		工具轨换铺法	6.3.8	
		纵向推送法	6.3.9	
		拖拉法	6.3.10	
7	平板车线路停放防溜		6.1.4	
8	已铺线路检查		6.3.11	
9	长钢轨铺设机组使用		6.7.7	
10	长钢轨放送车使用		6.7.8	
11	长钢轨拖拉牵引车使用		6.7.9	
检查方: 检查人:(签名) 年 月 日			受检方: 接收人:(签名) 年 月 日	

6.4 工地钢轨焊接

6.4.1 施工时要按有关规定进行现场防护。

6.4.2 严禁氧气瓶、乙炔(或液化石油气)瓶同车运输。焊接作业时燃气具要摆放在焊接侧风上方各相距 5 m 以上,乙炔(丙烷)瓶要远离火源 10 m 以上。

6.4.3 采用罐装高压乙炔,转移工地时,要注意安全,严禁冲击或碰撞,以防发生事故,使用液化石油时,气瓶不应日晒、倒置、烘烤或油污。

6.4.4 工地闪光焊接除应符合本规程第 6.2 节有关规定外,还应符合下列规定:

1 焊轨作业车在线路上停放必须打好止轮器,防止溜车。

2 推进移动焊轨车初定位后,液压腿支撑应平稳、可靠,防止焊轨车侧翻。

3 承受拉力的焊缝,在其轨温高于 400 ℃时应持力保压。焊缝区域冷却到 400 ℃以下时,焊轨作业车方可通过钢轨焊头。

4 专用平车在线路区间运行时,应观察焊机集装箱和发电机集装箱内的设备的安全状况,有紧急状况及时通知调车人员。

5 营业线单元焊施工时,应确认焊机吊架不侵入行车限界。

6.4.5 铝热焊接应符合下列规定:

1　材料及机具到达现场后，将所有机具及工具放置到位。对任何可能导致火灾或安全事故的隐患务必进行清除。

2　高温火柴与焊剂必须分开存放，高温火柴不应放在衣袋中。

3　检查安全及火灾隐患，将可能引起火灾的干草及灌木丛以及所有易燃的物品打湿。

4　焊接现场应配备足够的灭火器材，以防现场出现火灾。

5　铝热焊接区域内及废渣弃置坑附近要保持干燥。

6　锯轨和打磨作业时，非操作人员应离开作业区至少 5 m 以上。

7　铝热焊坩埚使用前不应受潮、破损、开裂。应配备限制钢水飞溅的坩埚盖。

8　焊缝两侧 6～10 根轨枕以外的钢轨 15 m 范围内必须严格按规定上紧扣件，确保焊接时轨缝间隙不应发生改变，避免钢水泄漏伤人。

9　铝热焊焊剂在预热和高温反应过程中，操作者应佩戴护目镜。反应完成后，如果钢水不能漏下来，应等钢水在坩埚中冷却 20 min 后才能移动坩埚。

10　拿走灰渣盘时应端平，避免高温废渣溅出，不应将高温的灰渣盘放置在轨枕上或将高温废渣倒入水中，废渣未冷却之前，不应将废渣盘内的废渣倒入废物弃置坑。

11　当出现焊药"冻结"情况时，操作人员应立即远离坩埚，并离开焊接现场，等坩埚内焊药反应完全之后再返回。

12　钢轨焊接、冷却、打磨、探伤等各工序温度测量必须使用钢轨测温仪检测，不得用手触摸检测。

6.4.6　气压焊接应符合下列规定：

1　焊前必须严格检查气压焊液压系统，焊接过程中应加强对油管的保护，防止油管破裂。

2　压接机在空载或载荷下，活塞杆全行程往返移动平稳，不爬行，油缸和管接头不渗漏。

3　加热器在使用和运输过程中必须严加保护，防止磕碰、挤压。

4　焊接应符合下列规定：

1）清理管路时，严禁同时清理氧气管路和乙炔管路。

2）随时检查火孔平面，如遇有故障应及时处理。

3）接水管路时，严禁冷却水滴入焊缝。

4）点火前应先供足循环水，确认加热器已被冷却水冷却，水温高于 40 ℃时及时更换循环水。

5　钢轨焊接、冷却、打磨、探伤等各工序温度测量必须使用钢轨测温仪检测，不得用手触摸检测。

6.4.7　工地钢轨焊接施工作业应按表 6.4.7 进行检查，并认真填写检查记录表。对检查中发现的不符合规定的情况，应按表 2.0.5 签发安全检查整改通知单，限期整改，并跟踪验证。

表 6.4.7　工地钢轨焊接施工作业安全检查表

项目（工程）名称			
施工地点			
序号	检查项目	对应条文号	检查情况
1	班前安全讲话	2.0.7	
2	劳动保护用品佩戴	2.0.8	

续上表

项目(工程)名称			
施工地点			
序号	检查项目	对应条文号	检查情况
3	安全用电	6.1.8	
4	工地钢轨焊接施工防护	6.4.1	
5	氧气、乙炔运输及使用	6.4.2,6.4.3	
6	平板车线路停放防溜	6.1.4	
7	操作人员应执行操作规程	6.1.2	
8	工地钢轨焊接 闪光焊接	6.4.4	
	工地钢轨焊接 铝热焊接	6.4.5	
	工地钢轨焊接 气压焊接	6.4.6	
9	焊后废弃物处理	6.1.7	
10	锯轨机操作	6.7.1	
11	闪光接触焊焊轨机操作	6.7.2	
12	打磨机操作	6.7.3	
13	工地移动式焊轨作业车操作	6.7.10	
检查方: 检查人:(签名) 年 月 日			受检方: 接收人:(签名) 年 月 日

6.5 无缝线路应力放散及锁定

6.5.1 现场工作人员必须服从放散负责人的统一指挥,严格按照规定程序操作,严禁违章蛮干。长钢轨拨移时,要协同动作,手脚不应放于长钢轨下。

6.5.2 拆扣件时严禁砸卸扣件,防止弹条砸飞伤人,上扣件时每两人之间要间隔3根轨枕的距离,且人要站在扳手的一侧,防止相互碰伤。

6.5.3 拉伸器应安装牢固,拉伸过程中应加强对油管的保护,防止油管破裂。

6.5.4 撞轨时应用力均匀,避免撞块飞出伤人。

6.5.5 无缝线路应力放散及锁定施工作业应按表6.5.5进行检查,并认真填写检查记录表。对检查中发现的不符合规定的情况,应按表2.0.5签发安全检查整改通知单,限期整改,并跟踪验证。

表6.5.5 无缝线路应力放散及锁定施工作业安全检查表

项目(工程)名称			
施工地点			
序号	检查项目	对应条文号	检查情况
1	班前安全讲话	2.0.7	

续上表

项目(工程)名称			
施工地点			
序号	检查项目	对应条文号	检查情况
2	劳动保护用品佩戴	2.0.8	
3	工作人员服从统一指挥	6.5.1	
4	垫滚筒、压机安放及卸载	6.1.3	
5	拆扣件、上扣件	6.5.2	
6	拉伸钢轨	6.5.3	
7	撞轨	6.5.4	
8	拉轨器使用	6.7.6	
检查方： 检查人：(签名) 年 月 日		受检方： 接收人：(签名) 年 月 日	

6.6 轨道整理及钢轨预打磨

6.6.1 进行无缝线路整理作业，必须掌握轨温，观测钢轨位移，分析锁定轨温变化，根据作业轨温条件进行作业，严格执行“作业前，作业中，作业后测量轨温”制度。

6.6.2 当轨温低于实际锁定轨温 30 ℃以下时，伸缩区和缓冲区禁止进行整理作业。当轨温高于实际锁定轨温 20 ℃以上时，禁止进行无缝线路轨道整理作业。

6.6.3 大、中桥和特大桥整道前，应设临时避车台。

6.6.4 经起拨整道后的线路应及时补砟整道，随时观测钢轨位移，测量轨温，防止发生胀轨跑道等事故发生。

6.6.5 在松散的物料上不应再卸其他轨料，应将轨料卸在限界以外，并堆放稳固。

6.6.6 CRTS Ⅰ型板式无砟轨道充填式垫板施工应符合下列规定：

1 上扣件时每两人之间要间隔 3 根轨枕的距离，防止相互碰伤。

2 调整垫块安放到位，操作人员手撤离调整垫块后，方可拧紧两侧扣件螺栓，避免压伤。

3 注入袋应在轨道状态精细调整全部结束、并确认轨下实际调高量在适宜范围内后插入。

4 树脂注入的压力应控制在 0.25 MPa 以下，并缓慢、连续注入，防止带入空气。

6.6.7 钢轨预打磨应符合下列规定：

1 打磨列车的使用和管理应按打磨列车操作手册及维修保养手册的相关规定执行。

2 人工操作的钢轨波纹研磨机在使用时，除应按其操作手册相关规定执行外，还应符合下列规定：

1）作业中应经常检查砂轮紧固情况，如有松动应及时紧固，如有崩裂应及时更换。紧固或更换砂轮时必须停机操作。

2）在自动闭塞或轨道电路地段打磨时，要经常检查打磨机走行轮的绝缘是否良好，以免造成短路。

3)用汽油机作为动力的打磨机,由于噪音大,应有专人防护。恶劣气候或瞭望困难地段,应派专人在车站用对讲机向工地预报列车运行情况,确保行车安全。

6.6.8 轨道整理及钢轨预打磨施工作业应按表6.6.8进行检查,并认真填写检查记录表。对检查中发现的不符合规定的情况,应按表2.0.5签发安全检查整改通知单,限期整改,并跟踪验证。

表6.6.8 轨道整理及钢轨预打磨施工作业安全检查表

项目(工程)名称			
施工地点			
序号	检查项目	对应条文号	检查情况
1	班前安全讲话	2.0.7	
2	劳动保护用品佩戴	2.0.8	
3	垫滚筒、压机安放及卸载	6.1.3	
4	轨道整理对轨温的要求	6.6.1,6.6.2	
5	临时避车台设置	6.6.3	
6	防胀轨跑道	6.6.4	
7	轨料卸存	6.6.5	
8	CRTS Ⅰ 型板式无砟轨道充填式垫板施工	6.6.6	
9	钢轨预打磨	6.6.7	
检查方: 检查人:(签名) 年 月 日			受检方: 接收人:(签名) 年 月 日

6.7 机械设备的使用

6.7.1 锯轨机使用应符合下列规定:

1 锯轨前应对下列项目进行检查确认:

1)夹轨装置性能良好,切口定位准确,各部螺栓无松动,摆臂机构动作灵活,无卡阻;

2)夹盘螺栓拧紧,与锯片密贴,锯片应干燥、平整无变形、无裂纹;

3)操作摇把各部螺栓牢固无松动;

4)各部绝缘装置性能良好;

5)安全防护罩与锯片的间隙≥5 mm,防护罩上有旋转方向标志,防护罩各部螺栓无松动、串出现象。

2 锯轨作业应符合下列规定:

1)钢轨要垫平、牢固,卡具安装牢靠;

2)确定锯片切线方向无人、无易燃易爆物方可启动;

3)确认锯片的旋转方向;

4)锯割的过程中,注意保持适当的锯割速度,不得使锯口过热和变形,接近锯断时,要减少用力;

5）在锯轨中，应注意切割的进给量不应过大，以免锯片损坏飞溅伤人；

6）锯切过程中，严禁将手伸入锯切区域。

3 锯片的直径和侧面磨耗超限应及时更换，不应在一个锯口没锯完时更换锯片。

4 经常检查锯片质量状况，发现有裂纹和磨损过度时应及时更换，更换锯片时应切断电源。

6.7.2 闪光接触焊焊机使用应符合下列规定：

1 操作焊机时必须戴厚手套，穿绝缘鞋，戴防护眼镜。

2 每次焊接前必须清洁钳口及钢轨夹紧区域，保证良好的电接触，以免烧坏钳口和钢轨。

3 夹紧钢轨时，两夹钳必须同时夹紧钢轨，不得夹紧轨腰厚度不同的钢轨。

4 焊机必须安装可靠的接地装置。

5 必须保持焊机干燥，不应用水冲洗，清理焊机时应使用干燥刷子或压缩空气。

6 清洁工作钳口时应防止触碰烧伤。

7 拆卸冷却水管应注意防止烫伤。

8 焊机周围工作区域不应有易燃物。焊机工作区必须配置灭火器。

9 焊接时严禁打开焊机防护罩。

10 维护保养焊机时必须切断动力电源，并挂"严禁通电"的标志，并有专人看守。

6.7.3 打磨机使用应符合下列规定：

1 在安装砂轮时，不应用硬物敲击或过紧嵌合。

2 砂轮与轴必须同心，否则禁止使用。

3 打磨前应检查砂轮是否完好、安装稳固。

4 新安装的砂轮，启动后先空运转5分钟再使用。

5 打磨结束，关闭引擎放置备用。

6 精磨机在使用过程中禁止爬越机器。

7 设备应设置漏电开关。

6.7.4 正火机应执行"先通水再通电，先停电再停水"的操作步骤。

6.7.5 空压机使用应符合《铁路工程基本作业施工安全技术规程》（TB 10301—2009）有关规定。

6.7.6 拉轨器使用应符合下列规定：

1 使用前应检查拉轨器各连接、螺栓、液压油管无裂纹。

2 操纵手柄灵活，压力表调零。

3 组装时应先组装机械部分，后装液压部分。

4 拉轨器与钢轨的固定螺栓应拧紧。

5 操纵液压手柄进行拉轨时应辅以撞轨，不应强行施压超过拉轨器拉力范围作业。

6.7.7 长钢轨铺轨机组使用应符合下列规定：

1 在使用铺轨机前应按规定检查下列机构是否工作正常：报警系统、运行灯、制动系统、发动机、电池充电显示装置、各运动副、卷扬机等。确保铺轨机达到正常铺轨作业状态。

2 每天工作前必须检查钢丝绳的状态，达到报废标准必须更换，严禁继续使用。

3 铺轨机作业前按喇叭警示，确认铺轨机行走时没有人处于危险部位。

4 工作状态下应经常检查各运动部件的磨耗情况，当磨耗过量使机构动作达不到要求时，应更换衬套、销和耐磨软带。

5 施工完毕后,将机组恢复到停放状态,停止发电机组运行,所有电气控制恢复至零位;拔下开机钥匙、断开电瓶与负载连线;锁紧门窗。

6 在维修保养和进行修理工作时,将机器调至非作业状态,以防误操作伤人,并打好各项制动。维修电气故障时,必须确保电气设备不带电并防止误送电导致事故。

7 当转向架斜楔与轴箱、构架之间有油污染时,必须用有机溶剂清洗干净,保证转向架的动力学性能,以免造成行车安全事故。

8 铺轨机组停机超过1小时及以上时,必须在转向架轮对与钢轨间安放铁楔;重新开机时必须确认铁楔取掉后方可运行。

9 当风力大于6级时,铺轨机组应停止一切作业,并做好防风措施。

10 当转向架液压驱动装置减速箱齿轮接合时,严禁拖拉或连挂本机,当铺轨机处于停放或长途挂运状态时必须将减速箱齿轮分离。

11 铺轨机挂运前,机组人员必须确认各工作机构正常锁定,按规定使铺轨机组达到挂运状态,机组人员押运。

6.7.8 长钢轨放送车使用应符合下列规定:

1 长钢轨牵引及推送前,应检查牵引钢丝绳、接头连接器、推送装置是否正常。

2 龙门升降架作业人员在整个长轨推送过程中,应视具体情况调整龙门升降架高度。

3 引导长轨时,监视人员注意力应高度集中,发现异常立即通知操作司机停止推送。

4 长轨推送过程中,如发现推送机构辊轴空转现象,操作人员不应将长轨猛力向后拉回或连续空转。

6.7.9 拖拉法施工,长钢轨拖拉牵引车使用应符合下列规定:

1 长钢轨牵引车操作司机应经培训、考试合格后上岗。

2 长钢轨牵引车在作业前,应检查各连接部位的链接螺栓是否紧固,发动机润滑油、冷却液、液压油、燃油是否足够。并给各运动部件加注润滑油脂。在发动启动后应检查各仪表的指示是否正常,并对液压卷扬机进行试车。

3 设备运行前,必须确认走行机构、起升机构等运动部件的制动装置处于可使用状态。

4 启动牵引车拖拉长轨时,应鸣笛并缓慢平稳启动,拖拉过程中应有专人严密监视牵引车的导向。

5 当钢轨即将拖拉到位时,必须降低牵引车车速,以防后端钢轨快速落地产生剧烈冲击,引起意外事故。

6 牵引钢轨到位后,拆除钢轨夹轨钳,牵引车前行约5 m,等待长轨车被顶推上来,进行下一个作业循环。

7 长钢轨牵引车使用完毕,操作人员离开设备前应完成下列操作:

1)关闭操纵台的总开关和电源;

2)熄灭柴油机组,取出钥匙;

3)关闭司机室的门窗。

8 长钢轨牵引车不使用时应采取防溜措施。

6.7.10 工地移动式焊轨作业车使用除应符合本规程第6.7.2条有关规定外,还应符合下列规定:

1 每班班前应对焊机及附属设备、焊机吊架进行例行维护和检查。

2 操作人员上岗前严禁饮酒,焊接过程中不应离开岗位。

3　焊机控制室严禁闲杂人员进入。

4　开机前应目测机器的吊架、电缆、液压软管、配电柜等处于良好状态，必要时予以调整、紧固。

5　吊运焊机前，将平板车支腿支垫牢靠，并调整支腿使平板车处于水平状态。

6　从集装箱内吊出焊机时，应避免焊机电缆与焊机机身和吊架吊臂干涉，防止电缆等损伤。

7　焊接过程中应密切注意焊机动态，发生紧急情况应立即停焊，协同技术人员查找原因，并及时上报。

8　平板车对位时，应将焊机收到集装箱内，严禁悬挂运输对位，对位时对位距离以离平板车最远轨缝为准，左右两轨缝相错量超过 250 mm 时需进行二次对位。

9　焊接时应将待焊轨端支垫，以免焊机推瘤刀碰撞混凝土枕螺栓或钢轨。

7 有缝线路铺设

7.1 一般规定

7.1.1 有缝线路铺设作业应考虑下列主要危险源、危害因素：

1 硫磺锚固高温烫伤。

2 轨节车超重。

3 轨节列车运行超速。

4 轨节换装地点设置不合理。

5 铺轨机对位时已铺轨排端头未安放止轮器。

6 轨节起吊前挂钩不稳，下方站人。

7 铺轨机过高压线安全距离不够，机顶站人。

8 长大坡道的轨节铺设防溜措施不当。

7.1.2 预留轨缝应使用轨缝卡具，不应用手触探。

7.1.3 安装接头夹板螺栓时，不应用手摸探螺栓孔眼。

7.1.4 施工现场禁火区域内的动火作业，必须执行动火前审批制度。

7.1.5 当利用架桥机铺设桥上轨节时，应遵守架桥机的安全操作规程。

7.2 轨排组装

7.2.1 轨料应堆码整齐，堆放应牢靠，保证司索人员和操作人员安全操作设备。

7.2.2 轨排钉联线施工人员不应跨越正由绞车拖拉流动工作台的钢丝绳，不应站在两个流动工作台的连接处。

7.2.3 流动工作台移动前，应先发出音响信号，作业人员应撤离到钉联线两侧的工作平台上。

7.2.4 吊散枕、翻枕作业应符合下列规定：

1 台车未停稳前不准挂钩起吊，轨枕离地后挂钩人员应立即离开站到安全地点。

2 台车未停稳前，人工翻枕作业人员不准上车，翻枕前要站稳，按次序逐根进行翻转。在任何情况下不准台车边走动边作业。

3 用撬棍拨正轨枕应注意防止挤伤手指。

4 手工粗放轨枕要戴手套，两端要同时用力。

7.2.5 硫磺锚固应符合下列规定：

1 硫磺库及水泥库要通风、防雨、防潮、防火。

2 硫磺锚固作业必须符合国家或地方环保部门的有关规定，并制定相应的防护措施，操作人员应戴齐防毒口罩、眼镜、手套、脚套等防护用品，工后要洗手。

3 硫磺锚固施工工艺及车间布置中的防火规定必须符合铁道部现行《铁路工程设计防火规范》(TB 10063)和国家现行有关消防安全规定。硫磺等易燃和可燃材料的存放场所与作业场地，应保持足够防火间距并留出消防通道，配设消防器材。

4 熬制硫磺砂浆的地点，应设在施工现场的下风方向并远离住所，并用耐火材料搭设雨棚。不应在室内、电线下方熬制。

5 熬制硫磺砂浆应用文火加温，温度控制在140 ℃～170 ℃左右，不得大于180 ℃，要经常搅拌,以防燃烧,万一燃烧时,应立即用水泥、砂子进行覆盖。

6 严禁在烈火空锅时投料及中途投放硫磺;溶液不得超过锅容量的3/4,严禁有锡制品盛装热硫磺砂浆,装溶液量不得超过容器容量的2/3。人员离开时,必须灭火。

7 锚固浆保温车应有专人看火。

8 在现场锚固混凝土枕时,应由专人操作,并应有防烫措施。

9 吊运硫磺砂浆时,吊运范围内严禁站人。

7.2.6 熬制绝缘防锈涂料,温度不得超过200 ℃,以防燃烧,操作的地点应选在下风处,操作人员应站在风头上方,并必须戴口罩、眼镜、手套和穿工作服。

7.2.7 散扣件应符合下列规定:

1 扣件要按类型堆码,其高度不得超过0.9 m。

2 在台车未停稳前,散布配件时应防止枕头铁丝挂住衣服和扣件坠落。

7.2.8 吊散轨作业应符合下列规定:

1 吊运钢轨走行时,作业人员不应穿越工作台,应站在工段两端安全位置上。

2 吊点要适中,不应在倾斜的情况下吊运。

3 不应坐在工作台和轨枕上休息,更不应站在轨排上随台车前进。

4 随时调整钢轨车上的钢轨,防止偏重。跳板、吊架、钢轨钳要经常检查,不准用龙门吊车拖拉钢轨车对位。

5 工作台行走时,任何人不应从工作台上跨越通过。

7.2.9 安装扣件作业应符合下列规定:

1 站在轨枕上用小撬棍拨入扣件时,脚跟要站牢,上扣件人员要两边分开,使用撬棍要注意防止碰伤邻近作业人员。

2 台车未停稳前,禁止上工作台抢先作业,更不得站在轨枕面上随台车前进。

3 紧扣件工段的工作跳板要搭设牢固,跳板不应有断裂、下凹现象,跳板底距轨面距离不得少于0.15 m。

7.2.10 成品装车作业应符合下列规定:

1 轨节车不应超重。钢轨为50 kg/m、长度为25 m的混凝土枕轨节不得超过7层,钢轨为60 kg/m、长度为25 m的混凝土枕轨节不得超过6层(60 kg/m、长度为25 m的Ⅲ型混凝土枕轨节不得超过5层),营业线长途运输时不得超过6层。

2 吊点应对中,产生偏斜不平时不应起吊。

3 作业人员不应从吊起的轨排下穿越。

4 轨排上下应摆正、对齐,如有歪斜不齐现象,禁止捆扎和调车对位。

7.2.11 轨排组装施工作业应按表7.2.11进行检查,并认真填写检查记录表。对检查中发现的不符合规定的情况,应按表2.0.5签发安全检查整改通知单,限期整改,并跟踪验证。

表7.2.11 轨排组装施工作业安全检查表

项目(工程)名称			
施工地点			
序号	检查项目	对应条文号	检查情况
1	班前安全讲话	2.0.7	

续上表

项目(工程)名称			
施工地点			
序号	检查项目	对应条文号	检查情况
2	劳动保护用品佩戴	2.0.8	
3	禁火区动火作业	7.1.4	
4	轨料卸存	7.2.1	
5	轨排钉联线作业人员要求	7.2.2,7.2.3	
6	吊散枕、翻枕	7.2.4	
7	硫磺锚固	7.2.5	
8	熬制绝缘防锈涂料	7.2.6	
9	散扣件	7.2.7	
10	吊散轨	7.2.8	
11	安装扣件	7.2.9	
12	成品装车	7.2.10	
13	钉联机使用	7.5.1	
14	起重机械使用	7.5.3	
检查方: 检查人:(签名) 年 月 日		受检方: 接收人:(签名) 年 月 日	

7.3 机械铺轨

7.3.1 轨节运输应使用专列车组,随车配置防溜器材。

7.3.2 使用拖拉轨节的滚筒车体运输轨节时,轨节和滑轨间应有止滑卡具。

7.3.3 轨节列车运行速度应符合下列规定:

1 前方站至轨节换装点不得大于15 km/h。

2 轨节换装点至铺轨地点不得大于5 km/h。

7.3.4 轨节换装应符合下列规定:

1 轨节换装地点应避开曲线、桥头、高压线、通信线交叉处、道口、跨线桥以及线间距小于4.5 m的区段等有施工干扰的地段。

2 换装地点线路应予重点整道。

3 换装时,人员不应站在轨节上、轨节车两旁或穿越换装龙门架,如图7.3.4所示。

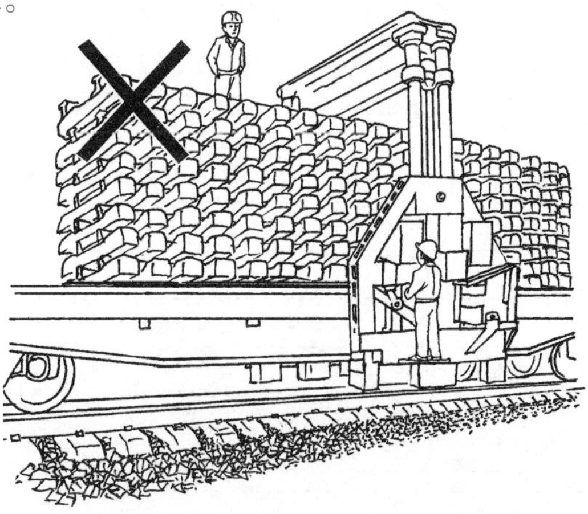

图7.3.4 换装时人员不应站在轨节上

4 拖拉轨节应在直线或曲线半径较大的地段上进行,应指定专人引导铁靴顺利进入铺轨机上的每个滚筒。轨节拖拉就位后,应立即锁定制动。

7.3.5 铺轨机前端应有放风制动装置。铺轨机前轮不应超过已铺轨节前端的第三根轨枕,并应安放止轮器。

7.3.6 轨节挂钩起钩前,应先将挂钩挂稳,待挂钩人员撤到安全地点后方可起吊。

7.3.7 使用龙门架或铺轨机铺轨应符合下列规定:

1 起吊或走行前,应先发出音响信号。

2 铺轨机的走行速度不得大于5 km/h,对位时不得大于1 km/h。

3 操作前进时,机前施工人员应撤离轨道,站在安全处。

4 倒装龙门架必须支垫平稳,左右侧应水平。

5 当穿过高压线时,应清理机顶物品,机顶严禁站人,与高压线间的安全距离应符合表7.3.7的规定。

表 7.3.7 铺轨机机顶物品与高压线的安全距离(m)

输电线路电压	1 kV 以下	1 ~ 15 kV	20 ~ 40 kV	60 ~ 110 kV	200 kV
允许最小距离(沿垂直方向)	1.5	3.0	4.0	5.0	6.0
允许最小距离(沿水平方向)	1.0	1.5	2.0	4.0	6.0

7.3.8 当拨正就位轨节时,人员应站在轨节侧旁。

7.3.9 轨节连接时,每侧接头的每根钢轨上拧紧的接头螺栓不得少于2个,并应使接头处轨面的错牙不大于2 mm。

7.3.10 连接接头的施工人员未撤离轨道前,下一节轨节不应伸出铺轨机。

7.3.11 站线铺轨不应在道岔导曲线或道岔连接曲线上拖拉轨节。

7.3.12 站内轨道施工,当邻线来车时,必须停车作业,人员和机具一律撤出限界以外。

7.3.13 长大坡道的轨节铺设应符合下列规定:

1 铺轨作业前应检查铺轨机,制动系统应确保良好,风压达到规定要求。

2 铺轨机对位铺轨时,应在下坡方向塞入2组4个铁鞋,备足防滑砂。

3 铺轨机铺轨端应派专人掌握放风阀,当铺轨机到位或遇紧急情况时立即放风制动。

4 换装后轨排拖拉应有专人防护,并备木楔和止轮器。

7.3.14 机械铺轨施工作业应按表7.3.14进行检查,并认真填写检查记录表。对检查中发现的不符合规定的情况,应按表2.0.5签发安全检查整改通知单,限期整改,并跟踪验证。

表 7.3.14 人工铺轨施工作业安全检查表

项目(工程)名称			
施工地点			
序号	检查项目	对应条文号	检查情况
1	班前安全讲话	2.0.7	
2	劳动保护用品佩戴	2.0.8	
3	轨排运输	7.3.1,7.3.2,7.3.3	
4	轨节换装	7.3.4	

续上表

项目(工程)名称			
施工地点			
序号	检查项目	对应条文号	检查情况
5	铺轨机防溜	7.3.5	
6	轨节挂钩起钩	7.3.6	
7	龙门架或铺轨机铺轨	7.3.7	
8	轨节就位	7.3.8,7.1.2	
9	轨节连接	7.1.3,7.3.9,7.3.10	
10	站线铺轨	7.3.11,7.3.12	
11	长大坡道轨节铺设	7.3.13	
12	架桥机铺轨	7.1.5	
13	铺轨机使用	7.5.2	
检查方: 检查人:(签名) 年 月 日			受检方: 接收人:(签名) 年 月 日

7.4 人工铺轨

7.4.1 抬运钢轨和轨枕的跳板应安放稳固,承载力符合要求。

7.4.2 桥上散铺轨枕应纵向进行,并应留出人行通道。

7.4.3 人工钉道应符合下列规定:

1 钉道工序不应错乱,各工序应前后错开,减少相互干扰。

2 钉道应使用抱锤,不应抡锤;每盘锤应前后错开3根木枕的距离,左右股错开不得小于4 m。

3 压撬人员所处位置应与打捶人员成直角方向,撬棍插入枕底长度不应过短,防止滑撬,禁止坐骑压撬。

4 不应在轨顶敲打整直弯曲道钉,防止飞钉伤人。

7.4.4 硫磺锚固作业应符合本规程第7.2.5条规定。

7.4.5 在钢轨底部安放垫板、胶垫时,不应将手伸入枕顶轨底间。

7.4.6 连接钢轨接头,将钢轨推入已连在另一根钢轨上的两块接头夹板间时,严禁用手扶接头夹板或将手放在任何一根钢轨的端部。

7.4.7 当邻线来车时必须停止钉道作业,人员和料具一律撤出限界以外。

7.4.8 人工铺轨施工作业应按表7.4.8进行检查,并认真填写检查记录表。对检查中发现的不符合规定的情况,应按表2.0.5签发安全检查整改通知单,限期整改,并跟踪验证。

表 7.4.8　人工铺轨施工作业安全检查表

项目(工程)名称			
施工地点			
序号	检查项目	对应条文号	检查情况
1	班前安全讲话	2.0.7	
2	劳动保护用品佩戴	2.0.8	
3	抬运钢轨和轨枕	7.4.1	
4	桥上散铺轨枕	7.4.2	
5	人工钉道	7.4.3	
6	硫磺锚固	7.4.4	
7	安放垫板、胶垫	7.4.5	
8	连接钢轨	7.1.2,7.1.3,7.4.6	
9	施工防护	7.4.7	
检查方： 检查人：(签名) 年　月　日		受检方： 接收人：(签名) 年　月　日	

7.5　机械设备的使用

7.5.1　钉联机使用应符合下列规定：

1　作业前准备应符合下列规定：

1)设备的机械传动、钢丝绳、电缆线、限位器等应完好。电气部分应无漏电，接地装置应良好。

2)检查拖拉电葫芦与地面固定情况和电源线卷筒电缆排列情况、防护设施、电气线路、接地线、制动装置和钢丝绳等全部合格后方可使用。

3)使用皮带和开式齿轮传动的机构，均需设防护罩。

4)电动葫芦卷筒旋转方向和台车走行方向应与操纵开关上指示的方向一致。检查各控制电器是否完好、灵敏。

5)清理钉联机轨道和升降架下杂物。

2　作业过程中应符合下列规定：

1)进行空车试运转，检查机构运行是否正常，有无异响，各种安全装置是否灵敏、安全可靠。

2)动车前必须先鸣铃发出警告信号。动车时，严格遵守“一听、二看、三确认、四动车”的作业原则。

3)不准用限位器作为断电停车手段。

4)电动机不应在正常运行中突然进行反向运转。

5)吊枕小吊两侧的揽风绳(钢丝绳)必须紧固有效，必要时进行调整。

6)卷筒上的钢丝绳应排列整齐，如发现重叠和斜绕时，应停机重新排列。严禁在转动中用手、脚去拉踩钢丝绳。钢丝绳不应放完，最少应保留三圈。

7)钢丝绳不应打结、扭绕，严格执行钢丝绳报废标准。

8)电动葫芦的排绳器、限位器、止挡器等状态应完好,否则,应检修或更换。

9)作业中,任何人不应跨越拖拉钢丝绳,升降架起升后,操作人员不应离开总控室。

10)作业中,司机、指挥员要保持良好的视线,司机与指挥员应密切配合,服从指挥人员统一指挥。如遇停电,应切断电源总开关。

3 作业完毕,将各手柄扳回零位,切断电源,锁好开关箱,夜间应打开照明灯。

7.5.2 铺轨机使用应符合下列规定:

1 机车推送轨排车与主机连挂时,主机空气制动系统处于缓解状态,机车走行速度不得超过3 km/h,并禁止在轨道尽头由机车连挂。

2 起升、运行、走行应统一指挥。

3 铺轨机作业时,大车走行时应先鸣笛,小车走行时应先打铃。制动系统风压不得低于5 kPa。

4 轨排倒装龙门吊长时间停车时,车轮必须用夹轨器止动,大风时,必须采取防风措施。

7.5.3 起重机械使用应符合本规程第3.9.1条规定。

8 道岔铺设

8.1 一般规定

8.1.1 道岔铺设作业应考虑下列主要危险源、危害因素：

1 道岔及其组件吊装挂钩不牢、吊具磨损严重、下方站人，运输过程中捆绑不牢、超限、超载、超速等。

2 道岔组装平台不稳固。

3 轨排纵移小车走行轨道不稳定，纵移时纵移小车掉道，道岔倾覆。

4 道岔滑移时滑行轮走偏。

5 拆卸滑轨时，起道机倾倒导致道岔倒塌。

6 道岔换铺机铺岔，上部小车支腿支垫不稳，提升道岔轨排时速度不同步，导致道岔轨排倾倒。

7 轨道吊或其他起重设备支腿支垫不稳。

8 工电联调时人员挤伤。

8.1.2 道岔铺设应具有和所铺设道岔类型相匹配的施工机具，并对作业人员进行安全技术培训。

8.1.3 道岔施工前应与相关专业施工单位做好沟通和协调，划分施工界面，明确各自的安全技术工作内容和配合事宜。

8.1.4 道岔装卸及运输应符合本规程第 3.7.5 节规定。

8.1.5 道岔组装平台应安装在坚实的基础上，安装到位后，各支撑点应支撑牢固。

8.1.6 应使用专用工具，按照说明和铺设图的要求安装弹性夹。

8.1.7 滚轮调整应在道岔尖轨闭合和打开定位正确的条件下进行。

8.1.8 组装道岔应符合下列规定：

1 安装滑床板、垫板时，严禁直接用手调试就位。

2 安装尖轨时，严禁将手、脚放在基本轨和尖轨之间。

3 安装轨撑时，不得用手探摸轨撑与钢轨、滑床板、垫板间的空隙。

4 道岔铺设后，当连接曲线未铺前，在辙叉后面必须加铺一节临时短轨，以免辙叉被机车附件挂上。

8.1.9 铺岔完成，经自检、电务互检合格后，电务应及时安装转辙及锁闭装置。安装转辙装置时，工务、电务部门应配合施工。转换设备未安装前，应用钩锁器固定尖轨、心轨，直向限速 15 km/h通过。

8.2 无砟道岔铺设

8.2.1 基础面凿毛人员应佩戴护目镜、手套等安全防护用品，凿毛作业面周围不应站人，避免混凝土碎块飞溅伤人。

8.2.2 原位铺设法施工时，道岔支撑调整系统应支撑牢固并具备精细调整功能，道岔组装平台应在道岔组装完毕并支撑牢固后拆除。

8.2.3 移位铺设法施工时，应采用道岔铺设机械或其他专用机具将道岔分段或整组平移。

8.2.4 移位铺设法轨排纵移就位后，钢轨调整器纵横向固定系统安装牢固、均匀受力后方可拆除轨排纵移小车。

8.2.5 移位铺设法轨排纵移应符合下列规定：

1 轨排纵移小车走行轨顶面标高应保持一致，两侧走行轨之间应用拉杆连接，提高稳定性。每根轨道安装限位固定装置。

2 轨排纵移小车的抬轨梁安装时，应注意控制间距，以符合岔枕间距位置和平稳均衡受力要求。

3 道岔轨排沿走行轨道人工推动小车纵向移动，操作人员动作应协调，用力均匀，听从指挥，运行途中，避免掉道。推送人员手脚不应伸入滚轮及道岔轨排下方。

4 轨排纵移接近指定地点后，应采用制动木楔制动，安装制动木楔时避免压伤。

8.2.6 板式道岔铺设除应符合本规程第5.3节有关规定外，还应符合下列规定：

1 道岔板运输时应按照设计层数装载，层间加设垫木，采取有效措施防止道岔板挤碰。

2 运输道岔板的平板汽车四周应加装角钢围挡，道岔板与围挡之间的间隙采用硬杂木填充，以防止道岔板在运输过程中晃动或滑落。

3 道岔板应采用专用吊具吊装，吊铺前应确认吊链上的连接螺栓与道岔板上预埋螺栓孔连接可靠后，方可进行吊铺。

4 道岔板精调后及垫层砂浆未达到规定的强度前，禁止人员或车辆在板上通过。

8.2.7 道岔密贴调整检查应用塞尺检测，不应直接用手触摸检测，避免挤压损伤。

8.2.8 无砟道岔道床钢筋加工、绑扎、焊接以及混凝土浇筑作业安全技术应符合《铁路工程基本作业施工安全技术规程》(TB 10301—2009)有关规定。

8.2.9 电务转换设备安装调试过程中，避免手脚放入转辙器或可动心轨与基本轨之间，以防挤压损伤。

8.2.10 道床板预留的转辙机基坑在未安装转换设备前，应临时用盖板覆盖或设置警示标志。

8.2.11 无砟道岔铺设施工作业应按表8.2.11进行检查，并认真填写检查记录表。对检查中发现的不符合规定的情况，应按表2.0.5签发安全检查整改通知单，限期整改，并跟踪验证。

表8.2.11 无砟道岔铺设施工作业安全检查表

项目(工程)名称			
施工地点			
序号	检查项目	对应条文号	检查情况
1	班前安全讲话	2.0.7	
2	劳动保护用品佩戴	2.0.8	
3	道岔及其组件吊装、运输	8.1.4	
4	搭设道岔组装平台	8.1.5	
5	道岔组装	8.1.6~8.1.8	
6	基础面凿毛	8.2.1	

续上表

项目(工程)名称				
施工地点				
序号	检查项目		对应条文号	检查情况
7	道岔铺设	原位铺设法	8.2.2	
		移位铺设法	8.2.3～8.2.5	
8	板式道岔铺设		8.2.6	
9	道岔密贴调整		8.2.7	
10	道床钢筋绑扎、模板安装、混凝土浇筑		8.2.8	
11	电务转换设备调试		8.2.9	
12	转辙机基坑防护		8.2.10	
13	起重机械使用		8.4.3	
检查方： 检查人：(签名) 年　月　日			受检方： 接收人：(签名) 年　月　日	

8.3 有砟道岔铺设

8.3.1 移位铺设法施工时，应采用道岔铺设机械或其他专用机具将道岔分段或整组平移。

8.3.2 采用平台组装移位法铺设时，搭设的组装平台应稳固可靠，能承受道岔重量。

8.3.3 道岔钢轨接头用鱼尾板临时连接时，穿螺栓不应用手指触探对孔，应用撬棍等对好孔眼后再穿固定螺栓。

8.3.4 岔区遇接触网、高压线、通信线等障碍物，不能满足其安全距离时，不应使用吊机直接铺设道岔，如图8.3.4所示。

图8.3.4　不满足安全距离时不应使用吊机直接铺设道岔

8.3.5 道岔滑移就位应符合下列规定：

1 推拉道岔应统一号令，用力一致。

2 拉移道岔的绳索应结实,捆绑应牢靠。

3 横移时应前后兼顾,尖部应跟随尾部移动。

4 道岔滑移过程中,应安排专人监管滑轮,发现走偏及时调整。

8.3.6 拆卸滑轮滑轨时应符合下列规定:

1 用起道机将道岔平稳抬起,在轨枕下支垫防止道岔倒塌保险后,再取下滑轮,抽出滑轨。

2 纵向滑轨应整条抽出。滑轨较长时,可分段抽出。抽出纵向滑轨时,应防止损伤道岔零部件和岔枕。

8.3.7 道岔落底应符合下列规定:

1 采用齿条式起道机下落混凝土枕道岔时,应设置防倒塌保险支垫,分层下落。

2 采用"砂袋法"下落混凝土枕道岔时,应设好枕木头保险支点,拆除滑轮、滑道、保险支点后,使道岔落到砂袋支点上,再划破砂袋,使道岔自然落底。

3 采用"气袋法"下落混凝土枕道岔时,应提前准备好空压机、风管路与气袋连接后充气,使气袋顶起道岔,拆卸滑轮、滑道后方可放气使道岔落底。

8.3.8 道岔铺设机换铺法铺设道岔应符合下列规定:

1 合理确定上部小车和下部小车数量,不应超负荷作业。

2 卸小车时轨道车必须停稳且做好防溜。

3 上部小车在吊道岔前,应在道岔钢轨上提前设好调钳位置,确保整组道岔吊起后小车均衡受力。

4 上部小车液压支腿应支垫稳固后方可抬升液压支腿,各组液压支腿抬升应步调一致,同步操作,避免道岔倾斜,在抬升过程中人员不应在下方走动,手脚不应伸入道岔轨排下方。

5 上部小车吊起道岔后,在铺设和拆除辅助轨时,上部小车垂直支腿必须支上安全架,作好安全防护,没有施工负责人同意,任何人不应撤除安全架,以防止垂直支腿回缩造成道岔下落。

6 辅助轨轨距应符合下部小车轮距要求,与正线轨道衔接部分应连接牢靠。

7 拆除辅助轨时操作人员避免磕碰到道岔轨排,拖行辅助轨应缓慢,并注意避免撞伤周围作业人员。

8 上部小车下落道岔轨排应缓慢匀速,并确保下方不应站人。

8.3.9 在岔位进行道岔吊装期间,作业人员不应从下方穿越和从事其他作业。

8.3.10 采用起道机作业时,应多台起道机同时起、落,严禁"放炮"落道。

8.3.11 轨道吊或其他起重设备支腿应支立在稳固的路基上,并检查支腿高差是否符合要求,正式吊装前先试吊一次,并认真观察起吊设备的变化。

8.3.12 线路上砟整道要确保工程列车的运输安全,同时随起随捣固,并做好线路顺坡,其施工安全技术应符合本规程第4.3.3条有关规定。

8.3.13 有砟道岔铺设施工作业应按表8.3.13进行检查,并认真填写检查记录表。对检查中发现的不符合规定的情况,应按表2.0.5签发安全检查整改通知单,限期整改,并跟踪验证。

表 8.3.13 有砟道岔铺设施工作业安全检查表

项目(工程)名称			
施工地点			
序号	检查项目	对应条文号	检查情况
1	班前安全讲话	2.0.7	
2	劳动保护用品佩戴	2.0.8	
3	道岔及其组件吊装、运输	8.1.4	
4	搭设道岔组装平台	8.1.5	
5	道岔组装	8.1.6~8.1.8	
6	移位法铺设要求	8.3.1,8.3.2	
7	道岔钢轨接头连接	8.3.3	
8	吊机铺岔条件	8.3.4	
9	道岔滑移就位	8.3.5	
10	拆卸滑轮滑轨	8.3.6	
11	道岔落底	8.3.7	
12	道岔换铺机换铺法铺设道岔	8.3.8	
13	道岔吊装	8.3.9	
14	起道机作业	8.3.10	
15	轨道吊或其他起重设备作业	8.3.11	
16	上砟整道	8.3.12	
17	道岔换铺机使用	8.4.1	
18	道岔捣固车使用	8.4.2	
19	起重机械使用	8.4.3	
检查方: 检查人:(签名) 年 月 日			受检方: 接收人:(签名) 年 月 日

8.4 机械设备的使用

8.4.1 道岔换铺机使用应符合下列规定:

1 施工前,小车的消防器材、警示标志、警示信号要齐全,保持性能良好。

2 上部小车对位后,应系好安全链,不系安全链不得开始吊装作业。

3 遥控操作人员的站位要与小车前进方向一致,施工中不应换位。

4 确保小车紧急手油泵、紧急缓解手油泵性能良好。

5 操作人员和检修人员应经常检修油箱、油路,防止漏油,在作业检修中,禁止吸烟,防止火灾。

8.4.2 道岔捣固车使用除应符合本规程第4.4.2条有关规定外,还应符合下列规定:

1 线间距不足6 m地段进行作业时,严禁分开捣固装置大臂。

2 使用辅助起道不应超越警冲标。

3 距尖轨不足1 m时,禁止使用夹轨轮。

8.4.3 起重机械使用应符合本规程第3.9.1条规定。

9 工程运输

9.1 一般规定

9.1.1 工程运输应考虑下列主要危险源、危害因素：

1 货物偏载、移动或倾覆主要危险源、危害因素：装载加固不符合技术方案要求；分卸时未均衡卸车；货物装载加固设备及材料不符合技术要求；列车没按规定运行；车辆、货车技术状态不良。

2 机车车辆溜逸主要危险源、危害因素：没按规定要求对机车车辆进行防溜；车辆的制动系统不良；防溜器具不否符合技术标准；在大坡道地段进行摘挂车作业；列车推进前没执行试拉制度；列车在车站停车时，司机没按规定进行操作。

3 列车(车列)脱轨主要危险源、危害因素：线路或道岔不满足工程列车通行的技术要求；列车运行速度超过规定的线路允许速度要求；机车车辆走行部的技术状态不良；影响列车运行的线路施工没按规定进行防护；车辆所装货物是否偏载、超载。

4 列车冲突主要危险源、危害因素：车站接发列车、调车作业不符合规定；漏发、错发、漏传、错传调度命令；列车或车辆没停于警冲标内方；开续行列车不符合规定；接发超限列车或超限列车(车辆)没停留在规定线路；列车被迫停车或区间停车没按规定进行防护；机车车辆车钩、制动系统技术状态不良。

5 人身伤害主要危险源、危害因素：接发及调车作业人员没按规定操作；列车技检作业没按规定设置防护；检修车辆没按规定设置防溜；电气化区段没按规定作业。

9.1.2 工程运输应设立运输管理和生产组织机构，依据《铁路技术管理规程》相关规定并结合工程运输生产实际，制定运输组织和管理的各项规章制度、岗位责任制、技术安全措施，以保障工程运输安全畅通。

9.1.3 工程运输所配备的运输设备(施)应状态良好，并按规定进行保养、维修。

9.1.4 工程列车在营业线运行或在营业线车站作业时，必须执行铁道部及所在铁路局的各项规章制度。

9.1.5 工程运输期间，应设立事故救援领导小组，成立专(兼)职救援队，并在固定地点配备救援工具和材料。

9.2 轨道材料装载加固

9.2.1 钢轨、轨枕、轨排、预应力梁、长钢轨的装载加固应符合铁道部现行《铁路货物装载加固规则》和《铁路超限超重货物运输规则》的有关规定。

9.2.2 装载加固材料和装置的技术条件和运用管理应执行《铁路货物装载加固规则》中的(《常用装载加固材料与装置》)相关规定。

9.2.3 工程路料在装车时，货运人员应执行监装制度，确保货物的装载加固符合装载加固方案的规定要求。

9.2.4 工程路料通过营业线运输时，其装载加固还应执行所在铁路局的有关补充规定。

9.2.5 轨道材料装载加固施工作业应按表9.2.5进行检查，并认真填写检查记录表。对检查中发现的不符合规定的情况，应按表2.0.5签发安全检查整改通知单，限期整改，并跟踪验证。

表 9.2.5　轨道材料装载加固施工作业安全检查表

项目(工程)名称			
施工地点			
序号	检查项目	对应条文号	检查情况
1	班前安全讲话	2.0.7	
2	劳动保护用品佩戴	2.0.8	
3	钢轨、轨枕、轨排、预应力梁、长钢轨装载加固	9.2.1	
4	装载加固材料和装置	9.2.2	
5	监装制度	9.2.3	
6	营业线运输装载加固	9.2.4	
检查方： 检查人：(签名) 年　月　日			受检方： 接收人：(签名) 年　月　日

9.3　新线工程运输

9.3.1　新线工程运输应具备下列基本条件：

1　车站应有办理行车、货运业务必需的基本设备(施)。

2　工程运输所需的基本临时通信设施必须安装良好。

3　必须配备机车车辆日常运用、维修的基本设备及设施。

4　新铺线路及道岔的允许运行速度。

9.3.2　新线运输组织应符合下列规定：

1　新线开始工程运输后，运输组织管理应由铺架单位统一管理。

2　新线运输组织工作应编制运输组织方案，科学合理地使用机车车辆等运输设备。同时应结合新线工程运输具体条件，制定相应的行车作业办法和安全技术保障措施。

3　行车工作必须坚持集中领导、统一指挥、逐级负责的原则。行车调度人员应按照《铁路运输调度规则》指挥行车工作，凡参与运输的有关各单位必须在行车调度的统一指挥下进行日常生产。

4　工程运输期间，应开设基地站和前方站，中间站的开站数量可根据工程运输需求确定。在基地站应设立货运室，配备有关规章和必要的检查工具。超长、超限工程路料长距离运输时，应在适当地点设置货运检查站，负责对路料车的装载加固进行检查。

5　工程运输期间应设立机务段，根据机车交路、乘务制度等合理采用机车运转制和乘务员换班方式；在基地站应设置列检所，并根据机车交路、线路特点合理增设列检所，满足机车、车辆的日常运用及检修需求。

6　接发车作业程序和用语应执行铁道部颁布的《接发列车作业标准》。超长、超限列车以及自走行的铺架机械应在车站固定线路接发。

7　车站调车作业除应执行《铁路调车作业标准》的相关规定外，还应符合下列规定：

1)调动铺轨机、架桥机、大型养路机械、超限限速车辆及宿营车时，必须征得机(车)

组负责人的同意方可调动。调车时必须接通全部制动软管并进行制动机简略试验。

2)连挂铺轨机、架桥机、大型养路机械、超限限速车辆及宿营车或带上述车辆、机械连挂其他车辆时，必须在距被连挂的车辆、机械 30 m 处一度停车，检查确认符合连挂条件后，方可以不超过 3 km/h 的速度连挂。

3)在龙门架下对位调车时应符合下列规定：

① 机车车辆或货物的任何部位与倒装龙门架间的限界距离不得小于 70 mm，不足时禁止进行对位作业。

② 对位作业应在龙门架作业负责人同意后方可进行。

③ 调车人员和机车乘务人员应随时监视龙门架的作业动态，禁止调车人员通过正在作业的龙门架。

8 新线工程列车开行应编挂守车，且必须有运转车长值乘。

9 司机在列车运行中，严格按规定速度和信号显示运行，平稳操纵列车。特殊情况采取紧急制动后，桥梁、轨排列车应由运转车长和押运员检查货物装载加固状态，确认货物装载加固状态良好后方可继续运行。列车在区间被迫停车时，司机及运转车长应按铁道部现行的《铁路技术管理规程》规定进行办理。

10 铺轨机、架桥机等自轮运转特种设备在新线转场挂运前，列检人员应对机组车辆部分进行全面检查维修，挂运时应派列检人员随车押运。

11 轨排、桥梁列车发运单位应指派押运人员，携带必需的工具和加固材料随车押运。列车在车站或途中紧急制动停车时，运转车长和押运人员应对货物的装载加固状态进行全面检查。运转车长在确认货物装载加固状态良好后，方可向司机显示发车信号。

12 新铺线路经重点整道后，工程列车的运行速度不得大于 15 km/h。随着线路质量的提高，可逐步提高行车速度。

9.3.3 运用机车应符合下列规定：

1 机车应按规定进行日常保养，按检修周期定期检修，保证技术状态良好。

2 机车工具及备品按《铁路机车运用规程》规定配备齐全，灭火器在有效期内。

3 机车出段前，必须达到运用状态，符合《铁路技术管理规程》规定的出段机车技术条件，并且冬季防寒整修符合规定要求，配备的通讯设备良好。

4 机车各安全保护装置和监督、计量器具不应盲目切(拆)除及任意调整动作参数。

9.3.4 机车检查(修)作业应遵守下列安全规定：

1 机车各转动部件在转动过程中严禁修理或擦拭。

2 禁止带电接触高压导线和各种电气设备的导电部分，严禁敲击、紧固有压力或带电的机车部件。检修前，必须切断压力来源，排尽剩余压力，切断电源，禁止带电作业。

3 机车各种机能试验作业或两人以上在机车上作业时，应执行呼唤应答或联系制度。

4 在机车顶部作业，必须站稳抓牢，做好安全防护措施，佩带好安全带(绳)。

5 更换闸瓦、调整制动缸行程应联系彻底，挂好“禁动牌”，做好机车防溜，关闭制动缸塞门后方可以进行作业。

6 中间站停车，机车乘务员必须坚守岗位，并执行逢停必检制度。在车站停车从事机车车辆检查等作业均不应侵入邻线，并注意机车、车辆动态和邻线动态。当邻线信号开放时不应在邻线侧机车、车辆走行部作业。

7　机车运行和检修作业中应遵守有关机车防火的规定。

9.3.5　运用车辆应符合下列条件：

1　编入列车的车辆(包含自轮运转特种设备走行部分)必须达到运用状态,符合《铁路技术管理规程》规定的技术要求。

2　自轮运转特种设备空气制动机各阀、仪表必须按规定周期进行校验。校验要由具有资质的单位承担。

9.3.6　车辆检修作业应遵守下列规定：

1　列检所应配备带有脱轨器的防护信号,且保持其状态良好,并指定专人负责维修保管。

2　在站内线路上检查、修理、整备车辆时,必须有专人按规定插设脱轨器和防护信号,禁止在无防护信号的情况下进行车辆检修工作。

3　检修作业结束时,在列车两端对好防护号志后,应由专人撤除脱轨器及防护信号。

4　在站内抬运笨重工具、材料或在车底下传递工具、配件时,要呼唤应答、步调一致,并注意列车动态。

5　在检修车辆上部时,应确认装载货物状态及车门的关闭状态,确保安全后,再进行作业。

6　在电气化线路区段,禁止上车顶作业及靠近接触网支柱。

9.3.7　前方站至工地间行车组织工作应符合下列规定：

1　前方站至工地间的行车组织工作由前方站统一领导。行车工作由前方站值班员统一指挥。严禁他人擅自指挥行车、私自动用机车(含动车、轨道车)、车辆。

2　前方站至工地间的调车列按列车办理,开行调车车次。接、发车作业应严格执行《接发车作业标准》中规定的程序和用语标准。

3　前方站至工地间开行续行列车时,必须制定专门的行车办法及安全保障措施。

4　推进运行时,列车前端应安装简易紧急制动阀,调车人员应在前端领车,发现紧急情况时,应使用简易紧急制动阀。

5　前方站至工地间的运行速度不得超过 15 km/h。

6　工地调车作业时,应全部接通软管并进行自动制动机简略试验,检查确认制动主管贯通。推进运行前,必须执行试拉制度。

7　正在进行铺架作业或自走行的铺架机械,严禁连挂。如自行地段线路坡度超过机械设计的最大坡度时,经机组负责人请求,方可派机车推送,运行中机组人员应随车防护。推送时,速度不得超过 10 km/h;通过侧向道岔或曲线时,速度不得超过5 km/h。

9.3.8　停留的机车车辆(自轮运转特种设备)应根据《铁路技术管理规程》、《铁路调车作业标准》、《机车操纵规程》、《防止机车车辆溜逸办法》等的有关规定做好机车车辆的防溜工作。防溜所使用的人力制动紧固器、防溜铁鞋、防溜枕木、止轮器等防溜设备和器具必须符合技术标准。不符合标准的防溜设备和器具严禁使用。

9.3.9　新线开通后的施工作业应符合下列规定：

1　施工前施工单位应按规定提前 10 日向建设单位和行车管理单位提报施工计划,施工计划应包括:施工方案、施工项目、作业内容、地点和时间、影响范围、施工组织及负责人、施工安全的保障措施及防护办法、列车运行条件、施工安全协议书等基本内容。施工计划经业主批准后,由行车管理单位安排施工。

2 施工单位应按规定办理区间登销记手续，施工期间，施工单位应按规定设置防护，确保施工及行车安全。

3 新建线路的起道、上砟作业完后，施工单位应将线路、道岔的允许运行速度、安全注意事项等以书面形式报行车管理部门。

4 施工搭设的临时设施妨碍工程列车运行时，施工单位应在提报施工计划时说明。当工程列车需要通过时，施工单位应予以拆除，工程列车应在该临时设施前一度停车，经运转车长确认临时设施已拆除后，方可通过。

5 在有调车作业的车站内，不应在两股道中心堆放砂石料具。在区间线路两旁堆放的施工用料和工器具，距钢轨头部外侧不得小于1.5 m。物料堆放物应稳固，防止倒塌。

9.3.10 新建线路起道上砟和道岔养护应符合下列规定：

1 新线开通前，施工技术部门应向运输技术部门和行车调度提供线路和道岔允许运行速度。

2 新线开通后，应设立线路和道岔养护机构，负责线路和道岔的养护和维修。

9.3.11 新线工程运输施工作业应按表9.3.11进行检查，并认真填写检查记录表。对检查中发现的不符合规定的情况，应按表2.0.5签发安全检查整改通知单，限期整改，并跟踪验证。

表9.3.11 新线工程运输施工作业安全检查表

项目(工程)名称			
施工地点			
序号	检查项目	对应条文号	检查情况
1	班前安全讲话	2.0.7	
2	劳动保护用品佩戴	2.0.8	
3	运输设备应定期保养、维修	9.1.3	
4	执行路局各种规章制度	9.1.4	
5	新线运输具备的条件	9.3.1	
6	新线运输组织	9.3.2	
7	运用机车	9.3.3	
8	机车检查(修)	9.3.4	
9	运用车辆	9.3.5	
10	车辆检修	9.3.6	
11	前方站至工地间行车组织	9.3.7	
12	车辆防溜	9.3.8	
13	新线开通后施工作业	9.3.9	
14	新线线路起道上砟和道岔养护	9.3.10	
检查方： 检查人：(签名) 年 月 日			受检方： 接收人：(签名) 年 月 日

9.4 营业线工程运输

9.4.1 工程列车开行前，应与铁路局相关部门或单位签订安全运输协议。

9.4.2　在营业线作业的自备机车必须技术状态良好,按规定安装机车信号、列车无线调度通信设备、列车运行监控记录装置,经铁路局相关部门鉴定合格后,方可上线运行。

9.4.3　参与营业线行车工作的所有人员在开工前,必须学习所在铁路局《行车组织规则》、相关车站《车站行车工作细则》等规章制度,了解并掌握工程列车行车区段内运输设备(施)的性能。

9.4.4　在营业线参与行车工作的所有人员,在作业中必须服从所在铁路局列车调度员、车站值班员的统一指挥,严格按标准化要求进行作业。接受营业线运输、设备管理部门和部门安全检查人员的监督和检查。

9.4.5　工程列车中编有铺轨机、架桥机等自轮运转特种设备时,自轮运转特种设备必须符合铁道部和铁路局的相关规定,经营业线相关部门检查合格方可编入列车。

9.4.6　工程列车的牵引机车,必须符合本规程第9.3.3条规定,且行车安全装备良好。列车运行中,机车信号、列车无线调度通信设备、自动停车装置或列车运行监控记录装置必须全程运转,严禁关机。

9.4.7　工程列车在运行中,司机应严格按规定速度和信号显示行车,认真执行"呼唤应答"制度,平稳操纵机车,严禁超速。

9.4.8　工程列车在区间被迫停车时,运转车长或司机应严格按《铁路技术管理规程》、所在铁路局的《行车组织规则》及相关规定和办法处理。发生行车事故时,运转车长或司机应严格按《铁路交通事故调查处理规则》的规定程序和办法处置。

9.4.9　在电气化铁路区段作业时应符合下列规定:

1　在电气化铁路上工作的有关人员(包括通过电气化铁路的乘务员、押运人员等),在施工开始前,必须经过有关安全考试合格后,方准单独作业。

2　任何人员所携带的物件(包括长杆、导线等)与接触网设备的带电部分需保持2 m以上的距离。

3　在带电的接触网的线路上进行调车时,禁止登上棚车(在区间和中间站禁止登上敞车和棚车)行走或使用人力制动机;敞车、平车上使用人力制动机时,不准踏在高于人力制动机踏板的车帮上或货物上。

4　在接触网没有停电并接地的情况下,禁止到内燃机车和车辆的车顶上进行任何作业。不应用水管冲洗机车车辆,如图9.4.9所示。

5　机车上可以攀登到车顶的梯子和通往走台板的前门等处,均应明显地涂有"接触网有电,禁止攀登"的警告标语,天窗必须关闭加锁。

6　铺轨机、架桥机等自轮运转特种设备的押运人员,在电气化区段运行和停留时,禁止踏上高于机组地板的任何位置并进行任何作业。其司机室的天窗必须关闭加锁。

图9.4.9　接触网带电时严禁用水管冲洗机车车辆

9.4.10　营业线工程运输施工作业应按表9.4.10进行检查,并认真填写检查记录表。对检查中发现的不符合规定的情况,应按表2.0.5签发安全检查整改通知单,限期整改,并跟踪验证。

表9.4.10 营业线工程运输施工作业安全检查表

<table>
<tr><td colspan="2">项目(工程)名称</td><td colspan="3"></td></tr>
<tr><td colspan="2">施工地点</td><td colspan="3"></td></tr>
<tr><td>序号</td><td colspan="2">检查项目</td><td>对应条文号</td><td>检查情况</td></tr>
<tr><td>1</td><td colspan="2">班前安全讲话</td><td>2.0.7</td><td></td></tr>
<tr><td>2</td><td colspan="2">劳动保护用品佩戴</td><td>2.0.8</td><td></td></tr>
<tr><td>3</td><td colspan="2">运输设备应定期保养、维修</td><td>9.1.3</td><td></td></tr>
<tr><td>4</td><td colspan="2">执行路局各种规章制度</td><td>9.1.4</td><td></td></tr>
<tr><td>5</td><td colspan="2">安全运输协议</td><td>9.4.1</td><td></td></tr>
<tr><td>6</td><td colspan="2">自备机车要求</td><td>9.4.2</td><td></td></tr>
<tr><td rowspan="2">7</td><td rowspan="2">从事营业线行车工作的人员要求</td><td>培训学习</td><td>9.4.3</td><td></td></tr>
<tr><td>作业要求</td><td>9.4.4</td><td></td></tr>
<tr><td>8</td><td colspan="2">工程列车编组</td><td>9.4.5</td><td></td></tr>
<tr><td>9</td><td colspan="2">工程列车的牵引机车要求</td><td>9.4.6</td><td></td></tr>
<tr><td>10</td><td colspan="2">工程列车运行</td><td>9.4.7</td><td></td></tr>
<tr><td>11</td><td colspan="2">区间被迫停车</td><td>9.4.8</td><td></td></tr>
<tr><td>12</td><td colspan="2">在电气化铁路区段作业要求</td><td>9.4.9</td><td></td></tr>
<tr><td colspan="4">检查方:
检查人:(签名)
年 月 日</td><td>受检方:
接收人:(签名)
年 月 日</td></tr>
</table>

10 营业线轨道施工

10.1 一般规定

10.1.1 营业线轨道施工必须严格执行现行《铁路运输安全保护条例》、《铁路技术管理规程》、《铁路营业线施工安全管理办法》、《铁路工务安全规则》、《铁路线路修理规则》、《改建既有线和增建第二线铁路工程施工技术暂行规定》等的有关规定。

10.1.2 营业线轨道施工应考虑下列主要危险源、危害因素：

1 施工防护主要危险源、危害因素：未按规定设置施工防护。

2 施工命令主要危险源、危害因素：未确认施工命令、误判、臆测给点。

3 轨道信号主要危险源、危害因素：施工前未经设备管理单位同意，擅自拆除轨道信号连线或轨道电路连线；电气化区段未设置轨道回流线。

4 施工准备主要危险源、危害因素：施工准备时超范围作业；向营业线路内安放滑轨、预铺新设备或设备不平稳、垮塌侵入行车限界；工机具放置侵限；双线路段未设置安全红线或隔离措施。

5 施工作业主要危险源、危害因素：施工作业没有统一指挥、现场组织混乱；工机具随手乱掷侵入邻线限界；拆除的钢轨、轨枕及其他材料侵入邻线限界；无缝线路区段超出锁定允许温度范围松动或拆卸扣件、扒挖道床、钢轨切口等作业；作业人员在行车线上行走、坐卧休息等。

6 施工完毕主要危险源、危害因素：线路开通未按规定进行三方检查确认，盲目登记销点；线路设备未进行及时交接造成养护不到位或中断等。

10.1.3 营业线施工应编制专项施工方案，经审查、按相关规定报批后实施，其内容主要包括：

1 工程概况、设计要求、技术难点、过程控制重点。

2 施工方法、工艺要求、工艺流程。

3 质量标准、关键技术控制。

4 中度、重大危险源、危险因素。

5 施工中安全应注意和重点控制的其他事项。

10.1.4 施工安全协议由施工单位与设备管理部门、单位和行车组织部门、单位按施工项目分别签订，明确双方的安全责任和义务等相关内容，未签订施工安全协议的不予审批施工方案，严禁施工。

10.1.5 营业线施工项目，开工前应按铁道部（或铁路局）有关规定，申报审批施工计划，未经审核批准严禁施工。

10.1.6 施工前，施工单位要提前向设备管理和使用单位进行技术交底，施工中应加强作业卡控，不应超范围施工，施工完成后，必须达到放行列车的条件并经设备管理单位确认后，方可申请开通线路。

10.1.7 营业线封锁区间或限速条件下施工时，应提前做好施工准备工作，并按铁道部（或铁路局）有关规定，办理封锁区间和限速申请，批准后方可进行施工作业。

10.1.8 营业线施工应按现行《铁路技术管理规程》和《铁路工务安全规则》设置施工安全防护，未设置好防护不应进行施工作业。防护设施与器材及应急防护备品应符合下列规定：

1 营业线要点施工、正常施工、应急施工防护用作业标、防护信号备品见附录 A。铁路信号及标志应符合铁道部有关规定。

2 施工临时道口应经铁路局组织验收后方可使用。其设施应比照有人看守道口相关规定设置和管理,防护备品配备见附录 B。电力牵引区段应按有关规定设置限高架。

10.1.9 双线或站线施工作业,施工单位除按规定设置施工防护外,还应在两线间加设安全红线(或隔离措施),防止作业人员、施工机具侵入邻线限界。

10.1.10 封锁施工应在调度命令的起止时间内完成,作业完成后,经监理、施工、设备管理单位共同检查达到放行列车条件后,按规定办理开通登记和交接手续。

10.1.11 轨道项目施工完毕,应及时验收交接、拨接开通,未经验收合格的工程不应拨接开通使用。对动态验收的线路和道岔,由施工领导小组成员单位联合检查确认达到设计和验收标准要求,验收合格后方可开通。开通后由运营单位接管,开通 24 小时内施工单位协助运营单位进行维护。

10.1.12 营业线区间卸车应符合下列规定:

1 区间卸车时,严禁机车与车辆摘钩。道砟应以 5 km/h 以下速度边走边卸;装运其他材料车不应边走边卸。

2 双线区间卸车不应侵入邻线限界。邻线来车时,应停止向邻线一侧卸车。严禁打开两线间的车门。当卸车线高于邻线时,严禁向两线间卸轨枕等滚动重材。

10.1.13 营业线施工材料存放除应符合《铁路工程基本作业施工安全技术规程》(TB 10301—2009)的有关规定外,还应符合下列规定:

1 施工中使用的钢轨、轨枕、扣配件、道砟、道岔等轨料严禁侵入铁路行车限界,应放置平稳,必要时应采取加固措施。

2 拆卸的旧轨料应及时清理出铁路行车限界,按指定地点堆码稳固。

10.1.14 营业线施工严禁联电,并应符合下列规定:

1 在轨道电路区段和绝缘接头附近作业时,不应使用没有绝缘装置或绝缘装置不良的金属机具。

2 抬运钢轨、辙叉等金属物体,不应担在两股钢轨上。

3 在钢桥上施工,不应把联结钢梁杆件的金属线绑在螺栓或道钉上。

4 在线路、桥梁上作业,应防止碰断、损坏电务送变电线和电缆。

5 防止扣轨梁联电,道口钢筋混凝土板钢筋头联电,轨端有飞边突尖联电,单轨车、接固架等机具的走行轮通过绝缘接头时联电,道岔配件脱落联电,散置在线路上的钢轨、道岔等金属物受震动移动联电等。

10.2 改建营业线

10.2.1 改建营业线施工,铁路局、铁路局运输处、车务段应根据施工等级成立相应的施工领导小组,负责组织相关部门和单位协调解决施工、运输、安全等问题以及施工现场的组织协调工作,做到运输、施工统筹兼顾,维护施工期间的运输秩序,确保行车和施工安全。

10.2.2 营业线改建施工前,施工单位应根据轨道设计文件,对作业现场的作业环境和条件,进行详尽的调查,制定安全的施工方案。

10.2.3 施工单位应根据批准的施工计划,在正式施工 72 小时前,应向设备管理单位提出施工计划、施工地点及影响范围。设备管理单位接到施工请求后,应对施工方案和计划影响范围进行核对,并派员进行施工安全监督。

10.2.4 施工前,设备管理单位应积极协助设计和施工单位核查既有设备情况,提供地下管、线、电缆等隐蔽设施的准确位置。无法提供准确位置时,由设计单位会同施工、设备管理单位共同探查、核实,规划防护范围,并签订安全协议,明确各方的安全责任。

10.2.5 施工中,施工单位应对施工区域内影响施工作业的既有设备,采取可靠的防护措施加以保护。

10.2.6 改建营业线应按规定报批施工方案、请点、防护、作业、验收、开通和交接。

10.2.7 营业线改建、拆铺线路、道岔、轨道过渡工程以及临时道岔、便线施工作业应符合下列规定:

1 营业线改建、拆铺线路和道岔、轨道过渡工程以及临时道岔、便线施工前,应做好人员、机具、设备等准备工作,并保证机具设备性能良好。

2 根据报批的改建、拆铺以及临时设施施工计划,做好书面安全技术交底工作,交底要详尽。

3 营业线拆铺线路和道岔,应在封锁线路的条件下进行。

4 封锁命令下达前不应进行施工相关作业,施工命令下达后,施工负责人要确认施工命令内容,防止误判、臆测给点。

5 施工准备时不应超范围作业;向营业线路内安放滑轨、预铺新设备或搭设滑移平台时,要防止滑轨、设备或平台垮塌侵入行车限界;工机具放置有序、稳固,防止侵限,如图10.2.7所示;双线区间施工必须设置安全红线或隔离措施;无缝线路区段不应在超出允许轨温范围以外进行松动或拆卸扣件、扒挖道床、钢轨切口等有碍行车安全的作业。

图10.2.7 严禁施工机具侵入限界

6 在自动闭塞区段拆铺线路和道岔,作业涉及道岔联锁、轨道电路、通信信号等设施时,施工命令下达后,由设备管理单位拆除施工区段影响作业和信联闭的轨道电路设施,施工单位不应随意剪断计划拆除的设备任何部位的轨道电路,只须做相关拆铺工作。

7 电气化区段施工时,施工前应加设轨道回流线,施工中要防范调网作业工具、材料坠落伤人。相关安全规定按铁道部现行《铁路行车线上施工技术安全规则》有关规定执行。

8 施工作业时,必须统一指挥,严密组织,严格控制施工范围,不应超出施工命令规定的范围,所用工机具不应随手乱掷。

9 施工作业完成,应按本规程第10.1.10条、第10.1.11条规定进行检查,确认达到放行列车条件后,方可登记销点开通线路。开通前应将施工机具、新旧路料分类清理到限界以外并堆码整齐。

10 线路或道岔经检查确认达到放行列车条件开通使用前,施工单位必须按报批的施工方案、命令规定的速度,设置防护标志,防护办法按本规程第10.1.8条、第10.1.9条规定设置。

11 线路或道岔开通后,施工单位在规定的时间或列车趟数内,要对新铺线路设备进行养护作业,并按本规程第10.1.10条、第10.1.11条规定,及时与设备管理单位进行交接。

12 施工单位应在开通的线路或道岔限速区段设置测速仪。

10.2.8 营业线换铺无缝线路应符合下列规定:

1 无缝线路换铺作业必须在封锁线路的条件下进行。

2 换下的旧轨应及时回收,存放在线路附近的要清理出限界,摆放牢固。

3 待换的长轨必须采取加固措施,防止在跨越信号机两端处侵线联电。

4 铺设时应按设计轨温锁定,如不符合设计要求,必须重新进行应力放散。

5 对焊接接头应及时进行探伤检查,发现问题及时处理。

10.2.9 线路拨移应符合下列规定:

1 线路拨移前应设置拨移控制桩,标明拨移量,避免盲目拨移线路。

2 拨移准备工作必须符合列车放行条件,严禁超挖、超前和超范围准备。

3 无缝线路区段,应提前进行应力放散。未放散区段,超出锁定轨温允许作业范围严禁挖开道床。

4 采用滑轨拨移线路作业时,未封锁线路前,严禁向线路内穿放滑轨。

5 曲线地段(改移路基的软硬密实度不均),线路就位后应使用机械捣固、稳定。

6 要点施工其他注意事项应符合本规程第10.2.7条有关规定。

10.2.10 站场改造应符合下列规定:

1 站场股道升级、换铺道岔应在封闭条件下进行,并按规定设置好防护。

2 预铺轨节或道岔的场地应平整,拼装好的轨节或道岔以及其他材料不应侵入行车限界。

3 采用平台滑移轨排或道岔时,预铺的平台应稳固可靠,平台和预铺好的设备不应侵入行车限界,并采取失稳加固措施。

4 轨节或道岔预铺完成后,要及时做静态验收,各部位几何尺寸满足设计要求。

5 拆除的旧轨道设备材料如:钢轨、轨枕、岔轨、岔枕、连接配件等应放置有序,严禁掩压、碰撞行车设备,确保邻线行车安全。

6 在行车密度较大,线间不足6.5 m、行车速度大于160 km/h及以下线路作业,应请求办理邻线限速慢行,并按规定设置安全防护和隔离措施。

7 轨道升级、换铺道岔施工破底清筛道床或使用大型机械设备配合施工时,邻线来车时应停止施工,设备不应侵入行车限界。

8 施工准备和施工作业时,严格按照批准的施工范围进行施工,严禁超范围准备、超范围施工。

9 须跨线滑移预铺轨节、道岔作业,必须请求封闭所跨邻线进行施工,封闭邻线的时间,按调度命令规定的时间实施，正点开通，不应延误。

10　轨节、道岔铺设或滑移完成后，应按本规程第 10.1.10 条、第 10.1.11 条规定进行验收开通。

10.2.11　轨道过渡工程应符合下列规定：

1　轨道过渡应根据设计文件，对现场进行核对，过渡工程施工方案应与铁路局设备管理部门（单位）共同协商定，并对方案进行相应的论证，报铁路局运输部门或铁道部批准后，方可实施。

2　过渡工程开通的速度和运行速度由施工单位依据设计和施工资料提出申请，经运营单位审查后确定。验收合格的过渡工程，由运营单位维护，开通 24 小时内，施工单位协助运营单位进行维护。

3　普通到发线路临时替代旅客列车到发线时，应采取保证旅客上下车和通行的安全措施。

4　站线或其他线临时替代正线时，应先确认线路行车条件和状况，必要时应采取改造或其他安全措施。

10.2.12　线路整道和维修应符合下列规定：

1　线路整道、维修工作应在维修"天窗"点内进行。

2　桥上作业，列车通过前，施工人员应有秩序地撤到桥外或避车台上，所用工具不应堆放在轨道限界内。

3　在双线区间作业，当邻线来车时，必须停止作业，下道避车，严禁站在两线间或跨越邻线避车。

4　电气化区段线路维修作业时，应按铁道部现行《电气安全规则》有关规定执行。

5　维修作业收工时，机具应停放在限界以外，覆盖机具的篷布必须捆扎牢固，防止刮风吹散侵入限界。

6　在营业线上使用的起道机必须具有速降装置，严禁使用齿条式起道机进行养护维修作业。

7　线路维修作业涉及道岔联锁、轨道电路、通信信号等设施时，应有设备单位人员配合。

8　线路整道应符合下列规定：

1）经整道的线路应及时补充道砟。

2）在已卸道砟上不应再卸其他轨料，应将轨料卸在限界以外，并堆放稳固。

3）线路经过整道后应逐步恢复常速。

4）线路上砟整道地段与相邻地段衔接处，应有不小于 5‰的顺坡长度。

9　线路维修应符合下列规定：

1）线路维修起拨道地段，要有足够的道砟，一次起道量不得超过 40 mm。

2）起拨道后的线路要及时找平小坑，消除三角坑以及高低超限，并及时捣固，做到一撬一清。

3）线路维修作业时，应加强对钢轨、轨枕、接头、配件进行探伤和失效报废检查，标明符号，及时更换，轨道材料失效报废标准执行铁道部现行《铁路线路修理规则》规定。

10.2.13　无缝线路维修作业应符合下列规定：

1 无缝线路起拨道作业，应按规定的作业温度条件执行。

2 起道前必须拧紧全部扣件(或打紧浮起道钉)，拨正线路方向，防止作业时线路产生纵、横向移动。当线路方向发生显著不良时，应立即停止作业，迅速浇水降温，然后进行拨道等，必要时可限速通车。

3 起、拨道时，不应将起、拨道机具放置在焊缝处。

4 伸缩区防爬器成段失效时，应在实际锁定轨温 ±5 ℃范围内进行整修。

10.2.14 机养作业除应符合本规程第 4.3.3 条有关规定外，还应符合下列规定：

1 大型养路机械施工，应在施工天窗点内进行，并办理相关封闭要点作业手续，施工天窗时间一般不少于 180 min。

2 大型养路机械的驻站与作业地段的距离不应过长，一般不超过 25 km，通信设备保持良好。

3 无缝线路区段机养作业应符合下列规定：

1)安排无缝线路机养封锁施工的"天窗"，应避开高温时间。

2)施工前，设备管理单位应将该段线路实际锁定轨温及安全起、拨道量等技术数据交机养施工单位，并备足道砟，调直钢轨，拧紧螺栓。

3)作业时，应派专人在施工地段测量轨温，在实际锁定轨温增减 10 ℃范围内容许作业。木枕无缝线路和半径小于 800 m 的曲线地段，作业轨温应按上述要求轨温上、下限再缩小 5 ℃。

4)捣固车、动力稳定车、配砟整形车应紧密配合，形成流水作业，确保作业后的线路迅速得到稳定。

5)营业线上作业时，捣固车一次起道量不得超过 50 mm，起道量超过 50 mm 时应分两次起道捣固；一次拨道量不得超过 80 mm。

6)作业中，机组人员应随时监测线路变化，发现胀轨迹象，要立即停止作业，迅速组织抢修队伍进行处理，并使大型养路机械安全退出胀轨现场。

7)施工作业期间，机养施工单位和设备管理单位必须分别派驻站联络员 1 名，以便传达慢行、封锁、开通命令及预报列车往来情况。

8)大型养路机械作业区段的安全防护由机养施工单位设置，随机防护。大型养路机械作业区段两端及区段内的道口、桥梁的安全防护由设备管理单位设置。

9)作业结束后，列车放行条件由机组人员和设备管理单位有关人员共同确认。

10)作业后三日内，应派有经验的巡查人员巡回检查线路状况，发现胀轨或断轨预兆及时处理。

10.2.15 营业线施工作业人员应遵循下列安全规定：

1 不应在铁路道心内、轨枕头和线间距小于 5 m 的两线间行走、坐卧，如图 10.2.15—1 所示；行车速度大于 160 km/h 时严禁在两线间停留或跨越邻线避车，所持料具不应侵入建筑限界。

图 10.2.15—1　严禁在道心行走

2　严禁随意横越铁路。确因施工确需，横越铁路时，应按现行铁路《工务安全规则》规定设置防护。

3　不应钻车、扒车、跳车或通过车底部、车辆连接处传递料具，如图 10.2.15—2 所示。

图 10.2.15—2　严禁通过车辆底部传递料具

4　严禁在车下、车辆两侧线路上或有塌方落石危险处坐卧休息。

10.2.16　改建营业线施工作业应按表 10.2.16 进行检查，并认真填写检查记录表。对检查中发现的不符合规定的情况，应按表 2.0.5 签发安全检查整改通知单，限期整改，并跟踪验证。

表 10.2.16　改建营业线施工作业安全检查表

项目(工程)名称			
施工地点			
序号	检查项目	对应条文号	检查情况
1	班前安全讲话	2.0.7	
2	劳动保护用品佩戴	2.0.8	
3	施工准备	10.1.7	

续上表

项目(工程)名称			
施工地点			
序号	检查项目	对应条文号	检查情况
4	施工防护	10.1.8,10.1.9	
5	营业线区间卸车	10.1.12	
6	营业线施工轨料存放	10.1.13	
7	严禁联电	10.1.14	
8	施工中对既有设施防护	10.2.5	
9	线改建、拆铺线路、道岔、轨道过渡工程以及临时道岔、便线施工	10.2.7	
10	换铺无缝线路	10.2.8	
11	线路拨移	10.2.9	
12	站场改造	10.2.10	
13	轨道过渡工程	10.2.11	
14	线路整道和维修	10.2.12	
15	无缝线路维修	10.2.13	
16	机养作业	10.2.14	
17	现场作业人员要求	10.2.15	
18	换轨车作业	10.4.1,10.4.2	
19	收轨车作业	10.4.3	
20	铺轨机使用	10.4.4	
检查方： 检查人：(签名) 年 月 日			受检方： 接收人：(签名) 年 月 日

10.3 增建二线铺轨

10.3.1 铺架设备上线应符合下列条件：

1 架桥机、铺轨机设备技术状态必须始终保持良好，并经过营业线车站、车辆等相关部门检查合格后方准上线运行。

2 架桥机、铺轨机出车前，应对设备的走行、制动、油路、电路、起吊装置及车内备品、信号用具等进行全面检查，确认完好齐全后方准出车。

3 架桥机、铺轨机应配备通信设施及灭火器材、防护信号用品。按机组配备起复设备及防溜设备，并经常保持完好，缺少或损坏时，应及时补充或恢复。

10.3.2 施工作业前准备应符合下列规定：

1 严格执行施工所在地铁路局的《铁路行车组织规则》、《铁路营业线施工管理办法》、相关车站的《站细》和其他有关行车和施工安全的规章及规定。

2 施工单位应组织相关人员进行现场调查，掌握施工地段线路设备状态以及线路坡度、曲线、道口、桥梁、隧道及信号设备位置等情况。

3　施工单位根据现场调查情况编制安全施工方案,并按有关规定进行报批。对有影响施工的既有设备,要及时与设备管理单位沟通,并根据报批的施工计划,向设备管理单位进行书面交底,请求现场配合。

4　铺架设备及施工列车自铺架基地至施工现场需要经过营业站时,应按所在路局规定报批施工计划。

10.3.3　施工作业登记应符合下列规定:

1　铺架作业前,施工单位、设备管理单位应按行车单位批准的作业计划,在规定的车站进行施工登记。

2　登记的内容具体包括:施工作业内容、起止时间、地点、命令号、配合监管单位等。

3　车站值班员填写施工作业给点命令后,驻站联络员及时准确通知施工负责人按作业时间组织铺轨机或架桥机及施工列车进入施工区段。

10.3.4　铺架设备运行及作业安全应符合下列规定:

1　铺轨机或架桥机进退机前,施工单位负责人、安质人员、施工技术人员应对走行线路质量进行检查,线路技术状况满足过车条件后,施工负责人方可下达进退机命令。

2　铺轨机或架桥机进退机时,施工单位必须有队级以上领导、安质、机械和施工技术人员现场监察。

3　凡有碍营业线安全的铺轨架桥施工地段,按施工要点计划、调度命令及现行《铁路技术管理规程》、《铁路工务安全规则》中的要求设置好防护,方可进行铺架施工作业。

4　铺架设备和工具不应侵入限界。

5　铺轨架桥作业遇到线间距小于4.2 m时,应采用线路偏铺的方式,不应影响营业线的正常行车。

6　在已完成的新铺线路上,铺轨机或架桥机自轮运转速度不得大于15 km/h。

7　在线路并行地段立倒装龙门架时,应利用施工“天窗”进行,严禁利用列车间隔时间进行作业。

8　线间距小于5 m地段,营业线来车时,应立即停止铺架作业。

9　铺架施工作业过程中,严禁施工人员站在营业线上。

10　在小曲线半径的内曲线和线间距小的地段,应采用拨移施工线路等措施,防止铺架机械大臂侵入营业线限界。线路不能拨移时,要利用施工“天窗”点进退机,严禁盲目运行。

11　确保营业线行车安全及铺架机械进退机的安全运行,线路整修及起道作业过程中,应执行下列规定:

1)设置施工防护后,方准进行作业。线路未达到放行铺架机的条件,禁止撤出防护和放行铺架机。

2)每次起道量不得大于150 mm,轨枕应在钢轨两侧450 mm范围内均匀捣固密实。

3)线路上砟整道地段与相邻地段衔接处应以不大于2‰的坡度顺接。

4)轨道铺设完成后应立即进行重点整修。拨顺线路方向,消除反超高和三角坑,严禁在线间距4.2 m及以内地段出现负偏差。

5)及时养护新铺线路,缩小荒道的长度,确保铺架机和施工列车的运行安全。

10.3.5　铺架机械区间停放应符合下列规定:

1　区间停放铺架设备地点应选择路基较低,线间距大于4.2 m的直线地段,路基坚实稳定。停放在曲线上时,应停放在曲线半径大于800 m的地段,大臂应摆向邻线反方向,确保不侵入限界。

2 司机室、操作室应收回,摆正大臂,靠邻线一侧无悬挂物。

3 做好防溜措施,打8只以上止轮器(下坡方向打6只,反方向打2只),楔紧木楔,将铺架机械手制动扳到制动位置。

4 设专人看守防护铺架机械,看守人员应配备通讯和防护设备,确保通信畅通,防止意外事件发生。

10.3.6 线路拨接应符合下列规定:

1 根据设计资料,施工单位应组织相关人员对拨接现场进行复查,按规定编制、报批实施性施工组织方案、施工作业指导书和技术交底书。

2 拨接施工前的准备工作不允许超前、超限,必须按施工放行列车条件的要求进行预备作业。

3 对有可能影响轨道电路和信号的准备作业时,必须在设备管理单位人员的指导和配合下进行,不应随意拆除连接线及绝缘设施,对有可能连电的作业工点,必须加装绝缘保护,防止工具连电而影响行车信号。

4 在拨接施工实施前,驻站联络员应根据批准的施工计划,向车站值班员办理登记要点申请封锁施工手续。

5 施工负责人接到封锁施工命令后,必须确认施工起止时间,下达设置防护命令,按现行《铁路技术管理规程》、《铁路工务安全规则》的要求设置防护。施工负责人确认防护工作已就绪,方可下达开工命令。

6 施工中,设计、监理、设备管理单位、施工单位应严格按审定的方案监督和组织施工,随时掌握进度与质量,消除不安全因素。

7 拨接施工完毕,线路开通前,设计、监理、设备、施工单位要认真进行质量检查,确认线路设备达到列车放行条件,方可办理开通交接手续。

8 拨接施工后,在24小时内,施工单位应配合设备管理单位巡养线路。

9 线路开通巡养期间须使用液压起拨道器,严禁使用齿条式起道机进行养护作业。起道作业时,必须使用带绝缘的水平道尺。

10.3.7 增建二线铺轨施工作业应按表10.3.7进行检查,并认真填写检查记录表。对检查中发现的不符合规定的情况,应按表2.0.5签发安全检查整改通知单,限期整改,并跟踪验证。

表10.3.7 增建二线铺轨施工作业安全检查表

项目(工程)名称			
施工地点			
序号	检查项目	对应条文号	检查情况
1	班前安全讲话	2.0.7	
2	劳动保护用品佩戴	2.0.8	
3	施工准备	10.1.7	
4	施工防护	10.1.8,10.1.9	

续上表

项目(工程)名称			
施工地点			
序号	检查项目	对应条文号	检查情况
5	营业线区间卸车	10.1.12	
6	营业线施工轨料存放	10.1.13	
7	严禁联电	10.1.14	
8	铺架设备上线条件	10.3.1	
9	施工作业登记	10.3.3	
10	铺架设备运行及作业	10.3.4	
11	铺架机械区间停放	10.3.5	
12	线路拨接	10.3.6	
13	换轨车作业	10.4.1,10.4.2	
14	收轨车作业	10.4.3	
15	铺轨机使用	10.4.4	
检查方： 检查人：(签名) 年　月　日			受检方： 接收人：(签名) 年　月　日

10.4　机械设备的使用

10.4.1　换轨车作业时应注意作业安全，防止钢轨下落、入槽过程中压伤、挤伤手脚。

10.4.2　换轨作业牵引速度应小于5 km/h。

10.4.3　使用收轨车收轨作业时应保持钢轨同时起落，装车时应确保钢轨均匀放置在车体左右两侧，防止压翻车体。

10.4.4　铺轨机使用应符合本规程第7.5.2条规定。

11 相关工程

11.0.1 轨道施工前,线下防排水工程应按设计要求施工完成,保证排水畅通。轨道施工时,不应堵塞、破坏排水系统。

11.0.2 铺轨前应做好与线下路基交接工作,检查底砟预铺质量,要做到横平长顺,特别要做好桥头、涵两侧和道口两端顺坡,不应出现反超高和波浪形砟面,确保所铺轨排平顺。

11.0.3 铺轨前,应对桥头线路不良路基地段进行加固处理。

11.0.4 同一工地不同专业交叉作业时,建设单位应确定安全管理主体单位,共同拟定现场的安全技术管理办法,做好协调共同执行。

11.0.5 跨越既有铁路、公路等设施或在营业线旁铺轨施工前,应联系设施产权单位,制定切实可靠的措施,保证既有设施的安全。

11.0.6 对既有车站引出到新铺线路的新线路上,在站界外,应采取铺设脱轨器等安全措施,避免新线区间发生溜车,闯入既有车站。

11.0.7 为保证不停电换轨作业正常进行和作业安全,应派专人负责回流线的安装与拆除工作。作业时要穿着安全服和绝缘鞋。

11.0.8 管线沟槽施工应符合下列规定:

1 施工前应熟悉有关施工图、工程地质报告,收集地下管线、构造物等资料,要复核实际管线沟槽是否与施工图的地点、长度、走向等相符。特别要核实电力、天然气、输油管等管道的埋设位置,施工中采取相应防护措施。

2 电缆沟槽施工应做好对路基工程的保护,避免造成路基坍塌。

3 电缆沟槽开挖后要按设计要求做好防水。

4 预埋件的安装应与线下、电务等相关单位积极联系,紧密配合,确定各方安全责任范围。

11.0.9 轨道电路施工应符合下列规定:

1 无砟道床漏泄电阻和钢轨阻抗应满足轨道电路传输长度的要求。无砟道床漏泄电阻应符合相关规定,测试方法应符合相关规定。

2 补偿电容、地面应答器等信号设备的预留安装位置不应影响无砟轨道结构的强度、安全及性能要求。

11.0.10 无砟轨道上的吸声材料或吸声构件施工应在轨道工程轨道整理完成后进行,安装位置不应影响无砟轨道结构的强度、安全及性能要求。施工过程中不应扰动轨道几何形位,不应破坏和污染轨道结构及线下构筑物。

附录 A　施工防护信号备品

A. 0. 1　施工防护信号备品应符合表 A. 0. 1 的规定。

表 A. 0. 1　施工防护信号备品

防护备品及工具	单位	驻站联络员	工地防护员	工地两端防护员	中间联络员	备　注
红色信号旗(灯)	面		1	1	1	灯根据需要设置
黄色信号旗(灯)	面		1	1	1	灯根据需要设置
响墩	个			3/6(一端)		根据需要设置
火炬	支		1/2			根据需要设置
移动停车信号牌	块		2/4	1/2	1/2	根据需要设置
移动减速信号牌	块			1/2(每端)		根据需要设置
移动减速地点标	块		2/4			根据需要设置
作业标	块			2/4		根据需要设置
带"T"字移动减速信号牌	块			1/2		根据需要设置
对讲机(电话)	台	1	1	1	1	
短路铜线(自动闭塞区段)	根		1/2			
喇叭(号角)	个		1	1	1	
通话记录本	本	1	1	1	1	
笔	支	1	1	1	1	
上岗证、臂章	副	1	1	1	1	

注:1　表中"/""表示一条线路上施工/两条线路上同时施工";

2　防护人员多人值班时,喇叭、信号灯、信号旗应按实际需要相应增加;

3　响墩和火炬每年至少做一次检定试验,不合格者及时更换;

4　速度大于 120 km/h 时,慢行施工配置带"T"字减速信号;

5　电力牵引区段施工,应配备 70 mm^2 回流线,其数量与长度根据需要确定。

附录B 施工临时道口防护备品

B.0.1 施工临时道口防护备品应符合表B.0.1的规定。

表B.0.1 施工临时道口防护备品

顺号	名称	单位	单班数量		要求
			单线	双线	
1	信号灯	盏	2	2	置放于易取处
2	信号旗(红色)	面	3	3	置放于易取处
3	信号旗(黄色)	面	1	1	置放于易取处
4	火炬	支	2	4	置放于易取处,标明出厂及试验日期
5	响墩	个	6	12	置放于易取处,标明出厂及试验日期
6	口笛	个	1	2	置放于易取处
7	短路铜线	根	1	2	自动闭塞区段(或站内)道口备用
8	防护杆	根	1	2	长2 m能插旗、挂灯
9	钟表	台	1	1	
10	钢丝绳	条	1	1	长5 m以上,两端有套,能拉动机动车辆
11	撬棍	根	1	1	
12	铁锹	把	1	1	
13	活口扳手	把	1	1	
14	斧子	把	1	1	
15	洋镐	把	1	1	
16	竹扫帚	把	1	1	
17	克丝钳	把	1	1	
18	绳子	条	2	2	栏杆故障时使用
19	照明灯泡	个	2~4	2~4	备用
20	信号灯泡	个	5~10	5~10	备用
21	对讲机	台	1	2	便携式无线列调电话
22	电话	部	1	1	台式或移动并附常用电话号码表

本规程用词说明

执行本规程条文时,对于要求严格程度的用词说明如下,以便在执行中区别对待。

(1)表示很严格,非这样做不可的用词:

正面词采用“必须”;

反面词采用“严禁”。

(2)表示严格,在正常情况均应这样做的用词:

正面词采用“应”;

反面词采用“不应”或“不得”。

《铁路轨道工程施工安全技术规程》条文说明

本条文说明系对重点条文的编制依据、存在的问题以及在执行中应注意的事项等予以说明。为了减少篇幅,只列条文号,未抄录原条文。

1.0.1 本规程是为适应铁路建设安全生产管理需要,体现近年来新的工程结构、系统设备及其相应工艺方法、工序过程等的特点,控制工程施工中的不安全行为和状态,预防事故发生,在《铁路工程施工安全技术规程》(TB 10401—2003)基础上修订而成的。本规程贯彻落实了现行安全生产法律法规的规定,与有关管理规章进行了全面对接,与相关技术标准进行了充分协调,对铁路轨道工程施工中的安全管理和施工作业行为提出了明确的要求,是建设各方必须严格执行的强制性标准。

1.0.5 依据现行法律法规的规定,建设、勘察设计、施工、监理及其他参与铁路工程建设的单位都应依法承担安全生产责任,必须建立安全生产保障体系,健全安全生产责任制,并积极采用先进的技术和方法,加强和改进安全生产管理,保证铁路工程施工安全。

1.0.6 相关人员的安全教育培训应符合规定,培训及考核情况应保持记录,必要时,应由上级部门或建设、监理单位检查其执行情况。特种作业是指容易发生人员伤亡事故,对操作者本人、他人及周围设施的安全可能造成重大危害的作业。直接从事特种作业的人员称为特种作业人员。特种作业人员在现行国家标准《特种作业人员安全技术考核管理规则》(GB 5306)中有明确的规定。

钢轨焊接设备操作人员应经过专业培训,并应持有国家铁路主管部门认可的技术机构颁发的"钢轨焊接工操作许可证";驾驶机车、重型轨道车、大型养路机械设备的人员,必须持有铁道部颁发的有效驾驶证;从事铁路行车工作的有关人员,必须经职业技能鉴定、岗位任职资格考试合格,取得相关岗位任职资格后方可任职。

1.0.8 专项施工方案是以技术复杂或危险性较大的单项施工项目或其中的某一个分部、分项工程为对象进行编制,用以指导其施工全过程并重点考虑施工方法、机械设备利用、劳动力和材料安排、安全生产保证措施的具体文件。根据《铁路建设工程安全生产管理办法》(铁建设〔2006〕179 号)第三十八条规定:施工单位应对达到一定规模的危险性较大工程编制专项施工方案,进行安全检算,经单位技术负责人,总监理工程师审核后实施,必要时应组织专家论证,并由施工单位专职安全生产管理人员进行现场监督。对铁路轨道工程中需要编制专项施工方案的,本规程均有明确规定。没有明确规定的,应视工程的危险程度确定是否需要编制专项施工方案。

1.0.10 为了加强建设工程安全生产费用管理,建立建筑施工企业安全生产投入长效机制,根据《建设工程安全生产管理条例》及铁道部《高危行业企业安全生产费用财务管理暂行办法》(铁建设〔2007〕139 号)要求,以建筑安装工程造价为计取依据,铁路工程安全生产费用提取的比例为不得少于建筑安装工程造价的 1.5% 。

施工单位对列入建设工程概算的安全作业环境及安全施工措施所需费用,应当用于施工安全防护用具及设施的采购和更新、安全施工措施的落实、安全生产条件的改善,不应挪作他用。

1.0.17　营业线施工及有可能影响营业线运行安全的施工,涉及部门多、对运输干扰大、安全风险高、后果极其严重,必须高度重视施工安全管理工作。条文中提出的必须严格执行的现行国家及铁路有关安全生产及施工安全规定包括:安全生产法、建设工程安全生产管理条例、铁路运输安全保护条例、铁路技术管理规程、铁路建设工程安全生产管理办法、铁路营业线施工安全管理办法、铁路工务安全规则、铁路线路修理规则、改建既有线和增建第二线铁路工程施工技术暂行规定、本施工安全技术规程等。

2.0.2　施工安全工作流程可参照说明图 2.0.2 进行。

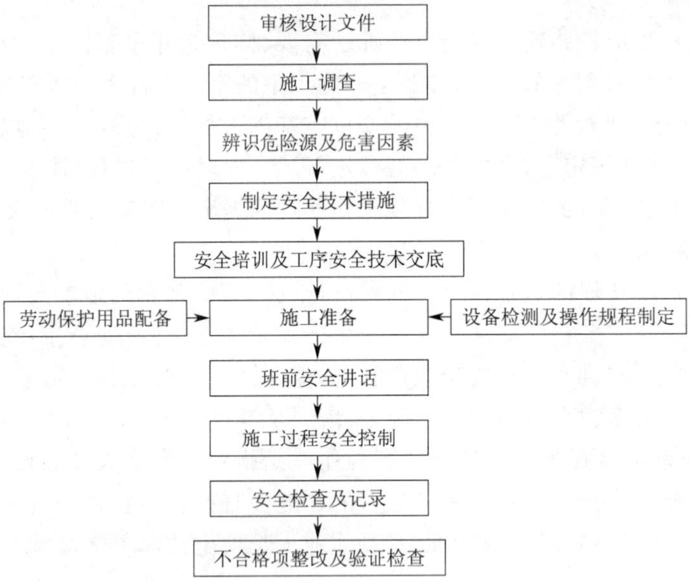

说明图 2.0.2　施工安全工作流程

3.1.3　轨道材料简称轨料,狭义指钢轨、道岔、轨枕(预应力混凝土枕、双块式轨枕、木枕)、轨道板、扣配件、轨道联结配件等,广义尚包括道砟等在内。使用时,应注意结合条款内容。

3.1.5　轨料装车超限是指超过铁路机车车辆限界,详见现行《铁路技术管理规程》有关规定。

轨料装车时,如在车上有左右前后明显的不均衡情况,即为偏载。特定轨料或机具按制定方法装车,则不属于偏载。

3.3.2　钢轨垛码层数视基底坚实程度决定,扣放一般不超过 6 层,如场地限制需高层堆码时,应加强支垫。要求基底平整、坚实,并在基底密铺枕木提高承载力,基底四周应有良好的排水设施,确保钢轨垛不会下沉造成钢轨变形受损。

3.3.10　混凝土枕堆码高度 14 层,是按当时通用的装卸时一次起吊 7 层的机械吊装作业能力选定。条件允许时,可堆高至21 ~28层。

3.6.1　轨道板的吊装应根据现场施工情况选择设备,起吊轨道板应使用专用起吊螺栓及器具,保证轨道板起吊过程中不发生意外。

5.3.5

1　砂浆拌制车具有车体较高、车身长、自重大等特点,对所经过道路路面、弯道、两侧及上部的净空有特殊的要求,需提前进行调查。

6.1.6 在施工现场禁火区域内施工,应教育施工人员严格遵守消防安全管理规定,动火作业前必须申请办理动火证,动火证必须注明动火地点、动火时间、动火人、现场监护人、批准人和防火措施。动火证是消防安全的一项重要制度,动火证的管理由安全生产管理部门负责,施工现场动火证的审批由工程项目部负责人审批。动火作业没经过审批的,一律不应实施动火作业。

6.4.4 闪光焊顶锻量要消耗一定长度(约 30 ~ 40 mm)钢轨;在工地进行合龙锁定焊,以及在坡道上进行单元焊和锁定焊时,钢轨焊头都将承受很大拉力。接触焊顶锻后推除焊瘤时,焊头温度高约 1 200 ℃;焊头正火加热温度达 900 ℃左右,均应使用保压推凸和保压正火确保焊缝不被拉裂。铁科院金化所经验,焊头温度冷却到 400 ℃以下焊缝就不会被拉裂。为了避免焊缝被拉断影响行车安全,承受拉力的焊缝在 400 ℃以上时应持力保压,焊头冷却至 400 ℃以下时才能通过焊轨作业车。

8.3.7 以齿条式起道机落岔时禁止"放炮";以"砂袋法"落岔,可按 4 ~ 6 m 间隔设置支点,砂袋应装填干粗砂,每袋重量不超过 50 kg,并以多层平卧方式摆放为宜,用齿条起道机先将道岔抬高,设好枕木头保险支点,拆除滑轮、滑道、保险支点后,使道岔落到砂袋支点上,再划破砂袋,使砂子流出或掏挖出,道岔自然落底。

以"气袋法"落岔,一般每 2 只为一组对称布置,所有气袋应集中控制,道岔推移入位后,将事先准备好的空压机、风管路与气袋连接后充气,使气袋顶起道岔,拆卸滑轮、滑道后即可放气使道岔落底。

以门式起道机落岔,事先布置并固定在预铺的道岔上,随道岔一同被推移入位后,操纵机械式起道机抬高道岔,拆除滑轮、滑道后,即可再操纵起道机使落岔落底。

9

铁道部现行《铁路营业线施工安全管理办法》(铁办〔2008〕190 号)规定的营业线施工定义是:"营业线施工是指影响营业线设备稳定、设备使用和行车安全的各种施工,分为施工作业和维修作业。"

营业线施工等级分为Ⅰ、Ⅱ、Ⅲ三级。

Ⅰ级施工包括:

(1)繁忙干线封锁 5 小时及以上、干线封锁 6 小时及以上或繁忙干线和干线影响信联闭 8 小时及以上的大型站场改造、新线引入、信联闭改造、电气化改造施工。

(2)繁忙干线和干线大型换梁施工。

(3)繁忙干线和干线封锁 2 小时及以上的大型上跨铁路结构物施工。

Ⅱ级施工包括:

(1)繁忙干线封锁正线 3 小时及以上,影响全站(全场)信联闭 4 小时及以上的施工;

(2)干线封锁正线 4 小时及以上、影响全站(全场)信联闭 6 小时及以上的施工。

(3)繁忙干线和干线其他换梁施工。

(4)繁忙干线和干线封锁 2 小时以内的大型上跨铁路结构物施工。

大型养路机械维修、清筛,更换钢轨和轨枕,以及不影响正线行车的更换道岔施工除外。

Ⅲ级施工包括:

除Ⅰ级、Ⅱ级施工以外的各类施工。

该文件明确了干线和繁忙干线。

(1)繁忙干线

京哈、京沪、京广、京九、陇海(徐州—宝鸡)、沪昆(上海—株洲)、津山、沈山、大秦、石太、侯月、新焦(新乡—月山)、新菏、兖菏、京包(大同—包头西)。

(2)干线

滨洲、滨北(哈尔滨—绥化)、齐北(齐齐哈尔—富裕)、绥佳、牡佳(牡丹江—勃利)、滨绥、长图、沈吉、沈大、沈丹、平齐、长白、通让、大郑、丰沙大、京通、京承、京原、石德、北同蒲、南同蒲、集通、包兰、胶济、蓝烟、兖石、胶新、陇海(徐州—连云港、宝鸡—兰州)、符夹、阜淮、淮南、宁芜、皖赣、宣杭、萧甬、鹰厦、峰福、太焦(焦作—长治北)、焦柳、孟宝、宁西、汉丹、武九、侯西、宝中、宝成、西康、襄渝、阳安、沪昆(株洲—昆明)、湘桂、黔桂、黎湛、广茂、广深(广州—东莞)、南昆、渝怀、川黔、成昆、成渝、兰新、兰青、干武、南疆、青藏线。

9.1.2　工程运输安全工作流程可参照说明图9.1.2进行。

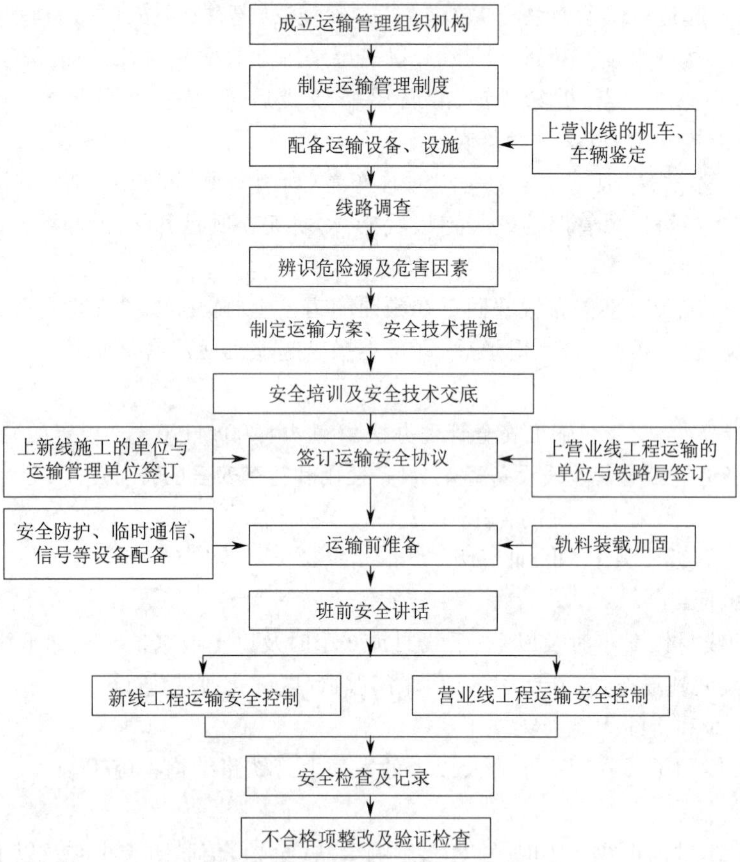

说明图9.1.2　工程运输安全工作流程

10

营业线轨道施工安全工作流程可参照说明图10进行。

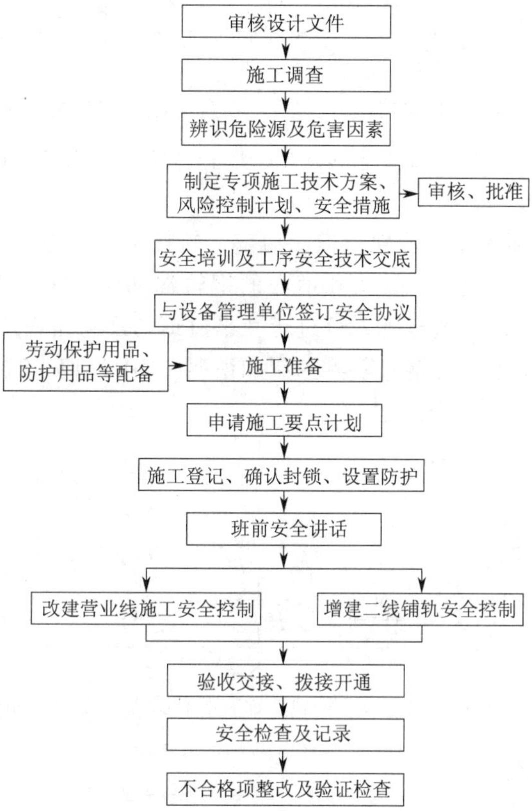

说明图10　营业线轨道施工安全工作流程

10.1.2　营业线施工开工前,施工单位应对危险源、危害因素进行辨识,并对辨识出的危险源、危害因素进行风险综合分析评估,确定其危险级别。风险级别应为一般风险、中度风险、重大风险三级。

不同级别的危险源、危险因素按下列规定采取对策和措施进行控制:

一般危险、危险因素,应采取安全宣传、岗前安全教育的方式,增强和提高全员安全防范意识和能力。

中度风险、危险因素,应制定专项施工技术方案、安全措施和风险"卡控"措施进行控制。

重大风险、危险因素,除制定专项施工技术方案、安全措施和风险"卡控"措施外,还应编制应急预案,做好应急响应的各项措施(应急预案的制应符合国家及铁道部有关规定)。

10.1.13

(1)大堆材料、道砟存放

近一般线路堆放大堆材料、道砟等材料,其坡脚与轨面水平等高处,距钢轨头部作用边不得小于810 mm,并堆码稳固,向线路一侧的边坡不得陡于1∶1。双线间堆码不得超过轨面300 mm。近一般线路存放大堆材料限界控制见说明图10.1.13—1所示。

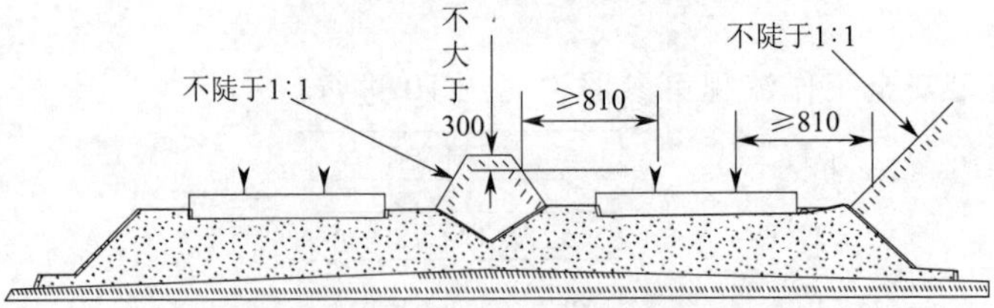

说明图 10. 1. 13—1　近一般线路存放大堆材料限界示意图（单位：mm）

（2）钢轨存放

① 钢轨可放置在普通线路地段轨道道床肩部、轨枕头、道心（直线地段）。放置在道床肩部时，道砟应预先整平。放在轨枕头和道心的钢轨端部应固定，中部卡住。放在道心时，钢轨两端应向轨道中心弯曲。道口、人行过道及平过道的道路路面上，一般情况下不应放置钢轨。一般线路地段轨道上放置钢轨限界控制如说明图 10. 1. 13—2、10. 1. 13—3 所示。

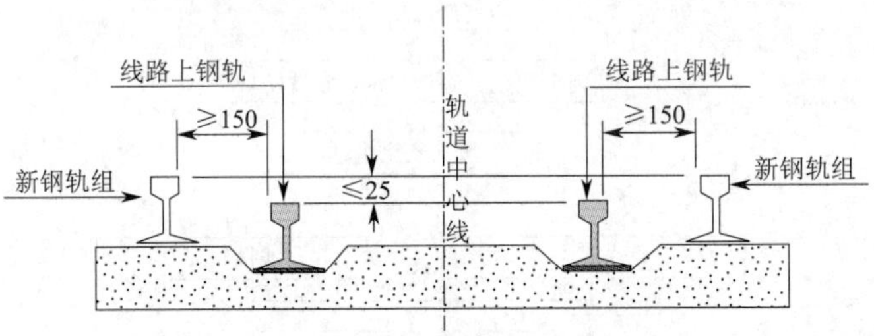

说明图 10. 1. 13—2　钢轨组放在轨枕头上（单位：mm）

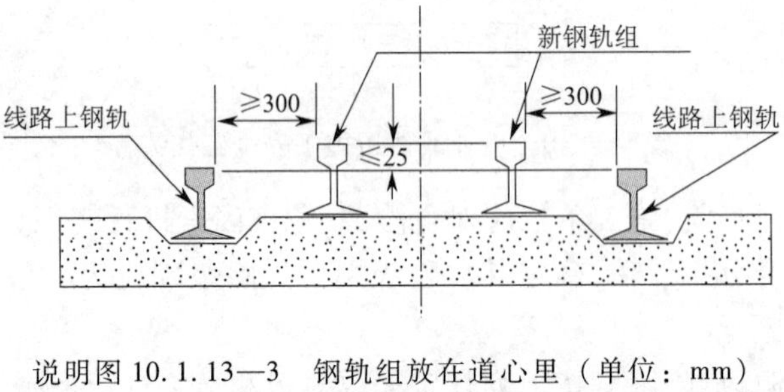

说明图 10. 1. 13—3　钢轨组放在道心里（单位：mm）

② 在一般线路混凝土枕地段，钢轨应放置在道床肩上。直线地段放置在道心时，两端应用卡子卡在轨枕上或穿入木枕钉固，当钢轨较长时，中间应适当穿入木枕钉固。

③ 封锁施工换下的钢轨需临时放置在道心时，点后应在第一梯级慢行阶段移出道心。

④ 无缝线路长轨条放置时，准备换入的长轨轨条应放在道床肩上（无砟桥桥枕上）。在桥梁上、道口、人行过道、平过道及信号机附近放置长轨条时，应有保持其稳定和防止连电的措施。换出的长钢轨当日回收不完时，应放在道床肩上或道心。道口处、信号机附近不存放长轨条。每根长钢轨的长度一般不得大于 500 m。两根长钢轨的端部应互相错开，用固定卡卡在轨枕上或穿入木枕固定，中间应用固定卡卡在轨枕上或穿入木枕固定。放在道床肩上或道心的长钢轨应派人巡检。

中华人民共和国行业标准

铁建设〔2009〕181号

铁路通信、信号、电力、电力牵引供电工程施工安全技术规程

Safety constructional regulations for railway communication, signal, electric power and electric traction feeding engineering

TB 10306—2009

2009-09-24 发布 **2009-09-24 实施**

中华人民共和国铁道部 发布

前　　言

本规程是根据铁道部《关于印发〈2008年铁路工程建设标准编制计划〉的通知》(铁建设函〔2007〕1374号)的要求,为适应大规模高标准铁路建设安全生产的需要,全面落实质量、安全、工期、投资效益、环境保护、技术创新“六位一体”的建设管理要求,进一步规范铁路通信、信号、电力、电力牵引供电工程施工安全管理和施工作业行为,在《铁路工程施工安全技术规程》TB 10401.2—2003基础上修订而成的。

本规程编制过程中进行了专题调研,系统分析了通信、信号、电力、电力牵引供电工程施工中的安全管理现状、典型事故类型和有效预防措施,全面总结了以往施工安全的成熟做法和成功经验,认真汲取了近期安全事故的深刻教训,学习借鉴了国外有关施工安全的先进理念和管理方法,并广泛征求了有关方面的意见。本规程从技术、管理两个方面,并按管理层、技术层、作业层等三个层次,分别规定了建设、勘察设计、施工、监理单位等建设各方的工作内容与操作要求,具有系统性、针对性和可操作性,突出了对铁路通信、信号、电力、电力牵引供电工程施工安全的控制和指导作用。

本规程共分7章,主要内容包括:总则、基本规定、通信、信号、电力、电力牵引供电、高压电气试验等,另有2个附录。

本次修订的主要内容有:

1. 纳入了近几年来国家和铁道部有关法律、法规和技术标准等对安全生产工作的新要求。

2. 规定了建设各方管理层、技术层和作业层的详细工作内容及具体操作要求。

3. 明确了施工现场危险源和危害因素辨识与管理、风险管理、专项施工方案和应急预案编制、应急演练等方面的内容。

4. 提出了施工安全管理检查表、施工安全技术检查表及施工安全作业检查表,促进安全管理标准化。

5. 采用了作业层易于理解和接受的直观简图,细化和有效落实安全操作要求。

6. 强调了安全教育培训工作,特别明确了施工单位各类人员的安全教育培训时间。

7. 补充了通信、信号、电力、电力牵引供电工程等联调联试、动态检测的内容。

8. 增加了通信、信号、电力、电力牵引供电等过渡改造工程的安全技术措施。

9. 完善了营业线上通信、信号、电力、电力牵引供电工程施工的安全和技术管理要求。

10. 通信和信号专业纳入了综合接地、车载信号、计算机联锁、箱式机房等的内容。

11. 电力和电力牵引供电专业纳入了低压配电、电气照明、箱式变电所、高压组合电器、防雷与接地等的内容。

12. 接触网工程增加了附加导线架设、定位装置及悬挂调整、接触网短路试验等的内容。

13. 对接触网上部工程强调了已架线区段的临时接地等。

14. 取消了接触网支柱利用无缝线路区段钢轨进行整正的规定。

本规程全部条文均为强制性条文,必须严格执行。

在执行本规程过程中,希望各单位结合工程实践,认真总结经验,积累资料。如果发现需要修改和补充之处,请及时将意见及有关资料寄交中铁电气化局集团有限公司(北京市万寿路南口金家村1号,邮政编码:100036),并抄送铁道部经济规划研究院(北京市海淀区羊坊店路甲8号,邮政编码:100038),供今后修订时参考。

本规程由铁道部建设管理司负责解释。

本规程主编单位:中铁电气化局集团有限公司;

中铁六局集团有限公司。

本规程主要编写人:杨建国、苏保卫、王作祥、李凤祥、姜　敏、李辉胜、刘传华、许　军、李宝录、刘建军、李书全、孔凡永。

目　　次

1 总　　则

1.0.1 为贯彻执行“安全第一、预防为主、综合治理”的安全生产方针,体现以人为本的理念,落实质量、安全、工期、投资效益、环境保护、技术创新“六位一体”的铁路建设管理要求,规范铁路通信、信号、电力、电力牵引供电工程施工安全管理和施工作业行为,保障人身、设备、设施及行车安全,预防事故发生,制定本规程。

1.0.2 本规程适用于新建、改建铁路通信、信号、电力、电力牵引供电工程施工。

1.0.3 铁路通信、信号、电力、电力牵引供电工程施工应建立健全质量、环境、职业健康安全管理体系,对施工安全管理、施工安全技术、施工安全作业进行全过程、全方位管理与控制。

1.0.4 铁路通信、信号、电力、电力牵引供电工程施工应严格按设计文件进行,全面贯彻设计意图,达到设计要求的安全使用功能,保障铁路运营安全。

1.0.5 建设、勘察设计、监理、施工等建设各方应坚持“管生产必须管安全”的原则,建立健全安全生产管理体系,设置安全生产管理机构,配备安全管理人员,制定安全生产规章制度,落实安全生产责任制。

1.0.6 建设各方人员必须熟悉和遵守有关安全生产的法律法规和本规程的规定,经培训合格方准上岗。特种作业人员必须经专业培训并考核合格后持证上岗。

1.0.7 建设各方必须采用合格的机械设备、仪器仪表、材料和安全防护用品等。

1.0.8 施工组织设计应包含安全保障措施。危险性较大的工程项目应编制专项施工方案,并按有关规定经审批后实施。

1.0.9 建设各方应根据工程特点和施工环境进行危险源辨识,对重大危险源编制应急预案,成立应急组织,配备应急物资,并按规定组织培训和演练。

1.0.10 安全生产费用应及时足额拨付并专项管理使用。

1.0.11 铁路通信、信号、电力、电力牵引供电工程施工必须遵守国家有关劳动保护的法规,积极改善施工条件,降低作业人员劳动强度,并按规定配备劳动保护和安全防护等用品。

1.0.12 同一工点有多个单位同时施工或不同专业交叉作业时,应共同拟定现场安全技术措施,做好协调,共同执行。

1.0.13 施工过程中应及时掌握气象、水文和地质灾害等相关信息,做好防范和应急工作。

1.0.14 建设各方应按规定进行安全生产检查,对事故隐患必须及时采取整改措施。

1.0.15 施工中采用新技术、新工艺、新设备、新材料时,必须制定相应的安全技术措施,并对有关施工人员进行安全生产教育培训。

1.0.16 联调联试应纳入施工组织设计,保证必要的人员、机具及测试仪器的配备,并必须严格做到试车不施工,施工不试车。

1.0.17 营业线施工及有可能影响营业线运行安全的施工,必须严格执行现行国家及铁路有关安全生产的规定。

1.0.18 本规程应与《铁路工程基本作业施工安全技术规程》(TB 10301)配套使用。

1.0.19 铁路通信、信号、电力、电力牵引供电工程施工安全除应符合本规程外,尚应符合国家现行有关标准的规定。

2 基 本 规 定

2.0.1 建设各方应按《铁路工程基本作业施工安全技术规程》(TB 10301—2009)第2.1节的规定,结合工程实际和项目特点,明确施工安全责任,制定施工安全措施,加强施工安全管理,有效预防事故发生。

2.0.2 建设各方应按《铁路工程基本作业施工安全技术规程》(TB 10301—2009)第2.2节的规定做好施工安全管理工作。施工安全管理工作应按表2.0.2进行检查并做好记录。

表 2.0.2 施工安全管理检查表

项目(工程)名称			
建设单位		项目负责人	
勘察设计单位		项目负责人	
监理单位		总监理工程师	
施工单位		项目负责人	
序号	检 查 项 目	检 查 情 况	
1	安全管理组织机构		
2	安全资源配置		
3	安全管理制度		
4	安全管理目标		
5	安全教育培训		
6	专项施工方案		
7	安全技术交底		
8	风险管理		
9	应急救援预案		
检查单位:		被检查单位:	
负责人(签名):		负责人(签名):	
日　期:　　年　月　日		日　期:　　年　月　日	

2.0.3 建设各方应按《铁路工程基本作业施工安全技术规程》(TB 10301—2009)第2.3节的规定做好施工安全技术工作。施工安全技术工作应按表2.0.3进行检查并做好记录。

表2.0.3 施工安全技术检查表

项目(工程)名称			
施工单位		项目负责人	
序号	主要检查内容及要求		检查情况
1	设计文件	设计文件齐全	
		设计文件现场核对	
2	安全技术标准	安全标准齐全、有效	
3	实施性施工组织设计	包含相应的安全技术措施	
		编制、审批程序符合要求	
4	专项施工方案	各专业重大危险源施工项目必须编制专项施工方案	
		编制、审批程序符合要求	
5	机械设备	制定操作规程和维修保养计划	
		设备检验、鉴定记录	
		建立管理台账	
6	安全生产培训	按规定对管理人员和作业人员进行培训、考核并有记录	
		特种作业人员持证上岗	
7	施工安全协议	签订相关施工安全协议	
8	作业指导书	包含相应的安全操作要求	
		编制、审批程序符合要求	
9	安全技术交底	编制各级施工安全技术交底文件并按规定交底	
		交底记录签认齐全	
10	安全检查	制定安全检查计划	
		检查、整改记录齐全	
11	施工日志	施工安全情况记载真实完整	
12	大型临时工程及过渡工程	编制设计、施工方案	
		检查验收	
检查单位:		被检查单位:	
负责人(签名):		负责人(签名):	
日　期：　　年　月　日		日　期：　　年　月　日	

2.0.4　作业班组每班应按本规程各章节中“施工作业安全检查表”进行检查并做好记录。

2.0.5　对安全检查中发现的不符合规定的情况,应按表 2.0.5 签发整改通知单,限期整改,并跟踪验证。

表 2.0.5　安全检查整改通知单

<table>
<tr><td>项目(工程)名称</td><td colspan="2"></td></tr>
<tr><td colspan="3">存在问题及整改要求:

限　年　月　日前整改完成

检查方:　　　　受检方:
检查人(签名):　　　　接收人(签名):
日　期:　　　　日　期:</td></tr>
<tr><td colspan="3">整改措施:

受检方负责人(签名):　　　　计划完成日期:　年　月　日</td></tr>
<tr><td colspan="3">验证结果:

验证人(签名):　　　　验 证 日 期:　年　月　日</td></tr>
</table>

2.0.6　建设各方应按《铁路工程基本作业施工安全技术规程》(TB 10301—2009)第 2.5 节的规定对参建人员进行有针对性的培训,未经培训或培训不合格者不得上岗。

2.0.7　作业班组负责人在每天开工前,应进行班前安全讲话,向作业人员强调安全注意事项。

2.0.8　进入施工现场的所有人员,必须按规定佩戴相应的劳动防护用品。

3 通 信

3.1 一般规定

3.1.1 通信工程施工应考虑下列主要危险源、危害因素:

1 光电缆施工防护不当。

2 工具、材料侵限。

3 电缆接续、割接错误,零线与保护地合设、电源的正负极接错及外电源引入质量不良,通信数据未备份。

4 室内施工使用电器产生明火,室内施工损伤既有设备。

5 无线通信铁塔组立、天线安装未防护。

6 机车天线安装未防护。

7 当采用综合接地时,未与综合接地系统的贯通地线进行等电位连接。

8 系统的防雷、电磁兼容及接地不彻底。

3.1.2 通信工程中的系统割接、无线铁塔安装等工序,以及既有通信工程改造中的影响行车和既有设备安全、新建设施开通等施工项目为重大危险源,应制定专项施工方案,并按规定进行审批或备案。在涉及重大危险源施工时,施工单位专职安全管理人员应进行现场指导,监理单位应进行旁站监理,设备管理单位应进行现场监护。

3.1.3 工程开工前,应与相关部门签定安全施工协议,办理开工报告。

3.1.4 营业线上施工时,应执行铁路有关营业线施工确保行车安全的规定,减少对铁路运输及安全的影响。对通信设备的搬迁、割接、改线和倒替,应取得有关部门批准并应尽量缩小设备停用范围和时间。

3.1.5 光电缆接续、测试、高处作业等特殊工种和重要工序的作业人员应按相关规定持证上岗。

3.1.6 在雷雨、冰雪、能见度低以及六级以上大风等环境恶劣条件下严禁高处作业。

3.1.7 在营业线施工作业应严格执行"三不动、三不离"("三不动":未联系登记好不动,对设备性能状况不清楚不动,正在使用中的设备不动;"三不离":工作完了、不彻底试验良好不离,影响正常使用的设备缺点未维修好前不离,发现设备有异状时、未查清原因不离)的规定。

3.1.8 使用起重机等大型机械进行搬运、吊装等作业前,应核实机械设备状态正常符合使用要求。搬运、吊装的作业半径不得侵入铁路建筑限界。使用人力进行搬运等作业时,必须配备足够的人力。

3.1.9 夜间施工应有良好的照明条件。

3.1.10 桥梁上作业应符合下列安全要求:

1 在营业线桥梁上施工时应由专人负责统一指挥,并配备良好的通信设备。

2 在桥梁墩台上施工必须有防护设施,桥梁上应设有专人防护。

3 当在桥墩台侧面钻孔时如作业空间不够,应搭设作业台,作业台应安全可靠,并应有护栏。

4 当有列车通过时应停止工作,施工人员避让到安全地点。

5 作业人员工作必须佩戴安全帽,上下传递料具应用绳索吊工具袋进行。

6　桥上下运送物料和工具时，应采用吊装运输，严禁抛掷，如图 3.1.10 所示。

7　在桥栏外和桥墩上施工时，应符合高处作业安全的相关规定。

图 3.1.10　桥上下运送物料和工具严禁抛掷

3.1.11　隧道内作业应符合下列安全要求：

1　在隧道内施工时应设防护、由专人负责统一指挥，并配备良好的通信设备。

2　应备有安全可靠且满足照度要求的照明设备。

3　作业台上放置的材料和工具，应有防止脱落的安全措施。

4　隧道内材料堆放不应侵入限界，堆放处应设反光标志。

5　有列车通过时应停止作业。

6　隧道内直放站、中继器、电源等设备安装位置和方式应符合设计要求，并应牢固可靠、接地良好。

7　施工完毕后，应指派专人进行检查，确保所有作业项目可靠固定，全部施工人员和剩余物料撤离现场。

3.1.12　桥隧打孔、灌注及埋入件安装作业应符合下列安全要求：

1　桥、隧道接缝处严禁打孔。

2　使用化学锚栓，药剂应在有效期内。化学锚栓、膨胀锚栓操作必须按照使用说明书进行。

3　灌注化学锚栓前，必须清除孔内所有的灰尘及水分，孔内不得有任何的杂质或油污。

4　安装化学锚栓后，检查安装是否牢固。

5　隧道内打孔时，应采用湿式作业方法或其他除尘措施。

3.1.13　通信箱式机房的施工应符合下列安全要求：

1　箱式机房的运输应符合《铁路工程基本作业施工安全技术规程》（TB 10401）的相关规定。

2　箱式机房的电缆引入口在电缆引入完成后，必须按照规定进行电缆引入口的封堵。

3　箱式机房必须按规定进行接地连接。接地连接完成后方能进行机房内的设备安装，各柜、架、盘等必须按规定的对应位置进行安装，并做好接地连接。

3.2 通信线路

3.2.1 光电缆施工中的弯曲半径应符合下列要求：

1 光缆不应小于光缆外径的20倍，困难地段不应小于光缆外径的10倍。

2 铅护套电缆不应小于电缆外径的15倍，困难地段不应小于电缆外径的10倍。

3 铝护套不应小于电缆外径的7.5倍。

3.2.2 光电缆、电杆的运输应符合下列安全要求：

1 运输前，应对材料堆放场所进行选取，堆放场所应符合装卸和堆放要求。

2 运输前，应做好线路调查，详细了解进入每个卸料点的路径及路况，保证运输过程中的道路交通安全。

3 材料出库前，应对材料的包装情况进行检查。材料包装不符合运输要求时，应对材料进行重新包装。

4 严禁将光电缆盘、电杆从运载车上直接推落到地面。

5 人工滚动光电缆盘时，应设专人指挥，清理干净地面上的拆箱板。

6 光电缆、电杆撒放时不得侵入铁路限界，撒在公路旁时，应做好防护。

7 滚动（移动）光电缆盘时，应顺盘绕（箭头）方向；当移动光电缆盘的距离较长时，应使用专用运输机械。

3.2.3 直埋式光电缆沟开挖应符合下列安全要求：

1 光电缆沟开挖应调查确认各类地下设施。在有可能影响或妨碍既有地下设施的地方开挖时，应事先与设施产权或运行维修单位签定安全施工协议，制定相应的安全措施后方可施工。

2 在挖沟地段应设专人巡回检查。遇有大雨、暴雨、连阴雨天气时，不得进行开挖，已开挖的沟应根据具体情况或铁路运输部门的有关规定及时回填。

3 禁止在路肩开挖电缆沟，并应在距离护坡底部2 m外进行。开挖应有防止道床污染的措施，弃土应投出沟外0.6 m以外，堆积高度不得超过轨面。

4 当电缆敷设需要通过铁路、公路等交通要道时，应采取非开挖方法进行施工。必须开挖时应采取安全防护措施。

5 当天开挖的土沟应当天回填，如不能当天回填必须采取防止人员坠落的措施。

6 敷设完毕的电缆沟应及时回填和覆盖。回填时，挖沟弃土全部回填，并分层夯实。

3.2.4 直埋式光电缆敷设应符合下列安全要求：

1 放线支架底座应放在坚固、平坦的地面上。顶升时，光电缆盘盘轮离开地面不得大于100 mm。

2 盘轴应水平，光电缆盘应保持在两起重支架的中央；严禁以横置线盘方式放缆。

3 敷设电缆时，光电缆应从盘的上端引出。光电缆盘支撑处应由有经验的人员看守，且配备良好的通信工具。

4 光电缆盘、人力绞盘、绞盘车应有制动措施。

5 使用地滚滑轮时，应选择地形，放置应安全稳固。

6 进入光电缆井里放缆时，作业人员进入前应先通风，并确认无有害气体。光电缆井内工作应采取防火、防水及防止高空落物等措施，井口应有专人看守，放光电缆人员距井口距离不应小于1 m，并扎好安全带。放缆时上下人员应相互呼应，以防发生事故。图3.2.4—1所示施工人员属违章作业。

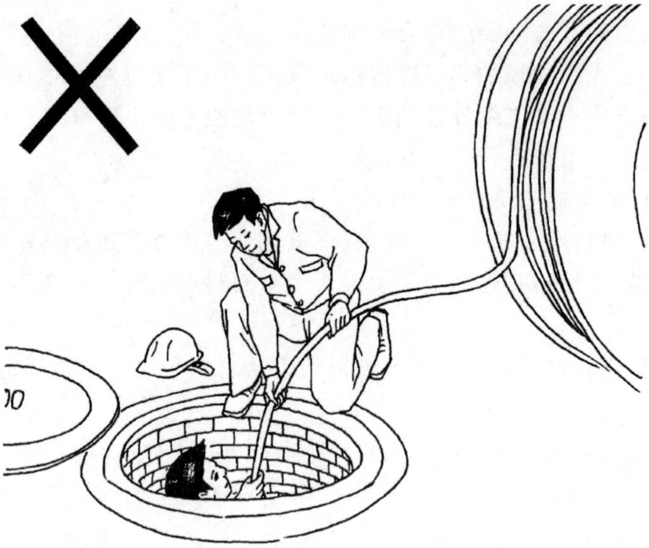

图 3. 2. 4—1　井外施工人员距井口不应小于 1 m

7　光电缆进入电缆沟、隧道、竖井、建筑物以及穿入管子后，均要对孔洞进行封堵。电缆夹层、隧(廊)道、竖井、电缆沟内应保持整洁，不得堆放杂物，在电缆沟洞严禁积油。

8　在墙洞、沟口、管口及隔层等处布放光电缆时，布放人员距各开口的距离不应小于 1 m。

9　在桥上及隧道内布放光电缆时应制定相应的安全技术措施。高架桥上人工布放光电缆时应走高架桥中心便道，不得在桥边缘行走，人员应站在安全的一侧，转弯时应站在光电缆转弯的外侧，行走时光电缆不得左右摆动，并设监护人员。

10　电缆桥架安装时，施工人员不得站在桥架上施工。桥架内布放电缆时，在桥架转弯处不应用力过猛。

11　敷设架空光电缆时，应执行高处作业安全技术措施，使用梯子应有足够的机械强度，并设专人扶持。

12　用机械敷设光电缆时，应考虑牵引动力，牵引绳索、转向滑车、绳索连接环的强度。在牵引中应防止钢丝绳背扣，或在尖硬的物件上刮磨，工作人员不许扶、摸移动中的钢丝绳或光电缆，如有故障应停车处理。

13　冬季敷设光电缆，对有敷设温度要求的光电缆应采取必要的措施，并符合其技术规定。

14　光电缆盘起重架支架较高或在斜坡上支起重架时，应设起重架临时拉线。

15　人工抬放光电缆：

1) 直线部分人员分布控制在 10 m ~ 15 m 为宜，遇有转弯或过障碍时，人员分布应适当加密；

2) 光电缆不得在硬质地面上拖拉，如图 3. 2. 4—2 所示；

3) 施工人员应用同侧肩抬运，拐弯时人应站在光电缆外侧，下坡、跨沟渠和拐弯处应设

图 3.2.4—2　光电缆不得在硬质地面上拖拉

防护人员；

4)抬运光电缆过桥梁、隧道或在铁路路肩上抬运时，不应将光电缆曲伸到限界以内；

5)抬运光电缆过铁路线时，应在统一指挥下平行跨越。

16　封闭点内利用轨道车施工时：

1)应有统一指挥信号，并应设专门指挥人员与司机密切配合；

2)施工用车辆应良好，平板车上的作业架应牢固，高、宽度应符合要求，工作台板应有足够强度；

3)轨道车启动前，施工人员应撤离工作台面，施工负责人应确认施工人员已撤离到安全地带后，方可通知开车；

4)光电缆到达施工现场开始敷设时，轨道车应保持匀速，缆盘的转动速度应与轨道车车速相适应；

5)光电缆敷设完毕后，空缆盘应在轨道车上绑扎牢固且不得侵限，轨道车迅速撤离现场。

17　使用机械牵引敷设光电缆时，牵引力应小于光电缆允许拉力，主要牵引力应施加在光电缆的加强构件上，牵引速度不应大于 15 m/min，并应保持匀速，不得突然启动或停止。

3.2.5　架空通信线路支柱施工应符合下列安全要求：

1　人工施工时应统一指挥，并制定安全措施。

2　支柱基础未回填捣固前，不得撤除边绳和顶头绳。未撤除扳杆前，不得撤除顶头绳。支柱未回填夯实前不得登杆。

3　用吊车施工时，应设专人指挥，起吊用套子应由专业人员绑扎。

4　在特殊终端及转角支柱处作业时，支柱加固前不应撤除线条扎线。

5　当拉线的设置靠近公路等行人易接近场所时，应采用拉线保护套进行防护。

6　在营业线路上施工时，应注意组立过程中对带电线路的安全距离，组立后应检查是否侵入铁路建筑限界；基坑回填时应分层夯实。

3.2.6　架空光电缆敷设时，除符合本规程第 3.2.4 条相关要求之外，尚应符合下列安全要求：

1 光缆敷设应在杆塔立起后进行,避免交叉施工。

2 作业时,应将通信线条接地。跨越架设时严禁将线条搁在电力线上拖拉,穿越时在穿越处用绳环将通信线条套住。

3 架空光电缆架挂时应每隔 10 m ~ 15 m 设滑轮。牵引最大速度应为 15 m/min,不得突然启动或停止。

4 在现有明线路上架设架空光缆,钢绞线吊线及光缆本身均应采用全悬浮式。钢绞线接头处应用塑料瓷绝缘隔电子作电气绝缘;光缆接头处金属护层、铠装钢带及加强芯均不应连通。钢绞线吊线及光电缆的金属部分不接地。

5 在车辆与行人密集处架线作业,应设专人防护。

6 跨越通航河道架线,应在上游大于 100 m 和下游大于50 m处张挂施工标志,并挂设限制桅杆高度的拦河线和设置防护人员。

7 架空线路施工应及时做好防雷接地。

3.2.7 架空线路撤除施工应符合下列安全要求:

1 架空线路撤除前,应设置安全警戒线,防止非作业人员进入施工影响区域。

2 撤除架空线路前,应根据线路情况设置临时拉线,保证撤除过程中线路不会倒塌。

3 撤线作业应统一指挥,遇有险情应停止作业,采取措施后方可继续作业。

4 撤线作业时,应双侧交替进行,严禁连续剪断同一侧的线路。

5 穿越、跨越电力线路的通信线路拆除时,应符合本规程第 3.2.6 条第 2 款规定。

6 撤除跨越供电线路、铁路、公路、居民区和较大通航河道的线路时,应先撤除跨越部分。

3.2.8 管道光电缆敷设应符合下列安全要求:

1 光电缆敷设采用人工或机械牵引时,应符合本规程第 3.2.4 条要求。

2 气吹法敷设光缆时,光缆盘应保持与吹缆机吹缆方向在一直线上,出缆应顺畅,并保持与吹缆速度一致。空压机操作人员在开启阀门时,应逐渐由小到大,并与气阀保持一定距离。

3 气吹法敷设光缆时应密切注意线路动态,当线路上硅芯管有漏洞时,光缆有可能顺着漏洞顶破土方,堆积于路面,造成行车危险。

4 气吹法敷设光缆时,管道对端必须设专人防护,并保持通信联络,防止润滑海棉塞、气封活塞及光缆头等物吹出伤人。

3.2.9 槽道光电缆敷设除符合本规程第 3.2.4 条要求外,还应符合下列安全要求:

1 敷设前对槽道进行清理,清除盖板上方的土层或碎石,防止杂物掉入槽内。

2 槽道盖板应依次掀开,掀开后码放整齐、稳固,且不得侵入铁路建筑限界。

3 敷设后及时按原样恢复槽道盖板,并注意避免盖板砸伤线缆,掀开盖板时应注意保护盖板。

4 光电缆穿越接触网支柱基础时,应采取保护措施,以免刮伤光电缆。

5 当需要在桥栏外侧安装槽道时,应使用专门制做的作业平台,并符合高处作业安全要求。

3.2.10 水线缆敷设应选择晴天、风速较小及平潮枯水期进行,并应由专业队伍施工。

3.2.11 穿越铁路、公路光电缆施工应符合下列安全要求:

1 光电缆过轨道或过公路应采用顶钢管安装。穿越轨道的防护管长度,必须大于轨枕头以外 0.3 m;穿越公路的防护管长度,应大于公路面两侧以外 0.2 m。

2 顶管施工前,应调查施工地段地下管线状况,严禁在煤气管、供水管、通信线等限界内实施顶管作业。

3 顶管施工时的脚手架应搭建牢固,严禁侵入铁路建筑限界。

4 顶管施工完毕,应及时将钢管封堵。

3.2.12 在铁路线路附近进行光电缆接续时,应将接续伞或接续帐篷搭扎牢固。

3.2.13 对电缆芯线进行电气强度测试前,测试点应与各作业点联系,使各作业点在测试时间内停止线路作业,不得触碰电缆。测试时仪器的保护接地应可靠。

3.2.14 在高压危险影响区段进行通信线路施工时应符合下列安全要求:

1 作业设专人防护,并按带电作业规定进行作业。

2 切割光电缆金属外皮或打开接头套管前,应将光电缆两端金属外皮连通,并临时接地。

3 用仪表测试电缆芯线有危险电压时,应申请停电作业;无危险电压时,亦应对芯线接地后方准作业。

4 与电缆芯线的各种外线引入端子相连的设备上作业,应使用带绝缘柄的工具。

3.2.15 无人站、人孔(井)、手孔(井)等密闭空间内施工应符合下列安全要求:

1 空间内不得存放易燃、易爆、有毒物品。

2 进入前应先通风,并确认无有害气体后,方可进入施工。已探明有有害气体时,应佩戴安全防护用品。

3 进入时,站、孔外面应设安全标志或专人防护。进出应攀梯上下,不应踩蹬螺栓、机架、光电缆上下。

4 空间内严禁明火作业。

5 当用发电机照明时,发电机应设在站、孔(井)外,灯具应有防护罩。

6 夜间施工时,人孔(井)口应设警示灯。

3.2.16 铁塔基础施工应符合下列安全要求:

1 铁塔基础应建在坚实的地基上,不得建在浮土、垃圾土、流质土和易受水冲刷的地方。

2 开挖过程中,发现地下管线且无法避让时,应采取保护措施。

3 基坑开挖到设计深度后应核对地质资料,并进行地基承载力试验,确认符合设计要求后方可继续施工。

4 基础浇筑前应埋设好防雷地线,防雷接地电阻应符合设计要求。

3.2.17 自立式铁塔施工应符合下列安全要求:

1 塔靴调整好后,应在塔靴钢板下填充水泥砂浆或用钢结构做永久性支撑。

2 自立式铁塔相互连接的主材及其连接板安装前需进行试装。

3 每一个结构单元安装完毕后应及时进行校正和固定。

4 铁塔航空障碍闪烁灯安装位置应符合设计要求。

3.2.18 单管塔施工应符合下列安全要求:

1 施工安装前应进行现场勘查,预先进行场地平整和现场加固,以保证构件组装和大型吊装机械对施工场地的安全要求。

2 对采用杆体组装后再整体吊装的单管塔,组装时应严格按工艺要求固定,以保证在吊装时不脱节、不变形。

3 对采用逐节吊装、空中对接固定的单管塔,在施工中应注意每节杆体吊装到位后,应用高强度螺栓初拧,调整好后再复拧固定。

4 在单管塔形成整体空间结构后,应自下而上逐节检查全部螺栓,终拧固定。

5　吊装作业时,应符合本规程中相关吊装安全规定。

3.2.19　屋顶天线杆(塔)施工应符合下列安全要求:

1　施工前,应确认所必需的施工手续办理完毕。

2　核实建筑的结构与承重,应符合安装的安全要求。

3　屋顶天线杆(塔)的底座应建在房屋的承重梁上。

4　固定安装屋顶天线杆(塔)底盘时,不应破坏房屋原有的防水层。

5　固定钢丝拉线时,应在侧墙上预埋螺栓,预埋深度应符合安全要求。

6　铁塔安装时,应针对空间小、困难大的施工特点制定完善的施工计划和安全措施。

3.2.20　铁塔安装作业时应符合下列安全要求:

1　铁塔安装作业应有统一管理和指挥,塔上、下人员应保证通信畅通。图 3.2.20 所示铁塔上施工人员不符合安全作业要求。

图 3.2.20　铁塔安装作业人员应保证通信畅通

2　上塔之前,应对塔上平台的承载能力和施工人员的重量以及需堆放材料、工具的重量进行核定,必须保证所有人员、工具、材料的总重量在平台的承载能力之内。

3　作业人员上下塔移动过程中应系好安全带,不得有人同时上下铁塔。

4　所有施工工具、材料应放在工具包内,较大、较重物品应吊装运至塔上,各种工具使用时应采取防止坠落措施。

5　严禁上下同时垂直作业,若特殊情况需垂直作业,应经事先申请批准,并在上下两层间设置专用的防护棚或其他隔离设施。

6　铁塔、防雷地线必须及时可靠接地,接地方式和位置应符合设计要求。

7　作业结束后,应对所安装的设备进行检查,确保所有安装牢固可靠。

8　下塔前,应将所有工具、剩余材料、未安装完的设备运至地面。

3.2.21　漏泄同轴电缆的安装应符合下列安全要求:

1　打孔时施工人员应配备防尘眼罩、防护帽等防护用具。使用的扶梯应有专人防护。

2 各类支架和漏泄同轴电缆均应固定牢固,不得松动、脱落。漏泄同轴电缆应按设计要求安装防火夹子。

3 在电气化牵引区段施工时,若安全距离不能达到要求时,应在接触网停电情况下进行作业,两端应设防护人员。

4 漏泄同轴电缆敷设应符合本规程第3.2.4条要求。

5 人工敷设漏泄同轴电缆时,敷设人员间隔不应大于5 m~7 m。

6 漏泄同轴电缆敷设过程中,严禁急剧弯曲。漏泄同轴电缆最小转弯半径应符合产品使用要求。

7 漏泄同轴电缆的金属外皮必须及时可靠接地,接地方式和位置应符合设计要求。

3.2.22 无线通信系统的天馈线施工应符合下列安全要求:

1 馈线的金属外皮必须及时可靠接地,接地方式和位置应符合设计要求。

2 天馈线安装过程中应采取必要的防护措施,防止损伤。

3 天馈线施工应符合高处作业安全的相关要求。

3.2.23 直埋光电缆施工应按表3.2.23进行安全作业检查,并认真填写检查记录表。对检查中发现的不符合规定的情况,应按表2.0.5签发安全检查整改通知单,限期整改,并跟踪验证。

表3.2.23 直埋光电缆施工作业安全检查表

项目(工程)名称			
施工地点			
序号	检查项目	对应条文号	检查情况
1	班前安全讲话	2.0.7	
2	劳动保护用品佩戴	2.0.8	
3	光电缆沟开挖	3.2.3	
4	光电缆敷设	3.2.4	
5	光电缆穿越铁路、公路	3.2.11	
6	光电缆接续	3.2.12	
7	光电缆测试	3.2.13	
检查方:________ 检查人:(签名)________ ______年____月____日		被检查方:________ 接收人:(签名)________ ______年____月____日	

3.2.24 架空光电缆施工应按表3.2.24进行安全作业检查,并认真填写检查记录表。对检查中发现的不符合规定的情况,应按表2.0.5签发安全检查整改通知单,限期整改,并跟踪验证。

表3.2.24 架空光电缆施工作业安全检查表

项目(工程)名称			
施工地点			
序号	检查项目	对应条文号	检查情况
1	班前安全讲话	2.0.7	
2	劳动保护用品佩戴	2.0.8	

续上表

项目(工程)名称			
施工地点			
序号	检查项目	对应条文号	检查情况
3	架空光电缆线路立杆	3.2.5	
4	架空光电缆敷设	3.2.4,3.2.6	
5	光电缆接续	3.2.12	
6	光电缆测试	3.2.13	
7	架空光电缆线路撤除	3.2.7	
检查方:______ 检查人:(签名)______ ____年___月___日		被检查方:______ 接收人:(签名)______ ____年___月___日	

3.2.25 管道光电缆施工应按表 3.2.25 进行安全作业检查,并认真填写检查记录表。对检查中发现的不符合规定的情况,应按表 2.0.5 签发安全检查整改通知单,限期整改,并跟踪验证。

表 3.2.25 管道光电缆施工作业安全检查表

项目(工程)名称			
施工地点			
序号	检查项目	对应条文号	检查情况
1	班前安全讲话	2.0.7	
2	劳动保护用品佩戴	2.0.8	
3	光电缆敷设	3.2.4,3.2.8	
4	光电缆接续	3.2.12	
5	无人站、人井(孔)内施工	3.2.15	
6	光电缆测试	3.2.13	
检查方:______ 检查人:(签名)______ ____年___月___日		被检查方:______ 接收人:(签名)______ ____年___月___日	

3.2.26 槽道光电缆施工应按表 3.2.26 进行安全作业检查,并认真填写检查记录表。对检查中发现的不符合规定的情况,应按表 2.0.5 签发安全检查整改通知单,限期整改,并跟踪验证。

表 3.2.26 槽道光电缆施工作业安全检查表

项目(工程)名称			
施工地点			
序号	检查项目	对应条文号	检查情况
1	班前安全讲话	2.0.7	
2	劳动保护用品佩戴	2.0.8	

续上表

项目(工程)名称			
施工地点			
序号	检查项目	对应条文号	检查情况
3	光电缆敷设	3.2.4,3.2.9	
4	光电缆接续	3.2.12	
5	光电缆测试	3.2.13	
检查方:_______ 检查人:(签名)_______ _____年___月___日		被检查方:_______ 接收人:(签名)_______ _____年___月___日	

3.2.27 无线铁塔施工应按表3.2.27进行安全作业检查,并认真填写检查记录表。对检查中发现的不符合规定的情况,应按表2.0.5签发安全检查整改通知单,限期整改,并跟踪验证。

表3.2.27 无线铁塔施工作业安全检查表

项目(工程)名称			
施工地点			
序号	检查项目	对应条文号	检查情况
1	班前安全讲话	2.0.7	
2	劳动保护用品佩戴	2.0.8	
3	铁塔基础施工	3.2.16	
4	自立式铁塔安装	3.2.17	
5	单管塔安装	3.2.18	
6	屋顶天线施工	3.2.19	
7	塔上作业	3.2.20	
8	接地要求	3.2.22	
检查方:_______ 检查人:(签名)_______ _____年___月___日		被检查方:_______ 接收人:(签名)_______ _____年___月___日	

3.2.28 漏泄同轴电缆施工应按表3.2.28进行安全作业检查,并认真填写检查记录表。对检查中发现的不符合规定的情况,应按表2.0.5签发安全检查整改通知单,限期整改,并跟踪验证。

表3.2.28 漏泄同轴电缆施工作业安全检查表

项目(工程)名称			
施工地点			
序号	检查项目	对应条文号	检查情况
1	班前安全讲话	2.0.7	
2	劳动保护用品佩戴	2.0.8	
3	漏泄同轴电缆敷设施工	3.2.4,3.2.21	

续上表

项目(工程)名称			
施工地点			
序号	检查项目	对应条文号	检查情况
4	接地要求	3.2.22	
检查方:________ 检查人:(签名)________ _____年___月___日		被检查方:________ 接收人:(签名)________ _____年___月___日	

3.3 室内设备

3.3.1 施工前应首先对室内设备安装环境进行检查,保证施工场地符合施工安全和通信设备运行安全要求,检查内容主要包括通风、湿度、温度、尘埃、地板承重力、抗震能力、接地系统等。

3.3.2 室外向室内或机械室内部移动较笨重机柜设备时应符合下列安全要求:

1 应采用适当的运输工具。

2 采用运输工具时应缓慢行进。应注意设备行进方向,随时纠正,防止倾斜。

3 由地面向楼上运送设备时,宜采用电梯运输。

4 采用人工搬运时,单人负重不得超过 50 kg。

5 通过窗户吊运设备时,应搭建装卸平台。

6 搬运安装时,应防止挤压手、脚和盘、柜上的设备。

7 在设备未固定牢固前应有防倒措施。

3.3.3 室内列架和槽道安装应符合下列安全要求:

1 列架组立后应进行固定。

2 列架组立后应可靠接地。

3 安装沿墙走线架时,在墙上埋设的支撑要牢固可靠。

4 竖立机架、放绑配线和光电缆等作业,不得攀扶骨列架、走线架。

5 走线架穿过楼板或墙壁时,应采取措施避免刮伤、擦伤线缆。

6 所有列架、槽道不应有尖锐凸出部分,特殊需要凸出的应采取保护措施,防止刮伤人员。

3.3.4 室内机架、引入设备和配线设备安装应符合下列安全要求:

1 电气化区段进行光电缆引入时,应做引入绝缘处理。

2 电气化铁路区段的引入架等与通信电缆直接相连时,机架或机壳应对地绝缘。

3 安装有防静电要求的插板时,应戴上防静电护腕。

3.3.5 室内设备配线除符合本规程相关规定外,还应符合下列安全要求:

1 布线施工如需打孔施工时,应注意避开既有的预埋管线。

2 配线用电缆或电线完成绝缘测试后,应进行放电。

3 电源线连接前,应注意确认极性。

4 不应将眼睛直视光通信设备和仪表上的激光发射端孔。

3.3.6 通信电源设备施工应符合下列安全要求:

1 施工前必须保证电源与负载之间的所有开关处于断开状态,在开关处设有"停电作业，严禁合闸”等警示牌并做好防护隔离，同时在场地进出处做好警示标志。

2 设备加载前应对电源进行测量，确认电压等参数符合用电要求。

3 加电后作业严禁将手、脚、头部以及其他可导电物体伸入设备内部。需要人手进入设备内部操作的，人体应有绝缘防护措施。接触或接近带电部分的金属工具除接触面外，裸露的金属应全部缠绕胶带绝缘。

4 施工完成后，应检查设备和电源指示灯工作正常和各项电源参数正常，通信电源告警必须有效。

5 施工完成后必须将机房和设备门窗、洞口封闭，防止动物闯入引发故障，电源设备和电源开关，危险电压和电流应做隔离防护和警示处理。电源设备门在非维护期间应处于关闭状态。

6 电源室应保持干燥通风和通道畅通。

3.3.7 蓄电池安装应符合下列安全要求：

1 安装环境不应有有机溶剂和腐蚀性气体。

2 蓄电池应避免阳光直射，不应接近热源和火源，与变压器、电源开关或熔断器等设施的距离应大于0.5 m。

3 蓄电池密封阀不应松动，不得拆卸密封阀。

4 蓄电池重量较重时应选用运输吊装工具，严禁翻滚、摔掷；在装卸、搬移过程中注意防止短路。

5 蓄电池安装时必须使用绝缘工具。

6 蓄电池与负载或充电器连接时，电路开关应断开，同时注意核对极性，严禁反极性或短路。

7 作业人员应做好人身防腐蚀措施，发现蓄电池外壳破裂，硫酸外溢时，严禁碰触。

8 清洁蓄电池时不得使用有机溶剂。

3.3.8 新增设备需利用既有电源时，施工单位应会同设备管理单位核实确认既有电源的容量。

3.3.9 安装室内接地线应符合下列安全要求：

1 接地线严禁使用裸导线布放，其截面积应符合设计要求。

2 室内通信设备的接地线应单独与室内接地汇集排相连，不得在一条接地线上串接。不得通过安装加固螺栓与建筑钢筋相碰而自然形成电气接通。

3 配线架应从室内接地汇集排上引入保护地线。配线架与通信设备之间不应通过走线架形成电气连通。

4 通信设备的工作地和保护接地线应从室内接地汇集排上引入。

5 电源地线和保护地线与交流中性线应分开敷设，不得相碰，更不得合用。

3.3.10 在营业线机房内施工时，应注意避免接触既有设备，需对既有设备进行作业时，应事先征得设备使用和维护部门同意，并采取必要的安全防护措施。

3.3.11 室内设备施工应按表3.3.11进行安全作业检查，并认真填写检查记录表。对检查中发现的不符合规定的情况，应按表2.0.5签发安全检查整改通知单，限期整改，并跟踪验证。

表 3.3.11　室内设备施工作业安全检查表

项目(工程)名称			
施工地点			
序号	检查项目	对应条文号	检查情况
1	班前安全讲话	2.0.7	
2	劳动保护用品佩戴	2.0.8	
3	施工环境	3.3.1	
4	运输要求	3.3.2	
5	室内列架和槽道施工	3.3.3	
6	机架、引入设备和配线设备安装	3.3.4	
7	设备配线	3.3.5	
8	通信电源施工	3.3.6	
9	蓄电池安装	3.3.7	
10	接地要求	3.3.9	
11	无人站、人孔(井)施工	3.2.15	
12	既有机房施工	3.3.10	
检查方:________ 检查人:(签名)________ ______年____月____日		被检查方:________ 接收人:(签名)________ ______年____月____日	

3.4　室外设备

3.4.1　通话柱、扩音柱、直放站支柱、视频摄像杆塔等的安装不得侵入铁路建筑限界和影响铁路信号的显示。

3.4.2　安装高处扬声器、视频摄像机等设备时,应符合高处作业安全要求,并应及时做好防雷接地。

3.4.3　中继器、直放站、远端站等设备安装在隧道壁上时,应牢固可靠固定,放在避车洞内时,应采取相应的防护措施。

3.4.4　在铁路电气化区段进行设备安装时,必须保证施工操作范围符合现行《铁路基本作业安全施工技术规程》(TB 10301)等相关标准规范要求,否则应申请停电施工。

3.4.5　机车通信设备安装应符合下列安全要求:

1　设备安装时,机车必须入库,且必须在机车停机状态下进行,并应做好机车防溜和人身防护措施,在驾驶室放置“正在施工作业”明示牌。

2　需登机车顶部作业时,应符合高处作业安全要求,在电气化区段需登顶作业时,接触网必须断电。

3　设备安装位置及安装方式应符合设计要求,并应通风良好、不影响司机操作。控制盒安装的位置应便于司机操作。

4　设备主机与其他弱电设备合用安装机架时,应确保电磁兼容要求。

5　机车天馈线在机车顶部走线时,每隔 0.5 m 固定一次,最后集中从一个孔洞引入机车内部,引入孔洞应做防水处理。

6 机车馈线转弯半径应大于5倍馈线半径。

7 在机车上敷设电缆时,应避开周围热管路。机车通信设备、线路安装应固定牢靠。

3.4.6 室外设备施工应按表3.4.6进行安全作业检查,并认真填写检查记录表。对检查中发现的不符合规定的情况,应按表2.0.5签发安全检查整改通知单,限期整改,并跟踪验证。

表3.4.6 室外设备施工作业安全检查表

项目(工程)名称			
施工地点			
序号	检查项目	对应条文号	检查情况
1	班前安全讲话	2.0.7	
2	劳动保护用品佩戴	2.0.8	
3	限界要求	3.4.1	
4	高处作业要求	3.4.2	
5	设备固定要求	3.4.3	
6	电气化区段要求	3.4.4	
7	机车设备安装	3.4.5	
8	桥上设备安装	3.1.10	
9	隧道内设备安装	3.1.11	
检查方:________ 检查人:(签名)________ ______年____月____日		被检查方:________ 接收人:(签名)________ ______年____月____日	

3.5 系统调试

3.5.1 铁路通信系统进行调试前,应制定调试方案。在营业线施工时,应按规定报批,并确保既有通信系统设备的使用。

3.5.2 设备单机调试前,应先确认已符合下列安全要求:

1 机架安装位置和安装强度符合设计要求。子架安装位置及单元电路板插入可靠、位置正确。

2 设备配线已完成,检查核对无误。绕接、卡接、焊接、压接端子质量符合要求,相应的接插件装配正确并可靠连接。

3 通信机房提供的电源符合设备使用技术要求;电源设备调试合格。

4 设备已可靠接地,接地电阻符合要求。

5 设备单机加电后运转良好、内置风扇正常启动,各单机显示告警状态符合当前实际使用情况。

6 各种业务接入时,已按设计要求和用户入网方式,分清接口类型,进行正确连接。

7 在连接各种终端设备之前,检查接口之间(含连接线)的电气指标,符合传输频带、特性阻抗、允许衰减和耐压指标的要求。其功能特性应保证系统联调时设备工作正常。

8 设备单机性能检测宜在设备开机通电后30 min后进行。

3.5.3 系统调试应在单机调试正常后进行,新增系统与既有运行系统接入时,应制定应急预案,一旦调试出现异常,应及时恢复原系统运行。

3.5.4 在操作系统网管前,应符合下列安全要求:

1 操作者级别与权限已经设定,操作密码已经设定。

2 系统冗余已经得到充分考虑。

3 系统数据已经做好备份。

3.5.5 通信测试中有关仪表应符合下列安全要求:

1 仪表操作人员应已经得到充分的培训,达到胜任条件并取得操作授权。

2 仪表应状态良好并在计量检定有效期内。

3 通信测试仪表应严格按使用说明书规定的方法操作。

4 仪表应正确连接,并且不得超量程使用。严禁无关人员拨动仪表。

5 不得在仪表室(盘)周围安放对仪表灵敏度能产生干扰的设备、线路和管道等;也不得堆放产生腐蚀性气体的化学物品。

6 对有接地要求的仪表,测试前应做好接地连接。

3.5.6 通信系统的信息安全与数据保密应符合下列安全要求:

1 通信系统安全防护系统采用的防火墙、入侵检测、漏洞扫描、安全审计、病毒防治、Web信息防篡改、物理安全等技术应能够保证应用系统的安全。

2 系统管理人员应保证系统相关信息和数据的保密,不应将信息和数据透漏给与系统管理不相干的人员,也不应将高级别保密信息和数据透漏给管理级别低的人员。

3 系统管理人员应制定数据安全应急预案,以保证在突发事件后能及时恢复系统数据,应急预案对系统数据的恢复应按数据重要性划分优先等级。

4 存储备份数据的介质应单独存放。

5 工程施工与调试过程中的有保密要求的数据、资料应按要求控制和处理,不得泄露给不相关人员。

3.5.7 通信系统割接工作应符合下列安全要求:

1 制定割接方案前,应对现场实际应用情况进行勘查,了解在用设备的使用情况,并准备好网络拓扑图、设备及线路连接图等。

2 割接方案中应明确系统割接方负责人、厂家负责人、施工方负责人,并确定人员分工;制定详细的割接步骤、实施步骤、系统的更改和配置步骤以及每步的回退方案等;将割接的先后工序及所用时间排列清楚;将各工序的负责人及施工人员安排列出;讲明各工序操作的要点及注意事项;准备使用的机具、仪表、材料清单。

3 割接方案报建设单位主管部门审批后方可实施,主管部门应组织相关部门的人员对割接方案进行严格的会审。

4 申请割接时间时,应有充足的余量,并做好相应的应急预案和准备相应的备品备件。

5 割接前应通知相关用户和部门,做好数据备份。

6 割接前应对系统再次进行检查,对所割接光电缆、设备应做好标记;应急备件必须已经运抵现场。

7 割接过程中应按照割接步骤执行,未得到上一步的确认不应进行下一步的工作,参加割接的工作人员应认真对待工作每一个细节,加强相互间的协作,保证割接顺利完成。

8 拆除旧设备时不得影响正在使用设备的正常运行。先拆除交、直流电源线并将其端头做绝缘处理,再拆除其他线缆;拆除信号线、控制线时应注意防止短路;对以后需要继续使用的线缆应进行编号留存,防止混乱。最后拆除旧设备。拆除的线缆、旧设备等应存放于安全、干燥的地方,列出清单存档。

9 安装割接新设备入网应准确、细致、有序、快捷。加电前应判明电源极性,并确保电压符合设备要求。单机测试主要指标应符合设备要求,搬迁的旧设备单机指标应能达到原水平。

10 割接应严格按照制订的方案执行,如果有大的出入应停止割接,重新制订割接方案,以防出现重大事故;如果割接不成功,应恢复到割接前的状态或其他预备方案。

11 系统割接完成后,应对系统进行必要的试验,确认系统符合运行要求。

12 割接完成后,应安排有处理问题能力的人员进行观察值守。一旦发生问题,应马上着手解决,并在第一时间通知割接工作主要负责人及相关人员。

3.5.8 联调联试应符合下列安全要求:

1 通信系统联调联试应成立领导机构,编制联调联试方案,方案中应明确保证安全的组织措施和技术措施。

2 应针对突发事件编制应急抢修预案,建立抢修、巡视检查组织,并专人负责。做好联调联试期间抢修的人员、机械、材料、工具准备工作,并进行抢修演练。抢修作业应符合本规程第3.5.6、3.5.7条的规定。

3 参与联调联试的各方应建立可靠畅通的联系方式。

4 应明确总负责人和各专项试验负责人。试验负责人应熟知本专业关键技术点以及与各专业的关联关系,做到本专业与相关专业安全衔接。

5 联调联试期间,巡视检查组织应密切监视系统设备的运行状态,一旦出现异常,立即启动应急预案,确保检测顺利进行。

6 联调联试结束后,应对系统数据进行分析,各项指标应符合要求。

3.5.9 调试施工应按表3.5.9进行安全作业检查,并认真填写检查记录表。对检查中发现的不符合规定的情况,应按表2.0.5签发安全检查整改通知单,限期整改,并跟踪验证。

表3.5.9 调试施工作业安全检查表

项目(工程)名称			
施工地点			
序号	检查项目	对应条文号	检查情况
1	班前安全讲话	2.0.7	
2	劳动保护用品佩戴	2.0.8	
3	调试方案	3.5.1	
4	单机调试	3.5.2	
5	系统调试	3.5.3,3.5.4	
6	测试仪表	3.5.5	
7	数据安全	3.5.6	

续上表

项目(工程)名称			
施工地点			
序号	检查项目	对应条文号	检查情况
8	系统割接	3.5.7	
9	动态试验	3.5.8	
检查方:________ 检查人:(签名)________ ______年____月____日		被检查方:________ 接收人:(签名)________ ______年____月____日	

4 信 号

4.1 一般规定

4.1.1 信号工程施工发生下列情况之一为主要危险源及危害因素：

1 未与设备管理单位和行车组织单位签订施工安全协议。未调查了解既有信号设备类型和使用情况。

2 施工及施工过渡、开通方案不合理或未按批准的方案实施，未制定应急预案。

3 挖沟、坑前未对地下设施进行调查，应采取相应的防护措施，避免造成挖伤、挖断光电缆现象发生，如图 4.1.1 所示。

图 4.1.1 挖沟前未调查地下设施造成电缆被挖断

4 过渡施工未对新设备与既有设备结合部位查线摸底，确认实物与图纸是否相符。

5 信号电缆绝缘不良，设备配线错误。

6 施工借用既有信号电缆、电源。

7 工具、材料放置侵限或使轨道电路短路。

8 道岔调整不密贴。在非正常行车施工中，工务钉固道岔的转辙机未甩杆、未断开安全接点、未切断启动电源。

9 竖立或拆除高柱信号机柱时未登记要点及按规定设置防护。

10 尚未开通的信号机不打无效标或漏光。

11 高空作业未佩戴安全帽及安全带。

12 机械室施工无防火措施。

13 采用封连线或其他手段封连使用中的各种信号设备电气接点。

14 信号联锁、列控及列车调度指挥/调度集中等系统未试验或试验不彻底。

15 新开通线路，可能造成分路不良的轨道区段未登记。

16 设备开通前信号设备变化资料未按规定上报公示。

17　在营业线上安装、更换钢轨绝缘时未登记要点；电力牵引区段更换轨道设备需断开轨道牵引回流通路时，未执行先通后断原则。

18　营业线施工，未对既有设备进行可靠防护。

19　在营业线线路上施工，未按规定设置列车和人身安全防护。

20　营业线施工，设备管理单位监护人员未到位，擅自施工。

4.1.2　电缆开挖、敷设、地下接续等隐蔽工程施工，站场改造过程中影响行车和既有设备安全的联锁修改、过渡开通等施工项目为重大危险源，应制定专项施工方案，并按规定进行审批或备案。在涉及重大危险源施工时，施工单位专职安全管理人员应进行现场指导，监理单位应进行旁站监理，设备管理单位应进行现场监护。

4.1.3　信号施工时不得将材料、工具物品放置在道岔、钢轨以及其他任何妨碍行车安全的地点，防止材料、工具将轨道电路短路。

4.1.4　信号设备安装不得侵入铁路建筑限界。

4.1.5　使用起重机等大型机械进行搬运、吊装等作业前，应核实机械设备状态正常并符合使用要求。搬运、吊装的作业半径不得侵入铁路建筑限界。使用人力进行搬运等作业时，必须配备足够的人力。

4.1.6　信号施工使用的新设备、新材料，应由建设单位组织设计单位、新设备新材料供应商，对施工单位、监理单位进行施工工艺方法培训及施工安全技术交底，并进行样板施工的安全监督指导。

4.1.7　进行轨道钻孔作业时，必须使用专用钻孔设备。钻孔设备电源应采用发电机电源，不得借用既有信号设备的电缆、电源。发电机应放置在线路外侧 2 m 以外。电源线横过线路钢轨时，应从钢轨底部穿过。如中间停止作业时，应设专人看守或即时收回。

4.1.8　在无砟轨道的轨道板、道床板、防护墙、隧道壁等混凝土构件上钻孔作业时，应经相关单位同意后进行，钻孔前应进行钢筋探测，钻孔的深度不得大于规定值。

4.1.9　新增信号设备需接入既有电源屏时，设计单位应会同设备管理单位、施工单位核实确认电源屏的容量。

4.1.10　设计单位在进行软件设计时应采取网络安全、计算机系统防病毒保护措施。相关单位在系统调试时应进行相应试验，试验过程中不得影响运行中的信号系统。

4.1.11　夜间信号工程施工应有良好的照明条件。

4.1.12　信号专业与其他专业进行交叉施工时，应由监理工程师进行统一协调，保证施工安全。

4.1.13　营业线施工时登销记程序和安全防护应符合《铁路营业线施工安全管理办法》（铁办〔2008〕190 号）的相关规定。人员和设备进入机械室前应按有关规定办理登记手续。

4.1.14　营业线信号工程施工前，施工单位应与设计和设备管理单位核查设备情况，共同落实地下管线、既有电缆的准确位置，确定防护措施和防护范围。施工单位和设备管理单位应加强监护。

4.1.15　在营业线进行信号设备拆卸、安装、更换、测试、移动设备作业施工时，应严格执行“三不动、三不离”的规定。

4.1.16　营业线信号工程施工进行设备搬运时，如影响行车必须要点进行。

4.1.17　营业线上组立电杆和信号机柱时，应在天窗点内施工并设好安全防护，组立后不得侵入铁路建筑限界。

4.1.18 桥梁上作业应符合本规程第3.1.10条的要求。

4.1.19 隧道内作业应符合本规程第3.1.11条的要求。

4.1.20 桥隧打孔、灌注及埋入件安装作业应符合本规程第3.1.12条的要求。

4.2 光电缆线路及贯通地线

4.2.1 光电缆沟开挖作业前,施工单位应与相关单位对光电缆路径、交叉施工的项目等进行定测,对前期预设的沟、槽、管、线进行核查。开挖作业应有可靠的防护和抢修措施。

4.2.2 多工种交叉施工时应做好防护,防止其他专业施工损坏电缆、箱盒及管道等设备。

4.2.3 光电缆及贯通地线的运输应符合本规程第3.2.2条的规定。

4.2.4 光电缆及贯通地线施工挖沟、敷设应符合本规程第3.2.3、3.2.4、3.2.9、3.2.11条的规定。

4.2.5 营业线进行光电缆过轨施工时,应利用天窗点施工,严禁大面积开挖,每一处过道应有一名监护人员进行监护。

4.2.6 人工敷设贯通地线时,严禁压、折、摔、磨、扭曲贯通地线,不得在地上拖拉贯通地线。贯通地线应平顺连接。

4.2.7 更换信号室外电缆时,电缆室内部分必须从分线盘拆除至信号机械室电缆井,室外电缆必须从箱盒内部拆除至本箱盒基础下方。

4.2.8 光电缆线路及贯通地线施工应按表4.2.8进行安全作业检查,并认真填写检查记录表。对检查中发现的不符合规定的情况,应按表2.0.5签发安全检查整改通知单,限期整改,并跟踪验证。

表4.2.8 光电缆线路及贯通地线施工作业安全检查表

项目(工程)名称			
施工地点			
序号	检查项目	对应条文号	检查情况
1	班前安全讲话	2.0.7	
2	劳动保护用品佩戴	2.0.8	
3	多工种交叉施工	4.2.2	
4	光电缆运输	3.2.2	
5	光电缆施工挖沟、敷设	4.2.1,3.2.3,3.2.4,3.2.9,3.2.11	
6	营业线开挖过道	4.2.5	
7	人工敷设贯通地线	4.2.6	
8	营业线电缆更换施工	4.2.7	
检查方:_______ 检查人:(签名)_______ _____年___月___日		被检查方:_______ 接收人:(签名)_______ _____年___月___日	

4.3 地面固定信号

4.3.1 在土质松软、不稳定且有坍塌危险的地点挖坑时,应采取加固防护措施,高柱信号机机坑坑底应采取防沉降措施。人工挖高柱信号机机柱坑时,机柱马道应顺着线路方向。

4.3.2 高柱信号机机柱的运输应符合本规程第 3.2.2 条的规定。

4.3.3 人工竖立高柱信号机机柱应符合下列安全要求:

1 人工竖立机柱前,应对参加作业人员进行作业程序及方法的培训。

2 立杆前应检查立杆工具,特别是“把杆”、大绳及各种钩环必须结实无损伤。

3 作业人员应服从指挥,步调统一,牵引大绳人员用力要均匀,脚不应离地,绳子不应缠在腰间及手臂上。

4 基坑回填时应分层夯实。

4.3.4 机械竖立高柱信号机机构应符合下列安全要求:

1 检查起重机、滑车、吊杆等的机械状态应完好。

2 滑车立高柱信号机机柱时,人员应在机柱高度 1.2 倍的距离之外。

3 使用起重机立杆时,作业人员不得站在起重机臂或机柱下。

4 回填并夯实后方可撤去拉绳或者撤离起重机。

4.3.5 竖立高柱信号机机柱,在机柱坑未回填及夯实前不得攀登机柱,如图 4.3.5 所示。

4.3.6 撤除高柱信号机机柱时,用绳索牵引及叉杆加固后再进行作业。机柱倾倒方向应避免机柱倒于线路、接触网、电力线和其他建筑物、设备;使用机械拔杆时,必须做好防护措施。机械设备的作业半径不得侵入铁路建筑限界。

4.3.7 在信号机机柱上作业应符合下列安全要求:

图 4.3.5 机柱坑未回填及夯实前不得攀登机柱

图 4.3.7 在信号机机柱上违章作业

1 雾天、雷雨或六级以上大风天气时严禁在信号机机柱上作业。

2 工具、材料等物品应放在工作袋内,不得放在信号机上。

3 必须系好安全带并检查扣环是否扣牢,必须佩戴安全帽。图 4.3.7 所示属违章作业。

4 严禁在同一机柱上、下同时作业或两人站在一个靠梯上作业,如图 4.3.7 所示。

5 作业人员不得站在最高两级梯挡上作业，身体重心不得倾斜到梯脚范围以外，如图4.3.7所示。

6 作业人员在梯子上作业时，梯子内侧不得有人逗留。

7 作业人员严禁上、下抛递配件或者工具。

4.3.8 在电力牵引区段，竖立、撤除信号机柱以及吊装信号机构时，施工机具、设备外缘及施工作业人员距接触网带电部分不得小于2 m。小于2 m时，应按规定办理停电手续或利用停电天窗时间施工。

4.3.9 在带电区域附近作业时，作业人员与带电体的安全距离应符合现行《铁路基本作业施工安全技术规程》(TB 10301)的有关规定。

4.3.10 在营业线进行信号机施工除应符合上述规定外，尚应符合下列安全要求：

1 竖立或拆除高柱信号柱时，应在车站行车室设驻站联络员。

2 列车通过时严禁在该线路两侧高柱信号机上作业。

3 安装信号机机构前应采取措施防漏光。

4 已安装尚未启用或应拆除但尚未拆除的信号机，应将机构向线路外侧旋转90°或加无效标志。机构门应关严，并熄灭灯光。

5 竖立或拆除高柱信号机时，应利用天窗点施工并做好防护。

4.3.11 地面固定信号施工应按表4.3.11进行安全作业检查，并认真填写检查记录表。对检查中发现的不符合规定的情况，应按表2.0.5签发安全检查整改通知单，限期整改，并跟踪验证。

表4.3.11 地面固定信号施工作业安全检查表

项目(工程)名称			
施工地点			
序号	检查项目	对应条文号	检查情况
1	班前安全讲话	2.0.7	
2	劳动保护用品佩戴	2.0.8	
3	机柱坑开挖	4.3.1	
4	机柱运输	3.2.2	
5	人工立杆	4.3.3	
6	机械立杆	4.3.4	
7	机坑夯实	4.3.5	
8	机柱拆除	4.3.6	
9	机柱上作业	4.3.7	
10	电力牵引区段作业	4.3.8,4.3.9	
11	营业线施工	4.3.10	
检查方：________ 检查人：(签名)________ ______年____月____日		被检查方：________ 接收人：(签名)________ ______年____月____日	

4.4　转辙装置

4.4.1　转辙装置安装作业应符合下列安全要求：

1　在进行安装作业时，严禁进行该道岔的任何转换作业。

2　施工时严禁用手指探销孔。

3　需转动道岔时，应确认尖轨与基本轨之间无作业人员和工具、材料。

4　安装完毕后，应确认各紧固件、开口销及防松卡安装正确、齐全、牢固。

5　在道岔钻孔作业时，应在尖轨与基本轨间放置带有木柄或铁环的木垫；作业完毕后，应立即将木垫撤除。

6　营业线转辙机施工，应针对手摇把及电机钥匙制定专项管理制度，严禁施工人员私自带手摇把进入工地。

7　道岔手动转换时应指定专人统一指挥，指挥信号准确清晰，作业人员要听从指挥，避免转辙机等零部件损坏。

8　各紧固件应连接齐全牢固，弹簧垫应紧牢。各牵引点手动转换无异常后，再进行电动试验。

4.4.2　在道岔区段作业时，施工人员不得站在道岔尖轨与基本轨间。不得在道岔可动部分的地方坐、卧、停留。

4.4.3　营业线新安装的道岔以及应拆除尚未拆除的道岔必须纳入车站联锁，并按照有关规定做好监控防护，必要时切断启动电源或者挂牌明示。

4.4.4　道岔融雪装置安装时，各元器件、线缆安装应符合技术标准的有关规定，固定必须牢固，不得侵入铁路建筑限界，不得影响转辙装置的正常工作。

4.4.5　在营业线上进行道岔转辙装置施工应符合下列安全要求：

1　在车站行车室设驻站联络员，并须办理相关施工手续，施工地点设安全防护员进行施工防护。

2　车站值班员同意后，应关闭防护信号机并将有关防护道岔操纵至不通向施工地点的位置。

3　对失去联锁的道岔，室外应断开转辙机安全接点，室内应单锁并断开启动电路。严禁封连端子和人为给出道岔表示或人为开放信号。

4　列车通过前必须将工具、材料提前撤离到线路以外不妨碍行车的地点。

5　在有轨道电路的道岔上作业时，工具、材料等不得将轨道电路短路。

6　施工完毕必须试验良好，并经设备管理人员确认后方可办理销点手续。

4.4.6　转辙装置施工应按表 4.4.6 进行安全作业检查，并认真填写检查记录表。对检查中发现的不符合规定的情况，应按表 2.0.5 签发安全检查整改通知单，限期整改，并跟踪验证。

表 4.4.6　转辙装置施工作业安全检查表

项目(工程)名称			
施工地点			
序号	检查项目	对应条文号	检查情况
1	班前安全讲话	2.0.7	
2	劳动保护用品佩戴	2.0.8	

续上表

<table>
<tr><td colspan="2">项目(工程)名称</td><td colspan="3"></td></tr>
<tr><td colspan="2">施工地点</td><td colspan="3"></td></tr>
<tr><td>序号</td><td>检查项目</td><td colspan="2">对应条文号</td><td>检查情况</td></tr>
<tr><td>3</td><td>转辙装置安装</td><td colspan="2">4.4.1</td><td></td></tr>
<tr><td>4</td><td>岔区作业</td><td colspan="2">4.4.2</td><td></td></tr>
<tr><td>5</td><td>融雪装置安装</td><td colspan="2">4.4.4</td><td></td></tr>
<tr><td rowspan="2">6</td><td rowspan="2">营业线施工</td><td>1</td><td>4.4.3</td><td></td></tr>
<tr><td>2</td><td>4.4.5</td><td></td></tr>
<tr><td colspan="3">检查方:________
检查人:(签名)________
______年____月____日</td><td colspan="2">被检查方:________
接收人:(签名)________
______年____月____日</td></tr>
</table>

4.5 轨道电路及轨旁设备

4.5.1 道岔跳线及钢轨连接线应及时盘绕、固定,穿越钢轨的跳线或钢轨连接线距轨底不得小于30 mm。

4.5.2 在爆炸焊接作业时,点火燃烧过程中,作业人员必须在燃烧点1.5 m以外。

4.5.3 电力牵引区段更换扼流变压器、中心连接板(线)、连接线、钢轨绝缘时应按规定办理要点停电手续或利用停电天窗时间,确认停电后方可进行施工。

4.5.4 严禁在轨道上拉临时线沟通轨道电路。

4.5.5 ZPW-2000系列轨道电路施工作业应符合下列安全要求:

1 基础桩安装不得侵入铁路建筑限界,引线口必须面向大地。

2 调谐单元、匹配变压器、空芯线圈、防雷单元等设备的安装必须符合相关技术标准的规定。

4.5.6 安装补偿电容应符合下列安全要求:

1 安装补偿电容时,作业人员应面向列车接近方向进行作业,并设专人防护。

2 补偿电容的安装必须一次性完成,且固定牢固。

3 营业线补偿电容在正式开通投入使用前不得连接轨道电路。

4.5.7 安装计轴设备应符合下列安全要求:

1 禁止金属器具在已开通使用的计轴传感器上滑行。

2 计轴设备轨道箱不得侵入铁路建筑限界,距所属线路不得小于规定值。

4.5.8 应答器安装应符合下列安全要求:

1 安装人员应经过安全和安装培训,并考试合格。

2 在安装前应确认应答器标签上标明的安装位置、线路公里标位置、上下行位置与设计图纸中安装应答器位置相符合。

3 应答器距轨面的高度应以应答器侧面的电气中心十字标记为准,距两轨的中心以应答器上表面的电气中心十字标记为准,应答器安装误差应符合相关要求。

4.5.9 在营业线电力牵引区段接触网不停电更换轨道电路设备时,除应符合上述要求外,尚应符合下列安全要求:

1 按规定办理登记要点手续。

2 更换轨道变压器、电阻器及配线时，严禁切断扼流变压器的轨道侧回路。

3 更换双轨条轨道电路的扼流变压器连接线时，必须先将两条钢轨与相邻轨道的扼流变压器中点连接好后，方可施工。施工完毕必须将临时连线拆除。

4 更换双轨条轨道电路扼流变压器的中点连接线（板）时，必须先将两个扼流变压器的中点端子连接线或通过牵引电流的单轨条连接线连接后，方可施工。施工完毕必须将临时连线拆除。

5 更换钢轨绝缘时，在双轨条轨道电路中严禁断开接向扼流变压器连接线中任何一侧或两个扼流变压器中点的连接线；在单轨条轨道电路中，严禁断开相邻两轨道牵引连接线及平行轨道牵引轨条之间的连接线。

6 更换轨端接续线时，不得将双线同时断开。

7 拆除废弃轨端绝缘时，应保持封连绝缘的接续线连通，方可更换钢轨接头夹板。

4.5.10 轨道电路施工应按表4.5.10进行安全作业检查，并认真填写检查记录表。对检查中发现的不符合规定的情况，应按表2.0.5签发安全检查整改通知单，限期整改，并跟踪验证。

表4.5.10　轨道电路施工作业安全检查表

项目（工程）名称			
施工地点			
序号	检查项目	对应条文号	检查情况
1	班前安全讲话	2.0.7	
2	劳动保护用品佩戴	2.0.8	
3	连接线安装	4.5.1	
4	焊接作业	4.5.2	
5	电力牵引区段作业	4.5.3，4.5.9	
6	严禁拉临时线沟通轨道电路	4.5.4	
7	ZPW-2000系列轨道电路施工	4.5.5	
8	补偿电容安装	4.5.6	
9	计轴设备安装	4.5.7	
10	应答器安装	4.5.8	
检查方：________ 检查人：（签名）________ ______年____月____日		被检查方：________ 接收人：（签名）________ ______年____月____日	

4.6　驼峰机械设备

4.6.1 减速器基础开挖应符合下列安全要求：

1 开挖前，应与设备管理部门共同确认既有地下设施的管、线。

2 开挖时,应确定开挖角度,当挖至规定的深度时,应放置护坡支撑挡板,支撑挡板应固定牢固。

3 弃土、石砟等杂物应放置在护坡边缘0.4 m以外,并不得侵入邻线限界。

4 在地势较低的路基开挖过程中,应配置抽水机械,发现浸水时应及时排空。

4.6.2 车辆减速器、动力站、储气罐、轨枕板等大型机械设备运输前,应做好下列安全工作:

1 调查铁路运输作业计划、走行线路、设备装卸地点。

2 根据设备(含包装、固定件)重量、外形尺寸等,制定相应的运输和吊装方案。

3 编制申请要点计划。

4.6.3 驼峰大型机械设备现场吊装前,应做好下列安全工作:

1 大型设备吊装作业队伍应具有吊装经验和相应资质。

2 对现场环境进行检查,场地的周围是否有高架线、接触网、灯桥、铁塔及其他建筑物。上空有架空电线路、接触网时,应采取停电或其他保护措施。

3 检查现场能否符合设备摆放、运输车辆和吊车车辆停放以及吊车旋转空间。

4 场地应有足够的平整面积、强度及稳定性,中间无障碍物。

5 根据设备(含包装、固定件)选择运输车辆和吊车的承载能力及起重臂长。

6 配备足够的撬动、止动工具和起重(千斤顶)等器械。检查吊装绳索、接头等工具是否牢固。

7 作业区周围应设立警示隔离标识。

4.6.4 驼峰机械设备吊装作业时应符合下列安全要求:

1 机车、吊车司机应服从总负责人的统一指挥。

2 运输和吊车车辆止动良好。

3 钢丝绳的接头应采用绑扎或卡具紧固。

4 吊装应先试吊,并确认吊绳用力均匀平衡。

5 应严格控制起吊和走行速度,防止晃动。

6 起重臂旋转范围内,不得有人逗留。

7 在营业线进行吊装作业,尤其是邻线有正常溜放编组作业时,作业区域应与运营线路隔开,作业人员、施工车辆应在安全隔离范围内活动。

4.6.5 机械设备落地后进行调整时,应符合下列要求:

1 在指挥人员的指挥下,统一行动。

2 指挥人员确定走行路线、倾斜度和运行速度。

3 作业人员移动设备时应均匀用力。

4 撬动设备时,使用的撬棍等机具应插牢,防止撬棍滑脱、反弹。

4.6.6 车辆减速器安装时,应符合下列安全要求:

1 在指挥人员的指挥下,统一行动。

2 搬运制动轨、制动钳应配备足够人员。

3 撬动设备时,使用的撬棍等机具应插牢,防止撬棍滑脱、反弹。

4 车辆减速器安装调整时,严禁进行动力操纵试验,以防挤伤施工人员。

5 车辆减速器试验时,保持信息畅通,施工人员不得站在减速器上。

4.6.7 管路架空安装时,脚手架应安装牢固,平台上有人作业时,其下方不得有人。

4.6.8 管路安装完毕后,应按规定进行强度、严密性试验。检查液压管路上的接头和阀门启、闭时,作业人员应与管路、设备间保持一定的距离和角度。气吹时管口处不得站人,同时应有防止砂石伤人的保护措施。

4.6.9 电空转辙机安装调整时,严禁进行动力操纵试验,以防挤伤施工人员。试验时,施工人员不得站在活动轨与基本轨间。

4.6.10 营业线路上进行管路过轨挖掘时,应要点停用股道后方可施工,严禁擅自开挖。管路挖通后应立即敷管回填,并分层夯实。管沟砌筑完毕后,应用水泥盖板盖严。

4.6.11 驼峰机械设备施工应按表 4.6.11 进行安全作业检查,并认真填写检查记录表。对检查中发现的不符合规定的情况,应按表 2.0.5 签发安全检查整改通知单,限期整改,并跟踪验证。

表 4.6.11 驼峰机械设备施工作业安全检查表

项目(工程)名称			
施工地点			
序号	检查项目	对应条文号	检查情况
1	班前安全讲话	2.0.7	
2	劳动保护用品佩戴	2.0.8	
3	基础开挖作业	4.6.1	
4	大型机械设备运输及吊装前工作	4.6.2,4.6.3	
5	机械设备吊装作业	4.6.4	
6	设备就位调整	4.6.5	
7	减速器安装	4.6.6	
8	管路架空安装	4.6.7	
9	管路试验要求	4.6.8	
10	转辙机调整	4.6.9	
11	营业线过轨开挖作业	4.6.10	
检查方:______ 检查人:(签名)______ ____年___月___日		被检查方:______ 接收人:(签名)______ ____年___月___日	

4.7 车载信号

4.7.1 车载信号设备的安装应按规定在机车(动车组)管理部门的配合下进行,未经允许不得动用车上的设备。

4.7.2 机车底部、机车顶部安装车载信号设备时,必须在机车静止、熄火状态下进行,并做好机车防溜和人身防护措施,应在驾驶室放置"正在施工作业"明示牌。

4.7.3 安装车载设备上下机车时,应有防跌落的防护措施。

4.7.4 安装在机车上用于防护线缆的防护管,机车外部应使用铁管,机车内部应用阻燃塑料管。

4.7.5 在机车内、外部进行焊接作业时,应有防火防爆措施。

4.7.6 设备配线应采用阻燃线或阻燃电缆，配线不得有中间接头。

4.7.7 车载信号设备电源不得接入其他用电设备。

4.7.8 在电力牵引区段的机车顶部作业时，必须先申请办理停电作业手续，确认机车顶部区域接触网停电并采取防护措施后方能施工作业。

4.7.9 车载信号施工应按表4.7.9进行安全作业检查，并认真填写检查记录表。对检查中发现的不符合规定的情况，应按表2.0.5签发安全检查整改通知单，限期整改，并跟踪验证。

表4.7.9 车载信号施工作业安全检查表

项目(工程)名称			
施工地点			
序号	检查项目	对应条文号	检查情况
1	班前安全讲话	2.0.7	
2	劳动保护用品佩戴	2.0.8	
3	设备安装	4.7.2	
4	人身防护	4.7.3	
5	线缆防护	4.7.4	
6	焊接作业	4.7.5	
7	设备配线	4.7.6	
8	电源使用	4.7.7	
9	电力牵引区段作业	4.7.8	
检查方：______ 检查人：(签名)______ ____年___月___日		被检查方：______ 接收人：(签名)______ ____年___月___日	

4.8 箱式机房

4.8.1 箱式机房的运输应符合下列安全要求：

1 运输前应调查运输道路和桥梁的限高、限宽等情况。发现问题应及时与公路管理部门联系解决。

2 根据箱式机房(含包装、固定件)重量、外形尺寸以及调查情况等，制定相应的运输方案。

3 箱式机房的运输应符合《铁路工程基本作业施工安全技术规程》(TB 10401—2009)的相关规定。

4.8.2 箱式机房现场吊装前，应做好下列安全工作：

1 制定吊装方案，吊装作业队伍应具有吊装经验和相应资质。

2 对现场环境进行调查，场地的周围是否有高架线、桥梁及其他建筑物，能否符合设备摆放、运输车辆和吊车车辆停放以及吊车旋转空间要求。

3 场地应有足够的平整面积、强度及稳定性，中间无障碍物。

4 检查基础水平、平面尺寸、强度以及电缆引入口的位置是否符合设计要求。

5　配备足够的撬动、止动工具和起重(千斤顶)器械。检查吊装绳索、接头等工具是否牢固。

6　根据箱式机房(含包装、固定件)形式及重量,选择运输车辆和吊车的承载能力及起重臂长。

4.8.3　箱式机房吊装应符合下列安全要求:

1　配备足够人员,统一指挥。

2　吊装应先试吊,确认吊绳用力均匀平衡。

3　严格控制起吊和走行速度,防止晃动。

4　起重臂旋转范围内,不得有人逗留。

5　机房在基础上就位时,基础上不应有任何杂物;箱式机房应按照规定的方向进行放置;就位后,应紧固固定螺栓;机房的水平应符合设计要求。

4.8.4　临时用平台,必须牢固水平,平台设立位置不得侵入铁路建筑限界。

4.8.5　箱式机房的电缆引入口在电缆引入完成后,必须按照规定进行电缆引入口的封堵。

4.8.6　箱式机房必须按规定进行接地连接。接地连接完成后方能进行机房内的设备安装,各柜、架、盘等必须按规定的对应位置进行安装,并做好接地连接。设备安装以及接地连接等工作必须在生产商的督导下进行。

4.8.7　已在厂内安装好设备的箱式机房,在吊装就位后,应检查设备状态完好,发现问题应及时处理。

4.8.8　箱式机房施工应按表4.8.8进行安全作业检查,并认真填写检查记录表。对检查中发现的不符合规定的情况,应按表2.0.5签发安全检查整改通知单,限期整改,并跟踪验证。

表4.8.8　箱式机房施工作业安全检查表

项目(工程)名称			
施工地点			
序号	检查项目	对应条文号	检查情况
1	班前安全讲话	2.0.7	
2	劳动保护用品佩戴	2.0.8	
3	箱式机房运输	4.8.1	
4	箱式机房吊装	4.8.2,4.8.3	
5	临时平台	4.8.4	
6	电缆引入	4.8.5	
7	安全接地	4.8.6	
8	就位设备检查	4.8.7	
检查方:_______ 检查人:(签名)_______ _____年___月___日		被检查方:_______ 接收人:(签名)_______ _____年___月___日	

4.9　室内设备

4.9.1　电缆井及引入通道进行电缆引入和固定施工时,电缆井内作业人员必须做好防护措施。室内外作业人员应加强联系，协调作业。电缆的安装、固定以及预留量的盘绕方式应符合规定。

4.9.2 电源屏引入电源时，电源屏的开关必须断开，并应设置“禁止合闸”明示牌。

4.9.3 室内施工临时用电的电源插座必须加装漏电保护器，施工人员撤离时应及时断电。

4.9.4 室内各机柜(架、盘)、控制台、电源屏等应安装平稳、连接牢固。继电器、变压器、LEU等设备应插接牢固。

4.9.5 室内配线作业必须在机柜(架、盘)连接牢固后进行，作业人员严禁在机柜(架)上部设置的走线架上停留休息。

4.9.6 室内各种配线应使用阻燃线且不得有中间接头和绝缘破损现象。

4.9.7 室内焊线时电烙铁应放在支架上，不得任意放置，防止烫伤手脚和电线；不用烙铁时切断电源，冷却后收起，防止火灾；焊线时焊锡不应向下滴落，防止烫伤电线或落在两焊点之间造成短路。

4.9.8 梯凳承重能力应符合作业要求，并应摆放平稳，防止跌伤。室内电缆引入口、沟、槽应设盖板防护，防止人员跌伤。

4.9.9 室内设备器材应堆放在规定位置，并摆放整齐有序。

4.9.10 在室内施工时必须制定防火措施，并配备灭火装置。

4.9.11 在既有机械室内施工时，除满足上述条件外还应符合下列安全要求：

1 过渡施工或更换设备时应办理要点申请手续，经车站值班员同意，并在设备运行维护人员的配合下方可施工。施工前应向设备运行维护人员交底。

2 施工单位进入机械室前应向设备管理单位值班人员递交当日工作单，明确责任人、施工范围、施工时间。

3 进入既有机械室施工后，应遵守设备管理单位相关规定，并对既有设备进行可靠防护。

4 应在设备管理人员的配合下，确认新设备与既有设备结合部位的实物与图纸相符。新增配线及拆除线均应标识清楚。

5 施工人员查线时，不得影响既有设备使用。

6 室内施工用电和新设备导通试验严禁使用既有设备电源。

7 施工完毕必须对更换后的设备进行试验，经设备管理单位确认合格后交付使用。

8 改造施工中，室内拆除废弃设备和配线时，应在施工点内进行，并做好防护措施。

4.9.12 室内设备施工应按表4.9.12进行安全作业检查，并认真填写检查记录表。对检查中发现的不符合规定的情况，应按表2.0.5签发安全检查整改通知单，限期整改，并跟踪验证。

表4.9.12 室内设备施工作业安全检查表

项目(工程)名称			
施工地点			
序号	检查项目	对应条文号	检查情况
1	班前安全讲话	2.0.7	
2	劳动保护用品佩戴	2.0.8	
3	电缆井作业	4.9.1	
4	电源屏电源引入	4.9.2	
5	室内用电	4.9.3	

续上表

项目(工程)名称			
施工地点			
序号	检查项目	对应条文号	检查情况
6	柜架固定	4.9.4,4.9.5	
7	室内配线	4.9.6	
8	焊线作业	4.9.7	
9	使用梯、凳及地沟安全防护	4.9.8	
10	设备堆放	4.9.9	
11	室内防火	4.9.10	
12	既有机械室施工	4.9.11	
检查方:________ 检查人:(签名)________ ______年___月___日		被检查方:________ 接收人:(签名)________ ______年___月___日	

4.10 信号设备防雷接地

4.10.1 信号室内外设备的接地连接方式、接地所使用的线缆等应符合相关技术标准的规定。

4.10.2 室外设备接地应符合下列安全要求:

1 信号室外设备的接地应就近与贯通地线的接地连接端子连接,其引接线截面积应符合设计要求。

2 室外设备进行接地连接前,应检查和测试贯通地线或综合接地连接端子的接地电阻不应大于1 Ω。

3 信号防雷设备安装前必须先做好接地连接。

4 信号设备在进行通电前,必须做好接地连接。

5 信号设备安全地线、屏蔽地线和防雷地线等的设置应符合设计要求。接地导线上严禁设置开关、熔断器或断路器。

6 信号设备防雷及接地装置的设置应符合设计要求。接地线与接地体之间应可靠连接,严禁虚焊虚接。

7 电力牵引区段有综合接地系统时,信号机构与梯子、继电器箱、道岔握柄、带柄道岔表示器以及距离接触网带电部分5 m范围以内信号设备的金属结构物应接入贯通地线接地端子,无综合接地系统时应可靠接地。

4.10.3 电源室(电源引入处)防雷箱处、防雷分线室(或分线盘)处的接地汇集线应单独设置,并分别就近与环形接地装置单点冗余连接。

4.10.4 信号设备防雷接地施工应按表4.10.4进行安全作业检查,并认真填写检查记录表。对检查中发现的不符合规定的情况,应按表2.0.5签发安全检查整改通知单,限期整改,并跟踪验证。

表 4.10.4 信号设备防雷接地施工作业安全检查表

项目(工程)名称			
施工地点			
序号	检查项目	对应条文号	检查情况
1	班前安全讲话	2.0.7	
2	劳动保护用品佩戴	2.0.8	
3	室外接地	4.10.2	
4	室内接地	4.10.3	
检查方:_______ 检查人:(签名)_______ _____年___月___日		被检查方:_______ 接收人:(签名)_______ _____年___月___日	

4.11 系统调试

4.11.1 室内、外设备施工完毕,应首先对配线进行全面核对,做到图实相符。

4.11.2 系统调试前应对室内工作人员做出安全提示。在配电盘、电源屏、机架电源端子等处应做出安全标识,粘贴电源类型标签。

4.11.3 系统调试带电作业电压大于 36 V 时,作业人员必须穿绝缘鞋,戴绝缘手套。

4.11.4 室内外设备连接前,应按照规定进行室内外电缆测试;单项设备通电调试之前,应确认线缆连接正确,接地连接良好。

4.11.5 系统调试过程中,仪器仪表测试前,应核对仪器仪表的挡位,且测试线连接良好。

4.11.6 通电调试应符合下列安全要求:

1 试验前应对设备部件进行检查,并应确认各种接地连接符合设计要求。

2 楼内电源主开关由专人负责,按照指令进行操作。

3 试验过程中,出现异常时应立即断电查找原因。

4 室内外联合调试时,应以室内负责人指挥为主,通断电应相互告知。

4.11.7 电源屏的调试应符合下列安全要求:

1 电源屏在外部电源接入前,必须检查电源屏元器件是否齐全,各部端子压接、焊接必须正确牢固,开关动作良好。

2 电源屏在进行电源引入时,必须核对引入电源的电压、极性、相位等相关参数。

3 电源屏、配电盘必须在安全地线、防雷地线连接良好、测试通过后方能通电。

4 电源屏在带载使用前,必须测试电源屏各项输出电源参数,并符合设计文件及相关技术标准的规定。

4.11.8 道岔设备试验调试应符合下列安全要求:

1 道岔第一连接杆处尖轨与基本轨间有 4 mm 及其以上间隙时,道岔不得锁闭。

2 室内作业人员操动道岔时,室内外作业人员应做到呼唤应答,室外应设立专人进行道岔区域的防护。

3 室内外试验作业人员必须共同确认道岔实际开通位置与控制台定反位表示、控制台显示、继电器状态及联锁表位置一致。

4 三相交流转辙机必须进行断相检查。

5 营业线道岔试验结束时,应经设备管理人员验收确认正确后,方可销点、撤离现场。

4.11.9 信号机调试应符合下列安全要求:

1 信号机在安装完成,检查各个灯位的安装、排列顺序、配线是否正确后,再从室内分线盘处对各灯位逐一进行送电试验。

2 列车色灯信号机必须进行主副灯丝的转换试验,并与室内进行核对。

3 信号机、表示器灯光必须显示正确,必须达到正常的显示距离要求。

4 营业线进行信号机送电试验不得影响行车,信号机试验期间灯光必须遮挡,不得与既有信号混淆。

5 信号机应进行灯光转移试验。

4.11.10 轨道电路调试应符合下列安全要求:

1 送电试验前,应检查各部件的接地连接、送电电压等是否符合相关技术规范规定,检查死区段的长度是否符合设计要求。

2 轨道区段应逐个区段进行送电试验,室内送电电压必须符合规定,并对轨面电压、电流、分路状态、残压、死区段等逐项进行测量,并符合有关技术条件的要求。

3 营业线轨道电路试验不得影响既有轨道电路的使用,如需接入试验必须要点进行,试验结束后必须恢复既有轨道电路。

4.11.11 站内电码化设备调试应符合下列安全要求:

1 站内电码化室内设备应试验、核查电路动作及码型、码序的正确性。

2 站内电码化室外设备的使用及调整应符合相关规定。

3 站内电码化应逐个区段进行室外入口电流及码型、码序测试,并符合相关技术标准的规定。

4.11.12 ZPW-2000 系列轨道电路调试除符合本节第 4.11.10 条规定外,还应符合下列安全要求:

1 室内、外信号设备的技术指标应符合设计和技术条件的有关安全规定。

2 应按照规定进行轨道电路的码序测试,入口电流应不小于 500 mA,载频为 2 600 Hz 时不应小于 450 mA。

3 轨道电路应实现一次调整。

4 轨道电路分路残压符合要求。

5 接收设备的可靠工作值、可靠落下值应符合设计要求。

6 室内设备与室外设备连接后调试的结果应符合设计要求。

7 区间轨道电路发送设备的发送信号、接收设备的接收状态应与信号机、轨道区段的状态相一致。

8 发送器必须进行 $N+1$ 设备的转换及接收器并机试验,并试验良好。

4.11.13 驼峰设备调试应符合下列安全要求:

1 驼峰设备送电试验前,必须进行设备的绝缘测试、接地连接检查等。

2 在进行管道的压力试验前,必须清理现场,试验区不得有作业人员进行施工作业。应逐级加压进行强度、严密性试验,并做好防护措施。

3 在进行驼峰速动道岔试验时,应制定防护措施;道岔操作时,现场应安排专人进行安全防护。

4 减速器制动缓解试验时,试验作业方法必须规范,以免伤人。

4.11.14 列控系统(CTCS)、计算机联锁系统、集中监测系统、列车调度指挥系统(TDCS)/调度集中(CTC)系统、无线闭塞中心(RBC)等试验,应符合下列安全要求:

1 列控中心与联锁、CTC/TDCS、地面电子单元(LEU)、应答器等外围设备应连接正确。

2 应答器默认报文、LEU 默认报文、列控中心输出的对应关系正确,列控中心输出口、LEU 输出口与应答器连接正确。

3 联锁进路信号输出与列控中心报文输出对应关系正确。

4 列控中心能正确接收并执行 CTC/TDCS 系统下达的临时限速命令,并选择正确的报文发送给相应的应答器。

5 列控中心输出的信号降级条件与联锁信号对应关系正确,联锁系统的隔离模式开关功能正常,能隔离列控中心的输出。

6 列控中心与各系统间连接正确,能在主通道故障的情况下自动切换到备用通道,并能保持系统功能正常。

7 列控中心能够正确处理 CTC/TDCS 系统下达的临时限速覆盖命令,并且在同一处限速点实现低速时降级显示而高速时不降级的情况。

8 列控中心能正确判断临时限速的设置条件,对错误命令能够返回相应的信息而不执行命令,CTC/TDCS 系统能显示相应的错误提示。

9 无线闭塞中心(RBC)和维护终端设备工作正常,检查 RBC 与相邻 RBC 通信正常、与司法记录器等通信正常。

4.11.15 联锁试验调试应符合下列安全要求:

1 联锁试验应在室内外单项试验结束后进行。

2 联锁试验前应拆除单项试验所使用的各种模拟条件。

3 试验必须满足设计要求,联锁关系正确,室内外表示一致。

4 联锁试验人员必须经过培训、考试合格后持证进行联锁试验。

5 联锁试验应制订周密、分工明确的试验安全措施,必须由专人统一指挥试验并规范试验用语。

6 联锁试验时必须设专人监控联锁试验过程,防止出现试验漏项、超范围、误操作等现象。

7 严禁使用封连线进行联锁试验。

4.11.16 列控系统的调试应符合下列安全要求:

1 参照相关技术标准或产品说明书,对列控中心与其他系统(计算机联锁系统、继电联锁、TDCS/CTC、信号集中监测)的接口进行测试,并符合相关技术标准。

2 列控系统设备的设置、安装必须符合相关设计规定的要求。在安装列控系统的区段,凡工程施工需移设应答器和其他涉及数据变更的,应按规定提供相关的资料,同时按相应的配套设计施工。

3 列控系统与车站联锁系统、CTC 系统、防灾安全监控系统、列车运行监控装置之间的交换信息必须逐项进行试验,并符合设计及相关技术条件的要求。

4.11.17 TDCS/CTC 系统调试应符合下列安全要求:

1 对设有 TDCS/CTC 基层网采集系统的车站进行站场改造时,站场改造施工中有影响 TDCS/CTC 使用时,施工单位应按相应的配套设计同时施工。

2 当 CTC 设备在分散自律模式下,施工过程中需要扳动道岔和进行信号联锁试验时,应向有关单位申请,同意后将车站子系统转为非常站控模式进行作业;作业完成后将车站子系统转回分散自律模式并交付使用。

4.11.18 车载信号调试应符合下列安全要求:

1 车载信号设备安装前,必须进行单体设备的试验。

2 设备通电前,必须进行线缆的绝缘测试。

3 车载信号设备使用电源必须进行容量核实确认。

4 车载信号设备安装连接完成后,必须进行各项性能指标测试,并符合相关技术标准规定。

5 车载信号试验的试验记录如果涉及线路、车站坐标等数据时,试验记录必须有专人进行处理保存,不得外泄。

4.11.19 营业线施工调试除符合上述相关要求外,尚应符合下列安全要求:

1 严禁将尚未纳入联锁的设备与既有设备连接。严禁利用既有使用中的设备作为条件进行试验。

2 严禁在试验过程采用"夹子线"、"封连线"、"二极管"或其他手段封连使用中的各种信号设备的电气接点。

3 试验过程中,严禁将使用中的设备拆除进行新安装设备的试验。

4 新设设备的试验不得影响既有设备的使用。

5 未登记要点严禁进行新旧设备的倒替施工以及调试。

6 计算机联锁软件修改后除应进行全站仿真试验外,还应按相关技术标准要求进行联锁试验。

7 开通施工前,任何人不得超范围进行开通施工准备,不得动用使用中的设备;开通施工结束后,任何人员不得动用使用中的设备。

4.11.20 信号系统联调联试,应做好下列安全工作:

1 信号系统联调联试应成立由设计、施工、监理和设备单位人员组成的组织领导机构,编制详细的联调联试方案,方案中应明确保证安全的组织措施和技术措施。

2 联调联试应在信号各个子系统安装、试验正确、通信正常、数据传输正确的情况下方可进行。

3 确定施工调度中心、行车调度、现场操作人员和动态试验行车计划,试验期间,应统一调度指挥。

4 根据试验需要,确定每列试验车行车速度等级和追踪间隔。

5 建立试验现场的安全防护体系和措施,与试验无关人员不得进入试验现场。

6 试验车运行期间,不得随意进行改变运行方向和运行计划的试验。

7 保证车站与试验车、车站与现场间试验人员的通信畅通。

8 需要进入现场处理故障时,必须办理申请要点手续。

9 试验人员应对每次试验情况做好记录,对试验中发现的问题,及时汇总,报请设计单位分析、处理。

10 系统调试中发现系统功能或个别运营场景作业不能满足安全和运营需求时,变更修改必须在设计单位组织下进行。

11 设计单位修改过的软件、电路等,必须重新试验,验证其正确性。

12 应按照联调联试方案进行各种动态场景试验,检查系统的配置、功能、性能和安全方面能否满足系统设计方案和运营需要。

13 应检查、测试信号系统设备灾害防护、雷电防护、综合接地防护等防护方案是否符合施工规范要求和设计要求。

14 联调联试必须按试验方案和设计系统方案要求全面彻底,特别是在通信故障、车站区间设备故障等特殊状况下确保系统的故障倒向安全的原则。

4.11.21 系统调试时涉及基础数据变化的施工应按程序办理,列控数据、列车运行监控装置(LKJ)数据的修改应及时准确。

4.11.22 调试作业应按表4.11.22进行安全作业检查,并认真填写检查记录表。对检查中发现的不符合规定的情况,应按表2.0.5签发安全检查整改通知单,限期整改,并跟踪验证。

表4.11.22 调试作业安全检查表

项目(工程)名称			
施工地点			
序号	检查项目	对应条文号	检查情况
1	班前安全讲话	2.0.7	
2	劳动保护用品佩戴	2.0.8	
3	配线核对	4.11.1	
4	安全警示	4.11.2	
5	人身防护	4.11.3	
6	试验前电缆测试	4.11.4	
7	仪器仪表使用	4.11.5	
8	通电调试	4.11.6	
9	电源屏调试	4.11.7	
10	道岔设备调试	4.11.8	
11	信号机调试	4.11.9	
12	轨道电路调试	4.11.10	
13	站内电码化调试	4.11.11	
14	ZPW-2000系列轨道电路调试	4.11.12	
15	驼峰设备调试	4.11.13	
16	列控系统(CTCS)、计算机联锁系统、集中监测系统、列车调度指挥系统(TDCS)/调度集中(CTC)系统、无线闭塞中心(RBC)等试验	4.11.14	
17	联锁调试	4.11.15	
18	列控系统调试	4.11.16	
19	TDCS/CTC系统调试	4.11.17	
20	车载信号调试	4.11.18	

续上表

项目(工程)名称			
施工地点			
序号	检查项目	对应条文号	检查情况
21	营业线调试	4.11.19	
22	联调联试	4.11.20,4.11.21	
检查方:________ 检查人:(签名)________ ____年___月___日		被检查方:________ 接收人:(签名)________ ____年___月___日	

4.12 营业线施工过渡

4.12.1 应认真进行现场调查,尤其是新旧设备结合部位,既有设备的调查摸底应在设备管理单位人员监护下进行。

4.12.2 应根据调查情况以及工程特点,编制施工过渡技术方案,并按规定报有关单位审核批准后方可实施。

4.12.3 施工过渡中,信号设备变化涉及修改列控及LKJ数据的,应根据规定提前上报有关单位。

4.12.4 插入、移设或应拆除尚未拆除的道岔,必须按过渡工程设计施工,将道岔纳入联锁。

4.12.5 过渡施工设备安装完毕,必须对修改内容进行联锁试验,经设备管理单位确认联锁关系正确后方准开通使用。

4.12.6 施工中、后需拆除的设备,必须由施工单位与设备管理单位提前共同确认,并做好标识,防止错拆、漏拆。

4.12.7 营业线施工过渡应按表4.12.7进行安全作业检查,并认真填写检查记录表。对检查中发现的不符合规定的情况,应按表2.0.5签发安全检查整改通知单,限期整改,并跟踪验证。

表4.12.7 系统开通作业安全检查表

项目(工程)名称			
施工地点			
序号	检查项目	对应条文号	检查情况
1	班前安全讲话	2.0.7	
2	劳动保护用品佩戴	2.0.8	
3	现场调查	4.12.1	
4	施工过渡方案	4.12.2	
5	列控及LKJ数据	4.12.3	
6	拆除/插入道岔施工	4.12.4	

续上表

项目(工程)名称			
施工地点			
序号	检查项目	对应条文号	检查情况
7	过渡施工联锁试验	4.12.5	
8	拆除设备	4.12.6	

检查方：________　　　　被检查方：________

检查人：(签名)________　　　　接收人：(签名)________

______年____月____日　　　　______年____月____日

4.13 营业线系统开通

4.13.1 工程竣工验收合格后，施工单位组织编写开通方案和要点计划，按照相应的程序上报监理、建设单位。

4.13.2 施工单位应与车务、工务、电务、供电等施工配合单位联系，协商确定施工配合工作内容、时间等。

4.13.3 施工单位应做好开通前的安全技术交底工作，安全技术交底应对照开通方案进行，必须明确开通范围、目的和开通次序，对既有设备和行车的影响范围及时间。交底必须填写交底记录，交底人与接受交底人共同签字确认。

4.13.4 施工人员应做好既有信号设备的查线摸底工作，查线摸底时严禁影响既有设备使用。确定拆除的既有信号设备和配线以及新增配线应标示清楚。

4.13.5 施工单位应设驻站联络员，施工封锁前应提前要点登记，登记后由车站值班员向铁路局调度索取命令，并在登记本上注明调度命令签认后，驻站联络员通知施工负责人施工命令已下，由施工负责人发布开始施工命令。

4.13.6 施工单位应指定专人负责换装施工的单项及联锁试验。试验需有记录，试验人员将试验内容、结果记录在试验表格内，并签字确认。

4.13.7 换装施工完成后，施工人员应对所进行的工作进行收尾检查，不得擅自离岗。开通命令下达后，听命令撤离现场，同时值班人员在规定地点上岗。

4.13.8 施工单位应及时办理验收交接，设备开通24小时后，必须交由设备管理单位接管。

4.13.9 系统开通作业应按表4.13.9进行安全作业检查，并认真填写检查记录表。对检查中发现的不符合规定的情况，应按表2.0.5签发安全检查整改通知单，限期整改，并跟踪验证。

表4.13.9 系统开通作业安全检查表

项目(工程)名称			
施工地点			
序号	检查项目	对应条文号	检查情况
1	班前安全讲话	2.0.7	
2	劳动保护用品佩戴	2.0.8	
3	要点计划及施工开通方案	4.13.1	

续上表

项目(工程)名称			
施工地点			
序号	检查项目	对应条文号	检查情况
4	施工配合	4.13.2	
5	安全技术交底	4.13.3	
6	既有设备摸底及拆除、新增设备、配线标示	4.13.4	
7	驻站联络、登记	4.13.5	
8	联锁试验	4.13.6	
9	施工收尾检查	4.13.7	
10	验收接管	4.13.8	

检查方:________　　被检查方:________

检查人:(签名)________　　接收人:(签名)________

______年____月____日　　______年____月____日

5 电　力

5.1 一般规定

5.1.1 电力工程施工的主要危险源及危害因素：

1 深基坑开挖无防护；

2 居民区基坑开挖未按规定设置警示标志；

3 重大物资搬运未采取稳固防护措施；

4 变压器及箱式变电所吊装；

5 在高边坡、长大隧道内、特大桥上的施工作业无防护；

6 在运行中的高、低压电力设备上的施工作业防护措施不到位；

7 高处作业物体坠落打击。

5.1.2 箱式变电所、过轨顶管施工，地形陡峭、坡度过大的重物搬运，灯塔、灯桥的吊装，以及既有电力改造工程中将影响行车和既有设备安全的作业、跨越架搭设、新建设施开通等为重大危险源，应制定专项施工方案，并按规定进行审批或备案。在涉及重大危险源施工时，施工单位专职安全管理人员应进行现场指导，监理单位应进行旁站监理，设备管理单位应进行现场监护。

5.1.3 公路运输、装卸超长、超高或超大电力物资、设备时除应符合《铁路工程基本作业施工安全技术规程》(TB 10301)的相关规定外，尚应遵守下列安全要求：

1 物资、设备重心与车厢承重中心应基本一致。

2 易滚动的电力物资顺其滚动方向应用木楔掩牢并捆绑牢固。

3 用超长架装载超长物资设备时，在其尾部应设置警告标志，超长架与车厢固定，物资设备与超长架及车厢应捆绑牢固。

4 运输过程中应限速行车，押运人员应加强途中检查，防止捆绑松动；通过山区或弯道时，防止超长部位与山坡或行车道及树木碰刮。

5 钢筋混凝土电杆卸车时，车辆不得停在有坡度的路面上。每卸一根，其余电杆应掩牢；每卸完一处，剩余电杆应绑扎牢固。

5.1.4 设备开箱检查及安装过程中，严禁用硬物碰撞设备表面，尤其应加强对电瓷产品和电瓷附件的安全防护。

5.1.5 高边坡上作业前应首先对边坡危石等不稳定体进行处理，并在作业面上方设置防护措施。

5.1.6 隧道内作业应保证照度充足、通风良好、排水畅通，并采取必要的安全措施。在长大、瓦斯隧道内施工应制定相应的施工组织方案和安全防护措施。

5.1.7 多人同登一个构架柱或爬梯作业不得同时上下，且同一垂直面内严禁上下同时作业。

5.2 变、配电所

5.2.1 挖坑作业应符合下列安全要求：

1 施工前，施工单位应与地下设施和设备管理单位签订施工安全协议书，设备管理单位应向施工单位现场划定地下埋设物位置范围。施工单位并按规定逐级交底到施工作业人员；

作业时，设备管理单位应进行现场监护和指导。

2 当基坑靠近房屋、围墙时，应由施工技术人员调查后，提出具体的施工防护方案并组织实施，否则禁止开挖，避免由于坑壁不稳造成房倒墙塌，伤及人员。

3 坑边不得放置重物和工具，弃土应距坑边 0.6 m 以外，堆土高度不应超过 1.5 m；深基坑内作业人员必须戴安全帽。图 5.2.1 所示施工人员属违章作业。

4 碎石、工业或建筑垃圾、沙层、高水位地层及在开挖过程中会发生坑壁坍塌危险的基坑，必须在开挖时对坑壁进行防护支撑。

5 特殊地质情况，设计单位应提出基坑开挖的指导性意见。

6 当开挖位置有地下电缆、管道时，应采取必要的探测措施或轻挖轻刨；当接近深度时，应从设备及设施路径两侧轻挖，禁止用镐刨。

7 在基坑开挖过程中，出现裸露电缆应采取防护措施，用木板进行硬防护，保证电缆不受力，上下基坑时严禁借力或踩踏。

8 在土质松软地带挖坑时应采用防护板或沉箱等加固措施，或按斜坡形开挖；斜坡形开挖坡度的大小应根据土壤的性质、湿度及坑深确定，并符合表 5.2.1 的规定。

图 5.2.1 弃土应距坑边 0.4 m 以外，堆土高度不应超过 1.5 m

表 5.2.1 土质松软地带挖坑的坡度

土壤性质	坡度	土壤性质	坡度
砂土及砾土	1 : 0.75	黏土及黄土	1 : 0.3
砂质黏土	1 : 0.5	坚土	1 : 0.15

9 开挖主变基础坑时，同时作业的人员之间应保持不小于 2 m 的距离，且不得相对进行刨土作业。

10 基坑作业应在基坑作业周围设置围栏、围挡等防护和警示标志，夜间设置红色警示照明标志。

5.2.2 采取爆破方法开挖基坑时，除应符合现行《铁路基本作业施工安全技术规程》TB 10301 的有关规定外，尚应符合下列规定：

1 在路基、桥梁、房屋等重要建筑物及通信、信号设备附近进行基坑爆破时，应根据安全距离要求、坑深及地质的具体情况采用控制爆破技术。

2 变、配电所内的设备尚未安装，且已对所内存放的设备和器材采取了有效的防护措施。

5.2.3 大型设备基础浇筑应符合下列要求：

1 浇筑前应清理干净坑内杂物，并对基坑进行安全检查，检查基坑的稳固程度。有塌方危险的基坑应进行修复。

2　在支撑模型板前应确认坑壁无裂缝和坍塌的危险，距坑口边沿 1 m 范围内不得堆放料具。

3　基础模型板的安放位置及稳定性应符合规定。

4　需架设作业平台时，所用材料的规格应能满足作业平台的最大承载能力。

5　绑扎基础钢筋时应按施工设计规定摆放钢筋，支撑应牢固，不得踩踏钢筋造成移位。

6　钢筋骨架起落时，下方不得行走站人。

7　采用人力翻斗车运送砂石料时，前后车应保持一定距离。双手应扶牢车把倒料，严禁双手脱把，防止翻车伤人，如图 5.2.3 所示。

图 5.2.3　人力翻斗车运送砂石料时严禁双手脱把

8　用车子向基坑或料斗倒混凝土，应有挡车措施，不得用力过猛和撒把。

9　浇筑混凝土使用的溜槽及串筒节间必须连接牢固。操作部位应有护身栏杆，不得直接站在溜槽边上操作。

10　使用振捣器应穿胶鞋，湿手不得接触电开关，电源线不得有破皮漏电。

11　坑内有人捣固或进行其他作业时，坑上应有人防护，防止石砟落下伤人。

12　混凝土搅拌机在运行中，不得将工具伸入筒内清料；进料斗升起时，严禁在料斗下通过或停留。

13　混凝土搅拌机停用时，升起的料斗应插上安全插销，或挂上保险链。

14　基坑内有电缆、管道时应进行防护，严禁把电缆、管道与基础浇制成一体。

5.2.4　吊车组立构架时，应符合下列安全要求：

1　竖立构架前应对该施工区域的电力线、通信线、桥隧等情况进行施工调查。

2　构架电杆堆放地点应平坦、坚实，支柱堆放应整齐、稳固，按规定位置设置垫木。

3　吊车司机应掌握所吊电杆的重量，防止吊机超负荷而发生倾覆事故。

4　立构架时，支柱倾斜度不应太大，防止坑壁因承受压力过大而造成塌坑，发生支柱倾倒事故。

5　竖立构架时，构架基坑内不得有人。

6　构架立起后，如需下坑工作时，应装好支柱整正器，确认坑壁稳固、无塌陷危险。坑内有人时不得移动支柱。

7　向坑内放置横卧板时，坑内不得有人。

8　构架柱整正后应及时回填,填土要分层夯实,每回填不大于0.3 m,应夯实一次。冬季回填土时,不得掺杂冰雪块等。在构架柱整正回填完成前,不应拆除整杆器。

9　整正器使用时,应用力均匀,注意平衡两整正器的动作,不得猛拉猛推,以防将构架柱折断。

10　整正钢柱时,地脚螺栓的螺母只可松动,不得卸下。

5.2.5　人工组立构架时,应使构架缓慢立起,各方向的晃绳应绑扎牢固,稳固构架的晃绳应绑扎在牢固可靠的地锚上。

5.2.6　变、配电所电气设备安装应符合下列安全一般要求:

1　起重工作开始前,应检查起吊、运输工具的质量是否良好,钢丝绳接头处是否牢固,不符合要求的严禁使用。

2　在起吊、牵引过程中,吊臂、钢丝绳的周围、下方、内角侧和起吊物的下面,严禁有人逗留或通过。

5.2.7　变压器安装应符合下列安全要求:

1　变压器的起吊、装卸和运输,应有专人负责指挥。

2　吊装吊绳应挂在变压器厂家指定的起吊位置,正式起吊前应进行试吊。变压器离开地面时,应暂停一下,进行安全检查。

3　严禁在变压器长轴一侧的两端同时顶升变压器。

4　用千斤顶或跨顶顶升变压器时,必须随时在变压器下垫以坚实的木板,以防止千斤顶或跨顶发生故障时,变压器倾斜翻倒。

5　充氮运输的变压器,安装时应采用由器身底部放油阀向器身内部充入新鲜空气的方式进行排氮操作。未经充分排氮前,施工人员不得进入器身内作业。进入器身内作业时,通风及照明设施应良好且接地可靠,并有专人监护。

6　充油运输的变压器,从器身向外排油时,在打开器身底部放油阀前,应首先打开器身顶部的任一法兰盖板或放气塞,防止器身内部形成真空而发生变形。

7　未移开钟罩或做出可靠支撑前,严禁在钟罩下方进行任何操作。

8　对变压器进行热油循环干燥处理时,工作人员不得离开干燥操作现场,并应随时监视及控制干燥温度。干燥现场不得存放易燃物品,并应配备消防灭火器材。

5.2.8　断路器安装应符合下列安全要求:

1　调整弹簧操动机构时,应使用专用工具,不得徒手直接操作。

2　进行断路器调整,调整人员应避开触头测量杆(管)的行程范围。

3　安装或连接六氟化硫断路器的水平传动杆及保护管时,不得在操动机构储能且未闭锁的情况下直接连接。

4　对六氟化硫断路器进行充气时,其容器及管道应干燥,工作人员应戴手套和口罩。

5　在断路器调整过程中,操动机构应有专人进行操作,每次合闸之后应将脱扣闭锁板直接锁住。

6　不得在有压或储能状态下,对液压或弹簧储能机构进行拆装检查工作。断路器及其传动装置进行测量检查时,操作人员应避开开关可动部分的动作空间。

7　放松或拉紧开关的储能及自动释放弹簧时,应使用专用工具,不得徒手操作。

5.2.9　在电容补偿柜安装电容时,应对电容器进行充分放电,并将引线端子短连后进行安装。

5.2.10　隔离开关在调整时,应避开开关触头的活动范围,不得蹬踏传动杆。

5.2.11　安装阀型避雷器时不得蹬踏避雷器,不得利用敲击的方法将避雷器计数器回零。

5.2.12　配制碱性蓄电池电解液时，应将氢氧化钾慢慢倒入水中，严禁将水倒入氢氧化钾中。

5.2.13　各种组合电器安装应符合下列安全要求：

1　正式安装前，严禁打开各种组合电器的任一法兰盖板或阀门，防止组合电器密封破坏，引起受潮。

2　在组装过程中，所有打开的法兰盖板应进行临时遮盖，避免污物进入器身内部。

3　安装组合电器的房间内，配套安装的监测、监控装置和自动通风机系统应动作灵敏可靠，报警声光信号显示正确。

4　搬运 SF_6 气瓶应轻装轻卸，严禁溜放抛掷。气瓶应存放在防晒、防潮并不得靠近热源和其他危险源的地点，且应通风良好。

5.2.14　盘、柜搬运和安装应符合下列安全要求：

1　对重心不稳的盘、柜，在安装固定前，应有防止倾倒的措施，安装就位后应立即拧紧固定螺栓，不得浮放。

2　盘、柜搬运安装时，应防止挤压手、脚和损坏盘、柜上的设备。

3　盘、柜在未固定牢固前应有防倒措施。

4　推动液压小车时应缓慢行进。要注意盘、柜体的行进方向，随时纠正，防止倾斜。

5　临时用的枕木平台应摆放水平牢固。

5.2.15　电力变配电所基础、构支架及设备安装施工应按表5.2.15进行安全作业检查，并认真填写检查记录表。对检查中发现的不符合规定的情况，应按表2.0.5签发安全检查整改通知单，限期整改，并跟踪验证。

表5.2.15　变、配电所基础、构支架及设备安装施工作业安全检查表

项目(工程)名称				
施工地点				
序号	检查项目		对应条文号	检查情况
1	班前安全讲话		2.0.7	
2	劳动保护用品佩戴		2.0.8	
3	基坑开挖	天气状况	5.2.1	
		开挖前准备		
		开挖防护		
		坚石坑开挖	5.2.2	
4	基础浇制	基坑稳定	5.2.3	
		模型板要求		
		作业平台要求		
		施工防护		
		电缆防护		
5	杆塔、构架组立	安全措施	5.2.4, 5.2.5	
		杆塔、构架堆放		
		起吊要求		
		人工组立		
		登高作业		

续上表

项目(工程)名称				
施工地点				
序号	检查项目		对应条文号	检查情况
6	电气设备安装	起重、搬运、安装防护	5.2.6	
		变压器安装	5.2.7	
		断路器安装	5.2.8	
		电容补偿装置	5.2.9	
		隔离开关安装	5.2.10	
		阀型避雷器	5.2.11	
		碱性蓄电池电解液配制	5.2.12	
		各种组合电器	5.2.13	
		盘、柜安装	5.2.14	
检查方:________ 检查人:(签名)________ ______年____月____日			被检查方:________ 接收人:(签名)________ ______年____月____日	

5.3　架空线路

5.3.1　杆塔基坑施工除应符合本规程第 5.2.1、5.2.2 条的有关规定外，尚应符合下列安全要求:

1　土质松软处应设防塌板(板桩);

2　在居民区或交通道路附近挖坑应设遮栏，如图 5.3.1 所示，且夜间应设红色警示灯;

图 5.3.1　在居民区或交通道路附近挖坑应设遮栏，夜间设红色警示灯

3 挖石坑时,操作人员应选在安全位置操作;

4 在45°以上山坡、河道附近等易受雨水冲刷的处所,应按设计要求采取围桩、围台等防护措施。

5.3.2 杆塔基础浇制应符合本规程第5.2.3条的有关规定。

5.3.3 杆塔组立应符合下列安全要求:

1 组立杆塔应设专人指挥。

2 地面组装杆塔时,不得将手指插入螺孔内找正。在市区、地面狭窄或路肩、高岗、斜坡等地区组立杆塔时,应采取安全措施。

3 人工立杆时应使用滑板,叉杆、支杆应支撑在地面上。电杆坑内有人时不得移动或转动电杆。

4 组立杆塔时各受力点应绑扎牢固,侧面应用拉绳控制。在杆塔安装稳固前,不应登杆塔工作和解开绳索。

5 采用人工组立杆塔时,地锚应牢固,并设专人看护。

6 杆塔头部起立到离地面0.5 m~1 m的高度时,应暂停牵引,待检查确认无异状后方可继续起立杆塔;杆塔起立到与地面成70°角时应减慢牵引速度。

7 吊车组立杆塔时应加三方拉绳,立正回填夯实后方可撤去拉绳。

8 立无叉梁的H型杆时应加装临时叉梁,保证在起吊过程中有足够的稳定性。

5.3.4 绝缘子安装应符合下列安全要求:

1 绝缘子安装时,安全带应拴在牢固的构架上。

2 绝缘子安装时采用的开口销或闭口销不应有折断、裂纹等现象,不得用线材或其他材料代替闭口销或开口销。

5.3.5 拉线安装应符合下列安全要求:

1 下拉线盘时,工作人员应站在马道两侧双手拉持拉线棒将拉线盘徐徐放入坑内,不得丢入,且马道对面严禁有人。

2 拉线安装时线夹舌板与拉线应密贴,受力后无滑移现象,拉线回头与本线应扎牢。

5.3.6 导线(含接户线)架设应符合下列安全要求:

1 线盘支架应稳固,线盘转动灵活、制动可靠。

2 放线时应设专人指挥,放线信号应明确,如发现异状应停止放线。在市内、住宅区或跨越公路、铁路及跨越通信、电力线路时,应设专人防护。

3 在通航的河流及公路上利用跨越架放线时,应与有关部门取得联系,并设专人防护。

4 人力放线通过陡坡时,应防止滚石伤人;遇悬崖险坡应采取先放引绳或设扶绳等措施。

5 使用绞车或绞磨紧线时,应将地锚固定牢固并设专人看护。绞车或绞磨上的绕绳不应少于5圈。拉尾绳人员距绞磨的距离不应小于2.5 m。

6 人工紧线或调整线路弛度时,不得将安全带直接扣在紧线器的尾绳上。

7 耐张、转角杆塔应根据紧线张力和设计要求,调整永久拉线或设临时拉线,应随时检查拉线和杆塔有无异状,挂线滑轮应安装牢固。

8 当耐张线夹上的U型螺栓将导线紧固后,方可松开紧线器。

9 不得在紧线的一侧、角杆内侧或利用拉线上下电杆。

5.3.7 跨越架搭设应符合下列安全要求:

1 跨越架的型式应根据被跨越物的大小和重要性确定。重要设施的跨越架及高度超过

15 m 的跨越架应由施工技术部门提出搭设方案,经审批后实施。

2　搭设或拆除跨越架应设安全监护人。

3　搭设跨越重要设施的跨越架,应事先与被跨越设施的单位取得联系,必要时应请其派员监督检查。

4　跨越架的中心应在线路中心线上,宽度应超出新建线路两边线各 1.5 m,且架顶两侧应设外伸羊角。

5　跨越架与铁路、公路及通信线交叉的最小安全距离应符合表 5.3.7 的规定。

表 5.3.7　跨越架与被跨越物的最小安全距离(m)

被跨越物名称 / 跨越架部位	铁　路	公　路	通信线
与跨越架面的水平距离	至铁路中心:3.0	至路边:0.6	0.6
与封顶杆垂直距离	至轨顶:6.5	至路面:5.5	1.0

6　跨越多股道的铁路、公路时,跨越架如不能封顶,应增加架顶高度。

7　跨越架上应按有关规定悬挂醒目的警告标志。

8　跨越架应经使用单位验收合格后方可使用。

9　强风、暴雨过后应对跨越架进行检查,确认合格后方可使用。

10　越线架应坚固可靠,立柱埋深不应小于 0.5 m。简易架的埋深应适当加大,并应设撑杆或拉线。跨越架的型式可根据被跨越物的大小和重要性确定。

11　跨越架架体的强度应能承受发生断线或跑线时的冲击载荷。

12　跨越架拆除应自上而下逐根进行;架材应有人传递,不得抛扔;严禁上下同时拆架或将跨越架整体推到。

5.3.8　既有架空线路撤除应符合下列安全要求:

1　应设专人指挥。

2　撤线前应先把中间杆的绝缘子绑扎线全部解开,将导线放在横担上,中间杆上的人员全部下杆撤离。

3　撤线时应先在承力杆和终端杆处把绳索直接系在导线靠近耐张线夹处,拉紧绳索后拆除绝缘子串与横担的连接螺栓,将导线和绝缘子串徐徐放下,严禁突然剪断导线。

4　既有架空线路撤除前必须验明架空线无电压并可靠接地。

5.3.9　架空线路施工应按表 5.3.9 进行安全作业检查,并认真填写检查记录表。对检查中发现的不符合规定的情况,应按表 2.0.5 签发安全检查整改通知单,限期整改,并跟踪验证。

表 5.3.9　架空线路施工作业安全检查表

项目(工程)名称			
施工地点			
序号	检查项目	对应条文号	检查情况
1	班前安全讲话	2.0.7	
2	劳动保护用品佩戴	2.0.8	
3	基坑开挖	5.3.1	
4	基础浇注	5.3.2	

续上表

项目(工程)名称			
施工地点			
序号	检查项目	对应条文号	检查情况
5	杆塔组立	5.3.3	
6	绝缘子安装	5.3.4	
7	拉线安装	5.3.5	
8	导线架设	5.3.6	
9	跨越架搭设	5.3.7	
10	既有架空线撤除	5.3.8	
检查方:______ 检查人:(签名)______ ____年___月___日		被检查方:______ 接收人:(签名)______ ____年___月___日	

5.4 电缆线路

5.4.1 挖沟作业应符合本规程第3.2.3条的要求:

5.4.2 电缆过轨施工应符合本规程第3.2.11条的要求。

5.4.3 电缆敷设应符合本规程第3.2.4、3.2.9条的相关规定。

5.4.4 电缆终端头及中间头制作应符合下列安全要求:

1 电缆头制作前,应对电缆芯线进行充分放电。锯电缆时应采用支架固定。

2 操作人员应在通风良好的场所制作环氧树脂电缆头,并应戴口罩和手套。

3 下雨天或极度潮湿的天气下不得露天制作高压电缆头。

4 焊接地线应使用烙铁,不得使用喷灯。电烙铁使用前,应确认电源线绝缘良好。

5 加热的电缆胶和熔化的料剂不应装入锡焊的、密封的容器内。搅拌和舀取熔化剂料时,应使用预先加热的金属棒或金属勺。

6 使用喷灯时,使用前应检查喷嘴、打气筒、底部螺栓和其他部位,均不得有裂痕或渗漏现象。向喷灯内灌入的燃料不应大于其容积的3/4,并拧紧注油栓。

7 使用喷灯时,附近不应有易燃品;接油阀应逐渐打开;筒体发热时应停用,喷灯未冷却前严禁灌注燃料、倒出燃料、拆卸或靠近明火。

8 喷灯用毕,应先灭火泄压,待完全冷却后方可放入工具箱。

9 冷缩电缆头制作时,电缆冷缩管应按产品技术规定的迟延时间充分收缩。

10 采用气体喷枪进行热缩头制作时,除遵照以上条款之安全规定外,对气体存贮罐应妥善使用和保管,严禁抛掷、摔打,加气压力应符合相关规定,气温低和罐内压力低时严禁对气罐进行加温和烘烤并禁止倒置使用。

5.4.5 既有电缆撤除前必须验明电缆确无电压并可靠接地。

5.4.6 电缆线路施工应按表5.4.6进行安全作业检查,并认真填写检查记录表。对检查中发现的不符合规定的情况,应按表2.0.5签发安全检查整改通知单,限期整改,并跟踪验证。

表 5.4.6 电缆线路施工作业安全检查表

项目(工程)名称			
施工地点			
序号	检查项目	对应条文号	检查情况
1	班前安全讲话	2.0.7	
2	劳动保护用品佩戴	2.0.8	
3	电缆沟开挖前准备	5.4.1	
4	电缆过轨	5.4.2	
5	电缆敷设	5.4.3	
6	电缆头、中间头制作	5.4.4	
7	既有电缆撤除	5.4.5	
检查方:_______ 检查人:(签名)_______ _____年___月___日		被检查方:_______ 接收人:(签名)_______ _____年___月___日	

5.5 低压配电

5.5.1 安装明、暗配电线钢管时内管口必须做打磨处理,不得有毛刺,以免穿线时破坏绝缘层。

5.5.2 剔槽打眼时,锤头不得松动,铲子应无卷边、裂纹,戴好防护眼镜。楼板、砖墙打透眼时,板下、墙后不得有人靠近。

5.5.3 利用人工弯管器弯管,应选好场地,防止滑倒和坠落,操作时面部应避开。

5.5.4 管子煨弯砂子应烘干,装砂架子应搭设牢固,并设栏杆;用机械敲打时,下面不得站人。管子加热时,管口前不得有人。

5.5.5 管子穿带线时,不得对管口呼唤、吹气,防止带线弹回伤眼。穿导线时,应互相配合防止挤手。

5.5.6 配电线路中金属管路连接处及金属管路与配电箱间连接处应有可靠的跨接地线。

5.5.7 盘、柜安装应符合本规程第 5.2.14 条的要求。

5.5.8 配电箱安装应符合下列安全要求:

1 配电箱、开关箱内的开关电器(含插座)应紧固在电器安装板上,并便于操作(无特殊规定时,间隙不小于 50 mm),不得歪斜和松动。

2 绝缘导线剥头不得外露,接头不得松动。

3 箱内的工作零线应通过接线端子板连接,并应与保护零线接线端子分设。

4 箱体的金属外壳应做保护接零(或接地),保护零线必须通过接线端子板连接。

5 进、出线应加护套,分路成束并做防水弯,导线束不得与箱体进出口直接接触。

6 配电箱进、出线的开口处应用防水材料封堵严密。

5.5.9 箱变安装应符合下列安全要求:

1 箱变吊装时,吊绳与铅垂线的夹角不应大于 30°或符合制造厂的规定;吊绳应绑扎在箱变底部的吊耳上,严禁利用箱变顶部的吊耳起吊箱变。

2 箱变在基础上就位时,基础上不应有任何杂物。

3 在基础上调整箱变时,应紧固四角固定螺栓,同时保持其处于水平状态,确保各侧箱门顺利开闭。

5.5.10 低压配电施工应按表5.5.10进行安全作业检查,并认真填写检查记录表。对检查中发现的不符合规定的情况,应按表2.0.5签发安全检查整改通知单,限期整改,并跟踪验证。

表5.5.10 低压配电施工作业安全检查表

项目(工程)名称			
施工地点			
序号	检查项目	对应条文号	检查情况
1	班前安全讲话	2.0.7	
2	劳动保护用品佩戴	2.0.8	
3	配管配线	5.5.1~5.5.6	
4	盘、柜安装	5.5.7	
5	配电箱安装	5.5.8	
6	箱变安装	5.5.9	
检查方:________ 检查人:(签名)________ ______年____月____日		被检查方:________ 接收人:(签名)________ ______年____月____日	

5.6 电气照明

5.6.1 灯塔、灯桥的基坑开挖应符合本规程第5.2.1、5.2.2条的规定。

5.6.2 基础浇注施工应符合本规程第5.2.3条的有关规定。

5.6.3 吊车组立灯塔、灯桥应符合下列安全要求:

1 吊装前,应对吊装机具进行检查;吊装机具的传动部分和制动闸应可靠,钢丝绳应完好并有护套。

2 吊装时应设专人指挥,指挥者应站在所有施工人员都能看到的位置,应能看清吊装全过程。

3 吊车行进中不得进行起吊作业。

4 吊车作业时严禁人员在吊臂下停留或通过。

5 不得单点起吊灯桥。

6 起吊时,在索具受力或被吊物悬空情况下,起吊司机不得中断工作或离开工作岗位。

7 吊装灯桥前应在灯桥柱上部安装临时操作平台(托架)。

8 吊装灯桥前,灯桥所跨越的铁路股道线路应封锁。

9 吊装时,应注意吊臂和被吊物体移动过程中与其他带电体和构筑物的安全距离,防止被电击或者发生碰撞。

5.6.4 灯塔人工组立应符合下列安全要求:

1 向上吊起或向下放落工具、塔材等物体时,应使用尼龙绳或加挂滑轮传递,不得采用抛掷方式传递。

2　塔材组装时必须自下而上逐一组装，在下段没有完全组装并紧固好之前，不得继续向上拼装。

3　在借助滑轮起吊材料时，上部人员必须站在起落物体的外侧，起落点下不得站人。

5.6.5　跨越既有接触网安装灯桥应制定专项施工方案。

5.6.6　安装照明线路时不得直接在板条天棚或隔音板上通行及堆放材料。必须通行时，应在大梁上铺设脚手板。

5.6.7　照明开关、灯座及插座等应正确接入相线及零线。

5.6.8　灯具的相线必须经开关控制，不得将相线直接引入灯具。

5.6.9　在单相线路中，零线与相线的截面应相同；在三相四线制线路中，当照明灯为白炽灯时，零线截面不应小于相线截面的½；当照明灯具为气体放电灯或逐相切断的三相照明电路时，零线截面按最大负荷相的电流选择。

5.6.10　照明灯具的金属外壳应做保护接零。单相照明回路的开关箱（板）内必装设漏电保护器，实行"左零右火"制。

5.6.11　无规定时，室外灯具距地面一般不得低于 3 m，墙上安装不低于 2.2 m。

5.6.12　螺口灯头的绝缘外壳不得有损伤和漏电，火线（相线）应接在中心触头上，零线接在螺口相连的一端。

5.6.13　电气照明施工应按表 5.6.13 进行安全作业检查，并认真填写检查记录表。对检查中发现的不符合规定的情况，应按表 2.0.5 签发安全检查整改通知单，限期整改，并跟踪验证。

表 5.6.13　电气照明施工作业安全检查表

项目(工程)名称			
施工地点			
序号	检查项目	对应条文号	检查情况
1	班前安全讲话	2.0.7	
2	劳动保护用品佩戴	2.0.8	
3	灯塔、桥基坑开挖	5.6.1	
4	基础浇注	5.6.2	
5	吊车组立	5.6.3	
6	人工组立	5.6.4	
7	接线要求	5.6.6 ~ 5.6.12	
检查方:______ 检查人:(签名)______ ____年___月___日		被检查方:______ 接收人:(签名)______ ____年___月___日	

5.7　防雷与接地

5.7.1　防雷、接地施工应符合下列安全要求：

1　避雷针在进行整体连接或焊接时，应架设在同一水平高度的平面上。

2 避雷针组立后,应立即可靠接地。

3 避雷针应避开恶劣天气组立。

4 电气装置需要直接接地的金属外壳及其底座,应可靠接地。

5.7.2 接地体敷设及焊接作业应符合下列安全要求:

1 设置垂直接地体的地方,土沟应适当加宽。

2 接地线应防止发生机械损伤和化学腐蚀。在与公路、铁路或管道等交叉及其他可能使接地线遭受机械损伤处,接地线应用管子或角钢等加以保护;有化学腐蚀的部位应采取防腐蚀措施。

3 接地体(线)焊接时,焊接应牢固无虚焊,焊接部位应涂沥青或其他防腐材料。

5.7.3 防雷接地施工应按表5.7.3进行安全作业检查,并认真填写检查记录表。对检查中发现的不符合规定的情况,应按表2.0.5签发安全检查整改通知单,限期整改,并跟踪验证。

表5.7.3 防雷与接地施工作业安全检查表

项目(工程)名称			
施工地点			
序号	检查项目	对应条文号	检查情况
1	班前安全讲话	2.0.7	
2	劳动保护用品佩戴	2.0.8	
3	施工安全要求	5.7.1	
4	敷设及焊接	5.7.2	
检查方:______ 检查人:(签名)______ ____年___月___日		被检查方:______ 接收人:(签名)______ ____年___月___日	

5.8 既有变配电所的过渡和改造

5.8.1 既有变配电所的过渡和改造工程施工应按批准的施工方案进行。

5.8.2 变配电所施工应执行持证上岗制度、工作票制度、工作许可制度、工作监护制度等组织措施并执行电力施工安全技术措施。

5.8.3 运行中的变配电所改扩建施工应采取下列技术及管理方面的安全措施:

1 编制作业指导手册、进行技术交底、执行作业票制度。

2 使用检验合格的安全防护用品。

3 编制应急预案,配备应急照明灯具。

5.8.4 变、配电所及其馈电线受电启动及送电开通应符合本规程第5.9节的有关规定。

5.8.5 临时及过渡工程施工前应对施工料具、特别是受力料具进行外观检查或测试,自制工具和施工辅助设备必须由作业队安质员检查确认其牢固可靠、性能良好后方可使用,严禁有缺陷的工具和不合格材料进入施工现场。

5.8.6 变配电所过渡改造施工应按表5.8.6进行安全作业检查,并认真填写检查记录表。对检查中发现的不符合规定的情况,应按表2.0.5签发安全检查整改通知单,限期整改,并跟踪验证。

表 5.8.6　变配电所过渡改造施工作业安全检查表

项目(工程)名称			
施工地点			
序号	检查项目	对应条文号	检查情况
1	班前安全讲话	2.0.7	
2	劳动保护用品佩戴	2.0.8	
3	施工组织及过渡方案	5.8.1	
4	安全制度	5.8.2	
5	技术及管理安全措施	5.8.3	
6	送电开通	5.8.4	
7	施工机具及材料	5.8.5	
检查方:________ 检查人:(签名)________ ______年___月___日		被检查方:________ 接收人:(签名)________ ______年___月___日	

5.9　电力工程送电开通及停电作业

5.9.1　停电检修作业时,应在已停电设备的开关及操作把手上悬挂“禁止合闸,有人工作”的警示牌,如图 5.9.1 所示。

图 5.9.1　停电检修作业应悬挂“禁止合闸,有人工作”警示牌

5.9.2　在发电厂、变电所出入口处或线路某一段有两条以上电力线路邻近施工时,应在施工线路的各杆塔处做出标记,并设专人监护。

5.9.3　在带电区域附近作业时,应符合现行《铁路基本作业施工安全技术规程》(TB 10301)

的有关规定。

5.9.4 在高、低压线路同杆架设的低压带电线路上工作时，应检查与高压线路或设备的带电距离，采取防止误碰带电高压设备的措施。在带电的低压配电装置上工作时，应采取防止相间短路和单相接地的隔离措施。

5.9.5 低压带电作业不得带负荷接续导线。如果必须带电更换电气器具时，应先做好旁路线。在自动闭塞的低压线路上，应在不受张力的处所接续导线，但必须设可靠的旁路线。

5.9.6 在相电压大于220 V的电力设备上工作时应停电；当带电工作时，应设监护人，并应符合下列安全要求：

1 使用带绝缘柄的工具，穿绝缘鞋或站在绝缘垫上；

2 严禁同时接触带电体和接地体以及同时接触两个带电体；

3 尚未脱离设备带电部分时，严禁与站在地面上的人员接触和互相传递料具及其他物品。

5.9.7 施工线路与带电线路之间的安全距离不符合现行《铁路基本作业施工安全技术规程》(TB 10301)的有关规定时，应按下列规定进行处理：

1 根据施工需要，向带电线路运营管理部门提报停电申请计划。

2 停电作业实行工作票制度，工作票由施工负责人签领。施工负责人在现场专门承担作业指导和安全监护。

3 电力专业停电工作票样式见附录A，其办理手续及执行的步骤应符合现行《铁路电力安全工作规程》的规定。

4 接到允许开始作业的命令后，必须对停电线路进行验电和接地。

5 办理停、送电手续时，必须建立可靠的联系措施和确认方法，严禁约时停、送电。

6 施工结束后，施工负责人在确认线路上已无人作业或停留，且接地线及其他安全防护措施已全部撤除，方可申请恢复向线路送电。在接地线和其他安全防护措施已全部撤除后，不得再进行与线路有关的任何作业。

5.9.8 铁路电力工程联调联试应符合下列要求

1 铁路电力工程联调联试应成立领导机构，编制联调联试方案，方案中应明确安全保证组织措施和技术措施。

2 应明确联调联试过程中的总负责人和各专项试验负责人。试验负责人应熟知本专业关键技术点和各专业的关联关系，做到本专业与其他相关专业安全衔接。

3 为应对联调联试中可能发生的突发事件，联调联试前应编制针对性的应急预案，建立联调联试抢修、巡视检察组织，并专人负责，做好联调联试期间的抢修人员、机械材料、工具的准备，并进行抢修演练。

4 铁路电力线路巡视检查人员在巡视检查期间应按联调联试方案规定的路线行进，严禁进入铁路隔离栅栏内；对线路隔离开关等设备应提前进行操作检查和维护。

5 铁路供电调度应按联调联试的时间安排提前与地方供电局联系，确保联调联试期间不间断供电。

6 各变、配电所工程的所有供、馈电线的能力必须符合联调联试规定，并提前对全部断路器进行试验检查。

7 联调联试时，铁路变、配电所工程的值班人员应加强设备巡视，并对变电所和重点供电部位派专人值守，确保连续供电。

8　参与联调联试的各方应建立可靠的联系方式，并保证通信畅通。

9　抢修作业应符合本规程第 5.9.1 和 5.9.7 的规定。

10　联调联试期间，除联调联试项目外，禁止其他高压测试作业和施工作业。

5.9.9　带电、停电作业施工应按表 5.9.9 进行安全作业检查，并认真填写检查记录表。对检查中发现的不符合规定的情况，应按表 2.0.5 签发安全检查整改通知单，限期整改，并跟踪验证。

表 5.9.9　电力带电、停电作业施工作业安全检查表

<table>
<tr><td colspan="3">项目(工程)名称</td><td colspan="2"></td></tr>
<tr><td colspan="3">施工地点</td><td colspan="2"></td></tr>
<tr><td>序号</td><td colspan="2">检查项目</td><td>对应条文号</td><td>检查情况</td></tr>
<tr><td>1</td><td colspan="2">班前安全讲话</td><td>2.0.7</td><td></td></tr>
<tr><td>2</td><td colspan="2">劳动保护用品佩戴</td><td>2.0.8</td><td></td></tr>
<tr><td>3</td><td colspan="2">停电作业警示牌</td><td>5.9.1</td><td></td></tr>
<tr><td rowspan="6">4</td><td rowspan="6">带电作业</td><td>发电厂、变电所出入口作业</td><td>5.9.2</td><td></td></tr>
<tr><td>带电区域附近</td><td>5.9.3</td><td></td></tr>
<tr><td>高低压同杆架设</td><td>5.9.4</td><td></td></tr>
<tr><td>自动闭塞线路</td><td>5.9.5</td><td></td></tr>
<tr><td>相电压大于 220 V 的电力设备</td><td>5.9.6</td><td></td></tr>
<tr><td>施工线路与带电线路之间的安全距离不能满足规定时</td><td>5.9.7</td><td></td></tr>
<tr><td>5</td><td colspan="2">铁路电力工程动态试验</td><td>5.9.8</td><td></td></tr>
<tr><td colspan="3">检查方：________
检查人：(签名)________
______年____月____日</td><td colspan="2">被检查方：________
接收人：(签名)________
______年____月____日</td></tr>
</table>

6 电力牵引供电

6.1 一般规定

6.1.1 牵引变电所工程应考虑下列主要危险源、危害因素：

1 基础坑开挖易出现软土质，现场反映情况不及时，造成与设计不符状态，给基础浇注和电杆组立产生隐患。

2 组立电杆时由于晃绳绑扎不牢固，易造成电杆倾倒、摔杆。

3 避雷针组立未配重或配重不足，造成一次组立不能完成或倾倒。

4 悬挂母线时安全措施不到位，造成母线或器具脱落伤人。

5 大型设备运搬、吊装组织措施不得力或缺乏实践经验，在基础上拆卸运输器具，由于基础顶面受地方狭窄限制，容易造成恶性事故。

6 调整断路器未按规定或产品说明书操作，极易造成人员受伤。

7 变电所受电开通程序交底不详、不彻底，给现场操作造成混乱，极易发生人身伤亡事故。

6.1.2 接触网工程应考虑下列主要危险源、危害因素：

1 施工过程中，通信不畅；施工要点未执行规定。

2 施工要点完毕，作业车组未执行联挂安全措施。

3 销点前未检查确认是否达到放行列车条件。

4 施工作业前未对使用料具进行安全检查。

5 基坑开挖及接地极埋设过程中未探明地下管线位置。

6 流沙塌方基坑开挖未采取有效措施。

7 未按规定和要求操作使用接触网作业车辆。

8 施工材料、设备、工器具侵限。

9 长大硬横梁吊装，未采取防止下滑措施。

10 承力索、接触线架设后未采取安全措施。

11 在列车运行速度 160 km/h 以上且线间距小于 6.5 m 复线地段进行承力索或接触线拆除、架设作业时，未采取有效措施。

12 冷滑试验未编制专项方案或不按方案实施；冷滑试验前未准备抢修作业人员、材料及工器具。

13 停电作业施工未严格执行停电作业程序。

14 营业线施工未与相关配合单位签订安全配合协议。

6.1.3 施工单位在运输和安装箱式开闭所（分区所、AT 所）、高压组合电器、变压器、长大硬横梁，营业线附近开挖流沙塌方坑，既有电气化改造中的影响行车和既有设备安全、新建设施开通等施工项目为重大危险源，应制定专项施工方案，并按规定进行审批或备案。在涉及重大危险源施工时，施工单位专职安全管理人员应进行现场指导，监理单位应进行旁站监理，设备管理单位应进行现场监护。

6.1.4 施工过程中，施工单位应加强安全管理工作：

1 在编制施工组织设计时，应针对具体施工项目，制定有针对性的安全技术措施；下达施工计划的同时，应根据项目特点下达安全措施。

2　工程技术人员应对每个单位、分部、分项工程进行施工技术及安全注意事项交底，交底材料应采用书面形式。

3　工程技术人员进行技术交底时，应同时强调相关的安全注意事项以及应该采取的安全技术措施，并将交底内容记入工程日志。

6.1.5　接近营业线施工的机械设备，应设专人监护，防止侵限刮碰列车。

6.1.6　施工时不得侵入未封锁的邻近线路建筑限界。

6.1.7　施工完成后，应清理施工料具，确认不影响行车后方可撤离施工现场。

6.1.8　新增设备在带电前应向建设单位提出带电申请，通报新带电设备地点、范围，应向新带电设备附近居民做好宣传工作，并在现场醒目位置做出标志；在未得到批准前，严禁向新增设备送电。

6.1.9　接触网作业车的使用除应符合《铁路基本作业施工安全技术规程》（TB 10301）有关轨行车辆的规定外，尚应符合下列安全要求：

1　非作业运行时，作业平台上不得有人，如图 6.1.9 所示。

图 6.1.9　非作业运行时的作业平台上不得有人

2　作业架升、降时不得上下人。

3　当邻线未封锁时，作业车任何部位不得侵入邻线建筑限界。

4　作业人员在作业平台上安装作业时，不得升、降、旋转作业平台。

5　作业车的作业平台应降到安全高度后方可运行。

6　作业平台的操作控制，必须设专人控制。

6.1.10　车梯的使用应符合下列安全要求：

1　应指定车梯负责人，每辆车梯推扶人员不得少于 4 人，车梯上的作业人员不得超过 2 人。

2　在铁路上使用车梯作业时，材料、工机具等不得放置在工作平台上。

3　在轨道电路区段上使用车梯时，车梯的车轮与钢轨间应采取可靠的绝缘措施。

4　不同接触线高度的接触网施工地点，应使用配套高度的车梯。

5 车梯应按计划上道,禁止非计划转道。

6 当邻线有列车通过时,作业人员应停止车梯作业。

7 当车梯在曲线上或遇大风时,车梯负责人和推扶人员应采取防止车梯倾倒的措施;当车梯在大坡道上时,应采取防止滑移的措施;遇6级以上强风、浓雾等恶劣天气应停止作业。

8 车梯在地面上推动时,工作台上不得有人停留。

9 车梯上的作业人员不得将安全带系在车梯工作台框架上。

10 隧道内和夜间施工时,车梯应在行车方向侧面悬挂黄色反光标志牌。

11 车梯搬离线路存放时,应采取措施防止其侵入铁路基本建筑限界。

12 使用车梯进行作业时,作业人员登梯前应检查梯子是否结实,安放是否牢靠,是否有人扶梯。

6.1.11 攀杆作业应符合下列规定:

1 攀杆时,作业人员应戴好安全帽,作业时扎好安全带,安全带挂于牢固可靠处。图6.1.11—1所示施工人员属违章作业。

图6.1.11—1 作业人员攀杆时应戴好安全帽

2 攀登支柱前,应检查支柱状态,观察支柱上有无其他设备,选好攀登方向和条件。

3 攀登支柱时应手把牢靠,脚踏稳准,尽量避开支柱上设备。用脚扣攀登时,脚扣应卡牢,防止滑落。

4 使用爬梯作业时,应保证爬梯上部绑扎牢固,并有专人扶持,梯脚应有防滑措施。如图6.1.11—2所示施工人员属违章作业。

5 数人同登一根电杆作业时,不得在同一侧上下。

6.1.12　在有轨道电路的区段作业时，不得使长大金属物体（长度大于或等于轨距）将线路两根钢轨短接。

图 6.1.11—2　爬梯应有专人扶持，梯脚应有防滑措施

6.2　基础及构支架

6.2.1　基础、构支架施工应符合本规程第 5.2.1～5.2.5 条的有关规定。

6.2.2　接触网基坑开挖除应符合本规程第 5.2.1、5.2.2 条的有关规定外，尚应符合下列安全要求：

1　沿线路路基开挖的基坑，作业时坑口必须有人防护。当列车通过时，路基沿线及坑内人员停止作业。

2　基坑开挖作业必须保证路基的稳定。路基附近挖坑时，应在坑口的线路侧做好挡板，防止道砟流失。

3　应经常清理排水沟，防止弃土堵塞排水沟；若需将排水沟侧移时，应保证其不小于原沟的排水量。

4　在开挖有水的基坑时，不应将水排放到路基上。

5　在站台上、平交道口等行人较多的地点，开挖后未立支柱前，应在基坑边设立明显的标志，并采取防止行人坠落到基坑的安全措施。

6　在挖坑地段应设专人巡回检查，遇有大雨、暴雨天气时，已开挖的基坑应根据具体情况或铁路运输部门的有关规定及时回填。

6.2.3　混凝土基础浇制除应符合本规程第 5.2.3 条的有关规定外，尚应符合下列安全要求：

1　使用混凝土运输车进行施工时，应设专人监护，防止运输车侵入铁路基本建筑限界。

2 接近营业线路使用输送泵输送混凝土,应在封锁点内进行。

6.2.4 接触网支柱组立应符合下列安全要求:

1 竖立支柱前应对该施工区段的电力线、通信线、桥隧等施工环境情况进行调查了解,制定安全措施。

2 支柱堆放地点应平坦坚实,支柱堆放应整齐稳固,按规定位置设置垫木。

3 利用平板车装载支柱或横卧板时,应装载均匀,放置平稳、牢靠。安装支柱或撒料时,应根据载重情况均匀卸载,防止偏载。

4 在营业线上严禁利用平板车承载各类吊车进行立杆作业。

5 严禁利用列车行车间隔时间,跨铁道线路进行吊装作业。

6 外轨超高超过机械使用范围时,应制定对应的安全措施。

7 施工列车在运行中不得进行起吊工作,吊臂应停放在规定位置,不得超过机车车辆限界。

8 进行立杆作业时,吊车司机应掌握所吊电杆的重量,防止吊机超负荷而发生倾覆事故。

9 吊机不得斜拉重物,不得吊拔被土或其他物体埋住、压住和冻住的物体。

10 在曲线上操作支腿时,不得使曲线内侧车轮轮缘的下端高出线路钢轨轨面,以防落下时脱轨。

11 营业线施工,应设随车防护。

12 立支柱时,支柱不得向线路侧倾斜,如图 6.2.4 所示。

13 竖立支柱时坑内不得有人。

图 6.2.4 支柱不得向线路侧倾斜

6.2.5 接触网支柱整正应符合下列安全要求:

1 支柱整正过程中,支柱的任何部分和整正器均不得侵入铁路建筑限界,整正后应及时回填,填土应分层夯实,每回填不大于 0.3 m,应夯实一次。

2 整正器使用时,应用力均匀,注意平衡两整正器的动作,不得猛拉猛推,以防将支柱折断。

3 对道口附近、有车辆运行的装卸线旁及路边的支柱,应进行防护。

4 支柱立起后,需下坑工作时,应装好支柱整正器,确认坑壁稳固、无塌陷危险。

5 坑内有人时不得移动支柱,不得向坑内放置横卧板。

6 冬季回填基坑时,应将冻土块打碎,并不得掺杂冰雪块等。

7 有水的基坑,在支柱整正回填完成前,不应拆除整杆器。

8 整正钢柱时,地脚螺栓的螺母只可松动,不得卸下。

6.2.6 变电所基础及构支架组立应符合下列安全要求:

1 构支架电杆的组立,应待混凝土基础的强度达到设计值的 50% 以上并回填夯实后,方可进行立杆和二次灌注;达到设计值的 70% 以上时,方可进行上杆作业。

2 根据构架电杆的组立位置及电杆高度,在电杆组立前,应提前设置用于固定晃绳的地锚,地锚的强度应满足临时锚固电杆稳定性的要求。

3 变电所的构支架应采用吊车进行组立。

4 电杆竖起后应及时拉紧晃绳,并在地锚上临时固定。

5 在调整电杆的垂直度时,晃绳在锚柱或锚钩上应背扣,垂直度调整好后,应把晃绳牢固地绑扎在地锚上。

6 变电所钢结构构支架在基础上就位时,应在地脚螺栓与钢结构构支架紧固牢靠后再摘钩。

7 利用梯子进行电杆作业时,梯子上端与电杆之间应进行绑扎。

6.2.7 接触网专业基础及支柱施工应按表 6.2.7—1、变电专业基础及构支架施工应按表 6.2.7—2 进行安全作业检查,并认真填写检查记录表。对检查中发现的不符合规定的情况,应按表 2.0.5 签发安全检查整改通知单,限期整改,并跟踪验证。

表 6.2.7—1 接触网专业基础及支柱施工作业安全检查表

项目(工程)名称				
施工地点				
序号	检查项目		对应条文号	检查情况
1	班前安全讲话		2.0.7	
2	劳动保护用品佩戴		2.0.8	
3	基坑开挖		5.2.1,5.2.2,6.2.2	
4	基础浇制		5.2.3	
			6.2.3	
5	支柱组立	安全措施	6.2.4	
		支柱堆放		
		装载要求		
		起吊要求		
		施工防护		
6	支柱整正		6.2.5	
检查方:_______ 检查人:(签名)_______ _____年___月___日			被检查方:_______ 接收人:(签名)_______ _____年___月___日	

表 6.2.7—2 变电所专业基础及构支架施工作业安全检查表

项目(工程)名称			
施工地点			
序号	检查项目	对应条文号	检查情况
1	班前安全讲话	2.0.7	
2	劳动保护用品佩戴	2.0.8	
3	基坑开挖	5.2.1,5.2.2	

续上表

项目(工程)名称			
施工地点			
序号	检查项目	对应条文号	检查情况
4	设备基础开挖	5.2.2	
5	混凝土浇注	6.2.3	
6	混凝土构支架组立	6.2.6	
7	钢结构构支架组立		
8	数人同登一根电杆作业	6.1.11	
检查方:_______ 检查人:(签名)_______ _____年___月___日		被检查方:_______ 接收人:(签名)_______ _____年___月___日	

6.3 埋入件安装

6.3.1 桥隧打孔、灌注及埋入件安装应符合下列安全要求:

1 隧道接缝处严禁打孔。

2 化学锚栓应有锚栓剪切实验报告,药剂应在有效期内。

3 化学锚栓、膨胀锚栓操作工艺应严格按照使用说明书进行操作。

4 灌注化学锚栓前,应清除孔内所有的杂质、灰尘、油污及水分。

5 安装化学锚栓后,应按设计要求和"验标"的规定对锚栓进行抗拔力试验。

6.3.2 桥梁上作业安全防护应符合下列安全要求:

1 在桥梁墩台上施工应有防护设施,桥梁上应设专人防护。

2 桥墩台侧面打眼应搭设作业台,作业台应安全可靠,并应有护栏。

3 在列车通过桥梁时,施工人员应停止工作,避让到安全地点。

4 作业人员工作应系牢安全带,并佩戴安全帽,上下传递料具应用绳索吊工具袋的方式。

6.3.3 隧道内作业安全防护应符合下列安全要求:

1 应有安全可靠且符合照度要求的照明设备。

2 隧道打孔作业台上的人员应系安全带,所有工作人员应佩戴安全帽。

3 作业车运行时,施工人员应停止作业,作业台上放置的材料和工具,应有防止脱落的安全措施。

4 长大隧道打孔时,应采取湿式作业方法或其他除尘措施。

5 隧道拱顶的埋入杆件灌注,应有防止砂浆下落的措施。

6 作业中出现隧道顶打穿、涌水和混凝土强度达不到要求等情况时,应及时通知有关部门进行处理。

6.3.4 构件安装前应检查埋入件灌注质量,埋入杆件有松动时,不得进行构件安装。

6.3.5 接触网专业桥隧打孔、灌注及埋入件安装施工应按表6.3.5进行安全作业检查,并认真填写检查记录表。对检查中发现的不符合规定的情况,应按表2.0.5签发安全检查整改通知单,限期整改,并跟踪验证。

表 6.3.5　桥隧打孔、灌注及埋入件安装施工作业安全检查表

项目(工程)名称			
施工地点			
序号	检查项目	对应条文号	检查情况
1	班前安全讲话	2.0.7	
2	劳动保护用品佩戴	2.0.8	
3	安装作业要求	6.3.1	
4	桥梁上作业要求	6.3.2	
5	隧道内作业要求	6.3.3	
6	埋入件作业要求	6.3.4	
检查方:_______ 检查人:(签名)_______ _____年___月___日		被检查方:_______ 接收人:(签名)_______ _____年___月___日	

6.4　支柱及软(硬)横跨装配

6.4.1　支柱装配应符合下列安全要求:

1　预配时应检查各个零件是否完好,严禁使用有裂痕的铸件。绝缘子应按规定检查,若有裂纹不得使用。零件的活动部位应保证灵活,应按规定力矩紧固螺栓。

2　高处作业时应符合本规程第 6.1.11 条的规定,并应使用专门用具传递工具和材料;上、下交叉作业应有安全防护措施;严禁将工具、材料随手放置在支柱上。

3　支柱未整正完成前,不得上杆作业。

4　营业线施工期间,邻线来车时,作业人员应及时避让到安全地点,面向来车方向。

5　零部件安装应牢固,不得在安装高处对主要零部件做临时固定。

6.4.2　软横跨安装应符合下列安全要求:

1　必须跨越运营线路应设置驻站防护员和现场防护员,并保证可靠的联系。

2　在搬运软横跨时,应防止软横跨将轨道电路短接。

3　不得在有机车或车辆运行的情况下起吊、安装软横跨。

4　起吊软横跨时,拉绳人员应均匀用力。

5　软横跨安装时,若长度难以符合调整要求时,应重做线索回头,不得强行紧固。

6　在车站或行人较多的地方除设行车防护外,还应设行人防护,杆塔及软横跨下不得有行人逗留。

7　在既有接触网软横跨改造中,尚待撤除的软横跨严禁在其带有张力时剪断,应在安全的情况下用绳索缓慢撤除。

8　软横跨安装或撤除作业,在列车通过时必须保持高于机车车辆的上部限界 0.5 m 以上。

6.4.3　硬横梁架设应符合下列安全要求:

1　必须设置驻站联络员和现场防护员,并保证可靠的联系。

2　不得在邻线有列车通过的情况下进行吊装作业。吊车作业应统一指挥。

3　管型柱上安装硬横梁时,应在两根管型柱上部安装临时托架,以防硬横梁下滑。

4　在硬横梁未吊装到位时,两支柱上的施工人员应站在低于横梁的位置。

5　硬横梁在两支柱上紧固稳定后,吊车方可摘钩撤离。

6.4.4　支柱及软(硬)横跨装配施工应按表 6.4.4 进行安全作业检查,并认真填写检查记录表。对检查中发现的不符合规定的情况,应按表 2.0.5 签发安全检查整改通知单,限期整改,并跟踪验证。

表 6.4.4　支柱及软(硬)横跨装配施工作业安全检查表

项目(工程)名称				
施工地点				
序号	检查项目		对应条文号	检查情况
1	班前安全讲话		2.0.7	
2	劳动保护用品佩戴		2.0.8	
3	支柱装配	材料、工具	6.4.1	
4		高处作业		
5		行车防护		
6		施工条件		
7	软横跨安装	材料搬运	6.4.2	
8		安装作业		
9		防护		
10	硬横梁安装	起吊	6.4.3	
11		安装		
检查方:________ 检查人:(签名)________ ______年____月____日			被检查方:________ 接收人:(签名)________ ______年____月____日	

6.5　承力索、接触线架设

6.5.1　架设前应做好下列准备工作:

1　对现场的架空电力、通信设施等施工干扰情况进行检查。

2　制定施工管段内的放线计划并针对施工干扰情况制定相应的安全措施。

3　认真检查架线车及各机械部件是否工作可靠;工具是否灵活、适用、安全;材料是否齐备、合格,对受损线盘进行处理。

4　对架线锚段内受力较大的腕臂进行加固。

5　放线区段平交道口限界门应已安装完成。

6.5.2　承力索、接触线架设应符合下列安全要求:

1　架线时,架线车及人员、工具的任何部位距输电线的安全距离应符合现行《铁路基本作业施工安全技术规程》TB 10301 的相关规定。凡不符合上述规定时,应在架线前停电,并执行验电、接地封线措施。

2　架线时,严禁在放出的线索下站人。

3 放线区段内平交道口应设专人防护。

4 作业车上有人作业时，行车应平稳且速度不得超过5 km/h；架线车应匀速运行。

5 在高压线下放线时，其两端悬挂点采用封口滑轮。

6 曲线区段架线，使用封口滑轮等加固措施。

7 利用恒张力架线车架线时，线盘上的接触线和承力索在接近落锚锚柱时，应保证线材有足够的长度。

8 在车站架线，跨越未封锁线路时，应对放出的线索采取措施，并对该临时固定点设专人现场防护。

9 接触线每跨内应用不少于3根吊线、160 km/h及以上区段应用滑轮临时固定，在曲线外侧支柱定位环上应用铁线将放线滑轮临时固定。

10 在隧道区段架设时，应设专人作安全监护工作，特别应注意前方瞭望，加强联络，进隧道前一度停车，降下作业台，隧道内作业必须有充足照明设备，并加强安全监护，防止悬挂零件刮车、伤人。

6.5.3 承力索、接触线下锚作业应符合下列安全要求：

1 承力索紧线时，应将紧线器尾侧的承力索用钢丝绳卡子卡牢。

2 紧线过程中，终锚与起锚之间、终锚与巡视人员之间均应保持密切联系，随时监视线索及支柱动态，如有异常情况，应暂停紧线，采取处理措施后，方可进行紧线。

3 紧线时，下锚线索下方、坠砣下面及近旁不得有人。

4 紧线时，现场指挥应与起锚人员、道口防护人员、巡视人员、下锚人员保持通信畅通，遇到紧急情况，及时停止紧线。

6.5.4 架设完成后应符合下列安全要求：

1 架线完成后，承力索、接触线两端应进行临时接地，并做好接地位置、时间、接地人员的记录。

2 承力索、接触线架设完成后，必须有防止其串动的措施。

3 恒张力架线车按照有关规定执行。

6.5.5 超拉作业应符合下列安全要求：

1 有超拉要求的架线作业，其转换柱处应采用封口滑轮。

2 在超拉时间内，应设专人防护。保持可靠的通信联系。

3 同一转换柱、道岔柱、双线路腕臂柱、硬横梁上的两条线索不得同时超拉。

4 超拉时，应在曲线、关节处设专人防护，发现异常情况，及时处理。

5 超拉时，应有防止下锚角钢下滑的措施。在起、下锚两端同时逐步分级加张力。

6.5.6 接触网导线架设施工应按表6.5.6进行安全作业检查，并认真填写检查记录表。对检查中发现的不符合规定的情况，应按表2.0.5签发安全检查整改通知单，限期整改，并跟踪验证。

表6.5.6 导线架设施工作业安全检查表

项目(工程)名称			
施工地点			
序号	检查项目	对应条文号	检查情况
1	班前安全讲话	2.0.7	
2	劳动保护用品佩戴	2.0.8	

续上表

<table>
<tr><td colspan="3">项目(工程)名称</td><td colspan="2"></td></tr>
<tr><td colspan="3">施工地点</td><td colspan="2"></td></tr>
<tr><td>序号</td><td colspan="2">检查项目</td><td>对应条文号</td><td>检查情况</td></tr>
<tr><td>3</td><td rowspan="3">架设准备</td><td>施工干扰</td><td rowspan="3">6.5.1</td><td rowspan="3"></td></tr>
<tr><td>4</td><td>工具、材料</td></tr>
<tr><td>5</td><td>架线计划</td></tr>
<tr><td>6</td><td rowspan="4">架设施工</td><td>作业过程</td><td rowspan="4">6.5.2</td><td rowspan="4"></td></tr>
<tr><td>7</td><td>临时固定</td></tr>
<tr><td>8</td><td>施工防护</td></tr>
<tr><td>9</td><td>施工机械</td></tr>
<tr><td>10</td><td colspan="2">下锚</td><td>6.5.3</td><td></td></tr>
<tr><td>11</td><td colspan="2">架设完成后</td><td>6.5.4</td><td></td></tr>
<tr><td>12</td><td colspan="2">超拉</td><td>6.5.5</td><td></td></tr>
<tr><td colspan="3">检查方:________
检查人:(签名)________
______年____月____日</td><td colspan="2">被检查方:________
接收人:(签名)________
______年____月____日</td></tr>
</table>

6.6 定位装置及悬挂调整

6.6.1 接触悬挂调整应符合下列安全要求:

1 悬挂调整如遇有电力线干扰时,应符合现行《铁路基本作业施工安全技术规程》的有关规定。

2 当邻线列车通过时,调整作业人员应停止操作,并避让到安全位置。

3 使用梯子作业时,应制定相应的安全措施。

4 必须同杆上、下两层作业时,上、下两层作业人员应分别位于支柱的两侧,如图 6.6.1 所示。

5 杆上作业应携带工具袋,严禁将工具、材料随手放在支柱上。传递料具应用绳索吊上、递下,不得抛接。

6 调整作业人员不得位于线索受力方向的反侧,曲线上的调整作业人员应位于曲线外侧,应采取防止线索滑脱的措施并有防止线索滑跑的后备保护措施。

7 调整作业时,应防止施工材料、施工工具等连通轨道电路。

8 调整作业时严禁踩踏棒式绝缘子。

6.6.2 变电所母线安装应符合下列安全要求:

1 母线线盘支架应安放水平、牢固。

2 对已安装就位的电气设备应进行必要的安全防护。母线构架基础应达到承载要求,构架横梁应焊接良好并牢固可靠。

3 作业人员不得在横梁上直立行走。

4 悬挂母线使用的滑轮及放线滑车应在母线横梁上进行绑扎规定,且拉紧晃绳的方向应

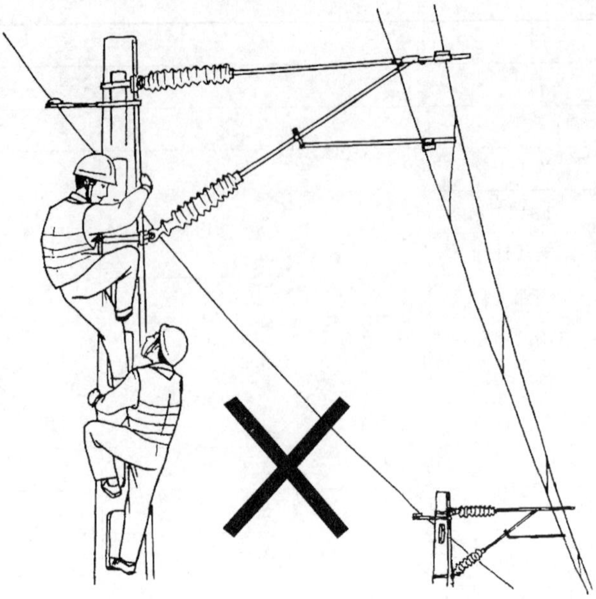

图 6.6.1　同杆作业人员应分别位于支柱的两侧

与母线拉紧的方向一致。

5　当软母线采用压接型线夹时,压接连接使用的模具、装配尺寸、每道的压接压力应符合产品的技术要求,并不得在阴雨天气进行室外压接型线夹的连接。

6.6.3　接触网定位装置及悬挂调整施工应按表 6.6.3 进行安全作业检查,并认真填写检查记录表。对检查中发现的不符合规定的情况,应按表 2.0.5 签发安全检查整改通知单,限期整改,并跟踪验证。

表 6.6.3　定位装置及悬挂调整施工作业安全检查表

项目(工程)名称			
施工地点			
序号	检查项目	对应条文号	检查情况
1	班前安全讲话	2.0.7	
2	劳动保护用品佩戴	2.0.8	
3	电力线干扰	6.6.1	
4	作业防护		
5	使用梯子		
检查方:________ 检查人:(签名)________ ____年___月___日		被检查方:________ 接收人:(签名)________ ____年___月___日	

6.7 防雷、接地

6.7.1 接地网沟的开挖应符合本规程第3.2.3条的规定。

6.7.2 距接触网带电体5 m以内的金属结构(桥栏杆、水鹤、天桥防护栅等)及隔离开关、避雷器、吸流变压器、远离铁路的支柱、行人较多和站台上的支柱、架空地线两端下锚处等均应按设计要求设接地线及接地极。

6.7.3 各处所接地极的接地电阻不得大于表6.7.3的规定值。

表6.7.3 接地极接地电阻

项目	接地电阻值(Ω)
距接触网带电体5 m以内的金属结构	30
隔离开关、避雷器、吸流变压器	10
架空地线及下锚处	10
附加导线远离铁路的支柱、行人多的地方的支柱、站台上的支柱	30
避雷线	30

6.7.4 接地极连接可靠,螺栓连接处应除锈、涂电力复合脂。接地极距地面深度不得小于0.6 m。

6.7.5 向土壤打入接地极前,应进行地下电缆和管道的调查和探测。

6.7.6 接地棒应避开地下电缆。避雷器的接地极距通信电缆不应小于3 m,在地形受限时,应加绝缘保护,且最小距离不应小于1 m,接地引线与通信电缆无法避免交叉时,交叉垂直距离不得小于0.5 m,交叉角度为90°。

6.7.7 变电工程的防雷、接地施工应符合下列安全要求:

1 避雷针的焊接和组立应设专人操作和指挥。

2 避雷针进行整体连接或焊接时,应在地面上进行操作,并应架设在同一水平平面上。

3 螺栓连接的避雷针必须在连接法兰处加焊跨接地线;焊接连接的避雷针必须符合施工技术规定,在焊接点处加焊辅筋,确保连接可靠。

4 起吊避雷针时,应在避雷针底部配重,起吊部位应采取加强措施,防止受力不均避雷针变形;立起后要及时将地脚螺栓拧紧,在未拧紧前吊车不得摘钩。

5 避雷针组立后,应立即进行可靠接地,防止遭受意外雷击。

6.7.8 接地体焊接作业应符合下列安全要求:

1 电焊机的额定功率应满足接地体焊接的需要,且焊接电流可随时调整,确保各种规格的接地体焊接质量达到标准要求。

2 电焊机在使用之前,应检查电源线、焊把线的绝缘是否完好,发现外皮破损应及时进行处理,未处理好之前禁止作业。

3 露天使用的电焊机应有防止雨雪侵袭的措施,作业过程中应始终保持焊把与工作台及被焊接物体或潮湿的地面绝缘。

4 钢材接地体应采用电焊连接;钢、铜过渡连接处应采用硼砂气焊,不得采取螺栓连接。

5 水平接地体的敷设及焊接应根据材料的规格和材质按规定进行连接。

6 设置垂直接地体的地方,土沟应适当加宽,以确保焊接质量可靠。

7　主接地网敷设及焊接完毕后，应及时测量地网的接地电阻值，若不符合设计要求，应及时与设计联系解决。

6.7.9　对于安装组合电器的地点，应按照设计要求进行接地体的敷设，地下各层接地网的分层布设形式应符合设计规定，接地网外缘一定要做成圆弧状，与房屋防雷网的连接应牢固可靠。

6.7.10　电气装置需要装设工作及保护接地线时，应符合下列要求：

1　电气装置需要直接接地的金属外壳及其底座，应可靠接地。

2　同一电气装置需敷设工作及保护接地线时，应按设计要求分别敷设。

6.7.11　接触网专业防雷接地施工应按表6.7.11—1、牵引变电所工程防雷接地施工应按表6.7.11—2进行安全作业检查，并认真填写检查记录表。对检查中发现的不符合规定的情况，应按表2.0.5签发安全检查整改通知单，限期整改，并跟踪验证。

表6.7.11—1　接触网专业防雷、接地施工作业安全检查表

项目(工程)名称			
施工地点			
序号	检查项目	对应条文号	检查情况
1	班前安全讲话	2.0.7	
2	劳动保护用品佩戴	2.0.8	
3	沟的开挖	3.2.3	
4	需要接地的设备	6.7.2	
5	接地电阻值	6.7.3	
6	接地极安装	6.7.4～6.7.6	
检查方：________ 检查人：(签名)________ ______年____月____日		被检查方：________ 接收人：(签名)________ ______年____月____日	

表6.7.11—2　变电所专业防雷与接地体的焊接施工作业安全检查表

项目(工程)名称			
施工地点			
序号	检查项目	对应条文号	检查情况
1	班前安全讲话	2.0.7	
2	劳动保护用品佩戴	2.0.8	
3	避雷针焊接、组立	6.7.7	
4	接地体焊接	6.7.8	
检查方：________ 检查人：(签名)________ ______年____月____日		被检查方：________ 接收人：(签名)________ ______年____月____日	

6.8　附加导线

6.8.1　附加导线两悬挂点的高差较大时，应进行“上拔力”验算。出现“上拔力”时应采取相应措施，消除“上拔力”。

6.8.2 附加导线架设除应符合本规程第5.3.6、6.5.1条的有关规定外，尚应符合下列安全要求：

1 附加导线的弛度、附加导线对地面及相互间距离应符合设计要求。

2 附加导线跨越铁路、二级及以上公路和重要的通航河流时不得有接头。接头位置距悬挂点不小于500 mm。

3 作为电气连接的并沟线夹、电连接线夹等的导线连接处不得包缠铝包带。并沟线夹、电连接线夹与导线连接面应平整光滑，连接密贴牢固，螺栓紧固力矩符合设计要求。作为供电使用的电连接线夹接触面要涂电力复合脂。

4 在线索展放、起锚、落锚过程中，施工现场负责人、道口防护人员、安全防护员、线盘看护人员、展放机操作员等应保持联系畅通。

5 一个耐张段内接头，断股补强处数不超过：500 m时为1个，1 000 m及以下为2个，1 000 m以上为3个。

6.8.3 人工架设附加导线除应符合本规程第6.8.2条的规定外，尚应符合下列安全要求：

1 牵引人员应匀速牵引。

2 下坡、跨沟渠和拐弯处应设防护人员。

3 牵引线材过桥梁、隧道或在铁路路肩上牵引时，不应将线材曲伸到限界以内。

4 在附加导线支持结构上悬挂线索时，应停止线索的展放和紧线。

5 不得利用安全带提拉附加导线到其支持结构上。

6.8.4 机械架设附加导线除应符合本规程第6.8.2条的规定外，尚应符合下列安全要求：

1 牵引辅助绳人员，应与悬挂辅助绳人员相配合，当进行悬挂时应停止牵引。

2 在线索展放过程中，现场施工负责人应与展放机操作人员保持联系，控制展放速度。

6.8.5 接触网附加导线施工应按表6.8.5进行安全作业检查，并认真填写检查记录表。对检查中发现的不符合规定的情况，应按表2.0.5签发安全检查整改通知单，限期整改，并跟踪验证。

表6.8.5 附加导线施工作业安全检查表

项目(工程)名称			
施工地点			
序号	检查项目	对应条文号	检查情况
1	班前安全讲话	2.0.7	
2	劳动保护用品佩戴	2.0.8	
3	验算“上拔力”	6.8.1	
4	架设附加导线的通用要求	6.8.2	
5	人工架设附加导线	6.8.3	
6	机械架设附加导线	6.8.4	
检查方：______ 检查人：(签名)______ ____年___月___日		被检查方：______ 接收人：(签名)______ ____年___月___日	

6.9　变电所电气设备安装

6.9.1　牵引变电所大型设备的二次运输，除应符合《铁路工程基本作业施工安全技术规程》(TB 10301)的相关规定外，尚应符合下列安全要求：

1　运输径路应平稳、坚实、开阔，所有经过的路径上方没有障碍物或已经采取必要的处理措施在通过时可以随时抬高。

2　牵引受力点的地锚已全部埋设完毕，运输路径上的障碍物已全部清理完毕，达到运输要求；并粘贴运输告示提醒过往人员及车辆注意。

3　在安装运输使用的“排子”时，顶升变压器或其他大型设备，应按照分次分侧进行循环顶升的方式操作，严禁在设备短轴的一侧进行顶升，正确的操作方法应在长轴的一端进行顶升，两端轮换顶升，直至完全顶升到位，操作时严禁将整个设备悬空。在操作过程中必须随时在设备底部垫上坚实的垫木。

4　当采用滚动运输方式时，应符合下列安全要求：

1)运输使用的承载大型设备的“排子”应坚固可靠，“排子”的宽度及承载能力符合要求，滑木之间应连接牢固，设备应牢固地固定在“排子”上。

2)采用移运器时应了解路面的承载力，确保路面在使用过程中不发生塌陷等意外情况，移运器的安放位置和间距应符合移运器的安装规定及设备各个点的均匀受力；在路面承载力符合运输要求的情况下，也应采取必要的缓解路面压力集中的措施。

3)设备防倾倒措施应可靠、合理，且不妨碍作业人员的操作。

5　大型设备运输时的牵引着力点应设置在设备重心以下位置，设备就位时，严禁在基础上撤除“排子”或移运器。

6　当采用滑动运输方式时，除符合上述对径路的要求外，临时设置的滑动轨道应采取加固措施，滑轨的宽度应与设备的运输轴线平行；设备就位时，应采用小滚杠调整位置，严禁在基础上利用滑轨调整大型设备的安装位置。

7　无论采用何种运输方式，在坡道上运输时，都应在设备运输的前后方向上同时施加牵引力，并采取可靠的制动措施，防止人为失控。

6.9.2　变压器安装应符合下列安全要求：

1　充氮运输的变压器，安装时应采用由器身底部放油阀向器身内部充入新鲜空气的方式进行排氮操作。未经充分排氮前，工作人员不得进入器身内作业。进入器身内作业时，通风及照明设施应良好且接地可靠，并有专人监护。

2　充油运输的变压器，从器身向外排油时，在打开器身底部放油阀前，应首先打开器身顶部的任一法兰盖板或放气塞，防止器身内部形成真空而发生变形。

3　在未移开钟罩或做出可靠支撑前，严禁在钟罩下方进行任何操作。

4　在器身内或铁芯顶部进行检查作业的人员，应穿戴无扣工作服及没有金属饰物的软底鞋，内衣兜内严禁存放任何物品。作业当中携带的工具及材料应进行记录，返还后登记，严禁将个人的工具带入检查工作现场。

5　变压器在进行热油循环干燥处理时，工作人员不得中途离开干燥操作现场，并应随时监视及控制干燥温度。干燥现场不得存放易燃物品，并应配备消防灭火器材。

6　器身检查工作结束后，应严格检查确认器身内或铁芯顶部没有任何遗留物。

7 变压器附件的安装应按先笨重后轻巧的顺序依次进行，变压器及其附件的注油或充油程序及排气方法应符合产品技术文件的规定，严禁逆向操作。

8 当采用真空注油时，变压器在抽真空过程中应随时检查器身的密封状况及箱体有无变形等现象，未注油前不得破坏器身的真空。

9 变压器器身焊缝部位需补焊修补时，应由生产厂家指派专职人员进行，严禁普通电焊工上岗操作。

6.9.3 断路器安装应符合下列安全要求：

1 调整弹簧操动机构时，应使用专用工具，不得徒手直接操作。

2 进行断路器调整，调整人员应避开触头测量杆(管)的行程范围。

3 安装或连接六氟化硫断路器的水平传动杆及保护管时，不得在操动机构储能且未闭锁的情况下直接连接。

4 对六氟化硫断路器进行充气时，其容器及管道应干燥，工作人员应戴手套和口罩。

5 检修六氟化硫断路器需要拿取容器中的吸附物时，工作人员应戴橡胶手套和防毒口罩及护目镜等劳动保护用品。

6 操动机构在断路器调整过程中，应有专人进行操作，每次合闸之后应将脱扣闭锁板直接锁住。

7 不得在有压或储能状态下，对液压或弹簧储能机构进行拆装检查工作。断路器及其传动装置进行测量检查时，操作人员应避开开关可动部分的动作空间。

8 放松或拉紧开关的储能及自动释放弹簧时，应使用专用工具，不得徒手操作。

6.9.4 电容补偿装置安装应符合下列安全要求：

1 安装与地绝缘的电容补偿装置时，空芯电抗器、电容器组的支持绝缘子，其本体应垂直，所有绝缘子的顶部应处于同一水平面上。

2 吊装空芯电抗器时，应保证其重心垂直，并平稳地安放在支持绝缘子上，安装螺栓的紧固力矩值应符合产品的技术规定。

3 安装电容器组时，应轻搬轻放，严禁以电容器上的绝缘子作为搬运把手。电容器在其支架上应均匀摆放，禁止在安装过程中将电容器集中堆放在支架的某一点上。

4 进行母线连接时，不得在电容器的绝缘子上产生应力。

6.9.5 互感器安装应符合下列安全要求：

1 各类互感器在吊装时，应保证其重心垂直，吊绳与瓷套之间应加垫柔软衬垫物进行保护。

2 水平状态运输的互感器，在现场由水平状态转为垂直状态时，应按产品说明书规定的方法进行转换。

3 并列安装的互感器，其水平位置及垂直状态应一致。

4 电流互感器的备用绕组应将其在二次接线盒中直接短路后接地。

5 电压互感器的备用绕组应将其末端在二次接线盒中直接接地。

6.9.6 隔离开关安装应符合下列安全要求：

1 吊装单极隔离开关时，必须采取防倾倒措施。调整安装方向时，应避免隔离开关与安装支架发生碰撞。

2 隔离开关在调整过程中，操作人员必须与调整人员密切配合，执行呼唤应答制度。传动时，调整人员应避开开关触头的活动范围，同时不得蹬踏传动杆。

3　三极并列安装的隔离开关在保证各极本体垂直的情况下，尚应保证极间的距离及水平度、传动杆的同心度应满足规定。调整及连杆焊接过程中应加强对瓷件的防护。

6.9.7　避雷器安装应符合下列安全要求：

1　各型避雷器的安装应该采用软性绳索进行吊装，吊绳应采用瓶扣或双背扣的形式进行绑扎。

2　安装阀型避雷器时，严禁作业人员蹬踏避雷器上的组装元件及均压环。

3　对于装有均压环的氧化锌避雷器，应在地面上一次将均压环装好，再吊装就位，避免在高处的重复操作。

4　严禁利用敲击的方法将避雷器计数器回零。

5　利用梯子安装电杆上设置的避雷器，梯撑应牢固，梯子的上端应绑扎晃绳，下端应有人扶持，梯脚应有防滑措施。

6.9.8　电缆敷设除应符合第3.2.4条的要求外，尚应符合下列安全要求：

1　在敷设大截面电缆的过程中，凡需要转弯处及在电缆井的井口处均应分别设置转角或井口电缆滑车。

2　从避雷针处引下的电力电缆一律采用全长钢管保护，不得将电缆直接埋入土壤中。

3　在安装组合电器柜的同一室内，当电缆室采用下沉式结构时，敷设电缆前应采用排风扇将电缆室强力排风，以免发生作业人员因六氟化硫气体造成窒息。

6.9.9　重心不稳的盘、柜安装应符合下列安全要求：

1　盘、柜的安装不得与房建工程同时施工，当与其他安装工程交叉施工时，必须采取相应的防护措施。

2　盘、柜应在安装现场附近进行开箱检查，拆箱后应及时将箱板等杂物清理工具，以免阻塞通道、拌摔伤人或钉子扎脚。

3　移动盘、柜时，应组织足够的人力，实行统一指挥，防止发生倾倒事故。

4　对重心不稳的盘、柜，在安装固定牢固以前，应有防止倾倒的措施；在盘底加垫铁时，不得将手深入盘底，并列安装要防止靠盘时挤手。

5　在盘面上安装设备时，设备应有人扶持。安装就位后应立即拧紧固定螺栓，严禁浮放。

6.9.10　配制酸性电解液时应符合下列安全要求：

1　运搬硫酸瓶应有防止震动和酸瓶破损的措施。搬运未封口或破裂的硫酸瓶时，应采取可靠的安全措施。

2　配制、储存、输送电解液的所有设施，必须全部是耐酸制品。

3　配制电解液使用的工器具和防护用品在使用后，应及时用小苏打溶液和清水进行清洗，未清洗前不得用手触摸。

4　配制酸性电解液时，应将硫酸徐徐注入蒸馏水之中，并用玻璃或塑料棒不断搅动，严禁将蒸馏水直接注入硫酸当中，以防爆炸伤人。

5　设备安装前，应拆除蓄电池室内的临时用电设施；注酸后，室内严禁烟火，并不得再进行与充电无关的工作。

6　安装蓄电池及进行充放电工作的人员，应穿戴规定的耐酸防护用品，充电过程中及充电后，不得穿戴化纤衣着进入蓄电池室。

7　酸性蓄电池室内应配备有足够容量的小苏打溶液和清水。电解液、小苏打溶液和清水等应该贴有明显的标识并分别存放。

8 在配制电解液过程当中，如果人体肌肤沾染了硫酸，应立即用小苏打溶液清洗再用清水冲洗；如果硫酸洒落在地面上，应及时用自来水冲洗干净。

6.9.11 碱性电解液配制应符合下列安全要求：

1 氢氧化钾应慢慢倒入水中，严禁将水倒入氢氧化钾中。

2 蓄电池室内应配备有足够容量的配比为3%的硼酸溶液和清水。电解液、硼酸溶液和清水等应该贴有明显的标识并分别存放。

3 在配制及灌注电解液过程当中，工作人员应该穿戴工作服、护目眼镜、橡胶手套和胶鞋，防止碱液烧伤肌肤，如果人体肌肤沾染了电解液，应及时用硼酸溶液中和并用清水冲洗。

4 配制及存放电解液的容器，应采用玻璃、塑料、搪瓷制品，严禁使用铁皮类制品。

5 蓄电池室内严禁存放酸性物质。严禁在同一蓄电池室内同时存放有酸性及碱性电解液。

6.9.12 全封闭组合电器安装应符合下列安全要求：

1 在没有正式进行安装前，严禁打开各种组合电器的任一法兰盖板或阀门，防止组合电器密封破坏，引起受潮。

2 在组装过程中，所有打开的法兰盖板都要进行临时遮盖，避免污物进入器身内部。

3 安装组合电器的房间内，配套安装的监测、监控装置和自动通风机系统应动作灵敏可靠，报警声光信号显示正确。

4 搬运 SF_6 气瓶应轻装轻卸，严禁溜放抛掷，气瓶应存放在防晒、防潮并不靠近热源的地点，且应通风良好。

6.9.13 牵引变电所电气设备安装施工应按表6.9.13进行安全作业检查，并认真填写检查记录表。对检查中发现的不符合规定的情况，应按表2.0.5签发安全检查整改通知单，限期整改，并跟踪验证。

表6.9.13 牵引变电所电气设备安装施工作业安全检查表

项目(工程)名称			
施工地点			
序号	检查项目	对应条文号	检查情况
1	班前安全讲话	2.0.7	
2	劳动保护用品佩戴	2.0.8	
3	大型设备运输方案	6.9.1	
4	变压器就位		
5	变压器安装	6.9.2	
6	断路器安装	6.9.3	
7	电容补偿装置安装	6.9.4	
8	互感器安装	6.9.5	
9	隔离开关安装	6.9.6	
10	避雷器安装	6.9.7	
11	电缆敷设	6.9.8	
12	配电盘、开关柜安装	6.9.9	
13	配制酸性电解液	6.9.10	

续上表

项目(工程)名称			
施工地点			
序号	检查项目	对应条文号	检查情况
14	配制碱性电解液	6.9.11	
15	组合电器安装	6.9.12	
检查方:________ 检查人:(签名)________ ____年___月___日		被检查方:________ 接收人:(签名)________ ____年___月___日	

6.10　电力牵引供电系统送电开通及停电作业

6.10.1　电力牵引供电系统开通前,应做好下列安全准备工作:

1　由建设单位牵头组织设计、监理、施工、运行接管单位成立送电开通领导小组,建立应急抢修组织。

2　由施工单位编制开通方案,并应报建设、监理单位的审批。方案应包括送电范围、组织方式、机构设置地点、通信联络方式;变电所工程启动程序及送电方案、应急抢修措施等内容。

3　参与送电开通的相关作业人员,应经过岗前技术培训,并取得合格证。

6.10.2　电力牵引变电工程送电开通前应做好下列安全工作:

1　确认电力牵引变电工程及电力变配电所(与牵引变电所合建时)已全部完工,并经验收合格,与送电开通有关的各种规章制度已建立。

2　电力(电力变、配电所与牵引变电所合建时)及接触网线路绝缘检查合格,线路沿线的绝缘距离符合送电要求。

3　接触网已完成冷滑试验,并符合运行要求。

4　牵引变电工程已完成单体及整组试验,试验结果符合规定;变电所内的各种警告标识全部建立完毕(详见附录 B),并经验收交接检查合格。

5　确认送电告示已由当地政府和电视台或广播电台播发,并在沿线车站及主要居民点发放、张贴及宣传。

6　对参加送电开通的全体人员进行安全教育或培训,并经考核合格。

7　检查确认所有开关均应处于分闸位置,在外部电源带电情况下进线隔离开关的内侧应加挂临时接地线,并锁闭该开关的操作回路,临时地线应用截面不小于 25 mm^2 的多股软裸铜线。

8　检查测定所有变压器、电抗器的分接开关应在指定位置。断路器重合闸装置应退出运行。保护回路联片应连接良好。具有远动控制功能的变电所,所内的控制方式选择开关应根据开通方案的规定置于预定的控制位置。

9　启动前用兆欧表测量变压器、断路器的绝缘电阻应合格。

10　用于两侧(两回路)电源合相用的电压表、相位表、相序表及操作保护用具应齐备,并处于良好状态。

11　以上检查结束后所有人员应远离将要带电的设备,并在高压带电隔离区及控制室操作隔离区设置警戒线和警告标识(详见附录B)。

6.10.3 送电开通时,电气操作人员应遵守下列安全规定:

1 变电所、接触网的所有倒闸操作项目应全部实行操作票(详见附录A.0.1)或命令票制度,在试运行期间均由铁路供电调度下令批准后执行。

2 凡执行倒闸、绝缘测试、验电、接地等项操作,均应严格执行一人操作一人监护及呼唤应答制度;操作人和监护人,穿绝缘靴、戴安全帽,操纵人还应该戴绝缘手套。

3 加挂临时接地线时,应先连接接地端,并保证其连接可靠,然后通过绝缘杆将另一端牢靠地悬挂在电气设备或导线裸露的导电部位上(此时不得接触接地线);撤除时,与上述程序相反。

4 变电所空载启动后,值班人员不得单独移开或越过遮拦进入配电间隔;当需移开或进入间隔时,应有监护人在场。

5 雷雨天气巡视室外高压设备时,工作人员不得靠近避雷针和避雷器。

6 高压设备发生接地故障时,在室内工作人员不得靠近故障点4 m范围内,在室外不得靠近故障地点8 m范围内。

7 巡视配电装置,进出高压室或配电间隔,送电开通时,巡视完毕应随手将门锁好。

8 在全电压情况下进行断路器第一次合闸时或进行主变压器第一次冲击时,观察人员应站在距设备8 m以外的地方进行观察或监视。

9 当对变压器进行5次冲击时,应注意观察电流值,监视保护装置动作情况,同时对带电设备应加强巡视。

10 变电所进入空载状态后,值班人员应按规定时间对运行中的设备进行巡视检查。

11 发生设备放电或人身触电事故时,工作人员可在未经允许的情况下,先行断开有关开关或电源,但事后应立即向铁路供电调度报告。

12 未得到铁路供电调度的命令之前,不得打开或撤除馈线隔离开关外侧的接地刀闸或内侧的临时接地线。

13 向接触网送电,应按照铁路供电调度下达的命令和操作步骤进行。

14 向接触网送电后,必须在馈线隔离开关外侧及线路的末端进行验电,确认电已送达。

15 送电开通中发现接触网有异常情况时,巡视人员应及时通报铁路供电调度或附近车站电气化值班人员,同时通知牵引变电所值班人员及送电开通负责人组织抢修。

16 当采用遥控方式正式送电时,变电所值班人员应加强对被操作设备的安全监控。

6.10.4 接触网专业在开通前应进行下列安全检查:

1 确认接触网工程已全部完工,并经验收交接检查,质量合格,与送电开通有关的各种规章制度已建立。

2 附加导线的弛度、相间及对地距离、交叉跨越距离、对建筑物的绝缘距离及空气绝缘距离应符合相关标准规定。

3 限界门、支柱号码及各种标志牌齐全。

4 沿线的通信、信号、电力线路迁改已完毕,妨碍开通的障碍物、树木等已清理完毕。

5 所有临时接地线和绝缘子绑扎物已拆除完毕,所有线路隔离开关全部打到预定位置。

6 接触网送电开通前在行人和车辆的通行道口及车站站台支柱以及有关作业车辆上悬挂“高压危险,禁止攀登”等警告提示牌。

6.10.5 接触网冷滑试验前应符合下列安全要求:

1　试验区段的接触网已经过静态验收检查,检查记录完整,质量符合验收标准。

2　对影响冷滑试验的电力线路、建筑物及树木等已进行拆迁,并符合国家有关规定。接触网上的包扎物应拆除完成。

3　检测区段的接触网上没有作业人员。

4　准备检测的区段两端接触网上应做好临时接地线。

5　与带电接触网相邻的区段应进行双接地,并在距带电接触网 500 m 处设置明显的“有电危险”安全距离标志牌。

6　冷滑车辆应有可靠的制动设施及通信联络设施。

6.10.6　接触网冷滑试验中应符合下列安全要求:

1　夜间和隧道内应有足够照明,遇 6 级以上大风、雷雨、暴雪、浓雾、冰冻等恶劣天气时不得进行冷滑试验。

2　冷滑试验车安全监视员应面向冷滑试验车的前进方向。

3　试验车上应有紧急降弓装置。冷滑试验车上受电弓在冷滑试验时应接地。

4　冷滑试验车运行时,试验负责人、运转车长、安全监视员、司机间应配备无线对讲机,互相联络应畅通。

6.10.7　接触网绝缘测试应统一指挥,各作业地点之间通信联络必须畅通,按照先站、区,后供电臂的顺序进行绝缘测试。

6.10.8　进行动态检测时,检测车在不同的铁路区段,按线路要求速度行驶;在客运专线检测时,人员不得在线路防护栏内行走;相关单位应制定动态检测的安全措施。

6.10.9　送电开通期间的停电作业应符合下列安全要求:

1　变电所自第一次带电开始后,接触网或电力线路自第一次送电后,如需进行检修及故障处理,不论配电装置或线路是否有电,在作业前均应办理停电作业手续。

2　当需要在电气设备上进行检修及维护作业时,应根据作业内容的实际需要办理停电或不停电作业手续,并实行工作票制度、工作监护制度、工作终结制度。

3　停电作业手续应按铁道部或铁路局有关文件规定进行办理。

4　停电作业时,要确认电力调度员是当班值班员,确认停电范围与检修范围相符;确认完全相符后,由变电所、电力工区或接触网工区的发票人,将工作票交给工作领导人,双方签认后,再次确认停电范围及安全措施。

5　当对接触网线路进行停电作业时,变电所馈线隔离开关外侧应可靠接地,并应在控制盘上相应的开关操作把手上悬挂“禁止合闸,有人工作”标志牌。

6　在有感应电压的线路上(上下行接触网不同时停电的区段)测量绝缘时,必须将另一条馈线同时停电后方可进行,雷雨时不得测量线路绝缘。

7　作业完成后,工作领导人必须对作业范围内所有设施或线路的状态仔细检查,确认已完成作业项目内容符合工作票要求,确认作业人员已全部撤离,没有影响正常送电的障碍后,方可撤除临时接地线,并通知电力调度消除作业命令,恢复供电。

6.10.10　试运行期间的停电作业,变电所和接触网均应停电进行。停电工作票样式见附录 A,其办理手续及执行的步骤应符合《接触网安全工作规程》和《牵引变电所安全工作规程》的规定。

6.10.11　停电作业期间,应做好以下安全措施:

1　接触网停电作业时,牵引变电所在停电操作完毕后,应在断开的断路器操作把手上及打开的馈线手动隔离开关(电动隔离开关则需拉开控制开关)操作机构上悬挂"禁止合闸,有人工作"标志牌(详见附录B),并在馈线隔离开关外侧加挂临时接地线。

2 接触网停电作业开始前,应按照作业票规定内容先设置作业范围两侧的悬挂临时接地线,并根据作业距离的长度或地形及接地线是否在可视范围之内增加接地线的数量。

3 变电所停电作业时,应在停电间隔的两侧可见断开点内侧悬挂临时接地线,同时执行在断开的断路器操作把手上及打开的手动隔离开关操作机构上悬挂"禁止合闸,有人工作"标志牌。

6.10.12 电力牵引供电系统送电开通、停电作业应按表6.10.12进行安全作业检查,并认真填写检查记录表。对检查中发现的不符合规定的情况,应按表2.0.5签发安全检查整改通知单,限期整改,并跟踪验证。

表6.10.12 电力牵引供电系统启动、送电开通施工作业安全检查表

项目(工程)名称			
施工地点			
序号	检查项目	对应条文号	检查情况
1	班前安全讲话	2.0.7	
2	劳动保护用品佩戴	2.0.8	
3	开通方案	6.10.1	
4	变电所工程开通前安全检查内容	6.10.2	
5	变电所工程开通时应遵守的制度	6.10.3	
6	接触网开通前安全检查内容	6.10.4	
7	接触网冷滑行检查	6.10.5,6.10.6	
8	停电作业	6.10.9~6.10.11	
检查方:______ 检查人:(签名)______ ____年___月___日		被检查方:______ 接收人:(签名)______ ____年___月___日	

6.11 既有电力牵引供电扩能改造

6.11.1 既有电力牵引供电扩能改造工程施工应符合本规程第6.1至6.10节的规定。

6.11.2 既有电力牵引供电扩能改造的准备工作应符合下列安全要求:

1 所有的牵引变电所设备及接触网设施,自第一次受电开始即认定为带电设备。之后变电所和接触网上的一切作业,均必须按带电作业程序处理。变电所和接触网专业停电工作票样式见附录A,其办理手续及执行的步骤应分别符合现行《接触网安全工作规程》和《牵引变电所安全工作规程》的规定。

2 改动既有电力牵引供电设备时,由设计单位提出过渡设计,建设单位主持,设计、监理、施工、运营各方参加审查通过。施工单位编制施工组织设计及安全设计和防护措施,施工需要封锁区间或限制行车速度的工程项目,施工单位按铁路局要求提出具体作业计划申请,经所在铁路局批复,并在施工前向所在车站办理要点手续后方可开工,施工时供电、工务、电务等行车等运营部门应密切配合,确保行车安全。

3　停电且影响运营的施工,必须申报停电封锁计划,停电并封锁线路,严禁用停电计划代替停电封锁计划。

4　作业前,应制订详细的施工计划、施工安全措施、意外情况发生的紧急预案,并向施工人员作安全技术交底。施工现场负责人向各小组负责人指明停、带电设备的范围,并提醒作业人员保持与带电部分的安全距离,确保人员、机具不得侵入带电区域。

5　在进行接触网停电作业前,所有施工工具、安全用具及通信工具,均须进行安全检查,符合要求方准使用。

6　施工现场必须设施工负责人,对此次施工负责。施工负责人负责接受"停电命令"、接受"消除停电命令",通知悬挂地线、拆除地线。下达施工的开始与结束命令。几个作业组同时作业时,每一个作业组均必须设置施工小组负责人和安全监护人员并有可靠的联系方式、安全防护措施。

7　首次停电施工的项目和比较复杂的施工项目,施工负责人应组织各施工小组负责人,提前熟悉施工现场,说明各施工组的相互配合关系,施工顺序,封锁(具体封锁时间以当日调度命令为准)时间,总体任务。各施工小组不但明确各自的施工任务,而且对施工的整体情况有明确地了解。

8　施工人员提前到达施工现场,施工小组负责人将本次作业任务和安全措施逐项分解落实到人,准备施工材料和施工工具,试验通信工具,保持通信畅通,然后等待命令开始作业。

6.11.3　封闭点内作业应符合下列安全要求:

1　不能随时撤出施工现场、恢复设备运行的施工项目,对封锁点的使用应留出安全检查应急恢复时间,各施工小组出现不能独立解决的意外情况,应及时向施工负责人报告,采取应急措施。

2　距封锁时间结束 30 min、20 min、10 min 前,驻站联络员应及时向施工现场通报,施工负责人根据剩余时间,调整工作计划,优先保证行车运输的安全,安排安检人员进行安全质量检查。

3　作业过程中,施工负责人应与驻站联络员、施工小组负责人、地线悬挂人随时保持联系,一旦联系中断,立即启动备用联系方案,并查明原因。如果考虑在封锁点时间内,联系不能可靠恢复,在全力恢复联系的同时,应根据现场情况,恢复所施工的设备达到运营状态,然后停止施工,撤出施工现场。

4　各施工作业小组确定停电设备达到运行状态,将全部施工人员、工器具撤离到安全地带后,向施工负责人汇报。此后,未经施工负责人同意,任何人不得再次进入施工场地。

5　大桥、特大桥、长大隧道等车梯无法存放的地点施工,封锁点应留足车梯撤出、到达安全存放地点的时间。

6　应指定专人对道岔、锚段关节、电气绝缘距离等安全重点部位进行安全质量检查。

7　接触网空气绝缘距离不得小于表 6.11.3 的规定。

表 6.11.3 空气绝缘间隙值(mm)

序号	有关情况		正常值	困难值
1	绝缘锚段关节两悬挂点间隙	一般情况(适用于任何高程)	450	—
		吸流变压器处	300	—
2	同回路自耦变压器供电线带电体距接触悬挂或供电线带电体间隙		500	450
3	25 kV 带电体距固定接地体间隙		300	240
4	25 kV 带电体距机车车辆或装载货物间隙		350	—
5	受电弓振动至极限位置和导线被抬起的最高位置距接地体的瞬时间隙		200	160
6	隔离开关引线、电连接接线(包括跨另一支接触悬挂时)及自耦变压器供电线,供电线跳线距接地体间隙		330	—
7	在对向风吹,风速为 13 m/s 时,25 kV 带电体与自耦变压器中线或保护线的间隙		250	—
8	绝缘元件接地侧裙边距接地体间隙(适于任何高程)	瓷及钢化玻璃绝缘子	100	75
		复合绝缘子	50	—
9	25 kV 带电体距跨线建筑物底部的静态间隙		500	300

注:1 污秽地区的绝缘泄漏距离增大时,表 6.11.3 所列的空气绝缘间隙值可不增大。
2 在高程大于 1 000 m 的地区,表 6.11.3 所列空气绝缘间隙值应进行修订。
3 在营业线的低净空隧道、跨线桥等建筑物范围内,采用正常间隙确有困难时,并相应采取防雷措施后,方可采用表 6.11.3 中的困难值,但高雷区及海岸线 10 km 内的区段的空气绝缘间隙,应采用正常值。

8 封闭施工作业完毕后,经施工单位、现场监理、运营单位配合人员共同检查施工质量能确保行车安全方可送电开通。如达不到开通要求,应提前通知车站值班员,要求延长封闭时间,不应降低安全标准盲目开通。

6.11.4 接地线施工应符合下列安全要求:

1 接地线工作由两人共同完成,一人操作,一人监护。

2 接地线操作人员应与施工负责人保持良好的通信能力。

3 接地人员到达指定接地线位置后,在有人安全监护的情况下,连接好接地线的接地端。接到施工负责人接地命令后,先验电,确定停电后,挂接接地线。挂好接地线后立即向施工负责人报告。

4 在接地线与被停电的导体相连时,人体不得触及接地线。接地线应可靠安装,不得侵入限界,并有防风摆措施。

5 在施工封闭点接近结束时间,做好拆除地线的准备工作,接到施工负责人拆除接地命令后,首先拆除地线悬挂端,并向施工负责人报告,然后拆除接地端连接。

6 接地线的位置,应与接触网设备维护人员共同确定,不得移动接地线位置。

7 站场必须采用长杆地线。地线应挂在接触线上,不得挂在上下部固定绳上。

8 在有轨道电路的区段,停电不封闭线路的施工,两组地线应接在同一侧钢轨上,且不应跨接在钢轨绝缘两侧。必须跨接在钢轨绝缘两侧时,应封闭线路。地线穿越钢轨时,应采取绝缘措施。

9 V 形天窗停电作业接地线设置:

1)两接地线间距离大于 1 000 m 时,应在中间增设接地线。

2)在电分段、软横跨等处作业,中性区及一旦断开开关有可能成为中性区的停电设备上均应接地线，但当中性区长度小于 10 m 时，在与接地设备等电位后可不接地线。

3）一般情况下，接触悬挂和附加导线及同杆架设的其他供电线路均需停电并接地。但若只在接触悬挂部分作业，不侵入附加导线及同杆架设的其他供电线路的安全距离时，附加悬挂及同杆架设的其他供电线路可不接地。

6.11.5 双线并行区段 V 停作业应符合下列安全要求：

1 上、下行接触网带电设备间的距离不应小于 2 m，困难时不应小于 1.6 m。

2 上（下）行接触网带电设备距下（上）行电力机车受电弓瞬时距离不应小于 2 m，困难时不应小于 1.6 m。

3 距上、下行或由不同馈线供电的设备间的分段绝缘器距离不应小于 1.2 m。

4 所有上、下行线间横向分段绝缘子串，爬电距离必须保证不应小于 1.2 m，污染严重的区段不应小于 1.6 m。

5 同一支柱上的设备由同一馈线供电。

6 在变电所、分区所、AT 所处进行吸上线检修时必须利用垂直天窗。

6.11.6 双线并行区段 V 停作业除应符合本规程第 6.11.1 条 ~6.11.5 条的规定外，尚应符合下列安全要求：

1 为防止施工作业车平台误操作侵入未封锁线路的安全限界，作业平台应锁死向未封锁线路侧的旋转功能。

2 V 形天窗作业时，在作业车的作业平台上应装设滑动接地线作为辅助保护。

3 涉及到长大金属材料的施工（如腕臂、反定位管、双线路腕臂等），应指定专人防护长大金属材料对未封锁线路的电气绝缘。

4 V 停区段架设导线、拆除营业线材应制定专项防止线材侵入未封锁线路的安全保证措施。

5 在线间距小于 6.5 m 地段成锚段更换接触线、承力索作业时，邻线列车应限速 160 km/h及以下，并按规定进行防护。

6 160 km/h 及以上区段应采用作业车作业。当邻线有160 km/h及以上运行列车通过时，作业人员应提前停止作业，并在作业平台远离邻线侧避让，列车通过后方可继续进行作业。

6.11.7 既有电力牵引供电扩能改造作业应按表 6.11.7 进行安全作业检查，并认真填写检查记录表。对检查中发现的不符合规定的情况，应按表 2.0.5 签发安全检查整改通知单，限期整改，并跟踪验证。

表 6.11.7 既有电力牵引供电扩能改造施工作业安全检查表

项目（工程）名称				
施工地点				
序号	检查项目		对应条文号	检查情况
1	班前安全讲话		2.0.7	
2	劳动保护用品佩戴		2.0.8	
3	准备工作		6.11.2	
4	封闭点作业	人员	6.11.3	
		过程		
		绝缘		

续上表

<table>
<tr><td colspan="2">项目(工程)名称</td><td colspan="3"></td></tr>
<tr><td colspan="2">施工地点</td><td colspan="3"></td></tr>
<tr><td>序号</td><td colspan="2">检查项目</td><td>对应条文号</td><td>检查情况</td></tr>
<tr><td>5</td><td colspan="2">双线并行区段V停作业具备的条件</td><td>6.11.5</td><td></td></tr>
<tr><td>6</td><td colspan="2">双线并行区段V停作业</td><td>6.11.6</td><td></td></tr>
<tr><td rowspan="3">7</td><td rowspan="3">接地</td><td>人员</td><td rowspan="3">6.11.4</td><td></td></tr>
<tr><td>位置</td><td></td></tr>
<tr><td>操作</td><td></td></tr>
<tr><td colspan="5">检查方:________ 被检查方:________
检查人:(签名)________ 接收人:(签名)________
______年____月____日 ______年____月____日</td></tr>
</table>

6.12 电力牵引供电系统联调联试

6.12.1 电力牵引供电系统联调联试应成立领导机构,编制联调联试方案,方案中应明确保证安全的组织措施和技术措施。

6.12.2 应针对突发事件编制应急抢修预案,建立抢修、巡视检查组织,并专人负责。做好抢修的人员、机械、材料、工具准备工作,并进行抢修演练。抢修作业应符合本规程第6.10.10、6.10.11条的规定。

6.12.3 参与联调联试的各方应建立可靠畅通的联系方式。

6.12.4 应明确总负责人和各专项试验负责人。试验负责人应熟知本专业关键技术点以及与各专业的关联关系,做到本专业与相关专业安全衔接。

6.12.5 越区供电的方案和能力应符合规定,并提前进行模拟试验检查。

6.12.6 变电工程的值班人员应加强设备巡视,对箱式分区所、开闭所应派专人值守,确保连续供电。

6.12.7 接触网线路巡视检查人员应按联调联试方案规定的路线进行巡视检查,严禁进入铁路隔离栅栏内。

6.12.8 铁路供电调度应按联调联试方案规定的时间安排,提前与供电局联系,密切监视各相关设备的运行状态,确保不间断供电。

6.12.9 除联调联试项目外,联调联试期间禁止其他高压测试作业和施工作业。

6.12.10 联调联试应按表6.12.10进行安全检查,并认真填写检查记录表。对检查中发现的不符合规定的情况,应按表2.0.5签发安全检查整改通知单,限期整改,并跟踪验证。

表 6.12.10　联调联试安全检查表

项目(工程)名称			
施工地点			
序号	检查项目	对应条文号	检查情况
1	班前安全讲话	2.0.7	
2	劳动保护用品佩戴	2.0.8	
3	联调联试领导机构、方案	6.12.1	
4	应急抢修预案、演练	6.12.2	
5	建立通信联络	6.12.3	
6	试验负责人熟知关键技术点及与相关接口	6.12.4	
7	越区供电方案及其模拟试验检查	6.12.5	
8	变电、接触网设备巡视	6.12.6,6.12.7	
9	供电调度监视设备运行状态	6.12.8	
10	禁止其他高压测试作业和施工	6.12.9	

检查方:________　　　　被检查方:________

检查人:(签名)________　　　　接收人:(签名)________

______年____月____日　　　　______年____月____日

7 高压电气试验

7.1 一般规定

7.1.1 电气试验应考虑下列危险源和危害因素：

1 检测机构没有经过资质认定、参试验人员不具备试验员资格、用于检测的设备没有经过检定容易造成产品重大不合格和人身伤害、设备故障事故。

2 在恶劣的天气下进行试验，试验时没有明确试验负责人和监护人容易造成人身伤害和设备故障。

3 在测试时没有按照要求选择仪器，对被试物未采取规定的技术措施容易造成设备故障。

4 没有对产生感应电压的设施进行全部停电就开始对供电设施进行试验容易造成人身伤害和设备故障。

5 在高压试验前后没有对被试物进行充分放电容易造成人身伤害。

6 高压试验用电源没有明显断开点，在带电设备附近试验时没有确认足够的高压安全带电距离容易造成人身伤害、设备故障、电网停电重大事故。

7 高压试验现场没有防护围栏或标志旗绳、无专人监护容易造成人员误入带电区域造成人员伤害。

8 高压试验人员没有按安全操作规程进行操作容易造成人身伤害、设备故障事故。

9 二次回路传动试验时，没有将电压互感器二次接线与互感器断开，高压侧隔离开关打开容易造成倒送电致使人身伤害。电流互感器二次侧试验结束后没有做二次回路导通及接地完好检查容易造成开路引起设备烧毁事故。

10 电气设备做远方传动试验时，没有联络确认、没有就地应急操作处理措施，设备处没有专人监护容易造成人身伤害和设备事故。

11 在运行的系统中进行控制、保护等二次回路试验时，没有运行人员的配合。试验结束后没有对所传动的回路进行恢复和检查容易造成运行事故。

12 接触网短路试验方案未报批、短路试验区段供电系统完整性未确认容易造成管理混乱致使设备故障、人身伤害。

13 短路参数测量装置的完好性未确认、短路数据收集不完整容易造成设备故障、人身伤害、短路试验失败。

7.1.2 施工单位应委托获得国家资质认定的试验室对电气设施进行检验检测，检验检测人员应获得省、部级产品质量监督检验部门颁发的试验员证，检测仪表仪器必须能依照现行法规实现量值溯源。

7.1.3 电气设备的绝缘性能试验应在良好天气下进行，被试物与环境温度不应低于5℃，空气相对湿度不应大于80%，遇有雷雨、大雾或6级以上大风时应停止高压试验。

7.1.4 测定绝缘、交流高压试验、直流高压试验时，试验人员不应少于2人，并应明确安全监护人和试验负责人。

7.1.5 对已受电变电所或已带电设备进行试验时，试验前应全面了解系统设备运行状态，取得工作票后方可进行。同时应采取安全隔离措施，必要的地方设专人监护。

7.1.6 在带电设备场所，作业人员活动范围距带电体的距离应符合现行《铁路基本作业施工安全技术规程》(TB 10301)的有关规定。

7.1.7　在带电设备附近试验时,试验人员所处位置和仪器安放位置与带电部分的安全距离应符合现行《铁路基本作业施工安全技术规程》(TB 10301)的有关规定。

7.1.8　对大容量设备及长大线路(电缆)测试前应先将被试物对地充分放电。放电前必须先将放电棒接地线可靠地连接在接地点上,然后用带放电电阻的放电棒放电,最后用接地棒放电。测试后必须再次对被测物进行充分放电。

7.2　绝缘试验

7.2.1　应选择与被试品额定电压相适应的兆欧表。测试连接线应使用绝缘导线,其端部应有绝缘套。

7.2.2　测量前应将被测设备从电气回路中隔离开,验明无电压,将被测设备对地放电。

7.2.3　确认设备无人工作后,方可开始进行测量。测试中需变更接线时,应进行放电。测量线路绝缘时应取得许可并通知对侧后,方可进行测量。

7.2.4　在测量绝缘后应将被测设备对地放电。

7.2.5　对多绕组设备进行绝缘测试时,应对非被试绕组进行短路接地。

7.2.6　在有感应电压影响的场所测量绝缘电阻时,应将产生感应电压的相邻带电线路停电后方可进行。

7.2.7　绝缘试验作业应按表7.2.7进行安全作业检查,并认真填写检查记录表。对检查中发现的不符合规定的情况,应按表2.0.5签发安全检查整改通知单,限期整改,并跟踪验证。

表7.2.7　绝缘试验作业安全检查表

项目(工程)名称			
施工地点			
序号	检查项目	对应条文号	检查情况
1	班前安全讲话	2.0.7	
2	劳动保护用品佩戴	2.0.8	
3	仪器选择	7.2.1	
4	测量前安全要求	7.2.2	
5	测量中安全要求	7.2.3	
6	测量后安全要求	7.2.4	
7	测试方法要求	7.2.5	
8	特殊场所下的要求	7.2.6	
检查方:______ 检查人:(签名)______ ____年___月___日		被检查方:______ 接收人:(签名)______ ____年___月___日	

7.3　高压试验

7.3.1　试验开始前,负责人应向全体人员交代邻近间隔的带电部位,详细布置试验中的安全注意事项。

7.3.2　加压前应对被试电气设备进行绝缘电阻测定,绝缘电阻不合格的设备,不得进行高压试验。

7.3.3　试验用电源回路中应有两个串联电源开关并加装过载自动跳闸装置。开关应有明显断开点,通电前应对接线进行详细检查,确认无误后方可操作。

7.3.4　高压试验现场应设有防护围栏或标志旗绳,并设专人监护。防护围栏与高压部分的带电距离应符合本规程的规定,并在防护围栏上向外悬挂"止步,高压危险"的标示牌(见附录B.0.5)。电缆试品两端应有专人防护并有可靠的通信联络。

7.3.5　被试设备的金属外壳应可靠接地;高压试验装置的金属外壳应使用截面不小于4 mm^2的多股软裸铜线进行良好接地。高压引线应尽量短捷,并采用专用的高压试验线。

7.3.6　加压前应认真检查试验接线,使用规范的短路线,表计倍率、量程、调压器零位及仪表的开始状态均正确无误。

7.3.7　高压操作人员应站在绝缘垫上,确认所有人员离开高压区域,并取得试验负责人许可,方可加压。加压过程中应有人监护并呼唤应答。所有高压试验人员在全部加压过程中,应保持精力集中,随时警戒异常现象发生。加压过程中操作人员中途不得离开操作控制箱。试验因故中断应立即断开电源,并经放电、接地后方可检查。

7.3.8　加压结束,试验人员应对被试设备进行放电,高压直流试验,在试验结束时,应将设备对地长时间放电并短路接地。放电完毕后拆除试验接线并对被试设备进行检查,恢复到试验前的状态,经试验负责人复查后方可结束工作。

7.3.9　高压试验作业应按表7.3.9进行安全作业检查,并认真填写检查记录表。对检查中发现的不符合规定的情况,应按表2.0.5签发安全检查整改通知单,限期整改,并跟踪验证。

表7.3.9　高压试验作业安全检查表

项目(工程)名称			
施工地点			
序号	检查项目	对应条文号	检查情况
1	班前安全讲话	2.0.7	
2	劳动保护用品佩戴	2.0.8	
3	进行安全技术交底	7.3.1	
4	绝缘电阻测试结果	7.3.2	
5	试验电源开关确认	7.3.3	
6	隔离防护设施确认	7.3.4	
7	接地状态确认	7.3.5	
8	加压前安全要求	7.3.6	

续上表

项目(工程)名称			
施工地点			
序号	检查项目	对应条文号	检查情况
9	加压中安全要求	7.3.7	
10	加压后安全要求	7.3.8	
检查方:________ 检查人:(签名)________ ______年____月____日		被检查方:________ 接收人:(签名)________ ______年____月____日	

7.4　二次回路传动试验

7.4.1　试验开始前应检查安全措施是否符合要求,运行设备和试验设备应有明显的隔离标志,试验时应仔细核对设备名称。防止误碰运行设备造成运行设备继电保护误动作。

7.4.2　二次回路传动试验时,应先将电压互感器二次接线与互感器断开,高压侧隔离开关断开。

7.4.3　电流互感器二次侧试验结束后应做二次回路导通及接地完好检查。

7.4.4　电气设备做远方传动试验时,应有联络和就地应急操作处理措施,设备处应有专人监护。

7.4.5　在运行的系统中进行控制、保护等二次回路试验时,应有运行人员配合;试验负责人应事前熟悉图纸,了解回路控制方式及保护定值,并严格执行工作命令票制度。

7.4.6　在带电的电流互感器二次回路上测试时严禁二次开路。必须使用短路片或短路线做可靠的短路连接。严禁用导线缠绕的方法或用鱼夹线进行短路。

7.4.7　在带电的电压互感器二次回路上测试时严禁二次短路或接地。要有防止因电压消失而引起保护装置误动作的技术措施。

7.4.8　二次回路变动时应按审批后的图纸进行,严防寄生回路存在。

7.4.9　试验结束后应对所传动的回路进行恢复和检查。

7.4.10　二次回路传动试验作业应按表7.4.10进行安全作业检查,并认真填写检查记录表。对检查中发现的不符合规定的情况,应按表2.0.5签发安全检查整改通知单,限期整改,并跟踪验证。

表7.4.10　二次回路传动试验作业安全检查表

项目(工程)名称			
施工地点			
序号	检查项目	对应条文号	检查情况
1	班前安全讲话	2.0.7	
2	劳动保护用品佩戴	2.0.8	
3	试验前措施	7.4.1	
4	防止压互倒送电措施	7.4.2	

续上表

项目(工程)名称			
施工地点			
序号	检查项目	对应条文号	检查情况
5	防止流互开路措施	7.4.3	
6	远动传动应急措施	7.4.4	
7	运行人员配合	7.4.5	
8	短路线的连接	7.4.6	
9	防保护误动	7.4.7	
10	变更接线	7.4.8	
11	试验结束后检查	7.4.9	
检查方:________ 检查人:(签名)________ _____年___月___日		被检查方:________ 接收人:(签名)________ _____年___月___日	

7.5 整组试验

7.5.1 试验前应设置好警告牌及防护栏等安全防护,断开在相互动作过程中可能引起其他装置误动作的设置或回路。

7.5.2 应按图纸检查二次接线。拆动的二次线必须逐一做好记录,恢复时严格核对。

7.5.3 不得用运行中的保护电源作为试验电源。

7.5.4 应在电流和电压端子处通入与故障情况相符合的模拟故障量来检查保护回路及整定值的正确性。

7.5.5 当变电所进线已带电时,应对进线刀闸的操动机构进行闭锁,不得进行传动试验。

7.5.6 整组试验后不得再在二次回路上进行工作。

7.5.7 整组试验作业应按表7.5.7进行安全作业检查,并认真填写检查记录表。对检查中发现的不符合规定的情况,应按表2.0.5签发安全检查整改通知单,限期整改,并跟踪验证。

表7.5.7 整组试验作业安全检查表

项目(工程)名称			
施工地点			
序号	检查项目	对应条文号	检查情况
1	班前安全讲话	2.0.7	
2	劳动保护用品佩戴	2.0.8	
3	安全防护	7.5.1	
4	回路检查	7.5.2	
5	试验电源要求	7.5.3	
6	方法要求	7.5.4	

续上表

项目(工程)名称			
施工地点			
序号	检查项目	对应条文号	检查情况
7	对带电线路加锁	7.5.5	
8	试验结束后要求	7.5.6	
检查方:_______ 检查人:(签名)_______ _____年___月___日		被检查方:_______ 接收人:(签名)_______ _____年___月___日	

7.6 接触网短路试验

7.6.1 接触网短路试验应制定试验方案,通过多方论证、报送业主审批。

7.6.2 试验开始前,应进行短路试验预演,确保指挥系统正常,试验程序正确,数据采集正常。

7.6.3 短路试验期间牵引变电所作业、接触网线路作业应按批准的工作票进行。

7.6.4 检查确认试验区段电力牵引供电系统的完整性和可靠性,与试验无关的接触网应停电,对应的接触网电动隔离开关应在断开位置。

7.6.5 试验前应对所有操作人员进行安全教育,并结合试验项目讲解注意事项。试验过程中,无关人员应远离试验区域。

7.6.6 试验前除配合试验施工人员外,所有施工单位都不得上线或在线路附近作业。

7.6.7 牵引变电所内做好人员防护工作,严禁无关人员进入带电区域。

7.6.8 核对短路试验区段的保护定值及动作时间配合的正确性。自动重合闸功能应退出。

7.6.9 故障录波装置外壳应可靠接地,其电流电压采样回路应完好,严防电流互感器二次开路、电压互感器二次短路。示波器的工作电源应可靠。

7.6.10 在试验变电所由专人负责操作开关。为防止开关不能可靠分闸,应有应急措施。

7.6.11 在接触网短路点必须选用足够截面的短路接地线与接触网、钢轨可靠连接,应核算最大短路电流下的动稳定和热稳定效应不会给既有设施带来丝毫损伤;接地线引下时不得有扭曲缠绕现象。

7.6.12 在试验过程中,不得进入短路点两侧 50 m 内,并由施工单位设置防护标志直到试验工作全部结束。

7.6.13 短路试验结束后应及时清理现场,恢复供电系统到正式运行状态,及时将采集到的数据进行汇总、分析,编写试验报告、总结短路试验成果。

7.6.14 接触网短路试验作业应按表 7.6.14 进行安全作业检查,并认真填写检查记录表。对检查中发现的不符合规定的情况,应按表 2.0.5 签发安全检查整改通知单,限期整改,并跟踪验证。

表 7.6.14 接触网短路试验作业安全检查表

项目(工程)名称			
施工地点			
序号	检查项目	对应条文号	检查情况
1	班前安全讲话	2.0.7	
2	劳动保护用品佩戴	2.0.8	
3	短路试验方案报批	7.6.1	
4	短路试验预演	7.6.2	
5	短路试验作业票	7.6.3	
6	供电系统完整性确认	7.6.4	
7	安全交底	7.6.5	
8	其他作业人员已远离试验区段确认	7.6.6	
9	变电所内防护措施	7.6.7	
10	保护整定核对	7.6.8	
11	故障录波装置完好性确认	7.6.9	
12	所内的应急措施	7.6.10	
13	短路线的连接	7.6.11	
14	短路地点的防护	7.6.12	
15	试验结束	7.6.13	

检查方:________　　　　被检查方:________

检查人:(签名)________　　　　接收人:(签名)________

______年____月____日　　　　______年____月____日

附录 A　各种停电作业工作票

A. 0. 1　倒闸操作票格式

________变电所倒闸操作票　　　　编号：________

操作开始时间：____年___月___日___时___分　　结束时间___日___时___分	
操作任务：	
序号	操　作　项　目
1	
2	
3	
4	
5	

操作人：________　监护人：________　值班负责人：________　值班长：________

A. 0. 2　电力线路停电作业工作票格式

1. 工区(班组)名称：________　　编号________

2. 工作执行人姓名：________

3. 工作组人员：________　　共___人

4. 停电线路名称(双回路应注明双重编号)________

5. 工作地段(注明分、支路名称、线路起止点杆号)________

6. 工作内容：________

7. 应采取的工作措施(包括应打开的隔离开关、断路器、应停电的范围)________保留的停电线路或停电设备：________

8. 应挂的接地线：

线路名称及杆号					
接地线编号					

计划工作时间：自____年___月___日___时___分至____年___月___日___时___分

9. 许可开始工作的命令

许可的命令方式	许可人	许可工作的时间
		____年___月___日___时___分

10. 工作终结的报告：

终结报告的方式	许可人	许可工作的时间
		____年___月___日___时___分

工作票签发人（签字）____年___月___日

工作票执行人（签字）____年___月___日

备注栏：

A. 0. 3 接触网停电作业工作票格式

施工单位________ 第___号

<table>
<tr><td>作业地点</td><td colspan="4"></td><td>发 票 人</td><td></td></tr>
<tr><td>作业内容</td><td colspan="4"></td><td>发票时间</td><td></td></tr>
<tr><td>有效期限</td><td colspan="6"></td></tr>
<tr><td>工作负责人</td><td colspan="6">名称：____________ 安全等级____________</td></tr>
<tr><td rowspan="3">作业组成员姓名及（安全等级）</td><td>（）</td><td>（）</td><td>（）</td><td>（）</td><td colspan="2">（）</td></tr>
<tr><td>（）</td><td>（）</td><td>（）</td><td>（）</td><td colspan="2">（）</td></tr>
<tr><td>（）</td><td>（）</td><td>（）</td><td>（）</td><td colspan="2">共计人数：</td></tr>
<tr><td>需停电的设备</td><td colspan="6"></td></tr>
<tr><td>装设接地线的位置</td><td colspan="6"></td></tr>
<tr><td>作业区防护措施</td><td colspan="6"></td></tr>
<tr><td>其他安全措施</td><td colspan="6"></td></tr>
<tr><td>变更作业组成员记录</td><td colspan="6"></td></tr>
<tr><td>工作票结束时间</td><td colspan="6">_____年___月___日___时___分</td></tr>
<tr><td>工作负责人（签字）</td><td colspan="2"></td><td>发票人（签字）</td><td colspan="3"></td></tr>
</table>

A.0.4　牵引变电所停电作业工作票格式

__________变电所

<table>
<tr><td rowspan="2">作业地点及内容</td><td rowspan="2"></td><td>发 票 人</td><td>（签字）</td></tr>
<tr><td>发票日期</td><td></td></tr>
<tr><td>工作票有效期</td><td colspan="3">自____年__月__日__时__分
至____年__月__日__时__分止</td></tr>
<tr><td>工作负责人</td><td>姓名：</td><td>安全等级：</td><td></td></tr>
<tr><td rowspan="4">作业组成员
姓名及安全
等级</td><td>（）</td><td>（）</td><td>（）</td></tr>
<tr><td>（）</td><td>（）</td><td>（）</td></tr>
<tr><td>（）</td><td>（）</td><td>（）</td></tr>
<tr><td colspan="3">共计：______人</td></tr>
<tr><td colspan="2">必须采取的安全措施（本栏由发票人填写）</td><td colspan="2">已经完成的安全措施（本栏根据内容分别由值班员和工作负责人填写）</td></tr>
<tr><td colspan="4">已做好的安全措施准予在____年___月___日___时___分开始工作。
值班员：__________（签字）
变更作业组成员记录____
____
发票人：__________（签字）
工作负责人：__________（签字）
工作已于____年___月___日___时结束。
工作负责人：__________（签字）
作业地点已清理就绪，工作票于____年___月___日___时结束。
值班员：__________（签字）</td></tr>
</table>

附录B 各种警告标志

B.0.1 “小心有电”标志牌

	规格尺寸(mm) (宽×长)	设 置 说 明
	一般情况下,应与供电段协商确定尺寸,一般情况下为200×500或200×600	没有国家或行业标准规定可供参考的“小心有电”标志牌,而且此牌也不是悬挂用途而是喷涂使用。定义为红色字体、闪电符号及边框,基本用于变电所的大门口、高压室门外、控制(保护)盘和高压开关柜的边盘上,利用字模进行喷涂“小心有电”标志,以提醒各方注意

B.0.2　"高压危险，禁止攀登"标志牌

	规格尺寸(mm) (宽×长)	设 置 说 明
 B.0.2—1  B.0.2—2  B.0.2—3	一般情况下，应与供电段协商确定构架电杆爬梯情况。图B.0.2—1用于所有构架电杆爬梯处，尺寸为300×600，喷涂位置以电杆轴线为中心，两侧平分，高度为警告标志的水平中心线距地面1.70 m。 图B.0.2—2警告标志尺寸根据需要单独制作，用于有带爬梯的电气设备，如牵引变压器、电抗器、集合式电容器组等，尺寸以爬梯上下撑的规格为准，然后悬挂在设备的爬梯撑上。 图B.0.2—3警告标志用于变电所的其他部位，可根据需要设置，具体尺寸也根据需要自行制定	行业标准(DL408)规定"高压危险，禁止攀登"标志牌为白底红边黑字，我们根据构架电杆爬梯的特殊用途，为强调醒目的作用。在变电所有爬梯的电杆上，喷涂白底红色字体加闪电符号和边框的"高压危险，禁止攀登"(图B.0.2—1)红色警告标志。 图B.0.2—2的警告标志需要单独制作，尺寸以爬梯撑的规格为准，然后悬挂在设备的爬梯撑上，可以参考现在变压器的爬梯上的止登门

B.0.3 “禁止合闸,有人工作”标志牌

	规格尺寸(mm) (宽×长)	设 置 说 明
	应与供电段协商确定尺寸,一般情况下可根据需要确定:150×180,牌的上孔穿细绳悬挂于操作把手上	行业标准规定在需要检修的线路停电后,必须在断开的断路器和隔离开关的操作把手上悬挂“禁止合闸,有人工作”标志牌,以引起值班员的注意和警惕

B.0.4 “禁止合闸,线路有人工作”标志牌

	规格尺寸(mm) (宽×长)	设置说明
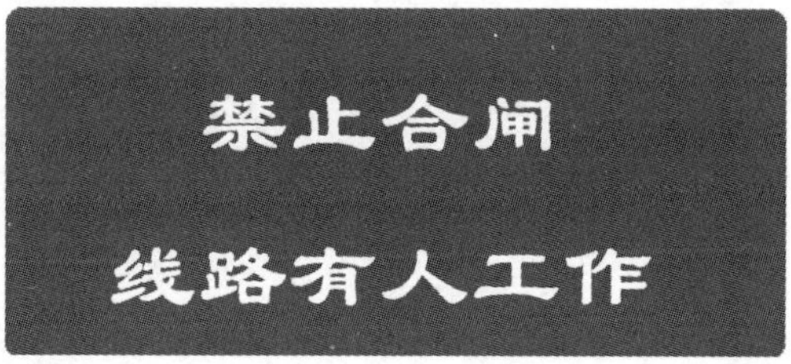	应与供电段协商确定尺寸,一般情况下为200×100或85×60。悬挂在有明显断开点的电气设备的操作把手上,如隔离开关	行业标准规定必须在手动操作的隔离开关操动机构上悬挂“禁止合闸,线路有人工作”标志牌

B.0.5 “止步,高压危险”标志牌

	规格尺寸(mm) (宽×长)	设 置 说 明
	应与供电段协商确定尺寸,一般情况下为250×200,标志牌必须颜色醒目	行业标准规定高压试验或带电设备的隔离区必须悬挂“止步,高压危险”标志牌,以引起普通作业人员的注意力,提高警惕性

本规程用词说明

执行本规程条文时,对于要求严格程度的用词说明如下,以便在执行中区别对待。

(1)表示很严格,非这样做不可的用词:

正面词采用“必须”;

反面词采用“严禁”。

(2)表示严格,在正常情况下均应这样做的用词:

正面词采用“应”;

反面词采用“不应”或“不得”。

《铁路通信、信号、电力、电力牵引供电工程施工安全技术规程》条文说明

本条文说明系对重点条文的编制依据、存在的问题以及在执行中应注意的事项等予以说明。为了减少篇幅,只列条文号,未抄录原条文。

1.0.1 本规程是为适应铁路建设安全生产管理需要,体现近年来新的系统设备及其相应工艺方法、工序过程等的特点,控制工程施工中的不安全行为和状态,预防事故发生,在《铁路工程施工安全技术规程》(TB 10401—2003)基础上修订而成的。本规程贯彻落实了现行安全生产法律法规的规定,与有关管理规章进行了全面对接,与相关技术标准进行了充分协调,对铁路通信、信号、电力、电力牵引供电工程施工中的安全管理和施工作业行为提出了明确的要求,是建设各方必须严格执行的强制性标准。

1.0.3 依据现行法律法规的规定,建设、勘察设计、施工、监理及其他参与铁路工程建设的单位都应依法承担安全生产责任,必须建立安全生产管理体系,健全安全生产责任制,并积极采用先进的技术和方法,加强和改进安全生产管理,保证铁路工程施工安全。

1.0.6 相关人员的安全教育培训应符合本规程第2.5节的规定。培训及考核情况应保持记录,必要时,应由上级部门或建设、监理单位检查其执行情况。特种作业是指容易发生人员伤亡事故,对操作者本人、他人及周围设施的安全可能造成重大危害的作业。直接从事特种作业的人员称为特种作业人员。有关内容在现行国家标准《特种作业人员安全技术考核管理规则》(GB 5306)中有明确的规定。

1.0.8 专项施工方案是以技术复杂或危险性较大的单项施工项目或其中的某一个分部、分项工程为对象进行编制,用以指导其施工全过程并重点考虑施工方法、机械设备利用、劳动力和材料安排、安全生产保证措施的具体文件。根据《铁路建设工程安全生产管理办法》(铁建设〔2006〕179号)第三十八条规定:施工单位应对达到一定规模的危险性较大工程编制专项施工方案,进行安全检算,经单位技术负责人,总监理工程师审核后实施,必要时应组织专家论证,并由施工单位专职安全生产管理人员进行现场监督。对铁路通信、信号、电力、电力牵引供电工程中需要编制专项施工方案的,本规程均有明确规定。没有明确规定的,应视工程的危险程度确定是否需要编制专项施工方案。

1.0.9 施工单位在施工前对现场存在的危险源进行辨识,对重大危险源制定安全事故应急救援预案是安全管理体系认证的要求。

1.0.17 营业线施工及有可能影响营业线运行安全的施工,涉及部门多、对运输干扰大、安全风险高、后果极其严重,必须高度重视施工安全管理工作。条文中提出的必须严格执行的现行国家及铁路有关安全生产及施工安全规定包括:安全生产法、建设工程安全生产管理条例、铁路运输安全保护条例、铁路技术管理规程、铁路建设工程安全生产管理办法、铁路营业线施工

安全管理办法、改建既有线和增建第二线铁路工程施工技术暂行规定、本施工安全技术规程等。

1.0.18　铁路通信、信号、电力、电力牵引供电工程施工中涉及的基本作业，如施工用电、高处作业、危险物品管理、季节性施工及钢筋、模板、混凝土工程等，在《铁路工程基本作业施工安全技术规程》(TB 10301—2009)中均有相关规定，本规程不再重复。

2.0.1　本规程在总则中第1.0.18条中已明确规定本规程应与《铁路工程基本作业施工安全技术规程》(TB 10301—2009)配套使用，所以"基本规定"章节的安全内容和要求全部引自《铁路工程基本作业施工安全技术规程》第二章。因此，希望各有关施工单位不要再以过去的观念对待这次颁布的安全规程，要结合工程项目的实际情况按所需购买相关的安全规程配套使用。

3.2.2　电杆等材料码放在公路边上，尤其在夜间，如不设置防护，很容易被车辆刮蹭，引起事故。

3.2.4　光电缆如无法制动，放缆时线盘转动惯性会导致线盘松散，易发生线缆相互勒挤，既损伤线缆，又会引发线盘倾倒。

沿铁路线敷设电缆时，应尽量缩短越过时间，敷设时，应指挥有序地抬缆。与铁路线平行后，选择无列车通过的较大间隙，集体同时抬缆跨越。

在妨碍或危及列车运行或既有设施安全的地段、处所施工时，应指定相应的安全技术措施，事先与车站等有关部门联系，并指派专人进行防护。

在有封闭点的机械化施工区段，利用轨道车施工，除按本规程执行外，还应参照《铁路技术管理规程》的有关规定办理。

缆盘转动速度与轨道车车速、机械牵引速度或吹缆速度不适应时易造成急拉或浪涌，造成拉缆伤人甚至轨道车的颠覆。

3.2.5　当拉线的设置靠近公路等行人易接近场所时，因视觉原因，行人和车辆可能撞到拉线，因此，需要对拉线加以具有醒目颜色的护套。

3.2.6　在穿越跨越处用绳索将通信光电缆套住，并设专人拉住，防止敷设光电缆时引起线路突然抬升而接近电力线路的安全距离。

3.2.7　通信架空明线的中间杆，一般无加强拉线，若先拆转弯杆扎线时，有可能造成中间杆受力而发生倒杆事故；同样，要是先拆终端杆线条，则无论是转弯杆还是中间杆，只要该杆无顺线路的拉线就可能发生倒杆事故。所以，撤除线条时，应在中间杆扎线全部拆除后，方可顺序拆转弯杆、终端杆扎线，而在拆转弯杆、终端杆扎线时，又应先对它们进行检查和加固处理。

3.2.12　在铁路线路附近进行光电缆接续时，接续伞或接续帐篷如搭扎不牢固，容易被风吹到线路上，既有可能导致行车事故，又会对接续设备和人员造成伤害。

3.2.15　无人站、人孔、手孔等密闭空间内如探明存在有害气体，即使通过排风等措施排出后，仍可能在施工期间内产生新的累积，因此要佩戴安全防护用具。

3.3.5　光通信设备和仪表在发送激光信号时，直视其上的激光发射端孔和尾巴光纤易灼伤眼睛。

3.3.6　设通信电源施工警示牌的目的之一是防止非施工人员进入，之二是防止其他施工人员对电源进行操作。

3.3.7　当环境温度偏低时，电池容量减小，寿命延长；环境温度偏高时，电池容量增加，寿命缩短。

当电池长期在高温下使用时，电池内部会产生多余气体，使电池内部气压过高，引起排气阀开启,造成电解液损失。

强酸遇易燃物、有机物能引起燃烧或爆炸。所以蓄电池室严禁热源、火源及其他易燃、易爆物品。

使用普通金属工具进行蓄电池安装,极易造成电极之间的短路,因此强调使用绝缘工具。

3.5.5 仪表室(盘)周围如堆放产生腐蚀性气体的化学物品,腐蚀性气体会对仪表的零件产生腐蚀,不但会降低仪表的灵敏度,甚至会损坏仪表。

3.5.6 存储介质单独存放的目的是保证因火灾等事故引起灾难性损害时的数据安全。

4.1.1 危险源、危害因素是施工安全的潜在诱因,同样的危险源、危害因素在不同情况、不同条件下所构成的风险,带来的安全后果可能有所不同。譬如卸道砟侵限,行车速度5 km/h 时,后果可能是使车列脱线,但如果车速在200 km/h 以上,后果可能是颠覆。因此,辨识危险源后要进行风险综合分析和评估,以确定其风险级别,从而使风险得到控制。

4.1.3 信号施工因距离线路较近,甚至在线路或道岔上。现场用施工工具、材料等,往往容易侵入限界,尤其是在营运线施工中,不仅容易造成轨道短路,更有可能危及行车安全。因此要求施工时不要将材料、工具及其他物品放置在道岔或钢轨上。

4.1.4 信号设备除车辆减速器、限界检查器、轨道接触器外,任何部分均不得侵入铁路建筑限界。

4.1.6 对于引进的系统设备和产品,例如引进的国际先进的列车运行控制系统设备等,施工单位在严格遵循施工合同的基础上,依据供应商提供的设备和产品的设计图纸、技术规格书和安装说明(手册)等相关技术文件,必要时在外方技术人员的督导下进行施工。

4.1.7 在安装轨道电路设备时,如需在轨枕、轨枕板上钻孔作业,钻孔前要进行钢筋探测,钻孔的深度不得大于规定值。这既是质量要求,也是安全要求,主要目的是防止影响轨道电路正常工作。

4.1.8 在轨枕、轨枕板、防护墙、隧道壁等混凝土构件上进行钻孔作业时,一般先使用专用模板确定钻孔位置,以确保钻孔精度。钻孔位置确定后,使用便携式钢筋定位仪在防撞墙内外两侧分别复核钻孔位置是否已避开混凝土墙内部的钢筋。用钢筋定位仪探头在钻孔位置上做横向与纵向扫描,确定钢筋走向,并在墙面作出标记。如果计算钻孔位置与实测钢筋位置重合或间距小于2倍钻孔直径,则根据实际情况适当调整钻孔位置。

4.1.14 考虑到现场施工的人身安全和行车安全,在营业线施工时,除办理登记要点手续外,还须在关键部位设置安全防护人员。

在营业线施工时,应有可靠的防护和抢修措施,并加强线路巡查。一旦发现既有设备发生损坏,除及时通知设备管理单位外,还应积极抢修,将对运输的影响减到最小。

4.1.15 “三不动”指:未联系登记好不动;对设备的性能、状况不清楚不动;正在使用中的设备不动。“三不离”指:设备有异状,未查清原因不离;影响设备正常使用,未修复不离;工作完毕,未试验良好不离。

4.1.16 在线路附近进行大件运输施工要考虑现场实际情况,以防危及行车安全。如果在营业线施工,进行信号设备的搬运作业,需考虑如下三点:一、办理申请要点;二、考虑现场环境;三、考虑吊装设备的功率等。

4.2.1~4.2.4 信号光电缆线路的规格、型号必须符合设计要求。工程开工前,由工程建设单位组织设计单位、监理单位、本工程施工单位、交叉施工单位,在营业线施工时还包括相关运营单位,对光电缆径路、交叉施工的项目等进行定测,对前期预设的沟、槽、管、线进行核查。定测结果作为施工的依据。

光电缆工程施工必须坚持“三检制度”(预配检、敷前检、敷后检),并做好检测记录;光电缆沟(槽)回填前及时通知监理工程师进行检查验收。

4.2.6 参考《ZPW-2000A 自动闭塞施工安装过程工艺标准》(暂行)编写。客运专线贯通地线的安装敷设标准按照铁集成〔2006〕220 号文的规定执行。

4.3.1 在土质松软、不稳定有坍塌危险的地点挖坑,容易造成塌方,塌方深度超过心脏部位时,会对施工人员造成伤害,所以要有加固防护措施。

人工挖高柱信号机机柱坑时,机柱马道要顺着线路方向,主要是考虑万一机柱倾斜,不至于倾斜倒向线路方向。

4.3.8 高柱信号机等与接触网线路较接近,因受交流感应影响,高柱信号机等的金属部分带电,为了保证人身安全和设备安全,规定对它们要有接地防护措施。

4.3.10

4 “已安装尚未启用或应拆除但尚未拆除的信号机,应将机构向线路外侧旋转 90°或加无效标志。机构门应关严,并熄灭灯”的规定是为了防止司机误认。

4.4.1

6 考虑营业线的转辙机手摇把是由车务登记编号,需要时应会同电务设备管理登记部门登记领取,为防止丢失需要有专人保管。在设备管理单位未正式接收而有工程车辆运行时,同样存在安全隐患,因此也需要专人保管,使用者要登记领用,不许施工人员私自带手摇把进入工地。

4.4.5

1 在营业线上进行道岔岔后钻孔、更换转辙机、更换安装装置等作业时,需要办理要点申请手续,在值班员同意后方可施工。

4.5.1 道岔跳线及钢轨连接线应及时盘绕、固定,穿越钢轨的跳线或钢轨连接线距轨底不小于 30 mm,各种卡件不应相碰。这既是质量要求,也是安全要求,主要是防止影响轨道电路正常工作。

4.5.5 参照 ZPW-2000 系列无绝缘轨道电路施工技术标准及 ZPW-2000A 自动闭塞施工安装过程工艺标准有关规定进行编写。

4.5.6

2 补偿电容在无砟轨道区段要采用化学锚栓的安装。所谓化学锚栓施工工艺:采用模板定位确定钻孔位置,以确保钻孔精度。使用配套钻头及带有深度标尺的电锤钻进行钻孔,钻孔深度不宜大于 50 mm,以免与轨道板内钢筋接触。钻孔大小、孔间距离须符合电容专用支架(包括两端防护管的固定线卡)的安装需要。钻孔完毕清理出钻孔内的尘土和碎末。放入专用黏结剂包,用电钻旋入螺杆,螺杆胶粘部分全部旋入钻孔后,至有少量胶液溢出钻孔后停钻。在凝胶与硬化过程中勿碰动、勿受力。待锚固胶完全硬化后即可安装补偿电容的专用支架。

4.5.7 计轴系统应用于轨道检查装置检查区间空闲情况,在低道床电阻区段发挥了重要作用。计轴设备安装主要包括室内计轴主机和室外电子接线盒、车轮传感器(磁头)及传输线路,其安装位置和要求必须符合设计要求和设备供应商提供的技术说明书相关要求。

禁止施工用金属轮轨小车在已开通使用计轴传感器的钢轨上行走及金属器具在计轴传感器上滑行,主要是考虑到金属器具滑行造成错误计数,影响计轴传感器的数据。

4.6.3~4.6.5 驼峰大型机械设备(车辆减速器、动力站、储气罐、轨枕板等)运输、吊装、安装,需要编制专项施工方案。

4.6.8 管道安装后,对管道上的钢管、阀件、法兰、螺栓、接头等进行全面检查,确认质量良好后,向管道内注满中性洁净水,对管道进行清洗,保证管道清洁。检查管道上无渗漏时,用试压泵逐级加压,逐级检查,压力达到工作压力的 1.25 倍时,保压 5 min,如无泄漏现象即可认为合格。冬季做水压试验应采取防冻措施,试验后,立即将水放净或吹除。

水压试验完毕后,再进行风压试验。风压试验时,首先升到试验压力的 50%,进行检查,如无泄漏及异常,继续按试验压力的 10% 逐级升压,直至强度达到试验压力。每一级稳压 3 min,达到试验压力后稳压 5 min,以无泄露、目测无变形为合格。

强度试验后,按规定风压进行严密性试验。用 1.5 kg 以下的小锤在距焊缝 15 mm ~ 20 mm处轻轻敲击检查。焊缝及连接处,用肥皂水检查,无泡沫即认为合格。

4.7

车载信号设备安装前,须进行检查和清点,设备应完好无损坏,零、部件配套齐全。车载信号设备的设置位置应符合设计要求,并应与机务部门研究适当的施工方法。信号车载设备的检测维护设备、备品备件、仪器仪表、工具及列控数据下载统计分析系统等到达现场应进行验收检查,其型号、规格、质量及数量应符合设计要求和铁路行业相关技术标准的规定。

4.9

目前铁路信号领域主要由五大系统组成:联锁、列控、列车调度指挥系统(含调度集中)、集中监测系统、驼峰控制系统。室内施工时,应注意线缆之间的相互干扰造成信息的传递、接收的不准确,从而造成安全事故,所以室内配线除注意正确、美观外,还应特别注意相互间的干扰。室内配线的防干扰措施一般采用三种方式:一种是采用屏蔽线,屏蔽层良好接地,这样一方面可以减弱其他信号对传输信号的干扰,另一方面也可以减弱传输信号对其他外界信号的干扰;其次是采用扭绞线,通过传输信号线的成对扭绞来减弱对传输信号的共模干扰,同时利用传输信号在传输线对中的大小相等方向相反的特性,使其产生的磁场相互抵消,从而减弱其对外界信号的影响;第三种方式就是增加相类似信号传输线路的空间距离,从而减弱相互间的干扰。本条中叙述的布线原则就是从这三个方面来入手考虑的。

4.10

本节内容系参照《铁路防雷、电磁兼容及接地工程技术暂行规定》(铁建设〔2007〕39 号)、《铁路信号设备雷电及电磁兼容综合防护实施指导意见》(铁运〔2006〕26 号)的相关规定,并根据铁路信号设备运用特点和大系统防雷要求,结合以往施工经验而编制。

4.11

信号系统调试范围包括各单项设备调试、各子系统调试、系统联合调试。信号系统调试应以设计文件、验收标准及相关技术标准为依据。信号系统调试方法必须按照相关技术标准或产品说明书进行。没有技术标准规定时,可参照设备供货商提供的测试方法。

4.11.4 为了保证室内的控制台、人工解锁按钮盘、机架(柜)、电源屏、分线端子盘(柜)等带电设备的外壳一旦与电源接触时的人身安全,在施工时按照规定均装设安全接地装置并完成接地连接。

4.11.7 具有较好的输出电源品质、日益完善的测试、检测、诊断功能的智能电源屏已逐步成为了信号领域的主力电源设备,其功能大大增强,工程实施中要严格按照产品说明的功能描述逐相进行试验。其中的一个重点:三相电源的相位要核对一致。首先要保证两路输入电源的相位一致,这样当一路电故障而倒接到另一路电时,不致因为相位不一致而使交流转辙机等设备的转换方向错误。其次要保证主、备屏的输入相位一致,这样有利于主、备屏的转换。第三要保证主备屏的输出相位一致,这样主、备屏转换时,不致引起转辙机等设备的转换方向错误。

4.11.14、4.11.16 随着铁路高速重载的发展,列控技术的应用将逐步成为保证列车运行安全的主流技术,列控系统一般由地面设备和车载设备构成。CTCS-2 级、CTCS-3 级列控系统的配置及运用须符合铁道部有关技术标准要求。

4.11.19 以《铁路营业线施工安全管理办法》(铁办〔2008〕190 号)为指导思想,施工单位在施工时应结合信号工程的特点,制定专项施工安全方案。

4.11.20、4.11.21 根据目前我国铁路动态试验的要求,制定铁路信号专业工程在动态试验前的安全准备工作以及动态试验期间需要注意的安全事项。

5.1.2 重大危险源是电力工程中安全管理的关键控制点,因此在这里特别规定并要求施工单位在重大危险源项目施工时应制定专项施工方案,并按有关规定审批和备案,建设、监理、施工单位等施工安全主管部门的专业工程师应旁站监理或指导。

明确要求由铁路局组织其各级设备管理或基础设施的产权单位积极为施工单位提供既有设备、地下设施的位置和布置或分布图,以避免损坏既有设备和地下设施,并方便施工单位持续施工。

5.1.3 超长、超高或超大电力物资设备的的运输和装卸在电力工程施工中是经常遇到的难题,也是电力工程施工中的重大危险源之一,因此在运输和装卸过程中应多加小心,在运输和装卸前对运输的路况、地形地势情况进行详细的调查和了解,尤其在山区运输应对天气情况进行分析,冰冻雨雪天气应尽量避免运输和装卸。

5.1.4 在设备开箱检查及安装过程中,硬物碰撞设备是较易发生的事情,硬物碰撞设备所导致的设备损伤有些是肉眼不易看到的,这就给设备的运行带来了一定的安全隐患,因此在这里对设备的开箱检查及安装进行了特别的规定。

5.2.1 本条文是分析了历年来在运营线上施工频繁发生挖断地下管线影响行车事故及施工中造成塌方和坠落事故的诸多案例提出的要求。例如,在阳安线某变电所基坑开挖时,有工人在坑边放置了十字镐且坑上无人防护,该十字镐不慎被其他人碰触而掉落坑内、将坑下挖坑人员的脚砸伤。

5.2.2~5.2.5 根据施工现场多年施工经验,以及建设、监理、企业上级主管部门管理的需要而制定的。例如,阳安线某变电所组立 10 m 构架时,因未设临时地锚,晃绳直接由几个工人拉着,电杆在调整过程中发生大角度倾斜,这几个工人均被晃绳拽倒,其中最前边的一个工人的双手被晃绳磨伤。

5.2.7 因为电力变压器是电力工程中重要和贵重的设备,而在变压器安装中每一道工序的疏忽都将导致人身和设备运行的安全。

5.3.1 本条规定是为避免车辆、行人、动物被陷入造成伤亡事故,对预留沟、槽、孔、洞等提出的防护要求。临边防护是指在预留沟、槽、孔、洞的周边 1 m 以外应设置围栏或安全警示牌,在夜间还应设置照明警示灯。

5.3.3 滑板是引导电杆根部顺利进入坑内的工具,应用坚实的木板包以铁皮或钢板。如滑板质量不良而中途折断或电杆根移出滑板,将可能造成坑壁坍塌或倒杆事故。

杆塔基坑未回填夯实或地脚螺栓未带齐螺母,不得登杆解开绳索或作业,否则容易发生倒杆事故,造成人身伤亡。

组装杆塔时,如将手指插入螺孔内找正,杆塔稍有错动就会切断手指,必须坚决制止。

人工组立杆塔的有关机具的摆放位置和角度是否合适、各方面的人员配备及分工是否适当、指挥信号是否明确等都是安全组立杆塔的重要环节,任一环节疏忽都会造成重大事故。故立杆前应有专人对主要部位进行检查,统一分配调动人员,统一行动指挥。指挥者应熟练掌握组立杆塔的每道工序的工艺,及时处理发生的问题。在杆塔起吊过程中,按照事先确定的各种信号,果断、准确地进行指挥。

主牵引地锚、杆塔中心、抱杆顶及制动地锚四点如果不在同一垂直面上,将在某一点上产生向左、右的应力,可能使抱杆或杆塔受力不均而倾斜,甚至造成倒杆事故。杆塔头部离地面0.5 m左右时,需暂停起立杆塔并对下列各项进行一次全面检查:(1)牵引地锚是否牢固,有无变化;(2)主牵引绳索有无异状或扭结;(3)是否稳固或变形;(4)吊索的绑扎是否牢固,有无松脱的可能;(5)其他部位拉绳在杆塔上的固定是否可靠;(6)所有工作人员都应集中注意力准备继续起吊。检查完毕后如一切良好,指挥人员方可下令继续牵引正式起立杆塔。当杆塔起立到与地面的夹角达到70°时,应减缓牵引速度,使其一次准确就位并防止发生过牵引或倒杆事故。

5.3.6 放线作业有专人统一指挥,并配备必要的通信联络工具,能便于前部牵引人员、中部监视人员和后部看护线盘人员及时联络,发现线盘支架不稳有倾倒危险,轴杠不平线盘偏向一侧,导线由滑轮中脱出或卡滞现象时,应立即停止牵引及时处理。

跨线架是为了防止短路、触电和磨伤导线而设置的。如不坚固,在风吹或导线张拉时倾倒,则将发生更大的事故。所以在搭设前须取得有关部门的同意,跨线架的宽度、高度及坚固程度必须满足架线的要求。

紧线前应将杆塔倾斜度调整好,设好永久拉线或临时拉线,并应在紧线过程中随时检查拉线和杆塔有无变形和异状,该要求是为了防止固定不牢靠或不平稳而伤线或伤人。

在杆塔上工作不论时间长短,必须系好安全带并检查扣环是否牢固。安全带应系在电杆及牢固的构件上,并有防止安全带从杆顶脱出的措施。杆上作业转位时,不得失去安全带的保护。

放线时应放一条紧一条,并绑扎牢固。紧线的一侧和角杆内测都是受力侧,由此上下电杆时可能由于晃动而发生危险。借助拉线上下电杆无安全保障,因此必须禁止。紧线时作业人员如果站在导线的转角内侧,导线滑脱时将崩伤作业人员。

5.3.7 本条款只是在电力线路架线施工中对搭设跨越架提出的一般规定,主要内容引自中华人民共和国电力行业标准《电力建设安全工作规程 第2部分:架空电力线路》(DL 5009.2—2004)。

5.4.4 做电缆头焊接地线时,严禁使用喷灯焊接,以防损伤电缆绝缘。用电烙铁焊接时,做到用前检查,人离开时拔掉电源,防止伤人或发生火灾。

刚加热好的电缆胶和熔化的剂料装入锡焊的容器内,容易使容器的焊缝裂开,造成电缆胶或剂料外泄烫人。如装入密封的容器内,则不便于倒出,所以要求装入带盖有嘴的容器内。搅拌或舀取熔化的电缆胶或剂料时,所用的金属棒、金属勺应先预热去掉水分,防止水分落入熔化的电缆胶或剂料内发生溅爆烫伤工作人员。

5.5.1 本条主要是为避免管内配线时线缆绝缘层被锋利管口划伤,导致线路在运行中产生短路或接地等情况,甚至造成火灾等重大事故,而提出的要求。许多年来的实际运行表明,很多情况是因为在施工时损伤了线缆的绝缘,随着长时间的运营线路产生老化,受伤部位绝缘层很容易脱落,从而造成事故。

5.5.7、5.5.8 本规定是考虑现场施工安全及低压配电运行后可能造成动力负荷不稳定,频繁出现电力故障。

5.6.3 起重作业中起重设备的全面检查往往被忽略,且操作人员、指挥人员的注意力不集中都是事故发生的主要原因,为此在本规定中特别强调这一条要求。

5.6.6 近年来高处坠落事故时有发生,总结多年来的事故教训制定了本条规定。

5.7.1、5.7.2 通过对多年来因防雷、接地故障造成的电气伤人及安全事故的案例分析,结合现场施工的实际情况,为杜绝以往施工对线路、设备的防雷及接地存在的轻视思想而特别提出的。尤其是对接地电阻值的要求,在施工中必须引起各单位的高度重视,不能存在侥幸心理,应严格按照《铁路电力工程施工技术指南》(TZ 207—2007)有关要求进行施工,满足设计要求。

5.8.1 分析多年来安全事故的案例,在既有变配电所过渡和改造工程中,制定的安全措施不严密、未按相关部门批准的临时及过渡施工方案进行施工的情况时有发生,并曾造成重大人身和伤亡事故,因此临时及过渡工程应按批准的临时及过渡施工方案进行施工。

5.8.3 明确要求施工单位填写各种安全技术措施交底记录,以往发现有个别单位在安全技术措施交底方面作假现象,为避免此类现象重复出现,特制订本条。

5.9.1 悬挂于醒目位置且字迹清晰的警告牌,无论对于工作人员或非工作人员,都能起到提醒注意的作用,可以减少事故的发生。

5.9.6 一般人体电阻有 800 Ω ~ 1 500 Ω,按最大 1 500 Ω 考虑,如果在 220 V 电力设备上发生人身触电,流经人体的电流可达 0.14 A,故触及 220 V 电压同样会对人的生命有危险。

5.9.7 根据《铁路电力安全工作规程》(铁运〔1999〕103 号)的规定,引用该规程中的附录。工作票制度是保证作业人员防止发生触电事故的重要组织措施。工作票签发人要对工作的必要性、工作人员的安全负全面责任。

约时停电是指不履行工作许可手续,施工人员按预先约定的计划停电时间而进行工作;约时送电是指不履行工作终结手续,由值班人员按预先预定的计划送电时间合闸送电。由于网络运行方式的改变或其他种种原因,往往发生迟停或不停;施工班组也有提前完成或不能按时完成作业任务的情况。因此约时停、送电有可能造成伤亡事故,必须禁止约时停、送电。

6.1.4 根据《建设工程安全生产管理条例》(国务院令第 393 号)第 27 条"建设工程施工前,施工单位负责项目管理的技术人员应当对有关安全施工的技术要求向施工作业班组、作业人员作出详细说明,并由双方签字确认"之要求进行规定。

6.1.8 该规定是以往教训的总结。某改造工程由几个施工单位同时施工,新设备带电后,有的施工单位没有足够的警觉而发生了触电事故。

6.1.9 电力牵引供电施工,轨行车辆的使用量很大,一旦出现事故,就是比较大的恶性事故。将施工中轨行车辆一些共性的安全问题,集中在一般规定中。因作业车作业平台载重有限制要求,故对作业平台上的人员数量进行限制。由于作业架升降时其梯撑在活动,此时上梯,有可能使上梯人员手、脚受到剪切或挤伤,因此不应在此时上、下人。邻线未封锁时,若作业架侵入邻线基本建筑限界,此时邻线来车就会发生撞车事故,因此,严禁将作业架侵入邻线基本建筑限界。

车速过快且不稳，易造成作业人员身体歪斜倾倒，造成事故，另外，还使作业人员遇到紧急情况反应不及时，可能产生撞碰伤亡及触电等事故，因此，作业车上有人作业时，行车应平稳且速度不超过 5 km/h。

6.1.10 车梯是重要的接触网施工工具之一，使用频率大、范围广、数量多，出现的安全事故也较多，本条将施工中车梯一些共性的安全问题，集中在一般规定中，显示其重要性。

车梯的存放要远离铁路，稳固，一般采取以下措施，第一将车梯运离作业场所，第二放到路肩以下，第三在铁路建筑限界以外护栏内存放时加锁，保证不发生风刮、倾倒等意外情况发生时而不侵入限界，影响行车。

作业人员超出车梯工作台范围作业时，必须将安全带系在接触网上，严禁将安全带系在车梯框架上。

车梯走行到小半径曲线区段时，应在曲线外侧设置拉绳人员。在曲线区段作业时，车梯和作业车上作业人员均应站在导线的曲线外侧作业。

根据《建筑施工安全技术规程》(JGJ 80—91)，遇有 6 级以上强风、浓雾等恶劣天气，不得进行露天攀登和高处作业，为此本规程规定，遇大风时，采取防倾倒措施，同时应符合上述要求，遇有 6 级以上强风、浓雾等恶劣天气应停止利用车梯的作业。

6.2.2 接触网基坑开挖包括基础坑、支柱坑和拉线坑。在基坑开挖前应与电务和工务等部门联系，对电缆的走向、土质情况和地下埋设设施进行现场交底。在基坑开挖过程中，对土质松软塌方坑要用厚度不低于 40 mm 的木板对坑壁进行防护，对流砂、高水位类基坑的开挖应用防护圈对坑壁进行防护。

在站台上、平交道口等行人较多的地点，开挖后未立支柱前，应在基坑和杯形基坑边设立明显的标志，防止行人坠落，一般采取栅栏围护、混凝土盖板覆盖等措施。

6.2.3 商品混凝土在施工中使用的越来越多，曾经有过商混运输车输送泵输送混凝土时输送管爆裂，混凝土散落在线路上，影响行车。规定在封闭点内施工，一但出现意外情况，可以及时清理。

6.2.4 铁道部 1998 年以电报通知的形式明令禁止装载在平板车上的各类吊车在运营线上立杆作业。除上述形式的施工吊车外，施工单位使用其他形式的作业车及上线运行的吊车，必须得到铁道部有关主管部门的认可和批准。

某工程在山西榆次站堆放钢柱于一处斜坡上且堆放不整齐，三名少年在堆放的钢柱上玩耍时，上层钢柱滑动滚下，将其中一名少年的头部砸伤致死。因此，要求支柱堆放地点平坦、坚实，支柱堆放整齐、稳固。

针对客运专线和高速铁路的外轨超高达到 150 mm，超过了施工车辆的设计值，施工车辆应进行最不利条件下试验及采取安全措施后，方可上线作业。

双线区段，若吊臂或吊车尾部侵入邻线基本建筑限界，此时邻线来车就会发生撞车事故，因此，严禁将吊臂或吊车尾部侵入邻线基本建筑限界。

6.2.5 利用无缝线路区段钢轨进行接触网支柱整正对无缝线路区段轨道的稳定性非常不利，对此，在铁道部 20 世纪 90 年代于京郑线开展的"接触网工程质量上台阶"活动中，某施工单位进行科研立项，研发成功了接触网支柱不利用钢轨整正的施工工具，之后在大量工程中应用推广，取得很好效果。因此，本次修订取消了原规范中利用无缝线路区段钢轨进行接触网支柱整正的规定。

6.3.1 化学锚栓在施工中的使用越来越多,化学锚栓、膨胀锚栓操作工艺如果未严格按照使用说明书进行操作,按设计要求和《铁路电力牵引供电工程施工质量验收评定标准》(TB 10421—2003)规定对化学锚栓进行抗拔力试验将难以保证安全。21 世纪初,我国东北某接触网工程在桥梁上进行钻孔后,由于未严格遵守产品使用说明书的规定,在安装化学锚栓前未清除孔内的杂质,桥钢柱安装后因刮大风而倾倒。

6.3.4 为了保证构件安装后的质量,防止发生生产安全事故,构件安装前应检查埋入件灌注质量,可采取晃动和紧固埋入杆件的方法,发现埋入杆件是否有松动现象。

6.4.1 支柱装配作业,易发生高空坠物伤人,材料、工器具、施工废料侵入铁路建筑限界等安全隐患。

6.5.1 接触网架线前应将架线区段内所有限界门安装好。与接触网交叉、接近的电力线、通信线、广播线及其他障碍物的迁、改工作必须于架线前完成。位于曲线内侧支柱上的或有可能拉歪的腕臂应用临时拉线或其他办法固定,紧线后再拆除。

6.5.2 在架线过程中,若张力装置失灵造成脱线,掉下来的线索有可能伤人,因此,在放出的线索下面不得有人。

放线滑轮开口如不封死,尤其在曲线区段常由于张力变化使导线脱离放线滑轮,脱出的线索由于弹性作用而上下跳动,因此必须将放线滑轮封死。

6.5.3 楔形紧线器在紧线过程中可能滑动造成事故。应在其尾侧的承力索上用钢线卡子卡牢防止滑脱,同时便于观察紧线时楔形紧线器的动态。

由于导线张力而使其向曲线内侧伸展,如不固定则可能造成超出限界或侵入邻线限界并给调整带来困难,因此,在曲线外侧支柱定位环上用铁线和滑轮将导线临时固定。

6.5.4 架线区段附近及周围往往有正常运行的高压线路或雷电,可能在架线后产生感应电压,为保证作业人员的安全,架线完成后,除立即开通的接触网线路两端应进行临时接地。做好接地位置、人员、时间记录,是为了防止开通前拆除临时接地时遗漏。导线架设完成,中心锚结未安装时,在长大坡道上有可能因为线材串动,从而补偿装置起不到作用,造成安全隐患。

6.5.5 采用坠砣超拉法时,下锚张力的增加,会增大下锚角钢的负荷,发生下锚角钢下滑的情况。下锚角钢下滑,将使下锚拉线失去作用,引起下锚支柱的折断。为防止这种情况,应在落锚角钢次下方安装临时托架,以防下锚角钢下滑。

6.6.1

3 使用梯子作业时,梯子高度必须比线索高出 1 m 以上,不得将短梯接长代用。曲线区段,梯子应立在曲线外侧,上梯作业人员应用梯绳将梯子和线索系牢,方可进行作业。作业时梯子顺线路必须直立,不得两人同时在一个梯子上作业。梯子上有人作业时,不得移动梯子。

上梯时,梯子必须有人扶牢,梯绳绑牢,拉绳人员应将绳拉紧,确认上梯人员已上去且梯子绑牢固后,扶梯人员方可离开。拉梯绳人员不得离开,不得将梯绳绑在身上或绑在钢轨、支柱、桥栏杆等建筑物上。作业人员未下梯前严禁拉绳人员松绳。

4 防止上层作业人员工具材料坠落时,伤害下层作业人员。

6 根据多年施工中发生事故的总结,在曲线及线索有较大反向作用力的调整作业,违规作业极容易出现人身伤害的重大事故。

8 棒式绝缘子主要承载轴向压力,如果作业时踩踏,棒式绝缘子受到较大的剪切力,足以使棒式绝缘子折断。

6.7.8

1 主要针对雇用的电焊工和其携带的电焊工具提出来的,尤其强调变电所焊接地线不应采用便携式电焊机。

4 现代设计广泛采用纯铜接地体,在特殊条件时,会遇到纯铜接地体与钢接地体连接的情况。由于接地体需要焊接,不能采用搭接螺栓连接,因此,唯一可用的连接方式就是采用气焊连接,而气焊连接一般采用硼砂作为焊接的媒介。

6.7.9 对于组合电器的接地线布置方式,国内外大不相同,国内目前各种设计方式共同存在,应引起施工单位的注意。室外安装的组合电器有采用通常接地网布置方式的,还有采用上下层结构且上下层之间采用绝缘导线连接方式的;室内安装的组合电器式开关柜,有采用以往与室外接地网连接方式的,也有采用与房屋防雷网和与室外接地网共同连接的方式也存在。

6.8.1 附加导线两相邻悬挂点高差较大时,可能出现"上拔力",使低悬挂点处绝缘子有上翻的趋势,特别是在上拔力等于或稍大于线索和绝缘子重量的情况下,无风时不会发生问题,一旦有风就会使低悬挂点处绝缘子上翻,造成25 kV带电体与悬挂肩架等接地体的瞬时电气间隙太小而产生电火花,严重时会使该处线索烧断。且由于是瞬间接地,在现场不易查明情况,造成的危害较大,必须在施工中引起高度重视。

6.8.2 附加导线没有张力下锚补偿装置,如弛度太小、不符合设计要求,在最低温度时,将可能使接触网支柱承受超过设计荷载,导致支柱断裂,乃至倒地,危及行车安全。

6.8.3 不得利用安全带提拉附加导线到其支持装置上的规定是根据襄渝线接触网工程施工教训而提出的。襄渝铁路回流线架设时,曾发生职工利用安全带提拉附加导线到其支持装置上,其他职工进行回流线紧线使线索滑脱落地,该职工由于安全带未从回流线上取出而被从数米高空摔落到地面,头部受重伤死亡。

6.9.1 所谓大型设备的二次运输,主要指变电所的主变压器和高压全封闭六氟化硫组合电器的二次运搬。由于这类设备体积庞大,重量高达数十吨至上百吨,二次运搬的危险性很大,所以要求必须按照批准的方案进行。

3 在顶升操作时,强调顶升必须按照以设备的长轴侧的一侧开始顶升,并在顶升操作过程中随时在设备顶升的空间下陆续垫上坚实的垫木(硬杂木两侧端头用铁线绑扎),防止千斤顶发生倾倒现象,而致使设备直接落地。在顶升过程中应按照千斤顶的有效顶升高度,轮换进行两侧的顶升,使设备平稳逐步全面升起。在整个顶升过程中,以及安装"排子"或移运器时,都不得让设备整个成悬空状态。撤除"排子"或移运器,操作与上述程序相反。

4 运输使用的承载大型设备的"排子",是专指拖运大型设备的一种运输工具,详见水利电力出版社出版的《电力变压器安装》。移运器是一种专门运输重型设备的器具,使用移运器必须有良好坚硬的路面,也就是说变电所前期土建工作全部完成,道路也已经达到承重要求,且与外部公路连接在一起,整个路段能够满足重型设备的运输。自身带回转装置的移运器,适用于折线和曲线移运,能够满足一般重型设备的运输。

5 在撤除"排子"的操作,必须在没有上基础之前进行。因为基础的顶面较小,危险性较大,且不便于操作,过去曾有施工单位在基础顶面上进行撤除"排子"的操作,险些发生事故,我们必须接受教训。

6.9.5

2 互感器由水平状态转为垂直状态时,必须按照产品说明书规定的方法进行转换。这项操作建议施工单位使用尼龙吊装带,在准备工作阶段最好把设备包装箱全部拆除,将尼龙吊装带挂在互感器底座吊环上，在互感器上部油箱处绑扎尼龙绳，作为转换节点，使吊装作业一次完成。在转换过程中，作业人员应扶持住互感器，避免其左右摇摆。

6.9.6

1　隔离开关单极吊装时，必须采取防倾倒措施，其施工方法详见中国铁道出版社出版的《电气化铁道施工手册——牵引变电所》。

6.9.8　转弯处及电缆井的井口处均设置转角或井口电缆滑车。

6.9.12　各种全封闭组合电器包括 110 kV ~ 220 kV 室外敞开式布置以及 35 kV 以下开关柜布置方式的设备。

3　“配套安装的监测、监控装置和自动通风机系统应动作灵敏可靠，报警声光信号显示正确”，在施工图纸中可能就没有此类装置，这里强调通风装置完全是为了作业人员的健康考虑。如果没有此类装置的话，施工单位在组装过程中应考虑设临时通风装置，以排除有害气体。

6.10.3　送电开通之前牵引变电所要在高压带电隔离区及控制室操作隔离区设置警戒线并悬挂“止步，高压危险！”警告标志（详见附录 B.0.5）主要是在牵引变电所开通送电时总有部分单位的领导和有关人员要参加开通过程的检验，为了防止发生意外，所以设置隔离区是很有必要的。

6.10.4　送电开通时，所有倒闸操作操作项目必须全部实行操作票（详见附录 A.0.1）或命令票制度，在试运行期间均由铁路供电调度下令批准后执行。每张操作票只能填写一个操作命令，每个操作命令可以包含几个操作程序，但必须全部是这个命令的范围必要的操作内容。拿到操作票后，应先在模拟盘上操作确认无误后，再开始操作。

6.10.7　绝缘测试的目的是测定接触网送电前的绝缘电阻值，以判定了保证测试数据准确，并防止绝缘测试时发生人身事故，绝缘测试前应满足本条规定的要求。

绝缘测试时，需自接触网及兆欧表连接测试线，为了防止发生意外人身事故，在同一时间内，一个供电臂或由分段分隔开的车站或区间内，只允许在一个地点进行测试。

为防止接触网感应电压伤人，挂测试地线时，应使用绝缘靴、绝缘手套和绝缘棒。兆欧表在工作时，有高压产生，为此，兆欧表连线端子接线后应绝缘良好，以免电击伤人事故发生。

6.11

既有电力牵引供电扩能改造，在已有的恶劣施工条件上，又增加了行车安全隐患、停电安全隐患，施工环境更加恶劣，多年的安全事故分析表明，绝大部分安全事故发生在既有电力牵引供电扩能改造施工中。所以在本规程中，将既有电力牵引供电扩能改造单独成节，以突出其重要性。

6.11.2　根据《接触网安全工作规程》（铁运〔2007〕69 号）的规定，引用该规程中的附录。接触网停电作业一般为在已投入运行的设备上改造施工，涉及的因素较多，属于比较复杂的施工。安全隐患大，安全责任重，所以将其作为一个独立的条目加以规定。

1　停电施工使用“疑电从有”原则，即不能确定是否有电的设备，一律按有电设备处理。

3　电气化铁路，停电后依然可能有轨行车辆运行。影响运营的施工，在办理停电计划的同时，办理线路封锁计划。

6　改造施工时间紧，技术难度高，危险性大，因此施工现场必须设施工负责人，统一协调指挥施工，加强现场的指挥能力，使施工按计划有序进行，对“停电命令”、“消除停电命令”等重要施工内容由施工负责人直接负责。

6.11.3

1 从施工计划上保证运营安全的一项措施。对于一些施工项目，要留有一定的应急时间。

2 施工负责人根据施工进度和封闭剩余时间，灵活掌握，优先保证运营安全正点。

6 改造工程只能在封闭点内施工，施工时间短，施工完成后马上投入运营，不能按正常的接触网施工程序进行一些实验检测，施工质量直接影响到运营的安全。施工中没有安全问题，投入运营后，因施工质量问题就会影响到运营安全。必须确保封闭点内施工的质量问题。

7 根据《铁路电力牵引供电工程施工质量验收标准》(TB 10421—2003)、《客运专线铁路电力牵引供电工程施工质量验收暂行标准》(铁建设〔2006〕167号)的有关条文制订的。该规定既是"验标"的要求，也是改造施工中保证人身和设备安全的重要技术手段。

8 既有电力牵引扩能改造工程封闭点施工，参建各方对运营安全共同负责。

6.11.4

3 根据现行《接触网安全工作规程》第75条制定，为节约封闭时间，可在有人监护的情况下，先连接好接地线的接地端。接地拆除命令后，拆除地线与设备悬挂端后，即可报告地线拆除。

6 地线挂接位置不合适，可能影响轨道信号电路，挂地线位置应与接触网设备维护人员共同确定，不得移动接地线位置。

9 由于两线长距离并行，导致V形天窗时线索上的感应电压较大，故必须增设接地线。

6.11.5 根据现行《接触网安全工作规程》第62条规定了双线并行区段V停作业，必须具备的条件。

6.11.6 双线并行区段V停作业，作业车平台有可能因误操作转向邻线，引发触电事故。

7.1.2 对试验室资质、试验人员资格及检验检测所用的仪器设备加以限定是国家有关标准的规定。

7.1.3 电气设备的绝缘性能试验是与周围工作环境的温度及湿度有密切关系的试验，若相对湿度大于80%，闪络电压将变得不规则。且在恶劣气候环境条件下进行绝缘试验也易对试验人员和被试设备产生危害。

7.1.4 两人进行可起到互相提醒互相监督的目的。

7.1.5 本条规定是为了使参加试验的工作人员对变电所的运行状况有比较清楚地掌握。工作票可约束试验工作有序进行。

7.1.6 现在改造或扩建的变电所施工越来越多，对在带电设备附近测试时测试人员对带电体的安全距离应引起足够的重视。

7.2.1 对电压等级较低的设备采用大量程的摇表可能会对设备造成损害。

7.2.2 对被试设备测量前后进行放电，一是因为被试设备上的残压可能会对人员造成电击伤害，另一原因是保证测得的绝缘电阻的准确特别是吸收比的准确性。对于电容量较大设备(主变压器、补偿电容、长大电缆等)一般放电时间不小于2 min。

7.2.5 非被试绕组开路会影响到测量结果的准确性，另外对高压侧进行测量时有可能损害开路的低压绕组的绝缘。

7.2.6 平行、相邻的高压带电设施会对附近已停电的线路或设备产生高达数千伏的感应电压，这将严重危及测试人员及测试设备的安全。所以此条要求必须将产生感应电压的带电设施一并停电后才能进行绝缘测试。

7.3.1　试验负责人担当安全措施执行情况检查、试验工作方案制定、试验设备状态和试验接线是否正确确认、操作命令发布、操作过程监督、试后恢复检查等全面工作。这些工作只有参加试验的全体成员都了解后,才能对整个试验各环节所可能出现的风险有一个整体的把握和控制。

7.3.2　高压试验对于设备绝缘来说是一种破坏性试验,如果绝缘存在局部缺陷会使其电气强度裕度降低在耐压试验中造成击穿而损坏。

7.3.3　本条规定是为了便于在加压前后操作人员方便确认操作电源已进行可靠隔离。

7.3.4　高压试验现场防护围栏或标志旗绳的设立一是圈定了高压带电的范围,二是可防止其他人员误入高压带电区域。

7.3.5　高压试验设备的金属外壳接地属于安全接地,控制装置和升压装置的接地点集中于同一接地点,是为了方便工作人员检查设备接地情况。

7.3.7　加压过程是容易发生危险的时间段,所以要求规范操作行为,参加试验人员要提高警惕。加压过程中,操作人员不得中途离开是为了保证能够随时采取紧急安全措施。

7.3.8　试验结束时,被试品上的残压可能很高,其衰减到安全电压可能需要很长时间,因此强调对被试品进行充分放电。

7.4.2　电压互感器反送电将会严重危及人身安全和设备安全,必须高度重视。

7.4.3　对结束试验的电流互感器二次回路应及时恢复,对极性要求的二次回路应用极性试验设备检查确认。这样可以保证被试设施在试验结束后其功能是完整可靠的。

7.4.4　电气设备的远方传动时在就地可能出现开关误合、拒动等现象这可能会对设备造成损害,当地有人监护可及时采取应急措施。

7.5.3　用正在运行的保护电源做试验电源会给运行安全引入风险。根据电力部《电力系统继电保护及安全自动装置反事故措施要点》(电安生〔1994〕191 号)文件第 10.2.5 条的要求在此强调执行。

7.6

接触网短路试验是验证电力牵引供电系统是否能安全稳定运行的系统试验,短路电流的热效应和动力效应可能会对某些环节造成破坏所以各个参与单位应积极参与给予高度重视。

总 目 录

（上册）

（下册）

引用国家和其他行业的标准目录

序号	引用标准	标准号	页码
1	岩土锚杆(索)技术规程	CECS 22	637
2	电梯安装验收规范	GB/T 10060	666
3	中国海区水上助航标志	GB 4696	691
4	锅炉房设计规范	GB 50041	704
5	建筑物防雷设计规范	GB 50057	748
6	建筑灭火器配置设计规范	GB 50140	802
7	塔式起重机安全规程	GB 5144	817
8	内河助航标志	GB 5863	835
9	内河助航标志的主要外形尺寸	GB 5864	865
10	爆破安全规程	GB 6722	875
11	重要用途钢丝绳	GB 8918	945
12	工业锅炉水质	GB 1576	990
13	高处作业分级	GB 3608	1013
14	起重机　试验规范和程序	GB 5905	1017
15	起重机　钢丝绳保养、维护、安装、检验和报废	GB/T 5972	1023
16	钢丝绳夹	GB/T 5976	1054
17	剩余电流动作保护电器的一般要求	GB 6829	1064
18	索道用钢丝绳检验和报废规范	GB/T 9075	1084
19	建筑施工门式钢管脚手架安全技术规范	JGJ 128	1093
20	建筑拆除工程安全技术规范	JGJ 147	1129
21	建筑施工碗扣式钢管脚手架安全技术规范	JGJ 166	1134
22	建筑机械使用安全技术规程	JGJ 33	1159
23	施工现场临时用电安全技术规程	JGJ 46	1238
24	建筑施工安全检查标准	JGJ 59	1267
25	建筑施工高处作业安全技术规范	JGJ 80	1322
26	建筑工程冬期施工规程	JGJ 104	1340
27	简单压力容器安全技术监察规程	TSG R0003	1371
28	压力容器定期检验规则	TSG R7001	1378

形的一对无粘结钢绞线组成。

4.6 树脂卷和快硬水泥卷锚杆

4.6.1 树脂卷锚杆应由不饱和树脂卷锚固剂、钢质杆体、垫板、螺母组成。

4.6.2 快硬水泥卷锚杆应由快硬水泥锚固剂、钢质杆体、垫板、螺母组成。

4.6.3 树脂卷锚杆和快硬水泥卷锚杆适用于需提供初始预应力的软弱破碎围岩加固或大跨度地下洞室支护工程。

4.7 中空注浆锚杆

4.7.1 中空注浆锚杆可分为普通中空注浆锚杆、钢质涨壳中空注浆锚杆和自钻式中空注浆锚杆等类型。中空注浆锚杆的结构参数和力学性能可按本规程附录 B 选用。

4.7.2 普通中空注浆锚杆应由中空锚杆体、止浆塞、垫板和螺母组成。可用于各类岩土的支护工程,宜用于中长锚杆支护或地下工程顶部的锚固工程。

4.7.3 钢质涨壳中空注浆锚杆应由中空杆体、钢质涨壳锚固件、止浆塞、垫板和螺母组成。其结构构造应符合本规程附录 A 图 A.0.4 的要求。钢质涨壳中空注浆锚杆适用于需提供初始预应力的岩石支护工程。

4.7.4 自钻式中空注浆锚杆应由钻头、中空杆体、垫板和螺母组成。适用于松散破碎、成孔困难地层的支护工程。

4.8 摩擦型锚杆

4.8.1 摩擦型锚杆的结构构造应满足锚杆工作时杆体与地层直接接触并发生摩擦作用的要求。摩擦型锚杆可分为缝管锚杆和水胀式锚杆等类型。

4.8.2 缝管锚杆应由纵向开缝的钢管杆体和蛰板组成。钢管杆体的外径应大于钻孔直径 2 ~ 3 mm,并在外露端焊有挡环,缝管锚杆的结构构造应符合本规程附录 A 图 A.0.5 的要求。

4.8.3 水胀式锚杆应由两端带套管的异型空心钢管杆体和垫板组成。其中,与垫板相连的套管上应开有能将高压水注入管内的小孔。水胀式锚杆的结构构造应符合本规程附录 A 图 A.0.6的要求。

4.8.4 缝管锚杆和水胀式锚杆适用于软弱破碎或塑性流变岩层,且设计使用年限小于 10 年的地下工程支护或初期支护。

4.9 锚杆选型

4.9.1 锚杆类型应根据工程要求、锚固地层性质、锚杆承载力大小、锚杆长度、现场条件和施工方法等综合因素选定。

4.9.2 锚杆的类型可按本规程附录 C 选择。

5 材 料

5.1 一般规定

5.1.1 锚杆采用的材料和部件应满足锚杆的设计要求和稳定性,相互之间不得产生不良影响。

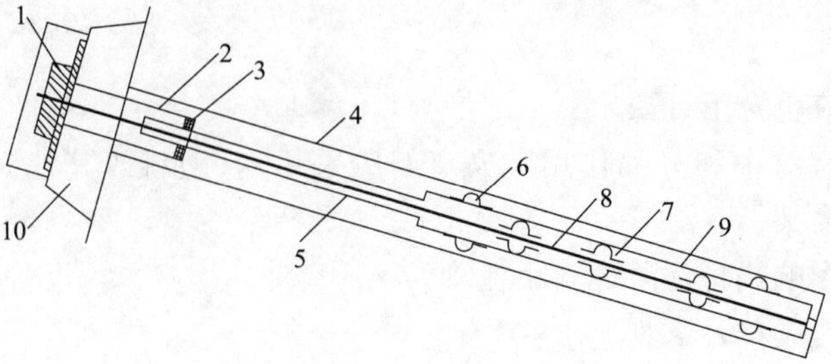

图 6.2.1-1　锚杆Ⅰ级防护构造

1—锚具;2—过渡管(管内注入防腐剂);3—密封;4—锚杆注浆;
5—注入防腐剂套管;6—对中支架;7—内部隔离(对中)支架;
8—预应力筋材;9—波型套管(管内注入水泥浆);10—垫座

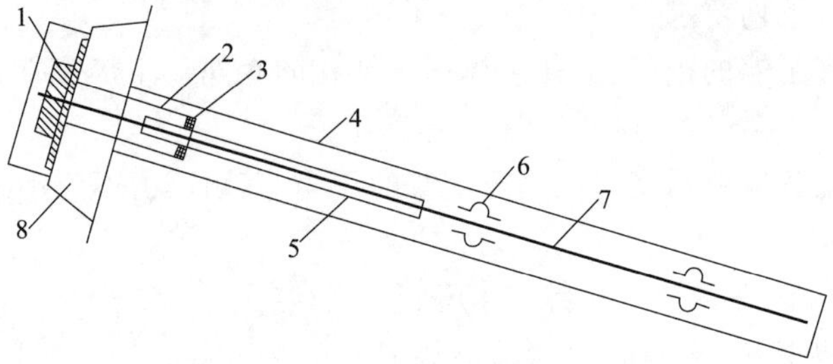

图 6.2.1-2　锚杆Ⅱ级防护构造

1—锚具;2—过渡管(管内注入防腐剂);3—密封;
4—锚杆注浆;5—注入防腐套管;6—对中支架;
7—预应力筋材;8—垫座

6.2.2　锚杆各部件的防腐材料和构造,应在锚杆施工和设计使用期内不发生损坏,且不影响锚杆的功能。

6.3　锚固段防腐保护

6.3.1　永久性锚杆锚固段的防腐保护应符合下列规定:

1　处于腐蚀环境中的永久性锚杆的锚固段应采用Ⅰ级防护构造,水泥浆保护层厚度不应小于 20 mm。

2　处于非腐蚀环境中的永久性锚杆的锚固段应采用Ⅱ级防护构造,但水泥浆与自由段保护管的搭接长度不应小于 0.3 m,水泥浆保护层厚度不应小于 20 mm。

6.3.2　临时性锚杆的锚固段可采用Ⅱ级防护构造,水泥浆保护层厚度不应小于 10 mm。

6.4　自由段防腐保护

6.4.1　永久性锚杆的自由段应采用Ⅰ级防护构造,护管内应充满防腐油脂,并采取专门措施将防腐油脂滞留于护管内。护管应延伸至过渡管内至少 100 mm。

6.4.2　临时性锚杆的自由段可采用Ⅱ级防护构造。

ISBN 978-7-113-15340-3

定 价：350.00 元
（上、下册含光盘）

铁路工程施工安全技术规程

（下册）

铁路工程技术标准所　编

中国铁道出版社

2012年·北　京

总 目 录

(上册)

(下册)

引用国家和其他行业的标准目录

岩土锚杆(索)技术规程

目 次

3 调查和勘察

3.1 一般规定

3.1.1 当岩土工程采用锚杆方案时,应充分考虑锚杆的特性、锚杆与被锚固体的稳定性,以及经济性和施工可行性。

3.1.2 岩土锚固工程设计前应进行一般调查、岩土工程勘察和专项技术研究等调查研究工作。

3.2 调　　查

3.2.1 岩土锚固工程设计前的一般调查应包括工程地形、地貌以及周围土地利用和规划情况、施工条件、环境条件(道路、交通、气象等),以及与工程相关的法规、标准等。

3.2.2 一般调查还应包括工程的下列内容:

1 以往的挖方或填方记录;

2 临近建筑物的状况及对锚固工程的影响程度;

3 地下埋设物。

3.3 勘　　察

3.3.1 岩土工程勘察应查明地层的工程地质和水文地质条件。

3.3.2 岩土工程勘察还应包括下列内容:

1 岩土的重力密度、抗剪强度等物理力学指标;

2 地下水分布状况和孔隙水压力;

3 锚固地层的地质构造和整体稳定性;

4 具有传力结构时,地基的反力系数;

5 隧道和地下洞室工程的围岩分级;

6 地层的可钻性、可注性、对施工方法的适应性等;

7 地层和地下水的腐蚀性。

3.4 专项技术研究

3.4.1 遇有下列情况时应进行专项技术研究:

1 锚固地层为特殊地层(如膨胀性地层、松散破碎岩、湿陷性黄土和高应力地层等);

2 采用新型锚杆的工程。

4 锚杆类型及选择

4.1 注浆型和机械型预应力锚杆

4.1.1 注浆型预应力锚杆应由杆体、锚固段、自由段和锚头组成。适用于要求锚杆承载力高、变形量小和需锚固于地层较深处的工程。

4.1.2 机械型预应力锚杆应由杆体、机械式锚固件、自由段和锚头组成。适用于地层开挖后必须立即提供初始预应力的工程或抢险加固工程。

4.2 拉力型和压力型预应力锚杆

4.2.1 拉力型预应力锚杆应有与注浆体直接粘结的杆体锚固段(图4.2.1)。永久性拉力型预应力锚杆的结构构造应符合本规程附录A图A.0.1的要求。拉力型预应力锚杆适用于硬岩、中硬岩或锚杆承载力要求较低的土体工程。

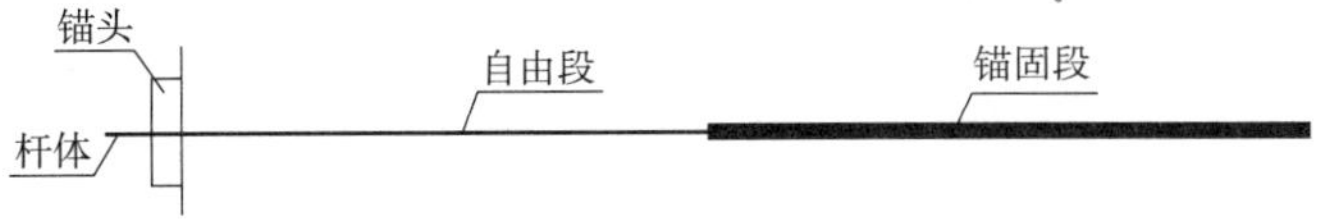

图4.2.1 拉力型预应力锚杆结构原理

4.2.2 压力型预应力锚杆应由不与灌浆体相互粘结的带保护套管的杆体和位于锚固段注浆体底端的承载体组成(图4.2.2)。适用于锚杆承载力要求较低或地层腐蚀性环境恶劣的岩土工程。

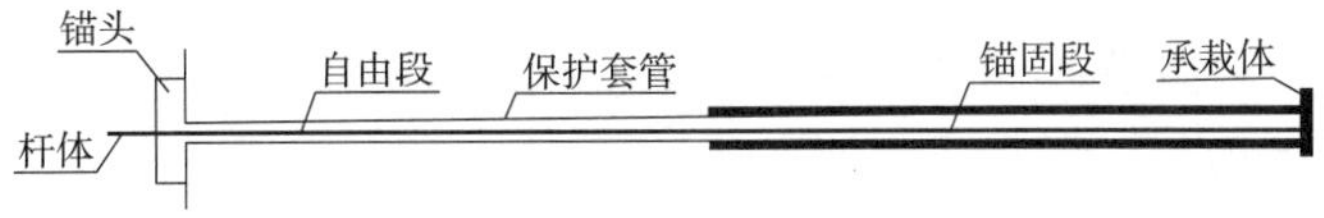

图4.2.2 压力型预应力锚杆结构原理

4.3 荷载分散型锚杆

4.3.1 荷载分散型锚杆(图4.3.1)可分为拉力分散型和压力分散型锚杆。

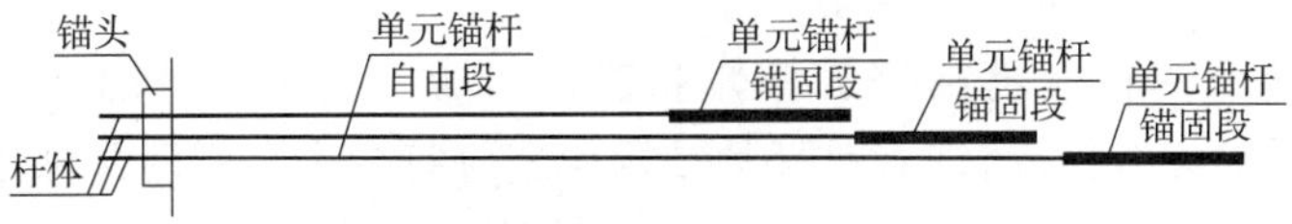

图4.3.1 荷载分散型锚杆结构原理

4.3.2 拉力分散型锚杆应由若干拉力型单元锚杆组合而成,各拉力型单元锚杆的锚固段应位于锚杆总锚固段的不同部位。适用于锚杆承载力要求较高的软岩或土体工程。

4.3.3 压力分散型锚杆应由若干压力型单元锚杆组合而成,各压力型单元锚杆的锚固段应位于锚杆总锚固段的不同部位。适用于锚杆承载力要求较高或防腐等级要求较高的软岩或土体工程。

4.3.4 永久性拉力分散型锚杆和压力分散型锚杆的结构构造应符合本规程附录A图A.0.2、图A.0.3的要求。

4.4 全长粘结型锚杆

4.4.1 全长粘结型锚杆应由全长粘结的杆体、垫板和紧固件组成。

4.4.2 全长粘结型锚杆适用于地层加固和容许地层有适量变形的工程。

4.5 可拆芯式锚杆

4.5.1 可拆芯式锚杆适用于使用功能完成后,不容许筋材滞留于地层内的工程。

4.5.2 可拆芯式锚杆宜采用压力分散型锚杆结构。压力型单元锚杆应由绕承载体弯曲成U

5.1.2 锚杆材料和部件的质量标准及验收标准,除本规程提出的专门要求外,均应符合国家现行标准的有关规定。

5.2 杆体材料

5.2.1 锚杆采用的钢绞线应符合下列规定:

1 用于制作预应力锚杆杆体的钢绞线、环氧涂层钢绞线、无粘结钢绞线,应符合现行国家标准《预应力混凝土用钢绞线》GB/T 5224 的规定;预应力钢绞线的抗拉强度标准值 f_{ptk},应按本规程附录 D 表 D.0.1 的规定采用;

2 对穿锚杆和压力分散型锚杆应采用无粘结钢绞线。无粘结钢绞线的技术参数,应按本规程附录 D 表 D.0.2 的规定采用。

3 除修复的情况外,预应力钢绞线不得连接。

5.2.2 锚杆采用的钢筋应符合下列规定:

1 预应力筋宜采用高强度精轧螺纹钢筋。高强度精轧螺纹钢筋的力学性能指标,应按本规程附录 D 表 D.0.3 采用,并应符合国家现行有关标准的规定;

2 对预应力值较小和长度小于 20 m 的锚杆,预应力筋也可采用 HRB400 级或 HRB335 级钢筋。钢筋抗拉强度标准值 f_{yk},应按本规程附录 D 表 D.0.4 的规定采用;

3 锚杆的连接构件应能承受杆体的极限抗拉力。

5.2.3 锚杆采用的特制中空筋材应符合下列规定:

1 自钻式锚杆杆体应采用厚壁无缝钢管制作,材料应采用合金钢。外表上应全长具有标准的连接螺纹,并可现场切割和用套筒连接加长;

2 普通的中空注浆锚杆杆体可采用碳素钢;

3 用于加长锚杆的连接套筒应与锚杆杆体具有同等级强度。

5.2.4 缝管锚杆采用的开缝式钢管应采用力学性能不低于 20MnSi 的带钢制作。

5.3 水泥系注浆材料

5.3.1 注浆材料采用的水泥应符合下列要求:

1 水泥宜采用普通硅酸盐水泥,其质量应符合现行国家标准《硅酸盐水泥、普通硅酸盐水泥》GB 175 的规定。必要时可采用抗硫酸盐水泥,不宜采用高铝水泥;

2 水泥强度应大于 32.5 MPa,压力型锚杆应采用强度不低于 42.5 MPa 的水泥。

5.3.2 注浆材料采用的水应符合下列要求:

1 拌合水宜采用饮用水,不得使用污水。当采用其他水源时,必须经试验确认对水泥浆体和杆体材料无害;

2 拌合水的水质应符合现行行业标准《混凝土拌合用水标准》JGJ 63,拌合水中酸、有机物和盐类等对水泥浆体和钢拉杆有害的物质的含量不得超标,不得影响水泥正常凝结和硬化。

5.3.3 注浆材料采用的细骨料应符合下列要求:

1 水泥砂浆只能用于一次注浆,其细骨料应选用最大尺寸小于 2.0 mm 的砂;

2 砂的含泥量按重量计不得大于 3%;砂中云母、有机质、硫化物和硫酸盐等有害物质的含量,按重量计不得大于 1%。

5.3.4 注浆材料中使用的外加剂应符合下列规定:

1 必要时,注浆材料中可使用控制浆液泌水、改善流动性、减少用水量和调整凝结时间,或提高早期强度的外加剂；

2　外加剂的质量必须符合国家现行有关产品标准的要求。外加剂不得影响浆体的粘结性能和对钢材产生腐蚀，并应通过试验验证方可使用；

3　在锚杆护套内、锚杆罩内和二次充填注浆时，可使用膨胀剂；

4　水泥浆中氯化物的含量不得超过水泥重量的 0.1%。

5.4　合成树脂系注浆材料

5.4.1　合成树脂系注浆料应满足锚固体强度和耐久性的要求。

5.4.2　合成树脂系注浆料还应满足工程施工的要求，包括胶凝时间、养护时间、粘度和储存期要求。

5.5　承　载　体

5.5.1　承载体用于压力型和压力分散型锚杆。承载体可由高分子聚酯纤维增强模塑料或钢板制成。

5.5.2　高分子聚酯纤维增强模塑料应具有与锚杆承载能力相适应的力学性能。

5.5.3　在钢板承载体外表应涂刷防腐材料。

5.6　锚头材料

5.6.1　锚具应符合下列要求：

1　预应力筋用锚具、夹具和连接器的性能，均应符合现行国家标准《预应力筋用锚具、夹具和连接器》GB/T 14370 的规定；

2　预应力锚具的锚固力应能达到预应力杆体极限抗拉力的 95% 以上，且达到实测极限抗拉力时的总应变值应小于 2%；

3　根据锚杆的使用目的不同，应采用可调节拉力的锚头；

4　锚具罩应采用钢材或塑料制作加工。锚具罩应完全罩住锚杆头和预应力筋的尾端，与支承面的接缝应采用水密性接缝。

5.6.2　承压板和台座应符合下列要求：

1　承压板和台座的强度和构造必须满足锚杆极限抗拉力要求，以及锚具和结构物的连接构造要求；

2　承压板和过渡管宜由钢板和钢管制成，其材料质量应符合国家现行有关标准的要求。过渡钢管壁厚不宜小于 5 mm。

5.7　防腐材料

5.7.1　用于锚杆的防腐材料宜采用专用防腐油脂，并满足现行行业标准《无粘结预应力筋专用防腐润滑脂》JG/T 3007 的技术要求。

5.7.2　防腐材料在锚杆的设计使用期限内，应符合下列性能要求：

1　保持防腐性能和物理稳定性；

2　具有防水性和化学稳定性，不得与锚杆材料产生不良反应；

3　不得对锚杆自由段的变形产生限制和不良影响；

4　在规定的工作温度内和张拉过程中，不得开裂、变脆或成为流体。

5.8 其他材料

5.8.1 隔离架材料应符合下列要求:

1 隔离架宜兼有对中和分隔作用。隔离架应采用钢、塑料或其他对杆体无害的材料制成,不得采用木制隔离架;

2 隔离架不得影响锚杆注浆体自由流动。

5.8.2 锚杆护套材料应符合下列要求:

1 具有足够的强度和柔韧性,在加工和安装过程中不被损坏;

2 具有防水性和化学稳定性,对预应力筋无不良影响;

3 具有耐腐蚀性,与锚杆浆体和防腐剂无不良反应;

4 能够抗紫外线引起的老化;

5 不影响预应力筋的弹性伸缩变形。

5.8.3 注浆管应符合下列要求:

1 注浆管应具有足够的内径,能使浆体压至钻孔的底部。注浆管应能承受 1.0 MPa 的压力;

2 二次高压注浆管应能承受二次高压注浆的压力,其耐压力不应小于 5.0 MPa。

6 防　　腐

6.1 一般规定

6.1.1 锚杆的防腐保护等级和措施,应根据锚杆的设计使用年限和所处地层有无腐蚀性确定。

6.1.2 当对地层的检测和调查中发现下列一种或多种情况时,应判定该地层具有腐蚀性:

1 pH 值小于 4.5;

2 电阻率小于 2 000 Ω · cm;

3 出现硫化物;

4 出现杂散电流,或出现对水泥浆体和混凝土的化学腐蚀。

6.2 防护等级和要求

6.2.1 腐蚀环境中的永久性锚杆应采用 I 级双层防腐保护构造;腐蚀环境中的临时性锚杆和非腐蚀环境中的永久性锚杆可采用Ⅱ级简单防腐保护构造。锚杆的 I 、Ⅱ级防护构造应符合表 6.2.1 的要求(图 6.2.1-1、图 6.2.1-2)。

表 6.2.1 锚杆 I 、Ⅱ级防腐保护要求

防腐保护等级	锚杆类型	预应力锚杆和锚具的防护要求		
		锚　头	自由段	锚固段
I	拉力型、拉力分散型	采用过渡管,锚具用混凝土封闭或钢罩保护	采用注入油脂的护套,或无粘结钢绞线,或有外套保护管的无粘结钢绞线	采用注入水泥浆的波形管
	拉力型、拉力分散型	采用过渡管,锚具用混凝土封闭或用钢罩保护	采用无粘结钢绞线	采用无粘结钢绞线
Ⅱ	拉力型、拉力分散型	采用过渡管,锚具用钢罩保护或涂防腐油脂	采用注入油脂的护套,或无粘结钢绞线	注浆

6.5 锚头防腐保护

6.5.1 永久性锚杆在预应力筋张拉作业完成后,应及时对锚具和承压板进行Ⅰ级防腐保护。

6.5.2 需调整拉力的永久性锚杆的锚具和承压板应装设防护罩,且罩内应填充防腐油脂。

6.5.3 不需调整拉力的永久性锚杆的锚具和承压板可埋入混凝土内,混凝土保护层厚度不应小于 50 mm。

6.5.4 处于腐蚀环境中的临时性锚杆,其锚具和承压板应装设防护罩,且罩内应充填防腐油脂。处于非腐蚀环境中的临时性锚杆的外露锚具和承压板可涂防腐油脂保护。

7 设　计

7.1 一般规定

7.1.1 在锚杆设计前,应依据本规程第 3 章调查和勘察的结果,对采用锚杆的安全性、经济性进行评估,对施工可行性做出判断。

7.1.2 采用锚杆的类型应根据工程要求、锚固地层性质、锚杆承载力、锚杆长度、现场条件、施工方法等因素综合确定。

7.1.3 锚杆设计时,应确保锚杆和被锚固结构在承受施工荷载和使用荷载作用时安全系数符合本规程第 7.3 节的规定,且不应产生影响结构正常使用的变形。

7.1.4 锚杆的设计使用年限不应低于所服务构筑物的设计使用年限,且其防腐保护等级和构造应达到相应的要求。

7.1.5 永久性锚杆的锚固段不应设在下列未经处理的地层中:

1 有机质土;

2 液限 $W_L > 50\%$ 的土层;

3 相对密实度 $D_r < 0.3$ 的土层。

7.1.6 对特殊条件下为专门目的而采用的锚杆,必须在充分调查研究和必需的试验基础上进行设计。

7.1.7 在锚杆承受反复荷载时,反复荷载的变化幅度不应大于锚杆拉力设计值的 20%。

7.2 锚杆设置

7.2.1 锚杆的间距和长度,应根据锚杆所锚定构筑物及其周边地层整体稳定性确定。

7.2.2 锚杆的间距除必须满足锚杆的受力要求外,尚宜大于 1.5 m。当所采用的间距更小时,应将锚固段错开布置,或改变相邻锚杆的倾角。

7.2.3 锚杆的设置应避免对相邻建(构)筑物的基础产生不利影响。

7.2.4 锚杆的钻孔直径除必须满足锚杆的拉力设计值外,还应满足下列要求:

1 钻孔内预应力钢绞线的面积不超过钻孔面积的 15%;

2 预应力筋的保护层厚度不小于 20 mm(永久锚杆)或 10 mm(临时锚杆)。

7.2.5 锚杆锚固段上的覆土层厚度不宜小于 4.5 m。

7.2.6 锚杆的倾角宜避开与水平向成 $-10° \sim +10°$ 的范围。

7.3 锚杆的安全系数

7.3.1 筋体与锚固段注浆体以及地层与锚固段注浆体之间的粘结安全系数，应根据锚杆破坏的危害程度和锚杆的使用年限按表7.3.1确定：

表7.3.1 岩土锚杆锚固体抗拔安全系数

安全等级	锚杆损坏的危害程度	最小安全系数	
		临时锚杆	永久锚杆
Ⅰ	危害大，会构成公共安全问题	1.8	2.2
Ⅱ	危害较大，但不致出现公共安全问题	1.6	2.0
Ⅲ	危害较轻，不构成公共安全问题	1.4	2.0

注：对蠕变明显地层中的永久性锚杆锚固体，最小抗拔安全系数取2.5。

7.3.2 设计锚杆杆体截面时，杆体抗拉安全系数应按表7.3.2确定：

表7.3.2 锚杆杆体抗拉安全系数

杆体材料	最小安全系数	
	临时锚杆	永久锚杆
钢绞线精轧螺纹钢筋	1.6	1.8
HRB400、HRB335钢筋	1.4	1.6

7.3.3 永久性锚杆抗震验算时，其安全系数应按0.8折减。

7.4 杆体和锚固体截面

7.4.1 钢锚杆杆体的截面面积应按下式确定：

$$A_s \geqslant \frac{K_t N_t}{f_{yk}} \tag{7.4.1}$$

或

$$A_s \geqslant \frac{K_t N_t}{f_{ptk}}$$

K_t——锚杆杆体的抗拉安全系数，按第7.3.2条选取；

N_t——锚杆的轴向拉力设计值（kN）；

f_{yk}、f_{ptk}——钢筋、钢绞线的抗拉强度标准值（kPa）。

7.4.2 压力分散型锚杆锚固段注浆体的承压面积应按下式验算：

$$K_p N_t \leqslant 1.35 A_p \left(\frac{A_m}{A_p}\right)^{0.5} \eta f_c \tag{7.4.2}$$

式中 K_p——单元锚杆锚固段注浆体的局部抗压安全系数，取2.0；

N_t——单元锚杆的轴向拉力设计值（N）；

A_p——单元锚杆承载体与锚固段注浆体横截面的净接触面积，即毛受压面积扣除孔道面积（mm^2）；

A_m——锚杆锚固段注浆体的横截面面积（mm^2）；

η——有侧限锚固段注浆体的强度增大系数，由试验确定；

f_c——锚固段注浆体的轴心抗压强度标准值（N/mm^2）。

7.5 锚固段长度

7.5.1 锚杆或单元锚杆的锚固段长度可按下式估算,并取其中的较大值:

$$L_a > \frac{KN_t}{\pi D f_{mg} \varphi} \tag{7.5.1-1}$$

$$L_a > \frac{KN_t}{n\pi d \xi f_{ms} \varphi} \tag{7.5.1-2}$$

式中 K ——锚杆锚固体的抗拔安全系数,按表 7.3.1 选取;

N_t——锚杆或单元锚杆的轴向拉力设计值(kN);

L_a——锚杆锚固段长度(m);

f_{mg}——锚固段注浆体与地层间的粘结强度标准值(kPa),通过试验确定;当无试验资料时,可按表 7.5.1-1 或表 7.5.1-2 取值;

f_{ms}——锚固段注浆体与筋体间的粘结强度标准值(kPa),通过试验确定;当无试验资料时,可按表 7.5.1-3 取值;

D ——锚杆锚固段的钻孔直径(mm);

d ——钢筋或钢绞线的直径(mm);

ξ ——采用 2 根或 2 根以上钢筋或钢绞线时,界面的粘结强度降低系数,取 0.6 ~ 0.85;

φ ——锚固长度对粘结强度的影响系数;

n ——钢筋或钢绞线根数。

表 7.5.1-1 岩石与水泥砂浆或水泥结石体的粘结强度标准值(推荐)

岩石类别	岩石单轴饱和抗压强度值(MPa)	粘结强度标准值(MPa)
极软岩	<5	0.2 ~ 0.3
软　岩	5 ~ 15	0.3 ~ 0.8
较软岩	>15 ~ 30	0.8 ~ 1.2
较硬岩	>30 ~ 60	1.2 ~ 1.6
硬　岩	>60	1.6 ~ 3.0

注:1 表中数据适用于水泥砂浆或水泥结石体,强度等级为 M30;
2 在岩体结构面发育时,粘结强度取表中下限值。

表 7.5.1-2 土层与水泥砂浆或水泥结石体的粘结强度标准值(推荐)

土层种类	土的状态	粘结强度标准值(kPa)
粘性土	软塑	30 ~ 50
	可塑	50 ~ 65
	硬塑	65 ~ 80
	坚硬	80 ~ 100
粉土	中密	70 ~ 125
砂性土	松散	75 ~ 150
	稍密	125 ~ 200
	中密	150 ~ 250
	密实	250 ~ 300

续上表

土层种类	土的状态	粘结强度标准值(kPa)
碎石土	稍密	150 ~ 250
	中密	250 ~ 300
	密实	300 ~ 350

注:本表适用于一次注浆;当采用二次高压劈裂注浆(压力 > 2.5 MPa)加固锚固段周边地层时,表中粘结强度可提高 50%。

表 7.5.1-3 钢筋、钢绞线与水泥砂浆或水泥结石体的粘结强度标准值(推荐)

粘结材料	粘结强度标准值(MPa)
水泥砂浆或水泥结石体与螺纹钢筋	2.0 ~ 3.0
水泥砂浆或水泥结石体与钢绞线	3.0 ~ 4.0

注:本表适用于水泥砂浆或水泥结石体(强度等级 M25 ~ M40),M25 取表中下限值,M40 取表中上限值。

7.5.2 锚固长度对粘结强度的影响系数 φ 应由试验确定;无试验资料时,可按表 7.5.2 取值。

表 7.5.2 锚固长度对粘结强度的影响系数 φ 建议值

锚固地层	土层					软岩或极软岩				
锚固段长度(m)	13 ~ 16	10 ~ 13	10	10 ~ 6	6 ~ 3	9 ~ 12	6 ~ 9	6	6 ~ 4	4 ~ 2
φ 取值	0.8 ~ 0.6	1.0 ~ 0.8	1.0	1.0 ~ 1.3	1.3 ~ 1.6	0.8 ~ 0.6	1.0 ~ 0.8	1.0	1.0 ~ 1.3	1.3 ~ 1.6

7.5.3 岩石锚杆的锚固长度宜采用 3 ~ 8 m,土层锚杆的锚固长度宜采用 6 ~ 12 m。当采用荷载分散型锚杆时,锚固长度可根据需要确定。

7.6 自由段长度

7.6.1 锚杆的自由段长度应穿过潜在滑裂面不少于 1.5 m。

7.6.2 锚杆的自由段长度不应小于 5.0 m,且能保证锚杆与锚固结构体系的整体稳定性。

7.7 注 浆 体

7.7.1 预应力锚杆锚固段注浆体的抗压强度,应根据锚杆的结构类型和锚固地层按表 7.7.1 确定。

表 7.7.1 预应力锚杆锚固段注浆体的抗压强度

锚固地层	锚杆类型	抗压强度标准值(MPa)
土 层	拉力型和拉力分散型	≥20
	压力型和压力分散型	≥35
岩 石	拉力型和拉力分散型	≥30
	压力型和压力分散型	≥35

7.8 传力结构

7.8.1 传递锚杆拉力的格梁、腰梁、台座的截面尺寸和配筋,应根据锚杆拉力设计值、地层承载力和锚杆工作条件经计算确定。

7.8.2 传力结构应具有足够的强度和刚度。传力结构的混凝土强度等级不应低于C25。

7.9 初始预应力

7.9.1 对地层和被锚固结构位移控制要求较高的工程,预应力锚杆的初始预应力(锁定拉力)值宜为锚杆拉力设计值。

7.9.2 对地层和被锚固结构位移控制要求较低的工程,预应力锚杆的初始预应力(锁定拉力)值宜为锚杆拉力设计值的0.75~0.90倍。

7.10 锚固结构稳定性

7.10.1 采用锚杆锚固结构物时,除锚杆抗拉力应满足设计要求外,还必须验算结构物、锚杆和地层组成的锚固结构体系的整体稳定性。

7.10.2 锚固结构体系的外部稳定性可采用圆弧滑动法或折线滑动法验算;内部稳定性可采用Kranz法验算。

8 施 工

8.1 一般规定

8.1.1 锚杆工程施工前,应根据锚固工程的设计条件、现场地层条件和环境条件编制施工组织设计。

8.1.2 施工前,应检查原材料和施工设备的主要技术性能是否符合设计要求。

8.1.3 在裂隙发育或富含地下水的岩层中进行锚杆施工时,应对锚固段周边孔壁进行不透水性试验。当0.2~0.4 MPa压力作用10 min后,锚固段周边渗水率超过0.01 m^3/min时,应采用固结注浆或其他方法进行处理。

8.2 钻 孔

8.2.1 锚杆钻孔应符合下列规定:

1 锚杆钻孔不得扰动周围地层;

2 钻孔前,根据设计要求和地层条件,定出孔位、做出标记;

3 锚杆水平、垂直方向的孔距误差不应大于100 mm。钻头直径不应小于设计钻孔直径3 mm;

4 钻孔轴线的偏斜率不应大于锚杆长度的2%;

5 锚杆钻孔深度不应小于设计长度,也不宜大于设计长度500 mm;

6 向钻孔中安放锚杆前,应将孔内岩粉和土屑清洗干净。

8.2.2 在不稳定地层中,或地层受扰动导致水土流失而危及邻近建筑物或公用设施的稳定性时,宜采用套管护壁钻孔。

8.2.3 压力分散型锚杆和可重复高压注浆型锚杆施工宜采用套管护壁钻孔。

8.3 杆体制作、存储和安放

8.3.1 杆体的制作、存储和安放应符合下列一般规定:

1 杆体的制作、存储宜在工厂或施工现场的专门作业棚内进行;

2 在锚固段长度范围,杆体上不得有可能影响与注浆体有效粘结和影响锚杆使用寿命的有

害物质,并应确保满足设计要求的注浆体保护层厚度。在自由段杆体上应设置有效的隔离层;

3 钢筋、钢绞线或钢丝应采用切割机切断;

4 杆体制作时应按设计要求进行防腐处理;

5 加工完成的杆体在存储、搬运、安放时,应避免机械损伤、介质侵蚀和污染。

8.3.2 钢筋锚杆杆体的制作应符合下列规定:

1 制作前钢筋应平直、除油和除锈;

2 当HRB钢筋接长采用焊接时,双面焊接的焊缝长度不应小于5 d。精轧螺纹钢筋、中空钢筋接长应采用专用联接器;

3 沿杆体辅线方向每隔1.5~2.0 m应设置一个对中支架,注浆管、排气管应与锚杆杆体绑扎牢固。

8.3.3 钢绞线或高强钢丝锚杆杆体的制作应符合下列规定:

1 钢绞线或高强钢丝应清除油污、锈斑,严格按设计尺寸下料,每根钢绞线的下料长度误差不应大于50 mm;

2 钢绞线或高强钢丝应平直排列,沿杆体轴线方向每隔1.0~1.5 m设置一个隔离架,注浆管和排气管应与杆体绑扎牢固,绑扎材料不宜采用镀锌材料。

8.3.4 可重复高压注浆锚杆杆体的制作,尚应符合下列规定:

1 在编排钢绞线或高强钢丝时,应安放可重复注浆套管和止浆密封装置;

2 止浆密封装置应设置在自由段与锚固段的分界处,密封装置两端应牢固绑扎在锚杆杆体上,在被密封装置包裹的注浆套管上至少应留有一个进浆阀。

8.3.5 荷载分散型锚杆杆体的制作,尚应符合下列规定:

1 压力分散型锚杆或拉力分散型锚杆杆体应先制作成单元锚杆,再由2个或2个以上单元锚杆组装成复合型锚杆;

2 当压力分散型锚杆单元锚杆的端部采用聚酯纤维承载体时,无粘结钢绞线应绕承载体弯曲成U形,并用钢带与承载体捆绑牢固。采用钢板承载体时,挤压锚固件应与钢板连接可靠;

3 在荷载分散型锚杆各单元锚杆的外露端,应做好标记。在锚杆张拉或芯体拆除前,该标记不得损坏;

4 承载体应与钢绞线牢靠固定,并不得损坏钢绞线的防腐油脂和外包塑料(PVC)软管。

8.3.6 锚杆杆体的存储应符合下列规定:

1 杆体制作完成后应尽早使用,不宜长期存放;

2 制作完成的杆体不得露天存放,宜存放在干燥清洁的场所。应避免机械损伤杆体或油渍溅落在杆体上;

3 当存放环境相对湿度超过85%时,杆体外露部分应进行防潮处理;

4 对存放时间较长的杆体,在使用前必须进行严格检查。

8.3.7 锚杆杆体的安放应符合下列规定:

1 在杆体放入钻孔前,应检查杆体的加工质量,确保满足设计要求;

2 安放杆体时,应防止扭压和弯曲。注浆管宜随杆体一同放入钻孔。杆体放入孔内应与钻孔角度保持一致;

3 安放杆体时,不得损坏防腐层,不得影响正常的注浆作业;

4 全长粘结型杆体插入孔内的深度不应小于锚杆长度的95%,预应力锚杆插入孔内的深度不应小于锚杆长度的98%。杆体安放后,不得随意敲击,不得悬挂重物。

8.4 注　　浆

8.4.1 向钻孔内注浆应符合下列规定:

1 向下倾斜的钻孔内注浆时,注浆管的出浆口应插入距孔底 300 ~ 500 mm 处,浆液自下而上连续灌注,且确保从孔内顺利排水、排气;

2 向上倾斜的钻孔内注浆时,应在孔口设置密封装置,将排气管端口设于孔底,注浆管应设在离密封装置不远处;

3 注浆设备应有足够的浆液生产能力和所需的额定压力,采用的注浆管应能在 1 h 内完成单根锚杆的连续注浆;

4 注浆后不得随意敲击杆体,也不得在杆体上悬挂重物。

8.4.2 注浆材料应根据设计要求确定,不得对杆体产生不良影响。宜选用灰砂比 1∶0.5 ~ 1∶1的水泥砂浆或水灰比 0.45 ~ 0.50 的纯水泥浆,必要时可加入一定量的外加剂或掺合料。

8.4.3 注浆浆液应搅拌均匀,随搅随用,并在初凝前用完。严防石块、杂物混入浆液。

8.4.4 当孔口溢出浆液或排气管停止排气时,可停止注浆。

8.4.5 永久性锚杆张拉后,应对锚头和锚杆自由段间的空隙进行补浆。

8.4.6 可重复高压注浆锚杆的注浆尚应符合下列规定:

1 二次注浆材料宜选用水灰比 0.45 ~ 0.50 的纯水泥浆;

2 止浆密封装置的注浆应待孔口溢出浆液后进行,注浆压力不宜低于 2.0 MPa;

3 一次常压注浆结束后,应将注浆管、注浆枪和注浆套管清洗干净;

4 对锚固体的二次高压注浆,应在一次注浆形成的水泥结石体强度达到 5.0 MPa 后进行。注浆压力和注浆时间可根据锚固段的体积确定,并分段依次由下至上进行。

8.4.7 浆体强度检验用的试块每 30 根锚杆不应少于一组,每组不应少于 6 个试块。

8.5 张拉和锁定

8.5.1 锚杆的张拉和锁定应符合下列规定:

1 锚头台座的承压面应平整,并与锚杆轴线方向垂直;

2 锚杆张拉前应对张拉设备进行标定;

3 锚杆张拉时,注浆体和混凝土台座的抗压强度值应符合表 8.5.1 的规定;

4 锚杆张拉应有序进行,张拉顺序应考虑邻近锚杆的相互影响;

5 锚杆正式张拉前,应取 0.1 ~ 0.2 轴向拉力设计值 N_t对锚杆预张拉 1 ~ 2 次,使杆体完全平直,各部位接触紧密;

6 锚杆应采用符合标准和设计要求的锚具。

表 8.5.1　锚杆张拉时注浆体和混凝土台座抗压强度值

锚杆类型		抗压强度值(MPa)	
		注浆体	台座混凝土
土层锚杆	拉力型	15	20
	压力型和压力分散型	30	20
岩石锚杆	拉力型	25	25
	压力型和压力分散型	30	25

8.5.2 锚杆张拉至1.05～1.10 N_t 时，对岩层、砂性土层保持10 min，对粘性土层保持15 min，然后卸荷至锁定荷载设计值进行锁定。锚杆张拉荷载的分级和位移观测时间应遵守表8.5.2的规定。

表8.5.2 锚杆张拉荷载分级和位移观测时间

荷载分级	位移观测时间(min)		加荷速率(kN/min)
	岩层、砂土层	粘性土层	
0.10～0.02N_t	2	2	不大于100
0.50N_t	5	5	
0.75N_t	5	5	
1.00N_t	5	10	不大于50
1.05～1.10N_t	10	15	

注：N_t——锚杆轴向拉力设计值。

8.5.3 荷载分散型锚杆张拉时可按设计要求先张拉单元锚杆，消除在相同荷载作用下因自由段长度不等而引起的弹性伸长差，再同时张拉各单元锚杆并锁定。也可按设计要求对各单元锚杆从远端开始顺序进行张拉并锁定。

8.6 施工检查

8.6.1 施工中应对锚杆位置、钻孔直径、钻孔深度和角度、锚杆杆体长度和杆体插入长度进行检查。

8.6.2 施工中应对浆液配合比、压力、注浆量和锚杆预应力进行检查。

9 试　　验

9.1 一般规定

9.1.1 锚杆的最大试验荷载不宜超过锚杆杆体极限承载力的0.8倍。

9.1.2 试验用计量仪表(压力表、测力计、位移计)应满足测试要求的精度。

9.1.3 试验用加荷装置(千斤顶、油泵)的额定压力必须大于试验压力。

9.1.4 荷载分散型锚杆的试验宜采用等荷载法；也可根据具体工程情况制定相应的试验规则和验收标准。

9.2 基本试验

9.2.1 对任何一种新型锚杆，或锚杆用于未应用过的地层时，必须进行极限抗拔试验。

9.2.2 锚杆极限抗拔试验采用的地层条件、杆体材料、锚杆参数和施工工艺必须与工程锚杆相同，且试验数量不应少于3根。为得出锚固体的极限抗拔力，必要时可加大杆体的截面面积。

9.2.3 锚杆极限抗拔试验应采用分级循环加荷，加荷等级和位移观测时间应符合表9.2.3的规定。

表 9.2.3 锚杆极限抗拔试验的加荷等级和观测时间

加荷增量 $A_s f_{ptk}$ (%)	初始荷载	—	—	—	10	—	—	—
	第一循环	10	—	—	30	—	—	10
	第二循环	10	30	—	40	—	30	10
	第三循环	10	30	40	50	40	30	10
	第四循环	10	30	50	60	50	30	10
	第五循环	10	30	60	70	60	30	10
	第六循环	10	30	60	80	60	30	10
观测时间(min)		5	5	5	10	5	5	5

注:1 第五循环前加荷速率为 100 kN/min,第六循环的加荷速率为 50 kN/min;

2 在每级加荷等级观测时间内,测读位移不应少于 3 次;

3 在每级加荷等级观测时间内,锚头位移增量小于 0.1 mm 时,可施加下一级荷载,否则应延长观测时间,直至锚头位移增量在 2 h 内小于 2.0 mm 时,方可施加下一级荷载。

9.2.4 锚杆极限抗拔试验出现下列情况之一时,可判定锚杆破坏:

1 后一级荷载产生的锚头位移增量达到或超过前一级荷载产生的位移增量的 2 倍;

2 锚头位移持续增长;

3 锚杆杆体破坏。

9.2.5 锚杆极限抗拔试验结果宜按荷载与对应的锚头位移列表整理,并绘制锚杆荷载 - 位移(P-S)曲线、锚杆荷载 - 弹性位移(P-S_e)曲线和锚杆荷载 - 塑性位移(P-S_p)曲线(本规程附录 E)。

9.2.6 锚杆极限承载力应取破坏荷载的前一级荷载。在最大试验荷载下未达到第 9.2.4 条规定的破坏标准时,锚杆的极限承载力应取最大试验荷载。

9.2.7 当每组试验锚杆极限承载力的最大差值不大于 30% 时,应取最小值作为锚杆的极限承载力。当最大差值大于 30% 时,应增加试验锚杆数量,且按 95% 保证概率计算锚杆的极限承载力。

9.3 蠕变试验

9.3.1 对塑性指数大于 17 的土层锚杆、极度风化的泥质岩层中或节理裂隙发育张开且充填有粘性土的岩层中的锚杆,应进行蠕变试验。用作蠕变试验的锚杆不得少于 3 根。

9.3.2 锚杆蠕变试验的加荷等级和观测时间应满足表 9.3.2 的规定。在观测时间内荷载必须保持恒定。

表 9.3.2 锚杆蠕变试验的加荷等级和观测时间

加荷等级	观测时间(min)	
	临时性锚杆	永久性锚杆
$0.25N_t$	—	10
$0.50N_t$	10	30
$0.75N_t$	30	60
$1.00N_t$	60	120
$1.20N_t$	90	240
$1.50N_t$	120	360

9.3.3 在每级荷载下按时间间隔 1、2、3、4、5、10、15、20、30、45、60、75、90、120、150、180、210、240、270、300、330、360 min 记录蠕变量。

9.3.4 试验结果可按荷载 - 时间 - 蠕变量整理,并绘制蠕变量 - 时间对数(s-lg$t$)曲线(本规

程附录 G)。蠕变率可由下式计算:

$$K_c = \frac{s_2 - s_1}{\lg t_2 - \lg t_1} \qquad (9.3.4)$$

式中 s_1——t_1时所测得的蠕变量;

s_2——t_2时所测得的蠕变量。

9.3.5 锚杆在最后一级荷载作用下的蠕变率不应大于 2.0 mm/对数周期。

9.4 验收试验

9.4.1 验收试验的锚杆数量不得少于锚杆总数的 5%,且不得少于 3 根。对有特殊要求的工程,可按设计要求增加验收锚杆的数量。

9.4.2 永久性锚杆的最大试验荷载应取锚杆轴向拉力设计值的 1.5 倍;临时性锚杆的最大试验荷载应取锚杆轴向拉力设计值的 1.2 倍。

9.4.3 验收试验应分级加荷,初始荷载宜取锚杆轴向拉力设计值的 0.10 倍,分级加荷值宜取锚杆轴向拉力设计值的 0.50、0.75、1.00、1.20、1.33 和 1.50 倍。

9.4.4 验收试验中,每级荷载均应稳定 5 ~ 10 min,并记录位移增量。最后一级试验荷载应维持 10 min。如在 1 ~ 10 min 内锚头位移增量超过 1.0 mm,则该级荷载应再维持 50 min,并在 15、20、25、30、45 和 60 min 时记录锚头位移增量。

9.4.5 加荷至最大试验荷载并观测 10 min,待位移稳定后即卸荷至 0.1 N_t,然后加荷至锁定荷载锁定。绘制荷载 - 位移(P-S)曲线(本规程附录 F)。

9.4.6 当符合下列要求时,应判定验收合格:

1 拉力型锚杆在最大试验荷载下所测得的弹性位移量,应超过该荷载下杆体自由段长度理论弹性伸长值的 80%,且小于杆体自由段长度与 1/2 锚固段长度之和的理论弹性伸长值;

2 在最后一级荷载作用下 1 ~ 10 min 锚杆蠕变量不大于 1.0 mm,如超过,则 6 ~ 60 min 内锚杆蠕变量不大于 2.0 mm。

10 监测和维护管理

10.1 一般规定

10.1.1 应在设计阶段制定监测计划,由业主委托有资质的监测单位编制监测方案,并在施工阶段及完工后的运行阶段对锚杆和锚固结构定期进行检查和监测。

10.1.2 岩土锚杆工程竣工后,应严格按照设计条件和运行要求对锚固结构进行管理和维护,锚杆的锚头、防腐保护系统和监测系统应严加保护。

10.1.3 应事先制定应急处理方案,根据监测结果及时对锚固结构采取修补和治理措施。

10.1.4 在检查测定锚杆的承载力和腐蚀状况时被临时拆除的锚头混凝土和注浆体,应及时修复。

10.2 监测项目

10.2.1 永久性锚杆锚固工程应进行下列项目的监测:

1 锚杆拉力;

2 锚固结构的变形;

3 锚杆腐蚀状况。

10.2.2 根据工程需要,必要时可对锚杆承载力、锚杆应力和变形、锚固地层变形、地质环境变化等项目进行检验或监测。

10.3 预应力锚杆拉力长期监测

10.3.1 永久性预应力锚杆和破坏后果严重的临时性预应力锚杆应进行锚杆拉力长期监测。
10.3.2 预应力锚杆的监测数量,对永久性锚杆应为工程锚杆总量的5% ~10%,临时性锚杆应为工程锚杆总量的3%,且均不得少于3根。
10.3.3 锚杆拉力的监测,在安装测力计后的最初10 d内宜每天测定一次,第11 ~30 d宜每3 d测定一次,以后每月测定一次。但当遇有降雨、临近地层开挖、相邻锚杆张拉、爆破震动以及拉力测定结果发生突变等情况时,应加密监测频率。锚杆拉力监测时间不宜少于12个月。
10.3.4 锚杆拉力的监测宜采用钢弦式、电阻应变式或液压式测力计,监测仪器应具有良好的稳定性和长期工作性能。使用前应进行标定,合格后方可使用。
10.3.5 对可重复张拉锚杆,还可采用再张拉方法进行锚杆拉力和承载力测定。

10.4 锚杆腐蚀检查分析

10.4.1 对腐蚀环境中的永久性锚杆,在其使用期内应进行锚杆腐蚀状况的检查分析。
10.4.2 检查分析腐蚀状况的锚杆数量,可根据锚固工程的工作环境和工作状态(被锚固地层和结构物的变形等)确定。
10.4.3 应重点对锚头和邻近锚头自由段的锚杆腐蚀状况进行检查。可拆除锚头保护钢罩、混凝土保护层以及距锚头1.0 m范围的自由段注浆体进行外观检查,或取样进行物理化学分析。

10.5 监测信息反馈和处理

10.5.1 对锚杆的监测结果应及时反馈给设计、施工单位或工程管理部门。
10.5.2 当所监测锚杆初始预应力值的变化大于锚杆轴向拉力设计值的10%时,应采取重复张拉或适当卸荷的措施。
10.5.3 锚头或被锚固结构的变形明显增大并接近容许变形值时,应增补锚杆或采用其他措施予以加强。
10.5.4 当锚杆防腐保护体系存在缺陷或失效时,应采取修补措施,并根据锚杆腐蚀情况进行补强处理。

11 工程质量检验及验收

11.1 一般规定

11.1.1 锚杆工程竣工后,应按设计要求和质量合格条件验收。
11.1.2 锚杆工程应进行质量检验和验收试验。
11.1.3 对检验不合格的锚杆应进行处理。

11.2 质量检验

11.2.1 锚杆原材料的质量检验应包括下列内容:

1 原材料出厂合格证；

2 材料现场抽检试验报告和代用材料试验报告；

3 锚杆浆体强度等级检验报告。

11.2.2 锚杆的抗拔力检验应按本规程第 9.4 节验收试验的规定进行。

11.2.3 锚杆的质量检验应符合表 11.2.3 的规定。

表 11.2.3 锚杆工程质量检验标准

项目	序号	检查项目		允许偏差或允许值	检查方法
主控项目	1	锚杆杆体长度(mm)		+100 -30	用钢尺量
	2	锚杆拉力设计值		设计要求	现场抗拔试验
一般项目	1	锚杆位置(mm)		±100	用钢尺量
	2	钻孔倾斜度(°)		±1	测斜仪等
	3	浆体强度		设计要求	试样送检
	4	注浆量		大于理论计算浆量	检查计量数据
	5	杆体插入长度	全长粘结型锚杆	不小于设计长度的 95%	用钢尺量
			预应力锚杆	不小于设计长度的 98%	

11.3 不合格锚杆处理

11.3.1 锚杆验收试验不合格时，应增加锚杆试件数量。增加的锚杆试件应为不合格锚杆的 3 倍。

11.3.2 对不合格的锚杆，在具有二次高压注浆的条件下应进行注浆处理，然后再按验收试验标准进行试验。否则，应按实际达到的试验荷载最大值的 50% 进行锁定。

11.3.3 按不合格锚杆占锚杆总量的百分率推算工程锚杆实际总抗力与设计总抗力的差值，并应按差值增补锚杆予以补偿。

11.4 验　　收

11.4.1 锚杆工程验收应提交下列文件：

1 原材料出厂合格证，材料现场抽检试验报告，代用材料试验报告，水泥浆（砂浆）试块抗压强度等级试验报告；

2 按本规程附录 H 的内容和格式提供的锚杆工程施工记录；

3 锚杆验收试验报告；

4 隐蔽工程检查验收记录；

5 设计变更报告；

6 工程重大问题处理文件；

7 竣工图。

11.4.2 锚杆工程验收时，尚应提供下列监测资料：

1 实际测点布置图；

2 锚杆拉力测量原始记录和拉力－时间曲线；

3 变形测量时态曲线。

附录 A 锚杆结构构造

A.0.1 永久性拉力型锚杆结构构造(图 A.0.1)。

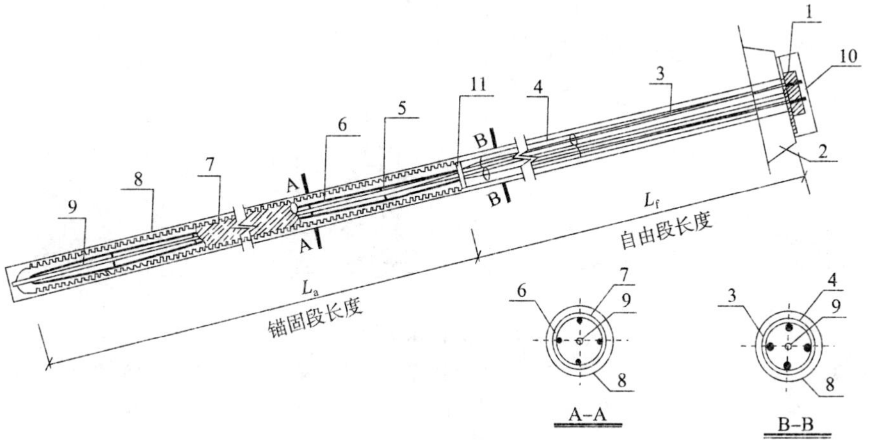

图 A.0.1 永久性拉力型锚杆(Ⅰ级防护)

1—锚具;2—垫座;3—涂塑钢绞线;4—光滑套管;5—隔离架;6—无包裹钢绞线;
7—波形套管;8—钻孔;9—注浆管;10—保护罩;11—光滑套管与波形套管搭接处(长度不小于 200 mm)

A.0.2 永久性拉力分散型锚杆结构构造(图 A.0.2)。

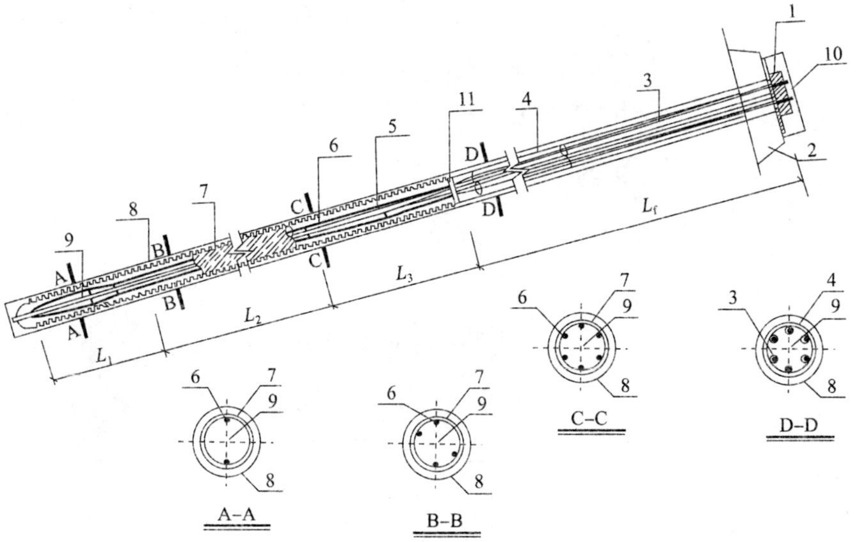

图 A.0.2 永久性拉力分散型锚杆(Ⅰ级防护)

1—锚具;2—垫座;3—涂塑钢绞线;4—光滑套管;5—隔离架;6—无包裹钢绞线;
7—波形套管;8—钻孔;9—注浆管;10—保护罩;11—光滑套管与波形套管搭接处(长度不小于 200 mm)
L_1、L_2、L_3——1、2、3 单元锚杆的锚固段长度;L_f——3 单元锚杆的自由段长度。

A. 0. 3　永久性压力分散型锚杆结构构造(图 A. 0. 3)。

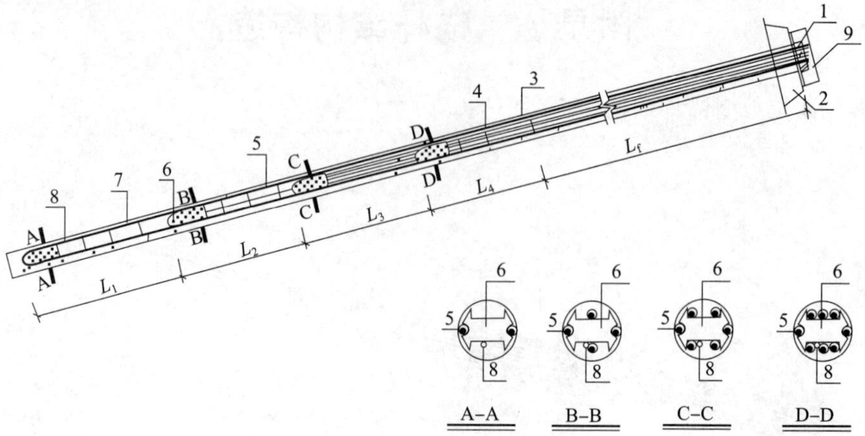

图 A. 0. 3　永久性压力分散型锚杆

1—锚具;2—垫座;3—钻孔;4—隔离环;5—无粘结钢绞线;6—承载体;7—水泥浆体;8—注浆管;9—保护罩

L_1、L_2、L_3、L_4——1、2、3、4 单元锚杆的锚固段长度;L_f——4 单元锚杆的自由段长度。

A. 0. 4　钢质涨壳中空注浆锚杆结构构造(图 A. 0. 4)

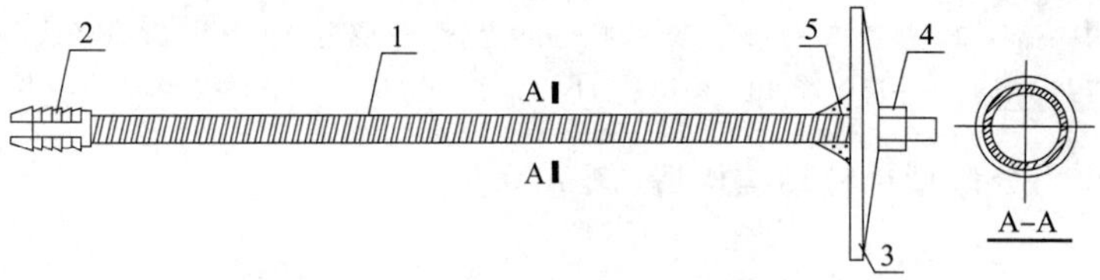

图 A. 0. 4　钢质涨壳中空注浆锚杆

1—中空锚杆杆体;2—钢质涨壳锚头;3—垫板;4—螺母;5—止浆塞

A. 0. 5　缝管锚杆结构构造(图 A. 0. 5)

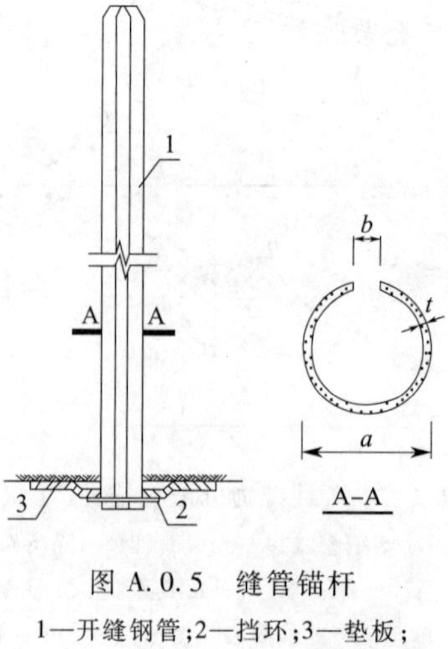

图 A. 0. 5　缝管锚杆

1—开缝钢管;2—挡环;3—垫板;

a—管体外径;b—缝宽;t—管壁厚度

A. 0. 6 水胀式锚杆结构构造(图 A. 0. 6)

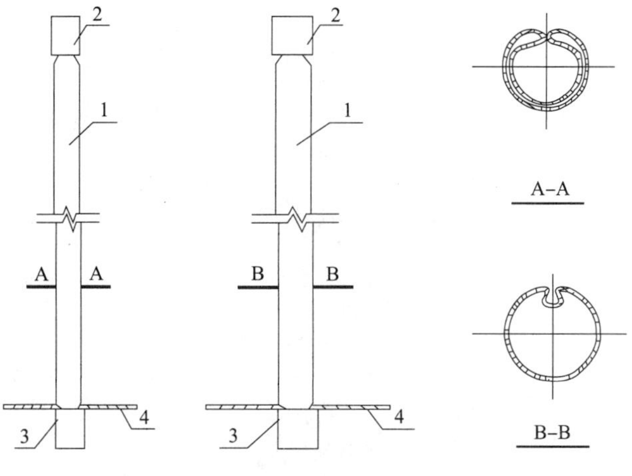

(a)膨胀前的锚杆杆体 (b)膨胀固定在钻孔中的锚杆杆体

图 A. 0. 6 水胀式锚杆

1—异型钢管杆体;2—钢管套;3—带注水管钢管套;4—垫板

附录 B 中空注浆锚杆结构参数和力学性能

表 B 中空注浆锚杆的结构参数和力学性能

中空注浆锚杆类型	锚杆结构参数				锚杆力学性能		
	外径(mm)	壁厚(mm)	杆体标准长度(mm)	钻孔直径(mm)	锚杆杆体极限拉力值(kN)	预加应力(kN)	杆体伸长率(%)
普通中空注浆锚杆	25 ~ 32	4 ~ 6	2. 5 ~ 8. 0	42 ~ 75	145 ~ 290	—	≥6
自钻式中空注浆锚杆	25 ~ 51	5 ~ 8	2. 0 ~ 6. 0	42 ~ 110	180 ~ 650	—	≥8
钢质涨壳式中空注浆锚杆	25 ~ 51	5 ~ 8	2. 5 ~ 8. 0	42 ~ 110	150 ~ 640	60 ~ 150	≥6

附录 C 锚杆类型及其选择

表 C 锚杆类型及其选择

序号	锚杆类型	适用条件
1	灌浆型预应力锚杆(集中拉力型)	• 锚固地层为岩体或土层 • 单锚拉力设计值 200 ~ 10 000 kN • 对位移控制要求严格的工程 • 锚杆长度可达 100 m 或更大

续上表

序号	锚杆类型	适用条件
2	机械型预应力锚杆 （集中拉力型）	• 锚固地层为坚硬岩体 • 单锚拉力设计值 60 ~ 10 000 kN • 地层开挖后必须立即提供初始预应力，或工程抢险 • 锚杆长度可达 50 m
3	荷载分散型锚杆	• 锚固地层为软岩或土层 • 单锚拉力设计值 60 ~ 3 000 kN • 采用集中拉力型锚杆无法满足高拉力设计值的软弱地层锚固工程 • 锚杆长度可达 50 m • 压力分散型锚杆还适用于严重腐蚀性环境，或有拆除芯体要求的锚固工程
4	全长粘结型锚杆	• 岩体或土层加固 • 对位移控制要求不严格的工程 • 单锚拉力设计值较小（50 ~ 350 kN） • 锚杆长度 2.0 ~ 12 m
5	树脂卷锚杆与快硬 水泥卷锚杆	• 岩体加固 • 需提供初始预应力的岩石锚固工程 • 单锚拉力设计值 30 ~ 150 kN • 锚杆长度 1.2 ~ 12 m
6	自钻式中空锚杆和 普通中空锚杆	• 岩体加固 • 地质条件复杂、钻孔后极易塌孔的地层支护（自钻式中空锚杆） • 隧道、地下工程或边坡工程长度大于 2.5 m 的锚杆支护 • 单锚拉力设计值 100 ~ 350 kN
7	摩擦型锚杆	• 塑性流变岩体加固，或承受爆破震动影响的矿山巷道支护 • 隧道或地下工程的临时支护或初期支护 • 单锚拉力设计值不大于 100 kN • 锚杆长度 1.2 ~ 3.0 m

附录 D　锚杆杆体材料力学性能

D.0.1　钢绞线抗拉强度标准值（表 D.0.1）。

表 D.0.1　钢绞线抗拉强度标准值（MPa）

种类		抗拉强度标准值（MPa）
股数	直径（mm）	f_{ptk}
二股	$d = 10.0$	1 720
	$d = 12.0$	
三股	$d = 10.8$	1 720
	$d = 12.9$	

续上表

种类		抗拉强度标准值(MPa) f_{ptk}
股数	直径(mm)	
七股	$d=9.5$	1 860
	$d=11.1$	1 860
	$d=12.7$	1 860
	$d=15.24$	1 860
		1820
		1 720

D.0.2 无粘结钢绞线主要技术参数(表 D.0.2)。

表 D.0.2 无粘结钢绞线主要技术参数

<table>
<tr><td colspan="3">建筑油脂线密度
(kg/10m)</td><td>>0.50</td><td colspan="2">钢材与 PE 层间
摩擦系数</td><td colspan="2">0.12</td></tr>
<tr><td rowspan="3">PE 层厚度
(mm)</td><td rowspan="2">双层</td><td>外层</td><td>0.80～1.00</td><td rowspan="3">成品重量
(kg/m)</td><td>直径</td><td>单层</td><td>双层</td></tr>
<tr><td>内层</td><td>0.80～1.00</td><td>ϕ15.2</td><td>1.218</td><td>1.27</td></tr>
<tr><td colspan="2">单层</td><td>0.80～1.20</td><td>ϕ12.7</td><td>0.871</td><td>0.907</td></tr>
</table>

D.0.3 精轧螺纹钢筋力学特性(表 D.0.3)。

表 D.0.3 精轧螺纹钢筋力学特性

强度等级(MPa)	牌号	公称直径 a (mm)	屈服点 σ_s (MPa)	抗拉强度 σ_b (MPa)	拉伸率 δ_s	冷弯
540/835	$40Si_2MnV$ 45SiMnV	18	≥540	≥835	≥10	90°, $d=5a$
		25				90°, $d=6a$
		32				
		36			≥8	90°, $d=7a$
		40				
735 935 (980)	$K40Si_2MnV$	18	≥735 (≥800)	≥935 (≥980)	≥8	90°, $d=5a$
		25				90°, $d=6a$
		32			≥7	90°, $d=7a$

注:1 表中 d 表示弯心半径;

2 精轧螺纹钢筋抗拉强度设计值采用表中屈服强度。

D.0.4 普通螺纹钢筋力学特性(表 D.0.4)。

表 D.0.4 普通螺纹钢筋力学特性

钢种		d(mm)	f_{yk}(MPa)
热轧钢筋	HRB335(40MnSi)	6~50	335
	HRB400(20MnSiV、20MnSiNb、20MnTi)	6~50	400
	Rrb400(K20MnSi)	8~40	400

附录 E 锚杆基本试验曲线

E.0.1 锚杆基本试验荷载-位移曲线(图 E.0.1)。

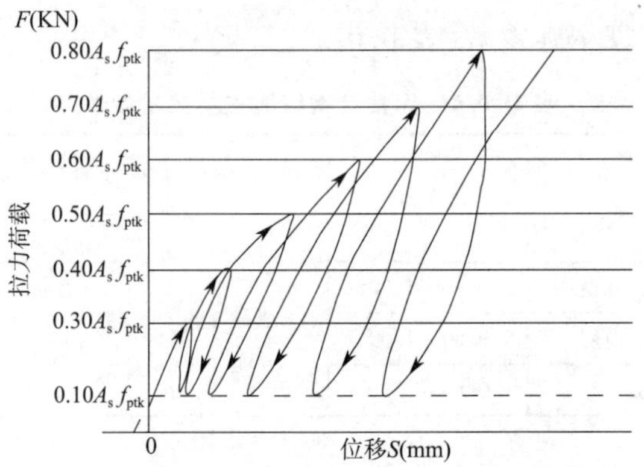

图 E.0.1 锚杆基本试验荷载-位移曲线

E.0.2 锚杆荷载-弹性位移、荷载-塑性位移曲线(图 E.0.2)。

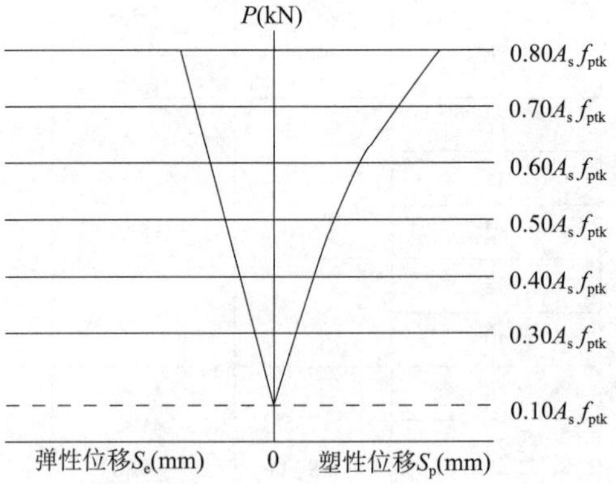

图 E.0.2 锚杆荷载-弹性位移、荷载-塑性位移曲线

附录 F 锚杆验收试验曲线

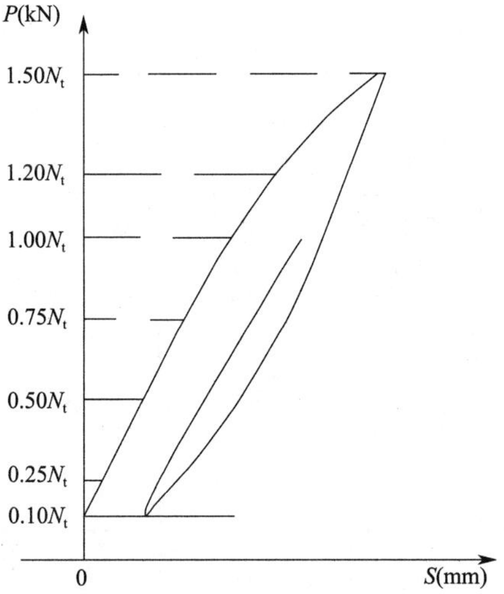

图 F 锚杆荷载－位移曲线

注：N_t——锚杆轴向拉力设计值(kN)

附录 G 锚杆蠕变试验曲线

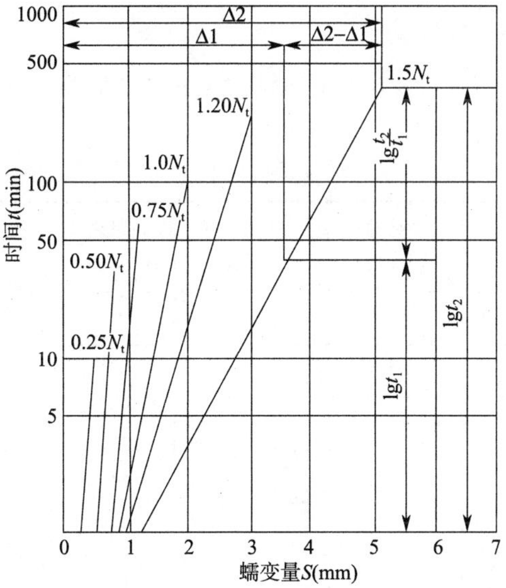

图 G 锚杆蠕变量－时间对数曲线

附录 H　锚杆施工记录

H.0.1　锚杆钻孔施工记录(表 H.0.1)。

表 H.0.1　锚杆钻孔施工记录

工程名称：　　施工单位：　　钻孔日期：

设计孔长：　　设计孔径：　　钻机型号：

锚杆编号	地层类别	钻孔直径(mm)	套管外径(mm)	钻孔时间(min)	钻孔长度(m)	套管长度(m)	钻孔倾角(°)	备注

技术负责人：　　工长：　　质检员：　　记录员：

注：1　备注栏记录钻孔过程中的异常情况，如塌孔、缩径、地下水情况及相应的处理方法。

2　进行压水试验的钻孔应记录压水试验结果和相应的处理方法。

H.0.2　锚杆注浆施工记录(表 H.0.2)。

表 H.0.2　锚杆注浆施工记录

工程名称：　　施工单位：　　注浆日期：

设计浆量：　　注浆设备：

锚杆编号	地层类别	注浆部位	注浆材料和配合比	注浆开始时间	注浆终止时间	注浆压力(MPa)	注浆量(L)	备注

技术负责人：　　工长：　　质检员：　　记录员：

注：注浆材料和配合比包括外加剂的名称和掺量。

H. 0. 3 锚杆张拉和锁定记录(表 H. 0. 3)。

表 H. 0. 3 锚杆张拉和锁定记录

工程名称： 施工单位： 张拉日期：

锚具型号： 张拉设备：

锚杆编号	张拉锁定荷载(kN)	油压表读数(MPa)	测定时间(min)	位移读数(mm)			位移增量(mm)	备注

技术负责人： 工长： 质检员： 记录员：

电梯安装验收规范

目　次

1 范 围

本标准规定了电梯安装验收的条件、项目、要求和规则。

本标准适用于额定速度不大于6.0 m/s的电力驱动曳引式和额定速度不大于0.63 m/s的电力驱动强制式乘客电梯、载货电梯。对于额定速度大于6.0 m/s的电力驱动曳引式乘客电梯和载货电梯可参照本标准执行,不适用部分由制造商与客户协商确定。消防电梯和适合残障人员使用的电梯等特殊用途的电梯,应按照相应的产品标准调整验收内容。

本标准不适用于液压电梯、杂物电梯、仅载货电梯和家用电梯。

4 安装验收前提条件

4.1 电梯的工作条件应符合GB/T 10058—2009中3.2的要求。

4.2 提交验收的电梯应具备完整的资料和文件。

4.2.1 制造企业应提供的资料和文件:

a)整机产品出厂合格证;

b)整机型式试验合格证书复印件;

c)安全部件(包括门锁装置、限速器、安全钳、缓冲器、轿厢上行超速保护装置和含有电子元件的安全电路)型式试验合格证书复印件,限速器与渐进式安全钳调试证书复印件;

d)曳引机、控制柜、悬挂绳端接装置(即绳头组合)、导轨、层门耐火性能(如果需要)和玻璃门或玻璃轿壁(如果需要)等主要部件型式试验合格证书复印件;

e)井道、机器设备区间(含机房)和滑轮间布置图;

f)安装说明书;

g)主要部件现场安装示意图;

h)动力电路和安全回路电气原理图及电气接线图;

i)使用维护说明书(含紧急救援操作说明)。

4.2.2 安装企业应提供的资料和文件:

a)企业验收检验报告(含安装过程自检记录);

b)安装过程中事故记录与处理报告(如有);

c)由电梯购货方与制造企业双方同意的变更设计的证明文件(如有)。

4.3 安装完毕的电梯设备及其机器设备区间、滑轮间、井道、候梯厅应清理干净;机器设备区间和滑轮间的门窗应防风雨,其通道门的外侧应设有包括下列简短字句的须知:“电梯机器设备——危险 未经许可人员禁止入内”。对于活板门,应设有永久性的须知,提醒活板门的使用人员:“谨防坠落——重新关好活板门”。

通向机器设备区间和滑轮间的通道应畅通、安全,底坑应无杂物与积水,机器设备区间、滑轮间、井道与底坑均不应有与电梯无关的其他设备。

4.4 提交验收的电梯应能正常运行,各安全设施和安全保护功能正确有效。

4.5 电梯验收人员应熟悉所验收的电梯产品及本标准规定的检验内容、方法和要求。

4.6 验收用检验器具应符合GB/T 10059—2009中3.3的要求。

4.7 电梯供电电源的接地应符合GB 16895.3的要求。

5　验收检验项目及检验要求

5.1　机器设备区间和滑轮间

5.1.1　通道

通往机器设备区间及滑轮间的通道应符合 GB 7588—2003 中 6.2 的要求。

5.1.2　安全空间和维修空间

5.1.2.1　机房内电梯驱动主机旋转部件的上方应有不小于 0.3 m 的铅垂净空距离。

井道内无防护的电梯驱动主机旋转部件上方应有不小于 0.3 m 的铅垂净空距离。如果该距离小于 0.3 m,应按照 GB 7588—2003 中 9.7.1 a)的要求提供防护。

5.1.2.2　滑轮间内天花板以下的净高度不应小于 1.5 m(装有控制柜的滑轮间除外),滑轮上方应有不小于 0.3 m 的铅垂净空距离。

5.1.2.3　在控制柜(屏)、紧急和试验操作屏前应有一块净空面积,该面积:

a)深度:从屏、柜的外表面测量时不小于 0.7 m;

b)宽度:为 0.5 m 或柜、屏的全宽,取两者中的大者。

5.1.2.4　为了对运动部件进行维修和检查,在必要的地点以及需要手动紧急操作的地方,应有一块不小于 0.5 m×0.6 m 的水平净空面积。

5.1.2.5　工作区域的净高度不应小于 2.0 m。

通道的净高度不应小于 1.8 m,这一净高度应从通道区域地面测量到屋顶横梁的下表面。

5.1.3　主开关、照明及其开关

5.1.3.1　主开关

5.1.3.1.1　每台电梯均应装设能切断除下列供电电路以外该电梯所有供电电路的主开关:

a)轿厢照明和通风(如有);

b)轿顶电源插座;

c)机器设备区间和滑轮间内的照明;

d)机器设备区间和滑轮间内以及底坑内的电源插座;

e)电梯井道照明;

f)报警装置。

5.1.3.1.2　该主开关应设置在:

a)机房内,当有机房时;

b)控制柜内,当无机房但控制柜不是安装在井道内时;

c)紧急和试验操作屏上,当控制柜安装在井道内时。若紧急操作屏和试验操作屏是分立的,此开关应设置在紧急操作屏上。

如果从控制柜处不容易接近主开关,应在控制柜上设置一个满足 GB 7588—2003 中 13.4.2 要求的分断开关。

5.1.3.1.3　主开关的设置位置和结构型式应符合 GB 7588—2003 中 13.4.2 的要求。

5.1.3.2　照明及其开关

5.1.3.2.1　在每个机器设备区间和滑轮间内靠近每个人口处,都应装设控制该区间照明的电源开关。

5.1.3.2.2　在靠近主开关处,应装设能控制井道照明的开关。

5.1.3.2.3 工作区域、机器设备区间和安装有控制柜的滑轮间，应安装永久性电气照明，其地面上的照度不应小于 200 lx。未安装控制柜的滑轮间，在滑轮附近应有不小于 100 lx 的照度。

照明电源应与电梯驱动主机电源分开，可通过另外的电路或通过与 5.1.3.1 规定的主开关供电侧连接而获得照明电源。

注：井道内机器设备区间和工作区域的照明可以是井道照明的一部分。

5.1.4 断、错相防护和电动机电源切断检查

5.1.4.1 每台电梯应具备供电系统断相、错相保护功能。当电梯供电电路出现断相或错相时，电梯应停止运行并保持停止状态。如果电梯运行与相序无关，可以不设错相保护功能。

5.1.4.2 由交流或直流电源直接供电的驱动主机电动机，应使用两个独立的接触器切断其供电电源，接触器的触点应串联于电源电路中。

电梯停止时，如果其中一个接触器的主触点未打开，最迟到下一次运行方向改变时，应防止轿厢再运行。

5.1.4.3 交流或直流电动机用静态元件供电和控制时，应采用 GB 7588—2003 中 12.7.3 要求的方法切断电动机的供电电流。

5.1.5 电气布线及安装

5.1.5.1 电梯动力线路与控制线路宜分离敷设或采取屏蔽措施。除 36 V 及以下安全电压外的电气设备金属罩壳均应设有易于识别的接地端，且应有良好的接地。接地线应采用黄绿双色绝缘电线分别直接接至接地端上，不应互相串接后再接地。

电梯供电的中性导体（N，零线）和保护导体（PE，地线）应始终分开。

5.1.5.2 线管、线槽的敷设应平直、整齐、牢固。软管固定间距不应大于 1 m，端头固定间距不应大于 0.1 m。

线槽内导线总截面积不应大于槽内净截面积的 60%，线管内导线总截面积不应大于管内净截面积的 40%。

5.1.5.3 在机器设备区间和滑轮间内的电气设备，应采用防护罩壳以防止直接接触，所用罩壳的防护等级不应低于 GB 4208 所规定的 IP2X。

5.1.5.4 每个通电导体与地之间电气安装的绝缘电阻应符合表 1 的要求。

当电路中包含有电子装置时，测量时应将相导体与中性导体连接起来，所有电子元件的连接均应断开。

表 1 绝缘电阻要求值

标称电压 V	测试电压（直流）V	绝缘电阻 MΩ
安全电压	250	≥0.25
≤500	500	≥0.50
>500	1000	≥1.00

5.1.5.5 在滑轮间内邻近入口处应装设一个符合 GB 7588—2003 中 14.2.2 和 15.4.4 要求的停止装置。

5.1.6 接触器和接触器式继电器

5.1.6.1 驱动主机供电主接触器应为 GB 14048.4 中规定的下列类型，比这些接触器应允许启动操作次数的 10% 为点动运行：

a）AC－3，用于交流电动机的接触器；

b) DC－3,用于直流电源的接触器。

5.1.6.2 当使用接触器式继电器去操作生接触器时,这些接触式继电器应为 GB 14048.5 中规定的下列类型:

a) AC－15,用于控制交流电磁铁;

b) DC－13,用于控制直流电磁铁。

5.1.7 设备安装

5.1.7.1 机房、滑轮间内钢丝绳与楼板孔洞每边间隙均宜为 20 mm～40 mm,通内井道的孔洞四周应筑有高于楼板或完工后地面至少 50 mm 的圈框。

5.1.7.2 埋入承重墙内的曳引机承重梁,其支撑长度宜超过墙厚中心 20 mm,且不应小于 75 mm。

5.1.7.3 在电梯驱动主机上靠近盘车手轮处以及限速器上,应有与轿厢运行方向对应的明显标志。如果盘车手轮是不可拆卸的,则驱动主机上的标志可标在盘车手轮上。

5.1.7.4 曳引轮、盘车手轮和限速器轮等旋转部件的外侧面应涂成黄色,手动释放制动器的操作部件应涂成红色。

5.1.7.5 限速器绳轮轮缘端面相对水平面的垂直度不宜大于 2/1 000,曳引轮和导向轮轮缘端面相对水平面的垂直度在空载或满载工况下均不宜大于 4/1 000。设计上要求倾斜安装者除外。

5.1.7.6 限速器出厂时的动作速度整定封记应完好。限速器安装位置应正确,底座牢固,运转平稳。

5.1.7.7 操纵轿厢安全钳的限速器,其动作速度应符合 GB 7588—2003 中 9.9.1 的要求。

5.1.7.8 当安装有操纵对重安全钳的限速器时,其设定的动作速度应大于同一台电梯上轿厢安全钳用限速器的动作速度,但不应超过其 10% 。

5.1.7.9 轿厢上行超速保护装置速度监控元件的动作速度 v_s 与同一台电梯上轿厢安全钳用限速器动作速度 v_1 的关系应为:$v_s \leqslant 1.1v_1$。

5.1.8 驱动主机

5.1.8.1 强制式电梯额定速度不应大于 0.63 m/s。

5.1.8.2 可以使用皮带将单台或多台电动机连接到机－电式制动器所作用的零件上,每级传动皮带不应少于两条。

5.1.8.3 电梯应设有制动系统,该系统应具有一个机－电式(摩擦型)制动器,另外还可装设其他制动装置。在动力电源失电或控制电路电源失电时制动系统应能自动动作。

禁止使用带式制动器作为机－电式制动器。

5.1.8.4 所有参与向制动轮或盘施加制动力的机－电式制动器的机械部件应至少分两组装设。制动器电磁线圈的铁心是机械部件,而线圈则不是。

5.1.8.5 机－电式制动器应在持续通电情况下保持松开状态,被制动部件应直接采用刚性机械装置与曳引轮或卷筒、链轮连接。

5.1.8.6 切断机－电制动器的电流,至少应用两个独立的电气装置来实现。这些电气装置可以是同时用来切断电梯驱动主机电流的接触器。

当电梯停止时,如果其中一个接触器的主触点未打开,最迟到下一次运行方向改变时,应防止电梯再运行。

5.1.8.7 装有手动紧急操作装置的电梯驱动主机,应能用手松开机－电式制动器并需要以持续力保持其松开状态。

5.1.8.8 机－电式制动器应用有导向的压缩弹簧或重块向制动靴或衬片施加压力。

5.1.8.9 应装设对机－电式制动器的每组机械部件工作情况进行检测的装置。如果有一组制动器机械部件不起作用,同曳引机应当停止运行或不能启动。

5.1.9 旋转部件的防护

5.1.9.1 设置在机器设备区间和滑轮间内的绳轮或链轮,在绳(或链)进入轮槽的部位应有防止人的肢体被卷入的防护装置,同时还应有防止钢丝绳或链条因松弛而脱离绳槽或链轮的装置,当绳或链条沿水平方向,或在水平面之上,以相对水平面不大于90°的任意角度进入曳引轮、滑轮或链轮时,应有防止异物进入绳与绳槽或链与链轮之间的装置。

5.1.9.2 防护装置应符合GB 7588－2003中9.7.2的要求。

5.1.9.3 除盘车手轮、制动轮和其他类似的光滑圆形部件,以及带有防护装置的曳引轮外,对人员可能接近并可能产生危险的旋转部件,特别是下列部件,应提供有效的防护。

a)传动轴上的键和螺钉;

b)钢带、链条、皮带;

c)齿轮、链轮;

d)电动机的外伸轴;

e)甩球式限速器。

5.1.10 电动机和其他电气设备的保护

5.1.10.1 直接与主电源连接的电动机应进行短路保护。

5.1.10.2 如果一个装有温度监控装置的电气设备的温度超过了其设计温度,电梯不应再继续运行,此时轿厢应停在层站。电梯应在该电气设备充分冷却后才能自动恢复正常运行。

5.1.10.3 直接与主电源连接的电动机应采用手动复位的自动断路器(5.1.10.4所述情况例外)进行过载保护,该断路器应能切断电动机的所有供电。

5.1.10.4 当对电动机过载的检测是基于电动机绕组的温升时,则只有在符合5.1.10.2时才能切断电动机的供电。

5.1.11 电动机运转时间限制器

5.1.11.1 曳引驱动式电梯应设有电动机运转时间限制器,当出现下述两种情况时,应在5.1.11.2规定的时间内切断驱动主机的供电并保持其非供电状态:

a)当启动电梯时,曳引机不转;

b)向下运行的轿厢或对重由于障碍物而停止,导致曳引绳在曳引轮上打滑。

5.1.11.2 电动机运转时间限制器起作用的时间 T 应:

a)电梯全程运行时间不小于35 s时,$T \leqslant 45$ s;

b)电梯全程运行时间小于35 s但不小于10 s时,$T \leqslant$ 全程运行时间加10 s;

c)电梯全程运行时间小于10 s时,$T \leqslant 20$ s。

5.1.11.3 电动机运转时间限制器动作后,恢复电梯正常运行只能通过手动复位。恢复断开的电源后,曳引机无需保持在停止位置。

5.1.11.4 电动机运转时间限制器不应影响到轿厢检修运行和紧急电动运行。

5.1.12 紧急操作

5.1.12.1 如果向上移动装载有额定载重量的轿厢所需的手动操作力不大于400 N,电梯驱动主机应装设有手动紧急操作装置。如果轿厢的移动可带动此装置,则它应是一个光滑的、无辐条的轮子。

5.1.12.1.1 若手动紧急操作装置是可拆卸的,应放置在机器设备区间内容易接近的地方。如果不能容易地识别该装置所匹配的电梯驱动主机,则应在该装置上做出适当标记。

5.1.12.1.2 若手动紧急操作装置可从电梯驱动主机上拆卸或脱出,一个电气安全装置最迟应在该装置装上电梯驱动主机时动作。

5.1.12.1.3 在紧急操作处应易于借助悬挂绳或限速器绳上的标记或其他方式,检查轿厢是否在开锁区域。

5.1.12.2 如果 5.1.12.1 所述的盘车力大于 400 N,则应设置一个符合 GB 7588—2003 中 14.2.1.4 规定的紧急电动运行操作装置。

该装置应设置在:

a)机房内,有机房时;

b)机器设备室内,无机房但有机器设备室时;

c)紧急和试验操作屏上,机器设备设置在井道内时。

5.1.12.3 在电梯正常供电电源出现故障(含停电)时,如果轿厢停在层门开锁区域之外,应有措施移动轿厢到开锁区域之内。

5.2 井道

5.2.1 井道壁

5.2.1.1 井道的封闭应符合 GB 7588—2003 中 5.2.1 的规定。

5.2.1.2 井道检修门、安全门和检修活板门应符合 GB 7588—2003 中 5.2.2 的规定。

5.2.1.3 设置在人员可正常接近处的玻璃围壁,在 GB 7588—2003 中 5.2.1.2 要求的高度范围内应采用夹层玻璃制作。

5.2.1.4 层门地坎下的井道壁(含层门护脚板)应符合 GB 7588—2003 中 5.4.3 的要求。

5.2.2 检修门、井道安全门和检修活板门

5.2.2.1 除非在相邻轿厢上设置了符合 5.4.6 要求的轿厢安全门,当相邻两层门地坎间的距离大于 11 m 时,其间应设置井道安全门。

5.2.2.2 如果电梯井道上设有检修门、井道安全门和检修活板门,其尺寸应满足:

a)检修门的高度不应小于 1.40 m,宽度不应小于 0.60 m;

b)井道安全门的高度不应小于 1.80 m,宽度不应小于 0.35 m;

c)检修活板门的高度不应大于 0.50 m,宽度不应大于 0.50 m。

5.2.2.3 检修门、井道安全门和检修活板门均不应向井道内开启。

5.2.2.4 检修门、井道安全门和检修活板门均应装设用钥匙开启的锁。当其被开启后,不用钥匙亦能将其关闭和锁住。检修门与井道安全门即使在锁住情况下,也应能不用钥匙从井道内部将门打开。

5.2.2.5 只有检修门、井道安全门和检修活板门均处于关闭位置时,证实其关闭的电气安全装置才能允许电梯运行。

电梯正常运行中轿厢、对重(或平衡重)的最低部分,包括导靴、护脚板等与底坑底之间的垂直净空距离不小于 2.0 m 时,通往底坑的通道门可不设置电气安全装置。

5.2.2.6 检修门、井道安全门和检修活板门均应是无孔的。

5.2.3 安全空间和安全间距

5.2.3.1 轿厢及其关联运动部件与对重(或平衡重)及其关联运动部件之间的距离不应小于

50 mm。

5.2.3.2 电梯井道内表面与轿厢地坎、轿厢门框架或滑动门的最近门口边缘的水平距离应符合 GB 7588—2003 中 11.2.1 的要求。

当该间距大于上述规定值时，应采取以下措施之一：

a）轿厢上安装只能在层门的开锁区域内打开，且其机械、电气锁紧性能符合层门门锁装置要求的轿门门锁装置；

b）采用表面连续、光滑并无孔的部件加封层门地坎下部的井道壁，使间隙满足上述要求。该加装部件的宽度不应小于轿门人口的净宽度两边各加 25 mm，其刚度应符合 GB 7588—2003 中 5.4.3 b）的规定。

5.2.3.3 当对重完全压缩缓冲器时，曳引驱动式电梯的顶部间隙应符合 GB 7588—2003 中 5.7.1 的要求。

当对重完全压缩缓冲器时，强制驱动式电梯的顶部间隙应符合 GB 7588—2003 中 5.7.2 的要求。

注：对于非线性蓄能型缓冲器，"完全压缩的缓冲器"是指缓冲器被压缩掉其可压缩高度的 90%。在其可压缩高度内，没有刚性元件间的直接接触。

5.2.3.4 当轿厢完全压缩缓冲器时，底坑内的安全空间和安全距离应符合 GB 7588—2003 中 5.7.3.3 的要求。

5.2.4 井道照明

井道照明应符合 GB 7588—2003 中 5.9 的要求。

5.2.5 导轨

5.2.5.1 轿厢、对重（或平衡重）各自应至少由两根刚性的钢质导轨导向。对于未装设安全钳的对重（或平衡重）导轨，可以使用板材成型的空心导轨。

所使用的导轨宜符合 GB/T 22562 或 JG/T 5072.3—1996 的要求。

5.2.5.2 每根导轨宜至少设置两个导轨支架，支架间距不宜大于 2.5 m。当不能满足此要求时，应有措施保证导轨安装满足 GB 7588—2003 中 10.1.2 规定的许用应力和变形要求。

对于安装于井道上、下端部的非标准长度导轨，其导轨支架数量应满足设计要求。

5.2.5.3 固定导轨支架的预埋件，直接埋入墙的深度不宜小于 120 mm。

采用建筑锚栓安装的导轨支架，只能用于具有足够强度的混凝土井道构件上，建筑锚栓的安装应垂直于墙面。

采用焊接方式连接的导轨支架，其焊接应牢固，焊缝无明显缺陷。

5.2.5.4 当轿厢压在完全压缩的缓冲器上时，对重导轨长度应能提供不小于 $0.1 + 0.035v^2$（m）的进一步制导行程。

当对重压在完全压缩的缓冲器上时，轿厢导轨长度应能提供不小于 $0.1 + 0.035v^2$（m）的进一步的制导行程。

注：v——电梯额定速度，单位为米每秒（m/s）。

5.2.5.5 每列导轨工作面（包括侧面与顶面）相对安装基准线每 5 m 长度内的偏差均不应大于下列数值：

a）轿厢导轨和装设有安全钳的对重导轨为 0.6 mm；

b）不设安全钳的 T 型对重导轨为 1.0 mm。

对于铅垂导轨的电梯，电梯安装完成后检验导轨时，可对每 5 m 长度相对铅垂线分段连续检测(至少测 3 次),取测量值间的相对最大偏差,其值不应大于上述规定值的 2 倍。

5.2.5.6　轿厢导轨和设有安全钳的对重导轨,工作面接头处不应有连续缝隙,局部缝隙不应大于 0.5 mm;工作面接头处台阶用直线度为 0.01/300 的平直尺或其他工具测量,不应大于 0.05 mm。

不设安全钳的对重导轨工作面接头处缝隙不应大于 1.0 mm,工作面接头处台阶不应大于 0.15 mm。

5.2.5.7　两列导轨顶面间距离的允许偏差为:

a)轿厢导轨为: $^{+2}_{0}$ mm;

b)对重导轨为: $^{+3}_{0}$ mm。

5.2.5.8　导轨应用压板固定在导轨支架上,不应采用焊接或螺栓方式与支架连接。

5.2.5.9　设有安全钳的对重导轨和轿厢导轨,除悬挂安装者外,其下端的导轨座应支撑在坚固的地面上。

5.2.6　对重和平衡重

5.2.6.1　如对重(或平衡重)由填充重块组成,应采取下列措施防止它们移位:

a) 应把填充重块固定在一个框架内,或

b) 如果填充重块是金属块且电梯额定速度不大于 1.0 m/s,则至少要用两根拉杆将金属块固定住。

5.2.6.2　对重或平衡重上装有绳轮(或链轮)时,应有防护装置防止:

a)钢丝绳或链条因松弛而脱离绳槽或链轮;

b)异物进入绳与绳槽或链与链轮之间。

5.2.7　随行电缆

随行电缆的安装应满足:

a)电缆两端应可靠固定;

b)轿厢压缩缓冲器后,电缆不应与底坑地面和轿厢底边框接触;

c)电缆不应有打结、波浪和扭曲现象;

d)避免电缆与限速器钢丝绳、限位开关、极限开关、井道信号采集系统及对重装置等发生干涉;

e)避免电缆在运行中与电线槽、管发生卡阻;

f)电缆处于井道底部时应始终能避开缓冲器。

5.2.8　限速器系统

5.2.8.1　除设计要求限速器绳相对导轨倾斜安装者外,操纵安全钳侧的限速器钢丝绳至导轨侧面及顶面距离的偏差,在整个井道高度范围内均不宜超过 10 mm。

5.2.8.2　限速器钢丝绳应张紧,在运行中不应与轿厢或对重等部件相碰触。

5.2.8.3　限速器安装在井道内时,应能从井道外接近它。否则,应符合 GB 7588—2003 中 9.9.8.3 的要求。

5.2.8.4　限速器绳断裂或过分伸长时,应通过一个电气安全装置使电动机停止运转。

5.2.8.5　限速器及其张紧轮应有防止钢丝绳因松弛而脱离绳槽的装置。

当绳沿水平方向或在水平面之上以与水平面不大于 90°的任意角度进人限速器或其张紧轮时,应有防止异物进入绳与绳槽之间的装置。

所使用的防护装置应符合 5.1.9.2 的规定。

5.2.9 缓冲器

5.2.9.1 在轿厢和对重行程底部的极限位置应设置缓冲器。

强制驱动式电梯还应在轿顶上设置能在行程上部极限位置起作用的缓冲器。

5.2.9.2 当电梯速度大于1.0 m/s时,应采用耗能型缓冲器。

5.2.9.3 线性蓄能型缓冲器的总行程不应小于$0.135v^2$(m),且最小值为65 mm。

耗能型缓冲器的行程不应小于对应115%额定速度的重力制停距离,即$0.0674v^2$(m)。

5.2.9.4 对于额定速度大于2.5 m/s的电梯,当按GB 7588—2003中12.8的要求对轿厢在其行程末端的减速进行监控时,可以使用行程小于5.2.9.3要求的缓冲器。计算其缓冲器所需行程时,可采用轿厢(或对重)与缓冲器刚接触时的速度取代5.2.9.3中规定的115%额定速度,且应满足:

a)当额定速度不大于4.0 m/s时,按5.2.9.3计算值的50%,且至少为0.42 mm;

b)当额定速度大于4.0 m/s时,按5.2.9.3计算值的1/3,且至少为0.54 m。

5.2.9.5 如果在轿厢或对重行程的底部使用一个以上缓冲器,在轿厢处于上、下端站平层位置时,各缓冲器顶面与对重或轿厢之缓冲器撞板之间距离的偏差不应大于2.0 mm。

5.2.9.6 耗能型缓冲器的柱塞(或活塞杆)相对水平面的垂直度不应大于5/1 000。设计上要求倾斜安装者除外。

液压缓冲器充液量应符合设计要求。

5.2.9.7 耗能型缓冲器应设有一个电气安全装置,在缓冲器动作后未恢复到正常位置之前,使电梯不能启动。

5.2.10 底坑

5.2.10.1 底坑内应设置符合GB7588—2003中5.7.3.4要求的停止装置、电液插座和井道照相开关。

停止装置应设置于在井道外打开进入底坑的通道门准备进入底坑之外和在底坑底面上都能够容易接近的位置,必要时可以设置两个停止装置。

5.2.10.2 当对重压在完全压缩的缓冲器上时,除对重运动部分最低部件距底坑地面的铅垂净空距离大于等于2.5 m的情况外,底坑内对重(或平衡重)运行区域的防护隔障应符合GB 7588—2003中5.6.1的要求。

若防护隔障是网孔式的,其距对重(或平衡重)运动部件的最小水平距离与以网孔形状、大小之间的关系,应符合GB 2382—2009中4.2.4.1的规定。

5.2.10.3 在装有多台电梯的井道中,不同电梯的运动部件之间的隔障应符合GB 7588—2003中5.6.2的要求。

5.2.10.4 如果轿厢与对重(或平衡重)之下有人员能够到达的空间,井道底坑的地面至少应按5000 N/m^2的载荷设计,且:

a)对重(或平衡重)上应装设安全钳;

b)将对重缓冲器安装于(或平衡重运行区域平面是)一直延伸到紧固地面的坚固桩墩上。

5.2.10.5 设置在底坑内的绳轮或链轮,应有防护装置以防止。

a)人身伤害;

b)钢丝绳或链条因松弛而脱离绳槽或链轮;

c)异物进入绳与绳槽或链与链轮之间。

5.2.10.6 如果底坑深度大于2.5 m且建筑物的布置允许,应设置进出底坑的门,该门应符合

5.2.1.2 对检修门或井道安全门的要求。

当只能通过底层层门进入底坑时，应在底坑内设置一个从层门处容易接近的进入底坑用永久性装置，此装置不应凸入电梯运行的空间。

5.3 机器设备设置在井道内的要求

5.3.1 工作区域在轿厢内或轿顶上

5.3.1.1 在轿厢内或轿顶上进行机器维修和检查工作的场合，如果因维修和检查导致的轿厢失控或意外移动可能给维修或检查人员带来危险，应遵守下列要求：

a)应有一个机械装置，防止轿厢的任何危险移动；

b)除该机械装置处于非工作(即完全缩回)位置外，应借助于一个电气安全装置来防止轿厢的所有移动；

c)当该装置处于工作位置时，维修检查人员应能进行维修作业并能安全地离开工作区域。

5.3.1.2 紧急和试验操作装置应按5.6.4的要求设置在能够从井道外对其进行操作的地方。

5.3.1.3 如果检查窗/门设置在轿厢壁上，它们应：

a)有足够的尺寸通过这个门/窗进行必需的作业；

b)为避免坠入井道，其尺寸应尽可能的小；

c)不应向轿厢外开启；

d)装有一把用钥匙开启的锁，且不用钥匙就能关闭并锁住；

e)应提供一个电气安全装置来检查其锁紧位置；

f)是无孔的，并满足与轿壁相同的机械强度要求。

5.3.1.4 检查门/窗开启的情况下需要从内部移动轿厢的场合，应满足：

a)在检查门/窗的附近有一个可用的检修控制装置；

b)轿内的检修控制装置应使5.3.1.3 e)所要求的电气安全装置失效；

c)仅被批准的人员可以接近轿厢内检修控制装置，且其布置应保证不可能站在轿顶上用它来移动轿厢，例如，把它放置在检查门/窗的后面；

d)如果开口的较小一个尺寸超过0.20 m，轿厢壁上开口的外边缘与在该开口面前的井道内安装的设备之间的距离，应小于0.30 m。

5.3.2 工作区域在底坑内

5.3.2.1 在底坑内进行机器设备的维修或检查时，如果此工作需要移动轿厢，或可能导致轿厢的失控或意外移动时，应满足下列要求：

a)应提供一个永久性安装的装置用以机械地制停最大为额定载荷的任何负载、以最大为额定速度的任何速度运动的轿厢，使工作区域的地面与轿厢最低部件间的铅垂净空距离不小于2.0 m，GB 7588—2003中5.7.3.3 b)1)和2)所述及的部分除外。除安全钳外，其他机械装置的制停减速度不应超过缓冲器作用时的值。

b)该机械装置应能保持轿厢停止。

c)该机械装置可由手动或自动进行操作。

d)如果需要从底坑中移动轿厢，底坑中应有一个检修控制装置。

e)用钥匙打开任何通往底坑的门时，应有一个电气安全装置来防止电梯的进一步运动，但下面g)要求的移动是可能的。

f)当该机械装置离开其非工作(即完全缩回)位置时，应有一个电气安全装置防止轿厢的所有运行。

g)当由一个电气安全装置检查到该机械装置处于工作位置时,应仅能从检修控制装置来控制轿厢的电动移动。

h)应有一个设于井道外的电气复位装置,只有通过操作此装置才能使电梯恢复到正常工作状态。该电气复位装置应设置于只有经批准的人员才能接近的地方,如设置在上锁的箱柜内。

5.3.2.2 当轿厢处于5.3.2.1 a)所述的位置时,维修及检查人员应能安全地离开该工作区域。

5.3.2.3 用于紧急和试验操作所必需的装置,应按5.6.4的规定设置在能够从井道外对其进行操作的地方。

5.3.3 工作区域在平台上

5.3.3.1 当从一个平台上进行机器设备的维修和检查工作时,该平台应:

a)是永久性安装的平台;

b)如果它位于轿厢、对重(或平衡重)运行的通道中,应是可缩回的。

5.3.3.2 当需要从一个位于轿厢、对重(或平衡重)运行通道中的平台上进行维修或检查工作时:

a)应通过一个符合5.3.1.1 a)和b)的机械装置使轿厢不能移动。

b)对于需要移动轿厢的地方,应用可移动的阻止装置将轿厢的运行通道限定。该阻止装置应以这样的方式使轿厢停止:

1)如果轿厢从上而下向平台运行,应至少停在上方距平台2 m处;

2)如果轿厢从下而上向平台运行,应停在平台下方符合GB 7588—2003中5.7.1.1 b)、c)和d)的要求的地方。

5.3.3.3 该平台应:

a)能够在其任何位置支撑2个人的重量而无永久变形,每个人按在平台0.2 m×0.2 m面积上作用1 000 N计算。如果此平台还用于装卸重的设备,则应据此相应地考虑平台的尺寸,平台还应有足够的机械强度来承受负荷和预计作用其上的力。

b)设置一个符合5.4.5.3、5.4.5.4的护栏。

c)装备有设施以确保:

1)平台地板与人口通道平面之间台阶高差不超过0.50 m;

2)在平台与通道门的门槛之间不能有可通过直径0.15 m球体的间隙;

3)完全打开的层门板与平台边缘之间的水平间隙不能超过0.15 m,除非采取了附加的预防措施来防止坠入井道。

5.3.3.4 除5.3.3.3外,任何可缩回的平台还应:

a)设有一个确认平台处于完全缩回位置的电气安全装置;

b)设有一个可使平台进入或退出工作位置的装置,该装置的操作可从底坑中或通过安装在井道外且只有经过批准的人员才可以接近的装置进行。

如果进入平台的通道不经过层门,则当平台不在工作位置时,应不能打开通道门,或者是采取适当措施和手段防止人员坠入井道。

5.3.3.5 在5.3.3.2 b)的情况下,当使平台进入工作位置(即伸出)时,可移动的阻止装置应被自动启动。阻止装置应包括:

a)符合5.2.9要求的缓冲器；

b)一个只有阻止装置处于完全缩回位置才允许轿厢运行的电气安全装置；

c)一个电气安全装置,仅当阻止装置处于完全伸出位置时,它才允许轿厢在平台伸出后移动。

5.3.3.6　对于需要从平台上移动轿厢的地方,应有一个在平台上可以使用的符合5.9.2要求的检修控制装置。

当可移动的阻止装置处于完全伸出位置时,轿厢的电动运行只能从检修控制装置进行。

5.3.3.7　用于紧急和试验操作所必需的装置,应按5.6.4的要求设置在能够从井道外对其进行操作的地方。

5.3.4　工作区域在井道外

当机器设置于井道内,但要从井道外对其进行维修和检查时,在井道外的作业位置应有满足5.1.2.3~5.1.2.5要求的工作区域。

接近机器设备只能通过符合5.3.5.2的门或检修活板门。

5.3.5　门和检修活板门

5.3.5.1　通过井道围封上的门应可接近井道内的工作区域,这些门应是层门或是满足以下要求的门。它们应:

a)宽度不小于0.6 m,高度不小于1.8 m;

b)不应向井道内开启;

c)装有一个用钥匙开启的锁,不用钥匙也能将门关闭并锁住;

d)即使被锁住时,也应能不需要钥匙从井道内部将其打开;

e)有一个确认门的锁闭位置的电气安全装置;

f)是无孔的,应具有与层门相同的机械强度,并遵守相关建筑物的防火规范。

5.3.5.2　从井道外部的工作区域接近井道内的机器设备时,应:

a)通过门/检修活板门应有足够的尺寸来完成所需做工作;

b)开口尽可能的小,以避免坠入井道;

c)不应向井道内开启;

d)装有一个用钥匙开启的锁,不用钥匙也能将门关闭并锁住;

e)有一个确定其锁闭位置的电气安全装置,

f)是无孔的,应具有与层门相同的机械强度,并遵守相关建筑物的防火规范。

5.4　轿厢

5.4.1　轿厢总体

5.4.1.1　轿厢入口及轿厢内部的净高度不应低于2.0 m。

5.4.1.2　乘客电梯轿厢的有效面积应符合GB 7588—2003中8.2.1的规定。

载货电梯轿厢的有效面积应符合GB 7588—2003中8.2.2的规定。

5.4.1.3　乘客电梯轿厢内标称的乘客人数与额定载重量及轿厢有效面积的关系应符合GB 7588—2003中8.2.3的规定。

5.4.1.4　轿厢上装设有反绳轮(或链轮)时,应有防护装置防止:

a)钢丝绳或链条因松弛而脱离绳槽或链轮;

b)异物进入绳与绳槽或链与链轮之间;

c)人身伤害,当绳轮或链轮设置在轿顶时;

5.4.1.5　正常运行时,轿厢地板的水平度不应超过 3/100 s。

5.4.1.6　除 5.3.1 所述情况和具有对接操作功能的电梯外,轿厢内不应设置停止装置。

5.4.2　轿门护脚板

装设在轿厢地坎下部的轿门护脚板应符合 GB 7588—2003 中 3.4 的要求。

5.4.3　轿门

5.4.3.1　轿门的封闭应符合 GB 7588—2003 中 8.6.1、8.6.2 的要求。

5.4.3.2　轿门关闭后(除垂直滑动门外),门扇之间及门扇与立柱、门楣和地坎之间的间隙,乘客电梯不应大于 6 mm,载货电梯不应大于 8 mm。如果有凹进部分,上述间隙应从凹底处测量。

5.4.3.3　动力驱动的水平自动滑动门,在关门行程开始 1/3 之后,阻止关门的力不应大于 150N。

阻止折叠门开启的力应符合 GB 7588—2003 中 8.7.2.1.1.4 的要求。

5.4.3.4　动力驱动的自动轿门关闭过程中,防止乘客遭受撞击的保护装置应符合 GB 7588—2003 中 8.7.2.1.1.3 的要求。

5.4.3.5　装有动力驱动自动门的轿厢,在轿厢内操纵盘上应设有能使处于关闭中的门开启的开门按钮。

5.4.3.6　每个轿门均应设有证实其闭合位置的电气安全装置。

5.4.3.6.1　如果滑动门是由数个直接机械连接的门扇组成,允许把证实轿门闭合位置的电气安全装置安装在一个门扇上(对重叠式门为快门扇)。

如果门的驱动元件与门扇之间是直接机械连接的,则证实轿门闭合位置的电气安全装置安装在门的驱动元件上。

对于重叠式伸缩门,如果通过钩住在关闭位置的其他门扇而锁紧单个门扇就能防止其他门扇打开,则允许只锁紧这一个门扇。

5.4.3.6.2　对于由数个间接机械连接门扇组成的滑动轿门,允许把验证轿门闭合位置的装置安装在一个门扇上,条件是:

a)该门扇不是主动门扇;

b)主动门扇与门的驱动元件间是直接机械连接的。

5.4.3.7　电梯由于任何原因停在靠近层站之处时,在轿厢停止并切断开门机(如有)电源的情况下,应有可能:

a)从层站处用手开启或部分开启轿门;

b)如层门与轿门联动,从轿厢内用手开启或部分开启轿门以及与其相联接的层门。

5.4.3.8　在 5.4.3.7 中规定的轿门开启,至少应能够在开锁区域内进行。开门所需的力不应大于 300N。对于装有轿门门锁装置的电梯,应只有轿厢位于开锁区域内时才能从轿厢内打开轿门。

5.4.3.9　额定速度大于 1.0 m/s 的电梯,在其运行时开启轿门的力应大于 50 N。

5.4.4　轿厢玻璃

5.4.4.1　带有玻璃的轿壁应符合 GB 7588—2003 中 8.3.2.2 ~ 8.3.2.4 的要求。

5.4.4.2　对轿壁用曲面玻璃,当其展开成平面后的尺寸超出 GB 7588—2003 附录 J 表 J1 规定的免试尺寸时,应提供固定方式与实际轿壁相同、试验尺寸能覆盖实际轿壁尺寸的轿壁玻璃摆锤冲击型式试验合格报告或证书。

5.4.4.3　轿顶所用的玻璃应是夹层玻璃。

5.4.4.4　带有玻璃的轿门应符合 GB 7588—2003 中 8.6.7.2 ~ 8.6.7.5 的要求。

5.4.4.5　装有玻璃的门扇处于完全关闭状态时，玻璃的可见宽度（曲面玻璃板为展开成平面后的可见宽度）或门扇的可见高度尺寸超过 GB 7588—2003 附录 J 表 J2 规定的免试尺寸时，应提供安装方式与实际轿门相同、试验尺寸能覆盖实际轿门尺寸的轿门玻璃摆锤冲击型式试验合格报告或证书。

5.4.5　轿顶

5.4.5.1　轿顶上应设置符合 GB 7588—2003 中 8.15 要求的停止装置和检修运行操作装置。

5.4.5.2　轿顶应有一块不小于 0.12 m 的站人净面积，其短边不应小于 0.25 m。

5.4.5.3　轿顶护栏的设置应符合 GB 7588—2003 中 8.13.3 ~ 8.13.4 的要求。

因特殊情况，轿顶护栏外侧距轿顶边缘的距离大于 0.15 m 时，应有措施防止人员在轿顶护栏外侧站立。

5.4.5.4　轿顶护栏踢脚板的下边沿距其安装处轿顶上表面的间距不应大于 10 mm，护栏中间水平栏杆与扶手及踢脚板之间的铅垂净空距离均不应大于 0.50 m。

5.4.6　轿厢安全窗和轿厢安全门

5.4.6.1　如果轿顶设有轿厢安全窗，其尺寸不应小于 0.35 m × 0.50 m。

5.4.6.2　在有相邻轿厢的情况下，如果轿厢之间的水平距离不大于 0.75 m，可使用轿厢安全门。轿厢安全门的高度不应小于 1.80 m，宽度不应小于 0.35 m。

5.4.6.3　轿厢安全窗或轿厢安全门应设有手动锁紧装置，其锁紧应通过一个电气安全装置来验证。

如果锁紧失效，该装置应使电梯停止。只有在重新锁紧后，电梯才能恢复到服务状态。

5.4.6.4　轿厢安全窗和轿厢安全门应能不用钥匙从轿厢外开启，并应能用三角形钥匙从轿厢内开启。

轿厢安全窗不应向轿内开启。处于开启位置的轿厢安全窗，不应超出电梯轿厢的外边缘。

5.4.6.5　轿厢安全门不应向轿厢外开启。

轿厢安全门不应设置在对重（或平衡重）运行的路径上，或设置在妨碍乘客从一个轿厢通往另一个轿厢的固定障碍物（分隔轿厢的横梁除外）的前面。

5.4.7　紧急照明

在轿厢内应设置紧急照明，正常照明电源一旦失效，紧急照明应自动点亮。

紧急照明应由自动再充电的紧急电源供电。在正常照明电源中断的情况下，它至少能供 1 W 灯具用电 1 h。

5.4.8　安全钳

5.4.8.1　轿厢应装设能在其下行时动作的安全钳。

电梯额定速度小于或等于 0.63 m/s 时，轿厢可采用瞬时式安全钳。

电梯额定速度大于 0.63 m/s 时，轿厢应采用渐进式安全钳。

若轿厢装设有数套安全钳，则它们应全部是渐进式的。

5.4.8.2　若电梯额定速度大于 1.0 m/s，对重（或平衡重）安全钳也应是渐进式的。

5.4.8.3　轿厢、对重（或平衡重）的安全钳，应分别由各自的限速器来操纵。

5.4.8.4　若电梯额定速度不超过 1.0 m/s，可借助于悬挂机构的失效或借助一根安全绳来触发对重（或平衡重）安全钳动作。

5.4.8.5　不应使用电气、液压或气动装置来操纵安全钳。

5.4.8.6　只有将轿厢或对重(或平衡重)提起,才能使轿厢或对重(或平衡重)上的安全钳释放并自动复位。

5.4.8.7　渐进式安全钳可调节部位最终调整后的状态应加封记。

5.4.9　轿厢上行超速保护装置

5.4.9.1　曳引驱动式电梯应装设轿厢上行超速保护装置,该装置应作用于:

a)轿厢;

b)对重;

c)钢丝绳系统(悬挂绳或补偿绳);

d)曳引轮或最靠近曳引轮的曳引轮轴上。

5.4.9.2　该装置应能在没有那些在电梯正常运行时控制速度、减速度或停车的部件参与下,达到 GB 7588—2003 中 9.10.1 的要求,除非这些部件存在内部的冗余度。

该装置在动作时,可以由与轿厢连接的机械装置协助完成,无论此机械装置是否有其他用途。

5.4.9.3　该装置动作时,应使一个电气安全装置动作。

5.4.9.4　该装置动作后的释放应需要称职人员的介入,释放时不应需要接近轿厢或对重,释放后该装置应处于正常工作状态。

5.4.9.5　如果速度监控装置触发制动装置动作或制动装置产生制动力需要外部能量(比如电能,机械能)作用,当该能量缺失时应能导致电梯停止并使其保持停止状态。该停止可以是由上行超速保护装置发出信号,由电梯控制系统使电梯停止运行。

带导向的压缩弹簧的蓄能不属于外部能量。

5.4.9.6　轿厢上行超速保护装置的速度监控部件应符合 GB 7588—2003 中 9.10.10 的要求。

5.4.10　通风及照明

5.4.10.1　无孔门轿厢应在其上部及下部设置通风孔。

5.4.10.2　位于轿厢上部及下部的通风孔,其有效面积均不应小于轿厢有效面积的 1%。

轿门四周的间隙在计算通风孔面积时可以考虑进去,但不应大于所要求有效面积的 50%。

5.4.10.3　用直径为 10 mm 的坚硬直棒应不可能从轿厢内经通风孔穿过轿壁。

5.4.10.4　轿厢内应设置永久性的电气照明装置,轿内操纵盘上和轿厢地板上的照度不宜小于 50 lx。

5.4.10.5　如果照明是白炽灯类型,至少应用两只并联的灯泡。

5.5　悬挂和补偿装置

5.5.1　悬挂装置

5.5.1.1　电梯轿厢至少应由两根独立的绳或钢质链条悬挂。

当采用两根独立的悬挂绳或链时,应符合 GB 7588—2003 中 9.5.3 的要求。

5.5.1.2　悬挂用钢丝绳的公称直径不应小于 8 mm。

5.5.1.3　悬挂绳表面应清洁,不应粘有尘渣等污物。

5.5.1.4　绳轮或卷筒的节圆直径不应小于钢丝绳公称直径的 40 倍。

5.5.1.5　悬挂绳末端固定时,应采用自锁紧楔形绳套、至少带有 3 个合适绳夹的套环、手工捻接绳环、环圈(或套筒)压紧式绳环、金属或树脂填充的绳套等端接装置。

5.5.1.6 当使用自锁紧楔形绳套式端接装置时，如果钢丝绳尾段较长，可使用适当方式对其固定。

5.5.1.7 当采用套环配合钢丝绳夹式端接装置时，所用钢丝绳夹和套环应分别符合 GB/T 5976 和 GB/T 5974 的规定，其固定方式应满足以下要求：

a）绳夹座扣在绳的工作段上，U 形螺栓扣在绳的尾段上；

b）钢丝绳公称直径不大于 18 mm 时，至少使用 3 个绳夹；

c）绳夹间距为钢丝绳直径的 6 至 7 倍；

d）离套环最近的绳夹应尽量靠近套环，但要保证在不损坏绳外层钢丝的情况下能正确地拧紧绳夹。

5.5.1.8 悬挂绳端接装置应安全可靠，其锁紧螺母均应安装有锁紧销。

5.5.1.9 至少应在悬挂钢丝绳或链条的一端设置一个自动调节装置，用来平衡各绳或链间的张力，使任何一根绳或链的张力与所有绳或链之张力平均值的偏差均不大于 5%。

如果用弹簧来平衡张力，则弹簧应在压缩状态下工作。

5.5.2 补偿绳

电梯使用补偿绳进行平衡补偿时，应符合 GB 7588—2003 中 9.6 的规定。

5.6 层门和层站

5.6.1 层站指示和操作装置

5.6.1.1 层站指示装置及操作装置的安装位置应符合设计规定，指示信号应清晰明确，操作装置动作应准确无误。

5.6.1.2 对于集选控制和群控电梯，层站指示应符合 GB 7588—2003 中 14.2.4.3 的要求。

5.6.2 层站处运行间隙和安装尺寸

5.6.2.1 层门地坎应具有足够的强度，地坎上表面宜高出装修后的地平面 2 mm ~ 5 mm。在开门宽度方向上，地坎表面相对水平面的倾斜不应大于 2/1 000。

5.6.2.2 轿厢地坎与层门地坎间的水平距离不应大于 35 mm。在有效开门宽度范围内，该水平距离的偏差为 $^{+3}_{0}$ mm。

5.6.2.3 与层门联动的轿门部件与层门地坎之间、层门门锁装置与轿厢地坎之间的间隙应为 5 mm ~ 10 mm。

5.6.2.4 层门关闭后，门扇之间及门扇与立柱、门楣和地坎之间的间隙，对乘客电梯不应大于 6 mm；对载货电梯不应大于 8 mm。如果有凹进部分，上述间隙从凹底处测量。

5.6.2.5 在水平滑动门和折叠门的每个主动门扇的开启方向，以 150 N 的力施加在门扇的一个最不利点上时，门扇与门扇、门扇与立柱之间的间隙允许大于 5.6.2.4 规定的值，但不应大于下列值：

a）对旁开门，30 mm；

b）对中分门，总和为 45 mm。

5.6.3 层门防护

5.6.3.1 动力驱动的水平自动滑动门，在关门行程开始的 1/3 之后，阻止关门的力不应大于 150 N。

阻止折叠门开启的力应符合 GB 7588—2003 中 7.5.2.1.1.5 的要求。

5.6.3.2 动力驱动的自动层门在关闭过程中，防止乘客遭受撞击的保护应符合 GB 7588—2003 中 7.5.2.1.1.3 的要求。

5.6.3.3 层门锁紧装置动作应灵活，门锁锁紧后锁紧元件间的相对位置应符合设计要求。轿厢应在锁紧元件啮合深度不小于 7 mm 时才能启动。

5.6.3.4 门锁装置的锁紧保持方式应符合 GB 7588—2003 中 7.7.3.1.7 的要求。

5.6.3.5 层门的开锁区域应符合 GB 7588—2003 中 7.7.1 的要求。

5.6.3.6 层门外观应光滑平整，对于动力驱动的自动滑动门，其外表面应符合 GB 7588—2003 中 7.5.1 的要求。

5.6.3.7 每个层门都应设有证实其闭合位置的电气安全装置。对于与轿门联动的水平滑动层门，倘若证实层门锁紧状态的装置是依赖层门的有效关闭，则该装置同时可作为证实层门闭合的装置。

5.6.3.8 用于验证锁紧元件位置的装置应是肯定操作式。

5.6.3.9 如果滑动门由数个直接机械连接的门扇组成，允许：

a）证实其闭合位置或证实层门锁紧状态的装置装在一个门扇上；

b）对于重叠式伸缩门，如果通过钩住在关闭位置的其他门扇而锁紧单个门扇就能防止其他门扇打开，则允许只锁紧这一个门扇。

5.6.3.10 如果滑动门是由数个间接机械连接（如用钢丝绳、皮带或链条）的门扇组成，如果某一个门扇的锁紧能防止其他未装设手柄的门扇的打开，允许只锁紧这一个门扇，未被锁住的其他门扇应由一个电气安全装置来证实其闭合位置。

5.6.3.11 每个层门均应能从外面借助于三角钥匙开启。三角钥匙应只交给一个负责人员，钥匙应带有书面说明，详述应采取的预防措施，以防止开锁后因未能有效的重新锁上而可能引起的事故。

在一次紧急开锁以后，门锁装置在层门闭合后不应保持开锁位置。

5.6.3.12 在轿门驱动层门的情况下，当轿厢在开锁区域之外时，无论层门因何种原因而开启，应有一种装置（重块或弹簧）确保该层门自动关闭。

5.6.4 紧急和试验操作装置

5.6.4.1 在机器设备设置在井道内，工作区域需要设置在轿顶上（或轿厢内）、底坑内或平台上的情况下，应在一个或两个屏（紧急机试验操作屏）上装有必要有紧急和试验操作装置，以便在井道外进行所有紧急操作和所有必要的动态测试工作。具有称职人员才能接近该屏。

如果紧急和试验操作装置未保护在机器设备室内，则应用适当的罩子罩住。此罩：

a）不应向井道内开启；

b）应设有一个用钥匙开启的锁，不用钥匙也能将罩关闭并锁住。

5.6.4.2 该紧急和试验操作屏应设置：

a）符合 5.1.12 要求的紧急操作装置和一个符合 5.8 规定的对讲系统；

b）能进行动态测试的控制装置；

c）电梯驱动主机的直接观察或显示装置，它应能给出下列指示：

1）轿厢运动的方向；

2）到达开锁区；以及

3）电梯轿厢的速度（能有效控制轿厢移动速度者除外）。

5.6.4.3 紧急和试验操作屏上的装置应用一个永久性安装的电气照明装置照亮，在这些装置上的照度不应小于 50 lx。

应在屏上或靠近屏的地方设置一个开关用于控制该屏的照明，照明电源应符合

5. 1. 3. 2. 3 的要求。

5. 6. 4. 4 紧急和试验操作屏只能安装在符合 5. 1. 2. 3 ~ 5. 1. 2. 5 规定的工作区域内。

5. 6. 5 层门玻璃

带有玻璃的层门应符合 5. 4. 4. 4 和 5. 4. 4. 5 的规定。

5. 6. 6 层门耐火

对建筑设计要求使用耐火层门的电梯,应审查其层门耐火型式试验报告或证书,其耐火时限应符合建筑设计要求的耐火等级,层门的结构型式、安装方式和部件配置应与型式试验报告或证书所描述的试验样品相符。

5. 7 电气安全装置

5. 7. 1 电气开关的安装检查

各种安全保护开关应可靠固定,安装后不应因电梯正常运行的碰撞或因钢丝绳、钢带、皮带的正常摆动使开关产生位移、损坏和误动作。

5. 7. 2 电气安全装置的作用方式

当附录 A 列出的电气安全装置中的某一个动作时,应防止电梯驱动主机的启动或使其立即停止运转,同时应切断制动器的供电。

5. 7. 3 电气安全装置

电气安全装置应是:

a) 一个或几个满足 GB 7588—2003 中 14. 1. 2. 2 要求的安全触点,它们直接切断驱动主接触器或其接触器式继电器的供电。

b) 满足 GB 7588—2003 中 14. 1. 2. 3 要求的安全电路,包括下列一项或几项:

1) 一个或几个满足 GB 7588—2003 中 14. 1. 2. 2 要求的安全触点,它们不直接切断主接触器或其接触器式继电器的供电;

2) 不满足 GB 7588—2003 中 14. 1. 2. 2 要求的触点。

3) 符合 GB 7588—2003 中附录Ⅱ要求的元件。

5. 7. 4 安全触点

安全触点的动作应依靠断路装置的肯定分断,即使触点熔接在一起电应能分断。安全触点的设计应尽可能减小由于其组成元件失效而引起短路的危险。

安全触点的其他特性应符合 GB 7588—2003 中 14. 1. 2. 2. 2 ~ 14. 1. 2. 5 的要求。

注:有效行程内动触点与被施加驱动力的驱动机构部件之间无弹性元件(例如弹簧),且所有触点断开元件处于断开位置时,即为触点获得了肯定分断。

5. 8 紧急报警装置

5. 8. 1 电梯管理机构,如楼宇监控值班室等,应能随时,有效地响应轿厢内或井道内的紧急召唤。

5. 8. 2 轿厢内应装设乘客易于识别和触及的紧急报警装置,在启动此装置之后,被困乘客应不必再做其他操作即可与紧急召唤响应处进行通话。

5. 8. 3 当电梯行程大于 30 m 或轿厢和紧急操作地点之间不能直接对话时,在轿厢与紧急操作地点之间也应设置符合紧急报警装置要求的对讲系统或类似装置。

5. 8. 4 如果在井道中工作的人员存在被困危险,而又无法通过轿厢或井道逃脱,应在存在该危险处设置紧急报警装置。

5. 8. 5 除与公用电话网连接的外,紧急报警装置的供电应来自轿厢的紧急照明电源或等效电源。

5. 8. 6 紧急报警装置应是能持续对讲的双向通话系统。

5.9 电梯运行控制

5.9.1 门开着情况下的平层和再平层控制

具有门开着情况下平层和再平层功能的电梯,其控制应符合 GB 7588—2003 中 14.2.1.2 的规定。

5.9.2 检修运行控制

5.9.2.1 在电梯轿顶上应装设一个易于接近的检修运行控制装置,该装置应由一个电气安全装置型开关(检修开关)转入操作状态。该开关应是双稳态的,并应设有防止意外操作的保护。

5.9.2.2 检修运行控制应满足下列要求:

a)进入检修运行后,应使下列操作失效:

1)正常运行控制,包括任何自动动力驱动门的操作;

2)紧急电动操作;

3)对接操作。

如果用于实现该功能的转换装置不是与检修开关的机械装置一体的安全触点,则应采取措施,当电路中出现 GB 7588—2003 中 14.1.1.1 列出的故障之一时,防止轿厢的一切意外运行。

只有再一次操作检修开关,才能使电梯恢复到正常服务状态。

b)轿厢的运行应依靠持续按压按钮,这些按钮应有防止意外操作的保护,并具有明显的运行方向指示;

c)控制装置应包括一个停止装置;

d)不能超出轿厢的正常运行范围;

e)电梯的运行仍然依靠所有的安全装置。

5.9.2.3 控制装置也可以包括有意外操作保护的专用开关,用于从轿顶上控制门机装置。

5.9.2.4 下列情况下可以设置一个副检修控制装置:

a)在 5.3.1.4 的情况下,设置在轿厢内;

b)在 5.3.2.1 的情况下,设置在底坑内;

c)在 5.3.3.6 的情况下,设置在平台上。

不允许设置两个以上的检修控制装置。

5.9.2.5 设置有两个检修控制装置的电梯,应有一个互锁系统保证:

a)如果一个检修控制装置被转换到"检修",通过持续按压该检修控制装置上的运行按钮能运行电梯。

b)如果两个检修控制装置都被转换到"检修":

1)操纵任一个检修控制装置都不可能移动轿厢;

2)当同时持续按压两个检修控制装置上的同向运行按钮时,应能移动轿厢。

5.9.3 紧急电动运行控制

5.9.3.1 紧急电动运行时,电梯驱动主机应由正常的电源供电或由备用电源供电(如有)。

5.9.3.2 紧急电动运行控制还应同时满足下列条件:

a)转换到紧急电动运行状态后,应允许通过持续按压具有防止意外操作保护的紧急电动运行按钮来控制轿厢运行,并应清楚地标明运行方向。

b)紧急电动运行开关被转换到紧急电动运行状态后,应防止由该开关控制以外的轿厢的一切运行。一旦进入检修操作状态,则应取消紧急电动运行功能。

c)通过紧急电动运行开关本身或另一个电气开关应使下列电气装置失效：

1)装在轿厢上检查安全钳动作的电气安全装置；

2)限速器系统上的超速保护和检查限速器复位状态的电气安全装置；

3)检查轿厢上行超速保护装置动作的电气安全装置；

4)检查耗能型缓冲器复位状态的电气安全装置；

5)极限开关。

d)紧急电动运行开关及其操作按钮应设置在合适的位置上，以便在操作时能够直接或通过显示装置观察到驱动主机。

5.9.4 对接操作运行控制

具有对接操作功能的电梯，其控制应符合 GB 7588—2003 中 14.2.1.5 的规定。

6 验收试验项目与试验要求

6.1 速度

按照 GB/T 10059—2009 中 4.2.1 规定方法所测得的电梯运行速度应符合 GB 7588—2003 中 12.6 的要求。

6.2 平衡系数

按照 GB/T 10059—2009 中 4.2.1.2 规定方法所测得的电梯平衡系数应在 0.4～0.5 范围内。

6.3 起动加速度、制动减速度和 A95 加速度、A95 减速度

按照 GB/T 10059—2009 中 4.2.2 规定方法所测得乘客电梯的起动加速度、制动减速度和 A95 加速度、A95 减速度应符合 GB/T 10058—2009 中 3.3.2 和 3.3.3 的要求。

6.4 振动

按照 GB/T 10059—2009 中 4.2.6 规定方法所测得的乘客电梯轿厢的振动应符合 GB/T 10058—2009 中 3.3.5 的要求。

6.5 开关门时间

按照 GB/T 10059—2009 中 4.2.4 规定方法所测得乘客电梯水平滑动式自动门的开门和关门时间，应符合 GB/T 10058—2009 中 3.3.4 的要求。

6.6 平层准确度和平层保持精度

按照 GB/T 10059—2009 中 4.2.3 规定方法所测得的各类电梯轿厢的平层准确度应符合 GB/T 10058—2009 中 3.3.7 的要求。

6.7 运行噪声

按照 GB/T 10059—2009 中 4.2.5 规定方法所测得的乘客电梯运行中轿厢内噪声、开关门过程噪声和机房噪声应符合 GB/T 10058—2009 中 3.3.6 的要求。

6.8 超载保护

按照 GB/T 10059—2009 中 4.1.15 规定方法进行超载试验，试验结果应符合 GB 7588—2003 中 14.2.5 的要求。

6.9 制动系统

按照 GB/T 10059—2009 中 4.1.11 规定方法进行制动试验，试验结果应符合 GB 7588—2003 中 12.4.2.1 的要求。

6.10 曳引条件

按照 GB/T 10059—2009 中 4.1.13 规定方法进行曳引试验，试验结果应符合 GB 7588—2003 附录 D 中 D.2 h)的要求。

6.11 限速器与安全钳

按照 GB/T 10059—2009 中 4.1.2 规定方法进行限速器与安全钳的联动试验，限速器的试验结果应符合 GB 7588—2003 中 9.9 的要求，安全钳的试验结果应符合 GB 7588—2003 附录 D 中 D.2 j)、k)的要求。

6.12 轿厢上行超速保护装置

按照 GB/T 10059—2009 中 4.1.6 规定方法进行轿厢上行超速保护装置试验，应能使轿厢制停或至少使其速度降低至对重缓冲器的设计范围。

6.13 缓冲器

按照 GB/T 10059—2009 中 4.1.3 规定方法进行缓冲器试验，试验结果应符合 GB 7588—2003 附录 D 中 D.2 1)的要求。

6.14 层门与轿门联锁

按照 GB/T 10059—2009 中 4.1.5 规定方法进行层门与轿门联锁试验，试验结果应符合 GB/T 10059—2009 中 4.1.5 的要求。

6.15 极限开关

按照 GB/T 10069—2009 中 4.1.4 规定方法进行极限开关的动作试验，试验结果应符合 GB 7588—2003 中 10.5 的要求。

6.16 运行

电梯轿厢分别在空载和额定载荷工况下，按产品设计规定的每小时启动次数和负载持续率各运行 1 000 次(每天不少于 8 h)，电梯应运行平稳、制动可靠、连续运行无故障。

7 验收规则

7.1 验收检验和试验项目

电梯安装验收检验和试验按表 2 规定项目进行。

表 2 电梯安装验收检验和试验项目分类表

序号	项　类	检验或试验项目	备　注
1	机器设备区间和滑轮间	5.1.1 通道	
2		5.1.2 安全空间和维修空间	☆
3		5.1.3 主开关、照明及其开关	☆
4		5.1.4 断、错相防护和电动机电源切断检查	☆
5		5.1.5 电气布线及安装	
6		5.1.6 接触器和接触器式继电器	
7		5.1.7 设备安装	
8		5.1.8 驱动主机	
9		5.1.9 旋转部件的防护	
10		5.1.10 电动机和其他电气设备的保护	
11		5.1.11 电动机运转时间限制器	☆
12		5.1.12 紧急操作	☆

续上表

序号	项　类	检验或试验项目	备　注
13	井道	5.2.1　井道壁	
14		5.2.2　检修门、井道安全门和检修活板门	
15		5.2.3　安全空间和安全间距	☆
16		5.2.4　井道照明	
17		5.2.5　导轨	
18		5.2.6　对重和平衡重	
19		5.2.7　随行电缆	
20		5.2.8　限速器系统	☆
21		5.2.9　缓冲器	☆
22		5.2.10　底坑	
23	机器设备在井道时的工作区域	5.3.1　工作区域在轿厢内或轿顶上	☆
24		5.3.2　工作区域在底坑内	☆
25		5.3.3　工作区域在平台上	☆
26		5.3.4　工作区域在井道外	
27		5.3.5　门和检修活板门	
28	轿厢	5.4.1　轿厢总体	
29		5.4.2　轿门护脚板	☆
30		5.4.3　轿门	☆
31		5.4.4　轿厢玻璃	
32		5.4.5　轿顶	
33		5.4.6　轿厢安全窗和轿厢安全门	☆
34		5.4.7　紧急照明	
35		5.4.8　安全钳	☆
36		5.4.9　轿厢上行超速保护装置	☆
37		5.4.10　通风及照明	
38	悬挂和补偿装置	5.5.1　悬挂装置	
39		5.5.2　补偿绳	
40	层门和层站	5.6.1　层站指示和操作装置	
41		5.6.2　层站处运行间隙和安装尺寸	
42		5.6.3　层门防护	☆
43		5.6.4　紧急和试验操作装置	☆
44		5.6.5　层门玻璃	
45		5.6.6　层门耐火	
46	电气安全装置	5.7.1　电气开关的安装检查	☆
47		5.7.2　电气安全装置的作用方式	☆
48		5.7.3　电气安全装置	☆
49		5.7.4　安全触点	☆

续上表

序号	项　类	检验或试验项目	备　注
50	紧急报警装置	5.8.1　电梯管理机构的应急响应	☆
51		5.8.2　轿厢内报警装置	☆
52		5.8.3　紧急操作处对讲装置	☆
53		5.8.4　井道内报警装置	☆
54		5.8.5　报警装置电源	☆
55		5.8.6　报警装置通话要求	☆
56	电磁运行控制	5.9.1　门开着情况下的平层和再平层控制	☆
57		5.9.2　检修运行控制	☆
58		5.9.3　紧急电动运行控制	☆
59		5.9.4　对接操作运行控制	
60	验收试验项目与试验要求	6.1　速度	
61		6.2　平衡系数	
62		6.3　起动加速度、制动减速度和 A95 加速度、A95 减速度	
63		6.4　振动	
64		6.5　开关门时间	
65		6.6　平层准确度和平层保持精度	
66		6.7　运行噪声	
67		6.8　超载保护	
68		6.9　制动系数	☆
69		6.10　曳引条件	☆
70		6.11　限速器与安全钳	☆
71		6.12　轿厢上行超速保护装置	☆
72		6.13　缓冲器	☆
73		6.14　层门与轿门联锁	☆
74		6.15　极限开关	☆
75		6.16　运行	
注:表中备注栏内标有“☆”的为重要项目,其余为一般项目。			

7.2　判定规则

电梯安装完毕按照表 2 规定的适用项目进行验收检验和试验时,所有项目全部合格者,判定为合格。

如重要项目全部合格,一般项目中不合格项不超过 8 项,则允许调整修复。在申请验收单位确认修复完毕后,验收部门应对原不合格项及相关项目给予补检。

凡重要项目中任一项不合格,或一般项目中不合格超过 8 项,则判定为不合格。判为不合格的电梯需全面修复,修复后再次报请验收。

如因现场实际情况限制而无法进行调整修复时,经验收部门、电梯制造商和电梯业主(用户)协商确认后,在重要项目均合格的前提下,一般项目不合格项不超过 3 项时,准予验收,但有关方应制订出保证电梯安全使用的有效控制措施。

附录A(规范性附录)　电气安全装置表

表A.1　电气安全装置表

序　号	章　条	所检查的装置
1	5.1.3.1.3	借助于断路接触器的主开关的控制
2	5.1.5.5	滑轮间的停止装置
3	5.1.12.1.2	检查手动紧急操作可拆装置的位置
4	5.2.2.5	检查检修门、井道安全门和检修活板门的关闭位置
5	5.2.3.2.a)	检查轿门的锁紧
6	5.2.8.4	检查限速器绳的张紧
7	5.2.9.4	检查轿厢位置传递装置的张紧(减速检查装置)
8	5.2.9.4	检查在减行程缓冲器情况下的减速状态
9	5.2.9.7	检查缓冲器恢复到正常伸长位置
10	5.2.10.1	底坑停止装置
11	5.3.1.1.b)	检查机械装置的非工作位置
12	5.3.1.3.e)	检查轿厢上检查窗/门的锁闭位置
13	5.3.2.1.e)	检查用钥匙开启进入底坑的门
14	5.3.2.1.f)	检查机械装置的非工作位置
15	5.3.2.1.g)	检查机械装置的工作位置
16	5.3.3.4.a)	检查可缩回的平台的完全缩回位置
17	5.3.3.5.b)	检查可移动的阻止装置的完全缩回位置
18	5.3.3.5.c)	检查可移动的阻止装置的完全伸出位置
19	5.3.5.1.e)	检查通道门的关闭位置
20	5.3.5.2.e)	检查检修门的关闭位置
21	5.4.3.6	检查轿门的合闭位置
22	5.4.5.1	轿顶停止装置
23	5.4.6.3	检查轿厢安全窗和安全门的锁紧
24	5.4.9.3	检查轿厢上行超速保护装置
25	5.5.1.1	检查两根绳或链悬挂时的非正常相对伸长
26	5.5.2	检查补偿绳的张紧
27	5.5.2	检查防跳装置
28	5.6.3.3	检查层门的锁紧
29	5.6.3.7	检查层门的闭合位置
30	5.6.3.10	检查无锁门扇的闭合位置
31	5.9.1	检查平层和再平层
32	5.9.1	检查轿厢位置传递装置的张紧(平层和再平层)
33	5.9.2.2 c)	检查操作装置处的停止装置
34	5.9.4	对接操作轿厢运行的限制
35	5.9.4	对接操作的轿厢内停止装置
36	6.15	检查轿厢位置传递装置的张紧(极限开关)
37	6.15	曳引驱动电梯的终端极限开关

中国海区水上助航标志

目　次

1 范　围

本标准规定了中国海区水上浮标和水中固定标志的形状、颜色、灯质、标记符号及其设置与使用要求。

本标准适用于交通、渔业、科研、石油勘察、海洋开发及军事等部门在中国海区及其港口、通海河口设置的水上浮标和水中固定标志。

本标准不适用于灯塔、扇形光灯标、导标、灯船和大型助航浮标。

4 侧面标志

侧面标志是依航道走向配布的,用以标示航道两侧界限;或标示推荐航道;也可以标示特定航道。侧面标包括航道左侧标、右侧标和推荐航道左侧标、右侧标。

4.1　航道左侧标、右侧标

4.1.1　航道左侧标和右侧标分别设在航道的左侧和右侧,标示航道左侧和右侧界线。顺航道走向行驶的船舶应将航道左侧标和右侧标置于该船的左舷和右舷通过。如图1所示。

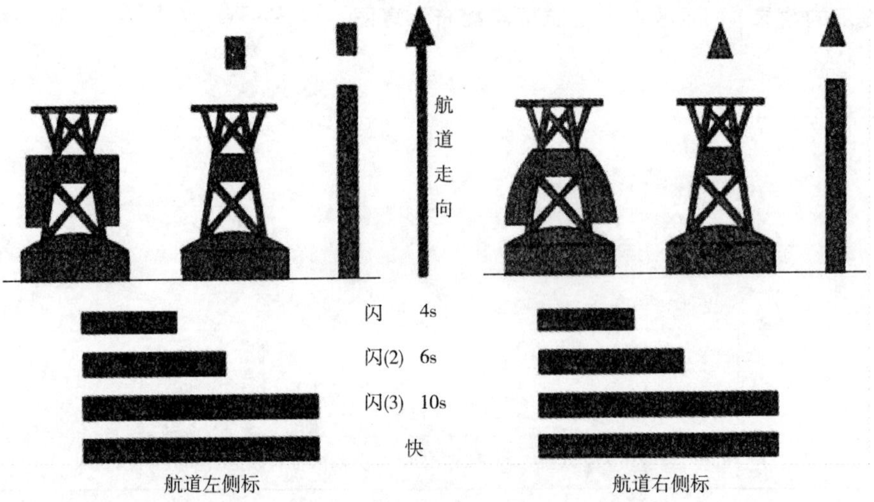

图1　航道左侧标、右侧标

4.1.2　航道左侧标和右侧标的特征应符合表1的规定。

表　1

特　征	航道左侧标	航道右侧标
颜　色	红色	绿色
形　状	罐形,或装有顶标的柱形或杆形	锥形,或装有顶标的柱形或杆形
顶　标	单个红色罐形	单个绿色锥形,锥顶向上
灯质	红光,单闪,周期4 s	绿光,单闪,周期4 s
	红光,联闪2次,周期6 s	绿光,联闪2次,周期6 s
	红光,联闪3次,周期10 s	绿光,联闪3次,周期10 s
	红光,连续快闪	绿光,连续快闪

4.2 推荐航道左侧标、右侧标

4.2.1 推荐航道左侧标和右侧标设立在航道分岔处,也可设置在特定航道,船舶沿航道航行时,推荐航道左侧标标示推荐航道或特定航道在其右侧;推荐航道右侧标标示推荐航道或特定航道在其左侧,如图 2 所示。

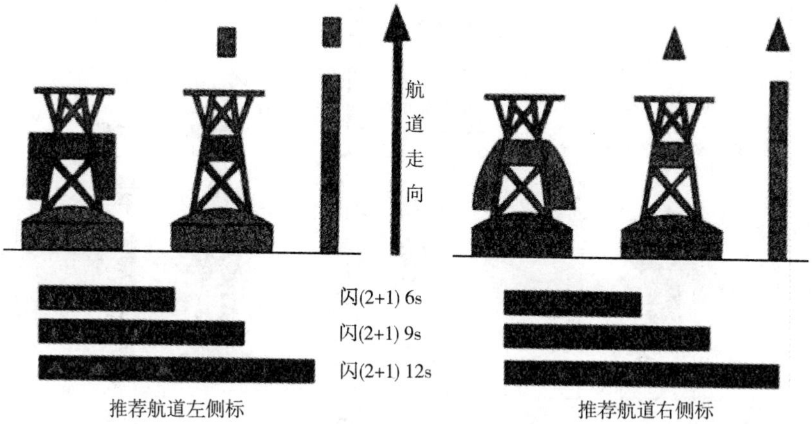

图 2 推荐航道左侧标、右侧标

4.2.2 推荐航道左侧标和右侧标的特征应符合表 2 的规定。

表 2

特 征	推荐航道左侧标	推荐航道右侧标
颜 色	红色,中间一条绿色宽横带	绿色,中间一条红色宽横带
形 状	罐形;装有顶标的柱形或杆形	锥形;装有顶标的柱形或杆形
顶 标	单个红色罐形	单个绿色锥形,锥顶向上
灯质	红光,混合联闪 2 次加 1 次,周期 6 s	绿光,混合联闪 2 次加 1 次,周期 6 s
	红光,混合联闪 2 次加 1 次,周期 9 s	绿光,混合联闪 2 次加 1 次,周期 9 s
	红光,混合联闪 2 次加 1 次,周期 12 s	绿光,混合联闪 2 次加 1 次,周期 12 s

5 方位标志

方位标志设在以危险物或危险区为中心的北、东、南、西四个象限内,即真方位西北 ~ 东北,东北 ~ 东南,东南 ~ 西南,西南 ~ 西北,并对应所在象限命名为北方位标、东方位标、南方位标、西方位标,分别标示在该标的同名一侧为可航行水域。方位标也可设在航道的转弯、分支汇合处或浅滩的终端。

5.1 北方位标设在危险物或危险区的北方,船舶应在本标的北方通过;东方位标设在危险物或危险区的东方,船舶应在本标的东方通过;南方位标设在危险物或危险区的南方,船舶应在本标的南方通过;西方位标设在危险物或危险区的西方,船舶应在本标的西方通过。方位标志如图 3 所示。

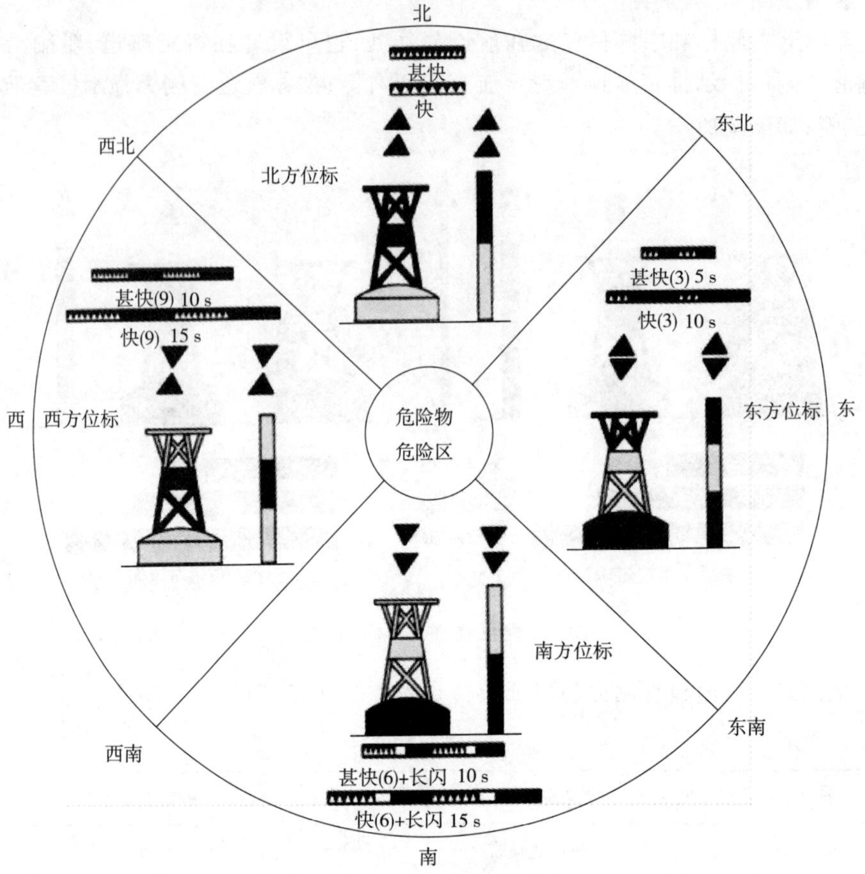

图 3　方位标志

5.2　方位标志的特征应符合表 3 的规定。

表　3

特　征	北方位标	东方位标	南方位标	西方位标
颜色	上黑下黄	黑色，中间一条黄色宽横带	上黄下黑	黄色，中间一条黑色宽横带
形状	装有顶标的柱形或杆形			
顶　标	上下垂直设置的两个锥体			
	锥顶均向上	锥底相对	锥顶均向下	锥顶相对
灯　质	白光，连续甚快闪	白光，联甚快闪 3 次，周期 5 s	白光，联甚快闪 6 次加一长闪，周期 10 s	白光，联甚快闪 9 次，周期 10 s
	白光，连续快闪	白光，联快闪 3 次，周期 10 s	白光，联快闪 6 次加一长闪，周期 15 s	白光，联快闪 9 次，周期 15 s

6 孤立危险物标志

孤立危险物标设置或系泊在孤立危险物之上,或尽量靠近危险物的地方,标示孤立危险物所在。船舶应参照航海资料,避开本标航行。

6.1 孤立危险物标如图4所示。

图4 孤立危险物标

6.2 孤立危险物标的特征应符合表4的规定。

表 4

特 征	孤立危险物标
颜 色	黑色,中间有一条或数条红色宽横带
形 状	装有顶标的柱形或杆形
顶 标	上下垂直的两个黑色球形
灯 质	白光,联闪2次,周期5 s

7 安全水域标志

安全水域标设在航道中央或航道的中线上,标示其周围均为可航行水域;也可代替方位标或侧面标指示接近陆地。

7.1 安全水域标如图5所示。

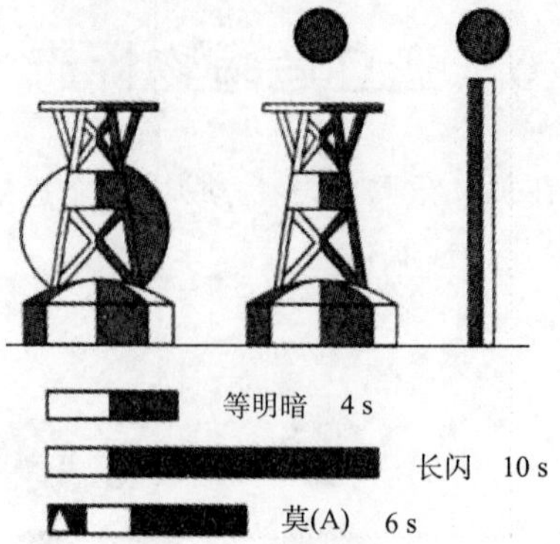

图 5　安全水域标

7.2　安全水域标的特征应符合表 5 的规定。

表　5

特征	安全水域标
颜色	红白相间竖条
形状	球形，或装有顶标的柱形或杆形
顶标	单个红色球形
灯质	白光，等明暗，周期 4 s
	白光，长闪，周期 10 s
	白光，莫尔斯信号"A"，周期 6 s

8　专用标志

专用标是用于标示特定水域或水域特征的标志。

8.1　专用标如图 6 所示。

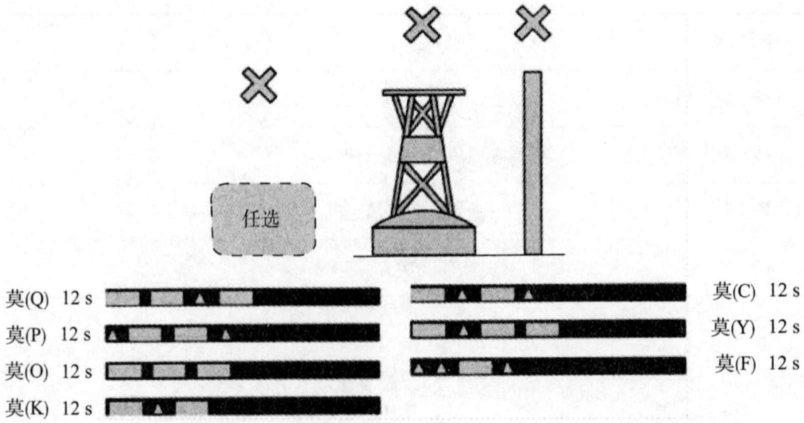

图 6　专用标

8.2　专用标的特征应符合表 6 的规定。

表 6

特 征	专 用 标
颜 色	黄色
形 状	不与浮标和水中固定标志相抵触的任何形状
顶 标	黄色,单个“×”形
灯 质	符合表 7 的规定

8.3 专用标按用途划分,主要包括以下七类:

a)锚地 船舶停泊及检疫锚地等;

b)禁航区 军事演习区等;

c)海上作业区 海洋资料探测、航道测量、水文测验、潜水、打捞、海洋开发、抛泥区、测速场、罗盘校正场等;

d)分道通航 分道通航区、分隔带等,当使用常规助航标志标示分道通航可能造成混淆时可使用;

e)水中构筑物 电缆、管道、进水口、出水口等;

f)娱乐区 体育训练区、海上娱乐场等;

g)水产作业区 水产定置网作业区和养殖场等。

8.4 专用标应在标体明显处设置标示其用途的标记,并应在水上从任何水平方向观测时都能看到。具体规定见表 7。

表 7

用途种类	标记		灯质		
	颜色	图形标志	光色	闪光节奏	周期(s)*
锚地	黑	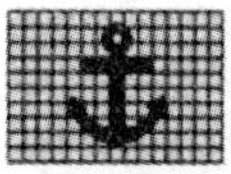		莫尔斯信号“Q” — — · —	
禁航区	黑	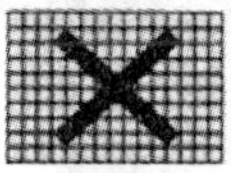		莫尔斯信号“P” · — — ·	
海上作业区	红/白			莫尔斯信号“O” — — —	
分道通航	黑	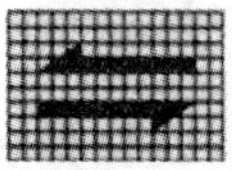	黄	莫尔斯信号“K” — · —	12
水中构筑物	黑			莫尔斯信号“C” — · — ·	
娱乐区	红、白			莫尔斯信号“Y” — · — —	
水产作业区	黑	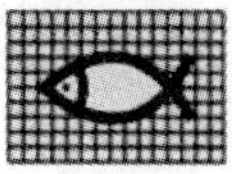		莫尔斯信号“F” · · — ·	
注:* 可以 15 s 为备用周期					

8.5　在特殊情况下,超出本标准所列专用标志的七种用途时,经航标管理机关批准,可另行确定灯质和标记。

9　新危险物的标示

9.1　新危险物的标示方法

9.1.1　当航标管理机关认为某一新危险物严重危及船舶航行安全时,应尽快设置标示它的标志。这些标志可以是方位标志或侧面标志,灯光节奏均采用甚快闪或快闪。同时,在这些标志中至少应有一个重复标志,其全部特征要和与它配对的标志相同。

9.1.2　新危险物可用雷达应答器来标示,在雷达荧光屏上显示出一个相当于 1n mile 长度的图像,其编码为莫尔斯信号“D”(—・・)。

9.2　新危险物重复标志的撤除

航标管理机关在确认新危险物的信息已被充分通告后,其重复标志方可撤除,并恢复正常航标设置。

10　通 用 要 求

10.1　本标准所列海区水上助航标志的形状及尺寸应符合 GB 16161 中的相关规定。

10.2　本标准所列海区水上助航标志的灯光颜色应符合 GB 12708 中的相关规定;灯质应符合本标准附录 A(标准的附录)的规定。

10.3　本标准所列海区水上助航标志的表面色应符合 GB 17381 的相关规定;着色方法应符合本标准附录 B(标准的附录)的规定。

10.4　本标准所列海区水上助航标志的编号应符合本标准附录 C(标准的附录)的规定。

10.5　本标准所列海区水上助航标志的图例应符合本标准附录 D(标准的附录)的规定。

10.6　海区水上助航标志的配布及海图式样应参照本标准附录 E(提示的附录)中的示意图。

附录 A(标准的附录)　海区水上助航标志的灯质及用途

本标准中所列海区水上助航标志的灯质及用途应符合表 A1 的规定。

表　A1

序号	灯光节奏与周期	适用标志及光色
1	单闪,周期 4 s 明 0.5 s(0.3 s*),暗 3.5 s(3.7 s*)	左侧标,红光; 右侧标,绿光 *用于次要航道
2	联闪 2 次,周期 6 s 明 0.5 s,暗 1 s,明 0.5 s,暗 4 s	
3	联闪 3 次,周期 10 s 明 0.5 s,暗 1 s,明 0.5 s,暗 1 s,明 0.5 s,暗 6.5 s	
4	联闪 2 次,周期 5 s 明 0.5 s,暗 1 s,明 0.5 s,暗 3 s	孤立危险物标,白光

续上表

序号	灯光节奏与周期	适用标志及光色
5	等明暗,周期 4 s 明 2 s,暗 2 s	安全水域标,白光
6	长闪,周期 10 s 明 2 s,暗 8 s	
7	混合联闪 2 次加 1 次,周期 6 s 明 0.5 s,暗 0.5 s,明 0.5 s,暗 1 s,明 0.5 s,暗 3 s	推荐航道左侧标,红光; 推荐航道右侧标,绿光
8	混合联闪 2 次加 1 次,周期 9 s 明 0.5 s,暗 0.5 s,明 0.5 s,暗 1.5 s,明 0.5 s,暗 5.5 s	
9	混合联闪 2 次加 1 次,周期 12 s 明 1 s,暗 1 s,明 1 s,暗 2 s,明 1 s,暗 6 s	
10	连续快闪	左侧标,红光; 右侧标,绿光; 北方位标,白光
11	连续甚快闪	北方位标,白光
12	联快闪 3 次,周期 10 s 快闪明 3 次后暗 7.5 s	东方位标,白光
13	联甚快闪 3 次,周期 5 s 甚快闪明 3 次后暗 3.75 s	
14	联快闪 6 次加 1 长闪,周期 15 s 快闪明 6 次后暗 0.5 s,明 2s,暗 5 s	南方位标,白光
15	联甚快闪 6 次加 1 长闪,周期 10 s 甚快闪明 6 次后暗 0.25 s,明 2 s,暗 5 s	
16	联快闪 9 次,周期 15 s 快闪明 9 次后暗 6.5 s	西方位标,白光
17	联甚快闪 9 次,周期 10 s 甚快闪明 9 次后暗 5.75 s	
18	莫尔斯信号 短明(点)0.5,两次明之间暗的持续时间与点相等,长明(划)的持续时间为点的三倍	安全水域标,白光; 专用标,黄光

附录 B(标准的附录)　海区水上助航标志表面色的着色方法

B1　单一颜色的浮标着色方法

凡单一颜色的标志,即左侧标、右侧标、专用标,不论何种形状,标体水线以上部分及顶标均为同一颜色,即左侧标为红色,右侧标为绿色,专用标为黄色。

专用标上的特殊标记,按表 7 规定标示在灯架标志板上或标体的明显处。

B2　两种颜色相间的浮标的带、条划分及着色方法

B2.1　标体水平色带的划分方法

B2.1.1　二等分法,适用于南方位标及北方位标。

杆形浮标水线以上的标体二等分,自上而下称为上段和下段。

柱形浮标水线以上至浮体顶面为一段,称下段;灯架为一段,称上段。

B2.1.2　三等分法,适用于推荐航道左侧标、推荐航道右侧标、孤立危险物标及东方位标、西方位标。

罐形、锥形或杆形浮标水线以上的标体三等分,自上而下称为上段、中段、下段。

柱形浮标水线以上至浮体顶面为下段,灯架横板上沿以上为上段,上、下段之间为中段。

B2.2 标体水平色带的着色

B2.2.1 推荐航道左侧标:上、下段红色,中段绿色。

B2.2.2 推荐航道右侧标:上、下段绿色,中段红色。

B2.2.3 孤立危险物标:上、下段黑色,中段红色。

杆形浮标作孤立危险物标志时,水线以上标体也可等分为五段,自上而下,第一、三、五段均为黑色,第二、四段为红色。

B2.2.4 北方位标:上段黑色,下段黄色。

B2.2.5 东方位标:上、下段黑色,中段黄色。

B2.2.6 南方位标:上段黄色,下段黑色。

B2.2.7 西方位标:上、下段黄色,中段黑色。

B2.3 标体纵向色条的划分方法

B2.3.1 杆形浮标水线以上标体纵向等分成四条。

B2.3.2 球形浮标水线以上标体纵向等分成六或八条。

B2.3.3 柱形浮标浮体水线以上纵向等分成六或八条(分别按灯架为三角形或四边形而定)。灯架每面纵向分成两条,与浮体的色条相连贯。

B2.4 标体纵向色条的着色

安全水域标:红白二色相间。

B3 其他要求

凡受本标准约束的水中固定标志(立标、灯桩及活节式灯桩)的着色,标身水线(指平均大潮高潮面)以上部分,均按照相应作用的杆形浮标的着色处理。对分段图色的标志应将最下一段的着色自平均大潮高潮面尽量向下延伸。

附录C(标准的附录) 海区水上助航标志编号

C1 在一个区域内设置两座以上的水上助航标志时,为便于识别和管理应进行编号。

C2 标志编号应遵循航道走向的顺序编排。

C3 不同的航道可以分别编号。同一航道的标志号码可按顺序连续编排,也可按左双右单编排。如需区别不同的航道,可在编号前冠以航道名称或地名的汉语拼音的首位字母。

C4 编号一律采用阿位伯数字,标示在浮体的顶板或灯架的标志板上,数字和字母采用标准黑体字,要求字迹清晰明显。编号的颜色,在红、绿、黑的底色上用白色;在黄、白的底色上用黑色。

C5 航道中标志有增减时,减少标志后其他标志的编号可暂不改动;增加标志的号码,可暂用前一座标志的号码并在其后面另加一个数字,例如在13与14号标志之间增加一个标志时,新增标志的编号即为“13-1”,以此类推。当标志变动过多使用不便时,应重新编号。

C6 杆形标志因为标身小,可不写编号。

C7 水中固定标志一般不编号,连续设置时,也可编号。

附录 D(标准的附录) 海区水上助航标志图例

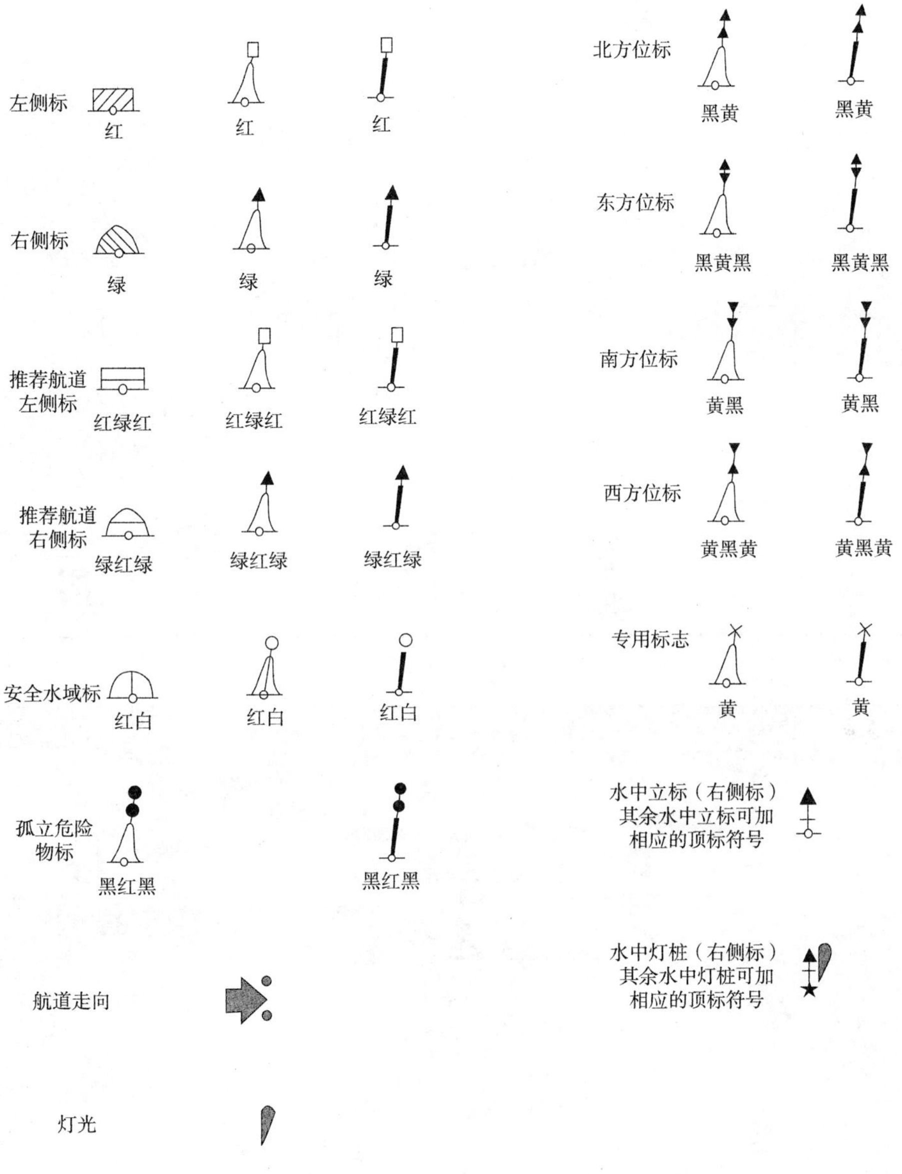

附录 E(提示的附录) 海区水上助航标志配布示意图

E1 配布示意图(白天)(见图 E1)。

E2 配布示意图(夜间)(见图 E2)。

E3 配布示意图(海图式样)(见图 E3)。

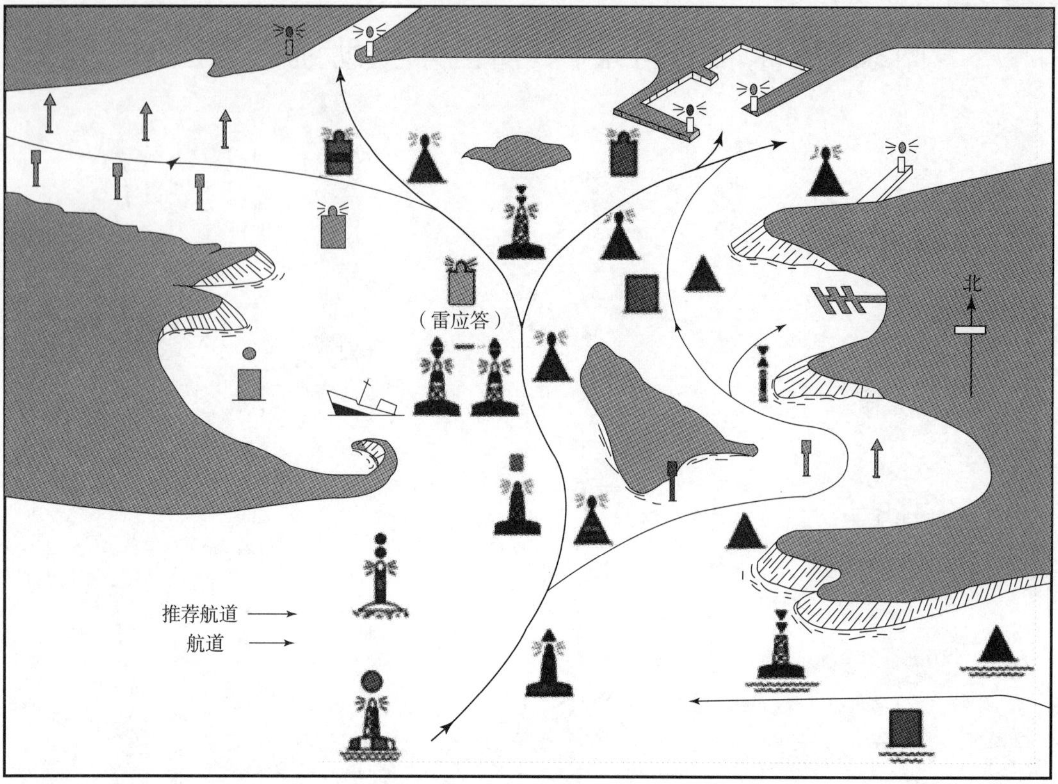

图 E1　配布示意图（白天）

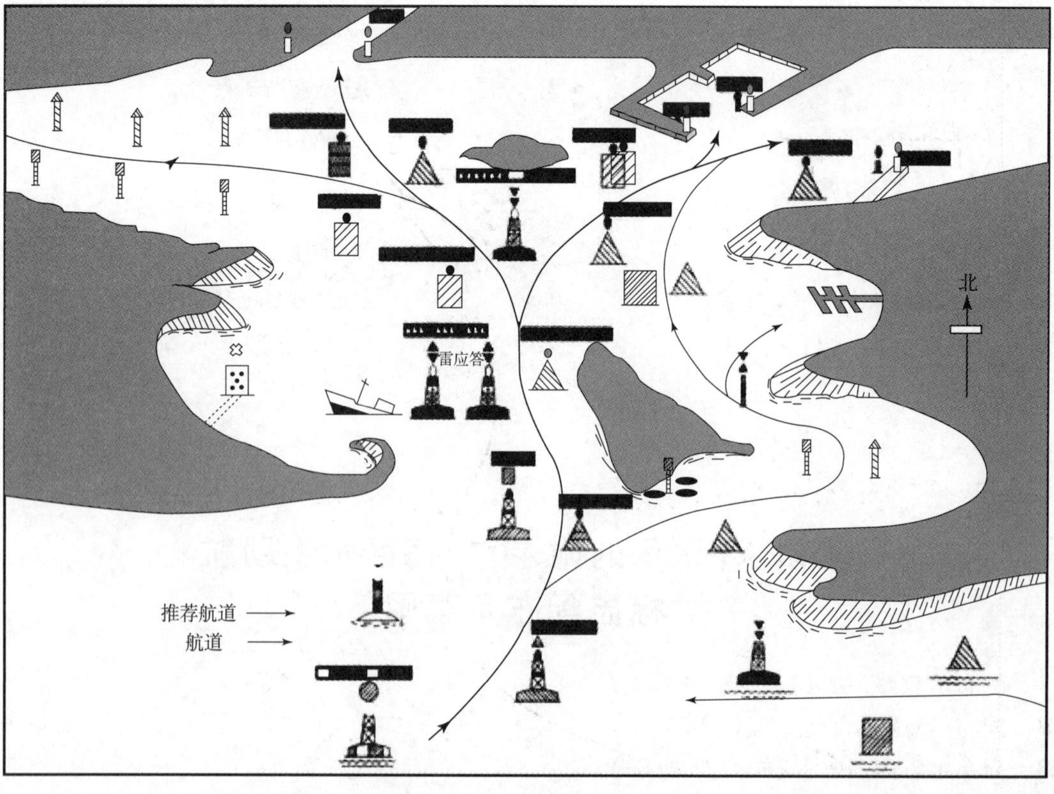

图 E2　配布示意图（夜间）

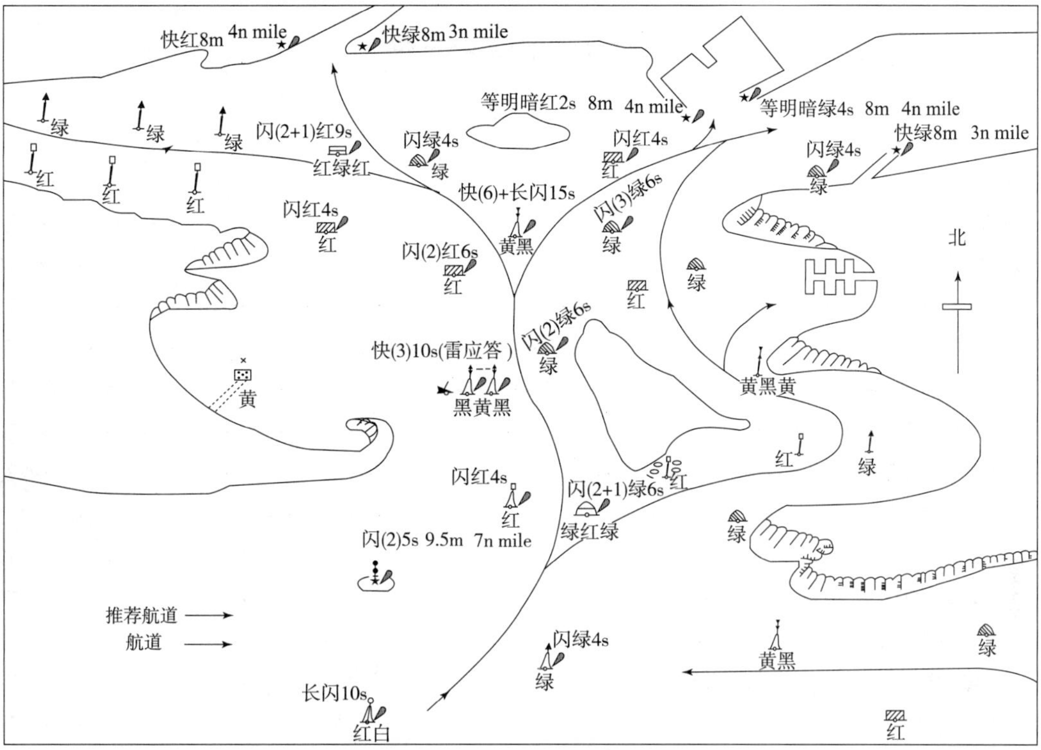

图 E3 配布示意图(海图式样)

锅炉房设计规范

目　次

3 基本规定

3.0.1 锅炉房设计应根据批准的城市(地区)或企业总体规划和供热规划进行,做到远近结合,以近期为主,并宜留有扩建余地。对扩建和改建锅炉房,应取得原有工艺设备和管道的原始资料,并应合理利用原有建筑物、构筑物、设备和管道,同时应与原有生产系统、设备和管道的布置、建筑物和构筑物形式相协调。

3.0.2 锅炉房设计应取得热负荷、燃料和水质资料,并应取得当地的气象、地质、水文、电力和供水等有关基础资料。

3.0.3 锅炉房燃料的选用,应做到合理利用能源和节约能源,并与安全生产、经济效益和环境保护相协调,选用的燃料应有其产地、元素成分分析等资料和相应的燃料供应协议,并应符合下列规定:

1 设在其他建筑物内的锅炉房,应选用燃油或燃气燃料;

2 选用燃油作燃料时,不宜选用重油或渣油;

3 地下、半地下、地下室和半地下室锅炉房,严禁选用液化石油气或相对密度大于或等于0.75的气体燃料;

4 燃气锅炉房的备用燃料,应根据供热系统的安全性、重要性、供气部门的保证程度和备用燃料的可能性等因素确定。

3.0.4 锅炉房设计必须采取减轻废气、废水、固体废渣和噪声对环境影响的有效措施,排出的有害物和噪声应符合国家现行有关标准、规范的规定。

3.0.5 企业所需热负荷的供应,应根据所在区域的供热规划确定。当企业热负荷不能由区域热电站、区域锅炉房或其他企业的锅炉房供应,且不具备热电联产的条件时,宜自设锅炉房。

3.0.6 区域所需热负荷的供应,应根据所在城市(地区)的供热规划确定。当符合下列条件之一时,可设置区域锅炉房:

1 居住区和公共建筑设施的采暖和生活热负荷,不属于热电站供应范围的;

2 用户的生产、采暖通风和生活热负荷较小,负荷不稳定,年使用时数较低,或由于场地、资金等原因,不具备热电联产条件的;

3 根据城市供热规划和用户先期用热的要求,需要过渡性供热,以后可作为热电站的调峰或备用热源的。

3.0.7 锅炉房的容量应根据设计热负荷确定。设计热负荷宜在绘制出热负荷曲线或热平衡系统图,并计入各项热损失、锅炉房自用热量和可供利用的余热量后进行计算确定。

当缺少热负荷曲线或热平衡系统图时,设计热负荷可根据生产、采暖通风和空调、生活小时最大耗热量,并分别计入各项热损失、余热利用量和同时使用系数后确定。

3.0.8 当热用户的热负荷变化较大且较频繁,或为周期性变化时,在经济合理的原则下,宜设置蒸汽蓄热器。设有蒸汽蓄热器的锅炉房,其设计容量应按平衡后的热负荷进行计算确定。

3.0.9 锅炉供热介质的选择,应符合下列要求:

1 供采暖、通风、空气调节和生活用热的锅炉房,宜采用热水作为供热介质;

2 以生产用汽为主的锅炉房,应采用蒸汽作为供热介质;

3 同时供生产用汽及采暖、通风、空调和生活用热的锅炉房,经技术经济比较后,可选用蒸汽或蒸汽和热水作为供热介质。

3.0.10 锅炉供热介质参数的选择,应符合下列要求:

1 供生产用蒸汽压力和温度的选择,应满足生产工艺的要求;

2 热水热力网设计供水温度、回水温度,应根据工程具体条件,并综合锅炉房、管网、热力站、热用户二次供热系统等因素,进行技术经济比较后确定。

3.0.11 锅炉的选择除应符合本规范 3.0.9 条和 3.0.10 条的规定外,尚应符合下列要求:

1 应能有效地燃烧所采用的燃料,有较高热效率和能适应热负荷变化;

2 应有利于保护环境;

3 应能降低基建投资和减少运行管理费用;

4 应选用机械化、自动化程度较高的锅炉;

5 宜选用容量和燃烧设备相同的锅炉,当选用不同容量和不同类型的锅炉时,其容量和类型均不宜超过 2 种;

6 其结构应与该地区抗震设防烈度相适应;

7 对燃油、燃气锅炉,除应符合本条上述规定外,并应符合全自动运行要求和具有可靠的燃烧安全保护装置。

3.0.12 锅炉台数和容量的确定,应符合下列要求:

1 锅炉台数和容量应按所有运行锅炉在额定蒸发量或热功率时,能满足锅炉房最大计算热负荷;

2 应保证锅炉房在较高或较低热负荷运行工况下能安全运行,并应使锅炉台数、额定蒸发量或热功率和其他运行性能均能有效地适应热负荷变化,且应考虑全年热负荷低峰期锅炉机组的运行工况;

3 锅炉房的锅炉台数不宜少于 2 台,但当选用 1 台锅炉能满足热负荷和检修需要时,可只设置 1 台;

4 锅炉房的锅炉总台数,对新建锅炉房不宜超过 5 台;扩建和改建时,总台数不宜超过 7 台;非独立锅炉房,不宜超过 4 台;

5 锅炉房有多台锅炉时,当其中 1 台额定蒸发量或热功率最大的锅炉检修时,其余锅炉应能满足下列要求:

1) 连续生产用热所需的最低热负荷;

2) 采暖通风、空调和生活用热所需的最低热负荷。

3.0.13 在抗震设防烈度为 6 度至 9 度地区建设锅炉房时,其建筑物、构筑物和管道设计,均应采取符合该地区抗震设防标准的措施。

3.0.14 锅炉房宜设置必要的修理、运输和生活设施,当可与所属企业或邻近的企业协作时,可不单独设置。

4 锅炉房的布置

4.1 位置的选择

4.1.1 锅炉房位置的选择,应根据下列因素分析后确定:

1 应靠近热负荷比较集中的地区,并应使引出热力管道和室外管网的布置在技术、经济上合理;

2 应便于燃料贮运和灰渣的排送,并宜使人流和燃料、灰渣运输的物流分开;

3 扩建端宜留有扩建余地；

4 应有利于自然通风和采光；

5 应位于地质条件较好的地区；

6 应有利于减少烟尘、有害气体、噪声和灰渣对居民区和主要环境保护区的影响，全年运行的锅炉房应设置于总体最小频率风向的上风侧，季节性运行的锅炉房应设置于该季节最大频率风向的下风侧，并应符合环境影响评价报告提出的各项要求；

7 燃煤锅炉房和煤气发生站宜布置在同一区域内；

8 应有利于凝结水的回收；

9 区域锅炉房尚应符合城市总体规划、区域供热规划的要求；

10 易燃、易爆物品生产企业锅炉房的位置，除应满足本条上述要求外，还应符合有关专业规范的规定。

4.1.2 锅炉房宜为独立的建筑物。

4.1.3 当锅炉房和其他建筑物相连或设置在其内部时，严禁设置在人员密集场所和重要部门的上一层、下一层、贴邻位置以及主要通道、疏散口的两旁，并应设置在首层或地下室一层靠建筑物外墙部位。

4.1.4 住宅建筑物内，不宜设置锅炉房。

4.1.5 采用煤粉锅炉的锅炉房，不应设置在居民区、风景名胜区和其他主要环境保护区内。

4.1.6 采用循环流化床锅炉的锅炉房，不宜设置在居民区。

4.2 建筑物、构筑物和场地的布置

4.2.1 独立锅炉房区域内的各建筑物、构筑物的平面布置和空间组合，应紧凑合理、功能分区明确、建筑简洁协调、满足工艺流程顺畅、安全运行、方便运输、有利安装和检修的要求。

4.2.2 新建区域锅炉房的厂前区规划，应与所在区域规划相协调。锅炉房的主体建筑和附属建筑，宜采用整体布置。锅炉房区域内的建筑物主立面，宜面向主要道路，且整体布局应合理、美观。

4.2.3 工业锅炉房的建筑形式和布局，应与所在企业的建筑风格相协调；民用锅炉房、区域锅炉房的建筑形式和布局，应与所在城市(区域)的建筑风格相协调。

4.2.4 锅炉房区域内的各建筑物、构筑物与场地的布置，应充分利用地形，使挖方和填方量最小，排水顺畅，且应防止水流入地下室和管沟。

4.2.5 锅炉间、煤场、灰渣场、贮油罐、燃气调压站之间以及和其他建筑物、构筑物之间的间距，应符合现行国家标准《建筑设计防火规范》GB 50016、《城镇燃气设计规范》GB 50028 及有关标准规定，并满足安装、运行和检修的要求。

4.2.6 运煤系统的布置应利用地形，使提升高度小、运输距离短。煤场、灰渣场宜位于主要建筑物的全年最小频率风向的上风侧。

4.2.7 锅炉房建筑物室内底层标高和构筑物基础顶面标高，应高出室外地坪或周围地坪 0.15 m 及以上。锅炉间和同层的辅助间地面标高应一致。

4.3 锅炉间、辅助间和生活间的布置

4.3.1 单台蒸汽锅炉额定蒸发量为 1～20 t/h 或单台热水锅炉额定热功率为 0.7～14 MW 的锅炉房，其辅助间和生活间宜贴邻锅炉间固定端一侧布置。单台蒸汽锅炉额定蒸发量为

35～75 t/h或单台热水锅炉额定热功率为29～70 MW的锅炉房，其辅助间和生活间根据具体情况，可贴邻锅炉间布置，或单独布置。

4.3.2 锅炉房集中仪表控制室，应符合下列要求：

1 应与锅炉间运行层同层布置；

2 宜布置在便于司炉人员观察和操作的炉前适中地段；

3 室内光线应柔和；

4 朝锅炉操作面方向应采用隔声玻璃大观察窗；

5 控制室应采用隔声门；

6 布置在热力除氧器和给水箱下面及水泵间上面时，应采取有效的防振和防水措施。

4.3.3 容量大的水处理系统、热交换系统、运煤系统和油泵房，宜分别设置各系统的就地机柜室。

4.3.4 锅炉房宜设置修理间、仪表校验间、化验室等生产辅助间，并宜设置值班室、更衣室、浴室、厕所等生活间。当就近有生活间可利用时，可不设置。二、三班制的锅炉房可设置休息室或与值班更衣室合并设置。锅炉房按车间、工段设置时，可设置办公室。

4.3.5 化验室应布置在采光较好、噪声和振动影响较小处，并使取样方便。

4.3.6 锅炉房运煤系统的布置宜使煤自固定端运入锅炉炉前。

4.3.7 锅炉房出入口的设置，必须符合下列规定：

1 出入口不应少于2个。但对独立锅炉房，当炉前走道总长度小于12 m，且总建筑面积小于200 m^2时，其出入口可设1个；

2 非独立锅炉房，其人员出入口必须有1个直通室外；

3 锅炉房为多层布置时，其各层的人员出入口不应少于2个。楼层上的人员出入口，应有直接通向地面的安全楼梯。

4.3.8 锅炉房通向室外的门应向室外开启，锅炉房内的工作间或生活间直通锅炉间的门应向锅炉间内开启。

4.4 工艺布置

4.4.1 锅炉房工艺布置应确保设备安装、操作运行、维护检修的安全和方便，并应使各种管线流程短、结构简单，使锅炉房面积和空间使用合理、紧凑。

4.4.2 建筑气候年日平均气温大于等于25 ℃的日数在80 d以上、雨水相对较少的地区，锅炉可采用露天或半露天布置。当锅炉采用露天或半露天布置时，除应符合本规范第4.4.1条的规定外，尚应符合下列要求：

1 应选择适合露天布置的锅炉本体及其附属设备；

2 管道、阀门、仪表附件等应有防雨、防风、防冻、防腐和减少热损失的措施；

3 应将锅炉水位、锅炉压力等测量控制仪表，集中设置在控制室内。

4.4.3 风机、水箱、除氧装置、加热装置、除尘装置、蓄热器、水处理装置等辅助设备和测量仪表露天布置时，应有防雨、防风、防冻、防腐和防噪声等措施。

居民区内锅炉房的风机不应露天布置。

4.4.4 锅炉之间的操作平台宜连通。锅炉房内所有高位布置的辅助设施及监测、控制装置和管道阀门等需操作和维修的场所，应设置方便操作的安全平台和扶梯。阀门可设置传动装置引至楼(地)面进行操作。

4.4.5 锅炉操作地点和通道的净空高度不应小于 2 m，并应符合起吊设备操作高度的要求。在锅筒、省煤器及其他发热部位的上方，当不需操作和通行时，其净空高度可为 0.7 m。

4.4.6 锅炉与建筑物的净距，不应小于表 4.4.6 的规定，并应符合下列规定：

1 当需在炉前更换锅管时，炉前净距应能满足操作要求。大于 6 t/h 的蒸汽锅炉或大于 4.2 MW 的热水锅炉，当炉前设置仪表控制室时，锅炉前端到仪表控制室的净距可减为 3 m；

2 当锅炉需吹灰、拨火、除渣、安装或检修螺旋除渣机时，通道净距应能满足操作的要求；装有快装锅炉的锅炉房，应有更新整装锅炉时能顺利通过的通道；锅炉后部通道的距离应根据后烟箱能否旋转开启确定。

表 4.4.6 锅炉与建筑物的净距

单台锅炉容量		炉前(m)		锅炉两侧和后部通道(m)
蒸汽锅炉(t/h)	热水锅炉(MW)	燃煤锅炉	燃气(油)锅炉	
1~4	0.7~2.8	3.00	2.50	0.80
6~20	4.2~14	4.00	3.00	1.50
≥35	≥29	5.00	4.00	1.80

5 燃煤系统

5.1 燃煤设施

5.1.1 锅炉的燃烧设备应与所采用的煤种相适应，并应符合下列要求：

1 方便调节，能较好地适应热负荷变化；

2 应较好地节约能源；

3 有利于环境保护。

5.1.2 选用层式燃烧设备时，宜采用链条炉排；当采用结焦性强的煤种及碎焦时，其燃烧设备不应采用链条炉排。

5.1.3 当原煤块度不能符合锅炉燃烧要求时，应设置煤块破碎装置，在破碎装置之前宜设置煤的磁选和筛选设备。当锅炉给煤装置、煤粉制备设施和燃烧设备有要求时，尚宜设置煤的二次破碎和二次磁选装置。

5.1.4 经破碎筛选后的煤块粒度，应满足不同型式锅炉或磨煤机的要求，并应符合下列规定：

1 煤粉炉、抛煤炉不宜大于 30 mm；

2 链条炉不宜大于 50 mm；

3 循环流化床炉不宜大于 13 mm。

5.1.5 煤粉锅炉磨煤机型式的选择，应符合下列要求：

1 燃用无烟煤、低挥发分贫煤、磨损性很强的煤或煤种、煤质难固定时，宜选用钢球磨煤机；

2 燃用磨损性不强、水分较高、灰分较低及挥发分较高的褐煤时，宜选用风扇磨煤机；

3 煤质适宜时，宜选用中速磨煤机。

5.1.6 给煤机应按下列要求确定：

1 循环流化床锅炉给煤机的台数不宜少于 2 台，当 1 台给煤机发生故障时，其余给煤机的总出力，应能满足锅炉额定蒸发量 100% 的给煤量；

2 制粉系统给煤机的型式，应根据设备的布置、给煤机的调节性能和运行的可靠性等要求进行选择，并应与磨煤机型式匹配；

3 制粉系统给煤机的台数，应与磨煤机的台数相同。其计算出力，埋刮板式、刮板式、胶带式给煤机不应小于磨煤机计算出力的110%，振动式给煤机不应小于磨煤机计算出力的120%。

5.1.7 煤粉锅炉给粉机的台数和最大出力，宜符合下列要求：

1 给粉机的台数应与锅炉燃烧器一次风口的接口数相同；

2 每台给粉机最大出力不宜小于与其连接的燃烧器最大出力的130%。

5.1.8 原煤仓、煤粉仓、落煤管的设计，应根据煤的水分和颗粒组成等条件确定，并应符合下列要求：

1 原煤仓和煤粉仓的内壁应光滑、耐磨，壁面倾角不宜小于60°；斗的相邻两壁的交线与水平面的夹角不应小于55°；相邻壁交角的内侧应做成圆弧形，圆弧半径不应小于200 mm；

2 原煤仓出口的截面，不应小于500 mm×500 mm，其下部宜设置圆形双曲线或锥形金属小煤斗；

3 落煤管宜垂直布置，且应为圆形；倾斜布置时，其与水平面的倾角不宜小于60°；当条件受限制时，应根据煤的水分、颗粒组成、黏结性等因素，采用消堵措施，此时落煤管的倾斜角也不应小于55°；可设置监视煤流装置和单台锅炉燃煤计量装置；

4 煤粉仓及其顶盖应坚固严密和有测量粉位的设施。煤粉仓应防止受热和受潮。在严寒地区，金属煤粉仓应保温。每个煤粉仓上设置的防爆门不应少于2个。防爆门的面积，应按煤粉仓几何容积0.002 5 m^2/m^3计算，且总面积不得小于0.50 m^2。

5.1.9 圆形双曲线或圆锥形金属小煤斗下部，宜设置振动式给煤机1台，其计算出力应符合本规范5.1.6条第3款的要求。

5.1.10 2台相邻锅炉之间的煤粉仓应采用可逆式螺旋输粉机连通。螺旋输粉机的出力，应与磨煤机的计算出力相同。

5.1.11 制粉系统，除燃料全部为无烟煤外，必须设置防爆设施。

5.1.12 制粉系统排粉机的选择，应符合下列要求：

1 台数应与磨煤机台数相同；

2 风量裕量宜为5%～10%；

3 风压裕量宜为10%～20%。

5.2 煤、灰渣和石灰石的贮运

5.2.1 锅炉房煤场卸煤及转堆设备的设置，应根据锅炉房的耗煤量和来煤运输方式确定，并应符合下列要求：

1 火车运煤时，应采用机械化方式卸煤；

2 船舶运煤时，应采用机械抓取设备卸煤，卸煤机械总额定出力宜为锅炉房总耗煤量的300%，卸煤机械台数不应少于2台；

3 汽车运煤时，应利用社会运力，当无条件时，应设置自备汽车及卸煤的辅助设施。

5.2.2 火车运煤时，一次进煤的车皮数量和卸车时间，应与铁路部门协商确定。车皮数量宜为5～8节，卸车时间不宜超过3 h。

5.2.3 煤场设计应贯彻节约用地和环境保护的原则，其贮煤量应根据煤源远近、供应的均衡性和交通运输方式等因素确定，并宜符合下列要求：

1　火车和船舶运煤，宜为10～25 d的锅炉房最大计算耗煤量；

2　汽车运煤，宜为5～10 d的锅炉房最大计算耗煤量。

5.2.4　在建筑气候经常性连续降雨地区，对露天设置的煤场，宜将其一部分设为干煤棚，其贮煤量宜为4～8 d的锅炉房最大计算耗煤量。对环境要求高的燃煤锅炉房应设闭式贮煤仓。

5.2.5　有自燃性的煤堆，应有压实、洒水或其他防止自燃的措施。

5.2.6　煤场的地面应根据装卸方式进行处理，并应有排水坡度和排水措施。受煤沟应有防水和排水措施。

5.2.7　锅炉房燃用多种煤并需混煤时，应设置混煤设施。

5.2.8　运煤系统小时运煤量的计算，应根据锅炉房昼夜最大计算耗煤量、扩建时增加的煤量、运煤系统昼夜的作业时间和1.1～1.2不平衡系数等因素确定。

5.2.9　运煤系统宜按一班或两班运煤工作制运行。运煤系统昼夜的作业时间，宜符合下列要求：

1　一班运煤工作制，不宜大于6 h；

2　两班运煤工作制，不宜大于11 h；

3　三班运煤工作制，不宜大于16 h。

5.2.10　从煤场到锅炉房和锅炉房内部的运煤，宜采用下列方式：

1　总耗煤量小于等于1 t/h时，采用人工装卸和手推车运煤；

2　总耗煤量大于1 t/h，且小于等于6 t/h时，采用间歇机械化设备装卸和间歇或连续机械化设备运煤；

3　总耗煤量大于6 t/h，且小于等于15 t/h时，采用连续机械化设备装卸和运煤；

4　总耗煤量大于15 t/h，且小于等于60 t/h时，宜采用单路带式输送机运煤；

5　总耗煤量大于60 t/h时，可采用双路带式输送机运煤。

注：当采用单路带式输送机运煤时，其驱动装置宜有备用。

5.2.11　锅炉炉前煤（粉）仓的贮量，宜符合下列要求：

1　一班运煤工作制为16～20 h的锅炉额定耗煤量；

2　二班运煤工作制为10～12 h的锅炉额定耗煤量；

3　三班运煤工作制为1～6 h的锅炉额定耗煤量。

5.2.12　在锅炉房外设置集中煤仓时，其贮量宜符合下列要求：

1　一班运煤工作制为16～18 h的锅炉房额定耗煤量；

2　二班运煤工作制为8～10 h的锅炉房额定耗煤量。

5.2.13　采用带式输送机运煤，应符合下列要求：

1　胶带的宽度不宜小于500 mm；

2　采用普通胶带的带式输送机的倾角，运送破碎前的原煤时，不应大于16°，运送破碎后的细煤时，不应大于18°；

3　在倾斜胶带上卸料时，其倾角不宜大于12°；

4　卸料段长度超过30 m时，应设置人行过桥。

5.2.14　带式输送机栈桥的设置，在寒冷或风沙地区应采用封闭式，其他地区可采用敞开式、半封闭式或轻型封闭式，并应符合下列要求：

1　敞开式栈桥的运煤胶带上应设置防雨罩；

2 在寒冷地区的封闭式栈桥内，应有采暖设施；

3 封闭式栈桥和地下栈道的净高不应小于2.5 m，运行通道的净宽不应小于1 m，检修通道的净宽不应小于0.7 m；

4 倾斜栈桥上的人行通道应有防滑措施，倾角超过12°的通道应做成踏步；

5 输送机钢结构栈桥应封底。

5.2.15 采用多斗提升机运煤，应有不小于连续8 h的检修时间。当不能满足其检修时间时，应设置备用设备。

5.2.16 从受煤斗卸料到带式输送机、多斗提升机或埋刮板输送机之间，宜设置均匀给料装置。

5.2.17 运煤系统的地下构筑物应防水，地坑内应有排除积水的措施。

5.2.18 除灰渣系统的选择，应根据锅炉除渣机和除尘器型式、灰渣量及其特性、输送距离、工程所在地区的地势、气象条件、运输条件以及环境保护、综合利用等因素确定。循环流化床锅炉排出的高温渣，应经冷渣机冷却到200 ℃以下后排除，并宜采用机械或气力干式方式输送。

5.2.19 灰渣场的贮量，宜为3～5 d锅炉房最大计算排灰渣量。

5.2.20 采用集中灰渣斗时，不宜设置灰渣场。灰渣斗的设计应符合下列要求：

1 灰渣斗的总容量，宜为1～2 d锅炉房最大计算排灰渣量；

2 灰渣斗的出口尺寸，不应小于0.6 m×0.6 m；

3 严寒地区的灰渣斗，应有排水和防冻措施；

4 灰渣斗的内壁面应光滑、耐磨，壁面倾角不宜小于60°；灰渣斗相邻两壁的交线与水平面的夹角不应小于55°；相邻壁交角的内侧应做成圆弧形，圆弧半径不应小于200 mm；

5 灰渣斗排出口与地面的净高，汽车运灰渣不应小于2.3 m；火车运灰渣不应小于5.3 m，当机车不通过灰渣斗下部时，其净高可为3.5 m；

6 干式除灰渣系统的灰渣斗底部宜设置库底汽化装置。

5.2.21 除灰渣系统小时排灰渣量的计算，应根据锅炉房昼夜的最大计算灰渣量、扩建时增加的灰渣量、除灰渣系统昼夜的作业时间和1.1～1.2不平衡系数等因素确定。

5.2.22 锅炉房最大计算灰渣量大于等于1 t/h时，宜采用机械、气力除灰渣系统或水力除灰渣系统。

5.2.23 锅炉采用水力除渣方式时，除尘器收集下来的灰，可利用锅炉除灰渣系统排除。循环流化床锅炉除灰系统，宜采用气力输送方式。

5.2.24 水力除灰渣系统的设计，应符合下列要求：

1 灰渣池的有效容积，宜根据1～2 d锅炉房最大计算排灰渣量设计；

2 灰渣池应有机械抓取装置；

3 灰渣泵应有备用；

4 灰渣沟设置激流喷嘴时，灰渣沟坡度不应小于1%；锅炉固态排渣时，渣沟坡度不应小于1.5%；锅炉液态排渣时，渣沟坡度不应小于2%；输送高浓度灰浆或不设激流喷嘴的灰渣沟，沟底宜采用铸石镶板或用耐磨材料衬砌；

5 冲灰渣水应循环使用；

6 灰渣沟的布置，应力求短而直，其布置走向和标高，不应影响扩建。

5.2.25 用于循环流化床锅炉炉内脱硫的石灰石粉，宜采用符合锅炉性能和粒度分布的成品。

5.2.26 石灰石粉中间仓的容量，应按锅炉房所有运行锅炉在额定工况下3 d石灰石消耗量计算确定；石灰石粉日用仓的容量，应按锅炉房所有运行锅炉在额定工况下 12 h 石灰石消耗量计算确定。

5.2.27 循环流化床锅炉采用的石灰石粉，其输送应采用气力方式。

6 燃油系统

6.1 燃油设施

6.1.1 燃油锅炉所配置的燃烧器，应与燃油的性质和燃烧室的型式相适应，并应符合下列要求：

1 油的雾化性能好；

2 能较好地适应负荷变化；

3 火焰形状与炉膛结构相适应；

4 对大气污染少；

5 噪声较低。

6.1.2 燃用重油的锅炉房，当冷炉启动点火缺少蒸汽加热重油时，应采用重油电加热器或设置轻油、燃气的辅助燃料系统。

6.1.3 燃油锅炉房采用电热式油加热器时，应限于启动点火或临时加热，不宜作为经常加热燃油的设备。

6.1.4 集中设置的供油泵，应符合下列要求：

1 供油泵的台数不应少于 2 台。当其中任何 1 台停止运行时，其余的总容量，不应少于锅炉房最大计算耗油量和回油量之和；

2 供油泵的扬程，不应小于下列各项的代数和：

1）供油系统的压力降；

2）供油系统的油位差；

3）燃烧器前所需的油压；

4）本款上述 3 项和的 10% ~20% 富裕量。

6.1.5 不带安全阀的容积式供油泵，在其出口的阀门前靠近油泵处的管段上，必须装设安全阀。

6.1.6 集中设置的重油加热器，应符合下列要求：

1 加热面应根据锅炉房要求加热的油量和油温计算确定，并有 10% 的富裕量；

2 加热面组宜能进行调节；

3 应装设旁通管；

4 常年不间断供热的锅炉房，应设置备用油加热器。

6.1.7 燃油锅炉房室内油箱的总容量，重油不应超过 5 m^3，轻柴油不应超过 1 m^3。室内油箱应安装在单独的房间内。当锅炉房总蒸发量大于等于 30 t/h，或总热功率大于等于 21 MW 时，室内油箱应采用连续进油的自动控制装置。当锅炉房发生火灾事故时，室内油箱应自动停止进油。

6.1.8 设置在锅炉房外的中间油箱，其总容量不宜超过锅炉房 1 d 的计算耗油量。

6.1.9 室内油箱应采用闭式油箱。油箱上应装设直通室外的通气管，通气管上应设置阻火器和防雨设施。油箱上不应采用玻璃管式油位表。

6.1.10　油箱的布置高度,宜使供油泵有足够的灌注头。

6.1.11　室内油箱应装设将油排放到室外贮油罐或事故贮油罐的紧急排放管。排放管上应并列装设手动和自动紧急排油阀。排放管上的阀门应装设在安全和便于操作的地点。对地下(室)锅炉房,室内油箱直接排油有困难时,应设事故排油泵。

非独立锅炉房,自动紧急排油阀应有就地启动、集中控制室遥控启动或消防防灾中心遥控启动的功能。

6.1.12　室外事故贮油罐的容积应大于等于室内油箱的容积,且宜埋地安装。

6.1.13　室内重油箱的油加热后的温度,不应超过 90 ℃。

6.1.14　燃油锅炉房点火用的液化气罐,不应存放在锅炉间,应存放在专用房间内。气罐的总容积应小于 1 m^3。

6.1.15　燃用重油的锅炉尾部受热面和烟道,宜设置蒸汽吹灰和蒸汽灭火装置。

6.1.16　煤粉锅炉和循环流化床锅炉的点火及助燃采用轻油时,油罐宜采用直接埋地布置的卧式油罐。油罐的数量及容量宜符合下列要求:

1　当单台锅炉容量小于等于 35 t/h 时,宜设置 1 个 20 m^3 油罐;

2　当单台锅炉容量大于 35 t/h 时,宜设置 2 个大于等于 20 m^3 油罐。

6.1.17　煤粉锅炉和循环流化床锅炉点火油系统供油泵的出力和台数,宜符合下列要求:

1　供油泵的出力,宜按容量最大 1 台锅炉在额定蒸发量时所需燃油量的 20% ~30% 确定;

2　供油泵的台数,宜为 2 台,其中 1 台备用。

6.2　燃油的贮运

6.2.1　锅炉房贮油罐的总容量,宜符合下列要求:

1　火车或船舶运输,为 20 ~30 d 的锅炉房最大计算耗油量;

2　汽车油槽车运输,为 3 ~7 d 的锅炉房最大计算耗油量;

3　油管输送,为 3 ~5 d 的锅炉房最大计算耗油量。

6.2.2　当企业设有总油库时,锅炉房燃用的重油或轻柴油,应由总油库统一贮存。

6.2.3　油库内重油贮油罐不应少于 2 个,轻油贮油罐不宜少于 2 个。

6.2.4　重油贮油罐内油被加热后的温度,应低于当地大气压力下水沸点 5 ℃,且应低于罐内油闪点 10 ℃,并应按两者中的较低值确定。

6.2.5　地下、半地下贮油罐或贮油罐组区,应设置防火堤。防火堤的设计应符合现行国家标准《建筑设计防火规范》GB 50016 的规定。

轻油贮油罐与重油贮油罐不应布置在同一个防火堤内。

6.2.6　设置轻油罐的场所,宜设有防止轻油流失的设施。

6.2.7　从锅炉房贮油罐输油到室内油箱的输油泵,不应少于 2 台,其中 1 台应为备用。输油泵的容量不应小于锅炉房小时最大计算耗油量的 110% 。

6.2.8　在输油泵进口母管上应设置油过滤器 2 台,其中 1 台应为备用。油过滤器的滤网网孔宜为 8 ~12 目/cm,滤网流通截面积宜为其进口管截面积的 8 ~10 倍。

6.2.9　油泵房至贮油罐之间的管道宜采用地上敷设。当采用地沟敷设时,地沟与建筑物外墙连接处应填砂或用耐火材料隔断。

6.2.10　接入锅炉房的室外油管道,宜采用地上敷设。当采用地沟敷设时,地沟与建筑物的外墙连接处应填砂或用耐火材料隔断。

7 燃气系统

7.0.1 燃烧器的选择应适应气体燃料特性,并应符合下列要求:

1 能适应燃气成分在一定范围内的改变;

2 能较好地适应负荷变化;

3 具有微正压燃烧特性;

4 火焰形状与炉膛结构相适应;

5 噪声较低。

7.0.2 设有备用燃料的锅炉房,其锅炉燃烧器的选用应能适应燃用相应的备用燃料。

7.0.3 燃用液化石油气的锅炉间和有液化石油气管道穿越的室内地面处,严禁设有能通向室外的管沟(井)或地道等设施。

7.0.4 锅炉房燃气质量、贮配、净化、调压站、调压装置和计量装置设计,应符合现行国家标准《城镇燃气设计规范》GB 50028 的有关规定。

当燃气质量不符合燃烧要求时,应在调压装置前或在燃气母管的总关闭阀前设置除尘器、油水分离器和排水管。

7.0.5 燃气调压装置应设置在有围护的露天场地上或地上独立的建、构筑物内,不应设置在地下建、构筑物内。

8 锅炉烟风系统

8.0.1 锅炉的鼓风机、引风机宜单炉配置。当需要集中配置时,每台锅炉的风道、烟道与总风道、总烟道的连接处,应设置密封性好的风道、烟道门。

8.0.2 锅炉风机的配置和选择,应符合下列要求:

1 应选用高效、节能和低噪声风机;

2 风机的计算风量和风压,应根据锅炉额定蒸发量或额定热功率、燃料品种、燃烧方式和通风系统的阻力计算确定,并按当地气压及空气、烟气的温度和密度对风机特性进行修正;

3 炉排锅炉和循环流化床锅炉的风机,宜按 1 台炉配置 1 台鼓风机和 1 台引风机,其风量的富裕量,不宜小于计算风量的 10%,风压的富裕量不宜小于计算风压的 20%。煤粉锅炉风量和风压的富裕量应符合现行国家标准《小型火力发电厂设计规范》GB 50049 的规定;

4 单台额定蒸发量大于等于 35 t/h 的蒸汽锅炉或单台额定热功率大于等于 29 MW 的热水锅炉,其鼓风机和引风机的电机宜具有调速功能;

5 满足风机在正常运行条件下处于较高的效率范围。

8.0.3 循环流化床锅炉的返料风机配置,除应符合本规范 8.0.2 条的要求外,尚宜按 1 台炉配置 2 台,其中 1 台返料风机宜为备用。

8.0.4 锅炉风道、烟道系统的设计,应符合下列要求:

1 应使风道、烟道短捷、平直且气密性好,附件少和阻力小;

2 单台锅炉配置两侧风道或 2 条烟道时,宜对称布置,且使每侧风道或每条烟道的阻力均衡;

3 当多台锅炉共用1座烟囱时,每台锅炉宜采用单独烟道接入烟囱,每个烟道应安装密封可靠的烟道门;

4 当多台锅炉合用1条总烟道时,应保证每台锅炉排烟时互不影响,并宜使每台锅炉的通风力均衡。每台锅炉支烟道出口应安装密封可靠的烟道门;

5 宜采用地上烟道,并应在其适当位置设置清扫人孔;

6 对烟道和热风道的热膨胀应采取补偿措施。当采用补偿器进行热补偿时,宜选用非金属补偿器;

7 应在适当位置设置必要的热工和环保等测点。

8.0.5 燃油、燃气和煤粉锅炉烟道和烟囱的设计,除应符合8.0.4条的规定外,尚应符合下列要求:

1 燃油、燃气锅炉烟囱,宜单台炉配置。当多台锅炉共用1座烟囱时,除每台锅炉宜采用单独烟道接入烟囱外,每条烟道尚应安装密封可靠的烟道门;

2 在烟气容易集聚的地方,以及当多台锅炉共用1座烟囱或1条总烟道时,每台锅炉烟道出口处应装设防爆装置,其位置应有利于泄压。当爆炸气体有可能危及操作人员的安全时,防爆装置上应装设泄压导向管;

3 燃油、燃气锅炉烟囱和烟道应采用钢制或钢筋混凝土构筑。燃气锅炉的烟道和烟囱最低点,应设置水封式冷凝水排水管道;

4 燃油、燃气锅炉不得与使用固体燃料的设备共用烟道和烟囱;

5 水平烟道长度,应根据现场情况和烟囱抽力确定,且应使燃油、燃气锅炉能维持微正压燃烧的要求;

6 水平烟道宜有1%坡向锅炉或排水点的坡度;

7 钢制烟囱出口的排烟温度宜高于烟气露点,且宜高于15 ℃。

8.0.6 锅炉房烟囱高度应符合现行国家标准《锅炉大气污染物排放标准》GB 13271和所在地的相关规定。

锅炉房在机场附近时,烟囱高度应符合航空净空的要求。

9 锅炉给水设备和水处理

9.1 锅炉给水设备

9.1.1 给水泵台数的选择,应能适应锅炉房全年热负荷变化的要求,并应设置备用。

9.1.2 当流量最大的1台给水泵停止运行时,其余给水泵的总流量,应能满足所有运行锅炉在额定蒸发量时所需给水量的110%;当锅炉房设有减温装置或蓄热器时,给水泵的总流量尚应计入其用水量。

9.1.3 当给水泵的特性允许并联运行时,可采用同一给水母管;当给水泵的特性不能并联运行时,应采用不同的给水母管。

9.1.4 采用非一级电力负荷的锅炉房,在停电后可能会造成锅炉事故时,应采用汽动给水泵为事故备用泵。事故备用泵的流量,应能满足所有运行锅炉在额定蒸发量时所需给水量的20% ~40%。

9.1.5 给水泵的扬程,不应小于下列各项的代数和:

1 锅炉锅筒在实际的使用压力下安全阀的开启压力;

2 省煤器和给水系统的压力损失；

3 给水系统的水位差；

4 本条上述3项和的10%富裕量。

9.1.6 锅炉房宜设置1个给水箱或1个匹配有除氧器的除氧水箱。常年不间断供热的锅炉房应设置2个给水箱或2个匹配有除氧器的除氧水箱。给水箱或除氧水箱的总有效容量，宜为所有运行锅炉在额定蒸发量工况条件下所需20～60 min的给水量。

9.1.7 锅炉给水箱或除氧水箱的布置高度，应使锅炉给水泵有足够的灌注头，并不应小于下列各项的代数和：

1 给水泵进水口处水的汽化压力和给水箱的工作压力之差；

2 给水泵的汽蚀余量；

3 给水泵进水管的压力损失；

4 附加3～5 kPa的富裕量。

9.1.8 采用特殊锅炉给水泵或加装增压泵时，热力除氧水箱宜低位布置，其高度应按设备要求确定。

9.1.9 当单台蒸汽锅炉额定蒸发量大于等于35 t/h、额定出口蒸汽压力大于等于2.5 MPa（表压）、热负荷较为连续而稳定，且给水泵的排汽可以利用时，宜采用工业汽轮机驱动的给水泵作为工作用给水泵，电动给水泵作为工作备用泵。

9.2 水处理

9.2.1 水处理设计，应符合锅炉安全和经济运行的要求。

水处理方法的选择，应根据原水水质、对锅炉给水和锅水的质量要求、补给水量、锅炉排污率和水处理设备的设计出力等因素确定。

经处理后的锅炉给水，不应使锅炉的蒸汽对生产和生活造成有害的影响。

9.2.2 额定出口压力小于等于2.5 MPa（表压）的蒸汽锅炉和热水锅炉的水质，应符合现行国家标准《工业锅炉水质》GB 1576的规定。

额定出口压力大于2.5 MPa（表压）的蒸汽锅炉汽水质量，除应符合锅炉产品和用户对汽水质量要求外，尚应符合现行国家标准《火力发电机组及蒸汽动力设备汽水质量》GB/T 12145的有关规定。

9.2.3 原水悬浮物的处理，应符合下列要求：

1 悬浮物的含量大于5 mg/L的原水，在进入顺流再生固定床离子交换器前，应过滤；

2 悬浮物的含量大于2 mg/L的原水，在进入逆流再生固定床或浮动床离子交换器前，应过滤；

3 悬浮物的含量大于20 mg/L的原水或经石灰水处理后的水，应经混凝、澄清和过滤。

9.2.4 用于过滤原水的压力式机械过滤器，宜符合下列要求：

1 不宜少于2台，其中1台备用；

2 每台每昼夜反洗次数可按1次或2次设计；

3 可采用反洗水箱的水进行反洗或采用压缩空气和水进行混合反洗；

4 原水经混凝、澄清后，可用石英砂或无烟煤作单层过滤滤料，或用无烟煤和石英砂作双层过滤滤料；原水经石灰水处理后，可用无烟煤或大理石等作单层过滤滤料。

9.2.5 当原水水压不能满足水处理工艺要求时，应设置原水加压设施。

9.2.6　蒸汽锅炉、汽水两用锅炉的给水和热水锅炉的补给水，应采用锅外化学水处理。符合下列情况之一的锅炉可采用锅内加药处理：

1　单台额定蒸发量小于等于 2 t/h，且额定蒸汽压力小于等于 1.0 MPa（表压）的对汽、水品质无特殊要求的蒸汽锅炉和汽水两用锅炉；

2　单台额定热功率小于等于 4.2 MW 非管架式热水锅炉。

9.2.7　采用锅内加药水处理时，应符合下列要求：

1　给水悬浮物含量不应大于 20 mg/L；

2　蒸汽锅炉给水总硬度不应大于 4 mmol/L，热水锅炉给水总硬度不应大于 6 mmol/L；

3　应设置自动加药设施；

4　应设有锅炉排泥渣和清洗的设施。

9.2.8　采用锅外化学水处理时，蒸汽锅炉的排污率应符合下列要求：

1　蒸汽压力小于等于 2.5 MPa（表压）时，排污率不宜大于 10%；

2　蒸汽压力大于 2.5 MPa（表压）时，排污率不宜大于 5%；

3　锅炉产生的蒸汽供供热式汽轮发电机组使用，且采用化学软化水为补给水时，排污率不宜大于 5%；采用化学除盐水为补给水时，排污率不宜大于 2%。

9.2.9　蒸汽锅炉连续排污水的热量应合理利用，且宜根据锅炉房总连续排污量设置连续排污膨胀器和排污水换热器。

9.2.10　化学水处理设备的出力，应按下列各项损失和消耗量计算：

1　蒸汽用户的凝结水损失；

2　锅炉房自用蒸汽的凝结水损失；

3　锅炉排污水损失；

4　室外蒸汽管道和凝结水管道的漏损；

5　采暖热水系统的补给水；

6　水处理系统的自用化学水；

7　其他用途的化学水。

9.2.11　化学软化水处理设备的型式，可按下列要求选择：

1　原水总硬度小于等于 6.5 mmol/L 时，宜采用固定床逆流再生离子交换器；原水总硬度小于 2 mmol/L 时，可采用固定床顺流再生离子交换器；

2　原水总硬度小于 4 mmol/L、水质稳定、软化水消耗量变化不大且设备能连续不间断运行时，可采用浮动床、流动床或移动离子交换器。

9.2.12　固定床离子交换器的设置不宜少于 2 台，其中 1 台为再生备用，每台再生周期宜按 12～24 h 设计。当软化水的消耗量较小时，可设置 1 台，但其设计出力应满足离子交换器运行和再生时的软化水消耗量的需要。

出力小于 10 t/h 的固定床离子交换器，宜选用全自动软水装置，其再生周期宜为 6～8 h。

9.2.13　原水总硬度大于 6.5 mmol/L，当一级钠离子交换器出水达不到水质标准时，可采用两级串联的钠离子交换系统。

9.2.14　原水碳酸盐硬度较高，且允许软化水残留碱度为 1.0～1.4 mmol/L 时，可采用钠离子交换后加酸处理。加酸处理后的软化水应经除二氧化碳器脱气，软化水的 pH 值应能进行连续监测。

9.2.15　原水碳酸盐硬度较高，且允许软化水残留碱度为 0.35～0.5 mmol/L 时，可采用弱酸性阳离子交换树脂或不足量酸再生氢离子交换剂的氢－钠离子串联系统处理。氢离子交换器应采用固定床顺流再生;氢离子交换器出水应经除二氧化碳器脱气。氢离子交换器及其出水、排水管道应防腐。

9.2.16 除二氧化碳器的填料层高度,应根据填料品种和尺寸、进出水中二氧化碳含量、水温和所选定淋水密度下的实际解析系数等确定。

除二氧化碳器风机的通风量,可按每立方米水耗用 15～20 m^3空气计算。

9.2.17 当化学软化水处理不能满足锅炉给水水质要求时,应采用离子交换、反渗透或电渗析等方式的除盐水处理系统。

除盐水处理系统排出的清洗水宜回收利用;酸、碱废水应经中和处理达标后排放。

9.2.18 锅炉的锅筒与锅炉管束为胀接时,化学水处理系统应能维持蒸汽锅炉锅水的相对碱度小于 20%,当不能达到这一要求时,应设置向锅水中加入缓蚀剂的设施。

9.2.19 锅炉给水的除氧宜采用大气式喷雾热力除氧器。除氧水箱下部宜装设再沸腾用的蒸汽管。

9.2.20 当要求除氧后的水温不高于 60 ℃时,可采用真空除氧、解析除氧或其他低温除氧系统。

9.2.21 热水系统补给水的除氧,可采用真空除氧、解析除氧或化学除氧。当采用亚硫酸钠加药除氧时,应监测锅水中亚硫酸根的含量。

9.2.22 磷酸盐溶液的制备设施,宜采用溶解器和溶液箱。溶解器应设置搅拌和过滤装置,溶液箱的有效容量不宜小于锅炉房 1 d 的药液消耗量。磷酸盐可采用干法贮存。磷酸盐溶液制备用水应采用软化水或除盐水。

9.2.23 磷酸盐加药设备宜采用计量泵。每台锅炉宜设置 1 台计量泵;当有数台锅炉时,尚宜设置 1 台备用计量泵。磷酸盐加药设备宜布置在锅炉间运转层。

9.2.24 凝结水箱、软化或除盐水箱和中间水箱的设置和有效容量,应符合下列要求:

1 凝结水箱宜设 1 个;当锅炉房常年不间断供热时,宜设 2 个或 1 个中间带隔板分为 2 格的凝结水箱。水箱的总有效容量宜按 20～40 min 的凝结水回收量确定;

2 软化或除盐水箱的总有效容量,应根据水处理设备的设计出力和运行方式确定。当设有再生备用设备时,软化或除盐水箱的总有效容量应按 30～60 min 的软化或除盐水消耗量确定;

3 中间水箱总有效容量宜按水处理设备设计出力 15～30 min 的水量确定。中间水箱的内壁应采取防腐蚀措施。

9.2.25 凝结水泵、软化或除盐水泵以及中间水泵的选择,应符合下列要求:

1 应有 1 台备用,当其中 1 台停止运行时,其余的总流量应满足系统水量要求;

2 有条件时,凝结水泵和软化或除盐水泵可合用 1 台备用泵;

3 中间水泵应选用耐腐蚀泵。

9.2.26 钠离子交换再生用的食盐可采用干法或湿法贮存,其贮量应根据运输条件确定。当采用湿法贮存时,应符合下列要求:

1 浓盐液池和稀盐液池宜各设 1 个,且宜采用混凝土建造,内壁贴防腐材料内衬;

2 浓盐液池的有效容积宜为 5～10 d 食盐消耗量,其底部应设置慢滤层或设置过滤器;

3 稀盐液池的有效容积不应小于最大 1 台钠离子交换器 1 次再生盐液的消耗量;

4 宜设装卸平台和起吊设备。

9.2.27　酸、碱再生系统的设计，应符合下列要求：

1　酸、碱槽的贮量应按酸、碱液每昼夜的消耗量、交通运输条件和供应情况等因素确定，宜按贮存 15 ~ 30 d 的消耗量设计；

2　酸、碱计量箱的有效容积，不应小于最大 1 台离子交换器 1 次再生酸、碱液的消耗量；

3　输酸、碱泵宜各设 1 台，并应选用耐酸、碱腐蚀泵。卸酸、碱宜利用自流或采用输酸、碱泵抽吸；

4　输送并稀释再生用酸、碱液宜采用酸、碱喷射器；

5　贮存和输送酸、碱液的设备、管道、阀门及其附件，应采取防腐和防护措施；

6　酸、碱贮存设备布置应靠近水处理间。贮存罐地上布置时，其周围应设有能容纳最大贮存罐 110% 容积的防护堰，当围堰有排放设施时，其容积可适当减小；

7　酸贮存罐和计量箱应采用液面密封设施，排气应接入酸雾吸收器；

8　酸、碱贮存区内应设操作人员安全冲洗设施。

9.2.28　氨溶液制备和输送的设备、管道、阀门及其附件，不应采用铜质材料制品。

9.2.29　汽水系统中应装设必要的取样点。汽水取样冷却器宜相对集中布置。汽水取样头的型式、引出点和管材，应满足样品具有代表性和不受污染的要求。汽水样品的温度宜小于 30 ℃。

9.2.30　水处理设备的布置，应根据工艺流程和同类设备宜集中的原则确定，并应便于操作、维修和减少主操作区的噪声。

9.2.31　水处理间主要操作通道的净距不应小于 1.5 m，辅助设备操作通道的净距不宜小于 0.8 m，其他通道均应适应检修的需要。

10　供热热水制备

10.1　热水锅炉及附属设施

10.1.1　热水锅炉的出口水压，不应小于锅炉最高供水温度加 20 ℃ 相应的饱和压力。

注：用锅炉自生蒸汽定压的热水系统除外。

10.1.2　热水锅炉应有防止或减轻因热水系统的循环水泵突然停运后造成锅水汽化和水击的措施。

10.1.3　在热水系统循环水泵的进、出口母管之间，应装设带止回阀的旁通管，旁通管截面积不宜小于母管的 1/2；在进口母管上，应装设除污器和安全阀，安全阀宜安装在除污器出水一侧；当采用气体加压膨胀水箱时，其连通管宜接在循环水泵进口母管上；在循环水泵进口母管上，宜装设高于系统静压的泄压放气管。

10.1.4　热水热力网采用集中质调时，循环水泵的选择应符合下列要求：

1　循环水泵的流量应根据锅炉进、出水的设计温差、各用户的耗热量和管网损失等因素确定。在锅炉出口母管与循环水泵进口母管之间装设旁通管时，尚应计入流经旁通管的循环水量；

2　循环水泵的扬程，不应小于下列各项之和：

1）热水锅炉房或热交换站中设备及其管道的压力降；

2）热网供、回水干管的压力降；

3）最不利的用户内部系统的压力降。

3 循环水泵台数不应少于2台，当其中1台停止运行时，其余水泵的总流量应满足最大循环水量的需要；

4 并联循环水泵的特性曲线宜平缓、相同或近似；

5 循环水泵的承压、耐温性能应满足热力网设计参数的要求。

10.1.5 热水热力网采用分阶段改变流量调节时，循环水泵不宜少于3台，可不设备用，其流量、扬程不宜相同。

10.1.6 热水热力网采用改变流量的中央质－量调节时，宜选用调速水泵。调速水泵的特性应满足不同工况下流量和扬程的要求。

10.1.7 补给水泵的选择，应符合下列要求：

1 补给水泵的流量，应根据热水系统的正常补给水量和事故补给水量确定，并宜为正常补给水量的4～5倍；

2 补给水泵的扬程，不应小于补水点压力加30～50 kPa的富裕量；

3 补给水泵的台数不宜少于2台，其中1台备用；

4 补给水泵宜带有变频调速措施。

10.1.8 热水系统的小时泄漏量，应根据系统的规模和供水温度等条件确定，宜为系统循环水量的1%。

10.1.9 采用氮气或蒸汽加压膨胀水箱作恒压装置的热水系统，应符合下列要求：

1 恒压点设在循环水泵进口端，循环水泵运行时，应使系统内水不汽化；循环水泵停止运行时，宜使系统内水不汽化；

2 恒压点设在循环水泵出口端，循环水泵运行时，应使系统内水不汽化。

10.1.10 热水系统恒压点设在循环水泵进口端时，补水点位置宜设在循环水泵进口侧。

10.1.11 采用补给水泵作恒压装置的热水系统，应符合下列要求：

1 除突然停电的情况外，应符合本规范第10.1.9条的要求；

2 当引入锅炉房的给水压力高于热水系统静压线，在循环水泵停止运行时，宜采用给水保持热水系统静压；

3 采用间歇补水的热水系统，在补给水泵停止运行期间，热水系统压力降低时，不应使系统内水汽化；

4 系统中应设置泄压装置，泄压排水宜排入补给水箱。

10.1.12 采用高位膨胀水箱作恒压装置时，应符合下列要求：

1 高位膨胀水箱与热水系统连接的位置，宜设置在循环水泵进口母管上；

2 高位膨胀水箱的最低水位，应高于热水系统最高点1 m以上，并宜使循环水泵停止运行时系统内水不汽化；

3 设置在露天的高位膨胀水箱及其管道应采取防冻措施；

4 高位膨胀水箱与热水系统的连接管上，不应装设阀门。

10.1.13 热水系统内水的总容量小于或等于500 m^3时，可采用隔膜式气压水罐作为定压补水装置。定压补水点宜设在循环水泵进水母管上。补给水泵的选择应符合本规范第10.1.7条的要求，设定的启动压力，应使系统内水不汽化。隔膜式气压水罐不宜超过2台。

10.2 热水制备设施

10.2.1 换热器的容量，应根据生产、采暖通风和生活热负荷确定，换热器可不设备用。采用

2 台或 2 台以上换热器时，当其中 1 台停止运行，其余换热器的容量宜满足 75% 总计算热负荷的需要。

10.2.2 换热器间，应符合下列要求：

1 应有检修和抽出换热排管的场地；

2 与换热器连接的阀门应便于操作和拆卸；

3 换热器间的高度应满足设备安装、运行和检修时起吊搬运的要求；

4 通道的宽度不宜小于 0.7 m。

10.2.3 加热介质为蒸汽的换热系统，应符合下列要求：

1 宜采用排出的凝结水温度不超过 80 ℃的过冷式汽水换热器；

2 当一级汽水换热器排出的凝结水温度高于 80 ℃时，换热系统宜为汽水换热器和水水换热器两级串联，且宜使水水换热器排出的凝结水温度不超过 80 ℃。水水换热器接至凝结水箱的管道应装设防止倒空的上反管段。

10.2.4 加热介质为蒸汽且热负荷较小时，热水系统可采用下列汽水直接加热设备：

1 蒸汽喷射加热器；

2 汽水混合加热器。

热水系统的溢流水应回收。

10.2.5 设有蒸汽喷射加热器的热水系统，应符合下列要求：

1 蒸汽压力宜保持稳定；

2 设备宜集中布置；

3 设备并联运行时，应在每个喷射器的出、入口装设闸阀，并在出口装设止回阀；

4 热水系统的静压，宜采用连接在回水管上的膨胀水箱进行控制。

10.2.6 全自动组合式换热机组选择时，应结合热力网系统的情况，对机组的换热量、热力网系统的水力工况、循环水泵和补给水泵的流量、扬程进行校核计算。

11　监测和控制

11.1　监　　测

11.1.1 蒸汽锅炉必须装设指示仪表监测下列安全运行参数：

1 锅筒蒸汽压力；

2 锅筒水位；

3 锅筒进口给水压力；

4 过热器出口蒸汽压力和温度；

5 省煤器进、出口水温和水压；

6 单台额定蒸发量大于等于 20 t/h 的蒸汽锅炉，除应装设本条 1.2.4 款参数的指示仪表外，尚应装设记录仪表。

注：1　采用的水位计中，应有双色水位计或电接点水位计中的 1 种；

2　锅炉有省煤器时，可不监测给水压力。

11.1.2 每台蒸汽锅炉应按表 11.1.2 的规定装设监测经济运行参数的仪表。

表 11.1.2 蒸汽锅炉装设监测经济运行参数的仪表

监测项目	单台锅炉额定蒸发量(t/h)						
	≤4		>4 ~ <20		≥20		
	指示	积算	指示	积算	指示	积算	记录
燃料量(煤、油、燃气)	—	√	—	√	—	√	—
蒸汽流量	√	√	√	√	√	√	√
给水流量	—	√	—	√	√	√	—
排烟温度	√	—	√	—	√	—	—
排烟含 O_2 量或含 CO_2 量	—	—	√	—	√	—	√
排烟烟气流速	—	—	—	—	√	—	√
排烟烟尘浓度	—	—	—	—	√	—	√
排烟 SO_2 浓度	—	—	—	—	√	—	√
炉膛出口烟气温度	—	—	√	—	√	—	—
对流受热面进、出口烟气温度	—	—	√	—	√	—	—
省煤器出口烟气温度	—	—	√	—	√	—	—
湿式除尘器出口烟气温度	—	—	√	—	√	—	—
空气预热器出口热风温度	—	—	√	—	√	—	—
炉膛烟气压力	—	—	√	—	√	—	—
对流受热面进、出口烟气压力	—	—	√	—	√	—	—
省煤器出口烟气压力	—	—	√	—	√	—	—
空气预热器出口烟气压力	—	—	√	—	√	—	—
除尘器出口烟气压力	—	—	√	—	√	—	—
一次风压及风室风压	—	—	√	—	√	—	—
二次风压	—	—	√	—	√	—	—
给水调节阀开度	—	—	√	—	√	—	—
给煤(粉)机转速	—	—	√	—	√	—	—
鼓、引风机进口挡板开度或调速风机转速	—	—	√	—	√	—	—
鼓、引风机负荷电流	—	—	—	—	√	—	—

注:1 表中符号:"√"为需装设,"—"为可不装设。

2 大于 4 t/h 至小于 20 t/h 火管锅炉或水火管组合锅炉,当不便装设烟风系统参数测点时,可不装设。

3 带空气预热器时,排烟温度是指空气预热器出口烟气温度。

4 大于 4 t/h 至小于 20 t/h 锅炉无条件时,可不装设检测排烟含氧量的仪表。

11.1.3 热水锅炉应装设指示仪表监测下列安全及经济运行参数:

1 锅炉进、出口水温和水压;

2 锅炉循环水流量;

3 风、烟系统各段压力、温度和排烟污染物浓度;

4 应装设煤量、油量或燃气量积算仪表;

5 单台额定热功率大于或等于 14 MW 的热水锅炉,出口水温和循环水流量仪表应选用记录式仪表;

6 风、烟系统的压力和温度仪表,可按本规范表 11.1.2 的规定设置。

11.1.4 循环流化床锅炉、煤粉锅炉、燃油和燃气锅炉,除应符合本规范第 11.1.1 条、第 11.1.2 条和第 11.1.3 条规定外,尚应装设指示仪表监测下列参数:

1 循环流化床锅炉:

1)炉床密相区和稀相区温度;

2)料层压差;

3)分离器出口烟气温度;

4)返料器温度;

5)一次风量;

6)二次风量;

7)石灰石给料量。

2 煤粉锅炉的制粉设备出口处气、粉混合物的温度。

3 燃油锅炉:

1)燃烧器前的油温和油压;

2)带中间回油燃烧器的回油油压;

3)蒸汽雾化燃烧器前的蒸汽压力或空气雾化燃烧器前的空气压力;

4)锅炉后或锅炉尾部受热面后的烟气温度。

4 燃气锅炉:

1)燃烧器前的燃气压力;

2)锅炉后或锅炉尾部受热面后的烟气温度。

11.1.5 锅炉房各辅助部分装设监测参数的仪表,应符合表 11.1.5 的规定。

表 11.1.5 锅炉房辅助部分装设监测参数仪表

辅助部分	监测项目	监测仪表		
		指示	积算	记录
水泵 油泵	水泵、油泵出口压力	√	—	—
	循环水泵进、出口水压	√	—	—
	汽动水泵进汽压力	√	—	—
	水泵、油泵负荷电流	√	—	—
热力 除氧器	除氧器工作压力	√	—	—
	除氧水箱水位	√	—	—
	除氧水箱水温	√	—	—
	除氧器进水温度	√	—	—
	蒸汽压力调节器前、后蒸汽压力	√	—	—
真空 除氧器	除氧器进水温度	√	—	—
	除氧器真空度	√	—	—
	除氧水箱水位	√	—	—
	除氧水箱水温	√	—	—
	射水抽气器进口水压	√	—	—

续上表

辅助部分	监测项目	监测仪表		
		指示	积算	记录
解析除氧器	喷射器进口水压	√	—	
	解析器水温	√	—	
离子交换水处理	离子交换器进、出口水压	√	—	
	离子交换器进水温度	√	—	
	软化或除盐水流量	√	√	
	再生液流量	√	—	
	阴离子交换器出口水的 SiO_2 和 pH 值	√	—	
	出水电导率	√	—	
反渗透水处理	进、出口水压力	√	—	
	进、出口水流量	√	√	
	进口水温度	√	—	
	进、出口水 pH 值	√	—	
	进、出口水电导率	√	—	
减温减压器	高压、低压侧蒸汽压力和温度	√	—	
	减温水压力、温度和水量	√	—	
	高压侧蒸汽流量	√	—	
	低压侧蒸汽流量	√	√	
热交换器	被加热介质进、出口总管流量	√	√	√
	被加热介质进、出口总管压力、温度	√	—	—
	加热介质进、出口总管压力、温度	√	—	—
	加热蒸汽压力和温度	√	—	—
	每台换热器加热介质进、出口压力和温度	√	—	—
	每台换热器被加热介质进、出口压力和温度	√	—	—
蒸汽蓄热器	蓄热器工作压力	√	—	—
	蓄热器水位	√	—	—
	蓄热器水温	√	—	—
蒸汽凝结水	凝结水水质电导率	√	—	—
	凝结水 pH 值	√	—	—
	凝结水流量	√	√	√
	凝结水温度	√	—	—
燃煤系统	磨煤机热风进风温度	√	—	—
	煤粉仓中煤粉温度	√	—	—
	气、粉混合物温度	√	—	—
	煤斗、煤(粉)仓料位	√	—	—
石灰石制备	石灰石输送量	√	—	—
	石灰石仓料位	√	—	—

续上表

辅助部分	监测项目	监测仪表		
		指示	积算	记录
其他	水箱、油箱液位和温度	√	—	
	酸、碱贮罐液位	√	—	
	连续排污膨胀器工作压力和液位	√	—	
	热水系统加压膨胀箱压力和液位	√	—	
	热水系统供、回水总管压力和温度	√	—	
	燃油加热器前后油压和油温	√	—	

注:1　表中符号:"√"为需装设,"—"为可不装设。
2　水泵和油泵电流负荷仪表,在无集中仪表箱及功率小于 20 kW 时,可不装设。
3　除氧器工作压力、除氧器真空度和除氧水箱水位的监测仪表信号,宜在水处理控制室或锅炉控制室显示。

11.1.6　锅炉房应装设供经济核算用的下列计量仪表:

1　蒸汽量指示和积算;

2　过热蒸汽温度记录;

3　供热量积算;

4　煤、油、燃气和石灰石总耗量;

5　原水总耗量;

6　凝结水回收量;

7　热水系统补给水量;

8　总电耗量指示和积算。

11.1.7　锅炉房的报警信号,必须按表 11.1.7 的规定装设。

表 11.1.7　锅炉房装设报警信号表

报警项目名称	报警信号		
	设备故障停运	参数过高	参数过低
锅筒水位	—	√	√
锅筒出口蒸汽压力	—	√	—
省煤器出口水温	—	√	—
热水锅炉出口水温	—	√	—
过热蒸汽温度	—	√	√
连续给水调节系统给水泵	√	—	—
炉排	√	—	—
给煤(粉)系统	√	—	—
循环流化床、煤粉、燃油和燃气锅炉的风机	√	—	—
煤粉、燃油和燃气锅炉炉膛熄火	√	—	—
燃油锅炉房贮油罐和中间油箱油位	—	√	√
燃油锅炉房贮油罐和中间油箱油温	—	√	√
燃气锅炉燃烧器前燃气干管压力	—	√	√
煤粉锅炉制粉设备出口气、粉混合物温度	—	√	—

续上表

报警项目名称	报警信号		
	设备故障停运	参数过高	参数过低
煤粉锅炉炉膛负压	—	√	√
循环流化床锅炉炉床温度	—	√	√
循环流化床锅炉返料器温度	—	√	—
循环流化床锅炉返料器堵塞	√	—	—
热水系统的循环水泵	√	—	—
热交换器出水温度	—	√	—
热水系统中高位膨胀水箱水位	—	—	√
热水系统中蒸汽、氮气加压膨胀水箱压力和水位	—	√	√
除氧水箱水位	—	√	√
自动保护装置动作	√	—	—
燃气调压间、燃气锅炉间、油泵间的可燃气体浓度	—	√	—

注:表中符号:"√"为需装设,"—"为不可装设。

11.1.8 燃气调压间、燃气锅炉间可燃气体浓度报警装置,应与燃气供气母管总切断阀和排风扇联动。设有防灾中心时,应将信号传至防灾中心。

11.1.9 油泵间的可燃气体浓度报警装置应与燃油供油母管总切断阀和排风扇联动。设有防灾中心时,应将信号传至防灾中心。

11.2 控　　制

11.2.1 蒸汽锅炉应设置给水自动调节装置,单台额定蒸发量小于等于4 t/h 的蒸汽锅炉可设置位式给水自动调节装置,大于等于6 t/h 的蒸汽锅炉宜设置连续给水自动调节装置。

采用给水自动调节时,备用电动给水泵宜装设自动投入装置。

11.2.2 蒸汽锅炉应设置极限低水位保护装置,当单台额定蒸发量大于等于6 t/h 时,尚应设置蒸汽超压保护装置。

11.2.3 热水锅炉应设置当锅炉的压力降低到热水可能发生汽化、水温升高超过规定值,或循环水泵突然停止运行时的自动切断燃料供应和停止鼓风机、引风机运行的保护装置。

11.2.4 热水系统应设置自动补水装置并宜设置自动排气装置,加压膨胀水箱应设置水位和压力自动调节装置。

11.2.5 热交换站应设置加热介质的流量自动调节装置。

11.2.6 燃用煤粉、油、气体的锅炉和单台额定蒸发量大于等于10 t/h 的蒸汽锅炉或单台额定热功率大于等于7 MW 的热水锅炉,当热负荷变化幅度在调节装置的可调范围内,且经济上合理时,宜装设燃烧过程自动调节装置。

11.2.7 循环流化床锅炉应设置炉床温度控制装置,并宜设置料层差压控制装置。

11.2.8 锅炉燃烧过程自动调节,宜采用微机控制;锅炉机组的自动控制或者同一锅炉房内多台锅炉综合协调自动控制,宜采用集散控制系统。

11.2.9 热力除氧设备应设置水位自动调节装置和蒸汽压力自动调节装置。

11.2.10 真空除氧设备应设置水位自动调节装置和进水温度自动调节装置。

11.2.11 解析除氧设备应设置喷射器进水压力自动调节装置和进水温度自动调节装置。

11.2.12 燃用煤粉、油或气体的锅炉，应设置点火程序控制和熄火保护装置。

11.2.13 层燃锅炉的引风机、鼓风机和锅炉抛煤机、炉排减速箱等加煤设备之间，应装设电气联锁装置。

11.2.14 燃用煤粉、油或气体的锅炉，应设置下列电气联锁装置：

1 引风机故障时，自动切断鼓风机和燃料供应；

2 鼓风机故障时，自动切断燃料供应；

3 燃油、燃气压力低于规定值时，自动切断燃油、燃气供应；

4 室内空气中可燃气体浓度高于规定值时，自动切断燃气供应和开启事故排气扇。

11.2.15 制粉系统各设备之间，应设置电气联锁装置。

11.2.16 连续机械化运煤系统、除灰渣系统中，各运煤设备之间、除灰渣设备之间，均应设置电气联锁装置，并使在正常工作时能按顺序停车，且其延时时间应能达到空载再启动。

11.2.17 运煤和煤的制备设备应与其局部排风和除尘装置联锁。

11.2.18 喷水式减温的锅炉过热器，宜设置过热蒸汽温度自动调节装置。

11.2.19 减压减温装置宜设置蒸汽压力和温度自动调节装置。

11.2.20 单台蒸汽锅炉额定蒸发量大于等于 6 t/h 或单台热水锅炉额定热功率大于等于 4.2 MW的锅炉房，当风机布置在司炉不便操作的地点时，宜设置风机进风门的远距离控制装置和风门开度指示。

11.2.21 电动设备、阀门和烟、风道门，宜设置远距离控制装置。

11.2.22 单台蒸汽锅炉额定蒸发量大于等于 10 t/h 或单台热水锅炉额定热功率大于等于 7 MW的锅炉房，宜设集中控制系统。

11.2.23 控制系统的供电，应设置不间断电源供电方式，并应留有裕量。

12　化验和检修

12.1　化　　验

12.1.1 锅炉房宜设置化验室，化验锅炉运行中需经常检测的项目，对不需经常化验的项目，宜通过协作解决。

锅炉房符合下列条件时，可只设化验场地，进行硬度、碱度、pH 值和溶解氧等简单的水质分析：

1 单台蒸汽锅炉额定蒸发量小于 6 t/h 或总蒸发量小于 10 t/h 的锅炉房及单台热水锅炉额定热功率小于 4.2 MW 或总热功率小于 7 MW 的锅炉房；

2 本企业有中心试验室或其他化验部门，可为锅炉房配置水质分析用的化学试剂，并可化验锅炉房需经常检测的其他项目。

12.1.2 锅炉房化验室化验水、汽项目的能力，应符合下列要求：

1 蒸汽锅炉房的化验室应具备对悬浮物、总硬度、总碱度、pH 值、溶解氧、溶解固形物、硫酸根和氯化物等项目的化验能力；采用磷酸盐锅内水处理时，应有化验磷酸根含量的能力；额定出口蒸汽压力大于 2.5 MPa(表压)，且供汽轮机用汽时，宜能测定二氧化硅及电导率；

2 热水锅炉房的化验室应具备对悬浮物、总硬度和 pH 值的化验能力；采用锅外化学水处理时，应能化验溶解氧。

12.1.3 总蒸发量大于20 t/h或总热功率大于14 MW的锅炉房，其化验室除应符合本规范第12.1.2条的规定外，尚宜具备下列分析化验能力：

1 煤为燃料时，宜能对燃煤进行工业分析及发热量测定，对飞灰和炉渣进行可燃物含量的测定；煤粉为燃料时，尚宜能分析煤的可磨性和煤粉细度；

2 油为燃料时，宜能测定其黏度和闪点。

12.1.4 总蒸发量大于等于60 t/h或总热功率大于等于42 MW的锅炉房，其化验室除应符合本规范第12.1.3条规定外，尚宜能进行燃料元素分析。

12.1.5 锅炉房化验室，除应符合本规范第12.1.2条、第12.1.3条和第12.1.4条的要求外，尚应能测定烟气含氧量或二氧化碳和一氧化碳含量；燃油、燃气锅炉房宜能测定烟气中氢、碳氢化合物等可燃物的含量。

12.2 检　　修

12.2.1 锅炉房宜设置对锅炉、辅助设备、管道、阀门及附件进行维护、保养和小修的检修间。

单台蒸汽锅炉额定蒸发量小于等于6 t/h或单台热水锅炉额定热功率小于等于4.2 MW的锅炉房，可只设置检修场地和工具室。

锅炉的中修、大修，宜协作解决。

12.2.2 锅炉房检修间可配备钳工桌、砂轮机、台钻、洗管器、手动试压泵和焊、割等设备或工具。

单台蒸汽锅炉额定蒸发量大于等于35 t/h或单台热水锅炉额定热功率大于等于29 MW的锅炉房检修间，根据检修需要可配置必要的机床等机修设备，亦可协作解决。

12.2.3 总蒸发量大于等于60 t/h或总热功率大于等于42 MW的锅炉房，宜设置电气保养室。当所在企业有集中的电工值班室时，可不单独设置。

电气的检修宜由所在企业统一安排或地区协作解决。

12.2.4 单台蒸汽锅炉额定蒸发量大于等于10 t/h或单台热水锅炉额定热功率大于等于7 MW的锅炉房，宜设置仪表保养室。当所有企业有集中的维修条件时，可不单独设置。

仪表的检修宜由所在企业统一安排或地区协作解决。

12.2.5 双层布置的锅炉房和单台蒸汽锅炉额定蒸发量大于等于10 t/h或单台热水锅炉额定热功率大于等于7 MW的单层布置锅炉房，在其锅炉上方应设置可将物件从底层地面提升至锅炉顶部的吊装设施。需穿越楼板时，应开设吊装孔。

12.2.6 单台蒸汽锅炉额定蒸发量大于4 t/h或单台热水锅炉额定热功率大于2.8 MW的锅炉房，鼓风机、引风机、给水泵、磨煤机和煤处理设备的上方，宜设置起吊装置或吊装措施。

热力除氧器、换热器和带有筒体法兰的离子交换器等大型辅助设备的上方，宜有吊装检修措施。

13 锅炉房管道

13.1 汽水管道

13.1.1 汽水管道设计应根据热力系统和锅炉房工艺布置进行，并应符合下列要求：

1 应便于安装、操作和检修；

2 管道宜沿墙和柱敷设；

3 管道敷设在通道上方时，管道（包括保温层或支架）最低点与通道地面的净高不应小于2 m；

4 管道不应妨碍门、窗的启闭与影响室内采光；

5 应满足装设仪表的要求；

6 管道布置宜短捷、整齐。

13.1.2 采用多管供汽（热）的锅炉房，宜设置分汽（分水）缸。分汽（分水）缸的设置，应根据用汽（热）需要和管理方便的原则确定。

13.1.3 供汽系统中的蒸汽蓄热器，应符合下列要求：

1 应设置蓄热器的旁路阀门；

2 并联运行的蒸汽蓄热器蒸汽进、出口管上应装设止回阀，串联运行的蒸汽蓄热器进汽管上宜装设止回阀；

3 蒸汽蓄热器进水管上，应装设止回阀；

4 锅炉额定工作压力大于蒸汽蓄热器额定工作压力时，蓄热器上应装设安全阀；

5 蒸汽蓄热器运行时的充水应采用锅炉给水，利用锅炉给水泵补水；

6 蒸汽蓄热器运行放水管，应接至锅炉给水箱或除氧水箱。

13.1.4 锅炉房内连接相同参数锅炉的蒸汽（热水）管，宜采用单母管；对常年不间断供汽（热）的锅炉房，宜采用双母管。

13.1.5 每台蒸汽（热水）锅炉与蒸汽（热水）母管或分汽（分水）缸之间的锅炉主蒸汽（供水）管上，均应装设2个阀门，其中1个应紧靠锅炉汽包或过热器（供水集箱）出口，另1个宜装在靠近蒸汽（供水）母管处或分汽（分水）缸上。

13.1.6 蒸汽锅炉房的锅炉给水母管应采用单母管；对常年不间断供汽的锅炉房和给水泵不能并联运行的锅炉房，锅炉给水母管宜采用双母管或采用单元制锅炉给水系统。

13.1.7 锅炉给水泵进水母管或除氧水箱出水母管，宜采用不分段的单母管；对常年不间断供汽，且除氧水箱台数大于等于2台时，宜采用分段的单母管。

13.1.8 锅炉房除氧器的台数大于等于2台时，除氧器加热用蒸汽管宜采用母管制系统。

13.1.9 热水锅炉房内与热水锅炉、水加热装置和循环水泵相连接的供水和回水母管应采用单母管，对需要保证连续供热的热水锅炉房，宜采用双母管。

13.1.10 每台热水锅炉与热水供、回水母管连接时，在锅炉的进水管和出水管上，应装设切断阀；在进水管的切断阀前，宜装设止回阀。

13.1.11 每台锅炉宜采用独立的定期排污管道，并分别接至排污膨胀器或排污降温池；当几台锅炉合用排污母管时，在每台锅炉接至排污母管的干管上必须装设切断阀，在切断阀前尚宜装设止回阀。

13.1.12 每台蒸汽锅炉的连续排污管道，应分别接至连续排污膨胀器。在锅炉出口的连续排污管道上，应装设节流阀。在锅炉出口和连续排污膨胀器进口处，应各设1个切断阀。

2～4台锅炉宜合设1台连续排污膨胀器。连续排污膨胀器上应装设安全阀。

13.1.13 锅炉的排污阀及其管道不应采用螺纹连接。锅炉排污管道应减少弯头，保证排污畅通。

13.1.14 蒸汽锅炉给水管上的手动给水调节装置及热水锅炉手动控制补水装置，宜设置在便于司炉操作的地点。

13.1.15 锅炉本体、除氧器和减压减温器上的放汽管、安全阀的排汽管应接至室外安全处，2

个独立安全阀的排汽管不应相连。

13.1.16 热力管道热膨胀的补偿,应充分利用管道的自然补偿,当自然补偿不能满足热膨胀的要求时,应设置补偿器。

13.1.17 汽水管道的支、吊架设计,应计入管道、阀门与附件、管内水、保温结构等的重量以及管道热膨胀而作用在支、吊架上的力。

对于采用弹簧支、吊架的蒸汽管道,不应计入管内水的重量,但进行水压试验时,对公称直径大于等于250 mm的管道应有临时支撑措施。

13.1.18 汽水管道的低点和可能积水处,应装设疏、放水阀。放水阀的公称直径不应小于20 mm。

汽水管道的高点应装设放气阀,放气阀公称直径可取15~20 mm。

13.2 燃油管道

13.2.1 锅炉房的供油管道宜采用单母管;常年不间断供热时,宜采用双母管。回油管道宜采用单母管。

采用双母管时,每一母管的流量宜按锅炉房最大计算耗油量和回油量之和的75%计算。

13.2.2 重油供油系统,宜采用经锅炉燃烧器的单管循环系统。

13.2.3 重油供油管道应保温。当重油在输送过程中,由于温度降低不能满足生产要求时,尚应伴热。在重油回油管道可能引起烫伤人员或凝固的部位,应采取隔热或保温措施。

13.2.4 通过油加热器及其后管道内油的流速,不应小于0.7 m/s。

13.2.5 油管道宜采用顺坡敷设,但接入燃烧器的重油管道不宜坡向燃烧器。轻柴油管道的坡度不应小于0.3%,重油管道的坡度不应小于0.4%。

13.2.6 采用单机组配套的全自动燃油锅炉,应保持其燃烧自控的独立性,并按其要求配置燃油管道系统。

13.2.7 在重油供油系统的设备和管道上,应装吹扫口。吹扫口位置应能够吹净设备和管道内的重油。

吹扫介质宜采用蒸汽,亦可采用轻油置换,吹扫用蒸汽压力宜为0.6~1 MPa(表压)。

13.2.8 固定连接的蒸汽吹扫口,应有防止重油倒灌的措施。

13.2.9 每台锅炉的供油干管上,应装设关闭阀和快速切断阀。每个燃烧器前的燃油支管上,应装设关闭阀。当设置2台或2台以上锅炉时,尚应在每台锅炉的回油总管上装设止回阀。

13.2.10 在供油泵进口母管上,应设置油过滤器2台,其中1台备用。滤网流通面积宜为其进口管截面积的8~10倍。油过滤器的滤网网孔,宜符合下列要求:

1 离心泵、蒸汽往复泵为8~12目/cm;

2 螺杆泵、齿轮泵为16~32目/cm。

13.2.11 采用机械雾化燃烧器(不包括转杯式)时,在油加热器和燃烧器之间的管段上,应设置油过滤器。

油过滤器滤网的网孔,不宜小于20目/cm。滤网的流通面积,不宜小于其进口管截面积的2倍。

13.2.12 燃油管道应采用输送流体的无缝钢管,并应符合现行国家标准《流体输送用无缝钢管》GB/T 8163的有关规定;燃油管道除与设备、阀门附件等处可用法兰连接外,其余宜采用氩弧焊打底的焊接连接。

13.2.13　室内油箱间至锅炉燃烧器的供油管和回油管宜采用地沟敷设,地沟内宜填砂,地沟上面应采用非燃材料封盖。

13.2.14　燃油管道垂直穿越建筑物楼层时,应设置在管道井内,并宜靠外墙敷设;管道井的检查门应采用丙级防火门;燃油管道穿越每层楼板处,应设置相当于楼板耐火极限的防火隔断;管道井底部,应设深度为 300 mm 填砂集油坑。

13.2.15　油箱(罐)的进油管和回油管,应从油箱(罐)体顶部插入,管口应位于油液面下,并应距离箱(罐)底 200 mm。

13.2.16　当室内油箱与贮油罐的油位有高差时,应有防止虹吸的设施。

13.2.17　燃油管道穿越楼板、隔墙时应敷设在套管内,套管的内径与油管的外径四周间隙不应小于 20 mm。套管内管段不得有接头,管道与套管之间的空隙应用麻丝填实,并应用不燃材料封口。管道穿越楼板的套管,上端应高出楼板 60 ~ 80 mm,套管下端与楼板底面(吊顶底面)平齐。

13.2.18　燃油管道与蒸汽管道上下平行布置时,燃油管道应位于蒸汽管道的下方。

13.2.19　燃油管道采用法兰连接时,宜设有防止漏油事故的集油措施。

13.2.20　煤粉锅炉和循环流化床锅炉点火供油系统的管道设计,宜符合本规范 13.2.1 条和 13.2.9 条的规定。

13.2.21　燃油系统附件严禁采用能被燃油腐蚀或溶解的材料。

13.3　燃气管道

13.3.1　锅炉房燃气管道宜采用单母管,常年不间断供热时,宜采用从不同燃气调压箱接来的 2 路供气的双母管。

13.3.2　在引入锅炉房的室外燃气母管上,在安全和便于操作的地点,应装设与锅炉房燃气浓度报警装置联动的总切断阀,阀后应装设气体压力表。

13.3.3　锅炉房燃气管道宜架空敷设。输送相对密度小于 0.75 的燃气管道,应设在空气流通的高处;输送相对密度大于 0.75 的燃气管道,宜装设在锅炉房外墙和便于检测的位置。

13.3.4　燃气管道上应装设放散管、取样口和吹扫口,其位置应能满足将管道与附件内的燃气或空气吹净的要求。

放散管可汇合成总管引至室外,其排出口应高出锅炉房屋脊 2 m 以上,并使放出的气体不致窜入邻近的建筑物和被通风装置吸入。

密度比空气大的燃气放散,应采用高空或火炬排放,并满足最小频率上风侧区域的安全和环境保护要求。当工厂有火炬放空系统时,宜将放散气体排入该系统中。

13.3.5　燃气放散管管径,应根据吹扫段的容积和吹扫时间确定。吹扫量可按吹扫段容积的 10 ~ 20 倍计算,吹扫时间可采用 15 ~ 20 min。吹扫气体可采用氮气或其他惰性气体。

13.3.6　锅炉房内燃气管道不应穿越易燃或易爆品仓库、值班室、配变电室、电缆沟(井)、通风沟、风道、烟道和具有腐蚀性质的场所;当必需穿越防火墙时,其穿孔间隙应采用非燃烧物填实。

13.3.7　每台锅炉燃气干管上,应配套性能可靠的燃气阀组,阀组前燃气供气压力和阀组规格应满足燃烧器最大负荷需要。阀组基本组成和顺序应为:切断阀、压力表、过滤器、稳压阀、波纹接管、2 级或组合式检漏电磁阀、阀前后压力开关和流量调节蝶阀。点火用的燃气管道,宜从燃烧器前燃气干管上的 2 级或组合式检漏电磁阀前引出,且应在其上装设切断阀和 2 级电磁阀。

13.3.8 锅炉燃气阀组切断阀前的燃气供气压力应根据燃烧器要求确定,并宜设定在5~20 kPa之间,燃气阀组供气质量流量应能使锅炉在额定负荷运行时,燃烧器稳定燃烧。

13.3.9 锅炉房燃气宜从城市中压供气主管上铺设专用管道供给,并应经过滤、调压后使用。单台调压装置低压侧供气流量不宜大于3 000 m^3/h(标态),撬装式调压装置低压侧单台供气量宜为5 000 m^3/h(标态)。

13.3.10 锅炉房内燃气管道设计,应符合现行国家标准《城镇燃气设计规范》GB 50028和《工业金属管道设计规范》GB 50316的有关规定。

13.3.11 燃气管道应采用输送流体的无缝钢管,并应符合现行国家标准《流体输送用无缝钢管》GB/T 8163的有关规定;燃气管道的连接,除与设备、阀门附件等处可用法兰连接外,其余宜采用氩弧焊打底的焊接连接。

13.3.12 燃气管道穿越楼板或隔墙时,应符合本规范第13.2.17条的规定。

13.3.13 燃气管道垂直穿越建筑物楼层时,应设置在独立的管道井内,并应靠外墙敷设;穿越建筑物楼层的管道井每隔2层或3层,应设置相当于楼板耐火极限的防火隔断;相邻2个防火隔断的下部,应设置丙级防火检修门;建筑物底层管道井防火检修门的下部,应设置带有电动防火阀的进风百叶;管道井顶部应设置通大气的百叶窗;管道井应采用自然通风。

13.3.14 管道井内的燃气立管上,不应设置阀门。

13.3.15 燃气管道与附件严禁使用铸铁件。在防火区内使用的阀门,应具有耐火性能。

14 保温和防腐蚀

14.1 保 温

14.1.1 下列情况的热力设备、热力管道、阀门及附件均应保温:

1 外表面温度高于50 ℃时;

2 外表面温度低于等于50 ℃,需要回收热能时。

14.1.2 保温层厚度应根据现行国家标准《设备和管道保温技术通则》GB/T 4272和《设备及管道保温设计导则》GB/T 8175中的经济厚度计算方法确定。当散热损失超过规定值时,可根据最大允许散热损失计算方法复核确定。

14.1.3 不需保温或要求散热,且外表面温度高于60 ℃的裸露设备及管道,在下列范围内应采取防烫伤的隔热措施:

1 距地面或操作平台的高度小于2 m时;

2 距操作平台周边水平距离小于等于0.75 m时。

注:本条中的管道系指排汽管、放空管,以及燃油、燃气锅炉烟道防爆门的泄压导向管等。

14.1.4 保温材料的选择,应符合下列要求:

1 宜采用成型制品;

2 保温材料及其制品的允许使用温度,应高于正常操作时设备和管道内介质的最高温度;

3 宜选用导热系数低、吸湿性小、密度低、强度高、耐用、价格低、便于施工和维护的保温材料及其制品。

14.1.5 保温层外的保护层应具有阻燃性能。当热力设备和架空热力管道布置在室外时,其保护层应具有防水、防晒和防锈性能。

14.1.6 采用复合保温材料及其制品时,应选用耐高温且导热系数较低的材料作内保温层,其厚度可按表面温度法确定。内层保温材料及其制品的外表面温度应小于等于外层保温材料及其制品的允许最高使用温度的0.9倍。

14.1.7 采用软质或半硬质保温材料时,应按施工压缩后的密度选取导热系数。保温层的厚度,应为施工压缩后的保温层厚度。

14.1.8 阀门及附件和其他需要经常维修的设备和管道,宜采用便于拆装的成型保温结构。

14.1.9 立式热力设备和热力立管的高度超过3 m时,应按管径大小和保温层重量,设置保温材料的支撑圈或其他支撑设施。

注:本条中的热力立管,包括与水平夹角大于45°的热力管道。

14.1.10 室外直埋敷设管道的保温,宜符合国家现行标准《城镇直埋供热管道工程技术规程》CJJ/T 81和《城镇供热直埋蒸汽管道技术规程》CJJ 104的有关规定。

14.2 防腐蚀

14.2.1 敷设保温层前,设备和管道的表面应清除干净,并刷防锈漆或防腐涂料,其耐温性能应满足介质设计温度的要求。

14.2.2 介质温度低于120 ℃时,设备和管道的表面应刷防锈漆。介质温度高于120 ℃时,设备和管道的表面宜刷高温防锈漆。凝结水箱、给水箱、中间水箱和除盐水箱等设备的内壁应刷防腐涂料,涂料性质应满足贮存介质品质的要求。

14.2.3 室外布置的热力设备和架空敷设的热力管道,采用玻璃布或不耐腐蚀的材料作保护层时,其表面应刷油漆或防腐涂料。采用薄铝板或镀锌薄钢板作保护层时,其表面可不刷油漆或防腐涂料。

14.2.4 埋地设备和管道的外表面应做防腐处理,防腐层材料和防腐层层数应根据设备和管道的防腐要求及土壤的腐蚀性确定。对不便检修的设备和管道,可增加阴极保护措施。

14.2.5 锅炉房设备和管道的表面或保温保护层表面的涂色和标志应符合现行国家标准《工业管路的基本识别色和识别符号》GB 7231和有关标准的规定。

15 土建、电气、采暖通风和给水排水

15.1 土建

15.1.1 锅炉房的火灾危险性分类和耐火等级应符合下列要求:

1 锅炉间应属于丁类生产厂房,单台蒸汽锅炉额定蒸发量大于4 t/h或单台热水锅炉额定热功率大于2.8 MW时,锅炉间建筑不应低于二级耐火等级;单台蒸汽锅炉额定蒸发量小于等于4 t/h或单台热水锅炉额定热功率小于等于2.8 MW时,锅炉间建筑不应低于三级耐火等级。

设在其他建筑物内的锅炉房,锅炉间的耐火等级,均不应低于二级耐火等级;

2 重油油箱间、油泵间和油加热器及轻柴油的油箱间和油泵间应属于丙类生产厂房,其建筑均不应低于二级耐火等级,上述房间布置在锅炉房辅助间内时,应设置防火墙与其他房间隔开;

3 燃气调压间应属于甲类生产厂房,其建筑不应低于二级耐火等级,与锅炉房贴邻的调

压间应设置防火墙与锅炉房隔开,其门窗应向外开启并不应直接通向锅炉房,地面应采用不产生火花地坪。

15.1.2 锅炉房的外墙、楼地面或屋面,应有相应的防爆措施,并应有相当于锅炉间占地面积10%的泄压面积,泄压方向不得朝向人员聚集的场所、房间和人行通道,泄压处也不得与这些地方相邻。地下锅炉房采用竖井泄爆方式时,竖井的净横断面积,应满足泄压面积的要求。

当泄压面积不能满足上述要求时,可采用在锅炉房的内墙和顶部(顶棚)敷设金属爆炸减压板作补充。

注:泄压面积可将玻璃窗、天窗、质量小于等于120 kg/m^2的轻质屋顶和薄弱墙等面积包括在内。

15.1.3 燃油、燃气锅炉房锅炉间与相邻的辅助间之间的隔墙,应为防火墙;隔墙上开设的门应为甲级防火门;朝锅炉操作面方向开设的玻璃大观察窗,应采用具有抗爆能力的固定窗。

15.1.4 锅炉房为多层布置时,锅炉基础与楼地面接缝处应采取适应沉降的措施。

15.1.5 锅炉房应预留能通过设备最大搬运件的安装洞,安装洞可结合门窗洞或非承重墙处设置。

15.1.6 钢筋混凝土烟囱和砖烟道的混凝土底板等内表面,其设计计算温度高于100 ℃的部位应有隔热措施。

15.1.7 锅炉房的柱距、跨度和室内地坪至柱顶的高度,在满足工艺要求的前提下,宜符合现行国家标准《厂房建筑模数协调标准》GB 50006 的规定。

15.1.8 需要扩建的锅炉房,土建应留有扩建的措施。

15.1.9 锅炉房内装有磨煤机、鼓风机、水泵等振动较大的设备时,应采取隔振措施。

15.1.10 钢筋混凝土煤仓壁的内表面应光滑耐磨,壁交角处应做成圆弧形,并应设置有盖人孔和爬梯。

15.1.11 设备吊装孔、灰渣池及高位平台周围,应设置防护栏杆。

15.1.12 烟囱和烟道连接处,应设置沉降缝。

15.1.13 锅炉间外墙的开窗面积,除应满足泄压要求外,还应满足通风和采光的要求。

15.1.14 锅炉房和其他建筑物相邻时,其相邻的墙应为防火墙。

15.1.15 油泵房的地面应有防油措施。对有酸、碱侵蚀的水处理间地面、地沟、混凝土水箱和水池等建、构筑物的设计,应符合现行国家标准《工业建筑防腐蚀设计规范》GB 50046 的规定。

15.1.16 化验室的地面和化验台的防腐蚀设计,应符合现行国家标准《工业建筑防腐蚀设计规范》GB 50046 的规定,其地面应有防滑措施。

化验室的墙面应为白色、不反光,窗户宜防尘,化验台应有洗涤设施,化验场地应做防尘、防噪处理。

15.1.17 锅炉房生活间的卫生设施设计,应符合国家现行职业卫生标准《工业企业设计卫生标准》GBZ 1 的有关规定。

15.1.18 平台和扶梯应选用不燃烧的防滑材料。操作平台宽度不小于800 mm,扶梯宽度不应小于600 mm。平台和扶梯上净高不应小于2 m。经常使用的钢梯坡度不宜大于45°。

15.1.19 干煤棚挡煤墙上部敞开部分,应有防雨措施,但不应妨碍桥式起重机通过。

15.1.20 锅炉房楼面、地面和屋面的活荷载,应根据工艺设备安装和检修的荷载要求确定,亦可按表15.1.20的规定确定。

表 15.1.20 楼面、地面和屋面的活荷载

名　　称	活荷载(kN/m²)
锅炉间楼面	6～12
辅助间楼面	4～8
运煤层楼面	4
除氧层楼面	4
锅炉间及辅助间屋面	0.5～1
锅炉间地面	10

注:1 表中未列的其他荷载应按现行国家标准《建筑结构荷载设计规范》GB 50009 的规定选用。

2 表中不包括设备的集中荷载。

3 运煤层楼面有皮带头部装置的部分应由工艺提供荷载或可按 10 kN/m² 计算。

4 锅炉间地面设有运输通道时,通道部分的地坪和地沟盖板可按 20 kN/m² 计算。

15.2 电　　气

15.2.1 锅炉房的供电负荷级别和供电方式,应根据工艺要求、锅炉容量、热负荷的重要性和环境特征等因素,按现行国家标准《供配电系统设计规范》GB 50052 的有关规定确定。

15.2.2 电动机、启动控制设备、灯具和导线型式的选择,应与锅炉房各个不同的建筑物和构筑物的环境分类相适应。

燃油、燃气锅炉房的锅炉间、燃气调压间、燃油泵房、煤粉制备间、碎煤机间和运煤走廊等有爆炸和火灾危险场所的等级划分,必须符合现行国家标准《爆炸和火灾危险环境电力装置设计规范》GB 50058 的有关规定。

15.2.3 单台蒸汽锅炉额定蒸发量大于等于 6 t/h 或单台热水锅炉额定热功率大于等于 4.2 MW的锅炉房,宜设置低压配电室。当有 6 kV 或 10 kV 高压用电设备时,尚宜设置高压配电室。

15.2.4 锅炉房的配电宜采用放射式为主的方式。当有数台锅炉机组时,宜按锅炉机组为单元分组配电。

15.2.5 单台蒸汽锅炉额定蒸发量小于等于 4 t/h 或单台热水锅炉额定热功率小于等于 2.8 MW,锅炉的控制屏或控制箱宜采用与锅炉成套的设备,并宜装设在炉前或便于操作的地方。

15.2.6 锅炉机组采用集中控制时,在远离操作屏的电动机旁,宜设置事故停机按钮。

当需要在不能观察电动机或机械的地点进行控制时,应在控制点装设指示电动机工作状态的灯光信号或仪表。电动机的测量仪表应符合现行国家标准《电力装置的电气测量仪表装置设计规范》GB 50063 的规定。

自动控制或联锁的电动机,应有手动控制和解除自动控制或联锁控制的措施;远程控制的电动机,应有就地控制和解除远程控制的措施;当突然启动可能危及周围人员安全时,应在机械旁装设启动预告信号和应急断电开关或自锁按钮。

15.2.7 电气线路宜采用穿金属管或电缆布线,并不应沿锅炉热风道、烟道、热水箱和其他载热体表面敷设。当需要沿载热体表面敷设时,应采取隔热措施。

在煤场下及构筑物内不宜有电缆通过。

15.2.8 控制室、变压器室和高、低压配电室,不应设在潮湿的生产房间、淋浴室、卫生间、用热

水加热空气的通风室和输送有腐蚀性介质管道的下面。

15.2.9 锅炉房各房间及构筑物地面上人工照明标准照度值、显示指数及功率密度值，应符合现行国家标准《建筑照明设计标准》GB 50034 的规定。

15.2.10 锅炉水位表、锅炉压力表、仪表屏和其他照度要求较高的部位，应设置局部照明。

15.2.11 在装设锅炉水位表、锅炉压力表、给水泵以及其他主要操作的地点和通道，宜设置事故照明。事故照明的电源选择，应按锅炉房的容量、生产用汽的重要性和锅炉房附近供电设施的设置情况等因素确定。

15.2.12 照明装置电源的电压，应符合下列要求：

1 地下凝结水箱间、出灰渣地点和安装热水箱、锅炉本体、金属平台等设备和构件处的灯具，当距地面和平台工作面小于 2.5 m 时，应有防止触电的措施或采用不超过 36 V 的电压。

2 手提行灯的电压不应超过 36 V。在本条第 1 款中所述场所的狭窄地点和接触良好的金属面上工作时，所用手提行灯的电压不应超过 12 V。

15.2.13 烟囱顶端上装设的飞行标志障碍灯，应根据锅炉房所在地航空部门的要求确定。障碍灯应采用红色，且不应少于 2 盏。

15.2.14 砖砌或钢筋混凝土烟囱应设置接闪（避雷）针或接闪带，可利用烟囱爬梯作为其引下线，但必须有可靠的连接。

15.2.15 燃气放散管的防雷设施，应符合现行国家标准《建筑物防雷设计规范》GB 50057 的规定。

15.2.16 燃油锅炉房贮存重油和轻柴油的金属油罐，当其顶板厚度不小于 4 mm 时，可不装设接闪针，但必须接地，接地点不应少于 2 处。

当油罐装有呼吸阀和放散管时，其防雷设施应符合现行国家标准《石油库设计规范》GB 50074的规定。

覆土在 0.5 m 以上的地下油罐，可不设防雷设施。但当有通气管引出地面时，在通气管处应做局部防雷处理。

15.2.17 气体和液体燃料管道应有静电接地装置。当其管道为金属材料，且与防雷或电气系统接地保护线相连时，可不设静电接地装置。

15.2.18 锅炉房应设置通信设施。

15.3 采暖通风

15.3.1 锅炉房内工作地点的夏季空气温度，应根据设备散热量的大小，按国家现行职业卫生标准《工业企业设计卫生标准》GBZ 1 的有关规定确定。

15.3.2 锅炉间、凝结水箱间、水泵间和油泵间等房间的余热，宜采用有组织的自然通风排除。当自然通风不能满足要求时，应设置机械通风。

15.3.3 锅炉间锅炉操作区等经常有人工作的地点，在热辐射照度大于等于 350 W/m^2 的地点，应设置局部送风。

15.3.4 夏季运行的地下、半地下、地下室和半地下室锅炉房控制室，应设有空气调节装置，其他锅炉房的控制室、化验室的仪器分析间，宜设空气调节装置。

15.3.5 设置集中采暖的锅炉房，各生产房间生产时间的冬季室内计算温度，宜符合表 15.3.5 的规定。在非生产时间的冬季室内计算温度宜为 5 ℃。

表 15.3.5　各生产房间生产时间的冬季室内计算温度

房间名称		温度(℃)
燃煤、燃油、燃气锅炉间	经常有人操作时	12
	设有控制室,经常无操作人员时	5
控制室、化验室、办公室		16～18
水处理间、值班室		15
燃气调压间、油泵房、化学品库、出渣间、风机间、水箱间、运煤走廊		5
水泵房	在单独房间内经常有人操作时	15
	在单独房间内经常无操作人员时	5
碎煤间及单独的煤粉制备装置间		12
更衣室		23
浴室		25～27

15.3.6　在有设备散热的房间内,应对工作地点的温度进行热平衡计算,当其散热量不能保证本规范规定工作地点的采暖温度时,应设置采暖设备。

15.3.7　设在其他建筑物内的燃油、燃气锅炉房的锅炉间,应设置独立的送排风系统,其通风装置应防爆,新风量必须符合下列要求:

1　锅炉房设置在首层时,对采用燃油作燃料的,其正常换气次数每小时不应少于 3 次,事故换气次数每小时不应少于 6 次;对采用燃气作燃料的,其正常换气次数每小时不应少于 6 次,事故换气次数每小时不应少于 12 次;

2　锅炉房设置在半地下或半地下室时,其正常换气次数每小时不应少于 6 次,事故换气次数每小时不应少于 12 次;

3　锅炉房设置在地下或地下室时,其换气次数每小时不应少于 12 次;

4　送入锅炉房的新风总量,必须大于锅炉房 3 次的换气量;

5　送入控制室的新风量,应按最大班操作人员计算。

注:换气量中不包括锅炉燃烧所需空气量。

15.3.8　燃气调压间等有爆炸危险的房间,应有每小时不少于 3 次的换气量。当自然通风不能满足要求时,应设置机械通风装置,并应设每小时换气不少于 12 次的事故通风装置。通风装置应防爆。

15.3.9　燃油泵房和贮存闪点小于等于 45 ℃的易燃油品的地下油库,除采用自然通风外,燃油泵房应有每小时换气 12 次的机械通风装置,油库应有每小时换气 6 次的机械通风装置。

计算换气量时,房间高度可按 4 m 计算。

设置在地面上的易燃油泵房,当建筑物外墙下部设有百叶窗、花格墙等对外常开孔口时,可不设置机械通风装置。

易燃油泵房和易燃油库的通风装置应防爆。

15.3.10　机械通风房间内吸风口的位置,应根据油气和燃气的密度大小,按现行国家标准《采暖通风与空气调节设计规范》GB 50019 中的有关规定确定。

15.4　给水排水

15.4.1　锅炉房的给水宜采用 1 根进水管。当中断给水造成停炉会引起生产上的重大损失时,应采用2根从室外环网的不同管段或不同水源分别接入的进水管。

当采用1根进水管时,应设置为排除故障期间用水的水箱或水池。其总容量应包括原水箱、软化或除盐水箱、除氧水箱和中间水箱等的容量,并不应小于2 h锅炉房的计算用水量。

15.4.2 煤场和灰渣场,应设有防止粉尘飞扬的洒水设施和防止煤屑和灰渣被冲走以及积水的设施。煤场尚应设置消除煤堆自燃用的给水点。

15.4.3 化学水处理的贮存酸、碱设备处,应有人身和地面沾溅后简易的冲洗措施。

15.4.4 锅炉及辅机冷却水,宜利用作为锅炉除渣机用水及冲灰渣补充水。

15.4.5 锅炉房冷却用水量大于等于8 m^3/h时,应循环使用。

15.4.6 锅炉房操作层、出灰层和水泵间等地面宜有排水措施。

16 环境保护

16.1 大气污染物防治

16.1.1 锅炉房排放的大气污染物,应符合现行国家标准《锅炉大气污染物排放标准》GB 13271、《大气污染物综合排放标准》GB 16297和所在地有关大气污染物排放标准的规定。

16.1.2 除尘器的选择,应根据锅炉在额定蒸发量或额定热功率下的出口烟尘初始排放浓度、燃料成分、烟尘性质和除尘器对负荷适应性等技术经济因素确定。

16.1.3 除尘器及其附属设施,应符合下列要求:

1 应有防腐蚀和防磨损的措施;

2 应设置可靠的密封排灰装置;

3 应设置密闭输送和密闭存放灰尘的设施,收集的灰尘宜综合利用。

16.1.4 单台额定蒸发量小于等于6 t/h或单台额定热功率小于等于4.2 MW的层式燃煤锅炉,宜采用干式除尘器。

16.1.5 燃煤锅炉在采用干式旋风除尘器达不到烟尘排放标准时,应采用湿式、静电或袋式除尘装置。

16.1.6 有碱性工业废水可利用的企业或采用水力冲灰渣的燃煤锅炉房,宜采用除尘和脱硫功能一体化的除尘脱硫装置。一体化除尘脱硫装置,应符合下列要求:

1 应有防腐措施;

2 应采用闭式循环系统,并设置灰水分离设施,外排废液应经无害化处理;

3 应采取防止烟气带水和在后部烟道及引风机结露的措施;

4 严寒地区的装置和系统应有防冻措施;

5 应有pH值、液气比和SO_2出口浓度的检测和自控装置。

16.1.7 循环流化床锅炉,应采用炉内脱硫。

16.1.8 锅炉烟气排放中氮氧化物浓度超过标准时,应采取治理措施。

16.1.9 锅炉房烟气排放系统中采样孔、监测孔的设置,应符合现行国家标准《锅炉大气污染物排放标准》GB 13271的规定,并宜设置工作平台。单台额定蒸发量大于等于20 t/h或单台额定热功率大于等于14 MW的燃煤锅炉和燃油锅炉,必须安装固定的连续监测烟气中烟尘、SO_2排放浓度的仪器。

16.1.10 运煤系统的转运处、破碎筛选处和锅炉干式机械除灰渣处等产生粉尘的设备和地点,应有防止粉尘扩散的封闭措施和设置局部通风除尘装置。

16.2 噪声与振动的防治

16.2.1 位于城市的锅炉房，其噪声控制应符合现行国家标准《城市区域环境噪声标准》GB 3096的规定。

锅炉房噪声对厂界的影响，应符合现行国家标准《工业企业厂界噪声标准》GB 12348 的规定。

16.2.2 锅炉房内各工作场所噪声声级的卫生限值，应符合国家现行职业卫生标准《工业企业设计卫生标准》GBZ 1 的规定。锅炉房操作层和水处理间操作地点的噪声，不应大于85 dB(A)；仪表控制室和化验室的噪声，不应大于 70 dB(A)。

16.2.3 锅炉房的风机、多级水泵、燃油、燃气燃烧器和煤的破碎、制粉、筛选装置等设备，应选用低噪声产品，并应采取降噪和减振措施。

16.2.4 锅炉房的球磨机宜布置在隔声室内，隔声室应按防爆要求设置通风设施。

16.2.5 锅炉鼓风机的吸风口、各设备隔声室和隔声罩的进风口宜设置消声器。

16.2.6 额定出口压力为 1.27 ~ 3.82 MPa(表压)的蒸汽锅炉本体和减温减压装置的放汽管上，宜设置消声器。

16.2.7 非独立锅炉房及宾馆、医院和精密仪器车间附近的锅炉房，其风机、多级水泵等设备与其基础之间应设置隔振器，设备与管道连接应采用柔性接头连接，管道支承宜采用弹性支吊架。

16.2.8 非独立锅炉房的墙、楼板、隔声门窗的隔声量，不应小于 35 dB(A)。

16.3 废水治理

16.3.1 锅炉房排放的各类废水，应符合现行国家标准《污水综合排放标准》GB 8978 和《地表水环境质量标准》GB 3838 的规定，并应符合受纳水系的接纳要求。

16.3.2 锅炉房排放的各类废水，应按水质、水量分类进行处理，合理回收，重复利用。

16.3.3 湿式除尘脱硫装置、水力除灰渣系统和锅炉清洗产生的废水应经过沉淀、中和处理达标后排放；锅炉排污水应降温至小于 40 ℃后排放；化学水处理的酸、碱废水应经过中和处理达标后排放。

16.3.4 油罐清洗废水和液化石油气残液严禁直接排放；油罐区应设置汇水明沟和隔油池；液化石油气残液应委托国家认可的专业部门处理。

16.3.5 煤场和灰渣场应设置防止煤屑和灰渣冲走和积水的设施，积水处理排放应符合本规范第 16.3.1 条的要求，同时应设有防治煤灰水渗漏对地下水、饮用水源污染的措施。

16.4 固体废弃物治理

16.4.1 燃煤锅炉房的灰渣应综合利用，烟气脱硫装置的脱硫副产品宜综合利用。

16.4.2 化学水处理系统的固体废弃物，应按危险废弃物分类要求处理。

16.5 绿 化

16.5.1 锅炉房区域的场地应进行绿化。区域锅炉房的绿地率宜为 20%，非区域锅炉房的绿化面积应在总体设计时统一规划。

16.5.2 锅炉房干煤棚和露天煤场及灰渣场周围，宜设置绿化隔离带。

17 消　　防

17.0.1 锅炉房的消防设计，应符合现行国家标准《建筑设计防火规范》GB 50016 和《高层民用建筑设计防火规范》GB 50045 的有关规定。

17.0.2 锅炉房内灭火器的配置，应符合现行国家标准《建筑灭火器配置设计规范》GB 50140 的规定。

17.0.3 燃油泵房、燃油罐区宜采用泡沫灭火，其系统设计应符合现行国家标准《低倍数泡沫灭火系统设计规范》GB 50151 的有关规定。

17.0.4 燃油及燃气的非独立锅炉房的灭火系统，当建筑物设有防灾中心时，该系统应由防灾中心集中监控。

17.0.5 非独立锅炉房和单台蒸汽锅炉额定蒸发量大于等于 10 t/h 或总额定蒸发量大于等于 40 t/h 及单台热水锅炉额定热功率大于等于 7 MW 或总额定热功率大于等于 28 MW 的独立锅炉房，应设置火灾探测器和自动报警装置。火灾探测器的选择及其设置的位置，火灾自动报警系统的设计和消防控制设备及其功能，应符合现行国家标准《火灾自动报警系统设计规范》GB 50116 的有关规定。

17.0.6 消防集中控制盘，宜设在仪表控制室内。

17.0.7 锅炉房、运煤栈桥、转运站、碎煤机室等处，宜设置室内消防给水点，其相连接处并宜设置水幕防火隔离设施。

18 室外热力管道

18.1 管道的设计参数

18.1.1 热力管道的设计流量，应根据热负荷的计算确定。热负荷应包括近期发展的需要量。

18.1.2 热水管网的设计流量，应按下列规定计算：

1 应按用户的采暖通风小时最大耗热量计算，不宜考虑同时使用系数和管网热损失；

2 当采用中央质调节时，闭式热水管网干管和支管的设计流量，应按采暖通风小时最大耗热量计算；

3 当热水管网兼供生活热水时，干管的设计流量，应计入按生活热水小时平均耗热量计算的设计流量。支管的设计流量，当生活热水用户有贮水箱时，可按生活热水小时平均耗热量计算；当生活热水用户无贮水箱时，可按其小时最大耗热量计算。

18.1.3 蒸汽管网的设计流量，应按生产、采暖通风和生活小时最大耗热量，并计入同时使用系数和管网热损失计算。

18.1.4 凝结水管网的设计流量，应按蒸汽管网的设计流量减去不回收的凝结水量计算。

18.1.5 蒸汽管道起始蒸汽参数的确定，可按用户的蒸汽最大工作参数和热源至用户的管网压力损失及温度降进行计算。

18.2 管道系统

18.2.1 当用汽参数相差不大，蒸汽干管宜采用单管系统。当用汽有特殊要求或用汽参数相差较大时，蒸汽干管宜采用双管或多管系统。

18.2.2　蒸汽管网宜采用枝状管道系统。当用汽量较小且管网较短,为满足生产用汽的不同要求和便于控制,可采用由热源直接通往各用户的辐射状管道系统。

18.2.3　双管热水系统宜采用异程式(逆流式),供水管与回水管的相应管段宜采用相同的管径;通向热用户的供、回水支管宜为同一出入口。

18.2.4　采用闭式双管高温热水系统,应符合下列要求:

1　系统静压线的压力值,宜为直接连接用户系统中的最高充水高度及设计供水温度下相应的汽化压力之和,并应有 10 ~ 30 kPa 的富裕量;

2　系统运行时,系统任一处的压力应高于该处相应的汽化压力;

3　系统回水压力,在任何情况下不应超过用户设备的工作压力,且任一点的压力不应低于 50 kPa;

4　用户入口处的分布压头大于该用户系统的总阻力时,应采用孔板、小口径管段、球阀、节流阀等消除剩余压头的可靠措施。

18.2.5　热水系统设计宜在水力计算的基础上绘制水压图,以确定与用户的连接方式和用户入口装置处供、回水管的减压值。

18.2.6　蒸汽供热系统的凝结水应回收利用,但加热有强腐蚀性物质的凝结水不应回收利用。加热油槽和有毒物质的凝结水,严禁回收利用,并应在处理达标后排放。

18.2.7　高温凝结水宜利用或利用其二次蒸汽。不予回收的凝结水宜利用其热量。

18.2.8　回收的凝结水应符合本规范第 9.2.2 条中对锅炉给水水质标准的要求。对可能被污染的凝结水,应装设水质监测仪器和净化装置,经处理合格后予以回收。

18.2.9　凝结水的回收系统宜采用闭式系统。当输送距离较远或架空敷设利用余压难以使凝结水返回时,宜采用加压凝结水回收系统。

18.2.10　采用闭式满管系统回收凝结水时,应进行水力计算和绘制水压图,以确定二次蒸发箱的高度和二次蒸汽的压力,并使所有用户的凝结水能返回锅炉房。

18.2.11　采用余压系统回收凝结水时,凝结水管的管径应按汽水混合状态进行计算。

18.2.12　采用加压系统回收凝结水时,应符合下列要求:

1　凝结水泵站的位置应按全厂用户分布状况确定;

2　当 1 个凝结水系统有几个凝结水泵站时,凝结水泵的选择应符合并联运行的要求;

3　每个凝结水泵站内的水泵宜设置 2 台,其中 1 台备用。每台凝结水泵的流量应满足每小时最大凝结水回收量,其扬程应按凝结水系统的压力损失、泵站至凝结水箱的提升高度和凝结水箱的压力进行计算;

4　凝结水泵应设置自动启动和停止运行的装置;

5　每个凝结水泵站中的凝结水箱宜设置 1 个,常年不间断运行的系统宜设置 2 个,凝结水有被污染的可能时应设置 2 个,其总有效容积宜为 15 ~ 20 min 的小时最大凝结水回收量。

18.2.13　采用疏水加压器作为加压泵时,在各用汽设备的凝结水管道上应装设疏水阀,当疏水加压器兼有疏水阀和加压泵两种作用时,其装设位置应接近用汽设备,并使其上部水箱低于系统的最低点。

18.3　管道布置和敷设

18.3.1　热力管道的布置,应根据建、构筑物布置的方向与位置、热负荷分布情况、总平面布置要求和与其他管道的关系等因素确定,并应符合下列要求:

1 热力管道主干线应通过热负荷集中的区域，其走向宜与干道或建筑物平行；

2 热力管道不应穿越由于汽、水泄漏将引起事故的场所，应少穿越厂区主要干道，并不宜穿越建筑扩建地和物料堆场；

3 山区热力管道，应因地制宜地布置，并应避开地质灾害和山洪的影响。

18.3.2 热力管道的敷设方式，应根据气象、水文、地质、地形等条件和施工、运行、维修方便等因素确定。居住区的热力管道，宜采用地沟敷设或直埋敷设。符合下列情况之一时，宜采用架空敷设：

1 地下水位高或年降雨量大；

2 土壤具有较强的腐蚀性；

3 地下管线密集；

4 地形复杂或有河沟、岩层、溶洞等特殊障碍。

18.3.3 室外热力管道、管沟与建筑物、构筑物、道路、铁路和其他管线之间的最小净距，宜符合本规范附录 A 的规定。

18.3.4 架空热力管道沿原有建、构筑物敷设时，应核对原有建、构筑物对管道负载的支承能力。

18.3.5 架空热力管道与输送强腐蚀性介质的管道和易燃、易爆介质管道共架时，应有避免其相互产生安全影响的措施。

18.3.6 当室外有架空的工艺和其他动力等管道时，热力管道宜与之共架敷设，其排列方式和布置尺寸应使所有管道便于安装和维修，并使管架负载分布合理。

18.3.7 架空热力管道在不妨碍交通的地段宜采用低支架敷设，在人行道地段宜采用中支架敷设，在车辆通行地段应采用高支架敷设。管道（包括保温层、支座和桁架式支架）最低点与地面的净距，应符合下列规定：

1 低支架敷设，不宜小于 0.5 m；

2 中支架敷设，不宜小于 2.5 m；

3 高支架敷设，与道路、铁路的交叉净距，应符合本规范附录 A 的有关规定。

18.3.8 地沟的敷设方式，宜符合下列要求：

1 管道数量少且管径小时，宜采用不通行地沟，地沟内管道宜采用单排布置；

2 管道通过不允许经常开挖的地段或管道数量较多，采用不通行地沟敷设的沟宽受到限制时，宜采用半通行地沟；

3 管道通过不允许经常开挖的地段或管道数量多，且任一侧管道的排列高度（包括保温层在内）大于等于 1.5 m 时，可采用通行地沟。

18.3.9 半通行地沟的净高宜为 1.2～1.4 m，通道净宽宜为 0.5～0.6 m；通行地沟的净高不宜小于 1.8 m，通道净宽不宜小于 0.7 m。

18.3.10 地沟内管道保温表面与沟壁、沟底和沟顶的净距，宜符合下列要求：

1 与沟壁宜为 100～200 mm；

2 与沟底宜为 150～200 mm；

3 与沟顶：不通行地沟宜为 50～200 mm；

半通行和通行地沟宜为 200～300 mm。

管道（包括保温层）间的净距应根据管道安装和维修的需要确定。

18.3.11 热力管道可与重油管、润滑油管、压力小于等于 1.6 MPa（表压）的压缩空气管、给水管敷设在同一地沟内。给水管敷设在热力管道地沟内时，应单排布置或安装在热力管道下方。

18.3.12 热力管道严禁与输送易挥发、易爆、有害、有腐蚀性介质的管道和输送易燃液体、可燃气体、惰性气体的管道敷设在同一地沟内。

18.3.13 直埋热力管道应符合国家现行标准《城镇直埋供热管道工程技术规程》CJJ/T 81 和《城镇供热直埋蒸汽管道技术规程》CJJ 104 的规定，并应符合下列要求：

1 管道底部高于最高地下水位高度 0.5 m；当布置在地下水位以下时，管道应有可靠的防水性能，并应进行抗浮计算；

2 对有可能产生电化学腐蚀的管道，可采取牺牲阳极的阴极保护防腐措施。

18.3.14 热力管道地沟和直埋敷设管道在地面和路面下的埋设深度，应符合下列要求：

1 地沟盖板顶部埋深不宜小于 0.3 m；

2 检查井顶部埋深不宜小于 0.3 m；

3 直埋管道外壳顶部埋深应符合国家现行标准《城镇直埋供热管道工程技术规程》CJJ/T 81和《城镇供热直埋蒸汽管道技术规程》CJJ 104 的有关规定。当直埋管道穿道路时，宜加套管或采用管沟进行防护，管沟上应设钢筋混凝土盖板。

18.3.15 地下敷设热力管道的分支点装有阀门、仪表、放气、排水、疏水等附件时，应设置检查井，并应符合下列要求：

1 检查井的大小、井内管道和附件的布置，应满足安装、操作和维修的要求，其净高不应小于 1.8 m；

2 检查井面积大于等于 4 m^2时，人孔不应少于 2 个，其直径不应小于 0.7 m，人孔口高出地面不应小于 0.15 m；

3 检查井内应设置积水坑，其尺寸不宜小于 0.4 m × 0.4 m × 0.3 m，并宜设置在人孔之下。

18.3.16 通行地沟的人孔间距不宜大于 200 m，装有蒸汽管道时，不宜大于 100 m；半通行地沟的人孔间距不宜大于 100 m，装有蒸汽管道时，不宜大于 60 m。人孔口高出地面不应小于 0.15 m。

18.3.17 地沟的设计除应符合本规范第 18.3.8 条 ~ 第 18.3.12 条及第 18.3.14 条 ~ 第 18.3.16 条的规定外，尚应符合下列要求：

1 宜将地沟设置在最高地下水位以上，并应采取措施防止地面水渗入沟内，地沟盖上面宜覆土；

2 地沟沟底宜有顺地面坡向的纵向坡度；

3 通行地沟内的照明电压不应大于 36 V；

4 半通行地沟和通行地沟应有较好的自然通风。

18.3.18 直埋热力管道的沟槽尺寸，宜符合下列要求：

1 管道与管道之间（包括保温、外保护层）净距 200 ~ 250 mm；

2 管道（包括保温、外保护层）与沟槽壁之间净距 100 ~ 150 mm；

3 管道（包括保温、外保护层）与沟槽底之间净距 150 mm。

18.3.19 地下敷设的热力管道穿越铁路或公路时，宜采用垂直交叉。斜交叉时，交叉角不宜小于 45°，交叉处宜采用通行地沟、半通行地沟或套管，其长度应伸出路基每边不小于 1 m。

18.3.20 采用中、高支架敷设的管道，在管道上装有阀门和附件处应设置操作平台，平台尺寸应保证操作方便。对于只装疏水、放水、放气等附件处，可不设置操作平台，将附件装设于地面上可以操作的位置，其引下管应保温。

18.3.21 架空敷设管道与地沟敷设管道连接处，地沟的连接口应高出地面不小于0.3 m，并应有防止雨水进入地沟的措施。直埋管道伸出地面处应设竖井，并应有防止雨水进入竖井的措施，竖井的断面尺寸应满足管道横向位移的要求。

18.4 管道和附件

18.4.1 管道材料的选用，应符合下列要求：

1 压力大于1.0 MPa表压和温度大于200 ℃的蒸汽管道、压力大于1.6 MPa（表压）和温度小于等于180 ℃的热水管道，应采用无缝钢管。压力小于1.6 MPa（表压）和温度小于200 ℃的蒸汽管道、热水和凝结水管道，可采用无缝钢管或焊接钢管；

2 热力管道当采用不通行地沟或直接埋地敷设时，应采用无缝钢管。当采用架空、半通行或通行地沟敷设时，可采用无缝钢管或焊接钢管，并应符合本条第1款的规定。

18.4.2 室外热力管道的公称直径不应小于25 mm。

18.4.3 热水、蒸汽和凝结水管道通向每一用户的支管上均应装设阀门。当支管的长度小于20 m时可不装设。

18.4.4 热水、蒸汽和凝结水管道的高点和低点，应分别装设放气阀和放水阀。

18.4.5 蒸汽管道的直线管段，顺坡时每隔400~500 m、逆坡时每隔200~300 m，均应设启动疏水装置。在蒸汽管道的低点和垂直升高之前，应设置经常疏水装置。

18.4.6 蒸汽管道的经常疏水，在有条件时，应排入凝结水管道。

18.4.7 装设疏水阀处应装有检查疏水阀用的检查阀，或其他检查附件。在不带过滤器装置的疏水阀前应设置过滤器。

18.4.8 室外采暖计算温度小于-5 ℃的地区，架空敷设的不连续运行的管道上，以及室外采暖计算温度小于-10 ℃的地区，架空敷设的管道上，均不应装设灰铸铁的设备和附件。室外采暖计算温度小于等于-30 ℃的地区，架空敷设的管道上，装设的阀门和附件应为钢制。

18.5 管道热补偿和管道支架

18.5.1 管道的热膨胀补偿，应符合下列要求：

1 管道公称直径小于300 mm时，宜利用自然补偿。当自然补偿不能满足要求时，应采用补偿器补偿；

2 管道公称直径大于等于300 mm时，宜采用补偿器补偿。

18.5.2 热力管道补偿器在补偿管道轴向热位移时，宜采用约束型补偿器。但地沟敷设的热力管道，当无足够的横向位移空间时，不宜采用约束型补偿器。

18.5.3 管道热伸长量的计算温差，应为热介质的工作温度和管道安装温度之差。室外管道的安装温度，可按室外采暖计算温度取用。

18.5.4 采用弯管补偿器时，应预拉伸管道。预拉伸量宜取管道热伸长量的50%。当输送热介质温度大于380 ℃时，预拉伸量宜取管道热伸长量的70%。

18.5.5 套管补偿器应设置在固定支架一侧的平直管段上，并应在其活动侧装设导向支架。

18.5.6 当采用波形补偿器时，应计算安装温度下的补偿器安装长度，根据安装温度进行预拉伸。采用非约束型波形补偿器时，应在补偿器两侧的管道上装设导向支架。

18.5.7 采用球形补偿器时，宜装设在便于检修的地方。当水平装设大直径的球形补偿器时，两个球形补偿器下应装设滚动支架,或采用低摩擦系数材料的滑动支架,在直管段上应设置导向支架。

18.5.8　管道的转角可采用弯曲半径不小于1倍管径的热压弯头,或采用煨制弯曲半径不小于4倍管径的弯管,介质压力小于等于1.6 MPa表压的管道可采用焊接弯头。

18.5.9　管道的活动支座宜采用滑动支座。当敷设在高支架、悬臂支架或通行地沟内的管道,其公称直径大于等于300 mm时,宜采用滚动(滚轮、滚架、滚柱)支座或采用低摩擦系数材料的滑动支座。

18.5.10　不通行地沟内每根热力管道的滑动支座及其混凝土支墩应开布置。

18.5.11　当管道直接敷设在另一管道上时,在计算管道的支座尺寸和补偿器的补偿能力时,应计入上、下管道产生的位移量所造成的影响。

18.5.12　计算共架敷设管道的推力时,应计入牵制系数。

附录A　室外热力管道、管沟与建筑物、构筑物、道路、铁路和其他管线之间的净距

A.0.1　架空热力管道与建筑物、构筑物、道路、铁路和架空导线之间的最小净距,宜符合表A.0.1的规定。

表A.0.1　架空热力管道与建筑物、构筑物、道路、铁路和架空导线之间的最小净距(m)

<table>
<tr><th colspan="3">名　称</th><th>水平净距</th><th>交叉净距</th></tr>
<tr><td colspan="3">一、二级耐火等级的建筑物</td><td>允许沿外墙</td><td>—</td></tr>
<tr><td colspan="3">铁路钢轨</td><td>外侧边缘3.0</td><td>跨铁路钢轨面5.5①</td></tr>
<tr><td colspan="3">道路路面边缘、排水沟边缘或路堤坡脚</td><td>1.0</td><td>距路面5.0②</td></tr>
<tr><td colspan="3">人行道路边</td><td>0.5</td><td>距路面2.5</td></tr>
<tr><td rowspan="3">架空导线(导线在热力管道上方)</td><td rowspan="3">电压等级(kV)</td><td><1</td><td>外侧边缘1.5</td><td>1.5</td></tr>
<tr><td>1～10</td><td>外侧边缘2.0</td><td>1.0</td></tr>
<tr><td>35～110</td><td>外侧边缘4.0</td><td>3.0</td></tr>
</table>

注:1　跨越电气化铁路的交叉净距,应符合有关规范的规定。当有困难时,在保证安全的前提下,可减至4.5 m。
　　2　道路交叉净距,应从路拱面算起。

A.0.2　埋地热力管道、热力管沟外壁与建筑物、构筑物的最小净距,宜符合表A.0.2的规定。

表A.0.2　埋地热力管道、热力管沟外壁与建筑物、构筑物的最小净距(m)

名　称	水平净距
建筑物基础边	1.5
铁路钢轨外侧边缘	3.0
道路路面边缘	0.8
铁路、道路的边沟或单独的雨水明沟边	0.8
照明、通信电杆中心	1.0
架空管架基础边缘	0.8

续上表

名　　称	水平净距
围墙篱栅基础边缘	1.0
乔木或灌木丛中心	2.0

注:1　当管线埋深大于邻近建筑物、构筑物基础深度时,应用土壤内摩擦角校正表中数值。

2　管线与铁路、道路间的水平净距除应符合表中规定外,当管线埋深大于1.5 m时,管线外壁至路基坡脚净距不应小于管线埋深。

3　本表不适用于湿陷性黄土地区。

A.0.3　埋地热力管道、热力管沟外壁与其他各种地下管线之间的最小净距,宜符合表A.0.3的规定。

表A.0.3　埋地热力管道、热力管沟外壁与其他各种地下管线之间的最小净距(m)

名　　称			水平净距	交叉净距
给水管			1.5	0.15
排水管			1.5	0.15
燃气管道	压力(kPa)	≤400	1.0	0.15
		400 < ~ ≤800	1.5	0.15
		800 < ~ ≤1 600	2.0	0.15
乙炔、氧气管			1.5	0.25
压缩空气或二氧化碳管			1.0	0.15
电力电缆			2.0	0.50
电力电缆	直埋电缆		1.0	0.50
	电缆管道		1.0	0.25
排水暗渠			1.5	0.50
铁路轨面			—	1.20
道路路面			—	0.50

注:1　热力管道与电力电缆间不能保持2.0 m水平净距时,应采取隔热措施。

2　表中数值为1 m而相邻两管线间埋设标高差大于0.5 m以及表中数值为1.5 m而相邻两管线间埋设标高差大于1 m时,表中数值应适当增加。

3　当压缩空气管道平行敷设在热力管沟基础上时,其净距可减小至0.15 m。

建筑物防雷设计规范

目　次

3 建筑物的防雷分类

3.0.1 建筑物应根据建筑物的重要性、使用性质、发生雷电事故的可能性和后果,按防雷要求分为三类。

3.0.2 在可能发生对地闪击的地区,遇下列情况之一时,应划为第一类防雷建筑物:

1 凡制造、使用或贮存火炸药及其制品的危险建筑物,因电火花而引起爆炸、爆轰,会造成巨大破坏和人身伤亡者。

2 具有0区或20区爆炸危险场所的建筑物。

3 具有1区或21区爆炸危险场所的建筑物,因电火花而引起爆炸,会造成巨大破坏和人身伤亡者。

3.0.3 在可能发生对地闪击的地区,遇下列情况之一时,应划为第二类防雷建筑物:

1 国家级重点文物保护的建筑物。

2 国家级的会堂、办公建筑物、大型展览和博览建筑物、大型火车站和飞机场、国宾馆,国家级档案馆、大型城市的重要给水泵房等特别重要的建筑物。

注:飞机场不含停放飞机的露天场所和跑道。

3 国家级计算中心、国际通信枢纽等对国民经济有重要意义的建筑物。

4 国家特级和甲级大型体育馆。

5 制造、使用或贮存火炸药及其制品的危险建筑物,且电火花不易引起爆炸或不致造成巨大破坏和人身伤亡者。

6 具有1区或21区爆炸危险场所的建筑物,且电火花不易引起爆炸或不致造成巨大破坏和人身伤亡者。

7 具有2区或22区爆炸危险场所的建筑物。

8 有爆炸危险的露天钢质封闭气罐。

9 预计雷击次数大于0.05次/a的部、省级办公建筑物和其他重要或人员密集的公共建筑物以及火灾危险场所。

10 预计雷击次数大于0.25次/a的住宅、办公楼等一般性民用建筑物或一般性工业建筑物。

3.0.4 在可能发生对地闪击的地区,遇下列情况之一时,应划为第三类防雷建筑物:

1 省级重点文物保护的建筑物及省级档案馆。

2 预计雷击次数大于或等于0.01次/a且小于或等于0.05次/a的部、省级办公建筑物和其他重要或人员密集的公共建筑物,以及火灾危险场所。

3 预计雷击次数大于或等于0.05次/a且小于或等于0.25次/a的住宅、办公楼等一般性民用建筑物或一般性工业建筑物。

4 在平均雷暴日大于15 d/a的地区,高度在15 m及以上的烟囱、水塔等孤立的高耸建筑物;在平均雷暴日小于或等于15 d/a的地区,高度在20 m及以上的烟囱、水塔等孤立的高耸建筑物。

4　建筑物的防雷措施

4.1　基本规定

4.1.1　各类防雷建筑物应设防直击雷的外部防雷装置，并应采取防闪电电涌侵入的措施。

第一类防雷建筑物和本规范第3.0.3条第5～7款所规定的第二类防雷建筑物，尚应采取防闪电感应的措施。

4.1.2　各类防雷建筑物应设内部防雷装置，并应符合下列规定：

1　在建筑物的地下室或地面层处，下列物体应与防雷装置做防雷等电位连接：

1)建筑物金属体。

2)金属装置。

3)建筑物内系统。

4)进出建筑物的金属管线。

2　除本条第1款的措施外，外部防雷装置与建筑物金属体、金属装置、建筑物内系统之间，尚应满足间隔距离的要求。

4.1.3　本规范第3.0.3条第2～4款所规定的第二类防雷建筑物尚应采取防雷击电磁脉冲的措施。其他各类防雷建筑物，当其建筑物内系统所接设备的重要性高，以及所处雷击磁场环境和加于设备的闪电电涌无法满足要求时，也应采取防雷击电磁脉冲的措施。防雷击电磁脉冲的措施应符合本规范第6章的规定。

4.2　第一类防雷建筑物的防雷措施

4.2.1　第一类防雷建筑物防直击雷的措施应符合下列规定：

1　应装设独立接闪杆或架空接闪线或网。架空接闪网的网格尺寸不应大于5 m×5 m或6 m×4 m。

2　排放爆炸危险气体、蒸气或粉尘的放散管、呼吸阀、排风管等的管口外的下列空间应处于接闪器的保护范围内：

1)当有管帽时应按表4.2.1的规定确定。

2)当无管帽时，应为管口上方半径5 m的半球体。

3)接闪器与雷闪的接触点应设在本款第1项或第2项所规定的空间之外。

表4.2.1　有管帽的管口外处于接闪器保护范围内的空间

装置内的压力与周围空气压力的压力差(kPa)	排放物对比于空气	管帽以上的垂直距离(m)	距管口处的水平距离(m)
<5	重于空气	1	2
5～25	重于空气	2.5	5
≤25	轻于空气	2.5	5
>25	重或轻于空气	5	5

注：相对密度小于或等于0.75的爆炸性气体规定为轻于空气的气体；相对密度大于0.75的爆炸性气体规定为重于空气的气体。

3　排放爆炸危险气体、蒸气或粉尘的放散管、呼吸阀、排风管等，当其排放物达不到爆炸浓度、长期点火燃烧、一排放就点火燃烧，以及发生事故时排放物才达到爆炸浓度的通风管、安全阀，接闪器的保护范围应保护到管帽，无管帽时应保护到管口。

4 独立接闪杆的杆塔、架空接闪线的端部和架空接闪网的每根支柱处应至少设一根引下线。对用金属制成或有焊接、绑扎连接钢筋网的杆塔、支柱，宜利用金属杆塔或钢筋网作为引下线。

5 独立接闪杆和架空接闪线或网的支柱及其接地装置至被保护建筑物及与其有联系的管道、电缆等金属物之间的间隔距离(图 4. 2. 1)，应按下列公式计算，且不得小于 3 m：

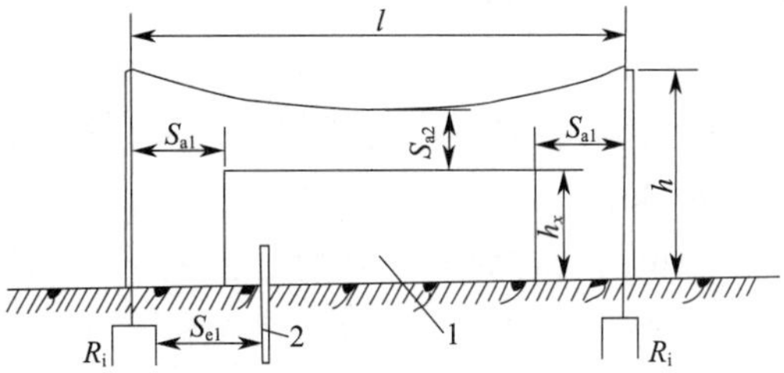

图 4. 2. 1　防雷装置至被保护物的间隔距离

1—被保护建筑物;2—金属管道

1)地上部分：

$$\text{当 } h_x < 5R_i \text{ 时}: S_{a1} \geqslant 0.4(R_i + 0.1h_x) \quad (4.2.1\text{-}1)$$

$$\text{当 } h_x \geqslant 5R_i \text{ 时}: S_{a1} \geqslant 0.1(R_i + h_x) \quad (4.2.1\text{-}2)$$

2)地下部分：

$$S_{e1} \geqslant 0.4R_i \quad (4.2.1\text{-}3)$$

式中　S_{a1}——空气中的间隔距离(m)；

S_{e1}——地中的间隔距离(m)；

R_i ——独立接闪杆、架空接闪线或网支柱处接地装置的冲击接地电阻(Ω)；

h_x ——被保护建筑物或计算点的高度(m)。

6 架空接闪线至屋面和各种突出屋面的风帽、放散管等物体之间的间隔距离(图 4. 2. 1)，应按下列公式计算，且不应小于 3 m：

1)当$(h + \frac{l}{2}) < 5R_i$时：

$$S_{a2} \geqslant 0.2R_i + 0.03(h + \frac{l}{2}) \quad (4.2.1\text{-}4)$$

2)当$(h + \frac{l}{2}) \geqslant 5R_i$时：

$$S_{a2} \geqslant 0.05R_i + 0.06(h + \frac{l}{2}) \quad (4.2.1\text{-}5)$$

式中　S_{a2}——接闪线至被保护物在空气中的间隔距离(m)；

h ——接闪线的支柱高度(m)；

l ——接闪线的水平长度(m)。

7 架空接闪网至屋面和各种突出屋面的风帽、放散管等物体之间的间隔距离，应按下列公式计算，且不应小于 3 m：

1)当$(h + l_1) < 5R_i$时：

$$S_{a2} \geqslant \frac{1}{n}[0.4R_i + 0.06(h + l_1)] \tag{4.2.1-6}$$

2）当$(h+l_1) \geqslant 5R_i$时：

$$S_{a2} \geqslant \frac{1}{n}[0.1R_i + 0.12(h + l_1)] \tag{4.2.1-7}$$

式中 S_{a2}——接闪网至被保护物在空气中的间隔距离（m）；

l_1 ——从接闪网中间最低点沿导体至最近支柱的距离（m）；

n ——从接闪网中间最低点沿导体至最近不同支柱并有同一距离 l_1的个数。

8 独立接闪杆、架空接闪线或架空接闪网应有独立的接地装置，每一引下线的冲击接地电阻不宜大于 10 Ω。在土壤电阻率高的地区，可适当增大冲击接地电阻，但在 3 000 Ωm 以下的地区，冲击接地电阻不应大于 30 Ω。

4.2.2 第一类防雷建筑物防闪电感应应符合下列规定：

1 建筑物内的设备、管道、构架、电缆金属外皮、钢屋架、钢窗等较大金属物和突出屋面的放散管、风管等金属物，均应接到防闪电感应的接地装置上。

金属屋面周边每隔 18 ~24 m 应采用引下线接地一次。

现场浇灌或用预制构件组成的钢筋混凝土屋面，其钢筋网的交叉点应绑扎或焊接，并应每隔 18 m ~24 m 采用引下线接地一次。

2 平行敷设的管道、构架和电缆金属外皮等长金属物，其净距小于 100 mm 时，应采用金属线跨接，跨接点的间距不应大于 30 m；交叉净距小于 100 mm 时，其交叉处也应跨接。

当长金属物的弯头、阀门、法兰盘等连接处的过渡电阻大于 0.03 Ω 时，连接处应用金属线跨接。对有不少于 5 根螺栓连接的法兰盘，在非腐蚀环境下，可不跨接。

3 防闪电感应的接地装置应与电气和电子系统的接地装置共用，其工频接地电阻不宜大于 10 Ω。防闪电感应的接地装置与独立接闪杆、架空接闪线或架空接闪网的接地装置之间的间隔距离，应符合本规范第 4.2.1 条第 5 款的规定。

当屋内设有等电位连接的接地干线时，其与防闪电感应接地装置的连接不应少于 2 处。

4.2.3 第一类防雷建筑物防闪电电涌侵入的措施应符合下列规定：

1 室外低压配电线路应全线采用电缆直接埋地敷设，在入户处应将电缆的金属外皮、钢管接到等电位连接带或防闪电感应的接地装置上。

2 当全线采用电缆有困难时，应采用钢筋混凝土杆和铁横担的架空线，并应使用一段金属铠装电缆或护套电缆穿钢管直接埋地引入。架空线与建筑物的距离不应小于 15 m。

在电缆与架空线连接处，尚应装设户外型电涌保护器。电涌保护器、电缆金属外皮、钢管和绝缘子铁脚、金具等应连在一起接地，其冲击接地电阻不应大于 30 Ω。所装设的电涌保护器应选用Ⅰ级试验产品，其电压保护水平应小于或等于 2.5 kV，其每一保护模式应选冲击电流等于或大于 10 kA；若无户外型电涌保护器，应选用户内型电涌保护器，其使用温度应满足安装处的环境温度，并应安装在防护等级 IP 54 的箱内。

当电涌保护器的接线形式为本规范表 J.1.2 中的接线形式 2 时，接在中性线和 PE 线间电涌保护器的冲击电流，当为三相系统时不应小于 40 kA，当为单相系统时不应小于 20 kA。

3 当架空线转换成一段金属铠装电缆或护套电缆穿钢管直接埋地引入时，其埋地长度可按下式计算：

$$l \geqslant 2\sqrt{\rho} \tag{4.2.3}$$

式中 l——电缆铠装或穿电缆的钢管埋地直接与土壤接触的长度(m)；

ρ——埋电缆处的土壤电阻率(Ωm)。

4 在入户处的总配电箱内是否装设电涌保护器应按本规范第6章的规定确定。当需要安装电涌保护器时，电涌保护器的最大持续运行电压值和接线形式应按本规范附录J的规定确定；连接电涌保护器的导体截面应按本规范表5.1.2的规定取值。

5 电子系统的室外金属导体线路宜全线采用有屏蔽层的电缆埋地或架空敷设，其两端的屏蔽层、加强钢线、钢管等应等电位连接到入户处的终端箱体上，在终端箱内是否装设电涌保护器应按本规范第6章的规定确定。

6 当通信线路采用钢筋混凝土杆的架空线时，应使用一段护套电缆穿钢管直接埋地引入，其埋地长度应按本规范式(4.2.3)计算，且不应小于15 m。在电缆与架空线连接处，尚应装设户外型电涌保护器。电涌保护器、电缆金属外皮、钢管和绝缘子铁脚、金具等应连在一起接地，其冲击接地电阻不应大于30 Ω。所装设的电涌保护器应选用D1类高能量试验的产品，其电压保护水平和最大持续运行电压值应按本规范附录J的规定确定，连接电涌保护器的导体截面应按本规范表5.1.2的规定取值，每台电涌保护器的短路电流应等于或大于2 kA；若无户外型电涌保护器，可选用户内型电涌保护器，但其使用温度应满足安装处的环境温度，并应安装在防护等级IP 54的箱内。在入户处的终端箱内是否装设电涌保护器应按本规范第6章的规定确定。

7 架空金属管道，在进出建筑物处，应与防闪电感应的接地装置相连。距离建筑物100 m内的管道，宜每隔25 m接地一次，其冲击接地电阻不应大于30 Ω，并应利用金属支架或钢筋混凝土支架的焊接、绑扎钢筋网作为引下线，其钢筋混凝土基础宜作为接地装置。

埋地或地沟内的金属管道，在进出建筑物处应等电位连接到等电位连接带或防闪电感应的接地装置上。

4.2.4 当难以装设独立的外部防雷装置时，可将接闪杆或网格不大于5 m×5 m或6 m×4 m的接闪网或由其混合组成的接闪器直接装在建筑物上，接闪网应按本规范附录B的规定沿屋角、屋脊、屋檐和檐角等易受雷击的部位敷设；当建筑物高度超过30 m时，首先应沿屋顶周边敷设接闪带，接闪带应设在外墙外表面或屋檐边垂直面上，也可设在外墙外表面或屋檐边垂直面处，并应符合下列规定：

1 接闪器之间应互相连接。

2 引下线不应少于2根，并应沿建筑物四周和内庭院四周均匀或对称布置，其间距沿周长计算不宜大于12 m。

3 排放爆炸危险气体、蒸气或粉尘的管道应符合本规范第4.2.1条第2、3款的规定。

4 建筑物应装设等电位连接环，环间垂直距离不应大于12 m，所有引下线、建筑物的金属结构和金属设备均应连到环上。等电位连接环可利用电气设备的等电位连接干线环路。

5 外部防雷的接地装置应围绕建筑物敷设成环形接地体，每根引下线的冲击接地电阻不应大于10 Ω，并应和电气和电子系统等接地装置及所有进入建筑物的金属管道相连，此接地装置可兼作防闪电感应接地之用。

6 当每根引下线的冲击接地电阻大于10 Ω时，外部防雷的环形接地体宜按下列方法敷设：

1)当土壤电阻率小于或等于500 Ωm时，对环形接地体所包围面积的等效圆半径小于5 m的情况，每一引下线处应补加水平接地体或垂直接地体。

2）本款第1项补加水平接地体时，其最小长度应按下式计算：

$$l_r = 5 - \sqrt{\frac{A}{\pi}} \quad (4.2.4\text{-}1)$$

式中 $\sqrt{\frac{A}{\pi}}$——环形接地体所包围面积的等效圆半径（m）；

l_r ——补加水平接地体的最小长度（m）；

A ——环形接地体所包围的面积（m^2）。

3）本款第1项补加垂直接地体时，其最小长度应按下式计算：

$$l_v = \frac{5 - \sqrt{\frac{A}{\pi}}}{2} \quad (4.2.4\text{-}2)$$

式中 l_v——补加垂直接地体的最小长度（m）。

4）当土壤电阻率大于500 Ωm、小于或等于3 000 Ωm，且对环形接地体所包围面积的等效圆半径符合下式的计算时，每一引下线处应补加水平接地体或垂直接地体：

$$\sqrt{\frac{A}{\pi}} < \frac{11\rho - 3\ 600}{380} \quad (4.2.4\text{-}3)$$

5）本款第4项补加水平接地体时，其最小总长度应按下式计算：

$$l_r = \left(\frac{11\rho - 3\ 600}{380}\right) - \sqrt{\frac{A}{\pi}} \quad (4.2.4\text{-}4)$$

6）本款第4项补加垂直接地体时，其最小总长度应按下式计算：

$$l_v = \frac{\left(\frac{11\rho - 3\ 600}{380}\right) - \sqrt{\frac{A}{\pi}}}{2} \quad (4.2.4\text{-}5)$$

注：按本款方法敷设接地体以及环形接地体所包围的面积的等效圆半径等于或大于所规定的值时，每根引下线的冲击接地电阻可不作规定。共用接地装置的接地电阻按50 Hz电气装置的接地电阻确定，应为不大于按人身安全所确定的接地电阻值。

7　当建筑物高于30 m时，尚应采取下列防侧击的措施：

1）应从30 m起每隔不大于6 m沿建筑物四周设水平接闪带并应与引下线相连。

2）30 m及以上外墙上的栏杆、门窗等较大的金属物应与防雷装置连接。

8　在电源引入的总配电箱处应装设Ⅰ级试验的电涌保护器。电涌保护器的电压保护水平值应小于或等于2.5 kV。每一保护模式的冲击电流值，当无法确定时，冲击电流应取等于或大于12.5 kA。

9　电源总配电箱处所装设的电涌保护器，其每一保护模式的冲击电流值，当电源线路无屏蔽层时宜按式（4.2.4-6）计算，当有屏蔽层或穿钢管时宜按式（4.2.4-7）计算：

$$I_{imp} = \frac{0.5I}{nm} \quad (4.2.4\text{-}6)$$

$$I_{imp} = \frac{0.5IR_s}{n(mR_s + R_c)} \quad (4.2.4\text{-}7)$$

式中 I——雷电流（kA），取200 kA；

n——地下和架空引入的外来金属管道和线路的总数；

m——需要确定的那一回线路内导体芯线的总根数；

R_s——屏蔽层或钢管每公里的电阻(Ω/km);

R_c——芯线每公里的电阻(Ω/km)。

10 电源总配电箱处所装设的电涌保护器,其连接的导体截面应按本规范表 5.1.2 的规定取值,其最大持续运行电压值和接线形式应按本规范附录 J 的规定确定。

注:当电涌保护器的接线形式为本规范表 J.1.2 中的接线形式 2 时,接在中性线和 PE 线间电涌保护器的冲击电流,当为三相系统时不应小于本条第 9 款规定值的 4 倍,当为单相系统时不应小于 2 倍。

11 当电子系统的室外线路采用金属线时,在其引入的终端箱处应安装 D1 类高能量试验类型的电涌保护器,其短路电流当无屏蔽层时,宜按式(4.2.4-6)计算,当有屏蔽层时宜按式(4.2.4-7)计算;当无法确定时应选用 2 kA。选取电涌保护器的其他参数应符合本规范第 J.2 节的规定,连接电涌保护器的导体截面应按本规范表 5.1.2 的规定取值。

12 当电子系统的室外线路采用光缆时,在其引入的终端箱处的电气线路侧,当无金属线路引出本建筑物至其他有自己接地装置的设备时,可安装 B2 类慢上升率试验类型的电涌保护器,其短路电流应按本规范表 J.2.1 的规定确定,宜选用 100 A。

13 输送火灾爆炸危险物质的埋地金属管道,当其从室外进入户内处设有绝缘段时,应在绝缘段处跨接符合下列要求的电压开关型电涌保护器或隔离放电间隙:

1)选用Ⅰ级试验的密封型电涌保护器。

2)电涌保护器能承受的冲击电流按式(4.2.4-6)计算,取 $m=1$。

3)电涌保护器的电压保护水平应小于绝缘段的耐冲击电压水平,无法确定时,应取其等于或大于 1.5 kV 和等于或小于 2.5 kV。

4)输送火灾爆炸危险物质的埋地金属管道在进入建筑物处的防雷等电位连接,应在绝缘段之后管道进入室内处进行,可将电涌保护器的上端头接到等电位连接带。

14 具有阴极保护的埋地金属管道,在其从室外进入户内处宜设绝缘段,应在绝缘段处跨接符合下列要求的电压开关型电涌保护器或隔离放电间隙:

1)选用Ⅰ级试验的密封型电涌保护器。

2)电涌保护器能承受的冲击电流按式(4.2.4-6)计算,取 $m=1$。

3)电涌保护器的电压保护水平应小于绝缘段的耐冲击电压水平,并应大于阴极保护电源的最大端电压。

4)具有阴极保护的埋地金属管道在进入建筑物处的防雷等电位连接,应在绝缘段之后管道进入室内处进行,可将电涌保护器的上端头接到等电位连接带。

4.2.5 当树木邻近建筑物且不在接闪器保护范围之内时,树木与建筑物之间的净距不应小于 5 m。

4.3 第二类防雷建筑物的防雷措施

4.3.1 第二类防雷建筑物外部防雷的措施,宜采用装设在建筑物上的接闪网、接闪带或接闪杆,也可采用由接闪网、接闪带或接闪杆混合组成的接闪器。接闪网、接闪带应按本规范附录 B 的规定沿屋角、屋脊、屋檐和檐角等易受雷击的部位敷设,并应在整个屋面组成不大于 10 m × 10 m 或 12 m × 8m 的网格;当建筑物高度超过 45 m 时,首先应沿屋顶周边敷设接闪带,接闪带应设在外墙外表面或屋檐边垂直面上,也可设在外墙外表面或屋檐边垂直面外。接闪器之间应互相连接。

4.3.2 突出屋面的放散管、风管、烟囱等物体,应按下列方式保护:

1 排放爆炸危险气体、蒸气或粉尘的放散管、呼吸阀、排风管等管道应符合本规范第

4.2.1 条第 2 款的规定。

2　排放无爆炸危险气体、蒸气或粉尘的放散管、烟囱,1 区、21 区、2 区和 22 区爆炸危险场所的自然通风管,0 区和 20 区爆炸危险场所的装有阻火器的放散管、呼吸阀、排风管,以及本规范第 4.2.1 条第 3 款所规定的管、阀及煤气和天然气放散管等,其防雷保护应符合下列规定:

1)金属物体可不装接闪器,但应和屋面防雷装置相连。

2)除符合本规范第 4.5.7 条的规定情况外,在屋面接闪器保护范围之外的非金属物体应装接闪器,并应和屋面防雷装置相连。

4.3.3　专设引下线不应少于 2 根,并应沿建筑物四周和内庭院四周均匀对称布置,其间距沿周长计算不应大于 18 m。当建筑物的跨度较大,无法在跨距中间设引下线时,应在跨距两端设引下线并减小其他引下线的间距,专设引下线的平均间距不应大于 18 m。

4.3.4　外部防雷装置的接地应和防闪电感应、内部防雷装置、电气和电子系统等接地共用接地装置,并应与引入的金属管线做等电位连接。外部防雷装置的专设接地装置宜围绕建筑物敷设成环形接地体。

4.3.5　利用建筑物的钢筋作为防雷装置时,应符合下列规定:

1　建筑物宜利用钢筋混凝土屋顶、梁、柱、基础内的钢筋作为引下线。本规范第 3.0.3 条第 2~4 款、第 9 款、第 10 款的建筑物,当其女儿墙以内的屋顶钢筋网以上的防水和混凝土层允许不保护时,宜利用屋顶钢筋网作为接闪器;本规范第 3.0.3 条第 2~4 款,第 9 款、第 10 款的建筑物为多层建筑,且周围很少有人停留时,宜利用女儿墙压顶板内或檐口内的钢筋作为接闪器。

2　当基础采用硅酸盐水泥和周围土壤的含水量不低于 4% 及基础的外表面无防腐层或有沥青质防腐层时,宜利用基础内的钢筋作为接地装置。当基础的外表面有其他类的防腐层且无桩基可利用时,宜在基础防腐层下面的混凝土垫层内敷设人工环形基础接地体。

3　敷设在混凝土中作为防雷装置的钢筋或圆钢,当仅为一根时,其直径不应小于 10 mm。被利用作为防雷装置的混凝土构件内有箍筋连接的钢筋时,其截面积总和不应小于一根直径 10 mm钢筋的截面积。

4　利用基础内钢筋网作为接地体时,在周围地面以下距地面不应小于 0.5 m,每根引下线所连接的钢筋表面积总和应按下式计算:

$$S \geqslant 4.24 k_c^2 \tag{4.3.5}$$

式中　S——钢筋表面积总和(m^2);

k_c——分流系数,按本规范附录 E 的规定取值。

5　当在建筑物周边的无钢筋的闭合条形混凝土基础内敷设人工基础接地体时,接地体的规格尺寸应按表 4.3.5 的规定确定。

表 4.3.5　第二类防雷建筑物环形人工基础接地体的最小规格尺寸

闭合条形基础的周长(m)	扁钢(mm)	圆钢,根数×直径(mm)
≥60	4×25	2×ϕ10
40~60	4×50	4×ϕ10 或 3×ϕ12
<40	钢材表面积总和≥4.24 m^2	

注:1　当长度相同、截面相同时,宜选用扁钢;

2　采用多根圆钢时,其敷设净距不小于直径的 2 倍;

3　利用闭合条形基础内的钢筋作接地体时可按本表校验,除主筋外,可计入箍筋的表面积。

6 构件内有箍筋连接的钢筋或成网状的钢筋，其箍筋与钢筋、钢筋与钢筋应采用土建施工的绑扎法、螺丝、对焊或搭焊连接。单根钢筋、圆钢或外引预埋连接板、线与构件内钢筋应焊接或采用螺栓紧固的卡夹器连接。构件之间必须连接成电气通路。

4.3.6 共用接地装置的接地电阻应按 50 Hz 电气装置的接地电阻确定，不应大于按人身安全所确定的接地电阻值。在土壤电阻率小于或等于 3 000 Ωm 时，外部防雷装置的接地体符合下列规定之一以及环形接地体所包围面积的等效圆半径等于或大于所规定的值时，可不计及冲击接地电阻；但当每根专设引下线的冲击接地电阻不大于 10Ω 时，可不按本条第 1、2 款敷设接地体：

1 当土壤电阻率 ρ 小于或等于 800 Ωm 时，对环形接地体所包围面积的等效圆半径小于 5 m 的情况，每一引下线处应补加水平接地体或垂直接地体。当补加水平接地体时，其最小长度应按本规范式(4.2.4-1)计算；当补加垂直接地体时，其最小长度应按本规范式(4.2.4-2)计算。

2 当土壤电阻率大于 800 Ωm、小于或等于 3 000 Ωm，且对环形接地体所包围的面积的等效圆半径小于按下式的计算值时，每一引下线处应补加水平接地体或垂直接地体：

$$\sqrt{\frac{A}{\pi}} < \frac{\rho - 550}{50} \qquad (4.3.6\text{-}1)$$

3 本条第 2 款补加水平接地体时，其最小总长度应按下式计算：

$$l_r = \left(\frac{\rho - 550}{50}\right) - \sqrt{\frac{A}{\pi}} \qquad (4.3.6\text{-}2)$$

4 本条第 2 款补加垂直接地体时，其最小总长度应按下式计算：

$$l_v = \frac{\left(\frac{\rho - 550}{50}\right) - \sqrt{\frac{A}{\pi}}}{2} \qquad (4.3.6\text{-}3)$$

5 在符合本规范第 4.3.5 条规定的条件下，利用槽形、板形或条形基础的钢筋作为接地体或在基础下面混凝土垫层内敷设人工环形基础接地体，当槽形、板形基础钢筋网在水平面的投影面积或成环的条形基础钢筋或人工环形基础接地体所包围的面积符合下列规定时，可不补加接地体：

1）当土壤电阻率小于或等于 800 Ωm 时，所包围的面积应大于或等于 79 m^2。

2）当土壤电阻率大于 800 Ωm 且小于或等于 3 000 Ωm 时，所包围的面积应大于或等于按下式的计算的值：

$$A \geqslant \pi\left(\frac{\rho - 550}{50}\right)^2 \qquad (4.3.6\text{-}4)$$

6 在符合本规范第 4.3.5 条规定的条件下，对 6 m 柱距或大多数柱距为 6 m 的单层工业建筑物，当利用柱子基础的钢筋作为外部防雷装置的接地体并同时符合下列规定时，可不另加接地体：

1）利用全部或绝大多数柱子基础的钢筋作为接地体。

2）柱子基础的钢筋网通过钢柱，钢屋架，钢筋混凝土柱子、屋架、屋面板、吊车梁等构件的钢筋或防雷装置互相连成整体。

3）在周围地面以下距地面不小于 0.5 m，每一柱子基础内所连接的钢筋表面积总和大于或等于 0.82 m^2。

4.3.7　本规范第 3.0.3 条第 5 ~ 7 款所规定的建筑物，其防闪电感应的措施应符合下列规定：

1　建筑物内的设备、管道、构架等主要金属物，应就近接到防雷装置或共用接地装置上。

2　除本规范第 3.0.3 条第 7 款所规定的建筑物外，平行敷设的管道、构架和电缆金属外皮等长金属物应符合本规范第 4.2.2 条第 2 款的规定，但长金属物连接处可不跨接。

3　建筑物内防闪电感应的接地干线与接地装置的连接，不应少于 2 处。

4.3.8　防止雷电流流经引下线和接地装置时产生的高电位对附近金属物或电气和电子系统线路的反击，应符合下列规定：

1　在金属框架的建筑物中，或在钢筋连接在一起、电气贯通的钢筋混凝土框架的建筑物中，金属物或线路与引下线之间的间隔距离可无要求，在其他情况下，金属物或线路与引下线之间的间隔距离应按下式计算：

$$S_{a3} \geqslant 0.06 k_c l_x \tag{4.3.8}$$

式中　S_{a3}——空气中的间隔距离（m）；

l_x——引下线计算点到连接点的长度（m），连接点即金属物或电气和电子系统线路与防雷装置之间直接或通过电涌保护器相连之点。

2　当金属物或线路与引下线之间有自然或人工接地的钢筋混凝土构件、金属板、金属网等静电屏蔽物隔开时，金属物或线路与引下线之间的间隔距离可无要求。

3　当金属物或线路与引下线之间有混凝土墙、砖墙隔开时，其击穿强度应为空气击穿强度的 1/2。当间隔距离不能满足本条第 1 款的规定时，金属物应与引下线直接相连，带电线路应通过电涌保护器与引下线相连。

4　在电气接地装置与防雷接地装置共用或相连的情况下，应在低压电源线路引入的总配电箱、配电柜处装设Ⅰ级试验的电涌保护器。电涌保护器的电压保护水平值应小于或等于 2.5kV。每一保护模式的冲击电流值，当无法确定时应取等于或大于 12.5kA。

5　当 Yyn0 型或 Dyn11 型接线的配电变压器设在本建筑物内或附设于外墙处时，应在变压器高压侧装设避雷器；在低压侧的配电屏上，当有线路引出本建筑物至其他有独自敷设接地装置的配电装置时，应在母线上装设Ⅰ级试验的电涌保护器，电涌保护器每一保护模式的冲击电流值，当无法确定时冲击电流应取等于或大于 12.5 kA；当无线路引出本建筑物时，应在母线上装设Ⅱ级试验的电涌保护器，电涌保护器每一保护模式的标称放电电流值应等于或大于 5 kA。电涌保护器的电压保护水平值应小于或等于 2.5 kV。

6　低压电源线路引入的总配电箱、配电柜处装设Ⅰ级试验的电涌保护器，以及配电变压器设在本建筑物内或附设于外墙处，并在低压侧配电屏的母线上装设Ⅰ级试验的电涌保护器时，电涌保护器每一保护模式的冲击电流值，当电源线路无屏蔽层时可按本规范式（4.2.4-6）计算，当有屏蔽层时可按本规范式（4.2.4-7）计算，式中的雷电流应取等于 150 kA。

7　在电子系统的室外线路采用金属线时，其引入的终端箱处应安装 D1 类高能量试验类型的电涌保护器，其短路电流当无屏蔽层时可按本规范式（4.2.4-6）计算，当有屏蔽层时可按本规范式（4.2.4-7）计算，式中的雷电流应取等于 150 kA；当无法确定时应选用 1.5 kA。

8　在电子系统的室外线路采用光缆时，其引入的终端箱处的电气线路侧，当无金属线路引出本建筑物至其他有自己接地装置的设备时可安装 B2 类慢上升率试验类型的电涌保护器，其短路电流宜选用 75 A。

9　输送火灾爆炸危险物质和具有阴极保护的埋地金属管道，当其从室外进入户内处设有绝缘段时应符合本规范第 4.2.4 条第 13 款和第 14 款的规定，在按本规范式（4.2.4-6）计算时,式中的雷电流应取等于 150 kA。

4.3.9 高度超过 45 m 的建筑物,除屋顶的外部防雷装置应符合本规范第 4.3.1 条的规定外,尚应符合下列规定:

1 对水平突出外墙的物体,当滚球半径 45 m 球体从屋顶周边接闪带外向地面垂直下降接触到突出外墙的物体时,应采取相应的防雷措施。

2 高于 60 m 的建筑物,其上部占高度 20% 并超过 60 m 的部位应防侧击,防侧击应符合下列规定:

1)在建筑物上部占高度 20% 并超过 60m 的部位,各表面上的尖物、墙角、边缘、设备以及显著突出的物体,应按屋顶上的保护措施处理。

2)在建筑物上部占高度 20% 并超过 60m 的部位,布置接闪器应符合对本类防雷建筑物的要求,接闪器应重点布置在墙角、边缘和显著突出的物体上。

3)外部金属物,当其最小尺寸符合本规范第 5.2.7 条第 2 款的规定时,可利用其作为接闪器,还可利用布置在建筑物垂直边缘处的外部引下线作为接闪器。

4)符合本规范第 4.3.5 条规定的钢筋混凝土内钢筋和符合本规范第 5.3.5 条规定的建筑物金属框架,当作为引下线或与引下线连接时,均可利用其作为接闪器。

3 外墙内、外竖直敷设的金属管道及金属物的顶端和底端,应与防雷装置等电位连接。

4.3.10 有爆炸危险的露天钢质封闭气罐,在其高度小于或等于 60 m、罐顶壁厚不小于 4 mm 时,或当其高度大于 60 m、罐顶壁厚和侧壁壁厚均不小于 4 mm 时,可不装设接闪器,但应接地,且接地点不应少于 2 处,两接地点间距离不宜大于 30 m,每处接地点的冲击接地电阻不应大于 30 Ω。当防雷的接地装置符合本规范第 4.3.6 条的规定时,可不计及其接地电阻值,但本规范第 4.3.6 条所规定的 10 Ω 可改为 30 Ω。放散管和呼吸阀的保护应符合本规范第 4.3.2 条的规定。

4.4 第三类防雷建筑物的防雷措施

4.4.1 第三类防雷建筑物外部防雷的措施宜采用装设在建筑物上的接闪网、接闪带或接闪杆,也可采用由接闪网、接闪带和接闪杆混合组成的接闪器。接闪网、接闪带应按本规范附录 B 的规定沿屋角、屋脊、屋檐和檐角等易受雷击的部位敷设,并应在整个屋面组成不大于 20 m×20 m 或 24 m×16 m 的网格;当建筑物高度超过 60 m 时,首先应沿屋顶周边敷设接闪带,接闪带应设在外墙外表面或屋檐边垂直面上,也可设在外墙外表面或屋檐边垂直面外。接闪器之间应互相连接。

4.4.2 突出屋面物体的保护措施应符合本规范第 4.3.2 条的规定。

4.4.3 专设引下线不应少于 2 根,并应沿建筑物四周和内庭院四周均匀对称布置,其间距沿周长计算不应大于 25 m。当建筑物的跨度较大,无法在跨距中间设引下线时,应在跨距两端设引下线并减小其他引下线的间距,专设引下线的平均间距不应大于 25 m。

4.4.4 防雷装置的接地应与电气和电子系统等接地共用接地装置,并应与引入的金属管线做等电位连接。外部防雷装置的专设接地装置宜围绕建筑物敷设成环形接地体。

4.4.5 建筑物宜利用钢筋混凝土屋面、梁、柱、基础内的钢筋作为引下线和接地装置,当其女儿墙以内的屋顶钢筋网以上的防水和混凝土层允许不保护时,宜利用屋顶钢筋网作为接闪器,以及当建筑物为多层建筑,其女儿墙压顶板内或檐口内有钢筋且周围除保安人员巡逻外通常无人停留时,宜利用女儿墙压顶板内或檐口内的钢筋作为接闪器,并应符合本规范第 4.3.5 条第 2 款、第 3 款、第 6 款规定，同时应符合下列规定：

1 利用基础内钢筋网作为接地体时，在周围地面以下距地面不小于 0.5 m 深，每根引下线所连接的钢筋表面积总和应按下式计算：

$$S \geqslant 1.89k_c^2 \tag{4.4.5}$$

2 当在建筑物周边的无钢筋的闭合条形混凝土基础内敷设人工基础接地体时，接地体的规格尺寸应按表 4.4.5 的规定确定。

表 4.4.5 第三类防雷建筑物环形人工基础接地体的最小规格尺寸

闭合条形基础的周长（m）	扁钢（mm）	圆钢，根数 × 直径（mm）
≥60	—	1 × ϕ10
40 ~ 60	4 × 20	2 × ϕ8
<40	钢材表面积总和 ≥ 1.89 m²	

注：1 当长度相同、截面相同时，宜选用扁钢；

2 采用多根圆钢时，其敷设净距不小于直径的 2 倍；

3 利用闭合条形基础内的钢筋作接地体时可按本表校验，除主筋外，可计入箍筋的表面积。

4.4.6 共用接地装置的接地电阻应按 50 Hz 电气装置的接地电阻确定，不应大于按人身安全所确定的接地电阻值。在土壤电阻率小于或等于 3 000 Ωm 时，外部防雷装置的接地体当符合下列规定之一以及环形接地体所包围面积的等效圆半径等于或大于所规定的值时可不计及冲击接地电阻；当每根专设引下线的冲击接地电阻不大于 30 Ω，但对本规范第 3.0.4 条第 2 款所规定的建筑物则不大于 10 Ω 时，可不按本条第 1 款敷设接地体：

1 对环形接地体所包围面积的等效圆半径小于 5 m 时，每一引下线处应补加水平接地体或垂直接地体。当补加水平接地体时，其最小长度应按本规范式（4.2.4-1）计算；当补加垂直接地体时，其最小长度应按本规范式（4.2.4-2）计算。

2 在符合本规范第 4.4.5 条规定的条件下，利用槽形、板形或条形基础的钢筋作为接地体或在基础下面混凝土垫层内敷设人工环形基础接地体，当槽形、板形基础钢筋网在水平面的投影面积或成环的条形基础钢筋或人工环形基础接地体所包围的面积大于或等于 79 m² 时，可不补加接地体。

3 在符合本规范第 4.4.5 条规定的条件下，对 6 m 柱距或大多数柱距为 6 m 的单层工业建筑物，当利用柱子基础的钢筋作为外部防雷装置的接地体并同时符合下列规定时，可不另加接地体：

1）利用全部或绝大多数柱子基础的钢筋作为接地体。

2）柱子基础的钢筋网通过钢柱，钢屋架，钢筋混凝土柱子、屋架、屋面板、吊车梁等构件的钢筋或防雷装置互相连成整体。

3）在周围地面以下距地面不小于 0.5 m 深，每一柱子基础内所连接的钢筋表面积总和大于或等于 0.37 m²。

4.4.7 防止雷电流流经引下线和接地装置时产生的高电位对附近金属物或电气和电子系统线路的反击，应符合下列规定：

1 应符合本规范第 4.3.8 条第 1 ~ 5 款的规定，并应按下式计算：

$$S_{a3} \geqslant 0.04k_c l_x \tag{4.4.7}$$

2 低压电源线路引入的总配电箱、配电柜处装设 Ⅰ 级试验的电涌保护器，以及配电变压器设在本建筑物内或附设于外墙处，并在低压侧配电屏的母线上装设Ⅰ级试验的电涌保护器时，电涌保护器每一保护模式的冲击电流值，当电源线路无屏蔽层时可按本规范式(4.2.4-6)计算，当有屏蔽层时可按本规范式(4.2.4-7)计算，式中的雷电流应取等于100 kA。

3 在电子系统的室外线路采用金属线时，在其引入的终端箱处应安装D1类高能量试验类型的电涌保护器，其短路电流当无屏蔽层时可按本规范式(4.2.4-6)计算，当有屏蔽层时可按本规范式(4.2.4-7)计算，式中的雷电流应取等于100 kA；当无法确定时应选用1.0 kA。

4 在电子系统的室外线路采用光缆时，其引入的终端箱处的电气线路侧，当无金属线路引出本建筑物至其他有自己接地装置的设备时，可安装B2类慢上升率试验类型的电涌保护器，其短路电流宜选用50 A。

5 输送火灾爆炸危险物质和具有阴极保护的埋地金属管道，当其从室外进入户内处设有绝缘段时，应符合本规范第4.2.4条第13款和第14款的规定，当按本规范式(4.2.4-6)计算时，雷电流应取等于100 kA。

4.4.8 高度超过60 m的建筑物，除屋顶的外部防雷装置应符合本规范第4.4.1条的规定外，尚应符合下列规定：

1 对水平突出外墙的物体，当滚球半径60 m球体从屋顶周边接闪带外向地面垂直下降接触到突出外墙的物体时，应采取相应的防雷措施。

2 高于60 m的建筑物，其上部占高度20%并超过60 m的部位应防侧击，防侧击应符合下列规定：

1)在建筑物上部占高度20%并超过60m的部位，各表面上的尖物、墙角、边缘、设备以及显著突出的物体，应按屋顶的保护措施处理。

2)在建筑物上部占高度20%并超过60m的部位，布置接闪器应符合对本类防雷建筑物的要求，接闪器应重点布置在墙角、边缘和显著突出的物体上。

3)外部金属物，当其最小尺寸符合本规范第5.2.7条第2款的规定时，可利用其作为接闪器，还可利用布置在建筑物垂直边缘处的外部引下线作为接闪器。

4)符合本规范第4.4.5条规定的钢筋混凝土内钢筋和符合本规范第5.3.5条规定的建筑物金属框架，当其作为引下线或与引下线连接时均可利用作为接闪器。

3 外墙内、外竖直敷设的金属管道及金属物的顶端和底端，应与防雷装置等电位连接。

4.4.9 砖烟囱、钢筋混凝土烟囱，宜在烟囱上装设接闪杆或接闪环保护。多支接闪杆应连接在闭合环上。

当非金属烟囱无法采用单支或双支接闪杆保护时，应在烟囱口装设环形接闪带，并应对称布置三支高出烟囱口不低于0.5 m的接闪杆。

钢筋混凝土烟囱的钢筋应在其顶部和底部与引下线和贯通连接的金属爬梯相连。当符合本规范第4.4.5条的规定时，宜利用钢筋作为引下线和接地装置，可不另设专用引下线。

高度不超过40 m的烟囱，可只设一根引下线，超过40 m时应设两根引下线。可利用螺栓或焊接连接的一座金属爬梯作为两根引下线用。

金属烟囱应作为接闪器和引下线。

4.5 其他防雷措施

4.5.1 当一座防雷建筑物中兼有第一、二、三类防雷建筑物时，其防雷分类和防雷措施宜符合下列规定：

1　当第一类防雷建筑物部分的面积占建筑物总面积的30%及以上时,该建筑物宜确定为第一类防雷建筑物。

2　当第一类防雷建筑物部分的面积占建筑物总面积的30%以下,且第二类防雷建筑物部分的面积占建筑物总面积的30%及以上时,或当这两部分防雷建筑物的面积均小于建筑物总面积的30%,但其面积之和又大于30%时,该建筑物宜确定为第二类防雷建筑物。但对第一类防雷建筑物部分的防闪电感应和防闪电电涌侵入,应采取第一类防雷建筑物的保护措施。

3　当第一、二类防雷建筑物部分的面积之和小于建筑物总面积的30%,且不可能遭直接雷击时,该建筑物可确定为第三类防雷建筑物;但对第一、二类防雷建筑物部分的防雷电感应和防闪电电涌侵入,应采取各自类别的保护措施;当可能遭直接雷击时,宜按各自类别采取防雷措施。

4.5.2　当一座建筑物中仅有一部分为第一、二、三类防雷建筑物时,其防雷措施宜符合下列规定:

1　当防雷建筑物部分可能遭直接雷击时,宜按各自类别采取防雷措施。

2　当防雷建筑物部分不可能遭直接雷击时,可不采取防直击雷措施,可仅按各自类别采取防闪电感应和防闪电电涌侵入的措施。

3　当防雷建筑物部分的面积占建筑物总面积的50%以上时,该建筑物宜按本规范第4.5.1条的规定采取防雷措施。

4.5.3　当采用接闪器保护建筑物、封闭气罐时,其外表面外的2区爆炸危险场所可不在滚球法确定的保护范围内。

4.5.4　固定在建筑物上的节日彩灯、航空障碍信号灯及其他用电设备和线路应根据建筑物的防雷类别采取相应的防止闪电电涌侵入的措施,并应符合下列规定:

1　无金属外壳或保护网罩的用电设备应处在接闪器的保护范围内。

2　从配电箱引出的配电线路应穿钢管。钢管的一端应与配电箱和PE线相连;另一端应与用电设备外壳、保护罩相连,并应就近与屋顶防雷装置相连。当钢管因连接设备而中间断开时应设跨接线。

3　在配电箱内应在开关的电源侧装设Ⅱ级试验的电涌保护器,其电压保护水平不应大于2.5 kV,标称放电电流值应根据具体情况确定。

4.5.5　粮、棉及易燃物大量集中的露天堆场,当其年预计雷击次数大于或等于0.05时,应采用独立接闪杆或架空接闪线防直击雷。独立接闪杆和架空接闪线保护范围的滚球半径可取100 m。

在计算雷击次数时,建筑物的高度可按可能堆放的高度计算,其长度和宽度可按可能堆放面积的长度和宽度计算。

4.5.6　在建筑物引下线附近保护人身安全需采取的防接触电压和跨步电压的措施,应符合下列规定:

1　防接触电压应符合下列规定之一:

1)利用建筑物金属构架和建筑物互相连接的钢筋在电气上是贯通且不少于10根柱子组成的自然引下线,作为自然引下线的柱子包括位于建筑物四周和建筑物内的。

2)引下线3 m范围内地表层的电阻率不小于50 kΩm,或敷设5 cm厚沥青层或15 cm厚砾石层。

3)外露引下线,其距地面2.7 m以下的导体用耐1.2/50 μs冲击电压100 kV的绝缘层隔离,或用至少 3 mm 厚的交联聚乙烯层隔离。

4)用护栏、警告牌使接触引下线的可能性降至最低限度。

2 防跨步电压应符合下列规定之一:

1)利用建筑物金属构架和建筑物互相连接的钢筋在电气上是贯通且不少于 10 根柱子组成的自然引下线,作为自然引下线的柱子包括位于建筑物四周和建筑物内的。

2)引下线 3 m 范围内地表层的电阻率不小于 50 kΩm,或敷设 5 cm 厚沥青层或 15 cm 厚砾石层。

3)用网状接地装置对地面作均衡电位处理。

4)用护栏、警告牌使进入距引下线 3 m 范围内地面的可能性减小到最低限度。

4.5.7 对第二类和第三类防雷建筑物,应符合下列规定:

1 没有得到接闪器保护的屋顶孤立金属物的尺寸不超过下列数值时,可不要求附加的保护措施:

1)高出屋顶平面不超过 0.3 m。

2)上层表面总面积不超过 1.0 m^2。

3)上层表面的长度不超过 2.0 m。

2 不处在接闪器保护范围内的非导电性屋顶物体,当它没有突出由接闪器形成的平面 0.5 m 以上时,可不要求附加增设接闪器的保护措施。

4.5.8 在独立接闪杆、架空接闪线、架空接闪网的支柱上,严禁悬挂电话线、广播线、电视接收天线及低压架空线等。

5 防雷装置

5.1 防雷装置使用的材料

5.1.1 防雷装置使用的材料及其应用条件,宜符合表 5.1.1 的规定。

表 5.1.1 防雷装置的材料及使用条件

材料	使用于大气中	使用于地中	使用于混凝土中	耐腐蚀情况		
				在下列环境中能耐腐蚀	在下列环境中增加腐蚀	与下列材料接触形成直流电耦合可能受到严重腐蚀
铜	单根导体,绞线	单根导体,有镀层的绞线,铜管	单根导体,有镀层的绞线	在许多环境中良好	硫化物 有机材料	—
热镀锌钢	单根导体,绞线	单根导体,钢管	单根导体,绞线	敷设于大气、混凝土和无腐蚀性的一般土壤中受到的腐蚀是可接受的	高氯化物含量	铜
电镀铜钢	单根导体	单根导体	单根导体	在许多环境中良好	硫化物	—
不锈钢	单根导体,绞线	单根导体,绞线	单根导体,绞线	在许多环境中良好	高氯化物含量	—

续上表

材料	使用于大气中	使用于地中	使用于混凝土中	耐腐蚀情况		
				在下列环境中能耐腐蚀	在下列环境中增加腐蚀	与下列材料接触形成直流电耦合可能受到严重腐蚀
铝	单根导体,绞线	不适合	不适合	在含有低浓度硫和氯化物的大气中良好	碱性溶液	铜
铅	有镀铅层的单根导体	禁止	不适合	在含有高浓度硫酸化合物的大气中良好	—	铜 不锈钢

注:1 敷设于黏土或潮湿土壤中的镀锌钢可能受到腐蚀;
2 在沿海地区,敷设于混凝土中的镀锌钢不宜延伸进入土壤中;
3 不得在地中采用铅。

5.1.2 防雷等电位连接各连接部件的最小截面,应符合表5.1.2的规定。连接单台或多台Ⅰ级分类试验或D1类电涌保护器的单根导体的最小截面,尚应按下式计算:

$$S_{min} \geqslant I_{imp}/8 \tag{5.1.2}$$

式中 S_{min}——单根导体的最小截面(mm^2);

I_{imp}——流入该导体的雷电流(kA)。

表5.1.2 防雷装置各连接部件的最小截面

等电位连接部件			材 料	截面(mm^2)
等电位连接带(铜、外表面镀铜的钢或热镀锌钢)			Cu(铜)、Fe(铁)	50
从等电位连接带至接地装置或各等电位连接带之间的连接导体			Cu(铜)	16
			Al(铝)	25
			Fe(铁)	50
从屋内金属装置至等电位连接带的连接导体			Cu(铜)	6
			Al(铝)	10
			Fe(铁)	16
连接电涌保护器的导体	电气系统	Ⅰ级试验的电涌保护器	Cu(铜)	6
		Ⅱ级试验的电涌保护器		2.5
		Ⅲ级试验的电涌保护器		1.5
		D1类电涌保护器		1.2
	电子系统	其他类的电涌保护器(连接导体的截面可小于1.2 mm^2)		根据具体情况确定

5.2 接 闪 器

5.2.1 接闪器的材料、结构和最小截面应符合表5.2.1的规定。

表5.2.1 接闪线(带)、接闪杆和引下线的材料、结构与最小截面

材 料	结 构	最小截面(mm^2)	备注⑩
铜,镀锡铜①	单根扁铜	50	厚度2 mm
	单根圆铜⑦	50	直径8 mm
	铜绞线	50	每股线直径1.7 mm
	单根圆铜③、④	176	直径15 mm
铝	单根扁铝	70	厚度3 mm
	单根圆铝	50	直径8 mm
	铝绞线	50	每股线直径1.7 mm

续上表

材料	结构	最小截面(mm^2)	备注⑩
铝合金	单根扁形导体	50	厚度 2.5 mm
	单根圆形导体	50	直径 8 mm
	绞线	50	每股线直径 1.7 mm
	单根圆形导体③	176	直径 15 mm
	外表面镀铜的单根圆形导体	50	直径 8 mm,径向镀铜厚度至少 70 μm,铜纯度 99.9%
热浸镀锌钢②	单根扁钢	50	厚度 2.5 mm
	单根圆钢⑨	50	直径 8 mm
	绞线	50	每股线直径 1.7 mm
	单根圆钢③、④	176	直径 15 mm
不锈钢⑤	单根扁钢⑥	50⑧	厚度 2 mm
	单根圆钢⑥	50⑧	直径 8 mm
	绞线	70	每股线直径 1.7 mm
	单根圆钢③、④	176	直径 15 mm
外表面镀铜的钢	单根圆钢(直径 8 mm)	50	镀铜厚度至少 70 μm,铜纯度 99.9%
	单根扁钢(厚 2.5 mm)		

注:①热浸或电镀锡的锡层最小厚度为 1 μm;
②镀锌层宜光滑连贯、无焊剂斑点,镀锌层圆钢至少 22.7 g/m^2、扁钢至少 32.4 g/m^2;
③仅应用于接闪杆。当应用于机械应力没达到临界值之处,可采用直径 10 mm、最长 1 m 的接闪杆,并增加固定;
④仅应用于入地之处;
⑤不锈钢中,铬的含量等于或大于 16%,镍的含量等于或大于 8%,碳的含量等于或小于 0.08%;
⑥对埋于混凝土中以及与可燃材料直接接触的不锈钢,其最小尺寸宜增大至直径 10 mm 的 78 mm^2(单根圆钢)和最小厚度 3 mm 的 75 mm^2(单根扁钢);
⑦在机械强度没有重要要求之处,50 mm^2(直径 8 mm)可减为 28 mm^2(直径 6 mm)。并应减小固定支架间的间距;
⑧当温升和机械受力是重点考虑之处,50 mm^2 加大至 75 mm^2;
⑨避免在单位能量 10 MJ/Ω 下熔化的最小截面是铜为 16 mm^2、铝为 25 mm^2、钢为 50 mm^2、不锈钢为 50 mm^2;
⑩截面积允许误差为 -3%。

5.2.2 接闪杆采用热镀锌圆钢或钢管制成时,其直径应符合下列规定:

1 杆长 1 m 以下时,圆钢不应小于 12 mm,钢管不应小于 20 mm。

2 杆长 1m~2 m 时,圆钢不应小于 16 mm,钢管不应小于 25 mm。

3 独立烟囱顶上的杆,圆钢不应小于 20 mm,钢管不应小于 40 mm。

5.2.3 接闪杆的接闪端宜做成半球状,其最小弯曲半径宜为 4.8 mm,最大宜为 12.7 mm。

5.2.4 当独立烟囱上采用热镀锌接闪环时,其圆钢直径不应小于 12 mm;扁钢截面不应小于 100 mm^2,其厚度不应小于 4 mm。

5.2.5 架空接闪线和接闪网宜采用截面不小于 50 mm^2 热镀锌钢绞线或铜绞线。

5.2.6 明敷接闪导体固定支架的间距不宜大于表 5.2.6 的规定。固定支架的高度不宜小于 150 mm。

表 5.2.6 明敷接闪导体和引下线固定支架的间距

布置方式	扁形导体和绞线固定支架的间距(mm)	单根圆形导体固定支架的间距(mm)
安装于水平面上的水平导体	500	1 000
安装于垂直面上的水平导体	500	1 000
安装于从地面至高 20 m 垂直面上的垂直导体	1 000	1 000
安装在高于 20 m 垂直面上的垂直导体	500	1 000

5.2.7 除第一类防雷建筑物外,金属屋面的建筑物宜利用其屋面作为接闪器,并应符合下列规定:

1 板间的连接应是持久的电气贯通,可采用铜锌合金焊、熔焊、卷边压接、缝接、螺钉或螺栓连接。

2 金属板下面无易燃物品时,铅板的厚度不应小于 2 mm,不锈钢、热镀锌钢、钛和铜板的厚度不应小于 0.5 mm,铝板的厚度不应小于 0.65 mm,锌板的厚度不应小于 0.7 mm。

3 金属板下面有易燃物品时,不锈钢、热镀锌钢和钛板的厚度不应小于 4 mm,铜板的厚度不应小于 5 mm,铝板的厚度不应小于 7 mm。

4 金属板应无绝缘被覆层。

注:薄的油漆保护层或 1 mm 厚沥青层或 0.5 mm 厚聚氯乙烯层均不应属于绝缘被覆层。

5.2.8 除第一类防雷建筑物和本规范第 4.3.2 条第 1 款的规定外,屋顶上永久性金属物宜作为接闪器,但其各部件之间均应连成电气贯通,并应符合下列规定:

1 旗杆、栏杆、装饰物、女儿墙上的盖板等,其截面应符合本规范表 5.2.1 的规定,其壁厚应符合本规范第 5.2.7 条的规定。

2 输送和储存物体的钢管和钢罐的壁厚不应小于 2.5 mm;当钢管、钢罐一旦被雷击穿,其内的介质对周围环境造成危险时,其壁厚不应小于 4 mm。

3 利用屋顶建筑构件内钢筋作接闪器应符合本规范第 4.3.5 条和第 4.4.5 条的规定。

5.2.9 除利用混凝土构件钢筋或在混凝土内专设钢材作接闪器外,钢质接闪器应热镀锌。在腐蚀性较强的场所,尚应采取加大截面或其他防腐措施。

5.2.10 不得利用安装在接收无线电视广播天线杆顶上的接闪器保护建筑物。

5.2.11 专门敷设的接闪器应由下列的一种或多种方式组成:

1 独立接闪杆。

2 架空接闪线或架空接闪网。

3 直接装设在建筑物上的接闪杆、接闪带或接闪网。

5.2.12 专门敷设的接闪器,其布置应符合表 5.2.12 的规定。布置接闪器时,可单独或任意组合采用接闪杆、接闪带、接闪网。

表 5.2.12 接闪器布置

建筑物防雷类别	滚球半径 h_r(m)	接闪网网格尺寸(m)
第一类防雷建筑物	30	≤5×5 或≤6×4
第二类防雷建筑物	45	≤10×10 或≤12×8
第三类防雷建筑物	60	≤20×20 或≤24×16

5.3 引下线

5.3.1 引下线的材料、结构和最小截面应按本规范表 5.2.1 的规定取值。

5.3.2 明敷引下线固定支架的间距不宜大于本规范表 5.2.6 的规定。

5.3.3 引下线宜采用热镀锌圆钢或扁钢,宜优先采用圆钢。

当独立烟囱上的引下线采用圆钢时,其直径不应小于 12 mm;采用扁钢时,其截面不应小于 100 mm^2,厚度不应小于 4 mm。

防腐措施应符合本规范第 5.2.9 条的规定。

利用建筑构件内钢筋作引下线应符合本规范第 4.3.5 条和第 4.4.5 条的规定。

5.3.4 专设引下线应沿建筑物外墙外表面明敷,并应经最短路径接地;建筑外观要求较高时可暗敷，但其圆钢直径不应小于 10 mm，扁钢截面不应小于 80 mm^2。

5.3.5 建筑物的钢梁、钢柱、消防梯等金属构件，以及幕墙的金属立柱宜作为引下线，但其各部件之间均应连成电气贯通，可采用铜锌合金焊、熔焊、卷边压接、缝接、螺钉或螺栓连接；其截面应按本规范表 5.2.1 的规定取值；各金属构件可覆有绝缘材料。

5.3.6 采用多根专设引下线时，应在各引下线上距地面 0.3 m ~ 1.8 m 处装设断接卡。

当利用混凝土内钢筋、钢柱作为自然引下线并同时采用基础接地体时，可不设断接卡，但利用钢筋作引下线时应在室内外的适当地点设若干连接板。当仅利用钢筋作引下线并采用埋于土壤中的人工接地体时，应在每根引下线上距地面不低于 0.3 m 处设接地体连接板。采用埋于土壤中的人工接地体时应设断接卡，其上端应与连接板或钢柱焊接。连接板处宜有明显标志。

5.3.7 在易受机械损伤之处，地面上 1.7 m 至地面下 0.3 m 的一段接地线，应采用暗敷或采用镀锌角钢、改性塑料管或橡胶管等加以保护。

5.3.8 第二类防雷建筑物或第三类防雷建筑物为钢结构或钢筋混凝土建筑物时，在其钢构件或钢筋之间的连接满足本规范规定并利用其作为引下线的条件下，当其垂直支柱均起到引下线的作用时，可不要求满足专设引下线之间的间距。

5.4 接地装置

5.4.1 接地体的材料、结构和最小尺寸应符合表 5.4.1 的规定。利用建筑构件内钢筋作接地装置应符合本规范第 4.3.5 条和第 4.4.5 条的规定。

表 5.4.1 接地体的材料、结构和最小尺寸

材料	结构	最小尺寸			备注
		垂直接地体直径（mm）	水平接地体（mm^2）	接地板（mm）	
铜、镀锡铜	铜绞线	—	50	—	每股直径 1.7 mm
	单根圆铜	12	50	—	—
	单根扁铜	—	50	—	厚度 2 mm
	铜管	20	—	—	壁厚 2 mm
	整块铜板	—	—	500 × 500	厚度 2 mm
	网格铜板	—	—	600 × 600	各网格边截面 25 mm × 2 mm，网格网边总长度不少于 4.8 mm
热镀锌钢	圆钢	14	78	—	—
	钢管	25	—	—	壁厚 2 mm
	扁钢	—	90	—	厚度 3 mm
	钢板	—	—	500 × 500	厚度 3 mm
	网格钢板	—	—	600 × 600	各网格边截面 30 mm × 3 mm，网格网边总长度不少于 4.8 mm
	型钢	注 3	—	—	—

续上表

材　料	结　构	最小尺寸			备注
		垂直接地体直径(mm)	水平接地体(mm^2)	接地板(mm)	
裸钢	钢绞线	—	70	—	每股直径 1.7 mm
	圆钢	—	78	—	—
	扁钢	—	75	—	厚度 3 mm
外表面镀铜的钢	圆钢	14	50	—	镀铜厚度至少 250 μm,铜纯度 99.9%
	扁钢	—	90(厚 3 mm)	—	
不锈钢	圆形导体	15	78	—	—
	扁形导体	—	100	—	厚度 2 mm

注:1　热镀锌钢的镀锌层应光滑连贯、无焊剂斑点,镀锌层圆钢至少 22.7 g/m^2、扁钢至少 32.4 g/m^2;
2　热镀锌之前螺纹应先加工好;
3　不同截面的型钢,其截面不小于 290 mm^2,最小厚度 3 mm,可采用 50 mm×50 mm×3 mm 角钢;
4　当完全埋在混凝土中时才可采用裸钢;
5　外表面镀铜的钢,铜应与钢结合良好;
6　不锈钢中,铬的含量等于或大于 16%,镍的含量等于或大于 5%,钼的含量等于或大于 2%,碳的含量等于或小于 0.08%;
7　截面积允许误差为 -3%。

5.4.2　在符合本规范表 5.1.1 规定的条件下,埋于土壤中的人工垂直接地体宜采用热镀锌角钢、钢管或圆钢;埋于土壤中的人工水平接地体宜采用热镀锌扁钢或圆钢。

接地线应与水平接地体的截面相同。

5.4.3　人工钢质垂直接地体的长度宜为 2.5 m。其间距以及人工水平接地体的间距均宜为 5 m,当受地方限制时可适当减小。

5.4.4　人工接地体在土壤中的埋设深度不应小于 0.5 m,并宜敷设在当地冻土层以下,其距墙或基础不宜小于 1 m。接地体宜远离由于烧窑、烟道等高温影响使土壤电阻率升高的地方。

5.4.5　在敷设于土壤中的接地体连接到混凝土基础内起基础接地体作用的钢筋或钢材的情况下,土壤中的接地体宜采用铜质或镀铜钢或不锈钢导体。

5.4.6　在高土壤电阻率的场地,降低防直击雷冲击接地电阻宜采用下列方法:

1　采用多支线外引接地装置,外引长度不应大于有效长度,有效长度应符合本规范附录 C 的规定。

2　接地体埋于较深的低电阻率土壤中。

3　换土。

4　采用降阻剂。

5.4.7　防直击雷的专设引下线距出入口或人行道边沿不宜小于 3 m。

5.4.8　接地装置埋在土壤中的部分,其连接宜采用放热焊接;当采用通常的焊接方法时,应在焊接处做防腐处理。

5.4.9　接地装置工频接地电阻的计算应符合现行国家标准《工业与民用电力装置的接地设计规范》GBJ 65 的有关规定,其与冲击接地电阻的换算应符合本规范附录 C 的规定。

6 防雷击电磁脉冲

6.1 基本规定

6.1.1 在工程的设计阶段不知道电子系统的规模和具体位置的情况下，若预计将来会有需要防雷击电磁脉冲的电气和电子系统，应在设计时将建筑物的金属支撑物、金属框架或钢筋混凝土的钢筋等自然构件、金属管道、配电的保护接地系统等与防雷装置组成一个接地系统，并应在需要之处预埋等电位连接板。

6.1.2 当电源采用 TN 系统时，从建筑物总配电箱起供电给本建筑物内的配电线路和分支线路必须采用 TN-S 系统。

6.2 防雷区和防雷击电磁脉冲

6.2.1 防雷区的划分应符合下列规定：

1 本区内的各物体都可能遭到直接雷击并导走全部雷电流，以及本区内的雷击电磁场强度没有衰减时，应划分为 $LPZ0_A$ 区。

2 本区内的各物体不可能遭到大于所选滚球半径对应的雷电流直接雷击，以及本区内的雷击电磁场强度仍没有衰减时，应划分为 $LPZ0_B$ 区。

3 本区内的各物体不可能遭到直接雷击，且由于在界面处的分流，流经各导体的电涌电流比 $LPZ0_B$ 区内的更小，以及本区内的雷击电磁场强度可能衰减，衰减程度取决于屏蔽措施时，应划分为 LPZ1 区。

4 需要进一步减小流入的电涌电流和雷击电磁场强度时，增设的后续防雷区应划分为 LPZ2…n 后续防雷区。

6.2.2 安装磁场屏蔽后续防雷区、安装协调配合好的多组电涌保护器，宜按需要保护的设备的数量、类型和耐压水平及其所要求的磁场环境选择(图 6.2.2)。

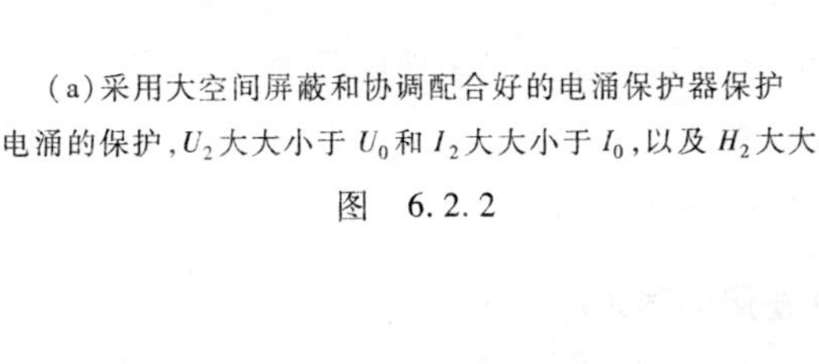

(a)采用大空间屏蔽和协调配合好的电涌保护器保护

注：设备得到良好的防导入电涌的保护，U_2 大大小于 U_0 和 I_2 大大小于 I_0，以及 H_2 大大小于 H_0 防辐射磁场的保护。

图 6.2.2

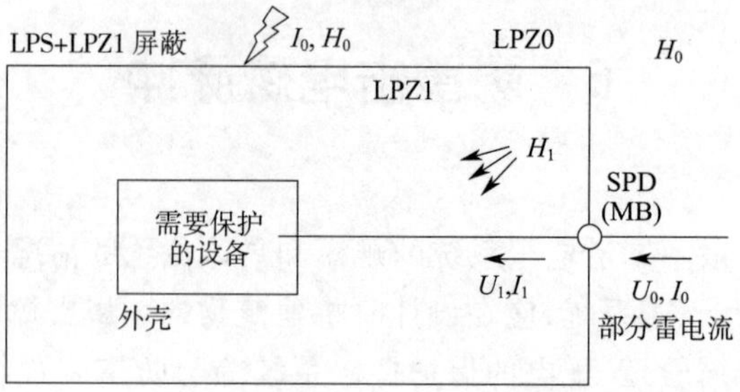

(b)采用 LPZ1 的大空间屏蔽和进户处安装电涌保护器的保护

注:设备得到防导入电涌的保护,U_1 小于 U_0 和 I_1 小于 I_0,以及 H_1 小于 H_0 防辐射磁场的保护。

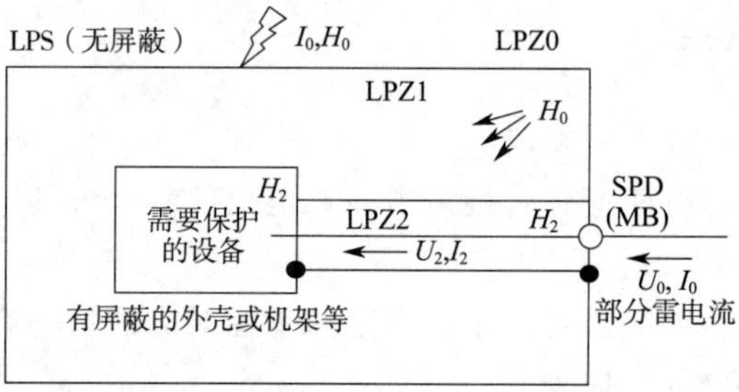

(c)采用内部线路屏蔽和在进入 LPZ 1处安装电涌保护器的保护

注:设备得到防线路导入电涌的保护,U_2 小于 U_0 和 I_2 小于 I_0,以及 H_2 小于 H_0 防辐射磁场的保护。

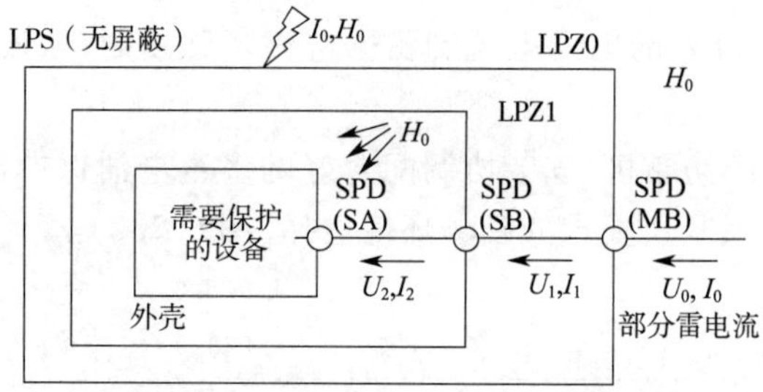

(d)仅采用协调配合好的电涌保护器保护

注:设备得到防线路导入电涌的保护,U_2 大大小于 U_0 和 I_2 大大小于 I_0,但不需防 H_0 辐射磁场的保护。

图 6.2.2　防雷击电磁脉冲

MB—总配电箱;SB—分配电箱;SA—插座

6.2.3　在两个防雷区的界面上宜将所有通过界面的金属物做等电位连接。当线路能承受所发生的电涌电压时,电涌保护器可安装在被保护设备处,而线路的金属保护层或屏蔽层宜首先于界面处做一次等电位连接。

注:$LPZ0_A$ 与 $LPZ0_B$ 区之间无实物界面。

6.3　屏蔽、接地和等电位连接的要求

6.3.1　屏蔽、接地和等电位连接的要求宜联合采取下列措施:

1　所有与建筑物组合在一起的大尺寸金属件都应等电位连接在一起,并应与防雷装置相连。但第一类防雷建筑物的独立接闪器及其接地装置除外。

2 在需要保护的空间内,采用屏蔽电缆时其屏蔽层应至少在两端,并宜在防雷区交界处做等电位连接,系统要求只在一端做等电位连接时,应采用两层屏蔽或穿钢管敷设,外层屏蔽或钢管应至少在两端,并宜在防雷区交界处做等电位连接。

3 分开的建筑物之间的连接线路,若无屏蔽层,线路应敷设在金属管、金属格栅或钢筋成格栅形的混凝土管道内。金属管、金属格栅或钢筋格栅从一端到另一端应是导电贯通,并应在两端分别连到建筑物的等电位连接带上;若有屏蔽层,屏蔽层的两端应连到建筑物的等电位连接带上。

4 对由金属物、金属框架或钢筋混凝土钢筋等自然构件构成建筑物或房间的格栅形大空间屏蔽,应将穿入大空间屏蔽的导电金属物就近与其做等电位连接。

6.3.2 对屏蔽效率未做试验和理论研究时,磁场强度的衰减应按下列方法计算:

1 闪电击于建筑物以外附近时,磁场强度应按下列方法计算:

1)当建筑物和房间无屏蔽时所产生的无衰减磁场强度,相当于处于 $LPZ0_A$ 和 $LPZ0_B$ 区内的磁场强度,应按下式计算:

$$H_0 = i_0/(2\pi s_a) \tag{6.3.2-1}$$

式中 H_0——无屏蔽时产生的无衰减磁场强度(A/m);

i_0——最大雷电流(A),按本规范表 F.0.1-1、表 F.0.1-2 和表 F.0.1-3 的规定取值;

s_a——雷击点与屏蔽空间之间的平均距离(m)(图 6.3.2-1),按式(6.3.2-6)或式(6.3.2-7)计算。

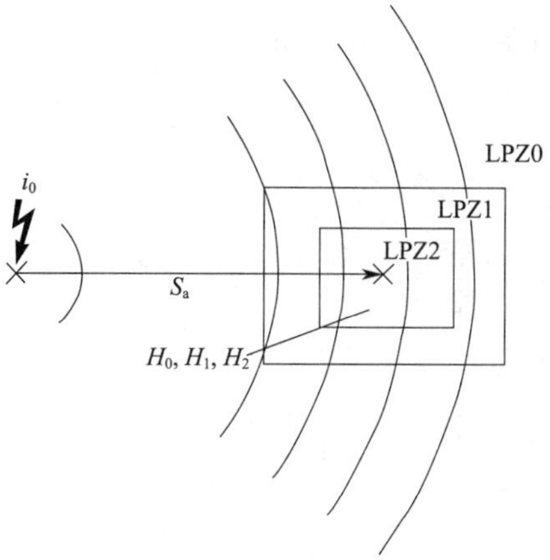

图 6.3.2-1 附近雷击时的环境情况

2)当建筑物或房间有屏蔽时,在格栅形大空间屏蔽内,即在 LPZ1 区内的磁场强度,应按下式计算:

$$H_1 = H_0/10^{SF/20} \tag{6.3.2-2}$$

式中 H_1——格栅形大空间屏蔽内的磁场强度(A/m);

SF——屏蔽系数(dB),按表 6.3.2-1 的公式计算。

表 6.3.2-1 格栅形大空间屏蔽的屏蔽系数

材 料	SF(dB)	
	25 kHz①	1 MHz②或 250 kHz
铜/铝	$20\times\log(8.5/w)$	$20\times\log(8.5/w)$

续上表

材　料	SF(dB)	
	25 kHz①	1 MHz②或 250 kHz
钢③	$20 \times \log[(8.5/w)/\sqrt{1+18\times10^{-6}/r^2}]$	$20 \times \log(8.5/w)$

注:① 适用于首次雷击的磁场;

② 1MHz 适用于后续雷击的磁场,250 kHz 适用于首次负极性雷击的磁场;

③ 相对磁导系数 $\mu_r \approx 200$;

1 w 为格栅形屏蔽的网格宽(m);r 为格栅形屏蔽网格导体的半径(m);

2 当计算式得出的值为负数时取 $SF=0$;若建筑物具有网格形等电位连接网格,SF 可增加 6 dB。

2 表 6.3.2-1 的计算值应仅对在各 LPZ 区内距屏蔽层有一安全距离的安全空间内才有效(图 6.3.2-2),安全距离应按下列公式计算:

当 $SF \geqslant 10$ 时:

$$d_{s/1} = w^{SF/10} \tag{6.3.2-3}$$

当 $SF < 10$ 时:

$$d_{s/1} = w \tag{6.3.2-4}$$

式中 $d_{s/1}$——安全距离(m);

w ——格栅形屏蔽的网格宽(m);

SF——按表 6.3.2-1 计算的屏蔽系数(dB)。

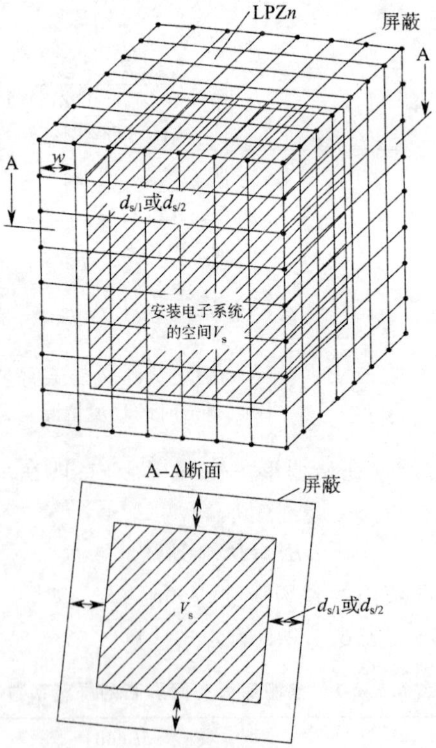

图 6.3.2-2 在 LPZn 区内供安放电气和电子系统的空间

注:空间 V_s 为安全空间。

3 在闪电击在建筑物附近磁场强度最大的最坏情况下，按建筑物的防雷类别、高度、宽度或长度可确定可能的雷击点与屏蔽空间之间平均距离的最小值（图6.3.2-3），可按下列方法确定：

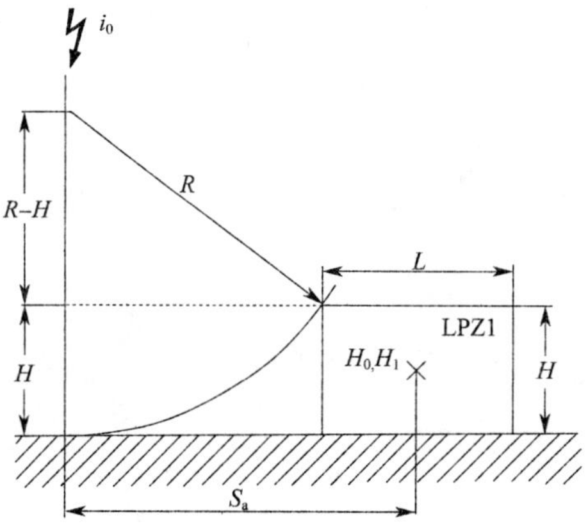

图6.3.2-3 取决于滚球半径和建筑物尺寸的最小平均距离

1）对应三类防雷建筑物最大雷电流的滚球半径应符合表6.3.2-2的规定。滚球半径可按下式计算：

$$R = 10(i_0)^{0.65} \qquad (6.3.2\text{-}5)$$

式中 R——滚球半径（m）；

i_0——最大雷电流（kA），按本规范表F.0.1-1、表F.0.1-2或表F.0.1-3的规定取值。

表6.3.2-2 与最大雷电流对应的滚球半径

防雷建筑物类别	最大雷电流 i_0（kA）			对应的滚球半径 R（m）		
	正极性首次雷击	负极性首次雷击	负极性后续雷击	正极性首次雷击	负极性首次雷击	负极性后续雷击
第一类	200	100	50	313	200	127
第二类	150	75	37.5	260	165	105
第三类	100	50	25	200	127	81

2）雷击点与屏蔽空间之间的最小平均距离，应按下列公式计算：

当 $H<R$ 时：

$$S_a = \sqrt{H(2R-H)} + L/2 \qquad (6.3.2\text{-}6)$$

当 $H \geqslant R$ 时：

$$S_a = R + L/2 \qquad (6.3.2\text{-}7)$$

式中 H——建筑物高度（m）；

L——建筑物长度（m）。

根据具体情况建筑物长度可用宽度代入。对所取最小平均距离小于式（6.3.2-6）或式（6.3.2-7）计算值的情况，闪电将直接击在建筑物上。

4 在闪电直接击在位于 $LPZ0_A$ 区的格栅形大空间屏蔽或与其连接的接闪器上的情况下，其内部LPZ1区内安全空间内某点的磁场强度应按下式计算（图6.3.2-4）：

$$H_1 = k_H \cdot i_0 \cdot w/(d_w \times \sqrt{d_r}) \qquad (6.3.2\text{-}8)$$

式中 H_1——安全空间内某点的磁场强度(A/m);

d_r——所确定的点距 LPZ1 区屏蔽顶的最短距离(m);

d_w——所确定的点距 LPZ1 区屏蔽壁的最短距离(m);

k_H——形状系数($1/\sqrt{m}$),取 $k_H=0.01(1/\sqrt{m})$;

w——LPZ1 区格栅形屏蔽的网格宽(m)。

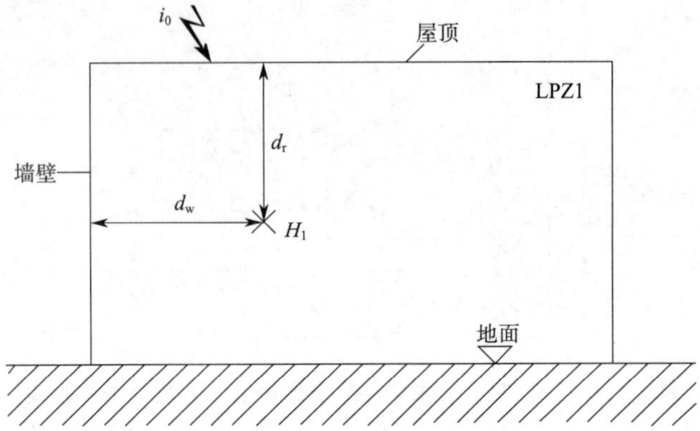

图6.3.2-4 闪电直接击于屋顶接闪器时 LPZ1 区内的磁场强度

5 式(6.3.2-8)的计算值仅对距屏蔽格栅有一安全距离的安全空间内有效,安全距离应按下列公式计算,电子系统应仅安装在安全空间内:

当 $SF \geq 10$ 时:

$$d_{s/2}=w\cdot SF/10 \tag{6.3.2-9}$$

当 $SF<10$ 时:

$$d_{s/2}=w \tag{6.3.2-10}$$

式中 $d_{s/2}$——安全距离(m)。

6 LPZn+1 区内的磁场强度可按下式计算:

$$H_{n+1}=H_n/10^{SF/20} \tag{6.3.2-11}$$

式中 H_n——LPZn 区内的磁场强度(A/m);

H_{n+1}——LPZn+1 区内的磁场强度(A/m);

SF——LPZn+1 区屏蔽的屏蔽系数。

安全距离应按式(6.3.2-3)或式(6.3.2-4)计算。

7 当式(6.3.2-11)式中的 LPZn 区内的磁场强度为 LPZ1 区内的磁场强度时,LPZ1 区内的磁场强度应按以下方法确定:

1)闪电击在 LPZ1 区附近的情况,应按本条第 1 款式(6.3.2-1)和式(6.3.2-2)确定。

2)闪电直接击在 LPZ1 区大空间屏蔽上的情况,应按本条第 4 款式(6.3.2-8)确定,但式中所确定的点距 LPZ1 区屏蔽顶的最短距离和距 LPZ1 区屏蔽壁的最短距离应按图 6.3.2-5 确定。

6.3.3 接地和等电位连接除应符合本规范的有关规定外,尚应符合下列规定:

1 每幢建筑物本身应采用一个接地系统(图 6.3.3)。

2 当互相邻近的建筑物之间有电气和电子系统的线路连通时,宜将其接地装置互相连接,可通过接地线、PE 线、屏蔽层、穿线钢管、电缆沟的钢筋、金属管道等连接。

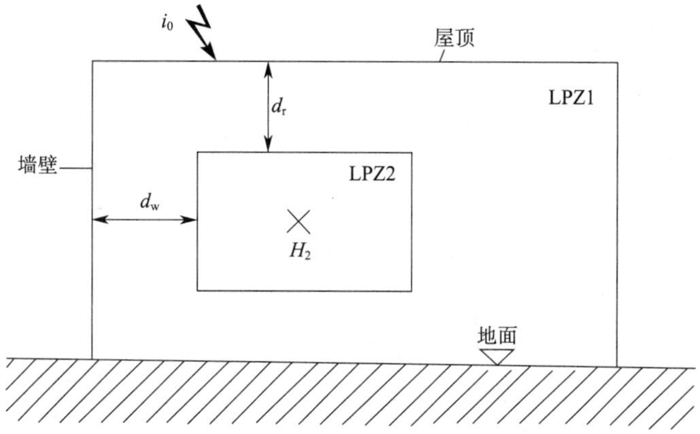

图 6.3.2-5　LPZ2 区内的磁场强度

6.3.4 穿过各防雷区界面的金属物和建筑物内系统，以及在一个防雷区内部的金属物和建筑物内系统，均应在界面处附近做符合下列要求的等电位连接：

1 所有进入建筑物的外来导电物均应在 $LPZ0_A$ 或 $LPZ0_B$ 与 LPZ1 区的界面处做等电位连接。当外来导电物、电气和电子系统的线路在不同地点进入建筑物时，宜设若干等电位连接带，并应将其就近连到环形接地体、内部环形导体或在电气上是贯通并连通到接地体或基础接地体的钢筋上。环形接地体和内部环形导体应连到钢筋或金属立面等其他屏蔽构件上，宜每隔 5 m 连接一次。

对各类防雷建筑物，各种连接导体和等电位连接带的截面不应小于本规范表 5.1.2 的规定。

当建筑物内有电子系统时，在已确定雷击电磁脉冲影响最小之处，等电位连接带宜采用金属板，并应与钢筋或其他屏蔽构件做多点连接。

2 在 $LPZ0_A$ 与 LPZ1 区的界面处做等电位连接用的接线夹和电涌保护器，应采用本规范表 F.0.1-1 的雷电流参量估算通过的分流值。当无法估算时，可按本规范式(4.2.4-6)或式(4.2.4-7)计算，计算中的雷电流应采用本规范表 F.0.1-1 的雷电流。尚应确定沿各种设施引入建筑物的雷电流。应采用向外分流或向内引入的雷电流的较大者。

在靠近地面于 $LPZ0_B$ 与 LPZ1 区的界面处做等电位连接用的接线夹和电涌保护器，仅应确定闪电击中建筑物防雷装置时通过的雷电流；可不计及沿全长处在 $LPZ0_B$ 区的各种设施引入建筑物的雷电流，其值应仅为感应电流和小部分雷电流。

3 各后续防雷区界面处的等电位连接也应采用本条第 1 款的规定。

穿过防雷区界面的所有导电物、电气和电子系统的线路均应在界面处做等电位连接。宜采用一局部等电位连接带做等电位连接，各种屏蔽结构或设备外壳等其他局部金属物也连到局部等电位连接带。

用于等电位连接的接线夹和电涌保护器应分别估算通过的雷电流。

4 所有电梯轨道、起重机、金属地板、金属门框架、设施管道、电缆桥架等大尺寸的内部导电物，其等电位连接应以最短路径连到最近的等电位连接带或其他已做了等电位连接的金属物或等电位连接网络，各导电物之间宜附加多次互相连接。

5 电子系统的所有外露导电物应与建筑物的等电位连接网络做功能性等电位连接。电子系统不应设独立的接地装置。向电子系统供电的配电箱的保护地线（PE 线）应就近与建筑

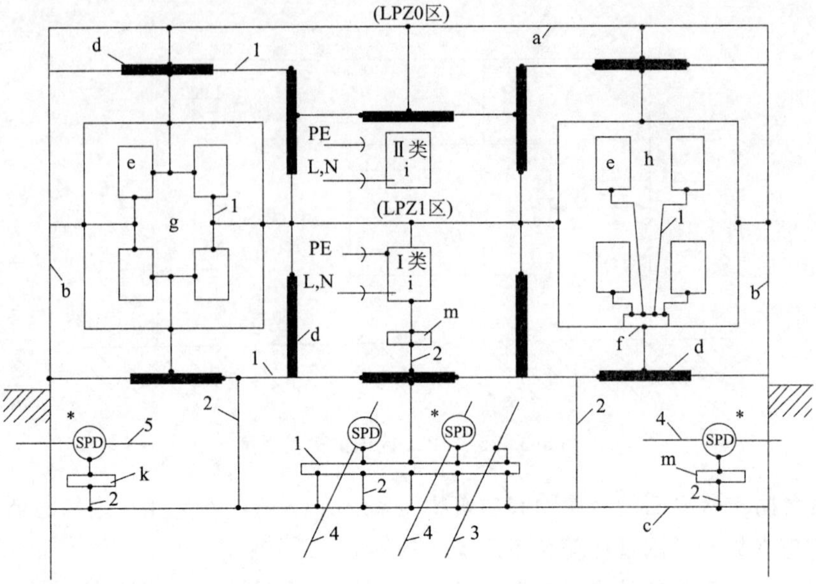

图 6.3.3　接地、等电位连接和接地系统的构成

a—防雷装置的接闪器及可能是建筑物空间屏蔽的一部分；

b—防雷装置的引下线及可能是建筑物空间屏蔽的一部分；

c—防雷装置的接地装置（接地体网络、共用接地体网络）以及可能是建筑物空间屏蔽的一部分，如基础内钢筋和基础接地体；

d—内部导电物体，在建筑物内及其上不包括电气装置的金属装置，如电梯轨道，起重机，金属地面，金属门框架，各种服务性设施的金属管道，金属电缆桥架，地面、墙和天花板的钢筋；

e—局部电子系统的金属组件；

f—代表局部等电位连接带单点连接的接地基准点（ERP）；

g—局部电子系统的网形等电位连接结构；

h—局部电子系统的星形等电位连接结构；

i—固定安装有 PE 线的Ⅰ类设备和无 PE 线的Ⅱ类设备；

k—主要供电气系统等电位连接用的总接地带、总接地母线、总等电位连接带。也可用作共用等电位连接带；

l—主要供电子系统等电位连接用的环形等电位连接带、水平等电位连接导体，在特定情况下采用金属板。也可用作共用等电位连接带。用接地线多次接到接地系统上做等电位连接，宜每隔 5 m 连一次；

m—局部等电位连接带；

1—等电位连接导体；

2—接地线；

3—服务性设施的金属管道；

4—电子系统的线路或电缆；

5—电气系统的线路或电缆；

*—进入 LPZ1 区处，用于管道、电气和电子系统的线路或电缆等外来服务性设施的等电位连接。

物的等电位连接网络做等电位连接。

一个电子系统的各种箱体、壳体、机架等金属组件与建筑物接地系统的等电位连接网络做功能性等电位连接，应采用 S 型星形结构或 M 型网形结构（图 6.3.4）。

当采用 S 型等电位连接时，电子系统的所有金属组件应与接地系统的各组件绝缘。

6　当电子系统为 300 kHz 以下的模拟线路时，可采用 S 型等电位连接，且所有设施管线和电缆宜从 ERP 处附近进入该电子系统。

S 型等电位连接应仅通过唯一的 ERP 点，形成 S_s 型连接方式（图 6.3.4）。设备之间的所有线路和电缆当无屏蔽时，宜与成星形连接的等电位连接线平行敷设。用于限制从线路传导来的过电压的电涌保护器，其引线的连接点应使加到被保护设备上的电涌电压最小。

形式	S 型星形结构	M 型网形结构
基本的结构形式	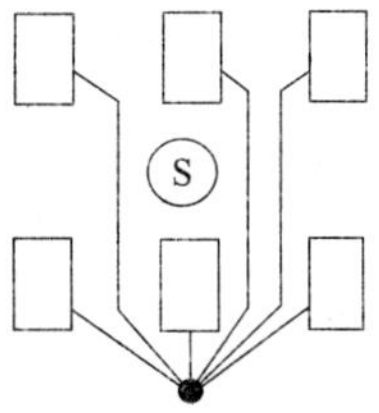	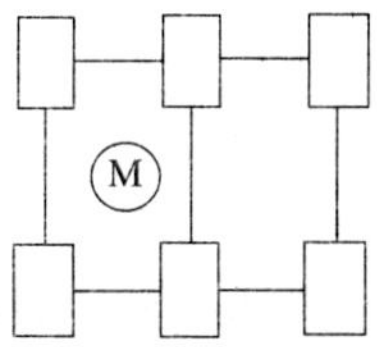
功能性等电位接入等电位连接网络	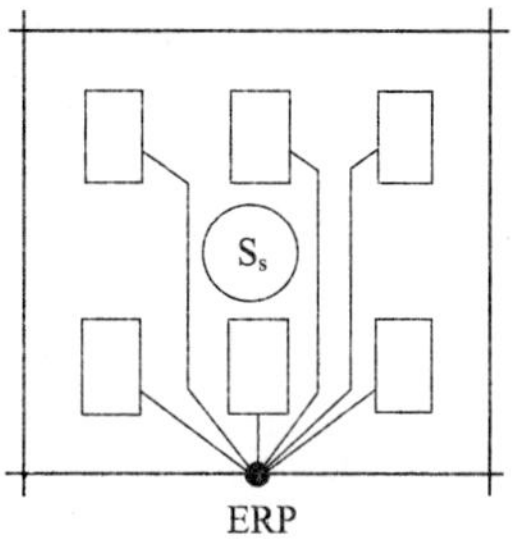	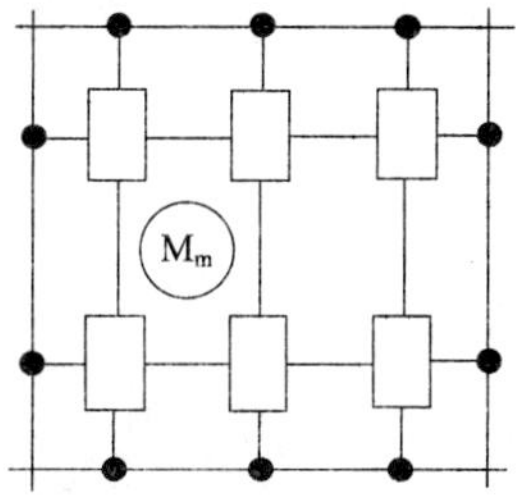

等电位连接网络

等电位连接导体

设备

接至等电位连接网络的等电位连接点

ERP 接地基准点

S_s 将星形结构通过 EPR 点整合到等电位连接网络中

M_m 将网形结构通过网形连接整合到等电位连接网络中

图 6.3.4 电子系统功能性等电位连接整合到等电位连接网络中

7 当电子系统为兆赫兹级数字线路时，应采用 M 型等电位连接，系统的各金属组件不应与接地系统各组件绝缘。M 型等电位连接应通过多点连接组合到等电位连接网络中去，形成 M_m 型连接方式。每台设备的等电位连接线的长度不宜大于 0.5 m，并宜设两根等电位连接线安装于设备的对角处，其长度相差宜为 20%。

6.4 安装和选择电涌保护器的要求

6.4.1 复杂的电气和电子系统中，除在户外线路进入建筑物处，$LPZ0_A$ 或 $LPZ0_B$ 进入 LPZ1 区，按本规范第 4 章要求安装电涌保护器外，在其后的配电和信号线路上应按本规范第 6.4.4～6.4.8 条确定是否选择和安装与其协调配合好的电涌保护器。

6.4.2 两栋定为 LPZ1 区的独立建筑物用电气线路或信号线路的屏蔽电缆或穿钢管的无屏蔽线路连接时，屏蔽层流过的分雷电流在其上所产生的电压降不应对线路和所接设备引起绝缘击穿，同时屏蔽层的截面应满足通流能力（图 6.4.2）。计算方法应符合本规范附录 H 的规定。

6.4.3 LPZ1 区内两个 LPZ2 区之间用电气线路或信号线路的屏蔽电缆或屏蔽的电缆沟或穿

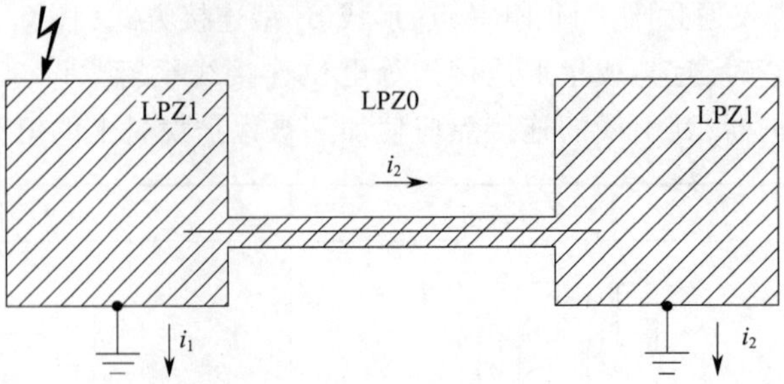

图 6.4.2 用屏蔽电缆或穿钢管线路将两栋独立的 LPZ1 区连接在一起

钢管屏蔽的线路连接在一起,当有屏蔽的线路没有引出 LPZ2 区时,线路的两端可不安装电涌保护器(图 6.4.3)。

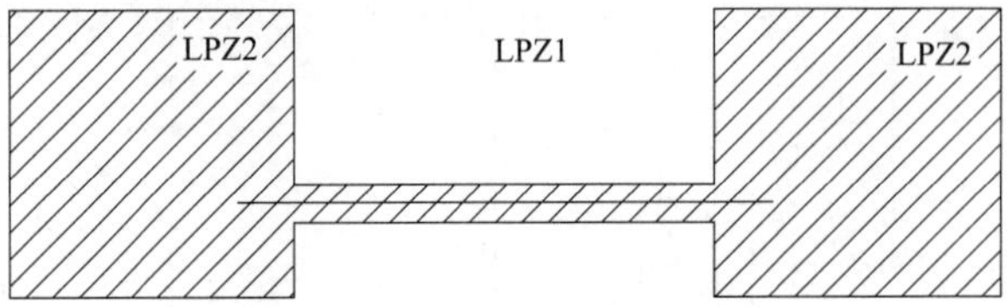

图 6.4.3 用屏蔽的线路将两个 LPZ2 区连接在一起

6.4.4 需要保护的线路和设备的耐冲击电压,220/380 V 三相配电线路可按表 6.4.4 的规定取值;其他线路和设备,包括电压和电流的抗扰度,宜按制造商提供的材料确定。

表 6.4.4 建筑物内 220/380 V 配电系统中设备绝缘耐冲击电压额定值

设备位置	电源处的设备	配电线路和最后分支线路的设备	用电设备	特殊需要保护的设备
耐冲击电压类别	Ⅳ类	Ⅲ类	Ⅱ类	Ⅰ类
耐冲击电压额定值 U_W(kV)	6	4	2.5	1.5

注:1 Ⅰ类——含有电子电路的设备,如计算机、有电子程序控制的设备;
2 Ⅱ类——如家用电器和类似负荷;
3 Ⅲ类——如配电盘,断路器,包括线路、母线、分线盒、开关、插座等固定装置的布线系统,以及应用于工业的设备和永久接至固定装置的固定安装的电动机等的一些其他设备;
4 Ⅳ类——如电气计量仪表、一次线过流保护设备、滤波器。

6.4.5 电涌保护器安装位置和放电电流的选择,应符合下列规定:

1 户外线路进入建筑物处,即 $LPZ0_A$ 或 $LPZ0_B$ 进入 LPZ1 区,所安装的电涌保护器应按本规范第 4 章的规定确定。

2 靠近需要保护的设备处,即 LPZ2 区和更高区的界面处,当需要安装电涌保护器时,对电气系统宜选用Ⅱ级或Ⅲ级试验的电涌保护器,对电子系统宜按具体情况确定,并应符合本规范附录 J 的规定,技术参数应按制造商提供的、在能量上与本条第 1 款所确定的配合好的电涌保护器选用,并应包含多组电涌保护器之间的最小距离要求。

3 电涌保护器应与同一线路上游的电涌保护器在能量上配合好,电涌保护器在能量上配合的资料应由制造商提供。若无此资料,Ⅱ级试验的电涌保护器,其标称放电电流不应小于 5 kA;Ⅲ级试验的电涌保护器,其标称放电电流不应小于 3 kA。

6.4.6 电涌保护器的有效电压保护水平,应符合下列规定:

1 对限压型电涌保护器:

$$U_{p/f}=U_p+\Delta U \quad (6.4.6\text{-}1)$$

2 对电压开关型电涌保护器,应取下列公式中的较大者:

$$U_{p/f}=U_p \text{ 或 } U_{p/f}=\Delta U \quad (6.4.6\text{-}2)$$

式中 $U_{p/f}$——电涌保护器的有效电压保护水平(kV);

U_p——电涌保护器的电压保护水平(kV);

ΔU——电涌保护器两端引线的感应电压降,即 $L\times(di/dt)$,户外线路进入建筑物处可按 1 kV/m 计算,在其后的可按 $\Delta U=0.2U_p$ 计算,仅是感应电涌时可略去不计。

3 为取得较小的电涌保护器有效电压保护水平,应选用有较小电压保护水平值的电涌保护器,并应采用合理的接线,同时应缩短连接电涌保护器的导体长度。

6.4.7 确定从户外沿线路引入雷击电涌时,电涌保护器的有效电压保护水平值的选取应符合下列规定:

1 当被保护设备距电涌保护器的距离沿线路的长度小于或等于 5 m 时,或在线路有屏蔽并两端等电位连接下沿线路的长度小于或等于 10 m 时,应按下式计算:

$$U_{p/f}\leqslant U_w \quad (6.4.7\text{-}1)$$

式中 U_w——被保护设备的设备绝缘耐冲击电压额定值(kV)。

2 当被保护设备距电涌保护器的距离沿线路的长度大于 10 m 时,应按下式计算:

$$U_{p/f}\leqslant\frac{U_w-U_i}{2} \quad (6.4.7\text{-}2)$$

式中 U_i——雷击建筑物附近,电涌保护器与被保护设备之间电路环路的感应过电压(kV),按本规范第 6.3.2 条和附录 G 计算。

3 对本条第 2 款,当建筑物或房间有空间屏蔽和线路有屏蔽或仅线路有屏蔽并两端等电位连接时,可不计及电涌保护器与被保护设备之间电路环路的感应过电压,但应按下式计算:

$$U_{p/f}\leqslant\frac{U_w}{2} \quad (6.4.7\text{-}3)$$

4 当被保护的电子设备或系统要求按现行国家标准《电磁兼容 试验和测量技术 浪涌(冲击)抗扰度试验》GB/T 17626.5 确定的冲击电涌电压小于 U_w 时,式(6.4.7-1)~式(6.4.7-3)中的 U_w 应用前者代入。

6.4.8 用于电气系统的电涌保护器的最大持续运行电压值和接线形式,以及用于电子系统的电涌保护器的最大持续运行电压值,应按本规范附录 J 的规定采用。连接电涌保护器的导体截面应按本规范表 5.1.2 的规定取值。

附录 A 建筑物年预计雷击次数

A.0.1 建筑物年预计雷击次数应按下式计算:

$$N=k\times N_g\times A_e \quad (A.0.1)$$

式中 N——建筑物年预计雷击次数(次/a);

k——校正系数,在一般情况下取 1;位于河边、湖边、山坡下或山地中土壤电阻率较小处、地下水露头处、土山顶部、山谷风口等处的建筑物,以及特别潮湿的建筑物取 1.5;金属屋面没有接地的砖木结构建筑物取 1.7;位于山顶上或旷野的孤立建筑物取 2;

N_g——建筑物所处地区雷击大地的年平均密度(次/km^2/a);

A_e——与建筑物截收相同雷击次数的等效面积(km^2)。

A.0.2 雷击大地的年平均密度,首先应按当地气象台、站资料确定;若无此资料,可按下式计算:

$$N_g = 0.1 \times T_d \tag{A.0.2}$$

式中 T_d——年平均雷暴日,根据当地气象台、站资料确定(d/a)。

A.0.3 与建筑物截收相同雷击次数的等效面积应为其实际平面积向外扩大后的面积。其计算方法应符合下列规定:

1 当建筑物的高度小于 100 m 时,其每边的扩大宽度和等效面积应按下列公式计算(图 A.0.3):

$$D = \sqrt{H(200 - H)} \tag{A.0.3-1}$$

$$A_e = [LW + 2(L + W)\sqrt{H(200 - H)} + \pi H(200 - H)] \times 10^{-6} \tag{A.0.3-2}$$

式中 D——建筑物每边的扩大宽度(m);

L、W、H——分别为建筑物的长、宽、高(m)。

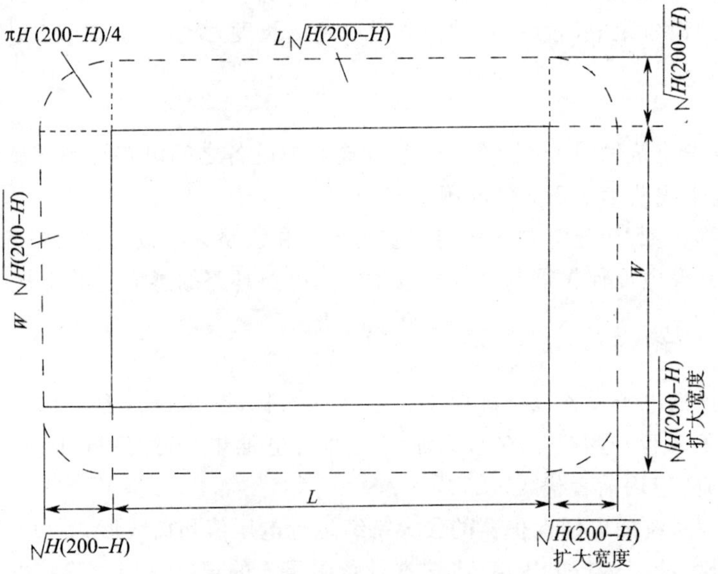

图 A.0.3 建筑物的等效面积

注:建筑物面面积扩大后的等效面积如图 A.0.3 中周边虚线所包围的面积。

2 当建筑物的高度小于 100 m,同时其周边在 $2D$ 范围内有等高或比它低的其他建筑物,这些建筑物不在所考虑建筑物以 $h_r = 100$(m)的保护范围内时,按公式(A.0.3-2)算出的 A_e 可减去$(D/2) \times$(这些建筑物与所考虑建筑物边长平行以米计的长度总和)$\times 10^{-6}$(km^2)。

当四周在 $2D$ 范围内都有等高或比它低的其他建筑物时,其等效面积可按下式计算:

$$A_e = [LW + (L + W)\sqrt{H(200 - H)} + \frac{\pi H(200 - H)}{4}] \times 10^{-6} \tag{A.0.3-3}$$

3 当建筑物的高度小于 100 m,同时其周边在 $2D$ 范围内有比它高的其他建筑物时,按式(A.0.3-2)算出的等效面积可减去 $D \times$(这些建筑物与所考虑建筑物边长平行以米计的长度总和)$\times 10^{-6}$(km^2)。

当四周在 $2D$ 范围内都有比它高的其他建筑物时，其等效面积可按下式计算：

$$A_e = LW \times 10^{-6} \tag{A.0.3-4}$$

4 当建筑物的高度等于或大于 100 m 时，其每边的扩大宽度应按等于建筑物的高度计算；建筑物的等效面积应按下式计算：

$$A_e = [LW + 2H(L+W) + \pi H^2] \times 10^{-6} \tag{A.0.3-5}$$

5 当建筑物的高度等于或大于 100 m，同时其周边在 $2H$ 范围内有等高或比它低的其他建筑物，且不在所确定建筑物以滚球半径等于建筑物高度（m）的保护范围内时，按式（A.0.3-5）算出的等效面积可减去（$H/2$）×（这些建筑物与所确定建筑物边长平行以米计的长度总和）$\times 10^{-6}$（km^2）。

当四周在 $2H$ 范围内都有等高或比它低的其他建筑物时，其等效面积可按下式计算：

$$A_e = [LW + H(L+W) + \frac{\pi H^2)}{4})] \times 10^{-6} \tag{A.0.3-6}$$

6 当建筑物的高度等于或大于 100 m，同时其周边在 $2H$ 范围内有比它高的其他建筑物时，按式（A.0.3-5）算出的等效面积可减去 H ×（这些其他建筑物与所确定建筑物边长平行以米计的长度总和）$\times 10^{-6}$（km^2）。

当四周在 $2H$ 范围内都有比它高的其他建筑物时，其等效面积可按公式（A.0.3-4）计算。

7 当建筑物各部位的高不同时，应沿建筑物周边逐点算出最大扩大宽度，其等效面积应按每点最大扩大宽度外端的连接线所包围的面积计算。

附录 B 建筑物易受雷击的部位

B.0.1 平屋面或坡度不大于 1/10 的屋面，檐角、女儿墙、屋檐应为其易受雷击的部位（图 B.0.1）。

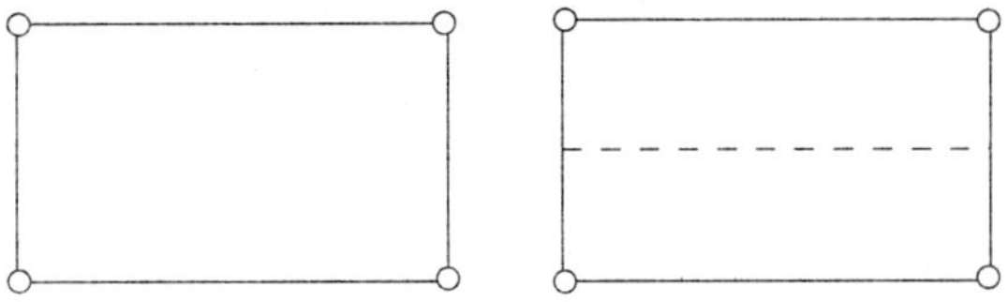

（a）平屋面　　（b）坡度不大于1/10

图 B.0.1 建筑物易受雷击的部位（一）

注：——表示易受雷击部位，－－表示不易受雷击的屋脊或屋檐，○表示雷击率最高部位。

B.0.2 坡度大于 1/10 且小于 1/2 的屋面，屋角、屋脊、檐角、屋檐应为其易受雷击的部位（图 B.0.2）。

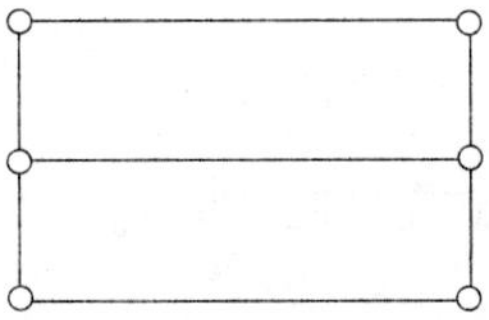

图 B.0.2 建筑物易受雷击的部位（二）

注：——表示易受雷击部位，○表示雷击率最高部位。

B. 0. 3　坡度不小于 1/2 的屋面，屋角、屋脊、檐角应为其易受雷击的部位（图 B. 0. 3）。

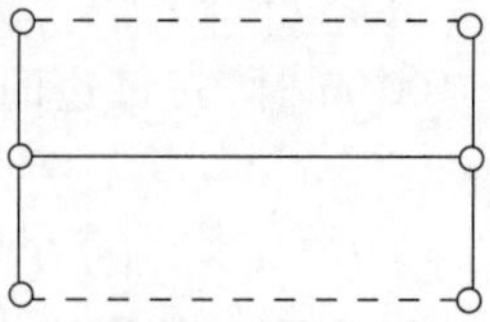

图 B. 0. 3　建筑物易受雷击的部位（三）

注：——表示易受雷击部位，－－表示不易受雷击的屋脊或屋檐，○表示雷击率最高部位。

B. 0. 4　对图 B. 0. 2 和图 B. 0. 3，在屋脊有接闪带的情况下，当屋檐处于屋脊接闪带的保护范围内时，屋檐上可不设接闪带。

附录 C　接地装置冲击接地电阻与工频接地电阻的换算

C. 0. 1　接地装置冲击接地电阻与工频接地电阻的换算，应按下式计算：

$$R_{\sim} = A \times R_{i} \tag{C.0.1}$$

式中　$R_{\sim}$——接地装置各支线的长度取值小于或等于接地体的有效长度 l_e，或者有支线大于 l_e 而取其等于 l_e 时的工频接地电阻（Ω）；

A ——换算系数，其值宜按图 C. 0. 1 确定；

R_i ——所要求的接地装置冲击接地电阻（Ω）。

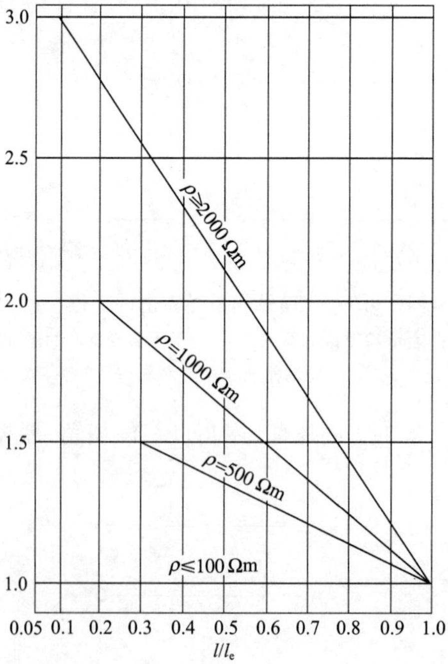

图 C. 0. 1　换算系数 A

注：l 为接地体最长支线的实际长度，其计量与 l_e 类同；当 l 大于 l_e 时，取其等于 l_e。

C. 0. 2 接地体的有效长度应按下式计算：

$$l_e = 2\sqrt{\rho} \qquad (C.0.2)$$

式中 l_e——接地体的有效长度，应按图 C. 0. 2 计量(m)；

ρ——敷设接地体处的土壤电阻率(Ωm)。

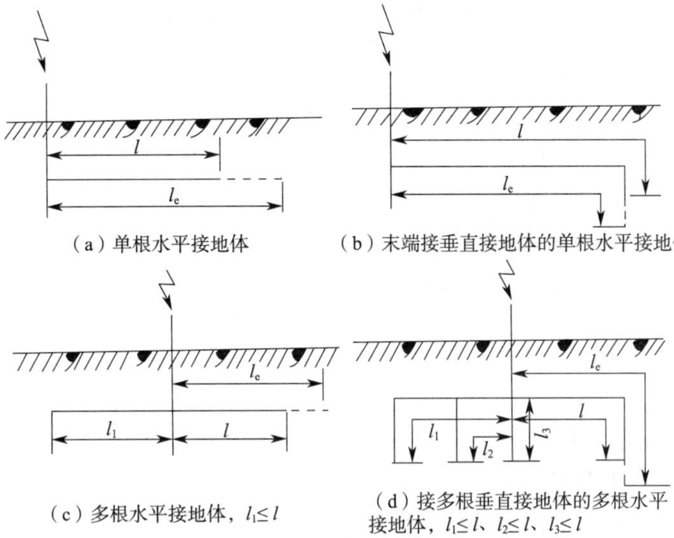

图 C. 0. 2 接地体有效长度的计量

C. 0. 3 环绕建筑物的环形接地体应按下列方法确定冲击接地电阻：

1 当环形接地体周长的一半大于或等于接地体的有效长度时，引下线的冲击接地电阻应为从与引下线的连接点起沿两侧接地体各取有效长度的长度算出的工频接地电阻，换算系数等于 1。

2 当环形接地体周长的一半小于有效长度时，引下线的冲击接地电阻应为以接地体的实际长度算出的工频接地电阻再除以换算系数。

C. 0. 4 与引下线连接的基础接地体，当其钢筋从与引下线的连接点量起大于 20 m 时，其冲击接地电阻应为以换算系数等于 1 和以该连接点为圆心、20 m 为半径的半球体范围内的钢筋体的工频接地电阻。

附录 D 滚球法确定接闪器的保护范围

D. 0. 1 单支接闪杆的保护范围应按下列方法确定(图 D. 0. 1)：

1 当接闪杆高度 h 小于或等于 h_r 时：

1)距地面 h_r 处作一平行于地面的平行线。

2)以杆尖为圆心，h_r 为半径作弧线交于平行线的 A、B 两点。

3)以 A、B 为圆心，h_r 为半径作弧线，弧线与杆尖相交并与地面相切，弧线到地面为其保护范围。保护范围为一个对称的锥体。

4)接闪杆在 h_x 高度的 xx'平面上和地面上的保护半径，应按下列公式计算：

$$r_x = \sqrt{h(2h_r - h)} - \sqrt{h_x(2h_r - h_x)} \qquad (D.0.1\text{-}1)$$

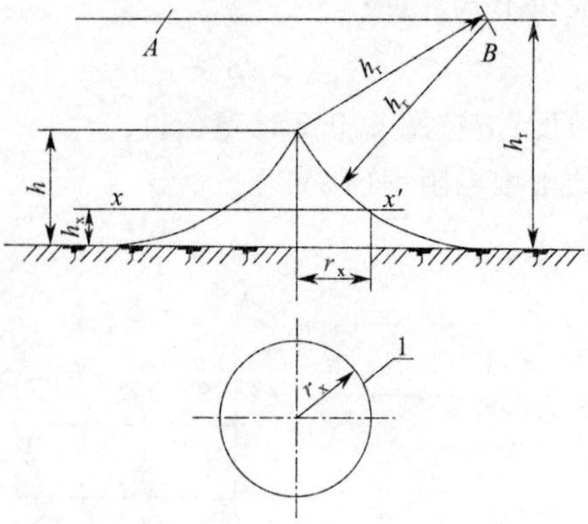

图 D.0.1　单支接闪杆的保护范围

1—xx′平面上保护范围的截面

$$r_0 = \sqrt{h(2h_r - h)} \qquad (D.0.1\text{-}2)$$

式中　r_x——接闪杆在 h_x 高度在 xx′平面上的保护半径(m)；

h_r——滚球半径，按本规范表 5.2.12 和第 4.5.5 条的规定取值(m)；

h_x——被保护物的高度(m)；

r_0——接闪杆在地面上的保护半径(m)。

2　当接闪杆高度 h 大于 h_r 时，在接闪杆上取高度等于 h_r 的一点代替单支接闪杆杆尖作为圆心。其余的做法应符合本条第 1 款的规定。式(D.0.1-1)和式(D.0.1-2)中的 h 用 h_r 代入。

D.0.2　两支等高接闪杆的保护范围，在接闪杆高度 h 小于或等于 h_r 的情况下，当两支接闪杆距离 D 大于或等于 $2\sqrt{h(2h_r - h)}$ 时，应各按单支接闪杆所规定的方法确定；当 D 小于 $2\sqrt{h(2h_r - h)}$ 时，应按下列方法确定(图 D.0.2)：

1　AEBC 外侧的保护范围，应按单支接闪杆的方法确定。

2　C、E 点应位于两杆间的垂直平分线上。在地面每侧的最小保护宽度应按下式计算：

$$b_0 = CO = EO = \sqrt{h(2h_r - h) - \left(\frac{D}{2}\right)^2} \qquad (D.0.2\text{-}1)$$

3　在 AOB 轴线上，距中心线任一距离 x 处，其在保护范围上边线上的保护高度应按下式计算：

$$h_x = h_r - \sqrt{(h_r - h)^2 + \left(\frac{D}{2}\right)^2 - x^2} \qquad (D.0.2\text{-}2)$$

该保护范围上边线是以中心线距地面 h_r 的一点 O' 为圆心，以 $\sqrt{(h_r - h)^2 + \left(\frac{D}{2}\right)^2}$ 为半径所作的圆弧 AB。

4　两杆间 AEBC 内的保护范围，ACO 部分的保护范围应按下列方法确定：

1)在任一保护高度 h_x 和 C 点所处的垂直平面上，应以 h_x 作为假想接闪杆，并应按单支接闪杆的方法逐点确定(图 D.0.2 中 1—1 剖面图)。

2)确定 BCO、AEO、BEO 部分的保护范围的方法与 ACO 部分的相同。

5　确定 xx′平面上的保护范围截面的方法。以单支接闪杆的保护半径 r_x 为半径，以 A、B 为圆心作弧线与四边形 AEBC 相交；以单支接闪杆的$(r_0 - r_x)$为半径，以 E、C 为圆心作弧线与

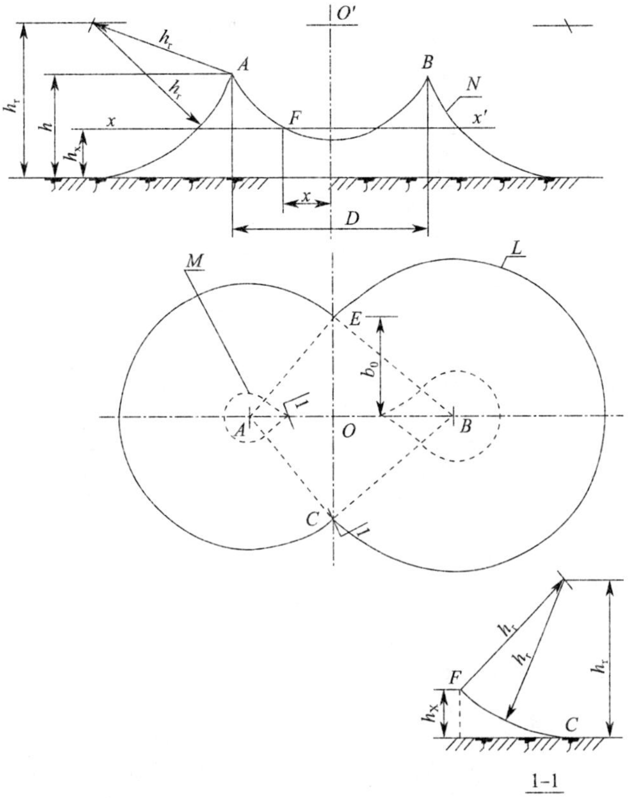

图 D.0.2 两支等高接闪杆的保护范围

L—地面上保护范围的截面；M—xx'平面上保护范围的截面；N—AOB 轴线的保护范围

上述弧线相交(图 D.0.2 中的粗虚线)。

D.0.3 两支不等高接闪杆的保护范围，在 A 接闪杆的高度 h_1 和 B 接闪杆的高度 h_2 均小于或等于 h_r 的情况下，当两支接闪杆距离 D 大于或等于 $\sqrt{h_1(2h_r-h_1)}+\sqrt{h_2(2h_r-h_2)}$ 时，应各按单支接闪杆所规定的方法确定；当 D 小于 $\sqrt{h_1(2h_r-h_1)}+\sqrt{h_2(2h_r-h_2)}$ 时，应按下列方法确定(图 D.0.3)：

1 AEBC 外侧的保护范围应按单支接闪杆的方法确定。

2 CE 线或 HO'线的位置应按下式计算：

$$D_1=\frac{(h_r-h_2)^2-(h_r-h_1)^2+D^2}{2D} \tag{D.0.3-1}$$

3 在地面每侧的最小保护宽度应按下式计算：

$$b_0=CO=EO=\sqrt{h_1(2h_r-h_1)-D_1^2} \tag{D.0.3-2}$$

4 在 AOB 轴线上，A、B 间保护范围上边线位置应按下式计算：

$$h_x=h_r-\sqrt{(h_r-h_1)^2+D_1^2-x^2} \tag{D.0.3-3}$$

式中 x——距 CE 线或 HO'线的距离。

该保护范围上边线是以 HO'线上距地面 h_r 的一点 O'为圆心，以 $\sqrt{(h_r-h_1)^2+D_1^2}$ 为半径所作的圆弧 AB。

5 两杆间 AEBC 内的保护范围，ACO 与 AEO 是对称的，BCO 与 BEO 是对称的，ACO 部分

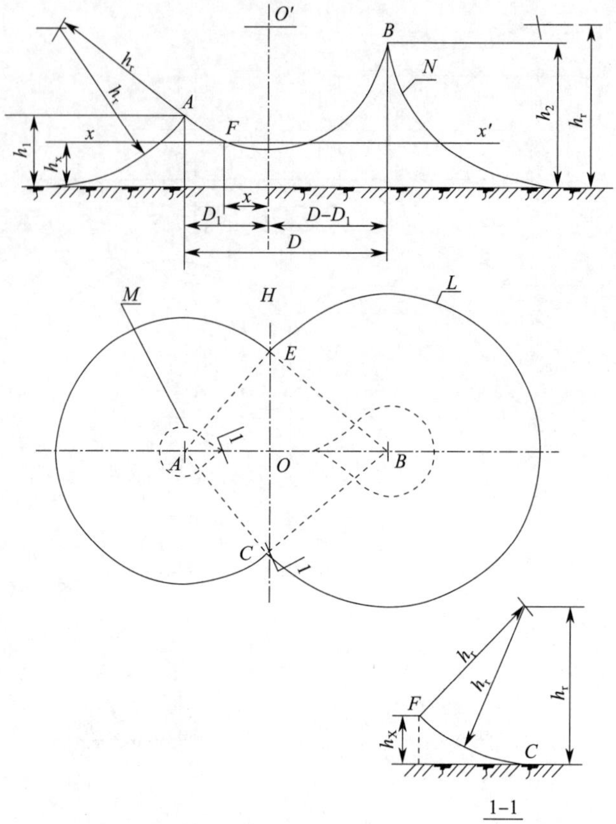

图 D. 0. 3　两支不等高接闪杆的保护范围

L—地面上保护范围的截面；*M*—*xx'*平面上保护范围的截面；*N*—*AOB* 轴线的保护范围

的保护范围应按下列方法确定：

1）在任一保护高度 h_x 和 C 点所处的垂直平面上，以 h_x 作为假想接闪杆，按单支接闪杆的方法逐点确定（图 D. 0. 3 的 1—1 剖面图）。

2）确定 AEO、BCO、BEO 部分的保护范围的方法与 ACO 部分相同。

6　确定 xx'平面上的保护范围截面的方法应与两支等高接闪杆相同。

D. 0. 4　矩形布置的四支等高接闪杆的保护范围，在 h 小于或等于 h_r 的情况下，当 D_3 大于或等于 $2\sqrt{h(2h_r-h)}$ 时，应各按两支等高接闪杆所规定的方法确定；当 D_3 小于 $2\sqrt{h(2h_r-h)}$ 时，应按下列方法确定（图 D. 0. 4）：

1　四支接闪杆外侧的保护范围应各按两支接闪杆的方法确定。

2　B、E 接闪杆连线上的保护范围见图 D. 0. 4 中 1—1 剖面图，外侧部分应按单支接闪杆的方法确定。两杆间的保护范围应按下列方法确定：

1）以 B、E 两杆杆尖为圆心、h_r 为半径作弧线相交于 O 点，以 O 点为圆心、h_r 为半径作弧线，该弧线与杆尖相连的这段弧线即为杆间保护范围。

2）保护范围最低点的高度 h_0 应按下式计算：

$$h_0 = \sqrt{h_r^2 - \left(\frac{D_3}{2}\right)^2} + h - h_r \qquad (D.0.4\text{-}1)$$

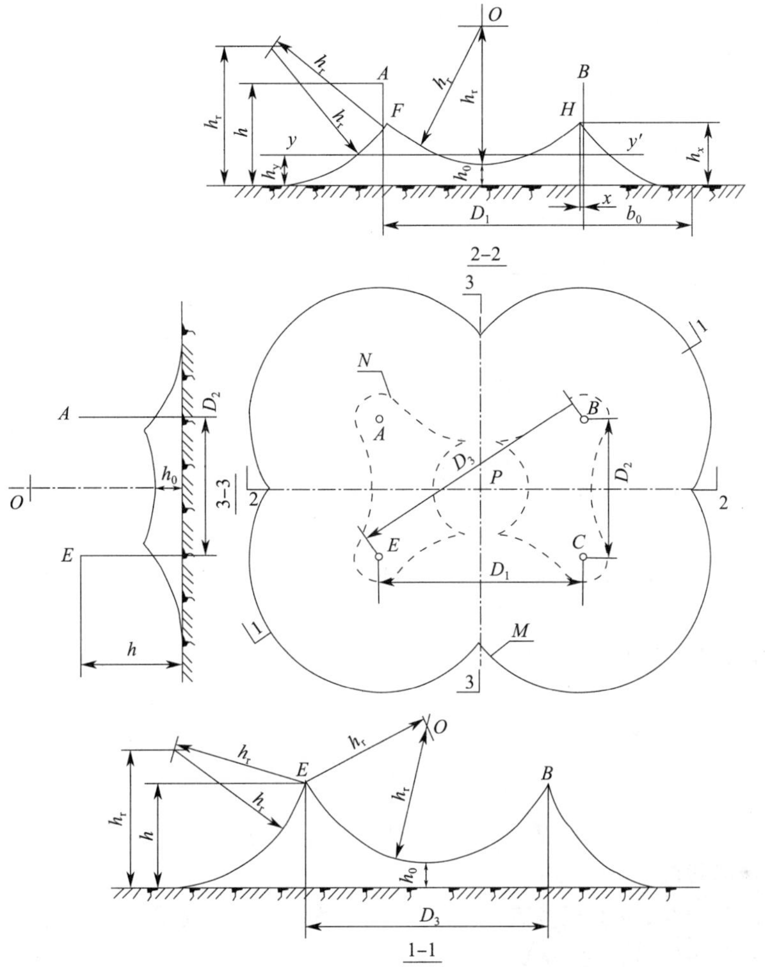

图 D.0.4 四支等高接闪杆的保护范围

M—地面上保护范围的截面;*N*—*yy*′平面上保护范围的截面

3 图 D.0.4 中 2—2 剖面的保护范围,以 *P* 点垂直线上的 *O* 点(距地面的高度为h_r+h_0)为圆心、h_r 为半径作弧线,与 *B*、*C* 和 *A*、*E* 两支接闪杆所作的在该剖面的外侧保护范围延长弧线相交于 *F*、*H* 点。

F 点(*H* 点与此类同)的位置及高度可按下列公式计算:

$$(h_r-h_x)^2=h_r^2-(b_0+x)^2 \tag{D.0.4-2}$$

$$(h_r+h_0-h_x)^2=h_r^2-\left(\frac{D_1}{2}-x\right)^2 \tag{D.0.4-3}$$

4 确定图 D.0.4 中 3—3 剖面保护范围的方法应符合本条第 3 款的规定。

5 确定四支等高接闪杆中间在 h_0 至 h 之间于 h_y 高度的 yy'平面上保护范围截面的方法为以 *P* 点(距地面的高度为 h_r+h_0)为圆心、$\sqrt{2h_r(h_y-h_0)-(h_y-h_0)^2}$为半径作圆或弧线,与各两支接闪杆在外侧所作的保护范围截面组成该保护范围截面(图 D.0.4 中虚线)。

D.0.5 单根接闪线的保护范围,当接闪线的高度 h 大于或等于 $2h_r$ 时,应无保护范围;当接闪线的高度 h 小于 $2h_r$ 时,应按下列方法确定(图 D.0.5)。确定架空接闪线的高度时应计及弧垂的影响。在无法确定弧垂的情况下,当等高支柱间的距离小于 120 m 时,架空接闪线中点的弧垂宜采用 2 m，距离为 120 m ~ 150 m 时宜采用 3 m。

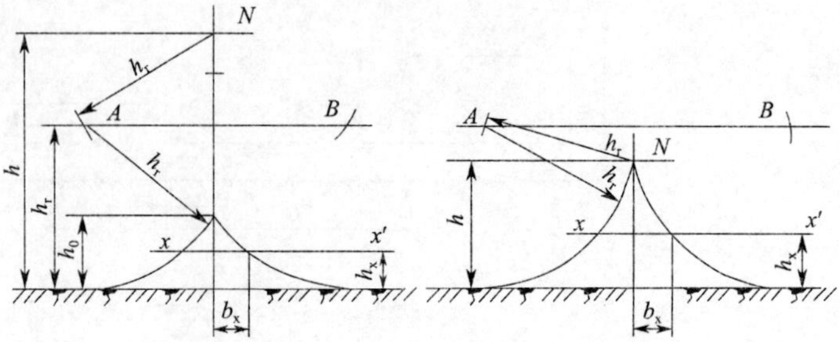

(a)当 h 小于 $2h_r$，且大于 h_r 时　　(b)当 h 小于或等于 h_r 时

图 D. 0. 5　单根架空接闪线的保护范围

N—接闪线

1　距地面 h_r 处作一平行于地面的平行线。

2　以接闪线为圆心、h_r 为半径，作弧线交于平行线的 A、B 两点。

3　以 A、B 为圆心，h_r 为半径作弧线，该两弧线相交或相切，并与地面相切。弧线至地面为保护范围。

4　当 h 小于 $2h_r$ 且大于 h_r 时，保护范围最高点的高度应按下式计算：

$$h_0 = 2h_r - h \tag{D.0.5-1}$$

5　接闪线在 h_x 高度的 xx'平面上的保护宽度，应按下式计算：

$$b_x = \sqrt{h(2h_r - h)} - \sqrt{h_x(2h_r - h_x)} \tag{D.0.5-2}$$

式中　b_x——接闪线在 h_x 高度的 xx'平面上的保护宽度(m)；

h——接闪线的高度(m)；

h_r——滚球半径，按本规范表 5. 2. 12 和第 4. 5. 5 条的规定取值(m)；

h_x——被保护物的高度(m)。

6　接闪线两端的保护宽度应按单支接闪杆的方法确定。

D. 0. 6　两根等高接闪线的保护范围应按下列方法确定：

1　在接闪线高度 h 小于或等于 h_r 的情况下，当 D 大于或等于 $2\sqrt{h(2h_r - h)}$时，应各按单根接闪线所规定的方法确定；当 D 小于 $2\sqrt{h(2h_r - h)}$时，应按下列方法确定(图 D. 0. 6-1)：

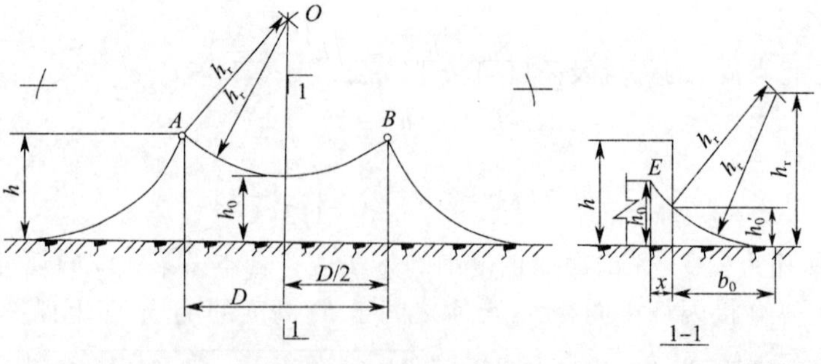

图 D. 0. 6-1　两根等高接闪线在高度 h 小于或等于 h_r 时的保护范围

1)两根接闪线的外侧，各按单根接闪线的方法确定。

2)两根接闪线之间的保护范围按以下方法确定：以 A、B 两接闪线为圆心，h_r 为半径作圆

弧交于 O 点，以 O 点为圆心、h_r 为半径作弧线交于 A、B 点。

3）两根接闪线之间保护范围最低点的高度按下式计算：

$$h_0=\sqrt{h_r^2-\left(\frac{D}{2}\right)^2}+h-h_r \quad (D.0.6\text{-}1)$$

4）接闪线两端的保护范围按两支接闪杆的方法确定，但在中线上 h_0 线的内移位置按以下方法确定（图 D.0.6-1 中 1—1 剖面）：以面支接闪杆所确定的保护范围中最低点的高度 $h_0'=h_r-\sqrt{(h_r-h)^2+\left(\frac{D}{2}\right)^2}$ 作为假想接闪杆，将其保护范围的延长弧线与 h_0 线交于 E 点。内移位置的距离也可按下式计算：

$$x=\sqrt{h_0(2h_r-h_0)}-b_0 \quad (D.0.6\text{-}2)$$

式中 b_0——按式（D.0.2-1）计算。

2 在接闪线高度 h 小于 $2h_r$ 且大于 h_r，接闪线之间的距离 D 小于 $2h_r$ 且大于 $2[h_r-\sqrt{h(2h_r-h}]$ 的情况下，应按下列方法确定（图 D.0.6-2）：

1）距地面 h_r 处作一与地面平行的线。

2）以 A、B 两接闪线为圆心，h_r 为半径作弧线交于 O 点并与平行线相交或相切于 C、E 点。

3）以 O 点为圆心、h_r 为半径作弧线交于 A、B 点。

4）以 C、E 为圆心，h_r 为半径作弧线交于 A、B 并与地面相切。

5）两根接闪线之间保护范围最低点的高度按下式计算：

$$h_0=\sqrt{h_r^2-\left(\frac{D}{2}\right)^2}+h-h_r \quad (D.0.6\text{-}3)$$

6）最小保护宽度 b_m 位于 h_r 高处，其值按下式计算：

$$b_m=\sqrt{h(2h_r-h)}+\frac{D}{2}-h_r \quad (D.0.6\text{-}4)$$

7）接闪线两端的保护范围按两支高度 h_r 的接闪杆确定，但在中线上 h_0 线的内移位置按以下方法确定（图 D.0.6-2 的 1—1 剖面）：以两支高度 h_r 的接闪杆所确定的保护范围中点最低点的高度 $h_0'=\left(h_r-\frac{D}{2}\right)$ 作为假想接闪杆，将其保护范围的延长弧线与 h_0 线交于 F 点。内移位置的距离也可按下式计算：

$$x=\sqrt{h_0(2h_r-h_0)}-\sqrt{h_r^2-\left(\frac{D}{2}\right)^2} \quad (D.0.6\text{-}5)$$

D.0.7 本规范图 D.0.1～图 D.0.5、图 D.0.6-1 和图 D.0.6-2 中所画的地面也可是位于建筑物上的接地金属物、其他接闪器。当接闪器在地面上保护范围的截面的外周线触及接地金属物、其他接闪器时，各图的保护范围均适用于这些接闪器；当接地金属物、其他接闪器是处在外周线之内且位于被保护部位的边沿时，应按下列方法确定所需断面的保护范围（图 D.0.7）：

1 应以 A、B 为圆心、h_r 为半径作弧线相交于 O 点。

2 应以 O 点为圆心、h_r 为半径作弧线 AB，弧线 AB 应为保护范围的上边线。

本规范图 D.0.1～图 D.0.5、图 D.0.6-1 和图 D.0.6-2 中凡接闪器在"地面上保护范围的截面"的外周线触及的是屋面时，各图的保护范围仍有效，但外周线触及的屋面及其外部得不到保护，内部得到保护。

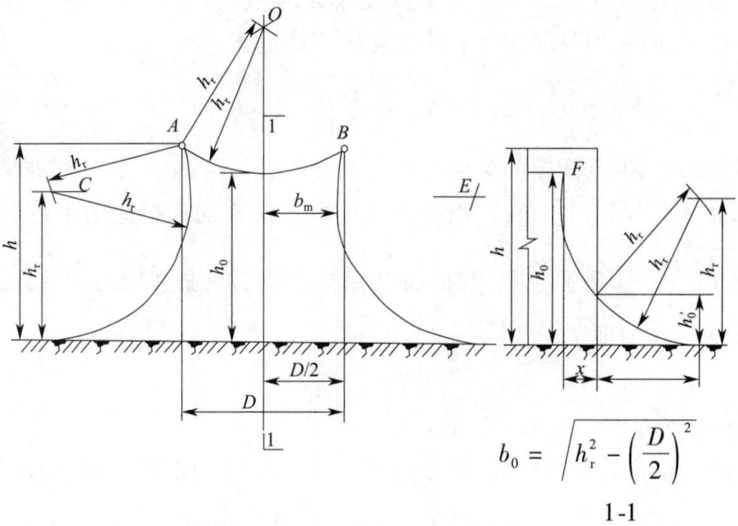

图 D.0.6-2 两根等高接闪线在高度 h 小于 $2h_r$ 且大于 h_r 时的保护范围

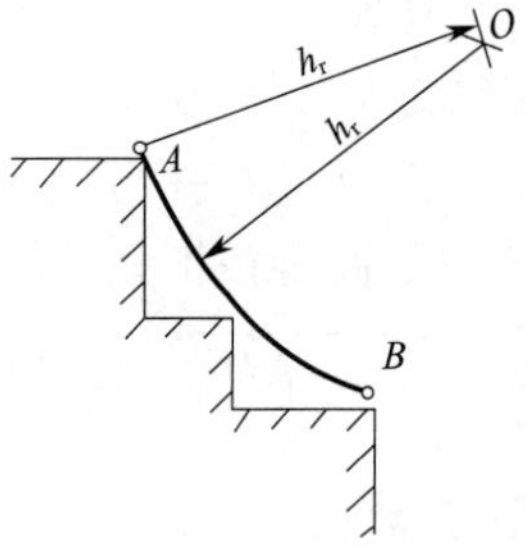

图 D.0.7 确定建筑物上任两接闪器在所需断面上的保护范围

A—接闪器；*B*—接地金属物或接闪器

附录 E 分流系数 k_c

E.0.1 单根引下线时，分流系数应为 1；两根引下线及接闪器不成闭合环的多根引下线时分流系数可为 0.66，也可按本规范图 E.0.4 计算确定；图 E.0.1(c)适用于引下线根数 n 不少于 3 根，当接闪器成闭合环或网状的多根引下线时，分流系数可为 0.44。

E.0.2 当采用网格型接闪器、引下线用多根环形导体互相连接、接地体采用环形接地体，或利用建筑物钢筋或钢构架作为防雷装置时，分流系数宜按图 E.0.2 确定。

E.0.3 在接地装置相同的情况下，即采用环形接地体或各引下线设独自接地体且其冲击接地电阻相近，按图 E.0.1 和图 E.0.2 确定的分流系数不同时，可取较小者。

E.0.4 单根导体接闪器按两根引下线确定时，当各引下线设独自的接地体且各独自接地体的冲击地电阻与邻近的差别不大于 2 倍，可按图 E.0.4 计算分流系数；若差别大于 2 倍时，分流系数应为 1。

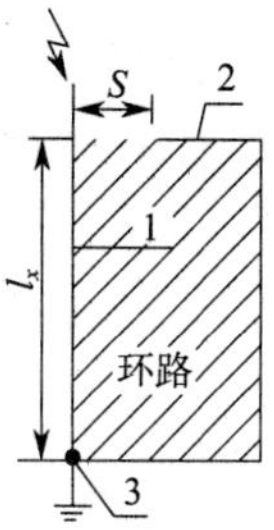

(a)单根引下线

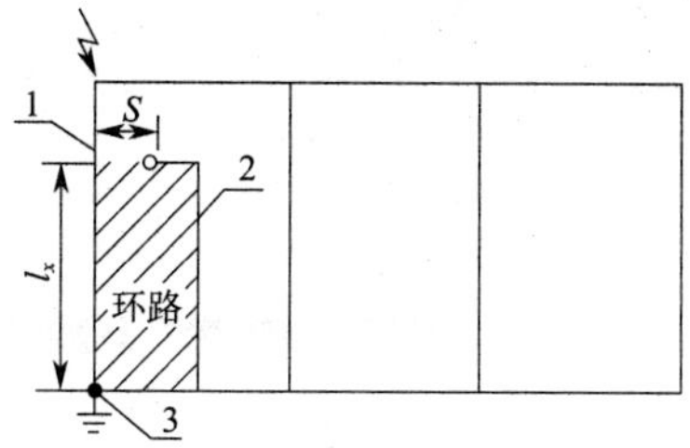

(b)两根引下线及接闪器不成闭合环的多根引下线

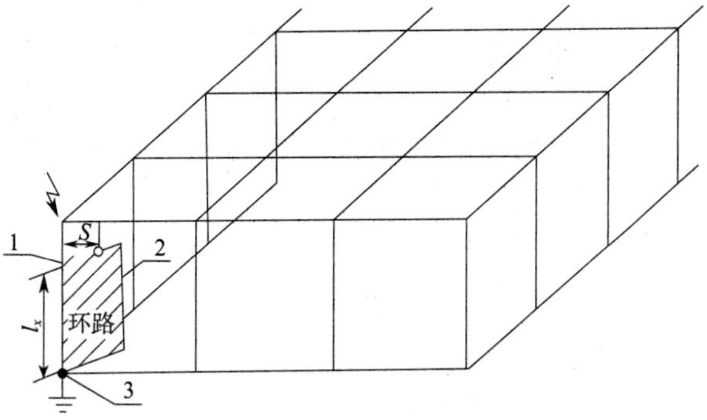

(c)接闪器成闭合环或网状的多根引下线

图 E.0.1　分流系数 k_c(1)

1—引下线;2—金属装置或线路;3—直接连接或通过电涌保护器连接;

注:1　S 为空气中间隔距离,l_x 为引下线从计算点到等电位连接点的长度;

2　本图适用于环形接地体。也适用于各引下线设施自的接地体且各独自接地体的冲击接地电阻与邻近的差别不大于 2 倍;若差别大于 2 倍时,$k_c=1$;

3　本图适用于单层和多层建筑物。

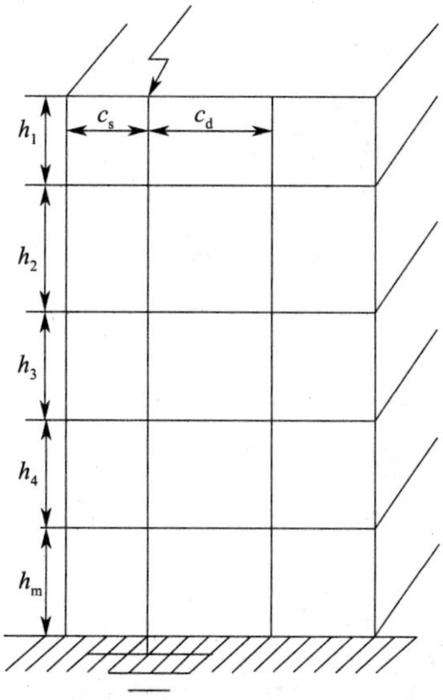

$$k_{c1}=\frac{1}{2n}+0.1+0.2\times\sqrt[3]{\frac{c}{h_1}}$$

$$k_{c2}=\frac{1}{n}+0.1$$

$$k_{c3}=\frac{1}{n}+0.01$$

$$k_{c4}=\frac{1}{n}$$

$$k_{cm}=k_{c4}=\frac{1}{n}$$

图 E.0.2　分流系数 k_c(2)

注:1　$h1\sim hm$ 为连接引下线各环形导体或各层地面金属体之间的距离,c_s、c_d 为某引下线顶雷击点至两侧最近引下线之间的距离,计算式中的 c 取二者较小值,n 为建筑物周边和内部引下线的根数且不少于 4 根。c 和 h_1 取值范围在 3 m～20 m。

2　本图适用于单层至高层建筑物。

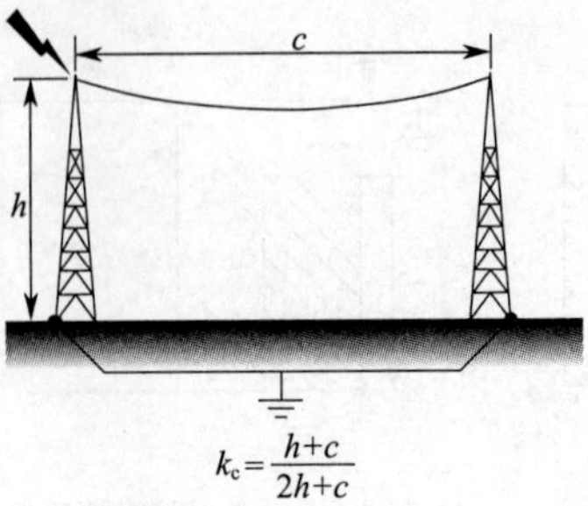

图 E.0.4　分流系数 k_c(3)

附录 F　雷　电　流

F.0.1　闪电中可能出现的三种雷击见图 F.0.1－1 其参量应按表 F.0.1-1～表 F.0.1-4 的规定取值。雷击参数的定义应符合图 F.0.1-2 的规定。

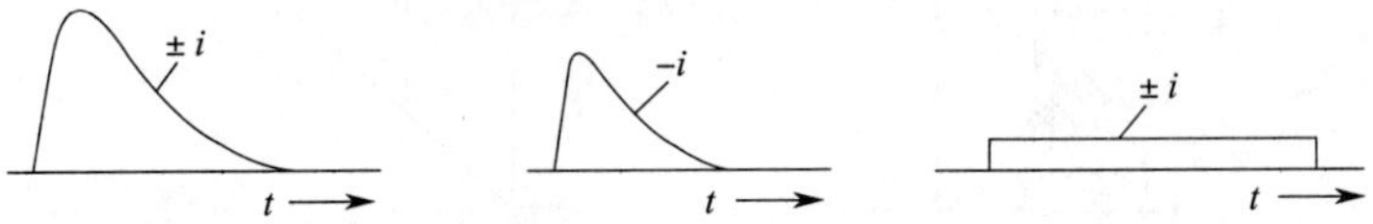

图 F.0.1-1　闪电中可能出现的三种雷击

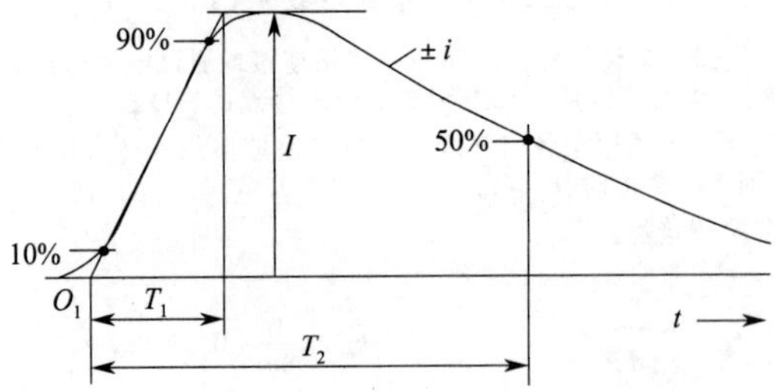

(a) 短时雷击 (典型值T_2<2 ms)

I—峰值电流（幅值）;T_1—波头时间;T_2—半值时间

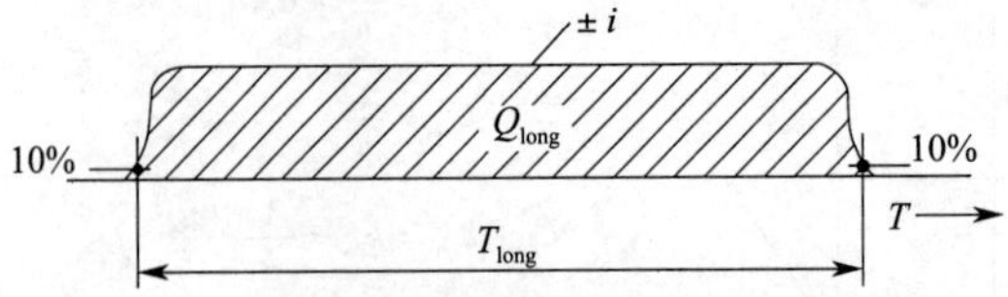

(b) 长时间雷击 (典型值2 ms<T_{long}<1 s)

T_{long}—波头及波尾幅值为峰值10%两点之间的时间间隔;
Q_{long}—长时间雷击的电荷量

图 F.0.1-2　雷击参数定义

注:1　短时雷击电流波头的平均陡度(average steepness of the front of short stroke current)是在时间间隔(t_2-t_1)内电流的平均变化率,即用该时间间隔的起点电流与末尾电流之差[$i(t_2)-i(t_1)$]除以(t_2—t_1)[见图 F.0.1-2(a)]。

2　短时雷击电流的波头时间 T_1(front time of short stroke current T_1)是一规定参数,定义为电流达到10%和90%幅值电流之间的时间间隔乘以 1.25,见图 F.0.1-2(a)。

3　短时雷击电流的规定原点 O_1(virtual origin of short stroke currenat O_1)是连接雷击电流波头 10% 和 90% 参考点的延长直线与时间横坐标相交的点,它位于电流到达 10% 幅值电流时之前 0.1T_1处,见图 F.0.1-2(a)。

4　短时雷击电流的半值时间 T_2(time to half value of short stroke current T_2)是一规定参数,定义为规定原点 O_1与电流降至幅值一半之间的时间间隔,见图 F.0.1-2(a)。

表 F.0.1-1 首次正极性雷击的雷电流参量

雷电流参数	防雷建筑物类别		
	一类	二类	三类
幅值 I(kA)	200	150	100
波头时间 T_1(μs)	10	10	10
半值时间 T_2(μs)	350	350	350
电荷量 Q_s(C)	100	75	50
单位能量 W/R(MJ/Ω)	10	5.6	2.5

表 F.0.1-2 首次负极性雷击的雷电流参量

雷电流参数	防雷建筑物类别		
	一类	二类	三类
幅值 I(kA)	100	75	50
波头时间 T_1(μs)	1	1	1
半值时间 T_2(μs)	200	200	200
平均陡度 I/T_1(kA/μs)	100	75	50

注:本波形仅供计算用,不供作试验用。

表 F.0.1-3 首次负极性以后雷击的雷电流参量

雷电流参数	防雷建筑物类别		
	一类	二类	三类
幅值 I(kA)	50	37.5	25
波头时间 T_1(μs)	0.25	0.25	0.25
半值时间 T_2(μs)	100	100	100
平均陡度 I/T_1(kA/μs)	200	150	100

表 F.0.1-4 长时间雷击的雷电流参量

雷电流参数	防雷建筑物类别		
	一类	二类	三类
电荷量 Q_1(C)	200	150	100
时间 T(s)	0.5	0.5	0.5

注:平均电流 $I \approx Q_1/T$。

附录 G 环路中感应电压和电流的计算

G.0.1 格栅形屏蔽建筑物附近遭雷击时,在 LPZ1 区内环路的感应电压和电流(图 G.0.1)在 LPZ1 区,其开路最大感应电压宜按下式计算:

$$U_{oc/max} = \mu_0 \cdot b \cdot l \cdot H_{1/max} / T_1 \tag{G.0.1-1}$$

式中 $U_{oc/max}$——环路开路最大感应电压(V);

μ_0——真空的磁导系数,其值等于 $4\pi \times 10^{-7}$(V·s)/(A·m);

b——环路的宽(m);

l——环路的长(m)；

$H_{1/max}$——LPZ1 区内最大的磁场强度(A/m)，按本规范式(6.3.2-2)计算；

T_1——雷击流的波头时间(s)。

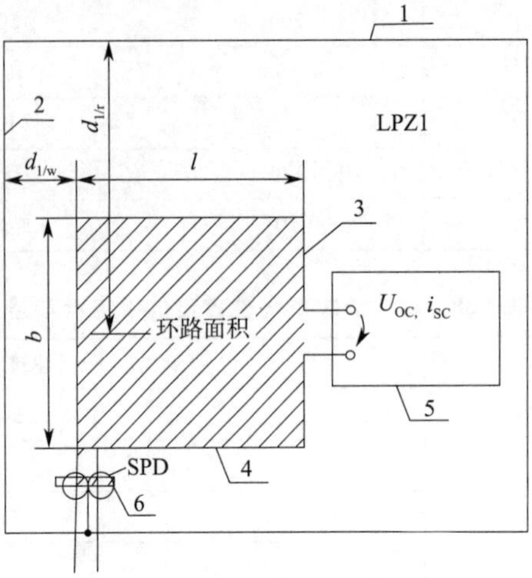

图 G.0.1　环路中的感应电压和电流

1—屋顶；2—墙；3—电力线路；4—信号线路；5—信号设备；6—等电位连接带

注：1　当环路不是矩形时，应转换为相同环路面积的矩形环路；

2　图中的电力线路或信号线路也可是邻近的两端做了等电位连接的金属物。

若略去导线的电阻(最坏情况)，环路最大短路电流可按下式计算：

$$i_{sc/max} = \mu_0 \cdot b \cdot l \cdot H_{1/max}/L \quad (G.0.1\text{-}2)$$

式中　$i_{sc/max}$——最大短路电流(A)；

L——环路的自电感(H)，矩形环路的自电感可按公式(G.0.1-3)计算。

矩形环路的自电感可按下式计算：

$$L = \{0.8\sqrt{l^2+b^2} - 0.8(l+b) + 0.4 \cdot l \cdot \text{In}[(2b/r)/(1+\sqrt{1+(b/l)^2}] + 0.4 \cdot b \cdot \text{In}[(2l/r)/(1+\sqrt{1+(l/b)^2}]\} \times 10^{-6} \quad (G.0.1-3)$$

式中　r——环路导体的半径(m)。

G.0.2　格栅形屏蔽建筑物遭直接雷击时，在 LPZ1 区内环路的感应电压和电流(图 G.0.1)在 LPZ1 区 V_s空间内的磁场强度 H_1 应按本规范式(6.3.2-8)计算。根据图 G.0.1 所示无屏蔽线路构成的环路，其开路最大感应电压宜按下式计算：

$$U_{oc/max} = \mu_o \cdot b \cdot \text{In}(1 + l/d_{1/w}) \cdot k_H \cdot (w/\sqrt{d_{1/r}}) \cdot i_{0/max}/T_1 \quad (G.0.2\text{-}1)$$

式中　$d_{1/w}$——环路至屏蔽墙的距离(m)，根据本规范(6.3.2－9)或式(6.3.2－10)计算，$d_{1/w}$等于或大于 $d_{s/2}$；

$d_{1/r}$——环路至屏蔽屋顶的平均距离(m)；

$i_{0/max}$——$LPZ0_A$区内的雷电流最大值(A)；

k_H——形状系数($1/\sqrt{m}$)，取 $k_H = 0.01(1/\sqrt{m})$；

w——格栅形屏蔽的网格宽(m)。

若略去导线的电阻(最坏情况)，最大短路电流可按下式计算：

$$i_{sc/max} = \mu_o \cdot b \cdot \text{In}(1 + l/d_{1/w}) \cdot k_H \cdot (w/\sqrt{d_{1/r}}) \cdot i_{0/max}/L \quad (G.0.2\text{-}2)$$

G.0.3 在 LPZn 区(n 等于或大于 2)内环路的感应电压和电流在 LPZn 区 V_s空间内的磁场强度 H_n看成是均匀的情况下(见本规范图 6.3.2-2),图 G.0.1 所示无屏蔽线路构成的环路,其最大感应电压和电流可按式(G.0.1-1)和式(G.0.1-2)计算,该两式中的 $H_{1/max}$应根据本规范式(6.3.2-2)或式(6.3.2-11)计算出的 $H_{n/max}$代入。式(6.3.2-2)中的 H_1用 $H_{n/max}$代入,H_0用 $H_{(n-1)/max}$代入。

附录 H 电缆从户外进入户内的屏蔽层截面积

H.0.1 在屏蔽线路从室外 LPZ0_A 或 LPZ0_B 区进入 LPZ1 区的情况下,线路屏蔽层的截面应按下式计算:

$$S_c \geqslant \frac{I_f \times \rho_c \times L_c \times 10^6}{U_w} \tag{H.0.1}$$

式中 S_c ——线路屏蔽层的截面(mm^2);

I_f ——流入屏蔽层的雷电流(kA),按本规范式(4.2.4-7)计算,计算中的雷电流按本规范表 F.0.1-1 的规定取值;

ρ_c ——屏蔽层的电阻率(Ωm),20℃时铁为 138×10^{-9} Ωm,铜为 17.24×10^{-9} Ωm,铝为 28.264×10^{-9} Ωm;

L_c ——线路长充(m),按本附录表 H.0.1-1 的规定取值;

U_w——电缆所接的电气或电子系统的耐冲击电压额定值(kV),设备按本附录表 H.0.1-2的规定取值,线路按本附录表 H.0.1-3 的规定取值。

表 H.0.1-1 按屏蔽层敷设条件确定的线路长度

屏蔽层敷设条件	L_c(m)
屏蔽层与电阻率 ρ(Ωm)的土壤直接接触	当实施长度≥8 $\sqrt{\rho}$时,取 $L_c = 8\sqrt{\rho}$; 当实施长度<8 $\sqrt{\rho}$时,取 L_c = 线路实际长度
屏蔽层与土壤隔离或敷设在大气中	L_c = 建筑物与屏蔽层最近接地点之间的距离

表 H.0.1-2 设备的耐冲击电压额定值

设 备 类 型	耐冲击电压额定值 U_w(kV)
电子设备	1.5
用户的电气设备(U_n <1 kV)	2.5
电网设备(U_n <1 kV)	6

表 H.0.1-3 电缆绝缘的耐冲击电压额定值

电缆种类及其额定电压 U_n(kV)	耐冲击电压额定值 U_w(kV)
纸绝缘通信电缆	1.5
塑料绝缘通信电缆	5
电力电缆 U_n≤1	15

续上表

电缆种类及其额定电压 U_n(kV)	耐冲击电压额定值 U_w(kV)
电力电缆 $U_n=3$	45
电力电缆 $U_n=6$	60
电力电缆 $U_n=10$	75
电力电缆 $U_n=15$	95
电力电缆 $U_n=20$	125

H.0.2 当流入线路的雷电流大于按下列公式计算的数值时,绝缘可能产生不可接受的温升:

对屏蔽线路:

$$I_f = 8 \times S_c \tag{H.0.2-1}$$

对无屏蔽的线路:

$$I'_f = 8 \times n' \times S'_c \tag{H.0.2-2}$$

式中 I'_f——流入无屏蔽线路的总雷电流(kA);

n'——线路导线的根数;

S'_c——每根导线的截面(mm^2)。

H.0.3 本附录也适用于用钢管屏蔽的线路,对此,式(H.0.1)和式(H.0.2-1)中的 S_c 为钢管壁厚的截面。

附录 J 电涌保护器

J.1 用于电气系统的电涌保护器

J.1.1 电涌保护器的最大持续运行电压不应小于表 J.1.1 所规定的最小值;在电涌保护器安装处的供电电压偏差超过所规定的 10% 以及谐波使电压幅值加大的情况下,应根据具体情况对限压型电涌保护器提高表 J.1.1 所规定的最大持续运行电压最小值。

表 J.1.1 电涌保护器取决于系统特征所要求的最大持续运行电压最小值

电涌保护器接于	配电网络的系统特征				
	TT 系统	TN-C 系统	TN-S 系统	引出中性线的 IT 系统	无中性线引出的 IT 系统
每一相线与中性线间	$1.15U_0$	不适用	$1.15U_0$	$1.15U_0$	不适用
每一相线与 PE 线间	$1.15U_0$	不适用	$1.15U_0$	$\sqrt{3}U_0$①	相间电压①
中性线与 PE 线间	$U_0$①	不适用	$U_0$①	$U_0$①	不适用
每一相线与 PEN 线间	不适用	$1.15U_0$	不适用	不适用	不适用

注:1 标有①的值是故障下最坏的情况,所以不需计及 15% 的允许误差。

2 U_0 是低压系统相线对中性线的标称电压,即相电压 220 V。

3 此表基于按现行国家标准《低压配电系统的电涌保护器(SPD) 第 1 部分:性能要求和试验方法》GB 18802.1 做过相关试验的电涌保护器产品。

J.1.2 电涌保护器的接线形式应符合表 J.1.2 的规定。具体接线图见图 J.1.2-1 ~ 图 J.1.2-5。

表 J. 1. 2　根据系统特征安装电涌保护器

电涌保护器接于	电涌保护器安装处的系统特征							
	TT 系统		TN-C 系统	TN-S 系统		引出中性线的 IT 系统		不引出中性线的 IT 系统
	按以下形式连接			按以下形式连接		按以下形式连接		
	接线形式 1	接线形式 2		接线形式 1	接线形式 2	接线形式 1	接线形式 2	
每根相线与中性线间	+	○	不适用	+	○	+	○	不适用
每根相线与 PE 线间	○	不适用	不适用	○	不适用	○	不适用	○
中性线与 PE 线间	○	○	不适用	○	○	○	○	不适用
每根相线与 PEN 线间	不适用	不适用	○	不适用	不适用	不适用	不适用	不适用
各相线之间	+	+	+	+	+	+	+	+

注：○表示必须，+表示非强制性的，可附加选用。

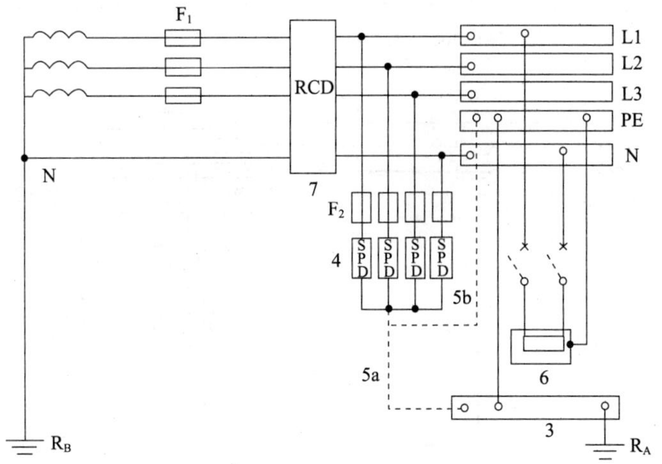

图 J. 1. 2-1　TT 系统电涌保护器安装在进户处剩余电流保护器的负荷侧

3—总接地端或总接地连接带；4—U_p 应小于或等于 2. 5 kV 的电涌保护器；

5—电涌保护器的接地连接线，5a 或 5b；6—需要被电涌保护器保护的设备；

7—剩余电流保护器（RCD），应考虑通雷电流的能力；F_1—安装在电气装置电源进户处的保护电器；

F_2—电涌保护器制造厂要求装设的过电流保护电器；R_A—本电气装置的接地电阻；R_B—电源系统的接地电阻；

L_1、L_2、L_3—相线 1、2、3

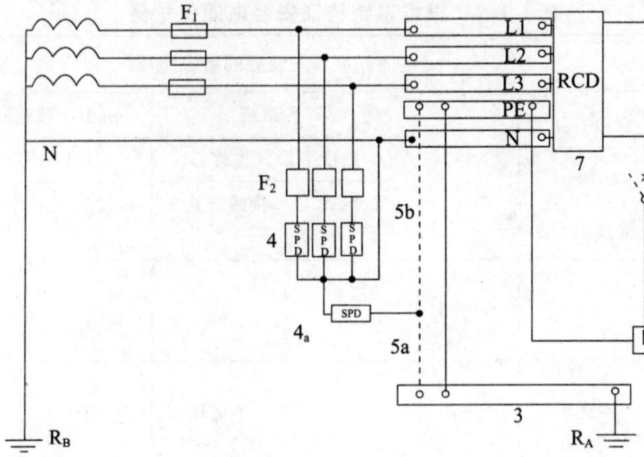

图 J. 1. 2-2　TT 系统电涌保护器安装在进户处剩余电流保护器的电源侧

3—总接地端或总接地连接带；4、4a—电涌保护器，它们串联后构成的 U_p 应小于或等于 2.5 kV；

5—电涌保护器的接地连接线，5a 或 5b；6—需要被电涌保护器保护的设备；

7—安装于母线的电源侧或负荷侧的剩余电流保护器（RCD）；F_1—安装在电气装置电源进户处的保护电器；

F_2—电涌保护器制造厂要求装设的过电流保护电器；R_A—本电气装置的接地电阻；

R_B—电源系统的接地电阻；

L_1、L_2、L_3—相线 1、2、3

注：在高压系统为低电阻接地的前提下，当电源变压器高压侧碰外壳短路产生的过电压加于 4a 电涌保护器时该电涌保护器应按现行国家标准《低压配电系统的电涌保护器（SPD）第 1 部分：性能要求和试验方法》GB 18802.1 做 200 ms 或按厂家要求做更长时间耐 1200 V 暂态过电压试验。

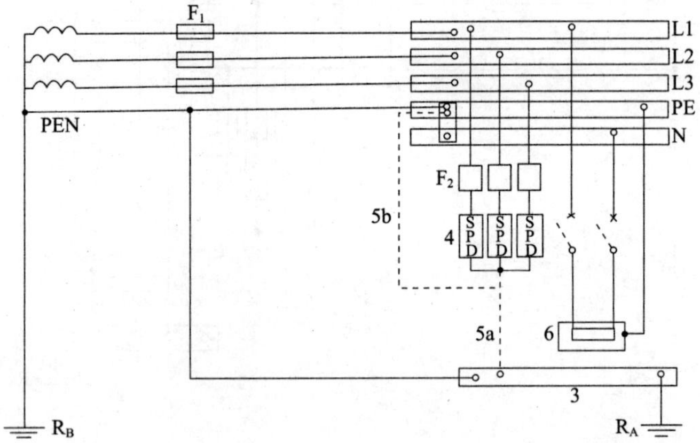

图 J. 1. 2-3　TN 系统安装在进户处的电涌保护器

3—总接地端或总接地连接带；4—U_p 应小于或等于 2.5 kV 的电涌保护器；

5—电涌保护器的接地连接线，5a 或 5b；6—需要被电涌保护器保护的设备；

F_1—安装在电气装置电源进户处的保护电器；

F_2—电涌保护器制造厂要求装设的过电流保护电器；

R_A—本电气装置的接地电阻；R_B—电源系统的接地电阻；

L_1、L_2、L_3—相线 1、2、3

注：当采用 TN-C-S 或 TN-S 系统时，在 N 与 PE 线连接处电涌保护器用三个，在其以后 N 与 PE 线分开 10 m 以后安装电涌保护器时用四个，即在 N 与 PE 线间增加一个，见图 J. 1. 2-5 及其注。

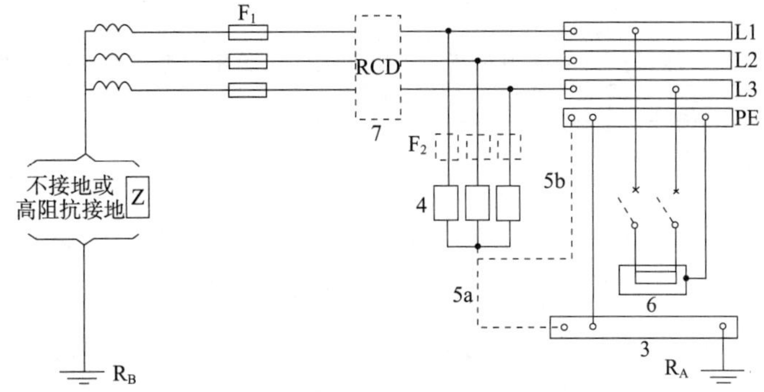

图 J.1.2-4　IT 系统电涌保护器安装在进户处剩余电流保护器的负荷侧

3—总接地端或总接地连接带；4—U_p 应小于或等于 2.5 kV 的电涌保护器；

5—电涌保护器的接地连接线，5a 或 5b；6—需要被电涌保护器保护的设备；

7—剩余电流保护器（RCD）；

F_1—安装在电气装置电源进户处的保护电器；

F_2—电涌保护器制造厂要求装设的过电流保护电器；

R_A—本电气装置的接地电阻；R_B—电源系统的接地电阻；

L_1、L_2、L_3—相线 1、2、3

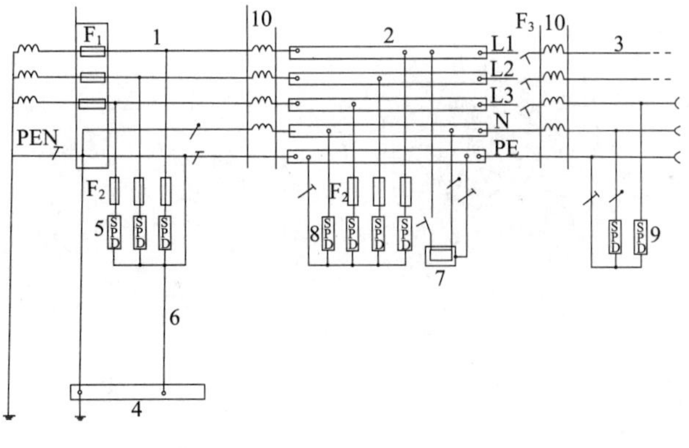

图 J.1.2-5　Ⅰ级、Ⅱ级和Ⅲ级试验的电涌保护器的安装

（以 TN-C-S 系统为例）

1—电气装置的电源进户处；2—配电箱；3—送出的配电线路；

4—总接地端或总接地连接带；5—Ⅰ级试验的电涌保护器；

6—电涌保护器的接地连接线；7—需要被电涌保护器保护的固定安装的设备；

8—Ⅱ级试验的电涌保护器；9—Ⅱ级或Ⅲ级试验的电涌保护器；

10—去耦器件或配电线路长度；F_1、F_2、F_3—过电流保护电器；

L_1、L_2、L_3—相线 1、2、3

注：1　当电涌保护器 5 和 8 不是安装在同一处时，电涌保护器 5 的 U_p 应小于或等于 2.5 kV；电涌保护器 5 和 8 可以组合为一台电涌保护器，其 U_p 应小于或等于 2.5 kV。

2　当电涌保护器 5 和 8 之间的距离小于 10 m 时，在 8 处 N 与 PE 之间的电涌保护器可不装。

J.2　用于电子系统的电涌保护器

J.2.1　电信和信号线路上所接入的电涌保护器的类别及其冲击限制电压试验用的电压波形

和电流波形应符合表 J. 2. 1 的规定。

表 J. 2. 1　电涌保护器的类别及其冲击限制电压试验用的电压波形和电流波形

类别	试验类型	开路电压	短路电流
A1	很慢的上升率	≥1 kV 0. 1 kV/s ~ 100 kV/s	10 A, 0. 1 A/μs ~ 2 A/μs ≥1 000 μs(持续时间)
A2	AC		
B1	慢上升率	1 kV, 10/1 000 μs	100 A, 10/1 000 μs
B2		1k V ~ 4kV, 10/700 μs	25 A ~ 100 A, 5/300 μs
B3		≥1 kV, 100 V/μs	10 A ~ 100 A, 10/1 000 μs
C1	快上升率	0. 5 kV < 2 kV, 1. 2/50 μs	0. 25 kA < 1 kA, 8/20 μs
C2		2 kV ~ 10 kV, 1. 2/50 μs	1 kA ~ 5 kA, 8/20 μs
C3		≥1 kV, 1 kV/μs	10 A ~ 100 A, 10/1 000 μs
D1	高能量	≥1 kV	0. 5 kA ~ 2. 5 kA, 10/350 μs
D2		≥ 1 kV	0. 6 kA ~ 2. 0 kA, 10/250 μs

J. 2. 2　电信和信号线路上所接入的电涌保护器，其最大持续运行电压最小值应大于接到线路处可能产生的最大运行电压。用于电子系统的电涌保护器，其标记的直流电压 U_{DC} 也可用于交流电压 U_{AC} 的有效值，反之亦然 $U_{DC} = \sqrt{2}U_{AC}$。

J. 2. 3　合理接线应符合下列规定：

1　应保证电涌保护器的差模和共模限制电压的规格与需要保护系统的要求相一致（图 J. 2. 3-1）。

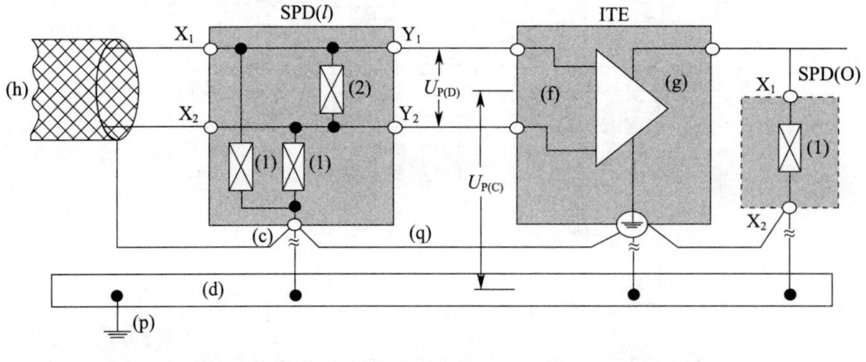

图 J. 2. 3-1　防需要保护的电子设备（ITE）的供电电压输入端及其信号端的差模和共模电压的保护措施的例子

(c)—电涌保护器的一个连接点，通常，电涌保护器内的所有限制共模电涌电压元件都以此为基准点；
(d)—等电位连接带；(f)—电子设备的信号端口；(g)—电子设备的电源端口；
(h)—电子系统线路或网络；(*l*)—符合本附录表 J. 2. 1 所选用的电涌保护器；
(o)—用于直流电源线路的电涌保护器；(p)—接地导体；
$U_{p(C)}$—将共模电压限制至电压保护水平；$U_{p(D)}$—将差模电压限制至电压保护水平；
X_1、X_2—电涌保护器非保护侧的接线端子，在它们之间接入(1)和(2)限压元件；
Y_1、Y_2—电涌保护器保护侧的接线端子；
(1)—用于限制共模电压的防电涌电压元件；
(2)—用于限制差模电压的防电涌电压元件

2　接至电子设备的多接线端子电涌保护器，为将其有效电压保护水平减至最小所必需的安装条件，见图 J. 2. 3-2。

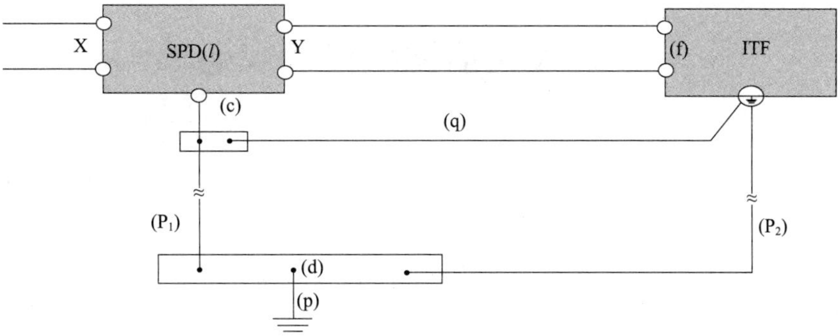

图 J. 2. 3-2 将多接线端子电涌保护器的有效电压保护水平减至最小所必需的安装条件的例子

(c)—电涌保护器的一个连接点，通常，电涌保护器内的所有限制共模电涌电压元件都以此为基准点；
(d)—等电位连接带；(f)—电子设备的信号端口；
(l)—符合本附录表 J. 2. 1 所选用的电涌保护器；(p)—接地导体；
(p_1)、(p_2)—应尽可能短的接地导体，当电子设备(ITE)在远处时可能无(p_2)；
(q)—必需的连接线(应尽可能短)；
X、Y—电涌保护器的接线端子，X 为其非保护的输入端，Y 为其保护侧的输出端

3 附加措施应符合下列规定：

1)接至电涌保护器保护端口的线路不要与接至非保护端口的线路敷设在一起。

2)接至电涌保护器保护端口的线路不要与接地导体(p)敷设在一起。

3)从电涌保护器保护侧接至需要保护的电子设备(ITE)的线路宜短或加以屏蔽。

4 雷击时在环路中的感应电压和电流的计算应符合本规范附录 G 的规定。

建筑灭火器配置设计规范

目　次

3 灭火器配置场所的火灾种类和危险等级

3.1 火灾种类

3.1.1 灭火器配置场所的火灾种类应根据该场所内的物质及其燃烧特性进行分类。

3.1.2 灭火器配置场所的火灾种类可划分为以下五类：

1 A 类火灾：固体物质火灾。

2 B 类火灾：液体火灾或可熔化固体物质火灾。

3 C 类火灾：气体火灾。

4 D 类火灾：金属火灾。

5 E 类火灾(带电火灾)：物体带电燃烧的火灾。

3.2 危险等级

3.2.1 工业建筑灭火器配置场所的危险等级，应根据其生产、使用、储存物品的火灾危险性，可燃物数量，火灾蔓延速度，扑救难易程度等因素，划分为以下三级：

1 严重危险级：火灾危险性大，可燃物多，起火后蔓延迅速，扑救困难，容易造成重大财产损失的场所；

2 中危险级：火灾危险性较大，可燃物较多，起火后蔓延较迅速，扑救较难的场所；

3 轻危险级：火灾危险性较小，可燃物较少，起火后蔓延较缓慢，扑救较易的场所。

工业建筑灭火器配置场所的危险等级举例见本规范附录 C。

3.2.2 民用建筑灭火器配置场所的危险等级，应根据其使用性质，人员密集程度，用电用火情况，可燃物数量，火灾蔓延速度，扑救难易程度等因素，划分为以下三级：

1 严重危险级：使用性质重要，人员密集，用电用火多，可燃物多，起火后蔓延迅速，扑救困难，容易造成重大财产损失或人员群死群伤的场所；

2 中危险级：使用性质较重要，人员较密集，用电用火较多，可燃物较多，起火后蔓延较迅速，扑救较难的场所；

3 轻危险级：使用性质一般，人员不密集，用电用火较少，可燃物较少，起火后蔓延较缓慢，扑救较易的场所。

民用建筑灭火器配置场所的危险等级举例见本规范附录 D。

4 灭火器的选择

4.1 一般规定

4.1.1 灭火器的选择应考虑下列因素：

1 灭火器配置场所的火灾种类；

2 灭火器配置场所的危险等级；

3 灭火器的灭火效能和通用性；

4 灭火剂对保护物品的污损程度；

5 灭火器设置点的环境温度；

6 使用灭火器人员的体能。

4.1.2 在同一灭火器配置场所,宜选用相同类型和操作方法的灭火器。当同一灭火器配置场所存在不同火灾种类时,应选用通用型灭火器。

4.1.3 在同一灭火器配置场所,当选用两种或两种以上类型灭火器时,应采用灭火剂相容的灭火器。

4.1.4 不相容的灭火剂举例见本规范附录E的规定。

4.2 灭火器的类型选择

4.2.1 A类火灾场所应选择水型灭火器、磷酸铵盐干粉灭火器、泡沫灭火器或卤代烷灭火器。

4.2.2 B类火灾场所应选择泡沫灭火器、碳酸氢钠干粉灭火器、磷酸铵盐干粉灭火器、二氧化碳灭火器、灭B类火灾的水型灭火器或卤代烷灭火器。

极性溶剂的B类火灾场所应选择灭B类火灾的抗溶性灭火器。

4.2.3 C类火灾场所应选择磷酸铵盐干粉灭火器、碳酸氢钠干粉灭火器、二氧化碳灭火器或卤代烷灭火器。

4.2.4 D类火灾场所应选择扑灭金属火灾的专用灭火器。

4.2.5 E类火灾场所应选择磷酸铵盐干粉灭火器、碳酸氢钠干粉灭火器、卤代烷灭火器或二氧化碳灭火器,但不得选用装有金属喇叭喷筒的二氧化碳灭火器。

4.2.6 非必要场所不应配置卤代烷灭火器。非必要场所的举例见本规范附录F。必要场所可配置卤代烷灭火器。

5 灭火器的设置

5.1 一般规定

5.1.1 灭火器应设置在位置明显和便于取用的地点,且不得影响安全疏散。

5.1.2 对有视线障碍的灭火器设置点,应设置指示其位置的发光标志。

5.1.3 灭火器的摆放应稳固,其铭牌应朝外。手提式灭火器宜设置在灭火器箱内或挂钩、托架上,其顶部离地面高度不应大于1.50 m;底部离地面高度不宜小于0.08 m。灭火器箱不得上锁。

5.1.4 灭火器不宜设置在潮湿或强腐蚀性的地点。当必须设置时,应有相应的保护措施。

灭火器设置在室外时,应有相应的保护措施。

5.1.5 灭火器不得设置在超出其使用温度范围的地点。

5.2 灭火器的最大保护距离

5.2.1 设置在A类火灾场所的灭火器,其最大保护距离应符合表5.2.1的规定。

表5.2.1 A类火灾场所的灭火器最大保护距离(m)

危险等级 \ 灭火器型式	手提式灭火器	推车式灭火器
严重危险级	15	30
中危险级	20	40
轻危险级	25	50

5.2.2 设置在 B、C 类火灾场所的灭火器,其最大保护距离应符合表 5.2.2 的规定。

表 5.2.2 B、C 类火灾场所的灭火器最大保护距离(m)

危险等级 \ 灭火器型式	手提式灭火器	推车式灭火器
严重危险级	9	18
中危险级	12	24
轻危险级	15	30

5.2.3 D 类火灾场所的灭火器,其最大保护距离应根据具体情况研究确定。

5.2.4 E 类火灾场所的灭火器,其最大保护距离不应低于该场所内 A 类或 B 类火灾的规定。

6 灭火器的配置

6.1 一般规定

6.1.1 一个计算单元内配置的灭火器数量不得少于 2 具。

6.1.2 每个设置点的灭火器数量不宜多于 5 具。

6.1.3 当住宅楼每层的公共部位建筑面积超过 100 m^2时,应配置 1 具 1A 的手提式灭火器;每增加 100 m^2时,增配 1 具 1A 的手提式灭火器。

6.2 灭火器的最低配置基准

6.2.1 A 类火灾场所灭火器的最低配置基准应符合表 6.2.1 的规定。

表 6.2.1 A 类火灾场所灭火器的最低配置基准

危险等级	严重危险级	中危险级	轻危险级
单具灭火器最小配置灭火级别	3A	2A	1A
单位灭火级别最大保护面积(m^2/A)	50	75	100

6.2.2 B、C 类火灾场所灭火器的最低配置基准应符合表 6.2.2 的规定。

表 6.2.2 B、C 类火灾场所灭火器的最低配置基准

危险等级	严重危险级	中危险级	轻危险级
单具灭火器最小配置灭火级别	89B	55B	21B
单位灭火级别最大保护面积(m^2/B)	0.5	1.0	1.5

6.2.3 D 类火灾场所的灭火器最低配置基准应根据金属的种类、物态及其特性等研究确定。

6.2.4 E 类火灾场所的灭火器最低配置基准不应低于该场所内 A 类(或 B 类)火灾的规定。

7 灭火器配置设计计算

7.1 一般规定

7.1.1 灭火器配置的设计与计算应按计算单元进行。灭火器最小需配灭火级别和最少需配数量的计算值应进位取整。

7.1.2 每个灭火器设置点实配灭火器的灭火级别和数量不得小于最小需配灭火级别和数量的计算值。

7.1.3 灭火器设置点的位置和数量应根据灭火器的最大保护距离确定,并应保证最不利点至少在1具灭火器的保护范围内。

7.2 计算单元

7.2.1 灭火器配置设计的计算单元应按下列规定划分:

1 当一个楼层或一个水平防火分区内各场所的危险等级和火灾种类相同时,可将其作为一个计算单元。

2 当一个楼层或一个水平防火分区内各场所的危险等级和火灾种类不相同时,应将其分别作为不同的计算单元。

3 同一计算单元不得跨越防火分区和楼层。

7.2.2 计算单元保护面积的确定应符合下列规定:

1 建筑物应按其建筑面积确定;

2 可燃物露天堆场,甲、乙、丙类液体储罐区,可燃气体储罐区应按堆垛、储罐的占地面积确定。

7.3 配置设计计算

7.3.1 计算单元的最小需配灭火级别应按下式计算:

$$Q = K\frac{S}{U} \tag{7.3.1}$$

式中 Q——计算单元的最小需配灭火级别(A或B);

S——计算单元的保护面积(m^2);

U——A类或B类火灾场所单位灭火级别最大保护面积(m^2/A或m^2/B);

K——修正系数。

7.3.2 修正系数应按表7.3.2的规定取值。

表7.3.2 修 正 系 数

计算单元	K
未设室内消火栓系统和灭火系统	1.0
设有室内消火栓系统	0.9
设有灭火系统	0.7
设有室内消火栓系统和灭火系统	0.5
可燃物露天堆场 甲、乙、丙类液体储罐区 可燃气体储罐区	0.3

7.3.3 歌舞娱乐放映游艺场所、网吧、商场、寺庙以及地下场所等的计算单元的最小需配灭火级别应按下式计算:

$$Q = 1.3K\frac{S}{U} \tag{7.3.3}$$

7.3.4 计算单元中每个灭火器设置点的最小需配灭火级别应按下式计算：

$$Q_e = \frac{Q}{N} \tag{7.3.4}$$

式中 Q_e——计算单元中每个灭火器设置点的最小需配灭火级别(A 或 B)；

N——计算单元中的灭火器设置点数(个)。

7.3.5 灭火器配置的设计计算可按下述程序进行：

1 确定各灭火器配置场所的火灾种类和危险等级；

2 划分计算单元，计算各计算单元的保护面积；

3 计算各计算单元的最小需配灭火级别；

4 确定各计算单元中的灭火器设置点的位置和数量；

5 计算每个灭火器设置点的最小需配灭火级别；

6 确定每个设置点灭火器的类型、规格与数量；

7 确定每具灭火器的设置方式和要求；

8 在工程设计图上用灭火器图例和文字标明灭火器的型号、数量与设置位置。

附录 A 建筑灭火器配置类型、规格和灭火级别基本参数举例

表 A.0.1 手提式灭火器类型、规格和灭火级别

灭火器类型	灭火剂充装量(规格)		灭火器类型规格代码(型号)	灭火级别	
	L	kg		A 类	B 类
水型	3	—	MS/Q3	1A	—
			MS/T3		55B
	6	—	MS/Q6	1A	—
			MS/T6		55B
	9	—	MS/Q9	2A	—
			MS/T9		89B
泡沫	3	—	MP3、MP/AR3	1A	55B
	4	—	MP4、MP/AR4	1A	55B
	6	—	MP6、MP/AR6	1A	55B
	9	—	MP9、MP/AR9	2A	89B
干粉(碳酸氢钠)	—	1	MF1	—	21B
	—	2	MF2	—	21B
	—	3	MF3	—	34B
	—	4	MF4	—	55B
	—	5	MF5	—	89B
	—	6	MF6	—	89B
	—	8	MF8	—	144B
	—	10	MF10	—	144B

续上表

灭火器类型	灭火剂充装量（规格）		灭火器类型规格代码（型号）	灭火级别	
	L	kg		A类	B类
干粉（磷酸铵盐）	—	1	MF/ABC1	1A	21B
	—	2	MF/ABC2	1A	21B
	—	3	MF/ABC3	2A	34B
	—	4	MF/ABC4	2A	55B
	—	5	MF/ABC5	3A	89B
	—	6	MF/ABC6	3A	89B
	—	8	MF/ABC8	4A	144B
	—	10	MF/ABC10	6A	144B
卤代烷（1211）	—	1	MY1	—	21B
	—	2	MY2	(0.5A)	21B
	—	3	MY3	(0.5A)	34B
	—	4	MY4	1A	34B
	—	6	MY6	1A	55B
二氧化碳	—	2	MT2	—	21B
	—	3	MT3	—	21B
	—	5	MT5	—	34B
	—	7	MT7	—	55B

表 A.0.2 推车式灭火器类型、规格和灭火级别

灭火器类型	灭火剂充装量（规格）		灭火器类型规格代码（型号）	灭火级别	
	L	kg		A类	B类
水型	20		MST20	4A	—
	45		MST40	4A	—
	60		MST60	4A	—
	125		MST125	6A	—
泡沫	20		MPT20、MPT/AR20	4A	113B
	45		MPT40、MPT/AR40	4A	144B
	60		MPT60、MPT/AR60	4A	233B
	125		MPT125、MPT/AR125	6A	297B
干粉（碳酸氢钠）	—	20	MFT20	—	183B
	—	50	MFT50	—	297B
	—	100	MFT100	—	297B
	—	125	MFT125	—	297B

续上表

灭火器类型	灭火剂充装量（规格）		灭火器类型规格代码（型号）	灭火级别	
	L	kg		A 类	B 类
干粉（磷酸铵盐）	—	20	MFT/ABC20	6A	183B
	—	50	MFT/ABC50	8A	297B
	—	100	MFT/ABC100	10A	297B
	—	125	MFT/ABC125	10A	297B
卤代烷（1211）	—	10	MYT10	—	70B
	—	20	MYT20	—	144B
	—	30	MYT30	—	183B
	—	50	MYT50	—	297B
二氧化碳	—	10	MTT10	—	55B
	—	20	MTT20	—	70B
	—	30	MTT30	—	113B
	—	50	MTT50	—	183B

附录 B 建筑灭火器配置设计图例

表 B.0.1 手提式、推车式灭火器图例

序　号	图　　例	名　　称
1	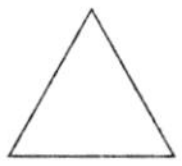	手提式灭火器 portable fire extinguisher
2	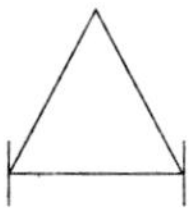	推车式灭火器 wheeled fire extinguisher

表 B.0.2 灭火剂种类图例

序　号	图　　例	名　　称
3		水 Water
4		泡沫 Foam

续上表

序　号	图　　例	名　　称
5		含有添加剂的水 Water with additive
6		BC 类干粉 BC powder
7		ABC 类干粉 ABC powder
8	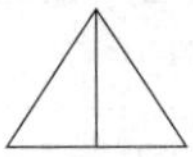	卤代烷 Halon
9	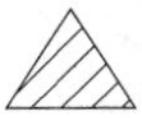	二氧化碳 Carbon dioxide (CO_2)
10	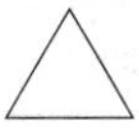	非卤代烷和二氧化碳类气体灭火剂 Extinguishing gas other than Halon or CO_2

表 B.0.3　灭火器图例举例

序　号	图　　例	名　　称
11		手提式清水灭火器 Water Portable extinguisher
12	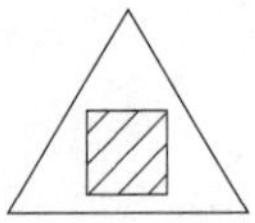	手提式 ABC 类干粉灭火器 ABC powder Portable extinguisher
13	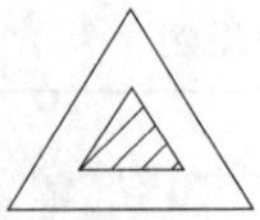	手提式二氧化碳灭火器 Carbon dioxide Portable extinguisher
14	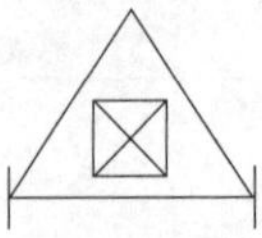	推车式 BC 类干粉灭火器 Wheeled BC powder extinguisher

附录C 工业建筑灭火器配置场所的危险等级举例

表C 工业建筑灭火器配置场所的危险等级举例

危险等级	举例	
	厂房和露天、半露天生产装置区	库房和露天、半露天堆场
严重危险级	1. 闪点<60℃的油品和有机溶剂的提炼、回收、洗涤部位及其泵房、灌桶间	1. 化学危险物品库房
	2. 橡胶制品的涂胶和胶浆部位	2. 装卸原油或化学危险物品的车站、码头
	3. 二硫化碳的粗馏、精馏工段及其应用部位	3. 甲、乙类液体储罐区、桶装库房、堆场
	4. 甲醇、乙醇、丙酮、丁酮、异丙醇、醋酸乙酯、苯等的合成、精制厂房	4. 液化石油气储罐区、桶装库房、堆场
	5. 植物油加工厂的浸出厂房	5. 棉花库房及散装堆场
	6. 洗涤剂厂房石蜡裂解部位、冰醋酸裂解厂房	6. 稻草、芦苇、麦秸等堆场
	7. 环氧氢丙烷、苯乙烯厂房或装置区	7. 赛璐珞及其制品、漆布、油布、油纸及其制品，油绸及其制品库房
	8. 液化石油气灌瓶间	8. 酒精度为60度以上的白酒库房
	9. 天然气、石油伴生气、水煤气或焦炉煤气的净化(如脱硫)厂房压缩机室及鼓风机室	
	10. 乙炔站、氢气站、煤气站、氧气站	
	11. 硝化棉、赛璐珞厂房及其应用部位	
	12. 黄磷、赤磷制备厂房及其应用部位	
	13. 樟脑或松香提炼厂房，焦化厂精萘厂房	
	14. 煤粉厂房和面粉厂房的碾磨部位	
	15. 谷物筒仓工作塔、亚麻厂的除尘器和过滤器室	
	16. 氯酸钾厂房及其应用部位	
	17. 发烟硫酸或发烟硝酸浓缩部位	
	18. 高锰酸钾、重铬酸钠厂房	
	19. 过氧化钠、过氧化钾、次氯酸钙厂房	
	20. 各工厂的总控制室、分控制室	
	21. 国家和省级重点工程的施工现场	
	22. 发电厂(站)和电网经营企业的控制室、设备间	

续上表

危险等级	举例	
	厂房和露天、半露天生产装置区	库房和露天、半露天堆场
中危险级	1. 闪点≥60 ℃的油品和有机溶剂的提炼、回收工段及其抽送泵房	1. 丙类液体储罐区、桶装库房、堆场
	2. 柴油、机器油或变压器油灌桶间	2. 化学、人造纤维及其织物和棉、毛、丝、麻及其织物的库房、堆场
	3. 润滑油再生部位或沥青加工厂房	3. 纸、竹、木及其制品的库房、堆场
	4. 植物油加工精炼部位	4. 火柴、香烟、糖、茶叶库房
	5. 油浸变压器室和高、低压配电室	5. 中药材库房
	6. 工业用燃油、燃气锅炉房	6. 橡胶、塑料及其制品的库房
	7. 各种电缆廊道	7. 粮食、食品库房、堆场
	8. 油淬火处理车间	8. 电脑、电视机、收录机等电子产品及家用电器库房
	9. 橡胶制品压延、成型和硫化厂房	9. 汽车、大型拖拉机停车库
	10. 木工厂房和竹、藤加工厂房	10. 酒精度小于60度的白酒库房
	11. 针织品厂房和纺织、印染、化纤生产的干燥部位	11. 低温冷库
	12. 服装加工厂房、印染厂成品厂房	
	13. 麻纺厂粗加工厂房、毛涤厂选毛厂房	
	14. 谷物加工厂房	
	15. 卷烟厂的切丝、卷制、包装厂房	
	16. 印刷厂的印刷厂房	
	17. 电视机、收录机装配厂房	
	18. 显像管厂装配工段烧枪间	
	19. 磁带装配厂房	
	20. 泡沫塑料厂的发泡、成型、印片、压花部位	
	21. 饲料加工厂房	
	22. 地市级及以下的重点工程的施工现场	
轻危险级	1. 金属冶炼、铸造、铆焊、热轧、锻造、热处理厂房	1. 钢材库房、堆场
	2. 玻璃原料熔化厂房	2. 水泥库房、堆场
	3. 陶瓷制品的烘干、烧成厂房	3. 搪瓷、陶瓷制品库房、堆场
	4. 酚醛泡沫塑料的加工厂房	4. 难燃烧或非燃烧的建筑装饰材料库房、堆场
	5. 印染厂的漂炼部位	5. 原木库房、堆场
	6. 化纤厂后加工润湿部位	6. 丁、戊类液体储罐区、桶装库房、堆场
	7. 造纸厂或化纤厂的浆粕蒸煮工段	
	8. 仪表、器械或车辆装配车间	
	9. 不燃液体的泵房和阀门室	
	10. 金属(镁合金除外)冷加工车间	
	11. 氟里昂厂房	

附录D 民用建筑灭火器配置场所的危险等级举例

表D 民用建筑灭火器配置场所的危险等级举例

危险等级	举例
严重危险级	1. 县级及以上的文物保护单位、档案馆、博物馆的库房、展览室、阅览室
	2. 设备贵重或可燃物多的实验室
	3. 广播电台、电视台的演播室、道具间和发射塔楼
	4. 专用电子计算机房
	5. 城镇及以上的邮政信函和包裹分检房、邮袋库、通信枢纽及其电信机房
	6. 客房数在50间以上的旅馆、饭店的公共活动用房、多功能厅、厨房
	7. 体育场(馆)、电影院、剧院、会堂、礼堂的舞台及后台部位
	8. 住院床位在50张及以上的医院的手术室、理疗室、透视室、心电图室、药房、住院部、门诊部、病历室
	9. 建筑面积在2 000 m^2及以上的图书馆、展览馆的珍藏室、阅览室、书库、展览厅
	10. 民用机场的候机厅、安检厅及空管中心、雷达机房
	11. 超高层建筑和一类高层建筑的写字楼、公寓楼
	12. 电影、电视摄影棚
	13. 建筑面积在1 000 m^2及以上的经营易燃易爆化学物品的商场、商店的库房及铺面
	14. 建筑面积在200 m^2及以上的公共娱乐场所
	15. 老人住宿床位在50张及以上的养老院
	16. 幼儿住宿床位在50张及以上的托儿所、幼儿园
	17. 学生住宿床位在100张及以上的学校集体宿舍
	18. 县级及以上的党政机关办公大楼的会议室
	19. 建筑面积在500 m^2及以上的车站和码头的候车(船)室、行李房
	20. 城市地下铁道、地下观光隧道
	21. 汽车加油站、加气站
	22. 机动车交易市场(包括旧机动车交易市场)及其展销厅
	23. 民用液化气、天然气灌装站、换瓶站、调压站

续上表

危险等级	举　例
中危险级	1. 县级以下的文物保护单位、档案馆、博物馆的库房、展览室、阅览室
	2. 一般的实验室
	3. 广播电台电视台的会议室、资料室
	4. 设有集中空调、电子计算机、复印机等设备的办公室
	5. 城镇以下的邮政信函和包裹分捡房、邮袋库、通信枢纽及其电信机房
	6. 客房数在50间以下的旅馆、饭店的公共活动用房、多功能厅和厨房
	7. 体育场(馆)、电影院、剧院、会堂、礼堂的观众厅
	8. 住院床位在50张以下的医院的手术室、理疗室、透视室、心电图室、药房、住院部、门诊部、病历室
	9. 建筑面积在2 000 m^2以下的图书馆、展览馆的珍藏室、阅览室、书库、展览厅
	10. 民用机场的检票厅、行李厅
	11. 二类高层建筑的写字楼、公寓楼
	12. 高级住宅、别墅
	13. 建筑面积在1 000 m^2以下的经营易燃易爆化学物品的商场、商店的库房及铺面
	14. 建筑面积在200 m^2以下的公共娱乐场所
	15. 老人住宿床位在50张以下的养老院
	16. 幼儿住宿床位在50张以下的托儿所、幼儿园
	17. 学生住宿床位在100张以下的学校集体宿舍
	18. 县级以下的党政机关办公大楼的会议室
	19. 学校教室、教研室
	20. 建筑面积在500 m^2以下的车站和码头的候车(船)室、行李房
	21. 百货楼、超市、综合商场的库房、铺面
	22. 民用燃油、燃气锅炉房
	23. 民用的油浸变压器室和高、低压配电室
轻危险级	1. 日常用品小卖店及经营难燃烧或非燃烧的建筑装饰材料商店
	2. 未设集中空调、电子计算机、复印机等设备的普通办公室
	3. 旅馆、饭店的客房
	4. 普通住宅
	5. 各类建筑物中以难燃烧或非燃烧的建筑构件分隔的并主要存贮难燃烧或非燃烧材料的辅助房间

附录E　不相容的灭火剂举例

表E　不相容的灭火剂举例

灭火剂类型	不相容的灭火剂	
干粉与干粉	磷酸铵盐	碳酸氢钠、碳酸氢钾
干粉与泡沫	碳酸氢钠、碳酸氢钾	蛋白泡沫
泡沫与泡沫	蛋白泡沫、氟蛋白泡沫	水成膜泡沫

附录 F 非必要配置卤代烷灭火器的场所举例

表 F.0.1 民用建筑类非必要配置卤代烷灭火器的场所举例

序 号	名 称
1	电影院、剧院、会堂、礼堂、体育馆的观众厅
2	医院门诊部、住院部
3	学校教学楼、幼儿园与托儿所的活动室
4	办公楼
5	车站、码头、机场的候车、候船、候机厅
6	旅馆的公共场所、走廊、客房
7	商店
8	百货楼、营业厅、综合商场
9	图书馆一般书库
10	展览厅
11	住宅
12	民用燃油、燃气锅炉房

表 F.0.2 工业建筑类非必要配置卤代烷灭火器的场所举例

序 号	名 称
1	橡胶制品的涂胶和胶浆部位;压延成型和硫化厂房
2	橡胶、塑料及其制品库房
3	植物油加工厂的浸出厂房;植物油加工精炼部位
4	黄磷、赤磷制备厂房及其应用部位
5	樟脑或松香提炼厂房、焦化厂精萘厂房
6	煤粉厂房和面粉厂房的碾磨部位
7	谷物筒仓工作塔、亚麻厂的除尘器和过滤器室
8	散装棉花堆场
9	稻草、芦苇、麦秸等堆场
10	谷物加工厂房
11	饲料加工厂房
12	粮食、食品库房及粮食堆场
13	高锰酸钾、重铬酸钠厂房
14	过氧化钠、过氧化钾、次氯酸钙厂房
15	可燃材料工棚
16	可燃液体贮罐、桶装库房或堆场

续上表

序　号	名　称
17	柴油、机器油或变压器油灌桶间
18	润滑油再生部位或沥青加工厂房
19	泡沫塑料厂的发泡、成型、印片、压花部位
20	化学、人造纤维及其织物和棉、毛、丝、麻及其织物的库房
21	酚醛泡沫塑料的加工厂房
22	化纤厂后加工润湿部位;印染厂的漂炼部位
23	木工厂房和竹、藤加工厂房
24	纸张、竹、木及其制品的库房、堆场
25	造纸厂或化纤厂的浆粕蒸煮工段
26	玻璃原料熔化厂房
27	陶瓷制品的烘干、烧成厂房
28	金属(镁合金除外)冷加工车间
29	钢材库房、堆场
30	水泥库房
31	搪瓷、陶瓷制品库房
32	难燃烧或非燃烧的建筑装饰材料库房
33	原木堆场

塔式起重机安全规程

目　　次

3 整　机

3.1 塔机的工作条件应符合 GB/T 9462—1999 中 4.1.1、4.1.3、4.1.4 的规定。

3.2 塔机的抗倾翻稳定性应符合 GB/T 9462—1999 中 4.1.6 的规定。

3.3 自升式塔机在加节作业时,任一顶升循环中即使顶升油缸的活塞杆全程伸出,塔身上端面至少应比顶升套架上排导向滚轮(或滑套)中心线高 60 mm。

3.4 塔机应保证在工作和非工作状态时,平衡重及压重在其规定位置上不位移、不脱落,平衡重块之间不得互相撞击。当使用散粒物料作平衡重时应使用平衡重箱,平衡重箱应防水,保证重量准确、稳定。

3.5 在塔身底部易于观察的位置应固定产品标牌。标牌的内容应符合 GB/T 9462—1999 中 7.1.1 的规定。

在塔机司机室内易于观察的位置应设有常用操作数据的标牌或显示屏。标牌或显示屏的内容应包括幅度载荷表、主要性能参数、各起升速度档位的起重量等。标牌或显示屏应牢固、可靠,字迹清晰、醒目。

3.6 塔机制造商提供的产品随机技术文件应符合 GB/T 9462 的有关规定。

对于塔机使用说明书除应符合 GB/T 9462—1999 中 7.2.6 的规定外,还应包括以下内容:

a)根据塔机主要承载结构件使用材料的低温力学性能、机构的使用环境温度范围及有关因素决定塔机的使用温度、正常工作年限或者利用等级、载荷状态、工作级别以及各种工况的许用风压;

b)安全装置的调整方法、调整参数及误差指标;

c)对于在安装起重臂前先安装平衡重块的塔机,应注明平衡重块的数量、规格及位置;

d)起重臂组装完毕后,对其连接用销轴、安装定位板等连接件的检查项目和检查方法;

e)在塔身加节、降节过程中,安全的作业步骤、使用的平衡措施及检查部位和检查项目;

f)所用钢丝绳的型式、规格和长度;

g)高强度螺栓所需的预紧力或预紧力矩及检查要点;

h)起重臂、平衡臂各组合长度的重心及拆装吊点的位置。

3.7 使用单位应建立塔机设备档案,档案至少应包括:

a)每次安装地点、使用时间及运转台班记录;

b)每次启用前按 GB/T 9462 中的有关规定进行常规检验的记录;

c)大修、更换主要零部件、变更、检查和试验等记录;

d)设备、人身事故记录;

e)设备存在的问题和评价。

4 结　构

4.1 材　料

塔机主要承载结构件所使用的材料应符合 GB/T 9462—1999 中 4.3.1.1 和 4.3.1.2 的规定。

4.2 连　　接

4.2.1 焊接

塔机主要承载结构件及焊缝的制造要求和检验应符合 JG/T 5112 的有关规定。

4.2.2 螺栓、销轴

4.2.2.1 塔机使用的连接螺栓及销轴材料应符合 GB/T 13752—1992 中 5.4.2.2 的规定。

4.2.2.2 起重臂连接销轴的定位结构应能满足频繁拆装条件下安全可靠的要求。

4.2.2.3 自升式塔机的小车变幅起重臂,其下弦杆连接销轴不宜采用螺栓固定轴端挡板的形式。当连接销轴轴端采用焊接挡板时,挡板的厚度和焊缝应有足够的强度、挡板与销轴应有足够的重合面积,以防止销轴在安装和工作中由于锤击力及转动可能产生的不利影响。

4.2.2.4 采用高强度螺栓连接时,其连接表面应清除灰尘、油漆、油迹和锈蚀。应使用力矩扳手或专用扳手,按使用说明书要求拧紧。塔机出厂时应根据用户需要提供力矩扳手或专用扳手。

4.3 梯子、扶手和护圈

4.3.1 不宜在与水平面呈 65°~750°之间设置梯子。

4.3.2 与水平面呈不大于 65°的阶梯两边应设置不低于 1 m 高的扶手,该扶手支撑于梯级两边的竖杆上,每侧竖杆中间应设有横杆。

阶梯的踏板应采用具有防滑性能的金属材料制作,踏板横向宽度不小于 300 mm,梯级间隔不大于 300 mm,扶手间宽度不小于 600 mm。

4.3.3 与水平面呈 75°~90°之间的直梯应满足下列条件:

a)边梁之间的宽度不小于 300 mm;

b)踏杆间隔为 250 mm~300 mm;

c)踏杆与后面结构件间的自由空间(踏脚间隙)不小于 160 mm;

d)边梁应可以抓握且没有尖锐边缘;

e)踏杆直径不小于 16 mm,且不大于 40 mm;

f)踏杆中心 0.1 m 范围内承受 1 200 N 的力时,无永久变形;

g)塔身节间边梁的断开间隙不应大于 40 mm。

4.3.4 高于地面 2 m 以上的直梯应设置护圈,护圈应满足下列条件:

a)直径为 600 mm~800 mm;

b)侧面应用 3 条或 5 条沿护圈圆周方向均布的竖向板条连接;

c)最大间距:侧面有 3 条竖向板条时为 900 mm,侧面有 5 条竖向板条时为 1 500 mm;

d)任何一个 0.1 m 的范围内可以承受 1 000 N 的垂直力时,无永久变形。

4.3.5 当梯子设于塔身内部,塔身结构满足以下条件,且侧面结构不允许直径为 600 mm 的球体穿过时[见图 1a)],可不设护圈:

a)正方形塔身边长不大于 750 mm,见图 1b);

b)等边三角形塔身边长不大于 1 100 mm,见图 2;

c)直角等腰三角形塔身边长不大于 1 100 mm,见图 3a);或梯子沿塔身对角线方向布置,边长不大于 1 100 mm,见图 3b);

d)筒状塔身直径不大于 1 000 mm,见图 4;

e)快装式塔机。

单位为毫米

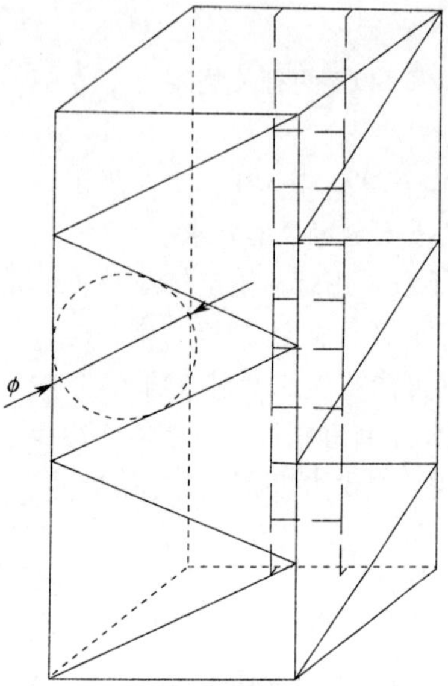

ϕ_{max}=600

a)

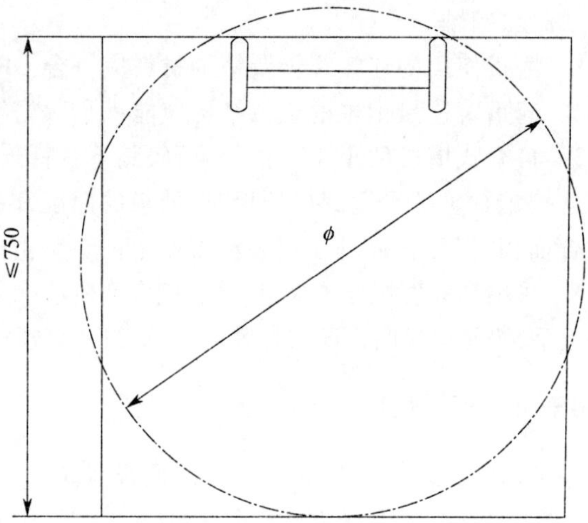

ϕ_{max}=800

b)

图　1

4.4　平台、走道、踢脚板和栏杆

4.4.1　在操作、维修处应设置平台、走道、踢脚板和栏杆。

4.4.2　离地面 2 m 以上的平台和走道应用金属材料制作，并具有防滑性能。在使用圆孔、栅格或其他不能形成连续平面的材料时，孔或间隙的大小不应使直径为 20 mm 的球体通过。在任何情况下，孔或间隙的面积应小于 400 mm^2。

4.4.3　平台和走道宽度不应小于 500 mm，局部有妨碍处可以降至 400 mm。平台和走道上操作人员可能停留的每一个部位都不应发生永久变形，且能承受以下载荷：

a)2 000 N 的力通过直径为 125 mm 圆盘施加在平台表面的任何位置；

b)4 500 N/m^2的均布载荷。

4.4.4　平台或走道的边缘应设置不小于 100 mm 高的踢脚板。在需要工操作人员穿越的地方，踢脚板的高度可以降低。

4.4.5　离地面 2 m 以上的平台及走道应设置防止操作人员跌落的手扶栏杆。手扶栏杆的高度不应低于 1 m，并能承受 1 000 N 的水平移动集中载荷。在栏杆一半高度处应设置中间手扶横杆。

4.4.6　除快装式塔机外，当梯子高度超过 10 m 时应设置休息小平台。

4.4.6.1　梯子的第一个休息小平台应设置在不超过 12.5 m 的高度处，以后每隔 10 m 内设置一个。

4.4.6.2　当梯子的终端与休息小平台连接时，梯级踏板或踏杆不应超过小平台平面，护圈和扶手应延伸到小平台栏杆的高度。休息小平台平面距下面第一个梯级踏板或踏杆的中心线不应大于 150 mm。

单位为毫米

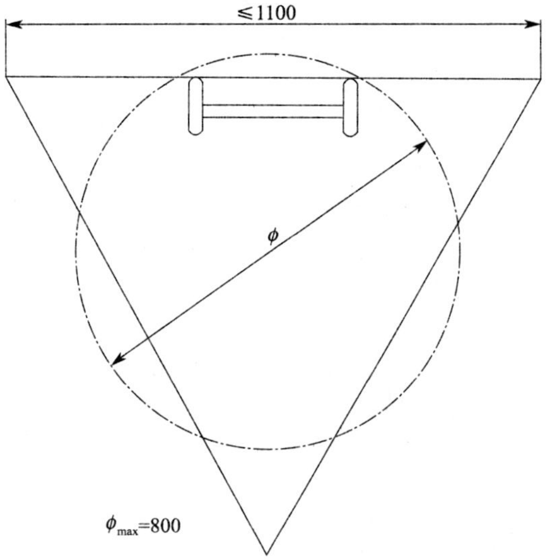

图 2

单位为毫米

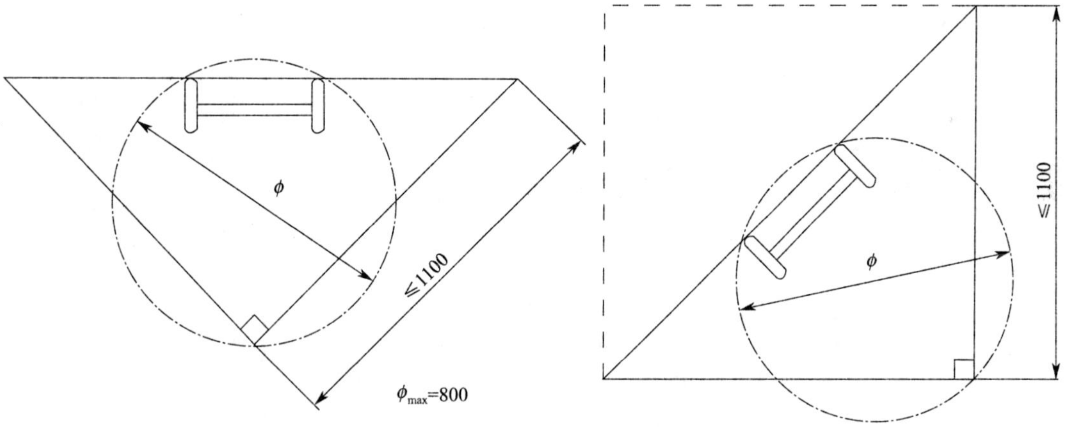

a) b)

图 3

4.4.6.3 如梯子在休息小平台处不中断,则护圈也不应中断。但应在护圈侧面开一个宽为 0.5 m,高为 1.4 m 的洞口,以便操作人员出入。

4.5 起重臂走道

4.5.1 起重臂符合下列情况之一时,可不设置走道:

a)截面高度小于 0.85 m;

b)快装式塔机;

单位为毫米

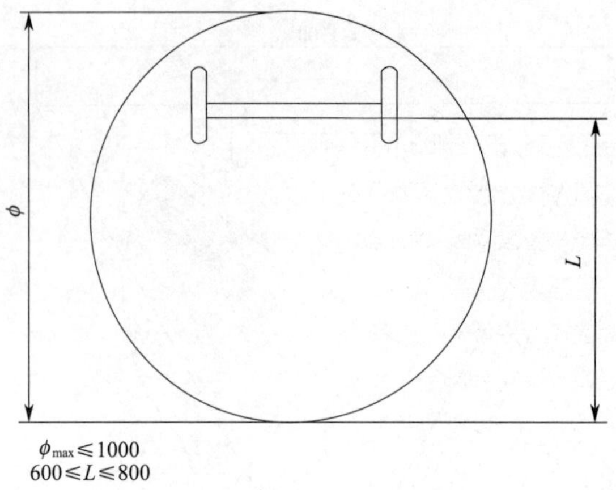

图　4

c)变幅小车上设有与小车一起移动的挂篮。

4.5.2　对于正置式三角形的起重臂,走道的设置如下所示:

a)起重臂断面内净空高度 h 等于或大于 1.8 m 时,走道及扶手应设置在起重臂的内部,且至少应设置一边扶手,扶手安装在走道上部 1 m 处,见图 5。

单位为毫米

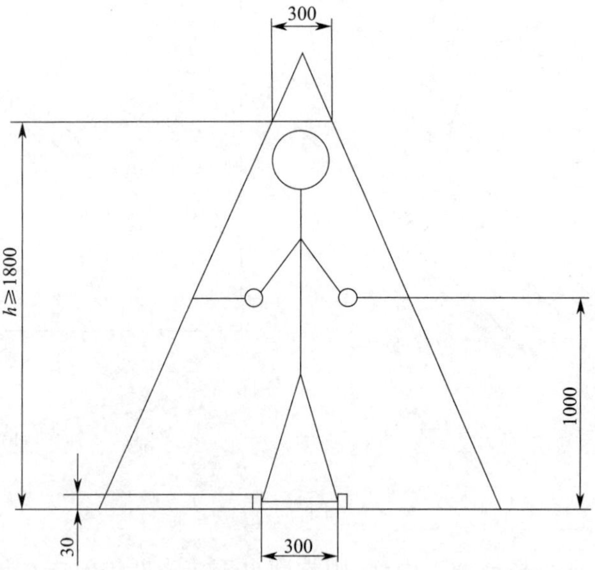

图　5

b)起重臂高度 H 大于或等于 1.5 m,但起重臂断面内净空高度 h 小于 1.8 m 时,走道及扶手应沿着起重臂架的一侧设置,见图 6。

c)起重臂高度 H 大于或等于 0.85 m,且小于 1.5 m 时,走道及扶手应沿着臂架的一侧设置,见图 7。

4.5.3　对于倒置式三角形的起重臂,走道的设置如下所示:

a)起重臂断面内净空高度 h 大于或等于 1.8 m 时,走道及扶手应设置在起重臂的内部,且至少应设置一边扶手,扶手安装在走道上部 1 m 处,见图 8。

单位为毫米

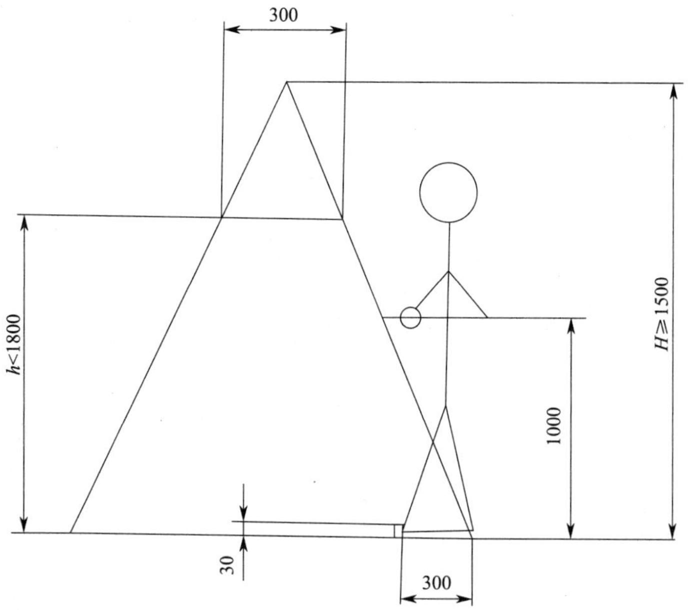

图 6

单位为毫米

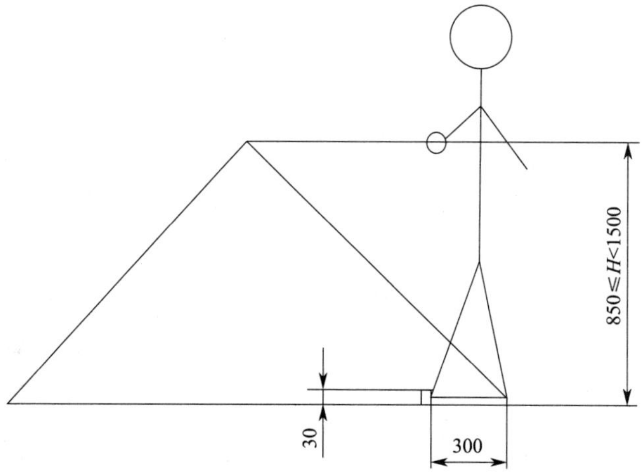

图 7

b)当起重臂是格构式时,起重臂断面内净空高度 h 大于或等于 1.5 m 时,走道及扶手应设置在起重臂的内部,且至少应设置一边扶手,扶手安装在走道上部 1 m 处,见图 9。

c)当起重臂高度均不满足 4.5.3a)或 b)时,走道及扶手应设置在起重臂的上部,且扶手应设置在走道上边 1 m 的外侧,见图 10。

单位为毫米

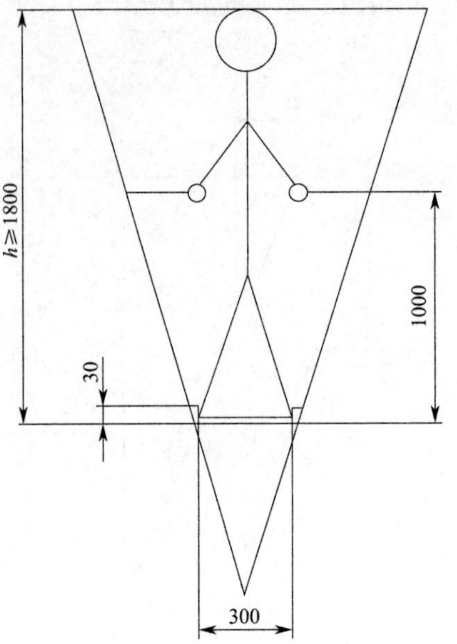

图　8

单位为毫米

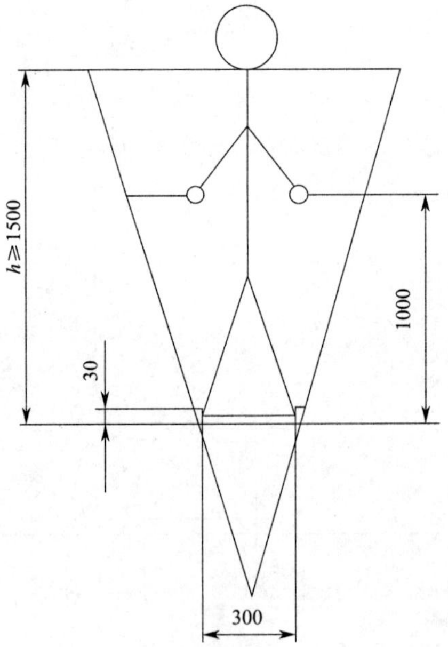

图　9

4.6　司 机 室

4.6.1　小车变幅的塔机起升高度超过 30 m 的、动臂变幅塔机起重臂铰点高度距轨顶或支承面高度超过 25 m 的，在塔机上部应设置一个有座椅并能与塔机一起回转的司机室。

单位为毫米

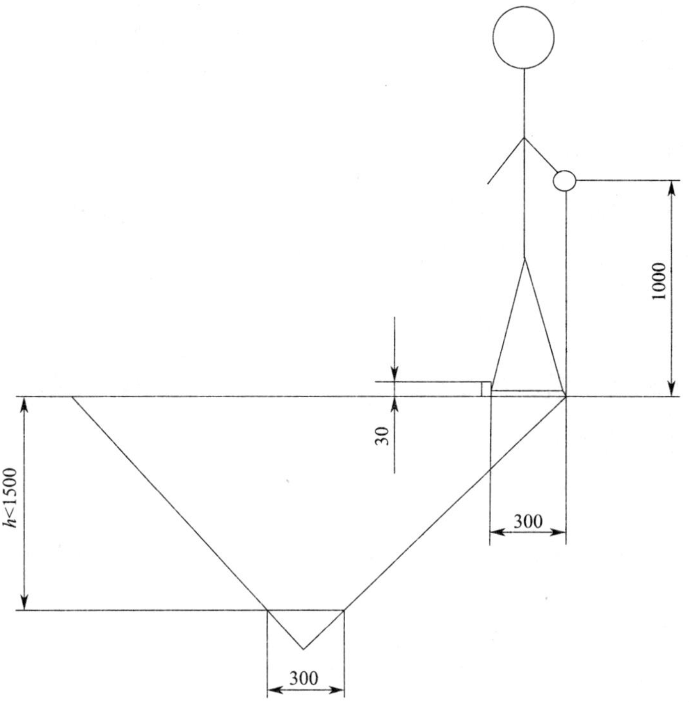

图 10

司机室不能悬挂在起重臂上。在正常工作情况下,塔机的活动部件不应撞击司机室。

如司机室安装在回转塔身结构内,则应保证司机的视野开阔。

4.6.2 司机室门、窗玻璃应使用钢化玻璃或夹层玻璃。司机室正面玻璃应设有雨刷器。

4.6.3 可移动的司机室应设有安全锁止装置。

4.6.4 司机室内应配备符合消防要求的灭火器。

4.6.5 对于安置在塔机下部的操作台,在其上方应设有顶棚,顶棚承压试验应满足JG/T 54—1999中4.2的规定。

4.6.6 司机室应通风、保暖和防雨;内壁应采用防火材料;地板应铺设绝缘层。

当司机室内温度低于5°C时,应装设非明火取暖装置;当司机室内温度高于35°C时,应装设防暑通风装置。

4.6.7 司机室的落地窗应设有防护栏杆。

4.7 结构件的报废及工作年限

4.7.1 塔机主要承载结构件由于腐蚀或磨损而使结构的计算应力提高,当超过原计算应力的15%时应予报废。对无计算条件的当腐蚀深度达原厚度的10%时应予报废。

4.7.2 塔机主要承载结构件如塔身、起重臂等,失去整体稳定性时应报废。如局部有损坏并可修复的,则修复后不能低于原结构的承载能力。

4.7.3 塔机的结构件及焊缝出现裂纹时,应根据受力和裂纹情况采取加强或重新施焊等措施,并在使用中定期观察其发展。对无法消除裂纹影响的应予以报废。

4.7.4 塔机主要承载结构件的正常工作年限按使用说明书要求或按使用说明书中规定的结构工作级别、应力循环等级、结构应力状态计算。若使用说明书未对正常工作年限、结构工作级别等作出规定，且不能得到塔机制造商确定的，则塔机主要承载结构件的正常使用不应超过 1.25×10^5 次工作循环。

4.8 自升式塔机结构件标志

塔机的塔身标准节、起重臂节、拉杆、塔帽等结构件应具有可追溯出厂日期的永久性标志。同一塔机的不同规格的塔身标准节应具有永久性的区分标志。

4.9 自升式塔机后续补充结构件要求

4.9.1 自升式塔机出厂后，后续补充的结构件（塔身标准节、预埋节、基础连接件等）在使用中不应降低原塔机的承载能力，且不能增加塔机结构的变形。

4.9.2 对于顶升作业，不应降低原塔机滚轮（滑道）间隙的精度、滚轮（滑道）接触重合度、踏步位置精度的级别。

4.9.3 对于安装拆卸作业，不应降低原塔机连接销轴孔、连接螺栓孔安装精度的级别。

5 机构及零部件

5.1 一般要求

5.1.1 在正常工作或维修时，机构及零部件的运动对人体可能造成危险的，应设有防护装置。

5.1.2 应采取有效措施，防止塔机上的零件掉落造成危险。可拆卸的零部件如盖、箱体及外壳等应与支座牢固连接，防止掉落。

5.2 钢丝绳

5.2.1 钢丝绳直径的计算与选择应符合 GB/T 13752—1992 中 6.4.2 的规定。在塔机工作时，承载钢丝绳的实际直径不应小于 6 mm。

5.2.2 钢丝绳的安装、维护、保养、检验及报废应符合 GB/T 5972 的有关规定。

5.2.3 钢丝绳端部的固接应符合下列要求：

a）用钢丝绳夹固接时，应符合 GB/T 5976 中的规定，固接强度不应小于钢丝绳破断拉力的 85%；

b）用编结固接时，编结长度不应小于钢丝绳直径的 20 倍，且不小于 300 mm，固接强度不应小于钢丝绳破断拉力的 75%；

c）用楔形接头固接时，楔与楔套应符合 GB/T 5973 中的规定，固接强度不应小于钢丝绳破断拉力的 75%；

d）用锥形套浇铸法固接时，固接强度应达到钢丝绳的破断拉力；

e）用铝合金压制接头固接时，固接强度应达到钢丝绳破断拉力的 90%；

f）用压板固接时，压板应符合 GB/T 5975 中的规定，固接强度应达到钢丝绳的破断拉力。

5.2.4 塔机起升钢丝绳宜使用不旋转钢丝绳。未采用不旋转钢丝绳时，其绳端应设有防扭装置。

5.3 吊　　钩

5.3.1 吊钩应符合 GB/T 9462—1999 中 4.4.1 的规定。

5.3.2 吊钩禁止补焊,有下列情况之一的应予报废:

a)用 20 倍放大镜观察表面有裂纹;

b)钩尾和螺纹部分等危险截面及钩筋有永久性变形;

c)挂绳处截面磨损量超过原高度的 10%;

d)心轴磨损量超过其直径的 5%;

e)开口度比原尺寸增加 15%。

5.4 卷筒和滑轮

5.4.1 卷筒和滑轮的最小卷绕直径的计算,应符合 GB/T 13752—1992 中 6.4.3.1 的规定。

5.4.2 卷筒两侧边缘超过最外层钢丝绳的高度不应小于钢丝绳直径的 2 倍。

5.4.3 钢丝绳在卷筒上的固定应安全可靠,且符合 5.2.3 中有关要求。钢丝绳在放出最大工作长度后,卷筒上的钢丝绳至少应保留 3 圈。

5.4.4 当最大起重量不超过 1 t 时,小车牵引机构允许采用摩擦牵引方式。

5.4.5 卷筒和滑轮有下列情况之一的应予以报废:

a)裂纹或轮缘破损;

b)卷筒壁磨损量达原壁厚的 10%;

c)滑轮绳槽壁厚磨损量达原壁厚的 20%;

d)滑轮槽底的磨损量超过相应钢丝绳直径的 25%。

5.5 制 动 器

5.5.1 塔机的起升、回转、变幅、行走机构都应配备制动器。

对于电力驱动的塔机,在产生大的电压降或在电气保护元件动作时,不允许导致各机构的动作失去控制。

动臂变幅的塔机,应设有维修变幅机构时能防止卷筒转动的可靠装置。

5.5.2 各机构制动器的选择应符合 GB/T 13752—1992 中 6.2 的规定。

5.5.3 制动器零件有下列情况之一的应予以报废:

a)可见裂纹;

b)制动块摩擦衬垫磨损量达原厚度的 50%;

c)制动轮表面磨损量达 1.5 mm ~2 mm;

d)弹簧出现塑性变形;

e)电磁铁杠杆系统空行程超过其额定行程的 10%。

5.6 车　　轮

5.6.1 车轮的计算、选择应符合 GB/T 13752—1992 中 6.4.4 的规定。

5.6.2 车轮的技术要求应符合 JG/T 53 中的有关规定。

5.6.3 车轮有下列情况之一的应予以报废:

a)可见裂纹;

b)车轮踏面厚度磨损量达原厚度的 15%；

c)车轮轮缘厚度磨损量达原厚度的 50%。

6 安全装置

6.1 起重量限制器

6.1.1 塔机应安装起重量限制器。如设有起重量显示装置,则其数值误差不应大于实际值的 ±5%。

6.1.2 当起重量大于相应挡位的额定值并小于该额定值的 110% 时,应切断上升方向的电源,但机构可作下降方向的运动。

6.2 起重力矩限制器

6.2.1 塔机应安装起重力矩限制器。如设有起重力矩显示装置,则其数值误差不应大于实际值的 ±5%。

6.2.2 当起重力矩大于相应工况下的额定值并小于该额定值的 110% 时,应切断上升和幅度增大方向的电源,但机构可作下降和减小幅度方向的运动。

6.2.3 力矩限制器控制定码变幅的触点或控制定幅变码的触点应分别设置,且能分别调整。

6.2.4 对小车变幅的塔机,其最大变幅速度超过 40 m/min,在小车向外运行,且起重力矩达到额定值的 80% 时,变幅速度应自动转换为不大于 40 m/min 的速度运行。

6.3 行程限位装置

6.3.1 行走限位装置

轨道式塔机行走机构应在每个运行方向设置行程限位开关。在轨道上应安装限位开关碰铁,其安装位置应充分考虑塔机的制动行程,保证塔机在与止挡装置或与同一轨道上其他塔机相距大于 1 m 处能完全停住,此时电缆还应有足够的富余长度。

6.3.2 幅度限位装置

6.3.2.1 小车变幅的塔机,应设置小车行程限位开关。

6.3.2.2 动臂变幅的塔机应设置臂架低位置和臂架高位置的幅度限位开关,以及防止臂架反弹后翻的装置。

6.3.3 起升高度限位器

6.3.3.1 塔机应安装吊钩上极限位置的起升高度限位器。起升高度限位器应满足 GB/T 9462—1999 中 4.7.1 的规定。

6.3.3.2 吊钩下极限位置的限位器,可根据用户要求设置。

6.3.4 回转限位器

回转部分不设集电器的塔机,应安装回转限位器。塔机回转部分在非工作状态下应能自由旋转;对有自锁作用的回转机构,应安装安全极限力矩联轴器。

6.4 小车断绳保护装置

小车变幅的塔机,变幅的双向均应设置断绳保护装置。

6.5 小车断轴保护装置

小车变幅的塔机，应设置变幅小车断轴保护装置，即使轮轴断裂，小车也不会掉落。

6.6 钢丝绳防脱装置

滑轮、起升卷筒及动臂变幅卷筒均应设有钢丝绳防脱装置，该装置与滑轮或卷筒侧板最外缘的间隙不应超过钢丝绳直径的20%。

吊钩应设有防钢丝绳脱钩的装置。

6.7 风速仪

起重臂根部铰点高度大于50 m的塔机，应配备风速仪。当风速大于工作极限风速时，应能发出停止作业的警报。

风速仪应设在塔机顶部的不挡风处。

6.8 夹轨器

轨道式塔机应安装夹轨器，使塔机在非工作状态下不能在轨道上移动。

6.9 缓冲器、止挡装置

塔机行走和小车变幅的轨道行程末端均需设置止挡装置。缓冲器安装在止挡装置或塔机（变幅小车）上，当塔机（变幅小车）与止挡装置撞击时，缓冲器应使塔机（变幅小车）较平稳地停车而不产生猛烈的冲击。

缓冲器的设计应符合GB/T 13752—1992中6.4.9的规定。

6.10 清轨板

轨道式塔机的台车架上应安装排障清轨板，清轨板与轨道之间的间隙不应大于5 mm。

6.11 顶升横梁防脱功能

自升式塔机应具有防止塔身在正常加节、降节作业时，顶升横梁从塔身支承中自行脱出的功能。

7 操纵系统

7.1 操纵系统的设计和布置应能避免发生误操作的可能性，使塔机在正常使用中能安全可靠地运行。

7.2 应按人机工程学有关的功能要求设置所有控制手柄、手轮、按钮和踏板，并应有宽裕的操作空间。

7.3 对于手柄控制或轮式控制器，一般选择右手控制起升和行走机构，左手控制回转和小车变幅或动臂变幅机构。

7.3.1 采用手柄控制操作时，机构运动方向应与图11及表1规定的手柄方向一致。

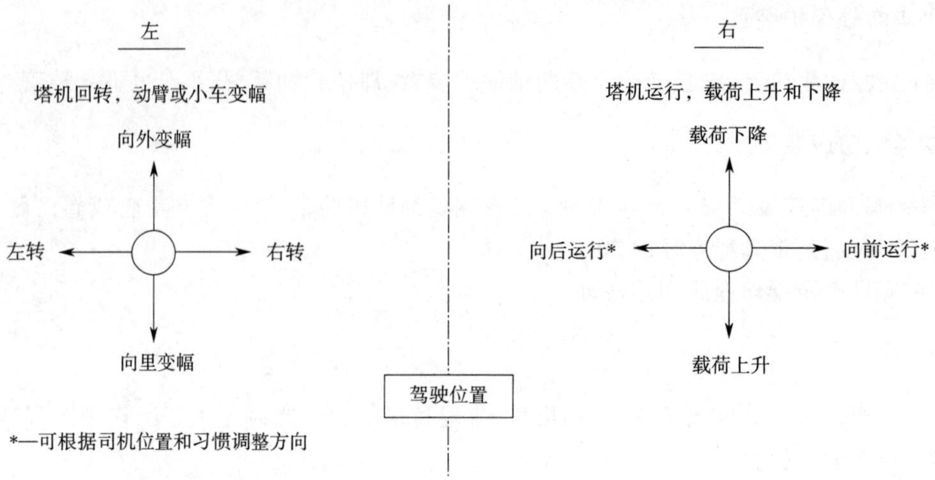

图 11

表 1

机构运动方向		手柄方向
起升、变幅机构	上升、向里变幅	向着司机(手柄向后)
	下降、向外变幅	离开司机(手柄向前)
回转机构	向右回转 向左回转	手柄向右 手柄向左
行走机构	可根据司机位置和习惯调整方向	

7.3.2 采用轮式控制器操作时,机构运动方向应与表 2 规定的手轮旋转方向一致。

表 2

机构运动方向	手轮旋转方向
上升、向里变幅,向右回转	顺时针旋转
下降、向外变幅,向左回转	逆时针旋转

7.4 手柄或操纵杆的操作应轻便灵活,操作力不应大于 100 N,操作行程不应大于 400 mm;踏板的操作力不应大于 200 N,脚踏行程不应大于 200 mm。

在一般情况下,宜使用如下数值:

a)对于左右向的操纵杆,操作力为 5 N ~ 40 N;

b)对于前后向的操纵杆,操作力为 8 N ~ 60 N;

c)对于踏板,操作力为 10 N ~ 150 N。

7.5 在所有的手柄、手轮、按钮及踏板的附近处,应有表示用途和操作方向的标志。标志应牢固、可靠,字迹清晰、醒目。

8 电 气 系 统

8.1 一般规定

8.1.1 电气设备应使塔机的传动性能和控制性能准确可靠,在紧急情况下能切断电源,安全停车。在塔机安装、维修、调整和使用中不应任意改变电路。

8.1.2 电气元件的选择应考虑塔机工作时振动大、接电频繁、露天作业等特点。

8.1.3 塔机的金属结构、轨道、所有电气设备的金属外壳、金属线管、安全照明的变压器低压侧等均应可靠接地,接地电阻不大于 4 Ω。重复接地电阻不大于 10 Ω。接地装置的选择和安装应符合电气安全的有关要求。

8.1.4 电气设备安装应牢固。需要防震的电器应有防震措施。

8.1.5 电气连接应接触良好,防止松脱。导线、线束应用卡子固定,以防摆动。

8.1.6 电气柜(配电箱)应有门锁。门内应有原理图或布线图、操作指示等,门外应有警示标志。

8.1.7 主电路和控制电路的对地绝缘电阻不应小于 0.5 MΩ。

8.1.8 零线和接地线必须分开,接地线严禁作载流回路。

8.2 电气控制与操纵

8.2.1 电气控制设备和元件应设置于柜内,能防雨、防灰尘。电阻器应设于操作人员不易接触的地方,并有防护措施。

8.2.2 采用有线遥控装置时,地面控制与司机室内控制应具有电气联锁。地面控制装置的不带电金属外壳和塔机结构之间应连接专用的接地线,接地电阻符合 8.1.3 的规定。

8.2.3 采用无线遥控方式操纵的,在失控时塔机应能自行停止工作。

8.2.4 采用联动控制台操纵时,联动控制台应具有零位自锁和自动复位功能。

8.2.5 操纵系统中应设有能对工作场地起警报作用的声响信号。

8.3 电气保护

8.3.1 塔机应根据 GB/T 13752—1992 中 7.7 的要求设置短路、过流、欠压、过压及失压保护、零位保护、电源错相及断相保护。

8.3.2 塔机应设置非自动复位的、能切断塔机总控制电源的紧急断电开关。该开关应设在司机操作方便的地方。

8.3.3 塔机电源进线处宜设主隔离开关,或采取其他隔离措施。隔离开关应有明显标记。

8.3.4 各限位开关应能可靠地停止机构的运动,但机构可作相反方向的运动。

8.4 照明、信号

8.4.1 塔机应有良好的照明。照明的供电不受停机影响。

8.4.2 固定式照明装置的电源电压不应超过 220 V,严禁用金属结构作为照明线路的回路。

可携式照明装置的电源电压不应超过 48 V,交流供电的严禁使用自耦变压器。

8.4.3 司机室内照明照度不应低于 30 lx。

8.4.4 电气室及机务专用电梯的照明照度不应低于 5 lx。

8.4.5 塔顶高度大于 30 m 且高于周围建筑物的塔机,应在塔顶和臂架端部安装红色障碍指示灯,该指示灯的供电不应受停机的影响。

8.4.6 快装式塔机在拖行时应装有直流 24 V 的示宽灯、高度指示灯、长度指示灯、转向指示灯及刹车灯。

8.4.7 在司机室内明显位置应装有总电源开合状况的指示信号。

8.4.8 安全装置的指示信号或声响报警信号应设置在司机和有关人员视力、听力可及的地方。

8.5 导线及其敷设

8.5.1 塔机所用的电缆、电线应符合 GB/T 13752—1992 中 7.5 的规定。

8.5.2 电线若敷设于金属管中,则金属管应经防腐处理。如用金属线槽或金属软管代替,应有良好的防雨及防腐措施。

8.5.3 导线的连接及分支处的室外接线盒应防水,导线孔应有护套。

8.5.4 导线两端应有与原理图一致的永久性标志和供连接用的电线接头。

8.5.5 固定敷设的电缆弯曲半径不应小于 5 倍电缆外径。除电缆卷筒外,可移动电缆的弯曲半径不应小于 8 倍电缆外径。

8.6 电缆卷筒

8.6.1 轨道式塔机的电缆卷筒应具有张紧装置,电缆收放速度应与塔机运行速度同步。

8.6.2 电缆在卷筒上的连接应牢固,以保护电气接点不被拉曳。

8.7 集 电 器

8.7.1 集电滑环应满足相应电压等级和电流容量的要求。每个滑环至少有一对碳刷,碳刷与滑环的接触面积不应小于理论接触面积的 80%,且接触平稳。

8.7.2 滑环与滑环间的绝缘电阻不小于 1 MΩ。滑环间最小电气间隙不小于 8 mm,且经过耐压试验,无击穿、闪络现象。

9 液 压 系 统

9.1 液压系统应有防止过载和液压冲击的安全装置。安全溢流阀的调定压力不应大于系统额定工作压力的 110%,系统的额定工作压力不应大于液压泵的额定压力。

9.2 顶升液压缸应具有可靠的平衡阀或液压锁,平衡阀或液压锁与液压缸之间不应用软管连接。

10 安装、拆卸与试验

10.1 塔机安装、拆卸及塔身加节或降节作业时,应按使用说明书中有关规定及注意事项进行。

10.1.1 架设前应对塔机自身的架设机构进行检查,保证机构处于正常状态。

10.1.2 塔机在安装、增加塔身标准节之前应对结构件和高强度螺栓进行检查,若发现下列问题应修复或更换后方可进行安装:

a)目视可见的结构件裂纹及焊缝裂纹;

b)连接件的轴、孔严重磨损;

c)结构件母材严重锈蚀;

d)结构件整体或局部塑性变形,销孔塑性变形。

10.1.3 小车变幅的塔机在起重臂组装完毕准备吊装之前,应检查起重臂的连接销轴、安装定位板等是否连接牢固、可靠。

当起重臂的连接销轴轴端采用焊接挡板时,则在锤击安装销轴后,应检查轴端挡板的焊缝是否正常。

10.2 安装、拆卸、加节或降节作业时,塔机的最大安装高度处的风速不应大于 13 m/s,当有特殊要求时,按用户和制造厂的协议执行。

10.3 塔机的尾部与周围建筑物及其外围施工设施之间的安全距离不小于 0.6 m。

10.4 有架空输电线的场合,塔机的任何部位与输电线的安全距离,应符合表 3 的规定。

如因条件限制不能保证表 3 中的安全距离,应与有关部门协商,并采取安全防护措施后方可架设。

表 3

安全距离/m	电压/kV				
	<1	1~15	20~40	60~110	220
沿垂直方向	1.5	3.0	4.0	5.0	6.0
沿水平方向	1.0	1.5	2.0	4.0	6.0

10.5 两台塔机之间的最小架设距离应保证处于低位塔机的起重臂端部与另一台塔机的塔身之间至少有 2 m 的距离;处于高位塔机的最低位置的部件(吊钩升至最高点或平衡重的最低部位)与低位塔机中处于最高位置部件之间的垂直距离不应小于 2 m。

10.6 混凝土基础应符合下列要求:

a)混凝土基础应能承受工作状态和非工作状态下的最大载荷,并应满足塔机抗倾翻稳定性的要求。

b)对混凝土基础的抗倾翻稳定性计算及地面压应力的计算应符合 GB/T 13752—1992 中 4.6.3 的规定及 GB/T 9462—1999 中附录 A 的规定。

c)使用单位应根据塔机原制造商提供的载荷参数设计制造混凝土基础。

d)若采用塔机原制造商推荐的混凝土基础,固定支腿、预埋节和地脚螺栓应按原制造商规定的方法使用。

10.7 碎石基础应符合下列要求:

a)当塔机轨道敷设在地下建筑物(如暗沟、防空洞等)的上面时,应采取加固措施。

b)敷设碎石前的路面应按设计要求压实,碎石基础应整平捣实,轨枕之间应填满碎石。

c)路基两侧或中间应设排水沟,保证路基无积水。

10.8 塔机轨道敷设应符合下列要求:

a)轨道应通过垫块与轨枕可靠地连接,每间隔 6 m 应设一个轨距拉杆。钢轨接头处应有轨枕支承,不应悬空。在使用过程中轨道不应移动;

b)轨距允许误差不大于公称值的 1/1 000,其绝对值不大于 6 mm;

c)钢轨接头间隙不大于 4 mm,与另一侧钢轨接头的错开距离不小于 1.5 m,接头处两轨顶高度差不大于 2 mm;

d)塔机安装后,轨道顶面纵、横方向上的倾斜度,对于上回转塔机应不大于 3/1 000;对于下回转塔机应不大于 5/1 000。在轨道全程中,轨道顶面任意两点的高度差应小于 100 mm;

e)轨道行程两端的轨顶高度宜不低于其余部位中最高点的轨顶高度。

10.9 塔机试验应符合下列要求：

a）新设计的各传动机构、液压顶升和各种安全装置，凡有专项试验标准的，应按专项试验标准进行各项试验，合格后方可装机。

b）塔机的型式试验、出厂检验和常规检验按 GB/T 9462 中的有关规定执行。

11　操作与使用

11.1 塔机的操作使用应符合 JG/T 100 的有关规定，司机、装拆工、指挥人员应具有有关部门发放的资格证书。

11.2 每台作业的塔机司机室内应备有一份有关操作维修内容的使用说明书。

11.3 在正常工作情况下，应按指挥信号进行操作。但对特殊情况的紧急停车信号，不论何人发出，都应立即执行。

内河助航标志

目　次

4 航 行 标 志

航行标志指标示航道方向、界限和碍航物的标志，包括过河标、沿岸标、导标、过渡导标、首尾导标、侧面标、左右通航标、示位标、泛滥标及桥涵标等十种。

4.1　过河标(图1)

4.1.1　功能

标示过河航道的起点或终点。指示由对岸驶来的船舶在接近标志时沿着本岸航行；或指示沿本岸驶来的船舶在接近标志时转向驶往对岸。也可设在上、下方过河航道在本岸的交点处，指示由对岸驶来的船舶在接近标志时再驶往对岸。

4.1.2　形状

标杆上端装正方形顶标两块，分别面向上、下方航道。如过河航道过长以致标志不够明显时，可在标杆前加装梯形牌，梯形牌面向所标示的航道方向。过河标也可以安装在具有浮力的底座上作为浮标设置。

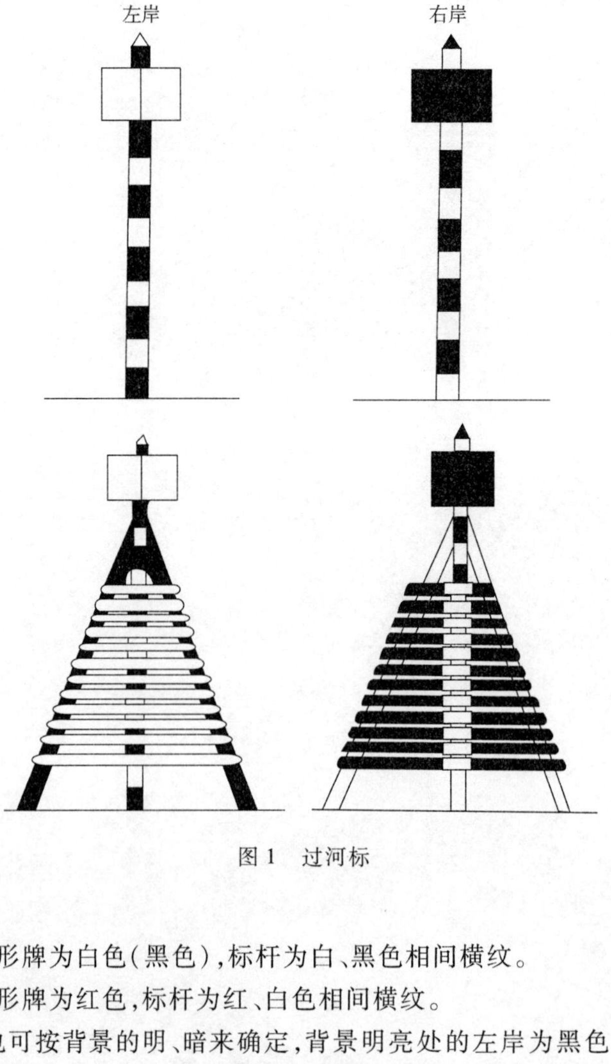

图1　过河标

4.1.3　颜色

左岸：顶标和梯形牌为白色(黑色)，标杆为白、黑色相间横纹。

右岸：顶标和梯形牌为红色，标杆为红、白色相间横纹。

梯形牌的颜色也可按背景的明、暗来确定，背景明亮处的左岸为黑色，背景深暗处的右岸为白色。

4.1.4 灯质

左岸:白色,莫尔斯信号“A”闪光(·—);右岸:白色,莫尔斯信号“N”闪光(—·)。

或左岸:白色,莫尔斯信号“M”闪光(— —);右岸:白色,莫尔斯信号“D”闪光(—··)。

4.2 沿岸标(图2)

4.2.1 功能

标示沿岸航道所在的岸别,指示船舶继续沿着本岸航行。

4.2.2 形状

标杆上端装球形顶标一个。

4.2.3 颜色

左岸:顶标为白色(黑色),标杆为白、黑色相间横纹。

右岸:顶标为红色,标杆为红、白色相间横纹。

4.2.4 灯质

左岸:绿色(白色),单闪光。

右岸:红色,单闪光。

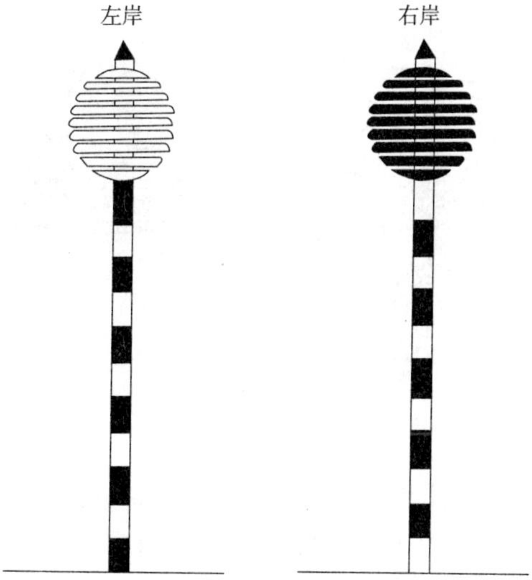

图2 沿岸标

4.3 导标(图3)

4.3.1 功能

由前后两座标志所构成的导线标示航道的方向,指示船舶沿该导线标示的航道航行。

4.3.2 形状

前后两座标志的标杆上端各装正方形顶标一块,顶标均面向航道方向。如导线标示的航道过长以致标志不够明显时,可在标杆前加装梯形牌,梯形牌面向所标示的航道方向。

在导线标示的航道内应使船舶白天看到前标比后标略低,夜间保持后标灯光不被前标遮蔽。前后两标的高差及间距应与导线标示的航道长度相适应,以保持导标的灵敏度。内河导标计算方法见附录E(参考件)。

如设标地点坡度较陡,前后两座标志高差过大时,可在两标连线之间加设一座形状相同的标志。

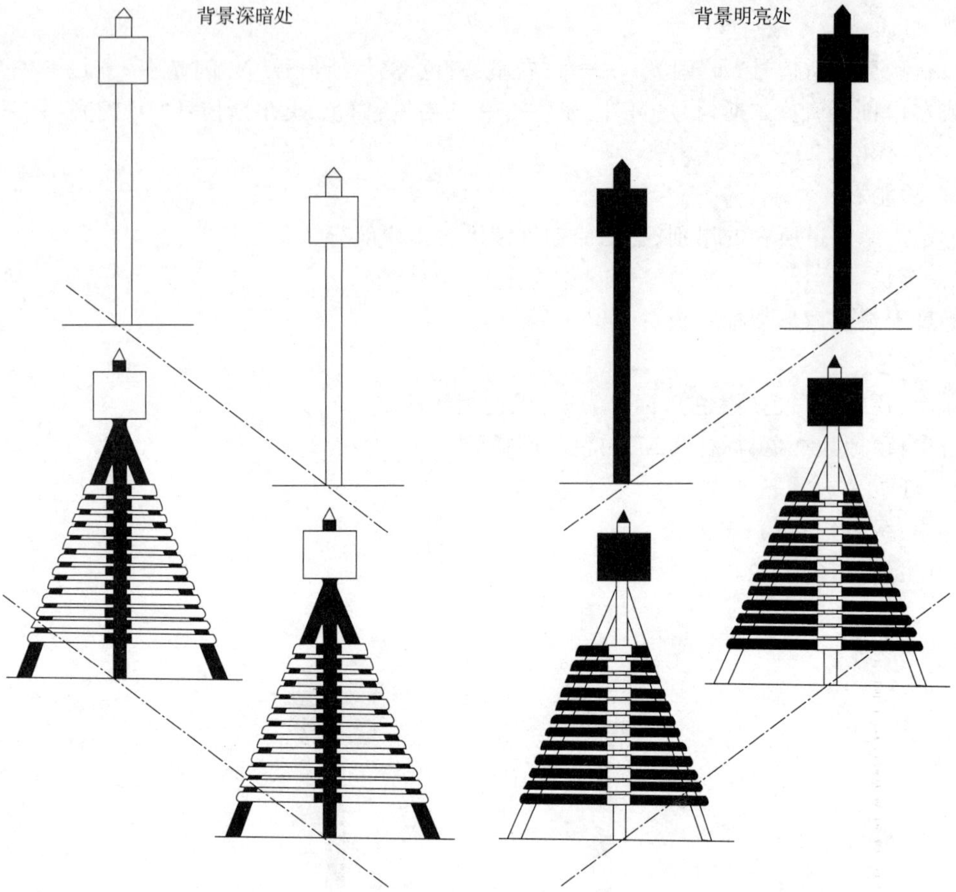

图 3　导标

4.3.3　颜色

按背景的明、暗确定顶标、标杆和梯形牌的颜色，背景明亮处均为红色（黑色），背景深暗处均为白色。红色（黑色）梯形牌中央一道竖条为白色，白色梯形牌中央一道竖条为黑色（红色）。

4.3.4　灯质

前、后标均为白色单面定光，如背景灯光复杂、用白光容易混淆时，可用红色单面定光。

4.4　过渡导标（图 4）

4.4.1　功能

由前后两座标志组成，标示一方为导线标示的导线航道，另一方为沿岸航道或过河航道，指示沿导线标示的航道驶来的船舶在接近标志时驶入沿岸航道或过河航道；同样也指示由沿岸航道或过河航道驶来的船舶在接近标志时驶入导线标示的航道。

4.4.2　形状

前标与过河标相同，后标与导标相同。前标的一块顶标与后标的顶标组成导线，前标的另一块顶标面向另一条航道方向。如导线标示的航道过长以致标志不够明显时，可以在标杆前加装梯形牌，梯形牌面向所标示的航道方向。

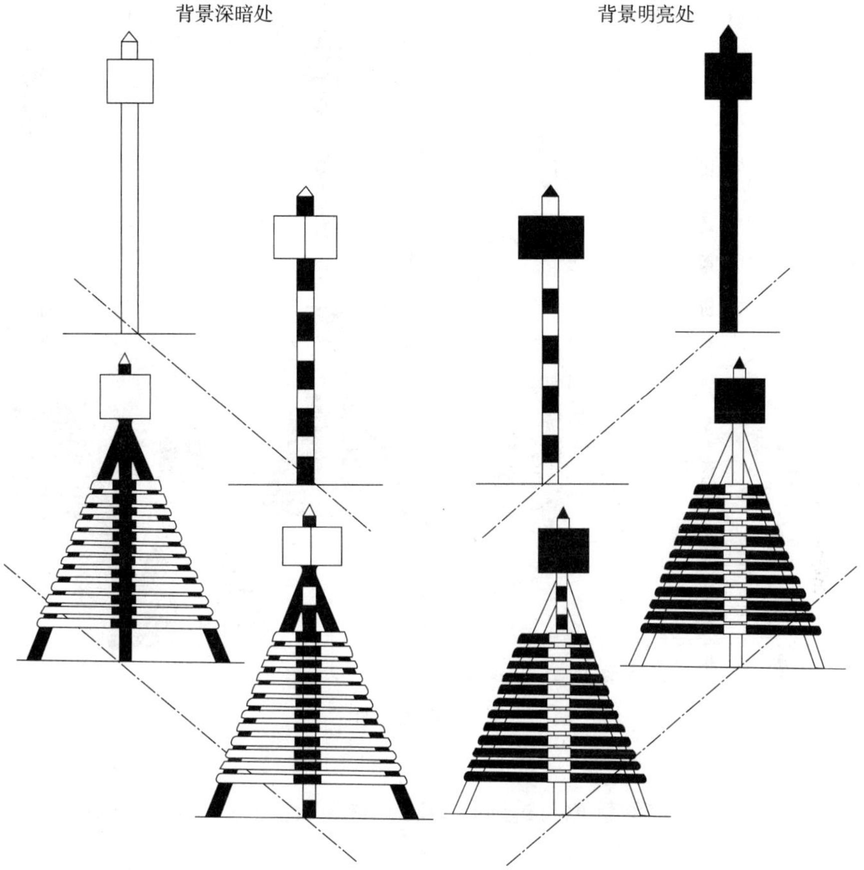

图 4　过渡导标

4.4.3　颜色

前标的标杆和梯形牌的颜色与过河标相同,面向导线标示的航道的顶标与后标顶标的颜色相同,另一块顶标的颜色与过河标相同;后标的颜色与导标相同。

4.4.4　灯质

前标左岸为白色(绿色)双闪光(顿光[1]),右岸为红色(白色)双闪光(顿光)。后标左岸为白色(绿色)定光,右岸为红色(白色)定光。前、后标的光色须一致。特殊需要时,前标也可用定光。

注:1)顿光又称明暗光。

4.5　首尾导标(图 5)

4.5.1　功能

由前后鼎立的三座标志组成两条导线分别标示上、下方导线标示的航道方向,指示沿导线标示的航道驶来的船舶在接近标志时转向另一条导线标示的航道。

4.5.2　形状

三座标志中,一座为共用标与过河标相同,另两座与导标相同。共用标的两块顶标与另两座标志的顶标分别组成两条导线,面向上、下方导线所标示的航道方向。根据航道条件与河岸地形,共用标可位于另两座标的前方、后方、左侧或右侧。如导线标示的航道过长以致标志不够明显时,可以在标杆前加装梯形牌,梯形牌面向导线所标示的航道方向。

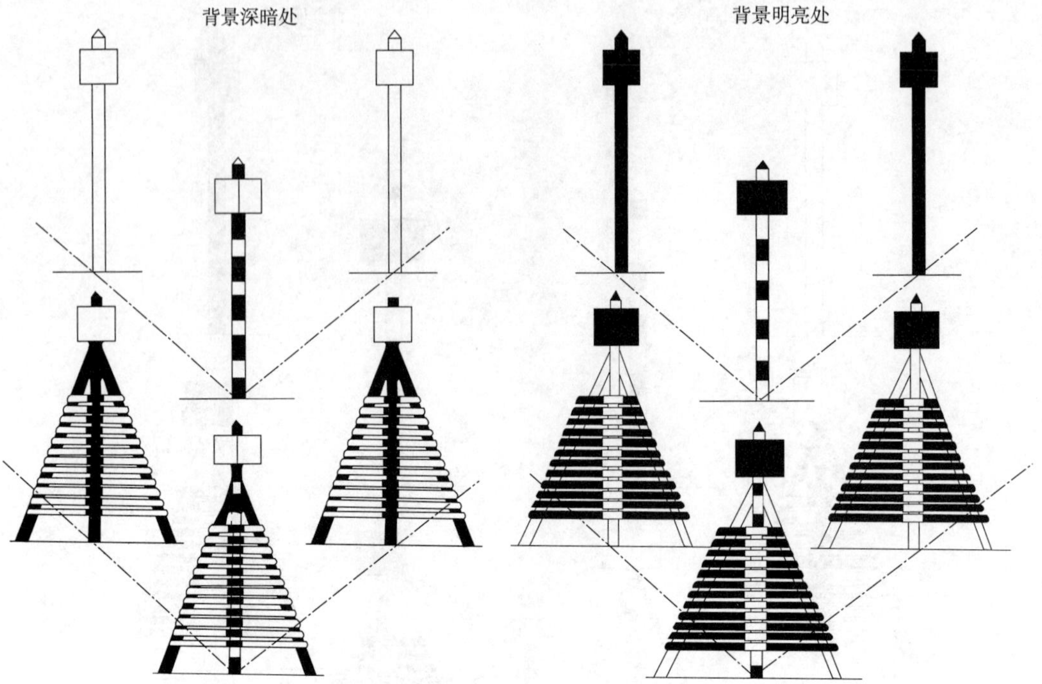

图 5　首尾导标

4.5.3　颜色

共用标的标杆和梯形牌的颜色与过河标相同,顶标颜色与导标相同,另两座标志的颜色与导标相同。

4.5.4　灯质

共用标的灯质与过渡导标的前标灯质相同,另两座标的灯质与过渡导标的后标灯质相同,但同一导线的前、后标的光色须一致。特殊需要时,各标都可用定光。

4.6　侧面标

4.6.1　功能

设在浅滩、礁石、沉船或其他碍航物靠近航道一侧,标示航道的侧面界限;设在水网地区优良航道两岸时,标示岸形、突嘴或不通航的汊港。指示船舶在航道内航行。

4.6.2　形状

浮标可采用柱形、锥形、罐形、杆形或桅顶装有球形顶标的灯船(图 6)。

需要同时以标志形状特征区分左、右岸两侧时,左岸一侧浮标为锥形或加装锥形顶标,右岸一侧浮标为罐形或加装罐形顶标(图 7);也可只在左岸一侧浮标加装球形顶标。

固定设置在岸上或水中的侧面标(灯桩)可采用杆形或柱形(图 8)。

杆形灯桩需要增加视距时,左岸一侧可加装锥形顶标,右岸一侧可加装罐形顶标(图 8)。

4.6.3　颜色

左岸一侧:白色(黑色)。杆形灯桩的标杆为白、黑色相间横纹。浮标加装的锥形或球形顶标为黑色(白色)。

右岸一侧:红色。杆形灯桩的标杆为红、白色相间横纹。浮标加装的罐形顶标为红色。

图 6　侧面标(浮标)例图之一

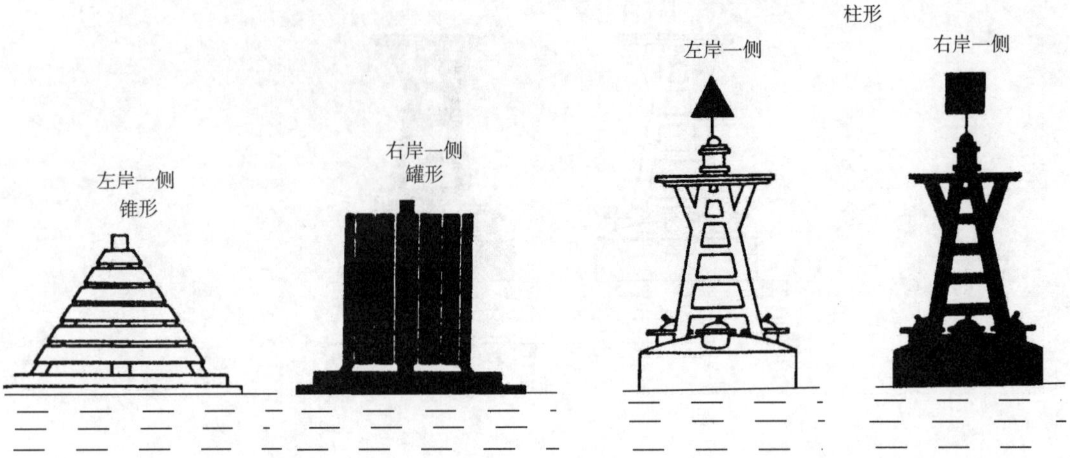

图 7　侧面标(浮标)例图之二

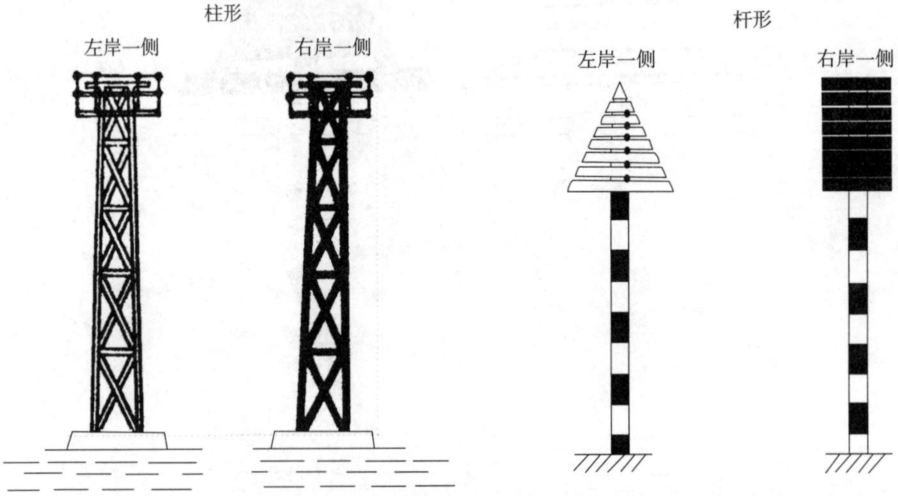

图 8　侧面标(灯桩)例图之三

灯船的球形顶标均为黑色。

4.6.4　灯质

左岸一侧:绿色(白色),单闪光或双闪光。

右岸一侧:红色,单闪光或双闪光。

4.7　左右通航标(图 9)

4.7.1　功能

设在航道中个别河心碍航物或航道分汊处,标示该标两侧都是通航航道。

4.7.2　形状

浮标可采用柱形、锥形或灯船。

灯桩可采用柱形。

4.7.3　颜色

标体每面的中线两侧分别为红色和白色。

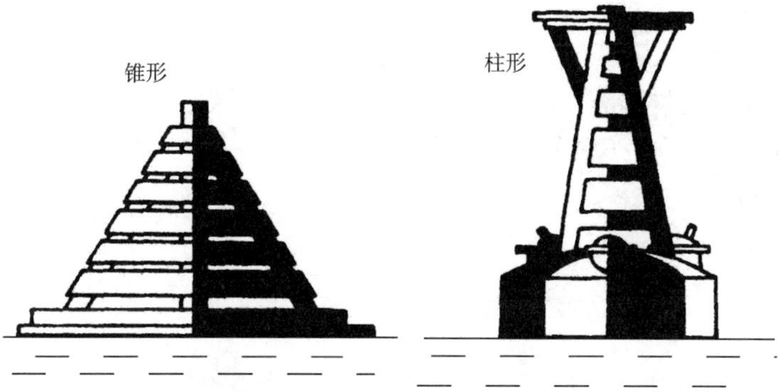

图9　左右通航标例图

4.7.4　灯质

白色(绿色),三闪光。

4.8　示位标(图10)

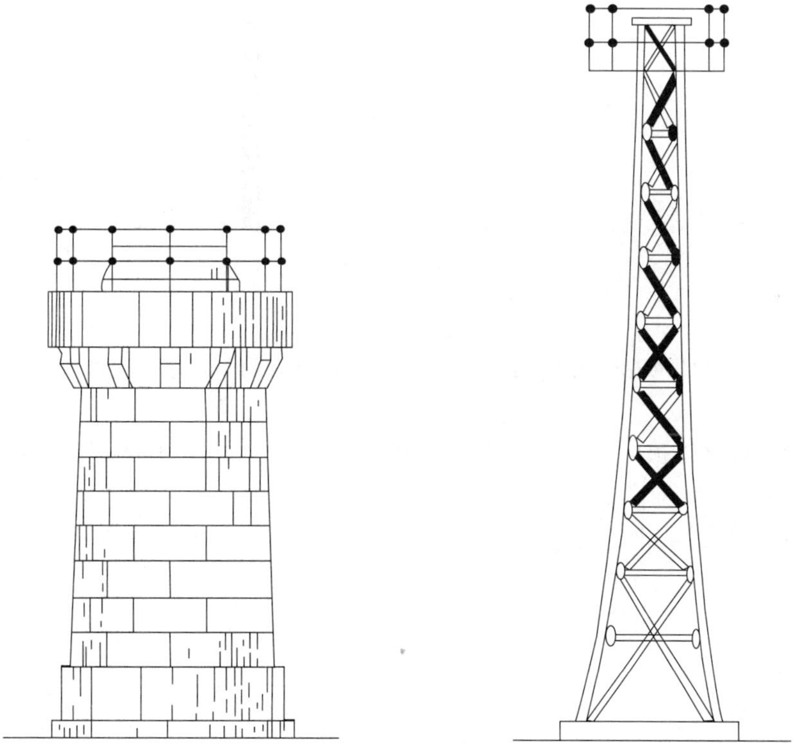

图10　示位标例图

4.8.1　功能

设在湖泊、水库、水网地区或其他宽阔水域,标示岛屿、浅滩、礁石及通航河口等特定位置,供船舶定位或确定航向。

4.8.2　形状

各种形状的塔形体。

4.8.3　颜色

可根据背景采用白、黑、红色或白、黑(红)色相间非垂直条纹。设在通航河口处,须与“左白右红”原则一致。

4.8.4　灯质

白色、绿色或红色莫尔斯信号闪光，但不得同其他种类标志的灯质相混淆。标示通航河口的示位标优先选用：左岸白色（绿色）莫尔斯信号“H”（· · · ·）闪光；右岸红色莫尔斯信号“H”（· · · ·）闪光。

4.9　泛滥标（图 11）

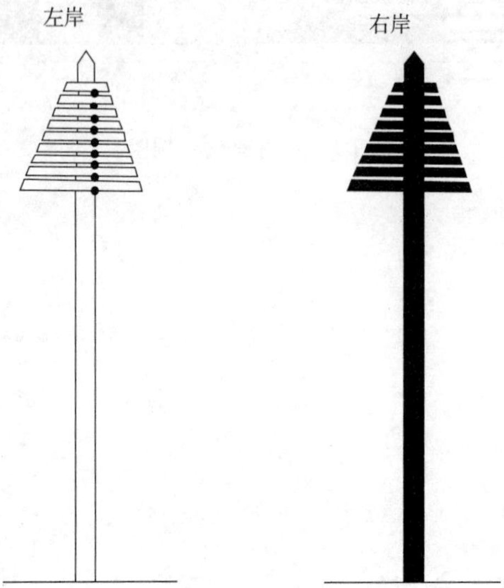

图 11　泛滥标

4.9.1　功能

设在被洪水淹设的河岸或岛屿靠近航道一侧，标示岸线或岛屿的轮廓。

4.9.2　形状

标杆上端装截锥体顶标一个，也可以安装在具有浮力的底座上作为浮标设置。

4.9.3　颜色

左岸：白色（黑色）。

右岸：红色。

4.9.4　灯质

左岸：绿色（白色），定光。

右岸：红色，定光。

弯曲河段朝岸上一面的灯光应予遮蔽。

4.10　桥涵标（图 12）。

4.10.1　功能

设在通航桥孔迎船一面的桥梁中央，标示船舶通航桥孔的位置。

4.10.2　形状

正方形标牌表示通航桥孔。

多孔通航的桥梁，正方形标牌表示大轮通航的桥孔，圆形标牌表示小轮（包括非机动船、人工流放排筏）通航的桥孔，大、小轮的具体划分由各地区确定。

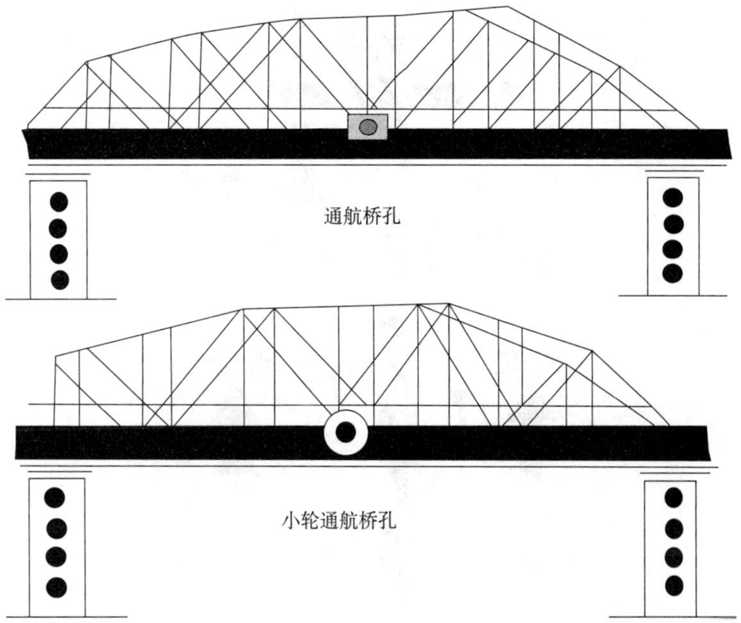

图 12　桥涵标

4.10.3　颜色

正方形标牌为红色，圆形标牌为白色。

4.10.4　灯质

通航桥孔（或大轮通航桥孔）为红色单面定光；小轮（包括非机动船、人工流放排筏）通航桥孔为绿色单面定光。

在通航桥孔迎船一面两侧桥柱上，还可各垂直设置绿色单面定光桥柱灯二至四盏（按桥柱高度确定），标示桥柱位置。

5　信号标志

为航行船舶揭示有关航道信息的标志称为信号标志，包括通行信号标、鸣笛标、界限标、水深信号标、横流标及节制闸标等六种。

5.1　通行信号标（图 13）

5.1.1　功能

设在上、下行船舶相互不能通视，同向并驶或对驶有危险的狭窄、急弯航段或单孔通航的桥梁、通航建筑物及施工禁航等需通航控制的河段，利用信号控制上行或下行的船舶单向顺序通航或禁止通航。

5.1.2　形状

由带横桁的标杆和信号组成，横桁与岸线垂直。悬挂于横桁一端的箭形通航信号，箭头朝下表示允许下行船通航，箭头朝上表示允许上行船通航，禁止通航信号为垂直悬挂两个锥尖朝上的三角锥体。

5.1.3　颜色

标杆与横桁为白、黑色相间斜纹，箭头或三角锥体为红色，箭杆为黑色（白色）。

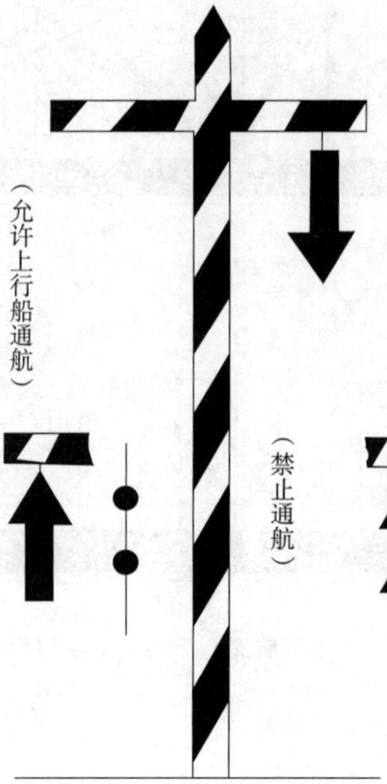

图 13　通行信号标

5.1.4　灯质

由垂直悬挂于横桁一端的红色、绿色定光灯组成信号:绿灯在上,红灯在下,表示允许下行船通航;红灯在上、绿灯在下,表示允许上行船通航;上下两盏红灯,表示禁止船舶通航。

对控制船舶进、出通航建筑物的通行信号标,也可在通航建筑物上下两端各设置红、绿单面定光灯一组,灯光面向来船方向,红灯表示禁止船舶通航,绿灯表示允许船舶通航。白天也可用红、绿旗代替红、绿灯。

5.2　鸣笛标(图 14)

5.2.1　功能

设在通航控制河段或上、下行船舶不能相互通视的急弯航道的上下游两端河岸上,指示船舶鸣笛。

5.2.2　形状

标杆上端装圆形标牌一块,标牌面向来船方向,标牌正中写“鸣”字。

5.2.3　颜色

标杆为白、黑色相间斜纹,标牌为白色、黑边、黑字。

5.2.4　灯质

绿色,快闪光。

5.3　界限标(图 15)

5.3.1　功能

设在通航控制河段的上、下游,标示通航控制河段的上、下界限。

设在船闸闸室有效长度的两端时,标示闸室内允许船舶安全停靠的界限。

5.3.2　形状

标杆上端装菱形标牌一块,标牌面向来船方向(也可镶绘在船闸闸墙上)。

图 14　鸣笛标

图 15　界限标

5.3.3　颜色

标杆为白、黑色相间斜纹，标牌为白底、黑边，中间有黑色横条一道。

5.3.4　灯质

红色，快闪光。

5.4　水深信号标（图 16）

5.4.1　功能

设在浅滩上、下游靠近航道一侧的河岸上，揭示浅滩航道的最小水深。

5.4.2　形状

由带横桁的标杆和号型组成，横桁与岸线平行，号型形状与含义是：

“━”代表数字“1”；

“⧗”代表数字“4”；

“┻”代表数字“6”。

将上述号型组合悬挂在横桁的两边，从船上看，左边所挂号型表示水深的“米”数，右边所挂号型表示水深的“分米”数。

5.4.3　颜色

标杆与横桁为红、白色相间斜纹，号型为黑色（白色）。

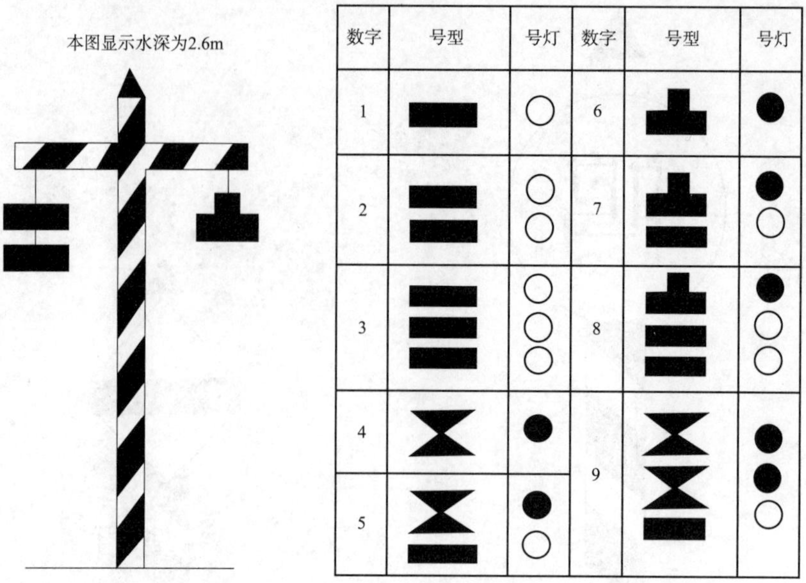

图 16　水深信号标及水深信号

5.4.4　灯质

每盏白色定光号灯代表数字“1”;

每盏红色定光号灯代表数字“4”;

每盏绿色定光号灯代表数字“6”。

在河面较窄的河段,也可以用水深数字牌和水深数字灯显示。

5.5　横流标(图 17)

5.5.1　功能

标示航道内有横流,警告船舶注意。

5.5.2　形状

菱形体安装在具有浮力的底座上,也可在标杆上端安装菱形顶标设在岸上。

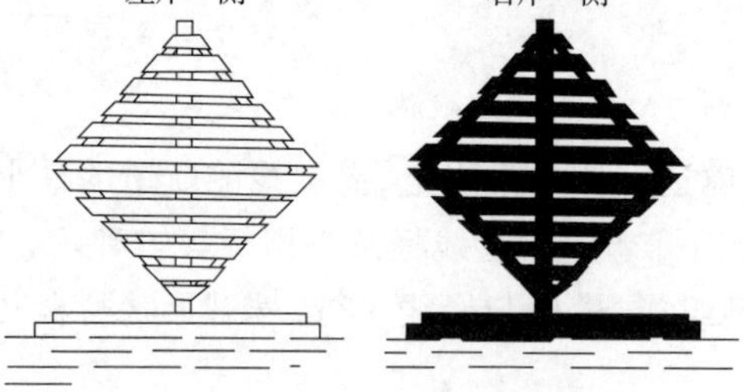

图 17　横流浮标例图

5.5.3　颜色

左岸一侧:顶标为白色(黑色)。标杆为白、黑色相间斜纹。

右岸一侧:顶标为红色,标杆为红、白色相间斜纹。

5.5.4　灯质

左岸一侧:绿色,顿光。

右岸一侧:红色,顿光。

5.6 节制闸标(图 18)

5.6.1 功能

设在靠近节制闸上游或上、下游一侧的岸上,也可将灯悬挂于节制闸的上游或上、下游水面上空架空线上,标示前方是节制闸防止船舶误入发生危险。

5.6.2 形状

标杆上端装圆形标牌一块,标牌面向上游或上、下游来船方向,标牌上绘有船形图案及禁令标志(图 19)。

图 18 节制闸标

图 19 节制闸标标牌

5.6.3 颜色

标杆为红、白色相间斜纹,标牌为白底、红边、黑色船形图案加红色斜杠。

5.6.4 灯质

并列红色定光灯二盏。

6 专用标志

为标示沿、跨航道的各种建筑物,或为标示特定水域所设置的标志,其主要功能不是为了助航的统称为专用标志。专用标志包括管线标及专用标等二种。

6.1 管线标(图 20)

6.1.1 功能

设在需要标示跨河管线(即管道、电缆、电线等)的两端或一端岸上或设在跨河管线的上、下游适当距离的两岸或一岸,禁止船舶在敷设水底管线的水域抛锚、拖锚航行或垂放重物,警告船舶驶至架空管线区域时注意采取必要的措施。

6.1.2 形状

两根立柱上端装等边三角形空心标牌一块,设在跨河管线两端岸上的标牌与河岸平行,设在跨河管线上、下游的标牌与河岸垂直。标示水底管线的三角形标牌尖端朝上,标牌下部写“禁止抛锚”;标示架空管线的三角形标牌尖端朝下,标牌上部写“架空管线”。

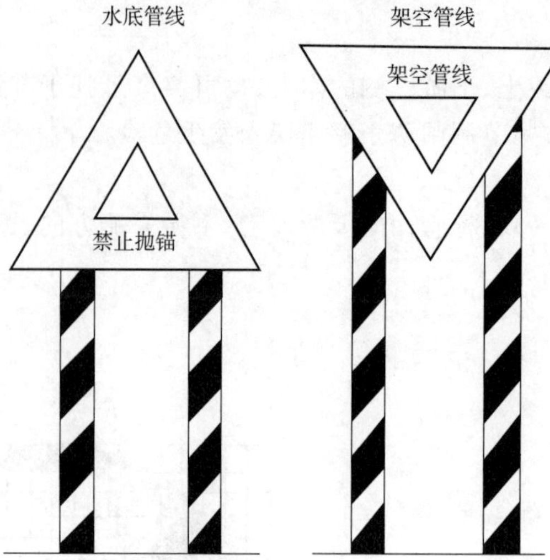

图 20 管线标

6.1.3 颜色

立柱为红、白色相间斜纹，标牌为白色、黑边、黑字。

6.1.4 灯质

标牌的三个顶端各设置白色(红色)定光灯一盏。

6.2 专用标

6.2.1 功能

标示锚地、渔场、娱乐区、游泳场、水文测量、水下钻探、疏浚作业等特定水域；或标示取水口、排水口、泵房以及其他航道界限外的水工构筑物。

6.2.2 形状

任选。

6.2.3 颜色

黄色。

6.2.4 灯质

黄色，单闪光或双闪光。

7 内河航标配布

7.1 内河航标配布类别

内河航标配布类别应根据航道条件与运输需要，以河区为单位，通过技术经济论证确定。内河航标配布类别分：

a. 一类航标配布：配布的航标夜间全部发光。白天，船舶能从一座标志看到次一座标志；夜间，船舶能从一盏标灯看到次一盏标灯。

b. 二类航标配布：发光航标和不发光航标分段配布。在昼夜通航的河段上配布发光航标，其标志配布与一类航标配布相同；在夜间不通航的河段上配布不发光航标，其标志配布密度与三类航标配布相同。

c. 三类航标配布:航标配布的密度比较稀,不要求从一座标志看到次一座标志,对优良河段的沿岸航道可沿岸形航行不再配布沿岸标,但每一座标志所表示的功能与次一座标志的功能应互相连贯,指引船舶在白天安全航行。

d. 重点航标配布:只在航行困难的河段和个别地点配布航标。优良河段一般仅标示出碍航物。根据需要与条件配布发光航标或不发光航标。船舶需借助于驾驶人员的经验利用航标和其他物标航行。

7.2 内河航标配布原则

航标配布应当根据江、河、湖泊、水库的具体航行条件,简单明了地指出安全、经济而又便于船舶航行的航道。

配布航标应注意岸标与浮标之间的有效结合,务使每一座标志发挥最大作用。由于岸标作用可靠,受自然界影响所导致失常的因素远较浮标为少,因此应注意发挥岸标的作用。

设置岸标时,可根据各河区具体情况规定岸标的最小安全航行距离(俗称:作用距离),该值自标位处的水沫线起算。

设置侧面浮标时,应保证在航道同一侧相邻的两座浮标或同一侧相邻的浮标与岸标规定的最小安全航行距离的相连直线内,不得有小于维护水深或揭示水深的碍航物存在。在特定条件下,也可规定某些浮标和水中灯桩的最小安全航行距离(自称标标位处起算)

侧面浮标设置地点的水深,可根据各个水位时期的不同维护水深而统一变更。在水位上升时期,侧面浮标的设置应在保证维护水深的前提下,适当将航道放宽。在水位下降时期。可逐步缩窄航道宽度,保持维护水深。

深槽河段沿岸航道的可航范围,一般为航道标准宽度的两倍。如果沿岸航道宽度小于两倍航道标准宽度时,必须在碍航物近航道一侧设置侧面浮标,标示航道界限。在水面宽阔的河流上,沿岸航道的可航范围可以适当放宽,但最大不超过枯水河面平均宽度的三分之一。

洪水期,河面增宽,水深、流速增大,因此,必须注意标示出淹没的河岸、岛屿和其他碍航物,并及时开辟经济航道。

枯水期的航标配布应准确标示航道方向,注意标示浅滩航道的轮廓和揭示浅滩航道的最小水深。

当水位陡涨陡落时,应及时调整标位,注意岸标不得距水沫线过远、过高或被水淹没。

在潮汐河段,航标的配布应当保证所标示的航道在所规定的基准面下有足够水深,并应注意潮流变向时浮标的回转范围。

在湖泊、水库及其他宽阔水域,应在岛屿、浅滩、礁石、通航河口适当配布示位标,供船舶定位或确定航向。

水网地区应着重标示河口、湖口、突出的岸嘴和弯曲的岸形,并在支河汊港处指示航行方向。

典型河段的航标配布方法见附录C(补充件)。

内河航标的编号方法见附录F(参考件)。

内河航标工作船艇及航道(标)站标志见附录D(补充件)。

8 附 则

在某些条件特殊的河流,过河标、沿岸标的标身可以根据当地条件采取特定的形式,但其顶标必须符合本标准的要求,并按河区作出统一的规定。

附录 A 内河航标灯质(补充件)

A1 内河航标对闪光周期不作统一规定,需要区分同一功能的相邻航标时,可以采用不同的闪光周期。

A2 选用单闪、双闪、顿光等灯质时,其闪光周期不得超过 6 s;选用其他灯质时,其闪光周期一般不超过 10 s。

A3 在确定各种灯质时,其中闪光的持续时间不得小于 0.4 s。选用莫尔斯信号闪光时,其中长闪光时间应为短闪光时间的三倍,每两次闪光间的间隔时间与短闪光时间相等,每组闪光后的间隔时间不小于长闪光时间。

A4 并列或垂直悬挂两盏灯时,其间距为 1.0 ~ 1.8 m。

A5 快闪光的明暗时间相等,其明暗次数每分钟为 60 次。

A6 除采用规定的灯质外,可根据具体条件选用表 A1 所列的代用灯质,但同一河区的不同种类的航标,其灯质必须明确区分,相邻河区间应注意协调,避免相互混淆或被误认。

表 A1 内河航标灯质表

序号	标别			规定灯质	代用灯质
	类别	标志名称	岸(类)别		
1	航行标志	过河标	左岸	(1)白色,莫尔斯信号“A”闪光 (2)白色,莫尔斯信号“M”闪光	(1)绿色(白色),双闪光 (2)绿色(白色),顿光
			右岸	(1)白色,莫尔斯信号“N”闪光 (2)白色,莫尔斯信号“D”闪光	(1)红色,双闪光 (2)红色,顿光
2		沿岸标	左岸	绿色(白色),单闪光	绿色(红色),定光
			右岸	红色,单闪光	红色,定光
3		导标		白色(红色),单面定光	白色,快闪光
4		侧面标	左岸一侧	绿色(白色),单闪光或双闪光	绿色(白色),定光
			右岸一侧	红色,单闪光或双闪光	红色,定光
5		左右通航标		白色(绿色),三闪光	红色和绿色(红色和白色),定光并列各一盏。面向下游,标志左侧为红色,右侧为绿色(白色)
6		示位标		白色(绿色、红色),莫尔斯信号闪光	
7		泛滥标	左岸	绿色(白色),定光	绿色(白色),单闪光
			右岸	红色,定光	红色,单闪光
8		桥涵标	通航桥孔(大孔)	红色,单面定光	
			小轮	绿色,单面定光	
			两侧桥柱灯	绿色,单面定光。各垂直设置二至四盏	
9	信号标志	通行信号标[1]	允许上行船通航	上红色、下绿色,定光各一盏	
			允许下行船通航	上绿色、下红色,定光各一盏	

续上表

序号	标别			规定灯质	代用灯质
	类别	标志名称	岸(类)别		
10	信号标志	鸣笛标	禁航	红色,定光垂直二盏	绿色,快闪光
			左岸		红色,快闪光
11		界限标	右岸	绿色,快闪光	绿色,六闪光
			左岸		红色,六闪光
12		横流标	右岸	红色,快闪光	绿色,定光并列二盏
			左岸一侧	绿色,顿光	红色,定光并列二盏
			右岸一侧	红色,顿光	
13		节制闸标		红色,定光并列二盏	
14	专用标志	管线标		白色(红色),定光三盏成三角形	红色,三闪光
15		专用标		黄色,单闪光或双闪光	黄色,定光

注:1)通航建筑物通行信号灯质详见5.1.4。

附录B 内河航标图例(补充件)

序号	名称	图例	
		左岸	右岸
1	过河标(设于岸上)	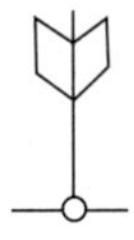	
2	过河标(设于水上)	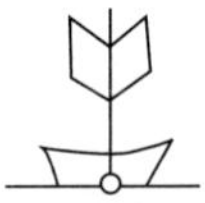	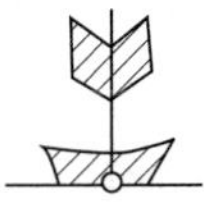
3	过河标(装梯形牌)	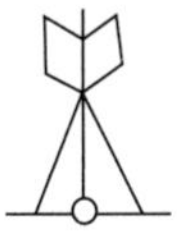	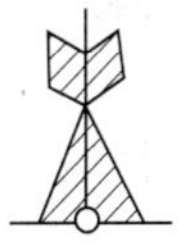
4	沿岸标		
		背景深暗处	背景明亮处
5	导标	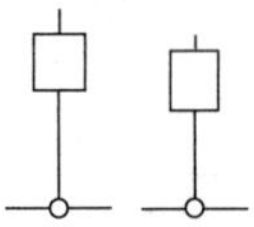	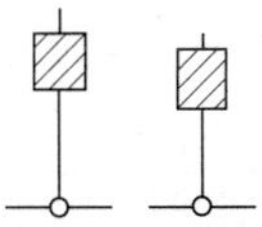
6	导标(装梯形牌)	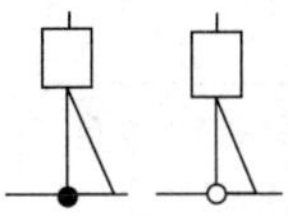	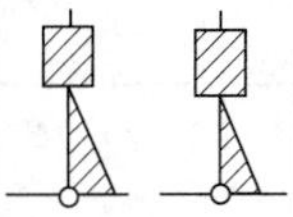

序号	名称		图例	
			左岸	右岸
7	过渡导标		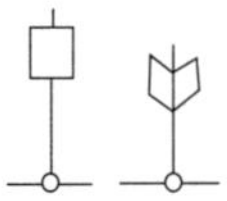	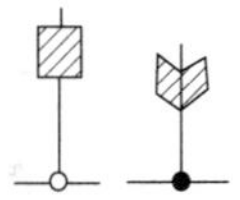
8	过渡导标(装梯形牌)		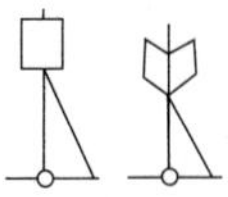	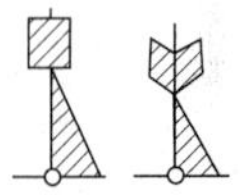
9	首尾导标		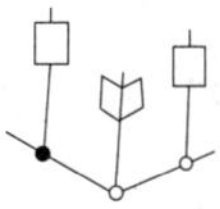	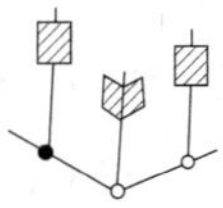
10	首尾导标(装梯形牌)		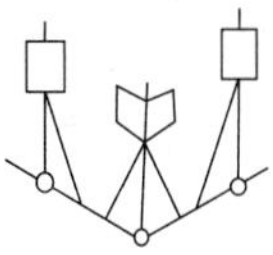	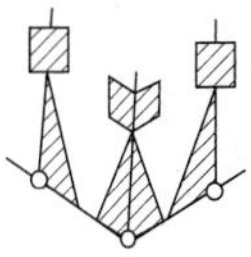
11	侧面积	柱形浮标		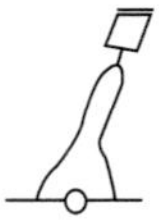
		锥形、罐形(设于水中)	锥形 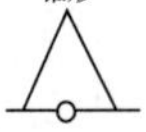	锥形 罐形 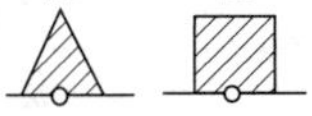

续上表

序号	名称		图例	
11	侧面积	锥形、罐形（设于岸上）		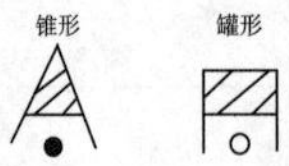
		杆形浮标	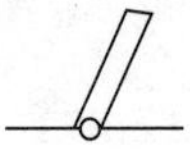	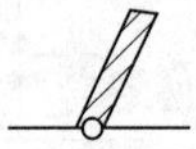
		灯船	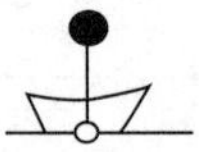	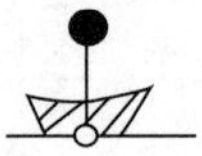
		灯柱	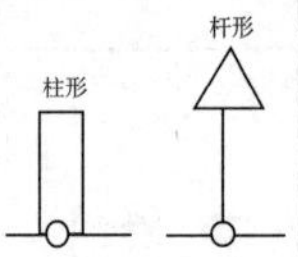	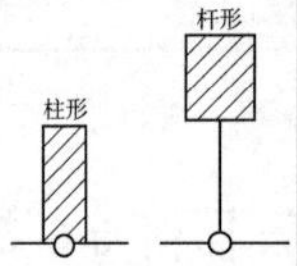
12	泛滥标（设于岸上）			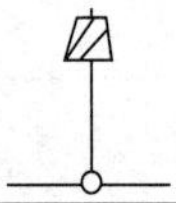
13	泛滥标（设于水上）		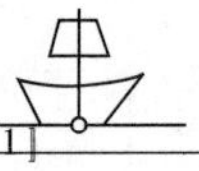	
14	横流标（设于岸上）		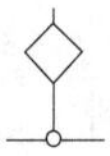	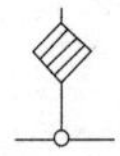
15	横流标（设于水上）			
16	左右通航标	柱形浮标		
		锥形浮标		
		锥形标（设于岸上）		
		灯船		
		柱形灯桩		
17	示位标			
18	桥涵标	通航桥孔		
		小轮通航桥孔		

序号	名称		图例
19	通行信号标		
20	进出闸信号标		
21	鸣笛标		
22	界限标		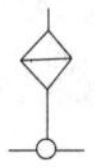
23	水深信号标		
24	节制闸标		
25	指路牌		
26	管线标	水底管线	
		架空管线	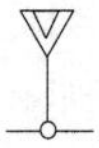
28	航道（标）站		
29	航道（标）段		
30	发光标记		

说明：凡需区分左、右岸的图例如套色印刷时，右岸（或背景明亮的导标）的图例均为红色，发光标记为紫色。

附录 C　内河航标配布方法示例(补充件)

C1　浅滩航道航标配布

浅滩过河航道的两端河岸上应设置过河标或过渡导标,但当过河处的岸边滩较大或在岸上一时无法设标时,在不影响视距条件下,过河标可改用浮标形式设置。

浅滩过河航道通往上、下深槽的两端出入口,应各设一对侧面浮标(图 C1)。如果该航道较长,可以在它中间适当加设侧面浮标,如果航道弯曲。应当在凸弯处加设侧面浮标,标示弯曲航道的界限(图 C2)。

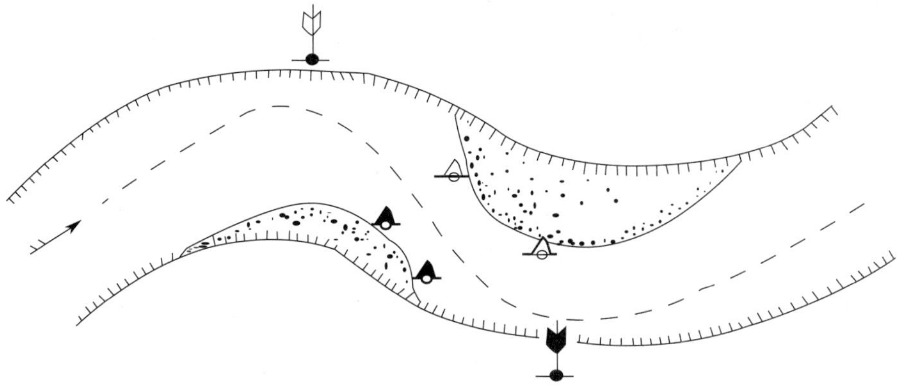

图 C1　浅滩过河航道航标配布

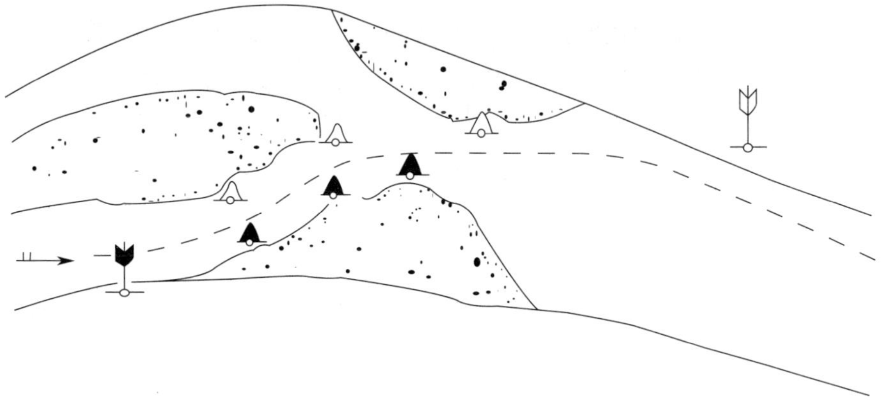

图 C2　弯曲浅滩过河航道航标配布

浅滩航道设置侧面浮标应设在浅滩、礁石伸向航道的一侧。每对侧面浮标的设置,应当尽量互相错开。任何碍航物,应根据它的形状、大小和碍航程度,用一座或几座侧面浮标标示(图 C3)。

浅滩航道的上、下深槽的出入口在同一岸时,应在上、下两端的河岸上各设置沿岸标。

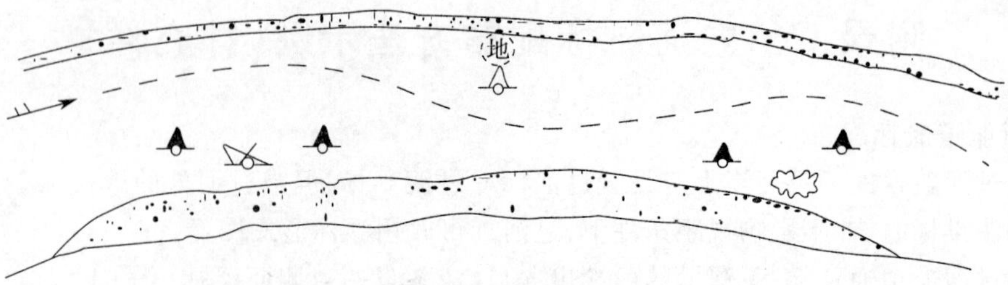

图 C3　用浮标标示碍航物

C2　深槽航道航标配布

深槽过河航道的两端河岸上应设置过河标。如果过河航道为碍航物所束窄,可改设过渡导标,必要时在碍航物靠近航道一侧设置侧面浮标,标示船舶偏离导线的允许范围(图 C4)。

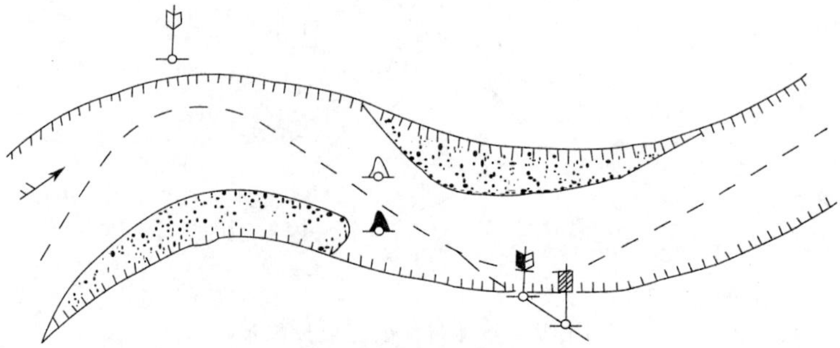

图 C4　窄深槽过河航道航标配布

如果同岸相邻两座过河标之间的沿岸航道距离过远或者为岸边突出部分所遮挡,不能从一座标志看到它同岸的另一座标志,应当在两标中间或在岸边突出处设置沿岸标(图 C5)。如因航道弯曲,同岸相邻两标间的连线超出航道界限,应在河岸凹入处加设沿岸标(图 C6)。

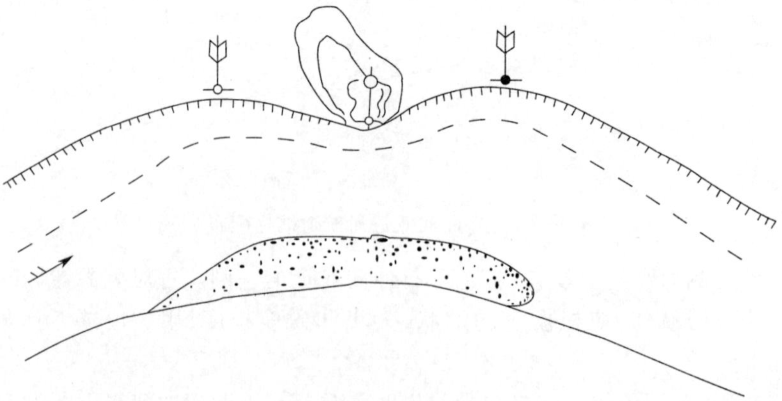

图 C5　凸岸深槽沿岸航道航标配布

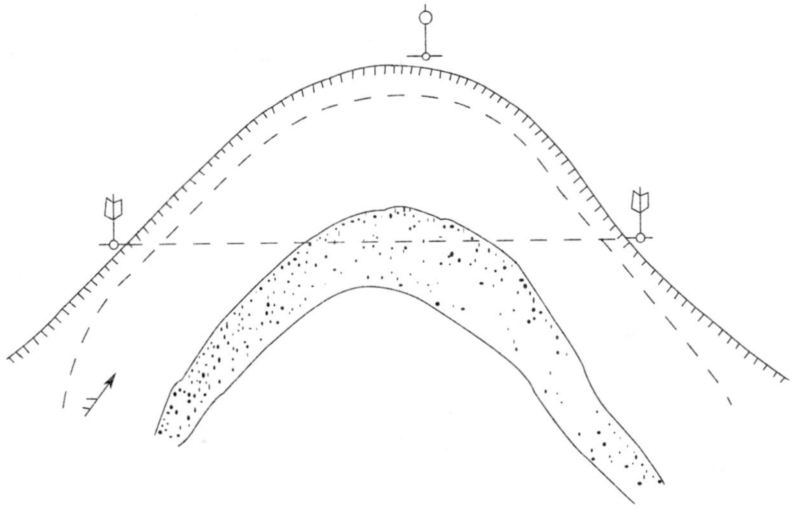

图 C6　凹岸深槽沿岸航道航标配布

狭窄沿岸航道的陡岸河段，设置沿岸标有困难时，可以将锥（罐）形浮标改设在岸上，作为岸标形式设置。也可以设在露出水面的孤立碍航物上（碍航物附近必须有足够水深）。

河心航道，主要用标示航道界限的侧面浮标标示（图 C7），如果航道狭窄，也可以用一系列的导标标示航道方向（图 C8）。

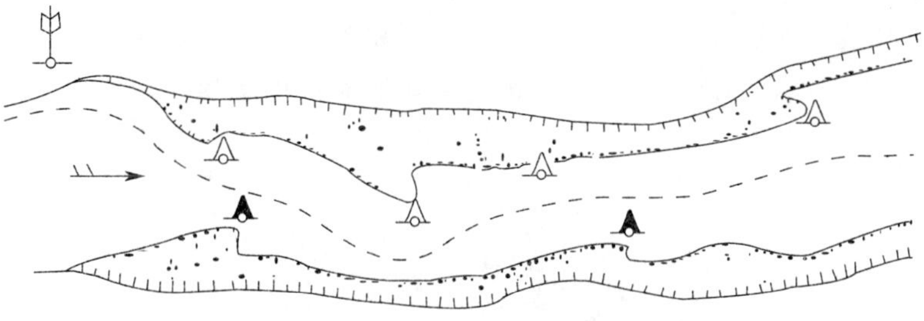

图 C7　河心航道航标配布

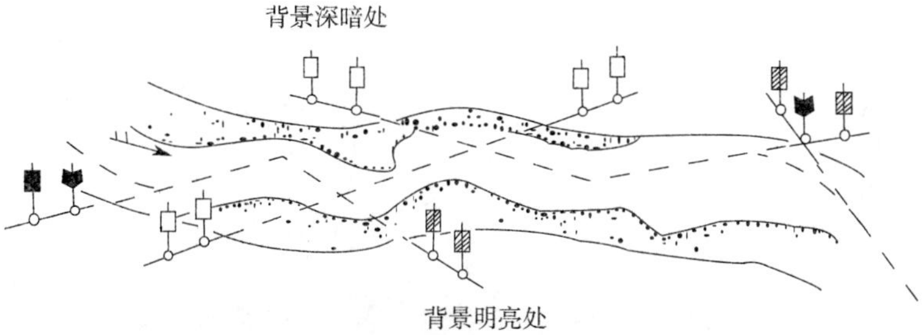

图 C8　用导标标示河心航道

C3　湖泊、水库航标配布(图 C9、图 C10)

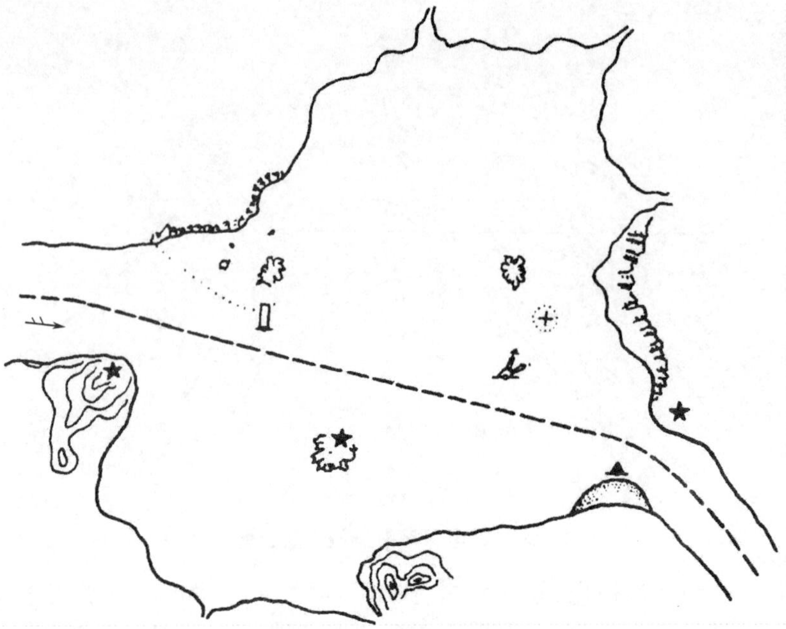

图 C9　水库航标配布

湖泊、水库水面比较宽阔,一般用侧面标标示捷径航道的界限和碍航物,用示位标标示岛屿、礁石、浅滩岸嘴的特定位置,供船舶确定航向。

从湖泊、水库或宽阔水域进入河口的航道,如较为宽阔和顺直,可在河口的一岸设置示位标,标示河口的位置。如果进口航道比较狭窄,还可设置导标标示航道方向。

风浪较大的湖泊、水库,根据需要和可能在有足够水深的上风岸设置沿岸标,开辟沿岸副航道。

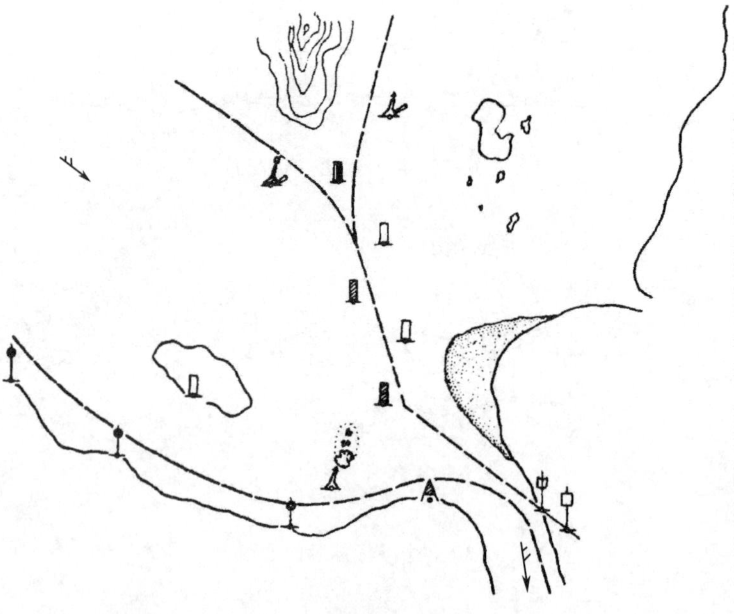

图 C10　湖泊航标配布

C4 水网地区航标配布(图 C11)

水网地区船舶基本上沿河心航行。航标配布应着重标示通航河口、岸滩、突出的岸嘴和特别弯曲的岸形,以及防止船舶误入支河汊港的侧面标。比较顺直的优良航道,可不配布航标。在有横流的节制闸附近,必要时应设置横流标。

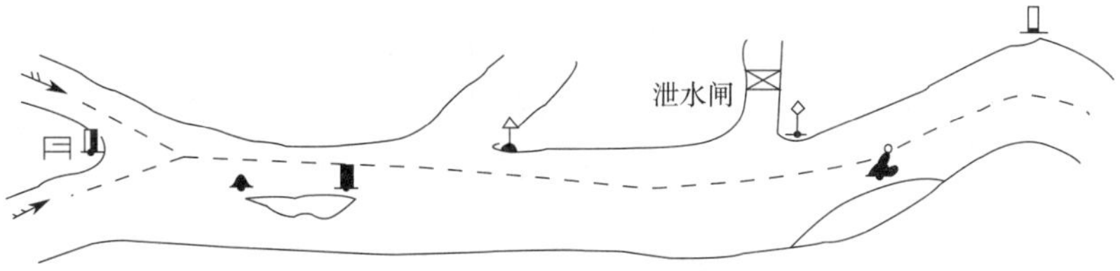

图 C11 水网地区航标配布

水网地区的沙洲,应视具体情况在其上下两端设置侧面浮标或左右通航标,用以指出单侧航道或两侧都能绕行的航道。

在两条航道分汊处,可加设指路牌(图 C12),指出通往的地名与里程。

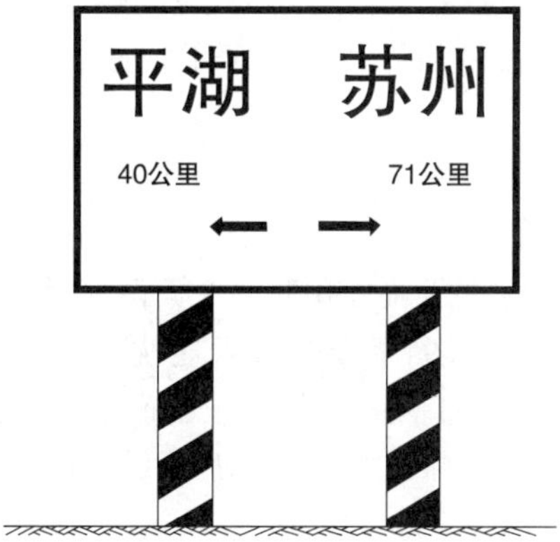

图 C12 指路牌

C5 小河流简易航标配布(图 C13)

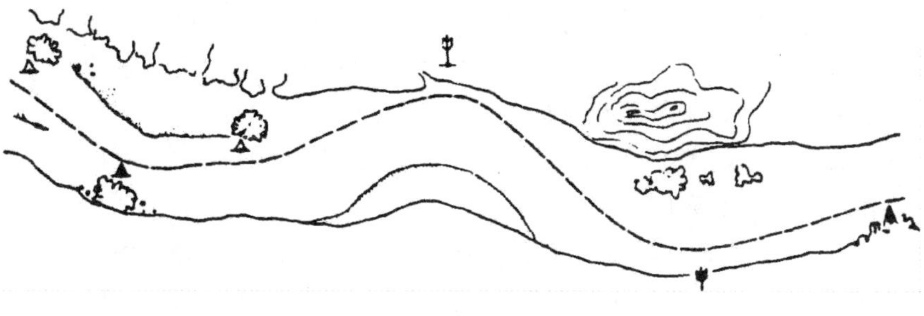

图 C13 小河流简易航标配布

航运不甚发达的小河流,可只在航行困难的河段重点配布航标。

白天通航的河段,主要配布一些指示狭窄航道边缘碍航物的侧面标。

一般情况下,侧面浮标可以不遵循同侧浮标之间连线不得有小于维护水深碍航物存在的要求,只要求在相邻两标连线上有足够水深,指示船舶循标志顺序航行。

夜航河段,除上述标志应发光外,在弯曲河段、河岸突嘴处还应适当配布发光的侧面标标示岸线，使船舶能按照灯标所标示的岸形驶过弯曲河段，避免发生触岸的危险。

C6 通航控制河段航标配布

在通航控制河段上，禁止船舶对驶、追越或同向并驶。通行信号标设置在通航控制河段的上下游两端，利用信号控制船舶单向顺序通航。如果通航控制河段较短，设置一座通行信号标能适应需要时，可以不设两座。

通航控制河段的上、下界限，分别设置界限标标示。如果上下两座通行信号标分别设在通航控制河段的上、下游界限处时，可以不再设界限标。

在上界限标的上游和下界限标的下游各设置鸣笛标一座。鸣笛标与界限标之间应有适当距离，使被禁航的船舶在界限标前能根据信号的指示及时采取稳船、停泊或掉头等候等措施。

在未设置通行信号标的河段上因故需要临时封航时，可在该河段上下游两端设置临时信号杆或利用岸标悬挂禁止通航信号，为避免夜间灯光混淆，原岸标标灯应予熄灭。

C7 桥区航道航标配布

桥区航道的航标配布由桥涵标及标示通航桥孔航道的侧面标组成。

双孔或多孔通航的桥梁，一般选择主流通过的桥孔，供下行船舶通航，并在该桥孔面向上游一面设置桥涵标；选择流速较小的桥孔供上行船舶通航，并在该桥孔面向下游一面设置桥涵标。

单孔通航的桥梁，在桥孔的上下游两面均设置桥涵标。必要时，可设置通行信号标控制船舶单向顺序通航。

航行条件复杂的桥区航道，应在通航桥孔迎船一面两侧桥柱上加设桥柱灯。

桥区航道还应根据航道条件和航行需要在进入通航桥孔前的航道上配布侧面标（航行条件优良或小河流的桥区航道可不配布侧面浮标）。当桥梁位于顺直河段，水流流向与桥梁轴线大体垂直时，在由上游驶向桥孔的航道上，距桥梁 100 ~ 300 m 处设置一对侧面标，两标的连线应与桥梁平行。

当桥梁位于弯曲河段上或水流流向与桥梁轴线的垂线之间的角度超过 10°时，在由上游驶向桥孔的航道上，设置两对侧面标：第一对侧面标距离桥梁 100 ~ 300 m；第二对侧面标距离桥梁 400 ~ 800 m，每对标的连线应与桥梁平行。必要时还可再增设侧面标，其与桥梁的距离可以根据具体条件适当增大，几对侧面标的中心线应与水流流向平行（图 C14）。

上述各对侧面标之间的距离一般与桥孔的航道宽度相等。设有第二对侧面标的间距根据具体情况也可稍大于第一对侧面标的间距。

在受潮汐影响的桥区航道上，在桥梁的上、下游可分别配布相同的侧面标。

C8 船闸航道的航标配布（图 C15）

在船闸引航道上、下导堤首端各设置目标明显的侧面岸标一座，标示引航道的进、出口。引航道较长的，可根据航道条件与航行需要，在引航道两岸适当配布侧面标标示岸形。如果引航道内出现浅滩、碍航物，应设置侧面浮标标示航道界限。

为了控制船舶顺序进出船闸，在上、下闸门附近或引航道进、出口设置通行信号标。

大型船闸需要进行远程控制的，可在船闸上引航道的上游和下引航道的下游，根据通航控制河段的航标配布原则，配布通行信号标与鸣笛标，控制船舶进入引航道。

船闸闸室有效长度两端界限处，应设置或在闸墙上镶绘界限标，标示闸室内允许船舶安全停靠的界限。

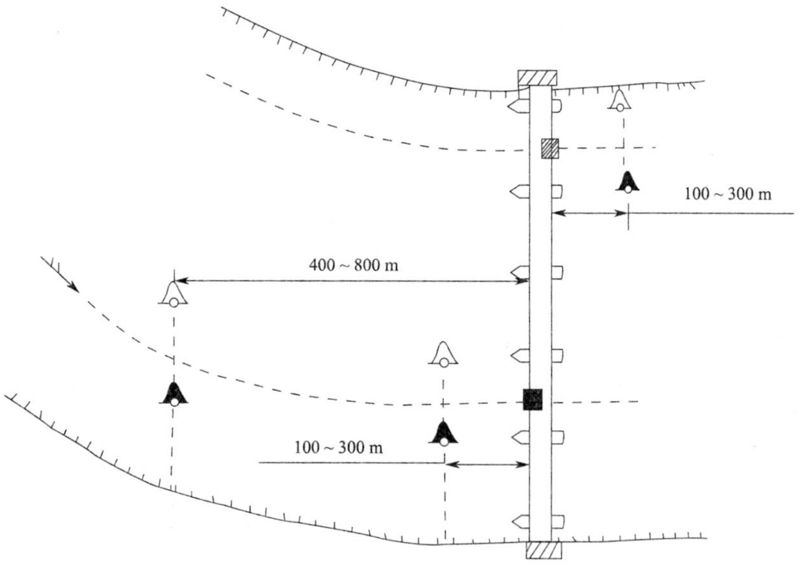

图 C14 桥区河段航标配布

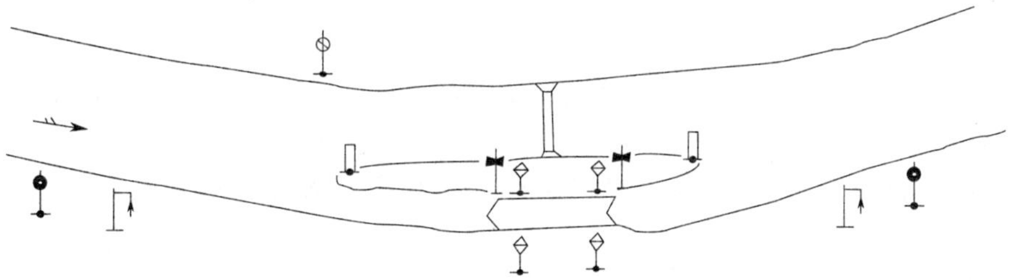

图 C15 航闸、节制闸航标配布

在上、下引航道供船舶等候进闸的停靠界限，也可设置界限标或用标牌标示船舶停靠的界限。

附录 D 内河航标工作船(艇)及航道(标)站标志(补充件)

D1 内河航标工作船(艇)的船身、舾装部分为白色，天棚为灰色，烟囱为黑色。木质航标工作艇不另涂色。

D2 航道(标)站设白色旗杆，白天悬挂航标旗，夜间垂直悬挂两盏绿色定光灯。

D3 内河航标工作船(艇)执行任务期间，除应悬挂《内河避碰规则》规定的号灯、号型外，白天应在桅杆横桁或船首悬挂航标旗，夜间应垂直悬挂二盏绿色定光灯。

附录 E 内河导标计算方法(参考件)

E1 内河导标的前标与后标之间的距离、前标和后标的高度及标牌高度、宽度等要素，可参照图 E1 按本附录公式计算。

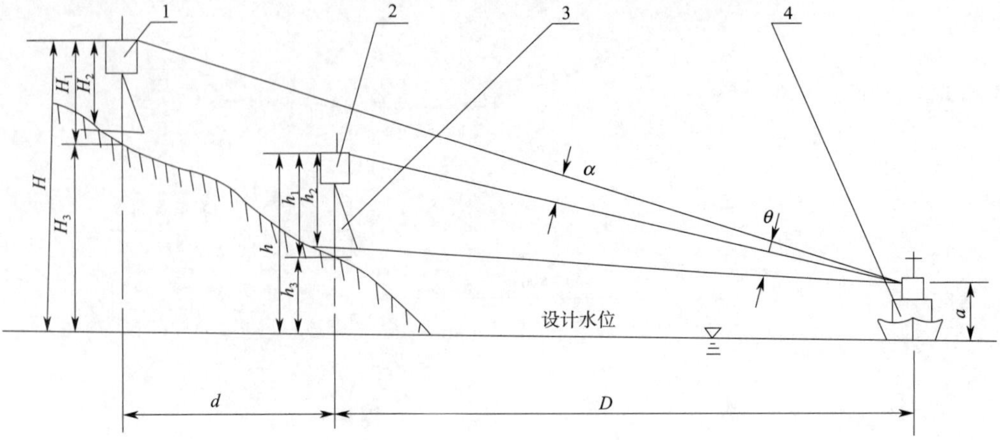

图　E1

1—导标后标；2—导标前标；3—梯形牌；4—船舶

E2　前标与后标之间的距离计算公式

$$d = \frac{D^2}{\frac{3.14\omega}{\varepsilon_0} - D} \tag{E1}$$

式中　d——前标与后标之间的水平距离（下同），km；

D——自前标至导线所标示的航道有效范围最远点的水平距离（下同），km；

ε_0——肉眼分辨角（′），当垂直角 a 为 2′～14′时，一般取 1.5′；

ω——距前标为 D 的船舶，偏离导标轴的横移量，m；一般按下式计算：

$$\omega = \frac{B}{2} - b$$

式中　B——航道宽度，m；

b——航行于该航道的最大船队或船舶的宽度，m。

E3　导标高度计算

内河导标一般导线所标示的航道较短，不考虑地球曲率和大气折射的因素。

对潮差大于 50 cm 的感潮河区，设计水位取平均大潮的低潮面；对一般河流（包括潮差小于 50 cm 的感潮河区）设计水位取设计最低通航水位。

E3.1　前标高度计算公式

$$h_3 = 0.29 \cdot \theta \cdot D \tag{E2}$$

式中　h_3——前标标牌（包括梯形牌）高度，m。如按 E2 式计算的 h_3 值在 GB 5864 的表 1（表 2）规定的 h（或 $h + h_1 + h_2$）值范围内，应选用比计算值较大的表 1（表 2）所列数值。

0.29——当半径为 1 km、中心角为 1′时，所对应的弧长，m。

θ——在使用导标最远点观察前标、后标的标牌垂直角（′），即大于 θ 角时可看见导标标牌（包括梯形牌），一般日航点形导标取 1′～2′；日航显形导标取 2′～4′。

$$h = h_1 + h_2 \tag{E3}$$

式中　h——自设计水位至前标标顶的高度（下同），m。

h_1——自地面至前标标顶的高度，m。应考虑设标点的具体条件，该值不应小于 h_3 值。

如在水位变幅较大或有房屋、建筑物、树丛、茅草遮挡视线处，尚须相应加高。

h_2——自设计水位至前标设标点地面的高度，m。

E3.2 后标高度计算公式

$$H=(D+d)\left(\frac{h-a}{D}+0.29a\right)+a \tag{E4}$$

式中 H——自设计水位至后标标顶的高度(下同)，m。

a——观察者眼高，m。

a——船舶在导线所标示的航道内，前标与后标之间的垂直角，(′)。对日航导标为前标标顶与后标标顶间的垂直角，在导线标示的航道范围最远点时最佳为3′～5′，不得小于2′；对夜航导标为前标标灯与后标标灯间的垂直角，最佳为4′～14′，不得小于4′。由于a角随水位升高而增大，计算H值时，a角可选较小值。在计算前标标高与后标标高后，应核算在导线标示的航道内其a值是否合适，否则应调整h_1，及H_1数值。

$$H_3=0.29\theta(D+d) \tag{E5}$$

$$H_1=H-H_2 \tag{E6}$$

式中 H_1——自地面至后标标顶的高度，m。其要求与对h_1的要求相同。

H_2——自设计水位至后标设标点地面的高度，m。

H_3——后标标牌(或包括梯形牌)的高度，m。其要求与对h_3的要求相同。

E4 导标标牌宽度计算公式

$$L_1=0.29\varepsilon D \tag{E7}$$

$$L_2=0.29\varepsilon(D-d) \tag{E8}$$

式中 L_1——前标标牌宽度，m；

L_2——后标标牌宽度，m，

ε——肉眼允许视角，(′)；标志呈点形时取1′；标志显形时取2′。

如导线标示的航道较短，前标和后标的标牌宽度可相同。

当加装梯形牌时，标牌宽度指梯形牌的平均宽度。

如标牌宽度计算值在GB 5864的表1(表2)规定范围内，应选用比计算值较大的表列数值。

E5 导标灵敏度检验

首先按式E9计算K_S值，再按表E1评定。

$$K_s=\frac{Bd}{D(H-h)} \tag{E9}$$

表 E1

K_s值	灵敏度	说明
≤0.6	不合格	重新设计
>0.6～1.0	不好	须改进
>1.0～1.5	尚好	仅可使用
>1.5～2.5	好	达到一般效果
>2.5～3.5	很好	效果好
>3.5～4.5	极好	要求高，投资大
>4.5	过高	船舶驶近导标时，不好对标，易使驾引人员产生恐惧

E6　在实际应用时，设计方案应结合各河流的流态、地形、航道条件和航行需要予以核定。

附录 F　内河航标的编号（参考件）

F1　连续设置的过河标、沿岸标和各种导标，可按河区或辖区为单位，从下游向上游顺序编号，也可自起点港埠开始编号。同一组导标编号相同。

F2　连续设置的侧面浮标，可按水道、浅滩、缓流航道或河区为单位，从下游向上游顺序编号。当航道两侧成对设置侧面浮标时，左右两侧浮标也可分别按顺序编号。

F3　编号用阿拉伯数字，写在顶标正中或标身明显的部位。编号的颜色：标志为白色的写黑字，标志为红色（黑色）的写白字。

F4　标志编号确定后，如果增设标志，其编号仍采用前一座标志的号码，在其右下角加写甲、乙、丙……字样。如果撤销标志，其上、下游的其他标志编号不变，必要时，经主管单位批准后，可以重新调整航标编号。

F5　各种标志，也可按地名命名或按里程编号。小河流航标编号也可从下游向上游将岸、浮标统一顺序编号。

F6　左右通航标、示位标、泛滥标、桥涵标、各种信号标志、专用标志以及单独设置的导标、浮标可以不编号。

因航道多变而需要经常增减航标的河段，航标可不编号。

附加说明：

本标准由中华人民共和国交通部提出。

本标准由《内河助航标志》国标编写组负责起草。

本标准主要起草人姜立华、瞿根生、苏 擂、吴幼民、张福禄、吴经六。

本标准委托中华人民共和国交通部负责解释。

1955 年 4 月 5 日交通部颁布《内河航标规范》；

1960 年 3 月交通部颁布《湖泊、水库、运河、船闸航标规范（草案）》；

《内河航标规范》、《湖泊、水库、运河、船闸航标规范（草案）》合并修订为国家标准《内河助航标志》于 1986 年 2 月首次发布。

内河助航标志的主要外形尺寸

1 主题内容与适用范围

1.1 本标准规定了内河助航标志(简称内河航标)的主要外形尺寸。

1.2 本标准适用于中华人民共和国各江、河、湖泊、水库通航水域所配布的内河航标。如本标准规定的外形尺寸不能满足需要时,允许按最大尺寸成比例地放大或按最小尺寸成比例地缩小。

2 引用标准

GB 5863 内河助航标志

3 本标准仅规定了各种内河航标的主要外形尺寸和涂色尺寸,其细部尺寸和具体结构,由相应的产品标准确定。

4 内河航标的尺寸主要根据航道条件和视距要求确定。本标准所列视距系指大气透明系数约为0.74条件下的显形视距,供选型参考。

5 除桥涵标、鸣笛标、界限标、节制闸标、指路牌必须用实心牌面外,其他内河航标的标牌可选用实心牌面或板条结构,板条间空隙不得大于板条宽度的三分之一。

6 过河标、沿岸标、导标、过渡导标、首尾导标、泛滥标、鸣笛标、界限标、节制闸标等具有标杆的内河航标,其标杆顶端应高出标牌100~300 mm。通行信号标、水深信号标其标杆顶端应高出横桁300~500 mm。

凡标杆需涂横纹或斜纹时,其每条纹宽为300~500 mm,斜纹角度为30°~60°。

需加装梯形牌时,梯形牌与标杆间的夹角不大于30°。

7 过河标、导标的外形尺寸应符合图1及表1的规定。

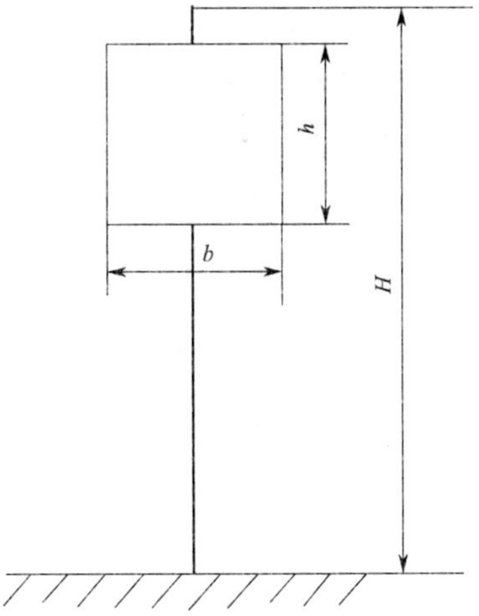

图 1

表 1

序号	外形尺寸,m			视距,km
	H[1]	h	b	
1	5.5	0.9	0.9	1.5
2	7.5	1.2	1.2	2.0
3	10.0	1.5	1.5	2.5

注:1)用于导标时,该值根据计算和设标处的具体条件确定。

8　过河标、导标加装梯形牌的外形尺寸应符合图 2 及表 2 的规定。

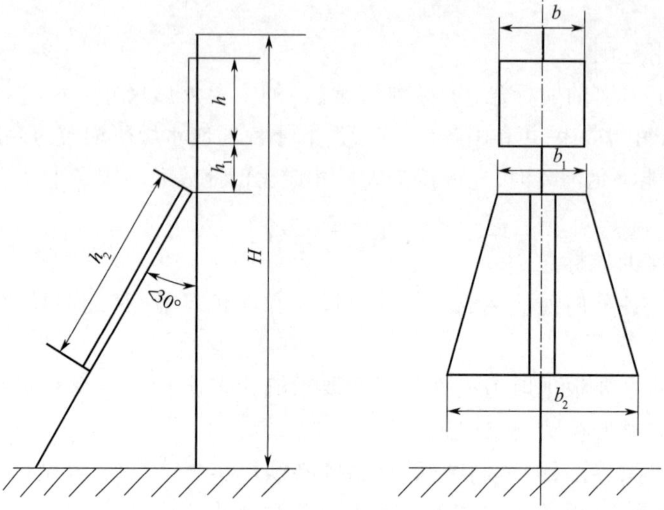

图　2

表　2

序号	外形尺寸,m							视距,km
	$H^{1)}$	b	h	h_1	h_2	b_1	b_2	
1	5.5	0.9	0.9	0.6	2.5	0.9	3.0	3.4
2	7.5	1.2	1.2	0.8	3.3	1.2	4.0	4.5
3	10.0	1.5	1.5	1.0	4.2	1.5	5.0	5.6

梯形导标梯形牌的中间竖条的宽度规定为 0.3 m 或 0.4 m。

注:1)用于导标时,该值根据计算和设标处的具体条件确定。

9　沿岸标的外形尺寸应符合图 3 及表 3 的规定。

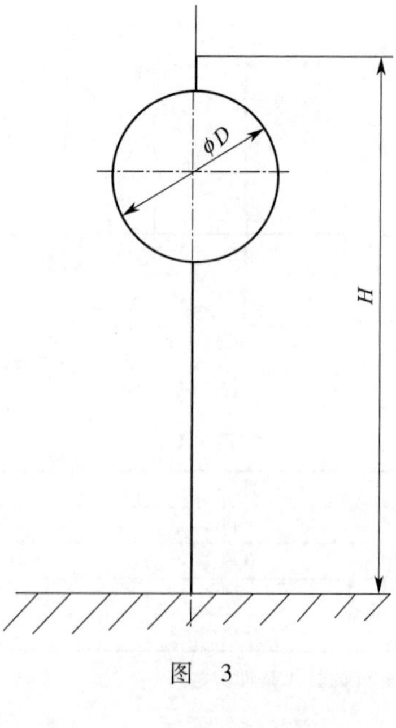

图　3

表 3

序号	外形尺寸，m		视距，km
	H	D	
1	5.5	0.9	1.3
2	7.5	1.2	1.7
3	10.0	1.5	2.2

10 锥形浮标的外形尺寸应符合图 4 及表 4 的规定。

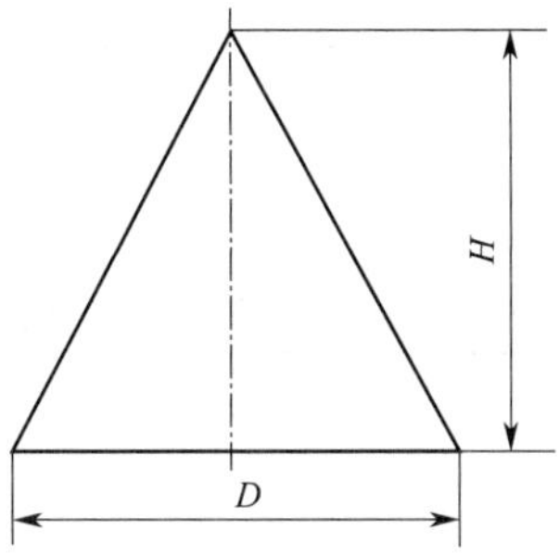

图 4

表 4

序号	外形尺寸，m		视距，km
	H	D	
1	0.6	0.7	0.7
2	0.9	1.0	1.0
3	1.2	1.4	1.4
4	1.5	1.8	1.8

11 罐形浮标的外形尺寸应符合图 5 及表 5 的规定。

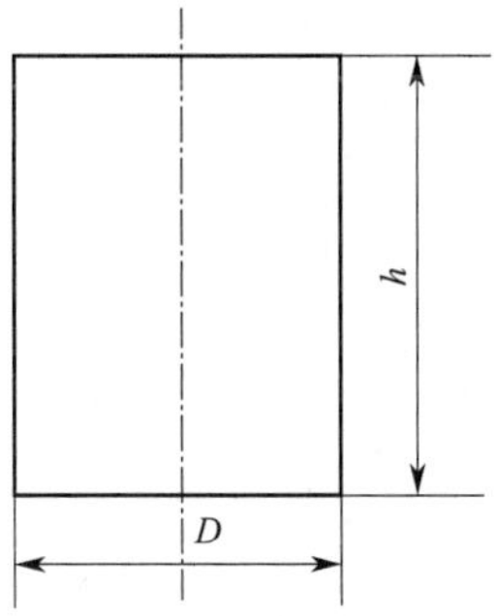

图 5

表 5

序号	外形尺寸，m		视距，km
	h	D	
1	0.6	0.5	0.8
2	0.9	0.7	1.2
3	1.2	1.0	1.7
4	1.5	1.2	2.2

12　装在侧面浮标上的球形、锥形、罐形顶标的外形尺寸应符合图 6 及表 6 的规定。

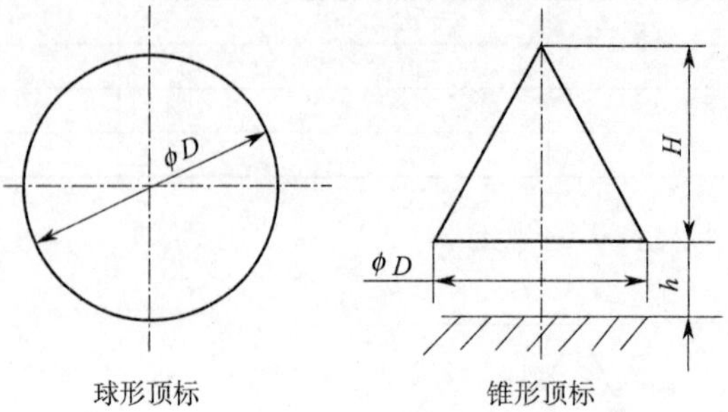

图　6

表　6

序号	球形顶标	锥形顶标			罐形顶标		
	D	*D*	*H*	*h*	*D*	*H*	*h*
1	0.45	0.28	0.25	0.10	0.22	0.25	0.10
2	0.60	0.33	0.30	0.12	0.27	0.30	0.12
3	0.90	0.42	0.37	0.15	0.33	0.37	0.15
4	1.20	0.50	0.45	0.18	0.40	0.45	0.18
5	1.50	0.66	0.60	0.24	0.55	0.60	0.23

13　柱形灯桩的外形尺寸应符合图 7 及表 7 的规定。

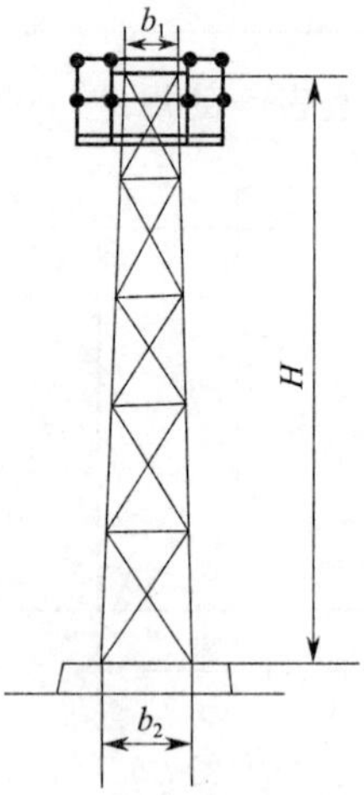

图　7

表　7

序号	外形尺寸，m			视距，km
	H	b_1	b_2	
1	4.0	0.6	1.0	2.3
2	6.0	0.6	1.2	3.4
3	8.0	0.6	1.4	4.6

14 具有锥形、罐形顶标的杆形侧面岸标其外形尺寸应符合图 8 及表 8 的规定。

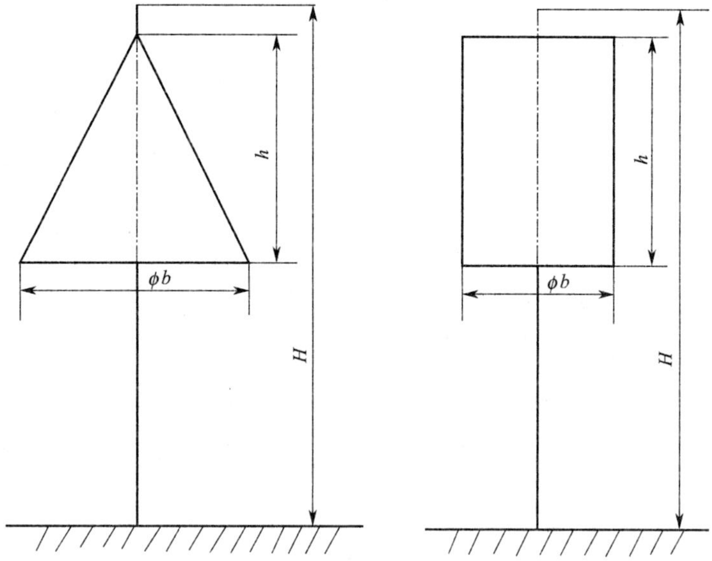

图 8

表 8

序号	外形尺寸,m						视距,km
	锥形顶标			罐形顶标			
	H	h	b	H	h	b	
1	5.5	1.2	1.2	5.5	1.2	0.8	1.5
2	7.5	1.5	1.5	7.5	1.5	1.0	2.0
3	10.0	1.8	1.8	10.0	1.8	1.2	2.5

15 泛滥标的外形尺寸应符合图 9 及表 9 的规定。

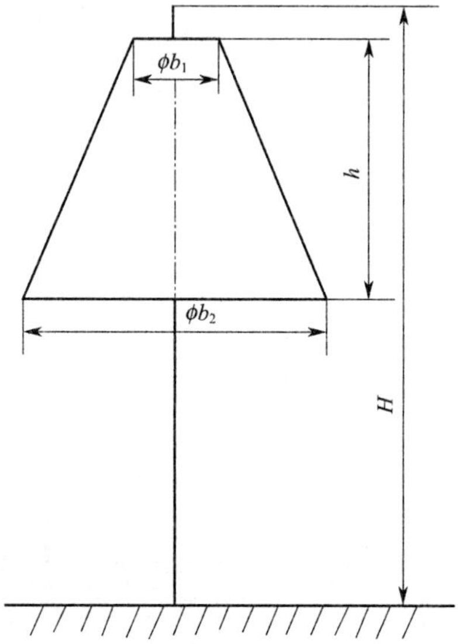

图 9

表　9

序号	外形尺寸，m				视距，km
	H	h	b_1	b_2	
1	5.5	0.9	0.6	1.4	1.5
2	7.5	1.2	0.8	1.8	2.0

16　桥涵标的外形尺寸应符合图 10 及表 10 的规定。

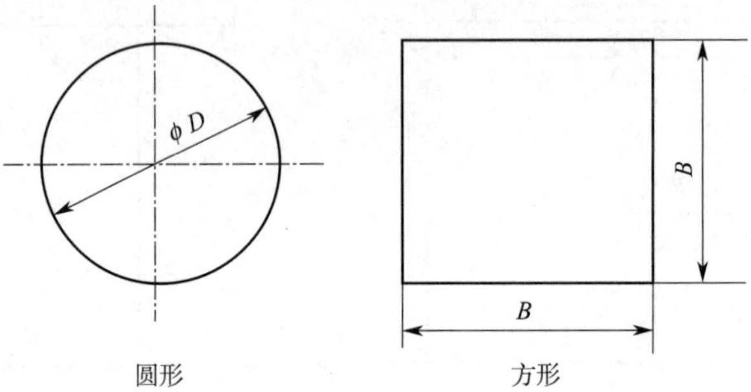

图　10

表　10

序号	外形尺寸，m		视距，km
	B	D	
1	1.0	1.0	1.0
2	1.5	1.5	1.5
3	2.0	2.0	2.0

17　鸣笛标、节制闸标的外形尺寸应符合图 11 及表 11 的规定。

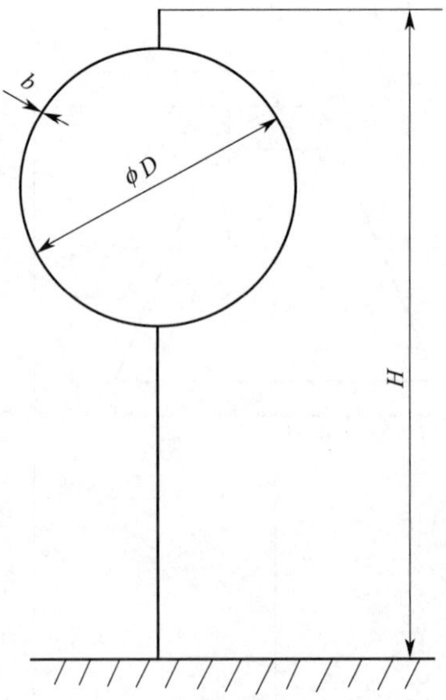

图　11

表 11

序号	外形尺寸,m			视距,km
	H	D	b	
1	4.0	0.9	0.07	1.3
2	5.5	1.2	0.10	1.7

18 界限标的外形尺寸应符合图 12 及表 12 的规定。

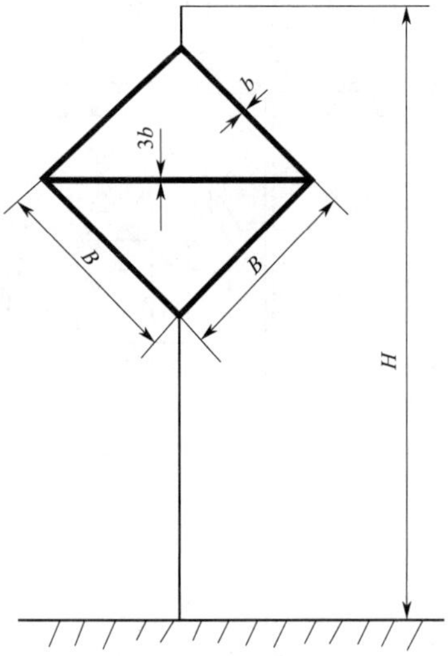

图 12

表 12

序号	外形尺寸,m			视距,km
	H	B	b	
1	4.0	0.9	0.07	1.5
2	5.5	1.2	0.10	2.0

19 水深信号标的外形尺寸应符合图 13 及表 13 的规定。

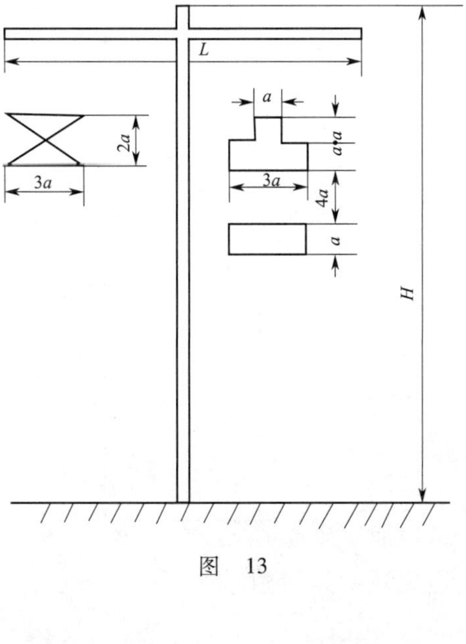

图 13

表 13

序号	外形尺寸,m			视距,km
	H	*L*	*a*	
1	4.0	2.0	0.2	0.4
2	5.5	3.0	0.3	0.7
3	7.5	4.0	0.4	1.0

20　通行信号标的外形尺寸应符合图 14 及表 14 的规定。

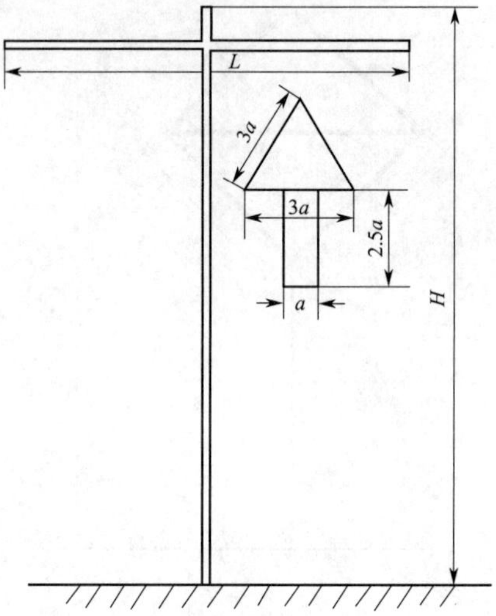

图 14

表 14

序号	外形尺寸,m			视距,km
	H	*L*	*a*	
1	5.5	3.0	0.4	1.0
2	7.5	4.0	0.5	2.0
3	10.0	5.0	0.7	3.0

21　横流标的外形尺寸,应符合图 15 及表 15 的规定。

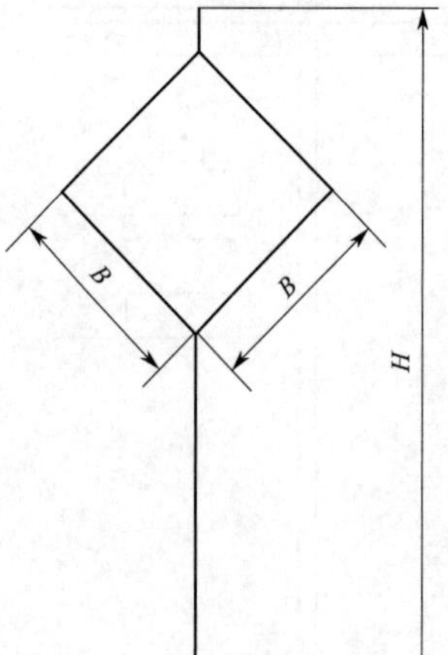

图 15

表 15

序号	外形尺寸,m		视距,km
	H	B	
1	4.0	0.7	1.0
2	5.5	0.9	1.5
3	7.0	1.2	2.0

22 管线标的外形尺寸应符合图 16 及表 16 的规定。

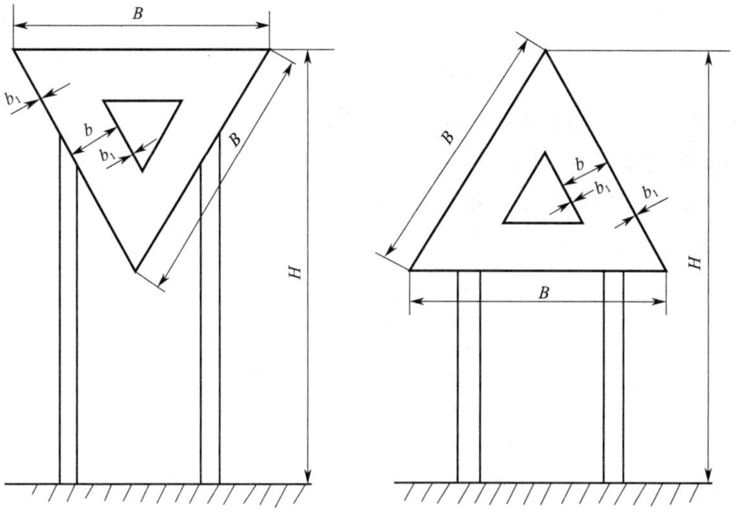

图 16

表 16

序号	外形尺寸,m				视距,km
	H	B	b	b_1	
1	4.0	2.0	0.4	0.04	2.0
2	5.0	3.0	0.6	0.06	3.0

23 指路牌的外形尺寸应符合图 17 及表 17 的规定。

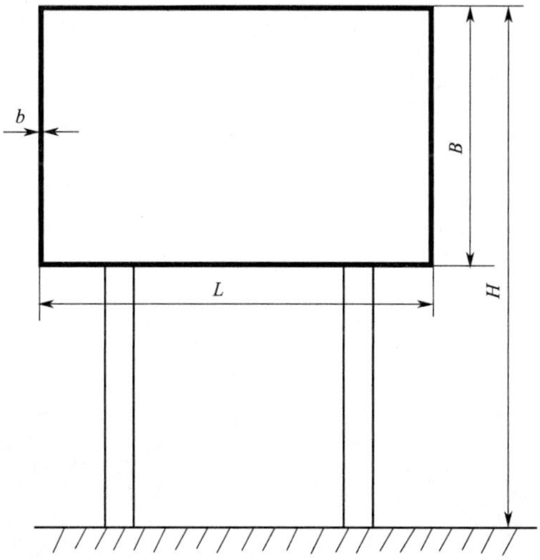

图 17

表 17

序号	外形尺寸，m				两向地名字体尺寸，mm		视距，km
	H	*B*	*L*	*b*	字高	字宽	
1	2.5	1.0	1.5	0.03	340	280	0.1
2	3.0	1.2	1.8	0.04	400	330	0.15
3	3.5	1.4	2.1	0.05	460	380	0.2

附加说明：

本标准由中华人民共和国交通部提出。

本标准由《内河助航标志》国标编写组负责起草。

本标准主要起草人姜立华、瞿根生、苏搢、吴幼民、张福禄、吴经六。

本标准委托中华人民共和国交通部负责解释。

本标准于 1986 年 2 月首次发布。

爆破安全规程

目　次

4 爆破作业的基本规定

4.1 爆破工程分级管理

4.1.1 硐室爆破工程、大型深孔爆破工程、拆除爆破工程以及复杂环境岩土爆破工程,应实行分级管理。

4.1.2 各类爆破工程的分级列于表1。A、B、C、D级的爆破工程,应按相应规定进行设计、施工、审批。

表1 爆破工程分级

爆破工程类别	爆破工程按药量 Q(t)与环境分级			
	A	B	C	D
硐室爆破[a]	$1\ 000 \leqslant Q \leqslant 3\ 000$	$300 \leqslant Q < 1\ 000$	$50 \leqslant Q < 300$	$0.2 \leqslant Q < 50$
露天深孔爆破	—	$Q \geqslant 200$	$100 \leqslant Q < 200$	$50 \leqslant Q < 100$
地下深孔爆破	—	$Q \geqslant 100$	$50 \leqslant Q < 100$	$20 \leqslant Q < 50$
水下深孔爆破	$Q \geqslant 50$	$20 \leqslant Q < 50$	$5 \leqslant Q < 20$	$0.5 \leqslant Q < 5$
复杂环境深孔爆破	$Q \geqslant 50$	$15 \leqslant Q < 50$	$5 \leqslant Q < 15$	$1 \leqslant Q < 5$
拆除爆破	$Q \geqslant 0.5$	$15 \leqslant Q < 50$	$Q < 0.2$	—
城镇浅孔爆破	—	环境十分复杂	环境复杂	环境不复杂

注:爆破作业环境包括三种情况,环境十分复杂指爆破可能危及国家一、二级文物、极重要设施、极精密贵重仪器及重要建(构)筑物等保护对象的安全;环境复杂指爆破可能危及国家三级文物、省级文物、居民楼、办公楼、厂房等保护对象的安全、环境不复杂指爆破只可能危及个别房屋、设施等保护对象的安全。

[a] 一次用药量大于3 000 t的硐室爆破应由业务主管部门组织专家论证其必要性,其等级按A级管理。装药量小于200 kg的小硐室爆破归入蛇穴爆破,应遵守5.1.7的有关规定。

4.1.3 拆除爆破工程及复杂环境深孔爆破工程,除按表1规定的药量进行分级外,还应按下列环境条件和拆除对象进行级别调整。

4.1.3.1 有下列条件之一者,属A级:

——环境十分复杂;

——拆除的楼房超过10层,厂房高度超过30 m,烟囱高度超过80 m,塔高度超过50 m;

——一级、二级水利水电枢纽的主体建筑、围堰、堤坝和挡水岩坎。

4.1.3.2 有下列条件之一者,属B级:

——环境复杂;

——拆除的楼房5层~10层,厂房高度15 m~30 m,烟囱高度50 m~80 m,塔高度30 m~50 m;

——三级水利水电枢纽的主体建筑、围堰、堤坝和挡水岩坎。

4.1.3.3 有下列条件之一者,属C级:

——环境不复杂;

——拆除楼房低于五层,厂房高度低于15 m,烟囱高度低于50 m,塔的高度低于30 m;

——四级、五级水利水电枢纽工程的主体建筑、围堰、堤坝和挡水岩坎。

4.1.3.4 爆区周围500 m以内无建筑物和其他保护对象,并且一次爆破用药量不超过200 kg的拆除爆破,以及不属于A级、B级、C级、D级的爆破工程,不实行分级管理。

4.1.4 根据爆破工程的复杂程度和爆破作业环境的特殊要求，应由设计、安全评估和审批单位商定，适当提高相应爆破工程的管理级别。

4.2 爆破企业与爆破作业人员

4.2.1 一般规定

4.2.1.1 从事爆破设计、施工的企业应经国家授权的机构对其人员和资质进行审查合格后，方可办理企业法人营业执照。

4.2.1.2 爆破企业应按允许的作业范围、等级从事经营活动，同时从事设计和施工的企业，应取得双重资质。

4.2.1.3 爆破作业人员应参加培训经考核并取得有关部门颁发的相应类别和作业范围、级别的安全作业证，持证上岗。

4.2.1.4 未经批准，任何个人不得承接爆破工程的设计、安全评估、施工和监理工作。

4.2.1.5 爆破企业、作业人员及其承担的重要爆破工程均应投购保险。

4.2.2 爆破设计单位

4.2.2.1 承担爆破设计的单位应符合下述条件：

——持有有关部门核发的“爆破设计证书”；

——经工商部门注册的企业（事业）法人单位，其经营范围包括爆破设计；

——有符合规定数量、级别、作业范围的持有安全作业证的技术人员；

——有固定的设计场所。

4.2.2.2 “爆破设计证书”应标明允许的设计范围及在各范围内承担设计项目的等级（一般岩土爆破，硐室爆破×级，深孔爆破×级，拆除爆破×级，特种爆破等）；只限在本单位使用，不允许转借、转让、挂靠、伪造，不允许超越证书许可范围承担业务。

4.2.2.3 承担A级、B级、C级、D级爆破设计的单位，应符合表2中相应条件；承担不属于分级管理的爆破工程设计的单位，应符合表2中D级所列条件；承担特种爆破设计的单位，应有两项以上同类设计的成功业绩。

表2 承担A、B、C、D级爆破工程设计单位的条件

工程等级	设计单位条件	
	人员	业绩
A	高级爆破技术人员不少于二人，持相应A级证者不少于一人	相应一项A级或两项B级成功设计
B	高级爆破技术人员不少于一人，持相应B级证者不少于一人	相应一项B级或两项C级成功设计
C	中级爆破技术人员不少于二人，持相应C级证者不少于一人	相应一项C级或两项D级成功设计
D	中级爆破技术人员不少于一人，持相应D级证者不少于一人	相应一项D级或两项一般爆破成功设计

4.2.3 爆破施工企业

4.2.3.1 爆破施工企业应取得“爆破施工企业资质证书”，或在其施工资质证书中标有爆破施工内容。该证书应标明允许承接爆破工程的范围和等级，资质未标明者只能从事一般岩土爆破。

4.2.3.2 从事爆破施工的企业，应设有爆破工作领导人、爆破工程技术人员、爆破段（班）长、安全员、爆破员;应持有由县级以上(含县级,下同)公安机关颁发的“爆炸物品使用许可证”;设立爆破器材库的,还应设有爆破器材库主任、保管员、押运员,并持有县级以上公安机关签发的“爆炸物品安全贮存许可证”。

4.2.3.3 承提 A 级、B 级、C 级、D 级爆破工程的施工企业,应符合表 3 中相应条件;承担特种爆破施工的企业,应有两项以上同类爆破作业的经验。

表 3　承担 A 级、B 级、C 级、D 级爆破工程施工企业的条件

工程等级	施工企业条件	
	人　员	业　绩
A	高级爆破技术人员不少于二人,有相应 A 级证者不少于一人	有 B 级以上(含 B 级)相应类别工程施工经验
B	高级爆破技术人员不少于一人,有相应 B 级证者不少于一人	有 C 级以上(含 C 级)相应类别工程施工经验
C	中级爆破技术人员不少于二人,有相应 C 级证者不少于一人	有 D 级以上(含 D 级)相应类别工程施工经验
D	中级爆破技术人员不少于一人,有相应 D 级证者不少于一人	有一般爆破施工经验

4.2.3.4 A 级、B 级、C 级、D 级爆破工程,应有持同类证书的爆破工程技术人员负责现场工作;一般岩土爆破工程及特种爆破工程亦应有爆破工程技术人员在现场指导施工。

4.2.3.5 施工企业的安全职责

——管理本企业的爆破作业人员,发现不适合继续从事爆破作业者和因工作调动不再从事爆破作业者,均应收回其安全作业证,交回原发证部门。异地施工应办理有关证件的登记及签证手续;

——负责本单位爆破器材购买、运输、贮存、使用,并承担安全责任;

——编制施工组织设计,制定预防事故的安全措施并组织实施;

——处理本企业爆破事故。

4.2.3.6 爆破施工单位与爆破设计单位联合承担爆破工程时,双方应签订合同,明确责任并得到业主的认可;其资质条件可以按两个单位的人员、业绩呈报。

4.2.4 爆破作业人员的任职条件与职责

4.2.4.1 爆破工作领导人,应由从事过 3 年以上爆破工作,无重大责任事故,熟悉爆破事故预防、分析和处理并持有安全作业证的爆破工程技术人员担任。其职责是:

——主持制定爆破工程的全面工作计划,并负责实施;

——组织爆破业务、爆破安全的培训工作和审查爆破作业人员的资质;

——监督爆破作业人员执行安全规章制度,组织领导安全检查,确保工程质量和安全;

——组织领导爆破工作的设计、施工和总结工作;

——主持制定重大或特殊爆破工程的安全操作细则及相应的管理规章制度;

——参加爆破事故的调查和处理。

4.2.4.2 爆破工程技术人员应持有安全作业证。其职责是:

——负责爆破工程的设计和总结,指导施工,检查质量;

——制定爆破安全技术措施,检查实施情况;

——负责制定盲炮处理的技术措施,并指导实施;

——参加爆破事故的调查和处理。

4.2.4.3 爆破段(班)长应由爆破工程技术人员或有三年以上爆破工作经验的爆破员担任。其职责是:

——领导爆破员进行爆破工作;

——监督爆破员切实遵守爆破安全规程和爆破器材的保管、使用、搬运制度;

——制止无安全作业证的人员进行爆破作业;

——检查爆破器材的现场使用情况和剩余爆破器材的及时退库情况。

4.2.4.4 爆破员、安全员、保管员和押运员应符合以下条件:

——年满18周岁,身体健康,无妨碍从事爆破作业的生理缺陷和疾病;

——工作认真负责,无不良嗜好和劣迹;

——具有初中以上文化程度;

——持有相应的安全作业证。

4.2.4.5 爆破员的职责:

——保管所领取的爆破器材,不应遗失或转交他人,不应擅自销毁和挪作它用;

——按照爆破指令单和爆破设计规定进行爆破作业;

——严格遵守本规程和安全操作细则;

——爆破后检查工作面,发现盲炮和其他不安全因素应及时上报或处理;

——爆破结束后,将剩余的爆破器材如数及时交回爆破器材库。

4.2.4.6 取得爆破员安全作业证的新爆破员,应在有经验的爆破员指导下实习3个月,方准独立进行爆破工作。

在高温、有瓦斯或粉尘爆炸危险场所的爆破工作,应由经验丰富的爆破员担任。

爆破员跨越和变更爆破类别应经过专门培训。

4.2.4.7 安全员应由经验丰富的爆破员或爆破工程技术人员担任,其职责是:

——负责本单位爆破器材购买、运输、贮存和使用过程中的安全管理;

——督促爆破员、保管员、押运员及其他作业人员按照本规程和安全操作细则的要求进行作业,制止违章指挥和违章作业,纠正错误的操作方法;

——经常检查爆破工作面,发现隐患应及时上报或处理,工作面瓦斯超限时有权制止爆破作业;

——经常检查本单位爆破器材仓库安全设施的完好情况及爆破器材安全使用、搬运制度的实施情况;

——有权制止无爆破员安全作业证的人员进行爆破工作;

——检查爆破器材的现场使用情况和剩余爆破器材的及时退库情况。

4.2.4.8 爆破器材保管员的职责:

——负责验收、保管、发放和统计爆破器材,并保持完备的记录;

——对无爆破员安全作业证和领取手续不完备的人员,不得发放爆破器材;

——及时统计、报告质量有问题及过期变质失效的爆破器材;

——参加过期、失效、变质爆破器材的销毁工作。

4.2.4.9 爆破器材押运员的职责:

——负责核对所押运的爆破器材的品种和数量;

——监督运输工具按规定的时间、路线、速度行驶;

——确认运输工具及其所装运爆破器材符合标准和环境要求,包括:几何尺寸、质量、温度、防震等；

——负责看管爆破器材，防止爆破器材途中丢失、被盗或发生其他事故。

4.2.4.10 爆破器材库主任应由爆破工程技术人员或经验丰富的爆破员担任，并应持有相应的安全作业证。其职责是：

——负责制定仓库管理条例并报上级批准；

——检查督促保管员履行工作职责；

——及时按期清库核帐并及时上报过期及质量可疑的爆破器材；

——参加爆破器材的销毁工作；

——督促检查库区安全状况、消防设施和防雷装置，发现问题，及时处理。

4.3 爆破设计

4.3.1 一般规定

4.3.1.1 A级、B级、C级、D级爆破工程均应编制爆破设计书；其他一般爆破应编制爆破说明书。

4.3.1.2 爆破设计书和爆破说明书，应由具备相应资质的设计单位和设计人员编制。

4.3.1.3 爆破设计前，应对爆破区域进行地形地质勘测，对爆破对象和爆破区域周围环境、建(构)筑物及设施进行调查。

4.3.1.4 爆破工程施工过程中，发现地形测量结果和地质条件、拆除物结构尺寸、材质等与原设计依据不相符时，应及时修改设计或采取补救措施。

4.3.1.5 各种爆破作业均应按审批的爆破设计书或爆破说明书实施，爆破设计书、说明书、修改和补充设计文件均应编号存档，并与爆破后的效果进行比较分析和总结。

4.3.2 设计程序

4.3.2.1 爆破设计分为可行性研究、技术设计和施工图设计三个阶段，其各阶段设计工作深度应分别符合下列要求：

——可行性研究阶段应论证爆破方案在技术上的可行性，在经济上的合理性和在安全上的可靠性。通过与其他施工方案比较论证爆破方案的优越性，通过二个以上不同爆破方案的比较分析，推荐出最优的爆破方案；

——技术设计是提交审核与安全评估的重要文件，在技术设计阶段应将推荐方案充分展开，做到可以按设计文件开始施工的深度；

——施工图设计应为施工的正常进行提供详实图纸和安全技术要求；对硐室爆破还应在装药前根据硐室开挖过程中揭示的地质情况和开挖工程验收资料，提出每条导硐装药、填塞、网路敷设的施工分解图。

4.3.2.2 A级爆破工程和B级硐室爆破工程，应按3个设计阶段编制设计文件；其他B级爆破工程、C级硐室爆破工程，允许将可行性研究与技术设计合并，分两个阶段编制设计文件；其他属于分级管理的爆破工程允许一次完成施工设计。

矿山深孔爆破和其他重复性爆破的设计，允许采用标准设计。

4.3.3 设计文件编制内容见附录A，不同类别的爆破可适当增删，不同设计阶段的具体深度和内容编排，由设计单位决定。

4.3.4 施工组织设计内容见附录B。C级、D级爆破工程，可以一次完成施工图设计与施工组织设计。

4.3.5 一般爆破工程的爆破设计书、爆破说明书也宜参照附录A、附录B编写,内容宜简单扼要。

4.4 爆破安全评估

4.4.1 A级、B级、C级和对安全影响较大的D级爆破工程,都应进行安全评估。未经安全评估的爆破设计,任何单位不准审批或实施。

4.4.2 经安全评估审批通过的爆破设计,施工时不得任意更改。经安全评估否定的爆破设计,应重新设计,重新评估。施工中如发现实际情况与评估时提交的资料不符,并对安全有较大影响时,应补充必要的爆破对象和环境的勘察及测绘工作,及时修改原设计,重大修改部分应重新上报评估。

4.4.3 安全评估的内容应包括:

——设计和施工单位的资质是否符合规定;

——设计所依据资料的完整性和可靠性;

——设计方法和设计参数的合理性;

——起爆网路的准爆性;

——设计选择方案的可行性;

——存在的有害效应及可能影响的范围;

——保证工程环境安全措施的可靠性;

——对可能发生事故的预防对策和抢救措施是否适当。

4.4.4 安全评估人员资质及评估组,应符合下述规定:

4.4.4.1 A级、B级硐室爆破工程和其他A级爆破工程的安全评估,至少应有两名具有相应"作业范围和作业级别"安全作业证的爆破工程技术人员参加。

4.4.4.2 其他B级、C级和对公共安全影响较大的D级爆破工程进行安全评估,至少应有一名有相应"作业范围和作业级别"安全作业证的爆破工程技术人员参加,安全评估由设计审批部门组织。

4.4.4.3 评估组组长应由爆破工程技术人员担任,评估连带责任由评估组织部门和组长承担。

4.5 爆破工程安全监理

4.5.1 各类A级爆破、B级硐室爆破以及有关部门认定的重要或重点爆破工程应由工程监理单位实施爆破安全监理,承担爆破安全监理的人员应持有相应安全作业证。

4.5.2 爆破工程安全监理,应编制爆破工程安全监理方案,并按爆破工程进度和实施要求编制爆破工程安全监理细则,按照细则进行爆破工程安全监理;在爆破工程的各主要阶段竣工完成后,签署爆破工程安全监理意见。

4.5.3 爆破安全监理的内容:

——检查施工单位申报爆破作业的程序,对不符合批准程序的爆破工程,有权停止其爆破作业,并向业主和有关部门报告;

——监督施工企业按设计施工;审验从事爆破作业人员的资格,制止无证人员从事爆破作业;发现不适合继续从事爆破作业的,督促施工单位收回其安全作业证;

——监督施工单位不得使用过期、变质或在未经批准在工程中应用的爆破器材;监督检查爆破器材的使用、领取和清退制度；

——监督、检查施工单位执行本规程的情况，发现违章指挥和违章作业，有权停止其爆破作业，并向业主和有关部门报告。

4.6 设计审批

4.6.1 A级、B级、C级、D级爆破工程设计，应经有关部门审批，未经审批不准开工。

矿山常规爆破审批不按等级管理，一般岩土爆破和矿山常规爆破设计书或爆破说明书由单位领导人批准。

4.6.2 合格的爆破设计方案应符合下列条件：

——设计单位的资质符合规定；

——承担设计和安全评估的主要爆破工程技术人员的资质及数量符合规定；

——设计方案通过安全评估或设计审查认为爆破设计在技术上可行、安全上可靠。

4.6.3 设计审批部门应在15 d内完成审批，并将审批意见以书面形式通知报批单位。

4.7 爆破作业环境的规定

4.7.1 爆破前应对爆区周围的自然条件和环境状况进行调查，了解危及安全的不利环境因素，采取必要的安全防范措施。

4.7.2 爆破作业场所有下列情形之一时，不应进行爆破作业：

——岩体有冒顶或边坡滑落危险的；

——地下爆破作业区的炮烟浓度超过6.8.1.3规定时的；

——爆破会造成巷道涌水、堤坝漏水、河床严重阻塞、泉水变迁的；

——爆破可能危及建（构）筑物、公共设施或人员的安全而无有效防护措施的；

——硐室、炮孔温度异常的；

——作业通道不安全或堵塞的；

——支护规格与支护说明书的规定不符或工作面支护损坏的；

——距工作面20 m以内的风流中瓦斯含量达到或超过1%或有瓦斯突出征兆的；

——危险区边界未设警戒的；

——光线不足、无照明或照明不符合规定的；

——未按本规程的要求作好准备工作的。

4.7.3 露天、水下爆破装药前，应与当地气象、水文部门联系，及时掌握气象、水文资料，遇以下特殊恶劣气候、水文情况时，应停止爆破作业，所有人员应立即撤到安全地点：

——热带风暴或台风即将来临时；

——雷电、暴雨雪来临时；

——大雾天气，能见度不超过100 m时；

——风力超过六级，浪高大于0.8 m时，水位暴涨暴落时。

4.7.4 高温环境的爆破作业，应按5.3.8和5.6.3的规定执行。

4.7.5 采用电爆网路时，应对高压电、射频电等进行调查，对杂散电进行测试；发现存在危险，应立即采取预防或排除措施。

4.7.6 在残孔附近钻孔时应避免凿穿残留炮孔，在任何情况下不应打钻残孔。

4.8 施工准备

4.8.1 施工组织

4.8.1.1 A级、B级岩土爆破工程和A级拆除爆破工程,都应成立爆破指挥部,全面指挥和统筹安排爆破工程的各项工作。

指挥部的设置及职能为:

——指挥部应设指挥长一人,副指挥长若干人;指挥长全面负责指挥部的工作并对副指挥长工作进行分工;

——指挥部应设置:设计施工组、起爆组、物资供应组、安全保卫与警戒组、安全监测组、后勤。各职能组的具体设置、人员配备及职责范围由指挥长确定;

——指挥部和各职能组的每个成员,都应分工明确,职责清楚,各尽其责。

4.8.1.2 其他爆破应设指挥组或指挥人,指挥组应适应爆破类别、爆破工程等级、周围环境的复杂程度和爆破作业程序的要求,并严格按爆破设计与施工组织计划实施,确保工程安全。

4.8.2 施工通告

4.8.2.1 A级、B级、C级、D级爆破(不含露天矿山爆破C、D级)和新开工点的爆破设计经批准后,开工前1 d~3 d应在作业地点张贴施工通告。施工通告内容应包括:工程名称、业主单位、设计单位、监理单位、施工单位、工程负责人、爆破作业时限等。

4.8.2.2 装药前1 d~3 d应发布爆破通告,内容包括:爆破地点、每次爆破起爆时间、安全警戒范围、警戒标志、起爆信号等。爆破通告除以书面形式通知当地有关部门、周围单位和居民外,还应以布告形式进行张贴。

4.8.2.3 邻近交通要道的爆破需进行临时交通管制时,应预先申请并至少提前3 d由交管部门会同公安部门发布爆破施工交通管制通知。

4.8.2.4 在邻近通航水域进行爆破施工时,应在3 d以前通知港航监督部门。

4.8.2.5 爆破可能危及供水、排水、供电、供气、通讯等线路以及运输交通隧道时,爆破前都应向有关单位发出通知,并采取相应的应急措施。

4.8.2.6 在同一地区同时进行露天、地下、水下深孔或A级、B级、C级、D级硐室爆破时,应由业主组织协商后共同发出施工通知。

4.8.3 施工现场清理与准备

4.8.3.1 A级、B级、C级、D级爆破工程,应根据爆破施工组织设计文件要求和场地条件,对施工场地进行规划,并根据场地规划要求开展施工现场清理与准备工作。

施工场地规划内容应涉及:

——爆破施工区段或爆破作业面划分及其程序编排;爆破与清运需交叉循环作业时,应制定减少施工作业相互干扰的措施;

——有碍爆破作业的障碍物或废旧建(构)筑物的拆除与处理方案;

——现场施工机械配置方案及其安全防护措施;

——进出场主通道及各作业面临时通道布置;

——夜间施工照明与施工用风、水、电供给系统敷设方案,施工器材、机械维修场地布置;

——施工用爆破器材现场临时保管、施工用药包现场制作与临时存放场所安排及其安全保卫措施;

——施工现场安全警戒岗哨、避炮防护设施与工地警卫值班设施布置;

——施工现场防洪与排水措施安排。

4.8.3.2 开始施工之前,应制定施工安全与施工现场管理的各项规章制度。

4.8.4 通讯联络

4.8.4.1 爆破指挥部应与爆破施工现场、起爆站、主要警戒哨建立并保持通讯联络;不成立指挥部的,在起爆站和警戒哨间应建立并保持通讯联络。

4.8.4.2 通讯联络制度、联络方法应由指挥长或爆破工作领导人决定。

4.8.4.3 通讯联络可使用小型无线电台、无线电话或便携式对讲机,并应遵守6.7的有关规定。

4.8.5 验收

4.8.5.1 装药前应对炮孔、药壶、蛇穴、硐室进行逐个测量验收,并保存验收记录。

4.8.5.2 A级、B级、C级、D级爆破施工验收应有爆破设计人员参加。

4.8.5.3 对验收不合格的炮孔、药壶、蛇穴、硐室,应按设计要求进行施工纠正,或报告爆破工作领导人进行设计修改。

4.9 爆破器材、起爆方法与起爆网路

4.9.1 一般规定

4.9.1.1 各种爆破作业均应使用符合国家标准或行业标准的爆破器材。

4.9.1.2 进行爆破器材加工和爆破作业的人员,不应穿戴产生静电的衣物。

4.9.1.3 在爆破工程中推广应用爆破新技术、新工艺、新器材、新仪表,应经有关部门或经授权的行业协会批准。

4.9.1.4 在潮湿或有水环境中使用的爆破器材,应作防潮防水处理;使用抗水炸药时,应对起爆器材作防水处理。

4.9.2 爆破器材的现场测试、检验

4.9.2.1 在实施爆破作业前,

——对所使用的爆破器材进行外观检查;

——对电雷管进行电阻值测定;

——对使用的仪表、电线、电源进行必要的性能检验。

4.9.2.2 爆破器材外观检查项目应包括:

——雷管管体不应压扁、破损、锈蚀,加强帽不应歪斜;

——导火索和导爆索表面要均匀且无折伤、压痕、变形、霉斑、油污;

——导爆管管内无断药,无异物或堵塞,无折伤、油污、穿孔,端头封口;

——粉状硝铵类炸药不应吸湿结块,乳化和水胶炸药不应稀化或变硬。

4.9.2.3 A级、B级岩土爆破工程和A级拆除爆破工程应检测以下项目:

——炸药的爆速和殉爆距离;

——延时电雷管的延时时间;

——导爆索的爆速、起爆能力;

——导爆管传爆速度,延时导爆管雷管的延时时间;

——起爆网路及其联接方式的传爆试验;

——爆破漏斗试验或构件试爆。

4.9.2.4 起爆电源及仪表的检验包括:

——起爆器的充电电压、外壳绝缘性能；
——采用交流电起爆时，应测定交流电压，并检查开关、电源及输电线路是否符合要求；
——各种连接线、区域线、主线的材质、规格、电阻值和绝缘性能；
——爆破专用电桥、欧姆表和导通器的输出电流及绝缘性能。

4.9.3 起爆器材加工

4.9.3.1 起爆器材加工，应在专用的房间或指定的安全地点进行，不应在爆破器材存放间、住宅和爆破作业地点加工。

4.9.3.2 加工起爆管和信号管，应在带有安全防护罩，铺有软垫并带有凸缘的工作台上操作。每个工作台上存放的雷管不得超过100发，且应放在带盖的木盒里，操作者手中只准拿一发雷管。

4.9.3.3 切割导火索或导爆管应使用锋利刀具在木板上进行。每盘导火索或每卷导爆管，两端均应切除不小于5 cm。

4.9.3.4 雷管内有杂物时，不应用工具掏或用嘴吹，应用手指轻轻地弹出杂物；杂物弹不出的雷管不应使用。

4.9.3.5 将导火索和导爆管插入雷管时，不应旋转摩擦。金属壳雷管应采用安全紧口钳紧口，纸壳雷管应采用胶布捆扎牢固或附加金属箍圈后用安全紧口钳紧口。

4.9.3.6 加工好的起爆管与信号管应分开存放，信号管应制作标记。

4.9.3.7 加工起爆药包和起爆药柱，应在指定的安全地点进行，加工数量不应超过当班爆破作业用量。

4.9.4 起爆方法

4.9.4.1 下列情况不应采用导火索起爆：
——硐室爆破、城镇浅孔爆破、拆除爆破、深孔爆破和水下爆破；
——竖井、倾角大于30°的斜井和天井工作面的爆破；
——有瓦斯和粉尘爆炸危险工作面的爆破；
——借助于长梯子、绳索和台架才能点火的工作面。

4.9.4.2 导火索起爆时，宜采用一次点火法点火。

4.9.4.3 采用导火索起爆应遵守下列规定：
——信号管和计时导火索的长度不得超过该次被点导火索中最短导火索长度的三分之一；
——应采用导火索或专用点火器材点火，不应脚踩和挤压已点燃的导火索；
——单人点火时，一人连续点火的根数（或分组一次点火的组数），地下爆破不得超过五根（组），露天爆破不得超过10根（组）；导火索长度应保证点完导火索后，人员能撤至安全地点，但不得短于1.2 m；
——多人点火（或连续点燃多根导火索）时，应指定其中一人为组长，负责协调点火工作，掌握信号管或计时导火索的燃烧情况，信号管响后或计时导火索燃烧完毕，无论导火索点完与否，均应及时发出撤至安全地点的命令。

4.9.4.4 在有瓦斯和粉尘爆炸危险的环境中爆破，应使用煤矿许用起爆器材起爆。

4.9.4.5 城镇浅孔爆破和拆除爆破不应使用孔外导爆索起爆。

4.9.4.6 在杂散电流大于30 mA的工作面或高压线射频电源安全允许距离之内，不应采用普通电雷管起爆。

4.9.5 起爆网路

4.9.5.1 一般规定

4.9.5.1.1 各种起爆网路,均应使用经现场检验合格的起爆器材。

4.9.5.1.2 起爆网路应严格按设计进行联接。

4.9.5.1.3 在可能对起爆网路造成损害的部位,应采取措施保护穿过该部位的网路。

4.9.5.1.4 敷设起爆网路应由有经验的爆破员或爆破技术人员实施并实行双人作业制。

4.9.5.2 电力起爆网路

4.9.5.2.1 同一起爆网路,应使用同厂、同批、同型号的电雷管;电雷管的电阻值差不得大于产品说明书的规定。

4.9.5.2.2 电爆网路不应使用裸露导线,不得利用铁轨、钢管、钢丝作爆破线路,爆破网路应与大地绝缘,电爆网路与电源之间宜设置中间开关。

4.9.5.2.3 起爆电源功率应能保证全部电雷管准爆;流经每个雷管的电流应满足:一般爆破,交流电不小于2.5 A,直流电不小于2 A;硐室爆破,交流电不小于4 A,直流电不小于2.5 A。

4.9.5.2.4 电爆网路的导通和电阻值检查,应使用专用导通器和爆破电桥,专用爆破电桥的工作电流应小于30 mA。爆破电桥等电气仪表,应每月检查一次。

4.9.5.2.5 雷雨天不应采用电爆网路。

4.9.5.2.6 起爆网路的联接,应在工作面的全部炮孔(或药室)装填完毕,无关人员全部撤至安全地点之后,由工作面向起爆站依次进行。

4.9.5.3 导爆索起爆网路

4.9.5.3.1 切割导爆索应使用锋利刀具,不应用剪刀剪断导爆索。

4.9.5.3.2 导爆索起爆网路应采用搭接、水手结等方法联接;搭接时两根导爆索搭接长度不应小于15 cm,中间不得夹有异物和炸药卷,捆扎应牢固,支线与主线传爆方向的夹角应小于90°。

4.9.5.3.3 连接导爆索中间不应出现打结或打圈;交叉敷设时,应在两根交叉导爆索之间设置厚度不小于10 cm的木质垫块。

4.9.5.3.4 起爆导爆索的雷管与导爆索捆扎端端头的距离应不小于15 cm,雷管的聚能穴应朝向导爆索的传爆方向。

4.9.5.4 导爆管起爆网路

4.9.5.4.1 导爆管网路应严格按设计进行联接,导爆管网路中不应有死结,炮孔内不应有接头,孔外相邻传爆雷管之间应留有足够的距离。

4.9.5.4.2 用雷管起爆导爆管网路时,起爆导爆管的雷管与导爆管捆扎端端头的距离应不小于15cm,应有防止雷管聚能穴炸断导爆管和延时雷管的气孔烧坏导爆管的措施,导爆管应均匀地敷设在雷管周围并用胶布等捆扎牢固。

4.9.5.4.3 用导爆索起爆导爆管时,宜采用垂直联接。

4.9.5.5 起爆网路试验

4.9.5.5.1 硐室爆破和其他A级、B级爆破工程,应进行起爆网路试验。

4.9.5.5.2 电起爆网路应进行实爆试验或等效模拟试验:起爆网路实爆试验应按设计网路联接起爆;等效模拟试验,至少应选一条支路按设计方案联接雷管,其他各支路可用等效电阻代替。

4.9.5.5.3 大型导爆索起爆网路或导爆管起爆网路试验,应按设计联接起爆,或至少选一组(对地下爆破是选一个分区)典型的起爆网路进行实爆,对重要爆破工程,应考虑在现场条件下进行网路实爆。

4.9.5.6 起爆网路检查

4.9.5.6.1 起爆网路检查,应由有经验的爆破员组成的检查组担任,检查组不得不少于两人。

4.9.5.6.2 电力起爆网路,应进行下述检查后,方准与主线联接:

——电源开关是否接触良好,开关及导线的电流通过能力是否能满足设计要求;

——网路电阻是否稳定,与设计值是否相符;

——网路是否有接头接地或锈蚀,是否有短路或开路;

——采用起爆器起爆时,应检验其起爆能力。

4.9.5.6.3 导爆索或导爆管起爆网路应检查:

——有无漏接或中断、破损;

——有无打结或打圈,支路拐角是否符合规定;

——雷管捆扎是否符合要求;

——线路连接方式是否正确、雷管段数是否与设计相符;

——网路保护措施是否可靠。

4.10 装　药

4.10.1 装药前应对作业场地、爆破器材堆放场地进行清理,装药人员应对准备装药的全部炮孔、药壶、蛇穴、药室进行检查。

4.10.2 从炸药运入现场开始,应划定装运警戒区,警戒区内应禁止烟火;搬运爆破器材应轻拿轻放,不应冲撞起爆药包。

4.10.3 在铵油、重铵油炸药与导爆索直接接触的情况下,应采取隔油措施或采用耐油型的导爆索。

4.10.4 各种爆破作业都应做好装药原始记录。记录应包括装药基本情况、出现的问题及其处理措施。

4.10.5 照明

4.10.5.1 在黄昏和夜间等能见度差的条件下,不宜进行地面及水下爆破的装药工作。

4.10.5.2 在上述条件下,如确需进行装药作业时,应有足够的照明设施保证作业安全。

4.10.5.3 爆破装药现场不应用明火照明。

4.10.5.4 爆破装药用电灯照明时,在离爆破器材 20 m,以外可装 220 V 的照明器材,在作业现场或硐室内使用电压不高于 36 V 的照明器材。

4.10.5.5 从带有电雷管的起爆药包或起爆体进入装药警戒区开始,装药警戒区内应停电,可采用安全蓄电池灯、安全灯或绝缘手电筒照明。

4.10.6 人工装药

4.10.6.1 炮孔及药壶、蛇穴装药,应使用木质或竹制炮棍。

4.10.6.2 不应投掷起爆药包和敏感度高的炸药,起爆药包装入后应采取有效措施,防止后续药卷直接冲击起爆药包。

4.10.6.3 装药发生卡塞时,若在雷管和起爆药包放入之前,可用非金属长杆处理。装入起爆药包后,不应用任何工具冲击、挤压。

4.10.6.4 在装药过程中,不应拔出或硬拉起爆药包中的导火索、导爆管、导爆索和电雷管脚线。

4.10.7 机械化装药

4.10.7.1 粒状铵油炸药露天装药车应符合以下规定：

——车厢用耐腐蚀的金属材料制造，厢体应有良好的接地；

——输药软管应使用专用半导体材料软管，钢丝与厢体的连接应牢固；

——装药车整个系统的接地电阻值不应大于 $10^5\Omega$；

——输药螺旋与管道之间应有足够的间隙；

——发动机排气管应安装消焰装置，排气管与油箱、轮胎应保持适当的距离；

——应配备灭火器。

4.10.7.2 小孔径炮孔及药壶爆破使用的装药器应符合下列规定：

——装药器的罐体应使用耐腐蚀的导电材料制作；

——输药软管应采用专用半导体材料软管；

——整个系统的接地电阻不应大于 $10^5\Omega$。

4.10.7.3 采用装药车、装药器装药时应遵守下列规定：

——输药风压不应超过额定风压的上限值；

——不应用不良导体垫在装药车下面；

——拔管速度应均匀，并控制在 0.5 m/s 以内；

——返用炸药应过筛，不应有石块和其他杂物混入。

4.10.8 现场混制装药车

4.10.8.1 混装车驾驶员、操作工，应经过严格培训和考核，熟练掌握混装车各部分的操作程序和使用、维护方法，持证上岗。

4.10.8.2 混装车上料前应对计量控制系统进行检测标定。配料仓不应有其他杂物；上料时不应超过规定的物料量；上料后应检查输药软管是否畅通。

4.10.8.3 混装车应配备消防器具，接地良好，进入现场应悬挂危险标志。

4.10.8.4 混装车行驶速度不应超过 40 km/h，扬尘、起雾、暴风雨等能见度差时速度减半；在平坦道路上行驶时，两车距离不应小于 50 m；上山或下山时，两车距离不应小于 200 m。

4.10.8.5 装药前，应先将起爆药柱、雷管和导爆索按设计要求加工好并按设计要求放入炮孔内。当实施孔底起爆时应按 5.3.6 执行。

4.10.8.6 混装药车行车时不应压、刮、碲坏爆破器材。

4.10.8.7 装药前应对炸药密度进行检测，检测合格后方可进行装药。装药过程中，应至少抽测一次密度。

4.10.8.8 装乳化炸药和重铵油炸药时，对干孔应将输药软管末端下至孔口填塞段以下 0.5 m ~ 1 m 处；对水孔应将输药软管末端尽量下至孔底。

4.10.8.9 装药时应进行护孔，防止孔口岩屑、岩渣混入炸药中。若装药满孔影响填塞时，可用竹杆类工具将其掏出。

4.10.8.10 装药完毕至少 10 min 后经检验合格才可进行填塞。应测量填塞段长度是否符合爆破设计要求。

4.10.8.11 装药至最后一个炮孔时，宜将软管中剩余炸药吹入炮孔中。

4.10.8.12 装药完毕应用水将软管内残留炸药冲洗干净。

4.10.8.13 现场混制装药车地面制备厂的设置与管理应按 GB 50089 的有关规定执行。

4.10.9 预装药

4.10.9.1 进行预装药作业,应制定安全作业细则并经爆破工作领导人审批。

4.10.9.2 预装药爆区应设专人看管,并插红旗作警示标志,无关人员和车辆不可进入预装药爆区。

4.10.9.3 预装药时间不宜超过 7 d。

4.10.9.4 雷雨季节露天爆破不宜进行预装药作业。

4.10.9.5 高温、高硫区不应进行预装药作业。

4.10.9.6 预装药所使用的雷管、导爆管、导爆索、起爆药柱等起爆材料应具有防水防腐性能。

4.10.9.7 预装药炮孔的电雷管引出导线,应有防水和防腐蚀能力。

4.10.9.8 正在钻进的炮孔和预装药孔之间,应有 10 m 以上的安全隔离区。

4.10.9.9 预装药炮孔应在当班进行填塞,填塞后应注意观察炮孔内装药长度的变化。由炮孔引出的起爆导线应短路,导爆管端口应可靠密封,预装药期间不应联接起爆网路。

4.11 填　　塞

4.11.1 硐室、深孔、浅孔、药壶、蛇穴爆破装药后都应进行填塞,不应使用无填塞爆破(扩壶爆破除外)。

4.11.2 不应使用石块和易燃材料填塞炮孔,水下炮孔可用碎石渣填塞。

4.11.3 用水袋填塞时,孔口应用不小于 0.15 m 的炮泥将炮孔填满堵严。

4.11.4 水平孔和上向孔填塞时,不应在起爆药包或起爆药柱至孔口段直接填入木楔。

4.11.5 不应捣鼓直接接触药包的填塞材料或用填塞材料冲击起爆药包。

4.11.6 分段装药的炮孔,其间隔填塞长度应按设计要求执行。

4.11.7 发现有填塞物卡孔应及时进行处理(可用非金属杆或高压风处理)。

4.11.8 深孔机械填塞

4.11.8.1 填塞作业应避免夹扁、挤压和拉扯导爆管、导爆索,并应保护雷管引出线。

4.11.8.2 当填塞物潮湿、粘性较大或表面冻结时,应采取措施防止将大块装入孔内。

4.11.8.3 填塞水孔时,应放慢填塞速度,让水排出孔外,避免产生悬料。

4.12 爆破警戒和信号

4.12.1 爆破警戒

4.12.1.1 装药警戒范围由爆破工作领导人确定,装药时应在警戒区边界设置明显标志并派出岗哨。

4.12.1.2 爆破警戒范围由设计确定。在危险区边界,应设有明显标志,并派出岗哨。

4.12.1.3 执行警戒任务的人员,应按指令到达指定地点并坚守工作岗位。

4.12.2 信号

4.12.2.1 预警信号:该信号发出后爆破警戒范围内开始清场工作。

4.12.2.2 起爆信号:起爆信号应在确认人员、设备等全部撤离爆破警戒区,所有警戒人员到位,具备安全起爆条件时发出。起爆信号发出后,准许负责起爆的人员起爆。

4.12.2.3 解除信号:安全等待时间过后,检查人员进入爆破警戒范围内检查、确认安全后,方可发出解除爆破警戒信号。在此之前,岗哨不得撤离,不允许非检查人员进入爆破警戒范围。

4.12.2.4 各类信号均应使爆破警戒区域及附近人员能清楚地听到或看到。

4.13 爆后检查

4.13.1 爆后检查等待时间

4.13.1.1 露天浅孔爆破,爆后应超过 5 min,方准许检查人员进入爆破作业地点;如不能确认有无盲炮,应经 15 min 后才能进入爆区检查。

4.13.1.2 露天深孔及药壶蛇穴爆破,爆后应超过 15 min,方准检查人员进入爆区。

4.13.1.3 露天爆破经检查确认爆破点安全后,经当班爆破班长同意,方准许作业人员进入爆区。

4.13.1.4 地下矿山和大型地下开挖工程爆破后,经通风吹散炮烟、检查确认井下空气合格后、等待时间超过 15min,方准许作业人员进入爆破作业地点。

4.13.1.5 拆除爆破爆后应等待倒塌建(构)筑物和保留建筑物稳定之后,方准许检查人员进入现场检查。

4.13.1.6 硐室爆破、水下深孔爆破及本标准未规定的其他爆破作业,爆后的等待时间,由设计确定。

4.13.2 爆后检查内容

4.13.2.1 一般岩土爆破应检查的内容有:

——确认有无盲炮;

——露天爆破爆堆是否稳定,有无危坡、危石;

——地下爆破有无冒顶、危岩,支撑是否破坏,炮烟是否排除。

4.13.2.2 硐室爆破、拆除爆破及其他有特殊要求的爆破作业,爆后检查应按第 5 章中的有关规定执行。

4.13.3 处理

4.13.3.1 检查人员发现盲炮及其他险情,应及时上报或处理;处理前应在现场设立危险标志,并采取相应的安全措施,无关人员不应接近。

4.13.3.2 发现残余爆破器材应收集上缴,集中销毁。

4.14 盲炮处理

4.14.1 一般规定

4.14.1.1 处理盲炮前应由爆破领导人定出警戒范围,并在该区域边界设置警戒,处理盲炮时无关人员不准许进入警戒区。

4.14.1.2 应派有经验的爆破员处理盲炮,硐室爆破的盲炮处理应由爆破工程技术人员提出方案并经单位主要负责人批准。

4.14.1.3 电力起爆发生盲炮时,应立即切断电源,及时将盲炮电路短路。

4.14.1.4 导爆索和导爆管起爆网路发生盲炮时,应首先检查导爆管是否有破损或断裂,发现有破损或断裂的应修复后重新起爆。

4.14.1.5 不应拉出或掏出炮孔和药壶中的起爆药包。

4.14.1.6 盲炮处理后,应仔细检查爆堆,将残余的爆破器材收集起来销毁;在不能确认爆堆无残留的爆破器材之前,应采取预防措施。

4.14.1.7 盲炮处理后应由处理者填写登记卡片或提交报告,说明产生盲炮的原因、处理的方法和结果、预防措施。

4.14.2　裸露爆破的盲炮处理

4.14.2.1　处理裸露爆破的盲炮,可去掉部分封泥,安置新的起爆药包,加上封泥起爆;如发现炸药受潮变质,则应将变质炸药取出销毁,重新敷药起爆。

4.14.2.2　处理水下裸露爆破和破冰爆破的盲炮,可在盲炮附近另投入裸露药包诱爆,也可将药包回收销毁。

4.14.3　浅孔爆破的盲炮处理

4.14.3.1　经检查确认起爆网路完好时,可重新起爆。

4.14.3.2　可打平行孔装药爆破,平行孔距盲炮不应小于0.3 m;对于浅孔药壶法,平行孔距盲炮药壶边缘不应小于0.5 m。为确定平行炮孔的方向,可从盲炮孔口掏出部分填塞物。

4.14.3.3　可用木、竹或其他不产生火花的材料制成的工具,轻轻地将炮孔内填塞物掏出,用药包诱爆。

4.14.3.4　可在安全地点外用远距离操纵的风水喷管吹出盲炮填塞物及炸药,但应采取措施回收雷管。

4.14.3.5　处理非抗水硝铵炸药的盲炮,可将填塞物掏出,再向孔内注水,使其失效,但应回收雷管。

4.14.3.6　盲炮应在当班处理,当班不能处理或未处理完毕,应将盲炮情况(盲炮数目、炮孔方向、装药数量和起爆药包位置,处理方法和处理意见)在现场交接清楚,由下一班继续处理。

4.14.4　深孔爆破的盲炮处理

4.14.4.1　爆破网路未受破坏,且最小抵抗线无变化者,可重新联线起爆;最小抵抗线有变化者,应验算安全距离,并加大警戒范围后,再联线起爆。

4.14.4.2　可在距盲炮孔口不少于10倍炮孔直径处另打平行孔装药起爆。爆破参数由爆破工程技术人员确定并经爆破领导人批准。

4.14.4.3　所用炸药为非抗水硝铵类炸药,且孔壁完好时,可取出部分填塞物向孔内灌水使之失效,然后做进一步处理。

4.14.5　硐室爆破的盲炮处理

4.14.5.1　如能找出起爆网路的电线、导爆索或导爆管,经检查正常仍能起爆者,应重新测量最小抵抗线,重划警戒范围,联线起爆。

4.14.5.2　可沿竖井或平硐清除填塞物并重新敷设网路联线起爆,或取出炸药和起爆体。

4.14.6　水下炮孔爆破的盲炮处理

4.14.6.1　因起爆网路绝缘不好或联接错误造成的盲炮,可重新联网起爆。

4.14.6.2　因填塞长度小于炸药的殉爆距离或全部用水填塞而造成的盲炮,可另装入起爆药包诱爆。

4.14.6.3　可在盲炮附近投入裸露药包诱爆。

4.14.7　地震勘探爆破发生盲炮时应从炮孔中取出拒爆药包销毁;不能从炮孔中取出药包者,可装填新起爆药包进行诱爆。

4.14.8　处理金属结构物爆破的盲炮,应掏出或吹出填塞物,重新装起爆药包诱爆。

4.14.9　处理热凝物爆破的盲炮时,应待炮孔温度冷却到40℃以下,才准掏出或吹出填塞物重新装药起爆。

4.15 爆破效应监测

4.15.1 A级、B级铜室爆破、其他A级爆破以及可能引起纠纷的爆破,均应进行爆破效应监测。监测项目由安全评估人员提出。

4.15.2 监测项目应涉及:爆破地震效应、空气或水中冲击波、动水压力、涌浪、爆破噪声、飞散物、有害气体及瓦斯等。

4.15.3 承担仲裁职责的监测单位应经有关部门认定,所使用的测试系统应满足国家计量法规的要求。

4.15.4 监测报告内容应包括:监测目的和方法、测点布置、测试系统的标定结果、实测波形图及其处理方法、各种实测数据、判定标准和判定结论。

4.15.5 重复爆破的监测项目,应在每次爆破后及时提交监测简报。

4.15.6 爆破效应监测单位,不应作为本单位承担的爆破工程的仲裁性监测方。

4.16 爆破总结

4.16.1 每次爆破后,爆破员应填写爆破记录。

4.16.2 每年度或一个较大爆破工程结束后,爆破工程技术人员应提交爆破总结。爆破总结应包括:

——设计方案、参数、评述。提出改进设计的意见;

——施工概况、爆破效果及安全分析,提出施工中的不安全因素和隐患以及防范办法,提出改善施工工艺的措施;

——经验和教训。

4.16.3 爆破记录及爆破总结,应整理归档。

5 各类爆破作业的安全规定

5.1 露天爆破

5.1.1 一般规定

5.1.1.1 在爆破危险区内有两个以上的单位(作业组)进行露天爆破作业时,应由有关部门和发包方组织各施工单位成立统一的爆破指挥部,指挥爆破作业。各施工单位应建立起爆掩体,并采用远距离起爆。

5.1.1.2 同一区段的二次爆破,应采用一次点火或远距离起爆。

5.1.1.3 松软岩土或砂矿床爆破后,应在爆区设置明显标志,并对空穴、陷坑进行安全检查,确认无塌陷危险后,方准许恢复作业。

5.1.1.4 露天爆破需设避炮掩体时,掩体应设在冲击波危险范围之外并构筑坚固紧密,位置和方向应能防止飞石和炮烟的危害;通达避炮掩体的道路不应有任何障碍。

5.1.2 裸露药包爆破

5.1.2.1 在人口密集区、重要设施附近及存在有气体、粉尘爆炸危险的地点,不应采用裸露药包爆破。

5.1.2.2 裸露药包爆破,应使炸药与被爆体有较大接触面积,炸药裸露面用水袋或黄泥土覆盖,覆盖材料中不应含有碎石、砖瓦等容易产生远距离飞散的物质。

5.1.2.3 安排裸露药包起爆顺序时，应保证先爆药包产生的飞石及空气冲击波不致破坏后爆药包，否则应采取齐发爆破。

5.1.2.4 除非采取可靠的安全措施，并经爆破工作领导人批准，否则不应将药包直接塞入石缝中进行爆破。

5.1.2.5 在旋回、漏斗等设备、设施中的裸露药包爆破，应在停电、停机状态下进行，并应采取相应的安全措施。

5.1.2.6 在沟谷中及特殊气象条件下进行裸露爆破时，应考虑空气冲击波反射、绕射的影响，加大相应方向的安全距离。

5.1.3 浅孔爆破

5.1.3.1 露天浅孔爆破宜采用台阶法爆破。

5.1.3.2 在台阶形成之前进行爆破应加大警戒范围。

5.1.3.3 采用导火索起爆或电雷管、非电导爆管雷管秒延时起爆，应保证先爆炮孔不会显著改变后爆炮孔的最小抵抗线。否则应采用齐爆或毫秒延时爆破。

5.1.3.4 装填的炮孔数量，应以一次爆破为限。

5.1.3.5 在高坡和陡坡上不宜采用导火索点火起爆。

5.1.3.6 露天采区二次爆破，起爆前应将机械设备撤至安全地点。

5.1.4 深孔爆破

5.1.4.1 验孔时，应将孔口周围 0.5 m 范围内的碎石、杂物清除干净，孔口岩壁不稳者，应进行维护。

5.1.4.2 水孔应使用抗水爆破器材。

5.1.4.3 深孔验收标准是：孔深为 ±0.5 m，间距为 ±0.3 m，方位角和倾角为 ±1°30′；发现不合格时应酌情采取补孔、补钻、清孔、填塞孔等处理措施。

5.1.4.4 应采用电雷管、非电导爆管雷管或导爆索起爆。采用电爆网路时，应将各联接点导通并对地绝缘，防止多点接地；采用地表延时非电导爆管网路时，孔内宜装高段位雷管，地表用低段位雷管。

5.1.4.5 爆破工程技术人员在装药前应对第一排各钻孔的最小抵抗线进行测定，对形成反坡或有大裂隙的部位应考虑调整药量或间隔填塞。底盘抵抗线过大的部位，应进行清理，使其符合设计要求。

5.1.4.6 爆破员应按爆破设计说明书的规定进行操作，不应自行增减药量或改变填塞长度；如确需调整，应征得现场爆破工程技术人员同意并作好变更记录。

5.1.4.7 在装药和填塞过程中，应保护好起爆网路；如发生装药阻塞，不应用钻杆捣捅药包。

5.1.5 预裂爆破、光面爆破

5.1.5.1 临近永久边坡和堑沟、基坑、基槽爆破，应采用预裂爆破或光面爆破技术，并在主炮孔和预裂孔（光面孔）之间布设缓冲孔；运用该技术时，验孔、装药等应在现场爆破工程技术人员指导监督下由熟练爆破员操作。

5.1.5.2 预裂孔、光面孔应按设计图纸钻凿在一个布孔面上，钻孔偏斜误差不超过 1°。

5.1.5.3 布置在同一平面上的预裂孔、光面孔，宜用导爆索联接并同时起爆，如环境限制单段药量时，也可以分段起爆。

5.1.5.4 预裂爆破、光面爆破均应采用不耦合装药，缓冲炮孔可采用不耦合装药和间隔装药。若采用药串结构药包，在加工和装药过程中应防止药卷滑落；若设计要求药包装于孔轴线，则应使用专门的定型产品。

5.1.5.5　预裂爆破、光面爆破都应按设计进行填塞。

5.1.6　复杂环境深孔爆破

5.1.6.1　爆破前应对爆区周围人员、地面和地下建(构)筑物及各种设备、设施分布情况等进行详细的调查研究,然后进行爆破方案设计。

5.1.6.2　爆破设计除按 4.3 的要求执行外,还应进行以下工作:

——爆破有害效应对周围环境影响的详细计算和论证;

——防止爆破有害效应的安全措施;

——划定既能保证安全又要尽量减少扰民范围的警戒区。

5.1.6.3　爆破孔深不宜超过 20 m。

5.1.6.4　宜采用毫秒延时爆破,并严格控制可能重叠段的段数;应按环境要求限制单段最大爆破药量,并采取必要的减震措施。

5.1.6.5　填塞长度宜大于底盘抵抗线与装药顶部抵抗线平均值的 1.2 倍。

5.1.6.6　如执行 5.1.6.5 有困难时,填塞长度可适当减小,但不应小于上述平均值的 1 倍,并采取控制飞石的有效措施。

5.1.6.7　起爆网路联接应由有经验的爆破员和爆破工程技术人员进行,并经现场爆破和设计负责人检查验收。

5.1.6.8　应设立指挥部和警戒组。

5.1.6.9　爆破有害效应的监测除按 4.15 有关规定执行外,对于 B 级及其以下级别工程爆破可能引起民房及其他建(构)筑物损伤时,应做相关有害效应的监测工作。

5.1.7　药壶和蛇穴爆破

5.1.7.1　扩壶爆破和药壶、蛇穴爆破,应由有经验的爆破员操作。

5.1.7.2　扩壶时,应清除孔口附近的碎石、杂物。

5.1.7.3　用硝铵类炸药扩壶,每次爆破后应等待 15 min 或满足设计确定的等待时间,才准许重新装药;用导火索引爆扩壶药包时,导火索的长度应保证作业人员撤到 50 m 以外所需的时间;深孔扩壶时,不应向孔内投掷起爆药包;孔深超过 5 m 时,不应使用导火索引爆扩壶药包。

5.1.7.4　扩壶完成后,应实测最小抵抗线及药壶间距,计算每个药壶的爆破方量和装药量,不应超量装药。

5.1.7.5　蛇穴爆破应实测最小抵抗线,按松动爆破设计装药量,每个蛇穴的装药量应控制在 200 kg 之内,并应按设计的位置和药量装药。

5.1.7.6　药壶及蛇穴爆破,应严格按设计要求进行填塞。

5.1.7.7　两个以上药壶爆破或蛇穴爆破,应采用齐发爆破或毫秒延时爆破;如用导火索起爆或秒延时雷管起爆,先爆药包不应改变后爆药包最小抵抗线的方向与大小。

5.2　硐室爆破

5.2.1　设计

5.2.1.1　硐室爆破的设计,应按设计委托书的要求,并按规定的设计程序、设计深度分阶段进行。

5.2.1.2　硐室爆破设计应以地形测量和地质勘探文件为依据。勘测工作的内容和要求见附录 C。

5.2.1.3 硐室爆破设计文件由设计说明书和图纸组成,具体内容和要求见附录 A。

5.2.1.4 硐室爆破工程开工之前,应由施工单位根据设计文件和施工合同编制施工组织设计。施工组织设计的内容见附录 B。

5.2.2 硐室爆破安全评估内容,除按 4.4.3 执行外,还应涉及以下内容:

——爆破对周围地质构造、边坡以及滚石等的影响;

——爆破对水文地质、溶洞、采空区的影响;

——爆破对周围建筑物的影响;

——在狭窄沟谷进行硐室爆破时空气冲击波、气浪可能产生的安全问题;

——大量爆堆本身的稳定性;

——地下爆破在地表可能形成的塌陷区;

——爆破产生的大量气体窜入地下采矿场和其他地下空间带来的安全问题;

——大量爆堆入水可能造成的环境和安全问题。

5.2.3 施工人员和施工组织

5.2.3.1 参加爆破工程施工的临时作业人员,应经过爆破安全教育培训,经口试或笔试合格后,方准许参加装药填塞作业。但装起爆体及敷设爆破网路的作业,应由持证爆破员或爆破工程技术人员操作。

5.2.3.2 A 级、B 级、C 级硐室爆破和爆破环境复杂的 D 级铜室爆破,硐室开挖施工期间应成立工程指挥部,负责开挖工程和爆破准备工作;爆破之前应按 4.8.1 的规定成立爆破指挥部。

5.2.4 爆破器材及其现场加工、存放

5.2.4.1 硐室爆破使用的炸药、雷管、导爆索、导爆管、连接头、电线、起爆器、量测仪表,均应经现场检验合格者方可使用。

5.2.4.2 不应在硐室内和施工现场改装起爆体和起爆器材。

5.2.4.3 现场混制按油炸药或重按油炸药,应遵守 5.2.8 的有关规定。

5.2.4.4 在爆破作业场地附近,应按 7.4.5.7 的要求设置爆破器材临时存放场地,场内应清除一切妨碍运药和作业人员通行的障碍物。

5.2.5 爆破时间

5.2.5.1 爆破指挥部应了解当地气象情况,使装药、填塞、起爆的时间避开雷电、狂风、暴雨、大雪等恶劣天气。

5.2.6 小井或平硐掘进

5.2.6.1 硐室爆破平硐设计开挖断面不宜小于 1.5 m×0.8 m,小井设计断面不宜小于 1 m^2。

5.2.6.2 平硐设计应考虑自流排水,小井井下药室中的地下水应沿横巷自流到井底的积水坑内。

5.2.6.3 在开始掘进前,应做好防止落石及塌方的施工准备工作:

——小井开挖前,应将井口周围 1 m 以内的碎石、杂物清除干净;在土质或比较破碎的地表掘进小井,应支护井口,支护圈应高出地表 0.2 m;

——平硐开挖前,应将硐口周围的碎石清理干净,并清理硐口上部山坡的石块和浮石;在破碎岩层处开硐口,硐口支护的顶板至少应伸出硐口 0.5 m。

5.2.6.4 在掘进施工中,应遵守以下规定:

——导硐及小井掘进每循环进深在 5 m 以内,爆破时人员撤离的安全允许距离,应由设计

确定；

——小井掘进超过 3 m 后，应采用电力起爆或导爆管起爆，爆破前井口应设专人看守；

——每次爆破后再进入工作面的等待时间不应少于 15 min；小井深度大于 7 m，平硐掘进超过 20 m 时，应采用机械通风；爆破后无论时隔多久，在工作人员下井之前，均应用仪表检测井底有毒气体的浓度，浓度不超过 6. 8. 1. 3 规定的允许值，才准许工作人员下井；

——掘进时若采用电灯照明，其电压不应超过 36 V；

——掘进工程通过岩石破碎带时，应加强支护；每次爆破后均应检查支护是否完好，清除井口或井壁的浮石，对平硐则应检查清除平硐顶板、边壁及工作面的浮石；

——掘进工程中地下水量过大时，应设临时排水设备；

——小井深度大于 5 m 时，工作人员不准许使用绳梯上下。

5. 2. 7　掘进工程的验收

5. 2. 7. 1　装药之前应由指挥长或爆破工作领导人组织对掘进工程进行检查、检测和验收。

5. 2. 7. 2　验收前应把平硐(小井)口 0. 7 m 范围内的碎石、杂物清除干净，并检查支护情况；应清除导硐和药室中一切残存的爆破器材、积渣和导电金属。

5. 2. 7. 3　验收时应检查井、巷、药室的顶板和边壁，发现药室顶板、边壁不稳固时，应加强支护。

5. 2. 7. 4　当药室有渗水和漏水时，应将药室顶板和边壁用防水材料搭成防水棚，导水至底板，由排水沟或排水管排出。如果药室底板积水不多，可设积水坑积水，并在其上铺盖木板。

5. 2. 7. 5　如采用电爆网路起爆，应在硐内检测杂散电流且其值不应大于 30 mA，否则应采取相应措施。

5. 2. 7. 6　各药室之间的施工道路应清除浮石，斜坡的通道宽度应不小于 1. 2 m；当坡度大于 30°时，应设置梯子或栏杆。

5. 2. 7. 7　应通过测量和地质测绘提交准确的药室竣工资料。资料中应详细注明药室的几何尺寸、容积、中心坐标，影响药室爆破效果的地质构造及其与药室中心、药包最小抵抗线的关系等数据。经测量药室中心坐标的误差不应超过 ±0. 3 m，药室容积不应小于设计要求。

5. 2. 8　爆破现场炸药混制

5. 2. 8. 1　在爆破现场混制炸药，应事先征得主管部门同意，并办理必要的审批手续。

5. 2. 8. 2　爆破现场混制炸药的品种，应限于多孔粒状铵油炸药和重铵油炸药。

5. 2. 8. 3　现场混制炸药原料的质量应符合下列要求：

——多孔粒状硝酸铵：堆密度 0. 8 g/cm^3 ~0. 85 g/cm^3，吸油率≥7%，净含量(以干基计)≥99. 5%；

——柴油：应采用 GB252—1994 规定的适合当地环境温度要求的轻柴油；

——乳胶基质：应采用取得生产许可证的乳化炸药生产厂生产的有产品合格证的乳胶基质。

5. 2. 8. 4　混制场地的选择与设施应符合下列要求：

——现场混制场地应选择在周围 200 m 内无居民区及铁路、公路、高压线路、重要公共设施及特殊建(构)筑物、文物等需要保护的场所；

——混制场地内应分为原料库区、混制区和成品库区，其间距不应小于 20 m；

——多孔粒状硝酸铵与柴油应分开存放；

——混制场地 50 m 范围内,应设置 24 h 警戒,非操作人员不应随意进入;
——混制的主体设备应布置在不易燃的工棚或厂房内;
——混制工棚(房)应有防雷和防风雨设施,场内有消防水源和灭火器等消防设施;
——库区和生产区应设排水沟,以保证混制场地内不积水。

5.2.8.5　混制场地应配有有经验的工程技术人员一名,负责正常的生产及管理;同时应设安全员一名,负责检查加工场地的安全设施并对操作人员定期进行安全教育。

5.2.8.6　混制设备应符合下列要求:
——工棚(房)内的照明灯具、电器开关和混制设备所用电机,均应采用防爆型;
——电气设备应设保护接地系统,并应定期检查其是否完好、接地电阻是否合格;不符合要求的应及时处理;
——检修设备前应切断电源并将残药彻底清洗干净;
——新混制设备和检修后的设备投入生产前,应清除焊渣、毛刺及其他杂物。

5.2.8.7　采用人工搅拌混制炸药时,不应使用能产生火花的金属工具。

5.2.8.8　混制场内不应吸烟,不应存在明火;同时,不应将火柴、打火机等带入加工场。

5.2.9　起爆体的加工

5.2.9.1　起爆体应在专门的场所,由熟练的爆破员加工。加工起爆体时,应一人操作,一人监督,在周围 50 m 以外设置警戒,无关人员不准许进入。

5.2.9.2　加工起爆体使用的雷管应逐个挑选。装入起爆体内的电雷管脚线长度应为20 cm ~ 30 cm,起爆体加工完后应重新测量电阻值。加工好的起爆体上应标明药包编号、雷管段别和电雷管起爆体装配电阻值。

5.2.9.3　置于起爆体内的电雷管与联接线接头,应严密包扎,不应有药粉进入接头中,接头不应在搬运和联线时承受拉力。

5.2.9.4　起爆体外壳宜用木箱或硬纸箱制成,其内装满经选择的优质炸药,每个起爆体炸药量不宜超过 20 kg。

5.2.9.5　应在起爆体(箱子端面)开口引出导线(管)和导爆索,并将其在开口处锁定,拉动导线和导爆索时箱内雷管不应受力。

5.2.9.6　起爆雷管应与导爆索结、电线连接头紧密捆绑,且固定在木箱中央。

5.2.9.7　起爆体包装应有防潮防水措施。

5.2.10　装药

5.2.10.1　每个导硐口或小井口应设专门标志,标明以下内容:

导硐或小井的编号,各药室的编号、设计炸药品种和数量,起爆体雷管段别;有专人负责记录实际装入各药室的炸药品种、数量和起爆体雷管段别,与设计数量核对无误后,方允许填卡、签字或盖章,交爆破工程技术人员或爆破工作负责人。

爆破工程技术人员或爆破工作负责人,应随时检查、核实各硐室的装药量和起爆体雷管段别及其安放和联接是否正确。

5.2.10.2　药室的装药作业,应由爆破员或由爆破员带领经过培训的人员进行。安装、联接起爆体的作业,应由爆破员进行,安装前应再次确认起爆体的雷管段别是否正确。

5.2.10.3　硐室装药,应使用 36 V 以下的低压电源照明,照明线路应绝缘良好,照明灯应设保护网,灯泡与炸药堆之间的水平距离不应小于 2 m。装药人员离开硐室时,应将照明电源切断。

装有电雷管的起爆药包或起爆体运入前,应切断一切电源,拆除一切金属导体,并应采用蓄电池灯、安全灯或绝缘的手电筒照明。

装药和填塞过程中不应使用明火照明。

5.2.10.4 夜间装药,硐外可采用普通电源照明。照明灯应设保护网,线路应采用绝缘胶线,灯具和线路与炸药堆和硐口之间的水平距离应大于 20 m。

5.2.10.5 硐室内有水时,应进行排水或对非防水炸药采取防水措施。潮湿的硐室,不应散装非防水炸药。

5.2.10.6 硐室装药应将炸药成袋(包)码放整齐,相互密贴,威力较低的炸药放在药室周边,威力较高的炸药放置在正、副起爆体和导爆索的周围,起爆体应按设计要求安放。

5.2.10.7 不耦合装药条形药包的炸药宜放置在靠近抵抗线的一侧。

5.2.10.8 用人力往导硐或小井口搬运炸药时每人每次搬运量不应超过两箱(袋),搬运工人行进中,应保持 1 m 以上的间距,上下坡时应保持 5 m 的间距。

往硐室运送炸药时,不应与雷管混合运送;起爆体、起爆药包或已经接好的起爆雷管,应由爆破员携带运送。

5.2.11 填塞

5.2.11.1 填塞工作开始前,应在导硐或小井口附近备足填塞材料。

5.2.11.2 填塞料宜利用开挖导硐和药室时的弃渣,或外挖碎块砂石土;不应使用腐殖土、草根等比重轻的材料。

5.2.11.3 平硐填塞,应在导硐内壁上标明按设计规定的填塞位置和长度。

5.2.11.4 填塞时,药室口和填塞段各端面应采用装有砂、碎石的编织袋堆砌,其顶部用袋料码砌填实不应留空隙。

5.2.11.5 在有水的导硐和药室中填塞时,应在填塞段底部留一排水沟,并随时注意填塞过程中的流水情况,防止排水沟堵塞。

5.2.11.6 小井填塞,应先将横硐部分按平硐填塞要求进行填塞。

5.2.11.7 填塞时,应保护好从药室引出的起爆网路,保证起爆网路不受损坏。

5.2.11.8 填塞时,应有专人负责检查填塞质量。填塞完毕,应进行验收。

5.2.12 起爆网路与起爆

5.2.12.1 硐室爆破应采用复式起爆网路,装药联线时操作人员应佩戴标志,未经爆破工作领导人批准,一切人员不得进入爆破现场。

5.2.12.2 电力起爆网路的所有导线接头,均应按电工接线法联接,并确保其对外绝缘。在潮湿有水的地区,应避免导线接头接触地面或浸泡在水中。

5.2.12.3 电力起爆网路的导线不宜使用裸露导线和铝芯线。

5.2.12.4 电力起爆网路硐内导线应用绝缘性能良好的铜芯线。

5.2.12.5 硐室爆破时,所有穿过填塞段的导线、导爆索和导爆管,均应采取保护措施,以防填塞时损坏。非填塞段如有塌方或硐顶掉块的情况,也应对起爆网路采取保护措施。

5.2.12.6 装入起爆体前、后,以及填塞过程中每填塞一段,均应进行电阻值检测;当发现电阻值有较大的变化时,应立即清查,排除故障后才准许进行下一施工工序。

5.2.12.7 敷设导爆索起爆网路时,不应使导爆索互相交叉或接近;否则,应用缓冲材料将其隔离,且相互间的距离不得少于 10 cm。

5.2.12.8 非电导爆管起爆网路的连接

5.2.12.8.1 每个起爆体的雷管数不应少于4发。

5.2.12.8.2 起爆网路连接时应复核雷管段别。

5.2.12.8.3 联接网路人员应持起爆网路图,按从后爆到先爆、先里后外的顺序联接;所有导爆管雷管与接力雷管,在接点部位应有明显段别标志;接头用胶布包紧,并不少于三层,然后再用绳扎紧。

5.2.12.8.4 采用导爆管和导爆索混合起爆网路时,宜用双股导爆索联成环形起爆网路,导爆管与导曝索宜采用单股垂直联接。

5.2.12.8.5 采用5.2.12.8.4的起爆网路时,靠近接点的导爆索应用土袋或细砂袋隔开,接点与导爆索隔开距离不应小于20 cm,搭接点应有段别标志。

5.2.12.8.6 起爆网路应用电雷管或导爆管雷管引爆,不应用火雷管引爆;只有在爆破工作领导人下达准备起爆命令后,方准许向主起爆线上联接起爆雷管。

5.2.12.8.7 电爆网路的联接应遵守下列规定:

——起爆网路联接应有专人负责;网路联接人应持有网路示意图和历次检查各药室及支路电阻值的记录表,以便随时供爆破工程技术人员、爆破工作领导人查阅;

——网路联接,应按从里到外(工作面到电源)的顺序进行;

——电力起爆网路联接前,应检查各硐口引出线的电阻值,经检查确认合格后,方可与区域线联接只有当各支路电阻均检查无误时,方准许与主线相联接;

——电爆网路的主线应设中间开关;

——指挥长(或爆破工作领导人)下达准备起爆命令前,电爆网路的主线不得与起爆器、电源开关和电源线联接;电源的开关应设保护装置并直接由起爆站站长(或负责起爆的人员)守候看管;

——只有在无关人员已全部撤离,爆破工作领导人下达准备起爆命令后,方准许打开开关箱,并将主线接入电源线的开关上或起爆器的接线柱上。

5.2.12.9 起爆网路检查与防护应遵守下列规定:

——网路联好后,由联网技术负责人进行检查,鉴别联网方式与段别等是否有误;确认无误后再进行防护;

——起爆网路可用线槽或对开竹竿合札进行防护,接头及交叉点用编织袋包裹好,悬挂在导硐上角;也可将起爆网路束紧后用编织袋作整体外包扎,安置在导硐下角的砂包上,上部再用砂包压实。

5.2.12.10 硐室爆破的起爆工作应在专门设置的起爆站内进行。起爆站应设在安全地点,并需备有良好的通讯设备,通讯信息应清楚、准确。

5.2.12.11 起爆站应在装药前建成,从开始联网就应设专人看管,站长全面负责站内工作。

5.2.13 警戒

5.2.13.1 爆破安全警戒工作应请当地公安部门配合,成立专门警戒小组,并指定负责人。

5.2.13.2 爆破前警戒工作应对设计确定的危险区进行实地勘察,全面掌握爆区警戒范围的情况,核定警戒点和警戒标志的位置,确保能够封闭一切通道。

5.2.13.3 各个岗哨应由指挥部统一编号,岗哨之间和岗哨与指挥部之间应建立通讯联络,警戒人员应将本岗位警戒监视情况随时向指挥部报告。

5.2.13.4 警戒人员应在起爆前至少1h到达指定地点,按设计警戒点和规定时间封闭通往或经过爆区的通道,使所有通向爆区的道路处于被监视之下,并在爆破危险区边界设立明显的警戒标志(警示牌、路障等)。在道路路口和危险区入口,应设立警戒岗哨,在危险区边界外围设立流动监视岗哨。警戒人员应持有警戒旗、哨笛或便携式扩音器,并配带袖标。

5.2.13.5 靠近水域的爆破安全警戒工作,除按以上要求封锁陆岸爆区警戒范围外,还应对水域进行警戒。水域警戒应配有指挥船和巡逻船,其警戒范围由设计确定。

5.2.14 爆后检查

5.2.14.1 爆后检查工作由爆破现场技术负责人、起爆站站长和有经验的爆破员组成的检查小组实施,等待时间由设计确定,但不应少于 15 min。

5.2.14.2 爆后检查的内容应包括:

——是否完全起爆;硐室爆破发生盲炮的表征是:爆破效果与设计有较大差异;爆堆形态和设计有较大的差别;现场发现残药和导爆索残段;爆堆中留有岩坎陡壁;

——有无危险边坡、不稳定爆堆、滚石和超范围塌陷;

——最敏感、最重要的保护对象是否安全;

——爆区附近有隧道、涵洞和地下采矿场时,应对这些部位进行毒气检查,在检查结果明确之前,应进行局域封锁。

5.2.14.3 如果发现或怀疑有拒爆药包,应向指挥长汇报,由其组织有关人员作进一步检查;如果发现有其他不安全因素,应尽快采取措施进行处理;在上述情况下,不应发出解除警戒信号。

5.2.15 试验与爆破效应监测

5.2.15.1 A 级、B 级硐室爆破工程应按 4.9 与 4.15 的规定安排试验和监测。对重要的 C 级、D 级硐室爆破工程,也应安排监测。

5.2.15.2 重大爆破工程,应考虑在现场条件下进行小型实爆试验,试验方案随设计提出。

5.2.15.3 实爆试验应安排监测项目,爆后由设计单位提出试验报告并依据试验结果修正爆破设计。

5.2.16 爆破总结

5.2.16.1 A 级、B 级、C 级硐室爆破结束后,承担爆破的单位应向上级部门提交完整的总结报告。

5.2.16.2 总结报告中除一般技术总结内容见 4.16.2 外,还应包括主要经济技术指标、社会效益和经济效益以及安全分析。

5.2.16.3 安全分析应包括下列内容:

——分析施工中的不安全因素或隐患,提出改进意见;

——对照监测报告和爆后安全调查,分析各种有害效应的危害程度及保护物的安全状况;

——如实反映出现的事故、处理方法及处理结果;

——安全工作的经验和教训。

5.3 地下爆破

5.3.1 一般规定

5.3.1.1 地下爆破可能引起地面塌陷和山坡滚石时,应在通往塌陷区和滚石区的道路上设置警戒,树立醒目的标志,防止人员误入。

5.3.1.2 工作面的空顶距离超过设计(或作业规程)规定的数值时,不应爆破。

5.3.1.3 电力起爆时,爆破主线、区域线、联接线,不应与金属管物接触,不应靠近电缆、电线、信号线、铁轨等。

5.3.1.4 井下炸药库 30 m 以内的区域不应进行爆破作业。在离炸药库 30 m ~ 100 m 区域内进行爆破时，任何人不应停留在炸药库内。

地下爆破时，应在警戒区设立警戒标志。发布的“预警信号”、“起爆信号”、“解除警报信号”，应采用适合井下的声响信号，并明确规定和公布各信号表示的意义。

5.3.1.5 井下工作面所用炸药、雷管应分别存放在加锁的专用爆破器材箱内，不应乱扔乱放。爆破器材箱应放在顶板稳定、支架完整、无机械电器设备的地点。每次起爆时都应将爆破器材箱放置于警戒线以外的安全地点。

5.3.1.6 爆破后，应进行充分通风，保持地下爆破作业场所通风良好。

5.3.1.7 井下硐室爆破，除应遵守上述的规定外，还应遵守 5.2 的有关规定。

5.3.1.8 在有瓦斯或煤尘爆炸危险的地下爆破，除应遵守上述规定外，还应遵守 5.3.7 的有关规定。

5.3.1.9 进行预裂爆破、光面爆破时，应遵守 5.1.5 的有关规定。在煤矿井下爆破时应遵守 5.3.7 的有关规定。

5.3.2 井巷掘进爆破

5.3.2.1 用爆破法贯通巷道，应有准确的测量图，每班都要在图上标明进度。两工作面相距 15 m 时，测量人员应事先下达通知；此后，只准从一个工作面向前掘进，并应在双方通向工作面的安全地点派出警戒，待双方作业人员全部撤至安全地点后，方准起爆。

天井掘进到上部贯通处附近时，不应采取从上向下的座炮贯通法；如果最后一炮仍未贯通，在下面钻孔爆破不安全，需在上面座炮处理时，应采取可靠的安全措施。

5.3.2.2 间距小于 20 m 的两个平行巷道中的一个巷道工作面需进行爆破时，应通知相邻巷道工作面的作业人员撤到安全地点。

5.3.2.3 独头巷道掘进工作面爆破时，应保持工作面与新鲜风流巷道之间畅通；爆破后作业人员进入工作面之前，应进行充分通风，并用水喷洒爆堆。

5.3.2.4 天井掘进采用大直径深孔分段装药爆破时，装药前应在通往天井底部出入通道的安全地点派出警戒，确认底部无人时，方准起爆。

5.3.2.5 竖井、盲竖井、斜井、盲斜井或天井的掘进爆破，起爆时井筒内不应有人；井筒内的施工提升悬吊设备，应提升到施工组织设计规定的爆破危险区范围之外。

5.3.2.6 在井筒内运送起爆药包，应把起爆药包放在专用木箱或提包内；不应使用底卸式吊桶；不应同时运送起爆药包与炸药。

5.3.2.7 往井筒掘进工作面运送爆破器材时，除爆破员和信号工外，任何人不应留在井筒内。

工作盘和稳绳盘上除护送吊桶的爆破员外，不应有其他人员。装药时，不应在吊盘上从事其他作业。

5.3.2.8 井筒掘进使用电力起爆时，应使用绝缘的柔性电线作爆破导线；电爆网路的所有接头都应用绝缘胶布严密包裹并高出水面。

5.3.2.9 井筒掘进起爆时，应打开所有的井盖门；与爆破作业无关的人员应撤离井口。

5.3.2.10 用钻井法开凿竖井井筒时，破锅底和开马头门的爆破作业应采用特殊安全措施，并报单位总工程师批准。

5.3.2.11 用冻结法掘进竖井井筒时，一般不应用爆破法开凿表土冻结段；如果必须爆破，应制定安全技术措施并报单位总工程师批准。

5.3.2.12 用反井法凿井时，爆破作业应遵循下列规定：

——反井应及时采用木垛盘支护；爆破前最后一道小垛盘距离工作面不应超过 1.6 m；

——爆破前应将人行格和材料格盖严；爆破后，首先充分通风，待炮烟吹散，方可进入检查；检查人员不应少于二人；经检查确认安全，方可进入作业；

——用吊罐法施工时，爆破前应摘下吊罐，并放置在水平巷道的安全地点；爆破后，应指定专人检查提升钢丝绳和吊具有无损坏；反井下方不应有人作业。

吊罐法施工爆破时，上水平绞车司机和其他人员不应在吊罐井中心大孔口附近作业和停留。若爆破后大孔堵塞，应采取可靠的安全措施再进行处理，不应往孔底投放起爆药包；

——刷井时应有防止坠井的安全措施；爆破前应回收清理炮孔以下 0.3 m 范围内的木垛盘，方可进行爆破。

5.3.2.13 井筒掘进爆破使用硝化甘油类炸药时，所有炮孔位置应与前一批炮孔位置相互错开。

5.3.2.14 在复杂地质条件、河流、湖泊或水库下面掘进巷道或隧道时，应按专项设计进行爆破。

5.3.2.15 用压气盾构法掘进隧道时，不应将爆破器材放在有压缩空气的区域内。

5.3.2.16 在沉箱（包括下沉式沉箱和隧道式沉箱）中爆破时，在沉箱工作面岩石坚硬且底板至沉箱顶板的距离大于 2 m 的条件下，方准进行爆破作业。

5.3.3 地下大跨度硐群开挖爆破

5.3.3.1 大跨度硐群开挖，应采用浅孔或深孔爆破法。

5.3.3.2 深孔爆破的钻孔直径不宜超过 90 mm，台阶高度不宜超过 8 m。

5.3.3.3 大跨度硐室边墙应进行预裂爆破或光面爆破。

5.3.3.4 当水工地下厂房需留岩锚梁时，岩锚梁岩壁保护层宜采用浅孔爆破法。

5.3.3.5 大跨度硐室与硐群交汇的部位，应采用预裂爆破或光面爆破控制交汇处的轮廓形状。

5.3.3.6 大跨度硐群开挖，应按设计的合理的开挖顺序进行，在施工过程中应进行爆破振动监测，以监控爆破对相邻硐室围岩的影响，保证硐室高边壁及围岩的稳定与完整。

5.3.4 地下采场爆破

5.3.4.1 浅孔爆破采场，应通风良好，支护可靠，留有安全矿柱，设有两个或两个以上安全出口。特殊情况下不具备两个安全出口时，应报矿总工程师批准。

装药前应检查采场顶板，确认无浮石、无冒顶危险方可开始作业。

5.3.4.2 深孔爆破前应做好以下准备工作：

——将通往爆破区的沿途井巷封好并用栏杆隔离，在人行井内架设牢固的梯子；撬尽过往通道的浮石；检查井口、巷道支护情况；在天井和巷道内按规定方式架设装药操作台，同时准备移动梯子和木板；

——巷道中应设有通往爆破区和安全出口的明显路标，并设联通爆破作业区和地表爆破指挥部的通讯线路；

——验收合格的深孔应用高压风吹干净，标明废孔，列出深孔编号。

5.3.4.3 地下深孔爆破装药、填塞，除遵守 5.1.4 和 5.1.5 的有关规定外，还应符合以下要求：

——装药开始后，爆区 50 m 范围内不应进行其他爆破；

——现场加工起爆药包应选择不受其他作业影响的安全地点；

——现场装药、填塞，应由专职或兼职爆破员进行；

——需要回收的装药操作台、人行梯子等物，应在起爆网路联接完成、并经爆破工程技术人员检查无误后，由专人从工作面开始向起爆站方向依次回收。回收操作应注意防止损坏起爆网路。

5.3.4.4 地下开采二次爆破应遵守下列规定：

——起爆前应通知相邻采场和井巷作业人员撤到安全地点；

——除自然崩落法采场外，不允许操作人员钻进卡堵的出矿漏斗或溜眼，爆破大块矿石；

——在与采场短溜井、溜眼相对或斜对的出矿漏斗处理卡斗或二次爆破时，应待溜井、溜眼下部的放矿作业人员撤到安全地点后方可进行，且应做好爆破作业人员的坠井防护工作；

——地下二次破碎地点附近，应设专用炸药箱和起爆器材箱，其存放量不应超过当班二次爆破使用量。

5.3.5 溜井(含矿仓)堵塞处理

5.3.5.1 用爆破法处理溜井堵塞，不允许作业人员进入溜井，应采用木杆或竹杆把炸药包送到堵头表面进行爆破震动处理。

5.3.5.2 当溜井堵塞、矿石粘壁，经多次爆震仍未塌落，准备采用特殊方法处理时，应制定和采取可靠安全措施，经单位总工程师批准后，在安全部门监护下作业。

5.3.5.3 用矿用火箭弹处理溜井堵塞时，应遵守下列规定：

——爆破员除持有爆破员安全作业证外尚需经火箭弹使用专门培训；

——在堵塞处不稳定掉石块的情况下，不应用矿用火箭弹处理；

——用矿用火箭弹处理溜井堵塞时，相邻井巷、采场不应进行其他爆破作业；

——若堵塞物一次处理未完，在一个工作班内，不应第二次用矿用火箭弹处理。

5.3.5.4 处理采场卡斗和悬顶爆破，应遵守下列规定：

——处理卡斗和悬顶人员，应经专门技术培训；

——处理卡斗和悬顶前，应保证作业人员进出通道畅通，观察人员应在照明充足和有人监护的条件下，确认卡斗、悬顶类型并做好记录；

——根据卡斗高度不同，应采用不同的处理方法(爆破震动法、直接爆破法和火箭弹法等)；

——当有人进入漏斗作业时，应停止相邻采场的爆破和出矿，且应有专人监护和警戒；

——震动爆破每一次爆破用药量不超过 2 kg，破碎爆破一次用药量不超过 20 kg；

——巨型石块卡堵在漏斗上方无冒落危险时，宜采用浅孔爆破法处理；作业时，应在漏斗内搭操作平台，支护四壁岩石；从支护到爆破完毕应连续作业；

——处理采场残柱及悬顶，应由矿山主管领导组织制定处理方案和实施；

——处理卡斗和悬顶，不应用火雷管直接起爆。

5.3.6 压气装药孔底起爆

5.3.6.1 压气装药孔底起爆应使用经安全性试验合格的起爆器材或采用孔底起爆具。

5.3.6.2 安全性技术指标应符合下列规定：

——输药管应采用专用的半导体软管，体积电阻应符合产品标准；

——装药系统的接地电阻不应大于 10^5 Ω;

——装药现场空气相对湿度不应小于 80%;

——装药器的工作压力不应大于 6×10^5 Pa;

——炮孔内静电电压不应超过 1 500 V,在炸药和输药管类型改变后应重新测定静电电压。

5.3.6.3 孔底起爆具应符合下列规定:

——通过激波管试验.能承受 6×10^5 Pa 空气冲击波入射超压;

——在重锤 2 kg、落高 1.5 m 的卡斯特落锤试验中不损坏;

——孔底起爆具对导爆管应有保护措施;

——能起爆孔底起爆具以外的炸药;

——生产厂家应每年将该产品检测一次。

5.3.6.4 孔底起爆具应在现场装入导爆管、雷管和炸药,导爆管应放在装置的槽内用胶布固定在装置尾端,炸药的感度和威力均不应低于 2# 岩石炸药,装药密度应大于 0.95 g/cm^3。

5.3.7 煤矿井下(包括有瓦斯或煤尘裸炸危险的地下工程)爆破

5.3.7.1 井下爆破工作应由专职爆破员担任,在煤(岩)与瓦斯突出煤层中,专职爆破员应固定在同一工作面工作:

——爆破作业应执行"一炮三检制";

——专职爆破员应经专门培训,考试合格,持证上岗;

——专职爆破员应依照爆破作业说明书进行作业。

5.3.7.2 在有瓦斯和煤尘爆炸危险的煤层中进行爆破作业,应具备下列条件:

——工作面有新鲜风流、风量和风速符合煤矿的特殊要求;

——使用的爆破器材和辅助爆破器材,应是经国家授权的检验机构检验合格,并取得煤矿矿用产品的安全标志;

——掘进爆破前,应对作业面 20 m 以内的巷道进行洒水降尘;

——爆破作业面 20 m 以内,瓦斯浓度应低于 1%。

5.3.7.3 爆破器材新产品,经国家授权的检验机构检验合格,并取得煤矿矿用产品安全标志后,方可在井下试用。

5.3.7.4 井下爆破作业,必须使用煤矿许用炸药和煤矿许用电雷管。煤矿许用炸药的选用应遵守下列规定:

——低瓦斯矿井的岩石掘进工作面,应使用安全等级不低于一级的煤矿许用炸药;

——低瓦斯矿井的煤层掘进工作面,半煤岩掘进工作面应使用安全等级不低于二级的煤矿许用炸药;

——高瓦斯矿井、低瓦斯矿井的高瓦斯区域,应使用安全等级不低于三级的煤矿许用炸药。有煤(岩)与瓦斯突出危险的工作面,应使用安全等级不低于三级煤矿许用含水炸药。

不应使用黑火药。

同一工作面不应使用二种不同品种的炸药。

5.3.7.5 煤矿井下爆破使用电雷管时,应遵守下列规定:

——使用煤矿许用瞬发电雷管或煤矿许用毫秒延期电雷管;

——使用煤矿许用毫秒电雷管时,从起爆到最后一段的延期时间不应超过 130 ms;

——不应使用导爆管或普通导爆索；

——不应使用火雷管。

5.3.7.6 煤矿井下应使用防爆型发爆器。开凿或延深通达地面的井筒时，无瓦斯的井底工作面可使用其他电源起爆，但电压不应超过 380 V，并应有防爆型电力起爆接线盒。

5.3.7.7 装药前和爆破前有下列情况之一的，不应装药、爆破：

——采掘工作面的控顶距离不符合作业规程的规定、支架有损坏、伞檐超过规定的；

——爆破地点附近 20 m 以内风流中瓦斯浓度达到 1% 的；

——出现炮孔内发现异状、温度骤高骤低、有显著瓦斯涌出、煤岩松动、透老空等情况的；

——在爆破地点 20 m 以内，有矿车，未清除的煤、(矸)或其他物体堵塞巷道断面三分之一以上的；

——采掘工作面风量不足的；

——未设警戒的。

5.3.7.8 炮孔填塞材料应用粘土或不燃性材料，如砂子、粘土和砂子的混合物。不应有煤粉、块状材料或其他可燃性材料。

炮孔填塞长度应符合下列要求：

——炮孔深度小于 0.6 m 时，不应装药、爆破；在特殊条件下，如挖底、刷帮、挑顶确需浅眼爆破时，应制定安全措施，炮孔深度可以小于 0.6 m，但应封满炮泥；

——炮孔深度为 0.6 m ~ 1 m 时，封泥长度不应小于炮孔长度的二分之一；

——炮孔深度超过 1 m 时，封泥长度不应小于 0.5 m；

——炮孔深度超过 2.5 m 时，封泥长度不应小于 1 m；

——光面爆破时，周边光爆炮孔应用炮泥封实，且封泥长度不得小于 0.3 m；

——工作面有两个或两个以上自由面时，在煤层中最小抵抗线不得小于 0.5 m，在岩层中最小抵抗线不应小于 0.3 m。浅眼装药爆破大岩块时，最小抵抗线和封泥长度都不应小于 0.3 m；

——炮孔用水炮泥封堵时，水炮泥外剩余的炮孔部分应用粘土炮泥封实，其长度不小于 0.3 m；

——无封泥，封泥不足或不实的炮孔严禁爆破。

5.3.7.9 有煤(岩)和瓦斯突出危险的采掘工作面，废炮孔在爆破前应用炮泥封实。大直径钻孔的填塞深度，应超过炮孔装药的长度。

5.3.7.10 在有瓦斯或煤尘爆炸危险的采掘工作面，应采用毫秒爆破；在掘进工作面应全断面一次起爆，不能全断面一次起爆的，应采取安全措施；在采煤工作面，可分组装药，但一组装药必须一次起爆；不应在一个采煤工作面使用两台发爆器同时进行爆破。

5.3.7.11 在有瓦斯或煤尘爆炸危险的矿井中，放顶煤工作面不得用爆破挑顶煤。

5.3.7.12 处理卡在溜煤(矸)眼中的煤、矸时，如果确无爆破以外的办法，可爆破处理，但应遵守下列规定：

——应采用取得煤矿矿用产品安全标志的用于溜煤(矸)眼的煤矿许用刚性被筒炸药或不低于该安全等级的煤矿许用炸药；

——每次只准使用一个煤矿许用电雷管，最大装药量不得超过 450 g；

——爆破前应检查溜煤(矸)眼内堵塞部位上部和下部空间的瓦斯；

——爆破前必须洒水。

5.3.7.13　采用震动爆破揭开有煤(岩)与瓦斯突出危险的煤层时的爆破作业应按专门设计及规定进行;选用符合分级规定的爆破器材;爆破母线必须采用专用电缆,并尽可能减少接头,有条件的可采用遥控发爆器;爆破前应加强震动爆破地点附近的支护。

震动爆破应一次全断面揭穿或揭开煤层。如果未能一次揭穿煤层,在掘进剩余部分的第二次爆破作业仍应按震动爆破的安全要求进行。

5.3.7.14　震动爆破工作面,应具有独立、可靠、畅通的回风系统;爆破时回风系统内应切断电源,且不应有人员作业和通过。

震动爆破应由技术负责人统一指挥,并有救护队员在指定地点值班,爆破 30 min 后救护队员方可进入工作面检查。

震动爆破应采用铜脚线的煤矿许用毫秒电雷管,延期时除按 5.3.7.5 执行外,不应跳段使用。

5.3.7.15　石门揭煤采用远距离爆破时,应制定包括爆破地点,避灾路线及停电,撤人和警戒范围等的专门措施。

煤巷掘进工作面采用远距离爆破时,起爆地点应设在进风侧反向风门之外的全风压通风的新鲜风流中或避难硐室内,远距离爆破时,回风系统必须停电撤人,爆破后不应小于 30 min 方允许进入工作面检查。

5.3.8　高温高硫矿井爆破

5.3.8.1　硫化矿开采中,当炮孔温度高于 60℃时,应成立专业爆破工作队;参加爆破作业和加工防自爆药包的人员,应经安全教育和技术培训,考试合格后,才能从事本项工作;每次爆破均应经有关领导批准。

5.3.8.2　在具有硫尘或硫化物粉尘爆炸危险的矿井进行爆破时,应遵守下列规定:

——定期测量粉尘浓度;

——孔外传爆应用电雷管或非电导爆管雷管;

——应采用孔深大于 0.65 m 的炮孔爆破法;

——不应采用裸露药包爆破和无填塞的炮孔爆破,炮孔填塞长度应大于炮孔全长的三分之一,并应大于 0.3 m;

——装药前,工作面应洒水;浅孔爆破时,离工作面 10 m 范围内的空间和表面都应洒水;深孔爆破时,离工作面 30 m 范围内的空间和表面都应洒水;

——爆破作业人员应随身携带自救器,使用防爆蓄电池灯照明。

5.3.8.3　在超过 60℃的高温矿井爆破时,应遵守下列规定:

——应选用和加工耐高温的防自爆药包,不应使用有损伤、变形的药包;

——装药前应测定工作面与孔内温度,孔温不应高于药包安全使用温度;

——爆前、爆后应加强通风,并采取喷雾洒水、清洗炮孔等降温措施;

——用导爆索起爆时,将导爆索捆在起爆药包外,不得直接插入药包内;

——装药时,应按从低温孔到高温孔,从易装孔到难装孔的顺序装药;

——待全部炮孔装药完毕后,以最短的时间填塞炮孔,并应用不含硫化矿的矿岩粉作炮泥;

——装药时,应安排专人监视,发现炮孔逸出棕色浓烟等异常现象时,应立即报告爆破指挥人员,迅速组织撤离;

——高温爆破作业面附近的非爆破工作人员,应在装药前全部撤离;

——孔内温度为60℃～80℃时，应用沥青牛皮纸将炸药包装完好，并不应与孔壁接触，从向孔内装药至起爆的相隔时间不应超过1 h；

——孔内温度为80℃～140℃时，应用石棉织物或其他绝热材料严密包装炸药，孔内不准装雷管，可采用防热处理的黑索金导爆索起爆，装药至起爆的间隔时间应经过模拟试验来确定；

——孔内温度超过140℃时，应采用耐高温爆破器材。

5.3.8.4 在高硫矿井使用硝铵类炸药进行爆破，应事先测定硫化矿矿粉的铁离子浓度和含硫量。当矿石含硫量超过30%，矿粉含硫酸铁和亚硫酸铁的铁离子浓度之和（三价铁和二价铁）超过0.3%，作业面潮湿有水，使用硝铵类炸药爆破时，应清除炮孔内矿粉；炸药与孔壁不应直接接触；炸药应包装完好无损；不得用硫矿渣填塞炮孔；严格控制装药时间和炮孔数。

5.3.8.5 在同时具有高温、高硫和硫尘爆炸危险的矿井爆破时，应同时遵守上述规定，并制定有效的安全防护措施。

5.3.9 钾矿井下爆破

5.3.9.1 应测定爆破作业面及其邻近巷道、电气设备附近和起爆站等重要地点空气中的氢气和瓦斯浓度，确认无危险时，方准进行爆破准备工作。

5.3.9.2 起爆站应设在安全区的新鲜风流中。

5.3.9.3 装药前，应切断采区的动力电源和照明电源；起爆前，应检查起爆网路绝缘情况。

5.3.9.4 起爆网路的设计，应使炮孔按逆风流方向依次顺序起爆。

5.3.9.5 爆后15 min，瓦斯检查员应进入爆破作业面和电气设备附近检查瓦斯、氢气等浓度；确认无瓦斯爆炸危险，并检查确认动力电网、照明电网和电气设备无破损且绝缘良好，方可恢复送电；通风正常之后，方准人员进入工作面作业。

5.3.9.6 在有氢气和瓦斯爆炸危险的矿井爆破时，应使用符合钾矿爆破安全要求的爆破器材。

5.3.10 石油矿和地蜡矿井下爆破

5.3.10.1 应根据矿井空气中有毒气体、瓦斯和油蒸气等爆炸危险性气体的浓度，确定允许进行爆破作业的工作面，并由矿总工程师批准。未经批准的地点，不得爆破。

5.3.10.2 在批准爆破作业的地点进行爆破，应遵守下列规定：

——确保爆破作业面有新鲜风流，可燃气体的浓度不超标；

——使用煤矿许用炸药；

——使用煤矿许用型雷管，不应用导火索起爆或导爆管起爆；

——不应使用裸露药包或不足1 m深的炮孔爆破；

——应在不含石油和地蜡的岩层中掘进井筒，且只有在无瓦斯释出的情况下，才能使用导爆索起爆；

——炮孔深度为1 m～1.5 m时，填塞长度不应小于孔深的二分之一；炮孔深度超过1.5 m时，填塞长度不应小于孔深的三分之一，且不小于0.75 m；不应采用无填塞爆破；

——有多个自由面时，每个药包的最小抵抗线不应小于0.5 m。

5.3.10.3 应在装药与起爆前测定工作面及其20 m以内的所有巷道和起爆站的瓦斯、油蒸气浓度。

5.3.10.4 应清除工作面及其20 m以内的各巷道底板上的石油，并覆盖砂子。

5.3.10.5　应有安全员在爆破现场监督实施爆破作业。

5.3.10.6　每次爆破后,应有专人检查工作面及通风情况;经爆破工作领导人批准后,方准许人员进入工作面。

5.3.10.7　有轻石油和瓦斯强烈喷出的炮孔,不应装药爆破;只有少量滴状石油析出的炮孔,应仔细清除油滴,方准许装药爆破。

5.3.11　放射性矿井爆破

5.3.11.1　放射性矿井爆破与放射性物探:

a）　井下采掘作业面应根据物探编录进行爆破设计;

b）　炮孔施工后应进行物探测孔;

c）　根据物探测孔资料确定炮孔装药方案,实施分爆分采;

d）　爆破后应进行放射性测量,根据物探测量资料进行分装分运;

e）　对于采场作业面,在分爆分运之后,还需进行物探钻孔找边,只有在物探找边完毕后才能实施上采钻孔的施工。

5.3.11.2　原地爆破浸出采场爆破:

a）　对于中等厚度以下矿体的采场宜采用上向平行凿岩方案;

b）　对于中等厚度以下矿体,其炮孔深度不应大于 15 m;对于中等厚度以上矿体可采用大于 15 m 的深孔,但应经过严格的论证;

c）　一次爆破取段长度宜控制在 60 m 以内;

d）　设计装药单耗宜比非原地爆破浸出采场的装药单耗增加 20% ~30%;

e）　应保证爆破后 80%以上的矿岩粒度小于 150 mm;

f）　爆破装药到起爆的时间不宜超过 24 h;

g）　如装药时采取了可靠的防水措施,最长施工时间亦不应超过 48 h。

5.3.11.3　放射性矿井爆破后的通风:

a）　以稀释氡气及氡子体浓度作为计算爆破后通风量的依据;

b）　爆破后工作面通风时间不应少于 30 min;

c）　只有氡气浓度小于 3 700 Bq/m^3 才允许工作人员进入工作面作业。

5.3.11.4　水文地质条件复杂的大水铀矿床的采掘工作面应布置三个以上超前探水钻孔,其深度不应小于 25 m。

5.3.11.5　放射性矿井的凿岩爆破作业人员:

a）　应佩带好防护用品(包括口罩、个人计量剂)才能进入工作面;

b）　每班作业时间不应大于 6 h;

c）　作业结束后应洗澡,并进行放射性剂量监测,监测合格后才能下班。

5.3.11.6　高温放射性矿井的工作面应有完备的降温措施并装备降温设施,保证工作面的温度低于 30℃,同时适当缩短作业时间。

5.4　拆除爆破及城镇浅孔爆破

5.4.1　设计文件

5.4.1.1　A 级、B 级拆除爆破,应持有县(市)级以上有关部门同意拆除的正式批件。

5.4.1.2　C 级拆除爆破和城镇浅孔爆破,可将技术设计和施工组织设计合并一次进行。

5.4.1.3　拆除爆破和城镇浅孔爆破应按下列规定进行爆区周围设施、建(构)筑物的防护设计：

——根据保护物允许的地面质点振动速度，限制最大一段起爆药量及一次爆破用药量；

——预估拆除物塌落触地的振动和飞溅物对保护物的影响，必要时应采取减振、防振及缓冲等措施；

——拆除烟囱、水塔等高耸建(构)筑物时，应考虑爆后筒体后坐及残体滚动、落地飞溅前冲的可能性，并采取相应的防护措施；

——对爆破体表面进行有效覆盖；

——对保护物作重点覆盖或设防护屏障；

——采取减尘防尘措施。

5.4.1.4 爆区周围道路的防护与交通管制，应遵守下列规定：

——使拆除物倒塌方向和爆破飞散物主要散落方向避开道路，并控制残体塌散距离；

——规定断绝交通、封锁道路的地段和时间。

5.4.1.5 对周围水、电、气、通讯等公共设施的安全应作出论证，并提出相应的安全技术措施。若爆破可能危及公共设施，施工单位应向有关主管部门提出关于申请暂时停水、电、气、通讯的报告，得到有关主管部门同意方可实施爆破。

5.4.1.6 水下拆除爆破设计，应考虑水中冲击波和地震波在水饱和介质中传播的特性并加大安全允许距离。

5.4.2 施工准备

5.4.2.1 拆除爆破和城镇浅孔爆破，应采用封闭式施工，围挡爆破作业地段，设置明显的工作标志，并设警戒；在邻近交通要道和人行通道的方位或地段，应设置防护屏障。

5.4.2.2 爆破作业前，应清理现场，完成设计要求的预拆除工作，准备现场药包临时存放与制作场所。

5.4.2.3 拆除爆破的预拆除设计，应征求结构工程师的意见并保证建(构)筑物的整体稳定。预拆除工作应在工程技术人员的指导下进行。

5.4.2.4 拆除爆破和城镇浅孔爆破应在爆破设计人员参与下对炮孔逐个进行验收，验收时，应特别注意岩性及岩层构造的变化，逐个炮孔复核底盘(或最小)抵抗线的大小，根据每个炮孔的实际状况确定装药量。对不合格的钻孔应提出处理意见。

5.4.3 装药、填塞、覆盖防护

5.4.3.1 拆除爆破的每个药包，应按爆破设计要求计量准确，并按药包质量、雷管段别、药包个数分类编组放置。应设专人负责登记及办理领取手续；应设专人监督检查装药作业。

5.4.3.2 预拆除和装药作业不应同时进行。

5.4.3.3 不能在当天完成装药爆破时，应设临时存放点，严格划定警戒范围并进行昼夜警戒。

5.4.3.4 应按爆破设计进行防护和覆盖，起爆前由现场负责人检查验收，对不合格的防护和覆盖提出处理措施。

5.4.3.5 所有装药炮孔均应做好填塞，并防止炮孔干缩情况发生。

5.4.4 起爆网路与起爆

5.4.4.1 拆除爆破和城镇浅孔爆破，应采用电力起爆网路或导爆管起爆网路。

5.4.4.2 为防止感应电流和射频电使电爆网路产生误爆，应采取以下措施：

——电爆网路附近有高压输电线和电讯发射台时，应将普通电雷管引火头进行模拟试验，否则，不允许使用；

——尽量缩小电爆网路导线圈定的闭合面积；

——电爆网路两根主线的间距应尽量靠近。

5.4.4.3 防护及覆盖工作完成后，应重新检查起爆网路，核准无误后才能接入起爆装置。

5.4.4.4 在有瓦斯（如下水道）和可燃粉尘的环境进行拆除爆破和城镇浅孔爆破，应按 5.3.7 的有关规定制定安全操作细则。

5.4.5 起爆前应派人检查现场，核实警戒区无人后报告指挥部或爆破工作负责人。

5.4.6 水压爆破

5.4.6.1 水压爆破设计应有泄水设计，避免泄水对周围环境造成危害；同时，还应根据拆除物的材质和结构的不均匀性采取相应措施，防止发生意外飞石事故。

5.4.6.2 拆除物盛水部位应按设计要求注水并校核注水后结构的安全。

5.4.6.3 水压爆破应采用防水炸药和防水起爆器材，或经过防水处理的爆破器材。

5.4.6.4 装药应用竹（木）棍或结实的绳索等物，将药包定位在设计位置，不应采用起爆电线或导爆管直接悬挂药包。

5.4.7 在建（构）筑物和重要设施附近进行拆除爆破和岩土爆破，若有可能引起民房或设施损坏，应进行地震安全监测。

5.5 水下爆破

5.5.1 一般规定

5.5.1.1 在通航水域进行水下爆破时，一般应在三天之前由港航监督部门会同公安部门发布爆破施工通告。

5.5.1.2 爆破工作船及其辅助船舶，应按规定悬挂信号（灯号）。

5.5.1.3 进行水下爆破前，除按 4.8 作相应准备工作外，还应做好下列各项工作：

——准备救生设备；

——检查爆破工作船技术性能；

——爆破器材的水上运输和贮存；

——危险区的船舶、设备、管线及临水建筑物的安全防护；

——水域危险边界上警告标志、禁航信号、警戒船舶和岗哨等的设置；

——检查水域中遗留的爆炸物和水中带电情况；

——当实行 4.10.5 的照明规定确有困难时，应按实际情况提出安全可靠的照明方法，并报工程负责人批准。

5.5.1.4 爆破工作负责人应根据爆破区的地质、地形、水位、流速、流态、风浪和环境安全等情况布置爆破作业。

5.5.1.5 水下爆破应使用防水的或经防水处理的爆破器材；用于深水区的爆破器材，应具有足够的抗压性能，或采取有效的抗压措施；水下爆破使用的爆破器材应进行抗水和抗压试验。

5.5.1.6 水下爆破的药包和起爆药包，应在专用的加工房内或加工船上制作。

5.5.1.7 起爆药包，只准由爆破员搬运。搬运起爆药包上下船或跨船舷时，应有必要的防滑措施。用船只运送起爆药包时，航行中应避免剧烈的颠簸和碰撞。

5.5.1.8 现场运输爆破器材和起爆药包，应专船装运。用机动船装运，应采取防电、防振及隔热措施。

5.5.1.9 爆破作业船上的工作人员，作业时应穿好救生衣，不能穿救生衣作业时，应备有相应数量的救生设备。无关人员不准许登上爆破作业船。

5.5.1.10 用电力和导爆管起爆网路时,每个起爆药包内安放的雷管数不宜少于2发,并宜连成两套网路或复式网路同时起爆。

5.5.1.11 水下电爆网路的导线(含主线连接线)应采用有足够强度且防水性和柔韧性良好的绝缘胶质线,爆破主线路呈松弛状态扎系在伸缩性小的主绳上;水中不应有接头。

5.5.1.12 不宜用铝(或铁)芯线作水下电爆网路的导线。

5.5.1.13 流速较大时宜采用导爆索起爆网路。

5.5.1.14 起爆药包使用非电导爆管雷管及导爆索起爆时,应做好端头防水工作,导爆索搭接长度应大于0.3 m。

5.5.1.15 导爆索起爆网路应在主爆线上加系浮标,使其悬吊;应避免导爆索网路沉入水底造成网路交叉,破坏起爆网路。

5.5.1.16 盲炮应及时处理;遇有难于处理而又危及航行船舶安全的盲炮,应延长警戒时间,继续处理。

5.5.2 水下裸露药包爆破

5.5.2.1 水下裸露药包(含加重物)应有足够的重量能顺利自沉,药包表面应包裹良好,防止与礁石(或被爆破物)碰撞、摩擦。

5.5.2.2 捆扎药包和连接加重物,应在平整的地面或木质的船舱板上进行,并应捆扎牢实。

5.5.2.3 在施工现场,已加工好的裸露药包,允许临时存放在爆破危险区外的专用船上或陆地上,并派专人看守,但不应存放过夜。

5.5.2.4 投药船应用稳定性和质量好的船只,工作舱内和船壳外表不应有尖锐的突出物。

5.5.2.5 在投药船的作业舱内,不应存放任何带电物品。

5.5.2.6 药包投放应使用绳、缆、杆牵引,不应直接牵引起爆网路。

5.5.2.7 在急流河段爆破时,投药船应由定位船或有固定端的绳缆牵引,定位船的位置应设标控制,不应走锚移位。

5.5.2.8 投药船离开投放药包的地点后,应反复检查船底和船舵、推进器、装药设备等是否挂有药包或缠有网路线。

5.5.2.9 已投入水底的裸露药包,不应拖曳和撞击,并采取防止漂移措施,若有药包漂出水面不准起爆。

5.5.3 水下钻孔爆破

5.5.3.1 水下钻孔位置应准确测定,经常校核;孔口应有可靠的保护措施。

5.5.3.2 用金属或塑料筒加工成防水药筒盛装非抗水的散装炸药时,应在药面采取隔热措施,才准许用沥青或石蜡封口。

5.5.3.3 水下钻孔爆破,应采取隔绝电源和防止错位等安全措施,才准许边钻孔边装药。

5.5.3.4 钻孔装药时应拉稳药包提绳,配合送药杆进行,不应从管口或孔口直接向孔内投掷药包,不应强行冲压卡塞的钻孔药包;用护孔管装药时,每装入一节药包,应提升一次护孔管,待该孔装药完毕,护孔管提离药包顶面后,才准填入填塞物。

5.5.3.5 水下深孔采取分段装药时,各段均应装有起爆药包。各起爆药包的导线应标记清楚,防止错接。

5.5.3.6 提升套管(含护孔管)应注意保护药包引出线,移船时应注意保护起爆网路,在急流区,对孔口段的导线应加以保护。

5.5.4 水下岩塞爆破

5.5.4.1 水下岩塞爆破的设计,除应遵照附录 A,附录 B,附录 C 的有关内容外。还应包括以下内容:

——岩塞口水下地形图(1:100 ~ 1:200);

——岩塞与聚渣坑的稳定性及其围岩渗漏性的分析报告;

——对水文地质情况的分析;

——采用硐室方案时,导硐及硐室开挖程序和相应爆破规模的规定;

——岩塞周边应采用预裂或光面爆破;

——水中冲击波、涌水对周围建(构)筑物影响的分析论证。

5.5.4.2 岩塞厚度小于 10 m 时,不宜采用硐室爆破法。

5.5.4.3 药室导硐开挖应遵守下列规定:

——每次循环进尺不应超过 0.5 m,每孔装药量不应大于 150 g,每段起爆药量不应超过 1.5 kg;导硐的掘进方向朝向水体时,超前孔的深度不应小于炮孔深度的 3 倍;

——应用电雷管或非电导爆管雷管远距离起爆;

——起爆前所有人员均应撤出隧硐;

——离水最近的药室不准超挖,其余部位应严格控制超挖、欠挖;

——每次爆破后应及时进行安全检查和测量,对不稳围岩进行锚固处理,只有确认安全无误,方可继续开挖。

5.5.4.4 装药工作开始之前,应将距岩塞工作面 50 m 范围内的所有电气设备和导电器材全部撤离。

5.5.4.5 装药填塞时,照明应遵守下列规定:

——药室硐内只准用绝缘手电照明,并应由专人管理;

——距岩塞工作面 50 m 范围内,应用探照灯远距离照明;

——距 岩塞工作面 50 m 以外的隧硐内,可用常规照明。

5.5.4.6 装药堵塞时应进行通风。

5.5.4.7 岩塞爆破宜采用复式电爆网路;当使用导爆管起爆网路时,应采用双复式起爆网路,接出硐外引爆;起爆网路使用的炸药和雷管,应按设计要求进行防水试验。

5.5.4.8 电爆网路的主线,应采用防水性能好的胶套电缆,电缆通过填塞段时,应采用可靠的保护措施。

5.5.5 破冰爆破和冰下炸礁

5.5.5.1 破冰爆破的爆破段(班)长,应由有破冰经验的爆破员担任。

5.5.5.2 破冰爆破应用耐冻和抗水的爆破器材,如用非抗水的爆破器材,应进行防水处理。

5.5.5.3 保护物周围的冰层,应用人工破碎;在特殊情况下,经主管单位批准和有关部门同意,才可使用小药包爆破破冰。

5.5.5.4 用爆破法排除保护物附近的阻塞冰块、冰排时,一次爆破的炸药量应根据保护物的坚固性和安全距离确定。需要破碎大块流动的冰排(块)时,应在被阻塞的河段或保护物的上游进行爆破。

5.5.5.5 由船上跨至冰层上作业的爆破员,应穿好救生衣,携带杆子和木板,并系好安全带。

5.5.5.6 用裸露药包爆破冰层下的礁石时,应遵守下列规定:

——冰层厚度应大于0.5 m；

——加工好的裸露药包，可用木制爬犁运输，但不应混装其他物品；

——在开凿的冰孔或爆破形成的冰穴和冰块附近应设标记。

5.5.6 围堰、堤坝和挡水岩坎爆破

5.5.6.1 一、二、三级水利水电枢纽工程的围堰、堤坝和挡水岩坎的拆除爆破，设计文件除应遵照附录A、附录B、附录C的规定外，还应包括以下内容：

——爆破区域与周围建(构)筑物的详细平面图；爆破对周围被保护建(构)筑物和岩基影响的详细论证；

——爆破后需要过流的工程，应有确保过流的技术措施，以及流速与爆渣关系的论证；

——监测方案。

5.5.6.2 一、二、三级水电枢纽工程的围堰、堤坝和挡水岩坎需要爆破拆除时，宜在修建时就提出爆破拆除的方案或设想，收集必须的基础资料和采取必要的措施。

5.5.6.3 采用水下钻孔爆破方案时，侧面应采用预裂爆破，并严格控制单响药量以保护附近建(构)筑物的安全。

5.5.6.4 用水平钻孔爆破时，装药前应认真清孔并进行模拟装药试验，填塞物应用木楔楔紧。

5.5.6.5 宜采用导爆管起爆网路或导爆管与导爆索混合起爆网路起爆。

5.5.6.6 当采用5.5.6.5起爆方式时网路连接应采用复式或双复式。在水深流急的环境应有防止起爆网路被水流破坏的安全措施。

5.5.6.7 在紧急状态下，需要尽快炸开围堰、堤坝分洪时，可以由防汛指挥部直接指挥爆破工程的设计和施工，不必履行正常情况下的报批手续。

5.5.6.8 一、二级水利水电枢纽工程的围堰、堤坝和挡水岩坎的爆破拆除工程，应进行爆破振动与水中冲击波效应观测和重点被保护建(构)筑物的监测。

5.5.7 软基处理爆破

5.5.7.1 用裸露药包爆破时，应遵守水下裸露药包爆破的规定。

5.5.7.2 同一炮孔间隔装药时，在装上层药包之前，应将套管底提到中间填塞段再装药。药包间应留有足够安全间距，起爆顺序是自下而上。

5.5.7.3 有涌沙需在泥浆护孔条件下装药时，若药包比重小于泥浆比重，药包应加配重；不应用炮棍快速强行下压。

5.5.7.4 装药后，应当班起爆。

5.5.7.5 应控制药量以便减弱水中冲击波强度，注意保护周围环境和水产资源。

5.5.8 海上救助和沉船处理爆破

5.5.8.1 海上救助爆破时，允许在作业船上设置供爆破器材贮存和加工的临时专用舱。

5.5.8.2 海上运输爆破器材，应使用符合航海等级的船舶，爆破器材应包装完好，不准分散装卸。

5.5.8.3 夜间进行潜水爆破，应有良好的照明和通讯设备。

5.5.8.4 潜水爆破的炸药包，应由经过爆破培训的潜水员安放。

5.5.8.5 潜水爆破作业前，应对被爆物(如沉船等)进行检测，如果被爆物内有易燃、易爆、有毒、放射性等危险物品时应采取有效的安全措施才准爆破。

5.5.8.6 潜水爆破应在潜水员离开水面，并将作业船移至安全地点后，才准起爆。

5.5.8.7 不应在潜水爆破作业的同时进行电氧切割、电焊或其他与爆破无关的水下作业。

5.5.8.8 同一爆破区的起爆导线,应并为一束,并用绳索加强,下端固定,在潮流流向下方出水,严防与潜水装具或管线等挂缠。

5.5.8.9 潜水爆破宜用导爆管起爆网路。

5.5.8.10 潜水爆破如用电力起爆,应遵守下列规定:

——应用抗杂电和防水的金属壳电雷管;

——起爆主线应用双芯屏蔽电缆;

——安放药包时,不应使用水下照明灯;

——潜水员离开水面之前,不准许校核起爆网路电阻和连接起爆主线。

5.5.8.11 沉船爆破应遵守下列规定:

——药条应紧贴船体;

——海况差时应采用复式起爆网路;

——大药量时宜采用毫秒延时爆破。

5.6 金属爆破与爆炸加工

5.6.1 一般规定

5.6.1.1 金属爆破与爆炸加工,应按爆破设计书进行,爆破设计书应经单位主要负责人批准。

5.6.1.2 承担单位应持有公安部门颁发的“爆炸物品使用许可证”,并经县级以上公安部门同意进行金属爆破与爆炸加工。

5.6.1.3 金属爆破与爆炸加工,应在专用爆炸场所内进行。爆炸加工对象、品种、规模大小,以及厂区布置,应经主管部门和公安部门批准。

5.6.1.4 爆炸加工厂房应有防振基础、防塌墙及轻型屋顶,地基周围应有防震沟。建筑物的高度和结构,防震沟的深度等,均应根据最大允许炸药量来确定。

5.6.1.5 爆炸加工厂房应有良好的通风系统或真空系统,应设有安全联锁装置和必要的给排水系统;其中测试线路与起爆线路应严格分开铺设。

5.6.1.6 爆炸加工厂房应包括作业建筑物和辅助建筑物两部分。非操作人员不应在作业建筑物中逗留。

5.6.1.7 爆炸加工场应建于空旷且有优越自然屏障条件的丘陵或山区;应远离居民点、高压线、强射频台、桥梁、铁道、公路、水坝等设施;最大装药爆炸时,在最近的工业及民用建筑物上的空气冲击波超压应小于 0.02×10^5 Pa,在最近村庄和居民区的爆炸噪声应小于 120 dB;应只有一条通道通往爆炸加工场。

5.6.1.8 爆炸加工场的安全范围,应设有围墙、篱笆或铁丝网。

5.6.1.9 爆炸加工场应设有避炮掩体。掩体观察口应可视爆炸点全景,掩体入口方向应与爆炸点相背,掩体到爆炸点的距离按空气冲击波安全允许距离计算,掩体大小以能容纳三人为宜。

5.6.1.10 爆炸加工应使用电力起爆,且由一人负责接通电雷管与起爆操作。

5.6.1.11 制作药包应采用专用工具并在专用操作间内进行。炸药中不应混入砂子或金属屑等杂物。

5.6.1.12 爆炸压床操作时,雷管与炸药被送入爆炸腔内且关严后,才允许起爆。

5.6.1.13 火药锤应以黑火药或无烟药作能源。最大装药量应由设计确定,不得超药量进行操作。

5.6.1.14 在爆炸加工厂房或地下室进行爆破后,应充分通风,待炮烟吹散后,方可进行新的作业。

5.6.1.15 加工 TNT 炸药的人员,应做好卫生防护工作。

5.6.1.16 在金属爆破与爆炸加工作业中若发生不完全爆炸,飞散的炸药残块应仔细回收,单独保存,集中销毁。

5.6.2 金属破碎爆破

5.6.2.1 采用多个药包同时破碎金属结构物时,使用瞬发电雷管或导爆索起爆,不应用导火索或延时雷管起爆。使用电雷管起爆时,起爆线应与金属结构物绝缘。

5.6.2.2 用火焰喷射法在金属结构物内钻孔时,应待孔壁温度降到 40℃以下,孔内金属屑清除干净,方准装药。

5.6.2.3 非钻孔金属破碎爆破,炸药应设置于工件上表面,不应将炸药设置在工件之下或工件空腔内。采用双向装药爆炸切割时,炸药应交错安放在工件两侧。

5.6.2.4 金属破碎专用爆炸场(坑),不应用于废枪弹、炮弹等军用品的销毁。

5.6.3 高温热凝结构爆破

5.6.3.1 热凝结构破碎应采用钻孔爆破,并用导爆索与导火索起爆,用专门加工的炮泥填塞。

5.6.3.2 炮孔底部温度超过 200℃时,除专用定型隔热药包外,不应向炮孔内装药;温度低于 200℃时,可向炮孔内装药,但药包应进行隔热处理,确保药包内温度不超过 80℃。

5.6.3.3 爆破前应先做隔热试验,将雷管用石棉严密包裹放入炮孔内,如果雷管在 5 min 内仍未自爆则为合格;否则应加厚石棉包裹,再做实验。

5.6.3.4 炮孔底部温度超过 80℃时,药包及导爆索或导火索应用石棉全部包起来,导火索的长度不应小于 0.6 m,一次装药、堵塞、连线时间不应超过 4 min。

5.6.3.5 炮孔底部温度低于 80℃时,药包可用其他包装形式,一次装药填塞、连线时间不超过 5 min。

5.6.3.6 多个药包同时进行爆破,炮孔底部温度低于 80℃时,允许每人装药的孔数不超过二个。

5.6.3.7 采用新型隔热材料经模拟试验确认安全可靠后,经单位领导人批准可适当延长爆破作业时间和同时装药的孔数。专用定型隔热药包的作业时间和装药孔数应根据产品说明书确定。

5.6.3.8 邻近有炉子出铁(铜)渣时,炉内不准进行爆破。

5.6.4 拆船切割爆破

5.6.4.1 油仓、机仓的爆炸切割,应事先将仓内残留的机油或燃油抽净,并向仓内注水方可施工。

5.6.4.2 雷管底部聚能穴应与切割用药条良好接触,在药条端部引爆。同一次布设两个以上药条时,应同时引爆。

5.6.4.3 爆破安全允许距离由设计确定,但不应小于 150 m。

5.6.4.4 浸在水中的金属结构拆除应采用防水炸药,如果用普通炸药,应作防水处理。

5.6.4.5 置于拆船厂内的船体,不宜采用爆炸法破碎。

5.6.5 爆炸成型和爆炸复合

5.6.5.1　爆炸成型和复合应按设计的工艺要求进行作业，采用反射板时，应严格控制装药量，防止反射板碎片飞散。

5.6.5.2　爆炸成型以水为传压介质时，应使用防水爆破器材。

5.6.5.3　在室内爆炸井中进行作业时，应检查确认井盖自锁、井内已达到预定的真空度后，才可起爆。

5.6.5.4　爆炸作业场地应平整，应清除地面石渣及周围 50 m 范围内的杂草、树丛等可燃物；爆炸复合时，操作人员应隐蔽到掩体内，并在安全区周围设警戒。

5.6.5.5　使用铵油炸药和 $2^{\#}$ 岩石硝铵炸药敷设在复板表面进行爆炸复合时，应选用可稳定爆轰的优质炸药。

5.6.5.6　爆炸复合不宜在干燥、大风天作业。

5.6.5.7　复合板上面敷设炸药的框子，宜使用木框或油毡纸框，不宜用金属框（如型铝框）。

5.6.5.8　复合板爆前准备及爆后处理的生产厂房，应与爆炸场异地设置。

5.6.5.9　在露天场地用大药量对大型金属板进行爆炸复合（简称大板复合）作业，其允许最大炸药量和每天爆炸作业次数，应报主管部门和公安部门批准。

5.6.6　爆炸硬化和爆炸压实

5.6.6.1　爆炸硬化作业宜在空旷的爆炸加工场上进行；若在厂房中专用爆炸容器中进行，不宜在设备上直接操作。

5.6.6.2　爆炸硬化用炸药的制备，应在专业技术人员指导下，按照安全操作规程和工艺在专门的操作间进行。

5.6.6.3　爆炸硬化过程中有可能造成零件的边缘和突出部位崩落、飞溅时，应充分考虑个别飞散物的安全允许距离。

5.6.6.4　爆炸压实通常使用硝铵类炸药；若需在其中掺加一定比例的黑索金，应制定掺混操作细则。

5.6.7　爆炸压接和爆炸焊接

5.6.7.1　连接输电导线的爆炸压接作业，宜采用导爆索为能源，其使用与制备应制定安全细则。

5.6.7.2　输电线路带电进行爆炸压接时，应采取有效措施，防止雷管早爆事故和线间绝缘降低导致的次生事故。

5.6.7.3　管内衬管复合时在衬管内腔装药应由熟练爆破员操作，现场应有专人指挥；安全允许距离的设计，应充分考虑管子炸裂形成的飞片。

5.6.7.4　管－管外爆炸复合时，装于外管外侧的装药外表面应用油毡纸、硬壳纸或薄壁塑料管进行包裹。

5.6.8　爆炸合成金刚石

5.6.8.1　爆炸合成金刚石、爆炸合成超硬相立方氮化硼（CBN）和铅锌矿型氮化硼（WBN）等超硬材料，其使用的黑索金、黑索金－梯恩梯熔铸高能炸药、奥克托金炸药的保管、运输以及黑－梯炸药配制及装药操作，应制定安全细则。

5.6.8.2　爆炸合成金刚石应在爆炸加工场进行。

5.7　地震勘探爆破

5.7.1　在有射频电源、高压电网和其他电磁波干扰源附近，一般不宜进行爆破作业；若需进行爆破时,应经主管单位总工程师批准。

5.7.2 爆破作业站应设在上风方向的安全区内,并与炮孔口有良好的通视。因地形限制起爆人员看不到爆破区时,应派人站在双方均能看到的位置,用旗语联系,不准用口语代替旗语。

5.7.3 在爆破作业站周围20 m范围内,无关人员不应进入,站内不准堆放与爆破作业无关的物品。

5.7.4 爆破点与爆破作业站之间,应尽量避开输电线路;若有输电线路通过,应采取防止早爆和输电线路断路和短路的安全措施。

5.7.5 装药前,应检查起爆网路导线、记时线和电话通讯线是否破损,确认绝缘良好才允许将网路导线两端短路。起爆网路导线与计时线,应用明显标记加以区别。

5.7.6 同一爆破作业站,只准使用一套起爆网路导线作业;在同一爆炸点上应只有一个起爆药包(组合爆破除外)。

5.7.7 由爆破中心作业站遥控起爆时,仪器操作员应得到爆破员通知并确认无误方准起爆。

5.7.8 爆破后5 min,方准人员进入爆破区检查;在无机械通风的溶洞、涵洞、小坑道或小井内爆破,应按设计执行,但至少等待20 min以上,待炮烟排除后,人员方可进入爆破区。

5.7.9 在水坑或其他浅水区爆破,装药点应距水面1.5 m以下。

5.7.10 使用导爆索作爆破震源时,用于挖沟和敷设导爆索的机械未离开沟线,不应倒车和回转。

5.7.11 炮孔(井、坑)发生药包堵塞现象和拒爆,均应按盲炮处理,不应用钻杆捅井或用钻机动力强制下药,不应强提起爆线,不应将药包埋在炮孔(井、坑)里。

5.7.12 已加工好的下井(坑)药包,不应在野外过夜;特殊情况下需在野外过夜时,应派专人看管。

5.7.13 在水域进行勘探爆破,应遵守5.5的有关规定。

5.7.14 地震勘探作业船上的爆破作业人员,应进行培训考核。作业船上应有个人救生设备。

5.7.15 爆破作业船与地震勘探船之间无可靠通讯联络时,不应爆破。

5.7.16 爆破作业船与地震勘探船之间的距离,由设计确定但不应小于150 m。

5.7.17 水中不同深度的爆破药包,应在其对应的水面上设置明显的浮标标志。

5.7.18 下放药包时,药包下应系配重,以防止药包上浮。起爆网路导线应由专人看管,并悬挂在高处,不应用起爆网路导线将浮标系在药包上。

5.7.19 爆破作业船不应在水中及水底拖曳药包,药包安放到指定位置后,爆破作业船方准离开作业地点。爆破作业船撤至安全地点后,应再次检查船体外表及周围水域是否挂带有药包,确认无误,方可进行导通检测、发出起爆信号,进行爆破。

5.7.20 从装药至爆破警报解除的时间里,所有来往船只应按爆破员所发信号指定的航向航行,不应进入爆破危险区域或靠近爆破作业船;船舶航行的上、下游,应设置警戒船进行警戒,防止无关船只误入危险区。

5.7.21 采用气枪作震源,应按专门的设计进行。

5.8 油气井爆破

5.8.1 油气井爆破施工前,应测量施爆处的井深和井温,计算井压并根据井压和井温选择爆破器材的类型。

5.8.2 进行油气井爆破作业使用的电器仪表,其对地绝缘和仪表线路间绝缘电阻应大于

$20\times10^{6}\Omega$。

5.8.3 保管炸药、射孔弹和取芯器火药应遵守下列规定：

——在单独的库房内存放于油管内的传爆射孔弹，不应与其他射孔弹、导爆索等混合放置；

——及时销毁交库的拒爆雷管、炸药和火药。

5.8.4 处置和组装爆破器材时，应注意正确操作，不使部件受力，避免撞击、碾压及各种来源的火花。

已装弹的有枪身射孔器端部，应始终安装防护帽、塞或其他密封装置；密封装置应能在过热或起火条件下释放枪内压力；应保护好枪或带有暴露起爆部件的装置，使之不被损坏。

5.8.5 取芯器装药时，应将弹筒向上用钳子夹牢，并设有保护装置。放置衬垫时不应使用产生火花的工具，不应与烟火、电源接近。

已装药的取芯器弹筒应向上放置，不应将其朝向工作人员。

5.8.6 爆炸筒装药前应试压合格，才能装填。装填炸药，应指派爆破员在离钻机、居民点和建筑物不小于 50 m 的低沟处进行，无关人员不应在场。装药后应将操作筒的丝扣擦拭干净，然后上紧筒帽。不应把破壳射孔弹药柱捣碎装入爆炸筒。

往爆炸筒内装雷管时，不应用力拉动脚线或冲击摩擦。

5.8.7 有枪身和无枪身的射孔枪装配时，应遵守下列规定：

——装有枪身的射孔枪时应用送弹器将射孔弹依次送入，导爆索应拉直，但不应用力过猛。上枪尾时应用手托好定位；

——装无枪身内、外传爆射孔弹的雷管时，应捆系牢固，不应脱落、摩擦。

5.8.8 在井场装药(弹)时应离开井口和电源，枪身两侧不准站人。

5.8.9 爆炸筒、射孔枪(弹)、取芯器搬到井口前，应切断一切电源。绞车、仪器车应接好地线，待爆炸筒、射孔枪(弹)、取芯口进入井内 50 m 方可检查通断情况。井口接炮前应断掉仪器电源，将缆芯接地放电，确认缆芯无电后，方可将缆芯与炮线接通。

5.8.10 不应利用已装药的爆炸筒、射孔枪(弹)、取芯器捅井。爆炸筒的上升和下放速度不应超过 3 000 m/h，有枪身的射孔枪不应超过 7 000 m/h；无枪身的射孔枪不应超过 4 000 m/h，过油管射孔枪不应超过 2 000 m/h；取芯器的上升速度不应超过 3 000 m/h，下放速度不应超过 5 000 m/h。弹体下放中，点火保险应断开。

5.8.11 在硫化氢、一氧化碳含量大于 1 g/m^3 的油气井中进行爆炸、射孔和取芯时，井口工作人员应佩戴防毒面具。

5.8.12 用导爆索爆炸松扣解卡时，大钳周围不应站人，装配好的高温导爆索和高温管束的直径，不应超过导向套(扶正器)的直径。在含硫化氢、井温高于 130℃、液压高于大气压 50 MPa 的井内，不应使用塑料导爆索。

5.8.13 电缆布弹应遵守下列规定：

——用电雷管起爆时，应选用安全磁电雷管，并用专用起爆器起爆。弹体的耐温耐压性能应满足该施工井的要求；

——电缆升降中应避免打结、扭缠，出现异常时，应立即停车处理；

——起爆前应复核弹体深度。

5.8.14 管柱布弹时应认真校核弹体下井深度，并遵守下列规定：

——管柱下井前，需将每根管柱逐一用热蒸汽冲洗，保证管柱畅通；

——将下井的投送管柱每10根一组排好序号,测量纪录每组管柱长度,以便确定下井深度;

——在弹体以上40 m~50 m处应加一根1 m~2 m的校位短节,以便测定弹体深度。弹体与管柱连接中间应加一根大于2 m的安全短节,以免弹体引爆后损坏管柱;

——防止落物掉进管柱空腔内,引起误爆。弹体定位后应洗井,准备投棒引爆。

5.8.15 油、气井爆炸灭火应遵守下列规定:

——编写爆破设计,呈报上级机关批准并向公安部门备案;

——由企业主管生产的领导或主管工程师亲自指挥;

——地面装药地点应设在井口火源的上风侧,其距井口的水平距离不应小于100 m,并设安全警戒;

——安放炸药的木箱内、外,应用耐火材料包裹并用石棉绳紧密缠绕。石棉绳应浸水(用于气井燃烧)或浸泡沫灭火剂(用于油井燃烧);

——全部高压灭火水龙头应配足水源,并聚集在药箱和火苗与喷气界面处。爆破前,全部高压水龙头应固定在设计的位置。

5.8.16 盲炮处理应遵守以下规定:

——处理电缆布弹的盲炮经检查是线路不通时,应关闭引爆开关,上提弹体(速度小于3 000 m/h)。弹体提到井口时,关闭井场所有电源、移动电话、传呼机、剪断引爆线,提出井口后拆出引爆体。确定盲炮是引爆体造成还是弹体漏水所致,再作处理;

——处理撞击引爆的盲炮,先检查撞击棒是否卡住;投棒1 h后未引爆,用水泥泵加压,冲洗投送管柱,使投棒解卡;或用投棒打捞器下井将投捧打捞上来,洗井、再投棒,不应采用追加投棒处理法;当撞击器失灵不能引爆时,应提升管柱,将弹体提升到距井口约两根管柱长度时,由现场技术人员处理;已损坏的弹体应及时销毁;

——处理定时的盲炮应在井下放置24 h,使定时器电源耗尽再处理。

5.8.17 拒爆的爆炸筒、射孔器、取芯器提出井口前,应切断仪器电源和引爆电源,提出井口后剪断导线,使其短路,并立即卸掉起爆器或雷管,搬运到安全地点。

拒爆的电雷管应就地销毁;打开拒爆的取芯器的取芯药室时,不应使用金属工具敲砸,应先在药室内灌上水再用专用工具打开;应在现场附近安全地点用爆炸法销毁拒爆的爆炸筒;用燃烧法销毁取心器内的火药;射孔器按规定拆掉点火装置,然后拆卸射孔弹,分别存放,交库统一销毁。

5.9 钻孔雷爆

5.9.1 实施钻孔雷爆应做好下列准备工作:

——勘查井场环境,了解待保护目标的类型、结构及距离;

——测试井场周围杂散电流;

——了解井位地质资料、岩心柱状图以及含水层的位置及范围;

——掌握凿井施工的倾斜方向及偏差度;

——清洗井筒,清除残留岩心及障碍物。

5.9.2 钻孔雷爆的装药

5.9.2.1 装药药筒直径不宜超过井筒直径的0.8倍,装药长度宜为含水层高度的0.5倍。

5.9.2.2 药筒筒体应采用有一定强度的金属材料制成,筒口用密螺纹筒盖扣紧,装药与顶盖间应填满隔水物(黄油或沥青),顶盖设小孔穿出起爆线,药筒底部宜用铁砂增重。

5.9.2.3 宜选用猛度与密度较大并有良好耐压抗水性能的炸药。

5.9.2.4 钻孔雷爆用电力起爆或非电导爆管起爆时,应采用双雷管。装雷管后不准冲击、摩擦筒体。

5.9.2.5 装药前应先检查孔壁,排除阻挡杂物,保持井壁稳固。

5.9.2.6 宜用模拟药筒进行装药试验。

5.9.2.7 爆破筒搬到井口前应切断周围一切电源,待药筒进入井内 50 m 后,方可检查导通电爆网路。

5.9.2.8 装药前应将孔口重要设施、绞车、支架等迁到 50 m 以外的安全地点;孔内缺水时进行灌水,使水位高出药筒顶部 2 m 以上。

5.9.2.9 装药时应有专人负责保护起爆网路。药筒应用标有定长标记的铜丝绳缓缓吊入井筒,确保药筒到达含水层位置,固定于孔中心。

5.9.3 起爆站宜设置在钻孔上风侧,站内不应堆放与爆破无关的设备和用具。

5.9.4 拒爆药筒提出井口前应先切断电源,提出井口后将雷管脚线短路,运到安全地点,再拆除雷管,分别存放,统一销毁。

5.10 桩井爆破

5.10.1 桩井掘井爆破,应遵守 5.2.6 和 5.2.7 中的有关规定。

5.10.2 桩井爆破应有专人负责指挥爆破作业与施工。

5.10.3 桩井爆破应严格控制超挖量。不应过量装药,掏槽眼与周边孔不应同时起爆。

5.10.4 井深不足 10 m 时,井口应做重点覆盖防护;井深超过 10 m 时则作一般防护。

5.10.5 桩井掘进应合理安排工序或采取措施,控制掘进爆破对邻井的震动影响,保证邻井井壁和桩体的安全。

5.10.6 爆后应及时清渣修整井壁。每次钻孔施工前,应测量井深,记录进尺。桩脚扩挖应调整布孔参数。

6 安全允许距离与环境影响评价

6.1 一般规定

6.1.1 爆破、爆破器材销毁以及爆破器材库意外爆炸时,爆炸源与人员和其他保护对象之间的安全允许距离,应按爆破各种有害效应(地震波、冲击波、个别飞散物等)分别核定,并取最大值。

6.1.2 各种爆破器材库之间以及仓库与临时堆放点之间的距离,应大于相应的殉爆安全距离。各种爆破作业中,不同时起爆的药包之间的距离,也应满足不殉爆的要求。

6.1.3 确定爆破安全允许距离时,应考虑爆破可能诱发滑坡、滚石、雪崩、涌浪、爆堆滑移等次生有害影响,适当扩大安全允许距离或针对具体情况划定附加的危险区。

6.2 爆破振动安全允许距离

6.2.1 评价各种爆破对不同类型建(构)筑物和其他保护对象的振动影响,应采用不同的安全判据和允许标准。

6.2.2 地面建筑物的爆破振动判据，采用保护对象所在地质点峰值振动速度和主振频率；水工隧道、交通隧道、矿山巷道、电站(厂)中心控制室设备、新浇大体积混凝土的爆破振动判据，采用保护对象所在地质点峰值振动速度。安全允许标准如表4。

表4 爆破振动安全允许标准

序号	保护对象类别	安全允许振速/(m/s)		
		<10 Hz	10 Hz~50 Hz	50 Hz~100 Hz
1	土窑洞、土坯房、毛石房屋[a]	0.5~1.0	0.7~1.2	1.1~1.5
2	一般砖房、非抗震的大型砌块建筑物	2.0~2.5	2.3~2.8	2.7~3.0
3	钢筋混凝土结构房屋[a]	3.0~4.0	3.5~4.5	4.2~5.0
4	一般古建筑与古迹[b]	0.1~0.3	0.2~0.4	0.3~0.5
5	水工隧道[c]	7~15		
6	交通隧道[c]	10~20		
7	矿山巷道[c]	15~30		
8	水电站及发电厂中心控制室设备	0.5		
9	新浇大体积混凝土[b]： 龄期：初凝~3 d 龄期：3 d~7 d 龄期：7 d~28 d	 2.0~3.0 3.0~7.0 7.0~12		

注1：表列频率为主振频率，系指最大振幅所对应波的频率。

注2：频率范围可根据类似工程或现场实测波形选取。选取频率时亦可参考下列数据：硐室爆破<20 Hz；深孔爆破10 Hz~60 Hz；浅孔爆破40 Hz~100 Hz。

a 选取建筑物安全允许振速时，应综合考虑建筑物的重要性、建筑质量、新旧程度、自振频率、地基条件等因素。

b 省级以上(含省级)重点保护古建筑与古迹的安全允许振速，应经专家论证选取，并报相应文物管理部门批准。

c 选取隧道、巷道安全允许振速时，应综合考虑构筑物的重要性、围岩状况、断面大小、深埋大小、爆源方向、地震振动频率等因素。

d 非挡水新浇大体积混凝土的安全允许振速，可按本表给出的上限值选取。

6.2.3 爆破振动安全允许距离，可按式(1)计算。

$$R=\left(\frac{K}{V}\right)^{\frac{1}{a}}\cdot Q^{\frac{1}{3}} \tag{1}$$

式中 R——爆破振动安全允许距离，单位为米(m)；

Q——炸药量，齐发爆破为总药量，延时爆破为最大一段药量，单位为千克(kg)；

V——保护对象所在地质点振动安全允许速度，单位为厘米每秒(cm/s)；

K、a——与爆破点至计算保护对象间的地形、地质条件有关的系数和衰减指数，可按表5选取，或通过现场试验确定。

表5　爆区不同岩性的 K、α 值

岩　性	K	α
坚硬岩石	50 ~ 150	1.3 ~ 1.5
中硬岩石	150 ~ 250	1.5 ~ 1.8
软岩石	250 ~ 350	1.8 ~ 2.0

群药包爆破,各药包至保护目标的距离差值超过平均距离的10%时,用等效距离 R_e 和等效药量 Q_e 分别代替 R 和 Q 值。R_e 和 Q_e 的计算采用加权平均值法。

对于条形药包,可将条形药包以1~1.5倍最小抵抗线长度分为多个集中药包,参照群药包爆破时的方法计算其等效距离和等效药量。

6.2.4　6.2没有包括的一般保护对象的爆破振动安全标准,可参照6.2的规定由设计论证提出;特别重要的保护对象的安全判据和允许标准,应由专家论证提出。

城镇拆除爆破安全允许距离由设计确定。

6.2.5　在特殊建(构)筑物附近或爆破条件复杂地区进行爆破时,应进行必要的爆破振动监测或专门试验,以确保保护对象的安全。

6.2.6　在复杂环境中多次进行爆破作业时,应从确保安全的单响药量开始,逐步增大到允许药量,并按允许药量控制一次爆破规模。

6.3　爆破冲击波安全允许距离

6.3.1　露天裸露爆破大块时,一次爆破的炸药量不应大于20 kg,并应按式(2)确定空气冲击波对在掩体内避炮作业人员的安全允许距离。

$$R_k = 25\sqrt[3]{Q} \tag{2}$$

式中　R_k——空气冲击波对掩体内人员的最小允许距离,单位为米(m);

Q——一次爆破的炸药量,秒延时爆破取最大分段药量计算,毫秒延时爆破按一次爆破的总药量计算 ,单位为千克 (kg)。

6.3.2　地表大药量爆炸加工时,应核算不同保护对象所承受的空气冲击波超压值,并确定相应的安全允许距离。在平坦地形条件下爆破时,可按式(3)计算超压。

$$\triangle P = 14\frac{Q}{R^3} + 4.3\frac{Q^{\frac{2}{3}}}{R^2} + 1.1\frac{Q^{\frac{1}{3}}}{R} \tag{3}$$

式中　$\triangle P$——空气冲击波超压值 10^5 Pa;

Q——一次爆破的梯恩梯炸药当量,秒延时爆破为最大一段药量,毫秒延时爆破为总药量,单位为千克(kg);

R——装药至保护对象的距离,单位为米(m)。

空气冲击波超压的安全允许标准:对人员为 0.02×10^5 Pa;对建筑物按表6取值。空气冲击波安全允许距离,应根据保护对象、所用炸药品种、地形和气象条件由设计确定。

表6　建筑物的破坏程度与超压关系

破坏等级		1	2	3	4	5	6	7
破坏等级名称		基本无破坏	次轻度破坏	轻度破坏	中等破坏	次严重破坏	严重破坏	完全破坏
超压ΔP,10^5 Pa		<0.02	0.02~0.09	0.09~0.25	0.25~0.40	0.40~0.55	0.55~0.76	>0.76
建筑物破坏程度	玻璃	偶然破坏	少部分破呈大块,大部分呈小块	大部分破成小块到粉碎	粉碎	—	—	—
	木门窗	无损坏	窗扇少量破坏	窗扇大量破坏,门扇、窗框破坏	窗扇掉落、内倒,窗框、门扇大量破坏	门、窗扇摧毁,窗框掉落	—	—
	砖外墙	无损坏	无损坏	出现小裂缝,宽度小于5 mm,稍有倾斜	出现较大裂缝,缝宽5 mm~50 mm,明显倾斜,砖跺出现小裂缝	出现大于50 mm的大裂缝,严重倾斜,砖跺出现较大裂缝	部分倒塌	大部分到全部倒塌
建筑物破坏程度	木屋盖	无损坏	无损坏	木屋面板变形,偶见折裂	木屋面板、木檩条折裂,木屋架支坐松动	木檩条折断,木屋架杆件偶见折断,支坐错位	部分倒塌	全部倒塌
	瓦屋面	无损坏	少量移动	大量移动	大量移动到全部掀动	—	—	—
	钢筋混凝土屋盖	无损坏	无损坏	无损坏	出现小于1 mm的小裂缝	出现1 mm~2 mm宽的裂缝,修复后可继续使用	出现大于2 mm的裂缝	承重砖墙全部倒塌,钢筋混凝土承重柱严重破坏
	顶棚	无损坏	抹灰少量掉落	抹灰大量掉落	木龙骨部分破坏下垂缝	塌落	—	—
	内墙	无损坏	板条墙抹灰少量掉落	板条墙抹灰大量掉落	砖内墙出现小裂缝	砖内墙出现大裂缝	砖内墙出现严重裂缝至部分倒塌	砖内墙大部分倒塌
	钢筋混凝土柱	无损坏	无损坏	无损坏	无损坏	无破坏	有倾斜	有较大倾斜

6.3.3　爆破作用指数 $n<3$ 的爆破作业,对人员和其他保护对象的防护,应首先考虑个别飞散物和地震安全允许距离。

6.3.4　地下爆破时,对人员和其他保护对象的空气冲击波安全允许距离由设计确定。

6.3.5　水下裸露爆破,当覆盖水厚度小于三倍药包半径时,对水面以上人员或其他保护对象的空气冲击波安全允许距离的计算原则,与地面爆破时相同。

6.3.6　在水深不大于 30 m 的水域内进行水下爆破,水中冲击波的安全允许距离,应遵守下列规定。

对人员:按表 7 确定。

表 7　对人员的水中冲击波安全允许距离

装药及人员状况		炸药量/kg		
		≤50	>50 ~ ≤200	>200 ~ ≤1 000
水中裸露装药/m	游泳	900	1 400	2 000
	潜水	1 200	1 800	2 600
钻孔或药室装药/m	游泳	500	700	1 100
	潜水	600	900	1 400

对船舶:客船 1500 m。

施工船舶:按表 8 确定。

非施工船舶:可参照表 8 和式(4)根据船舶状况由设计确定。

表 8　对施工船舶的水中冲击波安全允许距离

装药及人员状况		炸药量/kg		
		≤50	>50 ~ ≤200	>200 ~ ≤1 000
裸露装药/m	木船	200	300	500
	铁船	100	150	250
钻孔或药室装药/m	木船	100	150	250
	铁船	70	100	150

一次爆破药量大于 1 000 kg 时,对人员和施工船舶的水中冲击波安全允许距离可按式(4)计算。

$$R = K_0 \sqrt[3]{Q} \tag{4}$$

式中　R——水中冲击波的最小安全允许距离,单位为米(m);

Q——一次起爆的炸药量,单位为千克(kg);

K_0——系数,按表 9 选取。

表 9　K_0 值

装药条件	保护人员		保护施工船舶	
	游泳	潜水	木船	铁船
裸露装药	250	320	50	25
钻孔或药室装药	130	160	25	15

6.3.7　在水深大于 30 m 的水域内进行水下爆破时,水中冲击波安全允许距离,应通过实测和试验研究确定。

6.3.8　在重要水工、港口设施附近及水产养殖场或其他复杂环境中进行水下爆破,应通过测试和邀请专家研究确定安全允许距离。

6.4　个别飞散物安全允许距离

6.4.1　爆破时,个别飞散物对人员的安全距离不应小于表 10 的规定;对设备或建设物的安全允许距离,应由设计确定。

6.4.2 抛掷爆破时，个别飞散物对人员、设备和建筑物的安全允许距离，应由设计确定，并报单位总工程师批准。

表10　爆破个别飞散物对人员的安全允许距离

爆破类型和方法		个别飞散物的最小安全允许距离/m
1. 露天岩土爆破[a]	a) 破碎大块岩矿： 裸露药包爆破法 浅孔爆破法	 400 300
	b) 浅孔爆破	200(复杂地质条件下或未形成台阶工作面时不小于300)
	c) 浅孔药壶爆破	300
	d) 蛇穴爆破	300
	e) 深孔爆破	按设计，但不小于200
	f) 深孔药壶爆破	按设计，但不小于300
	g) 浅孔孔底扩壶	50
	h) 深孔孔底扩壶	50
	i) 硐室爆破	按设计，但不小于300
2. 爆破树墩		200
3. 森林救火时，堆筑土壤防护带		50
4. 爆破拆除沼泽地的路堤		100
5. 水下爆破	a) 水面无冰时的裸露药包或浅孔、深孔爆破： 水深小于1.5m 水深大于6m 水深1.5～6m	 与地面爆破相同 不考虑飞石对地面或水面以上人员的影响 由设计确定
	b) 水面覆冰时的裸露药包或浅孔、深孔爆破	200
	c) 水底硐室爆破	由设计确定
6. 破冰工程	a) 爆破薄冰凌	50
	b) 爆破覆冰	100
	c) 爆破阻塞的流冰	200
	d) 爆破厚度大于2 m的冰层或爆破阻塞流冰一次用药量超过300 kg	300
7. 爆破金属物	a) 在露天爆破场	1500
	b) 在装甲爆破坑中	150
	c) 在厂区内的空场中	由设计确定
	d) 爆破热凝结物	按设计、但不小于30
	e) 爆炸加工	由设计确定
8. 拆除爆破、城镇浅孔爆破及复杂环境深孔爆破		由设计确定
9. 地震勘探爆破	a) 浅井或地表爆破	按设计，但不小于100
	b) 在深孔中爆破	按设计，但不小于30
10. 用爆破器扩大钻井[b]		按设计，但不小于50

a　沿山破爆破时，下坡方向的飞石安全允许距离应增大50%

b　当爆破器具置于钻井内深度大于50 m时，安全允许距离可缩小至20 m。

6.5 爆破器材库的安全允许距离

6.5.1 一般规定

6.5.1.1 6.5 的规定只适用于使用爆破器材企业的仓库。

6.5.1.2 设置爆破器材仓库或露天存放爆破器材时,贮药点至库区外保护对象的外部允许距离,应按以保护对象重要程度划分的防护等级分别确定;贮存点之间的内部允许距离,应按不殉爆原则确定。

6.5.1.3 允许距离的起算点是仓库的外墙墙根、药堆的边缘。

6.5.1.4 确定外部距离时,可不考虑炸药性质和仓库有无土堤;确定内部距离时,应考虑炸药性质和土堤的影响。

6.5.1.5 库区内有一个以上仓库或药堆时,应按每个仓库或药堆分别核定外部距离和内部距离。

6.5.2 地面仓库外部安全允许距离

6.5.2.1 每个仓库或药堆至小型工矿企业围墙或100户~200住户村庄边缘的距离,应不小于表11的规定。

6.5.2.2 每个仓库或药堆至其他保护对象的允许距离,应先按表12确定各该保护对象的防护等级系数,并以规定的系数乘以表11规定的距离来确定。

表11 地面爆破器材库或药堆至村庄(100户~200户)边缘的安全允许距离

存药量/t	≤200 >150	≤150 >100	≤100 >50	≤50 >30	≤30 >20	≤20 >10	≤10 >5	≤5
安全允许距离[a]/m	1 000	900	800	700	600	500	400	300

a 表中距离适用于平坦地形,遇到下列几种特定地形时,其数值可适当增减:

——当危险建筑物紧靠20 m~30 m高的山脚下布置,山的坡度为10℃~25℃,爆破器材库与山背后建筑物之间的距离,与平坦地形相比,可适当减小10%~30%;

——当危险建筑物紧靠30 m~80 m高的山脚下布置,山的坡度为25℃~35℃,爆破器材库与山背后建筑物之间的距离,与平坦地形相比,可适当减小30%~50%;

——在一个山沟中,一侧山高为30 m~60 m,坡度10°~25°,另侧山高30 m~80 m,坡度25℃~30℃,沟宽100 m左右,沟内两山坡脚下爆破器材库直对布置的建筑物之间的距离,与平坦地形相比,应增加10%~50%;

——在一个山沟中,一侧山高为30 m~60 m,坡度10℃~25℃,另侧山高30 m~80 m,坡度25℃~35℃,沟宽40 m~100 m,沟的纵坡4%~10%,爆破器材库沿沟纵深和沟的出口方向建筑物之间的距离,与平坦地形相比,应适当增加10%~40%。

表12 各种保护对象的防护等级系数

被保护对象	防护等级系数
≤10户的零散住户	0.5
10户~50户的零散住户	0.6
50户~100户的村庄	0.8
100户~200户的村庄,小型工矿企业的围墙	1.0
乡、镇的规划边缘	1.2
县城的规划边缘,大、中型工矿企业的围墙	2.0
大于10万人的城市规划边缘	3.0

续上表

被保护对象	防护等级系数
Ⅰ级铁路线	0.8
Ⅱ级铁路线	0.6
Ⅲ级铁路线	0.5
高速公路	0.8
Ⅰ级公路	0.6
Ⅱ、Ⅲ级公路	0.5
Ⅳ级公路	0.4
通航船舶的河流航道	0.5
高压输电线路	
35 kV 输电线路	0.4
110 kV 输电线路	0.5
220 kV 输电线路	1.8
330 kV 输电线路	1.9
500 kV 输电线路	2.0
油库	0.6

6.5.3 硐库外部安全允许距离

爆破器材硐库和覆土库的外部安全允许距离应按 GB 50154 确定。

6.5.4 井下爆破器材库、发放站与井下主要设施和通道的安全允许距离

6.5.4.1 井下爆破器材库的布置，应遵守下列规定：

——井下爆破器材库不应设在含水层和岩体破碎带内；

——炸药库距井筒、井底车场和主要巷道的距离：硐室式库不小于 100 m，壁槽式库不小于 60 m；

——炸药库距经常行人巷道的距离：硐室式库不小于 25 m，壁槽式库不小于 20 m；

——炸药库距地面或上下巷道的距离：硐室式库不小于 30 m，壁槽式库不小于 15 m；

——井下炸药库应设防爆门，防爆门在发生意外爆炸事故时应可自动关闭，且能限制大量爆炸气体外溢和缓冲井下空气冲击波；

——井下爆破器材库除设专门贮存爆破器材的硐室和壁槽外，还应设联通硐室或壁槽的巷道和若干辅助硐室；

——贮存雷管和硝化甘油类炸药的硐室或壁槽，应设金属丝网门；

——贮存爆破器材的各硐室、壁槽的间距应大于殉爆安全距离。

6.5.4.2 井下爆破器材库和距库房 15 m 以内的联通巷道，需要支护时应用不燃材料支护。库内应备有足够数量的消防器材。

6.5.4.3 有瓦斯煤尘爆炸危险的井下爆破器材库附近，应设置岩粉棚，并应定期更换岩粉。

6.5.4.4 井下爆破器材库单个硐室贮存的炸药，不应超过 2 t；单个壁槽不应超过 0.4 t。

6.5.4.5 在多水平开采的矿井，爆破器材库距工作面超过 2.5 km 或井下不设爆破器材库时，允许在各水平设置发放站。

6.5.4.6 井下爆破器材发放站应符合下列规定：

——发放站存放的炸药不应超过 0.5 t；雷管不应超过一箱；

——炸药与雷管应分开存放，并用砖或混凝土墙隔开，墙的厚度不小于 0.25 m。

6.5.4.7　井下爆破器材库区,不应设爆破器材检验与销毁场。爆破器材的爆炸性能检验与销毁,应在地面指定的地点进行。

6.5.4.8　不应在井下爆破器材库房对应的地表修筑永久性建筑物,也不应在距库房 30 m 范围内掘进巷道。

6.6　爆破器材库的内部安全允许距离

6.6.1　地面库的库间安全允许距离

6.6.1.1　A_1 级库房或药堆间的距离不应小于表 13 的规定。

6.6.1.2　A_2 级库房或药堆间的距离不应小于表 14 的规定。

6.6.1.3　A_3 级库房或药堆间的距离不应小于表 15 的规定。

6.6.1.4　当相邻库房或药堆为不同类别炸药时,应分别查表确定安全允许距离并取最大值。

表 13　A_1 级仓库之间的安全允许距离

存药量/t		>30 ~ ≤50	>20 ~ ≤30	>10 ~ ≤20	>5 ~ ≤10	>2 ~ ≤5	>1 ~ ≤2	≤1
仓库类型	无土堤地面库、药堆/m	110	90	80	65	50	40	30
	有土堤地面库/m	80	70	60	50	40	35	25
注:本表适用于黑索金、铵锑黑炸药、黑梯药柱和胶质炸药和此类炸药为主装药的专用爆破器具。								

表 14　A_2 级仓库之间的安全允许距离

存药量/t		>100 ~ ≤150	>50 ~ ≤100	>30 ~ ≤50	>20 ~ ≤30	>10 ~ ≤20	>5 ~ ≤10	≤5
仓库类型	无土堤地面库、药堆/m	30	50	45	35	30	25	20
	有土堤地面库/m	40	35	30	25	20	20	20
注:本表适用于梯恩梯、以梯恩梯为主的专用爆破器具、雷管、导爆索。其中雷管和导爆索按其装药量计算存药量。								

表 15　A_3 级仓库之间的安全允许距离

存药量/t		>150 ~ ≤200	>100 ~ ≤150	>50 ~ ≤100	>30 ~ ≤50	>20 ~ ≤30	≤20
仓库类型	无土堤地面库、药堆/m	50	45	38	32	26	20
	有土堤地面库/m	35	30	27	24	20	20
注 1:本表适用于硝铵类炸药和黑火药。 注 2:硝按类炸药指以硝酸铵为主要成分的炸药,包括粉状铵锑炸药、铵油炸药、铵松蜡炸药、铵沥蜡炸药、乳化炸药、粉状乳化炸药、水胶炸药、浆状炸药、多孔粒状铵油炸药、乳化粒状炸药、粒状粘性炸药、震源药柱等。							

6.7　外部电源与电爆网路的安全允许距离

6.7.1　电力起爆时,电雷管爆区与高压线间的安全允许距离,应按表 16 的规定;与广播电台或电视台发射机的安全允许距离,应按表 17、表 18 和表 19 的规定。

表 16 爆区与高压线的安全允许距离

电压/kV		3~6	10	20~50	50	110	220	400
安全允许距离/m	普通电雷管	20	50	100	100	—	—	—
	抗杂电雷管	—	—	—	—	10	10	16

表 17 爆区与中长波电台(AM)的安全允许距离

发射功率/W	5~25	25~50	50~100	100~250	250~500	500~1000
安全允许距离/m	30	45	67	100	136	198
发射功率/W	1 000~2 500	2 500~5 000	5 000~10 000	10 000~2 5000	2 500 ~5 0000	50 000~100 000
安全允许距离/m	305	455	670	1 060	1 520	2 130

表 18 爆区与移动式调频(FM)发射机的安全允许距离

发射功率/W	1~10	10~30	30~60	60~250	250~600
安全允许距离/m	1.5	3.0	4.5	9.0	13.0

表 19 爆区与甚高频(VHF)、超高频(UHF)电视发射机的安全允许距离

发射功率/W	1~10	$10\sim10^2$	$10^2\sim10^3$	$10^3\sim10^4$	$10^4\sim10^5$	$10^5\sim10^6$	$10^6\sim5\times10^6$
VHF 安全允许距离/m	15	6.0	18.0	60.0	182.0	609.0	
UHF 安全允许距离/m	0.8	2.4	7.6	24.4	76.2	244.0	609.0

注:调频发射机(FM)的安全允许距离与 VHF 相同。

6.7.2 手持式或其他移动式通讯设备进入爆区应事先关闭。

6.8 爆破对环境有害影响的控制

6.8.1 有害气体

6.8.1.1 有害气体监测应遵守下列规定:

——在煤矿、钾矿、石油地蜡矿、铀矿和其他有爆炸性气体及有害气体的矿井中爆破时,应按有关规定对气体进行监测;

——在下水道、贮油容器、报废盲巷、盲井中爆破时,人员进入之前应先对空气取样检验。

6.8.1.2 预防瓦斯爆炸应采取下列措施:

——通风良好,防止瓦斯积累;

——封闭采空区,以防氧气进入和瓦斯溢出;

——按规程进行布孔、装药、填塞、起爆,以防爆破引爆瓦斯;

——采用防爆型电器设备,严格控制杂散电流。

6.8.1.3 地下爆破作业点的爆破有害气体浓度,不应超过表 20 的标准。

表 20　地下爆破作业点有害气体允许浓度

有害气体名称		CO	N_nO_m	SO_2	H_2S	NH_3	Rn
允许浓度	按体积(%)	0.002 40	0.000 25	0.000 50	0.000 66	0.004 00	3 700 Bq/m^3
	按质量/mg/m^3	30	5	15	10	30	

6.8.1.4　炮烟监测应遵守下列规定：

——应按 GB 18098 测定的方法来监测爆破后有害气体的浓度；

——露天硐室爆破后，重新开始作业前，应检查工作面空气中的爆破有害气体浓度，且不应超过表 20 的规定值；爆后 24 h 内，应多次检查与爆区相邻的井、巷、硐内的有毒、有害物质浓度；

——地下爆破作业面炮烟浓度应每月测定一次；爆破炸药量增加或更换炸药品种时，应在爆破前后测定爆破有害气体浓度。

6.8.1.5　预防炮烟中毒应采取下列措施：

——使用合格炸药；

——做好爆破器材防水处理，确保装药和填塞质量，避免半爆和爆燃；

——井下爆破前后加强通风，应采取措施向死角盲区引入风流。

6.8.2　防尘与预防粉尘爆炸

6.8.2.1　城镇拆除爆破工程中，在确保爆破作业安全的条件下宜采取以下措施，减少粉尘污染：

——适当预拆非承重墙，清理部分致尘构件与积尘；

——建筑物内部洒水；

——各层楼板设置塑料盛水袋；

——起爆前后组织消防车或其他喷水装置喷水降尘。

6.8.2.2　在有煤尘、硫尘、硫化物粉尘的矿井中进行爆破作业，应遵守有关粉尘防爆的规定。

6.8.2.3　在面粉厂、亚麻厂等有粉尘爆炸危险的地点进行爆破时，离爆区 10 m 范围内的空间和表面应作喷水降尘处理。

6.8.3　噪声控制

6.8.3.1　爆破噪声为间歇性脉冲噪声，在城镇爆破中每一个脉冲噪声应控制在 120 dB 以下。复杂环境条件下，噪声控制由安全评估确定。

6.8.3.2　城镇拆除及岩土爆破，宜采取以下措施控制噪声：

——不用导爆索起爆网路，在地表空间不应有裸露导爆索；

——不用裸露爆破；

——严格控制单位耗药量、单孔药量和一次起爆药量；

——实施毫秒爆破；

——保证填塞质量和长度；

——加强覆盖。

6.8.3.3　爆区周围有学校、医院、居民点时，应与各有关单位协商，实施定点、准时爆破。

6.8.4　养殖业、水中生物保护

在靠近有养殖业水产资源的水域实施岩土爆破或水中爆破时，应事先评估爆破飞石、水中冲击波和涌浪对水中生物的影响，提出可行的安全保护措施：

——尽量减少向水域抛落爆岩总量和一次抛落量；需向水域大量抛人岩土时，应事先评估其对水中生态环境的影响，提出可行性报告，经环保和生物保护管理部门批准，方可实施；

——水下爆破应控制一次起爆药量和采用削减水中冲击波的措施；

——起爆前应驱赶受影响水域内的水生物；

——受影响水域内有重点保护生物时，应与生物保护管理单位协商保护措施。

6.8.5 涌浪控制

靠近水域实施岩土爆破时，应调查岸滩的坡度、长度、坡底及水深情况；提出涌浪对岸边建筑物、设施以及水上船舶、设施的影响程度和范围，并于爆前会同各有关单位协商提出保证安全的措施。

6.8.6 振动液化控制

6.8.6.1 在饱和砂(土)地基附近进行爆破作业时，应邀请专家评估爆破引起地基振动液化的可能性和危害程度；提出预防土层受爆破振动压密、孔隙水压力骤升的措施；评估因土体“液化”对建筑物及其基础产生的损害。

6.8.6.2 实施爆破前，应查明可能产生液化土层的分布范围，并采取相应的处理措施，如：增加土体相对密度，降低浸润线，加强排水，减小饱和程度；控制爆破规模，降低爆破振动强度，增大振动频率、缩短振动持续时间。

7 爆破器材的安全管理

7.1 一般规定

7.1.1 爆破器材的安全管理，由拥有爆破器材单位的主要领导人负责，应组织制定爆破器材的发放、使用制度、安全管理制度和安全技术操作规程，建立岗位安全责任制，教育从业人员严格遵守。

7.1.2 各级公安机关对管辖地区内的爆破器材的安全管理实施监督检查。

7.2 爆破器材的购买

7.2.1 爆破器材应持证购买。

7.2.2 经有关部门审查核发直供用户许可证的企业，持证直接向民爆器材生产企业购买所需的爆破器材。

7.2.3 没有取得直供用户许可证的企业，其所需爆破器材应由当地民爆器材经营机构供应与服务。

7.3 爆破器材的运输

7.3.1 一般规定

7.3.1.1 本标准只涉及爆破器材生产企业外部运输爆破器材的运输规定。

7.3.1.2 购买爆破器材的单位，应凭有效的爆破器材供销合同和申请表，向公安机关申领“爆炸物品运输证”。跨省、自治区、直辖市运输的向运达地区的市级人民政府公安机关申请；在本省、自治区、直辖市内运输的向运达地县级人民政府公安机关申请。凭证在有效期间内，按指定线路运输。

7.3.1.3 爆破器材运达目的地后,收货单位应指派专人领取,认真检查爆破器材的包装、数量和质量;如果包装破损,数量与质量不符,应立即报告有关部门和当地县(市)公安局,并在有关代表参加下编制报告书,分送有关部门。

7.3.1.4 不应用翻斗车、自卸汽车、拖车、自行车、摩托车和畜力车运输爆破器材。

7.3.1.5 爆破器材运输车(船)应符合以下技术要求:

——符合国家有关运输安全的技术要求;

——结构可靠,机械电器性能良好;

——具有防盗、防火、防热、防雨、防潮和防静电等安全性能。

7.3.1.6 装卸爆破器材,应遵守下列规定:

——认真检查运输工具的完好状况,清除运输工具内一切杂物;

——有专人在场监督;

——设置警卫,无关人员不允许在场;

——爆破器材和其他货物不应混装;

——雷管等起爆器材,不应与炸药在同时同地进行装卸;

——遇暴风雨或雷雨时,不应装卸爆破器材;

——装卸爆破器材的地点,应远离人口稠密区,并设明显的标志,白天应悬挂红旗和警标,夜晚应有足够的照明并悬挂红灯;

——装卸搬运应轻拿轻放,装好、码平、卡牢,捆紧,不得摩擦、撞击、抛掷、翻滚、侧置及倒置爆破器材;

——装载爆破器材应做到不超高、不超宽、不超载;

——用起重机装卸爆破器材时,一次起吊质量不应超过设备能力的50%;

——分层装载爆破器材时,不应站在下层箱(袋)上装载另一层,雷管或硝化甘油类炸药分层装载时不应超过二层。

7.3.1.7 爆破器材从生产厂运出或从总库向分库运送时,包装箱(袋)及铅封应保持完整无损。

7.3.1.8 同车(船)运输两种以上的爆破器材时,应遵守表23的规定。

7.3.1.9 在特殊情况下,经爆破工作领导人批准,起爆器材与炸药可以同车(船)装运,但其数量不应超过:炸药1 000 kg,雷管1 000 发,导爆索2 000 m,导火索2 000 m。雷管应装在专用的保险箱里,箱子内壁应衬有软垫,箱子应紧固于运输工具的前部。炸药箱(袋)不应放在装雷管的保险箱上。

7.3.1.10 待运雷管箱未装满雷管时,其空隙部分应用不产生静电的柔软材料塞满。

7.3.1.11 装卸和运输爆破器材时,不应携带烟火和发火物品。

7.3.1.12 装运爆破器材的车(船),在行驶途中应遵守下列规定:

——押运人员应熟悉所运爆破器材性能;

——非押运人员不应乘坐;

——按指定路线行驶;

——车(船)用帆布覆盖,并设明显的标志;

——不准在人员聚集的地点、交叉路口、桥梁上(下)及火源附近停留;中途停留时,应有专人看管,不准吸烟、用火,开车(船)前应检查码放和捆绑有无异常;

——气温低于10℃时运输易冻的硝化甘油炸药或气温低于－15℃时运输难冻的硝化甘

油炸药时,应采取防冻措施;

——运输硝化甘油类炸药或雷管等感度高的爆破器材时,车厢和船舱底部应铺软垫;

——车(船)完成运输后应打扫干净,清出的药粉、药渣应运至指定地点,定期进行销毁。

7.3.1.13 个人不应随身携带爆破器材搭乘公共交通工具,不允许在托运行李及邮寄包裹中夹带爆破器材。

7.3.2 铁路运输

铁路运输爆破器材,除执行铁道部门有关规定外,还应遵守下列规定:

——装有爆破器材的车厢不应溜放;

——装有爆破器材的车辆,应专线停放,与其他线路隔开;通往该线路的转辙器应锁住,车辆应锲牢,其前后 50 m 处应设危险标志;机车停放位置与最近的爆破器材库房的距离,不应小于 50 m;

——装有爆破器材的车厢与机车之间,炸药车厢与起爆器材车厢之间,应用一节以上未装有爆破器材的车厢隔开;

——车辆运行的速度,在矿区内不应超过 30 km/h、厂区内不超过 15k m/h、库区内不超过 10 km/h。

7.3.3 水路运输

7.3.3.1 水路运输爆破器材,应遵守下列规定:

——不应用筏类工具运输爆破器材;

——船上有足够的消防器材;

——船头和船尾设危险标志,夜间及雾天设红色安全灯;

——遇浓雾及大风浪应停航;

——停泊地点距岸上建筑物不小于 250 m。

7.3.3.2 运输爆破器材的机动船,应符合下列条件:

——装爆破器材的船舱不应有电源;

——底板和舱壁应无缝隙,舱口应关严;

——与机舱相邻的船舱隔墙,应采取隔热措施;

——对邻近的蒸汽管路进行可靠的隔热。

7.3.4 道路运输

7.3.4.1 用汽车运输爆破器材,应遵守下列规定:

——车厢的黑色金属部分应用木板或胶皮衬垫(用木箱或纸箱包装者除外),汽车排气管宜设在车前下侧,并应配带 隔热和熄灭火星的装置;

——出车前,车库主任(或队长)应认真检查车辆状况,并在出车单上注明“该车检查合格,准许运输爆破器材”;

——由熟悉爆破器材性能,具有安全驾驶经验的司机驾驶;

——汽车行驶速度:能见度良好时应符合所行驶道路规定的车速下限,在扬尘、起雾、大雨、暴风雪天气时速度酌减;

——在平坦道路上行驶时,前后两部汽车距离不应小于 50 m,上山或下山不小于 300 m;

——遇有雷雨时,车辆应停在远离建筑物的空旷地方;

——在雨天或冰雪路面上行驶时,应采取防滑安全措施;

——车上应配备灭火器材,并按规定配挂明显的危险标志;

——在高速公路上运输爆破器材,应按国家有关规定执行。

7.3.4.2 公路运输爆破器材途中避免停留住宿,禁止在居民点、行人稠密的闹市区、名胜古迹、风景游览区、重要建筑设施等附近停留。确需停留住宿必须报告投宿地公安机关。

7.3.5 航空运输

用飞机运输爆破器材,应严格遵守国际民航组织理事会和我国有关航空运输危险品的有关规定。

7.3.6 往爆破作业地点运输爆破器材

7.3.6.1 在竖井、斜井运输爆破器材,应遵守下列规定:

——事先通知卷扬司机和信号工,

——在上下班或人员集中的时间内,不应运输爆破器材;

——除爆破人员和信号工外,其他人员不应与爆破器材同罐乘坐;

——用罐笼运输硝铵类炸药,装载高度不应超过车厢厢高;运输硝化甘油类炸药或雷管,不应超过两层,层间应铺软垫;

——用罐笼运输硝化甘油类炸药或雷管时,升降速度不应超过 2 m/s;用吊桶或斜坡卷扬运输爆破器材时,速度不应超过 1 m/s;运输电雷管时应采取绝缘措施;

——爆破器材不应在井口房或井底车场停留。

7.3.6.2 用矿用机车运输爆破器材时,应遵守下列规定:

——列车前后设"危险"标志;

——采用封闭型的专用车厢,车内应铺软垫,运行速度不超过 2 m/s;

——在装爆破器材的车厢与机车之间,以及装炸药的车厢与装起爆器材的车厢之间,应用空车厢隔开;

——运输电雷管时,应采取可靠的绝缘措施;

——用架线式电力机车运输,在装卸爆破器材时,机车应断电。

7.3.6.3 在斜坡道上用汽车运输爆破器材时,应遵守下列规定:

——行驶速度不超过 10 km/h;

——不应在上、下班或人员集中时运输;

——车头、车尾应分别安装特制的蓄电池红灯作为危险标志;

——应在道路中间行驶,会车让车时应靠边停车。

7.3.6.4 用人工搬运爆破器材时,应遵守下列规定:

——在夜间或井下,应随身携带完好的矿用蓄电池灯、安全灯或绝缘手电筒;

——不应一人同时携带雷管和炸药;雷管和炸药应分别放在专用背包(木箱)内,不应放在衣袋里;

——领到爆破器材后,应直接送到爆破地点,不应乱丢乱放;

——不应提前班次领取爆破器材,不应携带爆破器材在人群聚集的地方停留;

——一人一次运送的爆破器材数量不超过:

雷管,5 000 发;

拆箱(袋)运搬炸药,20 kg;

背运原包装炸药　一箱(袋);

挑运原包装炸药　二箱(袋)。

——用手推车运输爆破器材时,载重量不应超过 300 kg,运输过程中应采取防滑、防摩擦和防止产生火花等安全措施。

7.4 爆破器材的贮存

7.4.1 一般规定

7.4.1.1 爆破器材应贮存在专用的爆破器材库里，特殊情况下，应经主管部门审核并报当地县(市)公安机关批准，方准在库外存放。

7.4.1.2 贮存爆破器材的单位设置爆破器材库，应报主管部门批准，并报当地县(市)公安机关审查同意，方可建库；库房建成并经验收合格发给"爆破器材贮存许可证"后，方准贮存爆破器材。任何单位和个人不应非法贮存爆破器材。

7.4.1.3 爆破器材库，应符合以下条件：

——符合国家有关安全规范；

——配备符合要求的专职守卫人员和保管员；

——有较完善的防盗报警设施；

——具有健全的安全管理制度。

7.4.1.4 爆破器材库的贮存量，应遵守下列规定：

——地面库单一库房的最大允许存药量，不应超过表 21 的规定；

表 21 地面库单一库房的最大允许存药量

序　号	爆破器材名称	单一库房最大允许存药量/t
1	硝化甘油炸药	20
2	黑索金	50
3	太安	50
4	梯恩梯	150
5	黑铵药柱、起爆药柱	50
6	硝铵类炸药	200
7	射孔弹	3
8	爆炸筒	15
9	导爆索	30
10	黑火药、无烟火药	10
11	导火索、点火索、点火筒	40
12	雷管、继爆管、高压油井雷管、导爆管起爆系统	10
13	硝酸铵、硝酸钠	500
注：雷管、导爆索、导火索、点火筒、继爆管及专用爆破器具按其装药量计算存药量。		

——地面总库的总容量：炸药不应超过本单位半年生产用量，起爆器材不应超过一年生产用量。地面分库的总容量：炸药不应超过三个月生产用量，起爆器材不应超过半年生产用量；

——硐室式库的最大容量不应超过 100 t；

——井下只准建分库，库容量不应超过：炸药三昼夜的生产用量；起爆器材十昼夜的生产用量；

——乡、镇所属以及个体经营的矿场、采石场及岩土工程等使用单位，其集中管理的小型爆破器材库的最大贮存量应不超过一个月的用量，并应不大于表 22 的规定。

表 22　小型爆破器材库的最大贮存量

库房名称	单　位	最大贮存量
硝铵类炸药	kg	3 000
硝化甘油炸药	kg	500
雷　管	发	20 000
导火索	m	30 000
导爆索	m	30 000
塑料导爆管	m	60 000

7.4.1.5　爆破器材宜单一品种专库存放。若受条件限制，同库存放不同品种的爆破器材则应符合表 23 的规定。

表 23　爆破器材同库存放的规定

爆破器材名称	雷管类	黑火药	导火索	硝铵类炸药	属 A_1 级单质炸药类	属 A_2 级单质炸药类	射孔弹类	导爆索类
雷管类	○	×	×	×	×	×	×	×
黑火药	×	○	×	×	×	×	×	×
导火索	×	×	○	○	○	○	○	○
硝铵类炸药	×	×	○	○	○	○	○	○
属 A_1 级单质炸药类	×	×	○	○	○	○	○	○
属 A_2 级单质炸药类	×	×	○	○	○	○	○	○
射孔弹类	×	×	○	○	○	○	○	○
导爆索类	×	×	○	○	○	○	○	○

注 1：○表示可同库存放，×表示不应同库存放。

注 2 雷管类包括火雷管、电雷管、导爆管雷管。

注 3：属 A_1 级单质炸药类为黑索金、太安、奥克托金和以上述单质炸药为主要成分的混合炸药或炸药柱(块)。

注 4：属 A_2 级单质炸药类为梯恩梯和苦味酸及以梯恩梯为主要成分的混合炸药或炸药柱(块)。

注 5：导爆索类包括各种导爆索和以导爆索为主要成分的产品，包括继爆管和爆裂管。

注 6：硝铵类炸药，包括以硝酸铵为主要组分的各种民用炸药。

7.4.1.6　当不同品种的爆破器材同库存放时，单库允许的最大存药量仍应符合表 21 的规定；当危险级别相同的爆破器材同库存放时，同库存放的总药量不应超过其中一个品种的单库最大允许存药量；当危险级别不同的爆破器材同库存放时，同库存放的总药量不应超过危险级别最高的品种的单库最大允许存药量。

7.4.1.7　库房建立后，任何单位不应在爆破器材库的危险区域内修建任何建(构)筑物。

7.4.2　爆破器材库的位置、结构和设施

7.4.2.1　库区的布局与道路应遵守下列规定：

——库区不应布置在有山洪、滑坡和地下水活动危害的地方，宜设在偏僻地带；

——相邻库房不应长边相对布置。雷管库应布置在库区的一端；

——在库区周围应设密实围墙，围墙到最近库房的距离不应小于 15 m(小型库不应小于 5 m)，围墙高度不应低于 2 m；

——库区办公、警卫及生活服务等建筑物，应布置在安全的地方；

——库区道路的纵坡坡度不宜大于:主要运输道路 6%,手推车道路 2%。

7.4.2.2 爆破器材库的结构,应遵守 GB 50089 及 GB 50154 的有关规定。井下爆破器材库要求见 6.5.4 的有关规定。

7.4.2.3 爆破器材库区的消防设施,应遵守下列规定:

——应根据库容量,在库区修建高位消防水池:库容量小于 100 t 者,贮水池容量为 50 m^3(小型库为 15 m^3);库容量 100 t ~ 500 t 者,贮水池容量为 100 m^3;库容量超过 500 t 者,设消防水管;

——消防水池距库房不大于 100 m;消防管路距库房不大于 50 m ;

——草原和森林地区的库区周围,应修筑防火沟渠,沟渠边缘距库区围墙不小于 10 m ,沟宽 1 m ~ 3 m ,深 1 m。

7.4.2.4 爆破器材库房设置防护土堤时,应遵守下列规定:

——土堤堤基至库房墙壁的距离为 1 m ~ 3 m,有套间的一侧可达 5 m 或按运输要求确定;

——土堤与库房之间,应设有砖石砌成的排水沟;

——允许用块石或混凝土砌筑不高于 1.0 m 的堤基;堤基上部应用泥土、砂质粘土等可塑性和不燃材料修建,不应用石块、碎石和可燃材料修建;

——土堤高出库房屋檐 1 m,顶部宽度 1 m,底部宽度根据土堤所用材料的稳定坡面角确定。

7.4.3 爆破器材库的照明、通信和防雷设施

7.4.3.1 地面爆破器材库硐库的电气照明,应遵守下列规定:

——贮存爆破器材库房的用电负荷按二级负荷供电设计,辅助建筑物按一般供电场所设计;

——从库区变电站到各库房的低压线路,宜采用铜芯恺装电缆埋地敷设。当全长采用电缆有困难时,可采用钢筋混凝土杆和铁横担的架空线,并应使用一段金属恺装电缆或护套电缆穿钢管直接埋地引入,埋地长度(m)应不小于两倍的电缆埋入处的土壤电阻率(Ωm)的平方根,但不应小于 15 m。室外架空线路不应跨越危险库房。在电缆入户端应将其金属外皮、钢管接到防雷电感应的接地装置上。在电缆与架空线连接处,应装设避雷器。避雷器、电缆金属外皮、钢管和绝缘子铁脚、金具等应连在一起接地,其冲击接地电阻不应大于 10 Ω;

——库房内不应安装灯具,宜自然采光或在库外安设探照灯进行投射照明,灯具距库房的距离不应小于 3 m;

——电源开关或熔断器,应设在库房外面,并装在铁制配电箱中;

——采用移动式照明时,应使用防爆手电筒或手提式防爆应急灯,不应使用电网供电的移动手提灯。

7.4.3.2 井下爆破器材库的电气照明,应遵守下列规定:

——应采用防爆型或矿用密闭型电气设备,电线应采用铜芯恺装电缆;

——井下库区的电压宜为 36 V;

——贮存爆破器材的硐室或壁槽,不应安装灯具;

——电源开关或熔断器,应设在铁制的配电箱内,该箱应设在辅助洞室里;

——有可燃性气体和粉尘爆炸危险的井下库区,应使用防爆型移动灯具和防爆手电筒;其

他井下库区应使用蓄电池灯、防爆手电筒或汽油安全灯作为移动式照明。

7.4.3.3 爆破器材库区各类建筑物的防雷级别的确定与防雷装置的设置应参照 GB 50089 的有关规定。

7.4.4 爆破器材的贮存、收发与库房管理

7.4.4.1 每间库房贮存爆破器材的数量,不应超过库房设计的允许贮存药量。

7.4.4.2 爆破器材的贮存,应遵守下列规定:

——爆破器材应码放整齐、稳当,不得倾斜;

——爆破器材包装箱下,应垫有大于 0.1 m 高度的垫木;

——爆破器材的码放,宜有 0.6 m 以上宽度的安全通道。爆破器材包装箱与墙距离宜大于 0.4 m;

——爆破器材的码放高度,不宜超过 1.6 m;

——存放硝化甘油类炸药、各种雷管箱和继爆管的箱(袋),应放置在木质货架上,货架高度不宜超过 1.6 m,架上的硝化甘油类炸药和各种雷管箱不应叠放。

7.4.4.3 库房应整洁、防潮和通风良好,杜绝鼠害。

7.4.4.4 进入库区不应带烟火及其他引火物。

7.4.4.5 进入库区不应穿带钉鞋和易产生静电衣服,不应使用能产生火花的工具开启炸药雷管箱。

7.4.4.6 库区的消防设备、通讯设备、警报装置和防雷装置,应定期检查。

7.4.4.7 库区应昼夜设警卫,加强巡逻,无关人员不应进入库区。

7.4.4.8 爆破器材库房的管理,应建立健全严格的责任制、治安保卫制度、防火制度、保密制度等,宜分区分库分品种贮存,分类管理。

7.4.4.9 库区不应存放与管理无关的工具和杂物。

7.4.4.10 爆破器材的收发应遵守下列规定:

——对新购进的爆破器材,应逐个检查包装情况,并按规定作性能检测;

——应建立爆破器材收发帐、领取和清退制度,定期核对帐目,做到帐物相符;

——变质的、过期的和性能不详的爆破器材,不应发放使用;

——爆破器材应按出厂时间和有效期的先后顺序发放使用;

——总库区内不准许拆箱(袋)发放爆破器材,只准许整箱(袋)发放;

——爆破器材的发放应在单独的发放间(发放硐室)里进行,不应在库房硐室或壁槽内发放。

7.4.4.11 应经常测定库房的温度和湿度,发现硝化甘油类炸药箱渗油、冻结和硝按类炸药吸潮结块,应及时处理。

7.4.5 临时性爆破器材库和临时性存放爆破器材

7.4.5.1 临时性爆破器材库,应设置在不受山洪、滑坡和危石等威胁的地方。

允许利用结构坚固但不住人的各种房屋、土窑和车棚等作为临时性爆破器材库。

7.4.5.2 临时性爆破器材库应符合下列规定:

——库房宜为单层结构;

——库房地面应平整无缝;

——墙、地板、屋顶和门为木结构者,应涂防火漆;窗、门应为有一层外包铁皮的板窗、门;

——宜设简易围墙或铁刺网,其高度不小于 2 m;

——库内应有足够的消防器材；

——库内应设置独立的发放间，面积不小于 9 m^2；

——应设独立的雷管库房。

7.4.5.3 临时性爆破器材库的最大贮存量为：炸药 10 t，雷管 20 000 发，导爆索 10 000 m。

7.4.5.4 不超过六个月的野外流动性爆破作业，用安装有特制车厢的汽车存放爆破器材时，应遵守下列规定：

——爆破器材存放量不应超过车辆额定载重量的三分之二；在经过核准的专用同一车上装有炸药与雷管时，雷管不得超过 2 000 发和相应的导火索与导爆索；

——特制车厢应是外包铝板或铁皮的木车厢车厢前壁和侧壁应开有 0.3 m×0.3 m 的铁栅通风孔，后部应开设有外包铝板或铁皮的木门，门应上锁，整个车厢外表应涂防火漆，并设有危险标志；

——宜在车厢内的右前角设置一个能固定的专门存放雷管的木箱，木箱里面应衬软垫，箱应上锁；

——不应将特制车厢做成挂车形式；

——车辆停放位置，应确保爆破作业点、有人建筑物、重要构筑物和主要设备的安全；

——白天、夜晚均应有人警卫；

——加工起爆管和检测电雷管电阻，应在离危险车辆 50 m 以外的地方进行。

7.4.5.5 用船只存放爆破器材时，应遵守下列规定：

——存放爆破器材的船只，应停泊在航线以外的安全地点，距码头、建筑物、其他船只和爆破作业地点不应少于 250 m；

——船上应设有单独的炸药舱和雷管舱，各舱应有单独的出入口并与机舱和热源隔离；

——爆破器材的存放量不应超过 2 t；

——存放爆破器材的框架应设凸缘，装爆破器材的箱（袋）应固定牢固；

——船上应悬挂危险标志，夜间挂红灯；

——船上应有人员警卫；

——存放爆破器材的船舱，应用移动式蓄电池提灯或安全手电筒照明；

——船上严禁烟火，并应备有足够的消防器材；

——船靠岸时，岸上 50 m 以内不准无关人员进入；

——海上不应使用非机动船存放爆破器材。

7.4.5.6 在地面作业地点存放爆破器材时，应遵守下列规定：

——运至作业地点的爆破器材，应有专人看管；

——作业地点只应存放当班作业所需的爆破器材；大型爆破，可存放本次工程所需的爆破器材；雷管或起爆体不应和炸药存放在一起；

——拆除爆破和地震勘探及油气井爆破时，不应将爆破器材散堆在地，雷管应放在外包铁皮的木箱里，箱应加锁。

7.4.5.7 在特殊情况下，经单位安全保卫部门和当地县（市）公安机关批准，爆破器材可临时存放在露天场地，但必须遵守下列规定：

——存放场应选择在安全地方，悬挂醒目标志（白天插红旗，晚上挂红灯）；

——爆破器材应严加看管，昼夜有人巡逻警卫；

——存放爆破器材的场地不应堆放任何杂物；

——炸药堆与雷管不应混放,其间距离应不小于 25 m;

——爆破器材应堆放在垫木上,不应直接堆放在地上;

——在爆破器材堆上,应覆盖帆布或搭简易的帐棚;

——距存放场周边 50 m 范围内严禁烟火。

7.4.5.8 发现爆破器材丢失、被盗,应及时向主管部门及公安机关报告。

7.5 爆破器材的检验和销毁

7.5.1 爆破器材的检验

7.5.1.1 各类爆破器材的检验项目,应参见产品的技术条件和性能标准;检验方法应严格执行相应的国家标准或部颁标准。

7.5.1.2 爆破器材的外观检验应由保管员负责定期抽样检查。

7.5.1.3 爆破器材的爆炸性能检验,应在安全的地方进行,由爆破工程技术人员负责。

7.5.1.4 对新入库的爆破器材,应抽样进行性能检验。对超过贮存期、出厂日期不明和质量可疑的爆破器材,应进行严格的检验,并由炸药库主任或爆破工作领导人根据检验结果,确认其能否继续保管、使用或销毁。

7.5.2 爆破器材销毁的一般规定

7.5.2.1 经过检验,确认失效及不符合技术条件要求或国家标准的爆破器材,都应销毁或再加工。

乡镇管辖的小型矿场、采石场或小型爆破企业,对不合格的爆破器材,不应自行销毁或自行加工利用,应退回原发放单位按规定进行销毁或再加工。

7.5.2.2 销毁爆破器材时,应登记造册并编写书面报告。报告中应说明被销毁爆破器材的名称、数量、销毁原因、销毁方法、销毁地点及时间,报上级主管部门批准。

7.5.2.3 销毁工作应根据单位总工程师或爆破工作领导人的书面批示进行。销毁工作不应单人进行,操作人员应是专职人员并经专门培训。

销毁后应有二名以上销毁人员签名,并建立台帐及档案。

7.5.2.4 销毁爆破器材,不应在夜间、雨天、雾天和三级风以上的天气里进行。

7.5.2.5 不能继续使用的剩余包装材料(箱、袋、盒和纸张),经检查确认没有雷管和残药后,可用焚烧法销毁。

包装过硝化甘油类炸药有渗油痕迹的药箱(袋、盒),应予销毁。

7.5.2.6 销毁爆破器材后,应对现场进行检查,如果发现有残存爆破器材,应收集起来,进行销毁。

7.5.2.7 不应在阳光下曝晒爆破器材。

7.5.2.8 销毁场地应选在安全偏僻地带,距周围建筑物不应小于 200 m,距铁路、公路不应小于 50 m。

7.5.3 爆破器材的销毁方法

7.5.3.1 销毁爆破器材,可采用爆炸法、焚烧法、溶解法、化学分解法。

7.5.3.2 用爆炸法或焚烧法销毁爆破器材时,应清除销毁场地周围半径 50 m 范围内的易燃物、杂草和碎石。

7.5.3.3 用爆炸法或焚烧法销毁爆破器材时,应有坚固的掩蔽体,掩蔽体到爆破器材销毁场地的距离由设计确定。

在没有人工或自然掩体的情况下,起爆前或点燃后,参加销毁的人员应远离危险区,此距离由设计确定。

7.5.3.4 用爆炸法或焚烧法销毁爆破器材时,引爆前或点火前应发出声响警告信号。在野外销毁时还应在销毁场地四周安排警戒人员,控制所有可能进入的通道,不准非操作人员和车辆进入。

7.5.3.5 只有确认雷管、导爆索、继爆管、起爆药柱、射孔弹、爆炸筒和炸药能完全爆炸时,才允许用爆炸法销毁。用爆炸法销毁爆破器材时应分段爆破,单响销毁量不应超过 20 kg 并应避免彼此间发生殉爆。

7.5.3.6 用爆炸法销毁爆破器材应按销毁设计书进行,设计书由单位主要负责人批准并报当地公安机关备案。

7.5.3.7 如果把全部要销毁的爆破器材一次运到销毁场地,而又分批进行销毁,则应将待销毁的爆破器材放置在销毁场地上风向的掩体后面,其距离由设计确定。

7.5.3.8 用爆炸法销毁爆破器材,应采用电雷管、导爆索或导爆管系统起爆。在特殊情况下,可以用火雷管起爆。导火索应有足够的长度,以确保全部从事销毁工作的人员能撤到安全地点。导火索应从下风向敷设到销毁地点,并将其拉直,覆盖砂土,以避免卷曲。雷管和继爆管应包装好再埋入土中销毁。

7.5.3.9 用爆炸法销毁爆炸筒、射孔弹、起爆药柱和有爆炸危险的废弹壳,应在深 2 m 以上的坑(或废巷道)内进行,并应在其上面覆盖一层松土。

7.5.3.10 销毁爆破器材的起爆药包应用合格的爆破器材制作。

7.5.3.11 销毁传爆性能不好的炸药,可用增加起爆能的方法起爆。

7.5.3.12 燃烧不会引起爆炸的爆破器材,可用焚烧法销毁。焚烧前,应仔细检查,严防其中混有雷管和其他起爆材料。

不应用焚烧法销毁雷管、继爆管、起爆药柱、射孔弹和爆炸筒。不同品种的爆破器材不应一起焚烧。

7.5.3.13 应将待焚烧的爆破器材放在燃料堆上,每个燃料堆允许烧毁的爆破器材不应多于 10 kg,药卷在燃料堆上应排列成行,互不接触。不应成箱成堆进行焚烧。

待焚烧的有烟或无烟火药,应散放成长条状。其厚度不应大于 10 cm,条间距离不应小于 5 m,各条宽度不应大于 0.3 m。同时点燃的条数不应多于 3 条。

焚烧火药,应防静电、电击引起火药意外燃烧。

7.5.3.14 不应将爆破器材装在容器内焚烧。

7.5.3.15 点火前,应从下风向敷设导火索和引燃物,只有在一切准备工作做完和全体工作人员进入安全区后,才准点火。

7.5.3.16 燃料堆应具有足够的燃料,在焚烧过程中不准添加燃料。

7.5.3.17 只有确认燃料堆已完全熄灭,才准走进焚烧场地检查;发现未完全燃烧的爆破器材,应从中取出,另行焚烧。焚烧场地完全冷却后,才准开始焚烧下一批爆破器材。

焚烧场地可用水冷却或用土掩埋,在确认无再燃烧的可能性时,才允许撤离场地。

7.5.3.18 不抗水的硝铵类炸药和黑火药可用溶解法销毁。

在容器中溶解销毁爆破器材时,对不溶解的残渣应收集在一起,再用焚烧法或爆炸法销毁。

不应直接将爆破器材直接丢入河塘江湖及下水道中溶解销毁,以防造成污染。

7.5.3.19 采用化学分解法销毁爆破器材时,应使爆破器材达到完全分解,其溶液应经处理符合有关规定,方可排放到下水道。

7.6 炸药的再加工

7.6.1 粉(粒)状硝铵炸药的再加工

7.6.1.1 当粉(粒)状硝铵炸药结块或含水量超标时,不应用于井下爆破作业;可将其烘干和粉碎后用于露天爆破,但炸药结块较坚硬时不得再加工,应及时销毁。

7.6.1.2 炸药的烘干和粉碎等再加工,应在专设的加工工房或露天工棚内进行。含硝酸酯的炸药,不得粉碎。

7.6.1.3 采用轮碾机和凉药机再加工粉状硝铵炸药时,可按原加工工艺碾压和干燥。无凉药机时,出药温度应低于45℃,以防重新结块。

7.6.1.4 不具备室内加工条件,而采用室外干燥粉碎和包装炸药,应在天气晴朗,风力小于三级的白天进行。垫板及运送炸药的容器,应采用坚固、撞击不产生火花的材料制作。

7.6.1.5 每批再加工的粉(粒)状炸药的总量不应超过1 t。

7.6.1.6 人工粉碎粉(粒)状硝铵炸药,操作人员应穿作业服、戴口罩。应用铝、木等不产生火花的工具,加工房应有良好的通风防尘设施。

7.6.2 含水炸药的再加工

7.6.2.1 乳化炸药在储存期内发生轻度破乳,出现颗粒时,不应用于爆破作业。应及时退回生产厂进行再加工,再加工的炸药可用于露天大直径深孔爆破或硐室爆破。

7.6.2.2 乳化炸药再加工的一般程序是:剥去包装纸,将药投入搅拌机内加热搅拌至75℃~80℃,加入总量为0.5%~1.0%的乳化剂,再经搅拌乳化,冷却后出料包装。

7.6.2.3 再加工的炸药,应测定爆炸性能后方可使用。

7.6.2.4 再加工的炸药应及时使用。

7.6.3 硝化甘油类炸药的解冻

7.6.3.1 已冻结的硝化甘油类炸药,使用前应加以解冻,可在地面或井下仓库以及专设的解冻室内进行。

7.6.3.2 在爆破器材库内自然存放解冻时,库内温度应维持在10℃~30℃,解冻时间不应少于2 d。每批解冻的炸药,应编号、记录入库和出库的时间。

7.6.3.3 在解冻室解冻时,应采用水暖系统,室温不应超过30℃,并设超温警报装置。当解冻室作其他用途时,应彻底清洗地面和墙壁。继续用作解冻室时,应事先将一切杂物清洗干净方可使用。

7.6.3.4 库内或室内进行解冻时,工作人员不应超过两人,不应做与解冻无关的其他工作。

解冻后的炸药,应及时运往爆破地点使用。

附录A(规范性附录) 爆破设计内容

A.1 说明书

说明书应包括:

——工程概况、环境与技术要求;

——爆破区地形、地貌、地质条件,被爆体结构、材料及爆破工程量计算;

——设计方案选择;
——爆破参数选择与装药量计算;
——药室及导硐布置,钻孔设计;
——装药、填塞和起爆网路设计;
——爆破安全距离计算;
——安全技术与防护措施;
——施工机具、仪表及器材表;
——爆破施工组织;
——工程投资概算;
——主要技术经济指标。

A.2 图纸

图纸应包括:
——爆破环境平面图;
——爆破区地形、地质图或被爆体结构图;
——药包布置平面和剖面图;
——药室和导硐平面图、断面图;
——装药和填塞结构图;
——起爆网路敷设图;
——爆破安全范围及岗哨布置图;
——防护工程设计图。

附录B(规范性附录) 施工组织设计内容

B.1 工程概况及施工方法、设备、机具概述。
B.2 施工准备。
B.3 钻孔工程或硐室、导硐开挖工程的设计及施工组织。
B.4 装药及填塞组织。
B.5 起爆网路敷设及起爆站。
B.6 安全警戒与撤离区域及信号标志。
B.7 主要设施与设备的安全防护。
B.8 预防事故的措施。
B.9 爆破指挥部的组织。
B.10 爆破器材购买、运输、贮存、加工、使用的安全制度。
B.11 工程进度表。

附录C(规范性附录) 硐室爆破设计对勘测工作的要求

C.1 地形测量

C.1.1 硐室爆破的地形测量,应根据设计任务书规定的总体布置要求和硐室爆破的等级,由设计提出地形测量任务。

C.1.2　爆区地形测量范围应包括爆破区和爆岩堆积区。

C.1.3　爆破影响区平面图应标明建(构)筑物、道路和设施分布,一般采用1 ∶ 2 000～1 ∶ 5 000地形图。

C.1.4　可行性研究阶段爆区地形图的比例尺一般为1 ∶ 500～1 ∶ 1 000,对A级硐室爆破,当范围太大时,可降为1 ∶ 2 000;在技术设计阶段,应采用不小于1 ∶ 500地形图。

C.1.5　D级硐室爆破可以用爆区实测1 ∶ 200～1 ∶ 500剖面图进行设计、相邻剖面间距不应大于10 m,校核剖面由设计布置。

C.1.6　在实施装药前,对每个药室均应实测最小抵抗线。

C.2　地质测绘

C.2.1　地质测绘范围以爆区为主,同时兼顾爆破影响区。

C.2.2　爆破地质测绘的工作内容如下:

——结合开挖工程查明爆破区岩土介质的类别、性质、成分和产状分布及物理力学指标,以及断层、溶洞、层理、裂隙、裂隙水和渗流特征;

——爆破影响区的较大断层、溶洞以及不稳定岩体的产状分布和形状;

——对水下硐室爆破还应查明水域、水深、水位、水流(流向、流速)变化及泥沙冲淤情况,覆盖层的分布和形状。

C.2.3　地质测绘的最终成果应包括地质报告书和地质填图(含地质平面图、地质剖面图及坑道展示图、钻孔柱状图等)。

重要用途钢丝绳

目　次

3 分 类

3.1 钢丝绳按其股的断面、股数和股外层钢丝的数目分类,见表1。在圆股和异形股钢丝绳中,如果需方没有明确要求某种结构的钢丝绳时,在同一组别内,结构的选择由供方自行确定。

表1 钢丝绳分类

组别	类别		分类原则	典型结构		直径范围
				钢丝绳	股绳	mm
1	圆股钢丝绳	6×7	6个圆股,每股外层丝可到7根,中心丝(或无)外捻制1~2层钢丝,钢丝等捻距	6×7 6×9W	(1+6) (3+3/3)	8~36 14~36
2		6×19	6个圆股,每股外层丝8~12根,中心丝外捻制2~3层钢丝,钢丝等捻距	6×19S 6×19W 6×25Fi 6×26WS 6×31WS	(1+9+9) (1+6+6/6) (1+6+6F+12) (1+5+5/5+10) (1+6+6/6+12)	12~36 12~40 12~44 20~40 22~46
3		6×37	6个圆股,每股外层丝14~18根,中心丝外捻制3~4层钢丝,钢丝等捻距	6×29Fi 6×36WS 6×37S(点线接触) 6×41WS 6×49SWS 6×55SWS	(1+7+7F+14) (1+7+7/7+14) (1+6+15+15) (1+8+8/8+16) (1+8+8+8/8+16) (1+9+9+9/9+18)	14~44 18~60 20~60 32~56 36~60 36~64
4		8×19	8个圆股,每股外层丝8~12根,中心丝外捻制2~3层钢丝,钢丝等捻距	8×19S 8×19W 8×25Fi 8×26WS 8×31WS	(1+9+9) (1+6+6/6) (1+6+6F+12) (1+5+5/5+10) (1+6+6/6+12)	20~44 18~48 16~52 24~48 26~56
5		8×37	8个圆股,每股外层丝14~18根,中心丝外捻制3~4层钢丝,钢丝等捻距	8×36WS 8×41WS 8×49SWS 8×55SWS	(1+7+7/7+14) (1+8+8/8+16) (1+8+8+8/8+16) (1+9+9+9/9+18)	22~60 40~56 44~64 44~64
6		18×7	钢丝绳中有17或18个圆股,每股外层丝4~7根,在纤维芯或钢芯外捻制2层股	17×7 18×7	(1+6) (1+6)	12~60 12~60
7		18×19	钢丝绳中有17或18个圆股,每股外层丝8~12根,钢丝等捻距钢丝等捻距,在纤维芯或钢芯外捻制2层股	18×19W 18×19S	(1+6+6/6) (1+9+9)	24~60 28~60
8		34×7	钢丝绳中有34~36个圆股,每股外层丝可到7根,在纤维芯或钢芯外捻制3层股	34×7 36×7	(1+6) (1+6)	16~60 20~60
9		35W×7	钢丝绳中有24~40个圆股,每股外层丝4~8根,在纤维芯或钢芯(钢丝)外捻制3层股	35W×7 24W×7	(1+6)	16~60

续上表

组别	类别		分类原则	典型结构		直径范围
				钢丝绳	股绳	mm
10	异形股钢丝绳	6V×7	6个三角形股,每股外层丝7~9根,三角形股芯外捻制1层钢丝	6V×18 6V×19	(/3×2+3/+9) (/1×7+3/+9)	20~36 20~36
11		6V×19	6个三角形股,每股外层丝10~14根,三角形股芯或纤维芯外捻制2层钢丝	6V×21 6V×24 6V×30 6V×34	(FC+9+12) (FC+12+12) (6+12+12) (/1×7+3/+12+12)	18~36 18~36 20~38 28~44
12		6V×37	6个三角形股,每股外层丝15~18根,三角形股芯外捻制2层钢丝	6V×37 6V×37S 6V×43	(/1×7+3/+12+15) (/1×7+3/+12+15) (/1×7+3/+15+18)	32~52 32~52 38~58
13		4V×39	4个扇形股,每股外层丝15~18根,纤维股芯外捻制3层钢丝	4V×39S 4V×48S	(FC+9+15+15) (FC+12+18+18)	16~36 20~40
14		6Q×19 +6V×21	钢丝绳中有12~14个股,在6个三角形股外,捻制6~8个椭圆股	6Q×19+ 6V×21 6Q×33+ 6V×21	外股(5+14) 内股(FC+9+12) 外股(5+13+15) 内股(FC+9+12)	40~52 40~60

注1:13组及11组中异形股钢丝绳中6V×21、6V×24结构仅为纤维绳芯,其余组别的钢丝绳,可由需方指定纤维芯或钢芯。
注2:三角形股芯的结构可以相互代替,或改用其他结构的三角形股芯,但应在订货合同中注明。
注3:钢丝绳的主要用途推荐,参见附录D(资料性附录)。

1~9组钢丝绳可为交互捻和同向捻。其中6~9组多层圆股钢丝绳的内层绳捻法,由生产厂确定。

13组钢丝绳仅为交互捻。

10~12组和14组异形股钢丝绳为同向捻。14组钢丝绳的内层与外层绳捻向应相反,且内层绳为同向捻。

3.2 钢丝绳按捻法分为右交互捻、左交互捻、右同向捻和左同向捻四种,如图1~图4所示。图1和图2绳与股捻向相反,图3和图4绳与股捻向相同。

3.3 钢丝绳的标记代号按GB/T 8707的规定;股的结构由中心向外层进行标记。

图1 右交互捻(ZS)

图2 左交互捻(SZ)

图3 右同向捻(ZZ)

图4 左同向捻(SS)

4 订货内容

按本标准订货的合同应包括以下主要内容：

a)标准号；

b)产品名称；

c)结构(标记代号)；

d)公称直径；

e)捻法；

f)表面状态；

9)公称抗拉强度；

h)数量(长度)；

i)用途；

j)其他要求。

5 钢丝绳材料

5.1 制绳用钢丝

5.1.1 制绳用钢丝应符合 GB/T 8919 中重要用途钢丝的规定。

5.1.2 制绳用钢丝包括股芯丝和填充丝(但组成三角股芯的低碳钢丝、填充丝和补棱丝除外)。

5.2 绳芯

钢丝绳绳芯分为纤维芯和钢芯。

5.2.1 纤维芯

纤维芯应符合 GB/T 15030 的规定或用黄麻、合成纤维及其他能符合要求的纤维制成。除需方另有要求,纤维芯应用具有防腐、防锈性能的润滑油脂浸透。

5.2.2 钢芯

钢芯分为独立的钢丝绳芯(IWR)和钢丝股芯(IWS)。

5.3 油脂

钢丝绳用油脂应符合 SH/T 0387 或其他有关要求的规定。

麻芯脂应符合 SH/T 0388 或其他有关要求的规定。

6 技术要求

6.1 股

6.1.1 股应捻制均匀、紧密。

6.1.2 股芯丝和股纤维芯,应具有足够的支撑作用,以使外层包捻的钢丝能均匀捻制,股中相邻钢丝之间允许有均匀的缝隙。用同直径钢丝制成的股及绳中的钢芯,其中心钢丝和中心股应适当加大。

6.2 钢丝绳

6.2.1 捻制

6.2.1.1 钢丝绳应捻制均匀、紧密和不松散。在展开和无负荷情况下,不得呈波浪状。绳内钢丝不得有交错、折弯和断丝等缺陷,但允许有因变形工卡具压紧造成的钢丝压扁现象存在。

6.2.1.2 钢丝绳制造时,同直径钢丝应为同一公称抗拉强度,不同直径钢丝允许采用相同或相邻公称抗拉强度,但应保证钢丝绳最小破断拉力符合表 9 ~ 表 23 中的有关规定。

6.2.1.3 钢丝绳的绳芯应具有足够的支撑作用,以使外层包捻的股均匀捻制。允许各相邻股之间有较均匀的缝隙。

6.2.1.4 镀锌钢丝绳中的所有钢丝都应是镀锌的。

6.2.1.5 钢丝绳中钢丝的接头应尽量减少。钢丝接续时,应用对焊连接。股同一次捻制中,各连接点在股内的距离不得小于 10 m。

6.2.2 涂油

除非需方另有要求,钢丝绳应均匀地连续涂敷防锈润滑油脂;需方要求钢丝绳有增摩性能时,钢丝绳应涂增摩油脂。

6.2.3 直径

6.2.3.1 公称直径 D

钢丝绳的公称直径应符合表 9 ~ 表 23 的规定。

6.2.3.2 实测直径

钢丝绳的实测直径是按 7.1.1 条规定的方法测得的直径。其偏差为圆股 $^{+5\%}_{0}$;异形股 $^{+6\%}_{0}$。

6.2.3.3 不圆度

钢丝绳的不圆度应不大于钢丝绳公称直径的 4%。

6.2.4 长度

6.2.4.1 公称长度

钢丝绳的公称长度应由供需双方在订货合同中注明,所有试样都应包括在订货长度内。

6.2.4.2 实测长度

钢丝绳的实测长度按 7.1.2 条规定进行测量。

钢丝绳的实测长度在无负荷状态下允许与订货长度有如下偏差:

≤400 m: $^{+5\%}_{0}$;

>400 m ~ 1 000 m: $^{+20\%}_{0}$;

>1 000 m: $^{+2\%}_{0}$。

6.2.5 重量

6.2.5.1 参考重量

钢丝绳的参考重量见表 9 ~ 表 23,用 kg/100 m 表示,并按(1)式计算:

$$M = KD^2 \tag{1}$$

式中 M——钢丝绳单位长度的参考重量,单位为:kg/100 m;

D——钢丝绳的公称直径,单位为:mm;

K——充分涂油的某一结构钢丝绳单位长度的重量系数,单位为:kg/100 m · mm²。K 值在表 2 中给出。

表 2　钢丝绳重量系数和最小破断拉力系数

组别	类别	钢丝绳重量系数 K			$\frac{K_2}{K_{1n}}$	$\frac{K_2}{K_{1p}}$	最小破断拉力系数 K'		$\frac{K'_2}{K'_1}$
		天然纤维芯钢丝绳	合成纤维芯钢丝绳	钢芯钢丝绳			纤维芯钢丝绳	钢芯钢丝绳	
		K_{1n}	K_{1p}	K_2			K'_1	K'_2	
		kg/100 m · mm²							
1	6×7	0.351	0.344	0.387	1.10	1.12	0.332	0.359	1.08
2	6×19	0.380	0.371	0.418	1.10	1.13	0.330	0.356	1.08
3	6×37								
4	8×19	0.357	0.344	0.435	1.22	1.26	0.293	0.346	1.18
5	8×37								
6	18×7	0.390		0.430	1.10	1.10	0.310	0.328	1.06
7	18×19								
8	34×7	0.390		0.430	1.10	1.10	0.308	0.318	1.03
9	35W×7	—		0.460	—	—	—	0.360	—
10	6V×7	0.412	0.404	0.437	1.06	1.08	0.375	0.398	1.06
11	6V×19	0.405	0.397	0.429	1.06	1.08	0.360	0.382	1.06
12	6V×37								
13	4V×39	0.410	0.402	—	—	—	0.360	—	—
14	6Q×19＋6V×21	0.410	0.402	—	—	—	0.360	—	—

注 1：在 2 组和 4 组钢丝绳中，当股内钢丝的数目为 19 根或 19 根以下时，重量系数应比表中所列的数小 3%。

注 2：在 11 组钢丝绳中，股含纤维芯 6V×21、6V×24 结构钢丝绳的重量系数和最小破断拉力系数，应分别比表中所列的数小 8%，6V×30 结构钢丝绳的最小破断拉力系数，应比表中所列的数小 10%；在 12 组钢丝绳中，股为线接触结构 6V×37S 钢丝绳的重量系数和最小破断拉力系数则应分别比表中所列的数大 3%。

注 3：K_{1P} 重量系数是对聚丙烯纤维芯钢绳而言。

6.2.5.2　实测重量

钢丝绳实测重量应按 7.1.3 条规定。

6.2.6　破断拉力

钢丝绳实测破断拉力应不低于表 9～表 23 的规定。钢丝绳最小破断拉力，用 kN 表示，并按(2)式计算：

$$F_0 = \frac{K' \cdot D^2 \cdot R_0}{1\ 000} \tag{2}$$

式中　F_0——钢丝绳最小破断拉力，单位为 kN；

D——钢丝绳公称直径,单位为 mm;

R_0——钢丝绳公称抗拉强度,单位为 MPa;

K'——某一指定结构钢丝绳的最小破断拉力系数(K'值见表 2)。

注:最小钢丝破断拉力总和与钢丝绳最小破断拉力的换算系数见附录 A。

6.2.7 伸长

对于矿井提升、架空索道及其他特殊用途的钢丝绳,在使用中的永久伸长应双方协议。

6.2.8 外观

钢丝绳外观不应存在 GB/T 8706 中列出的制造缺陷。

6.3 拆股钢丝

6.3.1 实测直径

钢丝实测直径应符合 GB/T 8919 的有关规定(由于工卡具压紧造成钢丝压扁允许以断面尺寸大的为准)。

6.3.2 表面状态

钢丝表面状态应符合表 3 规定。

6.3.3 抗拉强度

6.3.3.1 公称抗拉强度

钢丝的公称抗拉强度应符合表 3 规定,表中数值是抗拉强度的下限,上限等于下限加上表 4 规定的允差。

表 3 钢丝表面状态及公称抗拉强度

表面状态	公称抗拉强度/MPa				
光面和 B 级镀锌	1 570	1 670	1 770	1 870	1 960
AB 级镀锌	1 570	1 670	1 770	1 870	—
A 级镀锌	1 570	1 670	1 770	1 870	—

6.3.3.2 强度允差

强度允差应符合表 4 规定。

表 4 强 度 允 差

钢丝公称直径 d/mm	强度允差/MPa
$0.6 \leq d < 1$	350
$1 \leq d < 1.5$	320
$1.5 \leq d < 2$	290
$d \geq 2$	260

6.3.4 反复弯曲

钢丝的反复弯曲次数应符合表 5 的规定。

表 5　最小反复弯曲次数

钢丝公称直径 d	弯芯半径	光面及 B 级镀锌钢丝					AB 级镀锌钢丝				A 级镀锌钢丝			
mm		公称抗拉强度/MPa												
		1 570	1 670	1 770	1 870	1 960	1 570	1 670	1 770	1 870	1 570	1 670	1 770	1 870
$0.6 \leq d < 0.65$	1.75	12	11	11	10	10	10	9	9	8	8	7	7	6
$0.65 \leq d < 0.7$		11	10	10	9	9	9	8	8	7	7	6	6	5
$0.7 \leq d < 0.75$	2.50	16	15	15	14	14	15	14	14	13	13	12	12	11
$0.75 \leq d < 0.8$		15	14	14	13	13	14	13	13	12	12	11	11	10
$0.8 \leq d < 0.9$		13	12	12	11	11	12	11	11	10	10	9	9	8
$0.9 \leq d < 1$		12	11	11	10	10	11	10	10	9	9	8	8	7
$1 \leq d < 1.1$	3.75	17	16	16	15	15	16	15	15	14	14	13	13	12
$1.1 \leq d < 1.2$		15	14	14	13	13	14	13	13	12	12	11	11	10
$1.2 \leq d < 1.3$		13	12	12	11	11	12	11	11	10	10	9	9	8
$1.3 \leq d < 1.4$		12	11	11	10	10	11	10	10	9	9	8	8	7
$1.4 \leq d < 1.5$		11	10	10	9	9	10	9	9	8	8	7	7	6
$1.5 \leq d < 1.6$	5.00	14	13	13	12	12	13	12	12	11	11	10	10	9
$1.6 \leq d < 1.7$		13	12	12	11	11	12	11	11	10	10	9	9	8
$1.7 \leq d < 1.8$		12	11	11	10	10	11	10	10	9	9	8	8	7
$1.8 \leq d < 1.9$		11	10	10	9	9	10	9	9	8	8	7	7	6
$1.9 \leq d < 2$		10	9	9	8	8	9	8	8	7	7	6	6	5
$2 \leq d < 2.1$	7.50	15	14	14	13	13	14	13	13	12	12	11	11	10
$2.1 \leq d < 2.2$		14	13	13	12	12	13	12	12	11	11	10	10	9
$2.2 \leq d < 2.3$		13	12	12	11	11	12	11	11	10	10	9	9	8
$2.3 \leq d < 2.4$		13	12	12	11	11	12	11	11	10	10	9	9	8
$2.4 \leq d < 2.5$		12	11	11	10	10	11	10	10	9	9	8	8	7
$2.5 \leq d < 2.6$		11	10	10	9	9	10	9	9	8	8	7	7	6
$2.6 \leq d < 2.7$		10	9	9	8	8	9	8	8	7	7	6	6	5
$2.7 \leq d < 2.8$		10	9	9	8	8	9	8	8	7	7	6	6	5
$2.8 \leq d < 2.9$		9	8	8	7	7	8	7	7	6	6	5	5	4
$2.9 \leq d < 3$		9	8	8	7	7	8	7	7	6	6	5	5	4

续上表

钢丝公称直径 d	弯芯半径	光面及 B 级镀锌钢丝					AB 级镀锌钢丝				A 级镀锌钢丝			
mm		公称抗拉强度/MPa												
		1 570	1 670	1 770	1 870	1 960	1 570	1 670	1 770	1 870	1 570	1 670	1 770	1 870
$3\leqslant d<3.1$		12	11	11	10	10	11	10	10	9	9	8	8	7
$3.1\leqslant d<3.2$		12	11	11	10	10	11	10	10	9	9	8	8	7
$3.2\leqslant d<3.3$		11	10	10	9	9	10	9	9	8	8	7	7	6
$3.3\leqslant d<3.4$		11	10	10	9	9	10	9	9	8	8	7	7	6
$3.4\leqslant d<3.5$	10.00	10	9	9	8	8	9	8	8	7	7	6	6	5
$3.5\leqslant d<3.6$		9	8	8	7	7	8	7	7	6	6	5	5	4
$3.6\leqslant d<3.7$		8	7	7	6	6	7	6	6	5	5	4	4	3
$3.7\leqslant d<3.8$		7	6	6	5	5	6	5	5	4	5	4	4	3
$3.8\leqslant d<3.9$		7	6	6	5	5	6	5	5	4	5	4	4	3
$3.9\leqslant d<4$		6	5	5	4	4	5	4	4	3	4	3	3	2
$4\leqslant d<4.1$		13	12	12	11	11	12	11	11	10	8	7	7	6
$4.1\leqslant d<4.2$		12	11	11	10	10	11	10	10	9	7	6	6	5
$4.2\leqslant d<4.3$	15.00	11	10	10	9	9	10	9	9	8	7	6	6	5
$4.3\leqslant d<4.4$		11	10	10	9	9	10	9	9	8	7	6	6	5
4.4		10	9	9	8	8	9	8	8	7	6	5	5	4

6.3.5 扭转

钢丝的扭转次数应符合表 6 的规定。

对于异形股钢丝绳：

股中钢丝超过一层的，应比表 6 所列的扭转次数减少一次；股中钢丝只有一层的应比表 6 所列的扭转次数减少二次。

表 6 最小扭转次数

钢丝公称直径 d	试验长度	光面及 B 级镀锌钢丝					AB 级镀锌钢丝				A 级镀锌钢丝			
mm		公称抗拉强度/MPa												
		1 570	1 670	1 770	1 870	1 960	1 570	1 670	1 770	1 870	1 570	1 670	1 770	1 870
$0.6\leqslant d<1$		33	31	31	25	25	30	27	27	24	21	19	19	17
$1\leqslant d<1.3$		31	29	29	24	24	28	25	25	22	19	17	17	15
$1.3\leqslant d<1.8$		30	27	27	23	23	27	23	23	20	18	16	16	14
$1.8\leqslant d<2.3$		28	26	26	21	21	25	22	22	19	17	14	14	12
$2.3\leqslant d<3$		26	23	23	19	19	23	20	20	17	14	11	11	9
$3\leqslant d<3.4$	$100\times d$	24	21	21	18	18	21	18	18	15	9	7	7	6
$3.4\leqslant d<3.5$		22	19	19	16	16	20	16	16	13	8	6	6	5
$3.5\leqslant d<3.7$		20	17	17	13	13	18	14	14	11	7	5	5	4
$3.7\leqslant d<4$		18	15	15	12	12	16	13	13	10	7	5	5	4
$4\leqslant d<4.2$		16	13	13	10	10	14	11	11	8	6	4	4	3
$4.2\leqslant d\leqslant4.4$		15	12	12	9	9	13	10	10	7	6	4	4	3

6.3.6 镀锌层

6.3.6.1 级别

镀锌层级别分为三个级别:B 级、AB 级和 A 级。

6.3.6.2 锌层重量

镀锌层重量应用单位表面积的镀锌层平均重量表示,单位 g/m^2。镀锌层重量应符合表 7 的规定(异形股除外)。如果锌层重量不符合本标准规定,而其他性能符合光面钢丝绳要求时,则可按光面钢丝绳交货。

表 7 最小锌层重量

钢丝公称直径 d/mm	B 级	AB 级	A 级
	g/m^2		
$0.6 \leq d < 0.7$	50	85	110
$0.7 \leq d < 0.8$	60	85	120
$0.8 \leq d < 1$	70	95	130
$1 \leq d < 1.2$	80	110	150
$1.2 \leq d < 1.5$	90	120	165
$1.5 \leq d < 1.9$	100	130	180
$1.9 \leq d < 2.5$	110	150	205
$2.5 \leq d < 3.2$	125	165	230
$3.2 \leq d < 3.5$	135	190	250
$3.5 \leq d < 3.7$	135	190	250
$3.7 \leq d < 4$	135	190	250
$4 \leq d \leq 4.4$	150	200	260

6.4 需方对以上条款有其他要求时,有关技术要求由供需双方协议。

6.5 数值修约按 GB/T 8170 规定。

7 检查与试验

7.1 钢丝绳检查与试验

7.1.1 直径的测量

7.1.1.1 钢丝绳直径应用带有宽钳口的游标卡尺测量。其钳口的宽度要足以跨越两个相邻的股,见图 5。

图 5 钢丝绳直径测量方法

测量应在无张力的情况下,于钢丝绳端头 15 m 外的直线部位上进行,在相距至少 1 m 的两截面上,并在同一截面互相垂直测取两个数值。

四个测量结果的平均值作为钢丝绳的实测直径,该值应符合 6.2.3.2 的有关规定。

7.1.1.2 不圆度

同一截面测量结果的差与公称直径之比,即为不圆度,应符合 6.2.3.3 的规定。

7.1.1.3 在有争议的情况下,直径的测量可在给钢丝绳施加不超过最小破断拉力 5% 的张力情况下进行。

7.1.2 长度的测量

测量钢丝绳长度的方法应由供需双方协议。钢丝绳长度的测量以米为单位。

7.1.3 重量的测量

钢丝绳的总重量包括钢丝绳、卷轴和包装材料的重量,应用衡器测量,用 kg 表示。

计算钢丝绳的单位重量时,应用钢丝绳的净重量除以钢丝绳实测长度。钢丝绳的实测单位重量用 kg/100 m 表示。

7.1.4 破断拉力测定

钢丝绳应逐条进行破断拉力的测定,其测定方法按 GB/T 8358 的规定。

7.1.5 伸长的测量

钢丝绳伸长的测量应由供需双方协议。

7.1.6 不松散检查

将钢丝绳一端解开相对称的两个股,约有两个捻距长,当这两个股重新恢复到原位后,不应自行再散开(多层股、四股扇形股及编结使用的钢丝绳除外)。

7.1.7 外观检查

钢丝绳及其股外观,用手感和目测检查。

7.2 拆股钢丝试验

7.2.1 试验范围与试验数量

7.2.1.1 钢丝绳拆取的股数:单层股钢丝绳任取一股,多层股钢丝绳按表 8 的规定(焊接点除外);用于镀锌层试验的钢丝数目应为钢丝绳中同一公称直径钢丝总数的 10%(修约成整数)。

表 8 多层股钢丝绳拆取的股数

钢丝绳类型	外层	中层	内层
18×7 类、18×19 类	2	—	1
34×7 类	3	2	1
6Q×19+6V×21 类	1	—	1
35W×7 类	3	大小股各 1	1

7.2.1.2 试验的钢丝不包括股中填充丝、各种股芯钢丝和钢丝绳中的钢芯。

7.2.2 直径的测量

钢丝实测直径应为钢丝同一截面上相互垂直两次测量数据的算术平均值。

7.2.3 拉力试验

拉力试验应符合 GB/T 228 的规定。

7.2.4　反复弯曲试验

反复弯曲试验应符合 GB/T 238 的规定。

7.2.5　扭转试验

扭转试验应符合 GB/T 239 的规定。

7.2.6　镀锌层试验

钢丝镀锌层试验应符合 GB/T 2973 的规定

7.2.7　合格条件

钢丝绳拆股钢丝应符合下述要求：

a)任一种直径的不合格钢丝数不得超过一根，或

b)如果任一种直径的不合格钢丝数为两根或两根以上，则应对该种直径的其他钢丝逐根进行不合格项目的试验。若不合格的钢丝数不大于同种直径钢丝数的 4%（修约成整数），则该钢丝绳合格。

同一根钢丝有多项不合格时，只按一根计算。

7.3　当一条钢丝绳截成数条交货时，则从其中任选一条取样试验，如果合格，其余各条免于试验，否则应逐条进行试验。

7.4　钢丝绳力学性能的考核

根据实测钢丝绳破断拉力，查表 9 ~ 表 23 对钢丝绳公称抗拉强度进行考核。

7.4.1　钢丝绳内钢丝为同一公称抗拉强度时，钢丝绳的公称抗拉强度与钢丝的公称抗拉强度相同；当钢丝绳内的钢丝为不同公称抗拉强度时，钢丝绳的公称抗拉强度应符合钢丝的公称抗拉强度之一。

7.4.2　拆股钢丝的抗拉强度、反复弯曲和扭转值，按钢丝的公称抗拉强度考核。

7.5　仲裁检验

当供需双方对任一试验结果有争议时，应在双方同意的检验机构进行仲裁检验。

若这些试验结果符合标准和订货合同要求，认为该钢丝绳合格。

8　验　　收

8.1　钢丝绳出厂前的检查，应在供方进行。

8.2　需方的验收，可委托有钢丝绳检定资格的检测部门进行。验收的依据是本标准和订货合同，验收期不应超过一年（以出厂日期为准）。

8.3　当在制造厂（供方）进行验收试验时，制造厂应提供必要的试样、设备和人力。

9　包装、标志及质量证明书

钢丝绳的包装、标志及质量证明书按 GB/T2 104 的规定。

第 1 组 6 ×7 类　表 9 图

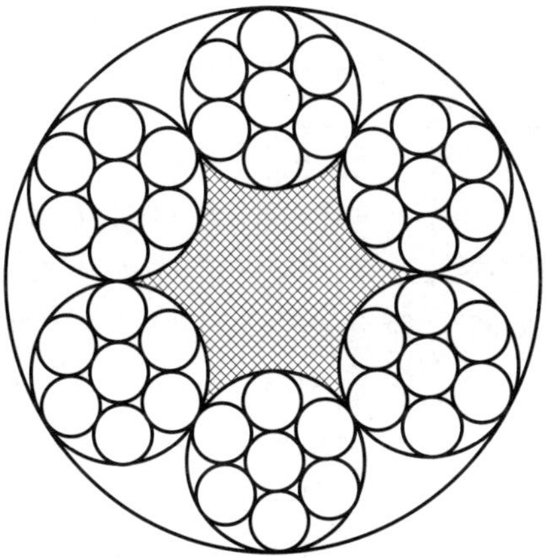

6×7+FC

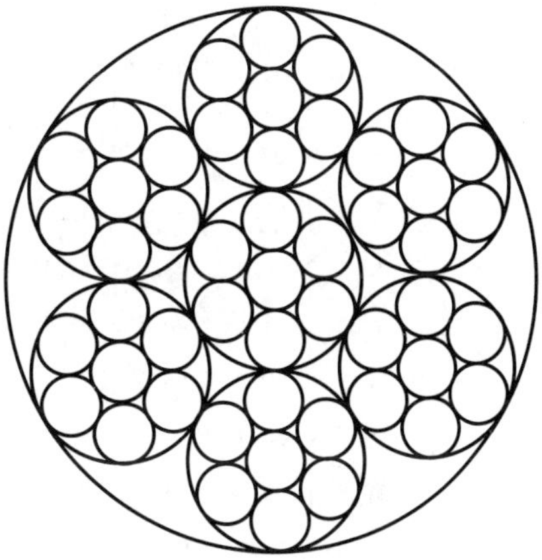

6×7+IWS

直径:8 mm ~ 36 mm

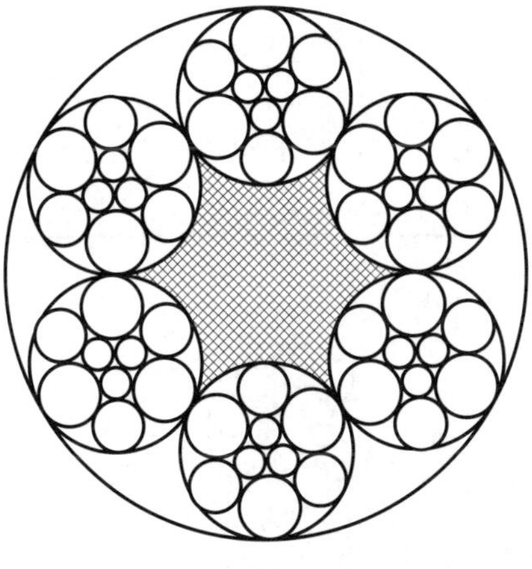

6×9W+FC

6×9W+IWR

直径:14 mm ~ 36 mm

表 9　力学性能

钢丝绳结构:6×7+FC　6×7+IWS　6×9W+FC　6×9W+IWR

钢丝绳公称直径		钢丝绳参考重量/(kg/100 m)			钢丝绳公称抗拉强度/MPa									
					1 570		1 670		1 770		1 870		1 960	
					钢丝绳最小破断拉力/kN									
D/mm	允许偏差/%	天然纤维芯钢丝绳	合成纤维芯钢丝绳	钢芯钢丝绳	纤维芯钢丝绳	钢芯钢丝绳	纤维芯钢丝绳	钢芯钢丝绳	纤维芯钢丝绳	钢芯钢丝绳	纤维芯钢丝绳	钢芯钢丝绳	纤维芯钢丝绳	钢芯钢丝绳
8		22.5	22.0	24.8	33.4	36.1	35.5	38.4	37.6	40.7	39.7	43.0	41.6	45.0
9		28.4	27.9	31.3	42.2	45.7	44.9	48.6	47.6	51.5	50.3	54.4	52.7	57.0
10		35.1	34.4	38.7	52.1	56.4	55.4	60.0	58.8	63.5	62.1	67.1	65.1	70.4
11		42.5	41.5	46.8	63.1	68.2	67.1	72.5	71.1	76.9	75.1	81.2	78.7	85.1
12		50.5	49.5	55.7	75.1	81.2	79.8	86.3	84.6	91.5	89.4	96.7	93.7	101
13		59.3	58.1	65.4	88.1	95.3	93.7	101	99.3	107	105	113	110	119
14		68.8	67.4	75.9	102	110	109	118	115	125	122	132	128	138
16		19.9	88.1	99.1	133	144	142	153	150	163	159	172	167	180
18	+5	114	111	125	169	183	180	194	190	206	201	218	211	228
20	0	140	138	155	208	225	222	240	235	254	248	249	260	281
22		170	166	187	252	273	268	290	284	308	300	325	315	341
24		202	198	223	300	325	319	345	338	366	358	385	375	405
26		237	233	262	352	381	375	405	397	430	420	454	440	476
28		275	270	303	409	442	435	470	461	498	487	52	510	552
30		318	310	348	469	507	499	540	529	572	659	604	586	633
32		359	352	396	534	577	568	614	602	651	636	687	666	721
34		406	398	447	603	652	641	693	679	735	718	776	752	813
36		455	446	502	676	730	719	777	762	824	805	870	843	912

第 2 组 6×19 类　表 10 图

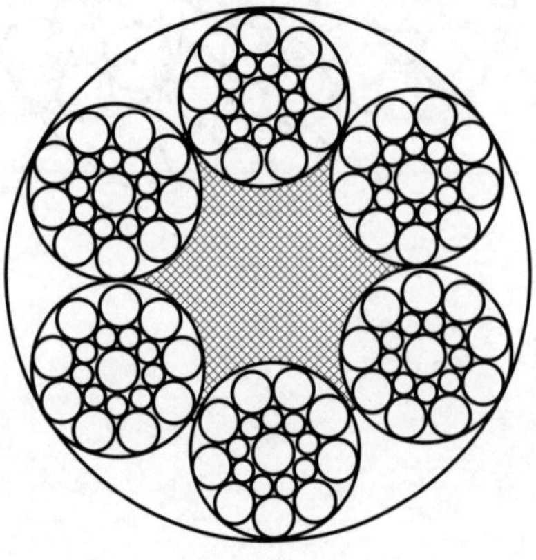

6×19S+FC

6×19S+IWR

直径:12 mm ~ 36 mm

第 2 组 6 × 19 类　表 10 图(续)

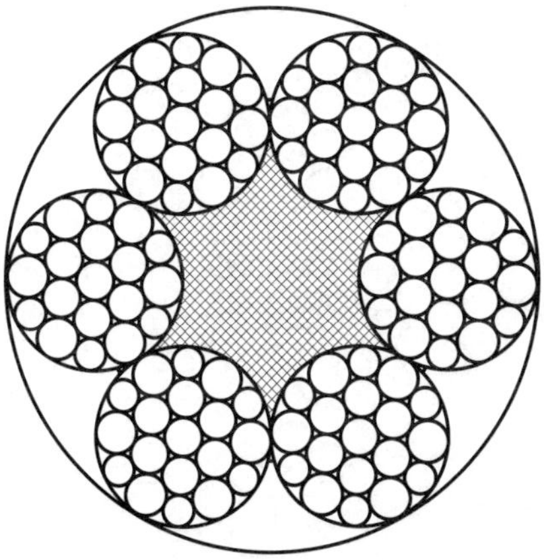

6×19W+FC

6×19W+IWR

直径:12 mm ~ 40 mm

表 10　力 学 性 能

钢丝绳结构:6 ×19S + FC　6 ×19S + IWS　6 ×19W + FC　6 ×9W + IWR

钢丝绳公称直径		钢丝绳参考重量/(kg/100 m)			钢丝绳公称抗拉强度/MPa									
					1 570		1 670		1 770		1 870		1 960	
					钢丝绳最小破断拉力/kN									
D/mm	允许偏差/%	天然纤维芯钢丝绳	合成纤维芯钢丝绳	钢芯钢丝绳	纤维芯钢丝绳	钢芯钢丝绳	纤维芯钢丝绳	钢芯钢丝绳	纤维芯钢丝绳	钢芯钢丝绳	纤维芯钢丝绳	钢芯钢丝绳	纤维芯钢丝绳	钢芯钢丝绳
12		53.1	51.8	58.4	74.6	80.5	79.4	85.6	84.1	90.7	88.9	95.9	93.1	100
13		62.3	60.8	68.5	87.6	94.5	93.1	100	98.7	106	104	113	109	118
14		72.2	70.5	79.5	102	110	108	117	114	124	121	130	127	137
16		94.4	92.1	104	133	143	141	152	150	161	158	170	166	179
18		119	117	131	168	181	179	193	189	204	200	216	210	226
20		147	144	162	207	224	220	238	234	252	247	266	259	279
22		178	174	196	251	271	267	288	283	304	299	322	313	338
24	+5	212	207	234	298	322	317	342	336	363	355	383	373	402
26	0	249	243	274	350	378	373	402	395	426	417	450	437	472
28		289	282	318	406	438	432	466	458	494	484	522	507	547
30		332	324	365	466	503	496	535	526	567	555	599	582	628
32		377	369	415	531	572	564	609	598	645	632	682	662	715
34		426	416	469	599	646	637	687	675	728	713	770	748	807
36		478	466	525	671	724	714	770	757	817	800	863	838	904
38		532	520	585	748	807	796	858	843	910	891	961	934	1 010
40		590	576	649	829	894	882	951	935	1 010	987	1 070	1 030	1 120

第 2 组 6 × 19 类　表 11 图

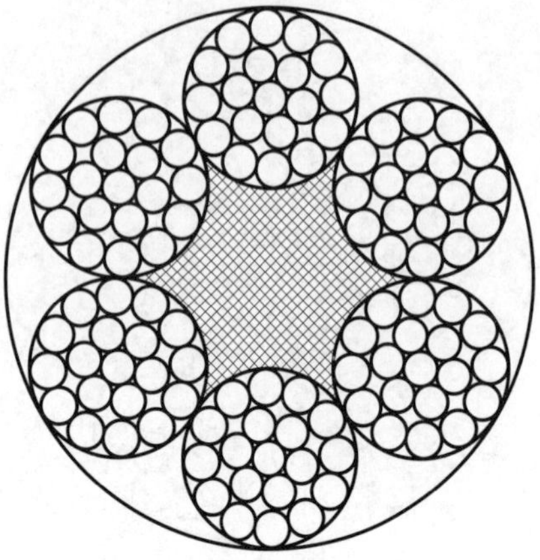

6×25Fi+FC

6×25Fi+IWR

直径:12 mm ~ 44 mm

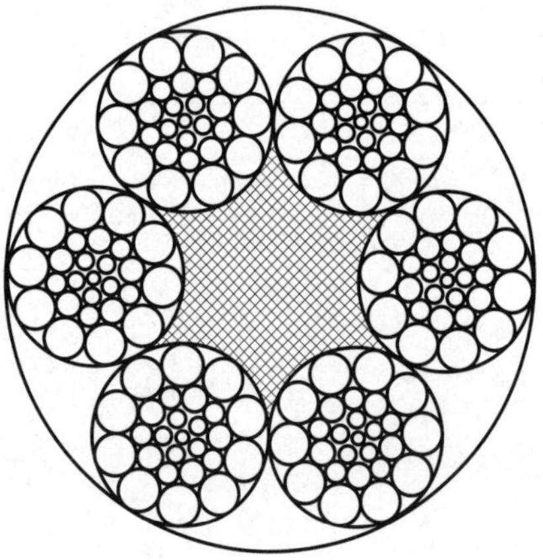

6×26WS+FC

6×26WS+IWR

直径:20 mm ~ 40 mm

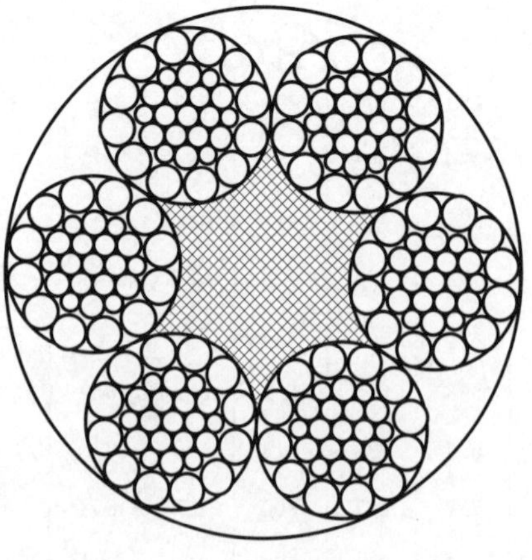

6×31WS+FC

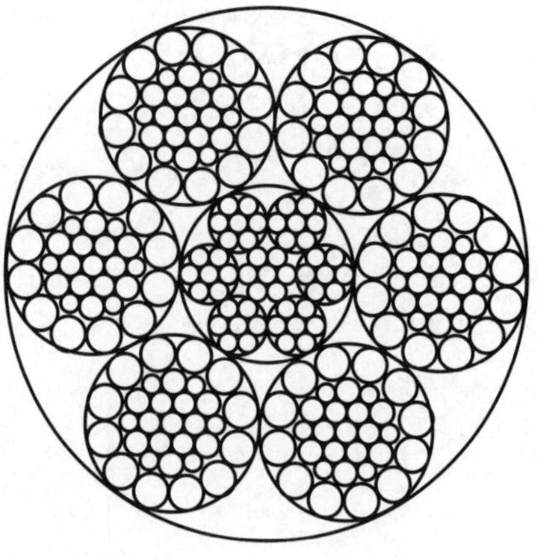

6×31WS+IWR

直径:22 mm ~ 46 mm

第 3 组 6 × 37 类　表 11 图(续)

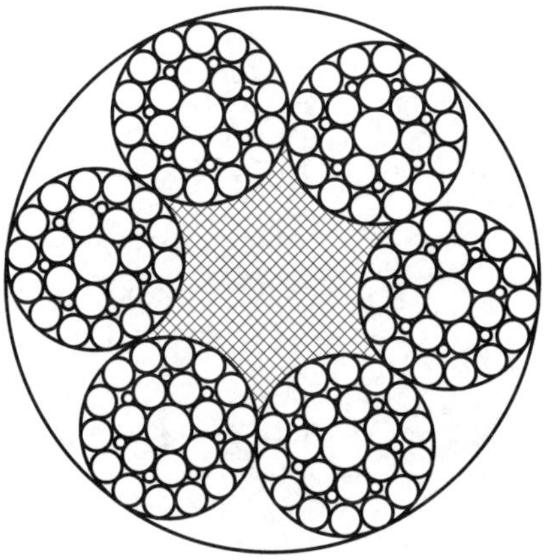

6×29Fi+FC

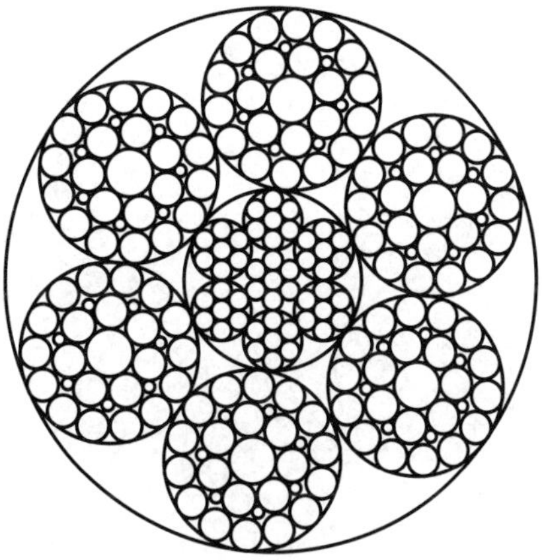

6×29Fi+IWR

直径:14 mm ~ 44 mm

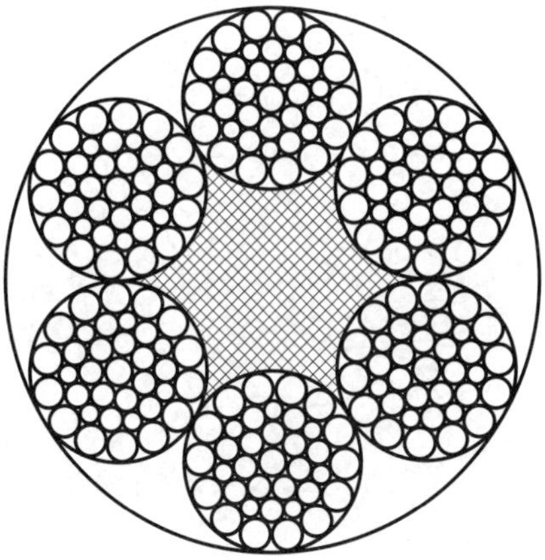

6×36WS+FC

6×36WS+IWR

直径:18 mm ~ 60 mm

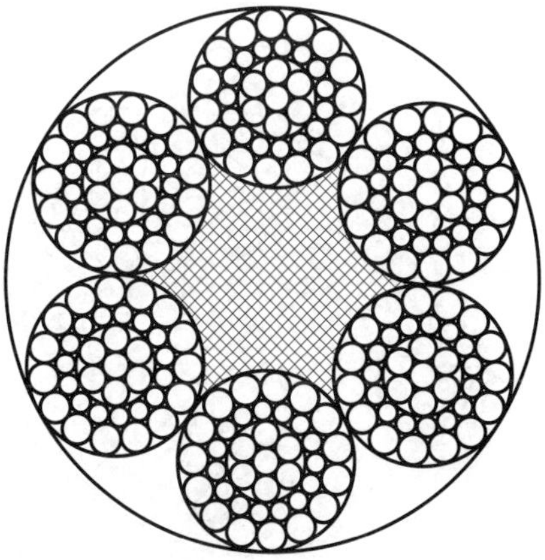

6×37S+FC

6×37S+IWR

直径:20 mm ~ 60 mm

第 3 组 6 × 37 类　表 11 图(续)

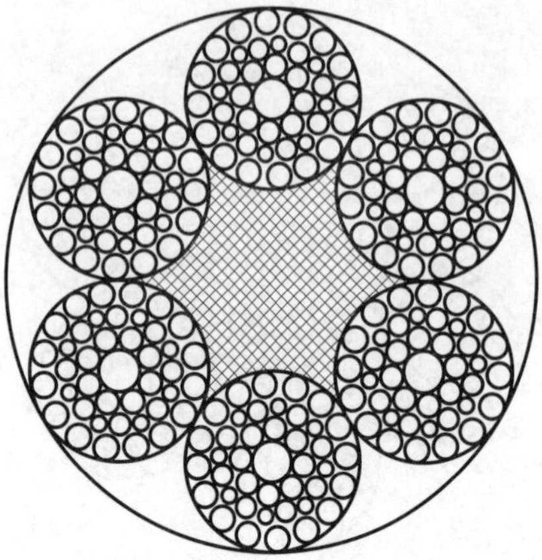

6×41WS+FC

6×41WS+IWR

直径:32 mm ~ 56 mm

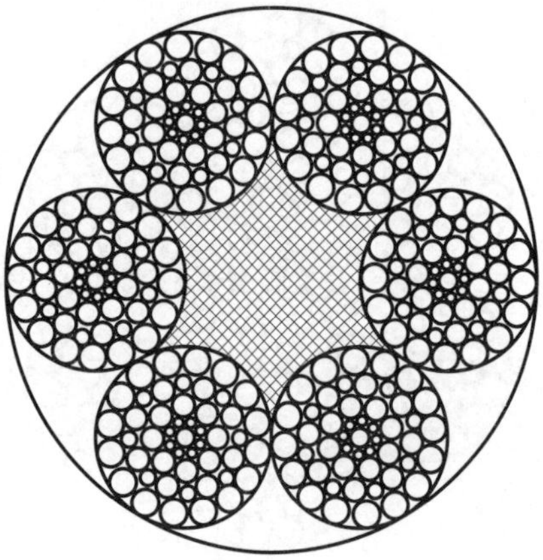

6×49SWS+FC

6×49SWS+IWR

直径:36 mm ~ 60 mm

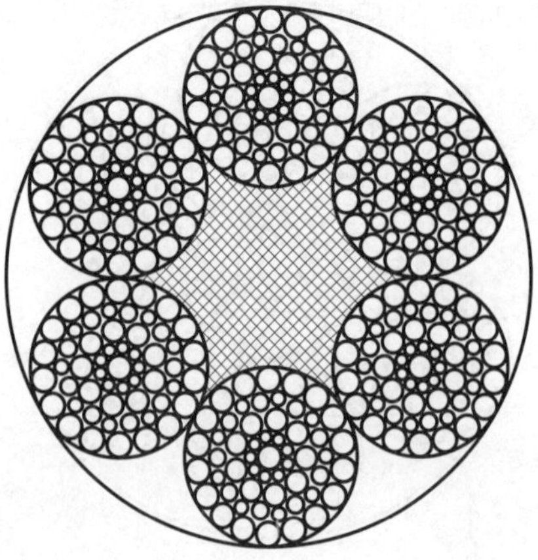

6×55SWS+FC

6×55SWS+IWR

直径:36 mm ~ 64 mm

表11 力学性能

钢丝绳结构：6×25Fi+FC 6×25Fi+IWR 6×26WS+FC 6×26WS+IWR 6×29Fi+FC 6×29Fi+IWR 6×31WS+FC 6×31WS+IWR 6×36WS+FC 6×36WS+IWR 6×37S+FC 6×37S+IWR 6×41WS+FC 6×41WS+IWR 6×49SWS+FC 6×49SWS+IWR 6×55SWS+FC 6×55SWS+IWR

钢丝绳公称直径		钢丝绳参考重量/(kg/100 m)			钢丝绳公称抗拉强度/MPa									
					1 570		1 670		1 770		1 870		1 960	
					钢丝绳最小破断拉力/kN									
D/mm	允许偏差/%	天然纤维芯钢丝绳	合成纤维芯钢丝绳	钢芯钢丝绳	纤维芯钢丝绳	钢芯钢丝绳	纤维芯钢丝绳	钢芯钢丝绳	纤维芯钢丝绳	钢芯钢丝绳	纤维芯钢丝绳	钢芯钢丝绳	纤维芯钢丝绳	钢芯钢丝绳
12		54.7	53.4	60.2	74.6	80.5	79.4	85.6	84.1	90.7	88.9	95.9	93.1	100
13		64.2	62.7	70.6	87.6	94.5	93.1	100	98.7	106	104	113	109	118
14		74.5	72.7	81.9	102	110	108	117	114	124	121	130	127	137
16		97.3	95.0	107	133	143	141	152	150	161	158	170	166	179
18		123	120	135	168	181	179	193	189	204	200	216	210	226
20		152	148	167	207	224	220	238	234	252	247	266	259	279
22		184	180	202	251	271	267	288	283	305	299	322	313	338
24		219	214	241	298	322	317	342	336	363	355	383	373	402
26		257	251	283	350	387	373	402	395	426	417	450	437	472
28		298	291	328	406	438	432	466	458	494	484	522	507	547
30		342	334	376	466	503	496	535	526	567	555	599	582	628
32		389	380	428	531	572	564	609	598	645	632	682	662	715
34	+5	439	429	483	599	646	637	687	675	728	713	770	748	807
36	0	492	481	542	671	724	714	770	757	817	800	863	838	904
38		549	536	604	748	807	796	858	843	910	891	961	934	1 010
40		608	594	669	829	894	882	951	935	1 010	987	1 070	1 030	1 120
42		670	654	737	914	986	972	1 050	1 030	1 110	1 090	1 170	1 140	1 230
44		736	718	809	1 000	1 080	1 070	1 150	1 130	1 220	1 190	1 290	1 250	1 350
46		804	785	884	1 100	1 180	1 170	1 260	1 240	1 330	1 310	1 410	1 370	1 480
48		876	855	963	1 190	1 290	1 270	1 370	1 350	1 450	1 420	1 530	1 490	1 610
50		950	928	1 040	1 300	1 400	1 380	1 490	1 460	1 580	1 540	1 660	1 620	1 740
52		1 030	1 000	1 130	1 400	1 510	1 490	1 610	1 580	1 700	1 670	1 800	1 750	1 890
54		1 110	1 080	1 220	1 510	1 630	1 610	1 730	1 700	1 840	1 800	1 940	1 890	2 030
56		1 190	1 160	1 310	1 620	1 750	1 730	1 860	1 830	1 980	1 940	2 090	2 030	2 190
58		1 280	1 250	1 410	1 740	1 880	1 850	2 000	1 960	2 120	2 080	2 240	2 180	2 350
60		1 370	1 340	1 500	1 870	2 010	1 980	2 140	2 100	2 270	2 220	2 400	2 330	2 510
62		1 460	1 430	1 610	1 990	2 150	2 120	2 290	2 250	2 420	2 370	2 560	2 490	2 680
64		1 560	1 520	1 710	2 120	2 290	2 260	2 240	2 390	2 580	2 530	2 330	2 650	2 860

第 4 组 8×19 类　表 12 图

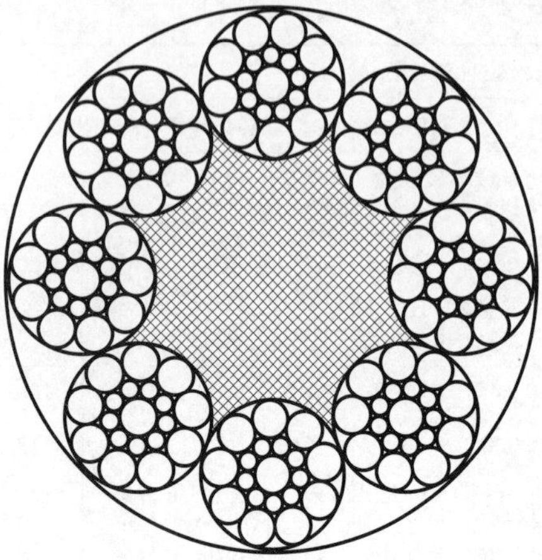

8×19S+FC

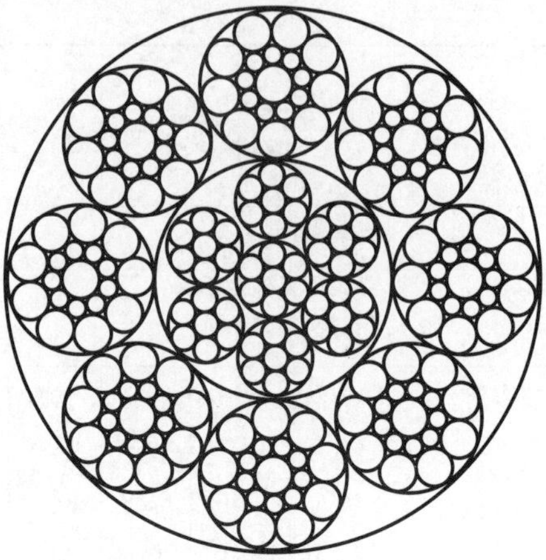

8×19S+IWR

直径:20 mm～44 mm

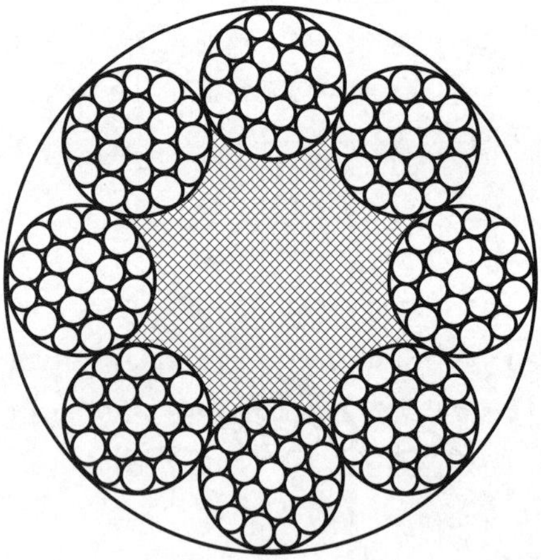

8×19W+FC

8×19W+IWR

直径:18 mm～48 mm

表 12　力 学 性 能

钢丝绳结构:8 × 19S + FC　8 × 19S + IWS　8 × 19W + FC　8 × 9W + IWR

钢丝绳公称直径		钢丝绳参考重量/(kg/100 m)			钢丝绳公称抗拉强度/MPa 钢丝绳最小破断拉力/kN									
					1 570		1 670		1 770		1 870		1 960	
D/mm	允许偏差/%	天然纤维芯钢丝绳	合成纤维芯钢丝绳	钢芯钢丝绳	纤维芯钢丝绳	钢芯钢丝绳	纤维芯钢丝绳	钢芯钢丝绳	纤维芯钢丝绳	钢芯钢丝绳	纤维芯钢丝绳	钢芯钢丝绳	纤维芯钢丝绳	钢芯钢丝绳
18		112	108	137	149	176	159	187	168	198	178	210	186	220
20		139	133	169	184	217	196	231	207	245	219	259	230	271
22		168	162	204	223	263	237	280	251	296	265	313	278	328
24		199	192	243	265	313	282	333	299	353	316	373	331	391
26		234	226	285	311	367	331	391	351	414	370	437	388	458
28		271	262	331	361	426	384	453	407	480	430	507	450	532
30		312	300	380	414	489	440	520	467	551	493	582	517	610
32	+5	355	342	432	471	556	501	592	531	627	561	663	588	694
34	0	400	386	488	532	628	566	668	600	708	633	748	664	784
36		449	432	547	596	704	634	749	672	794	710	839	744	879
38		500	482	609	664	784	707	834	749	884	791	934	829	979
40		554	534	675	736	869	783	925	830	980	877	1040	919	1090
42		611	589	744	811	958	863	1 020	915	1 080	967	1 140	1 010	1 200
44		670	646	817	891	1 050	947	1 120	1 000	1 190	1 060	1 250	1 110	1 310
46		733	706	893	973	1 150	1 040	1 220	1 100	1 300	1 160	1 370	1 220	1 430
48		798	769	972	1 060	1 250	1 130	1 330	1 190	1 410	1 260	1 490	1 320	1 560

第 4 组 8 × 19 类和第 5 组 8 × 37 类　表 13 图

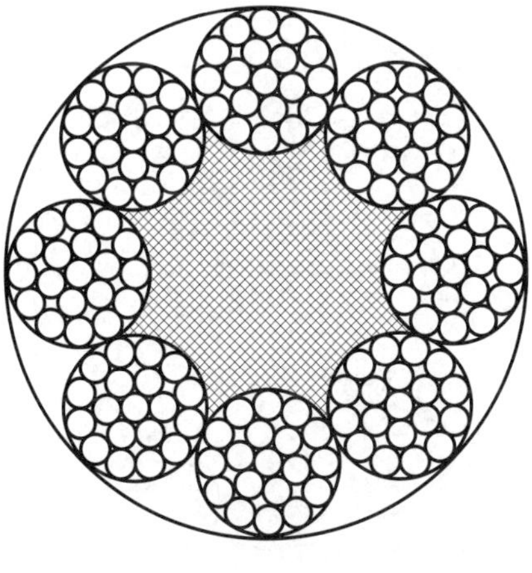

8×25Fi+FC

8×25Fi+IWR

直径:16 mm ~ 52 mm

第 4 组 8 × 19 类和第 5 组 8 × 37 类　表 13 图(续)

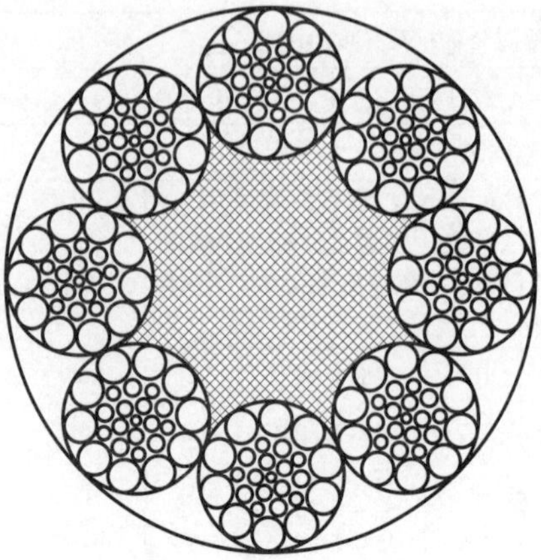

8×26WS+FC

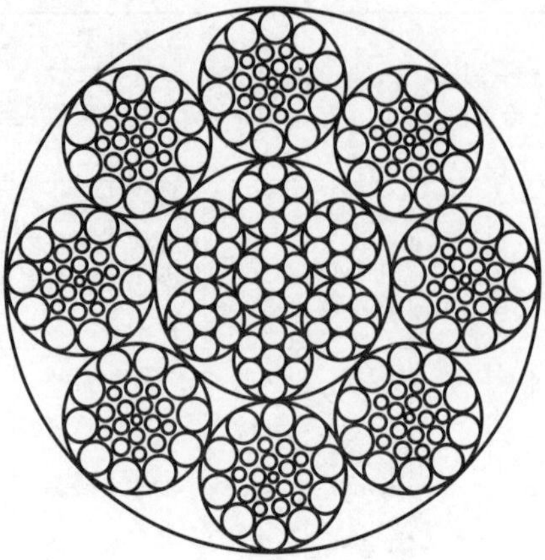

8×26WS+IWR

直径:24 mm ~ 48 mm

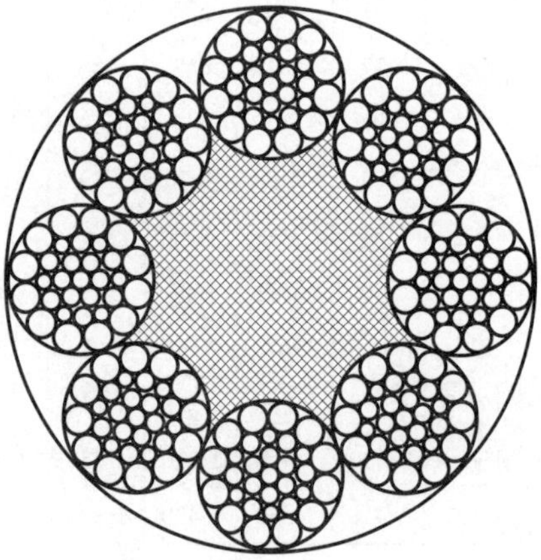

8×31WS+FC

8×31WS+IWR

直径:26 mm ~ 56 mm

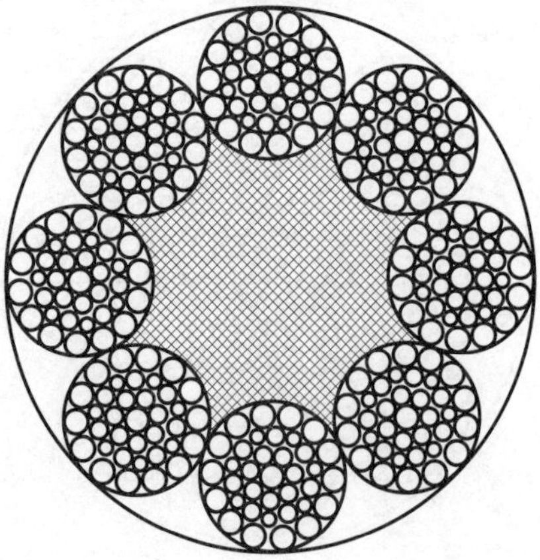

8×36WS+FC

8×36WS+IWR

直径:22 mm ~ 60 mm

第 4 组 8×19 类和第 5 组 8×37 类　表 13 图(续)

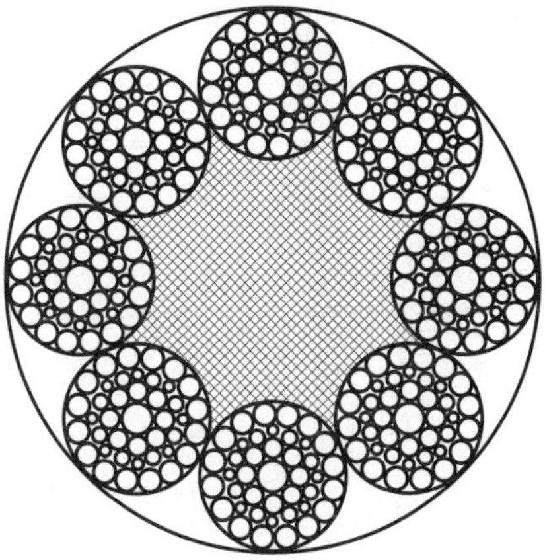

8×41WS+FC

8×41WS+IWR

直径:40 mm～56 mm

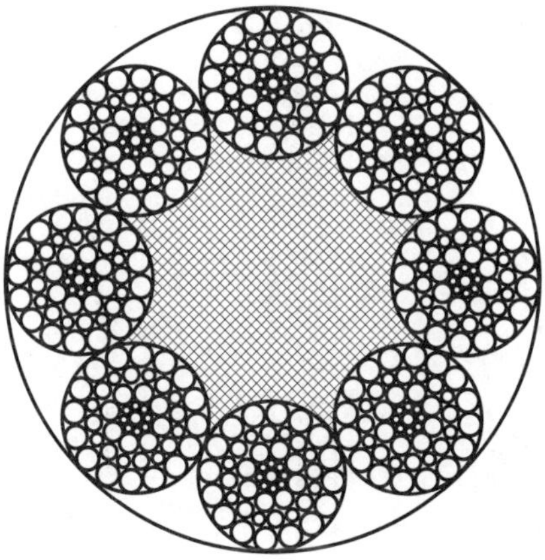

8×49SWS+FC

8×49SWS+IWR

直径:44 mm～64 mm

8×55SWS+FC

8×55SWS+IWR

直径:44 mm～64 mm

表13 力学性能

钢丝绳结构:8×25Fi+FC 8×25Fi+IWR 8×26WS+FC 8×26WS+IWR 8×31WS+FC 8×31WS+IWR
8×36WS+FC 8×36WS+IWR 8×41WS+FC 8×41WS+IWR 8×49SWS+FC
8×49SWS+IWR 8×55SWS+FC 8×55SWS+IWR

钢丝绳公称直径		钢丝绳参考重量/(kg/100 m)			钢丝绳公称抗拉强度/MPa									
					1 570		1 670		1 770		1 870		1 960	
					钢丝绳最小破断拉力/kN									
D/mm	允许偏差/%	天然纤维芯钢丝绳	合成纤维芯钢丝绳	钢芯钢丝绳	纤维芯钢丝绳	钢芯钢丝绳	纤维芯钢丝绳	钢芯钢丝绳	纤维芯钢丝绳	钢芯钢丝绳	纤维芯钢丝绳	钢芯钢丝绳	纤维芯钢丝绳	钢芯钢丝绳
16		91.4	88.1	111	118	139	125	148	133	157	140	166	147	174
18		116	111	141	149	176	159	187	168	198	178	210	186	220
20		143	138	174	184	217	196	231	207	245	219	259	230	271
22		173	166	211	223	263	237	280	251	296	265	313	278	328
24		206	198	251	265	313	282	333	299	353	316	373	331	391
26		241	233	294	311	367	331	391	351	414	370	437	388	458
28		280	270	341	361	426	384	453	407	480	430	507	450	532
30		321	310	392	414	489	440	520	467	551	493	582	517	610
32		366	352	445	471	556	501	592	531	627	561	663	588	694
34		413	398	503	532	628	566	668	600	708	633	748	664	784
36	+5	463	446	564	596	704	634	749	672	794	710	839	744	879
38	0	516	497	628	664	784	707	834	749	884	791	934	829	979
40		571	550	696	736	869	783	925	830	980	877	1 040	919	1 090
42		630	607	767	811	958	863	1 020	915	1 080	967	1 140	1 010	1 200
44		691	666	842	891	1 050	947	1 120	1 000	1 190	1 060	1 250	1 110	1 310
46		755	728	920	973	1 150	1 040	1 220	1 100	1 300	1 160	1 370	1 220	1 430
48		823	793	1 000	1 060	1 250	1 130	1 330	1 190	1 410	1 260	1 490	1 320	1 560
50		892	860	1 090	1 150	1 360	1 220	1 440	1 300	1 530	1 370	1 620	1 440	1 700
52		965	930	1 180	1 240	1 470	1 320	1 560	1 400	1 660	1 480	1 750	1 550	1 830
54		1 040	1 000	1 270	1 340	1 580	1 430	1 680	1 510	1 790	1 600	1 890	1 670	1 980
56		1 120	1 080	1 360	1 440	1 700	1 530	1 810	1 630	1 920	1 720	2 030	1 800	2 130
58		1 200	1 160	1 460	1 550	1 830	1 650	1 940	1 740	2 060	1 840	2 180	1 930	2 280
60		1 290	1 240	1 570	1 660	1 960	1 760	2 080	1 870	2 200	1 970	2 330	2 070	2 440
62		1 370	1 320	1 670	1 770	2 090	1 880	2 220	1 990	2 350	2 110	2 490	2 210	2 610
64		1 460	1 410	1 780	1 880	2 230	2 000	2 370	2 120	2 510	2 240	2 650	2 350	2 780

第 6 组 18 × 7 类　表 14 图

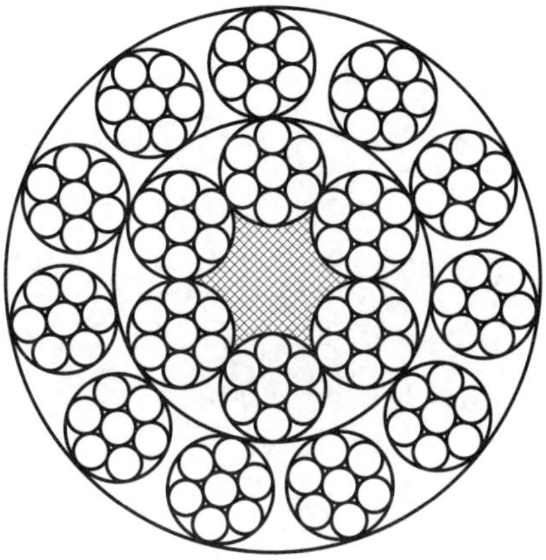

17×7+FC

17×7+IWS

直径:12 mm ~ 60 mm

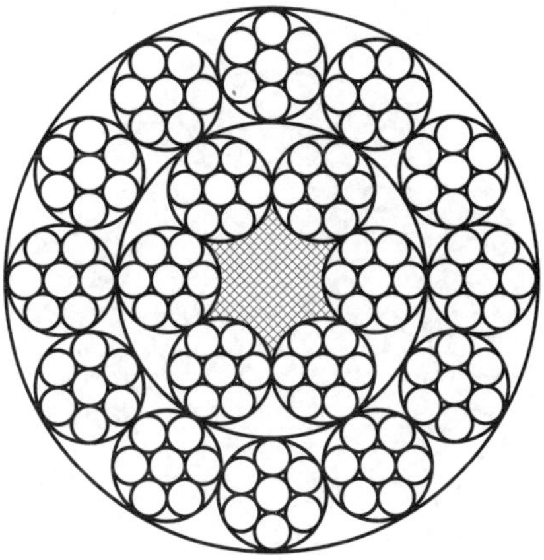

18×7+FC

18×7+IWS

直径:12 mm ~ 60 mm

第 7 组 18 × 19 类　表 14 图(续)

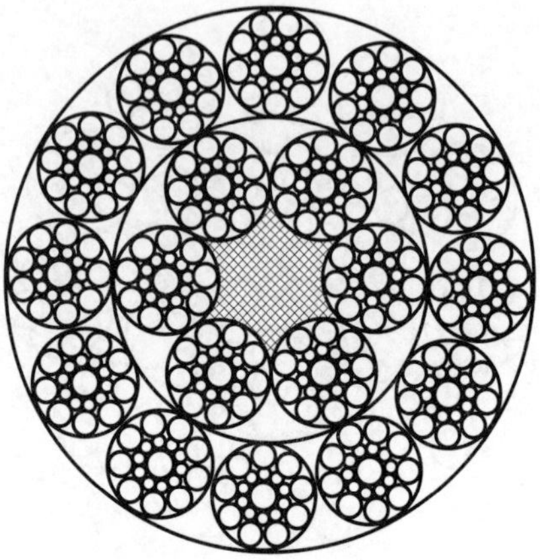

18×19S+FC

18×19S+IWS

直径:28 mm ~ 60 mm

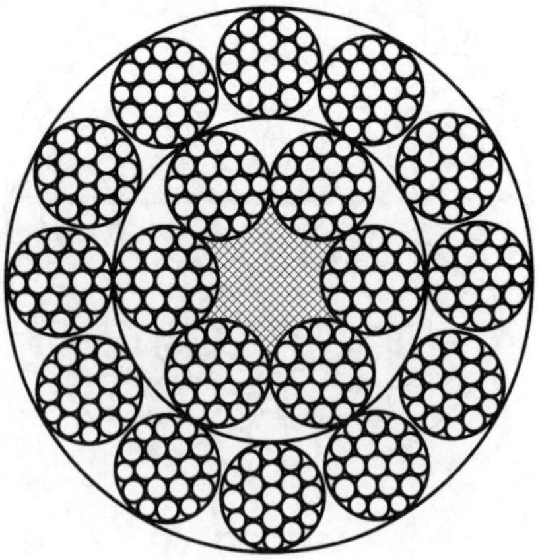

18×19W+FC

18×19W+IWS

直径:24 mm ~ 60 mm

表14 力学性能

钢丝绳结构:17×7+FC 17×7+IWR 18×7+FC 18×7+IWR 18×19S+FC 18×19S+IWS 18×19W+FC 18×19W+IWS

钢丝绳公称直径		钢丝绳参考重量/(kg/100 m)		钢丝绳公称抗拉强度/MPa									
				1 570		1 670		1 770		1 870		1 960	
				钢丝绳最小破断拉力/kN									
D/mm	允许偏差/%	纤维芯钢丝绳	钢芯钢丝绳	纤维芯钢丝绳	钢芯钢丝绳	纤维芯钢丝绳	钢芯钢丝绳	纤维芯钢丝绳	钢芯钢丝绳	纤维芯钢丝绳	钢芯钢丝绳	纤维芯钢丝绳	钢芯钢丝绳
12		56.2	61.9	70.1	74.2	74.5	78.9	79.0	83.6	83.5	88.3	87.5	92.6
13		65.9	72.7	82.3	87.0	87.5	92.6	92.7	98.1	98.0	104	103	109
14		76.4	84.3	95.4	101	101	107	108	114	114	120	119	126
16		99.8	110	125	132	133	140	140	149	148	157	156	165
18		126	139	158	167	168	177	178	188	188	199	197	208
20		156	172	195	206	207	219	219	232	232	245	243	257
22		189	208	236	249	251	265	266	281	281	297	294	311
24		225	248	280	297	298	316	316	334	334	353	350	370
26		264	291	329	348	350	370	371	392	392	415	411	435
28		306	337	382	404	406	429	430	455	454	481	476	504
30	+5 0	351	387	438	468	466	493	494	523	522	552	547	579
32		339	440	498	527	530	561	562	594	594	628	622	658
34		451	497	563	595	598	633	634	671	670	709	702	743
36		505	557	631	667	671	710	711	752	751	795	787	833
38		563	621	703	744	748	791	792	838	837	886	877	928
40		624	688	779	824	828	876	878	929	928	981	972	1 030
42		688	759	859	908	913	966	968	1 020	1 020	1 080	1 070	1 130
44		755	832	942	997	1 000	1 060	1 060	1 120	1 120	1 190	1 180	1 240
46		825	910	1 030	1 090	1 100	1 160	1 160	1 230	1 230	1 300	1 290	1 360
48		899	991	1 120	1 190	1 190	1 260	1 260	1 340	1 340	1 410	1 400	1 480
50		975	1 080	1 220	1 200	1 290	1 370	1 370	1 450	1 450	1 530	1 520	1 610
52		1 050	1 160	1 320	1 390	1 400	1 480	1 480	1 570	1 570	1 660	1 640	1 740
54		1 140	1 250	1 420	1 500	1 510	1 600	1 600	1 690	1 690	1 790	1 770	1 870
56		1 220	1 350	1 530	1 610	1 620	1 720	1 720	1 820	1 820	1 920	1 910	2 020
58		1 310	1 450	1 640	1 730	1 710	1 840	1 850	1 950	1 950	2 060	2 040	2 160
60		1 400	1 550	1 750	1 850	1 860	1 970	1 980	2 090	2 090	2 210	2 190	2 310

第 8 组 34 × 7 类　表 15 图

34×7+FC

34×7+IWS

直径:16 mm ~ 60 mm

36×7+FC

36×7+IWS

直径:16 mm ~ 60 mm

表 15 力 学 性 能

钢丝绳结构:34 ×7 + FC 34 ×7 + IWS 36 ×7 + FC 36 ×7 + IWS

钢丝绳公称直径		钢丝绳参考重量/(kg/100 m)		钢丝绳公称抗拉强度/MPa									
				1 570		1 670		1 770		1 870		1 960	
				钢丝绳最小破断拉力/kN									
D/mm	允许偏差/%	纤维芯钢丝绳	钢芯钢丝绳	纤维芯钢丝绳	钢芯钢丝绳	纤维芯钢丝绳	钢芯钢丝绳	纤维芯钢丝绳	钢芯钢丝绳	纤维芯钢丝绳	钢芯钢丝绳	纤维芯钢丝绳	钢芯钢丝绳
16		99.8	110	124	128	132	136	140	144	147	152	155	160
18		126	139	157	162	167	172	177	182	187	193	196	202
20		156	172	193	200	206	212	218	225	230	238	241	249
22		189	208	234	242	249	257	264	272	279	288	292	302
24		225	248	279	288	296	306	314	324	332	343	348	359
26		264	291	327	337	348	359	369	380	389	402	408	421
28		306	337	379	391	403	416	427	441	452	466	473	489
30		351	387	435	449	463	478	491	507	518	535	543	561
32		399	440	495	511	527	544	558	576	590	609	618	638
34	+5	451	497	559	577	595	614	630	651	666	687	698	721
36		505	557	627	647	667	688	707	729	746	771	782	808
38		563	621	698	721	743	767	787	813	832	859	872	900
40		624	688	774	799	823	850	872	901	922	951	966	997
42		688	759	853	881	907	987	962	993	1 020	1 050	1 060	1 100
44		755	832	936	967	996	1 030	1 060	1 090	1 120	1 150	1 170	1 210
46		825	910	1 020	1 060	1 090	1 120	1 150	1 190	1 220	1 260	1 280	1 320
48		899	991	1 110	1 150	1 190	1 220	1 260	1 300	1 330	1 370	1 390	1 440
50		975	1 080	1 210	1 250	1 290	1 330	1 360	1 410	1 440	1 490	1 510	1 560
52		1 050	1 160	1 310	1 350	1 390	1 440	1 470	1 520	1 560	1 610	1 630	1 690
54		1 140	1 250	1 410	1 460	1 500	1 550	1 590	1 640	1 680	1 730	1 760	1 820
56		1 220	1 350	1 520	1 570	1 610	1 670	1 710	1 770	1 810	1 860	1 890	1 950
58		1 310	1 450	1 630	1 680	1 730	1 790	1 830	1 890	1 940	2 000	2 030	2 100
60		1 400	1 550	1 740	1 800	1 850	1 910	1 960	2 030	2 070	2 140	2 170	2 240

第 9 组 35W ×7 类 表 16 图

35W×7

24W×7

直径:16 mm ~ 60 mm

表 16　力 学 性 能

钢丝绳结构：35W ×7　24W ×7

钢丝绳公称直径		钢丝绳参考重量/(kg/100 m)	钢丝绳公称抗拉强度/MPa				
			1 570	1 670	1 770	1 870	1 960
D/mm	允许偏差/%		钢丝绳最小破断拉力/kN				
16		118	145	154	163	172	181
18		149	183	195	206	218	229
20		184	226	240	255	269	282
22		223	274	291	308	326	342
24		265	326	346	367	388	406
26		311	382	406	431	455	477
28		361	443	471	500	528	553
30		414	509	541	573	606	635
32		471	579	616	652	689	723
34		532	653	695	737	778	816
36	+5	596	732	779	826	872	914
38	0	664	816	868	920	972	1 020
40		736	904	962	1 020	1 080	1 130
42		811	997	1 060	1 120	1 190	1 240
44		891	1 090	1 160	1 230	1 300	1 370
46		973	1 200	1 270	1 350	1 420	1 490
48		1 060	1 300	1 390	1 470	1 550	1 630
50		1 150	1 410	1 500	1 590	1 680	1 760
52		1 240	1 530	1 630	1 720	1 820	1 910
54		1 340	1 650	1 750	1 860	1 960	2 060
56		1 440	1 770	1 890	2 000	2 110	2 210
58		1 550	1 900	2 020	2 140	2 260	2 370
60		1 660	2 030	2 160	2 290	2 420	2 540

第 10 组 6V ×7 类　表 17 图

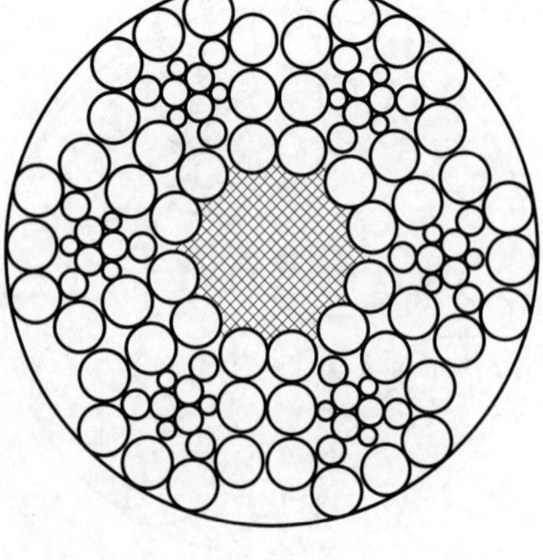

6V×18+FC

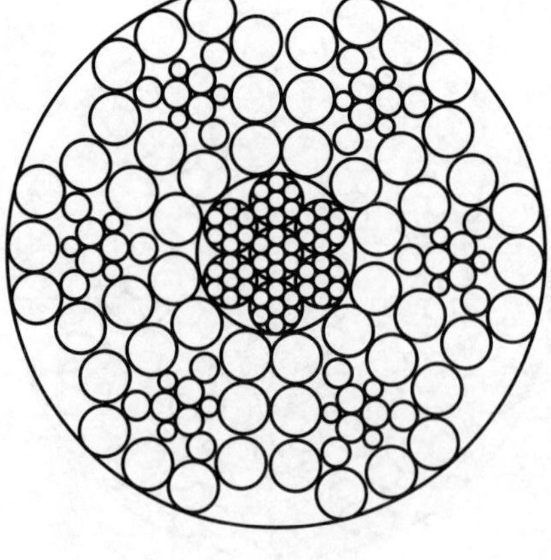

6V×18+IWR

直径：20 mm ~ 36 mm

第 10 组 6V ×7 类 表 17 图(续)

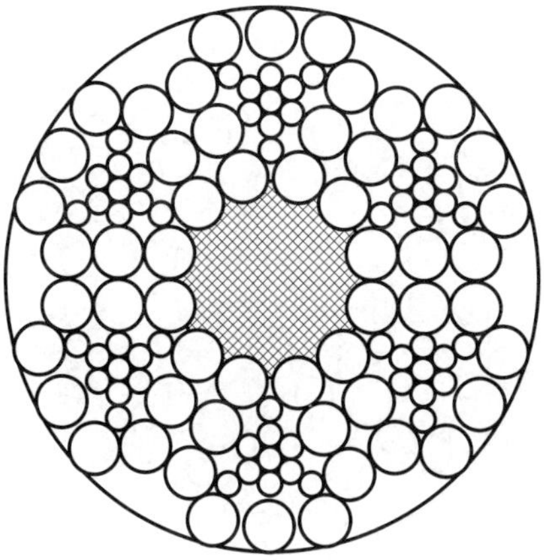

6V×19+FC

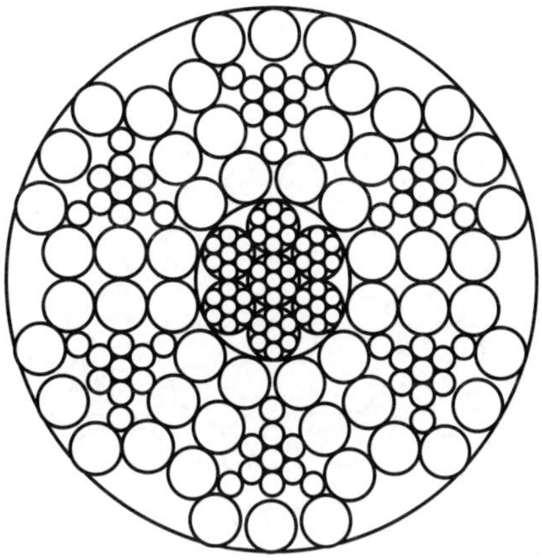

6V×19+IWR

直径:20 mm ~ 36 mm

表 17 力 学 性 能

钢丝绳结构:6V ×18 + FC　6V ×18 + IWR　6V ×19 + FC　6V ×19 + IWR

钢丝绳公称直径		钢丝绳参考重量/(kg/100 m)			钢丝绳公称抗拉强度/MPa									
					1 570		1 670		1 770		1 870		1 960	
					钢丝绳最小破断拉力/kN									
D/mm	允许偏差/%	天然纤维芯钢丝绳	合成纤维芯钢丝绳	钢芯钢丝绳	纤维芯钢丝绳	钢芯钢丝绳	纤维芯钢丝绳	钢芯钢丝绳	纤维芯钢丝绳	钢芯钢丝绳	纤维芯钢丝绳	钢芯钢丝绳	纤维芯钢丝绳	钢芯钢丝绳
20	+6 0	165	162	175	236	250	250	266	266	282	280	298	294	312
22		199	196	212	285	302	303	322	321	341	339	360	356	378
24		237	233	252	339	360	361	383	382	406	404	429	423	449
26		279	273	295	398	422	423	449	449	476	474	503	497	527
28		323	317	343	462	490	491	521	520	552	550	583	576	612
30		371	364	393	530	562	564	598	597	634	631	670	662	702
32		422	414	447	603	640	641	681	680	721	718	762	753	799
34		476	467	505	681	722	724	768	767	814	811	860	850	902
36		534	524	566	763	810	812	861	860	913	909	965	953	1 010

第 11 组 6V × 19 类　表 18 图

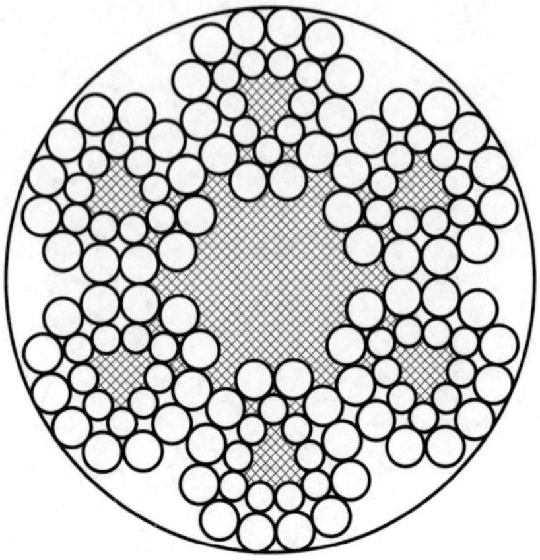

6V×21+7FC

直径:18 mm ~ 36 mm

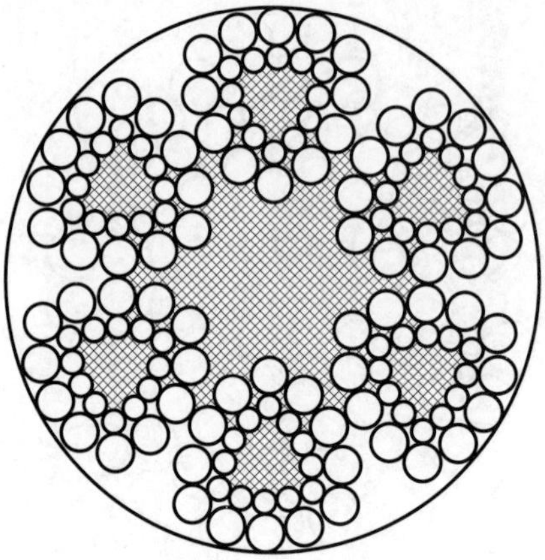

6V×24+7FC

直径:18 mm ~ 36 mm

表 18　力 学 性 能

钢丝绳结构:6V × 21 + 7FC　6V × 24 + 7FC

钢丝绳公称直径		钢丝绳参考重量/(kg/100 m)		钢丝绳公称抗拉强度/MPa				
				1 570	1 670	1 770	1 870	1 960
D/mm	允许偏差/%	天然纤维芯钢丝绳	合成纤维芯钢丝绳	钢丝绳最小破断拉力/kN				
18	+6 0	121	118	168	179	190	201	210
20		149	146	208	221	234	248	260
22		180	177	252	268	284	300	314
24		215	210	300	319	338	357	374
26		252	247	352	374	396	419	439
28		292	286	408	434	460	486	509
30		335	329	468	498	528	557	584
32		382	374	532	566	600	634	665
34		431	422	601	639	678	716	750
36		483	473	674	717	760	803	841

第 11 组 6V×19 类　表 19 图

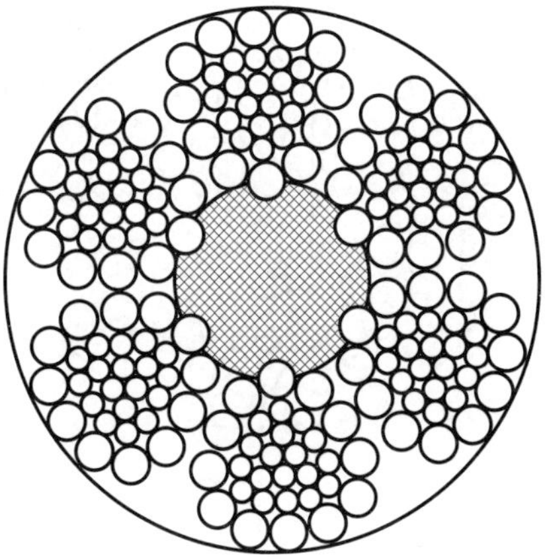

6V×30+FC

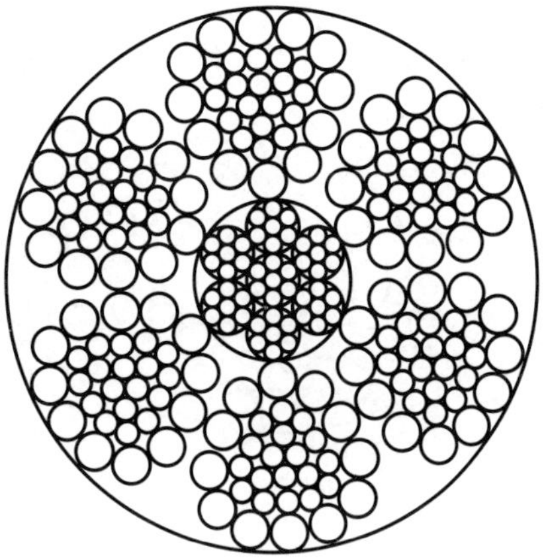

6V×30+IWR

直径:20 mm～38 mm

表 19　力学性能

钢丝绳结构:6V×30+FC　6V×30+IWR

钢丝绳公称直径		钢丝绳参考重量/(kg/100 m)			钢丝绳公称抗拉强度/MPa									
					1 570		1 670		1 770		1 870		1 960	
					钢丝绳最小破断拉力/kN									
D/mm	允许偏差/%	天然纤维芯钢丝绳	合成纤维芯钢丝绳	钢芯钢丝绳	纤维芯钢丝绳	钢芯钢丝绳	纤维芯钢丝绳	钢芯钢丝绳	纤维芯钢丝绳	钢芯钢丝绳	纤维芯钢丝绳	钢芯钢丝绳	纤维芯钢丝绳	钢芯钢丝绳
20		162	159	172	203	216	216	230	229	243	242	257	254	270
22		196	192	208	246	261	262	278	278	295	293	311	307	326
24		233	229	247	293	311	312	331	330	351	349	370	365	388
26		274	268	290	344	365	366	388	388	411	410	435	429	456
28	+6	318	311	336	399	423	424	450	450	477	475	504	498	528
30	0	365	357	386	458	486	487	517	516	548	545	579	572	606
32		415	407	439	521	553	554	588	587	623	620	658	650	690
34		468	459	496	588	624	625	664	663	703	700	743	734	779
36		525	515	556	659	700	701	744	743	789	785	833	823	873
38		585	573	619	735	779	781	829	828	879	875	928	917	973

钢丝绳结构:6V×30+FC　6V×30+IWR

第 11 组 6V ×19 类和第 12 组 6V ×37 类　表 20 图

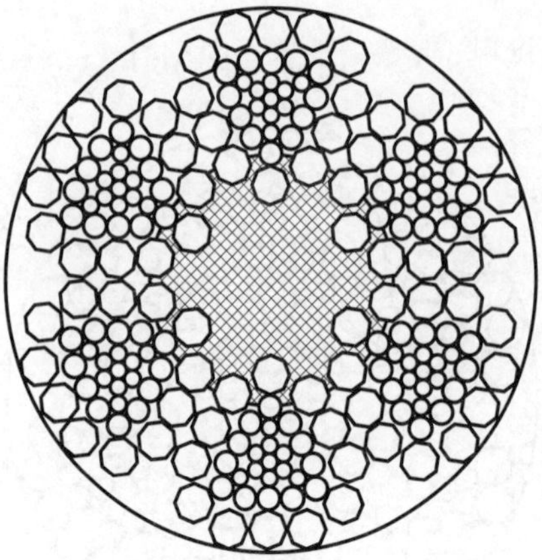

6V×34+FC

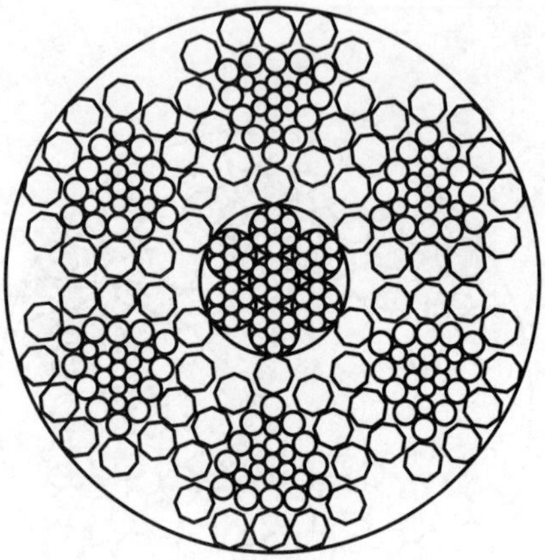

6V×34+IWR

直径:28 mm ~ 44 mm

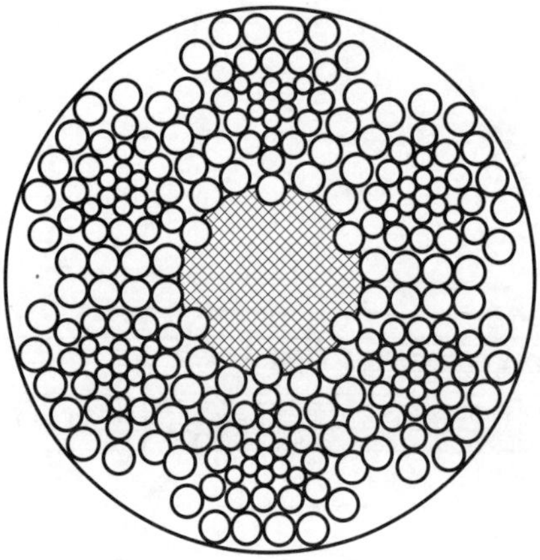

6V×37+FC

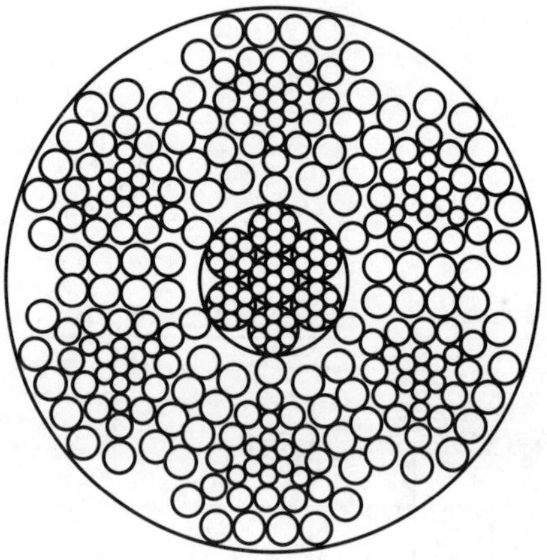

6V×37+IWR

直径:32 mm ~ 52 mm

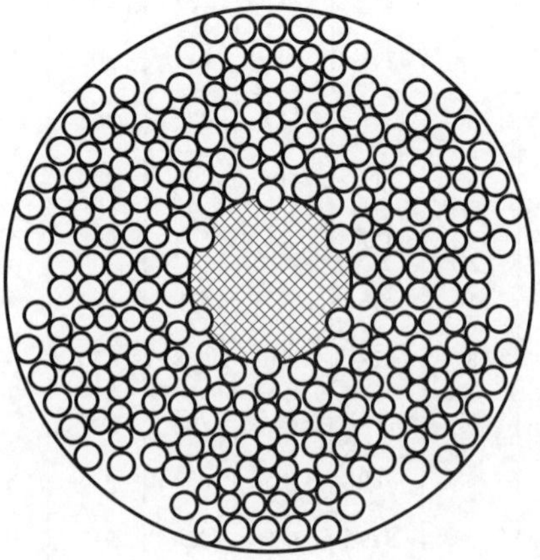

6V×43+FC

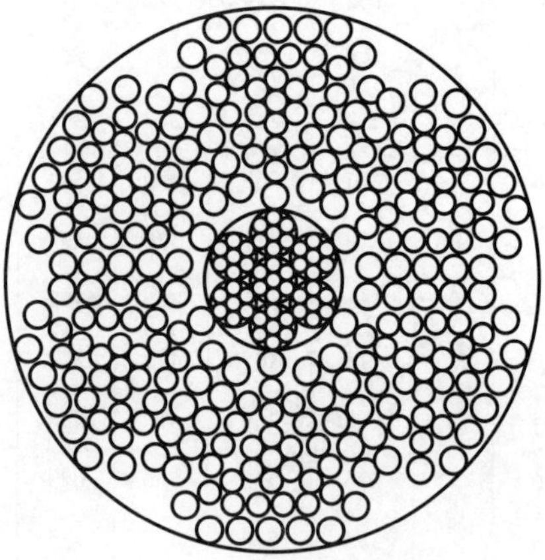

6V×43+IWR

直径:38 mm ~ 58 mm

表 20　力 学 性 能

钢丝绳结构:6V×34+FC　6V×34+IWR　6V×37+FC　6V×37+IWR　6V×43+FC　6V×43+IWR

钢丝绳公称直径		钢丝绳参考重量/(kg/100 m)			钢丝绳公称抗拉强度/MPa									
					1 570		1 670		1 770		1 870		1 960	
					钢丝绳最小破断拉力/kN									
D/mm	允许偏差/%	天然纤维芯钢丝绳	合成纤维芯钢丝绳	钢芯钢丝绳	纤维芯钢丝绳	钢芯钢丝绳	纤维芯钢丝绳	钢芯钢丝绳	纤维芯钢丝绳	钢芯钢丝绳	纤维芯钢丝绳	钢芯钢丝绳	纤维芯钢丝绳	钢芯钢丝绳
28		318	311	336	443	470	471	500	500	530	528	560	553	587
30		364	357	386	509	540	541	574	573	609	606	643	635	674
32		415	407	439	579	614	616	653	652	692	689	731	723	767
34		468	459	496	653	693	695	737	737	782	778	826	816	866
36		525	515	556	732	777	779	827	826	876	872	926	914	970
38		585	573	619	816	866	868	921	920	976	972	1 030	1 020	1 080
40		648	635	686	904	960	962	1 020	1 020	1 080	1 080	1 140	1 130	1 200
42	+6	714	700	757	997	1 060	1 060	1 130	1 120	1 190	1 190	1 260	1 240	1 320
44	0	784	769	831	1 090	1 160	1 160	1 240	1 230	1 310	1 300	1 380	1 370	1 450
46		857	840	908	1 200	1 270	1 270	1 350	1 350	1 430	1 420	1 510	1 490	1 580
48		933	915	988	1 300	1 380	1 390	1 470	1 470	1 560	1 550	1 650	1 630	1 730
50		1 010	993	1 070	1 410	1 500	1 500	1 590	1 590	1 690	1 680	1 790	1 760	1 870
52		1 100	1 070	1 160	1 530	1 620	1 630	1 720	1 720	1 830	1 820	1 930	1 910	2 020
54		1 180	1 160	1 250	1 650	1 750	1 750	1 860	1 860	1 970	1 960	2 080	2 060	2 180
56		1 270	1 240	1 350	1 770	1 880	1 890	2 000	2 000	2 120	2 110	2 240	2 210	2 350
58		1 360	1 340	1 440	1 900	2 020	2 020	2 150	2 140	2 270	2 260	2 400	2 370	2 520

第 12 组 6V×37 类　表 21 图

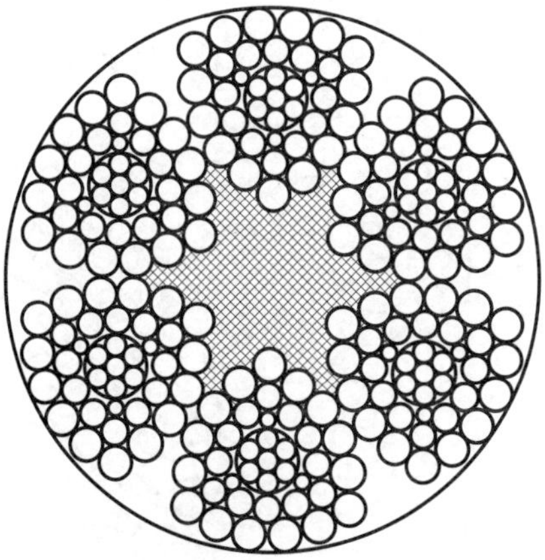

6V×37S+FC

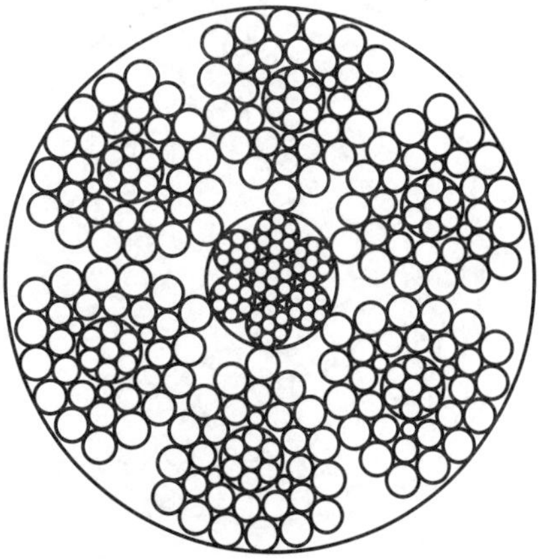

6V×37S+IWR

直径:32 mm～52 mm

表 21　力 学 性 能

钢丝绳结构:6V×37S+FC　6V×37S+IWR

钢丝绳公称直径 D/mm	钢丝绳公称直径 允许偏差/%	钢丝绳参考重量/(kg/100 m) 天然纤维芯钢丝绳	合成纤维芯钢丝绳	钢芯钢丝绳	钢丝绳公称抗拉强度/MPa 1 570 钢丝绳最小破断拉力/kN 纤维芯钢丝绳	1 570 钢芯钢丝绳	1 670 纤维芯钢丝绳	1 670 钢芯钢丝绳	1 770 纤维芯钢丝绳	1 770 钢芯钢丝绳	1 870 纤维芯钢丝绳	1 870 钢芯钢丝绳	1 960 纤维芯钢丝绳	1 960 钢芯钢丝绳
32		427	419	452	596	633	634	673	672	713	710	753	744	790
34		482	473	511	673	714	716	760	759	805	802	851	840	891
36		541	530	573	754	801	803	852	851	903	899	954	942	999
38		602	590	638	841	892	894	949	948	1 010	1 000	1 060	1 050	1 110
40	+6 0	667	654	707	931	988	991	1 050	1 050	1 110	1 110	1 180	1 160	1 230
42		736	721	779	1 030	1 090	1 090	1 160	1 160	1 230	1 220	1 300	1 280	1 360
44		808	792	855	1 130	1 200	1 200	1 270	1 270	1 350	1 340	1 420	1 410	1 490
46		883	865	935	1 230	1 310	1 310	1 390	1 390	1 470	1 470	1 560	1 540	1 630
48		961	942	1 020	1 340	1 420	1 430	1 510	1 510	1 600	1 600	1 700	1 670	1 780
50		1 040	1 020	1 100	1 460	1 540	1 550	1 640	1 640	1 740	1 730	1 840	1 820	1 930
52		1 130	1 110	1 190	1 570	1 670	1 670	1 780	1 770	1 880	1 870	1 990	1 970	2 090

第 13 组 4V×39 类　表 22 图

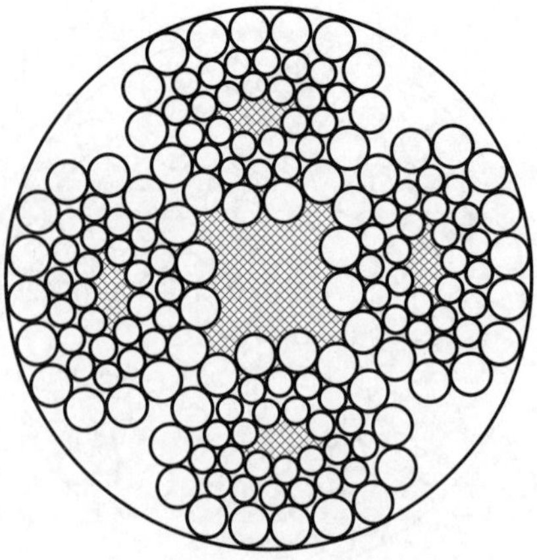

4V×39S+5FC
直径:16 mm ~ 36 mm

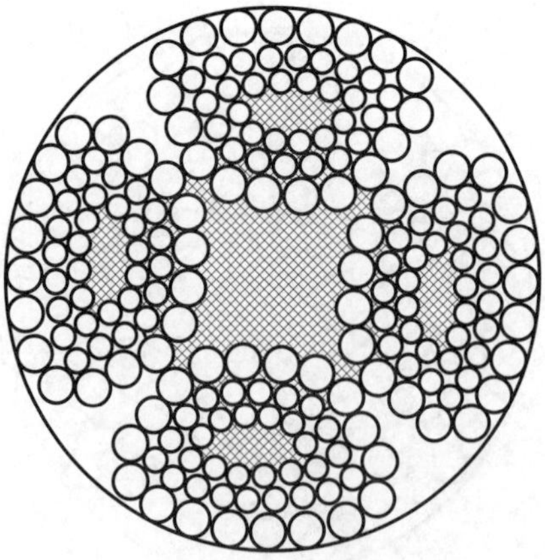

4V×48S+5FC
直径:20 mm ~ 40 mm

表22 力学性能

钢丝绳结构:4V×39S+5FC 4V×48S+5FC

钢丝绳公称直径		钢丝绳参考重量/(kg/100 m)		钢丝绳公称抗拉强度/MPa				
				1 570	1 670	1 770	1 870	1 960
D/mm	允许偏差/%	天然纤维芯钢丝绳	合成纤维芯钢丝绳	钢丝绳最小破断拉力/kN				
16	+6 0	105	103	145	154	163	172	181
18		133	130	183	195	206	218	229
20		164	161	226	240	255	269	282
22		198	195	274	291	308	326	342
24		236	232	326	346	367	388	406
26		277	272	382	406	431	455	477
28		321	315	443	471	500	528	553
30		369	362	509	541	573	606	635
32		420	412	579	616	652	689	723
34		474	465	653	695	737	778	816
36		531	521	732	779	826	872	914
38		592	580	816	868	920	972	1 020
40		656	643	904	962	1 020	1 080	1 130

第14组 6Q×19+6V×21类 表23图

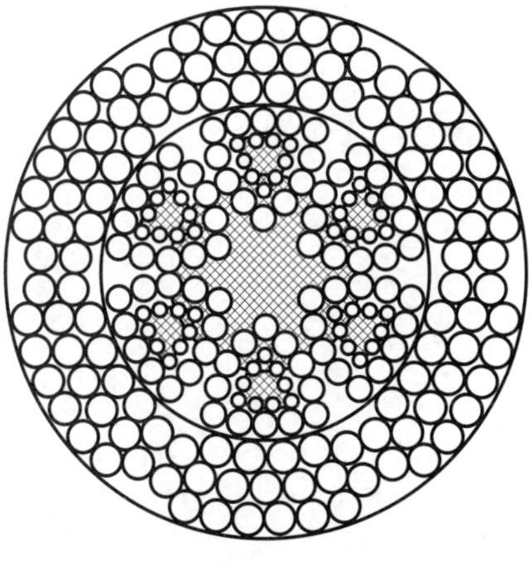

6Q×19+6V×21+7FC
直径:40 mm ~ 52 mm

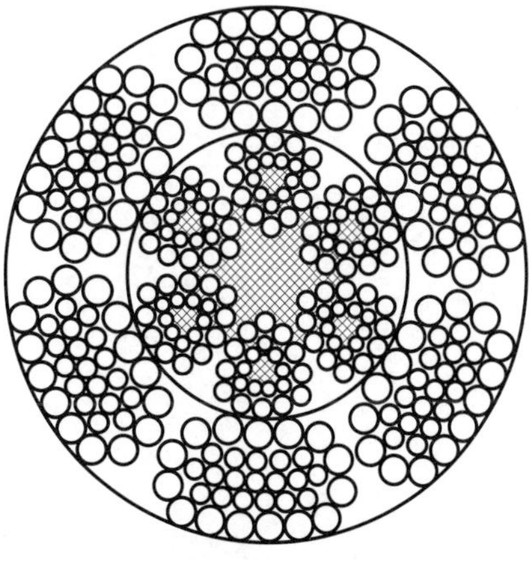

6Q×33+6V×21+7FC
直径:40 mm ~ 60 mm

表 23　力 学 性 能

钢丝绳结构：6Q × 19 + 6V × 21 + 7FC　6Q × 33 + 6V × 21 + 7FC

钢丝绳公称直径		钢丝绳参考重量/(kg/100 m)		钢丝绳公称抗拉强度/MPa				
				1 570	1 670	1 770	1 870	1 960
D/mm	允许偏差/%	天然纤维芯钢丝绳	合成纤维芯钢丝绳	钢丝绳最小破断拉力/kN				
40	+6 0	656	643	904	962	1 020	1 080	1 130
42		732	709	997	1 060	1 120	1 190	1 240
44		794	778	1 090	1 160	1 230	1 300	1 370
46		868	851	1 200	1 270	1 350	1 420	1 490
48		945	926	1 300	1 390	1 470	1 550	1 630
50		1 030	1 010	1 410	1 500	1 590	1 680	1 760
52		1 110	1 090	1 530	1 630	1 720	1 820	1 910
54		1 200	1 170	1 650	1 750	1 860	1 960	2 060
56		1 290	1 260	1 770	1 890	2 000	2 110	2 210
58		1 380	1 350	1 900	2 020	2 140	2 260	2 370
60		1 480	1 450	2 030	2 160	2 290	2 420	2 540

附录 A（规范性附录）

表 A.1　最小钢丝破断拉力总和与钢丝绳最小破断拉力的换算系数

钢丝绳类别	典型结构		换算系数	
	钢丝绳	股绳	纤维芯	钢芯
6 × 7	6 × 7 6 × 9W	(1 + 6) (3 + 3/3)	1.134	1.214
6 × 19	6 × 19S 6 × 19W	(1 + 9 + 9) (1 + 6 + 6/6)	1.214	1.308
6 × 37	6 × 25Fi 6 × 26WS 6 × 31WS 6 × 29Fi 6 × 36WS 6 × 41WS 6 × 49WS 6 × 55SWS	(1 + 6 + 6F + 12) (1 + 5 + 5/5 + 10) (1 + 6 + 6/6 + 12) (1 + 7 + 7F + 14) (1 + 7 + 7/7 + 14) (1 + 8 + 8/8 + 16) (1 + 8 + 8 + 8/8 + 16) (1 + 9 + 9 + 9/9 + 18)	1.226	1.321
	6 × 37S	(1 + 6 + 15 + 15)	1.191	1.283
8 × 19	8 × 19S 8 × 19W	(1 + 9 + 9) (1 + 6 + 6/6)	1.214	1.360

续上表

钢丝绳类别	典型结构		换算系数	
	钢丝绳	股绳	纤维芯	钢芯
8×37	8×25Fi 8×26WS 8×31WS 8×36WS 8×41WS 8×49SWS 8×55SWS	(1+6+6F+12) (1+5+5/5+10) (1+6+6/6+12) (1+7+7/7+14) (1+8+8/8+16) (1+8+8+8/8+16) (1+9+9+9/9+18)	1.226	1.374
18×7 18×19	17×7	(1+6)	1.250	
	18×7 18×19W 18×19S	(1+6) (1+6+6/6) (1+9+9)	1.283	
34×7	34×7	(1+6)	1.300	
	36×7	(1+6)	1.334	
35W×7 24W×7	35W×7 24W×7	(1+6)	1.287	
6V×7	6V×18 6V×19	(/3×2+3/+9) (/1×7+3/+9)	1.156	1.191
6V×19	6V×21 6V×24	(FC+9+12) (FC+9+12)	1.177	—
	6V×30 6V×34	(6+9+12) (/1×7+3/+12+12)	1.177	1.213
6V×37	6V×37 6V×43 6V×37S	(/1×7+3/+12+15) (/1×7+3/+15+18) (/1×7+3/+12+15)		
4V×39	4V×39S 4V×48S	(FC+9+15+15) (FC+12+18+18)	1.191	—
6Q×19+6V×21	6Q×19+6V×12 6Q×33+6V×21	外股(5+14) 内股(FC+9+12) 外股(5+13+15) 内股(FC+9+12)	1.250	—
注:最小钢丝破断拉力总和=钢丝绳最小破断拉力×换算系数。				

附录 B(资料性附录)

表 B.1　本国家标准与 ISO 3154:1998 条款的对照一览表

本国家标准章条编号	对应的国际标准章条的编号
1	1
2	2
3	—

续上表

本国家标准章条编号	对应的国际标准章条的编号
4	—
5	3
5.1　5.1.1	3.1
5.1.2	—
5.2　5.2.1	3.2
5.2.2	—
5.3	3.3
6	4
6.1,6.1.1~6.1.2	—
6.2	4.1
6.2.1,6.2.1.1~6.2.1.6	—
6.2.2	—
6.2.3	4.1.1
6.2.3.1 6.2.3.2	4.1.1.1 4.1.1.2
6.2.4	4.1.2
6.2.4.1	4.1.2.1
6.2.4.2	4.1.2.2
6.2.5	4.1.3
6.2.5.1	4.1.3.1
6.2.5.2	4.1.3.2
6.2.6	4.1.4 4.1.4.3
6.2.7、6.2.8	—
—	4.1.4.1
—	4.1.4.2
6.3	4.2
6.3.1	4.2.1　4.2.1.1　4.2.1.2
6.3.2	—
6.3.3	4.2.2
6.3.3.1	4.2.2.1
6.3.3.2	4.2.2.2
6.3.4	4.2.3
6.3.5	4.2.4
6.3.6	4.2.5
6.3.6.1	4.2.5.1
6.3.6.2	4.2.5.2
—	4.3

续上表

本国家标准章条编号	对应的国际标准章条的编号
7	5
7.1	5.1
7.1.1	5.1.1
7.1.1.1	5.1.1 第1段
7.1.1.2	5.1.1 第2段
7.1.1.3	5.1.1 第3段
7.1.2	5.1.2,5.1.4.1
7.1.3	5.1.3
7.1.4	5.1.4 5.1.4.2,5.1.4.2.1~5.1.4.2.7
7.1.5	—
7.1.6	—
7.2	5.2
7.2.1	5.2.1
—	5.2.1.1
7.2.1.1	5.2.1.2
7.2.1.2	—
7.2.2	5.2.2
7.2.3	5.2.3
7.2.4	5.2.4
7.2.5	5.2.5
7.2.6	5.2.6
7.2.7	5.2.7,5.2.7.2
—	5.2.7.1
7.3	—
7.4	—
7.5	5.3
8	6
—	6.1
8.1	—
8.2	6.2
8.3	6.3
9	7,7.1~7.4,8

附录 C(资料性附录)

表 C.1　本国家标准与 ISO 3154:1988 技术性差异及其原因

本国家标准的章条编号	技术性差异	原　因
1	增加了本标准规定的重要用途钢丝绳的分类、钢丝绳材料、技术要求、检查与试验、验收方法、包装、标志及质量证明书。 增加了适用性中的大型浇铸、石油钻井、大型吊装起重、索道承重牵引、缆车运行等用途的圆股及异型股钢丝绳	按 GB/T 1.1 规定 国际标准适用于矿井提升,本国家标准适用于重要用途,除列出矿井提升外,将其余重要用途也列上,更清楚明了
2	引用了采用国际标准的我国标准,而非国际标准	以适合我国国情
3	增加了本章即分类	以适合我国国情(国际标准在 ISO 2408:2002 中给出)
4	增加了本章即订货内容	以适合我国国情
5.1.2	增加了制绳用钢丝包括股芯丝和填充丝	以适合我国国情
5.2.2	增加钢芯	以适合我国国情
6.1 6.1.1~6.1.2	增加对股的捻制要求	以适合我国国情(国际标准在 ISO 2408—2002 中给出)
6.2.1, 6.2.1.1~6.2.1.6	增加对钢丝绳的捻制要求	以适合我国国情(国际标准在 ISO 2408—2002 中给出)
6.2.2	增加对钢丝绳涂油的要求	以适合我国国情(国际标准在 ISO 2408—2002 中给出)
6.2.3.1	用分品种列表给出代替“双方在合同中注明”	适合国情。方便生产制造和设计、使用单位选择
6.2.5.1	用分品种列表给出代替“双方在合同中注明”	适合国情。方便设计、使用单位选择
6.2.5.2	删除重量偏差	以适合我国国情
6.2.6	删除总则。 删除钢丝破断拉力总和	测钢丝绳破断拉力,除能测定钢丝拉力外,还能考核钢丝绳捻制质量水平,更能保证钢丝绳的实际使用性能;测钢丝破断拉力总和不能反映捻制质量水平,不能完全保证使用性能,是一个“代用”指标。因此本标准只选用钢丝绳最小破断拉力。 为了方便使用及设计,对钢丝最小破断拉力总和与钢丝绳最小破断拉力的换算系数在附录 A 中给出
6.2.7	增加对矿井提升,架空索道及其他特殊用途的钢丝绳,在使用中的永久伸长应双方协议	提高产品水平,方便用户使用
6.2.8	增加对外观的技术要求	提高产品质量的捻制技术水平
6.3.1	用符合制绳用钢丝国家标准代替钢丝公称直径及直径允许偏差	《制绳用钢丝》GB/T 8919—1996 明确规定了钢丝公称直径及直径允许偏差
6.3.2	增加钢丝表面状态为光面及 B 级镀锌、AB 级镀锌和 A 级镀锌	更加明了,适合国情
6.3.2.1	增加了 1 670、1 870 MPa 级钢丝公称抗拉强度	适合国情

续上表

本国家标准的章条编号	技术性差异	原　　因
6.3.3、6.3.4、6.3.5.2	增加了钢丝直径 $0.6 \leqslant d < 0.8$ mm 和 $3.5 \leqslant d \leqslant 4.4$ mm段的反复弯曲、扭转次数及最小锌层重量	适合国情
6.3.6.1	增加了 AB 级镀锌层重量	适合国情
6.4	增加了外观的要求	适合国情
7.1.3	增加了应用衡器测量	更明确
7.1.4	删除实际破断拉力总和的测定方法。 删除测定钢丝绳破断拉力试验的“试样长度、试样、试验、试验的操作,破断点、伸长的测量”	测钢丝绳破断拉力,除能测定钢丝拉力外,还能考核钢丝绳捻制质量水平,更能保证钢丝绳的实际使用性能;测钢丝破断拉力总和不能反映捻制质量水平。我国有“钢丝绳破断拉力试验方法标准”,在该方法中对试样、试验机、试验操作等做了明确规定
7.1.5	增加钢丝绳测量伸长的双方协议	适合国情
7.1.6	增加了不松散检查	不松散可提高使用寿命和安全性,以适合国情
7.1.7	增加了外观检查	适合国情
7.2.1.1	用抽取一定比例的股数拆成钢丝做试验代替将钢丝绳全部拆成钢丝后抽取16%的比例做试验	不管是将钢丝绳拆成钢丝后抽取一定比例的试样,还是抽取一定股数再拆成钢丝做试验,其代表性是一样的,都是随机取样。可以减少检验人员的工作量
7.2.7	删除采用钢丝破断拉力总和的试验方法的合格条件	删除了钢丝破断拉力总和的试验方法
7.3	增加倍尺生产的取样方法	适合国情
7.4	增加钢丝绳力学性能的考核方法	便于生产厂家统一、设计及使用单位了解、验收等
8.2	增加需方的验收检测部门、验收依据及验收期	使需方更清楚明了,避免不必要的麻烦
9	国际标准中逐条列出,本标准规定按国家标准执行	国家标准对包装、标志及质量证明书均有明确规定

附录 D(资料性附录)　钢丝绳主要用途推荐表

表　D.1

用途	名称	结构	规格	备注
立井提升	三角股钢丝绳	6V×37S　6V×37　6V×34　6V×30　6V×43　6V×21	见表	
	线接触钢丝绳	6×19S　6×19W　6×25Fi　6×29Fi　6×26WS　6×31WS　6×36WS　6×41WS	见表	推荐同向捻
	多层股钢丝绳	18×7　17×7　35W×7　24W×7	见表	用于钢丝绳罐道的立井
		6Q×19+6V×21　6Q×33+6V×21	见表	
开凿立井提升(建井用)	多层股钢丝绳及异形股钢丝绳	6Q×33+6V×21　17×7　18×7　34×7　36×7 6Q×19+6V×21　4V×39S　4V×48S　35W×7　24W×7	见表	

续上表

<table>
<tr><th colspan="2">用途</th><th>名称</th><th>结构</th><th>规格</th><th>备注</th></tr>
<tr><td colspan="2" rowspan="2">立井平衡绳</td><td>钢丝绳</td><td>6×37S 6×36WS 4V×39S 4V×48S</td><td>见表</td><td>仅适用于交互捻</td></tr>
<tr><td>多层股钢丝绳</td><td>17×7 18×7 34×7 36×7 35W×7 24W×7</td><td>见表</td><td>仅适用于交互捻</td></tr>
<tr><td colspan="2" rowspan="2">斜井提升(绞车)</td><td>三角股钢丝绳</td><td>6V×18 6V×19</td><td>见表</td><td></td></tr>
<tr><td>钢丝绳</td><td>6×7 6×9W</td><td>见表</td><td>推荐同向捻</td></tr>
<tr><td colspan="2" rowspan="2">高炉卷扬</td><td>三角股钢丝绳</td><td>6V×37S 6V×37 6V×30 6V×34 6V×43</td><td>见表</td><td></td></tr>
<tr><td>线接触钢丝绳</td><td>6×19S 6×25Fi 6×29Fi 6×26WS 6×31WS 6×36WS 6×41WS</td><td>见表</td><td></td></tr>
<tr><td colspan="2" rowspan="2">立井罐道及索道</td><td>三角股钢丝绳</td><td>6V×18 6V×19</td><td>见表</td><td></td></tr>
<tr><td>多层股钢丝绳</td><td>18×7 17×7</td><td>见表</td><td>推荐同向捻</td></tr>
<tr><td colspan="2" rowspan="2">露天斜坡卷扬</td><td>三角股钢丝绳</td><td>6V×37S 6V×37 6V×30 6V×34 6V×43</td><td>见表</td><td></td></tr>
<tr><td>线接触钢丝绳</td><td>6×36WS 6×37S 6×41WS 6×49SWS 6×55SWS</td><td>见表</td><td>推荐同向捻</td></tr>
<tr><td colspan="2">石油钻井</td><td>线接触钢丝绳</td><td>6×19S 6×19W 6×25Fi 6×29Fi 6×26WS 6×31WS 6×36WS</td><td>见表</td><td>也可采用钢芯</td></tr>
<tr><td colspan="2">钢绳牵引胶带运输机、索道及地面缆车</td><td>线接触钢丝绳</td><td>6×19S 6×19W 6×25Fi 6×29Fi 6×26WS 6×31WS 6×36WS 6×41WS</td><td>见表</td><td>推荐同向捻
6×19W 不适合索道</td></tr>
<tr><td colspan="2" rowspan="2">挖掘机(电铲卷扬)</td><td>线接触钢丝绳</td><td>6×19S+IWR 6×25Fi+IWR 6×19W+IWR
6×29Fi+IWR 6×26WS+IWR 6×31WS+IWR
6×36WS+IWR 6×55SWS+IWR
6×49SWS+IWR 35W×7 24W×7</td><td>见表</td><td>推荐同向捻</td></tr>
<tr><td>三角股钢丝绳</td><td>6V×30 6V×34 6V×37 6V×37S 6V×43</td><td>见表</td><td></td></tr>
<tr><td rowspan="5">起重机</td><td>大型浇铸吊车</td><td>线接触钢丝绳</td><td>6×19S+IWR 6×19W+IWR 6×25Fi+IWR 6×36WS+IWR 6×41WS+IWR</td><td>见表</td><td></td></tr>
<tr><td rowspan="2">港口装卸、水利工程及建筑用塔式起重机</td><td>多层股钢丝绳</td><td>18×19S 18×19W 34×7 36×7 35W×7 24W×7</td><td>见表</td><td></td></tr>
<tr><td>四股扇形股钢丝绳</td><td>4V×39S 4V×48S</td><td>见表</td><td></td></tr>
<tr><td rowspan="2">繁忙起重及其他重要用途</td><td>线接触钢丝绳</td><td>6×19S 6×19W 6×25Fi 6×29Fi 6×26WS 6×31WS 6×36WS 6×37S
6×41WS 6×49SWS 6×55SWS 8×19S
8×19W 8×25Fi 8×26WS 8×31WS
8×36WS 8×41WS 8×49SWS
8×55SWS</td><td>见表</td><td></td></tr>
<tr><td>四股扇形股钢丝绳</td><td>4V×39S 4V×48S</td><td>见表</td><td></td></tr>
<tr><td colspan="2">热移钢机(轧钢厂推钢台)</td><td>线接触钢丝绳</td><td>6×19S+IWR 6×19W+IWR 6×25Fi+IWR 6×29Fi+IWR 6×31WS+IWR 6×37S+IWR 6×36WS+IWR</td><td>见表</td><td></td></tr>
</table>

续上表

用途	名称	结构	规格	备注
船舶装卸	线接触钢丝绳	6×19W　6×25Fi　6×29Fi　6×31WS　6×36WS　6×37S	见表	镀锌
	多层股钢丝绳	18×19S　18×19W　34×7　36×7　35W×7　24W×7	见表	
	四股扇形股钢丝绳	4V×39S　4V×48S	见表	
拖船、货网	钢丝绳	6×31WS　6×36WS　6×37S	见表	镀锌
船舶张拉桅杆吊桥	钢丝绳	6×7+IWS　6×19S+IWR	见表	镀锌
打捞沉船	钢丝绳	6×37S　6×36WS　6×41WS　6×49SWS　6×31WS　6×55SWS　8×19S　8×19W　8×31WS　8×36WS　8×41WS　8×49SWS　8×55SWS	见表	镀锌

注1:腐蚀是主要报废原因时,应采用镀锌钢丝绳。
注2:钢丝绳工作时,终端不能自由旋转,或虽有反拨力,但不能相互纠合在一起的工作场合,应采用同向捻钢丝绳。

工业锅炉水质

目　次

4 水质标准

4.1 自然循环蒸汽锅炉和汽水两用锅炉水质

4.1.1 采用锅外水处理的自然循环蒸汽锅炉和汽水两用锅炉水质

采用锅外水处理的自然循环蒸汽锅炉和汽水两用锅炉的给水和锅水水质应符合表1的规定。

表1 采用锅外水处理的自然循环蒸汽锅炉和汽水两用锅炉水质

项目	额定蒸汽压力/MPa		$p \leq 1.0$		$1.0 < p \leq 1.6$		$1.6 < p \leq 2.5$		$2.5 < p < 3.8$	
	补给水类型		软化水	除盐水	软化水	除盐水	软化水	除盐水	软化水	除盐水
给水	浊度/FTU		≤5.0	≤2.0	≤5.0	≤2.0	≤5.0	≤2.0	≤5.0	≤2.0
	硬度/(mmol/L)		≤0.030	≤0.030	≤0.030	≤0.030	≤0.030	≤0.030	$\leq 5.0 \times 10^{-3}$	$\leq 5.0 \times 10^{-3}$
	pH值(25℃)		7.0~9.0	8.0~9.5	7.0~9.0	8.0~9.5	7.0~9.0	8.0~9.5	7.5~9.0	8.0~9.5
	溶解氧[a]/(mg/L)		≤0.10	≤0.10	≤0.10	≤0.050	≤0.050	≤0.050	≤0.050	≤0.050
	油/(mg/L)		≤2.0	≤2.0	≤2.0	≤2.0	≤2.0	≤2.0	≤2.0	≤2.0
	全铁/(mg/L)		≤0.30	≤0.30	≤0.30	≤0.30	≤0.30	≤0.10	≤0.10	≤0.10
	电导率(25℃)/(μS/cm)		—	—	$\leq 5.5 \times 10^2$	$\leq 1.1 \times 10^2$	$\leq 5.0 \times 10^2$	$\leq 1.0 \times 10^2$	$\leq 3.5 \times 10^2$	≤80.0
锅水	全碱度[b]/(mmol/L)	无过热器	6.0~26.0	≤10.0	6.0~24.0	≤10.0	6.0~16.0	≤8.0	≤12.0	≤4.0
		有过热器	—	—	≤14.0	≤10.0	≤12.0	≤8.0	≤12.0	≤4.0
	酚酞碱度/(mmol/L)	无过热器	4.0~18.0	≤6.0	4.0~16.0	≤6.0	4.0~12.0	≤5.0	≤10.0	≤3.0
		有过热器	—	—	≤10.0	≤6.0	≤8.0	≤5.0	≤10.0	≤3.0
	pH值(25℃)		10.0~12.0	10.0~12.0	10.0~12.0	10.0~12.0	10.0~12.0	10.0~12.0	9.0~12.0	9.0~11.0
	溶解固形物/(mg/L)	无过热器	$\leq 4.0 \times 10^3$	$\leq 4.0 \times 10^3$	$\leq 3.5 \times 10^3$	$\leq 3.5 \times 10^3$	$\leq 3.0 \times 10^3$	$\leq 3.0 \times 10^3$	$\leq 2.5 \times 10^3$	$\leq 2.5 \times 10^3$
		有过热器	—	—	$\leq 3.0 \times 10^3$	$\leq 3.0 \times 10^3$	$\leq 2.5 \times 10^3$	$\leq 2.5 \times 10^3$	$\leq 2.0 \times 10^3$	$\leq 2.0 \times 10^3$
	磷酸根[c]/(mg/L)		—	—	10.0~30.0	10.0~30.0	10.0~30.0	10.0~30.0	5.0~20.0	5.0~20.0
	亚硫酸根[d]/(mg/L)		—	—	10.0~30.0	10.0~30.0	10.0~30.0	10.0~30.0	5.0~10.0	5.0~10.0

续上表

项目	额定蒸汽压力/MPa	$p \le 1.0$		$1.0 < p \le 1.6$		$1.6 < p \le 2.5$		$2.5 < p < 3.8$	
	补给水类型	软化水	除盐水	软化水	除盐水	软化水	除盐水	软化水	除盐水
锅水	相对碱度[e]	<0.20	<0.20	<0.20	<0.20	<0.20	<0.20	<0.20	<0.20

注 1：对于供汽轮机用汽的锅炉，蒸汽质量应执行 GB/T 12145 规定的额定蒸汽压力 3.8 MPa～5.8 MPa 汽包炉标准。
注 2：硬度、碱度的计量单位为一价基本单元物质的量的浓度。
注 3：停（备）用锅炉启动时，锅水的浓缩倍率达到正常后，锅水的水质应达到本标准的要求。

[a] 溶解氧控制值适用于经过除氧装置处理后的给水。额定蒸发量大于或等于 10 t/h 的锅炉，给水应除氧。额定蒸发量小于 10 t/h 的锅炉如果发现局部氧腐蚀，也应采取除氧措施。对于供汽轮机用汽的锅炉给水含氧量应小于或等于 0.050 mg/L。
[b] 对蒸汽质量要求不高，并且无过热器的锅炉，锅水全碱度上限值可适当放宽，但放宽后锅水的 pH 值（25℃）不应超过上限。
[c] 适用于锅内加磷酸盐阻垢剂。采用其他阻垢剂时，阻垢剂残余量应符合药剂生产厂规定的指标。
[d] 适用于给水加亚硫酸盐除氧剂。采用其他除氧剂时，除氧剂残余量应符合药剂生产厂规定的指标。
[e] 全焊接结构锅炉，可不控制相对碱度。

4.1.2　单纯采用锅内加药处理的自然循环蒸汽锅炉和汽水两用锅炉水质

额定蒸发量小于或等于 4 t/h，并且额定蒸汽压力小于或等于 1.3 MPa 的自然循环蒸汽锅炉和汽水两用锅炉可以单纯采用锅内加药处理，但加药后的汽、水质量不得影响生产和生活，其给水和锅水水质应符合表 2 的规定。

表 2　单纯采用锅内加药处理的自然循环蒸汽锅炉和汽水两用锅炉水质

水样	项目	标准值
给水	浊度/FTU	≤20.0
	硬度/(mmol/L)	≤4.0
	pH 值(25℃)	7.0～10.0
	油/(mg/L)	≤2.0
锅水	全碱度/(mmol/L)	8.0～26.0
	酚酞碱度/(mmol/L)	6.0～18.0
	pH 值(25℃)	10.0～12.0
	溶解固形物/(mg/L)	$\le 5.0 \times 10^3$
	磷酸根[a]/(mg/L)	10.0～50.0

注 1：单纯采用锅内加药处理，锅炉受热面平均结垢速率不得大于 0.5 mm/a。
注 2：额定蒸发量小于或等于 4 t/h，并且额定蒸汽压力小于或等于 1.3 MPa 的蒸汽锅炉和汽水两用锅炉同时采用锅外水处理和锅内加药处理时，给水和锅水水质可参照本表的规定。
注 3：硬度、碱度的计量单位为一价基本单元物质的量的浓度。

[a] 适用于锅内加磷酸盐阻垢剂。采用其他阻垢剂时，阻垢剂残余量应符合药剂生产厂规定的指标。

4.2　热水锅炉水质

4.2.1　采用锅外水处理的热水锅炉水质

采用锅外水处理的热水锅炉的给水和锅水水质应符合表 3 的规定。

表 3　采用锅外水处理的热水锅炉水质

水样	项目	标准值
给水	浊度/FTU	≤5.0
	硬度/(mmol/L)	≤0.60
	pH 值(25℃)	7.0～11.0
	溶解氧[a]/(mg/L)	≤0.10
	油/(mg/L)	≤2.0
	全铁/(mg/L)	≤0.30
锅水	pH 值(25℃)[b]	9.0～11.0
	磷酸根[c]/(mg/L)	5.0～50.0

注:硬度的计量单位为一价基本单元物质的量的浓度。

[a] 溶解氧控制值适用于经过除氧装置处理后的给水。额定功率大于或等于 7.0 MW 的承压热水锅炉给水应除氧;额定功率小于 7.0 MW 的承压热水锅炉如果发现局部氧腐蚀,也应采取除氧措施。

[b] 通过补加药剂使锅水 pH 值(25℃)控制在 9.0～11.0。

[c] 适用于锅内加磷酸盐阻垢剂。采用其他阻垢剂时,阻垢剂残余量应符合药剂生产厂规定的指标。

4.2.2 单纯采用锅内加药处理的热水锅炉水质

对于额定功率小于或等于 4.2 MW 承压热水锅炉和常压热水锅炉(管架式热水锅炉除外),可单纯采用锅内加药处理,但加药后的汽、水质量不得影响生产和生活,其给水和锅水水质应符合表 4 的规定。

表 4　单纯采用锅内加药处理的热水锅炉水质

水样	项目	标准值
给水	浊度/FTU	≤20.0
	硬度[a]/(mmol/L)	≤6.0
	pH 值(25℃)	7.0～11.0
	油/(mg/L)	≤2.0
锅水	pH 值(25℃)	9.0～11.0
	磷酸根[b]/(mg/L)	10.0～50.0

注 1:对于额定功率小于或等于 4.2 MW 水管式和锅壳式的承压热水锅炉和常压热水锅炉,同时采用锅外水处理和锅内加药处理时,给水和锅水水质也可参照本表的规定。

注 2:硬度的计量单位为一价基本单元物质的量的浓度。

[a] 使用与结垢物质作用后不生成固体不溶物的阻垢剂,给水硬度可放宽至小于或等于 8.0 mmol/L。

[b] 适用于锅内加磷酸盐阻垢剂。加其他阻垢剂时,阻垢剂残余量应符合药剂生产厂规定的指标。

4.3 贯流和直流蒸汽锅炉水质

贯流和直流蒸汽锅炉应采用锅外水处理,其给水和锅水水质应符合表 5 的规定。

表 5　贯流和直流蒸汽锅炉水质

项目	锅炉类型	贯流锅炉			直流锅炉		
	额定蒸汽压力/MPa	$p \leqslant 1.0$	$1.0 < p \leqslant 2.5$	$2.5 < p < 3.8$	$p \leqslant 1.0$	$1.0 < p \leqslant 2.5$	$2.5 < p < 3.8$
给水	浊度/FTU	≤5.0	≤5.0	≤5.0	—	—	—
	硬度/(mmol/L)	≤0.030	≤0.030	$\leqslant 5.0 \times 10^{-3}$	≤0.030	≤0.030	$\leqslant 5.0 \times 10^{-3}$
	pH 值(25℃)	7.0~9.0	7.0~9.0	7.0~9.0	10.0~12.0	10.0~12.0	10.0~12.0
	溶解氧/(mg/L)	≤0.10	≤0.050	≤0.050	≤0.10	≤0.050	≤0.050
	油/(mg/L)	≤2.0	≤2.0	≤2.0	≤2.0	≤2.0	≤2.0
	全铁/(mg/L)	≤0.30	≤0.30	≤0.10	—	—	—
	全碱度[a]/(mmol/L)	—	—	—	6.0~16.0	6.0~12.0	≤12.0
	酚酞碱度/(mmol/L)	—	—	—	4.0~12.0	4.0~10.0	≤10.0
	溶解固形物/(mg/L)	—	—	—	$\leqslant 3.5 \times 10^{3}$	$\leqslant 3.0 \times 10^{3}$	$\leqslant 2.5 \times 10^{3}$
	磷酸根/(mg/L)	—	—	—	10.0~50.0	10.0~50.0	5.0~30.0
	亚硫酸根/(mg/L)	—	—	—	10.0~50.0	10.0~30.0	10.0~20.0
锅水	全碱度[a]/(mmol/L)	2.0~16.0	2.0~12.0	≤12.0	—	—	—
	酚酞碱度/(mmol/L)	1.6~12.0	1.6~10.0	≤10.0	—	—	—
	pH 值(25℃)	10.0~12.0	10.0~12.0	10.0~12.0	—	—	—
	溶解固形物/(mg/L)	$\leqslant 3.0 \times 10^{3}$	$\leqslant 2.5 \times 10^{3}$	$\leqslant 2.0 \times 10^{3}$	—	—	—
	磷酸根[b]/(mg/L)	10.0~50.0	10.0~50.0	10.0~20.0	—	—	—
	亚硫酸根[c]/(mg/L)	10.0~50.0	10.0~30.0	10.0~20.0	—	—	—

注 1:贯流锅炉汽水分离器中返回到下集箱的疏水量,应保证锅水符合本标准。
注 2:直流锅炉汽水分离器中返回到除氧热水箱的疏水量,应保证给水符合本标准。
注 3:直流锅炉给水取样点可设定在除氧热水箱出口处。
注 4:硬度、碱度的计量单位为一价基本单元物质的量浓度。

[a] 对蒸汽质量要求不高,并且无过热器的锅炉,锅水全碱度上限值可适当放宽,但放宽后锅水的 pH 值(25℃)不应超过上限。
[b] 适用于锅内加磷酸盐阻垢剂。采用其他阻垢剂时,阻垢剂残余量应符合药剂生产厂规定的指标。
[c] 适用于给水加亚硫酸盐除氧剂。采用其他除氧剂时,除氧剂残余量应符合药剂生产厂规定的指标。

4.4　余热锅炉水质

余热锅炉的水质指标应符合同类型、同参数锅炉的要求。

4.5　补给水水质

4.5.1　应当根据锅炉的类型、参数,回水利用率、排污率,原水水质和锅水、给水水质标准,选择补给水处理方式。

4.5.2　补给水处理方式应保证给水水质符合本标准。

4.5.3　软水器再生后出水氯离子含量不得大于进水氯离子含量的 1.1 倍。

4.5.4　以软化水为补给水或单纯采用锅内加药处理的锅炉的正常排污率不应超过 10.0%;以除盐水为补给水的锅炉的正常排污率不应超过 2.0%。

4.6 回水水质

回水水质应当保证给水水质符合本标准,并尽可能地提高回水利用率。回水水质应符合表 6 的规定,并应根据回水可能受到的污染介质,增加必要的检测项目。

表6 回 水 水 质

硬度/(mmol/L)		全铁/(mg/L)		油/(mg/L)
标准值	期望值	标准值	期望值	标准值
≤0.060	≤0.030	≤0.60	≤0.30	≤2.0

5 水质分析方法

5.1 试剂的纯度应符合 GB/T 6903 的规定;分析实验室用水应符合 GB/T 6682 二级水的规定。

5.2 标准溶液配制和标定的方法应符合 GB/T 601 的规定。

5.3 水样的采集方法应符合 GB/T 6907 的规定。

5.4 水质分析的工作步骤按 DL/T 502.1 规定的次序进行。平行试验的测定次数符合 GB/T 6903 的规定。

5.5 浊度的测定应根据具体条件选择 GB/T 12151 或本标准附录 A 规定的方法进行。

5.6 硬度的测定应根据水质范围选择 GB/T 6909 规定的方法进行。

5.7 pH 值的测定应根据水的性质选择 GB/T 6904 规定的方法进行。

5.8 溶解氧的测定应根据具体条件选择 GB/T 12157 或本标准附录 B 规定的方法进行。

5.9 油的测定应根据具体条件选择 GB/T 12152 或本标准附录 C 规定的方法进行。

5.10 全铁的测定按 DL/T 502.25 规定的方法进行。

5.11 电导率的测定按 GB/T 6908 规定的方法进行。

5.12 溶解固形物的测定按本标准附录 D 规定的方法进行。溶解固形物也可以采用本标准附录 E 的方法来间接测定,但溶解固形物与电导率或氯离子的比值关系应根据试验确定,并定期进行复测和修正。

5.13 磷酸盐的测定应根据具体条件和锅水磷酸盐的成分选择 GB/T 6913 或本标准附录 F 规定的方法进行。

5.14 氯化物的测定应根据水中干扰物质的成分选择 GB/T 15453 或本标准附录 G 规定的方法进行。

5.15 全碱度和酚酞碱度的测定按本标准附录 H 规定的方法进行。

5.16 锅水相对碱度的测定按本标准附录 H 分别测定酚酞碱度(JD_p)和全碱度(JD),再按本标准附录 D 或附录 E 测定溶解固形物。

锅水相对碱度按式(1)计算:

$$JD_{XD}=\frac{(2\times JD_p-JD)\times 40}{RG} \tag{1}$$

式中 JD_{XD}——锅水相对碱度;

JD_p——锅水酚酞碱度,单位为毫摩尔每升(mmol/L);

JD——锅水全碱度,单位为毫摩尔每升(mmol/L);

RG——锅水溶解固形物,单位为毫克每升(mg/L)。

5.17 亚硫酸盐的测定按本标准附录 I 规定的方法进行。

附录 A(规范性附录)
浊度的测定(浊度仪法)

A.1 概　　要

本测定方法是根据光透过被测水样的强度,以福马肼标准悬浊液作标准溶液,采用浊度仪来测定。

A.2 仪　　器

A.2.1 浊度仪

A.2.2 滤膜过滤器,装配孔径为 0.15 μm 的微孔滤膜。

A.3 试剂及其配制

A.3.1 无浊度水的制备

将分析实验室用水二级水(符合 GB/T 6682 的规定)以 3 mL/min 流速,经孔径为 0.15 μm 的微孔滤膜过滤,弃去最初滤出的 200 mL 滤液,必要时重复过滤一次。此过滤水即为无浊度水需贮存于清洁的、并用无浊度水冲洗过的玻璃瓶中。

A.3.2 浊度为 400 FTU 福马肼贮备标准溶液的制备

A.3.2.1 硫酸联氨溶液:称取 1.000 g 硫酸联氯[$N_2H_4 \cdot H_2SO_4$],用少量无浊度水溶解,移入 100 mL 容量瓶中,再用无浊度水稀释至刻度,摇匀。

A.3.2.2 六次甲基四胺溶液:称取 10.000 g 六次甲基四胺[$(CH_2)_6N_4$],用少量无浊度水溶解,移入 100 mL 容量瓶中,再用无浊度水稀释至刻度,摇匀。

A.3.2.3 浊度为 400 FTU 的福马肼贮备标准溶液,用移液管分别准确吸取硫酸联氨溶液和六次甲基四胺溶液各 5 mL,注入 100 mL 容量瓶中,摇匀后在 25℃ ±3℃下静置 24 h,然后用无浊度水稀释至刻度,并充分摇匀。此福马肼贮备标准溶液在 30 ℃下保存,1 周内使用有效。

A.3.3 浊度为 200 FTU 福马肼工作液的制备

用移液管准确吸取浊度为 400 FTU 的福马肼贮备标准溶液 50 mL,移入 100 mL 容量瓶中,用无浊度水稀释至刻度,摇匀备用。此浊度福马肼工作液有效期不超过 48 h。

A.4 测定方法

A.4.1 仪器校正

A.4.1.1 调零

用无浊度水冲洗试样瓶 3 次,再将无浊度水倒入试样瓶内至刻度线,然后擦净瓶外壁的水迹和指印,置于仪器试样座内。旋转试样瓶的位置,使试样瓶的记号线对准试样座上的定位线,然后盏上遮光盖,待仪器显示稳定后,调节“零位”旋钮,使浊度显示为零。

A.4.1.2 校正

A.4.1.2.1 福马肼标准浊度溶液的配制:按表 A.1 用移液管准确吸取浊度为 200 FTU 的福

马肼工作液(吸取量按被测水样浊度选取),注入100 mL容量瓶中,用无浊度水稀释至刻度,充分摇匀后使用。福马肼标准浊度溶液不稳定,应使用时配制,有效期不应超过2 h。

表A.1 配制福马肼标准浊度溶液吸取200 FTU福马肼工作液的量

200 FTU福马肼工作液吸取量/mL	0	2.50	5.00	10.0	20.0	35.0	50.0
被测水样浊度/FTU	0	5.0	10.0	20.0	40.0	70.0	100.0

A.4.1.2.2 校正:用上述配制的福马肼标准浊度溶液,冲洗试样瓶3次后,再将标准浊度溶液倒入试样瓶内,擦净瓶外壁的水迹和指印后置于试样座内,并使试样瓶的记号线对准试样座上的定位线,盖上遮光盖,待仪器显示稳定后,调节“校正”旋钮,使浊度显示为标准浊度溶液的浊度值。

A.4.2 水样的测定

取充分摇匀的水样冲洗试样瓶3次,再将水样倒入试样瓶内至刻度线,擦净瓶外壁的水迹和指印后置于试样座内,旋转试样瓶的位置,使试样瓶的记号线对准试样座上的定位线,然后盖上遮光盖,待仪器显示稳定后,直接在浊度仪上读数。

A.5 注意事项

A.5.1 试样瓶表面清洁度和水样中的气泡对测定结果影响较大。测定时将水样倒入试样瓶后,可先用滤纸小心吸去瓶体外表面水滴,再用擦镜纸或擦镜软布将试样瓶外表面擦拭干净,避免试样瓶表面产生划痕。仔细观察试样瓶中的水样,待气泡完全消失后方可进行测定。

A.5.2 不同的水样,如果浊度相差较大,测定时应当重新进行校正。

A.6 允许差

浊度测定的允许差见表A.2。

表A.2 浊度测定的允许差

浊度范围/FTU	允许差/FTU
1~10	1
10~100	5

附录B(规范性附录)
溶解氧的测定(氧电极法)

B.1 概要

溶解氧测定仪的氧敏感薄膜电极由两个与电解质相接触的金属电极(阴极/阳极)及选择性薄膜组成。选择性薄膜只能透过氧气和其他气体,水和可溶解性物质不能透过。当水样流过允许氧气透过的选择性薄膜时,水样中的氧气将透过膜扩散,其扩散速率取决于通过选择性薄膜的氧分子浓度和温度梯度。透过膜的氧气在阴极上还原,产生微弱的电流,在一定温度下其大小和水样溶解氧含量成正比。

在阴极上的反应是氧分子被还原成氢氧化物:

$$O_2 + 2H_2O + 4e \rightarrow 4OH^-$$

在阳极上的反应是金属阳极被氧化成金属离子：

$$Me \rightarrow Me^{2+} + 2e$$

B.2　仪　　器

B.2.1　溶解氧测定仪

溶解氧测定仪一般分为原电池式和极谱式(外加电压)两种类型,根据其测量范围和精确度的不同,又有多种型号。测定时应当根据被测水样中的溶解氧含量和测量要求,选择合适的仪器型号。测定一般水样和测定溶解氧含量小于或等于0.1 mg/L工业锅炉给水时,可选用不同量程的常规溶解氧测定仪;当测定溶解氧含量小于或等于20 μg/L水样时,应当选用高灵敏度溶解氧测定仪。

B.2.2　温度计

温度计精确至0.5 ℃。

B.3　试　　剂

B.3.1　亚硫酸钠。

B.3.2　二价钴盐($CoCL_2 \cdot H_2O$)。

B.3.3　分析实验室用水二级水,符合GB/T 6682的规定。

B.4　测定方法

B.4.1　仪器的校正

B.4.1.1　按仪器使用说明书装配电极和流动测量池。

B.4.1.2　调节:按仪器说明书进行调节和温度补偿。

B.4.1.3　零点校正:将电极浸入新配制的零氧溶液(一般用5%～10%亚硫酸钠溶液,可加入适量的二价钴盐作催化剂),进行校零。

B.4.1.4　校准:按仪器说明书进行校准。一般溶解氧测定仪可在空气中校准。

B.4.2　水样测定

B.4.2.1　调整被测水样的温度在5 ℃～40 ℃,水样流速在100 mL/min左右,水样压力小于0.4 MPa。

B.4.2.2　将测量池与被测水样的取样管用乳胶管或橡皮管连接好,测量水温,进行温度补偿。

B.4.2.3　根据被测水样溶解氧的含量,选择合适的测定量程,启动测量开关进行测定。

B.5　注意事项

B.5.1　原电池式溶解氧测定仪接触氧可自发进行反应,因此不测定时,电极应保存在零氧溶液中并使其短路,以免消耗电极材料,影响测定。极谱式溶解氧测定仪不使用时,应当用加有适量二级水的保护套保护电极,防止电极薄膜干燥及电极内的电解质溶液蒸发。

B.5.2　电极薄膜表面要保持清洁,不要触碰器皿壁,也不要用手触摸。

B.5.3　当仪器难以调节至校正值,或者仪器响应慢、数值显示不稳定时,应当及时更换电极中的电解质和电极薄膜(原电池式仪器需更换电池)。电极薄膜在更换后和使用中应当始终保持表面平整,没有气泡,否则需要重新更换安装。

B.5.4 更换电解质和电极薄膜后,或者氧敏感薄膜电极干燥时,应将电极浸入到二级水中,使电极薄膜表面湿润,待读数稳定后再进行校准。

B.5.5 如水样中含有藻类、硫化物、碳酸盐等物质,长期与电极接触可能使电极薄膜表面污染或损坏。

B.5.6 溶解氧测定仪应当定期进行计量校验。

附录C(规范性附录) 油的测定(重量法)

C.1 概 要

当水样中加入凝聚剂——硫酸铝时,扩散在水中的油微粒会被形成的氢氧化铝凝聚。随着氢氧化铝的沉淀,便将水中微量的油也聚集沉淀,经加酸酸化,可将沉淀溶解,再通过有机溶剂的萃取,将分离出来的油质转入有机溶剂中,将有机溶剂蒸发至干,残留的是水中的油,通过称量即可求出水中的油含量。

此法采用四氯化碳(CCl_4)作有机溶剂,这样可以避免在蒸发过程中发生燃烧或爆炸等事故。

C.2 仪 器

C.2.1 5 000 mL~10 000 mL具有磨口塞的取样瓶。

C.2.2 500 mL分液漏斗。

C.2.3 100 mL~200 mL瓷蒸发皿。

C.3 试剂及其配制

C.3.1 分析实验室用水二级水,符合GB/T 6682的规定。

C.3.2 硫酸铝溶液(430 g/L):称取43 g硫酸铝[$Al_2(SO_4)_3 \cdot 18H_2O$],加100 mL二级水溶解。

C.3.3 无水碳酸钠溶液(250 g/L):称取25 g无水碳酸钠溶液(Na_2CO_3),加100 mL二级水溶解。

C.3.4 浓硫酸(密度1.84 g/cm^3)。

C.3.5 四氯化碳(CCl_4)。

C.4 测定方法

C.4.1 加大被测水样流量,取5 000 mL~10 000 mL水样。取完后立即加入5 mL~10 mL硫酸铝溶液(按每1 L试样加1 mL计算),摇匀,立即加入5 mL~10 mL碳酸钠溶液(按每1 L试样加1 mL计算),充分摇匀,将水中分散的油粒凝聚沉淀,静置12 h以上,待充分沉淀至瓶底,然后用虹吸管将上层澄清液吸走。虹吸时应小心移动胶皮管,尽量使大部分澄清水被吸走,但又不致于将沉淀物带走。在剩下的沉淀物中加入若干滴浓硫酸使沉淀溶解,并将此酸化的溶液移入500 mL的分液漏斗中。

C.4.2 取100 mL四氯化碳倒入取样瓶内,充分清洗取样瓶内壁上沾有的油渍,将此四氯化碳洗液也移入分液漏斗内。

C.4.3 充分摇匀并萃取酸化溶液中所含的油，静置。待分层完毕后，将底层四氯化碳用一张干的无灰滤纸过滤，将过滤后的四氯化碳溶液移入一个 100 mL～200 mL 已恒重的蒸发皿内，再用 10 mL 四氯化碳淋洗分液漏斗及过滤滤纸，将清洗液一齐加入已恒重的蒸发皿内。

C.4.4 将蒸发皿放在水浴锅上，在通风橱内将四氯化碳蒸发至干，然后将蒸发皿放在 110℃±5℃的恒温箱内，烘干 2 h 后在干燥器内冷却，称量至恒重。

C.4.5 另取 100 mL 四氯化碳于另一个恒重的蒸发皿中，按 C.4.4 做空白试验。

水样中含油量(Y)按式(C.1)计算：

$$Y=\frac{(m_2-m_1)-(m_4-m_3)}{V_s}\times 1\,000 \tag{C.1}$$

式中 Y——水样中含油量，单位为毫克每升(mg/L)；

m_1——测定水样所用空蒸发皿的质量，单位为克(g)；

m_2——蒸发皿与蒸发后油的总质量，单位为克(g)；

m_3——空白试验前蒸发皿的称量，单位为克(g)；

m_4——空白试验后蒸发皿的称量，单位为克(g)；

V_s——水样体积，单位为升(L)。

C.5 注意事项

C.5.1 为了节约有机溶剂，所用四氧化碳应回收利用，回收和方法是将分液漏斗分出的四氧化碳先放在一个 200 mL 的蒸馏烧瓶内，然后将蒸馏烧瓶放在水浴锅上蒸发并用冷凝器收集被蒸发的四氧化碳，待烧瓶内剩下 20 mL 左右时，即停止蒸发，将烧瓶内残留的四氧化碳移入已称至恒重的蒸发皿内，再用 10 mL 四氧化碳清洗烧瓶，然后将洗液一齐加入蒸发皿内，按 C.4 继续进行油质测定。

C.5.2 如果所取水样内混有较多的微粒杂质，则在四氧化碳萃取后，水和有机溶剂分层处不会出现明显的分液层，但仍可用干的滤纸过滤，因为干滤纸会很快吸干混杂层中的水珠，而使四氧化碳通过滤纸时并不影响测试结果。

C.5.3 四氯化碳蒸气对人体有毒害，在操作时应尽量避免吸入，蒸发烘干时必须在通风橱内进行。

C.6 精 密 度

由 3 个实验室测定含 2.0 mg/L 油的同一水样。

C.6.1 重复性

实验室内相对标准偏差为 2.3%。

C.6.2 再现性

实验室间相对标准偏差为 4.1%。

C.6.3 相对误差

实验室间相对误差为 -1.2%。

附录 D(规范性附录)
溶解固形物的测定(重量法)

D.1 概 要

D.1.1 溶解固形物是指已被分离悬浮固形物后的滤液经蒸发干燥所得的残渣。

D.1.2 测定溶解固形物有三种方法,第一种方法适用于一般水样和以除盐水作补给水的锅炉水样;第二种方法适用于酚酞碱度较高的锅水;第三种方法适用于含有大量吸湿性很强的固体物质(如氯化钙、氯化镁、硝酸钙、硝酸镁等)的水样。

D.2 仪 器

D.2.1 水浴锅或 400 mL 烧杯。

D.2.2 100 mL ~ 200 mL 瓷蒸发皿。

D.2.3 分析天平(感量为 0.1 mg)。

D.3 试 剂

D.3.1 碳酸钠溶液(1 mL 含 10 mg Na_2CO_3)。

D.3.2 $c(\frac{1}{2}H_2SO_4) = 0.1$ mol/L 硫酸标准溶液,配制和标定的方法见 GB/T 601。

D.4 测定方法

D.4.1 第一种方法测定步骤

D.4.1.1 取一定量已过滤充分摇匀的澄清水样(水样体积应使蒸干残留物的称量在 100 mg 左右),逐次注入经烘干至恒重的蒸发皿中,在水浴锅上蒸干。

D.4.1.2 将已蒸干的样品连同蒸发皿移入 105℃ ~110℃的烘箱中烘 2 h。

D.4.1.3 取出蒸发皿放在干燥器内冷却至室温,迅速称量。

D.4.1.4 在相同条件下再烘 0.5 h,冷却后再次称量,如此反复操作直至恒重。

D.4.1.5 溶解固形物含量(RG)按式(D.1)计算:

$$RG = \frac{m_1 - m_2}{V} \times 1\ 000 \qquad (D.1)$$

式中 RG——溶解固形物含量,单位为毫克每升(mg/L);

m_1——蒸干的残留物与蒸发皿的总质量,单位为毫克(mg);

m_2——空蒸发皿的质量,单位为毫克(mg);

V——水样的体积,单位为毫升(mL)。

D.4.2 第二种方法测定步骤

D.4.2.1 取一定量已过滤充分摇匀的澄清锅炉水样(水样体积应使蒸干残留物的称量在 100 mg 左右,一般工业锅炉的锅水取 20 mL ~ 100 mL),加入 2 ~ 3 滴酚酞指示剂(10 g/L),若显红色,再用 $c(\frac{1}{2}H_2SO_4) = 0.1$ mol/L 硫酸标准溶液滴定至恰好无色,记录硫酸标准溶液消耗的体积 V_s。将水样中和后,逐次注入经烘干至恒重的蒸发皿中,在水浴锅上蒸干。

D. 4. 2. 2　按 D. 4. 1. 2、D. 4. 1. 3、D. 4. 1. 4 的测定步骤进行操作。

D. 4. 2. 3　另取 100 mL 已过滤充分摇匀的澄清锅炉水样注于 250 mL 锥形瓶中，加入 2 ~ 3 滴酚酞指示剂(10 g/L)，此时溶液若显红色，则用 $c(\frac{1}{2}H_2SO_4)=0.1$ mol/L 硫酸标准溶液滴定至恰好无色，记录耗酸体积 V_1，然后再加入 2 滴甲基橙指示剂(1 g/L)，继续用硫酸标准溶液滴定至橙红色为止，记录第二次耗酸体积 V_2(不包括 V_1)。

D. 4. 2. 4　溶解固形物含量(RG)按式(D. 2)计算：

$$RG=\frac{m_1-m_2}{V}\times 1\,000+1.06[OH^-]+0.517[CO_3^{2-}]-0.1\times q\times 49 \qquad (D.2)$$

式中　RG、m_1、m_2、V——同(D. 1)式；

1. 06——OH^- 变成 H_2O 后在蒸发过程中损失质量的换算系数；

$[OH^-]$——水中氢氧化物的含量，$[OH^-]=\frac{0.1\times(V_1-V_2)\times 17}{100}\times 1\,000$，单位为毫克每升(mg/L)；

0. 517——CO_3^{2-} 变成 HCO_3^- 后在蒸发过程中损失质量的换算系数；

$[CO_3^{2-}]$——水中碳酸盐碱度的含量，$[CO_3^{2-}]=\frac{0.1\times 2V_2\times 30}{100}\times 1\,000$，单位为毫克每升(mg/L)；

q——每升水样加 $c(\frac{1}{2}H_2SO_4)=0.1$ mol/L 硫酸标准溶液的体积，$q=\frac{V_s}{V}\times 1\,000$。

D. 4. 3　第三种方法测定步骤

D. 4. 3. 1　取一定量充分摇匀的水样(水样体积应使蒸干残留物的称量在 100 mg 左右)，加入 20 mL 碳酸钠溶液，逐次注入经烘干至恒重的蒸发皿中，在水浴锅上蒸干。

D. 4. 3. 2　按 D. 4. 1. 2、D. 4. 1. 3、D. 4. 1. 4 的测定步骤进行操作。

D. 4. 3. 3　溶解固形物含量(RG)按式(D. 3)计算：

$$RG=\frac{m_1-m_2-10\times 20}{V}\times 1\,000 \qquad (D.3)$$

式中　RG、m_1、m_2、V——同(D. 1)式；

10——碳酸钠溶液的浓度，单位为毫克每毫升(mg/mL)；

20——加入碳酸钠溶液的体积，单位为毫升(mL)。

D. 5　注意事项

D. 5. 1　为防止蒸干、烘干过程中落入杂物而影响试验结果，必须在蒸发皿上放置玻璃三角架并加盖表面皿。

D. 5. 2　测定溶解固形物使用的瓷蒸发皿，可用石英蒸发皿代替。如果不测定灼烧减量，也可以用玻璃蒸发皿代替瓷蒸发皿。

D. 6　精密度和准确度

5 个实验室分别测定溶解固形物为 2 655 mg/L 和 3 784 mg/L 的同一水样。

D. 6. 1 重复性

实验室内相对标准偏差分别为 2.7% 和 2.1%。

D. 6. 2 再现性

实验室间相对标准偏差分别为 3.9% 和 2.6%。

D. 6. 3 准确度

加标回收率范围分别为 93.3% ~102% 和 92.7% ~101%。

附录 E(规范性附录)
锅水溶解固形物的间接测定

E. 1 固导比法

E. 1. 1 概要

E. 1. 1. 1 溶解固形物的主要成分是可溶解于水的盐类物质。由于溶解于水的盐类物质属于强电解质,在水溶液中基本上都电离成阴、阳离子而具有导电性,而且电导率的大小与其浓度成一定比例关系。根据溶解固形物与电导率的比值(以下简称固导比),只要测定电导率就可近似地间接测定溶解固形物的含量,这种测定方法简称固导比法。

E. 1. 1. 2 由于各种离子在溶液中的迁移速度不一样,其中以 H^+ 最大,OH^- 次之,K^+、Na^+、Cl^-、NO_3^- 离子相近,HCO_3^-、$HSiO_3^-$ 等离子半径较大的一价阴离子为最小。因此,同样浓度的酸、碱、盐溶液电导率相差很大。采用固导比法时,对于酸性或碱性水样,为了消除 H^+ 和 OH^- 的影响,测定电导率时应当预先中和水样。

E. 1. 1. 3 本方法适用于离子组成相对稳定的锅水溶解固形物的测定。对于采用不同水源的锅炉,或者采用除盐水作补给水的锅炉,如果离子组成差异较大,应当分别测定其固导比。

E. 1. 2 固导比的测定

E. 1. 2. 1 取一系列不同浓度的锅水,分别用 D. 4. 2 的方法测定溶解固形物的含量。

E. 1. 2. 2 取 50 mL ~100 mL 与 E. 1. 2. 1 对应的不同浓度的锅水,分别加入 2 ~3 滴酚酞指示剂(10 g/L),若显红色,用 $c\left(\frac{1}{2}H_2SO_4\right)=0.1$ mol/L 硫酸标准溶液滴定至恰好无色。再按 GB/T 6908 的方法测定其电导率。

E. 1. 2. 3 用回归方程计算固导比 K_D。

E. 1. 3 溶解固形物的测定

E. 1. 3. 1 取 50 mL ~ 100 mL 的锅水,加入 2 ~3 滴酚酞指示剂(10 g/L),若显红色,用 $c\left(\frac{1}{2}H_2SO_4\right)=0.1$ mol/L 硫酸标准溶液滴定至恰好无色。按 GB/T 6908 的方法测定其电导率 S。

E. 1. 3. 2 按式(E. 1)计算锅水溶解固形物的含量:

$$RG = S \times K_D \tag{E. 1}$$

式中 RG——溶解固形物含量,单位为毫克每升(mg/L);

S——水样在中和酚酞碱度后的电导率,单位为微西门子每厘米(μS/cm);

K_D——固导比[(mg/L)/(μS/cm)]。

E. 1. 4 注意事项

E. 1. 4. 1 由于水源中各种离子浓度的比例在不同季节时变化较大，固导比也会随之发生改变。因此，应当根据水源水质的变化情况定期校正锅水的固导比。

E. 1. 4. 2 对于同一类天然淡水，以温度 25℃时为准，电导率与含盐量大致成比例关系，其比例约为：1 μS/cm 相当于 0. 55 mg/L ~ 0. 90 mg/L。在其他温度下测定需加以校正，每变化 1℃含盐量大约变化 2%。

E. 1. 4. 3 当电解质溶液的浓度不超过 20%时，电解质溶液的电导率与溶液的浓度成正比，当浓度过高时，电导率反而下降，这是因为电解质溶液的表观离解度下降。因此，一般用各种电解质在无限稀释时的等量电导来计算该溶液的电导率与溶解固形物的关系。

E. 1. 5 精密度和准确度

分别取溶解固形物含量为 2 482 mg/L 和 3 644 mg/L 的同一水样，5 个实验室分别用 D. 4. 2 的方法和 E. 1. 3 的方法测定溶解固形物，进行比对试验。

E. 1. 5. 1 重复性

实验室内相对标准偏差分别为 2. 4% 和 1. 6% 。

E. 1. 5. 2 再现性

实验室间相对标准偏差分别为 3. 7% 和 2. 8% 。

E. 1. 5. 3 准确度

E. 1. 3 与 D. 4. 2 的方法相比对，相对误差范围为 -4. 3% ~5. 7% 。

E. 2 固氯比法

E. 2. 1 概要

E. 2. 1. 1 在高温锅水中，氯化物具有不易分解、挥发、沉淀等特性，因此锅水中氯化物的浓度变化往往能够反映出锅水的浓缩倍率。在一定的水质条件下，锅水中的溶解固形物含量与氯离子的含量之比（以下简称固氯比）接近于常数。所以在水源水质变化不大和水处理稳定的情况下，根据溶解固形物与氯离子的比值关系，只要测出氯离子的含量就可近似地间接测得溶解固形物的含量，这个方法简称为固氯比法。

E. 2. 1. 2 本方法适用于氯离子与溶解固形物含量之比值相对稳定的锅水溶解固形物的测定。本方法不适用于以除盐水作补给水的锅炉水溶解固形物的测定。

E. 2. 2 固氯比的测定

E. 2. 2. 1 取一系列不同浓度的锅水，分别用 D. 4. 2 的方法测定溶解固形物的含量。

E. 2. 2. 2 取一定体积的与 E. 2. 2. 1 对应的不同浓度的锅水，按 GB/T 15453 或本标准附录 G 的方法分别测定其氯离子（mg/L）。

E. 2. 2. 3 用回归方程计算固氯比 K_L。

E. 2. 3 溶解固形物的测定

E. 2. 3. 1 取一定体积的锅水按 GB/T 15453 或本标准附录 G 的方法测定其氯离子（mg/L）。

E. 2. 3. 2 按式（E. 2）计算锅水溶解固形物的含量：

$$RG = [Cl^-] \times K_L \tag{E. 2}$$

式中 RG——溶解固形物含量，单位为毫克每升（mg/L）；

$[Cl^-]$——水样氯离子含量，单位为毫克每升（mg/L）；

K_L——固氯比。

E. 2. 4 注意事项

E. 2. 4. 1 由于水源水中各种离子浓度的比例在不同季节时变化较大,固氯比也会随之发生改变。因此,应当根据水源水质的变化情况定期校正锅水的固氯比。

E. 2. 4. 2 离子交换器(软水器)再生后,应当将残余的再生剂清洗干净(洗至交换器出水的 Cl^- 与进水 Cl^- 含量基本相同),否则残留的 Cl^- 进入锅内,将会改变锅水的固氯比,影响测定的准确性。

E. 2. 4. 3 采用无机阻垢剂进行加药处理的锅炉,加药量应当尽量均匀,避免加药间隔时间过长或一次性加药量过大而造成固氯比波动大,影响溶解固形物测定的准确性。

E. 2. 5 精密度和准确度

分别取溶解固形物含量为 2 482 mg/L 和 3 644 mg/L 的同一水样,5 个实验室分别用 D. 4. 2 的方法和 E. 2. 3 的方法测定溶解固形物,进行比对试验。

E. 2. 5. 1 重复性

实验室内相对标准偏差分别为 5. 3% 和 4. 6%。

E. 2. 5. 2 再现性

实验室间相对标准偏差分别为 6. 2% 和 5. 8%。

E. 2. 5. 3 准确度

E. 2. 3 与 D. 4. 2 的方法相比对,相对误差为 7. 3% 和 8. 4%。

附录 F(规范性附录)
磷酸盐的测定(磷钼蓝比色法)

F. 1 概　　要

F. 1. 1 在 $c(H^+) = 0.6$ mol/L 的酸度下,磷酸盐与钼酸铵生成磷钼黄,用氯化亚锡还原成磷钼蓝后,与同时配制的标准色进行比色测定。其反应为:

磷酸盐与钼酸铵反应生成磷钼黄:

$$PO_4^{3-} + 12MoO_4^{2-} + 27H^+ \rightarrow H_3[P(Mo_3O_{10})_4] + 12H_2O \quad (磷钼黄)$$

磷钼黄被氧化亚锡还原成磷钼蓝:

$$[P(Mo_3O_{10})_4]^{3-} + 4Sn^{2+} + 11H^+ \rightarrow H_3[P(Mo_3O_9)_4] + 4Sn^{4+} + 4H_2O \quad (磷钼蓝)$$

F. 1. 2 磷钼蓝比色法仅供现场测定,适用于磷酸盐含量为 2 mg/L ~ 50 mg/L 的水样。

F. 2 仪　　器

具有磨口塞的 25 mL 比色管。

F. 3 试剂及其配制

F. 3. 1 分析实验室用水二级水,符合 GB/T 6682 的规定。

F. 3. 2 磷酸盐标准溶液(1 mL 含 1. 0 mg PO_4^{3-}):称取在 105℃ 干燥过的磷酸二氢钾(KH_2PO_4)1. 433 g,溶于少量除盐水中后,稀释至 1 000 mL。

F. 3. 3 磷酸盐工作溶液(1 mL 含 0. 1 mg PO_4^{3-}):取 F. 3. 2 标准溶液,用二级水准确稀释 10 倍。

F. 3. 4 钼酸铵 - 硫酸混合溶液:于 600 ml 二级水中缓慢加入 167 mL 浓硫酸(密度 1. 84 g/cm^3),冷却至室温。称取 20 g 钼酸铵[$(NH_4)_6Mo_7O_{24} \cdot 4H_2O$],研磨后溶于上述硫酸溶液中,用二级水稀释至 1 000 mL。

F. 3. 5 氯化亚锡甘油溶液(15 g/L):称取 1. 5 g 优级纯氯化亚锡于烧杯中,加 20 mL,浓盐酸(密度为 1. 19 g/cm^3),加热溶解后,再加 80 mL 纯甘油(丙三醇),搅匀后将溶液转入塑料瓶中备用(此溶液易被氧化,需密封保存,室温下使用期限不应超过 20 天)。

F. 4 测定方法

F. 4. 1 量取 0 mL、0. 10 mL、0. 20 mL、0. 40 mL、0. 60 mL、0. 80 mL 、1. 00 mL、1. 50 mL、2. 00 mL、2. 50 mL 磷酸盐工作溶液(1 mL 含 0. 1 mg PO_4^{3-})以及 5 mL 水样,分别注入一组比色管中,用二级水稀释至约 20 mL,摇匀。

F. 4. 2 在上述比色管中各加入 2. 5 mL 钼酸铵 - 硫酸混合溶液,用二级水稀释至刻度,摇匀。

F. 4. 3 在每支比色管中加入 2 ~ 3 滴氯化亚锡甘油(15 g/L)溶液,摇匀,待 2 min 后进行比色。

F. 4. 4 水样中磷酸根(PO_4^{3-})的含量按式(F. 1)计算:

$$[PO_4^{3-}] = \frac{0.1 \times V_1}{V_S} \times 1\ 000 = \frac{V_1}{V_S} \times 100 \qquad (F.1)$$

式中 $[PO_4^{3-}]$——磷酸根含量,单位为毫克每升(mg/L);

0. 1——磷酸盐工作溶液的浓度,1 mL 含 0. 1 mg PO_4^{3-};

V_1——与水样颜色相当的标准色溶液中加入的磷酸盐工作溶液的体积,单位为毫升(mL);

V_S——水样的体积,单位为毫升(mL)。

F. 5 测定水样时注意事项

F. 5. 1 水样与标准色应当同时配制显色。

F. 5. 2 为加快水样显色速度,以及避免硅酸盐干扰,显色时水样的酸度(H^+)应维持在0. 6 mol/L。

F. 5. 3 水样混浊时应过滤后测定,磷酸盐的含量不在 2 mg/L ~ 50 mg/L 时,应当酌情增加或减少水样量。

F. 6 允 许 差

磷酸盐测定的允许差见表 F. 1。

表 F. 1 磷酸盐测定的允许差

磷酸盐范围/(mg/L)	实验室内允许差/(mg/L)	实验室间允许差/(mg/L)
0 ~ 10	0. 6	1. 4
> 10 ~ 20	1. 0	2. 6
> 20 ~ 40	1. 8	3. 8

附录 G(规范性附录)
氯化物的测定(硫氰酸铵滴定法)

G. 1 概 要

G. 1. 1 适用于测定氯化物含量为 5 mg/L ~ 100 mg/L 的水样,高于此范围的水样经稀释后可以扩大其测定范围。

G.1.2 在酸性条件下(pH≤1),溶液中碳酸盐、亚硫酸盐、正磷酸盐、聚磷酸盐、聚羧酸盐和有机膦酸盐等干扰物质不能与 Ag^+ 发生反应,而 Cl^- 仍能与 Ag^+ 生成沉淀。

被测水样用硝酸酸化后,再加入过量的硝酸银($AgNO_3$)标准溶液,使 Cl^- 全部与 Ag^+ 生成氯化银(AgCl)沉淀,过量的 Ag^+ 用硫氰酸铵(NH_4SCN)标准溶液返滴定,选择铁铵矾[$NH_4Fe(SO_4)_2$]作指示剂,当到达滴定终点时,SCN^- 与 Fe^{3+} 生成红色络合物,使溶液变色,即为滴定终点。

$$Cl^- + Ag^+ \rightarrow AgCl\downarrow \text{(白色)}$$

$$SCN^- + Ag^+ \rightarrow AgSCN\downarrow \text{(白色)}$$

$$SCN^- + Fe^{3+} \rightarrow FeSCN^{2+} \text{(红色络合物)}$$

在过量的硝酸银($AgNO_3$)标准溶液体积中,扣除等量消耗的 SCN^- 的量,即可计算出水中 Cl^- 的含量。

G.1.3 适用于含有碳酸盐、亚硫酸盐、正磷酸盐、聚磷酸盐、聚羧酸盐和有机膦酸盐等干扰物质的锅水氯化物的测定。

G.2 试　　剂

G.2.1 分析实验室用水二级水,符合 GB/T 6682 的规定。

G.2.2 铬酸钾指示剂(100 g/L):称取 10 g 铬酸钾,溶于二级水,并稀释至 100 mL。

G.2.3 氯化钠标准溶液(1 mL 含 1.0 mg Cl^-):准确称取于 500 ℃ ~600 ℃高温炉中灼烧至恒重的基准氯化钠试剂 1.648 g,先溶于少量二级水中,然后稀释至 1 000 mL。

G.2.4 硝酸银标准溶液(1 mL 相当于 1.0 mg Cl^-)。

G.2.4.1 硝酸银标准溶液的配制

称取 5.0 g 硝酸银溶于 1 000 ml 二级水,贮存于棕色瓶中。

G.2.4.2 硝酸银标准溶液的标定

于三个锥形瓶中,用移液管分别注入 10.00 mL 氯化钠标准溶液,再各加入 90 mL 二级水及 1.0 mL 铬酸钾指示剂,均用硝酸银标准溶液(盛于棕色滴定管中)滴定至橙色,分别记录硝酸银标准溶液的消耗量 V,以平均值计算,但三个平行试验数值间的相对误差应小于 0.25%。另取 100 mL 二级水作空白试验,除不加氯化钠标准溶液外,其他步骤同上,记录硝酸银标准溶液的消耗量 V_1。

硝酸银标准溶液的滴定度(T)按式(G.1)计算:

$$T = \frac{10 \times 1.0}{V - V_1} \tag{G.1}$$

式中 T——硝酸银标准溶液滴定度,单位为毫克每毫升(mg/mL);

V_1——空白试验消耗硝酸银标准溶液的体积,单位为毫升(mL);

V——氯化钠标准溶液消耗硝酸银标准溶液的平均体积,单位为毫升(mL);

10——氯化钠标准溶液的体积,单位为毫升(mL);

1.0——氯化钠标准溶液的浓度,单位为毫克每毫升(mg/mL)。

G.2.4.3 硝酸银标准溶液浓度的调整

将硝酸银溶液浓度调整为 1 mL 相当于 1.0 mg Cl^- 的标准溶液。二级水加入量按式(G.2)计算:

$$\Delta L = L(\frac{T - 1.0}{1.0}) = L \times (T - 1.0) \tag{G.2}$$

式中　ΔL——调整硝酸银溶液浓度所需二级水加入量,单位为毫升(mL);

L——配制的硝酸银溶液经标定后剩余的体积,单位为毫升(mL);

T——硝酸银溶液标定的滴定度,单位为毫克每毫升(mg/mL);

1.0——硝酸银溶液调整后的滴定度,1 mL 相当于 1.0 mg Cl^-。

G.2.5　分析纯浓硝酸溶液

G.2.6　铁铵矾指示剂(100 g/L):称取 10 g 铁铵矾,溶于二级水,并稀释至 100 mL。

G.2.7　硫氰酸铵标准溶液(1 mL 相当于 1.0 mg Cl^-)配制与标定。

G.2.7.1　硫氰酸铵溶液的配制

称取 2.3g 硫氰酸铵(NH_4SCN)溶于 1 000 mL 二级水中。

G.2.7.2　硫氰酸铵溶液的标定

在三个锥形瓶中,用移液管分别注入 10.00mL $AgNO_3$ 标准溶液,再各加 50 mL 二级水及 1.0 mL 铁铵矾指示剂(100 g/L),均用硫氰酸铵溶液(NH_4SCN)滴定至红色,记录硫氰酸铵溶液消耗体积 V_1。同时另取 100 mL 二级水做空白试验,记录空白试验硫氰酸铵溶液消耗体积 V_0。硫氰酸铵溶液滴定度 T_1 按式(G.3)计算:

$$T_1 = \frac{10 \times 1.0}{V_1 - V_0} \tag{G.3}$$

式中　T_1——硫氰酸铵溶液滴定度,单位为毫克每毫升(mg/mL);

V_1——硝酸银标准溶液消耗硫氰酸铵标准溶液的体积,单位为毫升(mL);

V_0——空白试验消耗硫氰酸铵标准溶液的体积,单位为毫升(mL);

10——硝酸银标准溶液的体积为 10 mL;

1.0——硝酸银标准溶液的滴定度,1 mL 相当于 1.0 mg Cl^-。

G.2.7.3　硫氰酸铵溶液浓度的调整

硫氰酸铵标准溶液的浓度一定要与硝酸银标准溶液浓度相同,若标定结果 T_1 大于 1.0 mg/mL,可按式(G.4)计算添加二级水,使硫氰酸铵溶液的滴定度调整为 1 mL 相当于 1.0mg Cl^- 的标准溶液:

$$\Delta V = V(\frac{T_1 - 1.0}{1.0}) = V(T_1 - 1.0) \tag{G.4}$$

式中　ΔV——调整硫氰酸铵溶液浓度所需二级水添加量,单位为毫升(mL);

V——配制的硫氰酸铵溶液经标定后剩余的体积,单位为毫升(mL);

T_1——硫氰酸铵溶液标定的滴定度,单位为毫克每毫升(mg/mL);

1.0——硫氰酸铵溶液调整后的滴定度,1 mL 相当于 1.0 mg Cl^-。

G.3　测定方法

G.3.1　准确吸取 100 mL 水样置于 250 mL 锥形瓶中,加 1 mL 分析纯浓硝酸溶液,使水样 pH 值≤1。加入硝酸银标准溶液 15.0 mL,摇匀,加入 1.0 mL 铁铵矾指示剂(100 g/L),用硫氰酸铵标准溶液快速滴定至红色,记录硫氰酸铵标准溶液消耗体积 a。同时做空白试验,记录空白试验硫氰酸铵标准溶液消耗体积 b。

G.3.2　水样中氯化物(以 Cl^- 计)含量按式(G.5)计算:

$$[Cl^-] = \frac{(2V_{Ag^+} - a - b) \times T_1}{V_S} \times 1\,000 \tag{G.5}$$

式中 $[Cl^-]$——水样中氯离子含量,单位为毫克每升(mg/L);
V_{Ag^+}——硝酸银标准溶液加入的体积,单位为毫升(mL);
a——滴定水样时消耗硫氰酸铵标准溶液的体积,单位为毫升(mL);
b——空白试验时消耗硫氰酸铵标准溶液的体积,单位为毫升(mL);
T_1——硫氰酸铵标准溶液的滴定度,单位为毫克每毫升(mg/mL);
V_S——水样体积,单位为毫升(mL)。

G.4 测定水样时注意事项

G.4.1 水样体积的控制

由于铁铵矾指示剂法测定 Cl^- 采用的是返滴定法,溶液被酸化后,加入 $AgNO_3$ 的量应比被测溶液中 Cl^- 的含量要略高,否则就元法进行返滴定。当水样中氯离子含量大于 100 mg/L 时,应当按表 G.1 中规定的体积吸取水样,用二级水稀释至 100 mL 后测定。

表 G.1 氯化物的含量和取水样体积

水样中 Cl^- 含量/(mg/L)	101 ~ 200	201 ~ 400	401 ~ 1 000
取水样体积/mL	50	25	10

G.4.2 被测溶液 PH 值的控制

被测溶液 pH 值≤1 时,溶液中碳酸盐、亚硫酸盐、正磷酸盐、聚磷酸盐、聚羧酸盐和有机膦酸盐等干扰物质不与 Ag^+ 发生反应。不同的水样碱度、pH 值差别较大,因此测定前加 HNO_3 酸化时,HNO_3 的加入量应以被测溶液 pH 值≤1 为准。

G.4.3 标准溶液浓度的控制

如水样中氯离子含量小于 5 mg/L 时,可将硝酸银和硫氰酸铵标准溶液稀释使用,但稀释后的这两种标准溶液的滴定度一定要相同。

G.4.4 对于混浊水样,应当事先进行过滤。

G.4.5 防止沉淀吸附的影响

加入过量的 $AgNO_3$ 标准溶液后,产生的 AgCl 沉淀容易吸附溶液中的 Cl^-,应充分摇动,使 Ag^+ 与 Cl^- 进行定量反应,防止测定结果产生负误差。

G.4.6 防止 AgCl 沉淀转化成 AgSCN 产生的误差

由于 AgCl 的溶度积比 AgSCN 的大,在滴定接近化学计量点时,SCN^- 可能与 AgCl 发生反应从而引进误差,其反应式如下:

$$SCN^- + AgCl \rightarrow AgSCN\downarrow + Cl^-$$

但因这种沉淀转化缓慢,影响不大,如果分析要求不是太高,可在接近终点时,快速滴定,摇动不要太剧烈来消除影响,即可基本消除其造成的负误差。

若分析要求很高,则可通过先将 AgCl 沉淀进行过滤,然后再用 SCN^- 返滴定,或者加入硝基苯在 AgCl 沉淀表面覆盖一层有机溶剂,阻止 SCN^- 与 AgCl 发生沉淀转化反应。

G.5 准 确 度

4 个实验室分别测定含氯化物 398.3 mg/L 的标准混合水样结果如下:

G. 5. 1　重复性

实验室内相对标准偏差为 0. 3%。

G. 5. 2　再现性

实验室间相对标准偏差为 1. 5%。

G. 5. 3　准确度

相对误差为 −0. 75%。

加标回收率为 99. 25% ±0. 5%。

附录 H(规范性附录)
碱度的测定(酸碱滴定法)

H. 1　概　要

H. 1. 1　水的碱度是指水中含有能接受氢离子的物质的量,例如氢氧根、碳酸盐、碳酸氢盐、磷酸盐、磷酸氢盐、硅酸盐、硅酸氢盐、亚硫酸盐、腐殖酸盐和氨等,都是水中常见的碱性物质,它们都能与酸进行反应。因此,选用适宜的指示剂,以酸的标准溶液对它们进行滴定,便可测出水中碱度的含量。

H. 1. 2　碱度可分为酚酞碱度和全碱度两种。酚酞碱度是以酚酞作指示剂时所测出的量,滴定终点的 pH 值为 8. 3。全碱度是以甲基橙作指示剂时测出的量,滴定终点的 pH 值为 4. 2。若碱度很小时,全碱度宜以甲基红-亚甲基蓝作指示剂,滴定终点的 pH 值为 5. 0。

H. 1. 3　本试验方法有两种:第一种方法适用于测定碱度较大的水样,如锅水、澄清水、冷却水、生水等,单位用毫摩尔每升(mmol/L)表示;第二种方法适用于测定碱度小于 0. 5 mmol/L 的水样,如凝结水、除盐水等,单位用微摩尔每升(μmol/L)表示。

H. 2　试　剂

H. 2. 1　酚酞指示剂(10 g/L,以乙醇为溶剂),配制方法见 GB/T 603。

H. 2. 2　甲基橙指示剂(1 g/L),配制方法见 GB/T 603。

H. 2. 3　甲基红 − 亚甲基蓝指示剂,配制方法见 GB/T 603。

H. 2. 4　$c\left(\frac{1}{2}H_2SO_4\right)=0.1000$ mol/L 硫酸标准溶液的配制和标定方法见 GB/T 601。

将 $c\left(\frac{1}{2}H_2SO_4\right)=0.1000$ mol/L 硫酸标准溶液,分别用二级水稀释至 2 倍和 10 倍即可制得 $c\left(\frac{1}{2}H_2SO_4\right)=0.0500$ mol/L 和 $c\left(\frac{1}{2}H_2SO_4\right)=0.0100$ mol/L 的硫酸标准溶液,不必再标定。

H. 3　仪　器

H. 3. 1　25 mL 酸式滴定管。

H. 3. 2　5 mL 或 10 mL 微量滴定管。

H. 3. 3　250 mL 锥形瓶。

H.3.4 100 mL 移液管。

H.4 测定方法

H.4.1 碱度大于或等于 0.5 mmol/L 水样的测定方法（如锅水、化学净水，冷却水、生水等）

取 100 mL 被测透明水样注于 250 mL 锥形瓶中，加入 2 ~3 滴酚酞指示剂，此时溶液若显红色，则用 $c\left(\frac{1}{2}H_2SO_4\right)=0.0500$ mol/L 或 0.1000 mol/L 硫酸标准溶液滴定至恰好无色，记录消耗酸体积 V_1，然后再加入 2 滴甲基橙指示剂，继续用硫酸标准溶液滴定至橙红色为止，记录第二次消耗酸体积 V_2（不包括 V_1）。

H.4.2 碱度小于 0.5 mmol/L 水样的测定方法（如凝结水、除盐水等）

取 100 mL 透明水样，置于 250 mL 锥形瓶中，加入 2 ~3 滴酚酞指示剂，此时溶液若显红色，则用微量滴定管用 $c\left(\frac{1}{2}H_2SO_4\right)=0.0100$ mol/L 标准溶液滴定至恰好无色，记录消耗酸体积 V_1，然后再加入 2 滴甲基红 - 亚甲基蓝指示剂，再用硫酸标准溶液滴定，溶液由绿色变为紫色，记录消耗酸体积 V_2（不包括 V_1）。

H.4.3 无酚酞碱度时的测定方法

上述两种方法，若加酚酞指示剂后溶液不显红色，可直接加甲基橙或甲基红 - 亚甲基蓝指示剂，用硫酸标准溶液滴定，记录消耗酸体积 V_2。

H.4.4 碱度的计算

上述被测定水样的酚酞碱度 JD_P、全碱度 JD 按式（H.1）、式（H.2）计算：

$$JD_P=\frac{c\left(\frac{1}{2}H_2SO_4\right)\times V_1}{V_S}\times 10^3 \quad (H.1)$$

$$JD=\frac{c\left(\frac{1}{2}H_2SO_4\right)\times (V_1+V_2)}{V_S}\times 10^3 \quad (H.2)$$

式中 JD_P——酚酞碱度，单位为毫摩尔每升（mmol/L）：

JD——全碱度，单位为毫摩尔每升（mmol/L）：

$c\left(\frac{1}{2}H_2SO_4\right)$——硫酸标准溶液浓度，单位为摩尔每升（mol/L）；

V_1——第一次终点硫酸标准溶液消耗的体积，单位为毫升（mL）；

V_2——第二次终点硫酸标准溶液消耗的体积，单位为毫升（mL）；

V_S——水样体积，单位为毫升（mL）。

H.5 注意事项

H.5.1 碱度的计量单位为一价基本单元物质的量的浓度。

H.5.2 残余氯（Cl_2）的影响

若水样残余氯大于 1 mg/L 时，会影响指示剂的颜色，可加入 0.1 mol/L 硫代硫酸钠溶液 1 ~2 滴，以消除干扰。

H.5.3 乙醇酸性的影响

配制酚酞指示剂时，为了避免乙醇 pH 值较低的影响，配置好的酚酞指示剂，应用

0.05 mol/L NaOH 溶液中和至刚好见稳定的微红色。

附录 I(规范性附录)
亚硫酸盐的测定(碘量法)

I.1 概　要

I.1.1 在酸性溶液中,碘酸钾 - 碘化钾作用后析出的游离碘,将水中的亚硫酸盐氧化成为硫酸盐,过量的碘与淀粉作用呈现蓝色即为终点。其反应为:

$$KIO_3 + 5KI + 6HCl \rightarrow 6HCl + 3I_2 + 3H_2O$$

$$SO_3^{2-} + I_2 + H_2O \rightarrow SO_4^{2-} + 2HI$$

I.1.2 此法适用于亚硫酸盐含量大于 1 mg/L 的水样。

I.2 试剂及配制

I.2.1 分析实验室用水二级水,符合 GB/T 6682 的规定。

I.2.2 碘酸钾 - 碘化钾标准溶液(1 mL 相当于 1.0 mg SO_3^{2-});依次精确称取优级纯碘酸钾(KIO_3)0.891 8 g、碘化钾 7 g、碳酸氢钠 0.5 g,用二级水溶解后移入 1 000 mL 容量瓶中并稀释至刻度。

I.2.3 淀粉指示液(10 g/L),配制方法见 GB/T 603。

I.2.4 盐酸溶液(1+1)

I.3 测定方法

I.3.1 取 100 mL 水样注于锥形瓶中,加 1 mL 淀粉指示剂和 1 mL 盐酸溶液(1+1)。

I.3.2 摇匀后,用碘酸钾 - 碘化钾标准溶液滴定至微蓝色,即为滴定终点。记录消耗碘酸钾 - 碘化钾标准溶液的体积(V_1)。

I.3.3 在测定水样的同时,进行空白试验,作空白试验时记录消耗碘酸钾 - 碘化钾标准溶液的体积(V_2)。水样中亚硫酸盐含量按式(I.1)计算:

$$[SO_3^{2-}] = \frac{(V_1 - V_2) \times 1.0}{V_S} \times 1\,000 \tag{I.1}$$

式中　$[SO_3^{2-}]$——亚硫酸盐含量,单位为毫克每升(mg/L);

V_1——水样消耗碘酸钾 - 碘化钾标准溶液的体积,单位为毫升(mL);

V_2——空白试验消耗碘酸钾 - 碘化钾标准溶液的体积,单位为毫升(mL);

1.0——碘酸钾 - 碘化钾标准溶液滴定度,1 mL 相当于 1.0 mg SO_3^{2-};

V_S——水样的体积,单位为毫升(mL)。

I.4 注意事项

I.4.1 在取样和进行滴定时均应迅速,以减少亚硫酸盐的氧化。

I.4.2 水样温度不可过高,以免影响淀粉指示剂的灵敏度而使结果偏高。

I.4.3 为了保证水样不受污染,取样瓶、烧杯等玻璃器皿,使用前均应用盐酸(1+1)煮洗。

高处作业分级

目　　次

4　高处作业分级

4.1　高处作业高度分为 2 m 至 5 m、5 m 以上至 15 m、15 m 以上至 30 m 及 30 m 以上四个区段。

4.2　直接引起坠落的客观危险因素分为 11 种：

a)　阵风风力五级(风速 8.0 m/s)以上；

b)　GB/T 4200—2008 规定的Ⅱ级或Ⅱ级以上的高温作业；

c)　平均气温等于或低于 5 ℃的作业环境；

d)　接触冷水温度等于或低于 12 ℃的作业；

e)　作业场地有冰、雪、霜、水、油等易滑物；

f)　作业场所光线不足，能见度差；

g)　作业活动范围与危险电压带电体的距离小于表 1 的规定；

表 1　作业活动范围与危险电压带电体的距离

危险电压带电体的电压等级/kV	距离/m
≤10	1.7
35	2.0
63 ~ 110	2.5
220	4.0
330	5.0
500	6.0

h)　摆动，立足处不是平面或只有很小的平面，即任一边小于 500 mm 的矩形平面直径小于 500 mm 的圆形平面或具有类似尺寸的其他形状的平面，致使作业者无法维持正常姿势；

i)　GB 3869—1997 规定的Ⅲ级或Ⅲ级以上的体力劳动强度；

j)　存在有毒气体或空气中含氧量低于 0.195 的作业环境；

k)　可能会引起各种灾害事故的作业环境和抢救突然发生的各种灾害事故。

4.3　不存在 4.2 列出的任一种客观危险因素的高处作业按表 2 规定的 A 类法分级，存在 4.2 列出的一种或一种以上客观危险因素的高处作业按表 2 规定的 B 类法分级。

表 2　高处作业分级

分类法	高处作业高度/m			
	$2 \leq h_w \leq 5$	$5 < h_w \leq 15$	$15 < h_w \leq 30$	$h_w > 30$
A	Ⅰ	Ⅱ	Ⅲ	Ⅳ
B	Ⅱ	Ⅲ	Ⅳ	Ⅳ

附录 A(规范性附录) 高处作业高度计算方法

A.1 可能坠落范围半径的规定

R 根据 h_b 规定如下：

a) 当 2 m≤h_b≤5 m 时，R 为 3 m；

b) 当 5 m<h_b≤15 m 时，R 为 4 m；

c) 当 15 m<h_b≤30 m 时，R 为 5 m；

d) 当 h_b>30 m 时，R 为 6 m。

A.2 高处作业高度计算方法

高处作业高度计算步骤如下：

a) 按 3.5 确定 h_b；

b) 按 A.1 确定 R；

c) 按 3.6 确定 h_w。

示例 1：如图 A.1，其中 h_b = 20 m，R = 5 m，h_w = 20 m。

单位为米

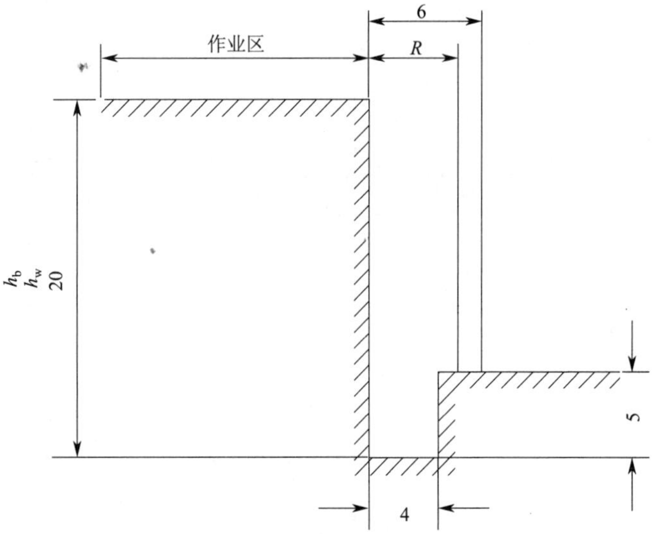

图 A.1

示例 2：如图 A.2，其中 h_b = 20 m，R = 5 m，h_w = 14 m。

示例 3：如图 A.3，其中 h_b = 29.5 m，R = 5 m，h_w = 4.5 m。

单位为米

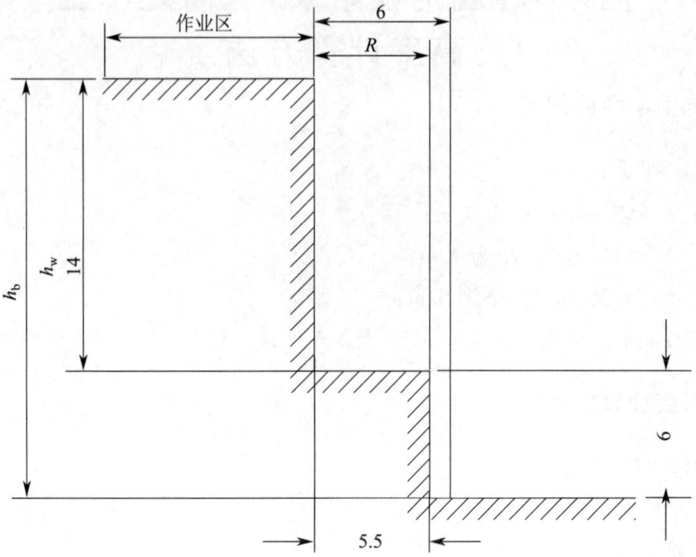

图 A. 2

单位为米

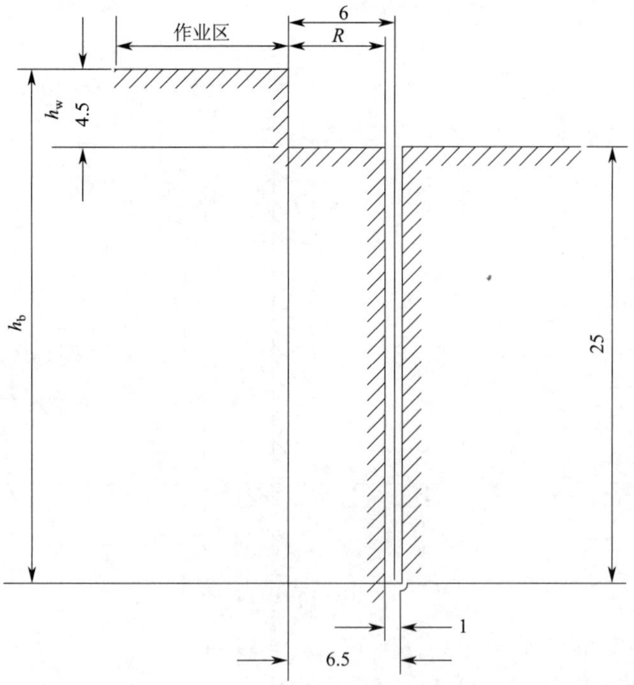

图 A. 3

起重机 试验规范和程序

目 次

3 试验和检验程序的类型

3.1 本标准规定的试验和检验程序包括以下三种类型：

a） 按4.1的规定进行起重机性能的合格试验和检验；

b） 按4.2的规定进行目测检验；

c） 按4.3的规定进行起重机的起升载荷试验。

3.2 起重机在出厂交付使用前，制造商应对其进行试验和检验。对于在使用地点进行安装或总装的起重机，也应在投入使用前进行试验和检验。制造商/供方和需方①之间的任何协议均应包括上述试验和检验。

对于批量生产的起重机，用于试验和检验的起重机样机数量应由制造商/供方和需方相互协商解决。

4 试验和检验程序

4.1 合格试验和检验

起重机进行合格试验和检验时，应根据ISO 7363规定的技术性能进行，并验证以下参数：

——起重机的质量；

——回转轴线至倾覆线的距离；

——起升高度；

——吊钩极限位置；

——起升/下降速度；

——慢速下降速度；

——起重机运行速度；

——小车运行速度；

——回转速度；

——变幅（俯仰）时间；

——臂架伸缩时间；

——工作循环时间（必要时）；

——限制器、指示器和安全装置的功能；

——驱动装置的性能，例如在试验载荷状态下电动机的电流。

应在实际操作中验证以上参数。

起重机及其部件质量的测量应符合ISO 11629的规定。

起重机速度和时间参数的测量应符合ISO 13202的规定。

4.2 目测检验

目测检验应包括所有重要部件的规格和/或状态是否符合要求，如：

---

① 在法律术语中，制造商/供方和需方理解为签订合同的双方。制造商/供方是提供起重机的一方，需方是按合同接收起重机的一方。

——各机构、电气和液压设备、安全装置、制动器、控制器、照明和信号系统；
——起重机金属结构及其连接件、梯子、通道、司机室、平台；
——所有防护装置；
——吊钩或其他取物装置及其连接件；
——钢丝绳及其紧固件；
——滑轮组及其轴和紧固件、臂架的连接件。

检验时，除了正常维护和检验需要打开的盖子（如限位开关盖）外，不应拆开其他部件。

检验程序还应包括检查 ISO 7363 中规定的验收文件是否已提交并通过审核。

4.3　起升载荷试验

4.3.1　总则

起升载荷试验应包括以下内容：
——静载试验；
——动载试验；
——稳定性试验（需要时）。

试验时，试验载荷的组成、测量以及施加应符合 ISO 14518 的规定。

4.3.2　静载试验

4.3.2.1　静载试验的目的是检验起重机以及各结构件的承载能力。如果未见到裂纹、永久变形、油漆剥落或对起重机的性能与安全有影响的损坏，连接处也没有出现松动或损坏，则认为该项试验的结果合格。

4.3.2.2　各起升机构的静载试验应分别进行，如果起重机的规范允许，还应作起升机构联合动作的静载试验。试验时应根据实际使用情况使起重机处于主要部件承受最大钢丝绳载荷、最大弯矩和/或最大轴向力的位置和状态。试验载荷应被逐渐地加上去，起升至离地面 100 mm～200 mm 处，悬空时间不应少于 10 min，更高值由国家法规要求或订货合同中规定。

一次静载试验使起重机的每一个主要部件都能承受最大弯矩和/或最大轴向力不可能时，应进行附加的静载试验或使这些部件承受所需力的试验。

4.3.2.3　如果国家法规或订货合同中没有更高值要求，所有起重机的试验载荷都应为 1.25 P，其中 P 定义为：

a）　对于流动式起重机，为额定起重量（起升机构上载荷的质量，包括有效起重量和吊钩滑轮组的质量）

b）　对于其他类型的起重机，为制造商规定的最大起重量。

4.3.3　动载试验

4.3.3.1　动载试验的主要目的是验证起重机各机构和制动器的功能。

4.3.3.2　除起升机构以外，起重机的各机构都应按制造商规定的低速进行 1.25 P 的承载试验。

起重机的各机构应分别进行 1.1 P 的动载试验，如果在起重机规范中有规定时，应作联合动作试验，试验应在各机构承受最大载荷的位置和状态下进行。试验应包括对各机构在其整个运动范围内作反复起动和制动，还应包括对悬挂着的试验载荷作空中起动，此时试验载荷不应发生不受控制的运动。

4.3.3.3　如果各部件能完成其功能试验，并在随后进行的目测检验中未发现机构或结构部件有损坏,且连接处也没有松动或损坏,则认为该项试验的结果合格。

4.3.3.4　动载试验时,起重机应按照操作手册的规定进行控制,且应注意把加速度、减速度和速度限制在起重机正常工作的范围内。

4.3.4　稳定性试验

4.3.4.1　稳定性试验的目的是检验起重机抵抗倾覆力矩的能力。在起重机吊钩上无冲击地施加试验载荷时,起重机能够保持稳定,则认为该项试验的结果合格。

4.3.4.2　稳定性试验应在规定工作区域内稳定性最不利的位置或状态下进行。如果不同位置或工作区域规定的载荷不同,则应对这些条件有选择地进行稳定性检验。

4.3.4.3　试验载荷应被逐渐地加上去,起升至离地面 100 mm ~ 200 mm 处,悬空时间不应少于 5 min,更高值由国家法规要求或订货合同中规定。

4.3.4.4　对于流动式起重机以外的其他起重机,试验载荷都应为 1.25 P,更高值由国家法规要求或订货合同中规定,其中 P 由制造商规定。

4.3.4.5　流动式起重机的稳定性试验应符合附录 A 的规定。

5 试验条件

5.1　为了进行试验,起重机应根据规范的规定安装适用于操作的工作装置。

5.2　对于在轨道上运行的起重机,应在按照起重机规范制造和铺设的轨道上进行试验。

5.3　对于轨道上运行的起重机以外的其他起重机,应按国家法规或订货合同进行试验。

5.4　试验时,风速不应大于 8.3 m/s(30 km/h)。除订货合同中有规定外,不需要起重机处于最不利风作用的方位上。

6 试验报告

按照 3.1 的规定完成试验后,应编写一份以列表给出试验结论和检验结果的试验报告。

试验报告应注明所试验的起重机,并给出试验日期、地点和检验人员的姓名。试验报告应详细记录每种情况下的载荷、位置、状态、程序和结果。

对于只进行目测检验的起重机,可以编写一份简略的报告。试验报告应注明所检验的起重机,并包括检验日期和地点、检验人员的姓名以及每个项目的检验结果。

附录 A(规范性附录)　流动式起重机的稳定性试验和试验条件

A.1　稳定性试验

A.1.1　试验载荷

稳定性试验载荷应符合以下规定:

a)　在外伸支腿/履带上:

$$1.25\ P + 0.1\ F_i$$

b)　在静止的车轮(轮胎)上:

$$1.33\ P + 0.1\ F_i$$

c)　在最大运行速度不大于 0.4 m/s 的履带/车轮(轮胎)上:

$$1.33\,P+0.1\,F_i$$

d)　在最大运行速度大于 0.4 m/s 的履带/车轮(轮胎)上:

$$1.5\,P+0.1\,F_i$$

式中　P——额定起重量:吊挂在起升机构上载荷的质量,包括有效起重量和吊钩滑轮组的质量。

F_i——F_1 或 F_2:换算到主臂头部或副臂头部的主臂质量 m_J 或副臂质量 m_j。

如果主臂质量 m_J 很大,或副臂的设计载荷相对较轻(如稳定性试验载荷大于副臂的强度)时,稳定性试验不应使用试验载荷。流动式起重机的稳定性应按以下公式进行计算验证:

$$F_i=\frac{R_c\cdot m_J+m_j(R+r_c)}{R+r}$$

式中　m_J——主臂的质量;

m_j——副臂的质量;

R——主臂的半径;

r——副臂的半径;

R_c——主臂重心的半径;

r_c——副臂重心的半径;

对于只有主臂的流动式起重机:

$$r=r_c=m_j=0,F_i=\frac{R_c}{R}\cdot m_J$$

对于同时配备主臂和副臂的流动式起重机:

——如果起升载荷在主臂头部:

$$r=0,F_1=\frac{R_c\cdot m_J+m_j(R+r_c)}{R}$$

——如果起升载荷在副臂头部:

$$F_2=\frac{R_c\cdot m_J+m_j(R+r_c)}{R+r}$$

制造商应在随机文件中给出臂架的最短、中长和最长长度时 F_1 和 F_2 的值。如果起重机在不同位置或工作区域作业时,应对这些条件有选择性地进行稳定性试验验证。

图 A.1 给出了典型起重机的侧视图和计算稳定性的参数。

A.1.2　稳定性试验准则

如果起重机能承受 A.1.1 中规定的试验载荷,在离地面 100 mm ~ 200 mm 处,保持至少 5 min,则认为该起重机稳定。外伸支腿的抬起或其他动作并不表示稳定性不够,在起重机起吊试验载荷的相反一侧,承载的外伸支腿梁的抬起,通常是获得一个平衡点的必要条件。

A.2　试验条件

A.2.1　对装有充气轮胎或履带的起重机作试验时,应在坚实、水平的支承面上(倾斜度不应大于 ±0.5%)进行。

轮胎或履带的支承条件应符合制造商的规定。

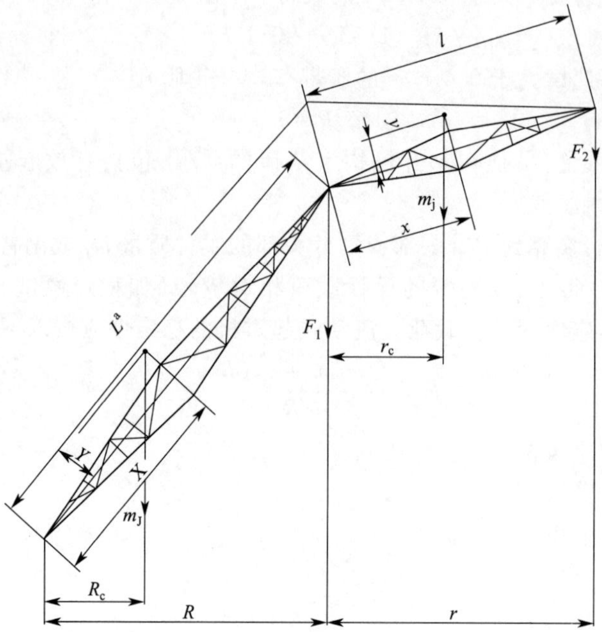

说明：

R——主臂的半径；

r——副臂的半径；

L——主臂的长度[a]；

l——副臂的长度；

R_c——主臂重心的半径；

r_c——副臂重心的半径；

X，Y——主臂重心的坐标；

x，y——副臂重心的坐标。

见 A.1.1 给出的定义。

[a]对于可伸缩式臂架，L 是实际工况中的主臂长度。

图 A.1　计算流动式起重机稳定性的参数

对装有充气轮胎的起重机，以轮胎为支承作试验时，轮胎充气压力应符合制造商的规定，其误差不应大于 ±3%，且所有车轮应朝前。

A.2.2　对装有外伸支腿的起重机，以外伸支腿为支承作试验时，起重机应水平放置，其倾斜度不应大于 ±0.5%。

A.2.3　充气轮胎起重机在使用外伸支腿的试验过程中，如制造商无其他规定，外伸支腿支起起重机后，应在地面和车轮之间形成间隙或者使所有车轮都不承重。支承条件和外伸支腿的位置应符合制造商的规定。

A.2.4　履带起重机在使用外伸支腿的试验过程中，应保证起重机的外伸支腿稳固地支承在水平面上。

A.2.5　燃料箱应有$\frac{1}{3}\sim\frac{2}{3}$的油量。冷却剂、润滑油以及液压油应按制造商/供方的规定添加至工作液位。

起重机　钢丝绳保养、维护、安装、检验和报废

目　次

3 钢 丝 绳

3.1 安装前的状况

3.1.1 钢丝绳的置换

起重机上只应安装由起重机制造商指定的具有标准长度、直径、结构和破断拉力的钢丝绳,除非经起重机设计人员、钢丝绳制造商或有资格人员的准许,才能选择其他钢丝绳。

钢丝绳与卷筒、吊钩滑轮组或起重机结构的连接只应采用起重机制造商规定的钢丝绳端接装置或同样应经批准的供选方案。

3.1.2 钢丝绳长度

所用钢丝绳的长度应充分满足起重机的使用要求,并且在卷筒上的终端位置应至少保留两圈钢丝绳。根据使用情况,如需从较长的钢丝绳上截取一段时,应对两端断头进行处理;或在切断时,采用适当的方法来防止钢丝绳松散(见图 1)。

3.1.3 起重机和钢丝绳制造商的使用说明书

应遵守在起重机手册和由钢丝绳制造商给出的使用说明书中的规定。

在起重机上重新安装钢丝绳之前,应检查卷筒和滑轮上的所有绳槽,确保其完全适合替换的钢丝绳(见第 5 章)。

3.1.4 卸货和储存

为了避免意外事故,钢丝绳应谨慎小心地卸货。卷盘或绳卷既不允许坠落,也不允许用金属吊钩或叉车的货叉插入钢丝绳。

钢丝绳应储存在凉爽、干燥的仓库内,且不应与地面接触。钢丝绳绝不允许储存在易受化学烟雾、蒸汽或其他腐蚀剂侵袭的场所。储藏的钢丝绳应定期检查,且如有必要,应对钢丝绳包扎。如果户外储藏不可避免,则钢丝绳应加以覆盖以免湿气导致锈蚀。

从起重机上卸下的待用的钢丝绳应进行彻底的清洁,在储存之前对每一根钢丝绳进行包扎。

长度超过 30 m 的钢丝绳应在卷盘上储存。

3.2 安 装

3.2.1 展开和安装

当钢丝绳从卷盘或绳卷展开时,应采取各种措施避免绳的扭转或降低钢丝绳扭转的程度。因为钢丝绳扭转可能会在绳内产生结环、扭结或弯曲的状况。为避免发生这种状况,对钢丝绳应采取保持张紧呈直线状态的措施(见图 2)。

因旋转中的钢丝绳卷盘具有很大的惯性,故对此需要进行控制,使钢丝绳按顺序缓慢地释放出来。

绳卷中的钢丝绳应从一个卷盘中放出。作为一种选择,在较短长度的绳卷的外部绳端可能呈自由状态而剩余绳段则沿着地面向前滚动(见图 3)。为搬运方便,内部绳端应首先被固定到邻近的外圈。切勿由平放在地面的绳卷或卷盘释放钢丝绳(见图 4)。

钢丝绳在释放过程中应尽可能保持清洁。钢丝绳截断时,应按制造厂商的说明书进行(见图 1)。

为确保阻旋转钢丝绳的安装无旋紧或旋松现象,应对其给予特别关注,且任何切断是安全可靠和防止松散的。

注 1：如果绳股被弄乱，很可能在后来的使用期间发生钢丝绳的变形，而且可能降低其使用寿命。

注 2：钢丝绳安装期间旋紧或旋松现象可导致吊钩组的附加扭转。

钢丝绳在安装时不应随意乱放，亦即转动既不应使之绕进也不应使之绕出。在安装的时候，钢丝绳应总是同向弯曲，亦即从卷盘顶端到卷筒顶端，或从卷盘底部到卷筒底部处释放均应同向（见图 2）。

终端固定应特别小心确保安全可靠且应符合起重机手册的规定。

如果在安装期间起重机的任何部分对钢丝绳产生摩擦，则接触部位应采取有效的保护措施。

3.2.2 使用前试运转

钢丝绳在起重机上投入使用之前，用户应确保与钢丝绳运行关联的所有装置运转正常。为使钢丝绳及其附件调整到适应实际使用状态，应对机构在低速和大约 10% 左右的额定工作载荷（WLL）的状态下进行多次操作循环运转操作。

3.3 维　　护

对钢丝绳所进行的维护应与起重机、起重机的使用、环境以及所涉及的钢丝绳类型有关。除非起重机或钢丝绳制造商另有指示，否则钢丝绳在安装时应涂以润滑脂或润滑油。以后，钢丝绳应在必要的部位作清洗工作，而对在有规则的时间间隔内重复使用的钢丝绳，特别是绕过滑轮的长度范围内的钢丝绳在显示干燥或锈蚀迹象之前，均应使其保持良好的润滑状态。

钢丝绳的润滑油（脂）应与钢丝绳制造商使用的原始润滑油（脂）一致，且具有渗透力强的特性。如果钢丝绳润滑在起重机手册中不能确定，则用户应征询钢丝绳制造商的建议。

钢丝绳较短的使用寿命源于缺乏维护，尤其是起重机在有腐蚀性的环境中使用，以及由于与操作有关的各种原因，例如在禁止使用钢丝绳润滑剂的特定场合下使用。针对这种情况，钢丝绳检验的周期应相应缩短。

3.4 检　　验

3.4.1 周期

3.4.1.1 日常外观检验

每个工作日都应尽可能对任何钢丝绳的所有可见部位进行观察，目的是发现一般的损坏和变形。应特别注意钢丝绳在起重机上的连接部位（见图 A.1），钢丝绳状态的任何可疑变化情况都应报告，并由主管人员按照 3.4.2 的规定进行检查。

3.4.1.2 定期检验

定期检验应由主管人员按照 3.4.2 的规定进行。为了确定定期检验的周期，应考虑如下各点：

——国家对应用钢丝绳的法规要求；

——起重机的类型及使用地的工作环境；

——起重机的工作级别；

——前期的检验结果；

——钢丝绳已使用的时间。

流动式起重机和塔式起重机用钢丝绳至少应按主管人员的决定每月检查一次或更多次。

注：根据钢丝绳的使用情况，主管人员有权决定缩短检查的时间间隔。

3.4.1.3　专项检验

专项检验应按照3.4.2的规定进行。

在钢丝绳和/或其固定端的损坏面引发事故的情况下，或钢丝绳经拆卸又重新安装投入使用前，均应对钢丝绳进行一次检查。

如起重机停止工作达3个月以上，在重新使用之前应对钢丝绳预先进行检查。

注：根据钢丝绳的使用情况，主管人员有权决定缩短检查的时间间隔。

3.4.1.4　在合成材料滑轮或带合成材料衬套的金属滑轮上使用的钢丝绳的检验

在纯合成材料或部分采用合成材料制成的或带有合成材料轮衬的金属滑轮上使用的钢丝绳，其外层发现有明显可见的断丝或磨损痕迹时，其内部可能早已产生了大量的断丝，在这些情况下，应根据以往的钢丝绳使用记录制定钢丝绳专项检验进度表，其中既要考虑使用中的常规检查结果，又要考虑从使用中撤下的钢丝绳的详细检验记录。

应特别注意已出现干燥或润滑剂变质的局部区域。

对专用起重设备用钢丝绳的报废标准，应以起重机制造商和钢丝绳制造商之间交换的资料为基础。

注：根据钢丝绳的使用情况，主管人员有权决定缩短检查的时间间隔。

3.4.2　检验部位

3.4.2.1　通则

钢丝绳应作全长检查，还应特别注意下列各部位：

——运动绳和固定绳两者的始末端；

——通过滑轮组或绕过滑轮的绳段；

——在起重机重复作业情况下，当起重机在受载状态时的绕过滑轮的钢丝绳任何部位（见附录A）；

——位于平衡滑轮的钢丝绳段；

——由于外部因素（例如舱口栏板）可能引起磨损的钢丝绳任何部位；

——产生锈蚀和疲劳的钢丝绳内部（见附录C）；

——处于热环境的绳段。

检验的结果应记录在起重机检验的记录本中（典型示例见第6章和附录B）。

3.4.2.2　索具除外的绳端部位

应对从固定端引出的钢丝绳段作检查，这个部位是发生疲劳（断丝）和锈蚀的危险点。对固定装置本身也应作变形或磨损检验。

对于采用压制或锻造绳箍的绳端固定装置应进行类似的检验，并检验绳箍材料是否有裂纹以及绳箍和钢丝绳之间可能的滑移。

可拆卸的装置（例如楔形接头、钢丝绳夹）应检验其内部绳段和绳端内的断丝情况，并确保楔形接头、钢丝绳夹的紧固性，检验内容还包括绳端装置是否完全符合相关标准和操作规程的要求。

对手工编织的环状插扣式绳头应只使用在接头的尾部（目的是为了防止绳端突出的钢丝伤手）。而接头的其余部位应随时用肉眼检查其断丝的情况。

若断丝明显发生在绳端装置附近或绳端装置内，可将钢丝绳截短再重新装到绳端固定装置上使用，然而，钢丝绳最终的长度应充分满足在卷筒上缠绕最少圈数的要求。

3.4.3　无损检测

借助电磁技术的无损检测可作为对外观检验的辅助检验，用以确定钢丝绳损坏的区域和程度。

拟采用电磁方法以 NDT(无损检测)作为对外观检验的辅助检验时，应在钢丝绳安装之后尽快地进行初始的电磁 NDT(无损检测)。

3.5　报废标准

3.5.1　总则

钢丝绳的安全使用由下列各项标准来制定(见 3.5.2 ~3.5.12)：

——断丝的性质和数量；

——绳端断丝；

——断丝的局部聚集；

——断丝的增加率；

——绳股断裂；

——绳径减小，包括从绳芯损坏所致的情况；

——弹性降低；

——外部和内部磨损；

——外部和内部锈蚀；

——变形；

——由于受热或电弧的作用引起的损坏；

——永久伸长率。

所有的检验均应考虑上述各项因素，作为公认的特定标准。但钢丝绳的损坏通常是由多种综合因素造成的，主管人员应根据其累积效应判断原因并作出钢丝绳是报废还是继续使用的决定。

在所有的情况下，检验人员应调查研究是否因起重机工作异常引起钢丝绳损坏；如果是，则应在安装新钢丝绳之前，推荐采取消除导致工作异常的措施。

单项损坏程度应作评定，并以专项报废标准的百分比表示。钢丝绳在任何的给定部位损坏的累积程度应将该部位记录的单项值相加来确定。当在任何的部位累积值达到 100% 时，该钢丝绳应报废。

3.5.2　断丝的性质和数量

起重机的总体设计不允许钢丝绳有无限长的使用寿命。

对于 6 股和 8 股的钢丝绳，断丝通常发生在外表面。对于阻旋转钢丝绳，断丝大多发生在内部因而是“非可见的”的断丝。表 1 和表 2 是把 3.5.3 ~3.5.12 中各种因素进行综合考虑后的断丝控制标准。

谷部断丝可能指示钢丝绳内部的损坏，需要对该区段钢丝绳作更周密的检验。当在一个捻距内发现两处或多处的谷部断丝时，钢丝绳应考虑报废。

当制定阻旋转钢丝绳报废标准时，应考虑钢丝绳结构、使用长度和钢丝绳使用方式。有关钢丝绳的可见断丝数及其报废标准在表 2 中给出。

应特别注意出现润滑油发干或变质现象的局部区域。

表1 钢制滑轮上使用的单层股钢丝绳和平行捻密实钢丝绳中达到或超过报废标准的可见断丝数

<table>
<tr><th rowspan="5">钢丝绳类别号
RCN(参见附录E)</th><th rowspan="5">外层股中承载
钢丝的总数[a]
n</th><th colspan="6">可见断丝的数量[b]</th></tr>
<tr><th colspan="4">在钢制滑轮和/或单层缠绕在卷筒上工作的钢丝绳区段(钢丝断裂随机分布)</th><th colspan="2">多层缠绕在卷筒上工作的钢丝绳区段[c]</th></tr>
<tr><th colspan="4">工作级别 M1~M4 或未知级别[d]</th><th colspan="2">所有工作级别</th></tr>
<tr><th colspan="2">交互捻</th><th colspan="2">同向捻</th><th colspan="2">交互捻和同向捻</th></tr>
<tr><th>长度范围大于 $6d^e$</th><th>长度范围大于 $30d^e$</th><th>长度范围大于 $6d^e$</th><th>长度范围大于 $30d^e$</th><th>长度范围大于 $6d^e$</th><th>长度范围大于 $30d^e$</th></tr>
<tr><td>01</td><td>$n \leq 50$</td><td>2</td><td>4</td><td>1</td><td>2</td><td>4</td><td>8</td></tr>
<tr><td>02</td><td>$51 \leq n \leq 75$</td><td>3</td><td>6</td><td>2</td><td>3</td><td>6</td><td>12</td></tr>
<tr><td>03</td><td>$76 \leq n \leq 100$</td><td>4</td><td>8</td><td>2</td><td>4</td><td>8</td><td>16</td></tr>
<tr><td>04</td><td>$101 \leq n \leq 120$</td><td>5</td><td>10</td><td>2</td><td>5</td><td>10</td><td>20</td></tr>
<tr><td>05</td><td>$121 \leq n \leq 140$</td><td>6</td><td>11</td><td>3</td><td>6</td><td>12</td><td>22</td></tr>
<tr><td>06</td><td>$141 \leq n \leq 160$</td><td>6</td><td>13</td><td>3</td><td>6</td><td>12</td><td>26</td></tr>
<tr><td>07</td><td>$161 \leq n \leq 180$</td><td>7</td><td>14</td><td>4</td><td>7</td><td>14</td><td>28</td></tr>
<tr><td>08</td><td>$181 \leq n \leq 200$</td><td>8</td><td>16</td><td>4</td><td>8</td><td>16</td><td>32</td></tr>
<tr><td>09</td><td>$201 \leq n \leq 220$</td><td>9</td><td>18</td><td>4</td><td>9</td><td>18</td><td>36</td></tr>
<tr><td>10</td><td>$221 \leq n \leq 240$</td><td>10</td><td>19</td><td>5</td><td>10</td><td>20</td><td>38</td></tr>
<tr><td>11</td><td>$241 \leq n \leq 260$</td><td>10</td><td>21</td><td>5</td><td>10</td><td>20</td><td>42</td></tr>
<tr><td>12</td><td>$261 \leq n \leq 280$</td><td>11</td><td>22</td><td>6</td><td>11</td><td>22</td><td>44</td></tr>
<tr><td>13</td><td>$281 \leq n \leq 300$</td><td>12</td><td>24</td><td>6</td><td>12</td><td>24</td><td>48</td></tr>
<tr><td></td><td>$n > 300$</td><td>$0.04n$</td><td>$0.08n$</td><td>$0.02n$</td><td>$0.04n$</td><td>$0.08n$</td><td>$0.16n$</td></tr>
<tr><td colspan="8">注1:具有外层股且每股钢丝数≤19根的西鲁型(Seale)钢丝绳(例如6×19西鲁型),在表中被分列于两行,上面一行构成为正常放置的外层股承载钢丝的数目。
注2:在多层缠绕卷筒区段上述数值也可适用于在滑轮工作的钢丝绳的其他区段,该滑轮是用合成材料制成的或具有合成材料轮衬。但不适用于专门用合成材料制成的或以由合成材料轮衬组合的单层卷绕的滑轮工作的钢丝绳。</td></tr>
<tr><td colspan="8">a 本标准中的填充钢丝未被视为承载钢丝,因而不包含在 n 值中。
b 一根断丝会有两个断头(按一根钢线计数)。
c 这些数值适用于在跃层区和由于缠入角影响重叠层之间产生干涉而损坏的区段(且并非仅在滑轮工作和不缠绕在卷筒上的钢丝绳的那些区段)。
d 可将以上所列断丝数的两部数值用于已知其工作级别为M5~M8的机构。参见GB/T 24811.1—2009。
e d——钢丝绳公称直径。</td></tr>
</table>

3.5.3 绳端断丝

绳端或其邻近的断丝,尽管数量很少但表明该处的应力很大,可能是绳端不正确的安装所致,应查明损坏的原因。为了继续使用,若剩余的长度足够,应将钢丝绳截短(截去绳端断丝部位)再造终端。否则,钢丝绳应报废。

3.5.4　断丝的局部聚集

如断丝紧靠在一起形成局部聚集，则钢丝绳应报废。如这种断丝聚集在小于6d的绳长范围内，或者集中在任一支绳股里，那么，即使断丝数比表1或表2列出的最大值少，钢丝绳也应予以报废。

表2　在阻旋转钢丝绳中达到或超过报废标准的可见断丝数

钢丝绳类别号 RCN (见附录E)	钢丝绳外层股数和在外层股中承载钢丝总数[a] n	可见断丝数量[b]			
		在钢制滑轮和/或单层缠绕在卷筒上工作的钢丝绳区段		多层缠绕在卷筒上工作的钢丝绳区段[c]	
		长度范围大于 6d[d]	长度范围大于 30d[d]	长度范围大于 6d[d]	长度范围大于 30d[d]
21	4股 $n\leqslant100$	2	4	2	4
	3股或4股 $n\geqslant100$	2	4	4	8
	至少11个外层股				
23-1	$76\leqslant n\leqslant100$	2	4	4	8
23-2	$101\leqslant n\leqslant120$	2	4	5	10
23-3	$121\leqslant n\leqslant140$	2	4	6	11
24	$141\leqslant n\leqslant160$	3	6	6	13
25	$161\leqslant n\leqslant180$	4	7	7	14
26	$181\leqslant n\leqslant200$	4	8	8	16
27	$201\leqslant n\leqslant220$	4	9	9	18
28	$221\leqslant n\leqslant240$	5	10	10	19
29	$241\leqslant n\leqslant260$	5	10	10	21
30	$261\leqslant n\leqslant280$	6	11	11	22
31	$281\leqslant n\leqslant300$	6	12	12	24
	$n>300$	6	12	12	24

注1：具有外层股的每股钢丝数≤19根的西鲁型（Seale）钢丝绳（例如18×19西鲁型-WSC型）在表中被放置在两行内，上面一行构成为正常放置的外层股承载钢丝的数目。

注2：在多层缠绕卷筒区段上述数值也可适用于在滑轮工作的钢丝绳的其他区段，该滑轮是用合成材料制成的或具有合成材料轮衬。它们不适用于在专门用合成材料制成的或以由合成材料内层组合的单层卷绕的滑轮工作的钢丝绳。

a　本标准中的填充钢丝未被视为承载钢丝，因而不包含在 n 值中。

b　一根断丝会有两个端头（计算时只算一根钢丝）。

c　这些数值适用于在跃层区和由于缠入角影响重叠层之间产生干涉而损坏的区段（且并非仅在滑轮工作和不缠绕在卷筒上的钢丝绳的那些区段）。

d　d——钢丝绳名义直径。

3.5.5 断丝的增加率

在某些使用场合,疲劳是引起钢丝绳损坏的主要原因,钢丝绳在使用一个时期之后才会出现断丝,而且断丝数将会随着时间的推移逐渐增加。在这种情况下,为了确定断丝的增加率,建议定期仔细检验并记录断丝数,以此为据可用以推定钢丝绳未来报废的日期。

3.5.6 绳股断裂

如果整支绳股发生断裂,钢丝绳应立即报废。

3.5.7 绳径因绳芯损坏而减小

由于绳芯的损坏引起钢丝绳直径减小的主要原因如下:

——内部的磨损和钢丝压痕;

——钢丝绳中各绳股和钢丝之间的摩擦引起的内部磨损,特别是当其受弯曲时尤甚;

——纤维绳芯损坏;

——钢芯的断裂;

——阻旋转钢丝绳中内层股的断裂。

如果这些因素引起阻旋转钢丝绳实测直径比钢丝绳公称直径减小 8%,或其他类型的钢丝绳减小 10%,即使没有可见断丝,钢丝也应报废。

注:通常新的钢丝绳实际直径大于钢丝绳公称直径。

微小的损坏,特别当钢丝绳应力在各绳股中始终得以良好的平衡时,从通常的检验中不可能如此明显检出。然而,此种情况可能造成钢丝绳强度大大降低。因此,对任何细微的内部损坏均应采用内部检验程序查证(见附录 C 或采用无损检测)。如果此种损坏被证实,钢丝绳应报废。

3.5.8 外部磨损

钢丝绳外层绳股的钢丝表面的磨损,是由于其在压力作用下与滑轮和卷筒的绳槽接触摩擦造成的。这种现象在吊运载荷加速或减速运动时,在钢丝绳与滑轮接触部位特别明显。而且表现的外部钢丝被磨成平面状。

润滑不足或不正确的润滑以及灰尘和砂砾促使磨损加剧。

磨损使钢丝绳股的横截面积减少从而降低钢丝绳的强度。如果由于外部的磨损使钢丝绳实际直径比其公称直径减少 4% 或更多时,即使无可见断丝,钢丝绳也应报废。

3.5.9 弹性降低

在某些情况下,通常与工作环境有关,钢丝绳的实际弹性显著降低,继续使用是不安全的。

弹性降低较难发现,如果检验人员有任何怀疑,应征询钢丝绳专家的意见。然而,弹性降低通常还与下列各项有关:

——绳径的减小;

——钢丝绳捻距的伸长;

——由于各部分彼此压紧,引起钢丝之间和绳股之间缺乏空隙;

——在绳股之间或绳股内部,出现细微的褐色粉末;

——韧性降低。

虽未发现可见断丝,但钢丝绳手感会明显僵硬且直径减小,比单纯由于钢丝磨损使直径减小要更严重,这种状态会导致钢丝绳在动载作用下突然断裂,是钢丝绳立即报废的充分理由。

3.5.10 外部和内部腐蚀

3.5.10.1 一般情况

腐蚀在海洋和工业污染的大气中特别容易发生。它不仅会由于钢丝绳金属断面减小导致钢丝绳的破断强度降低,而且严重破裂的不规则表面还会促使疲劳加速。严重的腐蚀能引起钢丝绳的弹性降低。

3.5.10.2　外部腐蚀

外部钢丝的锈蚀通常可用目测发现。

由于腐蚀侵袭及钢材损失而引起的钢丝松弛,是钢丝绳立即报废的充分理由。

3.5.10.3　内部腐蚀

这种情况比时常伴随它发生的外部腐蚀更难发现,但是下列现象可供识别(见附录 D):

——钢丝绳直径的变化:

钢丝绳在绕过滑轮的弯曲部位,通常会发生直径减小。但静止段的钢丝绳由于外层绳股锈蚀而引起绳径增加并非罕见。

——钢丝绳的外层绳股间的空隙减小,还经常伴随出现绳股之间或绳股内部的断丝。

如果有任何内部腐蚀的迹象,应按附录 C 的说明由主管人员对钢丝绳作内部检验。一经确认有严重的内部腐蚀,钢丝绳应立即报废。

3.5.11　变形

3.5.11.1　一般情况

钢丝绳失去它的正常形状而产生可见的畸形称为“变形”,这种变形会导致钢丝绳内部应力分布不均匀。

3.5.11.2　波浪形

波浪形是一种变形,它使钢丝绳无论在承载还是在卸载状态下,其纵向轴线呈螺旋线形状。这种变形不一定导致强度的损失,但变形严重时,可能产生跳动造成钢丝绳传动不规则。长期工作之后,会引起磨损加剧和断丝。

在出现波浪形(见图 5)的情况下,如果绕过滑轮或卷筒的钢丝绳在任何载荷状态下不弯曲的直线部分满足以下条件:

$$d_1 > 4d/3$$

或如果绕过滑轮或卷筒的钢丝绳的弯曲部分满足以下条件:

$$d_1 > 1.1d$$

则钢丝绳均应予以报废。

式中　d ——钢丝绳公称直径;

　　d_1——钢丝绳变形后相应的包络直径。

3.5.11.3　笼状畸变

篮形或笼状畸变也称“灯笼形”,是由于绳芯和外层绳股的长度不同产生的结果。不同的机枪均能产生这种畸变。

例如当钢丝绳以很大的偏角绕入滑轮或者卷筒时,它首先接触滑轮的轮缘或卷筒绳槽尖,然后向下滚动落入绳槽的底部。这个特性导致对外层绳股的散开程度大于绳芯,因而使钢丝绳股和绳芯间产生长度差。

钢丝绳绕过“致密滑轮”即绳槽半径太小的滑轮时,钢丝绳被压缩使绳径减小,同时造成钢丝绳长度增加。如绳股的外层被压缩和拉长的长度大于钢丝绳绳芯被压缩和拉长的长度,这种情况就会再次形成钢丝绳绳股与绳芯间的长度差。

在这两种情况下,滑轮和卷筒均能使松散的外层股移位,并使长度差集中在钢丝绳缠绕系统内某个位置上出现篮形或笼状畸变。

有笼状畸变的钢丝绳应立即报废。

3.5.11.4 绳芯或绳股挤出/扭曲

这一钢丝绳失衡现象表现为外层绳股之间的绳芯（对阻旋转钢丝绳而言则为钢丝绳中心）挤出（隆起），或钢丝绳外层股或绳股有绳芯挤出（隆起）的一种篮形或笼状畸变的特殊型式。

有绳芯或绳股挤出（隆起）或扭曲的钢丝绳应立即报废。

3.5.11.5 钢丝挤出

钢丝挤出是一些钢丝或钢丝束在钢丝绳背对滑轮槽的一侧拱起形成环状的变形。有钢丝挤出的钢丝绳立即报废。

3.5.11.6 绳径局部增大

钢丝绳直径发生局部增大，并能波及相当长的一段钢丝绳，这种情况通常与绳芯的畸变有关（在特殊环境中，纤维芯由于受潮而膨胀），结果使外层绳股受力不均衡，造成绳错位。

如果这种情况使钢丝绳实际直径增加5%以上，钢丝绳应立即报废。

3.5.11.7 局部压扁

通过滑轮部分压扁的钢丝绳将会很快损坏，表现为断丝并可能损坏滑轮，如此情况的钢丝绳应立即报废。

位于固定索具中的钢丝绳压扁部位会加速腐蚀，如果继续使用，应按规定的缩短周期对其进行检查。

3.5.11.8 扭结

扭结是由于钢丝绳成环状在不允许绕其轴线转动的情况下被绷紧造成的一种变形。其结果是出现捻距不均而引起过度磨损，严重时钢丝绳将产生扭曲，以致仅存极小的强度。

有扭结的钢丝绳应立即报废。

3.5.11.9 弯折

弯折是由外界影响因素引起的钢丝绳的角度变形。

有严重弯折的钢丝绳类似钢丝绳的局部压扁，应按3.5.11.7的要求处理。

3.5.12 受热或电弧引起的损坏

钢丝绳因异常的热影响作用在外表出现可识别的颜色变化时，应立即报废。

4 钢丝绳的使用情况记录

检验人员准确记录的资料可用于预测在起重机上的特种钢丝绳的使用性能。这些资料在调维护程序以及调控钢丝绳更换件的库存量方面都是有用的。如果采用这些预测，则不应因此而放松检验或延长本标准前述条款中规定的使用期限。

5 与钢丝绳有关的设备情况

缠绕钢丝绳的卷筒和滑轮应作定期检查，以确保这些部件的正常运转。

不灵活或被卡住的滑轮或导轮急剧且不均衡的磨损，导致配用钢丝绳的严重磨损。滑轮的无效补偿可能会引起钢丝绳缠绕时受力不均匀。

所有滑轮槽底半径应与钢丝绳公称直径相匹配(详见 GB/T 24811.1—2009)。若槽底半径太大或太小,应重新加工绳槽或更换滑轮。

6　钢丝绳检验记录

对于每一次定期或专项检验,检验者应提供与检验有关的数据记录本。典型的检验记录实例见附录 B。

7　钢丝绳的贮存和鉴别

应提供清洁、干燥和无污染的仓库储藏钢丝绳,以避免备用钢丝绳的损坏。

应根据钢丝绳的检验记录提供明确的鉴别方法。

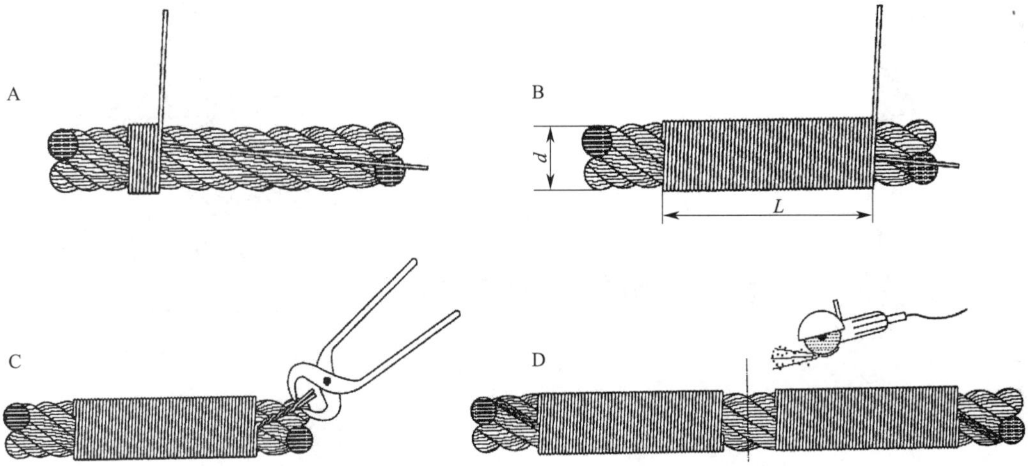

注：$L \geqslant 2d$。

图 1　钢丝绳切断之前的施工准备

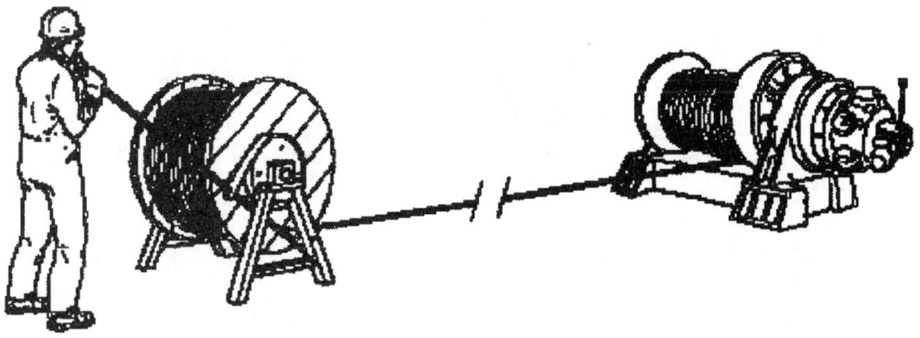

图 2　带张紧装置的钢丝绳从卷盘底部缠绕到卷筒底部的示例

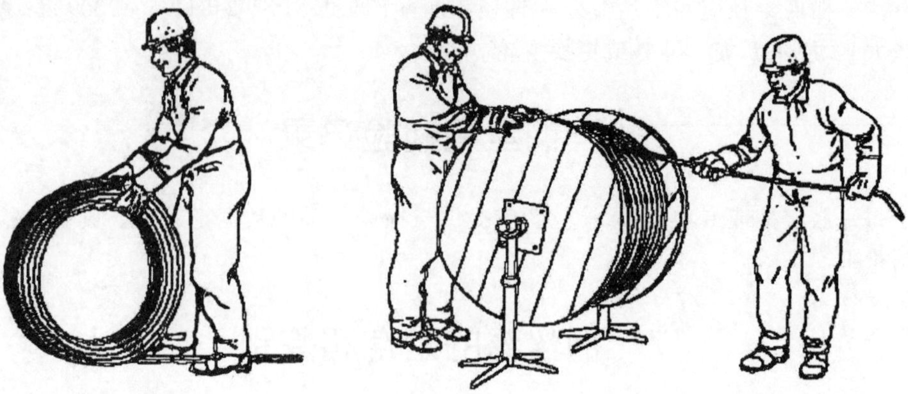

（a）从绳卷解开　　（b）从卷盘上解开

图 3　解开钢丝绳的正确方法

（a）从绳卷解开

（b）从卷盘解开

（c）从卷盘解开

图 4　解开钢丝绳的错误方法

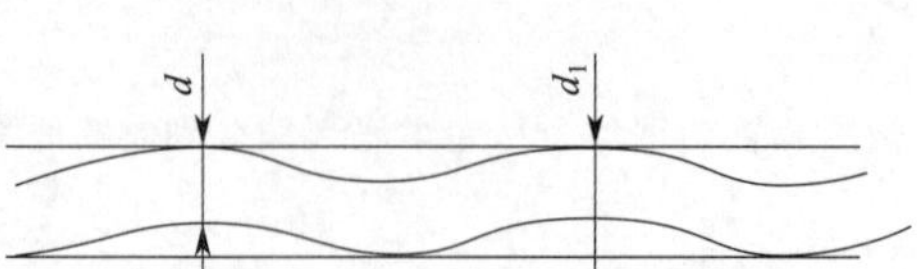

图 5　波浪形

附录 A(资料性附录)　检验鉴定部位及相关缺陷

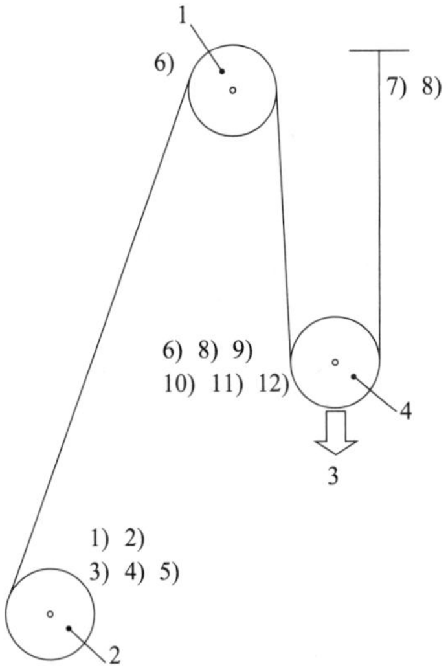

图中位置	检验类别
1)	检查卷筒上钢丝绳的终端
2)	检查由于不当卷绕引起的变形(部分压扁)和在跃层部位可能的严重磨损
3)	检查断丝
4)	检查腐蚀情况
5)	查找突然加载引起的变形
6)	检查绕在滑轮部位钢丝绳的断丝和磨损
7)	固定装置点处： 检查断丝和腐蚀；同样地检查补偿滑轮或邻近的钢丝绳区段
8)	查看变形情况
9)	检查钢丝绳直径
10)	仔细检查绕过滑轮组区段的长度，特别是在受载状态时通过滑轮区段的长度
11)	检查断丝和表面磨损
12)	检查腐蚀情况

图中：
1——定滑轮；
2——卷筒；
3——载荷；
4——动滑轮组。

图 A.1　钢丝绳系统检验鉴定部位的示例和相关缺陷

附录 B(资料性附录)　钢丝绳检验记录的典型示例

B.1　单式记录

起重机概况：________________	钢丝绳用途：________________

钢丝绳详细资料：________________
商标品牌(若已知)：________________
公称直径________mm
结构：________________
绳芯[a]：IWRC 独立钢丝绳/FC 纤维(天然或合成织物)/WSC 钢丝股
钢丝表面[a]：无镀层　镀锌
捻制方向和类型[a]：右向：　sZ 交互捻　zZ 同向捻　Z 右捻　左向：　zS 交互捻　sS 同向捻　S 左捻
允许可见断丝数量________(在 6*d* 长度范围内)________(在 30*d* 长度范围内)
允许的绳径减小量：10% 或 3%

续上表

安装日期(年/月/日)：________________　　报废日期(年/月/日)：________________

可见断丝数		绳径减小		外层钢丝磨损	腐蚀	损坏和变形	钢丝绳的部位	全面评价
所在长度范围		实际直径	比公称直径的减小量/%	程度[b]	程度[b]	程度[b] 和类型		程度[b]
$6d$	$30d$							

其他观察值/意见：

履行日期(周期/小时/天/月/其他)：________________________________

检验日期：　　年　　月　　日　　盖章：____________________　签名：____________________

a　可用打勾标记。

b　描述损坏的程度如：轻微、中等、严重、非常严重或报废。

B.2　使用记录

<table>
<tr><td rowspan="3">起重机概况</td><td rowspan="3">钢丝绳
安装日期</td><td colspan="6">钢丝绳详细资料（钢丝绳名称见 GB/T 8706—2006）</td></tr>
<tr><td rowspan="2">RCN[a]</td><td rowspan="2">钢丝绳
公称直径/
mm</td><td>商标名称</td><td rowspan="2">绳芯[b]

钢芯
IWRC
纤维芯
FC
混合芯
WSC</td><td rowspan="2">钢丝表面状况[b]

无镀层
镀锌</td><td rowspan="2">捻制方向及型式[b]

右向：sZ
zZ　Z

左向：zS
sS　S</td></tr>
<tr><td>结构</td></tr>
<tr><td>钢丝绳用途：

钢丝绳终端固定装置：</td><td>钢丝绳
报废日期</td><td colspan="5">外层钢丝允许断丝数
在 6d 范围内________在 30d 范围内________</td><td>绳径允许的减少量
10% 或 3%</td></tr>
</table>

<table>
<tr><td rowspan="3">检验日期</td><td colspan="4">可见外部断丝</td><td colspan="4">绳径减小</td><td colspan="2">腐蚀</td><td colspan="2">损坏和变形</td><td rowspan="3">累积损坏程度[c]（备注）</td></tr>
<tr><td colspan="2">在以下长度范围的断丝数</td><td rowspan="2">钢丝绳的部位</td><td rowspan="2">程度[c]</td><td rowspan="2">实际绳径</td><td rowspan="2">比公称直径的减小量/%</td><td rowspan="2">钢丝绳的部位</td><td rowspan="2">程度[c]</td><td rowspan="2">钢丝绳的部位</td><td rowspan="2">程度[c]</td><td rowspan="2">钢丝绳的部位</td><td rowspan="2">程度[c]</td></tr>
<tr><td>6d</td><td>30d</td></tr>
<tr><td></td><td></td><td></td><td></td><td></td><td></td><td></td><td></td><td></td><td></td><td></td><td></td><td></td><td></td></tr>
<tr><td></td><td></td><td></td><td></td><td></td><td></td><td></td><td></td><td></td><td></td><td></td><td></td><td></td><td></td></tr>
<tr><td></td><td></td><td></td><td></td><td></td><td></td><td></td><td></td><td></td><td></td><td></td><td></td><td></td><td></td></tr>
<tr><td></td><td></td><td></td><td></td><td></td><td></td><td></td><td></td><td></td><td></td><td></td><td></td><td></td><td></td></tr>
<tr><td></td><td></td><td></td><td></td><td></td><td></td><td></td><td></td><td></td><td></td><td></td><td></td><td></td><td></td></tr>
<tr><td></td><td></td><td></td><td></td><td></td><td></td><td></td><td></td><td></td><td></td><td></td><td></td><td></td><td></td></tr>
<tr><td></td><td></td><td></td><td></td><td></td><td></td><td></td><td></td><td></td><td></td><td></td><td></td><td></td><td></td></tr>
<tr><td></td><td></td><td></td><td></td><td></td><td></td><td></td><td></td><td></td><td></td><td></td><td></td><td></td><td></td></tr>
<tr><td></td><td></td><td></td><td></td><td></td><td></td><td></td><td></td><td></td><td></td><td></td><td></td><td></td><td></td></tr>
<tr><td></td><td></td><td></td><td></td><td></td><td></td><td></td><td></td><td></td><td></td><td></td><td></td><td></td><td></td></tr>
<tr><td></td><td></td><td></td><td></td><td></td><td></td><td></td><td></td><td></td><td></td><td></td><td></td><td></td><td></td></tr>
<tr><td></td><td></td><td></td><td></td><td></td><td></td><td></td><td></td><td></td><td></td><td></td><td></td><td></td><td></td></tr>
<tr><td></td><td></td><td></td><td></td><td></td><td></td><td></td><td></td><td></td><td></td><td></td><td></td><td></td><td></td></tr>
<tr><td></td><td></td><td></td><td></td><td></td><td></td><td></td><td></td><td></td><td></td><td></td><td></td><td></td><td></td></tr>
<tr><td></td><td></td><td></td><td></td><td></td><td></td><td></td><td></td><td></td><td></td><td></td><td></td><td></td><td></td></tr>
<tr><td></td><td></td><td></td><td></td><td></td><td></td><td></td><td></td><td></td><td></td><td></td><td></td><td></td><td></td></tr>
<tr><td></td><td></td><td></td><td></td><td></td><td></td><td></td><td></td><td></td><td></td><td></td><td></td><td></td><td></td></tr>
<tr><td></td><td></td><td></td><td></td><td></td><td></td><td></td><td></td><td></td><td></td><td></td><td></td><td></td><td></td></tr>
<tr><td colspan="14">检验人员的签名和盖章</td></tr>
<tr><td colspan="14">a　RCN 是钢丝绳类型号码（见表 1、表 2 和附录 E）。
b　可用打勾表示。
c　损坏程度的表示：20% ——轻微；40% ——中等；60% ——严重；80% ——非常严重；100% ——报废。</td></tr>
</table>

附录 C(资料性附录) 钢丝绳的内部检验

C.1 概述

从检验钢丝绳和将其从使用中报废所获得的经验表明,内部损伤是许多钢丝绳失效的首要原因,主要是由于腐蚀和正常疲劳的扩展所致。常规的外部检验可能发现不了内部损坏的程度,甚至到了濒临断裂的危险来临时也是如此。

内部检验应由主管人员进行。

各种股型的钢丝绳均能充分松开并允许对其内部情况作评估,但对粗钢丝绳的评估有困难。然而,配用于起重机的多数钢丝绳在零张力状态下就能进行内部检查。

正如本附录所推荐,钢丝绳的外观检验只能在钢丝绳有限的部位进行;全长检验应考虑采用经批准的无损检测。

C.2 程序

C.2.1 钢丝绳的一般检验

将两个适当尺寸的夹钳以一定的间隔距离牢固地夹到钢丝绳上,朝着与钢丝绳捻向相反的方向对夹钳施加一个力,外层的绳股就会散开并脱离绳芯[见图 C.1a)]。

在打开过程中要特别注意不要使夹钳绕钢丝绳外围打滑,各绳股的位移也不宜太大。

当钢丝绳稍微拧开的时候,可用一个小试探物,例如一把螺丝刀清除可能防碍钢丝绳的内部观测的油脂或碎片。

应观测下列各项:

——内部润滑状态;

——腐蚀程度;

——由于挤压或磨损引起的钢丝损坏的痕迹;

——有无断丝(这些不一定容易发现)。

检验之后,在拧开部位放入一些维修油膏,以适度的力量转动夹钳,确保绳股在绳芯周围准确复位。

移去夹钳并在钢丝绳外表面涂以润滑脂。

C.2.2 对邻近绳端的钢丝绳段的检验

检查钢丝绳的这些部位,只要使用单个夹钳就足够了。因用接头锚固装置或用销轴适当地穿过绳端尾部就能保证第二端不动[见图 c.1 b]。实施检验按 C.2.1。

C.3 应检验的部位

由于对钢丝绳全长都作内部检验是不切实际的,所以应选择适当的绳段进行检验。

对于缠绕在卷筒或绕过滑轮或导轮的钢丝绳,建议在起重机处于承载状态时检验与滑轮绳槽啮合的绳段。应检验冲击力集中的那些局部区域(即靠近卷筒和臂架导向滑轮的区域),特别是长期暴露在露天中的那些绳段。

应注意靠近绳端的区域,特别重要的是固定钢丝绳的情况,例如支持绳或悬挂绳。

a）钢丝绳的连续绳段（零张力）

b）紧靠终端固定装置的钢丝绳绳端（零张力）

图 C.1　内部检验

附录 D(资料性附录)　钢丝绳可能出现的缺陷

表 D.1 列出了钢丝绳可能出现的缺陷以及相应的报废标准。图 D.1～图 D.20 展示了每种缺陷的典型示例。

表 D.1　可能出现的缺陷和相应的报废标准

缺陷照片号	缺　陷	对应本标准的章条
D.1	钢丝挤出	3.5.11.5
D.2	单层股钢丝绳绳芯挤出	3.5.11.4
D.3	钢丝绳直径的局部减小(绳股凹陷)	3.5.7
D.4	绳股挤出/扭曲	3.5.11.4
D.5	局部压扁	3.5.11.7
D.6	扭结(正向)	3.5.11.8
D.7	扭结(逆向)	3.5.11.8
D.8	波浪形	3.5.11.2
D.9	笼状畸变	3.5.11.3
D.10	外部磨损	3.5.8
D.11	外部磨损放大图	3.5.8
D.12	外部腐蚀	3.5.10.2
D.13	外部磨损放大图	3.5.10.2
D.14	表面断丝	3.5.2
D.15	谷部断丝	3.5.2
D.16	阻旋转钢丝绳内部的绳股突出	3.5.11.4
D.17	由于绳芯扭曲变形使局部的钢丝绳直径增大	3.5.11.6
D.18	扭结	3.5.11.8
D.19	局部压扁	3.5.11.7
D.20	内部腐蚀	3.5.10.3

图 D.1　钢丝挤出

图 D.2　单层股钢丝绳绳芯挤出

图 D.3　钢丝绳直径局部减小(绳股凹陷)

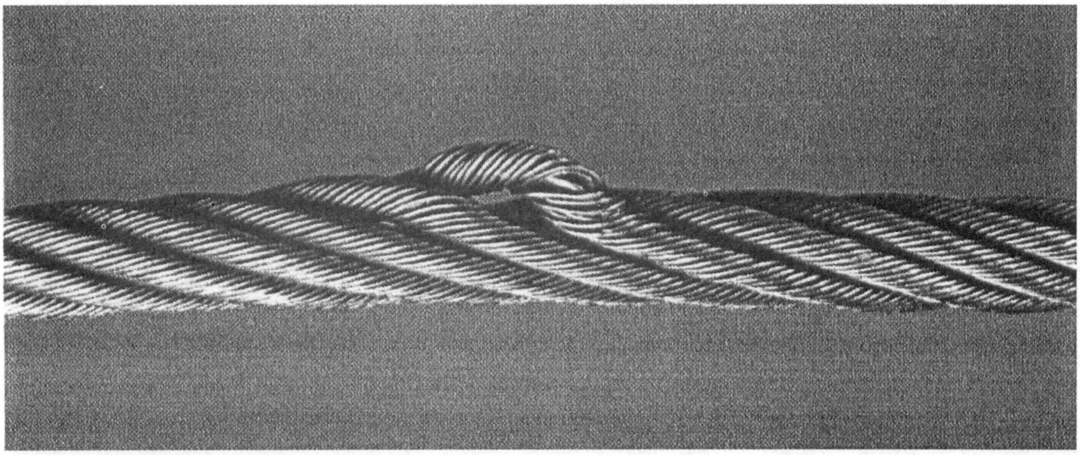

图 D.4　绳股挤出/扭曲

图 D.5　局部压扁

图 D.6　扭结(正向)

图 D. 7　扭结(逆向)

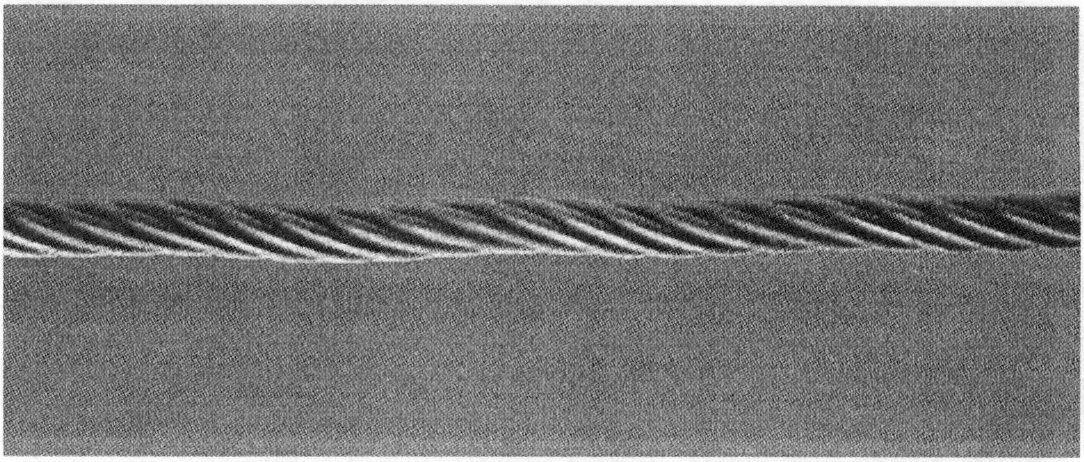

图 D. 8　波浪形

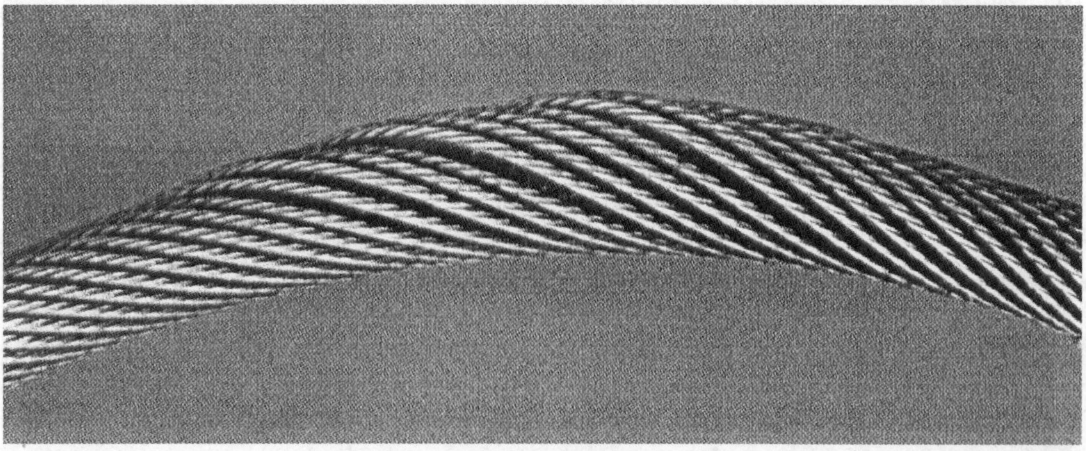

图 D. 9　笼状畸变

图 D.10 外部磨损

图 D.11 外部磨损放大图

图 D.12 外部腐蚀

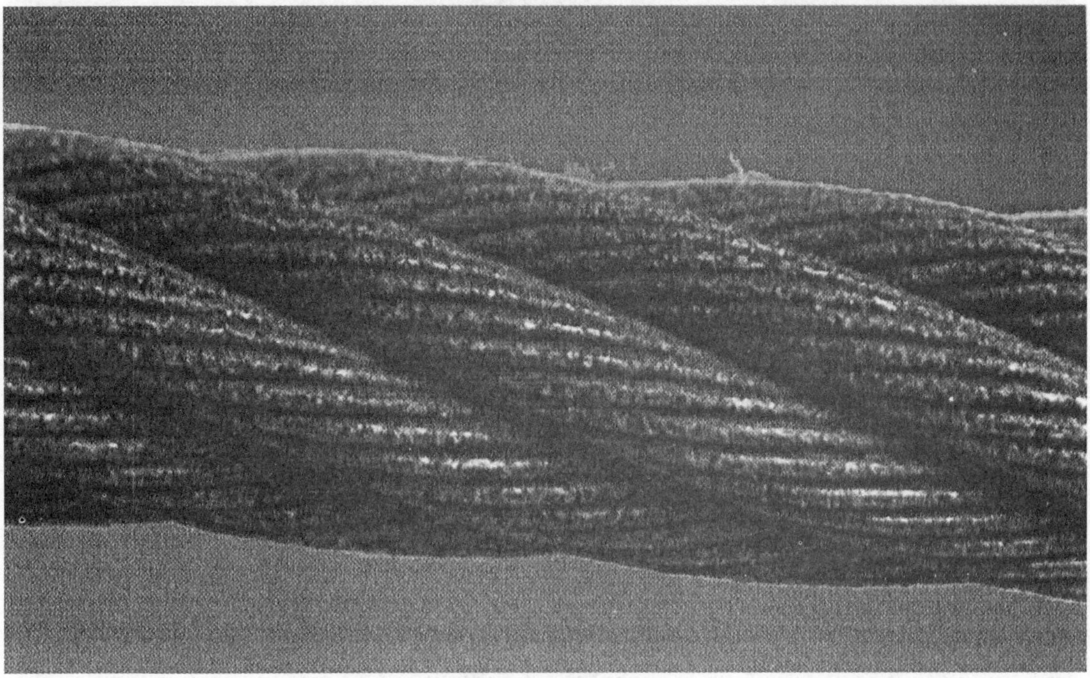

图 D. 13　外部腐蚀放大图

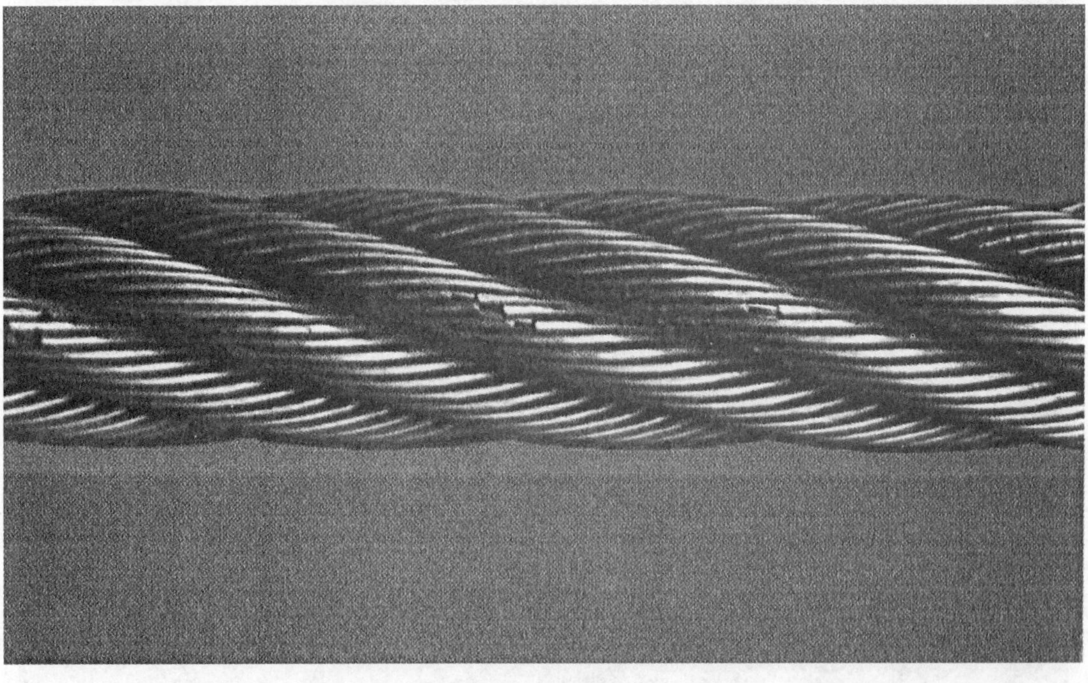

图 D. 14　表面断丝

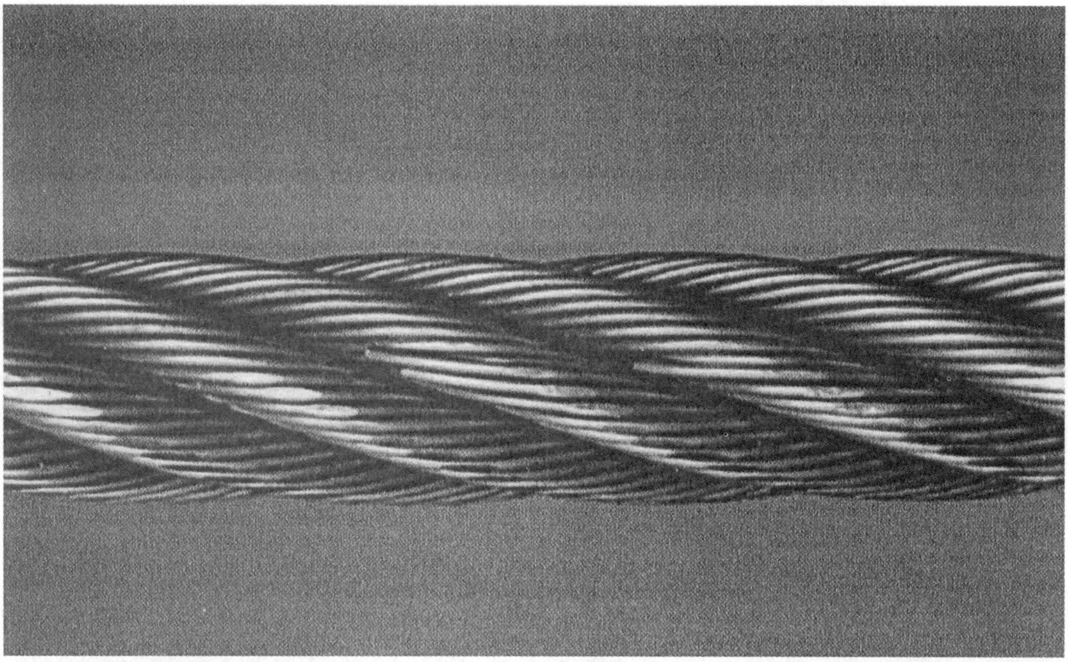

图 D.15　谷部断丝

图 D.16　阻旋转钢丝绳内部的绳股突出

图 D. 17　由于绳芯扭曲变形使局部的钢丝绳直径增大

图 D. 18　扭结

图 D.19　局部压扁

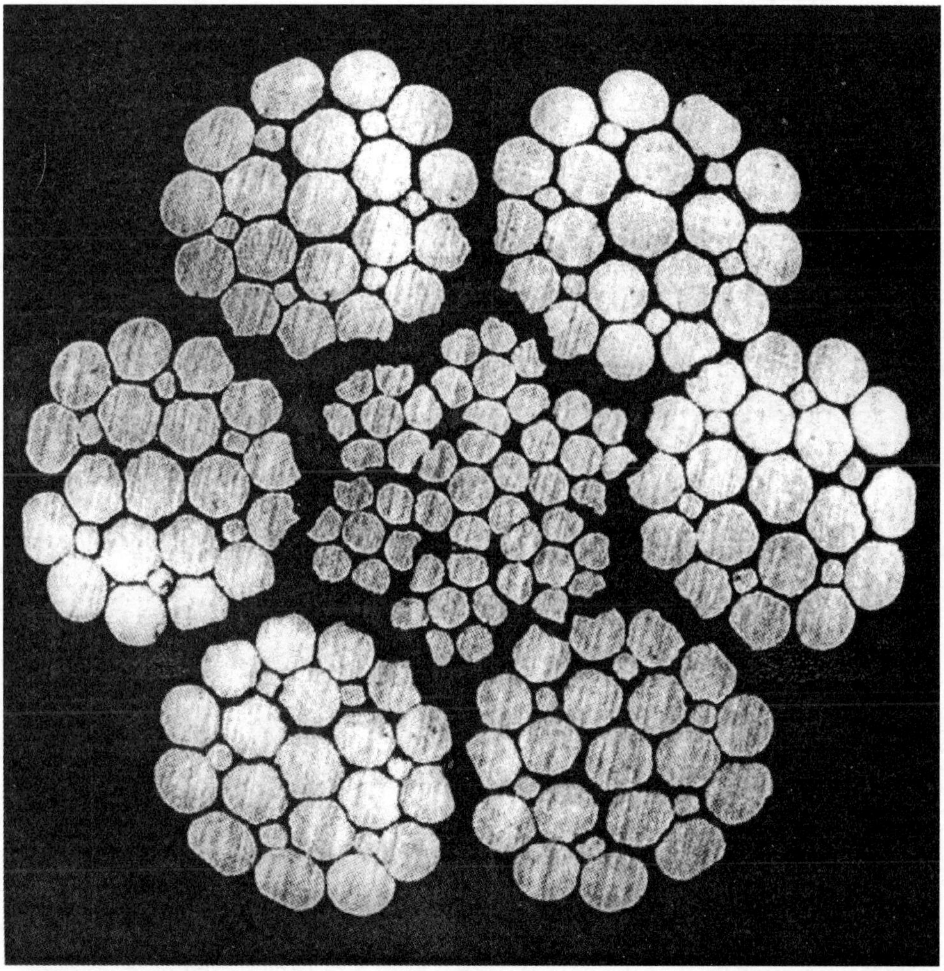

图 D.20　内部腐蚀

附录 E(资料性附录)　钢丝绳横截面示例及相应的种类编号(RCN)

结构：　6×7-FC　单层股钢丝绳

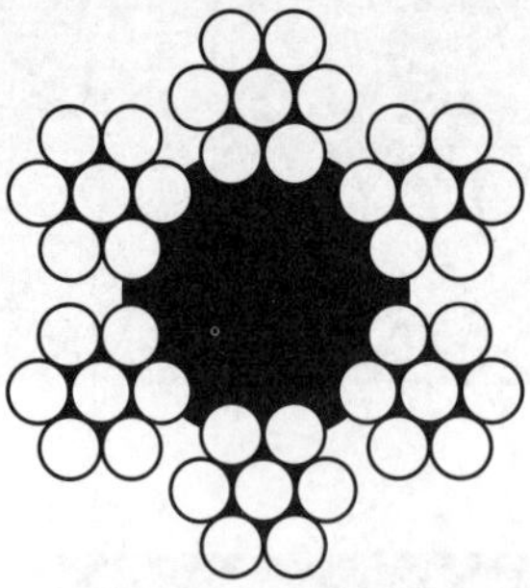

RCN. 01

结构：　6×19S-IWRC　单层股钢丝绳

RCN. 02

结构：　6×19M-WSC　单层股钢丝绳

RCN. 04

结构：　6×25F-IWRC　单层股钢丝绳

RCN. 04

结构：　6×25TS-IWRC　单层股钢丝绳

RCN. 04

结构：　6×36WS-IWRC　单层股钢丝绳

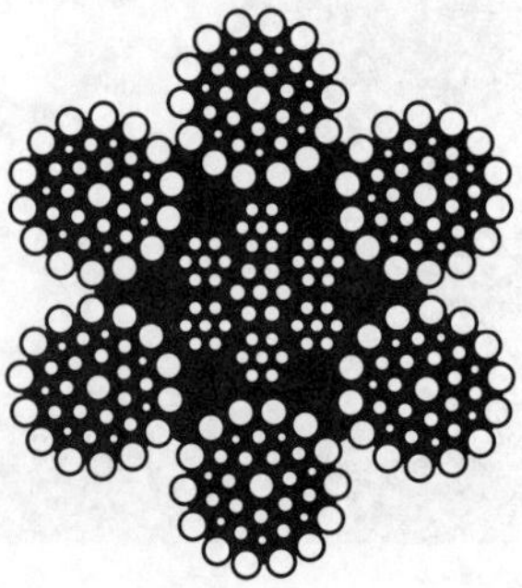

RCN. 09

结构：　6 ×41WS-IWRC　单层股钢丝绳

RCN. 11

结构：　6 ×37M-IWRC　单层股钢丝绳

RCN. 10

结构：　8 ×19S-IWRC　单层股钢丝绳

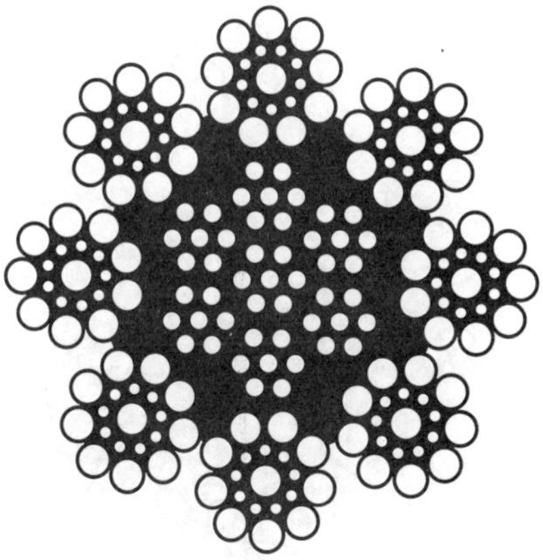

RCN. 04

结构：　8 ×25F-IWRC　单层股钢丝绳

RCN. 06

结构：　8 ×19S-PWRC　平行捻密实钢丝绳

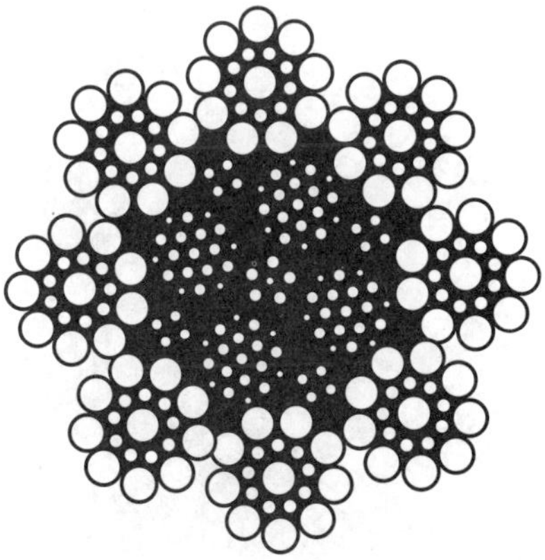

RCN. 04

结构：　8 × K26WS-IWRC　单层压实股钢丝绳

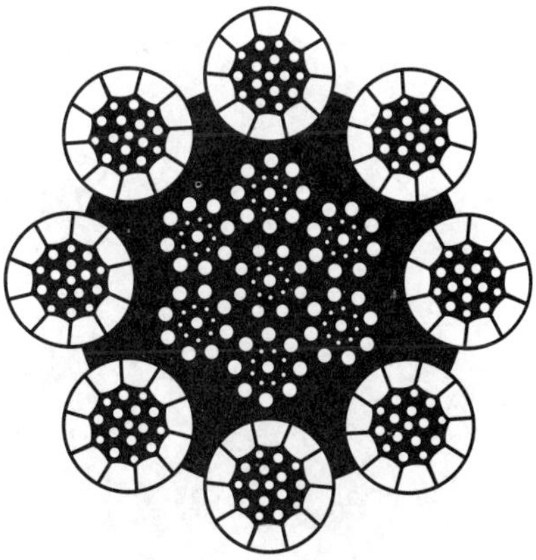

RCN. 09

结构：　4 × K26WS
单层/阻旋转压实股钢丝绳

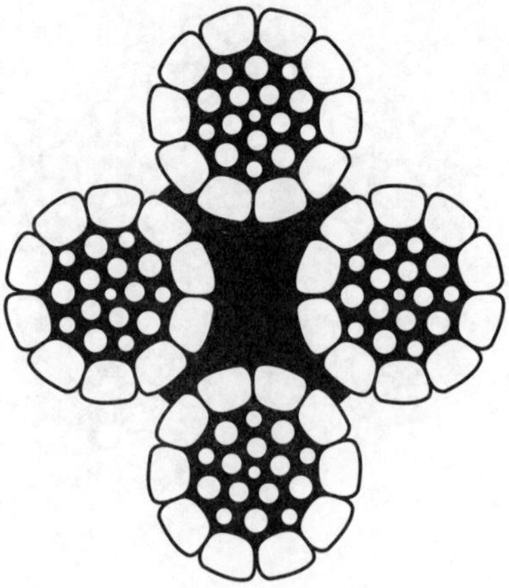

RCN. 22

结构：　6 × K26WS-IWRC
单层压实股钢丝绳

RCN. 06

结构：　6 × K36WS-IWRC
单层压实股钢丝绳

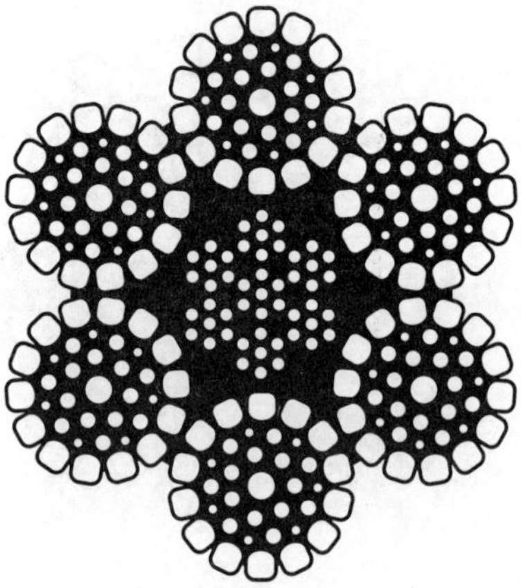

RCN. 09

结构：　8 × K26WS-PWRC
平行捻密实压实股钢丝绳

RCN. 09

结构：　18 × K19S-WSC 或 19 × K19S
阻旋转压实股钢丝绳

RCN. 23

结构：　4 ×29F

单层股钢丝绳/阻旋转钢丝绳

RCN. 21

结构：　K3 ×40

单层压实(锻打)钢丝绳/阻旋转压实(锻打)钢丝绳

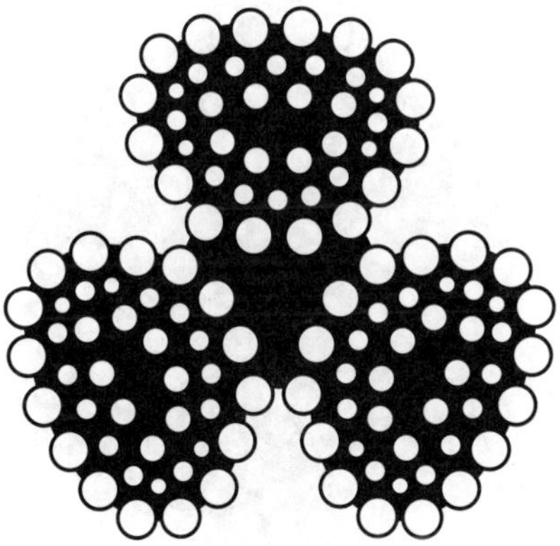

RCN. 22

结构：　K4 ×40

单层压实(锻打)钢丝绳/阻旋转压实(锻打)钢丝绳

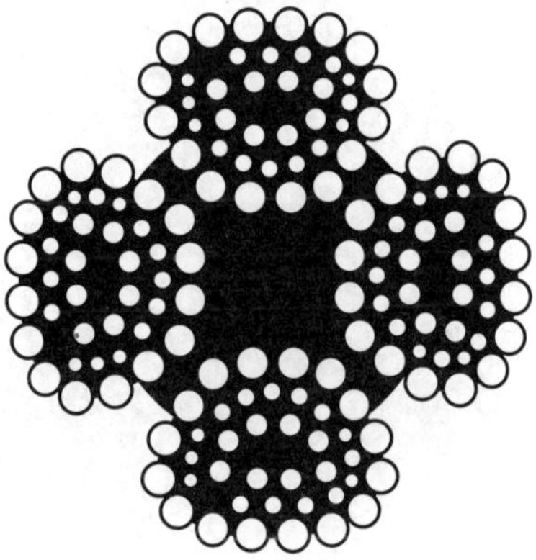

RCN. 22

结构：　K3 ×48

单层压实(锻打)钢丝绳/阻旋转压实(锻打)钢丝绳

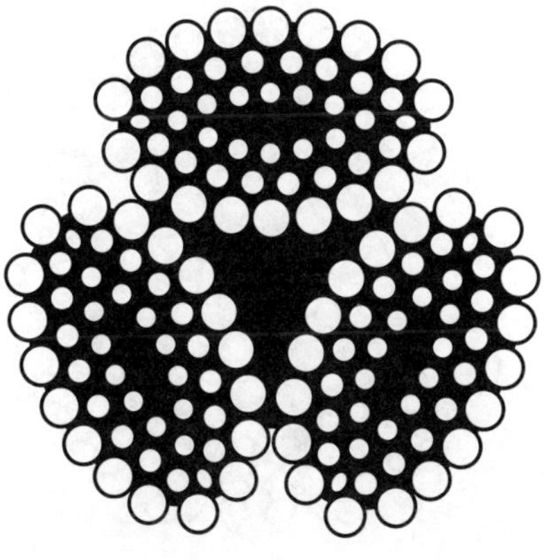

RCN. 22

结构：　K4 ×48

单层压实(锻打)钢丝绳/阻旋转压实(锻打)钢丝绳

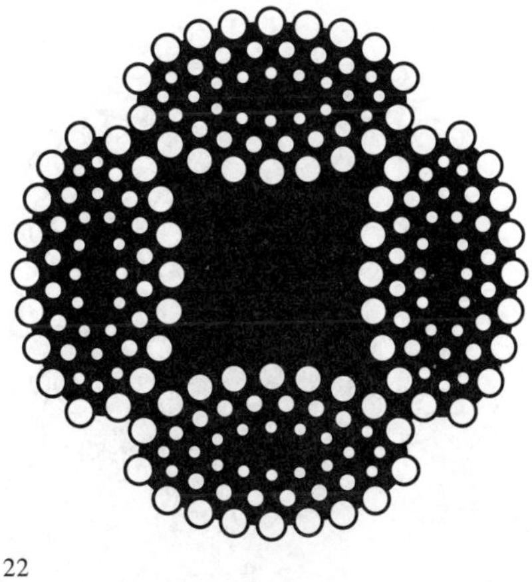

RCN. 22

结构：17×7-FC
阻旋转钢丝绳

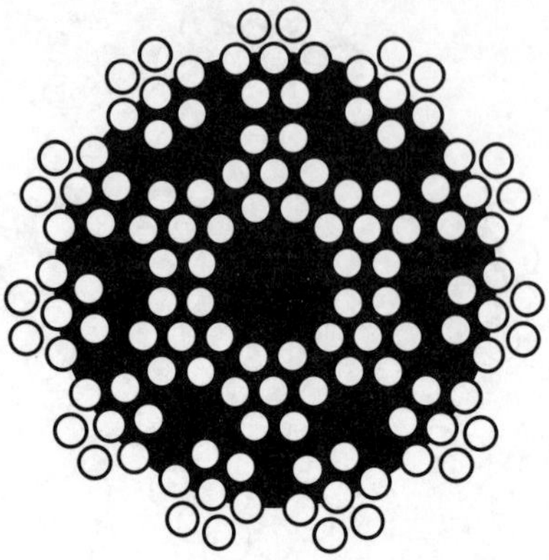

RCN. 23

结构：18×7-WSC 或 19×7
阻旋转钢丝绳

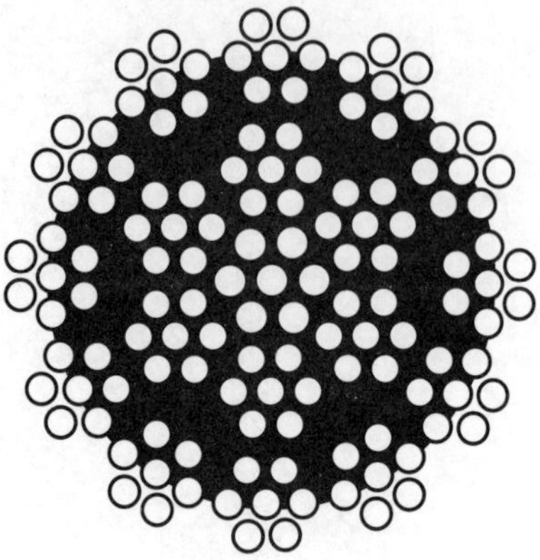

RCN. 23

结构：34(W)×7-WSC 或 35(W)×7
阻旋转钢丝绳

RCN. 23

结构：12×P6　3×Q24
阻旋转钢丝绳(典型)

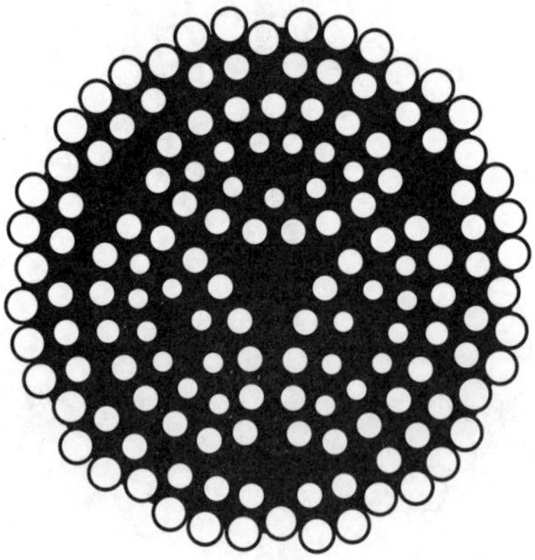

RCN. 23

结构：39(W)×7-WSC
阻旋转钢丝绳

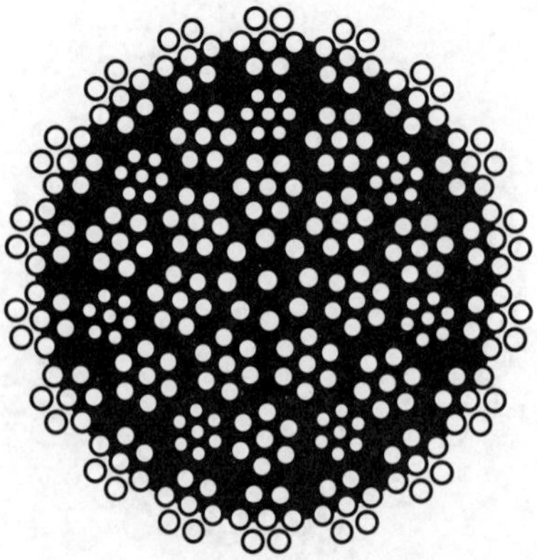

RCN. 23

结构：34(W)×K7-WSC
阻旋转压实股钢丝绳

RCN. 23

结构：39(W) × K7-KWSC 阻旋转压实股钢丝绳  RCN. 23	

钢丝绳夹

目　次

3 型式和尺寸

3.1 绳 夹

3.1.1 绳夹的型式和尺寸应符合图 1 和表 1 的规定。

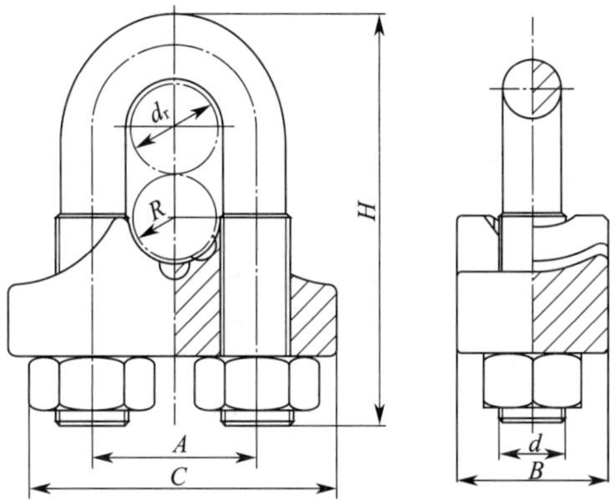

图 1

表 1

绳夹规格(钢丝绳公称直径)d_r/mm	尺 寸/mm						螺母 GB/T 41—2000d	单组质量/kg
	适用钢丝绳公称直径 d_r	A	B	C	R	H		
6	6	13.0	14	27	3.5	31	M6	0.034
8	>6~8	17.0	19	36	4.5	41	M8	0.073
10	>8~10	21.0	23	44	5.5	51	M10	0.140
12	>10~12	25.0	28	53	6.5	62	M12	0.243
14	>12~14	29.0	32	61	7.5	72	M14	0.372
16	>14~16	31.0	32	63	8.5	77	M14	0.402
18	>16~18	35.0	37	72	9.5	87	M16	0.601
20	>18~20	37.0	37	74	10.5	92	M16	0.624
22	>20~22	43.0	46	89	12.0	108	M20	1.122
24	>22~24	45.5	46	91	13.0	113	M20	1.205
26	>24~26	47.5	46	93	14.0	117	M20	1.244
28	>26~28	51.5	51	102	15.0	127	M22	1.605
32	>28~32	55.5	51	106	17.0	136	M22	1.727
36	>32~36	61.5	55	116	19.5	151	M24	2.286
40	>36~40	69.0	62	131	21.5	168	M27	3.133
44	>40~44	73.0	62	135	23.5	178	M28	3.470
48	>44~48	80.0	69	149	25.5	196	M30	4.701
52	>48~52	84.5	69	153	28.0	205	M30	4.897
56	>52~56	88.5	69	157	30.0	214	M30	5.075
60	>56~60	98.5	83	181	32.0	237	M36	7.921

3. 1. 2　标记示例

钢丝绳为右捻 6 股,规格为 20(钢丝绳公称直径 $d_r > 18$ mm ~ 20 mm),夹座材料为 KTH 350-10 的钢丝绳夹,标记为:

绳夹　GB/T 5976—20 KTH

钢丝绳为左捻 6 股时:

绳夹　GB/T 5976—20 左 KTH

3. 2　夹　　座

3. 2. 1　夹座的型式和尺寸应符合图 2、图 3 和表 2 的规定。

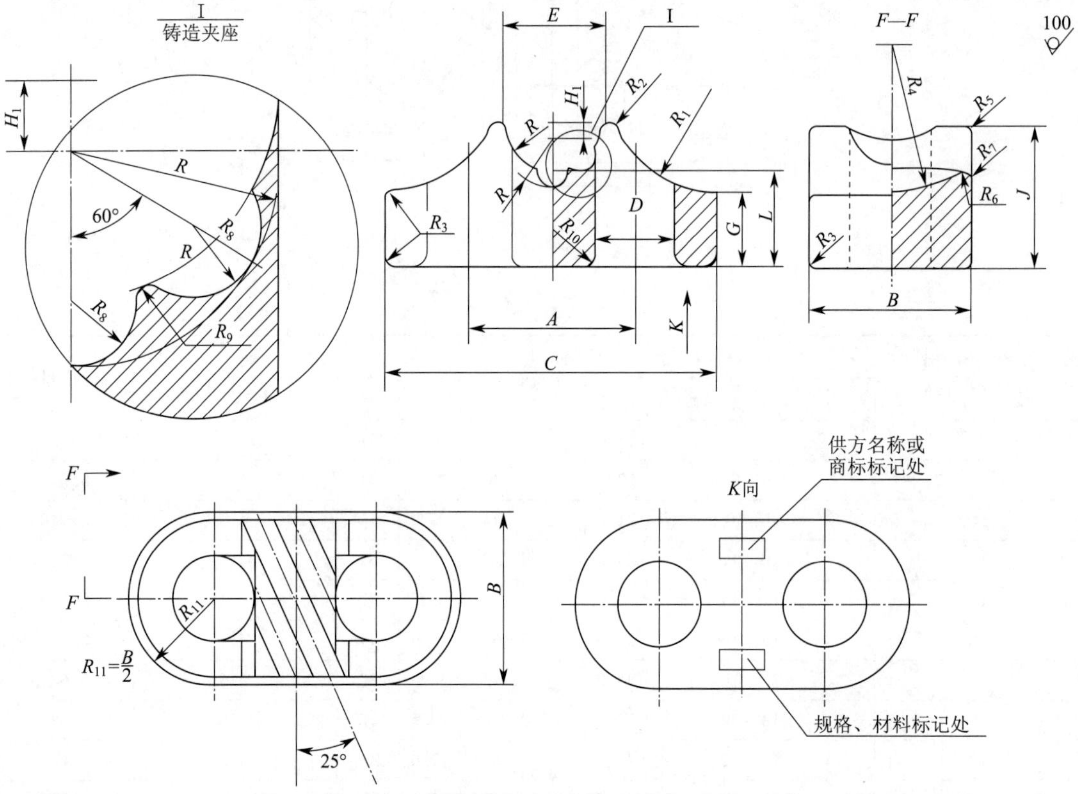

图 2　铸造夹座

3. 2. 2　标记示例

钢丝绳为右捻 6 股,绳夹规格为 20,材料为 KTH 350-10 的夹座:

夹座　GB/T 5976—20 KTH

钢丝绳为左捻 6 股时:

夹座　GB/T 5976—20 左 KTH

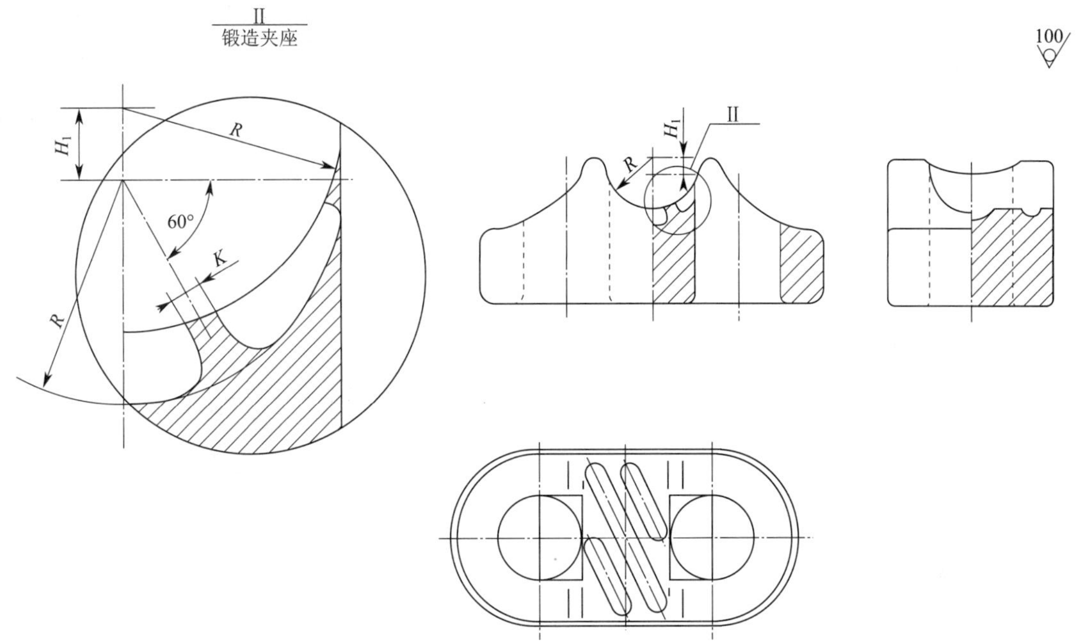

注：未注出的尺寸同于铸造夹座

图 3　锻造夹座

表　2

绳夹规格（钢丝绳公称直径）d_r/mm	基本尺寸/mm													参考尺寸/mm											字体号数	单件质量/kg
	A		B	C	D		E	G	H_1	J	L	R		R_1	R_2	R_3	R_4	R_5	R_6	R_7	R_8	R_9	R_{10}	k		
	尺寸	偏差			尺寸	偏差						尺寸	偏差													
6	13.0	+0.5 0	14	27	7.0	+0.4 0	7	6	1.0	12	7	3.5	+0.3 0	10	1.0	1.0	12	0.5	3	1.0	1.0	0.5	0.5	1.0	5	0.015
8	17.0		19	36	9.5		9	8	1.4	15	9	4.5		13	1.5	1.0	16	0.5	4	1.0	1.4	0.5	0.5	1.0	5	0.034
10	21.0		23	44	11.5		11	10	1.7	19	11	5.5		16	1.5	1.5	19	1.0	5	1.0	1.7	0.5	0.5	1.0	5	0.066
12	25.0	+0.8 0	28	53	14.0	+0.5 0	13	12	2.0	23	14	6.6	+0.4 0	20	1.5	1.5	22	1.0	6	1.5	2.0	0.5	1.0	1.0	5	0.119
14	29.0		32	61	16.0		15	14	2.4	26	16	7.5		22	2.0	2.0	25	1.5	7	1.5	2.4	0.5	1.0	1.5	5	0.177
16	31.0		32	63	16.0		17	14	2.7	27	17	8.5		22	2.0	2.0	28	1.5	8	1.5	2.7	1.0	1.0	1.5	5	0.196
18	35.0	+1.2 0	37	72	18.5	+0.6 0	19	16	3.0	30	19	9.5	+0.6 0	26	2.0	2.0	30	1.5	9	2.0	3.0	1.0	1.0	1.5	7	0.285
20	37.0		37	74	18.5		21	16	3.4	31	20	10.5		26	2.0	2.0	32	1.5	10	2.0	3.4	1.0	1.0	1.5	7	0.296
22	43.0		46	89	23.0		24	20	3.7	36	24	12.0		32	3.0	2.0	34	1.5	11	2.0	3.7	1.0	1.5	2.0	7	0.541
24	45.5		46	91	23.2		26	20	4.0	37	25	13.0		32	3.0	2.5	36	2.0	12	2.0	4.0	1.0	1.5	2.0	7	0.561
26	47.5		46	93	23.0		28	20	4.4	37	25	14.0		32	3.0	2.5	38	2.0	13	2.5	4.4	1.0	1.5	2.0	7	0.580
28	51.5	+1.6 0	51	102	25.5	+0.8 0	30	22	4.7	40	27	15.0	+0.8 0	36	3.0	2.5	40	2.0	14	2.5	4.4	1.0	1.5	2.0	7	0.783
32	55.5		51	106	25.5		34	22	5.4	42	28	17.0		36	3.0	2.5	43	2.0	15	2.5	5.4	1.5	1.5	3.0	7	0.855
36	61.5		55	116	27.5		39	24	6.0	46	31	19.5		39	4.0	3.0	46	2.0	16	3.0	6.0	1.5	1.5	3.0	7	1.116
40	69.0		62	131	31.0		43	27	6.7	49	34	21.5		43	4.0	3.0	48	2.0	17	3.0	6.7	1.5	1.5	3.0	10	1.456
44	73.0		62	135	31.0		47	27	7.4	52	36	23.5		46	4.0	3.0	50	3.0	18	3.0	7.4	1.5	2.0	3.0	10	1.697

续上表

绳夹规格（钢丝绳公称直径）d_r/mm	基本尺寸/mm													参考尺寸/mm											字体号数	单件质量/kg
	A		B	C	D		E	G	H_1	J	L	R		R_1	R_2	R_3	R_4	R_5	R_6	R_7	R_8	R_9	R_{10}	k		
	尺寸	偏差			尺寸	偏差						尺寸	偏差													
48	80.0	+2.0 0	69	149	34.5	+1.0 0	51	30	8.0	37	40	25.5	+1.0 0	50	4.0	4.0	52	3.0	19	4.0	8.0	1.5	2.0	3.0	10	2.296
52	84.5		69	153	34.5		56	30	8.7	59	41	28.0		52	5.0	4.0	54	3.0	20	4.0	8.7	2.0	2.0	4.0	14	2.393
56	88.5		69	157	34.5		60	30	9.4	61	42	30.0		54	5.0	4.0	56	3.0	21	4.0	9.4	2.0	2.0	4.0	14	2.477
60	98.5		83	181	41.5		64	36	10.0	64	45	32.0		56	5.0	4.0	58	3.0	22	4.0	10.0	2.0	2.0	4.0	14	3.704

注 1：表中重量是夹座材料为可锻铸铁时的参考值。

注 2：表中 R_4、R_6、R_7、R_8、R_9 为图 2、图 3 中绳槽法面上的尺寸。

3.3　U 形螺栓

3.3.1　U 形螺栓的型式和尺寸应符合图 4 和表 3 的规定。

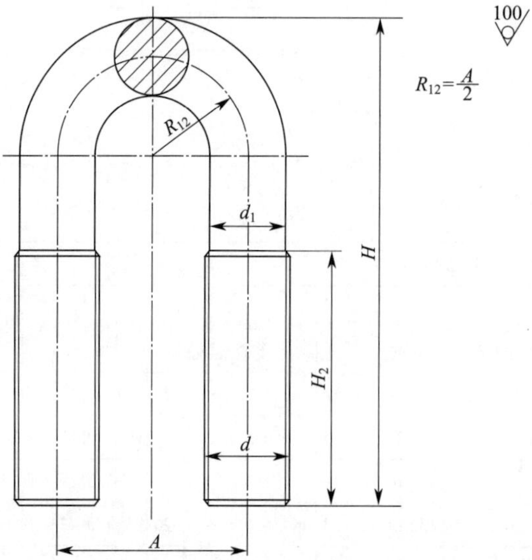

图　4

3.3.2　标记示例

绳夹规格为 20 的 U 形螺栓，标记为：

U 形螺栓　GB/T 5976—20

表　3

绳夹规格（钢丝绳公称直径）d_r/mm	尺寸/mm						单件质量/kg
	d	d_1^a	A		H	H_2	
			基本尺寸	极限偏差			
6	M6	5.28	13.0	+0.5 0	31	17	0.014
8	M8	7.13	17.0		41	22	0.027
10	M10	8.94	21.0		51	27	0.052

续上表

绳夹规格（钢丝绳公称直径）d_r/mm	尺寸/mm						单件质量/kg
	d	d_1^a	A		H	H_2	
			基本尺寸	极限偏差			
12	M12	10.77	25.0	$^{+0.8}_{0}$	62	33	0.092
14	M14	12.62	29.0		72	39	0.145
16	M14	12.62	31.0		77	41	0.156
18	M16	14.62	35.0	$^{+1.2}_{0}$	87	46	0.248
20	M16	14.62	37.0		92	48	0.260
22	M20	18.28	43.0		108	57	0.457
24	M20	18.28	45.5		113	60	0.520
26	M20	18.28	47.5		117	61	0.540
28	M22	20.32	51.5	$^{+1.6}_{0}$	127	66	0.670
32	M22	20.32	55.5		136	70	0.720
36	M24	22.00	61.5		151	77	0.946
40	M27	25.00	69.0		168	85	1.341
44	M27	25.00	73.0		178	90	1.437
48	M30	27.68	80.0	$^{+2.0}_{0}$	196	99	1.937
52	M30	27.68	84.5		205	103	2.036
56	M30	27.68	88.5		214	106	2.130
60	M36	33.68	98.5		237	117	3.475

a　d_1 供选择合适直径的材料时参考，允许制成 $d_1 = d$。

4　技术要求

4.1　材　料

夹座和 U 形螺栓的材料应符合表 4 的规定。

4.2　夹　座

4.2.1　夹座表面应光滑平整，尖棱和冒口应除去，夹座不应有降低强度和显著有损外观的缺陷（如气孔、裂纹、蔬松夹砂、铸疤、起磷、错箱等）。

4.2.2　夹座的绳槽表面应与钢丝绳和表面和捻向基本吻合（见注）。铸件或锻件的四个翅子应位于同一水平面上。

4.2.3　未给出的尺寸偏差不得大于基本尺寸的 $^{+5}_{0}$% 。

4.2.4　图 2 和图 3 中的槽向为右旋 6 股钢丝绳用，当为左旋时，槽向应相反。

注：常用绳槽表面以配合捻向为右旋 6 圆股钢丝绳为宜，如要求与其他结构的钢丝绳配合使用，订货时提出诸如钢丝绳股数、股型、捻向等特殊要求。

表 4

零件名称		材料[a]
夹座[b]	锻造	GB/T 700—1988 规定的 Q235—B
	铸造	GB/T 1348—1988 规定的 QT450—10
		GB/T 9440—1988 规定的 KTH350—10
		GB/T 11352—1989 规定的 ZG270—500
U 形螺栓		GB/T 700—1988 规定的 Q235—B

a 允许采用性能不低于表中的材料代用。
b 当绳夹用于起重机上时,夹座材料推荐采用 Q235—B 钢或 ZG270—500 制造。

4.3 U 形螺栓

4.3.1 U 形螺栓应精制,杆部表面不允许有过烧裂纹、凹痕、斑疤、条痕、氧化皮和浮锈。
4.3.2 螺纹表面不许有碰伤、毛刺、双牙尖、划痕、裂缝和螺纹不完整。
4.3.3 螺纹的基本尺寸应符合 GB/T 196—2003 的规定,螺纹公差应符合 GB/T 197—2003 的规定,公差等级为 6g。
4.3.4 未给出的尺寸偏差不大于其基本尺寸的 $^{+5}_{0}$% ,螺纹长度偏差为 +2 个螺距。

4.4 六角螺母

螺母应符合 GB/T 41—2000、性能等级为 5 级要求的规定。

4.5 镀 锌

4.5.1 夹座、U 形螺栓和六角螺母(除供需双方另有协议外)应进行热浸镀锌(规格 6 和 8 的 U 形螺栓和螺母允许采用电镀锌)。镀锌层的质量、单个试样不低于 450 g/m^2,平均不低于 500 g/m^2。
4.5.2 热浸镀锌后的零件表面应光滑平整,不得有影响使用和有损外观的漏镀、锌粒、气泡、裂缝、脱皮等缺陷。

4.6 装 配

螺母与夹座接触应良好无间隙存在。钢丝绳夹使用方法参见附录 A。

5 检验规则

5.1 绳夹应由供方进行检验。供方应保证每批绳夹符合本标准的要求,并附有产品质量合格证。
5.2 绳夹应成批交货验收。每批绳夹的规格、材料牌号和生产工艺应相同。对铸件,每个浇铸号可视为一批。
5.3 检验采用计件的两次抽样方法。即从提供验收的一批绳夹中,每种规格任意抽取 n_1 组样品,若其中不合格组数不大于 C_1 组,则该批绳夹即可验收。若大于或等于 C_2 组,则该批绳夹不予验收。若大于 C_1 组而小于 C_2 组,则应进行第二次抽样检查,从该批绳夹中再抽取 n_2

组样品。两次抽取样品(n_1+n_2)中的不合格组数之和小于 C_2 组,予以验收;大于或等于 C_2 组,则不予验收。

5.4 检验项目的抽样数量 n_1,n_2 和判定数(C_1,C_2):U 形螺栓按表 5;夹座按表 6 的规定。

5.5 对用可锻铸铁制成的夹座,每批抽样 5‰(绝对数不少于 6 件)击碎,进行无缩孔和有损强度的疏松检验,如出现影响铸件使用的疏松不超过表中规定数量时,该批夹座方为合格。

5.6 对所有的夹座都必须进行目测检查,有裂纹的夹座必须报废。

表 5

检验项目		抽检方法(组数)[a]		
		批量	n_1/n_2	C_1/C_2
尺寸	螺栓中心距 螺栓直径和高度 螺纹和螺纹长度	1 ~ 8[b]	2/—	0/—
		9 ~ 15	2/2	0/2
		16 ~ 25	3/3	0/2
		26 ~ 50	5/5	0/2
外观质量	杆部凹痕、斑疤螺纹表面碰伤、毛刺、双尖、划痕、裂纹和扣不完整漏镀、锌粒、气泡	51 ~ 90	8/8	0/2
		91 ~ 150	13/13	0/2
		151 ~ 280	20/20	0/3
		281 ~ 500	32/32	1/4
		501 ~ 1200	50/50	2/7

a 一个 U 形螺栓有几项尺寸和缺陷不合格时应只计算 1 件。
b 此批量为一次性抽检。

表 6

检验项目		抽检方法(组数)[b]		
		批量	n_1/n_2	C_1/C_2
尺寸	孔中心距 孔径 长度、宽度、高度、厚度 槽底半径 R	1 ~ 8[b]	2/—	0/—
		9 ~ 15	2/2	0/2
		16 ~ 25	3/3	0/2
		26 ~ 50	5/5	0/2
外观质量	错箱、砂眼、毛刺、标志漏镀、锌粒、气泡	51 ~ 90	8/8	0/2
		91 ~ 150	13/13	0/2
		151 ~ 280	20/20	0/3
		281 ~ 500	32/32	1/4
		501 ~ 1200	50/50	2/7
性能	抗拉强度	试棒性能的检验应符合相应标准的规定[a]		—
	伸长率			
	硬度			
	疏松	每批抽样	6/12	0/2
	裂纹	每批抽样[c]	16/—	0/—

a 检验性能的试棒,对于铸件应从同一炉同一个浇铸号中抽取。
b 一个夹座有几项尺寸和缺陷不合格时,应只计为 1 件。
c 此批量为一次性抽检。

5.7 需方有权对供方提交的绳夹按照5.3~5.6的规定进行验收检查。

6 标志、包装、运输和储存

6.1 每个夹座应有永久性的、字迹清晰的规格、材料和供方名称(或商标)的标志。标志应位于图2所示的位置。

6.2 绳夹所用包装形式和材料须考虑绳夹在运输途中和保管期间不受损坏和腐蚀,并应符合GB/T 13384的规定。

6.3 绳夹应保证在正常的运输和保管条件下,其储存期自出厂日起1年内不生锈。

6.4 包装箱、盒、袋等的外表应有标志或标签,内容如下:

a)供方名称或商标;

b)产品名称;

c)规格和数量;

d)出厂编号和标准代号;

e)制造日期和出厂日期;

f)到站和收货单位;

g)箱号、毛重、净重、体积;

h)防潮标志。

6.5 上述规定以外的要求,由供需双方协商。

附录A(资料性附录) 钢丝绳夹使用方法

A.1 钢丝绳夹的布置

钢丝绳夹应按图A.1所示把夹座扣在钢丝绳的工作段上,U形螺栓扣在钢丝绳的尾段上。钢丝绳夹不得在钢丝绳上交替布置。

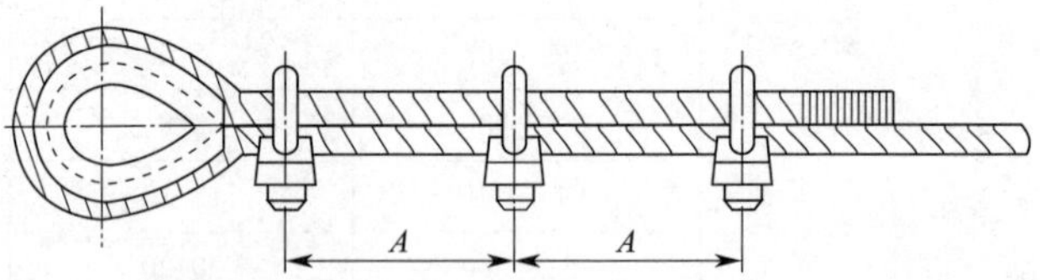

图A.1 钢丝绳夹的正确布置方法

A.2 钢丝绳夹的数量

对于符合标准规定的适用场合,每一连接处所需钢丝绳夹的最少数量,推荐如表A.1。

表 A.1

绳夹规格(钢丝绳公称直径)d_r/mm	钢丝绳夹的最少数量/组
≤18	3
>18~26	4
>26~36	5
>36~44	6
>44~60	7

A.3 钢丝绳夹间的距离

钢丝绳夹间的距离 A 等于 6 ~ 7 倍钢丝绳直径。

A.4 绳夹固定处的强度

钢丝绳夹固定处的强度决定于绳夹在钢丝绳上的正确布置，以及绳夹固定和夹紧的谨慎和熟练程度。

不恰当的紧固螺母或钢丝绳夹数量不足就可能使绳端在承载时，一开始就产生滑动。

如果绳夹按推荐数量，正确布置和夹紧，并且所有的绳夹将夹座置于钢丝绳的较长部分，面 U 形螺栓置于钢丝绳的较短部分或尾段，那么，固定处的强度至少为钢丝绳自身强度的 80% 。

绳夹在实际使用中，受载一、二次以后应作检查，在多数情况下，螺母需要进一步拧紧。

A.5 钢丝绳夹的紧固

紧固绳夹时须考虑每个绳夹的合理受力，离套环最远处的绳夹不得首先单独紧固。离套环最近处的绳夹（第一个绳夹）应尽可能地紧靠套环，但仍须保证绳夹的正确拧紧，不得损坏钢丝绳的外层钢丝。

剩余电流动作保护电器的一般要求

目　次

4 分　　类

正确使用本章分类的剩余电流保护电器应符合安装规程(例如:根据 GB 16895 系列标准)。

4.1 根据动作方式分

4.1.1 动作功能与电源电压无关的 RCD。

4.1.2 动作功能与电源电压有关的 RCD。

4.1.2.1 电源电压故障时,有延时或无延时自动动作;

4.1.2.2 电源电压故障时不能自动动作:

a)在电源电压故障时不能自动动作,但发生剩余电流故障时能按预期要求动作;

b)在电源电压故障时不能自动动作,即使发生剩余电流故障时也不能动作。

4.2 根据安装型式分

a)固定装设和固定接线的剩余电流保护电器;

b)移动设置和/或用电缆将装置本身连接到电源的剩余电流保护电器。

4.3 根据极数和电流回路数分

a)单极二回路剩余电流保护电器;

b)二极剩余电流保护电器;

c)二极三回路剩余电流保护电器;

d)三极剩余电流保护电器;

e)三极四回路剩余电流保护电器;

f)四极剩余电流保护电器。

4.4 根据过电流保护分

a)不带过电流保护的剩余电流保护电器;

b)带过电流保护的剩余电流保护电器;

c)仅带过载保护的剩余电流保护电器;

d)仅带短路保护的剩余电流保护电器。

4.5 根据调节剩余动作电流的可能性分

a)有一个固定的额定剩余动作电流的剩余电流保护电器;

b)额定剩余动作电流分级可调的剩余电流保护电器;

c)额定剩余动作电流连续可调的剩余电流保护电器。

4.6 根据冲击电压产生的浪涌电流作用下耐误脱扣的能力分

a)正常耐误脱扣;

b)增强耐误脱扣。

4.7 在剩余电流含有直流分量时，剩余电流保护电器根据动作特性分

a）AC 型剩余电流保护电器；
b）A 型剩余电流保护电器；
c）B 型剩余电流保护电器。

4.8 根据周围空气温度范围分

a）预期在 -5℃ ~ +40℃环境温度下使用的剩余电流保护电器；
b）预期在 -25℃ ~ +40℃环境温度下使用的剩余电流保护电器；
c）预期在规定的更严酷的条件下使用的剩余电流保护电器。

4.9 根据剩余电流大于 $I_{\Delta n}$ 时的延时分

a）无延时，例如，用于一般用途。
b）有延时，例如，用于选择性保护：
——延时不可调节；
——延时可以调节。

4.10 根据结构型式分

a）由制造商装配成一个完整单元的剩余电流保护电器；
b）在现场由断路器和 r. c. 单元装配组成的剩余电流保护电器。对这类器件的要求应在相关产品标准中规定。

注：电流检测装置和/或信号处理器件可与电流分断装置分开安装。

4.11 根据有无自动重合闸分

a）无自动重合闸功能的剩余电流保护电器；
b）具有自动重合闸功能的剩余电流保护电器（相应的技术要求见附录 C）。

5 剩余电流保护电器的特性

5.1 特性概要

剩余电流保护电器的特性应由下列项目规定（适用时）：
a）安装型式（4.2）；
b）极数和电流回路数（4.3）；
c）额定电流 I_n（5.2.1）；
d）剩余电流含有直流分量时，根据动作特性确定的剩余电流保护电器的型式（5.2.9）；
e）额定剩余动作电流 $I_{\Delta n}$（5.2.2）；
f）额定剩余不动作电流 $I_{\Delta no}$，如果与优选值不同时（5.2.3）；
g）额定电压（5.2.4）；
h）额定频率（5.2.5）；
i）额定接通和分断能力 I_m（5.2.6）；

j)额定剩余接通和分断能力 $I_{\Delta m}$(5.2.7);

k)延时(如果适用时)(5.2.8);

l)额定限制短路电流(5.3.2);

m)额定限制剩余短路电流 $I_{\Delta c}$(5.3.3)。

5.2 所有剩余电流保护电器共同的特性

5.2.1 额定电流(I_n)

制造商规定的剩余电流保护电器能在适用于开关电器(见 3.3.5)的相关国家标准规定的不间断工作制下承载的电流值。

5.2.2 额定剩余动作电流($I_{\Delta n}$)

制造商对剩余电流保护电器规定的额定频率下正弦剩余动作电流的有效值(见 3.2.2),在该电流值时剩余电流保护电器应在规定的条件下动作。

5.2.3 额定剩余不动作电流($I_{\Delta no}$)

制造商对剩余电流保护电器规定的剩余不动作电流值(见 3.2.3),在该电流值时剩余电流保护电器在规定的条件下不动作。

5.2.4 额定电压

由制造商规定的剩余电流保护电器的电压有效值,剩余电流保护电器的性能与该值有关(尤其是短路性能)。

5.2.5 额定频率

剩余电流保护电器设计的频率值,在该频率时剩余电流保护电器在规定条件下正确动作。

5.2.6 额定接通和分断能力(I_m)

剩余电流保护电器在规定的条件下能够接通、承载其断开时间和分断的,并不产生影响其功能变化的预期电流有效值(见 3.4.5 和 3.4.6)。

5.2.7 额定剩余接通和分断能力($I_{\Delta m}$)

剩余电流保护电器在规定条件下能够接通、承载其断开时间和分断的,并不产生影响其功能变化的预期剩余电流(见 3.4.7 和 3.4.9)的有效值。

5.2.8 有或无延时

无延时的剩余电流保护电器和有延时的剩余电流保护电器。

5.2.9 剩余电流含有直流分量的动作特性(见表 11 和表 12)

5.2.9.1 AC 型剩余电流保护电器

在剩余正弦交流电流下,无论突然施加还是缓慢上升确保其脱扣的剩余电流保护电器。

5.2.9.2 A 型剩余电流保护电器

在下列条件下确保其脱扣的剩余电流保护电器:

a)同 AC 型;

b)剩余脉动直流电流;

c)剩余脉动直流电流叠加 0.006 A 的平滑直流电流。

有或没有相位角控制,与极性无关,无论突然施加还是缓慢上升。

5.2.9.3 B 型剩余电流保护电器

在下列条件下确保其脱扣的剩余电流保护电器:

a)同 A 型;

b)至 1 000 Hz 的剩余正弦交流电流；

c)剩余交流电流叠加 0.4 倍额定剩余电流($I_{\Delta n}$)的平滑直流电流；

d)剩余脉动直流电流叠加 0.4 倍额定剩余电流($I_{\Delta n}$)或 10 mA 的平滑直流电流(两者取较大值)；

e)下列整流线路产生的剩余直流电流：

——对于 2 极,3 极和 4 极的剩余电流保护电器,线与线的两个半波桥式连接；

——对于 3 极和 4 极的剩余电流保护电器,3 个半波星形连接或者 6 个半波的桥式连接；

f)剩余平滑直流电流。

有或没有相位角控制,与极性无关,无论突然施加还是缓慢上升。

5.3 不带过电流保护(见 4.4a)和仅带过载保护(见 4.4c)的剩余电流保护电器的特定特性

5.3.1 与短路保护电器(见 3.4.8)的配合

短路保护电器与剩余电流保护电器的组合是用来确保剩余电流保护电器免受短路电流的影响。

剩余电流保护电器的制造商应规定短路保护电器的下列特性：

a)最大允通 I^2t；

b)最大允通电流峰值 I_p。

任何符合相关国家标准并且上述 a)项和 b)项的特性值低于剩余电流保护电器制造商规定值的短路保护电器可用于保护剩余电流保护电器,只要其不影响正常工作。SCPD 的额定值和型号应与 5.3.2 和 5.3.3 相同。

5.3.2 额定限制短路电流

制造商规定的由短路保护电器保护的剩余电流保护电器在规定条件下能承受而不使其发生影响功能变化的预期电流有效值。

注 1:必须注意,由规定的短路保护电器控制的特定短路电流施加到剩余电流保护电器上的应力实际上是可变的,这取决于短路保护电器的个别特性(尽管其包括在相关的标准动作区域内),也与接通瞬间相对于短路电流波形上的点有关(接通点是随机的)。

注 2:制造商应注意确保在相应于剩余电流保护电器最严酷的应力条件下配合的有效性。

注 3:对一个与给定的短路保护电器配合的剩余电流保护电器规定额定限制短路电流,表示这种组合能承受至规定值的任何短路电流。

5.3.3 额定限制剩余短路电流($I_{\Delta c}$)

制造商规定的由短路保护电器保护的剩余电流保护电器在规定条件下能承受而不使其发生影响功能变化的预期剩余电流值。

注:如果对一个与给定的短路保护电器配合的剩余电流保护电器规定额定限制剩余短路电流,则认为这种组合能承受至规定值的任何剩余短路电流。

5.4 优选值或标准值

5.4.1 额定电压优选值

根据 GB/T 156,额定电压的优选值是 110 V,120 V,220 V(230 V),380 V(400 V)。

5.4.2 额定电流优选值(I_n)

额定电流的优选值是 6 A,10 A,13 A,16 A,20 A,25 A,32 A,40 A,50 A,63 A,80 A,

100 A,125 A,160 A,200 A,250 A,400 A,630 A,800 A。

5.4.3 额定剩余动作电流优选值($I_{\Delta n}$)

额定剩余动作电流的优选值是0.006 A,0.01 A,0.03 A,0.1 A,0.2 A,0.3 A,0.5 A,1 A,2 A,3 A,5 A,10 A,20 A,30 A。

5.4.4 额定剩余不动作电流优选值($I_{\Delta no}$)

额定剩余不动作电流优选值是0.5$I_{\Delta n}$。

注:0.5$I_{\Delta n}$值仅指工频交流剩余电流。

5.4.5 在多相线路中不平衡负载时不动作电流优选的最小值

在多相线路中不平衡负载时,不动作电流优选的最小值是6I_n。

注:对于带过电流保护的剩余电流保护电器,该最小值可能更低。

5.4.6 在平衡负载中不动作电流优选的最小值

在平衡负载中不动作电流的优选最小值是6I_n。

注:对于带过电流保护的剩余电流保护电器,该最小值可能更低。

5.4.7 额定频率的优选值

额定频率的优选值是50 Hz和/或60 Hz。

5.4.8 额定接通和分断能力值(I_m)

适用于不带短路保护的剩余电流保护电器。

最小值应为10I_n或500 A①,两者取较大值。

与这些值有关的功率因数在相关的产品标准中给出。

5.4.9 额定剩余接通和分断能力的优选值($I_{\Delta m}$)

额定剩余接通和分断能力的优选值是500 A①,1 000 A,1 500 A,3 000 A,4 500 A,6 000 A,10 000 A,20 000 A,50 000 A。

最小值应为10I_n或500 A①,两者取较大值。

与这些电流值有关的功率因数在相关的产品标准中给出。

5.4.10 额定限制短路电流的优选值

不带短路保护的剩余电流保护电器的额定限制短路电流的优选值是1 500 A,3 000 A,4 500 A,6 000 A,10 000 A,20 000 A,50 000 A。

与这些电流值相关的功率因数在相关的产品标准中给出。

5.4.11 额定限制剩余短路电流的优选值($I_{\Delta c}$)

不带短路保护的剩余电流保护电器的额定限制剩余短路电流$I_{\Delta c}$的优选值是1 500 A,3 000 A,4 500 A,6 000 A,10 000 A,20 000 A,50 000 A。

与这些电流有关的功率因数在相关的产品标准中给出。

5.4.12 动作时间的标准值

5.4.12.1 无延时型RCD的最大分断时间标准值

无延时型RCD的最大分断时间标准值在表1、表2、表3和表4中规定。

---

① 对移动式剩余,电流装置(PRCD)和带剩余电流保护的固定安装插座(SRCD)为250 A。

表 1　无延时型 RCD 对于交流剩余电流的最大分断时间标准值

$I_{\Delta n}$/A	最大分断时间标准值/s			
	$I_{\Delta n}$	$2I_{\Delta n}$	$5I_{\Delta n}$ [a]	$>5I_{\Delta n}$ [b]
任何值	0.3	0.15	0.04	0.04

a　对于 $I_{\Delta n} \leqslant 0.030$ A 的 RCD,可用 0.25 A 代替 $5I_{\Delta n}$。
b　在相关的产品标准中规定。

表 2　无延时型 RCD 对于半波脉动直流剩余电流的最大分断时间标准值

$I_{\Delta n}$/A	最大分断时间标准值/s							
	$1.4I_{\Delta n}$	$2I_{\Delta n}$	$2.8I_{\Delta n}$	$4I_{\Delta n}$	$7I_{\Delta n}$ [a]	$10I_{\Delta n}$ [b]	$>7I_{\Delta n}$ [c]	$>10I_{\Delta n}$ [c]
≤0.010		0.3		0.15		0.04		0.04
0.030		0.3		0.15	0.04			0.04
>0.030	0.3		0.15		0.04		0.04	

a　对于 $I_{\Delta n}=0.030$ A 的 RCD,可以用 0.35 A 代替 $7I_{\Delta n}$。
b　对于 $I_{\Delta n} \leqslant 0.010$ A 的 RCD,可以使用 0.5 A 代替 $10I_{\Delta n}$。
c　在相关产品标准中规定。

表 3　无延时型 RCD 对整流线路产生的剩余直流电流和/或平滑直流剩余电流的最大分断时间标准值

$I_{\Delta n}$/A	最大分断时间标准值/s			
	$2I_{\Delta n}$	$4I_{\Delta n}$	$10I_{\Delta n}$	$>10I_{\Delta n}$ [a]
任何值	0.3	0.15	0.04	0.04

a　相关的产品标准中规定。

表 4　对预期在 120V 带中性点的两相系统中使用的额定剩余电流为 6 mA 的无延时型 RCD 的最大分断时间可替代的标准值

$I_{\Delta n}$/A	最大分断时间标准值/s			
	$I_{\Delta n}$	$2I_{\Delta n}$	$5I_{\Delta n}$	$>5I_{\Delta n}$ [a]
0.006	5	2	0.04	0.04

注:120 V 带中性点的两相系统主要在北美地区,如美国和加拿大等地区的电源系统中使用。

a　在相关产品标准中规定。

5.4.12.2　延时型剩余电流保护电器的分断时间和不驱动时间的标准值

延时型仅适用于 $I_{\Delta n}>0.03$ A 的剩余电流保护电器。

延时型剩余电流保护电器的分断时间和不驱动时间的标准值在表 5、表 6 和表 7 中规定。对于延时型剩余电流保护电器,应由制造商规定 $2I_{\Delta n}$ 的不驱动时间。

$2I_{\Delta n}$ 时的最小不驱动时间的优选值是 0.06 s,0.1 s,0.2 s,0.3 s,0.4 s,0.5 s,1 s。

表 5　延时型 RCD 对于交流剩余电流的分断时间标准值

额定延时/s		分断时间标准值和不驱动时间/s			
		$I_{\Delta n}$	$2I_{\Delta n}$	$5I_{\Delta n}$	$>5I_{\Delta n}$
0.06	最大分断时间	0.5	0.2	0.15	0.15
	最小不驱动时间	b	0.06	b	b
其他额定延时	最大分断时间	a,b	b	b	b
	最小不驱动时间	b	额定延时	b	b

a　为确保故障保护，最大动作时间应按 GB 16895.21。
b　由相关的产品标准或制造商规定。

表 6　延时型 RCD 对于脉动直流剩余电流的分断时间标准值

额定延时/s		分断时间标准值和不驱动时间/s			
		$1.4I_{\Delta n}$	$2.8I_{\Delta n}$	$7I_{\Delta n}$	$>7I_{\Delta n}$
0.06	最大分断时间	0.5	0.2	0.15	0.15
	最小不驱动时间	b	0.06	b	b
其他额定延时	最大分断时间	a,b	b	b	b
	最小不驱动时间	b	额定延时	b	b

a　为确保故障保护，最大动作时间应按 GB 16895.21。
b　由相关的产品标准或制造商规定。

表 7　延时型 RCD 对于平滑直流剩余电流的分断时间标准值

额定延时/s		分断时间标准值和不驱动时间/s			
		$2I_{\Delta n}$	$4I_{\Delta n}$	$10I_{\Delta n}$	$>10I_{\Delta n}$
0.06	分断时间最大值	0.5	0.2	0.15	0.15
	不驱动时间最小值	b	0.06	b	b
其他额定延时	分断时间最大值	a,b	b	b	b
	不驱动时间最小值	b	额定延时	b	b

a　为确保故障保护，最大动作时间应按 GB 16895.21。
b　由相关的产品标准或制造商规定。

5.4.12.3　频率不同于额定频率时剩余动作电流和剩余不动作电流的优选值

频率不同于额定频率 50 Hz/60 Hz 时剩余动作电流和剩余不动作电流的优选值在表 8 中给出。

表 8　频率不同于额定频率 50 Hz/60 Hz 时 B 型 RCD 的脱扣电流范围

频率/Hz	剩余不动作电流	剩余动作电流
150	$0.5I_{\Delta n}$	$2.4I_{\Delta n}$ [a]
400	$0.5I_{\Delta n}$	$6I_{\Delta n}$ [a]
1 000	$I_{\Delta n}$	$14I_{\Delta n}$ [a,b]

注：给定频率的波形是正弦波。

a　这些值按 GB/T 13870.1 的心室纤维颤动防护结合 GB/T 13870.2 的心室纤维颤动的频率因数得出。
b　GB/T 13870 没有给出频率超过 1 kHz 的因数。

6 标志和其他产品资料

剩余电流保护电器上的信息和标志应按相关的产品标准。

应提供下列信息：

a）制造商名称或商标；

b）型号或序列号；

c）额定电压；

d）额定频率（如果不是 50Hz 或 60Hz）；

e）额定电流；

f）剩余电流含有直流分量时的动作特性；

——AC 型剩余电流保护电器应标志符号 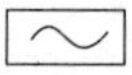；

——A 型剩余电流保护电器应标志符号 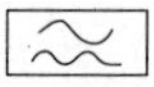；

——B 型剩余电流保护电器应标志符号 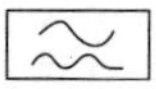 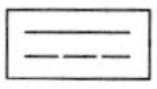 或 。

g）额定剩余动作电流（或范围，如果适用）；

h）额定延时（如果适用）；

i）额定剩余不动作电流（如果不是优选值时）；

j）额定短路接通和分断能力；

k）额定限制短路电流（如果适用时），在这种情况下还应根据 5.3.1 标志组合的短路保护电器的特性；

l）防护等级（如果不是 IP20 时）；

m）使用位置（如果适用时）；

n）工作温度范围；

o）试验装置的识别字母 T 或相应的文字；

p）应提供指示剩余电流保护电器断开和闭合状态的器件；

q）接线图（如果适用时）（该要求通常对大于二极或带有不可开闭中性线的电器是必须的）；

r）如果有必要区分电源端和负载端，它们应该清晰地标明（例如：在相应的端子旁边标明“电源”和“负载”）；

s）专门用于连接中性线的端子应标志符号 N。

此外，对于 r.c. 单元：

——应标志能与其装配或组装的断路器的最大额定电流；

——应标志其可与哪种断路器装配或组装。

应提供所有关于产品正确装配（如果有的话）、安装和使用的信息。

7 使用和安装的标准工作条件

7.1 影响量/因素优选的使用范围、基准值及其相关试验允差

影响量/因素优选的使用范围、基准值及其相关试验允差在表9中规定。

表9 影响量值

影响量	优选的使用范围	基准值	试验允差
周围空气温度	-5 ℃ ~ +40 ℃ -25 ℃ ~ +40 ℃ (见注1和注2)	由相关产品标准规定	相关产品标准中试验要求的允许值
海拔	不超过2 000 m	—	—
相对湿度:40 ℃时最大值	50%(见注3)	—	—
外部磁场	任何方向不超过5倍的地球磁场	地球磁场	—
位置	按制造商规定任何方向上允差为5°	由制造商规定	任何方向2°(见注4)
频率	基准值±5%	由制造商规定的额定频率	±2%
正弦波畸变	不超过5%	0	5%
直流交流分量(对于外部辅助电器)		0	3%

注1:日平均温度的最大值+35 ℃。
注2:在更严酷的气候条件下,可能会超过范围值。
注3:在较低的温度下允许较高的相对湿度(例如:在20 ℃,相对湿度为90%)。
注4:剩余电流保护电器应固定而不发生影响其功能的变形。

7.2 在储藏和运输过程中的极端温度范围限值

注:在电器设计时建议考虑下列储藏、运输和安装过程中的极端温度值:
——按4.8a)分类的电器:-20 ℃和+60 ℃;
——按4.8b)分类的电器:-35 ℃和+60 ℃;
——按4.8c)分类的电器:在更严酷的气候条件下,可能要求超过上述温度范围值。

8 结构和操作的要求

8.1 信息和标志

剩余电流保护电器上的信息和标志应根据相关的产品标准(见第6章):
剩余电流保护电器上的标志应不易擦除并且容易辨认。
剩余电流保护电器上提供信息的标签不应轻易被移除。
通过直观检查和/或相关产品标准中的试验来检验是否符合要求。

8.2 机械设计

8.2.1 概述

材料应适用于特定的使用,并能够通过适当的试验。固定连接上的接触压力不应通过除

了陶瓷或性能不亚于陶瓷以外的绝缘材料来传递，除非在金属部件中具有足够的弹性以补偿绝缘材料任何可能的收缩或变形。

通过直观检查和/或相关产品标准中的试验来检验是否符合要求。

8.2.2　机构

RCD所有极的动触头在机械上应这样连接，使得所有极基本上同时接通和分断，不管是手动操作还是自动操作。

四极RCD的中性极不应比其他极后闭合先断开。

应提供区别剩余电流保护电器断开和闭合状态的器件。

机构应该是自由脱扣，并且其结构应使得动触头只能停止在闭合位置或断开位置，即使当操作件手动释放在一个中间位置时也是如此。

当使用操作件来指示触头的位置时，释放时，操作件应自动占据和动触头相应的位置。在这种情况下，操作件应有两个与触头位置相对应的明显的停止位置，但对于自动断开，允许操作件有第三个明显的位置。

如果使用符号，应用“|”和“O”来分别指标闭合和断开位置。

如果使用颜色，红色应指示闭合位置，绿色应指示断开位置。

也可采用“合”、“分”等文字符号来说明。

通过直观检查和相关产品标准中的试验来检验是否符合要求。

8.2.3　电气间隙和爬电距离

考虑到RCD预期使用的电气装置的过电压类别和污染等级。RCD应具有能够耐受其预期寿命中电压应力的电气间隙和爬电距离。

通过相关产品标准的试验来检验是否符合要求。

如果没有产品标准可以参考GB/T 16935系列标准。

8.2.4　螺钉、载流部件和连接

螺钉、载流部件和连接，不管是电气的还是机械的，应耐受在正常使用过程中产生的机械应力和热应力。

电气连接不应产生过度老化。

通过相关的产品标准的试验来检验是否符合要求。

8.2.5　外部导线的接线端子

连接外部导线的接线端子应使导线可以这样连接，以确保持续地保持必须的接触压力。

通过相关产品标准的试验来检验是否符合要求。

8.2.6　现场与断路器组装的r.c.单元

在相关的产品标准中可以给出安全装配和正确运行的技术要求。

8.3　动作特性

8.3.1　与剩余电流形式相应的动作特性

8.3.1.1　交流剩余电流

在额定频率的交流剩余电流稳定增加时，AC型、A型和B型RCD应在表10规定的不动作电流$I_{\Delta no}$和额定剩余动作电流$I_{\Delta n}$范围内动作。

表 10　交流剩余电流脱扣电流限值

RCD 的型式	电　流　形　式	脱　扣　电　流	
		下限	上限
AC,A,B	交流	$0.5I_{\Delta n}$	$I_{\Delta n}$
注:对于给定的电流形式,下限值对应于不动作电流,上限值对应于动作电流。			

通过相关产品标准的试验来检验是否符合要求。

8.3.1.2　脉动直流剩余电流

在额定频率的脉动直流剩余电流稳定增加时,A 型和 B 型 RCD 应在表 11 规定的不动作电流和动作电流范围内动作。

表 11　脉动直流剩余电流脱扣电流限值

RCD 型式	电　流　形　式	脱　扣　电　流		
		下　限　值	上　限	
			$I_{\Delta n}<30$ mA	$I_{\Delta n}\geq 30$ mA
A,B	单个脉动直流			
	0°	$0.35I_{\Delta n}$	$2I_{\Delta n}$	$1.4I_{\Delta n}$
	90°	$0.25I_{\Delta n}$	$2I_{\Delta n}$	$1.4I_{\Delta n}$
	135°	$0.11I_{\Delta n}$	$2I_{\Delta n}$	$1.4I_{\Delta n}$
注:对于给定的电流形式,下限值对应于不动作电流,上限值对应于动作电流。				

脱扣范围应与脉动直流剩余电流的极性无关。

注:脉动直流剩余电流的波形可以参见附录 B。

通过相关产品标准的试验来检验是否符合要求。

8.3.1.3　脉动直流剩余电流叠加 0.006 A 的平滑直流电流

在额定频率的脉动直流剩余电流稳定增加并叠加一个 0.006 A 的平滑直流电流时,A 型 RCD 也应在表 11 规定的不动作电流和动作电流范围内动作。

即使脉动直流剩余电流和平滑直流电流的极性相同时,脉动直流电流的脱扣范围也应保持不变。

通过相关产品标准的试验来检验是否符合要求。

8.3.1.4　交流或脉动直流剩余电流叠加 $0.4I_{\Delta n}$ 的平滑直流电流

在额定频率的交流或脉动直流剩余,电流稳定增加并叠加一个 $0.4I_{\Delta n}$,或 10 mA 的平滑直流电流时(两者取较大值),B 型 RCD 也应在表 10 或表 11(适用时)规定的不动作电流和动作电流范围内动作。

即使脉动直流剩余电流和平滑直流电流的极性相同时,脉动直流电流的脱扣范围也应保持不变。

通过相关产品标准的试验来检验是否符合要求。

8.3.1.5　平滑直流剩余电流

在平滑直流剩余电流稳定增加时,B 型 RCD 应在表 12 规定的不动作电流和剩余动作电流范围动作。

脱扣范围应与平滑直流剩余电流的极性无关。

注:脉动直流剩余电流的波形可以参见附录 B。

通过相关产品标准的试验来检验是否符合要求。

表 12　平滑直流剩余电流脱扣电流限值

RCD 型式	极　数	电流形式	脱扣电流	
			下　限	上　限
B	2,3,4	双脉冲直流	$0.5I_{\Delta n}$	$2I_{\Delta n}$
	3,4	三脉冲直流		
		六脉冲直流		
		平滑直流		
注:对于给定的电流形式,下限值对应于不动作电流,上限值对应于动作电流。				

8.3.2　剩余电流大于或等于 $I_{\Delta n}$ 时,在相应时间内的动作

8.3.2.1　无延时 RCD

AC 型、A 型和 B 型 RCD 对于突然施加剩余电流的动作时间应符合表 1、表 2 和表 3 的要求(适用时),且与极性无关(如果适用时)。

通过相关产品标准的试验来检验是否符合要求。

8.3.2.2　延时型 RCD

AC 型、A 型和 B 型 RCD 对于突然施加的剩余电流的分断时间和不驱动时间应符合表 5、表 6 和表 7 的要求(适用时),而与极性无关(如果有关时)。

通过相关产品标准的试验来检验是否符合要求。

8.3.3　动作功能与电源电压有关的 RCD 的附加要求

8.3.3.1　动作功能与电源电压有关的 RCD 应能在额定电源电压的 0.85 ~ 1.1 倍之间正常运行。

8.3.3.2　符合 4.1.2.1 分类的动作功能与电源电压有关的 RCD,当电源故障时,剩余电流保护电器必须自动动作,其动作时间应符合相关产品标准规定。

8.3.3.3　符合 4.1.2.2a) 分类的电源电压故障时不能自动断开的,但发生剩余电流故障时能按预期要求动作的 RCD,其预期动作要求由相关产品标准规定,对 $I_{\Delta n} \leqslant 0.03$ A 的剩余电流保护电器,在电源电压降低到 50 V(相对地电压)时,如出现大于或等于额定剩余动作电流的剩余电流应能自动动作。

通过相关产品标准的试验来检验是否符合要求。

8.4　试验装置

RCD 应具有一个试验装置,模拟在额定电压下对检测装置通以一个不超过 $2.5I_{\Delta n}$ 的剩余电流,以便定期地检验剩余电流保护电器的动作能力。

如果 RCD 有多个 $I_{\Delta n}$ 额定值(见 4.5),应仅在最小 $I_{\Delta n}$ 整定值下验证 $2.5I_{\Delta n}$ 值。

注 1:如果认为必要时,技术委员会可以使用大于 $2.5I_{\Delta n}$ 的电流值(例如,具有多个额定电压的 RCD)。

注 2:试验装置是用来检验脱扣功能,而不是评价与额定剩余动作电流和分断时间有关的功能的有效性。

通过相关产品标准的试验来检验是否符合要求。

当剩余电流保护电器处于断开位置并如正常使用接线时,应不可能通过操作试验装置使负载侧电路带电。

对于具有隔离功能的剩余电流保护电器,试验装置不应是唯一的执行断开操作的器件。

通过直观检查来检验是否符合要求。

操作试验装置时,不应使电气装置的保护导体带电。

通过相关产品标准的试验来检验是否符合要求。

8.5 温　　升

考虑到其预期使用的周围温度，剩余电流保护电器不应遭受影响其功能和安全使用的损坏。

通过相关产品标准的试验来检验是否符合要求。如果没有相关的产品标准，对接线端子的温升可以见 GB 13140.1。

8.6 耐　　潮

剩余电流保护电器应具有足够的耐受湿度条件的机械性能。

通过相关产品标准的试验来检验是否符合要求。

8.7 介电性能

剩余电流保护电器应有足够的介电性能。

通过相关产品标准的试验来检验是否符合要求。

8.8 在平衡负载和不平衡负载时不动作电流的极限值

在规定的过电流条件下剩余电流保护电器不应脱扣。

通过相关产品标准的试验来检验是否符合要求。

8.9 EMC 及耐脱扣要求

8.9.1 EMC

剩余电流保护电器应符合有关的 EMC 要求。

通过相关产品标准的试验来检验是否符合要求。

注：可以用 GB 18499 作为指南。

8.9.2 在脉冲电压引起的浪涌电流下耐误脱扣

剩余电流保护电器应能足够地耐受电气设施的电容负载引起的对地浪涌电流。

注：这种浪涌电流可以由电气设施的电容、浪涌保护器（SPD）或闪络产生。

通过相关产品标准的试验来检验是否符合要求。

8.10 在过电流条件下剩余电流保护电器的性能

在过载或短路条件下（例如，I_m、$I_{\Delta m}$、$I_{\Delta c}$等），剩余电流保护电器应具有足够的承受能力。

通过相关产品标准的试验来检验是否符合要求。

8.11 绝缘耐受冲击电压

剩余电流保护电器的绝缘应具有足够的耐受冲击电压的能力。

通过相关产品标准的试验来检验是否符合要求。

8.12 机械和电气耐久性

剩余电流保护电器应能执行规定的闭合和断开操作及接通和分断操作次数。

通过相关产品标准的试验来检验是否符合要求。

8.13 耐机械冲击

剩余电流保护电器应具有足够的机械性能，以便耐受安装和使用过程中施加的应力。

通过相关产品标准的试验来检验是否符合要求。

8.14 可 靠 性

考虑到在可能的工作条件下的老化，剩余电流保护电器应在其整个预期使用寿命中提供防护。

通过相关产品标准的试验来检验是否符合要求。

8.15 重新闭合复位型剩余电流保护电器的条件(3.3.13)

在脱扣后不预先手动复位，应不可能重新闭合复位型剩余电流保护电器。

通过直观检查和相关产品标准的试验来检验是否符合要求。

8.16 电击防护

剩余电流保护电器应这样设计，当其按正常使用安装和接线后不能触及带电部件。

注：术语“正常使用”是指 RCD 按制造商说明书安装。

金属操作部件应与带电部件绝缘，其可导电部件(或也可称为“外露的可导电部件”)应该覆盖绝缘材料，除了连接各极绝缘操作件的器件以外。

机构的金属部件应是不可触及的。

就本条款而言，认为清漆和瓷漆不能提供足够的绝缘。

通过直观检查和相关产品标准的试验来检验是否符合要求。

8.17 耐 热 性

剩余电流保护电器应有足够的耐热性。

通过相关产品标准的试验来检验是否符合要求。

8.18 耐异常发热和耐燃

如果邻近的载流部件在故障或过载情况下达到一个高的温度时，RCD 用绝缘材料制成的外部部件应不容易点燃或蔓延火焰。其他用绝缘材料制成的部件的耐异常发热和耐燃性可认为已由本标准的其他试验检验。

通过相关产品标准的试验来检验是否符合要求。

8.19 在周围温度范围内剩余电流保护电器的性能

4.8a)分类的剩余电流保护电器应在 -5 ℃ ~ +40 ℃温度范围内正确地工作。

4.8b)分类的剩余电流保护电器应在 -25 ℃ ~ +40 ℃温度范围内正确地工作。

通过相关产品标准的试验来检验是否符合要求。

8.20 在贮存和运输过程中暴露在极端温度之后剩余电流保护电器的性能

在贮存和运输过程中，剩余电流保护电器应能耐受极端温度值(见 7.2)，而不发生不可逆转的改变。

极端温度值和试验按制造商和用户之间协议。

9 型式试验指南

在相关标准中,应按第 8 章给出的技术要求规定试验。表 13 规定了最少应进行的检查或试验的技术要求概要。

试验程序、样品数量和合格判别标准应在相关产品标准中规定。

表 13 最少应检查或试验的技术要求列表

条款	技术要求
8.1	信息和标志
8.2	机械设计
8.3	动作特性
8.4	试验装置
8.5	温升
8.6	耐潮
8.7	介电性能
8.8	在平衡负载和不平衡负载时不动作电流的极限值
8.9	符合 EMC 和误脱扣
8.10	在过电流条件下剩余电流保护电器的性能
8.11	绝缘耐受冲击电压
8.12	机械和电气耐久性
8.13	耐机械冲击
8.14	可靠性
8.15	重新闭合复位型剩余电流保护电器的条件(3.3.13)
8.16	电击防护
8.17	耐热性
8.18	耐异常发热和耐燃
8.19	在周围温度范围内剩余电流保护电器的性能
8.20	在贮存和运输过程中暴露在极端温度之后剩余电流保护电器的性能

附录 A(资料性附录)短路试验的推荐电路图

图 A.1 和图 A.2 给出了下列 RCD 短路试验使用的电路图:

——单极二个电流回路的 RCD;

——二极 RCD(带一个或二个过电流保护极);

——三极 RCD;

——三极四个电流回路的 RCD;

——四极 RCD。

阻抗 Z 和 Z_1(图 A.2)的电阻和电抗应可调节以满足规定的试验条件。电抗器推荐采用空心线圈，电抗器应始终与电阻串联并且其电感值应由单个电抗器串联获得。当电抗器的时间常数基本上相同时，允许电抗器并联连接。

因为包括大空心电抗器的试验电路的瞬态恢复电压并不能代表正常的使用条件，每相的空心电抗器应并联一个电阻器 R_1，通过电阻器的电流约为通过电抗器的 0.6%。

如果使用铁心电抗器，这些电抗器的铁心损耗功率不应超过与空心电抗器并联的电阻所吸收的功耗。

在每个验证额定短路能力的试验线路中，阻抗 Z 接入电源 S 和被试断路器之间。

当试验的电流低于额定短路能力时，应在断路器的负载端接入一个附加阻抗 Z_1。

阻值约为 0.5Ω 的电阻器 R_2 与铜导线 F 串联，如图 A.1 所示。

单极 RCD 在图 A.1 所示的电路图中进行试验。

二极 RCD 在图 A.1 所示的电路图中进行试验，二个极均接入电路中而与过电流保护极的数量无关。

三极 RCD 和带三个过电流保护极的四极 RCD 在如图 A.1 所示的电路中进行试验。

栅格电路应连接至 B 点和 C 点（见图 A.1）。

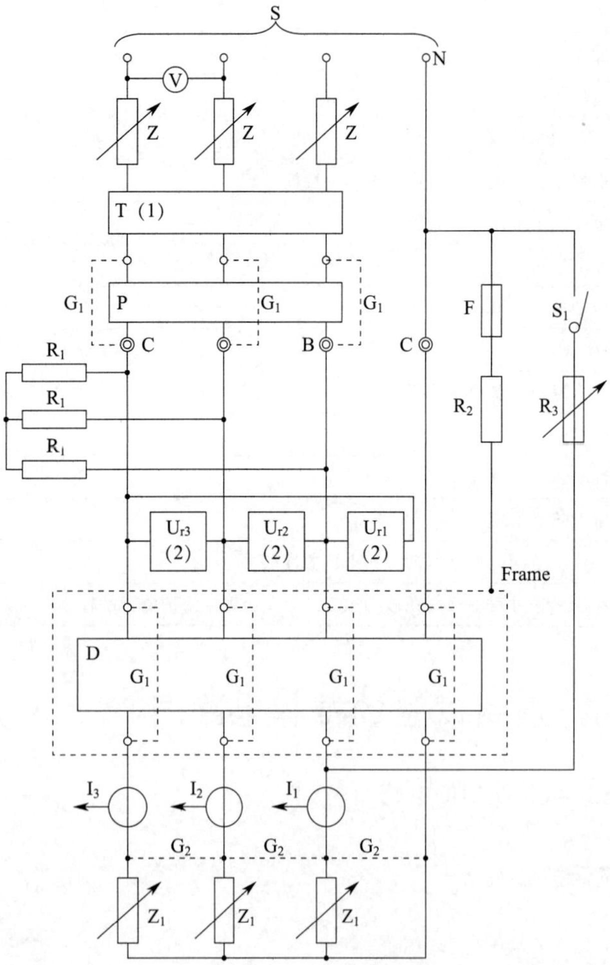

N——中性线导体；
S——电源（单相、三相或三相加中性线，取决于被试电器的电流路径的数量）；
Z——可调阻抗可以位于变压器的低压侧或高压侧；
Z_1——可调阻抗用来调节低于额定短路电流的电流；
P——短路保护电器（SCPD），它可以连接在被试电器前端的相电路的任何位置；
D——被试电器；
Frame——使用时正常接地的所有导电部件；
G_1——用于调节的临时连接；
G_2——用于额定限制短路电流试验的连接；
T——接通短路的电器，它可连接在相电路的任何位置；
I_1，I_2，I_3——电流传感器。它可置于被试电器“D”前端或后端；
U_{r1}，U_{r2}，U_{r3}——电压传感器；
F——检测故障电流的器件；
R_1——根据制造商的要求每相分流 10 A 电流的电阻器；
R_2——限制器件 F 中电流的电阻器；
R_3——用于调节 I_Δ 的可调电阻器；
S_1——辅助开关；
B 和 C（或 C′）——检测电弧喷射的栅格的连接点，只有在单极电器或相极加中性极电器试验时“C”在中性线上。

注 1：闭合电器 T 也可位于被试电器的负载端和电流传感器 I_1，I_2，I_3 之间（适用时）。

注 2：电压传感器 U_{r1}，U_{r2}，U_{r3} 也可连接在相线和中性线之间。

图 A.1　所有短路试验的线路图

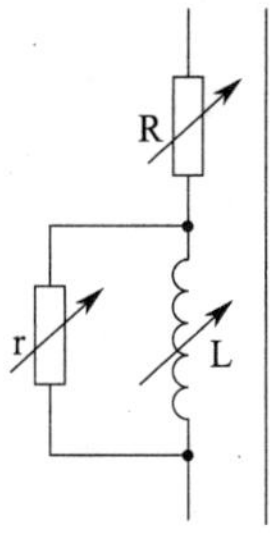

r——分流约 0.6% 电流的电阻器；

L——可调空心电感；

R——可调电阻器。

注：可调负载 L、R 和 r 可位于供电线路的高压侧(适用时)。

图 A.2 阻抗 Z 和 Z_1 的详图

附录 B(资料性附录)可能的负载电流和故障电流

编号	接线	正常供电电流	故障接地电流
1	单组 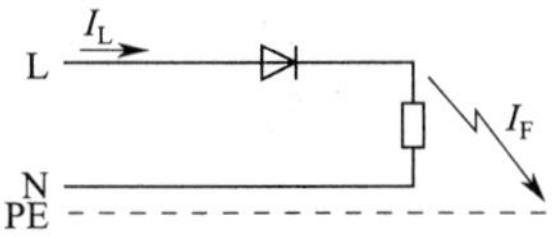	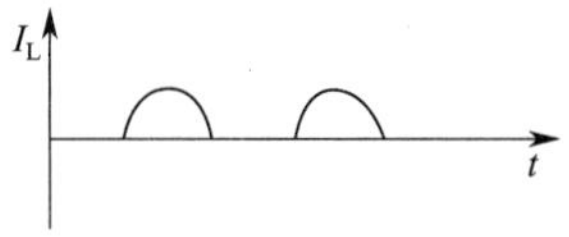	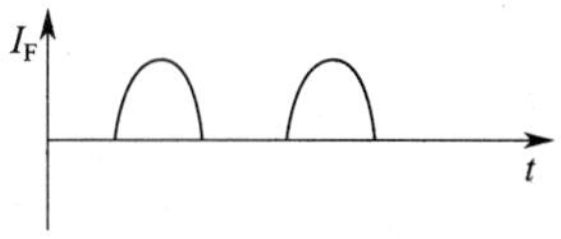
2	单相带滤波 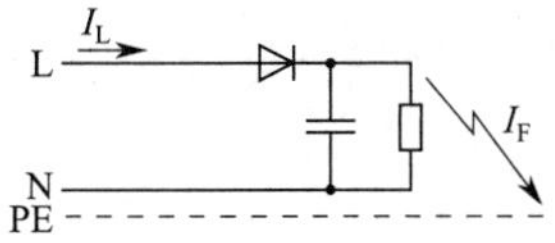	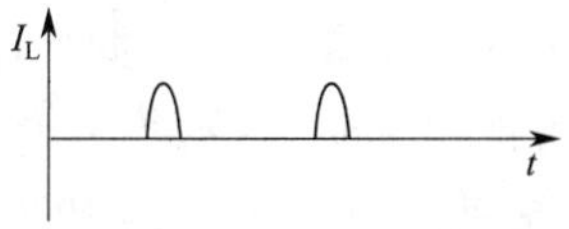	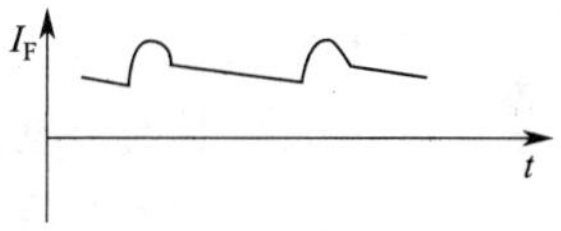
3	三相星形 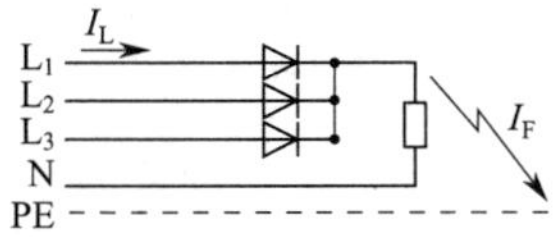	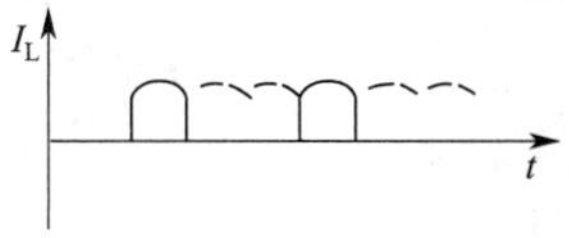	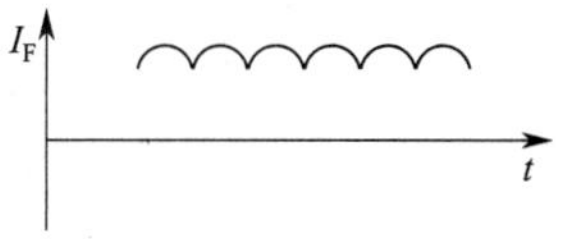
4	双脉冲桥式 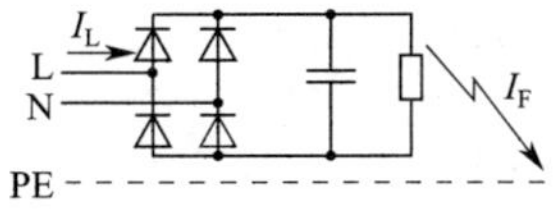	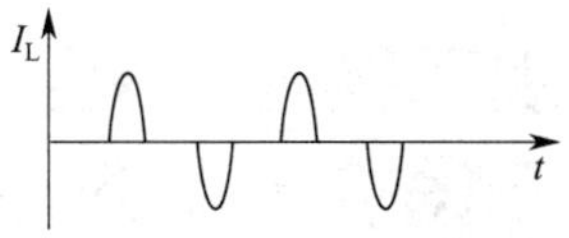	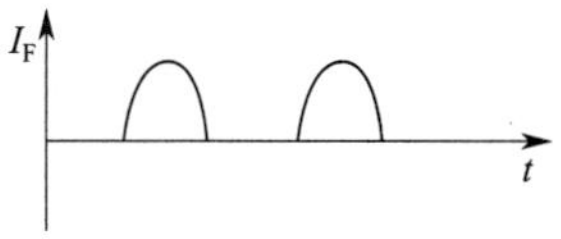
5	双脉冲桥式，半波相位控制 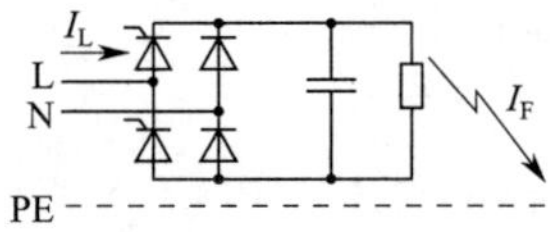	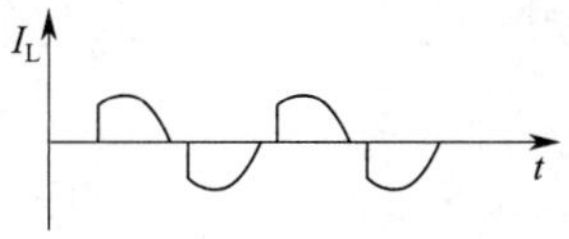	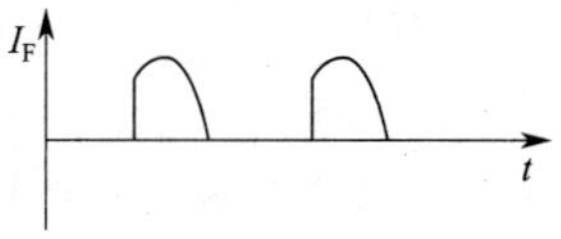

图 B.1 各种不同的电子线路可能出现的负载电流和故障电流

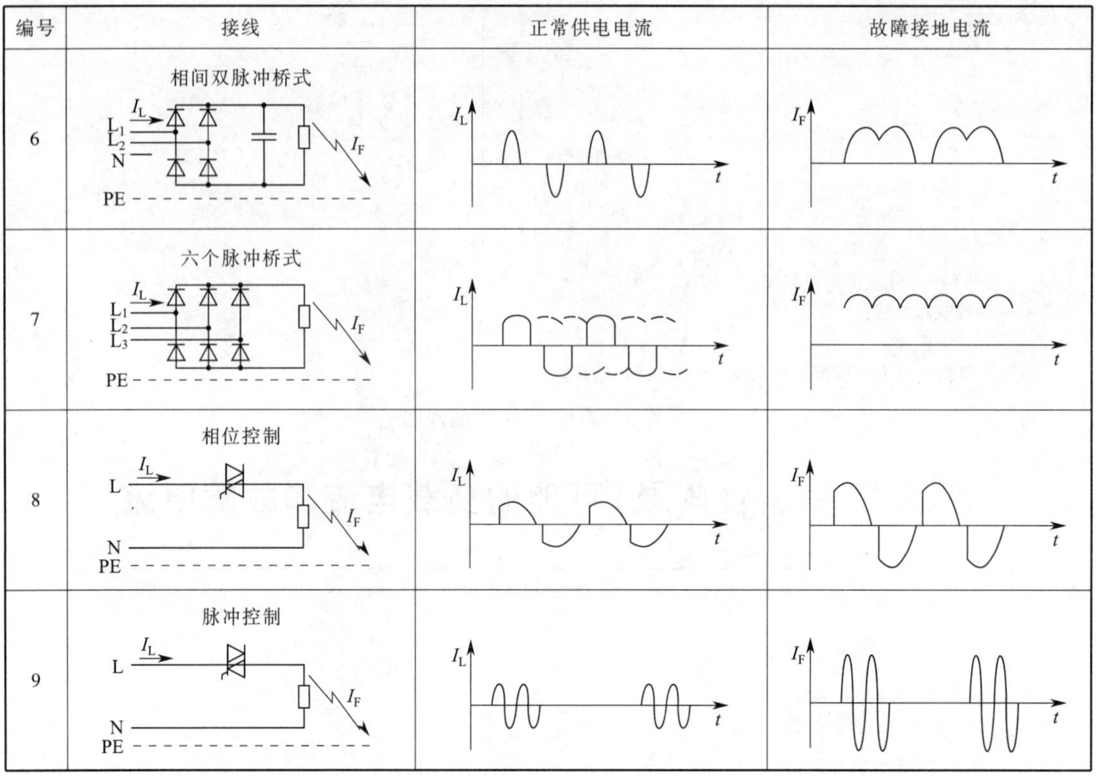

图 B.1(续)

可能的负载电流和故障电流见图 B.1。

图 B.1 说明了电子设备和开关电源常用的电源侧电路配置中剩余电流的波形，以及在哪种接地故障情况下剩余电流中可能出现直流分量。

根据不同的剩余电流波形，应使用下列型式的 RCD：

a）AC 型 RCD 适用于检测和断开编号为 8 和 9 的电子线路可能产生的剩余电流；

b）A 型 RCD 适用于检测和断开编号为 1、4、5、8 和 9 的电子线路可能产生的剩余电流；

c）B 型 RCD 适用于检测和断开编号为 1 ~ 9 的电子线路可能产生的剩余电流。

注 1：在编号为 2 的电路中的单相整流器和电容可能产生危险的直流故障电流。这种电路不大可能使用，但如果使用时，宜采用能够检测平滑直流电流的 B 型 RCD。

注 2：对于编号为 9 的电路，每个脉冲序列时间通常比 0.5 s 大得多，因此可采用 AC 型、A 型和 B 型的 RCD。

附录 C（规范性附录）自动重合闸剩余电流保护电器的补充要求

C.1　范围

本附录适用于剩余电流脱扣后能自动重合闸的剩余电流保护电器。

C.2　性能要求

C.2.1　重合闸功能只适用于额定电流大于 63 A，额定剩余动作电流大于 0.03 A 的用于间接接触保护的剩余电流保护电器。

C.2.2　额定剩余动作电流小于或等于 0.03 A 的剩余电流保护电器不应具有重合闸功能。

C.2.3 延时型剩余电流保护电器不应具有重合闸功能。

C.2.4 自动重合闸剩余电流保护电器,因剩余电流脱扣动作后,经过 20 s~60 s 的时间间隔后才能自动重合闸,但手动合闸不受时间间隔限制。

C.2.5 自动重合闸剩余电流保护电器只能自动重合闸一次。如自动重合闸后,剩余电流保护电器因接地故障未排除而再次动作后,则自动重合闸功能应自行闭锁,不应再自动重合闸。

C.3 试验方法

C.3.1 试验条件

剩余电流保护电器按正常使用条件安装,在与剩余电流特性相应的试验电路里进行试验。剩余电流保护电器应分别在 0.85 倍和 1.1 倍额定电压下进行试验。

C.3.2 验证自动重合闸功能

在任何合适的温度下,剩余电流保护电器施加规定电压,不带负载进行试验。

试验电路分别调节到 $I_{\Delta n}$及 $10I_{\Delta n}$电流值,闭合试验开关使电路中突然产生一个剩余电流,使剩余电流保护电器动作,测量分断时间,剩余电流保护电器应在对 $I_{\Delta n}$及最大剩余动作电流规定的动作时间内分断。然后打开试验开关断开剩余电流,经过一定时间间隔后,剩余电流保护电器应能自动重合闸。测量剩余电流保护电器分断至重新自动闭合的间隔时间,该时间不应小于 20 s,也不应大于 60 s。

C.3.3 验证自动重合闸的闭锁功能

在任何合适的温度下,剩余电流保护器施加规定电压,不带负载进行试验。

试验电路分别调节到 $I_{\Delta n}$及 $10I_{\Delta n}$电流值,闭合试验开关使电路中突然产生一个剩余电流,使剩余电流保护电器动作,此时试验开关仍保持闭合(存在接地故障),经过一定时间间隔后,剩余电流保护电器应自动重合闸,测量剩余电流保护电器分断至重新闭合的时间间隔,该时间不应小于 20 s 也不应大于 60 s。此时因电路中存在 $I_{\Delta n}$或 $10I_{\Delta n}$的剩余电流,剩余电流保护器应动作,测量电流接通瞬间至电流断开瞬间之间的间隔时间,该时间间隔不应大于对 $I_{\Delta n}$及最大剩余动作电流规定的动作时间。这时剩余电流保护电器应保持在断开位置,不应再自动重合闸。

经过 10 min 后,断开试验开关,用手动方式重新闭合剩余电流保护电器后,重复上述试验,试验结果仍应符合上述要求。

索道用钢丝绳检验和报废规范

目　次

4　一般规定

4.1　审　　查

钢丝绳选择应依据其工作条件及用途并符合 GB 8918、GB 12141、GB 12352—2007、GB/T 19401、GB/T 19402、GB/T 20118、YB/T 5295 的有关规定。

4.2　安装的检验

4.2.1　钢丝绳到货后和在安装过程中,应按钢丝绳技术标准或合同中有关事项进行验收。应检查钢丝绳直径、结构、表面和捻制情况以及绳芯和包装质量等。钢丝不应有断丝、交错、折弯、锈蚀和擦伤;绳股不应有松紧不一、塌入和凸起等缺陷,纤维芯不应干燥、腐烂。客运架空索道钢丝绳的安装要求应符合 GB 12352—2007 的有关规定。

4.2.2　更换的钢丝绳应与原安装的钢丝绳同类型、同规格。如采用不同的钢丝绳,应确保更换的钢丝绳的性能不低于原钢丝绳,并与抱索器钳口、绳槽等相关要素相适应。

4.2.3　如所需钢丝绳由较长钢丝绳上切取,应采取防止切口松散的措施。

4.2.4　产品质量证明书和检验记录等应妥善保管。

4.2.5　在安装过程中应防止钢丝绳打环、松股、扭结、弯折、挤压变形,避免粘上杂物和在硬物上摩擦,严禁在水中浸泡。

4.2.6　客运架空索道的承载索不允许有中间接头

4.2.7　6 股牵引索、运载索和拖牵索的编接尺寸

4.2.7.1　编接接头的长度不应小于钢丝绳公称直径的 1 200 倍。插入长度应大于钢丝绳公称直径的 60 倍。相邻两个编接末端之间的钢丝绳长度不应小于钢丝绳公称直径的 3 000 倍(钢丝绳编接记录的典型示例参见附录 A)。

4.2.7.2　客运索道接头编接直径在张紧后,其编接插入点之间直径增大量不应超过钢丝绳实际直径的 5%;货运索道接头编接直径在张紧后,其编接插入点之间直径增大量不应超过钢丝绳实际直径的 6%。

4.2.7.3　索道张紧后,绳股插入点钢丝绳直径增大量不应超过钢丝绳公称直径的 15%,对脱挂索道,绳股插入点钢丝绳直径增大量不应超过钢丝绳公称直径的 10%。

4.3　检　　查

4.3.1　日常检查

每个工作日都应对钢丝绳进行观察,以便及时发现损坏与变形情况。

4.3.2　月检查

4.3.2.1　每月应对钢丝绳至少进行一次目检。如遇特殊情况(如脱索、受雷击和受猛烈拉伸时),要立即目检或无损探伤,对于损伤未达到报废标准或无明显损伤继续使用的钢丝绳,应进行损伤劣化趋势监测跟踪管理,跟踪监测期长短和监测频次,根据监测结果进行适时修正,确保受损伤钢丝绳安全运行。

4.3.2.2　当出现疲劳断丝及其他异常情况,应进行追加检查。在原因清楚的情况下,可根据检查结果决定是否缩短检查周期。

4.3.3　目检

4.3.3.1　目检在白天进行,从钢丝绳两侧同时观察。目检时的速度不应超过0.5m/s,检查结果应记录并妥善保管。

4.3.3.2　检查时,应采用对钢丝绳没有损伤的机械方法清除钢丝绳表面的油脂及污物。

4.3.3.3　可用无损探伤代替目检,但对受力比较大的部位(鞍座、绳轮等)或已出现损伤的部位还应目检。

4.3.4　无损探伤

4.3.4.1　客运架空索道、客运地面缆车用钢丝绳应进行无损探伤检查。第一次检查应在钢丝绳安装后的18个月内进行,将检查结果作为以后检查的基础。

4.3.4.2　探伤周期视钢丝绳使用状况而定。检查结果应记录并归档。

4.3.4.3　客运架空索道承载索窜绳后应进行无损探伤。

4.3.5　检查部位

对钢丝绳作全长检查时,应特别注意下列部位:

——承载索:偏斜鞍座、摇摆鞍座、线路套筒、过渡套筒、末端装置等处;

——牵引索、运载索:接头处、与固定抱索器连接的两端;

——张紧索:合金浇铸套筒处、导向轮上下运行部分;

——平衡索:导向轮上下运行部分。

4.3.6　内部检验

内部检验的办法可参见附录B,检验结果应做记录。

4.4　维护保养

4.4.1　钢丝绳的维护保养,应根据索道的用途、工作环境、钢丝绳的种类和钢丝绳制造厂的说明而定。每年宜润滑一次。

4.4.2　润滑之前要清除钢丝绳表面污物。如钢丝绳表面有露水和冰霜,待露水和冰霜清除干净后方可进行润滑。润滑时不允许加过多的油脂,不允许用溶剂。

4.4.3　固定抱索器的移位以及无客车制动器往复式索道的牵引索的维护要求见GB 12352—2007的12.3.4和12.3.5。

4.5　钢丝绳损伤的修复

4.5.1　只允许对于由已知原因造成的钢丝绳损伤进行修复(例如焊点开裂、机械损伤或由于雷击所造成的局部损伤)。疲劳断裂不应修复。修复处不允许再翻新。

4.5.2　只有将钢丝绳放松并且被取下后,才允许进行修复工作。

4.5.3　对于密封式钢丝绳,如果同一钢丝断口的间隙不超过钢丝绳的直径,此间隙应采用相应的密封材料填充。如果间隙超过钢丝绳的直径,应采用成形钢丝进行修复。

4.5.4　不允许两根断丝邻近。可修复的局部缺陷应达到下列要求:

——任何在钢丝绳中更换的成形钢丝的长度应至少等于钢丝绳直径的100倍。

——在运行小车通过的钢丝绳的同一纵断面最多更换三根相邻的钢丝。

4.5.5　6股牵引索、运载索、拖牵索编接区的修复

修复编接区时只允许更换一股绳股,修复加入的绳股长度应为在原编接长度的基础上两端再各追加不小于钢丝绳公称直径400倍的长度。

4.5.6　6股牵引索、运载索、拖牵索编接区之外的修复

编接区之外需要修复的绳股，其两个插入点之间的距离应至少为钢丝绳公称直径的200倍。

4.5.7 修复绳股的插入长度应至少为钢丝绳公称直径的100倍。

4.5.8 对于运载索，如果断丝数聚集在接头处，在绳长允许的情况下可断开重接；若聚集在别处亦可断开重接，但修复点之间的距离应大于钢丝绳公称直径的3 000倍。

4.5.9 往复式客运架空索道的牵引索和平衡索一般不应有编接头，在特殊情况下需要编接时，编接末端与锚头距离应大于钢丝绳公称直径的3 000倍。

4.5.10 货运架空索道承载索在6d绳长内，其外部断丝超过两根以上时，应用夹板保护，其结构型式应不影响车辆通行。

5 报废标准

5.1 判定钢丝绳的报废或局部更换应注意以下几点：

a)断面的缩小值；

b)断丝的局部聚集；

c)绳股断裂；

d)断丝的增加率；

e)如果钢丝绳的损坏是由鞍座、绳轮等存在的缺陷引起的，在换钢丝绳之前应消除这些缺陷；

f)如果判定钢丝绳的断面缩小值接近报废标准，钢丝绳应报废；

g)出现外部事件(雷击、脱索等)之后，是否报废应由使用单位报安检机构进行检测，依据检测意见做出决定。

5.2 金属断面的缩小

5.2.1 在相关长度L(d的倍数)内，钢丝绳金属断面缩小值与钢丝绳公称金属断面的比值(以百分比计)，其允许的最大金属断面缩小值见表1。

5.2.2 在确定金属断面的缩小值时应考虑：

a)断丝数；

b)内部及外部的磨损；

c)内部及外部的腐蚀；

d)其他的损坏。

表 1

钢丝绳结构	最大允许的金属断面缩小值		相关长度 L
	客运索道	货运索道	
密封钢丝绳	10%	15%	$200 \times d$
	8%	10%	$30 \times d$
	5%	7%	$6 \times d$
股捻钢丝绳	20%	25%	$200 \times d$
	10%	15%	$30 \times d$
	6%	8%	$6 \times d$

5.3　断 丝 数

5.3.1　在钢丝绳无任何其他缺陷时所允许的外部断丝数,可根据金属断面所允许的缩小值及外部钢丝断面确定。

5.3.2　在相关长度内由于局部的硬化(马氏体组织构成)钢丝中出现发状细的裂纹,也应视为断丝。松散的钢丝和由焊接或胶合修复的钢丝也应作为断丝。

5.3.3　如果在表 1 相关长度 30 × *d* 范围内(见表 1),由于断丝造成的断面缩小值超过最大允许断面缩小值的 2/3 时,就应考虑使用无损探伤仪协助评定钢丝绳的状况。

5.3.4　不论哪种钢丝绳由无损探伤仪探伤或目视,在相关长度内一根多处断裂的钢丝只应算作一根断丝。

5.3.5　因非正常损伤产生的外部可见断丝

5.3.5.1　如果钢丝绳由于特殊的原因使钢丝恶化(例如非正常腐蚀、雷击和其他明显的反常的原因),虽然未达到报废标准,可根据目视的断丝数作为报废标准,最大允许的目视断丝数见表 2。

表　2

钢丝绳结构	相关长度			
	交互捻		同向捻	
	6 × *d*	30 × *d*	6 × *d*	30 × *d*
6 ×7	2	4	2	3
6 ×19S	3	6	3	4
6 ×25Fi,6 ×26SW	5	10	4	6
6 ×31SW,6 ×36SW,6 ×41SW	7	14	5	7

5.3.5.2　下列钢丝绳视为例外:

——脱挂式拖牵索道同向捻 6 ×7 的拖牵钢丝绳,在相关长度 6 × *d* 范围内最大允许外部断丝数为 3;

——对于张紧索,由可见的外部断丝造成的最大金属断面缩小值应为表 1 所列值的 50% ;

——对于货运架空索道的张紧索由可见的外部断丝造成的最大金属断面缩小值应为表 1 所列值的 120% ;

——张紧索使用 6 年或工作 18 000 h 后(以先到为准)应予以报废;带有附加张紧装置的张紧索 8 年后报废;

——对于合成纤维的拖牵索和合成纤维的拉绳,任何明显的损坏或变质(例如直径、形状的改变)对进一步安全使用有影响时都可考虑报废。

5.4　内部及外部磨损

内部磨损及压坑:这种损坏是由于钢丝绳内各个绳股和钢丝之间的相互摩擦造成的。

外部磨损:钢丝绳在压力作用下,与托(压)索轮、鞍座、驱动轮、导向轮绳槽接触摩擦造成钢丝绳外层绳股和钢丝表面磨损,使外部钢丝磨成平面状。润滑不足,或不正确的润滑以及灰尘和沙粒都会加剧磨损。

磨损导致钢丝绳的断面缩小、强度降低。断面缩小允许值见表 1。

5.5 其他的损坏

钢丝绳由于其他原因造成钢丝和绳股松散、结构变化而使钢丝绳性能减弱，也应计算其断面缩小值。若超过表 1 中的数值，应局部更换（应满足 4.5 的有关要求）或报废。

5.6 断丝的局部聚集

5.6.1 客运架空索道密封钢丝绳（承载索）相邻异形钢丝在 18d 长度内如有两处断裂，其断面缩小值虽未超出表 1 中的数值也应报废。

5.6.2 索道的运动索（牵引索、平衡索、运载索、拖牵索）在一绳股中如在一个捻距的长度内，外部断丝数大于外层钢丝数的 50%，应局部更换（应满足 4.5 的有关要求）或报废。

5.6.3 索道的运动索张紧时，测量编接区直径小于钢丝绳公称直径的 90%，应予以报废。

5.7 断丝的增加率

在某些使用场合，疲劳是引起钢丝绳损坏的主要原因，断丝则是在使用一定时期以后才开始出现，但断丝数逐渐增加，其时间间隔越来越短。在此情况下，为了判定断丝的增加率，应仔细检查并记录断丝增加情况，找出其中规律，并以此确定钢丝绳报废的日期。

5.8 绳股断裂

若整根绳股断裂，应局部更换（应满足 4.5 的有关要求）或报废。

5.9 钢丝绳的固定末端

5.9.1 钢丝绳固定末端应符合 GB 12352—2007 的 4.3 有关规定。对于合金或树脂浇铸的套筒，在接近套筒的钢丝绳段任何断丝或明显的腐蚀都应考虑报废。此外，不考虑钢丝绳状况，固定末端套筒的报废标准见表 3。

表 3

钢丝绳的型式	固定末端套筒型式	最大使用年限/年
牵引索	合金浇铸套筒	4
牵引索	夹紧套筒	3
缆车牵引索	树脂浇铸套筒	2
张紧索	没有附加张紧装置的固定末端套筒	6
	有附加的张紧装置的固定末端套筒	8
承载索	没有附加张紧装置的固定末端套筒	6
	有附加张紧装置的固定末端套筒	8
如果可用无损探伤仪检查树脂浇铸套筒，它们的使用年限可由 2 年增加到 4 年； 附加张紧装置应是对称的并承受 3 倍的静张紧力。		

5.9.2 锚固筒

承载索直接在锚固筒上缠绕 3 圈时（用两圈缠绕降低张紧力），断丝数造成的最大允许的金属断面缩小值不超过表 1 所列值的 2 倍。

6　钢丝绳的使用信息处理

根据检验人员对有关信息所作的有关记录,可预测给定类型的钢丝绳在索道上的有效性能。这些信息可用于调整维修程序和控制备用钢丝绳的库存;但不应因进行了这种预测而放松检验,或将使用期限延长到超出本标准所规定的条件。

7　钢丝绳检验记录

用户对每次定期检验都应做认真详细的记录,检验记录的典型示例参见附录 C。

8　钢丝绳的储存

8.1　钢丝绳应存放在通风干燥的室内,防止阳光直射和热气烘烤,放置的地面应垫高 300 mm 以上。

8.2　钢丝绳如在室外存放时,严禁和地面直接接触,并需搭棚,加覆盖物保护。

8.3　若储存的时间较长,每年要进行一次外观检查,如发现钢丝绳锈蚀要解卷检查,进行除锈,涂油后再重新缠绕,情况严重时要及时处理。

8.4　应对钢丝绳存放期的维护及检查做好记录。

附录 A(资料性附录)　钢丝绳编接记录的典型示例

钢丝绳编接记录见表 A.1

表　A.1

<table>
<tr><td colspan="2">索道型式</td><td colspan="2"></td><td colspan="2">钢丝绳公称直径/mm</td><td></td></tr>
<tr><td colspan="2">使用地点</td><td colspan="2"></td><td colspan="2">钢丝绳实际直径/mm</td><td></td></tr>
<tr><td colspan="2">钢丝绳制造厂</td><td colspan="2"></td><td colspan="2">绳芯材料</td><td></td></tr>
<tr><td colspan="2">测量时钢丝绳张紧并运行的小时数</td><td colspan="2"></td><td colspan="2">公称抗拉强度/MPa</td><td></td></tr>
<tr><td colspan="2">首次编接</td><td colspan="2"></td><td colspan="2">环形绳长/m(不包括接头长度)</td><td></td></tr>
<tr><td colspan="2">重新编接</td><td colspan="2"></td><td colspan="2">接头实际长度/m</td><td></td></tr>
<tr><td colspan="2">紧绳重编(截去的绳长)/m</td><td colspan="2"></td><td colspan="2">插入段实际长度/m</td><td></td></tr>
<tr><td colspan="2">其他</td><td colspan="5"></td></tr>
<tr><td colspan="7">接头数据(←钢丝绳运行方向)</td></tr>
<tr><td>T1#</td><td>T2#</td><td>T3#</td><td>交接</td><td>T4#</td><td>T5#</td><td>T6#</td></tr>
<tr><td></td><td></td><td></td><td></td><td></td><td></td><td></td></tr>
<tr><td></td><td></td><td></td><td></td><td></td><td></td><td></td></tr>
<tr><td></td><td></td><td></td><td></td><td></td><td></td><td></td></tr>
<tr><td colspan="2">插入段缠绕方式</td><td colspan="2"></td><td colspan="2">填充材料</td><td></td></tr>
<tr><td colspan="2">接头方式</td><td colspan="2"></td><td colspan="2">插入点钢丝绳最大直径/mm</td><td></td></tr>
<tr><td colspan="2">插入点之间钢丝绳最小直径/mm</td><td colspan="2"></td><td colspan="2">插入点之间钢丝绳最大直径/mm</td><td></td></tr>
<tr><td colspan="2">结论</td><td colspan="2"></td><td colspan="2">钢丝绳编接人</td><td></td></tr>
<tr><td colspan="2">公司名称</td><td colspan="2"></td><td colspan="2">编接日期</td><td></td></tr>
</table>

附录 B(资料性附录)　钢丝绳的内部检验

B.1　钢丝绳内部损伤主要由于腐蚀和正常的疲劳所造成,通常的外部检验可能发现不了内部损坏的程度,因此应进行内部检验。

内部检验一般由索道安检人员进行。

B.2　检查范围

所有类型的成股钢丝绳均能充分地松开,以便对其内部情况作评定。这对粗钢丝绳较为困难。但只要使钢丝绳所受张力为零时就能进行内部检验。

B.3　检查方法

将两个适当尺寸的夹钳相隔一定的距离牢固地夹到钢丝绳上,朝着与钢丝绳捻向相反的方向对夹钳施加一个力,外层绳股就会散开并脱离绳芯(见图 B.1)。不要使夹钳绕钢丝绳打滑。各绳股的位移也不宜太大。

图 B.1　对一段连续钢丝绳作内部检验(张力为零)

当钢丝绳略微拧开时,可用一小探针把妨碍观测钢丝绳内部的润滑脂或碎屑清除掉。

应观测的主要内容是:

a)内部润滑状态;

b)腐蚀程度;

c)由于挤压或磨损引起的钢丝压痕;

d)有无断丝。

检验之后,在拧开部位放入一些润滑脂,并以适度的力量转动夹钳使绳股在绳芯周围正确复位。卸掉夹钳之后,钢丝绳外表面应涂以润滑脂。

B.4　邻近绳端的钢丝绳段的检查

检验该部位的钢丝绳只需使用单个夹钳,设法将端部固定即可进行检验(见图 B.2)。

B.5　检查部位

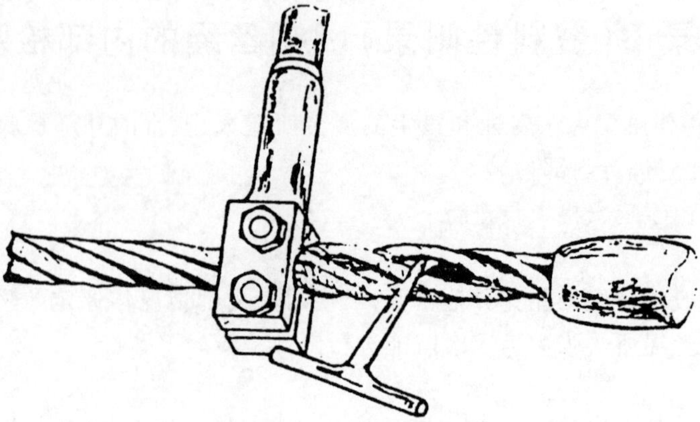

图 B. 2　对靠近绳端装置的钢丝绳尾部作内检查(张力为零)

附录 C(资料性附录)　钢丝绳检验记录的典型示例

钢丝绳检验记录见表 C. 1

表　C. 1

索道型式			使用地点		
钢丝绳型号			用途		
钢丝绳捻向	右捻/左捻		捻向种类	交捻/同向捻	
最小破断载荷/kN			公称抗拉强度/MPa		
绳芯类型	钢/纤维/合成材料		表面品质	不镀锌/镀锌	
绳长/m			安装日期		
工作载荷/kN			检验时承受的载荷/kN		
新绳预张紧后实测直径/mm			检验时实测直径/mm		
绳端固定型式			钢绳制造厂		
质量证明书号			制造编号		
钢丝断面缩小/%			损坏及变形特征	测量部位	总的评价损坏程度
6*d* 内	30*d* 内	200*d* 内			
处理意见			工作时数		
其他观察结果			报废原因		
签名			日期		
注:用户可根据本地实际情况增加必要的项目。					

建筑施工门式钢管脚手架安全技术规范

目　次

3 构配件

3.0.1 门架与配件的钢管应采用现行国家标准《直缝电焊钢管》GB/T 13793 或《低压流体输送用焊接钢管》GB/T 3091 中规定的普通钢管，其材质应符合现行国家标准《碳素结构钢》GB/T 700中 Q235 级钢的规定。门架与配件的性能、质量及型号的表述方法应符合现行行业产品标准《门式钢管脚手架》JG 13 的规定。

3.0.2 周转使用的门架与配件应按本规范附录 A 的规定进行质量类别判定与处置。

3.0.3 门架立杆加强杆的长度不应小于门架高度的 70%；门架宽度不得小于 800 mm，且不宜大于 1 200 mm。

3.0.4 加固杆钢管应符合现行国家标准《直缝电焊钢管》GB/T 13793 或《低压流体输送用焊接钢管》GB/T 3091 中规定的普通钢管，其材质应符合现行国家标准《碳素结构钢》GB/T 700 中 Q235 级钢的规定。宜采用直径 $\phi42 \times 2.5$ mm 的钢管，也可采用直径 $\phi48 \times 3.5$ mm 的钢管；相应的扣件规格也应分别为 $\phi42$、$\phi48$ 或 $\phi42/\phi48$。

3.0.5 门架钢管平直度允许偏差不应大于管长的 1/500，钢管不得接长使用，不应使用带有硬伤或严重锈蚀的钢管。门架立杆、横杆钢管壁厚的负偏差不应超过 0.2 mm。钢管壁厚存在负偏差时，宜选用热镀锌钢管。

3.0.6 交叉支撑、锁臂、连接棒等配件与门架相连时，应有防止退出的止退机构，当连接棒与锁臂一起应用时，连接棒可不受此限。脚手板、钢梯与门架相连的挂扣，应有防止脱落的扣紧机构。

3.0.7 底座、托座及其可调螺母应采用可锻铸铁或铸钢制作，其材质应符合现行国家标准《可锻铸铁件》GB/T 9440 中 KTH－330－08 或《一般工程用铸造碳钢件》GB/T 11352 中 ZG230－450 的规定。

3.0.8 扣件应采用可锻铸铁或铸钢制作，其质量和性能应符合现行国家标准《钢管脚手架扣件》GB 15831 的要求。连接外径为 $\phi42/\phi48$ 钢管的扣件应有明显标记。

3.0.9 连墙件宜采用钢管或型钢制作，其材质应符合现行国家标准《碳素结构钢》GB/T 700 中 Q235 级钢或《低合金高强度结构钢》GB/T 1591 中 Q345 级钢的规定。

3.0.10 悬挑脚手架的悬挑梁或悬挑桁架宜采用型钢制作，其材质应符合现行国家标准《碳素结构钢》GB/T 700 中 Q235B 级钢或《低合金高强度结构钢》GB/T 1591 中 Q345 级钢的规定。用于固定型钢悬挑梁或悬挑桁架的 U 形钢筋拉环或锚固螺栓材质应符合现行国家标准《钢筋混凝土用钢　第 1 部分：热轧光圆钢筋》GB 1499.1 中 HPB 235 级钢筋或《钢筋混凝土用钢　第 2 部分：热轧带肋钢筋》GB 1499.2 中 HRB 335 级钢筋的规定。

3.0.11 门架、配件及扣件的计算用表可按本规范附录 B 的规定采用。

4 荷　载

4.1 荷载分类

4.1.1 作用于门式脚手架或模板支架的荷载应分为永久荷载和可变荷载。

4.1.2 门式脚手架和模板支架的永久荷载应包含下列内容：

1 门式脚手架永久荷载：

1)构配件自重:包括门架、连接棒、锁臂、交叉支撑、水平加固杆、脚手板等自重;

2)附件自重:包括栏杆、扶手、挡脚板、安全网、剪刀撑、扫地杆及防护设施等自重。

2 模板支架永久荷载:

1)支架构配件及模板的自重:包括架体、围护、模板及模板支承梁等自重;

2)新浇钢筋混凝土自重:钢筋自重、新浇混凝土自重。

4.1.3 门式脚手架和模板支架的可变荷载应包含下列内容:

1 门式脚手架的施工荷载:包括脚手架作业层上的施工人员、材料及机具等自重;

2 模板支架的可变荷载:包括作业层上的施工人员、机具自重、混凝土超高堆积、混凝土振捣等荷载;

3 风荷载。

4.2 荷载标准值

4.2.1 永久荷载标准值的取值,应符合下列规定:

1 门架、配件自重的标准值可按本规范附录 B 第 B.0.3 条的规定采用;

2 加固杆所用钢管、扣件自重的标准值可按本规范附录 B 表 B.0.2、表 B.0.4 取用;

3 架体设置的安全网、竹笆、护栏、挡脚板等附件自重的标准值,应根据实际情况采用;

4 满堂脚手架的架体、脚手板、脚手板支承梁等自重的标准值,应根据实际情况采用;

5 模板支架的架体、模板及模板支承梁等自重的标准值,应根据架体和模板结构的实际情况采用;

6 新浇钢筋混凝土自重的标准值,应按现行行业标准《建筑施工模板安全技术规范》JGJ 162 的规定取值。

4.2.2 结构与装修用的门式脚手架作业层上的施工均布荷载标准值,应根据实际情况确定,且不应低于表 4.2.2 的规定。

表 4.2.2 施工均布荷载标准值

序 号	门式脚手架用途	施工均布荷载标准值(kN/m^2)
1	结构	3.0
2	装修	2.0

注:1 表中施工均布荷载标准值为一个操作层上相邻两榀门架间的全部施工荷载除以门架纵距与门架宽度的乘积;
2 斜梯施工均布荷载标准值不应低于 2 kN/m^2。

4.2.3 当在门式脚手架上同时有 2 个及以上操作层作业时,在同一个门架跨距内各操作层的施工均布荷载标准值总和不得超过 5.0 kN/m^2。

4.2.4 满堂脚手架作业层的施工均布荷载,存放的材料、机具等可变荷载的标准值应根据实际情况确定,并应符合下列规定:

1 用于装饰施工时,不应小于 2.0 kN/m^2;

2 用于结构施工时,不应小于 3.0 kN/m^2。

4.2.5 计算模板支架的架体时,可变荷载标准值应按现行行业标准《建筑施工模板安全技术规范》JGJ 162 的规定取值。

4.2.6 作用于门式脚手架与模板支架的水平风荷载标准值,应按下式计算:

$$w_k = \mu_z \cdot \mu_s \cdot w_0 \tag{4.2.6}$$

式中 w_k——风荷载标准值;

w_0——基本风压值，应按现行国家标准《建筑结构荷载规范》GB 50009 的规定取重现期 $n=10$ 对应的风压值；

μ_z——风压高度变化系数，应按现行国家标准《建筑结构荷载规范》GB 50009 的规定采用；

μ_s——风荷载体型系数，应按表 4.2.6 的规定取用。

表 4.2.6　门式脚手架风荷载体型系数 μ_s

背靠建筑物的状况	全封闭墙	敞开、框架和开洞墙
全封闭、半封闭脚手架	1.0Φ	1.3Φ
敞开式满堂脚手架或模板支架	μ_{stw}	

注：1　μ_{stw} 为按桁架确定的脚手架风荷载体型系数，应按现行国家标准《建筑结构荷载规范》GB 50009－2001(2006 年版)中表 7.3.1 第 32 和第 36 项的规定计算。对于门架立杆钢管外径为 42.0 mm～42.7 mm 的敞开式脚手架，μ_{stw} 值可取 0.27；

2　Φ 为挡风系数，$\Phi=1.2A_n/A_w$，其中：A_n 为挡风面积，A_w 为迎风面积；

3　当采用密目式安全网全封闭时，宜取 $\Phi=0.8$，μ_s 最大值宜取 1.0。

4.2.7　风荷载作用在满堂脚手架或模板支架上的水平力，可采用简化方法进行整体侧向力计算(图 4.2.7)，并应符合下列规定：

1　若风荷载沿满堂脚手架或模板支架横向作用，可取架体的一排横向门架作为计算单元，作用于计算单元架体和栏杆围挡(模板)上的水平力宜按下列公式计算：

$$F_{wf}=lHw_{kf} \tag{4.2.7-1}$$

$$F_{wm}=lH_m w_{km} \tag{4.2.7-2}$$

式中　F_{wf}、F_{wm}——风荷载作用在架体、栏杆围挡(模板)上产生的水平力标准值；

l——门架跨距；

H、H_m——架体、栏杆围挡(模板)搭设高度；

w_{kf}、w_{km}——架体、栏杆围挡(模板)的风荷载标准值，应分别按本规范式(4.2.6)计算。栏杆围挡(挂密目网)μ_s 宜取 0.8；模板 μ_s 应取 1.3。

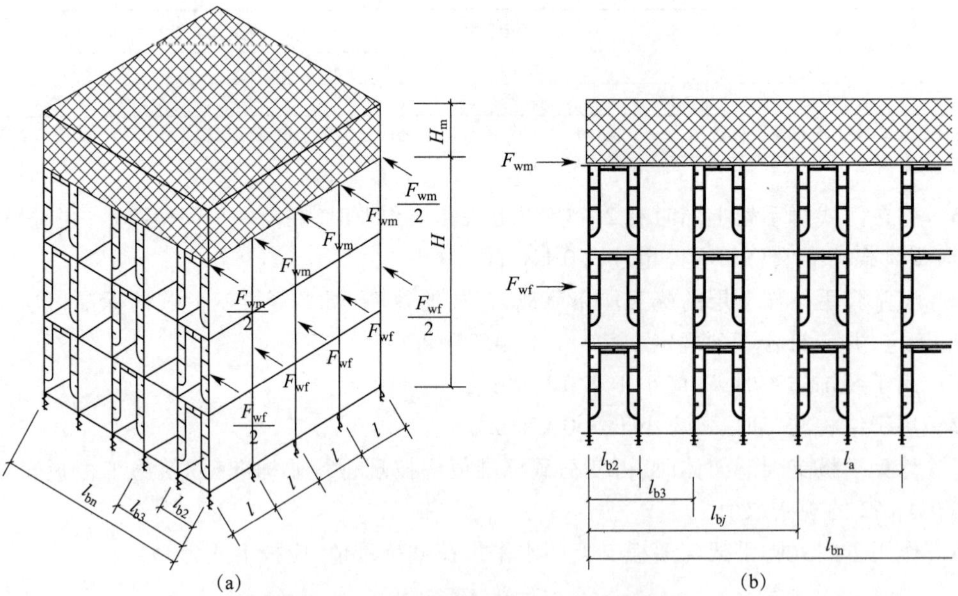

图 4.2.7　风荷载沿架体横向作用示意图

(a)风荷载整体作用；(b)计算单元风荷载作用

2 若风荷载沿满堂脚手架或模板支架纵向作用，可取架体的一列纵向门架作为计算单元，作用于计算单元架体和栏杆围挡（模板）上的水平力宜按下列公式计算：

$$F_{wf} = l_a H w_{kf} \tag{4.2.7-3}$$

$$F_{wm} = l_a H_m w_{km} \tag{4.2.7-4}$$

式中 l_a——门架间距。

4.2.8 满堂脚手架和模板支架在水平风荷载的作用下，计算单元产生的倾覆力矩可按下式计算：

$$M_{wq} = H\left(\frac{1}{2}F_{wf} + F_{wm}\right) \tag{4.2.8}$$

式中 M_{wq}——满堂脚手架或模板支架计算单元风荷载作用下的倾覆力矩标准值。

4.2.9 在风荷载作用下，满堂脚手架或模板支架计算单元一榀门架立杆产生的附加轴力可按线性分布确定，并可按下列规定计算：

1 当风荷载沿满堂脚手架或模板支架横向作用（图4.2.9）时，可按下列公式计算：

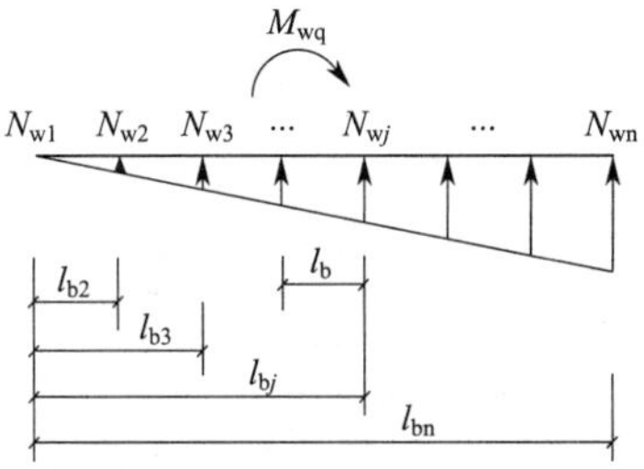

图4.2.9 风荷载横向作用计算单元门架立杆附加轴力分布示意图

当门架立杆不等间距时：

$$N_{wn} = \frac{2M_{wq}l_{bn}}{\sum_{j=2}^{n} l_{bj}^2} \tag{4.2.9-1}$$

当门架立杆等间距时：

$$N_{wn} = \frac{12M_{wq}}{(2n-1)nl_b} \tag{4.2.9-2}$$

式中 N_{wn}——一榀门架立杆风荷载作用的最大附加轴力标准值；

l_{bn}、l_{bj}——门架立杆的距离；

n——门架立杆数；

l_b——门架立杆等间距时，相邻立杆间距离。

2 当风荷载沿满堂脚手架或模板支架纵向作用时，可按下式计算：

$$N_{wn} = \frac{6M_{wq}}{(2n-1)nl} \tag{4.2.9-3}$$

式中 n——纵向排列的门架榀数；

l——门架跨距。

4.3 荷载设计值

4.3.1 计算门式脚手架与模板支架的架体或构件的强度、稳定性和连接强度时，应采用荷载设计值（荷载标准值乘以荷载分项系数）。

4.3.2 计算门式脚手架与模板支架地基承载力和正常使用极限状态的变形时，应采用荷载标准值，永久荷载与可变荷载的分项系数均取 1.0。

4.3.3 荷载的分项系数取值应符合表 4.3.3 的规定。

表 4.3.3 荷载分项系数

<table>
<tr><th>架体类别</th><th colspan="2">荷载类别</th><th>分项系数</th></tr>
<tr><td rowspan="3">门式脚手架</td><td colspan="2">永久荷载</td><td>1.2</td></tr>
<tr><td colspan="2">可变荷载</td><td>1.4</td></tr>
<tr><td colspan="2">风荷载</td><td>1.4</td></tr>
<tr><td rowspan="5">满堂脚手架模板支架</td><td rowspan="2">永久荷载</td><td>由可变荷载效应控制的组合</td><td>1.2</td></tr>
<tr><td>由永久荷载效应控制的组合</td><td>1.35</td></tr>
<tr><td rowspan="2">可变荷载</td><td>一般情况下</td><td>1.4</td></tr>
<tr><td>对标准值大于 4 kN/m² 的可变荷载</td><td>1.3</td></tr>
<tr><td colspan="2">风荷载</td><td>1.4</td></tr>
</table>

4.4 荷载效应组合

4.4.1 门式脚手架与模板支架设计时，根据使用过程中在架体上可能同时出现的荷载，应按承载能力极限状态和正常使用极限状态分别进行荷载组合，并应取各自最不利的效应组合进行设计。

4.4.2 对承载能力极限状态，应按荷载效应的基本组合进行荷载组合，并应符合下列规定：

1 当设计门式脚手架时，荷载效应的基本组合宜按表 4.4.2－1 采用。

表 4.4.2－1 门式脚手架荷载效应的基本组合

<table>
<tr><th>计算项目</th><th>荷载效应的基本组合</th></tr>
<tr><td rowspan="2">门式脚手架稳定</td><td>永久荷载＋施工荷载</td></tr>
<tr><td>永久荷载＋0.9×(施工荷载＋风荷载)</td></tr>
<tr><td>连墙件强度与稳定</td><td>风荷载＋3.0 kN</td></tr>
</table>

2 当设计满堂脚手架和模板支架时，荷载效应的基本组合宜按表 4.4.2－2 采用。

表 4.4.2－2 满堂脚手架和模板支架荷载效应的基本组合

<table>
<tr><th>计算项目</th><th colspan="2">荷载效应的基本组合</th></tr>
<tr><td rowspan="3">满堂脚手架、模板支架稳定</td><td>由永久荷载效应控制的组合</td><td>永久荷载＋0.7 可变荷载＋0.6 风荷载</td></tr>
<tr><td rowspan="2">由可变荷载效应控制的组合</td><td>①永久荷载＋可变荷载</td></tr>
<tr><td>②永久荷载＋0.9×(可变荷载＋风荷载)</td></tr>
</table>

注：基本组合中的荷载设计值仅适用于荷载与荷载效应为线性的情况。

4.4.3 对正常使用极限状态，应按荷载效应的标准组合进行荷载组合，门式脚手架与模板支架荷载效应的标准组合宜按表 4.4.3 采用。

表 4.4.3 门式脚手架与模板支架荷载效应的标准组合

计算项目	荷载效应的标准组合	
门式脚手架门架立杆地基承载力、悬挑脚手架型钢悬挑梁的挠度	不组合风荷载	永久荷载 + 施工荷载
	组合风荷载	永久荷载 +0.9×(施工荷载 + 风荷载)
满堂脚手架、模板支架的门架立杆地基承载力	永久荷载 + 可变荷载 +0.6 风荷载	

5 设 计 计 算

5.1 基本规定

5.1.1 门式脚手架与模板支架的设计应根据工程结构形式、荷载、地基土类别、施工设备、门架构配件尺寸、施工操作要求等条件进行。

5.1.2 门式脚手架与模板支架的设计应符合下列要求：

1 应具有足够的承载能力、刚度和稳定性,应能可靠地承受施工过程中的各类荷载；

2 架体构造应简单、装拆方便、便于使用和维护。

5.1.3 门式脚手架的搭设高度除应满足设计计算条件外,不宜超过表 5.1.3 的规定。

表 5.1.3 门式钢管脚手架搭设高度

序号	搭设方式	施工荷载标准值 $\sum Q_k$(kN/m^2)	搭设高度(m)
1	落地、密目式安全网全封闭	≤3.0	≤55
2		>3.0 且≤5.0	≤40
3	悬挑、密目式安全立网全封闭	≤3.0	≤24
4		>3.0 且≤5.0	≤18

注:表内数据适用于重现期为 10 年、基本风压值 $w_0 \leq 0.45$ kN/m^2 的地区,对于 10 年重现期、基本风压值 $w_0 >$ 0.45 kN/m^{2}的地区应按实际计算确定。

5.1.4 门式脚手架与模板支架应进行下列设计计算：

1 门式脚手架：

1)稳定性及搭设高度；

2)脚手板的强度和刚度；

3)连墙件的强度、稳定性和连接强度。

2 模板支架的稳定性；

3 门式脚手架与模板支架门架立杆的地基承载力验算；

4 悬挑脚手架的悬挑支承结构及其锚固连接；

5 满堂脚手架和模板支架必要时应进行抗倾覆验算。

5.1.5 当门式脚手架的搭设高度及荷载条件符合本规范表 5.1.3 的规定,且架体构造符合本规范第 6 章的要求时,可不进行稳定性和搭设高度的计算。但连墙件、地基承载力及悬挑脚手架的悬挑支撑结构及其锚固应根据实际荷载进行设计计算。

5.1.6 门式脚手架宜采用定型挂扣式脚手板。当采用非定型脚手板时,应进行脚手板的强度、刚度计算。

5.1.7 本章关于门式脚手架的设计计算方法,适用于 MF1219、MF1017、MF0817 系列门架；关于满堂脚手架和模板支架的设计计算方法，适用于 MF1219、MF1017 系列门架。其他种类门架的设计计算方法，应根据门架与配件试验和架体结构试验结果分析确定。

5.1.8　钢材的强度设计值与弹性模量应按表 5.1.8 的规定取值。

表 5.1.8　钢材的强度设计值与弹性模量

项　目	Q235 级钢		Q345 级钢	
	钢管	型钢	钢管	型钢
抗拉、抗压和抗弯强度设计值(N/mm^2)	205	215	300	310
弹性模量(N/mm^2)	2.06×10^5			

5.2　门式脚手架稳定性及搭设高度计算

5.2.1　门式脚手架的稳定性应按下式计算：

$$N \leqslant N^{d} \tag{5.2.1-1}$$

式中　N——门式脚手架作用于一榀门架的轴向力设计值，应按本规范式(5.2.1－2)、式(5.2.1－3)计算，并应取较大值；

N^{d}——一榀门架的稳定承载力设计值，应按本规范式(5.2.1－6)计算，或按本规范附录 B 表 B.0.5 查取。

1　门式脚手架作用于一榀门架的轴向力设计值，应按下列公式计算：

1)不组合风荷载时：

$$N = 1.2(N_{G1k} + N_{G2k})H + 1.4\sum N_{Qk} \tag{5.2.1-2}$$

式中　N_{G1k}——每米高度架体构配件自重产生的轴向力标准值；

N_{G2k}——每米高度架体附件自重产生的轴向力标准值；

H——门式脚手架搭设高度；

$\sum N_{Qk}$——作用于一榀门架的各层施工荷载标准值总和；

1.2、1.4——永久荷载与可变荷载的荷载分项系数。

2)组合风荷载时：

$$N = 1.2(N_{G1k} + N_{G2k})H + 0.9\times1.4\left(\sum N_{Qk} + \frac{2M_{wk}}{b}\right) \tag{5.2.1-3}$$

$$M_{wk} = \frac{q_{wk}H_1^2}{10} \tag{5.2.1-4}$$

$$q_{wk} = w_k l \tag{5.2.1-5}$$

式中　M_{wk}——门式脚手架风荷载产生的弯矩标准值；

q_{wk}——风线荷载标准值；

H_1——连墙件竖向间距；

l——门架跨距；

b——门架宽度；

0.9——可变荷载的组合系数。

2　一榀门架的稳定承载力设计值应按下列公式计算：

$$N^{d} = \varphi \cdot A \cdot f \tag{5.2.1-6}$$

$$i = \sqrt{\frac{I}{A_1}} \tag{5.2.1-7}$$

对于 MF1219、MF1017 门架：

$$I = I_0 + I_1 \frac{h_1}{h_0} \tag{5.2.1-8a}$$

对于 MF0817 门架：

$$I = \left[A_1 \left(\frac{A_2 b_2}{A_1 + A_2} \right)^2 + A_2 \left(\frac{A_1 b_2}{A_1 + A_2} \right)^2 \right] \times \frac{0.5 h_1}{h_0} \tag{5.2.1-8b}$$

式中 φ——门架立杆的稳定系数，根据立杆换算长细比 λ 值，应由本规范附录 B 表 B.0.6 取值。对于 MF1219、MF1017 门架：$\lambda = kh_0/i$；对于 MF0817 门架：$\lambda = 3kh_0/i$；

k——调整系数，应按表 5.2.1 取值；

i——门架立杆换算截面回转半径（mm）；

I——门架立杆换算截面惯性矩（mm^4）；

h_0——门架高度（mm）；

h_1——门架立杆加强杆的高度（mm）；

I_0、A_1——分别为门架立杆的毛截面惯性矩和毛截面面积（mm^4、mm^2）；

I_1、A_2——分别为门架立杆加强杆的毛截面惯性矩和毛截面面积（mm^4、mm^2）；

b_2——门架立杆和立杆加强杆的中心距（mm）；

A——一榀门架立杆的毛截面面积（mm），$A = 2A_1$；

f——门架钢材的抗压强度设计值，应按本规范表 5.1.8 取值。

表 5.2.1 调整系数 k

脚手架搭设高度（m）	≤30	>30 且≤45	>45 且≤55
k	1.13	1.17	1.22

5.2.2 门式脚手架的搭设高度应按下列公式计算，并应取其计算结果的较小者：

不组合风荷载时：

$$H^{d} = \frac{\varphi A f - 1.4 \sum N_{Qk}}{1.2(N_{G1k} + N_{G2k})} \tag{5.2.2-1}$$

组合风荷载时：

$$H_{w}^{d} = \frac{\varphi A f - 0.9 \times 1.4 \left(\sum N_{Qk} + \frac{2M_{wk}}{b} \right)}{1.2(N_{G1k} + N_{G2k})} \tag{5.2.2-2}$$

式中 H^{d}——不组合风荷载时脚手架搭设高度；

H_{w}^{d}——组合风荷载时脚手架搭设高度。

5.3 连墙件计算

5.3.1 连墙件杆件的强度及稳定应满足下列公式的要求：

强度：

$$\sigma = \frac{N_l}{A_c} \leqslant 0.85f \qquad (5.3.1-1)$$

稳定：

$$\frac{N_l}{\varphi A} \leqslant 0.85f \qquad (5.3.1-2)$$

$$N_L = N_w + 3000(\mathrm{N}) \qquad (5.3.1-3)$$

式中　σ——连墙件应力值（$\mathrm{N/mm^2}$）；

A_c——连墙件的净截面面积（$\mathrm{mm^2}$），带螺纹的连墙件应取有效截面面积；

A——连墙件的毛截面面积（$\mathrm{mm^2}$）；

N_l——风荷载及其他作用对连墙件产生的拉（压）轴向力设计值（N）；

N_w——风荷载作用于连墙件的拉（压）轴向力设计值（N），应按本规范式（5.3.2）计算；

φ——连墙件的稳定系数，应按连墙件长细比查本规范附录 B 表 B.0.6；

f——连墙件钢材的抗压强度设计值，应按本规范表 5.1.8 取值。

5.3.2　风荷载作用于连墙件的水平力设计值应按下式计算：

$$N_w = 1.4w_k \cdot L_1 \cdot H_1 \qquad (5.3.2)$$

式中　L_1——连墙件水平间距；

H_1——连墙件竖向间距。

5.3.3　连墙件与脚手架、连墙件与建筑结构连接的连接强度应按下式计算：

$$N_l \leqslant N_v \qquad (5.3.3)$$

式中　N_v——连墙件与脚手架、连墙件与建筑结构连接的抗拉（压）承载力设计值，应根据相应规范规定计算。

5.3.4　当采用钢管扣件做连墙件时，扣件抗滑承载力的验算，应满足下式要求：

$$N_l \leqslant R_c \qquad (5.3.4)$$

式中　R_c——扣件抗滑承载力设计值，一个直角扣件应取 8.0 kN。

5.4　满堂脚手架计算

5.4.1　满堂脚手架的架体稳定性计算，应选取最不利处的门架为计算单元。门架计算单元选取应同时符合下列规定：

1　当门架的跨距和间距相同时，应计算底层门架；

2　当门架的跨距和间距不相同时，应计算跨距或间距增大部位的底层门架；

3　当架体上有集中荷载作用时，尚应计算集中荷载作用范围内受力最大的门架。

5.4.2　满堂脚手架作用于一榀门架的轴向力设计值，应按所选取门架计算单元的负荷面积计算，并应符合下列规定：

1　当不考虑风荷载作用时，应按下式计算：

$$N_j = 1.2[(N_{G1k} + N_{G2k})H + \sum_{i=3}^{n} N_{Gik}] + 1.4\sum_{i=1}^{n} N_{Qik} \qquad (5.4.2-1)$$

式中　N_j——满堂脚手架作用于一榀门架的轴向力设计值；

N_{G1k}、N_{G2k}——每米高度架体构配件、附件自重产生的轴向力标准值；

$\sum_{i=3}^{n} N_{Gik}$——满堂脚手架作用于一榀门架的除构配件和附件外的永久荷载标准值的总和；

$\sum_{i=1}^{n} N_{Qik}$——满堂脚手架作用于一榀门架的可变荷载标准值总和；

H——满堂脚手架的搭设高度。

2　当考虑风荷载作用时，应按下列公式计算，并应取其较大值：

$$N_j = 1.2[(N_{G1k} + N_{G2k})H + \sum_{i=3}^{n} N_{Gik}] + 0.9 \times 1.4(\sum_{i=1}^{n} N_{Qik} + N_{wn}) \quad (5.4.2-2)$$

$$N_j = 1.35[(N_{G1k} + N_{G2k})H + \sum_{i=3}^{n} N_{Gik}] + 1.4(0.7\sum_{i=1}^{n} N_{Qik} + 0.6N_{wn}) \quad (5.4.2-3)$$

式中　N_{wn}——满堂脚手架一榀门架立杆风荷载作用的最大附加轴力标准值；

1.35——永久荷载分项系数；

0.7、0.6——可变荷载、风荷载组合系数。

5.4.3　满堂脚手架的稳定性验算，应满足下式要求：

$$\frac{N_j}{\varphi A} \leqslant f \quad (5.4.3)$$

5.5　模板支架计算

5.5.1　模板支架设计计算时，应先确定计算单元，明确荷载传递路径，并应根据实际受力情况绘出计算简图。

5.5.2　模板支架设计可根据建筑结构和荷载变化确定门架的布置方式，并按门架的不同布置方式，应分别选取各自有代表性的最不利的门架为计算单元进行计算。

5.5.3　模板支架作用于一榀门架的轴向力设计值，应根据所选取门架计算单元的负荷面积计算，并应符合下列规定：

1　不考虑风荷载作用时，应按下式计算：

$$N_j = 1.2[(N_{G1k} + N_{G2k})H + \sum_{i=3}^{n} N_{Gik}] + 1.4N_{Q1k} \quad (5.5.3-1)$$

式中　N_j——模板支架作用于一榀门架的轴向力设计值；

N_{G1k}、N_{G2k}——每米高度架体构配件、附件自重产生的轴向力标准值；

$\sum_{i=3}^{n} N_{Gik}$——模板支架作用于一榀门架的除构配件和附件外的永久荷载标准值的总和；

N_{Q1k}——作用于一榀门架的混凝土振捣可变荷载标准值；

注：当作用于一榀门架范围内其他可变荷载标准值大于混凝土振捣可变荷载标准值时，应另选取最大的可变荷载标准值为 N_{Q1k}。

H——模板支架的搭设高度；

1.4——风荷载分项系数。

2　考虑风荷载作用时，应按下列公式计算，并应取其较大值：

$$N_j = 1.2[(N_{G1k} + N_{G2k})H + \sum_{i=3}^{n} N_{Gik}] + 0.9 \times 1.4(N_{Q1k} + N_{wn}) \quad (5.5.3-2)$$

$$N_j = 1.35[(N_{G1k} + N_{G2k})H + \sum_{i=3}^{n} N_{Gik}] + 1.4(0.7N_{Q1k} + 0.6N_{wn}) \quad (5.5.3-3)$$

式中　N_{wn}——模板支架一榀门架立杆风荷载作用的最大附加轴力标准值。

5.5.4　模板支架的稳定性验算，应满足下式要求：

$$\frac{N_j}{\varphi A} \leqslant f \tag{5.5.4}$$

5.6 门架立杆地基承载力验算

5.6.1 门式脚手架与模板支架的门架立杆基础底面的平均压力,应满足下式要求:

$$P = \frac{N_k}{A_d} \leqslant f_a \tag{5.6.1}$$

式中 P——门架立杆基础底面的平均压力;

N_k——门式脚手架或模板支架作用于一榀门架的轴向力标准值,应按本规范第5.6.2条规定计算;

A_d——一榀门架下底座底面面积;

f_a——修正后的地基承载力特征值,应按本规范式(5.6.3)计算。

5.6.2 作用于一榀门架的轴向力标准值,应根据所取门架计算单元实际荷载按下列规定计算:

1 门式脚手架作用于一榀门架的轴向力标准值,应按下列公式计算,并应取较大者:

不组合风荷载时:

$$N_k = (N_{G1k} + N_{G2k})H + \sum N_{Qk} \tag{5.6.2-1}$$

组合风荷载时:

$$N_k = (N_{G1k} + N_{G2k})H + 0.9(\sum N_{Qk} + \frac{2M_{wk}}{b}) \tag{5.6.2-2}$$

式中 N_k——门式脚手架作用于一榀门架的轴向力标准值。

2 满堂脚手架作用于一榀门架的轴向力标准值,应按下式计算:

$$N_k = (N_{G1k} + N_{G2k})H + \sum_{i=3}^{n} N_{Gik} + \sum_{i=1}^{n} N_{Qik} + 0.6N_{wn} \tag{5.6.2-3}$$

式中 N_k——满堂脚手架作用于一榀门架的轴向力标准值。

3 模板支架作用于一榀门架的轴向力标准值,应按下式计算:

$$N_k = (N_{G1k} + N_{G2k})H + \sum_{i=3}^{n} N_{Gik} + \sum_{i=1}^{n} N_{Qik} + 0.6N_{wn} \tag{5.6.2-4}$$

式中 N_k——模板支架作用于一榀门架的轴向力标准值;

$\sum_{i=1}^{n} N_{Qik}$——模板支架作用于一榀门架的可变荷载标准值总和。

5.6.3 修正后的地基承载力特征值应按下式计算:

$$f_a = k_c \cdot f_{ak} \tag{5.6.3}$$

式中 k_c——地基承载力修正系数,应按本规范表5.6.4取值;

f_{ak}——地基承载力特征值,按现行国家标准《建筑地基基础设计规范》GB 50007的规定,可由载荷试验或其他原位测试、公式计算并结合工程实践经验等方法综合确定。

5.6.4 地基承载力修正系数 k_c 应按表5.6.4的规定取值。

表 5.6.4 地基承载力修正系数

地基土类别	修正系数(k_c)	
	原状土	分层回填夯实土
多年填积土	0.6	—
碎石土、砂土	0.8	0.4
粉土、黏土	0.7	0.5
岩石、混凝土	1.0	—

5.6.5 对搭设在地下室顶板、楼面等建筑结构上的门式脚手架或模板支架,应对支承架体的建筑结构进行承载力验算,当不能满足承载力要求时,应采取可靠的加固措施。

5.7 悬挑脚手架支承结构计算

5.7.1 当采用型钢梁作为悬挑脚手架的支承结构时,应进行下列设计计算:

1 型钢悬挑梁的抗弯强度、整体稳定性和挠度;

2 型钢悬挑梁锚固件及其锚固连接的强度;

3 型钢悬挑梁下建筑结构的承载能力验算。

5.7.2 悬挑脚手架作用于一榀门架的轴向力设计值 N,应根据悬挑脚手架分段搭设高度按本规范式(5.2.1-2)、式(5.2.1-3)分别计算,并应取其较大者。

5.7.3 型钢悬挑梁的抗弯强度应按下列公式计算:

$$\sigma = \frac{M_{max}}{W_n} \leqslant f \tag{5.7.3-1}$$

$$M_{max} = \frac{N}{2}(l_{c1} + l_{c2}) + 0.6ql_{c1}^2 \tag{5.7.3-2}$$

式中 σ——型钢悬挑梁应力值(N/mm^2);

M_{max}——型钢悬挑梁计算截面最大弯矩设计值(N·mm);

W_n——型钢悬挑梁净截面模量(mm^3);

f——钢材的抗弯强度设计值;

N——悬挑脚手架作用于一榀门架的轴向力设计值(N);

l_{c1}——门架外立杆至建筑结构楼层板边支承点的距离(mm),可取外立杆中心至板边距离加 100 mm;

l_{c2}——门架内立杆至建筑结构楼层板边支承点的距离(mm),可取内立杆中心至板边距离加 100 mm;

q——型钢梁自重线荷载标准值(N/mm)。

5.7.4 型钢悬挑梁的整体稳定性应按下式验算:

$$\frac{M_{max}}{\varphi_b W} \leqslant f \tag{5.7.4}$$

式中 φ_b——型钢悬挑梁的整体稳定性系数,应按现行国家标准《钢结构设计规范》GB 50017 的规定采用;

W——型钢悬挑梁毛截面模量。

5.7.5 型钢悬挑梁的挠度应按下列公式计算(图 5.7.5):

$$v_{max} \leqslant [v_T] \quad (5.7.5-1)$$

$$v_{max} = \frac{N_k}{12EI}(2l_{c1}^3 + 2l_c l_{c1}^2 + 2l_c l_{c1} l_{c2} + 3l_{c1} l_{c2}^2 - l_{c2}^3) \quad (5.7.5-2)$$

式中 $[v_T]$——型钢悬挑梁挠度允许值，取 $l_{c1}/200$；

v_{max}——型钢悬挑梁最大挠度(mm)；

N_k——悬挑脚手架作用于一榀门架的轴向力标准值(N)，应按本规范式(5.6.2-1)、式(5.6.2-2)计算，取较大者；

E——钢材弹性模量；

I——型钢悬挑梁毛截面惯性矩(mm^4)；

l_c——型钢悬挑梁锚固点中心至建筑结构楼层板边支承点的距离(mm)，可取型钢梁锚固点中心至板边距离减 100 mm。

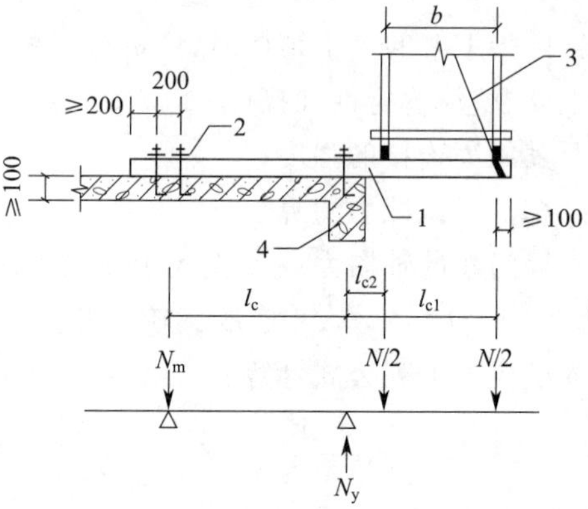

图 5.7.5 悬挑脚手架型钢悬挑梁构造与计算示意图

1—型钢悬挑梁；2—压点钢板；3—钢丝绳；4—建筑主体结构

5.7.6 将型钢悬挑梁锚固在主体结构上的 U 形钢筋拉环或螺栓的强度应按下列公式计算：

$$\sigma = \frac{N_m}{A_m} \leqslant f_l \quad (5.7.6-1)$$

$$N_n = \frac{N(l_{c1} + l_{c2})}{2l_c} \quad (5.7.6-2)$$

式中 σ——U 形钢筋拉环或螺栓应力值(N/mm^2)；

N_m——型钢悬挑梁锚固段压点 U 形钢筋拉环或螺栓拉力设计值(N)；

A_l——U 形钢筋拉环净截面面积或螺栓的有效截面面积(mm^2)，一个钢筋拉环或一对螺栓应按两个截面计算；

f_l——U 形钢筋拉环或螺栓抗拉强度设计值，应按现行国家标准《混凝土结构设计规范》GB 50010 的规定取 $f_l = 50\ N/mm^2$

5.7.7 当型钢悬挑梁锚固段压点处采用 2 个(对)及以上 U 形钢筋拉环或螺栓锚固连接时，其钢筋拉环或螺栓的承载能力应乘以 0.85 的折减系数。

5.7.8 当型钢悬挑梁与建筑结构锚固的压点处楼板未设置上层受力钢筋时，应经计算在楼板内配置用于承受型钢梁锚固作用引起负弯矩的受力钢筋。

5.7.9 对型钢悬挑梁下建筑结构的混凝土梁(板)应按现行国家标准《混凝土结构设计规范》GB 50010 的规定进行混凝土局部抗压承载力、结构承载力验算，当不满足要求时，应采取可靠的加固措施。

5.7.10 当采用型钢桁架下撑式等其他结构形式作为悬挑脚手架的支承结构时，应按现行国家标准《钢结构设计规范》GB 50017、《混凝土结构设计规范》GB 50010 的规定，对其结构、构件及与建筑结构的连接进行设计计算。

6 构造要求

6.1 门　架

6.1.1 门架应能配套使用，在不同组合情况下，均应保证连接方便、可靠，且应具有良好的互换性。

6.1.2 不同型号的门架与配件严禁混合使用。

6.1.3 上下榀门架立杆应在同一轴线位置上，门架立杆轴线的对接偏差不应大于 2 mm。

6.1.4 门式脚手架的内侧立杆离墙面净距不宜大于 150 mm；当大于 150 mm 时，应采取内设挑架板或其他隔离防护的安全措施。

6.1.5 门式脚手架顶端栏杆宜高出女儿墙上端或檐口上端 1.5 mm。

6.2 配　件

6.2.1 配件应与门架配套，并应与门架连接可靠。

6.2.2 门架的两侧应设置交叉支撑，并应与门架立杆上的锁销锁牢。

6.2.3 上下榀门架的组装必须设置连接棒，连接棒与门架立杆配合间隙不应大于 2 mm。

6.2.4 门式脚手架或模板支架上下榀门架间应设置锁臂，当采用插销式或弹销式连接棒时，可不设锁臂。

6.2.5 门式脚手架作业层应连续满铺与门架配套的挂扣式脚手板，并应有防止脚手板松动或脱落的措施。当脚手板上有孔洞时，孔洞的内切圆直径不应大于 25 mm。

6.2.6 底部门架的立杆下端宜设置固定底座或可调底座。

6.2.7 可调底座和可调托座的调节螺杆直径不应小于 35 mm，可调底座的调节螺杆伸出长度不应大于 200 mm。

6.3 加固杆

6.3.1 门式脚手架剪刀撑的设置必须符合下列规定：

1 当门式脚手架搭设高度在 24 m 及以下时，在脚手架的转角处、两端及中间间隔不超过 15 m 的外侧立面必须各设置一道剪刀撑，并应由底至顶连续设置；

2 当脚手架搭设高度超过 24 m 时，在脚手架全外侧立面上必须设置连续剪刀撑；

3 对于悬挑脚手架，在脚手架全外侧立面上必须设置连续剪刀撑。

6.3.2 剪刀撑的构造应符合下列规定（图 6.3.2）：

1 剪刀撑斜杆与地面的倾角宜为 45°~60°；

2 剪刀撑应采用旋转扣件与门架立杆扣紧；

3 剪刀撑斜杆应采用搭接接长，搭接长度不宜小于 1 000 mm，搭接处应采用 3 个及以上旋转扣件扣紧；

4 每道剪刀撑的宽度不应大于 6 个跨距，且不应大于 10 m；也不应小于 4 个跨距，且不应小于 6 m。设置连续剪刀撑的斜杆水平间距宜为 6 m~8 m。

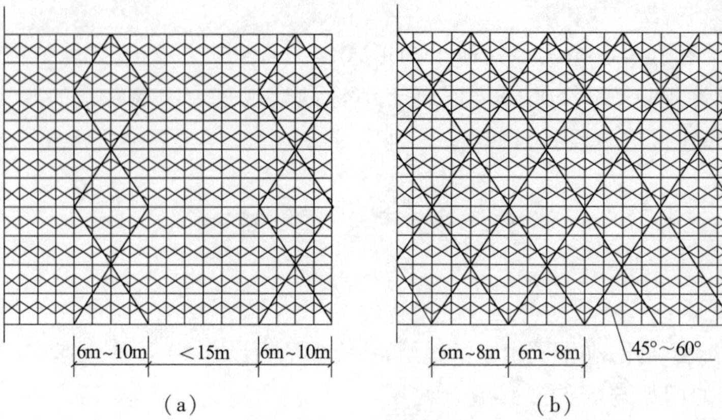

图 6.3.2　剪刀撑设置示意图

(a)、(b)脚手架搭设高度 24 m 及以下、超过 24 m 时剪刀撑设置

6.3.3　门式脚手架应在门架两侧的立杆上设置纵向水平加固杆，并应采用扣件与门架立杆扣紧。水平加固杆设置应符合下列要求：

1　在顶层、连墙件设置层必须设置；

2　当脚手架每步铺设挂扣式脚手板时，至少每 4 步应设置一道，并宜在有连墙件的水平层设置；

3　当脚手架搭设高度小于或等于 40 m 时，至少每两步门架应设置一道；当脚手架搭设高度大于 40 m 时，每步门架应设置一道；

4　在脚手架的转角处、开口型脚手架端部的两个跨距内，每步门架应设置一道；

5　悬挑脚手架每步门架应设置一道；

6　在纵向水平加固杆设置层面上应连续设置。

6.3.4　门式脚手架的底层门架下端应设置纵、横向通长的扫地杆。纵向扫地杆应固定在距门架立杆底端不大于 200 mm 处的门架立杆上，横向扫地杆宜固定在紧靠纵向扫地杆下方的门架立杆上。

6.4　转角处门架连接

6.4.1　在建筑物的转角处，门式脚手架内、外两侧立杆上应按步设置水平连接杆、斜撑杆，将转角处的两榀门架连成一体(图 6.4.1)。

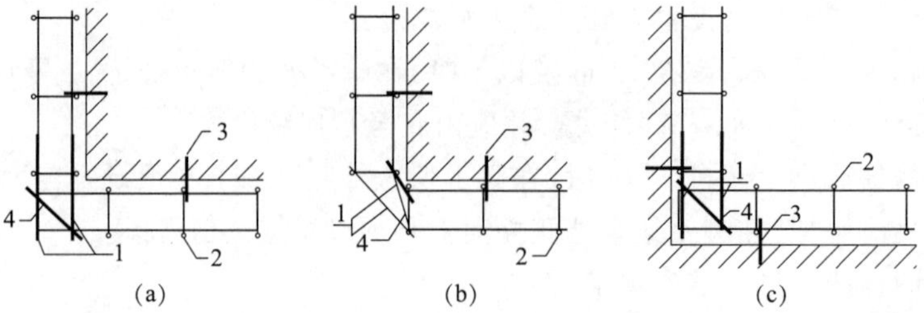

图 6.4.1　转角处脚手架连接

(a)、(b)阳角转角处脚手架连接；(c)阴角转角处脚手架连接；

1—连接杆；2—门架；3—连墙件；4—斜撑杆

6.4.2　连接杆、斜撑杆应采用钢管，其规格应与水平加固杆相同。

6.4.3　连接杆、斜撑杆应采用扣件与门架立杆及水平加固杆扣紧。

6.5 连 墙 件

6.5.1 连墙件设置的位置、数量应按专项施工方案确定，并应按确定的位置设置预埋件。

6.5.2 连墙件的设置除应满足本规范的计算要求外，尚应满足表 6.5.2 的要求。

表 6.5.2 连墙件最大间距或最大覆盖面积

序号	脚手架搭设方式	脚手架高度(m)	连墙件间距(m)		每根连墙件覆盖面积(m^2)
			竖向	水平向	
1	落地、密目式安全网全封闭	≤40	3h	3l	≤40
2			2h	3l	≤27
3		>40			
4	悬挑、密目式安全网全封闭	≤40	3h	3l	≤40
5		40~60	2h	3l	≤27
6		>60	2h	2l	≤20

注：1 序号 4~6 为架体位于地面上高度；
2 按每根连墙件覆盖面积选择连墙件设置时，连墙件的竖向间距不应大于 6 m；
3 表中 h 为步距；l 为跨距。

6.5.3 在门式脚手架的转角处或开口型脚手架端部，必须增设连墙件，连墙件的垂直间距不应大于建筑物的层高，且不应大于 4.0 m。

6.5.4 连墙件应靠近门架的横杆设置，距门架横杆不宜大于 200 mm。连墙件应固定在门架的立杆上。

6.5.5 连墙件宜水平设置，当不能水平设置时，与脚手架连接的一端，应低于与建筑结构连接的一端，连墙杆的坡度宜小于 1:3。

6.6 通 道 口

6.6.1 门式脚手架通道口高度不宜大于 2 个门架高度，宽度不宜大于 1 个门架跨距。

6.6.2 门式脚手架通道口应采取加固措施，并应符合下列规定：

1 当通道口宽度为一个门架跨距时，在通道口上方的内外侧应设置水平加固杆，水平加固杆应延伸至通道口两侧各一个门架跨距，并在两个上角内外侧应加设斜撑杆[图 6.6.2(a)]；

2 当通道口宽为两个及以上跨距时，在通道口上方应设置经专门设计和制作的托架梁，并应加强两侧的门架立杆[图 6.6.2(b)]。

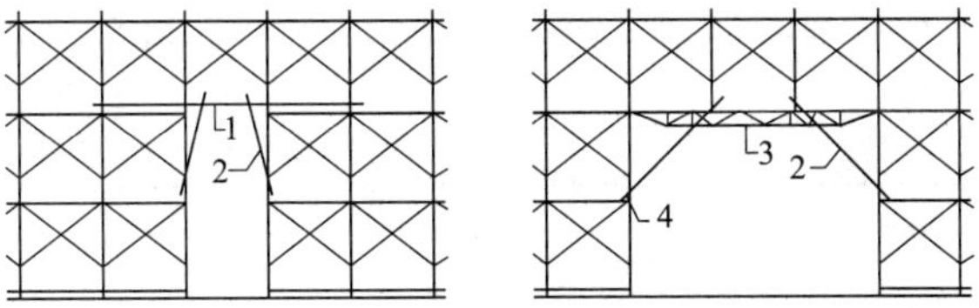

(a) (b)

图 6.6.2 通道口加固示意

(a)、(b)通道口宽度为一个门架跨距、两个及以上门架跨距加固示意

1—水平加固杆；2—斜撑杆；3—托架梁；4—加强杆

6.7 斜 梯

6.7.1 作业人员上下脚手架的斜梯应采用挂扣式钢梯，并宜采用"之"字形设置，一个梯段宜跨越两步或三步门架再行转折。

6.7.2　钢梯规格应与门架规格配套,并应与门架挂扣牢固。

6.7.3　钢梯应设栏杆扶手、挡脚板。

6.8　地　基

6.8.1　门式脚手架与模板支架的地基承载力应根据本规范第 5.6 节的规定经计算确定,在搭设时,根据不同地基土质和搭设高度条件,应符合表 6.8.1 的规定。

表 6.8.1　地 基 要 求

搭设高度(m)	地基土质		
	中低压缩性且压缩性均匀	回填土	高压缩性或压缩性不均匀
≤24	夯实原土,干重力密度要求 15.5kN/m^3。立杆底座置于面积不小于 0.075 m^2 的垫木上	土夹石或素土回填夯实,立杆底座置于面积不小于 0.10 m^2 垫木上	夯实原土,铺设通长垫木
>24 且≤40	垫木面积不小于 0.10 m^2,其余同上	砂夹石回填夯实,其余同上	夯实原土,在搭设地面满铺 C15 混凝土,厚度不小于 150 mm
>40 且≤55	垫木面积不小于 0.15 m^2 或铺通长垫木,其余同上	砂夹石回填夯实,垫木面积不小于 0.15 m^2 或铺通长垫木	夯实原土,在搭设地面满铺 C15 混凝土,厚度不小于 200 mm

注:垫木厚度不小于 50 mm,宽度不小于 200 mm;通长垫木的长度不小于 1 500 mm。

6.8.2　门式脚手架与模板支架的搭设场地必须平整坚实,并应符合下列规定:

1　回填土应分层回填,逐层夯实;

2　场地排水应顺畅,不应有积水。

6.8.3　搭设门式脚手架的地面标高宜高于自然地坪标高 50 mm ~ 100 mm。

6.8.4　当门式脚手架与模板支架搭设在楼面等建筑结构上时,门架立杆下宜铺设垫板。

6.9　悬挑脚手架

6.9.1　悬挑脚手架的悬挑支承结构应根据施工方案布设,其位置应与门架立杆位置对应,每一跨距宜设置一根型钢悬挑梁,并应按确定的位置设置预埋件。

6.9.2　型钢悬挑梁锚固段长度应不小于悬挑段长度的 1.25 倍,悬挑支承点应设置在建筑结构的梁板上,不得设置在外伸阳台或悬挑楼板上(有加固措施的除外)(图 6.9.2)。

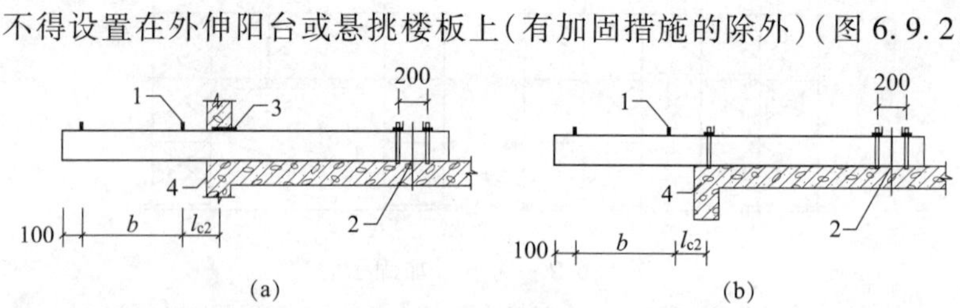

图 6.9.2　型钢悬挑梁在主体结构上的设置

(a)型钢悬挑梁穿墙设置;(b)型钢悬挑梁楼面设置

1—*DN*25 短钢管与钢梁焊接;2—锚固段压点;3—木楔;4—钢板(150 mm × 100 mm × 100 mm)

6.9.3　型钢悬挑梁宜采用双轴对称截面的型钢。

6.9.4　型钢悬挑梁的锚固段压点应采用不少于 2 个(对)的预埋 U 形钢筋拉环或螺栓固定;

锚固位置的楼板厚度不应小于 100 mm，混凝土强度不应低于 20 MPa。U 形钢筋拉环或螺栓应埋设在梁板下排钢筋的上边，并与结构钢筋焊接或绑扎牢固，锚固长度应符合现行国家标准《混凝土结构设计规范》GB 50010 中钢筋锚固的规定（图 6.9.4）。

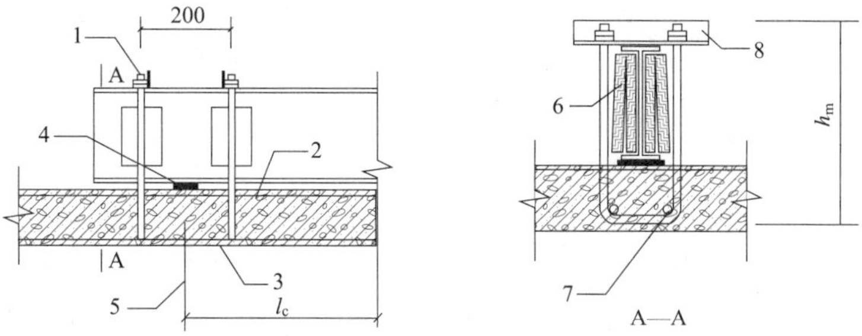

图 6.9.4 型钢悬挑梁与楼板固定

1—锚固螺栓；2—负弯矩钢筋；3—建筑结构楼板；4—钢板；5—锚固螺栓中心；

6—木楔；7—锚固钢筋（2ϕ18 长 1 500 mm）；8—角钢

6.9.5 用于锚固的 U 形钢筋拉环或螺栓应采用冷弯成型，钢筋直径不应小于 16 mm。

6.9.6 当型钢悬挑梁与建筑结构采用螺栓钢压板连接固定时，钢压板尺寸不应小于 100 mm × 10 mm（宽 × 厚）；当采用螺栓角钢压板连接固定时，角钢的规格不应小于 63 mm × 63 mm × 6 mm。

6.9.7 型钢悬挑梁与 U 形钢筋拉环或螺栓连接应紧固。当采用钢筋拉环连接时，应采用钢楔或硬木楔塞紧；当采用螺栓钢压板连接时，应采用双螺母拧紧。严禁型钢悬挑梁晃动。

6.9.8 悬挑脚手架底层门架立杆与型钢悬挑梁应可靠连接，不得滑动或窜动。型钢梁上应设置固定连接棒与门架立杆连接，连接棒的直径不应小于 25 mm，长度不应小于 100 mm，应与型钢梁焊接牢固。

6.9.9 悬挑脚手架的底层门架两侧立杆应设置纵向扫地杆，并应在脚手架的转角处、两端和中间间隔不超过 15 m 的底层门架上各设置一道单跨距的水平剪刀撑，剪刀撑斜杆应与门架立杆底部扣紧。

6.9.10 在建筑平面转角处（图 6.9.10），型钢悬挑梁应经单独计算设置；架体应按步设置水平连接杆，并应与门架立杆或水平加固杆扣紧。

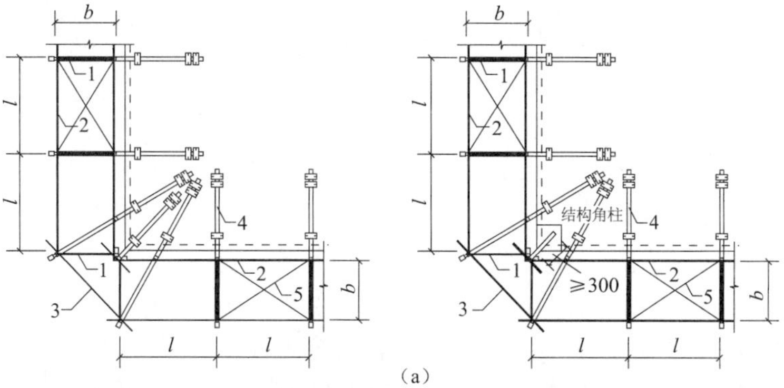

(a)

图 6.9.10 建筑平面转角处型钢悬挑梁设置（一）

(a) 型钢悬挑梁在阳角处设置

1—门架；2—水平加固杆；3—连接杆；4—型钢悬挑梁；5—水平剪刀撑

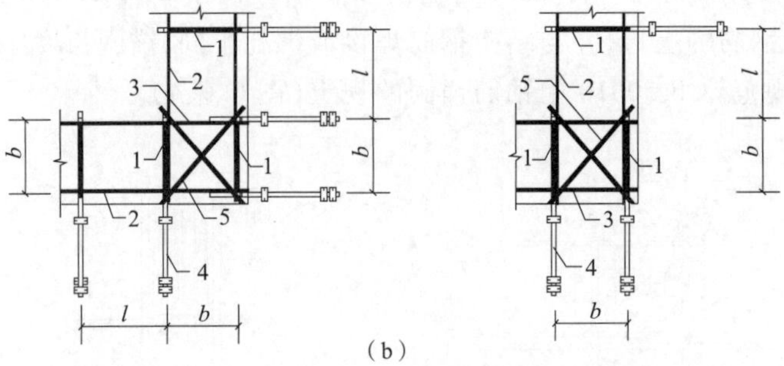

图 6.9.10　建筑平面转角处型钢悬挑梁设置(二)

(b)型钢悬挑梁在阴角处设置

1—门架;2—水平加固杆;3—连接杆;4—型钢悬挑梁;5—水平剪刀撑

6.9.11　每个型钢悬挑梁外端宜设置钢丝绳或钢拉杆与上一层建筑结构斜拉结(图 6.9.11),钢丝绳、钢拉杆不得作为悬挑支撑结构的受力构件。

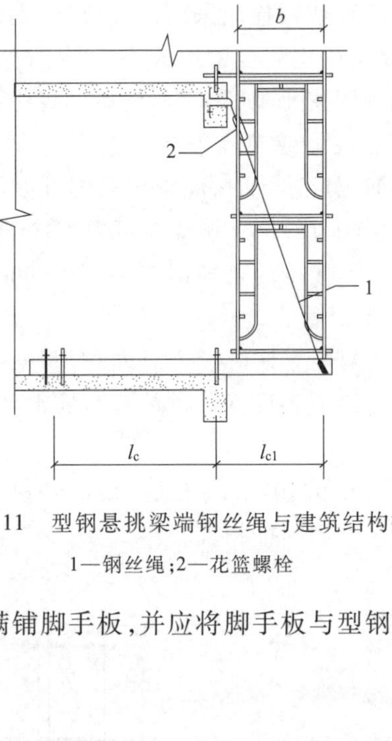

图 6.9.11　型钢悬挑梁端钢丝绳与建筑结构拉结

1—钢丝绳;2—花篮螺栓

6.9.12　悬挑脚手架在底层应满铺脚手板,并应将脚手板与型钢梁连接牢固。

6.10　满堂脚手架

6.10.1　满堂脚手架的门架跨距和间距应根据实际荷载计算确定,门架净间距不宜超过 1.2 m。

6.10.2　满堂脚手架的高宽比不应大于 4,搭设高度不宜超过 30 m。

6.10.3　满堂脚手架的构造设计,在门架立杆上宜设置托座和托梁,使门架立杆直接传递荷载。门架立杆上设置的托梁应具有足够的抗弯强度和刚度。

6.10.4　满堂脚手架在每步门架两侧立杆上应设置纵向、横向水平加固杆,并应采用扣件与门架立杆扣紧。

6.10.5　满堂脚手架的剪刀撑设置(图 6.10.5)除应符合本规范第 6.3.2 条的规定外,尚应符合下列要求:

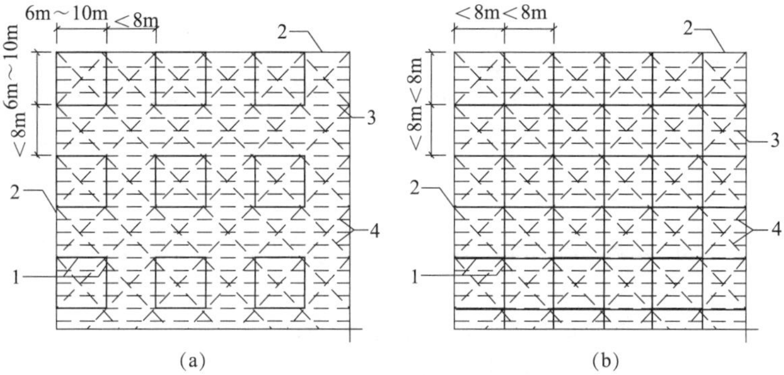

图 6.10.5　剪刀撑设置示意图

(a)搭设高度 12 m 及以下时剪刀撑设置;(b)搭设高度超过 12 m 时剪刀撑设置

1—竖向剪刀撑;2—周边竖向剪刀撑;3—门架;4—水平剪刀撑

1　搭设高度 12 m 及以下时,在脚手架的周边应设置连续竖向剪刀撑;在脚手架的内部纵向、横向间隔不超过 8 m 应设置一道竖向剪刀撑;在顶层应设置连续的水平剪刀撑;

2　搭设高度超过 12 m 时,在脚手架的周边和内部纵向、横向间隔不超过 8 m 应设置连续竖向剪刀撑;在顶层和竖向每隔 4 步应设置连续的水平剪刀撑;

3　竖向剪刀撑应由底至顶连续设置。

6.10.6　在满堂脚手架的底层门架立杆上应分别设置纵向、横向扫地杆,并应采用扣件与门架立杆扣紧。

6.10.7　满堂脚手架顶部作业区应满铺脚手板,并应采用可靠的连接方式与门架横杆固定。操作平台上的孔洞应按现行行业标准《建筑施工高处作业安全技术规范》JGJ 80 的规定防护。操作平台周边应设置栏杆和挡脚板。

6.10.8　对高宽比大于 2 的满堂脚手架,宜设置缆风绳或连墙件等有效措施防止架体倾覆,缆风绳或连墙件设置宜符合下列规定:

1　在架体端部及外侧周边水平间距不宜超过 10 m 设置;宜与竖向剪刀撑位置对应设置;

2　竖向间距不宜超过 4 步设置。

6.10.9　满堂脚手架中间设置通道口时,通道口底层门架可不设垂直通道方向的水平加固杆和扫地杆,通道口上部两侧应设置斜撑杆,并应按现行行业标准《建筑施工高处作业安全技术规范》JGJ 80 的规定在通道口上部设置防护层。

6.11　模板支架

6.11.1　门架的跨距与间距应根据支架的高度、荷载由计算和构造要求确定,门架的跨距不宜超过 1.5 m,门架的净间距不宜超过 1.2 m。

6.11.2　模板支架的高宽比不应大于 4,搭设高度不宜超过 24 m。

6.11.3　模板支架宜按本规范第 6.10.3 条的规定设置托座和托梁,宜采用调节架、可调托座调整高度,可调托座调节螺杆的高度不宜超过 300 mm。底座和托座与门架立杆轴线的偏差不应大于 2.0 mm。

6.11.4　用于支承梁模板的门架,可采用平行或垂直于梁轴线的布置方式(图 6.11.4)。

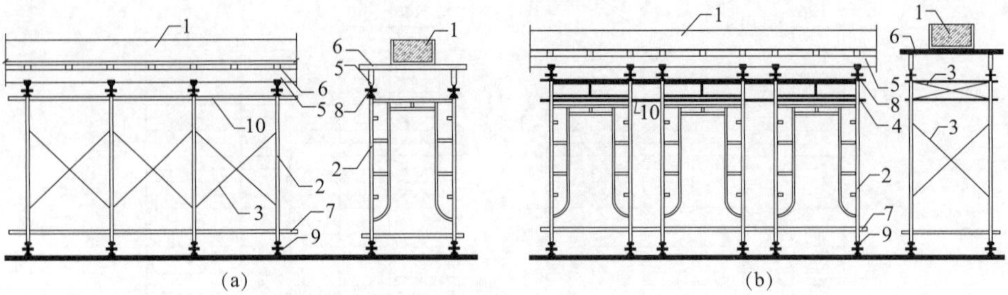

图 6.11.4 梁模板支架的布置方式(一)

(a)门架垂直于梁轴线布置;(b)门架平行于梁轴线布置

1—混凝土梁;2—门架;3—交叉支撑;4—调节架;5—托梁;6—小楞;7—扫地杆;8—可调托座;9—可调底座;10—水平加固杆

6.11.5 当梁的模板支架高度较高或荷载较大时,门架可采用复式(重叠)的布置方式(图6.11.5)。

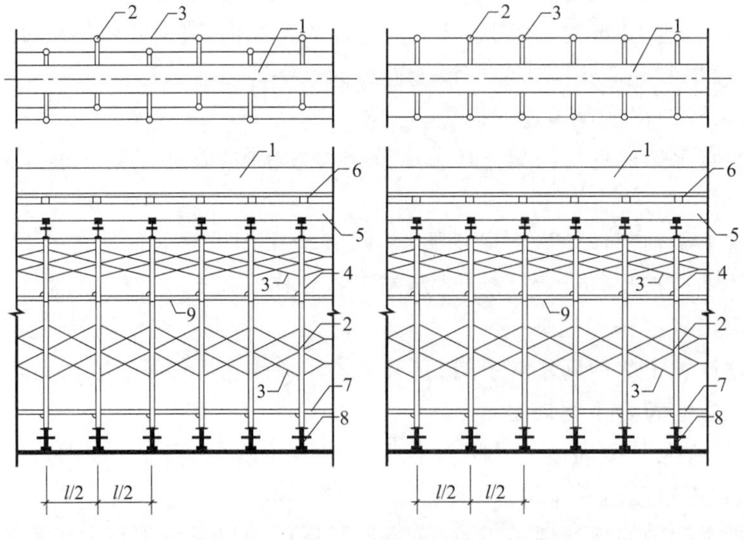

图 6.11.5 梁模板支架的布置方式(二)

1—混凝土梁;2—门架;3—交叉支撑;4—调节架;5—托梁;6—小楞;7—扫地杆;8—可调底座;9—水平加固杆

6.11.6 梁板类结构的模板支架,应分别设计。板支架跨距(或间距)宜是梁支架跨距(或间距)的倍数,梁下横向水平加固杆应伸入板支架内不少于 2 根门架立杆,并应与板下门架立杆扣紧。

6.11.7 当模板支架的高宽比大于 2 时,宜按本规范第 6.10.8 条的规定设置缆风绳或连墙件。

6.11.8 模板支架在支架的四周和内部纵横向应按现行行业标准《建筑施工模板安全技术规范》JGJ 162 的规定与建筑结构柱、墙进行刚性连接,连接点应设在水平剪刀撑或水平加固杆设置层,并应与水平杆连接。

6.11.9 模板支架应按本规范第 6.10.6 条的规定设置纵向、横向扫地杆。

6.11.10 模板支架在每步门架两侧立杆上应设置纵向、横向水平加固杆,并应采用扣件与门架立杆扣紧。

6.11.11 模板支架应设置剪刀撑对架体进行加固,剪刀撑的设置除应符合本规范第6.3.2条的规定外,尚应符合下列要求:

1 在支架的外侧周边及内部纵横向每隔6~8 m,应由底至顶设置连续竖向剪刀撑;

2 搭设高度8 m及以下时,在顶层应设置连续的水平剪刀撑;搭设高度超过8 m时,在顶层和竖向每隔4步及以下应设置连续的水平剪刀撑;

3 水平剪刀撑宜在竖向剪刀撑斜杆交叉层设置。

7 搭设与拆除

7.1 施工准备

7.1.1 门式脚手架与模板支架搭设与拆除前,应向搭拆和使用人员进行安全技术交底。

7.1.2 门式脚手架与模板支架搭拆施工的专项施工方案,应包括下列内容:

1 工程概况、设计依据、搭设条件、搭设方案设计;

2 搭设施工图:

1)架体的平、立、剖面图;

2)脚手架连墙件的布置及构造图;

3)脚手架转角、通道口的构造图;

4)脚手架斜梯布置及构造图;

5)重要节点构造图。

3 基础做法及要求;

4 架体搭设及拆除的程序和方法;

5 季节性施工措施;

6 质量保证措施;

7 架体搭设、使用、拆除的安全技术措施;

8 设计计算书;

9 悬挑脚手架搭设方案设计;

10 应急预案。

7.1.3 门架与配件、加固杆等在使用前应进行检查和验收。

7.1.4 经检验合格的构配件及材料应按品种、规格分类堆放整齐、平稳。

7.1.5 对搭设场地应进行清理、平整,并应做好排水。

7.2 地基与基础

7.2.1 门式脚手架与模板支架的地基与基础施工,应符合本规范第6.8节的规定和专项施工方案的要求。

7.2.2 在搭设前,应先在基础上弹出门架立杆位置线,垫板、底座安放位置应准确,标高应一致。

7.3 搭　　设

7.3.1 门式脚手架与模板支架的搭设程序应符合下列规定:

1 门式脚手架的搭设应与施工进度同步,一次搭设高度不宜超过最上层连墙件两步,且

自由高度不应大于 4 m;

2 满堂脚手架和模板支架应采用逐列、逐排和逐层的方法搭设;

3 门架的组装应自一端向另一端延伸,应自下而上按步架设,并应逐层改变搭设方向;不应自两端相向搭设或自中间向两端搭设;

4 每搭设完两步门架后,应校验门架的水平度及立杆的垂直度。

7.3.2 搭设门架及配件除应符合本规范第 6 章的规定外,尚应符合下列要求:

1 交叉支撑、脚手板应与门架同时安装;

2 连接门架的锁臂、挂钩必须处于锁住状态;

3 钢梯的设置应符合专项施工方案组装布置图的要求,底层钢梯底部应加设钢管并应采用扣件扣紧在门架立杆上;

4 在施工作业层外侧周边应设置 180 mm 高的挡脚板和两道栏杆,上道栏杆高度应为 1.2 m,下道栏杆应居中设置。挡脚板和栏杆均应设置在门架立杆的内侧。

7.3.3 加固杆的搭设除应符合本规范第 6.3 节和第 6.9 节 ~6.11 节的规定外,尚应符合下列要求:

1 水平加固杆、剪刀撑等加固杆件必须与门架同步搭设;

2 水平加固杆应设于门架立杆内侧,剪刀撑应设于门架立杆外侧。

7.3.4 门式脚手架连墙件的安装必须符合下列规定:

1 连墙件的安装必须随脚手架搭设同步进行,严禁滞后安装;

2 当脚手架操作层高出相邻连墙件以上两步时,在连墙件安装完毕前必须采用确保脚手架稳定的临时拉结措施。

7.3.5 加固杆、连墙件等杆件与门架采用扣件连接时,应符合下列规定:

1 扣件规格应与所连接钢管的外径相匹配;

2 扣件螺栓拧紧扭力矩值应为 40 N · m ~ 65 N · m;

3 杆件端头伸出扣件盖板边缘长度不应小于 100 mm。

7.3.6 悬挑脚手架的搭设应符合本规范第 6.1 节 ~6.5 节和第 6.9 节的要求,搭设前应检查预埋件和支承型钢悬挑梁的混凝土强度。

7.3.7 门式脚手架通道口的搭设应符合本规范第 6.6 节的要求,斜撑杆、托架梁及通道口两侧的门架立杆加强杆件应与门架同步搭设,严禁滞后安装。

7.3.8 满堂脚手架与模板支架的可调底座、可调托座宜采取防止砂浆、水泥浆等污物填塞螺纹的措施。

7.4 拆　　除

7.4.1 架体的拆除应按拆除方案施工,并应在拆除前做好下列准备工作:

1 应对将拆除的架体进行拆除前的检查;

2 根据拆除前的检查结果补充完善拆除方案;

3 清除架体上的材料、杂物及作业面的障碍物。

7.4.2 拆除作业必须符合下列规定:

1 架体的拆除应从上而下逐层进行,严禁上下同时作业。

2 同一层的构配件和加固杆件必须按先上后下、先外后内的顺序进行拆除。

3 连墙件必须随脚手架逐层拆除,严禁先将连墙件整层或数层拆除后再拆架体。拆除作业过程中，当架体的自由高度大于两步时，必须加设临时拉结。

4 连接门架的剪刀撑等加固杆件必须在拆卸该门架时拆除。

7.4.3 拆卸连接部件时，应先将止退装置旋转至开启位置，然后拆除，不得硬拉，严禁敲击。拆除作业中，严禁使用手锤等硬物击打、撬别。

7.4.4 当门式脚手架需分段拆除时，架体不拆除部分的两端应按本规范第 6.5.3 条的规定采取加固措施后再拆除。

7.4.5 门架与配件应采用机械或人工运至地面，严禁抛投。

7.4.6 拆卸的门架与配件、加固杆等不得集中堆放在未拆架体上，并应及时检查、整修与保养，并宜按品种、规格分别存放。

8 检查与验收

8.1 构配件检查与验收

8.1.1 门式脚手架与模板支架搭设前，对门架与配件的基本尺寸、质量和性能应按现行行业产品标准《门式钢管脚手架》JG 13 的规定进行检查，确认合格后方可使用。

8.1.2 施工现场使用的门架与配件应具有产品质量合格证，应标志清晰，并应符合下列要求：

1 门架与配件表面应平直光滑，焊缝应饱满，不应有裂缝、开焊、焊缝错位、硬弯、凹痕、毛刺、锁柱弯曲等缺陷；

2 门架与配件表面应涂刷防锈漆或镀锌。

8.1.3 周转使用的门架与配件，应按本规范附录 A 的规定经分类检查确认为 A 类方可使用；B 类、C 类应经试验、维修达到 A 类后方可使用；不得使用 D 类门架和配件。

8.1.4 在施工现场每使用一个安装拆除周期，应对门架、配件采用目测、尺量的方法检查一次。锈蚀深度检查时，应按本规范附录 A 第 A.4 节的规定抽取样品，在每个样品锈蚀严重的部位宜采用测厚仪或横向截断取样检测，当锈蚀深度超过规定值时不得使用。

8.1.5 加固杆、连接杆等所用钢管和扣件的质量，除应符合本规范第 3.0.4 条、第 3.0.5 条、第 3.0.8 条的规定外，尚应满足下列要求：

1 应具有产品质量合格证；

2 严禁使用有裂缝、变形的扣件，出现滑丝的螺栓必须更换；

3 钢管和扣件应涂有防锈漆。

8.1.6 底座和托座应有产品质量合格证，在使用前应对调节螺杆与门架立杆配合间隙进行检查。

8.1.7 连墙件、型钢悬挑梁、U 形钢筋拉环或锚固螺栓，应具有产品质量合格证或质量检验报告，在使用前应进行外观质量检查。

8.2 搭设检查与验收

8.2.1 搭设前，对门式脚手架或模板支架的地基与基础应进行检查，经验收合格后方可搭设。

8.2.2 门式脚手架搭设完毕或每搭设 2 个楼层高度，满堂脚手架、模板支架搭设完毕或每搭设 4 步高度，应对搭设质量及安全进行一次检查，经检验合格后方可交付使用或继续搭设。

8.2.3 在门式脚手架或模板支架搭设质量验收时，应具备下列文件：

1 按本规范第 7.1.2 条要求编制的专项施工方案；

2 构配件与材料质量的检验记录；

3 安全技术交底及搭设质量检验记录；

4 门式脚手架或模板支架分项工程的施工验收报告。

8.2.4 门式脚手架或模板支架分项工程的验收，除应检查验收文件外，还应对搭设质量进行现场核验，在对搭设质量进行全数检查的基础上，对下列项目应进行重点检验，并应记入施工验收报告：

1 构配件和加固杆规格、品种应符合设计要求，应质量合格、设置齐全、连接和挂扣紧固可靠；

2 基础应符合设计要求，应平整坚实，底座、支垫应符合规定；

3 门架跨距、间距应符合设计要求，搭设方法应符合本规范的规定；

4 连墙件设置应符合设计要求，与建筑结构、架体应连接可靠；

5 加固杆的设置应符合设计和本规范的要求；

6 门式脚手架的通道口、转角等部位搭设应符合构造要求；

7 架体垂直度及水平度应合格；

8 悬挑脚手架的悬挑支承结构及与建筑结构的连接固定应符合设计和本规范的规定；

9 安全网的张挂及防护栏杆的设置应齐全、牢固。

8.2.5 门式脚手架与模板支架搭设的技术要求、允许偏差及检验方法，应符合表 8.2.5 的规定。

表 8.2.5 门式脚手架与模板支架搭设技术要求、允许偏差及检验方法

<table>
<tr><th>项次</th><th colspan="2">项目</th><th>技术要求</th><th>允许偏差(mm)</th><th>检验方法</th></tr>
<tr><td rowspan="2">1</td><td rowspan="2">隐蔽工程</td><td>地基承载力</td><td>符合本规范 5.6.1 条、5.6.3 条的规定</td><td>—</td><td rowspan="2">观察、施工记录检查</td></tr>
<tr><td>预埋件</td><td>符合设计要求</td><td>—</td></tr>
<tr><td rowspan="8">2</td><td rowspan="8">地基与基础</td><td>表面</td><td>坚实平整</td><td rowspan="4">—</td><td rowspan="4">观察</td></tr>
<tr><td>排水</td><td>不积水</td></tr>
<tr><td>垫板</td><td>稳固</td></tr>
<tr><td rowspan="3">底座</td><td>不晃动</td></tr>
<tr><td>无沉降</td><td>—</td><td rowspan="2">钢直尺检查</td></tr>
<tr><td>调节螺杆高度符合本规范的规定</td><td>≤200</td></tr>
<tr><td>纵向轴线位置</td><td>—</td><td>±20</td><td rowspan="2">尺量检查</td></tr>
<tr><td>横向轴线位置</td><td>—</td><td>±10</td></tr>
<tr><td>3</td><td colspan="2">架体构造</td><td>符合本规范及专项施工方案的要求</td><td>—</td><td>观察尺量检查</td></tr>
<tr><td rowspan="2">4</td><td rowspan="2">门架安装</td><td>门架立杆与底座轴线偏差</td><td>—</td><td rowspan="2">≤2.0</td><td rowspan="2">尺量检查</td></tr>
<tr><td>上下榀门架立杆轴线偏差</td><td>—</td></tr>
</table>

续上表

项次	项目		技术要求	允许偏差(mm)	检验方法
5	垂直度	每步架	—	$h/500$、±3.0	经纬仪或线坠、钢直尺检查
		整体	—	$h/500$、±50.0	
6	水平度	一跨距内两榀门架高差	—	±5.0	水准仪 水平尺 钢直尺检查
		整体	—	±100	
7	连墙件	与架体、建筑结构连接	牢固	—	观察、扭矩测力扳手检查
		纵、横向间距	—	±300	尺量检查
		与门架横杆距离		≤200	
8	剪刀撑	间距	按设计要求设置	±300	尺量检查
		与地面的倾角	45°~60°	—	角尺、尺量检查
9	水平加固杆		按设计要求设置	—	观察、尺量检查
10	脚手板		铺设严密、牢固	孔洞≤25	观察、尺量检查
11	悬挑支撑结构	型钢规格	符合设计要求	—	观察、尺量检查
		安装位置		±3.0	
12	施工层防护栏杆、挡脚板		按设计要求设置	—	观察、手扳检查
13	安全网		按规定设置	—	观察
14	扣件拧紧力矩		40 N·m~65 N·m	—	扭矩测力扳手检查

注:h—步距;H—脚手架高度。

8.2.6 门式脚手架与模板支架扣件拧紧力矩的检查与验收,应符合现行行业标准《建筑施工扣件式钢管脚手架安全技术规范》JGJ 130 的规定。

8.3 使用过程中检查

8.3.1 门式脚手架与模板支架在使用过程中应进行日常检查,发现问题应及时处理。检查时,下列项目应进行检查:

1 加固杆、连墙件应无松动,架体应无明显变形;

2 地基应无积水,垫板及底座应无松动,门架立杆应无悬空;

3 锁臂、挂扣件、扣件螺栓应无松动;

4 安全防护设施应符合本规范要求;

5 应无超载使用。

8.3.2 门式脚手架与模板支架在使用过程中遇有下列情况时,应进行检查,确认安全后方可继续使用:

1 遇有 8 级以上大风或大雨过后;

2 冻结的地基土解冻后;

3 停用超过 1 个月;

4 架体遭受外力撞击等作用;

5 架体部分拆除;

6 其他特殊情况。

8.3.3 满堂脚手架与模板支架在施加荷载或浇筑混凝土时，应设专人看护检查，发现异常情况应及时处理。

8.4 拆除前检查

8.4.1 门式脚手架在拆除前，应检查架体构造、连墙件设置、节点连接，当发现有连墙件、剪刀撑等加固杆件缺少、架体倾斜失稳或门架立杆悬空情况时，对架体应先行加固后再拆除。

8.4.2 模板支架在拆除前，应检查架体各部位的连接构造、加固件的设置，应明确拆除顺序和拆除方法。

8.4.3 在拆除作业前，对拆除作业场地及周围环境应进行检查，拆除作业区内应无障碍物，作业场地临近的输电线路等设施应采取防护措施。

9 安全管理

9.0.1 搭拆门式脚手架或模板支架应由专业架子工担任，并应按住房和城乡建设部特种作业人员考核管理规定考核合格，持证上岗。上岗人员应定期进行体检，凡不适合登高作业者，不得上架操作。

9.0.2 搭拆架体时，施工作业层应铺设脚手板，操作人员应站在临时设置的脚手板上进行作业，并应按规定使用安全防护用品，穿防滑鞋。

9.0.3 门式脚手架与模板支架作业层上严禁超载。

9.0.4 严禁将模板支架、缆风绳、混凝土泵管、卸料平台等固定在门式脚手架上。

9.0.5 六级及以上大风天气应停止架上作业；雨、雪、雾天应停止脚手架的搭拆作业；雨、雪、霜后上架作业应采取有效的防滑措施，并应扫除积雪。

9.0.6 门式脚手架与模板支架在使用期间，当预见可能有强风天气所产生的风压值超出设计的基本风压值时，对架体应采取临时加固措施。

9.0.7 在门式脚手架使用期间，脚手架基础附近严禁进行挖掘作业。

9.0.8 满堂脚手架与模板支架的交叉支撑和加固杆，在施工期间禁止拆除。

9.0.9 门式脚手架在使用期间，不应拆除加固杆、连墙件、转角处连接杆、通道口斜撑杆等加固杆件。

9.0.10 当施工需要，脚手架的交叉支撑可在门架一侧局部临时拆除，但在该门架单元上下应设置水平加固杆或挂扣式脚手板，在施工完成后应立即恢复安装交叉支撑。

9.0.11 应避免装卸物料对门式脚手架或模板支架产生偏心、振动和冲击荷载。

9.0.12 门式脚手架外侧应设置密目式安全网，网间应严密，防止坠物伤人。

9.0.13 门式脚手架与架空输电线路的安全距离、工地临时用电线路架设及脚手架接地、防雷措施，应按现行行业标准《施工现场临时用电安全技术规范》JGJ 46 的有关规定执行。

9.0.14 在门式脚手架或模板支架上进行电、气焊作业时，必须有防火措施和专人看护。

9.0.15 不得攀爬门式脚手架。

9.0.16 搭拆门式脚手架或模板支架作业时，必须设置警戒线、警戒标志，并应派专人看守，严禁非作业人员入内。

9.0.17 对门式脚手架与模板支架应进行日常性的检查和维护，架体上的建筑垃圾或杂物应及时清理。

附录 A 门架、配件质量分类

A.1 门架与配件质量类别及处理规定

A.1.1 周转使用的门架与配件可分为 A、B、C、D 四类,并应符合下列规定:

1 A 类:有轻微变形、损伤、锈蚀。经清除粘附砂浆泥土等污物,除锈、重新油漆等保养工作后可继续使用。

2 B 类:有一定程度变形或损伤(如弯曲、下凹),锈蚀轻微。应经矫正、平整、更换部件、修复、补焊、除锈、油漆等修理保养后继续使用。

3 C 类:锈蚀较严重。应抽样进行荷载试验后确定能否使用,试验应按现行行业产品标准《门式钢管脚手架》JG 13 中的有关规定进行。经试验确定可使用者,应按 B 类要求经修理保养后使用;不能使用者,则按 D 类处理。

4 D 类:有严重变形、损伤或锈蚀。不得修复,应报废处理。

A.2 质量类别判定

A.2.1 周转使用的门架与配件质量类别判定应按表 A.2.1-1~表 A.2.1-5 的规定划分。

表 A.2.1-1 门架质量分类

部位及项目		A 类	B 类	C 类	D 类
立杆	弯曲(门架平面外)	≤4 mm	>4 mm	—	—
	裂纹	无	微小	—	有
	下凹	无	轻微	较严重	≥4 mm
	壁厚	≥2.2 mm	—	—	<2.2 mm
	端面不平整	≤0.3 mm	—	—	>0.3 mm
	锁销损坏	无	损伤或脱落	—	—
	锁销间距	±1.5 mm	>1.5 mm <-1.5 mm	—	—
	锈蚀	无或轻微	有	较严重(鱼鳞状)	深度≥0.3 mm
	立杆(中-中)尺寸变形	±5 mm	>5 mm <-5 mm	—	—
	下部堵塞	无或轻微	较严重	—	—
	立杆下部长度	≤400 mm	>400 mm	—	—
横杆	弯曲	无或轻微	严重	—	—
	裂纹	无	轻微	—	有
	下凹	无或轻微	≤3 mm	—	>3 mm
	锈蚀	无或轻微	有	较严重	深度≥0.3 mm
	壁厚	≥2 mm	—	—	<2 mm

续上表

部位及项目		A 类	B 类	C 类	D 类
加强杆	弯曲	无或轻微	有	—	—
	裂纹	无	有	—	—
	下凹	无或轻微	有	—	—
	锈蚀	无或轻微	有	较严重	深度≥0.3 mm
其他	焊接脱落	无	轻微缺陷	严重	—

表 A.2.1－2　脚手板质量分类

部位及项目		A 类	B 类	C 类	D 类
脚手板	裂纹	无	轻微	较严重	严重
	下凹	无或轻微	有	较严重	—
	锈蚀	无或轻微	有	较严重	深度≥0.2 mm
	面板厚	≥1.0 mm	—	—	<1.0 mm
搭钩零件	裂纹	无	—	—	有
	锈蚀	无或轻微	有	较严重	深度≥0.2 mm
	铆钉损坏	无	损伤、脱落	—	—
	弯曲	无	轻微	—	严重
	下凹	无	轻微	—	严重
	锁扣损坏	无	脱落、损伤	—	—
其他	脱焊	无	轻微	—	严重
	整体变形、翘曲	无	轻微	—	严重

表 A.2.1－3　交叉支撑质量分类

部位及项目	A 类	B 类	C 类	D 类
弯曲	≤3 mm	>3 mm	—	—
端部孔周裂纹	无	轻微	—	严重
下凹	无或轻微	有	—	严重
中部铆钉脱落	无	有	—	—
锈蚀	无或轻微	有	—	严重

表 A.2.1－4　连接棒质量分类

部位及项目	A 类	B 类	C 类	D 类
弯曲	无或轻微	有	—	严重
锈蚀	无或轻微	有	较严重	深度≥0.2 mm
凸环脱落	无	轻微	—	—
凸环倾斜	≤0.3 mm	>0.3 mm	—	—

表 A.2.1－5 可调底座、可调托座质量分类

部位及项目		A类	B类	C类	D类
螺杆	螺牙缺损	无或轻微	有	—	严重
	弯曲	无	轻微	—	严重
	锈蚀	无或轻微	有	较严重	严重
扳手、螺母	扳手断裂	无	轻微	—	—
	螺母转动困难	无	轻微	—	严重
	锈蚀	无或轻微	有	较严重	严重
底板	翘曲	无或轻微	有	—	—
	与螺杆不垂直	无或轻微	有	—	—
	锈蚀	无或轻微	有	较严重	严重

A.2.2 根据本规范附录A第A.2.1条表A.2.1－1～表A.2.1－5的规定，周转使用的门架与配件质量类别判定应符合下列规定：

1 A类：表中所列A类项目全部符合；

2 B类：表中所列B类项目有一项和一项以上符合，但不应有C类和D类中任一项；

3 C类：表中C类项目有一项和一项以上符合，但不应有D类中任一项；

4 D类：表中D类项目有任一项符合。

A.3 标 志

A.3.1 门架及配件挑选后，应按质量分类和判定方法分别做上标志。

A.3.2 门架及配件分类经维修、保养、修理后必须标明"检验合格"的明显标志和检验日期，不得与未经检验和处理的门架及配件混放或混用。

A.4 抽样检查

A.4.1 抽样方法：C类品中，应采用随机抽样方法，不得挑选。

A.4.2 样本数量：C类样品中，门架或配件总数小于或等于300件时，样本数不得少于3件；大于300件时，样本数不得少于5件。

A.4.3 样品试验：试验项目及试验方法应符合现行行业产品标准《门式钢管脚手架》JG 13的有关规定。

附录B 计 算 用 表

B.0.1 门架几何尺寸及杆件规格应符合下列规定。

1 MF1219系列门架几何尺寸及杆件规格应符合表B.0.1－1的规定。

表 B. 0. 1 – 1　MF1219 系列门架几何尺寸及杆件规格

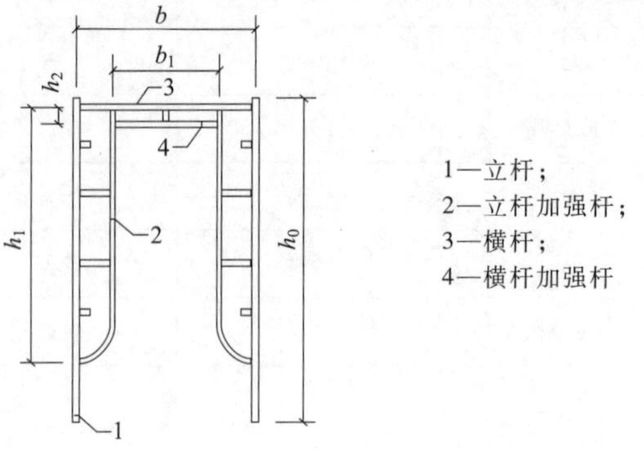

门架代号		MF1219	
门架几何尺寸(mm)	h_2	80	100
	h_0	1 930	1 900
	b	1 219	1 200
	b_1	750	800
	h_1	1 536	1 550
杆件外径壁厚(mm)	1	ϕ42. 0 × 2. 5	ϕ48. 0 × 3. 5
	2	ϕ26. 8 × 2. 5	ϕ26. 8 × 2. 5
	3	ϕ42. 0 × 2. 5	ϕ48. 0 × 3. 5
	4	ϕ26. 8 × 2. 5	ϕ26. 8 × 2. 5

注：表中门架代号含义同现行行业产品标准《门式钢管脚手架》JG 13。

2　MF0817、MF1017 系列门架几何尺寸及杆件规格应符合表 B. 0. 1 – 2 的规定。

表 B. 0. 1 – 2　MF0817、MF1017 系列门架几何尺寸及杆件规格

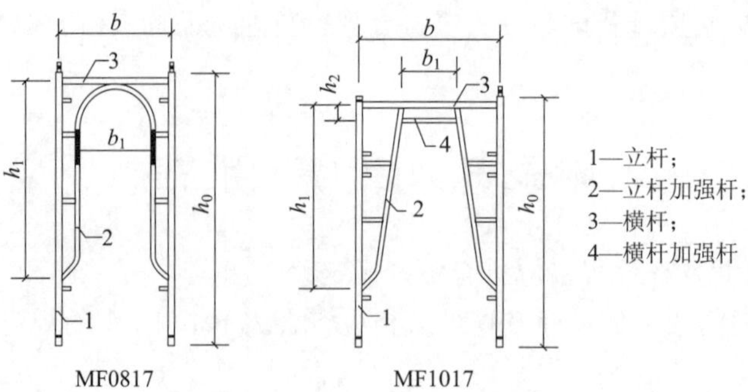

续上表

门架代号		MF0817	MF1017
门架几何尺寸(mm)	h_2	—	114
	h_0	1 750	1 750
	b	758	1 018
	b_1	510	402
	h_1	1 260	1 291
杆件外径壁厚(mm)	1	ϕ42.0×2.5	
	2	ϕ26.8×2.2	
	3	ϕ42.0×2.5	
	4	ϕ26.8×2.2	

注:表中门架代号含义同现行行业产品标准《门式钢管脚手架》JG 13。

B.0.2 扣件规格及重量应符合表B.0.2的规定。

表B.0.2 扣件规格及重量

规格		重量(标准值)(kN/个)
直角扣件	GKZ48、GKZ48/42、GKZ42	0.013 5
旋转扣件	GKU48、GKU48/42、GKU42	0.014 5

B.0.3 门架、配件重量宜符合下列规定:

1 MF1219系列门架、配件重量宜符合表B.0.3-1的规定。

表B.0.3-1 MF1219系列门架、配件重量

名称	单位	代号	重量(标准值)(kN)
门架(ϕ42)	榀	MF1219	0.224
门架(ϕ42)	榀	MF1217	0.205
门架(ϕ48)	榀	MF1219	0.270
交叉支撑	副	G1812	0.040
脚手板	块	P1805	0.184
连接棒	个	J220	0.006
锁臂	副	L700	0.008 5
固定底座	个	FS100	0.010
可调底座	个	AS400	0.035
可调托座	个	AU400	0.045
梯形架	榀	LF1212	0.133
承托架	榀	BF617	0.209
梯子	副	S1819	0.272

注:表中门架与配件的代号同现行行业产品标准《门式钢管脚手架》JG 13。

2 MF0817、MF1017系列门架、配件重量宜符合表B.0.3-2的规定。

表 B.0.3-2 MF0817、MF1017 系列门架、配件重量

名称	单位	代号	重量(标准值)(kN)
门架	榀	MF0817	0.153
门架	榀	MF1017	0.165
交叉支撑	副	G1812、G1512	0.040
脚手板	块	P1806、P1804、P1803	0.195、0.168、0.148
连接棒	个	J220	0.006
安全插销	个	C080	0.001
固定底座	个	FS100	0.010
可调底座	个	AS400	0.035
可调托座	个	AU400	0.045
梯形架	榀	LF1012、LF1009、LF1006	11.1、9.60、8.20
三角托	个	T0404	0.209
梯子	副	S1817	0.250

注:表中门架与配件的代号同现行行业产品标准《门式钢管脚手架》JG 13。

B.0.4 门式脚手架用钢管截面几何特性应符合表 B.0.4 的规定。

表 B.0.4 门式脚手架用钢管截面几何特性

钢管外径 d(mm)	壁厚 t(mm)	截面积 A(cm^2)	截面惯性矩 I(cm^4)	截面模量 W(cm^3)	截面回转半径 i(cm)	每米长重量(标准值)(N/m)
51	3.0	4.52	13.08	5.13	1.67	35.48
48.0	3.5	4.89	12.19	5.08	1.58	38.40
42.7	2.4	3.04	6.19	2.90	1.43	23.86
42.4	2.6	3.25	6.40	3.05	1.41	25.52
42.4	2.4	3.02	6.05	2.86	1.42	23.68
42.0	2.5	3.10	6.08	2.83	1.40	24.34
34.0	2.2	2.20	2.79	1.64	1.13	17.25
27.2	1.9	1.51	1.22	0.89	0.90	11.85
26.9	2.6	1.98	1.48	1.10	0.86	15.58
26.9	2.4	1.83	1.40	1.04	0.87	14.50
26.8	2.5	1.91	1.42	1.06	0.86	14.99
26.8	2.2	1.70	1.30	0.97	0.87	13.35

B.0.5 一榀门架的稳定承载力设计值应符合下列规定:

1 MF1219 系列一榀门架的稳定承载力应符合表 B.0.5-1 的规定。

表 B.0.5-1 MF1219 系列一榀门架的稳定承载力设计值

门架代号	MF1219	
	ϕ42.0	ϕ48.0
门架高度 h_0(mm)	1 930	1 900
立杆加强杆高度 h_1(mm)	1 536	1 550
立杆换算截面回转半径 i(cm)	1.525	1.652

续上表

门架代号		MF1219	
		ϕ42.0	ϕ48.0
立杆长细比 λ	$H \leqslant 40$ m	148	135
	$40 < H \leqslant 55$ m	154	140
立杆稳定系数 φ	$H \leqslant 40$ m	0.316	0.317
	$40 < H \leqslant 55$ m	0.294	0.349
钢材强度设计值 f(N/mm^2)		205	205
门架稳定承载力设计值 N^d(kN)	$H \leqslant 40$ m	40.16	74.38
	40 m $< H \leqslant 55$ m	37.37	69.97

注:1 本表门架稳定承载力系根据本规范表 B.0.1-1 的门架计算,当采用的门架几何尺寸及杆件规格与本规范表 B.0.1-1 不符合时应另行计算;
2 表中 H 代表脚手架搭设高度。

2 MF0817、MF1017 系列一榀门架的稳定承载力应符合表 B.0.5-2 的规定:

表 B.0.5-2 MF0817、MF1017 系列一榀门架的稳定承载力设计值

门架代号		MF0817	MF1017
		ϕ42.0	ϕ42.0
门架高度 h_0(mm)		1 750	1 750
立杆加强杆高度 h_1(mm)		1 260	1 291
立杆换算截面回转半径 i(cm)		4.428	1.507
立杆长细比 λ	$H \leqslant 40$ m	138.71	136
	$40 < H \leqslant 55$ m	144.64	142
立杆稳定系数 φ	$H \leqslant 40$ m	0.354	0.367
	$40 < H \leqslant 55$ m	0.329	0.340
钢材强度设计值 f(N/mm^2)		205	205
门架稳定承载力设计值 N^d(kN)	$H \leqslant 40$ m	44.89	46.60
	40 m $< H \leqslant 55$ m	41.81	43.21

注:1 本表门架稳定承载力系根据本规范表 B.0.1-2 的门架计算,当采用的门架几何尺寸及杆件规格与本规范表 B.0.1-2 不符合时应另行计算;
2 表中 H 代表脚手架搭设高度。

B.0.6 轴心受压构件的稳定系数 φ(Q235 钢)应符合表 B.0.6 的规定。

表 B.0.6 轴心受压构件的稳定系数 φ(Q235 钢)

λ	0	1	2	3	4	5	6	7	8	9
0	1.000	0.997	0.995	0.992	0.989	0.987	0.984	0.981	0.979	0.976
10	0.974	0.971	0.968	0.966	0.963	0.960	0.958	0.955	0.952	0.949
20	0.947	0.944	0.941	0.938	0.936	0.933	0.930	0.927	0.924	0.921
30	0.918	0.915	0.912	0.909	0.906	0.903	0.899	0.896	0.893	0.889
40	0.886	0.882	0.879	0.875	0.872	0.868	0.864	0.861	0.858	0.855
50	0.852	0.849	0.846	0.843	0.839	0.836	0.832	0.829	0.825	0.822

续上表

λ	0	1	2	3	4	5	6	7	8	9
60	0. 818	0. 814	0. 810	0. 806	0. 802	0. 797	0. 793	0. 789	0. 784	0. 779
70	0. 775	0. 770	0. 765	0. 760	0. 755	0. 750	0. 744	0. 739	0. 733	0. 728
80	0. 722	0. 716	0. 710	0. 704	0. 698	0. 692	0. 686	0. 680	0. 673	0. 667
90	0. 661	0. 654	0. 648	0. 641	0. 634	0. 626	0. 618	0. 611	0. 603	0. 595
100	0. 588	0. 580	0. 573	0. 566	0. 558	0. 551	0. 544	0. 537	0. 530	0. 523
110	0. 516	0. 509	0. 502	0. 496	0. 489	0. 483	0. 476	0. 470	0. 464	0. 458
120	0. 452	0. 446	0. 440	0. 434	0. 428	0. 423	0. 417	0. 412	0. 406	0. 401
130	0. 396	0. 391	0. 386	0. 381	0. 376	0. 371	0. 367	0. 362	0. 357	0. 353
140	0. 349	0. 344	0. 340	0. 336	0. 332	0. 328	0. 324	0. 320	0. 316	0. 312
150	0. 308	0. 305	0. 301	0. 289	0. 294	0. 291	0. 287	0. 284	0. 281	0. 277
160	0. 274	0. 271	0. 268	0. 265	0. 262	0. 259	0. 256	0. 253	0. 251	0. 248
170	0. 245	0. 243	0. 240	0. 237	0. 235	0. 232	0. 230	0. 227	0. 225	0. 223
180	0. 220	0. 218	0. 216	0. 214	0. 211	0. 209	0. 207	0. 205	0. 203	0. 201
190	0. 199	0. 197	0. 195	0. 193	0. 191	0. 189	0. 188	0. 186	0. 184	0. 182
200	0. 180	0. 179	0. 177	0. 175	0. 174	0. 172	0. 171	0. 169	0. 167	0. 166
210	0. 164	0. 163	0. 161	0. 160	0. 159	0. 157	0. 156	0. 154	0. 153	0. 152
220	0. 150	0. 149	0. 148	0. 146	0. 145	0. 144	0. 143	0. 141	0. 140	0. 139
230	0. 138	0. 137	0. 136	0. 135	0. 133	0. 132	0. 131	0. 130	0. 129	0. 128
240	0. 127	0. 126	0. 125	0. 124	0. 123	0. 122	0. 121	0. 120	0. 119	0. 118
250	0. 117	—	—	—	—	—	—	—	—	—

建筑拆除工程安全技术规范

目　次

2 一般规定

2.0.1 项目经理必须对拆除工程的安全生产负全面领导责任。项目经理部应按有关规定设专职安全员,检查落实各项安全技术措施。

2.0.2 施工单位应全面了解拆除工程的图纸和资料,进行现场勘察,编制施工组织设计或安全专项施工方案。

2.0.3 拆除工程施工区域应设置硬质封闭围挡及醒目警示标志,围挡高度不应低于1.8 m,非施工人员不得进入施工区。当临街的被拆除建筑与交通道路的安全距离不能满足要求时,必须采取相应的安全隔离措施。

2.0.4 拆除工程必须制定生产安全事故应急救援预案。

2.0.5 施工单位应为从事拆除作业的人员办理意外伤害保险。

2.0.6 拆除施工严禁立体交叉作业。

2.0.7 作业人员使用手持机具时,严禁超负荷或带故障运转。

2.0.8 楼层内的施工垃圾,应采用封闭的垃圾道或垃圾袋运下,不得向下抛掷。

2.0.9 根据拆除工程施工现场作业环境,应制定相应的消防安全措施。施工现场应设置消防车通道,保证充足的消防水源,配备足够的灭火器材。

3 施工准备

3.0.1 拆除工程的建设单位与施工单位在签订施工合同时,应签订安全生产管理协议,明确双方的安全管理责任。建设单位、监理单位应对拆除工程施工安全负检查督促责任;施工单位应对拆除工程的安全技术管理负直接责任。

3.0.2 建设单位应将拆除工程发包给具有相应资质等级的施工单位。建设单位应在拆除工程开工前15日,将下列资料报送建设工程所在地的县级以上地方人民政府建设行政主管部门备案:

1 施工单位资质登记证明;

2 拟拆除建筑物、构筑物及可能危及毗邻建筑的说明;

3 拆除施工组织方案或安全专项施工方案;

4 堆放、清除废弃物的措施。

3.0.3 建设单位应向施工单位提供下列资料:

1 拆除工程的有关图纸和资料;

2 拆除工程涉及区域的地上、地下建筑及设施分布情况资料。

3.0.4 建设单位应负责做好影响拆除工程安全施工的各种管线的切断、迁移工作。当建筑外侧有架空线路或电缆线路时,应与有关部门取得联系,采取防护措施,确认安全后方可施工。

3.0.5 当拆除工程对周围相邻建筑安全可能产生危险时,必须采取相应保护措施,对建筑内的人员进行撤离安置。

3.0.6 在拆除作业前,施工单位应检查建筑内各类管线情况,确认全部切断后方可施工。

3.0.7 在拆除工程作业中,发现不明物体,应停止施工,采取相应的应急措施,保护现场,及时向有关部门报告。

4 安全施工管理

4.1 人工拆除

4.1.1 进行人工拆除作业时,楼板上严禁人员聚集或堆放材料,作业人员应站在稳定的结构或脚手架上操作,被拆除的构件应有安全的放置场所。

4.1.2 人工拆除施工应从上至下、逐层拆除分段进行,不得垂直交叉作业。作业面的孔洞应封闭。

4.1.3 人工拆除建筑墙体时,严禁采用掏掘或推倒的方法。

4.1.4 拆除建筑的栏杆、楼梯、楼板等构件,应与建筑结构整体拆除进度相配合,不得先行拆除。建筑的承重梁、柱,应在其所承载的全部构件拆除后,再进行拆除。

4.1.5 拆除梁或悬挑构件时,应采取有效的下落控制措施,方可切断两端的支撑。

4.1.6 拆除柱子时,应沿柱子底部剔凿出钢筋,使用手动倒链定向牵引,再采用气焊切割柱子三面钢筋,保留牵引方向正面的钢筋。

4.1.7 拆除管道及容器时,必须在查清残留物的性质,并采取相应措施确保安全后,方可进行拆除施工。

4.2 机械拆除

4.2.1 当采用机械拆除建筑时,应从上至下、逐层分段进行;应先拆除非承重结构,再拆除承重结构。拆除框架结构建筑,必须按楼板、次梁、主梁、柱子的顺序进行施工。对只进行部分拆除的建筑,必须先将保留部分加固,再进行分离拆除。

4.2.2 施工中必须由专人负责监测被拆除建筑的结构状态,做好记录。当发现有不稳定状态的趋势时,必须停止作业,采取有效措施,消除隐患。

4.2.3 拆除施工时,应按照施工组织设计选定的机械设备及吊装方案进行施工,严禁超载作业或任意扩大使用范围。供机械设备使用的场地必须保证足够的承载力。作业中机械不得同时回转、行走。

4.2.4 进行高处拆除作业时,对较大尺寸的构件或沉重的材料,必须采用起重机具及时吊下。拆卸下来的各种材料应及时清理,分类堆放在指定场所,严禁向下抛掷。

4.2.5 采用双机抬吊作业时,每台起重机载荷不得超过允许载荷的80%,且应对第一吊进行试吊作业,施工中必须保持两台起重机同步作业。

4.2.6 拆除吊装作业的起重机司机,必须严格执行操作规程。信号指挥人员必须按照现行国家标准《起重吊运指挥信号》GB 5082 的规定作业。

4.2.7 拆除钢屋架时,必须采用绳索将其拴牢,待起重机吊稳后,方可进行气焊切割作业。吊运过程中,应采用辅助措施使被吊物处于稳定状态。

4.2.8 拆除桥梁时应先拆除桥面的附属设施及挂件、护栏等。

4.3 爆破拆除

4.3.1 爆破拆除工程应根据周围环境作业条件、拆除对象、建筑类别、爆破规模,按照现行国家标准《爆破安全规程》GB 6722 将工程分为A、B、C三级,并采取相应的安全技术措施。爆破拆除工程应做出安全评估并经当地有关部门审核批准后方可实施。

4.3.2 从事爆破拆除工程的施工单位,必须持有工程所在地法定部门核发的《爆炸物品使用许可证》,承担相应等级的爆破拆除工程。爆破拆除设计人员应具有承担爆破拆除作业范围和相应级别的爆破工程技术人员作业证。从事爆破拆除施工的作业人员应持证上岗。

4.3.3 爆破器材必须向工程所在地法定部门申请《爆炸物品购买许可证》,到指定的供应点购买。爆破器材严禁赠送、转让、转卖、转借。

4.3.4 运输爆破器材时,必须向工程所在地法定部门申请领取《爆炸物品运输许可证》,派专职押运员押送,按照规定路线运输。

4.3.5 爆破器材临时保管地点,必须经当地法定部门批准。严禁同室保管与爆破器材无关的物品。

4.3.6 爆破拆除的预拆除施工应确保建筑安全和稳定。预拆除施工可采用机械和人工方法拆除非承重的墙体或不影响结构稳定的构件。

4.3.7 对烟囱、水塔类构筑物采用定向爆破拆除工程时,爆破拆除设计应控制建筑倒塌时的触地振动。必要时应在倒塌范围铺设缓冲材料或开挖防振沟。

4.3.8 为保护临近建筑和设施的安全,爆破振动强度应符合现行国家标准《爆破安全规程》GB 6722 的有关规定。建筑基础爆破拆除时,应限制一次同时使用的药量。

4.3.9 爆破拆除施工时,应对爆破部位进行覆盖和遮挡,覆盖材料和遮挡设施应牢固可靠。

4.3.10 爆破拆除应采用电力起爆网路和非电导爆管起爆网路。电力起爆网路的电阻和起爆电源功率,应满足设计要求;非电导爆管起爆应采用复式交叉封闭网路。爆破拆除不得采用导爆索网路或导火索起爆方法。

装药前,应对爆破器材进行性能检测。试验爆破和起爆网路模拟试验应在安全场所进行。

4.3.11 爆破拆除工程的实施应在工程所在地有关部门领导下成立爆破指挥部,应按照施工组织设计确定的安全距离设置警戒。

4.3.12 爆破拆除工程的实施除应符合本规范第 4.3 节的要求外,必须按照现行国家标准《爆破安全规程》GB 6722 的规定执行。

4.4 静力破碎

4.4.1 进行建筑基础或局部块体拆除时,宜采用静力破碎的方法。

4.4.2 采用具有腐蚀性的静力破碎剂作业时,灌浆人员必须戴防护手套和防护眼镜。孔内注入破碎剂后,作业人员应保持安全距离,严禁在注孔区域行走。

4.4.3 静力破碎剂严禁与其他材料混放。

4.4.4 在相邻的两孔之间,严禁钻孔与注入破碎剂同步进行施工。

4.4.5 静力破碎时,发生异常情况,必须停止作业。查清原因并采取相应措施确保安全后,方可继续施工。

4.5 安全防护措施

4.5.1 拆除施工采用的脚手架、安全网,必须由专业人员按设计方案搭设,由有关人员验收合格后方可使用。水平作业时,操作人员应保持安全距离。

4.5.2 安全防护设施验收时,应按类别逐项查验,并有验收记录。

4.5.3 作业人员必须配备相应的劳动保护用品,并正确使用。

4.5.4 施工单位必须依据拆除工程安全施工组织设计或安全专项施工方案,在拆除施工现场划定危险区域,并设置警戒线和相关的安全标志,应派专人监管。

4.5.5 施工单位必须落实防火安全责任制,建立义务消防组织,明确责任人,负责施工现场的日常防火安全管理工作。

5 安全技术管理

5.0.1 拆除工程开工前,应根据工程特点、构造情况、工程量等编制施工组织设计或安全专项施工方案,应经技术负责人和总监理工程师签字批准后实施。施工过程中,如需变更,应经原审批人批准,方可实施。

5.0.2 在恶劣的气候条件下,严禁进行拆除作业。

5.0.3 当日拆除施工结束后,所有机械设备应远离被拆除建筑。施工期间的临时设施,应与被拆除建筑保持安全距离。

5.0.4 从业人员应办理相关手续,签订劳动合同,进行安全培训,考试合格后方可上岗作业。

5.0.5 拆除工程施工前,必须对施工作业人员进行书面安全技术交底。

5.0.6 拆除工程施工必须建立安全技术档案,并应包括下列内容:

1 拆除工程施工合同及安全管理协议书;

2 拆除工程安全施工组织设计或安全专项施工方案;

3 安全技术交底;

4 脚手架及安全防护设施检查验收记录;

5 劳务用工合同及安全管理协议书;

6 机械租赁合同及安全管理协议书。

5.0.7 施工现场临时用电必须按照国家现行标准《施工现场临时用电安全技术规范》JGJ 46的有关规定执行。

5.0.8 拆除工程施工过程中,当发生重大险情或生产安全事故时,应及时启动应急预案排除险情、组织抢救、保护事故现场,并向有关部门报告。

6 文明施工管理

6.0.1 清运渣土的车辆应封闭或覆盖,出入现场时应有专人指挥。清运渣土的作业时间应遵守工程所在地的有关规定。

6.0.2 对地下的各类管线,施工单位应在地面上设置明显标识。对水、电、气的检查井、污水井应采取相应的保护措施。

6.0.3 拆除工程施工时,应有防止扬尘和降低噪声的措施。

6.0.4 拆除工程完工后,应及时将渣土清运出场。

6.0.5 施工现场应建立健全动火管理制度。施工作业动火时,必须履行动火审批手续,领取动火证后,方可在指定时间、地点作业。作业时应配备专人监护,作业后必须确认无火源危险后方可离开作业地点。

6.0.6 拆除建筑时,当遇有易燃、可燃物及保温材料时,严禁明火作业。

建筑施工碗扣式钢管脚手架安全技术规范

目　次

3 构配件材料、制作及检验

3.1 碗扣节点

3.1.1 立杆的碗扣节点应由上碗扣、下碗扣、横杆接头和上碗扣限位销等构成(见图 3.1.1)。

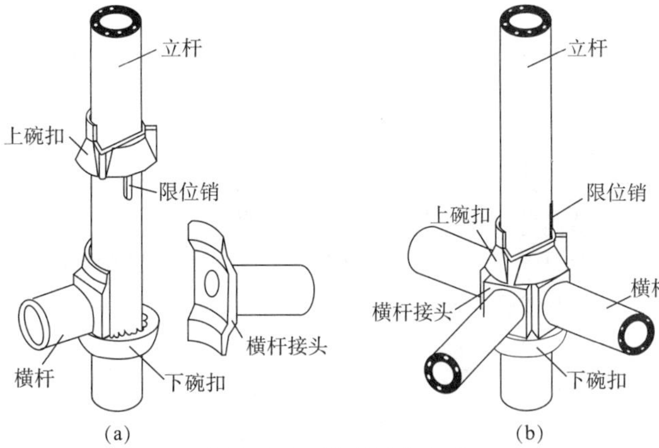

图 3.1.1 碗扣节点构成

(a)连接前;(b)连接后

3.1.2 立杆碗扣节点间距应按 0.6 m 模数设置。

3.2 主要构配件材料要求

3.2.1 碗扣式钢管脚手架用钢管应符合现行国家标准《直缝电焊钢管》GB/T 13793、《低压流体输送用焊接钢管》GB/T 3091 中的 Q 235A 级普通钢管的要求,其材质性能应符合现行国家标准《碳素结构钢》GB/T 700 的规定。

3.2.2 上碗扣、可调底座及可调托撑螺母应采用可锻铸铁或铸钢制造,其材料机械性能应符合现行国家标准《可锻铸铁件》GB 9440 中 KTH330 - 08 及《一般工程用铸造碳钢件》GB 11352 中 ZG 270 - 500 的规定。

3.2.3 下碗扣、横杆接头、斜杆接头应采用碳素铸钢制造,其材料机械性能应符合现行国家标准《一般工程用铸造碳钢件》GB 11352 中 ZG 230 - 450 的规定。

3.2.4 采用钢板热冲压整体成型的下碗扣,钢板应符合现行国家标准《碳素结构钢》GB/T 700 中 Q235A 级钢的要求,板材厚度不得小于 6 mm,并应经 600 ~ 650 ℃的时效处理。严禁利用废旧锈蚀钢板改制。

3.2.5 碗扣式钢管脚手架主要构配件种类、规格及质量应符合表 3.2.5 的规定。

表 3.2.5 主要构配件种类、规格及质量

名 称	常用型号	规格(mm)	理论质量(kg)
立杆	LG-120	φ48 ×1 200	7.05
	LG-180	φ48 ×1 800	10.19
	LG-240	φ48 ×2 400	13.34
	LG-300	φ48 ×3 000	16.48

续上表

名　称	常用型号	规格(mm)	理论质量(kg)
横杆	HG-30	ϕ48×300	1.32
	HG-60	ϕ48×600	2.47
	HG-90	ϕ48×900	3.63
	HG-120	ϕ48×1 200	4.78
	HG-150	ϕ48×1 500	5.93
	HG-180	ϕ48×1 800	7.08
间横杆	JHG-90	ϕ48×900	4.37
	JHG-120	ϕ48×1 200	5.52
	JHG-120+30	ϕ48×(1 200+300)用于窄挑梁	6.85
	JHG-120+60	ϕ48×(1 200+600)用于宽挑梁	8.16
专用外斜杆	XG-0912	ϕ48×1 500	6.33
	XG-1212	ϕ48×1 700	7.03
	XG-1218	ϕ48×2 160	8.66
	XG-1518	ϕ48×2 340	9.30
	XG-1818	ϕ48×2 550	10.04
专用斜杆	ZXG-0912	ϕ48×1 270	5.89
	ZXG-0918	ϕ48×1 750	7.73
	ZXG-1212	ϕ48×1 500	6.76
	ZXG-1218	ϕ48×1 920	8.37
窄挑梁	TL-30	宽度300	1.53
宽挑梁	TL-60	宽度600	8.60
立杆连接销	LLX	ϕ10	0.08
可调底座	KTZ-45	T38×6 可调范围≤300	5.82
	KTZ-60	T38×6 可调范围≤450	7.12
	KTZ-75	T38×6 可调范围≤600	8.50
可调托撑	KTC-45	T38×6 可调范围≤300	7.01
	KTC-60	T38×6 可调范围≤450	8.31
	KTC-75	T38×6 可调范围≤600	9.69
脚手板	JB-120	1 200×270	12.80
	JB-150	1 500×270	15.00
	JB-180	1 800×270	17.90

3.3　制作质量要求

3.3.1　碗扣式钢管脚手架钢管规格应为 ϕ48 mm×3.5 mm,钢管壁厚应为 $3.5^{+0.25}_{0}$ mm。

3.3.2　立杆连接处外套管与立杆间隙应小于或等于 2 mm,外套管长度不得小于 160 mm,外伸长度不得小于 110 mm。

3.3.3　钢管焊接前应进行调直除锈,钢管直线度应小于 1.5L/1 000(L 为使用钢管的长度)。

3.3.4 焊接应在专用工装上进行。

3.3.5 主要构配件的制作质量及形位公差要求,应符合本规范附录 A 的规定。

3.3.6 构配件外观质量应符合下列要求:

1 钢管应平直光滑、无裂纹、无锈蚀、无分层、无结巴、无毛刺等,不得采用横断面接长的钢管;

2 铸造件表面应光整,不得有砂眼、缩孔、裂纹、浇冒口残余等缺陷,表面粘砂应清除干净;

3 冲压件不得有毛刺、裂纹、氧化皮等缺陷;

4 各焊缝应饱满,焊药应清除干净,不得有未焊透、夹砂、咬肉、裂纹等缺陷;

5 构配件防锈漆涂层应均匀,附着应牢固;

6 主要构配件上的生产厂标识应清晰。

3.3.7 架体组装质量应符合下列要求:

1 立杆的上碗扣应能上下串动、转动灵活,不得有卡滞现象;

2 立杆与立杆的连接孔处应能插入 ϕ10 mm 连接销;

3 碗扣节点上应在安装 1 ~4 个横杆时,上碗扣均能锁紧;

4 当搭设不少于二步三跨 1.8 m×1.8 m×1.2 m(步距×纵距×横距)的整体脚手架时,每一框架内横杆与立杆的垂直度偏差应小于 5 mm。

3.3.8 可调底座底板的钢板厚度不得小于 6 mm,可调托撑钢板厚度不得小于 5 mm。

3.3.9 可调底座及可调托撑丝杆与调节螺母啮合长度不得少于 6 扣,插入立杆内的长度不得小于 150 mm。

3.3.10 主要构配件性能指标应符合下列要求:

1 上碗扣抗拉强度不应小于 30 kN;

2 下碗扣组焊后剪切强度不应小于 60 kN;

3 横杆接头剪切强度不应小于 50 kN;

4 横杆接头焊接剪切强度不应小于 25 kN;

5 底座抗压强度不应小于 100 kN。

3.3.11 主要构配件强度试验方法应符合本规范附录 B 的规定。

3.4 检验规则

3.4.1 构配件产品的检验应符合下列要求:

1 出厂文件应有使用材料质量说明、证明书及产品合格证。

2 属下列情况之一的应进行型式检验:

1)新产品或老产品转厂生产的试制定型鉴定;

2)正式生产后如结构、材料、工艺有较大改变可能影响性能时;

3)产品长期停产,恢复生产时;

4)出厂检验与上次型式检验有较大差异时;

5)省、市、国家质量监督机构或行业管理部门提出进行型式检验要求时。

3.4.2 型式检验抽样方法应符合下列规定:

1 应采用二次正常检验抽样方法,样本应从受检查批中随机抽取,型式检验抽样方案应符合现行国家标准《计数抽样检验程序　第 1 部分:按接收质量限(AQL)检索的逐批检验抽样计划》GB/T 2828.1 的有关规定；

2　构配件每检查批量必须大于 280 件，当每检查批量超过 1 200 件时，应作另一批检查验收；

3　提取的样本应封存交付检验，检验前不得修理和调整。

3.4.3　型式检验的判定方法应符合下列规定：

1　单件构配件产品应符合本规范第 3.2 节、第 3.3 节的有关要求，方可判定为产品合格；

2　批量构配件产品应按本规范附录 C 进行判定，当检验项目均合格时，方可判定批合格；

3　经检验发现的不合格品剔出或修理后，可按规定方式再次提交检查。

4　荷　　载

4.1　荷载分类

4.1.1　作用于碗扣式钢管脚手架上的荷载，可分为永久荷载（恒荷载）和可变荷载（活荷载）。永久荷载的分项系数应取 1.2，对结构有利时应取 1.0；可变荷载的分项系数应取 1.4。

4.1.2　双排脚手架的永久荷载应根据脚手架实际情况进行计算，并应包括下列内容：

1　组成双排脚手架结构的杆系自重，包括：立杆、横杆、斜杆、水平斜杆等；

2　脚手板、挡脚板、栏杆、安全网等附加构件的自重。

4.1.3　双排脚手架的可变荷载计算应包括下列内容：

1　作业层上的操作人员、器具及材料等施工荷载；

2　风荷载；

3　其他荷载。

4.1.4　模板支撑架的永久荷载计算应包括下列内容：

1　作用在模板支撑架上的荷载，包括：新浇筑混凝土、钢筋、模板及支承梁（楞）等自重；

2　组成模板支撑架结构的杆系自重，包括：立杆、纵向及横向水平杆、垂直及水平斜杆等自重；

3　脚手板、栏杆、挡脚板、安全网等防护设施及附加构件的自重。

4.1.5　模板支撑架的可变荷载计算应包括下列内容：

1　施工人员、材料及施工设备荷载；

2　浇筑和振捣混凝土时产生的荷载；

3　风荷载；

4　其他荷载。

4.2　荷载标准值

4.2.1　双排脚手架结构杆系自重标准值，可按本规范表 3.2.5 采用。

4.2.2　双排脚手架其他构件自重标准值，可按下列规定采用：

1　双排脚手板自重标准值可按 0.35 kN/m^2 取值；

2　作业层的栏杆与挡脚板自重标准值可按 0.14 kN/m 取值；

3　双排脚手架外侧满挂密目式安全立网自重标准值可按 0.01 kN/m^2 取值。

4.2.3　双排脚手架施工荷载标准值可按下列规定采用：

1 作业层均布施工荷载标准值(Q)根据脚手架的用途,应按表 4.2.3 采用。

表 4.2.3 作业层均布施工荷载标准值

脚手架用途	荷载标准值(kN/m^2)
结构脚手架	3.0
装修脚手架	2.0

2 双排脚手架作业层不宜超过 2 层。

4.2.4 模板支撑架永久荷载标准值应符合下列规定:

1 模板及支撑架自重标准值(Q_1)应根据模板及支撑架施工设计方案确定。10 m 以下的支撑架可不计算架体自重;对一般肋形楼板及无梁楼板模板的自重标准值,可按表 4.2.4 采用。

表 4.2.4 水平模板自重标准值(kN/m^2)

模板构件名称	竹、木胶合板及木模板	定型钢模板
平面模板及小楞	0.30	0.50
楼板模板(其中包括梁模板)	0.50	0.75

注:其他类型模板按实际重量采用。

2 新浇筑混凝土自重(包括钢筋)标准值(Q_2)对普通钢筋混凝土可采用 25 kN/m^3,对特殊混凝土应根据实际情况确定。

4.2.5 模板支撑架施工荷载标准值应符合下列规定:

1 施工人员及设备荷载标准(Q_3)按均布活荷载取 1.0 kN/m^2;

2 浇筑和振捣混凝土时产生的荷载标准值(Q_4)可采用 1.0 kN/m^2。

4.3 风 荷 载

4.3.1 作用于双排脚手架及模板支撑架上的水平风荷载标准值,应按下式计算:

$$w_k = 0.7\mu_z \mu_s w_0 \tag{4.3.1}$$

式中 w_k——风荷载标准值(kN/m^2);

μ_z——风压高度变化系数,应按本规范附录 D 确定;

μ_s——风荷载体型系数,按本规范第 4.3.2 条采用;

w_0——基本风压(kN/m^2),按现行国家标准《建筑结构荷载规范》GB 50009 规定采用。

4.3.2 双排脚手架及模板支撑架的风荷载体型系数(μ_s)应按下列规定采用:

1 悬挂密目式安全立网的双排脚手架和支撑架体型系数:$\mu_s = 1.3\varphi_0$,φ_0 为密目式安全立网挡风系数,可取 0.8。

2 单排架无遮拦体型系数:$\mu_{st} = 1.2\varphi_0$,挡风系数:

$$\varphi_0 = \frac{A_1}{A_0} \tag{4.3.2-1}$$

式中 A_1——杆件挡风面积(m^2);

A_0——迎风全面积(m^2)。

3 无遮拦多排模板支撑架的体型系数:

$$\mu_s = \mu_{st}\frac{1-\eta^n}{1-\eta} \tag{4.3.2-2}$$

式中　μ_{st}——单排架体型系数；

n——支撑架相连立杆排数；

η——按现行国家标准《建筑结构荷载规范》GB 50009 有关规定修正计算，当 φ_0 小于或等于 0.1 时，应取 $\eta=0.97$。

4.4　荷载效应组合计算

4.4.1　设计双排脚手架及模板支撑架时，其杆件和连墙件的承载力等，应按表 4.4.1 的荷载效应组合要求进行计算。

表 4.4.1　荷载效应组合

计 算 项 目	荷 载 组 合
立杆承载力计算	1　永久荷载＋可变荷载（不包括风荷载）
	2　永久荷载＋0.9（可变荷载＋风荷载）
连墙件承载力计算	风荷载＋3.0kN
斜杆承载力和连接扣件（抗滑）承载力计算	风荷载

4.4.2　计算变形（挠度）时的荷载设计值，各类荷载分项系数应取 1.0。

5　结构设计计算

5.1　基本设计规定

5.1.1　本规范的结构设计应采用概率理论为基础的极限状态设计法，以分项系数的设计表达式进行设计。

5.1.2　当双排脚手架无风荷载作用时，立杆应按承受垂直荷载计算；当有风荷载作用时，立杆应按压弯构件计算。

5.1.3　当横杆承受非节点荷载时，应进行抗弯承载力计算。

5.1.4　受压杆件长细比不得大于 230，受拉杆件长细比不得大于 350。

5.1.5　当杆件变形有控制要求时，应验算其变形，受弯杆件的允许变形（挠度）值不应超过表 5.1.5 的规定。

表 5.1.5　受弯杆件的允许变形（挠度）值

构件类别	允许变形（挠度）值（V）
脚手板、纵向、横向水平杆	$l/150$，≤10 mm
悬挑受弯杆件	$l/400$

注：l 为受弯杆件的跨度，对悬挑杆件为其悬伸长度的 2 倍。

5.1.6　钢材的强度设计值与弹性模量应按表 5.1.6 规定采用。

表 5.1.6　钢材的强度设计值和弹性模量（N/mm²）

Q235A 级钢材抗拉、抗压和抗弯强度设计值 f	205
弹性模量 E	2.06×10^5

5.1.7　钢管的截面特性应按表 5.1.7 规定采用。

表 5.1.7 钢管截面特性

外径 ϕ(mm)	壁厚 t(mm)	截面积 A(cm^2)	截面惯性矩 I(cm^4)	截面模量 W(cm^3)	回转半径 i(cm)
48	3.5	4.89	12.19	5.08	1.58

5.2 架体方案设计

5.2.1 架体方案设计应包括下列内容：

1 工程概况：工程名称、工程结构、建筑面积、高度、平面形状及尺寸等；模板支撑架应按标准楼层平面图，说明梁板结构的断面尺寸；

2 架体结构设计和计算顺序：

第一步：制定方案；

第二步：绘制架体结构图（平、立、剖）及计算简图；

第三步：荷载计算；

第四步：最不利立杆、横杆及斜杆承载力验算，连墙件及地基承载力验算；

3 确定各个部位斜杆的连接措施及要求，模板支撑架应绘制立杆顶端及底部节点构造图；

4 说明结构施工流水步骤，架体搭设、使用和拆除方法；

5 编制构配件用料表及供应计划；

6 搭设质量及安全的技术措施。

5.3 双排脚手架的结构计算

5.3.1 双排脚手架计算应包括下列内容：

1 按脚手架设计方案，分立面和剖面画出结构计算简图；

2 计算单肢立杆轴向力和承载力；

3 计算风荷载在立杆中产生的弯矩及连墙件承载力；

4 最不利立杆压弯承载力计算；

5 验算地基承载力。

5.3.2 双排脚手架立杆计算长度应按下列要求确定：

1 两立杆间无斜杆时，等于相邻两连墙件间垂直距离；当连墙件垂直距离小于或等于4.2 m时，计算长度乘以折减系数0.85；

2 当两立杆间增设斜杆时，等于立杆相邻节点间的距离。

5.3.3 当无风荷载时，单肢立杆承载力计算应符合下列要求：

1 立杆轴向力应按下式计算：

$$N = 1.2(N_{G1} + N_{G2}) + 1.4N_{Q1} \tag{5.3.3-1}$$

式中 N_{G1}——脚手架结构自重标准值产生的轴向力（kN）；

N_{G2}——脚手板及构配件等自重标准值产生的轴向力（kN）；

N_{Q1}——施工荷载产生的轴向力（kN）。

2 单肢立杆轴向承载力应符合下列要求：

$$N \leqslant \varphi \cdot A \cdot f \tag{5.3.3-2}$$

式中 φ——轴心受压杆件稳定系数，按长细比查本规范附录E采用；

A——立杆横截面面积(mm^2)；

f——钢材的抗拉、抗压、抗弯强度设计值，应按本规范表 5.1.6 采用。

5.3.4 组合风荷载时，单肢立杆承载力计算应符合下列要求：

1 风荷载对立杆产生的弯矩：当连墙件竖向间距为二步时(见图 5.3.4)，应按下列公式计算：

$$M_w = 1.4 l_a \times l_0^2 \frac{w_k}{8} - P_r \frac{l_0}{4} \quad (5.3.4-1)$$

$$P_r = \frac{5}{16} \times 1.4 w_k l_a l_0 \quad (5.3.4-2)$$

式中　M_w——风荷载作用下单肢立杆弯矩(kN·m)；

l_a——立杆纵距(m)；

l_0——立杆计算长度(m)；

w_k——风荷载标准值(kN/m^2)；

P_r——风荷载作用下内外排立杆间横杆的支承力(kN)。

2 单肢立杆轴向力 N_w 应按下式计算：

$$N_w = 1.2(N_{G1} + N_{G2}) + 0.9 \times 1.4 N_{Q1} \quad (5.3.4-3)$$

3 立杆压弯承载力(稳定性)应按下式计算：

$$\frac{N_w}{\varphi A} + 0.9 \frac{M_w}{W} \leqslant f \quad (5.3.4-4)$$

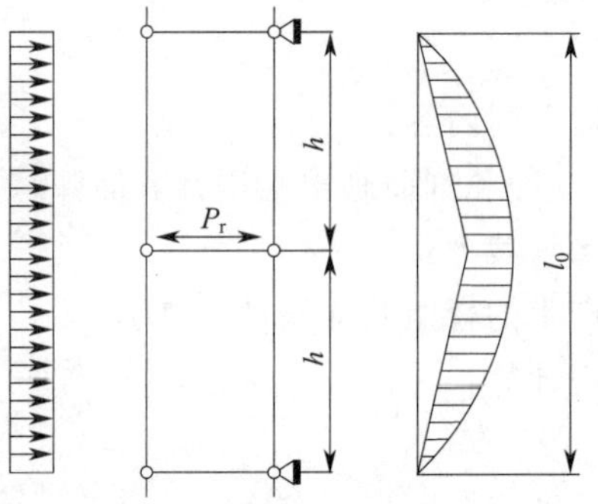

图 5.3.4　弯矩

式中　W——立杆截面模量(cm^3)。

5.3.5 连墙件计算应符合下列要求：

1 风荷载作用下连墙件轴向力应按下式计算：

$$N_s = 1.4 w_k L_1 H_1 \quad (5.3.5-1)$$

式中　N_s——风荷载作用下连墙件轴向力(kN)；

L_1、H_1——分别是连墙件间竖向及水平间距(m)。

2 连墙件承载力及稳定应符合下列要求：

$$N_s + N_0 \leqslant \varphi A_c f \quad (5.3.5-2)$$

式中　N_0——连墙件约束脚手架平面外变形所产生的轴向力，取 3 kN；

A_c——连墙件的毛截面积(mm^2)。

3 当采用钢管扣件连接时，应验算扣件抗滑承载力，扣件承载力设计值应取 8 kN。

5.4 双排脚手架搭设高度计算

5.4.1 双排脚手架允许搭设高度(H)应按下列公式计算:

1 不组合风荷载时 H 值:

$$H \leqslant \frac{[\varphi Af - (1.2N_{G2} + 1.4N_{Q1})]h}{1.2N_{g1}} \quad (5.4.1-1)$$

式中 N_{g1}——每步脚手架自重(N)。

2 组合风荷载时 H 值:

$$H \leqslant \frac{[N_{w} - (1.2N_{G2} + 0.9 \times 1.4N_{Q1})]h}{1.2N_{g1}} \quad (5.4.1-2)$$

$$N_{w} = \varphi A\left(f - 0.9\frac{M_{w}}{W}\right) \quad (5.4.1-3)$$

5.4.2 立杆轴向力应按下列公式计算:

1 脚手板、挡脚板、防护栏杆及外挂密目式安全立网等荷载产生的轴向力:

$$N_{G2} = m\left(g_{2}\frac{l_{a}l_{b}}{2} + 0.14 \times l_{a}\right) + 0.01l_{a}H \quad (5.4.2-1)$$

式中 m——脚手板层数;

g_2——脚手板单位面积自重(kN/m^2);

l_a——双排脚手架立杆纵距(m);

l_b——双排脚手架立杆横距(m)。

2 每步脚手架自重计算:

$$N_{g1} = ht_{1} + 0.5t_{2} + t_{3} + 0.5t_{4} + 0.5t_{5} \quad (5.4.2-2)$$

式中 h——步距(m);

t_1——立杆每米重量(N/m);

t_2——横向(小)横杆单件重量(N);

t_3——纵向横杆单件重量(N);

t_4——内外立杆间斜杆重量(N);

t_5——水平斜杆及扣件等重量(N)。

3 施工荷载应按下式计算:

$$N_{Q1} = n_{c}Q\frac{l_{a}l_{b}}{2} \quad (5.4.2-3)$$

式中 n_c——作业层层数;

Q——脚手架作业层均布施工荷载标准值(kN/m^2)。

5.5 立杆地基承载力计算

5.5.1 立杆基础底面积应按下式计算:

$$A_{g} = \frac{N}{f_{g}} \quad (5.5.1)$$

式中 A_g——立杆基础底面积(m^2);

f_g——地基承载力特征值(kPa)。当为天然地基时,应按地勘报告选用;当为回填土地基时,应乘以折减系数0.4。

5.5.2 当脚手架搭设在结构的楼板、阳台上时,立杆底座应铺设垫板,并应对楼板或阳台等的承载力进行验算。

5.6 模板支撑架设计计算

5.6.1 模板支撑架结构设计计算应包括下列内容:

1 根据梁板结构平面图,绘制模板支撑架立杆平面布置图;

2 绘制架体顶部梁板结构及顶杆剖面图;

3 计算最不利单肢立杆轴向力及承载力;

4 绘制架体风荷载结构计算简图,架体倾覆验算;

5 地基承载力验算;

6 斜杆扣件连接强度验算。

5.6.2 单肢立杆轴向力和承载力应按下列公式计算:

1 不组合风荷载时单肢立杆轴向力:

$$N=1.2(Q_1+Q_2)+1.4(Q_3+Q_4)L_xL_y \tag{5.6.2-1}$$

式中 L_x——单肢立杆纵向间距(m);

L_y——单肢立杆横向间距(m)。

2 组合风荷载时单肢立杆轴向力:

$$N=1.2(Q_1+Q_2)+0.9\times1.4[(Q_3+Q_4)L_xL_y+Q_5] \tag{5.6.2-2}$$

式中 Q_5——风荷载产生的轴向力(kN)。

3 单肢立杆承载力应按本规范式(5.3.3-2)计算。

5.6.3 模板支撑架立杆计算长度应按下列要求确定:

1 在每行每列有斜杆的网格结构中按步距 h 计算;

2 当外侧四周及中间设置了纵、横向剪刀撑并满足本规范第6.2.2条第2款构造要求时,应按 $l_0=h+2a$ 计算,a 为立杆伸出顶层水平杆长度。

5.6.4 当模板支撑架有风荷载作用时,应进行内力计算(见图5.6.4),并应符合下列规定:

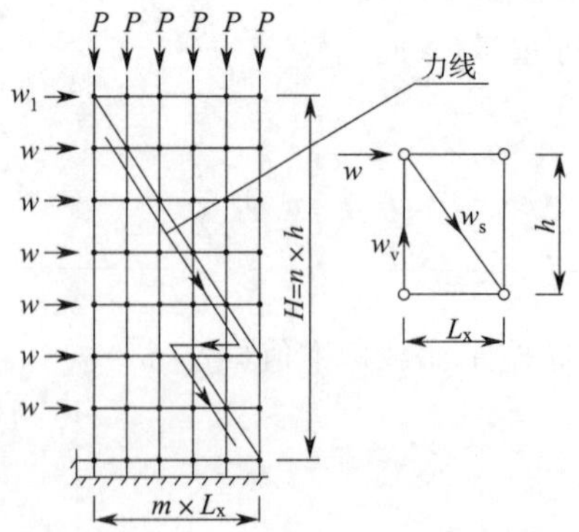

图5.6.4 斜杆内力计算

1 架体内力计算应将风荷载化解为每一节点的集中荷载 w;

2 节点集中荷载 w 在立杆及斜杆中产生的内力 w_v、w_s 应按下式计算:

$$w_v = \frac{h}{L_x} w \tag{5.6.4-1}$$

$$w_s = \frac{\sqrt{h^2 + L_x^2}}{L_x} w \tag{5.6.4-2}$$

3 当采用钢管扣件作斜杆时应验算扣件抗滑承载力，并应符合下列要求：

$$\sum_1^n w_s = w_{s1} + (n-1) w_s \leqslant Q_c \tag{5.6.4-3}$$

式中 $\sum_1^n w_s$——自上而下叠加在斜杆最下端处最大内力(kN)；

w_{s1}——顶端风荷载 w_1 产生的斜杆内力(kN)；

n——支撑架步数；

Q_c——扣件抗滑承载力，取8kN。

4 顶端风荷载(w_1)应按下列两种工况考虑：

1)当钢筋未绑扎时，顶部只计算安全网的挡风面积；

2)当钢筋绑扎完毕，已安装完梁板模板后，应将安全网和侧模两个挡风面积叠加计算。

5.6.5 架体倾覆验算转化为立杆拉力计算应符合下列要求：

1 当按顶部有安全网进行风荷载计算时，依靠架体自重平衡，使其满足 $P \geqslant \sum w_v$；

2 当顶部梁板模板安装完毕时，可组合立杆上模板及钢筋重量，使其满足 $P \geqslant \sum w_v$；

3 当按上述计算结果仍不能满足要求时，应采取下列措施：

1)当架体高度小于或等于 7 m 时，应加设斜撑；

2)当架体高度大于 7 m 时，可采用带有地锚和花篮螺栓的缆风绳。

6 构造要求

6.1 双排脚手架

6.1.1 双排脚手架应按本规范构造要求搭设；当连墙件按二步三跨设置，二层装修作业层、二层脚手板、外挂密目安全网封闭，且符合下列基本风压值时，其允许搭设高度宜符合表 6.1.1 的规定。

表 6.1.1 双排落地脚手架允许搭设高度

步距(m)	横距(m)	纵距(m)	允许搭设高度(m)		
			基本风压值 w_0(kN/m^2)		
			0.4	0.5	0.6
1.8	0.9	1.2	68	62	52
		1.5	51	43	36
	1.2	1.2	59	53	46
		1.5	41	34	26

注：本表计算风压高度变化系数，系按地面粗糙度为 C 类采用，当具体工程的基本风压值和地面粗糙度与此表不相符时，应另行计算。

6.1.2　当曲线布置的双排脚手架组架时，应按曲率要求使用不同长度的内外横杆组架，曲率半径应大于2.4 m。

6.1.3　当双排脚手架拐角为直角时，宜采用横杆直接组架（见图6.1.3a）；当双排脚手架拐角为非直角时，可采用钢管扣件组架（见图6.1.3b）

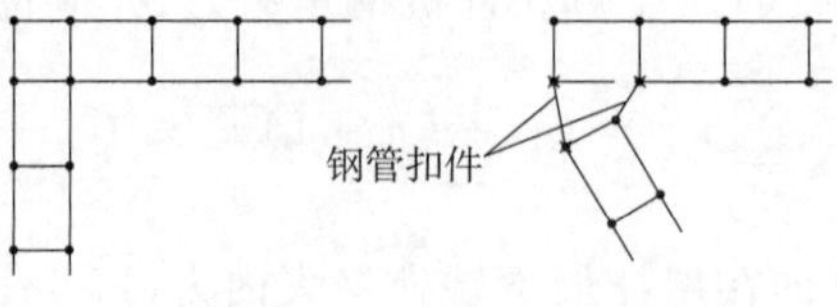

图6.1.3　拐角组架

(a)横杆组架；(b)钢管扣件组架

6.1.4　双排脚手架首层立杆应采用不同的长度交错布置，底层纵、横向横杆作为扫地杆距地面高度应小于或等于350 mm，严禁施工中拆除扫地杆，立杆应配置可调底座或固定底座（见图6.1.4）。

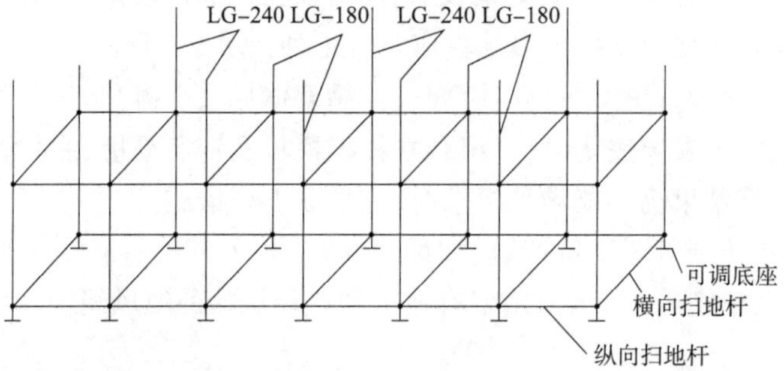

图6.1.4　首层立杆布置示意

6.1.5　双排脚手架专用外斜杆设置（见图6.1.5）应符合下列规定：

1　斜杆应设置在有纵、横向横杆的碗扣节点上；

2　在封圈的脚手架拐角处及一字形脚手架端部应设置竖向通高斜杆；

3　当脚手架高度小于或等于24 m时，每隔5跨应设置一组竖向通高斜杆；当脚手架高度大于24 m时，每隔3跨应设置一组竖向通高斜杆；斜杆应对称设置；

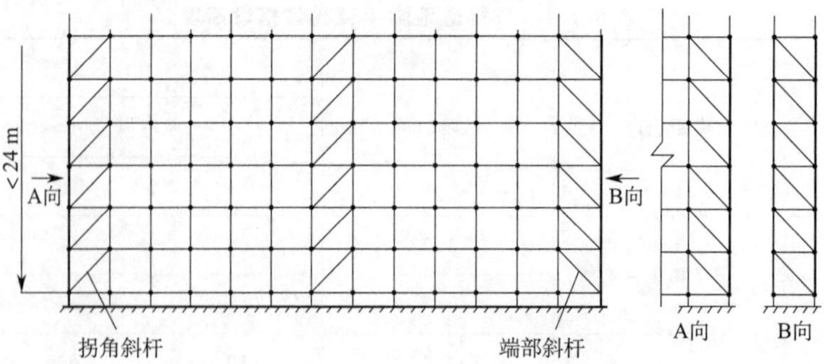

图6.1.5　专用外斜杆设置示意

4　当斜杆临时拆除时，拆除前应在相邻立杆间设置相同数量的斜杆。

6.1.6 当采用钢管扣件作斜杆时应符合下列规定：

1 斜杆应每步与立杆扣接，扣接点距碗扣节点的距离不应大于 150 mm；当出现不能与立杆扣接时，应与横杆扣接，扣件扭紧力矩应为 40～65 N·m；

2 纵向斜杆应在全高方向设置成八字形且内外对称，斜杆间距不应大于 2 跨（见图 6.1.6）。

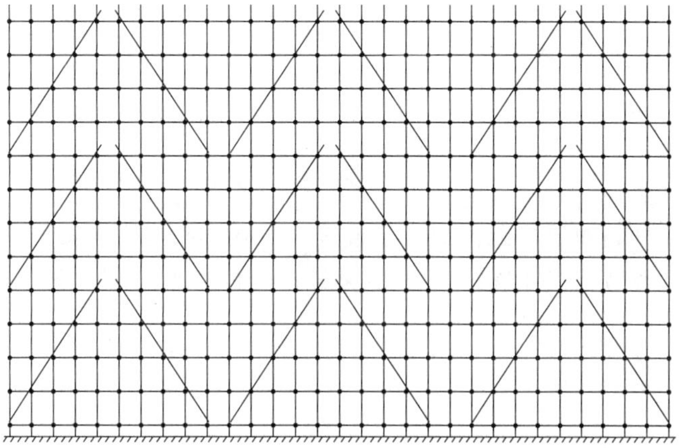

图 6.1.6 钢管扣件作斜杆设置

6.1.7 连墙件的设置应符合下列规定：

1 连墙件应呈水平设置，当不能呈水平设置时，与脚手架连接的一端应下斜连接；

2 每层连墙件应在同一平面，其位置应由建筑结构和风荷载计算确定，且水平间距不应大于 4.5 m；

3 连墙件应设置在有横向横杆的碗扣节点处，当采用钢管扣件做连墙件时，连墙件应与立杆连接，连接点距碗扣节点距离不应大于 150 mm；

4 连墙件应采用可承受拉、压荷载的刚性结构，连接应牢固可靠。

6.1.8 当脚手架高度大于 24 m 时，顶部 24 m 以下所有的连墙件层必须设置水平斜杆，水平斜杆应设置在纵向横杆之下（见图 6.1.8）。

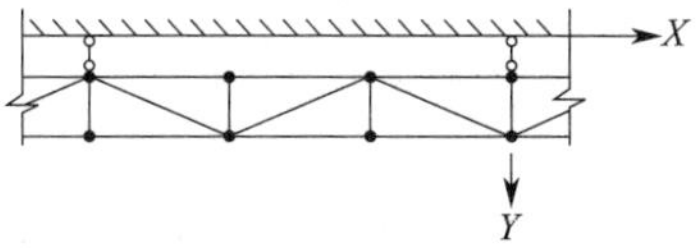

图 6.1.8 水平斜杆设置示意

6.1.9 脚手板设置应符合下列规定：

1 工具式钢脚手板必须有挂钩，并带有自锁装置与廊道横杆锁紧，严禁浮放；

2 冲压钢脚手板、木脚手板、竹串片脚手板，两端应与横杆绑牢，作业层相邻两根廊道横杆间应加设间横杆，脚手板探头长度应小于或等于 150 mm。

6.1.10 人行通道坡度宜小于或等于 1∶3，并应在通道脚手板下增设横杆，通道可折线上升（见图 6.1.10）。

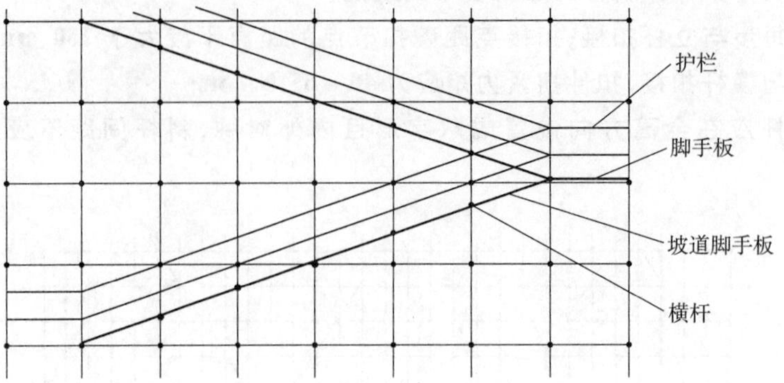

图 6. 1. 10　人行通道设置

6. 1. 11　脚手架内立杆与建筑物距离应小于或等于 150 mm；当脚手架内立杆与建筑物距离大于 150 mm 时，应按需要分别选用窄挑梁或宽挑梁设置作业平台。挑梁应单层挑出，严禁增加层数。

6. 2　模板支撑架

6. 2. 1　模板支撑架应根据所承受的荷载选择立杆的间距和步距，底层纵、横向水平杆作为扫地杆，距地面高度应小于或等于 350 mm，立杆底部应设置可调底座或固定底座；立杆上端包括可调螺杆伸出顶层水平杆的长度不得大于 0. 7 m。

6. 2. 2　模板支撑架斜杆设置应符合下列要求：

1　当立杆间距大于 1. 5 m 时，应在拐角处设置通高专用斜杆，中间每排每列应设置通高八字形斜杆或剪刀撑；

2　当立杆间距小于或等于 1. 5 m 时，模板支撑架四周从底到顶连续设置竖向剪刀撑；中间纵、横向由底至顶连续设置竖向剪刀撑，其间距应小于或等于 4. 5 m；

3　剪刀撑的斜杆与地面夹角应在 45° ~60°之间，斜杆应每步与立杆扣接。

6. 2. 3　当模板支撑架高度大于 4. 8 m 时，顶端和底部必须设置水平剪刀撑，中间水平剪刀撑设置间距应小于或等于 4. 8 m。

6. 2. 4　当模板支撑架周围有主体结构时，应设置连墙件。

6. 2. 5　模板支撑架高宽比应小于或等于 2；当高宽比大于 2 时可采取扩大下部架体尺寸或采取其他构造措施。

6. 2. 6　模板下方应放置次楞(梁)与主楞(梁)，次楞(梁)与主楞(梁)应按受弯杆件设计计算。支架立杆上端应采用 U 形托撑，支撑应在主楞(梁)底部。

6. 3　门洞设置要求

6. 3. 1　当双排脚手架设置门洞时，应在门洞上部架设专用梁，门洞两侧立杆应加设斜杆(见图 6. 3. 1)。

6. 3. 2　模板支撑架设置人行通道时(见图 6. 3. 2)，应符合下列规定：

1　通道上部应架设专用横梁，横梁结构应经过设计计算确定；

2　横梁下的立杆应加密，并应与架体连接牢固；

3　通道宽度应小于或等于 4. 8 m；

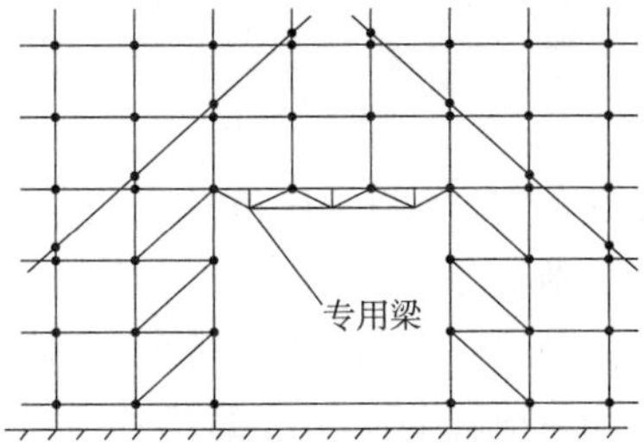

图 6.3.1　双排外脚手架门洞设置

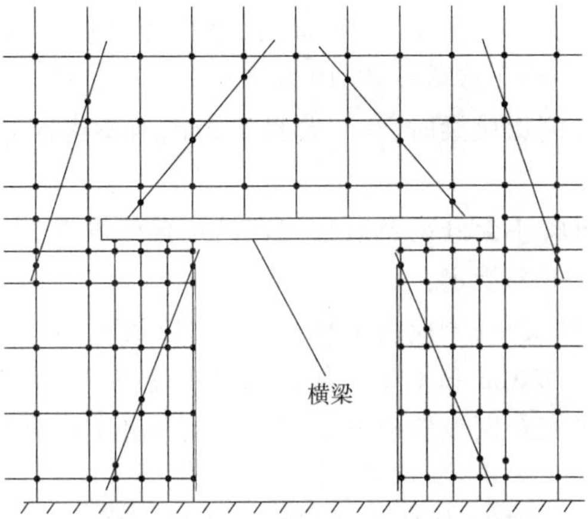

图 6.3.2　模板支撑架人行通道设置

4　门洞及通道顶部必须采用木板或其他硬质材料全封闭,两侧应设置安全网;

5　通行机动车的洞口,必须设置防撞击设施。

7　施　　工

7.1　施工组织

7.1.1　双排脚手架及模板支撑架施工前必须编制专项施工方案,并经批准后,方可实施。

7.1.2　双排脚手架搭设前,施工管理人员应按双排脚手架专项施工方案的要求对操作人员进行技术交底。

7.1.3　对进入现场的脚手架构配件,使用前应对其质量进行复检。

7.1.4　对经检验合格的构配件应按品种、规格分类放置在堆料区内或码放在专用架上,清点好数量备用;堆放场地排水应畅通,不得有积水。

7.1.5　当连墙件采用预埋方式时,应提前与相关部门协商,按设计要求预埋。

7.1.6　脚手架搭设场地必须平整、坚实、有排水措施。

7.2　地基与基础处理

7.2.1　**脚手架基础必须按专项施工方案进行施工,按基础承载力要求进行验收。**

7.2.2　当地基高低差较大时,可利用立杆 0.6 m 节点位差进行调整。

7.2.3　土层地基上的立杆应采用可调底座和垫板。

7.2.4 双排脚手架立杆基础验收合格后，应按专项施工方案的设计进行放线定位。

7.3 双排脚手架搭设

7.3.1 底座和垫板应准确地放置在定位线上；垫板宜采用长度不少于立杆二跨、厚度不小于50 mm 的木板；底座的轴心线应与地面垂直。

7.3.2 双排脚手架搭设应按立杆、横杆、斜杆、连墙件的顺序逐层搭设，底层水平框架的纵向直线度偏差应小于1/200 架体长度；横杆间水平度偏差应小于1/400 架体长度。

7.3.3 双排脚手架的搭设应分阶段进行，每段搭设后必须经检查验收合格后，方可投入使用。

7.3.4 双排脚手架的搭设应与建筑物的施工同步上升，并应高于作业面1.5 m。

7.3.5 当双排脚手架高度 H 小于或等于30 m 时，垂直度偏差应小于或等于 $H/500$；当高度 H 大于30 m 时，垂直度偏差应小于或等于 $H/1000$。

7.3.6 当双排脚手架内外侧加挑梁时，在一跨挑梁范围内不得超过一名施工人员操作，严禁堆放物料。

7.3.7 连墙件必须随双排脚手架升高及时在规定的位置处设置，严禁任意拆除。

7.3.8 作业层设置应符合下列规定：

1 脚手板必须铺满、铺实，外侧应设180 mm 挡脚板及1 200 mm 高两道防护栏杆；

2 防护栏杆应在立杆0.6 m 和1.2 m 的碗扣接头处搭设两道；

3 作业层下部的水平安全网设置应符合国家现行标准《建筑施工安全检查标准》JGJ 59 的规定。

7.3.9 当采用钢管扣件作加固件、连墙件、斜撑时，应符合国家现行标准《建筑施工扣件式钢管脚手架安全技术规范》JGJ 130 的有关规定。

7.4 双排脚手架拆除

7.4.1 双排脚手架拆除时，必须按专项施工方案，在专人统一指挥下进行。

7.4.2 拆除作业前，施工管理人员应对操作人员进行安全技术交底。

7.4.3 双排脚手架拆除时必须划出安全区，并设置警戒标志，派专人看守。

7.4.4 拆除前应清理脚手架上的器具及多余的材料和杂物。

7.4.5 拆除作业应从顶层开始，逐层向下进行，严禁上下层同时拆除。

7.4.6 连墙件必须在双排脚手架拆到该层时方可拆除，严禁提前拆除。

7.4.7 拆除的构配件应采用起重设备吊运或人工传递到地面，严禁抛掷。

7.4.8 当双排脚手架采取分段、分立面拆除时，必须事先确定分界处的技术处理方案。

7.4.9 拆除的构配件应分类堆放，以便于运输、维护和保管。

7.5 模板支撑架的搭设与拆除

7.5.1 模板支撑架的搭设应按专项施工方案，在专人指挥下，统一进行。

7.5.2 应按施工方案弹线定位，放置底座后应分别按先立杆后横杆再斜杆的顺序搭设。

7.5.3 在多层楼板上连续设置模板支撑架时，应保证上下层支撑立杆在同一轴线上。

7.5.4 模板支撑架拆除应符合现行国家标准《混凝土结构工程施工质量验收规范》GB 50204 中混凝土强度的有关规定。

7.5.5 架体拆除应按施工方案设计的顺序进行。

8 检查与验收

8.0.1 进入现场的构配件应具备以下证明资料：

1 主要构配件应有产品标识及产品质量合格证；

2 供应商应配套提供钢管、零件、铸件、冲压件等材质、产品性能检验报告。

8.0.2 构配件进场应重点检查以下部位质量：

1 钢管壁厚、焊接质量、外观质量；

2 可调底座和可调托撑材质及丝杆直径、与螺母配合间隙等。

8.0.3 双排脚手架搭设应重点检查下列内容：

1 保证架体几何不变性的斜杆、连墙件等设置情况；

2 基础的沉降，立杆底座与基础面的接触情况；

3 上碗扣锁紧情况；

4 立杆连接销的安装、斜杆扣接点、扣件拧紧程度。

8.0.4 双排脚手架搭设质量应按下列情况进行检验：

1 首段高度达到 6 m 时，应进行检查与验收；

2 架体随施工进度升高应按结构层进行检查；

3 架体高度大于 24 m 时，在 24 m 处或在设计高度 $H/2$ 处及达到设计高度后，进行全面检查与验收；

4 遇 6 级及以上大风、大雨、大雪后施工前检查；

5 停工超过一个月恢复使用前。

8.0.5 双排脚手架搭设过程中，应随时进行检查，及时解决存在的结构缺陷。

8.0.6 双排脚手架验收时，应具备下列技术文件：

1 专项施工方案及变更文件；

2 安全技术交底文件；

3 周转使用的脚手架构配件使用前的复验合格记录；

4 搭设的施工记录和质量安全检查记录。

8.0.7 模板支撑架浇筑混凝土时，应由专人全过程监督。

9 安全使用与管理

9.0.1 作业层上的施工荷载应符合设计要求，不得超载，不得在脚手架上集中堆放模板、钢筋等物料。

9.0.2 混凝土输送管、布料杆、缆风绳等不得固定在脚手架上。

9.0.3 遇 6 级及以上大风、雨雪、大雾天气时，应停止脚手架的搭设与拆除作业。

9.0.4 脚手架使用期间，严禁擅自拆除架体结构杆件；如需拆除必须经修改施工方案并报请原方案审批人批准，确定补救措施后方可实施。

9.0.5 严禁在脚手架基础及邻近处进行挖掘作业。

9.0.6 脚手架应与输电线路保持安全距离，施工现场临时用电线路架设及脚手架接地防雷措施等应按国家现行标准《施工现场临时用电安全技术规范》JGJ46 的有关规定执行。

9.0.7 搭设脚手架人员必须持证上岗。上岗人员应定期体检,合格者方可持证上岗。

9.0.8 搭设脚手架人员必须戴安全帽、系安全带、穿防滑鞋。

附录 A 主要构配件制作质量及形位公差要求

表 A 主要构配件制作质量及形位公差要求

名称	检查项目	公称尺寸(mm)	允许偏差(mm)	检测量具	图示
立杆	长度(L)	900	±0.70	钢卷尺	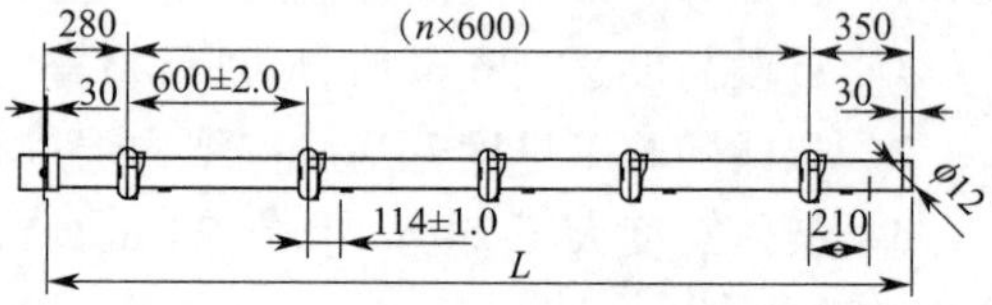
		1 200	±0.85		
		1 800	±1.15		
		2 400	±1.40		
		3 000	±1.65		
	碗扣节点间距	600	±0.50	钢卷尺	
	下碗扣与定位销下端间距	114	±1	游标卡尺	
	杆件直线度	—	1.5L/1 000	专用量具	
	杆件端面对轴线垂直度	—	0.3	角尺(端面150 mm范围内)	
	下碗扣内圆锥与立杆同轴度	—	ϕ0.5	专用量具	
	下碗扣与立杆焊缝高度	4	±0.50	焊接检验尺	
	下套管与立杆焊缝高度	4	±0.50	焊接检验尺	
横杆	长度(L)	300	±0.40	钢卷尺	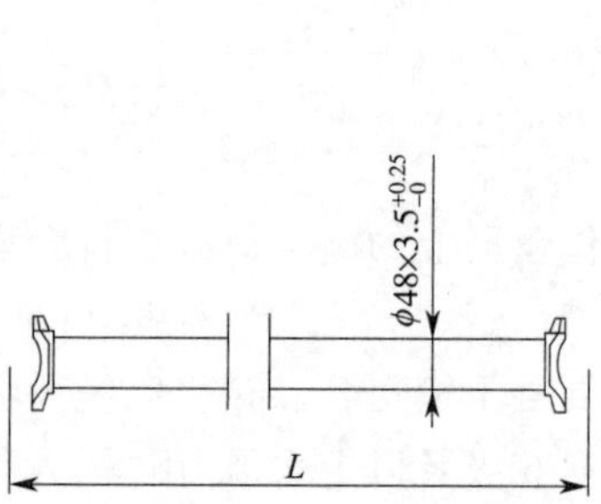
		600	±0.50		
		900	±0.70		
		1 200	±0.80		
		1 500	±0.95		
		1 800	±1.15		
		2 400	±1.40		
	横杆两接头弧面平行度	—	≤1.00	—	
	横杆接头与杆件焊缝高度	4	±0.50	焊接检验尺	

续上表

名称	检查项目	公称尺寸（mm）	允许偏差（mm）	检测量具	图示
上碗扣	螺旋面高端	ϕ53	+1.0 0	深度游标卡尺	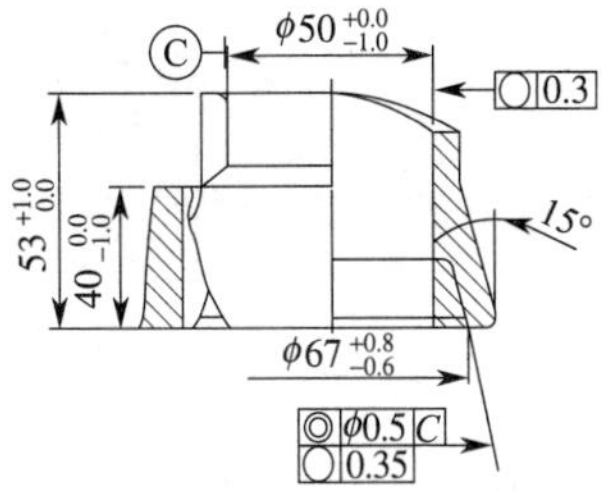
	螺旋面低端	ϕ40	0 -1.0		
	上碗扣内圆锥大端直径	ϕ67	+0.8 -0.6	游标卡尺	
	上碗扣内圆锥大端圆度	ϕ67	0.35	游标卡尺	
	内圆锥底圆孔圆度	ϕ50	0.30	游标卡尺	
	内圆锥与底圆孔同轴度	—	ϕ0.5	杠杆百分表	
下碗扣	高度（H）	28（铸造件） 25（冲压件）	+0.8 +0.1	深度游标卡尺	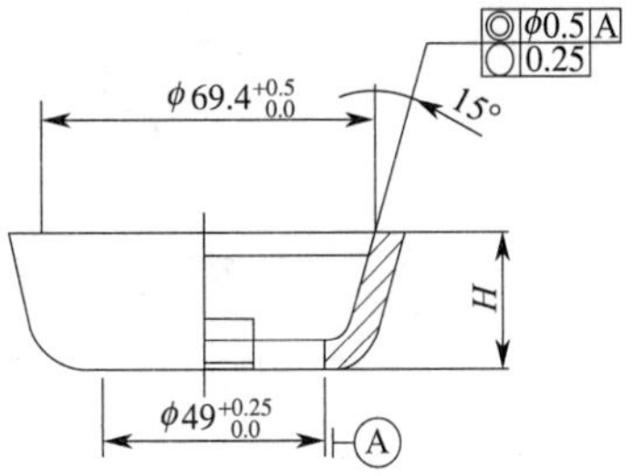
	底圆柱孔直径	ϕ49.5	+0.25	游标卡尺	
	内圆锥大端直径	ϕ69.4	+0.5 -0.2	游标卡尺	
	内圆锥大端圆度	ϕ69.4	0.25	游标卡尺	
	内圆锥与底圆孔同轴度	—	ϕ0.5	芯棒、塞尺	
横杆接头	高度	20 （18）	±0.50	游标卡尺	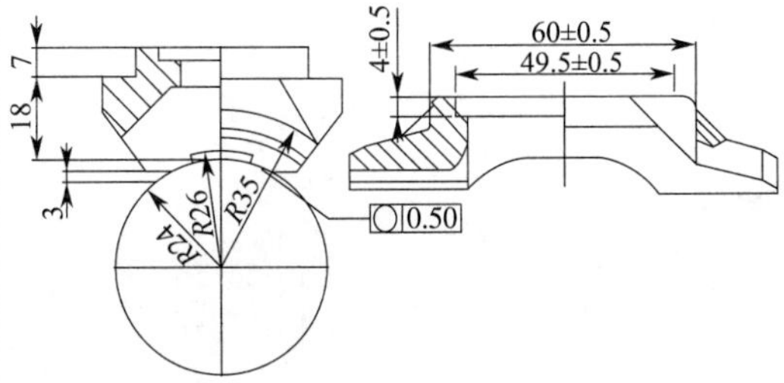
	与立杆贴合曲面圆度	ϕ48	+0.5 0	—	

附录 B　主要构配件强度试验方法

表 B　主要构配件强度试验方法

试验项目	简　图	加载方法	判定标准 荷载值(kN)
上碗扣抗拉强度试验	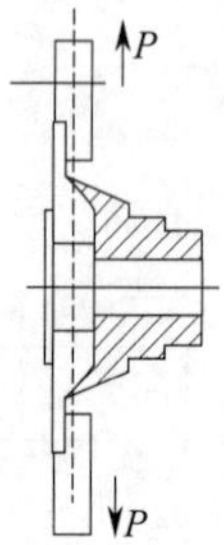	加载速度： 300～400 N/s, 分两次加载： 第一次(kN) 0→15→0 第二次(kN) 0→30(持荷 2 min)	P = 30 未破坏
下碗扣焊接强度试验	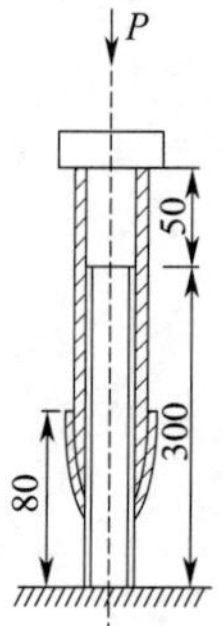	加载速度： 300～400 N/s, 分两次加载： 第一次(kN) 0→30→0 第二次(kN) 0→60(持荷 2 min)	P = 60 未破坏 焊缝无开裂、错位现象
横杆接头强度试验	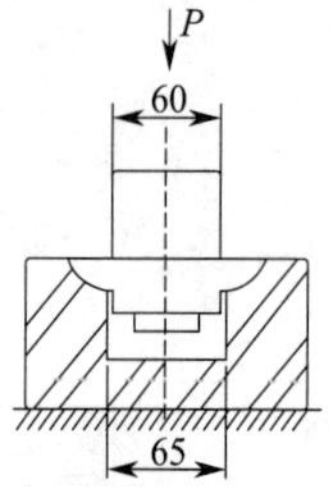	加载速度： 300～400 N/s, 分两次加载： 第一次(kN) 0→25→0 第二次(kN) 0→50(持荷 2 min)	P = 50 未破坏
横杆接头焊接强度试验	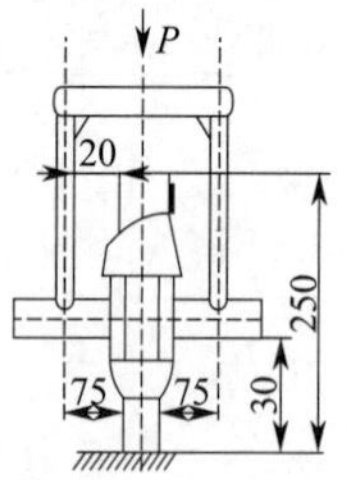	加载速度： 300～400 N/s, 分两次加载： 第一次(kN) 0→10→0 第二次(kN) 0→25(持荷 2 min)	P = 25 未破坏 焊缝无开裂、错位现象
可调底座抗压强度试验	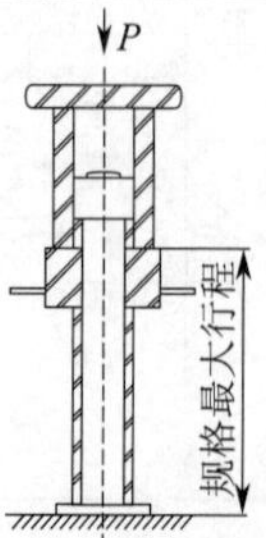	加载速度： 300～400N/s, 分两次加载： 第一次(kN) 0→50→0 第二次(kN) 0→100(持荷 2 min)	P = 100 未破坏

附录 C 主要构配件正常检验二次抽样方案

表 C 主要构配件正常检验二次抽样方案

项目类别	检查项目		检验水平	AQL	批量	样本	样本量	累计样本量	接收数 A_c	拒收数 R_e
A 类	上碗扣抗拉强度	按 3.3.10、3.3.11 条	S-4	6.5						
	下碗扣焊接强度	按 3.3.10、3.3.11 条			281 ~ 500	第一 第二	8 8	8 16	0 3	3 4
	横杆接头强度	按 3.3.10、3.3.11 条								
	横杆接头焊接强度	按 3.3.10、3.3.11 条			501 ~ 1200	第一 第二	13 13	13 26	1 4	3 5
	可调底座抗压强度	按 3.3.10、3.3.11 条								
B 类	材料	按 3.2 节	Ⅱ	10						
	钢管壁厚	按 3.3.1 条								
	立杆长度	按附录 A 表 A								
	碗扣节点间距	按附录 A 表 A			281 ~ 500	第一 第二	32 32	32 64	5 12	9 13
	焊缝高度	按附录 A 表 A								
	横杆长度	按附录 A 表 A								
	横杆两接头弧面平行度	按附录 A 表 A								
	可调底座及托撑钢板厚度	按 3.3.8 条								
	可调底座及托撑丝杆与螺母啮合长度	按 3.3.9 条								
	插入立杆长度	按 3.3.9 条								
	下碗扣高度	按附录 A 表 A								
	下碗扣内圆锥大端直径及圆度	按附录 A 表 A			501 ~ 1 200	第一 第二	50 50	50 100	7 18	11 19
	下碗扣内圆锥与底圆孔同轴度	按附录 A 表 A								
	横杆接头高度	按附录 A 表 A								
	横杆与立杆贴合曲面圆度	按附录 A 表 A								
	立杆杆件端面与轴线垂直度	按附录 A 表 A								

续上表

<table>
<tr><th>项目类别</th><th colspan="3">检查项目</th><th>检验水平</th><th>AQL</th><th>批量</th><th>样本</th><th>样本量</th><th>累计样本量</th><th>接收数 A_e</th><th>拒收数 R_e</th></tr>
<tr><td rowspan="17">C类</td><td colspan="2">上碗扣螺旋面尺寸</td><td>按附录A表A</td><td rowspan="17">Ⅱ</td><td rowspan="17">15</td><td rowspan="7">281～500</td><td rowspan="7">第一
第二</td><td rowspan="7">32
32</td><td rowspan="7">32
64</td><td rowspan="7">7
18</td><td rowspan="7">11
19</td></tr>
<tr><td colspan="2">上碗扣内圆锥大端直径及圆度</td><td>按附录A表A</td></tr>
<tr><td colspan="2">上碗扣内圆锥底圆孔圆度</td><td>按附录A表A</td></tr>
<tr><td colspan="2">上碗扣内圆锥与底圆孔同轴度</td><td>按附录A表A</td></tr>
<tr><td colspan="2">下碗扣的圆孔直径</td><td>按附录A表A</td></tr>
<tr><td colspan="2">下碗扣内圆锥与立杆同轴度</td><td>按附录A表A</td></tr>
<tr><td colspan="2">下碗扣与定位销下端间距</td><td>按附录A表A</td></tr>
<tr><td rowspan="6">外观质量</td><td>钢管外观</td><td>按3.3.6条第1款</td><td rowspan="10">501～1 200</td><td rowspan="10">第一
第二</td><td rowspan="10">50
50</td><td rowspan="10">50
100</td><td rowspan="10">11
26</td><td rowspan="10">16
27</td></tr>
<tr><td>铸造件外观</td><td>按3.3.6条第2款</td></tr>
<tr><td>冲压件外观</td><td>按3.3.6条第3款</td></tr>
<tr><td>焊缝外观</td><td>按3.3.6条第4款</td></tr>
<tr><td>防锈漆涂层外观</td><td>按3.3.6条第5款</td></tr>
<tr><td>标识</td><td>按3.3.6条第6款</td></tr>
<tr><td rowspan="4">组装质量</td><td>上碗扣灵活</td><td>按3.3.7条第1款</td></tr>
<tr><td>立杆与立杆连接</td><td>按3.3.7条第2款</td></tr>
<tr><td>上碗扣锁紧</td><td>按3.3.7条第3款</td></tr>
<tr><td>横杆与立杆垂直度偏差</td><td>按3.3.7条第4款</td></tr>
</table>

附录 D　风荷载计算系数

D. 0. 1　对于平坦或稍有起伏的地形，风压高度变化系数应根据地面粗糙度类别按表 D. 0. 1 确定。地面粗糙度可分为 A、B、C、D 四类：

——A 类指近海海面和海岛、海岸、湖岸及沙漠地区；

——B 类指田野、乡村、丛林、丘陵以及房屋比较稀疏的乡镇和城市郊区；

——C 类指有密集建筑群的城市市区；

——D 类指有密集建筑群且房屋较高的城市市区。

表 D.0.1 风压高度变化系数

离地面或海平面高度(m)	地面粗糙度类别			
	A	B	C	D
5	1.17	1.00	0.74	0.62
10	1.38	1.00	0.74	0.62
15	1.52	1.14	0.74	0.62
20	1.63	1.25	0.84	0.62
30	1.80	1.42	1.00	0.62
40	1.92	1.56	1.13	0.73
50	2.03	1.67	1.25	0.84
60	2.12	1.77	1.35	0.93
70	2.20	1.86	1.45	1.02
80	2.27	1.95	1.54	1.11
90	2.34	2.02	1.62	1.19
100	2.40	2.09	1.70	1.27
150	2.64	2.38	2.03	1.61
200	2.83	2.61	2.30	1.92
250	2.99	2.80	2.54	2.19
300	3.12	2.97	2.75	2.45
350	3.12	3.12	2.94	2.68
400	3.12	3.12	3.12	2.91
≥450	3.12	3.12	3.12	3.12

D.0.2 全国基本风压应按现行国家标准《建筑结构荷载规范》GB 50009 的规定采用。

附录 E Q235A 级钢管轴心受压构件的稳定系数

表 E Q235A 级钢管轴心受压构件的稳定系数

λ	0	1	2	3	4	5	6	7	8	9
0	1.000	0.997	0.995	0.992	0.989	0.987	0.984	0.981	0.979	0.976
10	0.974	0.971	0.968	0.966	0.963	0.960	0.958	0.955	0.952	0.949
20	0.974	0.944	0.941	0.938	0.936	0.933	0.930	0.927	0.924	0.921
30	0.918	0.915	0.912	0.909	0.906	0.903	0.899	0.896	0.893	0.889
40	0.886	0.882	0.879	0.875	0.872	0.868	0.864	0.861	0.858	0.855
50	0.852	0.849	0.846	0.843	0.839	0.836	0.832	0.829	0.825	0.822
60	0.818	0.814	0.810	0.806	0.802	0.797	0.793	0.789	0.784	0.779
70	0.775	0.770	0.765	0.760	0.755	0.750	0.744	0.739	0.733	0.728
80	0.722	0.716	0.710	0.704	0.698	0.692	0.686	0.680	0.673	0.667
90	0.661	0.654	0.648	0.641	0.634	0.626	0.618	0.611	0.603	0.595

续上表

λ	0	1	2	3	4	5	6	7	8	9
100	0. 588	0. 580	0. 573	0. 566	0. 558	0. 551	0. 544	0. 537	0. 530	0. 523
110	0. 516	0. 509	0. 502	0. 496	0. 489	0. 483	0. 476	0. 470	0. 464	0. 458
120	0. 452	0. 446	0. 440	0. 434	0. 428	0. 423	0. 417	0. 412	0. 406	0. 401
130	0. 396	0. 391	0. 386	0. 381	0. 376	0. 371	0. 367	0. 362	0. 357	0. 353
140	0. 349	0. 344	0. 340	0. 336	0. 332	0. 328	0. 324	0. 320	0. 316	0. 312
150	0. 308	0. 305	0. 301	0. 298	0. 294	0. 291	0. 287	0. 284	0. 281	0. 277
160	0. 274	0. 271	0. 268	0. 265	0. 262	0. 259	0. 256	0. 253	0. 251	0. 248
170	0. 245	0. 243	0. 240	0. 237	0. 235	0. 232	0. 230	0. 227	0. 225	0. 223
180	0. 220	0. 218	0. 216	0. 214	0. 211	0. 209	0. 207	0. 205	0. 203	0. 201
190	0. 199	0. 197	0. 195	0. 193	0. 191	0. 189	0. 188	0. 186	0. 184	0. 182
200	0. 180	0. 179	0. 177	0. 175	0. 174	0. 172	0. 171	0. 169	0. 167	0. 166
210	0. 164	0. 163	0. 161	0. 160	0. 159	0. 157	0. 156	0. 154	0. 153	0. 152
220	0. 150	0. 149	0. 148	0. 146	0. 145	0. 144	0. 143	0. 141	0. 140	0. 139
230	0. 138	0. 137	0. 136	0. 135	0. 133	0. 132	0. 131	0. 130	0. 129	0. 128
240	0. 127	0. 126	0. 125	0. 124	0. 123	0. 122	0. 121	0. 120	0. 119	0. 118
250	0. 117	—	—	—	—	—	—	—	—	—

建筑机械使用安全技术规程

目　次

2 一般规定

2.0.1 操作人员应体检合格,无妨碍作业的疾病和生理缺陷,并应经过专业培训、考核合格取得建设行政主管部门颁发的操作证或公安部门颁发的机动车驾驶执照后,方可持证上岗。学员应在专人指导下进行工作。

2.0.2 操作人员在作业过程中,应集中精力正确操作,注意机械工况,不得擅自离开工作岗位或将机械交给其他无证人员操作。严禁无关人员进入作业区或操作室内。

2.0.3 操作人员应遵守机械有关保养规定,认真及时做好各级保养工作,经常保持机械的完好状态。

2.0.4 实行多班作业的机械,应执行交接班制度,认真填写交接班记录;接班人员经检查确认无误后,方可进行工作。

2.0.5 在工作中操作人员和配合作业人员必须按规定穿戴劳动保护用品,长发应束紧不得外露,高处作业时必须系安全带。

2.0.6 现场施工负责人应为机械作业提供道路、水电、机棚或停机场地等必备的条件,并消除对机械作业有妨碍或不安全的因素。夜间作业应设置充足的照明。

2.0.7 机械进入作业地点后,施工技术人员应向操作人员进行施工任务和安全技术措施交底。操作人员应熟悉作业环境和施工条件,听从指挥,遵守现场安全规则。

2.0.8 机械必须按照出厂使用说明书规定的技术性能、承载能力和使用条件,正确操作,合理使用,严禁超载作业或任意扩大使用范围。

2.0.9 机械上的各种安全防护装置及监测、指示、仪表、报警等自动报警、信号装置应完好齐全,有缺损时应及时修复。安全防护装置不完整或已失效的机械不得使用。

2.0.10 机械不得带病运转。运转中发现不正常时,应先停机检查,排除故障后方可使用。

2.0.11 凡违反本规程的作业命令,操作人员应先说明理由后可拒绝执行。由于发令人强制违章作业而造成事故者,应追究发令人的责任;直至追究刑事责任。

2.0.12 新机、经过大修或技术改造的机械,必须按出厂使用说明书的要求和现行国家标准《建筑机械技术试验规程》(JGJ 34)进行测试和试运转,并应符合本规程附录 A 的规定。

2.0.13 机械在寒冷季节使用,应符合本规程附录 B 的规定。

2.0.14 机械集中停放的场所,应有专人看管,并应设置消防器材及工具;大型内燃机械应配备灭火器;机房、操作室及机械四周不得堆放易燃、易爆物品。

2.0.15 变配电所、乙炔站、氧气站、空气压缩机房、发电机房、锅炉房等易于发生危险的场所,应在危险区域界限处,设置围栅和警示标志,非工作人员未经批准不得入内。挖掘机、起重机、打桩机等重要作业区域,应设置警示标志及采取安全措施。

2.0.16 在机械产生对人体有害的气体、液体、尘埃、渣滓、放射性射线、振动、噪声等场所,必须配置相应的安全保护设备和三废处理装置;在隧道、沉井基础施工中,应采取措施,使有害物控制在规定的限度内。

2.0.17 使用机械与安全生产发生矛盾时,必须首先服从安全要求。

2.0.18 停用一个月以上或封存的机械,应认真做好停用或封存前的保养工作,并应采取预防风沙、雨淋、水泡、锈蚀等措施。

2.0.19 机械使用的润滑油(脂),应符合出厂使用说明书所规定的种类和牌号,并应按时、按季、按质更换。

2.0.20 当机械发生重大事故时，企业各级领导必须及时上报和组织抢救，保护现场，查明原因、分清责任、落实及完善安全措施，并按事故性质严肃处理。

2.0.21 汽车及自行车轮胎式机械在进入城市交通或公路时，必须遵守国务院颁发的《中华人民共和国道路交通管理条例》。

2.0.22 对本规程尚未列入的新机型，机械管理部门必须根据生产厂说明书要求，制订本企业的安全技术操作规程后，方可投入使用。

3 动力与电气装置

3.1 基本要求

3.1.1 固定式动力机械应安装在室内符合规定的基础上，移动式动力机械应处于水平状态，放置稳固。内燃机机房应有良好的通风，周围应有 1 m 以上的通道，排气管必须引出室外，并不得与可燃物接触。室外使用动力机械应搭设机棚。

3.1.2 冷却系统的水质应保持洁净，硬水应经软化处理后使用。

3.1.3 动力机械的燃油和润滑油牌号应符合该机规定，油质和加油器具应保持洁净（柴油应沉淀过滤），并应按季节要求换油。

3.1.4 电气设备的金属外壳应采用保护接地或保护接零，并应符合下列要求。

1 保护接地：中性点不直接接地系统中的电气设备应采用保护接地。接地网接地电阻不宜大于 4Ω（在高土壤电阻率地区，应遵照当地供电部门的规定）；

2 保护接零：中性点直接接地系统中的电气设备应采用保护接零。

3.1.5 在同一供电系统中，不得将一部分电气设备作保护接地，而将另一部分电气设备作保护接零。

3.1.6 在保护接零的零线上不得装设开关或熔断器。

3.1.7 严禁利用大地作工作零线，不得借用机械本身金属结构作工作零线。

3.1.8 电气设备的每个保护接地或保护接零点必须用单独的接地（零）线与接地干线（或保护零线）相连接。严禁在一个接地（零）线中串接几个接地（零）点。

3.1.9 电气设备的额定工作电压必须与电源电压等级相符。

3.1.10 电气装置遇跳闸时，不得强行合闸。应查明原因，排除故障后方可再行合闸。

3.1.11 严禁带电作业或采用预约停送电时间的方式进行电气检修。检修前必须先切断电源并在电源开关上挂“禁止合闸，有人工作”的警示牌。警示牌的挂、取应有专人负责。

3.1.12 各种配电箱、开关箱应配备安全锁，箱内不得存放任何其他物件并应保持清洁。非本岗位作业人员不得擅自开箱合闸。每班工作完毕后，应切断电源，锁好箱门。

3.1.13 清洗机电设备时，不得将水冲到电气设备上。

3.1.14 发生人身触电时，应立即切断电源，然后方可对触电者作紧急救护。严禁在未切断电源之前与触电者直接接触。

3.1.15 电气设备或线路发生火警时，应首先切断电源，在未切断电源之前，不得使身体接触导线或电气设备。也不得用水或泡沫灭火机进行灭火。

3.1.16 本章中所列绝缘电阻测量应采用 60 s 的绝缘电阻值（R60 V）；吸收比的测量应采用 60 s 绝缘电阻的比值（R60″/R15″）。在测定绝缘电阻时应采用 500 V 或 1 000 V 兆欧表测定

100 V 至 1 000 V 的电气设备或回路。

3.2　内燃机

3.2.1　内燃机作业前的重点检查应符合下列要求：

1　曲轴箱内润滑油油面在标尺规定范围内；

2　冷却系统水量充足、清洁、无渗漏，风扇三角胶带松紧合适；

3　燃油箱油量充足，各油管及接头处无漏油现象；

4　各总成连接件安装牢固，附件完整、无缺。

3.2.2　内燃机启动前，离合器应处于分离位置，有减压装置的柴油机，应先打开减压阀。

3.2.3　用摇柄启动汽油机时，由下向上提动，严禁向下硬压或连续摇转。用手拉绳启动时，不得将绳的一端缠在手上。

3.2.4　用小发动机启动柴油机时，每次启动时间不得超过 5 min。用直流起动机启动时，每次不得超过 10 s。用压缩空气启动时，应将飞轮上的标志对准起动位置。当连续进行三次仍未能启动时，应检查原因，排除故障后再启动。

3.2.5　启动后，应低速运转 3 ~ 5 min，此时，机油压力、排气管排烟应正常，各系统管路应无泄漏现象；待温度和机油压力均正常后，方可开始作业。

3.2.6　作业中内燃机温度过高时，不应立即停机，应继续怠速运转降温。当冷却水沸腾需开启水箱盖时，操作人员应带手套，面部必须避开水箱盖口，严禁用冷水注入水箱或泼浇内燃机体强制降温。

3.2.7　内燃机运行中出现异响、异味、水温急剧上升及机油压力急剧下降等情况时，应立即停机检查并排除故障。

3.2.8　停机前应卸去载荷，进行中速运转，待温度降低后再关闭油门，停止运转。装有涡轮增压器的内燃机，作业后应怠速运转 5 ~ 10 min，方可停机。

3.2.9　有减压装置的内燃机，不得使用减压杆进行熄火停机。

3.2.10　排气管向上的内燃机，停机后应在排气管口上加盖。

3.3　发电机

3.3.1　以内燃机为动力的发电机，其内燃机部分应执行本规程第 3.2 节的规定。

3.3.2　新装、大修或停用 10 d 以上的发电机，使用前应测量定子和励磁回路的绝缘电阻以及吸收比，定子的绝缘电阻不得低于上次所测值的 30%，励磁回路的绝缘电阻不得低于 0.5 MΩ，吸收比不得小于 1.3，并应做好测量记录。

3.3.3　作业前检查内燃机与发电机传动部分，应连接可靠，输出线路的导线绝缘良好，各仪表齐全、有效。

3.3.4　启动前应先将励磁变阻器的电阻值放在最大位置上，然后切断供电输出主开关，接合中性点接地开关。有离合器的机组，应先启动内燃机空载运转，待正常后再接合发电机。

3.3.5　启动后检查发电机在升速中应无异响，滑环及整流子上电刷接触良好，无跳动及冒火花现象。待运转稳定，频率、电压达到额定值后，方可向外供电。载荷应逐步增大，三相应保持平衡。

3.3.6　发电机开始运转后，即应认为全部电气设备均已带电。

3.3.7　发电机连续运行的最高和最低允许电压值不得超过额定值的 ±10%。其正常运行的电压变动范围应在额定值的 ±5% 以内，功率因数为额定值时，发电机额定容量应不变。

3.3.8 发电机在额定频率值运行时，其变动范围不得超过 ±0.5 Hz。

3.3.9 发电机功率因数不得超过迟相（滞后）0.95。有自动励磁调节装置的，可在功率因数为 1 的条件下运行，必要时可允许短时间在迟相 0.95 ~ 1 的范围内运行。

3.3.10 发电机运行中应经常检查并确认各仪表指示及各运转部分正常，并应随时调整发电机的载荷。定子、转子电流不得超过允许值。

3.3.11 停机前应先切断各供电分路主开关，逐步减少载荷，然后切断发电机供电主开关，将励磁变阻器复回到电阻最大值位置，使电压降至最低值，再切断励磁开关和中性点接地开关，最后停止内燃机运转。

3.4 电 动 机

3.4.1 长期停用或可能受潮的电动机，使用前应测量绝缘电阻，其值不得小于 0.5 MΩ。

3.4.2 电动机应装设过载和短路保护装置。并应根据设备需要装设断相和失压保护装置。每台电动机应有单独的操作开关。

3.4.3 电动机的熔丝额定电流应按下列条件选择：

1 单台电动机的熔丝额定电流为电动机额定电流的 150% ~250%；

2 多台电动机合用的总熔丝额定电流为其中最大一台电动机额定电流 150% ~250% 再加上其余电动机额定电流的总和。常用熔丝规格应按表 3.4.3 采用。

表 3.4.3 常用熔丝规格

种　类	直径（mm）	熔断电流（A）	最高安全工作电流（A）
铅锡合金丝（铅 75%、锡 25%）	0.508	3.0	2.0
	0.559	3.5	2.3
	0.610	4.0	2.6
	0.710	5.0	3.3
	0.813	6.0	4.1
	0.915	7.0	4.8
	1.220	10.0	7.0
	1.630	16.0	11.0
	1.830	19.0	13.0
	2.030	22.0	15.0
	2.340	27.0	18.0
	2.650	32.0	22.0
	2.950	37.0	26.0
	3.260	44.0	30.0

3.4.4 采用热继电器作电动机过载保护时，其容量应选择电动机额定电流的 100% ~125%。

3.4.5 电动机的集电环与电刷的接触面不得小于满接触面的 75%。电刷高度磨损超过原标准 2/3 时应换新。

3.4.6 直流电动机的换向器表面应光洁，当有机械损伤或火花灼伤时应修整。

3.4.7 当电动机额定电压变动在 -5% ~ +10% 的范围内时，可以额定功率连续运行；当超过时，则应控制负荷。

3.4.8 电动机运行中应无异响、无漏电、轴承温度正常且电刷与滑环接触良好。旋转中电动机的允许最高温度应按下列情况取值：滑动轴承为 80℃；滚动轴承为 95℃。

3.4.9 电动机在正常运行中，不得突然进行反向运转。

3.4.10　电动机械在工作中遇停电时，应立即切断电源，将启动开关置于停止位置。

3.4.11　电动机停止运行前，应首先将载荷卸去，或将转速降到最低，然后切断电源，启动开关应置于停止位置。

3.5　空气压缩机

3.5.1　空气压缩机的内燃机和电动机的使用应符合本规程第 3.2 节和第 3.4 节的规定。

3.5.2　空气压缩机作业区应保持清洁和干燥。贮气罐应放在通风良好处，距贮气罐 15 m 以内不得进行焊接或热加工作业。

3.5.3　空气压缩机的进排气管较长时，应加以固定，管路不得有急弯；对较长管路应设伸缩变形装置。

3.5.4　贮气罐和输气管路每三年应作水压试验一次，试验压力应为额定压力的 150%。压力表和安全阀应每年至少校验一次。

3.5.5　作业前重点检查应符合下列要求：

1　燃、润油料均添加充足；

2　各连接部位紧固，各运动机构及各部阀门开闭灵活；

3　各防护装置齐全良好，贮气罐内无存水；

4　电动空气压缩机的电动机及启动器外壳接地良好，接地电阻不大于 4 Ω。

3.5.6　空气压缩机应在无载状态下启动，启动后低速空运转，检视各仪表指示值符合要求，运转正常后，逐步进入载荷运转。

3.5.7　输气胶管应保持畅通，不得扭曲，开启送气阀前，应将输气管道联接好，并通知现场有关人员后方可送气。在出气口前方，不得有人工作或站立。

3.5.8　作业中贮气罐内压力不得超过铭牌额定压力，安全阀应灵敏有效。进、排气阀、轴承及各部件应无异响或过热现象。

3.5.9　每工作 2 h，应将液气分离器、中间冷却器、后冷却器内的油水排放一次。贮气罐内的油水每班应排放 1 ~ 2 次。

3.5.10　发现下列情况之一时应立即停机检查，找出原因并排除故障后，方可继续作业：

1　漏水、漏气、漏电或冷却水突然中断；

2　压力表、温度表、电流表指示值超过规定；

3　排气压力突然升高，排气阀、安全阀失效；

4　机械有异响或电动机电刷发生强烈火花。

3.5.11　运转中，在缺水而使气缸过热停机时，应待气缸自然降温至 60 ℃以下时，方可加水。

3.5.12　当电动空气压缩机运转中突然停电时，应立即切断电源，等来电后重新在无载荷状态下起动。

3.5.13　停机时，应先卸去载荷，然后分离主离合器，再停止内燃机或电动机的运转。

3.5.14　停机后，应关闭冷却水阀门，打开放气阀，放出各级冷却器和贮气罐内的油水和存气，方可离岗。

3.5.15　在潮湿地区及隧道中施工时，对空气压缩机外露摩擦面应定期加注润滑油，对电动机和电气设备应作好防潮保护工作。

3.6 10 kV 以下配电装置

3.6.1 施工电源及高低压配电装置应设专职值班人员负责运行与维护，高压巡视检查工作不得少于二人，每半年应进行一次停电检修和清扫。

3.6.2 高压油开关的瓷套管应保证完好，油箱无渗漏，油位、油质正常，合闸指示器位置正确，传动机构灵活可靠。并应定期对触头的接触情况、油质、三相合闸的同期性进行检查。

3.6.3 停用或经修理后的高压油开关，在投入运行前应全面检查，在额定电压下作合闸、跳闸操作各三次，其动作应正确可靠。

3.6.4 隔离开关应每季检查一次，瓷件应无裂纹及放电现象；接线柱和螺栓应无松动；刀型开关应无变形、损伤，接触应严密。三相隔离开关各相动触头与静触头应同时接触，前后相差不得大于 3 mm。

3.6.5 避雷装置在雷雨季节之前应进行一次预防性试验，并应测量接地电阻。雷电后应检查阀型避雷器的瓷瓶、连接线和地线均应完好无损。

3.6.6 低压电气设备和器材的绝缘电阻不得小于 0.5 MΩ。

3.6.7 在施工现场专用的中性点直接接地的电力线路中必须采用 TN－S 接零保护系统。施工现场所有电气设备的金属外壳必须与专用保护零线连接。

3.6.8 施工现场低压供电线路的干线和分支线的终端，以及沿线每 1 km 处的保护零线应作重复接地；配电室或总配电箱的保护零线以及塔式起重机的行走轨道均应作重复接地。重复接地的接地电阻值不应大于 10 Ω。

3.6.9 施工现场低压电力线路网必须采用两级漏电保护系统，即第一级的总电源（总配电箱）保护和第二级的分电源（分配电箱或开关箱）保护，其额定漏电动作电流和额定漏电动作时间应合理配合，并应具有分级分段保护的功能。

3.6.10 漏电保护器的选择应符合现行国家标准《漏电电流动作保护器（剩余电流动作保护器）》（GB 6829）的要求，并应按产品使用说明书的规定安装、使用和定期检查，确保动作灵敏、运行可靠、保护有效。

3.6.11 配电箱或开关箱内的漏电保护器的额定漏电动作电流不应大于 30 mA，额定漏电动作时间应小于 0.1 s；使用于潮湿或有腐蚀介质场所的漏电保护器应采用防溅型产品，其额定漏电动作电流不应大于 15 mA，额定漏电动作时间应小于 0.1 s。

3.6.12 施工现场电动建筑机械或手持电动工具的载荷线，必须按其容量选用无接头的铜芯橡皮护套软电缆。其性能应符合现行国标准《通用橡套软电缆》（GB 1169）的要求。其中绿/黄双色线在任何情况下只可用作保护零线或重复接地线。

3.6.13 在易燃、易爆、有腐蚀性气体的场所应采用防爆型低压电器；在多尘和潮湿或易触及人体的场所应采用封闭型低压电器。

3.6.14 各种熔断器的额定电流必须按规定合理选用。严禁在现场利用铁丝、铝丝等非专用熔丝替代。

3.6.15 施工现场的各种配电箱、开关箱必须有防雨设施，并应装设端正、牢固。

固定式配电箱、开关箱的底部与地面的垂直距离应为 1.3～1.5 m；移动式配电箱、开关箱的底部与地面的垂直距离宜在 0.6～1.5 m。

3.6.16 每台电动建筑机械应有各自专用的开关箱，必须实行“一机一闸”制。开关箱应设在机械设备附近。

3.6.17 各种电源导线严禁直接绑扎在金属架上。

3.6.18 架空导线的截面应满足安全载流量的要求,且电压损失不应大于5%。同时,导线的截面应满足架空强度要求,绝缘铝线截面不得小于16 mm^2,绝缘铜线截面不得小于10 mm^2。施工现场导线与地面直接距离应大于4 m;导线与建筑物或脚手架的距离应大于4 m。

3.6.19 配电箱电力容量在15 kW以上的电源开关严禁采用瓷底胶木刀型开关。4.5 kW以上电动机不得用刀型开关直接启动。各种刀型开关应采用静触头接电源,动触头接载荷,严禁倒接线。

3.6.20 照明采用电压等级应符合下列要求:

1 一般场所为220 V;

2 隧道、人防工程、有高温、导电灰尘或灯具离地面高度低于2.4 m等场所不大于36 V;

3 在潮湿和易触及带电体场所不大于24 V;

4 在特别潮湿的场所、导电良好的地面、锅炉或金属容器内不大于12 V。

3.6.21 照明变压器必须使用双绕组型,严禁使用自耦变压器。

3.6.22 使用移动发电机供电的用电设备,其金属外壳或底座,应与发电机电源的接地装置有可靠的电气连接。

3.6.23 电压400 V/230 V的自备发电机组电源应与外电线路电源联锁,严禁并列运行供电。发电机组应设置短路保护和过载荷保护。

3.7 手持电动工具

3.7.1 使用刃具的机具,应保持刃磨锋利,完好无损,安装正确,牢固可靠。

3.7.2 使用砂轮的机具,应检查砂轮与接盘间的软垫并安装稳固,螺帽不得过紧,凡受潮、变形、裂纹、破碎、磕边缺口或接触过油、碱类的砂轮均不得使用,并不得将受潮的砂轮片自行烘干使用。

3.7.3 在潮湿地区或在金属构架、压力容器、管道等导电良好的场所作业时,必须使用双重绝缘或加强绝缘的电动工具。

3.7.4 非金属壳体的电动机、电器,在存放和使用时不应受压、受潮,并不得接触汽油等溶剂。

3.7.5 作业前的检查应符合下列要求:

1 外壳、手柄不出现裂缝、破损;

2 电缆软线及插头等完好无损,开关动作正常,保护接零连接正确牢固可靠;

3 各部防护罩齐全牢固,电气保护装置可靠。

3.7.6 机具起动后,应空载运转,应检查并确认机具联动灵活无阻。作业时,加力应平稳,不得用力过猛。

3.7.7 严禁超载使用。作业中应注意音响及温升,发现异常应立即停机检查。在作业时间过长,机具温升超过60 ℃时,应停机,自然冷却后再行作业。

3.7.8 作业中,不得用手触摸刃具、模具和砂轮,发现其有磨钝、破损情况时,应立即停机修整或更换,然后再继续进行作业。

3.7.9 机具转动时,不得撒手不管。

3.7.10 使用冲击电钻或电锤时,应符合下列要求:

1 作业时应掌握电钻或电锤手柄,打孔时先将钻头抵在工作表面,然后开动,用力适度,避免晃动;转速若急剧下降,应减少用力,防止电机过载,严禁用木杠加压;

2 钻孔时,应注意避开混凝土中的钢筋;

3 电钻和电锤为40%断续工作制,不得长时间连续使用;

4 作业孔径在25 mm以上时,应有稳固的作业平台,周围应设护栏。

3.7.11 使用瓷片切割机时应符合下列要求:

1 作业时应防止杂物、泥尘混入电动机内,并应随时观察机壳温度,当机壳温度过高及产生炭刷火花时,应立即停机检查处理;

2 切割过程中用力应均匀适当,推进刀片时不得用力过猛。当发生刀片卡死时,应立即停机,慢慢退出刀片,应在重新对正后方可再切割。

3.7.12 使用角向磨光机时应符合下列要求:

1 砂轮应选用增强纤维树脂型,其安全线速度不得小于80 m/s。配用的电缆与插头应具有加强绝缘性能,并不得任意更换;

2 磨削作业时,应使砂轮与工件面保持15 °~30 °的倾斜位置;切削作业时,砂轮不得倾斜,并不得横向摆动。

3.7.13 使用电剪时应符合下列要求:

1 作业前应先根据钢板厚度调节刀头间隙量;

2 作业时不得用力过猛,当遇刀轴往复次数急剧下降时,应立即减少推力。

3.7.14 使用射钉枪时应符合下列要求:

1 严禁用手掌推压钉管和将枪口对准人;

2 击发时,应将射钉枪垂直压紧在工作面上,当两次扣动扳机,子弹均不击发时,应保持原射击位置数秒钟后,再退出射钉弹;

3 在更换零件或断开射钉枪之前,射枪内均不得装有射钉弹。

3.7.15 使用拉铆枪时应符合下列要求:

1 被铆接物体上的铆钉孔应与铆钉滑配合,并不得过盈量太大;

2 铆接时,当铆钉轴未拉断时,可重复扣动扳机,直到拉断为止,不得强行扭断或撬断;

3 作业中,接铆头子或并帽若有松动,应立即拧紧。

4 起重吊装机械

4.1 基本要求

4.1.1 起重机的内燃机、电动机和电气、液压装置部分,应执行本规程第3.1、3.2、3.4节及附录C的规定。

4.1.2 操作人员在作业前必须对工作现场环境、行驶道路、架空电线、建筑物以及构件重量和分布情况进行全面了解。

4.1.3 现场施工负责人应为起重机作业提供足够的工作场地,清除或避开起重臂起落及回转半径内的障碍物。

4.1.4 各类起重机应装有音响清晰的喇叭、电铃或汽笛等信号装置。在起重臂、吊钩、平衡重等转动体上应标以鲜明的色彩标志。

4.1.5 起重吊装的指挥人员必须持证上岗,作业时应与操作人员密切配合,执行规定的指挥信号。操作人员应按照指挥人员的信号进行作业,当信号不清或错误时,操作人员可拒绝执行。

4.1.6 操纵室远离地面的起重机,在正常指挥发生困难时,地面及作业层(高空)的指挥人员均应采用对讲机等有效的通讯联络进行指挥。

4.1.7　在露天有六级及以上大风或大雨、大雪、大雾等恶劣天气时,应停止起重吊装作业。雨雪过后作业前,应先试吊,确认制动器灵敏可靠后方可进行作业。

4.1.8　起重机的变幅指示器、力矩限制器、起重量限制器以及各种行程限位开关等安全保护装置,应完好齐全、灵敏可靠,不得随意调整或拆除。严禁利用限制器和限位装置代替操纵机构。

4.1.9　操作人员进行起重机回转、变幅、行走和吊钩升降等动作前,应发出音响信号示意。

4.1.10　起重机作业时,起重臂和重物下方严禁有人停留、工作或通过。重物吊运时,严禁从人上方通过。严禁用起重机载运人员。

4.1.11　操作人员应按规定的起重性能作业,不得超载。在特殊情况下需超载使用时,必须经过验算,有保证安全的技术措施,并写出专题报告,经企业技术负责人批准,有专人在现场监护下,方可作业。

4.1.12　严禁使用起重机进行斜拉、斜吊和起吊地下埋设或凝固在地面上的重物以及其他不明重量的物体。现场浇注的混凝土构件或模板,必须全部松动后方可起吊。

4.1.13　起吊重物应绑扎平稳、牢固,不得在重物上再堆放或悬挂零星物件。易散落物件应使用吊笼栅栏固定后方可起吊。标有绑扎位置的物件,应按标记绑扎后起吊。吊索与物件的夹角宜采用 45 °~60 °,且不得小于 30 °,吊索与物件棱角之间应加垫块。

4.1.14　起吊载荷达到起重机额定起重量的 90% 及以上时,应先将重物吊离地面 200 ~ 500 mm 后,检查起重机的稳定性,制动器的可靠性,重物的平稳性,绑扎的牢固性,确认无误后方可继续起吊。对易晃动的重物应拴拉绳。

4.1.15　重物起升和下降速度应平稳、均匀,不得突然制动。左右回转应平稳,当回转未停稳前不得作反向动作。非重力下降式起重机,不得带载自由下降。

4.1.16　严禁起吊重物长时间悬挂在空中,作业中遇突发故障,应采取措施将重物降落到安全地方,并关闭发动机或切断电源后进行检修。在突然停电时,应立即把所有控制器拨到零位,断开电源总开关,并采取措施使重物降到地面。

4.1.17　起重机不得靠近架空输电线路作业。起重机的任何部位与架空输电导线的安全距离不得小于表 4.1.17 的规定。

4.1.18　起重机使用的钢丝绳,应有钢丝绳制造厂签发的产品技术性能和质量的证明文件。当无证明文件时,必须经过试验合格后方可使用。

4.1.19　起重机使用的钢丝绳,其结构形式、规格及强度应符合该型起重机使用说明书的要求。钢丝绳与卷筒应连接牢固,放出钢丝绳时,卷筒上应至少保留三圈,收放钢丝绳时应防止钢丝绳打环、扭结、弯折和乱绳,不得使用扭结、变形的钢丝绳。使用编结的钢丝绳,其编结部分在运行中不得通过卷筒和滑轮。

表 4.1.17　起重机与架空输电导线的安全距离

电压(kV) / 安全距离	<1	1 ~ 15	20 ~ 40	60 ~ 110	220
沿垂直方向(m)	1.5	3.0	4.0	5.0	6.0
沿水平方向(m)	1.0	1.5	2.0	4.0	6.0

4.1.20 钢丝绳采用编结固接时，编结部分的长度不得小于钢丝绳直径的20倍，并不应小于300 mm，其编结部分应捆扎细钢丝。当采用绳卡固接时，与钢丝绳直径匹配的绳卡的规格、数量应符合表4.1.20的规定。最后一个绳卡距绳头的长度不得小于140 mm，绳卡滑鞍（夹板）应在钢丝绳承载时受力的一侧，"U"螺栓应在钢丝绳的尾端，不得正反交错。绳卡初次固定后，应待钢丝绳受力后再度紧固，并宜拧紧到使两绳直径高度压扁1/3。作业中应经常检查紧固情况。

表4.1.20 与绳径匹配的绳卡数

钢丝绳直径(mm)	10以下	10~20	21~26	28~36	36~40
最少绳卡数(个)	3	4	5	6	7
绳卡间距(mm)	80	140	160	220	240

4.1.21 每班作业前，应检查钢丝绳及钢丝绳的连接部位。当钢丝绳在一个节距内断丝根数达到或超过表4.1.21-1根数时，应予报废。当钢丝绳表面锈蚀或磨损使钢丝绳直径显著减少时，应表4.1.21-1报废标准按表4.1.21-2折减，并按折减后的断丝数报废。

表4.1.21-1 钢丝绳报废标准（一个节距内的断丝数）

采用的安全系数	钢丝绳规格					
	6×19+1		6×37+1		6×61+1	
	交互捻	同向捻	交互捻	同向捻	交互捻	同向捻
6以下	12	6	22	11	36	18
6~7	14	7	26	13	38	19
7以上	16	8	30	15	40	20

表4.1.21-2 钢丝绳锈蚀或磨损时报废标准的折减系数

钢丝绳表面锈蚀或磨损量(%)	10	15	20	25	30~40	大于40
折减系数	85	75	70	60	50	报废

4.1.22 向转动的卷筒上缠绕钢丝绳时，不得用手拉或脚踩来引导钢丝绳。钢丝绳涂抹润滑脂，必须在停止运转后进行。

4.1.23 起重机的吊钩和吊环严禁补焊。当出现下列情况之一时应更换：

1 表面有裂纹、破口；

2 危险断面及钩颈有永久变形；

3 挂绳处断面磨损超过高度10%；

4 吊钩衬套磨损超过原厚度50%；

5 心轴（销子）磨损超过其直径的3%~5%。

4.1.24 当起重机制动器的制动鼓表面磨损达1.5~2.0 mm（小直径取小值，大直径取大值）时，应更换制动鼓，同样，当起重机制动器的制动带磨损超过原厚度50%时，应更换制动带。

4.2 履带式起重机

4.2.1 起重机应在平坦坚实的地面上作业、行走和停放。在正常作业时，坡度不得大于3°，并应与沟渠、基坑保持安全距离。

4.2.2　起重机启动前重点检查项目应符合下列要求：

1　各安全防护装置及各指示仪表齐全完好；

2　钢丝绳及连接部位符合规定；

3　燃油、润滑油、液压油、冷却水等添加充足；

4　各连接件无松动。

4.2.3　起重机启动前应将主离合器分离，各操纵杆放在空挡位置，并应按照本规程第 3.2 节的规定启动内燃机。

4.2.4　内燃机启动后，应检查各仪表指示值，待运转正常再接合主离合器，进行空载运转，顺序检查各工作机构及其制动器，确认正常后，方可作业。

4.2.5　作业时，起重臂的最大仰角不得超过出厂规定。当无资料可查时，不得超过 78°。

4.2.6　起重机变幅应缓慢平稳，严禁在起重臂未停稳前变换挡位；起重机载荷达到额定起重量的 90% 及以上时，严禁下降起重臂。

4.2.7　在起吊载荷达到额定起重量的 90% 及以上时，升降动作应慢速进行，并严禁同时进行两种及以上动作。

4.2.8　起吊重物时应先稍离地面试吊，当确认重物已挂牢，起重机的稳定性和制动器的可靠性均良好，再继续起吊。在重物升起过程中，操作人员应把脚放在制动踏板上，密切注意起升重物，防止吊钩冒顶。当起重机停止运转而重物仍悬在空中时，即使制动踏板被固定，仍应脚踩在制动踏上。

4.2.9　采用双机抬吊作业时，应选用起重性能相似的起重机进行。抬吊时应统一指挥，动作应配合协调，载荷应分配合理，单机的起吊载荷不得超过允许载荷的 80% 。在吊装过程中，两台起重机的吊钩滑轮组应保持垂直状态。

4.2.10　当起重机如需带载行走时，载荷不得超过允许起重量的 70%，行走道路应坚实平整，重物应在起重机正前方向，重物离地面不得大于 500 mm，并应栓好拉绳，缓慢行驶。严禁长距离带载行驶。

4.2.11　起重机行走时，转弯不应过急；当转弯半径过小时，应分次转弯；当路面凹凸不平时，不得转弯。

4.2.12　起重机上下坡道时应无载行走，上坡时应将起重臂仰角适当放小，下坡时应将起重臂仰角适当放大。严禁下坡空挡滑行。

4.2.13　作业后，起重臂应转至顺风方向，并降至 40° ~ 60°之间，吊钩应提升到接近顶端的位置，应关停内燃机，将各操纵杆放在空挡位置，各制动器加保险固定，操纵室和机棚应关门加锁。

4.2.14　起重机转移工地，应采用平板拖车运送。特殊情况需自行转移时，应卸去配重，拆短起重臂，主动轮应在后面，机身、起重臂、吊钩等必须处于制动位置，并应加保险固定。每行驶 500 ~ 1 000 m 时，应对行走机构进行检查和润滑。

4.2.15　起重机通过桥梁、水坝、排水沟等构筑物时，必须先查明允许载荷后再通过。必要时应对构筑物采取加固措施。通过铁路、地下水管、电缆等设施时，应铺设木板保护，并不得在上面转弯。

4.2.16　用火车或平板拖车运输起重机时，所用跳板的坡度不得大于 15°；起重机装上车后，应将回转、行走、变幅等机构制动，并采用三角木楔紧履带两端，再牢固绑扎；后部配重用枕木垫实，不得使吊钩悬空摆动。

4.3 汽车、轮胎式起重机

4.3.1 起重机行驶和工作的场地应保持平坦坚实，并应与沟渠、基坑保持安全距离。

4.3.2 起重机启动前重点检查项目应符合下列要求：

1 各安全保护装置和指示仪表齐全完好；

2 钢丝绳及连接部位符合规定；

3 燃油、润滑油、液压油及冷却水添加充足；

4 各连接件无松动；

5 轮胎气压符合规定。

4.3.3 起重机启动前，应将各操纵杆放在空挡位置，手制动器应锁死，并应按照本规程第3.2节的有关规定启动内燃机。启动后，应怠速运转，检查各仪表指示值，运转正常后接合液压泵，待压力达到规定值，油温超过30 ℃时，方可开始作业。

4.3.4 作业前，应全部伸出支腿，并在撑脚板下垫方木，调整机体使回转支承面的倾斜度在无载荷时不大于1/1 000（水准泡居中）。支腿有定位销的必须插上。底盘为弹性悬挂的起重机，放支腿前应先收紧稳定器。

4.3.5 作业中严禁扳动支腿操纵阀。调整支腿必须在无载荷时进行，并将起重臂转至正前或正后方可再行调整。

4.3.6 应根据所吊重物的重量和提升高度，调整起重臂长度和仰角，并应估计吊索和重物本身的高度，留出适当空间。

4.3.7 起重臂伸缩时，应按规定程序进行，在伸臂的同时应相应下降吊钩。当限制器发出警报时，应立即停止伸臂。起重臂缩回时，仰角不宜太小。

4.3.8 起重臂伸出后，出现前节臂杆的长度大于后节伸出长度时，必须进行调整，消除不正常情况后，方可作业。

4.3.9 起重臂伸出后，或主副臂全部伸出后，变幅时不得小于各长度所规定的仰角。

4.3.10 汽车式起重机起吊作业时，汽车驾驶室内不得有人，重物不得超越驾驶室上方，且不得在车的前方起吊。

4.3.11 采用自由（重力）下降时，载荷不得超过该工况下额定起重量的20%，并应使重物有控制地下降，下降停止前应逐渐减速，不得使用紧急制动。

4.3.12 起吊重物达到额定起重量的50%及以上时，应使用低速档。

4.3.13 作业中发现起重机倾斜、支腿不稳等异常现象时，应立即使重物下降落在安全的地方，下降中严禁制动。

4.3.14 重物在空中需要较长时间停留时，应将起升卷筒制动锁住，操作人员不得离开操纵室。

4.3.15 起吊重物达到额定起重量的90%以上时，严禁同时进行两种及以上的操作动作。

4.3.16 起重机带载回转时，操作应平稳，避免急剧回转或停止，换向应在停稳后进行。

4.3.17 当轮胎式起重机带载行走时，道路必须平坦坚实，载荷必须符合出厂规定，重物离地面不得超过500 mm，并应拴好拉绳，缓慢行驶。

4.3.18 作业后，应将起重臂全部缩回放在支架上，再收回支腿。吊钩应用专用钢丝绳挂牢；应将车架尾部两撑杆分别撑在尾部下方的支座内，并用螺母固定；应将阻止机身旋转的销式制动器插入销孔，并将取力器操纵手柄放在脱开位置，最后应锁住起重操纵室门。

4.3.19　行驶前,应检查并确认各支腿的收存无松动,轮胎气压应符合规定。行驶时水温应在80～90 ℃范围内,水温未达到80 ℃时,不得高速行驶。

4.3.20　行驶时应保持中速,不得紧急制动,过铁道口或起伏路面时应减速,下坡时严禁空挡滑行,倒车时应有人监护。

4.3.21　行驶时,严禁人员在底盘走台上站立或蹲坐,并不得堆放物件。

4.4　塔式起重机

4.4.1　起重机的轨道基础应符合下列要求:

1　路基承载能力:轻型(起重量30 kN以下)应为60～100 kPa;中型(起重量31～150 kN)应为101～200 kPa;重型(起重量150 kN以上)应为200 kPa以上;

2　每间隔6 m应设轨距拉杆一个,轨距允许偏差为公称值的1/1 000,且不超过±3 mm;

3　在纵横方向上,钢轨顶面的倾斜度不得大于1/1 000;

4　钢轨接头间隙不得大于4 mm,并应与另一侧轨道接头错开,错开距离不得小于1.5 m,接头处应架在轨枕上,两轨顶高度差不得大于2 mm;

5　距轨道终端1 m处必须设置缓冲止挡器,其高度不应小于行走轮的半径。在距轨道终端2 m处必须设置限位开关碰块;

6　鱼尾板连接螺栓应紧固,垫板应固定牢靠。

4.4.2　起重机的混凝土基础应符合下列要求:

1　混凝土强度等级不低于C35;

2　基础表面平整度允许偏差1/1 000;

3　埋设件的位置、标高和垂直度以及施工工艺符合出厂说明书要求。

4.4.3　起重机的轨道基础或混凝土基础应验收合格后,方可使用。

4.4.4　起重机的轨道基础两旁、混凝土基础周围应修筑边坡和排水设施,并应与基坑保持一定安全距离。

4.4.5　起重机的金属结构、轨道及所有电气设备的金属外壳,应有可靠的接地装置,接地电阻不应大于4 Ω。

4.4.6　起重机的拆装必须由取得建设行政主管部门颁发的拆装资质证书的专业队进行,并应有技术和安全人员在场监护。

4.4.7　起重机拆装前,应按照出厂有关规定,编制拆装作业方法、质量要求和安全技术措施,经企业技术负责人审批后,作为拆装作业技术方案,并向全体作业人员交底。

4.4.8　拆装作业前检查项目应符合下列要求:

1　路基和轨道铺设或混凝土基础应符合技术要求;

2　对所拆装起重机的各机构、各部位、结构焊缝、重要部位螺栓、销轴、卷扬机构和钢丝绳、吊钩、吊具以及电气设备、线路等进行检查,使隐患排除于拆装作业之前;

3　对自升塔式起重机顶升液压系统的液压缸和油管、顶升套架结构、导向轮、顶升撑脚(爬爪)等进行检查,及时处理存在的问题;

4　对采用旋转塔身法所用的主副地锚架、起落塔身卷扬钢丝绳以及起升机构制动系统等进行检查,确认无误后方可使用;

5　对拆装人员所使用的工具、安全带、安全帽等进行检查,不合格者立即更换;

6　检查拆装作业中配备的起重机、运输汽车等辅助机械,应状况良好,技术性能应保证拆装作业的需要；

7　拆装现场电源电压、运输道路、作业场地等应具备拆装作业条件；

8　安全监督岗的设置及安全技术措施的贯彻落实已达到要求。

4.4.9　起重机的拆装作业应在白天进行。当遇大风、浓雾和雨雪等恶劣天气时，应停止作业。

4.4.10　指挥人员应熟悉拆装作业方案，遵守拆装工艺和操作规程，使用明确的指挥信号进行指挥。所有参与拆装作业的人员，都应听从指挥，如发现指挥信号不清或有错误时，应停止作业，待联系清楚后再进行。

4.4.11　拆装人员在进入工作现场时，应穿戴安全保护用品，高处作业时应系好安全带，熟悉并认真执行拆装工艺和操作规程，当发现异常情况或疑难问题时，应及时向技术负责人反映，不得自行其是，应防止处理不当而造成事故。

4.4.12　在拆装上回转、小车变幅的起重臂时，应根据出厂说明书的拆装要求进行，并应保持起重机的平衡。

4.4.13　采用高强度螺栓连接的结构，应使用原厂制造的连接螺栓，自制螺栓应有质量合格的试验证明，否则不得使用。连接螺栓时，应采用扭矩扳手或专用扳手，并应按装配技术要求拧紧。

4.4.14　在拆装作业过程中，当遇天气剧变、突然停电、机械故障等意外情况，短时间不能继续作业时，必须使已拆装的部位达到稳定状态并固定牢靠，经检查确认无隐患后，方可停止作业。

4.4.15　安装起重机时，必须将大车行走缓冲止挡器和限位开关碰块安装牢固可靠，并应将各部位的栏杆、平台、扶杆、护圈等安全防护装置装齐。

4.4.16　在拆除因损坏或其它原因而不能用正常方法拆卸的起重机时，必须按照技术部门批准的安全拆卸方案进行。

4.4.17　起重机安装过程中，必须分阶段进行技术检验。整机安装完毕后，应进行整机技术检验和调整，各机构动作应正确、平稳、无异响，制动可靠，各安全装置应灵敏有效；在无载荷情况下，塔身和基础平面的垂直度允许偏差为4/1 000，经分阶段及整机检验合格后，应填写检验记录，经技术负责人审查签证后，方可交付使用。

4.4.18　起重机塔身升降时，应符合下列要求：

1　升降作业过程，必须有专人指挥，专人照看电源，专人操作液压系统，专人拆装螺栓。非作业人员不得登上顶升套架的操作平台。操纵室内应只准一人操作，必须听从指挥信号；

2　升降应在白天进行，特殊情况需在夜间作业时，应有充分的照明；

3　风力在四级及以上时，不得进行升降作业。在作业中风力突然增大达到四级时，必须立即停止，并应紧固上、下塔身各连接螺栓；

4　顶升前应预先放松电缆，其长度宜大于顶升总高度，并应紧固好电缆卷筒。下降时应适时收紧电缆；

5　升降时，必须调整好顶升套架滚轮与塔身标准节的间隙，并应按规定使起重臂和平衡臂处于平衡状态，并将回转机构制动住，当回转台与塔身标准节之间的最后一处连接螺栓（销子）拆卸困难时，应将其对角方向的螺栓重新插入，再采取其它措施。不得以旋转起重臂动作来松动螺栓（销子）；

6　升降时，顶升撑脚（爬爪）就位后，应插上安全销，方可继续下一动作；

7　升降完毕后，各连接螺栓应按规定扭力紧固，液压操纵杆回到中间位置，并切断液压升降机构电源。

4.4.19 起重机的附着锚固应符合下列要求：

1 起重机附着的建筑物，其锚固点的受力强度应满足起重机的设计要求。附着杆系的布置方式、相互间距和附着距离等，应按出厂使用说明书规定执行。有变动时，应另行设计；

2 装设附着框架和附着杆件，应采用经纬仪测量塔身垂直度，并应采用附着杆进行调整，在最高锚固点以下垂直度允许偏差为2/1 000；

3 在附着框架和附着支座布设时，附着杆倾斜角不得超过10°；

4 附着框架宜设置在塔身标准节连接处，箍紧塔身。塔架对角处在无斜撑时应加固；

5 塔身顶升接高到规定锚固间距时，应及时增设与建筑物的锚固装置。塔身高出锚固装置的自由端高度，应符合出厂规定；

6 起重机作业过程中，应经常检查锚固装置，发现松动或异常情况时，应立即停止作业，故障未排除，不得继续作业；

7 拆卸起重机时，应随着降落塔身的进程拆卸相应的锚固装置。严禁在落塔之前先拆锚固装置；

8 遇有六级及以上大风时，严禁安装或拆卸锚固装置；

9 锚固装置的安装、拆卸、检查和调整，均应有专人负责，工作时应系安全带和戴安全帽，并应遵守高处作业有关安全操作的规定；

10 轨道式起重机作附着式使用时，应提高轨道基础的承载能力和切断行走机构的电源，并应设置阻挡行走轮移动的支座。

4.4.20 起重机内爬升时应符合下列要求：

1 内爬升作业应在白天进行。风力在五级及以上时，应停止作业；

2 内爬升时，应加强机上与机下之间的联系以及上部楼层与下部楼层之间的联系，遇有故障及异常情况，应立即停机检查，故障未排除，不得继续爬升；

3 内爬升过程中，严禁进行起重机的起升、回转、变幅等各项动作；

4 起重机爬升到指定楼层后，应立即拔出塔身底座的支承梁或支腿，通过内爬升框架固定在楼板上，并应顶紧导向装置或用楔块塞紧；

5 内爬升塔式起重机的固定间隔不宜小于3个楼层；

6 对固定内爬升框架的楼层楼板，在楼板下面应增设支柱作临时加固。搁置起重机底座支承梁的楼层下方两层楼板，也应设置支柱作临时加固；

7 每次内爬升完毕后，楼板上遗留下来的开孔，应立即采用钢筋混凝土封闭；

8 起重机完成内爬升作业后，应检查内爬升框架的固定、底座支承梁的紧固以及楼板临时支撑的稳固等，确认可靠后，方可进行吊装作业。

4.4.21 每月或连续大雨后，应及时对轨道基础进行全面检查，检查内容包括：轨距偏差，钢轨顶面的倾斜度，轨道基础的弹性沉陷，钢轨的不直度及轨道的通过性能等。对混凝土基础，应检查其是否有不均匀的沉降。

4.4.22 应保持起重机上所有安全装置灵敏有效，如发现失灵的安全装置，应及时修复或更换。所有安全装置调整后，应加封（火漆或铅封）固定，严禁擅自调整。

4.4.23 配电箱应设置在轨道中部，电源电路中应装设错相及断相保护装置及紧急断电开关，电缆卷筒应灵活有效，不得拖缆。

4.4.24 起重机在无线电台、电视台或其他强电磁波发射天线附近施工时，与吊钩接触的作业人员，应戴绝缘手套和穿绝缘鞋，并应在吊钩上挂接临时放电装置。

4.4.25 当同一施工地点有两台以上起重机时，应保持两机间任何接近部位（包括吊重物）距离不得小于 2 m。

4.4.26 起重机作业前，应检查轨道基础平直无沉陷，鱼尾板联接螺栓及道钉无松动，并应清除轨道上的障碍物，松开夹轨器并向上固定好。

4.4.27 起动前重点检查项目应符合下列要求：

1 金属结构和工作机构的外观情况正常；

2 各安全装置和各指示仪表齐全完好；

3 各齿轮箱、液压油箱的油位符合规定；

4 主要部位连接螺栓无松动；

5 钢丝绳磨损情况及各滑轮穿绕符合规定；

6 供电电缆无破损。

4.4.28 送电前，各控制器手柄应在零位。当接通电源时，应采用试电笔检查金属结构部分，确认无漏电后，方可上机。

4.4.29 作业前，应进行空载运转，试验各工作机构是否运转正常，有无噪音及异响，各机构的制动器及安全防护装置是否有效，确认正常后方可作业。

4.4.30 起吊重物时，重物和吊具的总重量不得超过起重机相应幅度下规定的起重量。

4.4.31 应根据起吊重物和现场情况，选择适当的工作速度，操纵各控制器时应从停止点（零点）开始，依次逐级增加速度，严禁越挡操作。在变换运转方向时，应将控制器手柄扳到零位，待电动机停转后再转向另一方向，不得直接变换运转方向、突然变速或制动。

4.4.32 在吊钩提升、起重小车或行走大车运行到限位装置前，均应减速缓行到停止位置，并应与限位装置保持一定距离（吊钩不得小于 1 m，行走轮不得小于 2 m）。严禁采用限位装置作为停止运行的控制开关。

4.4.33 动臂式起重机的起升、回转、行走可同时进行，变幅应单独进行。每次变幅后应对变幅部位进行检查。允许带载变幅的，当载荷达到额定起重量的 90% 及以上时，严禁变幅。

4.4.34 提升重物，严禁自由下降。重物就位时，可采用慢就位机构或利用制动器使之缓慢下降。

4.4.35 提升重物作水平移动时，应高出其跨越的障碍物 0.5 m 以上。

4.4.36 对于无中央集电环及起升机构不安装在回转部分的起重机，在作业时，不得顺一个方向连续回转。

4.4.37 装有上、下两套操纵系统的起重机，不得上、下同时使用。

4.4.38 作业中，当停电或电压下降时，应立即将控制器扳到零位，并切断电源。如吊钩上挂有重物，应稍松稍紧反复使用制动器；使重物缓慢地下降到安全地带。

4.4.39 采用涡流制动调速系统的起重机，不得长时间使用低速挡或慢就位速度作业。

4.4.40 作业中如遇六级及以上大风或阵风，应立即停止作业，锁紧夹轨器，将回转机构的制动器完全松开，起重臂应能随风转动。对轻型俯仰变幅起重机，应将起重臂落下并与塔身结构锁紧在一起。

4.4.41 作业中，操作人员临时离开操纵室时，必须切断电源，锁紧夹轨器。

4.4.42 起重机载人专用电梯严禁超员，其断绳保护装置必须可靠。当起重机作业时，严禁开动电梯。电梯停用时，应降至塔身底部位置，不得长时间悬在空中。

4.4.43 作业完毕后，起重机应停放在轨道中间位置，起重臂应转到顺风方向，并松开回转制动器,小车及平衡重应置于非工作状态,吊钩宜升到离起重臂顶端 2 ~ 3 m 处。

4.4.44 停机时,应将每个控制器拨回零位,依次断开各开关,关闭操纵室门窗,下机后,应锁紧夹轨器,使起重机与轨道固定,断开电源总开关,打开高空指示灯。

4.4.45 检修人员上塔身、起重臂、平衡臂等高空部位检查或修理时,必须系好安全带。

4.4.46 在寒冷季节,对停用起重机的电动机、电器柜、变阻器箱、制动器等,应严密遮盖。

4.4.47 动臂式和尚未附着的自升式塔式起重机,塔身上不得悬挂标语牌。

4.5 桅杆式起重机

4.5.1 桅杆式起重机的卷扬机应符合本规程第 4. 7 节的规定。

4.5.2 起重机的安装和拆卸应划出警戒区,清除周围的障碍物,在专人统一指挥下,按照出厂说明书或制定的拆装技术方案进行。

4.5.3 安装起重机的地基应平整夯实,底座与地面之间应垫两层枕木,并应采用木块揳紧缝隙。

4.5.4 缆风绳的规格、数量及地锚的拉力、埋设深度等,应按照起重机性能经过计算确定,缆风绳与地面的夹角应在 30° ~45°之间,缆绳与桅杆和地锚的连接应牢固。

4.5.5 缆风绳的架设应避开架空电线。在靠近电线的附近,应装有绝缘材料制作的护线架。

4.5.6 提升重物时,吊钩钢丝绳应垂直,操作应平稳,当重物吊起刚离开支承面时,应检查并确认各部无异常时,方可继续起吊。

4.5.7 在起吊满载重物前,应有专人检查各地锚的牢固程度。各缆风绳都应均匀受力,主杆应保持直立状态。

4.5.8 作业时,起重机的回转钢丝绳应处于拉紧状态。回转装置应有安全制动控制器。

4.5.9 起重机移动时,其底座应垫以足够承重的枕木排和滚杠,并将起重臂收紧处于移动方向的前方。移动时,主杆不得倾斜,缆风绳的松紧应配合一致。

4.6 门式、桥式起重机与电动葫芦

4.6.1 起重机路基和轨道的铺设应符合出厂规定,轨道接地电阻不应大于 4 Ω。

4.6.2 使用电缆的门式起重机,应设有电缆卷筒,配电箱应设置在轨道中部。

4.6.3 用滑线供电的起重机,应在滑线两端标有鲜明的颜色,滑线应设置防护栏杆。

4.6.4 轨道应平直,鱼尾板连接螺栓应无松动,轨道和起重机运行范围内应无障碍物。门式起重机应松开夹轨器。

4.6.5 门式、桥式起重机作业前的重点检查项目应符合下列要求:

　1 机械结构外观正常,各连接件无松动;

　2 钢丝绳外表情况良好,绳卡牢固;

　3 各安全限位装置齐全完好。

4.6.6 操作室内应垫木板或绝缘板,接通电源后应采用试电笔测试金属结构部分,确认无漏电方可上机;上、下操纵室应使用专用扶梯。

4.6.7 作业前,应进行空载运转,在确认各机构运转正常,制动可靠,各限位开关灵敏有效后,方可作业。

4.6.8 开动前,应先发出音响信号示意,重物提升和下降操作应平稳匀速,在提升大件时不得用快速,并应拴拉绳防止摆动。

4.6.9 吊运易燃、易爆、有害等危险品时，应经安全主管部门批准，并应有相应的安全措施。

4.6.10 重物的吊运路线严禁从人上方通过，亦不得从设备上面通过。空车行走时，吊钩应离地面 2 m 以上。

4.6.11 吊起重物后应慢速行驶，行驶中不得突然变速或倒退。两台起重机同时作业时，应保持 3 ~ 5 m 距离。严禁用一台起重机顶推另一台起重机。

4.6.12 起重机行走时，两侧驱动轮应同步，发现偏移应停止作业，调整好后方可继续使用。

4.6.13 作业中，严禁任何人从一台桥式起重机跨越到另一台桥式起重机上去。

4.6.14 操作人员由操纵室进入桥架或进行保养检修时，应有自动断电联锁装置或事先切断电源。

4.6.15 露天作业的门式、桥式起重机，当遇六级及以上大风时，应停止作业，并锁紧夹轨器。

4.6.16 门式、桥式起重机的主梁挠度超过规定值时，必须修复后方可使用。

4.6.17 作业后，门式起重机应停放在停机线上，用夹轨器锁紧，并将吊钩升到上部位置；桥式起重机应将小车停放在两条轨道中间，吊钩提升到上部位置。吊钩上不得悬挂重物。

4.6.18 作业后，应将控制器拨到零位，切断电源，关闭并锁好操纵室门窗。

4.6.19 电动葫芦使用前应检查设备的机械部分和电气部分，钢丝绳、吊钩、限位器等应完好，电气部分应无漏电，接地装置应良好。

4.6.20 电动葫芦应设缓冲器，轨道两端应设挡板。

4.6.21 作业开始第一次吊重物时，应在吊离地面 100 mm 时停止，检查电动葫芦制动情况，确认完好后方可正式作业。露天作业时，应设防雨棚。

4.6.22 电动葫芦严禁超载起吊。起吊时，手不得握在绳索与物体之间，吊物上升时应严防冲撞。

4.6.23 起吊物件应捆扎牢固。电动葫芦吊重物行走时，重物离地不宜超过 1.5 m 高。工作间歇不得将重物悬挂在空中。

4.6.24 电动葫芦作业中发生异味、高温等异常情况，应立即停机检查，排除故障后方可继续使用。

4.6.25 使用悬挂电缆电气控制开关时，绝缘应良好，滑动应自如，人的站立位置后方应有 2 m 空地并应正确操作电钮。

4.6.26 在起吊中，由于故障造成重物失控下滑时，必须采取紧急措施，向无人处下放重物。

4.6.27 在起吊中不得急速升降。

4.6.28 电动葫芦在额定载荷制动时，下滑位移量不应大于 80 mm。否则应清除油污或更换制动环。

4.6.29 作业完毕后，应停放在指定位置，吊钩升起，并切断电源，锁好开关箱。

4.7 卷扬机

4.7.1 安装时，基座应平稳牢固、周围排水畅通、地锚设置可靠，并应搭设工作棚。操作人员的位置应能看清指挥人员和拖动或起吊的物件。

4.7.2 作业前，应检查卷扬机与地面的固定，弹性联轴器不得松旷。并应检查安全装置、防护设施、电气线路、接零或接地线、制动装置和钢丝绳等，全部合格后方可使用。

4.7.3 使用皮带或开式齿轮传动的部分，均应设防护罩，导向滑轮不得用开口拉板式滑轮。

4.7.4 以动力正反转的卷扬机，卷筒旋转方向应与操纵开关上指示的方向一致。

4.7.5 从卷筒中心线到第一个导向滑轮的距离，带槽卷筒应大于卷筒宽度的15倍；无槽卷筒应大于卷筒宽度的20倍。当钢丝绳在卷筒中间位置时，滑轮的位置应与卷筒轴线垂直，其垂直度允许偏差为6°。

4.7.6 钢丝绳应与卷筒及吊笼连接牢固，不得与机架或地面摩擦，通过道路时，应设过路保护装置。

4.7.7 在卷扬机制动操作杆的行程范围内，不得有障碍物或阻卡现象。

4.7.8 卷筒上的钢丝绳应排列整齐，当重叠或斜绕时，应停机重新排列，严禁在转动中用手拉脚踩钢丝绳。

4.7.9 作业中，任何人不得跨越正在作业的卷扬钢丝绳。物件提升后，操作人员不得离开卷扬机，物件或吊笼下面严禁人员停留或通过。休息时应将物件或吊笼降至地面。

4.7.10 作业中如发现异响、制动不灵、制动带或轴承等温度剧烈上升等异常情况时，应立即停机检查，排除故障后方可使用。

4.7.11 作业中停电时，应切断电源，将提升物件或吊笼降至地面。

4.7.12 作业完毕，应将提升吊笼或物件降至地面，并应切断电源，锁好开关箱。

5 土石方机械

5.1 基本要求

5.1.1 土石方机械的内燃机、电动机和液压装置的使用，应符合本规程第3.2节、第3.4节和附录C的规定。

5.1.2 机械进入现场前，应查明行驶路线上的桥梁、涵洞的上部净空和下部承载能力，保证机械安全通过。

5.1.3 作业前，应查明施工场地明、暗设置物（电线、地下电缆、管道、坑道等）的地点及走向，并采用明显记号表示。严禁在离电缆1 m距离以内作业。

5.1.4 作业中，应随时监视机械各部位的运转及仪表指示值，如发现异常，应立即停机检修。

5.1.5 机械运行中，严禁接触转动部位和进行检修。在修理（焊、铆等）工作装置时，应使其降到最低位置，并应在悬空部位垫上垫木。

5.1.6 在电杆附近取土时，对不能取消的拉线、地垄和杆身，应留出土台。土台半径：电杆应为1.0～1.5 m，拉线应为1.5～2.0 m。并应根据土质情况确定坡度。

5.1.7 机械不得靠近架空输电线路作业，并应按照本规程第4.1.17条的规定留出安全距离。

5.1.8 机械通过桥梁时，应采用低速档慢行，在桥面上不得转向或制动。承载力不够的桥梁，事先应采取加固措施。

5.1.9 在施工中遇下列情况之一时应立即停工，待符合作业安全条件时，方可继续施工：

1 填挖区土体不稳定，有发生坍塌危险时；

2 气候突变，发生暴雨、水位暴涨或山洪暴发时；

3 在爆破警戒区内发出爆破信号时；

4 地面涌水冒泥，出现陷车或因雨发生坡道打滑时；

5 工作面净空不足以保证安全作业时；

6 施工标志、防护设施损毁失效时。

5.1.10 配合机械作业的清底、平地、修坡等人员，应在机械回转半径以外工作。当必须在回转半径以内工作时，应停止机械回转并制动好后，方可作业。

5.1.11 雨季施工，机械作业完毕后，应停放在较高的坚实地面上。

5.1.12 挖掘基坑时，当坑底无地下水，坑深在 5 m 以内，且边坡坡度符合表 5.1.12 规定时，可不加支撑。

表 5.1.12 边坡坡度比例

土壤性质	在坑沟底挖土	在坑沟上边挖土
砂土回填土	 1000 750	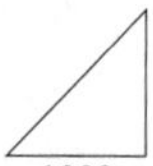 1000 1000
粉土砾石土	 1000 500	 1000 750
粉质黏土	 1000 330	 1000 750
黏土	 1000 250	 1000 750
干黄土	 1000 100	 1000 330

5.1.13 当挖土深度超过 5 m 或发现有地下水以及土质发生特殊变化等情况时，应根据土的实际性能计算其稳定性，再确定边坡坡度。

5.1.14 当对石方或冻土进行爆破作业时，所有人员、机具应撤至安全地带或采取安全保护措施。

5.2 单斗挖掘机

5.2.1 单斗挖掘机的作业和行走场地应平整坚实，对松软地面应垫以枕木或垫板，沼泽地区应先作路基处理，或更换湿地专用履带板。

5.2.2 轮胎式挖掘机使用前应支好支腿并保持水平位置，支腿应置于作业面的方向，转向驱动桥应置于作业面的后方。采用液压悬挂装置的挖掘机，应锁住两个悬挂液压缸。履带式挖掘机的驱动轮应置于作业面的后方。

5.2.3 平整作业场地时，不得用铲斗进行横扫或用铲斗对地面进行夯实。

5.2.4 挖掘岩石时，应先进行爆破。挖掘冻土时，应采用破冰锤或爆破法使冻土层破碎。

5.2.5 挖掘机正铲作业时，除松散土壤外，其最大开挖高度和深度，不应超过机械本身性能规定。在拉铲或反铲作业时，履带距工作面边缘距离应大于 1.0 m，轮胎距工作面边缘距离应大于 1.5 m。

5.2.6 作业前重点检查项目应符合下列要求：

1 照明、信号及报警装置等齐全有效；

2 燃油、润滑油、液压油符合规定；

3 各铰接部分连接可靠；

4 液压系统无泄漏现象；

5 轮胎气压符合规定。

5.2.7 启动前，应将主离合器分离，各操纵杆放在空挡位置，并应按照本规程第 3.2 节的规定启动内燃机。

5.2.8 启动后，接合动力输出，应先使液压系统从低速到高速空载循环 10 ~ 20 min，无吸空等不正常噪声，工作有效，并检查各仪表指示值，待运转正常再接合主离合器，进行空载运转，顺序操纵各工作机构并测试各制动器，确认正常后，方可作业。

5.2.9 作业时，挖掘机应保持水平位置，将行走机构制动住，并将履带或轮胎揳紧。

5.2.10 遇较大的坚硬石块或障碍物时，应待清除后方可开挖，不得用铲斗破碎石块、冻土、或用单边斗齿硬啃。

5.2.11 挖掘悬崖时，应采取防护措施。作业面不得留有伞沿及松动的大块石，当发现有塌方危险时，应立即处理或将挖掘机撤至安全地带。

5.2.12 作业时，应待机身停稳后再挖土，当铲斗未离开工作面时，不得作回转、行走等动作。回转制动时，应使用回转制动器，不得用转向离合器反转制动。

5.2.13 作业时，各操纵过程应平稳，不宜紧急制动。铲斗升降不得过猛，下降时，不得撞碰车架或履带。

5.2.14 斗臂在抬高及回转时，不得碰到洞壁、沟槽侧面或其他物体。

5.2.15 向运土车辆装车时，宜降低挖铲斗，减小卸落高度，不得偏装或砸坏车厢。在汽车未停稳或铲斗需越过驾驶室而司机未离开前不得装车。

5.2.16 作业中，当液压缸伸缩将达到极限位时，应动作平稳，不得冲撞极限块。

5.2.17 作业中，当需制动时，应将变速阀置于低速位置。

5.2.18 作业中，当发现挖掘力突然变化，应停机检查，严禁在未查明原因前擅自调整分配阀压力。

5.2.19 作业中不得打开压力表开关，且不得将工况选择阀的操纵手柄放在高速档位置。

5.2.20 反铲作业时，斗臂应停稳后再挖土。挖土时，斗柄伸出不宜过长，提斗不得过猛。

5.2.21 作业中，履带式挖掘机作短距离行走时，主动轮应在后面，斗臂应在正前方与履带平行，制动住回转机构，铲斗应离地面 1 m。上、下坡道不得超过机械本身允许最大坡度，下坡应慢速行驶。不得在坡道上变速和空挡滑行。

5.2.22 轮胎式挖掘机行驶前，应收回支腿并固定好，监控仪表和报警信号灯应处于正常显示状态、气压表压力应符合规定，工作装置应处于行驶方向的正前方，铲斗应离地面 1 m。长距离行驶时，应采用固定销将回转平台锁定，并将回转制动板踩下后锁定。

5.2.23 当在坡道上行走且内燃机熄火时，应立即制动并揳住履带或轮胎，待重新发动后，方可继续行走。

5.2.24 作业后，挖掘机不得停放在高边坡附近和填方区，应停放在坚实、平坦、安全的地带，将铲斗收回平放在地面上，所有操纵杆置于中位，关闭操纵室和机棚。

5.2.25 履带式挖掘机转移工地应采用平板拖车装运。短距离自行转移时,应低速缓行,每行走 500 ~1 000 m 应对行走机构进行检查和润滑。

5.2.26 保养或检修挖掘机时,除检查内燃机运行状态外,必须将内燃机熄火,并将液压系统卸荷,铲斗落地。

5.2.27 利用铲斗将底盘顶起进行检修时,应使用垫木将抬起的轮胎垫稳,并用木楔将落地轮胎揳牢,然后将液压系统卸荷,否则严禁进入底盘下工作。

5.3 挖掘装载机

5.3.1 挖掘装载机的挖掘及装载作业应符合本规程第 5.2 节及第 5.10 节的规定。

5.3.2 不宜挖掘附录 D 所规定的三类及以上土壤。

5.3.3 挖掘作业前应先将装载斗翻转,使斗口朝地,并使前轮稍离开地面,踏下并锁住制动踏板,然后伸出支腿,使后轮离地并保持水平位置。

5.3.4 作业时,操纵手柄应平稳,不得急剧移动;动臂下降时不得中途制动。挖掘时不得使用高速档。

5.3.5 回转应平稳,不得撞击并用于砸实沟槽的侧面。

5.3.6 动臂后端的缓冲块应保持完好;如有损坏时,应修复后方可使用。

5.3.7 移位时,应将挖掘装置处于中间运输状态,收起支腿,提起提升臂后方可进行。

5.3.8 装载作业前,应将挖掘装置的回转机构置于中间位置,并用拉板固定。

5.3.9 在装载过程中,应使用低速挡。

5.3.10 铲斗提升臂在举升时,不应使用阀的浮动位置。

5.3.11 在前四阀工作时,后四阀不得同时进行工作。

5.3.12 在行驶或作业中,除驾驶室外,挖掘装载机任何地方均严禁乘坐或站立人员。

5.3.13 行驶中,不应高速和急转弯。下坡时不得空挡滑行。

5.3.14 行驶时,支腿应完全收回,挖掘装置应固定牢靠,装载装置宜放低,铲斗和斗柄液压活塞杆应保持完全伸张位置。

5.3.15 当停放时间超过 1 h 时,应支起支腿,使后轮离地;停放时间超过 1 d 时,应使后轮离地,并应在后悬架下面用垫块支撑。

5.4 推 土 机

5.4.1 推土机在坚硬土壤或多石土壤地带作业时,应先进行爆破或用松土器翻松。在沼泽地带作业时,应更换湿地专用履带板。

5.4.2 推土机行驶通过或在其上作业的桥、涵、堤、坝等,应具备相应的承载能力。

5.4.3 不得用推土机推石灰、烟灰等粉尘物料和用作碾碎石块的作业。

5.4.4 牵引其他机械设备时,应有专人负责指挥。钢丝绳的连接应牢固可靠。在坡道或长距离牵引时,应采用牵引杆连接。

5.4.5 作业前重点检查项目应符合下列要求:

1 各部件无松动、连接良好;

2 燃油、润滑油、液压油等符合规定;

3 各系统管路无裂纹或泄漏;

4 各操纵杆和制动踏板的行程、履带的松紧度或轮胎气压均符合要求。

5.4.6　启动前，应将主离合器分离，各操纵杆放在空挡位置，并应按照本规程第3.2节的规定启动内燃机，严禁拖、顶启动。

5.4.7　启动后应检查各仪表指示值，液压系统应工作有效；当运转正常、水温达到55℃、机油温度达到45℃时，方可全载荷作业。

5.4.8　推土机行驶前，严禁有人站在履带或刀片的支架上，机械四周应无障碍物，确认安全后，方可开动。

5.4.9　采用主离合器传动的推土机接合应平稳，起步不得过猛，不得使离合器处于半接合状态下运转；液力传动的推土机，应先解除变速杆的锁紧状态，踏下减速器踏板，变速杆应在一定档位，然后缓慢释放减速踏板。

5.4.10　在块石路面行驶时，应将履带张紧。当需要原地旋转或急转弯时，应采用低速挡进行。当行走机构夹入块石时，应采用正、反向往复行驶使块石排除。

5.4.11　在浅水地带行驶或作业时，应查明水深，冷却风扇叶不得接触水面。下水前和出水后，均应对行走装置加注润滑脂。

5.4.12　推土机上、下坡或超过障碍物时应采用低速挡。上坡不得换挡，下坡不得空挡滑行。横向行驶的坡度不得超过10°。当需要在陡坡上推土时，应先进行填挖，使机身保持平衡，方可作业。

5.4.13　在上坡途中，当内燃机突然熄灭，应立即放下铲刀，并锁住制动踏板。在分离主离合器后，方可重新启动内燃机。

5.4.14　下坡时，当推土机下行速度大于内燃机传动速度时，转向动作的操纵应与平地行走时操纵的方向相反，此时不得使用制动器。

5.4.15　填沟作业驶近边坡时，铲刀不得越出边缘。后退时，应先换挡，方可提升铲刀进行倒车。

5.4.16　在深沟、基坑或陡坡地区作业时，应有专人指挥，其垂直边坡高度不应大于2 m。

5.4.17　在推土或松土作业中不得超载，不得作有损于铲刀、推土架、松土器等装置的动作，各项操作应缓慢平稳。无液力变矩器装置的推土机，在作业中有超载趋势时，应稍微提升刀片或变换低速挡。

5.4.18　推树时，树干不得倒向推土机及高空架设物。推屋墙或围墙时，其高度不宜超过2.5 m。严禁推带有钢筋或与地基基础连接的混凝土桩等建筑物。

5.4.19　两台以上推土机在同一地区作业时，前后距离应大于8.0 m；左右距离应大于1.5 m。在狭窄道路上行驶时，未得前机同意，后机不得超越。

5.4.20　推土机顶推铲运机作助铲时，应符合下列要求：

1　进入助铲位置进行顶推中，应与铲运机保持同一直线行驶；

2　铲刀的提升高度应适当，不得触及铲斗的轮胎；

3　助铲时应均匀用力，不得猛推猛撞，应防止将铲斗后轮胎顶离地面或使铲斗吃土过深；

4　铲斗满载提升时，应减少推力，待铲斗提离地面后即减速脱离接触；

5　后退时，应先看清后方情况，当需绕过正后方驶来的铲运机倒向助铲位置时，宜从来车的左侧绕行。

5.4.21　推土机转移行驶时，铲刀距地面宜为400 mm，不得用高速挡行驶和进行急转弯。不得长距离倒退行驶。

5.4.22　作业完毕后，应将推土机开到平坦安全的地方，落下铲刀，有松土器的，应将松土器爪落下。在坡道上停机时,应将变速杆挂低速挡,接合主离合器,锁住制动踏板,并将履带或轮胎楔住。

5.4.23 停机时,应先降低内燃机转速,变速杆放在空挡,锁紧液力传动的变速杆,分开主离合器,踏下制动踏板并锁紧,待水温降到75 ℃以下,油温度降到90 ℃以下时,方可熄火。

5.4.24 推土机长途转移工地时,应采用平板拖车装运。短途行走转移时,距离不宜超过10 km,并在行走过程中应经常检查和润滑行走装置。

5.4.25 在推土机下面检修时,内燃机必须熄火,铲刀应放下或垫稳。

5.5 拖式铲运机

5.5.1 拖式铲运机牵引用拖拉机的使用应符合本规程第5.4节推土机的有关规定。

5.5.2 铲运机在符合附录D的四类土壤作业时,应先采用松土器翻松。铲运机作业区内应无树根、树桩、大的石块和过多的杂草等。

5.5.3 铲运机行驶道路应平整结实,路面比机身应宽出2 m。

5.5.4 作业前,应检查钢丝绳、轮胎气压、铲土斗及卸土板回缩弹簧、拖把万向接头、撑架以及各部滑轮等;液压式铲运机铲斗与拖拉机连接的叉座与牵引连接块应锁定,各液压管路连接应可靠,确认正常后,方可起动。

5.5.5 开动前,应使铲斗离开地面,机械周围应无障碍物,确认安全后,方可开动。

5.5.6 作业中,严禁任何人上下机械,传递物件,以及在铲斗内、拖把或机架上坐立。

5.5.7 多台铲运机联合作业时,各机之间前后距离不得小于10 m(铲土时不得小于5 m),左右距离不得小于2 m。行驶中,应遵守下坡让上坡、空载让重载、支线让干线的原则。

5.5.8 在狭窄地段运行时,未经前机同意,后机不得超越。两机交会或超越平行时应减速,两机间距不得小于0.5 m。

5.5.9 铲运机上、下坡道时,应低速行驶,不得中途换挡,下坡时不得空挡滑行,行驶的横向坡度不得超过6°,坡宽应大于机身2 m以上。

5.5.10 在新填筑的土堤上作业时,离堤坡边缘不得小于1 m。需要在斜坡横向作业时,应先将斜坡挖填,使机身保持平衡。

5.5.11 在坡道上不得进行检修作业。在陡坡上严禁转弯、倒车或停车。在坡上熄火时,应将铲斗落地、制动牢靠后再行起动。下陡坡时,应将铲斗触地行驶,帮助制动。

5.5.12 铲土时,铲土与机身应保持直线行驶。助铲时应有助铲装置,应正确掌握斗门开启的大小,不得切土过深。两机动作应协调配合,做到平稳接触,等速助铲。

5.5.13 在下陡坡铲土时,铲斗装满后,在铲斗后轮未到达缓坡地段前,不得将铲斗提离地面,应防铲斗快速下滑冲击主机。

5.5.14 在凹凸不平地段行驶转弯时,应放低铲斗,不得将铲斗提升到最高位置。

5.5.15 拖拉陷车时,应有专人指挥,前后操作人员应协调,确认安全后,方可起步。

5.5.16 作业后,应将铲运机停放在平坦地面,并应将铲斗落在地面上。液压操纵的铲运机应将液压缸缩回,将操纵杆放在中间位置,进行清洁、润滑后,锁好门窗。

5.5.17 非作业行驶时,铲斗必须用锁紧链条挂牢在运输行驶位置上,机上任何部位均不得载人或装载易燃、易爆物品。

5.5.18 修理斗门或在铲斗下检修作业时,必须将铲斗提起后用销子或锁紧链条固定,再用垫木将斗身顶住,并用木楔楔住轮胎。

5.6 自行式铲运机

5.6.1 自行式铲运机的行驶道路应平整坚实,单行道宽度不应小于5.5 m。

5.6.2 多台铲运机联合作业时,前后距离不得小于20 m(铲土时不得小于10 m),左右距离不得小于2 m。

5.6.3 作业前,应检查铲运机的转向和制动系统,并确认灵敏可靠。

5.6.4 铲土时,或在利用推土机助铲时,应随时微调转向盘,铲运机应始终保持直线前进。不得在转弯情况下铲土。

5.6.5 下坡时,不得空挡滑行,应踩下制动踏板辅以内燃机制动,必要时可放下铲斗,以降低下滑速度。

5.6.6 转弯时,应采用较大回转半径低速转向,操纵转向盘不得过猛;当重载行驶或在弯道上、下坡时,应缓慢转向。

5.6.7 不得在大于15°的横坡上行驶,也不得在横坡上铲土。

5.6.8 沿沟边或填方边坡作业时,轮胎离路肩不得小于0.7 m,并应放低铲斗,降速缓行。

5.6.9 在坡道上不得进行检修作业。遇在坡道上熄火时,应立即制动,下降铲斗,把变速杆放在空挡位置,然后方可启动内燃机。

5.6.10 穿越泥泞或软地面时,铲运机应直线行驶,当一侧轮胎打滑时,可踏下差速器锁止踏板。当离开不良地面时,应停止使用差速器锁止踏板。不得在差速器锁止时转弯。

5.6.11 夜间作业时,前后照明应齐全完好,前大灯应能照至30 m;当对方来车时,应在100 m以外将大灯光改为小灯光,并低速靠边行驶。非作业行驶时,应符合本规程第5.5.17条的规定。

5.7 静作用压路机

5.7.1 压路机碾压的工作面,应经过适当平整,对新填的松软路基,应先用羊足碾或打夯机逐层碾压或夯实后,方可用压路机碾压。

5.7.2 当土的含水量超过30%时不得碾压,含水量少于5%时,宜适当洒水。

5.7.3 工作地段的纵坡不应超过压路机最大爬坡能力,横坡不应大于20°。

5.7.4 应根据碾压要求选择机重。当光轮压路机需要增加机重时,可在滚轮内加砂或水。当气温降至0 ℃时,不得用水增重。

5.7.5 轮胎压路机不宜在大块石基础层上作业。

5.7.6 作业前,各系统管路及接头部分应无裂纹、松动和泄漏现象,滚轮的刮泥板应平整良好,各紧固件不得松动,轮胎压路机还应检查轮胎气压,确认正常后方可启动。

5.7.7 不得用牵引法强制启动内燃机,也不得用压路机拖拉任何机械或物件。

5.7.8 启动后,应进行试运转,确认运转正常,制动及转向功能灵敏可靠,方可作业。开动前,压路机周围应无障碍物或人员。

5.7.9 碾压时应低速行驶,变速时必须停机。速度宜控制在3~4 km/h范围内,在一个碾压行程中不得变速。碾压过程应保持正确的行驶方向,碾压第二行时必须与第一行重叠半个滚轮压痕。

5.7.10 变换压路机前进、后退方向,应待滚轮停止后进行。不得利用换向离合器作制动用。

5.7.11 在新建道路上进行碾压时,应从中间向两侧碾压。碾压时,距路基边缘不应少于

0.5 m。

5.7.12 碾压傍山道路时，应由里侧向外侧碾压，距路基边缘不应少于 1 m。

5.7.13 上、下坡时，应事先选好挡位，不得在坡上换挡，下坡时不得空挡滑行。

5.7.14 两台以上压路机同时作业时，前后间距不得小于 3 m，在坡道上不得纵队行驶。

5.7.15 在运行中，不得进行修理或加油。需要在机械底部进行修理时，应将内燃机熄火，用制动器制动住，并揳住滚轮。

5.7.16 对有差速器锁住装置的三轮压路机，当只有一只轮子打滑时，方可使用差速器锁住装置，但不得转弯。

5.7.17 作业后，应将压路机停放在平坦坚实的地方，并制动住。不得停放在土路边缘及斜坡上，也不得停放在妨碍交通的地方。

5.7.18 严寒季节停机时，应将滚轮用木板垫离地面。

5.7.19 压路机转移工地距离较远时，应采用汽车或平板拖车装运，不得用其他车辆拖拉牵运。

5.8 振动压路机

5.8.1 作业时，压路机应先起步后才能起振，内燃机应先置于中速，然后再调至高速。

5.8.2 变速与换向时应先停机，变速时应降低内燃机转速。

5.8.3 严禁压路机在坚实的地面上进行振动。

5.8,4 碾压松软路基时，应先在不振动情况下碾压 1 ~2 遍，然后再振动辗压。

5.8.5 碾压时，振动频率应保持一致。对可调振频的振动压路机，应先调好振动频率后再作业，不得在没有起振情况下调整振动频率。

5.8.6 换向离合器、起振离合器和制动器的调整，应在主离合器脱开后进行。

5.8.7 上、下坡时，不得使用快速档。在急转弯时，包括铰接式振动压路机在小转弯绕圈碾压时，严禁使用快速档。

5.8.8 压路机在高速行驶时不得接合振动。

5.8.9 停机时应先停振，然后将换向机构置于中间位置，变速器置于空挡，最后拉起手制动操纵杆，内燃机怠速运转数分钟后熄火。

5.8.10 其他作业要求，应符合本规程第 5.7 节的有关规定。

5.9 平 地 机

5.9.1 在平整不平度较大的地面时，应先用推土机推平，再用半地机平整。

5.9.2 平地机作业区应无树根、石块等障碍物。对土质坚实的地面，应先用齿耙翻松。

5.9.3 作业区的水准点及导线控制桩的位置、数据应清楚，放线、验线工作应提前完成。

5.9.4 作业前重点检查项目应符合下列要求：

1 照明、音响装置齐全有效；

2 燃油、润滑油、液压油等符合规定；

3 各连接件无松动；

4 液压系统无泄漏现象；

5 轮胎气压符合规定。

5.9.5 不得用牵引法强制启动内燃机，也不得用平地机拖拉其它机械。

5.9.6 启动后，各仪表指示值应符合要求，待内燃机运转正常后，方可开动。

5.9.7 起步前，检视机械周围应无障碍物及行人，先鸣声示意后，用低速档起步，并应测试并确认制动器灵敏有效。

5.9.8 作业时，应先将刮刀下降到接近地面，起步后再下降刮刀铲土。铲土时，应根据铲土阻力大小，随时少量调整刮刀的切土深度，控制刮刀的升降量差不宜过大，不宜造成波浪形工作面。

5.9.9 刮刀的回转与铲土角的调整以及向机外侧斜，都必须在停机时进行；但刮刀左右端的升降动作，可在机械行驶中随时调整。

5.9.10 各类铲刮作业都应低速行驶，角铲土和使用齿耙时必须用一档；刮土和平整作业可用二、三档。换档必须在停机时进行。

5.9.11 遇到坚硬土质需用齿耙翻松时，应缓慢下齿，不得使用齿耙翻松石渣或混凝土路面。

5.9.12 使用平地机清除积雪时，应在轮胎上安装防滑链，并应逐段探明路面的深坑、沟槽情况。

5.9.13 平地机在转弯或调头时，应使用低速档；在正常行驶时，应采用前轮转向，当场地特别狭小时，方可使用前、后轮同时转向。

5.9.14 行驶时，应将刮刀和齿耙升到最高位置，并将刮刀斜放，刮刀两端不得超出后轮外侧。行驶速度不得超过 20 km/h。下坡时，不得空挡滑行。

5.9.15 作业中，应随时注意变矩器油温，超过 120 ℃时应立即停止作业，待降温后再继续工作。

5.9.16 作业后，应停放在平坦、安全的地方，将刮刀落在地面上，拉上手制动器。

5.10 轮胎式装载机

5.10.1 装载机工作距离不宜过大，超过合理运距时，应由自卸汽车配合装运作业。自卸汽车的车箱容积应与铲斗容量相匹配。

5.10.2 装载机不得在倾斜度超过出厂规定的场地上作业。作业区内不得有障碍物及无关人员。

5.10.3 装载机作业场地和行驶道路应平坦。在石方施工场地作业时，应在轮胎上加装保护链条或用钢质链板直边轮胎。

5.10.4 作业前重点检查项目应符合下列要求：

1 照明、音响装置齐全有效；
2 燃油、润滑油、液压油符合规定；
3 各连接件无松动；
4 液压及液力传动系统无泄漏现象；
5 转向、制动系统灵敏有效；
6 轮胎气压符合规定。

5.10.5 启动内燃机后，应怠速空运转，各仪表指示值应正常，各部管路密封良好，待水温达到 55 ℃、气压达到 0.45 MPa 后，可起步行驶。

5.10.6 起步前，应先鸣声示意，宜将铲斗提升离地 0.5 m。行驶过程中应测试制动器的可靠性。并避开路障或高压线等。除规定的操作人员外，不得搭乘其他人员，严禁铲斗载人。

5.10.7 高速行驶时应采用前两轮驱动；低速铲装时，应采用四轮驱动。行驶中，应避免突然转向。铲斗装载后升起行驶时，不得急转弯或紧急制动。

5.10.8 在公路上行驶时，必须由持有操作证的人员操作，并应遵守交通规则，下坡不得空挡滑行和超速行驶。

5.10.9 装料时，应根据物料的密度确定装载量，铲斗应从正面铲料，不得铲斗单边受力。卸料时，举臂翻转铲斗应低速缓慢动作。

5.10.10 操纵手柄换向时，不应过急、过猛。满载操作时，铲臂不得快速下降。

5.10.11 在松散不平的场地作业时，应把铲臂放在浮动位置，使铲斗平稳地推进；当推进时阻力过大时，可稍稍提升铲臂。

5.10.12 铲臂向上或向下动作到最大限度时，应速将操纵杆回到空挡位置。

5.10.13 不得将铲斗提升到最高位置运输物料。运载物料时，宜保持铲臂下铰点离地面0.5 m，并保持平稳行驶。

5.10.14 铲装或挖掘应避免铲斗偏载，不得在收斗或半收斗而未举臂时前进。铲斗装满后，应举臂到距地面约0.5 m时，再后退、转向、卸料。

5.10.15 当铲装阻力较大，出现轮胎打滑时，应立即停止铲装，排除过载后再铲装。

5.10.16 在向自卸汽车装料时，铲斗不得在汽车驾驶室上方越过。当汽车驾驶室顶无防护板，装料时，驾驶室内不得有人。

5.10.17 在向自卸汽车装料时，宜降低铲斗及减小卸落高度，不得偏载、超载和砸坏车箱。

5.10.18 在边坡、壕沟、凹坑卸料时，轮胎离边缘距离应大于1.5 m，铲斗不宜过于伸出。在大于3°的坡面上，不得前倾卸料。

5.10.19 作业时，内燃机水温不得超过90 ℃，变矩器油温不得超过110 ℃，当超过上述规定时，应停机降温。

5.10.20 作业后，装载机应停放在安全场地，铲斗平放在地面上，操纵杆置于中位，并制动锁定。

5.10.21 装载机转向架未锁闭时，严禁站在前后车架之间进行检修保养。

5.10.22 装载机铲臂升起后，在进行润滑或调整等作业之前，应装好安全销，或采取其它措施支住铲臂。

5.10.23 停车时，应使内燃机转速逐步降低，不得突然熄火；应防止液压油因惯性冲击而溢出油箱。

5.11 蛙式夯实机

5.11.1 蛙式夯实机应适用于夯实灰土和素土的地基、地坪及场地平整，不得夯实坚硬或软硬不一的地面、冻土及混有砖石碎块的杂土。

5.11.2 作业前重点检查项目应符合下列要求：

1 除接零或接地外，应设置漏电保护器，电缆线接头绝缘良好；

2 传动皮带松紧度合适，皮带轮与偏心块安装牢固；

3 转动部分有防护装置，并进行试运转，确认正常后，方可作业。

5.11.3 作业时夯实机扶手上的按钮开关和电动机的接线均应绝缘良好。当发现有漏电现象时，应立即切断电源，进行检修。

5.11.4 夯实机作业时，应一人扶夯，一人传递电缆线，且必须戴绝缘手套和穿绝缘鞋。递线人员应跟随夯机后或两侧调顺电缆线，电缆线不得扭结或缠绕，且不得张拉过紧，应保持有3～4 m的余量。

5.11.5 作业时,应防止电缆线被夯击。移动时,应将电缆线移至夯机后方,不得隔机抢扔电缆线,当转向倒线困难时,应停机调整。

5.11.6 作业时,手握扶手应保持机身平衡,不得用力向后压,并应随时调整行进方向。转弯时不得用力过猛,不得急转弯。

5.11.7 夯实填高土方时,应在边缘以内 100～150 mm 夯实 2～3 遍后,再夯实边缘。

5.11.8 在较大基坑作业时,不得在斜坡上夯行,应避免造成夯头后折。

5.11.9 夯实房心土时,夯板应避开房心内地下构筑物、钢筋混凝土基桩、机座及地下管道等。

5.11.10 在建筑物内部作业时,夯板或偏心块不得打在墙壁上。

5.11.11 多机作业时,其平列间距不得小于 5 m,前后间距不得小于 10 m。

5.11.12 夯机前进方向和夯机四周 1 m 范围内,不得站立非操作人员。

5.11.13 夯机连续作业时间不应过长,当电动机超过额定温升时,应停机降温。

5.11.14 夯机发生故障时,应先切断电源,然后排除故障。

5.11.15 作业后,应切断电源,卷好电缆线,清除夯机上的泥土,并妥善保管。

5.12 振动冲击夯

5.12.1 振动冲击夯应适用于黏性土、砂及砾石等散状物料的压实,不得在水泥路面和其它坚硬地面作业。

5.12.2 作业前重点检查项目应符合下列要求:

1 各部件连接良好,无松动;

2 内燃冲击夯有足够的润滑油,油门控制器转动灵活;

3 电动冲击夯有可靠的接零或接地,电缆线表面绝缘完好。

5.12.3 内燃冲击夯起动后,内燃机应怠速运转 3～5 min,然后逐渐加大油门,待夯机跳动稳定后,方可作业。

5.12.4 电动冲击夯在接通电源启动后,应检查电动机旋转方向,有错误时应倒换相线。

5.12.5 作业时应正确掌握夯机,不得倾斜,手把不宜握得过紧,能控制夯机前进速度即可。

5.12.6 正常作业时,不得使劲往下压手把,影响夯机跳起高度。在较松的填料上作业或上坡时,可将手把稍向下压,并应能增加夯机前进速度。

5.12.7 在需要增加密实度的地方,可通过手把控制夯机在原地反复夯实。

5.12.8 根据作业要求,内燃冲击夯应通过调整油门的大小,在一定范围内改变夯机振动频率。

5.12.9 内燃冲击夯不宜在高速下连续作业。在内燃机高速运转时不得突然停车。

5.12.10 电动冲击夯应装有漏电保护装置,操作人员必须戴绝缘手套,穿绝缘鞋。作业时,电缆线不应拉得过紧,应经常检查线头安装,不得松动及引起漏电。严禁冒雨作业。

5.12.11 作业中,当冲击夯有异常的响声,应立即停机检查。

5.12.12 当短距离转移时,应先将冲击夯手把稍向上抬起,将运输轮装入冲击夯的挂钩内,再压下手把,使重心后倾,方可推动手把转移冲击夯。

5.12.13 作业后,应清除夯板上的泥沙和附着物,保持夯机清洁,并妥善保管。

5.13 风动凿岩机

5.13.1 风动凿岩机的使用条件:风压宜为 0.5～0.6 MPa,风压不得小于 0.4 MPa;水压应符合要求;压缩空气应干燥;水应用洁净的软水。

5.13.2 使用前,应检查风、水管,不得有漏水、漏气现象,并应采用压缩空气吹出风管内的水分和杂物。

5.13.3 使用前,应向自动注油器注入润滑油,不得无油作业。

5.13.4 将钎尾插入凿岩机机头,用手顺时针应能够转动钎子,如有卡塞现象,应排除后开钻。

5.13.5 开钻前,应检查作业面,周围石质应无松动,场地应清理干净,不得遗留瞎炮。

5.13.6 在深坑、沟槽、井巷、隧道、洞室施工时,应根据地质和施工要求,设置边坡、顶撑或固壁支护等安全措施,并应随时检查及严防冒顶塌方。

5.13.7 严禁在废炮眼上钻孔和骑马式操作,钻孔时,钻杆与钻孔中心线应保持一致。

5.13.8 风、水管不得缠绕、打结,并不得受各种车辆辗压。不应用弯折风管的方法停止供气。

5.13.9 开钻时,应先开风、后开水;停钻后,应先关水、后关风;并应保持水压低于风压,不得让水倒流入凿岩机气缸内部。

5.13.10 开孔时,应慢速运转,不得用手、脚去挡钎头。应待孔深达 10 ~ 15 mm 后再逐渐转入全速运转。退钎时,应慢速徐徐拔出,若岩粉较多,应强力吹孔。

5.13.11 运转中,当遇卡钎或转速减慢时,应立即减少轴向推力;当钎杆仍不转时,应立即停机排除故障。

5.13.12 使用手持式凿岩机垂直向下作业时,体重不得全部压在凿岩机上,应防止钎杆断裂伤人。凿岩机向上方作业时,应保持作业方向并防止钎杆突然折断。并不得长时间全速空转。

5.13.13 当钻孔深度达 2 m 以上时,应先采用短钎杆钻孔,待钻到 1.0 ~ 1.3 m 深度后,再换用长钎杆钻孔。

5.13.14 在离地 3 m 以上或边坡上作业时,必须系好安全带。不得在山坡上拖拉风管,当需要拖拉时,应先通知坡下的作业人员撤离。

5.13.15 在巷道或洞室等通风条件差的作业面,必须采用湿式作业。在缺乏水源或不适合湿式作业的地方作业时,应采取防尘措施。

5.13.16 在装完炸药的炮眼 5 m 以内,严禁钻孔。

5.13.17 夜间或洞室内作业时,应有足够的照明。洞室施工应有良好的通风措施。

5.13.18 作业后,应关闭水管阀门,卸掉水管,进行空运转,吹净机内残存水滴,再关闭风管阀门。

5.14 电动凿岩机

5.14.1 启动前,应检查全部机构及电气部分,并应重点检查漏电保护器,各控制器应处于零位;各部连接螺栓应紧固;各传动机构的摩擦面应润滑良好。确认正常后,方可通电。

5.14.2 通电后,钎头应顺时针方向旋转;当转向不对时,应倒相更正。

5.14.3 电缆线不得敷设在水中或在金属管道上通过。施工现场应设标志,严禁机械、车辆等在电缆上通过。

5.14.4 空载运转正常后,应按规定程序装上钎杆、钎头、接通水管,方可开眼钻孔。

5.14.5 钻机正转与反转、前进与后退,都应待主传动电动机或回转电动机完全停止后,方可换向。

5.14.6 钻孔时,当突然卡钎停钻或钎杆弯曲,应立即松开离合器,退回钻机。若遇局部硬岩层时,可操纵离合器缓慢推动,或变更转速和推进量。

5.14.7 钻孔时,应在推进结束前迅速拨开离合器,避免超过行程使钻机受损。

5.14.8 作业中,如发生异响,应立即停机检查。

5.14.9 移动钻机应有专人指挥。移动时,应把钻具提到一定高度并固定。移动后,机身应摆平,不得倾斜作业。

5.14.10 作业后,应擦净尘土、油污,妥善保管在干燥地点,防止电动机受潮。

5.15 凿岩台车

5.15.1 作业前,应检查各管路的连接,各紧固部位螺母螺钉应拧紧,操纵杆、控制装置及仪表等均应正常。

5.15.2 行走前,应查看场地周围,确认无人及障碍物后,方可按照引导人员指示信号作业。

5.15.3 行走和上、下坡时,应保持操作平稳,不得使机体前后端产生极度摆动。

5.15.4 液压油油温应保持在 30 ~ 70 ℃范围内,超过 70 ℃时,应停止行走。

5.15.5 在凿岩和升降平台上作业时,应张开支腿,不得移动机体。

5.15.6 移动钻臂时,应先退回导杆,使顶点离开工作面。钻臂下不得有人。

5.15.7 作业后,应将台车停放在坚实的安全地带,将导杆和钻臂以行走状态摆成水平位置,各操纵杆置于零位。应吹洗台车的外露部分,清除运动部件上的粉尘和碎石,保持台车清洁。

5.16 装岩机

5.16.1 装岩机的作业面应通风良好,支撑牢固,周围无危石。操作人员所在操作的一侧,由装岩机至坑道壁或与支撑、风管等设备的距离,均应大于 400 mm。

5.16.2 装岩机运行的轨道应平直,无沉陷,道钉应固定牢固。

5.16.3 作业前,应检查风管、电缆的连接,确认无漏气、漏电现象。机械应运转正常,制动有效。

5.16.4 作业中,应经常清扫轨道附近的岩石。移动时,应拉好风管和电缆,防止压坏。

5.16.5 作业时,严禁非操作人员进入装岩机的动作范围。卸载时,任何人不得靠近待装的矿车。

5.16.6 装岩时,铲斗应先落下后再插入岩堆,边铲边前进;装满后,应边提升边后退;卸载后,应边落铲边前进;铲斗返回下落时,应快而无冲击。不得装载超过铲斗容积的大块岩石。

5.16.7 装载过程中应经常检查链条和铲斗曲臂滚动的导轮,发现石渣等物体时应及时清除。

5.16.8 在弯道上装岩时,应卸下自动复位器的拉杆,由操作人员控制上平台的角度,并限制其自动转正,石渣不应卸落到地面上。

5.16.9 在倾斜面上作业时,坡度应小于装岩机允许的爬坡能力,并应另设保险装置,确认安全后,方可作业。

5.16.10 作业中,应经常检查稳定钢丝绳的松紧度和磨损情况,发现斗柄滚动不灵、歪斜和钢丝绳脱槽等,应及时调整或更换钢丝绳。

5.16.11 施工中临时停机修理时,应制动车轮并揳紧。

5.16.12 作业后,应进行清扫,可用压缩空气吹净装岩机外露部分,在链条上涂润滑油。对风动装岩机,应将滤气注油器的闸阀打开,放掉操作机构的余气和水。

5.16.13 装岩机作业结束后,应停放在安全地带,风管和电缆应妥善放置。

5.17 潜孔钻机

5.17.1 使用前,应检查风动马达转动的灵活性,清除钻机作业范围内及行走路面上的障碍物,并应检查路面的通过能力。

5.17.2 作业前,应检查钻具、推进机构、电气系统、压气系统、风管及防尘装置等,确认完好,方可使用。

5.17.3 作业时,应先开动吸尘机,随时观察冲击器的声响及机械运转情况,如发现异常,应立即停机检查,并排除故障。

5.17.4 开钻时,应给充足的水量,减少粉尘飞扬。作业中,应随时观察排粉情况,尤其是钻下向孔时,应加强吹洗,必要时应提钻强吹。

5.17.5 钻进中,不得反转电动机或回转减速器,应避免钻杆脱扣。

5.17.6 加接钻杆前,应将钻杆中心孔吹洗干净,避免污物进入冲击器。对不符合规格或磨损严重的钻杆不得使用,已断在孔内的钻杆,应采用专用工具取出。

5.17.7 钻机短时间停止工作时,应供应少量压缩空气,防止岩粉侵入冲击器;若较长时间停钻,应将冲击器提离孔底 1 ~2 m 并加以固定。

5.17.8 钻头磨钝应立即更换,换上的钻头的直径不得大于原钻头的直径。

5.17.9 钻孔时,如发现钻杆不前进而不停跳动,应将冲击器拔出孔外检查;当发现钻头掉下硬质合金片时,对小块碎片应采用压缩空气强行吹出,对大块碎片可采用小于孔径的杆件,利用黄泥或沥青将合金片从孔中粘出。

5.17.10 发生卡钻时,应立即减小轴推力,加强回转和冲洗,使之逐步趋于正常。如严重卡钻,必须立即停机,用工具外加扭力和拉力,使钻具回转松动,然后边送风边提钻,直至恢复正常。

5.17.11 在正常作业中,当风路气压低于 0.35 MPa 时,应停机检查。

5.17.12 应经常调整推进机构钢丝绳的松紧程度,以及提升滑轮组上、下行程开关工作的可靠程度;不能正确动作时,应及时修复。

5.17.13 作业中,应随时检查运动件的润滑情况,不得缺油。

5.17.14 钻机移位时,应调整好滑架和钻臂,保持机体平衡。

5.17.15 作业完毕后,应将钻机停放在安全地带,进行清洗、润滑。

5.18 锻 钎 机

5.18.1 锻钎机的地基应牢固,周围的地面应平整、清洁,在作业范围内不得放置与作业无关的物件。

5.18.2 在连接输气管前,应先将管内积水、污渣吹净,输气管应放在适当位置,供气压力应符合要求。

5.18.3 作业前,应检查受振部分无松动,钎模及工具无破裂,润滑油面符合规定。

5.18.4 安装模具时,应调整好锤头行程。装换零件、模具或工具时,应先将压缩空气关闭,塞好安全塞铁。在未塞好塞铁前,严禁将手伸入。

5.18.5 操作时,应轻推手阀,不得使锤头空击或击打空模。

5.18.6 锻压或割长钎时,不得碰伤配合人员。吹孔时,配合人员不得正对钎孔。

5.18.7 淬火时,钢钎应竖立牢靠。用机油淬火时,应在室外进行。

5. 18. 8 作业中，不得进行任何清扫和检修工作、不得用手去清除工作台上、模具上的铁屑。

5. 18. 9 停机时，应将钎模缓慢合拢，然后停止运转、关闭阀门。

5. 18. 10 作业完毕后，应熄灭炉火，切断电源，并用垫铁垫好锤头。

5. 19 磨钎机

5. 19. 1 磨钎机的地基应牢固，砂轮的规格性能应符合要求，并应安装防护罩。

5. 19. 2 安装砂轮时不得用锤敲打，孔与轴配合应符合规定，轴端紧固螺帽应牢固。

5. 19. 3 砂轮失圆、过薄或因磨损，离夹板边缘小于 30 mm 时，不得使用。

5. 19. 4 钎头托架应安装牢固，托架面应平整。托架与砂轮端面的距离不得大于 3 mm。

5. 19. 5 启动前，应检查并确认螺栓与砂轮夹板无松动、砂轮无裂纹、防护装置牢固及电气装置无漏电后，方可启动。启动后，待砂轮运转正常，方可磨钎。

5. 19. 6 运转中，发现声音异常应立即停机检修。电动机温升应在规定范围内。

5. 19. 7 磨钎机的电动机不得装用倒顺开关。停电时，应切断电源。

5. 19. 8 磨钎时，必须戴防护眼镜，不得戴手套，操作者应站在砂轮的侧面，严禁站在旋转砂轮的正面。

5. 19. 9 磨钎时，应用冷却液进行冷却，不得将钎头装在钎杆上进行磨钎。

5. 20 通风机

5. 20. 1 通风机和管道的安装，应保持在高速运转情况下稳定牢固。不得露天安装，作业场地必须有防火设备。

5. 20. 2 风管接头应严密，口径不同的风管不得混合连接，风管转角处应做成大圆角。风管出风口距工作面宜为 6 ~ 10 m。风管安装不应妨碍人员行走及车辆通行；若架空安装，支点及吊挂应牢固可靠。隧道工作面附近的管道应采取保护措施，防止放炮砸坏。

5. 20. 3 通风机及通风管应装有风压水柱表，并应随时检查通风情况。

5. 20. 4 启动前应检查并确认主机和管件的连接符合要求、风扇转动平稳、电器部分包括电流过载继电保护装置均齐全后，方可启动。

5. 20. 5 运行中，运转应平稳无异响，如发现异常情况时，应立即停机检修。

5. 20. 6 运行中，当电动机温升超过铭牌规定时，应停机降温。

5. 20. 7 运行中不得检修。对无逆止装置的通风机，应待风道回风消失后方可检修。

5. 20. 8 严禁在通风机和通风管上放置或悬挂任何物件。

5. 20. 9 作业后，应切断电源。长期停用时，应放置在干燥的室内。

6 水平和垂直运输机械

6. 1 基本要求

6. 1. 1 运输机械的内燃机、电动机、空气压缩机和液压装置的使用，应执行本规程第 3. 1、3. 2、3. 4、3. 5 节及附录 C 的规定。

6. 1. 2 运送超宽、超高和超长物件前，应制定妥善的运输方法和安全措施，并必须符合本规程第 2. 0. 21 条的规定。

6. 1. 3 启动前应进行重点检查。灯光、喇叭、指示仪表等应齐全完整；燃油、润滑油、冷却水等应添加充足;各连接件不得松动;轮胎气压应符合要求,确认无误后,方可启动。燃油箱应加锁。

6.1.4 启动内燃机应执行本规程第3.2节的规定。严寒季节露天启动内燃机,应执行本规程附录B的规定。

6.1.5 启动后,应观察各仪表指示值、检查内燃机运转情况、测试转向机构及制动器等性能,确认正常并待水温达到40 ℃以上、制动气压达到安全压力以上时,方可低档起步。起步前,车旁及车下应无障碍物及人员。

6.1.6 水温未达到70 ℃时,不得高速行驶。行驶中,变速时应逐级增减,正确使用离合器,不得强推硬拉,使齿轮撞击发响。前进和后退交替时,应待车停稳后,方可换挡。

6.1.7 行驶中,应随时观察仪表的指示情况,当发现机油压力低于规定值,水温过高或有异响、异味等异常情况时,应立即停车检查,排除故障后,方可继续运行。

6.1.8 严禁超速行驶。应根据车速与前车保持适当的安全距离,选择较好路面行进,应避让石块、铁钉或其它尖锐铁器。遇有凹坑、明沟或穿越铁路时,应提前减速,缓慢通过。

6.1.9 上、下坡应提前换入低速档,不得中途换档。下坡时,应以内燃机阻力控制车速,必要时,可间歇轻踏制动器。严禁踏离合器或空挡滑行。

6.1.10 在泥泞、冰雪道路上行驶时,应降低车速,宜沿前车辙迹前进,必要时应加装防滑链。

6.1.11 当车辆陷入泥坑、砂窝内时,不得采用猛松离合器踏板的方法来冲击起步。当使用差速器锁时,应低速直线行驶,不得转弯。

6.1.12 车辆涉水过河时,应先探明水深、流速和水底情况,水深不得超过排水管或曲轴皮带盘,并应低速直线行驶,不得在中途停车或换档。涉水后,应缓行一段路程,轻踏制动器使浸水的制动蹄片上水分蒸发掉。

6.1.13 通过危险地区或狭窄便桥时,应先停车检查,确认可以通过后,应由有经验人员指挥前进。

6.1.14 停放时,应将内燃机熄火,拉紧手制动器,关锁车门。内燃机运转中驾驶员不得离开车辆;在离开前应熄火并锁住车门。

6.1.15 在坡道上停放时,下坡停放应挂上倒档,上坡停放应挂上一档,并应使用三角木楔等塞紧轮胎。

6.1.16 平头型驾驶室需前倾时,应清除驾驶室内物件,关紧车门,方可前倾并锁定。复位后,应确认驾驶室已锁定,方可起动。

6.1.17 在车底下进行保养、检修时,应将内燃机熄火、拉紧手制动器并将车轮揳牢。

6.1.18 车辆经修理后需要试车时,应由合格人员驾驶,车上不得载人、载物,当需在道路上试车时,应挂交通管理部门颁发的试车牌照。

6.2 载重汽车

6.2.1 装载物品应捆绑稳固牢靠。轮式机具和圆筒形物件装运时应采取防止滚动的措施。

6.2.2 不得人货混装。因工作需要搭人时,人不得在货物之间或货物与前车厢板间隙内。严禁攀爬或坐卧在货物上面。

6.2.3 拖挂车时,应检查与挂车相连的制动气管、电气线路、牵引装置、灯光信号等,挂车的车轮制动器和制动灯、转向灯应配备齐全,并应与牵引车的制动器和灯光信号同时起作用。确认后方可运行。起步应缓慢并减速行驶,宜避免紧急制动。

6.2.4　运载易燃、有毒、强腐蚀等危险品时，其装载、包装、遮盖必须符合有关的安全规定，并应备有性能良好、有效期内的灭火器。途中停放应避开火源、火种、居民区、建筑群等，炎热季节应选择阴凉处停放。装卸时严禁火种。除必要的行车人员外，不得搭乘其它人员。严禁混装备用燃油。

6.2.5　装运易爆物资或器材时，车厢底面应垫有减轻货物振动的软垫层。装载重量不得超过额定载重量的70%。装运炸药时，层数不得超过两层。

6.2.6　装运氧气瓶时，车厢板的油污应清除干净，严禁混装油料或盛油容器。

6.3　自卸汽车

6.3.1　自卸汽车应保持顶升液压系统完好，工作平稳，操纵灵活，不得有卡阻现象。各节液压缸表面应保持清洁。

6.3.2　非顶升作业时，应将顶升操纵杆放在空挡位置。顶升前，应拔出车厢固定销。作业后，应插入车厢固定销。

6.3.3　配合挖装机械装料时，自卸汽车就位后应拉紧手制动器，在铲斗需越过驾驶室时，驾驶室内严禁有人。

6.3.4　卸料前，车厢上方应无电线或障碍物，四周应无人员来往。卸料时，应将车停稳，不得边卸边行驶。举升车厢时，应控制内燃机中速运转，当车厢升到顶点时，应降低内燃机转速，减少车厢振动。

6.3.5　向坑洼地区卸料时，应和坑边保持安全距离，防止塌方翻车。严禁在斜坡侧向倾卸。

6.3.6　卸料后，应及时使车厢复位，方可起步，不得在倾斜情况下行驶。严禁在车厢内载人。

6.3.7　车厢举升后需进行检修、润滑等作业时，应将车厢支撑牢靠后，方可进入车厢下面工作。

6.3.8　装运混凝土或粘性物料后，应将车厢内外清洗干净，防止凝结在车厢上。

6.4　平板拖车

6.4.1　行车前，应检查并确认拖挂装置、制动气管、电缆接头等连接良好，且轮胎气压符合规定。

6.4.2　运输超限物件时，必须向交通管理部门办理通行手续，在规定时间内按规定路线行驶。超限部分白天应插红旗，夜晚应挂红灯。超高物体应有专人照管，并应配电工随带工具保护途中输电线路，保证运行安全。

6.4.3　拖车装卸机械时，应停放在平坦坚实的路面上，轮胎应制动并用三角木楔塞紧。

6.4.4　拖车搭设的跳板应坚实，与地面夹角：在装卸履带式起重机、挖掘机、压路机时，不应大于15°；装卸履带式推土机、拖拉机时，不应大于25°。

6.4.5　装卸能自行上下拖车的机械，应由机长或熟练的驾驶人员操作，并应由专人统一指挥。指挥人员应熟悉指挥的拖车及装运机械的性能、特点。上、下车动作应平稳，不得在跳板上调整方向。

6.4.6　装运履带式起重机，其起重臂应拆短，使之不超过机棚最高点，起重臂向后，吊钩不得自由晃动。拖车转弯时应降低速度。

6.4.7　装运推土机时，当铲刀超过拖车宽度时，应拆除铲刀。

6.4.8　机械装车后，各制动器应制动住，各保险装置应锁牢，履带或车轮应楔紧，并应绑扎牢固。

6.4.9 雨、雪、霜冻天气装卸车时,应采取防滑措施。

6.4.10 上、下坡道时,应提前换低速档,不得中途换档和紧急制动。严禁下坡空挡滑行。

6.4.11 拖车停放地应坚实平坦。长期停放或重车停放过夜时,应将平板支起,轮胎不应承压。

6.4.12 使用随车卷扬机装卸物件时,应有专人指挥,拖车应制动住,并应将车轮揳紧。

6.4.13 严寒地区停放过夜时,应将贮气筒中空气和积水放尽。

6.5 油 罐 车

6.5.1 油罐车应配备专用灭火器,并应加装拖地铁链和避电杆。行驶时,拖地铁链应接触地面;加油或放油时,必须将避电杆插进潮湿地内。

6.5.2 油罐加油孔应密封严密,放油阀门、放油管应无渗漏,油罐通气孔应畅通,油泵进油滤网应经常清洗,送油胶管用完后应立即装上两端接头盖,不得有脏物进入。

6.5.3 内燃机的气化器和排气管不得有回火。排气管应安装在车辆前方。

6.5.4 油罐车工作人员不得穿有铁钉的鞋。严禁在油罐附近吸烟,并严禁火种。

6.5.5 停放时,应远离火源,炎热季节应选择阴凉处停放。雷雨时,不得停放在大树或高压线下方。行驶中途停放时,应有专人看管。

6.5.6 在检修过程中,操作人员如需要进入油罐时,严禁携带火种,并必须有可靠的安全防护措施,罐外必须有专人监护。

6.5.7 车上所有电气装置,必须绝缘良好,严禁有火花产生。车用工作照明应为 36 V 以下的安全灯。

6.5.8 油罐沉淀槽冻结时,严禁用火烤,可用热水、蒸汽融化,或将车开进暖房解冻。

6.6 散装水泥车

6.6.1 装料前,应检查并清除罐体及出料管道内的积灰和结渣等物;各管道,阀门应启闭灵活,不得有堵塞、漏气等现象;各连接部件应牢固可靠,方可进行装料。

6.6.2 在打开装料口前,应先打开排气阀,排除罐内残余气压。

6.6.3 装料时,应打开料罐内料位器开关,待料位器发出满位声响信号时,应立即停止装料。

6.6.4 装料完毕,应将装料口边缘上堆积的水泥清扫干净,盖好进料口盖,并把插销插好锁紧。

6.6.5 卸料前,应将车辆停放在平坦的卸料场地,装好卸料管,关闭卸料管蝶阀和卸压管球阀,打开二次风管并接通压缩空气,保证空气压缩机在无载情况下起动。

6.6.6 在向罐内加压时,应确认卸料阀处于关闭状态。待罐内气压达到卸料压力时,应先稍开二次风嘴阀后再打开卸料阀,并调节二次风嘴阀的开度来调整空气与水泥的最佳比例。

6.6.7 卸料过程中,应观察压力表压力变化情况,如压力突然上升,而输气软管堵塞,不再出料,应停止送气并放出管内压气,然后清除堵塞。

6.6.8 卸料作业时,空气压缩机应有专人负责,其它人员不得擅自操作。在进行加压卸料时,不得改变内燃机转速。

6.6.9 卸料结束,应打开放气阀,放尽罐内余气,并关闭各部阀门。车辆行驶过程中,罐内不得有压力。

6.6.10 雨天不得在露天装卸水泥。应经常检查并确认进料口盖关闭严实,不得让水或湿空气进入罐内。

6.7 机动翻斗车

6.7.1 行驶前,应检查锁紧装置并将料斗锁牢,不得在行驶时掉斗。

6.7.2 行驶时应从一档起步。不得用离合器处于半结合状态来控制车速。

6.7.3 上坡时,当路面不良或坡度较大时,应提前换入低档行驶;下坡时严禁空挡滑行;转弯时应先减速;急转弯时应先换入低挡。

6.7.4 翻斗车制动时,应逐渐踩下制动踏板,并应避免紧急制动。

6.7.5 通过泥泞地段或雨后湿地时,应低速缓行,应避免换档、制动、急剧加速,且不得靠近路边或沟旁行驶,并应防侧滑。

6.7.6 翻斗车排成纵队行驶时,前后车之间应保持 8 m 的间距,在下雨或冰雪的路面上,应加大间距。

6.7.7 在坑沟边缘卸料时,应设置安全挡块,车辆接近坑边时,应减速行驶,不得剧烈冲撞挡块。

6.7.8 停车时,应选择适合地点,不得在坡道上停车。冬季应采取防止车轮与地面冻结的措施。

6.7.9 严禁料斗内载人。料斗不得在卸料工况下行驶或进行平地作业。

6.7.10 内燃机运转或料斗内载荷时,严禁在车底下进行任何作业。

6.7.11 操作人员离机时,应将内燃机熄火,并挂挡、拉紧手制动器。

6.7.12 作业后,应对车辆进行清洗,清除砂土及混凝土等粘结在料斗和车架上脏物。

6.8 皮带输送机

6.8.1 固定式皮带输送机应安装在坚固的基础上;移动式皮带输送机在运转前,应将轮子对称揳紧。多机平行作业时,彼此间应留出 1 m 以上的通道。输送机四周应无妨碍工作的堆积物。

6.8.2 启动前,应调整好输送带松紧度,带扣应牢固,轴承、齿轮、链条等传动部件应良好,托辊和防护装置应齐全,电气保护接零或接地应良好,输送带与滚筒宽度应一致。

6.8.3 启动时,应先空载运转,待运转正常后,方可均匀装料。不得先装料后启动。

6.8.4 数台输送机串联送料时,应从卸料一端开始按顺序启动,待全部运转正常后,方可装料。

6.8.5 加料时,应对准输送带中心并宜降低高度,减少落料对输送带、托辊的冲击。加料应保持均匀。

6.8.6 作业中,应随时观察机械运转情况,当发现输送带有松弛或走偏现象时,应停机进行调整。

6.8.7 作业时,严禁任何人从输送带下面穿过,或从上面跨越。输送带打滑时,严禁用手拉动。严禁运转时进行清理或检修作业。

6.8.8 输送大块物料时,输送带两侧应加装料板或栅栏等防护装置。

6.8.9 调节输送机的卸料高度,应在停车时进行。调节后,应将连接螺母拧紧,并应插上保险销。

6.8.10 运输中需要停机时，应先停止装料，待输送带上物料卸尽后，方可停机。数台输送机串联作业停机时，应从上料端开始按顺序停机。

6.8.11 当电源中断或其它原因突然停机时，应立即切断电源，将输送带上的物料清除掉，待来电或排除故障后，方可再接通电源启动运转。

6.8.12 作业完毕后，应将电源断开，锁好电源开关箱，清除输送机上砂土，用防雨护罩将电动机盖好。

6.9 叉　车

6.9.1 叉装物件时，被装物件重量应在该机允许载荷范围内。当物件重量不明时，应将该物件叉起离地 100 mm 后检查机械的稳定性，确认无超载现象后，方可运送。

6.9.2 叉装时，物件应靠近起落架，其重心应在起落架中间，确认无误，方可提升。

6.9.3 物件提升离地后，应将起落架后仰，方可行驶。

6.9.4 起步应平稳，变换前后方向时，应待机械停稳后方可进行。

6.9.5 叉车在转弯、后退、狭窄通道、不平路面等情况下行驶时，或在交叉路口和接近货物时，都应减速慢行。除紧急情况外，不宜使用紧急制动。

6.9.6 两辆叉车同时装卸一辆货车时，应有专人指挥联系，保证安全作业。

6.9.7 不得单叉作业和使用货叉顶货或拉货。

6.9.8 叉车在叉取易碎品、贵重品或装载不稳的货物时，应采用安全绳加固，必要时，应有专人引导，方可行驶。

6.9.9 以内燃机为动力的叉车，进入仓库作业时，应有良好的通风设施。严禁在易燃、易爆的仓库内作业。

6.9.10 严禁货叉上载人。驾驶室除规定的操作人员外，严禁其它任何人进入或在室外搭乘。

6.9.11 作业后，应将叉车停放在平坦、坚实的地方，使货叉落至地面并将车轮制动住。

6.10 井架式、平台式起重机

6.10.1 起重机卷扬机部分应执行本规程第 4.7 节的规定。

6.10.2 架设场地应平整坚实，平台应适合手推车尺寸、便于装卸。井架四周应设缆风绳拉紧。不得用钢筋、铁线代替作缆风绳用。缆风绳的架设和使用，应执行本规程第 4.5 节的有关规定。

6.10.3 起重机的制动器应灵活可靠。平台的四角与井架不得互相擦碰，平台固定销和吊钩应可靠，并应有防坠落、防冒顶等保险装置。

6.10.4 龙门架或井架不得和脚手架联为一体。

6.10.5 垂直输送混凝土和砂浆时，翻斗出料口应灵活可靠，保证自动卸料。

6.10.6 操作人员得到下降信号后，必须确认平台下面无人员停留或通过时，方可下降平台。

6.10.7 作业后，应检查钢丝绳、滑轮、滑轮轴和导轨等，发现异常磨损，应及时修理或更换。

6.10.8 作业后，应将平台降到最低位置，切断电源，锁好开关箱。

6.11 自立式起重架

6.11.1 起重架的卷扬机部分应执行本规程第 4.7 节的规定。

6.11.2 起重架的架设场地应平整夯实，立架前应先将四条支腿伸出，调整丝杆宜悬露

50 mm,并应用枕木与地面垫实。

6.11.3 架设前,应检查并确认钢丝绳与缆风绳正常,架设地点附近 5 m 范围内不得有非作业人员。

6.11.4 架设时,卷扬机应用慢速,在两节接近合拢时,不宜出现冲击。合拢后应先将下架与底盘用连接螺栓紧固,然后安装并紧固上下架连接螺栓,再反向开动卷扬机,将架设钢丝绳取下,最后将缆风绳与地锚收紧固定。

6.11.5 当架设高度在 10 ~ 15 m 时,应设一组缆风绳,每增高 10 m 应增设一组缆风绳,并应与建筑物锚固。

6.11.6 作业前,应检查并确认超高限位装置灵敏、可靠。

6.11.7 提升的重物应放置平稳,严禁载人上下。吊笼提升后,下面严禁有人停留或通过。

6.11.8 在五级及以上风力时应停止作业,并应将吊笼降到地面。

6.11.9 作业后,应将吊笼降到地面,切断电源,锁好开关箱。

6.12 施工升降机

6.12.1 施工升降机应为人货两用电梯,其安装和拆卸工作必须由取得建设行政主管部门颁发的拆装资质证书的专业队负责,并必须由经过专业培训,取得操作证的专业人员进行操作和维修。

6.12.2 地基应浇制混凝土基础,其承载能力应大于 150 kPa,地基上表面平整度允许偏差为 10 mm,并应有排水设施。

6.12.3 应保证升降机的整体稳定性,升降机导轨架的纵向中心线至建筑物外墙面的距离宜选用较小的安装尺寸。

6.12.4 导轨架安装时,应用经纬仪对升降机在两个方向进行测量校准,其垂直度允许偏差为其高度的 5/10 000。

6.12.5 导轨架顶端自由高度、导轨架与附壁距离、导轨架的两附壁连接点间距离和最低附壁点高度均不得超过出厂规定。

6.12.6 升降机的专用开关箱应设在底架附近便于操作的位置,馈电容量应满足升降机直接启动的要求,箱内必须设短路、过载、相序、断相及零位保护等装置。升降机所有电气装置均应执行本规程第 3.1 和第 3.4 节的规定。

6.12.7 升降机梯笼周围 2.5 m 范围内应设置稳固的防护栏杆,各楼层平台通道应平整牢固,出入口应设防护栏杆和防护门。全行程四周不得有危害安全运行的障碍物。

6.12.8 升降机安装在建筑物内部井道中间时,应在全行程范围井壁四周搭设封闭屏障。装设在阴暗处或夜班作业的升降机,应在全行程上装设足够的照明和明亮的楼层编号标志灯。

6.12.9 升降机安装后,应经企业技术负责人会同有关部门对基础和附壁支架以及升降机架设安装的质量、精度等进行全面检查,并应按规定程序进行技术试验(包括坠落试验),经试验合格签证后,方可投入运行。

6.12.10 升降机的防坠安全器,在使用中不得任意拆检调整,需要拆检调整时或每用满 1 年后,均应由生产厂或指定的认可单位进行调整、检修或鉴定。

6.12.11 新安装或转移工地重新安装以及经过大修后的升降机,在投入使用前,必须经过坠落试验。升降机在使用中每隔 3 个月,应进行一次坠落试验。试验程序应按说明书规定进行,当试验中梯笼坠落超过 1.2 m 制动距离时,应查明原因,并应调整防坠安全器,切实保证不超过1.2 m制动距离。试验后以及正常操作中每发生一次防坠动作，均必须对防坠安全器进行复位。

6.12.12 作业前重点检查项目应符合下列要求：

1 各部结构无变形，连接螺栓无松动；

2 齿条与齿轮、导向轮与导轨均接合正常；

3 各部钢丝绳固定良好，无异常磨损；

4 运行范围内无障碍。

6.12.13 启动前，应检查并确认电缆、接地线完整无损，控制开关在零位。电源接通后，应检查并确认电压正常，应测试无漏电现象。应试验并确认各限位装置、梯笼、围护门等处的电器联锁装置良好可靠，电器仪表灵敏有效。启动后，应进行空载升降试验，测定各传动机构制动器的效能，确认正常后，方可开始作业。

6.12.14 升降机在每班首次载重运行时，当梯笼升离地面1～2 m时，应停机试验制动器的可靠性；当发现制动效果不良时，应调整或修复后方可运行。

6.12.15 梯笼内乘人或载物时，应使载荷均匀分布，不得偏重。严禁超载运行。

6.12.16 操作人员应根据指挥信号操作。作业前应鸣声示意。在升降机未切断总电源开关前，操作人员不得离开操作岗位。

6.12.17 当升降机运行中发现有异常情况时，应立即停机并采取有效措施将梯笼降到底层，排除故障后方可继续运行。在运行中发现电气失控时，应立即按下急停按钮；在未排除故障前，不得打开急停按钮。

6.12.18 升降机在大雨、大雾、六级及以上大风以及导轨架、电缆等结冰时，必须停止运行，并将梯笼降到底层，切断电源。暴风雨后，应对升降机各有关安全装置进行一次检查，确认正常后，方可运行。

6.12.19 升降机运行到最上层或最下层时，严禁用行程限位开关作为停止运行的控制开关。

6.12.20 当升降机在运行中由于断电或其它原因而中途停止时，可进行手动下降，将电动机尾端制动电磁铁手动释放拉手缓缓向外拉出，使梯笼缓慢地向下滑行。梯笼下滑时，不得超过额定运行速度，手动下降必须由专业维修人员进行操纵。

6.12.21 作业后，应将梯笼降到底层，各控制开关拨到零位，切断电源，锁好开关箱，闭锁梯笼门和围护门。

7 桩工及水工机械

7.1 基本要求

7.1.1 打桩机所配置的电动机、内燃机、卷扬机、液压装置等的使用应执行本规程第3.2、3.4、4.7节及附录C的规定。

7.1.2 打桩机类型应根据桩的类型、桩长、桩径、地质条件、施工工艺等综合考虑选择。打桩作业前，应由施工技术人员向机组人员进行安全技术交底。

7.1.3 施工现场应按地基承载力不小于83 kPa的要求进行整平压实。在基坑和围堰内打桩，应配置足够的排水设备。

7.1.4 打桩机作业区内应无高压线路。作业区应有明显标志或围栏，非工作人员不得进入。桩锤在施打过程中，操作人员必须在距离桩锤中心5 m以外监视。

7.1.5 机组人员作登高检查或维修时,必须系安全带;工具和其它物件应放在工具包内,高空人员不得向下随意抛物。

7.1.6 水上打桩时,应选择排水量比桩机重量大四倍以上的作业船或牢固排架,打桩机与船体或排架应可靠固定,并采取有效的锚固措施。当打桩船或排架的偏斜度超过 3°时,应停止作业。

7.1.7 安装时,应将桩锤运到立柱正前方 2 m 以内,并不得斜吊。吊桩时,应在桩上拴好拉绳,不得与桩锤或机架碰撞。

7.1.8 严禁吊桩、吊锤、回转或行走等动作同时进行。打桩机在吊有桩和锤的情况下,操作人员不得离开岗位。

7.1.9 插桩后,应及时校正桩的垂直度。桩入土 3 m 以上时,严禁用打桩机行走或回转动作来纠正桩的倾斜度。

7.1.10 拔送桩时,不得超过桩机起重能力;起拔载荷应符合以下规定:

1 打桩机为电动卷扬机时,起拔载荷不得超过电动机满载电流;

2 打桩机卷扬机以内燃机为动力,拔桩时发现内燃机明显降速,应立即停止起拔;

3 每米送桩深度的起拔载荷可按 40 kN 计算。

7.1.11 卷扬钢丝绳应经常润滑,不得干摩擦。钢丝绳的使用及报废标准应执行本规程第 4.1 节的规定。

7.1.12 作业中,当停机时间较长时,应将桩锤落下垫好。检修时不得悬吊桩锤。

7.1.13 遇有雷雨、大雾和六级及以上大风等恶劣气候时,应停止一切作业。当风力超过七级或有风暴警报时,应将打桩机顺风向停置,并应增加缆风绳,或将桩立柱放倒地面上。立柱长度在 27 m 及以上时,应提前放倒。

7.1.14 作业后,应将打桩机停放在坚实平整的地面上,将桩锤落下垫实,并切断动力电源。

7.2 柴油打桩锤

7.2.1 柴油打桩锤应使用规定配合比的燃油、作业前,应将燃油箱注满,并将出油阀门打开。

7.2.2 作业前,应打开放气螺塞,排出油路中的空气,并应检查和试验燃油泵,从清扫孔中观察喷油情况;发现不正常时,应予调整。

7.2.3 作业前,应使用起落架将上活塞提起稍高于上汽缸,打开贮油室油塞,按规定加满润滑油。对自动润滑的桩锤,应采用专用油泵向润滑油管路加入润滑油,并应排除管路中的空气。

7.2.4 对新启用的桩锤,应预先沿上活塞一周浇入 0.5 L 润滑油,并应用油枪对下活塞加注一定量的润滑油。

7.2.5 应检查所有紧固螺栓,并应重点检查导向板的固定螺栓,不得在松动及缺件情况下作业。

7.2.6 应检查并确认起落架各工作机构安全可靠,起动钩与上活塞接触线在 5 ~ 10 mm 之间。

7.2.7 提起桩锤脱出砧座后,其下滑长度不宜超过 200 mm。超过时应调整桩帽绳扣。

7.2.8 应检查导向板磨损间隙,当间隙超过 7 mm 时,应予更换。

7.2.9 应检查缓冲胶垫,当砧座和橡胶垫的接触面小于原面积三分之二时,或下汽缸法兰与砧座间隙小于 7 mm 时,均应更换橡胶垫。

7.2.10 对水冷式桩锤,应将水箱内的水加满。冷却水必须使用软水。冬季应加温水。

7.2.11 桩锤启动前，应使桩锤、桩帽和桩在同一轴线上，不得偏心打桩。

7.2.12 在桩贯入度较大的软土层起动桩锤时，应先关闭油门冷打，待每击贯入度小于100 mm时，再开启油门启动桩锤。

7.2.13 锤击中，上活塞最大起跳高度不得超过出厂说明书规定。目视测定高度宜符合出厂说明书上的目测表或计算公式。当超过规定高度时，应减少油门，控制落距。

7.2.14 当上活塞下落而柴油锤未燃爆时，上活塞可发生短时间的起伏，此时起落架不得落下，应防撞击碰块。

7.2.15 打桩过程中，应有专人负责拉好曲臂上的控制绳；在意外情况下，可使用控制绳紧急停锤。

7.2.16 当上活塞与起动钩脱离后，应将起落架继续提起，宜使它与上汽缸达到或超过2 m的距离。

7.2.17 作业中，应重点观察上活塞的润滑油是否从油孔中泄出。当下汽缸为自动加油泵润滑时，应经常打开油管头，检查有无油喷出；当无自动加油泵时，应每隔15 min向下活塞润滑点注入润滑油。当一根桩打进时间超过15 min时，则应在打完后立即加注润滑油。

7.2.18 作业中，当桩锤冲击能量达到最大能量时，其最后10锤的贯入值不得小于5 mm。

7.2.19 桩帽中的填料不得偏斜，作业中应保证锤击桩帽中心。

7.2.20 作业中，当水套的水由于蒸发而低于下汽缸吸排气口时，应及时补充，严禁无水作业。

7.2.21 停机后，应将桩锤放到最低位置，盖上汽缸盖和吸排气孔塞子，关闭燃料阀，将操作杆置于停机位置，起落架升至高于桩锤1 m处，锁住安全限位装置。

7.2.22 长期停用的桩锤，应从桩机上卸下，放掉冷却水、燃油及润滑油，将燃烧室及上、下活塞打击面清洗干净，并应做好防腐措施，盖上保护套，入库保存。

7.3 振动桩锤

7.3.1 作业场地至电源变压器或供电主干线的距离应在200 m以内。

7.3.2 电源容量与导线截面应符合出厂使用说明书的规定，启动时，电压降应按本规程第3.4.7条规定执行。

7.3.3 液压箱、电气箱应置于安全平坦的地方。电气箱和电动机必须安装保护接地设施。

7.3.4 长期停放重新使用前，应测定电动机的绝缘值，且不得小于0.5 MΩ，并应对电缆芯线进行导通试验。电缆外包橡胶层应完好无损。

7.3.5 应检查并确认电气箱内各部件完好，接触无松动，接触器触点无烧毛现象。

7.3.6 作业前，应检查振动桩锤减震器与连接螺栓的紧固性，不得在螺栓松动或缺件的状态下启动。

7.3.7 应检查并确认振动箱内润滑油位在规定范围内。用手盘转胶带轮时，振动箱内不得有任何异响。

7.3.8 应检查各传动胶带的松紧度，过松或过紧时应进行调整。胶带防护罩不应有破损。

7.3.9 夹持器与振动器连接处的紧固螺栓不得松动。液压缸根部的接头防护罩应齐全。

7.3.10 应检查夹持片的齿形。当齿形磨损超过4 mm时，应更换或用堆焊修复。使用前，应在夹持片中间放一块10～15 mm厚的钢板进行试夹。试夹中液压缸应无渗漏，系统压力应正常，不得在夹持片之间无钢板时试夹。

7.3.11 悬挂振动桩锤的起重机，其吊钩上必须有防松脱的保护装置。振动桩锤悬挂钢架的耳环上应加装保险钢丝绳。

7.3.12　启动振动桩锤应监视启动电流和电压,一次启动时间不应超过 10 s。当启动困难时,应查明原因,排除故障后,方可继续启动。启动后,应待电流降到正常值时,方可转到运转位置。

7.3.13　振动桩锤启动运转后,应待振幅达到规定值时,方可作业。当振幅正常后仍不能拔桩时,应改用功率较大的振动桩锤。

7.3.14　拔钢板桩时,应按沉入顺序的相反方向起拔,夹持器在夹持板桩时,应靠近相邻一根,对工字桩应夹紧腹板的中央。如钢板桩和工字桩的头部有钻孔时,应将钻孔焊平或将钻孔以上割掉,亦可在钻孔处焊加强板,应严防拔断钢板桩。

7.3.15　夹桩时,不得在夹持器和桩的头部之间留有空隙,并应待压力表显示压力达到额定值后,方可指挥起重机起拔。

7.3.16　拔桩时,当桩身埋入部分被拔起 1.0 ~ 1.5 m 时,应停止振动,拴好吊桩用钢丝绳,再起振拔桩。当桩尖在地下只有 1 ~ 2 m 时,应停止振动,由起重机直接拔桩。待桩完全拔出后,在吊桩钢丝绳未吊紧前,不得松开夹持器。

7.3.17　沉桩前,应以桩的前端定位,调整导轨与桩的垂直度,不应使倾斜度超过 2°。

7.3.18　沉桩时,吊桩的钢丝绳应紧跟桩下沉速度而放松。在桩从土 3 m 之前,可利用桩机回转或导杆前后移动,校正桩的垂直度;在桩入土超过 3 m 时,不得再进行校正。

7.3.19　沉桩过程中,当电流表指数急剧上升时,应降低沉桩速度,使电动机不超载;但当桩沉入太慢时,可在振动桩锤上加一定量的配重。

7.3.20　作业中,当遇液压软管破损、液压操纵箱失灵或停电(包括熔丝烧断)时,应立即停机,将换向开关放在“中间”位置,并应采取安全措施,不得让桩从夹持器中脱落。

7.3.21　作业中,应保持振动桩锤减振装置各摩擦部位具有良好的润滑。

7.3.22　作业后,应将振动桩锤沿导杆放至低处,并采用木块垫实,带桩管的振动桩锤可将桩管插入地下一半。

7.3.23　作业后,除应切断操纵箱上的总开关外,尚应切断配电盘上的开关,并应采用防雨布将操纵箱遮盖好。

7.4　履带式打桩机(三支点式)

7.4.1　组成打桩机的履带式起重机,应执行本规程第 4.2 节的规定;配装的柴油打桩锤或振动桩锤,应执行本规程第 7.2、第 7.3 节的规定。

7.4.2　打桩机的安装场地应平坦坚实,当地基承载力达不到规定的压应力时,应在履带下铺设路基箱或 30 mm 厚的钢板,其间距不得大于 300 mm。

7.4.3　打桩机的安装、拆卸应按照出厂说明书规定程序进行。用伸缩式履带的打桩机,应将履带扩张后方可安装。履带扩张应在无配重情况下进行,上部回转平台应转到与履带成 90°的位置。

7.4.4　立柱底座安装完毕后,应对水平微调液压缸进行试验,确认无问题时,应再将活塞杆缩尽,并准备安装立柱。

7.4.5　立柱安装时,履带驱动轮应置于后部,履带前倾覆点应采用铁楔块填实,并应制动住行走机构和回转机构,用销轴将水平伸缩臂定位。在安装垂直液压缸时,应在下面铺木垫板将液压缸顶实,并使主机保持平衡。

7.4.6 安装立柱时,应按规定扭矩将连接螺栓拧紧,立柱支座下方应垫千斤顶并顶实。安装后的立柱,其下方搁置点不应少于3个。立柱的前端和两侧应系揽风绳。

7.4.7 立柱竖立前,应向顶梁各润滑点加注润滑油,再进行卷扬筒制动试验。试验时,应先将立柱拉起300~400 mm后制动住,然后放下,同时应检查并确认前后液压缸千斤顶牢固可靠。

7.4.8 立柱的前端应垫高,不得在水平以下位置扳起立柱。当立柱扳起时,应同步放松缆风绳。当立柱接近垂直位置时,应减慢竖立速度。扳到75°~83°时,应停止卷扬,并收紧缆风绳,再装上后支撑,用后支撑液压缸使立柱竖直。

7.4.9 安装后支撑时,应有专人将液压缸向主机外侧拉住,不得撞击机身。

7.4.10 安装桩锤时,桩锤底部冲击块与桩帽之间应有下述厚度的缓冲垫木。对金属桩,垫木厚度应为100~150 mm;对混凝土桩,垫木厚度应为200~250 mm。作业中应观察垫木的损坏情况,损坏严重时应予更换。

7.4.11 连接桩锤与桩帽的钢丝绳张紧度应适宜,过紧或过松时,应予调整,拉紧后应留有200~250 mm的滑出余量,并应防止绳头插入汽缸法兰与冲击块内损坏缓冲垫。

7.4.12 拆卸应按与安装时相反程序进行。放倒立柱时,应使用制动器使立柱缓缓放下,并用缆风绳控制,不得不加控制地快速下降。

7.4.13 正前方吊桩时,对混凝土预制桩,立柱中心与桩的水平距离不得大于4 m;对钢管桩,水平距离不得大于7 m。严禁偏心吊桩或强行拉桩等。

7.4.14 使用双向立柱时,应待立柱转向到位,并用锁销将立柱与基杆锁住后,方可起吊。

7.4.15 施打斜桩时,应先将桩锤提升到预定位置,并将桩吊起,套入桩帽,桩尖插入桩位后再后仰立柱,并用后支撑杆顶紧,立柱后仰时打桩机不得回转及行走。

7.4.16 打桩机带锤行走时,应将桩锤放至最低位。行走时,驱动轮应在尾部位置,并应有专人指挥。

7.4.17 在斜坡上行走时,应将打桩机重心置于斜坡的上方,斜坡的坡度不得大于5°。在斜坡上不得回转。

7.4.18 作业后,应将桩锤放在已打入地下的桩头或地面垫板上,将操纵杆置于停机位置,起落架升至比桩锤高1 m的位置,锁住安全限位装置,并应使全部制动生效。

7.5 静力压桩机

7.5.1 压桩机安装地点应按施工要求进行先期处理,应平整场地,地面应达到35 kPa的平均地基承载力。

7.5.2 安装时,应控制好两个纵向行走机构的安装间距,使底盘平台能正确对位。

7.5.3 电源在导通时,应检查电源电压并使其保持在额定电压范围内。

7.5.4 各液压管路连接时,不得将管路强行弯曲。安装过程中,应防止液压油过多流损。

7.5.5 安装配重前,应对各紧固件进行检查,在紧固件未拧紧前不得进行配重安装。

7.5.6 安装完毕后,应对整机进行试运转,对吊桩用的起重机,应进行满载试吊。

7.5.7 作业前应检查并确认各传动机构、齿轮箱、防护罩等良好,各部件连接牢固。

7.5.8 作业前应检查并确认起重机起升、变幅机构正常,吊具、钢丝绳、制动器等良好。

7.5.9 应检查并确认电缆表面无损伤,保护接地电阻符合规定,电源电压正常,旋转方向正确。

7.5.10 应检查并确认润滑油、液压油的油位符合规定,液压系统无泄漏,液压缸动作灵活。

7.5.11　冬季应清除机上积雪,工作平台应有防滑措施。

7.5.12　压桩作业时,应有统一指挥,压桩人员和吊桩人员应密切联系,相互配合。

7.5.13　当压桩机的电动机尚未正常运行前,不得进行压桩。

7.5.14　起重机吊桩进入夹持机构进行接桩或插桩作业中,应确认在压桩开始前吊钩已安全脱离桩体。

7.5.15　接桩时,上一节应提升 350 ~ 400 mm,此时,不得松开夹持板。

7.5.16　压桩时,应按桩机技术性能表作业,不得超载运行。操作时动作不应过猛,避免冲击。

7.5.17　顶升压桩机时,四个顶升缸应二个一组交替动作,每次行程不得超过 100 mm。当单个顶升缸动作时,行程不得超过 50 mm。

7.5.18　压桩时,非工作人员应离机 **10** m 以外。起重机的起重臂下,严禁站人。

7.5.19　压桩过程中,应保持桩的垂直度,如遇地下障碍物使桩产生倾斜时,不得采用压桩机行走的方法强行纠正,应先将桩拔起,待地下障碍物清除后,重新插桩。

7.5.20　当桩在压入过程中,夹持机构与桩侧出现打滑时,不得任意提高液压缸压力,强行操作,而应找出打滑原因,排除故障后,方可继续进行。

7.5.21　当桩的贯入阻力太大,使桩不能压至标高时,不得任意增加配重。应保护液压元件和构件不受损坏。

7.5.22　当桩顶不能最后压到设计标高时,应将桩顶部分凿去,不得用桩机行走的方式,将桩强行推断。

7.5.23　当压桩引起周围土体隆起,影响桩机行走时,应将桩机前进方向隆起的土铲平,不得强行通过。

7.5.24　压桩机行走时,长、短船与水平坡度不得超过 5 °。纵向行走时,不得单向操作一个手柄,应二个手柄一起动作。

7.5.25　压桩机在顶升过程中,船形轨道不应压在已入土的单一桩顶上。

7.5.26　压桩机上装设的起重机及卷扬机的使用,应执行本规程第 4 章的规定。

7.5.27　作业完毕,应将短船运行至中间位置,停放在平整地面上,其余液压缸应全部回程缩进,起重机吊钩应升至最上部,并应使各部制动生效,最后应将外露活塞杆擦干净。

7.5.28　作业后,应将控制器放在“零位”,并依次切断各部电源,锁闭门窗,冬季应放尽各部积水。

7.5.29　转移工地时,应按规定程序拆卸后,用汽车装运。所有油管接头处应加闷头螺栓,不得让尘土进入。液压软管不得强行弯曲。

7.6　强夯机械

7.6.1　担任强夯作业的主机,应按照强夯等级的要求经过计算选用。用履带式起重机作主机的,应执行本规程第 4.2 节规定。

7.6.2　夯机的作业场地应平整,门架底座与夯机着地部位应保持水平,当下沉超过 100 mm 时,应重新垫高。

7.6.3　强夯机械的门架、横梁、脱钩器等主要结构和部件的材料及制作质量,应经过严格检查,对不符合设计要求的,不得使用。

7.6.4　夯机在工作状态时,起重臂仰角应置于 70°。

7.6.5　梯形门架支腿不得前后错位,门架支腿在未支稳垫实前,不得提锤。

7.6.6 变换夯位后，应重新检查门架支腿，确认稳固可靠，然后再将锤提升 100～300 mm，检查整机的稳定性，确认可靠后，方可作业。

7.6.7 夯锤下落后，在吊钩尚未降至夯锤吊环附近前，操作人员不得提前下坑挂钩。从坑中提锤时，严禁挂钩人员站在锤上随锤提升。

7.6.8 当夯锤留有相应的通气孔在作业中出现堵塞现象时，应随时清理。但严禁在锤下进行清理。

7.6.9 当夯坑内有积水或因粘土产生的锤底吸附力增大时，应采取措施排除，不得强行提锤。

7.6.10 转移夯点时，夯锤应由辅机协助转移，门架随夯机移动前，支腿离地面高度不得超过 500 mm。

7.6.11 作业后，应将夯锤下降，放实在地面上。在非作业时严禁将锤悬挂在空中。

7.7 转盘钻孔机

7.7.1 安装钻孔机前，应掌握勘探资料，并确认地质条件符合该钻机的要求，地下无埋设物，作业范围内无障碍物，施工现场与架空输电线路的安全距离符合规定。

7.7.2 安装钻孔机时，钻机钻架基础应夯实、整平。轮胎式钻机的钻架下应铺设枕木，垫起轮胎，钻机垫起后应保持整机处于水平位置。

7.7.3 钻机的安装和钻头的组装应按照说明书规定进行，竖立或放到钻架时，应有熟练的专业人员进行。

7.7.4 钻架的吊重中心、钻机的卡孔和护进管中心应在同一垂直线上，钻杆中心允许偏差为 20 mm。

7.7.5 钻头和钻杆连接螺纹应良好，滑扣时不得使用。钻头焊接应牢固，不得有裂纹。钻杆连接处应加便于拆卸的厚垫圈。

7.7.6 作业前重点检查项目应符合下列要求：

1 各部件安装紧固，转动部位和传动带有防护罩，钢丝绳完好，离合器、制动带功能良好；

2 润滑油符合规定，各管路接头密封良好，无漏油、漏气、漏水现象；

3 电气设备齐全、电路配置完好；

4 钻机作业范围内无障碍物。

7.7.7 作业前，应将各部操纵手柄先置于空挡位置，用人力盘动无卡阻，再起动电动机空载运转，确认一切正常后，方可作业。

7.7.8 开机时，应先送浆后开钻；停机时，应先停钻后停浆。泥浆泵应有专人看管，对泥浆质量和浆面高度应随时测量和调整，保证浓度合适。停钻时，出现漏浆应及时补充。并应随时清除沉淀池中杂物，保持泥浆纯净和循环不中断，防止塌孔和埋钻。

7.7.9 开钻时，钻压应轻，转速应慢。在钻进过程中，应根据地质情况和钻进深度，选择合适的钻压和钻速，均匀给进。

7.7.10 变速箱换档时，应先停机，挂上档后再开机。

7.7.11 加接钻杆时，应使用特制的连接螺栓均匀紧固，保证连接处的密封性，并做好连接处的清洁工作。

7.7.12 钻进中，应随时观察钻机的运转情况，当发生异响、吊索具破损、漏气、漏渣、以及其它不正常情况时，应立即停机检查，排除故障后，方可继续开钻。

7.7.13 提钻、下钻时，应轻提轻放。钻机下和井孔周围 2 m 以内及高压胶管下，不得站人。

严禁钻杆在旋转时提升。

7.7.14　发生提钻受阻时,应先设法使钻具活动后再慢慢提升,不得强行提升。如钻进受阻时,应采用缓冲击法解除,并查明原因,采取措施后,方可钻进。

7.7.15　钻架、钻台平车、封口平车等的承载部位不得超载。

7.7.16　使用空气反循环时,其喷浆口应遮拦,并应固定管端。

7.7.17　钻进进尺达到要求时,应根据钻杆长度换算孔底标高,确认无误后,再把钻头略为提起,降低转速,空转 5 ~ 20 min 后再停钻。停钻时,应先停钻后停风。

7.7.18　钻机的移位和拆卸,应按照说明书规定进行,在转移和拆运过程中,应防止碰撞机架。

7.7.19　作业后,应对钻机进行清洗和润滑,并应将主要部位遮盖妥当。

7.8　螺旋钻孔机

7.8.1　使用钻机的现场,应按钻机说明书的要求清除孔位及周围的石块等障碍物。

7.8.2　作业场地距电源变压器或供电主干线距离应在 200 m 以内,启动时电压降不得超过额定电压的 10% 。

7.8.3　电动机和控制箱应有良好的接地装置。

7.8.4　安装前,应检查并确认钻杆及各部件无变形;安装后,钻杆与动力头的中心线允许偏斜为全长的 1% 。

7.8.5　安装钻杆时,应从动力头开始,逐节往下安装。不得将所需钻杆长度在地面上全部接好后一次起吊安装。

7.8.6　动力头安装前,应先拆下滑轮组,将钢丝绳穿绕好。钢丝绳的选用,应按说明书规定的要求配备。

7.8.7　安装后,电源的频率与控制箱内频率转换开关上的指针应相同,不同时,应采用频率转换开关予以转换。

7.8.8　钻机应放置平稳、坚实,汽车式钻孔机应架好支腿,将轮胎支起,并应用自动微调或线锤调整挺杆,使之保持垂直。

7.8.9　启动前应检查并确认钻机各部件连接牢固,传动带的松紧度适当,减速箱内油位符合规定,钻深限位报警装置有效。

7.8.10　启动前,应将操纵杆放在空挡位置。启动后,应作空运转试验,检查仪表、温度、音响、制动等各项工作正常,方可作业。

7.8.11　施钻时,应先将钻杆缓慢放下,使钻头对准孔位,当电流表指针偏向无负荷状态时即可下钻。在钻孔过程中,当电流表超过额定电流时,应放慢下钻速度。

7.8.12　钻机发出下钻限位报警信号时,应停钻,并将钻杆稍稍提升,待解除报警信号后,方可继续下钻。

7.8.13　钻孔中卡钻时,应立即切断电源,停止下钻。未查明原因前,不得强行起动。

7.8.14　作业中,当需改变钻杆回转方向时,应待钻杆完全停转后再进行。

7.8.15　钻孔时,当机架出现摇晃、移动、偏斜或钻头内发出有节奏的响声时,应立即停钻,经处理后,方可继续施钻。

7.8.16　扩孔达到要求孔径时,应停止扩削,并拢扩孔刀管,稍松数圈,使管内存土全部输送到地面,即可停钻。

7.8.17　作业中停电时,应将各控制器放置零位,切断电源,并及时将钻杆全部从孔内拔出,使钻头接触地面。

7.8.18 钻机运转时,应防止电缆线被缠入钻杆中,必须有专人看护。

7.8.19 钻孔时,严禁用手清除螺旋片中的泥土。发现紧固螺栓松动时,应立即停机,在紧固后方可继续作业。

7.8.20 成孔后,应将孔口加盖保护。

7.8.21 作业后,应将钻杆及钻头全部提升至孔外,先清除钻杆和螺旋叶片上的泥土,再将钻头按下接触地面,各部制动住,操纵杆放到空挡位置,切断电源。

7.8.22 当钻头磨损量达 20 mm 时,应予更换。

7.9 全套管钻机

7.9.1 安装钻机前,应符合本规程第 7.7.1 条的规定。

7.9.2 钻机安装场地应平整、夯实,能承载该机的工作压力;当地基不良时,钻机下应加铺钢板防护。

7.9.3 安装钻机时,应在专业技术人员指挥下进行。安装人员必须经过培训,熟悉安装工艺及指挥信号,并有保证安全的技术措施。

7.9.4 与钻机相匹配的起重机,应根据成桩时所需的高度和起重量进行选择。当钻机与起重机连接时,各个部位的连接均应牢固可靠。钻机与动力装置的液压油管和电缆线应按出厂说明书规定连接。

7.9.5 引入机组的照明电源,应安装低压变压器,电压不应超过 36 V。

7.9.6 作业前应进行外观检查并应符合下列要求:

1 钻机各部外观良好,各连接螺栓无松动;

2 燃油、润滑油、液压油、冷却水等符合规定,无渗漏现象;

3 各部钢丝绳无损坏和锈蚀,连接正确;

4 各卷扬机的离合器、制动器无异常现象,液压装置工作有效;

5 套管和浇注管内侧无明显的变形和损伤,未被混凝土粘结。

7.9.7 应通过检查确认无误后,方可启动内燃机,并怠速运转逐步加速至额定转速,按照指定的桩位对位,通过试调,使钻机纵横向达到水平、位正,再进行作业。

7.9.8 机组人员应监视各仪表指示数据,倾听运转声响,发现异状或异响,应立即停机处理。

7.9.9 第一节套管入土后,应随时调整套管的垂直度。当套管入土 5 m 以下时,不得强行纠偏。

7.9.10 在作业过程中,当发现主机在地面及液压支撑处下沉时,应立即停机。在采用 30 mm 厚钢板或路基箱扩大托承面、减小接地应力等措施后,方可继续作业。

7.9.11 在套管内挖掘土层中,碰到坚硬土岩和风化岩硬层时,不得用锤式抓斗冲击硬层,应采用十字凿锤将硬层有效的破碎后,方可继续挖掘。

7.9.12 用锤式抓斗挖掘管内土层时,应在套管上加装保护套管接头的喇叭口。

7.9.13 套管在对接时,接头螺栓应按出厂说明书规定的扭矩,对称拧紧。接头螺栓拆下时,应立即洗净后浸入油中。

7.9.14 起吊套管时,应使用专用工具吊装,不得用卡环直接吊在螺纹孔内,亦不得使用其他损坏套管螺纹的起吊方法。

7.9.15 挖掘过程中,应保持套管的摆动。当发现套管不能摆动时,应采用拔出液压缸将套管上提,再用起重机助拔,直至拔起部分套管能摆动为止。

7.9.16 浇注混凝土时,钻机操作应和灌注作业密切配合,应根据孔深、桩长适当配管,套管与浇注管保持同心,在浇注管埋入混凝土 2 ~ 4 m 之间时,应同步拔管和拆管,并应确保浇注成桩质量。

7.9.17 作业后,应就地清除机体、锤式抓斗及套管等外表的混凝土和泥砂,将机架放回行走的原位,将机组转移至安全场所。

7.10 离心水泵

7.10.1 水泵放置地点应坚实,安装应牢固、平稳,并应有防雨设施。多级水泵的高压软管接头应牢固可靠,放置宜平直,转弯处应固定牢靠。数台水泵并列安装时,其扬程宜相同,每台之间应有 0.8 ~ 1.0 m 的距离;串联安装时,应有相同的流量。

7.10.2 冬季运转时,应做好管路、泵房的防冻、保温工作。

7.10.3 启动前检查项目应符合下列要求:

1 电动机与水泵的连接同心,联轴节的螺栓紧固,联轴节的转动部分有防护装置,泵的周围无障碍物;

2 管路支架牢固,密封可靠,泵体、泵轴、填料和压盖严密,吸水管底阀无堵塞或漏水;

3 排气阀畅通,进、出水管接头严密不漏,泵轴与泵体之间不漏水。

7.10.4 启动时应加足引水,并将出水阀关闭;当水泵达到额定转速时,旋开真空表和压力表的阀门,待指针位置正常后,方可逐步打开出水阀。

7.10.5 运转中发现下列情况,应立即停机检修:

1 漏水、漏气、填料部分发热;

2 底阀滤网堵塞,运转声音异常;

3 电动机温升过高,电流突然增大;

4 机械零件松动或其它故障。

7.10.6 升降吸水管时,应在有护栏的平台上操作。

7.10.7 运转时,严禁人员从机上跨越。

7.10.8 水泵停止作业时,应先关闭压力表,再关闭出水阀,然后切断电源。冬季使用时,应将各部放水阀打开,放净水泵和水管中积水。

7.11 潜 水 泵

7.11.1 潜水泵宜先装在坚固的篮筐里再放入水中,亦可在水中将泵的四周设立坚固的防护围网。泵应直立于水中,水深不得小于 0.5 m,不得在含泥砂的水中使用。

7.11.2 潜水泵放入水中或提出水面时,应先切断电源,严禁拉拽电缆或出水管。

7.11.3 潜水泵应装设保护接零或漏电保护装置,工作时泵周围 30 m 以内水面,不得有人、畜进入。

7.11.4 启动前检查项目应符合下列要求:

1 水管结扎牢固;

2 放气、放水、注油等螺塞均旋紧;

3 叶轮和进水节无杂物;

4 电缆绝缘良好。

7.11.5 接通电源后,应先试运转,并应检查并确认旋转方向正确,在水外运转时间不得超过5 min。

7.11.6 应经常观察水位变化,叶轮中心至水平距离应在0.5~3.0 m之间,泵体不得陷入污泥或露出水面。电缆不得与井壁、池壁相擦。

7.11.7 新泵或新换密封圈,在使用50 h后,应旋开放水封口塞,检查水、油的泄漏量。当泄漏量超过5 mL时,应进行0.2 MPa的气压试验,查出原因,予以排除,以后应每月检查一次;当泄漏量不超过25 mL时,可继续使用。检查后应换上规定的润滑油。

7.11.8 经过修理的油浸式潜水泵,应先经0.2 MPa气压试验,检查各部无泄漏现象,然后将润滑油加入上、下壳体内。

7.11.9 当气温降到0 ℃以下时,在停止运转后,应从水中提出潜水泵擦干后存放室内。

7.11.10 每周应测定一次电动机定子绕组的绝缘电阻,其值应无下降。

7.12 深 井 泵

7.12.1 深井泵应使用在含砂量低于0.01%的清水源,泵房内设预润水箱,容量应满足一次启动所需的预润水量。

7.12.2 新装或经过大修的深井泵,应调整泵壳与叶轮的间隙,叶轮在运转中不得与壳体摩擦。

7.12.3 深井泵在运转前应将清水通入轴与轴承的壳体内进行预润。

7.12.4 深井泵启动前,检查项目应符合下列要求:

1 底座基础螺栓已紧固;

2 轴向间隙符合要求,调节螺栓的保险螺母已装好;

3 填料压盖已旋紧并经过润滑;

4 电动机轴承已润滑;

5 用手旋转电动机转子和止退机构均灵活有效。

7.12.5 深井泵不得在无水情况下空转。水泵的一、二级叶轮应浸入水位1 m以下。运转中应经常观察井中水位的变化情况。

7.12.6 运转中,当发现基础周围有较大振动时,应检查水泵的轴承或电动机填料处磨损情况;当磨损过多而漏水时,应更换新件。

7.12.7 已吸、排过含有泥砂的深井泵,在停泵前,应用清水冲洗干净。

7.12.8 停泵前,应先关闭出水阀,切断电源,锁好开关箱。冬季停用时,应放净泵中积水。

7.13 泥 浆 泵

7.13.1 泥浆泵应安装在稳固的基础架或地基上,不得松动。

7.13.2 启动前,检查项目应符合下列要求:

1 各连接部位牢固;

2 电动机旋转方向正确;

3 离合器灵活可靠;

4 管路连接牢固,密封可靠,底阀灵活有效。

7.13.3 启动前,吸水管、底阀及泵体内应注满引水,压力表缓冲器上端应注满油。

7.13.4 启动前应使活塞往复两次,无阻梗时方可空载起动。启动后,应待运转正常,再逐步增加载荷。

7.13.5 运转中,应经常测试泥浆含砂量。泥浆含砂量不得超过 10% 。

7.13.6 有多挡速度的泥浆泵,在每班运转中应将几挡速度分别运转,运转时间均不得少于 30 min。

7.13.7 运转中不得变速;当需要变速时,应停泵进行换档。

7.13.8 运转中,当出现异响或水量、压力不正常,或有明显高温时,应停泵检查。

7.13.9 在正常情况下,应在空载时停泵。停泵时间较长时,应全部打开放水孔,并松开缸盖,提起底阀放水杆,放尽泵体及管道中的全部泥砂。

7.13.10 长期停用时,应清洗各部泥砂、油垢,将曲轴箱内润滑油放尽,并应采取防锈、防腐措施。

8 混凝土机械

8.1 基本要求

8.1.1 混凝土机械上的内燃机、电动机、空气压缩机以及电气、液压等装置的使用,应执行本规程第 3.2、第 3.4、第 3.5 节及附录 C 的规定。

8.1.2 作业场地应有良好的排水条件,机械近旁应有水源,机棚内应有良好的通风、采光及防雨、防冻设施,并不得有积水。

8.1.3 固定式机械应有可靠的基础,移动式机械应在平坦坚硬的地坪上用方木或撑架架牢,并应保持水平。

8.1.4 当气温降到 5 ℃以下时,管道、水泵、机内均应采取防冻保温措施。

8.1.5 作业后,应及时将机内、水箱内、管道内的存料、积水放尽,并应清洁保养机械,清理工作场地,切断电源,锁好开关箱。

8.1.6 装有轮胎的机械,转移时拖行速度不得超过 15 km/h。

8.2 混凝土搅拌机

8.2.1 固定式搅拌机应安装在牢固的台座上。当长期固定时,应埋置地脚螺栓;在短期使用时,应在机座上铺设木枕并找平放稳。

8.2.2 固定式搅拌机的操纵台,应使操作人员能看到各部工作情况。电动搅拌机的操纵台,应垫上橡胶板或干燥木板。

8.2.3 移动式搅拌机的停放位置应选择平整坚实的场地,周围应有良好的排水沟渠。就位后,应放下支腿将机架顶起达到水平位置,使轮胎离地。当使用期较长时,应将轮胎卸下妥善保管,轮轴端部用油布包扎好,并用枕木将机架垫起支牢。

8.2.4 对需设置上料斗地坑的搅拌机,其坑口周围应垫高夯实,应防止地面水流入坑内。上料轨道架的底端支承面应夯实或铺砖,轨道架的后面应采用木料加以支承,应防止作业时轨道变形。

8.2.5 料斗放到最低位置时,在料斗与地面之间,应加一层缓冲垫木。

8.2.6 作业前重点检查项目应符合下列要求:

1 电源电压升降幅度不超过额定值的 5% ;

2 电动机和电器元件的接线牢固,保护接零或接地电阻符合规定;

3 各传动机构、工作装置、制动器等均紧固可靠，开式齿轮、皮带轮等均有防护罩；

4 齿轮箱的油质、油量符合规定。

8.2.7 作业前，应先启动搅拌机空载运转。应确认搅拌筒或叶片旋转方向与筒体上箭头所示方向一致。对反转出料的搅拌机，应使搅拌筒正、反转运转数分钟，并应无冲击抖动现象和异常噪声。

8.2.8 作业前，应进行料斗提升试验，应观察并确认离合器、制动器灵活可靠。

8.2.9 应检查并校正供水系统的指示水量与实际水量的一致性；当误差超过2%时，应检查管路的漏水点，或应校正节流阀。

8.2.10 应检查骨料规格并应与搅拌机性能相符，超出许可范围的不得使用。

8.2.11 搅拌机启动后，应使搅拌筒达到正常转速后进行上料。上料时应及时加水。每次加入的拌合料不得超过搅拌机的额定容量并应减少物料粘罐现象，加料的次序应为石子——水泥——砂子或砂子——水泥——石子。

8.2.12 进料时，严禁将头或手伸入料斗与机架之间。运转中，严禁用手或工具伸入搅拌筒内扒料、出料。

8.2.13 搅拌机作业中，当料斗升起时，严禁任何人在料斗下停留或通过；当需要在料斗下检修或清理料坑时，应将料斗提升后用铁链或插入销锁住。

8.2.14 向搅拌筒内加料应在运转中进行，添加新料应先将搅拌筒内原有的混凝土全部卸出后方可进行。

8.2.15 作业中，应观察机械运转情况，当有异常或轴承温升过高等现象时，应停机检查；当需检修时，应将搅拌筒内的混凝土清除干净，然后再进行检修。

8.2.16 加入强制式搅拌机的骨料最大粒径不得超过允许值，并应防止卡料。每次搅拌时，加入搅拌筒的物料不应超过规定的进料容量。

8.2.17 强制式搅拌机的搅拌叶片与搅拌筒底及侧壁的间隙，应经常检查并确认符合规定，当间隙超过标准时，应及时调整。当搅拌叶片磨损超过标准时，应及时修补或更换。

8.2.18 作业后，应对搅拌机进行全面清理；当操作人员需进入筒内时，必须切断电源或卸下熔断器，锁好开关箱，挂上“禁止合闸”标牌，并应有专人在外监护。

8.2.19 作业后，应将料斗降落到坑底，当需升起时，应用链条或插销扣牢。

8.2.20 冬季作业后，应将水泵、放水开关、量水器中的积水排尽。

8.2.21 搅拌机在场内移动或远距离运输时，应将进料斗提升到上止点，用保险铁链或插销锁住。

8.3 混凝土搅拌站

8.3.1 混凝土搅拌站的安装，应由专业人员按出厂说明书规定进行，并应在技术人员主持下，组织调试，在各项技术性能指标全部符合规定并经验收合格后，方可投产使用。

8.3.2 与搅拌站配套的空气压缩机、皮带输送机及混凝土搅拌机等设备，应执行本规程第3.5、第6.8、第8.2节的规定。

8.3.3 作业前检查项目应符合下列要求：

1 搅拌筒内和各配套机构的传动、运动部位及仓门、斗门、轨道等均无异物卡住；

2 各润滑油箱的油面高度符合规定；

3 打开阀门排放气路系统中气水分离器的过多积水，打开贮气筒排污螺塞放出油水混合物；

4 提升斗或拉铲的钢丝绳安装、卷筒缠绕均正确，钢丝绳及滑轮符合规定，提升料斗及拉铲的制动器灵敏有效；

5 各部螺栓已紧固，各进、排料阀门无超限磨损，各输送带的张紧度适当，不跑偏；

6 称量装置的所有控制和显示部分工作正常，其精度符合规定；

7 各电气装置能有效控制机械动作，各接触点和动、静触头无明显损伤。

8.3.4 应按搅拌站的技术性能准备合格的砂、石骨料，粒径超出许可范围的不得使用。

8.3.5 机组各部分应逐步启动。启动后，各部件运转情况和各仪表指示情况应正常，油、气、水的压力应符合要求，方可开始作业。

8.3.6 作业过程中，在贮料区内和提升斗下，严禁人员进入。

8.3.7 搅拌筒启动前应盖好仓盖。机械运转中，严禁将手、脚伸入料斗或搅拌筒探摸。

8.3.8 当拉铲被障碍物卡死时，不得强行起拉，不得用拉铲起吊重物，在拉料过程中，不得进行回转操作。

8.3.9 搅拌机满载搅拌时不得停机，当发生故障或停电时，应立即切断电源，锁好开关箱，将搅拌筒内的混凝土清除干净，然后排除故障或等待电源恢复。

8.3.10 搅拌站各机械不得超载作业；应检查电动机的运转情况，当发现运转声音异常或温升过高时，应立即停机检查；电压过低时不得强制运行。

8.3.11 搅拌机停机前，应先卸载，然后按顺序关闭各部开关和管路。应将螺旋管内的水泥全部输送出来，管内不得残留任何物料。

8.3.12 作业后，应清理搅拌筒、出料门及出料斗，并用水冲洗，同时冲洗附加剂及其供给系统。称量系统的刀座、刀口应清洗干净，并应确保称量精度。

8.3.13 冰冻季节，应放尽水泵、附加剂泵、水箱及附加剂箱内的存水，并应起动水泵和附加剂泵运转1~2 min。

8.3.14 当搅拌站转移或停用时，应将水箱、附加剂箱、水泥、砂、石贮存料斗及称量斗内的物料排净，并清洗干净。转移中，应将杆杠秤表头平衡砣秤杆固定，传感器应卸载。

8.4 混凝土搅拌输送车

8.4.1 混凝土搅拌输送车的汽车部分应执行本规程第6.1、第6.2、第6.3节及附录C的规定。

8.4.2 混凝土搅拌输送车的燃油、润滑油、液压油、制动液、冷却水等应添加充足，质量应符合要求。

8.4.3 搅拌筒和滑槽的外观应无裂痕或损伤；滑槽止动器应无松弛和损坏；搅拌筒机架缓冲件应无裂痕或损伤；搅拌叶片磨损应正常。

8.4.4 应检查动力取出装置并确认无螺栓松动及轴承漏油等现象。

8.4.5 启动内燃机应进行预热运转，各仪表指示值正常，制动气压达到规定值，并应低速旋转搅拌筒3~5 min，确认一切正常后，方可装料。

8.4.6 搅拌运输时，混凝土的装载量不得超过额定容量。

8.4.7 搅拌输送车装料前，应先将搅拌筒反转，使筒内的积水和杂物排尽。

8.4.8 装料时，应将操纵杆放在“装料”位置，并调节搅拌筒转速，使进料顺利。

8.4.9 运输前，排料槽应锁止在“行驶”位置，不得自由摆动。

8.4.10 运输中,搅拌筒应低速旋转,但不得停转。运送混凝土的时间不得超过规定的时间。

8.4.11 搅拌筒由正转变为反转时,应先将操纵手柄放在中间位置,待搅拌筒停转后,再将操纵杆手柄放至反转位置。

8.4.12 行驶在不平路面或转弯处应降低车速至 15 km/h 及以下,并暂停搅拌筒旋转。通过桥、洞、门等设施时,不得超过其限制高度及宽度。

8.4.13 搅拌装置连续运转时间不宜超过 8 h。

8.4.14 水箱的水位应保持正常。冬季停车时,应将水箱和供水系统的积水放净。

8.4.15 用于搅拌混凝土时,应在搅拌筒内先加入总需水量 2/3 的水,然后再加入骨料和水泥按出厂说明书规定的转速和时间进行搅拌。

8.4.16 作业后,应先将内燃机熄火,然后对料槽、搅拌筒入口和托轮等处进行冲洗及清除混凝土结块。当需进入搅拌筒清除结块时,必须先取下内燃机电门钥匙,在筒外应设监护人员。

8.5 混凝土泵

8.5.1 混凝土泵应安放在平整、坚实的地面上,周围不得有障碍物,在放下支腿并调整后应使机身保持水平和稳定,轮胎应揳紧。

8.5.2 泵送管道的敷设应符合下列要求:

1 水平泵送管道宜直线敷设;

2 垂直泵送管道不得直接装接在泵的输出口上,应在垂直管前端加装长度不小于 20 m 的水平管,并在水平管近泵处加装逆止阀;

3 敷设向下倾斜的管道时,应在输出口上加装一段水平管,其长度不应小于倾斜管高低差的 5 倍。当倾斜度较大时,应在坡度上端装设排气活阀;

4 泵送管道应有支承固定,在管道和固定物之间应设置木垫作缓冲,不得直接与钢筋或模板相连,管道与管道间应连接牢靠;管道接头和卡箍应扣牢密封,不得漏浆;不得将已磨损管道装在后端高压区;

5 泵送管道敷设后,应进行耐压试验。

8.5.3 砂石粒径、水泥标号及配合比应按出厂规定,满足泵机可泵性的要求。

8.5.4 作业前应检查并确认泵机各部螺栓紧固,防护装置齐全可靠,各部位操纵开关、调整手柄、手轮、控制杆、旋塞等均在正确位置,液压系统正常无泄漏,液压油符合规定,搅拌斗内无杂物,上方的保护格网完好无损并盖严。

8.5.5 输送管道的管壁厚度应与泵送压力匹配,近泵处应选用优质管子。管道接头、密封圈及弯头等应完好无损。高温烈日下应采用湿麻袋或湿草袋遮盖管路,并应及时浇水降温,寒冷季节应采取保温措施。

8.5.6 应配备清洗管、清洗用品、接球器及有关装置。开泵前,无关人员应离开管道周围。

8.5.7 启动后,应空载运转,观察各仪表的指示值,检查泵和搅拌装置的运转情况,确认一切正常后,方可作业。泵送前应向料斗加入 10 L 清水和 0.3 m^3 的水泥砂浆润滑泵及管道。

8.5.8 泵送作业中,料斗中的混凝土平面应保持在搅拌轴轴线以上。料斗格网上不得堆满混凝土,应控制供料流量,及时清除超粒径的骨料及异物,不得随意移动格网。

8.5.9 当进入料斗的混凝土有离析现象时应停泵,待搅拌均匀后再泵送。当骨料分离严重,料斗内灰浆明显不足时,应剔除部分骨料,另加砂浆重新搅拌。

8.5.10 泵送混凝土应连续作业;当因供料中断被迫暂停时,停机时间不得超过 30 min。暂停时间内应每隔 5 ~ 10 min(冬季 3 ~ 5 min)作 2 ~ 3 个冲程反泵——正泵运动,再次投料泵送前应先将料搅拌。当停泵时间超限时,应排空管道。

8.5.11　垂直向上泵送中断后再次泵送时,应先进行反向推送,使分配阀内混凝土吸回料斗,经搅拌后再正向泵送。

8.5.12　泵机运转时,严禁将手或铁锹伸入料斗或用手抓握分配阀。当需在料斗或分配阀上工作时,应先关闭电动机和消除蓄能器压力。

8.5.13　不得随意调整液压系统压力。当油温超过 70 ℃时,应停止泵送,但仍应使搅拌叶片和风机运转,待降温后再继续运行。

8.5.14　水箱内应贮满清水,当水质混浊并有较多砂粒时,应及时检查处理。

8.5.15　泵送时,不得开启任何输送管道和液压管道;不得调整、修理正在运转的部件。

8.5.16　作业中,应对泵送设备和管路进行观察,发现隐患应及时处理。对磨损超过规定的管子、卡箍、密封圈等应及时更换。

8.5.17　应防止管道堵塞。泵送混凝土应搅拌均匀,控制好坍落度;在泵送过程中,不得中途停泵。

8.5.18　当出现输送管堵塞时,应进行反泵运转,使混凝土返回料斗;当反泵几次仍不能消除堵塞,应在泵机卸载情况下,拆管排除堵塞。

8.5.19　作业后,应将料斗内和管道内的混凝土全部输出,然后对泵机、料斗、管道等进行冲洗。当用压缩空气冲洗管道时,进气阀不应立即开大,只有当混凝土顺利排出时,方可将进气阀开至最大。在管道出口端前方 10 m 内严禁站人,并应用金属网篮等收集冲出的清洗球和砂石粒。对凝固的混凝土,应采用刮刀清除。

8.5.20　作业后,应将两侧活塞转到清洗室位置,并涂上润滑油。各部位操纵开关、调整手柄、手轮、控制杆、旋塞等均应复位。液压系统应卸载。

8.6　混凝土泵车

8.6.1　构成混凝土泵车的汽车底盘、内燃机、空气压缩机、水泵、液压装置等的使用,应执行本规程第 6.1、第 6.2、第 6.3、第 3.2、第 3.5、第 7.10 节及附录 C 的规定。

8.6.2　泵车就位地点应平坦坚实,周围无障碍物,上空无高压输电线。泵车不得停放在斜坡上。

8.6.3　泵车就位后,应支起支腿并保持机身的水平和稳定。当用布料杆送料时,机身倾斜度不得大于 3°。

8.6.4　就位后,泵车应显示停车灯,避免碰撞。

8.6.5　作业前检查项目应符合下列要求:

　　1　燃油、润滑油、液压油、水箱添加充足,轮胎气压符合规定,照明和信号指示灯齐全良好;

　　2　液压系统工作正常,管道无泄漏;清洗水泵及设备齐全良好;

　　3　搅拌斗内无杂物,料斗上保护格网完好并盖严;

　　4　输送管路连接牢固,密封良好。

8.6.6　布料杆所用配管和软管应按出厂说明书的规定选用,不得使用超过规定直径的配管,装接的软管应拴上防脱安全带。

8.6.7　伸展布料杆应按出厂说明书的顺序进行。布料杆升离支架后方可回转。严禁用布料杆起吊或拖拉物件。

8.6.8 当布料杆处于全伸状态时，不得移动车身。作业中需要移动车身时，应将上段布料杆折叠固定，移动速度不得超过 10 km/h。

8.6.9 不得在地面上拖拉布料杆前端软管；严禁延长布料配管和布料杆。当风力在六级及以上时，不得使用布料杆输送混凝土。

8.6.10 泵送管道的敷设，应按本规程第 8.5.2 条的规定执行。

8.6.11 泵送前，当液压油温度低于 15 ℃时，应采用延长空运转时间的方法提高油温。

8.6.12 泵送时应检查泵和搅拌装置的运转情况，监视各仪表和指示灯，发现异常，应及时停机处理。

8.6.13 料斗中混凝土面应保持在搅拌轴中心线以上。

8.6.14 泵送混凝土应连续作业。当因供料中断被迫暂停时，应按本规程第 8.5.10 条的要求执行。

8.6.15 作业中，不得取下料斗上的格网，并应及时清除不合格的骨料或杂物。

8.6.16 泵送中当发现压力表上升到最高值，运转声音发生变化时，应立即停止泵送，并应采用反向运转方法排除管道堵塞；无效时，应拆管清洗。

8.6.17 作业后，应将管道和料斗内的混凝土全部输出，然后对料斗、管道等进行冲洗。当采用压缩空气冲洗管道时，管道出口端前方 10 m 内严禁站人。

8.6.18 作业后，不得用压缩空气冲洗布料杆配管，布料杆的折叠收缩应按规定顺序进行。

8.6.19 作业后，各部位操纵开关、调整手柄、手轮、控制杆、旋塞等均应复位，液压系统应卸荷，并应收回支腿，将车停放在安全地带，关闭门窗。冬季应放净存水。

8.7 混凝土喷射机

8.7.1 喷射机应采用干喷作业，应按出厂说明书规定的配合比配料，风源应是符合要求的稳压源，电源、水源、加料设备等均应配套。

8.7.2 管道安装应正确，连接处应紧固密封。当管道通过道路时，应设置在地槽内并加盖保护。

8.7.3 喷射机内部应保持干燥和清洁，加入的干料配合比及潮润程序，应符合喷射机性能要求，不得使用结块的水泥和未经筛选的砂石。

8.7.4 作业前重点检查项目应符合下列要求：

1 安全阀灵敏可靠；

2 电源线无破裂现象，接线牢靠；

3 各部密封件密封良好，对橡胶结合板和旋转板出现的明显沟槽及时修复；

4 压力表指针在上、下限之间，根据输送距离，调整上限压力的极限值；

5 喷枪水环（包括双水环）的孔眼畅通。

8.7.5 启动前，应先接通风、水、电，开启进气阀逐步达到额定压力，再起动电动机空载运转，确认一切正常后，方可投料作业。

8.7.6 机械操作和喷射操作人员应有联系信号，送风、加料、停料、停风以及发生堵塞时，应及时联系，密切配合。

8.7.7 在喷嘴前方严禁站人，操作人员应始终站在已喷射过的混凝土支护面以内。

8.7.8 作业中，当暂停时间超过 1 h 时，应将仓内及输料管内的干混合料全部喷出。

8.7.9 发生堵管时，应先停止喂料，对堵塞部位进行敲击，迫使物料松散，然后用压缩空气吹通。此时，操作人员应紧握喷嘴，严禁甩动管道伤人。当管道中有压力时，不得拆卸管接头。

8.7.10 转移作业面时，供风、供水系统应随之移动，输料软管不得随地拖拉和折弯。

8.7.11 停机时，应先停止加料，然后再关闭电动机和停送压缩空气。

8.7.12 作业后，应将仓内和输料软管内的干混合料全部喷出，并应将喷嘴拆下清洗干净，清除机身内外黏附的混凝土料及杂物。同时应清理输料管，并应使密封件处于放松状态。

8.8 插入式振动器

8.8.1 插入式振动器的电动机电源上，应安装漏电保护装置，接地或接零应安全可靠。

8.8.2 操作人员应经过用电教育，作业时应穿戴绝缘胶鞋和绝缘手套。

8.8.3 电缆线应满足操作所需的长度。电缆线上不得堆压物品或让车辆挤压，严禁用电缆线拖拉或吊挂振动器。

8.8.4 使用前，应检查各部并确认连接牢固，旋转方向正确。

8.8.5 振动器不得在初凝的混凝土、地板、脚手架和干硬的地面上进行试振。在检修或作业间断时，应断开电源。

8.8.6 作业时，振动棒软管的弯曲半径不得小于 500 mm，并不得多于两个弯，操作时应将振动棒垂直地沉入混凝土，不得用力硬插、斜推或让钢筋夹住棒头，也不得全部插入混凝土中，插入深度不应超过棒长的 3/4，不宜触及钢筋、芯管及预埋件。

8.8.7 振动棒软管不得出现断裂，当软管使用过久使长度增长时，应及时修复或更换。

8.8.8 作业停止需移动振动器时，应先关闭电动机，再切断电源。不得用软管拖拉电动机。

8.8.9 作业完毕，应将电动机、软管、振动棒清理干净，并应按规定要求进行保养作业。振动器存放时，不得堆压软管，应平直放好，并应对电动机采取防潮措施。

8.9 附着式、平板式振动器

8.9.1 附着式、平板式振动器轴承不应承受轴向力，在使用时，电动机轴应保持水平状态。

8.9.2 在一个模板上同时使用多台附着式振动器时，各振动器的频率应保持一致，相对面的振动器应错开安装。

8.9.3 作业前，应对附着式振动器进行检查和试振。试振不得在干硬土或硬质物体上进行。安装在搅拌站料仓上的振动器，应安置橡胶垫。

8.9.4 安装时，振动器底板安装螺孔的位置应正确，应防止底脚螺栓安装扭斜而使机壳受损。底脚螺栓应紧固，各螺栓的紧固程度应一致。

8.9.5 使用时，引出电缆线不得拉得过紧，更不得断裂。作业时，应随时观察电气设备的漏电保护器和接地或接零装置并确认合格。

8.9.6 附着式振动器安装在混凝土模板上时，每次振动时间不应超过 1 min，当混凝土在模内泛浆流动或成水平状即可停振，不得在混凝土初凝状态时再振。

8.9.7 装置振动器的构件模板应坚固牢靠，其面积应与振动器额定振动面积相适应。

8.9.8 平板式振动器作业时，应使平板与混凝土保持接触，使振波有效地振实混凝土，待表面出浆，不再下沉后，即可缓慢向前移动，移动速度应能保证混凝土振实出浆。在振的振动器，不得搁置在已凝或初凝的混凝土上。

8.10 混凝土振动台

8.10.1 振动台应安装在牢固的基础上，地脚螺栓应拧紧。基础中间应留有地下坑道，应能调整和检修。

8.10.2 使用前，应检查并确认电动机和传动装置完好，特别是轴承座螺栓、偏心块螺栓、电动机和齿轮箱螺栓等紧固件紧固牢靠。

8.10.3 振动台不宜长时间空载运转。振动台上应安置牢固可靠的模板并锁紧夹具，并应保证模板混凝土和台面一起振动。

8.10.4 齿轮箱的油面应保持在规定的平面上，作业时油温不得超过70℃。

8.10.5 应经常检查各部轴承，并应定期拆洗更换润滑油，作业中应重点检查轴承温升，当发现过热时应停机检修。

8.10.6 电动机接地应良好，电缆线与线接头应绝缘良好，不得有破损漏电现象。

8.10.7 振动台台面应经常保持清洁、平整，使其与模板接触良好。发现裂纹应及时修补。

8.11 混凝土真空吸水泵

8.11.1 真空室内过滤网应完整，集水室通向真空泵的回水管上的旋塞开启应灵活，指示仪表应正确，进出水管应按出厂说明书要求连接。

8.11.2 启动后，应检查并确认电动机旋转方向与罩壳上箭头指向一致，然后应堵住进水口，检查泵机空载真空度，表值不应小于96kPa。当不符合上述要求时，应检查泵组、管道及工作装置的密封情况。有损坏时，应及时修理或更换。

8.11.3 作业开始即应计时量水，观察机组真空表，并应随时做好记录。

8.11.4 作业后，应冲洗水箱及滤网的泥砂，并应放尽水箱内存水。

8.11.5 冬季施工或存放不用时，应把真空泵内的冷却水放尽。

8.12 液压滑升设备

8.12.1 应根据施工要求和滑模总载荷，合理选用千斤顶型号和配备台数，并应按千斤顶型号选用相应的爬杆和滑升机件。

8.12.2 千斤顶应经12 MPa以上的耐压试验。同一批组装的千斤顶在相同载荷作用下，其行程应一致，用行程调整帽调整后，行程允许误差为2 mm。

8.12.3 自动控制台应置于不受雨淋、曝晒和强烈振动的地方，应根据当地的气温，调节作业时的油温。

8.12.4 千斤顶与操作平台固定时，应使油管接头与软管连接成直线。液压软管不得扭曲，应有较大的弧度。

8.12.5 作业前，应检查并确认各油管接头连接牢固、无渗漏，油箱油位适当，电器部分不漏电，接地或接零可靠。

8.12.6 所有千斤顶安装完毕未插入爬杆前，应逐个进行抗压试验和行程调整及排气等工作。

8.12.7 应按出厂规定的操作程序操纵控制台，对自动控制器的时间继电器应进行延时调整。用手动控制器操作时，应与作业人员密切配合，听从统一指挥。

8.12.8 在滑升过程中，应保证操作平台与模板的水平上升，不得倾斜，操作平台的载荷应均匀分布，并应及时调整各千斤顶的升高值，使之保持一致。

8.12.9 在寒冷季节使用时,液压油温度不得低于10℃;在炎热季节使用时,液压油温度不得超过60℃。

8.12.10 应经常保持千斤顶的清洁;混凝土沿爬杆流入千斤顶内时,应及时清理。

8.12.11 作业后,应切断总电源,清除千斤顶上的附着物。

9 钢筋加工机械

9.1 基本要求

9.1.1 钢筋加工机械中的电动机、液压装置、卷扬机的使用,应执行本规程第3.4、第4.7节及附录C的规定。

9.1.2 机械的安装应坚实稳固,保持水平位置。固定式机械应有可靠的基础;移动式机械作业时应揳紧行走轮。

9.1.3 室外作业应设置机棚,机旁应有堆放原料、半成品的场地。

9.1.4 加工较长的钢筋时,应有专人帮扶,并听从操作人员指挥,不得任意推拉。

9.1.5 作业后,应堆放好成品,清理场地,切断电源,锁好开关箱,做好润滑工作。

9.2 钢筋调直切断机

9.2.1 料架、料槽应安装平直,并应对准导向筒、调直筒和下切刀孔的中心线。

9.2.2 应用手转动飞轮,检查传动机构和工作装置,调整间隙,紧固螺栓,确认正常后,起动空运转,并应检查轴承无异响,齿轮啮合良好,运转正常后,方可作业。

9.2.3 应按调直钢筋的直径,选用适当的调直块及传动速度。调直块的孔径应比钢筋直径大2~5 mm,传动速度应根据钢筋直径选用,直径大的宜选用慢速,经调试合格,方可送料。

9.2.4 在调直块未固定、防护罩未盖好前不得送料。作业中严禁打开各部防护罩并调整间隙。

9.2.5 当钢筋送入后,手与曳轮应保持一定的距离,不得接近。

9.2.6 送料前,应将不直的钢筋端头切除。导向筒前应安装一根1m长的钢管,钢筋应先穿过钢管再送入调直前端的导孔内。

9.2.7 经过调直后的钢筋如仍有慢弯,可逐渐加大调直块的偏移量,直到调直为止。

9.2.8 切断3~4根钢筋后,应停机检查其长度,当超过允许偏差时,应调整限位开关或定尺板。

9.3 钢筋切断机

9.3.1 接送料的工作台面应和切刀下部保持水平,工作台的长度可根据加工材料长度确定。

9.3.2 启动前,应检查并确认切刀无裂纹,刀架螺栓紧固,防护罩牢靠。然后用手转动皮带轮,检查齿轮啮合间隙,调整切刀间隙。

9.3.3 启动后,应先空运转,检查各传动部分及轴承运转正常后,方可作业。

9.3.4 机械未达到正常转速时,不得切料。切料时,应使用切刀的中、下部位,紧握钢筋对准刃口迅速投入,操作者应站在固定刀片一侧用力压住钢筋,应防止钢筋末端弹出伤人。严禁用两手分在刀片两边握住钢筋俯身送料。

9.3.5 不得剪切直径及强度超过机械铭牌规定的钢筋和烧红的钢筋。一次切断多根钢筋时，其总截面积应在规定范围内。

9.3.6 剪切低合金钢时，应更换高硬度切刀，剪切直径应符合机械铭牌规定。

9.3.7 切断短料时，手和切刀之间的距离应保持在150 mm以上，如手握端小于400 mm时，应采用套管或夹具将钢筋短头压住或夹牢。

9.3.8 运转中，严禁用手直接清除切刀附近的断头和杂物。钢筋摆动周围和切刀周围，不得停留非操作人员。

9.3.9 当发现机械运转不正常、有异常响声或切刀歪斜时，应立即停机检修。

9.3.10 作业后，应切断电源，用钢刷清除切刀间的杂物，进行整机清洁润滑。

9.3.11 液压传动式切断机作业前，应检查并确认液压油位及电动机旋转方向符合要求。启动后，应空载运转，松开放油阀，排净液压缸体内的空气，方可进行切筋。

9.3.12 手动液压式切断机使用前，应将放油阀按顺时针方向旋紧，切割完毕后，应立即按逆时针方向旋松。作业中，手应持稳切断机，并戴好绝缘手套。

9.4 钢筋弯曲机

9.4.1 工作台和弯曲机台面应保持水平，作业前应准备好各种芯轴及工具。

9.4.2 应按加工钢筋的直径和弯曲半径的要求，装好相应规格的芯轴和成型轴、挡铁轴。芯轴直径应为钢筋直径的2.5倍。挡铁轴应有轴套。

9.4.3 挡铁轴的直径和强度不得小于被弯钢筋的直径和强度。不直的钢筋，不得在弯曲机上弯曲。

9.4.4 应检查并确认芯轴、挡铁轴、转盘等无裂纹和损伤，防护罩坚固可靠，空载运转正常后，方可作业。

9.4.5 作业时，应将钢筋需弯一端插入在转盘固定销的间隙内，另一端紧靠机身固定销，并用手压紧；应检查机身固定销并确认安放在挡住钢筋的一侧，方可开动。

9.4.6 作业中，严禁更换轴芯、销子和变换角度以及调速，也不得进行清扫和加油。

9.4.7 对超过机械铭牌规定直径的钢筋严禁进行弯曲。在弯曲未经冷拉或带有锈皮的钢筋时，应戴防护镜。

9.4.8 弯曲高强度或低合金钢筋时，应按机械铭牌规定换算最大允许直径并应调换相应的芯轴。

9.4.9 在弯曲钢筋的作业半径内和机身不设固定销的一侧严禁站人。弯曲好的半成品，应堆放整齐，弯钩不得朝上。

9.4.10 转盘换向时，应待停稳后进行。

9.4.11 作业后，应及时清除转盘及插入座孔内的铁锈、杂物等。

9.5 钢筋冷拉机

9.5.1 应根据冷拉钢筋的直径，合理选用卷扬机。卷扬钢丝绳应经封闭式导向滑轮并和被拉钢筋水平方向成直角。卷扬机的位置应使操作人员能见到全部冷拉场地，卷扬机与冷拉中线距离不得少于5 m。

9.5.2 冷拉场地应在两端地锚外侧设置警戒区，并应安装防护栏及警告标志。无关人员不得在此停留。操作人员在作业时必须离开钢筋2 m以外。

9.5.3 用配重控制的设备应与滑轮匹配，并应有指示起落的记号，没有指示记号时应有专人指挥。配重框提起时高度应限制在离地面 300 mm 以内,配重架四周应有栏杆及警告标志。

9.5.4 作业前,应检查冷拉夹具,夹齿应完好,滑轮、拖拉小车应润滑灵活,拉钩、地锚及防护装置均应齐全牢固。确认良好后,方可作业。

9.5.5 卷扬机操作人员必须看到指挥人员发出信号,并待所有人员离开危险区后方可作业。冷拉应缓慢、均匀。当有停车信号或见到有人进入危险区时,应立即停拉,并稍稍放松卷扬钢丝绳。

9.5.6 用延伸率控制的装置,应装设明显的限位标志,并应有专人负责指挥。

9.5.7 夜间作业的照明设施,应装设在张拉危险区外。当需要装设在场地上空时,其高度应超过 5 m。灯泡应加防护罩,导线严禁采用裸线。

9.5.8 作业后,应放松卷扬钢丝绳,落下配重,切断电源,锁好开关箱。

9.6 预应力钢丝拉伸设备

9.6.1 作业场地两端外侧应设有防护栏杆和警告标志。

9.6.2 作业前,应检查被拉钢丝两端的镦头,当有裂纹或损伤时,应及时更换。

9.6.3 固定钢丝镦头的端钢板上圆孔直径应较所拉钢丝的直径大 0.2 mm。

9.6.4 高压油泵启动前,应将各油路调节阀松开,然后开动油泵,待空载运转正常后,再紧闭回油阀,逐渐拧开进油阀,待压力表指示值达到要求,油路无泄漏,确认正常后,方可作业。

9.6.5 作业中,操作应平稳、均匀。张拉时,两端不得站人。拉伸机在有压力情况下,严禁拆卸液压系统的任何零件。

9.6.6 高压油泵不得超载作业,安全阀应按设备额定油压调整,严禁任意调整。

9.6.7 在测量钢丝的伸长时,应先停止拉伸,操作人员必须站在侧面操作。

9.6.8 用电热张拉法带电操作时,应穿戴绝缘胶鞋和绝缘手套。

9.6.9 张拉时,不得用手摸或脚踩钢丝。

9.6.10 高压油泵停止作业时,应先断开电源,再将回油阀缓慢松开,待压力表退回至零位时,方可卸开通往千斤顶的油管接头,使千斤顶全部卸荷。

9.7 冷 镦 机

9.7.1 应根据钢筋直径,配换相应夹具。

9.7.2 应检查并确认模具、中心冲头无裂纹,并应校正上下模具与中心冲头的同心度,紧固各部螺栓,作好安全防护。

9.7.3 启动后应先空运转,调整上下模具紧度,对准冲头模进行镦头校对,确认正常后,方可作业。

9.7.4 机械未达到正常转速时,不得镦头。当镦出的头大小不匀时,应及时调整冲头与夹具的间隙。冲头导向块应保持有足够的润滑。

9.8 钢筋冷拔机

9.8.1 应检查并确认机械各连接件牢固,模具无裂纹,轧头和模具的规格配套,然后启动主机空运转,确认正常后,方可作业。

9.8.2 在冷拔钢筋时,每道工序的冷拔直径应按机械出厂说明书规定进行,不得超量缩减模具孔径，无资料时，可按每次缩减孔径 0.5 ~ 1.0 mm。

9.8.3 轧头时，应先使钢筋的一端穿过模具长度达 100 ~ 150 mm，再用夹具夹牢。

9.8.4 作业时，操作人员的手和轧辊应保持 300 ~ 500 mm 的距离。不得用手直接接触钢筋和滚筒。

9.8.5 冷拔模架中应随时加足润滑剂，润滑剂应采用石灰和肥皂水调和晒干后的粉末。钢筋通过冷拔模前，应抹少量润滑脂。

9.8.6 当钢筋的末端通过冷拔模后，应立即脱开离合器，同时用手闸挡住钢筋末端。

9.8.7 拔丝过程中，当出现断丝或钢筋打结乱盘时，应立即停机；在处理完毕后，方可开机。

9.9 钢筋冷挤压连接机

9.9.1 有下列情况之一时，应对挤压机的挤压力进行标定：

1 新挤压设备使用前；

2 旧挤压设备大修后；

3 油压表受损或强烈振动后；

4 套筒压痕异常且查不出其它原因时；

5 挤压设备使用超过一年；

6 挤压的接头数超过 5 000 个。

9.9.2 设备使用前后的拆装过程中，超高压油管两端的接头及压接钳、换向阀的进出油接头，应保持清洁，并应及时用专用防尘帽封好。超高压油管的弯曲半径不得小于 250 mm，扣压接头处不得扭转，且不得有死弯。

9.9.3 挤压机液压系统的使用，应符合本规程附录 C 的有关规定；高压胶管不得荷重拖拉、弯折和受到尖利物体刻划。

9.9.4 压模、套筒与钢筋应相互配套使用，压模上应有相对应的连接钢筋规格标记。

9.9.5 挤压前的准备工作应符合下列要求：

1 钢筋端头的锈、泥沙，油污等杂物应清理干净；

2 钢筋与套筒应先进行试套，当钢筋有马蹄、弯折或纵肋尺寸过大时，应预先进行矫正或用砂轮打磨；不同直径钢筋的套筒不得串用；

3 钢筋端部应划出定位标记与检查标记，定位标记与钢筋端头的距离应为套筒长度的一半，检查标记与定位标记的距离宜为 20 mm；

4 检查挤压设备情况，应进行试压，符合要求后方可作业。

9.9.6 挤压操作应符合下列要求：

1 钢筋挤压连接宜先在地面上挤压一端套筒，在施工作业区插入待接钢筋后再挤压另一端套筒；

2 压接钳就位时，应对准套筒压痕位置的标记，并应与钢筋轴线保持垂直；

3 挤压顺序宜从套筒中部开始，并逐渐向端部挤压；

4 挤压作业人员不得随意改变挤压力、压接道数或挤压顺序。

9.9.7 作业后，应收拾好成品、套筒和压模，清理场地，切断电源，锁好开关箱，最后将挤压机和挤压钳放到指定地点。

10 装修机械

10.1 基本要求

10.1.1 装修机械上的电动机、手持电动工具及液压装置的使用应执行本规程第3.4,第3.8节及附录C的规定。

10.1.2 装修机械上的刃具、胎具、模具、成型辊轮等应保证强度和精度,刃磨锋利,安装稳妥,紧固可靠。

10.1.3 装修机械上外露的传动部分应有防护罩,作业时,不得随意拆卸。

10.1.4 装修机械应安装在防雨、防风沙的机棚内。

10.1.5 长期搁置再用的机械,在使用前必须测量电动机绝缘电阻,合格后方可使用。

10.2 灰浆搅拌机

10.2.1 固定式搅拌机应有牢靠的基础,移动式搅拌机应采用方木或撑架固定,并保持水平。

10.2.2 作业前应检查并确认传动机构、工作装置、防护装置等牢固可靠,三角胶带松紧度适当,搅拌叶片和筒壁间隙在3~5 mm之间,搅拌轴两端密封良好。

10.2.3 启动后,应先空运转,检查搅拌叶旋转方向正确,方可加料加水,进行搅拌作业。加入的砂子应过筛。

10.2.4 运转中,严禁用手或木棒等伸进搅拌筒内,或在筒口清理灰浆。

10.2.5 作业中,当发生故障不能继续搅拌时,应立即切断电源,将筒内灰浆倒出,排除故障后方可使用。

10.2.6 固定式搅拌机的上料斗应能在轨道上移动。料斗提升时,严禁斗下有人。

10.2.7 作业后,应清除机械内外砂浆和积料,用水清洗干净。

10.3 柱塞式、隔膜式灰浆泵

10.3.1 灰浆泵应安装平稳。输送管路的布置宜短直、少弯头;全部输送管道接头应紧密连接,不得渗漏;垂直管道应固定牢固;管道上不得加压或悬挂重物。

10.3.2 作业前应检查并确认球阀完好,泵内无干硬灰浆等物,各连接件紧固牢靠,安全阀已调整到预定的安全压力。

10.3.3 泵送前,应先用水进行泵送试验,检查并确认各部位无渗漏。当有渗漏时,应先排除。

10.3.4 被输送的灰浆应搅拌均匀,不得有干砂和硬块;不得混入石子或其他杂物;灰浆稠度应为80~120 mm。

10.3.5 泵送时,应先开机后加料;应先用泵压送适量石灰膏润滑输送管道,然后再加入稀灰浆,最后调整到所需稠度。

10.3.6 泵送过程应随时观察压力表的泵送压力,当泵送压力超过预调的1.5 MPa时,应反向泵送,使管道内部分灰浆返回料斗,再缓慢泵送;当无效时,应停机卸压检查,不得强行泵送。

10.3.7 泵送过程不宜停机。当短时间内不需泵送时,可打开回浆阀使灰浆在泵体内循环运行。当停泵时间较长时,应每隔3~5 min泵送一次,泵送时间宜为0.5 min,应防灰浆凝固。

10.3.8 故障停机时,应打开泄浆阀使压力下降,然后排除故障。灰浆泵压力未达到零时,不得拆卸空气室、安全阀和管道。

10.3.9 作业后，应采用石灰膏或浓石灰水把输送管道里的灰浆全部泵出，再用清水将泵和输送管道清洗干净。

10.4 挤压式灰浆泵

10.4.1 使用前，应先接好输送管道，往料斗加注清水，起动灰浆泵，当输送胶管出水时，应折起胶管，待升到额定压力时停泵，观察各部位应无渗漏现象。

10.4.2 作业前，应先用水、再用白灰膏润滑输送管道后，方可加入灰浆，开始泵送。

10.4.3 料斗加满灰浆后，应停止振动，待灰浆从料斗泵送完时，再加新灰浆振动筛料。

10.4.4 泵送过程应注意观察压力表。当压力迅速上升，有堵管现象时，应反转泵送 2 ~ 3 转，使灰浆返回料斗，经搅拌后再泵送。当多次正反泵仍不能畅通时，应停机检查，排除堵塞。

10.4.5 工作间歇时，应先停止送灰，后停止送气，并应防气嘴被灰堵塞。

10.4.6 作业后，应对泵机和管路系统全部清洗干净。

10.5 喷 浆 机

10.5.1 石灰浆的密度应为 1.06 ~ 1.10 g/cm^3。

10.5.2 喷涂前，应对石灰浆采用 60 目筛网过滤两遍。

10.5.3 喷嘴孔径宜为 2.0 ~ 2.8 mm；当孔径大于 2.8 mm 时，应及时更换。

10.5.4 泵体内不得无液体干转。在检查电动机旋转方向时，应先打开料桶开关，让石灰浆流入泵体内部后，再开动电动机带泵旋转。

10.5.5 作业后，应往料斗注入清水，开泵清洗直到水清为止，再倒出泵内积水，清洗疏通喷头座及滤网，并将喷枪擦洗干净。

10.5.6 长期存放前，应清除前、后轴承座内的石灰浆积料，堵塞进浆口，从出浆口注入机油约 50 mL，再堵塞出浆口，开机运转约 30 s，使泵体内润滑防锈。

10.6 高压无气喷涂机

10.6.1 启动前，调压阀、卸压阀应处于开启状态，吸入软管、回路软管接头和压力表、高压软管及喷枪等均应连接牢固。

10.6.2 喷涂燃点在 21℃ 以下的易燃涂料时，必须接好地线。地线的一端接电动机零线位置，另一端应接涂料桶或被喷的金属物体。喷涂机不得和被喷物放在同一房间里，周围严禁有明火。

10.6.3 作业前，应先空载运转，然后用水或溶剂进行运转检查。确认运转正常后，方可作业。

10.6.4 喷涂中，当喷枪堵塞时，应先将枪关闭，使喷嘴手柄旋转 180°，再打开喷枪用压力涂料排除堵塞物，当堵塞严重时，应停机卸压后，拆下喷嘴，排除堵塞。

10.6.5 不得用手指试高压射流，射流严禁正对其他人员。喷涂间隙时，应随手关闭喷枪安全装置。

10.6.6 高压软管的弯曲半径不得小于 250 mm，亦不得在尖锐的物体上用脚踩高压软管。

10.6.7 作业中，当停歇时间较长时，应停机卸压，将喷枪的喷嘴部位放入溶剂内。

10.6.8 作业后，应彻底清洗喷枪。清洗时不得将溶剂喷回小口径的溶剂桶内。应防产生静电火花引起着火。

10.7　水磨石机

10.7.1　水磨石机宜在混凝土达到设计强度 70% ~80% 时进行磨削作业。

10.7.2　作业前,应检查并确认各连接件紧固,当用木槌轻击磨石发出无裂纹的清脆声音时,方可作业。

10.7.3　电缆线应离地架设,不得放在地面上拖动。电缆线应无破损,保护接地良好。

10.7.4　在接通电源、水源后,应手压扶把使磨盘离开地面,再起动电动机。并应检查确认磨盘旋转方向与箭头所示方向一致,待运转正常后,再缓慢放下磨盘,进行作业。

10.7.5　作业中,使用的冷却水不得间断,用水量宜调至工作面不发干。

10.7.6　作业中,当发现磨盘跳动或异响,应立即停机检修。停机时,应先提升磨盘后关机。

10.7.7　更换新磨石后,应先在废水磨石地坪上或废水泥制品表面磨 1 ~2 h,待金刚石切削刃磨出后,再投入工作面作业。

10.7.8　作业后,应切断电源,清洗各部位的泥浆,放置在干燥处,用防雨布遮盖。

10.8　混凝土切割机

10.8.1　使用前,应检查并确认电动机、电缆线均正常,保护接地良好,防护装置安全有效,锯片选用符合要求,安装正确。

10.8.2　启动后,应空载运转,检查并确认锯片运转方向正确,升降机构灵活,运转中无异常、异响,一切正常后,方可作业。

10.8.3　操作人员应双手按紧工件,均匀送料,在推进切割机时,不得用力过猛。操作时不得带手套。

10.8.4　切割厚度应按机械出厂铭牌规定进行,不得超厚切割。

10.8.5　加工件送到与锯片相距 300 mm 处或切割小块料时,应使用专用工具送料,不得直接用手推料。

10.8.6　作业中,当工件发生冲击、跳动及异常音响时,应立即停机检查,排除故障后,方可继续作业。

10.8.7　严禁在运转中检查、维修各部件。锯台上和构件锯缝中的碎屑应采用专用工具及时清除,不得用手拣拾或抹试。

10.8.8　作业后,应清洗机身,擦干锯片,排放水箱余水,收回电缆线,并存放在干燥、通风处。

11　钣金和管工机械

11.1　基本要求

11.1.1　钣金和管工机械上的电源电动机、手持电动工具及液压装置的使用应执行本规程第 3.1、第 3.4、第 3.8 节及附录 C 的规定。

11.1.2　钣金和管工机械上的刃具、胎、模具等强度和精度应符合要求,刃磨锋利,安装稳固,紧固可靠。

11.1.3　钣金和管工机械上的传动部分应设有防护罩,作业时,严禁拆卸。机械均应安装在机棚内。

11.1.4　作业时,非操作和辅助人员不得在机械四周停留观看。

11.1.5 作业后，应切断电源，锁好电闸箱，并做好日常保养工作。

11.2 咬口机

11.2.1 应先空载运转，确认正常后，方可作业。
11.2.2 工件长度、宽度不得超过机具允许范围。
11.2.3 作业中，当有异物进入辊轮中时，应及时停机修理。
11.2.4 严禁用手触摸转动中的辊轮。用手送料到末端时，手指必须离开工件。

11.3 法兰卷圆机

11.3.1 加工型钢规格不应超过机具的允许范围。
11.3.2 应先空载运转，确认正常后，方可作业。
11.3.3 当轧制的法兰不能进入第二道型辊时，应使用专用工具送入。严禁用手直接推送。
11.3.4 当加工法兰直径超过 1 000 mm 时，应采取适当的安全措施。
11.3.5 任何人不得靠近法兰尾端。

11.4 仿形切割机

11.4.1 仿形切割机中气焊设备的使用应执行本规程第 12.14 节的规定。
11.4.2 应按出厂使用说明书要求接好电控箱到切割机的电缆线，并应作好保护接地。
11.4.3 作业前，应先通电后空运转，检查氧、乙炔等配合和加装的仿形样板无误后，方可作试切工作。
11.4.4 作业中，四周不得有易燃、易爆物品堆放。
11.4.5 作业后，应清除设备污物，整理氧气带、乙炔气带及通电电缆线，分别盘好并架起保管。

11.5 圆盘下料机

11.5.1 圆盘下料机下料的直径、厚度等不得超过机械出厂铭牌规定，下料前应先将整板切割成方块料，在机旁堆放整齐。
11.5.2 下料机应安装在稳固的基础上。
11.5.3 作业前，应检查并确认各传动部件连接牢固可靠，先空运转，确认正常后，方可开始作业。
11.5.4 当作业开始需对上、下刀刃时，应先手动盘车，将上下刀刃的间隙调整到板厚的 1.2 倍，再开机试切。应经多次调整到被切的圆形板无毛刺时，方可批量下料。
11.5.5 作业后，应对下料机进行清洁保养工作，并应清除边角料，保持现场整洁。

11.6 折板机

11.6.1 折板机应安装在稳固的基础上。
11.6.2 作业前，应检查电气设备、液压装置及各紧固件，确认完好后，方可开机。
11.6.3 作业时，应先校对模具，预留被折板厚的 1.5 ~ 2 倍间隙，经试折后，检查机械和模具装备均无误，再调整到折板规定的间隙，方可正式作业。
11.6.4 作业中，应经常检查上模具的紧固件和液压缸，当发现有松动或泄漏等情况，应立即停机,处理后,方可继续作业。

11.6.5　批量生产时,应使用后标尺挡板进行对准和调整尺寸,并应空载运转,检查及确认其摆动灵活可靠。

11.7　套丝切管机

11.7.1　套丝切管机应安放在稳固的基础上。

11.7.2　应先空载运转,进行检查、调整,确认运转正常,方可作业。

11.7.3　应按加工管径选用板牙头和板牙,板牙应按顺序放入,作业时应采用润滑油润滑板牙。

11.7.4　当工件伸出卡盘端面的长度过长时,后部应加装辅助托架,并调整好高度。

11.7.5　切断作业时,不得在旋转手柄上加长力臂;切平管端时,不得进刀过快。

11.7.6　当加工件的管径或椭圆度较大时,应两次进刀。

11.7.7　作业中应采用刷子清除切屑,不得敲打震落。

11.8　弯 管 机

11.8.1　作业场所应设置围栏。

11.8.2　作业前,应先空载运转,确认正常后,再套模弯管。

11.8.3　应按加工管径选用管模,并应按顺序放好。

11.8.4　不得在管子和管模之间加油。

11.8.5　应夹紧机件,导板支承机构应按弯管的方向及时进行换向。

11.9　坡 口 机

11.9.1　应先空载运转,确认正常后,方可作业。

11.9.2　刀排、刀具应稳定牢固。

11.9.3　当管子过长时,应加装辅助托架。

11.9.4　作业中,不得俯身近视工件。严禁用手摸坡口及擦拭铁屑。

12　铆 焊 设 备

12.1　基本要求

12.1.1　铆焊设备上的电器、内燃机、电机、空气压缩机等的使用应执行本规程第3.1,第3.2,第3.4,第3.5节的规定。并应有完整的防护外壳,一、二次接线柱处应有保护罩。

12.1.2　焊接操作及配合人员必须按规定穿戴劳动防护用品。并必须采取防止触电、高空坠落、瓦斯中毒和火灾等事故的安全措施。

12.1.3　现场使用的电焊机,应设有防雨、防潮、防晒的机棚,并应装设相应的消防器材。

12.1.4　施焊现场10 m范围内,不得堆放油类、木材、氧气瓶、乙炔发生器等易燃、易爆物品。

12.1.5　当长期停用的电焊机恢复使用时,其绝缘电阻不得小于0.5 MΩ,接线部分不得有腐蚀和受潮现象。

12.1.6　电焊机导线应具有良好的绝缘,绝缘电阻不得小于1 MΩ,不得将电焊机导线放在高温物体附近。电焊机导线和接地线不得搭在易燃、易爆和带有热源的物品上,接地线不得接在管道、机械设备和建筑物金属构架或轨道上，接地电阻不得大于 4 Ω。严禁利用建筑物的金属结构、管道、轨道或其它金属物体搭接起来形成焊接回路。

12.1.7 电焊钳应有良好的绝缘和隔热能力。电焊钳握柄必须绝缘良好，握柄与导线连结应牢靠，接触良好，连结处应采用绝缘布包好并不得外露。操作人员不得用胳膊夹持电焊钳。

12.1.8 电焊导线长度不宜大于 30 m。当需要加长导线时，应相应增加导线的截面。当导线通过道路时，必须架高或穿入防护管内埋设在地下；当通过轨道时，必须从轨道下面通过。当导线绝缘受损或断股时，应立即更换。

12.1.9 对承压状态的压力容器及管道、带电设备、承载结构的受力部位和装有易燃、易爆物品的容器严禁进行焊接和切割。

12.1.10 焊接铜、铝、锌、锡等有色金属时，应通风良好，焊接人员应戴防毒面罩、呼吸滤清器或采取其它防毒措施。

12.1.11 当需施焊受压容器、密封容器、油桶、管道、沾有可燃气体和溶液的工件时，应先消除容器及管道内压力，消除可燃气体和溶液，然后冲洗有毒、有害、易燃物质；对存有残余油脂的容器。应先用蒸汽、碱水冲洗，并打开盖口，确认容器清洗干净后，再灌满清水方可进行焊接。在容器内焊接应采取防止触电、中毒和窒息的措施。焊、割密封容器应留出气孔，必要时在进、出气口处装设通风设备；容器内照明电压不得超过 12 V，焊工与焊件间应绝缘；容器外应设专人监护。严禁在已喷涂过油漆和塑料的容器内焊接。

12.1.12 当焊接预热焊件温度达 150～700 ℃时，应设档板隔离焊件发出的辐射热，焊接人员应穿戴隔热的石棉服装和鞋、帽等。

12.1.13 高空焊接或切割时，必须系好安全带，焊接周围和下方应采取防火措施，并应有专人监护。

12.1.14 雨天不得在露天电焊。在潮湿地带作业时，操作人员应站在铺有绝缘物品的地方，并应穿绝缘鞋。

12.1.15 应按电焊机额定焊接电流和暂载率操作，严禁过载。在载荷运行中，应经常检查电焊机的温升，当温升超过 A 级 60℃、B 级 80 ℃时，必须停止运转并采取降温措施。

12.1.16 当清除焊缝焊渣时，应戴防护眼镜，头部应避开敲击焊渣飞溅方向。

12.2 风动铆接工具

12.2.1 风动铆接工具使用时风压应为 0.7 MPa，最低不得小于 0.5 MPa。

12.2.2 各种规格的风管的耐风压应为 0.8 MPa 及以上，各种管接头应无泄漏。

12.2.3 使用各类风动工具前，应先用汽油浸泡、拆检清洗每个部件呈金属光泽，再用干布、棉纱擦拭干净后，方可组装。组装时，运动部分均应滴入适量润滑油保持工作机构干净和润滑良好。

12.2.4 风动铆钉枪使用前应先上好窝头，用铁丝将窝头沟槽在风枪口留出运动量后，并与风枪上的原铁丝连接绑扎牢固，方可使用。

12.2.5 风动铆钉枪作业时，操作的二人应密切配合，明确手势及喊话。开始作业前，应至少作两次假动作试铆，确认无误后。方可开始作业。

12.2.6 在作业中严禁随意开风门（放空枪）或铆冷钉。

12.2.7 使用风钻时，应先用铣孔工具，根据原钉孔大小选配铣刀，其规格不得大于孔径。

12.2.8 风钻钻孔时,钻头中心应与钻孔中心对正后方可开钻。

12.2.9 加压杠钻孔时,作业的二人应密切配合,压杠人员应听从握钻人员的指挥,不得随意加压。

12.2.10 风动工具使用完毕,应将工具清洗后干燥保管,各种风管及刃具均应盘好后入库保管,不得随意堆放。

12.3 电动液压铆接钳

12.3.1 作业前,应检查并确认各部螺栓无松动,高压油泵转动方向正确。

12.3.2 应先空载运转,确认正常后,方可作业。在空载情况下,不得开启液压开关。

12.3.3 不得使用扭曲的高压油管。

12.3.4 安装铆钉时,不得按动手柄的开关。

12.3.5 应随时观察工作压力。工作压力不得超过额定值。

12.4 交流电焊机

12.4.1 使用前,应检查并确认初、次级线接线正确,输入电压符合电焊机的铭牌规定。接通电源后,严禁接触初级线路的带电部分。

12.4.2 次级抽头联接铜板应压紧,接线柱应有垫圈。合闸前,应详细检查接线螺帽、螺栓及其它部件并确认完好齐全、无松动或损坏。

12.4.3 多台电焊机集中使用时,应分接在三相电源网络上,使三相负载平衡。多台焊机的接地装置,应分别由接地极处引接,不得串联。

12.4.4 移动电焊机时,应切断电源,不得用拖拉电缆的方法移动焊机。当焊接中突然停电时,应立即切断电源。

12.5 旋转式直流电焊机

12.5.1 新机使用前,应将换向器上的污物擦干净,换向器与电刷接触应良好。

12.5.2 启动时,应检查并确认转子的旋转方向符合焊机标志的箭头方向。

12.5.3 启动后,应检查电刷和换向器,当有大量火花时,应停机查明原因,排除故障后方可使用。

12.5.4 当数台焊机在同一场地作业时,应逐台起动。

12.5.5 运行中,当需调节焊接电流和极性开关时,不得在负荷时进行。调节不得过快、过猛。

12.6 硅整流直流焊机

12.6.1 焊机应在出厂说明书要求的条件下作业。

12.6.2 使用前,应检查并确认硅整流元件与散热片连接紧固,各接线端头紧固。

12.6.3 使用时,应先开启风扇电机,电压表指示值应正常,风扇电机无异响。

12.6.4 硅整流直流电焊机主变压器的次级线圈和控制变压器的次级线圈严禁用摇表测试。

12.6.5 硅整流元件应进行保护和冷却。当发现整流元件损坏时,应查明原因,排除故障后,方可更换新件。

12.6.6 整流元件和有关电子线路应保持清洁和干燥。启用长期停用的焊机时,应空载通电一定时间进行干燥处理。

12.6.7 搬运由高导磁材料制成的磁放大铁芯时，应防止强烈震击引起磁能恶化。

12.6.8 停机后，应清洁硅整流器及其它部件。

12.7 氩弧焊机

12.7.1 氩弧焊机的使用应执行本规程第12.1，第12.4，第12.5节的规定。

12.7.2 应检查并确认电源、电压符合要求，接地装置安全可靠。

12.7.3 应检查并确认气管、水管不受外压和无外漏。

12.7.4 应根据材质的性能、尺寸、形状先确定极性，再确定电压、电流和氩气的流量。

12.7.5 安装的氩气减压阀、管接头不得沾有油脂。安装后，应进行试验并确认无障碍和漏气。

12.7.6 冷却水应保持清洁，水冷型焊机在焊接过程中，冷却水的流量应正常，不得断水施焊。

12.7.7 高频引弧的焊机，其高频防护装置应良好，亦可通过降低频率进行防护；不得发生短路，振荡器电源线路中的联锁开关严禁分接。

12.7.8 使用氩弧焊时，操作者应戴防毒面罩，钍钨棒的打磨应设有抽风装置，贮存时宜放在铅盒内。钨极粗细应根据焊接厚度确定，更换钨极时，必须切断电源。磨削钨极端头时，操作人员必须戴手套和口罩，磨削下来的粉尘，应及时清除，钍、铈、钨极不得随身携带。

12.7.9 焊机作业附近不宜装置有震动的其它机械设备，不得放置易燃、易爆物品。工作场所应有良好的通风措施。

12.7.10 氮气瓶和氩气瓶与焊接地点不应靠得太近，并应直立固定放置，不得倒放。

12.7.11 作业后，应切断电源，关闭水源和气源。焊接人员必须及时脱去工作服、清洗手脸和外露的皮肤。

12.8 二氧化碳气体保护焊

12.8.1 作业前，二氧化碳气体应先预热15 min。开气时，操作人员必须站在瓶嘴的侧面。

12.8.2 作业前，应检查并确认焊丝的进给机构、电线的连接部分、二氧化碳气体的供应系统及冷却水循环系统合乎要求，焊枪冷却水系统不得漏水。

12.8.3 二氧化碳气体瓶宜放在阴凉处，其最高温度不得超过30℃，并应放置牢靠，不得靠近热源。

12.8.4 二氧化碳气体预热器端的电压，不得大于36 V，作业后，应切断电源。

12.9 等离子切割机

12.9.1 应检查并确认电源、气源、水源无漏电、漏气、漏水，接地或接零安全可靠。

12.9.2 小车、工件应放在适当位置，并应使工件和切割电路正极接通，切割工作面下应设有熔渣坑。

12.9.3 应根据工件材质、种类和厚度选定喷嘴孔径，调整切割电源、气体流量和电极的内缩量。

12.9.4 自动切割小车应经空车运转，并选定切割速度。

12.9.5 操作人员必须戴好防护面罩、电焊手套、帽子、滤膜防尘口罩和隔音耳罩。不戴防护镜的人员严禁直接观察等离子弧，裸露的皮肤严禁接近等离子弧。

12.9.6 切割时，操作人员应站在上风处操作。可从工作台下部抽风，并宜缩小操作台上的敞开面积。

12.9.7 切割时，当空载电压过高时，应检查电器接地、接零和割炬手把绝缘情况，应将工作台与地面绝缘，或在电气控制系统安装空载断路继电器。

12.9.8 高频发生器应设有屏蔽护罩，用高频引弧后，应立即切断高频电路。

12.9.9 使用钍、钨电极应符合本规程第12.7.8条规定。

12.9.10 作业后，应切断电源，关闭气源和水源。

12.10 埋弧焊机

12.10.1 作业前，应检查并确认各部分导线连接良好，控制箱的外壳和接线板上的罩壳盖好。

12.10.2 应检查并确认送丝滚轮的沟槽及齿纹完好，滚轮、导电嘴（块）磨损或接触不良时应更换。

12.10.3 作业前，应检查减速箱油槽中的润滑油，不足时应添加。

12.10.4 软管式送丝机构的软管槽孔应保持清洁，并定期吹洗。

12.10.5 作业时，应及时排走焊接中产生的有害气体，在通风不良的舱室或容器内作业时，应安装通风设备。

12.11 竖向钢筋电渣压力焊机

12.11.1 应根据施焊钢筋直径选择具有足够输出电流的电焊机。电源电缆和控制电缆联接应正确、牢固。控制箱的外壳应牢靠接地。

12.11.2 施焊前，应检查供电电压并确认正常，当一次电压降大于8%时，不宜焊接。焊接导线长度不得大于30 m，截面面积不得小于50 mm^2。

12.11.3 施焊前应检查并确认电源及控制电路正常，定时准确，误差不大于5%，机具的传动系统、夹装系统及焊钳的转动部分灵活自如，焊剂已干燥，所需附件齐全。

12.11.4 施焊前，应按所焊钢筋的直径，根据参数表，标定好所需的电源和时间。一般情况下，时间（s）可为钢筋的直径数（mm），电流（A）可为钢筋直径的20倍数（mm）。

12.11.5 起弧前，上、下钢筋应对齐，钢筋端头应接触良好。对锈蚀粘有水泥的钢筋，应采用钢丝刷清除，并保证导电良好。

12.11.6 施焊过程中，应随时检查焊接质量，当发现倾斜、偏心、未熔合、有气孔等现象时，应重新施焊。

12.11.7 每个接头焊完后，应停留5～6min保温；寒冷季节应适当延长。当拆下机具时，应扶住钢筋，过热的接头不得过于受力。焊渣应待完全冷却后清除。

12.12 对焊机

12.12.1 电焊机的使用应执行本规程第12.1、第12.4节的规定。

12.12.2 对焊机应安置在室内，并应有可靠的接地或接零。当多台对焊机并列安装时，相互间距不得小于3m，应分别接在不同相位的电网上，并应分别有各自的刀型开关。导线的截面不应小于表12.12.2的规定。

表 12.12.2 导线截面

对焊机的额定功率(kVA)	25	50	75	100	150	200	500
一次电压为 220 V 时导线截面(mm^2)	10	25	35	45	—	—	—
一次电压为 380 V 时导线截面(mm^2)	6	16	25	35	50	70	150

12.12.3 焊接前,应检查并确认对焊机的压力机构灵活,夹具牢固,气压、液压系统无泄漏,一切正常后,方可施焊。

12.12.4 焊接前,应根据所焊接钢筋截面,调整二次电压,不得焊接超过对焊机规定直径的钢筋。

12.12.5 断路器的接触点、电极应定期光磨,二次电路全部连接螺栓应定期紧固。冷却水温度不得超过 40 ℃;排水量应根据温度调节。

12.12.6 焊接较长钢筋时,应设置托架,配合搬运钢筋的操作人员,在焊接时应防止火花烫伤。

12.12.7 闪光区应设挡板,与焊接无关的人员不得入内。

12.12.8 冬季施焊时,室内温度不应低于 8 ℃。作业后,应放尽机内冷却水。

12.13 点 焊 机

12.13.1 作业前,应清除上、下两电极的油污。通电后,机体外壳应无漏电。

12.13.2 启动前,应先接通控制线路的转向开关和焊接电流的小开关,调整好极数,再接通水源、气源,最后接通电源。

12.13.3 焊机通电后,应检查电气设备、操作机构、冷却系统、气路系统及机体外壳有无漏电现象。电极触头应保持光洁。有漏电时,应立即更换。

12.13.4 作业时,气路、水冷系统应畅通。气体应保持干燥。排水温度不得超过 40℃,排水量可根据气温调节。

12.13.5 严禁在引燃电路中加大熔断器。当负载过小使引燃管内电弧不能发生时,不得闭合控制箱的引燃电路。

12.13.6 当控制箱长期停用时,每月应通电加热 30 min。更换闸流管时应预热 30 min。正常工作的控制箱的预热时间不得小于 5 min。

12.14 气焊设备

12.14.1 一次加电石 10 kg 或每小时产生 5 m^3 乙炔气的乙炔发生器应采用固定式,并应建立乙炔站(房),由专人操作。乙炔站与厂房及其它建筑物的距离应符合现行国家标准《乙炔站设计规范》(GB 50031)及《建筑设计防火规范》(GBJ 16)的有关规定。

12.14.2 乙炔发生器(站)、氧气瓶及软管、阀、表均应齐全有效,紧固牢靠,不得松动、破损和漏气。氧气瓶及其附件、胶管、工具不得沾染油污。软管接头不得采用铜质材料制作。

12.14.3 乙炔发生器、氧气瓶和焊炬相互间的距离不得小于 10 m。当不满足上述要求时,应采取隔离措施。同一地点有两个以上乙炔发生器时,其相互间距不得小于 10 m。

12.14.4 电石的贮存地点应干燥,通风良好,室内不得有明火或敷设水管、水箱。电石桶应密封,桶上应标明“电石桶”和“严禁用水消火”等字样。电石有轻微的受潮时,应轻轻取出电石,不得倾倒。

12.14.5 搬运电石桶时,应打开桶上小盖。严禁用金属工具敲击桶盖。取装电石和砸碎电石时,操作人员应戴手套、口罩和眼镜。

12.14.6 电石起火时必须用干砂或二氧化碳灭火器,严禁用泡沫、四氯化碳灭火器或水灭火。电石粒末应在露天销毁。

12.14.7 使用新品种电石前,应作温水浸试,在确认无爆炸危险时,方可使用。

12.14.8 乙炔发生器的压力应保持正常,压力超过 147 kPa 时应停用。乙炔发生器的用水应为饮用水。发气室内壁不得用含铜或含银材料制作,温度不得超过 80℃。对水入式发生器,其冷却水温不得超过 50℃;对浮桶式发生器,其冷却水温不得超过 60℃。当温度超过规定时应停止作业,并采用冷水喷射降温和加入低温的冷却水。不得以金属棒等硬物敲击乙炔发生器的金属部分。

12.14.9 使用浮筒式乙炔发生器时,应装设回火防止器。在内筒顶部中间,应设有防爆球或胶皮薄膜,球壁或膜壁厚度不得大于 1 mm,其面积应为内筒底面积的 60% 以上。

12.14.10 乙炔发生器应放在操作地点的上风处,并应有良好的散热条件,不得放在供电电线的下方,亦不得放在强烈日光下曝晒。四周应设围栏,并应悬挂“严禁烟火”标志。

12.14.11 碎电石应在掺入小块电石后装入乙炔发生器中使用,不得完全使用碎电石。夜间添加电石时不得采用明火照明。

12.14.12 氧气橡胶软管应为红色,工作压力应为 1 500 kPa;乙炔橡胶软管应为黑色,工作压力应为 300 kPa。新橡胶软管应经压力试验。未经压力试验或代用品及变质、老化、脆裂、漏气及沾上油脂的胶管均不得使用。

12.14.13 不得将橡胶软管放在高温管道和电线上,或将重物及热的物件压在软管上,且不得将软管与电焊用的导线敷设在一起。软管经过车行道时。应加护套或盖板。

12.14.14 氧气瓶应与其它易燃气瓶、油脂和其他易燃、易爆物品分别存放,且不得同车运输。氧气瓶应有防震圈和安全帽;不得倒置;不得在强烈日光下曝晒。不得用行车或吊车吊运氧气瓶。

12.14.15 开启氧气瓶阀门时,应采用专用工具,动作应缓慢,不得面对减压器,压力表指针应灵敏正常。氧气瓶中的氧气不得全部用尽,应留 49 kPa 以上的剩余压力。

12.14.16 未安装减压器的氧气瓶严禁使用。

12.14.17 安装减压器时,应先检查氧气瓶阀门接头,不得有油脂,并略开氧气瓶阀门吹除污垢,然后安装减压器,操作者不得正对氧气瓶阀门出气口,关闭氧气瓶阀门时,应先松开减压器的活门螺丝。

12.14.18 点燃焊(割)炬时,应先开乙炔阀点火,再开氧气阀调整火焰。关闭时,应先关闭乙炔阀,再关闭氧气阀。

12.14.19 在作业中,发现氧气瓶阀门失灵或损坏不能关闭时,应让瓶内的氧气自动放尽后,再进行拆卸修理。

12.14.20 当乙炔发生器因漏气着火燃烧时,应立即将乙炔发生器朝安全方向推倒,并用黄砂扑灭火种,不得堵塞或拔出浮筒。

12.14.21 乙炔软管、氧气软管不得错装。使用中,当氧气软管着火时,不得折弯软管断气,应迅速关闭氧气阀门,停止供氧。当乙炔软管着火时,应先关熄炬火,可采用弯折前面一段软管将火熄灭。

12.14.22 冬季在露天施工,当软管和回火防止器冻结时,可用热水或在暖气设备下化冻。严禁用火焰烘烤。

12.14.23 不得将橡胶软管背在背上操作。当焊枪内带有乙炔、氧气时不得放在金属管、槽、缸、箱内。

12.14.24 氢氧并用时,应先开乙炔气,再开氢气,最后开氧气,再点燃。熄灭时,应先关氧气,再关氢气,最后关乙炔气。

12.14.25 作业后,应卸下减压器,拧上气瓶安全帽,将软管卷起捆好,挂在室内干燥处,并将乙炔发生器卸压,放水后取出电石篮。剩余电石和电石滓,应分别放在指定的地方。

附录A 建筑机械走合期的使用

A.0.1 新机和大修后的机械在初期使用时,应遵守走合期规定。

A.0.2 机械设备的走合期,除原制造厂有规定者外,内燃机械宜为100 h,电动机械宜为50 h,汽车宜为1 000 km。

A.0.3 走合期间,应采用符合其内燃机性能的优质燃料和润滑油料。

A.0.4 启动内燃机时,严禁猛加油门,应在500～600 r/min下稳定运转数分钟,使内燃机内部运动机件得到良好的润滑,随着温度上升而逐渐增加转速。在严寒季节,应先对内燃机进行预热后方可启动。

A.0.5 内燃机运转达到额定温度后,应对汽缸盖螺丝按照规定程序和扭矩,用扭力扳手逐个进行紧固,走合期内不得少于二次。

A.0.6 走合期内,操作应平稳,严禁骤然增加转速,并应减载使用:

1 起重机从额定起重量50%开始,逐步增加载荷,且不得超过额定起重量的80%。

2 挖掘机在前30 h内,应先挖掘松的土壤,每次装料应为斗容量的1/2,以后70 h内装料可逐步增加,且不得超过斗容量的3/4。

3 推土机、铲运机和装载机,应控制刀片铲土和铲斗装料深度,减少推土、铲土量和铲斗装载量,从50%开始逐渐增加,不得超过额定载荷的80%。

4 汽车载重量应按规定标准减载20%～25%,并应避免在不良的道路上行驶和拖带挂车,最高车速不宜超过40 km/h。

5 其它内燃机械和电动机械在走合期内,在无具体规定时,应减速30%和减载荷20%～30%。

A.0.7 在走合期内,应观察机械各部机构的运转情况,并应检查各轴承、齿轮箱、传动机构、液压装置以及各连接部分的温度,发现运转不正常、过热、异响等现象,应及时检查原因并排除。

A.0.8 执行走合期的机械,应在机械明显处悬挂“走合期”的标志,应使有关人员按走合期使用规定操作,待走合期满后再取下。

A.0.9 走合期满后,应更换内燃机曲轴箱机油,并清洗润滑系统,更换机油滤清器芯,同时应检查各齿轮箱润滑油清洁情况,不洁时亦应更换。

A.0.10 走合期满,应由机械管理人员和驾驶员、修理工配合进行一次检查以及调整、紧固工作。内燃机装有限速装置者,应在走合期满后拆除。

A.0.11 机械管理人员应对走合期负责。在走合期前,应把走合期各项要求和注意事项向操作人员交底;走合期中,应随时检查机械使用运转情况,详细填写机械走合期记录;走合期满后,应由机械技术负责人审查签章,将走合期记录归入技术档案。

附录 B　建筑机械寒冷季节的使用

B.1　准备工作

B.1.1　在进入寒冷季节前,机械使用单位应制定寒冷季节施工安全技术措施,并对机械操作人员进行寒冷季节使用机械设备的安全教育,同时应做好防寒物资的供应工作。

B.1.2　在进入寒冷季节前,对在用机械设备应结合保养进行一次换季保养,换用适合寒冷季节气温的燃油、润滑油、液压油、防冻液、蓄电池液等。对停用、在库、待运、待修和在修的机械设备,应由所在单位机械管理部门组织检查,放尽各部存水,并挂上"放水"标志。

B.2　机械冷却系统防冻措施

B.2.1　当室外温度低于 5℃时,所有用水冷却的机械设备,在停止使用后,操作人员应及时放尽机体存水。放水时应待水温降低到 50～60℃时进行,机械应处于平坦位置,拧开水箱盖并打开缸体、水泵、水箱等所有放水阀。在存水没有放尽前,操作人员不得离开。存水放净后,各放水阀均应保持开启状态,并将"无水"标志牌挂在机械的明显处。为了防止失误,应由专职人员按时进行检查。

B.2.2　使用防冻液的机械设备,在加入防冻液前,应对冷却系统进行清洗,根据气温要求,按比例配制防冻冷却液。在使用中应经常检查防冻液的容量和比重,不足时应增添。加入防冻液的机械,应在明显处悬挂"已加防冻液"标志,避免误放。

B.2.3　气温较低的地区,对汽车及汽车式起重机等的内燃机、水箱等都应有保温套。工作中如发生故障停用或停车时间较长,冷却水有冻结可能时,应放水防冻。

B.3　燃料、润滑油、液压油、蓄电池液的选用

B.3.1　应根据气温按出厂要求选用燃料。汽油机在低温下应选用辛烷值较高标号的汽油。柴油机在最低气温 4℃以上地区使用时,应采用 0 号柴油;在最低气温 -5℃以上地区使用时,应采用 -10 号柴油;在最低气温 -14℃的地区使用时,应采用 20 号柴油;在最低气温 -29℃的地区使用时,应采用 -35 号柴油;在最低气温 -30℃以下地区使用时,应采用 -50 号柴油。如在低温条件下缺乏低凝度柴油时,应采用预热措施方可使用高凝度柴油。

B.3.2　换用冬用润滑油。内燃机应采用在温度降低时粘度增加率小,并具有较低凝固温度的薄质机油,齿轮油采用凝固温度较低的齿轮油。

B.3.3　液压操纵系统的液压油,应随气温变化而换用。加添的液压油应使用同一品种、标号的油。换用液压油应将原液压油放尽,不得将两种不同的油质掺合使用。

B.3.4　使用蓄电池的机械,在寒冷季节中,蓄电池液密度不得低于 1.25,发电机电流应调整到 15 A 以上。严寒地区还应加装蓄电池保温装置。

B.4　存放、启动、防滑及带水作业

B.4.1　寒冷季节时,宜使机械设备进入室内或搭设机棚存放。露天存放的大型机械,应停放在避风处,并加盖篷布。

B.4.2　在没有保温设施情况下启动内燃机,应将水加热到 60～80℃时再加入内燃机冷却系统,并可用喷灯加热进气岐管。不得用机械拖顶的方法启动内燃机。

B.4.3 无预热装置的内燃机，可在工作完毕后将曲轴箱内润滑油趁热放出存入清洁容器，启动时再将容器加温到70～80℃后将油加入曲轴箱。严禁用明火直接燃烤曲轴箱。

B.4.4 内燃机启动后，应先怠速空转10～20 min后再逐步增加转速。不得刚启动就加大油门。

B.4.5 轮式机械在有积雪或冰冻层的地面上应降低车速，必要时可加防滑链，上下坡或转弯时应避免使用紧急制动。

B.4.6 带水作业的机械设备如水泵、混凝土搅拌机、砂浆机等，停用后应冲洗干净，放尽水箱及机体内积水。

附录C 液压装置的使用

C.1 液压元件的安装

C.1.1 液压元件在安装前应清洗干净。安装应在清洁的环境中进行，防止外界污染物进入系统。

C.1.2 液压泵、液压马达和液压阀的进、出油口不得反接。安装时应保证液压泵轴与传动轴的同心度。连接螺钉应按规定扭力拧紧。

C.1.3 液压缸中心线应与负载作用线同心，并与安装面保持一定的平行度和垂直度。活塞和缸头的密封圈松紧应适度。

C.1.4 油管应清洁光滑，无裂缝、锈蚀等缺陷，并应采用管夹与机器固定，防止振动。软管应无急弯或扭曲，不得与其它管道或物件相碰或摩擦。

C.2 液压油的选择和清洁

C.2.1 液压系统所用的油料，应符合出厂说明书中所规定的液压油种类和牌号，也可根据液压泵或液压马达的结构形式、液压系统采用的压力、环境温度等选用适当的油液。

C.2.2 加补油料应经过严格过滤，向油箱注油应通过规定的滤油器。滤油器应经常检查和清洗，发现损坏，应及时更换。

C.2.3 定期检查液压油的清洁度，如清洁度低于规定的等级，应及时更换，应认真填写单机加、换油记录及油品检测记录。

C.2.4 向油箱加注新油的牌号应与旧油液牌号相同；当需加注不同牌号油液时，应将液压系统的旧油液全部放净并清洗后，方可加注新油。不同牌号的液压油不得混合使用。

C.2.5 盛装液压油的容器应保持清洁。容器内壁不得涂刷油漆。

C.3 启动前的检查和启动、运转作业

C.3.1 液压油箱内的油面应在标尺规定的上、下限范围内，低于下限时，应补充新油。

C.3.2 冷却器应有充足的冷却水，散热风扇应完好有效。

C.3.3 液压泵的出入口与旋转方向应与标牌标志一致。换新联轴器时不得敲打泵轴。

C.3.4 各液压元件应固定牢固，油管及密封圈应无渗漏。

C.3.5 所有操纵杆都应处于中间位置。

C.3.6 在低温或严寒地带启动液压泵时，应使用加热器提高油温，加热时不得使油温超过80 ℃启动后，当油温低于10 ℃时，应使液压系统在无载荷状态下运转20 min以上。

C. 3. 7　初次启动时，在液压系统空载情况下，应观察并确认各工件工作状态正常，并应打开空气阀，将系统内空气排除干净。

C. 3. 8　停机时间较长的液压泵和液压马达，启动后应空转一段时间，方可正常使用。

C. 3. 9　溢流阀的调定压力不得超过液压系统允许的最高压力。应检查并确认各操纵阀、管接头等无破损漏油现象，各机构运转灵活，一切正常后，方可启动作业。

C. 3. 10　运转中，在系统稳定工况下，应随时观察仪表读数，注意油温、压力、噪声、振动等情况，发现问题，应立即停机检修。

C. 3. 11　液压油的工作温度宜保持在 30 ~ 60℃ 范围内，使用中宜控制油温最高不超过 80℃；当油温过高时，应检查油量、油粘度、冷却器、过滤器等是否正常，找出故障并排除后，方可继续使用。

C. 3. 12　液压泵吸入管及泵轴密封部分等低于大气压力的地方不得漏入空气。

C. 3. 13　当开启放气阀或检查高压系统泄漏时，不得面对喷射口的方向。

C. 3. 14　高压系统发生微小或局部喷泄时，应立即卸荷检修，不得用手去检查或堵挡喷泄。

C. 3. 15　蓄能器注入气体后，各部分不得拆开或松动螺丝。在拆蓄能器封盖前，应先放尽器内气体，确认无压力后方可拆开。

C. 3. 16　液压系统在作业中如出现下列情况时，应停机检查；

1　油温过高，超过允许范围；

2　系统压力不足或完全无压力；

3　流量过大、过小或完全不流油；

4　压力或流量脉动；

5　严重噪音振动；

6　换向阀动作失灵；

7　工作装置功能不良或卡死；

8　油管系统泄漏、内渗、串压、反馈严重时。

C. 3. 17　作业完毕后，工作装置及控制阀等均应回复原位。

C. 3. 18　应认真进行保养。长时间不使用时，外露的活塞杆等应涂油防锈。

C. 3. 19　拆检系统及管路时，应确保系统内无高压，方可拆除。

附录 D　土 壤 分 类

表 D　土壤分类表

土壤分类	名　　称	天然含水量时平均质量密度 (kg/m^3)	相当于普氏系数 f	现场鉴别方法
一类	1. 砂 2. 黏质砂土 3. 种植土 4. 冲积砂土层 5. 泥炭	1 500 1 600 1 200 1 650 600	0.5 ~ 0.6	用锹，少许用脚蹬可挖掘。铲运机铲土时间短，容易装满斗
二类	1. 砂质黏土和黄土 2. 轻盐土和碱土	1 600 1 600	0.6 ~ 0.8	

续上表

土壤分类	名　　称	天然含水量时平均质量密度（kg/m^3）	相当于普氏系数 f	现场鉴别方法
三类	1. 中等密实的砂质黏土和黄土 2. 含有碎石、卵石或工程垃圾的松散土 3. 压实的填筑土 4. 黏土 5. 轻微胶结的砂 6. 天然湿度含砾石、石子（占15%以内）等杂质黄土	1 800 1 900 1 900 1 900 1 700 1 800	0.8～1.0	可挖掘，铲运机铲土时间较长，可以装满斗
四类	1. 坚硬重质黏土 2. 板状黄土和黏土 3. 密实硬化后的重盐土 4. 高岭土、干燥变硬的观音土 5. 松散风化的片岩、砂岩或软页岩 6. 含有碎石、卵石（30%以内）中等密实的黏性土或黄土 7. 天然级配砂石	1 950 2 000 1 800 1 500 2 000 1 950 1 950	1.0～1.5	全部用镐挖掘，少许需用撬棍撬松。铲运土时间长，装不满斗，有时需要用助铲或松土机

注：本表系采用1985年部颁《全国建筑工程劳动定额》合订本（二）说明二中第15条。其中已考虑的土壤含水量为：重粘土在27%以内，粘土25%以内，砂质粘土22%以内，粘质砂土18%以内，砂性土、粉砂、细砂15%以内，但粗砂、中砂至少8%。

施工现场临时用电安全技术规范

目　次

3 临时用电管理

3.1 临时用电组织设计

3.1.1 施工现场临时用电设备在5台及以上或设备总容量在50 kW及以上者，应编制用电组织设计。

3.1.2 施工现场临时用电组织设计应包括下列内容：

1 现场勘测；

2 确定电源进线、变电所或配电室、配电装置、用电设备位置及线路走向；

3 进行负荷计算；

4 选择变压器；

5 设计配电系统：

1)设计配电线路，选择导线或电缆；

2)设计配电装置，选择电器；

3)设计接地装置；

4)绘制临时用电工程图纸，主要包括用电工程总平面图、配电装置布置图、配电系统接线图、接地装置设计图。

6 设计防雷装置；

7 确定防护措施；

8 制定安全用电措施和电气防火措施。

3.1.3 临时用电工程图纸应单独绘制，临时用电工程应按图施工。

3.1.4 临时用电组织设计及变更时，必须履行“编制、审核、批准”程序，由电气工程技术人员组织编制，经相关部门审核及具有法人资格企业的技术负责人批准后实施。变更用电组织设计时应补充有关图纸资料。

3.1.5 临时用电工程必须经编制、审核、批准部门和使用单位共同验收，合格后方可投入使用。

3.1.6 施工现场临时用电设备在5台以下和设备总容量在50 kW以下者，应制定安全用电和电气防火措施，并应符合本规范第3.1.4、3.1.5条规定。

3.2 电工及用电人员

3.2.1 电工必须经过按国家现行标准考核合格后，持证上岗工作；其他用电人员必须通过相关安全教育培训和技术交底，考核合格后方可上岗工作。

3.2.2 安装、巡检、维修或拆除临时用电设备和线路，必须由电工完成，并应有人监护。电工等级应同工程的难易程度和技术复杂性相适应。

3.2.3 各类用电人员应掌握安全用电基本知识和所用设备的性能，并应符合下列规定：

1 使用电气设备前必须按规定穿戴和配备好相应的劳动防护用品，并应检查电气装置和保护设施，严禁设备带“缺陷”运转；

2 保管和维护所用设备，发现问题及时报告解决；

3 暂时停用设备的开关箱必须分断电源隔离开关，并应关门上锁；

4 移动电气设备时，必须经电工切断电源并做妥善处理后进行。

3.3 安全技术档案

3.3.1 施工现场临时用电必须建立安全技术档案,并应包括下列内容:

1 用电组织设计的全部资料;

2 修改用电组织设计的资料;

3 用电技术交底资料;

4 用电工程检查验收表;

5 电气设备的试、检验凭单和调试记录;

6 接地电阻、绝缘电阻和漏电保护器漏电动作参数测定记录表;

7 定期检(复)查表;

8 电工安装、巡检、维修、拆除工作记录。

3.3.2 安全技术档案应由主管该现场的电气技术人员负责建立与管理。其中"电工安装、巡检、维修、拆除工作记录"可指定电工代管,每周由项目经理审核认可,并应在临时用电工程拆除后统一归档。

3.3.3 临时用电工程应定期检查。定期检查时,应复查接地电阻值和绝缘电阻值。

3.3.4 临时用电工程定期检查应按分部、分期工程进行,对安全隐患必须及时处理,并应履行复查验收手续。

4 外电线路及电气设备防护

4.1 外电线路防护

4.1.1 在建工程不得在外电架空线路正下方施工、搭设作业棚、建造生活设施或堆放构件、架具、材料及其他杂物等。

4.1.2 在建工程(含脚手架)的周边与外电架空线路的边线之间的最小安全操作距离应符合表4.1.2规定。

表4.1.2 在建工程(含脚手架)的周边与外电架空线路的边线之间的最小安全操作距离

外电线路电压等级(kV)	<1	1~10	35~110	220	330~500
最小安全操作距离(m)	4.0	6.0	8.0	10	15

注:上、下脚手架的斜道不宜设在有外电线路的一侧。

4.1.3 施工现场的机动车道与外电架空线路交叉时,架空线路的最低点与路面的最小垂直距离应符合表4.1.3规定。

表4.1.3 施工现场的机动车道与外电架空线路交叉时的最小垂直距离

外电线路电压等级(kV)	<1	1~10	35
最小垂直距离(m)	6.0	7.0	7.0

4.1.4 起重机严禁越过无防护设施的外电架空线路作业。在外电架空线路附近吊装时,起重机的任何部位或被吊物边缘在最大偏斜时与架空线路边线的最小安全距离应符合表4.1.4规定。

表 4.1.4 起重机与架空线路边线的最小安全距离

安全距离(m) \ 电压(kV)	<1	10	35	110	220	330	500
沿垂直方向	1.5	3.0	4.0	5.0	6.0	7.0	8.5
沿水平方向	1.5	2.0	3.5	4.0	6.0	7.0	8.5

4.1.5 施工现场开挖沟槽边缘与外电埋地电缆沟槽边缘之间的距离不得小于 0.5 m。

4.1.6 当达不到本规范第 4.1.2 ~4.1.4 条中的规定时,必须采取绝缘隔离防护措施,并应悬挂醒目的警告标志。

架设防护设施时,必须经有关部门批准,采用线路暂时停电或其他可靠的安全技术措施,并应有电气工程技术人员和专职安全人员监护。

防护设施与外电线路之间的安全距离不应小于表 4.1.6 所列数值。

防护设施应坚固、稳定,且对外电线路的隔离防护应达到 IP30 级。

表 4.1.6 防护设施与外电线路之间的最小安全距离

外电线路电压等级(kV)	≤10	35	110	220	330	500
最小安全距离(m)	1.7	2.0	2.5	4.0	5.0	6.0

4.1.7 当本规范第 4.1.6 条规定的防护措施无法实现时,必须与有关部门协商,采取停电、迁移外电线路或改变工程位置等措施,未采取上述措施的严禁施工。

4.1.8 在外电架空线路附近开挖沟槽时,必须会同有关部门采取加固措施,防止外电架空线路电杆倾斜、悬倒。

4.2 电气设备防护

4.2.1 电气设备现场周围不得存放易燃易爆物、污源和腐蚀介质,否则应予清除或做防护处置,其防护等级必须与环境条件相适应。

4.2.2 电气设备设置场所应能避免物体打击和机械损伤,否则应做防护处置。

5 接地与防雷

5.1 一般规定

5.1.1 在施工现场专用变压器的供电的 TN－S 接零保护系统中,电气设备的金属外壳必须与保护零线连接。保护零线应由工作接地线、配电室(总配电箱)电源侧零线或总漏电保护器电源侧零线处引出(图 5.1.1)。

5.1.2 当施工现场与外电线路共用同一供电系统时,电气设备的接地、接零保护应与原系统保护一致。不得一部分设备做保护接零,另一部分设备做保护接地。

采用 TN 系统做保护接零时,工作零线(N 线)必须通过总漏电保护器,保护零线(PE 线)必须由电源进线零线重复接地处或总漏电保护器电源侧零线处,引出形成局部 TN－S 接零保护系统(图 5.1.2)。

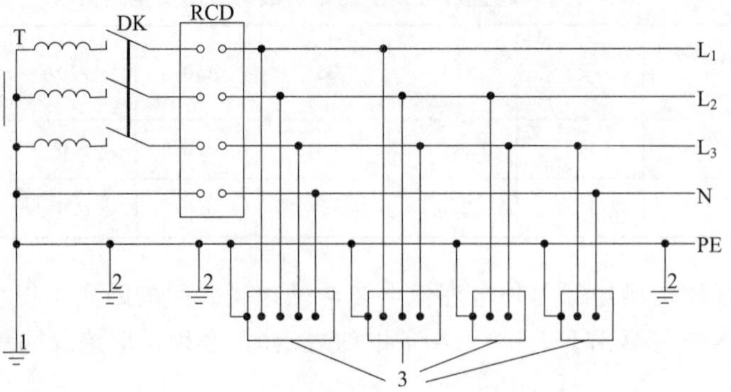

图 5.1.1　专用变压器供电时 TN－S 接零保护系统示意

1—工作接地；2—PE 线重复接地；3—电气设备金属外壳（正常不带电的外露可导电部分）；L_1、L_2、L_3—相线；N—工作零线；PE—保护零线；DK—总电源隔离开关；RCD—总漏电保护器（兼有短路、过载、漏电保护功能的漏电断路器）；T—变压器

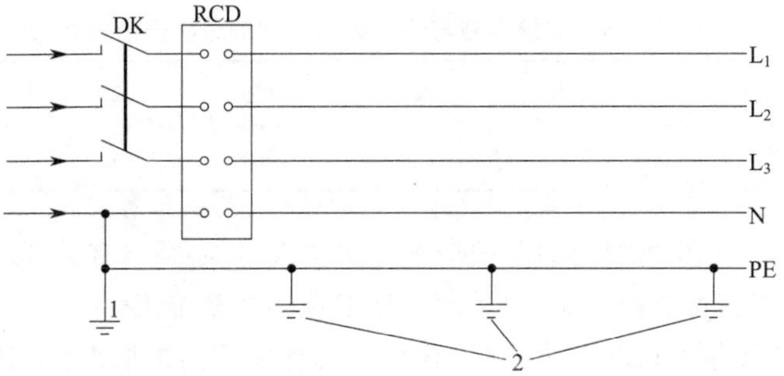

图 5.1.2　三相四线供电时局部 TN－S 接零保护系统保护零线引出示意

1—NPE 线重复接地；2—PE 线重复接地；L_1、L_2、L_3—相线；N—工作零线；PE—保护零线；DK—总电源隔离开关；RCD—总漏电保护器（兼有短路、过载、漏电保护功能的漏电断路器）

5.1.3　在 TN 接零保护系统中，通过总漏电保护器的工作零线与保护零线之间不得再做电气连接。

5.1.4　在 TN 接零保护系统中，PE 零线应单独敷设。重复接地线必须与 PE 线相连接，严禁与 N 线相连接。

5.1.5　使用一次侧由 50 V 以上电压的接零保护系统供电，二次侧为 50 V 及以下电压的安全隔离变压器时，二次侧不得接地，并应将二次线路用绝缘管保护或采用橡皮护套软线。

当采用普通隔离变压器时，其二次侧一端应接地，且变压器正常不带电的外露可导电部分应与一次回路保护零线相连接。

以上变压器尚应采取防直接接触带电体的保护措施。

5.1.6　施工现场的临时用电电力系统严禁利用大地做相线或零线。

5.1.7　接地装置的设置应考虑土壤干燥或冻结等季节变化的影响，并应符合表 5.1.7 的规定，接地电阻值在四季中均应符合本规范第 5.3 节的要求。但防雷装置的冲击接地电阻值只考虑在雷雨季节中土壤干燥状态的影响。

5.1.8　PE 线所用材质与相线、工作零线（N 线）相同时，其最小截面应符合表 5.1.8 的规定。

表 5.1.7 接地装置的季节系数 φ 值

埋深(m)	水平接地体	长 2~3 m 的垂直接地体
0.5	1.4~1.8	1.2~1.4
0.8~1.0	1.25~1.45	1.15~1.3
2.5~3.0	1.0~1.1	1.0~1.1

注:大地比较干燥时,取表中较小值;比较潮湿时,取表中较大值。

表 5.1.8 PE 线截面与相线截面的关系

相线芯线截面 S(mm^2)	PE 线最小截面(mm^2)
$S \leqslant 16$	S
$16 < S \leqslant 35$	16
$S > 35$	$S/2$

5.1.9 保护零线必须采用绝缘导线。

配电装置和电动机械相连接的 PE 线应为截面不小于 2.5 mm^2 的绝缘多股铜线。手持式电动工具的 PE 线应为截面不小于 1.5 mm^2 的绝缘多股铜线。

5.1.10 PE 线上严禁装设开关或溶断器,严禁通过工作电流,且严禁断线。

5.1.11 相线、N 线、PE 线的颜色标记必须符合以下规定:相线 L_1(A)、L_2(B)、L_3(C)相序的绝缘颜色依次为黄、绿、红色;N 线的绝缘颜色为淡蓝色;PE 线的绝缘颜色为绿/黄双色。任何情况下上述颜色标记严禁混用和互相代用。

5.2 保护接零

5.2.1 在 TN 系统中,下列电气设备不带电的外露可导电部分应做保护接零:

1 电机、变压器、电器、照明器具、手持式电动工具的金属外壳;

2 电气设备传动装置的金属部件;

3 配电柜与控制柜的金属框架;

4 配电装置的金属箱体、框架及靠近带电部分的金属围栏和金属门;

5 电力线路的金属保护管、敷线的钢索、起重机的底座和轨道、滑升模板金属操作平台等;

6 安装在电力线路杆(塔)上的开关、电容器等电气装置的金属外壳及支架。

5.2.2 城防、人防、隧道等潮湿或条件特别恶劣施工现场的电气设备必须采用保护接零。

5.2.3 在 TN 系统中,下列电气设备不带电的外露可导电部分,可不做保护接零:

1 在木质、沥青等不良导电地坪的干燥房间内,交流电压 380 V 及以下的电气装置金属外壳(当维修人员可能同时触及电气设备金属外壳和接地金属的件的除外);

2 安装在配电柜、控制柜金属框架和配电箱的金属箱体上,且与其可靠电气连接的电气测量仪表、电流互感器、电器的金属外壳。

5.3 接地与接地电阻

5.3.1 单台容量超过 100 kVA 或使用同一接地装置并联运行且总容量超过 100 kVA 的电力变压器或发电机的工作接地电阻值不得大于 4 Ω。

单台容量不超过 100 kVA 或使用同一接地装置并联运行且总容量不超过 100 kVA 的电

力变压器或发电机的工作接地电阻值不得大于 10 Ω。

在土壤电阻率大于 1 000 Ω · m 的地区,当达到上述接地电阻值有困难时,工作接地电阻值可提高到 30 Ω。

5.3.2 TN 系统中的保护零线除必须在配电室或总配电箱处做重复接地外,还必须在配电系统的中间处和末端处做重复接地。

在 TN 系统中,保护零线每一处重复接地装置的接地电阻值不应大于 10 Ω。在工作接地电阻值允许达到 10 Ω 的电力系统中,所有重复接地的等效电阻值不应大于 10 Ω。

5.3.3 在 TN 系统中,严禁将单独敷设的工作零线再做重复接地。

5.3.4 每一接地装置的接地线应采用 2 根及以上导体,在不同点与接地体做电气连接。

不得采用铝导体做接地体或地下接地线。垂直接地体宜采用角钢、钢管或光面圆钢,不得采用螺纹钢。

接地可利用自然接地体,但应保证其电气连接和热稳定。

5.3.5 移动式发电机供电的用电设备,其金属外壳或底座应与发电机电源的接地装置有可靠的电气连接。

5.3.6 移动式发电机系统接地应符合电力变压器系统接地的要求。下列情况可不另做保护接零:

1 移动式发电机和用电设备固定在同一金属支架上,且不供给其他设备用电时;

2 不超过 2 台的用电设备由专用的移动式发电机供电,供、用电设备间距不超过 50 m,且供、用电设备的金属外壳之间有可靠的电气连接时。

5.3.7 在有静电的施工现场内,对集聚在机械设备上的静电应采取接地泄漏措施。每组专设的静电接地体的接地电阻值不应大于 100 Ω,高土壤电阻率地区不应大于 1 000 Ω。

5.4 防　　雷

5.4.1 在土壤电阻率低于 200 Ω · m 区域的电杆可不另设防雷接地装置,但在配电室的架空进线或出线处应将绝缘子铁脚与配电室的接地装置相连接。

5.4.2 施工现场内的起重机、井字架、龙门架等机械设备,以及钢脚手架和正在施工的在建工程等的金属结构,当在相邻建筑物、构筑物等设施的防雷装置接闪器的保护范围以外时,应按表 5.4.2 规定安装防雷装置。表 5.4.2 中地区年均雷暴日(d)应按本规范附录 A 执行。

当最高机械设备上避雷针(接闪器)的保护范围能覆盖其他设备,且又最后退出现场,则其他设备可不设防雷装置。

确定防雷装置接闪器的保护范围可采用本规范附录 B 的滚球法。

表 5.4.2　施工现场内机械设备及高架设施需安装防雷装置的规定

地区年平均雷暴日(d)	机械设备高度(m)
≤15	≥50
>15,<40	≥32
≥40,<90	≥20
≥90 及雷害特别严重地区	≥12

5.4.3 机械设备或设施的防雷引下线可利用该设备或设施的金属结构体,但应保证电气连接。

5.4.4 机械设备上的避雷针(接闪器)长度应为1~2 m。塔式起重机可不另设避雷针(接闪器)。

5.4.5 安装避雷针(接闪器)的机械设备,所有固定的动力、控制、照明、信号及通信线路,宜采用钢管敷设。钢管与该机械设备的金属结构体应做电气连接。

5.4.6 施工现场内所有防雷装置的冲击接地电阻值不得大于30 Ω。

5.4.7 做防雷接地机械上的电气设备,所连接的PE线必须同时做重复接地,同一台机械电气设备的重复接地和机械的防雷接地可共用同一接地体,但接地电阻应符合重复接地电阻值的要求。

6 配电室及自备电源

6.1 配电室

6.1.1 配电室应靠近电源,并应设在灰尘少、潮气少、振动小、无腐蚀介质、无易燃易爆物及道路畅通的地方。

6.1.2 成列的配电柜和控制柜两端应与重复接地线及保护零线做电气连接。

6.1.3 配电室和控制室应能自然通风,并应采取防止雨雪侵入和动物进入的措施。

6.1.4 配电室布置应符合下列要求:

1 配电柜正面的操作通道宽度,单列布置或双列背对背布置不小于1.5 m,双列面对面布置不小于2 m;

2 配电柜后面的维护通道宽度,单列布置或双列面对面布置不小于0.8 m,双列背对背布置不小于1.5 m,个别地点有建筑物结构凸出的地方,则此点通道宽度可减少0.2 m;

3 配电柜侧面的维护通道宽度不小于1 m;

4 配电室的顶棚与地面的距离不低于3 m;

5 配电室内设置值班或检修室时,该室边缘距配电柜的水平距离大于1 m,并采取屏障隔离;

6 配电室内的裸母线与地面垂直距离小于2.5 m时,采用遮栏隔离,遮栏下面通道的高度不小于1.9 m;

7 配电室围栏上端与其正上方带电部分的净距不小于0.075 m;

8 配电装置的上端距顶棚不小于0.5 m;

9 配电室内的母线涂刷有色油漆,以标志相序;以柜正面方向为基准,其涂色符合表6.1.4规定;

10 配电室的建筑物和构筑物的耐火等级不低于3级,室内配置砂箱和可用于扑灭电气火灾的灭火器;

表6.1.4 母线涂色

相别	颜色	垂直排列	水平排列	引下排列
L_1(A)	黄	上	后	左
L_2(B)	绿	中	中	中
L_3(C)	红	下	前	右
N	淡蓝	—	—	—

11 配电室的门向外开,并配锁;

12 配电室的照明分别设置正常照明和事故照明。

6.1.5 配电柜应装设电度表,并应装设电流、电压表。电流表与计费电度表不得共用一组电流互感器。

6.1.6 配电柜应装设电源隔离开关及短路、过载、漏电保护电器。电源隔离开关分断时应有明显可见分断点。

6.1.7 配电柜应编号,并应有用途标记。

6.1.8 配电柜或配电线路停电维修时,应挂接地线,并应悬挂"禁止合闸、有人工作"停电标志牌。停送电必须由专人负责。

6.1.9 配电室应保持整洁,不得堆放任何妨碍操作、维修的杂物。

6.2 230/400 V 自备发电机组

6.2.1 发电机组及其控制、配电、修理室等可分开设置;在保证电气安全距离和满足防火要求情况下可合并设置。

6.2.2 发电机组的排烟管道必须伸出室外。发电机组及其控制、配电室内必须配置可用于扑灭电气火灾的灭火器,严禁存放贮油桶。

6.2.3 发电机组电源必须与外电线路电源连锁,严禁并列运行。

6.2.4 发电机组应采用电源中性点直接接地的三相四线制供电系统和独立设置 TN－S 接零保护系统,其工作接地电阻值应符合本规范第 5.3.1 条要求。

6.2.5 发电机控制屏宜装设下列仪表:

1 交流电压表;

2 交流电流表;

3 有功功率表;

4 电度表;

5 功率因数表;

6 频率表;

7 直流电流表。

6.2.6 发电机供电系统应设置电源隔离开关及短路、过载、漏电保护电器。电源隔离开关分断时应有明显可见分断点。

6.2.7 发电机组并列运行时,必须装设同期装置,并在机组同步运行后再向负载供电。

7 配 电 线 路

7.1 架空线路

7.1.1 架空线必须采用绝缘导线。

7.1.2 架空线必须架设在专用电杆上,严禁架设在树木、脚手架及其他设施上。

7.1.3 架空线导线截面的选择应符合下列要求:

1 导线中的计算负荷电流不大于其长期连续负荷允许载流量。

2 线路末端电压偏移不大于其额定电压的 5%。

3 三相四线制线路的 N 线和 PE 线截面不小于相线截面的 50%,单相线路的零线截面与相线截面相同。

4 按机械强度要求，绝缘铜线截面不小于 10 mm^2，绝缘铝线截面不小于 16 mm^2。

5 在跨越铁路、公路、河流、电力线路档距内，绝缘铜线截面不小于 16 mm^2，绝缘铝线截面不小于 25 mm^2。

7.1.4 架空线在一个档距内，每层导线的接头数不得超过该层导线条数的 50%，且一条导线应只有一个接头。

在跨越铁路、公路、河流、电力线路档距内，架空线不得有接头。

7.1.5 架空线路相序排列应符合下列规定：

1 动力、照明线在同一横担上架设时，导线相序排列是：面向负荷从左侧起依次为 L_1、N、L_2、L_3、PE；

2 动力、照明线在二层横担上分别架设时，导线相序排列是：上层横担面向负荷从左侧起依次为 L_1、L_2、L_3；下层横担面向负荷从左侧起依次为 L_1（L_2、L_3）、N、PE。

7.1.6 架空线路的档距不得大于 35 m。

7.1.7 架空线路的线间距不得小于 0.3 m，靠近电杆的两导线的间距不得小于 0.5 m。

7.1.8 架空线路横担间的最小垂直距离不得小于表 7.1.8－1 所列数值；横担宜采用角钢或方木，低压铁横担角钢应按表 7.1.8－2 选用，方木横担截面应按 80 mm×80 mm 选用；横担长度应按表 7.1.8－3 选用。

表 7.1.8－1 横担间的最小垂直距离（m）

排列方式	直线杆	分支或转角杆
高压与低压	1.2	1.0
低压与低压	0.6	0.3

表 7.1.8－2 低压铁横担角钢选用

导线截面（mm^2）	直线杆	分支或转角杆	
		二线及三线	四线及以上
16 25 35 50	L50×5	2×L50×5	2×L63×5
70 95 120	L63×5	2×L63×5	2×L70×6

表 7.1.8－3 横担长度选用

横担长度（m）		
二线	三线、四线	五线
0.7	1.5	1.8

7.1.9 架空线路与邻近线路或固定物的距离应符合表 7.1.9 的规定。

表 7.1.9 架空线路与邻近线路或固定物的距离

<table>
<tr><td>项目</td><td colspan="7">距离类别</td></tr>
<tr><td rowspan="2">最小净空距离(m)</td><td colspan="2">架空线路的过引线、接下线与邻线</td><td colspan="2">架空线与架空线电杆外缘</td><td colspan="3">架空线与摆动最大时树梢</td></tr>
<tr><td colspan="2">0.13</td><td colspan="2">0.05</td><td colspan="3">0.05</td></tr>
<tr><td rowspan="3">最小垂直距离(m)</td><td rowspan="2">架空线同杆架设下方的通信、广播线路</td><td colspan="3">架空线最大弧垂与地面</td><td rowspan="2">架空线最大弧垂与暂设工程顶端</td><td colspan="2">架空线与邻近电力线路交叉</td></tr>
<tr><td>施工现场</td><td>机动车道</td><td>铁路轨道</td><td>1 kV 以下</td><td>1 ~ 10 kV</td></tr>
<tr><td>1.0</td><td>4.0</td><td>6.0</td><td>7.5</td><td>2.5</td><td>1.2</td><td>2.5</td></tr>
<tr><td rowspan="2">最小水平距离(m)</td><td colspan="2">架空线电杆与路基边缘</td><td colspan="2">架空线电杆与铁路轨道边缘</td><td colspan="3">架空线边线与建筑物凸出部分</td></tr>
<tr><td colspan="2">1.0</td><td colspan="2">杆高(m) +3.0</td><td colspan="3">1.0</td></tr>
</table>

7.1.10 架空线路宜采用钢筋混凝土杆或木杆。钢筋混凝土杆不得有露筋、宽度大于 0.4 mm 的裂纹和扭曲;木杆不得腐朽,其梢径不应小于 140 mm。

7.1.11 电杆埋设深度宜为杆长的 1/10 加 0.6 m,回填土应分层夯实。在松软土质处宜加大埋入深度或采用卡盘等加固。

7.1.12 直线杆和 15°以下的转角杆,可采用单横担单绝缘子,但跨越机动车道时应采用单横担双绝缘子;15°到 45°的转角杆应采用双横担双绝缘子;45°以上的转角杆,应采用十字横担。

7.1.13 架空线路绝缘子应按下列原则选择:

1 直线杆采用针式绝缘子;

2 耐张杆采用蝶式绝缘子。

7.1.14 电杆的拉线宜采用不少于 3 根 *D*4.0 mm 的镀锌钢丝。拉线与电杆的夹角应在 30° ~ 45°之间。拉线埋设深度不得小于 1m。电杆拉线如从导线之间穿过,应在高于地面 2.5 m 处装设拉线绝缘子。

7.1.15 因受地形环境限制不能装设拉线时,可采用撑杆代替拉线,撑杆埋设深度不得小于 0.8 m,其底部应垫底盘或石块。撑杆与电杆的夹角宜为 30°。

7.1.16 接户线在档距内不得有接头,进线处离地高度不得小于 2.5 m。接户线最小截面应符合表 7.1.16 - 1 规定。接户线线间及与邻近线路间的距离应符合表 7.1.16 - 2 的要求。

表 7.1.16 - 1 接户线的最小截面

接户线架设方式	接户线长度(m)	接户线截面(mm^2)	
		铜线	铝线
架空或沿墙敷设	10 ~ 25	6.0	10.0
	≤10	4.0	6.0

表 7.1.16 - 2 接户线线间及与邻近线路间的距离

接户线架设方式	接户线档距(m)	接户线线间距离(mm)
架空敷设	≤25	150
	>25	200

续上表

接户线架设方式	接户线档距(m)	接户线线间距离(mm)
沿墙敷设	≤6	100
	>6	150
架空接户线与广播电话线交叉时的距离(mm)		接户线在上部,600 接户线在下部,300
架空或沿墙敷设的接户线零线和相线交叉时的距离(mm)		100

7.1.17 架空线路必须有短路保护。

采用熔断器做短路保护时,其熔体额定电流不应大于明敷绝缘导线长期连续负荷允许载流量的1.5倍。

采用断路器做短路保护时,其瞬动过流脱扣器脱扣电流整定值应小于线路末端单相短路电流。

7.1.18 架空线路必须有过载保护。

采用熔断器或断路器做过载保护时,绝缘导线长期连续负荷允许载流量不应小于熔断器熔体额定电流或断路器长延时过流脱扣器脱扣电流整定值的1.25倍。

7.2 电缆线路

7.2.1 电缆中必须包含全部工作芯线和用作保护零线或保护线的芯线。需要三相四线制配电的电缆线路必须采用五芯电缆。

五芯电缆必须包含淡蓝、绿/黄二种颜色绝缘芯线。淡蓝色芯线必须用作N线;绿/黄双色芯线必须用作PE线,严禁混用。

7.2.2 电缆截面的选择应符合本规范第7.1.3条1、2、3款的规定,根据其长期连续负荷允许载流量和允许电压偏移确定。

7.2.3 电缆线路应采用埋地或架空敷设,严禁沿地面明设,并应避免机械损伤和介质腐蚀。埋地电缆路径应设方位标志。

7.2.4 电缆类型应根据敷设方式、环境条件选择。埋地敷设宜选用铠装电缆;当选用无铠装电缆时,应能防水、防腐。架空敷设宜选用无铠装电缆。

7.2.5 电缆直接埋地敷设的深度不应小于0.7 m,并应在电缆紧邻上、下、左、右侧均匀敷设不小于50 mm厚的细砂,然后覆盖砖或混凝土板等硬质保护层。

7.2.6 埋地电缆在穿越建筑物、构筑物、道路、易受机械损伤、介质腐蚀场所及引出地面从2.0 m高到地下0.2 m处,必须加设防护套管,防护套管内径不应小于电缆外径的1.5倍。

7.2.7 埋地电缆与其附近外电电缆和管沟的平行间距不得小于2 m,交叉间距不得小于1 m。

7.2.8 埋地电缆的接头应设在地面上的接线盒内,接线盒应能防水、防尘、防机械损伤,并应远离易燃、易爆、易腐蚀场所。

7.2.9 架空电缆应沿电杆、支架或墙壁敷设,并采用绝缘子固定,绑扎线必须采用绝缘线,固定点间距应保证电缆能承受自重所带来的荷载,敷设高度应符合本规范第7.1节架空线路敷设高度的要求,但沿墙壁敷设时最大弧垂距地不得小于2.0 m。

架空电缆严禁沿脚手架、树木或其他设施敷设。

7.2.10 在建工程内的电缆线路必须采用电缆埋地引入,严禁穿越脚手架引入。电缆垂直敷设应充分利用在建工程的竖井、垂直孔洞等,并宜靠近用电负荷中心,固定点每楼层不得少于一处。电缆水平敷设宜沿墙或门口刚性固定,最大弧垂距地不得小于 2.0 m。

装饰装修工程或其他特殊阶段,应补充编制单项施工用电方案。电源线可沿墙角、地面敷设,但应采取防机械损伤和电火措施。

7.2.11 电缆线路必须有短路保护和过载保护,短路保护和过载保护电器与电缆的选配应符合本规范第 7.1.17 条和 7.1.18 条要求。

7.3 室内配线

7.3.1 室内配线必须采绝缘导线或电缆。

7.3.2 室内配线应根据配线类型采用瓷瓶、瓷(塑料)夹、嵌绝缘槽、穿管或钢索敷设。

潮湿场所或埋地非电缆配线必须穿管敷设,管口和管接头应密封;当采用金属管敷设时,金属管必须做等电位连接,且必须与 PE 线相连接。

7.3.3 室内非埋地明敷主干线距地面高度不得小于 2.5 m。

7.3.4 架空进户线的室外端应采用绝缘子固定,过墙处应穿管保护,距地面高度不得小于 2.5 m,并应采取防雨措施。

7.3.5 室内配线所用导线或电缆的截面应根据用电设备或线路的计算负荷确定,但铜线截面不应小于 1.5 mm^2,铝线截面不应小于 2.5 mm^2。

7.3.6 钢索配线的吊架间距不宜大于 12 m。采用瓷夹固定导线时,导线间距不应小于 35 mm,瓷夹间距不应大于 800 mm;采用瓷瓶固定导线时,导线间距不应小于 100 mm,瓷瓶间距不应大于 1.5 m;采用护套绝缘导线或电缆时,可直接敷设于钢索上。

7.3.7 室内配线必须有短路保护和过载保护,短路保护和过载保护电器与绝缘导线、电缆的选配应符合本规范第 7.1.17 条和 7.1.18 条要求。对穿管敷设的绝缘导线线路,其短路保护熔断器的熔体额定电流不应大于穿管绝缘导线长期连续负荷允许载流量的 2.5 倍。

8 配电箱及开关箱

8.1 配电箱及开关箱的设置

8.1.1 配电系统应设置配电柜或总配电箱、分配电箱、开关箱,实行三级配电。

配电系统宜使三相负荷平衡。220 V 或 380 V 单相用电设备宜接入 220/380 V 三相四线系统;当单相照明线路电流大于 30 A 时,宜采用 220/380 V 三相四线制供电。

室内配电柜的设置应符合本规范第 6.1 节的规定。

8.1.2 总配电箱以下可设若干分配电箱;分配电箱以下可设若干开关箱。

总配电箱应设在靠近电源的区域,分配电箱应设在用电设备或负荷相对集中的区域,分配电箱与开关箱的距离不得超过 30 m,开关箱与其控制的固定式用电设备的水平距离不宜超过 3 m。

8.1.3 每台用电设备必须有各自专用的开关箱,严禁用同一个开关箱直接控制 2 台及 2 台以上用电设备(含插座)。

8.1.4 动力配电箱与照明配电箱宜分别设置。当合并设置为同一配电箱时,动力和照明应分路配电;动力开关箱与照明开关箱必须分设。

8.1.5 配电箱、开关箱应装设在干燥、通风及常温场所,不得装设在有严重损伤作用的瓦斯、烟气、潮气及其他有害介质中，亦不得装设在易受外来固体物撞击、强裂振动、液体浸溅及热源烘烤场所。否则，应予清除或做防护处理。

8.1.6 配电箱、开关箱周围应有足够2人同时工作的空间和通道，不得堆放任何妨碍操作、维修的物品，不得有灌木、杂草。

8.1.7 配电箱、开关箱应采用冷轧钢板或阻燃绝缘材料制作，钢板厚度应为1.2~2.0 mm，其中开关箱箱体钢板厚度不得小于1.2 mm，配电箱箱体网板厚度不得小于1.5 mm，箱体表面应做防腐处理。

8.1.8 配电箱、开关箱应装设端正、牢固。固定式配电箱、开关箱的中心点与地面的垂直距离应为1.4~1.6 m。移动式配电箱、开关箱应装设在坚固、稳定的支架上。其中心点与地面的垂直距离宜为0.8~1.6 m。

8.1.9 配电箱、开关箱内的电器（含插座）应先安装在金属或非木质阻燃绝缘电器安装板上，然后方可整体紧固在配电箱、开关箱箱体内。

金属电器安装板与金属箱体应做电气连接。

8.1.10 配电箱、开关箱内的电器（含插座）应按其规定位置紧固在电器安装板上，不得歪斜和松动。

8.1.11 配电箱的电器安装板上必须分设N线端子板和PE线端子板。N线端子板必须与金属电器安装板绝缘；PE线端子板必须与金属电器安装板做电气连接。

进出线中的N线必须通过N线端子板连接；PE线必须通过PE线端子板连接。

8.1.12 配电箱、开关箱内的连接线必须采用铜芯绝缘导线。导线绝缘的颜色标志应按本规范第5.1.11条要求配置并排列整齐；导线分支接头不得采用螺栓压接，应采用焊接并做绝缘包扎，不得有外露带电部分。

8.1.13 配电箱、开关箱的金属箱体、金属电器安装板以及电器正常不带电的金属底座、外壳等必须通过PE线端子板与PE线做电气连接，金属箱门与金属箱体必须通过采用编织软铜线做电气连接。

8.1.14 配电箱、开关箱的箱体尺寸应与箱内电器的数量和尺寸相适应，箱内电器安装板板面电器安装尺寸可按照表8.1.14确定。

表8.1.14 配电箱、开关箱内电器安装尺寸选择值

间距名称	最小净距（mm）
并列电器（含单极熔断器）间	30
电器进、出线瓷管（塑胶管）孔与电器边沿间	15 A,30 20~30 A,50 60 A及以上,80
上、下排电器进出线瓷管（塑胶管）孔间	25
电器进、出线瓷管（塑胶管）孔至板边	40
电器至板边	40

8.1.15 配电箱、开关箱中导线的进线口和出线口应设在箱体的下底面。

8.1.16 配电箱、开关箱的进、出线口应配置固定线卡，进出线应加绝缘护套并成束卡固在箱体上，不得与箱体直接接触。移动式配电箱、开关箱的进、出线应采用橡皮护套绝缘电缆，不得有接头。

8.1.17 配电箱、开关箱外形结构应能防雨、防尘。

8.2 电器装置的选择

8.2.1 配电箱、开关箱内的电器必须可靠、完好，严禁使用破损、不合格的电器。

8.2.2 总配电箱的电器应具备电源隔离，正常接通与分断电路，以及短路、过载、漏电保护功能。电器设置应符合下列原则：

1 当总路设置总漏电保护器时，还应装设总隔离开关、分路隔离开关以及总断路器、分路断路器或总熔断器、分路熔断器。当所设总漏电保护器是同时具备短路、过载、漏电保护功能的漏电断路器时，可不设总断路器或总熔断器。

2 当各分路设置分路漏电保护器时，还应装设总隔离开关、分路隔离开关以及总断路器、分路断路器或总熔断器、分路熔断器。当分路所设漏电保护器是同时具备短路、过载、漏电保护功能的漏电断路器时，可不设分路断路器或分路熔断器。

3 隔离开关应设置于电源进线端，应采用分断时具有可见分断点，并能同时断开电源所有极的隔离电器。如采用分断时具有可见分断点的断路器，可不另设隔离开关。

4 熔断器应选用具有可靠灭弧分断功能的产品。

5 总开关电器的额定值、动作整定值应与分路开关电器的额定值、动作整定值相适应。

8.2.3 总配电箱应装设电压表、总电流表、电度表及其他需要的仪表。专用电能计量仪表的装设应符合当地供用电管理部门的要求。

装设电流互感器时，其二次回路必须与保护零线有一个连接点，且严禁断开电路。

8.2.4 分配电箱应装设总隔离开关、分路隔离开关以及总断路器、分路断路器或总熔断器、分路熔断器。其设置和选择应符合本规范第8.2.2条要求。

8.2.5 开关箱必须装设隔离开关、断路器或熔断器，以及漏电保护器。当漏电保护器是同时具有短路、过载、漏电保护功能的漏电断路器时，可不装设断路器或熔断器。隔离开关应采用分断时具有可见分断点，能同时断开电源所有极的隔离电器，并应设置于电源进线端。当断路器是具有可见分断点时，可不另设隔离开关。

8.2.6 开关箱中的隔离开关只可直接控制照明电路和容量不大于3.0 kW的动力电路，但不应频繁操作。容量大于3.0 kW的动力电路应采用断路器控制，操作频繁时还应附设接触器或其他启动控制装置。

8.2.7 开关箱中各种开关电器的额定值和动作整定值应与其控制用电设备的额定值和特性相适应。通用电动机开关箱中电器的规格可按本规范附录C选配。

8.2.8 漏电保护器应装设在总配电箱、开关箱靠近负荷的一侧，且不得用于启动电气设备的操作。

8.2.9 漏电保护器的选择应符合现行国家标准《剩余电流动作保护器的一般要求》GB 6829和《漏电保护器安装和运行的要求》GB 13955的规定。

8.2.10 开关箱中漏电保护器的额定漏电动作电流不应大于30 mA，额定漏电动作时间不应大于0.1 s。

使用于潮湿或有腐蚀介质场所的漏电保护器应采用防溅型产品，其额定漏电动作电流不应大于15 mA，额定漏电动作时间不应大于0.1 s。

8.2.11 总配电箱中漏电保护器的额定漏电动作电流应大于30 mA，额定漏电动作时间应大于0.1 s，但其额定漏电动作电流与额定漏电动作时间的乘积不应大于30 mA · s。

8.2.12 总配电箱和开关箱中漏电保护器的极数和线数必须与其负荷侧负荷的相数和线数一致。

8.2.13 配电箱、开关箱中的漏电保护器宜选用无辅助电源型（电磁式）产品，或选用辅助电源故障时能自动断开的辅助电源型（电子式）产品。当选用辅助电源故障时不能自动断开的辅助电源型（电子式）产品时，应同时设置缺相保护。

8.2.14 漏电保护器应按产品说明书安装、使用。对搁置已久重新使用或连续使用的漏电保护器应逐月检测其特性，发现问题应及时修理或更换。

漏电保护器的正确使用接线方法应按图 8.2.14 选用。

系统		接线
三相220/380 V接零保护系统	专用变压器供电TN－S系统	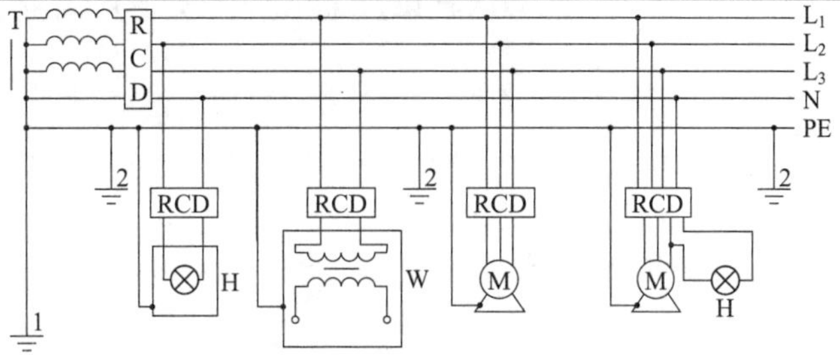
	三相四线制供电局部TN－S系统	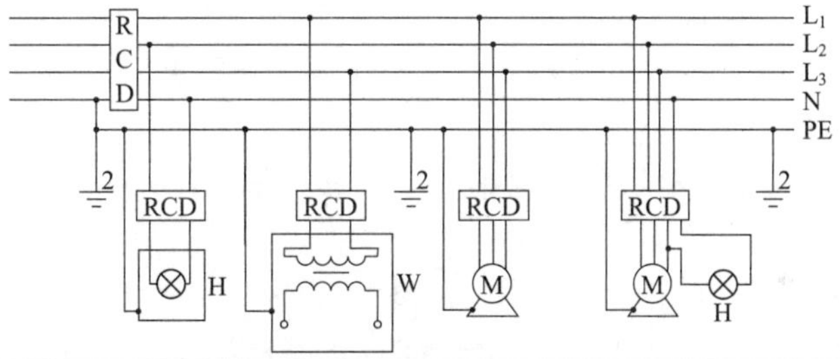

图 8.2.14 漏电保护器使用接线方法示意

L_1、L_2、L_3—相线；N—工作零线；PE—保护零线、保护线；1—工作接地；2—重复接地；

T－变压器；RCD—漏电保护器；H—照明器；W—电焊机；M—电动机

8.2.15 配电箱、开关箱的电源进线端严禁采用插头和插座做活动连接。

8.3 使用与维护

8.3.1 配电箱、开关箱应有名称、用途、分路标记及系统接线图。

8.3.2 配电箱、开关箱箱门应配锁，并应由专人负责。

8.3.3 配电箱、开关箱应定期检查、维修。检查、维修人员必须是专业电工。检查、维修时必须按规定穿、戴绝缘鞋、手套，必须使用电工绝缘工具，并应做检查、维修工作记录。

8.3.4 对配电箱、开关箱进行定期维修、检查时，必须将其前一级相应的电源隔离开关分闸断电，并悬挂“禁止合闸、有人工作”停电标志牌，严禁带电作业。

8.3.5 配电箱、开关箱必须按照下列顺序操作：

1 送电操作顺序为：总配电箱→分配电箱→开关箱；

2 停电操作顺序为：开关箱→分配电箱→总配电箱。

但出现电气故障的紧急情况可除外。

8.3.6 施工现场停止作业 1 小时以上时，应将动力开关箱断电上锁。

8.3.7 开关箱的操作人员必须符合本规范第 3.2.3 条规定。

8.3.8 配电箱、开关箱内不得放置任何杂物，并应保持整洁。

8.3.9 配电箱、开关箱内不得随意挂接其他用电设备。

8.3.10 配电箱、开关箱内的电器配置和接线严禁随意改动。

熔断器的熔体更换时，严禁采用不符合原规格的熔体代替。漏电保护器每天使用前应启动漏电试验按钮试跳一次，试跳不正常时严禁继续使用。

8.3.11 配电箱、开关箱的进线和出线严禁承受外力，严禁与金属尖锐断口、强腐蚀介质和易燃易爆物接触。

9 电动建筑机械和手持式电动工具

9.1 一般规定

9.1.1 施工现场中电动建筑机械和手持式电动工具的选购、使用、检查和维修应遵守下列规定：

1 选购的电动建筑机械、手持式电动工具及其用电安全装置符合相应的国家现行有关强制性标准的规定，且具有产品合格证和使用说明书；

2 建立和执行专人专机负责制，并定期检查和维修保养；

3 接地符合本规范第 5.1.1 条和 5.1.2 条要求，运行时产生振动的设备的金属基座、外壳与 PE 线的连接点不少于 2 处；

4 漏电保护符合本规范第 8.2.5 条、第 8.2.8 ~ 8.2.10 条及 8.2.12 条和 8.2.13 条要求；

5 按使用说明书使用、检查、维修。

9.1.2 塔式起重机、外用电梯、滑升模板的金属操作平台及需要设置避雷装置的物料提升机，除应连接 PE 线外，还应做重复接地。设备的金属结构构件之间应保证电气连接。

9.1.3 手持式电动工具中的塑料外壳Ⅱ类工具和一般场所手持式电动工具中的Ⅲ类工具可不连接 PE 线。

9.1.4 电动建筑机械和手持式电动工具的负荷线应按其计算负荷选用无接头的橡皮护套铜芯软电缆，其性能应符合现行国家标准《额定电压 450/750 V 及以下橡皮绝缘电缆》GB 5013 中第 1 部分（一般要求）和第 4 部分（软线和软电缆）的要求；其截面可按本规范附录 C 选配。

电缆芯线数应根据负荷及其控制电器的相数和线数确定：三相四线时，应选用五芯电缆；三相三线时，应选用四芯电缆；当三相用电设备中配置有单相用电器具时，应选用五芯电缆；单相二线时，应选用三芯电缆。

电缆芯线应符合本规范第 7.2.1 条规定，其中 PE 线应采用绿/黄双色绝缘导线。

9.1.5 每一台电动建筑机械或手持式电动工具的开关箱内，除应装设过载、短路、漏电保护电器外，还应按本规范第 8.2.5 条要求装设隔离开关或具有可见分断点的断路器，以及按照本规范第 8.2.6 条要求装设控制装置。正、反向运转控制装置中的控制电器应采用接触器、继电器等自动控制电器，不得采用手动双向转换开关作为控制电器。电器规格可按本规范附录 C 选配。

9.2 起重机械

9.2.1 塔式起重机的电气设备应符合现行国家标准《塔式起重机安全规程》GB 5144 中的要求。

9.2.2 塔式起重机应按本规范第 5.4.7 条要求做重复接地和防雷接地。轨道式塔式起重机接地装置的设置应符合下列要求：

1 轨道两端各设一组接地装置；

2 轨道的接头处作电气连接,两条轨道端部做环形电气连接；

3 较长轨道每隔不大于 30 m 加一组接地装置。

9.2.3 塔式起重机与外电线路的安全距离应符合本规范第 4.1.4 条要求。

9.2.4 轨道式塔式起重机的电缆不得拖地行走。

9.2.5 需要夜间工作的塔式起重机,应设置正对工作面的投光灯。

9.2.6 塔身高于 30 m 的塔式起重机,应在塔顶和臂架端部设红色信号灯。

9.2.7 在强电磁波源附近工作的塔式起重机,操作人员应戴绝缘手套和穿绝缘鞋,并应在吊钩与机体间采取绝缘隔离措施,或在吊钩吊装地面物体时,在吊钩上挂接临时接地装置。

9.2.8 外用电梯梯笼内、外均应安装紧急停止开关。

9.2.9 外用电梯和物料提升机的上、下极限位置应设置限位开关。

9.2.10 外用电梯和物料提升机在每日工作前必须对行程开关、限位开关、紧急停止开关、驱动机构和制动器等进行空载检查,正常后方可使用。检查时必须有防坠落措施。

9.3 桩工机械

9.3.1 潜水式钻孔机电机的密封性能应符合现行国家标准《外壳防护等级（IP 代码）》GB 4208 中的 IP68 级的规定。

9.3.2 潜水电机的负荷线应采用防水橡皮护套铜芯软电缆,长度不应小于 1.5 m,且不得承受外力。

9.3.3 潜水式钻孔机开关箱中的漏电保护器必须符合本规范第 8.2.10 条对潮湿场所选用漏电保护器的要求。

9.4 夯土机械

9.4.1 夯土机械开关箱中的漏电保护器必须符合本规范第 8.2.10 条对潮湿场所选用漏电保护器的要求。

9.4.2 夯土机械 PE 线的连接点不得少于 2 处。

9.4.3 夯土机械的负荷线应采用耐气候型橡皮护套铜芯软电缆。

9.4.4 使用夯土机械必须按规定穿戴绝缘用品,使用过程应有专人调整电缆,电缆长度不应大于 50 m。电缆严禁缠绕、扭结和被夯土机械跨越。

9.4.5 多台夯土机械并列工作时,其间距不得小于 5 m;前后工作时,其间距不得小于 10 m。

9.4.6 夯土机械的操作扶手必须绝缘。

9.5 焊接机械

9.5.1 电焊机械应放置在防雨、干燥和通风良好的地方。焊接现场不得有易燃、易爆物品。

9.5.2 交流弧焊机变压器的一次侧电源线长度不应大于 5 m，其电源进线处必须设置防护罩。发电机式直流电焊机的换向器应经常检查和维护，应消除可能产生的异常电火花。

9.5.3 电焊机械开关箱中的漏电保护器必须符合本规范第 8.2.10 条的要求。交流电焊机械应配装防二次侧触电保护器。

9.5.4 电焊机械的二次线应采用防水橡皮护套铜芯软电缆，电缆长度不应大于 30 m，不得采用金属构件或结构钢筋代替二次线的地线。

9.5.5 使用电焊机械焊接时必须穿戴防护用品。严禁露天冒雨从事电焊作业。

9.6 手持式电动工具

9.6.1 空气湿度小于 75% 的一般场所可选用Ⅰ类或Ⅱ类手持式电动工具，其金属外壳与 PE 线的连接点不得少于 2 处；除塑料外壳Ⅱ类工具外，相关开关箱中漏电保护器的额定漏电动作电流不应大于 15 mA，额定漏电动作时间不应大于 0.1 s，其负荷线插头应具备专用的保护触头。所用插座和插头在结构上应保持一致，避免导电触头和保护触头混用。

9.6.2 在潮湿场所或金属构架上操作时，必须选用Ⅱ类或由安全隔离变压器供电的Ⅲ类手持式电动工具。金属外壳Ⅱ类手持式电动工具使用时，必须符合本规范第 9.6.1 条要求；其开关箱和控制箱应设置在作业场所外面。在潮湿场所或金属构架上严禁使用Ⅰ类手持式电动工具。

9.6.3 狭窄场所必须选用由安全隔离变压器供电的Ⅲ类手持式电动工具，其开关箱和安全隔离变压器均应设置在狭窄场所外面，并连接 PE 线。漏电保护器的选择应符合本规范第 8.2.10 条使用于潮湿或有腐蚀介质场所漏电保护器的要求。操作过程中，应有人在外面监护。

9.6.4 手持式电动工具的负荷线应采用耐气候型的橡皮护套铜芯软电缆，并不得有接头。

9.6.5 手持式电动工具的外壳、手柄、插头、开关、负荷线等必须完好无损，使用前必须做绝缘检查和空载检查，在绝缘合格、空载运转正常后方可使用。绝缘电阻不应小于表 9.6.5 规定的数值。

表 9.6.5 手持式电动工具绝缘电阻限值

测量部位	绝缘电阻(MΩ)		
	Ⅰ类	Ⅱ类	Ⅲ类
带电零件与外壳之间	2	7	1

注：绝缘电阻用 500 V 兆欧表测量。

9.6.6 使用手持式电动工具时，必须按规定穿、戴绝缘防护用品。

9.7 其他电动建筑机械

9.7.1 混凝土搅拌机、插入式振动器、平板振动器、地面抹光机、水磨石机、钢筋加工机械、木工机械、盾构机构、水泵等设备的漏电保护应符合本规范第 8.2.10 条要求。

9.7.2 混凝土搅拌机、插入式振动器、平板振动器、地面抹光机、水磨石机、钢筋加工机械、木工机械、盾构机械的负荷线必须采用耐气候型橡皮护套铜芯软电缆，并不得有任何破损和接头。

水泵的负荷线必须采用防水橡皮护套铜芯软电缆，严禁有任何破损和接头，并不得承受任何外力。

盾构机械的负荷线必须固定牢固，距地高度不得小于2.5 m。

9.7.3 对混凝土搅拌机、钢筋加工机械、木工机械、盾构机械等设备进行清理、检查、维修时，必须首先将其开关箱分闸断电，呈现可见电源分断点，并关门上锁。

10 照 明

10.1 一般规定

10.1.1 在坑、洞、井内作业、夜间施工或厂房、道路、仓库、办公室、食堂、宿舍、料具堆放场及自然采光差等场所，应设一般照明、局部照明或混合照明。

在一个工作场所内，不得只设局部照明。

停电后，操作人员需及时撤离的施工现场，必须装设自备电源的应急照明。

10.1.2 现场照明应采用高光效、长寿命的照明光源。对需大面积照明的场所，应采用高压汞灯、高压钠灯或混光用的卤钨灯等。

10.1.3 照明器的选择必须按下列环境条件确定：

1 正常湿度一般场所，选用开启式照明器；

2 潮湿或特别潮湿场所，选用密闭型防水照明器或配有防水灯头的开启式照明器；

3 含有大量尘埃但无爆炸和火灾危险的场所，选用防尘型照明器；

4 有爆炸和火灾危险的场所，按危险场所等级选用防爆型照明器；

5 存在较强振动的场所，选用防振型照明器；

6 有酸碱等强腐蚀介质场所，选用耐酸碱型照明器。

10.1.4 照明器具和器材的质量应符合国家现行有关强制性标准的规定，不得使用绝缘老化或破损的器具和器材。

10.1.5 无自然采光的地下大空间施工场所，应编制单项照明用电方案。

10.2 照明供电

10.2.1 一般场所宜适用额定电压为220 V的照明器。

10.2.2 下列特殊场所应使用安全特低电压照明器：

1 隧道、人防工程、高温、有导电灰尘、比较潮湿或灯具离地面高度低于2.5 m等场所的照明，电源电压不应大于36 V；

2 潮湿和易触及带电体场所的照明，电源电压不得大于24 V；

3 特别潮湿场所、导电良好的地面、锅炉或金属容器内的照明，电源电压不得大于12 V。

10.2.3 使用行灯应符合下列要求：

1 电源电压不大于36 V；

2 灯体与手柄应坚固、绝缘良好并耐热耐潮湿；

3 灯头与灯体结合牢固，灯头无开关；

4 灯泡外部有金属保护网；

5 金属网、反光罩、悬吊挂钩固定在灯具的绝缘部位上。

10.2.4 远离电源的小面积工作场地、道路照明、警卫照明或额定电压为 12 ~ 36 V 照明的场所，其电压允许偏移值为额定电压值的 -10% ~5%；其余场所电压允许偏移值为额定电压值的 ±5%。

10.2.5 照明变压器必须使用双绕组型安全隔离变压器，严禁使用自耦变压器。

10.2.6 照明系统宜使三相负荷平衡，其中每一单相回路上，灯具和插座数量不宜超过 25 个，负荷电流不宜超过 15 A。

10.2.7 携带式变压器的一次侧电源线应采用橡皮护套或塑料护套铜芯软电缆，中间不得有接头，长度不宜超过 3 m，其中绿/黄双色线只可用 PE 线使用，电源插销应有保护触头。

10.2.8 工作零线截面应按下列规定选择：

1 单相二线及二相二线线路中，零线截面与相线截面相同；

2 三相四线制线路中，当照明器为白炽灯时，零线截面不小于相线截面的 50%；当照明器为气体放电灯时，零线截面按最大负载相的电流选择；

3 在逐相切断的三相照明电路中，零线截面与最大负载相相线截面相同。

10.2.9 室内、室外照明线路的敷设应符合本规范第 7 章要求。

10.3 照明装置

10.3.1 照明灯具的金属外壳必须与 PE 线相连接，照明开关箱内必须装设隔离开关、短路与过载保护电器和漏电保护器，并应符合本规范第 8.2.5 条和第 8.2.6 条的规定。

10.3.2 室外 220 V 灯具距地面不得低于 3 m，室内 220 V 灯具距地面不得低于 2.5 m。

普通灯具与易燃物距离不宜小于 300 mm；聚光灯、碘钨灯等高热灯具与易燃物距离不宜小于 500 mm，且不得直接照射易燃物。达不到规定安全距离时，应采取隔热措施。

10.3.3 路灯的每个灯具应单独装设熔断器保护。灯头线应做防水弯。

10.3.4 荧光灯管应采用管座固定或用吊链悬挂。荧光灯的镇流器不得安装在易燃的结构物上。

10.3.5 碘钨灯及钠、铊、铟等金属卤化物灯具的安装高度宜在 3 m 以上，灯线应固定在接线柱上，不得靠近灯具表面。

10.3.6 投光灯的底座应安装牢固，应按需要的光轴方向将枢轴拧紧固定。

10.3.7 螺口灯头及其接线应符合下列要求：

1 灯头的绝缘外壳无损伤、无漏电；

2 相线接在与中心触头相连的一端，零线接在与螺纹口相连的一端。

10.3.8 灯具内的接线必须牢固，灯具外的接线必须做可靠的防水绝缘包扎。

10.3.9 暂设工程的照明灯具宜采用拉线开关控制，开关安装位置宜符合下列要求：

1 拉线开关距地面高度为 2 ~ 3 m，与出入口的水平距离为 0.15 ~ 0.2 m，拉线的出口向下；

2 其他开关距地面高度为 1.3 m，与出入口的水平距离为 0.15 ~ 0.2 m。

10.3.10 灯具的相线必须经开关控制，不得将相线直接引入灯具。

10.3.11 对夜间影响飞机或车辆通行的在建工程及机械设备，必须设置醒目的红色信号灯，其电源应设在施工现场总电源开关的前侧，并应设置外电线路停止供电时的应急自备电源。

附录A 全国年平均雷暴日数

表A 全国主要城镇年平均雷暴日数

序号	地　　名	雷暴日数(d/a)	序号	地　　名	雷暴日数(d/a)
1	北京市	35.6		四平市	33.7
2	天津市	28.2		通化市	36.7
3	河北省			图们市	23.8
	石家庄市	31.5		白城市	30.0
	唐山市	32.7		天池	29.0
	邢台市	30.2	8	黑龙江省	
	保定市	30.7		哈尔滨市	30.9
	张家口市	40.3		齐齐哈尔市	27.7
	承德市	43.7		双鸭山市	29.8
	秦皇岛市	34.7		大庆市(安达)	31.9
	沧州市	31.0		牡丹江市	27.5
4	山西省			佳木斯市	32.2
	太原市	36.4		伊春市	35.4
	大同市	42.3		绥芬河市	27.5
	阳泉市	40.0		嫩江市	31.8
	长治市	33.7		漠河乡	36.6
	临汾市	32.0		黑河市	31.2
5	内蒙古自治区			嘉荫县	32.9
	呼和浩特市	37.5		铁力县	36.5
	包头市	34.7	9	上海市	30.1
	乌海市	16.6	10	江苏省	
	赤峰市	32.4		南京市	35.1
	二连浩特市	22.9		连云港市	29.6
	海拉尔市	30.1		徐州市	29.4
	东乌珠穆沁旗	32.4		常州市	35.7
	锡林浩特市	32.1		南通市	35.6
	通辽市	27.9		淮阴市	37.8
	东胜市	34.8		扬州市	34.7
	杭锦后旗	24.1		盐城市	34.0
	集宁市	43.3		苏州市	28.1
6	辽宁省			泰州市	37.1
	沈阳市	27.1	11	浙江省	
	大连市	19.2		杭州市	40.0
	鞍山市	26.9		宁波市	40.0
	本溪市	33.7		温州市	51.0
	丹东市	26.9		衢州市	57.6
	绵州市	28.8	12	安徽省	
	营口市	28.2		合肥市	30.1
	阜新市	28.6		芜湖市	34.6
7	吉林省			蚌埠市	31.4
	长春市	36.6		安庆市	44.3
	吉林市	40.5		铜陵市	41.1

续上表

序号	地　名	雷暴日数(d/a)	序号	地　名	雷暴日数(d/a)
	屯溪市	60.8		株洲市	50.0
	阜阳市	31.9		衡阳市	55.1
13	福建省			邵阳市	57.0
	福州市	57.6		岳阳市	42.4
	厦门市	47.4		大庸市	48.3
	莆田市	43.2		益阳市	47.3
	三明市	67.5		永州市(零陵)	64.9
	龙岩市	74.1		怀化市	49.9
	宁德县	55.8		郴州市	61.5
	建阳县	65.3		常德市	49.7
14	江西省		19	广东省	
	南昌市	58.5		广州市	81.3
	景德镇市	59.2		汕头市	52.6
	九江市	45.7		湛江市	94.6
	新余市	59.4		茂名市	94.4
	鹰谭市	70.0		深圳市	73.9
	赣州市	67.2		珠海市	64.2
	广昌县	70.7		韶关市	78.6
15	山东省			梅县市	80.4
	济南市	26.3	20	广西壮族自治区	
	青岛市	23.1		南宁市	91.8
	淄博市	31.5		柳州市	67.3
	枣庄市	32.7		桂林市	78.2
	东营市	32.2		梧州市	93.5
	潍坊市	28.4		北海市	83.1
	烟台市	23.2		百色市	76.9
	济宁市	29.1		凭祥市	83.4
	日照市	29.1	21	重庆市	36.0
16	河南省		22	四川省	
	郑州市	22.6		成都市	35.1
	开封市	22.0		自贡市	37.6
	洛阳市	24.8		渡口市	66.3
	平顶山市	22.0		泸州市	39.1
	焦作市	26.4		乐山市	42.9
	安阳市	28.6		绵阳市	34.9
	濮阳市	28.0		达州市	37.4
	信阳市	28.7		西昌市	73.2
	南阳市	29.0		甘孜县	80.7
	南丘市	26.9		酉阳土家族自治县	
	三门峡市	24.3		苗族自治县	52.6
17	湖北省		23	贵州省	
	武汉市	37.8		贵阳市	51.8
	黄石市	50.4		六盘水市	68.0
	十堰市	18.7		遵义市	53.3
	沙市市	38.9	24	云南省	
	宜昌市	44.6		昆明市	66.6
	襄樊市	28.1		东川市	52.4
	恩施市	49.7		个旧市	50.2
18	湖南省			大理市	49.8
	长沙市	49.5		景洪县	120.8

续上表

序号	地　名	雷暴日数(d/a)	序号	地　名	雷暴日数(d/a)
	昭通县	56.0		德令哈市	19.8
	丽江纳西族自治县	75.6		化隆回族自治区	50.1
25	西藏自治区			茶卡	27.2
	拉萨市	73.2	29	宁夏回族自治区	
	日喀则县	78.8		银川市	19.7
	昌都县	57.1		石嘴山市	24.0
	林芝县	31.9		固原县	31.0
	那曲县	85.2	30	新疆维吾尔自治区	
26	陕西省			乌鲁木齐市	9.3
	西安市	17.3		克拉玛依市	31.3
	宝鸡市	19.7		石河子市	17.0
	铜川市	30.4		伊宁市	27.2
	渭南市	22.1		哈密市	6.9
	汉中市	31.4		库尔勒市	21.6
	榆林县	29.9		喀什市	20.0
	安康县	32.3		奎屯市	21.0
27	甘肃省			吐鲁番市	9.9
	兰州市	23.6		且末县	6.0
	金昌市	19.6		和田市	3.2
	白银市	24.2		阿克苏市	33.1
	天水市	16.3		阿勒泰市	21.6
	酒泉市	12.9	31	海南省	
	敦煌市	5.1		海口市	114.4
	靖远县	23.9	32	台湾省	
	窑　街	30.2		台北市	27.9
28	青海省		33	香港	34.0
	西宁市	32.9	34	澳门	
	格尔木市	2.3			

注:a 表示年,d 表示日。

附录 B　滚　球　法

B.0.1　按照滚球法,单支避雷针(按闪器)的保护范围应按下列方法确定:

1　当避雷针高度(h)小于或等于滚球半径(h_r)时(图 B.0.1－1),避雷针在被保护物高度的 XX' 平面上的保护半径和在地面上的保护半径可按下列公式确定:

$$r_x = \sqrt{h(2h_r - h)} - \sqrt{h_x(2h_r - h_x)} \qquad (B.0.1-1)$$

$$r_o = \sqrt{h(2h_r - h)} \qquad (B.0.1-2)$$

式中　h——避雷针高度(m);

h_x——被保护物高度(m);

r_x——在被保护物高度的 XX' 平面上的保护半径(m);

r_o——在地面上的保护半径(m);

h_r——滚球半径(m)。

在现行国家标准《建筑物防雷设计规范》GB 50057 中,对于第一、二、三类防雷建筑物的滚球半径分别确定为 30 m、45 m、60 m。对一般施工现场,在年平均雷暴日大于 15 d/a 的地区,

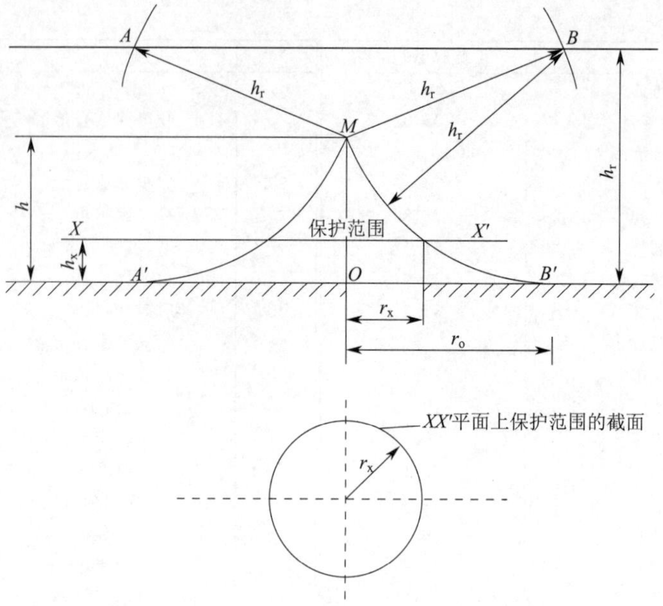

图 B.0.1－1　单支避雷针的保护范围($h \leq h_r$)

高度在 15 m 及以上的高耸建构筑物和高大建筑机械;或在年平均雷暴日小于或等于 15 d/a 的地区,高度在 20 m 及以上的高耸建构筑物和高大建筑机械,可参照第三类防雷建筑物。

2　当避雷针高度(h)大于滚球半径(h_r)时(图 B.0.1－2),避雷针在被保护物高度的 XX' 平面上的保护半径和在地面上的保护半径可按下列公式确定:

$$r_x = h_r - \sqrt{h_x(2h_r - h_x)} \quad (B.0.1-3)$$

$$r_o = h_r \quad (B.0.1-4)$$

B.0.2　按照滚球法,单根避雷线(接闪器)的保护范围应按下列方法确定:

当避雷线的高度大于或等于 2 倍滚球半径时,无保护范围;当避雷线的高度小于 2 倍滚球半径时(图 B.0.2),滚球半径的 2 圆弧线(柱面)与地面之间的空间即是保护范围。

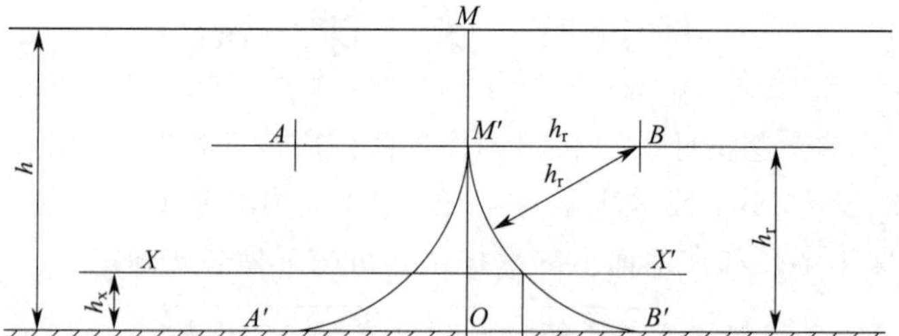

图 B.0.1－2　单支避雷针的保护范围($h > h_r$)

当 $h_r < h < 2h_r$ 时，保护范围最高点的高度 h_o 可按下式计算：

$$h_o = 2h_r - h \quad (B.0.2-1)$$

当 $h \leqslant h_r$ 时，保护范围最高点的高度即为 h：

$$h_o = h \quad (B.0.2-2)$$

避雷线在 h_x 高度的 XX' 平面上的保护宽度 b_x 可按下式计算：

$$b_x = \sqrt{h(2h_r - h)} - \sqrt{h_x(2h_r - h_x)} \quad (B.0.2-3)$$

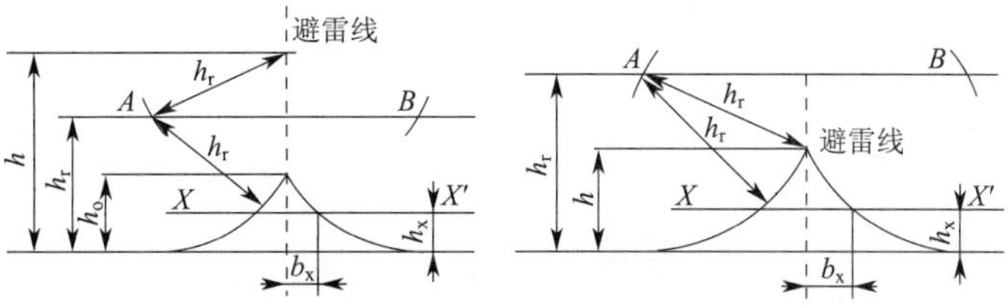

（a）$h_r<h<2h_r$时；　　（b）$h\leqslant h_r$时；

图 B.0.2　单根架空避雷线的保护范围

避雷线两端的保护范围按单支避雷针的方法确定。

多支避雷针和多根避雷线的保护范围可按现行国家标准《建筑物防雷设计规范》GB 50057规定执行。

附录 C　电动机负荷线和电器选配

表 C　电动机负荷线和电器选配

<table>
<tr><th colspan="4">电　动　机</th><th colspan="4">熔　断　器</th><th colspan="2">启动器</th><th colspan="3">接　触　器</th><th colspan="2">漏电保护器</th><th colspan="2">负　荷　线</th></tr>
<tr><th>型号</th><th>功率（kW）</th><th>额定电流</th><th>启动电流</th><th>RL1</th><th>RM10</th><th>RT10</th><th>RC1A</th><th>QC20</th><th>MSJB MSBB</th><th>B</th><th>CJX</th><th>LC1 - D</th><th>DZ15L</th><th>DZ20L</th><th>通用橡套软电缆主芯线截面（mm²）</th><th>铜芯绝缘线芯线截面（mm²）</th></tr>
<tr><td>Y</td><td></td><td>（A）</td><td>（A）</td><td colspan="4">熔断器规格（A）</td><td colspan="2">额定电流（A）</td><td colspan="3">额定电流（A）</td><td colspan="2">脱扣器额定电流（A）</td><td>环境 35℃</td><td>环境 30℃</td></tr>
<tr><td>1</td><td>2</td><td>3</td><td>4</td><td>5</td><td>6</td><td>7</td><td>8</td><td>9</td><td>10</td><td>11</td><td>12</td><td>13</td><td>14</td><td>15</td><td>16</td><td>17</td></tr>
<tr><td>801 - 4</td><td>0.55</td><td>1.6</td><td>10</td><td>15/4</td><td rowspan="7">15/6</td><td rowspan="4">20/6</td><td>10/4</td><td rowspan="22">16</td><td rowspan="22">8.5</td><td rowspan="22">8.5</td><td rowspan="22">9</td><td rowspan="22">9</td><td rowspan="14">6</td><td rowspan="22">16</td><td rowspan="22">2.5</td><td rowspan="22">1.5</td></tr>
<tr><td>801 - 2</td><td rowspan="3">0.75</td><td>1.8</td><td>13</td><td rowspan="3">15/5</td><td rowspan="6">10/6</td></tr>
<tr><td>802 - 4</td><td>2.0</td><td>14</td></tr>
<tr><td>90S - 6</td><td>2.3</td><td>14</td></tr>
<tr><td>802 - 2</td><td rowspan="3">1.1</td><td>2.5</td><td>18</td><td rowspan="2">15/6</td><td rowspan="3">20/10</td></tr>
<tr><td>90S - 4</td><td>2.7</td><td>18</td></tr>
<tr><td>90L - 6</td><td>3.2</td><td>19</td><td rowspan="4">15/10</td></tr>
<tr><td>90S - 2</td><td rowspan="3">1.5</td><td>3.4</td><td>24</td><td rowspan="3">15/10</td><td rowspan="4">20/15</td><td rowspan="7">10/10</td></tr>
<tr><td>90L - 4</td><td>3.7</td><td>24</td></tr>
<tr><td>100L - 6</td><td>4.0</td><td>24</td></tr>
<tr><td>90L - 2</td><td rowspan="4">2.2</td><td>4.8</td><td>33</td><td>15/15</td><td rowspan="4">15/15</td></tr>
<tr><td>100L1 - 4</td><td>5.0</td><td>35</td><td>60/20</td><td rowspan="3">20/20</td></tr>
<tr><td>112M - 6</td><td>5.6</td><td>34</td><td rowspan="2">15/15</td></tr>
<tr><td>132S - 8</td><td>5.8</td><td>32</td></tr>
<tr><td>100L - 2</td><td rowspan="4">3.0</td><td>6.4</td><td>45</td><td rowspan="4">60/20</td><td rowspan="4">60/20</td><td>20/20</td><td rowspan="4">15/15</td><td rowspan="6">10</td></tr>
<tr><td>100L2 - 4</td><td>6.8</td><td>48</td><td rowspan="7">30/25</td></tr>
<tr><td>132S - 6</td><td>7.2</td><td>47</td></tr>
<tr><td>132M - 8</td><td>7.7</td><td>43</td></tr>
<tr><td>112M - 2</td><td rowspan="4">4.0</td><td>8.2</td><td>57</td><td rowspan="4">60/30</td><td rowspan="4">60/25</td><td rowspan="4">30/20</td></tr>
<tr><td>112M - 4</td><td>8.8</td><td>62</td></tr>
<tr><td>132M1 - 6</td><td>9.4</td><td>61</td><td rowspan="2">16</td></tr>
<tr><td>160M1 - 8</td><td>9.9</td><td>59</td></tr>
</table>

续上表

电动机				熔断器				启动器		接触器			漏电保护器		负荷线	
型号	功率（kW）	额定电流	启动电流	RL1	RM10	RT10	RC1A	QC20	MSJB MSBB	B	CJX	LC1－D	DZ15L	DZ20L	通用橡套软电缆主芯线截面（mm^2）	铜芯绝缘线芯线截面（mm^2）
Y		（A）	（A）	熔断器规格（A）				额定电流（A）		额定电流（A）			脱扣器额定电流（A）		环境35℃	环境30℃
1	2	3	4	5	6	7	8	9	10	11	12	13	14	15	16	17
132S1－2	5.5	11	78	60/35	60/35	30/30	30/25	16	11.5	11.5（B12）	12	12	16	16	2.5	1.5
132S－4		12	81													
132M2－6		13	82													
160M2－8		13	80													
132S2－2	7.5	15	105	60/50	60/45	60/40	60/40		15.5	15（B16）	16	16	20	20		
132M－4		15	108													
160M－6		17	111													
100L－8		18	97	60/40												
160M1－2	11	22	153	100/80	60/45	60/50	60/50	32	22	22（B25）	22（CJ×1） 25（CJ×2）	25	25	32	4.0	
160M－4		23	158													
160L－6		25	160										32			
180L－8		25	151													
160L2－2	15	29	206		100/80	60/60	60/60		30	30（B30）	32（CJ×1）	32			6.0	2.5
160L－4		30	212													
180L－6		32	205										40	40		4.0
200L－8		34	205													
160L－2	18.5	36	249			100/80	100/80	63	37	37（B37）		40			10.0	
180M－4		36	251													
200L1－6		38	245										50	50		
225S－8		41	248													
180M－2	22	42	295	100/100			100/100		45	45（B45）		50				6.0
180L－4		43	298													
200L2－6		45	290													
225M－8		48	286													
220L1－2	30	57	398	200/125	200/125	100/100	200/120		65	65（B65）		63	63	63	1.60	10.0
200L－4		57	398													
225M－6		60	387													
250M－8		63	378													

续上表

电动机				熔断器				启动器		接触器			漏电保护器		负荷线	
型号	功率（kW）	额定电流	启动电流	RL1	RM10	RT10	RC1A	QC20	MSJB MSBB	B	CJX	LC1－D	DZ15L	DZ20L	通用橡套软电缆主芯线截面（mm^2）	铜芯绝缘线芯线截面（mm^2）
Y		（A）	（A）	熔断器规格（A）				额定电流（A）		额定电流（A）			脱扣器额定电流（A）		环境35℃	环境30℃
1	2	3	4	5	6	7	8	9	10	11	12	13	14	15	16	17
2202L－2	37	70	489	200/150	200/160		200/150	80	85	85（B85）		80	80	80	16	10
225S－4		70	489													
250M－6		72	468												25	
280S－8		79	472													
225M－2	45	84	587	200/200			200/200					95	100	100		16
225M－4		84	589													
280S－6		85	555							105（B105）						
280M－8		93	559													
215M－10		98	637		200/200											
250M－2	55	103	719						105		115（CJ×4）			125	35	
250M－4		103	718							170（B170）						
280M－6		105	682													
315S－8		109	709													25
315M2－10		120	780								185（CJ×2）					
280S－2	75	140	981		350/225				170					160	50	35
280S－4		140	978													
315S－6		142	923													
315M1－8		148	962													
315M3－10		160	1040		350/260									180	70	

注：1. 熔体的额定电流是按电动机轻载启动计算的；

2. 接触器的约（额）定发热电流均大于其额定（工作）电流，臣而表中所选接触器均有一定承受过载能力；

3. MSJB、MSBB 系列磁力启动器采用 B 系列接触器和 T 系列热继电器，表中所列数据为启动器额定（工作）电流，均小于其配套接触器的约（额）定发热电流，因而表中所选接触器均有一定承受过载能力。类似地，QC20 系列磁力启动器也有一定承受过载能力；

4. 漏电保护器的脱扣器额定电流系指其长延时动作电流整定值；

5. 负荷线选配按空气中明敷设条件考虑，其中电缆为三芯及以上电缆。

建筑施工安全检查标准

目　次

3 检查评定项目

3.1 安全管理

3.1.1 安全管理检查评定应符合国家现行有关安全生产的法律、法规、标准的规定。

3.1.2 安全管理检查评定保证项目应包括:安全生产责任制、施工组织设计及专项施工方案、安全技术交底、安全检查、安全教育、应急救援。一般项目应包括:分包单位安全管理、持证上岗、生产安全事故处理、安全标志。

3.1.3 安全管理保证项目的检查评定应符合下列规定:

1 安全生产责任制

1)工程项目部应建立以项目经理为第一责任人的各级管理人员安全生产责任制;

2)安全生产责任制应经责任人签字确认;

3)工程项目部应有各工种安全技术操作规程;

4)工程项目部应按规定配备专职安全员;

5)对实行经济承包的工程项目,承包合同中应有安全生产考核指标;

6)工程项目部应制定安全生产资金保障制度;

7)按安全生产资金保障制度,应编制安全资金使用计划,并应按计划实施;

8)工程项目部应制定以伤亡事故控制、现场安全达标、文明施工为主要内容的安全生产管理目标;

9)按安全生产管理目标和项目管理人员的安全生产责任制,应进行安全生产责任目标分解;

10)应建立对安全生产责任制和责任目标的考核制度;

11)按考核制度,应对项目管理人员定期进行考核。

2 施工组织设计及专项施工方案

1)工程项目部在施工前应编制施工组织设计,施工组织设计应针对工程特点、施工工艺制定安全技术措施;

2)危险性较大的分部分项工程应按规定编制安全专项施工方案,专项施工方案应有针对性,并按有关规定进行设计计算;

3)超过一定规模危险性较大的分部分项工程,施工单位应组织专家对专项施工方案进行论证;

4)施工组织设计、专项施工方案,应由有关部门审核,施工单位技术负责人、监理单位项目总监批准;

5)工程项目部应按施工组织设计、专项施工方案组织实施。

3 安全技术交底

1)施工负责人在分派生产任务时,应对相关管理人员、施工作业人员进行书面安全技术交底;

2)安全技术交底应按施工工序、施工部位、施工栋号分部分项进行;

3)安全技术交底应结合施工作业场所状况、特点、工序,对危险因素、施工方案、规范标准、操作规程和应急措施进行交底;

4)安全技术交底应由交底人、被交底人、专职安全员进行签字确认。

4　安全检查

1)工程项目部应建立安全检查制度;

2)安全检查应由项目负责人组织,专职安全员及相关专业人员参加,定期进行并填写检查记录;

3)对检查中发现的事故隐患应下达隐患整改通知单,定人、定时间、定措施进行整改。重大事故隐患整改后,应由相关部门组织复查。

5　安全教育

1)工程项目部应建立安全教育培训制度;

2)当施工人员入场时,工程项目部应组织进行以国家安全法律法规、企业安全制度、施工现场安全管理规定及各工种安全技术操作规程为主要内容的三级安全教育培训和考核;

3)当施工人员变换工种或采用新技术、新工艺、新设备、新材料施工时,应进行安全教育培训;

4)施工管理人员、专职安全员每年度应进行安全教育培训和考核。

6　应急救援

1)工程项目部应针对工程特点,进行重大危险源的辨识;定制定防触电、防坍塌、防高处坠落、防起重及机械伤害、防火灾、防物体打击等主要内容的专项应急救援预案,并对施工现场易发生重大安全事故的部位、环节进行监控;

2)施工现场应建立应急救援组织,培训、配备应急救援人员,定期组织员工进行应急救援演练;

3)按应急救援预案要求,应配备应急救援器材和设备。

3.1.4　安全管理一般项目的检查评定应符合下列规定:

1　分包单位安全管理

1)总包单位应对承揽分包工程的分包单位进行资质、安全生产许可证和相关人员安全生产资格的审查;

2)当总包单位与分包单位签订分包合同时,应签订安全生产协议书,明确双方的安全责任;

3)分包单位应按规定建立安全机构,配备专职安全员。

2　持证上岗

1)从事建筑施工的项目经理、专职安全员和特种作业人员,必须经行业主管部门培训考核合格,取得相应资格证书,方可上岗作业;

2)项目经理、专职安全员和特种作业人员应持证上岗。

3　生产安全事故处理

1)当施工现场发生生产安全事故时,施工单位应按规定及时报告;

2)施工单位应按规定对生产安全事故进行调查分析,制定防范措施;

3)应依法为施工作业人员办理保险。

4　安全标志

1)施工现场入口处及主要施工区域、危险部位应设置相应的安全警示标志牌;

2)施工现场应绘制安全标志布置图;

3)应根据工程部位和现场设施的变化,调整安全标志牌设置;

4)施工现场应设置重大危险源公示牌。

3.2 文明施工

3.2.1 文明施工检查评定应符合现行国家标准《建设工程施工现场消防安全技术规范》GB 50720和《建筑施工现场环境与卫生标准》JGJ 146、《施工现场临时建筑物技术规范》JGJ/T 188的规定。

3.2.2 文明施工检查评定保证项目应包括:现场围挡、封闭管理、施工场地、材料管理、现场办公与住宿、现场防火。一般项目应包括:综合治理、公示标牌、生活设施、社区服务。

3.2.3 文明施工保证项目的检查评定应符合下列规定:

1 现场围挡

1)市区主要路段的工地应设置高度不小于2.5 m的封闭围挡;

2)一般路段的工地应设置高度不小于1.8 m的封闭围挡;

3)围挡应坚固、稳定、整洁、美观。

2 封闭管理

1)施工现场进出口应设置大门,并应设置门卫值班室;

2)应建立门卫值守管理制度,并应配备门卫值守人员;

3)施工人员进入施工现场应佩戴工作卡;

4)施工现场出入口应标有企业名称或标识,并应设置车辆冲洗设施。

3 施工场地

1)施工现场的主要道路及材料加工区地面应进行硬化处理;

2)施工现场道路应畅通,路面应平整坚实;

3)施工现场应有防止扬尘措施;

4)施工现场应设置排水设施,且排水通畅无积水;

5)施工现场应有防止泥浆、污水、废水污染环境的措施;

6)施工现场应设置专门的吸烟处,严禁随意吸烟;

7)温暖季节应有绿化布置。

4 材料管理

1)建筑材料、构件、料具应按总平面布局进行码放;

2)材料应码放整齐,并应标明名称、规格等;

3)施工现场材料码放应采取防火、防锈蚀、防雨等措施;

4)建筑物内施工垃圾的清运,应采用器具或管道运输,严禁随意抛掷;

5)易燃易爆物品应分类储藏在专用库房内,并应制定防火措施。

5 现场办公与住宿

1)施工作业、材料存放区与办公、生活区应划分清晰,并应采取相应的隔离措施;

2)在建工程内、伙房、库房不得兼作宿舍;

3)宿舍、办公用房的防火等级应符合规范要求;

4)宿舍应设置可开启式窗户,床铺不得超过2层,通道宽度不应小于0.9 m;

5)宿舍内住宿人员人均面积不应小于2.5 m^2,且不得超过16人;

6)冬季宿舍内应有采暖和防一氧化碳中毒措施;

7)夏季宿舍内应有防暑降温和防蚊蝇措施;

8)生活用品应摆放整齐,环境卫生应良好。

6 现场防火

1)施工现场应建立消防安全管理制度,制定消防措施;

2)施工现场临时用房和作业场所的防火设计应符合规范要求;

3)施工现场应设置消防通道、消防水源,并应符合规范要求;

4)施工现场灭火器材应保证可靠有效,布局配置应符合规范要求;

5)明火作业应履行动火审批手续,配备动火监护人员。

3.2.4 文明施工一般项目的检查评定应符合下列规定:

1 综合治理

1)生活区内应设置供作业人员学习和娱乐的场所;

2)施工现场应建立治安保卫制度,责任分解落实到人;

3)施工现场应制定治安防范措施。

2 公示标牌

1)大门口处应设置公示标牌,主要内容应包括:工程概况牌、消防保卫牌、安全生产牌、文明施工牌、管理人员名单及监督电话牌、施工现场总平面图;

2)标牌应规范、整齐、统一;

3)施工现场应有安全标语;

4)应有宣传栏、读报栏、黑板报。

3 生活设施

1)应建立卫生责任制度并落实到人;

2)食堂与厕所、垃圾站、有毒有害场所等污染源的距离应符合规范要求;

3)食堂必须有卫生许可证,炊事人员必须持身体健康证上岗;

4)食堂使用的燃气罐应单独设置存放间,存放间应通风良好,并严禁存放其他物品;

5)食堂的卫生环境应良好,且应配备必要的排风、冷藏、消毒、防鼠、防蚊蝇等设施;

6)厕所内的设施数量和布局应符合规范要求;

7)厕所必须符合卫生要求;

8)必须保证现场人员卫生饮水;

9)应设置淋浴室,且能满足现场人员需求;

10)生活垃圾应装入密闭式容器内,并应及时清理。

4 社区服务

1)夜间施工前,必须经批准后方可进行施工;

2)施工现场严禁焚烧各类废弃物;

3)施工现场应制定防粉尘、防噪声、防光污染等措施;

4)应制定施工不扰民措施。

3.3 扣件式钢管脚手架

3.3.1 扣件式钢管脚手架检查评定应符合现行行业标准《建筑施工扣件式钢管脚手架安全技术规范》JGJ 130 的规定。

3.3.2 扣件式钢管脚手架检查评定保证项目应包括:施工方案、立杆基础、架体与建筑结构拉结、杆件间距与剪刀撑、脚手板与防护栏杆、交底与验收。一般项目应包括:横向水平杆设置、杆件连接、层间防护、构配件材质、通道。

3.3.3　扣件式钢管脚手架保证项目的检查评定应符合下列规定：

1　施工方案

1）架体搭设应编制专项施工方案，结构设计应进行计算，并按规定进行审核、审批；

2）当架体搭设超过规范允许高度时，应组织专家对专项施工方案进行论证。

2　立杆基础

1）立杆基础应按方案要求平整、夯实，并应采取排水措施，立杆底部设置的垫板、底座应符合规范要求；

2）架体应在距立杆底端高度不大于 200 mm 处设置纵、横向扫地杆，并应用直角扣件固定在立杆上，横向扫地杆应设置在纵向扫地杆的下方。

3　架体与建筑结构拉结

1）架体与建筑结构拉结应符合规范要求；

2）连墙件应从架体底层第一步纵向水平杆处开始设置，当该处设置有困难时应采取其他可靠措施固定；

3）对搭设高度超过 24 m 的双排脚手架，应采用刚性连墙件与建筑结构可靠拉结。

4　杆件间距与剪刀撑

1）架体立杆、纵向水平杆、横向水平杆间距应符合设计和规范要求；

2）纵向剪刀撑及横向斜撑的设置应符合规范要求；

3）剪刀撑杆件的接长、剪刀撑斜杆与架体杆件的固定应符合规范要求。

5　脚手板与防护栏杆

1）脚手板材质、规格应符合规范要求，铺板应严密、牢靠；

2）架体外侧应采用密目式安全网封闭，网间连接应严密；

3）作业层应按规范要求设置防护栏杆；

4）作业层外侧应设置高度不小于 180 mm 的挡脚板。

6　交底与验收

1）架体搭设前应进行安全技术交底，并应有文字记录；

2）当架体分段搭设、分段使用时，应进行分段验收；

3）搭设完毕应办理验收手续，验收应有量化内容并经责任人签字确认。

3.3.4　扣件式钢管脚手架一般项目的检查评定应符合下列规定：

1　横向水平杆设置

1）横向水平杆应设置在纵向水平杆与立杆相交的主节点处，两端应与纵向水平杆固定；

2）作业层应按铺设脚手板的需要增加设置横向水平杆；

3）单排脚手架横向水平杆插人墙内不应小于 180 mm。

2　杆件连接

1）纵向水平杆杆件宜采用对接，若采用搭接，其搭接长度不应小于 1 m，且固定应符合规范要求；

2）立杆除顶层顶步外，不得采用搭接；

3）杆件对接扣件应交错布置，并符合规范要求；

4）扣件紧固力矩不应小于 40 N · m，且不应大于 65 N · m。

3　层间防护

1)作业层脚手板下应采用安全平网兜底,以下每隔 10 m 应采用安全平网封闭;

2)作业层里排架体与建筑物之间应采用脚手板或安全平网封闭。

4 构配件材质

1)钢管直径、壁厚、材质应符合规范要求;

2)钢管弯曲、变形、锈蚀应在规范允许范围内;

3)扣件应进行复试且技术性能符合规范要求。

5 通道

1)架体应设置供人员上下的专用通道;

2)专用通道的设置应符合规范要求。

3.4 门式钢管脚手架

3.4.1 门式钢管脚手架检查评定应符合现行行业标准《建筑施工门式钢管脚手架安全技术规范》IGJ 128 的规定。

3.4.2 门式钢管脚手架检查评定保证项目应包括:施工方案、架体基础、架体稳定、杆件锁臂、脚手板、交底与验收。一般项目应包括:架体防护、构配件材质、荷载、通道。

3.4.3 门式钢管脚手架保证项目的检查评定应符合下列规定:

1 施工方案

1)架体搭设应编制专项施工方案,结构设计应进行计算,并按规定进行审核、审批;

2)当架体搭设超过规范允许高度时,应组织专家对专项施工方案进行论证。

2 架体基础

1)立杆基础应按方案要求平整、夯实,并应采取排水措施;

2)架体底部应设置垫板和立杆底座,并应符合规范要求;

3)架体扫地杆设置应符合规范要求。

3 架体稳定

1)架体与建筑物结构拉结应符合规范要求;

2)架体剪刀撑斜杆与地面夹角应在 45°~60°之间,应采用旋转扣件与立杆固定,剪刀撑设置应符合规范要求;

3)门架立杆的垂直偏差应符合规范要求;

4)交叉支撑的设置应符合规范要求。

4 杆件锁臂

1)架体杆件、锁臂应按规范要求进行组装;

2)应按规范要求设置纵向水平加固杆;

3)架体使用的扣件规格应与连接杆件相匹配。

5 脚手板

1)脚手板材质、规格应符合规范要求;

2)脚手板应铺设严密、平整、牢固;

3)挂扣式钢脚手板的挂扣必须完全挂扣在水平杆上,挂钩应处于锁住状态。

6 交底与验收

1)架体搭设前应进行安全技术交底,并应有文字记录;

2)当架体分段搭设、分段使用时,应进行分段验收;

3）搭设完毕应办理验收手续，验收应有量化内容并经责任人签字确认。

3.4.4　门式钢管脚手架一般项目的检查评定应符合下列规定：

1　架体防护

1）作业层应按规范要求设置防护栏杆；

2）作业层外侧应设置高度不小于 180 mm 的挡脚板；

3）架体外侧应采用密目式安全网进行封闭，网间连接应严密；

4）架体作业层脚手板下应采用安全平网兜底，以下每隔 10 m 应采用安全平网封闭。

2　构配件材质

1）门架不应有严重的弯曲、锈蚀和开焊；

2）门架及构配件的规格、型号、材质应符合规范要求。

3　荷载

1）架体上的施工荷载应符合设计和规范要求；

2）施工均布荷载、集中荷载应在设计允许范围内。

4　通道

1）架体应设置供人员上下的专用通道；

2）专用通道的设置应符合规范要求。

3.5　碗扣式钢管脚手架

3.5.1　碗扣式钢管脚手架检查评定应符合现行行业标准《建筑施工碗扣式钢管脚手架安全技术规范》JGJ 166 的规定。

3.5.2　碗扣式钢管脚手架检查评定保证项目应包括：施工方案、架体基础、架体稳定、杆件锁件、脚手板、交底与验收。一般项目应包括：架体防护、构配件材质、荷载、通道。

3.5.3　碗扣式钢管脚手架保证项目的检查评定应符合下列规定：

1　施工方案

1）架体搭设应编制专项施工方案，结构设计应进行计算，并按规定进行审核、审批；

2）当架体搭设超过规范允许高度时，应组织专家对专项施工方案进行论证。

2　架体基础

1）立杆基础应按方案要求平整、夯实，并应采取排水措施，立杆底部设置的垫板和底座应符合规范要求；

2）架体纵横向扫地杆距立杆底端高度不应大于 350 mm。

3　架体稳定

1）架体与建筑结构拉结应符合规范要求，并应从架体底层第一步纵向水平杆处开始设置连墙件，当该处设置有困难时应采取其他可靠措施固定；

2）架体拉结点应牢固可靠；

3）连墙件应采用刚性杆件；

4）架体竖向应沿高度方向连续设置专用斜杆或八字撑；

5）专用斜杆两端应固定在纵横向水平杆的碗扣节点处；

6）专用斜杆或八字形斜撑的设置角度应符合规范要求。

4　杆件锁件

1）架体立杆间距、水平杆步距应符合设计和规范要求；

2)应按专项施工方案设计的步距在立杆连接碗扣节点处设置纵、横向水平杆；

3)当架体搭设高度超过24 m时,顶部24 m以下的连墙件应设置水平斜杆,并应符合规范要求；

4)架体组装及碗扣紧固应符合规范要求。

5 脚手板

1)脚手板材质、规格应符合规范要求；

2)脚手板应铺设严密、平整、牢固；

3)挂扣式钢脚手板的挂扣必须完全挂扣在水平杆上,挂钩应处于锁住状态。

6 交底与验收

1)架体搭设前应进行安全技术交底,并应有文字记录；

2)架体分段搭设、分段使用时,应进行分段验收；

3)搭设完毕应办理验收手续,验收应有量化内容并经责任人签字确认。

3.5.4 碗扣式钢管脚手架一般项目的检查评定应符合下列规定:

1 架体防护

1)架体外侧应采用密目式安全网进行封闭,网间连接应严密；

2)作业层应按规范要求设置防护栏杆；

3)作业层外侧应设置高度不小于180 mm的挡脚板；

4)作业层脚手板下应采用安全平网兜底,以下每隔10 m应采用安全平网封闭。

2 构配件材质

1)架体构配件的规格、型号、材质应符合规范要求；

2)钢管不应有严重的弯曲、变形、锈蚀。

3 荷载

1)架体上的施工荷载应符合设计和规范要求；

2)施工均布荷载、集中荷载应在设计允许范围内。

4 通道

1)架体应设置供人员上下的专用通道；

2)专用通道的设置应符合规范要求。

3.6 承插型盘扣式钢管脚手架

3.6.1 承插型盘扣式钢管脚手架检查评定应符合现行行业标准《建筑施工承插型盘扣式钢管支架安全技术规程》JGJ 231的规定。

3.6.2 承插型盘扣式钢管脚手架检查评定保证项目包括:施工方案、架体基础、架体稳定、杆件设置、脚手板、交底与验收。一般项目包括:架体防护、杆件连接、构配件材质、通道。

3.6.3 承插型盘扣式钢管脚手架保证项目的检查评定应符合下列规定:

1 施工方案

1)架体搭设应编制专项施工方案,结构设计应进行计算；

2)专项施工方案应按规定进行审核、审批。

2 架体基础

1)立杆基础应按方案要求平整、夯实,并应采取排水措施；

2)立杆底部应设置垫板和可调底座,并应符合规范要求；

3)架体纵、横向扫地杆设置应符合规范要求。

3 架体稳定

1)架体与建筑结构拉结应符合规范要求,并应从架体底层第一步水平杆处开始设置连墙件,当该处设置有困难时应采取其他可靠措施固定;

2)架体拉结点应牢固可靠;

3)连墙件应采用刚性杆件;

4)架体竖向斜杆、剪刀撑的设置应符合规范要求;

5)竖向斜杆的两端应固定在纵、横向水平杆与立杆汇交的盘扣节点处;

6)斜杆及剪刀撑应沿脚手架高度连续设置,角度应符合规范要求。

4 杆件设置

1)架体立杆间距、水平杆步距应符合设计和规范要求;

2)应按专项施工方案设计的步距在立杆连接插盘处设置纵、横向水平杆;

3)当双排脚手架的水平杆未设挂扣式钢脚手板时,应按规范要求设置水平斜杆。

5 脚手板

1)脚手板材质、规格应符合规范要求;

2)脚手板应铺设严密、平整、牢固;

3)挂扣式钢脚手板的挂扣必须完全挂扣在水平杆上,挂钩应处于锁住状态。

6 交底与验收

1)架体搭设前应进行安全技术交底,并应有文字记录;

2)架体分段搭设、分段使用时,应进行分段验收;

3)搭设完毕应办理验收手续,验收应有量化内容并经责任人签字确认。

3.6.4 承插型盘扣式钢管脚手架一般项目的检查评定应符合下列规定:

1 架体防护

1)架体外侧应采用密目式安全网进行封闭,网间连接应严密;

2)作业层应按规范要求设置防护栏杆;

3)作业层外侧应设置高度不小于 180 mm 的挡脚板;

4)作业层脚手板下应采用安全平网兜底,以下每隔 10 m 应采用安全平网封闭。

2 杆件连接

1)立杆的接长位置应符合规范要求;

2)剪刀撑的接长应符合规范要求。

3 构配件材质

1)架体构配件的规格、型号、材质应符合规范要求;

2)钢管不应有严重的弯曲、变形、锈蚀。

4 通道

1)架体应设置供人员上下的专用通道;

2)专用通道的设置应符合规范要求。

3.7 满堂脚手架

3.7.1 满堂脚手架检查评定应符合现行行业标准《建筑施工扣件式钢管脚手架安全技术规范》JGJ 130、《建筑施工门式钢管脚手架安全技术规范》JGJ 128、《建筑施工碗扣式钢管脚手架安全技术规程》JGJ 166 和《建筑施工承插型盘扣式钢管支架安全技术规程》JGJ 231 的规定。

3.7.2 满堂脚手架检查评定保证项目应包括:施工方案、架体基础、架体稳定、杆件锁件、脚手板、交底与验收。一般项目应包括:架体防护、构配件材质、荷载、通道。

3.7.3 满堂脚手架保证项目的检查评定应符合下列规定:

1 施工方案

1)架体搭设应编制专项施工方案,结构设计应进行计算;

2)专项施工方案应按规定进行审核、审批。

2 架体基础

1)架体基础应按方案要求平整、夯实,并应采取排水措施;

2)架体底部应按规范要求设置垫板和底座,垫板规格应符合规范要求;

3)架体扫地杆设置应符合规范要求。

3 架体稳定

1)架体四周与中部应按规范要求设置竖向剪刀撑或专用斜杆;

2)架体应按规范要求设置水平剪刀撑或水平斜杆;

3)当架体高宽比大于规范规定时,应按规范要求与建筑结构拉结或采取增加架体宽度、设置钢丝绳张拉固定等稳定措施。

4 杆件锁件

1)架体立杆件间距、水平杆步距应符合设计和规范要求;

2)杆件的接长应符合规范要求;

3)架体搭设应牢固,杆件节点应按规范要求进行紧固。

5 脚手板

1)作业层脚手板应满铺,铺稳、铺牢;

2)脚手板的材质、规格应符合规范要求;

3)挂扣式钢脚手板的挂扣应完全挂扣在水平杆上,挂钩处应处于锁住状态。

6 交底与验收

1)架体搭设前应进行安全技术交底,并应有文字记录;

2)架体分段搭设、分段使用时,应进行分段验收;

3)搭设完毕应办理验收手续,验收应有量化内容并经责任人签字确认。

3.7.4 满堂脚手架一般项目的检查评定应符合下列规定:

1 架体防护

1)作业层应按规范要求设置防护栏杆;

2)作业层外侧应设置高度不小于 180 mm 的挡脚板;

3)作业层脚手板下应采用安全平网兜底,以下每隔 10 m 应采用安全平网封闭。

2 构配件材质

1)架体构配件的规格、型号、材质应符合规范要求;

2)杆件的弯曲、变形和锈蚀应在规范允许范围内。

3 荷载

1)架体上的施工荷载应符合设计和规范要求;

2)施工均布荷载、集中荷载应在设计允许范围内。

4 通道

1)架体应设置供人员上下的专用通道;

2)专用通道的设置应符合规范要求。

3.8 悬挑式脚手架

3.8.1 悬挑式脚手架检查评定应符合现行行业标准《建筑施工扣件式钢管脚手架安全技术规范》JGJ 130、《建筑施工门式钢管脚手架安全技术规范》JGJ 128、《建筑施工碗扣式钢管脚手架安全技术规范》JGJ 166 和《建筑施工承插型盘扣式钢管支架安全技术规程》JGJ 231 的规定。

3.8.2 悬挑式脚手架检查评定保证项目应包括:施工方案、悬挑钢梁、架体稳定、脚手板、荷载、交底与验收。一般项目应包括:杆件间距、架体防护、层间防护、构配件材质。

3.8.3 悬挑式脚手架保证项目的检查评定应符合下列规定:

1 施工方案

1)架体搭设应编制专项施工方案,结构设计应进行计算;

2)架体搭设超过规范允许高度,专项施工方案应按规定组织专家论证;

3)专项施工方案应按规定进行审核、审批。

2 悬挑钢梁

1)钢梁截面尺寸应经设计计算确定,且截面形式应符合设计和规范要求;

2)钢梁锚固端长度不应小于悬挑长度的 1.25 倍;

3)钢梁锚固处结构强度、锚固措施应符合设计和规范要求;

4)钢梁外端应设置钢丝绳或钢拉杆与上层建筑结构拉结;

5)钢梁间距应按悬挑架体立杆纵距设置。

3 架体稳定

1)立杆底部应与钢梁连接柱固定;

2)承插式立杆接长应采用螺栓或销钉固定;

3)纵横向扫地杆的设置应符合规范要求;

4)剪刀撑应沿悬挑架体高度连续设置,角度应为 45°~60°;

5)架体应按规定设置横向斜撑;

6)架体应采用刚性连墙件与建筑结构拉结,设置的位置、数量应符合设计和规范要求。

4 脚手板

1)脚手板材质、规格应符合规范要求;

2)脚手板铺设应严密、牢固,探出横向水平杆长度不应大于 150 mm。

5 荷载

架体上施工荷载应均匀,并不应超过设计和规范要求。

6 交底与验收

1)架体搭设前应进行安全技术交底,并应有文字记录;

2)架体分段搭设、分段使用时,应进行分段验收;

3)搭设完毕应办理验收手续,验收应有量化内容并经责任人签字确认。

3.8.4 悬挑式脚手架一般项目的检查评定应符合下列规定:

1 杆件间距

1)立杆纵、横向间距、纵向水平杆步距应符合设计和规范要求;

2)作业层应按脚手板铺设的需要增加横向水平杆。

2 架体防护

1)作业层应按规范要求设置防护栏杆；

2)作业层外侧应设置高度不小于 180 mm 的挡脚板；

3)架体外侧应采用密目式安全网封闭,网间连接应严密。

3 层间防护

1)架体作业层脚手板下应采用安全平网兜底,以下每隔 10 m 应采用安全平网封闭；

2)作业层里排架体与建筑物之间应采用脚手板或安全平网封闭；

3)架体底层沿建筑结构边缘在悬挑钢梁与悬挑钢梁之间应采取措施封闭；

4)架体底层应进行封闭。

4 构配件材质

1)型钢、钢管、构配件规格材质应符合规范要求；

2)型钢、钢管弯曲、变形、锈蚀应在规范允许范围内。

3.9 附着式升降脚手架

3.9.1 附着式升降脚手架检查评定应符合现行行业标准《建筑施工工具式脚手架安全技术规范》JGJ 202 的规定。

3.9.2 附着式升降脚手架检查评定保证项目包括:施工方案、安全装置、架体构造、附着支座、架体安装、架体升降。一般项目包括:检查验收、脚手板、架体防护、安全作业。

3.9.3 附着式升降脚手架保证项目的检查评定应符合下列规定:

1 施工方案

1)附着式升降脚手架搭设作业应编制专项施工方案,结构设计应进行计算；

2)专项施工方案应按规定进行审核、审批；

3)脚手架提升超过规定允许高度,应组织专家对专项施工方案进行论证。

2 安全装置

1)附着式升降脚手架应安装防坠落装置,技术性能应符合规范要求；

2)防坠落装置与升降设备应分别独立固定在建筑结构上；

3)防坠落装置应设置在竖向主框架处,与建筑结构附着；

4)附着式升降脚手架应安装防倾覆装置,技术性能应符合规范要求；

5)升降和使用工况时,最上和最下两个防倾装置之间最小间距应符合规范要求；

6)附着式升降脚手架应安装同步控制装置,并应符合规范要求。

3 架体构造

1)架体高度不应大于 5 倍楼层高度,宽度不应大于 1.2 m；

2)直线布置的架体支承跨度不应大于 7 m,折线、曲线布置的架体支撑点处的架体外侧距离不应大于 5.4 m；

3)架体水平悬挑长度不应大于 2 m,且不应大于跨度的 1/2；

4)架体悬臂高度不应大于架体高度的 2/5,且不应大于 6 m；

5)架体高度与支承跨度的乘积不应大于 110 m^2。

4 附着支座

1)附着支座数量、间距应符合规范要求；

2)使用工况应将竖向主框架与附着支座固定；

3)升降工况应将防倾、导向装置设置在附着支座上;

4)附着支座与建筑结构连接固定方式应符合规范要求。

5　架体安装

1)主框架和水平支承桁架的节点应采用焊接或螺栓连接,各杆件的轴线应汇交于节点;

2)内外两片水平支承桁架的上弦和下弦之间应设置水平支撑杆件,各节点应采用焊接或螺栓连接;

3)架体立杆底端应设在水平桁架上弦杆的节点处;

4)竖向主框架组装高度应与架体高度相等;

5)剪刀撑应沿架体高度连续设置,并应将竖向主框架、水平支承桁架和架体构架连成一体,剪刀撑斜杆水平夹角应为45°~60°。

6　架体升降

1)两跨以上架体同时升降应采用电动或液压动力装置,不得采用手动装置;

2)升降工况附着支座处建筑结构混凝土强度应符合设计和规范要求;

3)升降工况架体上不得有施工荷载,严禁人员在架体上停留。

3.9.4　附着式升降脚手架一般项目的检查评定应符合下列规定:

1　检查验收

1)动力装置、主要结构配件进场应按规定进行验收;

2)架体分区段安装、分区段使用时,应进行分区段验收;

3)架体安装完毕应按规定进行整体验收,验收应有量化内容并经责任人签字确认;

4)架体每次升、降前应按规定进行检查,并应填写检查记录。

2　脚手板

1)脚手板应铺设严密、平整、牢固;

2)作业层里排架体与建筑物之间应采用脚手板或安全平网封闭;

3)脚手板材质、规格应符合规范要求。

3　架体防护

1)架体外侧应采用密目式安全网封闭,网间连接应严密;

2)作业层应按规范要求设置防护栏杆;

3)作业层外侧应设置高度不小于180 mm的挡脚板。

4　安全作业

1)操作前应对有关技术人员和作业人员进行安全技术交底,并应有文字记录;

2)作业人员应经培训并定岗作业;

3)安装拆除单位资质应符合要求,特种作业人员应持证上岗;

4)架体安装、升降、拆除时应设置安全警戒区,并应设置专人监护;

5)荷载分布应均匀,荷载最大值应在规范允许范围内。

3.10　高处作业吊篮

3.10.1　高处作业吊篮检查评定应符合现行行业标准《建筑施工工具式脚手架安全技术规范》JGJ 202的规定。

3.10.2　高处作业吊篮检查评定保证项目应包括:施工方案、安全装置、悬挂机构、钢丝绳、安装作业、升降作业。一般项目应包括:交底与验收、安全防护、吊篮稳定、荷载。

3.10.3 高处作业吊篮保证项目的检查评定应符合下列规定：

1 施工方案

1）吊篮安装作业应编制专项施工方案，吊篮支架支撑处的结构承载力应经过验算；

2）专项施工方案应按规定进行审核、审批。

2 安全装置

1）吊篮应安装防坠安全锁，并应灵敏有效；

2）防坠安全锁不应超过标定期限；

3）吊篮应设置为作业人员挂设安全带专用的安全绳和安全锁扣，安全绳应固定在建筑物可靠位置上，不得与吊篮上的任何部位连接；

4）吊篮应安装上限位装置，并应保证限位装置灵敏可靠。

3 悬挂机构

1）悬挂机构前支架不得支撑在女儿墙及建筑物外挑檐边缘等非承重结构上；

2）悬挂机构前梁外伸长度应符合产品说明书规定；

3）前支架应与支撑面垂直，且脚轮不应受力；

4）上支架应固定在前支架调节杆与悬挑梁连接的节点处；

5）严禁使用破损的配重块或其他替代物；

6）配重块应固定可靠，重量应符合设计规定。

4 钢丝绳

1）钢丝绳不应有断丝、断股、松股、锈蚀、硬弯及油污和附着物；

2）安全钢丝绳应单独设置，型号规格应与工作钢丝绳一致；

3）吊篮运行时安全钢丝绳应张紧悬垂；

4）电焊作业时应对钢丝绳采取保护措施。

5 安装作业

1）吊篮平台的组装长度应符合产品说明书和规范要求；

2）吊篮的构配件应为同一厂家的产品。

6 升降作业

1）必须由经过培训合格的人员操作吊篮升降；

2）吊篮内的作业人员不应超过 2 人；

3）吊篮内作业人员应将安全带用安全锁扣正确挂置在独立设置的专用安全绳上；

4）作业人员应从地面进出吊篮。

3.10.4 高处作业吊篮一般项目的检查评定应符合下列规定：

1 交底与验收

1）吊篮安装完毕，应按规范要求进行验收，验收表应由责任人签字确认；

2）班前、班后应按规定对吊篮进行检查；

3）吊篮安装、使用前对作业人员进行安全技术交底，并应有文字记录。

2 安全防护

1）吊篮平台周边的防护栏杆、挡脚板的设置应符合规范要求；

2）上下立体交叉作业时吊篮应设置顶部防护板。

3 吊篮稳定

1）吊篮作业时应采取防止摆动的措施；

2）吊篮与作业面距离应在规定要求范围内。

4 荷载

1）吊篮施工荷载应符合设计要求；

2）吊篮施工荷载应均匀分布。

3.11 基坑工程

3.11.1 基坑工程安全检查评定应符合现行国家标准《建筑基坑工程监测技术规范》GB 50497 和现行行业标准《建筑基坑支护技术规程》JGJ 120、《建筑施工土石方工程安全技术规范》JGJ 180 的规定。

3.11.2 基坑工程检查评定保证项目应包括：施工方案、基坑支护、降排水、基坑开挖、坑边荷载、安全防护。一般项目应包括：基坑监测、支撑拆除、作业环境、应急预案。

3.11.3 基坑工程保证项目的检查评定应符合下列规定：

1 施工方案

1）基坑工程施工应编制专项施工方案，开挖深度超过 3 m 或虽未超过 3 m 但地质条件和周边环境复杂的基坑土方开挖、支护、降水工程，应单独编制专项施工方案；

2）专项施工方案应按规定进行审核、审批；

3）开挖深度超过 5 m 的基坑土方开挖、支护、降水工程或开挖深度虽未超过 5 m 但地质条件、周围环境复杂的基坑土方开挖、支护、降水工程专项施工方案，应组织专家进行论证；

4）当基坑周边环境或施工条件发生变化时，专项施工方案应重新进行审核、审批。

2 基坑支护

1）人工开挖的狭窄基槽，开挖深度较大并存在边坡塌方危险时，应采取支护措施；

2）地质条件良好、土质均匀且无地下水的自然放坡的坡率应符合规范要求；

3）基坑支护结构应符合设计要求；

4）基坑支护结构水平位移应在设计允许范围内。

3 降排水

1）当基坑开挖深度范围内有地下水时，应采取有效的降排水措施；

2）基坑边沿周围地面应设排水沟；放坡开挖时，应对坡顶、坡面、坡脚采取降排水措施；

3）基坑底四周应按专项施工方案设排水沟和集水井，并应及时排除积水。

4 基坑开挖

1）基坑支护结构必须在达到设计要求的强度后，方可开挖下层土方，严禁提前开挖和超挖；

2）基坑开挖应按设计和施工方案的要求，分层、分段、均衡开挖；

3）基坑开挖应采取措施防止碰撞支护结构、工程桩或扰动基底原状土土层；

4）当采用机械在软土场地作业时，应采取铺设渣土或砂石等硬化措施。

5 坑边荷载

1）基坑边堆置土、料具等荷载应在基坑支护设计允许范围内；

2）施工机械与基坑边沿的安全距离应符合设计要求。

6 安全防护

1）开挖深度超过 2 m 及以上的基坑周边必须安装防护栏杆，防护栏杆的安装应符合规范要求；

2）基坑内应设置供施工人员上下的专用梯道；梯道应设置扶手栏杆，梯道的宽度不应小于 1 m，梯道搭设应符合规范要求；

3)降水井口应设置防护盖板或围栏,并应设置明显的警示标志。

3.11.4 基坑工程一般项目的检查评定应符合下列规定:

1 基坑监测

1)基坑开挖前应编制监测方案,并应明确监测项目、监测报警值、监测方法和监测点的布置、监测周期等内容;

2)监测的时间间隔应根据施工进度确定,当监测结果变化速率较大时,应加密观测次数;

3)基坑开挖监测工程中,应根据设计要求提交阶段性监测报告。

2 支撑拆除

1)基坑支撑结构的拆除方式、拆除顺序应符合专项施工方案的要求;

2)当采用机械拆除时,施工荷载应小于支撑结构承载能力;

3)人工拆除时,应按规定设置防护设施;

4)当采用爆破拆除、静力破碎等拆除方式时,必须符合国家现行相关规范的要求。

3 作业环境

1)基坑内土方机械、施工人员的安全距离应符合规范要求;

2)上下垂直作业应按规定采取有效的防护措施;

3)在电力、通信、燃气、上下水等管线2m范围内挖土时,应采取安全保护措施,并应设专人监护;

4)施工作业区域应采光良好,当光线较弱时应设置有足够照度的光源。

4 应急预案

1)基坑工程应按规范要求结合工程施工过程中可能出现的支护变形、漏水等影响基坑工程安全的不利因素制定应急预案;

2)应急组织机构应健全,应急的物资、材料、工具、机具等品种、规格、数量应满足应急的需要,并应符合应急预案的要求。

3.12 模板支架

3.12.1 模板支架安全检查评定应符合现行行业标准《建筑施工模板安全技术规范》JGJ 162、《建筑施工扣件式钢管脚手架安全技术规范》JGJ 130、《建筑施工门式钢管脚手架安全技术规范》JGJ 128、《建筑施工碗扣式钢管脚手架安全技术规范》JGJ 166和《建筑施工承插型盘扣式钢管支架安全技术规程》JGJ 231的规定。

3.12.2 模板支架检查评定保证项目应包括:施工方案、支架基础、支架构造、支架稳定、施工荷载、交底与验收。一般项目应包括:杆件连接、底座与托撑、构配件材质、支架拆除。

3.12.3 模板支架保证项目的检查评定应符合下列规定:

1 施工方案

1)模板支架搭设应编制专项施工方案,结构设计应进行计算,并应按规定进行审核、审批;

2)模板支架搭设高度8 m及以上;跨度18 m及以上,施工总荷载15 kN/m^2及以上;集中线荷载20 kN/m^2及以上的专项施工方案,应按规定组织专家论证。

2 支架基础

1)基础应坚实、平整,承载力应符合设计要求,并应能承受支架上部全部荷载;

2)支架底部应按规范要求设置底座、垫板,垫板规格应符合规范要求;

3）支架底部纵、横向扫地杆的设置应符合规范要求；

4）基础应采取排水设施，并应排水畅通；

5）当支架设在楼面结构上时，应对楼面结构强度进行验算，必要时应对楼面结构采取加固措施。

3　支架构造

1）立杆间距应符合设计和规范要求；

2）水平杆步距应符合设计和规范要求，水平杆应按规范要求连续设置；

3）竖向、水平剪刀撑或专用斜杆、水平斜杆的设置应符合规范要求。

4　支架稳定

1）当支架高宽比大于规定值时，应按规定设置连墙杆或采用增加架体宽度的加强措施；

2）立杆伸出顶层水平杆中心线至支撑点的长度应符合规范要求；

3）浇筑混凝土时应对架体基础沉降、架体变形进行监控，基础沉降、架体变形应在规定允许范围内。

5　施工荷载

1）施工均布荷载、集中荷载应在设计允许范围内；

2）当浇筑混凝土时，应对混凝土堆积高度进行控制。

6　交底与验收

1）支架搭设、拆除前应进行交底，并应有交底记录；

2）支架搭设完毕，应按规定组织验收，验收应有量化内容并经责任人签字确认。

3.12.4　模板支架一般项目的检查评定应符合下列规定：

1　杆件连接

1）立杆应采用对接、套接或承插式连接方式，并应符合规范要求；

2）水平杆的连接应符合规范要求；

3）当剪刀撑斜杆采用搭接时，搭接长度不应小于1 m；

4）杆件各连接点的紧固应符合规范要求。

2　底座与托撑

1）可调底座、托撑螺杆直径应与立杆内径匹配，配合间隙应符合规范要求；

2）螺杆旋入螺母内长度不应少于5倍的螺距。

3　构配件材质

1）钢管壁厚应符合规范要求；

2）构配件规格、型号、材质应符合规范要求；

3）杆件弯曲、变形、锈蚀量应在规范允许范围内。

4　支架拆除

1）支架拆除前结构的混凝土强度应达到设计要求；

2）支架拆除前应设置警戒区，并应设专人监护。

3.13　高处作业

3.13.1　高处作业检查评定应符合现行国家标准《安全网》GB 5725、《安全帽》GB 2118、《安全带》GB 6095和现行行业标准《建筑施工高处作业安全技术规范》JGJ 80的规定。

3.13.2　高处作业检查评定项目应包括：安全帽、安全网、安全带、临边防护、洞口防护、通道口防护、攀登作业、悬空作业、移动式操作平台、悬挑式物料钢平台。

3.13.3 高处作业的检查评定应符合下列规定：

1 安全帽

1)进入施工现场的人员必须正确佩戴安全帽；

2)安全帽的质量应符合规范要求。

2 安全网

1)在建工程外脚手架的外侧应采用密目式安全网进行封闭；

2)安全网的质量应符合规范要求。

3 安全带

1)高处作业人员应按规定系挂安全带；

2)安全带的系挂应符合规范要求；

3)安全带的质量应符合规范要求。

4 临边防护

1)作业面边沿应设置连续的临边防护设施；

2)临边防护设施的构造、强度应符合规范要求；

3)临边防护设施宜定型化、工具式，杆件的规格及连接固定方式应符合规范要求。

5 洞口防护

1)在建工程的预留洞口、楼梯口、电梯井口等孔洞应采取防护措施；

2)防护措施、设施应符合规范要求；

3)防护设施宜定型化、工具式；

4)电梯井内每隔 2 层且不大于 10 m 应设置安全平网防护。

6 通道口防护

1)通道口防护应严密、牢固；

2)防护棚两侧应采取封闭措施；

3)防护棚宽度应大于通道口宽度，长度应符合规范要求；

4)当建筑物高度超过 24 m 时，通道口防护顶棚应采用双层防护；

5)防护棚的材质应符合规范要求。

7 攀登作业

1)梯脚底部应坚实，不得垫高使用；

2)折梯使用时上部夹角宜为 35°～45°，并应设有可靠的拉撑装置；

3)梯子的材质和制作质量应符合规范要求。

8 悬空作业

1)悬空作业处应设置防护栏杆或采取其他可靠的安全措施；

2)悬空作业所使用的索具、吊具等应经验收，合格后方可使用；

3)悬空作业人员应系挂安全带、佩带工具袋。

9 移动式操作平台

1)操作平台应按规定进行设计计算；

2)移动式操作平台轮子与平台连接应牢固、可靠，立柱底端距地面高度不得大于 80 mm；

3)操作平台应按设计和规范要求进行组装，铺板应严密；

4)操作平台四周应按规范要求设置防护栏杆，并应设置登高扶梯；

5)操作平台的材质应符合规范要求。

10 悬挑式物料钢平台

1)悬挑式物料钢平台的制作、安装应编制专项施工方案,并应进行设计计算;

2)悬挑式物料钢平台的下部支撑系统或上部拉结点,应设置在建筑结构上;

3)斜拉杆或钢丝绳应按规范要求在平台两侧各设置前后两道;

4)钢平台两侧必须安装固定的防护栏杆,并应在平台明显处设置荷载限定标牌;

5)钢平台台面、钢平台与建筑结构间铺板应严密、牢固。

3.14 施工用电

3.14.1 施工用电检查评定应符合现行国家标准《建设工程施工现场供用电安全规范》GB 50194 和现行行业标准《施工现场临时用电安全技术规范》JGJ 46 的规定。

3.14.2 施工用电检查评定的保证项目应包括:外电防护、接地与接零保护系统、配电线路、配电箱与开关箱。一般项目应包括:配电室与配电装置、现场照明、用电档案。

3.14.3 施工用电保证项目的检查评定应符合下列规定:

1 外电防护

1)外电线路与在建工程及脚手架、起重机械、场内机动车道的安全距离应符合规范要求;

2)当安全距离不符合规范要求时,必须采取隔离防护措施,并应悬挂明显的警示标志;

3)防护设施与外电线路的安全距离应符合规范要求,并应坚固、稳定;

4)外电架空线路正下方不得进行施工、建造临时设施或堆放材料物品。

2 接地与接零保护系统

1)施工现场专用的电源中性点直接接地的低压配电系统应采用 TN-S 接零保护系统;

2)施工现场配电系统不得同时采用两种保护系统;

3)保护零线应由工作接地线、总配电箱电源侧零线或总漏电保护器电源零线处引出,电气设备的金属外壳必须与保护零线连接;

4)保护零线应单独敷设,线路上严禁装设开关或熔断器,严禁通过工作电流;

5)保护零线应采用绝缘导线,规格和颜色标记应符合规范要求;

6)保护零线应在总配电箱处、配电系统的中间处和末端处作重复接地;

7)接地装置的接地线应采用 2 根及以上导体,在不同点与接地体做电气连接。接地体应采用角钢、钢管或光面圆钢;

8)工作接地电阻不得大于 4Ω,重复接地电阻不得大于 10Ω;

9)施工现场起重机、物料提升机、施工升降机、脚手架应按规范要求采取防雷措施,防雷装置的冲击接地电阻值不得大于 30Ω;

10)做防雷接地机械上的电气设备,保护零线必须同时作重复接地。

3 配电线路

1)线路及接头应保证机械强度和绝缘强度;

2)线路应设短路、过载保护,导线截面应满足线路负荷电流;

3)线路的设施、材料及相序排列、档距、与邻近线路或固定物的距离应符合规范要求;

4)电缆应采用架空或埋地敷设并应符合规范要求,严禁沿地面明设或沿脚手架、树木等敷设;

5)电缆中必须包含全部工作芯线和用作保护零线的芯线,并应按规定接用;

6)室内明敷主干线距地面高度不得小于2.5 m。

4 配电箱与开关箱

1)施工现场配电系统应采用三级配电、二级漏电保护系统,用电设备必须有各自专用的开关箱;

2)箱体结构、箱内电器设置及使用应符合规范要求;

3)配电箱必须分设工作零线端子板和保护零线端子板,保护零线、工作零线必须通过各自的端子板连接;

4)总配电箱与开关箱应安装漏电保护器,漏电保护器参数应匹配并灵敏可靠;

5)箱体应设置系统接线图和分路标记,并应有门、锁及防雨措施;

6)箱体安装位置、高度及周边通道应符合规范要求;

7)分配箱与开关箱间的距离不应超过30 m,开关箱与用电设备间的距离不应超过3 m。

3.14.4 施工用电一般项目的检查评定应符合下列规定:

1 配电室与配电装置

1)配电室的建筑耐火等级不应低于三级,配电室应配置适用于电气火灾的灭火器材;

2)配电室、配电装置的布设应符合规范要求;

3)配电装置中的仪表、电器元件设置应符合规范要求;

4)备用发电机组应与外电线路进行连锁;

5)配电室应采取防止风雨和小动物侵入的措施;

6)配电室应设置警示标志、工地供电平面图和系统图。

2 现场照明

1)照明用电应与动力用电分设;

2)特殊场所和手持照明灯应采用安全电压供电;

3)照明变压器应采用双绕组安全隔离变压器;

4)灯具金属外壳应接保护零线;

5)灯具与地面、易燃物间的距离应符合规范要求;

6)照明线路和安全电压线路的架设应符合规范要求;

7)施工现场应按规范要求配备应急照明。

3 用电档案

1)总包单位与分包单位应签订临时用电管理协议,明确各方相关责任;

2)施工现场应制定专项用电施工组织设计、外电防护专项方案;

3)专项用电施工组织设计、外电防护专项方案应履行审批程序,实施后应由相关部门组织验收;

4)用电各项记录应按规定填写,记录应真实有效;

5)用电档案资料应齐全,并应设专人管理。

3.15 物料提升机

3.15.1 物料提升机检查评定应符合现行行业标准《龙门架及井架物料提升机安全技术规范》JGJ 88 的规定。

3.15.2 物料提升机检查评定保证项目应包括:安全装置、防护设施、附墙架与缆风绳、钢丝绳、安拆、验收与使用。一般项目应包括:基础与导轨架、动力与传动、通信装置、卷扬机操作棚、避雷装置。

3.15.3 物料提升机保证项目的检查评定应符合下列规定：

1 安全装置

1）应安装起重量限制器、防坠安全器，并应灵敏可靠；

2）安全停层装置应符合规范要求，并应定型化；

3）应安装上行程限位并灵敏可靠，安全越程不应小于3 m；

4）安装高度超过30 m的物料提升机应安装渐进式防坠安全器及自动停层、语音影像信号监控装置。

2 防护设施

1）应在地面进料口安装防护围栏和防护棚，防护围栏、防护棚的安装高度和强度应符合规范要求；

2）停层平台两侧应设置防护栏杆、挡脚板，平台脚手板应铺满、铺平；

3）平台门、吊笼门安装高度、强度应符合规范要求，并应定型化。

3 附墙架与缆风绳

1）附墙架结构、材质、间距应符合产品说明书要求；

2）附墙架应与建筑结构可靠连接；

3）缆风绳设置的数量、位置、角度应符合规范要求，并应与地锚可靠连接；

4）安装高度超过30 m的物料提升机必须使用附墙架；

5）地锚设置应符合规范要求。

4 钢丝绳

1）钢丝绳磨损、断丝、变形、锈蚀量应在规范允许范围内；

2）钢丝绳夹设置应符合规范要求；

3）当吊笼处于最低位置时，卷筒上钢丝绳严禁少于3圈；

4）钢丝绳应设置过路保护措施。

5 安拆、验收与使用

1）安装、拆卸单位应具有起重设备安装工程专业承包资质和安全生产许可证；

2）安装、拆卸作业应制定专项施工方案，并应按规定进行审核、审批；

3）安装完毕应履行验收程序，验收表格应由责任人签字确认；

4）安装、拆卸作业人员及司机应持证上岗；

5）物料提升机作业前应按规定进行例行检查，并应填写检查记录；

6）实行多班作业，应按规定填写交接班记录。

3.15.4 物料提升机一般项目的检查评定应符合下列规定：

1 基础与导轨架

1）基础的承载力和平整度应符合规范要求；

2）基础周边应设置排水设施；

3）导轨架垂直度偏差不应大于导轨架高度0.15%；

4）井架停层平台通道处的结构应采取加强措施。

2 动力与传动

1）卷扬机、曳引机应安装牢固，当卷扬机卷筒与导轨架底部导向轮的距离小于20倍卷筒宽度时，应设置排绳器；

2)钢丝绳应在卷筒上排列整齐;

3)滑轮与导轨架、吊笼应采用刚性连接,滑轮应与钢丝绳相匹配;

4)卷筒、滑轮应设置防止钢丝绳脱出装置;

5)当曳引钢丝绳为2根及以上时,应设置曳引力平衡装置。

3 通信装置

1)应按规范要求设置通信装置;

2)通信装置应具有语音和影像显示功能。

4 卷扬机操作棚

1)应按规范要求设置卷扬机操作棚;

2)卷扬机操作棚强度、操作空间应符合规范要求。

5 避雷装置

1)当物料提升机未在其他防雷保护范围内时,应设置避雷装置;

2)避雷装置设置应符合现行行业标准《施工现场临时用电安全技术规范》JGJ 46的规定。

3.16 施工升降机

3.16.1 施工升降机检查评定应符合现行国家标准《施工升降机安全规程》GB 10055和现行行业标准《建筑施工升降机安装、使用、拆卸安全技术规程》JGJ 215的规定。

3.16.2 施工升降机检查评定保证项目应包括:安全装置、限位装置、防护设施、附墙架、钢丝绳、滑轮与对重、安拆、验收与使用。一般项目应包括:导轨架、基础、电气安全、通信装置。

3.16.3 施工升降机保证项目的检查评定应符合下列规定:

1 安全装置

1)应安装起重量限制器,并应灵敏可靠;

2)应安装渐进式防坠安全器并应灵敏可靠,防坠安全器应在有效的标定期内使用;

3)对重钢丝绳应安装防松绳装置,并应灵敏可靠;

4)吊笼的控制装置应安装非自动复位型的急停开关,任何时候均可切断控制电路停止吊笼运行;

5)底架应安装吊笼和对重缓冲器,缓冲器应符合规范要求;

6)SC型施工升降机应安装一对以上安全钩。

2 限位装置

1)应安装非自动复位型极限开关并应灵敏可靠;

2)应安装自动复位型上、下限位开关并应灵敏可靠,上、下限位开关安装位置应符合规范要求;

3)上极限开关与上限位开关之间的安全越程不应小于0.15 m;

4)极限开关、限位开关应设置独立的触发元件;

5)吊笼门应安装机电连锁装置,并应灵敏可靠;

6)吊笼顶窗应安装电气安全开关,并应灵敏可靠。

3 防护设施

1)吊笼和对重升降通道周围应安装地面防护围栏,防护围栏的安装高度、强度应符合规范要求,围栏门应安装机电连锁装置并应灵敏可靠;

2)地面出入通道防护棚的搭设应符合规范要求;

3)停层平台两侧应设置防护栏杆、挡脚板,平台脚手板应铺满、铺平;

4)层门安装高度、强度应符合规范要求,并应定型化。

4 附墙架

1)附墙架应采用配套标准产品,当附墙架不能满足施工现场要求时,应对附墙架另行设计,附墙架的设计应满足构件刚度、强度、稳定性等要求,制作应满足设计要求;

2)附墙架与建筑结构连接方式、角度应符合产品说明书要求;

3)附墙架间距、最高附着点以上导轨架的自由高度应符合产品说明书要求。

5 钢丝绳、滑轮与对重

1)对重钢丝绳绳数不得少于2根且应相互独立;

2)钢丝绳磨损、变形、锈蚀应在规范允许范围内;

3)钢丝绳的规格、固定应符合产品说明书及规范要求;

4)滑轮应安装钢丝绳防脱装置,并应符合规范要求;

5)对重重量、固定应符合产品说明书要求;

6)对重除导向轮或滑靴外应设有防脱轨保护装置。

6 安拆、验收与使用

1)安装、拆卸单位应具有起重设备安装工程专业承包资质和安全生产许可证;

2)安装、拆卸应制定专项施工方案,并经过审核、审批;

3)安装完毕应履行验收程序,验收表格应由责任人签字确认;

4)安装、拆卸作业人员及司机应持证上岗;

5)施工升降机作业前应按规定进行例行检查,并应填写检查记录;

6)实行多班作业,应按规定填写交接班记录。

3.16.4 施工升降机一般项目的检查评定应符合下列规定:

1 导轨架

1)导轨架垂直度应符合规范要求;

2)标准节的质量应符合产品说明书及规范要求;

3)对重导轨应符合规范要求;

4)标准节连接螺栓使用应符合产品说明书及规范要求。

2 基础

1)基础制作、验收应符合说明书及规范要求;

2)基础设置在地下室顶板或楼面结构上时,应对其支承结构进行承载力验算;

3)基础应设有排水设施。

3 电气安全

1)施工升降机与架空线路的安全距离或防护措施应符合规范要求;

2)电缆导向架设置应符合说明书及规范要求;

3)施工升降机在其他避雷装置保护范围外应设置避雷装置,并应符合规范要求。

4 通信装置

施工升降机应安装楼层信号联络装置,并应清晰有效。

3.17 塔式起重机

3.17.1 塔式起重机检查评定应符合现行国家标准《塔式起重机安全规程》GB 5144 和现行行

业标准《建筑施工塔式起重机安装、使用、拆卸安全技术规程》JGJ 196 的规定。

3.17.2 塔式起重机检查评定保证项目应包括：载荷限制装置、行程限位装置、保护装置、吊钩、滑轮、卷筒与钢丝绳、多塔作业、安拆、验收与使用。一般项目应包括：附着、基础与轨道、结构设施、电气安全。

3.17.3 塔式起重机保证项目的检查评定应符合下列规定：

1 载荷限制装置

1）应安装起重量限制器并应灵敏可靠。当起重量大于相应档位的额定值并小于该额定值的 110% 时，应切断上升方向的电源，但机构可作下降方向的运动；

2）应安装起重力矩限制器并应灵敏可靠。当起重力矩大于相应工况下的额定值并小于该额定值的 110%，应切断上升和幅度增大方向的电源，但机构可作下降和减小幅度方向的运动。

2 行程限位装置

1）应安装起升高度限位器，起升高度限位器的安全越程应符合规范要求，并应灵敏可靠；

2）小车变幅的塔式起重机应安装小车行程开关，动臂变幅的塔式起重机应安装臂架幅度限制开关，并应灵敏可靠；

3）回转部分不设集电器的塔式起重机应安装回转限位器，并应灵敏可靠；

4）行走式塔式起重机应安装行走限位器，并应灵敏可靠。

3 保护装置

1）小车变幅的塔式起重机应安装断绳保护及断轴保护装置，并应符合规范要求；

2）行走及小车变幅的轨道行程末端应安装缓冲器及止挡装置，并应符合规范要求；

3）起重臂根部绞点高度大于 50 m 的塔式起重机应安装风速仪，并应灵敏可靠；

4）当塔式起重机顶部高度大于 30 m 且高于周围建筑物时，应安装障碍指示灯。

4 吊钩、滑轮、卷筒与钢丝绳

1）吊钩应安装钢丝绳防脱钩装置并应完好可靠，吊钩的磨损、变形应在规定允许范围内；

2）滑轮、卷筒应安装钢丝绳防脱装置并应完好可靠，滑轮、卷筒的磨损应在规定允许范围内；

3）钢丝绳的磨损、变形、锈蚀应在规定允许范围内，钢丝绳的规格、固定、缠绕应符合说明书及规范要求。

5 多塔作业

1）多塔作业应制定专项施工方案并经过审批；

2）任意两台塔式起重机之间的最小架设距离应符合规范要求。

6 安拆、验收与使用

1）安装、拆卸单位应具有起重设备安装工程专业承包资质和安全生产许可证；

2）安装、拆卸应制定专项施工方案，并经过审核、审批；

3）安装完毕应履行验收程序，验收表格应由责任人签字确认；

4）安装、拆卸作业人员及司机、指挥应持证上岗；

5）塔式起重机作业前应按规定进行例行检查，并应填写检查记录；

6）实行多班作业，应按规定填写交接班记录。

3.17.4 塔式起重机一般项目的检查评定应符合下列规定：

1 附着

1）当塔式起重机高度超过产品说明书规定时，应安装附着装置，附着装置安装应符合产品说明书及规范要求；

2）当附着装置的水平距离不能满足产品说明书要求时，应进行设计计算和审批；

3）安装内爬式塔式起重机的建筑承载结构应进行承载力验算；

4）附着前和附着后塔身垂直度应符合规范要求。

2 基础与轨道

1）塔式起重机基础应按产品说明书及有关规定进行设计、检测和验收；

2）基础应设置排水措施；

3）路基箱或枕木铺设应符合产品说明书及规范要求；

4）轨道铺设应符合产品说明书及规范要求。

3 结构设施

1）主要结构构件的变形、锈蚀应在规范允许范围内；

2）平台、走道、梯子、护栏的设置应符合规范要求；

3）高强螺栓、销轴、紧固件的紧固、连接应符合规范要求，高强螺栓应使用力矩扳手或专用工具紧固。

4 电气安全

1）塔式起重机应采用 TN－S 接零保护系统供电；

2）塔式起重机与架空线路的安全距离或防护措施应符合规范要求；

3）塔式起重机应安装避雷接地装置，并应符合规范要求；

4）电缆的使用及固定应符合规范要求。

3.18 起重吊装

3.18.1 起重吊装检查评定应符合现行国家标准《起重机械安全规程》GB 6067 的规定。

3.18.2 起重吊装检查评定保证项目应包括：施工方案、起重机械、钢丝绳与地锚、索具、作业环境、作业人员。一般项目应包括：起重吊装、高处作业、构件码放、警戒监护。

3.18.3 起重吊装保证项目的检查评定应符合下列规定：

1 施工方案

1）起重吊装作业应编制专项施工方案，并按规定进行审核、审批；

2）超规模的起重吊装作业，应组织专家对专项施工方案进行论证。

2 起重机械

1）起重机械应按规定安装荷载限制器及行程限位装置；

2）荷载限制器、行程限位装置应灵敏可靠；

3）起重拔杆组装应符合设计要求；

4）起重拔杆组装后应进行验收，并应由责任人签字确认。

3 钢丝绳与地锚

1）钢丝绳磨损、断丝、变形、锈蚀应在规范允许范围内；

2）钢丝绳规格应符合起重机产品说明书要求；

3）吊钩、卷筒、滑轮磨损应在规范允许范围内；

4）吊钩、卷筒、滑轮应安装钢丝绳防脱装置；

5）起重拔杆的缆风绳、地锚设置应符合设计要求。

4 索具

1）当采用编结连接时，编结长度不应小于 15 倍的绳径，且不应小于 300 mm；

2)当采用绳夹连接时,绳夹规格应与钢丝绳相匹配,绳夹数量、间距应符合规范要求;

3)索具安全系数应符合规范要求;

4)吊索规格应互相匹配,机械性能应符合设计要求。

5 作业环境

1)起重机行走作业处地面承载能力应符合产品说明书要求;

2)起重机与架空线路安全距离应符合规范要求。

6 作业人员

1)起重机司机应持证上岗,操作证应与操作机型相符;

2)起重机作业应设专职信号指挥和司索人员,一人不得同时兼顾信号指挥和司索作业;

3)作业前应按规定进行安全技术交底,并应有交底记录。

3.18.4 起重吊装一般项目的检查评定应符合下列规定:

1 起重吊装

1)当多台起重机同时起吊一个构件时,单台起重机所承受的荷载应符合专项施工方案要求;

2)吊索系挂点应符合专项施工方案要求;

3)起重机作业时,任何人不应停留在起重臂下方,被吊物不应从人的正上方通过;

4)起重机不应采用吊具载运人员;

5)当吊运易散落物件时,应使用专用吊笼。

2 高处作业

1)应按规定设置高处作业平台;

2)平台强度、护栏高度应符合规范要求;

3)爬梯的强度、构造应符合规范要求;

4)应设置可靠的安全带悬挂点,并应高挂低用。

3 构件码放

1)构件码放荷载应在作业面承载能力允许范围内;

2)构件码放高度应在规定允许范围内;

3)大型构件码放应有保证稳定的措施。

4 警戒监护

1)应按规定设置作业警戒区;

2)警戒区应设专人监护。

3.19 施工机具

3.19.1 施工机具检查评定应符合现行行业标准《建筑机械使用安全技术规程》JGJ 33 和《施工现场机械设备检查技术规程》JGJ 160 的规定。

3.19.2 施工机具检查评定项目应包括:平刨、圆盘锯、手持电动工具、钢筋机械、电焊机、搅拌机、气瓶、翻斗车、潜水泵、振捣器、桩工机械。

3.19.3 施工机具的检查评定应符合下列规定:

1 平刨

1)平刨安装完毕应按规定履行验收程序,并应经责任人签字确认;

2）平刨应设置护手及防护罩等安全装置；

3）保护零线应单独设置，并应安装漏电保护装置；

4）平刨应按规定设置作业棚，并应具有防雨、防晒等功能；

5）不得使用同台电机驱动多种刃具、钻具的多功能木工机具。

2　圆盘锯

1）圆盘锯安装完毕应按规定履行验收程序，并应经责任人签字确认；

2）圆盘锯应设置防护罩、分料器、防护挡板等安全装置；

3）保护零线应单独设置，并应安装漏电保护装置；

4）圆盘锯应按规定设置作业棚，并应具有防雨、防晒等功能；

5）不得使用同台电机驱动多种刃具、钻具的多功能木工机具。

3　手持电动工具

1）I类手持电动工具应单独设置保护零线，并应安装漏电保护装置；

2）使用I类手持电动工具应按规定戴绝缘手套、穿绝缘鞋；

3）手持电动工具的电源线应保持出厂时的状态，不得接长使用。

4　钢筋机械

1）钢筋机械安装完毕应按规定履行验收程序，并应经责任人签字确认；

2）保护零线应单独设置，并应安装漏电保护装置；

3）钢筋加工区应搭设作业棚，并应具有防雨、防晒等功能；

4）对焊机作业应设置防火花飞溅的隔离设施；

5）钢筋冷拉作业应按规定设置防护栏；

6）机械传动部位应设置防护罩。

5　电焊机

1）电焊机安装完毕应按规定履行验收程序，并应经责任人签字确认；

2）保护零线应单独设置，并应安装漏电保护装置；

3）电焊机应设置二次空载降压保护装置；

4）电焊机一次线长度不得超过 5 m，并应穿管保护；

5）二次线应采用防水橡皮护套铜芯软电缆；

6）电焊机应设置防雨罩，接线柱应设置防护罩。

6　搅拌机

1）搅拌机安装完毕应按规定履行验收程序，并应经责任人签字确认；

2）保护零线应单独设置，并应安装漏电保护装置；

3）离合器、制动器应灵敏有效，料斗钢丝绳的磨损、锈蚀、变形量应在规定允许范围内；

4）料斗应设置安全挂钩或止挡装置，传动部位应设置防护罩；

5）搅拌机应按规定设置作业棚，并应具有防雨、防晒等功能。

7　气瓶

1）气瓶使用时必须安装减压器，乙炔瓶应安装回火防止器，并应灵敏可靠；

2）气瓶间安全距离不应小于 5 m，与明火安全距离不应小于 10 m；

3）气瓶应设置防振圈、防护帽，并应按规定存放。

8　翻斗车

1）翻斗车制动、转向装置应灵敏可靠；

2）司机应经专门培训，持证上岗，行车时车斗内不得载人。

9 潜水泵

1）保护零线应单独设置，并应安装漏电保护装置；

2）负荷线应采用专用防水橡皮电缆，不得有接头。

10 振捣器

1）振捣器作业时应使用移动配电箱，电缆线长度不应超过 30 m；

2）保护零线应单独设置，并应安装漏电保护装置；

3）操作人员应按规定戴绝缘手套、穿绝缘鞋。

11 桩工机械

1）桩工机械安装完毕应按规定履行验收程序，并应经责任人签字确认；

2）作业前应编制专项方案，并应对作业人员进行安全技术交底；

3）桩工机械应按规定安装安全装置，并应灵敏可靠；

4）机械作业区域地面承载力应符合机械说明书要求；

5）机械与输电线路安全距离应符合现行行业标准《施工现场临时用电安全技术规范》JGJ 46 的规定。

4 检查评分方法

4.0.1 建筑施工安全检查评定中，保证项目应全数检查。

4.0.2 建筑施工安全检查评定应符合本标准第 3 章中各检查评定项目的有关规定，并应按本标准附录 A、B 的评分表进行评分。检查评分表应分为安全管理、文明施工、脚手架、基坑工程、模板支架、高处作业、施工用电、物料提升机与施工升降机、塔式起重机与起重吊装、施工机具分项检查评分表和检查评分汇总表。

4.0.3 各评分表的评分应符合下列规定：

1 分项检查评分表和检查评分汇总表的满分分值均应为 100 分，评分表的实得分值应为各检查项目所得分值之和；

2 评分应采用扣减分值的方法，扣减分值总和不得超过该检查项目的应得分值；

3 当按分项检查评分表评分时，保证项目中有一项未得分或保证项目小计得分不足 40 分，此分项检查评分表不应得分；

4 检查评分汇总表中各分项项目实得分值应按下式计算：

$$A_1 = \frac{B \times C}{100} \qquad (4.0.3-1)$$

式中 A_1——汇总表各分项项目实得分值；

B——汇总表中该项应得满分值；

C——该项检查评分表实得分值。

5 当评分遇有缺项时，分项检查评分表或检查评分汇总表的总得分值应按下式计算：

$$A_2 = \frac{D}{E} \times 100 \qquad (4.0.3-2)$$

式中 A_2——遇有缺项时总得分值；

D——实查项目在该表的实得分值之和；

E——实查项目在该表的应得满分值之和。

6 脚手架、物料提升机与施工升降机、塔式起重机与起重吊装项目的实得分值，应为所对应专业的分项检查评分表实得分值的算术平均值。

5 检查评定等级

5.0.1 应按汇总表的总得分和分项检查评分表的得分，对建筑施工安全检查评定划分为优良、合格、不合格三个等级。

5.0.2 建筑施工安全检查评定的等级划分应符合下列规定：

1 优良：

分项检查评分表无零分，汇总表得分值应在80分及以上。

2 合格：

分项检查评分表无零分，汇总表得分值应在80分以下，70分及以上。

3 不合格；

1)当汇总表得分值不足70分时；

2)当有一分项检查评分表为零时。

5.0.3 当建筑施工安全检查评定的等级为不合格时，必须限期整改达到合格。

附录A 建筑施工安全检查评分汇总表

表A 建筑施工安全检查评分汇总表

企业名称： 资质等级： 年 月 日

单位工程（施工现场）名称	建筑面积（m^2）	结构类型	总计得分（满分100分）	项目名称及分值									
				安全管理（满分10分）	文明施工（满分15分）	脚手架（满分10分）	基坑工程（满分10分）	模板支架（满分10分）	高处作业（满分10分）	施工用电（满分10分）	物料提升机与施工升降机（满分10分）	塔式起重机与起重吊装（满分10分）	施工机具（满分5分）
评语：													
检查单位			负责人		受检项目			项目经理					

附录 B 建筑施工安全分项检查评分表

表 B.1 安全管理检查评分表

序号	检查项目		扣分标准	应得分数	扣减分数	实得分数
1	保证项目	安全生产责任制	未建立安全生产责任制,扣 10 分 安全生产责任制未经责任人签字确认,扣 3 分 未备有各工种安全技术操作规程,扣 2 ~ 10 分 未按规定配备专职安全员,扣 2 ~ 10 分 工程项目部承包合同中未明确安全生产考核指标,扣 5 分 未制定安全生产资金保障制度,扣 5 分 未编制安全资金使用计划或未按计划实施,扣 2 ~ 5 分 未制定伤亡控制、安全达标、文明施工等管理目标,扣 5 分 未进行安全责任目标分解,扣 5 分 未建立对安全生产责任制和责任目标的考核制度,扣 5 分 未按考核制度对管理人员定期考核,扣 2 ~ 5 分	10		
2		施工组织设计及专项施工方案	施工组织设计中未制定安全技术措施,扣 10 分 危险性较大的分部分项工程未编制安全专项施工方案,扣 10 分 未按规定对超过一定规模危险性较大的分部分项工程专项施工方案进行专家论证,扣 10 分 施工组织设计、专项施工方案未经审批,扣 10 分 安全技术措施、专项施工方案无针对性或缺少设计计算,扣 2 ~ 8 分 未按施工组织设计、专项施工方案组织实施,扣 2 ~ 10 分	10		
3		安全技术交底	未进行书面安全技术交底,扣 10 分 未按分部分项进行交底,扣 5 分 交底内容不全面或针对性不强,扣 2 ~ 5 分 交底未履行签字手续,扣 4 分	10		
4		安全检查	未建立安全检查制度,扣 10 分 未有安全检查记录,扣 5 分 事故隐患的整改未做到定人、定时间、定措施,扣 2 ~ 6 分 对重大事故隐患整改通知书所列项目未按期整改和复查,扣 5 ~ 10 分	10		
5		安全教育	未建立安全教育培训制度,扣 10 分 施工人员入场未进行三级安全教育培训和考核,扣 5 分 未明确具体安全教育培训内容,扣 2 ~ 8 分 交换工种或采用新技术、新工艺、新设备、新材料施工时未进行安全教育,扣 5 分 施工管理人员、专职安全员未按规定进行年度教育培训和考核,每人扣 2 分	10		
6		应急救援	未制定安全生产应急救援预案,扣 10 分 未建立应急救援组织或未按规定配备救援人员,扣 2 ~ 6 分 未定期进行应急救援演练,扣 5 分 未配置应急救援器材和设备,扣 5 分	10		
		小计		60		

续上表

序号	检查项目		扣分标准	应得分数	扣减分数	实得分数
7	一般项目	分包单位安全管理	分包单位资质、资格、分包手续不全或失效，扣10分 未签订安全生产协议书，扣5分 分包合同、安全生产协议书，签字盖章手续不全，扣2～6分 分包单位未按规定建立安全机构或未配备专职安全员，扣2～6分	10		
8		持证上岗	未经培训从事施工、安全管理和特种作业，每人扣5分 项目经理、专职安全员和特种作业人员未持证上岗，每人扣2分	10		
9		生产安全事故处理	生产安全事故未按规定报告，扣10分 生产安全事故未按规定进行调查分析、制定防范措施，扣10分 未依法为施工作业人员办理保险，扣5分	10		
10		安全标志	主要施工区域、危险部位未按规定悬挂安全标志，扣2～6分 未绘制现场安全标志布置图，扣3分 未按部位和现场设施的变化调整安全标志设置，扣2～6分 未设置重大危险源公示牌，扣5分	10		
		小计		40		
检查项目合计				100		

表 B.2　文明施工检查评分表

序号	检查项目		扣分标准	应得分数	扣减分数	实得分数
1	保证项目	现场围挡	市区主要路段的工地未设置封闭围挡或围挡高度小于2.5 m，扣5～10分 一般路段的工地未设置封闭围挡或围挡高度小于1.8 m，扣5～10分 围挡未达到坚固、稳定、整洁、美观，扣5～10分	10		
2		封闭管理	施工现场进出口未设置大门，扣10分 未设置门卫室，扣5分 未建立门卫值守管理制度或未配备门卫值守人员，扣2～6分 施工人员进入施工现场未佩戴工作卡，扣2分 施工现场出入口未标有企业名称或标识，扣2分 未设置车辆冲洗设施，扣3分	10		
3		施工场地	施工现场主要道路及材料加工区地面未进行硬化处理，扣5分 施工现场道路不畅通、路面不平整坚实，扣5分 施工现场未采取防尘措施，扣5分 施工现场未设置排水设施或排水不通畅、有积水，扣5分 未采取防止泥浆、污水、废水污染环境措施，扣2～10分 未设置吸烟处、随意吸烟，扣5分 温暖季节未进行绿化布置，扣3分	10		

续上表

序号	检查项目		扣分标准	应得分数	扣减分数	实得分数
4	保证项目	材料管理	建筑材料、构件、料具未按总平面布局码放,扣4分 材料码放不整齐,未标明名称、规格,扣2分 施工现场材料存放未采取防火、防锈蚀、防雨措施,扣3~10分 建筑物内施工垃圾的清运未使用器具或管道运输,扣5分 易燃易爆物品未分类储藏在专用库房、未采取防火措施,扣5~10分	10		
5		现场办公与住宿	施工作业区、材料存放区与办公、生活区未采取隔离措施,扣6分 宿舍、办公用房防火等级不符合有关消防安全技术规范要求,扣10分 在施工程、伙房、库房兼作住宿,扣10分 宿舍未设置可开启式窗户,扣4分 宿舍未设置床铺、床铺超过2层或通道宽度小于0.9m,扣2~6分 宿舍人均面积或人员数量不符合规范要求,扣5分 冬季宿舍内未采取采暖和防一氧化碳中毒措施,扣5分 夏季宿舍内未采取防暑降温和防蚊蝇措施,扣5分 生活用品摆放混乱、环境卫生不符合要求,扣3分	10		
6		现场防火	施工现场未制定消防安全管理制度、消防措施,扣10分 施工现场的临时用房和作业场所的防火设计不符合规范要求,扣10分 施工现场消防通道、消防水源的设置不符合规范要求,扣5~10分 施工现场灭火器材布局、配置不合理或灭火器材失效,扣5分 未办理动火审批手续或未指定动火监护人员,扣5~10分	10		
		小计		60		
7	一般项目	综合治理	生活区未设置供作业人员学习和娱乐场所,扣2分 施工现场未建立治安保卫制度或责任未分解到人,扣3~5分 施工现场未制定治安防范措施,扣5分	10		
8		公示标牌	大门口处设置的公示标牌内容不齐全,扣2~8分 标牌不规范、不整齐,扣3分 未设置安全标语,扣3分 未设置宣传栏、读报栏、黑板报,扣2~4分	10		
9		生活设施	未建立卫生责任制度,扣5分 食堂与厕所、垃圾站、有毒有害场所的距离不符合规范要求,扣2~6分 食堂未办理卫生许可证或未办理炊事人员健康证,扣5分 食堂使用的燃气罐未单独设置存放间或存放间通风条件不良,扣2~4分 食堂未配备排风、冷藏、消毒、防鼠、防蚊蝇等设施,扣4分 厕所内的设施数量和布局不符合规范要求,扣2~6分 厕所卫生未达到规定要求,扣4分 不能保证现场人员卫生饮水,扣5分 未设置淋浴室或淋浴室不能满足现场人员需求,扣4分 生活垃圾未装容器或未及时清理,扣3~5分	10		

续上表

序号	检查项目		扣分标准	应得分数	扣减分数	实得分数
10	一般项目	社区服务	夜间未经许可施工,扣8分 施工现场焚烧各类废弃物,扣8分 施工现场未制定防粉尘、防噪声、防光污染等措施,扣5分 未制定施工不扰民措施,扣5分	10		
		小计		40		
检查项目合计				100		

表 B.3　扣件式钢管脚手架检查评分表

序号	检查项目		扣分标准	应得分数	扣减分数	实得分数
1	保证项目	施工方案	架体搭设未编制专项施工方案或未按规定审核、审批,扣10分 架体结构设计未进行设计计算,扣10分 架体搭设超过规范允许高度,专项施工方案未按规定组织专家论证,扣10分	10		
2		立杆基础	立杆基础不平、不实,不符合专项施工方案要求,扣5～10分 立杆底部缺少底座、垫板或垫板的规格不符合规范要求,每处扣2～5分 未按规范要求设置纵、横向扫地杆,扣5～10分 扫地杆的设置和固定不符合规范要求,扣5分 未采取排水措施,扣8分	10		
3		架体与建筑结构拉结	架体与建筑结构拉结方式或间距不符合规范要求,每处扣2分 架体底层第一步纵向水平杆处未按规定设置连墙件或未采用其他可靠措施固定,每处扣2分 搭设高度超过24 m的双排脚手架,未采用刚性连墙件与建筑结构可靠连接,扣10分	10		
4		杆件间距与剪刀撑	立杆、纵向水平杆、横向水平杆间距超过设计或规范要求,每处扣2分 未按规定设置纵向剪刀撑或横向斜撑,每处扣5分 剪刀撑未沿脚手架高度连续设置或角度不符合规范要求,扣5分 剪刀撑斜杆的接长或剪刀撑斜杆与架体杆件固定不符合规范要求,每处扣2分	10		
5		脚手板与防护栏杆	脚手板未满铺或铺设不牢、不稳,扣5～10分 脚手板规格或材质不符合规范要求,扣5～10分 架体外侧未设置密目式安全网封闭或网间连接不严,扣5～10分 作业层防护栏杆不符合规范要求,扣5分 作业层未设置高度不小于180 mm的挡脚板,扣3分	10		
6		交底与验收	架体搭设前未进行交底或交底未有文字记录,扣5～10分 架体分段搭设、分段使用未进行分段验收,扣5分 架体搭设完毕未办理验收手续,扣10分 验收内容未进行量化,或未经责任人签字确认,扣5分	10		
		小计		60		

续上表

序号	检查项目		扣分标准	应得分数	扣减分数	实得分数
7	一般项目	横向水平杆设置	未在立杆与纵向立平杆交点处设置横向水平杆,每处扣2分 未按脚手板铺设的需要增加设置横向水平杆,每处扣2分 双排脚手架横向水平杆只固定一端,每处扣2分 单排脚手架横向水平杆插入墙内小于180 mm,每处扣2分	10		
8		杆件连接	纵向水平杆搭接长度小于1 m或固定不符合要求,每处扣2分 立杆除顶层顶步外采用搭接,每处扣4分 杆件对接扣件的布置不符合规范要求,扣2分 扣件紧固力矩小于40 N · m或大于65 N · m,每处扣2分	10		
9		层间防护	作业层脚手板下未采用安全平网兜底或作业层以下每隔10 m未采用安全平网封闭,扣5分 作业层与建筑物之间未按规定进行封闭,扣5分	10		
10		构配件材质	钢管直径、壁厚、材质不符合要求,扣5分 钢管弯曲、变形、锈蚀严重,扣5分 扣件未进行复试或技术性能不符合标准,扣5分	5		
11		通道	未设置人员上下专用通道,扣5分 通道设置不符合要求,扣2分	5		
		小计		40		
检查项目合计				100		

表 B.4 门式钢管脚手架检查评分表

序号	检查项目		扣分标准	应得分数	扣减分数	实得分数
1	保证项目	施工方案	未编制专项施工方案或未进行设计计算,扣10分 专项施工方案未按规定审核、审批,扣10分 架体搭设超过规范允许高度,专项施工方案未组织专家论证,扣10分	10		
2		架体基础	架体基础不平、不实,不符合专项施工方案要求,扣5~10分 架体底部未设置垫板或垫板的规格不符合要求,扣2~5分 架体底部未按规范要求设置底座,每处扣2分 架体底部未按规范要求设置扫地杆,扣5分 未采取排水措施,扣8分	10		
3		架体稳定	架体与建筑物结构拉结方式或间距不符合规范要求,每处扣2分 未按规范要求设置剪刀撑,扣10分 门架立杆垂直偏头超过规范要求,扣5分 交叉支撑的设置不符合规范要求,每处扣2分	10		
4		杆件锁臂	未按规定组装或漏装杆件、锁臂,扣2~6分 未按规范要求设置纵向水平加固杆,扣10分 扣件与连接的杆件参数不匹配,每处扣2分	10		

续上表

序号	检查项目		扣分标准	应得分数	扣减分数	实得分数
5	保证项目	脚手板	脚手板未满铺或铺设不牢、不稳，扣5~10分 脚手板规格或材质不符合要求，扣5~10分 采用挂扣式钢脚手板时挂钩未挂扣在横向水平杆上或挂钩未处于锁住状态，每处扣2分	10		
6		交底与验收	架体搭设前未进行交底或交底未有文字记录，扣5~10分 架体分段搭设、分段使用未办理分段验收，扣6分 架体搭设完毕未办理验收手续，扣10分 验收内容未进行量化，或未经责任人签字确认，扣5分	10		
		小计		60		
7	一般项目	架体防护	作业层防护栏杆不符合规范要求，扣5分 作业层未设置高度不小于180 mm的挡脚板，扣3分 架体外侧未设置密目式安全网封闭或网间连接不严，扣5~10分 作业层脚手板下未采用安全平网兜底或作业层以下每隔10 m未采用安全平网封闭，扣5分	10		
8		构配件材质	杆件变形、锈蚀严重，扣10分 门架局部开焊，扣10分 构配件的规格、型号、材质或产品质量不符合规范要求，扣5~10分	10		
9		荷载	施工荷载超过设计规定，扣10分 荷载堆放不均匀，每处扣5分	10		
10		通道	未设置人员上下专用通道，扣10分 通道设置不符合要求，扣5分	10		
		小计		40		
检查项目合计				100		

表 B.5　碗扣式钢管脚手架检查评分表

序号	检查项目		扣分标准	应得分数	扣减分数	实得分数
1	保证项目	施工方案	未编制专项施工方案或未进行设计计算，扣10分 专项施工方案未按规定审核、审批，扣10分 架体搭设超过规范允许高度，专项施工方案未组织专家论证，扣10分	10		
2		架体基础	基础不平、不实，不符合专项施工方案要求，扣5~10分 架体底部未设置垫板或垫板的规格不符合要求，扣2~5分 架体底部未按规范要求设置底座，每处扣2分 架体底部未按规范要求设置扫地杆，扣5分 未采取排水措施，扣8分	10		
3		架体稳定	架体与建筑结构未按规范要求拉结，每处扣2分 架体底层第一步水平杆处未按规范要求设置连墙件或未采用其他可靠措施固定，每处扣2分 连墙件未采用刚性杆件，扣10分 未按规范要求设置专用斜杆或八字形斜撑，扣5分 专用斜杆两端未固定在纵、横向水平杆与立杆汇交的碗扣节点处，每处扣2分 专用斜杆或八字形斜撑未沿脚手架高度连续设置或角度不符合要求，扣5分	10		

续上表

序号	检查项目		扣分标准	应得分数	扣减分数	实得分数
4	保证项目	杆件锁件	立杆间距、水平杆步距超过设计或规范要求，每处扣2分 未按专项施工方案设计的步距在立杆连接碗扣节点处设置纵、横向水平杆，每处扣2分 架体搭设高度超过24 m时，顶部24 m以下的连墙件层未按规定设置水平斜杆，扣10分 架体组装不牢或上碗扣紧固不符合要求，每处扣2分	10		
5		脚手板	脚手板未满铺或铺设不牢、不稳，扣5～10分 脚手板规格或材质不符合要求，扣5～10分 采用挂扣式钢脚手板时挂钩未挂扣在横向水平杆上或挂钩未处于锁住状态，每处扣2分	10		
6		交底与验收	架体搭设前未进行交底或交底未有文字记录，扣5～10分 架体分段搭设、分段使用未进行分段验收，扣5分 架体搭设完毕未办理验收手续，扣10分 验收内容未进行量化，或未经责任人签字确认，扣5分	10		
		小计		60		
7	一般项目	架体防护	架体外侧未采用密目式安全网封闭或网间连接不严，扣5～10分 作业层防护栏杆不符合规范要求，扣5分 作业层外侧未设置高度不小于180 mm的挡脚板，扣3分 作业层脚手板下未采用安全平网兜底或作业层以下每隔10 m未采用安全平网封闭，扣5分	10		
8		构配件材质	杆件弯曲、变形、锈蚀严重，扣10分 钢管、构配件的规格、型号、材质或产品质量不符合规范要求，扣5～10分	10		
9		荷载	施工荷载超过设计规定，扣10分 荷载堆放不均匀，每处扣5分	10		
10		通道	未设置人员上下专用通道，扣10分 通道设置不符合要求，扣5分	10		
		小计		40		
检查项目合计				100		

表 B.6 承插型盘扣式钢管脚手架检查评分表

序号	检查项目		扣分标准	应得分数	扣减分数	实得分数
1	保证项目	施工方案	未编制专项施工方案或未进行设计计算，扣10分 专项施工方案未按规定审核、审批，扣10分	10		
2		架体基础	架体基础不平、不实，不符合专项施工方案要求，扣5～10分 架体立杆底部缺少垫板或垫板的规格不符合规范要求，每处扣2分 架体立杆底部未按要求设置可调底座，每处扣2分 未按规范要求设置纵、横向扫地杆，扣5～10分 未采取排水措施，扣8分	10		

续上表

序号	检查项目		扣分标准	应得分数	扣减分数	实得分数
3	保证项目	架体稳定	架体与建筑结构未按规范要求拉结，每处扣2分 架体底层第一步水平杆处未按规范要求设置连墙件或未采用其他可靠措施固定，每处扣2分 连墙件未采用刚性杆件，扣10分 未按规范要求设置竖向斜杆或剪刀撑，扣5分 竖向斜杆两端未固定在纵、横向水平杆与立杆汇交的盘扣节点处，每处扣2分 斜杆或剪刀撑未沿脚手架高度连续设置或角度不符合规范要求，扣5分	10		
4		杆件设置	架体立杆间距、水平杆步距超过设计或规范要求，每处扣2分 未按专项施工方案设计的步距在立杆连接插盘处设置纵、横向水平杆，每处扣2分 双排脚手架的每步水立平杆，当无挂扣钢脚手板时未按规范要求设置水平斜杆，扣5~10分	10		
5		脚手板	脚手板不满铺或铺设不牢、不稳，扣5~10分 脚手板规格或材质不符合要求，扣5~10分 采用挂扣式钢脚手板时挂钩未挂扣在水平杆上或挂钩未处于锁住状态，每处扣2分	10		
6		交底与验收	架体搭设前未进行交底或交底未有文字记录，扣5~10分 架体分段搭设、分段使用未进行分段验收，扣5分 架体搭设完毕未办理验收手续，扣10分 验收内容未进行量化，或未经责任人签字确认，扣5分	10		
		小计		60		
7	一般项目	架体防护	架体外侧未采用密目式安全网封闭或网间连接不严，扣5~10分 作业层防护栏杆不符合规范要求，扣5分 作业层外侧未设置高度不小于180 mm的挡脚板，扣3分 作业层脚手板下未采用安全平网兜底或作业层以下每隔10 m未采用安全平网封闭，扣5分	10		
8		杆件连接	立杆竖向接长位置不符合要求，每处扣2分 剪刀撑的斜杆接长不符合要求，扣8分	10		
9		构配件材质	钢管、构配件的规格、型号、材质或产品质量不符合规范要求，扣5分 钢管弯曲、变形、锈蚀严重，扣10分	10		
10		通道	未设置人员上下专用通道，扣10分 通道设置不符合要求，扣5分	10		
		小计		40		
检查项目合计				100		

表 B.7 满堂脚手架检查评分表

序号	检查项目		扣分标准	应得分数	扣减分数	实得分数
1	保证项目	施工方案	未编制专项施工方案或未进行设计计算,扣10分 专项施工方案未按规定审核、审批,扣10分	10		
2		架体基础	架体基础不平、不实,不符合专项施工方案要求,扣5~10分 架体底部未设置垫板或垫板的规格不符合规范要求,每处扣2~5分 架体底部未按规范要求设置底座,每处扣2分 架体底部未按规范要求设置扫地杆,扣5分 未采取排水措施,扣8分	10		
3		架体稳定	架体四周与中间未按规范要求设置竖向剪刀撑或专用斜杆,扣10分 未按规范要求设置水平剪刀撑或专用水平斜杆,扣10分 架体高度比超过规范要求时未采取与结构拉结或其他可靠的稳定措施,扣10分	10		
4		杆件锁件	架体立杆间距、水平杆步距超过设计和规范要求,每处扣2分 杆件接长不符合要求,每处扣2分 架体搭设不牢或杆件节点紧固不符合要求,每处扣2分	10		
5		脚手板	脚手板不满铺或铺设不牢、不稳,扣5~10分 脚手板规格或材质不符合要求,扣5~10分 采用挂扣式钢脚手板时挂钩未挂扣在水平杆上或挂钩未处于锁住状态,每处扣2分	10		
6		交底与验收	架体搭设前未进行交底或交底未有文字记录,扣5~10分 架体分段搭设、分段使用未进行分段验收,扣5分 架体搭设完毕未办理验收手续,扣10分 验收内容未进行量化,或未经责任人签字确认,扣5分	10		
		小计		60		
7	一般项目	架体防护	作业层防护栏杆不符合规范要求,扣5分 作业层外侧未设置高度不小于180 mm挡脚板,扣3分 作业层脚手板下未采用安全平网兜底或作业层以下每隔10 m未采用安全平网封闭,扣5分	10		
8		构配件材质	钢管、构配件的规格、型号、材质或产品质量不符合规范要求,扣5~10分 杆件弯曲、变形、锈蚀严重,扣10分	10		
9		荷载	架体的施工荷载超过设计和规范要求,扣10分 荷载堆放不均匀,每处扣5分	10		
10		通道	未设置人员上下专用通道,扣10分 通道设置不符合要求,扣5分	10		
		小计		40		
检查项目合计				100		

表 B.8　悬挑式脚手架检查评分表

序号	检查项目		扣分标准	应得分数	扣减分数	实得分数
1	保证项目	施工方案	未编制专项施工方案或未进行设计计算，扣10分 专项施工方案未按规定审核、审批，扣10分 架体搭设超过规范允许高度，专项施工方案未按规定组织专家论证，扣10分	10		
2		悬挑钢梁	钢梁截面高度未按设计确定或截面形式不符合设计和规范要求，扣10分 钢梁固定段长度小于悬挑段长度的1.25倍，扣5分 钢梁外端未设置钢丝绳或钢拉杆与上一层建筑结构拉结，每处扣2分 钢梁与建筑结构锚固处结构强度、锚固措施不符合设计和规范要求，扣5~10分 钢梁间距未按悬挑架体立杆纵距设置，扣5分	10		
3		架体稳定	立杆底部与悬挑钢梁连接处未采取可靠固定措施，每处扣2分 承插式立杆接长未采取螺栓或销钉固定，每处扣2分 纵横向扫地杆的设置不符合规范要求，扣5~10分 未在架体外侧设置连续式剪刀撑，扣10分 未按规定设置横向斜撑，扣5分 架体未按规定与建筑结构拉结，每处扣5分	10		
4		脚手板	脚手板规格、材质不符合要求，扣5~10分 脚手板未满铺或铺设不严、不牢、不稳，扣5~10分	10		
5		荷载	脚手架施工荷载超过设计规定，扣10分 施工荷载堆放不均匀，每处扣5分	10		
6		交底与验收	架体搭设前未进行交底或交底未有文字记录，扣5~10分 架体分段搭设、分段使用未进行分段验收，扣6分 架体搭设完毕未办理验收手续，扣10分 验收内容未进行量化，或未经责任人签字确认，扣5分	10		
		小计		60		
7	一般项目	杆件间距	立杆间距、纵向水平杆步距超过设计或规范要求，每处扣2分 未在立杆与纵向水平杆交点处设置横向水平杆，每处扣2分 未按脚手板铺设的需要增加设置横向水平杆，每处扣2分	10		
8		架体防护	作业层防护栏杆不符合规范要求，扣5分 作业层架体外侧未设置高度不小于180 mm的挡脚板，扣3分 架体外侧未采用密目式安全网封网或网间不严，扣5~10分	10		
9		层间防护	作业层脚手板下未采用安全平网兜底或作业层以下每隔10m未采用安全平网封闭，扣5分 作业层与建筑物之间未进行封闭，扣5分 架体底层沿建筑结构边缘，悬挑钢梁与悬挑钢梁之间未采取封闭措施或封闭不严，扣2~8分 架体底层未进行封闭或封闭不严，扣2~10分	10		
10		构配件材质	型钢、钢管、构配件规格及材质不符合规范要求，扣5~10分 型钢、钢管、构配件弯曲、变形、锈蚀严重，扣10分	10		
		小计		40		
检查项目合计				100		

表 B.9 附着式升降脚手架检查评分表

序号	检查项目		扣分标准	应得分数	扣减分数	实得分数
1	保证项目	施工方案	未编制专项施工方案或未进行设计计算,扣10分 专项施工方案未按规定审核、审批,扣10分 脚手架提升超过规定允许高度,专项施工方案未按规定组织专家论证,扣10分	10		
2		安全装置	未采用防坠落装置或技术性能不符合规范要求,扣10分 防坠落装置与升降设备未分别独立固定在建筑结构上,扣10分 防坠落装置未设置在竖向主框架处并与建筑结构附着,扣10分 未安装防倾覆装置或防倾覆装置不符合规范要求,扣5~10分 升降或使用工况,最上和最下两个防倾装置之间的最小间距不符合规范要求,扣8分 未安装同步控制装置或技术性能不符合规范要求,扣5~8分	10		
3		架体构造	架体高度大于5倍楼层高,扣10分 架体宽度大于1.2 m,扣5分 直线布置的架体支承跨度大于7 m或折线、曲线布置的架体支承跨度大于5.4 m,扣8分 架体的水平悬挑长度大于2 m或大于跨度1/2,扣10分 架体悬臂高度大于架体高度2/5或大于6 m,扣10分 架体全高与支撑跨度的乘积大于110 m^2,扣10分	10		
4		附着支座	未按竖向主框架所覆盖的每个楼层设置一道附着支座,扣10分 使用工况未将竖向主框架与附着支座固定,扣10分 升降工况未将预防倾、导向装置设置在附着支座上,扣10分 附着支座与建筑结构连接固定方式不符合规范要求,扣5~10分	10		
5		架体安装	主框架及水平支承桁架的节点未采用焊接或螺栓连接,扣10分 各杆件轴线未汇交于节点,扣3分 水平支承桁架的上弦及下弦之间设置的水平支撑杆件未采用焊接或螺栓连接,扣5分 架体立杆底端未设置在水平支承桁架上弦杆件节点处,扣10分 竖向主框架组装高底低于架体高度,扣5分 架体外立面设置的连续剪刀撑未将竖向主框架、水平支承桁架和架体构架连成一体,扣8分	10		
6		架体升降	两跨以上架体升降采用手动升降设备,扣10分 升降工况附着支座与建筑结构连接处混凝土强度未达到设计和规范要求,扣10分 升降工况架体上有施工荷载或有人员停留,扣10分	10		
		小计		60		

续上表

序号	检查项目		扣分标准	应得分数	扣减分数	实得分数
7	一般项目	检查验收	主要构配件进场未进行验收,扣6分 分区段安装、分区段使用未进行分区段验收,扣8分 架体搭设完毕未办理验收手续,扣10分 验收内容未进行量化,或未经责任人签字确认,扣5分 架体提升前未有检查记录,扣6分 架体提升后、使用前未履行验收手续或资料不全,扣2~8分	10		
8		脚手板	脚手板未满铺或铺设不严、不牢,扣3~5分 作业层与建筑结构之间空隙封闭不严,扣3~5分 脚手板规格、材质不符合要求,扣5~10分	10		
9		架体防护	脚手架外侧未采用密目式安全网封闭或网间连接不严,扣5~10分 作业层防护栏杆不符合规范要求,扣5分 作业层未设置高度不小于180 mm的挡脚板,扣3分	10		
10		安全作业	操作前未向有关技术人员和作业人员进行安全技术交底或交底未的文字记录,扣5~10分 作业人员未经培训或未定岗定责,扣5~10分 安装拆除单位资质不符合要求或特种作业人员未持证上岗,扣5~10分 安装、升降、拆除时未设置安全警戒区及专人监护,扣10分 荷载不均匀或超载,扣5~10分	10		
		小计		40		
检查项目合计				100		

表 B.10　高处作业吊篮检查评分表

序号	检查项目		扣分标准	应得分数	扣减分数	实得分数
1	保证项目	施工方案	未编制专项施工方案或未对吊篮支架支撑处结构的承载力进行验算,扣10分 专项施工方案未按规定审核、审批,扣10分	10		
2		安全装置	未安装防坠安全锁或安全锁失灵,扣10分 防坠安全锁超过标定期限仍在使用,扣10分 未设置挂设安全带专用安全绳及安全锁扣或安全绳未固定在建筑物可靠位置,扣10分 吊篮未安装上限位装置或限位装置失灵,扣10分	10		
3		悬挂机构	悬挂机构前支架支撑在建筑物墙上或挑檐边缘,扣10分 前梁外伸长度不符合产品说明书规定,扣10分 前支架与支撑面不垂直或脚轮受力,扣10分 上支架未固定在前支架调节杆与悬挑梁连接的节点处,扣5分 使用破损的配重块或采用其他替代物,扣10分 配重块未固定或重量不符合设计规定,扣10分	10		

续上表

序号	检查项目		扣分标准	应得分数	扣减分数	实得分数
4	保证项目	钢丝绳	钢丝绳有断丝、松股、硬弯、锈蚀或有油污附着物,扣10分 安全钢丝绳规格、型号与工作钢丝绳不相同或未独立悬挂,扣10分 安全钢丝绳不悬挂,扣10分 电焊作业时未对钢丝绳采取保护措施,扣5~10分	10		
5		安装作业	吊篮平台组装长度不符合产品说明书和规范要求,扣10分 吊篮组装的构配件不是同一生产厂家的产品,扣5~10分	10		
6		升降作业	操作升降人员未经培训合格,扣10分 吊篮内作业人员数量超过2人,扣10分 吊篮内作业人员未将安全带用安全锁扣挂置在独立设置的专用安全绳上,扣10分 作业人员未从地面进出吊篮,扣5分	10		
		小计		60		
7	一般项目	交底与验收	未履行验收程序,验收表未经负责人签字确认,扣5~10分 验收内容未进行量化,扣5分 每天班前班后未进行检查,扣5分 吊篮安装使用前未进行交底或交底未留有文字记录,扣5~10分	10		
8		安全防护	吊篮平台周边的防护栏杆或挡脚板的设置不符合规范要求,扣5~10分 多层或立体交叉作业未设置防护顶板,扣8分	10		
9		吊篮稳定	吊篮作业未采取防摆动措施,扣5分 吊篮钢丝绳不垂直或吊篮距建筑物空隙过大,扣5分	10		
10		荷载	施工荷载超过设计规定,扣10分 荷载堆放不均匀,扣5分	10		
		小计		40		
检查项目合计				100		

表 B.11 基坑工程检查评分表

序号	检查项目		扣分标准	应得分数	扣减分数	实得分数
1	保证项目	施工方案	基坑工程未编制专项施工方案,扣10分 专项施工方案未按规定审核、审批,扣10分 超过一定规模条件的基坑工程专项施工方案未按规定组织专家论证,扣10分 基坑周边环境或施工条件发生变化,专项施工方案未重新进行审核、审批,扣10分	10		
2		基坑支护	人工开挖的狭窄基槽,开挖深度较大或存在边坡塌方危险未采取支护措施,扣10分 自然放坡的坡率不符合专项施工方案和规范要求,扣10分 基坑支护结构不符合设计要求,扣10分 支护结构水平位移达到设计报警值未采取有效控制措施,扣10分	10		

续上表

序号	检查项目		扣分标准	应得分数	扣减分数	实得分数
3	保证项目	降排水	基坑开挖深度范围内有地下水未采取有效的降排水措施,扣10分 基坑边沿周围地面未设排水沟或排水沟设置不符合规范要求,扣5分 放坡开挖对坡顶、坡面、坡脚未采取降排水措施,扣5~10分 基坑底四周未设排水沟和集水井或排除积水不及时,扣5~8分	10		
4		基坑开挖	支护结构未达到设计要求的强度提前开挖下层土方,扣10分 未按设计和施工方案的要求分层、分段开挖或开挖不均衡,扣10分 基坑开挖过程中未采取防止碰撞支护结构或工程桩的有效措施,扣10分 机械在软土场地作业,未采取铺设渣土、砂石等硬化措施,扣10分	10		
5		坑边荷载	基坑边堆置土、料具等荷载超过基坑支护设计允许要求,扣10分 施工机械与基坑边沿的安全距离不符合设计要求,扣10分	10		
6		安全防护	开挖深度2 m及以上的基坑周边未按规范要求设置防护栏杆或栏杆设置不符合规范要求,扣5~10分 基坑内未设置供施工人员上下的专用梯道或梯道设置不符合规范要求,扣5~10分 降水井口未设置防护盖板或围栏,扣10分	10		
小计				60		
7	一般项目	基坑监测	未按要求进行基坑工程监测,扣10分 基坑监测项目不符合设计和规范要求,扣5~10分 监测的时间间隔不符合监测方案要求或监测结果变化速率较大未加密观测次数,扣5~8分 未按设计要求提交监测报告或监测报告内容不完整,扣5~8分	10		
8		支撑拆除	基坑支撑结构的拆除方式、拆除顺序不符合专项施工方案要求,扣5~10分 机械拆除作业时,施工荷载大于支撑结构承载能力,扣10分 人工拆除作业时,未按规定设置防护设施,扣8分 采用非常规拆除方式不符合国家现行相关规范要求,扣10分	10		
9		作业环境	基坑内土方机械、施工人员的安全距离不符合规范要求,扣10分 上下垂直作业未采取防护措施,扣5分 在各种管线范围内挖土作业未设专人监护,扣5分 作业区光线不良,扣5分	10		
10		应急预案	未按要求编制基坑工程应急预案或应急预案内容不完整,扣5~10分 应急组织机构不健全或应急物资、材料、工具机具储备不符合应急预案要求,扣2~6分	10		
		小计		40		
检查项目合计				100		

表 B.12　模板支架检查评分表

序号	检查项目		扣分标准	应得分数	扣减分数	实得分数
1	保证项目	施工方案	未编制专项施工方案或结构设计未经计算,扣 10 分 专项施工方案未经审核、审批,扣 10 分 超规模模板支架专项施工方案未按规定组织专家论证,扣 10 分	10		
2		支架基础	基础不坚实平整,承载力不符合专项施工方案要求,扣 5 ~ 10 分 支架底部未设置垫板或垫板的规格不符合规范要求,扣 5 ~ 10 分 支架底部未按规范要求设置底座,每处扣 2 分 未按规范要求设置扫地杆,扣 5 分 未采取排水设施,扣 5 分 支架设在楼面结构上时,未对楼面结构的承载力进行验算或楼面结构下方未采取加固措施,扣 10 分	10		
3		支架构造	立杆纵、横间距大于设计和规范要求,每处扣 2 分 水平杆步距大于设计和规范要求,每处扣 2 分 水平杆未连接设置,扣 5 分 未按规范要求设置竖向剪刀撑或专用斜杆,扣 10 分 未按规范要求设置水平剪刀撑或专用斜杆,扣 10 分 剪刀撑或斜杆设置不符合规范要求,扣 5 分	10		
4		支架稳定	支架高宽比超过规范要求未采取与建筑结构刚性连接或增加架体高度等措施,扣 10 分 立杆伸出顶层水平杆的长度超过规范要求,每处扣 2 分 浇筑混凝土未对支架的基础沉降、架体变形采取监测措施,扣 8 分	10		
5		施工荷载	荷载堆放不均匀,每处扣 5 分 施工荷载超过设计规定,扣 10 分 浇筑混凝土未对混凝土堆积高度进行控制,扣 8 分	10		
6		交底与验收	支架搭设、拆除前未进行交底或无文字记录,扣 5 ~ 10 分 架体搭设完毕未办理验收手续,扣 10 分 验收内容未进行量化,或未经责任人签字确认,扣 5 分	10		
		小计		60		
7	一般项目	杆件连接	立杆连接不符合规范要求,扣 3 分 水平杆连接不符合规范要求,扣 3 分 剪刀撑斜杆接长不符合规范要求,每处扣 3 分 杆件各连接点的紧固不符合规范要求,每处扣 2 分	10		
8		底座与托撑	螺杆直径与立杆内径不匹配,每处扣 3 分 螺杆旋入螺母内的长度或外伸长度不符合规范要求,每处扣 3 分	10		
9		构配件材质	钢管、构配件的规格、型号、材质不符合规范要求,扣 5 ~ 10 分 杆件弯曲、变形、锈蚀严重,扣 10 分	10		
10		支架拆除	支架拆除前未确认混凝土强度达到设计要求,扣 10 分 未按规定设置警戒区或未设置专人监护,扣 5 ~ 10 分	10		
		小计		40		
检查项目合计				100		

表 B.13 高处作业检查评分表

序号	检查项目	扣分标准	应得分数	扣减分数	实得分数
1	安全帽	施工现场人员未佩戴安全帽,每人扣5分 未按标准佩戴安全帽,每人扣2分 安全帽质量不符合现行国家相关标准的要求,扣5分	10		
2	安全网	在建工程外脚手架架体外侧未采用密目式安全网封闭或网间连接不严,扣2~10分 安全网质量不符合现行国家相关标准的要求,扣10分	10		
3	安全带	高处作业人员未按规定系挂安全带,每人扣5分 安全带系挂不符合要求,每人扣5分 安全带质量不符合现行国家相关标准的要求,扣10分	10		
4	临边防护	工作面边沿无临边防护,扣10分 临边防护设施的构造、强度不符合规范要求,扣5分 防护设施未形成定型化、工具式,扣3分	10		
5	洞口防护	在建工程的孔、洞未采取防护措施,每处扣5分 防护措施、设施不符合要求或不严密,每处扣3分 防护设施未形成定型化、工具式,扣3分 电梯井内未按每隔两层且不大于10m设置安全平网,扣5分	10		
6	通道口防护	未搭设防护棚或防护不严、不牢固,扣5~10分 防护棚两侧未进行封闭,扣4分 防护棚宽度小于通道口宽度,扣4分 防护棚长度不符合要求,扣4分 建筑物高度超过24 m,防护棚顶未采用双层防护,扣4分 防护棚的材质不符合规范要求,扣5分	10		
7	攀登作业	移动式梯子的梯脚底部垫高使用,扣3分 折梯未使用可靠拉撑装置,扣5分 梯子的材质或制作质量不符合规范要求,扣10分	10		
8	悬空作业	悬空作业处未设置防护栏杆或其他可靠的安全设施,扣5~10分 悬空作业所用的索具、吊具等未经验收,扣5分 悬空作业人员未系挂安全带或佩带工具袋,扣2~10分	10		
9	移动式操作平台	操作平台未按规定进行设计计算,扣8分 移动式操作平台,轮子与平台的连接不牢固可靠或立柱底端距离地面超过80 mm,扣5分 操作平台的组装不符合设计和规范要求,扣10分 平台台面铺板不严,扣5分 操作平台四周未按规定设置防护栏杆或未设置登高扶梯,扣10分 操作平台的材质不符合规范要求,扣10分	10		
10	悬挑式物料钢平台	未编制专项施工方案或未经设计计算,扣10分 悬挑式钢平台的下部支撑系统或上部拉结点,未设置在建筑结构上,扣10分 斜拉杆或钢丝绳未按要求在平台两侧各设置两道,扣10分 钢平台未按要求设置固定的防护栏杆或挡脚板,扣3~10分 钢平台台面铺设不严或钢平台与建筑结构之间铺设不严,扣5分 未在平台明显处设置荷载限定标牌,扣5分	10		
检查项目合计			100		

表 B.14 施工用电检查评分表

序号	检查项目		扣分标准	应得分数	扣减分数	实得分数
1	保证项目	外电防护	外电线路与在建工程及脚手架、起重机械、场内机动车道之间的安全距离不符合规范要求且未采用防护措施,扣 10 分 防护设施未设置明显的警示标志,扣 5 分 防护设施与外电线路的安全距离及搭设方式不符合规范要求,扣 5 ~ 10 分 在外电架空线路正下方施工、建造临时设施或堆放材料物品,扣 10 分	10		
2		接地与接零保护系统	施工现场专用的电源中性点直接接地的低压配电系统未采用 TH - S 接零保护系统,扣 20 分 配电系统未采用同一保护系统,扣 20 分 保护零线引出位置不符合规范要求,扣 5 ~ 10 分 电气设备未接保护零线,每处扣 2 分 保护零线装设开关、熔断器或通过工作电流,扣 20 分 保护零线材质、规格及颜色标记不符合规范要求,每处扣 2 分 工作接地与重复接地的设置、安装及接地装置的材料不符合规范要求,扣 10 ~ 20 分 工作接地电阻大于 4 Ω,重复接地电阻大于 10 Ω,扣 20 分 施工现场起重机、物料提升机、施工升降机、脚手架防雷措施不符合规范要求,扣 5 ~ 10 分 做防雷接地机械上的电气设备,保护零线未做重复接地,扣 10 分	20		
3		配电线路	线路及接头不能保证机械强度和绝缘强度,扣 5 ~ 10 分 线路未设短路、过载保护,扣 5 ~ 10 分 线路截面不能满足负荷电流,每处扣 2 分 线路的设施、材料及相序排列、档距、与邻近线路或固定物的距离不符合规范要求,扣 5 ~ 10 分 电缆沿地面明设,沿脚手架、树木等敷设或敷设不符合规范要求,扣 5 ~ 10 分 线路敷设的电缆不符合规范要求,扣 5 ~ 10 分 室内明敷主干线距地面高度小于 2.5 m 每处扣 2 分	10		
4		配电箱与开关箱	配电系统未采用三级配电、二级漏电保护系统,扣 10 ~ 20 分 用电设备未有各自专用的开关箱,每处扣 2 分 箱体结构、箱内电器设置不符合规范要求,扣 10 ~ 20 分 配电箱零线端子板的设置、连接不符合规范要求,扣 5 ~ 10 分 漏电保护器参数不匹配或检测不灵敏,每处扣 2 分 配电箱与开关箱电器损坏或进出线混乱,每处扣 2 分 箱体未设置系统接线图和分路标记,每处扣 2 分 箱体未设门、锁,未采取防雨措施,每处扣 2 分 箱体安装位置、高度及周边通道不符合规范要求,每处扣 2 分 分配电箱与开关箱、开关箱与用电设备的距离不符合规范要求,每处扣 2 分	20		
		小计		60		

续上表

序号	检查项目		扣分标准	应得分数	扣减分数	实得分数
5	一般项目	配电室与配电装置	配电室建筑耐火等级未达到三级,扣15分 未配置适用于电气火灾的灭火器材,扣3分 配电室、配电装置布设不符合规范要求,扣5~10分 配电装置中的仪表、电气元件设置不符合规范要求或仪表、电气元件损坏,扣5~10分 备用发电机组未与外电线路进行连锁,扣15分 配电室未采取防雨雪和小动物侵入的措施,扣10分 配电室未设置示标志、工地供电平面图和系统图,扣3~5分	15		
6		现场照明	照明用电与动力用电混用,每处扣2分 特殊场所未使用36 V及以下安全电压,扣15分 手持照明灯未使用36 V以下电源供电,扣10分 照明变压器未使用双绕组安全隔离变压器,扣15分 灯具金属外壳未接保护零线,每处扣2分 灯具与地面、易燃物之间小于安全距离,每处扣2分 照明线路和安全电压线路的架设不符合规范要求,扣10分 施工现场未按规范要求配备应急照明,每处扣2分	15		
7		用电档案	总包单位与分包单位未订立临时用电管理协议,扣10分 未制定专项用电施工组织设计、外电防护专项方案或设计、方案缺乏针对性,扣5~10分 专项用电施工组织设计、外电防护专项方案未履行审批程序,实施后相关部门未组织验收,扣5~10分 接地电阻、绝缘电阻和漏电保护器验测记录未填写或填写不真实,扣3分 安全技术交底、设备设施验收记录未填写或填写不真实,扣3分 定期巡视检查、隐患整改记录未填写或填写不真实,扣3分 档案资料不齐全,未设专人管理,扣3分	10		
		小计		40		
检查项目合计				100		

表 B.15　物料提升机检查评分表

序号	检查项目		扣分标准	应得分数	扣减分数	实得分数
1	保证项目	安全装置	未安装起重量限制器、防坠安全器,扣15分 起重量限制器、防坠安全器不灵敏,扣15分 安全停层装置不符合规范要求或未达到定型化,扣5~10分 未安装上行程限位,扣15分 上行程限位不灵敏,安全越程不符合规范要求,扣10分 物料提升机安装高度超过30 m,未安装渐进式防坠安全器、自动停层、语音及影像信号监控装置,每项扣5分	15		
2		防护设施	未设置防护围栏或设置不符合规范要求,扣5~15分 未设置进料口防护棚或设置不符合规范要求,扣5~15分 停层平台两侧未设置防护栏杆,挡脚板,每处扣2分 停层平台脚手板铺设不严、不牢,每处扣2分 未安装平台门或平台门不起作用,扣5~15分 平台门未达到定型化,每处扣2分 吊笼门不符合规范要求,扣10分	15		

续上表

序号	检查项目		扣分标准	应得分数	扣减分数	实得分数
3	保证项目	附墙架与缆风绳	附墙架结构、材质、间距不符合产品说明书要求，扣10分 附墙架未与建筑结构可靠连接，扣10分 缆风绳设置数量、位置不符合规范要求，扣5分 缆风绳未使用钢丝绳或未与地锚连接，扣10分 钢丝绳直径小于8 mm或角度不符合45°～60°要求，扣5～10分 安装高度超过30 m的物料提升机使用缆风绳，扣10分 地锚设置不符合规范要求，每处扣5分	10		
4	保证项目	钢丝绳	钢丝绳磨损、变形、锈蚀达到报废标准，扣10分 钢丝绳绳夹设置不符合规范要求，每处扣2分 吊笼处于最低位置，卷筒上钢丝绳少于3圈，扣10分 未设置钢丝绳过路保护措施或钢丝绳拖地，扣5分	10		
5	保证项目	安拆、验收与使用	安装、拆卸单位未取得专业承包资质和安全生产许可证，扣10分 未制定专项施工方案或未经审核、审批，扣10分 未履行验收程序或验收表未经责任人签字，扣5～10分 安装、拆除人员及司机未持证上岗，扣10分 物料提升机作业前未按规定进行例行检查或未填写检查记录，扣4分 实行多班作业未按规定填写交接班记录，扣3分	10		
	保证项目	小计		60		
6	一般项目	基础与导轨架	基础的承载力、平整度不符合规范要求，扣5～10分 基础周边未设排水设施，扣5分 导轨架垂直度偏差大于导轨架高度0.15%，扣5分 井架停层平台通道处的结构未采取加强措施，扣8分	10		
7	一般项目	动力与传动	卷扬机、曳引机安装不牢固，扣10分 卷筒与导轨架底部导向轮的距离小于20倍卷筒宽度未设置排绳器，扣5分 钢丝绳在卷筒上排列不整齐，扣5分 滑轮与导轨架、吊笼未采用刚性连接，扣10分 滑轮与钢丝绳不匹配，扣10分 卷筒、滑轮未设置防止钢丝绳脱出装置，扣5分 曳引钢丝绳为2根及以上时，未设置曳引力平衡装置，扣5分	10		
8	一般项目	通信装置	未按规范要求设置通信装置，扣5分 通信装置信号显示不清晰，扣3分	5		
9	一般项目	卷扬机操作棚	未设置卷扬机操作棚，扣10分 操作棚搭设不符合规范要求，扣5～10分	10		
10	一般项目	避雷装置	物料提升机在其他防雷保护范围以外未设置避雷装置，扣5分 避雷装置不符合规范要求，扣3分	5		
	一般项目	小计		40		
检查项目合计				100		

表 B. 16　施工升降机检查评分表

<table>
<tr><th>序号</th><th colspan="2">检查项目</th><th>扣分标准</th><th>应得分数</th><th>扣减分数</th><th>实得分数</th></tr>
<tr><td>1</td><td rowspan="7">保证项目</td><td>安全装置</td><td>未安装起重量限制器或起重量限制器不灵敏，扣10分
未安装渐进式防坠安全器或防坠安全不灵敏，扣10分
防坠安全器超过有效标定期限，扣10分
对重钢丝绳未安装防松绳装置或防松绳装置不灵敏，扣5分
未安装急停开关或急停开关不符合规范要求，扣5分
未安装吊笼和对重缓冲器或缓冲器不符合规范要求，扣5分
SC型施工升降机未安装安全钩，扣10分</td><td>10</td><td></td><td></td></tr>
<tr><td>2</td><td>限位装置</td><td>未安装极限开关或极限开关不灵敏，扣10分
未安装上限位开关或上限位开关不灵敏，扣10分
未安装下限位开关或下限位开关不灵敏，扣5分
极限开关与上限位开关安全越程不符合规范要求，扣5分
极限开关与上、下限位开关共用一个触发元件，扣5分
未安装吊笼门机电连锁装置或不灵敏，扣10分
未安装吊笼顶窗电气安全开关或不灵敏，扣5分</td><td>10</td><td></td><td></td></tr>
<tr><td>3</td><td>防护设施</td><td>未设置地面防护围栏或设置不符合规范要求，扣5～10分
未安装地面防护围栏门连锁保护装置或连锁保护装置不灵敏，扣5～8分
未设置出入口防护棚或设置不符合规范要求，扣5～10分
停层平台搭设不符合规范要求，扣5～8分
未安装层门或层门不起作用，扣5～10分
层门不符合规范要求、未达到定型化，每处扣2分</td><td>10</td><td></td><td></td></tr>
<tr><td>4</td><td>附墙架</td><td>附墙架采用非配套标准产品未进行设计计算，扣10分
附墙架与建筑结构连接方式、角度不符合产品说明书要求，扣5～10分
附墙架间距、最高附着点以上导轨架的自由高度超过产品说明书要求，扣10分</td><td>10</td><td></td><td></td></tr>
<tr><td>5</td><td>钢丝绳、滑轮与对重</td><td>对重钢丝绳绳数少于2根或未相对独立，扣5分
钢丝绳磨损、变形、锈蚀达到报废标准，扣10分
钢丝绳的规格、固定不符合产品说明书及规范要求，扣10分
滑轮未安装钢丝绳防脱装置或不符合规范要求，扣4分
对重重量、固定不符合产品说明书及规范要求，扣10分
对重未安装防脱轨保护装置，扣5分</td><td>10</td><td></td><td></td></tr>
<tr><td>6</td><td>安拆、验收与使用</td><td>安装、拆卸单位未取得专业承包资质和安全生产许可证，扣10分
未编制安装、拆卸专项方案或专项方案未经审核、审批，扣10分
未履行验收程序或验收表未经责任人签字，扣5～10分
安装、拆除人员及司机未持证上岗，扣10分
施工升降机作业前未按规定进行例行检查，未填写检查记录，扣4分
实行多班作业未按规定填写交接班记录，扣3分</td><td>10</td><td></td><td></td></tr>
<tr><td></td><td>小计</td><td></td><td>60</td><td></td><td></td></tr>
</table>

续上表

序号	检查项目		扣分标准	应得分数	扣减分数	实得分数
7	一般项目	导轨架	导轨架垂直度不符合规范要求,扣10分 标准节质量不符合产品说明书及规范要求,扣10分 对重导轨不符合规范要求,扣5分 标准节连接螺栓使用不符合产品说明书及规范要求,扣5~8分	10		
8		基础	基础制作、验收不符合产品说明书及规范要求,扣5~10分 基础设置在地下室顶板或楼面结构上,未对其支承结构进行承载力验算,扣10分 基础未设置排水设施,扣4分	10		
9		电气安全	施工升降机与架空线路距离不符合规范要求,未采取防护措施,扣10分 防护措施不符合规范要求,扣5分 未设置电缆导向架或设置不符合规范要求,扣5分 施工升降机在防雷保护范围以外未设置避雷装置,扣10分 避雷装置不符合规范要求,扣5分	10		
10		通信装置	未安装楼层信号联络装置,扣10分 楼层联络信号不清晰,扣5分	10		
		小计		40		
检查项目合计				100		

表 B. 17　塔式起重机检查评分表

序号	检查项目		扣分标准	应得分数	扣减分数	实得分数
1	保证项目	载荷限制装置	未安装起重量限制器或不灵敏,扣10分 未安装力矩限制器或不灵敏,扣10分	10		
2		行程限位装置	未安装起升高度限位器或不灵敏,扣10分 起升高度限位器的安全越程不符合规范要求,扣6分 未安装幅度限位器或不灵敏,扣10分 回转不设集电器的塔式起重机未安装回转限位器或不灵敏,扣6分 行走式塔式起重机未安装行走限位器或不灵敏,扣10分	10		
3		保护装置	小车变幅的塔式起重机未安装断绳保护及断轴保护装置,扣8分 行走及小车变幅的轨道行程末端未安装缓冲器及止挡装置或不符合规范要求,扣4~8分 起重臂根部绞点高度大于50 m的塔式起重机未安装风速仪或不灵敏,扣4分 塔式起重机顶部高度大于30 m且高于周围建筑物未安装障碍指示灯,扣4分	10		
4		吊钩、滑轮、卷筒与钢丝绳	吊钩未安装钢丝绳防脱钩装置或不符合规范要求,扣10分 吊钩磨损、变形达到报废标准,扣10分 滑轮、卷筒未安装钢丝绳防脱装置或不符合规范要求,扣4分 滑轮及卷筒磨损达到报废标准,扣10分 钢丝绳磨损、变形、锈蚀达到报废标准,扣10分 钢丝绳的规格、固定、缠绕不符合产品说明书及规范要求,扣5~10分	10		

续上表

序号	检查项目		扣分标准	应得分数	扣减分数	实得分数
5	保证项目	多塔作业	多塔作业未制定专项施工方案或施工方案未经审批，扣10分 任意两台塔式起重机之间的最小架设距离不符合规范要求，扣10分	10		
6		安拆、验收与使用	安装、拆卸单位未取得专业承包资质和安全生产许可证，扣10分 未制定安装、拆卸专项方案，扣10分 方案未经审核、审批，扣10分 未履行验收程序或验收表未经责任人签字，扣5~10分 安装、拆除人员及司机、指挥未持证上岗，扣10分 塔式起重机作业前未按规定进行例行检查，未填写检查记录，扣4分 实行多班作业未按规定填写交接班记录，扣3分	10		
		小计		60		
7	一般项目	附着	塔式起重机高度超过规定未安装附着装置，扣10分 附着装置水平距离不满足产品说明书要求，未进行设计计算和审批，扣8分 安装内爬式塔式起重机的建筑承载结构未进行承载力验算，扣8分 附着装置安装不符合产品说明书及规范要求，扣5~10分 附着前和附着后塔身垂直度不符合规范要求，扣10分	10		
8		基础与轨道	塔式起重机基础未按产品说明书及有关规定设计、检测、验收，扣5~10分 基础未设置排水措施，扣4分 路基箱或枕木铺设不符合产品说明书及规范要求，扣6分 轨道铺设不符合产品说明书及规范要求，扣6分	10		
9		结构设施	主要结构件的变形、锈蚀不符合规范要求，扣10分 平台、走道、梯子、护栏的设置不符合规范要求，扣4~8分 高强螺栓、销轴、紧固件的紧固、连接不符合规范要求，扣5~10分	10		
10		电气安全	未采用TN－S接零保护系统供电，扣10分 塔式起重机与架空线路安全距离不符合规范要求，未采取防护措施，扣10分 防护措施不符合规范要求，扣5分 未安装避雷接地装置，扣10分 避雷接地装置不符合规范要求，扣5分 电缆使用及固定不符合规范要求，扣5分	10		
		小计		40		
检查项目合计				100		

表 B.18 起重吊装检查评分表

<table>
<tr><th>序号</th><th colspan="2">检查项目</th><th>扣分标准</th><th>应得分数</th><th>扣减分数</th><th>实得分数</th></tr>
<tr><td>1</td><td rowspan="7">保证项目</td><td>施工方案</td><td>未编制专项施工方案或专项施工方案未经审核、审批,扣10分
超规模的起重吊装专项施工方案未按规定组织专家论证,扣10分</td><td>10</td><td></td><td></td></tr>
<tr><td>2</td><td>起重机械</td><td>未安装荷载限制装置或不灵敏,扣10分
未安装行程限位装置或不灵敏,扣10分
起重拔杆组装不符合设计要求,扣10分
起重杆组装后未履行验收程序或验收表无责任人签字,扣5~10分</td><td>10</td><td></td><td></td></tr>
<tr><td>3</td><td>钢丝绳与地锚</td><td>钢丝绳磨损、断丝、变形、锈蚀达到报废标准,扣10分
钢丝绳规格不符合起重机产品说明书要求,扣10分
吊钩、卷筒、滑轮磨损达到报废标准,扣10分
吊钩、卷筒、滑轮未安装钢丝绳防脱装置,扣5~10分
起重拔杆的缆风绳、地锚设置不符合设计要求,扣8分</td><td>10</td><td></td><td></td></tr>
<tr><td>4</td><td>索具</td><td>索具采用编结连接时,编结部分的长度不符合规范要求,扣10分
索具采用绳夹连接时,绳夹的规格、数量及绳夹间距不符合规范要求,扣5~10分
索具安全系数不符合规范要求,扣10分
吊索规格不匹配或机械性能不符合设计要求,扣5~10分</td><td>10</td><td></td><td></td></tr>
<tr><td>5</td><td>作业环境</td><td>起重机行走作业处地面承载能力不符合产品说明书要求或未采用有效加固措施,扣10分
起重机与架空线路安全距离不符合规范要求,扣10分</td><td>10</td><td></td><td></td></tr>
<tr><td>6</td><td>作业人员</td><td>起重机司机无证操作或操作证为操作机型不符,扣5~10分
未设置专职信号指挥和司索人员,扣10分
作业前未按规定进行安全技术交底或交底未形成文字记录,扣5~10分</td><td>10</td><td></td><td></td></tr>
<tr><td></td><td>小计</td><td></td><td>60</td><td></td><td></td></tr>
<tr><td>7</td><td rowspan="5">一般项目</td><td>起重吊装</td><td>多台起重机同时起吊一个构件时,单台起重机所承受的荷载不符合专项施工方案要求,扣10分
吊索系挂点不符合专项施工方案要求,扣5分
起重机作业时起重臂下有人停留或吊运重物从人的正上方通过,扣10分
起重机吊具载运人员,扣10分
吊运易散落物件不使用吊笼,扣6分</td><td>10</td><td></td><td></td></tr>
<tr><td>8</td><td>高处作业</td><td>未按规定设置高处作业平台,扣10分
高处作业平台设置不符合规范要求,扣5~10分
未按规定设置爬梯或爬梯的强度、构造不符合规范要求,扣5~8分
未按规定设置安全带悬挂点,扣8分</td><td>10</td><td></td><td></td></tr>
<tr><td>9</td><td>构件码放</td><td>构件码放荷载超过作业面承载能力,扣10分
构件码放高度超过规定要求,扣4分
大型构件码放无稳定措施,扣8分</td><td>10</td><td></td><td></td></tr>
<tr><td>10</td><td>警戒监护</td><td>未按规定设置作业警戒区,扣10分
警戒区未设专人监护,扣5分</td><td>10</td><td></td><td></td></tr>
<tr><td></td><td>小计</td><td></td><td>40</td><td></td><td></td></tr>
<tr><td colspan="3">检查项目合计</td><td></td><td>100</td><td></td><td></td></tr>
</table>

表 B.19　施工机具检查评分表

序号	检查项目	扣分标准	应得分数	扣减分数	实得分数
1	平刨	平刨安装后未履行验收程序,扣5分 未设置护手安全装置,扣5分 传动部位未设置防护罩,扣5分 未作保护接零或未设置漏电保护器,扣10分 未设置安全作业棚,扣6分 使用多功能木工机具,扣10分	10		
2	圆盘锯	圆盘锯安装后未履行验收程序,扣5分 未设置锯盘护罩、分料器、防护挡板安全装置和传动部位未设置防护罩,每处扣3分 未作保护接零或未设置漏电保护器,扣10分 未设置安全作业棚,扣6分 使用多功能木工机具,扣10分	10		
3	手持电动工具	Ⅰ类手持电动工具未采取保护接零或未设置漏电保护器,扣8分 使用Ⅰ类手持电动工具不按规定穿戴绝缘用品,扣6分 手持电动工具随意接长电源线,扣4分	8		
4	钢筋机械	机械安装后未履行验收程序,扣5分 未作保护接零或未设置漏电保护器,扣10分 钢筋加工区未设置作业棚,钢筋对焊作业区未采取防止火花飞溅措施或冷拉作业区未设置防护栏板,每处扣5分 传动部位未设置防护罩,扣5分	10		
5	电焊机	电焊机安装后未履行验收程序,扣5分 未作保护接零或未设置漏电保护器,扣10分 未设置二次空载降压保护器,扣10分 一次线长度超过规定或未进行穿管保护,扣3分 二次线未采用防水橡皮护套铜芯软电缆,扣10分 二次线长度超过规定或绝缘层老化,扣3分 电焊机未设置防雨罩或接线柱未设置防护罩,扣5分	10		
6	搅拌机	搅拌机安装后未履行验收程序,扣5分 未作保护接零或未设置漏电保护器,扣10分 离合器、制动器、钢丝绳达不到规定要求,每项扣5分 上料斗未设置安全挂钩或止挡装置,扣5分 传动部位未设置防护罩,扣4分 未设置安全作业棚,扣6分	10		
7	气瓶	气瓶未安装减压器,扣8分 乙炔瓶未安装回火防止器,扣8分 气瓶间距小于5 m或与明火距离小于10 m未采取隔离措施,扣8分 气瓶未设置防振圈和防护帽,扣2分 气瓶存放不符合要求,扣4分	8		
8	翻斗车	翻斗车制动、转向装置不灵敏,扣5分 驾驶员无证操作,扣8分 行车载人或违章行车,扣8分	8		
9	潜水泵	未作保护接零或未设置漏电保护器,扣6分 负荷线未使用专用防水橡皮电缆,扣6分 负荷线有接头,扣3分	6		

续上表

序号	检查项目	扣分标准	应得分数	扣减分数	实得分数
10	振捣器	未作保护接零或未设置漏电保护器,扣8分 未使用移动式配电箱,扣4分 电缆线长度超过30 m,扣4分 操作人员未穿戴绝缘防护用品,扣8分	8		
11	桩工机械	机械安装后未履行验收程序,扣10分 作业前未编制专项施工方案或未按规定进行安全技术交底,扣10分 安全装置不齐全或不灵敏,扣10分 机械作业区域地面承载力不符合规定要求或未采取有效硬化措施,扣12分 机械与输电线路安全距离不符合规范要求,扣12分	12		
检查项目合计			100		

建筑施工高处作业安全技术规范

目　次

第二章 基本规定

第 2.0.1 条 高处作业的安全技术措施及其所需料具,必须列入工程的施工组织设计。

第 2.0.2 条 单位工程施工负责人应对工程的高处作业安全技术负责并建立相应的责任制。

施工前,应逐级进行安全技术教育及交底,落实所有安全技术措施和人身防护用品,未经落实时不得进行施工。

第 2.0.3 条 高处作业中的安全标志、工具、仪表、电气设施和各种设备,必须在施工前加以检查,确认其完好,方能投入使用。

第 2.0.4 条 攀登和悬空高处作业人员以及搭设高处作业安全设施的人员,必须经过专业技术培训及专业考试合格,持证上岗,并必须定期进行体格检查。

第 2.0.5 条 施工中对高处作业的安全技术设施,发现有缺陷和隐患时,必须及时解决;危及人身安全时,必须停止作业。

第 2.0.6 条 施工作业场所有坠落可能的物件,应一律先行撤除或加以固定。

高处作业中所用的物料,均应堆放平稳,不妨碍通行和装卸。工具应随手放入工具袋;作业中的走道、通道板和登高用具,应随时清扫干净;拆卸下的物件及余料和废料均应及时清理运走,不得任意乱置或向下丢弃。传递物件禁止抛掷。

第 2.0.7 条 雨天和雪天进行高处作业时,必须采取可靠的防滑、防寒和防冻措施。凡水、冰、霜、雪均应及时清除。

对进行高处作业的高耸建筑物,应事先设置避雷设施。遇有六级以上强风、浓雾等恶劣气候,不得进行露天攀登与悬空高处作业。暴风雪及台风暴雨后,应对高处作业安全设施逐一加以检查,发现有松动、变形、损坏或脱落等现象,应立即修理完善。

第 2.0.8 条 因作业必需,临时拆除或变动安全防护设施时,必须经施工负责人同意,并采取相应的可靠措施,作业后应立即恢复。

第 2.0.9 条 防护棚搭设与拆除时,应设警戒区,并应派专人监护。严禁上下同时拆除。

第 2.0.10 条 高处作业安全设施的主要受力杆件,力学计算按一般结构力学公式,强度及挠度计算按现行有关规范进行,但钢受弯构件的强度计算不考虑塑性影响,构造上应符合现行的相应规范的要求。

第三章 临边与洞口作业的安全防护

第一节 临边作业

第 3.1.1 条 对临边高处作业,必须设置防护措施,并符合下列规定:

一、基坑周边,尚未安装栏杆或栏板的阳台、料台与挑平台周边,雨篷与挑檐边,无外脚手的屋面与楼层周边及水箱与水塔周边等处,都必须设置防护栏杆。

二、头层墙高度超过 3.2 m 的二层楼面周边,以及无外脚手的高度超过 3.2 m 的楼层周边,必须在外围架设安全平网一道。

三、分层施工的楼梯口和梯段边,必须安装临时护栏。顶层楼梯口应随工程结构进度安装正式防护栏杆。

四、井架与施工用电梯和脚手架等与建筑物通道的两侧边,必须设防护栏杆。地面通道上部应装设安全防护棚。双笼井架通道中间,应予分隔封闭。

五、各种垂直运输接料平台,除两侧设防护栏杆外,平台口还应设置安全门或活动防护栏杆。

第 3.1.2 条 临边防护栏杆杆件的规格及连接要求,应符合下列规定:

一、毛竹横杆小头有效直径不应小于 70 mm,栏杆柱小头直径不应小于 80 mm,并须用不小于 16 号的镀锌钢丝绑扎,不应少于 3 圈,并无泻滑。

二、原木横杆上杆梢径不应小于 70 mm,下杆稍径不应小于 60 mm,栏杆柱梢径不应小于 75 mm。并须用相应长度的圆钉钉紧,或用不小于 12 号的镀锌钢丝绑扎,要求表面平顺和稳固无动摇。

三、钢筋横杆上杆直径不应小于 16 mm,下杆直径不应小于 14 mm,栏杆柱直径不应小于 18 mm,采用电焊或镀锌钢丝绑孔固定。

四、钢管横杆及栏杆柱均采用 Φ48 ×(2.75 ~3.5)mm 的管材,以扣件或电焊固定。

五、以其他钢材如角钢等作防护栏杆杆件时,应选用强度相当的规格,以电焊固定。

第 3.1.3 条 搭设临边防护栏杆时,必须符合下列要求:

一、防护栏杆应由上、下两道横杆及栏杆柱组成,上杆离地高度为 1.0 ~1.2 m,下杆离地高度为 0.5 ~0.6 m。坡度大于 1∶2.2 的屋面,防护栏杆应高 1.5 m,并加挂安全立网。除经设计计算外,横杆长度大于 2 m 时,必须加设栏杆柱。

二、栏杆柱的固定应符合下列要求:

1. 当在基坑四周固定时,可采用钢管并打入地面 50 ~70 cm 深。钢管离边口的距离,不应小于 50 cm。当基坑周边采用板桩时,钢管可打在板桩外侧。

2. 当在混凝土楼面、屋面或墙面固定时,可用预埋件与钢管或钢筋焊牢。采用竹、木栏杆时,可在预埋件上焊接 30 cm 长的∟ 50 ×5 角钢,其上下各钻一孔,然后用 10 mm 螺栓与竹、木杆件拴牢。

3. 当在砖或砌块等砌体上固定时,可预先砌入规格相适应的 80 ×6 弯转扁钢作预埋铁的混凝土块,然后用上项方法固定。

三、栏杆柱的固定及其与横杆的连接,其整体构造应使防护栏杆在上杆任何处,能经受任何方向的 1 000 N 外力。当栏杆所处位置有发生人群拥挤、车辆冲击或物件碰撞等可能时,应加大横杆截面或加密柱距。

四、防护栏杆必须自上而下用安全立网封闭,或在栏杆下边设置严密固定的高度不低于 18 cm 的挡脚板或 40 cm 的挡脚笆。挡脚板与挡脚笆上如有孔眼,不应大于 25 mm。板与笆下边距离底面的空隙不应大于 10 mm。

接料平台两侧的栏杆,必须自上而下加挂安全立网或满扎竹笆。

五、当临边的外侧面临街道时,除防护栏杆外,敞口立面必须采取满挂安全网或其他可靠措施作全封闭处理。

第 3.1.4 条 临边防护栏杆的力学计算及构造型式见附录二。

第二节 洞口作业

第 3.2.1 条 进行洞口作业以及在因工程和工序需要而产生的,使人与物有坠落危险或危及人身安全的其他洞口进行高处作业时,必须按下列规定设置防护设施:

一、板与墙的洞口,必须设置牢固的盖板、防护栏杆、安全网或其他防坠落的防护设施。

二、电梯井口必须设防护栏杆或固定栅门;电梯井内应每隔两层并最多隔 10m 设一道安全网。

三、钢管桩、钻孔桩等桩孔上口,杯形、条形基础上口,未填土的坑槽,以及人孔、天窗、地板门等处,均应按洞口防护设置稳固的盖件。

四、施工现场通道附近的各类洞口与坑槽等处,除设置防护设施与安全标志外,夜间还应设红灯示警。

第 3.2.2 条 洞口根据具体情况采取设防护栏杆、加盖件、张挂安全网与装栅门等措施时,必须符合下列要求:

一、楼板、屋面和平台等面上短边尺寸小于 25 cm 但大于 2.5 cm 的孔口,必须用坚实的盖板盖没。盖板应能防止挪动移位。

二、楼板面等处边长为 25~50 cm 的洞口、安装预制构件时的洞口以及缺件临时形成的洞口,可用竹、木等作盖板、盖住洞口。盖板须能保持四周搁置均衡,并有固定其位置的措施。

三、边长为 50~150 cm 的洞口,必须设置以扣件扣接钢管而成的网格,并在其上满铺竹笆或脚手板。也可采用贯穿于混凝土板内的钢筋构成防护网,钢筋网格间距不得大于 20 cm。

四、边长在 150 cm 以上的洞口,四周设防护栏杆,洞口下张设安全平网。

五、垃圾井道和烟道,应随楼层的砌筑或安装而消除洞口,或参照预留洞口作防护。管道井施工时,除按上款办理外,还应加设明显的标志。如有临时性拆移,需经施工负责人核准,工作完毕后必须恢复防护设施。

六、位于车辆行驶道旁的洞口、深沟与管道坑、槽,所加盖板应能承受不小于当地额定卡车后轮有效承载力 2 倍的荷载。

七、墙面等处的竖向洞口,凡落地的洞口应加装开关式、工具式或固定式的防护门,门栅网格的间距不应大于 15 cm,也可采用防护栏杆,下设挡脚板(笆)。

八、下边沿至楼板或底面低于 80 cm 的窗台等竖向洞口,如侧边落差大于 2 m 时,应加设 1.2 m 高的临时护栏。

九、对邻近的人与物有坠落危险性的其他竖向的孔、洞口,均应予以盖设或加以防护,并有固定其位置的措施。

第 3.2.3 条 洞口防护栏杆的杆件及其搭设应符合本规范第 3.1.2 条、第 3.1.3 条的规定。防护栏杆的力学计算见附录二之(一),防护设施的构造型式见附录三。

第四章 攀登与悬空作业的安全防护

第一节 攀登作业

第 4.1.1 条 在施工组织设计中应确定用于现场施工的登高和攀登设施。现场登高应借助建筑结构或脚手架上的登高设施,也可采用载人的垂直运输设备。进行攀登作业时可使用梯子或采用其他攀登设施。

第 4.1.2 条 柱、梁和行车梁等构件吊装所需的直爬梯及其他登高用拉攀件,应在构件施工图或说明内作出规定。

第 4.1.3 条 攀登的用具,结构构造上必须牢固可靠。供人上下的踏板其使用荷载不应大于 1 100 N。当梯面上有特殊作业,重量超过上述荷载时,应按实际情况加以验算。

第 4.1.4 条　移动式梯子,均应按现行的国家标准验收其质量。

第 4.1.5 条　梯脚底部应坚实,不得垫高使用。梯子的上端应有固定措施。立梯工作角度以 75° ±5°为宜,踏板上下间距以 30 cm 为宜,不得有缺档。

第 4.1.6 条　梯子如需接长使用,必须有可靠的连接措施,且接头不得超过 1 处。连接后梯梁的强度,不应低于单梯梯梁的强度。

第 4.1.7 条　折梯使用时上部夹角以 35° ~45°为宜,铰链必须牢固,并应有可靠的拉撑措施。

第 4.1.8 条　固定式直爬梯应用金属材料制成。梯宽不应大于 50 cm,支撑应采用不小于∟ 70 ×6 的角钢,埋设与焊接均必须牢固。梯子顶端的踏棍应与攀登的顶面齐平,并加设 1 ~1.5 m 高的扶手。

使用直爬梯进行攀登作业时,攀登高度以 5 m 为宜。超过 2 m 时,宜加设护笼,超过 8 m 时,必须设置梯间平台。

第 4.1.9 条　作业人员应从规定的通道上下,不得在阳台之间等非规定通道进行攀登,也不得任意利用吊车臂架等施工设备进行攀登。

上下梯子时,必须面向梯子,且不得手持器物。

第 4.1.10 条　钢柱安装登高时,应使用钢挂梯或设置在钢柱上的爬梯。挂梯构造见附录四附图 4.1。

钢柱的接柱应使用梯子或操作台。操作台横杆高度。当无电焊防风要求时,其高度不宜小于 1 m,有电焊防风要求时,其高度不宜小于 1.8 m,见附录四附图 4.2。

第 4.1.11 条　登高安装钢梁时,应视钢梁高度,在两端设置挂梯或搭设钢管脚手架,构造形式参见附录四附图 4.3。

梁面上需行走时,其一侧的临时护栏横杆可采用钢索,当改用扶手绳时,绳的自然下垂度不应大于 $l/20$,并应控制在 10 cm 以内,见附录四附图 4.4。l 为绳的长度。

第 4.1.12 条　钢屋架的安装,应遵守下列规定:

一、在屋架上下弦登高操作时,对于三角形屋架应在屋脊处,梯形屋架应在两端,设置攀登时上下的梯架。材料可选用毛竹或原木,踏步间距不应大于 40 cm,毛竹梢径不应小于 70 mm。

二、屋架吊装以前,应在上弦设置防护栏杆。

三、屋架吊装以前,应预先在下弦挂设安全网;吊装完毕后,即将安全网铺设固定。

第二节　悬空作业

第 4.2.1 条　悬空作业处应有牢靠的立足处,并必须视具体情况,配置防护栏网、栏杆或其他安全设施。

第 4.2.2 条　悬空作业所用的索具、脚手板、吊篮、吊笼、平台等设备,均需经过技术鉴定或检证方可使用。

第 4.2.3 条　构件吊装和管道安装时的悬空作业,必须遵守下列规定:

一、钢结构的吊装,构件应尽可能在地面组装,并应搭设进行临时固定、电焊、高强螺栓连接等工序的高空安全设施,随构件同时上吊就位。拆卸时的安全措施,亦应一并考虑和落实。高空吊装预应力钢筋混凝土屋架、桁架等大型构件前,也应搭设悬空作业中所需的安全设施。

二、悬空安装大模板、吊装第一块预制构件、吊装单独的大中型预制构件时,必须站在操作平台上操作。吊装中的大模板和预制构件以及石棉水泥板等屋面板上,严禁站人和行走。

三、安装管道时必须有已完结构或操作平台为立足点,严禁在安装中的管道上站立和行走。

第 4.2.4 条 模板支撑和拆卸时的悬空作业,必须遵守下列规定:

一、支模应按规定的作业程序进行,模板未固定前不得进行下一道工序。严禁在连接件和支撑件上攀登上下,并严禁在上下同一垂直面上装、拆模板。结构复杂的模板,装、拆应严格按照施工组织设计的措施进行。

二、支设高度在 3 m 以上的柱模板,四周应设斜撑,并应设立操作平台。低于 3 m 的可使用马凳操作。

三、支设悬挑形式的模板时,应有稳固的立足点。支设临空构筑物模板时,应搭设支架或脚手架。模板上有预留洞时,应在安装后将洞盖没。混凝土板上拆模后形成的临边或洞口,应按本规范有关章节进行防护。

拆模高处作业,应配置登高用具或搭设支架。

第 4.2.5 条 钢筋绑扎时的悬空作业,必须遵守下列规定:

一、绑扎钢筋和安装钢筋骨架时,必须搭设脚手架和马道。

二、绑扎圈梁、挑梁、挑檐、外墙和边柱等钢筋时,应搭设操作台架和张挂安全网。

悬空大梁钢筋的绑扎,必须在满铺脚手板的支架或操作平台上操作。

三、绑扎立柱和墙体钢筋时,不得站在钢筋骨架上或攀登骨架上下。3 m 以内的柱钢筋,可在地面或楼面上绑扎,整体竖立。绑扎 3 m 以上的柱钢筋,必须搭设操作平台。

第 4.2.6 条 混凝土浇筑时的悬空作业,必须遵守下列规定:

一、浇筑离地 2m 以上框架、过梁、雨篷和小平台时,应设操作平台,不得直接站在模板或支撑件上操作。

二、浇筑拱形结构,应自两边拱脚对称地相向进行。浇筑储仓,下口应先行封闭,并搭设脚手架以防人员坠落。

三、特殊情况下如无可靠的安全设施,必须系好安全带并扣好保险钩,或架设安全网。

第 4.2.7 条 进行预应力张拉的悬空作业时,必须遵守下列规定:

一、进行预应力张拉时,应搭设站立操作人员和设置张拉设备用的牢固可靠的脚手架或操作平台。

雨天张拉时,还应架设防雨棚。

二、预应力张拉区域应标示明显的安全标志,禁止非操作人员进入。张拉钢筋的两端必须设置档板。档板应距所张拉钢筋的端部 1.5 ~ 2 m,且应高出最上一组张拉钢筋 0.5 m 其宽度应距张拉钢筋两外侧各不小于 1 m。

三、孔道灌浆应按预应力张拉安全设施的有关规定进行。

第 4.2.8 条 悬空进行门窗作业时,必须遵守下列规定:

一、安装门、窗,油漆及安装玻璃时,严禁操作人员站在樘子、阳台栏板上操作。门、窗临时固定,封填材料未达到强度,以及电焊时,严禁手拉门、窗进行攀登。

二、在高处外墙安装门、窗,无外脚手时,应张挂安全网。无安全网时,操作人员应系好安全带,其保险钩应挂在操作人员上方的可靠物件上。

三、进行各项窗口作业时,操作人员的重心应位于室内,不得在窗台上站立,必要时应系好安全带进行操作。

第五章　操作平台与交叉作业的安全防护

第一节　操作平台

第 5.1.1 条　移动式操作平台，必须符合下列规定：

一、操作平台应由专业技术人员按现行的相应规范进行设计，计算书及图纸应编入施工组织设计。

二、操作平台的面积不应超过 10 m^2，高度不应超过 5 m。还应进行稳定验算，并采用措施减少立柱的长细比。

三、装设轮子的移动式操作平台，轮子与平台的接合处应牢固可靠，立柱底端离地面不得超过 80 mm。

四、操作平台可采用 $\Phi(48 \sim 51) \times 3.5$ mm 钢管以扣件连接，亦可采用门架式或承插式钢管脚手架部件，按产品使用要求进行组装。平台的次梁，间距不应大于 40 cm；台面应满铺 3 cm 厚的木板或竹笆。

五、操作平台四周必须按临边作业要求设置防护栏杆，并应布置登高扶梯。

第 5.1.2 条　悬挑式钢平台，必须符合下列规定：

一、悬挑式钢平台应按现行的相应规范进行设计，其结构构造应能防止左右晃动，计算书及图纸应编入施工组织设计。

二、悬挑式钢平台的搁支点与上部拉结点，必须位于建筑物上，不得设置在脚手架等施工设备上。

三、斜拉杆或钢丝绳，构造上宜两边各设前后两道，两道中的每一道均应作单道受力计算。

四、应设置 4 个经过验算的吊环。吊运平台时应使用卡环，不得使吊钩直接钩挂吊环。吊环应用甲类 3 号沸腾钢制作。

五、钢平台安装时，钢丝绳应采用专用的挂钩挂牢，采取其他方式时卡头的卡子不得少于 3 个。建筑物锐角利口围系钢丝绳处应加衬软垫物，钢平台外口应略高于内口。

六、钢平台左右两侧必须装置固定的防护栏杆。

七、钢平台吊装，需待横梁支撑点电焊固定，接好钢丝绳，调整完毕，经过检查验收，方可松卸起重吊钩，上下操作。

八、钢平台使用时，应有专人进行检查，发现钢丝绳有锈蚀损坏应及时调换，焊缝脱焊应及时修复。

第 5.1.3 条　操作平台上应显著地标明容许荷载值。操作平台上人员和物料的总重量，严禁超过设计的容许荷载。应配备专人加以监督。

第 5.1.4 条　操作平台的力学计算与构造型式见附录五之(一)、(二)。

第二节　交叉作业

第 5.2.1 条　支模、粉刷、砌墙等各工种进行上下立体交叉作业时，不得在同一垂直方向上操作。下层作业的位置，必须处于依上层高度确定的可能坠落范围半径之外。不符合以上条件时，应设置安全防护层。

第 5.2.2 条　钢模板、脚手架等拆除时，下方不得有其他操作人员。

第 5.2.3 条　钢模板部件拆除后，临时堆放处离楼层边沿不应小于 1 m，堆放高度不得超过 1 m。楼层边口、通道口、脚手架边缘等处，严禁堆放任何拆下物件。

第 5.2.4 条 结构施工自二层起，凡人员进出的通道口（包括井架、施工用电梯的进出通道口），均应搭设安全防护棚。高度超过 24 m 的层次上的交叉作业，应设双层防护。

第 5.2.5 条 由于上方施工可能坠落物件或处于起重机把杆回转范围之内的通道，在其受影响的范围内，必须搭设顶部能防止穿透的双层防护廓。

第 5.2.6 条 交叉作业通道防护的构造型式见附录六。

第六章 高处作业安全防护设施的验收

第 6.0.1 条 建筑施工进行高处作业之前，应进行安全防护设施的逐项检查和验收。验收合格后，方可进行高处作业。验收也可分层进行，或分阶段进行。

第 6.0.2 条 安全防护设施，应由单位工程负责人验收，并组织有关人员参加。

第 6.0.3 条 安全防护设施的验收，应具备下列资料：

一、施工组织设计及有关验算数据；

二、安全防护设施验收记录；

三、安全防护设施变更记录及签证。

第 6.0.4 条 安全防护设施的验收，主要包括以下内容：

一、所有临边、洞口等各类技术措施的设置状况；

二、技术措施所用的配件、材料和工具的规格和材质；

三、技术措施的节点构造及其与建筑物的固定情况；

四、扣件和连接件的紧固程度；

五、安全防护设施的用品及设备的性能与质量是否合格的验证。

第 6.0.5 条 安全防护设施的验收应按类别逐项查验，并作出验收记录。凡不符合规定者，必须修整合格后再行查验。施工工期内还应定期进行抽查。

附录一 本规范名词解释

名 词	说 明
临边作业	施工现场中，工作面边沿无围护设施或围护设施高度低于 80 cm 时的高处作业
孔	楼板、屋面、平台等面上，短边尺寸小于 25 cm 的孔洞；墙上，高度小于 75 cm 的孔洞
洞	楼板、屋面、平台等面上，短边尺寸等于或大于 25 cm 的孔洞；墙上，高度等于或大于 75 cm，宽度大于 45 cm 的孔洞
洞口作业	孔与洞边口旁的高处作业，包括施工现场及通道旁深度在 2 m 及 2 m 以上的桩孔、人孔、沟槽与管道、孔洞等边沿上的作业
攀登作业	借助登高用具或登高设施，在攀登条件下进行的高处作业
悬空作业	在周边临空状态下进行的高处作业
操作平台	现场施工中用以站人、载料并可进行操作的平台
移动式操作平台	可以搬动的用于结构施工、室内装饰和水电安装等的操作平台
悬挑式钢平台	可以吊运和搁支于楼层边的用于接送物料和转运模板等的悬挑型式的操作平台，通常采用钢构件制作
交叉作业	在施工现场的上下不同层次，于空间贯通状态下同时进行的高处作业

附录二　临边作业防护栏杆的计算及构造实例

(一)杆件计算

防护栏杆横杆上杆的计算,应按本规范第 3. 1. 3 条第三款的规定,以外力为活荷载(可变荷载),取集中荷载作用于杆件中点,按公式(附 2—1)计算弯矩,并按公式(附 2—2)计算弯曲强度。需要控制变形时,尚应按公式(附 2—3)计算挠度。荷载设计值的取用,应符合现行的《建筑结构荷载规范》GB J9—87 的有关规定。强度设计值的取用,应符合相应的结构设计规范的有关规定。

1. 弯矩:

$$M=\frac{Fl}{4} \quad (附\ 2—1)$$

式中　M——上杆承受的弯矩最大值(N · m);

F——上杆承受的集中荷载设计值(N);

l——上杆长度(m)。

2. 弯曲强度:

$$M \leqslant W_n f \quad (附\ 2—2)$$

式中　M——上杆的弯矩(N · m);

W_n——上杆净截面抵抗矩(cm^3);

f——上杆抗弯强度设计值(N/mm^2)。

3. 挠度:

$$\frac{Fl^3}{48EI} \leqslant 容许挠度 \quad (附\ 2—3)$$

式中　F——上杆承受的集中荷载标准值(N);

l——上杆长度(m),计算中采用 1×10^3 mm;

E——杆件的弹性模量(N/mm^2),钢材可取 $206\times10^3\ N/mm^2$;

I——杆件截面惯性矩(mm^4)

注:①计算中,集中荷载设计值 F,应按可变荷载(活荷载)的标准值 $Q_k=1\ 000N$ 乘以可变荷载的分项系数 $\gamma_Q=1.4$ 取用。

②抗弯强度设计值,采用钢材时可按 $f=215\ N/mm^2$ 取用。

③挠度及容许挠度均以 mm 计。

（二）构造实例

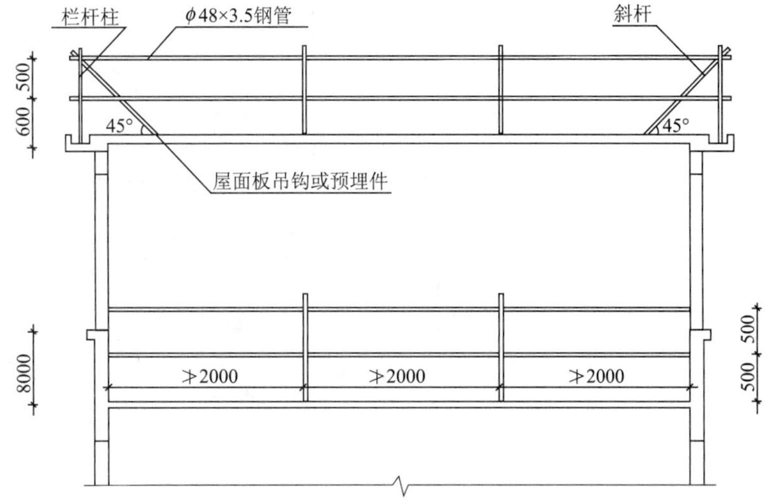

附图 2.1　屋面和楼层临边防护栏杆（单位：mm）

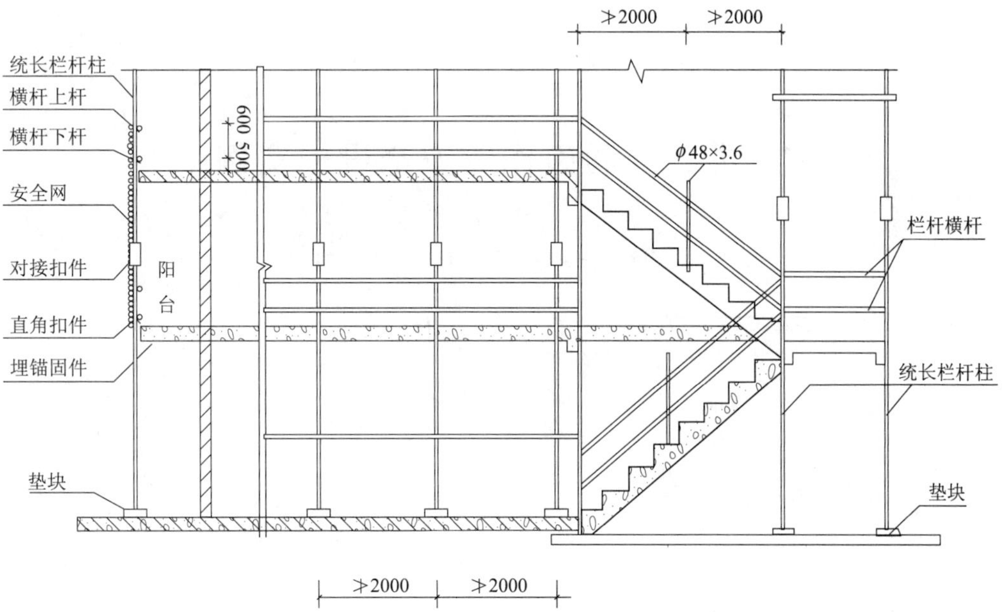

附图 2.2　楼梯、楼层和阳台临边防护栏杆（单位：mm）

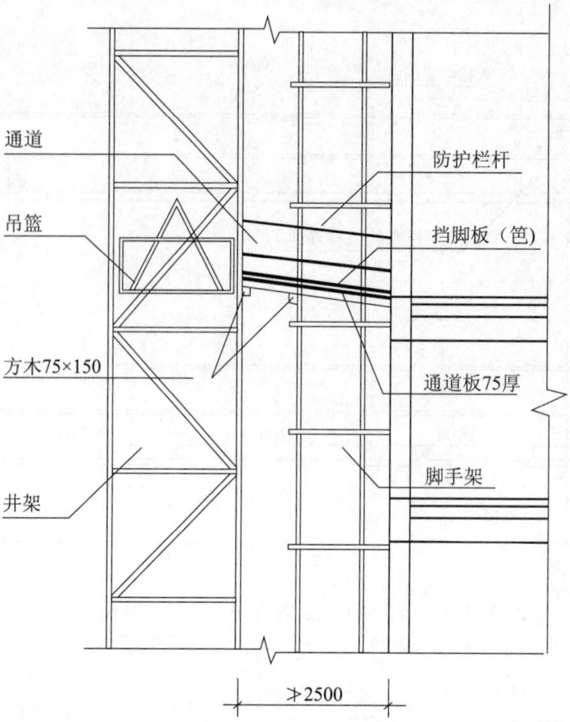

附图 2.3　通道侧边防护栏杆(单位:mm)

附录三　洞口作业安全设施实例

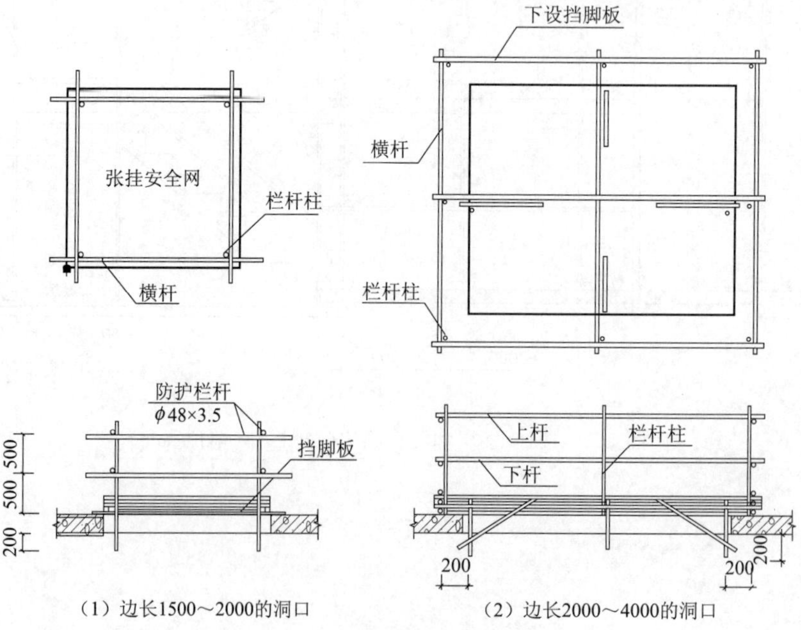

附图 3.1　洞口防护栏杆(单位:mm)

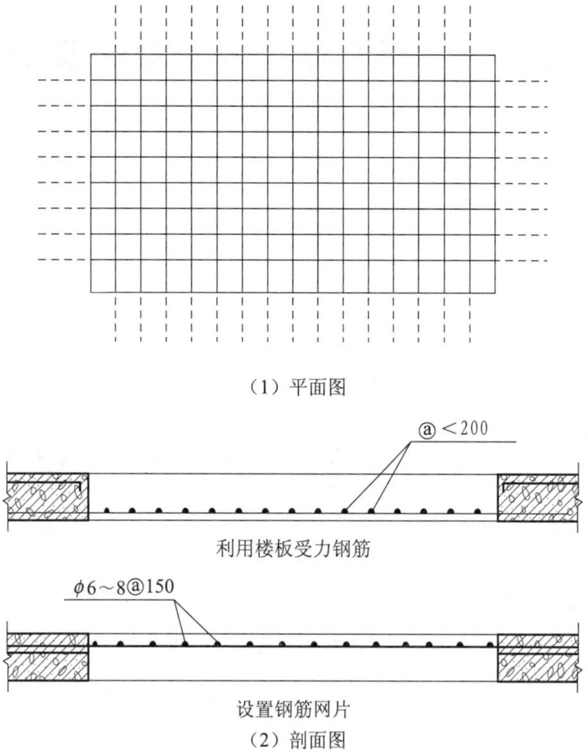

附图 3.2 洞口钢筋防护网(单位:mm)

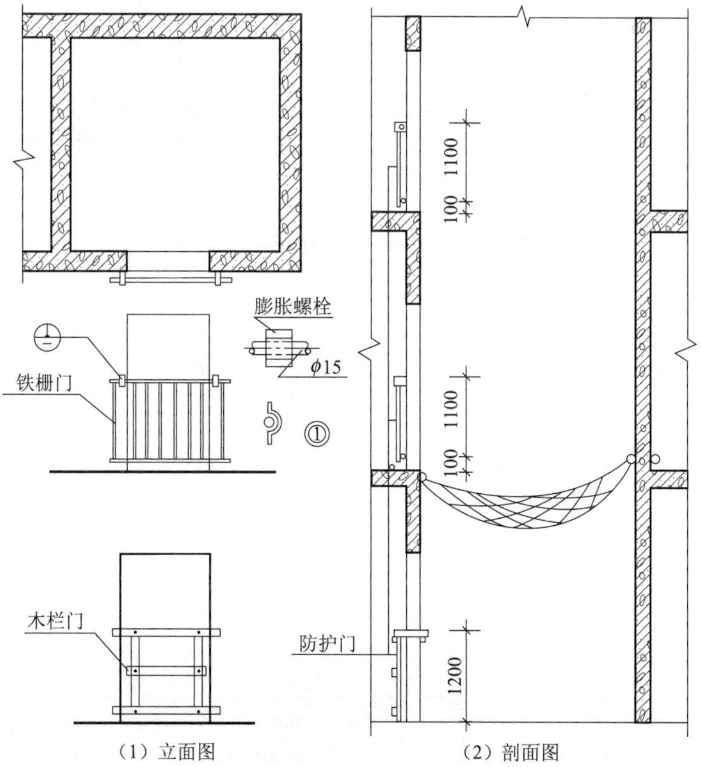

附图 3.3 电梯井口防护门(单位:mm)

附录四　攀登作业安全设施实例

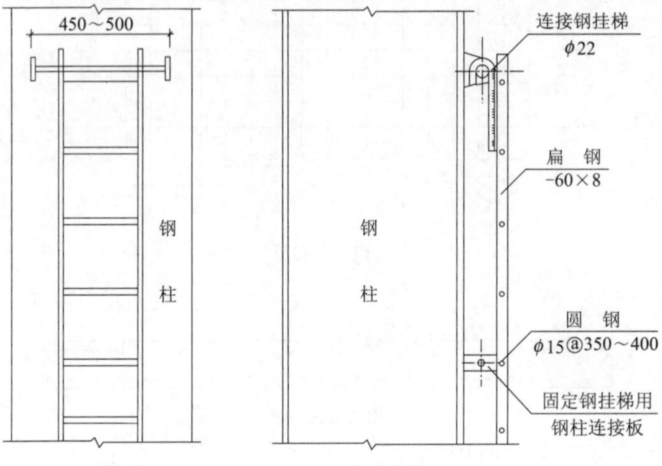

附图 4.1　钢柱登高挂梯(单位:mm)

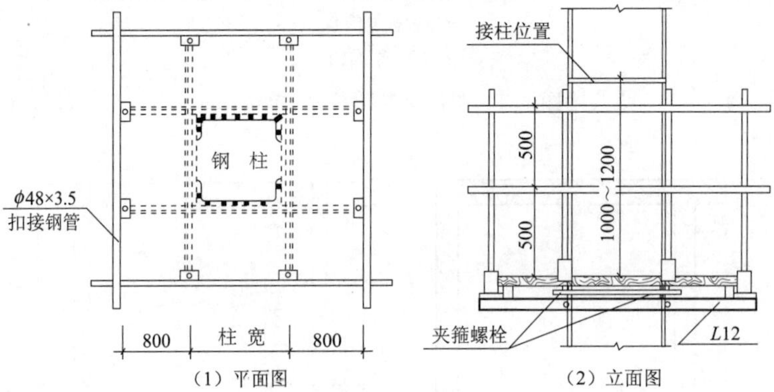

附图 4.2　钢柱接柱用操作台(单位:mm)

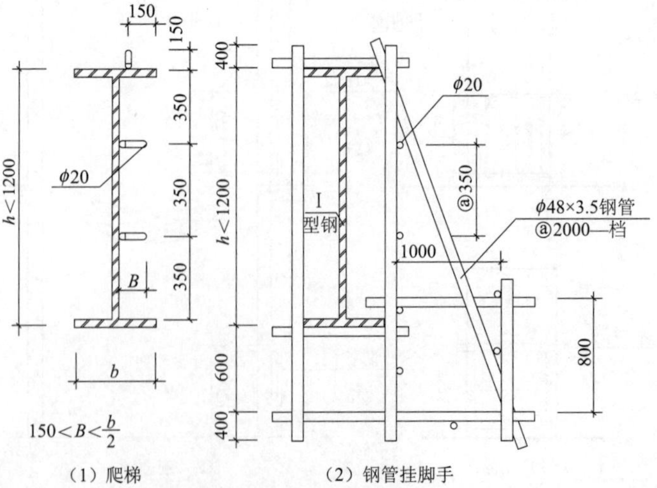

附图 4.3　钢梁登高设施(单位:mm)

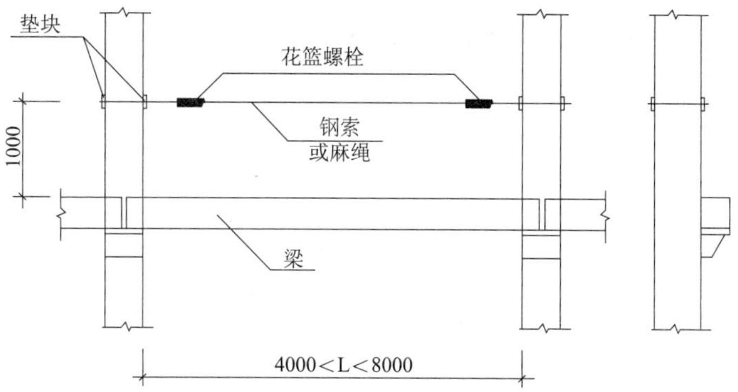

附图 4.4 梁面临时护栏(单位:mm)

附录五 操作平台的计算及构造实例

(一)移动式操作平台

1. 杆件计算:

操作平台可以 Φ48 ×3.5 mm 镀锌钢管作次梁与主梁,上铺厚度不小于 30 mm 的木板作铺板。铺板应予固定,并以 Φ48 ×3.5 mm 的钢管作立柱。杆件计算可按下列步骤进行。荷载设计值与强度设计值的取用同附录二。

(1) 次梁计算:

① 恒荷载(永久荷载)中的自重,钢管以 40 N/m 计,铺板以 220 N/m^2 计;施工活荷载(可变荷载)以 1 500 N/m^2 计。

按次梁承受均布荷载依下式计算弯矩:

$$M = \frac{1}{8}ql^2 \qquad (附 5-1)$$

式中 M——弯矩最大值(N · m);

q——次梁上的等效均布荷载设计值(N/m);

l——次梁计算长度(m)。

② 按次梁承受集中荷载依下式作弯矩验算:

$$M = \frac{1}{8}ql^2 + \frac{1}{4}Fl \qquad (附 5-2)$$

式中 q——次梁上仅依恒荷载计算的均布荷载设计值(N/m);

F——次梁上的集中荷载设计值,可按可变荷载以标准值为 1 000 N 计。

③ 取以上两项弯矩值中的较大值按公式(附 2—2)计算次梁弯曲强度。

(2) 主梁计算:

① 主梁以立柱为支承点。将次梁传递的恒荷载和施工活荷载,加上主梁自重的恒荷载。按等效均布荷载计算最大弯矩。

立杆为 3 根时,可按下式计算位于中间立柱上部的主梁负弯矩:

$$M = -0.125ql^2 \qquad (附 5-3)$$

式中 q——主梁上的等效均布荷载设计值(N/m);

l——主梁计算长度(m)。

② 以上项弯矩值按公式(附 2—2)计算主梁弯曲强度。

(3) 立柱计算:

① 立柱以中间立柱为准,按轴心受压依下式计算强度:

$$\sigma = \frac{N}{A_n} \leqslant f \tag{附 5-4}$$

式中　σ——受压正应力(N/mm^2)

N——轴心压力(N);

A_n——立柱净截面面积(mm^2);

f——抗压强度设计值(N/mm^2)。

② 立柱尚应按下式计算其稳定性:

$$\frac{N}{\varphi A} \leqslant f \tag{附 5-5}$$

式中　φ——受压构件的稳定系数,按立柱最大长细比 $\lambda = \frac{l}{i}$ 采用;

A——立柱的毛截面面积(mm^2)

注:①计算中的荷载设计值,恒荷载应按标准值乘以永久荷载分项系数 $\gamma_Q = 1.2$ 取用,活荷载应按标准值乘以可变荷载分项系数 $\gamma_Q = 1.4$ 取用。

②钢管的抗弯、抗压强度设计值可按 $f = 215\ N/mm^2$ 取用。

2. 结构构造:

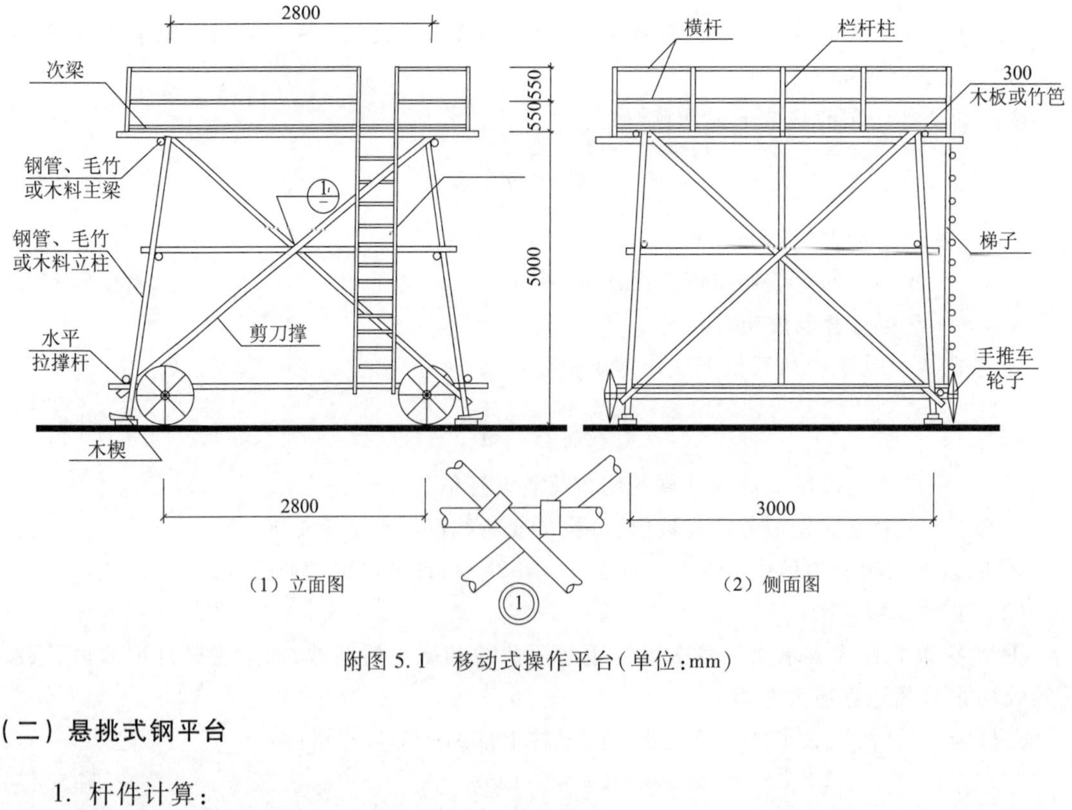

附图 5.1　移动式操作平台(单位:mm)

(二) 悬挑式钢平台

1. 杆件计算:

悬挑式钢平台可以槽钢作次梁与主梁,上铺厚度不小于 50 mm 的木板,并以螺栓与槽钢相固定。杆件计算可按下列步骤进行。荷载设计值与强度设计值的取用同本附录(一)。钢丝绳的取用应按现行的《结构安装工程施工操作规程》YSJ 404—89 的规定执行。

(1) 次梁计算:

① 恒荷载(永久荷载)中的自重,采用[10 cm 槽钢时以 100 /N/m 计,铺板以 400 N/m^2 计;施工活荷载(可变荷载)以 1500N/m^2 计。按次梁承受均布荷载考虑,依公式(附 5-1)计算弯矩。当次梁带悬臂时,依下式计算弯矩:

$$M=\frac{1}{8}ql^2(1-\lambda^2)^2 \qquad (附5-6)$$

式中 λ——悬臂比值,$\lambda=\frac{m}{l}$;

m——悬臂长度(m);

l——次梁两端搁支点间的长度(m)。

② 以上项弯矩值按公式(附 2—2)计算次梁弯曲强度。

(2) 主梁计算:

① 按外侧主梁以钢丝绳吊点作支承点计算。为安全计,按里侧第二道钢丝绳不起作用,里侧槽钢亦不起作用计算。将次梁传递的恒荷载和施工活荷载,加上主梁自重的恒荷载,按公式(附 5-1)计算外侧主梁弯矩值。主梁采用[20 cm 槽钢时,自重以 260 N/m 计。当次梁带悬臂时,先按公式(附 5-7)计算次梁所传递的荷载;再将此荷载化算为等效均布荷载设计值,加上主梁自重的荷载设计值,按公式(附 5-1)计算外侧主梁弯矩值:

$$R_{外}=\frac{1}{2}ql(1+\lambda)^2 \qquad (附5-7)$$

式中 $R_{外}$——次梁搁支于外侧主梁上的支座反力,即传递于主梁的荷载(N)。

② 将上项弯矩按公式(附 2—2)计算外侧主梁弯曲强度。

(3) 钢丝绳验算:

① 为安全计,钢平台每侧两道钢丝绳均以一道受力作验算。钢丝绳按下式计算其所受拉力:

$$T=\frac{ql}{2\sin\alpha} \qquad (附5-8)$$

式中 T——钢丝绳所受拉力(N);

q——主梁上的均布荷载标准值(N/m);

l——主梁计算长度(m);

α——钢线绳与平台面的夹角;当夹角为 45°时,$\sin\alpha=0.707$;为 60°时,$\sin\alpha=0.866$。

② 以钢丝绳拉力按下式验算钢丝绳的安全系数 K:

$$K=\frac{F}{T}\leqslant[K] \qquad (附5-9)$$

式中 F——钢丝绳的破断拉力,取钢丝绳的破断拉力总和乘以换算系数(N);

$[K]$——作吊索用钢丝绳的法定安全系数,定为 10。

2. 结构构造:

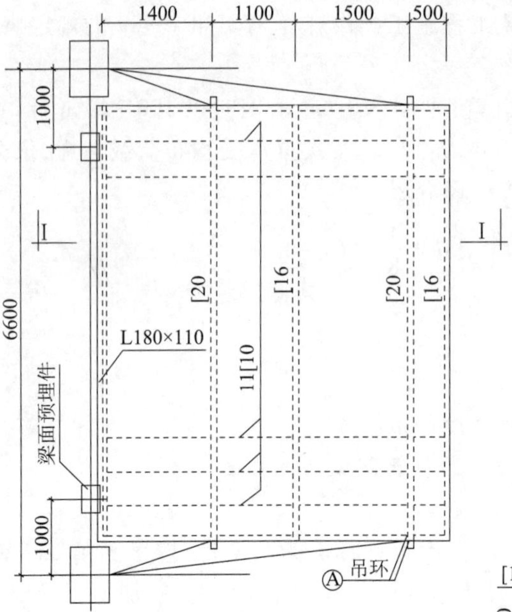

（1）平面图

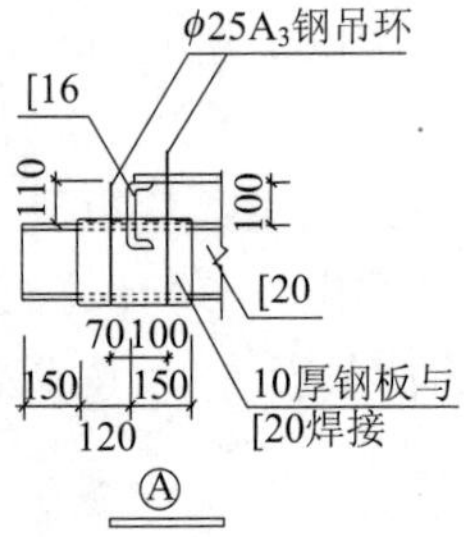

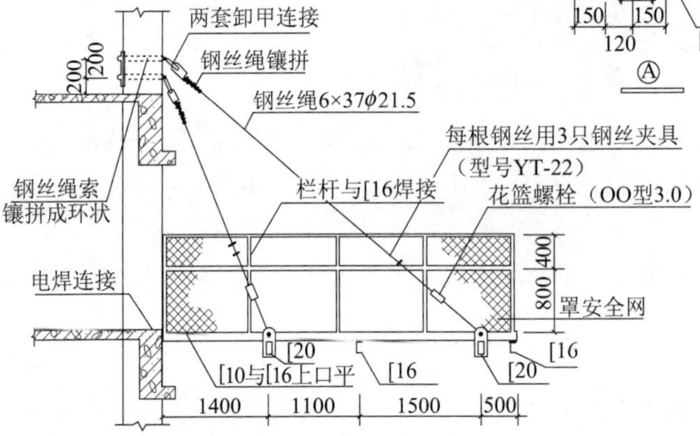

（2）Ⅰ-Ⅰ剖面图

附图 5.2　悬挑式钢平台(单位:mm)

附录六 交叉作业通道防护实例

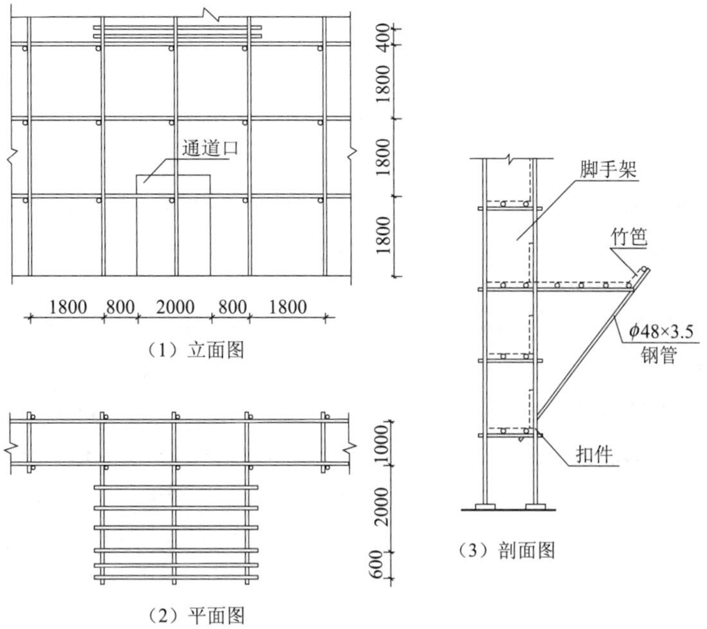

附图 6.1 交叉作业通道防护(单位:mm)

建筑工程冬期施工规程

目　次

3 建筑地基基础工程

3.1 一般规定

3.1.1 冬期施工的地基基础工程,除应有建筑场地的工程地质勘察资料外,尚应根据需要提出地基土的主要冻土性能指标。

3.1.2 建筑场地宜在冻结前清除地上和地下障碍物、地表积水,并应平整场地与道路。冬期应及时清除积雪,春融期应作好排水。

3.1.3 对建筑物、构筑物的施工控制坐标点、水准点及轴线定位点的埋设,应采取防止土壤冻胀、融沉变位和施工振动影响的措施,并应定期复测校正。

3.1.4 在冻土上进行桩基础和强夯施工时所产生的振动,对周围建筑物及各种设施有影响时,应采取隔振措施。

3.1.5 靠近建筑物、构筑物基础的地下基坑施工时,应采取防止相邻地基土遭冻的措施。

3.1.6 同一建筑物基槽(坑)开挖时应同时进行,基底不得留冻土层。基础施工中,应防止地基土被融化的雪水或冰水浸泡。

3.2 土方工程

3.2.1 冻土挖掘应根据冻土层的厚度和施工条件,采用机械、人工或爆破等方法进行,并应符合下列规定:

1 人工挖掘冻土可采用锤击铁楔子劈冻土的方法分层进行;铁楔子长度应根据冻土层厚度确定,且宜在 300 mm ~ 600 mm 之间取值;

2 机械挖掘冻土可根据冻土层厚度按表 3.2.1 选用设备;

表 3.2.1 机械挖掘冻土设备选择表

冻土厚度(mm)	挖掘设备	冻土厚度(mm)	挖掘设备
<500	铲运机、挖掘机	1 000 ~ 1 500	重锤或重球
500 ~ 1 000	松动机、挖掘机		

3 爆破法挖掘冻土应选择具有专业爆破资质的队伍,爆破施工应按国家有关规定进行。

3.2.2 在挖方上边弃置冻土时,其弃土堆坡脚至挖方边缘的距离应为常温下规定的距离加上弃土堆的高度。

3.2.3 挖掘完毕的基槽(坑)应采取防止基底部受冻的措施,因故未能及时进行下道工序施工时,应在基槽(坑)底标高以上预留土层,并应覆盖保温材料。

3.2.4 土方回填时,每层铺土厚度应比常温施工时减少 20% ~25%,预留沉陷量应比常温施工时增加。

对于大面积回填土和有路面的路基及其人行道范围内的平整场地填方,可采用含有冻土块的土回填,但冻土块的粒径不得大于 150 mm,其含量不得超过 30%。铺填时冻土块应分散开,并应逐层夯实。

3.2.5 冬期施工应在填方前清除基底上的冰雪和保温材料,填方上层部位应采用未冻的或透水性好的土方回填,其厚度应符合设计要求。填方边坡的表层 1 m 以内,不得采用含有冻土块的土填筑。

3.2.6 室外的基槽(坑)或管沟可采用含有冻土块的土回填,冻土块粒径不得大于 150 mm,含量不得超过 15%,且应均匀分布。管沟底以上 500 mm 范围内不得用含有冻土块的土回填。

3.2.7 室内的基槽(坑)或管沟不得采用含有冻土块的土回填,施工应连续进行并应夯实。当采用人工夯实时,每层铺土厚度不得超过 200 mm,夯实厚度宜为 100 mm ~ 150 mm。

3.2.8 冻结期间暂不使用的管道及其场地回填时,冻土块的含量和粒径可不受限制,但融化后应作适当处理。

3.2.9 室内地面垫层下回填的土方,填料中不得含有冻土块,并应及时夯实。填方完成后至地面施工前,应采取防冻措施。

3.2.10 永久性的挖、填方和排水沟的边坡加固修整,宜在解冻后进行。

3.3 地基处理

3.3.1 强夯施工技术参数应根据加固要求与地质条件在场地内经试夯确定,试夯应按现行行业标准《建筑地基处理技术规范》JGJ 79 的规定进行。

3.3.2 强夯施工时,不应将冻结基土或回填的冻土块夯入地基的持力层,回填土的质量应符合本规程第 3.2 节的有关规定。

3.3.3 黏性土或粉土地基的强夯,宜在被夯土层表面铺设粗颗粒材料,并应及时清除粘结于锤底的土料。

3.3.4 强夯加固后的地基越冬维护,应按本规程第 11 章的有关规定进行。

3.4 桩 基 础

3.4.1 冻土地基可采用干作业钻孔桩、挖孔灌注桩等或沉管灌注桩、预制桩等施工。

3.4.2 桩基施工时,当冻土层厚度超过 500 mm,冻土层宜采用钻孔机引孔,引孔直径不宜大于桩径 20 mm。

3.4.3 钻孔机的钻头宜选用锥形钻头并镶焊合金刀片。钻进冻土时应加大钻杆对土层的压力,并应防止摆动和偏位。钻成的桩孔应及时覆盖保护。

3.4.4 振动沉管成孔时,应制定保证相邻桩身混凝土质量的施工顺序。拔管时,应及时清除管壁上的水泥浆和泥土。当成孔施工有间歇时,宜将桩管埋入桩孔中进行保温。

3.4.5 灌注桩的混凝土施工应符合下列规定:

1 混凝土材料的加热、搅拌、运输、浇筑应按本规程第 6 章的有关规定进行;混凝土浇筑温度应根据热工计算确定,且不得低于 5 ℃;

2 地基土冻深范围内的和露出地面的桩身混凝土养护,应按本规程第 6 章有关规定进行;

3 在冻胀性地基土上施工时,应采取防止或减小桩身与冻土之间产生切向冻胀力的防护措施。

3.4.6 预制桩施工应符合下列规定:

1 施工前,桩表面应保持干燥与清洁;

2 起吊前,钢丝绳索与桩机的夹具应采取防滑措施;

3 沉桩施工应连续进行,施工完成后应采用保温材料覆盖于桩头上进行保温;

4 接桩可采用焊接或机械连接,焊接和防腐要求应符合本规程第 9 章的有关规定;

5 起吊、运输与堆放应符合本规程第 10 章的有关规定。

3.4.7 桩基静荷载试验前，应将试桩周围的冻土融化或挖除。试验期间，应对试桩周围地表土和锚桩横梁支座进行保温。

3.5 基坑支护

3.5.1 基坑支护冬期施工宜选用排桩和土钉墙的方法。

3.5.2 采用液压高频锤法施工的型钢或钢管排桩基坑支护工程，除应考虑对周边建筑物、构筑物和地下管道的振动影响外，尚应符合下列规定：

1 当在冻土上施工时，应采用钻机在冻土层内引孔，引孔的直径应大于型钢或钢管的最大边缘尺寸；

2 型钢或钢管的焊接应按本规程第9章的有关规定进行。

3.5.3 钢筋混凝土灌注桩的排桩施工应符合本规程第3.4.2条和第3.4.5条的规定，并应符合下列规定：

1 基坑土方开挖应待桩身混凝土达到设计强度时方可进行；

2 基坑土方开挖时，排桩上部自由端外侧的基土应进行保温；

3 排桩上部的冠梁钢筋混凝土施工应按本规程第6章的有关规定进行；

4 桩身混凝土施工可选用掺防冻剂混凝土进行。

3.5.4 锚杆施工应符合下列规定：

1 锚杆注浆的水泥浆配制宜掺入适量的防冻剂；

2 锚杆体钢筋端头与锚板的焊接应符合本规程第9章的相关规定；

3 预应力锚杆张拉应待锚杆水泥浆体达到设计强度后方可进行。

3.5.5 土钉施工应符合本规程第3.5.4条的规定。严寒地区土钉墙混凝土面板施工应符合下列规定：

1 面板下宜铺设60 mm～100 mm厚聚苯乙烯泡沫板；

2 浇筑后的混凝土应按本规程第6章的相关规定立即进行保温养护。

4 砌体工程

4.1 一般规定

4.1.1 冬期施工所用材料应符合下列规定：

1 砖、砌块在砌筑前，应清除表面污物、冰雪等，不得使用遭水浸和受冻后表面结冰、污染的砖或砌块；

2 砌筑砂浆宜采用普通硅酸盐水泥配制，不得使用无水泥拌制的砂浆；

3 现场拌制砂浆所用砂中不得含有直径大于10 mm的冻结块或冰块；

4 石灰膏、电石渣膏等材料应有保温措施，遭冻结时应经融化后方可使用；

5 砂浆拌合水温不宜超过80 ℃，砂加热温度不宜超过40 ℃，且水泥不得与80 ℃以上热水直接接触；砂浆稠度宜较常温适当增大，且不得二次加水调整砂浆和易性。

4.1.2 砌筑间歇期间，宜及时在砌体表面进行保护性覆盖，砌体面层不得留有砂浆。继续砌筑前，应将砌体表面清理干净。

4.1.3 砌体工程宜选用外加剂法进行施工，对绝缘、装饰等有特殊要求的工程，应采用其他方法。

4.1.4 施工日记中应记录大气温度、暖棚内温度、砌筑时砂浆温度、外加剂掺量等有关资料。

4.1.5 砂浆试块的留置,除应按常温规定要求外,尚应增设一组与砌体同条件养护的试块,用于检验转入常温 28 d 的强度。如有特殊需要,可另外增加相应龄期的同条件试块。

4.2 外加剂法

4.2.1 采用外加剂法配制砂浆时,可采用氯盐或亚硝酸盐等外加剂。氯盐应以氯化钠为主,当气温低于 -15 ℃时,可与氯化钙复合使用。氯盐掺量可按表 4.2.1 选用。

表 4.2.1 氯盐外加剂掺量

氯盐及砌体材料种类			日最低气温(℃)			
			≥-10	-11 ~ -15	-16 ~ -20	-21 ~ -25
单掺氯化钠(%)		砖、砌块	3	5	7	—
		石材	4	7	10	—
复掺(%)	氯化钠	砖、砌块	—	—	5	7
	氯化钙		—	—	2	3

注:氯盐以无水盐计,掺量为占拌合水质量百分比。

4.2.2 砌筑施工时,砂浆温度不应低于 5 ℃。

4.2.3 当设计无要求,且最低气温等于或低于 -15 ℃时,砌体砂浆强度等级应较常温施工提高一级。

4.2.4 氯盐砂浆中复掺引气型外加剂时,应在氯盐砂浆搅拌的后期掺入。

4.2.5 采用氯盐砂浆时,应对砌体中配置的钢筋及钢预埋件进行防腐处理。

4.2.6 砌体采用氯盐砂浆施工,每日砌筑高度不宜超过 1.2 m,墙体留置的洞口,距交接墙处不应小于 500 mm。

4.2.7 下列情况不得采用掺氯盐的砂浆砌筑砌体:

1 对装饰工程有特殊要求的建筑物;

2 使用环境湿度大于 80% 的建筑物;

3 配筋、钢埋件无可靠防腐处理措施的砌体;

4 接近高压电线的建筑物(如变电所、发电站等);

5 经常处于地下水位变化范围内,以及在地下未设防水层的结构。

4.3 暖 棚 法

4.3.1 暖棚法适用于地下工程、基础工程以及工期紧迫的砌体结构。

4.3.2 暖棚法施工时,暖棚内的最低温度不应低于 5 ℃。

4.3.3 砌体在暖棚内的养护时间应根据暖棚内的温度确定,并应符合表 4.3.3 的规定。

表 4.3.3 暖棚法施工时的砌体养护时间

暖棚内温度(℃)	5	10	15	20
养护时间(d)	≥6	≥5	≥4	≥3

5 钢筋工程

5.1 一般规定

5.1.1 钢筋调直冷拉温度不宜低于 -20 ℃。预应力钢筋张拉温度不宜低于 -15 ℃。

5.1.2 钢筋负温焊接，可采用闪光对焊、电弧焊、电渣压力焊等方法。当采用细晶粒热轧钢筋时，其焊接工艺应经试验确定。当环境温度低于 -20 ℃时，不宜进行施焊。

5.1.3 负温条件下使用的钢筋，施工过程中应加强管理和检验，钢筋在运输和加工过程中应防止撞击和刻痕。

5.1.4 钢筋张拉与冷拉设备、仪表和液压工作系统油液应根据环境温度选用，并应在使用温度条件下进行配套校验。

5.1.5 当环境温度低于 -20 ℃时，不得对 HRB335、HRB400 钢筋进行冷弯加工。

5.2 钢筋负温焊接

5.2.1 雪天或施焊现场风速超过三级风焊接时，应采取遮蔽措施，焊接后未冷却的接头应避免碰到冰雪。

5.2.2 热轧钢筋负温闪光对焊，宜采用预热——闪光焊或闪光——预热——闪光焊工艺。钢筋端面比较平整时，宜采用预热——闪光焊；端面不平整时，宜采用闪光——预热——闪光焊。

5.2.3 钢筋负温闪光对焊工艺应控制热影响区长度。焊接参数应根据当地气温按常温参数调整。

采用较低变压器级数，宜增加调整长度、预热留量、预热次数、预热间歇时间和预热接触压力，并宜减慢烧化过程的中期速度。

5.2.4 钢筋负温电弧焊宜采取分层控温施焊。热轧钢筋焊接的层间温度宜控制在 150 ℃ ~350 ℃之间。

5.2.5 钢筋负温电弧焊可根据钢筋牌号、直径、接头形式和焊接位置选择焊条和焊接电流。焊接时应采取防止产生过热、烧伤、咬肉和裂缝等措施。

5.2.6 钢筋负温帮条焊或搭接焊的焊接工艺应符合下列规定：

1 帮条与主筋之间应采用四点定位焊固定，搭接焊时应采用两点固定；定位焊缝与帮条或搭接端部的距离不应小于 20 mm；

2 帮条焊的引弧应在帮条钢筋的一端开始，收弧应在帮条钢筋端头上，弧坑应填满；

3 焊接时，第一层焊缝应具有足够的熔深，主焊缝或定位焊缝应熔合良好；平焊时，第一层焊缝应先从中间引弧，再向两端运弧；立焊时，应先从中间向上方运弧，再从下端向中间运弧；在以后各层焊缝焊接时，应采用分层控温施焊；

4 帮条接头或搭接接头的焊缝厚度不应小于钢筋直径的 30%，焊缝宽度不应小于钢筋直径的 70%。

5.2.7 钢筋负温坡口焊的工艺应符合下列规定：

1 焊缝根部、坡口端面以及钢筋与钢垫板之间均应熔合，焊接过程中应经常除渣；

2 焊接时，宜采用几个接头轮流施焊；

3 加强焊缝的宽度应超出 V 形坡口边缘 3 mm，高度应超出 V 形坡口上下边缘 3 mm，并应平缓过渡至钢筋表面；

4　加强焊缝的焊接，应分两层控温施焊。

5.2.8　HRB335 和 HRB400 钢筋多层施焊时，焊后可采用回火焊道施焊，其回火焊道的长度应比前一层焊道的两端缩短 4 mm ~ 6 mm。

5.2.9　钢筋负温电渣压力焊应符合下列规定：

1　电渣压力焊宜用于 HRB335、HRB400 热轧带肋钢筋；

2　电渣压力焊机容量应根据所焊钢筋直径选定；

3　焊剂应存放于干燥库房内，在使用前经 250 ℃ ~ 300 ℃烘焙 2h 以上；

4　焊接前，应进行现场负温条件下的焊接工艺试验，经检验满足要求后方可正式作业；

5　电渣压力焊焊接参数可按表 5.2.9 进行选用；

表 5.2.9　钢筋负温电渣压力焊焊接参数

<table>
<tr><th rowspan="2">钢筋直径
(mm)</th><th rowspan="2">焊接温度
(℃)</th><th rowspan="2">焊接电流
(A)</th><th colspan="2">焊接电压(V)</th><th colspan="2">焊接通电时间(s)</th></tr>
<tr><th>电弧过程</th><th>电渣过程</th><th>电弧过程</th><th>电渣过程</th></tr>
<tr><td>14 ~ 18</td><td>-10
-20</td><td>300 ~ 350
350 ~ 400</td><td rowspan="4">35 ~ 45</td><td rowspan="4">18 ~ 22</td><td>20 ~ 25</td><td>6 ~ 8</td></tr>
<tr><td>20</td><td>-10
-20</td><td>350 ~ 400
400 ~ 450</td><td rowspan="3">25 ~ 30</td><td rowspan="3">8 ~ 10</td></tr>
<tr><td>22</td><td>-10
-20</td><td>400 ~ 450
500 ~ 550</td></tr>
<tr><td>25</td><td>-10
-20</td><td>450 ~ 500
550 ~ 600</td></tr>
</table>

注：本表系采用常用 HJ431 焊剂和半自动焊机参数。

6　焊接完毕，应停歇 20 s 以上方可卸下夹具回收焊剂，回收的焊剂内不得混入冰雪，接头渣壳应待冷却后清理。

6　混凝土工程

6.1　一般规定

6.1.1　冬期浇筑的混凝土，其受冻临界强度应符合下列规定：

1　采用蓄热法、暖棚法、加热法等施工的普通混凝土，采用硅酸盐水泥、普通硅酸盐水泥配制时，其受冻临界强度不应小于设计混凝土强度等级值的 30%；采用矿渣硅酸盐水泥、粉煤灰硅酸盐水泥、火山灰质硅酸盐水泥、复合硅酸盐水泥时，不应小于设计混凝土强度等级值的 40%；

2　当室外最低气温不低于 -15 ℃时，采用综合蓄热法、负温养护法施工的混凝土受冻临界强度不应小于 4.0 MPa；当室外最低气温不低于 -30 ℃时，采用负温养护法施工的混凝土受冻临界强度不应小于 5.0 MPa；

3　对强度等级等于或高于 C50 的混凝土，不宜小于设计混凝土强度等级值的 30%；

4　对有抗渗要求的混凝土，不宜小于设计混凝土强度等级值的 50%；

5　对有抗冻耐久性要求的混凝土，不宜小于设计混凝土强度等级值的 70%；

6　当采用暖棚法施工的混凝土中掺入早强剂时，可按综合蓄热法受冻临界强度取值；

7　当施工需要提高混凝土强度等级时，应按提高后的强度等级确定受冻临界强度。

6.1.2　混凝土工程冬期施工应按本规程附录 A 进行混凝土热工计算。

6.1.3　混凝土的配制宜选用硅酸盐水泥或普通硅酸盐水泥,并应符合下列规定:

1　当采用蒸汽养护时,宜选用矿渣硅酸盐水泥;

2　混凝土最小水泥用量不宜低于 280 kg/ m^3,水胶比不应大于 0.55;

3　大体积混凝土的最小水泥用量,可根据实际情况决定;

4　强度等级不大于 C15 的混凝土,其水胶比和最小水泥用量可不受以上限制。

6.1.4　拌制混凝土所用骨料应清洁,不得含有冰、雪、冻块及其他易冻裂物质。掺加含有钾、钠离子的防冻剂混凝土,不得采用活性骨料或在骨料中混有此类物质的材料。

6.1.5　冬期施工混凝土选用外加剂应符合现行国家标准《混凝土外加剂应用技术规范》GB 50119的相关规定。非加热养护法混凝土施工,所选用的外加剂应含有引气组分或掺入引气剂,含气量宜控制在 3.0% ~5.0% 。

6.1.6　钢筋混凝土掺用氯盐类防冻剂时,氯盐掺量不得大于水泥质量的 1.0% 。掺用氯盐的混凝土应振捣密实,且不宜采用蒸汽养护。

6.1.7　在下列情况下,不得在钢筋混凝土结构中掺用氯盐:

1　排出大量蒸汽的车间、浴池、游泳馆、洗衣房和经常处于空气相对湿度大于 80% 的房间以及有顶盖的钢筋混凝土蓄水池等在高湿度空气环境中使用的结构;

2　处于水位升降部位的结构;

3　露天结构或经常受雨、水淋的结构;

4　有镀锌钢材或铝铁相接触部位的结构,和有外露钢筋、预埋件而无防护措施的结构;

5　与含有酸、碱或硫酸盐等侵蚀介质相接触的结构;

6　使用过程中经常处于环境温度为 60 ℃以上的结构;

7　使用冷拉钢筋或冷拔低碳钢丝的结构;

8　薄壁结构,中级和重级工作制吊车梁、屋架、落锤或锻锤基础结构;

9　电解车间和直接靠近直流电源的结构;

10　直接靠近高压电源(发电站、变电所)的结构;

11　预应力混凝土结构。

6.1.8　模板外和混凝土表面覆盖的保温层,不应采用潮湿状态的材料,也不应将保温材料直接铺盖在潮湿的混凝土表面,新浇混凝土表面应铺一层塑料薄膜。

6.1.9　采用加热养护的整体结构,浇筑程序和施工缝位置的设置,应采取能防止产生较大温度应力的措施。当加热温度超过 45 ℃时,应进行温度应力核算。

6.1.10　型钢混凝土组合结构,浇筑混凝土前应对型钢进行预热,预热温度宜大于混凝土入模温度,预热方法可按本规程第 6.5 节相关规定进行。

6.2　混凝土原材料加热、搅拌、运输和浇筑

6.2.1　混凝土原材料加热宜采用加热水的方法。当加热水仍不能满足要求时,可对骨料进行加热。水、骨料加热的最高温度应符合表 6.2.1 的规定。

当水和骨料的温度仍不能满足热工计算要求时,可提高水温到 100 ℃,但水泥不得与 80 ℃以上的水直接接触。

表 6.2.1　拌合水及骨料加热最高温度

水泥强度等级	拌合水(℃)	骨料(℃)
小于 42.5	80	60
42.5、42.5R 及以上	60	40

6.2.2　水加热宜采用蒸汽加热、电加热、汽水热交换罐或其他加热方法。水箱或水池容积及水温应能满足连续施工的要求。

6.2.3　砂加热应在开盘前进行,加热应均匀。当采用保温加热料斗时,宜配备两个,交替加热使用。每个料斗容积可根据机械可装高度和侧壁厚度等要求进行设计,每一个斗的容量不宜小于 3.5 m^3。

预拌混凝土用砂,应提前备足料,运至有加热设施的保温封闭储料棚(室)或仓内备用。

6.2.4　水泥不得直接加热,袋装水泥使用前宜运入暖棚内存放。

6.2.5　混凝土搅拌的最短时间应符合表 6.2.5 的规定。

表 6.2.5　混凝土搅拌的最短时间

混凝土坍落度(mm)	搅拌机容积(L)	混凝土搅拌最短时间(s)
≤80	<250	90
	250~500	135
	>500	180
>80	<250	90
	250~500	90
	>500	135

注:采用自落式搅拌机时,应较上表搅拌时间延长 30 s~60 s;采用预拌混凝土时,应较常温下预拌混凝土搅拌时间延长 15 s~30 s。

6.2.6　混凝土在运输、浇筑过程中的温度和覆盖的保温材料,应按本规程附录 A 进行热工计算后确定,且入模温度不应低于 5 ℃。当不符合要求时,应采取措施进行调整。

6.2.7　混凝土运输与输送机具应进行保温或具有加热装置。泵送混凝土在浇筑前应对泵管进行保温,并应采用与施工混凝土同配比砂浆进行预热。

6.2.8　混凝土浇筑前,应清除模板和钢筋上的冰雪和污垢。

6.2.9　冬期不得在强冻胀性地基土上浇筑混凝土;在弱冻胀性地基土上浇筑混凝土时,基土不得受冻。在非冻胀性地基土上浇筑混凝土时,混凝土受冻临界强度应符合本规程第 6.1.1 条规定。

6.2.10　大体积混凝土分层浇筑时,已浇筑层的混凝土在未被上一层混凝土覆盖前,温度不应低于 2 ℃。采用加热法养护混凝土时,养护前的混凝土温度也不得低于 2 ℃。

6.3　混凝土蓄热法和综合蓄热法养护

6.3.1　当室外最低温度不低于 −15 ℃时,地面以下的工程,或表面系数不大于 5 m^{-1}的结构,宜采用蓄热法养护。对结构易受冻的部位,应加强保温措施。

6.3.2　当室外最低气温不低于 −1 5 ℃时,对于表面系数为 5 m^{-1} ~15 m^{-1}的结构,宜采用综合蓄热法养护,围护层散热系数宜控制在 50kJ/(m^3 · h · K) ~200kJ/(m^3 · h · K)之间。

6.3.3 综合蓄热法施工的混凝土中应掺入早强剂或早强型复合外加剂，并应具有减水、引气作用。

6.3.4 混凝土浇筑后应采用塑料布等防水材料对裸露表面覆盖并保温。对边、棱角部位的保温层厚度应增大到面部位的2倍~3倍。混凝土在养护期间应防风、防失水。

6.4 混凝土蒸汽养护法

6.4.1 混凝土蒸汽养护法可采用棚罩法、蒸汽套法、热模法、内部通汽法等方式进行，其适用范围应符合下列规定：

1 棚罩法适用于预制梁、板、地下基础、沟道等；

2 蒸汽套法适用于现浇梁、板、框架结构，墙、柱等；

3 热模法适用于墙、柱及框架架构；

4 内部通汽法适用于预制梁、柱、桁架，现浇梁、柱、框架单梁。

6.4.2 蒸汽养护法应采用低压饱和蒸汽，当工地有高压蒸汽时，应通过减压阀或过水装置后方可使用。

6.4.3 蒸汽养护的混凝土，采用普通硅酸盐水泥时最高养护温度不得超过80 ℃，采用矿渣硅酸盐水泥时可提高到85 ℃。但采用内部通汽法时，最高加热温度不应超过60 ℃。

6.4.4 整体浇筑的结构，采用蒸汽加热养护时，升温和降温速度不得超过表6.4.4规定。

表6.4.4 蒸汽加热养护混凝土升温和降温速度

结构表面系数(m^{-1})	升温速度(℃/h)	降温速度(℃/h)
≥6	15	10
<6	10	5

6.4.5 蒸汽养护应包括升温—恒温—降温三个阶段，各阶段加热延续时间可根据养护结束时要求的强度确定。

6.4.6 采用蒸汽养护的混凝土，可掺入早强剂或非引气型减水剂。

6.4.7 蒸汽加热养护混凝土时，应排除冷凝水，并应防止渗入地基土中。当有蒸汽喷出口时，喷嘴与混凝土外露面的距离不得小于300 mm。

6.5 电加热法养护混凝土

6.5.1 电加热法养护混凝土的温度应符合表6.5.1的规定。

表6.5.1 电加热法养护混凝土的温度(℃)

水泥强度等级	结构表面系数(m^{-1})		
	<10	10~15	>15
32.5	70	50	45
42.5	40	40	35

注：采用红外线辐射加热时，其辐射表面温度可采用70 ℃~90 ℃。

6.5.2 电极加热法养护混凝土的适用范围宜符合表6.5.2的规定。

表 6.5.2 电极加热法养护混凝土的适用范围

分类		常用电极规格	设置方法	适用范围
内部电极	棒形电极	ϕ6 ~ ϕ12 的钢筋短棒	混凝土浇筑后，将电极穿过模板或在混凝土表面插入混凝土体内	梁、柱、厚度大于 150 mm 的板、墙及设备基础
	弦形电极	ϕ6 ~ ϕ12 的钢筋，长为 2.0 m ~ 2.5 m	在浇筑混凝土前将电极装入，与结构纵向平行。电极两端弯成直角，由模板孔引出	含筋较少的墙、柱、梁、大型柱基础以及厚度大于 200 mm 单侧配筋的板
表面电极		ϕ6 钢筋或厚 1 mm ~ 2 mm、宽 30 mm ~ 60 mm的扁钢	电极固定在模板内侧，或装在混凝土的外表面	条形基础、墙及保护层大于 50 mm 的大体积结构和地面等

6.5.3 混凝土采用电极加热法养护应符合下列规定：

1 电路接好应经检查合格后方可合闸送电。当结构工程量较大，需边浇筑边通电时，应将钢筋接地线。电加热现场应设安全围栏。

2 棒形和弦形电极应固定牢固，并不得与钢筋直接接触。电极与钢筋之间的距离应符合表 6.5.3 的规定；当因钢筋密度大而不能保证钢筋与电极之间的距离满足表 6.5.3 的规定时，应采取绝缘措施。

表 6.5.3 电极与钢筋之间的距离

工作电压(V)	最小距离(mm)	工作电压(V)	最小距离(mm)
65.0	50 ~ 70	106.0	120 ~ 150
87.0	80 ~ 100		

3 电极加热法应采用交流电。电极的形式、尺寸、数量及配置应能保证混凝土各部位加热均匀，且应加热到设计的混凝土强度标准值的 50%。在电极附近的辐射半径方向每隔 10 mm距离的温度差不得超过 1 ℃。

4 电极加热应在混凝土浇筑后立即送电，送电前混凝土表面应保温覆盖。混凝土在加热养护过程中，洒水应在断电后进行。

6.5.4 混凝土采用电热毯法养护应符合下列规定：

1 电热毯宜由四层玻璃纤维布中间夹以电阻丝制成。其几何尺寸应根据混凝土表面或模板外侧与龙骨组成的区格大小确定。电热毯的电压宜为 60 V ~ 80 V，功率宜为 75 W ~ 100 W。

2 布置电热毯时，在模板周边的各区格应连续布毯，中间区格可间隔布毯，并应与对面模板错开。电热毯外侧应设置岩棉板等性质的耐热保温材料。

3 电热毯养护的通电持续时间应根据气温及养护温度确定，可采取分段、间断或连续通电养护工序。

6.5.5 混凝土采用工频涡流法养护应符合下列规定：

1 工频涡流法养护的涡流管应采用钢管，其直径宜为 12.5 mm，壁厚宜为 3 mm。钢管内穿铝芯绝缘导线，其截面宜为 25 mm^2 ~ 35 mm^2，技术参数宜符合表 6.5.5 的规定。

表 6.5.5 工频涡流管技术参数

项 目	取 值	项 目	取 值
饱和电压降值(V/ m)	1.05	钢管极限功率(W/ m)	195
饱和电流值(A)	200	涡流管间距(mm)	150 ~ 250

2 各种构件涡流模板的配置应通过热工计算确定，也可按下列规定配置：

1）柱：四面配置；

2）梁：当高宽比大于2.5时，侧模宜采用涡流模板，底模宜采用普通模板；当高宽比小于等于2.5时，侧模和底模皆宜采用涡流模板；

3）墙板：距墙板底部600 mm范围内，应在两侧对称拼装涡流板；600 mm以上部位，应在两侧采用涡流和普通钢模交错拼装，并应使涡流模板对应面为普通模板；

4）梁、柱节点：可将涡流钢管插入节点内，钢管总长度应根据混凝土量按6.0 kW/m^3功率计算；节点外围应保温养护。

3 当采用工频涡流法养护时，各阶段送电功率应使预养与恒温阶段功率相同，升温阶段功率应大于预养阶段功率的2.2倍。预养、恒温阶段的变压器一次接线为Y形，升温阶段接线应为△形。

6.5.6 线圈感应加热法养护宜用于梁、柱结构，以及各种装配式钢筋混凝土结构的接头混凝土的加热养护；亦可用于型钢混凝土组合结构的钢体、密筋结构的钢筋和模板预热，以及受冻混凝土结构构件的解冻。

6.5.7 混凝土采用线圈感应加热养护应符合下列规定：

1 变压器宜选择50 kVA或100 kVA低压加热变压器，电压宜在36 V～110 V间调整。当混凝土量较少时，也可采用交流电焊机。变压器的容量宜比计算结果增加20%～30%。

2 感应线圈宜选用截面面积为35 mm^2铝质或铜质电缆，加热主电缆的截面面积宜为150 mm^2。电流不宜超过400 A。

3 当缠绕感应线圈时，宜靠近钢模板。构件两端线圈导线的间距应比中间加密一倍，加密范围宜由端部开始向内至一个线圈直径的长度为止。端头应密缠5圈。

4 最高电压值宜为80 V，新电缆电压值可采用100 V，但应确保接头绝缘。养护期间电流不得中断，并应防止混凝土受冻。

5 通电后应采用钳形电流表和万能表随时检查测定电流，并应根据具体情况随时调整参数。

6.5.8 采用电热红外线加热器对混凝土进行辐射加热养护，宜用于薄壁钢筋混凝土结构和装配式钢筋混凝土结构接头处混凝土加热，加热温度应符合本规程第6.5.1条的规定。

6.6 暖棚法施工

6.6.1 暖棚法施工适用于地下结构工程和混凝土构件比较集中的工程。

6.6.2 暖棚法施工应符合下列规定：

1 应设专人监测混凝土及暖棚内温度，暖棚内各测点温度不得低于5 ℃。测温点应选择具有代表性位置进行布置，在离地面500 mm高度处应设点，每昼夜测温不应少于4次。

2 养护期间应监测暖棚内的相对湿度，混凝土不得有失水现象，否则应及时采取增湿措施或在混凝土表面洒水养护。

3 暖棚的出入口应设专人管理，并应采取防止棚内温度下降或引起风口处混凝土受冻的措施。

4 在混凝土养护期间应将烟或燃烧气体排至棚外，并应采取防止烟气中毒和防火的措施。

6.7　负温养护法

6.7.1　混凝土负温养护法适用于不易加热保温,且对强度增长要求不高的一般混凝土结构工程。

6.7.2　负温养护法施工的混凝土,应以浇筑后 5 d 内的预计日最低气温来选用防冻剂,起始养护温度不应低于 5 ℃。

6.7.3　混凝土浇筑后,裸露表面应采取保湿措施;同时,应根据需要采取必要的保温覆盖措施。

6.7.4　负温养护法施工应按本规程第 6.9.3 条规定加强测温;混凝土内部温度降到防冻剂规定温度之前,混凝土的抗压强度应符合本规程第 6.1.1 条的规定。

6.8　硫铝酸盐水泥混凝土负温施工

6.8.1　硫铝酸盐水泥混凝土可在不低于 -2 5 ℃环境下施工,适用于下列工程:

1　工业与民用建筑工程的钢筋混凝土梁、柱、板、墙的现浇结构;

2　多层装配式结构的接头以及小截面和薄壁结构混凝土工程;

3　抢修、抢建工程及有硫酸盐腐蚀环境的混凝土工程。

6.8.2　使用条件经常处于温度高于 80 ℃的结构部位或有耐火要求的结构工程,不宜采用硫铝酸盐水泥混凝土施工。

6.8.3　硫铝酸盐水泥混凝土冬期施工可选用 $NaNO_2$ 防冻剂或 $NaNO_2$ 与 Li_2CO_3 复合防冻剂,其掺量可按表 6.8.3 选用。

表 6.8.3　硫铝酸盐水泥用防冻剂掺量表

环境最低气温(℃)		≥ -5	-5 ~ -15	-15 ~ -25
单掺 $NaNO_2$(%)		0.50 ~ 1.00	1.00 ~ 3.00	3.00 ~ 4.00
复掺 $NaNO_2$ 与 Li_2CO_3(%)	$NaNO_2$	0.00 ~ 1.00	1.00 ~ 2.00	2.00 ~ 4.00
	Li_2CO_3	0.00 ~ 0.02	0.02 ~ 0.05	0.05 ~ 0.10

注:防冻剂掺量按水泥质量百分比计。

6.8.4　拼装接头或小截面构件、薄壁结构施工时,应适当提高合物温度,并应加强保温措施。

6.8.5　硫铝酸盐水泥可与硅酸盐类水泥混合使用,硅酸盐类水泥的掺用比例应小于 10% 。

6.8.6　硫铝酸盐水泥混凝土可采用热水拌合,水温不宜超过 50 ℃,拌合物温度宜为 5 ℃ ~ 15 ℃,坍落度应比普通混凝土增加 10 mm ~ 20 mm。水泥不得直接加热或直接与 30 ℃以上热水接触。

6.8.7　采用机械搅拌和运输车运输,卸料时应将搅拌筒及运输车内混凝土排空,并应根据混凝土凝结时间情况,及时清洗搅拌机和运输车。

6.8.8　混凝土应随拌随用,并应在拌制结束 30 min 内浇筑完毕,不得二次加水拌合使用。混凝土人模温度不得低于 2 ℃。

6.8.9　混凝土浇筑后,应立即在混凝土表面覆盖一层塑料薄膜防止失水,并应根据气温情况及时覆盖保温材料。

6.8.10　混凝土养护不宜采用电热法或蒸汽法。当混凝土结构体积较小时,可采用暖棚法养护,但养护温度不宜高于 30 ℃;当混凝土结构体积较大时,可采用蓄热法养护。

6.8.11 模板和保温层的拆除应符合本规程第 6.9.6 条规定。

6.9 混凝土质量控制及检查

6.9.1 混凝土冬期施工质量检查除应符合现行国家标准《混凝土结构工程施工质量验收规范》GB 50204 以及国家现行有关标准规定外，尚应符合下列规定：

1 应检查外加剂质量及掺量；外加剂进入施工现场后应进行抽样检验，合格后方准使用；

2 应根据施工方案确定的参数检查水、骨料、外加剂溶液和混凝土出机、浇筑、起始养护时的温度；

3 应检查混凝土从入模到拆除保温层或保温模板期间的温度；

4 采用预拌混凝土时，原材料、搅拌、运输过程中的温度检查及混凝土质量检查应由预拌混凝土生产企业进行，并应将记录资料提供给施工单位。

6.9.2 施工期间的测温项目与频次应符合表 6.9.2 规定。

表 6.9.2 施工期间的测温项目与频次

测温项目	频　次	测温项目	频　次
室外气温	测量最高、最低气温	水、水泥、矿物掺合料、砂、石及外加剂溶液温度	每一工作班不少于 4 次
环境温度	每昼夜不少于 4 次		
搅拌机棚温度	每一工作班不少于 4 次	混凝土出机、浇筑、入模温度	每一工作班不少于 4 次

6.9.3 混凝土养护期间的温度测量应符合下列规定：

1 采用蓄热法或综合蓄热法时，在达到受冻临界强度之前应每隔 4 h～6 h 测量一次；

2 采用负温养护法时，在达到受冻临界强度之前应每隔 2 h 测量一次；

3 采用加热法时，升温和降温阶段应每隔 1 h 测量一次，恒温阶段每隔 2 h 测量一次；

4 混凝土在达到受冻临界强度后，可停止测温；

5 大体积混凝土养护期间的温度测量尚应符合现行国家标准《大体积混凝土施工规范》GB 50496 的相关规定。

6.9.4 养护温度的测量方法应符合下列规定：

1 测温孔应编号，并应绘制测温孔布置图，现场应设置明显标识；

2 测温时，测温元件应采取措施与外界气温隔离；测温元件测量位置应处于结构表面下 20 mm 处，留置在测温孔内的时间不应少于 3 min；

3 采用非加热法养护时，测温孔应设置在易于散热的部位；采用加热法养护时，应分别设置在离热源不同的位置。

6.9.5 混凝土质量检查应符合下列规定：

1 应检查混凝土表面是否受冻、粘连、收缩裂缝，边角是否脱落，施工缝处有无受冻痕迹；

2 应检查同条件养护试块的养护条件是否与结构实体相一致；

3 按本规程附录 B 成熟度法推定混凝土强度时，应检查测温记录与计算公式要求是否相符；

4 采用电加热养护时，应检查供电变压器二次电压和二次电流强度，每一工作班不应少于两次。

6.9.6 模板和保温层在混凝土达到要求强度并冷却到 5 ℃后方可拆除。拆模时混凝土表面与环境温差大于 20 ℃时,混凝土表面应及时覆盖,缓慢冷却。

6.9.7 混凝土抗压强度试件的留置除应按现行国家标准《混凝土结构工程施工质量验收规范》GB 50204 规定进行外,尚应增设不少于 2 组同条件养护试件。

7 保温及屋面防水工程

7.1 一般规定

7.1.1 保温工程、屋面防水工程冬期施工应选择晴朗天气进行,不得在雨、雪天和五级风及其以上或基层潮湿、结冰、霜冻条件下进行。

7.1.2 保温及屋面工程应依据材料性能确定施工气温界限,最低施工环境气温宜符合表 7.1.2 的规定。

表 7.1.2 保温及屋面工程施工环境气温要求

防水与保温材料	施工环境气温
粘结保温板	有机胶粘剂不低于 -10 ℃;无机胶粘剂不低于 5 ℃
现喷硬泡聚氨酯	15 ℃ ~30 ℃
高聚物改性沥青防水卷材	热熔法不低于 -10 ℃
合成高分子防水卷材	冷粘法不低于 5 ℃;焊接法不低于 -10 ℃
高聚物改性沥青防水涂料	溶剂型不低于 5 ℃;热熔型不低于 -10 ℃
合成高分子防水涂料	溶剂型不低于 -5 ℃
防水混凝土、防水砂浆	符合本规程混凝土、砂浆相关规定
改性石油沥青密封材料	不低于 0 ℃
合成高分子密封材料	溶剂型不低于 0 ℃

7.1.3 保温与防水材料进场后,应存放于通风、干燥的暖棚内,并严禁接近火源和热源。棚内温度不宜低于 0 ℃,且不得低于本规程表 7.1.2 规定的温度。

7.1.4 屋面防水施工时,应先做好排水比较集中的部位,凡节点部位均应加铺一层附加层。

7.1.5 施工时,应合理安排隔气层、保温层、找平层、防水层的各项工序,连续操作,已完成部位应及时覆盖,防止受潮与受冻。穿过屋面防水层的管道、设备或预埋件,应在防水施工前安装完毕并做好防水处理。

7.2 外墙外保温工程施工

7.2.1 外墙外保温工程冬期施工宜采用 EPS 板薄抹灰外墙外保温系统、EPS 板现浇混凝土外墙外保温系统或 EPS 钢丝网架板现浇混凝土外墙外保温系统。

7.2.2 建筑外墙外保温工程冬期施工最低温度不应低于 -5 ℃。

7.2.3 外墙外保温工程施工期间以及完工后 24 h 内,基层及环境空气温度不应低于 5 ℃。

7.2.4 进场的 EPS 板胶粘剂、聚合物抹面胶浆应存放于暖棚内。液态材料不得受冻,粉状材料不得受潮,其他材料应符合本章有关规定。

7.2.5 EPS 板薄抹灰外墙外保温系统应符合下列规定:

1 应采用低温型 EPS 板胶粘剂和低温型聚合物抹面胶浆,并应按产品说明书要求进行使用;

2 低温型 EPS 板胶粘剂和低温型 EPS 板聚合物抹面胶浆的性能应符合表 7.2.5—1 和表 7.2.5—2 的规定；

表 7.2.5—1 低温型 EPS 板胶粘剂技术指标

试验项目		性能指标
拉伸粘结强度(MPa)(与水泥砂浆)	原强度	≥0.60
	耐 水	≥0.40
拉伸粘结强度(MPa)(与 EPS 板)	原强度	≥0.10,破坏界面在 EPS 板上
	耐 水	≥0.10,破坏界面在 EPS 板上

表 7.2.5—2 低温型 EPS 板聚合物抹面胶浆技术指标

试验项目		性能指标
拉伸粘结强度(MPa)(与 EPS 板)	原强度	≥0.10,破坏界面在 EPS 板上
	耐水	≥0.10,破坏界面在 EPS 板上
	耐冻融	≥0.10,破坏界面在 EPS 板上
柔韧性	抗压强度/抗折强度	≤3.00

注:低温型胶粘剂与聚合物抹面胶浆检验方法与常温一致,试件养护温度取施工环境温度。

3 胶粘剂和聚合物抹面胶浆拌合温度皆应高于 5 ℃,聚合物抹面胶浆拌合水温度不宜大于 80 ℃,且不宜低于 40 ℃；

4 拌合完毕的 EPS 板胶粘剂和聚合物抹面胶浆每隔 15 min 搅拌一次,1 h 内使用完毕；

5 施工前应按常温规定检查基层施工质量,并确保干燥、无结冰、霜冻；

6 EPS 板粘贴应保证有效粘贴面积大于 50%；

7 EPS 板粘贴完毕后,应养护至表 7.2.5—1、表 7.2.5—2 规定强度后方可进行面层薄抹灰施工。

7.2.6 EPS 板现浇混凝土外墙外保温系统和 EPS 钢丝网架板现浇混凝土外墙外保温系统冬期施工应符合下列规定：

1 施工前应经过试验确定负温混凝土配合比,选择合适的混凝土防冻剂；

2 EPS 板内外表面应预先在暖棚内喷刷界面砂浆；

3 EPS 板现浇混凝土外墙外保温系统和 EPS 钢丝网架板现浇混凝土外墙外保温系统的外抹面层施工应符合本规程第 8 章的有关规定,抹面抗裂砂浆中可掺入非氯盐类砂浆防冻剂；

4 抹面层厚度应均匀,钢丝网应完全包覆于抹面层中；分层抹灰时,底层灰不得受冻,抹灰砂浆在硬化初期应采取保温措施。

7.2.7 其他施工技术要求应符合现行行业标准《外墙外保温工程技术规程》JGJ 144 的相关规定。

7.3 屋面保温工程施工

7.3.1 屋面保温材料应符合设计要求,且不得含有冰雪、冻块和杂质。

7.3.2 干铺的保温层可在负温下施工；采用沥青胶结的保温层应在气温不低于 -10 ℃时施工；采用水泥、石灰或其他胶结料胶结的保温层应在气温不低于 5 ℃时施工。当气温低于上述要求时,应采取保温、防冻措施。

7.3.3 采用水泥砂浆粘贴板状保温材料以及处理板间缝隙,可采用掺有防冻剂的保温砂浆。

防冻剂掺量应通过试验确定。

7.3.4　干铺的板状保温材料在负温施工时，板材应在基层表面铺平垫稳，分层铺设。板块上下层缝应相互错开，缝间隙应采用同类材料的碎屑填嵌密实。

7.3.5　倒置式屋面所选用材料应符合设计及本规程相关规定；施工前应检查防水层平整度及有无结冰、霜冻或积水现象，满足要求后方可施工。

7.4　屋面防水工程施工

7.4.1　屋面找平层施工应符合下列规定：

1　找平层应牢固坚实、表面无凹凸、起砂、起鼓现象。如有积雪、残留冰霜、杂物等应清扫干净，并应保持干燥。

2　找平层与女儿墙、立墙、天窗壁、变形缝、烟囱等突出屋面结构的连接处，以及找平层的转角处、水落口、檐口、天沟、檐沟、屋脊等均应做成圆弧。采用沥青防水卷材的圆弧，半径宜为 100 mm～150 mm；采用高聚物改性沥青防水卷材，圆弧半径宜为 50 mm；采用合成高分子防水卷材，圆弧半径宜为 20 mm。

7.4.2　采用水泥砂浆或细石混凝土找平层时，应符合下列规定：

1　应依据气温和养护温度要求掺入防冻剂，且掺量应通过试验确定。

2　采用氯化钠作为防冻剂时，宜选用普通硅酸盐水泥或矿渣硅酸盐水泥，不得使用高铝水泥。施工温度不应低于 −7 ℃。氯化钠掺量可按表 7.4.2 采用。

表 7.4.2　氯化钠掺量

施工时室外气温（℃）		0～−2	−3～−5	−6～−7
氯化钠掺量（占水泥质量百分比，%）	用于平面部位	2	4	6
	用于檐口、天沟等部位	3	5	7

7.4.3　找平层宜留设分格缝，缝宽宜为 20 mm，并应填充密封材料。当分格缝兼作排汽屋面的排汽道时，可适当加宽，并应与保温层连通。找平层表面宜平整，平整度不应超过 5 mm，且不得有酥松、起砂、起皮现象。

7.4.4　高聚物改性沥青防水卷材、合成高分子防水卷材、高聚物改性沥青防水涂料、合成高分子防水涂料等防水材料的物理性能应符合现行国家标准《屋面工程质量验收规范》GB 50207 的相关规定。

7.4.5　热熔法施工宜使用高聚物改性沥青防水卷材，并应符合列规定：

1　基层处理剂宜使用挥发快的溶剂，涂刷后应干燥 10 h 以上，并应及时铺贴。

2　水落口、管根、烟囱等容易发生渗漏部位的周围 200 mm 范围内，应涂刷一遍聚氨酯等溶剂型涂料。

3　热熔铺贴防水层应采用满粘法。当坡度小于 3% 时，卷材与屋脊应平行铺贴；坡度大于 15% 时卷材与屋脊应垂直铺贴；坡度为 3%～15% 时，可平行或垂直屋脊铺贴。铺贴时应采用喷灯或热喷枪均匀加热基层和卷材，喷灯或热喷枪距卷材的距离宜为 0.5 m，不得过热或烧穿，应待卷材表面熔化后，缓缓地滚铺铺贴。

4　卷材搭接应符合设计规定。当设计无规定时，横向搭接宽度宜为 120 mm，纵向搭接宽度宜为 100 mm。搭接时应采用喷灯或热喷枪加热搭接部位，趁卷材熔化尚未冷却时，用铁抹子把接缝边抹好，再用喷灯或热喷枪均匀细致地密封。平面与立面相连接的卷材，应由上向下压缝铺贴,并应使卷材紧贴阴角,不得有空鼓现象。

5　卷材搭接缝的边缘以及末端收头部位应以密封材料嵌缝处理,必要时也可在经过密封处理的末端接头处再用掺防冻剂的水泥砂浆压缝处理。

7.4.6　热熔法铺贴卷材施工安全应符合下列规定:

1　易燃性材料及辅助材料库和现场严禁烟火,并应配备适当灭火器材;

2　溶剂型基层处理剂未充分挥发前不得使用喷灯或热喷枪操作;操作时应保持火焰与卷材的喷距,严防火灾发生;

3　在大坡度屋面或挑檐等危险部位施工时,施工人员应系好安全带,四周应设防护措施。

7.4.7　冷粘法施工宜采用合成高分子防水卷材。胶粘剂应采用密封桶包装,储存在通风良好的室内,不得接近火源和热源。

7.4.8　冷粘法施工应符合下列规定:

1　基层处理时应将聚氨酯涂膜防水材料的甲料:乙料:二甲苯按1:1.5:3的比例配合,搅拌均匀,然后均匀涂布在基层表面上,干燥时间不应少于10 h。

2　采用聚氨酯涂料做附加层处理时,应将聚氨酯甲料和乙料按1:1.5的比例配合搅拌均匀,再均匀涂刷在阴角、水落口和通气口根部的周围,涂刷边缘与中心的距离不应小于200 mm,厚度不应小于1.5 mm,并应在固化36 h以后,方能进行下一工序施工。

3　铺贴立面或大坡面合成高分子防水卷材宜用满粘法。胶粘剂应均匀涂刷在基层或卷材底面,并应根据其性能,控制涂刷与卷材铺贴的间隔时间。

4　铺贴的卷材应平整顺直粘结牢固,不得有皱折。搭接尺寸应准确,并应辊压排除卷材下面的空气。

5　卷材铺好压粘后,应及时处理搭接部位。并应采用与卷材配套的接缝专用胶粘剂,在搭接缝粘合面上涂刷均匀。根据专用胶粘剂的性能,应控制涂刷与粘合间隔时间,排除空气、辊压粘结牢固。

6　接缝口应采用密封材料封严,其宽度不应小于10 mm。

7.4.9　涂膜屋面防水施工应选用溶剂型合成高分子防水涂料。涂料进场后,应储存于干燥、通风的室内,环境温度不宜低于0℃,并应远离火源。

7.4.10 涂膜屋面防水施工应符合下列规定:

1　基层处理剂可选用有机溶剂稀释而成。使用时应充分搅拌,涂刷均匀,覆盖完全,干燥后方可进行涂膜施工。

2　涂膜防水应由两层以上涂层组成,总厚度应达到设计要求,其成膜厚度不应小于2 mm。

3　可采用涂刮或喷涂施工。当采用涂刮施工时,每遍涂刮的推进方向宜与前一遍互相垂直,并应在前一遍涂料干燥后,方可进行后一遍涂料的施工。

4　使用双组分涂料时应按配合比正确计量,搅拌均匀,已配成的涂料及时使用。配料时可加入适量的稀释剂,但不得混入固化涂料。

5　在涂层中夹铺胎体增强材料时,位于胎体下面的涂层厚度不应小于1 mm,最上层的涂料层不应少于两遍。胎体长边搭接宽度不得小于50 mm,短边搭接宽度不得小于70 mm。采用双层胎体增强材料时,上下层不得互相垂直铺设,搭接缝应错开,间距不应小于一个幅面宽度的1/3。

6　天沟、檐沟、檐口、泛水等部位,均应加铺有胎体增强材料的附加层。水落口周围与屋面交接处,应作密封处理,并应加铺两层有胎体增强材料的附加层,涂膜伸入水落口的深度不得小于 50 mm. ,涂膜防水层的收头应用密封材料封严。

7 涂膜屋面防水工程在涂膜层固化后应做保护层。保护层可采用分格水泥砂浆或细石混凝土或块材等。

7. 4. 11 隔气层可采用气密性好的单层卷材或防水涂料。冬期施工采用卷材时,可采用花铺法施工,卷材塔接宽度不应小于 80 mm;采用防水涂料时,宜选用溶剂型涂料。隔气层施工的温度不应低于 -5 ℃。

8 建筑装饰装修工程

8.1 一般规定

8. 1. 1 室外建筑装饰装修工程施工不得在五级及以上大风或雨、雪天气下进行。施工前,应采取挡风措施。

8. 1. 2 外墙饰面板、饰面砖以及马赛克饰面工程采用湿贴法作业时,不宜进行冬期施工。

8. 1. 3 外墙抹灰后需进行涂料施工时,抹灰砂浆内所掺的防冻剂品种应与所选用的涂料材质相匹配,具有良好的相溶性,防冻剂掺量和使用效果应通过试验确定。

8. 1. 4 装饰装修施工前,应将墙体基层表面的冰、雪、霜等清理干净。

8. 1. 5 室内抹灰前,应提前做好屋面防水层、保温层及室内封闭保温层。

8. 1. 6 室内装饰施工可采用建筑物正式热源、临时性管道或火炉、电气取暖。若采用火炉取暖时,应采取预防煤气中毒的措施。

8. 1. 7 室内抹灰、块料装饰工程施工与养护期间的温度不应低于 5 ℃。

8. 1. 8 冬期抹灰及粘贴面砖所用砂浆应采取保温、防冻措施。室外用砂浆内可掺入防冻剂,其掺量应根据施工及养护期间环境温度经试验确定。

8. 1. 9 室内粘贴壁纸时,其环境温度不宜低于 5 ℃。

8.2 抹灰工程

8. 2. 1 室内抹灰的环境温度不应低于 5 ℃。抹灰前,应将门口和窗口、外墙脚手眼或孔洞等封堵好,施工洞口、运料口及楼梯间等处应封闭保温。

8. 2. 2 砂浆应在搅拌棚内集中搅拌,并应随用随拌,运输过程中应进行保温。

8. 2. 3 室内抹灰工程结束后,在 7 d 以内应保持室内温度不低于 5 ℃。当采用热空气加温时,应注意通风,排除湿气。当抹灰砂浆中掺入防冻剂时,温度可相应降低。

8. 2. 4 室外抹灰采用冷作法施工时,可使用掺防冻剂水泥砂浆或水泥混合砂浆。

8. 2. 5 含氯盐的防冻剂不宜用手有高压电源部位和有油漆墙面的水泥砂浆基层内。

8. 2. 6 砂浆防冻剂的掺量应按使用温度与产品说明书的规定经试验确定。当采用氯化钠作为砂浆防冻剂时,其掺量可按表 8. 2. 6—1 选用。当采用亚硝酸钠作为砂浆防冻剂时,其掺量可按表 8. 2. 6—2 选用。

表 8. 2. 6—1 砂浆内氯化钠掺量

室外气温(℃)		0 ~ -5	-5 ~ -10
氯化钠掺量(占拌合水质量百分比,%)	挑檐、阳台、雨罩、墙面等抹水泥砂浆	4	4 ~ 8
	墙面为水刷石、干粘石水泥砂浆	5	5 ~ 10

表 8.2.6—2 砂浆内亚硝酸钠掺量

室外温度(℃)	0 ~ -3	-4 ~ -9	-10 ~ -15	-16 ~ -20
亚硝酸钠掺量(占水泥质量百分比,%)	1	3	5	8

8.2.7 当抹灰基层表面有冰、霜、雪时,可采用与抹灰砂浆同浓度的防冻剂溶液冲刷,并应清除表面的尘土。

8.2.8 当施工要求分层抹灰时,底层灰不得受冻。抹灰砂浆在硬化初期应采取防止受冻的保温措施。

8.3 油漆、刷浆、裱糊、玻璃工程

8.3.1 油漆、刷浆、裱糊、玻璃工程应在采暖条件下进行施工。当需要在室外施工时,其最低环境温度不应低于 5 ℃。

8.3.2 刷调合漆时,应在其内加入调合漆质量 2.5% 的催干剂和 5.0% 的松香水,施工时应排除烟气和潮气,防止失光和发黏不干。

8.3.3 室外喷、涂、刷油漆、高级涂料时应保持施工均衡。粉浆类料浆宜采用热水配制,随用随配并应将料浆保温,料浆使用温度宜保持 15 ℃左右。

8.3.4 裱糊工程施工时,混凝土或抹灰基层含水率不应大于 8%。施工中当室内温度高于 20 ℃,且相对湿度大于 80% 时,应开窗换气,防止壁纸皱折起泡。

8.3.5 玻璃工程施工时,应将玻璃、镶嵌用合成橡胶等材料运到有采暖设备的室内,施工环境温度不宜低于 5 ℃。

8.3.6 外墙铝合金、塑料框、大扇玻璃不宜在冬期安装。

9 钢结构工程

9.1 一般规定

9.1.1 在负温下进行钢结构的制作和安装时,应按照负温施工的要求,编制钢结构制作工艺规程和安装施工组织设计文件。

9.1.2 钢结构制作和安装采用的钢尺和量具,应和土建单位使用的钢尺和量具相同,并应采用同一精度级别进行鉴定。土建结构和钢结构应采取不同的温度膨胀系数差值调整措施。

9.1.3 钢构件在正温下制作,负温下安装时,施工中应采取相应调整偏差的技术措施。

9.1.4 参加负温钢结构施工的电焊工应经过负温焊接工艺培训,并应取得合格证,方能参加钢结构的负温焊接工作。定位点焊工作应由取得定位点焊合格证的电焊工来担任。

9.2 材　　料

9.2.1 冬期施工宜采用 Q345 钢、Q390 钢、Q420 钢,其质量应分别符合国家现行标准的规定。

9.2.2 负温下施工用钢材,应进行负温冲击韧性试验,合格后方可使用。

9.2.3 负温下钢结构的焊接梁、柱接头板厚大于 40 mm,且在板厚方向承受拉力作用时,钢材板厚方向的伸长率应符合现行国家标准《厚度方向性能钢板》GB/T 5313 的规定。

9.2.4 负温下施工的钢铸件应按现行国家标准《一般工程用铸造碳钢件》GB/T 11352 中规定的 ZG 200—400、ZG 230—450、ZG 270—500、ZG 310—570 号选用。

9.2.5　钢材及有关连接材料应附有质量证明书，性能应符合设计和产品标准的要求。根据负温下结构的重要性、荷载特征和连接方法，应按国家标准的规定进行复验。

9.2.6　负温下钢结构焊接用的焊条、焊丝应在满足设计强度要求的前提下，选择屈服强度较低、冲击韧性较好的低氢型焊条，重要结构可采用高韧性超低氢型焊条。

9.2.7　负温下钢结构用低氢型焊条烘焙温度宜为 350 ℃ ~380 ℃，保温时间宜为 1.5 h ~ 2 h，烘焙后应缓冷存放在 110 ℃ ~120 ℃烘箱内，使用时应取出放在保温筒内，随用随取。当负温下使用的焊条外露超过 4 h 时，应重新烘焙。焊条的烘焙次数不宜超过 2 次，受潮的焊条不应使用。

9.2.8　焊剂在使用前应按照质量证明书的规定进行烘焙，其含水量不得大于 0.1%。在负温下露天进行焊接工作时，焊剂重复使用的时间间隔不得超过 2 h，当超过时应重新进行烘焙。

9.2.9　气体保护焊采用的二氧化碳，气体纯度按体积比计不宜低于 99.5%，含水量按质量比计不得超过 0.005%。

使用瓶装气体时，瓶内气体压力低于 1 MPa 时应停止使用。在负温下使用时，要检查瓶嘴有无冰冻堵塞现象。

9.2.10　在负温下钢结构使用的高强螺栓、普通螺栓应有产品合格证，高强螺栓应在负温下进行扭矩系数、轴力的复验工作，符合要求后方能使用。

9.2.11　钢结构使用的涂料应符合负温下涂刷的性能要求，不得使用水基涂料。

9.2.12　负温下钢结构基础锚栓施工时，应保护好锚栓螺纹端，不宜进行现场对焊。

9.3　钢结构制作

9.3.1　钢结构在负温下放样时，切割、铣刨的尺寸，应考虑负温对钢材收缩的影响。

9.3.2　端头为焊接接头的构件下料时，应根据工艺要求预留焊缝收缩量，多层框架和高层钢结构的多节柱应预留荷载使柱子产生的压缩变形量。焊接收缩量和压缩变形量应与钢材在负温下产生的收缩变形量相协调。

9.3.3　形状复杂和要求在负温下弯曲加工的构件，应按制作工艺规定的方向取料。弯曲构件的外侧不应有大于 1 mm 的缺口和伤痕。

9.3.4　普通碳素结构钢工作地点温度低于 −20 ℃、低合金钢工作地点温度低于 −15 ℃时不得剪切、冲孔，普通碳素结构钢工作地点温度低于 −16 ℃、低合金结构钢工作地点温度低于 −12 ℃时不得进行冷矫正和冷弯曲。当工作地点温度低于 −30 ℃时，不宜进行现场火焰切割作业。

9.3.5　负温下对边缘加工的零件应采用精密切割机加工，焊缝坡口宜采用自动切割。采用坡口机、刨条机进行坡口加工时，不得出现鳞状表面。重要结构的焊缝坡口，应采用机械加土或自动切割加工，不宜采用手工气焊切割加工。

9.3.6　构件的组装应按工艺规定的顺序进行，由里往外扩展组拼。在负温下组装焊接结构时，预留焊缝收缩值宜由试验确定，点焊缝的数量和长度应经计算确定。

9.3.7　零件组装应把接缝两侧各 50 mm 内铁锈、毛刺、泥土、油污、冰雪等清理干净，并应保持接缝干燥，不得残留水分。

9.3.8　焊接预热温度应符合下列规定：

1　焊接作业区环境温度低于 0 ℃时，应将构件焊接区各方向大于或等于 2 倍钢板厚度且不小于 100 mm 范围内的母材，加热到 20 ℃以上时方可施焊，且在焊接过程中均不得低于

20 ℃；

2 负温下焊接中厚钢板、厚钢板、厚钢管的预热温度可由试验确定，当无试验资料时可按表 9.3.8 选用。

表 9.3.8 负温下焊接中厚钢板、厚钢板、厚钢管的预热温度

钢材种类	钢材厚度(mm)	工作地点温度(℃)	预热温度(℃)
普通碳素钢构件	<30	< -30	36
	30 ~ 50	-30 ~ -10	36
	50 ~ 70	-10 ~ 0	36
	>70	<0	100
普通碳素钢管构件	<16	-30	36
	16 ~ 30	-30 ~ -20	36
	30 ~ 40	-20 ~ -10	36
	40 ~ 50	-10 ~ 0	36
	>50	<0	100
低合金钢构件	<10	< -16	36
	10 ~ 16	-26 ~ -10	36
	16 ~ 24	-10 ~ -5	36
	24 ~ 40	-5 ~ 0	36
	>40	<0	100 ~ 150

9.3.9 在负温下构件组装定型后进行焊接应符合焊接工艺规定。单条焊缝的两端应设置引弧板和熄弧板，引弧板和熄弧板的材料应和母材相一致。严禁在焊接的母材上引弧。

9.3.10 负温下厚度大于 9 mm 的钢板应分多层焊接，焊缝应由下往上逐层堆焊。每条焊缝应一次焊完，不得中断。当发生焊接中断，在再次施焊时，应先清除焊接缺陷，合格后方可按焊接工艺规定再继续施焊，且再次预热温度应高于初期预热温度。

9.3.11 在负温下露天焊接钢结构时，应考虑雨、雪和风的影响。当焊接场地环境温度低于 -10 ℃时，应在焊接区域采取相应保温措施；当焊接场地环境温度低于 -30 ℃时，宜搭设临时防护棚。严禁雨水、雪花飘落在尚未冷却的焊缝上。

9.3.12 当焊接场地环境温度低于 -15 ℃时，应适当提高焊机的电流强度，每降低 3 ℃，焊接电流应提高 2%。

9.3.13 采用低氢型焊条进行焊接时，焊接后焊缝宜进行焊后消氢处理，消氢处理的加热温度应为 200 ℃ ~250 ℃，保温时间应根据工件的板厚确定，且每 25 mm 板厚不小于 0.5 h，总保温时间不得小于 1 h，达到保温时间后应缓慢冷却至常温。

9.3.14 在负温下厚钢板焊接完成后，在焊缝两侧板厚的 2 倍 ~3 倍范围内，应立即进行焊后热处理，加热温度宜为 150 ℃ ~300 ℃，并宜保持 1 h ~2 h。焊缝焊完或焊后热处理完毕后，应采取保温措施，使焊缝缓慢冷却，冷却速度不应大于 10 ℃/ min。

9.3.15 当构件在负温下进行热矫正时，钢材加热矫正温度应控制在 750 ℃ ~900 ℃之间，加热矫正后应保温覆盖使其缓慢冷却。

9.3.16 负温下钢构件需成孔时，成孔工艺应选用钻成孔或先冲后扩钻孔。

9.3.17 在负温下制作的钢构件在进行外形尺寸检查验收时，应考虑检查当时的温度影响。焊缝外观检查应全部合格，等强接头和要求焊透的焊缝应100%超声波检查，其余焊缝可按30% ~50%超声波抽样检查。如设计有要求时，应按设计要求的数量进行检查。负温下超声波探伤仪用的探头与钢材接触面间应采用不冻结的油基耦合剂。

9.3.18 不合格的焊缝应铲除重焊，并仍应按在负温下钢结构焊接工艺的规定进行施焊，焊后应采用同样的检验标准进行检验。

9.3.19 低于0 ℃的钢构件上涂刷防腐或防火涂层前，应进行涂刷工艺试验。涂刷时应将构件表面的铁锈、油污、边沿孔洞的飞边毛刺等清除干净，并应保持构件表面干燥。可用热风或红外线照射干燥，干燥温度和时间应由试验确定。雨雪天气或构件上有薄冰时不得进行涂刷工作。

9.3.20 钢结构焊接加固时，应由对应类别合格的焊工施焊；施焊镇静钢板的厚度不大于30 mm时，环境空气温度不应低于 -15 ℃，当厚度超过30 mm时，温度不应低于0 ℃；当施焊沸腾钢板时，环境空气温度应高于5 ℃。

9.3.21 栓钉施焊环境温度低于0 ℃时，打弯试验的数量应增加1%；当栓钉采用手工电弧焊或其他保护性电弧焊焊接时，其预热温度应符合相应工艺的要求。

9.4 钢结构安装

9.4.1 冬期运输、堆存钢结构时，应采取防滑措施。构件堆放场地应平整坚实并无水坑，地面无结冰。同一型号构件叠放时，构件应保持水平，垫块应在同一垂直线上，并应防止构件溜滑。

9.4.2 钢结构安装前除应按常温规定要求内容进行检查外，尚应根据负温条件下的要求对构件质量进行详细复验。凡是在制作中漏检和运输、堆放中造成的构件变形等，偏差大于规定影响安装质量时，应在地面进行修理、矫正，符合设计和规范要求后方能起吊安装。

9.4.3 在负温下绑扎、起吊钢构件用的钢索与构件直接接触时，应加防滑隔垫。凡是与构件同时起吊的节点板、安装人员用的挂梯、校正用的卡具，应采用绳索绑扎牢固。直接使用吊环、吊耳起吊构件时应检查吊环、吊耳连接焊缝有无损伤。

9.4.4 在负温下安装构件时，应根据气温条件编制钢构件安装顺序图表，施工中应按照规定的顺序进行安装。平面上应从建筑物的中心逐步向四周扩展安装，立面上宜从下部逐件往上安装。

9.4.5 钢结构安装的焊接工作应编制焊接工艺。在各节柱的一层构件安装、校正、栓接并预留焊缝收缩量后，平面上应从结构中心开始向四周对称扩展焊接，不得从结构外圈向中心焊接，一个构件的两端不得同时进行焊接。

9.4.6 构件上有积雪、结冰、结露时，安装前应清除干净，但不得损伤涂层。

9.4.7 在负温下安装钢结构用的专用机具应按负温要求进行检验。

9.4.8 在负温下安装柱子、主梁、支撑等大构件时应立即进行校正，位置校正正确后应立即进行永久固定。当天安装的构件，应形成空间稳定体系。

9.4.9 高强螺栓接头安装时，构件的摩擦面应干净，不得有积雪、结冰，且不得雨淋、接触泥土、油污等脏物。

9.4.10 多层钢结构安装时，应限制楼面上堆放的荷载。施工活荷载、积雪、结冰的质量不得超过钢梁和楼板（压型钢板）的承载能力。

9.4.11 栓钉焊接前，应根据负温值的大小，对焊接电流、焊接时间等参数进行测定。

9.4.12 在负温下钢结构安装的质量除应符合现行国家标准《钢结构工程施工质量验收规范》GB 50205 规定外，尚应按设计的要求进行检查验收。

9.4.13 钢结构在低温安装过程中，需要进行临时固定或连接时，宜采用螺栓连接形式；当需要现场临时焊接时，应在安装完毕后及时清理临时焊缝。

10 混凝土构件安装工程

10.1 构件的堆放及运输

10.1.1 混凝土构件运输及堆放前，应将车辆、构件、垫木及堆放场地的积雪、结冰清除干净，场地应平整、坚实。

10.1.2 混凝土构件在冻胀性土壤的自然地面上或冻结前回填土地面上堆放时，应符合下列规定：

1 每个构件在满足刚度、承载力条件下，应尽量减少支承点数量；

2 对于大型板、槽板及空心板等板类构件，两端的支点应选用长度大于板宽的垫木；

3 构件堆放时，如支点为两个及以上时，应采取可靠措施防止土壤的冻胀和融化下沉；

4 构件用垫木垫起时，地面与构件之间的间隙应大于 150 mm。

10.1.3 在回填冻土并经一般压实的场地上堆放构件时，当构件重叠堆放时间长，应根据构件质量，尽量减少重叠层数，底层构件支垫与地面接触面积应适当加大。在冻土融化之前，应采取防止因冻土融化下沉造成构件变形和破坏的措施。

10.1.4 构件运输时，混凝土强度不得小于设计混凝土强度等级值 75%。在运输车上的支点设置应按设计要求确定。对于重叠运输的构件，应与运输车固定并防止滑移。

10.2 构件的吊装

10.2.1 吊车行走的场地应平整，并应采取防滑措施。起吊的支撑点地基应坚实。

10.2.2 地锚应具有稳定性，回填冻土的质量应符合设计要求。活动地锚应设防滑措施。

10.2.3 构件在正式起吊前，应先松动、后起吊。

10.2.4 凡使用滑行法起吊的构件，应采取控制定向滑行，防止偏离滑行方向的措施。

10.2.5 多层框架结构的吊装，接头混凝土强度未达到设计要求前，应加设缆风绳等防止整体倾斜的措施。

10.3 构件的连接与校正

10.3.1 装配整浇式构件接头的冬期施工应根据混凝土体积小、表面系数大、配筋密等特点，采取相应的保证质量措施。

10.3.2 构件接头采用现浇混凝土连接时，应符合下列规定：

1 接头部位的积雪、冰霜等应清除干净；

2 承受内力接头的混凝土，当设计无要求时，其受冻临界强度不应低于设计强度等级值的 70%；

3 接头处混凝土的养护应符合本规程第 6 章有关规定；

4 接头处钢筋的焊接应符合本规程第 5 章有关规定。

10.3.3 混凝土构件预埋连接板的焊接除应符合本规程第 9 章相关规定外，尚应分段连接，并应防止累积变形过大影响安装质量。

10.3.4 混凝土柱、屋架及框架冬期安装,在阳光照射下校正时,应计人温差的影响。各固定支撑校正后,应立即固定。

11 越冬工程维护

11.1 一般规定

11.1.1 对于有采暖要求,但却不能保证正常采暖的新建工程、跨年施工的在建工程以及停建、缓建工程等,在入冬前均应编制越冬维护方案。

11.1.2 越冬工程保温维护,应就地取材,保温层的厚度应由热工计算确定。

11.1.3 在制定越冬维护措施之前,应认真检查核对有关工程地质、水文、当地气温以及地基土的冻胀特征和最大冻结深度等资料。

11.1.4 施工场地和建筑物周围应做好排水,地基和基础不得被水浸泡。

11.1.5 在山区坡地建造的工程,入冬前应根据地表水流动的方向设置截水沟、泄水沟,但不得在建筑物底部设暗沟和盲沟疏水。

11.1.6 凡按采暖要求设计的房屋竣工后,应及时采暖,室内温度不得低于 5 ℃。当不能满足上述要求时,应采取越冬防护措施。

11.2 在建工程

11.2.1 在冻胀土地区建造房屋基础时,应按设计要求做防冻害处理。当设计无要求时,应按下列规定进行:

1 当采用独立式基础或桩基时,基础梁下部应进行掏空处理。强冻胀性土可预留 200 mm,弱冻胀性土可预留 100 mm ~ 150 mm,空隙两侧应用立砖挡土回填。

2 当采用条形基础时,可在基础侧壁回填厚度为 150 mm ~ 200 mm 的混砂、炉渣或贴一层油纸,其深度宜为 800 mm ~ 1 200 mm。

11.2.2 设备基础、构架基础、支墩、地下沟道以及地墙等越冬工程,均不得在已冻结的土层上施工,且应进行维护。

11.2.3 支撑在基土上的雨篷、阳台等悬臂构件的临时支柱,入冬后当不能拆除时,其支点应采取保温防冻胀措施。

11.2.4 水塔、烟囱、烟道等构筑物基础在入冬前应回填至设计标高。

11.2.5 室外地沟、阀门井、检查井等除应回填至设计标高外,尚应覆盖盖板进行越冬维护。

11.2.6 供水、供热系统试水、试压后,不能立即投入使用时,在入冬前应将系统内的存、积水排净。

11.2.7 地下室、地下水池在入冬前应按设计要求进行越冬维护。当设计无要求时,应采取下列措施:

1 基础及外壁侧面回填土应填至设计标高,当不具备回填条件时,应填充松土或炉渣进行保温;

2 内部的存积水应排净;底板应采用保温材料覆盖,覆盖厚度应由热工计算确定。

11.3 停、缓建工程

11.3.1 冬期停、缓建工程越冬停工时的停留位置应符合下列规定：

1 混合结构可停留在基础上部地梁位置，楼层间的圈梁或楼板上皮标高位置；

2 现浇混凝土框架应停留在施工缝位置；

3 烟囱、冷却塔或筒仓宜停留在基础上皮标高或筒身任何水平位置；

4 混凝土水池底部应按施工缝要求确定，并应设有止水设施。

11.3.2 已开挖的基坑或基槽不宜挖至设计标高，应预留 200 mm ~ 300 mm 土层；越冬时，应对基坑或基槽保温维护，保温层厚度可按本规程附录 C 计算确定。

11.3.3 混凝土结构工程停、缓建时，入冬前混凝土的强度应符合下列规定：

1 越冬期间不承受外力的结构构件，除应符合设计要求外，尚应符合本规程第 6.1.1 条规定；

2 装配式结构构件的整浇接头，不得低于设计强度等级值的 70%；

3 预应力混凝土结构不应低于混凝土设计强度等级值的 75%；

4 升板结构应将柱帽浇筑完毕，混凝土应达到设计要求的强度等级。

11.3.4 对于各类停、缓建的基础工程，顶面均应弹出轴线，标注标高后，用炉渣或松土回填保护。

11.3.5 装配式厂房柱子吊装就位后，应按设计要求嵌固好；已安装就位的屋架或屋面梁，应安装上支撑系统，并应按设计要求固定。

11.3.6 不能起吊的预制构件，除应符合本规程第 10.1.2 条规定外，尚应弹上轴线，作记录。外露铁件应涂刷防锈油漆，螺栓应涂刷防腐油进行保护。

11.3.7 对于有沉降观测要求的建(构)筑物，应会同有关部门作沉降观测记录。

11.3.8 现浇混凝土框架越冬，当裸露时间较长时，除应按设计要求留设伸缩缝外，尚应根据建筑物长度和温差留设后浇缝。后浇缝的位置，应与设计单位研究确定。后浇缝伸出的钢筋应进行保护，待复工后应经检查合格方可浇筑混凝土。

11.3.9 屋面工程越冬可采取下列简易维护措施：

1 在已完成的基层上，做一层卷材防水，待气温转暖复工时，经检查认定该层卷材没有起泡、破裂、皱折等质量缺陷时，方可在其上继续铺贴上层卷材；

2 在已完成的基层上，当基层为水泥砂浆无法做卷材防水时，可在其上刷一层冷底子油，涂一层热沥青玛碲脂做临时防水，但雪后应及时清除积雪。当气温转暖后，经检查确定该层玛碲脂没有起层、空鼓、龟裂等质量缺陷时，可在其上涂刷热沥青玛碲脂铺贴卷材防水层。

11.3.10 所有停、缓建工程均应由施工单位、建设单位和工程监理部门，对已完工程在入冬前进行检查和评定，并应作记录，存入工程档案。

11.3.11 停、缓建工程复工时，应先按图纸对标高、轴线进行复测，并应与原始记录对应检查，当偏差超出允许限值时，应分析原因，提出处理方案，经与设计、建设、监理等单位商定后，方可复工。

附录 A　混凝土的热工计算

A.1　混凝土搅拌、运输、浇筑温度计算

A.1.1　混凝土拌合物温度可按下式计算：

$$T_0 = 0.92(m_{ce}T_{ce} + m_sT_s + m_{sa}T_{sa} + m_gT_g) + 4.2T_w(m_w - w_{sa}m_{sa} - w_gm_g) + c_w(w_{sa}m_{sa}T_{sa} + w_gm_gT_g) - c_i(w_{sa}m_{sa} + w_gm_g)/4.2m_w + 0.92(m_{ce} + m_s + m_{sa} + m_g) \quad (A.1.1)$$

式中　T——混凝土拌合物温度(℃)；

T_s——掺合料的温度(℃)；

T_{ce}——水泥的温度(℃)；

T_{sa}——砂子的温度(℃)；

T_g——石子的温度(℃)；

T_w——水的温度(℃)；

m_w——拌合水用量(kg)；

m_{ce}——水泥用量(kg)；

m_s——掺合料用量(kg)；

m_{sa}——砂子用量(kg)；

m_g——石子用量(kg)；

w_{sa}——砂子的含水率(%)；

w_g——石子的含水率(%)；

c_w——水的比热容[kJ/(kg·K)]；

c_i——冰的溶解热(kJ/kg)；当骨料温度大于 0 ℃时：$c_w = 4.2$，$c_i = 0$；当骨料温度小于或等于 0 ℃时：$c_w = 2.1$，$c_i = 335$。

A.1.2　混凝土拌合物出机温度可按下式计算：

$$T_1 = T_0 - 0.16(T_0 - T_p) \quad (A.1.2)$$

式中　T_1——混凝土拌合物出机温度(℃)；

T_p——搅拌机棚内温度(℃)。

A.1.3　混凝土拌合物运输与输送至浇筑地点时的温度可按下列公式计算：

1　现场拌制混凝土采用装卸式运输工具时：

$$T_2 = T_1 - \Delta T_y \quad (A.1.3—1)$$

2　现场拌制混凝土采用泵送施工时：

$$T_2 = T_1 - \Delta T_b \quad (A.1.3—2)$$

3　采用商品混凝土泵送施工时：

$$T_2 = T_1 - \Delta T_y - \Delta T_b \quad (A.1.3—3)$$

其中，ΔT_y、ΔT_b 分别为采用装卸式运输工具运输混凝土时的温度降低和采用泵管输送混凝土时的温度降低，可按下列公式计算：

$$\Delta T_y = (\alpha t_1 + 0.032n) \times (T_1 - T_a) \quad (A.1.3—4)$$

$$\Delta T_b = 4\omega \times \frac{3.6}{0.04\dfrac{d_b}{\lambda_b}}\Delta T_1 \times t_2 \times \frac{D_w}{c_c \cdot \rho_c \cdot D_l^2} \quad (A.1.3—5)$$

式中 T_2——混凝土拌合物运输与输送到浇筑地点时温度(℃);

ΔT_y——采用装卸式运输工具运输混凝土时的温度降低(℃);

ΔT_b——采用泵管输送混凝土时的温度降低(℃);

ΔT_1——泵管内混凝土的温度与环境气温差(℃),当现场拌制混凝土采用泵送工艺输送时:$\Delta T_1 - T_1 - T_a$;当商品混凝土采用泵送工艺输送时:$\Delta T_1 = T_1 - T_y - T_a$;

T_a——室外环境气温(℃);

t_1——混凝土拌合物运输的时间(h);

t_2——混凝土在泵管内输送时间(h);

n——混凝土拌合物运转次数;

c_c——混凝土的比热容[kJ/(kg·K)];

ρ_c——混凝土的质量密度(kg/ m³);

λ_b——泵管外保温材料导热系数[W/(m·K)];

d_b——泵管外保温层厚度(m);

D_1——混凝土泵管内径(m);

D_w——混凝土泵管外围直径(包括外围保温材料)(m);

ω——透风系数,可按本规程表 A.2.2—2 取值;

α——温度损失系数(h^{-1});采用混凝土搅拌车时:$\alpha = 0.25$;采用开敞式大型自卸汽车时:$\alpha = 0.20$;采用开敞式小型自卸汽车时:$\alpha = 0.30$;采用封闭式自卸汽车时:$\alpha = 0.1$;采用手推车或吊斗时:$\alpha = 0.50$。

A.1.4 考虑模板和钢筋的吸热影响,混凝土浇筑完成时的温度可按下式计算:

$$T_3 = \frac{c_c m_c T_2 + c_f m_f T_f + c_s m_s T_s}{c_c m_c + c_f m_f + c_s m_s} \tag{A.1.4}$$

式中 T_3——混凝土浇筑完成时的温度(℃);

c_f——模板的比热容[kJ/(kg·K)];

c_s——钢筋的比热容[kJ/(kg·K)];

m_c——每立方米混凝土的重量(kg);

m_f——每立方米混凝土相接触的模板重量(kg);

m_s——每立方米混凝土相接触的钢筋重量(kg);

T_f——模板的温度(℃),未预热时可采用当时的环境温度;

T_s——钢筋的温度(℃),未预热时可采用当时的环境温度。

A.2 混凝土蓄热养护过程中的温度计算

A.2.1 混凝土蓄热养护开始到某一时刻的温度、平均温度可按下列公式计算:

$$T_4 = \eta e^{-\theta V_{ce}\cdot t_3} - \varphi e^{V_{ce}\cdot t_3} + T_{m,a} \tag{A.2.1—1}$$

$$T_m = \frac{1}{V_{ce} t_3}\left(\varphi e^{V_{ce}\cdot t_3} - \frac{\eta}{\theta} e^{\theta\cdot V_{ce}\cdot t_3} + \frac{\eta}{\theta} - \varphi\right) + T_{m,a} \tag{A.2.1—2}$$

其中 θ、φ、η 为综合参数,可按下列公式计算:

$$\theta = \frac{\omega\cdot K\cdot M_s}{V_{ce}\cdot c_c\cdot \rho_c} \tag{A.2.1—3}$$

$$\varphi = \frac{V_{ce} \cdot Q_{ce} \cdot m_{ce,1}}{V_{ce} \cdot c_c \cdot \rho_c - \omega \cdot K \cdot M_s} \quad (A.2.1\text{—}4)$$

$$\eta = T_3 - T_{m,a} + \varphi \quad (A.2.1\text{—}5)$$

$$K = \frac{3.6}{0.04 + \sum_{i=1}^{n} \frac{d_i}{\lambda_i}} \quad (A.2.1\text{—}6)$$

式中　T_4——混凝土蓄热养护开始到某一时刻的温度(℃)；

T_m——混凝土蓄热养护开始到某一时刻的平均温度(℃)；

t_3——混凝土蓄热养护开始到某一时刻的时间(h)；

$T_{m,a}$——混凝土蓄热养护开始到某一时刻的平均气温(℃)，可采用蓄热养护开始至 t_3 时气象预报的平均气温，亦可按每时或每日平均气温计算；

M_s——结构表面系数(m^{-1})；

K——结构围护层的总传热系数[kJ/(m^2·h·K)]；

Q_{ce}——水泥水化累积最终放热量(kJ/kg)；

V_{ce}——水泥水化速度系数(h^{-1})；

$m_{ce,1}$——每立方米混凝土水泥用量(kg/ m^3)；

d_i——第 i 层围护层厚度(m)；

λ_i——第 i 层围护层的导热系数[W/(m·K)]。

A.2.2　水泥水化累积最终放热量 Q_{ce}、水泥水化速度系数 V_{ce} 及透风系数 ω 取值可按表 A.2.2—1、表 A.2.2—2 选用。

表 A.2.2—1　水泥水化累积最终放热量 Q_{ce} 和水泥水化速度系数 V_{ce}

水泥品种及强度等级	Q_{ce}(kJ/kg)	V_{ce}(h^{-1})
硅酸盐、普通硅酸盐水泥 52.5	400	0.018
硅酸盐、普通硅酸盐水泥 42.5	350	0.015
矿渣、火山灰质、粉煤灰、复合硅酸盐水泥 42.5	310	0.013
矿渣、火山灰质、粉煤灰、复合硅酸盐水泥 32.5	260	0.011

表 A.2.2—2　透风系数 ω

围护层种类	透风系数 ω		
	V_w < 3 m/s	3 m/s ≤ V_w ≤ 5 m/s	V_w > 5 m/s
围护层有易透风材料组成	2.0	2.5	3.0
易透风保温材料外包不易透风材料	1.5	1.8	2.0
围护层由不易透风材料组成	1.3	1.45	1.6

注：V_w——风速。

A.2.3　当需要计算混凝土蓄热冷却至 0 ℃的时间时，可根据本规程公式(A.2.1—1)采用逐次逼近的方法进行计算。当蓄热养护条件满足 $\frac{\varphi}{T_{m,a}} \geq 1.5$，且 $KM_s \geq 50$ 时，也可按下式直接计算：

$$t_0 = \frac{1}{V_{ce}} \ln \frac{\varphi}{T_{m,a}} \quad (A.2.3)$$

式中　t_0——混凝土蓄热养护冷却至 0 ℃的时间(h)。

混凝土冷却至 0 ℃的时间内,其平均温度可根据本规程公式(A. 2. 1—2)取 $t_3 = t_0$ 进行计算。

附录 B 用成熟度法计算混凝土早期强度

B. 0. 1 成熟度法的适用范围及条件应符合下列规定:

1 本法适用于不掺外加剂在 50 ℃以下正温养护和掺外加剂在 30 ℃以下养护的混凝土,也可用于掺防冻剂负温养护法施工的混凝土;

2 本法适用于预估混凝土强度标准值 60% 以内的强度值;

3 应采用工程实际使用的混凝土原材料和配合比,制作不少于 5 组混凝土立方体标准试件在标准条件下养护,测试 1 d、2 d、3 d、7 d、2 8 d 的强度值;

4 采用本法应取得现场养护混凝土的连续温度实测资料。

B. 0. 2 用计算法确定混凝土强度应按下列步骤进行:

1 用标准养护试件的各龄期强度数据,应经回归分析拟合成下式曲线方程:

$$f = ae^{-\frac{b}{D}} \tag{B. 0. 2—1}$$

式中 f——混凝土立方体抗压强度(MPa);

D——混凝土养护龄期(d);

a、b——参数。

2 应根据现场的实测混凝土养护温度资料,按下式计算混凝土已达到的等效龄期:

$$D_e = \sum(\alpha_T \times \Delta t) \tag{B. 0. 2—2}$$

式中 D_e——等效龄期(h);

α_T——等效系数,按表 B. 0. 2 采用;

Δt——某温度下的持续时间(h)。

3 以等效龄期 D_e 作为 D 代人公式(B. 0. 2—1),计算混凝土强度。

B. 0. 3 用图解法确定混凝土强度宜按下列步骤进行:

1 根据标准养护试件各龄期强度数据,在坐标纸上画出龄期一强度曲线;

2 根据现场实测的混凝土养护温度资料,计算混凝土达到的等效龄期;

3 根据等效龄期数值,在龄期 - 强度曲线上查出相应强度值,即为所求值。

B. 0. 4 当采用蓄热法或综合蓄热法养护时,也可按如下步骤确定混凝土强度:

1 用标准养护试件各龄期的成熟度与强度数据,经回归分析拟合成下式的成熟度 - 强度曲线方程:

$$f = a \times e^{-\frac{b}{M}} \tag{B. 0. 4—1}$$

式中 M——混凝土养护的成熟度(℃ · h)。

2 根据现场混凝土测温结果,按下式计算混凝土成熟度:

$$M = \sum(T + 15) \times \Delta t \tag{B. 0. 4—2}$$

式中 T——在时间段 Δt 内混凝土平均温度(℃)。

3 将成熟度 M 代入式(B. 0. 4—1),可计算出现场混凝土强度 f。

4 将混凝土强度 f 乘以综合蓄热法调整系数 0. 8,即为混凝土实际强度。

表 B.0.2 等效系数 α_T

温度(℃)	等效系数 α_T	温度(℃)	等效系数 α_T	温度(℃)	等效系数 α_T
50	2.95	28	1.41	6	0.45
49	2.87	27	1.36	5	0.42
48	2.78	26	1.30	4	0.39
47	2.71	25	1.25	3	0.35
46	2.63	24	1.20	2	0.33
45	2.55	23	1.15	1	0.31
44	2.48	22	1.10	0	0.28
43	2.40	21	1.05	-1	0.26
42	2.32	20	1.00	-2	0.24
41	2.25	19	0.95	-3	0.22
40	2.19	18	0.90	-4	0.20
39	2.12	17	0.86	-5	0.18
38	2.04	16	0.81	-6	0.17
37	1.98	15	0.77	-7	0.15
36	1.92	14	0.74	-8	0.13
35	1.84	13	0.70	-9	0.12
34	1.77	12	0.66	-10	0.11
33	1.72	11	0.62	-11	0.10
32	1.66	10	0.58	-12	0.08
31	1.59	9	0.55	-13	0.08
30	1.53	8	0.51	-14	0.07
29	1.47	7	0.48	-15	0.06

附录 C 土壤保温防冻计算

C.0.1 采用保温材料覆盖土壤保温防冻时,所需的保温层厚度可按下式进行计算:

$$h = \frac{H}{\beta} \tag{C.0.1}$$

式中 h——土壤的保温防冻所需的保温层厚度(mm);

H——不保温时的土壤冻结深度(mm);

β——各种材料对土壤冻结影响系数,可按表 C.0.1 取用。

表 C.0.1 各种材料对土壤冻结影响系数 β

土壤种类 \ 保温材料	树叶	刨花	锯末	干炉渣	茅草	膨胀珍珠岩	炉渣	芦苇	草帘	泥炭土	松散土	密实土
砂土	3.3	3.2	2.8	2.0	2.5	3.8	1.6	2.1	2.5	2.8	1.4	1.12
粉土	3.1	3.1	2.7	1.9	2.4	3.6	1.6	2.04	2.4	2.9	1.3	1.08
粉质黏土	2.7	2.6	2.3	1.6	2.0	3.5	1.3	1.7	2.0	2.31	1.2	1.06
黏土	2.1	2.1	1.9	1.3	1.6	3.5	1.1	1.4	1.6	1.9	1.2	1.00

注:1 表中数值适用于地下水位低于 1 m 以下;

2 当为地下水位较高的饱和土时,其值可取 1。

简单压力容器安全技术监察规程

目　次

第二章 材　　料

第十一条　简单压力容器用材料的质量及规格应当符合相应标准的规定。主要受压元件材料生产单位应当提供材料质量证明书(原件)或者加盖材料供应单位检验公章及经办人章的有效复印件。

第十二条　简单压力容器用碳素钢应当满足以下要求:

(一)供货状态为热轧或者正火的镇静钢;

(二)碳含量(熔炼分析,下同)不大于 0.25% ,磷和硫含量均不大于 0.045% ;

(三)室温下标准抗拉强度规定值的下限小于 540 MPa。

第十三条　与主要受压元件相焊接的所有零部件,必须采用与主要受压元件材料性质相适应的材料。

第三章 设　　计

第十四条　从事简单压力容器设计的单位应当具备 A1 级、A2 级、C 级、D1 级或者 D2 级中的任一项压力容器设计资格。

第十五条　简单压力容器的设计文件应当包括以下内容:

(一)设计图样;

(二)设计计算书,至少包括容积计算、强度计算、推荐使用寿命、安全泄放量计算、安全阀排量或者爆破片泄放面积计算等内容;

(三)设计说明书,至少包括设计参数的选择依据、材料的选用、附件的选择、主要生产工艺要求、检验要求等内容;

(四)使用说明书,至少包括最高工作压力、最高工作温度、容积、指定的用途、安装要求、推荐使用寿命、安全维护要点等内容。

第十六条　简单压力容器的设计总图上至少注明以下内容:

(一) 依据的规范、标准名称;

(二) 压力容器名称;

(三) 主要受压元件材料牌号及材料要求;

(四) 设计条件,包括设计温度、设计压力、最高工作压力、推荐使用寿命、介质、腐蚀裕量等;

(五) 主要特性参数,包括容积、总重等;

(六) 焊接方法和要求;

(七) 防腐蚀要求(必要时);

(八) 耐压试验要求,包括试验压力、介质等;

(九) 射线检测或者爆破试验要求;

(十) 安全附件的规格和订购的特殊要求;

(十一) 铭牌样式(见附件)和位置;

(十二) 运输包装和安装的要求(必要时);

(十三) 其他特殊要求。

第十七条　简单压力容器对接焊接接头应当采用全熔透焊接接头。

第十八条　简单压力容器主要受压元件的壁厚应当采用试验方法或者计算方法确定。

壳体成形后的实际壁厚,奥氏体不锈钢制简单压力容器应当不小于 1 mm,碳素钢制简单压力容器应当不小于 2 mm。

第十九条 用试验方法确定主要受压元件壁厚时,在室温下的爆破压力不应当小于 5 倍的设计压力,且周向永久变形率不应当大于 1%。

第二十条 用计算方法确定主要受压元件壁厚时,应当满足以下要求:

(一)设计压力不得低于最高工作压力,装有安全泄放装置的简单压力容器,其设计压力不得低于安全阀的开启压力或者爆破片的爆破压力;

(二)许用的总体薄膜应力小于或者等于 $0.6R_{p0.2}$($R_{p0.2}$为材料在室温下屈服强度规定值的下限)或者 $0.3R_m$(R_m为材料在室温下抗拉强度规定值的下限);

(三)如果容器的筒体带有 1 条或多条非自动焊的纵向焊接接头,计算厚度应当增加 15%。

第四章 制　造

第二十一条 简单压力容器制造单位应当具备 A1 级、A2 级、C 级、D1 级或者 D2 级中任一项压力容器制造资格。

第二十二条 简单压力容器制造单位应当采取有效的措施确保生产工艺稳定,并且对制造的简单压力容器的安全性能和产品质量负责。

第二十三条 从事简单压力容器焊接、无损检测的人员,应当按照规定取得相应项目的特种设备作业人员证、特种设备检验检测人员证,方可从事相应的工作。

第二十四条 简单压力容器的焊接工艺评定应当满足相应标准的要求。

第二十五条 焊接接头的抗拉强度不得低于母材抗拉强度规定值的下限,并且不得有危及简单压力容器安全的缺陷。

第二十六条 同时满足以下要求的简单压力容器可以为同一型号:

(一)设计压力、设计温度相同;

(二)结构相似(由筒节和封头组成,其封头形状相同并且至少有 1 个筒节;仅由 2 个封头组成,封头形状相同);

(三)检查孔(观察孔、手孔和人孔等)的类型相同;

(四)焊接工艺相同。

第二十七条 同型号简单压力容器可按批组织生产。组批的要求如下:

(一)组批时间,连续生产时间不超过 15 天;

(二)组批数量,对于内直径 $D_i \leqslant 400$ mm 的,按生产顺序以不超过 1 000 台为 1 批,对于内直径 $D_i > 400$ mm 的,按生产顺序以不超过 500 台为 1 批。

第二十八条 制造单位应当对简单压力容器逐台进行外观检查和耐压试验,并且予以记录。

第二十九条 简单压力容器外观检查至少包括以下内容:

(一)焊接接头表面质量;

(二)母材表面的机械损伤情况。

第三十条 简单压力容器的耐压试验按照以下要求进行:

(一)耐压试验压力,$p_T = 1.5p$(式中,p—简单压力容器的设计压力,MPa);

(二)试验介质一般为水,试验时,应当排净滞留在容器内的气体;

（三）在确保安全的前提下，也可以采用空气、氮气或者其他惰性气体，其耐压试验应当以不超过 0.1 MPa/s 的升压速度缓慢升压至试验压力，保压时间不少于 30 s；

（四）奥氏体不锈钢制简单压力容器用水进行液压试验时，应当严格控制水中氯离子含量不超过 25 mg/L，试验合格后，应当立即将水去除干净；

（五）耐压试验时，简单压力容器壁温和试验用介质温度不应当引起容器的脆性断裂，试验用介质的温度一般应当不低于 5 ℃；

（六）简单压力容器制造单位应当采取安全技术措施，确保耐压试验安全。

第三十一条　简单压力容器的耐压试验的合格要求如下：

（一）无渗漏；

（二）无肉眼可见变形；

（三）无异常响声。

第三十二条　按试验方法设计的简单压力容器，制造单位在制造过程中，应当进行爆破试验；按计算方法设计的简单压力容器，应当进行射线检测。

第三十三条　简单压力容器爆破试验按照以下要求进行：

（一）对接焊接接头采用自动焊的简单压力容器，按批抽 1 台容器进行爆破试验；

（二）对于达不到规定批量的，或者对接焊接接头采用手工焊接的，在每个焊工每天焊接的简单压力容器中，至少抽 1 台容器进行爆破试验；

（三）爆破试验在室温下进行，加压速率不应当超过 0.1 MPa/s；

（四）爆破试验前应当测量筒体的实际壁厚和中部的周长。试验时先缓慢加压至 5 倍设计压力，保压时间不小于 5 min，确认无泄漏后卸压至压力为零，测量中部周长，再缓慢加压直至容器爆破；

（五）按照第三十四条的公式，计算周向永久变形率。

第三十四条　简单压力容器周向永久变形率计算公式如下：

$$100\left[\frac{W_a - W_o}{W_o}\right]\left[\frac{R_{p0.2a}}{R_{p0.2}}\right]\left[\frac{\delta_a}{\delta_n - C}\right]$$

式中　C——钢板（钢带）负偏差与加工减薄量之和，mm；

$R_{p0.2}$——材料在室温下的标准屈服强度规定值的下限，MPa；

$R_{p0.2a}$——材料在室温下的屈服强度实测值，MPa；

W_a——试验后筒体中部的周长，mm；

W_o——试验前筒体中部的周长，mm；

δ_a——试验前筒体的实测厚度，mm；

δ_n——筒体名义厚度，mm。

第三十五条　简单式压力容器的爆破试验的合格要求如下：

（一）周向永久变形率不超过 1%；

（二）爆破压力不低于 5 倍的设计压力；

（三）无碎片产生；

（四）破口起裂点不在焊接接头。

爆破试验不合格时，允许从该批容器中再抽取 2 台容器进行复验，2 台均合格后则该批合格。对于达不到规定批量或者对接焊接接头采用手工焊接的，在该焊工当天焊接的容器中，再抽 2 台容器进行复验，2 台均合格后则该焊工当天焊接的简单压力容器合格。

爆破压力达不到要求的，可以降级使用，否则该批或者该焊工当天焊接的简单压力容器应当报废。

第三十六条 简单式压力容器的射线检测按照以下要求进行：

（一）对接焊接接头采用自动焊时，调整焊接工艺后，应当对首台产品进行射线检测；

（二）制造过程中，每批产品至少抽1台进行射线检测，日产量不足1批时，也必须抽1台进行射线检测；

（三）产品达不到规定批量，或者对接焊接接头采用手工焊接，在每个焊工每天焊接的产品中，至少抽1台产品进行射线检测；

（四）射线检测位置包括交叉焊缝的纵焊缝，每台产品的射线检测长度不得小于200 mm，单台产品焊缝长度小于200 mm的，射线检测长度为全部焊缝；

（五）射线检测按JB/T 4730.2－2005《承压设备无损检测》进行，射线底片质量等级不低于AB级，焊接接头质量等级不低于Ⅲ级；

（六）射线检测不合格时，允许从该批中再抽取2台进行射线检测，2台均合格后则该批合格；对于达不到规定批量或者对接焊接接头采用手工焊接的，在该焊工当天焊接的容器中，再抽2台容器进行射线检测，2台均合格后则该焊工当天焊接的简单压力容器合格。

（七）经复验后仍不合格的简单压力容器，应当对该批产品或者该焊工当天焊接的产品逐台进行射线检测，射线检测的位置包括交叉焊缝的纵焊缝，合格要求与本条第（五）项相同。

第三十七条 直径小于400 mm的简单压力容器，压力表表盘直径应当不小于40 mm。

第三十八条 简单压力容器出厂前，制造单位应当在设计确定的明显部位安装简单压力容器铭牌（样式见附件）。铭牌至少应当包括以下内容：

（一）制造单位名称和制造许可证编号；

（二）产品名称和编号；

（三）制造日期；

（四）设计压力和设计温度；

（五）推荐使用寿命；

（六）工作介质。

制造单位应当向用户提供产品合格证、使用说明书、竣工图（复印件）和监督检验机构出具的制造监督检验证书。

第五章 检验检测

第三十九条 同型号的简单压力容器首批生产前，制造单位应当向取得型式试验资格的特种设备检验检测机构提出型式试验申请，申请时应当提交齐全的设计文件。检验检测机构应当到制造现场抽取简单压力容器样机1台，经资料审查和相应的检测、试验，证明样机符合本规程和设计文件要求时，检验检测机构应当出具型式试验报告（包括试验结论、限制条件，并且用图和文字对样机作必要的说明）和型式试验证书。

改变设计文件或者主要制造工艺或者停产时间超过6个月重新生产时，应当重新进行型式试验。

第四十条 简单压力容器型式试验项目至少包括以下内容：

（一）外观检查；

（二）几何尺寸测量；

（三）射线检测和耐压试验（适用于按计算方法设计的简单压力容器）；

（四）爆破试验（适用于按试验方法设计的简单压力容器）；

（五）产品标准对型式试验规定的其他检验项目。

第四十一条　简单压力容器在制造过程中，应当由取得监督检验资格的特种设备检验检测机构进行监督检验；未经监督检验合格的简单压力容器产品不得出厂或者交付使用。监督检验至少包括以下内容：

（一）确认制造的简单压力容器与产品型式试验报告中所描述的型号相一致；

（二）审查材料质量证明书，以及材料的可追溯性；

（三）现场检查耐压试验装置、仪表及准备工作，确认耐压试验结果；

（四）现场确认产品爆破试验或者射线检测结果；

（五）对受检单位的压力容器制造质量管理体系运转情况进行监督。

第四十二条　从事监督检验的特种设备检验检测机构应当根据制造单位的要求按台或者按批出具制造监督检验证书。

第六章　使用管理

第四十三条　使用单位负责简单压力容器使用的安全管理。符合本规程适用范围的简单压力容器，不需要办理使用登记手续。在推荐使用寿命内的简单压力容器，不需要按《压力容器定期检验规则》进行定期检验。

第四十四条　使用单位应当建立设备安全管理档案，对简单压力容器进行定期保养、检查并且记录存档，发现异常情况时，应当及时请特种设备检验检测机构进行检验。

第四十五条　达到推荐使用寿命的简单压力容器应当报废，如需继续使用的，使用单位应当报特种设备检验检测机构按《压力容器定期检验规则》进行定期检验。

第四十六条　简单压力容器发生事故，事故发生单位应当迅速采取有效措施，组织抢救，防止事故扩大，并且按照《锅炉压力容器压力管道特种设备事故处理规定》的要求进行报告和处理。不得隐瞒、拖延不报或者谎报。

第七章　附　　则

第四十七条　符合本规程适用范围的简单压力容器，如果数量较少，可以按《压力容器安全技术监察规程》和相关标准进行设计、制造，按本规程进行使用管理。

第四十八条　符合本规程的有关定义和范围，但材料为铝或者铝合金的简单压力容器，应当按照 JB/T 4734—2002《铝制焊接容器》和相关标准进行设计、制造，按本规程进行使用管理。

第四十九条　本规程由国家质量监督检验检疫总局负责解释。

第五十条　本规程自 2007 年 7 月 1 日起执行。

附件

简单压力容器产品铭牌式样

产品铭牌采用金属制作，式样如下：

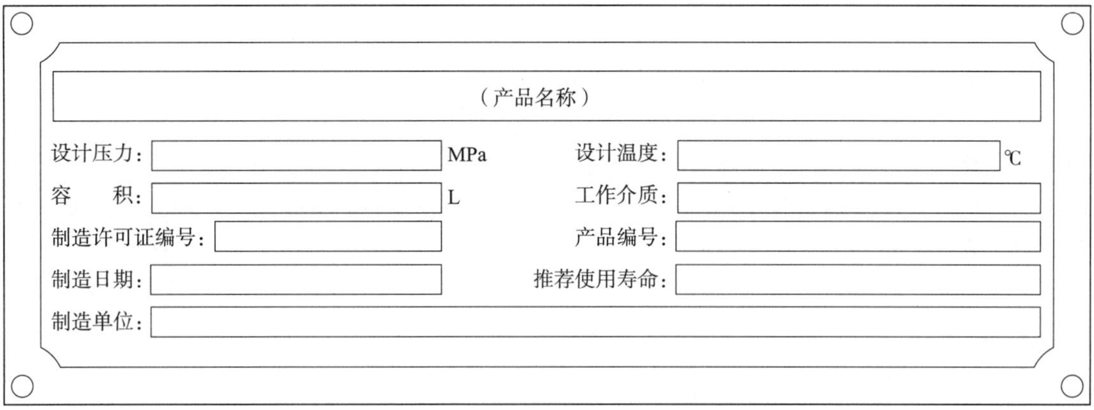

压力容器定期检验规则

目　次

第二章　年度检查

第十一条　压力容器年度检查包括使用单位压力容器安全管理情况检查、压力容器本体及运行状况检查和压力容器安全附件检查等。

检查方法以宏观检查为主，必要时进行测厚、壁温检查和腐蚀介质含量测定、真空度测试等。

第十二条　年度检查前，使用单位应当做好以下各项准备工作：

（一）压力容器外表面和环境的清理；

（二）根据现场检查的需要，做好现场照明、登高防护、局部拆除保温层等配合工作，必要时配备合格的防噪声、防尘、防有毒有害气体等防护用品；

（三）准备好压力容器技术档案资料、运行记录、使用介质中有害杂质记录；

（四）准备好压力容器安全管理规章制度和安全操作规范，操作人员的资格证；

（五）检查时，使用单位压力容器管理人员和相关人员到场配合，协助检查工作，及时提供检查人员需要的其他资料。

第十三条　检查前检查人员应当首先全面了解被检压力容器的使用情况、管理情况，认真查阅压力容器技术档案资料和管理资料，做好有关记录。

压力容器安全管理情况检查的主要内容如下：

（一）压力容器的安全管理规章制度和安全操作规程，运行记录是否齐全、真实，查阅压力容器台账（或者账册）与实际是否相符；

（二）压力容器图样、使用登记证、产品质量证明书、使用说明书、监督检验证书、历年检验报告以及维修、改造资料等建档资料是否齐全并且符合要求；

（三）压力容器作业人员是否持证上岗；

（四）上次检验、检查报告中所提出的问题是否解决。

第十四条　进行压力容器本体及运行状况检查时，除非检查人员认为必要，一般可以不拆保温层。

第十五条　压力容器本体及运行状况的检查主要包括以下内容：

（一）压力容器的铭牌、漆色、标志及喷涂的使用证号码是否符合有关规定；

（二）压力容器的本体、接口（阀门、管路）部位、焊接接头等是否有裂纹、过热、变形、泄漏、损伤等；

（三）外表面有无腐蚀，有无异常结霜、结露等；

（四）保温层有无破损、脱落、潮湿、跑冷；

（五）检漏孔、信号孔有无漏液、漏气，检漏孔是否畅通；

（六）压力容器与相邻管道或者构件有无异常振动、响声或者相互摩擦；

（七）支承或者支座有无损坏，基础有无下沉、倾斜、开裂、紧固螺栓是否齐全、完好；

（八）排放（疏水、排污）装置是否完好；

（九）运行期间是否有超压、超温、超量等现象；

（十）罐体有接地装置的，检查接地装置是否符合要求；

（十一）安全状况等级为4级的压力容器的监控措施执行情况和有无异常情况；

（十二）快开门式压力容器安全联锁装置是否符合要求。

第十六条　安全附件的检验包括对压力表、液位计、测温仪表、爆破片装置、安全阀的检查和校验(其中安全阀校验要求见附件三)。

(一)压力表

1. 压力表的年度检查,至少包括以下内容:

(1)压力表的选型;

(2)压力表的定期检修维护制度,检定有效期及其封印;

(3)压力表外观、精度等级、量程、表盘直径;

(4)在压力表和压力容器之间装设三通旋塞或者针形阀的位置、开启标记及锁紧装置;

(5)同一系统上各压力表的读数是否一致。

2. 年度检查时,凡发现以下情况之一的,要求使用单位限期改正并且采取有效措施确保改正期间的安全,如果逾期仍未改正的,应当暂停该压力容器使用:

(1)选型错误;

(2)表盘封面玻璃破裂或者表盘刻度模糊不清;

(3)封印损坏或者超过检定有效期限:

(4)表内弹簧管泄漏或者压力表指针松动;

(5)指针扭曲断裂或者外壳腐蚀严重;

(6)通旋塞或者针形阀开启标记不清或者锁紧装置损坏。

(二)液位计

1. 液位计年度检查,至少包括以下内容:

(1)液位计的定期检修维护制度;

(2)液位计外观及附件;

(3)寒冷地区室外使用或者盛装0℃以下介质的液位计选型;

(4)用于易燃、毒性程度为极度、高度危害介质的液化气体压力容器时,液位计的防止泄漏保护装置。

2. 检查时,凡发现以下情况之一的,要求使用单位限期改正并且采取有效措施确保改正期间的安全,如果逾期仍未改正应当暂停该压力容器使用:

(1)超过规定的检修期限;

(2)玻璃板(管)有裂纹、破碎;

(3)阀件固死;

(4)出现假液位;

(5)液位计指示模糊不清;

(6)选型错误;

(7)防止泄漏的保护装置损坏。

(三)测温仪表

1. 测温仪表的年度检查,至少包括以下内容:

(1)测温仪表的定期检定和检修制度;

(2)测温仪表的量程与其检测的温度范围的匹配情况;

(3)测温仪表及其二次仪表的外观。

2. 年度检查时,凡发现以下情况之一的,要求使用单位限期改正并且采取有效措施确保改正期间的安全,如果逾期仍未改正则该压力容器暂停使用:

(1)超过规定的检定、检修期限;

(2)仪表及其防护装置破损；

(3)仪表量程选择错误。

(四)爆破片装置

1. 爆破片装置的年度检查,至少包括以下内容：

(1)检查爆破片是否超过产品说明书规定的使用期限；

(2)检查爆破片的安装方向是否正确,核实铭牌上的爆破压力和温度是否符合运行要求；

(3)爆破片单独作泄压装置的(图1),检查爆破片和容器间的截止阀是否处于全开状态,铅封是否完好；

(4)爆破片和安全阀串联使用,如果爆破片装在安全阀的进口侧(图2),应当检查爆破片和安全阀之间装设的压力表有无压力显示,打开截止阀检查有无气体排出；

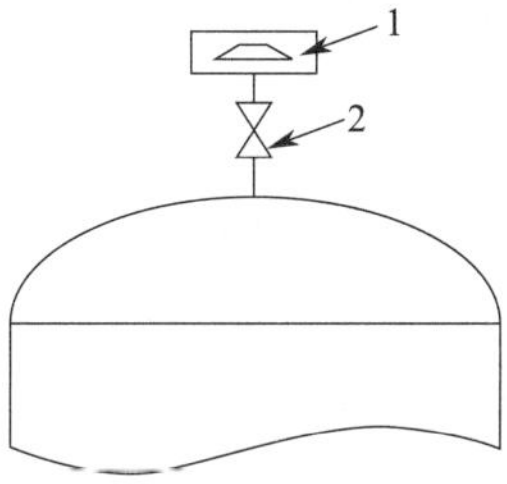

图1　爆破片单独使用

1—爆破片;2—截止阀

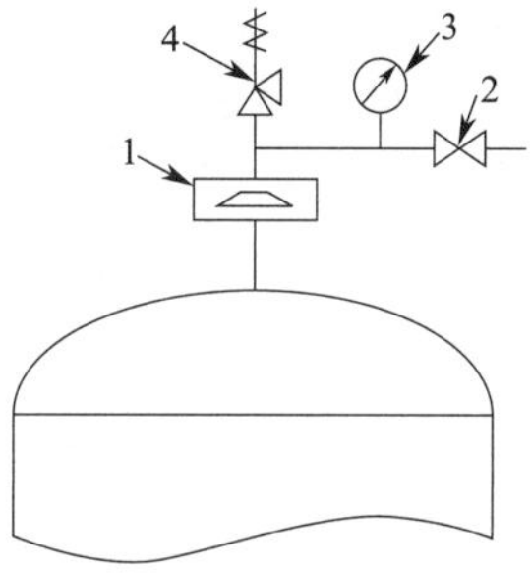

图2　安全阀与爆破片串联使用

(爆破片装在安全阀进口侧)

1—爆破片;2—截止阀;3—压力表;4—安全阀

(5)爆破片和安全阀串联使用,如果爆破片装在安全阀的出口侧(图3),应当检查爆破片和安全阀之间装设的压力表有无压力显示,如果有压力显示应当打开截止阀,检查能否顺利疏水、排气；

(6)爆破片和安全阀并联使用(图4)时,检查爆破片与容器间装设的截止阀是否处于全开状态,铅封是否完好。

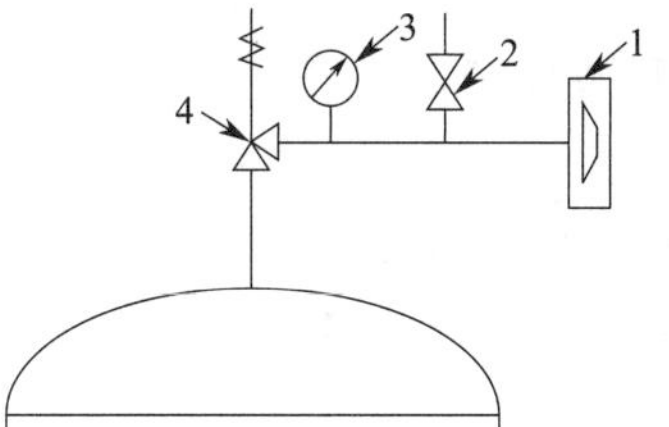

图3　安全阀与爆破片串联使用

(爆破片装在安全阀出口侧)

1—爆破片;2—截止阀;3—压力表;4—安全阀

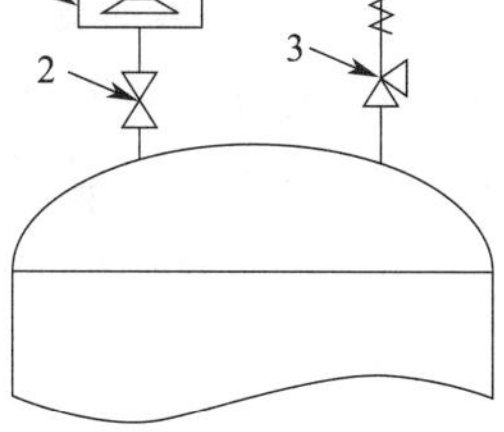

图4　安全阀、爆破片并联使用

1—爆破片;2—截止阀;3—安全阀

2. 年度检查时,凡发现以下情况之一的,要求使用单位限期更换爆破片装置并且采取有效措施确保更换期的安全,如果逾期仍未更换则该压力容器暂停使用：

(1)爆破片超过规定使用期限的；

(2)爆破片安装方向错误的；

(3)爆破片装置标定的爆破压力、温度和运行要求不符的；

(4)使用中超过标定爆破压力而未爆破的；

(5)爆破片装在安全阀进口侧与安全阀串联使用时，爆破片和安全阀之间的压力表有压力显示或者截止阀打开后有气体漏出的；

(6)爆破片装置泄漏的。

3. 爆破片单独作泄压装置或者爆破片与安全阀并联使用的压力容器进行年度检查时，如果发现爆破片和容器间的截止阀未处于全开状态或者铅封损坏时，要求使用单位限期改正并且采取有效措施确保改正期间的安全，如果逾期仍未改正则该压力容器暂停使用。

(五)安全阀

1. 安全阀的年度检查，至少包括以下内容：

(1)安全阀的选型是否正确；

(2)校验有效期是否过期；

(3)对杠杆式安全阀，检查防止重锤自由移动和杠杆越出的装置是否完好，对弹簧式安全阀检查调整螺钉的铅封装置是否完好，对静重式安全阀检查防止重片飞脱的装置是否完好；

(4)如果安全阀和排放口之间装设了截止阀，检查截止阀是否处于全开位置及铅封是否完好；

(5)安全阀是否泄漏。

2. 年度检查时，凡发现以下情况之一的，要求使用单位限期改正并且采取有效措施确保改正期间的安全，如果逾期仍未改正则该压力容器暂停使用：

(1)选型错误；

(2)超过校验有效期；

(3)铅封损坏；

(4)安全阀泄漏。

第十七条 安全阀一般每年至少校验一次。对于弹簧直接载荷式安全阀，当满足本条所规定的条件时，经过使用单位技术负责人批准可以适当延长校验周期。

(一)满足以下全部条件的弹簧直接载荷式安全阀，其校验周期最长可以延长至3年：

1. 安全阀制造企业已取得国家质检部门颁发的制造许可证；

2. 安全阀制造企业能提供证明，证明其所用弹簧按GB/T 12243—1989《弹簧直接载荷式安全阀》标准进行了强压处理或者加温强压处理，并且同一热处理炉同规格的弹簧取10%(但不得少于2个)测定规定负荷下的变形量或者刚度，其变形量或者刚度的偏差不大于15%；

3. 安全阀内件的材料耐介质腐蚀；

4. 安全阀在使用过程中未发生过开启；

5. 压力容器及安全阀阀体在使用时无明显锈蚀；

6. 压力容器内盛装非粘性及毒性程度中度及中度以下的介质。

(二)使用单位建立、实施了健全的设备使用、管理与维修保养制度，并且能满足以下各项条件也可以延长3年：

1. 在连续2次的运行检查中，所用的安全阀未发现第十六条(五)2中所列的任何问题；

2. 使用单位建立了符合附件三要求的安全阀校验站，自行进行安全阀校验；

3. 使用单位建有可靠的压力控制与调节装置或者超压报警装置。

（三）满足本条（一）款中1、3、4、5和（二）款要求的弹簧直接载荷式安全阀，如果同时满足以下各项条件，其校验周期最长可以延长至5年：

1. 安全阀制造企业能提供证明，证明其所用弹簧按GB/T 12243—1989《弹簧直接载荷式安全阀》标准进行了强压处理或者加温强压处理，并且同一热处理炉同规格的弹簧取20%（但不得少于4个）测定规定负荷下的变形量和刚度，其变形量或者刚度的偏差不大于10%；

2. 压力容器内盛装毒性程度低度以及低度以下的气体介质，工作温度不大于200 ℃。

（四）凡是校验周期延长的安全阀，使用单位应当将延期校验情况书面告知发证机构。

第十八条 安全阀需要进行现场校验（在线校验）和压力调整时，使用单位主管压力容器安全的技术人员和经过安全阀校验培训合格的人员应当到场确认。调校合格的安全阀应当加铅封。调整及校验装置用压力表的精度应当不低于1级。在校验和调整时，应当有可靠的安全防护措施。

第十九条 年度检查工作完成后，检查人员根据实际检查情况出具检查报告，做出下述结论：

（一）允许运行，系指未发现或者只有轻度不影响安全的缺陷；

（二）监督运行，系指发现一般缺陷，经过使用单位采取措施后能保证安全运行，结论中应当注明监督运行需解决的问题及完成期限；

（三）暂停运行，仅指安全附件的问题逾期仍未解决的情况。问题解决并且经过确认后，允许恢复运行；

（四）停止运行，系指发现严重缺陷，不能保证压力容器安全运行的情况，应当停止运行或者由检验机构持证的压力容器检验人员做进一步检验。

年度检验查一般不对压力容器安全状况等级进行评定，但如果发现严重问题，应当由检验机构持证的压力容器检验人员按本规则第五章的规定进行评定，适当降低压力容器安全状况等级。

第三章　全面检验

第二十条 检验前应当审查以下资料：

（一）设计单位资格，设计、安装、使用说明书，设计图样，强度计算书等；

（二）制造单位资格，制造日期，产品合格证，质量证明书（对低温度液体（绝热）压力容器，还包括封口真空度、真空夹层泄漏率检验结果、静态蒸发率指标等），竣工图等；

（三）大型压力容器现场组装单位资格，安装日期，竣工验收文件；

（四）制造、安装监督检验证书，进口压力容器安全性能监督检验报告；

（五）使用登记证；

（六）运行周期内的年度检查报告；

（七）历次全面检验报告；

（八）运行记录、开停车记录、操作条件变化情况以及运行中出现异常情况的记录等；

（九）有关维修或者改造的文件，重大改造维修方案，告知文件，竣工资料，改造、维修监督检验证书等。

本条（一）至（五）款的资料在压力容器投用后首次检验时必须审查，在以后的检验中可以视需要查阅。

第二十一条 全面检验前，使用单位做好有关的准备工作，检验前现场应当具备以下条件：

(一)影响全面检验的附属部件或者其他物件,应当按检验要求进行清理或者拆除;

(二)为检验而搭设的脚手架、轻便梯等设施必须安全牢固(对离地面 3 m 以上的脚手架设置安全护栏);

(三)需要进行检验的表面,特别是腐蚀部位和可能产生裂纹性缺陷的部位,必须彻底清理干净,母材表面应当露出金属本体,进行磁粉、渗透检测的表面应当露出金属光泽;

(四)被检容器内部介质必须排放、清理干净,用盲板从被检容器的第一道法兰处隔断所有液体、气体或者蒸汽的来源,同时设置明显的隔离标志。禁止用关闭阀门代替盲板隔断;

(五)盛装易燃、助燃、毒性或者窒息性介质的,使用单位必须进行置换、中和、消毒、清洗,取样分析,分析结果必须达到有关规范、标准的规定。取样分析的间隔时间,应当在使用单位的有关制度中做出规定。盛装易燃介质的,严禁用空气置换;

(六)人孔和检查孔打开后,必须清除所有可能滞留的易燃、有毒、有害气体。压力容器内部空间的气体含氧量应当在 18% ~23%(体积比)之间。必要时,还应当配备通风、安全救护等设施;

(七)高温或者低温条件下运行的压力容器,按照操作规程的要求缓慢地降温或者升温,使之达到可以进行检验工作的程度,防止造成伤害;

(八)能够转动的或者其中有可动部件的压力容器,应当锁住开关,固定牢靠。移动式压力容器检验时,应当采取措施防止移动;

(九)切断与压力容器有关的电源,设置明显的安全标志。检验照明用电不超过 24 V,引入容器内的电缆应当绝缘良好,接地可靠;

(十)如果需现场射线检测时,应当隔离出透照区,设置警示标志;

(十一)全面检验时,应当有专人监护,并且有可靠的联络措施;

(十二)检验时,使用单位压力容器管理人员和相关人员到场配合,协助检验工作,负责安全监护。

第二十二条　检验人员认真执行使用单位有关动火、用电、高空作业、罐内作业、安全防护、安全监护等规定,确保检验工作安全。

第二十三条　检验用的设备和器具应当在有效的检定或者校准期内。在易燃、易爆场所进行检验时,应当采用防爆、防火花型设备、器具。

第二十四条　检验的一般程序包括检验前准备、全面检验、缺陷及问题的处理、检验结果汇总、结论和出具检验报告等常规要求(见图 5),检验人员可以根据实际情况,确定检验项目,进行检验工作。

第二十五条　检验的具体项目包括宏观(外观、结构以及几何尺寸)、保温层隔热层衬里、壁厚、表面缺陷、埋藏缺陷、材质、紧固件、强度、安全附件、气密性以及其他必要的项目。

(一)检验的方法以宏观检查、壁厚测定、表面无损检测为主,必要时可以采用以下检验检测方法:

1. 超声检测;
2. 射线检测;
3. 硬度测定;
4. 金相检验;
5. 化学分析或者光谱分析;

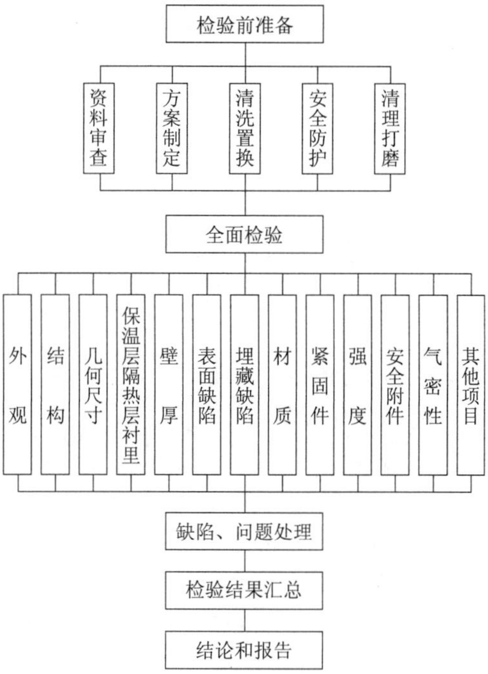

图5 检验的一般程序

6. 涡流检测；

7. 强度校核或者应力测定；

8. 气密性试验；

9. 声发射检测；

10. 其他。

（二）宏观检查主要是检查外观、结构及几何尺寸等是否满足容器安全使用的要求，本规则第五章有规定的，应当按其规定评定安全状况等级。

1. 外观检查

（1）容器本体、对接焊缝、接管角焊缝等部位的裂纹、过热、变形、泄漏等，焊缝表面（包括近缝区），以肉眼或者5～10倍放大镜检查裂纹；

（2）内外表面的腐蚀和机械损伤；

（3）紧固螺栓；

（4）支承或者支座，大型容器基础的下沉、倾斜、开裂；

（5）排放（疏水、排污）装置；

（6）快开门式压力容器的安全联锁装置；

（7）多层包扎、热套容器的泄放孔。

上述检查项目以发现容器在运行过程中产生的缺陷为重点，对于内部无法进入的容器应当采用内窥镜或者其他方法进行检查。

2. 结构检查

（1）筒体与封头的连接；

（2）开孔及补强；

（3）角接；

(4)搭接；

(5)布置不合理的焊缝；

(6)封头(端盖)；

(7)支座或者支承；

(8)法兰；

(9)排污口。

上述检查项目仅在首次全面检验时进行,以后的检验仅对运行中可能发生变化的内容进行复查。

3. 几何尺寸

(1)纵、环焊缝对口错边量、棱角度；

(2)焊缝余高、角焊缝的焊缝厚度和焊脚尺寸；

(3)同一断面最大直径与最小直径；

(4)封头表面凹凸量、直边高度和直边部位的纵向皱折；

(5)不等厚板(锻)件对接接头未进行削薄或者堆焊过渡的两侧厚度差；

(6)直立压力器和球形压力容器支柱的铅垂度。

上述检查项目仅在首次全面检验时进行,以后的检验只对运行中可能发生变化的内容进行复查。

4. 保温层、隔热层、衬里

(1)保温层的破损、脱落、潮湿、跑冷；

(2)有金属衬里的压力容器,如果发现衬里有穿透性腐蚀、裂纹、凹陷、检查孔已流出介质,应当局部或者全部拆除衬里层,查明本体的腐蚀状况或者其他缺陷；

(3)带堆焊层的,堆焊层的龟裂、剥离和脱落等；

(4)对于非金属材料作衬里的,如果发现衬里破损、龟裂或者脱落,或者在运行中本体壁温出现异常,应当局部或者全部拆除衬里,查明本体的腐蚀状况或者其他缺陷。

外保温层一般应当拆除,拆除的部位、比例由检验人员确定。有以下情况之一者,可以不拆除保温层:

(1)外表面有可靠的防腐蚀措施；

(2)外部环境没有水浸入或者跑冷；

(3)对有代表性的部位进行抽查,未发现裂纹等缺陷；

(4)壁温在露点以上；

(5)有类似的成功使用经验。

(三)低温液体(绝热)压力容器补充检查

1. 夹层上装有真空测试装置的低温液体(绝热)压力容器,测试夹层的真空度。其合格指标为:

(1)未装低温介质的情况下,真空粉末绝热夹层真空度应当低于 65 Pa,多层绝热夹层真空度应当低于 40 Pa；

(2)装有低温介质的情况下,真空粉末绝热夹层真空度应当低于 10 Pa,多层绝热夹层真空度应当低于 0.2 Pa。

2. 夹层上未装真空测试装置的低温液体(绝热)压力容器,检查容器日蒸发率的变化情况,进行容器日蒸发率测量。实测日蒸发率指标小于 2 倍额定日蒸发率指标为合格。

（四）壁厚测定

1. 测定位置应当有代表性，有足够的测定点数。测定后标图记录，对异常测厚点做详细标记。

厚度测定点的位置，一般应当选择以下部位：

（1）液位经常波动的部位；

（2）易受腐蚀、冲蚀的部位；

（3）制造成型时壁厚减薄部位和使用中易产生变形及磨损的部位；

（4）表面缺陷检查时，发现的可疑部位；

（5）接管部位。

2. 壁厚测定时，如果遇母材存在夹层缺陷，应当增加测定点或者用超声检测，查明夹层分布情况以及与母材表面的倾斜度，同时作图记录。

（五）表面无损检测

1. 有以下情况之一的，对容器内表面对接焊缝进行磁粉或者渗透检测，检测长度不少于每条对接焊缝长度的20%：

（1）首次进行全面检验的第三类压力容器；

（2）盛装介质有明显应力腐蚀倾向的压力容器；

（3）Cr－Mo钢制压力容器；

（4）标准抗拉强度下限 $\sigma_b \geq 540$ MPa 钢制压力容器。

在检测中发现裂纹，检验人员应当根据可能存在的潜在缺陷，确定扩大表面无损检测的比例；如果扩检中仍发现裂纹，则应当进行全部焊接接头的表面无损检测。内表面的焊接接头已有裂纹的部位，对其相应外表面的焊接接头应当进行抽查。

如果内表面无法进行检测，可以在外表面采用其他方法进行检测。

2. 对应力集中部位、变形部位，异种钢焊接部位、奥氏体不锈钢堆焊层、T型焊接接头、其他有怀疑的焊接接头，补焊区，工卡具焊迹、电弧损伤处和易产生裂纹部位，应当重点检查。对焊接裂纹敏感的材料，注意检查可能发生的焊趾裂纹。

3. 有晶间腐蚀倾向的，可以采用金相检验检查。

4. 绕带式压力容器的钢带始、末端焊接接头，应当进行表面无损检测，不得有裂纹。

5. 铁磁性材料的表面无损检测优先选用磁粉检测。

6. 标准抗拉强度下限 $\sigma_b \geq 540$ MPa 的钢制压力容器，耐压试验后应当进行表面无损检测抽查。

（六）埋藏缺陷检测

1. 有以下情况之一时，应当进行射线检测或者超声检测抽查，必要时相互复验：

（1）使用过程中补焊过的部位；

（2）检验时发现焊缝表面裂纹，认为需要进行焊缝埋藏缺陷检查的部位；

（3）错边量和棱角度超过制造标准要求的焊缝部位；

（4）使用中出现焊接接头泄漏的部位及其两端延长部位；

（5）承受交变载荷设备的焊接接头和其他应力集中部位；

（6）有衬里或者因结构原因不能进行内表面检查的外表面焊接接头；

（7）用户要求或者检验人员认为有必要的部位。

已进行过此项检查的，再次检验时，如果无异常情况，一般不再复查。

2. 抽查比例或者是否采用其他检测方法复验,由检验人员根据具体情况确定。

3. 必要时,可以用声发射判断缺陷的活动性。

(七)材质检查

1. 主要受压元件材质的种类和牌号一般应当查明。材质不明者,对于无特殊要求的容器,按 Q235 钢进行强度校核。对于第三类压力容器、移动式压力容器以及有特殊要求的压力容器,必须查明材质。

对于已进行过此项检查,并且已作出明确处理的,不再重复检查。

2. 检查主要受压元件材质是否劣化,可以根据具体情况,采用硬度测定、化学分析、金相检验或者光谱分析等,予以确定。

(八)对无法进行内部检查的压力容器,应当采用可靠检测技术(例如内窥镜、声发射、超声检测等)从外部检测内表面缺陷。

(九)紧固件检查

对主螺栓应当逐个清洗,检查其损伤和裂纹情况,必要时进行无损检测。重点检查螺纹及过渡部位有无环向裂纹。

(十)强度校核

1. 有以下情况之一的,应当进行强度校核:

(1)腐蚀深度超过腐蚀裕量;

(2)设计参数与实际情况不符;

(3)名义厚度不明;

(4)结构不合理,并且已发现严重缺陷;

(5)检验人员对强度有怀疑。

2. 强度校核的有关原则:

(1)原设计已明确所用强度设计标准的,可以按该标准进行强度校核;

(2)原设计没有注明所依据的强度设计标准或者无强度计算的,原则上可以根据用途(例如石油、化工、冶金、轻工、制冷等)或者结构型式(例如球罐、废热锅炉、搪玻璃设备、换热器、高压容器等),按当时的有关标准进行校核;

(3)国外进口的或者按国外规范设计的,原则上仍按原设计规范进行强度校核。如果设计规范不明,可以参照我国相应的规范;

(4)焊接接头系数根据焊接接头的实际结构型式和检验结果,参照原设计规定选取;

(5)剩余壁厚按实测最小值减去至下次检验期的腐蚀量,作为强度校核的壁厚;

(6)校核用压力,应当不小于压力容器实际最高工作压力。装有安全泄放装置的,校核用压力不得小于安全阀开启压力或者爆破片标定的爆破压力(低温真空绝热容器反之);

(7)强度校核时的壁温,取实测最高壁温;低温压力容器,取常温;

(8)壳体直径按实测最大值选取;

(9)塔、大型球罐等设备进行强度校核时,还应当考虑风载荷、地震载荷等附加载荷;

(10)强度校核由检验机构或者有资格的压力容器设计单位进行。

3. 对不能以常规方法进行强度校核的,可以采用有限元方法、应力分析设计或者实验应力分析等方法校核。

(十一)安全附件检查

1. 压力表

(1)无压力时,压力表指针是否回到限止钉处或者是否回到零位数值;

(2)压力表的检定和维护必须符合国家计量部门的有关规定,压力表安装前应当进行检定,注明下次检定日期,压力表检定后应当加铅封。

2. 安全阀

(1)安全阀应当从压力容器上拆下,按本规则附件三"安全阀校验要求"进行解体检查、维修与调校。安全阀校验合格后,打上铅封,出具校验报告后方准使用;

(2)新安全阀根据使用情况调试并且铅封后,才准安装使用。

3. 爆破片

按有关规定,按期更换。

4. 紧急切断装置

紧急切断装置应当从压力容器上拆下,进行解体、检验、维修和调整,做耐压、密封、紧急切断等性能试验。检验合格并且重新铅封方准使用。

(十二)气密性试验

1. 介质毒性程度为极度、高度危害或者设计上不允许有微量泄漏的压力容器,必须进行气密性试验。

对设计图样要求做气压试验的压力容器,是否需再做气密性试验,按设计图样规定。

2. 气密性试验的试验介质由设计图样规定。气密性试验的试验压力应当等于本次检验核定的最高工作压力,安全阀的开启压力不高于容器的设计压力。

气密性试验所用气体,应当符合本规则第三十五条(三)的规定。

碳素钢和低合金钢制压力容器,其试验用气体的温度不低于5℃,其他材料制压力容器按设计图样规定。

3. 气密性试验的操作应当符合以下规定:

(1)压力容器进行气密性试验时,应当将安全附件装配齐全;

(2)压力缓慢上升,当达到试验压力的10%时暂停升压,对密封部位及焊缝等进行检查,如果无泄漏或者异常现象可以继续升压;

(3)升压应当分梯次逐渐提高,每级一般可以为试验压力的10% ~20%,每级之间适当保压,以观察有无异常现象;

(4)达到试验压力后,经过检查无泄漏和异常现象,保压时间不少于3 min,压力不下降即为合格,保压时禁止采用连续加压以维持试验压力不变的做法;

(5)有压力时,不得紧固螺栓或者进行维修工作。

4. 盛装易燃介质的压力容器,在气密性试验前,必须进行彻底的蒸汽清洗、置换,并且经过取样分析合格,否则严禁用空气作为试验介质。

对盛装易燃介质的压力容器,如果以氮气或者其他惰性气体进行气密性试验,试验后,应当保留0.05 ~0.1 MPa的余压,保持密封。

5. 有色金属制压力容器的气密性试验,应当符合相应标准规定或者设计图样的要求。

6. 对长管拖车中的无缝气瓶,试验时可以按相应的标准进行声发射检测。

第二十六条 全面检验工作完成后,检验人员根据实际检验情况,结合耐压试验结果,按本规则第五章的规定评定压力容器的安全状况等级,出具检验报告,给出允许运行的参数及下次全面检验的日期。

第四章　耐压试验

第二十七条　全面检验合格后方允许进行耐压试验。耐压试验前，压力容器各连接部位的紧固螺栓，必须装配齐全，紧固妥当。耐压试验场地应当有可靠的安全防护设施，并且经过使用单位技术负责人和安全部门检查认可。耐压试验过程中，检验人员与使用单位压力容器管理人员到试验现场进行检验。检验时不得进行与试验无关的工作，无关人员不得在试验现场停留。

第二十八条　耐压试验时至少采用两个量程相同的并且经过检定合格的压力表，压力表安装在容器顶部便于观察的部位。压力表的选用应当符合如下要求：

(一)低压容器使用的压力表精度不低于2.5级，中压及高压容器使用的压力表精度不低于1.6级；

(二)压力表的量程应当为试验压力的1.5～3.0倍，表盘直径不小于100 mm。

第二十九条　耐压试验的压力应当符合设计图样要求，并且不小于下式计算值：

$$p_T = \eta p \frac{[\sigma]}{[\sigma]_t}$$

式中　p——本次检验时核定的最高工作压力，MPa；

p_T——耐压试验压力，MPa；

η——耐压试验的压力系数，按表1选用；

$[\sigma]$——试验温度下材料的许用应力，MPa；

$[\sigma]_t$——设计温度下材料的许用应力，MPa。

表1　耐压试验的压力系数 η

压力容器型式	压力容器的材料	压力等级	耐压试验压力系数	
			液(水)压	气压
固定式	钢和有色金属	低压	1.25	1.15
		中压	1.25	1.15
		高压	1.25	1.15
	铸铁		2.00	
	搪玻璃		1.25	
移动式		中、低压	1.50	1.15

当压力容器各承压元件(圆筒、封头、接管、法兰及紧固件等)所用材料不同时，计算耐压试验压力取各元件材料$[\sigma]/[\sigma]_t$比值中最小者。

第三十条　耐压试验前，应当对压力容器进行应力校核，其环向薄膜应力值应当符合如下要求：

(一)液压试验时，不得超过试验温度下材料屈服点的90%与焊接接头系数的乘积；

(二)气压试验时，不得超过试验温度下材料屈服点的80%与焊接接头系数的乘积。

校核应力时，所取的壁厚为实测壁厚最小值扣除腐蚀量，对液压试验所取的压力还应当计入液柱静压力。对壳程压力低于管程压力的列管式热交换器，可以不扣除腐蚀量。

第三十一条　耐压试验优先选择液压试验，其试验介质应当符合如下要求：

(一)凡在试验时，不会导致发生危险的液体，在低于其沸点的温度下，都可以用作液压试验介质。一般采用水，当采用可燃性液体进行液压试验时，试验温度必须低于可燃性液体的闪点，试验场地附近不得有火源，并且配备适用的消防器材；

（二）以水为介质进行液压试验，所用的水必须是洁净的。奥氏体不锈钢制压力容器用水进行液压试验时，控制水的氯离子含量不超过 25 mg/L。

第三十二条 液压试验时，试验介质的温度应当符合如下要求：

碳素钢、16MnR、15MnNbR 和正火 15MnVR 钢制压力容器在液压试验时，液体温度不得低于 5 ℃。其他低合金钢制压力容器，液体温度不得低于 15 ℃。如果由于板厚等因素造成材料无延性转变温度升高，则需相应提高液体温度。其他材料压力容器液压试验温度按设计图样规定。铁素体钢制低温压力容器液压试验时，液体温度应当高于壳体材料和焊接接头夏比冲击试验规定温度中的高者与 20 ℃之和。

第三十三条 液压试验的操作应当符合如下要求：

（一）压力容器中充满液体，滞留在压力容器中的气体必须排净，压力容器外表面应当保持干燥；

（二）当压力容器壁温与液体温度接近时才能缓慢升压至规定的试验压力，保压 30 min，然后降至规定试验压力的 80%（移动式压力容器降至规定试验压力的 67%），保压足够时间进行检查；

（三）检查期间压力应当保持不变，不得采用连续加压来维持试验压力不变，液压试验过程中不得带压紧固螺栓或者向受压元件施加外力；

（四）液压试验完毕后，使用单位按其规定进行试验用液体的处置以及对内表面的专门技术处理。

换热压力容器液压试验程序参照 GB 151—1999《管壳式换热器》的有关规定执行。

对内筒外表面仅部分被夹套覆盖的压力容器，分别进行内筒与夹套的液压试验；对内筒外表面大部分被夹套覆盖的压力容器，只进行夹套的液压试验。

第三十四条 压力容器液压试验后，符合以下条件为合格：

（一）无渗漏；

（二）无可见的变形；

（三）试验过程中无异常的响声；

（四）标准抗拉强度下限 $\sigma_b \geq 540$ MPa 钢制压力容器，试验后经过表面无损检测未发现裂纹。

第三十五条 压力容器气压试验应当符合本条的要求。

（一）基本要求如下：

1. 由于结构或者支承原因，压力容器内不能充灌液体，以及运行条件不允许残留试验液体的压力容器，可以按设计图样规定采用气压试验；

2. 盛装易燃介质的压力容器，在气压试验前，必须采用蒸汽或者其他有效的手段进行彻底的清洗、置换并且取样分析合格，否则严禁用空气作为试验介质；

3. 试验所用气体为干燥洁净的空气、氮气或者其他惰性气体；

4. 碳素钢和低合金钢制压力容器的试验用气体温度不得低于 15 ℃。其他材料制压力容器，其试验用气体温度应当符合设计图样规定；

5. 气压试验时，试验单位的安全部门进行现场监督。

（二）气压试验的操作过程如下：

1. 缓慢升压至规定试验压力的 10%，保压 5 ~ 10 min，对所有焊缝和连接部位进行初次检查。如果无泄漏可以继续升压到规定试验压力的 50%；

2. 如果无异常现象，其后按规定试验压力的 10% 逐级升压，直到试验压力，保压 30 min。然后降到规定试验压力的 87%，保压足够时间进行检查，检查期间压力应当保持不变，不得采用连续加压来维持试验压力不变。气压试验过程中严禁带压紧固螺栓或者向受压元件施加外力。

（三）气压试验过程中，符合以下条件为合格：

1. 压力容器无异常响声；

2. 经过肥皂液或者其他检漏液检查无漏气；

3. 无可见的变形。

对盛装易燃介质的压力容器，如果以氮气或者其他惰性气体进行气压试验，试验后，应当保留 0.05 ~ 0.1 MPa 的余压，保持密封。

第三十六条 有色金属制压力容器的耐压试验，应当符合其标准规定或者设计图样的要求。

第五章 安全状况等级评定

第三十七条 安全状况等级根据压力容器的检验结果综合评定，以其中项目等级最低者，作为评定级别。

需要维修改造的压力容器，按维修改造后的复检结果进行安全状况等级评定。

经过检验，安全附件不合格的压力容器不允许投入使用。

第三十八条 主要受压元件材质，应当符合设计和使用要求，如果与原设计不符，材质不明或者材质劣化时，按照本条进行安全状况等级处分。

（一）用材与原设计不符

1. 如果材质清楚，强度校核合格，经过检验未查出新生缺陷（不包括正常的均匀腐蚀），检验员认为可以安全使用的不影响定级；如果使用中产生缺陷，并且确认是用材不当所致，可以定为 4 级或者 5 级。

2. 罐车和液化石油气储罐的主要受压元件材质为沸腾钢的，定为 5 级。

（二）材质不明

对于经过检验未查出新生缺陷（不包括正常的均匀腐蚀），并且按 Q235 强度校核合格的，在常温下工作的一般压力容器，可以定为 3 级或者 4 级；移动式压力容器和液化石油气储罐，定为 5 级。

（三）材质劣化

如果发现明显的应力腐蚀、晶间腐蚀、表面脱碳、渗碳、石墨化、蠕变、氢损伤等材质劣化倾向并且已产生不可修复的缺陷或者损伤时，根据材质劣化程度，定为 4 级或者 5 级，如果缺陷可以修复并且能够确保在规定的操作条件下和检验周期内安全使用的，可以定为 3 级。

第三十九条 有不合理结构的，按照本条划分其安全状况等级。

（一）封头主要参数不符合制造标准，但经过检验未查出新生缺陷（不包括正常的均匀腐蚀），可以定为 2 级或者 3 级；如果有缺陷，可以根据相应的条款进行安全状况等级评定。

（二）封头与筒体的连接，如果采用单面焊对接结构，而且存在未焊接时，罐车定为 5 级，其他压力容器，可以根据未焊透情况，按第四十五条的规定定级；如果采用搭接结构，可以定为

4级或者5级。

不等厚度板(锻件)对接接头,未按规定进行削薄(或者堆焊)处理的,经过检验未查出新生缺陷(不包括正常的均匀腐蚀),可以定为3级,否则定为4级或者5级。

(三)焊缝布置不当(包括采用“十”字焊缝),或者焊缝间距小于规定值,经过检验未查出新生缺陷(不包括正常的均匀腐蚀),可以定为3级,如果查出新生缺陷,并且确认是由于焊缝布置不当引起的,则定为4级或者5级。

(四)按规定应当采用全焊透结构的角接焊缝或者接管角焊缝,而没有采用全焊透结构的主要受压元件,如果未查出新生缺陷(不包括正常的均匀腐蚀),可以定为3级,否则定为4级或者5级。

(五)如果开孔位置不当,经过检验未查出新生缺陷(不包括正常的均匀腐蚀),对于一般压力容器,可以定为2级或者3级,对于有特殊要求的压力容器,可以定为3级或者4级,如果孔径超过规定,其计算和补强结构经过特殊考虑的,不影响定级;未作特殊考虑的,可以定为4级或者5级。

第四十条 内、外表面不允许有裂纹。如果有裂纹,应当打磨消除,打磨后形成的凹坑在允许范围内不需补焊的,不影响定级;否则,可以补焊或者进行实力分析,经过补焊合格或者应力分析结果表明不影响安全使用的,可以定为2级或者3级。

裂纹打磨后形成凹坑的深度如果在壁厚余量范围内,则该凹坑允许存在。否则,将凹坑按其外接矩形规则化为长轴长度、短轴长度及深度分别为2A(mm)、2B(mm)及C(mm)的半椭球形凹坑,计算无量纲参数Co,如果Co<0.10,则该凹坑在允许范围内。

(一)进行无量纲参数计算的凹坑应当满足如下条件:

1. 凹坑表面光滑、过渡平缓,并且其周围无其他表面缺陷或者埋藏缺陷;

2. 凹坑不靠近几何不连续区域或者存在尖锐棱角的区域;

3. 容器不承受外压或者疲劳载荷;

4. T/R小于0.18的薄壁圆筒壳或者T/R小于0.10的薄壁球壳;

5. 材料满足压力容器设计规定,未发现劣化;

6. 凹坑深度C小于壁厚T的1/3并且小于12 mm,坑底最小厚度(T-C)不小于3 mm;

7. 凹坑半长A≤1.4RT;

8. 凹坑半宽B不小于凹坑深度C的3倍。

(二)凹坑缺陷无量纲参数Co的计算

式中,T为凹坑所在部位容器的壁厚(取实测厚减去至下次检验期的腐蚀量,mm);R为容器平均半径(mm)。

第四十一条 机械损伤、工卡具焊迹、电弧灼伤,以及变形的安全状况等级划分如下:

(一)机械损伤、工卡具焊迹和电弧灼伤,打磨后按第四十条的规定评定级别;

(二)变形不处理不影响安全的,不影响定级;根据变形原因分析,不能满足强度和安全要求的,可以定为4级或者5级。

第四十二条 内表面焊缝咬边深度不超过0.5 mm、咬边连续长度不超过100 mm、并且焊缝两侧咬边总长度不超过该焊缝长度的10%时;外表面焊缝咬边深度不超过1.0 mm、咬边连续长度不超过100 mm、并且焊缝两侧咬边总长度不超过焊缝长度的15%时,其评定如下:

(一)对一般压力容器不影响定级,超过时应当予以修复;

(二)对有特殊要求的压力容器或者罐车,检验时如果未查出新生缺陷(例如焊趾裂纹),

可以定为 2 级或者 3 级,查出新生缺陷或者超过上述要求的,应当予以修复;

(三)低温压力容器不允许有焊缝咬边。

第四十三条　有腐蚀的压力容器,按照本条划分安全状况等级。

(一)分散的点腐蚀,如果同时符合以下条件,不影响定级:

1. 腐蚀深度不超过壁厚(扣除腐蚀余量)的 1/3;

2. 在任意 200 mm 直径的范围内,点腐蚀的面积之和不超过 4 500 mm^2,或者沿任一直径点腐蚀长度之和不超过 50 mm。

(二)均匀腐蚀,如果按剩余壁厚(实测壁厚最小值减去至下次检验期的腐蚀量)强度校核合格的,不影响定级;经过补焊合格的,可以定为 2 级或者 3 级。

(三)局部腐蚀,腐蚀深度超过壁厚余量的,应当确定腐蚀坑形状和尺寸,并且充分考虑检验周期内腐蚀坑尺寸的变化,可以按第四十条的规定评定级别。

第四十四条　错边量和棱角度超出相应的制造标准,根据以下具体情况进行综合评定:

(一)错边量和棱角度尺寸在表 2 范围内,容器不承受疲劳载荷并且该部位不存在裂纹、未熔合、未焊透等严重缺陷的,可以定为 3 级或者 4 级;

表 2　错边量和棱角度尺寸范围　　单位:mm

对口处钢材厚度 t	错边量	棱角度
≤20	≤1/3t,且≤5	≤(1/10t+3),且≤8
>20~50	≤1/4t,且≤8	
>50	≤1/6t,且≤20	
对所有厚度锻焊容器		≤1/6t,且≤8

注:测量棱角度所用样板按相应制造标准的要求选取。

(二)错边量和棱角度在上表范围内,但该部位伴有未熔合、未焊透等严重缺陷时,应当通过应力分析,确定能否继续使用。在规定的操作条件下和检验周期内,能安全使用的定为 4 级。

第四十五条　制造标准允许的焊缝埋藏缺陷,不影响定级;超出制造标准的,按以下要求划分安全状况等级:

(一)单个圆形缺陷的长径大于壁厚的 1/2 或者大于 9 mm 时,定为 4 级或者 5 级;圆形缺陷的长径小于壁厚的 1/2 并且小于 9 mm 的,其相应的安全状况等级见表 3 和表 4。

表 3　按规定只要求局部无损检测的压力容器(不包括低温压力容器)

评定区(mm) / 实测厚度(mm) / 缺陷点数 / 安全状况等级	10×10			10×20		10×30
	t≤10	10<t≤15	15<t≤25	25<t≤50	50<t≤100	t>100
2 或者 3	6~15	12~21	18~27	24~33	30~39	36~45
4 或者 5	>15	>21	>27	>33	>39	>45

注:圆形缺陷尺寸换算成缺陷点数,以及不计点数的缺陷尺寸要求,见 JB 4730 的规定。

表 4　按规定要求 100% 无损检测的压力容器(包括低温压力容器)

评定区(mm) 实测厚度(mm) 缺陷点数 安全状况等级	10×10			10×20		10×30
	$t\leqslant10$	$10<t\leqslant15$	$15<t\leqslant25$	$25<t\leqslant50$	$50<t\leqslant100$	$t>100$
2 或者 3	3～12	6～15	9～18	12～21	15～24	18～27
4 或者 5	>12	>15	>18	>21	>24	>27

注:圆形缺陷尺寸换算成缺陷点数,以及不计点数的缺陷尺寸要求,见 JB 4730 的规定。

(二)非圆形缺陷与相应的安全状况等级,见表 5 和表 6。

表 5　一般压力容器非圆形缺陷与相应的安全状况等级

缺陷位置	缺陷尺寸			安全状况等级
	未熔合	未焊透	条状夹渣	
球壳对接焊缝;圆筒体纵焊接,以及与封头连接的环焊缝	$H\leqslant0.1t$ 且 $H\leqslant2$ mm $L\leqslant2t$	$H\leqslant0.15t$ 且 $H\leqslant3$ mm $L\leqslant3t$	$H\leqslant0.2t$ 且 $H\leqslant4$ mm $L\leqslant6t$	3
圆筒体环焊缝	$H\leqslant0.15t$ 且 $H\leqslant3$ mm $L\leqslant4t$	$H\leqslant0.2t$ 且 $H\leqslant4$ mm $L\leqslant6t$	$H\leqslant0.25t$ 且 $H\leqslant5$ mm $L\leqslant12t$	

表 6　有特殊要求的压力容器非圆形缺陷与相应的安全状况等级

缺陷位置	缺陷尺寸			安全状况等级
	未熔合	未焊透	条状夹渣	
球壳对接焊缝;圆筒体纵焊接,以及与封头连接的环焊缝	$H\leqslant0.1t$ 且 $H\leqslant2$ mm $L\leqslant t$	$H\leqslant0.15t$ 且 $H\leqslant3$ mm $L\leqslant2t$	$H\leqslant0.2t$ 且 $H\leqslant4$ mm $L\leqslant3t$	3 或者 4
圆筒体环焊缝	$H\leqslant0.15t$ 且 $H\leqslant3$ mm $L\leqslant2t$	$H\leqslant0.2t$ 且 $H\leqslant4$ mm $L\leqslant4t$	$H\leqslant0.25t$ 且 $H\leqslant5$ mm $L\leqslant6t$	

注:(1)表 5、表 6 中 H 是指缺陷在板厚方向的尺寸,亦称缺陷高度;L 是指缺陷长度;单位为 mm。对所有超标非圆形缺陷均应当测定其长度和自身高度,并且在下次检验时对缺陷尺寸进行复验。

(2)表 6 所指有特殊要求的压力容器主要包括承受疲劳载荷的压力容器,采用应力分析设计的压力容器,盛装极度、高度危害介质的压力容器,盛装易燃易爆介质的大型压力容器,材料的标准抗拉强度下限 $\sigma_b\geqslant540$ MPa 的钢制压力容器等。

(三)如果能采用有效方式确认缺陷是非活动的,则表 5、表 6 中的缺陷长度容限值可以增加 50%。

第四十六条　有夹层的,其安全状况等级划分如下:

(一)与自由表面平行的夹层,不影响定级;

(二)与自由表面夹角小于 10°的的夹层,可以定为 2 级或者 3 级;

(三)与自由表面夹角大于或者等于 10°的夹层,检验人员可以采用其他检测或者分析方法综合判定,确认夹层不影响容器安全使用的,可以定为 3 级,否则定为 4 级或者 5 级。

第四十七条 使用过程中产生的鼓包,应当查明原因,判断其稳定状况,如果能查清鼓包的起因并且确定其不再扩展,而且不影响压力容器安全使用的,可以定为3级;无法查清起因时,或者虽查明原因但仍会继续扩展的,定为4级或者5级。

第四十八条 属于容器本身原因,导致耐压试验不合格的,可以定为5级。

第四十九条 需进行缺陷安全评定的大型关键性压力容器,不按本规则进行安全状况等级评定,应当根据安全评定的结果确定其安全状况等级。安全评定的程序按《容规》第139条的规定处理。

第六章 附 则

第五十条 检验机构应当保证检验(包括缺陷处理后的检验)质量,检验时必须有记录,检验后及时出具报告,报告的格式应当符合本规则附录1~3的要求。检验记录应当详尽、真实、准确,检验记录记载的信息量不得少于检验报告的信息量。年度检查的报告,可以由使用单位压力容器专业人员或者由检验机构持证的压力容器检验人员签字;全面检验中凡明确有检验人员签字的检验报告必须由检验机构持证的压力容器检验人员签字方为有效。检验报告应当及时送交压力容器使用单位存入压力容器技术档案。

现场检验工作结束后,一般设备应当在10个工作日内,大型设备可以在30个工作日内出具报告。

年度检查报告应当有检查、审批两级签字,审批人为使用单位压力容器技术负责人或者检验机构授权的技术负责人;全面检验报告应当有检验、审核、审批三级签字,审批人为检验机构授权的技术负责人。

压力容器经过定期检验或者年度检查合格后,检验机构或者使用单位应当将全面检验、年度检查或者耐压试验的合格标记和确定的下次检验(检查)日期标注在压力容器使用登记证上。

因设备使用需要,检验人员可以在报告出具前,先出具《特种设备检验意见书》(见附录4),将检验初步结论书面通知使用单位。

检验(检查)发现设备存在缺陷,需要使用单位进行整治,可以利用《特种设备检验意见书》将情况通知使用单位,整治合格后,再出具报告。检验(检查)不合格的设备,可以利用《特种设备检验意见书》将情况及时告知发证机构。

使用单位对检验结论有异议,可以向当地或者省级质量技术监督部门提请复议。

第五十一条 检验机构应当按要求将检验结果汇总上报发证机构。凡在定期检验过程中,发现设备存在缺陷或者损坏,需要进行重大维修、改造的,逐台填写并且上报检验案例。

第五十二条 压力容器的使用单位应当按国家规定向检验机构支付有关检验检测费用。

第五十三条 本规则由国家质检总局负责解释。

第五十四条 本规则自2004年9月23日起实施。1990年2月22日原劳动部颁发的《在用压力容器检验规程》〔劳锅字(1990)3号〕同时废止。

附件一

移动式压力容器定期检验附加要求

一、总　　则

（一）本附加要求是在《压力容器定期检验规则》基础上，对移动式压力容器，包括汽车罐车、铁路罐车和罐式集装箱等（以下简称罐车）定期检验提出的附加要求。

（二）本附加要求适用于运输最高工作压力大于等于0.1 MPa、设计温度不高于50 ℃的液化气体、低温液体的钢制罐体（罐体为裸式、保温层或绝热层型式）在用罐车的定期检验。

（三）在用罐车的定期检验分为年度检验、全面检验和耐压试验。

1. 年度检验，每年至少一次。

2. 全面检验，罐车的全面检验周期按表1－1规定。

表1－1　罐车全面检验周期

安全状况等级	罐车名称		
	汽车罐车	铁路罐车	罐式集装箱
1～2级	5年	4年	5年
3级	3年	2年	2.5年

有以下情况之一的罐车，应该做全面检验：

（1）新罐车使用1年后的首次检验；

（2）罐体发生重大事故或停用1年后重新使用的；

（3）罐体经重大修理或改造的。

3. 耐压试验：每6年至少进行一次。

4. 本附加要求的各检验项目应当由具有相应检验资格的检验机构，并且由取得相应检验资格证书的压力容器检验人员进行。检验合格后，检验机构应该在使用登记证上标注检验合格标志，同时在IC卡中写入检验数据。

二、年度检验

（一）常温型（裸式）罐车罐体年度检验

1. 罐车技术档案资料；

2. 罐体表面漆色、铭牌和标志；

3. 罐体表面、接口部位焊缝、裂纹、腐蚀、划痕、凹坑、泄漏、损伤等缺陷；

4. 安全阀、爆破片装置、紧急切断装置、液面计、压力表、温度计、导静电装置、装卸软管和其他附件；

5. 罐体与底盘（车架或框架）、遮阳罩、操作台、连接紧固件、导静电装置等；

6. 罐内防波板与罐体连接结构形式，以及防波板与罐体、气相管与罐体连接处的裂纹、脱落等；

7. 排污疏水装置；

8. 气密性试验。

（二）低温、深冷型罐车罐体年度检验

1. 保温层式设有入孔的低温罐车：

(1)本附加要求二(一)所要求的罐车罐体年度检验的全部内容;

(2)保温层的损坏、松脱、潮湿、跑冷等。

2. 绝热层式不设人孔的低温深冷型罐车:

(1)罐车技术档案资料;

(2)罐体表面漆色、铭牌和标志;

(3)用户使用情况:运行记录(装卸频率、异常情况),外壳的结霜、冒汗;

(4)真空度;

(5)安全阀、爆破片装置、压力表、液面计、温度计、导静电装置、装卸软管和其他附件;

(6)管路系统和阀门;

(7)气密性试验。

(三)罐车资料审查

1、罐车随车文件:

(1)罐车使用登记证;

(2)罐车准运证(必要时);

(3)罐车运输许可证(必要时);

(4)罐车驾驶资格证和押运员证(必要时);

(5)罐车定期检验报告;

(6)液面计指示刻度与容积的对应关系表和在不同温度下,介质密度、压力、体积对照表。

2. 罐车技术文件及资料:

(1)产品合格证;

(2)产品质量证明书;

(3)罐车总图、罐体部件竣工图;

(4)制造监督检验证书或进口产品安全性能监督检验证书;

(5)罐体强度计算书;

(6)安全附件制造许可证,质量证明文件;

(7)罐车历次定期检验报告,重点查阅上次检验报告中提出的问题是否已解决或有无防范措施。

3. 对于首次检验的,应该对资料全面审查;对于非首次检验的,重点审查新增和变更的部分。

(四)具有易燃、易爆、助燃、毒性或窒息性介质的罐车,应该进行残液处理、抽残、中和消毒、蒸汽吹扫、通风置换、清洗。检验前应该取样分析,要求罐内气体分析测试结果达到有关标准规定、残液排放指标达到有关环保标准。

(五)设有人孔的罐车必须开罐,进行以下表面检查:

1. 罐体的变形、泄漏、机械损伤,罐体接口部位焊缝的裂纹等;

2. 罐内防波板与罐体的连接情况,连接焊缝处的裂纹、连接固定螺栓的松脱,防波板裂纹、裂开或脱落等;

3. 罐内气相管、液面计固定导架与罐体固定连接处的裂纹,裂开或松脱等。

(六)对于不设人孔的深冷型罐车,至少检查的内容

1. 真空夹层检查:

(1)外壳碰伤、结霜、冒汗,油漆脱落等;

(2)真空度测试(常温下),按表 1-2 的规定;

表 1-2 真空度测试(常温下)

绝热方式	夹层真空度(Pa)	结论
真空多层	≤1.33	继续使用
	>1.33	重抽真空
真空粉末	≤13.3	继续使用

(3)夹层珠光砂的沉降。

2. 安全附件和其他附件接口及管路系统检查:

(1)各安全附件和其他附件接口的泄露,连接的牢固可靠;

(2)各管路系统与真空夹层的连接焊缝的表面裂纹;

(3)各管路的碰伤、堵塞等情况。

(七)罐体与底盘(底架或框架)连接紧固装置的检查是对罐体支座以上部分的检查(包括紧固连接螺栓),不包括底盘(底盘或框架)部分。

1. 罐体与底盘是否连接牢固,紧固连接螺栓是否有腐蚀、松动、弯曲变形,螺母、垫片是否齐全、完好。

2. 罐体支座与底盘之间连接缓冲胶垫是否错位、变形、老化等。

3. 罐体支座(靠车头端)前端过渡区是否存在裂纹;支座与卡码是否连接牢固。

4. 铁路罐车的拉紧带、鞍座、中间支座检查:

(1)拉紧带有无锈蚀、开裂,罐体与底架拉紧带连接是否牢固、可靠;

(2)罐体支座与底架之间缓冲垫木有无腐蚀、变形、接触是否贴合,检查结果以紧密贴合面积大于等于 1/3 接触面积,局部间隙小于 1 mm,个别间隙小于 2 mm 为合格;

(3)中间支座螺栓连接是否完好,螺栓紧固后,上、下支座是否密贴。

(八)罐体管路、阀门和车辆底盘之间的导静电导线连接是否牢固可靠,罐体管路阀门与导静电带接地端的电阻不应当超过 10Ω;连接罐体与地面设备的接地导线,截面积应当不小于 5.5 mm^2。导静电带必须安装并且接地可靠,严禁使用铁链。

(九)安全附件的检验

1. 压力表、液面计、测温仪表、爆破片的检查及校验依据 TSGR 7001—2004《压力容器定期检验规则》中的有关规定进行。

2. 安全阀、紧急切断阀的制造单位必须取得制造许可证,出厂时必须带有产品质量证明书和合格证,并且在产品上装设牢固的金属铭牌。

3. 安全阀的检验包括外观、解体检查和性能校验:

(1)检查铭牌和沿封,核对型式、型号、喉径、公称压力、制造单位等,对于非内置全启式弹簧安全阀和无产品制造许可证或合格证的安全阀不得使用;

(2)清洗、解体检查阀体弹簧、阀杆、密封面有无损伤、裂纹、腐蚀变形等,对于阀芯与阀座粘死或弹簧严重腐蚀变形的安全阀不得继续使用,新安全阀在校验时还应该测量其喉径;

(3)校验安全阀的开启压力、回座压力和密封试验压力,每项校验不得少于 3 次并且每次均要达到合格指标,安全阀的开启压力为罐体设计压力的 1.05~1.10 倍(低温深冷型罐车安全阀开启压力不得超过罐体的设计压力),回座压力不低于开启压力的 0.8 倍,密封试验压力不低于开启压力的 0.9 倍；

(4)检验合格后，出具检验报告并且由检验人员加装铅封。

4. 紧急切断装置的检验包括外观、解体检查、性能校验和远控系统试验：

(1)检查紧急切断阀型式、型号、操作方式、公称压力、制造单位等，外观质量是否良好，对于无产品制造许可证或合格证的紧急切断阀不得使用；

(2)清洗解体检查阀体、先导杆、弹簧、密封面、凸轮等有无损伤变形、腐蚀生锈、裂纹等缺陷；

(3)检查紧急切断阀装置控制系统的手摇泵、管路、易熔塞是否完好，有无损伤、松脱、泄漏等现象，钢索控制系统是否操作灵活可靠，到位等；

(4)油压式或气压式紧急切断阀应当在工作压力下全开，并且持续放置不致引起自然闭合，动作是否灵敏可靠；

(5)紧急切断阀自始闭起，检查是否在 5 s 内闭止；检查超过额定流量时是否自动闭止；

(6)按 0.1 MPa 和罐体的设计压力进行气密性试验，保压时间应当不少于 5 min；

(7)紧急切断远控系统控制试验在罐体气密性试验合格后进行，检查其动作是否灵敏可靠。

(十)装卸阀门的检验包括外观、解体检查和性能试验

1. 检查型号、公称压力及制造单位等，外观质量是否良好；

2. 解体检查阀体、球体和阀杆及密封面有无裂纹、腐蚀、划痕、损伤变形等缺陷；

3. 装卸阀门组装后应当松紧适度，开闭操作灵活；

4. 按罐体的设计压力，阀门在全开和全闭工作状态下进行气密性试验并且在全开全闭工作状态下操作自如，不感到有异常阻力空转等，保压时间应当不少于 5 min。

(十一)装卸软管的检验包括外观检查和耐压、气密性试验

1. 检查软管与介质接触部件是否能耐相应介质的腐蚀；软管与两端接头的连接是否牢固可靠；外观不得有变形、破裂、老化及堵塞现象；

2. 按罐体设计压力的 1.5 倍进行液压试验，保压应当不少于 5 min，合格后以罐体的设计压力对装卸软管进行气密性试验。

(十二)气液相接管检查包括外观检查和耐压、气密性试验

1. 检查接管是否存在裂纹、拉弯变形、过渡区严重皱折、磨损、补焊等缺陷，不合格应该及时更换；

2. 连同罐体一起做耐压试验和气密性试验，检查是否有异常变形、不均匀膨胀和泄漏等现象。

(十三)其他阀门、油泵、底盘的紧固螺栓等附件按相应的功能要求进行检查。

(十四)各安全附件及罐体分别检验合格后进行组装，需要更换的垫片、法兰和紧固件，其压力等级必须高于罐体设计压力并且经确认合格后方可以组装，法兰密封面垫片材料选用必须与充装介质相适应，严禁使用石棉橡胶垫片。

低温型罐车必须按维护说明书的要求进行组装，并且根据盛装介质的特殊要求对表面作相应的处理。

盛装食用二氧化碳的罐车应当对罐体内表面进行洁净化处理；盛装氧气的罐车应当对各拆装接口及有油脂接触过的部位进行脱脂处理后，方可组装。组装完毕后应当进行整车的气密性试验。

（十五）气密性试验压力为罐体设计压力，试验介质应当为干燥、洁净的氮气或空气。

对盛装易燃性介质的罐车进行气密性试验前，必须经罐内气体成分测试合格，否则严禁用空气作为试验介质；对于碳钢和低合金钢制罐体，气体温度不得低于 5 ℃，保压足够的时间进行检查，气密性试验经检查无泄漏为合格。

（十六）罐体气密性试验合格后，缓慢排气降压至 0.4 ~ 0.6 MPa，分别对紧急切断阀及远程控制系统进行切断试验 1 ~ 2 次，检查其动作是否灵敏可靠，开关是否到位。进行罐体抽真空（用氮气作气密试验介质的可以免抽真空），测定罐体真空度小于等于 -0.086 MPa（表压）为合格。

（十七）对罐体进行充氮，罐内压力应当为 0.05 ~ 0.1 MPa。

充氮完毕，进行罐内气体分析，取样时应该避免在充气口抽取以保证分析数据的准确性，罐内氧气含量小于等于 3% 为合格。

（十八）检查罐体的颜色、色带、字样、字色和标志图形，若与规定要求不符，应当按规定要求重新涂打喷漆。在介质名称对应的色带下方喷涂"罐体下次检验日期：× ×年 × ×月"，字色为黑色，字高不小于 100 mm。

（十九）检查罐体铭牌是否清晰、牢固可靠；内容是否齐全。

（二十）罐车年度检验工作完成后，检验人员应该根据实际检验情况，按《压力容器定期检验规则》年度检验的有关规定做出检验结论，出具检验报告。

三、全面检验

全面检验包括罐车罐体年度检验的全部内容、外表面除锈喷漆、壁厚测定、无损检测和强度校核等。

绝热层式不设人孔的低温深冷型罐车可不进行壁厚测定及无损检测。

（一）首次全面检验时，应该进行结构检查和几何尺寸检查，以后的检验仅对运行中可能发生变化的内容进行复查（绝热层式不设人孔的低温深冷型罐车除外）。

1. 结构检查，包括检查封头型式、筒体与封头的连接方式、开孔补强、焊缝布置、支座的型式与布置、排污口设置等；

2. 几何尺寸检查，包括测量罐体同一断面上最大内径与最小内径之差、纵环焊缝对口错边量、焊缝棱角度、焊缝余高等。

（二）按罐体设计压力的 1.5 倍，对紧急切断阀受介质直接作用的部件进行耐压试验，保压时间应当不少于 10 min；耐压试验前后，分别以 0.1 MPa 和罐体的设计压力进行气密性试验，保压时间应当不少于 5 min。

（三）壁厚的测定应该优先选择以下具有代表性的部位，并且有足够的测点数，测定后标图记录：

1. 液位经常波动的部位；

2. 易腐蚀、冲刷的部位；

3. 制造时的壁厚减薄和使用中易产生变形的部位；

4. 表面检查时，有怀疑的部位。

（四）罐体角焊缝和内表面对接焊缝应该做 100% 表面探伤，凡罐车存在以下情况之一时，还应该对焊缝进行射线或超声抽查：

1. 罐车停用时间超过 1 年以上，重新投用的；

2. 使用过程中补焊的部位；

3. 焊缝错边量、棱角度超标的部位；

4. 焊接接头出现渗漏的部位及其两端延长部位；

5. 因事故造成罐体焊接接头或近焊处严重损伤变形的部位；

6. 上次埋藏缺陷检查有怀疑，要求作跟踪检查的部位；

7. 有氢鼓包等应力腐蚀倾向的；

8. 用户要求或检验人员认为有必要的。

对已经进行过射线或者超声抽查的，下次全面检查时，如果经外观或表面探伤检查未发现缺陷，一般不再进行，但罐体经两个全面检验周期后应该对上述部位进行射线或超声复查。

(五)罐体外表面油漆检查

1. 检查时发现有以下情况之一者，应该对罐体外表面除锈喷漆：

(1)油漆严重剥落，皱皮；

(2)罐体颜色与规定要求不符。

2. 全面检验时如果需对罐体外表面重新漆色和喷涂标志，应当符合以下要求：

(1)喷漆前，必须清除外表面尘埃和油渍，漆色以均匀全覆盖为合格，不得有起泡，纤维堆积等缺陷；

(2)罐体及阀门接管的漆色，罐车罐体外表面颜色应当符合有关标准或产品图样和技术文件的规定，安全阀、气相管为大红色，液相管为淡黄色，其他阀门为银灰色；

(3)罐体的色带、字样、字色和标志图形的喷涂，按有关法规标准的要求进行，以清晰明亮为合格，否则必须重新涂打。

3. 罐体外表面油漆经检查完好无损，除锈喷漆时间可以适当延长，但延长时间不得超过两个全面检验周期。

(六)经检查发现罐体存在大面积腐蚀、壁厚明显减薄或变更工作介质的，应该进行强度校核。

(七)全面检验工作完成后，检验人员应该根据检验结果，按 TSG R7001—2004《压力容器定期检验规则》的规定评定罐车的安全状况等级及下次全面检验的周期，出具检验报告。

(八)安全状况等级评定为 4 级和 5 级者不得使用。

四、耐压试验

(一)罐体耐压试验一般应当采用液压试验，液压试验压力为罐体设计压力的 1.5 倍。液压试验时，罐体的薄膜应力不得超过试验压力温度下材料屈服点的 90%。具体试验方法详见 TSG R7001—2004《压力容器定期检验规则》第四章耐压试验。

低温深冷型罐车罐体的耐压试验可以按照设计图样的规定要求进行。

(二)由于结构或介质原因，不允许向罐内充灌液体或运行条件不允许残留试验液体的罐体，可以按照图样要求采用气压试验，气压试验压力为罐体设计压力的 1.15 倍。气压试验时，罐体的薄膜应力不得超过试验温度下材料屈服点的 80%。具体试验方法详见 TSG R7001—2004《压力容器定期检验规则》第四章耐压试验。

附件二

医用氧舱定期检验要求

一、总　　则

（一）本附件是在《压力容器定期检验规则》的框架下，对在用医用氧舱（以下简称医用氧舱）定期检验提出的具体要求。

（二）本附件适用于《医用氧舱安全管理规定》（以下简称《氧规》）适用范围内的医用氧舱及其配套设施和场所的定期检验。

与医用氧舱配套的压力容器及其安全附件的定期检验应当满足《压力容器定期检验规则》的有关要求。

（三）医用氧舱的定期检验工作包括年度检验和全面检验两种。

1. 年度检验：每年至少一次。连续停用时间超过6个月（不包括修理改造时间）的医用氧舱，重新投入使用前，应该按年度检验的内容进行检验。

2. 全面检验：每3年至少一次。医用氧舱经修理、改造，重新投入使用前，应该按全面检验的内容进行检验。

3. 医用氧舱年度检验、全面检验均应当由检验机构具有相应资格的检验人员进行。

二、年度检验

（一）医用氧舱年度检验的主要内容：

1. 使用单位安全管理情况；

2. 医用氧舱舱体及内装饰；

3. 电气、通讯和空调系统；

4. 测氧仪及测氧记录仪；

5. 供、排氧系统和供、排气系统；

6. 安全附件和消防系统；

7. 仪表、接地装置等；

8. 空气加压舱配套压力容器的年度检验情况。

检验方法以宏观检验检测为主，并且借助仪器、仪表对各安全装置及设备的完好、可靠性进行确认。对首次进行年度检验的医用氧舱，应该填写《医用氧舱基本状况表》（见附表2－3），与年度检验报告（见附表2－1）一并存档。

（二）检验前，医用氧舱使用单位应该做好以下准备工作：

1. 停舱，对舱内、外及环境进行清理，并且对舱内进行消毒处理；

2. 提供医用氧舱的技术及管理资料，主要包括：制造和安装资料、安全附件校验记录、运行记录、修理和改造记录、事故记录及历次检验资料、配套压力容器的制造、安装、检验等资料；

3. 医用氧舱的操舱、维护维修人员资格证书；

4. 医用氧舱的安全管理制度、人员职责及安全操作规程；

5. 检验时，医用氧舱使用单位的管理人员、操舱及维护维修人员应该到现场配合，协助检验工作，及时提供检验人员需要的其他资料。

（三）检验人员应该首先对医用氧舱使用单位提供的资料进行查阅，全面了解受检医用氧舱的使用、管理情况及现状，做好检验记录。安全管理方面检查的主要内容及要求：

1. 应当有完整的医用氧舱建档登记资料；

2. 与医用氧舱及配套压力容器安全有关的制造、安装、修理、改造等技术资料应当齐全，并且与实物相符；

3. 医用氧舱的管理制度应当符合要求（管理制度至少应当包括：医用氧舱操作规程、医护、操舱、维护维修人员的职责权限、患者进舱须知、应急情况处理措施、氧源间管理规定、安全防火规定等）；

4. 使用（升、降压次数）记录、维护保养记录、安全附件校验记录等是否齐全真实；

5. 操舱、维护维修人员是否持证上岗，资格证书的有效性；

6. 查阅历次检验资料，特别是上次检验报告中提出的问题（主要是指整改后免于现场复检的）是否已解决或已制定有效的防范措施。

对于首次定期检验的医用氧舱，应该对上述资料进行全面审查；以后的检验，应该重点审核新增加和有变更的部分。

（四）医用氧舱舱体检验的主要内容：

1. 检查观察窗、照明窗、摄像窗及有机玻璃舱体有无明显划痕、机械损伤、银纹等缺陷；

2. 舱内的装饰板、地板、座椅、床、柜具及油漆是否采用难燃或不燃材料，应当提供证明资料；床垫、座套、衣物等是否属纯棉制品，并且经阻燃或防静电处理；

3. 舱内氧气采样口是否设在舱室中部并且伸出装饰板外，有无堵塞现象，采样管路与测氧探头、流量计连接是否可靠；

4. 舱门及递物筒密封圈是否老化、变形；

5. 氧气加压舱舱内是否安装了导静电装置；

6. 氧气加压舱舱门液压传动装置中的润滑剂是否采用抗氧化油、脂；

7. 对有机玻璃舱体的氧舱还应该检查舱体的连接、舱门的结构及材料。

（五）电气、通讯和空调系统检验的主要内容：

1. 氧舱照明是否采用冷光源外照明形式；

2、应急电源系统应当完好，当外供电中断时，应急照明系统能否自动投入使用，并且持续时间不少于 30 min；

3. 氧舱的对讲系统和舱内无触点应急报警按钮能否正常工作，当外供电中断时，上述装置是否也能正常工作，必要时可以操作确认；

4. 舱内空调系统的电机及控制装置是否已设置在舱外，电机应该做接地处理；

5. 控制台上的测温仪表能否正确显示。

（六）测氧仪检验的主要内容：

1. 医用氧舱的控制台上是否配置了测氧仪和测氧记录仪；

2. 测氧仪的精度与量程是否满足使用要求；

3. 测氧仪的工作是否正常，测氧探头（氧电极）应当在有效期内；

4. 测氧仪的氧浓度超标报警装置是否灵敏、可靠；氧浓度超标后能否同时发出声、光报警信号；

5. 当外供电中断时，应急电源系统能否支持测氧仪正常工作。

（七）供、排氧（气）管路系统检验的主要内容：

1. 供、排氧（气）管路系统是否通畅；进、出氧（气）阀门动作是否灵敏，可靠，无泄漏现象；

2. 舱内、外的应急排气阀动作是否灵敏；对应急排气阀门是否采取了保护措施，并且有明显的标志；

3. 确认排氧管路的材质及排废氧口位置是否正确；

4. 对有机玻璃舱体的氧舱应该进行气密性试验，试验压力取舱体的允许最高工作压力。

（八）安全附件和消防系统检验的主要内容：

1. 压力表、安全阀、测温仪表的检验应该按照《压力容器定期检验规则》中的有关规定进行；

2. 快开门式舱门、递物筒是否设置了安全联锁装置，安全联锁装置应当动作灵敏、可靠，必要时可以采用压力测试方法确认；

3. 检查空气加压舱舱内灭火器的种类是否符合要求，是否在有效期内，对采用水消防系统的氧舱，应该实测该系统工作是否可靠。

（九）流量计、接地装置等检验的主要可内容：

1. 医用氧舱配置的流量计是否完好，精度等级、刻度范围是否符合要求；

2. 舱体与接地装置的连接是否可靠，实测接地装置的电阻应当不大于4Ω；

3. 医用氧舱的自动操作系统是否可靠；

4. 空气加压舱的过滤器滤材是否在有效期内；

5. 其他需维修的设备应该按使用说明书的规定进行检查。

（十）与空气加压舱配套的压力容器的年度检验，应该按《压力容器定期检验规则》的有关规定进行。

三、全面检验

（一）全面检验的项目：

1. 年度检验的全部内容；

2. 配套压力容器的全面检验；

3. 舱内导线的布置、连接及保护情况；

4. 对未配置馈电隔离变压器的医用氧舱，电源的输入端与舱体之间的绝缘情况；

5. 生物电插座绝缘电阻；

6. 舱体气密性试验；

7. 供、排氧（气）管路的畅通情况；

8. 应急呼吸装置；

9. 氧源间的防爆、通风及防火等。

检验方法，除采用常规宏观检查外，主要是通过仪器、仪表进行现场测试。

（二）医用氧舱配套压力容器的全面检验项目、要求、结论及安全状况等级的评定按《压力容器定期检验规则》的有关条款进行。

（三）医用氧舱舱体应该进行气密性试验，试验压力分别取该舱的使用压力与0.17 MPa二者中的较大值和0.03 MPa，检查舱体的密封性能是否满足规定的要求。

（四）医用氧舱应该进行应急卸压试验，应急卸压时间应当符合标准规定。

（五）全面检验时，应该重点检查以下内容：

1. 检查医用氧舱的电气、空调、对讲等进舱导线是否保护完好，有无表皮破损、虚接或断开现象；

2. 所有进舱导线是否带有金属保护套管，舱内导线接头部位是否采取了可靠焊接，并且裹以绝缘材料套管加以保护；

3. 会产生火花的电气元、器件是否移至舱外；

4. 测试医用氧舱保护接地端子与其相连接的任何部位之间的阻抗，其阻抗值是否满足规定要求；

5. 对未配置馈电隔离变压器的医用氧舱，检查电源的输入端与舱体之间的绝缘是否满足规定要求；

6. 对供、排氧(气)管路进行吹扫，检查管路是否畅通；更换并阀门时，管路密封材料不得采用石棉制品；

7. 空气贮罐内壁的涂料及密封垫片的选用是否符合规定要求；

8. 对设有应急呼吸装置的医用氧舱，应该对其进行模拟操作，检查是否灵敏、可靠；

9. 检查氧源间的防爆、通风及防火等情况。检查舱房内外、氧源间内是否有明显的禁火标志，房内是否配备了灭火装置。

四、检验结论

检验工作完成后，检验人员应该根据实际检验情况出具《医用氧舱年度检验报告》(见附表2－1)或《医用氧舱全面检验报告》(见附表2－2)，并且做出下述结论：

(一)允许使用，经年度检验或全面检验，未发现缺陷或只有轻度不影响安全使用的缺陷，配套设施和场所符合有关(防火)规定的要求。

(二)修改后使用，发现有影响医用氧舱安全使用的缺陷或配套设施及场所有严重违反规定的现象，必须对缺陷及违反规定的现象进行处理。结论中应该说明需要整改问题的性质和存在缺陷的部位，注明整改后需检验人员到场确认或仅对整改报造审查确认；

(三)停止使用，医用氧舱损坏严重，不能保证正常安全使用。结论中应该注明原因，并且提出判废、修理、综合技术鉴定或其他要求等。

注：医用氧舱经年度检验或全面检验后，只给出上述检验结论，不对医用氧舱进行安全状况等级的评定。

五、附则

(一)使用期超过20年的医用氧舱，必须对其安全性能进行综合技术鉴定，鉴定的主要内容至少应当包括以下几方面：

1. 全面检验的全部内容；

2. 所有隐蔽管线的检验(或更换)；

3. 电气元、器件及线路连接的检验(或更换)；

4. 医用氧舱舱体测厚及无损检测抽查；

5. 压力管路的气密性试验。

(二)对于检验结论为停止使用的医用氧舱，检验机构向使用单位发送的安全检查意见书，在上报医用氧舱使用单位所在地的市(地)级质量技术监督部门的同时报同级卫生行政主管部门。

附表2－1　医用氧舱年度检验报告

附表2－2　医用氧舱全面检验报告

附表2－3　医用氧舱基本状况表

附表 2 – 1

报告编号：

医用氧舱年度检验报告

使 用 单 位：________________________________

氧 舱 规 格：________________________________

单位内编号：________________________________

使 用 证 号：________________________________

设 备 代 码：________________________________

检 验 日 期：________________________________

（印制检验机构名称）

医用氧舱年度检验结论报告

报告编号：

使用单位		设备代码	
详细地址		氧舱规格	
邮政编码		治疗人数	
联系电话		出厂编号	
联系人		投用日期	
单位内编号		使用证号	
本次检验所发现缺陷的性质、位置、程度(必要时附图)及处理意见：			
检验依据	1.《医用氧舱安全管理规定》 2.《压力容器安全技术监察规程》 3.《压力容器定期检验规则》		
检验结论	□允许使用 □整改后使用 □停止使用	允许工作压力： MPa 允许工作温度： ℃ 允许工作介质：	
结论说明：			
下次年度检验日期： 年 月 日		机构核准证号： (检验机构检验专用章) 年 月 日	
检验： 日期：			
审批： 日期：			

第 页 共 页

医用氧舱年度检验报告

单位内编号/设备代码： 报告编号：

检验项目			检验结果	备　注
管理资料	1	医用氧舱建档资料		
	2	上次检验提出问题解决情况		
	3	操作规程、管理制度执行情况		
	4	操舱、维护人员持证上岗情况		
舱体及内装饰	5	递物筒压力表连通阀		
	6	舱门及递物筒密封圈		
	7	舱内装饰材料		
	8	舱内棉织物		
	9	观察窗（照明窗）有机玻璃质量		
	10	舱内采样口		
	11	舱内导静电装置		
	12	舱门液压传动装置的润滑介质		
	13	有机玻璃舱体的质量		
	14	有机玻璃舱体的连接		
	15	舱门结构及材料		
电气、通讯、空调	16	照明及型式		
	17	应急电源		
	18	通讯对讲装置		
	19	应急报警装置		
	20	空调电机及控制装置的设置		
	21	舱体接地装置及电阻		
	22	温度传感器及显示仪表		

续上表

检验项目			检验结果	备　注
供排氧(气)系统	23	常开(闭)阀门动作情况		
	24	测氧仪的选型		
	25	氧浓度超标报警		
	26	排废氧口位置		
	27	应急排气阀动作情况		
	28	管路及密封材料		
	29	排氧管路材料		
	30	有机玻璃舱体的气密性试验		
安全附件	31	氧气专用压力表		
	32	压力表		
	33	安全阀		
	34	舱门及递物筒安全联锁装置		
	35	灭火装置或灭火器		
其他	36	自动系统操作情况		
	37	过滤器的滤材		
记事栏:				
检验:　　年　月　日			审核:　　年　月　日	

注:没有或未进行的检验项目在检验结果栏打"—";无问题或检验合格的项目在检验结果栏打"√";有问题或不合格的检验项目在检验结果栏打"×",并且在备注栏中说明。

第　页　共　页

附表 2－2

报告编号：

医用氧舱全面检验报告

使 用 单 位：________________

氧 舱 规 格：________________

单位内编号：________________

使 用 证 号：________________

设 备 代 码：________________

检 验 日 期：________________

（印制检验机构名称）

医用氧舱全面检验结论报告

报告编号：

<table>
<tr><td>使用单位</td><td colspan="2"></td><td>设备代码</td><td></td></tr>
<tr><td>详细地址</td><td colspan="2"></td><td>氧舱规格</td><td></td></tr>
<tr><td>邮政编码</td><td colspan="2"></td><td>治疗人数</td><td></td></tr>
<tr><td>联系电话</td><td colspan="2"></td><td>出厂编号</td><td></td></tr>
<tr><td>联系人</td><td colspan="2"></td><td>投用日期</td><td></td></tr>
<tr><td>单位内编号</td><td colspan="2"></td><td>使用证号</td><td></td></tr>
<tr><td colspan="5">本次检验所发现缺陷的性质、位置、程度（必要时附图）及处理意见：</td></tr>
<tr><td>检验依据</td><td colspan="4">1.《医用氧舱安全管理规定》
2.《压力容器安全技术监察规程》
3.《压力容器定期检验规则》</td></tr>
<tr><td>检验依据</td><td colspan="2">□允许使用
□整改后使用
□停止使用</td><td colspan="2">允许工作压力：　　MPa
允许工作温度：　　℃
允许工作介质：</td></tr>
<tr><td colspan="5">结论说明：</td></tr>
<tr><td colspan="3">下次全面检验日期：　　年　月　日</td><td colspan="2" rowspan="4">机构核准证号：

（检验机构检验专用章）
年　月　日</td></tr>
<tr><td colspan="3">检验：　　　　日期：</td></tr>
<tr><td colspan="3">审核：　　　　日期：</td></tr>
<tr><td colspan="3">审批：　　　　日期：</td></tr>
</table>

第　页共　页

医用氧舱全面检验报告

单位内编号/设备代码： 报告编号：

序号	检验项目	检验结果	备注
1	年度检验的全部内容		见《医用氧舱年度检验报告》
2	配套压力容器检验		见《压力容器全面检验报告》
3	电气接线处连接情况		
4	舱内导线布置		
5	舱内导线保护		
6	舱内固有电压		
7	保护接地阻抗		
8	生物电插座绝缘电阻		
9	是否配置馈电隔离变压器		
10	短路及电流过载保护装置		
11	舱体气密性试验		
12	应急卸压时间		
13	供、排氧(气)管路畅通		
14	管路及储气罐的密封材料		
15	空气储气罐内壁涂料		
16	应急呼吸装置		
17	氧源间的防爆及通风		
记事栏：			
检验： 日期：		审核： 日期：	

注：没有或未进行的检验项目在检验结果栏打“—”；无问题或检验合格的项目在检验结果栏打“√”；有问题或不合格的检验项目在检验结果栏打“×”，并且在备注栏中说明。

第 页 共 页

附表2－3

医用氧舱基本状况表

单位内编号/设备代码： 报告编号：

使用单位		设计单位	
单位代码		制造单位	
详细地址		制造规范	
邮政编码		制造日期	
联系电话		出厂编号	
联系人		安装单位	
治疗人数		竣工日期	
单位编号		投用日期	
设备代码		使用证编号	

设计技术参数

设计压力	MPa	壳体/封头材料		氧舱型号	
设计温度	℃	壳体/封头厚度	mm	加压方式	
介质		内径×长度	mm	氧舱照明	
允许工作压力	MPa	氧舱容积	m^3	测氧方式	
允许工作温度	℃	舱体质量	kg	空调电机	

技术、管理资料审查

产品质量证明书		舱体竣工图		配套仪表合格证	
氧舱合格证		供排气系统图		开舱使用记录	
制造监检证书		供排氧系统图		维护、维修记录	
安装监检证书		电路系统图		操舱维护人员资格	
氧舱使用说明书		安装竣工资料		职责及管理制度	

配套压力容器及安全附件

容器名称	产品竣工图	质量证明书	设计压力(MPa)	容积(m^3)	数量	制造日期
储气罐						
气液分离器						
过滤器(净化器)						
安全附件	生产厂家	规格	型号	合格证	数量	制造日期
氧气压力表						
压力表						
安全阀						
安全联锁装置						

备注：

填表人： 日期：

附件三

安全阀校验要求

一、总　　则

（一）本要求是按《压力容器定期检验规则》检验压力容器时，对其上安装的安全阀进行校验的附加要求。

（二）本要求适用于不带附加驱动装置的弹簧直接载荷式安全阀、杠杆式安全阀和静重式安全阀的定期校验。

二、校验机构和校验人员

（一）从事安全阀校验工作的单位，可以是有条件和能力的使用单位，也可以是专门从事安全阀校验的单位。校验机构应该建立有效的质量管理体系以保证安全阀校验工作质量，具有与校验工作相适应的校验技术人员、校验装置、仪器和场地。

（二）校验人员必须经相关知识和校验技能培训，掌握安全阀的基本知识，熟悉安全阀校验方面的有关规程和标准。

（三）校验人员能熟练地使用校验装置、仪器、工具，能独立完成安全阀的实际校验操作。

（四）校验时必须有详细记录，校验合格后，应该进行铅封并且出具校验报告。

（五）校验机构的安全阀校验工作，应该接受质量技术监督部门的监督检查。

三、校验设备

（一）安全阀校验装置由校验台、气源和管路等组成。可配备空气压缩机，也可用若干气瓶并联或其他形式提供气源。应该配有一定容积的储气罐，储气罐的容积应当与校验安全阀的用气量相适应，保证气源稳定。如果气源压力高于贮气罐的设计压力时，应该在气源与贮气罐之间装设可靠的减压装置。

（二）安全阀的校验一般以空气或氮气为校验介质，特殊情况下也可用水作为校验介质。

（三）校验系统中的压力表应当符合要求。每个校验台位应该装两块规格相同的压力表，其精确度等级不应当低于1.0级，压力表的量程应当为安全阀校验压力的1.5～3.0倍。压力表必须定期进行检定，检定周期为6个月。

（四）校验供气系统中应该加装过滤装置。

（五）校验台应当配有足够容积的缓冲罐，如果需要，可装设温度、压力、位移和安全阀校验数据等自动记录装置。

四、校验周期和校验项目

（一）安全阀的校验周期按《压力容器定期检验规则》第十七条执行。

（二）新出厂的安全阀，必要时在使用前进行性能校验。

（三）安全阀的校验项目一般为外观检查、解体检查和性能校验。

（四）安全阀的性能校验项目，一般应该进行压力整定和密封性能试验，有条件的单位也可增加其他性能试验。

（五）安全阀的整定压力和密封性能试验压力，应该考虑到背压的影响和校验时的介质、温度与设备运行的差异，并且予以必要的修正。

（六）新安全阀和检修后的安全阀，应该按其产品合格证、铭牌、标准和使用条件，进行最大和最小开启压力的试验，整定压力应当在其范围内。

（七）弹簧直接载荷式安全阀的定期校验原则上应该在校验室进行，进行拆卸校验有困难时，可在每两个校验周期内进行一次校验室校验和一次在线校验。但安装在介质为有毒、有害、易燃、易爆的压力容器上的安全阀，不允许进行在线校验。在线校验必须在保证人员和生产安全的前提下进行。

杠杆式安全阀和静重安全阀一般不宜在校验室进行校验。

五、校验和修理

（一）安全阀的校验

1. 应该先对安全阀进行清洗并且进行外观检查，然后对安全阀进行解体，检查各零部件。发现阀体、弹簧、阀杆、密封面有损伤、裂纹、腐蚀、变形等缺陷的安全阀应该进行修理、调整、更换。对于阀体有裂纹、阀芯与阀座粘死、弹簧严重腐蚀变形、部件破损严重并且无法维修的安全阀应该予以报废。

安全阀在线校验时，先将阀体适当清洗、除锈，用肉眼检查安全阀阀体受压部分有无锈蚀和裂纹，如果有裂纹该阀应该立即更换。

无制造许可证的制造厂生产的安全阀或无铭牌或无校验记录的安全阀应该予以判废。

2. 整定压力校验

缓慢升高安全阀的进口压力，当达到整定压力的 90% 时，升压速度应当不高于 0.1 MPa/s。当测到阀瓣有开启或见到、听到试验介质的连续排出时，则安全阀的进口压力被视为此安全阀的整定压力。当整定压力小于 0.5 MPa 时，实际整定值与要求整定值的允许误差为 ±0.014 MPa；当整定压力大于或等于 0.5 MPa 时为 ±3% 整定压力。

3. 密封性能试验

整定压力调整合格后，应该降低并且调整安全阀进口压力进行密封性能试验。当整定压力小于 0.3 MPa 时，密封性能试验压力应当比整定压力低 0.03 MPa；当整定压力大于或等于 0.3 MPa 时，密封性能试验压力为 90% 整定压力。

当密封性能试验以气体为试验介质时，对于封闭式安全阀，可用泄漏气泡数表示泄漏率。其试验装置和试验方法可按 CB/T 12242《安全阀性能试验方法》的要求，合格标准见 GB/T 12243《弹簧直接载荷式安全阀》或其他有关规程、标准的规定；对于非封闭式安全阀，可根据封闭式安全阀泄漏气泡和压力表压力下降值的关系，以相对应的压力下降值来判断。

不能利用气泡和压力下降值进行判断时，可用视、听进行判断。在一定时间内未听到气体泄漏声或阀瓣与阀座密封面未见液珠即可认为密封试验合格。

4. 安全阀的校验应该连续进行整定压力校验和密封性能试验，一般不少于 2 次。对于盛装易燃、易爆或毒性程度为中度以上的介质等不允许有微量泄漏的设备，其安全阀密封性能试验不可少于 3 次并且每次都应当符合要求。

（二）杠杆式安全阀应该有防止重锤自由移动的装置和限制杠杆越出的导架；弹簧式安全阀应该有防止拧动调整螺钉的铅封装置；静重式安全阀应该有防止重片飞脱的装置。

（三）阀瓣与阀座间密封面泄漏，应该对其密封面进行研磨处理。如果密封面损坏严重，经反复研磨仍无法达到密封要求，应该予以判废。

（四）弹簧式安全阀在公称压力范围内，若调整的开启压力范围不符合整定压力要求或调整后弹簧的压缩量过大，难以保证阀瓣的开启高度时，应该更换符合相应工作压力级别的弹簧。

（五）经修理或更换部件的安全阀，必须重新进行校验。

六、校验记录和报告

（一）校验过程中，校验人员应该及时记录校验的相关数据（见附表 3－1）。

（二）经校验合格的安全阀，应该重新铅封，防止调整后的状态发生改变。

（三）铅封处还应该挂有标牌，标牌上应该有校验机构名称，校验编号，安装的设备编号，整定压力和下次检验日期。

（四）校验合格的安全阀应该根据校验记录出具安全阀校验报告（见附表 3－2），并且按校验机构质量管理体系的要求签发。

附表 3－1　安全阀校验原始记录

附表 3－2　安全阀校验报告

附表 3－1

安全阀校验原始记录

编号：

使用单位			
设备代码		要求稳定压力	MPa
工作介质		安全阀型号	
公称通径	mm	阀座口径	mm
制造单位			
制造许可证编号		压力级别范围	MPa 至 MPa
出厂编号		出厂日期	
校验方式		校验编号	
校验介质		校验介质温度	℃
检查与校验			
外观检查			
拆卸检查			
试验次数	第 1 次	第 2 次	第 3 次
实际整定压力	MPa	MPa	MPa
密封试验压力	MPa	MPa	MPa
校验结论		校验有效期	
备注：			
校验：　日期：		检验报告编号：	

附表 3－2

安全阀校验报告

报告编号：

<table>
<tr><td>使用单位</td><td colspan="3"></td></tr>
<tr><td>单位地址</td><td colspan="3"></td></tr>
<tr><td>联系人</td><td></td><td>联系电话</td><td></td></tr>
<tr><td>设备代码</td><td></td><td>安装位置</td><td></td></tr>
<tr><td>安全阀类型</td><td>□弹簧　□杠杆
□静重</td><td>安全阀型号</td><td></td></tr>
<tr><td>工作压力</td><td>MPa</td><td>工作介质</td><td></td></tr>
<tr><td>要求整定压力</td><td>MPa</td><td>执行标准</td><td></td></tr>
<tr><td>校验方式</td><td></td><td>校验介质</td><td></td></tr>
<tr><td>整定压力</td><td>MPa</td><td>密封试验压力</td><td>MPa</td></tr>
<tr><td>校验结果</td><td colspan="3"></td></tr>
<tr><td colspan="4">说明：</td></tr>
<tr><td>校验日期</td><td></td><td>下次检验日期</td><td></td></tr>
<tr><td colspan="2">校验：　　　　日期：</td><td colspan="2" rowspan="2">机构核准编号：

（校验机构校验专用章）
年　月　日</td></tr>
<tr><td colspan="2">审批：　　　　日期：</td></tr>
</table>

附录 1

报告编号：

压力容器年度检查报告

使 用 单 位：______________________________

容 器 名 称：______________________________

单位内编号：______________________________

使 用 证 号：______________________________

设 备 代 码：______________________________

检 验 日 期：______________________________

（印制检查单位名称）

压力容器年度检查结论报告

报告编号：

使用单位					
单位地址				单位代码	
管理人员		联系电话		邮政编码	
容器名称					
设备代码				容器品种	
使用证号		单位内编号		安全状况等级	级
容器内径	mm	容器高(长)	mm	公称壁厚	mm
工作压力	MPa	工作温度	℃	工作介质	

主要检查依据:《压力容器定期检验规则》

检查发现的缺陷位置、程度、性质及处理意见(必要时附图或附页)：

检查 结论	□允许运行 □监督运行 □暂停运行 □停止运行	允许/ 监督 运行 参数	压力： MPa 温度： ℃ 介质： 其他：

监督运行需解决的问题及完成期限(暂停/停止运行说明)：

下次年度检查日期 年 月 日	(检查单位专用章) 检查 年 月 日
检查： 日期：	
审批： 日期：	

第 页 共 页

压力容器年度检查报告附页

单位内编号/注册代码：　　　　　　　　　　　　　　　　　　　　　　　报告编号：

检 查 项 目			检查结果	备注
容器管理	1	管理制度、操作规程、运行记录		
	2	出厂资料、检验报告等资料		
	3	作业人员上岗持证情况		
	4	上次检验、检查报告中所提出的问题解决情况		
容器本体及运行情况	5	设备铭牌、漆色、标志、使用证号码		
	6	本体裂纹、过热、变形、泄漏、损伤情况		
	7	接口部位、焊接接头等裂纹、泄漏、损伤情况		
	8	外表面腐蚀、异常结霜、结露情况		
	9	保温层、隔热层、衬里状况		
	10	检漏孔、信号孔		
	11	容器与相邻管道、构件间异常振动、响声、摩擦		
	12	支承、支座、基础、紧固螺栓		
	13	遮阳罩、操作台紧固		
	14	罐体与底盘等连接		
	15	波板、罐内扶梯与罐体连接		
	16	罐车拉紧带、鞍座、中间支座		
	17	气、液相管及其他管路		
	18	疏水、排放、排污装置		
	19	设备运行稳定情况		
	20	罐体接地装置		
	21	安全状况等级为4级的压力容器的监控措施		
安全附件	22	安全阀		
	23	压力表		
	24	爆破片		
	25	测温仪表		
	26	液位计		
	27	快开门安全联锁装置		
	28	紧急切断装置		
其他	29	装卸软管、装卸阀门		

注：没有或未进行的检查项目在检查结果栏打“—”；无问题或合格的检查项目在检查结果栏打“√”；有问题或不合格的检查项目在检查结果栏打“×”，并在备注中说明。

第　页　共　页

附录 2

报告编号：

压力容器全面检验报告

使 用 单 位：________________

容 器 名 称：________________

单位内编号：________________

使 用 证 号：________________

设 备 代 码：________________

检 验 日 期：________________

（印制检验机构名称）

注 意 事 项

1. 本报告书为依据《压力容器定期检验规则》对在用压力容器进行检验的结论报告。

2. 报告书应当由计算机打印输出,或用钢笔、签字笔填写,字迹要工整,涂改无效。

3. 本报告书无检验、审核、批准人员签字和检验机构的核准证号、检验专用章或者公章无效。

4. 本报告书一式二份,由检验机构和使用单位分别保存。

5. 受检单位对本报告结论如有异议,请在收到报告书之日起 15 日内,向检验机构提出书面意见。

单位地址:

邮政编码:

联系电话:

压力容器全面检验报告目录

报告编号：

序号	检验项目	页码	附页、附图
1	压力容器全面检验结论报告		
2	压力容器资料审查报告		
3	压力容器宏观检查报告(1)		
4	压力容器宏观检查报告(2)		
5	壁厚测定报告		
6	壁厚校核报告		
7	射线检测报告		
8	超声波检测报告		
9	磁粉检测报告		
10	渗透检测报告		
11	声发射检测报告		
12	材料成分分析报告		
13	硬度检测报告		
14	金相分析报告		
15	安全附件检验报告		
16	耐压试验报告		
17	气密性试验报告		
18	附加检查、检测报告		

压力容器全面检验结论报告

报告编号：

<table>
<tr><td>使用单位</td><td colspan="5"></td></tr>
<tr><td>单位地址</td><td colspan="3"></td><td>单位代码</td><td></td></tr>
<tr><td>管理人员</td><td></td><td>联系电话</td><td></td><td>邮政编码</td><td></td></tr>
<tr><td>容器名称</td><td colspan="5"></td></tr>
<tr><td>设备代码</td><td colspan="3"></td><td>容器品种</td><td></td></tr>
<tr><td>使用证号</td><td></td><td>单位内编号</td><td></td><td>结构形式</td><td></td></tr>
<tr><td colspan="6">主要检查依据：《压力容器定期检验规则》</td></tr>
<tr><td colspan="6">检验发现的缺陷位置、程度、性质及处理意见（必要时附图或附页）：</td></tr>
<tr><td colspan="6">经检验本台压力容器的安全状况等级评定为　　级。</td></tr>
<tr><td colspan="2">允许/监控运行参数（监控或报废依据）：</td><td colspan="4">压力：　　MPa
温度：　　℃
介质：
其他：</td></tr>
<tr><td colspan="3">下次全面检验日期　　年　月　日</td><td colspan="3" rowspan="4">机构核准证号：
（机构检验专用章）
年　月　日</td></tr>
<tr><td colspan="3">检验：　　日期：</td></tr>
<tr><td colspan="3">审核：　　日期：</td></tr>
<tr><td colspan="3">审批：　　日期：</td></tr>
</table>

第　页　共　页

压力容器资料审查报告

单位内编号/设备代码：　　　　　　　　　　　　　　　　报告编号：

<table>
<tr><td colspan="2">设计单位</td><td></td><td colspan="2">设计日期</td><td></td></tr>
<tr><td colspan="2">设计规范</td><td></td><td colspan="2">容器图号</td><td></td></tr>
<tr><td colspan="2">制造单位</td><td></td><td colspan="2">出厂编号</td><td></td></tr>
<tr><td colspan="2">制造规范</td><td></td><td colspan="2">制造日期</td><td></td></tr>
<tr><td colspan="2">安装单位</td><td></td><td colspan="2">投用日期</td><td></td></tr>
<tr><td colspan="2">容器内径</td><td>mm</td><td colspan="2">容器高/长</td><td>mm</td></tr>
<tr><td colspan="2">容积(换热面积)</td><td>m^3(m^2)</td><td colspan="2">充装质量/系数</td><td></td></tr>
<tr><td colspan="2">封头型式</td><td></td><td colspan="2">支座型式</td><td></td></tr>
<tr><td rowspan="4">主体材质</td><td>筒体</td><td></td><td rowspan="4">主体厚度</td><td>筒体</td><td></td></tr>
<tr><td>封头</td><td></td><td>封头</td><td>mm</td></tr>
<tr><td>夹套(换热管)</td><td></td><td>夹套(换热管)</td><td>mm</td></tr>
<tr><td>内衬</td><td></td><td>内衬</td><td>mm</td></tr>
<tr><td rowspan="2">设计压力</td><td>管程(夹套)</td><td>MPa</td><td rowspan="2">实际操作压力</td><td>壳程(内筒)</td><td>MPa</td></tr>
<tr><td>壳程(内筒)</td><td>MPa</td><td>管程(夹套)</td><td>MPa</td></tr>
<tr><td rowspan="2">设计温度</td><td>壳程(内筒)</td><td>℃</td><td rowspan="2">实际操作温度</td><td>壳程(内筒)</td><td>℃</td></tr>
<tr><td>管程(夹套)</td><td>℃</td><td>管程(夹套)</td><td>℃</td></tr>
<tr><td rowspan="2">腐蚀裕度</td><td>筒体</td><td></td><td rowspan="2">工作介质</td><td>壳程(内筒)</td><td></td></tr>
<tr><td>封头</td><td></td><td>管程(夹套)</td><td></td></tr>
<tr><td>资料审查问题记载</td><td colspan="5"></td></tr>
<tr><td>上次全面检验问题记载</td><td colspan="5">上次全面检验安全状况等级评为：　　级。</td></tr>
<tr><td colspan="3">检验：　　　　　　日期：</td><td colspan="3">审核：　　　　　　日期：</td></tr>
</table>

第　页　共　页

压力容器宏观检查报告(1)

单位内编号/设备代码: 报告编号:

检验项目			检查结果	备注
结构检查	1	本体、对接焊缝、接管角焊缝		
	2	开孔及补强		
	3	焊缝布置		
	4	角接		
	5	搭接		
	6	封头(端盖)		
	7	支座或支承		
	8	法兰		
	9	排污口		
几何尺寸及焊缝检查	10	纵/环焊缝最大对口错边量	/ mm	
	11	纵/环焊缝最大棱角度	/ mm	
	12	焊缝余高	mm	
	13	角焊缝焊缝厚度/焊脚高度	/ mm	
	14	同一断面最大直径与最小直径	m	
	15	封头表面凹凸量	mm	
	16	封头直边高度	mm	
	17	封头直边部位纵向皱折		
	18	不等厚板(锻)件对接接头削薄处理		
	19	不等厚板(锻)件对接接头堆焊过渡的两侧厚度差	mm	
	20	直立容器和球形容器支柱的铅垂度		
其他				
检查结果:				
检验: 日期:			审核: 日期:	

注:没有或未进行的检查项目在检查结果栏打"—";无问题或合格的检查项目在检查结果栏打"√";有问题或不合格的检查项目在检查结果栏打"×",并在备注中说明。

第 页 共 页

压力容器宏观检查报告(2)

单位内编号/设备代码： 报告编号：

检验项目			检查结果	备注
外观检查	1	容器本体裂纹、过热、变形、泄漏		
	2	焊缝的裂纹、过热、变形、泄漏		
	3	内外表面的腐蚀和机械损伤		
	4	紧固螺栓		
	5	支承、支座损坏		
	6	大型容器的基础下沉、倾斜、开裂		
	7	排放(疏水、排污)装置		
	8	快开门式压力容器安全连锁装置		
	9	多层包扎、热套容器泄放孔泄漏		
	10	主要受压元件材质		
	11	安全附件接口密封面		
	12	遮阳罩、操作台紧固		
	13	罐体与底盘等连接		
	14	防波板、罐内扶梯与罐体连接		
	15	罐车拉紧带、鞍座、中间支座		
保温隔热层检查	16	保温层破损、脱落、潮湿、跑冷		
	17	金属衬里穿透性腐蚀、裂纹、凹陷		
	18	堆焊层龟裂、剥离、脱落情况		
	19	非金属衬里破损、龟裂、脱落情况		
	20	非金属材料衬里压力容器，运行中本体壁温异常情况		
其他				
检查结果：				
检验： 日期：			审核： 日期：	

注：没有或未进行的检查项目在检查结果栏打“—”；无问题或合格的检查项目在检查结果栏打“√”；有问题或不合格的检查项目在检查结果栏打“×”，并在备注中说明。

第 页 共 页

壁厚测定报告

单位内编号/设备代码：　　　　　　　　　　　　　　　　　　　　报告编号：

<table>
<tr><td colspan="2">测量仪器型号</td><td></td><td colspan="2">测量仪器编号</td><td></td></tr>
<tr><td colspan="2">测量仪器精度</td><td></td><td colspan="2">耦合剂</td><td></td></tr>
<tr><td rowspan="2">公称厚度</td><td>筒体</td><td>mm</td><td rowspan="2">实测最小壁厚</td><td>筒体</td><td>mm</td></tr>
<tr><td>封头</td><td>mm</td><td>封头</td><td>mm</td></tr>
<tr><td colspan="2">表面状况</td><td></td><td colspan="2">实测点数</td><td></td></tr>
<tr><td colspan="6">测厚点部位图：</td></tr>
</table>

测　厚　记　录

测点编号	测点厚度	测点编号	测点厚度	测点编号	测点厚度	测点编号	测点厚度	测点编号	测点厚度	测点编号	测点厚度

<table>
<tr><td colspan="2">检测结果：</td></tr>
<tr><td>检验：　　　　日期：</td><td>审核：　　　　日期：</td></tr>
</table>

注：测厚记录表格不够时，可按测厚记录格式增加续页。

第　页　共　页

壁厚校核报告

单位内编号/设备代码：　　　　　　　　　　　　　　　　　　　　报告编号：

壁厚校核部位		最高工作压力	MPa	实测内径	mm
实测最小壁厚	mm	材料许用应力	MPa	腐蚀裕量	mm
焊接接头系数		封头形状系数		工作温度	℃
校核选用标准					
校核参数取值说明：					
壁厚校核计算：					
校核结果： 注：本校核不代替设计计算，不能免除设计者责任。					
壁厚校核：　　　日期：			审核：　　　日期：		

射线检测报告

单位内编号/设备代码：　　　　　　　　　　　　　　　　　　　　报告编号：

源种类	□X 射线　□Ir^{192} □Co^{60}　□其他	增感方式	
探伤机型号		仪器编号	
管电压/源活度	kV/Ci	管电流	mA
象质计型号		象质计指数	
透照方式		曝光时间	min
焦距	mm	焦点尺寸	mm
胶片类型		底片黑度	
检测标准		检测比例	%　　mm

检测部位(布片示意图)：

射线检测底片评定表

底片编号	一次透照长度(mm)	缺陷位置	缺陷性质及缺陷尺寸(mm)	评定	备注

评片结果：

检测：　　　　　　　　　　　　　　　　　　日期：

评片：　　　日期：　　　　　审核：　　　日期：

注：射线底片评定表不够时，可按评定表的格式增加续页。

第　页　共　页

超声波检测报告

单位内编号/设备代码　　　　　　　　　　　　　　　　　　　　报告编号：

检测仪器型号		检测仪器编号	
探头型号		试块型号	
评定灵敏度	dB	检测方法/扫查面	
耦合剂		补　偿	dB
检测标准		检测比例	%　　mm

检测部位(区段)及缺陷位置示意图：

超声波检测结果评定表

区段编号	缺陷位置	缺陷埋藏深度(mm)	缺陷指示长度(mm)	缺陷高度(mm)	缺陷反射波幅	评定级别	备注

检测结果：

检测：　　　　日期：	审核：　　　　日期：

注：超声波检测结果评定表不够时，可按评定表的格式增加续表。

第　页　共　页

磁粉检测报告

单位内编号/设备代码：　　　　　　　　　　　　　　　　　　　　报告编号：

检测仪器型号		检测仪器编号	
磁粉类型		磁悬液	
灵敏度试片		磁化方法	
提升力/磁化电流		喷洒方法	
检测标准		检测比例	% mm

检测部位(区段)及缺陷位置示意图：

磁粉检测结果评定表

区段编号	缺陷位置	缺陷磁痕尺寸(mm)	缺陷性质	评定	备注

检测结果：

检测：　　　日期：　　　　审核：　　　日期：

注：磁粉检测结果评定表不够时，可按评定表的格式增加续页。

第　页　共　页

渗透检测报告

单位内编号/设备代码：　　　　　　　　　　　　报告编号：

渗透剂型号		表面状况	
清洗剂型号		环境温度	℃
显像剂型号		对比试块	
渗透时间	min	显像时间	min
检测标准		检测比例	%　mm

检测部位及缺陷位置示意图：

渗透检测结果评定表

区段编号	缺陷位置	缺陷痕迹尺寸（mm）	缺陷性质	评定	备注

检测结果：

检测：　　　日期：　　　　审核：　　　日期：

注：渗透检测结果评定表不够时，可按评定表的格式增加续页。

第　页　共　页

声发射检测报告

单位内编号/设备代码：　　　　　　　　　　　　　　　　　　　　　　　　　报告编号：

检测标准				试验压力	MPa
检测方式		检测频率		仪器型号	
传感器型号		固定方式		耦合剂	
传感器数量		传感器平均灵敏度	dB	最大灵敏度	dB
背景噪声	dB	门槛电平	dB	最小灵敏度	dB
增　　益	dB	模拟源		传感器最大间距	mm
模拟源距离	m	衰减测量传感器号		信号幅度	dB
传感器布置简图：					
加载程序图/数据及定位图：					
检测结果及评定：					
检测：　　　日期：			审核：　　　日期：		

注：表格空间不够时，可另加附页。

第　页　共　页

材料成分分析报告

单位内编号/设备代码：　　　　　　　　　　　　　　　　　　　　报告编号：

取样方法		取样部位	
仪器型号		仪器编号	
检测标准		分析方法	□化学　　□光谱

检测部位图：

序号	标称材质	元素及含量(%)								备注

分析结果：

检测：　　　日期：　　　　　　审核：　　　日期：

注：材料分析结果表不够时，可按分析结果表的格式增加续页。

第　页　共　页

硬度检测报告

单位内编号/设备代码：　　　　　　　　报告编号：

测量仪器型号		测量仪器编号	
主体材质		热处理状态	
检测标准		硬度单位	

测点位置示意图：

测点编号	测点硬度	测点部位	测点编号	测点硬度	测点部位	测点编号	测点硬度	测点部位

检测结果：

检测：　　日期：	审核：　　日期：

注：硬度测试结果表不够时，可按测试结果表的格式增加续页。

第　页　共　页

金相分析报告

单位内编号/设备代码：　　　　　　　　　　　　　　　　　　　　报告编号：

<table>
<tr><td>分析仪器型号</td><td></td><td>分析仪器编号</td><td></td></tr>
<tr><td>腐蚀方法</td><td></td><td>抛光方法</td><td></td></tr>
<tr><td>执行标准</td><td></td><td>金相组织</td><td></td></tr>
<tr><td>主体材质</td><td></td><td>热处理状态</td><td></td></tr>
<tr><td colspan="4">取样分析部位示意图：</td></tr>
<tr><td colspan="4">金相照片(注明放大倍数)：</td></tr>
<tr><td colspan="4">分析结果：</td></tr>
<tr><td colspan="2">检测：　　　　日期：</td><td colspan="2">审核：　　　　日期：</td></tr>
</table>

第　页　共　页

安全附件检验报告

单位内编号/注册代号： 报告编号：

安全阀	型号				数量	
	公称压力	MPa	开启压力	MPa	密封压力	MPa
	公称通径	mm	有效期		铅封	
	校验报告		安装位置		外观	
紧急切断阀	型式及规格				数量	
	耐压试验压力	MPa	密闭试验压力	MPa	切断时间	s
	检修记录		安装位置		外观	
压力表	量程	MPa	精度		数量	
	有效期		铅封		外观	
液面计	型式		数量		容器充装量	m^3
	安装位置		外观		误差	
爆破片	型号		规格		数量	
	爆破压力	MPa	材质		安装位置	
测温仪表	型号		有效期		外观	
快开门联锁	同步报警		关紧后升压		泄压后开门	
气相软管试验压力		MPa	试验介质		保压时间	min
液相软管试验压力		MPa	试验介质		保压时间	min
其他阀门、附件检验：						
检查结果：						
检测： 日期：			审核： 日期：			

第 页 共 页

气密性试验报告

单位内编号/注册代号：　　　　　　　　　　　　　　　　　　　　　　　报告编号：

设计压力	MPa	最高工作压力	MPa
耐压试验压力	MPa	气密试验压力	MPa
试验介质		介质温度	℃
环境温度	℃	容积	m^3
压缩机型号		安全阀型号	
压力表	量程　　MPa；精度　　级	试验部位	

试验程序记录

缓慢升至试验压力：________________ MPa，保压________________ min；
检查容器及连接部位：________________泄漏，________________异常现象。

实际试验曲线：

试验结果：

检测：　　　　日期：　　　　　　　　审核：　　　　日期：

附加检查检测报告

单位内编号/注册代号： 报告编号：

<table>
<tr><td colspan="6">导静电装置检查</td></tr>
<tr><td>测试仪器型号</td><td colspan="2"></td><td>仪器精度</td><td colspan="2"></td></tr>
<tr><td>导静电电阻</td><td colspan="2">Ω</td><td>连接处电阻</td><td colspan="2">Ω</td></tr>
<tr><td colspan="6">绝热层真空度检查</td></tr>
<tr><td>真空仪型号</td><td colspan="2"></td><td>仪器精度</td><td colspan="2"></td></tr>
<tr><td>空载时真空度</td><td colspan="2">Pa</td><td>承载时真空度</td><td colspan="2">Pa</td></tr>
<tr><td colspan="6">罐体抽真空、气体置换</td></tr>
<tr><td>真空泵型号</td><td></td><td>抽真空时间</td><td>h</td><td>罐内真空度</td><td>Pa</td></tr>
<tr><td>置换介质</td><td colspan="2"></td><td>置换压力</td><td colspan="2">MPa</td></tr>
<tr><td>排放后罐内压力</td><td colspan="2">MPa</td><td colspan="2">罐内气体含氧量（≤3%）</td><td></td></tr>
<tr><td colspan="6">腐蚀介质含量测定</td></tr>
<tr><td>介质名称</td><td colspan="2"></td><td>腐蚀介质成分</td><td colspan="2"></td></tr>
<tr><td>腐蚀介质含量</td><td>%</td><td>腐蚀速度</td><td>mm/y</td><td>腐蚀机理</td><td></td></tr>
<tr><td colspan="6">其他检验、检测：</td></tr>
<tr><td colspan="6">检测结果：</td></tr>
<tr><td colspan="3">检测： 日期：</td><td colspan="3">审核： 日期：</td></tr>
</table>

附录 3

耐压试验报告

单位内编号/设备代码：　　　　　　　　　　　　　　　　　　　　报告编号：

设计压力	MPa	最高工作压力	MPa
试验压力	MPa	主体材质	
试验介质		介质温度	℃
试压部位		环境温度	℃
压力表	量程　　MPa；精度　　级	机泵型号	

试验程序记录

缓慢升压至试验压力____________________ MPa，保压____________________ min；
缓慢降压至最高工作压力____________________ MPa，保压____________________ min；
检查容器____________________泄漏，____________________可见的变形，____________________异常的响声。

实际试验曲线：

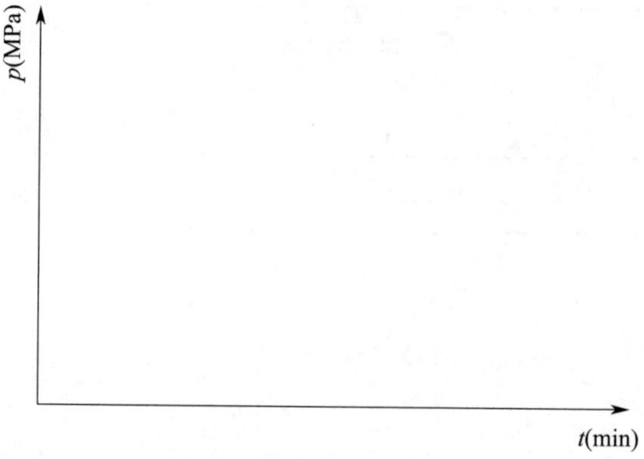

试验结果：

检测：　　　　日期：	审核：　　　　日期：

第　页　共　页

附录 4

特种设备检验意见通知书(1)

编号：

设备种类		设备类别(类型)	
设备名称		设备品种(型式)	
设备代码		设备内部编号	
受检单位			
检验日期		检验项目	
检验意见：(可另加附页)			
检验结论： 本通知的有效期：　年　月　日止 检验人员：　(检验机构检验专用章)　年　月　日 受检单位代表：　日期：			

注：本通知书只用于检验结论不存在问题，或者虽然存在问题但不需要受检单位回复意见，是在检验报告出具前对检验结果出具的有效结论意见，一式二份，检验机构、受检单位各一份，本通知在有效期内有效。

特种设备检验意见通知书(2)

编号：

________（填写受检单位名称）________：

经检验，你单位________（填写设备种类）________（设备名称：________，设备品种：________设备内部编号：________），存在以下问题，请于　　年　月　日前将处理结果报送我机构：

<table>
<tr><td>问题和意见：

检验人员：　　　　日期：
检验机构技术负责人：　　　　日期：　　　　（检验机构检验专用章）
年　月　日

受检单位接收人：　　　　日期：</td></tr>
<tr><td>处理结果：

受检单位主管负责人：　　　　日期：　　　　（受检单位章）
年　月　日</td></tr>
</table>

注：本通知书是作为检验中发现问题，需要受检单位进行处理而出具，一式四份，一份检验机构存档，一份报当地安全监察机构，两份送受检单位，其中一份受检单位应当在要求的时间内返回给检验机构。